Handbuch Controlling

Wolfgang Becker • Patrick Ulrich
Hrsg.

Handbuch Controlling

2., überarbeitete und erweiterte Auflage

Band 1

mit 284 Abbildungen und 46 Tabellen

Springer Gabler

Hrsg.
Wolfgang Becker
Ordinarius und Emeritus des Lehrstuhls für BWL, insbes. Unternehmensführung und Controlling
Otto-Friedrich-Universität Bamberg
Bamberg, Deutschland

Patrick Ulrich
Lehrstuhl für Unternehmensführung
Hochschule Aalen – Technik und Wirtschaft
Aalen, Deutschland

ISBN 978-3-658-26430-7 ISBN 978-3-658-26431-4 (eBook)
ISBN 978-3-658-26454-3 (print and electronic bundle)
https://doi.org/10.1007/978-3-658-26431-4

Die Deutsche Nationalbibliothek verzeichnet diese Publikation in der Deutschen Nationalbibliografie; detaillierte bibliografische Daten sind im Internet über http://dnb.d-nb.de abrufbar.

Springer Gabler

Lektorat: Vivien Bender
Springer Gabler ist ein Imprint der eingetragenen Gesellschaft Springer Fachmedien Wiesbaden GmbH und ist ein Teil von Springer Nature.
Die Anschrift der Gesellschaft ist: Abraham-Lincoln-Str. 46, 65189 Wiesbaden, Germany

Vorwort zur 2. Auflage

Seit der ersten Auflage des Handbuchs Controlling im Jahr 2015 ist in Theorie und Praxis Einiges geschehen: Die Unternehmen sind einem immer stärkeren Wandel durch technologische, ökologische, gesellschaftliche und andere Einflüsse ausgesetzt. Diese Einflüsse haben Auswirkung auf die Wertschöpfung der Unternehmen und sind damit auch und gerade für das Controlling relevant.

Viele Unternehmen haben die sich derzeit beschleunigende Digitalisierung über Digitalstrategien, digitale Geschäftsmodelle und Chief Digital Officers (CDO) bereits umgesetzt oder haben damit zumindest begonnen. Auch das Controlling sieht sich vielfältigen Herausforderungen, aber auch Chancen gegenüber: Der Ruf nach der Rolle des Controllers als Business Partner wird in der Praxis immer stärker, gleichzeitig versuchen Unternehmen, Routinetätigkeiten von Controllern stärker zu digitalisieren und automatisieren. Hierzu stehen teilweise neue, teilweise bisher nicht umfassend eingesetzte Technologien wie Künstliche Intelligenz, Machine Learning, Deep Learning, Chatbots und Robotic Process Automation (RPA) zur Verfügung.

Eine ebenfalls zunehmende Herausforderung entsteht bereits in vielen Unternehmen durch die wachsenden ökologischen Anforderungen. Unternehmen werden zukünftig stärker als bislang gezwungen sein, sich mit ökologischen Fragen zu beschäftigen und ihre Wertschöpfung nachhaltig zu gestalten. Es wird zunehmende Aufgabe des Controllings sein, hierfür die Weichen richtig zu stellen.

In Teilbereichen der Wirtschaft, so etwa in bislang als etabliert geltenden Industrien wie dem Maschinen- und Anlagenbau sowie der Automobilindustrie zeigen sich bereits tief greifende strukturelle Veränderungen. Dieser Strukturwandel bedingt auch für das Controlling, dass tradierte Vorgehensweisen hinterfragt und ggf. neue Methoden, Instrumente und Werkzeuge sowie entsprechend angepasste Prozesse entwickelt werden müssen.

Zusätzlich neben derartigen Veränderungen stellen Krisen, wie die aktuelle COVID-19-Pandemie einen wesentlichen Treiber für zunehmenden Kostendruck, für das resultierende Entstehen erfolgswirtschaftlicher Risiken sowie das wiederum daraus entstehende Auftreten finanzwirtschaftlicher Risiken bis hin zu Insolvenzbedrohungen in Unternehmen dar. Die Wechselwirkungen zwischen situativen Einflüssen auf das unternehmerische Handeln sowie die Konsequenzen für die unternehmerischen Erfolgspotenziale, den Erfolg selbst und die resultierende Liquidität von Unternehmen rückt immer stärker in den Mittelpunkt der Betrachtungen des Controllings.

Diese und andere aktuelle Themen greifen wir in dieser überarbeiteten und um 16 neue Beiträge ergänzten 2. Auflage unseres Handbuchs Controlling auf. Den Grundaufbau des Handbuchs haben wir beibehalten, da sich dieser auf Basis des Feedbacks aus Theorie und Praxis bewährt hat. Das Buch kann für Entscheider in Management und Controlling, aber auch für Lehrende an Hochschulen und Studierende eine wertvolle Wissensquelle darstellen, die den Stand des modernen Controllings in Theorie und Praxis abbildet.

Bedanken möchten wir uns zunächst bei den Kolleginnen und Kollegen, die durch ihre Mitarbeit und ihre Beiträge das Handbuch erst möglich gemacht haben. Weiterer Dank gilt Vanessa Frank, die am Aalener Institut für Unternehmensführung (AAUF) die Schriftleitung sowie die Koordination des Gesamtprojekts übernommen hat. Ebenfalls bedanken möchten wir uns bei Jennifer Ott von Springer Nature, die das Projekt verlagsseitig wie immer freundlich und professionell begleitet hat.

Wir freuen uns über Feedback und Anregungen und Wünschen dem Handbuch eine weite Verbreitung.

Bamberg und Aalen
im Februar 2021

Wolfgang Becker
Patrick Ulrich

Vorwort

Das Controlling befindet sich, ähnlich wie auch andere betriebswirtschaftliche Teildisziplinen, momentan im Umbruch. Aktuelle Trends und Entwicklungen, die zunehmende Internationalisierung der Wissenschaft und Praxis, aber auch Veränderungen im Forschungs- und Lehrverhalten an Universitäten und anderen Hochschulen tangieren das traditionelle Themengebiet, die Forschungsfragen und nicht zuletzt die praktische Tätigkeit von Controllerinnen und Controllern.

Angesichts des Trends hin zu (angloamerikanischen) Journal-Veröffentlichungen sind in der wissenschaftlichen Community vermehrt Meinungen zu vernehmen, die sich von Büchern als Publikationsform wissenschaftlicher Erkenntnisse gänzlich abwenden. Das Handbuch alter Tradition stellt hier sicherlich eine besondere Form der Publikation dar, da in Handbüchern historisch das gesammelte Wissen von Expertinnen und Experten in einem speziellen Themenbereich geordnet, systematisiert und damit für Wissenschaft und Praxis nutzbar gemacht wurde.

Die Herausgeber dieses Handbuchs sind der Auffassung, dass die aktuelle Situation des Controllings in Wissenschaft und Praxis die Herausgabe eines aktualisierten Handbuchs zum Controlling begründet und geradezu notwendig macht. Während sich die deutschsprachigen Vertreter des Controllings zwischen 1990 und etwa 2005 stark um die Etablierung des Fachs und konzeptionelle Grundlagenarbeit verdient gemacht haben, sollte das Controlling angesichts der Vielzahl zu erwartender Veränderungen wie z. B. der Digitalisierung wieder stärker die praxeologische Funktion der Wissenschaft in den Vordergrund rücken und konkrete Handlungsempfehlungen für die Unternehmenspraxis ableiten. Damit könnte die BWL auch dem stärker als bisher formulierten Wunsch nach einem evidenzbasierten Forschungsparadigma entsprechen.

Es freut uns, dass wir Freundinnen und Freunde, Kolleginnen und Kollegen für unser Projekt begeistern und für die Mitarbeit gewinnen konnten. Entstanden ist aus unserer Sicht ein Werk, das ausgezeichnete Wissenschaftlerinnen und Wissenschaftler sowie Praktikerinnen und Praktiker im Bereich des Controllings vereint und den Status Quo des Controllings in Wissenschaft und Praxis gewinnbringend miteinander verbindet.

Das Handbuch ist bewusst an mehrere Zielgruppen gerichtet. Es kann als Nachschlagewerk, Anregung für vertiefendes Studium, aber auch als Wegweiser für

Forscherinnen und Forscher sowie praktische Entscheidungsträger aus Geschäftsleitung und Controlling dienen.

Wir danken allen Mitwirkenden an diesem Projekt und sind unseren Leserinnen und Lesern natürlich für ihr wie auch immer ausfallendes Feedback dankbar.

Bamberg
im September 2015

Univ.-Professor Dr. Dr. habil. Wolfgang Becker
Dr. Patrick Ulrich

Inhaltsverzeichnis

Band 1

Autorenverzeichnis

Björn Asdecker Otto-Friedrich-Universität Bamberg, Lehrstuhl für Betriebswirtschaftslehre, insb. Produktion und Logistik, Bamberg, Deutschland

Björn Baltzer University of Applied Sciences Würzburg-Schweinfurt, Würzburg, Deutschland

Thomas Barth Hochschule für Wirtschaft und Umwelt, Nürtingen, Deutschland

Albrecht Becker Institut für Organisation und Lernen, Universität Innsbruck, Innsbruck, Österreich

Visiting Professor, Turku School of Economics, Innsbruck, Österreich

Wolfgang Becker Ordinarius und Emeritus des Lehrstuhls für BWL, insbes. Unternehmensführung und Controlling, Otto-Friedrich-Universität Bamberg, Bamberg, Deutschland

Stefan Behringer IFZ Institut für Finanzdienstleistungen Zug, Hochschule Luzern, Rotkreuz, Schweiz

Tim Botzkowski HDI Group, Hannover, Deutschland

Bianca Brandt Otto-Friedrich-Universität Bamberg, Lehrstuhl für Unternehmensführung & Controlling, Bamberg, Deutschland

Frerich Buchholz Sparkasse Hannover, Hannover, Deutschland

Marino Bundi Institut für Finanzdienstleistungen Zug IFZ, Hochschule Luzern, Rotkreuz, Schweiz

Nils Crasselt Schumpeter School of Business and Economics, Bergische Universität Wuppertal, Wuppertal, Deutschland

Ute David IPRI gGmbH, Stuttgart, Deutschland

Stefan Dierkes Georg-August-Universität Göttingen, Göttingen, Deutschland

Thomas Egner Otto-Friedrich-Universität Bamberg, Lehrstuhl für Betriebswirtschaftslehre, insb. Betriebliche Steuerlehre, Bamberg, Deutschland

Christoph Endenich IESEG School of Management (LEM-CNRS), Katholische Universität Lille, Lille und Paris, Frankreich

Birgit Feldbauer-Durstmüller Johannes Kepler Universität, Institut für Controlling & Consulting, Linz, Österreich

Sebastian Firk Professur für Management und Controlling, Georg-August-Universität Göttingen, Göttingen, Deutschland

Carl-Christian Freidank Institut für Wirtschaftsprüfung und Steuerwesen, Universität Hamburg, Hamburg, Deutschland

Florian Fuchs Lehrstuhl für Unternehmensrechnung und Controlling, TU Kaiserslautern, Kaiserslautern, Deutschland

Siegfried Gänßlen Internationaler Controller Verein (ICV), Stuttgart, Deutschland

Werner Gleißner Future Value Group, Leinfelden-Echterdingen (Stetten), Technische Universität Dresden, Dresden, Deutschland

Ronald Gleich Frankfurt School of Finance & Management, Oestrich-Winkel, Deutschland

Lukas Goretzki Universität Innsbruck, Institut für Organisation und Lernen, Innsbruck, Österreich

Till Grewe Unternehmensberater, Köln, Deutschland

Kai Grönke Horváth & Partners Management Consultants, Düsseldorf, Deutschland

Hasan Andaç Güler Corporate Controlling and Reporting, Schenck Process, Darmstadt, Deutschland

Dirk Hachmeister Lehrstuhl für Rechnungswesen und Finanzierung, Universität Hohenheim, Stuttgart, Deutschland

Thomas Heupel Universität Siegen, Siegen, Deutschland

Martin R. W. Hiebl Lehrstuhl für Betriebswirtschaftslehre, insbesondere Management Accounting and Control, Universität Siegen, Siegen, Deutschland

Institut für Controlling und Consulting, Johannes Kepler Universität Linz, Linz, Österreich

Gero Hoch FOM-Hochschule Essen, Essen, Deutschland

Andreas Hoffjan Technische Universität Dortmund, Dortmund, Deutschland

Péter Horváth IPRI gGmbH, Stuttgart, Deutschland

Dominik Ilgner Brose Tuscaloosa Inc, Vance, USA

Björn Ivens Otto-Friedrich-Universität Bamberg, Bamberg, Deutschland

Timo Kachel Universität Siegen, Siegen, Deutschland

Imke Keimer Institut für Finanzdienstleistungen Zug IFZ, Hochschule Luzern, Rotkreuz, Schweiz

Tanja Keser PricewaterhouseCoopers GmbH, München, Deutschland

Markus Klepzig SV Wehen 1926 Wiesbaden GmbH, Wiesbaden, Deutschland

Wolfgang Kornblum Oldenburg, Deutschland

Maik Lachmann Technische Universität Berlin, Berlin, Deutschland

Sabine Landwehr-Zloch Duale Hochschule Baden-Württemberg, Karlsruhe, Deutschland

Sven Laumer Otto-Friedrich-Universität Bamberg, Bamberg, Deutschland

Arnd Lawrenz Deloitte Consulting, Düsseldorf, Deutschland

Alexander Leischnig Otto-Friedrich-Universität Bamberg, Bamberg, Deutschland

Katja Lepper Stiftungsprofessur für Wohnungsgenossenschaften und genossenschaftliches Prüfungswesens, EBZ Business School, Bochum, Deutschland

Florian Lindner Mazars Wirtschaftsprüfungsgesellschaft, Köln, Deutschland

Volker Lingnau Lehrstuhl für Unternehmensrechnung und Controlling, TU Kaiserslautern, Kaiserslautern, Deutschland

Christian Lohmann Schumpeter School of Business and Economics, Bergische Universität Wuppertal, Wuppertal, Deutschland

Kerstin Lopatta Fakultät für Wirtschafts- und Sozialwissenschaften, Universität Hamburg, Hamburg, Deutschland

Heimo Losbichler Internationaler Controller Verein (ICV) / International Group of Controlling (IGC), Steyr, Österreich

Christian Maier Otto-Friedrich-Universität Bamberg, Bamberg, Deutschland

Dirk Mazurkiewicz Fachbereich Wirtschafts- und Sozialwissenschaften, Hochschule Koblenz/RheinAhrCampus Remagen, Koblenz, Deutschland

Christian Million Horváth & Partners, Stuttgart, Deutschland

Tobias Nemmer Hochschule Aalen, Aalen, Deutschland

Rita Niedermayr International Group of Controlling (IGC), Wien, Österreich

Karin Niederwimmer Johannes Kepler Universität, Institut für Controlling & Consulting, Linz, Österreich

Kai Nobach Technische Hochschule Nürnberg Georg Simon Ohm, Professur für Controlling und Allgemeine Betriebswirtschaftslehre, Nürnberg, Deutschland

Jochen R. Pampel Professur Internationales Management, Dekan Fakultät Wirtschaft, Hochschule Macromedia - University of Applied Science, Hamburg, Deutschland

Maurice Plößer Lehrstuhl für BWL, insbesondere Unternehmensführung & Controlling, Universität Bamberg, Bamberg, Deutschland

Gregor Przytulla Horváth & Partners Management Consultants, Düsseldorf, Deutschland

Stephan Rasch PricewaterhouseCoopers GmbH, München, Deutschland

Stefan Rech Römerberg, Deutschland

Sven Reinecke Institut für Marketing und Customer Insight, Universität St. Gallen, St. Gallen, Schweiz

Lukas Rieder International Group of Controlling (IGC), St. Gallen, Schweiz

Robert Rieg Hochschule Aalen, Aalen, Deutschland

Stephanie Rüsch Technische Universität Dortmund, Dortmund, Deutschland

Frederik Ruthardt Stuttgarter Büro von Ebner Stolz, Universität Hohenheim, Stuttgart, Deutschland

Remmer Sassen Technische Universität Dresden, Dresden, Deutschland

Sigrid Schaefer Professur für Betriebswirtschaftslehre, insbesondere Controlling und nachhaltiges Wirtschaften, EBZ Business School, Bochum, Deutschland

Ulrich Schäfer Georg-August-Universität Göttingen, Göttingen, Deutschland

Utz Schäffer Internationaler Controller Verein (ICV), Vallendar, Deutschland

Ewald Scherm FernUniversität in Hagen, Lehrstuhl für BWL, insb. Organisation und Planung, Hagen, Deutschland

Holger Schmidt Horváth & Partners Management Consultants, Düsseldorf, Deutschland

Torben Schmidt Professur für Management und Controlling, Georg-August-Universität Göttingen, Göttingen, Deutschland

Mario Schmitz Deloitte Consulting, Düsseldorf, Deutschland

Christian Schneider Deloitte Consulting, Düsseldorf, Deutschland

Andreas Schöler Hochschule für angewandtes Management GmbH, Erding, Deutschland

Michael Schönherr Horváth & Partners, Berlin, Deutschland

Stephan Schüssler Deloitte Consulting, Düsseldorf, Deutschland

Felix Schuhknecht Lehrstuhl für BWL, insbesondere Unternehmensführung & Controlling, Universität Bamberg, Bamberg, Deutschland

Julia Schuster Oberasbach, Deutschland

Klaus Stemmermann Technische Hochschule Nürnberg Georg Simon Ohm, Nürnberg, Deutschland

Eric Sucky Otto-Friedrich-Universität Bamberg, Lehrstuhl für Betriebswirtschaftslehre, insb. Produktion und Logistik, Bamberg, Deutschland

Lutz Thieme Fachbereich Wirtschafts- und Sozialwissenschaften, Hochschule Koblenz/RheinAhrCampus Remagen, Remagen, Deutschland

Alexander Tombach Institut für Marketing und Customer Insight, Universität St. Gallen, St. Gallen, Schweiz

Rouven Trapp Institut für Controlling, Universität Ulm, Ulm, Deutschland

Patrick Ulrich Lehrstuhl für Unternehmensführung, Hochschule Aalen – Technik und Wirtschaft, Aalen, Deutschland

Dominik van Aaken Ludwig-Maximilians-Universität München, München, Deutschland

Ute Von Vanini FH Kiel, Kiel, Deutschland

Patrick Velte Leuphana Universität Lüneburg, Lüneburg, Deutschland

Bernhard H. Vollmar ZE Zentrum für Entrepreneurship, Professur für Entrepreneurship und Finance, PFH Private Hochschule Göttingen, Göttingen, Deutschland

Friederike Wall Universität Klagenfurt, Institut für Unternehmensführung, Abteilung für Controlling und Strategische Unternehmensführung, Klagenfurt, Österreich

Jürgen Weber Internationaler Controller Verein (ICV), Vallendar, Deutschland

Christoph Weinert Otto-Friedrich-Universität Bamberg, Bamberg, Deutschland

Tim Weitzel Otto-Friedrich-Universität Bamberg, Bamberg, Deutschland

Felix Wenger Technische Universität Dortmund, Dortmund, Deutschland

Michael Wolff Professur für Management und Controlling, Georg-August-Universität Göttingen, Göttingen, Deutschland

Norbert Zdrowomyslaw Hochschule Stralsund, Stralsund, Deutschland

Bernd Zirkler Eckprofessur für Allgemeine Betriebswirtschaftslehre, insbesondere Rechnungswesen/Controlling Fakultät Wirtschaftswissenschaften, Westsächsische Hochschule Zwickau, Zwickau, Deutschland

Teil I

Einführung in das Controlling

Einführung in das Controlling

Wolfgang Becker und Patrick Ulrich

Zusammenfassung

Die betriebswirtschaftliche Teildisziplin des Controllings ist in den letzten Jahren in Theorie und Praxis über ihre historischen Wurzeln – das (interne) Rechnungswesen – zunehmend hinausgewachsen. Natürlich spielen die Methoden, Instrumente und Werkzeuge des Rechnungswesens noch immer eine zentrale Rolle für das Controlling. Letzteres ist jedoch längst wesentlich mehr als ein reiner Dienstleistungsbereich, der Zahlen und Fakten für die Unternehmensführung liefert. Unternehmensführung und Controlling sind inzwischen funktional so eng verzahnt, dass eine integrative Betrachtung dieser Funktionen zwingend erscheint.

Schlüsselwörter

Controlling · Controlling-Instrumente · Controlling-Konzeption · Rechnungswesen – CFO · Controllership

Die betriebswirtschaftliche Teildisziplin des Controllings ist in den letzten Jahren in Theorie und Praxis über ihre historischen Wurzeln – das (interne) Rechnungswesen – zunehmend hinausgewachsen. Natürlich spielen die Methoden, Instrumente und Werkzeuge des Rechnungswesens noch immer eine zentrale Rolle für das Controlling. Letzteres ist jedoch längst wesentlich mehr als ein reiner Dienstleistungs-

W. Becker (✉)
Ordinarius und Emeritus des Lehrstuhls für BWL, insbes. Unternehmensführung und Controlling, Otto-Friedrich-Universität Bamberg, Bamberg, Deutschland
E-Mail: wolfgang.becker@uni-bamberg.de

P. Ulrich
Lehrstuhl für Unternehmensführung, Hochschule Aalen – Technik und Wirtschaft, Aalen, Deutschland
E-Mail: patrick.ulrich@hs-aalen.de

W. Becker, P. Ulrich (Hrsg.), *Handbuch Controlling*,
https://doi.org/10.1007/978-3-658-26431-4_1

bereich, der Zahlen und Fakten für die Unternehmensführung liefert. Unternehmensführung und Controlling sind funktional eng verzahnt, so dass eine stark ausgeprägte Integration dieser Funktionen zwingend anzuraten ist. Hier ist sicher auch der immer stärkere Trend zur Digitalisierung zu beachten.

Ursprünglich stand in der Debatte um die Daseinsberechtigung und die Funktionen des Controllings – der historischen Entstehung des Fachs entsprechend – die Informationsorientierung des Controllings im Vordergrund. Es schlossen sich Diskussionen um die Koordinations-, Gewinnziel-, Wertschöpfungs-, Rationalitätssicherungs-, Reflexions- und Kognitionsorientierungen sowie viele weitere Interpretationen von Funktionen, Daseinsberechtigung und Zwecken des Controllings an, die in der jüngeren Vergangenheit zu einer zunehmend stärker ausgeprägten Integration der Controlling-Lehre, Controlling-Wissenschaft und Controlling-Praxis in die Unternehmensführung geführt haben. Hinzu kommt, dass die deutsche Controlling-Forschung und -Praxis in den letzten Jahren auch international anschlussfähiger geworden ist, was sich an der Beteiligung deutscher Professorinnen und Professoren an internationalen Tagungen, Publikationen in internationalen Zeitschriften und der Rezeption deutscher Gedanken im internationalen Schrifttum festmachen lässt.

Am ehesten und deutlichsten ist dies an der Personifikation des Controllings, dem Controller, festzumachen (von der akademischen Diskussion um Trennung von Funktion und Institution des Controllings werden wir an dieser Stelle einmal abstrahieren): war er in der Vergangenheit noch häufig Kontrolleur und nicht selten Erbsenzähler, haben sich Anforderungen und Rollenbild des Controllers doch stark gewandelt. An vielen Stellen ist vom Controller als Business Partner zu lesen, der zusammen mit den Managern Controlling-Aufgaben übernimmt und das Unternehmen gemäß den Unternehmenszwecken führt – seien diese nun durch Existenzsicherung, Steigerung der Wertschöpfung oder Gewinnmaximierung operationalisiert. Für die einzelne Controllerin und den einzelnen Controller bedeutet diese gestiegene Bedeutung, aber auch höhere Anforderungen: neue Methoden, Instrumente und Wertzeuge, Fremdsprachenkenntnisse und nicht zuletzt ein gesteigertes (kommunikatives) Fingerspitzengefühl gehören zum Werkzeugkasten des modernen Controllers.

Funktion und Institution des Controllings sind in der Praxis zudem durch neue Entwicklungen betroffen, die von der stärkeren Integration von Controlling, Finanzen und Rechnungswesen, der gestiegenen Bedeutung der internationalen Rechnungslegung, der intensiveren Betrachtung von Schnittstellenthemen bis hin zu ganz neuen, vorher unbesetzten Themen, wie etwa Controlling und Ethik oder Controlling und Nachhaltigkeit und der digitalen Transformation reichen. In diesem komplexer werdenden Umfeld muss sich auch die Controlling-Wissenschaft mit dem veränderten Anforderungsprofil an sie selbst, aber auch mit den aus der Wissenschaft entspringenden und in die Praxis umzusetzenden Erkenntnissen beschäftigen. In diesem Spannungsfeld ist das vorliegende Handbuch zu verorten.

In der vorliegenden 2. Auflage des Handbuchs Controlling zeigen kompetente Experten aus Wissenschaft und Praxis den aktuellen Stand des Controllings in Theorie und Praxis und die Entwicklungsperspektiven des Controllings auf. Hierzu wird zunächst das Basiswissen des Controllings in komprimierter und für die Praxis nutzbarer Art und Weise dargestellt. Das gesamte Handbuch sowie die einzelnen Beiträge sind in der Folge an der inhaltlichen Gesamtkonzeption des Werks ausgerichtet. Nach der terminologischen und historischen Einführung widmen sich die Autorinnen und Autoren der Bedeutung von Controlling-Konzeptionen für die Unternehmenspraxis. Controlling-Konzeptionen sind als gedankliches Grundgerüst des Controllings nicht nur für die Forschung interessant, sondern geben Unternehmen im Kontext der Implementierung des Controllings in der Praxis ein Rahmengerüst für die aufbau- und ablauforganisatorische Gestaltung des Controllings. Einen Einblick in die herausgeberseitig entwickelte Konzeption des wertschöpfungsorientierten Controllings in Zeiten der Digitalisierung vermittelt der dieser Einführung folgende Beitrag. Die einzelnen Elemente von Controlling-Konzeptionen – Philosophie und Ziele, Struktur und Prozesse – werden in Einzelbeiträgen gesondert fokussiert.

Der folgende Abschnitt des Handbuchs umfasst eine Auswahl von aktuellen Controlling-Methoden, -Instrumenten und -Werkzeugen. Diese werden in der Praxis häufig als „Kern des Controllings“ interpretiert und kommen in Beiträgen sowohl aus Wissenschaft, als auch aus Unternehmenspraxis und Unternehmensberatung zur Anwendung. Die folgenden beiden Abschnitte stehen unter den Oberbegriffen der Controlling-Praxis anhand der Wertschöpfungskette sowie der Umweltbedingungen in der Controlling-Praxis. Ersterer Aspekt trägt der zunehmenden Vernetzung von Wertschöpfungsketten in der Unternehmenspraxis Rechnung, so dass die Wichtigkeit der „Bindestrich-Controllings“ als Querschnittsfunktionen in der Praxis stark zugenommen hat. Der zweite Aspekt betont die Tatsache, dass zwar alle Organisationen von Controlling-Gedanken profitieren können, dass es jedoch keineswegs ein „one size fits all“-Konzept gibt. Controlling-Konzeptionen müssen in der Praxis stets auf den jeweiligen situativen Kontext angepasst werden, was für spezielle Branchen, Betriebstypen (z. B. Mittelstand) und Organisationsformen (z. B. Non-Profit-Organisationen) eigene Ausprägungsformen des Controllings bedingt. Der letzte Abschnitt des Handbuchs befasst sich mit neueren Entwicklungen des Controllings und subsumiert Themenbereiche wie z. B. Corporate Governance, Digitalisierung, Compliance, Ethik, Nachhaltigkeit, IFRS und Green Controlling.

Das Handbuch soll anwendungsorientiert aktuelles Wissen zum Controlling vermitteln. Insofern sind die enthaltenen Beiträge nicht nur für Kostenrechner/-innen und Controller/-innen, sondern auch für deren unterstützte Instanzen, vornehmlich die Geschäftsleitung, den Vorstand oder auch den Aufsichtsrat von Interesse. Zudem sind auch Unternehmenseigentümer bzw. Gesellschafter zunehmend in Controlling-Aktivitäten integriert. Wissenschaftler und Unternehmensberater, die sowohl eigene konzeptionelle Arbeit auf dem Gebiet des Controllings leisten, als auch von aktuellen Entwicklungen in diesem Umfeld profitieren, erhalten einen Einblick in den aktuellen Stand der Vernetzung von Theorie und Praxis im Controlling.

Als Herausgeber danken wir vor allem den Autorinnen und Autoren für die Mitarbeit und die Bereitschaft, ihre Beiträge in Inhalt und Umfang der geschlossenen Gesamtkonzeption des Handbuchs anzupassen. Unser besonderer Dank gilt zudem Frau Vanessa Frank, M.Sc., der eine reibungslose Schriftleitung sicherstellte. Den weiteren wissenschaftlichen Mitarbeiterinnen und Mitarbeitern sowie studentischen Hilfskräften der Professur für Unternehmensführung und -kontrolle an der Hochschule Aalen danken wir für eine redaktionelle Vorbearbeitung einzelner Manuskripte. Dank gebührt schließlich auch Jennifer Ott von Springer Nature, die uns als Herausgeber stets kompetent und freundlich unterstützt hat.

Wertschöpfungsorientiertes Controlling in Zeiten der Digitalisierung

Wolfgang Becker

Zusammenfassung

Der *Zweck von Unternehmen* lässt sich in generalisierter und zugleich ökonomischer Prägung der Interessen unternehmerischer Stakeholder in dem *Erzielen von Wertschöpfung* ableiten. Die hohe Bedeutung dieser Zwecksetzung für die *Existenzsicherung von Unternehmen* führt dazu, dass innerhalb der Unternehmensführung eine spezialisierte Funktion für die Wahrnehmung zweckbildender Interessen der Stakeholder herausgebildet werden sollte. In der Konzeption des ‚*Wertschöpfungsorientierten Controllings*' wird diese Funktion dem Controlling beigemessen. Das wertschöpfungsorientierte Controlling ist also darauf fokussiert, die Erfüllung der unternehmerischen Zwecksetzung sicherzustellen.

Die durch zunehmende *Digitalisierung* eingeleitete Entwicklung des unternehmerischen Handlungsgefüges in *digitale Geschäftsmodelle* erfordert es, auch das Controlling entsprechend auszurichten. Das Controlling sowohl der digitalen Transformation als auch der resultierenden digitalen Geschäftsmodelle ist in der heutigen Zeit unerlässlich, aber noch längst nicht gängige Praxis. Deshalb ist zunächst ausgehend von der Erörterung des unternehmerischen Zwecks der Wertschöpfung das Grundverständnis des wertschöpfungsorientierten Controllings selbst darzulegen. Darüber hinaus sind zudem *digitale Geschäftsmodelle als Objektfeld des wertschöpfungsorientierten Controllings* zu definieren, um so die grundlegenden und typischen *Aufgabenfelder* sowie die für deren Bewältigung erforderlichen *Instrumente* zu charakterisieren.

Schlüsselwörter

Unternehmenszweck · Wertschöpfung · Geschäftsmodell · Wertschöpfungsorientiertes Controlling · Digitalisierung · Controlling digitaler Wertschöpfung

W. Becker (✉)
Ordinarius und Emeritus des Lehrstuhls für BWL, insbes. Unternehmensführung und Controlling, Otto-Friedrich-Universität Bamberg, Bamberg, Deutschland
E-Mail: wolfgang.becker@uni-bamberg.de

W. Becker, P. Ulrich (Hrsg.), *Handbuch Controlling*,
https://doi.org/10.1007/978-3-658-26431-4_88

1 Einleitung

Die an der Universität Bamberg entwickelte Konzeption des wertschöpfungsorientierten Controllings begreift das Controlling nicht als ein der bloßen Unterstützung des Managements dienendes Instrument, sondern als ein grundlegendes Instrument der Managementlehre, also der Unternehmensführung i. w. S. (Becker 1990, 1996, 1999; Becker et al. 2014). Das Controlling ergänzt also integrativ die traditionellen Instrumente der Organisation, der Planung, Entscheidung und Kontrolle sowie der Leitung (Führung i. e. S.). Dazu ist das Controlling selbst mit eigenständigen Funktionen ausgestattet, die dem Controlling innerhalb der Unternehmensführung ein spezifisches Rollenverständnis geben.

Die nachfolgenden Ausführungen sollen zunächst die Zwecksetzung von Unternehmen detaillierter beleuchten. Darüber hinaus soll das Konzept des wertschöpfungsorientierten Controllings erläutert werden. Des Weiteren ist der derzeitige Megatrend der wirtschaftlichen Entwicklung, nämlich die Digitalisierung und damit einhergehend die digitale Wertschöpfung aufzugreifen. In diesem Zusammenhang werden auch die grundlegenden Fragen des Controllings der digitalen Wertschöpfung aufgegriffen.

2 Wertschöpfung als Zweck von Unternehmen

Unternehmen stehen stets im Spannungsfeld unterschiedlicher Interessen ihrer Stakeholder. Bündelt man diese teils sehr unterschiedlichen Interessen unter ökonomischen Aspekten, so gelangt man zu einer für alle Unternehmen charakteristischen Zwecksetzung. Diese zweckgenerierende Bündelung erfolgte innerhalb der deutschsprachigen Betriebswirtschaftslehre insbesondere im Rahmen der organisationstheoretisch geprägten Instrumentalthese (Kosiol 1966; Schmidt 1967). Die später in der US-amerikanischen Stakeholder-Theory auftretenden Aussagen sind ähnlich geprägt.

2.1 Bündelung unternehmerischer Interessen zu einer generalisierten Zwecksetzung der Wertschöpfung

Die generalisierende Bündelung von Stakeholder-Interessen lässt, wie dies Abb. 1 zeigt, erkennbar werden, dass Unternehmen letztlich stets generalisierbare Interessenperspektiven aufweisen. Hierzu zählen zunächst Interessen zur Deckung der in den Märkten vorzufindenden bzw. zu entwickelnden (Fremd-)Bedarfe. Darüber hinaus bestehen stets Interessen, aus der Fremdbedarfsdeckung resultierende Entgelte zu erzielen. Schließlich existieren Interessen zur Bedürfnisbefriedigung aller am Unternehmen partizipierenden Menschen. Die zuletzt genannten Interessen der Bedürfnisbefriedigung beinhalten wiederum vielschichtige individuelle, soziale und ökologische Bedürfnisse. Alle drei Interessenperspektiven lassen sich unter dem ökonomischen Begriff der *Wertschöpfung* subsumieren (Becker 1996, S. 24–31).

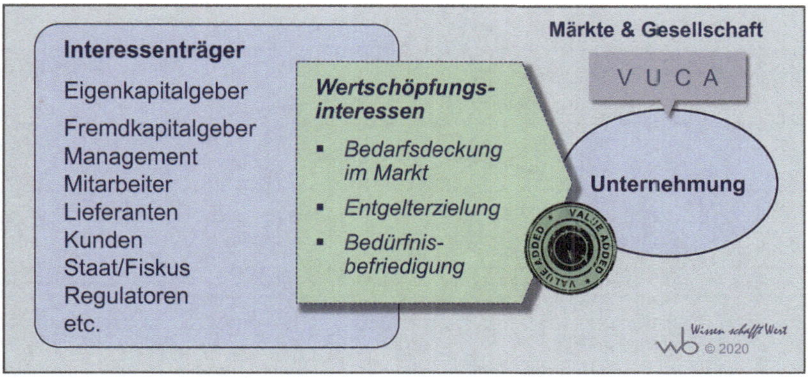

Abb. 1 Unternehmen im Spannungsfeld unterschiedlicher Wertschöpfungsinteressen (eigene Darstellung)

Die Realisierung dieser in sich komplexen Zwecksetzung erfolgt vor dem Hintergrund, dass Unternehmen stets in unterschiedliche Märkte und in die Gesellschaft eingebettet sind. Der damit und den eigenen Unternehmenskonstellationen einhergehende situative Kontext führt dazu, dass Unternehmen regelmäßig mit den Eigenschaften der Volatilität, der Unsicherheit, der Komplexität und der Ambiguität (VUCA) konfrontiert und selbst ausgestattet sind (Bennett und Lemoine 2014; Mack et al. 2016). Dies ist im Rahmen der Wertschöpfung stets zu berücksichtigen.

Die Zwecksetzung von Unternehmen, also die zuvor angesprochene Wertschöpfung lässt sich somit terminologisch wie folgt fassen (Becker 1996, S. 30):

▶ Die **unternehmerische Wertschöpfung** wird als ein ökonomisch orientiertes Konglomerat aus den Wertschöpfungsinteressen aller am Unternehmen beteiligten Interessenträger (Stakeholder), also der (Fremd-)Bedarfsdeckung, der Entgelterzielung und der Bedürfnisbefriedigung, definiert.

Die Wertschöpfung dient so als zentrale *Erfolgsgröße des unternehmerischen Handelns*, ist also im Rahmen des unternehmerischen Strebens nach Wirtschaftlichkeit möglichst zu optimieren. Gelingt es einem Unternehmen, Wertschöpfung zu generieren, aber auch zu sichern und im weiteren (zeitlichen) Verlauf zu steigern, so führt dies letztlich dazu, die dauerhafte Existenz von Unternehmen sicherstellen zu können.

2.2 Bestandteile und Perspektiven der Wertschöpfung

Die Wertschöpfung selbst beinhaltet also die zuvor genannten, letztlich interessenbedingten Komponenten. Es resultieren, wie dies Abb. 2 veranschaulicht, eine traditionell betriebswirtschaftliche Perspektive (mit dem ‚*Economic Value*') und eine psychosoziale Perspektive (mit dem ‚*Social Value*') der Wertschöpfung.

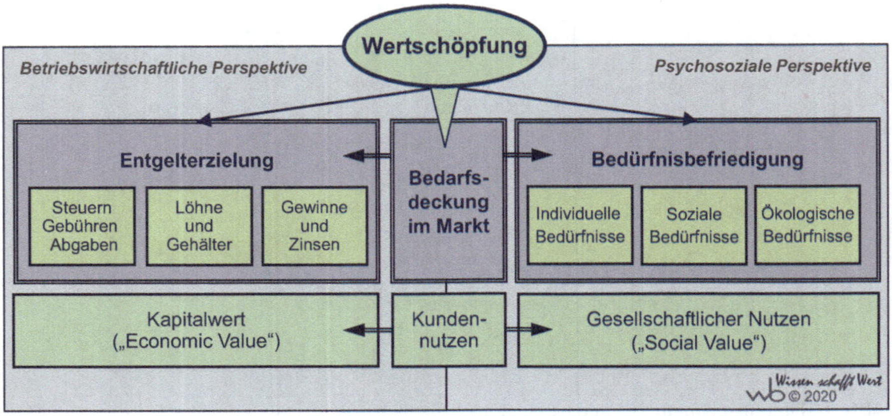

Abb. 2 Begriff und Perspektiven der Wertschöpfung (eigene Darstellung)

Die *traditionell betriebswirtschaftliche Perspektive der Wertschöpfung* folgt einer eher eng geprägten ökonomischen Rationalität. Hier stehen die Entgelterzielungsinteressen unterschiedlicher Stakeholder, insbesondere der Eigen- und Fremdkapitalgeber, des Managements und der Mitarbeiter sowie des Staats im Vordergrund. Die alleinige Fokussierung auf diese Interessen führt zu letztlich zu einem Modell eines ausschließlich „wirtschaftlich" denkenden und daher rational handelnden ‚*Homo oeconomicus*', wie es in der klassischen und neoklassischen Wirtschaftstheorie Verwendung fand und findet. Die Vorstellung, dass ökonomische Rationalität (allein bzw. vorrangig) handlungsleitend sein sollte, ist auch in moderneren Publikationen zum Controlling nachzulesen. So findet sich etwa die Forderung „Es gilt, die Rationalität der Unternehmensführung sicherzustellen." (Weber und Schäffer 2020, S. 61). Spätestens seit den mit dem Alfred-Nobel-Gedächtnispreis für Wirtschaftswissenschaften gewürdigten Erkenntnissen zur Theorie begrenzter Rationalität (Simon 1957) ist diese Aussage relativ zu verstehen. Rationalität – begriffen als die Fähigkeit, Begründungen für ein bestimmtes Verhalten anzugeben – hat eine zweifelsfrei hohe Bedeutung für das Erreichen unternehmerischer Zwecke. Allerdings belegt die Neurowissenschaft, dass erst eine hinreichende Affektivität dazu führt, dass rationale Erkenntnisse handlungswirksam, also umgesetzt werden können (De Sousa 1997). Rationalitätssicherung allein führt somit nicht zwingend zu umfassender Wertschöpfung und damit zur Zweckerfüllung von Unternehmen. Dies gilt um so mehr, als die Wertschöpfung von Unternehmen nicht nur die traditionell betriebswirtschaftliche Perspektive, sondern stets auch eine der Befriedigung der Stakeholder-Befürfnisse dienende *psychosoziale Perspektive* beinhaltet. In diesem Zusammenhang lassen sich drei Bedürfniskategorien unterscheiden, nämlich die *individuellen Bedürfnisse* der unmittelbaren Stakeholder, die aus der Einbettung von Unternehmen in Märkte und Gesellschaft resultierenden *sozialen Bedürfnisse* und die aus der unternehmerischen Nutzung von Umweltressourcen abzuleitenden *ökologischen Bedürfnisse*.

Der Wertschöpfungsaspekt der Bedürfnisbefriedigung ist nicht ohne weiteres in monetären Größen abbildbar, entzieht sich also (zumindest teilweise) der Erfassung durch das Finanz- und Rechnungswesen. Dennoch muss auch der *gesellschaftliche Nutzen* berücksichtigt werden. Es ist also für eine zweckorientierte Unternehmensführung unabdingbar, den ‚Social Value' etwa mit Hilfe geeigneter Indikatoren zu messen und ihn dem ‚Economic Value' gegenüberzustellen. Eine Gegenüberstellung der Wertschöpfungskomponenten ist der wechselseitigen Verrechnung, wie sie teilweise in der Praxis versucht wird, vorzuziehen. Ansonsten müssten die Rechengrößen künstlich gleichnamig gemacht werden. Zudem stehen beide *Perspektiven der Wertschöpfung* teils in komplementären, teils aber eben auch in konfliktären Zielbeziehungen. Dies sollte nicht verwischt werden, da Unternehmen beide Perspektiven im Sinne der Existenzsicherung stets in einer angemessenen Ausgewogenheit zu erreichen haben. Abb. 3 verdeutlicht das resultierende Spannungsfeld, in dem ein spezifisch betrachtetes Unternehmen im Sinne der *Schaffung einer existenzsichernden Balance* zu positionieren und durch Dritte zu verorten ist.

Die derart differenzierende Betrachtung der Wertschöpfung lässt folglich eine charakteristische und letztlich sogar deutlich *zweckbildende Typisierung von Unternehmen* in *„For Profit Organizations"* und in *„Non Profit Organizations"* erkennen. Besteht die Zwecksetzung in der Vereinbarung der damit einhergehenden Wertschöpfungsaspekte, so lassen sich in dem dargelegten Wert-Portfolio *„Balanced Organizations"* positionieren. Die Frage der *Angemessenheit der Positionierung*, also auch der (noch) zu erzielenden bzw. (bereits) erzielten Wertschöpfung ist stets

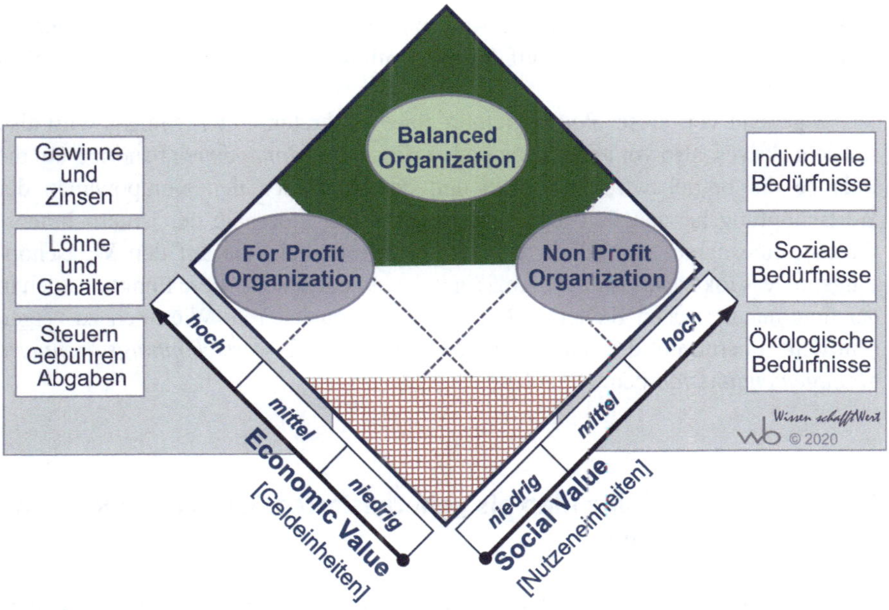

Abb. 3 Schaffen einer Balance zwischen ökonomischen und gesellschaftlichem Nutzen (eigene Darstellung)

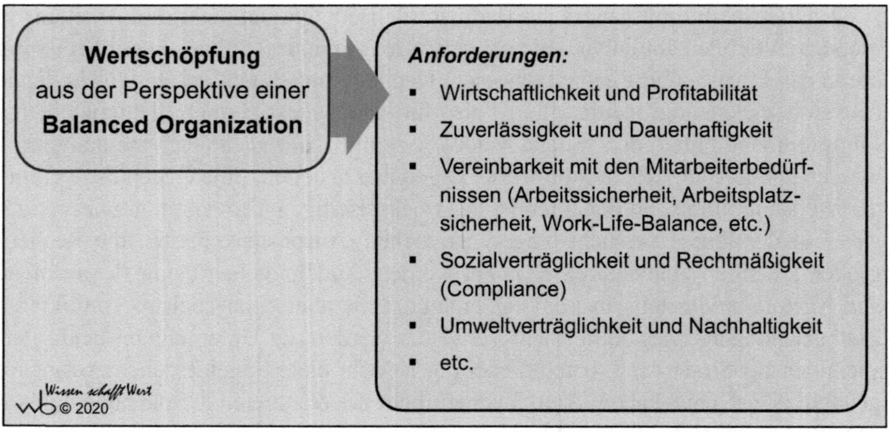

Abb. 4 Anforderungen an eine balancierte Wertschöpfung (eigene Darstellung)

nur vor dem Hintergrund der sich situativ für ein bestimmtes Unternehmen stellenden Wertschöpfungspositionen zu beantworten.

Die Positionierung eines Unternehmens benötigt stets eine hinreichende Konkretisierung der angestrebten *Anforderungen an die Wertschöpfung*. Dies deutet Abb. 4 an, die typische, unternehmensspezifisch allerdings noch zu operationalisierende Anforderungen an die Wertschöpfung aus der Perspektive einer ‚Balanced Organization' beschreibt. Die Konkretisierung derartiger Anforderungen sowie die nachfolgende Operationalisierung messbarer Kriterien, die eine zuverlässige Nachverfolgung des Erreichens gesetzter Anforderungen erlaubt, sind für die Steuerung und Regelung (Lenkung) des auf Wertschöpfung gerichteten unternehmerischen Handelns unabdingbar.

Ausgehend von dieser Positionierung eines konkreten Unternehmens wird also stets ein aktives, also vor allem antizipativ orientiertes *Management* benötigt, um die Balance der betriebswirtschaftlichen und der psychosozialen Komponenten der Wertschöpfung herzustellen. Dazu ist grundsätzlich innerhalb der Unternehmensführung eine darauf spezialisierte Funktion erforderlich, die auf den Wertschöpfungsprozess fokussiert ist. Zweckmäßig kann es zudem sein, diese Funktion auch in der unternehmerischen Stellenstruktur zu institutionalisieren. Wie noch zu zeigen sein wird, übernimmt dies das *Controlling*, das sich *als wertschöpfungsorientierte Managementfunktion* betrachten lässt.

2.3 Balanced Value Map als generalisiertes Geschäftsmodell von Unternehmen

In Unternehmen findet der zuvor angesprochene *Wertschöpfungsprozess* im Rahmen des wirtschaftlichen Handelns statt. Die Modalitäten der unternehmerischen Wertschöpfung beschreibt ein ‚*Geschäftsmodell*', das sich als „one of the great buzzwords of the Internet boom" (Magretta 2002, S. 86) charakterisieren lässt. Das Geschäftsmodell ist ein für die Betriebswirtschaftslehre sehr bedeutsames Konstrukt; allerdings konnte sich bislang keine einheitlich akzeptierte Definition durchsetzen. Daher soll im Sinne eines integrierenden Verständnisses der folgende Begriff genutzt werden (Becker 2019, S. 15):

▶ „Ein **Geschäftsmodell** lässt sich als die vereinfachende Abbildung ausgewählter Aspekte der Ressourcentransformation des Unternehmens sowie der Austauschbeziehungen mit anderen Marktteilnehmern verstehen. Es charakterisiert in generalisierender Form die Art und Weise, wie Wertschöpfung in Unternehmen generiert wird."

Eine Unternehmung beinhaltet mindestens ein Geschäftsmodell und verfolgt damit ihren *Zweck der Wertschöpfung*, der die Grundlage dauerhafter Existenz bildet. Geschäftsmodelle beruhen im Wesentlichen auf den Elementen der (Leistungs-)Potenziale (Kooperationspartner, Lieferanten, Technologien, Personal, Kapital, etc.), der (Leistungs-)Prozesse (bzw. Projekte) und der – über geeignete Vertriebskanäle zu verwertenden – Produkte (Leistungsbündel) sowie deren interdependente Beziehungen. Sie sind zudem stets in (Kapital-, Beschaffungs-, Personal-, Absatz-)Märkte und in die umgebende Gesellschaft eingebettet. Hinzu kommt, dass Geschäftsmodelle aufgrund der herbeizuführenden Zweckbezogenheit stets eines entsprechend ausgerichteten, Controllingfunktionen beinhaltenden Managements bedürfen. Damit ist die Verantwortung für die Zweckerfüllung im Rahmen von Wertschöpfungsprozessen verbunden.

Dazu ist ein geschlossener *Wertschöpfungskreislauf* zu initialisieren und dauerhaft zu sichern, der durch das aus Erfolgspotenzialen resultierende Realisieren von Erfolg, das aus diesem Erfolg resultierende Sichern von Liquidität sowie die dann immer wiederkehrende Erneuerung der Erfolgspotenziale die geforderte Zweckerfüllung sowie dadurch den Bestandserhalt des Unternehmens im Wettbewerb garantiert (Gälweiler 2005). Das Erfolgspotenzial kann als strategisch orientiertes, unternehmensspezifisch gestaltetes Erfolgsfaktorenbündel interpretiert werden. Die weiteren Führungsgrößen des Erfolgs und der Liquidität sind operative und sogar monetär messbare Wirkungen aus der Realisierung des Erfolgspotenzials. Dieses Erfolgspotenzial wiederum benötigt, da es grundsätzlich nicht zwingend zeitstabil auftritt, eine wiederkehrenden Erneuerung, die (nicht unbedingt allein, aber auch) mit Hilfe erwirtschafteter Liquidität durch Innenfinanzierung (sowie ggf. zusätzliche Außenfinanzierung) umzusetzen ist.

Geschäftsmodelle haben damit, wie dies Abb. 5 anschaulich verdeutlicht, trotz ihrer in der Realität vorherrschenden hohen Komplexität einen als generisch zu bezeichnenden Grundaufbau.

Geschäftsmodelle müssen durch einen dauerhaft funktionierenden Wertschöpfungskreislauf, der aus kybernetischer Sicht als geschlossener Regelkreislauf auftritt, im Markt in der durch Labilität (und nicht etwa Stabilität!) gekennzeichneten Balance gehalten werden. Insofern lässt sich das (balancierte) Geschäftsmodell auch als ‚*Balanced Value Map*' bezeichnen. Die mit Hilfe eines Geschäftsmodells ent-

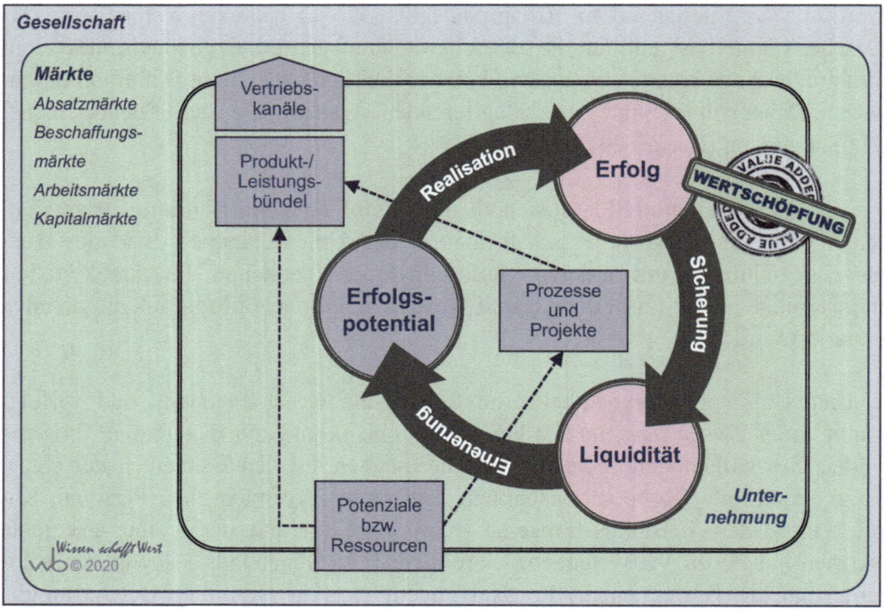

Abb. 5 Balanced Value Map: Generalisiertes Geschäftsmodell mit seinem Wertschöpfungskreislauf (eigene Darstellung)

stehende Wertschöpfung sowie der zugrunde liegende Wertschöpfungsprozess sind die (wiederum generischen) Objekte, die das *Controlling* im hier dargelegten Verständnis mit den dazu geeigneten Funktionen zu bearbeiten hat.

3 Konzept des wertschöpfungsorientierten Controllings

Die nachfolgend kurz zu skizzierende Konzeption des ‚*wertschöpfungsorientierten Controllings*' (Becker et al. 2014) lässt sich als ein theoretisch fundiertes, systematisch strukturiertes, methodisch integriertes und zudem praxisseitig erprobtes Aussagensystem kennzeichnen. Das Controlling tritt dabei als integraler Bestandteil der Unternehmensführung auf.

3.1 Generische Elemente einer Controlling-Konzeption

Die Konzeption des Controllings sollte, wie dies Abb. 6 verdeutlicht, stets auf einer generischen Zusammenstellung der für eine Konfiguration wesentlichen Elemente beruhen. Dazu zählen aus formaler Sicht *philosophische*, *strukturelle* und *prozessuale* Perspektiven der zu konfigurierenden Controlling-Konzeption. Die dazugehörigen Elemente sind im Falle einer praktischen Umsetzung, also der Organisation des Controllings im Unternehmen zwingend zu nutzen und inhaltlich zu befüllen.

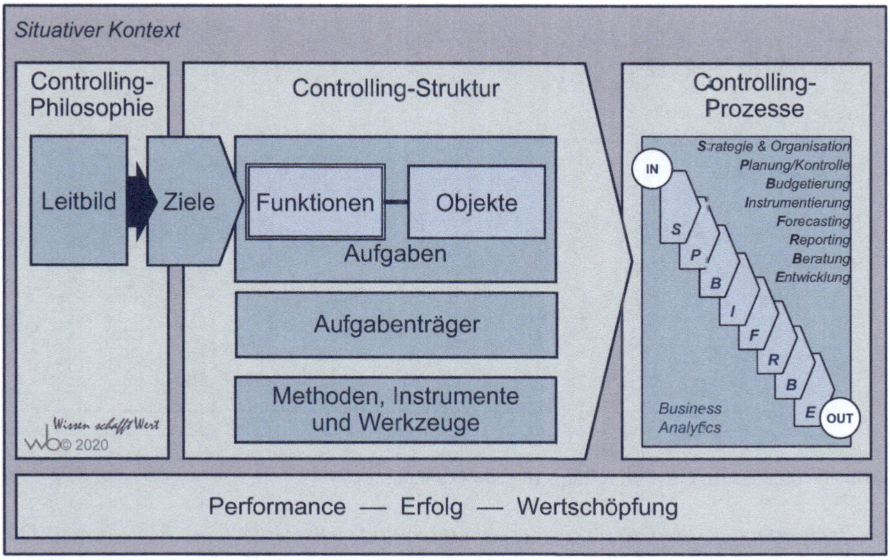

Abb. 6 Elemente einer Controlling-Konzeption (eigene Darstellung)

Insbesondere aus der praktischen Umsetzungsperspektive sind zudem Fragen der erreichbaren *Performance*, des resultierenden *Erfolgs* sowie letztlich vor allem der *Wirkungen auf die unternehmerische Wertschöpfung* zu integrieren.

Die materielle Ausgestaltung eines derartigen generischen Bezugsrahmens erfordert es grundsätzlich, sämtliche Elemente detailliert zu befüllen. In diesem Zusammenhang sind grundsätzlich vorrangig *funktionale und/oder institutionelle Betrachtungen* möglich. Der Klärung der Funktion(en) ist stets eine besondere Bedeutung beizumessen, da damit die Ableitung sämtlicher zu verrichtender Aktivitäten eines betrachteten Aufgabenfeldes möglich wird.

3.2 Funktionen des wertschöpfungsorientierten Controllings

Als umfassend ausgerichtetes und in die Unternehmensführung integriertes Konzept beinhaltet das *wertschöpfungsorientierte Controlling* die *Wahrnehmung unterstützender, mitwirkender und mitverantwortender Aktivitäten*, die auf ein ganzheitliches Management von Geschäftsmodellen gerichtet sind. Das ‚*Wertschöpfungsorientierte Controlling*' ist funktional dadurch charakterisiert, dass es grundsätzlich sowohl eine *originäre Funktion* (der Lokomotion) als auch *derivative Funktionen* (der Information und Abstimmung) beinhaltet. Das verdeutlicht Abb. 7.

Die *originäre Funktion* setzt als *Lokomotionsfunktion* an der eigentlichen Zwecksetzung unternehmerischen Handelns, dem Generieren von Wertschöpfung an und beinhaltet das Anstoßen und Ausrichten des gesamten unternehmerischen Handelns auf den Zweck der Wertschöpfung. Damit verbindet sich letztlich das *Wahrnehmen*

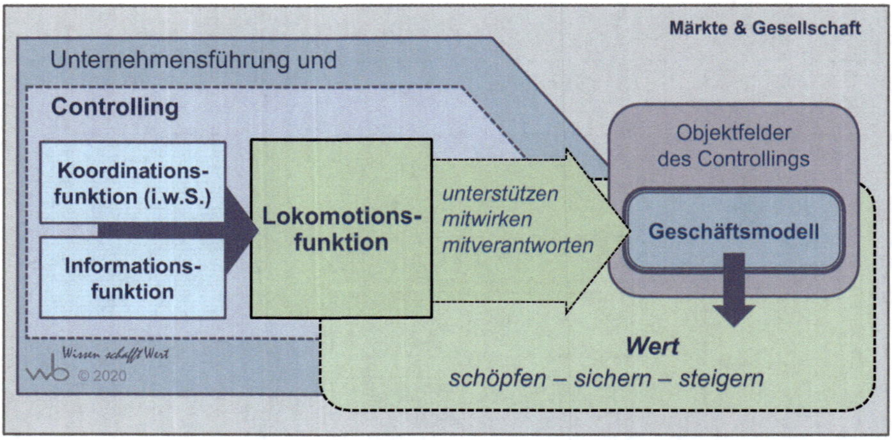

Abb. 7 Funktionen des Controllings (eigene Darstellung)

wertschöpfender, aber auch werterhaltender und wertsteigernder Funktionen. Die Wahrnehmung dieser Funktionen umschließt *unterstützende, mitwirkende und mitverantwortende Aktivitäten*. Das Controlling ist also keinesfalls als reine Supportfunktion, sondern zumindest in dieser originären Funktion als zentraler und wesentlicher Bestandteil der Managementaktivitäten eines Unternehmens einzuordnen. Aus institutioneller Perspektive ist daher die Lokomotionsfunktion primär durch das Management, an oberster Stelle durch den Chief Financial Officer (CFO) eines Unternehmens wahrzunehmen.

Die *derivativen Funktionen* beinhalten zwei traditionell bewährte Funktionen: Dazu zählt zum einen die *Informationsfunktion*, die eine Deckung des aus den Zweck- und Zielsetzungen eines Unternehmens abgeleiteten Informationsbedarfs fordert. Darüber hinaus ist die *Abstimmungsfunktion* darauf gerichtet, eine *Koordination* aller Managementprozesse (Horváth et al. 2015, S. 65) und der damit ausgelösten Handlungen zu bewirken. Die Erfüllung dieser derivativen Funktionen ist eine wesentliche Voraussetzung für die Wahrnehmung und Realisierung der originären (Lokomotions-)Funktion zu betrachten.

Sämtliche Grundfunktionen sind mit Blick auf unterschiedliche *Objektfelder* wahrzunehmen (vgl. dazu nochmals Abb. 6). Als Objektfelder dieser Steuerung (im weitesten Sinne) sind prinzipiell sämtliche, im Einflussbereich der Unternehmensführung stehende Objekte heranziehbar. In fokussierter Betrachtung kann mithin das (generalisierte) Geschäftsmodell der Balanced Value Map als Objektfeld des Controllings betrachtet werden. Betrachtet man nun die Wahrnehmung der Funktionen auf das Geschäftsmodell bzw. seine einzelnen Determinanten, so resultieren die *Aufgaben* des Controllings. Diese wiederum sind durch entsprechende *Aufgabenträger* und mit Hilfe angemessener *Methoden, Instrumente und Werkzeuge* zu erfüllen. Das Controlling ist insofern als „umfassendes und differenziertes Steuerungskonzept …, an dem stets zwei Funktionsträger – der Manager und der Controller – beteiligt sind" (Horváth 2017, S. 4) zu verstehen.

Die Wahrnehmung und Realisierung der Controlling-Aufgaben führt schließlich zu *Controlling-Prozessen*, die sich mit unterschiedlichen Aktivitätsfeldern befassen (International Group of Controlling 2017) Als typische Kernprozesse des Controllings lassen sich nennen:

- die Beteiligung an einem möglichst integriert abzuleitenden Strategie- und Organisationsdesign;
- die Bereitstellung und Mitwirkung an vielschichtigen Managementprozessen, wie sie in synektischen und/oder agilen Planungs-, Entscheidungs- und Kontrollprozessen stattfinden;
- die sich anschließende Budgetierung;
- das Betreiben von Daten-basierten Forecasting-Methoden;
- die umfassende, auf die Lokomotion fokussierte Instrumentierung sämtlicher Managementaktivitäten;
- das auf allen Hierarchieebenen stattfindende Management-orientierte Reporting;
- die Beratung des Managements im Sinne einer Business-Partnerschaft sowie
- die dauernde Weiterentwicklung aller Controlling-Aktivitäten.

Finden diese Prozesse auf der Grundlage von Business Analytics im Sinne des systematischen Generierens von intelligentem Wertschöpfungswissen statt, führt ein derart wertschöpfungsorientiertes Controlling zur gewünschten Performance, sichert den Unternehmenserfolg und sorgt für dauerhafte Wertschöpfung, Wertsicherung und Wertsteigerung.

4 Controlling der digitalen Wertschöpfung

Nachfolgend ist die zukünftig für besonders bedeutsam zu erachtende Wechselwirkung zwischen dem Konzept des wertschöpfungsorientierten Controllings und der digitalen Wertschöpfung zu betrachten. Dazu sind zunächst die Digitalisierung selbst sowie die resultierende digitale Wertschöpfung zu charakterisieren. Im Anschluss werden die Funktionen, die Aufgabenfelder und Aufgabenträger sowie bedeutsame Instrumente des Controllings der digitaler Geschäftsmodelle detaillierter erörtert.

4.1 Charakteristika der Digitalisierung

Der in Wissenschaft und Praxis omnipräsente *Begriff der Digitalisierung* ist oftmals vorwiegend technologisch geprägt, sollte jedoch aufgrund der hohen Bedeutung ebenso im ökonomischen Kontext geklärt sein. Greift man den verwendungsorientierten Zusammenhang zwischen Digitaltechnologien und Geschäftsmodellen auf, so gelangt man zu folgender Definition (Becker und Pflaum 2019, S. 9):

▶ „**Digitalisierung** ist die strategisch orientierte Transformation von Prozessen, Produkten, Dienstleistungen bis hin zur Transformation von kompletten Geschäftsmodellen unter Nutzung moderner Informations- und Kommunikationstechnologien (IuK) mit dem Ziel, nachhaltige Wertschöpfung effektiv und effizient zu gewährleisten."

Diese Definition verdeutlicht die *Digitalisierung als Prozess* und damit den für bestehende Unternehmen typischen Schritt, der zur Entstehung digitaler Strukturen führt. Es handelt sich dabei um einen regelmäßig strategischen *Transformationsprozess*, der die Verwendung digitaler Technologien in den Zusammenhang von Geschäftsmodellen integriert und insofern zu digitalen Geschäftsmodellen führen kann. Digitale Geschäftsmodelle können darüber hinaus selbstverständlich auch durch Neugründung mit von vornherein digitalen Strukturen entstehen. Streng genommen kann dann jedoch nicht von ‚Digitalisierung' gesprochen werden.

Der Tatbestand, dass die Digitalisierung Geschäftsmodelle und damit die Art der Generierung der Wertschöpfung in vielfältiger Art und Weise beeinflusst, ist unstrittig (Baumöl und Bockshecker 2019, S. 145). Zu beachten ist darüber hinaus, dass sich der Prozess der digitalen Transformation in der Praxis nicht als ein punktuelles Ereignis darstellt, sondern sich eher als eine evolutionäre, gleichwohl durchaus disruptive Aspekte beinhaltende, strategische Unternehmensentwicklung charakterisieren lässt. Hinzu kommt, dass digitale Transformationsprozesse regelmäßig mit den Eigenschaften der Volatilität, der Unsicherheit, der Komplexität und der Ambiguität (VUCA) konfrontiert und selbst ausgestattet sind, sich auf Geschäftsmodellinnovationen (Bieger et al. 2011) beziehen und daher letztendlich dem *Zweck der Wertschöpfung* dienen (müssen). Unternehmerische Transformationsprozesse und deren Ergebnisse bedürfen daher eines entsprechend ausgerichteten *Managements der digitalen Wertschöpfung* (Baumöl 2016). In diesem Zusammenhang ist das Controlling nahezu zwangsläufig beteiligt.

4.2 Wertschöpfung in digitalen Geschäftsmodellen

Digitale Geschäftsmodelle können also von vornherein als solche begründet werden, lassen sich jedoch in der Wirtschaftspraxis häufig eher als das Ergebnis einer meist strategisch orientierten Entwicklung von Unternehmen begreifen, die eine (oder mehrere) digitale Transformation(en) beinhaltet. Die Transformation wie auch deren Ergebnis, das digitale Geschäftsmodell stehen stets im Dienst des eigentlichen Zwecks des Wirtschaftens, also der dann digitalen *Wertschöpfung* (Becker 2019, S. 26). Insofern ist zu beachten, dass die Digitalisierung nicht als Selbstzweck in den Vordergrund gerückt wird, sondern eben wegen ihres (durch das Controlling zu belegenden) Beitrags zur Wertschöpfung vorangetrieben wird.

Die stets durch exogene und/oder endogene Impulse ausgelöste Digitalisierung führt durch den *Einsatz entsprechender Informations- und Kommunikationstechnologien* zur (partiellen oder totalen) Transformation wesentlicher Elemente und/

oder Beziehungen eines Geschäftsmodells (vergleiche dazu nochmals den Grundaufbau der Balanced Value Map in Abb. 5). Die IuK-Potenziale nehmen folglich in digitalen Geschäftsmodellen eine besondere, für die Wertschöpfung, die Wertsicherung und die Wertsteigerung zentrale Stellung ein. Oft kreiert sogar das durch IuK-Potenziale ermöglichte Generieren großer Datenmengen völlig neue Geschäfts- und damit eben auch Wertschöpfungsaktivitäten (Fichman et al. 2014, S. 335).

Die für die *Digitalisierung von Geschäftsmodellen* verantwortlichen IuK-Potenziale werden in diesem Zusammenhang vorrangig dafür benötigt, um bislang analoge in zunehmend digitale Prozesse (und/oder Projekte) zu transformieren. In diesem Zusammenhang sind vorausgehende und begleitende Prozessoptimierungen für die Wirksamkeit der Digitalisierung unabdingbar. Darüber hinaus ermöglichen IuK-Potenziale das Generieren digitaler Produkte und/oder Leistungen. Auch ist bereits seit längerer Zeit festzustellen, dass sich auch klassische Industrieprodukte im Sinne der *Servitization* (Vandermerwe und Rada, 1988) zu komplexen Leistungsbündeln wandeln, die regelmäßig traditionelle Sachleistungen mit digitalen Dienstleistungskomponenten integrativ verbinden (Becker und Rech 2014). Zudem sind IuK-Potenziale an der digitalen Optimierung der Schnittstellen von Unternehmen zu den Märkten (Personal-, Beschaffungs-, Kapital- und Absatzmärkte) beteiligt. Regelmäßig erlangt dabei die möglichst integrative Digitalisierung der gesamten Wertschöpfungsketten bzw. -netzwerke eine besonders prominente Bedeutung. Schließlich führt der Einsatz von IuK-Potenzialen zu einer wachsenden Übernahme von Management- und Controllingaktivitäten. So übernehmen IuK-Potenziale teils bereits heute, aber aufgrund des steigenden Einsatzes künstlicher Intelligenz (KI) wohl zunehmend die autonomisierte, also weitreichend eigenständige Steuerung und Regelung (Lenkung) vielfältiger Aktivitäten (Weißenberger 2021).

Die digitale Transformation findet also insbesondere nicht nur innerhalb der klassischen Produktion von (Industrie-)Unternehmen (Industrie 4.0) statt. Sie führt vielmehr mittlerweile zur umfassenden Veränderung kompletter Geschäftsmodelle und muss als meist andauernder, sich ständig wiederholender Prozess verstanden werden. Dies wird begleitet durch einen Wandel der Märkte, die nicht mehr nur einzelne Produkte und/oder Dienstleistungen fordern, sondern sogenannte „Rund-um-sorglos-Pakete" (Schallmo und Rusnjak 2017, S. 2) erwarten. Insbesondere der Wandel der Märkte führt für Geschäftsmodelle zu einer deutlich erhöhten Notwendigkeit, auf sich ändernde Umweltbedingungskonstellationen angemessen reagieren zu können (Kohnke und Wieser 2019, S. 82) und damit zu einem Wandel in den Management- und Controllingaktivitäten von Unternehmen. Digitale Geschäftsmodelle benötigen beispielsweise insbesondere die vermehrte *Anwendung der Methoden des Agilen Managements*. Diese sind jedoch nicht zwingend flächendeckend, sondern nur in spezifischen Zusammenhängen sinnvoll.

4.3 Funktionen des Controllings der digitalen Wertschöpfung

Digitale Geschäftsmodelle bedürfen, wie in Abb. 8 veranschaulicht, einer angemessenen *Gestaltung, Lenkung und Führung* durch *Unternehmensführung und Con-*

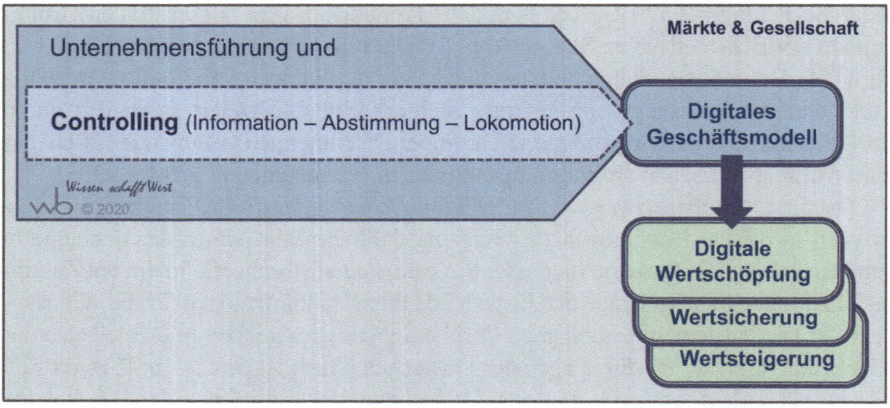

Abb. 8 Controlling der digitalen Wertschöpfung (eigene Darstellung)

trolling, um sämtliche Komponenten der Wertschöpfung (‚Economic Value' und ‚Social Value') ausgewogen erfüllen zu können. Dabei sind also auch und gerade die besonderen Anforderungen an die Erzielung von Kundennutzen, aber eben auch an die digital induzierte Entgelterzielung sowie die Bedürfnisbefriedigung zu beachten. Digitale Geschäftsmodelle stellen daher gerade in der heutigen Zeit ein besonders bedeutsames Objektfeld des Controllings dar, um auch die *digitale Wertschöpfung* dauerhaft und zukunftssicher gewährleisten zu können.

Das Controlling digitaler Geschäftsmodelle unterliegt allerdings aus funktionaler Perspektive einem gewissen Wandel, da die Digitalisierung auch das Controlling selbst verändert. So zeigt sich bereits heute, dass die zunehmende Nutzung moderner IuK-Technologien vor allem die *Informationsfunktion* verändert. Insbesondere die Bereitstellung und Aufbereitung eines zunehmend hohen Anteils des Informationsbedarfs erfolgt in digitalen Geschäftsmodellen oftmals weitgehend automatisch. Es verbleibt also letztlich die Interpretation und Nutzung des generierten Wertschöpfungswissens. Darüber hinaus wird vor allem im Verbund mit der anwachsenden Entwicklung von Internet of Things-Lösungen, die eine laufende wechselseitige Abstimmung von Maschinen und maschinellen Anlagen untereinander ermöglichen, auch die *Abstimmungsfunktion* mehr oder weniger digital erfüllt. Informations- und Abstimmungsbedarfe, die bisher dem Controlling in der Rolle eines ‚Value Operators' obliegen, sind also zukünftig bereits in die Gestaltung digitaler Geschäftsmodelle zu integrieren.

Als hauptsächlich verbleibende Controllingfunktion erhält dann die *Lokomotionsfunktion* die *Rolle eines ‚Value Agent'*, der für die Kreation der digitalen Wertschöpfung und die dies begleitende strategische Entwicklung von Unternehmen (mit-)verantwortlich (Becker et al. 2020a, S. 389). Der in der Praxis mit der Rolle des Value Agent betraute CFO wird in diesem Zusammenhang zukünftig darauf achten müssen, dass sich der Zweck der Wertschöpfung in seiner Gesamtheit erfüllt. Dazu sind nicht allein Wertaspekte aus der ökonomischen Perspektive, sondern zunehmend auch aus der psychosozialen Perspektive zu berücksichtigen.

Schließlich werden sich in diesem Zusammenhang die Charakteristika der im Rahmen der Lokomotionsfunktion zu verortenden Lenkung verändern. Insbesondere sind die *Steuerungs- und Regelungsmechanismen* zukünftig proaktiv-prognostizierend gestaltet, basieren mehrheitlich auf unternehmens- bzw. sogar wertkettenübergreifend quantifizierten Werttreibermodellen, sind mit Agilität ausgestattet und liefern ihre Lenkimpulse datenanalytisch fundiert, faktenbasiert, differenziert sowie in hohem Umfang real-time (Kieninger et al. 2015, S. 10). Dies führt zur Veränderung der methodischen Grundlagen der Lenkung und in der Folge auch zu Anpassungserfordernissen bei den einzusetzenden Instrumenten des Controllings.

4.4 Aufgabenfelder und Aufgabenträger des Controllings der digitalen Wertschöpfung

Das *Management und Controlling des Prozesses der digitalen Transformation und der resultierenden digitalen Wertschöpfung* hat in der Wahrnehmung der zuvor spezifizierten Controllingfunktionen mehrere *Aufgabenschwerpunkte* zu bedienen. In diesem Zusammenhang lassen sich, wie sich dies in Abb. 9 veranschaulicht findet, vorrangig strategisch orientierte sowie eher operativ orientierte Aufgabenfelder differenzieren. In der digitalen Wertschöpfung entsprechen die strategisch orientierten Aufgabenfelder des Controllings der Rolle des ‚*Value Agent*', die operativen Aufgabenfelder des Controllings der Rolle des ‚*Value Operators*'. Das Zusammenwirken beider Rollen ist erforderlich, um die digitale Wertschöpfung gesamthaft gewährleisten zu können.

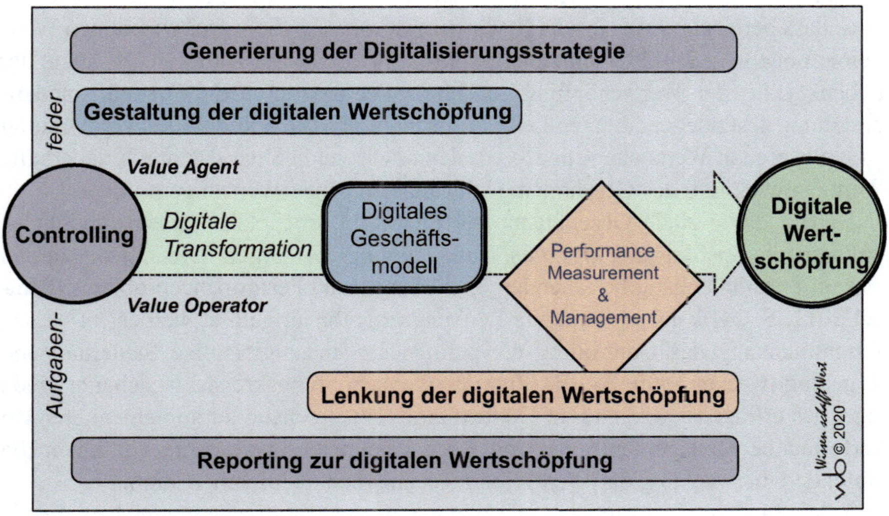

Abb. 9 Aufgabenfelder des Controllings im Rahmen der digitalen Wertschöpfung (eigene Darstellung)

Bereits im Vorfeld der Digitalisierung von Geschäftsmodellen ist die *Generierung einer geeigneten Digitalisierungsstrategie* als Grundlage der Gestaltung des digitalen Geschäftsmodells erforderlich. In diesem Zusammenhang sind zunächst die Chancen und Risiken der angedachten Geschäftsmodellinnovationen abzugleichen. Gerade die Risiken der digitalen Wertschöpfung sind aufgrund der hohen Komplexität vielfältig. Neben ökonomischen Risiken existieren auch technische, ökologische, soziale, politische und juristische Risiken (Birkel et al. 2019, S. 21). Die ökonomischen Risiken selbst betreffen die Markt- und Unternehmensperspektive (Becker et al. 2020b). Hier sind der angestrebte Kundennutzen und die damit einhergehende Wettbewerbswirksamkeit der digitalen Wertschöpfung zu spezifizieren. Auch ist die auf Portfolioüberlegungen beruhende Moderation des Wechsels vom alten zum neuen Geschäftsmodell erforderlich (Pampel 2017, S. 25–26). Darüber hinaus sind verschiedene Teilaspekte der Digital Governance der digitalen Transformation zu klären. Dies reicht von der Gewährleistung der Datensicherheit über die Sicherstellung rechtlicher Fragestellungen bis hin zur unternehmensweiten Schaffung einer einheitlichen und tragfähigen Digitalkultur. Das wertschöpfungsorientierte Controlling hat in diesem Zusammenhang vorrangig das strategische Erfolgspotenzial des Digitalisierungsvorhabens zu prognostizieren, um so eine sachgerechte auf der Abwägung von Nutzen- und Kosteneinschätzungen beruhende Bewertung alternativer Digitalisierungsstrategien zu ermöglichen.

Ist die Digitalisierungsstrategie entschieden, folgt im nächsten Schritt die Aufgabe der kreativen *Gestaltung der digitalen Wertschöpfung*. Diese Aufgabe sollte Team-basiert erfolgen, um die für die Modellierung erforderlichen sehr unterschiedlichen Kompetenzen einbinden zu können. Das Controlling muss in diesem Zusammenhang sicherstellen, dass die auf Digitalisierung beruhende Geschäftsmodellinnovation so stattfindet, dass die spätere, dann digitale Wertschöpfung in angemessenem Umfang tatsächlich zustande kommt. Dies setzt insbesondere voraus, dass bereits im Zuge des Digitalisierungsprozesses die später wirksamen Werttreibermodelle gedanklich antizipiert und optimiert werden. Dabei ist vor allem der Lebenszyklus der Wertschöpfung zu klären, der das durch die Geschäftsmodellgestaltung festzulegende eigentliche Wertschöpfen, das während der Vermarktung zu realisierende Wertsichern und -verteilen sowie schließlich das durch dauerhafte Weiterentwicklung des Geschäftsmodells anzustrebende Wertsteigern umfasst.

Sobald das digitale Geschäftsmodell im Markt arbeitet ist für eine möglichst umfassende *Lenkung der digitalen Wertschöpfung* zu sorgen. Die Lösung des in diesem Zusammenhang bestehenden Skalierungs- und Performanceproblems (Pampel 2017, S. 24) kann als laufende Lenkungsaufgabe aufgefasst werden, in dessen Zusammenhang das Controlling die permanente und antizipative Steuerung und Regelung (Becker 1990, S. 306–309) des Wertschöpfungskreislaufs sicherzustellen hat. Dies erfolgt vorwiegend im Kontext eines entsprechend zu implementierenden Performance Managements, das mit Hilfe geeigneter Instrumente vor allem die laufende Überwachung der Werttreibermechanismen übernehmen kann.

Schließlich ist noch auf das alle zuvor genannten Aufgabenfelder begleitende *Reporting zur digitalen Wertschöpfung* zu betrachten. In diesem Zusammenhang sind die Informationen, die für die Erfüllung der an die digitale Wertschöpfung zu stellenden Anforderungen erforderlich sind, dauerhaft zu dokumentieren und angemessen für das an der Lenkung beteiligte Management bereitzustellen. Das Reporting hat künftig den Usancen der digitalen Welt zu entsprechen, sollte also smart erfolgen.

4.5 Instrumente des Controllings der digitalen Wertschöpfung

Die mit Blick auf das erreichen digitaler Wertschöpfung zu erfüllenden Aufgabenfelder des Controllings bedürfen des Einsatzes entsprechender Methoden, Instrumente und Werkzeuge. Deren Einsatz dient letztlich dazu, das zweckbezogene *Generieren von Wertschöpfungswissen* zu ermöglichen, das für die digitale Wertschöpfung unabdingbar ist. Grundsätzlich sind auch für die hier im Vordergrund stehenden Zwecke betriebswirtschaftliche Instrumente verschiedenster Art anwendbar, sofern sie Eignung für den jeweiligen Aufgabenzusammenhang aufweisen. So werden auch im oben angeführten Aufgabenkontext vielfältige Instrumente, wie beispielsweise Portfolioanalysen, Kunden- und Wettbewerbsanalysen, Risikoanalysen, Design-Thinking-Methoden, Business Pläne, Investitionsrechnungen, Methoden des Projektcontrollings, etc. (Pampel 2017, S. 27–28) angeführt. Diese Instrumentensammlung lässt sich insbesondere noch ergänzen durch solche Instrumente, die zur Erfassung und Aufbereitung schlecht oder gar nicht monetär quantifizierbarer Tatbestände einzusetzen sind, wie etwa Checklisten, Argumentenbilanzen sowie Nutzwertanalysen.

Schließlich besteht in der einschlägigen Literatur weitreichende Einigkeit, dass gerade das Controlling der digitalen Wertschöpfung auf multifaktoriell zu bestimmende Wertkennzahlen und deren Ursache-Wirkungsbeziehungen im Geschäftsmodell zurückgreifen sollte. Hierzu empfiehlt es sich, einschlägige *Methoden des Performance Measurements und Managements* (Möller et al. 2011), wie etwa eine spezifische *Digitalisierungsscorecard* (Becker und Schuhknecht 2019, S. 22), anzuwenden. Das bereits genannte Erfordernis der begleitenden Nutzung agiler Managementmethoden sollte sich ebenfalls in den einzusetzenden Instrumenten des Performance Measurements und Managements niederschlagen. In diesem Zusammenhang wird derzeit besonders häufig auf das bereits in vielen digitalen Geschäftsmodellen zur Anwendung gelangende ‚Objectives and Key Results Management' verwiesen (Engelhardt und Möller 2017, S. 33). Ein solches OKR-Management, in dem regelmäßig Ziele und die zur Zielerreichung notwendigen Maßnahmen in partizipativer Kooperation mit den Mitarbeitern erarbeitet werden, lässt sich besonders effizient nutzen, um den Übergang aus eher starren Planungszusammenhängen zu agilem Handeln zu bewerkstelligen. Im Sinne eines unternehmensübergreifenden Vorgehens lassen sich das OKR-Management zudem mit einer Digitalisierungsscorecard integrieren, um so eine ganzheitliche Methodik garantieren zu können.

5 Fazit

Grundlegend wurde dargelegt, dass Unternehmen generell dem aus Stakeholder-Interessen ableitbaren *Zweck der Wertschöpfung* folgen. Die unternehmerische Wertschöpfung setzt an der Kundennutzen stiftenden Bedarfsdeckung im Markt an, beinhaltet die resultierende Entgelt- und damit auch Gewinnerzielung von Unternehmen und integriert darüber hinaus auch die Befriedigung vielschichtiger (individuelle, soziale und ökologische) Bedürfnisse der Stakeholder. Da diese Komponenten der Wertschöpfung teilweise konfliktreiche Beziehungen unterhalten, ist das Auffinden einer ausgewogenen Balance besonders bedeutsam. Dies lässt sich im Rahmen einer *Balanced Value Map*, die als generalisiertes Geschäftsmodell fungiert, erreichen.

Das ‚*Wertschöpfungsorientierte Controlling*' erscheint in besonderer Weise geeignet, die Unternehmensführung im Rahmen der zuvor genannten Zweckverfolgung integrativ zu unterstützen. Dazu verfügt das Controlling über eine – durch derivative Funktionen (Information und Abstimmung) unterstützte – originäre Funktion, nämlich die *Lokomotionsfunktion*, die den unternehmerischen Zweck der Wertschöpfung, aber auch die Wertsicherung und die Wertsteigerung in balancierten Geschäftsmodellen sicherstellen soll.

Digitale Geschäftsmodelle, wie sie typischerweise im Zuge der strategischen Unternehmensentwicklung entstehen, lösen zunehmend traditionelle Gefüge des unternehmerischen Wirtschaftens ab. Auch digitale Geschäftsmodelle, die regelmäßig als Ergebnis eines strategisch orientierten Transformationsprozesses entstehen, haben den unternehmensspezifischen Zweck der Wertschöpfung zu erfüllen und bedürfen daher eines entsprechenden Controllings. Das *Controlling der digitalen Wertschöpfung* übernimmt in diesem Kontext zum einen bekannte Informations- und Abstimmungsfunktionen, die jedoch zumindest teilweise bereits durch die Digitalisierung erfüllt werden. Zum anderen nimmt die Bedeutung der auf das Ingangsetzen, Erhalten und Entwickeln der Wertschöpfung zielenden Lokomotionsfunktion zu. Die Erfüllung dieser Funktion führt das Controlling zunehmend in die *Rolle des Value Agent* mit Blick auf digitale Wertschöpfung spezifische Aufgabenfelder zu bewältigen hat. Insofern ist der Controller keineswegs als „gefährdete Spezies" (Schäffer/Weber 2014) einzustufen, er wird jedoch seine Aufgabeninhalte anpassen müssen. Diese beziehen sich vorrangig auf innovativ-gestaltende, steuernde und regelnde, Performance-sichernde, reportende und strategisch-moderierende Inhalte. Zur Erfüllung dieser Aufgaben sind darauf abgestimmte Controllinginstrumente einzusetzen. Besondere Bedeutung erlangt in diesem Zusammenhang das quantitativ und qualitativ auszurichtende Performance Measurement und Management der digitalen Wertschöpfung.

Literatur

Baumöl, U. (2016). Die digitale Transformation und die erfolgsorientierte Unternehmenssteuerung – die Geschichte einer Revolution? *Controlling, 28*(4), 230–234.

Baumöl, U., & Bockshecker, A. (2019). Controlling in der digitalen Wertschöpfung. In P. Ulrich & B. Baltzer (Hrsg.), *Wertschöpfung in der Betriebswirtschaftslehre, Festschrift für Prof. Dr. habil. Wolfgang Becker zum 65. Geburtstag* (S. 145–166). Wiesbaden: Springer.

Becker, W. (1990). Funktionsprinzipien des Controlling. *Zeitschrift für Betriebswirtschaft, 60*(3), 295–318.

Becker, W. (1996). *Stabilitätspolitik für Unternehmen, Zukunftssicherung durch integrierte Kosten- und Leistungsführerschaft*. Wiesbaden: Gabler.

Becker, W. (1999). Begriff und Funktionen des Controlling. In W. Becker (Hrsg.), *Bamberger Betriebswirtschaftliche Beiträge* (Nr. 106). Universität Bamberg.

Becker, W. (2019). Digitale Transformation von Geschäftsmodellen – Ein konzeptioneller Bezugsrahmen. In W. Becker, B. Eierle, B. Ivens, A. Leischnig, A. Pflaum & E. Sucky (Hrsg.), *Geschäftsmodelle in der digitalen Welt – Strategie, Prozesse und Praxiserfahrungen* (S. 16–33). Wiesbaden: Springer.

Becker, W., & Pflaum, A. (2019). Begriff der Digitalisierung – Extension und Intension aus betriebswirtschaftlicher Perspektive. In W. Becker, B. Eierle, B. Ivens, A. Leischnig, A. Pflaum & E. Sucky (Hrsg.), *Geschäftsmodelle in der digitalen Welt – Strategie, Prozesse und Praxiserfahrungen* (S. 3–13). Wiesbaden: Springer.

Becker, W., & Rech, S. (2014). *Dienstleistungscontrolling. Grundlagen – Ansätze – Entwicklungsperspektiven*. Stuttgart: Kohlhammer.

Becker, W., & Schuhknecht, F. (2019). Digitalisierungsscorecard – ein Performance Management Tool in der digitalen Welt. In L. Nadig (Hrsg.) (2019). *CARF Luzern 2019, Konferenzband* (S. 1–41). Rotkreuz (CH).

Becker, W., Baltzer, B., & Ulrich, P. (2014). *Wertschöpfungsorientiertes Controlling, Konzeption und Umsetzung*. Stuttgart: Kohlhammer.

Becker, W., Nolte, M., & Schuhknecht, F. (2020a). Die Rolle des Chief Financial Officer im Rahmen der digitalen Transformation von Geschäftsmodellen. In I. Keimer & U. Egle (Hrsg.) (2020). *Die Digitalisierung der Controlling-Funktion, Anwendungsbeispiele aus Theorie und Praxis* (S. 373–399). Wiesbaden: Springer.

Becker, W., Stradtmann, M., & Biel, A. (2020b). Welche Risiken begleiten den digitalen Wandel? Interview. *Controller Magazin, 2020*(2), 16–20.

Bennett, N., & Lemoine, J. (27. January/February 2014). What VUCA really means for you. *Harvard Business Review*.

Bieger, Th., zu Knyphausen-Aufseß, D., & Krys, Ch. (2011). *Innovative Geschäftsmodelle, Konzeptionelle Grundlagen, Gestaltungsfelder und unternehmerische Praxis*. Berlin: Springer.

Birkel, H., Veile, J., Müller, J., Hartmann, E., & Voigt, K.-I. (2019). Development of a Risk Framework for Industry 4.0 in the Context of Sustainability for Established Manufacturers, *Sustainability*, 11(2), 384.

De Sousa, R. (1997). *Die Rationalität des Gefühls*. Frankfurt a. M.: Suhrkamp.

Engelhardt, P., & Möller, K. (2017). OKRs' – Objectives and Key Results. *Controlling, 29*(Sonderheft), 30–36.

Fichman, R. G., Dos Santos, B. L., & Zheng, Z. (2014). A digital innovation as a fundamental and powerful concept in the information systems curriculum. *Management Information Systems Quarterly, 38*(2), 329–354.

Gälweiler, A. (2005). *Strategische Unternehmensführung* (3. Aufl.). Frankfurt a. M./New York: Campus.

Horváth, P., Gleich, R., & Seiter, M. (2015). Controlling (13. Aufl.). München: Vahlen.

Horváth, P. (2017). Einführende vergleichende Begriffsklärung. *Controlling, 29*(Sonderheft), 4–6.

International Group of Controlling (Hrsg.). (2017). *Controlling-Prozessmodell 2.0, Leitfaden für die Beschreibung und Gestaltung von Controllingprozessen* (2. Aufl.). Freiburg/München/Stuttgart: Haufe.

Insofern ist der Controller keineswegs als „gefährdete Spezies" (Schäffer und Weber 2014) einzustufen, er wird jedoch seine Aufgabeninhalte anpassen müssen.

Kieninger, M., Mehanna, W., & Michel, U. (2015). Auswirkungen der Digitalisierung auf die Unternehmenssteuerung. In P. Horváth & U. Michel (Hrsg.), *Controlling im digitalen Zeitalter, Herausforderungen und Best-Practice-Lösungen* (S. 3–13). Stuttgart: Poeschel.

Kohnke, O., & Wieser, D. (2019). Agiles Change Management: Revolution der Change Beratung? *OrganisationsEntwicklung, 38*(1), 80–85.

Kosiol, E. (1966). *Die Unternehmung als wirtschaftliches Aktionszentrum, Einführung in die Betriebswirtschaftslehre*. Reinbek bei Hamburg: Rowohlt.

Mack, O., Khare, A., Krämer, A., & Burgartz, Th. (Hrsg.). (2016). *Managing in a VUCA World* (S. 3–19). Heidelberg/New York: Springer.

Magretta, J. (2002). Why business models matter. *Harvard Business Review, 2002*, 86–92.

Möller, K., Drees, A., & Schläfke, M. (2011). Performance Management zur Steuerung von Geschäftsmodellen. In Th. Bieger, D. zu Knyphausen-Aufseß & Ch. Krys (Hrsg.), *Innovative Geschäftsmodelle, Konzeptionelle Grundlagen, Gestaltungsfelder und unternehmerische Praxis* (S. 213–228). Berlin: Springer.

Pampel, J. R. (2017). Digitale Horizonterweiterung, Begleitung der Innovation von Geschäftsmodellen durch das Controlling. *Controlling, 29*(Sonderheft), 21–29.

Schäffer, U., & Weber, J. (2014). Controller – Eine gefährdete Spezies? *Harvard Business Manager, 7*(2), 87–90.

Schallmo, D., & Rusnjak, A. (2017). Roadmap zur Digitalen Transformation von Geschäftsmodellen. In D. Schallmo, A. Rusnjak, J. Anzengruber, T. Werani & M. Jünger (Hrsg.), *Digitale Transformation von Geschäftsmodellen* (S. 1–31). Wiesbaden: Springer.

Schmidt, R.-B. (1967). Die Instrumentalfunktion der Unternehmung – Methodische Perspektiven zur betriebswirtschaftlichen Forschung. *Zeitschrift für Betriebswirtschaftliche Forschung*, 233–245.

Simon, H. A. (1957). *Models of man: Social and rational*. New York: John Wiley & Sons.

Vandermerwe, S., & Rada, J. (1988). Servitization of business: Adding value by adding services. *European Management Journal, 1988*(6), 314–324.

Weber, J., & Schäffer, U. (2020). *Einführung in das Controlling* (16. Aufl.). Stuttgart: Schäffer-Poeschel.

Weißenberger, B. E. (2021). Künstliche Intelligenz als Zukunfsttechnologie im Controlling. *Controlling & Management Review, 2021*(2), 8–16.

Teil II

Status Quo der Controlling-Lehre in Deutschland

Status Quo der Controlling-Lehre in Deutschland

Wolfgang Becker, Patrick Ulrich und Björn Baltzer

Zusammenfassung

Das Controlling hat sich in zwei parallelen Entwicklungssträngen in Theorie und Praxis ausgebreitet. Aus der Praxis kommend, wurden Controllerstellen und Controlling-Abteilungen zunächst ab den 1950er-Jahren in Tochtergesellschaften amerikanischer Mutterkonzerne etabliert. In der Wissenschaft fand die Beschäftigung mit Fragestellungen des Controllings zunächst innerhalb der Grenzen des betrieblichen Rechnungswesens statt, bevor Peter Horváth 1973 den ersten Lehrstuhl für Controlling an einer deutschen Universität übernahm. Der vorliegende Beitrag gibt einen historischen Abriss zur Controlling-Wissenschaft in Deutschland und deckt Bereiche auf, in denen eine noch stärkere Verzahnung zwischen Theorie und Praxis notwendig ist.

Schlüsselwörter

Forschung · Lehre · Hochschule · Lehrstuhl · Professor · Publikation · Management Accounting Research · Wissenschaft

W. Becker
Ordinarius und Emeritus des Lehrstuhls für BWL, insbes. Unternehmensführung und Controlling, Otto-Friedrich-Universität Bamberg, Bamberg, Deutschland
E-Mail: wolfgang.becker@uni-bamberg.de

P. Ulrich
Lehrstuhl für Unternehmensführung, Hochschule Aalen – Technik und Wirtschaft, Aalen, Deutschland
E-Mail: patrick.ulrich@hs-aalen.de

B. Baltzer (✉)
University of Applied Sciences Würzburg-Schweinfurt, Würzburg, Deutschland
E-Mail: bjoern.baltzer@fhws.de

W. Becker, P. Ulrich (Hrsg.), *Handbuch Controlling*,
https://doi.org/10.1007/978-3-658-26431-4_2

1 Einleitung

Die Entstehung der Controlling-Wissenschaft im Sinne eines Teilgebietes der Betriebswirtschaftslehre war aus historischer Perspektive eine Reaktion auf die Entwicklungen in der Unternehmenspraxis ab den 1960er-Jahren. Von Anfang an war die Controlling-Wissenschaft im deutschsprachigen Raum somit eng mit der Unternehmenspraxis verbunden, was sie im internationalen Vergleich auszeichnet (Schäffer 2013, S. 295–297).

Trotzdem wurde vor einiger Zeit konstatiert, dass anstelle einer wünschenswerten engen Interaktion zwischen Controlling-Wissenschaft und Controlling-Praxis inzwischen eher eine distanzierte Koexistenz anzutreffen sei, was an den folgenden Sachverhalten festgemacht wird (Weber 2007, S. 335–337):

- Mangelnde institutionale Verknüpfung, das heißt Wissenschaft und Praxis haben keine gemeinsamen Organisationen.
- Mangelnde individuelle Verknüpfung, das heißt auch auf persönlicher Ebene suchen Wissenschaftler und Praktiker keinen Austausch.
- Mangelnde Wahrnehmung wissenschaftlicher Erkenntnisse durch Praktiker.
- Mangelnde Berücksichtigung praktischer Problemstellungen durch die Wissenschaft.

Darüber hinaus wird prophezeit (Schäffer 2013, S. 305–307), dass angesichts der geänderten Anforderungen an Controlling-Wissenschaftler im deutschsprachigen Raum aufgrund der Öffnung hin zur internationalen Forschungsgemeinschaft die historisch enge Zusammenarbeit zwischen Wissenschaft und Praxis weiter leiden könnte.

Um einer solchen Tendenz entgegenzuwirken, halten wir es für unverzichtbar, auch in einem praxisorientierten Handbuch Controlling die wissenschaftliche Perspektive des Controllings zu Wort kommen zu lassen. Im Folgenden werden wir daher überblickshaft und unter Betonung bedeutsamer Aspekte die Entwicklung der Controlling-Wissenschaft im deutschsprachigen Raum von seinen Anfängen bis hin zum heutigen Stand nachzeichnen. Hierbei sei angemerkt, dass die Controlling-Wissenschaft in Deutschland, Österreich und dem deutschsprachigen Teil der Schweiz im internationalen Kontext als Management Accounting Forschung bzw. Lehre zu bezeichnen wäre (Küpper 2018, S. 208–209).

Für einen umfassenden Überblick über das Controlling als Wissenschaft sind drei interdependente Themenbereiche zu untersuchen, die den weiteren Aufbau dieses Beitrags vorgeben:

- *Institutionalisierung des Controllings* im Hochschulwesen als organisatorischer Rahmen für Forschung und Lehre.
- *Controlling-Forschung* als methodische Suche nach neuem Controlling-Wissen und dessen Publikation.
- *Controlling-Lehre* als Vermittlung des vorhandenen Controlling-Wissens.

2 Institutionalisierung des Controllings

Im Jahr 1973 übernahm *Péter Horváth* den ersten Universitätslehrstuhl an der *TH Darmstadt*, welcher die Bezeichnung Controlling trug. Im darauffolgenden Jahr wurde die erste Fachhochschulprofessur für Controlling an der *FH Köln* an *Elmar Mayer* vergeben. Hierbei ist jedoch zu beachten, dass bereits vorher Hochschullehrer Veranstaltungen im Fach Controlling anbieten konnten, ohne dass deren Professur beziehungsweise Lehrstuhl diese Bezeichnung im Titel trug. Darüber hinaus sind nur relativ wenige Lehrstühle und Professuren ausschließlich auf das Fach Controlling spezialisiert, sondern forschen und lehren oftmals in zwei oder mehr Fächern. Dies ist aus Abb. 1 ersichtlich, in der die Bezeichnungen der Ende 2004 an Universitäten des deutschsprachigen Raums existierenden 72 Controlling-Lehrstühle (an damals 92 Universitäten mit wirtschaftswissenschaftlichen Fakultäten) dargestellt sind.

Es zeigt sich, dass zusammengenommen knapp die Hälfte dieser ‚Controlling-Lehrstühle' eine Fächerkombination mit dem Rechnungswesen aufweisen, davon der größere Teil mit dem (internen und externen) Rechnungswesen sowie der kleinere Teil mit der Wirtschaftsprüfung. Der Grund liegt darin, dass anfangs Controlling-Lehrveranstaltungen oftmals von denjenigen Lehrstühlen angeboten wurden, welche bereits die Fächer internes Rechnungswesen beziehungsweise Kostenrechnung unterrichteten. Überspitzt formuliert war Controlling anfangs „nothing

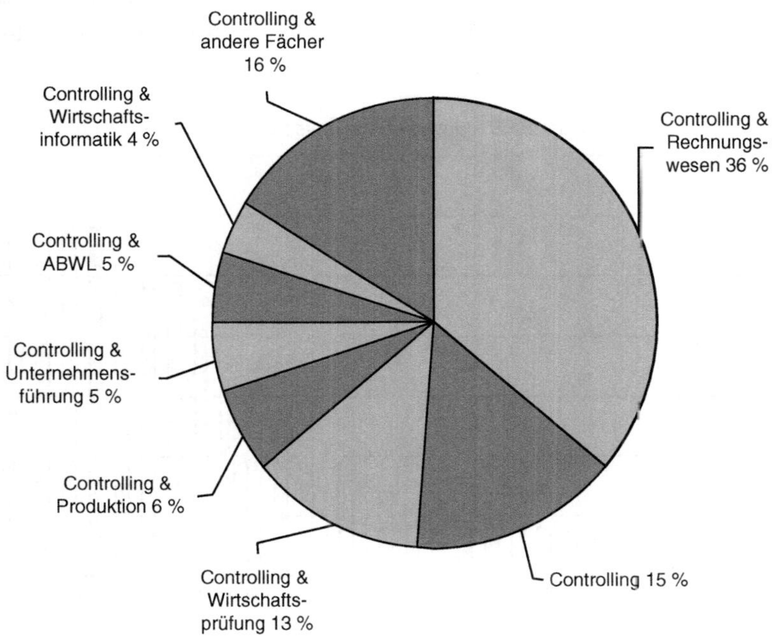

Abb. 1 Bezeichnung von Controlling-Lehrstühlen (Binder und Schäffer 2005a, S. 101)

more than a trendier name for management accounting departments“ (Ewert und Wagenhofer 2007, S. 1036). Auch die Fächerkombination mit der Produktionswirtschaft/Industriebetriebslehre lässt sich so erklären, denn die der Kostenrechnung zu Grunde liegende Kostentheorie steht in einem engen Zusammenhang mit der Produktionstheorie. Während die Fächerkombination mit der Unternehmensführung entweder auf die Führungsunterstützung durch den Controller oder aber auf ein Verständnis von Controlling als Führungsfunktion hinweist, wird bei der Fächerkombination mit der Wirtschaftsinformatik die hohe Bedeutung der Informationstechnologie für das Controlling herausgestellt. Neben den Genannten existiert darüber hinaus eine Vielzahl weiterer Fächerkombinationen.

Die Entwicklung der Controlling-Lehrstühle an deutschsprachigen Universitäten im zeitlichen Verlauf zeigt Abb. 2. Hierbei zeigt sich, dass die Institutionalisierung des Controllings in zwei großen Etappen verlief: Von 1973 bis etwa Ende der 1980er-Jahren war die Entwicklung eher gemächlich, nahm dann jedoch zu Beginn der 1990er-Jahre an Fahrt auf.

Die verhaltene Entwicklung in den ersten beiden Jahrzehnten kann mit dem Ringen des Controllings um Identität und um Akzeptanz innerhalb der Betriebswirtschaftslehre erklärt werden (Messner et al. 2008, S. 143–151). Bei seinem Auftreten Anfang der 1970er Jahre musste das Controlling seinen Platz innerhalb des etablierten Systems aus allgemeiner und speziellen Betriebswirtschaftslehre/n erkämpfen. Hierbei gab es zahlreiche BWL-Professoren, welche die Eigenständigkeit des Controllings und damit seine Anerkennung als neue betriebswirtschaftliche Teildisziplin verneinten. In dem wohl bekanntesten Ausspruch der Kritiker wurde den Controlling-Professoren (beziehungsweise denen, die es werden wollten) vorgewor-

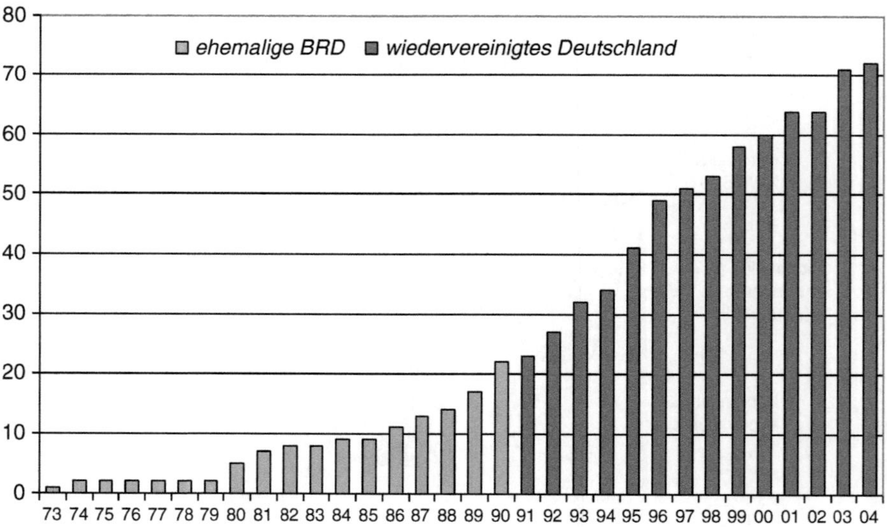

Abb. 2 Entwicklung von Controlling-Lehrstühlen im Zeitverlauf (Binder und Schäffer 2005a, S. 102)

fen, ein „Märchen vom Gespenst des Controlling als einer Selbstbeweihräucherung zum Supermann“ (Schneider 1991, S. 766) zu erzählen.

Mit der Zeit etablierte sich Controlling jedoch als betriebswirtschaftliche Disziplin. So gaben bereits 1989 von 40 Rechnungswesen-Lehrstühlen an deutschsprachigen Fachhochschulen 34 an, das Lehrangebot um Controlling erweitert zu haben (Mayer 1990, S. 308). Bei einer im Jahr 1998 unter betriebswirtschaftlichen Hochschullehrern durchgeführten Befragung gab eine überwältigende Mehrheit von 96 Prozent zu Protokoll, dass sie Controlling „für ein beachtenswertes Teilgebiet der Betriebswirtschaftslehre“ (Ahn 1999, S. 110) hielten. Für das starke Wachstum der Anzahl an Controlling-Lehrstühlen ab Beginn der 1990er-Jahre spielten neben dieser gewonnenen Anerkennung des Controllings zwei weitere Gründe eine Rolle. Erstens stieg der Bedarf der Wirtschaftspraxis an gut ausgebildeten Controllern immer mehr an. Da es in Deutschland weder einen Lehrberuf ‚Controller‘ noch ein allgemein anerkanntes Zertifizierungsprogramm gibt (beispielsweise im Gegensatz zu den *Chartered Management Accountants* in Großbritannien, Becker und Heinzelmann 2013, S. 76–91), mussten die Hochschulen diesen Bedarf decken. Zweitens gab es in der DDR wie in allen staatlich gelenkten Planwirtschaften keinen Bedarf an Controllern und daher auch keine entsprechenden Lehrstühle. Nach der Wiedervereinigung und der damit verbundenen Einführung der sozialen Marktwirtschaft bestand somit an den Hochschulen in den neuen Bundesländern ein großer Nachholbedarf an Controlling-Lehrstühlen.

Da es inzwischen an praktisch jeder wirtschaftswissenschaftlichen Fakultät an Hochschulen im deutschsprachigen Raum Controlling-Lehrstühle bzw. -Professuren oder zumindest ein Angebot an Controlling-Lehrveranstaltungen gibt, ist allerdings für die Zukunft von keinem weiteren nennenswerten Wachstum mehr auszugehen. Die erste Generation der Controlling-Professoren ist inzwischen abgetreten (Binder und Schäffer 2005a, S. 102–103), darunter prominente Controlling-Professoren wie *Horváth, Küpper, Reichmann* oder *Hahn*. Der nächste Generationswechsel wird ab den 2030er-Jahren seinen Höhepunkt erreichen (Crasselt und Lohmann 2013, S. 77–78). Aktuell ist das Controlling-Professorium männlich dominiert, denn nur ca. 15 Prozent der entsprechenden Universitätslehrstühle im deutschsprachigen Raum werden von Frauen geführt.

3 Controlling-Forschung

Die Veröffentlichung von Forschungsergebnissen erfolgt überwiegend in Fach- und Lehrbüchern, Zeitschriftenbeiträgen sowie Forschungsberichten. Traditionellerweise ist in der Betriebswirtschaftslehre des deutschsprachigen Raums das Verfassen oder Herausgeben von Büchern mit einem hohen Renommee verbunden. Die Controlling-Wissenschaftler begannen daher bald mit der Publikation von Lehrbüchern: Das erste wurde im Jahr 1979 wiederum von *Horváth* verfasst. Da die Publikation in Form von Zeitschriftenartikeln erst im Laufe der Zeit an Bedeutung gewann, verwundert es nicht, dass sich unter den 21 im Zeitraum 1990 bis 2003 in

Controlling-Beiträgen am häufigsten zitierten Quellen 14 Lehrbücher, zwei Fachbücher und ein Buchbeitrag, jedoch nur vier Zeitschriftenartikel befinden (Schäffer et al. 2006, S. 405). Das insgesamt am häufigsten zitierte Werk ist hierbei das Lehrbuch von *Horváth*.

Für die Veröffentlichung von Forschungsergebnissen in Form von Zeitschriftenartikeln stehen Controlling-Wissenschaftlern im deutschsprachigen Raum mehrere Zeitschriften zur Verfügung, welche sich auf Controlling spezialisiert haben. Die wichtigsten dieser Zeitschriften sind:

- *Controlling – Zeitschrift für erfolgsorientierte Unternehmenssteuerung*
- *Controlling & Management Review* (bis 2012 *Zeitschrift für Controlling & Management*, bis 1999 *Kostenrechnungspraxis*)
- *Controller Magazin*
- *Journal of Management Control* (bis 2010 *Zeitschrift für Planung & Unternehmenssteuerung*)
- *Zeitschrift für Bilanzierung, Rechnungswesen und Controlling (BC)*

Insbesondere die Zeitschrift *Controller Magazin* ist hierbei an die Praxis gerichtet, was auch daran ersichtlich ist, dass in ihr überwiegend von Praktikern oder von Praktikern und Wissenschaftlern gemeinsam verfasste Beiträge erscheinen. Während die Zeitschriften *Controlling* und *Controlling & Management Review* gleichermaßen an Wissenschaftler und Praktiker gerichtet sind, weist lediglich die Zeitschrift *Journal of Management Control* eine primär wissenschaftliche Ausrichtung auf. Die Zeitschrift *Bilanzierung, Rechnungswesen und Controlling (BC)* ist ebenfalls praxisorientiert, jedoch ist der Anteil der Beiträge zu Controlling-Themen eher gering. Wenn Controlling-Forscher daher wissenschaftliche Beiträge veröffentlichen wollen, so weichen sie angesichts der geringen Anzahl an Controlling-spezifischen und wissenschaftlich orientierten Zeitschriften oftmals auf allgemeine betriebswirtschaftliche Zeitschriften aus. Im Zeitraum 1998 bis 2004 erschienen aus diesem Grunde die meisten wissenschaftlichen Controlling-Artikel in den Zeitschriften *Zeitschrift für Betriebswirtschaft*, *Zeitschrift für betriebswirtschaftliche Forschung* sowie *Betriebswirtschaftliche Forschung und Praxis* (Wagenhofer 2006, S. 5). Will man die Quantität (und aufgrund des strengen Begutachtungsprozesses dieser Zeitschriften implizit auch die Qualität) der Forschungstätigkeit im Controlling untersuchen, so bietet es sich an, den Anteil der Controlling-spezifischen Beiträge in diesen allgemeinen betriebswirtschaftlichen Zeitschriften zu untersuchen. Abb. 3 zeigt eine entsprechende Analyse für sechs wichtige allgemeine betriebswirtschaftliche Zeitschriften im Zeitraum von 1970 bis 2003.

Es zeigt sich, dass sich – quasi parallel zur Institutionalisierung des Controllings an den Hochschulen – die Publikationstätigkeit von einem durchschnittlichen Anteil von etwa sechs Prozent in den Jahren von 1970 bis 1990 auf im Durchschnitt rund zwölf Prozent ab 1991 ungefähr verdoppelt hat.

Als grundsätzliche Forschungsorientierungen lassen sich die konzeptionelle, die formal-analytische sowie die empirische Forschung unterscheiden (Grochla 1976,

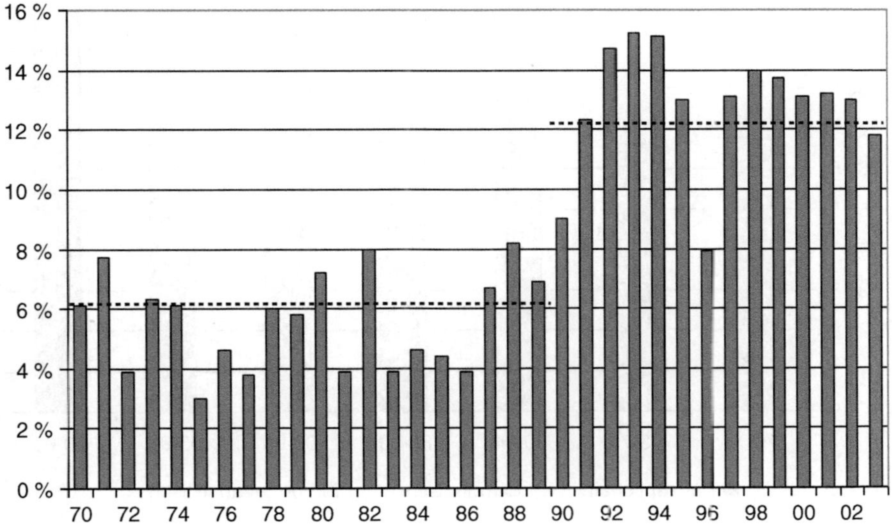

Abb. 3 Publikationstätigkeit zu Controlling-Themen im Zeitverlauf (Binder und Schäffer 2005b, S. 608)

S. 634; Wagenhofer 2006, S. 9 f.). Konzeptionelle Forschung durchleuchtet komplexe Zusammenhänge, stützt sich auf logische oder plausible Überlegungen und trifft Handlungsempfehlungen. Formal-analytische Forschung erarbeitet Modelle, welche durch Vereinfachung und Abstraktion der rationalen Lösung von Entscheidungsproblemen dienen. Empirische Forschung zielt auf die systematische Gewinnung von Erfahrungen in der Realität ab. Abb. 4 zeigt auf Basis dieser Einteilung die Entwicklung der Controlling-Forschung im Zeitverlauf.

Es zeigt sich, dass die – in der deutschsprachigen Betriebswirtschaftslehre grundsätzlich stark vertretene – konzeptionelle Forschung zwar über den gesamten Zeitraum dominiert, jedoch seit Mitte der 1990er-Jahre leicht an Bedeutung verloren hat. Dies kann unter anderem mit dem bereits erläuterten Streben des Controllings nach Akzeptanz innerhalb der Betriebswirtschaftslehre erklärt werden. Um die Eigenständigkeit des Controllings zu belegen, beschäftigten sich die Controlling-Forscher anfangs sehr eingehend mit der Frage, wofür man Controlling braucht und was daher seinen Wesensgehalt ausmacht. Zu diesem Zweck wurden zahlreiche verschiedene Controlling-Konzeptionen entwickelt, in denen die Forscher jeweils ihr Verständnis von Controlling darlegten. Seit Controlling als betriebswirtschaftliche Teildisziplin eine allgemeine Akzeptanz gefunden hat, besteht für diese Form der Forschung eine geringere Notwendigkeit. Die konzeptionell geprägte, umfassende Sicht von Controlling stellt im internationalen Vergleich ein weiteres Charakteristikum der Controlling-Wissenschaft des deutschsprachigen Raums dar (Schäffer 2013, S. 299–301).

Der Anteil der formal-analytischen Forschung ist seit den 1980er-Jahren bei insgesamt geringer Bedeutung in etwa gleich geblieben. Die Bedeutung der empirischen Forschung nahm jedoch stetig zu. Hierbei muss allerdings beachtet werden,

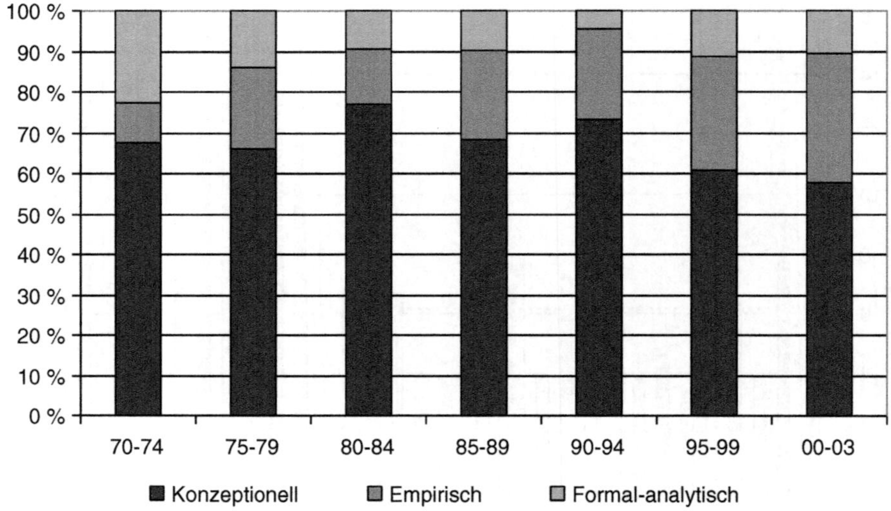

Abb. 4 Forschungsorientierungen im Controlling im Zeitverlauf (Messner et al. 2008, S. 141 – gewichtete Darstellung der akademisch und praxisorientierten Zeitschriften)

dass die empirische Forschung in der deutschsprachigen Betriebswirtschaftslehre im internationalen Vergleich grundsätzlich weniger stark ausgeprägt ist und dass der Anteil empirischer Controlling-Forschung im Vergleich zu anderen betriebswirtschaftlichen Teilgebieten weiterhin vergleichsweise gering ist (Homburg und Klarmann 2003, S. 65). Zwei Studien haben sich näher mit der Nutzung verschiedener Methoden der empirischen Forschung befasst und hierzu Controlling-Beiträge in wissenschaftlichen Zeitschriften analysiert (Binder und Schäffer 2005b, S. 616; Schäffer und Brettel 2005, S. 44). Beide Untersuchungen enden im Jahr 2003 und haben annähernd dieselben Magazine ausgewertet. Da jedoch die erste Untersuchung bereits im Jahr 1970, die zweite erst im Jahr 1990 startete, können Rückschlüsse auf den Methodeneinsatz im Zeitverlauf gezogen werden (siehe Abb. 5).

Eine erste Feststellung lautet, dass in der Controlling-Forschung fast keine Experimente durchgeführt werden. In einer Befragung von Controlling-Professoren aus dem Jahr 2004 gaben diese jedoch an, zukünftig mehr Experimente durchführen zu wollen (Hess et al. 2005, S. 35). Der Anteil der Aktionsforschung ist im Zeitverlauf in etwa konstant geblieben, während die Nutzung qualitativer Fallstudien und der Archivdatenanalyse (sowie sonstiger Forschungsmethoden) in jüngerer Zeit ungefähr gleichmäßig verstärkt wurde. Zwei wichtige Entwicklungen sind jedoch deutlich erkennbar: Während anfangs viele Fallstudien lediglich einen illustrierenden Charakter hatten, nimmt deren Nutzung in der jüngeren Vergangenheit deutlich ab. Von klar steigender Bedeutung ist hingegen die empirische Forschung in Form großzahliger Umfragen.

Eine Erklärung für die große Vielfalt der in der Controlling-Forschung zur Anwendung kommenden Theorien ist darin zu sehen, dass die Controlling-Forschung von mehreren unterschiedlichen Disziplinen beeinflusst wurde. Hierbei sind ins-

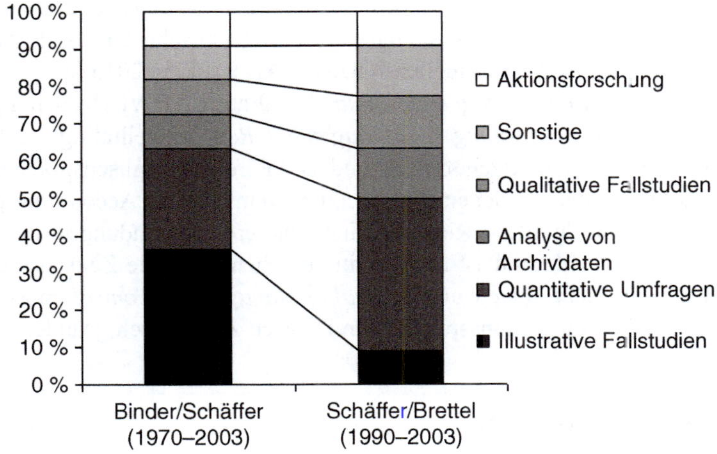

Abb. 5 Empirische Forschungsmethoden im Controlling

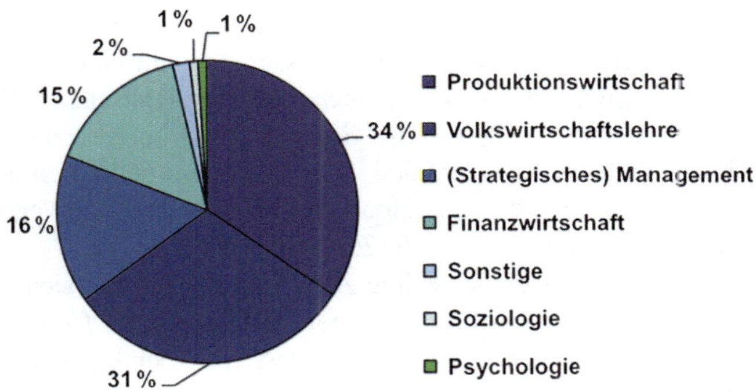

Abb. 6 Theorien in Controlling-Veröffentlichungen (Wagenhofer 2006, S. 9)

besondere das Rechnungswesen, die Sozialwissenschaften, die Kybernetik und die Managementlehre zu nennen (Schwarz 2002, S. 3–8). Einen Überblick über die Herkunft der in Controlling-Veröffentlichungen in deutschsprachigen Zeitschriften verwendeten Theorien gibt Abb. 6.

Eine weitere Konsequenz der anfänglichen Suche nach Legitimität der Controlling-Wissenschaft im deutschsprachigen Raum war, dass nahezu kein Austausch mit der internationalen Management Accounting Forschung gesucht wurde. So finden sich vergleichsweise wenige internationale Quellen in deutschsprachigen Controlling-Publikationen (Schäffer et al. 2006, S. 416), während gleichzeitig nur wenige Controlling-Wissenschaftler Beiträge in internationalen Zeitschriften veröffentlichten (Messner et al. 2008, S. 138–139). Erst in etwa seit der Jahrtausendwende suchen Controlling-Wissenschaftler des deutschsprachigen Raums vermehrt den Anschluss an die internationale Forschung, da die Messung der Forschungsleistung von immer größerer Bedeutung wird und hierbei insbesondere Publikationen in internationalen Zeitschriften von Bedeutung sind (Schäffer 2013, S. 303–307). Die oben genannten, spezialisierten Controlling-Zeitschriften des deutschsprachigen Raums finden sich im aktuellen JOURQUAL-Ranking 2015 lediglich in den Kategorien C (*Journal of Management Control*, Teilrating ABWL) beziehungsweise D (*Controlling* und *Controlling & Management Review*, Teilrating Rechnungswesen), während in den Kategorien A und B zahlreiche englischsprachige Zeitschriften zu finden sind, in denen Beiträge zum Management Accounting platziert werden können. Ein Schritt in Richtung einer stärkeren Einbindung in die internationale Forschungslandschaft ist auch darin zu sehen, dass die Zeitschriften *Controlling & Management Review* und *Journal of Management Control* im Zuge ihrer Umbenennung die Publikationssprache von Deutsch zu Englisch geändert haben.

4 Controlling-Lehre

Heutzutage werden an praktisch jeder Universität und Hochschule für angewandte Wissenschaften, an der wirtschaftswissenschaftliche Studiengänge existieren, auch Lehrveranstaltungen im Fach Controlling angeboten (Küpper 2018, S. 214). Historisch wurden Controlling-Inhalte zunächst jedoch in bereits bestehende Lehrveranstaltungen integriert. So findet sich die Aussage, dass im Jahr 1973 noch keine eigenständigen Controlling-Lehrveranstaltungen existierten (Hartmann 1973, S. 340), und auch *Horváth* erinnert sich, erst im Sommer 1975 seine erste Controlling-Vorlesung gehalten zu haben (Binder 2006, S. 156). Zudem findet sich der Hinweis, dass noch im Jahr 1990 nicht an jeder Hochschule Controlling-Lehrveranstaltungen angeboten wurden (Bramsemann 1990, S. 290).

Während es mehrere englischsprachige Zeitschriften gibt, die sich speziell mit dem Themenbereich Accounting Education befassen, liegen zur Controlling-Lehre im deutschsprachigen Raum inzwischen zumindest einige empirische Studien vor (siehe Tab. 1)

Hess und *Koch* kommen zu der Erkenntnis, dass trotz der hohen Bedeutung der Informationstechnologie für das Controlling mehr als jeder dritte Controlling-Professor an Universitäten im deutschsprachigen Raum keine IT-Inhalte in seinen Lehrveranstaltungen vermittelt. *Reimer* und *Orth* stellen fest, dass Controlling-Professoren an Universitäten im deutschsprachigen Raum die Bedeutung verhaltenswissenschaftlicher Aspekte für die Controlling-Lehre zwar grundsätzlich bejahen, entsprechende Themen jedoch in vergleichsweise geringem Umfang in der eigenen Lehre vermitteln. Becker et al. (2015) kommen zu der Erkenntnis, dass Professoren den Zukunftsthemen des Controllings eine hohe Bedeutung beimessen, wobei es interessante Unterschiede zwischen den Hochschularten gibt: Während FH-Professoren den Zukunftsthemen eine höhere Wichtigkeit zuordnen als Universitätsprofessoren, sind erstere gleichzeitig weniger zufrieden als letztere mit der tatsächlichen Vermittlung dieser Themen im Rahmen der Controlling-Lehre. Berens et al. (2018) können auf Basis der Auswertung von Modulhandbüchern betriebswirtschaftlicher Studiengänge zeigen, dass in nahezu allen Bachelor-Studiengängen eine verpflichtende Controlling-Lehrveranstaltung (in Umfang von 4-5 ECTS) zu besuchen ist sowie im Durchschnitt eine bis zwei weitere Controlling-Lehrveranstaltungen besucht werden können. Die Studien von *Hirsch*,

Tab. 1 Empirische Studien zur Lehre im Fach Controlling

Autoren (Jahr)	Themen	Hochschulart	Region	Rücklauf absolut/ relativ
Hirsch (2003)	Lehrstühle und Inhalte Controlling-Lehre	Uni	D-A-CH	35/49 %
Hess und Koch (2004)	Wirtschaftsinformatik-Inhalte in Controlling-Lehre	Uni	D-A-CH	37/54 %
Reimer und Orth (2008)	Verhaltenswissenschaftliche Inhalte in Controlling-Lehre	Uni	D	41/67 %
Becker et al. (2011)	Inhalte, Methodik, Lehrende und Stellung der Controlling-Lehre	Uni & FH	D (Bay. & BW)	25/38 %
Vanini (2013)	Inhalte, Methodik, und Stellung der Controlling-Lehre	FH	D	61/53 %
Becker et al. (2015)	Vermittlung von Zukunftsthemen in der Controlling-Lehre	Uni & FH	D	35/26 %
Berens et al. (2018)	Angebot von Controlling-Lehrveranstaltungen	Uni	D	n.a.
Reißig-Thust (2018)	Kompetenzvermittlung in der Controlling-Lehre	Uni & FH	D	Professoren: 54/- Studierende: 215/-
Vanini (2019)	Vermittlung von Digitalisierungsthemen in der Controlling-Lehre	FH	D-A-CH	58/-

Becker et al. (2011) und *Vanini* zeigen übereinstimmend, dass Hochschullehrer der Vermittlung von Wissen zu Controlling-Instrumenten die höchste Bedeutung beimessen. In allen drei Umfragen wurden die Professoren zudem befragt, welche die wichtigsten Controlling-Instrumente sind, welche sie in ihren Lehrveranstaltungen vermitteln (siehe Tab. 2)

Auf den ersten fünf Rängen finden sich in allen drei Umfragen die Budgetierung, die Strategische Planung, Kennzahlen sowie die Kostenrechnung.

Für eine praxisorientierte Disziplin wie das Controlling erscheint es von hoher Bedeutung, auch in der Hochschullehre Praxisbezug herzustellen. Becker et al. (2011) kommen in ihrer Studie zu der Erkenntnis, dass dieser Praxisbezug insbesondere durch die Betreuung praxisorientierter Abschlussarbeiten, durch die Nutzung von Fallstudien, Beispielen und empirischen Erkenntnissen in den Lehrveranstaltungen sowie durch von Praktikern gehaltene Vorträge hergestellt wird.

5 Auswirkungen der Digitalisierung

Bei der Digitalisierung handelt es sich um eine Entwicklung, die seit einiger Zeit viele Bereiche des Wirtschaftslebens unaufhaltsam und teilweise in großem Ausmaß verändert. So werden auch der betriebswirtschaftlichen Disziplin Controlling und

Tab. 2 Bedeutsame in der Lehre vermittelte Controlling-Instrumente

Controlling-Instrument	Rang bei Hirsch (2003)	Rang bei Becker et al. (2011)	Rang bei Vanini (2013)
Abweichungsanalyse	–	7	–
Balanced Scorecard	3	1	–
Benchmarking	–	7	5
Berichtswesen	9	7	–
Budgetierung/Operative Planung	3	3	1
Investitionsrechnung	4	–	4
Kennzahlen(-systeme)	4/6	3	2
(Voll-, Teil-)Kostenrechnung und Erlösrechnung	1/5	2/5	(separat erfragt)
Portfolioanalyse	–	3	–
Prozesskostenrechnung	5	9	–
Sensitivitätsanalyse	–	–	7
Strategische Planung	2	3	2
SWOT-Analyse	–	6	–
Szenarioanalyse	–	–	6
Target Costing	6	4	–
Verrechnungspreise	3	9	–
Wirtschaftlichkeitsanalyse	–	–	3

Controllern als wesentlichen Trägern von Controlling-Aufgaben radikale Veränderungen vorausgesagt (Schäffer und Weber 2016, S. 8). In der Konsequenz werden von Controllern in der Praxis eine Vielzahl neuer oder hinsichtlich ihrer Bedeutung gestiegener Kompetenzen erwartet (Nobach 2019, S. 263–266). Hieraus wird wiederum die Forderung abgeleitet, dass die Ausbildung des Controller-Nachwuchses an den Hochschulen entsprechend angepasst werden müsse, um diesen veränderten Kompetenzanforderungen gerecht zu werden (Schäffer und Weber 2019, S. 47–48). Ein aktuell stark bearbeitetes Forschungsfeld dreht sich daher um die Frage, über welche Kompetenzen ein Controller im Zeitalter der Digitalisierung verfügen sollte und wie diese Kompetenzen erworben werden können. So gibt *Kesten* (2019) die folgenden Empfehlungen für die zukünftige Controlling-Lehre ab:

- Die Vermittlung von Grundlagen (wie z. B. Kostenrechnung) muss weiterhin erfolgen.
- Die Vermittlung von Statistik- und IT-Kenntnissen sollte ausgeweitet werden.
- Es sollte Wissen zu digitalen Geschäftsmodellen vermittelt werden.
- Controlling sollte übergreifende Lehrformate mit anderen Teildisziplinen anbieten, um die integrative Lösung komplexer Problemstellungen und Entscheidungssituationen zu trainieren.
- Sozial- und verhaltenswissenschaftliche Fächer sollten in das BWL-Curriculum Eingang finden.

Vanini (2019) kommt zu der Erkenntnis, das das Thema Digitalisierung in vielen etablierten Controlling-Lehrbüchern bislang noch gar nicht oder nur am Rande behandelt wird. Sie stellt zudem fest, dass ein wesentliches Hemmnis für die Integration von Digitalisierungsthemen in die Controlling-Lehre eigene Kompetenzdefizite der Hochschullehrer sind, welche erst noch abgebaut werden müssen. In der Studie von *Reißig-Thust* (2018) gibt ein Großteil der befragten Hochschullehrer an, sowohl die Lehrmethoden zur Kompetenzvermittlung wie auch die Prüfungsformen zur Kompetenzüberprüfung in Zukunft von der klassischen Kombination Vorlesung/Übung und schriftliche Klausur hin zu interaktiveren Methoden ändern zu wollen. Mehr als die Hälfte der Hochschullehrer ist zudem überzeugt, dass eine stärkere Verzahnung von Theorie und Praxis (z. B. durch Projekte) ein geeigneter Weg sei, um die Studierenden besser auf die geänderten Kompetenzanfordeurngen der Praxis vorzubereiten.

Literatur

Ahn, H. (1999). Ansehen und Verständnis des Controlling in der Betriebswirtschaftslehre. *Controlling, 11*, 109–114.

Becker, A., & Heinzelmann, R. (2013). Management accounting und controlling: Ausbildungstraditionen in Großbritannien und im deutschsprachigen Raum. In G. Seicht (Hrsg.), *Jahrbuch für Controlling und Rechnungswesen 2013* (S. 73–99). Wien: LexisNexis.

Becker, W., Baltzer, B., & Häusser, L. (2011). *Die Lehre im Fach Controlling an deutschen Hochschulen – Ergebnisbericht einer empirischen Studie* (Bamberger Betriebswirtschaftliche Beiträge, Bd. 173). Bamberg: Lehrstuhl Unternehmensführung & Controlling.

Becker, W., Holzmann, R., & Brandl, M. (2015). Die Bedeutung von Zukunftsthemen in der Controlling-Lehre. *Wirtschaftswissenschaftliches Studium, 44*, 16–22.

Berens, W., Knauer, T., Sommer, F., & Wöhrmann, A. (2018). Controlling-Lehre in Deutschland. In P. Velte et al. (Hrsg.), *Rechnungslegung, Steuern, Corporate Governance, Wirtschaftsprüfung und Controlling* (S. 623–639). Wiesbaden: Springer.

Binder, C. (2006). *Die Entwicklung des Controllings als Teildisziplin der Betriebswirtschaftslehre*. Wiesbaden: Gabler.

Binder, C., & Schäffer, U. (2005a). Deutschsprachige Controllinglehrstühle an der Schwelle zum Generationswechsel. *Zeitschrift für Controlling & Management, 49*, 100–104.

Binder, C., & Schäffer, U. (2005b). Die Entwicklung des Controllings von 1970 bis 2003 im Spiegel von Publikationen in deutschsprachigen Zeitschriften. *Die Betriebswirtschaft, 65*, 603–626.

Bramsemann, R. (1990). Berufsfeldbezogene Controller-Ausbildung an Hochschulen. In H. Siegwart, J. I. Mahari, I. G. Caytas & S. Sander (Hrsg.), *Meilensteine im Management* (S. 285–306). Stuttgart und Basel: Beck-Verlag.

Crasselt, N., & Lohmann, C. (2013). Demografie der universitären Controlling-Lehre. *Controlling & Management Review, 58*, 72–78.

Ewert, R., & Wagenhofer, A. (2007). Management accounting theory and practice in German-speaking countries. In C. S. Chapman, A. G. Hopwood & M. D. Shields (Hrsg.), *Handbook of management accounting research* (S. 1035–1069). Amsterdam: Elsevier.

Grochla, E. (1976). Praxeologische Organisationstheorie durch sachliche und methodische Integration. *Zeitschrift für betriebswirtschaftliche Forschung, 28*, 617–637.

Hartmann, B. (1973). Controlling als Lehrgebiet. *Betriebswirtschaftliche Forschung und Praxis, 25*, 334–340.

Hess, T., & Koch, D. M. (2004). Wirtschaftsinformatik-Inhalte in der Controller-Ausbildung an Universitäten im deutschsprachigen Raum. *Zeitschrift für Controlling & Management, 48*, 173–177.
Hess, T., Weber, J., Hirnle, C., Hirsch, B., & Strangfeld, O. (2005). Themenschwerpunkte und Tendenzen in der deutschsprachigen Controllingforschung – Eine empirische Analyse. In J. Weber (Hrsg.), *Internationalisierung des Controllings* (S. 29–47). Wiesbaden: Gabler.
Hirsch, B. (2003). Zur Lehre im Fach Controlling – Eine empirische Bestandsaufnahme an deutschsprachigen Universitäten. In J. Weber & B. Hirsch (Hrsg.), *Zur Zukunft der Controllingforschung* (S. 249–266). Wiesbaden: Gabler.
Homburg, C., & Klarmann, M. (2003). Empirische Controllingforschung – Anmerkungen aus der Perspektive des Marketing. In J. Weber & B. Hirsch (Hrsg.), *Zur Zukunft der Controllingforschung* (S. 65–88). Wiesbaden: Gabler.
Kesten, R. (2019). Digitalisierung in Rechnungswesen und Controlling und ihre Folgen für die Hochschullehre. *Controller Magazin, 44*, 44–49.
Küpper, H.-U. (2018). Controlling – eine bis heute rätselhafte Entwicklungs- und Ideengeschichte. In W. Matiaske & W. Weber (Hrsg.), *Ideengeschichte der BWL* (S. 199–217). Wiesbaden: Springer.
Mayer, E. (1990). Zur Entwicklung des Controlling in der Bundesrepublik Deutschland. *Controller Magazin, 15*, 306–309.
Messner, M., Becker, A., Schäffer, U., & Binder, C. (2008). Legitimacy and identity in Germanic management accounting research. *European Accounting Review, 17*, 129–159.
Nobach, K. (2019). Bedeutung der Digitalisierung für das Controlling und den Controller. In P. Ulrich & B. Baltzer (Hrsg.), *Wertschöpfung in der Betriebswirtschaftslehre* (S. 247–269). Wiesbaden: Springer.
Reißig-Thust, S. (2018). Controller-Kompetenzen in Praxis und Lehre. *Controlling & Management Review 65*, 20–31.
Reimer, M., & Orth, M. (2008). Die Bedeutung verhaltensorientierter Aspekte in der Controllingausbildung an deutschen Universitäten. *Zeitschrift für Planung & Unternehmenssteuerung, 19*, 185–205.
Schäffer, U. (2013). Management accounting research in Germany: From splendid isolation to being part of the international community. *Journal of Management Control, 23*, 291–309.
Schäffer, U., & Brettel, T. (2005). Ein Plädoyer für Fallstudien. *Zeitschrift für Controlling & Management, 49*, 43–46.
Schäffer, U., Binder, C., & Gmür, M. (2006). Struktur und Entwicklung der Controllingforschung – Eine Zitations- und Kozitationsanalyse von Controllingbeiträgen in deutschsprachigen wissenschaftlichen Zeitschriften von 1970 bis 2003. *Zeitschrift für Betriebswirtschaft, 76*, 395–440.
Schäffer, U., & Weber, J. (2016). Die Digitalisierung wird das Controlling radikal verändern. *Controlling & Management Review, 63*, 8–17.
Schäffer, U., & Weber, J. (2019). Zehn Thesen zur Entwicklung des Controllings. *Controlling & Management Review, 66*, 46–49.
Schneider, D. (1991). Versagen des Controlling durch eine überholte Kostenrechnung. *Der Betrieb, 44*, 765–772.
Schwarz, R. (2002). Entwicklungslinien der Controlling-Forschung. In J. Weber & B. Hirsch (Hrsg.), *Controlling als akademische Disziplin – Eine Bestandsaufnahme* (S. 3–19). Wiesbaden: Gabler.
Vanini, U. (2013). Controlling-Lehre an deutschen Fachhochschulen. *Controlling & Management Review, 58*, 28–35.
Vanini, U. (2019). Wie viel „Digitalisierung" lernt man an Hochschulen? *Controlling & Management Review, 64*, 56–61.
Wagenhofer, A. (2006). Management accounting research in German-speaking countries. *Journal of Management Accounting Research, 18*, 1–19.
Weber, J. (2007). Theorie und Praxis im Controlling: Koexistenz oder Interaktion? *Zeitschrift für Controlling & Management, 51*, 334–339.

Teil III

Elemente von Controlling-Konzeptionen in der Praxis

Controllingkonzeptionen in der Unternehmenspraxis

Ewald Scherm und Florian Lindner

Zusammenfassung

Der Beitrag stellt zunächst allgemein Zweck, Gegenstand und Herleitungsformen von Controllingkonzeptionen dar. Dabei werden die in der Literatur oftmals nur implizit angesprochenen Prämissen bzw. Grundauffassungen anhand ausgewählter Controllingkonzeptionen offengelegt. Anschließend werden Anforderungen aufgestellt, anhand derer im nächsten Schritt eine kritische Würdigung der Konzeptionen erfolgt. Der Beitrag schließt mit einer Zusammenfassung.

Schlüsselwörter

Controllingkonzeptionen · Gegenstand einer Controllingkonzeption · Herleitung einer Controllingkonzeption · Grundauffassungen von Controllingkonzeptionen · Anforderungen an Controllingkonzeptionen

1 Einleitung

Das Controlling ist in Deutschland erst in den 1970er- und 1980er-Jahren verstärkt Gegenstand wissenschaftlich-konzeptioneller Auseinandersetzung geworden (Horváth 1978, 1979; Harbert 1982; Küpper 1987; Richter 1987). Ziel war es, die sich in der Unternehmenspraxis vollziehende Entwicklung des Controllings zu beschreiben, zu erklären und in ihrem Kern zu erfassen. In diesem Zusammenhang sind Konzeptionen entwickelt worden, die alle wesentlichen Aspekte des Controllings in

E. Scherm (✉)
FernUniversität in Hagen, Lehrstuhl für BWL, insb. Organisation und Planung, Hagen, Deutschland
E-Mail: ewald.scherm@fernuni-hagen.de

F. Lindner
Mazars Wirtschaftsprüfungsgesellschaft, Köln, Deutschland
E-Mail: f.lindner@live.de

W. Becker, P. Ulrich (Hrsg.), *Handbuch Controlling*,
https://doi.org/10.1007/978-3-658-26431-4_3

einem durchdachten Aussagensystem darstellen und eine klar umrissene Grundvorstellung des Controllings zum Ausdruck bringen (Harbert 1982, S. 140; Hahn und Hungenberg 2001, S. 266; auch Küpper et al. 2013, S. 8).

Im Laufe der Zeit hat sich eine Vielzahl von Controllingdefinitionen entwickelt, die bereits vor knapp 30 Jahren als „kaum überschaubar, verwirrend vielfältig, durch praktische Anschauungen geleitet und zumeist willkürlich" bezeichnet worden ist (Weber 1991, S. 1785). Diese Vielfalt hat sich im Zuge der konzeptionellen Neuausrichtung um die Jahrtausendwende noch erhöht. Die Frage, was den Kern des Controllings bildet, nimmt aufgrund der als unbefriedigend wahrgenommenen Abgrenzung von anderen betriebswirtschaftlichen Funktionen in der Literatur nach wie vor breiten Raum ein, sodass der Selbstfindungsprozess des Controllings noch nicht abgeschlossen ist (Scherm und Pietsch 2003, S. 28; Winter 2007, S. 17; Lindner 2019, S. 12).

Über den Stellenwert dieses Selbstfindungs- und Abgrenzungsprozesses besteht keine Einigkeit (Wall 2008, S. 465). Einerseits wird die Notwendigkeit betont, auf Basis einer klar umrissenen Grundvorstellung das Eigenständige des Controllings herauszuarbeiten, das es von allen anderen Führungsfunktionen unterscheidet (Brockhoff 2003, S. 33). Nur mit einer eigenständigen Problemstellung kann das Controlling als eigene Teildisziplin der Betriebswirtschaftslehre anerkannt werden (Küpper 1987, S. 84–85). Eine einheitliche Vorstellung vom Controllingbegriff als mögliches Ergebnis des Selbstfindungsprozesses ist auch in methodologischer Hinsicht vorteilhaft. Begriffe dienen allgemein der Sprachregelung und Sprachverkürzung, indem ein längeres Definiens (z. B. Rationalitätssicherung der Führung) durch ein kürzeres Definiendum ersetzt wird (in unserem Fall Controlling). Je mehr Definientia einem Definiendum zugeordnet werden, desto schwieriger wird die Kommunikation innerhalb der Wissenschaft sowie zwischen Wissenschaft und Praxis. Im Extremfall entsteht eine Privat- oder Minderheitensprache, die von wissenschaftlich ungeschulter Praxis nicht mehr verstanden wird (Schildbach 1992, S. 22; Chmielewicz 1994, S. 52; Lingnau 2002, S. 121). Diese Gefahr besteht für das Controlling, wie das bekannte Zitat Preißlers belegt: „Jeder hat seine eigenen Vorstellungen darüber, was Controlling bedeutet oder bedeuten soll, nur jeder meint etwas anderes" (1985, S. 10). Damit der Begriff des Controllings die Sprachregelungsfunktion erfüllen kann, bedarf es, wenn schon keines einheitlichen, so zumindest eines ähnlichen Begriffsverständnisses. Die darauf ausgerichtete Diskussion um die zweckmäßige Auffassung des Controllingbegriffs ist vor diesem Hintergrund gerechtfertigt.

Auf der anderen Seite wird die Diskussion um das Wesen des Controllings teilweise stark kritisiert. So ist von einer unbefriedigenden „Nabelschau" die Rede (Schönbohm 2005, S. 34), die von wichtigen Forschungsfragen nur ablenke. „Wie viel Zeit für die richtige Forschung hätten die Controlling-Kollegen, wenn sie sich nicht mehr so intensiv mit ihrer Identität beschäftigen würden" (Kieser 2003, S. 25), lautet ein wenig schmeichelhafter Kommentar zu der Suche nach dem richtigen Controllingverständnis. Für die Praxis sei ohnehin primär eine Vermittlung instrumentaler und prozessualer Aspekte des Controllings von Relevanz, grundsätzliche funktionale Fragen spielten eine nur untergeordnete Rolle (Horváth 2004, S. 373).

Dieser Fokus spiegelt sich auch in der Schwerpunktsetzung der Lehre an Hochschulen wider, wo der Vermittlung von Wissen zu Controllinginstrumenten hohe Bedeutung beigemessen wird (Becker et al. 2014, S. 28). Trotz aller kritischen Stimmen ergab eine umfassende Kozitationsanalyse von Beiträgen zum Controlling für die Zeiträume von 1970–1989 sowie 1990–2003, dass neben der Investitionsrechnung einzig Controllingkonzeptionen in beiden Zeiträumen ein wichtiges Themencluster waren (Schäffer et al. 2006, S. 401–402, 413–414).

Vor dem Hintergrund dieser differierenden Sichten auf die Zweckmäßigkeit konzeptioneller Controllingforschung ist es Ziel des Beitrags darzustellen, welchen Erkenntnisfortschritt Controllingkonzeptionen leisten bzw. geleistet haben. Dabei geht es weniger um eine Abhandlung sämtlicher Konzeptionen, als vielmehr um eine Darstellung möglicher Grundformen und ihrer Interpretation. Im Rahmen der kritischen Würdigung werden Defizite der konzeptionellen Controllingforschung aufgezeigt, die die Skepsis der Unternehmenspraxis erklären können.

2 Gegenstand einer Controllingkonzeption

Bevor Controllingkonzeptionen und deren Bestandteile vorgestellt werden, gilt es den Begriff zu definieren. Eine Controllingkonzeption soll als „System von Aussagen verstanden werden, welches die Grundlinien einer Sachverhaltsgestaltung als Mittel zur Erreichung einer bestimmten Zielsetzung formuliert. Sie basiert auf der Annahme von Mittel-Zweck-Beziehungen im Rahmen bestimmter Kontexte. Sie beinhaltet keine Beschreibung der Realität, sondern stellt ein mehr oder minder vollständig formuliertes Denkmodell dar" (Harbert 1982, S. 140). Drei Aspekte treten hervor: Erstens ist eine Controllingkonzeption keine Ansammlung isolierter Hypothesen, sondern ein Aussagensystem; dieses basiert auf Axiomen bzw. Prämissen (Grundannahmen), aus denen Schlussfolgerungen gezogen werden (Heinen 1985, S. 18). Da die Schlussfolgerungen in ein deduktiv-logisches System eingebettet sind, kann die Verlässlichkeit der Aussagen gegenüber isolierten Hypothesen als höher eingeschätzt werden, was jedoch die Widerspruchsfreiheit der Aussagen untereinander erfordert (sog. Konsistenzpostulat, Schanz 1975, S. 49). Zweitens sind Controllingkonzeptionen am technologischen Wissenschaftsziel orientiert, da nicht die für Theorien maßgeblichen Ziele der Beschreibung und Erklärung auf Basis von Ursache-Wirkungs-Beziehungen im Vordergrund stehen, sondern gestaltungsorientierte Zweck-Mittel-Beziehungen formuliert werden. Dementsprechend nehmen Controllingkonzeptionen eine Mittlerfunktion zwischen Theorie und Praxis ein (Scherm und Pietsch 2003, S. 32). Drittens wird deutlich, dass auch Controllingkonzeptionen keine unmittelbaren Gestaltungsempfehlungen für ein Unternehmen liefern können. Da lediglich die Grundlinien einer Sachverhaltsgestaltung offengelegt werden, sind Controllingkonzeptionen als eine Art Orientierungsrahmen für Unternehmen zu verstehen, den es entsprechend den unternehmensspezifischen Bedingungen zu konkretisieren gilt (Scherm und Pietsch 2003, S. 32; Reichmann 2016, S. 308).

Bei den Elementen einer Controllingkonzeption kann die Unterscheidung in Controllingfunktion bzw. -aufgaben, -instrumente und -träger (institutioneller Aspekt) mittlerweile als klassisch bezeichnet werden (z. B. Becker 1990, S. 313; Pietsch 2003, S. 12–13), wobei stellenweise noch Controllingziele als gesondertes Element abgegrenzt werden (z. B. Hahn und Hungenberg 2001, S. 266). Diese Elemente werden im Weiteren kurz erläutert.

Den *Controllingzielen* wird eine besondere Stellung im Rahmen der Controllingkonzeption zugesprochen, da sich Aufgaben, Instrumente und Institutionalisierungsformen konsequent daran zu orientieren haben (Schweitzer und Friedl 1992, S. 142; Eschenbach und Niedermayr 1996, S. 65; auch Küpper 1988, S. 168). Betrachtet man die Konzeption als ein System von Zweck-Mittel-Beziehungen, so stehen die Ziele an der Spitze dieser Hierarchie, aus der sich kaskadenförmig weitere Elemente als Mittel ableiten lassen (Schmidt 1995, S. 14–15). Da Controlling kein Selbstzweck ist, sind Controllingziele zu formulieren, deren Erreichen einen Beitrag zu den Unternehmenszielen liefert (Schmidt 1995, S. 12, 14; Beckmann und Huch 2002, S. 151; Becker et al. 2014, S. 50). Die Unternehmensziele werden von unterschiedlichen Faktoren beeinflusst, wie z. B. der konjunkturellen Entwicklung oder anderen Instrumenten der Unternehmenssteuerung, sodass das Controlling nur einen mittelbaren (indirekten) Beitrag zur Zielerreichung liefert. Unternehmerische Oberziele werden deshalb als allgemeine (Harbert 1982, S. 227), indirekte (Schweitzer und Friedl 1992, S. 143; Friedl 2013, S. 3) oder mittelbare Controllingziele bezeichnet (Eschenbach und Niedermayr 1996, S. 65). Je nach Konzeption orientiert sich das Controlling an sämtlichen Unternehmenszielen oder eingeschränkt an ausgewählten Zielgrößen (z. B. den Ergebniszielen). Ein direkter Beitrag zum Erreichen derartiger Ziele kann aufgrund fehlender Ursache-Wirkungs-Beziehungen jedoch nicht unterstellt werden. Die Unternehmensziele sind als Deduktionsbasis zur Ableitung von Controllingaufgaben ungeeignet (Beckmann und Huch 2002, S. 150). Aus den indirekten Controllingzielen werden deshalb in einem Zwischenschritt direkte Controllingziele abgeleitet, die den Umfang der *Controllingaufgabe bzw. -funktion* eingrenzen und als Sachziele des Controllings (Schweitzer und Friedl 1992, S. 143) die Art der Problemlösung spezifizieren (Friedl 2013, S. 3). Der Unterschied zwischen Zielen und Aufgaben ist marginal, da Aufgaben als „Zielsetzungen für zweckbezogene menschliche Handlungen – Handlungsziele – zu verstehen" sind (Kosiol 1976, S. 43). Aufgaben sind Aufforderungen, Verrichtungen an Objekten durchzuführen. Ergänzend werden Angaben zu Raum und Zeit sowie zum Einsatz von zur Verrichtung notwendigen Hilfsmitteln gemacht. Indem Verrichtungen definiert werden, erfolgt gegenüber den Controllingzielen eine weitere Stufe der Konkretisierung der Controllingkonzeption. In Bezug auf das Element Controllingfunktion muss auf zwei Ausprägungen des Funktionsbegriffs aufmerksam gemacht werden. Gemäß dem organisationstechnischen Funktionsbegriff werden die auf Aufgabenträger (Personen) verteilten Einzel- oder Teilaufgaben als Funktion bezeichnet. In diesem Sinne stellt die Funktion eine synthetische Zusammenfassung von Aufgaben dar (Kosiol 1976, S. 45–46). Gemäß dem allgemeinen Funktionsbegriff steht die Controllingfunktion lediglich für eine Zusammenfassung von Tätigkeiten gleichen Verrichtungsgepräges, diese ist im vororganisatorischen Bereich anzusiedeln und nicht mit der Zuordnung auf konkrete Aufgabenträger verbunden (Harbert 1982, S. 54–55).

In beiden Fällen ist die Controllingfunktion auf höherem Aggregationsniveau angesiedelt als die Controllingaufgabe (auch Beckmann und Huch 2002, S. 150). Zur Realisierung von Verrichtungen bzw. Handlungen sind Hilfsmittel, die *Controllinginstrumente*, vonnöten (Schäffer und Steiners 2005, S. 115; Baltzer 2021). Die Beschäftigung damit stellt einen Schwerpunkt der Controllingforschung dar, was sich sowohl in Lehrbüchern (Wall 2002, S. 82) als auch Zeitschriftenpublikationen widerspiegelt (Binder und Schäffer 2005, S. 608, 620). Nicht zuletzt sind Aussagen zur *Institutionalisierung des Controllings* zu machen. Dabei stehen zwei Grundfragen im Vordergrund: Wer nimmt in welchem Umfang Controllingaufgaben wahr (Entscheidung zwischen Selbst- und Fremdcontrolling) und wie ist die gegebenenfalls zu bildende Organisationseinheit auszugestalten (Pietsch und Scherm 2004, S. 541–542)?

Neben diesen Elementen wird vorgeschlagen, zusätzlich die spezifischen *Entstehungsursachen des Controllings* bzw. das vom Controlling zu lösende Problem darzustellen (Müller 1996, S. 139–140). Dieser Aspekt hängt eng mit den Controllingzielen zusammen, geht aber darüber hinaus, da zusätzliche Informationen zur Begründung der Wichtigkeit der Zielsetzung des Controllings offengelegt werden (Schmidt 1995, S. 9). Hierbei handelt es sich um die Axiome, auf denen alle anderen Elemente der Controllingkonzeption aufbauen. Diese Grundannahmen sind stark von der theoretischen Fundierung geprägt: Je nachdem, ob ein system- oder agencytheoretischer Blickwinkel auf Unternehmen gerichtet wird, ergeben sich unterschiedliche Auffassungen über das durch Controlling zu lösende Problem (Brockhoff 2003, S. 36–37). Abb. 1 fasst die vorangehenden Überlegungen grafisch zusammen.

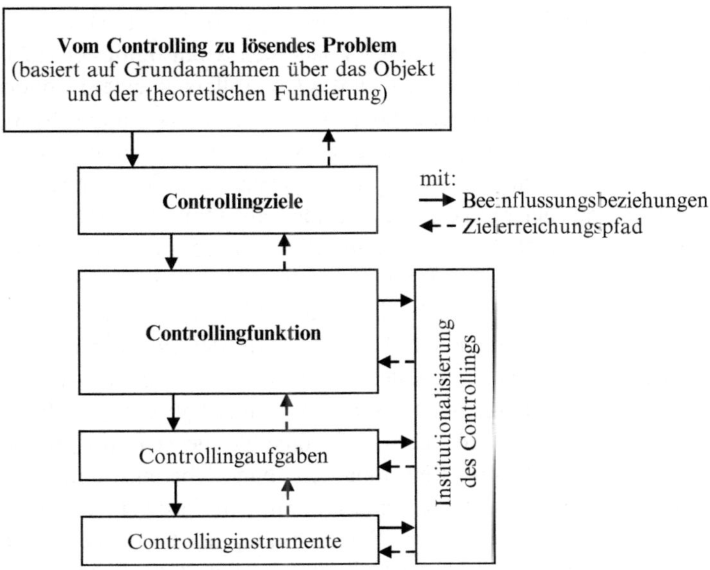

Abb. 1 Elemente und Zusammenhänge einer Controllingkonzeption (modifizierte Darstellung in Anlehnung an Beckmann und Huch 2002, S. 149)

3 Herleitung einer Controllingkonzeption

Controllingkonzeptionen können deduktiv, induktiv oder im Gegenstrom hergeleitet werden. Bei der *deduktiven Herleitung* werden ausgehend von einem Problem oder bestimmten Grundannahmen Ziele und Funktionen des Controllings abgeleitet. Dem sich dabei ergebenden Sachverhalt wird der Begriff Controlling zugeordnet, ohne dass ein Anspruch auf Übereinstimmung mit empirischen Sachverhalten besteht. Dies entspricht einer Nominaldefinition. Aufgrund des fehlenden Anspruchs auf Wahrheit, lässt sich die Leistungsfähigkeit der Nominaldefinition nur durch die Einordnung des Controllings in einen übergeordneten Rahmen beurteilen. Typischerweise wird das Controlling unter Rückgriff auf die Funktionen der Führung definiert bzw. von diesen abgegrenzt. Dies hat den Vorteil, dass ein Urteil über den Neuigkeitsgrad ermöglicht wird (im Vergleich zu bekannten Aspekten der Führung). Problematisch ist jedoch, dass dieses Urteil davon abhängt, was unter Unternehmensführung verstanden wird (Zenz 1999, S. 11–12; auch Ahn 2003, S. 29). Es besteht auch die Gefahr, dass sich das Controllingverständnis sehr weit von dem der Praxis entfernt. Weicht der in der Wissenschaft als Controlling bezeichnete Sachverhalt erheblich von dem in der Praxis ab, entsteht eine Sprachverwirrung (Schildbach 1992, S. 22).

Bei der *induktiven Herleitung* wird die Controllingkonzeption anhand der Aufgaben des Controllers bestimmt (Wall 2008, S. 470), indem z. B. Stellenanzeigen ausgewertet oder strukturierte Befragungen durchgeführt werden (Becker 1990, S. 296; Berens et al. 2013, S. 223). Zenz (1999, S. 10) spricht in diesem Zusammenhang von einer Real-, Harbert (1982, S. 128–129) treffender von einer analytischen Definition (grundlegend zur Bedeutungsanalyse Opp 2014, S. 123). Damit soll eine möglichst exakte Beschreibung des realen Phänomens Controllings erreicht werden. Diese enge Orientierung an den Aufgaben des Controllers ist eine Besonderheit der deutschen Controllingforschung (Schäffer 2013, S. 291). Bestimmte Aufgaben zu charakterisieren und daraus beispielsweise ein Anforderungsprofil für Stelleninhaber abzuleiten, ist sicherlich unbedenklich. Das so verstandene Controlling wird jedoch nicht immer als Controllership vertreten, welches eine rein institutionelle, aufgabenbezogene Sichtweise darstellt. Da die Controllingkonzeption als Grundvorstellung des Controllings Rückwirkungen auf die Lehre und Forschung an Hochschulen hat (Küpper 1987, S. 84), ist der Versuch erkennbar, auf Basis dieser rein institutionellen Betrachtung den Kern einer wissenschaftlichen Disziplin zu bilden. „Controlling wird als Wissenschaft darüber vorgestellt, was Controller tun. Dieser Ansatz stellt ein Unikum in der internationalen Wissenschaftslandschaft dar. (…) Es wäre (…) absurd, Physik als Wissenschaft über die Tätigkeiten dieser Berufsgruppe zu verstehen“ (Schwarz 2004, S. 44). Eine möglichst hohe Übereinstimmung der Controllingkonzeption mit den Aufgaben eines Controllers in der Praxis ist sicherlich von dem Wunsch geleitet, das für die Wahrnehmung der Controlleraufgaben relevante Wissen im Rahmen der Hochschullehre zu vermitteln. Führt man sich vor Augen, dass eine Realwissenschaft neben der Forschung auch die Aufgabe hat, eine bedarfsgerechte Ausbildung der Absolventen sicherzustellen, ist eine Übereinstimmung von realen Controlleraufgaben mit den in der Lehre vermittelten Inhalten sicherlich zu begrüßen (auch Schildbach 1992, S. 22). Ein weiterer Grund für diese außergewöhnliche Praxisorientierung der Wissenschaftler wird in dem Fehlen eines Berufsverbundes gesehen, der die Zertifizierung und standardisierte Ausbildung für Controller übernimmt, sodass diese Aufgabe verstärkt von den Hochschullehrern wahrgenommen wurde (Schäffer 2013, S. 295–296).

Die Praxisorientierung führt jedoch zu vielfältigen Problemen, die nicht ohne Rückwirkung auf die Praxis bleiben. Zum einen besteht das Problem des Induktionsfehlschlusses, d. h. der Übertragbarkeit der empirisch ermittelten Erkenntnisse auf andere Unternehmen: Nur weil in ausgewählten Untersuchungen Controller bestimmte Aufgaben wahrnehmen, ist über die Zweckmäßigkeit dieser Aufgabenzusammenfassung in anderen Kontexten noch nichts gesagt; die Beobachtung lässt sich nicht ohne weiteres verallgemeinern (auch Chmielewicz 1994, S. 89). Ferner stehen in der Praxis nicht ausschließlich Zweckmäßigkeitsüberlegungen im Vordergrund. Bestimmte Aufgaben, Kompetenzen und Verantwortungsbereiche werden auch deshalb zusammengefasst, um z. B. einen Sündenbock zu schaffen (Schneider 1991, S. 771).

Unabhängig von der organisatorischen Zweckmäßigkeit der Aufgabenzusammenfassung begründet dies nicht die wissenschaftliche Auseinandersetzung mit diesem Aufgabenbündel. Dazu müssen die Aufgaben ein sie verbindendes Moment aufweisen, das die integrierte Betrachtung als wissenschaftliche Disziplin rechtfertigt (Küpper 1987, S. 85–86). „Es ist wissenschaftstheoretisch (…) abwegig, aus Tätigkeitsgruppen und Tätigkeitsbezeichnungen wie Pferdekutscher, Ministerpräsident, Controller oder Disponent Wissenschaften konstruieren zu wollen, etwa Controlling für Controller oder Governing für Ministerpräsidenten. Bei einem derartigen Ansatz scheinen die von einer Wissenschaft erwarteten Allaussagen (bzw. Verallgemeinerungen) nur in zwei Richtungen möglich zu sein: als Verallgemeinerung zu einem relativ inhaltsleeren Leitbild von einzelnen Tätigkeiten und als allgemeiner Methodensatz (bzw. „Instrumentenkasten"), der möglicherweise bei einzelnen Tätigkeiten angewendet werden kann, nicht muss" (Schwarz 2002, S. 10). Die Bestimmung des Controllings aus den Aufgaben des Controllers heraus führt tendenziell zu einer sehr weiten Abgrenzung, sodass auch Aufgaben wie Software-Anpassungen dem Controlling zuzuordnen wären (Richter 1987, S. 29; Deyhle 1997, S. 183), die in keinem erkennbaren Zusammenhang zu anderen Aufgaben stehen. Die Heterogenität des dem Controlling zugeordneten Aufgabenkomplexes nimmt so zu. Aufgrund der vielfältigen Auffassungen in der Unternehmenspraxis wird der Controllingbegriff tendenziell schillernd und unklar (auch Zenz 1999, S. 15). Das induktive Vorgehen führt auch dazu, dass man letztendlich nur der Praxis hinterherlaufen kann. Die Wissenschaft sollte sich nicht ausschließlich mit der verallgemeinernden Beschreibung der Praxis begnügen bzw. auf die Dokumentation praktischer Erfahrungen beschränken, gerade wenn das Ziel in der Entwicklung von Gestaltungsempfehlungen gesehen wird (Becker 1990, S. 296). Aus den Aufgaben eines Controllers in der Praxis den Rahmen für die wissenschaftliche Arbeit festzulegen, ist daher kritisch zu sehen. Die Orientierung an bestimmten Aufgaben der

Controllingpraxis verhindert die kreative Entwicklung neuartiger Ansätze des Controllings, die sich dadurch auszeichnen, dass sie über bewährte Praxis hinausgehen. Solche Ansätze können praxisrelevant sein, da die Wissenschaft Lösungen für Probleme finden kann, „von denen die Praxis noch gar nicht ahnt, dass sie [ihnen] begegnen könnten" (Loer 2012, S. 289), wenn ihr der dazu notwendige Freiraum gelassen wird.

Da beide Vorgehensweisen Probleme bergen, wird vorgeschlagen, diese zu kombinieren, um im *Gegenstrom* zu einem Controllingverständnis zu gelangen (Becker 1990, S. 296). Die deduktiv ermittelte Controllingfunktion wird mit der induktiv ermittelten Tätigkeit des Controllers abgestimmt. Dadurch soll sichergestellt werden, dass sich das Controllingverständnis der Wissenschaft einerseits nicht zu sehr von der Praxis entfernt, andererseits eine präzise, logisch deduzierte Funktion erkennbar ist.

4 Charakterisierung verbreiteter Controllingkonzeptionen

Anhand der Herleitung und der Elemente lassen sich drei Grundauffassungen des Controllings differenzieren. Wird Controlling *als Führungsfunktion* aufgefasst, ist damit die sachlich-logische Abgrenzung bestimmter Teilaufgaben von der Gesamtaufgabe der Unternehmensführung bzw. des Managements gemeint. Controlling tritt dann als eigenständige Führungsfunktion z. B. neben Organisation oder wird als Integration ausgewählter Führungsfunktionen wie Planung und Kontrolle gesehen (Schmidt 1995, S. 26–27). Im Vordergrund stehen hier die deduktive Herleitung und die Einordnung des Controllings in einen Katalog an Führungsfunktionen (auch Winter 2007, S. 25). Als *Führungskonzept bzw. Führungsmodell* wird Controlling verstanden, wenn im Sinne eines normativen Denkmodells Aussagen über Führungsstil, -techniken und -instrumente gemacht werden, wie beispielsweise das Führen durch Zielvereinbarungen. Controlling stellt hier eine spezifische Gesamtkonzeption der Führung dar (Harbert 1982, S. 101–102; Weber 1995, S. 27–28). Gemäß dem *institutionellen* Verständnis ist Controlling eine „auf ein Element der Aufbaustruktur zuzuordnende Sammlung von Tätigkeiten" (Schmidt 1995, S. 31). Es bildet eine organisatorische Einheit (Harbert 1982, S. 56). In der angloamerikanischen Literatur wird das als Controllership bezeichnet (Horváth et al. 2020, S. 14, 22 m. w. Q.). Dieses institutionelle Verständnis ist stark durch die empirische Analyse einzelner Tätigkeiten des Controllers geprägt und entspricht der induktiven Herleitung (Schmidt 1995, S. 33).

Da nicht alle darstellbar sind, werden in Tab. 1 drei Konzeptionen, die in der Literatur eine dominante Stellung erreicht haben, anhand der bisher vorgestellten Elemente beschrieben.

Nachdem die Grundlagen und Ausprägungen der Controllingkonzeptionen dargestellt worden sind, wird in einem nächsten Schritt analysiert, welche Anforderungen an Controllingkonzeptionen gestellt werden und inwieweit sie diesen Rechnung tragen.

Tab. 1 Charakterisierung verbreiteter Controllingkonzeptionen (eigene Darstellung)

Controllingkonzeption / Elemente	Eingeschränkt koordinationsorientierte Konzeption (Horváth et al. 2020)	Führungsgesamtsystembezogene koordinationsorientierte Konzeption (Küpper et al. 2013)	Rationalitätssicherungsorientierte Konzeption (Weber und Schäffer 2016)
Theoretische Fundierung	Systemtheorie; Kontingenztheorie	Systemtheorie; Agency-Theorie; Verhaltenswissenschaft	Verhaltenswissenschaft; Agency-Theorie
Herleitung	induktiv/deduktiv	deduktiv	induktiv
Offengelegtes Problem/Grundannahmen	Ausdifferenzierung des Führungssystems	Verselbstständigung der Führungsteilsysteme	begrenzte Rationalität der Manager; Opportunismusgefahr auf Seiten der Manager
Grundauffassung	institutionell (Controllership)/funktional	funktional	Führungsmodell/institutionell (Controllership)
Ziele (indirekt/direkt)	Ergebnisziele	Unternehmensziele	Unternehmensziele
	Sicherung und Erhaltung der Koordinations-, Reaktions- und Adaptionsfähigkeit der Führung	Koordination im Führungssystem	Rationalitätssicherung der Führung
Funktion/Aufgabe	Sekundärkoordination: systembildende und -koppelnde Koordination des Planungs- und Kontrollsystems sowie des Informationsversorgungssystems in strategischer und operativer Hinsicht	Anpassungs- und Innovationsfunktion; Zielausrichtungsfunktion; Servicefunktion	Sicherung der Input-, Prozess- sowie Outputrationalität durch Ergänzung, Begrenzung und Entlastung
		Koordination innerhalb eines Führungssystems; Koordination zwischen Führungssystemen	
Instrumente	verschiedene Instrumente der Planung, Kontrolle sowie Informationsversorgung (u. a. Verfahren der Plankoordination, Kostenrechnung, Abweichungsanalyse, Kennzahlen, Verrechnungspreise)	Unterscheidung in isolierte Koordinationsinstrumente eines Führungsteilsystems (u. a. Koordinationsorgane, Zielvorgaben, simultane Planungsmodelle, Abweichungsanalysen oder KLR) sowie übergreifende Koordinationsinstrumente	verschiedene Instrumente der Planung, Kontrolle sowie Informationsversorgung (u. a. Berichtswesen, Benchmarking, Target Costing, Abweichungsanalyse, Kostenrechnung, Kennzahlen)

(Fortsetzung)

Tab. 1 (Fortsetzung)

Controllingkonzeption Elemente	Eingeschränkt koordinationsorientierte Konzeption (Horváth et al. 2020)	Führungsgesamtsystembezogene koordinationsorientierte Konzeption (Küpper et al. 2013)	Rationalitätssicherungsorientierte Konzeption (Weber und Schäffer 2016)
		(Budgetierungssysteme, Verrechnungs- und Lenkungspreissysteme)	
Institutionalisierung	aufbauorganisatorische Fragen (u. a. Spezialisierung, Dezentralisation, Standardisierung, Partizipation, Selbstcontrolling), Reorganisationen im Controlling, bereichsspezifisches Controlling, Controlling in Unternehmensnetzwerken	hierarchische Einordnung des Controllings, Controlling als Stabs- oder Linienstelle, Zusammenspiel zwischen zentralem und dezentralem Controlling, Anforderungen an Controller, ablauforganisatorische Aspekte des Controllings, Effizienzbestimmung des Controllings	hierarchische Einordnung des Controllings, Zusammenspiel zwischen zentralem und dezentralem Controlling, Rollen und Anforderungen der Controller

5 Kritische Würdigung verbreiteter Controllingkonzeptionen

5.1 Anforderungen an eine Controllingkonzeption

In der Literatur werden unterschiedliche Anforderungen an eine Controllingkonzeption gestellt. Breit rezipiert werden vor allem die von Küpper formulierten Anforderungen, die erfüllt sein müssen, damit sich Controlling als eigenständige Teildisziplin der Betriebswirtschaftslehre etablieren kann: Es muss (1) eine *eigenständige, abgrenzbare Problemstellung* erkennbar sein, die sich von anderen Teildisziplinen unterscheidet; die Aussagen müssen (2) über die reine Deskription hinausgehen und deshalb *theoretisch fundiert* sein und schlussendlich muss sich das Controlling (3) in der *Praxis bewähren* (Küpper 1987, S. 84–86, 1988, S. 163–164; Küpper et al. 2013, S. 10–11).

Die Erfüllung der ersten Anforderung soll sicherstellen, dass Erkenntnisse anderer Teildisziplinen nicht als eigene ausgegeben werden, und der Gefahr der *Usurpation* bestehenden Wissens („alter Wein in neuen Schläuchen") vorbeugen. Daraus ergibt sich die notwendige Eingrenzung des Gegenstandsbereichs. Der Controllingfunktion wird zwar Querschnittscharakter zugesprochen; das Neue sei in der Kombination verschiedener (Führungs-)Funktionen zu sehen. Eine sämtliche Probleme der Unternehmensführung umfassende Querschnittsfunktion erschwert jedoch den wissenschaftlichen Erkenntnisfortschritt. Wie in Unternehmen bedarf es auch in der Wissenschaft der Spezialisierung. Wird eine Teildisziplin mit Unternehmensführung oder Betriebswirtschaftslehre gleichgesetzt, werden also alle Fragen der Planung, der Organisation, der Personalführung und des Informationswesens dem Controlling zugeordnet, ergibt sich das Problem, dass Wissenschaftler diese Teildisziplin nicht auf dem Niveau beherrschen können, das es erlaubt, neue Erkenntnisse zu generieren. Hierin spiegelt sich die Gefahr des *Dilettantismus* wider (Schneider 1992, S. 19; Winter 2008, S. 6; grundsätzlich Chmielewicz 1994, S. 21, 26). Ferner sollten die Aufgaben unabhängig von situativen Gegebenheiten eine sie verbindende eigenständige Problemstellung aufweisen (Küpper 1987, S. 85). Nur wenn der Begriff des Controllings losgelöst von Annahmen über institutionelle Gegebenheiten diskutiert wird, kann eine allgemeine, situationsunabhängige Abgrenzung von anderen Funktionen gelingen. Andernfalls würde es sich bei Controlling um eine Funktion handeln, die nur in einem Bruchteil aller Unternehmen von Bedeutung wäre (Pietsch 2003, S. 14–15; auch Küpper et al. 2013, S. 12). Es entstünde eine Controllingkonzeption, die sich mit der Lösung eines quasi nicht vorhandenen Problems beschäftigt.

Die Forderung nach einer geeigneten theoretischen Fundierung ist notwendig, da sich auf der Basis theoretisch begründeter Ursache-Wirkungs-Beziehungen gestaltungsorientierte Zweck-Mittel-Beziehungen formulieren lassen. In Konzeptionen werden durch Variation der Ausgangssituation und Rahmenbedingungen die Kausalzusammenhänge auf praktische Probleme angewendet (Richter 1987, S. 71). Mit der theoretischen Fundierung soll das zu lösende Problem identifiziert und gleichzeitig eine Lösungsidee formuliert werden (Ahn 2003, S. 30; Küpper et al. 2013, S. 10–11). Hier stehen vor allem die Widerspruchsfreiheit bzw. die Konsistenz der Lösungsidee für das Problem im Vordergrund.

Mit der Forderung nach einer Bewährung in der Praxis bzw. nach empirischer Relevanz sind zwei Aspekte verbunden. Zum einen soll eine Übereinstimmung der im Zuge der Konzeption formulierten Controllingfunktion bzw. -aufgabe mit den konkreten Tätigkeiten des Controllers in der Praxis erreicht werden. Als Realwissenschaft hat die Betriebswirtschaftslehre und damit auch die konzeptionelle Controllingforschung die Aufgabe, die Realität möglichst genau zu beschreiben. Dadurch soll sichergestellt sein, dass sich das Verständnis von Controlling in Wissenschaft und Praxis nicht zu weit auseinanderentwickelt (Lingnau 2002, S. 131–132). Da Controllingkonzeptionen ferner das technologische Wissenschaftsziel verfolgen (Abschn. 2), müssen die in der Konzeption formulierten Lösungsvorschläge für die Praxis verwertbar, d. h. zur Bewältigung praktischer Probleme geeignet sein (Zenz 1999, S. 34). Abb. 2 fasst die Anforderungen grafisch zusammen.

Im Folgenden wird analysiert, inwiefern die bereits dargestellten, in der Literatur dominierenden Controllingkonzeptionen (Tab. 1) den Anforderungen genügen. Dabei ist zu beachten, dass zwischen den Anforderungen ein Spannungsverhältnis besteht. Wird eine völlig neuartige Problemstellung entdeckt, ist die Bewährung in der Praxis unwahrscheinlich. Es ist u. E. deshalb unzweckmäßig, Controllingkonzeption unabhängig von der gewählten Grundauffassung anhand der Erfüllung sämtlicher Anforderungen zu beurteilen (auch Winter 2008, S. 6–7). Wird beispielsweise eine primär institutionelle Sichtweise gewählt, steht nicht die eigenständige Problemstellung, sondern die Praxisrelevanz im Vordergrund.

Die Anforderung, eine eigenständige, neuartige Problemstellung zu begründen, wird an die führungsgesamtsystembezogene koordinationsorientierte Konzeption

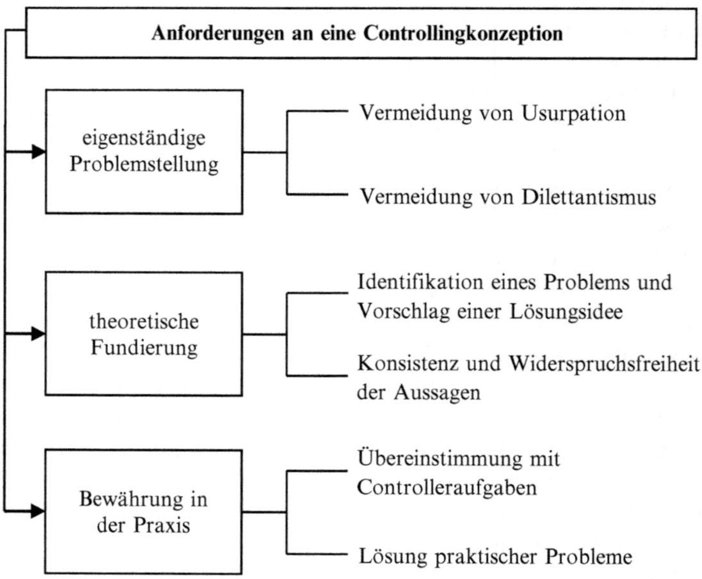

Abb. 2 Anforderungen an eine Controllingkonzeption (modifizierte Darstellung in Anlehnung an Ahn 2003, S. 30)

gestellt. Dies erfolgt zum einen aufgrund ihrer überwiegend funktionalen Ausrichtung und zum anderen, da bei Küpper et al. die Diskussion um die Abgrenzung des Controllings von anderen Funktionen breiten Raum einnimmt (Küpper et al. 2013, S. 32–38). Die Konsistenz der Aussagen muss unabhängig von der gewählten Grundauffassung bei allen Konzeptionen gegeben sein. Die Praxisrelevanz der eingeschränkt koordinationsorientierten Konzeption wird analysiert, da bei dieser die Anwendungsorientierung der Konzeption im Vordergrund steht (Horváth 2004, S. 383) und es primär um die Controllership geht (Horváth et al. 2020, S. 14).

5.2 Eigenständigkeit und Abgrenzbarkeit der Aufgabe der Koordination im Führungssystem

Ausgangspunkt der führungsgesamtsystembezogenen Konzeption ist die gedankliche Gliederung der Führung in das Personal-, Planungs-, Kontroll- und Informationsversorgungssystem sowie Organisation (Küpper et al. 2013, S. 35). Eine solche Gliederung der Führung in Teilsysteme ist aufgrund der Vielfalt der Führungsaufgaben unumgänglich und ermöglicht darüber hinaus die Nutzung von Spezialisierungsvorteilen (Küpper 1987, S. 99). Mit der Verselbstständigung der Teilsysteme ergibt sich jedoch das Problem, dass Interdependenzen zwischen den Teilsystemen zerschnitten werden (Küpper 1988, S. 174). In der Koordination des Führungssystems wird eine Funktion gesehen, die von Planung, Personalführung und Organisation nicht ausreichend berücksichtigt wird und deshalb dem Controlling obliegt (Küpper et al. 2013, S. 35–36). Die Eigenständigkeit der Koordination des Führungssystems muss relativiert werden; bereits Hax (1965) setzt sich mit Fragen der Koordination von Entscheidungen auseinander: „Die Entscheidungen, die im Betrieb getroffen werden, bedürfen ebenso wie die rein ausführenden Tätigkeiten der Koordination. (…) Die Organisationslehre muß daher der Koordination der Entscheidungstätigkeit ebenso ihre Aufmerksamkeit widmen wie der Koordination der rein ausführenden Arbeit“ (Hax 1965, S. 11). Auch in der Managementliteratur finden sich vielfach Ausführungen zur Koordination der Führung, die bis auf Fayol zurückgehen und von Autoren teilweise als second order coordination (Sekundärkoordination) bezeichnet werden (Lingnau 2002, S. 126–127, m. w. Q.). Darüber hinaus erschwert der Koordinationsbezug die Abgrenzbarkeit des Controllings von anderen Führungsfunktionen, da es sich bei Koordination um eine Kernaktivität der Unternehmensführung handelt (Reiß 2004, S. 688). Somit erscheint die Gefahr groß, durch die Gleichsetzung des Controllings mit der Koordination im Führungssystem auch sämtliche Aufgaben der Führung dem Controlling zuzuordnen. Zur Koordination von Führungsaufgaben gehören z. B. Abstimmungsaufgaben in Entscheidungsgruppen, deren Mitglieder formal gleiche Entscheidungsmacht besitzen, die Gestaltung von Anreizsystemen sowie das operative Steuern von Handlungen nach einer Entscheidung, sodass letztendlich alle Probleme der Personalführung und Organisation Gegenstand des Controllings wären (Schneider 1991, S. 771–772). Die fehlende Eigenständigkeit der Koordination im Führungssystem spiegelt sich auch in den vorgestellten Controllinginstrumenten wider; Abweichungsanalysen,

Anreiz-, Budgetierungs-, Verrechnungspreis-, Kennzahlen- und Zielsysteme finden sich ebenso in Lehrbüchern zu Planung, Organisation oder Personalmanagement.

5.3 Konsistenz der konzeptionellen Aussagen

5.3.1 Controlling zwischen Führung und Führungsunterstützung

Im Rahmen der koordinationsorientierten Konzeptionen finden sich inkonsistente Aussagen zu der Controllingaufgabe. Diese wird in der *Koordination* des Führungssystems, also von Entscheidungen (Sekundärkoordination) gesehen. Daneben stellt die *Führungsunterstützung* ein konstitutives Merkmal des Controllings dar (Küpper et al. 1990, S. 282–283). Wenn die Koordinationsaktivitäten des Controllings nur unterstützenden Charakter hätten, verbliebe die letzte Entscheidung und die Verantwortung über die Art der Koordination bei der Unternehmensleitung: das Controlling übernähme eine Servicefunktion (Küpper 1987, S. 102–103, 1988, S. 170). Die Koordination von Entscheidungen als Controllingaufgabe aufzufassen, ist mit der Charakterisierung des Controllings als reine Führungsunterstützung nicht kompatibel, da Ersteres Weisungs- und Entscheidungskompetenzen voraussetzt (Müller 1996, S. 145; Lingnau 2002, S. 128). Controlling, verstanden als Koordination im Führungssystem, wäre somit treffender als Metaführung zu charakterisieren (Weber und Schäffer 2000, S. 112–113). Auch die Koordination von Informationsbedarf und -beschaffung führt zu einem über die bloße Führungsunterstützung hinausreichenden Controlling. Werden für die Planungs- und Entscheidungsträger benötigte Informationen über Ziele und angestrebte Zielniveaus, Handlungsmöglichkeiten, mögliche Umweltentwicklungen und deren voraussichtliche Eintrittswahrscheinlichkeiten sowie Ergebnisse der Handlungsmöglichkeiten und Umweltzustände aufbereitet, sind bis auf Entschluss und Realisation (Steuerung) sämtliche Phasen des Entscheidungsprozesses durch das Controlling festgelegt, sodass von diesem die eigentliche Führung ausgeht (Schildbach 1992, S. 23, 26–27).

5.3.2 Konsistenz von Funktion und Instrumenten

Es fehlt den Konzeptionen stellenweise auch der *Zusammenhang* zwischen der *Controllingfunktion und den Controllinginstrumenten*. Gemäß der eingeschränkt koordinationsorientierten Konzeption ist Koordination „das Abstimmen einzelner Entscheidungen auf ein gemeinsames Ziel hin" (Horváth et al. 2020, S. 47). Als Instrument des Controllings werden Verrechnungspreise genannt, obwohl diese nicht zwingend eine Ausrichtung der zu koordinierenden Einheiten auf ein gemeinsames Ziel implizieren: Verrechnungspreise folgen nicht der Logik des Kooperations-, sondern des Konkurrenzgedankens (Schäffer 1996, S. 79; auch Schneider 1992, S. 15). Diese Form der Abstimmung entspricht nicht dem vertretenen Verständnis von Koordination, sodass es inkonsistent ist, Verrechnungspreise als Instrument des Controllings zu sehen.

Im rationalitätssicherungsorientierten Controlling übernimmt der Controller eine Unterstützungsfunktion bei der Sicherstellung der rationalen Unternehmensführung, indem Entlastungs-, Ergänzungs- und Begrenzungsaufgaben aufgrund von Könnens-

und/oder Wollensbeschränkungen der Manager wahrgenommen werden. Rationalität wird dabei verstanden als „herrschende Meinung von Fachleuten hinsichtlich einer bestimmten Zweck-Mittel-Relation“ (Weber und Schäffer 2016, S. 49, im Original mit Hervorhebung). Damit sich die herrschende Meinung bilden kann, muss die Möglichkeit des offenen Diskurses bestehen, Gegenargumente sind unvoreingenommen zu prüfen, Halsstarrigkeit und reine Machtausübung zu vermeiden. Dadurch soll auch bei Meinungsdifferenzen ein für alle Beteiligten zumutbarer Konsens gebildet werden können (Weber und Schäffer 2016, S. 49). Die Begründung, was als Rationalität aufzufassen ist, ist stets auf eine Mehrheit von Handlungsträgern bezogen (Weber und Schäffer 1999, S. 734). Vor diesem Hintergrund sollten die vorgestellten Controllinginstrumente einen Beitrag zur Erfassung bzw. Herausbildung einer solchen herrschenden Meinung liefern, indem z. B. Expertenbefragungen oder Brainstorming dargestellt werden (Wall 2008, S. 478 En. 45, S. 481). Die Ausführungen beschränken sich jedoch vielmehr auf „typische“ Controllinginstrumente (Tab. 1; auch Wall 2008, S. 473). Vor dem Hintergrund der verhaltenswissenschaftlichen Fundierung und der opportunistischem Verhalten vorbeugenden Begrenzungsaufgabe wäre eine Abhandlung zu Anreiz- bzw. Vergütungssystemen notwendig (Wall 2008, S. 472). Auch dazu finden sich jedoch nur an einigen Stellen recht knappe Ausführungen (z. B. im Zusammenhang mit der Verrechnungspreisgestaltung, Weber und Schäffer 2016, S. 221).

5.4 Praxisrelevanz des eingeschränkt koordinationsorientierten Controllings

Die Begründung des Controllings im Rahmen der eingeschränkt koordinationsorientierten Konzeption beruht auf einer verstärkt institutionellen Betrachtung. System- und kontingenztheoretisch argumentierend wird als Folge der Dynamik und Komplexität der Umwelt sowie der wachsenden Größe der Unternehmung eine zunehmende Arbeitsteilung und Komplexität innerhalb der Unternehmung konstatiert, aus der wiederum Adaptions- und Koordinationsprobleme der Führung erwachsen (Horváth 1978, S. 194). Die Koordination des Ausführungssystems ist Aufgabe der Führung, während das Controllingsystem die anderen Führungssubsysteme, bestehend aus Planungs- und Kontrollsystem sowie Informationsversorgungssystem, ergebniszielorientiert koordinieren soll. Dazu müssen zum einen die Systeme selbst, besondere Koordinationsorgane sowie Regeln zur Behandlung von Koordinationsproblemen, die im bestehenden Systemgefüge auftreten, gebildet werden (systembildende Koordination). Zum anderen sind im Rahmen der bestehenden Systemstruktur Koordinationsaktivitäten zur Problemlösung und als Reaktion auf Störungen notwendig (systemkoppelnde Koordination). Hiermit ist nicht bloß eine rein funktionale, gedankliche Untergliederung eines Subsystems gemeint, sondern die Bildung institutionaler Subsysteme durch Zuordnung und Verknüpfung von Aufgaben, Personen und Sachmitteln (Horváth et al. 2020, S. 49). Die Notwendigkeit eines so verstandenen Controllings ergibt sich aus der institutionalen Herausbildung einzelner Führungssubsysteme sowie dem Erfordernis der zentralen Informationsabstimmung innerhalb dieser Subsysteme. Blickt man auf die Verschlankungs- und Dezentralisationstendenzen in der Unternehmenspraxis seit Anfang der 1990er-Jahre, reagieren Unternehmen auf die zunehmende Dynamik der Umweltentwicklungen nicht mit einer verstärkten Spezialisierung der Führung und einer Koordination durch Pläne, sondern mit flachen, durch Teamarbeit gekennzeichneten Strukturen, direkten Kommunikationsbeziehungen und einer Delegation von Aufgaben und Verantwortung (Hattke et al. 2013, S. 162–163). Im Zuge dessen nehmen ausführende Stellen neben operativen auch taktische Planungsaufgaben sowie die dazugehörigen Kontrollaufgaben eigenverantwortlich wahr. Der Vorteil einer dezentralen Planung und Kontrolle ist vor allem die gegenüber zentralen Stellen größere Problemnähe, welche im Abweichungsfall die Identifizierung von Abweichungsursachen erleichtert (Scherm 1993, S. 254). Aufgeblähte Zentralbereiche und Stabsfunktionen, zu denen auch das Controlling zählt, sind aufgrund der großen Distanz zum Wertschöpfungsprozess bei dynamischen Rahmenbedingungen nur sehr eingeschränkt in der Lage, Planungs- und Koordinationsprobleme zu lösen und stellen vielmehr selbst eine Quelle für Friktionen und Störungen dar (Müller 1996, S. 141). Die autonomen Teams lösen ihre Abstimmungsprobleme direkt untereinander, ohne einen Controller zu benötigen. Auch die im koordinationsorientierten Controlling identifizierten Informationsprobleme der Führungssysteme, die im Zuge der systembildenden und -koppelnden Koordination des Informationsversorgungssystems durch das (zentrale) Controlling zu lösen sind, können unter bestimmten Voraussetzungen in einer schlanken Unternehmung beseitigt werden. Sofern (1) in Teams dezentral geplant, kontrolliert und eigenständig Unternehmens- und Umweltanalyse betrieben wird, (2) sich die Teams selbst abstimmen, (3) jedes Team für die Qualität der erbrachten (Informations-)Leistung verantwortlich ist und diese im Sinne des TQM ständig zu verbessern sucht sowie (4) flache Hierarchien und übersichtliche Organisationsstrukturen eine direkte Kommunikation und Kenntnis der Probleme/Aufgaben anderer Einheiten/Teams ermöglichen, sollte eine adäquate Informationsversorgung auch ohne ein institutionalisiertes Controlling kein Problem darstellen (Scherm 1994, S. 654).

Diese Ausführungen stellen die Übereinstimmung der Konzeption mit Controlleraufgaben nicht grundsätzlich in Frage. Inwiefern Controller Sekundärkoordination betreiben, lässt sich nur empirisch beurteilen. Die Notwendigkeit einer zentralen Instanz Controlling zur Sicherung und Erhaltung der Koordinations-, Reaktions- und Adaptionsfähigkeit der Führung muss für Unternehmen mit den oben genannten strukturellen Voraussetzungen (ganzheitliche Aufgaben, hohe Identifikation der Mitarbeiter mit den Unternehmenszielen, kleine Einheiten sowie flache Hierarchien und direkte Kommunikationsbeziehungen) jedoch angezweifelt werden.

6 Zusammenfassung

Betrachtet man die Diskussion um Controllingkonzeptionen aus der Retrospektive, muss das Ziel, eine „allgemein akzeptierte Konzeption des Controllings“ (Küpper et al. 1990, S. 281) und „Generally Accepted Controlling Principles“ (Küpper et al. 1990, S. 282) zu entwickeln, als gescheitert angesehen werden. Die vorangehenden Ausführungen haben gezeigt, warum mit Controllingkonzeptionen sehr unterschiedliche Sachverhalte angesprochen sein können. Je nach theoretischer Perspektive bzw. in Abhängigkeit von der identifizierten Problemstellung, der Herleitungsform und der Grundauffassung des Controllings werden andere Aspekte beleuchtet. Dass sich die eingangs angesprochene Vielfalt an Controllingbegriffen noch erhöht hat, ist jedoch u. E. nicht per se als schlecht zu werten. Die daraus resultierende Perspektivenvielfalt ermöglicht einen umfassenden Blick auf Controlling. Es ist zudem das Verdienst der Forschung zu Controllingkonzeptionen, die unterschiedlichen Grundauffassungen offenzulegen, die vormals oft nicht expliziert worden sind und Ursache vieler Verwirrungen waren. Die gestiegene Transparenz hinsichtlich der Annahmen und Perspektiven erleichtert auch bei größer werdender Vielfalt an Controllingbegriffen die Kommunikation über das Controlling. Dessen ungeachtet sind Probleme deutlich geworden. Negativ fällt vor allem auf, dass Anforderungen, die sich an der Grundauffassung der Konzeption orientieren, nicht erfüllt werden. Die fehlende Konsistenz der funktionalen Aussagen mit den jeweils vorgeschlagenen Instrumenten kann als Grund für die Skepsis der Praxis gesehen werden. Wenn sämtliche Konzeptionen unabhängig von der identifizierten Funktion annähernd die gleichen Planungs-, Kontroll- und Informationsversorgungsinstrumente nennen, erscheint das fehlende Interesse an dem „konzeptionellen Drumherum“ verständlich. Die Konsistenz in der funktionalen und instrumentellen Komponente sollte deshalb für eine Konzeption unabdingbar sein. Des Weiteren sollte eine stärkere Fokussierung erfolgen. Da die betrachteten Anforderungen teilweise konfliktär sind, ist nicht zu erwarten, dass eine Konzeption gleichzeitig sämtliche Anforderungen erfüllt. Klare Aussagen, ob es sich um eine eher funktionale oder institutionelle Betrachtung handelt, fördern die Transparenz und Kommunikation nicht nur innerhalb der Wissenschaft, sondern auch zwischen Wissenschaft und Praxis (auch Winter 2008, S. 26). Zweifel, dass nach über 100 Jahren Betriebswirtschaftslehre eine völlig neue Funktion identifiziert wird, erscheinen berechtigt. Im Sinne einer praxeologischen Gestaltungsorientierung könnte die Forschung deshalb stärker auf die Kontextualisierung bekannter Problembereiche im Rahmen des sog. Bindestrich- oder funktionsspezifischen Controllings fokussieren (Beckmann und Huch 2002, S. 157), zumal hier auch von Seiten der Praxis ein Bedarf an konzeptionellen Arbeiten konstatiert wird (z. B. in Bezug auf das Organisationscontrolling Grundei 2012, S. 7; dazu Lindner 2019).

Literatur

Ahn, H. (2003). *Effektivitäts- und Effizienzsicherung*. Frankfurt a. M.: Lang.

Baltzer, B. (2021). Controlling-Instrumente in der Unternehmenspraxis. In W. Becker & P. Ulrich (Hrsg.), *Handbuch Controlling*. Wiesbaden: Springer Gabler.

Becker, W. (1990). Funktionsprinzipien des Controlling. *Zeitschrift für Betriebswirtschaft, 60*(3), 295–318.

Becker, W., Baltzer, B., & Ulrich, P. (2014). *Wertschöpfungsorientiertes Controlling*. Stuttgart: Kohlhammer.

Beckmann, D., & Huch, B. (2002). Controllingverständnis – dogmatisch oder pragmatisch? Zum paradigmatischen Kern des Controlling. In J. Weber & B. Hirsch (Hrsg.), *Controlling als akademische Disziplin* (S. 145–160). Wiesbaden: DUV.

Berens, W., Knauer, T., Sommer, F., & Wöhrmann, A. (2013). Gemeinsamkeiten deutscher Controlling-Ansätze – Konzeption und empirische Analyse von Stellenanzeigen. *Controlling, 25*(45), 223–229.
Binder, C., & Schäffer, U. (2005). Die Entwicklung des Controllings von 1970 bis 2003 im Spiegel von Publikationen in deutschsprachigen Zeitschriften. *Die Betriebswirtschaft, 65*(6), 603–626.
Brockhoff, K. (2003). Aufgaben für die Controlling-Forschung: Versuch einer Außensicht. *Zeitschrift für Controlling und Management, 47*(1), 33–40.
Chmielewicz, K. (1994). *Forschungskonzeptionen der Wirtschaftswissenschaft* (3. Aufl.). Stuttgart: Schäffer-Poeschel.
Deyhle, A. (1997). A story to be finished in the next century. *Controlling, 9*(3), 183–184.
Eschenbach, R., & Niedermayr, R. (1996). Die Konzeption des Controlling. In R. Eschenbach (Hrsg.), *Controlling* (2. Aufl., S. 65–93). Stuttgart: Schäffer-Poeschel.
Friedl, B. (2013). *Controlling* (2. Aufl.). Stuttgart: UVK Lucius, UTB.
Grundei, J. (2012). Organisations-Controlling: Idee – Aufgaben – Konzeption. In J. Grundei, O. Pulcher, L. Becker & N. Stöhr (Hrsg.), *Organisations-Controlling: GoBS-Schriften für Wirtschaft und Verwaltung* (Bd. 1, S. 5–20). Essen: MA Akademie.
Hahn, D., & Hungenberg, H. (2001). *PuK: Planung und Kontrolle, Planungs- und Kontrollsysteme, Planungs- und Kontrollrechnung* (6. Aufl.). Wiesbaden: Gabler.
Harbert, L. (1982). *Controlling-Begriffe und Controlling-Konzeptionen*. Bochum: Brockmeyer.
Hattke, F., Günther, H., & Frost, J. (2013). Stabile Flexibilität. *Zeitschrift Führung + Organisation, 82*(3), 160–164.
Hax, H. (1965). *Die Koordination von Entscheidungen*. Köln: Heymann.
Heinen, E. (1985). *Einführung in die Betriebswirtschaftslehre* (9. Aufl.). Wiesbaden: Gabler.
Horváth, P. (1978). Controlling: Entwicklung und Stand einer Konzeption zur Lösung der Adaptions- und Koordinationsprobleme der Führung. *Zeitschrift für Betriebswirtschaft, 48*(3), 194–208.
Horváth, P. (1979). *Controlling* (1. Aufl.). München: Vahlen.
Horváth, P. (2004). Zukunftsperspektiven der koordinationsorientierten Controllingkonzeption. In E. Scherm & G. Pietsch (Hrsg.), *Controlling* (S. 367–386). München: Vahlen.
Horváth, P., Gleich, R., & Seiter, M. (2020). *Controlling* (14. Aufl.). München: Vahlen.
Kieser, A. (2003). Ein kleiner Reisebericht aus einem benachbarten, aber doch fremden Gebiet. In J. Weber & B. Hirsch (Hrsg.), *Zur Zukunft der Controllingforschung* (S. 11–26). Wiesbaden: DUV.
Kosiol, E. (1976). *Organisation der Unternehmung* (2. Aufl.). Wiesbaden: Gabler.
Küpper, H.-U. (1987). Konzeption des Controlling aus betriebswirtschaftlicher Sicht. In A.-W. Scheer (Hrsg.), *Rechnungswesen und EDV: 8. Saarbrücker Arbeitstagung 1987* (S. 82–116). Heidelberg: Physica.
Küpper, H.-U. (1988). Koordination und Interdependenz als Bausteine einer konzeptionellen und theoretischen Fundierung des Controlling. In W. Lücke (Hrsg.), *Betriebswirtschaftliche Steuerungs-und Kontrollprobleme* (S. 163–183). Wiesbaden: Gabler.
Küpper, H.-U., Weber, J., & Zünd, A. (1990). Zum Verständnis und Selbstverständnis des Controlling. *Zeitschrift für Betriebswirtschaft, 60*(3), 281–293.
Küpper, H.-U., Friedl, G., Hofmann, C., Hofmann, Y., & Pedell, B. (2013). *Controlling* (6. Aufl.). Stuttgart: Schäffer-Poeschel.
Lindner, F. (2019). *Reflexion organisatorischer Entscheidungen als Kern des Organisationscontrollings*. Hamburg: Dr. Kovac.
Lingnau, V. (2002). Zum Weiterentwicklungsbedarf des koordinationsorientierten Controllingansatzes. In V. Lingnau & H. Schmitz (Hrsg.), *Aktuelle Aspekte des Controllings* (S. 115–141). Heidelberg: Physica.
Loer, T. (2012). Not macht erfinderisch – aber nicht in der Wissenschaft. *Forschung & Lehre, 19*(4), 288–289.
Müller, A. (1996). Kann die koordinationsbezogene Konzeption eine theoretische Fundierung des Controlling hervorbringen? *Kostenrechnungspraxis, 40*(3), 139–147.
Opp, K.-D. (2014). *Methodologie der Sozialwissenschaften* (7. Aufl.). Wiesbaden: Springer.
Pietsch, G. (2003). *Reflexionsorientiertes Controlling*. Wiesbaden: DUV.
Pietsch, G., & Scherm, E. (2004). Reflexionsorientiertes Controlling. In E. Scherm & G. Pietsch (Hrsg.), *Controlling* (S. 367–386). München: Vahlen.

Preißler, P. R. (1985). *Controlling* (1. Aufl.). München: Oldenbourg.
Reichmann, T. (2016). Die systemgestützte Controlling-Konzeption und ihre IT-gestützte Umsetzung. *Controlling, 28*(6), 308–317.
Reiß, M. (2004). Koordination und Integration. In G. Schreyögg & A. von Werder (Hrsg.), *Handwörterbuch Unternehmensführung und Organisation* (4. Aufl., S. 688–697). Stuttgart: Schäffer-Poeschel.
Richter, H. J. (1987). *Theoretische Grundlagen des Controlling*. Frankfurt a. M.: Lang.
Schäffer, U. (1996). *Controlling für selbstabstimmende Gruppen?* Wiesbaden: DUV.
Schäffer, U. (2013). Management accounting research in Germany: From splendid isolation to being part of the international community. *Journal of Management Control, 23*(4), 291–309.
Schäffer, U., & Steiners, D. (2005). ZP-Stichwort: Controllinginstrumente. *Zeitschrift für Planung und Unternehmenssteuerung, 16*(1), 115–120.
Schäffer, U., Binder, C., & Gmür, M. (2006). Struktur und Entwicklung der Controllingforschung – Eine Zitations- und Kozitationsanalyse von Controllingbeiträgen in deutschsprachigen wissenschaftlichen Zeitschriften von 1970 bis 2003. *Zeitschrift für Betriebswirtschaft, 76*(4), 395–440.
Schanz, G. (1975). *Einführung in die Methodologie der Betriebswirtschaftslehre*. Köln: Kiepenheuer & Witsch.
Scherm, E. (1993). Lean planning & lean controlling. *Zeitschrift für Planung, 4*(3), 249–260.
Scherm, E. (1994). Konsequenzen eines Lean Management für die Planung und das Controlling in der Unternehmung. *Die Betriebswirtschaft, 54*(5), 645–661.
Scherm, E., & Pietsch, G. (2003). Die theoretische Fundierung des Controlling: Kann das Controlling von der Organisationstheorie lernen? In J. Weber & B. Hirsch (Hrsg.), *Zur Zukunft der Controllingforschung* (S. 27–62). Wiesbaden: DUV.
Schildbach, T. (1992). Begriff und Grundproblem des Controlling aus betriebswirtschaftlicher Sicht. In K. Spremann & E. Zur (Hrsg.), *Controlling* (S. 21–36). Wiesbaden: Gabler.
Schmidt, R. (1995). *Grundfunktionen des Controlling*. Frankfurt a. M.: Lang.
Schneider, D. (1991). Versagen des Controlling durch eine überholte Kostenrechnung. *Der Betrieb, 44*(15), 765–772.
Schneider, D. (1992). Controlling im Zwiespalt zwischen Koordination und interner Mißerfolgs-Verschleierung. In P. Horváth (Hrsg.), *Effektives und schlankes Controlling* (S. 11–35). Stuttgart: Schäffer-Poeschel.
Schönbohm, A. (2005). *Reflexives controlling*. Lohmar: Eul.
Schwarz, R. (2002). Entwicklungslinien der Controllingforschung. In J. Weber & B. Hirsch (Hrsg.), *Controlling als akademische Disziplin* (S. 3–19). Wiesbaden: DUV.
Schwarz, R. (2004). Ein interdisziplinärer Bezugsrahmen für die Controllingforschung. In E. Scherm & G. Pietsch (Hrsg.), *Controlling* (S. 41–56). München: Vahlen.
Schweitzer, M., & Friedl, B. (1992). Beitrag zu einer umfassenden Controlling-Konzeption. In K. Spremann & E. Zur (Hrsg.), *Controlling* (S. 141–167). Wiesbaden: Gabler.
Wall, F. (2002). Das Instrumentarium zur Koordination als Abgrenzungsmerkmal des Controlling? In J. Weber & B. Hirsch (Hrsg.), *Controlling als akademische Disziplin* (S. 67–90). Wiesbaden: DUV.
Wall, F. (2008). Controlling zwischen Entscheidungs- und Verhaltenssteuerungsfunktion. *Die Betriebswirtschaft, 68*(4), 463–482.
Weber, J. (1991). Versagen des Controlling? Ein Beitrag zur Theoriefindung. *Der Betrieb, 44*(35), 1785–1788.
Weber, J. (1995). *Einführung in das Controlling* (6. Aufl.). Stuttgart: Schäffer-Poeschel.
Weber, J., & Schäffer, U. (1999). Sicherstellung der Rationalität von Führung als Aufgabe des Controlling? *Die Betriebswirtschaft, 59*(6), 731–747.
Weber, J., & Schäffer, U. (2000). Controlling als Koordinationsfunktion? *Kostenrechnungspraxis, 44*(2), 109–118.
Weber, J., & Schäffer, U. (2016). *Einführung in das Controlling* (15. Aufl.). Stuttgart: Schäffer-Poeschel.
Winter, P. (2007). *Risikocontrolling in Nicht-Finanzunternehmen*. Lohmar: Eul.
Winter, P. (2008). *Controlling-Konzeptionen revisited. Munich Personal RePEc Archive Paper 10503*. München: Ludwig-Maximilians-Universität.
Zenz, A. (1999). *Strategisches Qualitätscontrolling*. Wiesbaden: DUV.

Controlling-Philosophie: Leitbild für die Unternehmenspraxis

Siegfried Gänßlen, Heimo Losbichler, Rita Niedermayr, Lukas Rieder, Utz Schäffer und Jürgen Weber

Zusammenfassung

Controlling ist ein wesentlicher Erfolgsfaktor der Unternehmen in den deutschsprachigen Ländern. Gleichzeitig bestehen vielfach Unklarheiten, was Controlling im Kern ausmacht. Ziel des Papiers ist es daher, einen aktuellen Stand des Verständnisses von Controlling sowie der Rolle der Controller als *Grundsatzposition des Internationalen Controller Vereins (ICV) und der International Group of Controlling (IGC)* zu formulieren.

Schlüsselwörter

Controlling-Philosophie · Controller-Leitbild · Business Partner · ICV · IGC

S. Gänßlen (✉)
Internationaler Controller Verein (ICV), Stuttgart, Deutschland
E-Mail: verein@icv-controlling.com

H. Losbichler
Internationaler Controller Verein (ICV) / International Group of Controlling (IGC), Steyr, Österreich

R. Niedermayr
International Group of Controlling (IGC), Wien, Österreich

L. Rieder
International Group of Controlling (IGC), St. Gallen, Schweiz

U. Schäffer · J. Weber
Internationaler Controller Verein (ICV), Vallendar, Deutschland

W. Becker, P. Ulrich (Hrsg.), *Handbuch Controlling*,
https://doi.org/10.1007/978-3-658-26431-4_4

1 Motivation des Papiers

Controlling ist ein wesentlicher Erfolgsfaktor der Unternehmen in den deutschsprachigen Ländern. Gleichzeitig bestehen vielfach Unklarheiten, was Controlling im Kern ausmacht. Ziel des Papiers ist es daher, einen aktuellen Stand des Verständnisses von Controlling sowie der Rolle der Controller als *Grundsatzposition des Internationalen Controller Vereins* (*ICV*) *und der International Group of Controlling* (*IGC*) zu formulieren.

Ausgangspunkt ist das von Albrecht Deyhle entwickelte Controlling-Verständnis. Dieses ist geprägt durch drei Merkmale: Zielorientierte Steuerung, Controller und Manager im Team Controlling betreibend, Zusammenspiel von Analytik und weichen Faktoren. Seit der erstmaligen Niederlegung der zentralen Gedanken von Albrecht Deyhle hat das Controlling in der Praxis eine rasante Verbreitung, aber auch Veränderung und Weiterentwicklung erfahren. Neue Entwicklungen sind insbesondere in Richtung der Aufgabenbreite (Strategie, Risiko, Nachhaltigkeit), Zukunftsorientierung (z. B. Früherkennung) und Rolle der Controller (proaktiv, mitverantwortlich) zu sehen. Daneben kommt heute – zumindest in größeren Unternehmen – auch dem Controllerbereich als Ganzes, der „Controller Community", eine zentrale Bedeutung zu.

Das Papier nimmt daher die grundsätzlichen Gedanken von Albrecht Deyhle auf und bringt sie vor dem Hintergrund der genannten Veränderungen sowie einer intensiven wissenschaftlichen Auseinandersetzung mit dem Controlling kurz und bündig auf den neuesten Stand.

Controlling ist Führungsarbeit. Es bedeutet, vom Ziel her zu denken und alle Entscheidungen an ihren Erfolgswirkungen auszurichten. Damit kommt den Aktivitäten des Planens und Kalkulierens (international: „calculative practices") sowie der Kontrolle und Steuerung eine zentrale Bedeutung zu. Dies gilt für jede einzelne Führungsentscheidung wie auch für die Führung des Unternehmens insgesamt (Unternehmenssteuerung).

Im letztgenannten Fall gilt es sicherzustellen, dass Informationsversorgung, Planung und Kontrolle im Rahmen der Unternehmenssteuerung ineinander greifen:

1) Die Willensbildung im Rahmen von Strategieentwicklung und Planung definiert die Ziele und die Mittel zu ihrer Erreichung. Die damit verbundene Beschäftigung mit der Zukunft hilft zudem, diese auch dann besser zu bewältigen, wenn alles ganz anders kommt als geplant.
2) Im Rahmen der Kontrolle wird geprüft, ob die Ziele erreicht werden und – wenn nicht – wo die Ursachen dafür liegen. Die so gewonnenen Erkenntnisse werden möglichst frühzeitig genutzt, um gegenzusteuern und Ausführung sowie Planung zu verbessern.
3) Planung und Kontrolle zusammen, setzen dem Einzelnen im Unternehmen Grenzen, ermöglichen aber genau dadurch dezentrale Freiräume und Initiative.
4) Aufgrund der Komplexität des Steuerungsprozesses ist es wesentlich, das Controlling-Denken in allen Köpfen zu verankern („Mitarbeiter überzeugen, dass sie dabei mitmachen") (Abb. 1).

Abb. 1 Steuerung im Führungskreislauf

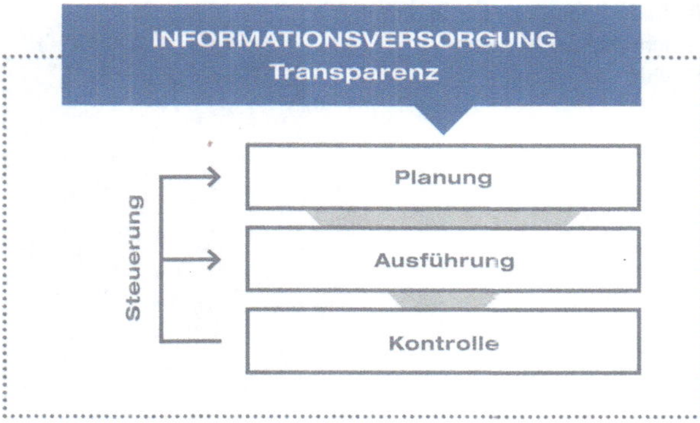

Controlling sollte überall dort stattfinden, wo es Ziele gibt, die zu erfüllen sind. Controlling ist folglich nicht nur ein Thema für gewinnorientierte Unternehmen, sondern auch für gemeinwirtschaftliches und öffentliches Handeln. Nur die Ausprägungen der Ziele und in Folge des Erfolgs sind spezifisch.

Dabei induziert das zu Grunde liegende Denken vom Ziel her eine langfristige und umfassende Perspektive, die auf die Nachhaltigkeit der Zielerreichung abstellt. Entsprechend kommt finanziellen und nichtfinanziellen Aspekten sowie allen relevanten Stakeholdern der Unternehmenssteuerung in dem Maße eine hohe Bedeutung zu, wie sie als Mittel zum Zweck den langfristigen Erfolg sicherstellen helfen. Vom Ziel her zu denken und alle Entscheidungen an ihren Erfolgswirkungen auszurichten, ist Kern einer rationalen Unternehmensführung und unverzichtbare Aufgabe jedes einzelnen Managers. Controlling ist daher keine Aktivität, die auf Controller oder andere spezialisierte Führungsdienstleister beschränkt ist. Controlling ohne Management kann es nicht geben. Controlling ist aber so wichtig und komplex, dass es sinnvoll ist, Manager dabei zu unterstützen. Einen wesentlichen Teil dieser Unterstützung leisten Controller. Controlling erfolgt entsprechend im Zusammenwirken von Managern und Controllern, wie das auch schon im „klassischen“ Schnittmengenbild von Albrecht Deyhle zum Ausdruck kommt. Auch wenn nicht alle Manager dem von Albrecht Deyhle unterstellten Bild eines dominant intuitiv entscheidenden Unternehmers entsprechen, so können sie doch alle von einem Counterpart profitieren, der bei ihren spezifischen Stärken und Schwächen ansetzt (Abb. 2).

2 Führungsunterstützung durch Controller

Controller unterstützen Manager *auf unterschiedliche Art und Weise*. Sie entlasten Manager, indem sie ihnen bestimmte Aufgaben (z. B. die Organisation der Planung oder die Bereitstellung von Informationen) abnehmen. Sie ergänzen Manager, wenn sie im Team als betriebswirtschaftlicher Begleiter fungieren. Sie begrenzen Manager, wenn sie unwirtschaftliche Entscheidungen verhindern, welche auf Grund von

Abb. 2 Schnittmengenbild in Anlehnung an Albrecht Deyhle

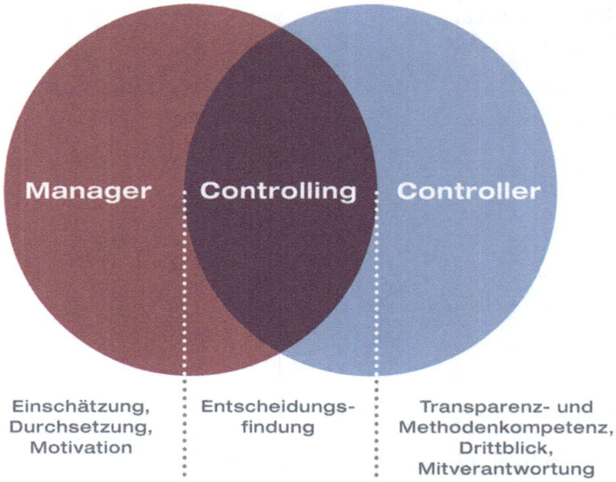

Bereichs- und Eigeninteressen durchgesetzt werden sollen. Mit all diesen unterschiedlichen Tätigkeiten streben Controller danach, die Rationalität der Unternehmensführung sicherzustellen. Controller unterstützen Manager *individuell.* Eine Leistung „von der Stange" wird den Managern nicht gerecht. Diese haben unterschiedliches betriebswirtschaftliches Wissen, unterschiedliche Präferenzen und unterschiedliche Erfahrungen. Controller müssen sich auf diese Individualität entsprechend einstellen.

Controller unterstützen die Manager *umfassend.* Die Interaktion bezieht sich grundsätzlich auf die gesamte Führungsaufgabe des Managers. Alle Führungshandlungen haben ökonomische Auswirkungen. Manche davon auszuschließen, „blinde Flecken" zu akzeptieren, wäre nicht sinnvoll. Controller gehen damit weit über Zahlen hinaus. Motivation und Anreizgestaltung stehen ebenso auf ihrer Agenda wie Strategie, Organisation und Kultur. Gerade die Breite der Führungsunterstützung macht Controller aus, gerade diese Breite ist in den letzten Jahren erheblich gestiegen. Sie mündet im Bild des umfassenden Begleiters des Managers, dem *„Management Partner"* oder *„Business Partner"* (Abb. 3).

Ein Zusammenwirken von Manager und Controller im Sinne einer solchen Business Partnerschaft muss „auf Augenhöhe" erfolgen. Die Manager sind zwar richtungsgebend, Controller tragen heute aber eine Mitverantwortung für die Erreichung der Unternehmensziele. Damit sollten Controller nicht passiv auf Anweisungen der Manager warten, sondern auch als *proaktive, ergänzende Partner des Managements* agieren. Dies gilt sowohl im Tagesgeschäft als auch bei neuen grundsätzlichen Entwicklungen, wie sie z. B. die Verankerung von Wertorientierung oder Nachhaltigkeit in der Unternehmensführung darstellen. Solche Themen zu erkennen und voranzutreiben, ist eine zentrale Facette der Rolle eines Business Partners. Dabei hat auch der von Controllern zu vollziehende Spagat zwischen aktiver Mitwirkung im Führungsprozess, dem Einbringen eigener Ideen einerseits und der begrenzenden Funktion als Hüter der Unternehmensinteressen und des

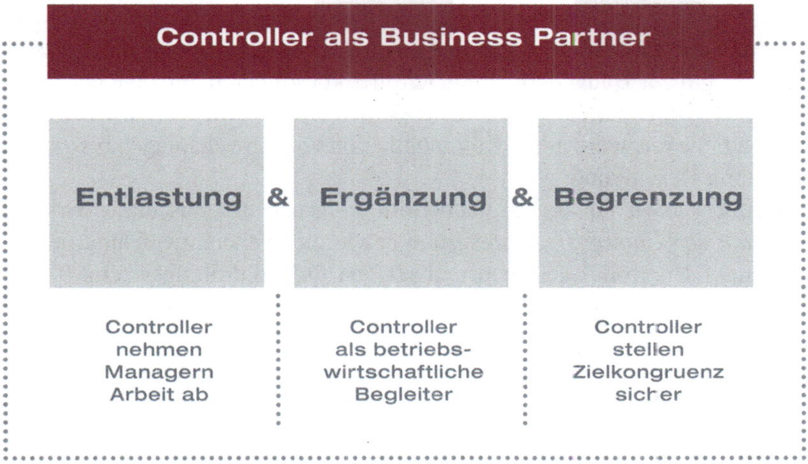

Abb. 3 Führungsunterstützung durch Controller in Anlehnung an Weber / Schäffer

kritischen Counterparts bzw. Sparringspartners andererseits („*Involvement versus independence*") an Bedeutung gewonnen. Controller müssen in der Lage sein, zwei Hüte zu tragen.

3 Wichtige inhaltliche Felder der Führungsunterstützung

Inhaltlich konzentriert sich die Arbeit der Controller auf Themenstellungen, die ganz überwiegend auch im Controller-Leitbild und im Controlling-Prozessmodell der International Group of Controlling (IGC) aufgeführt sind. Controller stehen für die *Sicherstellung betriebswirtschaftlicher Transparenz* („Controller sorgen für Strategie-, Ergebnis-, Finanz- und Prozesstransparenz und tragen zu höherer Wirtschaftlichkeit bei."). Hierzu haben sie nicht nur Zahlen entsprechend zu erfassen, sondern sie auch passend zu kommunizieren. Ein reines Abliefern beim Management reicht ebenfalls nicht aus. Controller haben vielmehr sicherzustellen, dass die Informationen richtig verstanden und richtig verwendet werden. Controller sind Hüter der betriebswirtschaftlichen Zahlen („single source of truth") und sind auch für ihre Definition und Qualität verantwortlich.

Controller *leisten einen wesentlichen Beitrag zur zielorientierten, rationalen Unternehmenssteuerung* („Controller moderieren den Management-Prozess der Zielfindung, der Planung und der Steuerung so, dass jeder Entscheidungsträger zielorientiert handeln kann."). In der laufenden Planung kommen ihnen hierzu zwei Aufgaben zu: das Management des Planungsprozesses (von der Festlegung des Ablaufs bis zur Dokumentation der Ergebnisse) und die inhaltliche Mitwirkung in der Planung; diese reicht von der Planvorbereitung bis zur kritischen Plandurchsprache und -revision. Eine besondere Herausforderung liegt dabei in der Abstimmung der unterschiedlichen beteiligten Teileinheiten und deren verantwortliche

Manager einerseits und der Abstimmung der Planungsebenen untereinander andererseits – von der strategischen Planung über die Mittelfrist- und die Investitionsplanung bis hin zur Budgetierung („Controller koordinieren Teilziele und Teilpläne ganzheitlich.“). Diverse Aufgaben kommen den Controllern auch in ihrer Kontrollfunktion zu. Sie reichen von der Kommunikation von Abweichungen bis zur Sicherstellung ihrer Beseitigung.

Controller stehen für die adäquate *Gestaltung* und das Zusammenwirken *aller Instrumente der Unternehmenssteuerung* sowie die Weiterentwicklung des Instrumentariums („Controller gestalten und pflegen die Controllingsysteme.“ – „Controller organisieren unternehmensübergreifend das zukunftsorientierte Berichtswesen.“). Hierbei handelt es sich um eine komplexe, analytisch anspruchsvolle Managementaufgabe, zu deren Erfüllung dem Management zumeist die Zeit, das Interesse und die fachlichen Fähigkeiten fehlen („der Controller als Methodenspezialist“).

An die Seite dieser laufend zu erfüllenden Aufgabenfelder der Controller sind schließlich immer mehr fallweise Aufgaben getreten, die sich als einzelentscheidungs- und projektbezogene Beratung kennzeichnen lassen. Sie adressieren unterschiedlichste Managementthemen, die von Marktanalysen bis hin zur Implementierungsunterstützung neuer Geschäftsprozesse reichen. Controller stehen auch hier für die Sicherstellung der betriebswirtschaftlichen Transparenz und das Streben nach rationalen Einzelentscheidungen, die sich an den Unternehmenszielen ausrichten.

Bei allen genannten Feldern der Führungsunterstützung ist die *Zukunftsorientierung* des Handelns wesentlich. Rückspiegelfragen helfen wenig. Es geht darum, was in Zukunft zu tun ist, nicht nur bei der Planung, sondern auch bei der Kontrolle. In dem Maße, wie die Zukunft zudem weiter hochgradig unsicher und volatil ist, gilt es, für Controller als Business Partner

1) das Instrumentarium noch stärker auf Volatilität auszurichten: Frühindikatoren, Prognoserechnungen und insbesondere rollierenden Forecasts, Risikocockpits sowie Szenarioplanungen und stochastischen Analysen kommt dann eine besonders wichtige Rolle zu;
2) Controlling und Steuerung besonders schlank und damit flexibel zu halten: die Eindringtiefe von Planung und Budgetierung sollte sich dann in Grenzen halten und die zentralen Steuerungsgrößen sollten durch eine enge Verbindung zur Strategie charakterisiert sein;
3) die Flexibilisierung von Strukturkosten und die Flexibilität der zu Grunde liegenden Geschäftsmodelle zu fördern.

4 Anforderungen an Controller

Wenn Controller Manager umfassend unterstützen wollen, benötigen sie dafür ein breites Spektrum von Fähigkeiten, das sich auf sechs zentrale Kompetenzen reduzieren lässt. Diese liegen schon dem „klassischen“ Anforderungsbild von Albrecht

Abb. 4 Zentrale Kompetenzen von Controllern

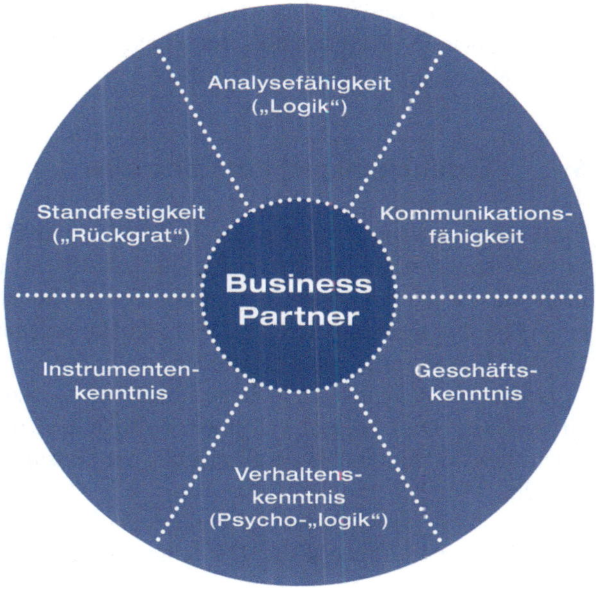

Deyhle zu Grunde, sind aber für einen Controller als Business Partner noch wichtiger geworden (Abb. 4).

1) Controller benötigen *analytische Fähigkeiten*. Die Umwandlung von Ideen in Zahlen erfordert sie ebenso wie die gedankliche Durchdringung komplexer Planungen oder die Ursachenanalyse im Falle aufgetretener Abweichungen. Gerade im Zusammenspiel mit intuitiven Managern („Bauchgefühl“) ist Analytik gefragt.
2) Controller müssen die gesamte Klaviatur der *Bewertungs- und Steuerungsinstrumente beherrschen*. Dies gilt sowohl für jedes Instrument einzeln als auch und gerade für ihr Zusammenwirken (international: „Management Control Systems as a package“).
3) Controller müssen *angemessen kommunizieren* können. Der Ton macht die Musik. Wer als Controller seine Botschaft nicht „rüberbringen“ kann, scheitert.
4) Controller müssen *Manager einschätzen* können. Dies gilt sowohl hinsichtlich deren fachlicher Fähigkeiten und Präferenzen als auch bezogen auf ihre Einstellungen. Damit reichen analytische Fähigkeiten der Controller nicht aus. „Logik und Psycho-Logik“ müssen gleichermaßen berücksichtigt werden.
5) Wer Manager „auf Augenhöhe“ unterstützen will, muss hinreichend deren *Geschäft kennen*. Kenntnis der Führungsaufgaben setzt Verständnis des Geschäfts voraus, das der Manager leitet. Sonst werden Zahlen leicht inhalts- und „blutleer“.
6) Controller benötigen *Standfestigkeit*. Trotz der Partnerrolle müssen sie unbestechlich und neutral gegenüber dem einzelnen Manager sein und im Konfliktfall

ein hinreichendes Rückgrat zeigen. Außerdem müssen sie ein „Schiedsrichterethos“ bei der Koordination der unterschiedlichen Manager entwickeln und bewahren.

5 Zusammenspiel der Controller

Ein Controller kann seine Aufgabe nicht alleine erfüllen, sondern erbringt sie im Zusammenwirken mit anderen Führungsdienstleistern (z. B. Accountants) und zumeist auch anderen Controllern. Hinsichtlich der anderen Führungsdienstleister ist eine enge Zusammenarbeit erforderlich. Konkurrenzdenken schadet allen Beteiligten. Nur Kooperation macht Controller erfolgreich.

Besitzt ein Unternehmen mehrere Controller, so ist der Controllerbereich adäquat zu gestalten. Dies beginnt bei einem Leitbild und reicht über die Bildung einer Controller-Community bis zur Festlegung der Weisungsbeziehungen im Controllerbereich.

Autoren: Siegfried Gänßlen, Heimo Losbichler, Rita Niedermayr, Lukas Rieder, Utz Schäffer und Jürgen Weber (November 2012).

Controllership in der Unternehmenspraxis

Lukas Goretzki

Zusammenfassung

Obwohl die Business Partner Rolle häufig als „Idealtyp" propagiert wird, zeigt ein Blick in die Praxis, dass der Controllerbereich aufgrund von Erwartungen unterschiedlicher interner KundInnen ein breites Set an Aufgaben erfüllen muss, von denen sich manche eher dem klassischen Bild des Bean Counters zuordnen lassen. ControllerInnen müssen daher bereit sein, in verschiedenen Rollen zu agieren und entsprechende Kompetenzen aufzubauen, die dies ermöglichen. Welche konkrete Ausprägung ihrer Rolle in bestimmten Situationen oder gar generell überwiegt, wird dabei von diversen Faktoren beeinflusst.

Schlüsselwörter

Controller · Controllership · Rolle · Aufgaben · Funktionen

1 Einleitung

Die Rolle von ControllerInnen stellt seit Jahrzehnten einen zentralen Bestandteil des Controllingdiskurses dar. Die Bestimmung *der* Rolle ist insbesondere mit Blick auf die heterogene Unternehmenspraxis jedoch nicht trivial, erfordert sie doch eine differenzierte Betrachtung dieser Berufsgruppe, der in diesem Feld handelnden Akteure sowie des sie umgebenden Kontextes. Vor diesem Hintergrund hat die Literatur verschiedene Rollenbilder hervorgebracht, die zumeist metaphorisch oder plakativ beschreiben, welche Funktion sie für das Management einnehmen oder einnehmen sollten (Goretzki et al. 2010). So findet man neben dem klassischen, zumeist jedoch negativ konnotierten Bean Counter Stereotyp (Bougen 1994) auch positivere Rollenbilder, wie den sog. Business Partner (Goretzki und Weber 2012;

L. Goretzki (✉)
Universität Innsbruck, Institut für Organisation und Lernen, Innsbruck, Österreich
E-Mail: lukas.goretzki@uibk.ac.at

W. Becker, P. Ulrich (Hrsg.), *Handbuch Controlling*,
https://doi.org/10.1007/978-3-658-26431-4_8

Goretzki und Messner 2014). Letzteres beschreibt im Kern ControllerInnen, die sich dadurch auszeichnen, dass sie eine entsprechende Bereitschaft sowie die erforderlichen Fähigkeiten besitzen bzw. entwickelt haben, einen wesentlichen Beitrag zur Unternehmenssteuerung zu leisten und (pro)aktiv in unterschiedliche Stufen des Wertschöpfungsprozesses einzugreifen (siehe z. B. Järvenpää 2007; Russell et al. 1999; Siegel 1999; Siegel et al. 2003a, b). Zumindest auf rhetorischer Ebene kontrastiert der Business Partner somit das zuvor angesprochene Rollenbild des Bean Counters, das traditionell mit klassischem Standard-Reporting, operativen Aufgaben im Bereich des Rechnungswesens sowie der Sicherstellung der Einhaltung interner Richtlinien assoziiert wird. Im aktuellen Controllingdiskurs wird das Rollenbild des Business Partners für ControllerInnen dabei häufig als erstrebenswert dargestellt. Im Kontext einer zunehmenden Bedeutung von Shared Service Centers und der damit verbundenen Bündelung bzw. Auslagerung diverser Routinetätigkeiten zum Zwecke der immer wichtiger werdenden Effizienz im Controlling (Schäffer et al. 2012) lässt sich die Daseinsberechtigung von ControllerInnen (und anderer Supportbereiche) über die Business Partner Rolle in vielen Fällen leichter argumentieren, als über den Bean Counter. Im Kern erscheint es somit nachvollziehbar, dass sich um den Business Partner eine Aura des Idealtyps entwickelt hat, die ControllerInnen unter eine Art „normativen Druck" setzt, sich auf bestimmte Weise zu verhalten bzw. auf ausgewählte Aufgaben zu fokussieren (Goretzki et al. 2013; Morales und Lambert 2013).

Auch wenn das Business Partnering in vielen Fällen als moderne Idealform der Controllers bzw. der Controllerin dargestellt wird, stellt sich jedoch die Frage, ob man tatsächlich von einer grundsätzlichen Veränderung dieser Berufsgruppe sprechen darf oder sollte. Ergebnisse empirischer Forschung zeigen, dass die Ausgestaltung der Controllership, also des Aufgabensets von ControllerInnen, von unterschiedlichen Faktoren beeinflusst wird und somit in der Unternehmenspraxis stark variiert (Byrne und Pierce 2007 Hopper 1980; Lambert und Sponem 2012; Mouritsen 1996; Verstegen et al. 2007). Unklar erscheint, inwiefern die Heterogenität mit der häufig propagierten Veränderung vom Bean Counter zum Business Partner vereinbar ist. Kritisch zu erwähnen ist auch, dass die dem Business Partner zugrunde liegende Idee keinesfalls neu ist. So wurde bereits in einem Beitrag aus dem Jahre 1928 die Vielschichtigkeit der Controllership erwähnt und schon damals propagiert, dass ControllerInnen ihr Potenzial nur dann voll ausschöpfen können, wenn sie eng mit dem Management zusammenarbeiten (Kester 1928). Auch Simon et al. (1954) berichten in ihrer häufig zitierten Studie bereits von Aufgaben des Controllings, die grundsätzlich mit der Idee des Business Partners übereinstimmen.

Der vorliegende Beitrag versucht vor dem oben genannten Hintergrund einen Erklärungsansatz für die Rollen von ControllerInnen bzw. die Arbeit des Controllingbereichs zu entwickeln, der nicht nur der Existenz, sondern auch der Relevanz unterschiedlicher Aufgabenbündel Rechnung trägt. Zudem liegt dem hier entwickelten Ansatz die Sichtweise zugrunde, dass Managementunterstützung auf verschiedene Art und Weise erfolgen kann. ControllerInnen müssen daher grundsätzlich in der Lage sein, sich je nach Situation oder Fragestellung auf die Art und Weise zu verhalten, die aus Sicht des Managements die „beste" Unterstützung bietet. Eine strikte Trennung in Bean Counting versus Business Partnering erscheint hinsichtlich der Güte der Managementunterstützung insofern problematisch, als dass nicht die grundsätzlichen Aufgabentypen per se, sondern vielmehr die Art und Weise *wie* bestimmte Tätigkeiten durchgeführt und Produkte des Controllings (z. B. Berichte und Analysen) verwendet werden, als ausschlaggebend betrachtet werden kann. Bevor dieses Rahmenkonzept näher erläutert wird, sollen im Folgenden einige theoretische Grundlagen und ausgewählte Studien zur Rolle von ControllerInnen, deren Erkenntnisse in die konzeptionelle Analyse einfließen, vorgestellt werden.

2 Ausgestaltung der Rolle von ControllerInnen

2.1 „Rolle" als theoretisches Konzept

Was verbirgt sich im Detail hinter dem in der Controlling-Literatur so häufig verwendeten Rollenbegriff? Aus theoretischer Perspektive lässt sich eine Rolle grundsätzlich als relativ beständiges und generalisierbares Set an Erwartungen an das Verhalten bzw. die Aufgaben von InhaberInnen spezifischer Positionen beschreiben (Berger und Luckmann 1967; Glynn 2008; Katz und Kahn 1978; Scott 2008). Eine Rolle kann somit – ähnlich wie bei einem Theaterstück – als eine Art handlungsleitendes „Skript" verstanden werden, das vorgibt, welches Verhalten von Personen, die eine bestimmte Position innerhalb eines sozialen Systems bekleiden, grundsätzlich erwartet wird. Dabei stellt nicht nur das interne, sondern auch das externe Organisationsumfeld eine Quelle für Erwartungen dar (siehe z. B. Verstegen et al. 2007). Im Kontext der Controllership bedeutet dies z. B., dass ControllerInnen auch vom jeweiligen Diskurs um die Funktion des Controllings (z. B. in Form von Publikationen in Fachmagazinen oder Lehrbüchern) beeinflusst werden (Ahrens und Chapman, 2000; Goretzki et al. 2013; Morales und Lambert 2013).

Aus theoretischer Perspektive lassen sich hinsichtlich der den RolleninhaberInnen entgegen gebrachten Erwartungen grundsätzlich zwei Problemfelder identifizieren, die die betroffenen AkteurInnen vor Herausforderungen stellen können (Katz und Kahn 1978). Werden den RolleninhaberInnen (z. B. ControllerInnen) von unterschiedlichen RollensenderInnen (z. B. ManagerInnen) divergierende bzw. nicht zu vereinbarende Erwartungen entgegengebracht, kann dies zu Rollenkonflikten führen (Hopper 1980; Maas und Matejka 2009). Kommunizieren RollensenderInnen (z. B. ManagerInnen) ihre Erwartungen hingegen nicht klar bzw. eindeutig, fördert dies Rollenambiguität. Dies kann insofern problematisch sein, als dass die betroffenen RolleninhaberInnen nicht genau wissen, was in bestimmten Situationen von ihnen nun genau erwartet wird. Ihr Rollenverhalten ist daher mit einer entsprechenden Unsicherheit behaftet. Sowohl Rollenkonflikte als auch Rollenambiguitäten können bei den jeweiligen AkteurInnen zu Rollenstress führen (Katz und Kahn 1978). Interessanterweise lässt sich in der Praxis beobachten, dass sich ControllerInnen regelmäßig mit Rollenkonflikten konfrontiert sehen, es jedoch als nahezu selbstverständlich erachten, in der Lage sein zu müssen, Erwartungen unterschiedlicher Anspruchsteller abwägen bzw. erfüllen zu können.

Bei der theoretischen Betrachtung von Rollen sind über die oben beschriebenen Einflussfaktoren hinaus weitere Aspekte zu berücksichtigen. RolleninhaberInnen sind dem oben erwähnten Bündel an Erwartungen nicht „ausgeliefert". Vielmehr haben sie in unterschiedlichen Situationen die Möglichkeit, (pro)aktiv Einfluss auf ihrer Position zu nehmen und somit über ein reines „Role Taking" auch ein „Role Making" zu betreiben (Katz und Kahn 1978). Im Kontext des Controllings bedeutet dies, dass die Rolle, die ein/e ControllerIn einnimmt, nicht nur von einem vorgeschriebenen „Skript" (bspw. einer formalen Stellenbeschreibung), sondern auch von persönlichen Eigenschaften, Fähigkeiten, Intentionen oder Zielen abhängt (Byrne und Pierce 2007; Katz und Kahn 1978; Verstegen et al. 2007). In diesem Kontext ist insbesondere auch die sog. Rollenidentität, also – vereinfacht ausgedrückt – das individuelle Verständnis einer Person von ihrer Rolle, zu erwähnen. Identität kann dabei als Antwort auf die Frage „wer bin ich" (individuelle Identität) oder „wer sind wir" (kollektive Identität) verstanden werden. Je nachdem wie ControllerInnen ihre Funktion interpretieren, bzw. welchen Anspruch sie an ihre Position innerhalb der Organisation stellen, werden sie versuchen, Einfluss auf ihre Rolle auszuüben bzw. ein angepasstes Rollenverhalten an den Tag legen.

Ein weiterer theoretischer Aspekt, der bei der Auseinandersetzung mit der Ausgestaltung bestimmter Rollen berücksichtigt werden sollte, ist die Tatsache, dass diese stets in komplexe soziale Systeme eingebunden sind (Katz und Kahn 1978). Innerhalb dieser interagieren verschiedene Rollen, die wiederum unterschiedliche Sets an externen und internen Erwartungen sowie individuelle Intentionen und Ziele der jeweiligen AkteurInnen umfassen, miteinander (Byrne und Pierce 2007; Katz und Kahn 1978; Verstegen et al. 2007). Rollengestaltung findet aus diesem Grund nicht nur auf einer individuellen, sondern auch auf einer sozialen Ebene statt. Die Rollen der ControllerInnen stellen letztlich eine Kombination dar aus dem, was sie von sich selbst und ihrer Funktion erwarten sowie dem, was andere von ihnen erwarten bzw. ihnen „erlauben" zu tun (Mouritsen 1996, S. 299). Letzteres lässt sich insbesondere in Situationen beobachten, in denen ControllerInnen mit VertreterInnen anderer Funktionen zusammenarbeiten und in denen machtpolitische Fragen auftreten, die zu Bereichskonflikten führen können. Existierende Studien konnten in diesem Kontext zeigen wie bspw. die von ControllerInnen getriebene Einführung neuer Steuerungssysteme oder Kennzahlen (z. B. des Economic Value Added) zu Konflikten zwischen dem Controlling und anderen Funktionsbereichen wie dem Marketing oder Vertrieb führen kann (Ezzamel und Burns 2005; Vaivio 1999). Derartige Konflikte sind dabei häufig mit dem Phänomen der sog. „professional competition" (Armstrong 1985; Ezzamel und Burns 2005) verbunden. Im intraorganisationalen Kontext beschreibt dieses Konzept (stark vereinfacht ausgedrückt) die Auseinandersetzungen bzw. „Wettbewerbe" zwischen unterschiedlichen Berufsgruppen (z. B. ControllerInnen vs. VertriebsmanagerInnen). Konflikte dieser Art werden häufig von der Frage getrieben, welche Berufsgruppe für welche Aufgaben zuständig ist (d. h. „territoriale" Abgrenzungen zwischen den Bereichen) oder die wichtigste Rolle in der Organisation spielt (d. h. machtpolitische Auseinandersetzungen). Whittington und Whipp (1992, S. 53) bspw. argumentieren in diesem Kontext aus einer Marketing-Perspektive, dass ControllerInnen es insbesondere deswegen geschafft haben, sich nah am Top Management zu positionieren und gegenüber anderen Gruppen (z. B. eben dem Marketing) durchzusetzen, da sie in der Lage waren, genau *die* Probleme zu betonen, die sie mit ihren eigenen Systemen und Methoden lösen können.

Diese lediglich skizzenhafte theoretische Betrachtung des Begriffs „Rolle" lässt bereits erkennen, dass hinter diesem Konzept ein äußerst komplexes Gebilde steht. Es erscheint demnach nachvollziehbar, dass die Rolle der ControllerInnen ein wichtiges und beständiges Element des wissenschaftlichen und praxisbezogenen Controllingdiskurses darstellt. Im Folgenden werden ausgewählte Studien vorgestellt, die sich explizit mit der Ausgestaltung und Vielfalt von Controllerrollen in der Praxis beschäftigen.

2.2 Ausgewählte empirische Beobachtungen zur Rolle von ControllerInnen

Grundsätzlich bietet die Literatur eine Reihe an Untersuchungen, die sich mit Faktoren beschäftigen, die die Rolle(n) von ControllerInnen in Unternehmen bzw. Organisationen beeinflussen. Diese Studien zeigen, dass Veränderungen der Organisationsstrukturen (siehe z. B. Hopper 1980; Burns und Baldvinsdottir 2005), das Auftreten neuer dominanter Personen (Goretzki et al. 2013), die Einführung „innovativer" Controlling- (z. B. Friedman und Lyne 1997) oder Informationssysteme (siehe z. B. Caglio 2003; Scapens und Jazayeri 2003; Strauß und Spittler 2012), HR- bzw. Weiterbildungsmaßnahmen (siehe z. B. Järvenpää 2007; Goretzki et al. 2013; Goretzki und Messner 2014) oder die Stärkung der Interaktion zwischen ManagerInnen und ControllerInnen (Goretzki et al. 2013) Einfluss auf die Rollengestaltung ausüben. Studien dieser Art verdeutlichen, dass das Portfolio an (häufig interdependenten) Einflussfaktoren überaus breit gefächert ist. Um bestimmte Ausprägungen bzw. Veränderungen hinsichtlich der Rollen von ControllerInnen erklären zu können, ist also stets der jeweilige interne und externe Kontext zu untersuchen.

Startpunkt einer aktuellen Studie von Lambert und Sponem (2012) ist die Beobachtung, dass obwohl die Business Partner Rolle häufig propagiert wird, die Bean Counter Rolle in der Praxis häufiger anzutreffen ist. Eine mögliche Erklärung hierfür könnte grundsätzlich sein, dass die Entwicklung vieler ControllerInnen noch nicht so weit vorangeschritten ist. In anderen Worten: Viele ControllerInnen haben diese spezifische „Entwicklungsstufe" noch nicht erreicht (siehe z. B. das Entwicklungsmodell von Weber 2011). Lambert und Sponem (2012) hingegen argumentieren auf Basis mehrerer Fallstudien, dass sich in der Praxis verschiedene Rollenausprägungen identifizieren lassen und der Business Partner nicht in allen Unternehmen als ideale Rolle für das Controlling betrachtet wird. Dieses Ergebnis lässt sich darauf zurückführen, dass in unterschiedlichen Unternehmen unterschiedliche Personengruppen (z. B. Finanzen vs. Marketing) eine dominante Stellung innehaben und eine bestimmte Sichtweise auf die Dinge prägen. Vor diesem Hintergrund leiten Lambert und Sponem (2012) eine Typologie ab, aus der vier spezifische Rollen für ControllerInnen hervorgehen. Sie bezeichnen diese als „discrete“, „safeguarding“, „partner“ und „omnipotent“.

In von Marketing geprägten Unternehmen, die auf Wachstumsmärkte, Markttrends und innovative Produkte fokussieren, lässt sich gemäß Lambert und Sponem (2012) eine Controllingrolle identifizieren, die als „discrete“ bezeichnet werden kann. Das Controlling zielt dabei vorwiegend auf die Unterstützung des lokalen Managements ab, ohne jedoch einen großen Einfluss auf dessen operative und strategische Aktivitäten auszuüben. Das lokale Management betrachtet die ControllerInnen in der Regel als wenig bedeutend und bezieht sie nur äußerst selten in strategische Themen oder Fragestellungen ein. ControllerInnen agieren zumeist im Hintergrund und fokussieren letztlich auf klassische Aufgaben wie das Reporting, die Budgetkontrolle oder die Sicherstellung von Compliance.

Auch die sog. „safeguarding“ Rolle ist laut Lambert und Sponem (2012) vorwiegend in Unternehmen zu finden, die stark vom Marketing oder Ingenieurwesen geprägt sind. Anders als das „discrete“ Controlling orientiert sich die „safeguarding“ Rolle vorwiegend an der Zentrale. Aus diesem Grunde werden ControllerInnen auf lokaler Ebene häufig als Entsandte eben dieser wahrgenommen, die das lokale Management überwachen. Die dominanten Aufgaben des Controllings sind auch hier bspw. das Reporting bzw. Monitoring sowie die Vorbereitung und Kontrolle von Budgets. Strategische Themen werden vom operativen Management bearbeitet und fallen nicht in den Aufgabenbereich des Controllings. Ferner beobachten Lambert und Sponem (2012), dass die „safeguarding“ Rolle häufig Nachwuchsführungskräften zugeschrieben wird, die zu Beginn ihrer Karriere die Controllingperspektive kennenlernen und verinnerlichen sollen, ehe sie Verantwortung im operativen Management übernehmen. Das Controlling (als spezifische Sichtweise) entwickelt in diesen Unternehmen daher eher implizit eine Relevanz für das Management, ohne dass ControllerInnen in den Vordergrund rücken.

Als „Partner“ agieren ControllerInnen laut Lambert und Sponem (2012) vorwiegend in solchen Unternehmen, in denen lokale ManagerInnen täglich Entscheidungen treffen müssen, deren finanzielle Auswirkungen im Vorfeld sorgfältig untersucht wurden. ControllerInnen arbeiten hierbei eng mit dem lokalen Management zusammen und entlasten dieses durch die laufende Bereitstellung notwendiger finanzieller Analysen. In Unternehmen, in denen ControllerInnen eine derartige Rolle ausüben, ist die Marketing- und Finanzperspektive, laut Lambert und Sponem (2012) gleich stark ausgeprägt. ControllerInnen können somit im Vergleich zu den beiden zuvor skizzierten Rollen einen größeren Einfluss auf operative und strategische Entscheidungen ausüben. Die Interaktion zwischen dem lokalen Management und dem Controlling ist stark ausgeprägt und zeichnet sich durch eine partnerschaftliche Zusammenarbeit aus. Damit ControllerInnen in die Lage versetzt werden, das operative Management mit entsprechenden Systemen und Analysen zu versorgen, die sie bei ihren Entscheidungen und Aktivitäten unterstützen, müssen die jeweiligen ManagerInnen bereit sein, ihre Geschäftskenntnisse mit dem Controlling zu teilen und dieses in die Prozesse einzubinden. Ein typisches Problem, das mit der Partner Rolle einhergeht, ist, dass eine zu starke Einbindung des Controllings in das operative Geschäft dazu führen kann, dass es die Entscheidungen und Prozesse nicht mehr objektiv beurteilen kann und seine Unabhängigkeit verliert. Dies führt zu dem häufig diskutieren „Involvement vs. Independence" Dilemma des Controllings, das insbesondere im Kontext des Business Partnerings auftreten kann (Hopper 1980; Sathe 1982; Simon et al. 1954).

In Unternehmen, in denen eine (kurzfristige) Finanzperspektive dominiert, fanden Lambert und Sponem (2012) eine sog. „omnipotente" Rolle des Controllings. Diese ist eng verknüpft mit einem stark ausgeprägten Kosten- und Effizienzfokus, der allen Entscheidungen bzw. Aktivitäten zugrunde liegt. Die wichtigsten Aufgaben des Controllings sind auch hier das Reporting und die Budgetierung. Anders als in den zuvor beschriebenen Typen, nehmen ControllerInnen in diesen Unternehmen interessanterweise jedoch eine Position ein, die fast wichtiger zu sein scheint, als die des operativen Managements. Durch den hohen Kostendruck, der in diesen Unternehmen vorherrscht, muss sich das operative Management bspw. häufig auf Basis entsprechender Kennzahlen und Analysen gegenüber dem Controlling rechtfertigen oder sogar um Legitimität für bestimmte Vorhaben (z. B. im Kontext von Investitionsentscheidungen) werben. Da ControllerInnen hierbei häufig (zumindest formal) das letzte Wort haben – z. B. bei der Freigabe bestimmter Investitionen – sitzen sie im Vergleich zum operativen Management in manchen Situationen am längeren Hebel. Als zentrale, aus der „omnipotenten" Rolle des Controllings resultierende Gefahr, sehen Lambert und Sponem (2012), dass durch die Dominanz der (kurzfristigen) Finanzperspektive Innovationen gehemmt oder sogar verhindert werden können, was den Unternehmen wiederum schaden kann.

Eine interessante Erkenntnis, die aus der Studie von Lambert und Sponem (2012) hervorgeht, ist, dass sich – trotz unterschiedlicher identifizierbarer Typen – eine Art Basisbündel an Reporting- und Budgetierungsaufgaben identifizieren lässt, das grundsätzlich allen vier Typen zugrunde liegt. Unterschiede lassen sich jedoch dahingehend erkennen, *wie* diese Aufgaben durchgeführt werden bzw. auf welche Art und Weise der Output dieser Aufgaben (z. B. Berichte oder Budgets) von den ControllerInnen mobilisiert werden. Lambert und Sponem (2012, S. 585) halten vor diesem Hintergrund fest, dass klassische „Erbsenzähleraufgaben" grundsätzlich den Kern bzw. die Basis aller Rollen im Controlling darstellen und Tätigkeiten, die darüber hinausgehen, innerhalb der Organisation (bis zu einem gewissen Grad) „verhandelbar" sind. Ihre Ergebnisse untermauern somit eine frühere Studie von Mouritsen (1996) und deuten darauf hin, dass sich auch ControllerInnen in scheinbar einflussreicheren Positionen nicht vollständig von klassischen Tätigkeiten lösen können.

Auch die zuvor erwähnte Studie von Mouritsen (1996) beschäftigt sich mit der Vielschichtigkeit der Controllingabteilung (bzw. des Rechnungswesens) und der Frage, wie diese grundsätzlich erklärt werden kann. Auf Basis einer fragebogenbasierten empirischen Untersuchung identifiziert er fünf Aufgabenbündel, die grundsätzlich als charakteristisch für Controllingabteilungen betrachtet werden können. Diese fünf Aufgabenbündel benennt Mouritsen wie folgt:

1. *Bookkeeping* (z. B. traditionelles Rechnungs- und Berichtswesen sowie transaktionale Tätigkeiten)

2. *Consulting* (z. B. ad-hoc Analysen, Investitionsrechnungen, Kennzahlenanalysen, Unterstützung und interne Beratung des Managements)
3. *Banking* (z. B. Cash- und Währungsmanagement)
4. *Controlling* (z. B. Budgetierung und Budgetkontrollen über Abweichungsanalysen)
5. *Administrating* (Management von Kreditoren und Debitoren)

Anders als Lambert und Sponem (2012) präsentiert Mouritsen (1996) (bewusst) keine Rollentypologie, sondern ein charakterisierendes Set an Aufgabenbündeln, das in seiner exakten Ausgestaltung von Unternehmen zu Unternehmen variieren kann. Laut Mouritsen (1996) können die Aufgabenbündel grundsätzlich in den meisten Controllingabteilungen identifiziert werden. Jedoch können Abweichungen hinsichtlich ihrer jeweiligen Bedeutung (d. h. in manchen Unternehmen werden bestimmte Aufgabenbündel vom Controlling stärker betont als andere) und Gesamtkonstellation (d. h. dem Zusammenspiel verschiedener Aufgabenbündel) vorliegen. Zu beachten ist jedoch, dass bestimmte Aufgabenbündel eine einflussreichere Rolle des Controllings stärker fördern („consulting" und „controlling") als andere („administrating", „banking" und „bookkeeping"). Die Bedeutung der Controllingabteilung leitet sich nach Mouritsen (1996) somit ein stückweit auch daraus ab, welche Aufgaben ControllerInnen wahrnehmen bzw. wahrnehmen wollen oder dürfen.

Die Aufgabenbündel „consulting" und „controlling" stellen in der Studie von Mouritsen (1996) die „einflussreichsten" Aufgabenbündel dar. Während „consulting" jedoch auf eine Unterstützung des Managements entlang der Wertschöpfungskette und eine eher horizontale Koordination der Unternehmensaktivitäten abzielt, fokussiert das „controlling" – wie es Mourtisen (1996) versteht – auf eine vertikale Beziehung. ControllerInnen nutzen hierbei vor allem Budgets und Abweichungsanalysen, um die Aktivitäten des Managements zu kontrollieren. Das Budget stellt dabei eine Art „höhere Instanz" dar, auf die sich ControllerInnen im Rahmen ihrer Arbeit beziehen können. „Consulting" und „controlling" können jedoch auch gemeinsam auftreten.

Ein Kernergebnis der Studie von Mouritsen (1996) ist die Erkenntnis, dass sich die Ausgestaltung der Controllership in erster Linie durch einen relationalen Charakter auszeichnet. Der Forscher stellt dabei heraus, dass die Rolle von ControllerInnen in erster Linie nicht von externen Faktoren wie bspw. der Unsicherheit der Umwelt oder vom jeweiligen Produktionsprogramm eines Unternehmens bestimmt wird. „Their work is rather produced as an interplay between the aspirations and expertise mobilized by accounting departments, and the responses of top-management and line functions to their actions" (Mouritsen 1996, S. 285). Die ausschlaggebende Fragestellung ist demnach nicht nur, inwieweit das Management das Controlling in Entscheidungsprozesse einbindet oder wie es auf Vorschläge oder den Output des Controllings reagiert, sondern auch wie ControllerInnen sich selbst in die Interaktion mit dem Management einbringen und welches Selbstverständnis sie pflegen. Zu ähnlichen Ergebnissen kommen auch Byrne und Pierce (2007).

Die Rolle der Controllingabteilung kann vor diesem Hintergrund als relationales Phänomen verstanden werden, dass sich nicht einfach durch die Betrachtung unterschiedlicher Einflussfaktoren erklären lässt (Mouritsen 1996). Da die Rolle in erster Linie *in der* und *durch die* Interaktion zwischen ControllerInnen und ManagerInnen ausgestaltet wird, wird sie nicht nur vom Kontext beeinflusst, sondern beeinflusst diesen wiederum auch. Vor diesem Hintergrund erscheinen die zuvor skizzierten Ergebnisse von Lambert und Sponem (2012) durchaus nachvollziehbar. Dadurch dass die Zusammenarbeit bzw. die Beziehung zwischen ControllerInnen und ManagerInnen stark variieren kann, können unterschiedliche Rollen identifiziert werden. In Unternehmen, in denen ManagerInnen eine kritische Perspektive gegenüber dem Controlling haben bzw. in denen andere Personengruppen (z. B. das Marketing oder die Produktion) dominieren, werden ControllerInnen tendenziell eine untergeordnete Rolle spielen, sich auf klassische Aktivitäten beschränken und vorwiegend im Hintergrund agieren. Das Bild des Business Partners wird in diesen Unternehmen – wenn überhaupt – nur auf der rhetorischen Ebene Relevanz besitzen.

Festzuhalten ist ferner, dass ControllerInnen, die auf eher traditionelle Aufgaben fokussieren, ebenfalls einen Einfluss auf das Management ausüben können. Die Frage ist lediglich wie stark bzw. sichtbar dieser ist und ob ControllerInnen explizit als Personen in den Vordergrund rücken oder lediglich die von ihnen erstellten „Produkte" (z. B. Analysen oder Berichte). Zudem ist zu berücksichtigen, dass Rollenbilder stets auch etwas mit der Fremd- und Selbstwahrnehmung zu tun haben. Da der Business Partner in der Regel ein tendenziell „heroisches" Bild des Controllings zeichnet, erscheint es für viele ControllerInnen durchaus erstrebenswert, diesen „Status" zu erreichen. In einer aktuellen Studie zeigen Morales und Lambert (2013) in diesem Kontext, wie ControllerInnen versuchen, Aufgaben, die sie selbst als „erbsenzählerisch" und somit eines Business Partners unwürdig bzw. als „dirty work" betrachten, zu vermeiden oder an andere Personengruppen zu delegieren.

Vor dem oben genannten Hintergrund können an dieser Stelle folgende Aspekte festgehalten werden: Grundsätzlich lassen sich in der Praxis unterschiedliche Ausprägungen von Rollen (z. B. Mouritsen 1996) identifizieren. Eine *generelle* Veränderung des Controllings vom Bean Counter zum Business Partner konnte empirisch bis dato nur auf Mikroebene nachgewiesen werden (z. B. Burns und Baldvinsdottir 2005; Goretzki et al. 2013; Järvenpää 2007). Die Studien von Lambert und Sponem (2012), Morales und Lambert (2013) sowie Mouritsen (1996) deuten vielmehr darauf hin, dass sich ControllerInnen, die sich selbst als Business Partner wahrnehmen, auch weiterhin Tätigkeiten ausüben (müssen), die grundsätzlich als Bean Counter Aufgaben bezeichnet werden können. Letzteres deutet darauf hin, dass eine klare Trennung zwischen Bean Counters und Business Partners insofern problematisch zu sein scheint, als dass ControllerInnen stets unterschiedliche Aufgabenbündel verantworten und in verschiedenen Rollen agieren müssen. Jedoch können diese in ihrer Bedeutung von Unternehmen zu Unternehmen variieren. Inwiefern bestimmte Aufgabenbündel stärker oder schwächer betont werden, bildet sich gemäß Mouritsen (1996) in den Unternehmen vorwiegend im Rahmen der Interaktion zwischen ManagerInnen und ControllerInnen heraus. Mouritsen (1996, S. 300), aber auch Lambert und Sponem (2012, S. 585) betonen hierbei, dass ein Großteil der über die traditionellen Basisaufgaben hinausgehenden Tätigkeiten bis zu einem gewissen Grad verhandelbar und somit gestaltbar sind. Empirisch ist also zu beobachten, dass sich ControllerInnen durchaus in die Gestaltung ihrer Rolle (pro)aktiv involvieren oder sich durch ihre Leistung für bestimmte Aufgaben qualifizieren können (Goretzki et al. 2013).

3 Bean counting und business partnering als unterschiedliche Formen der Managementunterstützung

Wie lässt sich das, was ControllerInnen tun, vor dem Hintergrund der oben beschriebenen Forschungsergebnisse nun konzeptualisieren? Anders als Weber (2011), der unterschiedliche Rollen in ein ökonomisches Entwicklungsmodell einordnet, möchte ich im Folgenden einen Ansatz vorstellen, bei dem unterschiedliche Rollenausprägungen in Bezug auf die Unterstützung des Managements konzeptionell auf gleicher Ebene stehen. Welche Rollenausprägung ControllerInnen in bestimmten Situationen stärker oder schwächer betonen, hängt in der Praxis von den ihnen entgegengebrachten Erwartungen des Managements, ihrer Akzeptanz, ihren Kompetenzen und ihrem Selbstverständnis (bzw. ihrer Rollenidentität) ab. Ferner soll davon ausgegangen werden, dass die Unterstützung des Managements auf dem Wege der Informationsbereitstellung sowie des kritischen Hinterfragens von Entscheidungen und Prozessen und Vorbringens von konkreten Handlungsempfehlungen erfolgen kann. Der Ansatz orientiert sich im Kern lose an Mouritsen (1996) und schlägt vor, dass es in der Controllingabteilung ein relativ stabiles Set unterschiedlicher Aufgabenbündel gibt. Abb. 1, die diesen Gedanken zusammenfasst und visualisiert, soll im Folgenden detaillierter diskutiert werden.

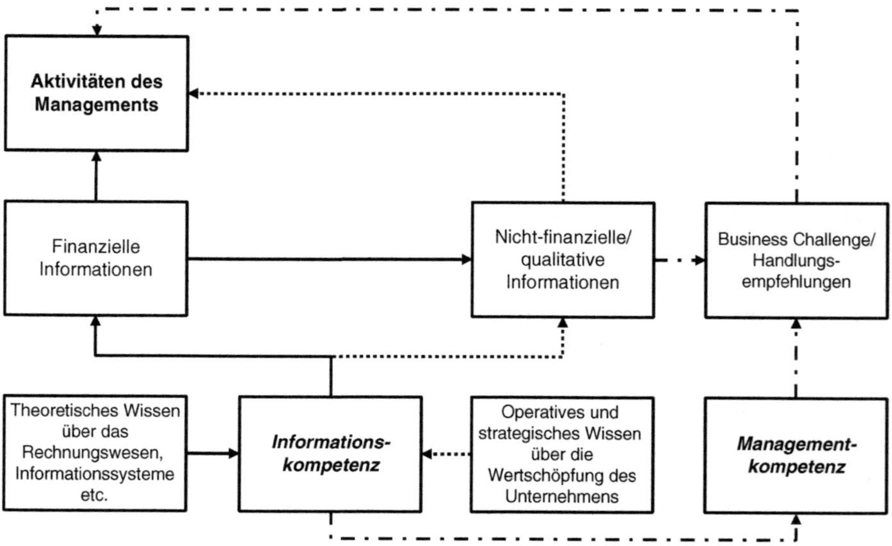

Abb. 1 Unterschiedliche Formen des Einflusses von ControllerInnen auf die Aktivitäten des Managements

Ausgangspunkt einer näheren Betrachtung der Rolle(n) der ControllerInnen ist der Blick auf die Kompetenzen, die sie im Kern auszeichnen. Hier ist zunächst einmal die *Informationskompetenz* der ControllerInnen zu nennen, die grundsätzlich einer sog. „information profession“ angehören (Abbott 1988). Unter Informationskompetenz oder information literacy soll dabei (allgemein gesprochen) „the ability to recognise information needs and identify, evaluate and use information effectively“ (Bruce 1999, S. 34) verstanden werden. Die Informationskompetenz der ControllerInnen speist sich zum einen aus dem theoretischen Wissen, das sie sich im Rahmen ihrer Ausbildung angeeignet haben. ControllerInnen mobilisieren dieses Wissen, um das Management routinemäßig, auf Anfrage oder aber auch proaktiv mit Informationen (z. B. Reports, Abweichungsanalysen, ad-hoc Analysen etc.) zu versorgen. Ihr theoretisches Wissen verleiht den von ihnen hergestellten „Produkten“ (d. h. den Berichten und Analysen) die notwendige Akzeptanz, um vom Management berücksichtigt und genutzt zu werden.

Neben theoretischen bzw. methodischen Kenntnissen stützt sich die Informationskompetenz der ControllerInnen auch auf ihrem operativen bzw. strategischen Wissen. Dies ist vor allem dann der Fall, wenn sie nahe am operativen Management positioniert und in die entsprechenden Prozesse eingebunden sind. Zudem hilft den ControllerInnen ihre Position als Querschnittsfunktion dabei, einen detaillierten Überblick über den Wertschöpfungsprozess zu erlangen. Operatives und strategisches Wissen ermöglicht es den ControllerInnen das Management auch mit *nicht*-finanziellen bzw. qualitativen Informationen (bspw. Qualitäts-, Kunden- oder Wettbewerbsbezogene Informationen) zu versorgen. Damit diese vom Management akzeptiert werden und bspw. zum organisationalen Lernen beitragen können (Vaivio 2004), müssen ControllerInnen deutlich machen, dass sie die entsprechende Basis sowie den weiteren Kontext dieser Informationen kennen und verstehen. Jedoch werden nicht-finanzielle bzw. qualitative Informationen in der Regel mit finanziellen Informationen verknüpft oder in Kombination verwendet, weshalb ControllerInnen auch hierbei erneut auf ihr theoretisches Wissen zurückgreifen müssen, um ihre Informationskompetenz zu untermauern.

Im Rahmen einer Managementunterstützung durch die Bereitstellung nichtfinanzieller bzw. qualitativer Informationen, steht weiterhin der von den ControllerInnen produzierte Output (d. h. Kennzahlen, Berichte, Analysen, Kommentierungen etc.) im Fokus der Managementunterstützung. Dies kann darauf zurückzuführen sein, dass in bestimmten Situationen oder *generell* eine darüber hinausgehende Involvierung des Controllings vom Management nicht gefördert, gewünscht oder erlaubt wird. Möglich ist jedoch auch, dass von den jeweiligen ControllerInnen keine Bemühungen unternommen werden, einen über die Informationsbereitstellung hinausgehenden Einfluss auf das Management auszuüben. Situativ betrachtet kann letzteres darauf zurückzuführen sein, dass ControllerInnen über die Informationsbereitstellung hinausgehende Aktivitäten aufgrund ihrer begrenzten zeitlichen Ressourcen bewusst ausklammern und sich auf den Kern ihrer Funktion als „information profession“ beschränken. In anderen Fällen kann aufgrund der entsprechenden Rollenidentität der ControllerInnen eine generelle Tendenz vorliegen, auf die Informationsbereitstellung (in manchen Fällen mit explizitem Fokus auf finanziellen Informationen) als zentrale Basistätigkeit zu fokussieren.

In bestimmten Situationen bzw. im Rahmen spezifischer Fragestellungen kann das Controlling auch Aktivitäten ausüben, die über die zuvor erwähnte Informationsbereitstellung hinausgehen und auf ein kritisches Hinterfragen des Managements (siehe Messner et al. 2008) oder das Erarbeiten und Präsentieren konkreter Handlungsempfehlungen abzielen. ControllerInnen treten in diesem Kontext also nicht nur mittels der von ihnen erstellten „Produkte" in Erscheinung, sondern vertreten (pro)aktiv einen eigenen Standpunkt, beraten das Management und schlagen operative oder strategische Stoßrichtungen vor. Dabei ist zu beachten, dass ControllerInnen im Rahmen dieser Aktivitäten zusätzlich zu ihrer Informationskompetenz eine gewisse *Managementkompetenz* (siehe z. B. Weber 2008) benötigen, die sich aus sozialen und persönlichen Komponenten zusammensetzt (siehe z. B. Goretzki und Messner 2014; Steinhübel 2014). Die Kombination aus Informations- und Managementkompetenz fördert die Akzeptanz der ControllerInnen gegenüber lokalen und Top ManagerInnen. Kritisch zu hinterfragen ist an dieser Stelle jedoch, ob „alle" ControllerInnen innerhalb einer Organisation stets auf diese Art und Weise in Erscheinung treten können und wollen oder ob dieses spezifische Verhalten einem definierten Personenkreis vorbehalten bleiben sollte (siehe Goretzki und Messner 2014). Hierbei ist stets zu beachten, dass das (pro)aktive kritische Hinterfragen des Managements als auch das Vertreten eigener Standpunkte und Vorschläge durchaus mit Konflikten einhergehen kann und daher häufig eine gewisse Standfestigkeit auf Seiten der ControllerInnen erfordert. Ein Blick in die Controllingpraxis lässt erkennen, dass sich nicht alle ControllerInnen dieser Herausforderung stellen wollen oder können.

Neben den erforderlichen Informations- und Managementkompetenzen sowie der grundsätzlichen Bereitschaft und Akzeptanz auf Seiten des Managements, setzt das (fallweise) Agieren als kritischer Counterpart und interne/r BeraterIn ausreichend zeitliche Ressourcen voraus. Das Ressourcenproblem stellt für das Controlling in der Praxis häufig eine große Herausforderung dar. Basisaufgaben wie das Reporting, Financial Planning oder die Budgetierung nehmen weiterhin einen Großteil der Arbeitszeit im Controlling in Anspruch. ControllerInnen sehen sich daher häufig nicht in der Lage, den Erwartungen anderer bzw. ihrer eigenen Erwartungen an sich selbst gerecht zu werden und über die reine Informationsbereitstellung hinaus aktiv zu werden. Durch die zunehmende Bedeutung von Effizienzsteigerungen im Controlling (Schäffer et al. 2012; Weber et al. 2012) spielen Ressourcenüberlegungen im Kontext von Personalausstattungen, Überstundenregelungen oder Verlagerungen bestimmter Aktivitäten eine zunehmend wichtige Rolle. Letzteres wird häufig mit einer Rhetorik unterlegt, die eine effektivere und stärker am Management ausgerichtete Rolle des Controllings betont. In der Praxis kann man interessanterweise beobachten, dass sich insbesondere lokale ControllerInnen – trotz dem eigenen Anspruch als Business Partner zu agieren – immer stärker mit Erwartungen konfrontiert sehen, die das Reporting in den Vordergrund rücken (siehe z. B. Morales und Lambert 2013). Dies führt in vielen Fällen nicht nur zu Rollenkonflikten bzw. Unzufriedenheit bei den lokalen ControllerInnen, die sich in eine Reportingrolle gedrängt fühlen, sondern auch des Managements, das sich nicht ausreichend unterstützt fühlt bzw. eine zu passive Rolle des Controllings beklagt. Besonders kritisch werden die Rollenkonflikte dann, wenn ControllerInnen Unklarheiten oder gar Fehler, die ihren Ursprung bei den für das Standardreporting zuständigen Instanzen (z. B. Shared Service Centers) haben, aufklären oder korrigieren müssen. An dieser Stelle ist das von Morales und Lambert (2013) beschriebene Phänomen zu erwarten, dass ControllerInnen sich mit „dirty work" konfrontiert sehen, die sie eigentlich zu vermeiden versuchen.

Der Begriff Business Partner wurde in diesem Abschnitt bewusst nicht einer bestimmten Tätigkeitskategorie zugeordnet. Die Idee dahinter ist, dass die Zuordnung konkreter Tätigkeiten zu bestimmten Rollenbildern in der Praxis zumeist eine große Herausforderung darstellt bzw. von den jeweiligen Interpretationen der AkteurInnen abhängt und sich letztlich nicht klar vornehmen lässt (siehe z. B. Goretzki und Messner 2014). Sind bspw. Informationsbereitstellung, interne Beratung und kritisches Hiterfragen in der Praxis letztlich nicht so eng miteinander verknüpft, dass sie als unterschiedliche Dimensionen eines Business Partnerings verstanden werden können? Die Antwort auf diese Frage hängt sicherlich davon ab, was man letztlich unter Business Partnering versteht. Eine generelle Definition dieses Begriffes sucht man jedoch vergeblich (Quinn 2014) und selbst auf Einzelunternehmensebene ist dies nicht immer klar (Goretzki und Messner 2014). Eine weitere Frage, die sich in diesem Kontext stellt, ist inwiefern ControllerInnen dem vermeintlichen Idealtyp des Business Partners nacheifern sollten. Vor dem Hintergrund der begrenzten Ressourcen kann dies nur bedeuten, dass diejenigen, die bspw. versuchen ausschließlich auf das sog. „challengen" des Managements zu fokussieren, bereit sein müssen, zumindest einen Teil ihrer Basisaufgaben (z. B. aufgrund begrenzter zeitlicher Ressourcen) aber auch ihrer Unabhängigkeit (zum Zwecke der Einbindung und Akzeptanz) zu vernachlässigen. Insbesondere in finanziell schlechten Zeiten lässt sich jedoch argumentieren, dass auch ControllerInnen gebraucht werden, die ihren Zweck in der Organisation über ihre Position als InformationsbereitstellerInnen sowie ökonomisches und unabhängiges Gewissen definieren (siehe z. B. Baldvinsdottir et al. 2009; Burns et al. 2014). Der hier vorgeschlagene Ansatz, der unterschiedliche Aufgabenbündel bzw. unterschiedliche Formen der Managementunterstützung umfasst, versucht dieser Kritik Rechnung zu tragen.

4 Zusammenfassung

Der vorliegende Beitrag analysiert die Vielschichtigkeit der Aufgaben von ControllerInnen aus einer rollentheoretischen Perspektive und betont, dass diese in der Praxis unterschiedliche Formen von Tätigkeiten ausführen. Von diesen lassen sich – vor dem Hintergrund existierender Stereotypen – manche der Bean Counter, andere der Business Partner Rolle zuordnen. Letztere wird im aktuellen Controllingdiskurs häufig propagiert und als erstrebenswerter Idealtyp dargestellt. Eine strikte Trennung zwischen Bean Counting und Business Partnering ist in der Praxis oftmals jedoch nicht klar und zudem sowohl für die Berufsgruppe der ControllerInnen

(z. B. im Kontext von Rollenkonflikten) als auch für die Unternehmen (z. B. durch den potenziellen Verlust der Unabhängigkeit der ControllerInnen) nicht immer förderlich. Aus diesem Grunde verfolgt das im dritten Abschnitt vorgestellte Modell eine pragmatische Trennung von Aufgabenbündeln, ohne dabei die Tätigkeiten in eine symbolische Hierarchie einzuordnen. Wie Lambert und Sponem (2012) aber auch Mouritsen (1996) zeigen, stellen bestimmte Aufgaben wie das Reporting und die Budgetierung – unabhängig von ihrer wahrgenommen Rolle – eine Art Basisaufgabenset für ControllerInnen dar. Diese Aufgaben müssen also häufig auch dann ausgeführt werden, wenn ControllerInnen sich selbst als Business Partner wahrnehmen oder von anderen als solche wahrgenommen werden.

Das im vorliegenden Beitrag vorgestellte Rahmenkonzept betont die Rolle des Controllings als „information profession" (Abbott 1988) und somit dessen Basis, nämlich die sog. Informationskompetenz. Diese ermöglicht es ControllerInnen, dem Management akzeptierte bzw. über ihr theoretisches sowie operatives und strategisches Wissen legitimierte finanzielle sowie nicht-finanzielle bzw. qualitative Informationen bereitzustellen, die im Rahmen von Entscheidungs- oder Organisationsprozessen mobilisiert werden können. Managementunterstützung findet im Rahmen dieser Tätigkeiten also indirekt bzw. über die vom Controlling hergestellten „Produkte" statt. Daneben können ControllerInnen das Management über ein kritisches Hinterfragen bzw. konkrete Handlungsempfehlungen unterstützen. Um dies auf akzeptiertem Wege tun zu können, benötigen sie entsprechende soziale und persönliche Fähigkeiten, die ihnen eine gewisse Managementkompetenz verleihen. Die zuvor beschriebenen Tätigkeitsfelder lassen sich grundsätzlich in den meisten Controllingabteilungen identifizieren. Ob jedoch die Informationsbereitstellung bzw. die (pro)aktive interne Beratung bzw. die „Business Challenge" im Vordergrund stehen, hängt neben den vorhandenen Kompetenzen auch davon ab, wie das Controlling und das Management miteinander interagieren (Mouritsen 1996). Ferner wird die konkrete Ausprägung der Rolle (bspw. die Bedeutung der internen Beratung durch das Controlling) von den Erwartungen des Managements an die ControllerInnen, aber auch von ihren Erwartungen an sich selbst bestimmt. Durch dessen Einbindung in ein komplexes System, unterliegt die Ausgestaltung der Rolle des Controllings somit stets einem sozialen Aushandlungsprozess (Goretzki et al. 2013). Mouritsen (1996, S. 300) schreibt in diesem Kontext: „For near all the aspects of accounting departments, perhaps except ‚bookkeeping' [d. h. den klassischen Aufgaben wie z. B. dem Standard-Reporting] ‚accounting departments' competencies are negotiable as others may have their idea of control with which to substitute accounting departments theory". Kritisch zu hinterfragen bleibt jedoch, inwiefern ControllerInnen im Rahmen dieser Aushandlungsprozesse versuchen sollten, sich von traditionellen Aufgaben vollständig zu lösen. Dies kann insofern kritisch sein, als dass diese häufig als Basis für interne Beratungsaufgaben und ein kritisches Hinterfragen von Prozessen dienen. Zudem bieten diese Tätigkeiten nicht nur in Krisenzeiten wichtige Indikatoren, durch die sich die Viabilität des Unternehmens besser analysieren, im Blick behalten oder sogar sicherstellen lässt. Wichtig scheint somit die Balance aus unterschiedlichen Aufgaben bzw. die Fähigkeit der ControllerInnen ein breites Aufgabenportfolio beherrschen und sich an den jeweiligen Unternehmenskontext anpassen zu können.

Literatur

Abbott, A. 1988. *The system of professions: An essay on the division of expert labor.* Chicago: University of Chicago Press.

Ahrens, T., und C. S. Chapman. 2000. Occupational identity of management accountants in Britain and Germany. *European Accounting Review* 9(4): 477–498.

Armstrong, P. 1985. Changing management control strategies: The role of competition between accountancy and other organisational professions. *Accounting, Organizations and Society* 10(2): 129–148.

Baldvinsdottir, G., J. Burns, H. Nørreklit, und R. W. Scapens. 2009. The image of accountants: From bean counters to extreme accountants. *Accounting, Auditing und Accountability Journal* 22(6): 858–882.

Berger, P., und T. Luckmann. 1967. *The social construction of reality: A treatise in the sociology of knowledge.* Garden City: Anchor Books.

Bougen, P. D. 1994. Joking apart: The serious side to the accountant stereotype. *Accounting, Organizations and Society* 19(3): 319–335.

Bruce, C. S. 1999. Workplace experiences of information literacy. *International Journal of Information Management* 19(1): 33–47.

Burns, J., und G. Baldvinsdottir. 2005. An institutional perspective of accountants' new roles – the interplay of contradictions and praxis. *European Accounting Review* 14(4): 725–757.

Burns, J., L. Warren, und J. Oliveira. 2014. Business partnering: Is it all that good? *Controlling und Management Review* 58(2): 36–41.

Byrne, S., und B. Pierce. 2007. Towards a more comprehensive understanding of the roles of management accountants. *European Accounting Review* 16(3): 469–498.

Caglio, A. 2003. Enterprise resource planning systems and accountants: Towards hybridization? *European Accounting Review* 12(1): 123–153.

Ezzamel, M., und J. Burns. 2005. Professional competition, economic value added and management control strategies. *Organization Studies* 26(5): 755–777.

Friedman, A. L., und S. R. Lyne. 1997. Activity-based techniques and the death of the beancounter. *European Accounting Review* 6(1): 19–44.

Glynn, M. A. 2008. Beyond constraint: How institutions enable identities. In *Handbook of organizational institutionalism*, Hrsg. R. Greenwood, C. Oliver, R. Suddaby und K. Sahlin, 413–430. London: Sage Publications.

Goretzki, L., und M. Messner. 2014. Business Partnering in der Praxis etablieren. *Controlling & Management Review* 58(2): 7–15.

Goretzki, L., und J. Weber. 2012. Die Zukunft des Business Partners – Ergebnisse einer empirischen Studie zur Zukunft des Controllings. *Zeitschrift für Controlling & Management* 56(1): 22–29.

Goretzki, L., J. Weber, und S. Zubler. 2010. Die Rollen der Controller. *Controller Magazin* 35(2): 56–62.

Goretzki, L., E. Strauss, und J. Weber. 2013. An institutional perspective on the changes in management accountants' professional role. *Management Accounting Research* 24(1): 41–63.

Hopper, T.M. 1980. Role conflicts of management accountants and their position within organisation structures. *Accounting, Organizations and Society* 5(4): 401–411.

Järvenpää, M. 2007. Making business partners: A case study on how management accounting culture was changed. *European Accounting Review* 16(1): 99–142.

Katz, D., und R. Kahn. 1978. *The social psychology of organizations*. New York: Wiley.
Kester, R. B. 1928. The importance of the controller. *Accounting Review* 3(3): 237.
Lambert, C., und S. Sponem. 2012. Roles, authority and involvement of the management accounting function: A multiple case-study perspective. *European Accounting Review* 21(3): 565–589.
Maas, V. S., und M. Matejka. 2009. Balancing the dual responsibilities of business unit controllers: Field and survey evidence. *The Accounting Review* 84(4): 1233–1253.
Messner, M., S. Clegg, und M. Kornberger. 2008. Critical practices in organizations. *Journal of Management Inquiry* 17(2): 68.
Morales, J., und C. Lambert. 2013. Dirty work and the construction of identity. An ethnographic study of management accounting practices. *Accounting, Organizations and Society* 38(3): 228–244.
Mouritsen, J. 1996. Five aspects of accounting departments' work. *Management Accounting Research* 7(3): 283–303.
Quinn, M. 2014. The elusive business partner controller. *Controlling & Management Review* 58(2): 22–27.
Russell, K. A., G. H. Siegel, und C. S. Kulesza. 1999. Counting more counting less transformations in the management accounting profession. *Management Accounting Quarterly* 1(1): 1–7.
Sathe, V. 1982. *Controller involvement in management*. Englewood Cliffs: Prentice Hall.
Scapens, R. W., und M. Jazayeri. 2003. ERP systems and management accounting change: Opportunities or impacts? A research note. *European Accounting Review* 12(1): 201–233.
Schäffer, U., J. Weber, und E. Strauß. 2012. Controlling und Effizienz – Auch ein Controller muss sich rechnen! *Zeitschrift für Controlling & Management* 56(2): 12–17.
Scott, W. R. 2008. *Institutions and organizations: Ideas and interests,*. 3. Aufl. Thousand Oaks: Sage.
Siegel, G. 1999. Counting more, counting less: The new role of management accountants. *Strategic Finance* 81(5): 20–22.
Siegel, G., J. Sorensen, und S. Richtermeyer. 2003a. Are you a business partner? *Strategic Finance* 85(3): 38–43.
Siegel, G., J. Sorensen, und S. Richtermeyer. 2003b. Becoming a business partner. *Strategic Finance* 85:37–41.
Simon, H. A., H. Guetzkow, G. Kozmetzky, und G. Tyndall. 1954. *Centralization vs. De-centralization in organizing the controller's department*. Houston: Scholars Book Co.
Steinhübel, V. 2014. Kompetenz als Erfolgsgarant. *Controlling & Management Review* 58(2): 42–50.
Strauß, E., und S. Spittler. 2012. Controlling und IT: Wie Trends und Herausforderungen der IT die Controllingfunktion verändern. *Zeitschrift für Controlling & Management* 56(2): 105–109.
Vaivio, J. 1999. Examining „the quantified customer". *Accounting, Organizations and Society* 24(8): 689–715.
Vaivio, J. 2004. Mobilizing local knowledge with provocative non-financial measures. *European Accounting Review* 13(1): 39–71.
Verstegen, B. H. J., I. De Loo, P. Mol, K. Slagter, und H. Geerkens. 2007. Classifying controllers by activities: An exploratory study. *Journal of Applied Management Accounting Research* 5(2): 9–32.
Weber, J. 2008. Fähigkeitsprofil von Controllern – Kann die Empirie die Notwendigkeit einer verhaltensorientierten Perspektive des Controllings stützen? *Zeitschrift für Controlling & Management* 52(1): 95–103.
Weber, J. 2011. The development of controller tasks: Explaining the nature of controllership and its changes. *Journal of Management Control* 22(1): 25–46.
Weber, J., U. Schäffer, L. Goretzki und E. Strauß. 2012. *Die zehn Zukunftsthemen des Controllings*, Schriftenreihe Advanced Controlling, Bd. 82. Weinheim.
Whittington, R., und R. Whipp. 1992. Professional ideology and marketing implementation. *European Journal of Marketing* 26(1): 52–63.

Controlling-Instrumente in der Unternehmenspraxis

Björn Baltzer

Zusammenfassung

Der vorliegende Beitrag präsentiert konzeptionelle Überlegungen und empirische Erkenntnisse zum Einsatz von Controlling-Instrumenten in der Unternehmenspraxis. Ausgehend von einer Charakterisierung der Instrumente des Controllings und auf Basis eines intraorganisationalen Lebenszyklusmodells werden die Einführung, die Implementierung, die Nutzung sowie der Erfolg des Einsatzes von Controlling-Instrumenten behandelt, wobei auch Überlegungen zur Legitimitätsfunktion von Controlling-Instrumenten Berücksichtigung finden. Darüber hinaus findet der Einsatz von Controlling-Instrumenten im internationalen Kontext besondere Beachtung.

Schlüsselwörter

Controlling-Instrumente · Controlling-Konzeption · Lebenszyklus · Implementierung · Verbreitungsgrad · Nutzungsintensität · Erfolg · Kultur · Internationales Controlling · Soziologischer Institutionalismus · Legitimität · Einführung · Informationsnutzung

1 Erkenntnisgewinn zu Controlling-Instrumenten

In der Controlling-Wissenschaft steht das Instrumentarium des Controllings in jeder Hinsicht im Mittelpunkt von Forschung und Lehre. Literaturauswertungen belegen, dass auf die Darstellung von Controlling-Instrumenten in den einschlägigen Controlling-Lehrbüchern im Durchschnitt mehr als die Hälfte des Inhalts entfällt (Wall 2002, S. 81–82; Knauer et al. 2012, S. 68) und dass bei Veröffentlichungen in wissenschaftlichen wie auch in praxisorientierten Zeitschriften der Fokus auf Controlling-

B. Baltzer (✉)
University of Applied Sciences Würzburg-Schweinfurt, Würzburg, Deutschland
E-Mail: bjoern.baltzer@fhws.de

W. Becker, P. Ulrich (Hrsg.), *Handbuch Controlling*,
https://doi.org/10.1007/978-3-658-26431-4_9

Instrumenten liegt (Binder und Schäffer 2005, S. 608–610; Hess et al. 2005, S. 40–41). Gleichermaßen kommen Befragungen von Universitäts- wie auch von Fachhochschulprofessoren (Hirsch 2003, S. 257–258; Becker et al. 2011, S. 49–53; Vanini 2013, S. 30–32) übereinstimmend zu dem Ergebnis, dass diese den Schwerpunkt ihrer Lehraktivitäten auf die Vermittlung von Wissen zu Controlling-Instrumenten legen. Schließlich wird das Themenfeld der Controlling-Instrumente von den Hochschullehrern auch als wichtigstes Forschungsthema genannt (Hess et al. 2005, S. 32–33).

Im Zuge der intensiven wissenschaftlichen Beschäftigung mit dem Instrumentarium des Controllings sind im Laufe der Zeit beachtliche Erkenntnisse zu dessen Einsatz in der Unternehmenspraxis gewonnen worden. Nachfolgend werden ausgewählte Ergebnisse der konzeptionellen und empirischen Forschung zu bedeutsamen Aspekten des Einsatzes von Controlling-Instrumenten dargestellt und diskutiert.

2 Grundlegende Überlegungen zu Controlling-Instrumenten

2.1 Die Stellung von Controlling-Instrumenten in Controlling-Konzeptionen und Controlling-Systemen

Bei generalisierender Betrachtung kann das in einem Unternehmen anzutreffende Controlling als System aufgefasst werden, bei dem verschiedene Elemente zusammenspielen (siehe Abb. 1).

Das Controlling hat unternehmensindividuell verschiedene Aufgaben zu erfüllen, die jeweils von einem oder mehreren Aufgabenträgern übernommen werden. Die Aufgabenträger erledigen ihre Aufgaben schrittweise und setzen während dieser Prozesse gegebenenfalls eines oder mehrere Controlling-Instrumente ein. Die Vielzahl konkreter Aufgaben kann gedanklich zu einer oder mehreren grundsätzlichen Funktionen zusammengefasst werden, wobei die Aufgaben beziehungsweise Funktionen auf die Erfüllung bestimmter Ziele gerichtet sind.

Unabdingbar für ein erfolgreiches, das heißt gleichermaßen effektives wie auch effizientes Controlling ist hierbei, dass die einzelnen Elemente des Controlling-Systems miteinander harmonieren. Wenn die Aufgabenträger an Aufgaben arbeiten, die keinen Beitrag zur Erfüllung der Controlling-Ziele leisten, so leidet die Effekti-

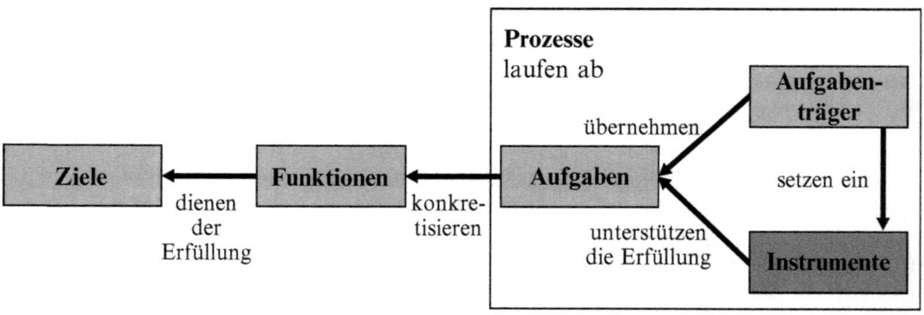

Abb. 1 Die Elemente von Controlling-Systemen (Baltzer 2013, S. 3)

vität. Wenn mehreren Aufgabenträgern redundant dieselbe Aufgabe ausführen, ohne vom jeweils anderen zu wissen, so ist die Effizienz in Gefahr.

Unternehmen müssen beim Aufbau ihres Controlling-Systems daher darauf achten, dass die einzelnen Elemente aufeinander abgestimmt sind. Sie können hierbei auf etablierte Konzepte zurückgreifen, die von Wissenschaftlern, Unternehmensberatern oder Praktikern entwickelt wurden. Diese Controlling-Konzeptionen bilden einen Rahmen für ein gleichermaßen umfassendes wie auch in sich stimmiges Controlling-System. Controlling-Konzeptionen sind zunächst allgemeiner Art, können jedoch unter Einbezug eines oder mehrerer Kontextfaktoren zu speziellen Controlling-Konzeptionen konkretisiert werden (siehe Abb. 2).

Bekannte allgemeine Controlling-Konzeptionen sind die informationsorientierte Controlling-Konzeption, die koordinationsorientierte Controlling-Konzeption, die rationalitätsorientierte Controlling-Konzeption sowie die wertschöpfungsorientierte Controlling-Konzeption (Becker et al. 2014, S. 53–67). Wichtige Kontextfaktoren, unter deren Blickwinkel spezielle Controlling-Konzeptionen entwickelt werden, sind Branchen wie z. B. das Gesundheitswesen, Funktionsbereiche wie z. B. der IT-Bereich oder Betriebstypen wie z. B. mittelständische Unternehmen.

Was als Controlling-Instrument bezeichnet wird, hängt somit davon ab, von welchem konzeptionellen Verständnis der Betrachter ausgeht (Lingnau und Koffler 2013, S. 394–395). Jede ausgereifte – allgemeine wie auch spezielle – Controlling-Konzeption empfiehlt jeweils eine Reihe passender Controlling-Instrumente, wobei manche Autoren die Controlling-Instrumente sogar in den Mittelpunkt ihrer Konzeption stellen (Wall 2002, S. 87). In der wertschöpfungsorientierten Controlling-Konzeption werden beispielsweise alle diejenigen Instrumente als Controlling-Instrumente bezeichnet, welche dem Benutzer Informationen zu den Erfolgspotenzialen, zur Erfolgs- oder zur Liquiditätssituation des Unternehmens liefern (Baltzer 2013, S. 79–82).

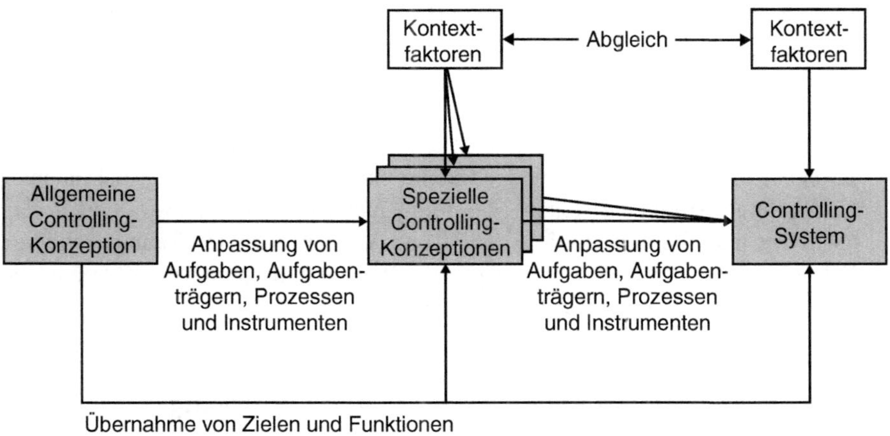

Abb. 2 Controlling-Konzeptionen als Rahmen für den Aufbau von Controlling-Systemen (Baltzer 2013, S. 10)

2.2 Definition und Charakterisierung von Controlling-Instrumenten

Auch wenn eine Auflistung von Controlling-Instrumenten wie erläutert in Abhängigkeit vom konzeptionellen Verständnis variiert, so herrscht dennoch grundsätzliche Einigkeit hinsichtlich der allgemeinen Definition von Controlling-Instrumenten: Wie aufgezeigt werden Controlling-Instrumente von den Trägern von Controlling-Aufgaben eingesetzt und stellen somit *Hilfsmittel zur Erfüllung von Controlling- Aufgaben* dar. Hierbei liegt in beiderlei Richtung keine Exklusivität vor, das heißt ein Controlling-Instrument kann der Erfüllung mehrerer unterschiedlicher Controlling-Aufgaben dienen, wie auch zur Erfüllung ein und derselben Controlling-Aufgabe mehrere verschiedene Controlling-Instrumente eingesetzt werden können (Horváth 1993, S. 674–675).

Unterzieht man die Instrumente des Controllings einer eingehenden Analyse aus verschiedenen Blickwinkeln, so können sie im Ergebnis wie folgt prägnant charakterisiert werden (Baltzer 2013, S. 106–107):

- Um als Controlling-Instrument bezeichnet zu werden, muss dieses eine inhärente Effektivität aufweisen, das heißt es muss grundsätzliche zur Erfüllung mindestens einer konzeptionell vorgesehenen Controlling-Aufgabe geeignet sein.
- In Controlling-Instrumenten werden monetäre, quantitative oder qualitative Informationen als Input aufgenommen, methodisch verarbeitet und wieder als Output ausgegeben. Jedes Controlling-Instrument ist hierbei durch eine spezifische betriebswirtschaftliche Methodik gekennzeichnet. Der Nutzen eines Controlling-Instruments ist darin zu sehen, dass der Informationsoutput eine höhere wissensökonomische Reife als der Informationsinput besitzt (Jonen und Lingnau 2007, S. 7).
- Der Informationsoutput eines Controlling-Instruments kann wiederum von einem anderen Controlling-Instrument als Input (Jonen und Lingnau 2007, S. 8) oder aber von Informationsempfängern genutzt werden (siehe Abschn. 5.4).
- Controlling-Instrumente werden in der Unternehmenspraxis in aller Regel durch IT-Anwendungsprogramme umgesetzt (Horváth 2019, S. 8), die als Controlling-Werkzeuge bezeichnet werden können.
- Neben den in der Literatur diskutierten Standardinstrumenten des Controllings können Unternehmen als Bestandteil ihres Controlling-Systems auch eigene, unternehmensindividuelle Instrumente entwickeln (Karnowsky 2019, S. 115).
- Es existieren zwar typische, jedoch keine exklusiven Controlling-Instrumente. Controlling-Instrumente stellen eine Teilmenge von Führungsinstrumenten dar (Schäffer und Steiners 2005, S. 117) und können auch im Rahmen anderer Führungsteilbereiche wie zum Beispiel der Personalführung oder der Organisationsgestaltung eingesetzt werden.

2.3 Sammlung und Kategorisierung von Controlling-Instrumenten

Wie erläutert hat die jeweils vertretene Auffassung von Controlling einen Einfluss auf die Auflistung von Controlling-Instrumenten. Da an dieser Stelle eine möglichst

Tab. 1 Erwähnung von Controlling-Instrumenten in Controlling-Lehrbüchern (Knauer et al. 2012, S. 69)

Ränge	Instrumente	Erwähnung in % der Lehrbücher
1–3	Kennzahlensysteme, Budgetierung, Target Costing	100 %
4–8	Abweichungsanalysen, Verrechnungspreise, Prozesskostenrechnung, Life-Cycle-Costing, Deckungsbeitragsrechnung	86 %
9–11	Portfolio-Konzepte, Break-Even-Analyse, Plankostenrechnung	71 %
12–19	Produktionsprogrammplanung, Anreizsysteme, Früherkennungssysteme, Relative Einzelkosten- und Deckungsbeitragsrechnung, Erfahrungskurvenkonzept, Benchmarking, Wertkettenanalyse, Stärken-Schwächen-Analyse	57 %
20–26	Preisgrenzen, Berichtswesen, Investitionsrechnungen, Branchenanalyse, Qualitätskostenrechnung, Gap-Analyse, Nutzwertanalyse	43 %
27–37	Kostenschätzmodelle, Informationsbedarfsermittlung, Fehlermöglichkeits- und -einflussanalyse, Quality Function Deployment, Zeitreihenanalyse, Planungs- und Kontrollrechnungen, Wertzuwachskurve, Potenzialanalyse, Kaizen, Reengineering	29 %

umfassende Liste von Controlling-Instrumenten präsentiert werden soll, wird auf eine Untersuchung zurückgegriffen, die sieben etablierte Controlling-Lehrbücher hinsichtlich der darin behandelten Controlling-Instrumente ausgewertet hat. Da diese Lehrbücher auf unterschiedlichen Konzeptionen des Controllings beruhen, kann das Ergebnis der Analyse als umfassend betrachtet werden. In Tab. 1 sind alle Instrumente aufgeführt, welche in mindestens zwei Lehrbüchern erläutert werden.

Berücksichtigt man daneben, welchen Umfang die Darstellung der Instrumente jeweils aufweist, so sind die vier mit Abstand am ausführlichsten präsentierten Controlling-Instrumente Kennzahlensysteme, Abweichungsanalysen, Verrechnungspreise sowie Budgetierung (Knauer et al. 2012, S. 69).

Darüber hinaus lassen sich Controlling-Instrumente nach verschiedenen Kriterien kategorisieren:

- Diagnostisch und interaktiv genutzte Instrumente (Biel und Schäffer 2006, S. 373): Während diagnostisch genutzte Instrumente im Sinne eines Leitstands nur dann Aufmerksamkeit erfordern, falls bestimmte Schwellenwerte über- oder unterschritten werden, stehen interaktive genutzte Instrumente ständig im Mittelpunkt der Aufmerksamkeit.
- Dispositive Einzeltechniken und Kalküle des entscheidungsbezogenen Rechnungswesens (Lachnitt und Müller 2012, S. 43–47): Während erstere isoliert von anderen Instrumenten eingesetzt werden, sind letztere Bausteine eines integrierten Rechnungswesensystems.
- Optimierende und stochastische Instrumente (Horváth 1993, S. 674): Während optimierende Instrumente in der Regel rechnerisch eine Ideallösung ermitteln,

zielen stochastische Instrumente auf die Ermittlung einer befriedigend guten Lösung ab.

- Isolierte und übergreifende Instrumente (Küpper et al. 2013, S. 46–47): Während isolierte Instrumente nur in einem Führungsteilsystem (Planung, Kontrolle, Organisation, Personalführung, Information) eingesetzt werden, betreffen die übergreifenden Instrumente mehrere Führungsteilsysteme.
- Instrumente, die überwiegend von Controllern genutzt werden und solche, die überwiegend von Managern genutzt werden (Friedl 2013, S. 93): Hier steht der primäre Träger der Controlling-Aufgabe im Fokus der Kategorisierung.
- Periodisch und aperiodisch genutzte Instrumente (Brühl 2009, S. 40): Während periodisch genutzte Instrumente täglich oder regelmäßig wiederkehrend im Einsatz sind, kommen aperiodische Instrumente nur fallweise bei Bedarf zum Einsatz.
- Instrumente, die primär zur Entscheidungsunterstützung oder primär zur Verhaltenssteuerung genutzt werden (Fischer et al. 2012, S. 51). Hierbei geht es um die Frage, ob durch den Einsatz der Controlling-Instrumente vorrangig eigene Entscheidungen oder die Entscheidungen Dritter beeinflusst werden sollen.
- Strategische, das heißt langfristige Entscheidungen unterstützende sowie operative, das heißt kurzfristige Entscheidungen unterstützende Instrumente (Littkemann 2006, S. 52).
- Indirekte und direkte Instrumente, wobei erstere beim Entwerfen und Gestalten von Controlling-Prozessen verwendet werden und letztere bei der Durchführung ebendieser Controlling-Prozesse (Horváth 2019, S. 5).

3 Aspekte des Einsatzes von Controlling-Instrumenten in der Unternehmenspraxis

3.1 Modellierung des Einsatzes von Controlling-Instrumenten als intraorganisationaler Lebenszyklus

Der Einsatz jedes Controlling-Instruments unterliegt in allen Unternehmen spezifischen Rahmenbedingungen. Um dennoch generalisierende Aussagen zum Einsatz von Controlling-Instrumenten in Unternehmen treffen zu können, wird auf das Modell des intraorganisationalen Lebenszyklus zurückgegriffen (Baltzer 2013, S. 90–95). Dieses Lebenszyklusmodell beschreibt den Einsatz von Controlling-Instrumenten in Unternehmen gesamthaft aus dynamischer Perspektive als Abfolge von Entscheidungspunkten (Gates) und Phasen (Stages). Ein Controlling-Instrument sollte erst dann in eine neue Phase eintreten, wenn an dem die vorherige Phase abschließenden Gate eine entsprechend positive Entscheidung getroffen wurde. Im Falle einer negativen Entscheidung endet der Lebenszyklus, das heißt nicht jedes Controlling-Instrument durchläuft in allen Unternehmen den vollständigen Lebenszyklus.

Nachdem ein Unternehmen Kenntnis von der Existenz eines Controlling-Instruments genommen hat, evaluiert es in der Auswahlphase die Vor- und Nachteile

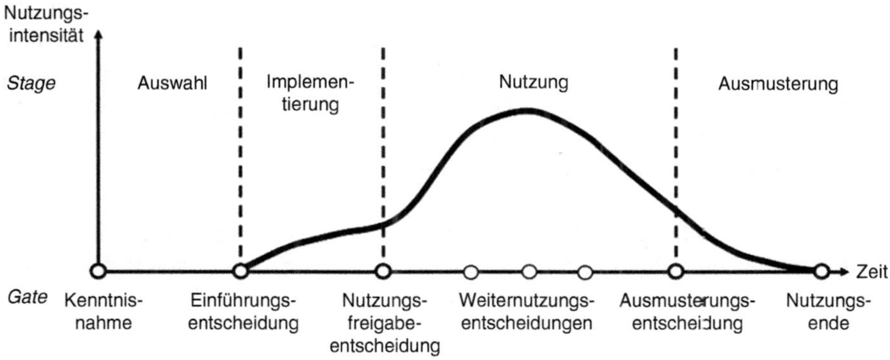

Abb. 3 Intraorganisationaler Lebenszyklus von Controlling-Instrumenten (Baltzer 2013, S. 93)

des Instruments und vergleicht es gegebenenfalls mit alternativen Instrumenten. Im Falle einer positiven Einführungsentscheidung beginnt die Implementierung des Instruments im Unternehmen und wird mit der Entscheidung zur Nutzungsfreigabe abgeschlossen. Während der Nutzungsphase steigt die Nutzungsintensität des Controlling-Instruments idealtypisch kontinuierlich an. Gleichzeitig sollte das Unternehmen nutzungsbegleitend in regelmäßigen Abständen evaluieren, ob die Nutzung des Instruments weiterhin vorteilhaft erscheint. Kommt die Evaluierung zu einem negativen Ergebnis, so beginnt die Ausmusterungsphase des Controlling-Instruments, welche mit dessen Nutzungsende abschließt (siehe Abb. 3).

3.2 Implementierung von Controlling-Instrumenten

Verschiedene empirische Studien kommen zu dem Ergebnis, dass der Einsatz von Controlling-Instrumenten oftmals bereits in der Implementierungsphase endet (Parvis-Trevisany und Schäffer 2006, S. 69). Der Grund ist darin zu sehen, dass die erwünschte Implementierung auf Barrieren trifft, die nicht erkannt werden oder nicht wirksam überwunden werden können. Basierend auf einer ausführlichen Literaturanalyse können drei typische Arten von Implementierungsbarrieren unterschieden werden (Parvis-Trevisany und Schäffer 2006, S. 73–76; Biel und Schäffer 2006, S. 370–371 sowie ähnlich Messner 2019, S. 117–119):

- Strukturbarrieren (externe Modellbarrieren): Wie erläutert muss ein neu zu implementierendes Controlling-Instrument zu den bereits vorhandenen Elementen des Controlling-Systems passen – hierzu zählen insbesondere die schon in Nutzung befindlichen Controlling-Instrumente, die IT-Anwendungsprogramme des Unternehmens sowie dessen organisatorische Prozesse und Strukturen.
- Kulturbarrieren (korporative interne Modellbarrieren): Das Controlling-Instrument harmoniert nicht mit der Kultur, den Werten und Normen des Unternehmens beziehungsweise der Unternehmensbereiche, in denen es implementiert werden soll.

- Barrieren aufgrund der Qualifikation und Motivation der Mitarbeiter (individuelle interne Modellbarrieren): Die Mitarbeiter, welche das Instrument nutzen sollen, haben keine ausreichende Schulung erfahren oder weisen grundsätzlich nicht die benötigten Kompetenzen auf. Darüber hinaus können die Mitarbeiter eigene Interessen verfolgen, welche der Nutzung des neuen Instruments entgegenstehen, weswegen sie dieses Instrument ablehnen.

Speziell für mittelständische Unternehmen werden als weitere Implementierungsbarrieren für Controlling-Instrumente unzureichende Kapazitäten sowie der geringe Stellenwert des Controllings genannt (Hachtel et al. 2016, S. 773–776).

3.3 Verbreitungsgrad und Nutzungsintensität von Controlling-Instrumenten

Es existiert eine Fülle empirischer Studien, in denen (unter anderem) die Verbreitung von Controlling-Instrumenten sowie deren Nutzungsintensität in Unternehmen untersucht wird. Während bei der Erhebung des Verbreitungsgrads lediglich erfragt wird, ob ein bestimmtes Controlling-Instrument in den Unternehmen genutzt wird, so findet bei der Erhebung der Nutzungsintensität auch die Häufigkeit der Nutzung dieses Controlling-Instruments Berücksichtigung. Hiermit implizit verbunden ist die Annahme, dass mit einer hohen Nutzungsintensität eine große Bedeutung des Instruments für das Unternehmen vorliegt und umgekehrt. Unter Rückgriff auf die in Abschn. 2.3 getroffene Unterscheidung zwischen periodisch und aperiodisch genutzten Controlling-Instrumenten ist diese Annahme jedoch zu relativieren, denn bei periodischen Instrumenten ist tendenziell stets eine höhere Nutzungsintensität zu erwarten als bei aperiodischen Instrumenten, ohne dass alleine hieraus eine Schlussfolgerung zur Bedeutung der Instrumente gezogen werden könnte.

Hinsichtlich der Verbreitung eines Controlling-Instruments ist zudem anzumerken, dass diese nicht alleine vom Nutzen abhängen wird, den sich die Unternehmen von diesem Instrument versprechen, sondern auch vom Zeitpunkt der Erhebung. Ein Grundmodell des Innovations- beziehungsweise Marketingmanagements ist die Nachfragertypologie, bei der Innovatoren, frühe Adopter, die frühe und die späte Mehrheit sowie Nachzügler unterschieden werden. Aufgrund seiner Allgemeingültigkeit ist anzunehmen, dass dieses Modell auch für Unternehmen im Hinblick auf die Diffusion von Controlling-Instrumenten anwendbar ist. Demnach ist zu erwarten, dass auch bei Controlling-Instrumenten, die nicht lediglich als reine Modeerscheinung einzuschätzen sind (Zühlke 2006, S. 28–38), die Verbreitung im Zeitverlauf eine typische Form aufweist. Pritsch weist für die Kapitalwertmethode der Investitionsrechnung anhand der Auswertung empirischer Studien nach, dass erst nach ca. 30 Jahren eine weitestgehende Durchdringung der Unternehmenspraxis erreicht war (Pritsch 2000, S. 376). In diesem Sinne liefert die Untersuchung von Krump zur Verbreitung der Prozesskostenrechnung in österreichischen Unternehmen aus dem Jahr 2001 ein zu diesem Zeitpunkt zu erwartendes Bild (siehe Abb. 4).

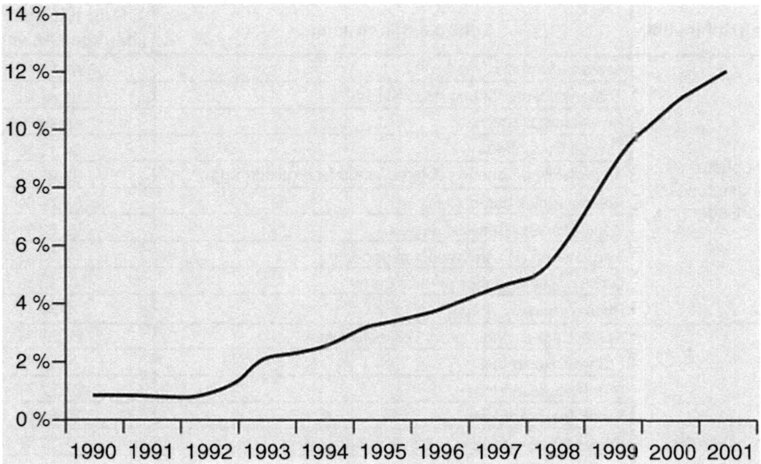

Abb. 4 Verbreitung der Prozesskostenrechnung (Krump 2003, S. 63)

Da von empirischen Studien, die ohne weitere Differenzierung den Verbreitungsgrad beziehungsweise die Nutzungsintensität von Controlling-Instrumenten untersuchen, kein große Aussagekraft zu erwarten wäre, wird das Untersuchungsfeld in aller Regel durch die Fokussierung auf bestimmte Kontextfaktoren eingeschränkt. Wie bei der Entwicklung von speziellen Controlling-Konzeptionen (siehe Abschn. 2.1) stehen hierbei insbesondere Branchen, unternehmerische Funktionsbereiche sowie Betriebstypen im Fokus. Nachfolgend werden exemplarisch ausgewählte Erkenntnisse zur Verbreitung und Nutzungsintensität von Controlling-Instrumenten in Krankenhäusern sowie in mittelständischen Unternehmen präsentiert.

Neben der Nutzungsintensität von Controlling-Instrumenten in Krankenhäusern als solcher (siehe Abb. 5) geht Lachmann der Frage nach, ob die Nutzungsintensität von weiteren Einflussgrößen wie zum Beispiel der Größe des Krankenhauses, seiner Rechtsform oder seiner erwerbswirtschaftlichen Ausrichtung abhängt.

Noch spezieller ist die Fragestellung, der Hundt und Schulze in ihrer Studie nachgehen. Die Autoren untersuchen, ob und wenn ja welche Controlling-Instrumente von Krankenhäusern eingesetzt werden, um über die Behandlung ausländischer Patienten zu entscheiden. Im Ergebnis werden jedoch weder operative noch strategische Controlling-Instrumente speziell für diese Fragestellung eingesetzt (Hundt und Schulze 2011, S. 39–41).

Becker und Ulrich untersuchen den Verbreitungsgrad ausgewählter Controlling-Instrumente in mittelständischen Unternehmen (siehe Abb. 6). Die Autoren analysieren weiterhin, ob der Verbreitungsgrad von der Größe des Unternehmens (kleinst, klein, mittel) oder von der Art der Leitungsstruktur abhängt. Hinsichtlich des letztgenannten Kriteriums werden Eigentümer-geführte und Manager-geführte mittelständische Unternehmen unterschieden. Zwar zeigt sich, dass die meisten Controlling-Instrumente in Manager-geführten mittelständischen Unternehmen eine

Nutzungsintensität	Controllinginstrument	„Sehr häufige" oder „häufige" Anwendung
höchste Nutzungsintensität (4. Quartilsbereich)	Kostenartenrechnung	87,60 %
	Kostenstellenrechnung nach KHBV	81,82 %
	Abweichungsanalyse	69,42 %
	Interne Budgetierung	66,12 %
	Kostenstellenrechnung tiefergehende Untergliederung	65,83 %
	Kostenvergleichsrechnung	65,29 %
	Benchmarking/Betriebsvergleich	59,50 %
	Berechnung der Amortisationsdauer	47,93 %
	Deckungsbeiträge für Abteilungen	46,28 %
	Plankostenrechnung	40,34 %
mittlere bis hohe Nutzungsintensität (3. Quartilsbereich)	Kostenträgerrechnung auf Vollkostenbasis	28,93 %
	Frühwarnkonzepte	28,10 %
	Renditeberechnungen	27,27 %
	Break Even-Analyse	22,31 %
	Kostenträgerrechnung auf Teilkostenbasis	21,59 %
	Deckungsbeiträge für Einzelleistungen	21,49 %
	Kapitalwertberechnungen	20,66 %
	Nutzwertanalyse	20,00 %
	Deckungsbeiträge für Fallgruppen	19,01 %
niedrige bis mittlere Nutzungsintensität (2. Quartilsbereich)	Kostenträgerzeitrechnung	18,18 %
	Stufenweise Fixkostendeckungsrechnung	16,53 %
	Szenario-Analyse	16,53 %
	ABC-Analyse	15,68 %
	Potenzialanalyse	14,88 %
	Konkurrenzanalyse	14,05 %
	Portfolio-Analyse	14,05 %
	Clinical Pathways	13,22 %
	CIRS	12,40 %
	SWOT-Analyse	12,40 %
niedrigste Nutzungsintensität (1. Quartilsbereich)	Prozesskostenrechnung	11,57 %
	Erfahrungskurvenkonzepte	10,74 %
	Balanced Scorecard	9,92 %
	Gemeinkostenwertanalyse	7,44 %
	Interner Zinsfuß	6,61 %
	Target Costing	4,96 %
	FMEA	2,48 %
	GAP-Analyse	2,48 %

Abb. 5 Nutzungsintensität von Controlling-Instrumenten in Krankenhäusern (Lachmann 2011, S. 146)

tendenziell größere Verbreitung aufweisen als in Eigentümer-geführten, allerdings sind die Unterschiede statistisch nicht signifikant (siehe Abb. 7).

Feldbauer-Durstmüller et al. 2008 untersuchen den Verbreitungsgrad von Controlling-Instrumenten in österreichischen Familienunternehmen (siehe Becker und Ulrich 2011, S. 18–28 für eine Begriffsabgrenzung von mittelständischen Unternehmen, kleinen und mittleren Unternehmen sowie Familienunternehmen). Die Autoren analysieren getrennt für operative und strategische Controlling-Instrumente, ob diese in Familienunternehmen und in Nicht-Familienunternehmen eine unterschiedlich

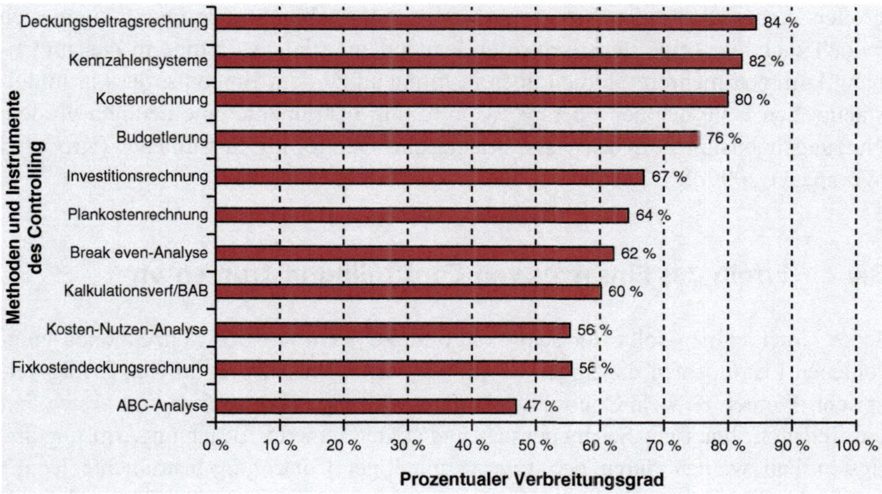

Abb. 6 Verbreitungsgrad von Controlling-Instrumenten in mittelständischen Unternehmen (Becker und Ulrich 2009, S. 314)

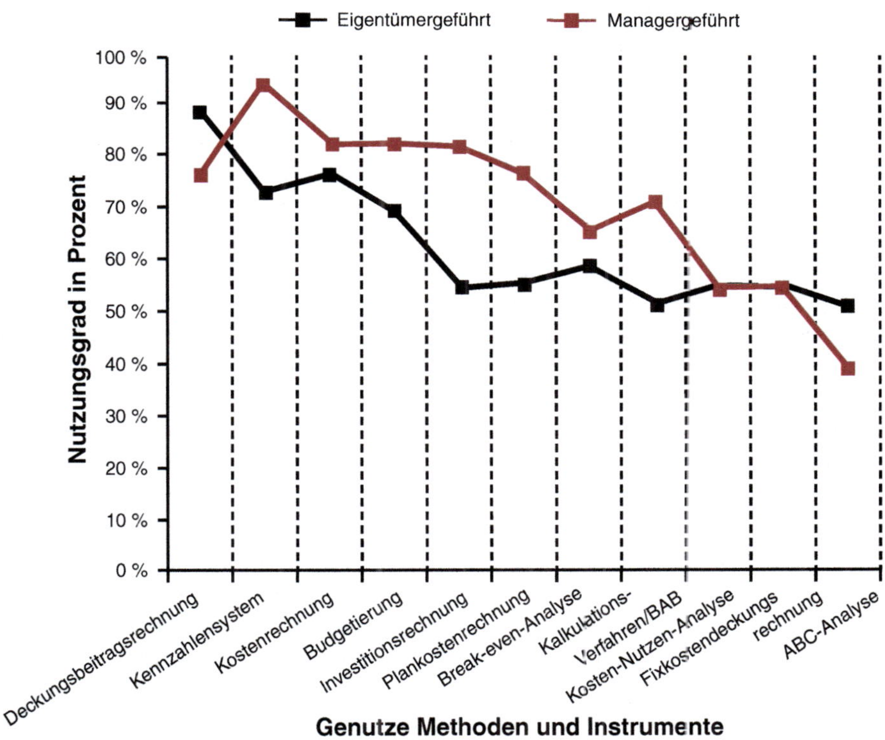

Abb. 7 Abhängigkeit des Verbreitungsgrades von der Leitungsstruktur (Becker und Ulrich 2009, S. 314)

großer Verbreitung aufweisen. Von wenigen Ausnahmen abgesehen zeigen sich jedoch auch hier keine statistisch signifikanten Unterschiede. In diesem Zusammenhang kommen mehrere Studien übereinstimmend zu dem Ergebnis, dass in mittelständischen Unternehmen operative Controlling-Instrumente eine deutlich größere Nutzungsintensität aufweisen als strategische Controlling-Instrumente (Krol und Wömpener 2009, S. 17–20).

3.4 Erfolg des Einsatzes von Controlling-Instrumenten

Jedes Unternehmen sollte für sein Controlling-System aus den konzeptionell empfohlenen Instrumenten diejenigen auswählen, deren Einsatz den größten Erfolg verspricht. Werden zu viele Controlling-Instrumente eingesetzt, so fristet im besten Fall ein Teil von ihnen ein Schattendasein und findet keinerlei Beachtung. Im ungünstigsten Fall werden durch den Einsatz unnötiger Controlling-Instrumente jedoch personelle und finanzielle Kapazitäten gebunden und die Komplexität des Controllings erhöht. Entsprechend lautet ein Fazit, das Weber aus seiner Studie zum Controlling in den DAX 30-Unternehmen zieht, dass möglichst wenige und möglichst einfache Controlling-Instrumente zum Einsatz kommen sollten (Weber 2008, S. 5).

Erfolg im ökonomischen Sinne liegt allgemein gesprochen dann vor, wenn der – häufig nur qualitativ messbare – Nutzen die – in aller Regel monetär erfassbaren – Kosten übersteigt. Erfolg (engl. performance) umfasst somit die beiden Dimensionen der Effektivität (engl. effectiveness) und der Effizienz (engl. efficiency). Die Effektivität misst den Grad der Zielerreichung und bildet somit eher die Nutzenseite ab, während die Effizienz die Verschwendungsfreiheit des Mitteleinsatzes misst und damit eher die Kostenseite abbildet. Erfolgreich ist nur, wer gleichermaßen effektiv wie auch effizient handelt.

Der Erfolg des Einsatzes von Controlling-Instrumenten kann auf zwei unterschiedlichen Ebenen untersucht werden (siehe Abb. 8): Auf der Makroebene wird untersucht, inwieweit der Einsatz des Controlling-Instrumentariums oder sogar einzelner Controlling-Instrumente sich positiv auf den Unternehmenserfolg auswirkt. Auf der Mikroebene wird der bescheidenere Versuch unternommen, die Güte des Instrumenteneinsatzes als solche zu bestimmen.

Hinsichtlich der Makroebene geht beispielsweise Lachmann in seiner Untersuchung zum Einsatz von Controlling-Instrumenten in Krankenhäusern der Frage nach, ob ein direkter Zusammenhang zwischen der Nutzungsintensität von Controlling-Instrumenten und der Performance des Krankenhauses besteht. Die Krankenhaus-Performance wird hierbei mittels der subjektiven Einschätzung der Probanden erhoben, wie die Performance des eigenen Krankenhauses im Vergleich zum Branchendurchschnitt abschneidet. Im Ergebnis kann Lachmann weder für einzelne Controlling-Instrumente noch für das eingesetzte Controlling-Instrumentarium als Ganzes nennenswerte statistische Zusammenhänge nachweisen (Lachmann 2011, S. 224–232). Die für dieses Resultat gegebene Erläuterung wird in der Literatur im Allgemeinen geteilt und soll daher auch als Fazit für die Makroperspektive gelten: Der Unternehmenserfolg ist von so vielen einzelnen und zudem

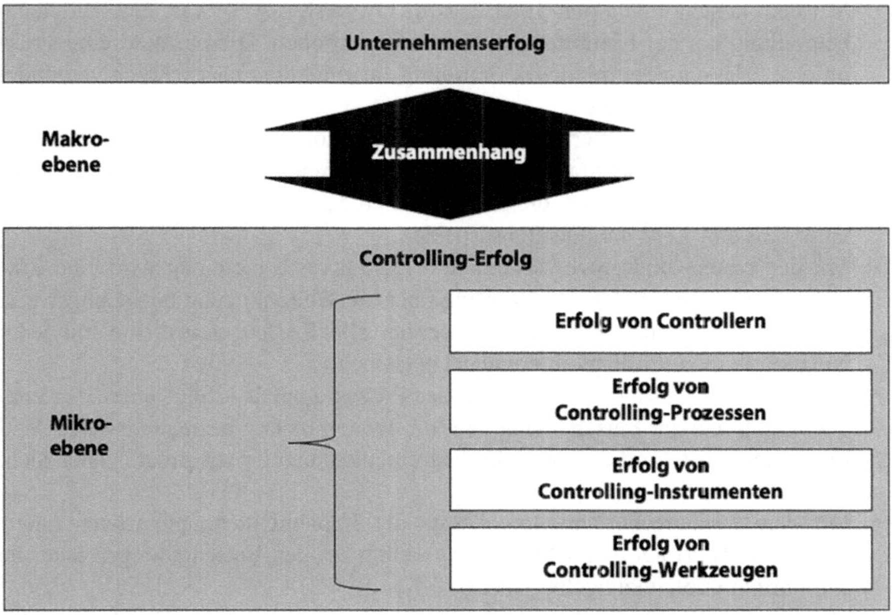

Abb. 8 Mikro- und Makroebene der Erfolgsmessung (Becker et al. 2014, S. 212)

multipel interdependenten Einflussfaktoren abhängig, dass es nicht realistisch erscheint, den Erfolgsbeitrag des Einsatzes von Controlling-Instrumenten zu separieren und statistisch zu belegen.

Hinsichtlich der Mikroebene legt Baltzer ein Konzept vor mit dem Ziel, den Erfolg des Einsatzes von Controlling-Instrumenten umfassend messbar zu machen. Das Konzept berücksichtigt einerseits die Stages und Gates des intraorganisationalen Lebenszyklus von Controlling-Instrumenten (siehe Abschn. 3.1) und andererseits die beiden Erfolgsdimensionen der Effektivität und der Effizienz. Mittels der zehn nachfolgend vorgestellten Ansätze sollen insgesamt die Entscheidungen fundiert werden, ob ein Controlling-Instrument ein Entscheidungstor passieren und damit von einer Lebenszyklusphase in die nächste eintreten soll:

- Soll ein Controlling-Instrument aufgrund der durchgeführten Evaluation im Unternehmen implementiert werden?
- Soll das Controlling-Instrument nach erfolgter Implementierung zur Nutzung freigegeben werden?
- Soll die Nutzung des Controlling-Instruments im Unternehmen fortgesetzt oder soll das Instrument ausgemustert werden (Weber 2019, S. 23)?

In Anlehnung an die vier grundsätzlichen Perspektiven der Balanced Scorecard (Kaplan und Norton 1997, S. 23–27) kann eine Einordnung der zehn Ansätze als kostenorientiert, ressourcenorientiert, prozessorientiert sowie abnehmerorientiert erfolgen (Baltzer 2013, S. 182–233):

- Mit dem kostenorientierten Total Cost of Ownership-Ansatz ist eine Effizienzbeurteilung bei der Einführungsentscheidung möglich. Hierbei wird eine strukturierte Erfassung der mit dem Controlling-Instrument voraussichtlich verbundenen Kosten vorgenommen.
- Mittels der kostenorientierten Earned-Value-Methode kann eine Effizienzbeurteilung bei der Entscheidung über die Nutzungsfreigabe erfolgen. Die Earned-Value-Methode unterstützt die Implementierung des Controllings-Instruments unter Kosten-, Zeit- und Qualitätsaspekten.
- Mit der kosten- und prozessorientierten Prozesskostenrechnung wird eine Effizienzbeurteilung bei der Entscheidung über die Weiternutzung beziehungsweise Ausmusterung ermöglicht. Hierbei werden alle Kosten erfasst, die mit jeder Nutzung des Controllings-Instruments entstehen.
- Mit dem prozessorientierten Ansatz der Prozessqualität erfolgt eine Effizienzbeurteilung bei der Entscheidung über die Weiternutzung beziehungsweise Ausmusterung. Hier wird die Güte der Instrumentennutzung aus prozessualer Sicht beurteilt.
- Mit dem ressourcenorientierten Ansatz der Implementierungsbarrieren (siehe Abschn. 3.2) erfolgt eine Effizienzbeurteilung bei den Entscheidungen über die Einführung und Nutzungsfreigabe.
- Mit dem ressourcenorientierten Ansatz der Potenzialqualität erfolgt eine Effizienzbeurteilung bei der Entscheidung über die Weiternutzung beziehungsweise Ausmusterung. Hier wird die Güte der für die Instrumentennutzung benötigten Ressourcen beurteilt.
- Mit dem abnehmerorientierten Ansatz der Informationsverwendung erfolgt eine Effektivitätsbeurteilung bei der Entscheidung über die Weiternutzung beziehungsweise Ausmusterung. Hierbei wird erhoben, auf welche Art und Weise die durch das Controlling- Instrument generierten Informationen Verwendung finden (siehe Abschn. 5.4).
- Mit dem abnehmerorientierten Ansatz der Ergebnisqualität erfolgt eine Effektivitätsbeurteilung bei der Entscheidung über die Weiternutzung beziehungsweise Ausmusterung. Hier wird die Güte der durch das Controlling-Instrument generierten Informationen beurteilt.
- Mit dem abnehmerorientierten Ansatz der Kundenzufriedenheit erfolgt eine Effektivitätsbeurteilung bei der Entscheidung über die Weiternutzung beziehungsweise Ausmusterung. Hierbei wird die subjektive Zufriedenheit der Informationsempfänger mit dem Controlling-Instrument erfragt.
- Mit dem abnehmerorientierten Ansatz der Nutzeffektkette erfolgt eine Effektivitätsbeurteilung bei den Entscheidungen zu Einführung und Nutzungsfreigabe. Hierbei wird eine strukturierte Erfassung der mit dem Controlling-Instrument voraussichtlich verbundenen Nutzeffekte vorgenommen.

Als grundsätzlich förderlich für den Erfolg von Controlling-Instrumenten werden zudem die folgenden Aspekte genannt (Nevries 2019, S. 11–15):

- Umfassendes und aktuelles Wissen der Controller über die existierenden und damit potenziell im Unternehmen einsetzbaren Controlling-Instrumente.
- Anpassung der Controlling-Instrumente auf die konkreten Erfordernisse im Unternehmen.
- Offene und enge Zusammenarbeit zwischen Controllern und Managern.

4 Besonderheiten des Einsatzes von Controlling-Instrumenten in internationalen Konzernen

4.1 Kulturelle Einflüsse auf den Einsatz von Controlling-Instrumenten in internationalen Konzernen

In einem internationalen Konzern mit inländischer Muttergesellschaft und ausländischen Tochtergesellschaften steht das Controlling vor zusätzlichen Herausforderungen. Eine Untersuchung zu Störfaktoren im internationalen Controlling (Pausenberger und Roth 1997, S. 583–594) ermittelte als wichtigste Problembereiche Wechselkursänderungen, unterschiedliche ökonomische Rahmenbedingungen und Länderrisiken, konzerninterne leistungswirtschaftliche Verflechtungen sowie kulturelle Distanz. Kultur ist eine der wichtigsten Einflussfaktoren auf das Controlling und muss insbesondere auch beim Einsatz von Controlling-Instrumenten beachtet werden (Hoffjan et al. 2005, S. 291), so dass dieser Problembereich im Folgenden genauer analysiert wird.

Grundsätzlich stehen internationale Konzerne vor der Frage, welchen Standardisierungsgrad ihr Controlling-System aufweisen soll. Der Standardisierungsgrad misst, inwieweit die einzelnen Elemente des Controlling-Systems für alle Konzerngesellschaften einheitliche Ausprägungen aufweisen und bewegt sich in einem Kontinuum zwischen vollständiger Standardisierung einerseits und vollständiger Differenzierung andererseits (Hoffjan und Weide 2006, S. 390–392). Ein hoher Standardisierungsgrad weist als wesentliche Vorteile den vergleichsweise geringen Aufwand bei Betrieb und Pflege des Controlling-Systems sowie eine größere Vergleichbarkeit der generierten Informationen auf, während der wesentliche Nachteil in der Vernachlässigung kultureller Unterschiede zu sehen ist. Hierbei gilt der Grundsatz, dass das Controlling-System im Allgemeinen und die Controlling-Instrumente im Speziellen einen umso höheren Standardisierungsgrad aufweisen sollten, je ähnlicher sich die im internationalen Konzern vertretenen nationalen Kulturen sind (Hoffjan und Weide 2006, S. 402). Zur Messung dieser als kulturellen Distanz bezeichneten Ähnlichkeit nationaler Kulturen existieren verschiedene Konzepte (Blom und Meier 2004, S. 47–69). Den größten Bekanntheitsgrad weist der Ansatz von Hofstede auf, der nationale Kulturen nach den fünf Dimensionen Machtdistanz, Individualismus vs. Kollektivismus, Maskulinität vs. Feminität, Unsicherheitsvermeidung sowie Langfristorientierung vs. Kurzfristorientierung kategorisiert.

Die jeweilige nationale Kultur beeinflusst demnach die Art und Weise, wie ein Controlling-Instrument eingesetzt wird. Es ist also möglich, dass ein und dasselbe Controlling-Instrument in verschiedenen Kulturkreisen unterschiedlich interpretiert und in der Folge verschiedenartig genutzt wird. Vor dem Hintergrund der Kulturdimensionen nach Hofstede sollen hierfür einige Beispiele aufgeführt werden (Hoffjan et al. 2005, S. 292–293):

- In Kulturen mit großer Machtdistanz wie beispielsweise Frankreich wird eine Budgetierung nach dem Top-down-Verfahren eher akzeptiert als in Kulturen mit geringer Machtdistanz.
- Je individualistischer eine Kultur ist (zum Beispiel USA), desto eher wird die Kontrolle der Zielerreichung auf der Ebene einzelner Mitarbeiter anstelle von Gruppen akzeptiert.
- In maskulinen Kulturen wie beispielsweise Italien findet die Incentivierung der Einhaltung von Budgetzielen eher Akzeptanz als in femininen Kulturen.
- In Kulturen, bei denen Unsicherheitsvermeidung wichtig ist wie zum Beispiel Griechenland, werden Budgets eher fortgeschrieben und unterjährige Forecasts im Falle einer negativen Entwicklung so lange wie möglich beschönigt.
- In kurzfristig orientierten Kulturen wie zum Beispiel Großbritannien sind kurze Berichtszyklen eher akzeptiert als in langfristig orientierten Kulturen.

4.2 Spezifika des Controlling-Instrumentariums in internationalen Konzernen

In der oben erwähnten Umfrage erhob Pausenberger auch die wichtigsten Controlling-Instrumente, die in internationalen Konzernen zum Einsatz kommen (Nennung in absteigender Bedeutung; Pausenberger 1996, S. 187):

- Planungs- und Berichtssysteme
- Verbale Berichte
- Kennzahlen(-systeme)
- Investitionsrechenverfahren
- Konkurrenzanalysen
- Umweltanalysen

Hierbei ist jedoch zu beachten, dass das Instrumentarium des Controllings neben der Berücksichtigung kultureller Aspekte weitere Veränderungen erfahren sollte, um den Besonderheiten internationaler Konzerne gerecht zu werden (Hoffjan 2009, S. 17–21):

- Anpassung des Berichtswesens: Berücksichtigung von konzerninternen Leistungsverflechtungen und der unterschiedlichen ökonomischen Rahmenbedingungen.
- Anpassung der Budgetierung: Berücksichtigung von Währungseffekten bei Budgetplanung und – kontrolle.
- Anpassung der Kostenrechnung: Bereinigung von Inflationseffekten.

- Anpassung von Kennzahlen: Berücksichtigung von Landes- und Umweltbedingungen, von Wechselkursen und Inflationseffekten.
- Anpassung der Balanced Scorecard: Erweiterung um eine Perspektive zur Abbildung der Umweltbedingungen der ausländischen Tochtergesellschaften.
- Anpassung der Verrechnungspreise: bei Ländergrenzen-übergreifenden Leistungsverflechtungen können die Verrechnungspreise nicht allein nach betriebswirtschaftlichen Überlegungen festgelegt werden, sondern müssen insbesondere auch steuerliche Vorschriften erfüllen.
- Anpassung Wertorientierter Steuerungskonzepte: Berücksichtigung des landes- und unternehmensspezifischen Risikos.
- Ergänzung des Controlling-Instrumentariums um die Länderanalyse als spezifisches Analysewerkzeug des internationalen Controllings, bestehend aus den Komponenten Konkurrenz- und Länderrisikoanalyse.

Darüber hinaus gilt es zu bedenken, dass einzelne Controlling-Instrumente – unter anderem aufgrund kultureller Einflüsse – in verschiedenen Ländern eine unterschiedlich große Popularität aufweisen können. Während beispielsweise zahlreiche empirische Studien der Prozesskostenrechnung im deutschsprachigen Raum eine allenfalls moderate Verbreitung bescheinigen, so erfreut sich ihr angloamerikanisches Pendant, das Activity-based Costing, im dortigen Raum einer großen Popularität (Hoffjan 2008, S. 658). Im Extremfall existieren sogar Controlling-Instrumente, die im Wesentlichen in einem Kulturkreis eingesetzt werden und daher fast schon als landespezifisch bezeichnet werden können. Ein bekanntes Beispiel ist das der Balanced Scorecard ähnelnde Tableau de Bord (Epstein und Manzoni 1998, S. 190–203), welches in Frankreich eine lange Historie und eine weite Verbreitung aufweist, außerhalb des französischen Kulturraums hingegen weitgehend unbekannt ist (Gehrke 2003, S. 503).

Des Weiteren ist beim Einsatz von Controlling-Instrumenten in internationalen Konzernen zu beachten, dass auch scheinbar gleich(namig)e Instrumente in unterschiedlichen Ländern eine abweichende Methodik aufweisen können und daher nur bedingt vergleichbar sind. Beispielsweise weist aufgrund des historisch jeweils unterschiedlichen Entwicklungsstands der Kostenrechnung die Prozesskostenrechnung im deutschsprachigen Raum spezifische Merkmale auf, die sie vom Activity-based Costing im anglo-amerikanischen Raum unterscheidet (Baltzer und Zirkler 2007, S. 11–14).

5 Eine alternative Sichtweise des Einsatzes von Controlling-Instrumenten

5.1 Controlling-Instrumente aus dem Blickwinkel des Soziologischen Institutionalismus

Die bisherigen Ausführungen zum Einsatz von Controlling-Instrumenten erfolgten aus einem ökonomisch geprägten Blickwinkel, demgemäß mit dem Controlling das Ziel verfolgt wird, die Effizienz und die Effektivität der Unternehmensführung beziehungsweise des gesamten Unternehmens zu steigern. Am deutlichsten wird diese ‚klassische' Einstellung in der Controlling-Konzeption von Dyckhoff und Ahn, die von der „Sicherstellung der Effektivität und Effizienz der Führung als Kernfunktion des Controlling" (Dyckhoff und Ahn 2001, S. 111) ausgehen.

Daneben existieren jedoch verschiedene weitere, zusammenfassend als ‚kritisch' oder ‚alternativ' bezeichnete Interpretationen von Controlling (Becker 2004, S. 96–97). Diese untersuchen Controlling weniger aus einem ökonomischen, sondern aus einem soziologischen oder sozialphilosophischen Blickwinkel. Eine dieser alternativen Sichtweisen von Controlling beruht auf dem Soziologischen Institutionalismus, einer der aktuell bedeutsamsten theoretischen Strömungen der Organisationstheorie (Walgenbach 2006, S. 389). Nachfolgend werden die wesentlichen, für das Controlling relevanten Aussagen dieser Theorie prägnant zusammengefasst (Elšik 2004, S. 801–822) und anschließend ausgewählte Implikationen für den Einsatz von Controlling-Instrumenten diskutiert.

Der Soziologische Institutionalismus propagiert, dass Unternehmen für ihr Fortbestehen nicht alleine im ökonomischen Sinne erfolgreich sein müssen, sondern gleichzeitig auch auf Legitimität angewiesen sind. Mangelt es einem Unternehmen an Legitimität, so kommt es zu einer Sanktionierung durch die soziale Umwelt, indem sie dem Unternehmen nicht länger die von diesen benötigten Ressourcen, wie zum Beispiel Kapital oder Mitarbeiter, zur Verfügung stellt. Unternehmen gewinnen Legitimität, indem sie in ihren formalen Strukturen und Verhaltensweisen den institutionalisierten Erwartungen ihrer sozialen Umwelt entsprechen. Diese Erwartungen werden als institutionalisiert bezeichnet, da sie im Einzelfall nicht mehr hinterfragt werden, hierdurch eine allgemeine Gültigkeit aufweisen und folglich von den Unternehmen zwangsläufig zu befolgen sind. Die Erwartungen der sozialen Umwelt beziehen sich darauf, wie ein rational geführtes Unternehmen auszusehen hat. Allerdings handelt es sich bei diesen Rationalitätsvorstellungen oftmals um Rationalitätsmythen, da ihre Gültigkeit nicht bewiesen werden kann, sondern vielmehr auf dem gemeinsamen Glauben an ihre Gültigkeit beruht. Unternehmen sehen sich also zur Existenzsicherung gezwungen, gleichermaßen ökonomischen Erfolg zu erzielen und Legitimität zu gewinnen. Hierbei können zwei bedeutsame Probleme auftreten: Erstens können die unterschiedlichen sozialen Erwartungen untereinander in Konflikt stehen, und zweitens können die Rationalitätsmythen zu effektiven und effizienten Aktivitäten im Widerspruch stehen. Unternehmen lösen diese Probleme unter anderem dadurch, dass sie eine Legitimitätsfassade aufbauen und den sozialen Erwartungen nur scheinbar entsprechen. Nach außen hin demonstrieren Unternehmen dann mit ihren formalen Strukturen und Verhaltensweisen symbolische Konformität mit den Erwartungen ihrer sozialen Umwelt und sichern sich hierdurch Legitimität. Nach innen kommt diesen Strukturen und Verhaltensweisen jedoch keine Bedeutung zu: Sie sind von denjenigen Aktivitäten entkoppelt, mit denen die Unternehmen wirtschaftlichen Erfolg erzielen wollen.

Folgt man der Argumentation des Soziologischen Institutionalismus, dann dient Controlling nicht nur dazu, die Effektivität und Effizienz des unternehmerischen Handelns zu optimieren, sondern es leistet vielmehr auch einen Beitrag dazu, dass die Unternehmen Legitimität gegenüber ihrer sozialen Umwelt gewinnen. Dies zeigt sich in der Auffassung, dass die soziale Umwelt von Unternehmen – zumindest ab einer gewissen Größe – erwartet, Controlling ‚zu haben' beziehungsweise ‚zu machen': „Es bedarf keiner besonderen Begründung mehr, warum irgendwo Controlling eingeführt werden soll, sondern eher warum es noch nicht eingeführt wurde […]" (Elšik 2004, S. 820). Unternehmen entsprechen den Erwartungen ihrer sozialen Umwelt hinsichtlich des Vorhandenseins von Controlling insbesondere dadurch, dass sie Stellen mit dem Titel ‚Controller' einrichten und demonstrativ Controlling-Instrumente einsetzen. Unter diesem Aspekt sind Controlling-Instrumente also Symbole einer rationalen Unternehmensführung und tragen dazu bei, die Legitimität des Unternehmens zu sichern.

Der Soziologische Institutionalismus bietet damit auch eine Erklärung für unterschiedliche Nutzungsintensitäten von Controlling-Instrumenten (siehe Abschn. 3.3). Eine hohe Nutzungsintensität werden diejenigen Controlling-Instrumente aufweisen, welche in die ökonomischen Aktivitäten des Unternehmens eingebunden sind. Solche Controlling-Instrumente hingegen, welche lediglich Teil der Legitimitätsfassade des Unternehmens sind, werden nur eine geringe Nutzungsintensität haben.

5.2 Internationale Konvergenz des Controlling-Instrumentariums

Das international vergleichende Controlling untersucht Gemeinsamkeiten und Unterschiede des Controllings in verschiedenen Ländern (Hoffjan 2008, S. 655), wobei Controlling-Instrumente einen Fokus der Analyse darstellen. Aus dynamischer Perspektive stellt das international vergleichende Controlling zudem auf die Frage, ob etwaig bestehende Unterschiede im Zeitablauf eher zunehmen (Divergenz) oder abnehmen (Konvergenz).

Der Soziologische Institutionalismus hält für die Untersuchung dieser Fragestellung Erklärungsansätze bereit. Da Unternehmen den an sie gestellten Erwartungen ihrer sozialen Umwelt entsprechen müssen, sagt der Soziologische Institutionalismus voraus, dass diejenigen Unternehmen, welche sich mit denselben Erwartungen konfrontiert sehen, sich hinsichtlich ihrer formalen Strukturen und Verhaltensweisen aneinander angleichen werden. Dieser als institutioneller Isomorphismus bezeichnete Vorgang beruht auf drei Mechanismen (Elšik 2004, S. 811–816):

- Isomorphismus durch Zwang: Die sozialen Erwartungen führen zu Rechtsvorschriften, welche die Unternehmen befolgen müssen.
- Isomorphismus durch normativen Druck: Durch die Professionalisierung von beruflichen Curricula und Abschlüssen kommt es in den Unternehmen zur Verbreitung einheitlicher Denkweisen und Methoden.
- Isomorphismus durch Imitation: Unternehmen neigen bei Unsicherheit dazu, sich an tatsächlich oder scheinbar erfolgreichen Unternehmen zu orientieren und deren Strukturen und Verhaltensweisen zu kopieren.

Vor diesem Hintergrund wurde analysiert, inwieweit es aus internationaler Perspektive zu einer Angleichung des Controllings und seines Instrumentariums kommt, das heißt wie die drei Mechanismen des institutionellen Isomorphismus im Bereich des Controllings wirken. Für eine internationale Konvergenz des Controlling-Instrumentariums sprechen die folgenden Aspekte (Granlund und Lukka 1998, S. 156–168):

- Isomorphismus durch Zwang: Die Zentralen weltweit agierender Konzerne versuchen, in allen Konzerngesellschaften ein einheitliches Controlling-Instrumentarium zu etablieren.
- Isomorphismus durch normativen Druck: Durch den internationalen Austausch von Studierenden und Hochschullehrern, durch die immer stärkere Publikationstätigkeit von Wissenschaftlern in internationalen Zeitschriften sowie durch die Verbreitung internationaler Lehrbücher werden weltweit dieselben Controlling-Instrumente diskutiert und gelehrt.
- Isomorphismus durch Imitation: Unternehmen nehmen die Dienste großer, internationaler Beratungsfirmen in Anspruch, welche Länder-übergreifend dieselben Controlling-Instrumente propagieren. Gerne führen Beratungsfirmen auch Benchmark-Studien zur Untermauerung ihrer Argumentation durch.

Da gleichzeitig nur wenige Faktoren identifiziert wurden, die eine Divergenz treiben, sagen die Autoren insgesamt eine internationale Harmonisierung des Controlling-Instrumentariums voraus.

5.3 Gründe für die Beschäftigung mit neuen Controlling-Instrumenten

Die Überlegungen des Soziologischen Institutionalismus sind auch in das Modell von Abrahamson eingeflossen, dessen vier Perspektiven die Diffusion von Innovationen wie zum Beispiel neuer Controlling-Instrumente erklären soll (siehe Abb. 9).

Die Efficient Choice-Perspektive entspricht der klassischen rationalen Entscheidung und beruht auf zwei Grundannahmen: Unternehmen treffen Entscheidungen über die Einführung von Innovationen frei und voneinander unabhängig, und sie sind sich sowohl hinsichtlich ihrer eigenen Ziele als auch dahingehend, inwieweit die betrachteten Innovationen zur Zielerreichung beitragen, relativ sicher. Die Efficient Choice-Perspektive umfasst hierbei sowohl den nachfrageinduzierten Demand-Pull, der durch Reaktion auf Veränderungen in der Unternehmensumwelt ausgelöst wird, als auch den angebotsinduzierten Supply-Push, der von wissenschaftlichen Neuentwicklungen ausgeht. Bei den drei übrigen Perspektiven hebt Abrahamson die Annahmen der Efficient Choice-Perspektive auf und ersetzt sie durch Überlegungen des Soziologischen Institutionalismus. Bei der Forced Selection-Perspektive können Unternehmen die Entscheidung über die Einführung der Innovationen nicht frei treffen, sondern werden hierbei durch andere, mit entsprechender Macht ausgestattete Institutionen beeinflusst. Sowohl bei der Fad-Perspektive als auch bei der

		Imitation-Focus Dimension	
		Imitation Processes Do Not Impel the Diffusion or Rejection	Imitation Processes Impel the Diffusion or Rejection
Outside-Influence Dimension	Organizations Within a Group Determine the Diffusion and Rejection Within This Group	**Efficient-Choice Perspective**	**Fad Perspective**
	Organizations Outside a Group Determine the Diffusion and Rejection Within This Group	**Forced-Selection Perspective**	**Fashion Perspective**

Abb. 9 Perspektiven zur Erklärung der Diffusion von Innovationen (Abrahamson 1991, S. 591)

Fashion-Perspektive sind Unternehmen mit Unsicherheit hinsichtlich ihrer Ziele und des Beitrags der Innovationen zur Zielerreichung konfrontiert und reagieren hierauf mit Imitation. Werden andere Unternehmen imitiert, welche die Innovation bereits selbst einsetzen, so spricht Abrahamson von der Fad-Perspektive. Bei der Fashion-Perspektive wird hingegen den Empfehlungen anderer Institutionen gefolgt, welche die Innovation zwar selbst nicht einsetzen, jedoch deren Einsatz propagieren.

Baltzer greift in seiner empirischen Untersuchung zum Einsatz und Erfolg von Controlling-Instrumenten auf das Modell von Abrahamson zurück um zu untersuchen, welche Faktoren in Unternehmen die Beschäftigung mit neuen Controlling-Instrumenten auslösen (Baltzer 2013, S. 134–136). Die vier Perspektiven werden hierbei durch die folgenden Antwortkategorien umgesetzt:

- Nachfrageinduzierte Efficient Choice-Perspektive: ‚Entstehung neuartiger Aufgabenstellungen‘ sowie ‚Unzufriedenheit mit vorhandenen Instrumenten‘
- Angebotsinduzierte Efficient Choice-Perspektive: ‚Wissenstransfer durch neue Mitarbeiter‘ sowie ‚Erweiterung der IT-Funktionalität‘
- Fad-Perspektive: ‚Kenntnis vom Einsatz in anderen Organisationen‘ sowie ‚Positive Erfahrungen in anderen Einheiten der eigenen Organisation‘
- Fashion-Perspektive: ‚Anregung durch Unternehmensberater‘ und ‚Besuch von Fachveranstaltungen‘ sowie ‚Lektüre von Fachliteratur‘
- Forced Selection-Perspektive: ‚Anweisung durch übergeordnete Organisationseinheit‘

Aus den Antworten der Unternehmen lassen sich drei Antwortkategorien mit einer im Durchschnitt hohe Bedeutung identifizieren (siehe Abb. 10).

Etwa jeweils etwa die Hälfte der Probanden gibt an, dass in ihrem Unternehmen die Beschäftigung mit neuen Controlling-Instrumenten häufig oder immer bei Entstehung neuartiger Controlling-Aufgaben, bei Unzufriedenheit mit den vorhandenen Controlling-Instrumenten oder bei Anweisung durch übergeordnete Unternehmens-

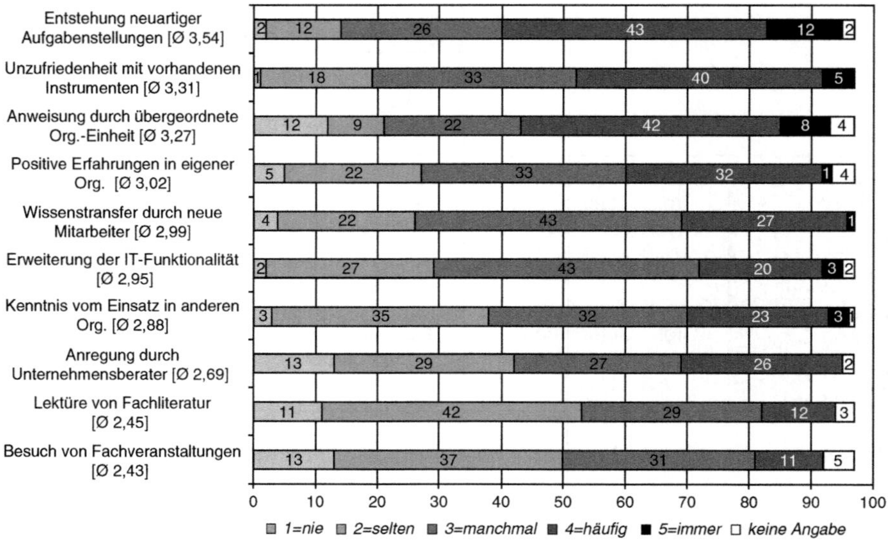

Abb. 10 Auslöser für die Beschäftigung mit neuen Controlling-Instrumenten (Baltzer 2013, S. 135)

einheiten stattfindet. Die Impulse zur Beschäftigung mit neuen Controlling-Instrumenten gehen somit vorrangig von der nachfrageinduzierten Efficient Choice-Perspektive sowie von der Forced Selection-Perspektive aus. Eine im Durchschnitt mittlere Bedeutung weisen jeweils die beiden Antwortkategorien der angebotsinduzierten Efficient Choice-Perspektive sowie der Fad-Perspektive auf. Eine im Durchschnitt lediglich geringe Bedeutung wird den drei Antwortkategorien der Fashion-Perspektive zugewiesen.

5.4 Nutzungsarten der durch Controlling-Instrumente generierten Informationen

In der Charakterisierung von Controlling-Instrumenten (siehe Abschn. 2.2) wurde erläutert, dass mit Controlling-Instrumenten Informationen verarbeitet und ausgegeben werden. Die so generierten Informationen können dann von den Informationsempfängern auf unterschiedliche Art und Weise genutzt werden. Von den zahlreichen, in der Literatur anzutreffenden Kategorisierungen der Informationsnutzung ist insbesondere die Typologie von Pelz im deutschsprachigen Raum für empirische Untersuchungen genutzt worden (Schäffer und Steiners 2004, S. 378–382). Bei diesem Ansatz werden die folgenden Nutzungsarten unterschieden:

- Instrumentelle Informationsnutzung: Die von Controlling-Instrumenten generierten Informationen werden bei konkret anstehenden Entscheidungsprozessen verarbeitet.

- Konzeptionelle Informationsnutzung: Die von Controlling-Instrumenten generierten Informationen bewirken beim Informationsempfänger einen Lerneffekt, das heißt er verändert seine Denkweise oder sein Situationsverständnis.
- Symbolische Informationsnutzung: Die von Controlling-Instrumenten generierten Informationen werden zur nachträglichen Legitimierung von Entscheidungen herangezogen. Die zu Grunde liegende Entscheidung ist also bereits auf Basis anderer Informationen getroffen worden und soll nun gegenüber Dritten rechtfertigt werden. Diese Art der Informationsnutzung entspricht somit wiederum Überlegungen des Soziologischen Institutionalismus, denn das Controlling-Instrument ist von den Entscheidungsprozessen entkoppelt und soll die bereits getroffenen Entscheidungen lediglich nachträglich legitimieren.

Homburg et al. weisen in ihrer Studie zum Einsatz der Kostenrechnung nach, dass alle drei Nutzungsarten relevant sind. Am bedeutsamsten ist hierbei nicht etwa die instrumentelle Nutzung, sondern die konzeptionelle Nutzung, während die symbolische Nutzung eine in etwa gleich hohe Bedeutung wie die instrumentelle Nutzung aufweist (Homburg et al. 1998, S. 36–39).

Literatur

Abrahamson, E. (1991). Managerial fads and fashions: The diffusion and rejection of innovations. *Academy of Management Review, 16*, 586–612.

Baltzer, B. (2013). *Einsatz und Erfolg von Controlling-Instrumenten*. Wiesbaden: Springer-Gabler.

Baltzer, B., & Zirkler, B. (2007). *Time-driven activity-based costing*. Saarbrücken: VDM.

Becker, A. (2004). Jenseits des Kerns des controlling: Management accounting as social and institutional practice. *Zeitschrift für Controlling & Management, 48*, 95–107.

Becker, W., & Ulrich, P. (2009). Spezifika des Controllings im Mittelstand – Ergebnisse einer Interviewaktion. *Zeitschrift für Controlling & Management, 53*, 308–316.

Becker, W., & Ulrich, P. (2011). *Mittelstandsforschung – Begriffe, Relevanz und Konsequenz*. Stuttgart: Kohlhammer.

Becker, W., Baltzer, B., & Häusser, L. (2011). *Die Lehre im Fach Controlling an deutschen Hochschulen – Ergebnisbericht einer empirischen Studie* (Bamberger Betriebswirtschaftliche Beiträge, Bd. 173). Bamberg: Lehrstuhl Unternehmensführung & Controlling.

Becker, W., Baltzer, B., & Ulrich, P. (2014). *Wertschöpfungsorientiertes Controlling – Konzeption und Umsetzung*. Stuttgart: Kohlhammer.

Biel, A., & Schäffer, U. (2006). Implementierung und Nutzung von Controllinginstrumenten. *Controller Magazin, 31*(4), 369–376.

Binder, C., & Schäffer, U. (2005). Die Entwicklung des Controllings von 1970 bis 2003 im Spiegel von Publikationen in deutschsprachigen Zeitschriften. *Die Betriebswirtschaft, 65*, 603–626.

Blom, H., & Meier, H. (2004). *Interkulturelles management* (2. Aufl.). Herne: Neue Wirtschaftsbriefe.

Brühl, R. (2009). *Controlling – Grundlagen des Erfolgscontrollings* (2. Aufl.). München: Oldenbourg.

Dyckhoff, H., & Ahn, u. H. (2001). Sicherstellung der Effektivität und Effizienz der Führung als Kernfunktion des Controlling. *Kostenrechnungspraxis, 45*, 111–121.

Elšik, W. (2004). Controlling aus neoinstitutionalistischer Perspektive. In E. Scherm & G. Pietsch (Hrsg.), *Controlling – Theorien und Konzeptionen* (S. 801–822). München: Vahlen.

Epstein, M., & Manzoni, J.-F. (1998). Implementing corporate strategy: From tableaux de bord to balanced scorecards. *European Management Journal, 16*, 190–203.

Feldbauer-Durstmüller, B., Wimmer, B., & Duller, C. (2008). Controlling in österreichischen Familienunternehmen – dargestellt am Bundesland Oberösterreich. *Zeitschrift für Planung & Unternehmenssteuerung, 18*, 427–443.

Fischer, T., Möller, K., & Schultze, W. (2012). *Controlling*. Stuttgart: Schäffer-Poeschel.

Friedl, B. (2013). *Controlling* (2. Aufl.). Konstanz: UVK.

Gehrke, I. (2003). Tableau de bord. *Controlling, 15*, 503–504.

Granlund, M., & Lukka, K. (1998). It's a small world of management accounting practices. *Journal of Management Accounting Research, 10*, 153–179.

Hachtel, D., Knauer, T., & Schwering, A. (2016). Status Quo und Implementierung von Controlling-Instrumenten im Mittelstand. *Controlling, 28*, 771–777.

Hess, T., Weber, J., Hirnle, C., Hirsch, B., & Strangfeld, O. (2005). Themenschwerpunkte und Tendenzen in der deutschsprachigen Controllingforschung – Eine empirische Analyse. In J. Weber (Hrsg.), *Internationalisierung des Controllings* (S. 29–47). Wiesbaden: Gabler.

Hirsch, B. (2003). Zur Lehre im Fach Controlling – Eine empirische Bestandsaufnahme an deutschsprachigen Universitäten. In J. Weber & B. Hirsch (Hrsg.), *Zur Zukunft der Controllingforschung* (S. 249–266). Wiesbaden: Gabler.

Hoffjan, A. (2008). Comparative Management Accounting – Vergleich des anglo-amerikanischen Management Accountings und des deutschen Controllings. *Controlling, 20*, 655–661.

Hoffjan, A. (2009). *Internationales controlling*. Stuttgart: Schäffer-Poeschel.

Hoffjan, A., & Weide, G. (2006). Organisation der internationalen Controlling – Im Spannungsfeld zwischen Standardisierung und Differenzierung. *Die Unternehmung, 60*, 389–406.

Hoffjan, A., Nevries, P., & Wömpener, A. (2005). Andere Länder – andere Sitten: Kulturelle Einflüsse auf das internationale Controlling. *Zeitschrift für Controlling & Management, 49*, 290–295.

Homburg, C., Weber, J., Aust, R., & Karlshaus, J. T. (1998). Interne Kundenorientierung der Kostenrechnung – Ergebnisse der Koblenzer Studie. In *Advanced controlling* (Bd. 17). Vallendar: Wissenschaftliche Hochschule für Unternehmensführung.

Horváth, P. (1993). Controllinginstrumente. In W. Wittmann (Hrsg.), *Handwörterbuch der Betriebswirtschaft* (5. Aufl., S. 669–680). Stuttgart: Schäffer-Poeschel.

Horváth, P. (2019). Welche Instrumente braucht ein Controller heute? – Der Versuch einer Inventur. *Controlling, 31*, 4–9.

Hundt, I., & Schulze, S. (2011). Controlling-Instrumente im Krankenhaus. *Controller Magazin, 36*(9/10), 36–41.

Jonen, A., & Lingnau, V. (2007). *Das real existierende Phänomen Controlling und seine Instrumente – Eine kognitionsorientierte Analyse* (Beiträge zur Controlling-Forschung, Bd. 13). Kaiserslautern: Lehrstuhl für Unternehmensrechnung und Controlling.

Kaplan, R., & Norton, D. (1997). *Balanced scorecard*. Stuttgart: Schäffer-Poeschel.

Karnowsky, L. (2019). Die Rolle von Beratern bei der Verbreitung neuer Controlling-Instrumente – Contra: Warum Unternehmen keine Controlling-Beratung brauchen. *Controlling, 31*, 115.

Knauer, T., Nuss, A., & Wömpener, A. (2012). Der instrumentelle Kern des Controllings. *Controller Magazin, 37*(1), 67–72.

Krol, F., & Wömpener, A. (2009). Wertorientiertes Controlling im Mittelstand. *Controller Magazin, 34*(5/6), 17–20.

Krump, F. (2003). Diffusion prozessorientierter Kostenrechnungssysteme in der österreichischen Unternehmenspraxis. *Zeitschrift für Controlling & Management, 47*, 62–67.

Küpper, H.-U., Friedl, G., Hofmann, C., Hofmann, Y., & Pedell, B. (2013). *Controlling – Konzeption, Aufgaben und Instrumente* (6. Aufl.). Stuttgart: Schäffer-Poeschel.

Lachmann, M. (2011). *Der Einsatz von Controllinginstrumenten in Krankenhäusern*. Wiesbaden: Gabler.

Lachnitt, L., & Müller, S. (2012). *Unternehmenscontrolling* (2. Aufl.). Wiesbaden: Gabler.

Lingnau, V., & Koffler, U. (2013). Auswirkungen des Konsistenzpostulats auf die konzeptionelle Controllingforschung – Eine inhaltsanalytische Betrachtung der instrumentellen Perspektive bei Weber und Schäffer. *Controlling, 25*, 394–400.

Littkemann, J. (2006). Konzeption des Controlling. In J. Littkemann (Hrsg.), *Unternehmenscontrolling* (S. 1–128). Herne: NWB.

Messner, M. (2019). Risiken und Nebenwirkungen – Ein Beipackzettel für Controlling-Instrumente. *Controlling, 31*, 116–119.

Nevries, P. (2019). Wie Controller das Potenzial ihres Werkzeugkastens voll ausschöpfen – Der Beitrag von Instrumenten zum Controllerbereichs-Erfolg. *Controlling, 31*, 10–15.

Parvis-Trevisany, N., & Schäffer, U. (2006). Barrieren im Prozeß der Implementierung von Controllinginstrumenten. *Zeitschrift für Controlling und Innovationsmanagement, 1*, 69–78.

Pausenberger, E. (1996). Controlling internationaler Unternehmungen. In J. Engelhardt (Hrsg.), *Strategische Führung internationaler Unternehmen: Paradoxien, Strategien und Erfahrungen* (S. 179–198). Wiesbaden: Gabler.

Pausenberger, E., & Roth, A. (1997). Störfaktoren im internationalen Controlling. *Zeitschrift für Betriebswirtschaftliche Forschung, 49*, 580–596.

Pritsch, G. (2000). *Realoptionen als Controlling-Instrument*. Wiesbaden: Deutscher Universitätsverlag.

Schäffer, U., & Steiners, D. (2005). ZP-Stichwort: Controllinginstrumente. *Zeitschrift für Planung und Unternehmenssteuerung, 16*, 115–120.

Schäffer, U., & Steiners, D. (2004). Zur Nutzung von Controllinginformationen. *Zeitschrift für Planung & Unternehmenssteuerung, 15*, 377–404.

Vanini, U. (2013). Controlling-Lehre an deutschen Fachhochschulen. *Controlling & Management Review*. Sonderh, *1*, 28–35.

Walgenbach, P. (2006). Neoinstitutionalistische Ansätze in der Organisationstheorie. In A. Kieser & M. Ebers (Hrsg.), *Organisationstheorien* (S. 353–401). Stuttgart: Kohlhammer.

Wall, F. (2002). Das Instrumentarium zur Koordination als Abgrenzungsmerkmal des Controllings? In J. Weber & B. Hirsch (Hrsg.), *Controlling als akademische Disziplin – Eine Bestandsaufnahme* (S. 67–90). Wiesbaden: Gabler.

Weber, J. (2008). Was macht Controlling erfolgreich? *Controller Magazin, 33*, 4–6.

Weber, J. (2019). Structure follows Strategy – Steering sollte beidem folgen. *Controller Magazin, 44*, 23.

Zühlke, J. P. (2006). *Die Verbreitung von Wissen zu Controlling-Instrumenten*. Wiesbaden: Deutscher Universitätsverlag.

Prozessmanagement im Controllerbereich

Ronald Gleich, Kai Grönke, Holger Schmidt und Gregor Przytulla

Zusammenfassung

Das Konzept eines Prozessorientierten Performance Measurement (PPM) kann als Grundlage genutzt werden, um Prozesse im Controllerbereich kontinuierlich weiterzuentwickeln. Der nachfolgende Beitrag zeigt beispielhaft am Controlling-Hauptprozess „Management Reporting" auf, wie eine Prozessorientierung im Controllerbereich etabliert und die Schritte eines PPM umgesetzt werden können (Gleich, Controlling – Zeitschrift für erfolgsorientierte Unternehmenssteuerung 26(7):364–372 (2014)).

Schlüsselwörter

Controllingprozesse · Prozessmodell · Prozessorientiertes Performance Measurement (PPM) · Management Reporting · Reporting Factory

Der vorliegende Beitrag sowie der Beitrag in der 1. Auflage des Buchs ist eine aktualisierte und erweiterte Version des Beitrags Gleich, R., Grönke, K., Schmidt. H. (2014), Prozesse des Controllerbereichs kontinuierlich weiterentwickeln, in: Controlling 26 (2014) 7, S. 364–372

R. Gleich (✉)
Frankfurt School of Finance & Management, Oestrich-Winkel, Deutschland
E-Mail: r.gleich@frankfurt-school.de

K. Grönke · H. Schmidt · G. Przytulla
Horváth & Partners Management Consultants, Düsseldorf, Deutschland
E-Mail: kgroenke@horvath-partners.com; hschmidt@horvath-partners.com; GPrzytulla@horvath-partners.com

W. Becker, P. Ulrich (Hrsg.), *Handbuch Controlling*,
https://doi.org/10.1007/978-3-658-26431-4_12

1 Grundlagen der Prozessorientierung im Controllerbereich

Die *externen Anforderungen an Controller und den Controllerbereich hinsichtlich Effizienz* haben sich in den letzten Jahren stetig weiterentwickelt. Ein wesentlicher Anstoß dafür kam aus dem externen Rechnungswesen. Aufgaben wurden dort gebündelt bzw. standardisiert und im Rahmen des Outsourcing an externe Dienstleister ausgelagert (Schäffer et al. 2012, S. 12). Auch im Controlling sind derartige Entwicklungen festzustellen, wenn auch in einer noch deutlich niedrigeren Intensität. Traditionelle Tätigkeiten der Datensammlung und -aufbereitung werden bspw. durch integrierte Systeme automatisiert, Controllerkernaufgaben wie die Unterstützung der Planung und der Generierung von Managementberichten sind mittlerweile ebenfalls stärker prozessunterstützt, standardisiert und von immer höherer Qualität. Hier haben IT-Systeme große Fortschritte und Effizienzsteigerungen zumindest mitgeneriert.

Eine Folge dieser Entwicklung ist, dass den Controllern mit den neuen Zeitbudgets durch den Rückgang klassischer Datenmanagementaufgaben zunehmend anspruchsvolle Entscheidungsunterstützungsaktivitäten abverlangt werden. Gleichzeitig stellt sich zunehmend die Frage, wie sich grundsätzlich *Effizienzsteigerungen im Controllerbereich realisieren, messen und steuern* lassen. Dies ist mittlerweile von erheblicher Bedeutung, da der Controllerbereich unter einem ähnlichen Effizienzdruck steht wie alle anderen Gemeinkostenbereiche im Unternehmen.

Da Effizienzsteigerungen nicht abstrakt durchgeführt werden, sondern im Kontext der gesamten Controllerarbeit und deren Wirkung betrachtet werden sollten, wollen wir zunächst ganz grundsätzlich die Maßstäbe für eine erfolgreiche Controllerarbeit aus dem *Controllerleitbild der International Group of Controlling* (*IGC*) ableiten. Dort wird in der aktuellen Version vom Juni 2013 folgendes skizziert (Losbichler und Niedermayr-Kruse 2013, S. 167):

„Controller leisten als Partner des Managements (im früheren IGC-Leitbild als „Business Partner“ bezeichnet) einen wesentlichen Beitrag zum nachhaltigen Erfolg der Organisation.

Controller …

1. gestalten und begleiten den Managementprozess der Zielfindung, Planung und Steuerung, sodass jeder Entscheidungsträger zielorientiert handelt;
2. sorgen für die bewusste Beschäftigung mit der Zukunft und ermöglichen dadurch, Chancen wahrzunehmen und mit Risiken umzugehen;
3. integrieren die Ziele und Pläne aller Beteiligten zu einem abgestimmten Ganzen;
4. entwickeln und pflegen die Controllingsysteme. Sie sichern die Datenqualität und sorgen für entscheidungsrelevante Informationen;
5. sind als betriebswirtschaftliches Gewissen dem Wohl der Organisation als Ganzes verpflichtet.“

Die ‚richtigen Dinge‘ unternimmt der Controller dann, wenn das oben skizzierte allgemeine IGC-Leitbild oder ein unternehmensspezifisches Leitbild in Form von organisatorischen (d. h. strukturellen sowie prozessualen) sowie personellen Lösungen bzw. auch durch die Anwendung leitbildgemäßer Instrumente oder Methoden umgesetzt, d. h. operationalisiert, wird. Die Arbeit mit dem *Controllingsystem* muss ‚richtig getan‘ werden. Vornehmlich Kosten, Zeit, Kundenbezogenheit, Menge und Qualität der Produkte und Prozesse des Controllerbereichs müssen stimmen, d. h. im vorgegebenen Rahmen liegen.

Bei der Leistungs- und Erfolgsdefinition auf Basis des generischen und/oder unternehmensspezifischen Controllerleitbilds sollten die Schwerpunkte sowohl auf Aktivitäten liegen, die zu einem konkreten Output führen, d. h. sowohl auf *Controllingprodukten* (z. B. Berichte) als auch auf dem Transformationsprozess „Input zu Output“ im Rahmen von *Controllingprozessen* (z. B. Berichterstellung). Des Weiteren soll ein Schwerpunkt auf der Auswertung und Kommunikation der Ergebnisse aus den Controllingprozessen, d. h. der Beratung der internen Kunden und Unternehmensführung (z. B. Risiko-Analysen), liegen.

Aktivitäten und Prozesse (Mitwirken, Planen, Beraten, Erstellen, Berechnen, Konzipieren, etc.) führen meist zu Ergebnissen und Outputs (Berichte, Analysen, Expertisen, Konzepte, Systeme, etc.), die in ihrer Ausgestaltung und Qualität von den Leistungsempfängern, d. h. den (unternehmensinternen) Kunden des Controllings, beurteilt werden.

Dies erfordert seitens der Controller und insbesondere seitens der Führungskräfte der Controllerbereiche eine

- eine konsequente Definition der eigenen Prozesse und Produkte,
- die Schaffung von Ansatzpunkten für die Messung und Weiterentwicklung der Produkt- bzw. Prozessperformance (und damit auch der Messung der eigenen Effizienz),
- die Kenntnis der internen Kunden (d. h. der Manager) und deren Wünsche (Horváth 1995) sowie
- das Wissen um die benötigten Kompetenzen der Ressourcen und eine darauf basierende Personalauswahl und -weiterentwicklung (Gleich und Lauber 2013 sowie bei Horváth et al. 2020, S. 434 ff.).

Da im Bereich der Prozesse ein durchaus hohes Potenzial für Effizienzsteigerungen besteht und auf ein breites Spektrum von Verbesserungsmaßn*ahmen zurückgegriffen* werden kann (Schäffer et al. 2012, S. 13), liegt in den nachfolgenden Kapiteln der Schwerpunkt unserer Ausführungen auf der *Definition, Messung und Weiterentwicklung der Prozesse des Controllerbereichs* (Waniczek und Niedermayr-Kruse 2013; Niedermayr-Kruse und Waniczek 2017; Gräf und Isensee 2013).

2 Prozessorientiertes Performance Measurement im Controllerbereich

Eine unterstützende Methodik für ein prozessorientiertes Denken und Handeln im Controllerbereich ist, als spezielle Form des Prozessmanagements, das *Prozessorientierte Performance Measurement* (PPM; vgl. Abb. 1 sowie vertiefende Darstellungen bei Gleich 2011a, S. 100 ff.). Mit diesem Rahmenkonzept lässt sich die

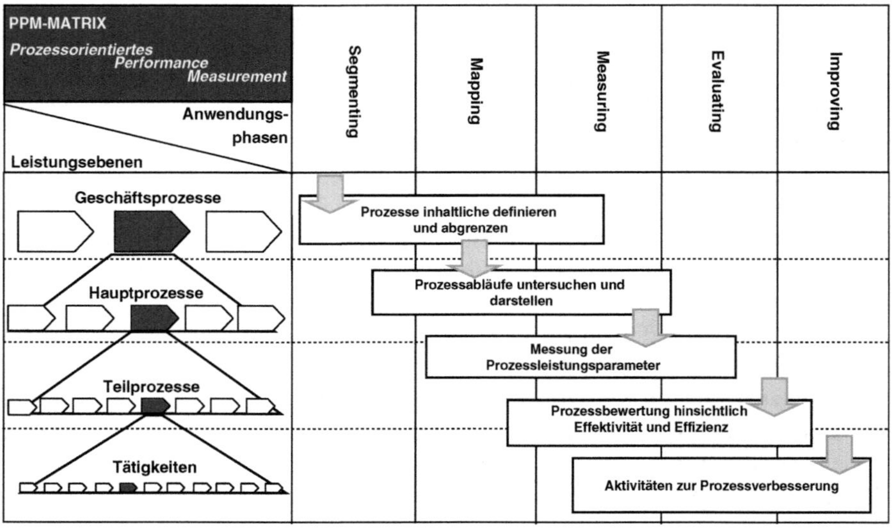

Abb. 1 Überblick über das PPM-Konzept (Gleich und Schimpf 1999 sowie Gleich et al. 2008)

notwendige Kosten- und Leistungstransparenz schaffen, Prozessevaluierungen vornehmen sowie eine (kontinuierliche) Weiterentwicklung der Prozesse anstoßen. Das PPM basiert auf der in Controllerkreisen gut bekannten *Prozesskostenrechnung* (beispielsweise Rieg 2012, S. 53 ff.) und hat potenziell folgenden Leistungsumfang:

Messung der …

- Prozesskosten,
- Produktivität (Prozessinput/Prozessoutput),
- Kapazitätsauslastung,
- Prozessqualität (indirekt) sowie der
- Prozessdurchlaufzeit.

Eine Vielzahl weiterer unterstützender Tools in den einzelnen fünf Phasen des PPM ergänzen die Möglichkeiten der Prozesskostenrechnung. Ein spezieller Fokus liegt instrumentell in diesem Beitrag neben der Prozesskostenrechnung auf dem *Benchmarking* sowie auf *Prozessmodellen*.

Die Leistungsebenen des PPM orientieren sich an der Hierarchie eines Prozessmodells. Grundsätzlich können beliebig viele Hierarchieebenen zur Anwendung kommen. In der praktischen Anwendung haben sich vier Prozessebenen als vorteilhaft erwiesen (Gleich et al. 2008, S. 172 f.):

- Geschäftsprozesse beschreiben auf aggregierter Ebene die wesentlichen und grundlegenden Aufgabenfelder des Unternehmens. Beispielhaft seien hier die Geschäftsprozesse „Produkt entwickeln“, „Teile beschaffen“, „Controlling durchführen“ oder „Aufträge abwickeln“ erwähnt.

- Ein Hauptprozess repräsentiert einen bereichsübergreifenden Prozess als Kette homogener Aktivitäten bzw. Teilprozesse mehrerer Bereiche. Für einen Hauptprozess als ablauforientierte Folge von Teilprozessbündeln kann ein einheitlicher Prozess- bzw. Kostentreiber angegeben werden, d. h. die Ressourceninanspruchnahme bzw. der Prozess-Input lässt sich auf eine Einflussgröße zurückführen. Als Hauptprozesse innerhalb des Geschäftsprozesses „Controlling durchführen" können z. B. die Prozesse „Management Reporting" (vgl. Abb. 3), „Strategische Planung" oder „Forecast" genannt werden.
- Teilprozesse sind eine Kette homogener Tätigkeiten eines Bereiches bzw. einer Kostenstelle und können einem oder mehreren Hauptprozessen zugeordnet werden. Hinter jedem dieser Tätigkeitsbündel steht jeweils ein einzelner Prozess- bzw. Kostentreiber. Teilprozesse innerhalb des Hauptprozesses „Management Reporting" (vgl. Abb. 3) sind z. B. „Set-up des Prozesses vornehmen", „Bericht erstellen (Zahlenteil)" oder „Reportingsystem/Datenprozesse managen"
- Tätigkeiten bzw. Aktivitäten als unterste Leistungsebene repräsentieren einzelne Aufgaben eines Bereiches bzw. einer Kostenstelle und dienen vornehmlich einer besseren inhaltlichen Charakterisierung von Teilprozessen. So setzt sich der Teilprozess „Bericht erstellen (Zahlenteil)" aus fünf Aktivitäten zusammen (vgl. Abb. 4).

Das PPM gliedert sich in fünf Phasen, die nachfolgend kurz skizziert werden (Gleich 2001, S. 43 ff., 2011a, S. 100 ff. sowie S. 210 ff., 2011b, S. 64 ff., 2011c, S. 65 ff.):

In der Phase des ‚*Segmenting*' werden die Prozesse im Controllerbereich inhaltlich definiert und abgegrenzt. Hierbei ist ein Branchen- oder Verbandsprozessmodell sehr hilfreich. So ist, wie oben bereits dargestellt, für die praktische Anwendung die Nutzung des Controlling-Prozessmodells der *IGC* für die Prozessabgrenzung sehr gut geeignet (vgl. auch Niedermayr-Kruse 2011, S. 27 ff. sowie bei Möller und Gackstatter 2017, S. 53 ff.).

Eine aktuelle Studie der IGC (vgl. Thiele et al. 2017, S. 109 ff.) hat ergeben, dass jedes fünfte Unternehmen in Deutschland, Österreich, der Schweiz, Kroatien und Italien das IGC-Prozessmodell kennt und auch in vielen Fällen anwendet (2,55 Anwendungsintensität des Prozessmodell über alle Länder in einer Ordinalskala von 1 [gar keine Anwendung] bis 5 [sehr intensive Anwendung]). Noch höher ausgeprägt ist die Zufriedenheit mit dem IGC-Prozessmodell (3,62 über alle Länder).

Die zweite Phase des PPM, das ‚*Mapping*', umfasst die genaue Untersuchung und Ablaufdarstellung der Prozessabläufe im Controllerbereich und bildet die Basis für die dritte PPM-Phase, das ‚*Measuring*'. Hierbei werden die Prozesskosten- und -leistungsparameter analysiert. Unterstützende Tools sind hierbei z. B. die Prozesskostenrechnung oder Qualitäts- und Kundenzufriedenheitsanalysen.

Die vierte sowie schließlich die fünfte und letzte Phase des PPM beschäftigen sich mit ‚*Evaluating*' (Prozessbewertung hinsichtlich Effektivität und Effizienz) und ‚*Improving*' (Aktivitäten zur Prozessverbesserung initiieren). Hierzu lassen sich beispielsweise sehr gut Benchmarking oder auch Target Costing als unterstützende Instrumente nutzen.

3 „Segmenting" und „Mapping" der Prozesse des Controllerbereichs auf Basis des IGC-Prozessmodells

Die Diskussion, dass sich Controlling nicht in Prozesse „pressen" lässt und damit auch nicht der klassische Ansatz der Prozessverbesserung verwendet werden kann, wird seit einigen Jahren kaum mehr geführt. Vielmehr haben sich standardisierte Prozessmodelle durchgesetzt, die einen Rahmen für Performancemessung, Benchmarkingvergleiche und Prozessoptimierungen liefern. Ein in der Praxis häufig angewendetes Prozessmodell ist das *Controlling-Prozessmodell der IGC* (vgl. Abb. 2). Dieses ist mittlerweile leicht modifiziert in einer 2. Auflage erschienen (vgl. Eiselmayer et al. 2017). Die nachfolgenden Ausarbeitungen beziehen sich auf das erstmals im Jahr 2011 erschiene Modell und dessen Ausprägungen.

Experten aus Wissenschaft und Praxis haben innerhalb der IGC bei der Erarbeitung dieses Prozessmodells mitgewirkt. Speziell in der Beratungspraxis findet dieses Prozessmodell auch als Basis für Benchmarking und Prozessoptimierung Anwendung in der Projektarbeit.

Nachfolgend soll der Aufbau des Prozessmodells näher beschrieben werden. Das Prozessmodell beinhaltet die *Prozessebenen 1 bis 4* in der typischen Gliederung des PPM:

- Geschäftsprozess (Prozessebene 1)
- Hauptprozess (Prozessebene 2)
- Teilprozess (Prozessebene 3)
- Aktivität (Prozessebene 4).

Ausgehend vom Geschäftsprozess „Controlling" – auf dessen Einordnung in die Gesamtheit aller Geschäftsprozesse eines Unternehmens an dieser Stelle verzichtet

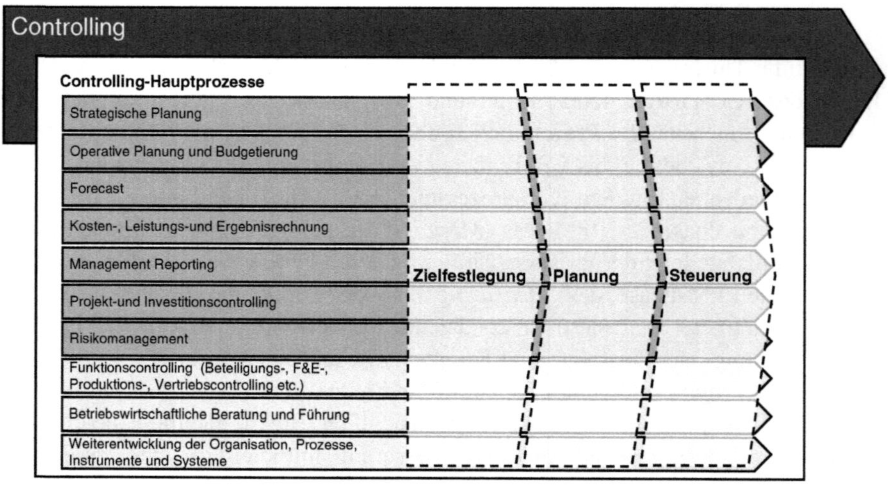

Abb. 2 Controlling-Prozessmodell der IGC (2011, S. 23)

werden soll – sind auf Prozessebene 2 zehn Hauptprozesse definiert, die in Abb. 2 zu sehen sind. Die sieben Hauptprozesse „Strategische Planung" bis „Risikomanagement" bilden die klassischen ablauforientierten Controllingaktivitäten ab. Die drei Hauptprozesse „Funktionscontrolling", „Betriebswirtschaftliche Beratung und Führung" und „Weiterentwicklung der Organisation, Prozesse, Instrumente und Systeme" sind als „Querschnittsprozesse" zu verstehen.

Im „Funktionscontrolling" finden sich größtenteils die ersten sieben ablauforientierten Hauptprozesse funktionsspezifisch wieder. Die „Betriebswirtschaftliche Beratung und Führung" soll u. a. die Ergebnisse der anderen Hauptprozesse in das Unternehmen tragen und die „Weiterentwicklung der Organisation, Prozesse, Instrumente und Systeme" beschäftigt sich u. a. mit der Optimierung aller anderen Hauptprozesse.

Auf der Prozessebene 3 des Controlling-Prozessmodells werden zu jedem Hauptprozess die relevanten Teilprozesse definiert. In Abb. 3 sind die Teilprozesse exemplarisch für den Hauptprozess „Management Reporting" dargestellt.

Neben den zum Hauptprozess gehörenden Teilprozessen sind auch Informationen zum Prozessanfang und zum Prozessende sowie zum benötigten Input und dem erzeugten Output beschrieben.

Auf der Prozessebene 4 des Controlling-Prozessmodells werden je Teilprozess die relevanten Aktivitäten definiert. In Abb. 4 sind die Aktivitäten exemplarisch für zwei Teilprozesse aus dem Hauptprozess „Management Reporting" dargestellt.

Eine ausführliche Darstellung des gesamten Prozessmodells der IGC findet sich in der IGC-Broschüre „Controlling-Prozessmodell" (IGC 2011 *bzw.* Eiselmayer et al. 2017). Der Aufbau eines Prozessmodells für den Controllerbereich kann sich stark am Prozessmodell der IGC ausrichten, hat allerdings in der Regel auch unternehmensindividuelle Züge.

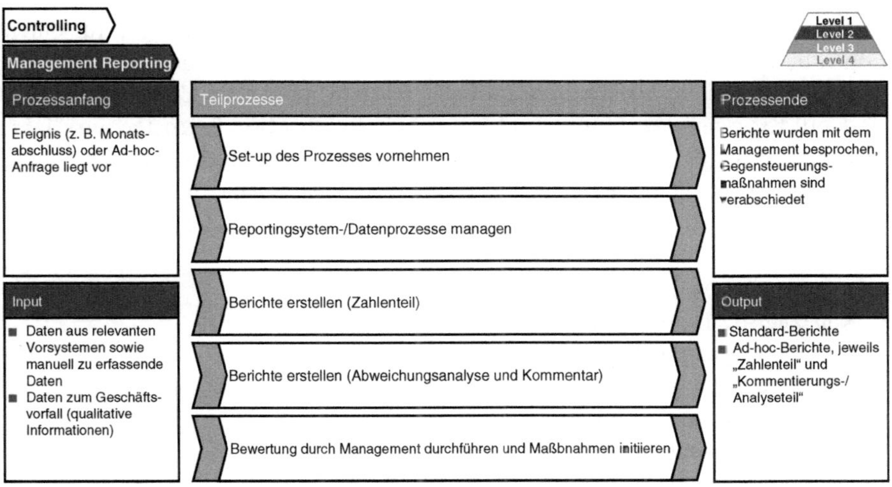

Abb. 3 Teilprozesse zum Hauptprozess „Management Reporting" (IGC 2011, S. 34)

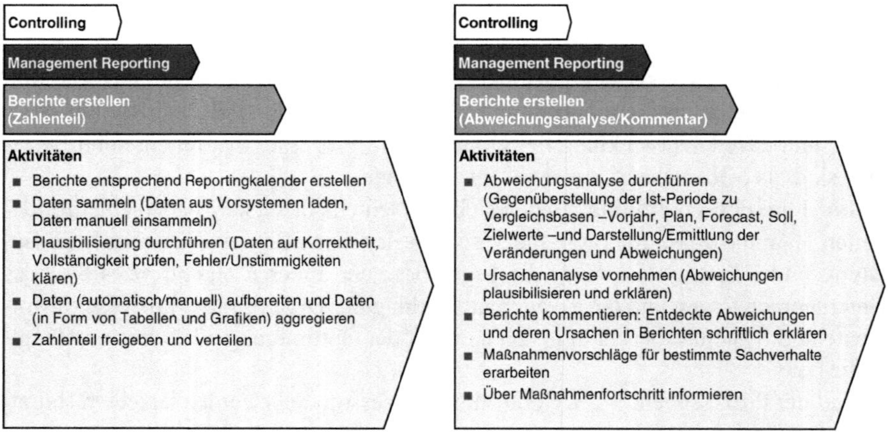

Abb. 4 Aktivitäten zu zwei Teilprozessen aus dem Hauptprozess „Management Reporting" (IGC 2011, S. 53)

4 „Measuring" der Prozesse des Controllerbereichs mit der Prozesskostenrechnung

Auf Grundlage des in den beiden vorhergehenden Phasen des PPM definierten Prozessmodells kann mit dem den Controllern aus dem Gemeinkostenmanagement bekannten Instrument der Prozesskostenrechnung erfolgreich die *Analyse und Bewertung der einzelnen Controlling-Prozesse* erfolgen („Measuring"). Damit lassen sich die Prozesse des Controllerbereichs sehr gut mit ersten effizienzbezogenen Kennzahlen (insbesondere Prozesskosten- und Prozessleistungsparameter) hinterlegen.

Tab. 1 veranschaulicht die Ergebnisse einer Prozesskostenanalyse für einen Controllerbereich in einem mittelständischen Konzern der Produzierenden Industrie mit ca. 2500 Mitarbeitern (Gleich 2011c, S. 67 f.). Im Controllerbereich sind elf Experten beschäftigt und verursachen 1,1 Mio. € Kosten pro Jahr. Identifiziert wurden, u. a. auch durch Zuhilfenahme des IGC-Prozessmodells, acht leistungsmengeninduzierte (lmi) sowie zwei leistungsmengenneutrale (lmn) Teilprozesse. Jeder einzelne Teilprozess wurde anhand folgender Kriterien weiter klassifiziert:

- Kapazitätsbeanspruchung (in Menschjahren)
- Prozessmengen pro Jahr
- Kostentreiber
- Gesamtprozesskosten pro Jahr
- Teilprozesskostensatz lmi
- Prozesskostenumlage lmn
- Teilprozesskosten gesamt (lmi + lmn).

Tab. 1 Beispiel für eine Prozesskostenanalyse im Controllerbereich (Gleich 2011c, S. 68)

Controllerbereich					**Kostenstellen-kosten**	1.100.000	In €	
					Kapazität	11,00	Mitarbeiter	
	Prozesskostenrechnung Teilprozesse/Stand 2010	Kapazitätsbeanspruchung (in Menschjahren)	Prozessmengen pro Jahr	Kostentreiber	Gesamtprozesskosten pro Jahr	Teilprozesskostensatz Imi (leistungsmengeninduziert)	Prozesskosten-Umlage allgemeine Tätigkeiten	Teilprozesskosten gesamt (Imi und Imn)
1	Strategische Planung managen	0,90	4	# strategischer Pläne	90.000,00	22.500,00	2250,00	25.000,00
2	Budgetierung managen	1,10	1	# Budget	110.000,00	110.000,00	11.000,00	121.000,00
3	Beteiligungscontrolling	0,40	3	# Tochterunternehmen	40.000,00	13.333,33	1333,33	14.666,66
4	Reporting managen	3,20	60	# Monatsberichte	320.000,00	5333,33	533,33	5866,66
5	Risikomanagement durchführen	1,60	140	# Risikoberichte	160.000,00	1142,85	114,28	1257,67
6	Forecasting durchführen	1,40	3	# Vorschaurechnungen	140.000,00	46.666,66	4666,66	51.333,32
7	Investitionscontrolling	0,60	26	# Großinvestitionen	60.000,00	2307,69	230,76	2538,48
8	KLR und Vor-/Nachlaufkalkulation	0,80	286	# Kalkulationsläufe	80.000,00	279,72	27,97	307,69
	Summe Imi	**10,00**	**Umlagesatz**		**1.000.000,00**			
9	Mitarbeit in Projekten	0,25	8,88 %		25.000,00			
10	Sonstige Tätigkeiten	0,75	9,47 %		75.000,00			
	Summe Imi und Imn	**11,00**			**1.100.000,00**			

An einem Beispiel sei dies aufgezeigt:

Der Teilprozess „Reporting managen“ bindet 3,2 Menschjahre pro Jahr und wird sechzig Mal jährlich durchgeführt wird (Kostentreiber: monatliche Berichte für fünf Geschäftsbereiche). Ohne Umlagen der leistungsmengenneutralen Prozesse entstehen so jährlich Gesamtprozesskosten in Höhe von 320 T€. Je Monatsbericht müssen demzufolge mehr als 5300 € (Teilprozesskostensatz lmi) veranschlagt werden. Summiert man die leistungsmengenneutralen Umlagen dazu steigen die Kosten auf deutlich über 5800 € (Teilprozesskostensatz lmi + lmn).

Nachfolgend wird am Beispiel des Horváth & Partners CFO-Panel dargestellt, wie insbesondere die Phase vier und fünf des PPM, also die *Prozessbewertung und Prozessverbesserung in einem Controllerbereich*, durch ein *prozessbezogenes Benchmarking* unterstützt werden können.

5 „Evaluating“ und „Improving“ durch Benchmarking am Beispiel des Hauptprozesses „Management Reporting“

Das Management Reporting ist einer der wichtigsten Controlling-Prozesse, weil es die zentrale Grundlage für die Unternehmenssteuerung bildet. Besonders in der heutigen Zeit, in der volatile Märkte, disruptive Geschäftsmodelle oder vollkommen exogene Einflüsse immer neue Anforderungen an die Unternehmensführung stellen, bildet ein schnelles und fokussiertes Management Reporting einen wesentlichen Faktor für den nachhaltigen Unternehmenserfolg.

Um diesem Anspruch gerecht zu werden, kommen dem Management Reporting drei Kernaufgaben zu: Datensammlung, Informationsdarstellung und Entscheidungsvorbereitung. Dabei wertet das Controlling im Rahmen des Management Reporting Prozesses zunächst alle zur Steuerung relevanten Unternehmensdaten aus, führt diese anschließend übersichtlich zusammen und stellt diese fokussiert und managementgerecht dar. Damit einhergehend kommt dem Controlling die wichtigste Rolle in diesem Prozess zu, indem es als Business Partner das Management bei der Entscheidungsfindung berät und anschließend bei der Umsetzung der getroffenen Entscheidungen unterstützt.

Aufgrund der zuvor beschriebenen Bedeutung und des Umfangs dieses Prozesses ist es nicht verwunderlich, dass derzeit im Durchschnitt ca. 20 % (und damit die Mehrheit) der Controlling-Ressourcen im Management Reporting eingesetzt werden (Horváth & Partners CFO-Panel).

Häufig lässt sich in der Praxis jedoch nicht das zuvor beschriebene, idealtypische Bild des Business Partners wiederfinden. Das führt zur Unzufriedenheit in den jeweiligen Controlling Abteilungen. Aktuelle Studien des Horváth & Partners CFO-Panels zeigen, dass ca. 40 % der Finanzverantwortlichen mit Inhalt, Umfang und Prozess im Management Reporting nicht zufrieden sind.

Das Horváth & Partners CFO-Panel ist ein breites Netzwerk von Führungskräften und Fachexperten, welches einem intensiven und branchenübergreifenden Austausch über Best-Practices im CFO-Bereich dient. Dafür bietet das CFO-Panel neben der „Finance-Excellence"-Fachkonferenz, den regelmäßig stattfindenden CFO-Panel Meetings und der jährlich erscheinenden CFO-Studie auch eine umfangreiche Benchmarking-Plattform mit Daten von über 1000 Unternehmen, welche detaillierten Aufschluss über Benchmarks in den Controlling- und Finanzprozesse gibt. Auf Basis der Benchmark ist es möglich, zielgerichtete Analysen im Finanzbereich für Unternehmen zu generieren, welche anschließend als Indikatoren für Verbesserungsinitiativen genutzt werden können.

Doch was machen die 60 % der Finanzbereiche anders, bei denen ein schnelles, fokussiertes und kundenorientiertes Management Reporting vorzufinden ist? Was führt in diesen Finanzbereichen im Vergleich zu denen anderer Unternehmen zu einer höheren Zufriedenheit und Zielerreichung im Reporting? Typischerweise ergeben sich fünf Erklärungsansätze:

Effizienz Ein Blick in die Praxis zeigt, dass derzeit viele Anstrengungen unternommen werden, um das Reporting nachhaltig effizienter aufzustellen. So sehen 93 % der Teilnehmer der Horváth & Partners CFO-Studie 2020 (Grönke 2020) den steigenden Effizienzdruck als einen Haupttreiber der Transformation des Finanzbereichs. Dabei kommt dem Management Reporting eine doppelte Bedeutung zu: Es muss einerseits Ansatzpunkte für Effizienzsteigerungen im Unternehmen bieten und die entsprechenden Effizienzinitiativen analytisch begleiten und gleichzeitig selbst effizient aufgestellt sein. Genau diesen beiden Anforderungen werden zwei Drittel der CFOs gerecht, die Themen wie Smart Dashboards oder Robotic Process Automation als wichtige Maßnahmen weit oben auf ihrer Agenda platzieren. Mit der Umsetzung dieser Maßnahmen werden somit wichtige Schritte in Richtung der effizienten Weiterentwicklung des Management Reportings und damit für mehr Zufriedenheit unternommen.

Effektivität Effektivität im Management Reporting adressiert zwei wesentliche Bereiche: Zum einen bedeutet Effektivität eine Fokussierung auf die, für die Berichtsempfänger steuerungsrelevanten Berichtsinhalte und -informationen. Zum anderen stellt sich die Frage, wer sich um diese Aufgaben effektiv kümmern sollte? In Bezug auf die Berichtsinhalte lässt sich in der Praxis beobachten, dass der Berichtsumfang des Standardberichtswesens stetig an Volumen zulegt. Dies liegt auch an dem Trend zunehmend nicht-finanzielle Kennzahlen in Berichten abzubilden. 70 % der CFO-Studienteilnehmer können diesen Trend für ihren Finanzbereich bereits bestätigen (Grönke 2020). Deshalb sollte mehr denn je die Frage nach dem Steuerungsnutzen der erzeugten Berichte und Kennzahlen in den Vordergrund gestellt werden. Zur Messung des Steuerungsnutzens eignen sich zum Beispiel die Berichtsnutzung und die Zufriedenheit des Berichtsempfängers mit dem Berichtswesen. Laut CFO-Panel werden nur 75 % des Standardberichtswesens aktiv durch die Berichtsempfänger genutzt werden. Im Umkehrschluss bedeutet dies, dass ca. 25 % des Berichtsumfangs nicht effektiv genutzt und somit vergeblich erstellt wird. Neben der Reduzierung von nicht genutzten Berichtsinhalten kann zusätzliche Effektivität durch die Bündelung und Standardisierung von Prozessen zur Berichtserstellung in Shared Service Einheiten erzielt werden (Grönke und Eppinger 2019, S. 80). Die transaktionalen Tätigkeiten dieser Reporting Factories dienen dann ausschließlich der Datengenerierung, -validierung und -aufbereitung (siehe Abschn. 6 Beispiele für „Best-Practice" Reportingprozesse).

Harmonisierung Ein „state-of-the-Art" Management Reporting überzeugt durch einen hohen Harmonisierungsgrad. Dies gilt einerseits für unternehmensweit abgestimmte und vereinheitlichte Berichtsinhalte sowie Berichtsdarstellungen, inkl. einheitlicher Kennzahlendefinitionen und Berechnungsregeln. Andererseits sollte auch die IT-Landschaft soweit wie möglich harmonisiert sein, um eine homogene Datengenerierung zu ermöglichen. Dies spiegelt sich auch in den Meinungen der CFO-Studienteilnehmer wider, von denen 91 % die Schaffung einer homogenen IT-Landschaften als eine der wichtigsten Maßnahmen nennen. Diese Integration wird unteranderem durch die Standardisierung der Finanzprozesse begleitet, welche 90 % der CFOs als wichtigen Schritt bei der Harmonisierung des gesamten Finanzbereichs sehen (Grönke 2020).

Rollenbild Ein vierteiliges Rollenmodell mit den Rollen Governance, Produktion, Data Science und Business Partner bietet gerade im Management Reporting hervorragende Anknüpfungspunkte (Grönke 2017, S. 13). Betrachtet man im Horváth & Partners CFO Panel die Ressourcenallokation des Management Reporting Prozesses, so wird deutlich, dass noch immer über ein Drittel der Zeit auf die Produktionsrolle, welche für die transaktionale Erstellung von Berichten zuständig ist (z. B. Datensammlung, -aufbereitung und -aggregation) entfällt. Dies liegt meistens an heterogenen Datenstrukturen, -quellen und -qualität und der fehlenden Automatisierung. Dabei sollte im Management Reporting eine Verlagerung zugunsten der Business Partner Rolle erfolgen, um durch Berichtsanalysen, Kommentare und die anschließende Vorbereitung von Entscheidungen und Maßnahmen einen klaren Fokus auf die Steigerung der Wertschöpfung zu ermöglichen. Diese Verlagerung wird auch von 95 % der befragten Führungskräfte in der CFO Studie (Grönke 2020) bestätigt, die davon ausgehen, dass sich die Rollen im Finanzbereich in den nächsten Jahren grundlegend verändern werden.

Digitalisierung Digitalisierung ist ein wichtiger Erfolgsfaktor bei der Bewältigung der Herausforderungen in der Unternehmenssteuerung (Grönke und Przytulla 2019, S. 17–19). Insofern zeigt sich auch, dass ein digitalisiertes Management Reporting erheblich die Zufriedenheit mit dem Prozess steigert. Besonders Technologien wie Robotic Process Automation und Advanced Analytics Anwendungen bieten im Reporting zahlreiche Einsatzmöglichkeiten. Ein digitales Management Reporting zeichnet sich dabei vor allem durch die verbesserten Steuerungsmöglichkeiten aufgrund der höheren Datenverfügbarkeit und eine Verschlankung der Routineprozesse aus, welche zusammen den Übergang zu einer proaktiv-prognostizierenden Unternehmenssteuerung ermöglichen, die aktuell 88 % der befragten CFOs anstreben (Grönke 2020).

Die hier verwendeten Kennzahlen bzw. Benchmarks stellen einen ersten Indikator zur Bewertung des Management Reporting Prozesses dar. Diese Bewertung muss in der Praxis anhand weiterer Benchmarks und Analysen detaillierter untersucht werden, um fundiert und zielorientiert Handlungsfelder und Maßnahmen zur Weiterentwicklung des Reporting Prozesses ableiten zu können.

6 Beispiele für „Best-Practice" Reportingprozesse

Um ein effizientes und gleichzeitig steuerungsrelevantes Reporting im Finanzbereich zu implementieren, sind häufig vor allem organisatorische und prozessuale Maßnahmen relevant. Hierbei kann auf organisatorischer Ebene z. B. eine „Reporting Factory" einen Best-Practice Ansatz darstellen, um transaktionale Reportingaufgaben in dieser Service Einheit zu bündeln. Auf der prozessualen Ebene steht vor allem der Einsatz von neuen Technologien, wie Robotic Process Automation und Advanced Analytics im Vordergrund, um Effizienzsteigerungen zu generieren und die Ergebnisqualität erheblich zu verbessern.

Für die effiziente und effektive Verankerung des Reporting Prozesses in der Controlling-Organisation bietet eine Reporting Factory, oft auch Reporting Center of Excellence oder Competence Center Reporting genannt, einen optimalen Lösungsansatz. (Michel und Kirchberg 2008, S. 314 ff.).

Die Reporting Factory selbst basiert auf einer strikten Trennung zwischen den transaktionalen Tätigkeiten und der Beratung des Managements. Hierbei fokussiert sich die Reporting Factory stets auf die Datensammlung, die Berichtserzeugung als auch die Berichtsverteilung zu festgelegten Zeitpunkten. Desweitern unterstützt sie bei der Erstellung von Ad-hoc Berichten und der Weiterentwicklung des existierenden Standardberichtswesens.

Somit ist es möglich einerseits die Berichterstellungskosten durch Prozessoptimierungen zu senken und gleichzeitig das Servicelevel für die Erstellung der Management Reports zu verbessern. Die Reporting Factory fungiert demnach als Serviceorganisation, welche bestmöglich auf die Anforderungen ihrer internen Kunden eingeht. Die anderen Controlling-Einheiten werden erheblich von transaktionalen Tätigkeiten befreit und können somit die Rolle als Business Partner des Managements optimal erfüllen. Service Level Agreements zwischen den Einheiten definieren die geforderten Ergebnisse, sichern die anforderungsgerechte Qualität und erlauben zudem eine mengen-, zeit- und qualitätsabhängige Verrechnung und Kontrolle der Leistung der Reporting Factory.

Der Output der Reporting Factory sollte mit gegebenen Prozesskosten, leistungsmengeninduziert an die internen Abnehmer verrechnet werden. So wird der Effizienzdruck in der Reporting Factory aufrechterhalten und die Kosten werden verursachungsgerecht an den Leistungsempfänger verrechnet. Diese Kosten lassen sich anhand der Prozesskostenanalyse berechnen und mit vorhandenen Marktpreisen oder Benchmarks vergleichen. Die Messung der Leistungs-KPIs und Kosten sind die elementare Basis für eine Verrechnung und den kontinuierlichen Verbesserungsprozess, in dem die Reporting Factory intern ihre Prozesse optimiert und diese extern in KPIs widerspiegelt.

Für den Teil der transaktionalen Berichterstellung im Reporting Prozess bieten technologische Lösungen wie z. B. Software-Roboter (sogenannte Bots) eine zusätzliche Optimierungslösung. Die Bots können dabei sowohl im Reporting Factory Umfeld eingesetzt werden als auch in der bisherigen Controlling Organisation, wenn eine Reporting Factory mangels kritischer Masse nicht in Betracht kommt. Das die Bots bzw. die Robotic Process Automation (kurz RPA) auch bei bereits geringen Volumina erhebliche Effizienz- und Qualitätspotenziale ermöglicht, liegt an dessen schneller Umsetzbarkeit und einfacher Anwendbarkeit.

RPA bzw. die robotergestützte Prozessausführung bedeutet die selbstständige Ausführung, regelbasierter und wiederkehrender Prozessschritte, basierend auf strukturierten Daten und klar programmierbaren Entscheidungsregeln, durch einen programmierten Softwareroboter.

Die Bots arbeiten in den gleichen Reporting-Applikationen und -Systemen wie die menschlichen Kollegen und sind so programmiert, dass sie die Prozessschritte, die zuvor vom Controller ausgeführt wurden, exakt imitieren. Diese minimal-invasive Anwendbarkeit ermöglicht aufwandsarme RPA-Anwendungen im Reporting schnell zu implementieren und somit große Teile der Prozesskette zu automatisieren. Speziell im Reporting mit seinen zahlreichen Schnittstellen und zu meist heterogenen Systemen bietet diese Technologie große Potenziale, die von einfachen Aufgaben wie Datenübertrag und -aufbereitung bis hin zum automatisierten Erstellen eines gesamten Management Reports reicht.

Im RPA Best-Practice Anwendungsfall werden die Daten systemübergreifend aus verschiedenen Applikationen bzw. Dateiformaten (z. B. E-Mails, Tabellenprogrammen und ERP-Systemen) durch den Roboter extrahiert und anschließend verarbeitet (vgl. Abb. 5). Diese repetitive Abfolge der Tätigkeiten zur Berichterstellung, z. B. vom Öffnen der E-Mail, über das Auslesen der im Anhang befindlichen Daten bis hin zur Aufbereitung zusätzlicher Daten, die z. B. aus ERP-Systemen stammen, wird vollständig von einem Bot übernommen. Zusätzlich übernimmt der Roboter im weiteren Prozessablauf das Konsolidieren der Daten in standardisierte Vorlagen und deren automatisierte Aufbereitung bzw. Darstellung (z. B. die Datenvisualisierung durch eine automatisierte Grafikerstellung). Zusätzlich kann der Bot auch Abweichungsanalysen durchführen und eine Standardkommentierung anhand zuvor definierter Regeln erstellen, falls eine Vorläuferversion desselben Reports existiert.

In diesem Best-Practice Beispiel mit einem sehr hohen Automatisierungsgrad übernimmt der Controller als lediglich die finale Qualitätssicherung und Überarbei-

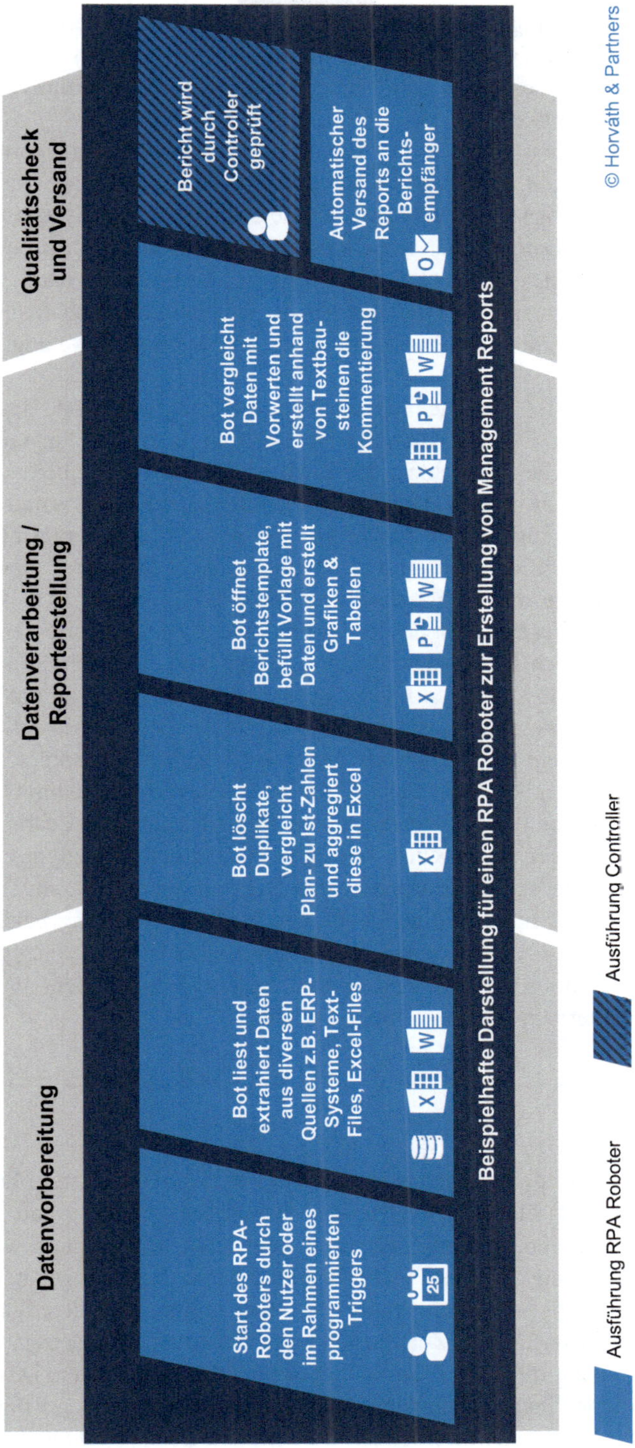

Abb. 5 Einsatz von RPA Robotern zur Erstellung von Management Reports

tung der Kommentierung, bevor der Bericht ebenfalls automatisiert an seine Empfänger versendet wird. Damit bleibt dem Controller im Anschluss an den Versand deutlich mehr Zeit für seine Business Partner Aufgaben und den damit verbundenen wertschöpfenden Tätigkeiten.

Eine weitere Technologie, die das Reporting grundlegend verändern wird, ist Predictive Analytics auf der Basis von quantifizierten Business- und Treibermodellen. Unter Predictive Analytics versteht man die ausführliche Analyse strukturierter und unstrukturierter Datenquellen mit Hilfe von mathematisch-statistischen Modellen und Algorithmen. Das Ziel ist hierbei die Mustererkennung und damit verbunden die Prognosefähigkeit erheblich zu verbessern, um dadurch noch tiefer gehende Erkenntnisse für die Unternehmenssteuerung zu generieren (Grönke und Ahr 2017, S. 136).

Im Rahmen eines Best Practice Management Reporting stützt sich das Berichtswesen auch auf den Einsatz von Predictive Analytics Anwendungen. Dies ist wichtig, um die in den Berichten dargestellten Forecasts, Treibermodelle und Szenario-Simulation in ihrer Genauigkeit wesentlich zu verbessern und damit die Aussagekraft der Berichte weiter zu steigern. So zeigen Anwendungsfälle aus der Praxis, dass sich durch den Einsatz von Predictive Analytics die Prognosegenauigkeit im Vergleich zu menschlich erstellten Vorhersagen um bis 50 % verbessern lässt. Das liegt im Wesentlichen an der rein rationalen Rechenweise der Algorithmen, die ausschließlich fakten-/datenbasiert arbeiten und sich nicht von unternehmenspolitischen Einflüssen leiten lassen. Zusätzlich zu der deutlich erhöhten Prognosegenauigkeit, erlaubt der Einsatz von Predictive Analytics die Erstellungsdauer von Analysen und den entsprechenden Berichten drastisch zu verkürzen. Zeigten sich in der Vergangenheit bei manuell erstellten Prognosen, bedingt durch die Aggregation der Daten und die anschließende Trendabschätzung, Bearbeitungszeiten von mehreren Tagen bis Wochen, so erfolgt mit Predictive Analytics eine automatisierte Vorhersage und ein entsprechendes Reporting binnen weniger Minuten. Sowohl die erhöhte Genauigkeit als auch die schnellere Erstellung befähigen den Controller somit innerhalb kürzester Zeit auf neue Situationen einzugehen, die relevanten Informationen an das Management zu liefern und diesem anschließend als Business Partner beratend zur Seite zu stehen.

7 Fazit

Die Best-Practice Beispiele zeigen, wie ein fokussiertes und effizientes Management Reporting in Zukunft für eine zielgenaue Unternehmenssteuerung und den damit verbundenen Unternehmenserfolg aufgestellt sein muss. Daher ist es wichtig das Management Reporting auf Basis von Benchmarks und daraus abgeleiteten Handlungsfeldern nachhaltig weiter zu entwickeln. Dabei sind insbesondere Standardisierungs-, Harmonisierungs- und Zentralisierungsmaßnahmen umzusetzen, die einen wichtigen Beitrag zur effizienten Gestaltung des Controllings leisten. Des Weiteren ist der Einsatz neuer Technologien unabdingbar, um die zukünftigen Effizienzziele, die an das Controlling gestellt werden zu erreichen und gleichzeitig die Stärkung des

Controllers als Business Partners zu ermöglichen. Dann wird das Controlling auch zukünftig in der Lage sein das Management effizient mit den bestmöglichen Informationen zu versorgen und damit einen entscheidenden Beitrag zur Unternehmenswertsteigerung zu leisten.

Literatur

Eiselmayer, K., Gackstatter, T., Gleich, R., et al. (2017). *Controlling-Prozessmodell 2.0 – Ein Leitfaden für die Beschreibung und Gestaltung von Controlling-Prozessen.* Freiburg: Haufe-Lexware.

Gleich, R. (2001). Leistungsmessung und -steigerung im Controlling. *ControllerNews – Zeitschrift für Controlling und Unternehmenssteuerung, 6*(2), 43–45.

Gleich, R. (2011a). *Performance Measurement – Konzepte, Fallstudien und Grundschema für die Praxis* (2. Aufl.). München: Vahlen.

Gleich, R. (2011b). Controlling des Controllerbereichs. *CFOaktuell, 5*(2), 64–66.

Gleich, R. (2011c). Controlling des Controller-Bereichs – Effizienz- und Effektivitätssteigerung im Controlling. In R. Gleich, S. Gänßlen & H. Losbichler (Hrsg.), *Challenge Controlling 2015* (S. 61–74). München: Haufe-Lexware.

Gleich, R. (2014). Prozesse des Controllerbereichs kontinuierlich weiterentwickeln – Konzeptionelle Überlegungen und Praxislösungen am Beispiel des Hauptprozesses „Management Reporting". *Controlling – Zeitschrift für erfolgsorientierte Unternehmenssteuerung, 26*(7), 364–372.

Gleich, R., & Lauber, A. (2013). Ein aktuelles Kompetenzmodell für Controller. *Controlling, 25*(10), 512–514.

Gleich, R., & Schimpf, T. (1999). Prozessorientiertes Performance Measurement – Ein Konzept der dauerhaften Leistungssteigerung. *Zeitschrift für wirtschaftlichen Fabrikbetrieb (ZWF), 94*(7–8), 414–419.

Gleich, R., Lindner, F., & Temmel, P. (2008). Konzept und Anwendungserfahrungen des prozessorientierten Performance Measurement. In R. Gleich & R. Sauter (Hrsg.), *Operational excellence* (S. 169–190). Freiburg: Haufe.

Gräf, J., & Isensee, J. (2013). Mit prozessorientiertem Performance Management zur Controlling Excellence. In R. Gleich (Hrsg.), *Controllingprozesse optimieren* (S. 75–93). Freiburg: Haufe-Lexware.

Grönke, K. (2017). Das Steuerungsproblem und seine Lösung durch Controlling. In P. Horváth, R. Gleich & M. Seiter (Hrsg.), *Controlling – 10 Fallstudien aus der Unternehmenspraxis* (S. 12–15). München: Vahlen.

Grönke, K. (2020). *Quelle wird nachgereicht. CFO Studie 2020 – Die digitale Zukunft des Finanzbereichs.* Düsseldorf: Apple Book Store.

Grönke, K., & Ahr, H. (2017). Reegineering des CFO-Bereichs – Automatisierung der Prozesse, neue Organisationsformen und veränderte Rollen. In M. Kieninger (Hrsg.), *Digitalisierung der Unternehmenssteuerung* (S. 124–138). Stuttgart: Schäffer-Poeschel.

Grönke, K., & Eppinger, C. (2019). Auswirkungen der Digitalisierung auf Prozesse und Rollenmodelle im Rechnungswesen. In A. Klein (Hrsg.), *Servization als Wettbewerbsfaktor* (S. 77–92). Stuttgart: Haufe-Lexware.

Grönke, K., & Przytulla, G. (2019). Digitalisierung – der nächste revolutionäre Megatrend. In C. Fink & O. Kunath (Hrsg.), *Digitale Transformation im Finanz- und Rechnungswesen* (S. 17–24). Stuttgart: Schäffer-Pöschel.

Horváth, P. (1995). Thesen zur Neuorientierung des Controlling. In P. Horváth (Hrsg.), *Controllingprozesse optimieren* (S. 1–4). Stuttgart: Schäffer-Poeschel.

Horváth, P., Gleich, R., & Seiter, M. (2020). *Controlling 14.* München: Vahlen.

International Group of Controlling (IGC). (Hrsg.). (2011). *Controlling-Prozessmodell – Ein Leitfaden für die Beschreibung und Gestaltung von Controlling-Prozessen*. Freiburg: Haufe-Lexware.

Losbichler, H., & Niedermayr-Kruse, R. (2013). Das neue Controller-Leitbild der International Group of Controlling. *CFOaktuell, 7*(5), 167–168.

Michel, U., & Kirchberg, A. (2008). Reporting Factory – Gestaltung, Aufbau und Einordnung in den Finanzbereich. In R. Gleich, P. Horváth & U. Michel (Hrsg.), *Management reporting* (S. 311–332). Freiburg: Haufe.

Möller, K., & Gackstatter, T. (2017). Controllingorganisation: Nutzen und Perspektiven standardisierter Prozessmodelle. In R. Gleich, H. Losbichler, K. Möller & M. Tschandl (Hrsg.), *Standards im controlling* (S. 53–67). Freiburg: Haufe.

Niedermayr-Kruse, R. (2011). Der neue Standard für Controllingprozesse. *CFOaktuell, 5*(2), 27–30.

Niedermayr-Kruse, R., & Waniczek, M. (2017). Leistungssteigerung in Controlling-Prozessen durch Performance Measurement. In R. Gleich, H. Losbichler, K. Möller & M. Tschandl (Hrsg.), *Standards im Controlling* (S. 69–86). Freiburg: Haufe.

Rieg, R. (2012). Prozesskostenrechnung: Chancen und Risiken im Gemeinkostenmanagement. In R. Gleich & F. Marfleet (Hrsg.), *Effektives Gemeinkostenmanagement* (S. 53–68). Freiburg: Haufe-Lexware.

Schäffer, U., Weber, J., & Strauß, E. (2012). Controlling und Effizienz – Auch ein Controller muss sich rechnen! *Zeitschrift für Controlling & Management (ZfCM), 56*(Sonderheft 3), 12–16.

Thiele, P., Gackstatter, T., Schulze, M., Gleich, R., Tschandl, M., & Möller, K. (2017). Controlling-Standards in der Unternehmenspraxis – Studienergebnisse zur internationalen Verbreitung. In R. Gleich, H. Losbichler, K. Möller & M. Tschandl (Hrsg.), *Standards im Controlling* (S. 103–117). Freiburg: Haufe.

Waniczek, M., & Niedermayr-Kruse, R. (2013). Leistungssteigerung in Controllingprozessen durch Performance Measurement. In G. Ronald (Hrsg.), *Controllingprozesse optimieren* (S. 95–114). Freiburg: Haufe-Lexware.

Koordinationskonzeption des Controllings in der Praxis

Péter Horváth und Ute David

Zusammenfassung

Das Controlling ist ein wesentlicher Bestandteil der Unternehmensführung. Entsprechend der koordinationsorientierten Konzeption übernimmt der Controller die ergebniszielorientierte Koordination innerhalb des Führungssystems. Dies betrifft insbesondere die Strategiekoordination, die operative Planung und die Informationsversorgung. Der Beitrag erläutert die Koordinationsfunktion des Controllers in Hinblick auf die Strategiegenerierung und -umsetzung, die Umsetzung der operativen Planung in Budgets sowie das Rechnungswesen und Reporting.

Schlüsselwörter

Controller · Controlling · Koordinationsfunktion · Strategie · Planung · Information

1 Die Koordinationskonzeption des Controllings

Die Steuerung (= Controlling) einer Organisation ist ein komplexer arbeitsteiliger Prozess. Der Controllingprozess besteht aus der Koordination der Strategie, der Planung und der Informationsversorgung (Abb. 1). Die Bestandteile des Prozesses ergeben einen Kreislauf und interagieren. In dem Kreislauf wird die Strategie entwickelt und umgesetzt. Für die Planung und Kontrolle (PK) werden operative Pläne und Budgets sowie Zielvereinbarungen, Leistungsbewertungen und Incentives festgelegt. Die Informationsversorgung (IV) schließt das Rechnungswesen und das Reporting ein. Schließlich wird die Strategie angepasst und weiterentwickelt.

P. Horváth (✉) · U. David
IPRI gGmbH, Stuttgart, Deutschland
E-Mail: phorvath@ipri-institute.com; usembritzki@ipri-institute.com

W. Becker, P. Ulrich (Hrsg.), *Handbuch Controlling*,
https://doi.org/10.1007/978-3-658-26431-4_13

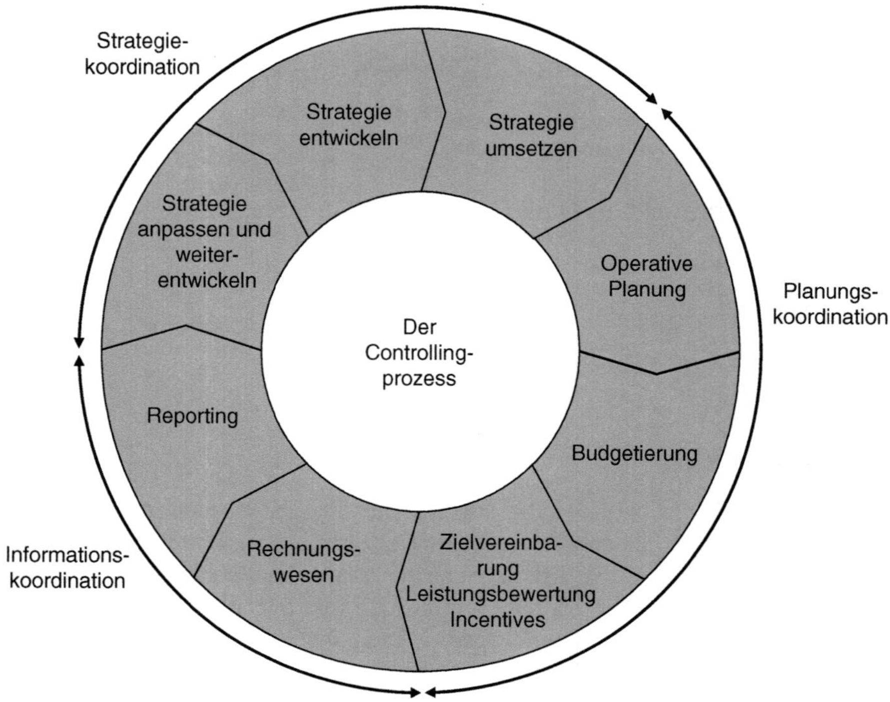

Abb. 1 Controllingprozess. (Quelle: Eigene Darstellung)

Die Zeitschiene der Praxis verdeutlicht die Komplexität und Notwendigkeit der Koordination. Der beispielhafte Controlling-Kalender in Abb. 2 zeigt die Aufgaben der unterschiedlichen Bereiche im Jahresverlauf. Das (Controlling-Prozess-)Management kümmert sich laufend um die Messung, Kontrolle und Steuerung von Projekten und Maßnahmen. Planung & Forecasting findet in einem stufenweisen Prozess während des gesamten Jahres statt. Das Reporting orientiert sich im Zeitverlauf an Monatsabschlüssen, Quartalsabschlüssen und dem Jahresabschluss. Aufsichtsrat und Boards markieren weitere Termine im Jahresverlauf.

Die Unternehmenssteuerung wird durch das Zusammenwirken zweier Akteure realisiert. Wie in Abb. 3 dargestellt, ist der Controller verantwortlich für die Koordination und Informationsversorgung. Dadurch unterstützt er die Entscheidungsfindung und stellt die Transparenz sicher.

Dem Controller als „Business Partner" des Managements obliegt die Aufgabe, den Steuerungsprozess zu strukturieren (= systembildende Koordination) und in Gang zu halten (= systemkoppelnde Koordination) (Tuominen 1969, S. 208 ff.; Uphus 1972, S. 41).

Im vorliegenden Beitrag wird die Koordinationsfunktion des Controllers in der Unternehmenspraxis erläutert. Dafür werden in Abschn. 2 Die wesentlichen Koordinationsdimensionen in der Praxis aufgezeigt. Anschließend werden die Koordina-

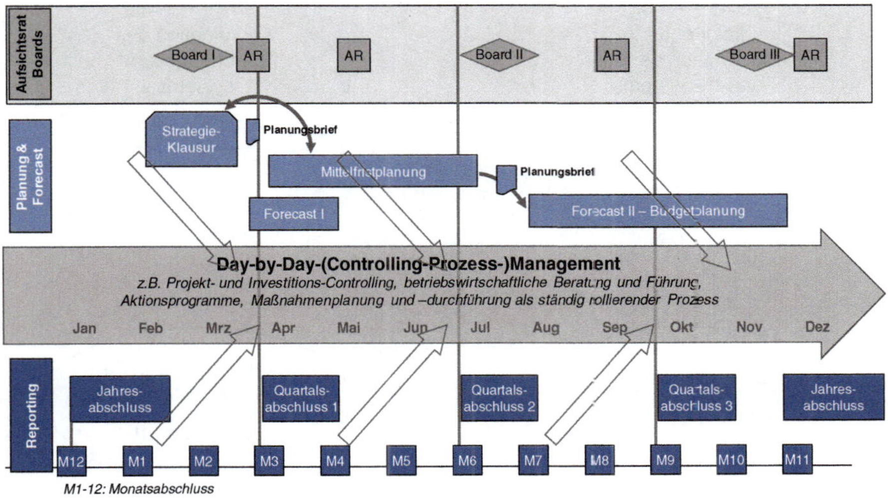

Abb. 2 Beispiel für einen Controlling-Jahreskalender. (Quelle: Eigene Darstellung in Anlehnung an IGC (Hrsg.) 2011, S. 50)

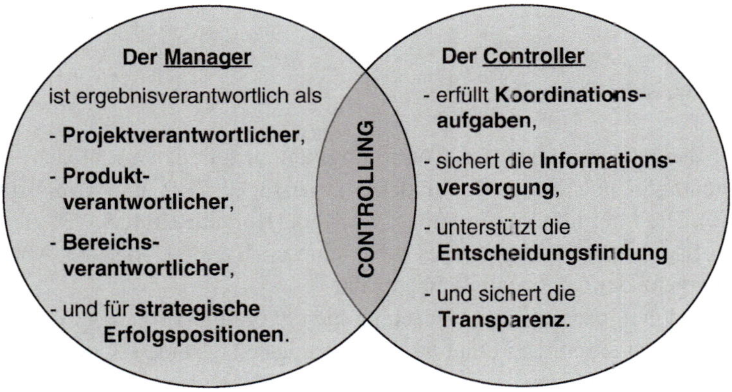

Abb. 3 Controlling als Schnittmenge zwischen Manager und Controller. (Quelle: Eigene Darstellung. Angelehnt an Controller Verein (Hrsg.) o. J., S. 3)

tion der Strategie (Abschn. 3), der Planung (Abschn. 4) und der Informationsversorgung (Abschn. 5) beschrieben. Abschn. 6 schließt mit einer Zusammenfassung.

2 Die wesentlichen Koordinationsdimensionen in der Praxis

Koordination heißt die zielorientierte Abstimmung aller Aktivitäten in einer Organisation. Sie hat

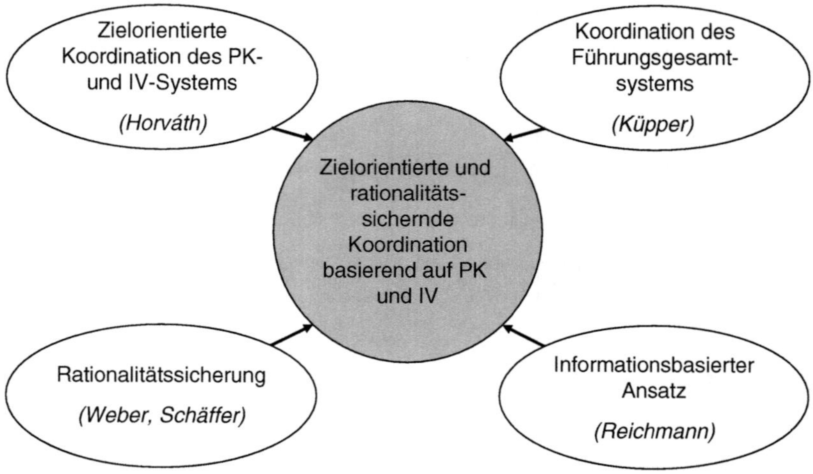

Abb. 4 Konvergenz der Controllingkonzepte. (Quelle: Eigene Darstellung angelehnt an Horváth 2011, S. 134)

- funktionale,
- organisatorische und
- informatorische Dimensionen.

In der theoretisch orientierten Controllingliteratur gibt es verschiedene Controllingkonzepte (Übersichten z. B. Küpper et al. 2013, S. 12 ff. und Troßmann 2013, S. 304 ff.). Das koordinationsorientierte Konzept (Horváth 2011, S. 131 ff.) ist nach heutigem Stand interpretiert, d. h. es subsumiert auch andere Ansätze. Abb. 4 stellt die Konvergenz der Controllingkonzepte dar.

Die koordinationsorientierte Konzeption betont die Funktion des Controllers zur ergebniszielorientierten Koordination der Führungsteilsysteme PK und IV (Horváth 2011, S. 128 f.). Die Koordination dient der Sicherstellung der Koordinationsfähigkeit, Reaktionsfähigkeit und Anpassungsfähigkeit der Unternehmensführung zur Erreichung der Unternehmensziele (Horváth 2011, S. 127).

In der Unternehmenspraxis setzt die Koordinationsaufgabe des Controllers an der prozessorientierten Sicht an (vgl. IGC (Hrsg.) 2011, S. 18 ff.). Wir unterscheiden hier drei wesentliche Prozessabschnitte (vgl. Abb. 1).

- Strategiekoordination,
- Planungskoordination,
- Informationskoordination.

Diese Prozessphasen sind in vielfältiger Weise durch Feedforward und Feedback-Schleifen miteinander verknüpft. Die Controlling-Hauptprozesse sind in Abb. 5 dargestellt.

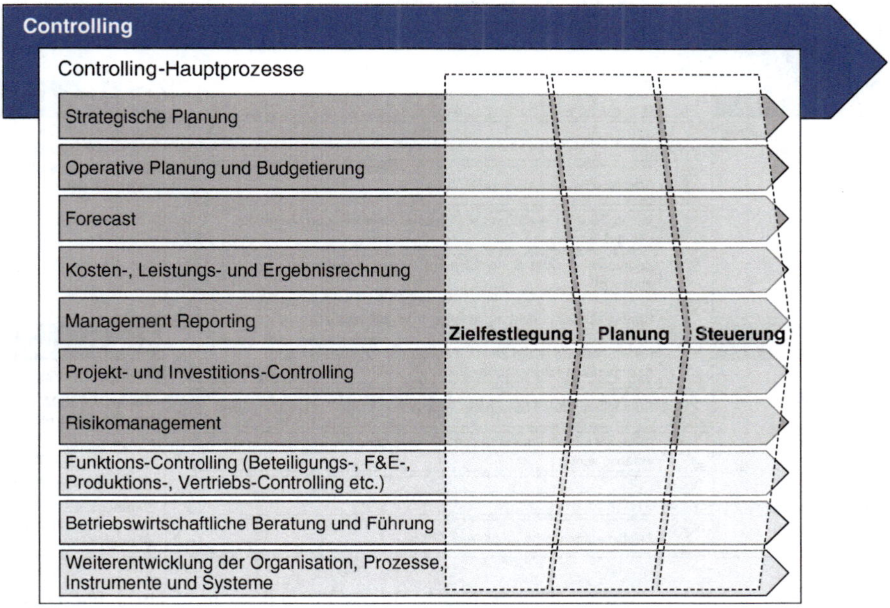

Abb. 5 Controlling-Hauptprozesse. (Quelle: Eigene Darstellung angelehnt an IGC (Hrsg.) 2011, S. 21)

3 Strategiekoordination

Zur Unterstützung der ergebniszielorientierten Unternehmensführung übernimmt der Controller wesentliche Aufgaben der Strategiekoordination. Die Aufgaben im Rahmen der strategischen Planung gliedern sich in die in Abb. 6 dargestellten Teilprozesse. Im Folgenden werden die Koordinationsaufgaben des Controllers im Rahmen der Generierung und Umsetzung der Strategie erläutert.

3.1 Strategiegenerierung

Die Strategiegenerierung beschreibt den Prozess von der Idee zur Strategieformulierung. Grundlage für die Festlegung einer Unternehmensstrategie in der Praxis ist die Analyse der unternehmensinternen Stärken und Schwächen sowie Kompetenzen und Fähigkeiten. Diese werden Chancen und Risiken aus der Unternehmensumwelt gegenübergestellt. Hierfür werden Märkte, Kunden und Branchen analysiert, um die aktuelle Situation, Trends, Potentiale und kritische Erfolgsfaktoren festzustellen (Mussnig 2013, S. 139; Eschenbach und Siller 2009, S. 155 ff.).

Auf Basis dieser Analysen erfolgt die Strategieentwicklung. Dies schließt ein strategisches Leitbild, eine Gesamtunternehmensstrategie und Strategien für Geschäftsbereiche und Funktionsbereiche ein (Eschenbach und Siller 2009, S. 155 ff.).

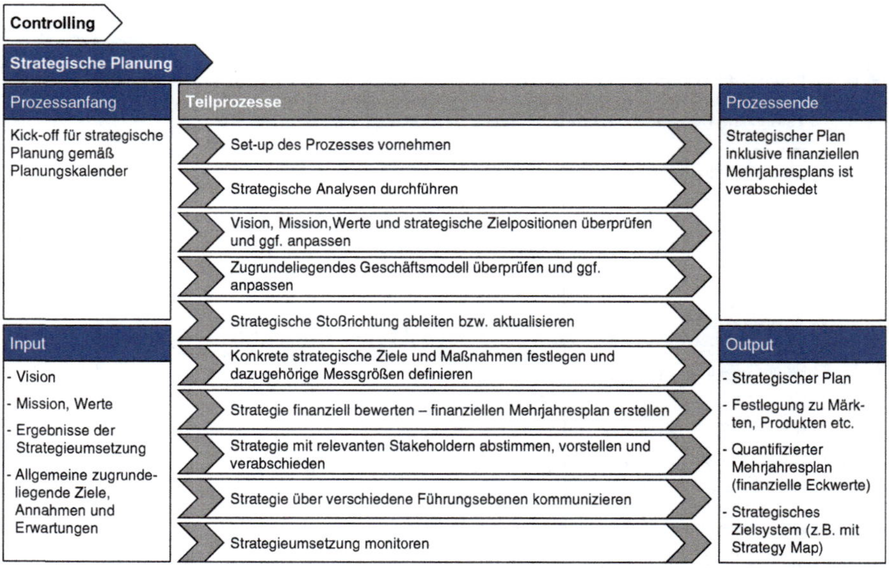

Abb. 6 Prozesse der strategischen Planung. (Quelle: Eigene Darstellung angelehnt an IGC (Hrsg.) 2011, S. 23)

Die Auswahl geeigneter Strategien erfolgt mit Hilfe quantitativer und qualitativer Bewertungsverfahren wie Kosten-/Nutzenanalysen, Wirtschaftlichkeitsrechnungen, Szenarioanalysen und Simulationen (Eschenbach und Siller 2009, S. 155 ff.; Mussnig 2013, S. 139).

3.1.1 Integration verschiedener Perspektiven

In die Strategiegenerierung fließen Perspektiven verschiedener Geschäftsbereiche, Funktionen und Hierarchiestufen ein. Unter der Prämisse, die verschiedenen Sichtweisen innerhalb des Unternehmens zu integrieren, wird die Gesamtunternehmensstrategie entwickelt. Dabei liefern die Geschäftsbereiche Ansatzpunkte für die Auswahl und Bedeutung der wesentlichen internen Stärken und Schwächen sowie externen Chancen und Risiken. Zur Berücksichtigung der spezifischen Potentiale und Gefahren auf z. B. einzelnen Produktmärkten und regionalen Märkten werden auf Basis der Gesamtunternehmensstrategie Geschäftsbereichsstrategien abgeleitet (Mussnig 2013, S. 139).

Die Integration der Perspektiven verschiedener Funktionen und Hierarchiestufen in den Strategiegenerierungsprozess stellt sicher, dass die strategische Ausrichtung von allen Beteiligten im Unternehmen akzeptiert und umgesetzt werden kann. Insbesondere sichert dies die finanzielle und inhaltliche Abstimmung der Strategie. Spezifische Funktionsbereichsstrategien auf Basis der Gesamtunternehmensstrategie machen die strategieorientierte Ausrichtung der Funktionen handhabbar und steuerbar. Probleme in der Konzeption eindeutiger Bereichsstrategien implizieren, dass die Gesamtunternehmensstrategie nicht in allen Aktivitäten der Bereiche umgesetzt werden kann (Mussnig 2013, S. 111 ff.).

3.1.2 Phasen des Strategiegenerierungsprozesses

Auf Grund der Integration einer Vielzahl von Perspektiven entsteht im Rahmen des Strategiegenerierungsprozesses erheblicher Koordinationsbedarf. Abb. 7 stellt einzelne Koordinationsaufgaben im Verlauf der Strategiegenerierung dar. Dem Controller kommen in diesem Prozess systembildende und systemkoppelnde Arbeitsschritte zu (Horváth 2011, S. 228). Die effiziente Zusammenarbeit der Mitarbeiter wird in Teams organisiert, die entsprechend eines festgelegten Vorgehens zu Sitzungen zusammenkommen. Der Controller koordiniert das Team, die Termine und die Zusammenarbeit vor, während und nach Sitzungen. Sind einzelne Regelkreise und Regeltermine geplant, übernimmt der Controller deren Einrichtung, Planung und Koordination (Mann 1989, S. 139 ff.).

In der folgenden Phase ist der Controller verantwortlich für die internen und externen Analysen (Mann 1989, S. 139 ff.). Der Controller koordiniert in dieser Phase bereits die Verbindung zur Mittelfristplanung, um die Umsetzbarkeit der zu generierenden Strategie zu gewährleisten (Hahn und Hungenberg 2001, S. 289 ff.). Der effiziente und gleichmäßige Informationsfluss stellt die ausreichende, aber begrenzte Informationsversorgung der Team-Mitglieder sicher (Mann 1989, S. 139 ff.).

Für die Bewertung und Auswahl von Strategien koordiniert der Controller die Anwendung klar definierter, nachprüfbarer Kriterien sowie den Bewertungs- und Auswahlprozess. Dieser Prozess kann mehrere Feedbackschleifen beinhalten. Der

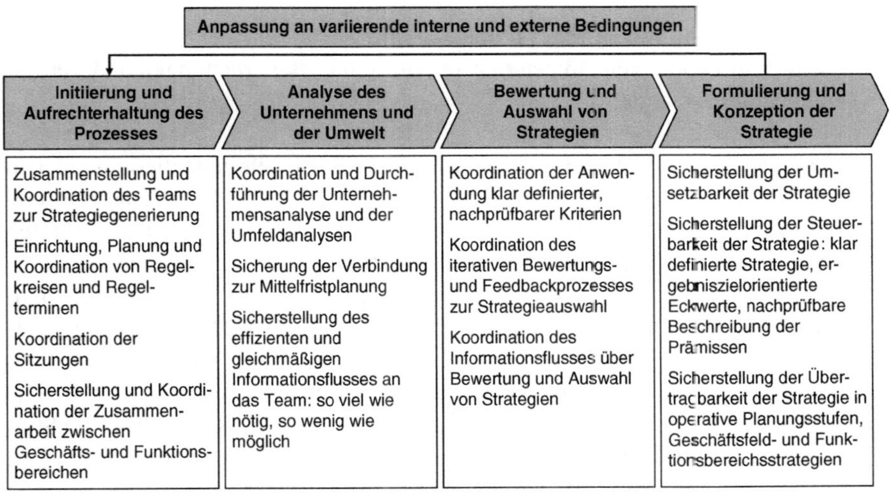

Abb. 7 Koordinationsbedarf im Strategiegenerierungsprozess. (Quelle: Eigene Darstellung)

Controller übernimmt die Verbreitung der Informationen. Zur Sicherstellung der Umsetzbarkeit und Steuerbarkeit der Strategie ist der Controller dafür verantwortlich, dass die Strategie eindeutig formuliert und konzipiert wird. Dies schließt die klare Definition der Strategie mit nachprüfbaren Prämissen und ergebnisorientierten Eckwerten ein. Darüber hinaus wird die Übertragbarkeit der Strategie in die operative Planung sowie in Geschäftsfeldstrategien und Funktionsbereichsstrategien gesichert (Hahn und Hungenberg 2001, S. 289 ff.; Mann 1989, S. 139 ff.).

Schließlich koordiniert der Controller die Anpassungen der Strategie an sich ändernde interne und externe Bedingungen. Der Controller überwacht die festgelegten Prämissen und den Anpassungsbedarf und erhält den Prozess der Strategiegenerierung aufrecht, um frühzeitig auf Änderungsbedarf reagieren zu können (Hahn und Hungenberg 2001, S. 289 ff.; Mann 1989, S. 139 ff.).

3.2 Strategieumsetzung

Zur Sicherstellung der Zielerreichung ist die Strategie im gesamten Unternehmen umzusetzen. Dies stellt zentrale Herausforderungen an den Controller (Horváth 2011, S. 232 f.):

- Verbreitung der und Schaffung von Verständnis für die Strategie im gesamten Unternehmen,
- Sicherstellung der individuellen Anwendung der Strategie auf spezifische Ziele von Abteilungen und Personen,
- Übertragung der inhaltlichen Perspektive der Strategie in den finanziellen Rahmen von Budgets,
- Berücksichtigung strategischer Initiativen und
- Koordination von regelmäßigen und strukturierten Überarbeitungen und Verbesserungen der Strategie.

Ein geeignetes und weit verbreitetes Instrument zur Bewältigung dieser Aufgaben stellt die Balanced Scorecard (BSC) dar (Mussnig 2013, S. 385 ff.; Kaplan und Norton 1996, S. VII). In einer BSC wird die generierte Strategie aus mehreren Perspektiven des Unternehmens betrachtet. Die Perspektiven werden unternehmensindividuell ausgewählt und sind z. B. Finanzen, Kunden, Geschäftsprozesse, Innovationen, Produktion oder Qualität (Kaplan und Norton 1996, S. 9; Horváth 2011, S. 233). Die Strategie wird in spezifische Ziele, Kennzahlen, Vorgaben und Maßnahmen für jede der Perspektiven übertragen (Kaplan und Norton 1996, S. 9 ff.). Die Integration der Perspektiven und Unternehmensbereiche stellt sicher, dass die Strategie und deren Umsetzung von allen Mitarbeitern getragen werden (Horváth und Kaufmann 2006, S. 148). Mit der Einführung von BSCs werden systematische Prozesse zur Durchführung, Überprüfung und Anpassung der Strategie und Organisation geschaffen (Kaplan und Norton 1996, S. 19; Kring 2005, S. 25).

3.2.1 Koordination des Handlungsrahmens zur Umsetzung der Strategie

Die Umsetzung der Strategie mit Hilfe einer BSC erfolgt im Rahmen eines strategischen Handlungsrahmens (Kaplan und Norton 1996, S. 10). Dieser ist in Abb. 8 dargestellt und begründet wesentliche Koordinationsaufgaben des Controllers. Der Controller koordiniert die Formulierung und Umsetzung der Vision und Strategie und unterstützt die Konsensfindung. Zur Verbreitung der Strategie im gesamten Unternehmen koordiniert der Controller die Kommunikation und den Informationsfluss zwischen der Unternehmensführung und den operativen Einheiten. Für die Umsetzung der strategischen Ziele in den Unternehmensaktivitäten koordiniert und unterstützt der Controller die Formulierung individueller Ziele, Leistungskennzahlen und Anreize für Geschäftsbereiche und Funktionen. Die Einzelziele sind auf die Unternehmensstrategie und untereinander abzustimmen (Kaplan und Norton 1996, S. 10).

Die Strategie wird in einzelnen Bereichen im Rahmen von Einzelplänen umgesetzt, die der Controller koordiniert. Dies schließt die Festlegung von Vorgaben, die Ressourcenverteilung und die Festlegung von Meilensteinen ein. Der Controller koordiniert die strategischen Maßnahmen, die an verschiedenen Stellen im Unternehmen durchgeführt werden. Darüber hinaus koordiniert der Controller den Feedback- und Lernprozess im Rahmen der Strategieumsetzung. Dafür bündelt der Controller Rückmeldungen, Verbesserungspotentiale und Anpassungsbedarf in Hin-

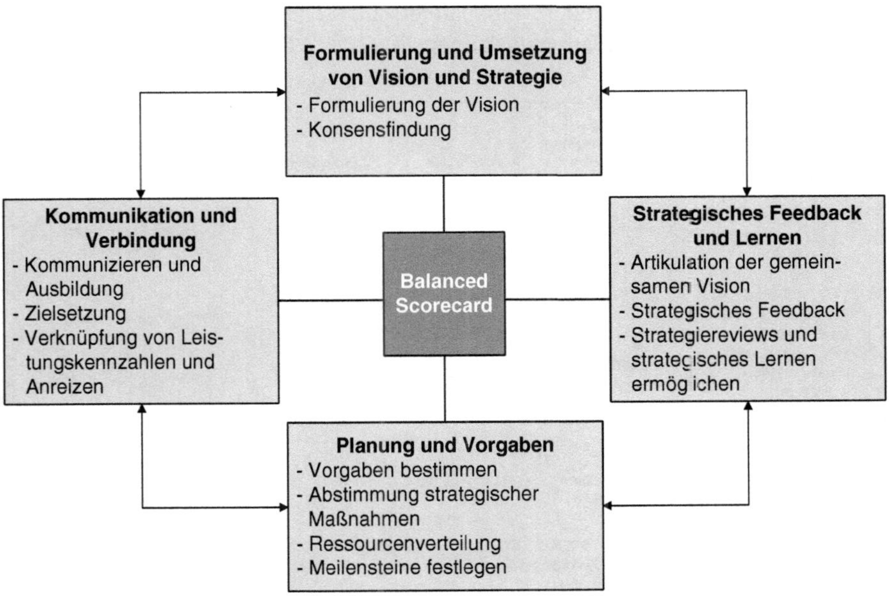

Abb. 8 Balanced Scorecard als strategischer Handlungsrahmen. (Quelle: Eigene Darstellung. Angelehnt an Kaplan und Norton 1996, S. 10)

blick auf die strategische Ausrichtung. Dies ermöglicht einen strategischen Lern- und Verbesserungsprozess zur Erreichung der Unternehmensziele (Kaplan und Norton 1996, S. 10).

3.2.2 Der Strategieprozess in der Unternehmenspraxis

Der aufgezeigte Prozess von der Strategiegenerierung zur Strategieimplementierung wird in der Praxis unternehmensspezifisch umgesetzt. Abb. 9 stellt den Prozess von der Formulierung der Strategie bis zur Festlegung konkreter Aktionen beispielhaft für Firma A dar.

Firma A hat diesen Prozess in mehreren Arbeitstreffen des Führungskreises erarbeitet. Dabei fokussiert dieser Prozess die Kundenperspektive und dient der Umsetzung einer „partnerschaftlichen Zusammenarbeit mit Kunden“. Die Führungskräfte übersetzten diese Strategie in mehrere strategische Ziele. Diese sind gemeinsam wichtig, um die Strategie umzusetzen (Horváth und Partners 2007, S. 68).

Für jedes der strategischen Ziele wurde eine Messgröße ausgewählt, die die Messung des Ziels ermöglicht. Zur Bewertung der Zielerfüllung oder Abweichungen wurden Zielwerte festgelegt. Diese wurden in Diskussionen des Führungskreises festgelegt, um die Zielerreichung eindeutig und frühzeitig bewerten zu können (Horváth und Partners 2007, S. 69).

Schließlich wurden strategische Aktionen festgelegt, die zur Erreichung der Ziele umgesetzt werden sollten. Die Führungskräfte einigten sich darauf, dass zur Sicherung der Zielerreichung weder in zusätzliches Personal noch Informationstechnologie investiert werden müsse. Schulungen der bestehenden Mitarbeiter sollten die Betreuungsqualität sicherstellen, um partnerschaftliche Zusammenarbeit mit den Kunden zu erreichen (Horváth und Partners 2007, S. 69 f.).

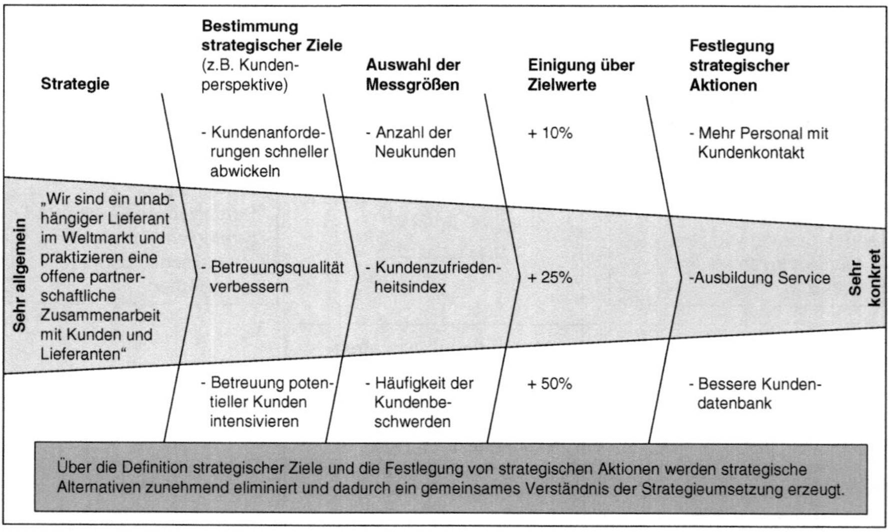

Abb. 9 Überführung der Strategie in konkrete Aktionen. (Quelle: Eigene Darstellung. Angelehnt an Horváth und Partners (Hrsg.) 2007, S. 68)

4 Planungskoordination

Die Übertragung der Strategie in die Unternehmensaktivitäten erfolgt im Rahmen der operativen Planung und Budgetierung. In der operativen Planung wird die Strategie in Sachziele, in der Budgetierung in Formalziele übersetzt. Der Controller übernimmt Koordinationsaufgaben im Planungsprozess und in der Umsetzung der operativen Planung in Budgets. Die Teilprozesse sind in Abb. 10 dargestellt.

4.1 Operative Planung

Im Rahmen der operativen Planung werden die kurzfristige Leistungserstellung und der kurzfristige Leistungsaustausch mit gegebenen Kapazitäten festgelegt (Horváth 2011, S. 163). In diesem Stadium existiert eine Vielzahl an Teilplänen und Kontrollbereichen, die detaillierte Probleme erfassen. Die Pläne enthalten detaillierte Informationen zu Zielen, Kontrollwerten und Maßnahmen (Pfohl 1981, S. 123; Anthony et al. 1972, S. 3 ff.).

Die operative Planung ist Teil des PK-Systems. Im Rahmen des PK-Systems werden Systeme gestaltet und an interne und externe Änderungen angepasst (Bircher 1976, S. 281 ff. und 1989; Kast und Rosenzweig 1985, S. 452). Wesentliche Bedeutung hat in der betrieblichen Praxis die systemkoppelnde Koordination, d. h. die Aufrechterhaltung des PK-Systems u. a. mit einem Fokus auf die Termineinhaltung (Horváth 2011, S. 173).

4.1.1 Koordination im Rahmen des PK-Prozesses

Der systembasierte Planungsprozess besteht aus den in Abb. 11 dargestellten Phasen Systemanalyse, Systemgestaltung und Systemimplementierung (Bircher 1976, S.

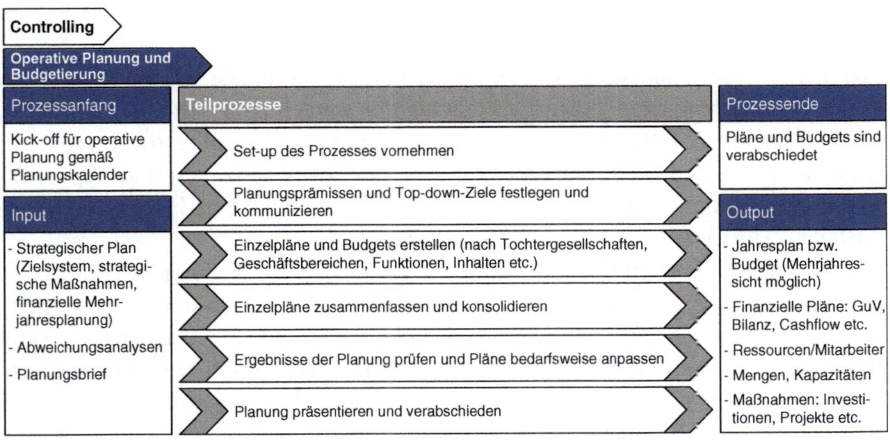

Abb. 10 Prozesse der operativen Planung und Budgetierung. (Quelle: Eigene Darstellung in Anlehnung an IGC (Hrsg.) 2011, S. 26)

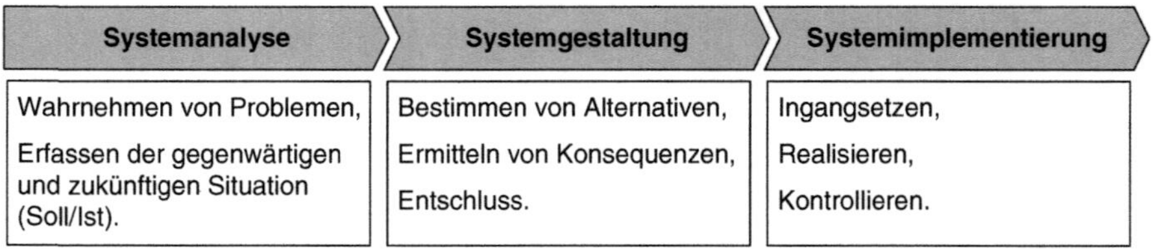

Abb. 11 Phasen des Planungsprozesses. (Quelle: Eigene Darstellung)

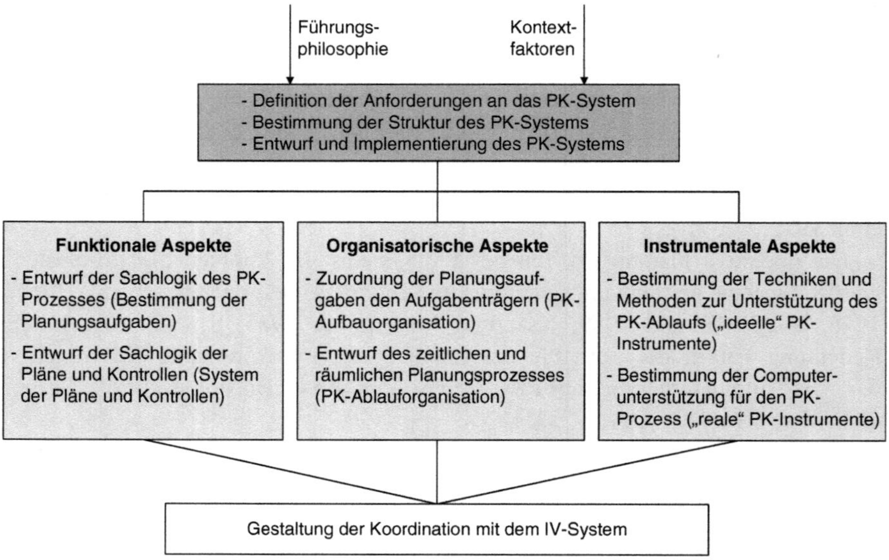

Abb. 12 Koordinationsaufgaben des Controllers im Rahmen des PK-Prozesses. (Quelle: Eigene Darstellung. Angelehnt an Horváth 2011, S. 172)

281 ff.). Hierbei handelt es sich um einen iterativen Prozess, in dem die Phasen voneinander abhängen und mehrfach durchlaufen werden (Horváth 2011, S. 154 f.).

Im Rahmen des Planungsprozesses kommen dem Controller die in Abb. 12 dargestellten Koordinationsaufgaben zu. Der Controller konzipiert und implementiert das übergeordnete PK-System, um die Koordination mit dem IV-System sicherzustellen (Horváth 2011, S. 171 ff.; Mintzberg 1994).

Auf der funktionalen Ebene definiert der Controller die Planungsaktivitäten, die Pläne und deren Interdependenzen. Insbesondere werden in der detaillierten operativen Planung Teilpläne koordiniert, indem sie nach eindeutigen Kriterien erstellt und zu einem Gesamtplan zusammengefasst werden. Die Teilpläne werden mit dem Gesamtplan abgestimmt und untereinander verknüpft, um Interdependenzen zu berücksichtigen (Hürlimann 1972). Ausgangspunkt für die Koordination der Teilpläne ist der Teilplan, der den Engpass der Planung darstellt (Gutenberg 1983, S. 163 ff.). Die Abstimmung der übrigen Teilpläne erfolgt entsprechend des sachlichen Zusammenhangs (Kosiol 1965, S. 394).

4.1.2 Funktionale und institutionale Verankerung der Planung in der Organisation

Zur Verankerung der Planung in der Organisation werden Organe, Prozesse und Abläufe festgelegt (Horváth 2011, S. 171). Dabei sind funktionale und institutionale Aspekte zu berücksichtigen (Horváth 2011, S. 185):

- Welche Aufgaben sollen aufgeteilt werden und wie werden sie miteinander verknüpft?
- Wer übernimmt wo welche Planungsaufgaben (Aufbauorganisation)? Wie ist der zeitliche Ablauf des PK-Prozesses (Ablauforganisation)?

Die Arbeitsteilung innerhalb des PK-Systems ermöglicht die Beherrschung zunehmender Komplexität der PK-Aufgaben. Dabei kann die Aufteilung anhand der Heterogenität der Aufgaben, der Objektbereiche bzw. Organisationseinheiten, der zeitlichen Planungshorizonte oder des Zielbezugs vorgenommen werden (Fürtjes 1989, S. 1464). Inhaltliche Planungsaufgaben und Entscheidungsbereiche werden nicht getrennt (Lorange und Vancil 1976, S. 79).

Aufbauorganisatorisch werden Stellen mit inhaltlichen Planungsaufgaben, mit Planungsmanagementaufgaben und mit gemischten Planungsaufgaben unterschieden. Das Planungsmanagement wird dem Controller zugeordnet. In der Praxis mit zentralen und dezentralen Controllern übernimmt der Zentralcontroller die systembildende Koordination, während die dezentralen Stellen die laufenden Koordinationsaufgaben wahrnehmen (Horváth 2011, S. 188).

Im Rahmen der Ablauforganisation werden Prozesse gestaltet, die

- zeitlich und inhaltlich verzahnt,
- mehrstufig,
- kombiniert retrograd-progressiv durchzuführen und
- rollierend sind.

Diese Prozesse ermöglichen die Gegenüberstellung der Planungen und Zielerreichung und die Festlegung von Zielwerten und Maßnahmen durch iterative Planungsprozesse (Hahn und Hungenberg 2001, S. 777; Perlitz 1989). Strategische und operative Planungen sowie grobe und detaillierte Planungen werden aufeinander abgestimmt (Horváth 2011, S. 194).

Insgesamt gewinnt die Koordination zur Umsetzung der Strategie in der operativen Planung an Bedeutung, wenn Komplexität und Unsicherheit in Unternehmen und Umwelt ansteigen (Hahn 1989, S. 160). Zugleich verändern sich die zentralen Aspekte bei der organisationalen Gestaltung: Je komplexer und dynamischer das Unternehmensumfeld ist und je flexibler und schneller der Planungsprozess sein muss, desto wichtiger wird die Ablauforganisation (Horváth 2011, S. 185; Burmeister und Temmel 2007, S. 99 f.).

4.1.3 Entwurf von Techniken und Instrumenten für die Umsetzung

Für die methodische Umsetzung der Planung entwirft der Controller Techniken und Planungsinstrumente (Horváth 2011, S. 171). Diese werden systembildend entsprechend der Einsatzzwecke und Planungsaufgaben gestaltet. Die systemkoppelnde Koordination besteht darin, den Einsatz der Instrumente zu überwachen und zu begleiten. Der Controller stellt die Standardisierung und einheitliche Anwendung der Instrumente sicher. Darüber hinaus unterstützt er die Umsetzung durch Training, Planungsrichtlinien und -handbücher (Horváth 2011, S. 183 ff.).

4.2 Budgetierung

Die Umsetzung der operativen Planung erfolgt in der Budgetierung. Budgets sind formalzielorientierte Pläne, die Ziele in wertmäßigen Größen festlegen. Diese Pläne werden für bestimmte Zeitperioden und Unternehmenseinheiten vorgegeben (Horváth 2011, S. 202). Sie ermöglichen die Kontrolle der Leistung und Überwachung der Ergebniszielerreichung mit Hilfe formaler Größen (Mintzberg 1994, S. 67 ff.; Horváth 2011, S. 203). Auf der Ebene der operativen Planung sind Budgets äußerst detailliert und bedeutend (Horváth 2011, S. 203).

4.2.1 Koordination an den Schnittstellen zwischen operativer Planung und Budgetierung

Wesentlicher Koordinationsbedarf ergibt sich an den Schnittstellen zwischen sachzielorientierter operativer Planung und formalzielorientierter Budgetierung (Shank et al. 1973; Jung 1985). Ausschlaggebend dabei ist, wie eng die beiden Teilsysteme verbunden sind. In der Praxis zeigen sich sehr enge Verbindungen, wenn sachzielorientierte und formalzielorientierte Planungsaufgaben in einer Position kombiniert werden. Die Budgetierung wird häufig in den Gesamtplanungsprozess integriert und überschneidet sich inhaltlich mit der operativen Planung (Horváth et al. 1985; Posselt 1986; Dambrowski 1986). Dabei können die operativen Planungen die Budgets bestimmen oder die Budgets die Inhalte der Pläne determinieren. In Mischformen werden Sach- und Formalzielplanungen in Gegenstromverfahren iterativ festgelegt (Horváth 2011, S. 206 f.).

In der Praxis übernimmt der Controller meist das Budgetierungsmanagement. Koordinationsaufgaben im Rahmen des Budgetierungsprozesses sind die Abstimmung der Teilbudgets, die Budgetkontrolle mit Soll-Ist-Vergleichen und Abweichungsanalysen. Dies stellt die Einhaltung der vereinbarten Planungen und die Erreichung der Ergebnisziele sicher. Bei wesentlichen Veränderungen der Prämissen werden die Budgets nachträglich angepasst (Horváth 2011, S. 215).

4.2.2 Weiterentwicklung der klassischen Budgetierung zum „Better Budgeting" und „Beyong Budgeting"

Als Reaktion auf die zunehmende Komplexität und Dynamik der Unternehmensumwelt wurde die klassische Budgetierung mit dem „Better Budgeting" und dem „Beyond Budgeting" weiterentwickelt. Das Better Budgeting optimiert den Budgetierungsprozess durch einen funktionalen Schwerpunkt auf die Planungsinhalte und eine Flexibilisierung und Verkürzung der Prozesse. Die damit einhergehenden Änderungen werden in Abb. 13 dargestellt (Horváth 2011, S. 220). In der Praxis

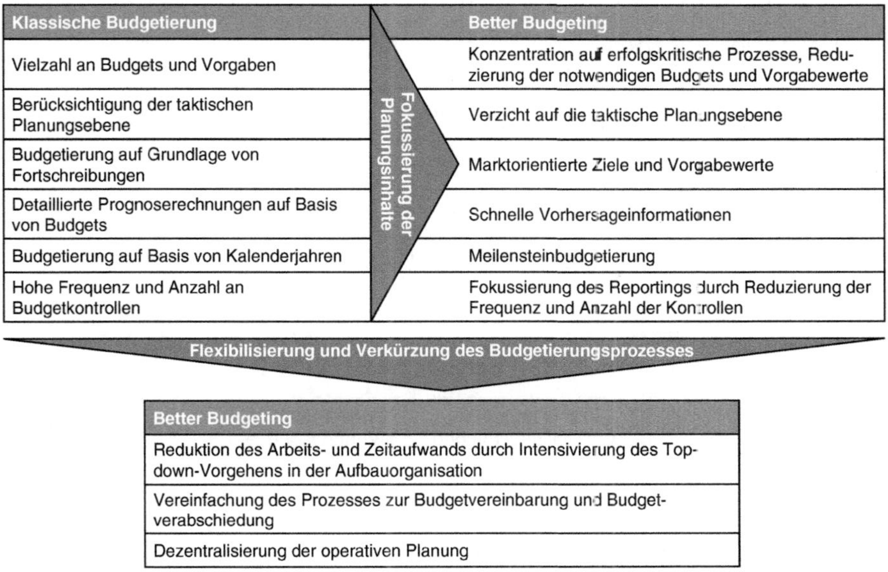

Abb. 13 Weiterentwicklung der klassischen Budgetierung zum Better Budgeting. (Quelle: Eigene Darstellung)

lassen sich Verkürzungen des Budgetierungsprozesses von sechs auf zwei Monate beobachten (Peach 2000). Der Ansatz wird kritisiert, da die Strategie in den Budgets nicht ausreichend berücksichtigt wird und die Fokussierung auf Budgets das unternehmerische Handeln der Mitarbeiter beschränkt (Horváth 2011, S. 220; Hope und Fraser 2000, S. 32; Hope und Fraser 2003).

Das Beyond Budgeting-Konzept ersetzt Budgets durch alternative Instrumente wie die BSC. Dies erhöht die Effektivität und Effizienz der Steuerung und verbessert den Prozess der laufenden Entwicklung und Anpassung der Strategie. Im Rahmen der Anwendung alternativer Instrumente wird die Integration von Strategie und operativer Planung unterstützt. Zugleich werden dezentrale Einheiten stärker in die Planung und Umsetzung eingebunden. Dies erhöht die Motivation der Mitarbeiter und verbessert die Entscheidungsqualität (Hope und Fraser 2001, S. 22). Kritisch ist bei diesem Ansatz der Zeit- und Ressourcenbedarf für die Implementierung der innovativen Instrumente zu sehen. Dem steht sinkender Ressourcenbedarf für die laufende Planung und das Kostenmanagement gegenüber (Horváth 2011, S. 221).

4.2.3 Struktur eines Budgetierungssystems in der Unternehmenspraxis

Die formalzielorientierte Planung und Kontrolle erfolgt im Rahmen des Budgetierungssystems. Innerhalb des Budgetierungssystems werden die einzelnen Budgets aufeinander abgestimmt und zusammengefasst. Die Budgets werden hinsichtlich der folgenden drei Richtungen verdichtet (Horváth 2011, S. 205 f.):

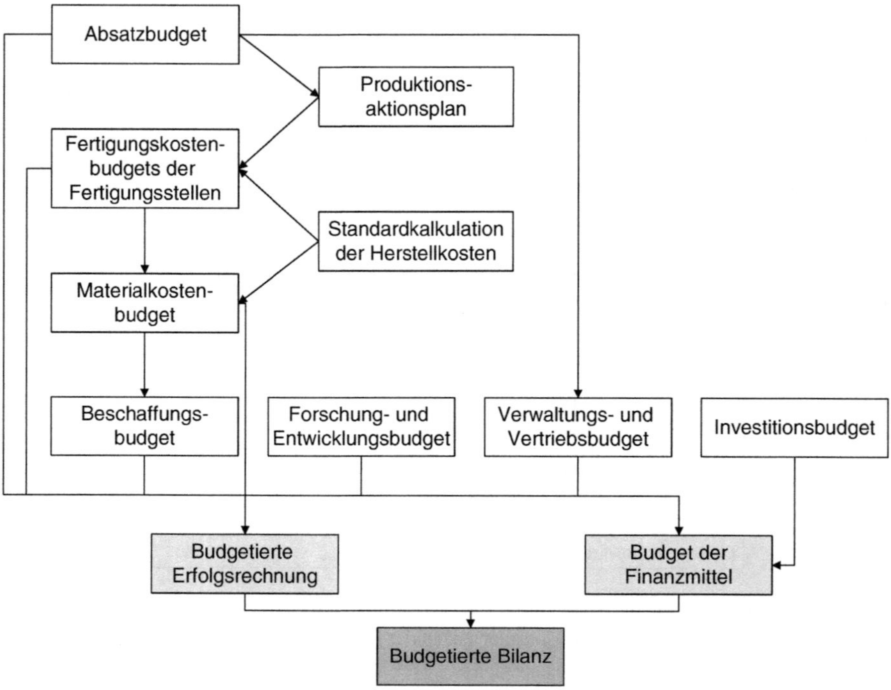

Abb. 14 Struktur des (Jahres-)Budgetsystems von Firma B. (Quelle: Eigene Darstellung. Angelehnt an Horváth 2011, S. 208)

- Budgetierte Erfolgsrechnung,
- Budget der Finanzmittel und
- Budgetierte Bilanz.

Abb. 14 stellt die Struktur eines Budgetierungssystems für Firma B dar.

Den Engpass der Budgetierung stellt das Absatzbudget dar. Darauf bauen Budgets für Produktion und Einkauf sowie indirekte Bereiche und Investitionen auf. Der Produktionsbereich kann mit der flexiblen Standardkalkulation differenziert geplant werden. Die Budgets für Forschung und Entwicklung sowie Verwaltung und Vertrieb werden pauschal geplant. Auf Basis der Budgets erfolgen die budgetierte Erfolgsrechnung und das Budget der Finanzmittel sowie die budgetierte Bilanz (Horváth 2011, S. 207 f.).

5 Informationskoordination

Die dritte wesentliche Koordinationsdimension des Controllers besteht in der Informationskoordination. Dies bezieht sich auf das Rechnungswesen und das Reporting im Rahmen des IV-Systems (Horváth 2011, S. 296 f.).

5.1 Rechnungswesen

Zentrales Kriterium für die Sicherstellung der Informationsversorgung ist die Gestaltung der Prozesse des Rechnungswesens als Teilsystem der IV. Das Rechnungswesen ist Bestandteil des Reportingsystems und stellt die wesentlichen Informationen für die Unternehmensführung in Form wert- und mengenmäßiger Bewertungen zur Verfügung. Dabei werden vergangene, aktuelle und zukünftige Entwicklungen des Unternehmens und der Umwelt dargestellt. Die Informationen werden entsprechend der Berichtszwecke und Empfänger erstellt. Differenziert nach Empfängergruppen wird das interne und das externe Rechnungswesen unterschieden (Horváth 2011, S. 361 f., S. 535; Coenenberg et al. 2009, S. 7).

5.1.1 Internes und externes Rechnungswesen

Der Controller ist dafür verantwortlich, dass die verschiedenen Empfänger mit Informationen entsprechend ihrer Anforderungen versorgt werden. Für unternehmensinterne Empfänger sind dies Informationen zur aktuellen Situation und zu zukünftigen Entwicklungen sowie Planungen. Diese Informationen dienen der Planung und Kontrolle der Ergebniszielerreichung und als Grundlage für die Entscheidungsfindung der Unternehmensführung (Horváth 2011, S. 361 ff.; Hahn und Hungenberg 2001, S. 56).

Externe Empfänger benötigen Informationen zur Kontrolle externer Normen und für Entscheidungen externer Stellen. Die externe Informationsversorgung wird vornehmlich durch gesetzliche Regelungen, Auskunftspflichten und Vertragsbedingungen bestimmt. Im externen Rechnungswesen werden vornehmlich Dokumentationsrechnungen erstellt. Wesentlicher Koordinationsbedarf besteht in der Überwachung und Integration der aktuellen Anforderungen externer Berichtsempfänger und in der Abstimmung des Informationsflusses zwischen internen und externen Stellen (Horváth 2011, S. 362 f.).

Dabei beeinflusst das externe Rechnungswesen zunehmend das interne Rechnungswesen. Dies wird insbesondere in komplexen und international tätigen Unternehmen deutlich. Die Vorgaben des externen Rechnungswesens z. B. in Form des IAS auf Konzernebene ermöglichen eine stärkere Orientierung der Rechnungslegung an Controlling-relevanten Aspekten als das HGB. Dies vermeidet notwendige Übergangsrechnungen zwischen internem und externem Rechnungswesen. Die Annäherung von internem und externem Rechnungswesen verringert Schnittstellenprobleme und die Kluft zwischen den Daten und Auswertungen der Teilsysteme (Horváth 2011, S. 404 ff.)

5.1.2 Differenzierung und Prozesse des internen Rechnungswesens

Innerhalb des internen Rechnungswesens erfolgt eine weitere Differenzierung anhand von Wertekategorien. Aus den Stromgrößen und Bestandsgrößen ergeben sich die folgenden Teilsysteme (Coenenberg et al. 2009, S. 11):

Finanzierungsrechnung i. e. S.: Einzahlungen und Auszahlungen (Stromgrößen), Liquidität (Bestandsgröße),

Finanzierungsrechnung i. w. S.: Einnahmen und Ausgaben (Stromgrößen), Geldvermögen (Bestandsgröße),
Bilanz- und Erfolgsrechnung: Erträge und Aufwendungen (Stromgrößen), Reinvermögen bzw. Eigenkapital (Bestandsgröße),
Kosten-/Leistungsrechnung: Leistungen und Kosten (Stromgrößen), Betriebsvermögen (Bestandsgröße).

Darin geht auch die Unterscheidung zwischen liquiditätsorientierten und leistungsorientierten Rechnungen ein (Horváth 2011, S. 375, S. 390):

- Liquiditätsorientierte Rechnungen (Cash Flow) der Zahlungsverkehre und Zahlungsbestände: Unterstützung der Planung, Steuerung und Kontrolle der Liquidität.
- Leistungsorientierte Rechnungen der Güterentstehung (Ertrag) und des Güterverbrauchs (Aufwendungen): Ermittlung des erzielten Ergebnisses.

Die Teilsysteme sind zu koordinieren, indem Schnittstellen und feste Informationsübergänge definiert werden (Horváth 2011, S. 364 f., S. 366).

In der kurzfristigen Perspektive erfolgt die Bewertung der Kosten, Leistungen und Ergebnisse. Die Kosten-, Leistungs- und Ergebnisrechnung schließt die folgenden Teilprozesse ein (Abb. 15).

Projekte und Investitionen werden vor dem Hintergrund der langfristigen Unternehmensentwicklung bewertet. Dabei werden Entscheidungsgrundlagen für deren Durchführung erstellt sowie laufende Projekte und Investitionen überwacht. Der Controller unterstützt im Rahmen des Projekt- und Investitions-Controllings (Abb. 16).

Weiterer Koordinationsbedarf des Controllers besteht an der Schnittstelle zwischen dem internen Rechnungswesen und der Planung. An dieser Stellt sind Rechnungswesen und Planung zweckgerecht zu integrieren (Szyperski 1980). Das Rechnungswesen erhält Informationen aus der Planung in Form von Soll-Werten und stellt diese den aktuellen Entwicklungen und weiteren Analysedaten gegenüber. Die vorgegebenen Soll-Werte dienen als Referenzen für die Beurteilung der Ist-Situation und stellen die Grundlage für die Entscheidungsfindung der Unternehmensführung dar (Szyperski und Winand 1981, S. 1349 f.; Frese 1992, S. 916; Horváth 2011, S. 367).

Zur Erfüllung der IV-Aufgaben sind die Prozesse und Strukturen des Rechnungswesens zu gestalten. Dabei wird festgelegt,

- wie die Aufgaben entlang des IV-Prozesses verteilt und abgestimmt werden, um einen durchgängigen Prozess von der Informationsbedarfsermittlung bis zur Informationsbereitstellung zu gewährleisten (Prozessgestaltung) und
- wie der IV-Prozess in die bestehenden Strukturen integriert wird und die Aufgaben auf die organisatorischen Stellen verteilt werden (Strukturgestaltung) (Horváth 2011, S. 370).

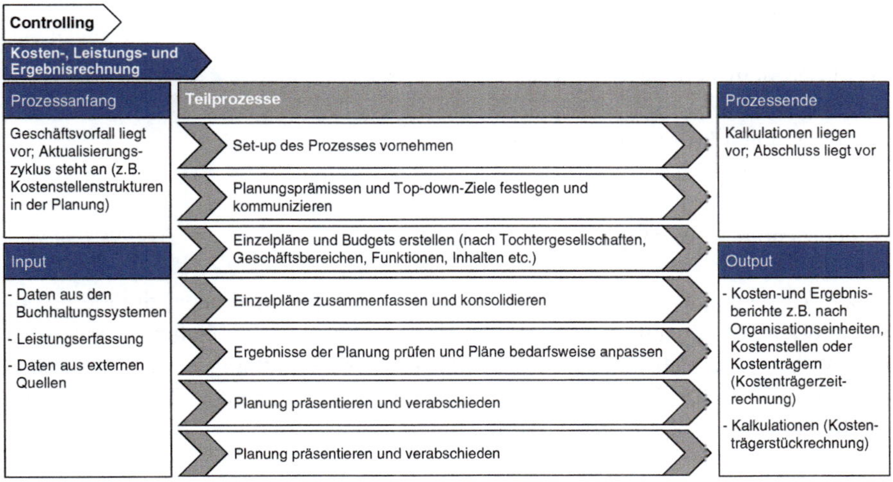

Abb. 15 Teilprozesse der Kosten-, Leistungs- und Ergebnisrechnung. (Quelle: Eigene Darstellung. Angelehnt an IGC (Hrsg.) 2011, S. 31)

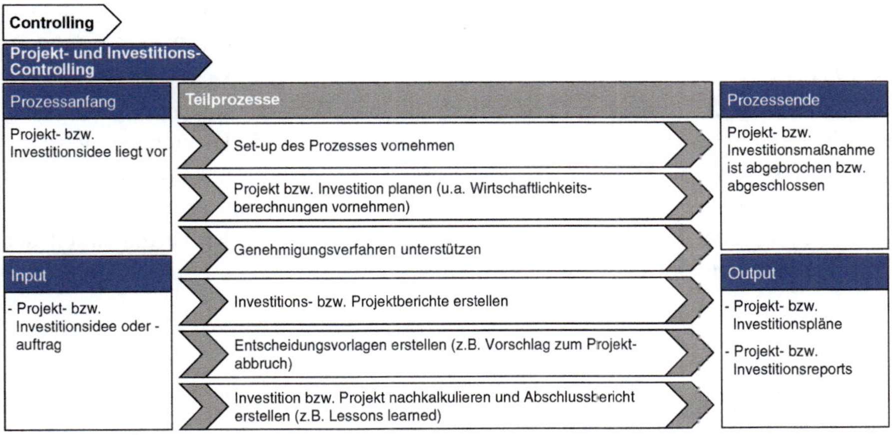

Abb. 16 Teilprozesse des Projekt- und Investitions-Controllings. (Quelle: Eigene Darstellung. Angelehnt an IGC (Hrsg.) 2011, S. 37)

Im Rahmen der organisationalen Gestaltung des IV-Prozesses werden die Aufbauorganisation und die Ablauforganisation fixiert. Die Aufbauorganisation bestimmt die Aufgabenteilung zwischen den Stellen im Unternehmen. Dabei werden die Pflichten zur Beschaffung bzw. Bereitstellung von spezifischen Informationen an bestimmte Stellen übertragen. Ebenso wird festgelegt, welche Stellen welche Informationen erhalten. Der Prozess der Beschaffung, Verarbeitung und Weiterleitung von Informationen wird in der Ablauforganisation festgelegt. Darin werden insbesondere die Zeitpunkte, Verfahren und Mittel zur Durchführung der Informationsversorgung bestimmt (Horváth 2011, S. 309).

5.2 Reportingsystem

Das IV-System stellt sicher, dass

- die richtigen Informationen
- zur richtigen Zeit
- in der richtigen Form
- den richtigen Empfängern

zur Verfügung stehen. Dabei handelt es sich um Informationen, die die ergebniszielorientierte Planung und Kontrolle des Managements unterstützen. Innerhalb des IV-Prozesses steht die Phase der Informationsübermittlung i. w. S. im Fokus (Horváth 2011, S. 534). Das Reporting schließt die folgenden Teilprozesse ein (Abb. 17).

5.2.1 Standardisierter Rahmen für die Informationsversorgung

Das Reportingsystem schafft den Rahmen für die standardisierte Übermittlung von empfängerorientierten Informationen. Der Reportingprozess wird durch den Controller angestoßen und überwacht. Zur Umsetzung und Kontrolle entwickelt und überwacht der Controller Reportingtools und Reportingrichtlinien (Reuse et al. 2007, S. 173).

Zentrale Herausforderung für die Bereitstellung, Verarbeitung und Verbreitung von Informationen im Rahmen des Reportingsystems ist die Diskrepanz zwischen der zeitlichen, sachlichen und organisatorischen Entstehung und Verwendung der Informationen. Der Zeitpunkt und die Frequenz des Reportings orientieren sich am Informationsbedarf der Unternehmensführung und nicht an der Verfügbarkeit der Informationen und Ausarbeitung der Berichte.

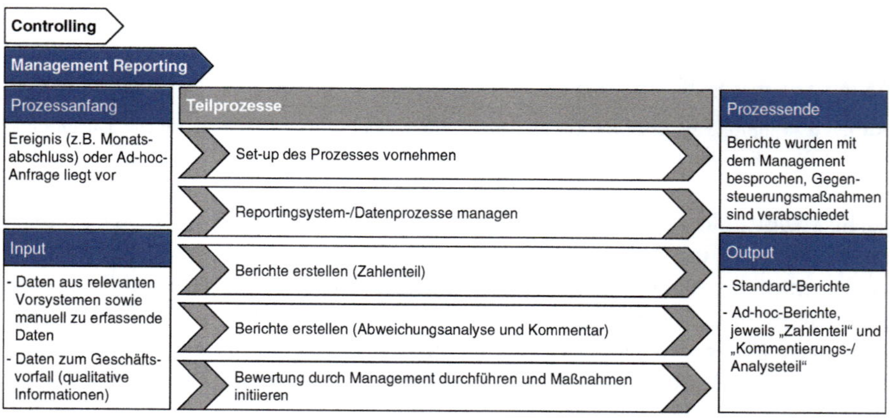

Abb. 17 Teilprozesse des Reportings. (Quelle: Eigene Darstellung. Angelehnt an IGC (Hrsg.) 2011, S. 34)

Zur Sicherstellung adäquater Informationsversorgung sind das Reportingsystem, die Dateninputs und die Berichte laufend an sich verändernde Rahmenbedingungen anzupassen (Horváth 2011, S. 535). Das Reportingsystem gliedert sich in das PK-System ein und ist somit entsprechend der PK-Struktur aufgebaut. Die Berichte stellen sicher, dass der PK-Prozess mit den notwendigen Informationen versorgt wird (Horváth 2011, S. 537; Cohen und Robbins 1966, S. 89).

5.2.2 Koordination der Berichtsarten

Innerhalb des Reportingsystems gilt es, eine Vielzahl von Berichten, die sich hinsichtlich der Zwecke und formalen Kriterien unterscheiden, zu koordinieren. Berichtszwecke sind

- die Dokumentation von Ereignissen wie Sitzungen und Entscheidungen,
- das Auslösen bestimmter Vorgänge im Unternehmen, z. B. Revisionen,
- die Kontrolle des Betriebsablaufs z. B. in Vertrieb oder Produktion, sowie
- die Vorbereitung von Entscheidungen z. B. mit Hilfe von Liquiditätsberichten (Horváth 2011, S. 535).

Formale Differenzierungskriterien sind

- der Sachbezug,
- der Zeitbezug,
- die Medienart,
- die Frequenz,
- der Verdichtungsgrad und
- die Funktion (Horváth 2011, S. 535).

Für den PK-Prozess werden Standardberichte, Abweichungsberichte und Bedarfsberichte für unternehmensinterne Stellen erstellt. In Standardberichten werden in regelmäßigen Abständen die wesentlichen Entwicklungen für eine Vielzahl von Berichtsempfängern erfasst. Diese Berichte sind formal, inhaltlich und zeitlich festgelegt. Mit Hilfe von Standardberichten wird die gleichmäßige Informationsversorgung innerhalb des Unternehmens koordiniert. Auf Grund des breiten Nutzerkreises wird die Erstellung von Standardberichten als wirtschaftlich betrachtet. Allerdings ist der Nutzen für die Empfänger beschränkt, da keine besonderen Ereignisse und Anforderungen berücksichtigt werden (Horváth 2011, S. 535 f.).

Abweichungsberichte stellen außergewöhnliche Entwicklungen dar, die besondere Aufmerksamkeit und Entscheidungen der Unternehmensführung erfordern. Diese Berichte werden bei Abweichungen von definierten Soll-Werten erstellt. Die Soll-Werte sind so eng wie nötig, aber so weit wie möglich festzulegen. Dies stellt sicher, dass kritische Entwicklungen erkannt und notwendige Maßnahmen eingeleitet werden, und zugleich die Anzahl der Berichte auf das notwendige Minimum beschränkt bleibt.

Zur Erfüllung besonderer Anforderungen werden Bedarfsberichte erstellt, die von den Berichtsempfängern individuell angefordert werden. Die Empfänger bestimmen

Inhalte und Zeitpunkt. Auslöser sind z. B. zusätzlicher Informationsbedarf bei Abweichungen und anstehende Entscheidungen über einmalige Marktsituationen (Horváth 2011, S. 536).

5.2.3 Sicherstellung der Empfängerorientierung und Wirtschaftlichkeit

Der Controller stellt die Empfängerorientierung der Berichte sicher. Die empfängerorientierte Koordination von Anzahl, Umfang und Inhalten der Berichte ermöglicht deren effiziente Erstellung und Nutzung. Insbesondere ist zu vermeiden, dass die Berichtsanzahl mit steigender Hierarchiestufe zunimmt. Ziel ist eine „Berichtspyramide", in der das obere Management nur eine stark begrenzte Auswahl an notwendigen Informationen erhält (Horváth 2011, S. 539).

Die Organisation und Kontrolle des Reportingsystems erfolgt unter Wirtschaftlichkeitsgesichtspunkten. Ziel sind Nutzenmaximierung bzw. Kostenminimierung des Systems mit Hilfe von

- selbststeuernden Systemen und
- Systemen mit externer Rationalitätssicherung (Horváth 2011, S. 546).

Ein Instrument der Selbstregulierung sind Verrechnungspreise, die bei Budgetverantwortlichen mit festen Budgets zur Steuerung dienen. Alternativ werden Hilfsgrößen wie Nutzen- und Preiswerte zur Steuerung der Wirtschaftlichkeit herangezogen. Eine weitere Steuerungsmöglichkeit ist die Priorisierung von Berichten auf Basis des erwarteten Nutzens in Form von z. B. Einsparungen oder Umsatzsteigerungen (Horváth 2011, S. 546 f.).

Darüber hinaus wird das Reportingsystem dadurch gesteuert, dass die Berichtsempfänger die inhaltlichen und zeitlichen Aspekte des Reportings beeinflussen können. Externe Rationalitätsmaßnahmen erfassen die Menge, den Umfang und die Verwendung von Berichten, um mehrfache Produktionen zu vermeiden (Horváth 2011, S. 546 ff.). Die effektive Kontrolle des Reportingsystems dient nicht dem reinen Selbstzweck. Der Kontrolle von Schwachstellen im System kommt besondere Bedeutung zu, da diese häufig auf Probleme der Unternehmensführung hinweisen (Blohm 1974, S. 76 f.).

Mit Hilfe der Systemkontrolle wird sichergestellt, dass die Berichte keine überflüssigen, aber dennoch alle notwendigen Informationen enthalten. Darüber hinaus ist sicherzustellen, dass die erstellten Berichte von der Unternehmensführung tatsächlich genutzt werden. Die effiziente Systemgestaltung wird umso schwieriger und zugleich umso bedeutender, je komplexer die Unternehmensumwelt und die Anforderungen an das Reportingsystem sind (Horváth 2011, S. 548 ff.).

5.2.4 Reporting in der Unternehmenspraxis

In der Praxis schließt das Reporting verschiedene unternehmensindividuelle Objekte und Dimensionen ein. Abb. 18 stellt eine Übersicht für die Auswahl von Inhalten, Detaillierungsgraden und Informationsobjekten dar.

Was soll berichtet werden?			In welcher Detaillierung?		Über welche Informations-Objekte soll berichtet werden?				
	Kennzahlen-gruppe	Kennzahlen/Berichte	Detailgrad I (Kennzahlen)	Detailgrad II (Zeilen)	Business Units (BU)	Produkt-gruppen je BU	Usw.	Legale Einheiten	Wettbe-werber
	Ergebnis-kennzahlen	Bilanz	Z.B. Eigenkapital, Umlaufvermögen	Bilanz-Zeilen				✓	✓
		GuV	Z.B. Umsatz, Gewinn	GuV-Zeilen				✓	✓
		Kostenartenbericht mit Überleitungsrechnung zur GuV	Z.B. Umsatz, Gesamtkosten	Kostenarten, Überleitungszeilen	✓				
		Kostenartenbericht	Z.B. Gesamtkosten	Kostenarten					
		DBR	Z.B. Umsatz, Deckungsbeitrag	DBR-Zeilen	✓		✓		
	Vertriebs-kennzahlen	Auftragseingang			✓		✓	✓	✓
		Auftragsbestand			✓		✓	✓	✓
		Marktanteil, Marktwachstum			✓			✓	✓
	Personalk.	Personalstand			✓			✓	
	Sonstige Kennzahlen	Investitionen			✓			✓	
		Forschung & Entwicklung			✓			✓	
		Auslastung			✓				
	Finanzk.	Finanzplan	Z.B. Geldeingang, Kreditlinien					✓	
	Strategie-kennzahlen	Strategiereport			✓				
		Balanced Scorecard			✓				
		Risikobericht			✓			✓	

Abb. 18 Auswahl von Objekten und Dimensionen in Reports. Quelle: Eigene Darstellung. Angelehnt an Gleich et al. (Hrsg.) 2009, S. 15

Inhaltlich stehen hier u. a. Ergebniskennzahlen, Vertriebskennzahlen, Personalkennzahlen und Finanzkennzahlen zur Verfügung. Diese werden in unterschiedlichen Detaillierungsgraden für unterschiedliche Business Units sowie legale Einheiten und Wettbewerber erstellt. Reports können zusätzlich Kommentierungen enthalten, die Chancen und Risiken aufzeigen (Gleich et al. (Hrsg.) 2009, S. 14 f.).

Die dargestellte Auswahl gilt für Standardreports, die regelmäßig erstellt werden. Für gesonderte Berichte wie Abweichungsreports oder Bedarfsreports werden die Inhalte entsprechend des jeweiligen Sachverhalts und Bedarfs festgelegt (Horváth 2011, S. 535 f.).

6 Zusammenfassung

Der vorliegende Beitrag beschreibt, welche Koordinationsfunktionen der Controller zur Unterstützung der Unternehmensführung übernimmt. Der Controller nimmt systembildende und systemkoppelnde Koordinationsaufgaben wahr. Im Rahmen der Strategiekoordination initiiert und begleitet der Controller die Strategiegenerierung und stellt sicher, dass eine umsetzbare Strategie entwickelt wird. Der Controller koordiniert die Implementierung der Strategie und notwendige Anpassungen auf Grund von Änderungen der Rahmenbedingungen.

Für die Umsetzung der Strategie in der operativen Planung stellt der Controller die Techniken und Instrumente zur Verfügung. Darüber hinaus koordiniert der

Controller die Übertragung der operativen Planung in formale, ergebniszielorientierte Budgets. Die für die Entscheidungsfindung notwendigen Informationen werden im IV-System zur Verfügung gestellt. Dabei koordiniert der Controller das interne und externe Rechnungswesen sowie das Reportingsystem. Dies stellt die effiziente und empfängerorientierte Informationsversorgung zur Erreichung der Ergebnisziele sicher.

In der Praxis wird deutlich, dass die Koordinationsfunktion des Controllers an Bedeutung gewinnt, je komplexer und dynamischer das Unternehmen und die Umwelt sind. Mit steigender Komplexität nimmt die notwendige Verknüpfung zwischen Funktionen und Bereichen zu. Dies erhöht den Abstimmungsbedarf und erschwert die Konsensbildung. In seiner Funktion zur Führungsunterstützung werden dem Controller zunehmend weitere Koordinations- und Anpassungsaufgaben zukommen.

Literatur

Anthony, R. N., J. Dearden, und R.F. Vancil. 1972. *Management control systems – text, cases and readings*. Homewood: Irwin.

Bircher, B. 1976. *Langfristige Unternehmungsplanung – Konzepte, Erkenntnisse und Modelle auf systemtheoretischer Grundlage*. Bern: Haupt.

Blohm, H. 1974. *Die Gestaltung des betrieblichen Berichtswesens als Problem der Leitungsorganisation*, 2. Aufl. Herne: NWB.

Burmeister, P., und P. Temmel. 2007. Controlling-Organisation in einem dezentral geführten Konzern – strategiegerechte Neustrukturierung des Controlling bei DPD GeoPost. In *Organisation des Controlling*, Hrsg. R. Gleich und U. Michel, 1. Aufl., 91–112. Freiburg: Haufe.

Coenenberg, A. G., T. M. Fischer, und T. Günther. 2009. *Kostenrechnung und Kostenanalyse*, 7. Aufl. Stuttgart: Schäffer-Poeschel.

Cohen, J.B., und S.M. Robbins. 1966. *The financial manager – basic aspects of financial administration*. New York: Ronald Press Co.

Controller Verein e.V., Hrsg. o. J. Controller Statements, Loseblattsammlung. Gauting.

Dambrowski, J. 1986. *Budgetierungssysteme in der deutschen Unternehmenspraxis*. Darmstadt: Toeche-Mittler.

Eschenbach, R., und H. Siller. 2009. *Controlling professionell - Konzeption und Werkzeuge*, 2. Aufl. Stuttgart: Schäffer-Poeschel.

Frese, E., Hrsg. 1992. *Handwörterbuch der Organisation*, 3. Aufl. Stuttgart: Poeschel.

Fürtjes, H.-Th. 1989. Planungsorgane. In *Handwörterbuch der Planung,* Hrsg. N. Szyperki, 1464–1468. Stuttgart: Poeschel.

Gleich, R., P. Horváth, und U. Michel, Hrsg. 2009. *Management Reporting – Grundlagen, Praxis und Perspektiven* (Der Controlling-Berater Bd. 1). Freiburg: Haufe.

Gutenberg, E. 1983. *Grundlagen der Betriebswirtschaftslehre,* Bd. 1, die Produktion, 24. Aufl. Berlin: Springer.

Hahn, D. 1989. Strategische Unternehmensführung, Stand und Entwicklungstendenzen (1. und 2. Teil). *ZfO* 57(3): 159–166 und *ZfO* 57(5): 326–332.

Hahn, D., und H. Hungenberg. 2001. *PuK – Wertorientierte Controllingkonzepte,* 6. Aufl. Wiesbaden: Gabler.

Hope, J., und R. Fraser. 2000. Beyond budgeting. *Strategic Finance* 82(10): 30–35.

Hope, J., und R. Fraser. 2001. Figures of hate. *Financial Management* 12(2): 22–25.

Hope, J., und R. Fraser. 2003. *Beyond budgeting*. Boston: Schäffer-Poeschel.

Horváth, P., J. Dambrowski, H. Jung, und S. Posselt. 1985. Die Budgetierung im Planungs- und Kontrollsystem der Unternehmung – Erste Ergebnisse einer empirischen Untersuchung. *DBW* 45(2): 138–155.

Horváth, P., und L. Kaufmann. 2006. Beschleunigung und Ausgewogenheit im strategischen Managementprozess – Strategieumsetzung mit Balanced Scorecard. In *Strategische Unternehmensplanung – strategische Unternehmensführung: Stand und Entwicklungstendenzen,* Hrsg. P. Horváth und L. Kaufmann. Berlin: Springer.

Horváth & Partners, Hrsg. 2007. *Balanced Scorecard umsetzen*, 4. Aufl. Stuttgart: Schäffer-Poeschel.

Horváth, P. 2011. *Controlling*, 12. Aufl. München: Vahlen.

Hürlimann, W. 1972. Systematische Unternehmungsplanung – Betrachtungen über Grundlagen, Teilgebiete und Gesamtplanung. *IO* 41:533–542.

International Group of Controlling IGC, Hrsg. 2011. *Controlling-Prozessmodell.* Freiburg: Haufe.

Jung, H. 1985. *Die Integration der Budgetierung in das System unternehmerischer Planung und Kontrolle*. Darmstadt: Toeche-Mittler.

Kaplan, R. S., und D. P. Norton. 1996. *The Balanced Scorecard, Translating strategy into action*. (Deutsch: *Balanced Scorecard-Strategien erfolgreich umsetzen*. Übers. Péter Horváth. Stuttgart, 1997) Boston: Harvard Business School Press.

Kast, F. E., und J. E. Rosenzweig. 1985. *Organization and management: A systems and contingency approach*. 4. Aufl. New York: McGraw Hill.

Kosiol, E. 1965. Planung als Lenkinstrument der Unternehmensleitung. *ZfB* 35:389–401.

Kring, T. I. 2005. *Die Balanced Scorecard als Managementsystem für Banken. Münstersche Schriften zur Kooperation*, Bd. 62. Aachen: Shaker.

Lorange, P., und R. F. Vancil. 1976. How to design a strategic planning system. *HBR* 54:75–81.

Mann, R. 1989. *Praxis strategisches Controlling mit Checklists und Arbeitsformularen*, 5. Aufl. Landsberg: Mi-Wirtschaftsbuch.

Mintzberg, H. 1994. *The rise and fall of strategic planning*. New York: Free Press.

Mussnig, W., und G. Mödritscher. 2013. *Strategien entwickeln und umsetzen*, 2. Aufl. Wien: Linde.

Peach, R. 2000. How changes in budgeting practice can promote a more externally focused and competitive approach to business performance monitoring, Fachkonferenz „21st Century Budgeting Conference" des Institute of Chartered Accountants in England and Wales. London

Perlitz, M. 1989. Organisation des Planungsprozesses. In *Handwörterbuch der Planung*, Hrsg. N. Szyperski, 1299–1309. Stuttgart: Poeschel.

Pfohl, H.-C. 1981. *Planung und Kontrolle*. Stuttgart: Kohlhammer.

Posselt, S. G. 1986. *Budgetkontrolle als Instrument zur Unternehmenssteuerung*. Darmstadt. Toeche-Mittler.

Reuse, D., S. Gross, und S. Macheleidt. 2007. Controlling-Organisation im Wandel: das Beispiel der Warenhausgruppe Manor AG. In *Organisation des Controlling: Grundlagen, Praxisbeispiele und Perspektiven*, Hrsg. R. Gleich, 63–186. Freiburg: Haufe.

Shank, J. K., E. G. Niblock, und W. T. Sandall. 1973. Balance ‚creativity' and ‚practicality' in formal planning. *HBR* 51(1): 87–95.

Szyperski, N. 1980. Informationsbedarf. In *Handwörterbuch der Organisation,* Hrsg. E. Grochla, 2. Aufl., 904–913. Stuttgart: Poeschel.

Szyperski, N., und U. Winand. 1981. Planung und Rechnungswesen. In *Handwörterbuch des Rechnungswesens,* Hrsg. E. Kosiol, K. Chmielewicz und M. Schweitzer, 2. Aufl., 1348–1368. Stuttgart: Poeschel.

Troßmann, E. 2013. *Controlling als Führungsfunktion*, 1. Aufl. München: Vahlen.

Tuominen, R. 1969. Die Koordination in den Unternehmungen. In *Betriebswirtschaftliche Forschung in internationaler Sicht,* Hrsg. H. Kloidt, 207–223. Berlin: Duncker & Humbold.

Uphus, P. 1972. Möglichkeiten zur Koordination von Teilplanungen des Unternehmens unter besonderer Berücksichtigung kybernetischer Aspekte. Diss. TH. Aachen.

Qualitative Forschung im Management Accounting

Albrecht Becker

Zusammenfassung

Dieses Kapitel gibt einen Überblick über ausgewählte Aspekte und das Potenzial qualitativer Forschung im Management Accounting. Management Accounting wird in der Tradition des Ansatzes der *interdisciplinary perspectives on accounting* als kalkulative Praktiken verstanden. Dabei stehen drei Themen im Fokus: die Rolle von Management Accounting für die Interpretation organisationaler Realität, seine Rolle für die Konstitution organisationaler Realität und schließlich die weitere gesellschaftliche Einbettung von Management Accounting. Management Accounting ist in dieser Perspektive nicht nur ein Instrument der Abbildung organisationaler Realität, sondern ein Medium der sozialen Konstruktion dieser Realität.

Schlüsselwörter

Interdisziplinäre Accountingforschung · Management Accounting · Methodologie · Qualitative Forschung · Soziale Konstruktion von Realität

1 Einleitung

Qualitative Forschung im Management Accounting kann auf eine lange Geschichte zurückblicken. Die Soziologen und Nationalökonomen Max Weber (1922) und Werner Sombart (2018 [1902]) waren wohl die ersten, die die Rolle von Rechnungswesen für die kapitalistische Wirtschaftsordnung und die Konstitution von Unternehmen systematisch in wissenschaftlicher Perspektive thematisiert haben. Danach

A. Becker (✉)
Institut für Organisation und Lernen, Universität Innsbruck, Innsbruck, Österreich

Visiting Professor, Turku School of Economics, Innsbruck, Österreich
E-Mail: albrecht.becker@uibk.ac.at

W. Becker, P. Ulrich (Hrsg.), *Handbuch Controlling*,
https://doi.org/10.1007/978-3-658-26431-4_69

allerdings dauerte es einige Jahrzehnte bis in die 1950er-Jahre bis Management Accounting mit qualitativen Forschungsmethoden in den USA und Großbritannien erforscht wurde. Heute allerdings bilden qualitativ orientierte Forschungen einen signifikanten Anteil, wenn auch nicht die Mehrheit der Publikationen in der Accountingforschung. Nach wie vor ist die qualitative Forschung in diesem Bereich im deutschsprachigen Raum nicht sehr prominent vertreten; daher beziehe ich mich auch fast ausschließlich auf englischsprachige Literatur.

Dieses Kapitel kann selbstverständlich nicht den Anspruch erheben, einen auch nur annähernd vollständigen Überblick über die gesamte qualitative Forschung im Management Accounting zu geben. Ich werde daher die qualitative Forschung im Management Accounting einerseits als Ausdruck eines bestimmten methodologischen Grundverständnisses sozialwissenschaftlicher Forschung betrachten, das wir sozialkonstruktivistisch nennen können. Andererseits konzentriere ich mich inhaltlich auf solche Forschungsansätze, die Management Accounting als soziale, organisationale und institutionelle Praxis betrachten. Damit ist ganz allgemein gemeint, dass Management Accounting nicht als bloß technisches Phänomen betrachtet wird, sondern als eingebettet in vielfältige soziale, organisationale und institutionelle Kontexte, die es wiederum auch beeinflusst. So schreibt Anthony Hopwood 1976 programmatisch im Editorial des ersten Hefts der Zeitschrift *Accounting, Organizations and Society*:

> „There is now an urgent need for research which can provide a basis for seeing accounting as both a social and organizational phenomenon. More explicit consideration needs to be given to questions of power, influence and control. Even what might be the quite significant ritualistic role of many accounting systems needs to be recognized. And every opportunity should be taken to move beyond static forms of analysis to study the complexities of the evolving dynamic processes of accounting in action" (Hopwood 1976, S. 3).

Dahinter steht nicht zuletzt die Einsicht, dass Management Accounting in der Praxis nicht den rationalen Lehrbuchmodellen folgt und dass es der Forschung daher darum gehen müsse, das tatsächliche Funktionieren von Management Accounting empirisch zu erforschen. Um dieses zu verstehen, so das Argument, reichen ökonomische und verhaltenswissenschaftliche Theorien nicht aus, sondern es müssen insbesondere soziologische, historische und organisationstheoretische Ansätze hinzugezogen werden. Daher firmiert die einschlägige Forschungscommunity auch unter dem Begriff *interdisciplinary perspectives on accounting.*

Ich werde im Folgenden zunächst die Grundlagen qualitativer Forschung und einschlägige methodologischen Konzepte kurz skizzieren. Dabei werde ich auch auf die Idee der sozialen Konstruktion von Realität (Hacking 1999) eingehen. Im dritten Abschnitt präsentiere ich dann ausgewählte Forschungsansätze und Arbeiten aus der interdisziplinären Forschung im Management Accounting. Nach einem ganz kurzen Überblick über einige historische Entwicklungen dieser Forschungsrichtung gehe ich auf drei Themen ein: die Rolle von Management Accounting für die Interpretation organisationaler Realität, seine Rolle für die Konstitution organisationaler Realität und schließlich die weitere gesellschaftliche Einbettung von Management Accounting.

Ich schließe diese Einleitung mit einer kurzen Bemerkung zur Terminologie ab. Ich verwende den Begriff des Management Accounting als Synonym für Controlling. Dabei ist allerdings zu beachten, dass in der angelsächsisch geprägten Tradition die Abgrenzung zwischen externem und internem Rechnungswesen (*financial accounting* und *management accounting*) weniger strikt ist, als in der deutschsprachigen Tradition (Zirkler 2002). Dies spiegelt sich auch in der Forschung. Außerdem wird der Begriff des Accounting in der interdisziplinären Accountingforschung sehr breit definiert: Unter ihn werden zumeist jegliche kalkulative Praktiken gefasst, also jede Form der Quantifizierung, Evaluation und Leistungsmessung, von der Kostenrechnung bis hin zu beispielsweise Rankings (Espeland und Sauder 2007) oder Risk Maps (Jordan et al. 2018). Ich spreche daher zumeist einfach von Accountingforschung.

2 Qualitative Forschung

Zum Verständnis der Einsichten und Relevanz qualitativer Forschung im Management Accounting ist es hilfreich, sich zunächst darüber zu verständigen, was mit qualitativer Forschung genau gemeint ist. Zum einen kann man darunter Forschung verstehen, die qualitative Forschungsmethoden anwendet bzw. mit qualitativen Daten arbeitet. Damit sind *soft data* gemeint, also sprachliche, bildliche oder symbolische Materialien (Neuman 2014, S. 167). Diese lassen sich nicht oder nur begrenzt mit quantitativen bzw. statistischen Methoden analysieren, sondern bedürfen der inhaltlichen Interpretation bzw. qualitativen Analyse. In dieser Perspektive steht qualitative Forschung nicht in einem prinzipiellen Gegensatz zu quantitativer Forschung; sie wird vielmehr häufig als Vorstufe zu jener betrachtet, etwa um bislang nicht erforschte Bereiche zu erschließen und Hypothesen zu generieren, die anschließend mit quantitativen Methoden getestet werden können. Die bekannte Arbeit von Eisenhardt (1989) entwickelt diese Perspektive etwa für die Fallstudienforschung.

Der Begriff qualitative Forschung kann aber auch in einem grundlegenderen Sinne als Kürzel für eine nicht-positivistische, sozialkonstruktive Forschungsmethodologie verstanden werden, die auf ontologischen und epistemologischen Prinzipien beruht, die sich grundlegend von den Grundannahmen quantitativer (post-)positivistischer Forschung unterscheiden.[1] In der quantitativen Forschung gehen wir von einem naturwissenschaftlich geprägten Wissenschaftsmodell aus, das darauf abzielt, Gesetzmäßigkeiten zu entdecken und Vorhersagen zu treffen. Die ontologische Grundannahme ist entsprechend, dass die (soziale) Realität strukturiert ist und unabhängig von Akteuren existiert. Wissenschaftliches Wissen zielt entsprechend darauf ab, die Realität objektiv abzubilden und konkrete Forschungsgegenstände durch Rückgriff auf die Gesetz- bzw. Regelmäßigkeiten sozialen Handelns zu erklären.

[1]Einen einführenden Überblick über Forschungsmethodologien mit Bezug auf die Accountingforschung gibt Chua (1986).

Qualitative Forschung hingegen beruht auf einem sozialkonstruktivistischen Grundverständnis. Ontologisch gehen wir hier von einer sozial konstruierten Realität aus, die durch Akteure, ihre Interpretationen und ihr Handeln hervorgebracht wird. „If men [sic!] define situations as real, they are real in their consequences", formulierten bereits (Thomas und Thomas 1928, S. 572) das so genannte „Thomas Theorem". Durch ihr Handeln auf Basis von Interpretationen beeinflussen Akteure Strukturen und Regelhaftigkeiten. Daraus folgt, dass diese nicht naturgegeben sind. Hacking formuliert folgende Grundannahmen von Sozialkonstruktivisten:

> „0. In the present state of affairs, X is taken for granted; X appears to be inevitable.
> 1. X need not have existed, or need not be at all as it is. X, or X as it is at present, is not determined by the nature of things; it is not inevitable.
> 2. X is quite bad as it is" (Hacking 1999, S. 16).
> „3. We would be much better off if X were done away with, or at least radically transformed" (Hacking 1999, S. 22).

Eine sozialkonstruktivistische Perspektive beinhaltet mithin einen gewissen kritischen Impetus, indem die Annahme zurückgewiesen wird, dass die soziale Welt in gleicher Weise objektiv existiere, wie es ein naives Verständnis von Naturwissenschaft annimmt.

Wissenschaftliches Wissen in dieser Perspektive ist idiografisch, eine symbolische Repräsentation der sozialen Welt (vgl. für instruktive Überblicke Neuman 2014, Kap. 4; Hacking 1999). Wissenschaftliches Wissen kann daher auch nicht in einem statistischen Sinne repräsentativ sein. Das heißt aber nicht, dass es nicht über den Einzelfall hinaus Gültigkeit beanspruchen könnte oder unsystematisch wäre (vgl. Messner et al. 2017 zu Qualitätskriterien qualitativer Accountingforschung).

Während quantitative Forschung einem linearen Pfad folgt und deduktiv und hypothesentestend vorgeht (Popper 1959), folgt qualitative Forschung einem non-linearen Pfad (Neuman 2014, S. 170). Das bedeutet, dass konkrete Forschungsfragen nicht zwangsläufig bereits zu Beginn eines Projekts formuliert werden, sondern sich aus den Daten ergeben; dass die Analyse der Daten nicht erst nach abgeschlossener Datenerhebung erfolgt, sondern ständig mitlaufend; dass diese Interpretation von Daten aber normalerweise nicht theoriefrei erfolgt, sondern abduktiv in ständiger Interaktion zwischen Datenanalyse, Bezug auf theoretische Konzepte und Weiterentwicklung der Theorien (Lukka und Modell 2010). Während quantitative Forschung dem Testen von Theorien dient, zielt qualitative Forschung auf die Formulierung neuer oder Weiterentwicklung bestehender Theorien ab.

Qualitativer Forschung geht es um ein detailliertes und in die Tiefe gehendes Verständnis sozialen Handelns. Daher geht es zunächst darum, die Innenperspektive des Forschungsgegenstands (*emic perspective*, Harris 1976; Jönsson und Lukka 2007) zu verstehen. Im zweiten logischen Schritt der Analyse kommt dann die *etic perspective* (Jönsson und Lukka 2007) der Forscher*innen zum Tragen. Diese zielt auf die Systematisierung und Kontextualisierung der beobachteten Sachverhalte mit dem Ziel, ein allgemeineres Verständnis zu erlangen und Erklärungen zu generieren. Der Anthropologe Clifford Geertz hat dies als *thick description* bezeichnet; dies meint „setting down the meaning particular social actions have for the actors whose actions they are, and stating, as explicitly as we can manage, what the knowledge thus attained demonstrates about the society in which it is found and, beyond that, about social life as such" (Geertz 1973, S. 27). Hier liegt auch das Potenzial qualitativer Forschung, Geltung des generierten Wissens über den beobachteten Einzelfall (oder die i. d. R. geringe Zahl von Fällen) hinaus zu beanspruchen. Dies kann einerseits durch die Verknüpfung mit Theorien geschehen oder durch den Vergleich mit vorhandenen empirischen Studien (Lukka und Mouritsen 2002).

Die beiden skizzierten grundlegenden Forschungsmethodologien – sozialkonstruktivistische qualitative und positivistische quantitative – sollten in der Wissenschaftspraxis als Endpunkte eines Kontinuums betrachtet werden. Hall und Messner beschreiben diese Endpunkte wie folgt:

> „At one end there are researchers who are interested in detecting *broad tendencies* or patterns in social phenomena to produce claims about ‚what is likely to be the case'. (…) At the other end of the continuum, we find researchers who are interested in the *details* of how the social world is produced and kept together" (Hall und Messner 2018, S. 225 f.; Hervorh. im Orig.).

In diesem Kapitel verstehe ich qualitative Forschung im Management Accounting in diesem Sinne einer grundlegenden sozialkonstruktivistischen Forschungsmethodologie. Qualitative Forschung im Management Accounting geht mithin davon aus, dass die Instrumente und Techniken des Management Accounting in den Prozess der sozialen Konstruktion der organisationalen Realität involviert und damit weit mehr sind, als bloß technische Instrumente der Abbildung organisationaler Prozesse und der rationalen Führung von Organisationen. Ihre besondere Qualität erlangt die qualitative Accoutingforschung dadurch, dass sie diese Prozesse im Detail in den Blick nimmt und hinterfragt; sie wirft damit einen ‚fremden Blick' auf vertraut erscheinende Prozesse und erlaubt überraschende Einsichten.

3 Interdisziplinäre Perspektiven auf Management Accounting

Wurde Accounting lange Jahre als rein praktisches Problem verstanden, so verbindet es sich erst in den 1930er-Jahren maßgeblich mit ökonomischer Theorie (Miller und Power 2013, S. 574). Die Soziologie interessierte sich allerdings bereits früher für Accounting, insbesondere durch die Arbeiten von Max Weber (1922) und Werner Sombart (2018 [1902]), die schon früh die „Rechenhaftigkeit" (Sombart) als zentralen Aspekt der kapitalistischen Wirtschaftsweise herausstellten. Erst in den 1950er-Jahren erfährt das sozialwissenschaftliche Interesse an Accounting eine Renaissance, wesentlich beeinflusst von der Human Relations Bewegung, Forschungen über die Dynamik von Gruppen (Miller und Power 2013) sowie über begrenzte Rationalität. So entsteht im Auftrag der US Controllership Foundation die Studie von Simon et al. (1954), in der die bekannte Typologie der Funktionen von Management Accounting als *scorecard keeping, attention directing* und *problem solving* formuliert wird, ebenso wie die Arbeit von Argyris (1952) über *The impact of budgets on people*, in der die Rolle von Budgetierung für die interne Segmentierung von Organisationen in „budget people“ und andere Gruppen thematisiert wird. Hopwood (1974) erforscht unterschiedliche Verwendungsweisen von Budgets und Hofstede (1967) analysiert „budget games“. Ebenso betont Anthony 1957 in einer Studie für die *American Accounting Association*, dass unterschiedliche Kostenkonzepte nicht abstrakt in Hinblick auf ihre Qualität oder „Korrektheit“ verglichen werden könnten, sondern nur unter Einbeziehung ihrer Verhaltenswirkungen.[2]

Die verhaltenswissenschaftlichen Studien waren in dem Sinne recht begrenzt, dass sie Accounting als ausschließlich innerorganisationales Phänomen verstanden, dessen Wirkungen zudem ausschließlich auf der Mikroebene von Individuen und Gruppen erforscht wurde (Miller und Power 2013, S. 568). Dagegen argumentieren Burchell et al. (1980) in einem einflussreichen Paper, dass Accounting in komplexer Weise nicht nur mit organisationalen, sondern auch mit weiteren gesellschaftlichen Entwicklungen verflochten ist. So entwickelt sich eine Tradition der Accountingforschung, die heute unter den Namen *interdisciplinary perspectives on accounting, social studies of accounting* oder *alternative accounting research* vgl. die Website des Alternative Accounting Research Network: (https://www.alternativeaccounting.org/) firmieren. Bei aller Heterogenität der Studien und theoretischen Perspektiven lassen sich folgende Gemeinsamkeiten dieser Forschungsrichtung konstatieren:

- (Management) Accounting lässt sich nicht auf eine reine Technik der objektiven Repräsentation von organisationalen Sachverhalten reduzieren.
- (Management) Accounting ist vielmehr eine selektive Art der Sichtbarmachung organisationaler und/oder sozialer Sachverhalte; das impliziert auch, dass andere Sachverhalte systematisch für und durch Accounting unsichtbar gemacht werden.
- Die Logiken, denen diese Selektivität folgt, können vielfältig sein. Sie sind jedenfalls nicht auf technische Notwendigkeiten beschränkt, sondern leiten sich auch von organisationalen und/oder sozialen bzw. gesellschaftlichen Interessen, institutionellen Einflüssen sowie historischen Konstellationen ab.
- (Management) Accounting ist mithin eine wesentliche Einflussgröße im Prozess der gesellschaftlichen Konstruktion von Wirklichkeit, weil es in unsere Interpretationen der Realität involviert ist und damit handlungsleitend wirkt, und/oder weil es die Objekte, die es zu repräsentieren vorgibt, durch diese Repräsentation erst konstituiert.

Miller und Power fassen diese grundlegenden Einsichten wie folgt zusammen:

> „If organizing without accounting is increasingly unthinkable today, accounting also makes organizing thinkable and actionable in a particular way. (…) In making visible and calculable the objects and activities that are at the heart of management, accounting creates a

[2]Vgl. für einen Überblick über die Forschung zum *behavioural accounting* Becker (2003, S. 61 ff.).

facticity that appears objective and unchallengeable, beyond the fray of politics or mere opinion“ (Miller und Power 2013, S. 558 f.).

Im Folgenden möchte ich exemplarisch darstellen, welche neuen Perspektiven auf Management Accounting bzw. welche Art von Fragestellungen für die Accountingforschung sich im Rahmen dieser Forschungstradition ergeben. Ich werde dabei drei Schwerpunkte setzen. Zunächst diskutiere ich Arbeiten, die Accounting als Instrument der Interpretation und Sinnstiftung analysieren; sie verstehen die sozialkonstruktive Rolle des Accounting als Medium der Produktion und Reproduktion von Organisationskulturen. Im zweiten Schritt werde ich Arbeiten vorstellen, die die Rolle von Accounting fundamentaler darin sehen, dass es organisationaler Realität nicht nur Sinn verleiht, sondern die Objekte, die es bloß zu repräsentieren scheint, in einem materiellen Sinne erst konstituiert. Drittens schließlich wende ich mich Arbeiten zu, die die Entwicklung des Accounting in umfassenderen historischen Konstellationen als Medium der organisationalen und gesellschaftlichen Regulation analysieren. Ich gehe damit bewusst selektiv vor mit dem Ziel, die Bandbreite der interdisziplinären Accountingforschung aufzuzeigen.[3]

3.1 Management Accounting und die Interpretation organisationaler Realität

Die interpretative Accountingforschung[4] nimmt gegen Ende der 1970er-Jahre ihren Ausgangspunkt erstens bei einer wahrgenommenen Entkopplung von Forschung und Praxis des Accounting. So beklagt beispielsweise ein Komitee der *American Accounting Association*, dass die Forschung weder die Sprache der Praxis spräche noch deren wirkliche Probleme kenne (Chua 1986, S. 602). Und von Seiten der Forschung konstatiert Hopwood: „Recently I have become ever more aware of how little we know about the actual functioning of accounting systems in organizations. … [I]t has to be admitted that as yet we have precious few descriptions, let alone understandings of accounting systems as they operate in organizations“ (Hopwood 1979, S. 145). Zweitens basiert die interpretative Accountingforschung auf einer Kritik der Basisannahmen des „mainstream accounting thought“ (Chua 1986), insbesondere seiner Verankerung im naturwissenschaftlich geprägten Wissenschaftsverständnis des kritischen Rationalismus mit seiner Annahme einer von Akteuren unabhängig existierenden und quasi-gesetzmäßig funktionierenden sozialen Realität. Dies, so die Kritik, sei unangemessen, da diese Realität durch intentional handelnde Akteure hervorgebracht werde. Tomkins und Groves (1983, S. 364) formulieren als grundlegendes Forschungsprogramm der interpretativen

[3]Für umfassendere Überblicke sei auf Baxter und Chua (2003); Becker (2003, Kap. 3); Chapman et al. (2009) sowie Miller und Power (2013, S. 564 ff.) verwiesen.

[4]Dieser Abschnitt basiert zu Teilen auf Kap. 3.3 aus Becker (2003, S. 110 ff.).

Accountingforschung daher, diese müsse sich darauf fokussieren, wie Praktiker*innen des Accounting ihre Situationen wahrnehmen und interpretieren und wie dies die Praxis des Accounting beeinflusse.

Die konzeptionelle Basis für diese Studien bilden interpretative Ansätze der Soziologie, die soziales Handeln als symbolisch vermittelte Praxis verstehen, insbesondere der Symbolische Interaktionismus (Blumer 1969). Die Grundprämissen des Symbolischen Interaktionismus besagen, dass Akteure allen Objekten und Personen gegenüber auf Basis der diesen zugeschriebenen Bedeutungen handeln – und nicht auf Basis „objektiver Fakten"; dass diese Bedeutungen wiederum aus sozialen Interaktionen entstehen; und dass diese Bedeutungen sich in den sozialen Interaktionen verändern können (Blumer 1969). Accounting ist in dieser Perspektive einerseits ein Instrument der Interpretation; mit seiner Hilfe wird organisationalen Sachverhalten Bedeutung zugeschrieben, die dann die Basis des Handelns bildet. So können beispielsweise Kosten als ein Interpretationsschema betrachtet werden, das organisationalen Ressourcen ökonomische Bedeutung zuschreibt und bestimmte Handlungsweisen nahelegt, etwa Outsourcing von Prozessen, die als zu kostenintensiv interpretiert werden. Andererseits ist Accounting aber auch ein Objekt, dem Bedeutung zugeschrieben wird. Hier ist beispielsweise daran zu denken, welche Relevanz Informationen aus dem Management Accounting relativ zu anderen Informationen, etwa Informationen aus dem Financial Accounting oder aus funktionalen Bereichen, in einer Organisation zugemessen wird. Ich möchte das am Beispiel von zwei Studien illustrieren.

Dent (1991) analysiert in seiner Studie über den kulturellen Wandel einer Britischen Eisenbahngesellschaft, in welcher Weise Management Accounting in diesen Prozess eingebettet ist und diesen vorangetrieben hat. Die Eisenbahngesellschaft operiert unwirtschaftlich und befindet sich zudem in einer Legitimationskrise, da sie in der Öffentlichkeit als bürokratisch und ineffizient wahrgenommen wird. Die Organisationskultur wird als „railway culture" beschrieben, in der technische Exzellenz der dominierende Wert ist. In dieser Situation schafft das Topmanagement Stellen für so genannte „business managers", die den unspezifischen Auftrag haben, die Gewinnsituation zu verbessern, die aber keine hierarchische Befugnis haben. Diese Business Manager führen Planungs- und Budgetierungsinstrumente ein, deren Wert sie in einem langwierigen Prozess den Führungskräften plausibel machen müssen. Mit der Zeit gewinnen sie dabei Verbündete und erlangen Einfluss auf Entscheidungen mit Symbolwirkung. So gelingt es ihnen etwa, eine Entscheidung über den regionalen Einsatz neu beschaffter Hochgeschwindigkeitszüge auf der Basis eines Profitabilitätskalküls anstatt der bloßen Machtposition von Regionalmanagern zu beeinflussen. Eine zweite Entscheidung mit solcher Symbolkraft ist die Verschiebung der Erneuerung von Signalanlagen aus ökonomischen Gründen, obwohl diese Signalanlagen innovativ sind und eine Implementation damit der Logik der technischen Exzellenz entsprächen. Diese und weitere Entscheidungen führen nach und nach zu einer Veränderung nicht nur der Strategie, sondern auch der Organisationskultur hin zu einer „culture of the bottom line".

Einerseits sehen wir hier Management Accounting als Instrument, eine neue Interpretation der organisationalen Situation als primär ökonomisches Problem zu etablieren:

> „Through interaction in meetings and elsewhere, many in the organization began to understand the Business Managers' emerging reality. Most also found it appealing. The continual attacks on the competence of public sector managers had worn morale down. To be businesslike was ‚good', it gave them pride, and made the railways modern. Increasingly people came to share the normative symbolism of the ‚bottom line'" (Dent 1991, S. 720).

Eine Betrachtung der Eisenbahngesellschaft als ökonomische Organisation ist mithin keineswegs selbstverständlich, sondern die entsprechenden Interpretationsmuster müssen in der Organisation etabliert und durchgesetzt werden. Planungs- und Budgetierungsinstrumente stellen dafür die Interpretationsmuster zur Verfügung. Andererseits wandelt sich auch die Bedeutung des Management Accounting. War es zunächst ein weitgehend bedeutungsloses simples Kostenrechnungssystem, so wird es im Laufe des Prozesses zum zentralen Bezugspunkt organisationaler Entscheidungen.

Eine etwas andere interpretative Perspektive verfolgt Ahrens (1997) in seiner Ethnografie von Management Accounting in britischen und deutschen Brauereien. Er untersucht, wie das Management Accounting in die Reproduktion der sozialen Ordnung der Organisationen eingebettet ist. In Anlehnung an Garfinkels (1984) Ethnomethodologie identifiziert er „accounting talk" als zentrales Instrument. „Accounting talk" bezeichnet die Art und Weise, wie in den täglichen Interaktionen, von formellen Besprechungen bis hin zu beiläufigen Gesprächen, über Accounting und Indikatoren gesprochen wird und wie die Management Accountants Informationen aus dem Management Accounting strategisch verwenden: „Accounting talk thus emerges as a medium for the creative mobilisation of accounting in everyday work. Through talk accounting is related to other ways of knowing the organisation, thereby making its categories meaningful to its members" (Ahrens 1997, S. 619). Management Accountants machen Management Accounting relevant, indem sie es in konkreten Interaktionen in ein Verhältnis zu anderen Formen des Wissens über bzw. der Repräsentation einer Organisation setzen, etwa produktionstechnisches oder Marketingwissen. Dabei wird die relative Bedeutung von Accountinginformation für die Interpretation von Problemen und für Entscheidungen verhandelt bzw. reproduziert. Ahrens (1997) beobachtet und analysiert zahlreiche Interaktionssequenzen in britischen und deutschen Brauereien und kann so spezifische Muster identifizieren.

- „German management accountants … emphasised the desirability of distancing themselves from the operational ‚day-to-day business' in the name of objectivity. Accounting was constituted through intertwining it with bureaucratic principles of organisation and separating it from the sphere of operational knowledge" (Ahrens 1997, S. 626). Management Accountants fungieren entsprechend in einer beratenden Rolle.

- „[Observations in the British breweries] suggest that the accountants' inter-functional expertise contributed to processes in which accounting came to pervade organisational order more fully. Far from a narrow specialist field, accounting expertise was seen to assume wider managerial significance" (Ahrens 1997, S. 624). Management Accountants nehmen entsprechend einen umfassenden Einfluss auf strategische wie operative Entscheidungen.

In der Konsequenz agieren die Management Accountants in den beiden Ländern unterschiedlich und das Management Accounting spielt jeweils unterschiedliche Rollen. Während es in den britischen Brauereien andere Funktionsbereiche tendenziell dominiert, spielt es in den deutschen Brauereien eher nur eine unterstützende Rolle und funktionale Managementbereiche dominieren.

Die beiden Studien illustrieren, dass in einer interpretativen Perspektive Management Accounting ein Medium der sozialen Konstruktion organisationaler Realität ist, und nicht einfach ein objektives Abbild dieser Realität liefert. Diese soziale Ordnung wird dabei als ein geteiltes Sinnsystem verstanden und mit dem Konzept der Kultur – Organisationskultur im Falle der Studie von Dent (1991) und zusätzlich länderspezifische Aspekte von Kultur im Falle von Ahrens (1997). Insofern ist „Interpretation" hier auch nicht bloß ein individueller Akt, sondern das zentrale Medium der Integration von Akteuren, Gruppen etc. in die Reproduktion größerer sozialer bzw. gesellschaftlicher Einheiten. Das ist genau die ethnografische Forschungsstrategie, wie sie Geertz (1973) beschreibt. Die Perspektive der Accountingforschung fokussiert darauf, dass Management Accounting nicht nur ein Instrument ökonomischer Steuerung ist, sondern auch ein Medium der Sinnstiftung über ökonomische Effizienz hinaus. Hier bieten sich beispielsweise vielfältige Möglichkeiten, nichtintendierte Effekte von Veränderungsprozessen im Management Accounting besser zu verstehen.

3.2 Management Accounting und die Konstitution organisationaler Realität

Während die interpretative Accountingforschung die sozialkonstruktive Rolle von Management Accounting in der Sinnstiftung bzw. Bedeutungszuweisung zu organisationalen Sachverhalten sieht, gehen andere Perspektiven weiter. Sie sehen Management Accounting involviert in die Hervorbringung, nicht bloß Interpretation, von organisationalen Phänomenen. Das wird als Konstitution organisationaler Realität bezeichnet.

Hopwood (1992) bezieht sich auf den gut dokumentierten Fall des englischen Porzellanproduzenten Josiah Wedgwood, der im 18. Jahrhundert ein Kostenrechnungssystem für seine Manufaktur entwickelt. In der Rezession von 1772 stockt sein Absatz und Überlegungen zu Änderungen von Verkaufspreisen bringen Wedgwood zu der Frage, was die Kosten seiner Produktion sind. Das Problem war allerdings, dass „cost was initially an idea but not a fact" (Hopwood 1992, S. 131). Ohne ein Instrument zur Messung von Kosten war es zunächst nicht möglich, diese zu

„sehen", sie waren bloß eine abstrakte Idee. „Costs had to be constructed rather than merely revealed" (Hopwood 1992, S. 134). Erst durch einen mühsamen Prozess der Operationalisierung werden sie zu einem konkreten Objekt, auf dessen Basis dann Maßnahmen ergriffen werden können. Diese Maßnahmen basieren auf der nun konkret gemachten Idee von Kosten und Wedgwood beginnt, seine Manufaktur und die Prozesse kostenrechnerisch zu optimieren, etwa durch die Nutzung von Skaleneffekten. Dies ist weiter gehend als bloße Interpretation organisationaler Realität. Es werden, so Hopwood (1992) ökonomische Tatsachen *geschaffen*, nicht entdeckt.

Ein zweites Beispiel für die Rolle von Management Accounting als Medium der Konstitution organisationaler Realität ist Espeland und Sauders (2007) Untersuchung des Rankings US-amerikanischer Law Schools durch U.S. News and World Report. Das Ranking beruht auf vier Performanceindikatoren: Reputation, Selektivität der Aufnahmekriterien, Beschäftigungschancen von Absolvent*innen und Ressourcen. Diese Performanceindikatoren repräsentieren zunächst einmal die Vorstellung der Rankinginstitution von einer guten Law School. Sie stimmen aber häufig nicht mit den Prozessen und Strategien der Law Schools selbst überein. So gab es etwa Law Schools, die explizit die Förderung sozial benachteiligter Studierender als Strategie verfolgten; dies widerspricht aber dem Performancemaß der Selektivität. Da solche Law Schools ungünstige Rangplätze zugewiesen bekommt, entwickelt sich eine soziale Dynamik, die letztendlich darauf hinausläuft, dass sich Law Schools nach dem Bild, das den Rankingkriterien zugrunde liegt, formen. Rankings funktionieren mithin durch den Mechanismus einer *self-fulfilling prophecy*:

> „We define self-fulfilling prophecies as processes by which reactions to social measures confirm the expectations or predictions that are embedded in measures or which increase the validity of the measure by encouraging behavior that conforms to it" (Espeland und Sauder 2007, S. 11).

Performanceindikatoren, so kann man allgemeiner formulieren, sind reaktive Maße. Das sind solche, die das Phänomen, das sie beschreiben sollen, durch den Akt der Messung selbst beeinflussen (Espeland und Sauder 2007, S. 3). Performancemaße wirken mithin performativ (Dambrin und Robson 2011). Management Accounting kann entsprechend diesem Mechanismus als Medium der sozialen Konstruktion von Realität beschrieben werden.

Als drittes und letztes Beispiel soll die Studie von Mouritsen et al. (2001) über intellektuelles Kapital dienen. Ähnlich wie Kosten im Fall von Wedgwood, ist intellektuelles Kapital zunächst eine abstrakte Idee, die die wachsende Differenz zwischen Markt- und Buchwert von Unternehmen erklären soll. Im Zuge der Entwicklung von Methoden, intellektuelles Kapital durch *intellectual capital statements* messbar und operational beschreibbar zu machen, wandelt es sich von einem „nothing" zu etwas, dem konkrete „something-ness" zugeschrieben werden kann (Mouritsen et al. 2001, S. 736). Bei allen individuellen Unterschieden sind die von Mouritsen et al. (2001) untersuchten *intellectual capital statements* entlang von drei Dimensionen organisiert: ein Wissensnarrativ, das die Bedeutung von Wissen für die Organisation beschreibt;

ein Set von Herausforderungen und Maßnahmen des Wissensmanagements; und ein Report, der Indikatoren für Effekte, Aktivitäten und Ressourcen in den Bereichen Humanressourcen, Kunden, Prozesse und Technologie mit Visualisierungen und dem Narrativ verbindet. Dies schafft die Basis, das intellektuelle Kapital (= Wissen) sichtbar und damit der Intervention bzw. dem Management zugänglich zu machen. Mouritsen et al. (2001) zeigen damit, dass und wie intellektuelles Kapital durch Accounting als konkretes Phänomen konstituiert wird.

Die Grundidee, die den zitierten Beispielen zugrunde liegt, ist die Performativität des Management Accounting, oder allgemeiner von kalkulativen Praktiken. Kalkulative Praktiken wie Performance Measurement, Kostenrechnung etc. bilden nicht nur ihre Objekte ab, sondern konstituieren sie als ökonomische Entitäten, die dann Interventionen im Namen ökonomischer Rationalität zugänglich werden. Im Bereich von Unternehmen mag uns das so selbstverständlich erscheinen, weil wir hier – wie das Beispiel von Josiah Wedgwood (Hopwood 1987) eindrücklich demonstriert – auf eine lange Historie der „Ökonomisierung" zurückblicken. Besonders sichtbar werden diese Effekte aber einerseits bei neueren Phänomenen wie Rankings (Espeland und Sauder 2007) oder Intellektuellem Kapital (Mouritsen et al. 2001). Andererseits lassen sich diese Prozesse der Konstitution ökonomischer Objekte sehr gut in Bereichen studieren, die noch nicht ökonomisiert sind, etwa dem Gesundheitswesen (z. B. Gebreiter und Ferry 2016) oder der Entwicklungszusammenarbeit (Crvelin und Becker 2020). Wichtig ist hier die Einsicht, dass die Objekte des Accounting nicht von Natur aus ökonomische Attribute aufweisen, sondern dass das Ökonomische maßgeblich durch die Instrumente des Accounting hervorgebracht wird.

3.3 Accounting und gesellschaftliche Regulation

Wenn (Management) Accounting im Rahmen der qualitativen interdisziplinären Forschung als soziale und institutionelle Praxis verstanden wird (Miller 1994), dann wird es als Phänomen betrachtet, das nicht nur in organisationale Kontexte eingebettet ist, sondern auch in weitere gesellschaftlich-historische Entwicklungen. Das bedeutet auch, dass die historische Entwicklung von Instrumenten des Management Accounting nicht rein sachlogischen Imperativen der stetigen Verbesserung der Repräsentation ökonomischer Prozesse in Organisationen folgt, sondern gesellschaftliche Diskurse aufnimmt, spiegelt und diese selbst beeinflusst (Miller und Rose 1990).

Miller und O'Leary (1987) analysierten etwa die Entwicklung der Standardkostenrechnung (*standard costing*) im ausgehenden 19. und beginnenden 20. Jahrhundert. Standardkostenrechnung ist auf der einen Seite eine neue Form der Kostenrechnung, die Kostenstandards zur Steuerung von Unternehmen und Prozessen verwendet. Sie stellt gegenüber den vorher üblichen Formen der Kostenrechnung eine grundlegende Veränderung dar, weil sie es ermöglicht, die Einhaltung der Kostenstandards bis auf die Ebene des individuellen Arbeiters und Managers zurückzuführen. Damit wird eine völlig neue Form der individuellen Verantwortung und damit des ökonomischen Subjekts konstituiert. Auf der anderen Seite zeigen

Miller und O'Leary (1987), dass die Entstehung der Standardkostenrechnung auf einer spezifischen Konstellation gesellschaftlicher Diskurse von Effizienz und Vermeidung von Ressourcenverschwendung zum Ende des 19. Jahrhunderts beruht. Es besteht zu der Zeit einerseits eine ökonomische Konkurrenz zwischen den europäischen Nationalstaaten, in der die Idee der Effizienz von Nationen zentral ist. Dies verbindet sich mit einem moralischen Diskurs über die „Ineffizienz" und „Faulheit" von Individuen, insbesondere aus der Arbeiterklasse, der eng mit der damals populären Idee der Eugenik verbunden ist. Die Standardkostenrechnung adressiert beide Diskurse: Durch die Setzung von Leistungsstandards und persönliche Verantwortung werden die Arbeiter zur Effizienz angehalten bzw. gezwungen; durch die Anwendung der Standardkostenrechnung werden gleichzeitig die Unternehmen und damit auch die Nationen leistungsfähiger. Die Entwicklung der Standardkostenrechnung ist ein Beispiel dafür, dass Management Accounting nicht nur einem technischen Entwicklungspfad folgt, sondern stets eingebettet ist in weitere gesellschaftliche Diskurse.[5]

Das bedeutet nicht nur, dass gesellschaftliche Diskurse das Accounting und seine Methoden prägen, sondern auch, dass Accounting in die Regulation weiter gesellschaftlicher Bereiche eingebettet ist (Miller und Rose 1990). Miller und Rose und andere beziehen sich dabei auf das Konzept der *governmentality* von Foucault (2009).[6] Meint dies ursprünglich eine spezifische Form der Regierung, so wird es u. a. übertragen auf die Steuerung bzw. Regulation ökonomischen Lebens, aber eben auch für die Analyse von Accounting mobilisiert (einen Überblick gibt die Einleitung in Miller und Rose 2008). *Governmentality* ist eine Form der Steuerung und Regulierung des Handelns formell freier Individuen durch die Setzung bzw. Beeinflussung von Handlungsrahmen. Diese bestehen in Diskursen, die definieren, welche gesellschaftlichen (oder organisationalen) Probleme von welchen Autoritäten mit welchen Mitteln zu bearbeiten sind. Diskurse sind untrennbar verbunden mit Technologien, die notwendig sind, um gesellschaftliche und/oder organisationale Bereiche in den Geltungsbereich eines Diskurses zu holen (Miller und Rose 1990). So bedarf es etwa der Standards und der Kostenkalkulationen der Standardkostenrechnung, um zwischen effizienten und ineffizienten Arbeitern zu unterscheiden; nur so wird die Idee der Effizienz materiell wahrnehmbar und steuerbar.

Charakteristisch für die Entwicklung der letzten Jahrzehnte ist nun, dass der Prozess der Ökonomisierung, d. h. eine gesellschaftliche Dominanz eines neoliberal geprägten Ökonomisierungsdiskurses, immer weitere Teile der Gesellschaft erfasst. Studien haben sich z. B. mit Entwicklungszusammenarbeit (Crvelin und Becker 2020), dem Gesundheitswesen (Kurunmäki 2004), Museen (Oakes et al. 1998), Schulen (Ezzamel et al. 2012) oder Hilfe für Obdachlose (Cooper et al. 2016) befasst. Stets sind Instrumente des Accounting involviert, die diese Bereiche als

[5]Weitere Beispiele finden sich in dem von Hopwood und Miller (1994) herausgegebenen Sammelband.

[6]Foucault entwickelte das Konzept in seinen Vorlesungen am Collége de France 1977–1978.

ökonomische Entitäten konstituieren und damit nahelegen, sie auf Basis ökonomischer Kriterien und Steuerungsmodelle zu managen.

> „Accounting can now be seen as a set of practices that affects the type of world we live in, the type of social reality we inhabit, the way in which we understand the choices open to business undertakings and individuals, the way in which we manage and organize activities and processes of diverse types, and the way in which we administer the lives of others and ourselves" (Miller 1994, S. 1).

Instrumente des Accounting wie Kostenanalysen, Performance Measurement, Profitabilitätskennzahlen, Rankings sind mittlerweile tief in die Steuerung vieler gesellschaftlicher Bereiche vorgedrungen, die vormals einer solchen ökonomischen Steuerung nicht unterlagen, in denen ökonomische Steuerungs- und Erfolgskonzepte mit den Verständnissen von guter Performance der professionellen Akteure in Konflikt gerät, und die dadurch fundamental in ihrer Logik und ihrem Selbstverständnis verändert werden (vgl. das Beispiel aus Dent 1991). Diese Forschungsperspektive bringt zwei wichtige Einsichten hervor. Erstens macht sie deutlich, dass die schon dargestellte sozialkonstruktive Rolle von Accounting als Medium der Ökonomisierung auf kontingenten historischen Konstellationen beruht; das heißt, es hätte auch anders kommen können. Zweitens stellt sie die besondere Rolle von wissenschaftlichen Diskursen für die Konstitution sozialer Realität heraus. Im Falle der Standardkostenrechnung sind das zum Beispiel der damals populäre Diskurs der Eugenik und das Scientific Management, deren Verbindung die Formulierung der Standardkostenrechnung erst ermöglicht, aber nicht determiniert.

4 Schluss

Die besondere Qualität qualitativer Forschung im Accounting lässt sich nicht drauf reduzieren, dass sie qualitative Forschungsmethoden anwendet. Vielmehr beruht sie auf einer sozialkonstruktivistischen Methodologie, die ganz im Sinne von Hacking (1999) davon ausgeht, dass soziale Phänomene wie das Accounting nicht „von Natur aus" oder durch Gesetzmäßigkeiten determiniert in einer bestimmten Form existieren. Es sind vielmehr historisch kontingente Prozesse sozialer Konstruktion, die Accounting in seiner empirisch beobachteten Form konstituieren. Die große Stärke der qualitativen empirischen Forschung liegt in ihrem „commitment to study, analyse and interpret accounting in the contexts in which it operates" (Hopwood 1983, S. 303) und der damit verbundenen tiefen Durchdringung der untersuchten Phänomene, insbesondere in der Konzentration auf die Details der analysierten Prozesse. Diese Forschung erlaubt vor allem die Beantwortung von Wie-Fragen. Auf welche Weise wirken Accountinginstrumente im Detail? Wie nehmen organisationale Akteure diese Instrumente wahr, wie und aus welchen Gründen handeln sie in bestimmter Weise?

Die sozialkonstruktive Perspektive bedeutet auch, dass die Entwicklung des Accounting nicht einfach als eine teleologische Entwicklung hin zu immer besserer

Repräsentation organisationaler Phänomene verstehen lässt. So lässt sich auch die immer weitere Durchdringung weiter gesellschaftlicher Bereiche – öffentliche Verwaltungen, Gesundheitswesen, Kulturinstitutionen, Entwicklungszusammenarbeit, bis hin zur mittlerweile ubiquitären Präsenz von Rankings von allem – als Effekt eines dominierenden neoliberal geprägten ökonomischen Diskurs beschreiben, der Accounting benötigt, um die genannten Bereich als ökonomische Entitäten zu konstituieren. Wie Hacking es ausdrückt, die Art, wie wir soziale Phänomene und Menschen beschreiben, „changes the space of possibilities" (Hacking 1986, S. 229).

Diese kurze Darstellung der qualitativen Forschung über Management Accounting als soziale, organisationale und institutionelle Praxis führt damit zu einem vielleicht überraschenden und kontraintuitiven Schluss. Assoziieren wir mit qualitativer Forschung zunächst einmal eine detaillierte Mikroperspektive, so führt uns gerade diese Mikroperspektive durch ihren detaillierten Blick auf das „Wie" der Wirkung von Management Accounting zu einer Ausweitung der Perspektive über die Grenzen der Organisation hinaus. Betrachten wir Management Accounting als eine spezifische Form kalkulativer Praktiken, dann erweist es sich als eine äußerst wirkmächtige gesellschaftliche Größe.

Literatur

Ahrens, T. (1997). Talking accounting: An ethnography of management knowledge in British and German brewers. *Accounting, Organizations and Society, 22*(7), 617–637. https://doi.org/10.1016/S0361-3682(96)00041-4.

Alternative Accounting Research Network. (2020). https://www.alternativeaccounting.org/. Zugegriffen am 03.08.2020.

Anthony, R. N. (1957). Cost concepts for control. *The Accounting Review, 32*(2), 229–234.

Argyris, C. (1952). *The impact of budgets on people*. Ithaca: Controllership Foundation.

Baxter, J., & Chua, W. F. (2003). Alternative management accounting research – Whence and whither. *Accounting, Organizations and Society, 28*(2), 97–126. https://doi.org/10.1016/S0361-3682(02)00022-3.

Becker, A. (2003). *Controlling als reflexive Steuerung von Organisationen*. Stuttgart: Schäffer-Poeschel.

Blumer, H. (1969). The methiodological position of symabolic interactionism. In H. Blumer (Hrsg.), *Symbolic interationism: Perspective and method* (S. 1–60). Berkeley: University of California Press.

Burchell, S., Clubb, C., Hopwood, A., & Hughes, J. (1980). The roles of accounting in organizations and society. *Accounting, Organizations and Society, 5*(1), 5–27.

Chapman, C. S., Cooper, D. J., & Miller, P. B. (2009). Linking accounting, organizations, and institutions. In C. S. Chapman, D. J. Cooper & P. B. Miller (Hrsg.), *Accounting, organizations, and institutions: Essays in honour of Anthony Hopwood* (S. 1–29). Oxford: Oxford University Press.

Chua, W. F. (1986). Radical developments in accounting thought. *The Accounting Review, 61*(4), 601–632.

Cooper, C., Graham, C., & Himick, D. (2016). Social impact bonds: The securitization of the homeless. *Accounting, Organizations and Society, 55*, 63–82. https://doi.org/10.1016/j.aos.2016.10.003.

Crvelin, D., & Becker, A. (2020). ‚The spirits that we summoned': A study on how the ‚governed' make accounting their own in the context of market-making programs in Nepal. *Accounting, Organizations and Society, 81*, 101079. https://doi.org/10.1016/j.aos.2019.101079.

Dambrin, C., & Robson, K. (2011). Tracing performance in the pharmaceutical industry: Ambivalence, opacity and the performativity of flawed measures. *Accounting, Organizations and Society, 36*(7), 428–455. https://doi.org/10.1016/j.aos.2011.07.006.

Dent, J. F. (1991). Accounting and organizational cultures: A field study of the emergence of a new organizational reality. *Accounting, Organizations and Society, 16*(8), 705–732. https://doi.org/10.1016/0361-3682(91)90021-6.

Eisenhardt, K. (1989). Building theories from case study research. *Academy of Management Review*, 532–550.

Espeland, W. N., & Sauder, M. (2007). Rankings and reactivity: How public measures recreate social worlds. *American Journal of Sociology, 113*(1), 1–40. https://doi.org/10.1086/517897.

Ezzamel, M., Robson, K., & Stapleton, P. (2012). The logics of budgeting: Theorization and practice variation in the educational field. *Accounting, Organizations and Society, 37*(5), 281–303. https://doi.org/10.1016/j.aos.2012.03.005.

Foucault, M. (2009). *Security, territory, population: Lectures at the Collège de France 1977–1978*. Houndsmills: Palgrave Macmillan.

Garfinkel, H. (1984). *Studies in ethnomethodology*. Cambridge: Polity Press.

Gebreiter, F., & Ferry, L. (2016). Accounting and the ‚insoluble' problem of health-care costs. *European Accounting Review, 25*(4), 719–733. https://doi.org/10.1080/09638180.2016.1187073.

Geertz, C. (1973). *The interpretation of cultures*. London: Fontana.

Hacking, I. (1986). Making up people. In T. C. Heller, M. Sosna & D. E. Wellbery (Hrsg.), *Reconstructing individualism: Autonomy, individuality, and the self in Western thought* (S. 222–236). Stanford: Stanford University Press.

Hacking, I. (1999). *The social construction of what?* Cambridge, MA: Harvard University Press.

Hall, M., & Messner, M. (2018). The field research method as applied to behavioural accounting research: Interviews and observation. In T. Libby & L. Thorne (Hrsg.), *The Routledge companion to behavioural accounting research* (S. 225–237). London: Routledge.

Hofstede, G. (1967). *The game of budget control*. Abingdon: Routledge.

Hopwood, A. (1979). Editorial. *Accounting, Organizations and Society, 4*(3), 145–147. https://doi.org/10.1016/0361-3682(79)90022-9.

Hopwood, A. G. (1974). *Accounting and human behaviour*. Englewood Cliffs: Prentice Hall.

Hopwood, A. G. (1976). Editorial. *Accounting, Organizations and Society, 1*(1), 1–4. https://doi.org/10.1016/0361-3682(76)90002-7.

Hopwood, A. G. (1983). On trying to study accounting in the contexts in which it operates. *Accounting, Organizations and Society, 8*(2–3), 287–305.

Hopwood, A. G. (1987). The archeology of accounting systems. *Accounting, Organizations and Society, 12*(3), 207–234.

Hopwood, A. G. (1992). Accounting calculation and the shifting sphere of economics. *European Accounting Review, 1*(*1*), 125–143.

Hopwood, A. G., & Miller, P. (1994). *Accounting as social and institutional practice*. Cambridge: Cambridge University Press.

Jönsson, S., & Lukka, K. (2007). There and back again: Doing interventionist research in management accounting. In C. S. Chapman, A. G. Hopwood & M. D. Shields (Hrsg.), *Handbook of management accounting research* (Bd. 1, S. 373–397). Amsterdam: Elsevier.

Jordan, S., Mitterhofer, H., & Jørgensen, L. (2018). The interdiscursive appeal of risk matrices: Collective symbols, flexibility normalism and the interplay of ‚risk' and ‚uncertainty'. *Accounting, Organizations and Society, 67*, 34–55. https://doi.org/10.1016/j.aos.2016.04.003.

Kurunmäki, L. (2004). A hybrid profession – The acquisition of management accounting expertise by medical professionals. *Accounting, Organizations and Society, 29*(3), 327–347. https://doi.org/10.1016/S0361-3682(02)00069-7.

Lukka, K., & Modell, S. (2010). Validation in interpretive management accounting research. *Accounting, Organizations and Society, 35*(4), 462–477. https://doi.org/10.1016/j.aos.2009.10.004.

Lukka, K., & Mouritsen, J. (2002). Homogeneity or heterogeneity of research in management accounting? *European Accounting Review, 11*(4), 805–811.

Messner, M., Moll, J., & Strömsten, T. (2017). Credibility and authenticity in qualitative accounting research. In Z. Hoque, L. D. Parker, M. A. Covaleski & K. Haynes (Hrsg.), *The Routledge companion to qualitative accounting research* (S. 432–444). London: Routledge.

Miller, P., & O'Leary, T. (1987). Accounting and the construction of the governable person. *Accounting, Organizations and Society, 12*(3), 235–265.

Miller, P. (1994). Accounting as social and institutional practice: An introduction. In A. G. Hopwood & P. Miller (Hrsg.), *Accounting as social and institutional practice* (S. 1–39). Cambridge: Cambridge University Press.

Miller, P., & Power, M. (2013). Accounting, organizing, and economizing: Connecting accounting research and organization theory. *The Academy of Management Annals, 7*(1), 557–605. https://doi.org/10.1080/19416520.2013.783668.

Miller, P., & Rose, N. (1990). Governing economic life. *Economy and Society, 19*(1), 1–31. https://doi.org/10.1080/03085149000000001.

Miller, P., & Rose, N. (2008). *Governing the present: Administering economic, social and personal life*. Cambridge: Polity Press.

Mouritsen, J., Larsen, H. T., & Bukh, P. N. D. (2001). Intellectual capital and the ‚capable firm': Narrating, visualising and numbering for managing knowledge. *Accounting, Organizations and Society, 26*(7–8), 735–762. https://doi.org/10.1016/s0361-3682(01)00022-3.

Neuman, W. L. (2014). *Social research methods: Qualitative and quantitative approaches* (7. Aufl.) Harlow: Pearson.

Oakes, L. S., Townley, B., & Cooper, D. J. (1998). Business planning as pedagogy: Language and control in a changing institutional field. *Administrative Science Quarterly, 43*(2), 257–292. https://doi.org/10.2307/2393853.

Popper, K. R. (1959). *The logic of scientific discovery*. London: Hutchinson.

Simon, H. A., Guetzkow, H., Kozmetsky, G., & Tyndall, G. (1954). *Centralization vs. decentralization in organizing the controller's department: A research study and report*. New York: Controllership Foundation.

Sombart, W. (2018 [1902]). Begriff und Wesen des Kapitalismus. In K. Lichtblau & W. Sombart (Hrsg.), *Die Modernität des Kapitalismus* (S. 21–40). Wiesbaden: Springer VS.

Thomas, W. I., & Thomas, S. S. (1928). *The child in America: Behavioural problems and progress*. New York: Knopf.

Tomkins, C., & Groves, R. (1983). The everyday accountant and researching his reality. *Accounting, Organizations and Society, 8*(4), 361–374. https://doi.org/10.1016/0361-3682(83)90049-1.

Weber, M. (1922). Wirtschaft und Gesellschaft. In *Max Weber im Kontext* (2). Berlin/Tübingen: InfoSoftWare Karsten Worm.

Zirkler, B. (2002). *Führungsorientiertes US-amerikanisches Management Accounting*. Wiesbaden: Gabler.

Teil IV

Controlling-Praxis anhand der Wertschöpfungskette

Marketingcontrolling in der Unternehmenspraxis

Sven Reinecke und Alexander Tombach

Zusammenfassung

Der vorliegende Beitrag fasst die Ergebnisse einer umfassenden empirischen Studie zum Marketingcontrolling im deutschsprachigen Raum zusammen. Es wird analysiert, welche Instrumente, Verfahren und Kennzahlen des Marketingcontrollings in der Praxis tatsächlich eingesetzt werden – und ob sich besonders erfolgreiche Unternehmen von weniger erfolgreichen diesbezüglich unterscheiden. Es zeigt sich, dass in zahlreichen Bereichen des Marketingcontrollings nach wie vor große Umsetzungsherausforderungen bestehen. Mit anderen Worten: Bei der Implementierung von Marketingcontrolling herrscht eine Lücke zwischen verfügbaren theoretisch-konzeptionellen Ansätzen und der Anwendung in der unternehmerischen Praxis.

Schlüsselwörter

Marketingcontrolling · Return on Marketing · Marketing Performance Measurement · Marketingkennzahlen · Marketingaccounting

1 Einleitung

Das Thema „Return on Marketing“ hat sich in den letzten zwanzig Jahren von einem Schnittstellen- bzw. Randbereich zu einem eigenständigen Themengebiet entwickelt, dessen Relevanz in Wissenschaft und Praxis unbestritten ist (u. a. Hanssens und Pauwels 2016). Wissenschaftler aus den Bereichen Marketing und Controlling sowie Unternehmensberater haben zahlreiche Verfahren und Ansätze entwickelt, die

S. Reinecke (✉) · A. Tombach
Institut für Marketing und Customer Insight, Universität St. Gallen, St. Gallen, Schweiz
E-Mail: sven.reinecke@unisg.ch; alexander.tombach@unisg.ch

W. Becker, P. Ulrich (Hrsg.), *Handbuch Controlling*,
https://doi.org/10.1007/978-3-658-26431-4_17

Führungskräfte dabei unterstützen, Effektivität und Effizienz im Marketing sicherzustellen (Reinecke und Janz 2007; Bauer et al. 2016; Stewart und Gugel 2016). Der vorliegende Beitrag präsentiert die Ergebnisse einer empirischen Untersuchung im deutschsprachigen Raum. Dabei wurde untersucht, welche Instrumente, Verfahren und Kennzahlen des Marketingcontrollings in der Praxis tatsächlich eingesetzt werden. Die empirische Untersuchung wird seit Jahren regelmäßig von der Universität St. Gallen (HSG) durchgeführt, so dass es auch möglich ist, einige Veränderungen im Zeitverlauf aufzuzeigen. Ergänzend werden Unterschiede im Instrumenten- und Kennzahleneinsatz zwischen besonders erfolgreichen und weniger erfolgreichen Unternehmen ermittelt.

2 Marketingcontrolling als Sicherstellen der Effektivität und Effizienz im Marketing

Marketingcontrolling ist ein klassisches Schnittstellenthema zweier betriebswirtschaftlicher Teilgebiete. Marketing und Controlling stehen in einem ambivalenten Verhältnis zueinander. Einerseits werden sie als Zwillingsschwestern betrachtet, da beide übergreifende Konzepte sind, die nicht als Privileg einzelner Experten angesehen werden sollten (Deyhle 1988, S. 15). Anderseits besteht ein natürlicher Ziel- und Interessenskonflikt, wenn Marketing als *Führung vom Markt her* und Controlling als *Führung vom Ergebnis her* betrachtet wird.

Horváth (1985, S. 13) unterstreicht einen wesentlichen, allgemein akzeptierten Unterschied zwischen Marketing und Controlling: Marketing umfasst als unmittelbare Managementaufgabe die Entscheidungsfindung, während dem Controlling eine entscheidungsunterstützende Aufgabe zugeschrieben wird. Nachfolgend wird Marketing als Oberbegriff verwendet, der den Verkauf als Subinstrument einschließt – insofern umfasst das Marketingcontrolling auch das Verkaufscontrolling. Marketingcontrolling sollte jedoch nicht mit Rechnungswesen im Marketing gleichgesetzt werden, auch wenn Letzteres eine wesentliche Informationsquelle ist. Die Funktion des Marketingcontrollings besteht vielmehr darin, die *Effektivität* (Wirksamkeit) und *Effizienz* (Wirtschaftlichkeit) einer marktorientierten Unternehmensführung sicherzustellen (Reinecke und Janz 2007, S. 38 f.).

Effektivität und Effizienz werden nachfolgend wie folgt verstanden: *Effektivität* bezeichnet im weiteren Sinn die Wirksamkeit und somit den Output der Leistungserstellung. Somit wird beschrieben, ob vorgegebene Ziele erreicht werden. *Effektivität* im engeren Sinn definiert den Wirksamkeitsgrad. Zentral ist die Frage, ob die Zielerreichung über einem vorab formulierten Zielniveau liegt. *Effizienz* hingegen bezeichnet den Grad der Wirtschaftlichkeit. Demnach ist eine Maßnahme effizient, wenn es keine andere Maßnahme gibt, die ein besseres Output/Input-Verhältnis erzielt (wobei das Verhältnis mindestens eins betragen muss) (siehe Abb. 1). Für eine ausführliche Begriffsdiskussion wird auf Lasslop (2003, S. 8 ff.) sowie Bonoma und Clark (1988) verwiesen.

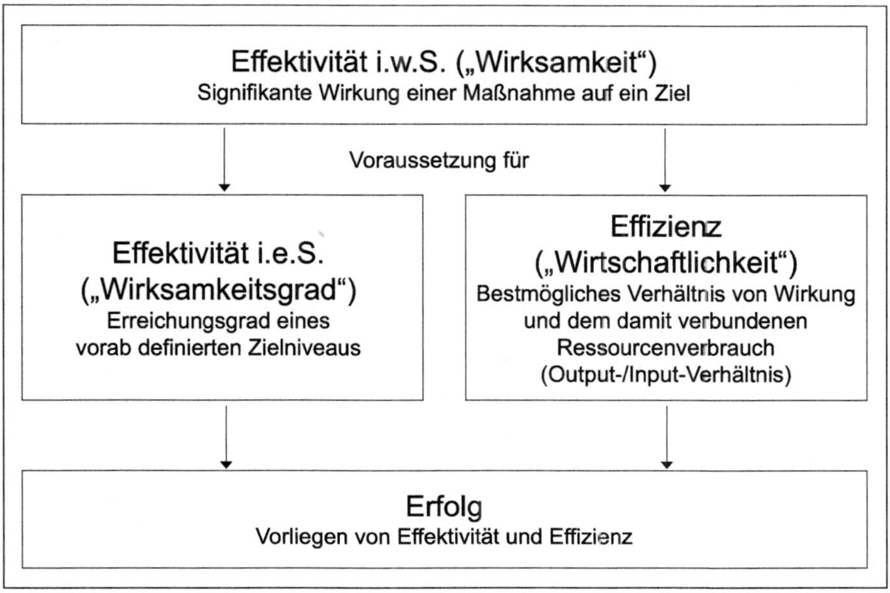

Abb. 1 Zusammenhang von Effektivität, Effizienz und Erfolg. (Quelle: Reinecke und Janz 2007, S. 39 in Anlehnung an Lasslop 2003, S. 12)

In der Marketingwissenschaft besteht unverändert großes Interesse am Thema Marketingcontrolling (u. v. a. Bauer et al. 2016; Katsikeas et al. 2016; Hanssens und Pauwels 2016; Bendle et al. 2020). Im Mittelpunkt der wissenschaftlichen Forschung steht zum einen die Beschreibung und der Nachweis der Wirkungskette von der Marketingaktivität bis zum unternehmerischen Erfolg, zum anderen die Definition und Auswahl geeigneter Marketingführungsgrößen.

Nachfolgend wird der aktuelle Stand des Marketingcontrollings in der betriebswirtschaftlichen Praxis kritisch evaluiert:

- Inwiefern verlangt die Unternehmensleitung einen Nachweis der Effektivität und Effizienz von Marketingmaßnahmen sowie der Gesamtfunktion „Marketing"? Welche Funktion wird dabei dem Marketingcontrolling zugeschrieben?
- Wie erfolgt die Planung von Marketing- und Verkaufsbudgets?
- Was sind die größten Herausforderungen des Marketingcontrollings?
- Welche Marketing- und Verkaufskennzahlen werden verwendet?
- Welche Marketingcontrollinginstrumente werden in welcher Form eingesetzt?
- Wodurch unterscheiden sich besonders erfolgreiche von weniger erfolgreichen Unternehmen hinsichtlich der Einsatzintensität von Marketingcontrollinginstrumenten?
- Inwiefern unterscheiden sich Groß- und Kleinunternehmen hinsichtlich der Einsatzintensität von Marketingcontrollinginstrumenten?

Um diesen Fragen nachzugehen, hat das Institut für Marketing an der Universität St. Gallen im Sommer 2020 eine empirische Untersuchung durchgeführt. Nachfolgend wird der Studienaufbau kurz dargestellt, bevor die Ergebnisse präsentiert werden.

3 Anlage der empirischen Studie

Für die Studie wurden Führungskräfte im deutschsprachigen Raum mit dem Schwerpunkt Schweiz per E-Mail bzw. Web-Link kontaktiert und gebeten, an einer standardisierten schriftlichen Online-Befragung teilzunehmen. Die Grundgesamtheit der befragten Führungskräfte setzt sich aus Mitgliedern des Management Pools des Instituts für Marketing der Universität St. Gallen (Marketingführungskräfte aus dem deutschsprachigen Raum) sowie Mitgliedern des Swiss Marketing Panels zusammen. 179 Führungskräfte haben während des Erhebungszeitraums von Juni bis August 2020 an der Online-Befragung teilgenommen.

Die Mehrzahl der Befragten bekleidet eine leitende Funktion in ihrem Unternehmen. Geschäftsführer, Marketingleiter und Aufsichts- bzw. Verwaltungsräte machen insgesamt 65 % der Befragten aus. Weitere 31 % der Befragten sind Verkaufs- oder Werbeleiter. Die Befragten haben durchschnittlich eine Führungsverantwortung für 17 Mitarbeitende. Im Durchschnitt beschäftigen die befragten Unternehmen 1960 Mitarbeitende, wobei 39 % Kleinunternehmen (<50 Mitarbeitende) und 28 % Großunternehmen (>500 Mitarbeitende) sind. Die Stichprobe weist ein breites Branchenspektrum auf. 44 % der Unternehmen sind im Dienstleistungsbereich tätig, 22 % im Industriegüterbereich, 19 % in Handel & Distribution sowie 15 % im Konsumgüterbereich. Die Mehrzahl der Unternehmen aus der Stichprobe sind Kapitelgesellschaften (59 % nicht börsennotierte, 22 % börsennotiert). Die Studie erhebt keinen Anspruch auf Repräsentativität – weder für den deutschsprachigen noch für den schweizerischen Raum, auch wenn die Stichprobenstruktur der mittelständisch geprägten Wirtschaftslandschaft weitgehend entspricht (Tab. 1).

Tab. 1 Untersuchungsanlage. (Quelle: eigene Darstellung)

Grundgesamtheit	Mitglieder des Management Pools des Instituts für Marketing an der Universität St. Gallen (HSG) und Mitglieder des Swiss Marketing Panels
Stichprobe	179 Führungskräfte aus dem deutschsprachigen Raum, davon sind 142 im Schweizer Markt, 68 im deutschsprachigen Raum, 23 in Europa und 32 weltweit tätig (*Mehrfachantworten möglich*)
Erhebungsverfahren	Schriftliche Onlinebefragung
Erhebungszeitraum	Juni – August 2020

4 Stand des Marketingcontrollings in der Unternehmenspraxis

4.1 Marketingkultur

Die Notwendigkeit, den *Return on Marketing* an das Top-Management zu berichten bzw. die Marketingeffizienz zu belegen, polarisiert stark. Bei einigen Unternehmen ist diese sehr hoch, bei anderen ist sie weniger ausgeprägt. Der Mittelwert der Nachweispflicht liegt bei 4,16 auf einer 7er-Skala (7 = höchste Nachweispflicht). Allerdings kann festgestellt werden, dass die Effizienz-Nachweispflicht in den letzten drei Jahren deutlich gestiegen ist (MW = 4,79 auf einer 7er-Skala; 7 = stark gestiegene Nachweispflicht) (vgl. Abb. 2). Die Beobachtung einer steigenden Nachweispflicht des *Return on Marketing* wird durch einen Vergleich mit zwei vergleichbaren Studien gestützt (Reinecke 2010, 2014), in denen die Nachweispflicht mit einem Mittelwert von 3,94 bzw. 4,14 niedriger eingeschätzt wurde.

Die Marketingleitung der meisten Unternehmen schreibt dem Marketing einen Investitionscharakter zu (MW = 5,7; Polaritätenskala: 1 = Aufwand, 7 = Investition). Dies überrascht nicht, weil Marketeers Marketing zunehmend (auch) als marktorientierte Unternehmensführung sehen (siehe Abb. 2). Der Mittelwert von 4,64 für die gleiche Einschätzung durch das Top-Management ist für das Marketingmanagement allerdings ein Silberstreif am Horizont. In einer früheren Studie von Reinecke (2010) hatte das Top-Management den Bereich Marketing noch deutlich stärker als Aufwand wahrgenommen (MW = 4,18).

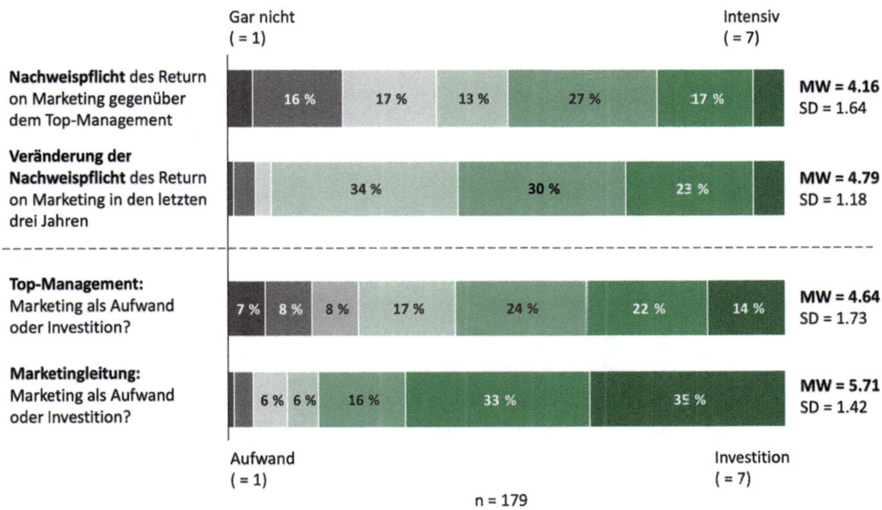

Abb. 2 Nachweispflicht des Return on Marketing und Einschätzung von Marketing als Aufwand oder Investition. (Quelle: eigene Darstellung)

Für Marketingführungskräfte besteht weiterhin eine wichtige Handlungsaufforderung: Wenn dem Marketing Investitionscharakter zugeschrieben werden soll, dann sollte dieser auch (finanzwirtschaftlich) nachgewiesen werden. Als Basis dafür ist es dazu erforderlich, geeignete Instrumente des Marketingcontrollings zur Erfassung von Effektivität und Effizienz der verschiedenen Marketingmaßnahmen des jeweiligen Unternehmens einzusetzen.

Die Erhebung zeigt jedoch, dass Marketingentscheidungen derzeit weniger datengestützt, sondern häufig *intuitiv* getroffen werden (siehe Abb. 3). Das bedeutet keineswegs automatisch, dass nicht-datengestützte Entscheidungen zu schlechteren Ergebnissen führen. Die Anwendung von Managementheuristiken kann in bestimmten Situationen sogar ein geeigneteres Entscheidungsverhalten bewirken (Gigerenzer und Brighton 2009). Jedoch ermöglicht es nur der gezielte Einsatz von Marketingcontrollinginstrumenten, die Wirksamkeit und die Wirtschaftlichkeit von Marketingmaßnahmen zu ermitteln, zu steuern und dem Top-Management gegenüber nachzuweisen. Die aus Sicht der Verfasser durchaus unzureichend datengesteuerte Marketingführung spiegelt sich in einer mäßigen internen Zufriedenheit mit dem Marketingcontrolling wider (Abb. 3). Der Mittelwert von 3,94 auf der Polaritätenskala (7 = höchste Zufriedenheit) impliziert, dass es Marketingführungskräften in der Praxis nur bedingt gelingt, Marketingeffektivität und -effizienz sicherzustellen. Rund 40 % der Marketeers sind mit dem derzeitigen Stand des Marketingcontrollings unzufrieden.

Marketingführungskräfte haben die Relevanz des Marketingcontrollings erkannt und planen daher, zukünftig verstärkt *Daten, Analysen und Fakten* zur Unterstützung von Marketingentscheidungen einzusetzen (siehe Abb. 3). Die überlegte und gezielte Anwendung von Marketingcontrollinginstrumenten wird es Marketing-Führungskräften ermöglichen, der gestiegenen Effektivitäts- & Effizienz-Nachweispflicht gerecht

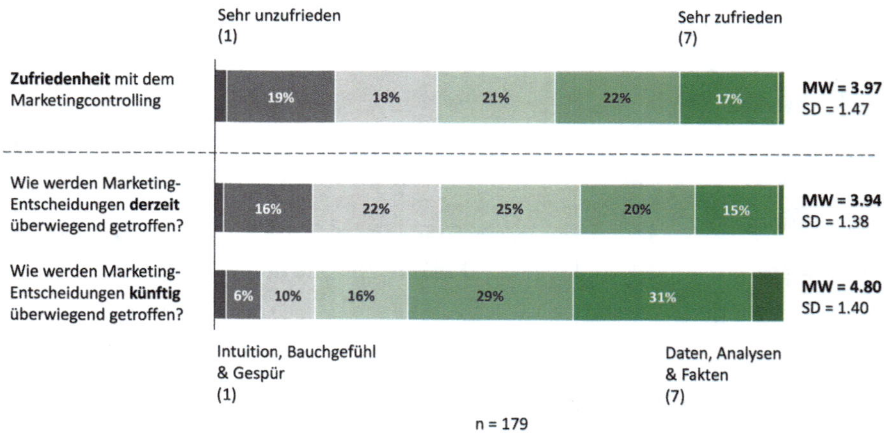

Abb. 3 Zufriedenheit mit dem Marketingcontrolling und Entscheidungsfindung im Marketing. (Quelle: eigene Darstellung)

zu werden und das Marketing als wertstiftende Funktion im eigenen Unternehmen zu positionieren. Von einem echten wert- bzw. investitionsorientiertem Marketing ist die Marketingrealität jedoch noch weit entfernt.

4.2 Herausforderungen des Marketingcontrollings

Im Rahmen der empirischen Erhebung wurden die wesentlichen Ursachen für die geringe Zufriedenheit mit dem Marketingcontrolling sowie die größten Herausforderungen erhoben. Die Ergebnisse zeigen, dass der konkrete *Ursache-Wirkungsnachweis einzelner Marketingmaßnahmen* und die *Messbarkeit des Marketingerfolgs* die größten Herausforderungen im Marketingcontrolling darstellen (siehe Abb. 4). *Kenntnisse und Ressourcen in Datenanalyse und -auswertung* sowie beim *Datenzugang und -erhebung* werden ebenfalls als große Herausforderungen betrachtet. Bemerkenswert ist hier, dass die Datenanalyse inzwischen sogar stärker als Engpass als die Datenerhebung wahrgenommen wird. Dies kann sicherlich auch auf die zunehmende Digitalisierung des Marketing und der damit verbundenen erhöhten Datenverfügbarkeit zurückzuführen zu sein. Des Weiteren ist es interessant, dass immer noch mehr als 50 % der Unternehmen der Auffassung sind, dass die für das Marketingcontrolling zur Verfügung stehenden *finanziellen Mittel* unzureichend seien.

Hervorzuheben ist, dass es sich bei den genannten Herausforderungen fast ausschließlich um Bereiche handelt, die vom Marketingmanagement weitgehend selbst beeinflusst werden können. Der Vergleich mit Studienergebnissen aus dem Jahr 2014 (Reinecke 2014) zeigt, dass die Messbarkeit des Marketingerfolgs (MW = 5,61) sowie die Bereitstellung finanzieller Mittel (MW = 4,92) für das Marketing-

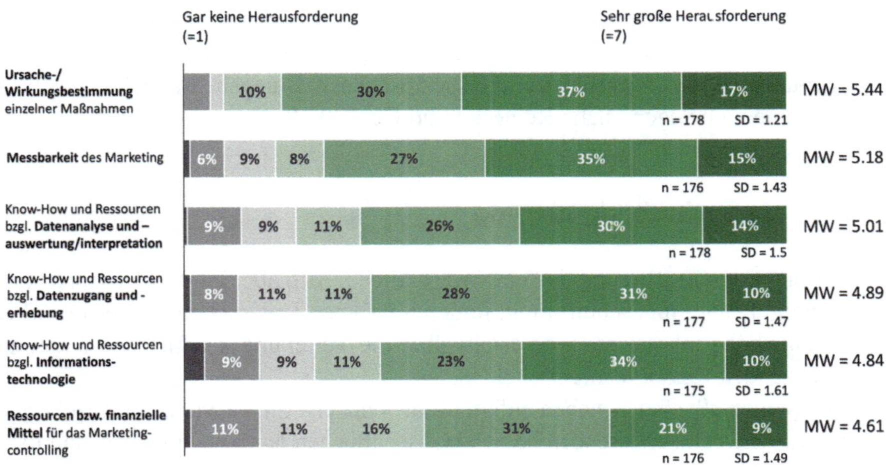

Abb. 4 Die größten Herausforderungen des Marketingcontrollings. (Quelle: eigene Darstellung)

controlling heute eine geringere, wenn auch nach wie vor große Herausforderung für das Marketing darstellt.

Ein erster Schritt zu einer verbesserten Messbarkeit des Marketing wäre beispielsweise eine differenziertere Zielsetzung mittels eindeutig operationalisierter Kennzahlen. Marketingcontrolling im Sinne eines *Regelkreiskonzepts* ist ohne eine detaillierte Planung als Fundament gar nicht möglich, weil sich ohne Planungszielwerte keine Abweichungen und auch keine Leistungsbeeinflussung feststellen lassen. Know-how und Ressourcen bezüglich Datenzugang einerseits sowie Datenanalyse & -auswertung andererseits können durch gezielte Weiterbildungen der Mitarbeitenden oder den Erwerb von Know-how verbessert und internalisiert werden. Es ist anzunehmen, dass der Umgang mit Daten (künftig) als Kernkompetenz in einigen Bereichen des Marketing vorausgesetzt wird. Durch geeignete Investitionen in die Marktforschung und in Informationstechnologie kann zudem eine verbesserte und hochwertige Informations- und Datenbasis über Markt und Kunden geschaffen werden, die regelmäßige Analysen und Datenauswertungen erlaubt.

Somit unterstreichen die empirischen Ergebnisse erneut deutlich, dass nicht die Messbarkeit, sondern vielmehr die *eindeutige Zuordnung von Ursache-Wirkungsbeziehungen* die eigentliche Herausforderung des Marketing ist. Sofern im Marketing Umsatzziele dominieren und somit primär die Frage im Raum steht, welches Marketinginstrument (z. B. Werbung, Social Media-Kampagne, Messeauftritt, Preispromotion oder das Sponsoring) den Umsatzeffekt bewirkt hat, wird sich diese Herausforderung auch durch massive Investitionen in das instrumentelle Marketingcontrolling kaum lösen lassen. Letztlich sind hierfür Experimente erforderlich, die in der Praxis zumeist an den nicht kontrollierbaren, vielfältigen Feldeinflüssen sowie den damit verbundenen hohen Marktforschungskosten scheitern; im Bereich des digitalen Marketing sowie im Direct Marketing arbeitet man allerdings bereits hervorragend mit Experimenten zur Optimierung der operativen Maßnahmen (Stichwort: A/B-Tests, zum Teil sogar basierend auf künstlicher Intelligenz, siehe Reinecke 2020). Die fehlende Zurechenbarkeit des Leistungsbeitrags eines isolierten Marketinginstruments im realen Feld erhöht den Bedarf präzise *Zwischenziele* zu definieren (z. B. Besuchs- und Kontaktfrequenzen, Bekanntheit, Assoziationen, Einstellungen und Absichten), um die spezifischen Wirkungsbeiträge der einzelnen Instrumente zu belegen (siehe Reinecke und Geis 2020).

4.3 Marketingbudgetierung

Die Marketingbudgetierung ist eine wesentliche Aufgabe im Wechselspiel von Marketingplanung und -controlling, in deren Rahmen Unternehmen einerseits über die Budgethöhe insgesamt, andererseits über die Verteilung der für das Marketing einzusetzenden Ressourcen entscheiden.

Marketingmaßnahmen stehen aufgrund ihres hohen Anteils an den Gesamtkosten und ihres schwer zu erfassenden betriebswirtschaftlichen Nutzens in vielen Unternehmen verstärkt im Mittelpunkt von Rationalisierungsprozessen. Wie bereits dargelegt, fordert das Top-Management vermehrt den Ausweis und die Maximierung eines messbaren Beitrags des Marketing zum Unternehmenserfolg und -wert ein (Sheth und Sisodia 1995, S. 9 f., 2002, S. 349 f.). Wird das Marketingbudget dagegen einseitig als „Aufwand" gesehen, dann besteht die Gefahr, dass beispielsweise eine geplante Herbstwerbekampagne einer Kostensenkungsmaßnahme im Frühjahr zum Opfer fällt.

Die entscheidende Frage in diesem Zusammenhang ist zunächst jene nach der Budgethöhe: Welcher Betrag sollte für das Marketing investiert bzw. ausgegeben werden? Dabei ist es für das Top-Management von hoher Relevanz, inwiefern das eigene Unternehmen zu viel oder zu wenig Budgetmittel bereitstellt. Daher wurde im Rahmen der Studie überprüft, ob die Marketing- und Verkaufsführungskräfte hinsichtlich ihres derzeitigen Marketingbudgets Effizienzlücken erkennen. In zwei Fragen wurde das von den Führungskräften geschätzte Einsparpotenzial des Marketingbudgets (ohne wesentliche Wirkungsverluste) sowie das Optimierungspotenzial im Marketing bei gleichem Mitteleinsatz ermittelt. Das subjektive Einsparpotenzial im Marketing (siehe Abb. 5) wird mit durchschnittlich 13,1 % etwas niedriger eingeschätzt als das Optimierungspotenzial mit durchschnittlich 15,2 % bei gleichem Mitteleinsatz (Abb. 6). Zwar fällt diese Effizienzlücke erheblich geringer aus als in der dem berühmten US-amerikanischen Einzelhändler John Wanamaker zugeschriebenen Aussage «Die Hälfte des Geldes, die ich für Werbung ausgebe, ist zum Fenster herausgeworfen – leider weiß ich nicht, welche Hälfte es ist.» Dennoch offenbaren die empirischen Ergebnisse erhebliche Effizienzreserven, die sich mittels verbessertem Marketingcontrolling erschließen ließen – zumal sich

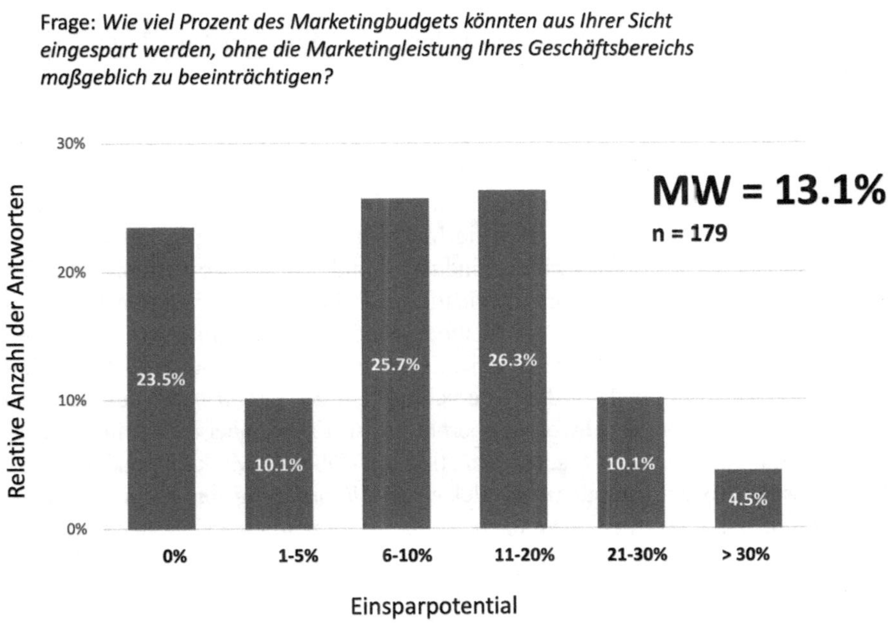

Abb. 5 Geschätztes Einsparpotenzial bei der Marketingbudgetfestlegung (Quelle: eigene Darstellung)

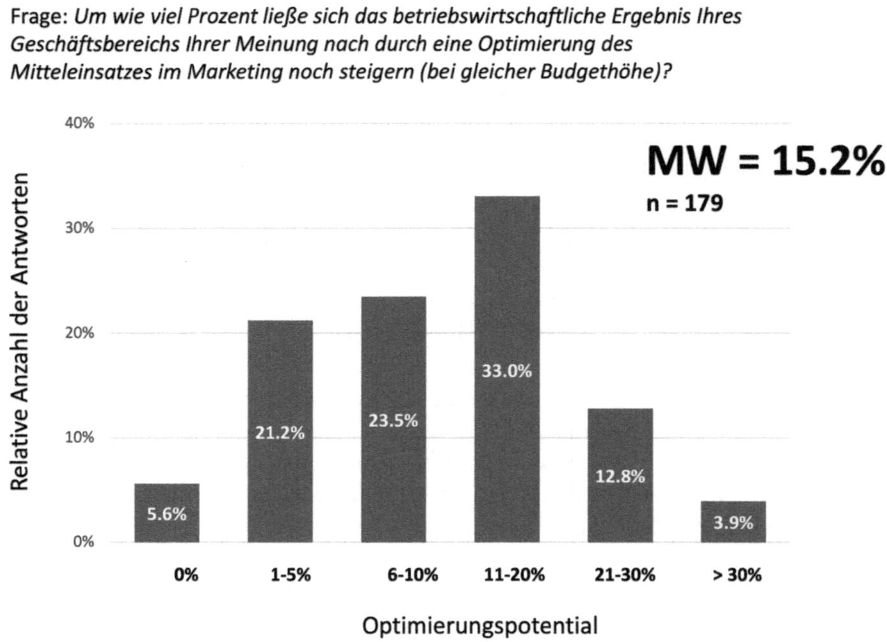

Abb. 6 Geschätztes Optimierungspotenzial im Marketing bei gleichem Mitteleinsatz. (Quelle: eigene Darstellung)

auch gegenüber 2014 mit einem durchschnittlichen Einsparpotenzial von 14,7 % (Reinecke 2014) keine wesentlichen Verbesserungen zeigen.

Da Unternehmen in der Regel mehrere Ansätze und Methoden zur Planung der Höhe des (aggregierten) Marketing- & Verkaufsbudgets heranziehen und kombinieren (Reinecke und Janz 2007, S. 127 ff.; Fuchs 2008), wurden die Befragten gebeten, bis zu drei der von ihnen primär genutzten Ansätze und Methoden zu nennen. Das Ergebnis (siehe Abb. 7) zeigt, dass die Marketingbudgetierung in der Unternehmenspraxis stark durch inkrementelle, induktive und heuristische Verfahren geprägt ist. Die Marketingbudgetfestlegung orientiert sich bei 56 % der Unternehmen am *Budget der Vorperiode*. Bei dieser Methode handelt es sich um einen vergangenheitsorientierten und wenig ergebnisorientierten Fortschreibungsansatz. Zudem beruht die Budgetierung in 42 % der Unternehmen auf den *Erfahrungen des Managements*, deren Rationalität schwer zu überprüfen ist. Es ist daher zu vermuten, dass Bauchgefühl und politische Machtkalkulation die Höhe des Marketingbudgets stark beeinflussen. Prozentmethoden (beispielsweise *Orientierung am Vorjahresumsatz bzw. -absatz*, 34 %) werden ebenfalls bei zahlreichen befragten Unternehmen angewandt. Bei dieser Methode besteht jedoch die Gefahr einer prozyklischen Marketingbudgetierung, weil das Budget einseitig von einer Bezugsgröße bestimmt wird: Bei hohem Umsatz steht auch ein hohes Marketingbudget zur Verfügung, bei geringem Umsatz wird es reduziert. Differenzierte, zielorientierte Methoden, die über Umsatz oder Absatz hinausgehen, werden hingegen seltener angewendet.

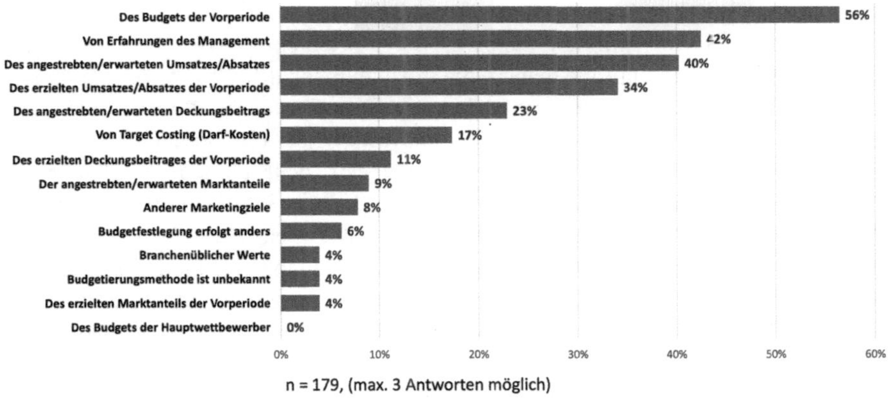

Abb. 7 Einsatz von Budgetmethoden und -ansätzen in der Unternehmenspraxis. (Quelle: eigene Darstellung)

Wettbewerbsbezogene Budgetierungsansätze, das heißt eine Ausrichtung des Budgets an einem branchenüblichen Wert, werden dagegen kaum (4 %) oder gar nicht (Ausrichtung am Budget des Hauptwettbewerbers) genutzt. Letzteres dürfte darauf zurückzuführen sein, dass diese Werte außerhalb der marktforscherisch besonders gut erschlossenen Konsumgüterbranchen lediglich mit großem (finanziellen) Aufwand zu ermitteln und schwer zu vergleichen sind.

Die Ergebnisse entsprechen weitgehend der vergleichbaren Erhebung aus dem Jahr 2014 (Reinecke 2014) und verdeutlichen, dass Ansatz- und Methodenwahl in der Unternehmenspraxis weitgehend unverändert geblieben sind. Die empirischen Ergebnisse unterstreichen somit, dass eine begründete, rationalitätsgesteuerte Marketingbudgetierung eine der größten Defizitbereiche von Marketingplanung und -controlling bleibt.

4.4 Zielpriorisierung im Marketing

Die differenzierte Zielsetzung im Marketing mittels eindeutig operationalisierter Kennzahlen ist eine wesentliche Aufgabe des Marketingcontrollings. Im Rahmen der Studie wurde mittels Konstantsummenverfahren ermittelt, wie verschiedene Ziele im Marketing gewichtet werden. Da in der Unternehmenspraxis unterschiedliche Zielsysteme Anwendung finden, wurden die befragten Unternehmen gebeten, die Wichtigkeit ihrer Ziele anhand von drei Verfahren zu charakterisieren.

Zum einen wurde anhand der klassischen Balanced Scorecard von Kaplan und Norton (1992) ermittelt, wie *finanzwirtschaftliche Ziele*, *markt- & kundenorientierte Ziele*, *mitarbeiter- & prozessorientierte Ziele* sowie *innovationsorientierte Ziele* in den Unternehmen priorisiert werden (siehe Abb. 8). Dazu wurden die Befragten gebeten, 100 Punkte so auf die vier Dimensionen zu verteilen, dass sie die jeweilige Zielbedeutung widerspiegeln. Die Ergebnisse unterstreichen die hohe Bedeutung *finanzwirtschaftlicher Ziele*. Diese werden mit durchschnittlich 37 % stärker als die *markt- und kundenorientierten Ziele* (29 %) gewichtet. Bei den börsennotierten Unternehmen der Stichprobe haben die finanzwirtschaftlichen Ziele mit durchschnittlich 43 % eine noch stärkere Bedeutung. Die *mitarbeiter- & prozessorientierten Ziele* (18 %) werden ebenso wie die *Innovationsziele* (16 %) deutlich niedriger gewichtet. Die Zielgewichtung unterscheidet sich deutlich von vergleichbaren älteren Untersuchungen (siehe Reinecke 2004, S. 146), bei denen die markt- und kundenorientierten Ziele noch die erste Stelle einnahmen. Dieses Ergebnis offenbart, dass selbst bei Marketingführungskräften die Finanzziele eindeutig dominieren. Zusätzlich ist anzunehmen, dass diese Einschätzung bei einer Befragung von CEOs und Finanzchefs noch deutlich ausgeprägter wäre. Von einer „ausgewogenen" (=balanced) Scorecard kann in der Realität somit nicht ausgegangen werden. Vielmehr hat sich die Bedeutung der Finanzziele sogar erhöht.

Des Weiteren wurde die relative Bedeutung von *Wachstums-*, *Profitabilitäts-* und *Risikominimierungszielen* ermittelt (siehe Abb. 8). Die Befragten verfügten erneut über 100 Punkte und wurden gebeten, diese so auf die drei Kategorien zu verteilen, dass sie die relative Bedeutung der drei Zielbereiche in ihrem Geschäftsbereich bestmöglich charakterisieren. *Wachstumsziele* (42 %) werden in den befragten Unternehmen priorisiert, jedoch nur unwesentlich höher als *Profitabilitätsziele* (39 %). *Risikominimierungsziele* (20 %) werden weniger stark gewichtet. Die starke Ausrichtung auf Wachstumsziele ist bei einer Befragung von stark auf den Wettbewerb ausgerichteten Marketingführungskräften nicht verwunderlich. Die fast gleichwertige Gewichtung von Profitabilitätszielen impliziert allerdings, dass die gestiegene Effizienz-Nachweispflicht in den befrag-

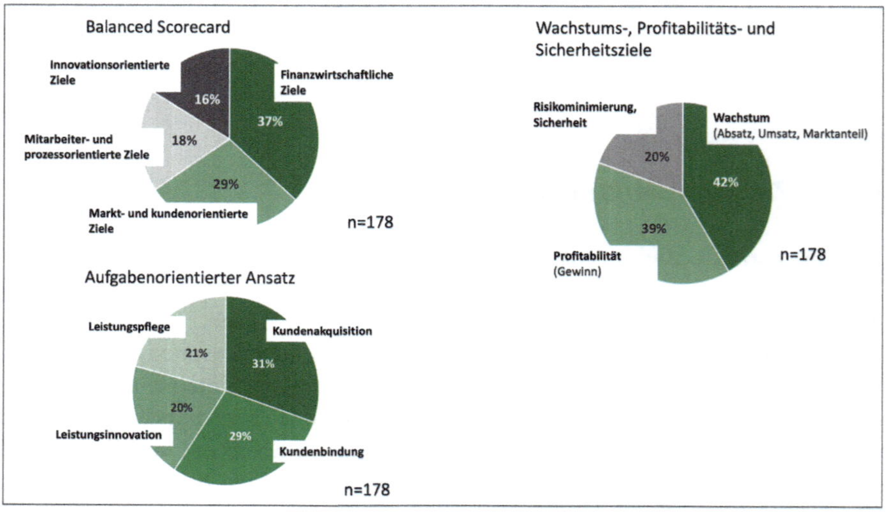

Abb. 8 Einschätzung der Bedeutung unternehmerischer Ziele. (Quelle: eigene Darstellung)

ten Unternehmen zu einer Art Emanzipation der Profitabilitätsziele geführt hat. Eine noch stärkere Gewichtung von Profitabilitätszielen in einem traditionell von Umsatzzielen dominierten Marketing erleichtert es, Marketing weiter zu einer wertstiftenden betriebswirtschaftlichen Investition zu entwickeln.

Abschließend wurde anhand des aufgabenorientierten Ansatzes (Tomczak und Reinecke 1996; Tomczak et al. 2014) die durchschnittliche Bedeutung der vier Marketing-Kernaufgaben *Kundenakquisition*, *Kundenbindung*, *Leistungspflege* und *Leistungsinnovation* ermittelt. Dafür wurden die Befragten wiederum gebeten, 100 Punkte auf die vier Kernaufgaben gemäß ihrer derzeitigen unternehmensspezifischen Gewichtung zu verteilen. Die *Kundenakquisition* (31 %) und die *Kundenbindung* (29 %) werden stärker gewichtet als die *Leistungspflege* (21 %) und die *Leistungsinnovation* (20 %). Der etwas stärkere Fokus auf das Erschließen und Ausschöpfen von Kundenpotenzialen ist vermutlich auf den hohen Anteil an Vertriebsgesellschaften in der Stichprobe zurückzuführen.

4.5 Marketing- und Verkaufskennzahlen

Marketingkennzahlen werden von Unternehmen zur Steuerung von Marketing und Verkauf eingesetzt. Um zu überprüfen, welche Kennzahlen prioritär eingesetzt werden, wurden die Unternehmen zu ihrem Kennzahleneinsatz befragt. Zudem wurde ermittelt, welche fünf der jeweils erhobenen Kennzahlen aus Führungskräftesicht die höchste Relevanz für den eigenen Geschäftsbereich haben.

Ähnlich wie in Vorgängeruntersuchungen (Reinecke 2004; Reinecke und Eberharter 2010; Reinecke 2014) zeigt sich, dass hauptsächlich absatz- oder finanzwirtschaftliche Marketing- und Verkaufskennzahlen wie beispielsweise *Umsatz*, *Nettogewinn* und *Umsatzrentabilität* verwendet werden (siehe Abb. 9). Kundenorientierte Ergebniskennzahlen wie *Kundenzufriedenheit* und Inputkenngrößen wie *Kundenfrequenz/Visits* werden ebenfalls erhoben, allerdings seltener als Top-Steuerungskennzahl eingesetzt.

Konkurrenzorientierte Kenngrössen werden (mit Ausnahme des *Marktanteils*) kaum erhoben. Insbesondere wird selten auf komplexere, differenziertere Marketingkennzahlen wie *Kunden- und Markenwert, Consideration* oder *Commitment* zurückgegriffen. Vielmehr sind die Schlüsselkennzahlen stark finanzwirtschaftlich und „konservativ" geprägt. Somit unterstreichen die empirischen Ergebnisse erneut eine Grundherausforderung des Marketingcontrollings: Kennzahlen sollten einerseits möglichst leicht verfügbar und daher hinsichtlich ihrer Definition bzw. Operationalisierung nicht zu kompliziert sein. Andererseits sind Marketingkennzahlen nur bedingt geeignet, wenn sie einseitig und beispielsweise ausschließlich vergangenheitsorientiert sind. So reicht es nicht aus, Umsatz als einzige Marketing- und Verkaufskennzahl zu wählen: Umsatz misst nur das Unternehmensziel „Wachstum" (nicht aber Profitabilität und Sicherheit), und ist außerdem eine vergangen-

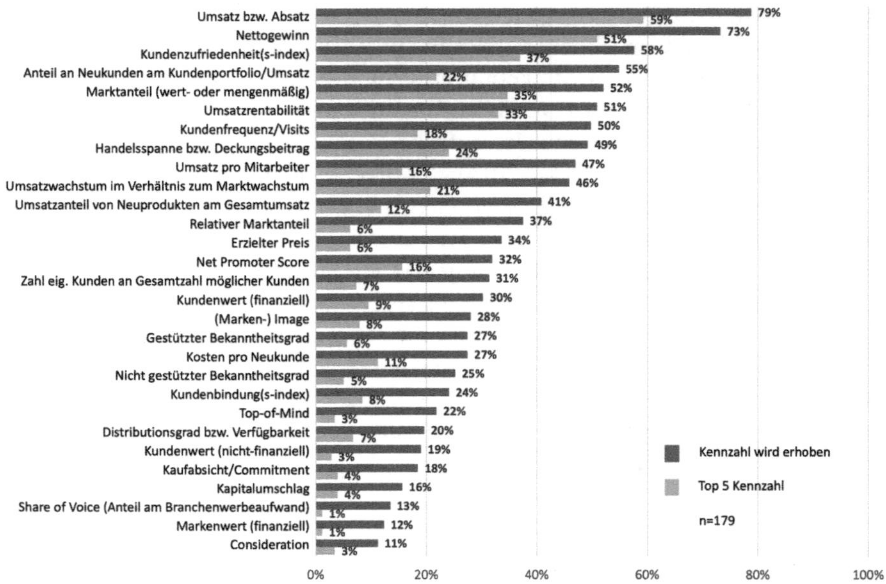

Abb. 9 Kennzahleneinsatz in Marketing und Verkauf. (Quelle: eigene Darstellung)

heitsorientierte Größe. Wenn der Umsatz nicht erreicht wird, dann ist es bereits meist zu spät, um proaktiv Maßnahmen zu ergreifen. Kennzahlen gewinnen auch immer nur durch Vergleiche Aussagekraft (Siegwart et al. 2010, S. 13 ff.): Entweder durch Zeitreihenanalysen oder durch Konkurrenzvergleiche. Isolierte absolute Kenngrößen ohne Vergleichsmöglichkeiten sind dagegen wenig zielführend und nicht handlungsorientiert.

Mittelwertvergleiche der Zufriedenheit mit dem Marketingcontrolling in Bezug auf die Verwendung von Marketingkennzahlen zeigen, dass der Einsatz von kundenorientierten Kennzahlen signifikant mit einer höheren Zufriedenheit mit dem Marketingcontrolling einhergeht (Abb. 10). Insbesondere sind Unternehmen, die den *Kundenbindungsindex*, den *finanziellen Kundenwert* und den *Kundenanteil an der Anzahl möglicher Kunden* messen, signifikant zufriedener mit dem unternehmensinternen Marketingcontrolling als diejenigen Unternehmen, die auf die Erhebung dieser Kennzahlen verzichten.

Im Rahmen der Erhebung wurde zudem untersucht, inwiefern der Einsatz spezifischer Kennzahlen mit dem (subjektiv eingeschätzten) betriebswirtschaftlichen Erfolg einhergeht. Dazu wurden die Führungskräfte zunächst gebeten anzugeben, wie sie ihre Zielerreichung bezüglich der Dimensionen der Balanced Scorecard, des aufgabenorientierten Ansatzes sowie von Wachstums-, Profitabilitäts- und Sicherheitszielen in den letzten drei Jahren einschätzen. Anschließend wurde ein Mittelwertvergleich der jeweiligen (subjektiven) Zielerreichung in Bezug auf die verwendeten Kennzahlen durchgeführt. Somit konnte ermittelt werden, inwiefern Unternehmen, die bestimmte Kennzahlen einsetzen, ihre Zielerreichung hinsichtlich

	Mittelwert Zufriedenheit mit dem Marketingcontrolling					
Kennzahl	Kennzahl verwendet	Kennzahl nicht verwendet	Differenz	T-Test	Sig.	Signifikanzniveau *signifikant (p<=0.05) **hochsignifikant (p<=0.01) ***höchstsignifkant (p<=0.001)
Kundenanteil an Anzahl möglicher Kunden	4.55	3.70	0.849	3.690	0.000	***
Kundenzufriedenheit	4.23	3.62	0.615	2.817	0.005	**
Net Promoter Score	4.46	3.75	0.710	3.082	0.002	**
Kundenbindungsindex	4.70	3.74	0.955	3.854	0.000	***
Kundenwert Finanziell	4.59	3.70	0.889	3.853	0.000	***
Top of Mind	4.56	3.81	0.757	2.902	0.004	**
Ungestützter Bekanntheitsgrad	4.47	3.81	0.661	2.652	0.009	**
Gestützter Bekanntheitsgrad	4.45	3.79	0.657	2.711	0.007	**
Kaufabsicht / Commitment	4.59	3.84	0.757	2.685	0.008	**
Kundenfrequenz / Visits	4.28	3.67	0.614	2.850	0.005	**
Markenwert Finanziell	4.73	3.87	0.861	2.614	0.010	**
Kosten pro Neukunde	4.47	3.78	0.685	2.832	0.005	**

Abb. 10 Zufriedenheit mit dem Marketingcontrolling in Bezug auf die Verwendung von Kennzahlen. (Quelle: eigene Darstellung)

Kennzahl	Zieldimension	Signifikanzniveau *signifikant (p<=0.05) **hochsignifikant (p<=0.01) ***höchstsignifkant (p<=0.001)
Kosten pro Neukunde	Prozessorientierte Ziele	**
	Innovationsorientierte Ziele	***
	Risikominimierung	***
Umsatzwachstum im Vergleich zum Marktwachstum	Kundenbindung	**
	Wachstum	**
Marktanteil	Kundenorientierte Ziele	**
	Wachstum	**
Neukundenanteil am Kundenportfolio/Umsatz	Finanzwirtschaftliche Ziele	**
	Profitabilität	**
Kundenanteil an Gesamtzahl möglicher Kunden	Leistungsinnovation	**
	Leistungspflege	**
Umsatzrentabilität	Profitabilität	**
Erzielter Preis	Kundenbindung	***
Share of Voice	Leistungsinnovation	**
Markenimage	Leistungsinnovation	**
Markenwert Finanziell	Leistungsinnovation	***

Abb. 11 Kennzahleneinsatz und subjektive Zielerreichung anhand der Dimensionen der Balanced Scorecard, des aufgabenorientierten Ansatzes und von Wachstums-, Profitabilitäts- und Sicherheitszielen. (Quelle: eigene Darstellung)

der einzelnen Dimensionen höher einschätzen als solche, die auf den Einsatz der Kennzahlen verzichten.

Die Ergebnisse aus Abb. 11 lassen einen positiven Wirkungszusammenhang zwischen dem Einsatz bestimmter Kennzahlen und der Erreichung betriebswirtschaftlicher Ziele vermuten. Allerdings sei ausdrücklich darauf hingewiesen, dass hier kein einfacher Ursache-Wirkungszusammenhang angenommen werden kann. Kennzahleneinsatz und betriebswirtschaftlicher Erfolg gehen Hand-in-Hand miteinander, aber der Kennzahleneinsatz allein ist sicherlich nicht ursächlich für den Erfolg. Ein solcher Ursache-Wirkungszusammenhang ließe sich lediglich experimentell im Zeitablauf im Rahmen eines Panels nachweisen, nicht aber mit der Analyse zeitpunktbezogener Befragungsdaten wie in der vorliegenden Studie. Auch ein Vergleich mit den älteren Studien ist nicht sinnvoll, weil es sich um letztlich um eine Mehrwellenstudie und somit andere Unternehmen in der jeweiligen Stichprobe handelt.

Die Analyse des Zusammenhangs von Kennzahleneinsatz und dem subjektiv-eingeschätzten Erfolg bezüglich der drei Zielsysteme zeigt, dass sowohl *wachstumsorientierte* als auch *effizienzorientierte, relative* Kenngrößen mit den jeweiligen Erfolgsdimensionen in einem positiven Zusammenhang stehen. Insbesondere sticht die Kennzahl *Kosten pro Neukunde* hervor, deren Einsatz mit dem Erreichen dreier Zieldimensionen in einem positiven Zusammenhang steht. Zudem fällt auf, dass Unternehmen, die komplexere Kennzahlen wie *Share of Voice*, *Markenimage* und den *finanziellen Markenwert* ermitteln, erfolgreicher hinsichtlich der Erreichung ihrer Leistungsinnovationsziele sind.

Es muss hier ausdrücklich darauf hingewiesen werden, dass viele der aufgeführten *nicht-finanziellen* Kenngrößen lediglich von wenigen Unternehmen eingesetzt werden, so dass sich aufgrund der sich daraus ergebenen niedrigen Anzahl an Nennungen kein statistisch signifikanter Unterschied bezüglich des Kennzahleneinsatzes nachweisen lässt. Da diese häufig als absolute Effektivitätsziele verwendet werden, lässt sich aus den Daten somit nicht schließen, dass sie für den betriebswirtschaftlichen Erfolg weniger wichtig als Effizienzkennzahlen sind.

4.6 Instrumente des Marketingcontrollings

Kennzahlen und Kennzahlensysteme sind lediglich ein Baustein eines umfassenden Marketingcontrolling-Systems; sie ergänzen, aber ersetzen keineswegs strategische und operative Controllinginstrumente. Gerade im Marketing gibt es zahlreiche Bereiche, die mit Kennzahlen allein nur unzureichend abgedeckt werden können (Reinecke 2010, S. 81). Deshalb stellt sich die Frage, mit welchen Instrumenten und Verfahren Marketingführungskräfte versuchen, den Erfolg des Marketing zu steuern und zu belegen. Nachfolgend wird die Nutzung strategischer, operativer und finanzieller Instrumente des Marketingcontrollings in der Unternehmenspraxis dargestellt.

4.6.1 Strategisches Marketingcontrolling

In der Unternehmenspraxis werden traditionelle und bewährte Instrumente wie *Konkurrenz-, Branchen- und Kundenzufriedenheitsanalysen* am häufigsten eingesetzt (siehe Abb. 12). *Strategische Produkt- und Kundenportfolios* finden ebenfalls regelmäßig Anwendung und werden durchschnittlich bei bereits sieben von zehn Unternehmen zumindest unregelmäßig eingesetzt. Ein Vergleich mit einer früheren Untersuchung (Reinecke 2014) zeigt jedoch, dass strategische Produktportfolios wieder häufiger als strategische Kundenportfolios zum Einsatz kommen. Dies verwundert angesichts der proklamierten verstärkten „Customer Centricity“ vieler Unternehmen sowie ihrer vermehrten Ausrichtung auf Customer Relationship

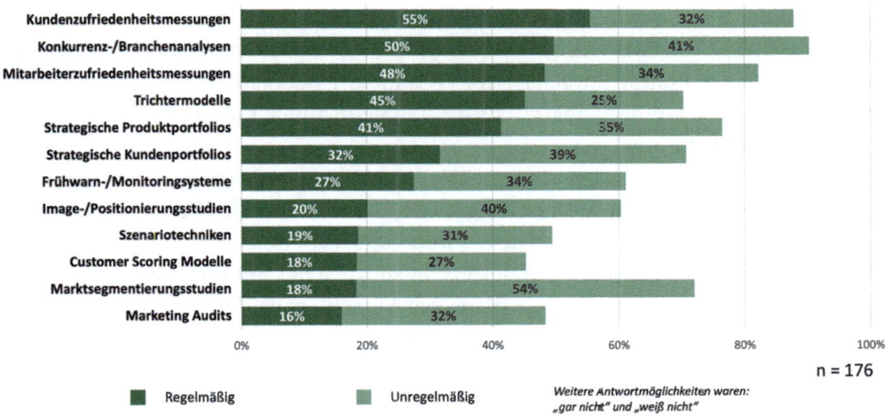

Abb. 12 Einsatzintensität strategischer Marketingcontrollinginstrumente. (Quelle: eigene Darstellung)

Management (CRM) bzw. (Key) Account Management (KAM). Produkte sind somit nach wie vor die dominierende Dimension im Marketingcontrolling.

Ferner werden *Trichtermodelle* in über 70 % der befragten Unternehmen genutzt, was für diese relativ „neuen" Ansätze sehr hoch ist, auch wenn sie letztlich auf sehr traditionellen Konzepten wie der AIDA-Formel beruhen. Diese insbesondere in Unternehmensberatungsprozessen beliebten Funnelanalysen (Brand Purchase Funnel) (Riesenbeck und Perrey 2004, S. 100 ff.; Bauer et al. 2016, S. 40 ff.) sind ein Instrument des strategischen Marketingcontrollings (siehe ausführlich Reinecke 2021). Der Trichter visualisiert dabei konkurrenzorientiert Schwachstellen im Kundenkaufprozess: An welcher Stelle gehen im Benchmarking besonders viele (potenzielle) Käufer oder Kunden verloren? Der statische Markenfunnel wurde im Laufe der Jahre zu einer dynamischeren Kaufprozessanalyse (Decision Journey Analysis) weiterentwickelt (Edelman und Singer 2015).

Hingegen wird die klassische *Szenariotechnik* nur unregelmäßig eingesetzt. Ein Grund hierfür könnte die Subjektivität sowie der damit einhergehende wahrgenommene „esoterische Charakter" von Zukunftsprognosen sein. Beim Thema *Marktsegmentierung* offenbart sich ein großer Gegensatz zwischen Wissenschaft und Praxis: Während die Notwendigkeit einer fundierten Marktsegmentierung in der Marketingliteratur weitgehend unstrittig ist, verzichten viele Unternehmen auf den regelmäßigen Einsatz von Segmentierungsstudien. Dies kann als ein Indiz dafür gewertet werden, dass Unternehmen nach wie vor Schwierigkeiten haben, eine Segmentierung von der Planung bis zur Implementierung in Kommunikation und Verkauf erfolgreich umzusetzen (Belz 2009, S. 79 f.). *Marketingaudits* finden ebenfalls in wenigen der befragten Unternehmen regelmäßige Anwendung. Eine solche umfassende, systematische Untersuchung von Marketingumwelt, -zielen, -strategien sowie von Marketingprozessen, -organisation und -maßnahmen einer strategischen Geschäftseinheit dient dazu, Herausforderungen und Chancen des Marketing aufzudecken und einen Maßnahmenplan für eine bessere Marketingleistung zu generieren (siehe ausführlich Reinecke und Janz 2007, S. 146 ff. und Reinecke 2014). Da Marketingaudits hauptsächlich situationsspezifisch, beispielsweise bei einem Führungswechsel im Gesamtunternehmens oder im Marketingbereich veranlasst werden, überrascht ihr unregelmäßiger Einsatz in den befragten Unternehmen nicht.

Neben der beschreibenden Analyse der Einsatzhäufigkeit der Controllinginstrumente wurde analysiert, ob sich erfolgreiche Unternehmen in dieser Hinsicht von weniger erfolgreichen unterscheiden. Grundlage für diese Analysen waren drei Erfolgsindizes. Der erste Erfolgsindex ergibt sich aus der Summe der jeweils wahrgenommen Zielerreichung bezüglich der vier Dimensionen der Balanced Scorecard (jeweils unternehmensspezifisch gewichtet zur angegebenen Bedeutung der Dimension). Den zweiten Erfolgsindex bildet die Summe der jeweils wahrgenommen Zielerreichung bezüglich der vier Kernaufgaben des aufgabenorientierten Ansatzes (jeweils unternehmensspezifisch gewichtet zur angegebenen Bedeutung der Kernaufgabe). Die Summe der jeweils wahrgenommenen Zielerreichung bezüglich Wachstum, Profitabilität und Risikominimierung (jeweils unternehmensspezifisch gewichtet zur angegebenen Zielbedeutung) bildet den dritten Erfolgsindex.

Anschließend wurde ein Quartilsvergleich durchgeführt, indem die jeweils 25 % (subjektiv) erfolgreichsten Unternehmen mit den 25 % wenigsten erfolgreichen Unternehmen hinsichtlich ihrer Einsatzintensität von strategischen Controllinginstrumenten verglichen wurden (siehe Abb. 13).

Die Ergebnisse zeigen, dass erfolgreiche Unternehmen stärker auf *Marketingaudits*, *Mitarbeiterzufriedenheitsmessungen*, *Trichtermodelle*, *Image- und Positionierungsstudien* sowie *Kunden- und Produktportfolios* setzen. Die hochsignifikant höhere Einsatzintensität von *strategischen Kundenportfolios* und *Trichtermodellen* bei Unternehmen, die hinsichtlich der Erfüllung der Marketingkernaufgaben beson-

Einsatz des strategischen Controllinginstruments	T-Test Sig.	Signifikanzniveau *signifikant (p<=0.05) **hochsignifikant (p<=0.01) ***höchstsignifkant (p<=0.001)
Erfolgsindex Balanced Scorecard		
Marketingaudits	0.022	*
Mitarbeiterzufriedenheitsmessungen	0.046	*
Erfolgsindex Aufgabenorientierter Ansatz		
Image und Positionierungsstudien	0.023	*
Strategische Kundenportfolios	0.004	**
Strategische Produktportfolios	0.05	*
Mitarbeiterzufriedenheitsmessungen	0.021	*
Trichtermodell	0.01	**
Erfolgsindex Wachstums-, Profitabilitäts- und Risikominimierungsziele		
Trichtermodell	0.019	*

Abb. 13 Von erfolgreichen Unternehmen signifikant häufiger eingesetzte strategische Controllinginstrumente. (Quelle: eigene Darstellung)

ders erfolgreich sind, deutet auf eine stärkere Kundenzentrierung dieser Unternehmen hin. Noch mal sei darauf hingewiesen, dass zwischen Instrumenteneinsatz und Erfolg kein einfacher Ursache-Wirkungszusammenhang bestehen muss: Es ist auch denkbar, dass die erfolgreichen Unternehmen die geschilderten Marketingcontrollinginstrumente nur deshalb überdurchschnittlich häufig einsetzen, weil sie dank ihres Erfolgs über höhere finanzielle Mittel für das Marketingcontrolling verfügen. Dennoch zeigt sich: Controllingintensität und Erfolg gehen miteinander einher. Dies ist ein wesentliches Indiz dafür, dass kunden- und mitarbeiterorientierte Ansätze des strategischen Marketingcontrollings stärker gewichtet werden sollten.

4.6.2 Controlling der Marketinginstrumente

Das operative Marketingcontrolling bezieht sich primär auf die vier klassischen Marketinginstrumente: Marktleistungs- und Preisgestaltung, Kommunikation und Distribution. Die Ergebnisse (siehe Abb. 14) zeigen, dass im operativen Marketingcontrolling das traditionell teuerste Marketinginstrument besonders im Fokus steht: der *persönliche Verkauf.* Im Vergleich zu früheren Untersuchungen offenbart sich zudem, dass das *Online-Marketingcontrolling* deutlich an Bedeutung gewonnen hat – dies dürfte insbesondere auf den gestiegenen Anteil von Online-Maßnahmen am Marketingbudget und auf den guten Datenzugang mittels Online-Tools zurückzuführen sein. Auch *Customer Journey-Analysen* werden von mehr als 60 % der Unternehmen zumindest gelegentlich eingesetzt.

Auffällig ist die recht stark ausgeprägte *Erfolgsanalyse von Messen und Events.* Diese Instrumente stehen sehr häufig hinsichtlich ihrer Wirksamkeit in der Kritik, so dass ein verstärktes Controlling dieser Formen der „Live Communication" nachvollziehbar ist – zumal viele Industrieunternehmen über 50 % ihres Marketingbudgets für Messen und andere Live Communication-Maßnahmen ausgeben.

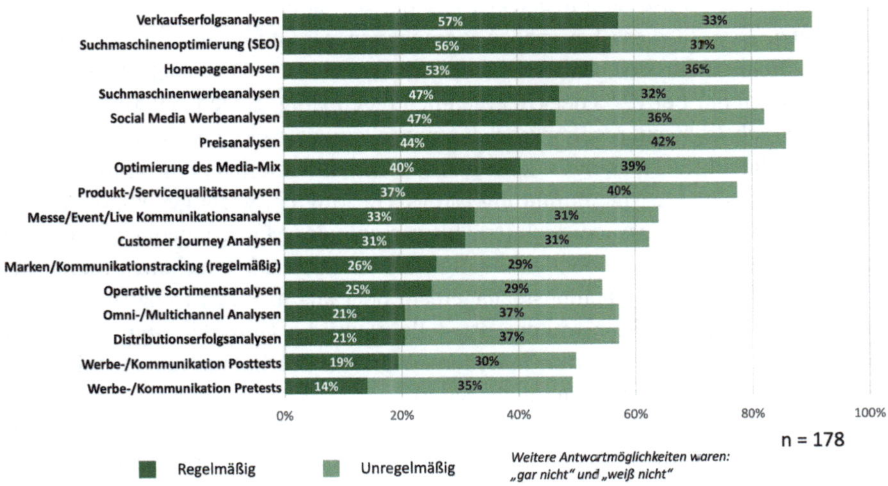

Abb. 14 Einsatz operativer Marketinginstrumente. (Quelle: eigene Darstellung)

Einsatz des operativen Controlling Instruments	Sig.	Signifikanzniveau *signifikant (p<=0.05) **hochsignifikant (p<=0.01) ***höchstsignifkant (p<=0.001)
Produkt/Service Qualitätsanalysen	0.003	**
Operative Sortimentsanalysen	0.002	**
Preisanalysen	0.000	***
Werbe/Kommunikation Pretests	0.001	***
Werbe/Kommunikation Posttests	0.000	***
Markenkommunikationstracking	0.000	***
Suchmaschinewerbeanalysen	0.000	***
Customer Journey Analysen	0.004	**
Distributionserfolgsanalysen	0.004	**
Omni/Multichannelanalysen	0.000	***

Abb. 15 Quartilsvergleich der Einsatzintensität von operativen Controllinginstrumenten zwischen den größten und kleinsten Unternehmen (gemessen an der Mitarbeiteranzahl). (Quelle: eigene Darstellung)

Die klassische *Marketingkommunikation* wird, mit Ausnahme der *Social Media Kommunikation*, lediglich vereinzelt intensiv gesteuert. Auf den ersten Blick erscheint dies aufgrund des nach wie vor durchaus hohen Anteils am Gesamtmarketingbudget verwunderlich. Allerdings sind die Kosten für ein professionelles Werbe- bzw. Kommunikationscontrolling relativ hoch, weshalb es weitgehend nur von größeren Unternehmen intensiv betrieben wird (siehe Abb. 15). Weitere Gründe für das niedrige Engagement im Werbe- und Kommunikationscontrolling dürften die dafür erforderliche hohe Methodenkompetenz sowie grundsätzliche Vorbehalte gegenüber der Möglichkeit eines Kommunikationscontrollings sein. *Werbe-Pretests* werden beispielsweise lediglich von 14 % der befragten Unternehmen regelmäßig eingesetzt, obwohl diese bei großen Kampagnen zumindest zur Überprüfung der Verständlichkeit der Botschaft sehr empfehlenswert sind. Aber auch *Ad hoc-Posttests* erfolgen nur bei 19 % der Unternehmen regelmäßig. Bedenkenswert ist ferner, dass lediglich 18 % ein regelmäßiges Kommunikationstracking durchführen – denn ein unregelmäßiges Tracking ist kaum zielführend und folglich nicht sinnvoll. Auch für ein professionelle Markenführung ist das Tracking ein wichtiges Fundament.

Somit zeigt sich, dass lediglich jene Instrumente des Marketingcontrollings stark zum Einsatz kommen, die ohnehin häufig aus Standardmarktforschungsstudien, aus Online-Tools, aus dem Qualitätsmanagement oder aus finanzwirtschaftlichen Routinereports vorliegen. Eine weitere Baustelle bleibt die *Durchführung von Omni-/Multi-Channel-Analysen*; gerade in Zeiten integrierter Marketing- und Distributionsansätze offenbart sich hier Handlungsbedarf.

Im Rahmen tiefer gehender Analysen wurde untersucht, in wie weit sich Groß- von Kleinunternehmen hinsichtlich der Einsatzintensität von operativen Controllinginstrumenten unterscheiden. Mittels eines Quartilsvergleichs wurden die 25 % (gemessen an der Mitarbeiterzahl) größten befragten Unternehmen mit den 25 %

kleinsten Unternehmen verglichen. Die Ergebnisse zeigen deutlich, dass das operative Marketingcontrolling bei allen vier klassischen Marketinginstrumenten (Marktleistungs- und Preisgestaltung, Kommunikation und Distribution) von Großunternehmen signifikant regelmäßiger betrieben wird (siehe Abb. 15). Dies dürfte zum einen auf die geringeren verfügbaren finanziellen Mittel von Kleinunternehmen zurückzuführen sein. Zum anderen lassen die Ergebnisse aber auch vermuten, dass es an einfachen, pragmatischen und kosteneffizienten operativen Controllingverfahren fehlt, die von mittelständischen- und Kleinunternehmen regelmäßig eingesetzt werden können.

Zudem wurde untersucht, ob sich die erfolgreichsten 25 % der Unternehmen von den 25 % wenigsten erfolgreichen hinsichtlich des operativen Instrumenteneinsatzes unterscheiden. Zur Quartilsbildung wurde erneut der Erfolgsindex des aufgabenorientierten Ansatzes (Zielerreichung bzgl. Kundenakquisition und -bindung sowie Leistungsinnovation und -pflege) als Erfolgsindikator herangezogen, weil dieser spezifischer auf das operative Marketing eingeht als gesamtunternehmerische Zielsysteme. Abb. 16 zeigt die entsprechenden Ergebnisse. Dabei offenbart sich eindrucksvoll, dass Unternehmen, die hinsichtlich der Erfüllung der vier Marketingkernaufgaben besonders erfolgreich sind, sich insbesondere bei der Controllingintensität von *Omni-* und *Multichannelanalysen* sowie der *Media Mix-Optimierung* von weniger erfolgreichen Unternehmen unterscheiden. Die Ergebnisse unterstreichen die Notwendigkeit, neben medienspezifischen Aspekten auch die Wirkungen des gesamten Marketing-Mix zu analysieren. Nur eine integrierte Steuerung der Marketingmaßnahmen erzeugt instrumentenübergreifende Synergien und ermöglicht eine effektive

Erfolgsindex Aufgabenorientierter Ansatz		
Einsatz des operativen Controllinginstruments	**T-Test Sig.**	**Signifikanzniveau** *signifikant (p<=0.05) **hochsignifikant (p<=0.01) ***höchstsignifkant (p<=0.001)
Produkt/Service Qualitätsanalysen	0.004	**
Preisanalysen	0.020	*
Werbe/Kommunikation Posttests	0.015	*
Markenkommunikationstracking	0.005	**
SEO	0.005	**
Social Media Werbeanalysen	0.002	**
Homepageanalysen	0.001	***
Customer Journey Analysen	0.011	*
Optimierung des Media Mix	0.000	***
Distributionserfolgsanalysen	0.021	*
Omni/Multichannelanalysen	0.000	***

Abb. 16 Von erfolgreichen Unternehmen (Erfüllung der Kernaufgaben des aufgabenorientierten Ansatzes) überdurchschnittlich häufig eingesetzte operative Instrumente. (Quelle: eigene Darstellung)

Umsetzung der Marketingstrategie. Erfolgreiche Unternehmen setzen zudem verstärkt auf *Homepageanalysen* und auf ein intensiveres *Kommunikationscontrolling*. Auch wenn hier ebenfalls kein einfacher Ursache-Wirkungszusammenhang zwischen dem Einsatz operativer Instrumente und dem Erfolg unterstellt werden kann, so ist dennoch zumindest zu vermuten, dass die Professionalität des operativen Controllings einen gewissen positiven Einfluss auf das Erreichen der Marketingziele hat.

4.6.3 Marketingaccounting

Instrumente des Kosten- und Erfolgscontrollings haben einen direkten finanzwirtschaftlichen Bezug. Wie Abb. 17 zeigt, ist die *Budgetanalyse* mit 76 % der absolute Spitzenreiter bei den Instrumenten des Marketingaccountings. Ohne die Bedeutung dieses wichtigen Controllinginstruments schmälern zu wollen, stellt sich angesichts der bereits diskutierten relativ geringen Professionalität bei der Bestimmung der Höhe des Marketingbudgets (siehe Abb. 7) die Frage, ob diese einseitige Schwerpunktsetzung zielführend ist. Zwar ist dieses Verhalten nachvollziehbar, weil das Marketingbudget häufig zu den wenigen finanzwirtschaftlichen Zahlen zählt, die das Finanzcontrolling aus dem Bereich Marketing erhält – und letzteres somit verständlicherweise einen Fokus auf die Kontrolle dieser Kostenaspekte legt. Wenn allerdings – wie dargelegt – die Marketingbudgetierung primär erfahrungs- und vergangenheitsorientiert erfolgt, erscheint eine prioritäre Ausrichtung des Controllings auf Budgetanalysen als eher fragwürdig, weil dann Fragen der Effizienz („Werden die Budgets eingehalten?") gestellt werden, bevor die Fragen der Effektivität („Wie hoch sollte das Marketingbudget sein? In welche Instrumente und Bereiche sollte es investiert werden?") beantwortet wurden. Mit anderen Worten: Intensive Budgetanalysen sind wichtig, aber nur dann wirklich sinnvoll, wenn auch die Marketingbudgetierung professionell erfolgt.

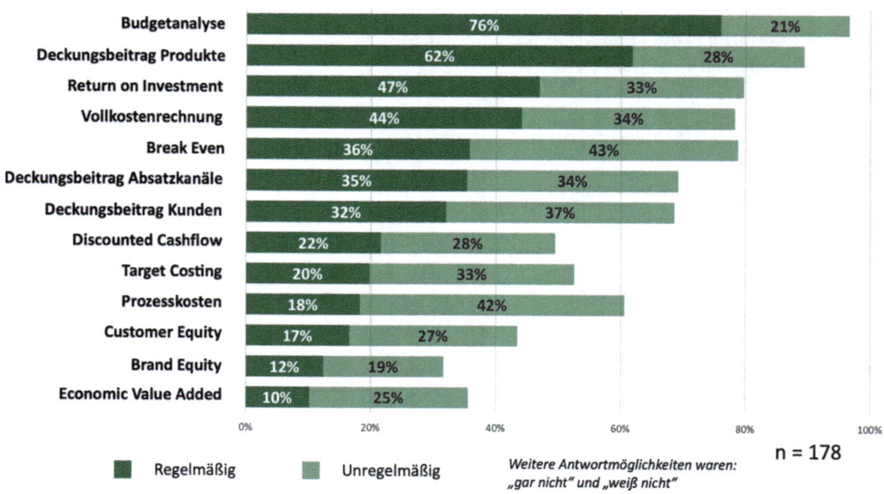

Abb. 17 Einsatzintensität von Instrumenten des Marketingaccountings. (Quelle: eigene Darstellung)

Neben der *Budgetanalyse* gehören *Deckungsbeitragsrechnungen in Bezug auf Produkte/Aufträge/Projekte* (62 %) sowie *Investitionsrechnungen* (47 %) und *Vollkostenrechnungen* (44 %) aus der Sicht der befragten Führungskräfte zu den meistbenutzten Instrumenten. Diese Instrumente des Marketingaccountings standen vor dreißig Jahren im Zentrum des Marketingcontrollings, weil sie damals – vor der Einführung betriebswirtschaftlicher Standardsoftware – einen zentralen Informationsengpass vieler Unternehmen betrafen; heutzutage liefern die informationstechnischen Controllinglösungen weitgehend zufriedenstellende Standardauswertungen. Allerdings offenbart sich noch eine gewisse Lücke als Herausforderung: Die Marketingplanung ist in den letzten Jahrzehnten deutlich kunden(gruppen)orientierter geworden (Homburg et al. 2008); dennoch werden *kundenorientierte Deckungsbeitragsrechnungen* lediglich bei etwas weniger als einem Drittel der Unternehmen regelmäßig eingesetzt, was auf erhebliche Defizite im operativen Marketingaccounting schließen lässt. Wie lässt sich kundenorientiertes Marketing planen und umsetzen, wenn das Controlling keine Informationen darüber liefert, welche die tatsächlich rentablen Kunden(gruppen) eines Unternehmens sind? Dieser Mangel ist insbesondere aufgrund des großen Anteils an Dienstleistungsunternehmen in der Stichprobe schwerwiegend: Gerade für Dienstleister ist ein kundenorientiertes Marketingcontrolling besonders wichtig, da die Profitabilität der Leistung maßgeblich durch das Mitwirken des Kunden beeinflusst wird. Auch Markenwertberechnungen werden lediglich in 12 % der befragten Unternehmen regelmäßig eingesetzt. Dies kann einerseits darauf zurückzuführen sein, dass es nach wie vor keinen verlässlichen Methodenstandard gibt, der den (Praktikabilitäts-)Anforderungen der Praxis gerecht wird. Zum anderen ist ein auf den Markenwert fokussiertes Controlling bei kleineren Unternehmen häufig aus wirtschaftlichen Gründen nicht angemessen.

Insgesamt dominieren im Marketingaccounting nach wie vor traditionelle, „bewährte" Methoden. Neuere und methodisch anspruchsvollere Verfahren werden scheinbar als riskant, zu aufwändig oder zu teuer erachtet; oder aber es fehlt in der Unternehmenspraxis noch das entsprechende Know-how. Dennoch sind es gerade diese innovativen Marketingcontrollinginstrumente, welche eine Quantifizierung und Monetarisierung von Marketingmaßnahmen ermöglichen und somit Unternehmen dem Ziel einer wertorientierten Marketingführung näherbringen würden.

5 Fazit: Ohne Marketingplanung kein Marketingcontrolling

Die empirischen Ergebnisse belegen, dass einerseits ein großes Bedürfnis danach besteht, den „Return on Marketing" und somit die Effektivität und Effizienz im Marketing sicherzustellen und nachzuweisen. Andererseits mangelt es nach wie vor an der Implementierung geeigneter Instrumente, die dabei helfen, sowohl den Marketingführungsprozess als auch die Wirtschaftlichkeit von Marketingmaßnahmen zu optimieren. Die Marketingrealität ist von einem echten wert- bzw. investitionsorientierten Marketing somit noch weit entfernt.

Forderungen nach einem verbesserten Reporting an das Top Management ergeben allerdings wenig Sinn, wenn diese nicht durch den Aufbau von Fach- und Methodenkompetenz begleitet werden. Planung ohne Controlling ist nur beschränkt sinnvoll. Folglich erscheint es ratsam, einen Mindestanteil des Marketingbudgets für eine Optimierung des Marketingcontrollings einzusetzen. Eine gewisse Investition knapper Marketingmittel zur Evaluation von Möglichkeiten zur Steigerung der Marketingeffektivität und -effizienz ist speziell dort sinnvoll, wo bisher weitgehend auf Feedback im Sinne eines Lernprozesses verzichtet wurde. Handlungsbedarf besteht insbesondere bei der Professionalisierung der Marketingbudgetierung, dem Kommunikationscontrolling, dem Einsatz differenzierter Marketingkenngrößen sowie einem kunden(gruppen) orientierten Marketingaccounting. Im Bereich des digitalen Marketing ist die Datenverfügbarkeit deutlich besser im Vergleich zum traditionellen Marketing, was zu einem überdurchschnittlichen Einsatz des Marketingcontrollings in diesem Bereich führt.

Andererseits lässt sich aus den Ergebnissen auch eine Kritik an der betriebswirtschaftlichen Forschung herauslesen: Controlling- und Marketingwissenschaft sind herausgefordert, Verfahren zu entwickeln, die auch von mittelständischen Unternehmen eingesetzt werden können, um ihre Marketing Performance zu erhöhen. Die größte Herausforderung bleibt nach wie vor die Ursache-Wirkungsbeziehung einzelner Marketingmaßnahmen im Feld, das heißt der unternehmerischen Realität, zu ermitteln.

6 Zusammenfassung: Marketingcontrolling 2021

- Die Ergebnisse der vorliegenden Studie basieren auf einer schriftlichen Online-Befragung im deutschsprachigen Raum (Schwerpunkt Schweiz), an der 179 Führungskräfte teilgenommen haben. Die branchenübergreifende Studie fand im Sommer 2020 statt; sie erhebt keinen Anspruch auf Repräsentativität.
- Die Notwendigkeit, den „Return on Marketing" nachzuweisen, ist in den letzten drei Jahren deutlich gestiegen. Marketingführungskräfte planen verstärkt Daten, Analysen und Fakten zur Unterstützung von Marketingentscheidungen einzusetzen.
- Die Funktion des Marketingcontrollings besteht darin, die Effektivität (Wirksamkeit) und Effizienz (Wirtschaftlichkeit) einer marktorientierten Unternehmensführung sicherzustellen. Die Zufriedenheit mit dem Marketingcontrolling ist insgesamt bescheiden und bei wenigen Unternehmen besonders hoch.
- Die größten Herausforderungen des Marketingcontrollings sind der Nachweis von Ursache-Wirkungsbeziehungen einzelner Marketingmaßnahmen, die Messbarkeit des Marketingerfolgs, fehlendes Know-how und Ressourcen bezüglich Datenanalyse & -auswertung, Datenzugang & -erhebung sowie Informationstechnologie. Ferner werden für das Marketingcontrolling häufig unzureichend finanzielle Mittel bereitgestellt.
- Eine begründete, rationalitätsgesteuerte Marketingbudgetierung fehlt bei den meisten Unternehmen.
- Finanzwirtschaftliche Ziele werden in der Unternehmenspraxis priorisiert. Dabei werden Wachstums- und Profitabilitätsziele von Marketingführungskräften ungefähr gleich gewichtet.

- Einfache, „klassische" Marketing- und Verkaufskennzahlen (zumeist absatz- und finanzwirtschaftliche Größen wie Umsatz, Absatz, Nettogewinn und Umsatzrentabilität) kommen in der Unternehmenspraxis häufig zum Einsatz. Kundenorientierte Kennzahlen werden ebenfalls erhoben, allerdings seltener als Top-Steuerungskennzahlen. Konkurrenzorientierte Kenngrößen werden (mit Ausnahme des Marktanteils) dagegen kaum erhoben.
- Betriebswirtschaftlicher Erfolg und der Einsatz ausgewählter finanzieller und nicht-finanzieller Marketingkennzahlen gehen miteinander einher, ohne dass jedoch eine einfache Ursache-Wirkungskette bestehen muss. Unternehmen, die komplexere Kennzahlen wie den Kundenbindungsindex oder den finanziellen Kundenwert erheben, zeigen eine signifikant höhere Zufriedenheit mit dem unternehmensinternen Marketingcontrolling.
- Beim strategischen Marketingcontrolling zeigt sich, dass besonders erfolgreiche Unternehmen Customer Scoring-Modelle, Marketingaudits, Mitarbeiterzufriedenheitsmessungen und Trichtermodelle intensiver einsetzen als weniger erfolgreiche Unternehmen.
- Beim operativen Marketingcontrolling kommen überwiegend jene Instrumente stark zum Einsatz, die ohnehin häufig aus Standardmarktforschungsstudien, aus Online-Tools, aus dem Qualitätsmanagement oder aus finanzwirtschaftlichen Routinereports vorliegen. Eine große Baustelle ist das unterentwickelte Controlling der klassischen Marketingkommunikation. Erfolgreiche Unternehmen unterscheiden sich von weniger erfolgreichen insbesondere bei der Häufigkeit der Durchführung von Omni/Multichannelanalysen und der Optimierung des Media Mix.
- Im Marketingaccounting gehören neben der Budgetanalyse Deckungsbeitragsrechnungen bezüglich Produkten/Aufträgen/Projekten, Investitionsrechnungen und Vollkostenrechnungen zu den Standardinstrumenten. Speziell für Dienstleister wäre jedoch ein kundenorientiertes Marketingaccounting besonders wichtig, insbesondere Kundendeckungsbeitragsrechnungen.
- Marketingplanung ohne Marketingcontrolling ist sinnlos, Marketingcontrolling ohne eine differenzierte Marketingplanung aber gar nicht erst möglich. Ziel des Marketingcontrollings ist es immer, Lernprozesse im Marketing zu bewirken, um die Marketing Performance zu erhöhen.

Literatur

Bauer, T., Freundt, T., Gordon, J., Perrey, J., & Spillecke, D. (2016). *Marketing performance. How marketers drive profitable growth*. Chichester (UK): Wiley.

Belz, C. (2009). *Marketing gegen den Strom*. St. Gallen: Thexis.

Bendle, N. T., Farris, P. W., Pfeifer, P. E., & Reibstein, D. J. (2020). *Marketing metrics. The manager's guide to measuring marketing performance* (4. Aufl.). Upper Saddle: Pearson.

Bonoma, T. V., & Clark, B. H. (1988). *Marketing performance assessment*. Boston: Harvard Business School Press.

Deyhle, A. (1988). Marketingcontrolling – Das Denken vom Kunden her. *Controller Magazin, 12*(1), 15–20.

Edelman, D., & Singer, M. (2015). Competing on customer journeys. *Harvard Business Review, 11*, 4–11.
Fuchs, D. (2008). *Marketingbudgetierung: konzeptionelle Grundlagen und empirische Befunde*. St. Gallen/Bamberg: Difo-Druck.
Gigerenzer, G., & Brighton, H. (2009). Homo heuristicus: Why biased minds make better inferences. *Topics in Cognitive Science, 1*, 107–143.
Hanssens, D., & Pauwels, K. (2016). Demonstrating the value of marketing. *Journal of Marketing, 80*, 172–190.
Homburg, C., Droll, M., & Tozek, D. (2008). Customer prioritization: Does it pay off, and how should it be implemented? *Journal of Marketing, 72*(5), 110–130.
Horváth, P. (1985). Die Aufgaben des Marketing-Controllers. In R. S. Eschenbach (Hrsg.), *Marketing controlling, Österreichischer Controllertag* (S. 7–29). Wien: Service, Fachverlag an der Wirtschaftsuniversität Wien.
Kaplan, R. S., & Norton, D. P. (1992). The balanced scorecard – measures that drive performance. *Harvard Business Review, 70*(1), 71–79.
Katsikeas, C. S., Morgan, N. A., Leonidou, L. C., & Hult, G. T. M. (2016). Assessing performance outcomes in marketing. *Journal of Marketing, 80*, 1–20.
Lasslop, I. (2003). *Effektivität und Effizienz von Marketing-Events*. Wiesbaden: Gabler.
Reinecke, S. (2004). *Marketing Performance Management. Empirisches Fundament und Konzeption für ein integriertes Marketingkennzahlensystem*. Wiesbaden: Gabler.
Reinecke, S. (2010). Marketingcontrolling, Sicherstellen von Effektivität und Effizienz einer marketingorientierten Unternehmensführung. *Controlling, 22*(2), 75–82.
Reinecke, S. (2014). *Return on marketing 2014. Sicherstellen der Marketing Performance in der Praxis – Empirische Ergebnisse und Implementierungshinweise zum Marketing- und Verkaufscontrolling*. St. Gallen: Institut für Marketing.
Reinecke, S. (2020). Marketingentscheidungen: Der Einfluss künstlicher Intelligenz auf den Management-Entscheidungsprozess. In M. Bruhn, M. Kirchgeorg & C. Burmann (Hrsg.), *Marketing Weiterdenken – Zukunftspfade für eine marktorientierte Unternehmensführung* (2. Aufl., S. 437–452). Wiesbaden: Springer Gabler.
Reinecke, S. (2021). Marketing-Controlling: Marketingeffektivität und -effizienz sicherstellen. In R. Eschenbach, J. Baumüller & H. Siller (Hrsg.), *Funktions-Controlling – Praxishandbuch für Unternehmen, Non-Profit-Organisation und die öffentliche Verwaltung*. Wiesbaden: Springer. im Druck.
Reinecke, S., & Eberharter, J. (2010). Marketingcontrolling 2010. Einsatz von Methoden und Verfahren des Marketingcontrollings in der Praxis. *Controlling – Zeitschrift für erfolgsorientierte Unternehmenssteuerung, 22*(8/9), 438–447.
Reinecke, S., & Geis, G. (2020). Kennzahlensysteme in Marketing & Verkauf: Gütekriterien, Grundprinzipien, Implementierung. In C. Zerres (Hrsg.), *Handbuch Marketing-Controlling* (5. Aufl.). Wiesbaden: Springer Gabler. (im Druck).
Reinecke, S., & Janz, S. (2007). *Marketingcontrolling. Sicherstellen von Effektivität und Effizienz des Marketing*. Stuttgart: Kohlhammer.
Riesenbeck, H., & Perrey, J. (2004). *Mega-Macht Marke*. Frankfurt a. M.: Ueberreuter Wirtschaftsverlag.
Sheth, J. N., & Sisodia, R. S. (1995). Feeling the heat. *Marketing Management, 4*(2), 9–23.
Sheth, J. N., & Sisodia, R. S. (2002). Marketing productivity – issues and analysis. *Journal of Business Research, 55*, 349–362.
Siegwart, H., Reinecke, S., & Sander, S. (2010). *Kennzahlen für die Unternehmensführung* (7. Aufl.). Bern: Haupt.
Stewart, D. W., & Gugel, C.T. (2016). *Accountable marketing. Linking marketing actions to financial performance* (1. Aufl.). Oxfordshire: Routledge.
Tomczak, T., & Reinecke, S. (1996). *Der aufgabenorientierte Ansatz. Eine neue Perspektive für das Marketing-Management*. Fachbericht für Marketing. St. Gallen.
Tomczak, T., Kuß, A., & Reinecke, S. (2014). *Marketingplanung, Einführung in die marktorientierte Unternehmens- und Geschäftsfeldplanung* (7. Aufl.). Wiesbaden: Springer Gabler.

Controlling der Rekrutierung: Erhebung von Kennzahlen entlang des Recruiting-Prozesses

Christoph Weinert, Christian Maier, Sven Laumer und Tim Weitzel

Zusammenfassung

Mit der Globalisierung und den dadurch entstehenden Fachkräftemangel ist die Personalbeschaffung einem starken Wettbewerb ausgesetzt. Um in dieser Situation im Vorteil zu bleiben, ist es für das Personalwesen essenziell wichtig, Kennzahlen entlang des Rekrutierungsprozesses zu erheben. Der vorliegende Forschungsansatz analysiert, welche Kennzahlen von Unternehmen aktuell im Rahmen eines Recruiting-Controllings erhoben werden, und wie Unternehmen ein Recruiting-Controlling praktisch umsetzen. Eine Status-quo-Analyse des Recruiting-Controllings zeigt, dass die Erhebung von Kennzahlen im Recruiting nicht weit verbreitet ist. Darüber hinaus lassen ausgewählte Fallstudien erkennen, dass die Erhebung von Kennzahlen in der Rekrutierung zu einem leistungsstarken Recruiting und somit zu einer höheren Wettbewerbsfähigkeit führen.

Schlüsselwörter

Recruiting-Controlling · HR-Controlling · Key Performance Indicator · Rekrutierungskennzahlen

1 Einleitung

Jährlich wird die Herausforderung für die Personalbeschaffung größer, die richtigen Talente für Unternehmen zu gewinnen. In den letzten Jahren haben sich Angebot und Nachfrage von bestimmten Fähigkeiten verändert und somit hat sich die Verfügbarkeit von talentierten Kandidaten am Arbeitsmarkt reduziert. Aus dieser Herausforderung resultiert der sogenannte „War for Talent“ (Chambers et al. 1998),

C. Weinert (✉) · C. Maier · S. Laumer · T. Weitzel
Otto-Friedrich-Universität Bamberg, Bamberg, Deutschland
E-Mail: christoph.weinert@uni-bamberg.de; christian.maier@uni-bamberg.de; sven.laumer@uni-bamberg.de; tim.weitzel@uni-bamberg.de

W. Becker, P. Ulrich (Hrsg.), *Handbuch Controlling*,
https://doi.org/10.1007/978-3-658-26431-4_18

welcher das Ringen um die besten Kandidaten beschreibt (Laumer et al. 2010). Dieser Fachkräftemangel hat Konsequenzen für die Unternehmen, sodass bereits 2005 70 Prozent der Top-1000-Unternehmen in Deutschland[1] davon ausgingen, dass sie 2009 nur noch mit großen Anstrengungen erfolgreich Fach- und Hochschulabsolventen rekrutieren konnten (Keim et al. 2005). Auch im Jahr 2014 wird diese Herausforderung von den Unternehmen wahrgenommen. Das belegen die aktuellen Einschätzungen der 1000 größten Unternehmen Deutschlands, die davon ausgehen, dass 35,8 Prozent der Vakanzen nur schwer besetzbar sind und 5,8 Prozent unbesetzt bleiben werden (von Stetten et al. 2014). Die Betrachtung über die letzten Jahre zeigt in diesem Zusammenhang, dass sich die Probleme bei der Stellenbesetzung seit 2009 auf einem konstant hohen Niveau befinden. Für das Personalwesen ist es essenziell, geeignete Maßnahmen gegen den Fachkräftemangel zu ergreifen, um im Wettbewerb um die besten Talente bestehen zu können (Weitzel et al. 2009). Hierfür bietet sich für Unternehmen die Möglichkeit, Controlling-Maßnahmen in der Personalbeschaffung einzusetzen, um mit der Erhebung von Kennzahlen die Transparenz des Personalbeschaffungsprozesses und die Rekrutierungseffizienz von Kennzahlen zu verbessern (Eckhardt et al. 2014). Diese Möglichkeit wird als Recruiting-Controlling beschrieben, welche eine Ansammlung von Kennzahlen, sogenannter Key Performance Indicators (KPI), bietet, um die Aktivitäten in den Recruiting-Prozessen transparent nachvollziehbar werden zu lassen (Laumer et al. 2015). Diese Methode ermöglicht es, die Ergebnisse und den Wertbeitrag des Recruitings zu ermitteln und die Rekrutierung folgerichtig gezielter steuern zu können.

Die Erhebung von Recruiting-Kennzahlen ist jedoch mit einem großen Aufwand verbunden, sodass es essenziell wichtig ist, nicht alle erdenklichen Kennzahlen im Rahmen eines Recruiting-Controllings zu messen, sondern nur diejenigen, die wirklich von Interesse und hilfreich für eine effektive Steuerung und Verbesserung des Recruiting-Prozesses sind (Laumer et al. 2009; Maier et al. 2013). Aus diesem Grund stellt sich der vorliegende Beitrag die folgenden Forschungsfragen:

Welche Kennzahlen werden von Unternehmen im Rahmen eines Recruiting-Controllings durch Unternehmen erhoben?

Wie setzen Unternehmen ein Recruiting-Controlling praktisch um?

Der vorliegende Artikel ist wie folgt aufgebaut. Zunächst werden die Grundlagen des Recruitings erläutert und die einzelnen Recruiting-Schritte des Personalbeschaffungsprozesses dargestellt. Darauf folgt eine Begriffserklärung des Recruiting-Controllings. Im Anschluss wird die verwendete Forschungsmethodik beschrieben, aus der hervorgeht, auf welchen Datenerhebungen und Fallstudien die nachfolgenden Untersuchungen basieren. Anschließend wird eine Analyse des Status quo vorgenommen und anhand von Fallstudien aufgezeigt, wie ein Recruiting-

[1]Datensatz der 1000 größten deutschen Unternehmen nach dem Auswahlkriterium Umsatz von www.bisnode.de.

Controlling in einem Unternehmen umgesetzt werden kann und welchen Wertbeitrag dieses leisten kann. Abschließend werden die Ergebnisse des Forschungsansatzes zusammengefasst.

2 Recruiting und Recruiting-Controlling

2.1 Die Aufgaben des Recruiting

Das Recruiting hat die Aufgabe das Unternehmen mit entsprechenden und qualifizierten Mitarbeitern zu versorgen. Das Aufgabenspektrum der Rekrutierung reicht von Werbemaßnahmen bis hin zur Selektion von Kandidaten (Lang et al. 2011; Eckhardt et al. 2012). Der Recruiting-Prozess kann, wie in Abb. 1 dargestellt, in Teilprozesse untergliedert werden (Weitzel et al. 2011; Eckhardt et al. 2014), die im Folgenden beschrieben werden.

Employer-Branding: Das Personalmarketing lässt sich in das Employer-Branding und die Personalwerbung im engeren Sinne aufteilen. Das Employer-Branding umfasst dabei alle Marketingmaßnahmen, die dem Aufbau einer attraktiven Arbeitgebermarke dienen. Es verfolgt damit nur indirekt das Ziel, geeignete Kandidaten für eine Bewerbung zu gewinnen.

Personalwerbung: Die Personalwerbung zielt direkt auf die Generierung von Bewerbungen oder auf die aktive Suche nach Kandidaten (*Active Sourcing*) für eine oder mehrere spezifische Stellenausschreibungen.

Bewerbermanagement: Die Aktivitäten des Bewerbermanagements beinhalten die Erfassung der Bewerberinformationen, die Kommunikation mit dem Bewerber und die Unterstützung des Auswahlprozesses. Letzteres kann beispielsweise durch eine Erleichterung der unternehmensinternen Kommunikation über das elektronische Weiterleiten der Bewerbungsunterlagen an die Fachabteilung geschehen. Das Bewerbermanagement beginnt in der Regel mit dem Eingang der Bewerbung. Teilweise kann es aber auch schon vorher beginnen. Dies ist unter anderem dann der Fall, wenn das Unternehmen Informationen von potenziellen Kandidaten verwaltet, die beispielsweise über die Veranstaltung von Recruitingworkshops erhoben werden können.

Vorselektion und Selektion: Das Auswahlverfahren lässt sich in der Regel in die Vorselektion der Bewerber auf Basis der Bewerbungsunterlagen und die Selektion mittels verschiedener Instrumente, wie beispielsweise dem Bewerbungsinterview

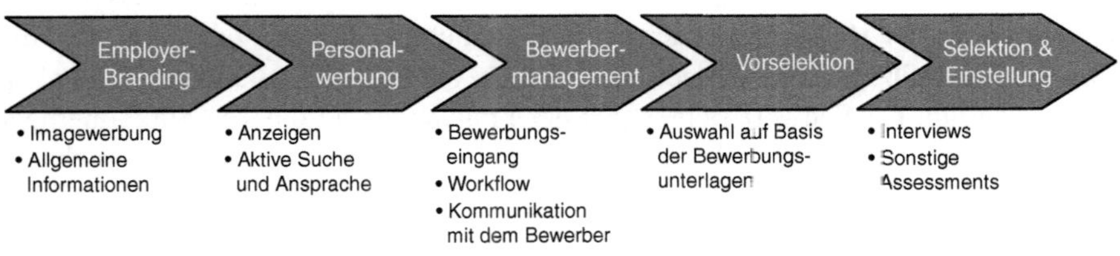

Abb. 1 Recruiting-Prozess

oder dem Assessment-Center, unterteilen. Das Ziel des Auswahlverfahrens ist dabei die Identifikation des geeignetsten Kandidaten für die vakante Stelle bei möglichst geringen Kosten.

2.2 Das Recruiting-Controlling

Das operative Controlling stellt ein Steuerungsinstrument der Unternehmensführung dar. Durch die über die letzten Jahre fortgeschrittene Professionalisierung des Human Ressourcen (HR) – Management ergibt sich die Notwendigkeit eines Controlling des Recruiting-Prozesses (Ringlstetter und Kaiser 2008). Darüber hinaus stellt der Fachkräftemangel die Personalbeschaffung vor die Herausforderung ihre Prozesse zu überwachen und zu steuern, um wettbewerbsfähig zu bleiben (Laumer et al. 2010). Hierbei wurden und werden vermehrt Chancen genutzt, aus Primärprozessen bekannte Optimierungsschritte auch im klassischen Sekundärprozess, wie beispielsweise dem Personalwesen, anzuwenden, um ein umfassenderes Recruiting-Controlling durchzuführen (von Stetten et al. 2012). Das Controlling im Recruiting-Bereich umfasst die Beschaffung, die Verarbeitung und die Auswertung von Key Performance Indicators (KPI), die entlang des Rekrutierungsprozesses erhoben werden (Eckhardt et al. 2014; Laumer et al. 2015). Das Ziel hierbei ist es die Transparenz des Personalbeschaffungsprozesses zu erhöhen und die Effizienz der Rekrutierungsaktivitäten zu bewerten (Weitzel et al. 2009), um somit den Wertbeitrag des Recruitings zu ermitteln. Hierbei stellt das Recruiting-Controlling nicht nur das Ende einer Recruiting-Aktivität dar, sondern agiert als Grundlage, um den Rekrutierungsprozess zu steuern und kontinuierlich zu verbessern. Des Weiteren leistet das Recruiting-Controlling auch Einblicke in die Aktivitäten des Personalwesens und deren Wertbeitrag zur Erreichung der Unternehmensziele.

2.3 Forschungsmethodik

Die folgende Untersuchung des Recruiting-Controllings basiert auf der Studienreihe „Recruiting Trends“, die durch das Center of Human Resources Information Systems (CHRIS) der Otto-Friedrich-Universität Bamberg und der Goethe-Universität Frankfurt am Main in Deutschland, Österreich und der Schweiz[2] durchgeführt wird (Weitzel et al. 2012). Im Rahmen der deutschen Studie werden die Personalverantwortlichen der 1000 größten deutschen Unternehmen befragt. Zudem werden die jeweils 300 größten Unternehmen aus jährlich wechselnden Branchen befragt. In Österreich und der Schweiz richtet sich der Fragebogen an die Top-500 Unternehmen des jeweiligen Landes. Das entscheidende Auswahlkriterium der Unternehmen ist hierbei jeweils der Umsatz.

[2] Recruiting Trends Schweiz wurden bis 2012 durchgeführt.

Die Fragebögen werden von einem erfahrenen Team entwickelt, basierend auf den Erfahrungen aus den Vorjahren sowie auf Basis von Fachliteratur zum Thema Rekrutierung. Die 1000 größten Unternehmen Deutschlands werden entweder per E-Mail durch das CHRIS-Team direkt oder durch ein geschultes Telefonistinnen-Team kontaktiert und zur Studie eingeladen. Die Teilnehmer haben dann die Möglichkeit den digital ausfüllbaren Fragebogen per E-Mail, Post oder Fax zurückzuschicken. Des Weiteren wird auch ein Online-Fragebogen bereitgestellt, über den die Unternehmen direkt an der Studie teilnehmen können. Um eine adäquate Rückläuferquote zu garantieren, werden die Unternehmen, von denen nach Fristablauf noch kein ausgefüllter Fragebogen vorliegt, nochmals durch das Telefonistinnen-Team daran erinnert. Die Rückmeldungen der Unternehmen bilden die Grundlage des vorliegenden Forschungsansatzes (vgl. Tab. 1). Um die Schwerpunkte, die in der Befragung der Personalverantwortlichen thematisiert werden, weiter zu vertiefen und zu ergänzen, beinhalten die Recruiting Trends jährlich praxisrelevante Fallstudien mit ausgewählten Unternehmen. So konnten seit 2002 über 64 Fallstudien durchgeführt werden. Im Rahmen der Befragung haben Unternehmen die Möglichkeit ihr Interesse an einer Fallstudie kundzutun. Die interessierten Unternehmen werden dann zu spezifischen Themenschwerpunkten kontaktiert. Falls das CHRIS-Team und das Unternehmen thematisch übereinkommen, wird ein Termin für ein Interview vereinbart. Das Interview findet meist im Unternehmen selbst statt; kann aber auch telefonisch abgehalten werden und dauert durchschnittlich zwei Stunden. Während des Interviews hat das CHRIS-Team die Möglichkeit gezielte Fragen zu stellen und bei wichtigen und interessanten Punkten nochmals genauer nachzufragen, um dieses Thema im Detail verstehen und untersuchen zu können. Die Inhalte des Interviews werden mit der Erlaubnis des Interviewpartners aufgenommen und auf Basis von Notizen und ggf. der Aufnahme verschriftlicht. Bevor die Beschreibung des Praxisfalls jedoch gedruckt wird, wird das Unternehmen um die Druckfreigabe des Dokuments gebeten.

3 Recruiting Controlling in der Praxis

3.1 Status quo des Recruiting-Controllings

„Kein Erfolg ohne Erfolgs-Controlling" (Keim et al. 2006, S. 107). Der Trend des Recruiting-Controllings lässt sich über die letzten Jahre hinweg deutlich erkennen. So bewerteten die Top-1000 Unternehmen schon 2011 das Recruiting-Controlling als eine eher wichtige interne Herausforderung, die es gilt zu bewältigen, um die Personalbeschaffung effektiv und effizient gestalten zu können (Laumer et al. 2015). Eine Betrachtung über die letzen Jahre zeigt, dass die Bedeutung des Recruiting-Controllings über die letzten fünf Jahre konstant ist, und eine eher wichtige zu bewältigende Herausforderung darstellt (vgl. Abb. 2).

Schon 2006 zeichnete sich ab, dass die Erhebung von Kennzahlen im Personalwesen immer mehr an Bedeutung gewinnt. Schon damals wurde eine zunehmende IT-Unterstützung und ein aktives Diversity Management als Treiber des Recruiting-Controllings angesehen. Darüber hinaus wurde die Steuerung der eigenen Arbeit in

Tab. 1 Übersicht Unternehmensstudien

Studie	Jahr	N	Rücklaufquote	Fallstudienpartner
Recruiting Trends 2005	2004	151	15,1 %	Infineon Technologies AG
				Procter & Gamble Deutschland
				Roche Diagnostics GmbH
				SAP AG
Recruiting Trends 2006	2005	154	15,4 %	BASF AG
				Bertelsmann AG
				DHPG – Dr. Harzem & Partner KG
Recruiting Trends 2009	2008	130	13,0 %	Microsoft Deutschland GmbH
				Philips GmbH
				Primondo
				Siemens AG
Recruiting Trends 2010	2009	110	11,0 %	AUDI AG
				Continental AG
				Pricewaterhouse Coopers
				SAP AG
Recruiting Trends 2011 Schweiz	2010	147	14,7 %	Bertelsmann AG
				Gruner + Jahr
				Schaeffler Gruppe
Recruiting Trends 2012	2011	171	17,1 %	Bayer AG
				Deutsche Bahn AG
				msg systems ag
Recruiting Trends – Ein Rückblick auf 10 Jahre	2011	–	–	–
Recruiting Trends 2013	2012	137	13,7 %	Adidas AG
				SAP AG
				Verkehrsbetrieben Zürich
Recruiting Trends 2014	2013	128	12,8 %	Krones AG
				Otto GmbH & Co KG
				VOITH GmbH Heidenheim

der Personalbeschaffung sowie die Berichterstattung an die Unternehmensleitung immer wichtiger (Keim et al. 2006). Die Erhebung von Kennzahlen in der Rekrutierung besitzt eine große Bedeutung, wenn es darum geht, die Transparenz des Personalbeschaffungsprozesses zu erhöhen und die Effizienz der Rekrutierungsaktivitäten auf Basis der erhobenen Kennzahlen zu verbessern. Zur Erhöhung der Transparenz in der Personalbeschaffung ermittelt 2010 schon ein Großteil der

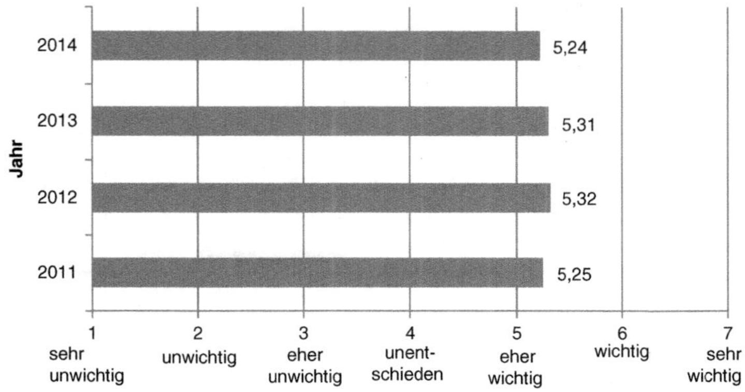

Abb. 2 Bedeutung des Recruiting-Controllings für die Personalbeschaffung der Top-1000 Unternehmen aus Deutschland

Top-1000 Unternehmen Deutschlands Kennzahlen in diesem Bereich. Unter den gemessenen Kennzahlen, sogenannten KPIs, befinden sich unter anderem die durchschnittlichen Kosten je geschalteter Stellenanzeige oder welche Bewerbungsverfahren die Bewerber nutzen und welche Gehälter die Zielgruppen erwarten. Darüber hinaus wird auch die durchschnittliche Zeit zwischen der Identifikation einer Vakanz und ihrer Besetzung („*Time-to-Hire*") erhoben (von Stetten et al. 2010). Im Folgenden wird analysiert, wie viele Unternehmen tatsächlich recruiting-spezifische KPIs erheben. Abb. 3 gibt einen Überblick über die Nutzung der verschiedenen recruiting-spezifischen KPIs, welche im Folgenden erläutert werden.

- **Veröffentlichungen von Stellenanzeigen**
  Im Jahre 2010 erheben mehr als sechs von zehn Unternehmen die durchschnittlichen Kosten je veröffentlichter Stellenanzeige und 10,4 Prozent planen, dies in der Zukunft zu tun (von Stetten et al. 2010). Zwei Jahre später geben 61,3 Prozent der Top-1000 Unternehmen Deutschland an, die Kosten einer Anzeige zu messen (Weitzel et al. 2012).
- **Informationskanäle**
  61,0 Prozent der Top-1000 Unternehmen Deutschlands analysieren, über welche Informationskanäle ihre Zielgruppen auf das eigene Unternehmen als interessanter Arbeitgeber aufmerksam werden, und 13,3 Prozent planen die Erhebung dieser Information (von Stetten et al. 2010). Darüber hinaus können 37,8 Prozent der Unternehmen im Detail analysieren, über welche Kanäle Bewerber auf das eigene Unternehmen oder eine ausgeschriebene Stelle aufmerksam wurden (von Stetten et al. 2013).
- **Time-to-Hire & Costs-per-Hire**
  Die durchschnittliche Zeit zwischen der Identifikation einer Vakanz und der tatsächlichen Einstellung („*Time-to-Hire*") messen 46,2 Prozent der 1000 größten Unternehmen Deutschlands und 17,0 Prozent planen dies für die Zukunft. Die Kosten je Einstellung („*Costs-per-Hire*") werden von 41,9 Prozent der Unterneh-

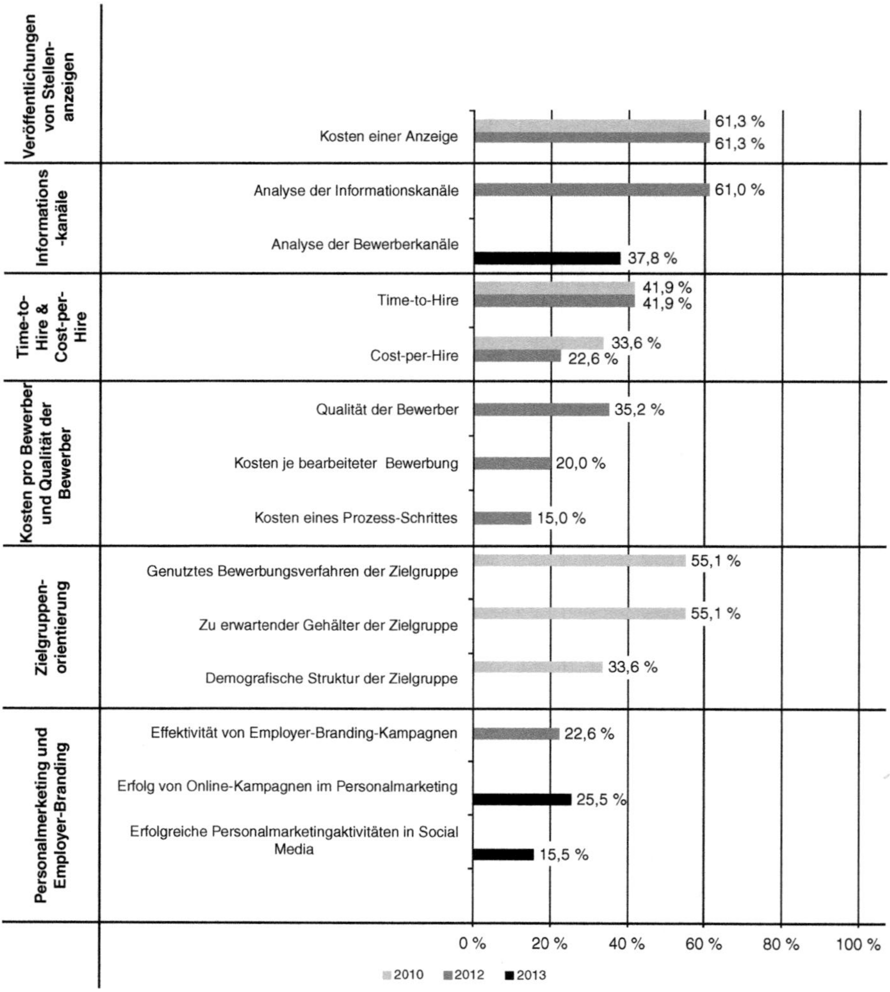

Abb. 3 Status quo der Verbreitung des Recruiting-Controllings

men ermittelt. Weitere 15,2 Prozent planen eine zukünftige Erhebung dieser Kennzahl (von Stetten et al. 2010). Im Jahre 2012 zeigt sich, dass nur noch 41,9 Prozent die Time-to-Hire und 33,6 Prozent die Costs-per-Hire erheben.

- **Kosten pro Bewerbung und Qualität der Bewerber**
  20,0 Prozent der Top-1000 Unternehmen Deutschlands erheben die Kosten je bearbeiteter Bewerbung und 35,2 Prozent der Unternehmen messen die Qualität der Bewerber. Lediglich 15,0 Prozent kontrollieren die Kosten eines Prozess-Schrittes (Weitzel et al. 2012).
- **Zielgruppenorientierung**
  Welche Bewerbungsverfahren von den Bewerbern genutzt werden, wird aktuell ebenso von 55,1 Prozent der Befragten erhoben wie die erwarteten Gehälter

der Zielgruppen. Schließlich analysieren 33,6 Prozent der Top-1000 Unternehmen Deutschlands die demografische Struktur ihrer Zielgruppen. Weitere 14,0 Prozent haben dies für die Zukunft in Planung (von Stetten et al. 2010).

- **Personalmarketing und Empolyer-Branding**
  Die Effektivität von Employer-Branding-Kampagnen erheben im Jahr 2012 22,6 Prozent (Weitzel et al. 2012). Im Folgejahr hat rund ein Viertel der Top-1000 Unternehmen Deutschlands Maßnahmen etabliert, um gezielt nachvollziehen zu können, welchen Erfolg durchgeführte Online-Kampagnen im Personalmarketing haben. 15,5 Prozent haben zudem Maßnahmen eingeführt, um den Erfolg ihrer Personalmarketingaktivitäten in Social Media nachweisen zu können (von Stetten et al. 2013).

3.2 Umsetzungskonzepte des Recruiting-Controllings

Die Studienreihe Recruiting Trends beinhaltet unter anderen jedes Jahr Fallstudien mit ausgewählten Unternehmen, die helfen, ein spezifisches Themengebiet detaillierter zu verstehen. Vier der 64 Fallstudien, die seit 2002 durchgeführt wurden, untersuchen den Themenbereich des Recruiting-Controllings detaillierter und geben einen Einblick in die praktische Anwendung und den Nutzen von Recruiting-Kennzahlen. Im Folgenden wird anhand der vier Fallstudien erläutert, wie Unternehmen Recruiting-Kennzahlen erheben und somit ihren Recruiting-Prozess besser steuern und kontinuierlich verbessern können. Tab. 2 beschreibt die vier Fallstudienunternehmen im Detail.

3.2.1 PHILIPS GmbH

Die Philips Deutschland GmbH ist eine Tochtergesellschaft des Philips Konzerns und ist eine der größten und umsatzstärksten Tochtergesellschaften des Konzerns (Laumer et al. 2009). Mit 7000 Mitarbeitern zählt das Unternehmen zu den zehn größten Unternehmen der deutschen Elektronikbranche. Ihren Sitz hat die Philips Deutschland GmbH in Hamburg, weitere große Standorte sind Böblingen und Aachen. Philips gliedert sich in die drei großen Geschäftsbereiche Healthcare, Lifestyle und Lighting sowie in einen extra Bereich Forschung.

Bei der Philips GmbH erfolgt die Auswahl von Kanälen zur Ansprache von Kandidaten nicht zufällig. Die Entscheidung über einen Personalmarketing-Kanal

Tab. 2 Fallstudienteilnehmer

Name	Brache	Standort	Mitarbeiterzahl	Umsatz
Philips GmbH	Elektronikbranche	Hamburg	7000	23.329 Mio. EURO
SAP AG	Softwareentwicklung	Walldorf	64.422	16.815 Mio. EURO
Otto AG & Co KG	Handels-, Dienstleistungs-, Finanz- und Immobiliengruppe	Hamburg	53.823	11.784 Mio. EURO
Baloise Group	Banken und Versicherungen	Basel, Schweiz	8795	9009 Mio. CHF

wird durch das Recruiting-Controlling gestützt. In dessen Rahmen werden Kennzahlen erhoben und ausgewertet, die das Verhalten der Kandidaten wiedergeben. Vordergründiges Ziel ist es, so die für die Einführung Verantwortlichen bei der Philips GmbH, dass „*sich die richtigen Leute bewerben und nicht möglichst viele Kandidaten*".

Durch die gezielte Überwachung vor allem des Kanals, über den Bewerber auf das Unternehmen aufmerksam werden, können fundierte Aussagen getroffen werden, welche Kanäle im Personalmarketing Sinn machen und welche nicht. Darüber hinaus können gezielt anonymisierte Daten z. B. über die Verteilung der von den Bewerbern besuchten Hochschulen, die Studienschwerpunkte, Gehaltsvorstellung usw. ausgewertet und so eigene Marktforschung betrieben werden. So konnten z. B. Zielhochschulen in Deutschland identifiziert werden, mit denen über das Recruiting hinausgehende Kooperationen eingegangen wurden. Neben der Identifikation von Zielkanälen bietet das Recruiting-Controlling weitere Vorteile vor allem für die Personalverantwortlichen eines Unternehmens. So können Auswirkungen von Prozessveränderungen verfolgt und beurteilt werden und auf Basis der erhobenen Kennzahlen Berichte für das Management erstellt werden, die über erfolgreiche Investitionen und Arbeiten der Personalabteilung berichten. Neben den Personalmarketing- und Bewerbungskanälen wird bei der Philips GmbH auch die Geschwindigkeit der Stellenbesetzung bewertet. Diese Maßnahme wurde bei Philips auf Anregung der Konzernzentrale eingeführt. Im Rahmen dieses Controllings werden Kennzahlen erhoben, die die Leistung der Recruitment-Abteilung wiedergeben. Diese Kennzahlen dienen zum einen dazu, die Recruitment-Mitarbeiter für den jährlichen europaweiten Wettbewerb „Best Practices" im Recruiting zu nominieren und zum anderen, bei weniger guten Zahlen in Gesprächen mit den Beteiligten Gründe zu identifizieren und Verbesserungen für die weitere Arbeit zu erarbeiten.

Für die Philips GmbH hat die Erhebung von Kennzahlen in der Rekrutierung zu drei wichtigen Vorteilen geführt: Die Identifikation von effektiven Personalmarketingkanälen, die Erhebung eigener Marktforschungsdaten und eine auf Kennzahlen basierte Entscheidungsfindung sowohl in der Personalabteilung als auch im Management des Unternehmens.

3.2.2 SAP AG

Im Jahr 1972 gründeten fünf ehemalige IBM-Mitarbeiter das Unternehmen SAP – Systemanalyse und Programmentwicklung – in Walldorf. Innovationen, Kreativität und Erfolg bilden die drei Grundprinzipien des Leistungsangebotes von SAP und verhalfen dem Unternehmen, sich vom regionalen Softwarehersteller zum weltweit führenden Anbieter von Unternehmenssoftware und zum drittgrößten unabhängigen Softwarelieferanten der Welt zu entwickeln (von Stetten et al. 2010).

Bei der SAP bestehen Bestrebungen, „softe" Fähigkeiten und Kompetenzen im Rahmen eines Recruitercontrollings zu messen. Zielgrößen wie Beratungsfähigkeit, Tiefe des Geschäftswissens und Glaubwürdigkeit bei den Kunden zu erheben, eröffnet dem Unternehmen die Chance, nicht nur Performancedeterminanten wie Zeit („Wie viel Zeit benötigt der Recruiter zur Besetzung einer offenen Stelle?") und

Kosten („Welche monetären Ausgaben entstehen bei der Besetzung?"), sondern auch Kennzahlen für die Qualität eines jeden Recruiters zu erheben.

3.2.3 Otto AG & Co KG

Das im Jahr 1949 in Hamburg gegründete Unternehmen zählt zu den größten Versandhandelsgruppen der Welt. Lag der Fokus zunächst auf dem Katalogversand, generiert die Otto Group mit ihren mehr als 123 Konzernunternehmen heute bereits rund 60 Prozent ihres Umsatzes über das Internet (von Stetten et al. 2014).

Die Otto AG & Co KG erhebt Kennzahlen über die positiven Effekte von Social Media für den Rekrutierungsprozess. Ziel des Unternehmens ist es, das Recruiting-Controlling so aufzubauen, dass der Wertbeitrag einzelner Rekrutierungsmaßnahmen noch gezielter nachvollzogen werden kann. Hierzu ist es wichtig herauszubekommen, über welche Kanäle die meisten Einstellungen generiert werden und so einen zielgerichteten Einsatz der Ressourcen zu ermöglichen. Aktuell nutzt das Unternehmen sowohl qualitative als auch quantitative Methoden zur Erfassung des Wertbeitrags einzelner Rekrutierungsmaßnahmen. Qualitativ wird in Einstellungsgesprächen darauf geachtet, ob der Bewerber von sich aus berichtet, dass er bestimmte Aktionen wie beispielsweise ein Video auf YouTube besonders attraktiv fand. Zudem wird auch aktiv nachgefragt, ob er bestimmte Aktionen in Social Media wahrgenommen hat. Darüber hinaus achtet die Otto AG & Co KG explizit darauf, ob in Bewerbungsschreiben auf verschiedene Kanäle verwiesen wird, was dem Unternehmen zusätzlich einen Eindruck vermittelt, welche Kanäle oder Maßnahmen bei Kandidaten wahrgenommen werden. Hinsichtlich quantitativer Kennzahlen werden im Rahmen des Employer Branding beispielsweise Klick-Zahlen, Follower-Zahlen, Like-Zahlen oder Kununu-Bewertungen erhoben und ausgewertet. Der Fokus liegt hierbei vor allem auf Kennzahlen, die veranschaulichen wann, wo und wie der Dialog mit dem Kandidaten entsteht. Allerdings kann man aus Sicht der Otto AG & Co KG den Mehrwert von Social Media nicht pauschal an einzelnen Kennzahlen festmachen, da jede Kennzahl von der jeweiligen Zielgruppe und Maßnahme abhängt.

3.2.4 Baloise Group

Die Baloise Group hat ihren Hauptsitz in Basel und ist Anbieter von Versicherungs- und Vorsorgelösungen und ist dabei in der Schweiz, Deutschland, Österreich, Belgien, Luxemburg, Liechtenstein, Kroatien und Serbien tätig. In der Schweiz bietet das im Jahr 1863 gegründete Unternehmen zudem Bankdienstleistungen an. Rund 9000 Mitarbeitende erwirtschafteten dabei im Jahr 2010 einen Gewinn von über 400 Million CHF bei einem Geschäftsvolumen von etwa 9,5 Milliarden CHF (von Stetten et al. 2011; Laumer et al. 2014).

Im Falle der Baloise Group wurde im Rahmen der strategischen Ausrichtung der Personalbeschaffung auf E-Recruiting zunächst ein Prozess mit einzelnen Prozessschritten definiert, welche anschließend in einem entsprechenden System abgebildet wurden. Die Prozessschritte des im Jahr 2009 definierten Prozesses lassen sich in sechs Kategorien zusammenfassen, wie sie in Abb. 4 dargestellt sind: Plan, Attract, Relate, Select, Win&Hire und Onboard.

Abb. 4 Personalbeschaffung bei der Baloise Gruppe

Zur Steuerung des Personalbeschaffungs-Prozesses hat die Baloise-Group ein Kennzahlensystem definiert, um basierend auf entsprechenden Fakten, Maßnahmen des Prozesses zu optimieren und um den Erfolg einzelner Maßnahmen nachweisen zu können. Aus der Vision der Personalbeschaffung wurden entsprechende Kennzahlen wie „Talent-on-Time" (Zeithorizont in der aus Sicht des Business eine Stelle besetzt sein sollte), „Brand Strength" (Stärke der Wahrnehmung des Employer Brands), „Offer Acceptance" (Anteil der unterschriebenen Arbeitsverträge im Verhältnis zu den gesamten Angeboten), „Efficiency" (Effizienz des Prozesses) und „Quality of new Hires" (Qualität der neuen Mitarbeiter) abgeleitet. Über die Zeit wurden weitere Kennzahlen pro Prozessschritt definiert.

Für die ***Attract- und Relate-Phase*** wird die Anzahl der Job-Views (Anzahl der Besuche auf einer Stellenanzeige) überwacht. Zusätzlich wird die Anzahl derjenigen Bewerbungen erfasst, die Kandidaten begonnen haben auszufüllen und die dabei tatsächlich abgeschlossen wurden. Dies ermöglicht dem Unternehmen zu überwachen, wie viele Job-Views notwendig sind, um eine Bewerbung zu generieren, und wie viele Bewerbungen tatsächlich abgeschlossen werden. Darüber hinaus bietet dies die Möglichkeit zu bewerten, wie viele Job-Views und Bewerbungen im Durchschnitt pro Neueinstellung notwendig sind, um eine entsprechende Auswahl an qualifizierten Bewerbern sicherstellen zu können.

Auch die Anzahl derjenigen Bewerbungen, welche direkt in den Talent Pool des Unternehmens eingehen, kann erfasst werden, somit kann auch eine „Direct Hire Rate" (Anteil der Neueinstellungen aus dem Talent Pool) berechnet werden. Darüber hinaus erhebt die Baloise-Group auch Kennzahlen über Bewerbungskanäle, sodass sich analysieren lässt, über welchen Kanal Bewerbungen eingingen bzw. über welchen Kanal eingestellte Bewerber auf die offene Stelle und das Unternehmen aufmerksam wurden. Im Falle der Baloise-Group zählen die Internet-Stellenbörsen, über die mehr als ein Viertel der Neueinstellungen generiert werden, die eigene Karrierewebseite, Mitarbeiterempfehlungen, der eigene Talent-Pool und Personalberatungen zu den wichtigsten Kanälen. Die Ergebnisse des Recruiting-Controllings haben zudem gezeigt, dass der Anteil der Einstellungen über Printmedien rückläufig ist, sodass das Unternehmen das Budget für Printanzeigen reduziert hat, um verstärkt in Internet-Kampagnen zu investieren.

In der **Win & Hire Phase** der Personalbeschaffung, also der internen Bearbeitung von Bewerbungen, tragen Kennzahlen dazu bei, Transparenz über die Prozessgestaltung im Unternehmen zu erlangen. Zum einen werden Kennzahlen wie „Talent-on-Time" (Zeithorizont, in der aus Sicht des Business eine Stelle besetzt sein sollte), „Cost of Vacancy" (Kosten, die durch die offene Stelle und deren Nichtbesetzung für das Business entstehen) erhoben, um die Bedeutung der Personalbeschaffung für die Unternehmensziele aufzuzeigen. Die Kennzahl „Talent-on-Time" zeigte dabei auf, dass eingestellte Bewerber im Durchschnitt später auf der ausgeschriebenen Stelle beginnen zu arbeiten, als vom jeweiligen Fachbereich erwartet wird. Aus diesem Grund wurde die Prozessgestaltung hinsichtlich der Optimierung für diese Kennzahl überprüft, um einen früheren Beginn von eingestellten Kandidaten im Unternehmen zu ermöglichen. Zum anderen kann durch die Kennzahlen „Offer Acceptance Rate" (Anzahl der akzeptierten Angebote), die „Time-to-Hire" und die „Cost-per-Hire" die Effektivität und Effizienz des Personalbeschaffungsprozesses überwacht werden.

Aber auch die Transparenz über die Kosten ist ein wichtiger Aspekt in der Win&Hire-Phase. Hierzu werden durch das Unternehmen zum einen die Kosten erhoben, die dem Unternehmen entstehen, wenn eine Stelle unbesetzt bleibt. Zum anderen werden detailliert Kosten für die einzelnen Prozessschritte sowie einzelne Maßnahmen des Prozesses aufgezeigt. Verbunden mit der bereits beschriebenen Neuausrichtung des Personalmarketings ging auch eine Reduzierung der Kosten im Personalmarketing einher, da auf diejenigen Kanäle verzichtet wurde, über die kaum Neueinstellungen generiert werden konnten.

Um den Prozess weiter verbessern zu können, erhebt das Unternehmen auch die Erfahrung der Kandidaten durch eine Befragung in der Win&Hire- bzw. Onboard-Phase. Durch strukturierte Fragebögen werden Kandidaten hinsichtlich ihrer Erfahrung mit verschiedenen Prozessschritten befragt, um so das Meinungsbild der Kandidaten in Optimierungsentscheidungen mit einfließen zu lassen. So konnte mit den ersten Erhebungen nach Systemeinführung gezeigt werden, dass Kandidaten mit den zur Verfügung stehenden Informationen zufrieden sind, jedoch die Zeit nach der Abgabe einer Bewerbung bis zur Rückmeldung des Unternehmens kritisiert wurde.

Über den Personalbeschaffungsprozess hinaus hat die Baloise Group auch für die Onboarding-Phase sowie die ersten Arbeitswochen für neue Arbeitnehmer die Erhebung von Kennzahlen etabliert, die es ermöglicht, die Aktivitäten zur Eingliederung von neuen Arbeitnehmern zu überwachen, um ein effektives Onboarding zu ermöglichen und frühzeitige Kündigungen vermeiden zu können. Teil dieses Verfahrens ist u. a. ein Fragebogen für neue Mitarbeiter des Unternehmens, um deren erste Eindrücke strukturiert zu erfassen.

Die Erhebung von Kennzahlen in der Rekrutierung hat im Falle der Baloise Group zu signifikanten Verbesserungen geführt und dem Unternehmen einen Wertbeitrag geboten. So konnte das Unternehmen feststellen, dass die Gesamtkosten für die Rekrutierung von 2007 bis 2010 um über 50 Prozent reduziert werden konnten. Insbesondere konnten die Kosten für die Ausschreibung von offenen Stellen halbiert und bei den „Costs-per-Hire" konnten über eine Million CHF gespart werden. Auch im Bereich des Personalmarketings lässt sich durch die Erhebung von Kennzahlen ein Wertbeitrag nachweisen. So stieg die Anzahl der Besucher der Karrierewebseite deutlich an. Parallel hierzu stieg auch die Anzahl der Job-Views und somit die Anzahl der Aufrufe der Stellenanzeigen. Generell konnte durch das kennzahlenorientierte Prozessmanagement der Effekt erzielt werden, dass es für die verantwortlichen HR-Manager einfacher war, Themen und Herausforderungen der HR-Abteilung dem Top-Management zu kommunizieren und entsprechende Unterstützung des Top-Managements zu bekommen.

4 Zusammenfassung

Durch einen immer stärker werdenden Fachkräftemangel ist die Personalbeschaffung vor neue Herausforderungen gestellt. Um auch während dieser starken Wettbewerbszeiten im Vorteil zu bleiben, ist es für das Personalwesen essenziell wichtig, geeignete Maßnahmen gegen den Fachkräftemangel zu ergreifen. Eine Möglichkeit stellt hier das Recruiting-Controlling dar, das die Beschaffung, die Verarbeitung und die Auswertung von Key Performance Indicators (KPI) umfasst, die entlang des Rekrutierungsprozesses erhoben werden. Das Ziel hierbei ist es, die Transparenz des Personalbeschaffungsprozesses zu erhöhen und die Effizienz der Rekrutierungsaktivitäten zu bewerten und somit den Wertbeitrag des Recruiting zu ermitteln.

Der vorliegende Forschungsansatz zeigt, dass das Recruiting-Controlling schon seit mehreren Jahren als eher wichtige Herausforderung in der Personalbeschaffung angesehen wird, die es gilt zu bewältigen, um wettbewerbsfähig zu bleiben (von Stetten et al. 2014). Eine Status quo Analyse veranschaulicht, dass die Erhebung von KPIs im Recruiting noch nicht so weit verbreitet ist. Kennzahlen über die Veröffentlichung von Stellenanzeigen und Zielgruppen werden häufiger erhoben, während nur wenige Unternehmen die durchschnittliche Zeit zwischen der Identifikation einer Vakanz und der tatsächlichen Einstellung oder die Kosten je Einstellung messen. Auch Aktivitäten im Personalmarketing und Employer-Branding werden selten kontrolliert. Die Status quo Analyse, wie auch die Fallstudien zeigen, dass in jedem Schritt des Rekrutierungsprozesses Kennzahlen erhoben werden können. In Abb. 5 sind die möglichen KPIs pro Prozessschritt dargestellt.

Die Analyse der Praxisbeispiele belegt, dass die Erhebung von Kennzahlen in der Rekrutierung zu einem leistungsstarken Recruiting und somit zu einer höheren Wettbewerbsfähigkeit führt. Die Fallstudien zeigen, dass die Unternehmen in der Lage sind, die Resultate und den Wertbeitrag des Recruitings nachzuweisen und die Rekrutierung somit effektiv und effizient zu steuern. Darüber hinaus zeigen die vier Praxisbeispiele, dass durch das Recruiting-Controlling die Personalbeschaffung der Unternehmen effektiv kontrolliert und gesteuert werden kann. Die PHILIPS GmbH ermöglicht die Identifikation von effektiven Personalmarketingkanälen und erhebt eigene Marktforschungsdaten. Im Fall der SAP AG werden „softe" Recruiting-Kennzahlen erhoben, auf Basis derer Unternehmen ihren Mitarbeitern das richtige Training anbieten können und somit den Rekrutierungsprozess kontinuierlich verbessern. Die Umsetzung des Recruiting-Controllings im Fall der Otto GmbH und Co KG zeigt deutlich, dass die Erhebung von Kennzahlen in der Rekrutierung den Wertbeitrag einzelner Rekrutierungsmaßnahmen aufzeigt. Durch die Analyse von geeigneten Recruiting-Kanälen können Ressourcen zielgerichteter eingesetzt werden. Ebenfalls hat die Erhebung von Kennzahlen in der Rekrutierung zu signifikanten Verbesserungen bei der Baloise Group geführt und dem Unternehmen einen Wertbeitrag beschafft. Die gesamten Kosten für die Rekrutierung konnten um über 50 Prozent reduziert werden. Die Kosten für die Ausschreibung von offenen Stellen konnten halbiert werden und bei den Kosten je Einstellung konnten über eine Million CHF gespart werden. Auch im Bereich des Personalmarketings lässt sich durch die Erhebung von Kennzahlen ein Wertbeitrag nachweisen, so stieg die

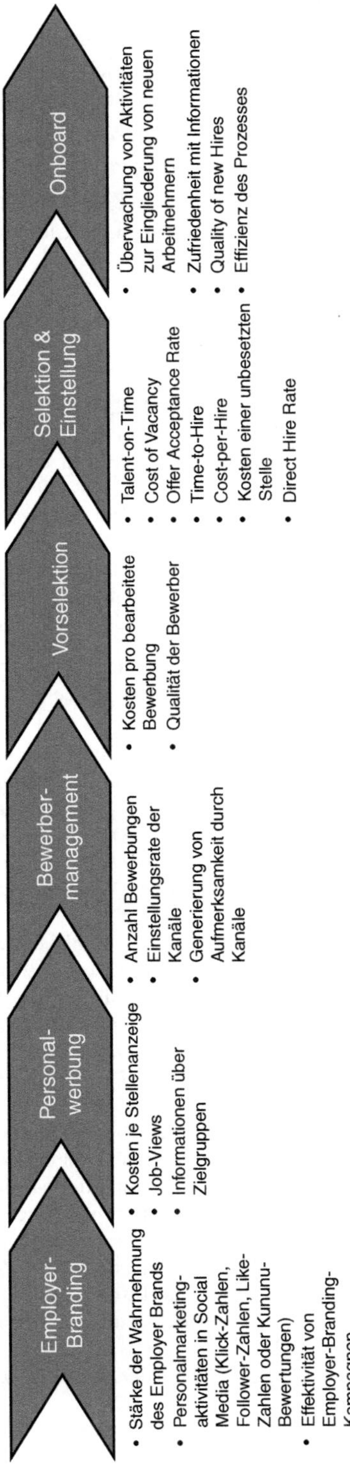

Abb. 5 Recruiting-spezifische KPIs für jeden Rekrutierungsschritt

Anzahl der Besucher der Karrierewebseite deutlich an. Parallel hierzu stieg auch die Anzahl der Job-Views und somit die Anzahl der Aufrufe der Stellenanzeigen. Schlussfolgernd zeigt der Forschungsansatz, dass die Erhebung von Kennzahlen in der Rekrutierung unter den Top-1000 Unternehmen Deutschlands noch nicht weit verbreitet ist. Obgleich die Praxisbeispiele zeigen, dass die Unternehmen, die eine Recruiting-Controlling umgesetzt haben, den Rekrutierungsprozess signifikant verbessern konnten und somit zum Wertbeitrag des Unternehmens beitragen konnten.

Literatur

Chambers, E. G., M. Foulon, H. Handfield-Jones, S.M. Hankin, und E. G. Michaels. 1998. „The war for talent." *The McKinsey Quarterly* (3): 44–57.

Eckhardt, Andreas, Sven Laumer, Christian Maier, und Tim Weitzel. 2012. Bewerbermanagementsysteme in deutschen Großunternehmen: Wertbeitrag von IKT für dienstleistungsproduzierende Leistungs- und Lenkungssysteme. *Zeitschrift für Betriebswirtschaft (ZfB) (Journal of Business Economics)* 82(4): 47–75. https://doi.org/10.1007/s11573-012-0582-z.

Eckhardt, Andreas, Sven Laumer, Christian Maier, und Tim Weitzel. 2014. The transformation of people, processes, and IT in e-recruiting: Insights from an eight-year case study of a German media corporation. *Employee Relations* 36(4): 415–431. https://doi.org/10.1108/ER-07-2013-0079.

Keim, T., W. König, F. von Westarp, O. Wendt, und T. Weitzel. 2005. Recruiting Trends 2005 – Eine empirische Untersuchung der Top-1000-Unternehmen in Deutschland und von 1000 Unternehmen aus dem Mittelstand.

Keim, T., W. König, F. von Westarp, und T. Weitzel. 2006. Recruiting Trends 2006 – Eine empirische Untersuchung der Top-1000-Unternehmen in Deutschland und von 1000 Unternehmen aus dem Mittelstand. Research Report, Goethe-Universität Frankfurt a. M.

Lang, S., S. Laumer, C. Maier, und A. Eckhardt. 2011. „Drivers, challenges and consequences of E-recruiting". In *Proceedings of the 49th SIGMIS annual conference on Computer personnel research – SIGMIS-CPR '11*, Hrsg. D. J. Armstrong, C. Riemenschneider, H. Huang und J. Quesenberry, 26. ACM Press.

Laumer, S., A. von Stetten, A. Eckhardt, T. Weitzel, und W. König. 2009. Recruiting Trends 2009 – Eine empirische Untersuchung mit den Top-1000-Unternehmen in Deutschland sowie den Top-300-Unternehmen aus den Branchen Aerospace, Bildung und Erziehung sowie Transport und Logistik. Research Report, Goethe-Universität Frankfurt am Main und Otto-Friedrich-Universität Bamberg.

Laumer, Sven, Andreas Eckhardt, und Tim Weitzel. 2010. Electronic human resources management in an E-Business environment. *Journal of Electronic Commerce Research,* 11(4): 240–250.

Laumer, S., C. Maier, und A. Eckhardt. 2014. The impact of human resources information systems and business process management implementations on recruiting process performance: A case study. Proceedings of the 20th Americas Conference on Information Systems.

Laumer, S., C. Maier, und A. Eckhardt. 2015. The impact of business process management and applicant tracking systems on recruiting process performance: An empirical study. *Journal of Business Economics (JBE)* 85(4): 421–453. https://doi.org/10.1007/s11573-014-0758-9.

Maier, Christian, Sven Laumer, Andreas Eckhardt, und Tim Weitzel. 2013. Analyzing the impact of HRIS implementations on HR personnel's job satisfaction and turnover intention. *The Journal of Strategic Information Systems* 22(3): 193–207. https://doi.org/10.1016/j.jsis.2012.09.001.

Ringlstetter, Max J., und Stephan Kaiser. 2008. *Humanressourcen-Management*. München: Oldenbourg.

Stetten, A. von, A. Eckhardt, S. Laumer, T. Weitzel und W. König. 2010. Recruiting Trends 2010 – Eine empirische Untersuchung mit den Top-1000-Unternehmen aus Deutschland sowie den

Top-300-Unternehmen aus den Branchen Automotive, Finanzdienstleistung und IT. Research Report, Otto-Friedrich-Universität Bamberg und Goethe-Universität Frankfurt a. M.

Stetten, A. von, S. Laumer, A. Eckhardt, T. Weitzel, und F. von Westarp. 2011. Recruiting Trends 2011 Schweiz – Eine empirische Untersuchung mit den Top-500-Unternehmen aus der Schweiz. Research Report, Otto-Friedrich-Universität Bamberg und Goethe-Universität Frankfurt a. M.

Stetten, A. von, S. Laumer, C. Maier, T. Weitzel, A. Eckhardt, und E. Guhl. 2012. Recruiting Trends 2012 – Eine empirische Untersuchung mit den Top-1000-Unternehmen aus Deutschland sowie den Top-300-Unternehmen aus den Branchen Health Care, IT sowie Umwelt & Recycling. Research Report, Otto-Friedrich-Universität Bamberg und Goethe-Universität Frankfurt a. M.

Stetten, A. von, S. Laumer, C. Maier, T. Weitzel, A. Eckhardt, und E. Guhl. 2013. Recruiting Trends 2013 – Eine empirische Untersuchung mit den Top-1000-Unternehmen aus Deutschland sowie den Top-300-Unternehmen aus den Branchen Automotive, Finanzdienstleistung und IT. Research Report, Otto-Friedrich-Universität Bamberg und Goethe-Universität Frankfurt a. M.

Stetten, A. von, S. Laumer, C. Maier, C. Weinert, T. Weitzel, A. Eckhardt, und B. Kraft. 2014. Recruiting Trends 2014 – Eine empirische Untersuchung mit den Top-1000-Unternehmen aus Deutschland sowie den Top-300-Unternehmen aus den Branchen Health Care, IT und Maschinenbau. Research Report, Otto-Friedrich-Universität Bamberg und Goethe-Universität Frankfurt a. M.

Weitzel, T., A. Eckhardt, und S. Laumer. 2009. A. framework for recruiting IT talent: Lessons from Siemens. *MIS Quarterly Executive (MISQE),* 8(4): 175–189.

Weitzel, Tim, Andreas Eckhardt, Falk von Westarp, A. von Stetten, S. Laumer, und B. Kraft. 2011. Recruiting 2011. Ergebnisse einer empirischen Befragung der 2000 größten Unternehmen in der Schweiz, Österreich und Deutschland sowie 1000 deutscher Mittelständler und der 900 größten deutschen Unternehmen aus den Branchen Finanzdienstleistung, IT und Öffentlicher Dienst. Bamberg, Frankfurt: CHRIS, Univ. Bamberg und Frankfurt.

Weitzel, Tim, Sven Laumer, Christian Maier, A. Eckhardt, A. von Stetten, und E. Guhl. 2012. Recruiting Trends – Ein Rückblick auf 10 Jahre. Research Report, Otto-Friedrich-Universität Bamberg und Goethe-Universität Frankfurt a. M.

Personalcontrolling in der Unternehmenspraxis

Norbert Zdrowomyslaw

Zusammenfassung

Nicht zuletzt vor dem Hintergrund des „Megatrends“ demografischer Wandel und dem drohenden Fachkräftemangel ist der *Mensch* zu einem zentralen – wenn nicht gar zum wichtigsten – Erfolgsfaktor jeder Organisation geworden.

In dem Maße wie die Personalarbeit sich in den letzten Jahren von der eher ausführenden Funktion des Verwaltens zu einem stärker *personen-* und *wertschöpfungsorientierten Personalmanagement* entwickelte, hat sich auch der Stellenwert des Personalcontrollings gewandelt. Es wächst die Erkenntnis, dass die Mitarbeiter zwar Risiko- und Kostenfaktor, aber vor allem auch Leistungs-, Kreativ- und Wertschöpfungsfaktor sind.

Da im Personalcontrolling insbesondere die Mitarbeiter und die Personalarbeit im Mittelpunkt der Betrachtung stehen, sind die zentralen Funktionen des allgemeinen Controllings planen, steuern, koordinieren und kontrollieren im *Regelkreis des Personalcontrolling-Prozesses* um die Aufgaben informieren, kommunizieren, moderieren und motivieren zu ergänzen. Die Berücksichtigung sog. „*weicher Faktoren*“ wie Führungsqualität, Mitarbeiterzufriedenheit, Gesundheit und Unternehmenskultur, die nur schwer zu erfassen und zu quantifizieren sind, besitzen in der Personalwirtschaft eine besondere Bedeutung.

Zukunftsorientierte und nachhaltige Unternehmensentwicklung bedarf eines *unternehmensangepassten* Personalcontrollings. *Patentrezepte* gibt es jedoch nicht und ein wie auch immer geartetes Personalcontrolling ist keine „Wunderwaffe“.

Schlüsselwörter

Berichtswesen · Controlling · Kennzahlen · Managemententscheidungsprozess · Mensch · Personalbereich · Personalmanagement

N. Zdrowomyslaw (✉)
Hochschule Stralsund, Stralsund, Deutschland
E-Mail: norbert.zdrowomyslaw@hochschule-stralsund.de

W. Becker, P. Ulrich (Hrsg.), *Handbuch Controlling*,
https://doi.org/10.1007/978-3-658-26431-4_19

1 Einführung – der Mensch im Fokus

Die *Unternehmenslandschaft* ist in den marktwirtschaftlichen Systemen weltweit und in Deutschland durch Einzelunternehmungen, Familienunternehmen, Klein- und Mittel- sowie Großbetriebe einschließlich unterschiedlicher Formen von Unternehmenszusammenschlüssen (Kooperationen, Konzerne), die auf begrenzte oder unbegrenzte Dauer ausgelegt sind, charakterisiert. *Unternehmenspraxis* bedeutet zunächst, dass Selbstständige sowie Unternehmen unterschiedlicher Größe, aus verschiedenen Branchen und mit spezifischen Geschäftsmodellen ihre Organisation *nachhaltig effektiv* und *effizient* gestalten möchten. Jedes Unternehmen ist auf seine Art einzigartig. Auch die Entwicklung von Strategien, der Einsatz von Instrumenten und die gewählten Maßnahmen zur Erreichung der gesetzten Ziele werden letztlich von Personen in Organisationen entschieden.

Waren über Jahrhunderte Boden, Arbeit und Kapital die klassischen Produktionsfaktoren, so wird heute als vierter Produktionsfaktor das *Wissen als zukunftsentscheidender Erfolgsfaktor* gesehen. Die Schnelllebigkeit und zunehmende Unsicherheit in unserer heutigen Gesellschaft und Wirtschaft sowie die damit einhergehenden strategischen Herausforderungen an das Management, wie z. B. Globalisierung, Bevölkerungsdynamik, Wertewandel, Konsequenzen der Digitalgesellschaft, Strukturwandel der Technologien, verkürzte Produktlebenszyklen und steigende Innovationsdynamik machen ein Zukunftsmanagement immer dringlicher.

Um ein Unternehmen zu lenken und zu entwickeln bedarf es zweifelsohne bei den Führungskräften einer gewissen Erfahrung, ergänzt um Intuition. Allein auf diese Fähigkeiten zu setzen, reicht im Regelfall jedoch nicht aus. Führungskräfte sollten im Rahmen des *Managemententscheidungsprozesses* von der Willensbildung über die Willensdurchsetzung bis zur Willenssicherung keinesfalls auf fundierte Daten, Fakten und Hintergrundinformationen verzichten. In einer *nachhaltig ausgerichteten Unternehmensführung* und der Etablierung von *Controlling-Konzepten* sehen Wissenschaftler und vermehrt auch viele Manager die Möglichkeit, Krisensituationen besser zu meistern und für eine stabile Unternehmensentwicklung zu sorgen. Durch den Zwang Innovationen zu schaffen sowie die Steuerung von Prozessen und Wertschöpfungsketten optimal zu bewerkstelligen, rückt der *Mensch* stärker in den *Mittelpunkt* von Entscheidungs- und Entwicklungsprozessen. Denn nur er kann Wissen erzeugen und kreativ in Organisationen nutzen.

Nicht zuletzt vor dem Hintergrund des „Megatrends" demografischer Wandel und dem drohenden Fachkräftemangel in bestimmten Branchen und Funktionsbereichen ist der *Mensch* zu einem zentralen – wenn nicht gar zum wichtigsten – *Erfolgsfaktor* jeder Organisation geworden. Sowohl Profit- als auch Non-Profit-Unternehmen, die sich im Wettbewerb erfolgreich behaupten wollen, sind auf qualifiziertes und motiviertes Personal angewiesen. Das *Finden*, *Qualifizieren*, *Motivieren* und *Binden* von Mitarbeitern kristallisiert sich zusehends als Kernaufgabe für das Management heraus. Denn Mitarbeiter sind zwar Risiko- und Kostenfaktor, aber vor allem auch Leistungs-, Kreativ- und Wertschöpfungsfaktor und besitzen Investitionscharakter. Deshalb wird in der Literatur auch von *Humankapital* oder *Humanvermögen* gesprochen.

Sicherlich nicht zuletzt aufgrund der Besonderheit, dass der „Mensch als arteigenes System“ betrachtet werden kann, ist es schwer, eindeutige inhaltliche Konturen der Personalwirtschaft und des Personalcontrollings in Theorie und Praxis auszumachen. Der Mitarbeiter auf allen Hierarchieebenen der Organisation bestimmt mit seinen Ressourcen und Dispositionen maßgeblich den Unternehmenserfolg. Er charakterisiert sich durch Bedürfnisse und Interessen, Leistungsfähigkeit körperlicher Art (Gesundheit, Ausdauer etc.) und geistiger Art (Qualifikation, Wissen, Können, Erfahrung), Leistungsbereitschaft (Motivation) und Verhaltensdispositionen (wie Arbeitszufriedenheit). Abb. 1 zeigt das verfeinerte Grundmodell der verschachtelten Systeme „Umwelt“, „Unternehmung“ und „Mensch“, in der die personalwirtschaftlich relevanten Einzelelemente relational zusammengestellt sind.

Legt man zugrunde, dass der *Mensch* und das *Wissen* als zentrale Eckpfeiler der *Innovations-* und *Wettbewerbsfähigkeit* zu werten sind, ist die entscheidungsorientierte Steuerung von Personalinformationen geradezu ein Muss für eine zukunftsorientierte Unternehmensentwicklung. Nicht zuletzt aus den oben genannten Gründen hat in den letzen Jahren des 21. Jahrhunderts das *Personalcontrolling* in der Wirtschaftspraxis erheblich an Bedeutung gewonnen. Eine Recherche in den Personalsuchanzeigen zeigt uns schnell, dass mittlerweile viele – vor allem größere – Unternehmen *Stellen für PersonalcontrollerInnen* anbieten.

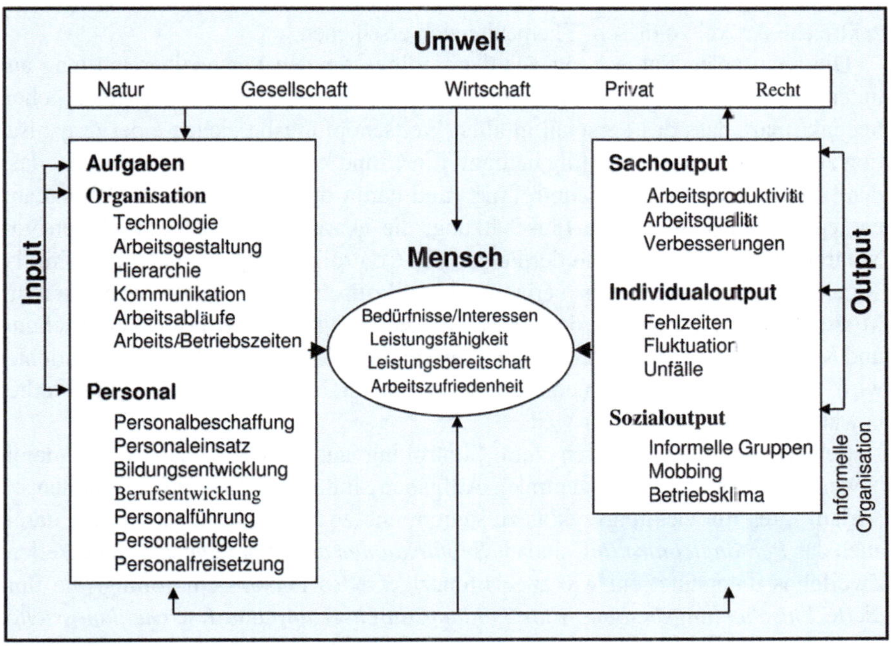

Abb. 1 Bezugsrahmen der Systeme Umwelt, Unternehmung und Mensch. (Quelle: Kropp 2004, S. 136)

2 Zunehmende Bedeutung des Personalcontrollings bei Anspruchsgruppen

In dem Maße wie die *Bedeutung von Wissen* für die Unternehmensentwicklung an Gewicht zunahm und die *Personalarbeit* sich in den letzten Jahren von der eher ausführenden Funktion des Verwaltens zu einem stärker personen- und wertschöpfungsorientierten Personalmanagement entwickelte, hat sich auch der Stellenwert bezüglich der Planung, Steuerung und der Kontrolle im Personalbereich gewandelt. Während andere Funktionsbereiche wie Finanzen oder Marketing in der Wissenschaft und Praxis schon seit längerem mit dem Zusatzwort Controlling versehen wurden, ist das erste deutsche Buch zum Personalcontrolling im Jahr 1986 von Potthoff und Trescher verfasst worden (Potthoff und Trescher 1986). Im Jahr 1998 gründete die Deutsche Gesellschaft für Personalführung e. V. (DGFP) einen Arbeitskreis zum Personalcontrolling, an dem sich viele Unternehmen beteiligen und Erfahrungen austauschen. Die im Jahr 2001 erschienene Publikation „Personalcontrolling in der Praxis" ist das Ergebnis einer groß angelegten Gemeinschaftsarbeit von Mitgliedsfirmen der DGFP e. V. gewesen (DGFP 2001). In den letzten dreißig Jahren sind einige Bücher zum Personalcontrolling mit unterschiedlichen Schwerpunksetzungen (Schmeisser et al. 2014; Schulte 2011; Jansen 2008; Zdrowomyslaw 2007; Wunderer und Jaritz 2006; Backhaus und Kobi 2005; Lisges und Schübbe 2005; Papmehl 1999; Gmelin 1995; Metz 1995; Wunderer und Schlagenhaufer 1994; Hentze und Kammel 1993; Potthoff und Trescher 1986) veröffentlicht worden und in Fachzeitschriften sind zahlreiche Artikel zu diesem Themenbereich erschienen.

Die recht späte Entdeckung des Controllings für den Personalbereich mag auf unterschiedliche Ursachen zurückzuführen sein. Dies ist umso verwunderlicher, bedenkt man, dass das Personal in allen Wertschöpfungsbereichen einer Organisation zum Erfolg oder Misserfolg beiträgt. Ein Grund könnte darin zu sehen sein, dass dem schillernden Begriff „Controlling" und damit der Funktion wenig Akzeptanz entgegengebracht wird. Die Einschätzung, die in zahlreichen Organisationen von Mitarbeitern der Position und der Person des Controllers entgegengebracht wird, ist – gelinde gesagt – oftmals verhalten bzw. kritisch. Nicht selten verbinden die Mitarbeiter in der Praxis mit dem Begriff „Controlling" in erster Linie Überwachung und Kontrolle. Und insbesondere dann, wenn der Fokus auf den Menschen gerichtet wird, wie dies beim Personalcontrolling der Fall ist, ist die Vision vom „big brother is watching you" nicht mehr weit.

Selbstverständlich gehören zum Controlling auch die Evaluation und damit bewertende Kontrolle. Die zentralen Aufgaben sind allerdings, Organisationen im Verlauf ihres Entwicklungszyklus zu steuern und zu lenken. Controlling und damit auch das *Personalcontrolling* sind als *Subfunktionen des Managements* zu begreifen. Zweifellos unterstützt ein wie auch immer geartetes Personalcontrolling, die fundierte *Entscheidungsfindung*, *Entscheidungsdurchsetzung* und *Entscheidungssicherung* in Organisationen. Aber Wunderdinge dürfen Führungsleute von dem Einsatz bestimmter Konzepte und Instrumente grundsätzlich nicht erwarten.

Tatsache ist allerdings, dass Daten, Fakten und Hintergründe, also Erkenntnisse und Ergebnisse im Hinblick auf die Personalarbeit und das Personal nicht nur von

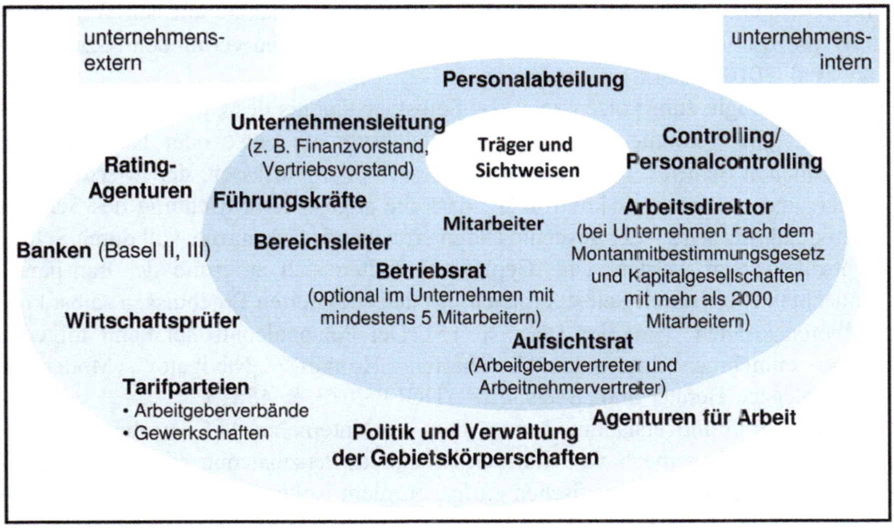

Abb. 2 Träger, Anspruchsgruppen und Sichtweisen des Personalcontrollings. (Quelle: Zdrowomyslaw 2007, S. 60)

den Entscheidern in Unternehmen nachgefragt werden, sondern auch von diversen *internen* und *externen Anspruchsgruppen*. (Zdrowomyslaw 2005, S. 25 f.). Was ein Personalcontrolling beinhalten und leisten soll, hängt u. a. maßgeblich von der Interessenlage der Akteure ab. Es kann und darf nicht völlig losgelöst von den Trägern der Personalpolitik und den Adressaten einer Unternehmung bewertet werden. Die Abb. 2 verdeutlicht mögliche *Träger, Anspruchsgruppen* und *Sichtweisen* des Personalcontrollings und weist auf potenzielle „Kunden" bzw. *Informationsempfänger* des Personalcontrollings hin. Weil Informationen immer auch eine Manipulations- und Machtfunktion beinhalten, nehmen Lisges und Schübbe folgende Differenzierung des Controllings nach *Empfängerkreisen* vor: „Externes öffentliches Controlling", „internes öffentliches" und „internes nicht öffentliches" Controlling, „politisches" Controlling und „externes Pflichtcontrolling" (Lisges und Schübbe 2005, S. 25 f. und S. 78 ff.).

3 Gibt es *das* Personalcontrolling in Theorie und Praxis?

Grundsätzlich lässt sich die Frage, ob es *das* Controlling bzw. *das* Personalcontrolling gibt, leicht beantworten. *Nein* – es gibt aber in der Wirtschaftspraxis zahlreiche Facetten, wie die *Denkweise des Controllings* umgesetzt wird. Begriffe sind nicht nur inhaltlich festzulegen, sondern wie bereits erwähnt, aus *verschiedenen Blickwinkeln* zu deuten. Die Controlling-Idee ist *gegenwarts-, zukunfts- und erfolgsorientiert* und wird eher mit den Aufgaben „planen, steuern und überwachen", um Organisationseinheiten und Personen „Hilfe zur Selbsthilfe" zu geben, verbunden. Mit *Controlling-Konzepten* werden eine zukunftsorientierte Führungsphilosophie, die Unterstützung im Managementprozess, die Einflussnahme auf den Wertschöpfungsprozess und der erforderliche Instrumentenbaukasten verbunden (Czenskowsky et al. 2010, S. 24 f.).

Die Analogie zum Lotsen zeigt das Selbstverständnis des Controllers besonders deutlich: „Man könnte den Controller gleichsam als Lotse oder Navigator des betrieblichen Schiffes, nicht aber als dessen Kapitän auffassen, der in erster Linie steuert und nur insoweit kontrolliert, dass die angesteuerte Richtung des Schiffes nicht gefährdet wird – der gesuchte Hafen erreicht wird. Kontrolle soll durch Selbstkontrolle ersetzt werden. Die ‚Geplanten' sollten sich aufgrund der transparent gemachten Ziele durch Selbstvergleich mit den realisierten Ergebnissen selbst kontrollieren können" (Preißler 1998, S. 15). Der Personalcontroller kann folgende *Rollen* einnehmen: Informationsbeschaffer, „Hofnarr", „Navigator", Moderator, Serviceleister, Berater und „Seelsorger" (DGFP 2013, S. 45 ff.).

Aus dem Grundverständnis heraus, dass das Unternehmens-Controlling als Subsystem des Managements zu betrachten ist und das Personalcontrolling als *Bereichscontrolling* mit seinen spezifischen Aufgaben nicht isoliert, sondern als integratives Element des Gesamtsystems Controlling zu sehen ist, setzen die Abgrenzungen und Definitionen vielfach auf den allgemeinen Controlling-Definitionen auf (Zdrowomyslaw 2007, S. 38 ff.). Das Personalcontrolling lässt sich wie folgt charakterisieren:

Personalcontrolling ist eine an Zielen orientierte Teilaufgabe des Managements. Systemgestützt werden passende Informationen bereitgestellt, Instrumente eingesetzt und Maßnahmen durchgeführt, um die Entscheidungsqualität des Managements und damit die Anpassungsfähigkeit des Unternehmens an Veränderungen zu verbessern. Da im Personalcontrolling insbesondere die Mitarbeiter und die Personalarbeit im Mittelpunkt der Betrachtung stehen, sind die zentralen Funktionen des allgemeinen Controllings planen, steuern, koordinieren und kontrollieren im *Regelkreis* des Personalcontrolling-Prozesses um die Aufgaben informieren, kommunizieren, moderieren und motivieren zu ergänzen. Abb. 3 verdeutlicht den Regelkreis des strategischen und operativen Controllings.

Um Veränderungen von Wertschöpfungs- oder anderen Erfolgsgrößen transparent zu machen, bedarf es – wie für das Gesamtunternehmen und andere Funktionsbereiche – der Erfassung der Ist-Situation und der Erarbeitung einer Soll-Konzeption, damit ein Soll-Ist-Vergleich durchgeführt und der Erfolg sichtbar (messbar) gemacht werden kann. Controlling – egal welcher Art oder Funktion – fußt auf dem sog. *kybernetischen Regelkreis*: Zielsetzung, Planung (Definition von Maßnahmen), Soll-Ist-Abgleich und gegebenenfalls Gegensteuerung bzw. Korrektur der Ziele. Das *strategische Controlling* agiert im gleichen Regelkreis wie das *operative* Controlling, allerdings mit anderen Prämissen. Während das operative Controlling gegenwartsbezogen und vergangenheitsorientiert *(Feed-back)* angelegt ist, ermöglicht das strategische Controlling auf Grund einer nach vorne gerichteten Betrachtungsweise *(Feed-forward)*, rechtzeitig Chancen zu erkennen und Risiken abzuwägen.

Das Wort Personalcontrolling setzt sich aus dem Begriff „Personal" und einem der „schillerndsten" Begriffe der Betriebswirtschaftslehre, dem Begriff „Controlling" zusammen. Insofern ist es gar nicht verwunderlich, dass es bezüglich Historie,

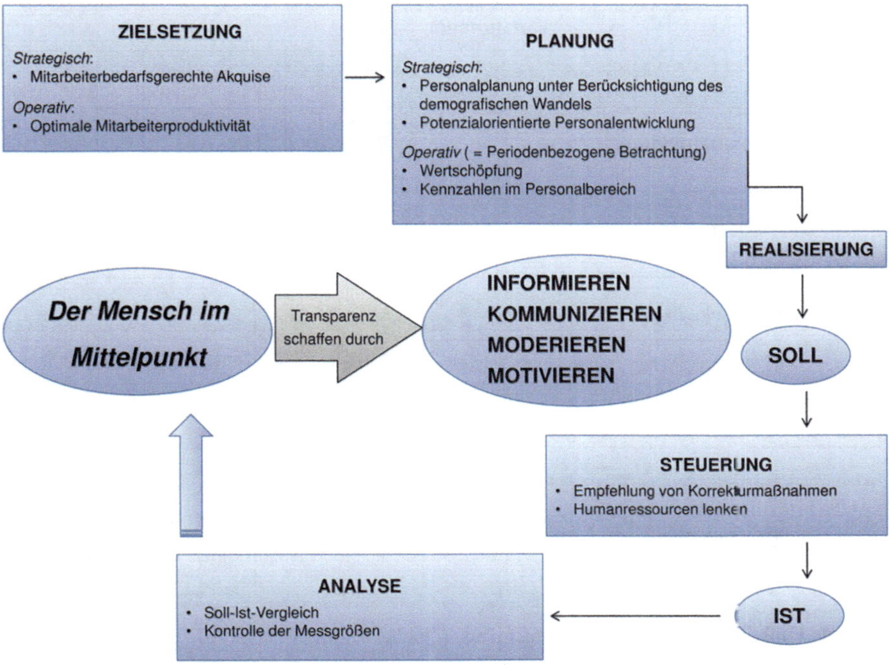

Abb. 3 Regelkreis des strategischen und operativen Controllings. (Quelle: Eigene Darstellung)

Definitionen, Abgrenzungen, Einordnung in die Unternehmensführung usw. in der Literatur eine Fülle von Darstellungs- und Erklärungsmöglichkeiten gibt. Eine Beschäftigung mit dem Personalcontrolling intendiert zwangsläufig zum einen die Betrachtung der *Aufgabenfelder der Personalwirtschaft* und zum anderen die *Rolle des Personalcontrollings im Managemententscheidungsprozess*. Prinzipiell kann sich der Begriff des Personalcontrollings (auch Human Resource Controlling genannt) nach dem Wortlaut entweder auf das *Controlling des Personals* oder auf das *Controlling der Personalarbeit* beziehen (Wunderer und Jaritz 2006, S. 12).

In einer Organisation lassen sich *unterschiedliche Funktionsbereiche* ausmachen, die zur Wertschöpfung eines Unternehmens beitragen. Während die Bereiche Einkauf, Produktion und Verkauf als Sachfunktionen bzw. Grundfunktionen (Längsschnittsfunktionen = primäre Aktivitäten) einzuordnen sind, besitzen beispielsweise Finanzierung, Rechnungswesen, Controlling sowie Personal und Mitarbeiterführung grundsätzlich einen *Dienstleistungscharakter* (Querschnittsfunktionen = unterstützende Aktivitäten). Unbestritten ist jedenfalls, dass im Rahmen des Managementprozesses und der Wertschöpfungsentstehung der Querschnittsfunktion „Personal", die alle Sachfunktionen unterstützt und beeinflusst, eine herausragende Bedeutung zukommt. Das weite *Aufgabenfeld* und die wesentlichen *Bereiche* der Personalarbeit sind Abb. 4 zu entnehmen (Thom 2002, S. 20).

Die *praktische Personalarbeit* und die Etablierung einer *Controlling-Denkweise* vom Familienbetrieb bis zum globalen Konzern gestalten sich allerdings recht

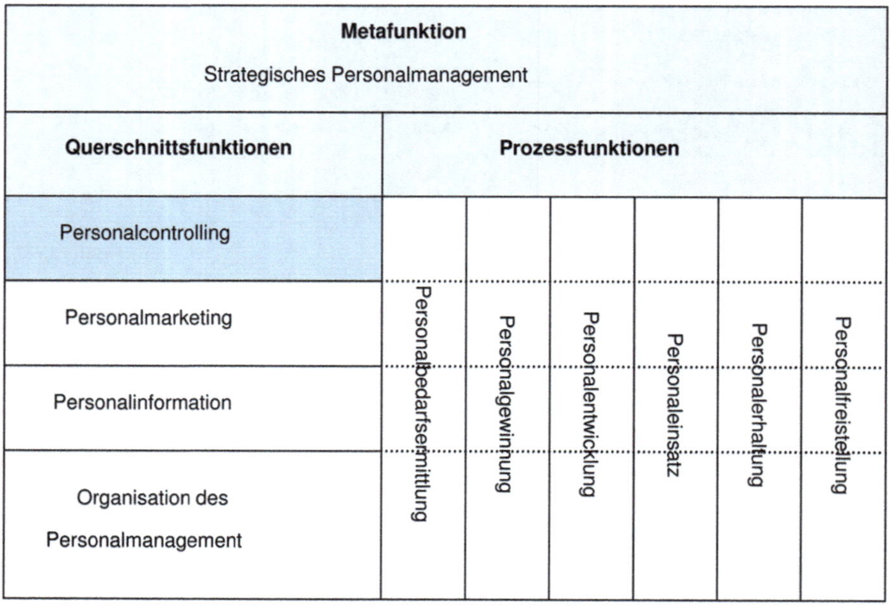

Abb. 4 Funktionen des Personalmanagements. (Quelle: Thom 2002, S. 20)

unterschiedlich. In den Unternehmen richtet sich die Abgrenzung der Funktionen der Personalarbeit unter Berücksichtigung vorhandener Ressourcen vor allem nach *Zweckmäßigkeitsgesichtspunkten*. Die Erfüllung einer bestimmten Aufgabe wird dementsprechend unterschiedlich geregelt. Eher selten erfolgt in der Unternehmenspraxis eine klare Differenzierung zwischen dem *operativen* und *strategischen*, dem *faktor-* und *prozessorientierten* sowie *quantitativen* und *qualitativen* Personalcontrolling (Zdrowomyslaw 2007, S. 48 ff.). Allerdings ist auszumachen, dass allein schon auf Grund der Tatsache, dass die *Personalplanung* langfristigen Charakter besitzt und die *Herausforderungen* an die Entscheider in Organisationen *eher zukunftsgerichtet* sind, gewinnen strategische und qualitative Problemlösungen an Bedeutung.

4 Megatrends und Herausforderungen für das Management

Seit der Industrialisierung bis zur heutigen Epoche der *Informations-* und *Wissensgesellschaft* haben sich gravierende Veränderungen in der Unternehmensumwelt ergeben. Die *betriebliche Personalarbeit* hat sich als eigenständige Institution in den 50er-Jahren etabliert und im Laufe der Jahre stark verändert und zwar von der Personalverwaltung hin zur Personalgestaltung bzw. zum Human Resource Management. Turbulenzen und Schnelllebigkeit sind heute in den meisten Bereichen der Wirtschaft kennzeichnend. Nicht alle Prognosen von Zukunftsforschern werden 1 zu

Klimawandel und Klimaschutz	Globalisierung	Demografischer Wandel	Wertewandel und Konsumverhalten
Vertrauensverlust in Gesellschaft und gegenüber Entscheidungsträgern	Bekanntheit und Image von Ländern, Regionen und Unternehmen	Wissensmanagement Innovations- und Veränderungsmanagement	*Corporate Social Responsibility,* *Employer Branding – Arbeitgeberattraktivität*
Wertschöpfungspartnerschaften	Networking und Web 2.0 Soziale Netzwerke	Netzwerkmanagement und Kooperationen	*Fachkräftesicherung* *Demografiemanagement* *Personalmanagement/ -controlling*

Abb. 5 Herausforderungen und Strategiebereiche für Entscheider. (Quelle: Eigene Darstellung)

1 eintreffen, aber die *zentralen Herausforderungen* der nächsten Jahre und Jahrzehnte lassen sich erahnen oder sind bereits gut erkennbar.

Abb. 5 zeigt die *Megatrends* und *Herausforderungen* der kommenden Jahre, denen sich das Management von Organisationen mit geeigneten Strategien stellen muss. Viele Bereiche stehen in enger Beziehung zur Ressource Mensch. Im Hinblick auf die *Innovations-* und *Wettbewerbsfähigkeit* erhalten Aspekte wie die Sicherung von Fach- und Führungskräften, die Etablierung einer *Corporate Social Responsibility* Strategie, die Entwicklung eines *Employer Branding* Konzepts oder die Realisierung eines *Wissensmanagements* zusehends mehr Bedeutung. Diverse Einflussfaktoren, wie z. B. die Digitalisierung aller Arbeits- und Lebensbereiche, Internationalisierung der Arbeitsmärkte, demografischer Wandel usw., wirken auf die Personalarbeit. Eine weitere Aufwertung erhält das Personalcontrolling dadurch, dass das Personalmanagement mit dem Gesetz zur Kontrolle und Transparenz von Kapitalgesellschaften (KonTraG) und der Bonitätsprüfung von Unternehmungen bei Kreditvergaben (Basel II, III) in den Mittelpunkt der Diskussion um ein unternehmensorientiertes Risikomanagementsystem gerückt ist.

Alle *Studien* und *Befragungen* zur Bedeutung und weiteren Verbreitung des Personalcontollings kommen zu der Schlussfolgerung, dass Personalcontrolling *kein Modethema* ist. Eine sehr umfangreiche *Prognosestudie* zur Untersuchung fachspezifischer Fragen zum Personalmanagement liefern die Autoren *Wunderer* und *Dick*. Bezogen auf das Teilsegment *Personalcontrolling* werden sechs Trends als *Ergebnisthesen* identifiziert: Personalcontrolling wird institutionalisiert, zunehmende Integration mit anderen Controlling-Bereichen, wachsende Bedeutung des strategischen Personalcontrollings, größere Bedeutung des Wertschöpfungscontrollings mit verstärkt integrierter Messung, Personalcontrolling evaluiert Mitunternehmertum, Personalentwicklungs- und Führungscontrolling konzentriert sich auf „weiche Faktoren" (Wunderer und Dick 2006, S 182 ff.).

Legt man diese und weitere Studien sowie Beobachtungen zugrunde, so hat u. a. befruchtet durch das Konzept der Balanced Scorcard von Kaplan und Norton (2000), in dem auch *nicht-finanzwirtschaftliche Kennzahlen* bei der Unternehmenssteuerung einbezogen werden, das Thema *strategisches* und *qualitatives Personalcontrolling* in den letzten Jahren mehr Aufmerksamkeit erhalten. Dennoch – ein solches modernes Personalcontrolling, wie vielfach in der Literatur eingefordert, ist in der Wirtschaftspraxis nur sehr begrenzt vorzufinden. Allerdings wird die *Relevanz von Personalcontrolling* für Unternehmen durch eine Befragungsstudie mit 142 Personalverantwortlichen aus verschiedenen Branchen von der *Hochschule RheinMain* unterstrichen. Das Ergebnis der Befragung aus dem Jahre 2012 lautet: Mehr als 80 % der befragten Unternehmen möchten künftig ihr Personalcontrolling ausbauen (Hochschule RheinMain 2012, S. 4).

5 Zielsetzungen, Widerstände und Aufgaben des Personalcontrollers

Eine *strategisch* ausgerichtete *Unternehmens-* und *Personalpolitik* hat die Sicherung des Bestandes der langfristigen Unternehmensentwicklung im Blick. *Strategien* weisen im Prozess der strategischen Führung den Weg in die Zukunft und *Ziele* stellen in gewisser Weise die Markierungen des Weges dar.

Das *Personalcontrolling* nimmt im Vergleich zum allgemeinen Unternehmens-Controlling oder Marketing-Controlling eine *Sonderstellung* ein, da die Mitarbeiter kein ausschließlich nach ökonomischen Gesichtspunkten disponierbarer Produktionsfaktor sind. Daraus ergeben sich besondere Problemfelder und Anforderungen bei der Einführung und der Umsetzung des Personalcontrollings. Im Mittelpunkt steht die Evaluation der Personalarbeit und der Menschen in einer Organisation, womit es fast zwangsläufig zu *Akzeptanzproblemen* kommt (Widerstände der Mitarbeiter, Angst vor dem „gläsernen Mitarbeiter", Datenschutzproblem etc.).

Für den Personalbereich ist die Differenzierung in *wirtschaftliche* und *soziale Ziele* besonders bedeutend. Zwar sind Unternehmen in erster Linie Wirtschaftsbetriebe mit der Verfolgung *vorrangig ökonomischer Ziele* (Effizienz), aber es gibt auch die *soziale Dimension* (ethische Werte, „Humanisierung der Arbeitswelt", „gerechte Entlohnung", Beteiligung der Arbeitnehmer am Gewinn und Vermögen, Mitspracherechte bei der Formulierung und Verfolgung der Unternehmensziele, Mitbestimmung usw.), die es durchaus zu beachten gilt. Die Einbeziehung nichtökonomischer Dimensionen unterstützt mehr oder weniger auch die Realisierung der wirtschaftlichen Ziele (Gewinn, Wertschöpfung usw.). Vereinfacht ausgedrückt: Motivierte und zufriedene Mitarbeiter sind ein „Gewinn" für das Unternehmen. Als recht *allgemeine Ziele*, die sich auf die wechselseitigen Beziehungen zwischen Vorgesetzten und Mitarbeitern, zwischen Mitarbeitern untereinander und zwischen den Mitarbeitern und ihrer Arbeit beziehen, sind folgende drei zu nennen: Steigerung der Leistungs*fähigkeit* der Mitarbeiter (z. B. durch Personalentwicklung), Steigerung der Leistungs*bereitschaft* der Mitarbeiter (z. B. durch kooperative Führung) und Steigerung der Leistungs*möglichkeit* der Mitarbeiter (z. B. durch Arbeitsplatzgestaltung).

Ausgehend von der *allgemeinen Zielsetzung* des Personalcontrollings mit der Herausstellung einer verbesserten Gesamtzielerreichung im Personalbereich werden in der Literatur vielfach übergeordnete Ziele (im Wesentlichen Absichtserklärungen bzw. Orientierungsziele) genannt, die das Erreichen wirtschaftlicher und sonstiger *Oberziele* eines Unternehmens sicherstellen sollen. An den Zielformulierungen wird ersichtlich, dass die Grenzen zwischen Zielen und Aufgaben nicht eindeutig zu ziehen sind. Genannt werden u. a. (Zdrowomyslaw 2007, S. 114 ff.):

- Die *Informationsversorgung* und *Berichterstattung* soll sichergestellt und verbessert werden.
- Alle *Personalprozesse* sollen beschrieben und gesteuert werden. Eine *Transparenz* in den Personal- und Personalkostenstrukturen des Unternehmens ist zu schaffen.
- Durch Abstimmung und Überwachung der einzelnen Teilaufgaben der Personalarbeit sind *personalwirtschaftliche Funktionen zu koordinieren* und *zu integrieren.*
- Durch Beobachtung interner und externer Einflüsse sowie durch *Ermittlung von Indikatoren* sollen Beiträge zur *Früherkennung* von Personalchancen und -risiken geliefert werden. Auswirkungen von Trends, Entwicklungen bzw. Ereignissen auf das Unternehmen bzw. das Personalmanagement sollen frühzeitig eingeschätzt werden können.
- Durch Aufzeigen der *Konsequenzen personalwirtschaftlicher Maßnahmen* u. a. mittels Szenarien sollen Führungskräfte für die Belange des Personalmanagements und für erforderliche Zieländerungen sensibilisiert werden.

6 Instrumente des Personalcontrollings

Um ein Personalcontrolling mit Leben zu füllen, bedarf es des Einsatzes von geeigneten *Instrumenten*. Bei der Verfolgung der Unternehmensziele kann der Personal-Controller prinzipiell auf *zahlreiche Instrumente* zurückgreifen und diese *je nach Bedarf einsetzen*. Fasst man unter dem Begriff „*Instrumente*" alle Methoden, Verfahren, Techniken, Konzepte usw. zusammen, so würde allein die Auflistung der Instrumente für den Personalbereich bzw. das Personalcontrolling mehrere DIN-A4-Seiten füllen. Die von uns ausgewählten Personalcontrolling-Instrumente haben wir, wie Abb. 6 zeigt, folgendermaßen systematisiert:

- Instrumente eher zum Aufdecken von strategischen Problemfeldern der Personalarbeit
- Eher personalarbeitsbezogene und -unterstützende Instrumente
- Eher personenbezogene und bewertende Instrumente

Es ist wohl unbestritten, dass ein *reibungsloser Informationsfluss* und geeignete Führungsinstrumente z. B. ein *aussagefähiges Kennzahlen-* bzw. *Berichtssystem* die Voraussetzung für rationale Entscheidungen schafft und Ansatzpunkte für notwendige, detailliertere Analysen liefert, wozu das Personalcontrolling mit dem gesamten ihm zur Verfügung stehenden Instrumentarium maßgeblich beiträgt. Allerdings darf nicht dem Irrglauben verfallen werden, strategische Planung und Controlling für eine Art Erfolgsgarantie zu halten.

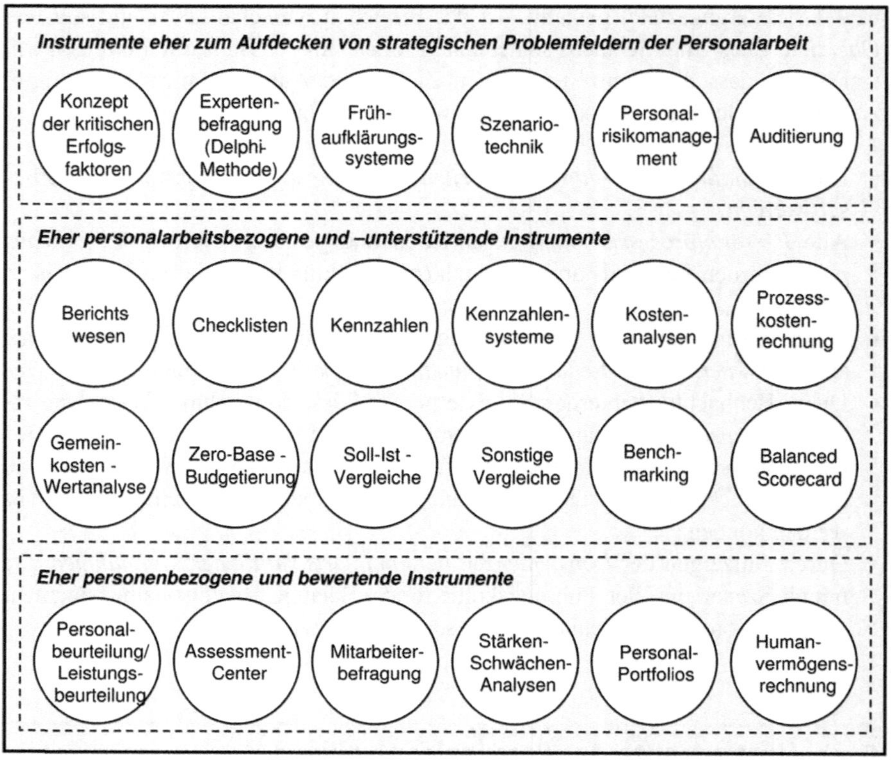

Abb. 6 Ausgewählte Personalcontrolling-Instrumente. (Quelle: Zdrowomyslaw 2007, S. 155)

7 Berichtswesen – Kennzahlen, Kennzahlensysteme, Kennzahlencockpits

Die Sinnhaftigkeit und Nützlichkeit von Kenngrößen wird sowohl in der Praxis als auch in der Wissenschaft kaum bezweifelt. Das Berichtswesen mit *Kenngrößen* bzw. *Kennzahlen* (auch Kennziffern, Kontrollzahlen, Messziffern, Indikatoren usw. genannt) und *Kennzahlensystemen* gehört heute zum Instrumentenbaukasten eines jeden Controllers (Zdrowomyslaw und Kasch 2002, S. 68 ff.). Kennzahlen sind nicht nur ein Instrument der Analyse, sondern auch der Führung und Motivation von Mitarbeitern (Bühner 1996; Zdrowomyslaw und Kasch 2002). Durch Anwendung von Kennzahlen erhält das Management die Möglichkeit, *kausale Zusammenhänge* sowie die *Ursachen* sowie Wirkungen positiver und negativer Faktoren zu erkennen. Kenngrößen stellen eine wesentliche *Grundlage für einen Vergleich* mit anderen Organisationen, Funktionen oder Prozessen dar (Betriebsvergleiche, Benchmarking). Die wichtigste Informationsquelle für Kennzahlen ist nach wie vor das Rechnungswesen, d. h. die Finanzbuchhaltung sowie die Kosten- und Leistungsrechnung, aber eben nicht nur – gerade dann, wenn das Personalmanagement Betrachtungsgegenstand von Analysen ist.

So genannte moderne Kennzahlensysteme wie die *Balanced Scorecard* haben den Anspruch, ein Instrument des strategischen Controllings zu sein, dass die Mängel klassischer Kennzahlensysteme durch Integration auch *nichtmonetärer Kennzahlen* überwindet und darauf aufbauend ein *mehrdimensionales zentrales Kommunikationssystem* zur schnelleren Umsetzung von Strategien entwickelt und aufrecht erhält (Kaplan und Norton 2000; Friedag und Schmidt 1999; Horváth und Partner 2003). Die Berücksichtigung sog. *„weicher Faktoren"* wie Führungsqualität, Mitarbeiterzufriedenheit, Gesundheit und Unternehmenskultur, die nur schwer zu erfassen und zu quantifizieren sind, besitzen in der Personalwirtschaft eine besondere Bedeutung. Da weiche Faktoren nur begrenzt in Form von Kenngrößen messbar abgebildet werden können, wird in diesem Zusammenhang in der Regel von *Indikatoren* gesprochen (Schmeisser et al. 2014, S. 39).

Der *Einsatz der EDV* ermöglicht komplexe Analyse- und Vergleichsrechnungen. Allerdings sollte der recht einfache Einsatz von Kennzahlen und deren *vermeintliche Exaktheit* und *Objektivität* nicht darüber hinwegtäuschen, dass Kennzahlen auch ihre Tücken haben. Vor einer unkritischen Nutzung von Kennzahlen sei gewarnt. Mit Zahlen wird gemessen und benotet, verglichen und analysiert, untermauert und bewiesen, so dass es sehr wichtig ist, die *Probleme* und *Grenzen* des Einsatzes von Kennzahlen zu kennen (Hentze und Kammel 1993, S. 92 ff.; Schulte 2011, S. 4 ff.; Zdrowomyslaw und Kasch 2002, S. 100 ff.). Statistiken bzw. Zahlen genießen nicht gerade überall den besten Ruf. Da Kennzahlen in der Literatur nicht einheitlich definiert werden, ist es wichtig, dass man sich im Rahmen von Kennzahlenanalysen über deren Entstehung im Klaren ist.

► **Merksatz** Bei Kennzahlen sollte grundsätzlich das Zustandekommen einer Formel (*Zähler* und *Nenner*!) bekannt sein bzw. hinterfragt werden, um Vergleiche und fundierte Beurteilungen zu gewährleisten.

Zu der qualitativen Dimension von Kennzahlen und Kennzahlensystemen, die für die Informationsqualität wichtig ist und damit auch über die Verwendbarkeit von Informationen für Entscheidungsprozesse Auskunft gibt, werden in der Literatur i. d. R. folgende *Eigenschaften als Auswahlkriterium* benannt: *Zweckeignung, Genauigkeit, Aktualität und Kosten-Nutzen-Relation* (Meyer 1994, S. 24 f.).

Prinzipiell können diverse *Kennzahlen* zur Steuerung der Personalarbeit gebildet und *Kennzahlensysteme* sowie *Kennzahlencockpits* werden. Es ist ein Verdienst von *Schulte*, der in seinem Buch eine umfassende und nach den wesentlichen Funktionen der Personalarbeit gegliederte *Kennzahlendarstellung* aus der Praxis heraus für das Personalcontrolling geliefert hat. Was bei der *Implementierung* eines Personalkennzahlensystems zu berücksichtigen ist (Ziel, Inhalte, Strukturen, Kennzahlen, Vergleich, Adressaten einschließlich der Dokumentationsinfrastruktur wie Grundlagen, Datenbasis, Technik und Erfassung) und durch welche Stufen die Entwicklung eines unternehmensindividuellen Kennzahlensystems gekennzeichnet wird, ist komprimiert bei *Schulte* (2011, S. 171 ff.) nachzulesen. Eine Möglichkeit der *formalen Präsentation* und (einfachen und reduzierten) Form der Kennzahlen-Definition sowie Kennzahlen-Auswertung bietet die Benutzung eines *Kennzahlenblattes*. Wie ein solches Kennzahlenblatt gestaltet sein kann, verdeutlicht Abb. 7 am Beispiel der „Fluktuationsrate".

Nicht nur die Auswahl der richtigen, unternehmensindividuellen Kennzahlen ist entscheidend, sondern auch die *Aussagefähigkeit* dieser. Sie kann noch erheblich verbessert und die *Interdependenzen von Einzelaussagen* deutlich gemacht werden, wenn es gelingt, sie zu einem *Kennzahlensystem zu verbinden*. Praxis und Theorie haben einige traditionelle und „moderne" Kennzahlensysteme hervorgebracht, wie z. B. *RoI-Kennzahlensystem* bzw. *Du-Pont-Kennzahlensystem, Kennzahlensystem des Zentralverbandes der Elektrotechnik- und Elektronikindustrie e. V. (ZVEI), Rentabilitäts-Liquiditäts-(RL)-Kennzahlensystem* sowie die *Balanced Scorcard* (Zdrowomyslaw und Kasch 2002, S. 88 ff.; Wunderer und Jaritz 2006, S. 107 ff.).

Die *Integration eines Kennzahlensystems* in die Personalarbeit kann heute auch mit geringem Budget und technischen Standardwerkzeugen, wie Excel, erfolgreich umgesetzt werden. Entscheidend ist der Wille, den Steuerungsgedanken in der Praxis zu leben und alle Aspekte von der Kommunikation bis hin zum unternehmerischen Handeln daran zu orientieren. In der Praxis werden oftmals sog. *Kennzahlencockpits* genutzt (Paatz et al. 2010, S. 172).

Ein besonderes Augenmerk sollten Entscheider auf die *Auswahl* und *Interpretation* von Kennzahlen legen. Bei der *Dimensionierung* eines Kennzahlensystems ist es sinnvoll, die Ermittlung von Kennzahlen auf jene Sachgebiete zu beschränken, die durch das Unternehmen steuerbar sind und auch aktiv beeinflusst werden sollen. Die Interpretation der Werte sollte bereits im Vorfeld definiert und mit einem Maßnahmenkatalog versehen sein. Denn anders als im klassischen Finanzcontrolling sind die vermeintlichen Auswertungsstandards in der Personalarbeit weit weniger allgemeingültig, als zunächst angenommen. Selbst für verbreitete Kennzahlen wie Abwesenheitsquoten existieren unterschiedlichste Definitionen, sowohl in der Fachliteratur, als auch in der Praxis. Hintergrund sind die unternehmens- und branchenspezifischen Blickrichtungen, welche die Kennzahlenbildung prägen. Eine Abgrenzung der jeweils betrachteten Abwesenheitsgründe (Krankheit, Aus- und Weiterbildung etc.) variiert je nach Zielsetzung und dem Katalog der damit verbundenen Maßnahmen. Dient eine Kennzahl hingegen zum Vergleich innerhalb einer Branche, ist die Definition der Vergleichswerte ausschlaggebend. Daher ist beim Aufbau eines Kennzahlensystems darauf zu achten, dass die Unternehmenscharakteristika einbezogen werden können und gleichzeitig genügend Flexibilität für Anpassungsanforderungen bleibt. Zu beachten ist ferner, dass die *Interpretation* einzelner Kennzahlen ohne Kontext zur Unternehmensstrategie oder zum sozialen und gesetzlichen Hintergrund schwierig ist, mitunter sogar irreführend. „So kann eine hohe Fluktuationsquote durchaus gewünscht sein, wenn strategische Maßnahmen die Freisetzung von Personal einschließen. Das Zusammenspiel verschiedener Kennzahlen steigert die Verlässlichkeit der Interpretation. Werden betriebliche Aus- und Weiterbildungsprogramme ebenso wie betriebliche Altersvorsorgeangebote in nennenswertem Umfang wahrgenommen, liegt die Fluktuation auf einem niedrigen

Kennzahl-bezeichnung	Fluktuationsrate	Kennzahl-Nr. 26
Bezeichnung/ Formel	**BDA-Formel:** $\frac{\text{Freiwillig ausgeschiedene Beschäftigte}}{\text{Durchschnittlicher Personalbestand}} \times 100\ [\%]$ **Schlüter-Formel:** $\frac{\text{Anzahl der Austritte}}{\text{Personalanfangsbestand + Zugänge}} \times 100\ [\%]$	
Gliederungs-möglichkeiten	- Mitarbeitergruppen - Dauer der Betriebszugehörigkeit	
Erhebungszeit-punkte/-räume	halbjährlich; jährlich	
Anwendungs-bereich	Maß für die Arbeitszufriedenheit und organisatorische Stabilität	
Kennzahlen-zweck	Steuerung und Kontrolle der Unternehmensaustritte	
Mögliches Ziel	Gezielte Senkung der Fluktuationsrate (Ausnahme: Geplanter Personalabbau über natürliche Fluktuation)	
Basisdaten	Anzahl der Abgänge, durchschnittlicher Personalbestand bzw. Personalbestand bei Periodenbeginn und Zugänge	
Vergleichs-grundlagen	Zeitvergleich, Soll-Ist-Vergleich, Betriebsvergleich	
Interpretation	Durch Abgangsinterviews lassen sich die Fluktuationsursachen systematisch erforschen. Diese liefern zugleich die Ansatzpunkte für geeignete Maßnahmen zur Beeinflussung der Fluktuation, wie z.B. Gestaltung des Arbeitsinhalts und des Grades der Selbstständigkeit, der Arbeitsbedingungen (Arbeitsräume, Sicherheitsvorkehrungen), der Arbeitsorganisation (Arbeitszeit, Pausenreglung, Aufbau- und Ablauforganisation), des Betriebsklimas, des Lohngefüges und seiner Differenzierung. Andere Absatzpunkte sind erforderlich, um der Frühfluktuation entgegenzusteuern .	

Abb. 7 Kennzahlenblatt Fluktuationsrate. (Quelle: Schulte 2011, S. 208)

Niveau und ist gleichzeitig die durchschnittliche Betriebszugehörigkeit hoch, kann mit einer gewissen Wahrscheinlichkeit von einer guten Mitarbeiterbindung und einer großen Loyalität zum Unternehmen ausgegangen werden. Kennzahlensysteme liefern Indizien, die im Zusammenhang zu bewerten sind" (Mönkediek und Zdrowomyslaw 2012, S. 31).

Abschließend ist festzuhalten, dass es zum einen wichtig ist, keine Angst vor dem Umgang mit Kennzahlen und Indikatoren zu haben und zum anderen eine unreflektierte Zahlengläubigkeit nicht angebracht ist. Gerade im Personalmanagement sollten mechanistische und technokratische Vorgehensweisen mit der notwendigen Skepsis betrachtet werden. Letztlich müssen in Unternehmen und Organisationen Menschen Konflikte bewältigen, und die Dinge zum Nutzen der Gesamtorganisation bewegen. Vor einem unreflektierten Instrumenteneinsatz, z. B. im Sinne eines Zahlenfetischismus, sei prinzipiell gewarnt. Instrumente sind letztlich immer nur ein Hilfsmittel für die Entscheider.

8 Kenngrößen – Kommunikations-, Motivations- und Steuerungsfunktion

Kenngrößen können im Rahmen des Managemententscheidungsprozesses diverse Funktionen wahrnehmen. In der Literatur und Praxis wird zwar der Steuerungsfunktion im Sinne einer Verminderung der Unsicherheit bei der Entscheidungsfindung große Beachtung geschenkt, aber eher selten die Kommunikations- und Motivationsfunktion von Daten und Kennzahlen beleuchtet. Bedenkt man, dass mit Zahlen gemessen und benotet, verglichen und analysiert, untermauert und bewiesen wird, so ist es sehr wichtig, die Entstehung sowie die Probleme und Grenzen des Einsatzes von Kennzahlen zu kennen. Die Interpretation und Kommunikation von Kenngrößen – insbesondere von Personalinformationen – bilden in gewisser Weise damit die Grundlage für die Motivationsfunktion. Der Personalbereich stellt eine Querschnittsfunktion dar und alle Stufen und Ebenen des Wertschöpfungsprozess eines Unternehmens werden von Menschen bzw. Mitarbeitern getragen (Zdrowomyslaw 2007).

Um die *Informations-* und *Koordinations-* sowie *Verhaltenssteuerungsfunktion* gut ausfüllen zu können, sollte die Notwendigkeit der Kommunikation, der Motivation und der Moderation nicht unterschätzt werden. Bei fortschreitender Dezentralisierung des Controllings und den zahlreichen Aufgaben, die wahrzunehmen und zu koordinieren sind, muss der Personalcontroller die persönliche Nähe zu den Managern der Bereiche suchen, die er unterstützen soll. Ein gewisses „Sendungsbewusstsein" und der Drang sich Einzumischen sind dabei oftmals von Nöten. Das langwierige Arbeiten im „stillen Kämmerlein", um richtige Daten zu erzeugen, gehört wegen des aus den Umwelt- und Marktveränderungen resultierenden hohen Anpassungsdrucks, dem viele Branchen unterliegen, endgültig der Vergangenheit an. Zustimmung zu Ideen und Ergebnissen sollte in einem kommunikativen Prozess (Betroffene zu Beteiligten machen) möglichst bereits vorher eingeholt werden. Nichts kann die persönliche Kommunikation ersetzen! In Gesprächen, Sitzungen,

Projekten usw. hat der Träger der Personalcontrolling-Funktion die Aufgabe als Moderator zu wirken. Es gilt die Adressaten mit den aufbereiteten Informationen zu überzeugen und sie zu motivieren.

Organisationen setzen sich aus Menschen zusammen, aus Menschen in unterschiedlichen Rollen (z. B. Vorgesetzte, Mitarbeiter) und Positionen (z. B. Top-Manager); die Beweggründe ihres Verhaltens bilden folglich einen wichtigen Schlüssel zum Verständnis von Handlungen in Organisationen. Eine zentrale Frage oder Aufgabe des Personalcontrollings ist, mit Hilfe von Zielen, Strategien, Maßnahmen, Instrumenten usw. das Verhalten der Mitglieder einer Organisation auf die Erreichung ihrer Ziele hin auszurichten. Unter dem Begriff Verhaltensteuerung können demnach alle Strategien und Maßnahmen subsumiert werden, die dazu beitragen sollen, Akzeptanz zu schaffen bzw. Widerstände zu beseitigen, die Motivation der Beteiligten und Betroffenen zu fördern, Konflikte abzubauen, vorhandene Machtstrukturen einzuschätzen usw. In den letzten Jahren kann man praktisch jeden Geschäftsbericht, jedes Inserat zur Suche von Fach- und Führungskräften, jede Unternehmensdarstellung zur Hand nehmen, immer wieder wird hervorgehoben, dass der Mensch das wertvollste Kapital des Unternehmens ist und das Humankapital die wertvollste Ressource in einer Organisation ist. Damit solchen Floskeln wie „Die Mitarbeiter sind unser wichtigstes Kapital“ oder „Der Mensch bzw. Mitarbeiter stehen im Mittelpunkt unternehmerischer Tätigkeiten“ Taten folgen, sind die Führungskräfte aller hierarchischen Ebenen – von oben beginnend – aufgefordert, durch die Art und Weise ihrer Führung, die in ihren Mitarbeitern steckenden Potenziale zu erkennen und zu heben. Das Personalcontrolling kann hierbei stark unterstützend wirken, indem es auf Instrumente, Maßnahmen usw. hinweist, mit denen Mitarbeiter motiviert und zu einem effektiven Leistungsverhalten geführt werden können. Mit Hilfe von Zielen, Kenngrößen und geeigneten Führungsstilen lässt sich im gewissen Rahmen das Verhalten der Mitarbeiter zieladäquat steuern.

Personalcontrolling lässt sich also nicht auf Kennzahlen und Kennzahlensysteme reduzieren, allerdings sind diese extrem hilfreich für die Analyse und Bewertung der „black box“ Unternehmen.

9 Kommunikation – Basis für erfolgreiches Veränderungsmanagement

Wie die bereits erwähnten Herausforderungen für die Unternehmensführung zeigen, ist nichts beständiger als der Wandel. Das *Personalcontrolling* muss sich in der Praxis verstärkt mit dem *Veränderungsmanagement beschäftigen.* Für die Unternehmen gewinnen Konzepte zur Ausbildungs- und Fachkräftesicherung sowie zur Unternehmensnachfolge besondere Bedeutung für die Erhaltung von Betrieben und die Ansiedlung von Unternehmen sowie die Standortsicherung. Wie wichtig ein *personenbezogenes* und *qualitativ ausgerichtetes Personalcontrolling* ist, zeigt sich insbesondere bei *Unternehmenskrisen.* Bei der Steuerung der *Corona-Pandemie* 2020 kam es nicht nur darauf an, die Kurzarbeit zu nutzen sondern vor allem auch den Mitarbeitern Ängste zu nehmen und Perspektiven aufzuzeigen.

Es sind nicht nur die harten Daten und Fakten, die Entscheidungsprozesse in Organisationen prägen. Den so genannten „weichen“ Faktoren wie z. B. „Intuition“, „Unternehmenskultur“, „Kunden- und Mitarbeiterzufriedenheit“, die äußerst schwer erfass- und messbar sind, ist eine mindestens eine genauso große Bedeutung beizumessen (Zdrowomyslaw und Kasch 2002). Theorie und Praxis stellen keinen Widerspruch dar, sondern ergänzen einander, dies gilt auch für die *verhaltenswissenschaftliche Managementlehre* (Staehle 1994). Ihre Erkenntnisse sollten im Werkzeugkasten der Personalcontroller und Entscheidungsträger nicht fehlen.

Ein Unternehmen durchläuft gewöhnlich unterschiedliche Entwicklungs- und Veränderungsprozesse, die in der Literatur mit den Begriffen „Unternehmensentwicklung“ sowie „Unternehmens-Lebenszyklus“ (Zdrowomyslaw 2005) belegt werden. Organisationen sind keine leeren Hüllen. Sie werden entsprechend ihrer jeweiligen Zweckorientierung und Zielsetzung von Menschen unter Berücksichtigung externer und interner Einflussfaktoren gesteuert und gestaltet. Die externe und interne Umwelt von Unternehmen unterliegt einem ständigen Wandel, den es aus der Sicht der Unternehmensführung zu gestalten gilt und zwar möglichst unter Einbeziehung von allen Anspruchsgruppen.

Die bekanntesten *Phasenmodelle des Wandels* sind die von *Kurt Lewin* (Lewin 1947) und *John P. Kotter* (Kotter 2015). Beide Modelle weisen darauf hin, dass nicht die Technik sondern der Mensch das größte Hindernis für den Wandel darstellt und die meisten Change-Projekte in der Anfangsphase scheitern. Die Faktoren „Widerstand gegen die Veränderung unter den Mitarbeitern“ und „das Zurückfallen in alte Muster“ sind vielfach dafür verantwortlich. Bei einem organisatorischen Wandel gibt es treibende und widerstrebende Kräfte. Das klassische Modell von Lewin ist der „Kraftfeld-Ansatz“ mit den drei Phasen des sog. *Auftauens*, des *Änderns* und des *Wiedereinfrierens*. Ausgehend von dieser Erkenntnis entwickelte Kotter 1996 das 8-Stufen-Modell. Die *acht Phasen des Change Managements* können als Tipps für Führungskräfte betrachtet werden, wie sie Veränderungen erfolgreich vorantreiben. Sie lauten: 1. Ein Gefühl für die Dringlichkeit erzeugen, 2. Eine Führungskoalition aufbauen, 3. Vision und Strategie entwickeln, 4. Die Vision des Wandels kommunizieren, 5. Mitarbeiter auf breiter Basis befähigen, 6. Schnelle Erfolge erzielen, 7. Erfolge konsolidieren und weitere Veränderungen einleiten und 8. Neue Ansätze in der Kultur verankern (Kotter 2015, S. 18). Wie der Abb. 8 abzuleiten ist, steht im *Mittelpunkt des Modells die Kommunikation* – von Mensch zu Mensch.

Legt man zugrunde, dass komplexe Veränderungsprozesse Ängste, Verunsicherungen und Machtlosigkeit bei den Mitarbeitern einschließlich der Leitungsebene hervorrufen, sollten die Erkenntnisse zur Psychologie des Menschen für die Unternehmensentwicklung und Nachfolgeregelung nicht ignoriert werden. Der Umgang mit *Veränderungswiderständen* ist ein zentraler und *erfolgskritischer Faktor im Change Management*, um Flucht und Lustlosigkeit sowie Widerspruch und Agitation möglichst gering zu halten (Krämer 2007, S. 86–90). Der Weg von Veränderungsprozessen ist steinig, wobei das menschliche Verhalten auf die Zielsetzung und Strategie großen Einfluss hat. Allerdings wird diesem Aspekt in der Praxis oftmals nicht die erforderliche Beachtung geschenkt.

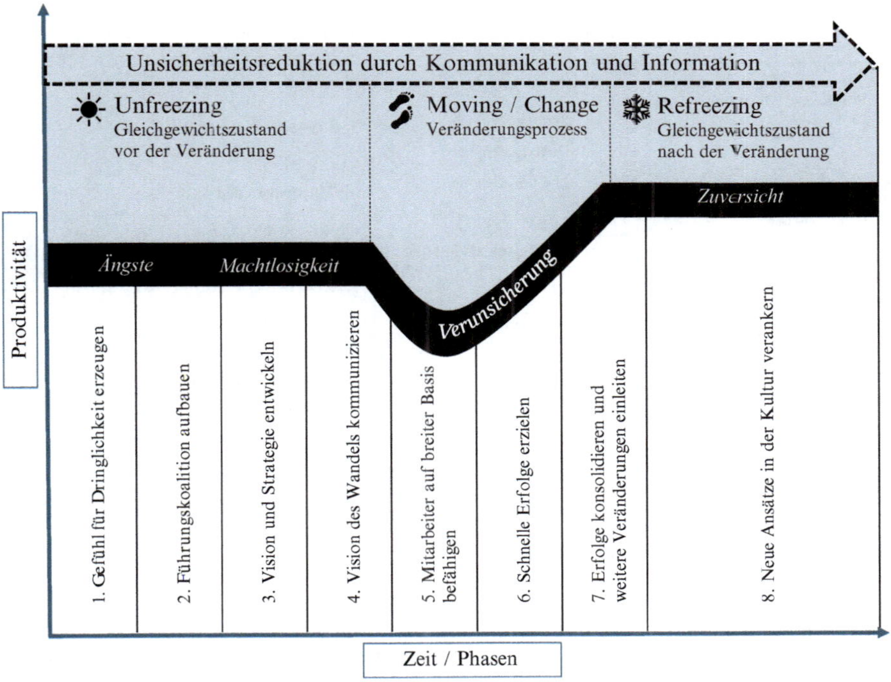

Abb. 8 3-Phasen-Modell von Kurt Lewin und 8-Phasen-Modell von John P. Kotter kombiniert. (Quelle: Eigene Darstellung)

10 Employer Branding-Konzepte – Ein neuer wichtiger Bereich des Personalcontrollings

Das *Image einer Region* und *eines Unternehmens* sind wichtige Standbeine für den Erhalt und das Wachstum sowie die Ansiedlung von Unternehmen. Der Zusammenhang zwischen Arbeitgeberattraktivität und Nachwuchskräftesicherung sowie Nachfolgeregelung kann auf den Nenner gebracht werden: Je erfolgreicher und attraktiver ein Unternehmen sich präsentieren kann, desto wahrscheinlicher ist die erfolgreiche Suche nach geeigneten Fach- und Führungskräften und die Realisierung der Unternehmensnachfolge.

Das Thema *Employer Branding-Konzepte* (Stotz und Wedel-Klein 2013) bzw. *Arbeitgeberattraktivität* beschäftigt die Wissenschaft und Praxis in den letzten Jahren stark. Es ist keine neue Erkenntnis, dass für den Erfolg oder Misserfolg in einer Organisation letztlich Menschen verantwortlich sind – eben Führungskräfte und Mitarbeiter. Gerade in Zeiten mit Fachkräfteengpässen und sich schnell veränderten Marktverhältnissen sind qualifizierte, zufriedene und motivierte Mitarbeiter ein wichtiger Kreativ- und Wertschöpfungsfaktor für die Unternehmensentwicklung. Wie die Arbeitgeberattraktivität erhöht werden kann, dafür gibt es jedoch keine

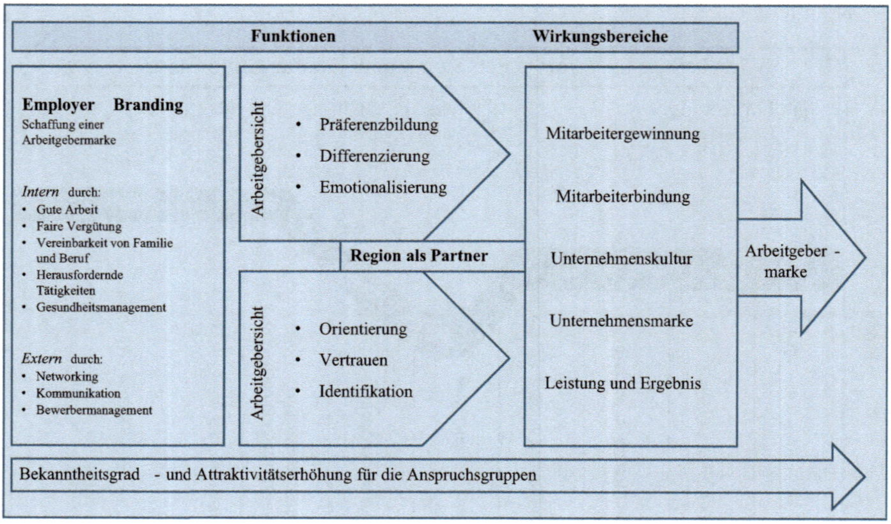

Abb. 9 Employer Branding-Konzept

Musterlösungen. Welche *Funktionen* und *Wirkungsbereiche* Employer Branding Konzepte haben, zeigt Abb. 9. Eine Auswahl möglicher *interner* und *externer Instrumente* zur Mitarbeiterfindung und Mitarbeiterbindung ist Abb. 10 zu entnehmen (Zdrowomyslaw 2018, S. 363–364).

11 Resümee

Das Personalwesen unterzieht sich seit einigen Jahren einem massiven Wandel weg von der bloßen Verwaltung zur Gestaltung der Human Ressourcen. Der Mensch rückt verstärkt in den Blickpunkt des Wertschöpfungsprozesses als Innovations- und Wettbewerbsfaktor. Mitarbeiter sind zwar Risiko- und Kostenfaktor, aber vor allem auch Leistungs-, Kreativ- und Wertschöpfungsfaktor. Die gesteigerte Bedeutung des Personals und der Personalarbeit erfordert eine konsequente und bewusste Steuerung der Prozesse in allen Funktionsbereichen eines Unternehmens.

Der Einsatz von Instrumenten und Personalkennzahlensystemen sind ein probates Mittel, um Tätigkeiten und Aktivitäten der Personalarbeit erfassbar und messbar zu machen sowie Sachverhalte zu veranschaulichen. Sie ersetzen weder Erfahrung noch Intuition, können jedoch bei der Entscheidungsfindung und der Evaluierung von Maßnahmen unterstützen sowie Prozesse transparenter machen. Bekanntlich gibt es den Spruch „Wissen ist Macht". *Informationen* sind als *strategischer Erfolgsfaktor* der Unternehmensführung anzusehen.

Für die Implementierung und die Anforderungen bei der Umsetzung des Controllings im Allgemeinen und des Personalcontrollings im Speziellen werden in der

Intern	Extern
Führung • Führungsgrundsätze • Führungsstil • Führungskräfteentwicklung	**Arbeitsmarktkommunikation** • Stellenanzeigen • Karriereportal • Hochschulmarketing
Interne Kommunikation • Intranet und Mitarbeiterzeitung • Informelle Mitarbeiterkommunikation	**Networking** • Social Media • Regionale Netzwerke
HR -Portfolio • Internes Personalmarketing • Personalentwicklung • Karriereplanung	**Bewerbermanagement** • Bewerberpool • Vorstellungsgespräche • **Praktikanten(bindungs)programme**
Gestaltung der Arbeitswelt • Flexible Arbeitszeitmodelle • Ausstattung des Arbeitsplatzes • Soziale Einrichtungen/ Gesundheits -Management	**Corporate Reputation** • Imageanzeigen • Messeauftritte • Corporate Social Responsibility

Abb. 10 Employer Branding: Instrumenten-Auswahl

Literatur diverse Hinweise, Maßgaben bzw. Leitsätze formuliert. Als Resümee seien folgende wichtige *Handlungshinweise* mit dem Fokus auf das Personalcontrolling festgehalten:

- *Das* Personalcontrolling in der Wissenschaft und Praxis gibt es nicht. Die *Denkweise des Personalcontrollings* kann in jeder Branche und in jeder Unternehmensgröße umgesetzt werden.
- So bunt die *Unternehmenslandschaft* ist, so vielfältig ist die *Ausprägung des Personalcontrollings* in der Wirtschaftspraxis.
- *Patentrezepte* gibt es nicht und Personalcontrolling ist keine „Wunderwaffe" bzw. kein „Allheilmittel" gegen alle Probleme in einem Unternehmen.
- Zukunftsorientierte und nachhaltige Unternehmensentwicklung bedarf eines *unternehmensangepassten* Personalcontrollings. Es gibt kein Personalcontrolling von der „Stange". Unternehmensspezifische Bedürfnisse sind in das Berichtswesen und ein Kennzahlencockpit zu integrieren.
- *Kennzahlen* und *Kennzahlensysteme* ergänzen die Intuition und Erfahrung von Führungskräften und unterstützen diese bei Entscheidungsprozessen. Sie sind hilfreich bei der Willensbildung, Willensdurchsetzung und Willenssicherung.
- Personalcontrolling bedeutet *mehr* als Kenngrößen und Indikatoren zu ermitteln. Es ist vor allem auch ein Instrument der Kommunikation, Moderation, Motivation und Verhaltenssteuerung von Mitarbeitern.

In unser heutigen globalisierten Wirtschaft und Gesellschaft, geprägt durch eine *Wissensgesellschaft* mit *Mix-Ökonomie-Charakter*, gewinnen die Vernetzung für Veränderungsprozesse und für die Steuerung und Gestaltung des sechsten Kondratieff-Zyklus die *Kooperationsfähigkeit als Schlüsselqualifikation* (Nefiodow 2007) wesentlich mehr an Bedeutung. Ein *nachhaltiges* und *zukunftsausgerichtetes Personalcontrolling* muss sich deshalb eben nicht nur um die ökonomische Effektivität und Effizienz kümmern, sondern auch darum, dass ein Unternehmen bei den Anspruchsgruppen als attraktiv wahrgenommen wird. Arbeitgeberattraktivität wird zusehends zu einem entscheidenden Wettbewerbsfaktor.

Literatur

Backhaus, J., & Kobi, J.-M. (Hrsg.). (2005). *Personalcontrolling*. Stuttgart: Deutscher Sparkassenverlag.

Bühner, R. (1996). *Mitarbeiter mit Kennzahlen führen. Der Quantensprung zu mehr Leistung*. Landsberg/Lech: Verlag Moderne Industrie.

Czenskowsky, T., Schünemann, G., & Zdrowomyslaw, N. (2010). *Grundzüge des Controlling. Lehrbuch der Controlling-Konzepte und Instrumente* (3. Aufl.). Gernsbach: Deutsche Betriebswirte-Verlag GmbH.

Deutsche Gesellschaft für Personalführung e. V. (Hrsg.). (2001). *Personalcontrolling in der Praxis*. Stuttgart.

Deutsche Gesellschaft für Personalführung e. V. (Hrsg.). (2013). *Personalcontrolling in der Praxis. Konzept – Kennzahlen – Unternehmensbeispiele* (2., überarb. Aufl.). Bielefeld: W. Bertelsmann Verlag GmbH & Co. KG.

Friedag, H. R., & Schmidt, W. (1999). *Balanced Scorecard. Mehr als ein Kennzahlensystem*. Freiburg i. Br.: Haufe.

Gmelin, V. (1995). *Effizientes Personalmanagement durch Personalcontrolling. Von der Idee zur Realisierung*. Renningen/Malmsheim: expert.

Hentze, J., & Kammel, A. (1993). *Personalcontrolling. Eine Einführung in Grundlagen, Aufgabenstellungen, Instrumente und Organisation des Controlling in der Personalwirtschaft*. Bern/Stuttgart: UTB.

Horváth & Partners. (2003). *Das Controllingkonzept. Der Weg zu einem wirkungsvollen Controllingsystem* (5. Aufl.). München: Deutscher Taschenbuch.

Jansen, T. (2008). *Personalcontrolling*. Ludwigshafen am Rhein: Friedrich Kiehl.

Kaplan, R. S., & Norton, D. P. (2000). *Balanced Scorecard*. Ludwigshafen am Rhein: Friedrich Kiehl.

Kotter, J. P. (2015). *Leading Change. Wie Sie Ihr Unternehmen in acht Schritten verändern*. München: Verlag Vahlen.

Krämer, M. (2007). *Grundlagen und Praxis der Personalentwicklung*. Göttingen: Vadenhoek & Ruprecht UTB.

Kropp, W. (2004). Entscheidungsorientiertes Personalrisikomanagement. In R. Bröckermann & W. Pepels (Hrsg.), *Personalbindung. Wettbewerbsvorteile durch strategisches Human Resource Management* (S. 131–166). Berlin: Erich Schmidt.

Lewin, K. (1947). Changing as three steps: Unfreezing, Moving, and Freezing of Group Standards: Frontiers in group dynamics. Concept, method and reality in social science. Social equilibria and social change. *Human Relations*, 1(1), 5–41.

Lisges, G., & Schübbe, F. (2005). *Personalcontrolling. Personalbedarf planen, Fehlzeiten reduzieren, Kosten steuern*. Planegg: WRS Verlag GmbH & Co. KG.

Metz, F. (1995). *Konzeptionelle Grundlagen, empirische Erhebungen und Ansätze zur Umsetzung des Personalcontrolling in der Praxis. Arbeitswissenschaft in der betrieblichen Praxis* (Bd. 5). Frankfurt a. M.: Peter Lang.

Meyer, C. (1994). *Betriebswirtschaftliche Kennzahlen und Kennzahlen-Systeme* (2. Aufl.). Stuttgart: Schäffer-Poeschel.

Mönkediek, S., & Zdrowomyslaw, N. (2012). Entscheidungsorientierte Steuerung der Personalinformationen. Ein Muss für eine zukunftsorientierte Unternehmensentwicklung. In *Der Betriebswirt Management in Wissenschaft und Praxis* (S. 26–31). Gernsbach: Deutscher Betriebswirte Verlag.

Nefiodow, L. A. (2007). *Der sechste Kondratieff. Wege zur Produktion und Vollbeschäftigung im Zeitalter der Information*. St. Augustin: Rhein-Sieg-Verlag.

Paatz, M., Jeschke, Egbert, Mönkediek, S., & Breden, M. (2010). *Microsoft Excel im Personalwesen, Lösungen aus der Praxis für die Praxis* (2., akt. u. erw. Aufl.). Unterschleißheim: Microsoft Press Deutschland.

Papmehl, A. (1999). *Personal-Controlling. Human-Ressourcen effektiv entwickeln* (2. Aufl.). Heidelberg: Sauer Verlag GmbH.

Potthoff, E., & Trescher, K. (1986). *Controlling in der Personalwirtschaft*. Berlin/New York: de Gruyter.

Preißler, P. R. (1998). *Controlling. Lehrbuch und Intensivkurs* (10. Aufl.). München/Wien: Oldenbourg Verlag.

RheinMain, H. (2012). *Studie Personalcontrolling 2012 – Personalcontrolling in Deutschland heute*. Wiesbaden: Haufe-Lexware GmbH & Co. KG, Freiburg im Breisgau: Haufe Akademie GmbH & Co. KG.

Schmeisser, W., Sobierajczyk, P., & Zinn, A. (2014). *Personalcontrolling*. Konstanz/München: UVK Verlagsgesellschaft mbH.

Schulte, C. (2011). *Personal-Controlling mit Kennzahlen* (3. Aufl.). München: Franz Vahlen GmbH.

Staehle, W. H. (1994). *Management. Eine verhaltenswissenschaftliche Perspektive* (7. Aufl.). München: Verlag Vahlen.

Stotz, W., & Wedel-Klein, A. 2013. *Employer Branding. Mit Strategie zum bevorzugten Arbeitgeber* (2. Aufl.). München: Oldenbourg Wissenschaftsverlag.

Thom, N. (2002). Prozess- und Querschnittsfunktionen im Personalmanagement. *AM-AGENDA* 52002. 20.

Wunderer, R., & Dick, P. (2006). *Personalmanagement – Quo vadis? Analysen und Prognosen zu Entwicklungstrends bis 2010* (4. Aufl.). München: Luchterhand in Wolters Kluwer Deutschland.

Wunderer, R., & Jaritz, A. (2006). *Unternehmerisches Personalcontrolling. Evaluation der Wertschöpfung im Personalmanagement* (3. Aufl.). Neuwied/Kriftel: Luchterhand Verlag.

Wunderer, R., & Schlagenhaufer, P. (1994). *Personal-Controlling. Funktionen – Instrumente – Praxisbeispiele*. Stuttgart: Schäffer-Poeschel.

Zdrowomyslaw, N. (Hrsg.). (2018). *Handwerk in Mecklenburg-Vorpommern. Strukturwandel und innovative Vielfalt*. Greifswald: MV-Verlag & Marketing.

Zdrowomyslaw, N. (Hrsg.). (2005). *Von der Gründung zur Pleite. Unternehmens-Lebenszyklus und Management der Unternehmensentwicklung*. Gernsbach: Deutscher Betriebswirte-Verlag.

Zdrowomyslaw, N. (Hrsg.). (2007). *Personalcontrolling. Der Mensch im Mittelpunkt Erfahrungsberichte, Funktionen und Instrumente*. Gernsbach: Deutscher Betriebswirte-Verlag.

Zdrowomyslaw, N., & Kasch, R. (2002). *Betriebsvergleiche und Benchmarking für die Managementpraxis. Unternehmensanalyse, Unternehmenstransparenz und Motivation durch Kenn- und Vergleichsgrößen*. München/Wien: R. Oldenbourg Verlag.

Finanzcontrolling in der Unternehmenspraxis

Stefan Dierkes und Ulrich Schäfer

Zusammenfassung

Das Finanzcontrolling unterstützt das Management in den Handlungsfeldern einer wert- und risikoorientierten Unternehmensführung mit dem Einsatz von Controlling-Instrumenten, die sich vor allem finanzieller Größen bedienen. Im Rahmen des entscheidungsorientierten Finanzcontrollings werden in besonderem Maße das strategische und operative Erfolgsmanagement sowie das Risikocontrolling behandelt. Zudem wird auf wesentliche Inhalte des verhaltensorientierten Finanzcontrollings eingegangen.

Schlüsselwörter

Finanzcontrolling · Shareholder Value · Entscheidungsorientierung · Verhaltensorientierung · Risiko · DCF Verfahren · Residualgewinn · Kennzahlen · Performance Measurement

1 Konzeptionelle Grundlagen des Finanzcontrollings

Die Zielgröße Marktwert des Eigenkapitals (Shareholder Value) ist für die Steuerung von Unternehmen von zentraler Bedeutung. Bei einem Unternehmen mit einer strikten Shareholderorientierung kommt dem Management die Aufgabe zu, die im Leistungs- und Finanzbereich des Unternehmens ablaufenden Aktivitäten auf die Maximierung dieser Zielgröße auszurichten. Aber auch für Unternehmen mit einer Stakeholderorientierung ist der Shareholder Value von großem Interesse, weil diese Zielgröße dann neben anderen Zielgrößen in die Beurteilung unternehmerischer Maßnahmen eingeht (Koller et al. 2010, S. 3–14). Das Wertmanagement (Value Based Management) ist durch ein Risikomanagement zu ergänzen, das vor allem auf

S. Dierkes (✉) · U. Schäfer
Georg-August-Universität Göttingen, Göttingen, Deutschland
E-Mail: stefan.dierkes@wiwi.uni-goettingen.de; ulrich.schaefer@wiwi.uni-goettingen.de

W. Becker, P. Ulrich (Hrsg.), *Handbuch Controlling*,
https://doi.org/10.1007/978-3-658-26431-4_20

die zielorientierte Planung und Steuerung der Risiken abstellt, die bei der Wertermittlung unter anderem aufgrund der Unvollkommenheit der Kapitalmärkte nicht in ausreichender Weise berücksichtigt werden (Franke und Hax 2009, S. 629–633).

Das Management von Unternehmen kann in die Subsysteme Planung, Kontrolle, Informationsversorgung, Personalführung und Organisation untergliedert werden. Dem koordinationsorientierten Controllingansatz folgend hat das Controlling als weiteres eigenständiges Führungssubsystem die Aufgabe, eine *Koordination* innerhalb und zwischen den Führungssubsystemen vorzunehmen, so dass eine Ausrichtung der im Leistungs- und Finanzbereich ablaufenden Aktivitäten auf die Unternehmensziele gewährleistet ist (Küpper et al. 2013, S. 30–57). In diesem Sinne kann man die Aufgabe des Controllings auch als Rationalitätssicherung der Führung bzw. des Managements definieren (Weber und Schäffer 2014, S. 37–56).

Beim *Finanzcontrolling* wird die Koordinationsaufgabe im Führungssystem auf alle die Aspekte begrenzt, die Auswirkungen auf den Finanzbereich des Unternehmens haben. Darüber hinaus wird zumeist eine weitergehende Fokussierung auf die finanziellen Konsequenzen für die Eigenkapitalgeber vorgenommen, wodurch die enge Verbindung des Finanzcontrollings zur Finanzwirtschaft deutlich wird, die vornehmlich auf die Liquiditätssicherung und die Optimierung der Zahlungsströme im Hinblick auf die Zielgröße Shareholder Value abstellt (Franke und Hax 2009, S. 1–18). Nicht zuletzt aus diesem Grund stellt die Kapitalmarktbasierung ein wesentliches Charakteristikum des Finanzcontrollings dar. Neben den Zahlungen werden bei der Steuerung von Unternehmen weitere finanzielle Größen der externen und internen Unternehmensrechnung verwendet, weshalb die Integration der Finanzwirtschaft und der Unternehmensrechnung als ein weiteres grundlegendes Charakteristikum des Finanzcontrollings angesehen werden kann. Bei einer engen Auslegung des Finanzcontrollings könnte man dessen Koordinationsaufgabe auf den Finanzbereich und auf die Schnittstelle zwischen dem Finanzbereich und dem Leistungsbereich begrenzen (Gillenkirch 2008; Gebhardt 1995). Letztlich kann das Finanzcontrolling der angestrebten Koordinationsaufgabe jedoch nur gerecht werden, wenn hierbei auch Sachverhalte berücksichtigt werden, die direkt dem Leistungsbereich zuzuordnen sind. So sollte das Finanzcontrolling bspw. auch Informationen darüber bereitstellen, welche Wertbeiträge mit Produkten, Produktgruppen oder Kunden erwirtschaftet werden oder welche finanziellen Performancemaße für Profit oder Investment Center geeignet sind. Infolgedessen bietet es sich an, die Koordinationsaufgabe des Finanzcontrollings auf alle finanziellen Größen im Leistungs- und Finanzbereich zu beziehen, die in einem Zusammenhang zu den finanziellen Konsequenzen für die Eigenkapitalgeber im Finanzbereich stehen. Insgesamt gelangt man so zur folgenden Definition des Finanzcontrollings:

> „Das Finanzcontrolling hat als ein Element des Controllings die Aufgabe, auf der Basis finanzieller Größen eine Koordination innerhalb und zwischen den Führungssubsystemen vorzunehmen, so dass eine Ausrichtung der im Leistungs- und Finanzbereich ablaufenden Prozesse vor allem an den Zielen der Eigenkapitalgeber gewährleistet ist.“

In Anlehnung an die Systematisierung der Aufgaben der Unternehmensrechnung kann eine Zerlegung des Finanzcontrollings in zwei Bereiche vorgenommen werden, die man auch auf das gesamte Controlling beziehen kann (Merchant und Van der Stede 2012, S. 10–12; Ewert und Wagenhofer 2014, S. 6–11). Demnach stellt das *entscheidungsorientierte Finanzcontrolling* auf die Koordination im Führungssystem mit dem Ziel der Verbesserung von Sachentscheidungen ab, wobei von möglichen Zielkonflikten und Informationsasymmetrien abstrahiert wird. Das *verhaltensorientierte Controlling* stellt hingegen gerade auf die Berücksichtigung von Zielkonflikten und Informationsasymmetrien zwischen Unternehmensexternen (z. B. Eigenkapitalgeber) und Management sowie innerhalb des Unternehmens (z. B. zwischen Zentrale und Profit oder Investment Center-Leitern) ab und analysiert, welche Folgen sich hieraus für die zielorientierte Steuerung von Entscheidungen auf der Basis finanzieller Größen in einem Mehrpersonenkontext ergeben. Darüber hinaus können sich Probleme daraus ergeben, dass die Mitarbeiter nicht die für das Treffen der Entscheidungen notwendigen Fähigkeiten haben oder die durch das Unternehmen verfolgten Strategien nicht klar kommuniziert werden. In der Abb. 1 ist der Inhalt des Finanzcontrollings zusammenfassend dargestellt.

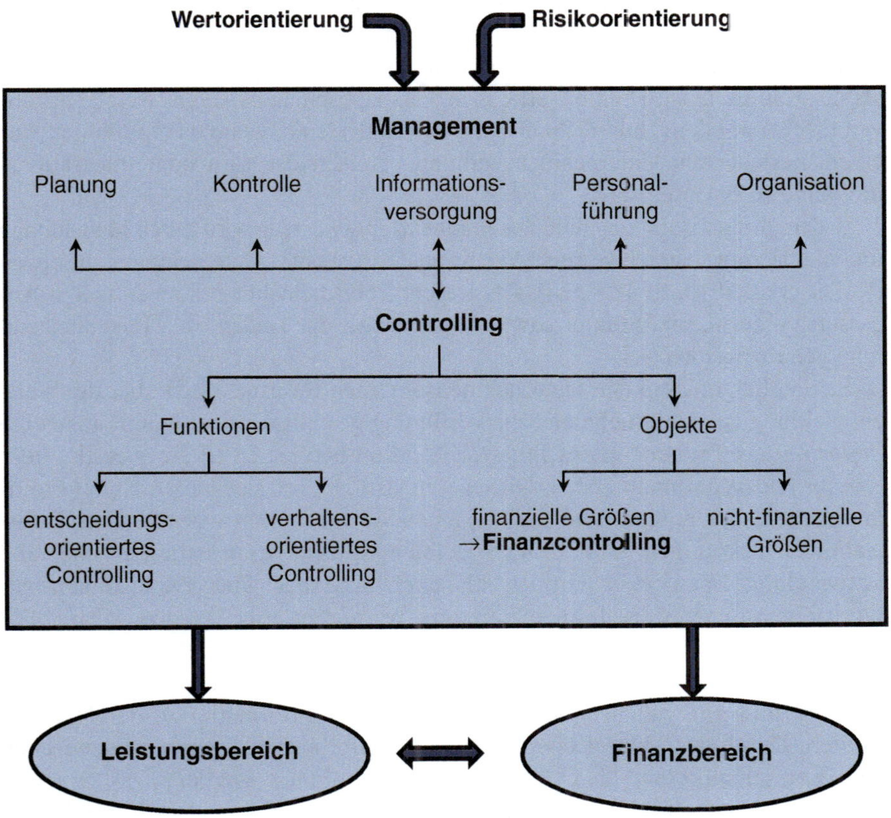

Abb. 1 Finanzcontrolling als Teilbereich des Controllings

2 Handlungsfelder des Finanzcontrollings

Das Finanzcontrolling muss die Koordination im Führungssystem im Hinblick auf unterschiedliche Handlungsfelder des Wertmanagements sicherstellen (Koller et al. 2010, S. 418–424). Zunächst sind die Aktivitäten im Leistungsbereich im Rahmen des strategischen und operativen Wertmanagements bei unveränderten Unternehmensgrenzen auf das Zielsystem des Unternehmens auszurichten, was im Weiteren als *strategisches und operatives Erfolgsmanagement* bezeichnet wird. So ist bspw. zu untersuchen, durch welche Strategien auf Unternehmens- oder Geschäftsbereichsebene eine maximale Steigerung des Marktwertes des Unternehmens erreicht werden kann.

Darüber hinaus kann der Marktwert durch *Mergers & Acquisitions* oder den Verkauf von Unternehmen oder Unternehmensteilen gesteigert werden, was als zweites Handlungsfeld identifiziert werden kann (Koller et al. 2010, S. 445–468). Bei der Beurteilung der Vorteilhaftigkeit einer solchen Transaktion sind mögliche Synergieeffekte zu berücksichtigen. So ist bei einem Kauf eines Unternehmens zu analysieren, inwieweit durch den Zusammenschluss der Unternehmen Erhöhungen der Einzahlungen oder Verminderungen der Auszahlungen bei den beteiligten Unternehmen möglich sind, die ohne diesen Zusammenschluss nicht realisiert werden können. Ein Unternehmenskauf ist vorteilhaft, wenn der isoliert ermittelte Unternehmenswert des Kaufobjektes zuzüglich des Wertes der Synergieeffekte größer als der Kaufpreis ist. Hierbei sollte man stets kritisch analysieren, welche negativen Effekte mit dem Unternehmenskauf verbunden sind, wenn das Kaufobjekt aus einem bestehenden Unternehmensverbund herausgelöst wird oder Integrationsprobleme zu erwarten sind.

In dem dritten Handlungsfeld des *Financial Engineering* wird durch Maßnahmen im Finanzierungsbereich versucht, die Kapitalkosten eines Unternehmens zu senken (Koller et al. 2010, S. 489–524). Als wesentliche Maßnahmen können hierzu Anpassungen der Kapitalstruktur sowie Anpassungen der Außen- und Innenfinanzierung genutzt werden.

Schließlich müssen den Unternehmensexternen Informationen über die Wertentwicklung des Unternehmens zur Verfügung gestellt werden, womit das *Value Reporting* als Teilbereich des Investor Relation berührt ist (Pellens et al. 2000; Knauer und Wöhrmann 2011). Dieses umfasst den Teil der Unternehmenskommunikation, der potenziellen und bestehenden Investoren wertrelevante Informationen zukommen lässt. Hierzu zählen sowohl Informationen über die Entwicklung finanzieller Größen als auch Angaben über Maßnahmen zur Wertsteigerung wie die Implementierung wertorientierter Anreizsysteme. Für das Finanzcontrolling stellt sich die Frage, welche Informationen über die jeweilige Pflichtpublizität hinaus kommuniziert werden sollen, wie diese aufzubereiten sind und auf welchem Kommunikationsweg Informationen bereitgestellt werden. Durch das Value Reporting soll die Informationsasymmetrie zwischen dem Kapitalmarkt und dem Unternehmen vermindert werden, was zu einer besseren Risikobeurteilung und damit zu einer Reduktion der Kapitalkosten führen soll.

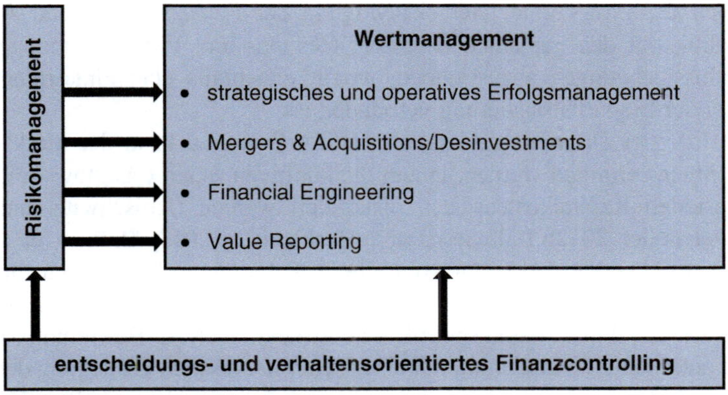

Abb. 2 Handlungsfelder des Finanzcontrollings

Im Rahmen des Wertmanagements ist in einem stetigen Prozess zu analysieren, durch welche Entscheidungen in den vier Handlungsfeldern der Marktwert des Unternehmens gesteigert werden kann. Da die möglichen Wertsteigerungen in allen Handlungsfeldern mit Risiken behaftet sind, ist der gesamt Prozess des Wertmanagements um ein *Risikomanagement* zu ergänzen (Diederichs 2012). Dem entscheidungs- und verhaltensorientierten Finanzcontrolling kommt demnach die Aufgabe zu, dieses Wert- und Risikomanagement durch den Einsatz geeigneter Controlling-Instrumente zu unterstützen, um damit die Koordination im Führungssystem im Hinblick auf die unterschiedlichen Handlungsfelder des Wert- und Risikomanagements sicherzustellen. In der Abb. 2 ist dieser Zusammenhang zusammenfassend dargestellt.

3 Entscheidungsorientiertes Finanzcontrolling

3.1 Strategisches und operatives Erfolgsmanagement

Das entscheidungsorientierte Finanzcontrolling muss das Management bei der Identifizierung und Realisierung von Wertsteigerungspotenzialen in den vier Handlungsfeldern unterstützen. Hierzu ist es im *strategischen Erfolgsmanagement* notwendig, dass die finanziellen Konsequenzen von langfristigen Entscheidungen, wie bspw. der Wahl der Unternehmensstrategie, im Rahmen einer *integrierten Unternehmensplanung* aufgezeigt werden (Koller et al. 2010; Penman 2013; Diedrich und Dierkes 2015). Als Ausgangspunkt einer solchen Planung bietet sich der freie Cashflow als die Zahlung an, die an die Kapitalgeber eines Unternehmens geleistet werden könnte, wenn das Unternehmen unverschuldet wäre. Der freie Cashflow ist grundsätzlich auf der Basis von Werttreibern zu planen und ergibt sich aus der Differenz zwischen dem Net Operating Profit Less Adjusted Taxes (NOPLAT), in den die Unternehmensteuern ohne Berücksichtigung von Fremdfinanzierungseffekten eingehen, und den Nettoinvestitionen (NI). Auf der Unternehmensebene ist die Planung des freien Cashflows unter Berücksichtigung der Finanzierungs- und Ausschüttungspolitik mit den geplanten Bilanzen, Gewinn- und Verlustrechnungen sowie Kapitalflussrechnungen abzustimmen, womit gleichfalls eine Finanzplanung mit dem Ziel der Liquiditätssicherung verbunden ist.

Mit Hilfe der *Discounted Cashflow (DCF) Verfahren* kann der Marktwert des Unternehmens ermittelt werden, indem die künftigen freien Cashflows mit kapitalmarktbasierten Kapitalkostensätzen diskontiert werden (Kruschwitz und Löffler 2006; Peemöller 2012; Ballwieser und Hachmeister 2013; Brealey et al. 2014; Diedrich und Dierkes 2015). Obwohl alle DCF Verfahren bei übereinstimmenden Annahmen zum gleichen Ergebnis führen, ermöglichen zwei Verfahren in Abhängigkeit von der Finanzierungspolitik eine zirkularitätsfreie Bewertung: Während sich bei autonomer Finanzierung mit einer deterministischen Festlegung der Fremdkapitalbestände die Anwendung des Adjusted Present Value (APV) Verfahrens anbietet, ist bei wertabhängiger Finanzierung mit einer deterministischen Festlegung der Fremdkapitalquoten zur Vermeidung von Zirkularitätsproblemen das Free Cashflow (FCF) Verfahren anzuwenden. Geht man von einer wertabhängigen Finanzierung mit einer konstanten Fremdkapitalquote aus, so ergibt sich der Marktwert des Unternehmens V gemäß dem FCF Verfahren aus der Diskontierung des erwarteten freien Cashflows $E\left[\widetilde{FCF}_t\right]$ mit dem vereinfachend als konstant angenommen durchschnittlichen Kapitalkostensatz k:

$$V_0 = \sum_{t=1}^{\infty} \frac{E\left[\widetilde{NOPLAT}_t\right] - E\left[\widetilde{NI}_t\right]}{(1+k)^t} = \sum_{t=1}^{\infty} \frac{E\left[\widetilde{FCF}_t\right]}{(1+k)^t}$$

Da die Planung der freien Cashflows nicht in allen Perioden mit der gleichen Genauigkeit durchgeführt werden kann, wird der Planungshorizont bei der Unternehmensbewertung in der Regel in zwei Prognosephasen unterteilt. Während in der Detailprognosephase eine detaillierte Planung der freien Cashflows auf der Basis von Werttreibern erfolgt, wird in der anschließenden Rentenphase von einem repräsentativen Ergebnis ausgegangen, das mit einer nominalen Wachstumsrate ansteigt. In den durchschnittlichen Kostensatz gehen der Eigenkapitalkostensatz ke und der Fremdkapitalkostensatz kd ein. Bei einer Fremdkapitalquote Θ und einem einheitlichen Steuersatz der Bemessungsgrundlage Fremdkapitalzinsen τ ist der durchschnittliche Kapitalkostensatz wie folgt zu berechnen:

$$k = ke \cdot (1 - \Theta) + kd \cdot (1 - \tau) \cdot \Theta$$

Bei der Bestimmung des Eigen- und auch des Fremdkapitalkostensatzes ist das von den Kapitalgebern zu tragende Risiko zu berücksichtigen. Der Kapitalkostensatz ist umso höher anzusetzen, je höher das Risiko ist. Zur Bestimmung des Eigenkapitalkostensatzes wird zumeist das Capital Asset Pricing Model (CAPM) herangezogen.

Den Marktwert des Eigenkapitals erhält man aus der Differenz zwischen dem Marktwert des Unternehmens und dem Marktwert des Fremdkapitals. Sofern das

Unternehmen über nicht betriebsnotwendiges Vermögen verfügt, ist dieses ergänzend zu berücksichtigen. Die hier mit einer Vorsteuerrechnung vorgenommene Ermittlung des Marktwertes des Unternehmens lässt sich in mehrerlei Hinsicht modifizieren. So könnten bspw. die Kapitalkostensätze mit Hilfe alternativer Kapitalmarktmodelle bestimmt oder die Bewertungskalküle um persönliche Steuern erweitert werden.

Mit Hilfe von *Wertbeitragsrechnungen* kann ergänzend untersucht werden, welche Wertbeiträge von einzelnen Geschäftsbereichen oder sonstigen Kalkulationsobjekten erzielt werden (Rappaport 1998, S. 77–99; Koller et al. 2010, S. 420–444). Da die Zurechnung von Zahlungen zu Kalkulationsobjekten nicht immer eindeutig möglich ist, können diese Rechnungen analog zu mehrstufigen Deckungsbeitragsrechnungen mehrstufig aufgebaut werden. Sofern die Geschäftsbereiche in unterschiedlichem Maße mit Risiken behaftet sind, kann dies bei der Bestimmung der risikoangepassten Kapitalkostensätze berücksichtigt werden. Die Ermittlung von Wertbeiträgen einzelner Geschäftsbereiche, Segmente, Produkte, Kunden oder Absatzgebiete dient zudem als Grundlage für wertorientierte Portfolioanalysen, wodurch vor allem die Abstimmung der Gesamtplanung auf Unternehmensebene unterstützt werden soll.

Bei der Beurteilung der Leistung des Unternehmens sowie von Geschäftsbereichen oder anderen Kalkulationsobjekten kommen vielfach *wertorientierte Kennzahlen* als Performancemaße zum Einsatz, wobei der Economic Value Addded (EVA) als eine spezifische Variante des Residualgewinns in der Praxis am weitesten verbreitet ist (Stewart 1991; Laux 2006, S. 157–161). Dies ist nicht zuletzt darauf zurückzuführen, dass zwischen dem Residualgewinn und dem Marktwert des Unternehmens gemäß dem Lücke-Theorem ein eindeutiger Zusammenhang hergestellt werden kann (Preinreich 1937; Lücke 1955; Kloock 1981). Bei Einhaltung der Clean Surplus Bedingung leiten sich alle nicht durch Kapitaleinlagen und -rückzahlungen hervorgerufenen Änderungen des bilanziellen Eigenkapitals aus der Ergebnisrechnung bzw. der Gewinn- und Verlustrechnung ab. Der Residualgewinn ergibt sich aus einer Erfolgsgröße auf Basis periodisierter Zahlungen abzüglich der Zinsen auf das am Anfang einer Periode gebundene Kapital bzw. Invested Capital (IC). Geht man vom NOPLAT aus, so ist der Residualgewinn (RI) wie folgt zu ermitteln (Koller et al. 2010, S. 117–121):

$$E\left[\widetilde{RI}_t\right] = E\left[\widetilde{NOPLAT}_t\right] - k \cdot E\left[\widetilde{IC}_{t-1}\right] \qquad \text{für} \quad t = 1, 2, \ldots$$

In den Residualgewinn geht demnach mit den Zinskosten die Mindestverzinsung ein, die mit dem Invested Capital erzielt werden muss, damit sich dieser Einsatz lohnt. Der Residualgewinn einer Periode ist dann positiv, wenn der NOPLAT diese Mindestverzinsung übersteigt, weshalb der Residualgewinn als eine Übergewinngröße interpretiert werden kann. Die erwarteten Bestände des Invested Capital ergeben sich ausgehend vom Invested Capital im Bewertungszeitpunkt aus den erwarteten Nettoinvestitionen:

$$E\left[\widetilde{IC}_t\right] = IC_0 + \sum_{s=1}^{t} E\left[\widetilde{NI}_s\right] = E\left[\widetilde{IC}_{t-1}\right] + E\left[\widetilde{NI}_t\right] \quad \text{für} \quad t = 1, 2, \ldots$$

Aus der Summe der Barwerte der erwarteten Residualgewinne ergibt sich der Market Value Added (MVA). Addiert man zu diesem das Invested Capital im Bewertungszeitpunkt hinzu, erhält man den Marktwert des Unternehmens:

$$V_0 = IC_0 + \sum_{t=1}^{\infty} \frac{E\left[\widetilde{RI}_t\right]}{(1+k)^t} = IC_0 + MVA_0$$

Neben dem Residualgewinn gibt es eine Vielzahl anderer wertorientierter Kennzahlen, wie bspw. den Cashflow Return in Investment (CFROI), die dahingehend systematisiert werden können, ob sie auf Cashflows oder Erfolgsgrößen basieren und ob es sich um absolute oder relative Kennzahlen handelt (Ewert und Wagenhofer 2014, S. 516–519). Beim Residualgewinn handelt es sich z. B. um eine erfolgsgrößenbasierte absolute Kennzahl. Ein Überblick über wesentliche Kennzahlen findet sich in der Tab. 1. In der betrieblichen Praxis werden die wertorientierten Kennzahlen unternehmensspezifisch angepasst, wodurch den jeweiligen Besonderheiten Rechnung getragen werden soll. Bei der Beurteilung der Zweckmäßigkeit der Kennzahlen ist zu prüfen, ob diese zur Lösung der jeweiligen Aufgaben geeignet sind.

Im strategischen Erfolgsmanagement können zudem die Instrumente des *strategischen Kostenmanagements* eingesetzt werden, wie Prozesskostenrechnungen, Lebenszyklusrechnungen, mehrstufige Deckungsbeitragsrechnungen und das Target Costing (Horváth 2011; Coenenberg et al. 2012; Küpper et al. 2013; Ewert und Wagenhofer 2014). Dem Finanzcontrolling kommt hierbei die Aufgabe zu, die Vielzahl der Controlling-Instrumente aufeinander abzustimmen, so dass das Management durch das Finanzcontrollingsystem bestmöglich unterstützt wird.

Tab. 1 Überblick über wesentliche wertorientierte Kennzahlen (in Anlehnung an Ewert und Wagenhofer 2000, S. 7)

	cashflowbasierte Kennzahlen	erfolgsgrößenbasierte Kennzahlen
absolute Kennzahlen	Cash Value Added (CVA) Shareholder Value Added (SVA) Free Cash Flow (FCF) Total Cash Flow (TCF) Flow to Equity (FtE)	Economic Value Added (EVA) Economic Profit (EP) Market Value Added (MVA)
relative Kennzahlen	Cash Flow Return on Investment (CFROI) Shareholder Value Return (SVR)	Return on Net Assets (RONA) Return on Capital Employed (ROCE) Return on Invested Capital (ROIC) Return on Equity (ROE) Return on Sales (ROS)

Die Koordinationsaufgabe des Finanzcontrollings kommt auch darin zum Ausdruck, dass die Instrumente des strategischen Erfolgsmanagements mit denen des *operativen Erfolgsmanagements* abzustimmen sind. Der Residualgewinn weist diesbezüglich die vorteilhafte Eigenschaft auf, dass alle kurzfristigen Entscheidungen, die zu einer Erhöhung des Residualgewinns in einer Periode führen, zu einer Erhöhung des Marktwertes des Unternehmens beitragen (Dierkes und Kloock 1999; Ewert und Wagenhofer 2014, S. 62). Dieser Zusammenhang gilt aber nur dann, wenn die Residualgewinne in den nachfolgenden Perioden von den operativen Entscheidungen nicht beeinflusst werden. Infolgedessen ist bei allen kurzfristigen Entscheidungen im Beschaffungs-, Produktions- und Absatzbereich stets zu untersuchen, ob die Vernachlässigung möglicher kosten- oder absatzmarktbezogenen zeitlichen Interdependenzen gerechtfertigt ist. Die für operative Planungsrechnungen benötigten Kosten- und Leistungsinformationen sind mit Hilfe *operativer Erfolgsrechnungssysteme*, wie z. B. der Grenzplankostenrechnung, zu ermitteln (Schweitzer und Küpper 2011; Kilger et al. 2012). Das Lücke-Theorem hat auch hier eine wichtige Bedeutung, da es als theoretische Grundlage für die Konzeption von operativen Erfolgsrechnungssystemen herangezogen werden kann.

3.2 Risikocontrolling

Bei allen Maßnahmen in den drei Handlungsfeldern Erfolgsmanagement, Mergers & Acquisitions/Desinvestments und Financial Engineering sind die damit verbundenen Risiken zu berücksichtigen, weshalb das Risikomanagement entweder als Bestandteil oder als notwendige Ergänzung des Wertmanagements zu verstehen ist. Das *Risikomanagement* umfasst alle Maßnahmen, die der Risikoidentifikation, Risikobewertung, Risikoaggregation, Risikosteuerung und Risikokontrolle im Hinblick auf risikopolitische Ziele dienen. Als Maßnahmen zur Beeinflussung des Risikos kommen die Vermeidung, die Verminderung, die Übertragung und das Tragen von Risiken in Betracht. Das *Risikocontrolling* hat die Aufgabe, das Risikomanagement durch die Koordination im Führungssystem und damit auch die aufeinander abgestimmte Anwendung der Controlling-Instrumente zu unterstützen (Gebhardt und Mansch 2001).

Den *Risikodefinitionen* liegt grundsätzlich entweder ein symmetrisches oder ein asymmetrisches Risikoverständnis zugrunde. Während bei einem symmetrischen Risikoverständnis positive wie negative Abweichung vom Erwartungswert berücksichtigt werden, zielt ein asymmetrisches Risikoverständnis auf die Möglichkeit der Unterschreitung eines Referenzwertes (Diederichs 2012, S. 8–9). Betrachtet man vor diesem Hintergrund die gesetzlichen Anforderungen an das Risikomanagementsystem von Unternehmen mit dem vorrangigen Ziel der Vermeidung von bestandsgefährdenden Risiken, so liegt diesen ein asymmetrisches Risikoverständnis zugrunde. Das CAPM als Kapitalmarktmodell basiert hingegen auf einem symmetrischen Risikoverständnis, wonach das mit einem Wertpapier bzw. dem Marktportefeuille verbundene Risiko anhand der Standardabweichung der Rendite gemessen wird. In den Betafaktor eines Wertpapiers geht aber nur das systematische Risiko ein, das die

Anleger durch eine Portefeuillebildung nicht vermeiden können. Insofern wird nur ein Teil des Risikos bei der Bewertung berücksichtigt, was insbesondere aufgrund der Unvollkommenheit der Märkte für ein umfassendes Risikocontrolling nicht ausreichend ist.

Bei der *Identifikation und Systematisierung von Risiken* kann man sich an unterschiedlichen Gliederungsschemata orientieren (Diederichs et al. 2004, S. 190). Eine Möglichkeit einer ersten Gliederung von Risiken besteht in der Unterscheidung zwischen unternehmensinternen und -externen Risiken. Die unternehmensinternen Risiken können weiter in leistungs- und finanzwirtschaftliche Risiken sowie Managementrisiken untergliedert werden; als wesentliche unternehmensexterne Risiken ist zwischen Marktrisiken, Kundenrisiken, politischen Risiken, Risiken der natürlichen Umwelt und soziokulturellen Risiken zu unterscheiden. In der praktischen Anwendung ist eine für das jeweilige Unternehmen zweckmäßige Gliederung aller relevanten Risiken festzulegen. Als Instrumente zur Risikoidentifikation können bspw. Risiko-Checklisten, Szenarioanalysen und Frühwarnsysteme eingesetzt werden.

Die *Risikokennzahlen* zur Risikobewertung lassen sich dahingehend systematisieren, ob diesen ein symmetrisches oder asymmetrisches Risikoverständnis zugrunde liegt und ob sie mit der Angabe eines Schwankungsbereichs volatilitätsorientiert oder mit der Angabe eines möglichen Verlustes verlustorientiert sind. Eine vielfach angewendete Risikokennzahl ist der Value at Risk (VaR), der den Verlust angibt, der mit einer vorgegebenen Wahrscheinlichkeit innerhalb eines gegebenen Zeitraums überschritten wird (bspw. Ewert und Wagenhofer 2014, S. 194–196). Demnach liegt dieser verlustorientierten Kennzahl ein asymmetrisches Risikoverständnis zugrunde. Prinzipiell kann diese Risikokennzahl auf beliebige Überschussgrößen bezogen werden, wie z. B. Vermögenswerte, NOPLAT, EVA, freier Cashflow oder Flow to Equity. Bei Verwendung des Cashflows als Überschussgröße wird der VaR als Cash Flow at Risk (CFaR) bezeichnet (Homburg und Stephan 2004). Wenn der VaR als Risikokennzahl bei der Steuerung mehrerer Geschäftsbereiche genutzt wird, stellt sich die Frage, inwiefern eine Abschätzung des Risikos auf Unternehmensebene durch die Summe der Risikomaße auf Geschäftsbereichsebene erfolgen kann. Diese Eigenschaft von Risikokennzahlen, wonach das Risiko eines aggregierten Portfolios mehrerer risikobehafteter Vermögenspositionen nicht größer als die Summe der Risiken der Vermögenspositionen sein darf, wird als Subadditivität bezeichnet (Arztner et al. 1999) und wird vom VaR in Abhängigkeit von der zugrundeliegenden Wahrscheinlichkeitsverteilung und der vorgegebenen Wahrscheinlichkeit nicht immer erfüllt. Darüber hinaus ist beim VaR problematisch, dass der erwartete Verlust von Geschäftsbereichen bei übereinstimmendem VaR unterschiedlich hoch sein kann. Bezüglich beider Kritikpunkte weist der Conditional Value at Risk (CVaR) Vorteile auf (Kürsten und Straßberger 2004). Dieser gibt den Verlust an, der bei Überschreitung des VaR zu erwarten ist. Schließlich gibt es Risikokennzahlen, die durch eine Kombination von Wert- und Risikoorientierung gekennzeichnet sind. So wird bspw. beim Return on Risk Adjusted Capital (RORAC) der erwartete

NOPLAT auf den VaR als Risikokapital bezogen. Ein Überblick über die wichtigsten Risikokennzahlen (Ewert und Wagenhofer 2000; Homburg und Stephan 2004) wird in Tab. 2 gegeben.

In der praktischen Anwendung stehen vor allem Industrie- und Handelsunternehmen bei der Ermittlung des VaR und darauf aufbauender Risikokennzahlen vor dem Problem, dass die für die Anwendung analytischer Methoden notwendigen Informationen über die Wahrscheinlichkeitsverteilung nicht verfügbar sind. In diesem Fall bietet sich der Einsatz von Simulationen an, mit Hilfe derer die Risikokennzahlen ebenso ermittelt werden können. Darüber hinaus können Sensitivitätsanalysen, wie z. B. Break Even-Analysen, und Szenarioanalysen mit darauf aufbauender Bestimmung von Risikokennzahlen eingesetzt werden. Die Ergebnisse der Risikobewertung auf Unternehmens- und Geschäftsbereichsebene können in Risk Maps zusammengefasst werden.

Ein für die Praxis weiteres bedeutsames Instrument im Rahmen des Risikocontrollings stellen *Kontrollen* dar. Eine strategische Kontrolle hat die Aufgabe, das mit der strategischen Planung verbundene Selektionsrisiko zu kompensieren und damit die potenziell revisionsbedürftigen strategischen Pläne und deren Umsetzung fortlaufend auf ihre weitere Tragfähigkeit hin zu überprüfen (Steinmann et al. 2013, S. 249–261). Hierdurch soll sichergestellt werden, dass Bedrohungen und unter Umständen notwendige Veränderungen der Strategie auf Unternehmens- oder Geschäftsbereichsebene rechtzeitig signalisiert werden. Als Kontrolltypen wird zwischen der strategischen Prämissenkontrolle und der strategischen Durchführungskontrolle als gerichtete Kontrollen und der strategischen Überwachung als ungerichtete Kontrolle unterschieden. Die strategische Prämissenkontrolle beinhaltet die kontinuierliche Überprüfung aller im strategischen Planungsprozess gesetzten Prämissen über die Unternehmensumwelt und das Unternehmen. In der strategischen Durchführungskontrolle sind die realisierten Ergebnisse in einem Plan-Ist-Vergleich sowie die künftigen Ergebnisse in einem Plan-Wird-Vergleich gegenüberzustellen und zu analysieren. Die ungerichtete strategische Überwachung dient als Auffangnetz für alle verbleibenden Risiken, womit diese auf das „Rest-Selektionsrisiko" abstellt und eine enge Verbindung zu den Frühwarnsystemen aufweist.

Tab. 2 Überblick über wesentliche Risikokennzahlen

	symmetrisches Risikoverständnis	asymmetrisches Risikoverständnis
Volatilitätsorientierung	Varianz Standardabweichung	untere Semivarianz Shortfallvarianz
Verlustorientierung	–	Maximalverlust Shortfallerwartungswert Value at Risk (VaR) Cash Flow at Risk (CFaR) Conditional Value at Risk (CVaR) Return on Risk Adjusted Capital (RORAC)

Wegen der hohen Bedeutung der strategischen Durchführungskontrolle für das Finanzcontrolling wird auf deren Aufbau und Durchführung im Weiteren detaillierter eingegangen.

Bei der strategischen Durchführungskontrolle handelt es sich um eine Kontrolle, die auf einem Vergleich von Normgrößen und Kontrollgrößen basiert. Geht man davon aus, dass die strategische Durchführungskontrolle an die in Abschn. 3.1 dargestellte Planung des Marktwertes des Unternehmens anknüpft und am Ende der ersten Periode durchgeführt wird, so sind in dem Kontrollansatz die zu Beginn der ersten Periode geplanten finanziellen Überschüsse als Normgrößen anzusetzen. Als Kontrollgrößen werden zum einen die Istgrößen als die realisierten finanziellen Überschüsse der vergangenen Periode berücksichtigt. Zum anderen sind zum Kontrollzeitpunkt auf Basis des veränderten Informationsstandes für die künftigen Perioden Wirdgrößen zu bestimmen, die gleichfalls als Kontrollgrößen eingehen. Als Ausgangspunkt der strategischen Durchführungskontrolle bietet sich der ökonomische Gewinn nach Zinsen der abgelaufenen Periode $\ddot{O}G_1^z$ an, der sich aus dem ökonomischen Gewinn $\ddot{O}G_1$ abzüglich der Zinsen auf den Marktwert zu Beginn der Periode ergibt (Laux 2006, S. 122–124; Küpper et al. 2013, S. 333–334). Werden Plangrößen mit dem Index p, Istgrößen mit dem Index i und im Zeitpunkt 1 bei dem veränderten Informationsstand neu geplante Wirdgrößen mit dem Index w gekennzeichnet, so gilt für den ökonomischen Gewinn nach Zinsen $\ddot{O}G_1^z$:

$$\begin{aligned}\ddot{O}G_1^z &= \ddot{O}G_1 - k \cdot V_0^p = \left(V_1^w + FCF_1^i - V_0^p\right) - k \cdot V_0^p \\ &= \left(V_1^w + FCF_1^i\right) - V_0^p \cdot (1+k)\end{aligned}$$

Der ökonomische Gewinn nach Zinsen ist demnach positiv, wenn über die Zinsen auf den Marktwert zu Beginn der ersten Periode V_0^p hinaus ein Gewinn erzielt wird. Wenn die Ist- und Wirdgrößen am Ende der ersten Periode mit den Plangrößen übereinstimmen, ist der ökonomische Gewinn nach Zinsen gleich null. Vom ökonomischen Gewinn nach Zinsen ausgehend kann in einer Ex-post-Kontrolle als Ist-Plan-Vergleich eine Aufspaltung der Abweichung zwischen dem realisierten und geplanten freien Cashflow der ersten Periode und in einer Ex-ante-Kontrolle als Wird-Plan-Vergleich eine Aufspaltung der Abweichung zwischen dem Wird- und Plan-Marktwert im Zeitpunkt 1 vorgenommen werden:

$$\ddot{O}G_1^z = \underbrace{\left(FCF_1^i - FCF_1^p\right)}_{\text{Ex-post-Kontrolle}} + \underbrace{\left(V_1^w - V_1^p\right)}_{\text{Ex-ante-Kontrolle}}$$

In der weiteren Abweichungsanalyse sind die Abweichung des freien Cashflows in der ersten Periode und die Abweichung des Markwertes in aussagekräftige einflussgrößenspezifische Teilabweichungen zu zerlegen. Als mögliche Einflussgrößen kommen hierbei bspw. Geschäftsbereiche, Produkte und Produktgruppen, Kunden und Kundengruppen, Absatzgebiete, Zahlungsarten, Absatzpreise und -mengen,

Investitionsraten, Rentabilitäten oder Wachstumsraten in Betracht. Bei einer multiplikativen Verknüpfung von Einflussgrößen ist die Zerlegung mit Hilfe von Abweichungsanalysemethoden durchzuführen, wobei sich in einer entscheidungsorientierten Kontrolle zur Ermittlung der Erfolgsänderungspotenziale, die mit der isolierten Anpassung von Einflussgrößen verbunden sind, die Anwendung der differenzierten Abweichungsanalysemethode auf Ist-Basis anbietet (Kloock 1994).

Alternativ oder ergänzend zu der zahlungsorientierten strategischen Durchführungskontrolle kann eine erfolgsgrößenorientierte strategische Durchführungskontrolle angewendet werden. Hierzu sind die Marktwerte durch die Summe aus Invested Capital und MVA zu ersetzen. Berücksichtigt man weiterhin, dass sich der freie Cashflow aus der Differenz zwischen NOPLAT und Veränderung des Invested Capital ergibt, so ergibt sich für den ökonomischen Gewinn nach Zinsen:

$$\text{ÖG}_1^z = \underbrace{\left(\text{NOPLAT}_1^i - \text{NOPLAT}_1^p\right)}_{\text{Ex-post-Kontrolle}} + \underbrace{\left(\text{MVA}_1^w - \text{MVA}_1^p\right)}_{\text{Ex-ante-Kontrolle}}$$

Im Weiteren kann die Abweichung des NOPLAT in der Ex-post-Kontrolle und des MVA in der Ex-ante-Kontrolle in einflussgrößenspezifische Teilabweichungen zerlegt werden. Die erfolgsgrößenorientierte Ex-post-Kontrolle bietet zugleich den Anknüpfungspunkt für operative Kontrollen der Deckungsbeiträge, Erlöse sowie der variablen und fixen Kosten (Coenenberg et al. 2012, S. 453–491; Ewert und Wagenhofer 2014, S. 297–357), so dass diese in die strategische Kontrolle eingebunden und mit dieser abgestimmt werden können.

4 Verhaltensorientiertes Finanzcontrolling

Die Notwendigkeit des verhaltensorientierten Finanzcontrollings resultiert daraus, dass Entscheidungen in managergeführten Unternehmen nicht von den Eignern, sondern von Managern getroffen werden. Darüber hinaus werden Entscheidungen in Unternehmen von übergeordneten an untergeordnete Instanzen delegiert mit dem Ziel einer Entlastung übergeordneter Instanzen, der Ausnutzung von Spezialisierungsvorteilen und einer Motivationssteigerung (Milgrom und Roberts 1992, S. 16–17). Aus der Delegation von Entscheidungen erwächst das grundlegende Problem, wie die im Unternehmen getroffenen Entscheidungen auf die Steigerung des Shareholder Value oder allgemeiner des Gesamtziels des Unternehmens ausgerichtet werden können, was als *personelle Koordination* bezeichnet wird (Weber und Schäffer 2014, S. 27; Merchant und Van der Stede 2012, S. 10–12; Küpper et al. 2013, S. 99–100; Ewert und Wagenhofer 2014, S. 392–400). So haben Entscheidungsträger möglicherweise nicht die Fähigkeiten, die für Entscheidungen notwendig sind (Fähigkeits- oder Könnensdefizite). Zudem können sich Steuerungsprobleme aus einer unzureichenden Kommunikation der mit Entscheidungen verfolgten Ziele ergeben. Inwieweit die Vor- oder Nachteile eines möglichen Informationsvorsprungs untergeordneter Instanzen überwiegen, hängt davon ab, ob zwischen den Instanzen Zielkonflikte existieren. In diesem Fall können die Entscheidungsträger den Informationsvorsprung zur Maximierung ihrer Ziele und zu Lasten der Unternehmensziele ausnutzen (opportunistisches Verhalten). Derartige Zielkonflikte können sich bspw. daraus ergeben, dass Entscheidungsträger in erster Linie an einem Erfolg in ihrem Bereich interessiert sind, während die Auswirkungen der Entscheidungen auf andere Bereiche nicht in ausreichendem Maße berücksichtigt werden. Zu untersuchen ist dann, durch welche Maßnahmen die Mitarbeiter zu einem für das Unternehmen vorteilhaften Verhalten motiviert werden können.

Grundsätzlich kann das Finanzcontrolling in ganz unterschiedlicher Weise zur Lösung der Probleme im Rahmen der Verhaltenssteuerung beitragen. Zunächst ist darauf zu achten, dass vor allem Mitarbeiter mit Leitungsfunktion ein *Verständnis für finanzielle Informationen und Zusammenhänge* haben und die Auswirkungen ihrer Entscheidungen auf den Finanzbereich antizipieren. Hierauf ist zum einen bereits bei der Personalauswahl zu achten; zum anderen sind den Mitarbeitern die erforderlichen Fähigkeiten ggf. durch Schulungen zu vermitteln (vgl. Merchant und Van der Stede 2012, S. 89–90). Wichtige Unternehmenseinheiten können zudem durch organisatorische Maßnahmen, wie die Schaffung von Stabstellen, bei der finanziellen Planung und Kontrolle unterstützt werden (vgl. Laux und Liermann 2005, S. 178–179).

Damit Entscheidungsträger ihre Fähigkeiten im Sinne des Unternehmens einsetzen können, benötigen sie die für ihren Verantwortungsbereich relevanten Informationen. Die *Kommunikation* innerhalb der und zwischen den Hierarchieebenen stellt daher eine bedeutsame Aufgabe dar. Sie erfolgt u. a. durch standardisierte oder anlassbezogene Berichte, in denen vor allem wichtige Kennzahlen dargelegt werden (Küpper et al. 2013, S. 230–249). Das Finanzcontrolling leistet einen Beitrag bei der Auswahl der finanziellen sowie der hiermit eng verbundenen nicht-finanziellen Kennzahlen und bei deren Verknüpfung in Kennzahlensystemen.

Eine Schwierigkeit des verhaltensorientierten Finanzcontrollings erwächst daraus, dass bei der Weitergabe von Informationen zwangsläufig eine *Selektion* erfolgt. Eine vollständige Bereitstellung aller verfügbaren Informationen ist mit hohen direkten Kosten der Informationserfassung und Berichterstellung, aber auch mit indirekten Kosten verbunden, die aus einer möglichen Überforderung des dezentralen Managements resultieren. Aus diesem Grund fokussiert das Berichtssystem häufig auf jene Kennzahlen, die unmittelbar die Unternehmenseinheit betreffen und zur Art der delegierten Aufgaben passen. Eine Selektion birgt jedoch das Risiko, dass wichtige Informationen nicht erfasst werden, wie bspw. mögliche Interdependenzen mit anderen Unternehmenseinheiten. Darüber hinaus werden die bereitgestellten Kennzahlen nicht alleine als Grundlage dezentraler Entscheidungen, sondern oftmals als Zielgrößen im Sinne einer Operationalisierung der Unternehmensstrategie verstanden. Eine rein auf Entscheidungsrelevanz ausgerichtete Kommunikation kann somit zu Missverständnissen führen (Choi et al. 2012).

Besondere Bedeutung kommt bei der Konzeption von *Kennzahlensystemen* der Spitzenkennzahl zu, die aufgrund ihrer exponierten Stellung einen engen Zusammenhang zu den Unternehmenszielen aufweisen sollte. Kennzahlensysteme, die sich, wie das Du Pont-Kennzahlensystem, durch relative Spitzenkennzahlen auszeichnen, weisen insbesondere bei der Investitionssteuerung Schwächen auf, weil damit die Gefahr von Unterinvestitionen verbunden ist (Ewert und Wagenhofer 2014, S. 473–479). Im Rahmen des Wertmanagements bieten sich stattdessen absolute wertorientierte Kennzahlen und insbesondere der EVA als Residualgewinn einer oder mehrerer Perioden an. Je nach Art der delegierten Aufgabe kann durch dessen mehrdimensionale Aufspaltung ein Kennzahlensystem erzeugt werden, das gezielt Informationen über die Einflussgrößen der Erlöse sowie der variablen und fixen Kosten liefert.

Selbst wenn Entscheidungsträger die Fähigkeiten zur Durchführung der an sie delegierten Aufgaben besitzen und ihnen die erforderlichen Informationen vorliegen, kann ein weiteres Problem daraus erwachsen, dass *Zielkonflikte* zwischen der Zentrale und dem dezentralen Management bestehen. So können die Leiter dezentraler Profit und Investment Center bei asymmetrischer Informationsverteilung ihren Entscheidungsspielraum zu opportunistischem Verhalten nutzen. Hinsichtlich des Typs der vorliegenden Informationsasymmetrie werden die Problemstellungen Hidden Action, Hidden Information und Hidden Characteristics unterschieden (Jost 2001; Küpper et al. 2013, S. 100–106). Diese Probleme können einerseits durch eine teilweise Auflösung der Informationsasymmetrie, z. B. durch den Einsatz von Kontrollen, andererseits durch die Implementierung eines Anreizsystems vermindert werden.

Durch den Einsatz von *Kontrollrechnungen*, die anhand der strategischen Durchführungskontrolle bereits erläutert wurden, gelingt es nicht nur, Risiken der Planung und der Realisierung aufzudecken und im Sinne eines Lernprozesses zu steuern. Bereits aus einer ex-ante-Perspektive kann die Ankündigung einer Kontrolle eine verhaltensbeeinflussende Wirkung entfalten (Kloock 1994; Ewert und Wagenhofer 2014, S. 302–303). Voraussetzung hierfür ist, dass ein unerwünschtes Verhalten von Entscheidungsträgern mit hinreichend hoher Wahrscheinlichkeit entdeckt wird. Hierzu müssen Teilabweichungen bestimmt werden, die auf die Entscheidungen eines Mitarbeiters zurückzuführen sind und für die dieser verantwortlich gemacht werden kann. Bei der Aufspaltung einer Gesamtabweichung in Teilabweichungen kann im Prinzip wie bei der Durchführungskontrolle dargestellt vorgegangen werden. Zur Vermeidung von Akzeptanzproblemen bietet sich im Rahmen einer verhaltensorientierten Kontrolle bei einer multiplikativen Verknüpfung von Einflussgrößen der Einsatz der differenzierten Abweichungsanalysemethode auf Plan-Basis an (Küpper et al. 2013, S. 277; Ewert und Wagenhofer 2014, S. 329–330).

Die Durchführung von Kontrollen zur Reduktion der Informationsasymmetrie ist mit Zeit und Kosten verbunden. Darüber hinaus kann mit dem intensiven Einsatz von Kontrollen eine Beeinträchtigung der Motivation verbunden sein. Eine umfassende Kontrolle aller dezentral getroffenen Entscheidungen würde daher u. U. die Vorteile einer Delegation gefährden. Aus diesem Grund werden in Unternehmen ergänzend *Anreizsysteme* eingesetzt, um potenzielle Zielkonflikte aufzulösen, so dass bspw. Profit und Investment Center-Leiter aus eigenem Antrieb im Sinne der Zentrale handeln. Anreize können hierbei auf vielfältige Weise gesetzt werden. Neben nicht-monetären Anreizen, wie Aufstiegsmöglichkeiten oder der Gewährung von Sachleistungen, greifen Unternehmen vielfach auf ein monetäres Entlohnungssystem zurück, das über eine Entlohnungsfunktion Zahlungsansprüche an bestimmte Verhaltensweisen oder die Realisierung zuvor definierter Performancemaße knüpft. Da das nicht beobachtbare Verhalten von Entscheidungsträgern gerade Bestandteil des Ausgangsproblems ist, sind erfolgsabhängige Entlohnungssysteme von hoher praktischer Relevanz, die auf objektiv messbaren Ergebnisgrößen als Bemessungsgrundlagen der Entlohnung basieren.

Hierbei stellt sich die Frage, wie der Verlauf der *Entlohnungsfunktion* zu wählen ist. In der Praxis weisen erfolgsabhängige Entlohnungskomponenten häufig eine Ober- und Untergrenze auf. Sie können durch einen Prämiensatz an ein Performancemaß geknüpft sein, so dass eine (stückweise) lineare Entlohnungsfunktion resultiert, oder stufenweise erhöht werden, sofern bestimmte Zielvorgaben erreicht werden. Grundsätzlich sind aber auch komplexere Verläufe möglich (Hemmer et al. 2000; Lambert 2001). Zudem wird die Höhe der Entlohnung teilweise von den Entscheidungen mehrerer Entscheidungsträger abhängig gemacht: Eine Teamentlohnung zeichnet sich dadurch aus, dass alle Mitglieder eines Teams von Bonuszahlungen profitieren, sofern ein gemeinsames Ziel erreicht wurde. Auf einer derartigen Teamentlohnung beruhen die Anreizmechanismen des Profit Sharing und des Groves-Mechanismus, die bspw. im Rahmen der Budgetierung eingesetzt werden können, um von dezentralen Bereichsleitern wahrheitsgemäße Berichte über die Rentabilität ihres jeweiligen Verantwortungsbereichs zu erhalten (Ewert und Wagenhofer 2014, S. 484–493). Eine relative Leistungsbewertung hingegen erzeugt einen Wettbewerb zwischen den Entscheidungsträgern, indem die erfolgsabhängige Entlohnung entsprechend der Rangfolge der individuell gemessenen Leistung gezahlt wird. Eine Teamentlohnung oder relative Leistungsbewertung weist insbesondere dann Vorteile auf, wenn sachliche Interdependenzen in Form eines Aktivitäts- und Risikoverbundes zwischen Unternehmensbereichen vorliegen (Posselt 1997; Hofmann und Daugart 2004). Weiterhin kann ein Unternehmen über den Zeitpunkt der Auszahlung die Anreizwirkung beeinflussen. So werden bspw. im Rahmen eines Bonusbankmechanismus Boni zurückgehalten und mit Ergebnissen nachfolgender Perioden verrechnet, um langfristige Anreize zu unterstützen.

Das Finanzcontrolling leistet insbesondere einen Beitrag bei der Auswahl und Verknüpfung von *Performancemaßen*, die im Rahmen von Zielvorgaben und als Bemessungsgrundlage der erfolgsabhängigen Entlohnung genutzt werden können. Hierbei kommen neben den wert- und risikoorientierten Kennzahlen auch unmittelbar marktbasierte Größen, wie die Entwicklung des Aktienkurses eines Unternehmens, in Frage. Es existieren diverse Anforderungen an Performancemaße, die finanzielle und nicht-finanzielle Kennzahlen in unterschiedlichem Maße erfüllen (Pfaff und Pfeiffer 2001; Lambert 2001, 2007; Pfaff 2004; Christensen und Feltham 2005; Mayer et al. 2005; Demski 2008; Dierkes und Schäfer 2008). Die intersubjektive Verifizierbarkeit von Performancemaßausprägungen stellt ein zentrales Kriterium dar, ohne das eine vertragliche Verwendung als Bemessungsgrundlage im Prinzip nicht möglich ist. Aus diesem Grund kann der Shareholder Value als Ergebnis eines DCF Verfahrens selbst nicht Grundlage von Entlohnungsverträgen sein, da er auf langfristigen Prognosen beruht, die im besten Fall plausibel, jedoch nicht intersubjektiv verifizierbar sind. Dieses Problem weisen bspw. realisierte rechnungswesen- oder marktbasierte Größen nicht auf (Riegler 2000).

Zur Steuerung kurzfristig wirksamer Handlungen, wie sie typisch für Profit Center sind, sollten Performancemaße präzise, sensitiv, kongruent und nicht manipulierbar sein (Banker und Datar 1989; Feltham und Xie 1994). Ein sensitives Performancemaß zeichnet sich bspw. dadurch aus, dass es Rückschlüsse über die dezentral getroffenen Entscheidungen zulässt. Wird ein einzelnes Performancemaß verwendet, so sollte dieses möglichst empfindlich auf Handlungen eines Profit Center-Leiters reagieren. Die Verwendung eines weiteren Performancemaßes ist vorteilhaft, wenn es informativ bzgl. der Entscheidungen eines Mitarbeiters ist (*Informativitätsprinzip*, Holmström 1979). Dies bedeutet nicht zwangsläufig, dass das zweite Performancemaß selbst durch die Handlungen des Profit Center-Leiters beeinflussbar ist, sondern kann auch dann der Fall sein, wenn hierdurch unbeeinflussbare Effekte im ersten Performancemaß erklärt werden, d. h. wenn die Performancemaße korreliert sind (Banker und Datar 1989). Dieses Ergebnis steht im Widerspruch zum Controllability-Prinzip, wonach ausschließlich Performancemaße verwendet werden sollten, die von einem Entscheidungsträger beeinflusst werden können (vgl. Antle und Demski 1988; Demski 2008, S. 389–406). Insofern ist zusätzlich zu bedenken, dass eine Verwendung nicht beeinflussbarer Performancemaße in der praktischen Anwendung zu Akzeptanzproblemen führen kann (Zimmerman 2011, S. 183–185; Atkinson et al. 2012, S. 498–499).

Werden in einem Profit Center mehrere relevante Aufgaben voneinander abgegrenzt, die durch ein Performancemaß gesteuert werden, so sollte das Performancemaß in dem Sinne kongruent sein, dass es die relative Bedeutung der unterschiedlichen Handlungen in Bezug auf die Unternehmensziele widerspiegelt (Feltham und Xie 1994; Wagenhofer 1996; Datar et al. 2001). Dies ist insbesondere dann gegeben, wenn das Performancemaß den Erfolg aus Unternehmenssicht möglichst vollständig abbildet. Andernfalls bewirkt die erfolgsabhängige Entlohnung möglicherweise eine falsche Priorisierung bei der Wahl der Aktivitäten. Eine hohe Kongruenz weisen daher Performancemaße auf, die die strukturelle Wirkung der Handlungen auf den Shareholder Value möglichst genau erfassen. Die unzureichende Kongruenz eines einzelnen Performancemaßes kann grundsätzlich durch die Nutzung mehrerer Performancemaße und deren geeignete Gewichtung in der Entlohnung von Profit Center-Leitern ausgeglichen werden.

Die Anforderungen an Performancemaße bleiben grundsätzlich bestehen, wenn in einer langfristigen Vertragsbeziehung periodenübergreifende Wirkungen von Handlungen und intertemporale stochastische Wechselwirkungen zwischen den Performancemaßen auftreten, bspw. weil unternehmensexterne Effekte sich auf Erfolgsgrößen mehrerer Perioden auswirken. Die Eignung von Performancemaßen hängt allerdings zusätzlich von den im Zeitablauf verfügbaren Informationen und der vertraglichen Bindungskraft ab (Sliwka 2002; Wagenhofer 2003; Dutta und Reichelstein 2003; Diedrich 2004; Gillenkirch 2004; Christensen und Feltham 2005, S. 381–570; Schöndube 2006; Schäfer 2013). So kann es für die Zentrale bedeutsam sein, dass das Rechnungswesen Informationen über vergangene Handlungen von Profit Center-Leitern bereitstellt, selbst wenn diese nicht vertraglich nutzbar sind, weil hierdurch ein strategisches Handeln im Zeitablauf unterbunden wird. Je nach Art der intertemporalen Interdependenzen sollten die Bedingungen der Kooperation eher durch einen langfristigen Vertrag oder eine Sequenz kurzfristiger Verträge abgedeckt werden. Die Effizienz langfristiger Verträge hängt zudem davon ab, ob eine Anpassung der Vertragsbedingungen zu einem späteren Zeitpunkt möglich ist.

Bei der Delegation von *Investitionsentscheidungen* stellt sich das zusätzliche Problem, dass Investment Center-Leiter die langfristigen Erfolgswirkungen einer Investition für das Unternehmen berücksichtigen sollten, selbst wenn sie den zeitlichen Anfall von Zahlungen anders bewerten, als dies durch die Zentrale geschieht. Jedoch wechseln Manager möglicherweise den Verantwortungsbereich, bevor sich die langfristigen Wirkungen ihrer Investitionsentscheidungen realisiert haben. Man spricht in diesem Zusammenhang vom Problem des ungeduldigen Managers (Laux 1997; Pfaff 1998). Geht man davon aus, dass sich Investitionen durch negative Einzahlungsüberschüsse in frühen und positive Einzahlungsüberschüsse in nachfolgenden Perioden auszeichnen, so besteht die Gefahr einer Unterinvestition. Als Lösungsansatz wird eine Verwendung des Residualgewinns als Performancemaß diskutiert (Young und O'Byrne 2001). Wie dargestellt stehen die zukünftigen Residualgewinne des Unternehmens in einem formalen Zusammenhang zum MVA und somit zum Marktwert des Unternehmens. Ein Investment Center-Leiter, der denselben Zeithorizont bzw. dieselbe Zeitpräferenz wie die Zentrale aufweist, beurteilt daher eine Investition auch im Sinne der Zentrale, sofern er sich bei seinen Entscheidungen am Residualgewinn orientiert (schwache Zielkongruenz). Berücksichtigt der Investment Center-Leiter hingegen lediglich die kurzfristigen Konsequenzen seiner Entscheidung, kann es auch bei Verwendung des Residualgewinns als Performancemaß zu Fehlentscheidungen kommen. Dem kann die Zentrale entgegenwirken, wenn Informationen über die zeitliche Struktur der künftigen Zahlungen vorliegen. In diesem Fall kann über das relative Beitragsverfahren auch bei divergierendem Zeithorizont Zielkongruenz hergestellt werden (starke Zielkongruenz). Die Grundidee hierbei ist ein periodenbezogenes Kostentragfähigkeitsprinzip: Perioden mit vergleichsweise hohen Einzahlungsüberschüssen wird ein hoher Anteil der Kosten zugerechnet (Reichelstein 1997, 2000; Rogerson 1997). In seiner Grundform wurde das relative Beitragsverfahren für einfach strukturierte Entscheidung über die Annahme oder Dimensionierung eines einzelnen Investitionsprojektes konzipiert. Durch Modifikation der Kostenallokation kann es jedoch ebenfalls in komplexeren Ausgangssituationen, wie bei Auswahlentscheidungen zwischen mehreren möglichen Investitionsprojekten, zu einer Lösung des Problems beitragen (Dutta und Reichelstein 2005; Mohnen und Bareket 2007; Rogerson 2008). Insb. bei der Einführung monetärer Anreizsysteme sollte immer kritisch geprüft werden, ob die Erhöhung der extrinsischen Motivation nicht durch eine Verdrängung der intrinsischen Motivation überkompensiert wird (Kunz und Pfaff 2002; Kunz 2004).

Neben dem Einsatz von Kennzahlen und Kennzahlensystemen, Kontrollen sowie Entlohnungssystemen kann das verhaltensorientierte Finanzcontrolling auf weitere Instrumente, wie Budgetierungssysteme und die Gestaltung des Informationssystems (Schiller 2000; Hofmann 2001, 2003) sowie Verrechnungspreise (Baldenius und Reichelstein 1998; Göx 1999; Wielenberg 2000; Dierkes 2004; Baldenius 2008; Löffler et al. 2011; Pfeiffer et al. 2011), zurückgreifen. In der praktischen Anwendung ist stets zu berücksichtigen, dass mit dem Einsatz aller Instrumente des Finanzcontrollings immer auch verhaltenssteuernde Wirkungen verbunden sind. Aus diesem Grund sind die potenziellen Verhaltenswirkungen bereits bei der Konzeption der Controlling-Instrumente zu berücksichtigen, um mögliche dysfunktionale Wirkungen zu vermeiden und erwünschte Effekte zu unterstützen.

5 Grenzen und Weiterentwicklungen des Finanzcontrollings

Die beim Finanzcontrolling zumeist vorgenommene Fokussierung auf die finanziellen Ziele der Eigenkapitalgeber hat zur Folge, dass die finanziellen Konsequenzen der unternehmerischen Tätigkeit für andere Stakeholder nicht in gleicher Weise analysiert werden. Wenn aber im Rahmen einer Stakeholderorientierung in stärkerem Maße auch die finanziellen Ziele anderer Stakeholder berücksichtigt werden, so kann das Finanzcontrolling das Management nur dann umfassend unterstützen, wenn es diesbezüglich weiterentwickelt wird. Aus Sicht der Arbeitnehmer könnte man bspw. analysieren, welche Werte die mit unterschiedlichen Strategien verbundenen (finanziellen) Konsequenzen in Bezug auf ihre Ziele haben und welche Risiken hiermit für sie verbunden sind.

Beim Einsatz der Instrumente des Finanzcontrollings ist weiterhin zu beachten, dass insbesondere der langfristige finanzielle Erfolg von nicht-finanziellen Werttreibern beeinflusst wird. Diese können grundsätzlich durch den Einsatz weiterer Controlling-Instrumente, wie bspw. einer Balanced Scorecard (Kaplan und Norton 1992, 1996), in stärkerem Maße in die Analyse der finanziellen Konsequenzen eingebunden werden. Jedoch sind die Ursache-Wirkungszusammenhänge zwischen nicht-finanziellen Werttreibern und finanziellen Konsequenzen vielfach nicht eindeutig bestimmbar (Speckbacher et al. 2003). Darüber hinaus ist zu bedenken, dass sich Unternehmen in zunehmendem Maße einer nachhaltigen Unternehmensführung verpflichtet fühlen, bei der zusätzlich zu ökonomischen Zielen auch soziale und ökologische Ziele verfolgt werden. Für das Controlling folgt hieraus, dass zum einen spezifische Controlling-Instrumente für nicht-finanzielle Werttreiber sowie für soziale und ökologische Ziele bereitzustellen sind (Weber et al. 2012). Zum anderen sind diese Controlling-Instrumente mit den Instrumenten des Finanzcontrollings abzustimmen, so dass das Management mit einem alle relevanten Sachverhalte berücksichtigenden Controllingsystem bestmöglich unterstützt wird. Aus verhaltensorientierter Sicht ist schließlich eine weitergehende Abstimmung zwischen den formellen und informellen Controlling-Instrumenten und den sonstigen informellen Möglichkeiten zur Verhaltensteuerung, wie bspw. der Etablierung eines gemeinsamen Wertesystems, herzustellen (Merchant und Van der Stede 2012).

6 Zusammenfassung

Das Finanzcontrolling unterstützt das Management in den Handlungsfeldern einer wert- und risikoorientierten Unternehmensführung mit dem Einsatz von Controlling-Instrumenten, die sich vor allem finanzieller Größen bedienen. Im Rahmen des entscheidungsorientierten Finanzcontrollings werden in besonderem Maße das strategische und operative Erfolgsmanagement sowie das Risikocontrolling behandelt. Zudem wird auf wesentliche Inhalte des verhaltensorientierten Finanzcontrollings eingegangen.

Literatur

Antle, Rick, und Joel S. Demski. 1988. The controllability principle in responsibility accounting. *The Accounting Review* 63(4): 700–718.

Artzner, Philippe, Freddy Delbaen, Jean-Marc Eber, und David Heath. 1999. Coherent measures of risk. *Mathematical Finance* 9(3): 203–228.

Atkinson, Anthony A., Robert S. Kaplan, Ella M. Matsumura, und S. Mark Young. 2012. *Management accounting – information for decision-making and strategy execution*, 6. Aufl. Boston: Pearson.

Baldenius, Tim. 2008. Internal pricing. *Foundations and Trends in Accounting* 3(4): 223–313.

Baldenius, Tim, und Stefan Reichelstein. 1998. Alternative Verfahren zur Bestimmung innerbetrieblicher Verrechnungspreise. *Zeitschrift für Betriebswirtschaftliche Forschung* 50(3): 236–259.

Ballwieser, Wolfgang, und Dirk Hachmeister. 2013. *Unternehmensbewertung – Prozess, Methoden und Probleme*, 4. Aufl. Stuttgart: Gabler.

Banker, Rajiv D., und Srikant M. Datar. 1989. Sensitivity, precision, and linear aggregation of signals for performance evaluation. *Journal of Accounting Research* 27(1): 21–39.

Brealey, Richard A., Stewart C. Myers, und Franklin Allen. 2014. *Principles of corporate finance*, 11. Aufl. New York: McGraw-Hill.

Choi, Jongwoon, Gary W. Hecht, und William B. Tayler. 2012. Lost in translation: The effects of incentive compensation on strategy surrogation. *The Accounting Review* 87(4): 1135–1163.

Christensen, Peter O., und Gerald A. Feltham. 2005. *Economics of accounting, volume II – performance evaluation*. New York: Springer.

Coenenberg, Adolf G., Thomas M. Fischer, und Thomas Günther. 2012. *Kostenrechnung und Kostenanalyse*, 8. Aufl. Stuttgart: Schäffer-Poeschel.

Datar, Srikant, Susan C. Kulp, und Richard A. Lambert. 2001. Balancing performance measures. *Journal of Accounting Research* 39(1): 75–92.

Demski, Joel S. 2008. *Managerial uses of accounting information*, 2. Aufl. New York: Springer.

Diederichs, Marc. 2012. *Risikomanagement und Risikocontrolling*, 3. Aufl. München: Vahlen.

Diederichs, Marc, Stephan Form, und Thomas Reichmann. 2004. Standard zum Risikomanagement. Arbeitskreis Risikomanagement. *Controlling* 16(4–5): 189–198.

Diedrich, Ralf. 2004. Periodenerfolgsmessung bei langfristigen Agency Beziehungen: Pre decision information versus post decision information. *Zeitschrift für Betriebswirtschaft* 74(7): 695–718.

Diedrich, Ralf, und Stefan Dierkes. 2015. *Kapitalmarktorientierte Unternehmensbewertung*. Stuttgart: Kohlhammer.

Dierkes, Stefan. 2004. Strategische Kostenanpassung oder relative Leistungsbewertung – Was ist besser? *Zeitschrift für Betriebswirtschaftliche Forschung* 56(1): 45–59.

Dierkes, Stefan, und Josef Kloock. 1999. Integration von Investitionsrechnung und kalkulatorischer Erfolgsrechnung. *Kostenrechnungspraxis* 43(Sonderheft 1): 119–131.

Dierkes, Stefan, und Ulrich Schäfer. 2008. Prinzipal-Agenten-Theorie und Performance Measurement. *Controlling & Management* 10(Sonderheft 1): 19–27.

Dutta, Sunil, und Stefan Reichelstein. 2003. Leading indicator variables, performance measurement, and long-term versus short-term contracts. *Journal of Accounting Research* 41(5): 837–866.

Dutta, Sunil, und Stefan Reichelstein. 2005. Accrual accounting for performance evaluation. *Review of Accounting Studies* 10(4): 527–552.

Ewert, Ralf, und Alfred Wagenhofer. 2000. Rechnungslegung und Kennzahlen für das wertorientierte Management. In *Wertorientiertes Management*, Hrsg. Alfred Wagenhofer und Gerhard Hrebicek, 3–64. Stuttgart: Schäffer-Poeschel.

Ewert, Ralf, und Alfred Wagenhofer. 2014. *Interne Unternehmensrechnung*, 8. Aufl. Berlin: Springer.

Feltham, Gerald A., und Jim Xie. 1994. Performance measure congruity and diversity in multi-task principal/agent relations. *The Accounting Review* 69(3): 429–453.

Franke, Günter, und Herbert Hax. 2009. *Finanzwirtschaft des Unternehmens und Kapitalmarkt*, 6. Aufl. Berlin: Springer.

Gebhardt, Günther. 1995. Finanzcontrolling. In *Handwörterbuch der Bank und Finanzwirtschaft*, Hrsg. Wolfgang Gerke und Manfred Steiner, 2. Aufl., 599–608. Stuttgart: Schäffer-Poeschel.

Gebhardt, Günther, und Helmut Mansch, Hrsg. 2001. Risikomanagement und Risikocontrolling in Industrie- und Handelsunternehmen: Empfehlungen des Arbeitskreises „Finanzierungsrechnung" der Schmalenbach-Gesellschaft für Betriebswirtschaft e.V. *Zeitschrift für betriebswirtschaftliche Forschung* 53 (Sonderheft 46).

Gillenkirch, Robert M. 2004. *Gewinn- und aktienkursorientierte Managementvergütung*. Wiesbaden: Gabler.

Gillenkirch, Robert M. 2008. Finanzcontrolling. Konzeption, Aufgaben, Instrumente. *Controlling & Management* 52(1): 19–23.

Göx, Robert F. 1999. *Strategische Transferpreispolitik im Dyopol*. Wiesbaden: Gabler.

Hemmer, Thomas, Oliver Kim, und Robert E. Verrecchia. 2000. Introducing convexity into optimal compensation contracts. *Journal of Accounting and Economics* 28(3): 307–327.

Hofmann, Christian. 2001. *Anreizorientierte Controllingsysteme. Budgetierungs-, Ziel- und Verrechnungspreissysteme*. Stuttgart: Schäffer-Poeschel.

Hofmann, Christian. 2003. Using different budgeting procedures to coordinate principal/agent-relationships. *Schmalenbach Business Review* 55(1): 22–45.

Hofmann, Christian, und Jan Daugart. 2004. Bereichs- und unternehmensbezogene Performancemaße zur Koordination und Steuerung von Bereichsleitern – Eine agencytheoretische Analyse. In *Controlling. Theorien und Konzeptionen*, Hrsg. Ewald Scherm, Ewald Scherm und Gotthard Pietsch, 191–214. München: Vahlen.

Holmström, Bengt. 1979. Moral hazard and observability. *The Bell Journal of Economics* 10(1): 74–91.

Homburg, Carsten, und Jörg Stephan. 2004. Kennzahlenbasiertes Risikocontrolling in Industrie- und Handelsunternehmen. *Controlling & Management* 48(5): 313–325.

Horváth, Peter. 2011. *Controlling*, 12. Aufl. München: Vahlen.

Jost, Peter-J. 2001. Die Prinzipal-Agenten-Theorie im Unternehmenskontext. In *Die Prinzipal-Agenten-Theorie in der Betriebswirtschaftslehre*, Hrsg. Peter-J Jost, 11–43. Stuttgart: Schäffer-Poeschel.

Kaplan, Robert S., und David P. Norton. 1992. The balanced scorecard – measures that drive performance. *Harvard Business Review* 70(1): 71–79.

Kaplan, Robert S., und David P. Norton. 1996. Using the balanced scorecard as a strategic management system. *Harvard Business Review* 74(1): 75–85.

Kilger, Wolfgang, Jochen Pampel, und Kurt Vikas. 2012. *Flexible Plankostenrechnung und Deckungsbeitragsrechnung*, 13. Aufl. Wiesbaden: Gabler.

Kloock, Josef. 1981. Mehrperiodige Investitionsrechnungen auf der Basis kalkulatorischer und handelsrechtlicher Erfolgsrechnungen. *Zeitschrift für Betriebswirtschaftliche Forschung* 33(10): 873–890.

Kloock, Josef. 1994. Neuere Entwicklungen des Kostenkontrollmanagement. In *Neuere Entwicklungen im Kostenmanagement*, Hrsg. Klaus Dellmann und Klaus P. Franz, 607–644. Bern: Paul Haupt.

Knauer, Thorsten, und Arnt Wöhrmann. 2011. Rahmenbedingungen, Charakteristika und Konsequenzen freiwilliger Unternehmenspublizität – State of the Art und neue Perspektiven der empirischen Forschung. *Zeitschrift für Planung & Unternehmenssteuerung* 21(3): 235–254.
Koller, Tim, Marc Goedhart, und David Wessels. 2010. *Valuation. Measuring and managing the value of companies*, 5. Aufl. Hoboken: Wiley.
Kruschwitz, Lutz, und Andreas Löffler. 2006. *Discounted cash flow. A theory of the valuation of firms*. Chichester: Wiley.
Kunz, Alexis H. 2004. Zur betriebswirtschaftlichen Relevanz der Korrumpierung der intrinsischen Motivation durch extrinsische Anreizsysteme. *Die Unternehmung* 58(2): 143–155.
Kunz, Alexis H., und Dieter Pfaff. 2002. Agency theory, performance evaluation, and the hypothetical construct of intrinsic motivation. *Accounting, Organizations and Society* 27(3): 275–295.
Küpper, Hans-Ulrich, Gunther Friedl, Christian Hofmann, Yvette Hofmann, und Burkhard Pedell. 2013. *Controlling. Konzeption, Aufgaben, Instrumente*, 6. Aufl. Stuttgart: Schäffer-Poeschel.
Kürsten, Wolfgang, und Mario Straßberger. 2004. Risikomessung, Risikomaße und Value-at-Risk. *Das Wirtschaftsstudium* 33(2): 202–207.
Lambert, Richard A. 2001. Contracting theory and accounting. *Journal of Accounting and Economics* 32(1–3): 3–87.
Lambert, Richard A. 2007. Agency theory and management accounting. *In Handbook of management accounting research*, Hrsg. Christopher S. Chapman, Anthony G. Hopwood und Michael D. Shields, Bd. 1, 247–268. Oxford: Elsevier.
Laux, Helmut. 1997. Individualisierung und Periodenerfolgsrechnung. In *Individualisierung als Paradigma*, Hrsg. Christian Scholz, 101–133. Stuttgart: Kohlhammer.
Laux, Helmut. 2006. *Unternehmensrechnung, Anreiz und Kontrolle*, 3. Aufl. Berlin: Springer.
Laux, Helmut, und Felix Liermann. 2005. *Grundlagen der Organisation*, 6. Aufl. Berlin: Springer.
Löffler, Clemens, Thomas Pfeiffer, Ulf Schiller, und Joachim Wagner. 2011. Zentralisierung, Transferpreise und spezifische Investitionen: Ein selektiver Verfahrensvergleich. *Zeitschrift für Betriebswirtschaftliche Forschung* 63(Sonderheft 63/11): 1–33.
Lücke, Wolfgang. 1955. Investitionsrechnungen auf der Grundlage von Ausgaben oder Kosten? *Zeitschrift für handelswissenschaftliche Forschung* 7:310–324.
Mayer, Barbara, Thomas Pfeiffer, und Astrid Reichel. 2005. Zu Anforderungen und Ausgestaltungsprinzipien von Anreizsystemen aus agencytheoretischer Sicht. *Betriebswirtschaftliche Forschung und Praxis* 57(1): 12–29.
Merchant, Kenneth A., und Wim A. Van der Stede. 2012. *Management control systems. Performance measurement, evaluation and incentives*, 3. Aufl. London: Prentice Hall.
Milgrom, Paul, und John Roberts. 1992. *Economics, organization & management*. Upper Saddle River: Prentice Hall.
Mohnen, Alwine, und Moshe Bareket. 2007. Performance measurement for investment decisions under capital constraints. *Review of Accounting Studies* 12(1): 1–22.
Peemöller, Volker H. Hrsg. 2012. *Praxishandbuch der Unternehmensbewertung – Grundlagen und Methoden, Bewertungsverfahren, Besonderheiten bei der Bewertung*, 5. Aufl. Herne: NWB.
Pellens, Bernhard, France Hillebrandt, und Claude Tomaszewski. 2000. Value reporting – Eine empirische Analyse der DAX-Unternehmen. In *Wertorientiertes Management: Konzepte und Umsetzungen zur Unternehmenswertsteigerung*, Hrsg. Alfred Wagenhofer und Gerhard Hrebicek, 177–207. Stuttgart: Schäffer-Poeschel.
Penman, Stephen H. 2013. *Financial statement analysis and security valuation*, 5. Aufl. New York: McGraw-Hill.
Pfaff, Dieter. 1998. Wertorientierte Unternehmenssteuerung, Investitionsentscheidungen und Anreizprobleme. *Betriebswirtschaftliche Forschung und Praxis* 50(5): 491–516.
Pfaff, Dieter. 2004. Performancemessung aus agencytheoretischer Sicht. In *Controlling. Theorien und Konzeptionen*, Hrsg. Ewald Scherm und Gotthard Pietsch, 168–189. München: Vahlen.
Pfaff, Dieter, und Thomas Pfeiffer. 2001. Controlling. In *Die Prinzipal-Agenten-Theorie in der Betriebswirtschaftslehre*, Hrsg. Peter-J Jost, 359–394. Stuttgart: Schäffer-Poeschel.

Pfeiffer, Thomas, Ulf Schiller, und Joachim Wagner. 2011. Cost-based transfer pricing. *Review of Accounting Studies* 16(2): 219–246.

Posselt, Thorsten. 1997. Erfolgsbeteiligung bei Aktivitäts- und Risikoverbund. *Zeitschrift für Betriebswirtschaft* 67(3): 361–384.

Preinreich, Gabriel A. D. 1937. Valuation and amortization. *The Accounting Review* 12(3): 209–226.

Rappaport, Alfred. 1998. *Creating shareholder value. A guide for managers and investors*, 2. Aufl. New York: The Free Press.

Reichelstein, Stefan. 1997. Investment decisions and managerial performance evaluation. *Review of Accounting Studies* 2(2): 157–180.

Reichelstein, Stefan. 2000. Providing managerial incentives: Cash flows versus accrual accounting. *Journal of Accounting Research* 38(2): 243–269.

Riegler, Christian. 2000. Anreizsysteme und wertorientiertes Management. In *Wertorientiertes Management: Konzepte und Umsetzungen zur Unternehmenswertsteigerung*, Hrsg. Alfred Wagenhofer und Gerhard Hrebicek, 146–165. Stuttgart: Schäffer-Poeschel.

Rogerson, William P. 1997. Intertemporal cost allocation and managerial investment incentives: A theory explaining the use of economic value added as a performance measure. *The Journal of Political Economy* 105(4): 770–795.

Rogerson, William P. 2008. Intertemporal cost allocation and investment decisions. *The Journal of Political Economy* 116(5): 931–950.

Schäfer, Ulrich. 2013. *Performance Measurement in langfristigen Prinzipal-Agenten-Beziehungen – Möglichkeiten und Grenzen einer Analyse auf Grundlage mehrperiodiger LEN-Modelle*. Baden-Baden: Nomos.

Schiller, Ulf. 2000. *Informationsorientiertes Controlling In Dezentralisierten Unternehmen*. Stuttgart: Schäffer-Poeschel.

Schöndube, Jens R. 2006. *Nachverhandlungen in langfristigen Anreizbeziehungen*. Wiesbaden: Gabler.

Schweitzer, Marcel, und Hans-Ulrich Küpper. 2011. *Systeme der Kosten- und Erlösrechnung*, 10. Aufl. München: Vahlen.

Sliwka, Dirk. 2002. On the use of nonfinancial performance measures in management compensation. *Journal of Economics and Management Strategy* 11(3): 487–511.

Speckbacher, Gerhard, Jürgen Bischof, und Thomas Pfeiffer. 2003. A descriptive analysis on the implementation of balanced scorecards in German-speaking countries. *Management Accounting Research* 14(4): 361–388.

Steinmann, Horst, Georg Schreyögg, und Jochen Koch. 2013. *Management: Grundlagen der Unternehmensführung*, 7. Aufl. Wiesbaden: Springer Gabler.

Stewart, Bennett G. 1991. *The quest for value. A guide for senior managers*. New York: HarperBusiness.

Wagenhofer, Alfred. 1996. Anreizsysteme in Agency-Modellen mit mehreren Aktionen. *Die Betriebswirtschaft* 56(2): 155–165.

Wagenhofer, Alfred. 2003. Accrual-based compensation, depreciation and investment decisions. *European Accounting Review* 12(2): 287–309.

Weber, Jürgen, und Utz Schäffer. 2014. *Einführung in das Controlling*, 14. Aufl. Stuttgart: Schäffer-Poeschel.

Weber, Jürgen, Johannes Georg, Robert Janke, und Simone Mack. 2012. *Nachhaltigkeit und Controlling*. Weinheim: Wiley-VCH.

Wielenberg, Stefan. 2000. Negotiated transfer pricing, specific investment, and optimal capacity choice. *Review of Accounting Studies* 5(3): 197–216.

Young, S. David, und Stephen F. O'Byrne. 2001. *EVA and value based management*. New York: McGraw-Hill.

Zimmermann, Jerold L. 2011. *Accounting for decision making and control*, 7. Aufl. New York: McGraw-Hill.

Risikocontrolling in der Unternehmenspraxis

Ute Von Vanini

Zusammenfassung

Der vorliegende Beitrag diskutiert Vorteile, Ansätze und Probleme einer Integration von Aufgaben des Risikomanagements in das Controlling. Neben der Realisierung von Effizienzvorteilen werden durch die Ergänzung des bestehenden Controlling-Instrumentariums um Risikoinformationen vor allem dessen Aussagekraft verbessert und die Entwicklung einer integrierten Risiko-Rendite-orientierten Unternehmenssteuerung ermöglicht.

Schlüsselwörter

Integrierte Unternehmenssteuerung · Risikokennzahlen · Stochastische Planung · Integration · Synergieeffekte

1 Einleitung

Bis zur Finanz- und Wirtschaftskrise 2008/2009 war die Implementierung eines betrieblichen Risikomanagements in vielen Unternehmen eine Notwendigkeit, die vor allem durch die Anforderungen des Gesetzes zur Kontrolle und Transparenz im Unternehmensbereich (KonTraG), des Bilanzrechtsmodernisierungsgesetzes (BilMoG) oder des Deutschen Corporate Governance Kodex (DCGK) getrieben wurde (vgl. Appel und Hoffjan 2014, S. 64; Kajüter 2009, S. 111 ff.). Die starke Prägung des Risikomanagements durch formale gesetzliche Anforderungen führte dazu, dass in vielen Unternehmen isolierte Risikomanagementsysteme (RMS) aufgebaut wurden, die lediglich den gesetzlichen Mindestanforderungen entsprachen und weder methodisch noch prozessual in das bereits vorhandene Controlling

U. Von Vanini (✉)
FH Kiel, Kiel, Deutschland
E-Mail: ute.vanini@fh-kiel.de

W. Becker, P. Ulrich (Hrsg.), *Handbuch Controlling*,
https://doi.org/10.1007/978-3-658-26431-4_21

integriert wurden (vgl. Appel und Hoffjan 2014, S. 65 ff.; Weißenberger und Löhr 2008, S. 18 ff.).

Zudem erfolgte vielfach eine Konzentration auf die Erfassung und Bewertung von Risiken z. B. in umfangreichen Risikoinventaren, während die Chancen möglicher Umweltentwicklungen oder Managemententscheidungen nicht weiter betrachtet wurden. Als Konsequenz steht das Risikomanagement teilweise im Ruf eines „Geschäftsverhinderers" und leidet unter Akzeptanzproblemen im Unternehmen (vgl. Kajüter 2009, S. 117; Gleißner und Kalwait 2010, S. 27 f.). Der Nutzen eines derartigen RMS für eine über die gesetzlichen Mindestanforderungen hinaus gehende Unternehmenssteuerung ist eher beschränkt.

Parallel wurden von Seiten der Wissenschaft und der Beratung komplexe Methoden vor allem zur Risikobewertung sowie unterstützende IT-Lösungen entwickelt, die eine Weiterentwicklung des Risikomanagements in Richtung einer risikoorientierten Unternehmenssteuerung grundsätzlich ermöglichen, jedoch nur teilweise in der Praxis implementiert wurden. Insbesondere kleinere und mittlere Unternehmen (KMU) weisen in diesem Zusammenhang aufgrund ihrer eingeschränkten personellen und finanziellen Ressourcen auf die Notwendigkeit pragmatischer und weniger komplexer Ansätze zum Risikomanagement hin (vgl. Appel und Hoffjan 2014, S. 69 f.; Reichmann und Kißler 2013, S. 200 f.).

Für die o. g. Probleme bietet die instrumentelle, organisatorische und personelle Integration von Ansätzen des Risikomanagements in das Controlling einen vielsprechenden Lösungsansatz, der im Rahmen des vorliegenden Beitrags diskutiert werden soll. Hierbei können bereits im Controlling vorhandene Instrumente und Berichte genutzt und deren Aussagekraft durch Risikoinformationen verbessert werden, so dass Synergieeffekte sowohl im Controlling wie auch im Risikomanagement realisiert werden können.

Der Beitrag ist daher wie folgt aufgebaut: Im folgenden Abschnitt werden zunächst die begrifflichen Grundlagen gelegt. Anschließend werden dann konkrete Integrationsansätze des Risikomanagements in das Controlling vorgestellt und mögliche Probleme diskutiert.

2 Grundlagen

2.1 Begriff, Ziele und Aufgaben des Risikomanagements und -controllings

Das Risikomanagement (RM) eines Unternehmens umfasst alle organisatorischen Regelungen zur systematischen, regelmäßigen und unternehmensweiten Umsetzung des operativen Risikomanagementprozesses (vgl. Abb. 1) sowie dessen Unterstützung durch geeignete Instrumente und Methoden. Das RM hat folgende Ziele (vgl. Vanini 2012, S. 19 f.):

- langfristige Existenzsicherung des Unternehmens durch Vermeidung von existenzbedrohenden Risiken,

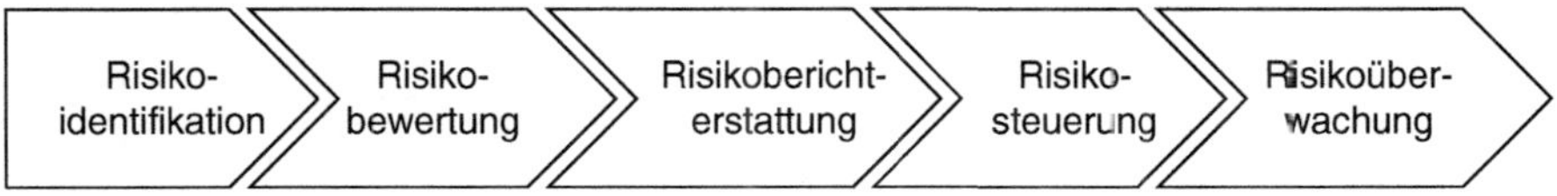

Abb. 1 Operativer Risikomanagementprozess

- Eröffnung von Handlungsspielräumen durch das Aufzeigen von Chancen,
- bessere Erreichung der geplanten Unternehmensziele und
- Senkung der Risiko- und Kapitalkosten durch eine geringere Insolvenzwahrscheinlichkeit.

Bei der Umsetzung des RM wird die Unternehmensführung durch das Controlling unterstützt. In Theorie und Praxis gibt es *kein einheitliches Controlling-Verständnis* (für eine Übersicht über die verschiedenen Controlling-Konzeptionen, vgl. Horvàth 2011, S. 55 ff.; Weber und Schäffer 2014, S. 1 ff.). Hier wird Controlling als Führungsunterstützung verstanden, damit das Management die Qualität seiner Entscheidungen verbessern und dadurch die Unternehmensziele besser erreichen kann. Vor allem durch die Versorgung des Managements mit entscheidungsrelevanten Informationen und Methoden sowie durch die Koordination von Planung, Information und Kontrolle übernimmt das Controlling eine wichtige Führungsunterstützungsfunktion. Zudem wird durch das Controlling das Verhalten von Management und Mitarbeitern im Unternehmen beeinflusst.

Im Zusammenhang mit der Unterstützung des RM hat sich speziell die Funktion des *Risikocontrollings* (RC) mit folgenden Aufgaben entwickelt (vgl. Burger und Buchhart 2002, S. 12 ff.: Diederichs 2010, S. 25 f. sowie Vanini 2012, S. 20 f.):

- *Informationsversorgung* des Managements mit risikorelevanten Informationen. Hierzu gehören u. a. eine hierarchieübergreifende Risikoberichterstattung für interne Entscheider und externe Adressaten und eine konsistente Risikodokumentation.
- *Koordination* der einzelnen Phasen und Aktivitäten des operativen RM-Prozesses.
- *Bereitstellung von Instrumenten und Methoden* insbesondere zur Risikoidentifikation und -bewertung, z. B. Risikochecklisten, Frühwarnsysteme, Risiko-Portfolios und Risikokennzahlen. Darüber hinaus führt das Risikocontrolling Schulungen und andere Informationsmaßnahmen durch, um bei den zuständigen Mitarbeitern die notwendige *Fach- und Methodenkompetenz* für das Risikomanagement aufzubauen.
- *Unterstützung und Entlastung des Managements*, indem Aufgaben der Risikobewertung und -aggregation sowie der Planung und Kontrolle von Risiken übernommen werden. Beispielsweise ist das RC für die Messung, Analyse und Überwachung von Risiken zuständig.

Insgesamt ist das RC für die Entwicklung eines geeigneten Risikomanagement-Ordnungsrahmens einschließlich der erforderlichen Methoden und Instrumente und

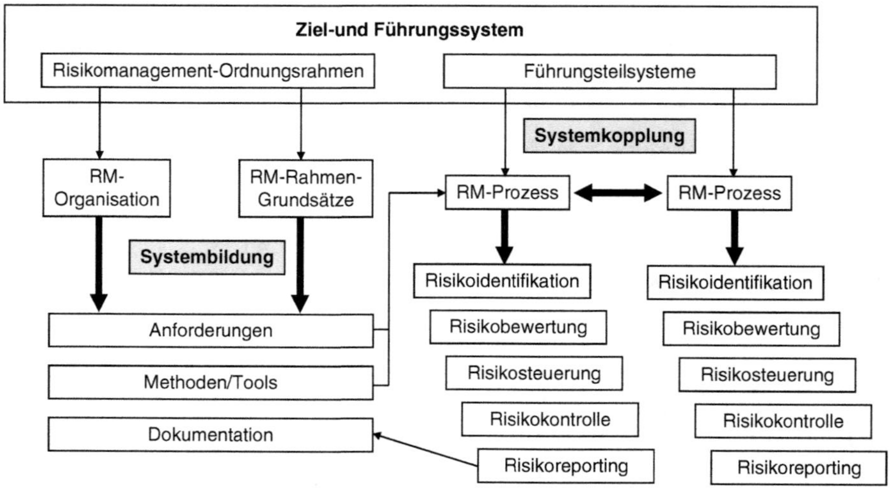

Abb. 2 Systembildung und Systemkopplung durch das RC. (Quelle: Burger und Buchhart 2002. S., 14)

deren Dokumentation verantwortlich (Systembildung). Gleichzeitig muss es aber auch diesen Ordnungsrahmen auf den operativen RM-Prozess im Unternehmen abstimmen, damit geeignete Instrumente eingesetzt werden, und die einzelnen Aktivitäten des Prozesses koordinieren (Systemkopplung). Die folgende Abb. 2 verdeutlicht die Koordinationsfunktion des RC.

Wichtig ist, dass die Gesamtverantwortung für die Implementierung und Durchführung des RM beim Management verbleibt. Das Management kann und sollte sich jedoch bei der Umsetzung der einzelnen Aktivitäten durch das (Risiko-)Controlling organisatorisch, instrumentell und informatorisch unterstützen lassen.

2.2 Zur Integration des Risikomanagements in das Controlling

Die Funktion des RC erfordert nicht notwendiger Weise eine organisatorische Verselbständigung. Zur Einordnung des RC in das betriebliche Controlling gibt es vielmehr unterschiedliche Ansätze (vgl. Winter 2007, S. 26 ff.):

- Das Controlling unterstützt das Risikomanagement auf einer eher allgemeinen Ebene.
- Das Controlling ist offiziell für einen Teil der Risikomanagement-Aufgaben, z. B. die Risikobewertung, zuständig, d. h. das RC wird teilweise in das Controlling integriert.
- Das Controlling wird zu einem risikoorientierten Controlling weiterentwickelt, d. h. das RC wird vollständig in das unternehmensweite Controlling integriert.
- Es wird ein eigener Organisationsbereich für das RC im Unternehmen eingerichtet.

Im Rahmen der drei erstgenannten Ansätze übernimmt das Controlling teilweise oder vollständig die Aufgaben des RC. Diese zumindest teilweise Integration von Aufgaben des Risikomanagement in das Controlling lässt sich durch folgende Argumente begründen:

- Es werden *identische Methoden und Instrumente* verwendet. So stammen einige RM-Instrumente wie Szenario- und Sensitivitätsanalysen aus dem Controlling.
- Risiken sind als Abweichungen von den geplanten Unternehmenszielen definiert. Die Risikoidentifikation und -bewertung lässt sich folglich auf der Basis der Unternehmensplanung und Budgetierung durchführen, die zentrale Aufgabenbereiche des Controllings darstellen (vgl. Gleißner 2011, S. 227 ff.).
- Eine Integration von Risikomanagement und Controlling lässt sich auch aus dem KonTraG herleiten, das das betriebliche Controlling als wesentliches Element eines RMS betrachtet (vgl. Kajüter 2009, S. 116 ff.) (Abb. 3).

Alternativ kann ein *organisatorisch eigenständiges Risikocontrolling* aufgebaut werden. Dies wird von Teilen der Literatur dann als sinnvoll erachtet, wenn das Unternehmen sehr vielen Risiken ausgesetzt ist, deren Identifikation, Bewertung und Steuerung eine spezifische Methodenkompetenz erfordert, die vom Controlling nicht bereitgestellt werden kann (vgl. Gleißner 2011, S. 224 ff.).

Der Stand der organisatorischen und instrumentellen Integration zwischen RM und Controlling in der *Unternehmenspraxis* wird von zahlreichen aktuellen Studien beleuchtet (vgl. u. a. Nevries und Strauß 2008; Diederichs et al. 2011; Angermüller und Gleißner 2011; Herre et al. 2012; Schäffer et al. 2014):

- Bei geringer personeller Ausstattung ist das RM meist dem Controlling zugeordnet, während es in größeren Unternehmen auf Konzernebene eher organisatorisch verselbständigt und z. B. als Stabsabteilung dem Finanzvorstand unterstellt ist. In den dezentralen Geschäftseinheiten und Tochtergesellschaften werden RC-Aufgaben dagegen häufiger vom Controlling wahrgenommen.

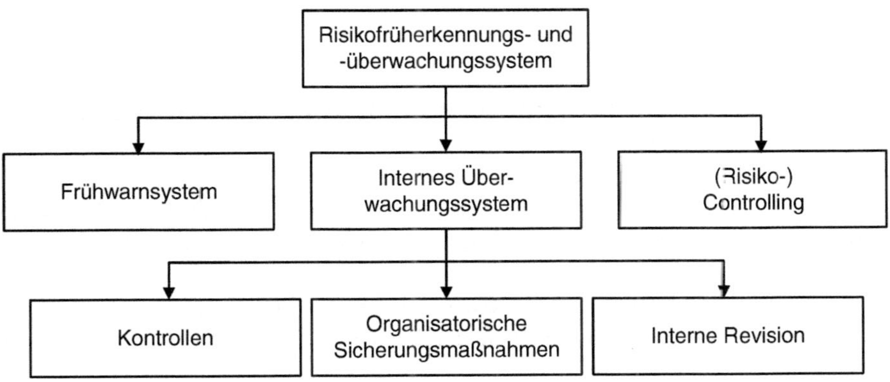

Abb. 3 Elemente eines RMS nach KonTraG

- In den Phasen des operativen Risikomanagementprozesses agiert das Controlling häufig in seiner typischen, konzeptionellen Rolle, d. h. als Informationsversorger, Koordinator und Berater, und übernimmt vor allem Aufgaben der Risikobewertung.
- Die Zusammenarbeit von Risikomanagement und Controlling wird in fast allen Studien insbesondere in Bezug auf die strategische Planung als ausbaufähig bezeichnet. So ermitteln beispielsweise Angermüller und Gleißner (2011), dass in ca. 60 % der von ihnen befragten DAX- bzw. H-DAX-Unternehmen keine Zusammenarbeit zwischen beiden Bereichen bei wesentlichen strategischen Risiken wie Unternehmenskäufen erfolgt.
- Eine Berücksichtigung von Risikoinformationen in der operativen Unternehmensplanung wird nur von einer Minderheit der Unternehmen durchgeführt. So berichten Herre et al. (2012, S. 36 ff.), dass nur 35 % der von ihnen befragten Unternehmen die Risiken ihrer Plangrößen regelmäßig bewerten. In der Befragung von Angermüller und Gleißner (2011) gab lediglich die Hälfte der Unternehmen an, systematisch unsichere Planannahmen zu überwachen, Ursachen eingetretener Planabweichungen zu analysieren und eine Bandbreite wichtiger Planwerte z. B. auf der Grundlage von Simulationsmodellen zu ermitteln.
- Andererseits kann durch eine intensivere Nutzung bestimmter Controlling-Instrumente, wie z. B. kurzfristige Ergebnisvorschauen, Frühwarnindikatoren, Szenario- oder Sensitivitätsanalysen, der Umgang mit Unsicherheiten und Volatilitäten signifikant verbessert werden, wie Schäffer et al. (2014, S. 65 f.) im Rahmen des aktuellen WHU-Controllerpanels zeigen konnten.

Die o. g. Ergebnisse werden durch die Reviews von 16 empirischen Studien durch Löhr (2010, S. 372 ff.) bzw. Weißenberger und Löhr (2008, S. 18 ff.) unterstützt. Die Autoren stellen ein mäßiges Integrationsniveau von RC und operativer Unternehmensplanung und eine geringe Integration in Bezug auf die strategische und taktische Planung fest. Die Aufnahme von Risikoinformationen in die Standardberichterstattung bewerten sie als zunehmend, jedoch weiter ausbaufähig, während risikoorientierte Performancemaße außerhalb des Finanzsektors bis jetzt kaum Anwendung finden.

3 Ansätze zur Integration von Risikomanagement und Controlling

Folgende Ansatzpunkte gibt es für eine Integration von Aufgaben des RM in das Controlling, die in den folgenden Abschnitten weiter beschrieben werden:

1. Festlegung und Integration von Risikozielen in das Zielsystem
2. Operationalisierung der Risikoziele durch geeignete Kennzahlen und Indikatoren

3. Erweiterung der Unternehmensplanung um stochastische Komponenten
4. Integration von Risikokennzahlen in das Performance Measurement sowie das Berichtswesen

3.1 Festlegung und Integration von Risikozielen in das Zielsystem

Unternehmensziele bilden die Grundlage des Controllings. Im Rahmen des strategischen Managements muss die Unternehmensleitung daher entweder die vorhandene Unternehmensstrategie durch Risikoaspekte ergänzen oder eine eigenständige *Risikostrategie* formulieren. Bei der Risikostrategie geht es vor allem um die Frage, welche Faktoren die Umsetzung der Unternehmensstrategie und damit des langfristigen Unternehmenserfolgs gefährden, inwieweit finanzielle Reserven als Risikodeckungspotenziale eingesetzt werden, wie das angestrebte Risiko-Rendite-Verhältnis ist und in welchem Umfang existenzbedrohende Risiken grundsätzlich vermieden werden sollten (vgl. Vanini 2012, S. 101 f.).

Anschließend müssen die Risikostrategie durch konkrete *Risikoziele* operationalisiert und das Zielsystem des Unternehmens um diese Risikoziele erweitert werden. Risikoziele können als Hauptziele gleichberechtigt neben den Erfolgs- und Wertzielen, z. B. dem Jahresüberschuss, stehen oder als Nebenziele deren Verfolgung beschränken. Damit ergeben sich als wesentliche Entscheidungskriterien einer integrierten Unternehmenssteuerung die Sicherstellung eines angemessenen Risiko-Chancen-Verhältnisses von Alternativen sowie der Risikotragfähigkeit des Unternehmens (vgl. Kremers 2002, S. 74 f.; Vanini 2012, S. 114 f.) (Abb. 4).

Es ist u. a. die Aufgabe des Controllings, die Risikoziele anschließend durch geeignete Kennzahlen und Indikatoren zu operationalisieren.

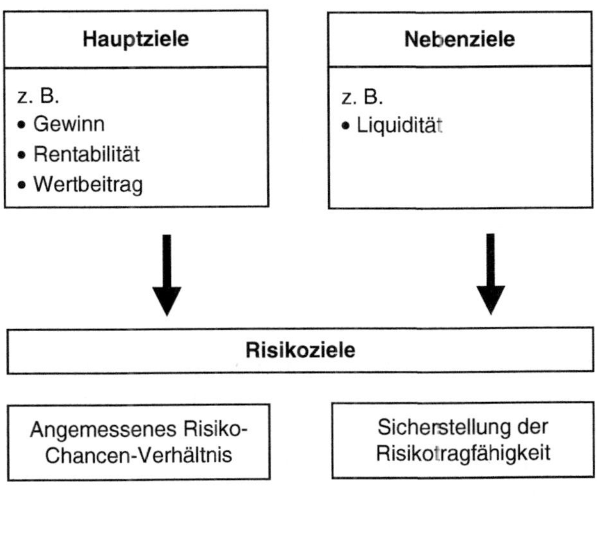

Abb. 4 Integration von Risikozielen in die Unternehmenssteuerung. (Quelle: Kremers 2002, S.75)

3.2 Operationalisierung der Risikoziele durch geeignete Kennzahlen und Indikatoren

Es gibt zahlreiche Kennzahlen und Indikatoren zur Messung von Risiken. Hier soll zwischen *Früherkennungsindikatoren*, die eine frühzeitige Identifikation von Risiken und Chancen erlauben, und statistischen *Risikomaßen*, die eher der ökonomischen Bewertung von Risiken in Bezug auf die Unternehmensziele dienen, unterschieden werden. Früherkennungsindikatoren messen eher die Ursachen potenzieller Risiken und Chancen, z. B. die Ausschussquote als Indikator für Produktionsrisiken oder der Auftragseingang als Indikator für Absatzrisiken (vgl. Burger und Buchhart 2002, S. 71 ff.; Diederichs 2010, S. 127 ff.). Im Folgenden werden ausgewählte statistische Risikomaße weiter erläutert.

Risikomaße sind statistische Kennzahlen für den Umfang eines Risikos und bilden die Basis einer quantitativen Risikobewertung auf der Grundlage von Eintrittswahrscheinlichkeit und Schadensausmaß. Das Schadensausmaß misst i.d.R. die monetären Auswirkungen einer Umweltentwicklung oder einer Managemententscheidung auf die Unternehmensziele. Risikomaße sind für Risiken geeignet, die durch einzelne Schadensereignisse oder Verteilungen beschrieben werden können, und bilden das einer Verteilung innewohnende Risiko in einer einfach interpretierbaren reellen Zahl ab. Sie sind entweder monetär oder prozentual skaliert und ermöglichen dadurch einen Vergleich unterschiedlicher Risiken. Die Auswahl eines geeigneten Risikomaßes hängt von der Risikoneigung des Entscheiders und dem Entscheidungskontext ab (vgl. Gleißner 2011, S. 136 ff.).

Folgende Risikomaße sind von besonderer Bedeutung für die Risikobewertung (vgl. Vanini 2012, S. 169 ff.):

- Der *Maximalverlust* ist der größtmögliche Schaden, der durch eine Entscheidung oder ein Ereignis ausgelöst werden kann. Er ist sehr einfach zu berechnen, unterstellt jedoch eine Worst Case-Betrachtung, d. h. es wird von der negativsten Umweltentwicklung ausgegangen. Daher ist der Maximalverlust als Risikokennzahl vor allem für besonders risikoscheue Entscheider geeignet. Zudem muss ein Unternehmen zur Sicherung der Risikotragfähigkeit auch für den Maximalverlust ausreichend finanzielle Reserven bereithalten.
- Risikoscheue Entscheider bevorzugen relativ sichere Ergebnisse auch bei geringerer erwarteter Rendite. Daher kann auch die *Spannweite bzw. Bandbreite* zwischen dem besten und dem schlechtesten Ergebnis einer Entscheidungsalternative als Risiko interpretiert werden. Die Spannweite berücksichtigt zwar Chancen, vernachlässigt jedoch die Eintrittswahrscheinlichkeiten der Zukunftszustände.
- Beim *erwarteten Verlust* werden bei verteilungsabhängigen Risiken alle möglichen Schadensereignisse mit ihren Eintrittswahrscheinlichkeiten gewichtet und anschließend aufaddiert. Er ist somit ein umfassenderes Risikomaß als der Maximalverlust, berücksichtigt allerdings nicht die Gewinnchancen einer Entscheidungsalternative. Daher scheint es sinnvoll, den gesamten Erwartungswert aller

möglichen positiven und negativen Umweltentwicklungen bzw. Konsequenzen einer Managemententscheidung zu ermitteln.

- Außerdem können bei verteilungsbasierten Risiken *statistische Risikokennzahlen*, wie die Standardabweichung bzw. Volatilität oder At-Risk-Kennzahlen verwendet werden. Die *Volatilität* beschreibt die gesamte Schwankung der Wertentwicklung einer Risikoposition. Je größer die Volatilität ist, desto größer ist die Schwankung der Wertentwicklung und desto größer das Risiko. *At-Risk-Kennzahlen* beschreiben den maximalen Verlust einer unternehmerischen Zielgröße, z. B. des Gewinns oder das Cash flows, in Geldeinheiten, der innerhalb eines bestimmten Zeitraums (Haltedauer) mit einer bestimmten Wahrscheinlichkeit (Konfidenzniveau) nicht überschritten wird. Durch die Einbeziehung von positiven und negativen Zielabweichungen sind diese Risikomaße auch für eher risikoneutrale Entscheider geeignet.

Die ersten drei Risikokennzahlen lassen sich relativ einfach durch eine szenariobasierte Unternehmensplanung ermitteln. Für die Ermittlung von Volatilitäten und At-Risk-Kennzahlen sind i. d. R. aufwändigere Modelle erforderlich, wie im folgenden Abschnitt erläutert wird.

3.3 Erweiterung der Unternehmensplanung um stochastische Komponenten

Risiken sind häufig miteinander verknüpft und durch positive und negative Rückkopplungen miteinander verbunden. Im Risikomanagement werden diese Risiken jedoch oft isoliert voneinander identifiziert, bewertet und in Risikoinventaren zusammengestellt. Dabei werden Korrelations- und Diversifikationseffekte zwischen den einzelnen Risiken vernachlässigt. Zudem wird häufig kein Gesamtrisikostatus des Unternehmens ermittelt, so dass eine Überprüfung der Risikotragfähigkeit nicht möglich ist.

Die Integration der Risikoidentifikation und -bewertung in die operative Unternehmensplanung ermöglicht dagegen eine integrative Betrachtung der Chancen und Risiken eines Unternehmens und – bei Einsatz eines Simulationsmodells – die Ermittlung eines Gesamtrisikostatus. Ausgangspunkt ist dabei das *Bilanz-*, *GuV- und Cash flow-Planungsmodell* des Unternehmens, so wie es vom Controlling im Rahmen der operativen Planung verwendet wird.

Jeder Planwert einer Bilanz-, GuV- oder Cash flow-Position lässt sich auf bestimmte unsichere Annahmen zur zukünftigen Entwicklung des Unternehmens und seiner Umwelt zurückführen. So lässt sich beispielsweise vermuten, dass bei exportorientierten Unternehmen der Produktabsatz von der zukünftigen Entwicklung der Wechselkurse abhängt. Aus jeder dieser Planannahmen ergibt sich somit ein Risiko für das Unternehmen, denn wenn sich die Annahmen nicht in der angenommenen Form erfüllen, werden die Planwerte für das Unternehmen nicht erreicht. Risiken lassen sich dabei als mögliche negative Abweichungen, Chancen als positive Abweichungen von den geplanten Unternehmenszielen interpretieren. Controller können somit zur *Risikoidentifikation* beitragen, indem sie Plan-Ist-Abweichungen der Vergangenheit sowie deren Ursachen analysieren. So werden für bestimmte Plangrößen Zeitreihen historischer Planabweichungen aufgebaut, die dann mittels statistischer Risikomaße ausgewertet werden können. Dadurch lassen sich besonders risikobehaftete Plangrößen sowie mögliche Bandbreiten und Verteilungen ihrer Wertentwicklung ermitteln. Durch die Ursachenanalysen können kritische Planungsprämissen (Risikofaktoren) identifiziert und deren historische Entwicklung analysiert werden (vgl. Gleißner und Romeike 2008, S. 205 ff.).

Das Controlling muss im Anschluss geeignete *Früherkennungsindikatoren*, z. B. Reklamationsquote oder Auftragseingänge, für Veränderungen der relevantesten Planannahmen definieren und diese anhand von Toleranzgrenzen regelmäßig überwachen, um ggf. neuauftretende Risiken und Chancen rechtzeitig zu identifizieren und dem Management zu kommunizieren (vgl. Gleißner und Grundmann 2003, S. 460 f.; Gleißner und Romeike 2008, S. 195 ff.; Gleißner und Kalwait 2010, S. 24 ff.).

Zur Ermittlung von Soll- und Istwerten für die o. g. statistischen Risikomaße sollte die Unternehmensplanung zudem um stochastische Komponenten erweitert werden. Im einfachsten Fall lassen sich Worst Case-Werte und Bandbreiten zentraler Planungsgrößen durch Szenarioplanungen ermitteln. Für die Aggregation der Einzelrisiken zu einem Gesamtrisiko unter Berücksichtigung von Risikointerdependenzen sind Simulationsmodelle, wie z. B. die *Monte-Carlo-Simulation* notwendig. Die dafür notwendige Vorgehensweise wird hier vorgestellt (vgl. Bleuel 2006, S. 372 ff.; Burger und Buchhart 2002, S. 243 ff.; Wolf 2009, S. 545 ff.):

- Ausgangspunkt ist erneut das *Modell der Bilanz-, GuV- und Cash flow-Planung* des Unternehmens. Wesentliche Zusammenhänge zwischen einzelnen Planungsgrößen, z. B. der Höhe des Anlagevermögens und den Abschreibungen, sowie zwischen Planungsgrößen und Prämissen bzw. Entscheidungsvariablen, z. B. dem Umsatz, der prognostizierten Marktentwicklung und den Verkaufspreisen, müssen dabei mathematisch modelliert werden (vgl. Abb. 5). Der Zusammenhang zwischen diesen Größen kann durch Sensitivitäten abgebildet werden, die bei ausreichender Datenlage durch Regressionsanalysen aus historischen Zeitreihen bestimmt oder durch Experten geschätzt werden.
- Anschließend werden *Wahrscheinlichkeitsverteilungen* für die einzelnen Planungsgrößen, Prämissen und Entscheidungsvariablen, die als Berechnungsinputs in das Modell eingehen, festgelegt. So kann beispielsweise eine Normalverteilung der Absatzmenge unterstellt werden. Außerdem können ereignisorientierte Risiken wie z. B. eine Betriebsunterbrechung durch Feuer durch die Integration in das außerordentliche Ergebnis einbezogen werden (vgl. Gleißner 2011, S. 166 f.). Es wird empfohlen, dabei zunächst den Wertebereich der einzelnen Planungsvariablen festzulegen und dann anhand von Häufigkeitsverteilungen von Vergangenheitsdaten oder anhand von Plausibilitätsüberlegungen die Verteilungsform zu bestimmen. Einen Überblick über mögliche Verteilungsformen, ihre Einsatzvoraussetzungen und Anwendungsbeispiele gibt die folgende Abb. 6.

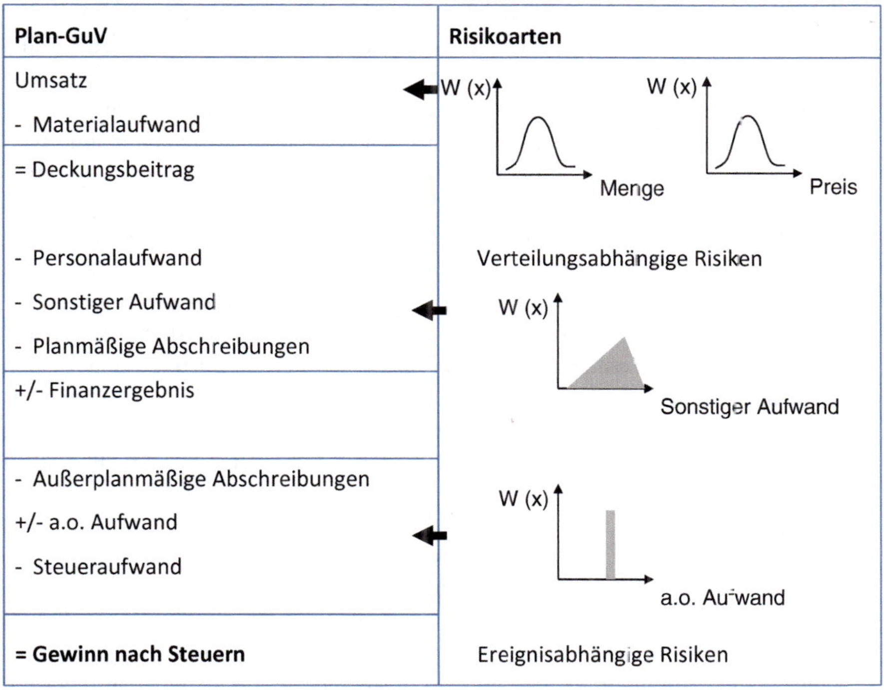

Abb. 5 Risikosimulation mit GuV-Daten. (Quelle: Burger und Buchhart 2002, S. 246)

Verteilung	Einsatz	Beispiele
Normalverteilung 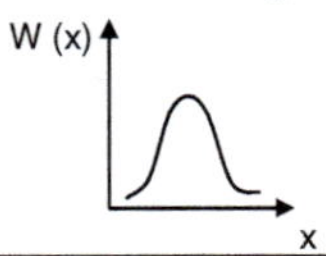	• gleichmäßige Streuung der Variablen um Mittelwert • Approximierung anderer Verteilungen	• Natürliche Merkmale wie Verteilung von Schuhgrößen • Qualitätsmanagement: Maßtreue der Bauteile
Dreiecksverteilung 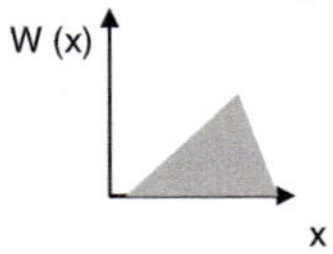	• Ableitbar sind nur Minimum, Maximum und Basisfall • Oft bei asymmetrischer Verteilung (Grafik)	• Tagesabsatzprognose einer Tankstelle • Schätzung eines zu verhandelnden Kaufpreises
Gleichverteilung 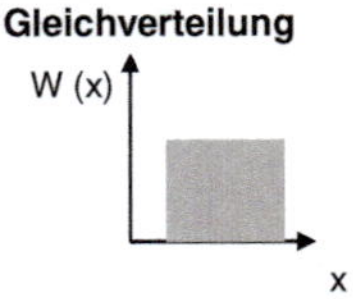	• Alle Werte mit gleicher Wahrscheinlichkeit • Oftmals auch, wenn Verteilungsform unbekannt	• Ort eines Lecks an einer Pipeline • Preisprognose sensitiver Rohstoffmärkte

Abb. 6 Häufige Verteilungsformen. (Quelle: Bleuel 2006, S. 373)

- Anschließend müssen anhand von Korrelationsanalysen historischer Daten oder Plausibilitätsüberlegungen *stochastische Abhängigkeiten* zwischen den Modellgrößen festgelegt werden. So kann beispielsweise eine positive Korrelation zwischen den Material- und den Energiekosten angenommen werden, wenn für die Fertigung eines Vorprodukts ein wesentlicher Energiekostenanteil anfällt.
- Nach Abschluss der Modellierung und Parametrisierung wird die eigentliche Monte-Carlo-Simulation durchgeführt. Dazu wird aus jeder Verteilung zufällig eine Realisation jeder Inputgröße gezogen und das Planungsmodell wird einmal durchgerechnet. Bei jedem *Simulationslauf* ergibt sich dann eine andere Kombination von realisierten Plangrößen und damit ein realisierter Wert für die Zielgröße. Die konkrete Anzahl der notwendigen Simulationsläufe ist kontextabhängig. Die Gesamtheit aller Simulationsläufe liefert eine repräsentative Stichprobe aller möglichen Ausprägungen der Zielgrößen, z. B. des Jahresüberschusses oder des Cash flows, als Wahrscheinlichkeitsverteilung, die dann mit Hilfe der üblichen statistischen Kennzahlen ausgewertet werden kann (vgl. Gleißner 2011, S. 164 ff.) (Abb. 7).

Mit Hilfe der stochastischen Planung kann somit gezeigt werden,

- welchen Erwartungswert und welche Bandbreite eine unternehmerische Zielgröße in einer Folgeperiode annehmen kann,
- in welchem Umfang risikobedingte Verluste möglich sind und damit Risikodeckungspotenzial vorzuhalten ist und

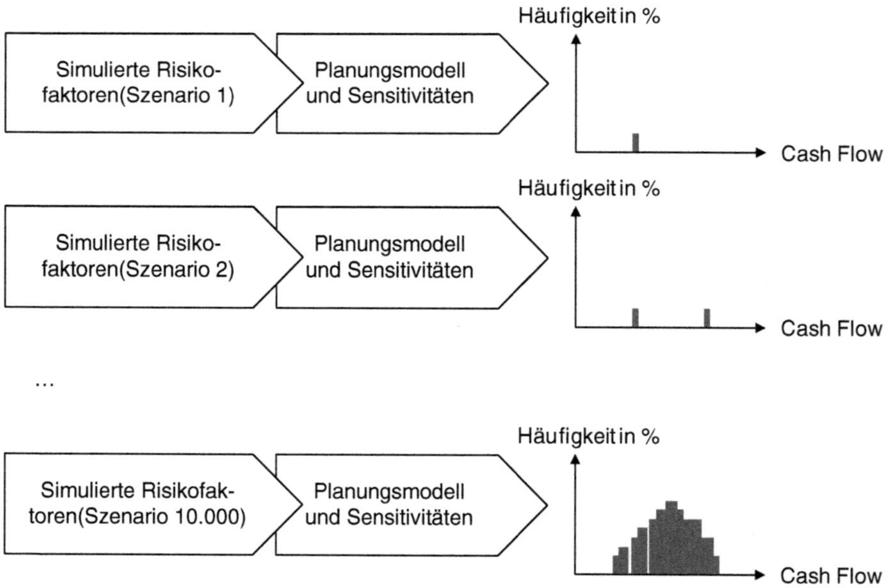

Abb. 7 Vorgehensweise bei der CFaR-Ermittlung. (Quelle: Diederichs 2010, S. 184)

- welche erwartete Rendite in Anbetracht der eingegangenen Risiken für bestimmte Maßnahmen im Rahmen der Unternehmensplanung angemessen ist.

Zudem können mögliche Abhängigkeiten der Zielgrößen von Planannahmen systematisch analysiert werden.

Durch die Monte-Carlo-Simulation werden das gesamte Risiko und damit der notwendige *Eigenkapitalbedarf* des Unternehmens für eine Vielzahl möglicher Szenarien bestimmt. Von besonderer Relevanz ist dabei der Anteil der simulierten Szenarien, bei denen das Eigenkapital negativ und das Unternehmen damit insolvent wird. Über die Ermittlung der Ausfallwahrscheinlichkeit ist es dann möglich, dass Unternehmen in eine Ratingklasse einzuordnen. Durch den ermittelten Eigenkapital-Bedarf und die Rating-Einschätzung lassen sich wiederum die Kapitalkosten des Unternehmens bestimmen (vgl. Gleißner und Romeike 2008, S. 199 f. sowie Berger und Gleißner 2013, S. 525 f.).

Zusammenfassend kann festgehalten werden, dass sich aus Sicht des Controllings die Aussagekraft der Unternehmensplanung durch die Hinzunahme von Risikoinformationen wesentlich verbessern lässt. Die Unsicherheit einer Planungsprämisse und damit auch der Erfolg unterschiedlicher Planalternativen ergeben sich aus der Bandbreite ihrer Auswirkungen auf die geplanten Unternehmensziele. Diese Unsicherheit muss vom Controlling entsprechend berücksichtigt werden. Planwerte ohne ergänzende Risikoinformationen sind damit wenig aussagekräftig (Gleißner und Kalwait 2010, S. 25 f.):

> *„nackte" Planwerten ohne ergänzende Informationen über die Planungssicherheit (z. B. Standardabweichung von Planabweichungen) sind damit praktisch ohne jede Relevanz. Theoretisch und praktisch können sich dahinter beliebig große Planabweichungen mit relevanter Wahrscheinlichkeit verbergen, ohne dass dies den Fachleuten wie Controllern, Unternehmensplanern, Rechnungswesenspezialisten bzw. den Entscheidern* [...] *auch nur annähernd bewusst ist."*

3.4 Integration der Risikokennzahlen in das Performance Measurement sowie das Berichtswesen

Informationen zu den Risiken und Chancen von Umweltentwicklungen und Managemententscheidungen müssen auch in das Performance Measurement sowie in das Berichtswesen integriert werden. Mögliche Themenbereiche sind hier u. a. die Erweiterung einer vorhandenen Balanced Scorecard (BSC) um Risikokennzahlen, die Ableitung risikoorientierter Kapitalkosten für einzelne Unternehmensbereiche, die Ableitung und Überprüfung risikoadjustierter Renditemaße für Investitionsprojekte sowie die Berücksichtigung von Risikokennzahlen als Bemessungsgrundlage im Rahmen von Anreizsystemen (vgl. Burger und Buchhart 2002, S. 209 ff.; Weißenberger und Löhr 2008, S. 13 ff., 2012, S. 551 ff.; Löhr 2010, S. 3 27 ff.):

- Wurde die Unternehmensstrategie um eine Risikostrategie erweitert und diese durch geeignete Risikoziele und -kennzahlen operationalisiert, so müssen die Ziele und Kennzahlen auch in eine vorhandene *Balanced Scorecard* (BSC) integriert werden. Dabei können einzelne Risikomaße und -kennzahlen in die BSC aufgenommen, für jedes strategische Ziel der BSC Risiken und Bedrohungen definiert oder die BSC um eine separate Risikoperspektive erweitert werden (vgl. u. a. Horvàth und Gleich 2000, S. 116).
- Bei börsennotierten Unternehmen können *risikoadjustierte Kapitalkosten* im Sinne des WACC (Weighted Average Cost of Capital) kapitalmarkttheoretisch hergeleitet werden. Dies ist i. d. R. für einzelne Geschäftsbereiche nur schwer möglich, da für diese keine Beta-Faktoren aus historischen Kursentwicklungen ermittelt werden können. Bei Geschäftsbereichen mit stark unterschiedlichen Risikoprofilen führt die Verwendung eines einheitlichen WACC zu Fehlentscheidungen, da Geschäftsbereiche mit eine relativ geringen (hohen) Risikoposition zu hohe (niedrige) Kapitalkosten erwirtschaften müssen. Ein risikoorientiertes Controlling kann aufgrund der Planungsinformationen bei der Herleitung bereichsspezifischer Risikoprofile und damit Beta-Faktoren unterstützen.
- Bei der Beurteilung der *Vorteilhaftigkeit von Investitionsprojekten* greift das Controlling häufig auf Performance-Maße, wie die Rendite, die Amortisationsdauer oder den Kapitalwert zurück, die nur den erwarteten Erfolg und nicht das Risiko dieser Investitionen betrachten. Hier müssen Risiko-Renditeportfolios erstellt sowie risikoadjustierte Renditekennzahlen wie z. B. den Return on Risk-adjusted Capital (RORAC) als Quotient zwischen dem erwartetem Erfolg und dem Risiko berechnet werden, um Fehlentscheidungen zu vermeiden (vgl. Berger und Gleißner 2013, S. 526; Burger und Buchhart 2002, S. 251 ff.) (Abb. 8).

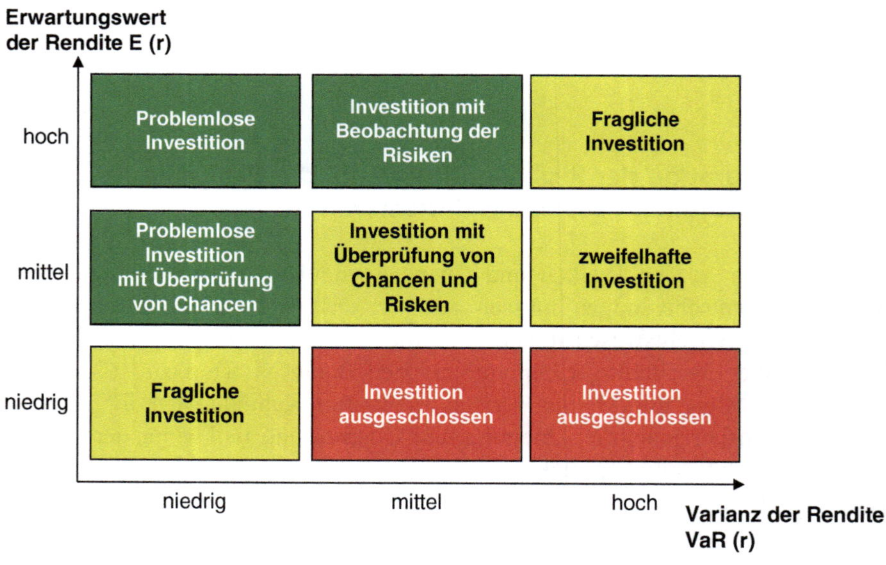

Abb. 8 Risiken-Rendite-Portfolio für Investitionen. (Quelle: Burger und Buchhart 2002, S. 169)

- Risikomaße und -kennzahlen müssen ebenfalls als *Bemessungsgrundlage in das Anreiz- und Vergütungssystem* von Unternehmen aufgenommen werden. So führen klassische Rentabilitätskennzahlen als ausschließliche Bemessungsgrundlage zu einer Vielzahl von Fehlanreizen für das Management, da die Rentabilität kurzfristig gesteigert werden kann, wenn auf Investitionen in nur langfristig erfolgswirksame Projekte verzichtet oder in kurzfristig erfolgswirksame aber sehr risikoreiche Projekte investiert wird (vgl. Velthuis 2011, S. 122).
- In Bezug auf das interne *Reporting* wird empfohlen, entsprechende Risikoinformationen und -kennzahlen in das Berichtswesen zu integrieren und keine separate Risikoberichterstattung aufzubauen. Jedoch muss durch das Controlling sichergestellt werden, dass die gesetzlich geforderte Ad-hoc-Berichterstattung neuer Risiken durch entsprechende Frühwarnsysteme sichergestellt wird. Zudem stellt das Controlling ergänzende Informationen im Rahmen der externen Risikoberichterstattung innerhalb des (Konzern-)Lageberichts sowie bei der freiwilligen externen Unternehmenspublizität bereit (vgl. Weißenberger und Löhr 2008, S. 11 ff.; Löhr 2010, S. 319 ff.).

4 Probleme der Integration von Risikomanagement und Controlling

Die Integration von Ansätzen des Risikomanagements in das Controlling ist jedoch nicht nur vorteilhaft, sondern kann auch zahlreiche Probleme verursachen:

- Zunächst weisen beide Funktionsbereiche eine *unterschiedliche Systematik* auf. So werden die Aufgaben und Instrumente des Risikomanagements i. d. R. nach den Phasen des operativen Risikomanagementprozesses systematisiert, während Aufgaben und Instrumente des Controllings nach dem Zeithorizont (strategisches versus operatives Controlling) bzw. nach der relevanten Managementfunktion (Planung, Kontrolle und Information) unterteilt werden. Die unterschiedlichen Systematisierungsansätze erschweren dann eine Integration der Aufgaben und Instrumente.
- Das Risikomanagement und das Controlling weisen *verschiedene dominierende Zielgrößen* auf. Während das Controlling die Auswirkungen von Managemententscheidungen auf die Unternehmenserfolgsziele analysiert, fokussiert sich das Risikomanagement i. d. R. auf negative Abweichungen von diesen Zielen. Eine integrierte Betrachtung unter Einbeziehung möglicher Chancen im Sinne einer integrierten Unternehmenssteuerung erfolgt häufig nicht.
- Das Risikomanagement und das Controlling greifen oft auf *verschiedene unterstützende IT-Systeme* zu. So erfolgt die Unternehmensplanung häufig noch auf Excelbasis, was die Integration der Monte-Carlo-Simulation und die Weiterentwicklung zu einer stochastischen Unternehmensplanung wesentlich erschwert.
- Damit der Controller Aufgaben des RM übernehmen kann, muss er über die notwendigen fachlichen Qualifikationen insbesondere zur Risikoidentifikation und -bewertung verfügen. Wirft man z. B. einen Blick in gängige Lehrbücher

zum Controlling, wird das Thema Risikocontrolling entweder nicht als eigener Gliederungspunkt behandelt (z. B. bei Weber und Schäffer 2014) oder als Unterpunkt z. B. zum Thema Corporate Governance (z. B. bei Horvàth 2011), wobei dann einseitig die rechtlichen Anforderungen an das RM betont werden.

5 Fazit und Ausblick

Trotz der genannten Schwierigkeiten lassen sich durch eine Integration von Aufgaben der Risikoidentifikation, – bewertung und -kommunikation in bestehende Controllingsysteme diese systematisch ergänzen und hin zu einer Risiko-Rendite-orientierten und damit integrierten Unternehmenssteuerung weiterentwickeln. Gleichzeitig werden Synergieeffekte durch die Vermeidung von Doppelarbeiten realisiert und die Aussagekraft bestehender Controllinganalysen nachhaltig verbessert (vgl. Gleißner und Romeike 2008, S. 200).

Bislang wurden allerdings im Controlling die Vorteile einer Integration von Ansätzen des RM nicht immer erkannt. So erfolgt die Unternehmensplanung trotz einer zunehmenden Unsicherheit und Volatilität der zukünftigen Unternehmensumwelt nach wie vor einwertig, d. h. die Entwicklung der Zielgrößen des Unternehmens werden eindimensional und nicht als Verteilungen mit entsprechenden Erwartungswerten und Schwankungen gesehen (vgl. Gleißner und Kalwait 2010, S. 23). Bandbreitenplanungen oder Simulationsmodelle werden trotz der vorhandenen IT-Unterstützung in der Unternehmenspraxis eher weniger genutzt (vgl. Schäffer et al. 2014, S. 64 f.). Zukünftig werden Controller jedoch stärker gefordert sein, „Veränderungen und Turbulenzen auch weit außerhalb des unternehmensinternen Einflussbereichs [. . .] frühzeitig zu antizipieren und geeignete Vorschläge zu ihrer adäquaten Bewältigung zu fundieren“ (Weißenberger und Löhr 2012, S. 548).

Literatur

Angermüller, N. O., und W. Gleißner. 2011. Verbindung von Controlling und Risikomanagement: Eine empirische Studie der Gegebenheit bei H-DAX Unternehmen. *Controlling* 23(6): 308–316.

Appel, M., und A. Hoffjan. 2014. State-of-the-Art der empirischen Risikomanagementforschung – Zentrale Erkenntnisse aus Zeitschriftenbeiträgen seit 1998. *Wirtschaftwissenschaftliches Studium* 43(2): 64–70.

Berger, T. B., und W. Gleißner. 2013. Modernes Risikomanagement. *Wirtschaftsstudium* 42(4): 525–530.

Bleuel, H.-H. 2006. Monte-Carlo-Analysen im Risikomanagement mittels Software-Erweiterungen zu MS-Excel dargestellt am Beispiel der Unternehmensplanung. *Controlling* 18(7): 371–378.

Burger, A., und A. Buchhart. 2002. *Risiko-Controlling*. München: Oldenbourg.

Diederichs, M. 2010. *Risikomanagement und Risikocontrolling: Risikocontrolling – ein integrierter Bestandteil einer modernen Risikomanagementkonzeption*, 2. Aufl. München: Vahlen.

Diederichs, M., W. Fricke, und S. Macke. 2011. Risikomanagement im DAX30 – Untersuchung des State-of-the-Art. *Der Betrieb* 64(26/27): 1461–1465.

Gleißner, W. 2011. *Grundlagen des Risikomanagements im Unternehmen: Controlling, Unternehmensstrategie und wertorientiertes Management*, 2. Aufl. München: Vahlen.

Gleißner, W., und T. Grundmann. 2003. Stochastische Planung – Auf dem Weg zu einem chancen- und risikoorientierten Controlling. *Controlling* 15(9): 459–466.

Gleißner, W., und R. Kalwait. 2010. Integration von Risikomanagement und Controlling. *Controller Magazin* 35(4): 23–35.

Gleißner, W., und F. Romeike. 2008. Integriertes Chancen- und Risikomanagement: Verknüpfung mit strategischer Planung, wertorientierter Unternehmenssteuerung und Controlling. In *Risikomanagement in der Unternehmensführung: Wertgenerierung durch chancen- und kompetenzorientiertes Management*, Hrsg. R. Kalwait, R. Meyer, F. Romeike, O. Schellenberger und R. F. Erben, 195–220. Weinheim: Wiley.

Herre, U., T. Sandmann, J Wehking, und C. Winefeld. 2012. *Risk-Management-Benchmarking 2011/12*, Hrsg. PricewaterhouseCoopers AG Wirtschaftsprüfungsgesellschaft http://www.pwc.de/de_DE/de/risiko-management/assets/PwC_Risk_Management_Benchmarking_2011_2012.pdf. Zugegriffen am 20.12.2014.

Horvàth, P. 2011. *Controlling*, 12. Aufl. München: Vahlen.

Horvàth, P., und R. Gleich. 2000. Controlling als Teil des Risikomanagements. *Praxis des Risikomanagements: Grundlagen, branchenspezifische und strukturelle Aspekte*, 99–126. Stuttgart: Schäffer-Poeschel.

Kajüter, P. 2009. Risikomanagement als Controllingaufgabe im Rahmen der Corporate Governance. In *Controlling und Corporate Governance Anforderungen: Konzepte, Maßnahmen, Umsetzung*, Hrsg. A. Wagenhofer, 109–130. Berlin: Erich Schmidt Verlag.

Kremers, M. 2002. *Risikoübernahme in Industrieunternehmen*. Sternfels: Verl. Wiss. und Praxis.

Löhr, B.W. 2010. *Integriertes Risikocontrolling für Industrieunternehmen – Eine normative Konzeption im Kontext der empirischen Controllingforschung von 1990 bis 2009*. Frankfurt: Peter Lang Verlag.

Nevries, P., und E. Strauß. 2008. Aufgaben des Controllings im Rahmen des Risikomanagementprozesses – Eine empirische Untersuchung in deutschen Großkonzernen. *Zeitschrift für Controlling & Management* 52(2): 106–111.

Reichmann, T., und M. Kißler. 2013. Sinnvolles Risikomanagement für den Mittelstand: Über ein Risiko-Controlling, das neben den rechtlichen Anforderungen auch das Prinzip der Wirtschaftlichkeit beachtet. *Controlling* 25(4/5): 200–202.

Schäffer, U., C. Bechtoldt, S. Grunwald-Delitz, und T. Reimer. 2014. Controlling-Kultur als Schlüssel im Umgang mit Volatilität. *Controlling & Management Review* 58(5): 62–69.

Vanini, U. 2012. *Risikomanagement*. Stuttgart: Schäffer-Poeschel.

Velthuis, L. 2011. Anreizsysteme für Manager vor dem Hintergrund der Finanzkrise. In *Controlling und Rechnungslegung – Bestandsaufnahme, Schnittstellen, Perspektiven*, Hrsg. P. Kajüter, T. Mindermann und C. Winkler, 119–140. Stuttgart: Schäffer-Poeschel.

Weber, J., und U. Schäffer. 2014. *Einführung in das Controlling*, 14. Aufl. Stuttgart: Schäffer-Poeschel.

Weißenberger, B. E., und B. W. Löhr. 2008. *Verzahnung des Risikocontrollings mit den traditionellen Controllingaktivitäten: Konzeptionelle Gestaltungsvorschläge und Status quo im deutschsprachigen Raum*. Arbeitspapiere Universität Gießen 2008 – 04 AP/2/D. Gießen.

Weißenberger, B. E., und B. W. Löhr. 2012. Risikoadjustierte Planung und Performance-Messung: Gestaltungsvorschläge für ein integriertes Risikocontrolling. *Controlling* 24(10): 548–553.

Winter, P. 2007. Risikocontrolling in Nicht-Finanzunternehmen. *Wirtschaftswissenschaftliches Studium* 36(1): 25–30.

Wolf, K. 2009. Monte-Carlo-Simulation – Einsatz im Rahmen der Unternehmensplanung. *Controlling* 21(10): 545–552.

Kundencontrolling in der Unternehmenspraxis: Beschwerdeinformationen als Kern des Kundencontrollings

Andreas Schöler und Dominik van Aaken

Zusammenfassung

Die profitable Steuerung von Kundenbeziehungen ist eine der Kernaufgaben des Kundencontrollings. Um die damit verbundenen Aktivitäten erfolgreich koordinieren zu können, bedarf es der Erfassung, Bearbeitung und effektiven Nutzung von Kundeninformationen. Im Beitrag zeigen wir die verschiedenen Phasen einer systematischen Nutzung von Beschwerdeinformationen auf. Zudem weisen wir auf typische Probleme bei der Umsetzung eines solchen Beschwerdeinformationssystems hin und skizzieren Mittel zur Überwindung eben dieser Probleme.

Schlüsselwörter

Beschwerdeinformationen · Kundencontrolling · Management von Informationen · Marketingcontrolling · Wertorientierte Unternehmensführung

1 Nutzung von Beschwerdeinformationen als Aufgabe des Kundencontrollings

Für eine erfolgreiche Führung von Unternehmen sind intime Marktinformationen unabdingbar, da ohne die Kenntnis von Kundenbedürfnissen und -wünschen Produkte und Dienstleitunsgen schlicht am Markt „vorbei" produziert werden. Eine der wichtigsten Möglichkeiten, Zugang zu Marktinformatonen zu erhalten, sind Be-

A. Schöler
Hochschule für angewandtes Management GmbH, Erding, Deutschland
E-Mail: andreas.schoeler@fham.de

D. van Aaken (✉)
Ludwig-Maximilians-Universität München, München, Deutschland
E-Mail: aaken@bwl.lmu.de

W. Becker, P. Ulrich (Hrsg.), *Handbuch Controlling*,
https://doi.org/10.1007/978-3-658-26431-4_22

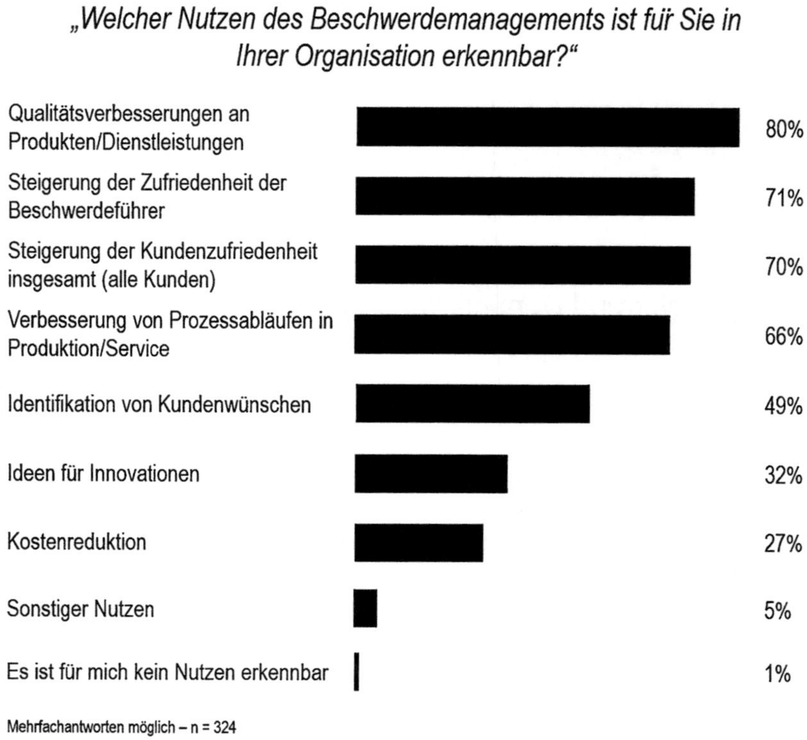

Abb. 1 Nutzen des Beschwerdemanagements. (Quelle: DGQ 2013, S. 16)

schwerden von Kunden (vgl. Schöler 2009; Stauss 2002, S. 274 f.).[1] Diese ermöglichen nicht nur die einer Beschwerde zugrundeliegenden Probleme in Zukunft zu beheben; Beschwerden können zudem Bedürfnisveränderungen sowie Marktrisiken signalisieren (Hansen et al. 1995) und damit der Weiterentwicklung des Produktportfolios dienen. Ein erfolgreiches Management von Beschwerden ermöglicht darüber hinaus Geschäftsbeziehungen zu stabilisieren und negative Folgen eines unprofessionalen Umgangs – wie bspw. Reputationsverluste – zu verhindern. Die vielfältigen Nutzenwirkungen des Beschwerdemanagements verdeutlicht bpsw. die Studie der deutschen Gesellschaft für Qualität (siehe Abb. 1, DGQ 2013):

Trotz des enormen wertsteigernden Potenzials, welches durch eine zielgerichtete Nutzung von Beschwerdeinformationen aktiviert werden kann, werden diese oft nicht systematisch genutzt. So wird in regelmäßigen Abständen festgestellt (vgl. bspw. Stauss und Schöler 2003; Tax und Brown 1998; Bruhn 1986), dass Beschwerdeinformationen – auch wenn sie im Unternehmen bearbeitet werden – häufig

[1] Dabei verstehen wir im Anschluss an Stauss und Seidel (2014, S. 28) Beschwerden als kundenseitige Artikulationen von Unzufriedenheit, die gegenüber Unternehmen oder auch Drittinstitutionen mit dem Zweck geäußert werden, auf ein subjektiv als schädigend empfundenes Verhalten aufmerksam zu machen, Wiedergutmachung für erlittene Beeinträchtigungen zu erreichen und/oder eine Änderung des kritisierten Verhaltens zu bewirken.

wenig Aufmerksamkeit seitens der Unternehmensleitung erfahren. Dies führt letztlich meist dazu, dass Beschwerden von Unternehmensbereichen als lästige (zu minimierende) Kostenfaktoren und nicht als kritische Ressourcen zur nachhaltigen Steigerung des Unternehmenswertes gesehen werden.

Um Beschwerdeinformationen kapitalisieren zu können, bedarf es eines systematischen Managements ihrer Nutzung. Mit anderen Worten: Wir sehen es als eine der zentralen Aufgaben eines Kundencontrollings, die Erfassung, Bearbeitung und Nutzung von Beschwerdeinformationen zu steuern und so zum Unternehmenswert beizutragen. Vorliegender Beitrag möchte zu dieser Aufgabe einen konzeptionellen Rahmen entwerfen. Dabei möchten wir nicht nur den Nutzen von Beschwerdeinfomationen (Abschn. 2) und deren Managementprozess (Abschn. 3) beschreiben, sondern auch typische Hemmnisse bei der Umsetzung eines solchen Informationssystemes identifizieren (Abschn. 4) und erste Ansatzpunkte zur Überwindung dieser skizzieren (Abschn. 5).

2 Der Wert der Beschwerde, oder: Warum sich Unternehmen über Beschwerden nicht beschweren sollten

Auf zwei Ebenen besitzen Beschwerden für Unternehmen ein hohes Nutzenpotenzial. Zum einen geben Kunden durch ihre Beschwerden Unternehmen die Möglichkeit, direkt auf deren Unzufriedenheit zu reagieren und so gefährdete Kundenbeziehungen zu stabilisieren (2.1). Zum anderen kann aus Beschwerden eine Reihe von Informationen gewonnen werden, die zur Steigerung der Leistungsqualität eines Anbieters genutzt werden können (2.2).

2.1 Der *Beziehungsnutzen* von Kundenbeschwerden

Beschwerden besitzen zunächst einmal das wesentliche Potenzial, negative Effekte einer Abwanderung von unzufriedenen Kunden zu verhindern. Konkret bedeutet dies, dass zukünftige Umsätze der aktuell unzufriedenen Kunden für das Unternehmen gesichert sowie deren mögliche negative Mundkommunikation verhindert werden. Weiterhin kann ein erfolgreiches Management von Beschwerden nicht nur dazu beitragen, Umsatzrückgänge zu vermeiden, sondern darüber hinaus die Geschäftsbeziehung zum Kunden zu intensivieren. Dieses Phänomen ist in der Literatur unter dem Stichwort „Recovery Paradoxon" eingehend untersucht und nachgewiesen worden (vgl. bspw. McCollough und Bharadwaj 1992, S. 119, Maxham und Netemeyer 2002). Letztendlich besagt dieses „Paradox", dass ein aus Kundensicht exzellenter Umgang mit Kundenbeschwerden dazu führen kann, dass die Zufriedenheit von Beschwerdeführern im Nachgang der Beschwerde *höher* ist als die von Kunden, die sich nicht beschweren. Kunden können so über das ursprüngliche Maß hinaus an das Unternehmen gebunden werden, was (durch die damit verbundene Umsatzsteigerung und positive Mundkommunikation) in einer höheren Kapitalisierung der Kundenbeziehung resultiert.

2.2 Der *Informationsnutzen* von Kundenbeschwerden

Kenntnis über Bedürfnisse von Kunden sowie über deren Einschätzung der unternehmerischen Leistungsfähigkeit stellen eine fundamentale Voraussetzung für eine marktorientierte Unternehmensführung dar. Begreift man den Kundeninformationsbedarf als die Art, Menge und Beschaffenheit von Kundeninformationen, die ein Unternehmen zur Erfüllung ihrer Aufgabe benötigen (Picot und Franck 1988, S. 609), dann ist mit dem Bekenntnis zu einer marktorientierten Unternehmensführung immer ein Bedarf an einer Vielzahl von Kundeninformationen verbunden, um überhaupt in der Lage zu sein, die unternehmerischen Aktivitäten auf Kunden auszurichten und kontinuierlich zu verbessern. Um diesen Bedarf an Kundeninformationen zu befriedigen, sind – neben typischen Marktforschungsinformationen und internen Informationen aus Bestands- oder CRM-Systemen – Beschwerden eine zentrale Quelle. Die in Beschwerden enthaltenen Informationen zu tatsächlich erlebten Kundenwahrnehmungen ermöglichen es Unternehmen Maßnahmen zu entwickeln, um ähnliche Probleme in Zukunft zu vermeiden. Zudem können Beschwerden auch Hinweise für Produkt- und Prozessverbesserungen liefern.

3 Das Management von Beschwerden – ein idealtypischer Prozess

Das Management von Beschwerden umfasst die Planung, Durchführung und Kontrolle aller Maßnahmen, die ein Unternehmen im Zusammenhang mit (Kunden-) Beschwerden ergreift (Wimmer 1985, S. 233). Vereinfachend wollen wir die Aufgaben des Beschwerdemanagents hier dreiteilig sehen: Beschwerdestimulierung/-monitoring (3.1), Beschwerdehandling (3.2) und das Lernen aus Beschwerdeinformationen (3.3). Nachfolgend wollen wir diese genauer umschreiben (vgl. dazu auch Schöler 2009; Stauss und Seidel 2014; Stauss und Seidel 1998).

3.1 Die Beschwerdestimulierung und -monitoring

Die ***Beschwerdestimulierung*** zielt darauf ab, Kunden zur Beschwerdeführung zu motivieren, damit sie von alternativen Handlungen wie negativer Mund-zu-Mund-Kommunikation oder Abwanderung abgehalten werden (vgl. u. a. Stauss und Seidel 2014, S. 97 ff.). Möglichst viele unzufriedene Kunden sollen ihre Kritik gegenüber dem Unternehmen artikulieren. Die Beschwerdestimulierung ist eine ganz wesentliche Aufgabe des Beschwerdemanagements, denn längst nicht alle unzufriedenen Kunden beschweren sich. Ein Ansatz zur Erklärung des Beschwerdeverhaltens ist die kundenseitige Kosten-Nutzen-Abwägung der Beschwerdeführung, die gleichzeitig der wesentliche Ansatzpunkt der Beschwerdestimulierung ist (vgl. Abb. 2).

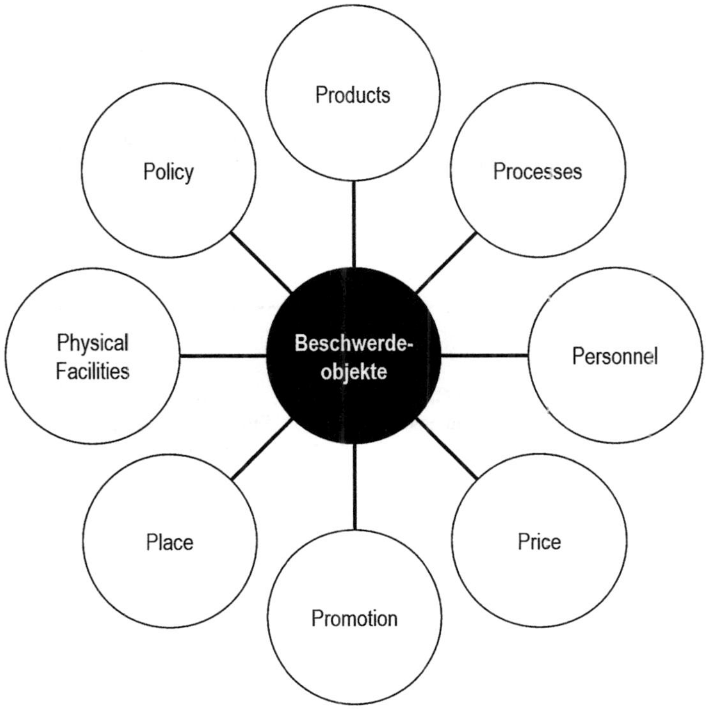

Abb. 2 Bezugspunkte von Beschwerdeproblemen (Beschwerdeobjekte). (Quelle: Schöler 2009, S. 16)

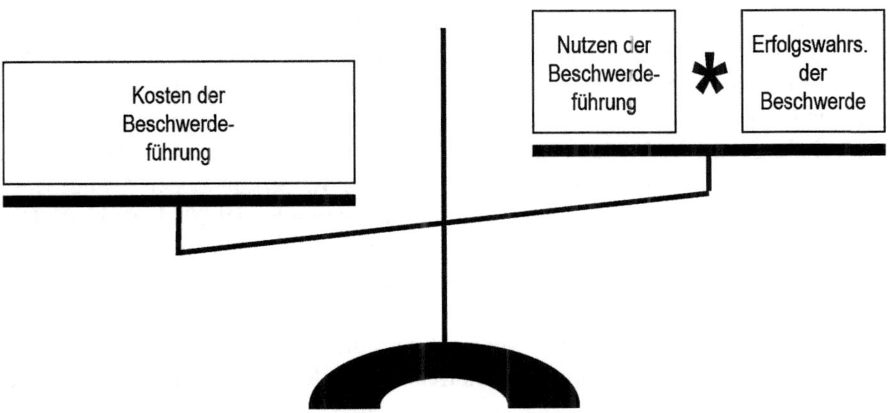

Abb. 3 Abwägung von Kosten und Nutzen der Beschwerdeführung. (Quelle: Schöler 2009, S. 33)

Die *Kosten der Beschwerdeführung* umfassen monetäre und nicht-monetäre Kosten. Zu den monetären Kosten gehören bspw. Telefonkosten, Anfahrtskosten und Opportunitätskosten des Zeitaufwands der Beschwerdeführung. Zu den nicht-

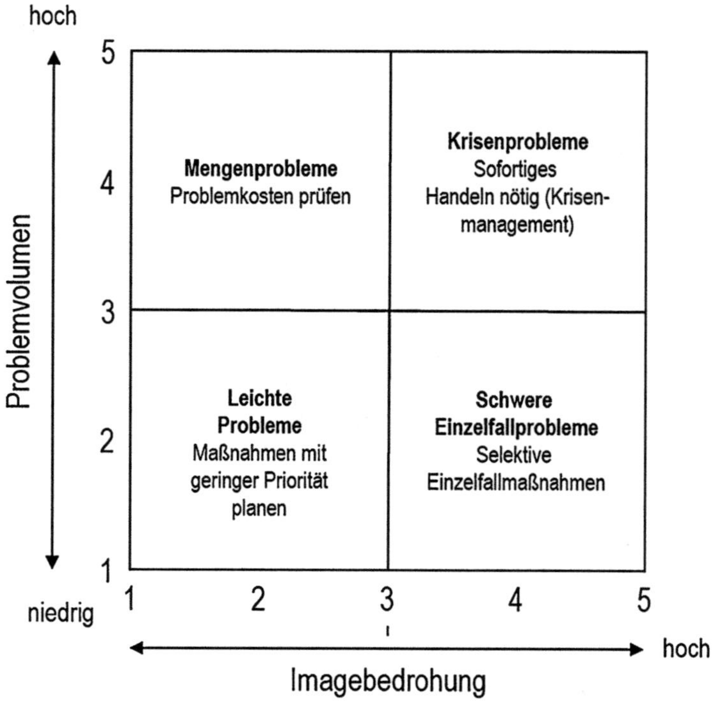

Abb. 4 Beispiel für eine Beschwerdeproblemwirkungsanalyse. (Quelle: Schöler 2009, S. 126)

monetären Kosten gehören emotionale bzw. psychische Kosten, die durch negativen Stress der Beschwerdeführung entstehen. Diesen Kosten der Beschwerdeführung steht der wahrgenommene *Nutzen einer Beschwerde* gegenüber. Der Nutzen besteht dabei im Wesentlichen in der Erreichung der Beschwerdezielsetzung und dem damit verbundenen monetären (bspw. Erstattung Kaufpreis) bzw. nicht-monetären (bspw. Entschuldigung oder Verhaltensänderung) Wert. Der wahrgenommene Nutzen einer Beschwerde hängt dabei maßgeblich auch von der wahrgenommenen *Erfolgswahrscheinlichkeit der Beschwerde* ab (vgl. u. a. Stauss und Seidel 2014, S. 44 ff.; Day und Landon 1977). Zur Beschwerdeführung wird sich ein Kunde dann entscheiden, wenn im Rahmen seiner subjektiven Abwägung der mit der Erfolgswahrscheinlichkeit gewichtete Beschwerdenutzen die Beschwerdekosten übersteigt.

Die Beschwerdestimulierung versucht vor diesem Hintergrund unzufriedene Kunden zur Beschwerdeführung zu motivieren. Anders ausgedrückt: Das Ziel der Beschwerdestimulierung ist eine Beschwerdemaximierung unter unzufriedenen Kunden. Der „Werkzeugkasten" der Beschwerdestimulierung unterscheidet zwischen aktiver und passiver Beschwerdestimulierung.

Während im Rahmen einer *passiven* Beschwerdestimulierung vom Unternehmen die Infrastruktur geschaffen wird, die es Kunden ermöglicht, sich zu möglichst geringen Kosten zu beschweren (bspw. durch Einrichtung/Kommunikation einer Beschwerde-Hotline oder eines Beschwerdeformulars im Internet), werden im Rahmen einer *aktiven* Beschwerdestimulierung Kunden aktiv nach ihrer Zufriedenheit gefragt. Dabei können Kunden entweder unabhängig von aktuellen Ereignissen über vergangene Probleme oder Beschwerdeanlässe befragt werden oder direkt während bzw. nach der Leistungsinanspruchnahme (Hierzu können beispielsweise die folgenden beiden Fragen genutzt werden: „Hatten Sie in den letzten 12 Monaten Anlass zur Unzufriedenheit?“ und „Wenn ja, was war der Grund für Ihre Unzufriedenheit?“). Die Beschwerdestimulierung hat nicht nur die Funktion, die Beschwerdeneigung zu erhöhen, sondern besitzt auch das Potenzial, den Beschwerdeinformationsfluss vom Kunden zum Unternehmen entsprechend eines spezifischen Beschwerdeinformationsbedarfs im Unternehmen zu steuern (bspw. zu aktuellen Fragestellungen im Rahmen der Produktpflege bzw. -weiterentwicklung). Dies bietet sich beispielsweise bei Kunden an, die ein hohes Wert- und/oder Informationspotenzial für einen Anbieter haben und deren Feedback demnach für das Unternehmen besonders wertvoll erscheint.

Während die *Beschwerdestimulierung* zukunftsgerichtet versucht, Beschwerden zu motivieren und systematisch zu kanalisieren, besitzt das ***Beschwerdemonitoring*** eine vergangenheitsorientierte Perspektive. Es zielt darauf ab, eine möglichst breite Menge an Beschwerden einzufangen, die gegenüber Dritten artikuliert wurden. Dementsprechend umfasst das Beschwerdemonitoring die Beobachtung von allen verfügbaren Medien, wobei ein Schwerpunkt im Internet und Social-Media-Kanälen gesehen werden kann (Stauss und Seidel 2014, S. 539 ff.; Hennig-Thurau 2004, S. 72). Diese können entweder manuell ungerichtet, manuell gerichtet oder automatisiert auf relevante Informationen abgesucht werden. Bei einem *manuell ungerichteten Beschwerdemonitoring* werden bestimmte Suchbegriffe wie Firmenname oder Produktname in verschiedene Internet-Suchmaschinen (bspw. Google) eingegeben, um Äußerungen zum Unternehmen zu finden. Bei der *manuell gerichteten Suche* werden selektierte Online-Foren, Newsgroups oder Meinungsportale direkt auf kritische Kundenartikulationen hin untersucht, während bei einer *automatisierten Suche* „Automated Internet Monitoring Services“ genutzt werden, die anhand von Schlüsselwörtern eine kontinuierliche Beobachtung von zahlreichen Quellen im Internet ermöglichen. Spezialisierte Dienstleister ermöglichen dabei neben einer Integration der gängigen Suchmaschinen auch eine Suche in Online-Foren, Online-Publikationen und in den Internet-Angeboten von Zeitungen, Magazinen und Fernsehstationen, die von den Suchmaschinen nicht abgedeckt werden.

3.2 Das Beschwerdehandling

Das Beschwerdehandling umfasst drei Schritte: Die Annahme der Beschwerde, die Bearbeitung der Beschwerde im engeren Sinne und die Reaktion auf die Beschwerde. Im Rahmen der ***Beschwerdeannahme*** erreicht die akute Beschwerde das Unternehmen. Dies kann postalisch, elektronisch, telefonisch oder persönlich erfolgen. Die letzten beiden Formen der Beschwerdeannahme erfordern eine sorgfältige Gestaltung der Interaktion zwischen Kundenkontaktmitarbeitern und Beschwerdeführern, denn der persönliche Kontakt ist ein Schlüsselmoment für die Erzielung von

Beschwerdezufriedenheit (Stauss und Seidel 2014, S. 128 ff.). Unabhängig vom Eingangskanal ist es von großer Bedeutung, dass alle relevanten Informationen rund um die Kundenbeschwerde systematisch und einheitlich dokumentiert werden, um die Folgeprozesse des Beschwerdehandlings sowie die informationsseitige spätere Analyse überhaupt gewährleisten zu können. Insofern sollte die Erfassung von Beschwerden grundsätzlich sowohl die weitere Bearbeitung dieser ermöglichen als auch alle Informationen zu den Hintergründen der Unzufriedenheit des Kunden (Kundenproblem bzw. Beschwerdeproblem) für das Unternehmen sichern. Im Rahmen der Beschwerdeannahme müssen dazu Informationen des Kunden und über den Kunden erhoben werden. Die zu erfassenden Informationen können in *Beschwerdeführerinformationen* (Informationen über den Kunden) und *Kundenprobleminformationen* (Information des Kunden) differenziert werden. Zu ersten Kategorie gehören beispielweise Kontaktdaten und der Kundenstatus. Während die Kontaktdaten für die weitere Bearbeitung unbedingt benötigt werden, kann der Kundenstatus für eine kundenwertdifferenzierte Gestaltung der Beschwerdereaktion und für eine Auswertung von Kundenproblemen nach Kundengruppen genutzt werden. Zu den *Kundenprobleminformationen* gehört neben dem Beschwerdeobjekt, welches sich auf alle möglichen Aspekte des unternehmensseitigen Verhaltens bzw. seiner Leistungen beziehen kann (siehe Abb. 3), auch die Wirkung des Problems beim Kunden (monetärer, zeitlicher, physischer, emotionaler Schaden).

Die ***Beschwerdebearbeitung*** umfasst die sorgfältige und kundenorientierte Prüfung der Beschwerde, die Feststellung der Ursache der Unzufriedenheit sowie die Lösung des Kundenanliegens. In vielen Fällen können Beschwerdefälle im direkten Kundenkontakt unmittelbar gelöst werden, so dass weitere Bearbeitungsschritte nicht mehr nötig sind („Sofortlösung"). In manchen Fällen jedoch wird eine Weiterleitung an andere Stellen im Unternehmen oder deren Einbindung notwendig, um die Beschwerde sowie mit ihr gegebenenfalls verbundene (rechtliche) Ansprüche und individuelle Problemlösungsmöglichkeiten zu prüfen. Ebenso können für die Beurteilung der Beschwerde weitere Informationen notwendig werden, auf die im Rahmen der Bearbeitung zurückgegriffen werden muss (bspw. Daten aus der Buchhaltung zur Klärung von Rechnungsbeschwerden). Bei diesen komplexeren Bearbeitungsprozessen bedarf es der Gestaltung von Bearbeitungs- und Kommunikationsprozessen sowie der Festlegung von Bearbeitungsterminen und deren Überwachung. Letzteres ist bei zeitintensiven Beschwerdebearbeitungsprozessen von besonderer Bedeutung, um durch Wartezeiten bei Kunden nicht weitere Unzufriedenheit zu produzieren.

Das Ergebnis der Beschwerdebearbeitung stellt den Input der ***Beschwerdereaktion*** gegenüber dem Kunden dar (Stauss und Seidel 2014, S. 197 ff.). Hier gilt es Kunden im persönlichen Gespräch und/oder in Schriftform die Lösung des Beschwerdeproblems bzw. die Antwort auf die Beschwerde verständlich und mit aller angebrachten Wertschätzung zu kommunizieren. Zudem sind im Rahmen der Beschwerdereaktion Entscheidungen darüber zu treffen, in welchem Umfang und in welcher Art Wiedergutmachungsleistungen getätigt werden. Dabei können finanzielle (bspw. Kulanzzahlungen, finanzielle Wiedergutmachungen), materielle (bspw. kleine Aufmerksamkeiten) und immaterielle (bspw. Entschuldigung, Ausdruck des Bedauerns) Wiedergutmachungen geleistet werden (Stauss und Seidel 2014, S. 218 f.). Neben dieser unmittelbaren Beschwerdereaktion können sog. „Follow-Up-Maßnahmen" ebenfalls zur Beschwerdereaktion gezählt werden, worunter ein Nachfassen nach Abschluss der Beschwerdebearbeitung zu verstehen ist, um sich zu erkundigen, ob ein Beschwerdeproblem vollständig und zufriedenstellend gelöst wurde (Schöber 1997, S. 113). Derartige Follow-Up-Maßnahmen dienen der Kontrolle und Verstärkung der Beschwerdezufriedenheit bzw. des „Recovery Paradoxon". Zudem können hier erhobene Zufriedenheitswerte in ein Beschwerdemanagement-Controlling einfließen.

3.3 Das Lernen aus Beschwerdeinformationen

Beschwerdestimulierung und Beschwerdehandling haben den Kunden, seine individuelle Beschwerde und die Stabilisierung der jeweiligen Kundenbeziehung im Fokus. Um die in Beschwerden enthaltenen Informationen systematisch zu nutzen, ist ein „Lernen aus Beschwerdeinformationen" erforderlich. Das Lernen aus Beschwerden umfasst mehrere Teilschritte: die Beschwerdeanalyse, das Beschwerdereporting und die Nutzung der so aufbereiteten und berichteten Beschwerdeinformation an den unterschiedlichen betroffenen Stellen im Unternehmen.

Im Fokus der ***Beschwerdeanalyse*** steht die Auswertung von Beschwerden bzw. von den im Rahmen der Beschwerdeannahme erfassten Kundeninformationen (Stauss und Seidel 2014, S. 255 ff.). Hierzu bedarf es zunächst der Zusammenführung sämtlicher Beschwerdedaten. Für die Analyse sieht insbesondere auch die Literatur und Praxis des Qualitätsmanagements entsprechende Auswertungsmethoden vor (bspw. Kamiske 2013), die in quantitative und qualitative Methoden differenziert werden. Während quantitative Methoden versuchen, das mengenmäßige Aufkommen von Beschwerden in Bezug auf unterschiedliche Dimensionen und Zeitpunkte darzustellen, dienen qualitative Methoden hauptsächlich der Ursachenanalyse von Beschwerdeproblemen.

Wichtig ist uns, dass bei der Analyse von Beschwerden immer auch das Reputationsrisiko des Unternehmens berücksichtigt wird. Dies betrifft insbesondere Kundenprobleme, bei denen von einer besonderen Gefährdung von Kunden (bspw. gesundheitlichen Schäden) sowie massiver Diskussion in der Öffentlichkeit auszugehen ist, oder die ganz besondere Positionierungsmerkmale des Unternehmens im Wettbewerb betreffen. Dazu bietet sich bspw. ein Scoring- bzw. Portfoliomodell an, welches anhand von zwei Dimensionen eine Beurteilung der Probleme hinsichtlich ihrer negativen Auswirkungen auf das Unternehmensbild in der Öffentlichkeit erlaubt. Die erste Dimension stellt das Problemaufkommen dar. Die zweite Dimension kennzeichnet das Ausmaß der Beschädigung des Unternehmensimages durch eine öffentliche Diskussion des Problems (siehe Abb. 4).

Während die erste Dimension anhand von Zahlen aus dem Beschwerdemanagement, aus Kundenzufriedenheitsstudien oder Erfahrungswerten geschätzt bzw. aus Berechnungen entnommen werden kann, ist dies für die zweite Dimension schwieriger. Hier bedarf es einer Abschätzung des potenziellen Imageschadens. Der Imageschaden kann insbesondere bei Beschwerdeproblemen, welche die Gesundheit von Kunden negativ beeinflussen und/oder ethische Maßstäbe verletzten, grundsätzlich als hoch angesehen werden. Anhand einer Bewertung der beiden Dimensionen können die aktuellen Probleme in einer qualitativen Handlungsrelevanzmatrix dargestellt werden.

Das ***Beschwerdereporting*** dient der internen Kommunikation der im Rahmen der Beschwerdeanalyse gewonnenen Erkenntnisse (Stauss und Seidel 2014, S. 383 ff.). Es stellt die Brücke zu den internen Bereichen dar, die diese Informationen für sich nutzen können (bspw. für Fehlervermeidung, Produktverbesserung, Ausbildung, etc.). Ziel des Beschwerdeinformationsreporting ist es, die benötigten Erkenntnisse aus Beschwerden den relevanten Empfängern in der erforderlichen Qualität bereitzustellen. Dementsprechend kann das Beschwerdeinformationsreporting als eine informationslogistische Aufgabe verstanden werden (Krcmar 2010).

Beschwerdereports können unterschiedliche Formen annehmen. Die Controlling-Literatur unterscheidet drei grundlegende Arten von Berichten. Hierzu zählen Standardberichte, Abweichungsberichte und Bedarfsberichte (vgl. Küpper et al. 2013, S. 231 ff.). *Standard-Reports* stellen Standardberichte dar, die in regelmäßigen Abständen erstellt werden. Inhalt, Form und Empfänger sowie der Erscheinungstermin sind hierbei vorab festgelegt. Hierunter fallen z. B. Beschwerdeberichte, die monatlich an bestimmte Empfänger geleitet werden. *Abweichungsberichte* werden situativ erstellt, wenn einzelne Beschwerdeprobleme sofort Entscheidungen verlangen oder bestimmte vorher definierte Toleranzgrenzen überschritten werden. Letztere können beispielsweise gemeinsam mit den Empfängern festgelegt werden oder sich auch aus der Planung der Aktivitäten der Empfänger ergeben. *Bedarfsberichte* werden fallweise von Informationskunden angefordert, um ein aktuell aufgetretenes Informationsbedürfnis zu befriedigen, welches über Standard- und Abweichungsberichte nicht abgedeckt wird.

Letztendlich ist die Form eines Reports genauso wie der Inhalt und die Darstellung der jeweiligen Zielgruppe im Unternehmen anzupassen. Insofern ist es zentrales Charakteristikum und Aufgabe des Beschwerdereportings die Entscheidung darüber zu treffen, an welche Anspruchsgruppe welche Informationen in welcher Form und Darstellung weitergeleitet werden.

Die ***Beschwerdeinformationsnutzung*** stellt die Phase der Verwendung der im Rahmen der Beschwerdeanalyse gewonnenen und durch das Beschwerdeinformationsreporting kommunizierten Erkenntnisse aus Kundenbeschwerden dar (Stauss und Seidel 2014, S. 409 ff.). Erst hier wird der Informationsnutzen aus Beschwerden kapitalisiert. Dabei können mit der instrumentellen, der konzeptionellen und der investigativen Nutzung drei grundsätzliche – sich keinesfalls ausschließende – Arten der Lernens von Beschwerdeinformationen unterschieden werden (vgl. auch Menon und Wilcox 1994; Menon und Varadarajan 1992).

Instrumentell werden Beschwerdeinformationen genutzt, wenn sie Entscheidungen im Unternehmen auslösen. Im Gegensatz zur Nutzung von Marktforschungsinformationen besteht dabei jedoch in den meisten Fällen kein gegebenes Entscheidungsproblem, sondern dieses wird durch Beschwerdeinformationen erst evident, so dass die instrumentelle Nutzung auch das Auslösen von Entscheidungs- bzw. Problemlösungsprozessen im Unternehmen umfasst. *Konzeptionell* werden Beschwerdeinformationen genutzt, wenn sie nicht direkt zu Handlungen führen, sondern das allgemeine Verständnis eines Aufgabenträgers über das Unternehmen und seine Umwelt, die dortigen Zusammenhänge und die Wirkung der betrieblichen Aktivitäten auf Kundenzufriedenheit und -bindung sowie über Kundenbedürfnisse fördern.

Die *investigative* Nutzung umfasst die Verwendung von Beschwerdeinformationen als Ausgangspunkt für weitere Untersuchungen. Sie werden dabei in zusätzliche nach innen oder außen gerichtete Erhebungen integriert, um über einzelne Aspekte ergänzende Erkenntnisse zu erlangen. So können Beschwerdeinformationen Ausgangspunkt von Marktstudien werden, um ein mögliches Marktpotenzial zur Lösung dieses Kundenproblems zu eruieren. Auf eine weitere investigative Nutzung von Beschwerdeinformationen weisen Stauss und Seidel (2014, S. 427 f.) hin, die nicht nur eine Verwendung von problembezogenen, sondern auch beziehungsbezogenen Beschwerdeinformationen inkludiert. So können beispielsweise Kundenforen durch das Qualitätsmanagement initiiert werden, in welchen mit ausgewählten Beschwerdeführern spezifische oder allgemeine Kundenprobleme diskutiert werden und zugleich Vorschläge zur Abstellung der Probleme sowie zur besseren Erfüllung ihrer Wünsche entwickelt werden. Derartige Kundenforen bzw. Kundenfokusgruppen sind Gruppendiskussionen, in denen in der Regel spezifische Themen zur Geschäftsbeziehung bzw. zu Produkten und Leistungen diskutiert werden (vgl. auch Winkler 2002; Kießling und Koch 1999). Kundenforen verfolgen dabei das Ziel, vertiefte Einsichten in Wünsche, Motive und Wahrnehmungen von Kunden zu erlangen, sowie Kritik und Verbesserungsvorschläge zu sammeln, um dadurch ein besseres Verständnis von wahrgenommenen Problemen des unternehmerischen Verhaltens aus Kundensicht zu erlangen. Zugleich dienen sie als Signal für Kundenorientierung und der Verstärkung der Kundenbindung bei den Teilnehmern.

4 Mangelnde Qualität der Beschwerdereports als zentrale Barriere der Beschwerdeinformationsnutzung

Wie bereits dargelegt, können Beschwerdeinformationen für Unternehmen von einem erheblichen ökonomischen Wert sein. Insofern liegt die Einführung bzw. Umsetzung eines Beschwerdemanagements nahe. Und nicht überraschenderweise besitzen viele Unternehmen in der Tat ein (mehr oder minder umfassendes) Beschwerdemanagement. Allerdings ist auch oft beobachtbar, dass die Nutzung der aus Beschwerden gewonnenen Informationen zu wünschen übrig lässt und man so den mit ihnen verbundenen Potenzialen nicht gerecht wird.

In diesem Abschnitt wollen wir auf ein zentrales Ursachenfeld aufmerksam machen, welches zu einer mangelnden Nutzung von Beschwerdeinformationen in Unternehmen beiträgt: die Qualität der vom internen Beschwerdeinformationsanbieter weitergegebenen Beschwerdeberichte bzw. Beschwerdereports. Den Beschwerdeinformationsanbieter verstehen wir als diejenige Stelle im Unternehmen, die verantwortlich ist für die Auswertung von Beschwerden und Erstellung von entsprechenden Berichten zur Weitergabe an betroffene oder interessierte Stellen innerhalb der Organisation. Diese Stelle kann beispielsweise innerhalb einer Abteilung Beschwerdemanagement oder Qualitätsmanagement verankert sein. Oft entsprechen die in Beschwerdereports weitergegebenen Informationen nicht der Qualität, die für eine effektive Nutzung nötig wäre. Die mangelnde Qualität kann auf zwei Dimensionen zurückgeführt werden, die wir im Folgenden kurz skizzieren wollen (vgl. auch Küpper et al. 2013).[2]

4.1 Mangelnde „Quality of Content"

Defizite der „Quality of Content" sind Qualitätsmängel, welche auf mangelnder *Relevanz*, *Verständlichkeit*, *Glaubwürdigkeit* und *Aktualität* der Informationen beruhen können (Maltz 2000, S. 114).

Die ***Relevanz*** gehört zu den wichtigsten Kriterien, anhand derer die Nützlichkeit von Informationen beurteilt wird. Dementsprechend steigt mit der Relevanz die Bereitschaft, die Informationen zu nutzen. Unterschiedliche Faktoren können zu einer mangelnden Relevanz von Beschwerdeinformationen führen. Zu ihnen gehören insbesondere die mangelnde Nutzung von Analysemethoden, die mangelnde Orientierung am individuellen Informationsbedarf der Verwender, die mangelnde Verknüpfung von Beschwerdeinformationen mit anderen Informationen und fehlende Handlungsempfehlungen der Reports. Es versteht sich von selbst, dass vor allem eine mangelnde *Nutzung von Analysemethoden* zu weniger relevanten Informationen führt. Die Gründe können entweder in der Unkenntnis der Auswertungsmethoden oder in der fehlenden Verfügbarkeit von IT-Instrumenten liegen. Ohne die Nutzung von Analysemethoden ist die Gefahr hoch, dass nicht relevante Informationen kommuniziert werden. Wertet man beispielsweise Beschwerdedaten nur oberflächlich aus, so ist für die Empfänger kein Rückschluss auf die eigene Verantwortung oder Handlungsrelevanz möglich. Eine mangelnde Orientierung am *individuellen Informationsbedarf* der Verwender zeigt sich in der Praxis häufig. Stauss und Schöler (2003) haben gezeigt, dass nur knapp die Hälfte aller Unternehmen über an den Nutzer angepasste Beschwerdereports verfügen. Auf diesen Punkt werden wir in Abschnitt fünf noch genauer zu sprechen kommen.

Falls in die Auswertung von Beschwerdeinformationen *weitere betriebliche Informationen* einfließen, wird die Relevanz des Reports gesteigert (Schöber 1997, S. 200). Eine Verknüpfung bspw. mit Kundenzufriedenheitsinformationen kann Rückschlüsse von aktuellen Kundenproblemschwerpunkten durch Korrelationsanalysen auf das globale Kundenzufriedenheitsurteil erlauben. Ebenso können Beschwerdedaten mit Qualitätsinformationen des internen Qualitätsmanagements (bspw. Entwicklung von Wartezeiten im Call-Center) genutzt werden, um bekannte Qualitätsprobleme hinsichtlich ihrer Kundenwirkung zu priorisieren. Ein Verzicht auf derartige Verknüpfungen bedeutet den Verzicht auf die Einbettung von Be-

[2] Weitere Gründe für eine unzureichende Nutzung von Beschwerdeinformationen liefert u. a. Schöler (2009).

schwerdedaten in den unternehmerischen Kontext und damit eine Reduzierung der Relevanz. Die Relevanz von bereitgestellten Beschwerdeinformationen wird weiterhin eingeschränkt, wenn auf *Handlungsempfehlungen* verzichtet wird. Je mehr bereitgestellte Beschwerdeinformationen rein deskriptiv sind und dementsprechend Bewertungs- und Handlungsempfehlungen fehlen, desto geringer ist die Nützlichkeit der Informationen für einen Informationsverwender und desto geringer wird diese auch wahrgenommen (vgl. auch Schöber 1997, S. 122). Mit normativen Handlungsinformationen verlässt der Beschwerdeinformationsanbieter die Ebene des reinen Informationslieferanten und nimmt eine beratende Rolle ein. Dies erfordert andere Kompetenzen und einen entsprechenden Weitblick für die Herausforderungen der unterschiedlichen Unternehmensbereiche. Die Praxiserfahrung zeigt, dass diese methodisch-analytische Kompetenz in vielen operativ geprägten Beschwerdemanagementeinheiten nicht immer vorhanden ist.

Die ***Verständlichkeit*** umfasst die wahrgenommene Eindeutigkeit von Informationen für den Empfänger. Eine mangelnde Verständlichkeit von bereitgestellten Informationen kann unterschiedliche Gründe haben. Zentral für Verständigungsprobleme ist aber meist der unterschiedliche lebensweltliche Hintergrund von Sender und Empfänger (vgl. Kirsch et al. 2009). So werden zu fachorientierte Terminologien die Verständlichkeit stören. Als Beispiele seien Abkürzungen, Kennzahlen oder Begrifflichkeiten, die vielleicht in kundenmanagementnahen Bereichen problemlos verstanden werden, in marktfernen Bereichen jedoch zu Verständnisproblemen führen können, genannt. Grundsätzlich gehen wir davon aus, dass es Ziel des Senders sein sollte, Informationen anzubieten, die unter normalen Umständen von Informationsempfängern verstanden werden können. Ebenfalls eingeschränkt wird die Verständlichkeit, wenn auf qualitative Beschreibungen von Zusammenhängen verzichtet wird. Dies ist dann der Fall, wenn der Informationsempfänger beispielsweise bei der Interpretation von Kennzahlen „alleine gelassen" wird. Es ist davon auszugehen, dass eine mangelnde Verständlichkeit von Beschwerdeinformationen einer effektiven Nutzung entgegen steht, da die Empfänger die Informationen erst „übersetzen" müssen, um sie tatsächlich nutzen zu können. Dies bedeutet nicht nur eine potentielle Verzerrung der Informationen, sondern wird sich auch negativ auf die zukünftige Bereitschaft zur Beschwerdeinformationsnutzung auswirken.

Neben Verständlichkeit und Relevanz stellt die ***Glaubwürdigkeit*** der bereitgestellten Beschwerdeinformationen ein zentrales Element der Informationsqualität dar. Die Glaubwürdigkeit von Beschwerdeinformationen hängt nicht nur von der Glaubwürdigkeit der Person des Senders ab; in hohem Maße ist sie auch vom Umfang der Beschwerdeinformationen abhängig. Je mehr Informationen in die Auswertung integriert werden, desto größer ist die Glaubwürdigkeit. Zentral für den Informationsumfang ist natürlich die Güte der Beschwerdeerfassung. Daneben aber ist es ein Mangel der Informationsweitergabe, wenn erfasste Beschwerdedaten nicht in die Auswertung integriert werden bzw. nicht integriert werden können. Das kann z. B. daran liegen, dass dem Unternehmen die technische Infrastruktur fehlt, um den Zugriff auf sämtliche Informationen möglich zu machen. Ebenfalls kommt es häufig vor, dass der Sender keine Rechte besitzt, sämtliche im Unternehmen vorhandene Kundenprobleminformationen zu beschaffen. Zudem hat er/sie meist den Auftrag, nur selektiv Berichte zu erstellen: In einigen Unternehmen werden nur „Vorstandsbeschwerden" bzw. Beschwerden gegenüber der Geschäftsführung ausgewertet (Schöler 2009), womit alle anderen Beschwerden keinen Eingang in das Berichtswesen finden.

Die ***Aktualität*** der bereitgestellten Information stellt eine Kerndimension wahrgenommener Qualität dar (Maltz 2000, S. 115). Beschwerdeinformationen besitzen gerade hier eine ihrer zentralen Stärken, da sie sich in der Regel auf aktuelle Kundenprobleme beziehen. Diese Aktualität muss jedoch durch einen Beschwerdeinformationsprozess gewährleistet werden, der eingehende Beschwerden zügig aggregiert, analysiert und kommuniziert. Mangelnde Aktualität liegt immer dann vor, wenn entsprechende Berichte nicht in regelmäßigen Abständen (bzw. zu langen Abständen bei ausschließlichen jährlichen Berichten) den entsprechenden Stellen vorgelegt werden. Mögliche Ursachen können hierfür in fehlenden personellen, zeitlichen oder informationstechnologischen Ressourcen liegen (Kleinitzke und Schöler 2007, S. 45).

4.2 Mangelnde „Quality of Form"

Neben den Informationsinhalten ist die Form der Darstellung eine zentrale Dimension der Informationsqualität: „Design Matters!". Unterschiedliche Studien belegen die positive Wirkung der darstellerischen Qualität auf den Nutzen von Informationen (z. B. Deshpande und Zaltman 1984). Sie umfasst insbesondere das Layout, den Umfang und die Auswahl der Visualisierungmöglichkeiten. Dabei kann man zwischen der Qualität der darstellerischen Form und der Qualität der medialen Form unterscheiden.

Zur Qualität der *darstellerischen Form* lässt sich feststellen, dass, je schlechter strukturiert und je unübersichtlicher Beschwerdeberichte sind, desto geringer ihre Nutzung ist. Eine schlechte Aufbereitung kann dazu führen, dass relevante Beschwerdeinformationen nicht wahrgenommen werden oder Zusammenhänge nicht verstanden werden. So können zwar durch den Einsatz von Farben wichtige Informationen hervorgehoben werden, zu viele grafische „Spielereien" sind für die gezielte Informationsaufnahme aber eher hinderlich (Wirth 2000, S. 79 f.). Ebenso können zu viele Tabellen schnell den Eindruck eines „Zahlenfriedhofs" erwecken und den Empfänger der Information abschrecken. Bei Grafiken ist darauf zu achten, dass ein gewählter Diagrammtyp geeignet ist, einen Sachzusammenhang darzustellen. Eine mangelnde Qualität der darstellerischen Form schränkt die Möglichkeit zur Beschwerdeinformationsnutzung ein, da relevante Inhalte aufgrund der schlechten Darstellung nicht wahrgenommen werden können; zudem ist davon auszugehen, dass aufgrund von Unzufriedenheit mit der Informationsdarstellung die zukünftige Akzeptanz von Beschwerdeinformationen abnehmen wird.

Neben der darstellerischen Qualität wirkt auch die Qualität der *medialen Form* auf die Akzeptanz von Berichten. So können Beschwerdeinformationen via E-Mail, in Papierform oder persönlich kommuniziert werden. Die wahrgenommene Eignung eines Kommunikationsmediums aus Sicht des Informationsverwenders hängt von den Inhalten und seinen persönlichen Präferenzen ab. Maltz (2000) zeigt in seiner Studie, dass Marketingberichte in Papierform in vielen Fällen von Informationsempfängern im F&E Bereich als ein Beitrag zur Informationsüberlastung angesehen werden und damit die wahrgenommene Informationsqualität reduzieren. Im Gegensatz dazu wird die elektronische Übermittlung von Inhalten via E-Mail als überwiegend positiv betrachtet. Ein Grund hierfür ist die einfache und schnelle Weiterleitung von Berichten an MitarbeiterInnen (Maltz 2000, S. 123). Anzumerken ist jedoch, dass die elektronische Kommunikation sicher nicht in allen Fällen die geeignete Lösung ist. So bietet sich besonders bei kritischen Informationen eine persönliche Kommunikation an, um auf Verständnis- bzw. Rückfragen sofort eingehen zu können. Verallgemeinert werden kann dies aufgrund der individuellen Präferenzen der Informationsverwender jedoch nicht. So hat Maltz auch festgestellt, dass MitarbeiterInnen im F&E Bereich den Austausch von wichtigen Informationen des Marketings in persönlicher und informeller Form favorisieren, während im Produktionsbereich grundsätzlich formale Reports präferiert werden (Maltz 2000, S. 124).

5 Ansatzpunkte zur effektiveren Nutzung von Beschwerdeinformationen

Um die im letzten Abschnitt skizzierten Barrieren abzubauen, kann auf verschiedene Faktoren im Unternehmen Einfluss genommen werden. Im vorliegenden Rahmen wollen wir uns auf einen zentralen Punkt beschränken: Die Integration des Informationsempfängers in den Beschwerdeinformationsprozess. Letztendlich beruht die Integration des Empfängers auf der Idee, dass eine mangelnde Nutzung von Beschwerdeinformationen durch den Emfänger auf eine unzureichende Informationsbasis zurückzuführen ist. Die Adressaten von Beschwerdeinfomationen werden dann Beschwerdeinformationen effektiv nutzen, wenn diese auf ihre Bedürfnisse zugeschnitten sind. Um dies zu bewerkstelligen, schlagen wir eine integrative Informationsbedarfsanalyse vor (5.1), auf deren Grundlage eine Anpassung des Beschwerdeinformationsprozesses erfolgen kann, um so Mängel der „Quality of Content" (5.2) und „Quality of Form" (5.3) zu vermeiden. Dieses Vorgehen macht von Beschwerdeinformationen „Betroffene" bereits in der Berichtskonzeption über eine geeignete Einbindung zu „Beteiligten" der Beschwerdeinformationsnutzung.

5.1 Integrative Analyse des Beschwerdeinformationsbedarfs

Das integrative Vorgehensmodell besteht aus insgesamt fünf Phasen: (a) Bestimmung des Beschwerdeinformationsempfängers und dessen Informationsbedarf aus Sicht des Beschwerdeinformationsanbieters, (b) Vorgespräch zwischen Beschwerdeinformationsempfänger und -anbieter, (c) Ermittlung des Informationsbedarfs durch den Beschwerdeinformationsanbieter und Erstellung eines Angebotskonzepts, (d) interaktive Ermittlung der Informationsnachfrage und (e) Konsolidierung der Informationsbedürfnisse und abschließende Zusammenstellung der Beschwerdeinformationsangebote.

a. **Bestimmung des Beschwerdeinformationsempfängers und dessen Informationsbedarfs aus Sicht des Beschwerdeinformationsanbieters**
   Die erste Phase der Bedarfsanalyse besteht in der Bestimmung der Beschwerdeinformationsempfänger im Unternehmen durch den Beschwerdeinformationsanbieter und stellt damit eine erste Konkretisierung des Informationsbedarfs in der Organisation dar. Alle relevanten Empfänger sollen identifiziert werden. Die Bestimmung dieser „Informationskunden" benötigt eine umfassende Betrachtung der Gesamtorganisation auf der einen und der möglichen Verwendungszwecke auf der anderen Seite. Letzteres impliziert, dass die Gruppe der möglichen Empfänger umso größer ist, je umfangreicher die möglichen Verwendungszwecke von Beschwerdeinformationen sind.

   Zur Bestimmung potentieller Informationskunden bietet sich eine Analyse der Ziele und Aufgaben einzelner Stellen im Unternehmen an, um zu identifizieren, an welchen Stellen Beschwerden wertschöpfende Informationen sein können.
b. **Vorgespräch zwischen Beschwerdeinformationsanbieter und -Empfänger**
   Zur Förderung der Akzeptanz von Beschwerdeinformationen bietet sich die direkte Abstimmung mit dem Informationsempfänger an. Dies hat mehrere Vorteile: Zunächst wird damit verhindert, dass Informationsempfänger das Gefühl erhalten, „übergangen" zu werden. Zudem bietet das Vorgespräch Möglichkeiten, die Reaktion auf Beschwerdeinformationen zu erfassen. Eine ablehnende Haltung kann bereits als Indikator für die Existenz von Widerständen mit Blick auf die spätere Nutzung von Beschwerdeberichten gedeutet werden. In diesem Fall bedarf es besonderer Sensibilität beim weiteren Vorgehen. Auf jeden Fall können im Rahmen des Vorgesprächs bereits erste Hinweise zum Informationsbedarf erlangt werden. So ist es durchaus denkbar, dass ein potentieller Informationsempfänger spezifische Informationswünsche und -Anforderungen an die Berichte äußert, welche in jedem Fall aufzunehmen, auf Machbarkeit zu prüfen und gegebenenfalls umzusetzen sind.
c. **Ermittlung des Informationsbedarfs durch den Beschwerdeinformationsanbieter und Erstellung eines Angebotskonzepts**
   Die Ermittlung des Informationsbedarfs durch den Beschwerdeinformationsanbieter baut auf der Identifizierung potentieller Informationskunden im Unternehmen auf und leitet den Informationsbedarf aus den Aufgaben und Zielen der einzelnen Empfängerstellen ab.

   Ziel der Ermittlung des Informationsbedarfs ist es dabei, ein erstes Angebotskonzept für Informationskunden zu erstellen, welches in der nächsten Phase als Diskussionsbasis dient. Empfängerindividuell enthält es Vorschläge für ein Reportingportfolio bzw. die Ausgestaltung von Standard-, Exception- und Demand-Reports. Hierbei gilt es, jeweils eine inhaltliche, eine formale sowie eine zeitliche Dimension zu konkretisieren. Gleichzeitig wägt es mögliche Informationsangebote vor dem Hintergrund der Machbarkeit aus Sicht des Beschwerdeinformationsanbieters ab.

d. **Interaktive Erfassung der Informationsnachfrage**
 Die interaktive Erfassung der Informationsnachfrage stellt den Kern der Beschwerdeinformationsbedarfsanalyse dar. Sie beinhaltet eine umfassende Befragung der Informationskunden hinsichtlich der von ihnen wahrgenommenen Beschwerdeinformationsbedürfnisse sowie eine Diskussion des aus Sicht des Beschwerdeinformationsanbieters relevanten Angebots.
 Das Ergebnis der subjektiven Bedarfsanalyse hängt in hohem Maße von der Mitarbeit der Beschwerdeinformationsempfänger ab. Ein zentraler Aspekt ist dabei die von den Beteiligten zur Verfügung gestellte Zeit für die Bedarfsanalyse. Dies macht noch einmal die Notwendigkeit von umfassenden Vorgesprächen deutlich. Für die interaktive Bedarfsermittlung können unterschiedliche Vorgehensweisen genutzt werden. Hierzu zählen insbesondere Interviews, Workshops und Fragebögen.
 Sowohl in *Interviews* als auch in *Workshops* bietet es sich an, offen nach der individuellen Nachfrage von Beschwerdeinformationen zu fragen. Die Teilnehmer der Workshops können die Führungskräfte im Unternehmen sein, die beschwerdebezogene Entscheidungen (bspw. Maßnahmen zur Fehlervermeidung) treffen müssen, bzw. Beschwerdeinformationen für ihre Aufgaben benötigen. Darüber hinaus kann der Teilnehmerkreis auf die Mitarbeiter im Umfeld des eigentlichen Adressaten ausgedehnt werden (Krcmar 2010). Dies bietet sich z. B. an, wenn Beschwerdeinformationen nicht nur als Führungsinformationen, sondern auch als Ausführungsinformationen genutzt werden. Ein *Fragebogen* kommt mehr für Bedarfsanalysen mit standardisiertem Informationsbedarf in Frage. Insbesondere für das Top-Management eignet sich die Fragebogenmethode, wenn das Zeitbudget knapp und die Bereitschaft an einem Workshop teilzunehmen gering ist.

e. **Konsolidierung der Informationsbedürfnisse und abschließende Zusammenstellung der Beschwerdeinformationsangebote**
 Basis der abschließenden Zusammenstellung des Beschwerdeinformationsangebots ist eine Konsolidierung der festgestellten Beschwerdeinformationsangebote. Dies sollte durchaus formalisiert erfolgen, da damit sichergestellt wird, dass Beschwerdeinformationen Empfänger nicht mehr „überraschend" erreichen können.

5.2 Verwendung der Ergebnisse der Bedarfsanalyse im Rahmen von Beschwerdestimulierung und -handling

Die Ergebnisse der integrativen Bedarfsanalyse sollten Grundlage für die Anpassung des Beschwerdeinformationsprozesses sein, um die weiter oben angedeuteten Barrieren der „Quality of Content" zu vermeiden.

So wird eine Einflussnahme auf die *Beschwerdestimulierung* dann notwendig, wenn festgestellt wird, dass die vorhandenen Beschwerden nicht ausreichen, um Informationsbedürfnisse zu decken. Dies kann bspw. dann der Fall sein, wenn in einem wichtigen Kundensegment nur wenige Beschwerden artikuliert werden. Ebenso liegt es nahe, dass die F & E Abteilung in der Regel ein großes Interesse an Beschwerden haben, die sich direkt nach Markteinführung eines neuen Produktes ergeben. Aus diesem Grund könnte es sich anbieten, produktbezogene beschwerdestimulierende Maßnahmen gemeinsam mit dem Marketing oder Vertrieb zu initiieren.

Eine Einflussnahme auf das *Beschwerdehandling* und insbesondere *die Beschwerdeannahme* ist dann notwendig, wenn festgestellt werden muss, dass Beschwerden durch Mitarbeiter im Kundenkontakt nicht oder nicht effektiv erfasst werden und damit die verfügbaren Beschwerdeinformationen für aussagekräftige Auswertungen nicht ausreichen. In diesen Fällen muss der Beschwerdeanbieter darauf hinwirken, dass Maßnahmen zur Erhöhung der Bereitschaft und Fähigkeit des Kundenkontaktpersonals zur Erfassung der Beschwerden initiiert werden sowie die Instrumente der Erfassung von Beschwerden gegebenenfalls verbessert werden. Dieser Aspekt ist von großer Bedeutung, denn eine entsprechend effektive Erfassung erleichtert nicht nur das Beschwerdehandling, sondern ist auch Voraussetzung einer zielgerichteten *Beschwerdeanalyse.* In dieser können auf Basis der erhobenen Bedürfnisse Auswertungen zielgerichtet erstellt oder angepasst werden. Ebenso fließen die festgestellten Bedürfnisse in die *Beschwerdeinformationsberichte* ein.

5.3 Nutzerorientierte Gestaltung der Beschwerdeberichte

Neben der inhaltlichen Konkretisierung entscheidet die formale Gestaltung („Quality of Form") der Beschwerdeinformationsreports, wie die Inhalte wahrgenommen, verstanden und als relevant beurteilt werden (Küpper et al. 2013). Bei der Gestaltung sollten daher sowohl die persönlichen Charakteristika des Informationsempfängers als auch Aspekte seiner/ihrer Position im Unternehmen berücksichtigt werden. Eine Individualisierung entsprechend den Verwenderpräferenzen ist natürlich mit den damit verbundenen Kosten (Zeitaufwand) und Nutzen (Akzeptanzsteigerung) abzuwägen. Gerade bei Beschwerdereports ist aber auf eine besondere Benutzerfreundlichkeit zu achten, um zu verhindern, dass formale Defizite für die Begründung der Nicht-Nutzung missbraucht werden.

Folgende Aspekte sollten bei der Gestaltung von nutzerorientierten Reports mindestens Beachtung finden: ***Gliederung, Umfang*** und ***Design*** der Reports (vgl. auch Schöler 2009). Für die ***Gliederung*** der Reports empfiehlt sich eine Trichterstruktur, d. h. eine Reihenfolge der Informationen von allgemeinen hin zu speziellen Aspekten, die zunächst Überblicks- (bspw. Kennzahlen) und dann Detailinformationen darstellen. Weiterhin empfiehlt sich bei der Gestaltung der Berichte zu berücksichtigen, ob ein Informationsempfänger auf die bereitgestellten Informationen eher negativ oder positiv reagieren wird. Muss von einer negativen Haltung gegenüber den Informationen ausgegangen werden, kann eine „induktive“ Strukturierung gewählt werden. Hier werden zunächst Beschwerdeprobleme mit ihren Konsequenzen dargelegt und erst dann mögliche Handlungsempfehlungen vorgestellt. Kann dagegen von einer positiven Haltung gegenüber den Informationen ausgegangen werden, so empfiehlt sich eine „deduktive“ Darstellung der Beschwerdeinformationen. Hier werden die Handlungsempfehlungen an den Anfang des Berichts gestellt, denen dann die zugrunde liegenden Informationen folgen.

Beim ***Umfang*** muss letztendlich der Beschwerdeinformationsanbieter einschätzen, welche Informationen die Berichte sinnvollerweise enthalten sollen. Dies gilt insbesondere für Detail- und Hintergrundinformationen oder auch für „O-Töne“ von Kunden, d. h. bspw. Auszüge aus deren Beschwerdekorrespondenz. Hierbei sieht sich der Beschwerdeinformationsanbieter einem Spannungsfeld zwischen umfassender Information und der Konzentration auf Wesentliches ausgesetzt. Zum einen muss vermieden werden, dass ein Beitrag zur Informationsüberlastung geleistet wird, zum anderen muss aber auch verhindert werden, dass Beschwerdeinformationen aufgrund ihrer starken Aggregation als nicht zweckorientiert betrachtet werden. Eine Lösung dieses Problems besteht in der Möglichkeit des Hinweises auf weitere Beschwerdeinformationsleistungen, die bei Bedarf angefordert bzw. abgerufen werden können.

Einen weiteren Punkt der Gestaltung stellt das ***Design*** der Berichte dar. Hierunter fällt die Darstellungsweise, die Beschwerdereports interessant erscheinen lassen. Allgemein bietet sich ein „Branding“ von Beschwerdereports durch konsistente Verwendung von Farben und Strukturelementen an, um so einen Wiedererkennungseffekt der Reports zu gewährleisten. Daneben sollte der Beschwerdeinformationsanbieter prüfen, welche Anforderungen sich aus dem Corporate Design des Unternehmens an Layout und Darstellung der Berichte ergeben. Fehlen beim Beschwerdeinformationsanbieter Erfahrungswerte zur Aufmachung von Reports, so bieten andere „etablierte“ interne Informationsdienstleister (bspw. Controlling oder Marktforschung) mit ihren Präsentationen und Berichten entsprechendes Anschauungsmaterial zur Orientierung an.

6 Zusammenfassung

Aufgabe des Kundencontrollings ist die profitable Steuerung von Kundenbeziehungen (Reinecke und Keller 2006). Um die damit verbundenen Aktivitäten erfolgreich koordinieren zu können, bedarf es der Erfassung, Aufbereitung, Bearbeitung und Bereitstellung kundenbezogener Informationen. Damit ist die zielgerichtete Verarbeitung von Beschwerdeinformationen zentraler Bestandteil des Kundencontrollings. Freilich muss eine organisatorische Umsetzung der in diesem Beitrag beschriebenen Prozesse unternehmensindividuell erfolgen (Kirsch et al. 2009). Dennoch glauben wir, dass eine effektive Nutzung von Beschwerdeinformationen von der systematischen Umsetzung der Trias *Beschwerdestimulierung/-monitoring*, *Beschwerdehandling* und *Lernen aus Beschwerden* (inkl. Analysen und Reporting) abhängt. Insbesondere die Integration von betroffenen Beschwerdeinformationsempfängern als Beteiligte in den Prozess der Beschwerdeinformationsnutzung ist dabei von enormen Wert.

Literatur

Bruhn, M. 1986. Vom Nutzen des direkten Kundendialogs: Beschwerdemanagement. *Harvard Business Manager* 8(3): 104–108.

Day, R., und E. Landon. 1977. Toward a theory of consumer complaint behavoir. *Consumer and industrial buyer behavior*, Hrsg. A. G. Woodside, J. N. Shet und P. D. Benett, 425–437. New York.

Deshpande, R., und G. Zaltman. 1984. A comparision of factors affecting researcher and manager perceptions of market research use. *Journal of Marketing Research* 21(1): 32–38.

DGQ - Deutsche Gesellschaft für Qualität. 2013. *DGQ-Monitor 2012 Beschwerdemanagement. Auf dem Weg zu exzellentem Service*. Frankfurt.

Hansen, U., K. Jeschke, und P. Schöber. 1995. Beschwerdemanagement – Die Karriere einer kundenorientierten Unternehmensstrategie im Konsumgütersektor. *Marketing ZFP* 17(2): 77–88.

Hennig-Thurau, T. 2004. „Word-of-Mouse“: Warum Kunden anderen Kunden im Internet zuhören. *Jahrbuch der Absatz- und Verbraucherforschung* 50(1): 52–75.

Kamiske, G. F. 2013. *Handbuch QM-Methoden*, 2. Aufl. München: Hanser.

Kießling, B., und H. Koch. 1999. *Kundenforum: Wie Unternehmen herausfinden, was ihre Kunden wirklich wollen*. Wiesbaden: Gabler Verlag.

Kirsch, W, D. Seidl, und D. van Aaken. 2009. *Unternehmensführung. Eine evolutionäre Perspektive*. Stuttgart: Schäffer-Poeschel.

Kleinitzke, M., und A. Schöler. 2007. Beschwerden als Frühwarnsystem. *Direkt Marketing* 43(4): 44–45.

Krcmar, H. 2010. *Informationsmanagement*, 5. Aufl. Berlin: Springer.

Küpper, H. U., G. Friedl, C. Hofmann, Y. Hofmann, und B. Pedell. 2013. Controlling: Konzeption, Aufgaben, Instrumente, 6. Aufl. Stuttgart: Schäffer-Poeschel.

Maltz, E. 2000. Is all communiation created equal? An investigation into effects of communication mode on perceived information quality. *Journal of Production Innovation Management* 17(2): 110–127.

Maxham III, J. G., und R. G. Netemeyer. 2002. A longitudinal study of complaining customer's evaluations of multiple service failures and recovery efforts. *Journal of Marketing* 66(4): 57–71.

McCollough, M. A., und S. G. Bharadwaj. 1992. The recovery paradox: An examination of customer satisfaction in relation to disconfirmation, service quality, and attribution based theories. In *Marketing theory and applications*, Hrsg. C. T. Allen et al., 119. Chicago: American Marketing Association.

Menon, A., und J. B. Wilcox. 1994. USER: A scale to measure use of market research, Technical Working Paper des Marketing Science Institute Nr. 94–108. Cambridge.

Menon, A., und R. Varadarajan. 1992. A model of marketing knowledge use within firms. *Journal of Marketing* 56(4): 53–71.

Picot, A., und E. Franck. 1988. Die Planung der Unternehmensressource Information. *Das Wirtschaftsstudium* 17(10, 11): 544–549–608–614.

Reinecke, S., und J. Keller. 2006. Strategisches Kundenwertcontrolling. Planung, Steuerung und Kontrolle von Kundenerfolgspotenzialen. In *Handbuch Marketing-Controlling*, Hrsg. S. Reinecke und T. Tomczak, 2. Aufl., 253–282. Wiesbaden: Gabler.

Schöber, P. 1997. *Organisatorische Gestaltung von Beschwerdemanagement-Systemen*. Frankfurt a. M.: Peter Lang.

Schöler, A. 2009. *Beschwerdeinformationen und ihre Nutzung*. Wiesbaden: Gabler.

Stauss, B. 2002. Kundenwissens-Management, In *Marketing-Management und Unternehmensführung*, Hrsg. H. Böhler, 273–295. Stuttgart: Schäffer-Poeschel.

Stauss, B., und A. Schöler. 2003. *Beschwerdemanagement Excellence. State-of-the-Art und Herausforderungen der Beschwerdemanagement-Praxis in Deutschland*. Wiesbaden: Gabler.

Stauss, B., und W. Seidel. 1998. *Beschwerdemanagement. Fehler vermeiden – Leistungen verbessern – Kunden binden*, 2. Aufl. München: Hanser.

Stauss, B., und W. Seidel. 2014. *Beschwerdemanagement. Unzufriedene Kunden als profitable Zielgruppe*, 5. Aufl. München: Hanser.

Tax, S. S., und S. W. Brown. 1998. Recovering and learning from service failure. *Sloan Management Review* 40(1): 75–88.

Wimmer, F. 1985. Beschwerdepolitik als Marketinginstrument. In *Verbraucherabteilungen in privaten und öffentlichen Unternehmen*, Hrsg. U. Hansen und I. Schoenheit, 225–254. Frankfurt a. M.: Campus.

Winkler, S. 2002. *After-Sales-Feedback mit Kundenkonferenzen. Methodische Grundlagen und praktische Anwendung*. Wiesbaden: Gabler.

Wirth, T. 2000. Leserorientierte Gestaltung von Managementberichten – Hinweise aus der angewandten Psychologie. *Krp – Kostenrechnungspraxis* 44(2): 79–85.

Dr. Andreas Schöler ist Professor für Konsumentenpsychologie und Dienstleistungsmanagement an der Hochschule für angewandtes Management in Erding (www.fham.de). Zudem ist er geschäftsführender Partner der Partnerteams Group GmbH & Co. KG (www.partnerteams-group.com).
Dr. Dominik van Aaken ist Privatdozent an der betriebswirtschaftlcihen Fakultät der Ludwig-Maximilians-Universität München und forscht zu Fragen der Compliance, Corporate Governance und Führung von Unternehmen.

Preiscontrolling in der Unternehmenspraxis

Björn Ivens, Klaus Stemmermann und Alexander Leischnig

Zusammenfassung

Preispolitische Entscheidungen haben für Unternehmen auf Grund ihrer direkten Erlöswirksamkeit eine enorme Bedeutung. Die zielgerichtete und systematische Gestaltung des Preismanagements stellt Unternehmen in vielen verschiedenen Branchen jedoch vor enorme Herausforderungen. Der vorliegende Beitrag gibt einen Überblick über grundlegende Aspekte des Preismanagements. Darüber hinaus zeigt der Beitrag auf, wie durch Preiscontrolling das Preismanagement in Unternehmen gestärkt und Optimierungspotentiale für Unternehmen erschlossen werden können.

Schlüsselwörter

Preis · Preiscontrolling · Preismanagement · Preismanagement-Prozess

1 Einführung

Wollen Manager Profitabilität und Wachstum als grundlegende Ziele für ihr Unternehmen erreichen, dann müssen sie zwei strategische Kernprozesse in ihren Unternehmen implementieren: Wertschöpfung und Werteinforderung. Wertschöpfung umfasst alle Anstrengungen, die dazu dienen, bei der Verwandlung von Inputs in Outputs den Wert zu erhöhen, den Marktpartner (z. B. Konsumenten, Händler oder professionelle Wiederverarbeiter) bei Erwerb eines Angebotes als Nutzen erhalten. Werteinforderung meint hingegen Anstrengungen, die darauf gerichtet sind, als

B. Ivens (✉) · A. Leischnig
Otto-Friedrich-Universität Bamberg, Bamberg, Deutschland
E-Mail: bjoern.ivens@uni-bamberg.de; alexander.leischnig@uni-bamberg.de

K. Stemmermann
Technische Hochschule Nürnberg Georg Simon Ohm, Nürnberg, Deutschland
E-Mail: klaus.stemmermann@th-nuernberg.de

W. Becker, P. Ulrich (Hrsg.), *Handbuch Controlling*,
https://doi.org/10.1007/978-3-658-26431-4_23

Anbieter in einer Markttransaktion den für Abnehmer geschaffenen Wert im Gegenzug auch für sich selbst zu realisieren. Zentraler Aspekt der Werteinforderung ist das Preismanagement.

Das Preismanagement eines Unternehmens bestimmt die Relation zwischen dem Wert, den ein Kunde von einem Unternehmen erhält, und dem Entgelt, das ein Kunde dafür zu erbringen hat. Der Preis ist also nie nur eine Zahl oder ein Geldbetrag – er stellt das Verhältnis von Input und Output dar, auf das sich Kunde und Unternehmen einigen. Preismanagement umfasst neben der Kalkulation von Preisen auch Aktivitäten wie etwa die Analyse von Markt- und Kostenstrukturen, die Definition der preisstrategischen Ausrichtung des Unternehmens sowie deren Umsetzung. Die effektive und effiziente Gestaltung des Preismanagements stellt für Unternehmen eine grundlegende Aufgabe dar, deren Bewältigung erheblichen Einfluss auf den Erfolg eines Unternehmens hat.

Kein Unternehmen kann am Markt bestehen, wenn es ihm nicht gelingt, die von ihm angebotenen Leistungen an Nachfrager zu verkaufen (vgl. Diller et al. 2005, S. 18 f.). Entsprechend betont Porter (1991), dass Wertschöpfung zwar zu Kundenzufriedenheit führt und somit ein Grundstein für die Profitabilität von Unternehmen ist. Er unterstreicht aber, dass sie nur eine notwendige und keine hinreichende Bedingung für Profitabilität darstellt. Entscheidend ist, wie gut Unternehmen Werteinforderung managen.

Verschiedene Autoren argumentieren in diesem Zusammenhang, dass Manager die Vorteile einer systematischen Preispolitik oft nicht ausschöpfen und stattdessen zu sehr auf Kostensenkung fokussieren. So konnte beispielsweise für eine Stichprobe deutscher Unternehmen im Geschäftskundenbereich gezeigt werden, dass sich das Unternehmensergebnis im Durchschnitt um fast 15 % verbessern würde, wenn es gelänge, die Preise um nur 1 % zu erhöhen (Schuppar 2006, S. 121). Der Preis als Gewinnhebel ist damit im Vergleich zu Kostensenkungsmaßnahmen ein sehr schlagkräftiges Instrument. Der Preis wird zudem oftmals als ein Instrument dargestellt, das sich schnell und ohne großen Aufwand einsetzen und anpassen lässt. Im Gegensatz zur Gewinnwirkung des Preises ist die kostenneutrale Beweglichkeit bei genauerer Betrachtung nur ein Mythos (Rao et al. 2000; Zbaracki et al. 2004; Diller 2007). Spätestens bei der Umsetzung von Preismaßnahmen machen Unternehmen die Erfahrung, wie schwierig es ist, Preismanagement überhaupt systematisch anzugehen. Es erfordert ein hohes Maß an Anstrengung, Preise professionell zu managen (Ivens 2000). Preismanagement ist so komplex, dass Unternehmen, die es beherrschen, einen Wettbewerbsvorteil gegenüber ihren Konkurrenten erlangen können (Dutta et al. 2003).

Der Druck, sich mit dem Preis zu beschäftigen, hat sich zunehmend verstärkt. Wesentliche Ursachen dafür sind unter anderem eine wachsende Wettbewerbsintensität, professionelleres Einkaufsverhalten, aber auch Überkapazitäten und die Commoditisierung von Leistungen (Baker et al. 2010; Kunold und Antolin 2011; Enke et al. 2014; Voeth und Herbst 2014). Manager stellen sich deshalb immer häufiger die Frage, welches die Erfolgsfaktoren für ein professionelles Preismanagement sind. Dabei rücken die praktischen Probleme der Umsetzung in den Vordergrund. Die Herausforderungen sind unter anderem:

- Komplexität: Oftmals müssen die Preise von tausenden, sehr unterschiedlichen und erklärungsbedürftigen Leistungen bestimmt werden (Dutta et al. 2003; Simon 2004). Es ist deshalb meist nicht möglich, sich mit jeder einzelnen Leistung detailliert zu befassen.
- Fehlende Informationen: Viele relevante Informationen liegen als Entscheidungsgrundlage in der Praxis oftmals nicht vor oder sind sehr schwer zu beschaffen (Wiltinger 1998; Kossmann 2006).
- Interessenkonflikte im Unternehmen: Innerhalb des Unternehmens sind viele Personen in die Preisentscheidungen involviert und verfolgen dabei sehr unterschiedliche Interessen (Lancioni et al. 2005).

In vielen Unternehmen krankt das Preismanagement an mehreren Stellen:

- Mangelnde Analyse: Preise werden festgelegt, ohne zu verstehen, welchen Wert der Kunde konkret in dem Angebot eines Unternehmens sieht – und welche Zahlungsbereitschaft er damit hätte. Folglich wird klassisch nach Zuschlagskalkulation gerechnet.
- Mangelnde Prozessdefinition: Preise werden ohne klare Prozessdefinition gemanagt. Die Preiskalkulation erfolgt so, „wie wir es schon immer gemacht haben“. Wer konkret wann und wie an dem Prozess beteiligt ist, ist nur bedingt geklärt, wird aber nicht hinterfragt.
- Mangelnde Konsequenz: Wenn Preise festgesetzt sind, wird unter vermeintlichem Kundendruck rasch davon abgerückt. Der Außendienst überschreitet seinen Verhandlungsrahmen – oftmals ohne Konsequenzen.
- Mangelnde Systematik: Kampfpreise werde häufig als strategisch begründet, ohne dass das Thema Pricing ein durchdachter Teil der Strategie ist.

Vor diesem Hintergrund müssen Unternehmen aktiv an einer systematischen Implementierung des Preismanagements arbeiten (Simon 2004). Erschwert wird dies aber dadurch, dass die meisten Informationssysteme in Unternehmen produktorientiert aufgebaut sind. Eine Preis- und Kundenperspektive in die Datenstrukturen zu integrieren, stellt von Branche zu Branche sehr unterschiedliche Anforderungen.

Gegenstand des vorliegenden Beitrags ist es, Ansätze des Preismanagements aufzuzeigen und zu thematisieren. Hierfür ist es zweckmäßig, zunächst die grundlegenden Ziele und Prozessschritte des Preismanagements aufzuzeigen (Abschn. 2). Anschließend werden dann Ansätze für das Preiscontrolling thematisiert (Abschn. 3). Der Beitrag geht danach auf verschiedene Niveaus oder Levels der Implementierung in Unternehmen („Reifegrade“) ein (Abschn. 4) und schließt mit einem Fazit (Abschn. 5).

2 Charakteristika des Preismanagements

2.1 Ziele des Preismanagements

Ausgehend von der Idee der Werteinforderung kann die Zielstellung des Preismanagements grob in *Primär- und Sekundärziel*e untergliedert werden (Reinecke und Janz 2007, S. 289 f.). Primärziele umfassen z. B. Umsatz- und Deckungsbeitragsziele sowie Ziele in Bezug auf Absatz und Marktanteile. Sekundärziele beziehen sich auf Aspekte der Wirtschaftlichkeit sowie Organisations-, Personal-, Dokumentations- und Informationsziele. Dabei ist wesentlich, dass das Preismanagement Bereichsziele fast aller Unternehmenseinheiten betrifft. Das Zielsystem gerät dadurch in ein Spannungsfeld absatz-, produktions- und finanzwirtschaftlicher Überlegungen, auch wenn „der Preis“ oberflächlich oft als ein Gestaltungselement des „Marketing-Mix“ angesehen wird. Dies ist jedoch extrem verkürzt, weil so grundlegende Ziele wie z. B. die Kapazitätsauslastung von Produktion und Supply Chain oder auch die Liquidität eines Unternehmens unmittelbar durch die Setzung von Preisen beeinflusst werden können. Insofern stellt der Preis eine Variable dar, durch die zahlreiche Effekte in Unternehmen ausgelöst werden können.

Neben unternehmensinternen Wirkungen, lassen sich durch Preise auch Ziele bei anderen Stakeholder-Gruppen erreichen. Herausgegriffen seien hier insbesondere die Kunden. Preise wirken beispielsweise auf Erst- und Wiederkaufsabsicht, Kundenzufriedenheit, das Vertrauen in ein Unternehmen oder auch die Weiterempfehlungsabsicht von Kunden. Inwiefern diese Zielgrößen erreicht werden, hängt neben der Preishöhe von Dimensionen wie z. B. Preistransparenz und Preisstabilität ab. Weitere Stakeholder, bei denen Manager durch preispolitische Maßnahmen bestimmte Effekte erzielen können, sind unter anderem Wettbewerber, Medien oder Nicht-Regierungsorganisationen.

2.2 Preismanagement als Prozess

Der Kern der prozessorientierten Sichtweise auf das Preismanagement liegt darin, anstatt der Preisentscheidung oder Preisoptimierung für ein einzelnes Produkt alle Herangehensweisen zu betrachten, die dazu dienen, Preise festzulegen und durchzusetzen (Simon 2004; Diller 2007). Dies gilt sowohl für externe, auf Märkten zu realisierende Preise, als auch für interne Preise, die beispielsweise der Verrechnung von Leistungen zwischen Unternehmenseinheiten (z. B. Transferpreise zwischen Landesgesellschaften) dienen. Einzelne Preisentscheidungen und Produkte rücken damit in den Hintergrund. Im Vordergrund steht die Implementierung einer systematischen Abfolge von Aktivitäten zur Steuerung der Preise eines Unternehmens. Sie wird zum zentralen Untersuchungsgegenstand. Studien haben gezeigt, dass das Thema eines ganzheitlichen Preismanagement-Prozesses aus Sicht von Praktikern eine weitaus größere Herausforderung darstellt, als die einzelne, isolierte Preisentscheidung (Simon 2004).

Eine Beschreibung des Preismanagements als Prozess findet sich inzwischen in einer Reihe von Veröffentlichungen (Shipley und Jobber 2001; Dutta et al. 2003; Hinterhuber 2004; Lancioni 2005; Schuppar 2006; Diller 2007; Simon und Fassnacht 2009; Homburg und Totzek 2011;). Die Prozessdarstellungen aus diesen Arbeiten grenzen verschiedene Entscheidungsfelder in einem Phasenschema voneinander ab. Dabei werden zwischen drei und sechs Prozessphasen unterschieden. Teilweise variiert zudem der Betrachtungsfokus. Beispielsweise wird in einem Fall nur der Prozess der Preisanpassung beschrieben (Dutta et al. 2003).

Ein wesentlicher Grund für die starke Beachtung, die Preismanagement als Prozess erfährt, liegt in der Tatsache, dass es in beinahe jedem Unternehmen Aufgaben umfasst, die typischerweise abteilungsübergreifend wahrgenommen werden (z. B. zwischen Vertrieb, Produktmanagement, Controlling und strategischem Marketing; vgl. u. a. Ivens 2009). Darüber hinaus können externe Akteure wie z. B. Marktforschungsunternehmen oder Vertriebspartner in Pricing-Aufgaben eingebunden sein. In der Konsequenz besteht für das Preismanagement ein im Vergleich zu anderen Prozessen sehr hoher Koordinationsbedarf. Die Koordination bezieht sich dabei nicht nur auf verschiedene Akteure, sondern auch auf deren Rollen, Ziele sowie ihre zeitliche Einbindung in das Preismanagement. Durch die Definition eines klaren Preismanagementprozesses soll die Koordination erreicht werden. Abb. 1 zeigt einen idealtypischen Preismanagementprozess. Der Prozess umfasst die Phasen:

- Preisanalyse: Sammlung und Auswertung von Informationen über Kunden (u. a. Zahlungsbereitschaften und Preisverhalten), Wettbewerb (u. a. Preisstrategien, Preislagen) sowie Kosten.
- Preisstrategie: Bestimmung des langfristigen preispolitischen Handlungsrahmens (z. B. Premiumpreis-Strategie oder Low-Cost-/Discount-Strategie).
- Preiskalkulation: Bestimmung der Kalkulationsverfahren (für individuelle Leistungen, Sortimentspreisbildung, Lifecycle-Pricing etc.).
- Preisumsetzung: Aufbau von Preis-Informationssystemen, Erläuterung der Preispolitik im eigenen Unternehmen, Gestaltung von Preiskommunikation (Werbung, PR etc.) sowie Durchsetzung in Preisverhandlungen.

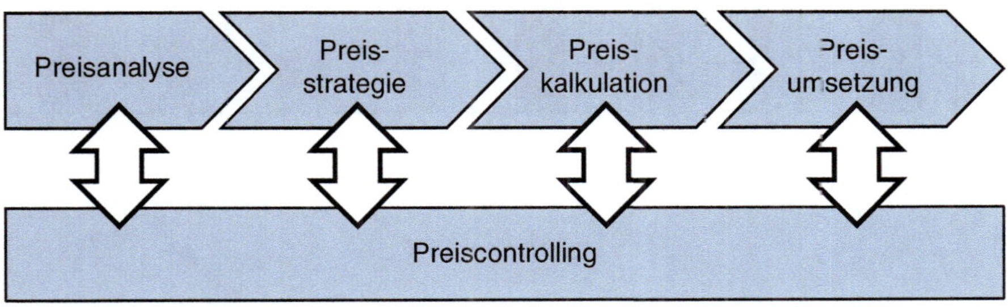

Abb. 1 Prozess des Preismanagements. (Quelle: Eigene Darstellung in Anlehnung an Diller (2007) sowie Simon (2004))

In allen vier genannten Phasen benötigen die Akteure, die an der Ausführung des jeweiligen Prozessschrittes beteiligt sind, die Unterstützung durch ein systematisches Preiscontrolling. Das Controlling liefert die jeweils erforderlichen Informationen und ist Grundlage für strategische und operative Entscheidungen.

2.3 Die Beziehung zwischen Preismanagement und Preiscontrolling

Die im Preismanagement-Prozess dargestellte Beziehung zwischen Prozessphasen und Preiscontrolling kann als Schnittstelle oder Nahtstelle ausgelegt werden. Ist sie als Schnittstelle verankert, so dominiert in der Grundorientierung der mit der Controlling-Aufgabe beauftragten Mitarbeiter der Aspekt der Kontrolle bzw. Überwachung. Bei Ausrichtung als Nahtstelle liegt der Fokus der Mitarbeiter stärker auf dem Aspekt der Unterstützung und Beratung für Abteilungen und Individuen, welche Aufgaben im Rahmen des Preismanagement-Prozesses zu verantworten haben. Abb. 2 zeigt Ergebnisse einer empirischen Studie (Ivens 2009), in deren Rahmen Unternehmensvertreter Angaben darüber machten, in welcher Art und Weise verschiedene Abteilungen in einen Teilprozess des Preis-Managements, in die Vorbereitung und Durchführung von Preisanpassungen gegenüber Kunden, eingebunden sind. Dabei wurde unterschieden, ob die entsprechende Abteilung informierend, beratend, entscheidend oder kontrollierend in dem Prozess wirkt. Es

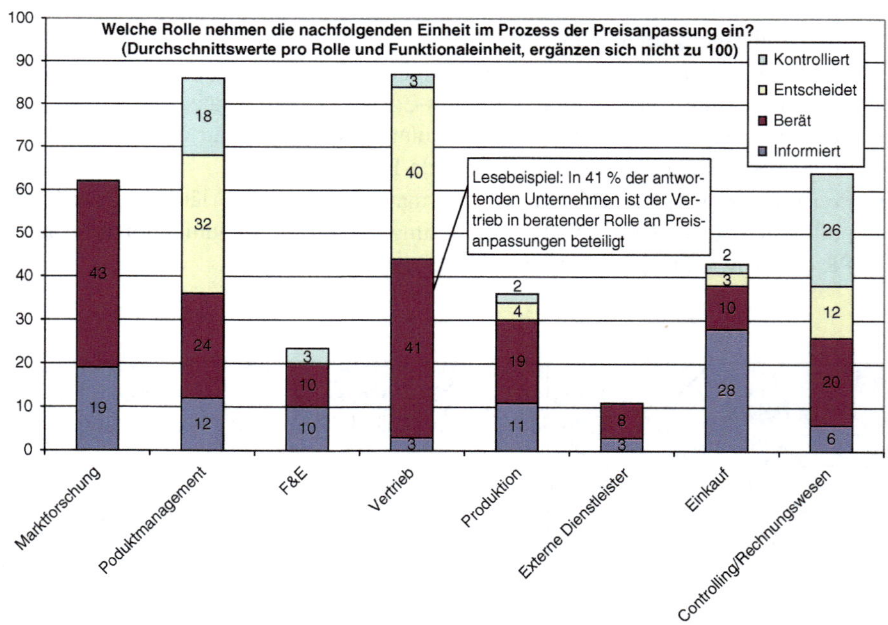

Abb. 2 Beteiligung unterschiedlicher Funktionaleinheiten am Prozess der Preisanpassung in informierender, beratender, entscheidender oder kontrollierender Rolle (Mehrfachantworten waren möglich). (Quelle: Ivens (2009), S. 206)

wird deutlich, dass Controlling und Rechnungswesen keineswegs ausschließlich kontrollierend eingebunden sind. Vielmehr kommt ihnen in vielen Unternehmen eine eher unterstützend-beratende Rolle zu. Beide Auslegungen des Preis-Controllings sind je nach Branche und Unternehmenssituation möglich und sinnvoll. Die Auslegung als Schnitt- oder Nahtstelle sollte damit eine bewusst getroffene Managemententscheidung sein.

3 Controlling-Ansätze im Preismanagement

3.1 Aufgaben, Funktionen und Ansatzpunkte des Preiscontrollings

Preiscontrolling stellt einen Teilbereich des Unternehmenscontrollings dar, dessen grundlegende Aufgabe die Sicherstellung von Effektivität und Effizienz von Führungshandlungen im Preismanagement ist (Sicherstellung der Führungsrationalität, Weber und Florissen 2005, S. 17). Das Preiscontrolling nimmt dabei vier Aufgaben bzw. Funktionen wahr, die aus dem Marketingcontrolling abgeleitet werden können (Reinecke und Janz 2007, S. 51 ff.): Die Informationsfunktion bezieht sich auf die problemspezifische Bündelung und Abstimmung von Informationen mit dem Ziel, einen entscheidungsadäquaten Informationsstand zu gewährleisten, um effektiv und effizient zu handeln. Die Planungsfunktion umfasst die Unterstützung der strategischen und operativen Preisplanung bezüglich der Willensbildung und Durchsetzung durch die Generierung von Entscheidungsoptionen. Die Kontrollfunktion bezieht sich auf die Überwachung von Preisen und mit ihnen verknüpften Parametern mittels Kontrollen und Audits zum Zwecke der Bestimmung von Zielerreichungsgraden. Die führungsübergreifende Koordinationsfunktion umfasst schließlich Beratungs- und Coachingaufgaben sowie das Controlling spezifischer Projekte.

Angesichts der unmittelbaren Gewinnwirkung von Preisentscheidungen und ihrer starken Auswirkungen auf andere Unternehmensbereiche überrascht es, dass sich das Thema Preiscontrolling bzw. Erlöscontrolling in der gängigen Controllingliteratur eher am Rande finden lässt (u. a. Weber und Florissen 2005; Franke und Bergmann 2006; Bolte 2008; Reinecke et al. 2008; Sebastian et al. 2009; Vogels 2012). In der Praxis unterscheiden sich zudem die Anforderungen an die Ausgestaltung eines Preiscontrollings abhängig von der Branche und situativen Faktoren (z. B. Unternehmensstrategie, -größe, Internationalisierung etc.). Daneben wird die Einführung schlüssiger Systeme im Preiscontrolling durch typische Probleme in den IT-Systemen erschwert. Durch kundenorientiert ausgelegte Konditionensysteme (z. B. für Rabatte, Boni, Gutschriften, Zuschläge etc.) gelingt es Unternehmen häufig nicht einmal rückblickend, eine transparente Sicht auf ihre mit den abgesetzten Produkten tatsächlich realisierten (Netto-)Preise zu gewinnen. Das Preiscontrolling auf die Bildung von für das Preismanagement wichtige Kennzahlen zu reduzieren, greift angesichts der beschriebenen Komplexität zu kurz. Ebenso wie im Preismanagement gilt, dass im Fokus nicht die einzelne Preisentscheidung, sondern die systematische Abfolge von Aktivitäten zur Steuerung des Preises steht.

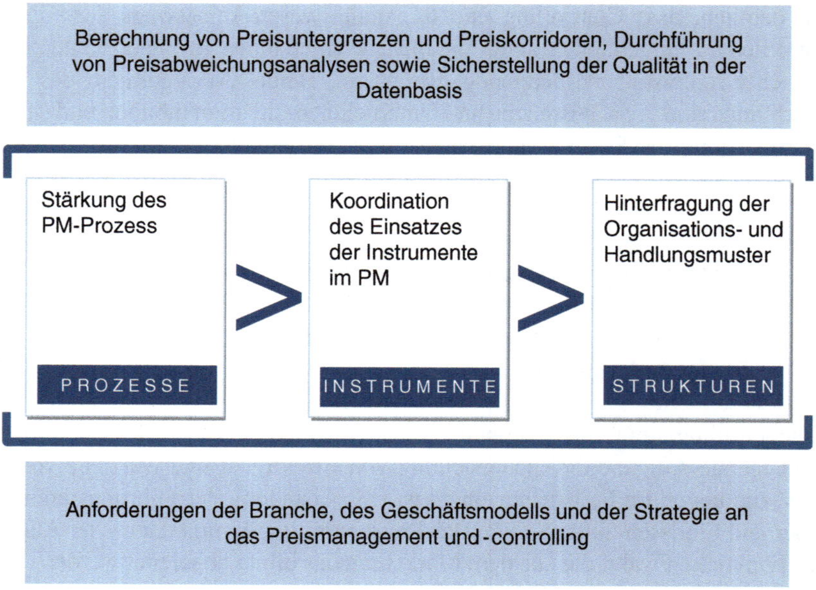

Abb. 3 Ansatzpunkte für die Entwicklung von Systemen des Preiscontrollings. Beitrag: Ivens, Stemmermann, Leischnig

Controlling-Systeme können über die Komponenten Prozesse, Instrumente und Strukturen aufgebaut werden. Abb. 3 gibt einen Überblick über Ansätze zur Gestaltung von Preiscontrolling-Systemen. Ansatzpunkte für die Entwicklung schlüssiger Systeme im Preiscontrolling, die eine gezielte Werteinforderung ermöglichen, lassen sich damit in den folgenden Zusammenhang bringen:

1. Den Rahmen bilden die für alle Unternehmen relevanten Punkte „Berechnung von Preisuntergrenzen und Preiskorridoren, Durchführung von Preisabweichungsanalysen sowie Sicherstellung der Qualität in der Datenbasis" sowie die „Anforderungen der Branche, des Geschäftsmodells und der Strategie an das Preismanagement und -controlling".
2. Ausgehend von den grundsätzlichen Gestaltungsmöglichkeiten des Preismanagementprozesses kann des Weiteren unternehmensindividuell an der „Stärkung des Preismanagementprozesses", der „Koordination des Einsatzes der Instrumente des Preismanagements" sowie an der „Hinterfragung der Organisation und der Handlungsmuster der beteiligten Akteure" angesetzt werden.

3.2 Berechnung von Preisuntergrenzen und Preiskorridoren, Durchführung von Preisabweichungsanalysen sowie Sicherstellung der Qualität in der Datenbasis

In der Regel bildet die (Vor-)Kalkulation von Preisen (für Neuprodukte bzw. bestehende Produkte) den Einstieg in das Preiscontrolling. Grundsätzlich lassen sich kurzfristige (positiver Deckungsbeitrag) und langfristige (Deckung der Selbstkosten) Preisuntergrenzen unterscheiden. Das Festlegen von Preisgrenzen erfolgt dabei unter Managementaspekten, aber auch rechtlichen Aspekten (z. B. Regelungen im Wettbewerbsrecht).

Das Setzen einer kurzfristigen Preisuntergrenze setzt als Datenbasis das System der Teilkostenrechnung voraus. Ohne belastbare Informationen aus einem Teilkostenrechnungssystem sind Entscheidungen hinsichtlich der kurzfristigen Wahrnehmung von Absatzchancen (oder die Ablehnung entsprechender Anfragen) nicht möglich. Über das Berechnen der langfristigen Preisuntergrenze kann auf Basis von Vollkosten der Verhandlungsrahmen in Preisverhandlungen eingegrenzt werden. In der Praxis ist das Setzen von Preiskorridoren für Preisverhandlungen sinnvoll.

Preiskorridore bestehen aus einem unteren Limitpreis und einem Zielpreis. Limitpreise werden auf der Basis der berechneten Preisuntergrenzen und unter Berücksichtigung von Gewinn- und Wettbewerbszielen gebildet. Das Setzen des Limitpreises ist somit eine Managemententscheidung, die den Handlungsspielraum der Akteure eingrenzt. Je nach Stellung der Akteure in der Hierarchie können Limitpreise differenziert definiert werden. Das Setzen von Preiskorridoren löst in Unternehmen bei Unterschreitung von gesetzten Limits somit einen Preisfreigabeprozess aus (siehe Abb. 4).

Preiskorridore können einheitlich für alle Transaktionen eines Unternehmens am Markt gesetzt werden und/oder nach Märkten, Produkt- und Kundengruppen bzw. zeitlich differenziert werden. Das Setzen von Preiskorridoren stellt somit ein wichtiges Instrument im Rahmen der strategischen Positionierung von Unternehmen dar.

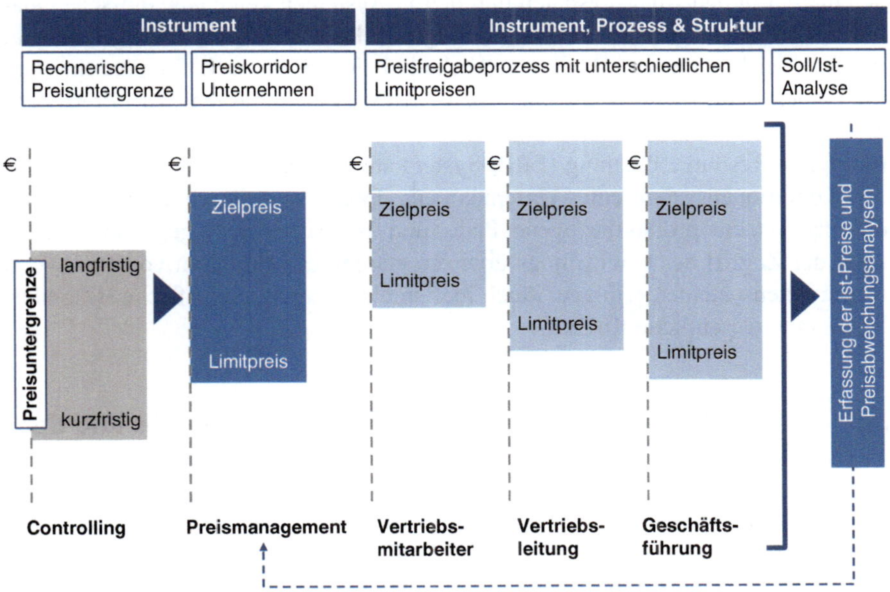

Abb. 4 Preisuntergrenzen, Preiskorridore und Preisabweichungsanalysen. (Quelle: Eigene Darstellung)

Je nach Art der Unternehmenstätigkeit (Anzahl der Produkte, Kunden und bearbeitete Märkte) und Grad der Preisdifferenzierung zwischen Produkten, Kunden und Märkten ergeben sich komplexe Datenstrukturen in den Planungs- und Reportingsystemen von Unternehmen. Preiskorridore müssen daher regelmäßig und in manchen Branchen sogar laufend überprüft werden. Dies trifft insbesondere für international bzw. in unterschiedlichen Währungsräumen agierende Unternehmen zu.

Bereits 1989 wurden Verfahren vorgestellt, mittels derer sich auch in solch komplexen Datenstrukturen Preisabweichungen für Steuerungszwecke identifizieren lassen (Albers 1989a, b). Dabei werden geplante und realisierte Erlöse gegenübergestellt und beobachtete Abweichungen in ihre Preis- und Mengenkomponenten sowie – bei Überschneidungen von Preis- und Mengeneffekten – gegebenenfalls zusätzlich in eine Preis-/Mengenkomponente untergliedert. Ausgehend von diesem Grundmodell lässt sich das Verfahren weiter ausbauen, wobei Mengeneffekte in Marktvolumen-, Marktanteils- und Sortimentseffekte unterschieden – und im Falle von internationalen Geschäftstätigkeiten aus den Preiseffekten Wechselkurseffekte isoliert – werden können. Für die dargestellten Effekte lässt sich die jeweilige Ergebniswirkung berechnen, wobei sich Preiseffekte in voller Höhe auf das Ergebnis auswirken. Somit gilt es, im Preiscontrolling neben dem Verfahren der Preiskorridorsetzung Verfahren zur Preisabweichungsanalyse bzw. zur Identifikation von Preiseffekten festzulegen und diese zu implementieren. Dieses Vorgehen verlangt den Einsatz geeigneter Instrumente (Berechnung von Preisuntergrenzen und -korridoren, Preisabweichungsanalysen etc.), löst Prozesse aus (Preisfreigabe und Rückkopplung aus dem Soll/Ist-Abgleich) und erfordert das Zusammenarbeiten der betroffenen Akteure.

Hinsichtlich der genannten Instrumente zeigt sich, dass ohne eine entsprechende Qualität in den Ausgangsdaten und den IT-Systemen keine angemessene Qualität im Preismanagement und -controlling erzielt werden kann. Dies gilt sowohl für die Preisbildung auf Basis von Vorkalkulationen als auch für produkt- und projektbezogene Nachkalkulationen bzw. Erlösabweichungsanalysen. Preiskorridore müssen nicht nur nach festgelegten Richtlinien gebildet, sondern auch im Enterprise Resource Planning (ERP)-System abgebildet werden. Gleiches gilt für das Konditionensystem eines Unternehmens. Lassen sich durch komplexe Konditionensysteme produktbezogene Plan- und Ist-Daten nicht gegenüberstellen, kann der Zugriff des Controllings über ein getrenntes Monitoren von Preis- und Konditionensystemen erfolgen. Auch hier spielen branchenspezifische Besonderheiten eine wesentliche Rolle.

3.3 Anforderungen der Branche, des Geschäftsmodells und der Strategie

In den bisherigen Ausführungen wurde bereits mehrfach angesprochen, wie stark sich Branchenanforderungen und situative Einflussfaktoren in den Unternehmen auf das Preismanagement und -controlling auswirken. Um einen klaren Mehrwert zu generieren, müssen Management- und Controllingsysteme diesen Einflussgrößen

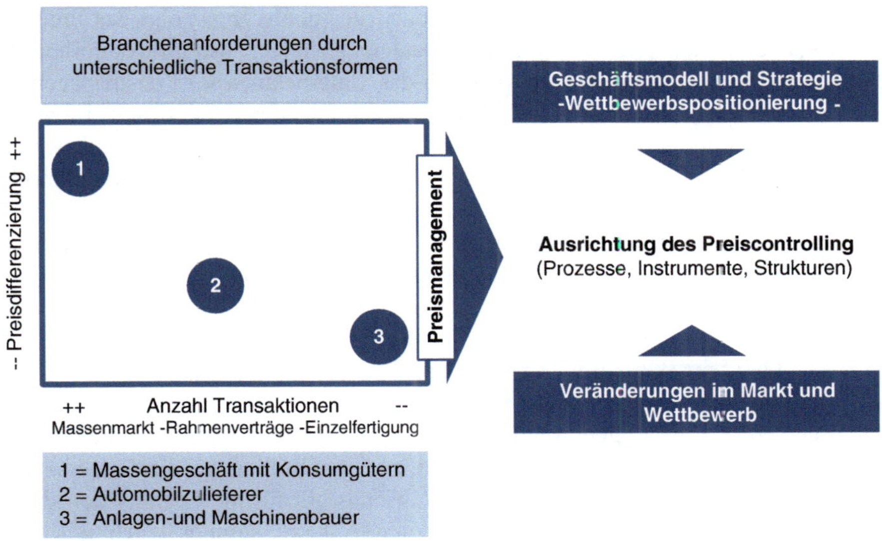

Abb. 5 Branchen und Strategiekonformität im Preismanagement und -controlling. (Quelle: Eigene Darstellung)

Rechnung tragen (Abb. 5). Unterschiedliche Branchenanforderungen lassen sich an den Transaktionsformen erkennen, mit denen Unternehmen Märkte bedienen. So ist die Anzahl der Transaktionen in Konsumgütermärkten relativ hoch und Preissetzungen können schnelle Wirkungen auf das Nachfrageverhalten entfalten. Dabei wirkt sich die Art der Preisinformationsverarbeitung durch die Konsumenten auf das Ausgabe- und Konsumverhalten aus (Koschate-Fischer und Wüllner 2012). Abhängig von der Transportierbarkeit und den Transportkosten kann das Durchsetzen differenzierter Preissysteme erschwert oder unmöglich werden. Konditionensysteme versuchen u. a. hier entgegenzuwirken. Anders stellt sich die Situation im industriellen Zuliefergeschäft dar. Transaktionen werden – trotz der bisweilen hohen Anzahl an verkauften Einzelprodukten (z. B. Automobilzulieferer) – im Rahmen von einzelnen Projektstrukturen durchgeführt und Preise in zum Teil über mehrere Jahre laufenden Lieferverträgen festgelegt. Preisänderungen sind in solchen Projektgeschäften kaum möglich und das Instrument Preis führt zu keinen analogen Impulsen auf der Nachfrageseite. Im Rahmen von Projektverhandlungen ist jedoch eine preisliche Differenzierung nach Kunden und Märkten möglich. Auch im Maschinen- und Anlagenbau werden Transaktionen – wenn auch nur auf Basis von wenigen oder einem Produkt – im Rahmen von Projektstrukturen durchgeführt, sind preisliche Differenzierungen Kernentscheidungen im Management und lösen Preissenkungen zumeist nur geringe Nachfrageimpulse aus.

Unternehmen entwickeln Geschäftsmodelle und Strategien in bestimmten Branchen- bzw. Markt- und Wettbewerbskonstellationen. Es ist somit erforderlich, dass Unternehmen ihr Preismanagement und -controlling an ihren Geschäftsmodellen und/oder Strategien ausrichten müssen. Die Preisgestaltung ist hierbei ein wesentliches Instrument im Rahmen der strategischen Positionierung. Folgt das Preismanagement einer definierten Wettbewerbsstrategie, stellt sich also im Controlling die Frage, wie nachgehalten werden kann, ob das Unternehmen im Preismanagement konform zur angestrebten Wettbewerbspositionierung agiert. Andererseits ist gerade der Preis einer der wichtigsten Indikatoren, um Veränderungen in den Wettbewerbsstrukturen rasch zu identifizieren. Agieren Unternehmen in stark volatilen Märkten, steigt die Anforderung an das Preismanagement und -controlling. Bei international, in unterschiedlichen Währungsräumen agierenden Unternehmen gilt es zudem, Wechselkurseffekte aus den Preisentwicklungen zu isolieren.

3.4 Organisationale Aspekte des Preiscontrollings

Im Rahmen der bisherigen Ausführungen wurde deutlich, welche hohen Anforderungen ein stimmiges Preismanagement und -controlling an die Prozesse und Instrumente eines Unternehmens stellen. Gleiches gilt für die Organisation dieser Prozesse und die Fähigkeiten der beteiligten Akteure. Grundsätzlich gilt, dass zunächst die organisatorischen Voraussetzungen erfüllt sein müssen, um ein angemessenes Interagieren der Akteure im Prozess des Preismanagements sicherzustellen (Simon und Fassnacht 2009). Dabei muss die Organisation des Preismanagements in die Gesamtorganisation stimmig eingebunden sein, die wiederum eine Antwort auf die Frage der Teilaufgabendefinition und -integration im Kontext spezieller Branchen- und situativer Unternehmensanforderungen finden muss. Aus der Perspektive des Zusammenspiels von Preismanagement und -controlling sollen in diesem Zusammenhang besonders zentrale Punkte herausgestellt werden.

Die Festlegung von Kompetenzen und Verantwortlichkeiten in den Prozessschritten Preisanalyse, -strategie, -kalkulation und -umsetzung stellt einen ersten relevanten Aspekt dar. Die Verantwortlichkeiten werden dabei organisatorisch zumeist auf der Seite der für den Absatz bzw. Vertrieb zuständigen Personen gesehen. Dies kann, muss allerdings nicht zwingend so gestaltet sein. Vielmehr sind unterschiedliche organisatorische Gestaltungsvarianten denkbar, wie z. B. das Übertragen der Verantwortlichkeit in allen Prozessschritten auf die Absatz- bzw. Vertriebsseite in Kombination mit organisatorisch fix verankerten Konsultations- bzw. auf festen Kriterien aufbauenden Freigabeprozessen durch das Controlling.

In international agierenden Unternehmen stellt sich zudem die Frage nach der Zentralisierung bzw. Dezentralisierung sowie nach der Standardisierung bzw. Differenzierung im Preismanagement. Hierbei gilt es zu berücksichtigen, in welchem Ausmaß Tochtergesellschaften von ihren Muttergesellschaften Entscheidungskompetenzen übertragen bekommen, um den lokalen Begebenheiten entsprechend agieren zu können (Holtbrügge und Welge 2010). Bei Unternehmen, die mit Tochtergesellschaften in mehreren Märkten agieren, ist somit zu klären, ob Entscheidungskompetenzen hinsichtlich der Preisgestaltung den Tochtergesellschaften übertragen werden (Dezentralisierung des Preismanagements). Ferner ist festzulegen, ob für alle Tochterunternehmen ein standardisiertes Vorgehen im Preismanagement gilt oder aber einzelne Gesellschaften den lokalen Marktgegebenheiten entsprechend differenziert vorgehen dürfen. Auch hier gibt es wieder organisatorisch unterschiedliche Kombinationsmöglichkeiten. So kann ein dezentralisiertes Preismanagement mit einem zentralisierten Preiscontrolling kombiniert werden. Ein hoher Zentralisierungsgrad führt dann in der Regel zu einem hohen Standardisierungsgrad im Controlling, der an einheitlich definierten Prozessen, identisch eingesetzten Instrumenten und einer vergleichbar definierten Datenbasis bzw. standardisierten EDV-Systemen erkennbar ist (Hoffjan 2009, S. 276 sowie S. 283). Schließlich gilt es im Preismanagement, das im Zeitablauf punktuell erarbeitete Wissen in eine Wissensbasis zu überführen, auf die im Rahmen späterer Entscheidungen zurückgegriffen werden kann. Dabei müssen in der Praxis häufig zu beobachtende kognitive Verzerrungen in der Strategieumsetzung (Gruppendenken, Selbstüberschätzung etc.) identifiziert und möglichst strukturiert vermieden werden (vgl. Wunder und Stemmermann 2013, S. 108), Organisationen im Preismanagement und -controlling sollten also so ausgelegt werden, dass sie als lernende Organisationen gezielt vorhandenes Wissen erfassen, bündeln, reflektieren, erweitern und in nachfolgende Entscheidungsprozesse einfließen lassen.

4 Implementierungs-Niveaus im Preismanagement und -controlling

Basierend auf den aufgezeigten Problemen und Herausforderungen, denen sich Unternehmen im Preismanagement und -controlling stellen müssen (Braun und Wiesen 2012), lässt sich ein Leitbild für ein professionelles Arbeiten im Preismanagement und -controlling formulieren. Im Preismanagement und -controlling erfolgreiche Unternehmen ...

- verstehen die Branchenanforderungen und etablieren ihr Preismanagement und -controlling mit Bezug zu Markt- und Kundensegmenten als Teil ihrer Gesamtstrategie,
- entwickeln stimmige Preissysteme (Preislisten, Preisuntergrenzen, Preiskorridore) für die bearbeiteten Kundensegmente, prüfen laufend tatsächlich erzielte Preise, führen gezielt Abweichungsanalysen durch, leiten im Falle von Störereignissen zeitnah stützende Maßnahmen ein und schaffen die Voraussetzungen für eine angemessene Qualität in der Datenbasis,
- strukturieren den Prozess des Preismanagements und -controllings schlüssig, führen den Prozess von der Preisanalyse bis zur Umsetzung, kennen dabei die Anforderungen und Zahlungsbereitschaft möglicher Kunden und können die vom Wettbewerb erzielten Preise einschätzen,
- entwickeln den Branchen- und Strategieanforderungen entsprechende Instrumente und koordinieren mit Bezug zum gewählten preisstrategischen Ansatz deren Einsatz im Prozess des Preismanagements und -controllings,
- organisieren den Prozess des Preismanagements und -controllings stimmig und prüfen die Prozessqualität hinsichtlich möglicher kognitiver Verzerrungen,

- verstehen die Um- und Durchsetzung der erarbeiteten Preisstrategie im eigenen Unternehmen sowie am Markt als Kernaufgabe im Management.

Studien zeigen allerdings, dass in der Unternehmenspraxis das Preismanagement sehr unterschiedlich systematisch bzw. professionell implementiert ist (z. B. Wiltinger 1998; Kossmann 2006; Schradi 2012). Gleiches kann für den Bereich des Preiscontrollings angenommen werden. Dabei lassen sich unterschiedliche Implementierungs-Niveaus unterscheiden. Diese Niveaus spiegeln einerseits wider, wie viel Aufmerksamkeit dem Preismanagement und -controlling in einem Unternehmen geschenkt wird. Zum anderen zeigen die Niveaus auch die Fähigkeiten, die ein Unternehmen im Preismanagement entwickelt hat.

4.1 Basis-Niveau

In Unternehmen, die sich auf dem Basis-Niveau bewegen, lässt sich oftmals beobachten, dass Branchenanforderungen grob berücksichtigt werden, die strategische Bedeutung des Preismanagements und -controllings jedoch nicht erkannt wird, das Top-Management ein geringes thematisches Interesse zeigt und nicht allen am Prozess Beteiligten Zielsetzungen klar kommuniziert werden. Daten für Preisanalysen müssen manuell aus unterschiedlichen Quellen zusammengeführt werden. Der Preismanagement-Prozess ist nur grob definiert, regelmäßige Analysen unterbleiben, Preisstrategien werden nicht aktiv entwickelt oder verfolgt. Preise werden nicht selten auf der Basis von Kostenkalkulationen intuitiv gesetzt. Die Frage nach der Organisation des Preismanagements und -controllings wird kaum gestellt. Den Ursachen von unter der Erwartung liegenden Preisen wird nicht stringent nachgegangen.

4.2 Fortgeschritten

Fortgeschrittene Unternehmen passen ihr Preiscontrolling stärker an spezifische Branchenerfordernisse an. Sie erkennen, dass das Preiscontrolling nicht nur kurzfristige, operativ orientierte Informationen liefern kann. Das Top-Management lässt sich zumindest in größeren Abständen informieren und es bestimmt die wesentlichen Ziele. Preisuntergrenzen werden detaillierter gesetzt und Abweichungsanalysen zumindest für Standardprodukte regelmäßig durchgeführt. Preisanalysen werden in Form von Standardreports regelmäßig erstellt. Ein Preismanagement-Prozess ist definiert, wobei er über Länder oder Produkte hinweg standardisiert praktiziert wird, ohne Anpassung an spezielle Geschäftsfelder oder Landesgesellschaften. Grob formulierte Preisstrategien existieren, stellen aber nicht den stets bindenden Handlungsrahmen für das Mittelmanagement dar. Preise werden auf der Basis von Kostenkalkulationen entwickelt, zugleich aber mit vorhandenen Sekundärdaten zu Konkurrenzpreisen und Zahlungsbereitschaften von Kunden abgeglichen. Hinsichtlich der Organisation des Preismanagements gibt es zumindest informelle Beschlüsse, welche Personen und Funktionen Verantwortung tragen und ggf. koordinierend tätig werden. Bei grob unter der Erwartung liegenden Preisen wird Ursachen fallweise nachgegangen, jedoch existiert kein generelles Analyseraster über alle Abweichungsfälle.

4.3 Professionell

Professionell agierende Unternehmen vermeiden Standardanalysen und -instrumente, um auf Branchenanforderungen detailliert einzugehen. Preismanagement und -controlling werden von Top- und Mittel-Management als strategische Kernkompetenzen identifiziert. Die zentralen Ziele werden daher vom Top-Management an alle relevanten Funktionsbereiche kommuniziert. Die Zielerreichung im Preis-Management fließt in individuelle Zielvereinbarungen mit Mitarbeitern oder Teams direkt ein. Preisuntergrenzen werden differenziert gesetzt und Abweichungsanalysen für alle Controlling-Felder durchgeführt. Integrierte IT-Systeme stellen Daten für Preisanalysen aktuell und in definierten Reportingperioden detailliert zur Verfügung. Der Preismanagement-Prozess ist klar definiert. Unternehmens- und Preisstrategien sind auf einander abgestimmt und ihre wechselseitige Abstimmung wird laufend verifiziert. Preismanagement und -controlling werden durch spezialisierte Einheiten, wie etwa Pricing-Teams oder Pricing-Manager, koordiniert und umgesetzt. Den Ursachen von unter der Erwartung liegenden Preisen wird stringent nachgegangen.

5 Fazit

Preismanagement und Preiscontrolling stellen komplexe Managementherausforderungen dar, die bei der Gestaltung der Werteinforderung als Gegenpart zur Wertschöpfung anfallen. Ein systematisches Controlling kann dazu beitragen, ein erhebliches Optimierungspotential für Unternehmen zu erschließen. Dabei ist es für jedes Unternehmen wichtig, ein auf die spezifische Situation zugeschnittenes System zu entwickeln. In dem Ausmaß, in dem sich die Geschäftstätigkeit eines Unternehmens wandelt, muss sich entsprechend auch das Preis-Controlling weiterentwickeln. Es handelt sich somit um ein dynamisches System, für das keine absolut optimale Konfiguration über verschiedene Fälle und Situationen existiert.

Literatur

Albers, Sönke. 1989a. Ein System zur Ist-Soll-Abweichungs-Ursachenanalyse von Erlösen. *Zeitschrift für Betriebswirtschaft* 59(6): 637–654.

Albers, Sönke. 1989b. Der Wert einer Absatzreaktionsfunktion für das Erlös-Controlling. *Zeitschrift für Betriebswirtschaft* 59(11): 1235–1242.

Baker, Walter L., Michael V. Marn, und Craig C. Zawada. 2010. *The price advantage*, Bd. 535. Hoboken: Wiley.

Bolte, Daniel. 2008. *Instrumente des Preiscontrollings – Instrumentelle Unterstützung des Preismanagements unter Berücksichtigung der Marktgegebenheiten im heterogenen Oligopol*. Hamburg: Dr. Kovač.

Braun, Fabian, und Daniel Wiesen. 2012. Keine Preisstärke ohne Preiscontrolling. *Controlling – Zeitschrift für erfolgsorientierte Unternehmenssteuerung* 24(11): 596–603.

Diller, Hermann. 2007. *Preispolitik*, 4. Aufl. Stuttgart: Kohlhammer.

Diller, Hermann, Alexander Haas, und Björn S. Ivens. 2005. *Verkauf- und Kundenmanagement. Eine prozessorientierte Konzeption*. Stuttgart: Kohlhammer.

Dutta, Shantanu, Mark J. Zbaracki, und Mark Bergen. 2003. Pricing process as a capability: A resource-based perspective. *Strategic Management Journal* 24(7): 615–630.

Enke, Margit, Anja Geigenmüller, und Alexander Leischnig. 2014. Commodity Marketing – Eine Einführung. In *Commodity Marketing: Grundlagen – Besonderheiten – Erfahrungen*. 3. Aufl, Hrsg. Margit Enke, Anja Geigenmüller und Alexander Leischnig, 3–26. Wiesbaden: Springer Gabler.

Franke, Reimund, und Michael Bergmann. 2006. Controlling der Preise und Konditionen. In *Handbuch marketing-controlling*, Hrsg. Christopher Zerres und Michael P. Zerres, 281–295. Berlin: Springer.

Hinterhuber, Andreas. 2004. Towards value-based pricing – an integrative framework for decision making. *Industrial Marketing Management* 33(8): 765–778.

Hoffjan, Andreas. 2009. *Internationales Controlling*. Stuttgart: Schäffer-Poeschel.

Holtbrügge, Dirk, und Martin K. Welge. 2010. *Internationales Management: Theorien, Funktionen, Fallstudien*, 5. Aufl. Stuttgart: Schäffer-Poeschel.

Homburg, Christian, und Dirk Totzek. 2011. *Preismanagement auf Business-to-Business-Märkten. Preisstrategie – Preisinstrumente – Preisfindung*. Wiesbaden: Gabler.

Ivens, Björn S. 2000. Preisrisiken im Marketing. *Jahrbuch der Absatz- und Verbrauchsforschung* 46(3): 315–328.

Ivens, Björn S. 2009. *Prozessorientiertes Marketing – Konzeptionelle Grundlagen und Ergebnisse einer empirischen Studie zu Verbreitungsgrad, Antezedenten und Erfolgswirkungen*. Nürnberg: GIM-Verlag.

Koschate-Fischer, Nicole, und Katharina Wüllner. 2012. Wie reagieren Kunden auf Preise? Zentrale Erkenntnisse der verhaltenswissenschaftlichen Preisforschung. *Controlling – Zeitschrift für erfolgsorientierte Unternehmenssteuerung* 24(11): 604–609.

Kossmann, Jochen. 2006. *Preispolitik als strategische Kompetenz auf B2B-Märkten. Eine theoretische und empirische Analyse*, Arbeitspapier, Bd. 145. Nürnberg: Lehrstuhl für Marketing der Universität Erlangen-Nürnberg.

Kunold, Rolf, und Daniel Antolin. 2011. Systematisches Preismanagement im Maschinenbau. In *Preismanagement auf Business-to-Business-Märkten. Preisstrategie – Preisinstrumente – Preisfindung*, Hrsg. Christian Homburg und Dirk Totzek, 265–281. Wiesbaden: Gabler.

Lancioni, Richard A. 2005. A strategic approach to industrial product pricing: The pricing plan. *Industrial Marketing Management* 34(2): 177–183.

Lancioni, Richard A., Hope Jensen Schau, und Michael F. Smith. 2005. Intraorganizational influences on business-to-business pricing strategies: A political economy perspective. *Industrial Marketing Management* 34(2): 123–131.

Porter, Michael E. 1991. Towards a dynamic theory of strategy. *Strategic Management Journal* 12(S2): 95–117.

Rao, Akshay R., Mark E. Bergen, und Scott Davis. 2000. How to fight a price war. *Harvard Business Review* 78(2): 107–120.

Reinecke, Sven, und Simone Janz. 2007. *Marketingcontrolling: Sicherstellen von Marketingeffektivität und -effizienz*. Stuttgart: Kohlhammer.

Reinecke, Sven, Peter Fischer, und Silke Mühlmeier. 2008. Aktuelle Herausforderungen für das Preiscontrolling. *Controlling & Management* 52(2): 112–114.

Schradi, Philipp. 2012. *Die Organisation des Preismanagements: Eine empirische Analyse von Organisationsgestaltung und Entscheidungsprozessen im Preismanagement von B2B-Unternehmen*. Hamburg: Dr. Kovač.

Schuppar, Bjorn. 2006. *Preismanagement: Konzeption, Umsetzung und Erfolgsauswirkungen im Business-to-Business-Bereich*. Wiesbaden: Gabler.

Sebastian, Karl-Heinz, Andrea Maessen, und Bert Sebastian Strasmann. 2009. Preiscontrolling als Element des Vertriebscontrollings. *Controlling & Management* 53(2): 60–64

Shipley, David, und David Jobber. 2001. Integrative pricing via the pricing wheel. *Industrial Marketing Management* 30(3): 301–314.

Simon, Hermann. 2004. Ertragssteigerung durch effektivere Pricing-Prozesse. *Zeitschrift für Betriebswirtschaft* 74(11): 1083–1102.

Simon, Hermann, und Martin Fassnacht. 2009. *Preismanagement: Strategie – Analyse – Entscheidung – Umsetzung*, 3. Aufl. Wiesbaden: Gabler.

Voeth, Markus, und Uta Herbst. 2014. Preisverhandlungen auf Commodity-Märkten. In *Commodity Marketing: Grundlagen – Besonderheiten – Erfahrungen*. 3. Aufl, Hrsg. Margit Enke, Anja Geigenmüller und Alexander Leischnig, 135–156. Wiesbaden: Springer Gabler.

Vogels, Christoph. 2012. *Preiscontrolling zur Sicherung und Optimierung der Wettbewerbsfähigkeit*. Saarbrücken: Akademikerverlag.

Weber, Jürgen, und Andreas Florissen. 2005. *Preiscontrolling – Der Weg zu einem besseren Preismanagement*. Weinheim: Wiley-VCH.

Wiltinger, Kai. 1998. *Preismanagement in der unternehmerischen Praxis. Probleme der organisatorischen Implementierung*, Neue betriebswirtschaftliche Forschung, Bd. 235. Wiesbaden: Gabler.

Wunder, Thomas, und Klaus Stemmermann. 2013. Strategisches Management und Führungskultur. Warum auch die besten Strategieprozesse manchmal scheitern. *SEM|Radar Zeitschrift für Systemdenken und Entscheidungsfindung im Management* 12(2): 105–143.

Zbaracki, Mark J., Mark Ritson, Daniel Levy, Shantanu Dutta, und Mark Bergen. 2004. Managerial and customer costs of price adjustment: Direct evidence from industrial markets. *Review of Economics and Statistics* 86(2): 514–533.

Logistikcontrolling in der Unternehmenspraxis

Logistikcontrolling, Kennzahlen, Kennzahlensysteme, Retourenmanagement

Eric Sucky und Björn Asdecker

Zusammenfassung

Die Logistikbranche ist einer der wichtigsten Wirtschaftsbereiche Deutschlands bei eindeutig mittelständischer Prägung. Mit circa 279 Milliarden Euro Umsatz im Jahr 2019 ist die Logistik der größte Wirtschaftsbereich nach der Automobilindustrie und dem Handel. Die zunehmende Bedeutung der Logistik als Wettbewerbsfaktor, gestiegene Anforderungen an die Logistik sowie die hohe Komplexität heutiger Logistiksysteme machen eine gezielte Planung, Steuerung und Kontrolle der Logistikleistungen und der durch sie verursachten Logistikkosten unerlässlich. Das Logistikcontrolling ist dabei das Instrument, welches Manager bei der Planung und Kontrolle der Güter- und Informationsflüsse unterstützt und sie mit allen relevanten Führungsinformationen versorgt. In der betrieblichen Praxis herrscht zwar der Konsens, dass die Nutzung relevanter Kennzahlen im Speziellen und des Logistikcontrollings im Allgemeinen für die erfolgreiche Planung, Steuerung und Kontrolle der logistischen Leistungserstellung unabdingbar sind, jedoch offenbaren sowohl Industrie- und Handelsunternehmen als auch Logistikdienstleister noch deutliche Defizite in der Umsetzung. So werden insbesondere grundlegende Logistikkennzahlen nicht oder nur unzureichend genutzt. Der vorliegende Beitrag stellt eine Konzeption für ein Logistikcontrolling dar. Die Anwendung und das Einsatzpotenzial dieser Logistikcontrolling-Konzeption werden anhand des Retourenmanagements aufgezeigt.

Schlüsselwörter

Logistikcontrolling · Logistikkennzahlen · Kennzahlensysteme · Retourenmanagement · Retourencontrolling

E. Sucky (✉) · B. Asdecker
Otto-Friedrich-Universität Bamberg, Lehrstuhl für Betriebswirtschaftslehre, insb. Produktion und Logistik, Bamberg, Deutschland
E-Mail: eric.sucky@uni-bamberg.de; bjoern.asdecker@uni-bamberg.de

W. Becker, P. Ulrich (Hrsg.), *Handbuch Controlling*,
https://doi.org/10.1007/978-3-658-26431-4_24

1 Einleitung

Die zunehmende Bedeutung als Wettbewerbsfaktor, gestiegene Kundenanforderungen sowie die hohe Systemkomplexität, einhergehend mit zunehmendem Koordinationsbedarf der einzelnen Teilbereiche der Logistik, machen eine gezielte Planung, Steuerung und Kontrolle der Logistik und der durch sie verursachten Kosten unerlässlich (Vahrenkamp 2007, S. 416). Logistikcontrolling ist dabei das Instrument, welches Manager bei der Planung und Kontrolle der Güter- und Informationsflüsse unterstützt und sie mit allen relevanten Führungsinformationen versorgt.

Eine Studie von Weber et al. (2012) zeigt bezüglich der Verwendung von Kennzahlen als zentralem Instrument des Logistikcontrollings jedoch ein sehr differenziertes Bild. Auf der einen Seite besteht zwar der Konsens, dass die Nutzung relevanter Kennzahlen für die erfolgreiche Planung, Steuerung und Kontrolle der logistischen Leistungserstellung unabdingbar ist. Andererseits offenbaren sowohl Industrie- und Handelsunternehmen als auch Logistikdienstleister noch deutliche Defizite in der Umsetzung, d. h. grundlegende Logistikkennzahlen werden nicht oder nur unzureichend genutzt.

Dieser Beitrag betrachtet zunächst die Aufgaben und Ziele des Logistikmanagements und stellt die unterschiedlichen Entwicklungsphasen der Logistik dar. Darauf aufbauend gelingt die Herleitung und Darstellung einer Konzeption für das Logistikcontrolling. Ausgewählte Aspekte des Logistikcontrollings werden abschließend für die Aufgabe des Retourenmanagements – einem in der betrieblichen Praxis an Relevanz immer stärker zunehmenden Teilbereich der Logistik – entwickelt.

2 Begriff und Ausprägung der Logistik

2.1 Logistikmanagement

Mit circa 279 Milliarden Euro Umsatz im Jahr 2019 ist die Logistik der größte Wirtschaftsbereich nach der Automobilindustrie und dem Handel in Deutschland. Mit mehr als 3 Millionen Beschäftigten in circa 60.000 Unternehmen übertrifft sie beispielsweise den Maschinenbau um das Dreifache (Bundesvereinigung Logistik 2020). Logistik sichert gemäß der Seven-Rights-Definition die Verfügbarkeit des richtigen Gutes, in der richtigen Quantität, im richtigen Zustand, am richtigen Ort, zur richtigen Zeit, für den richtigen Kunden, zu den richtigen Kosten (Plowman 1964). Dementsprechend umfasst Logistikmanagement alle Aufgaben zur integrierten Planung, Steuerung, Koordination, Durchführung und Kontrolle der Güterflüsse sowie der güterbezogenen Informationen von den Entstehungssenken bis hin zu den Verbrauchssenken in Wertschöpfungsnetzwerken (Bundesvereinigung Logistik 2014). Die Managementaufgaben in der Logistik werden dadurch bestimmt, dass einerseits das Wertschöpfungsnetzwerk selbst Gegenstand des Managements (Gestaltungsaufgabe) ist. Andererseits ist die zielgerichtete Planung, Steuerung und Kontrolle der einzelnen Prozesse in dem Wertschöpfungsnetzwerk (Planungs- und Steuerungsaufgabe) expliziter Bezugspunkt des Logistikmanagements (Sucky 2008, S. 938).

Die Aufgaben des Logistikmanagements haben im Zeitverlauf eine ständige Weiterentwicklung erfahren (Schulte 2009, S. 18–20). Gegenstand der so genannten klassischen Logistik waren material- und warenflussbezogene Aufgaben wie Transportieren, Umschlagen und Lagern (TUL) sowie Verpacken und Kommissionieren. Diese Aufgaben wurden in den 1960er- und 1970er-Jahren der Logistik zugerechnet, die damit neben Beschaffungs-, Produktions- und Absatzwirtschaft eine weitere Funktionslehre bildete (Bacher 2004, S. 41). Eine Erweiterung von der funktions- zur flussorientierten Betrachtung erfolgte in einer zweiten Stufe. Als Querschnittsfunktion wurde der Logistik insbesondere in den 1980er-Jahren die material- und warenflussbezogene Koordination zwischen den verschiedenen Funktionsbereichen im Unternehmen (Beschaffung, Produktion und Vertrieb) als Hauptaufgabe zugerechnet (Blum 2006, S. 11).

In einer dritten Phase der funktionalen Integration entwickelte sich die Logistik in den 1990er-Jahren zu einer Führungsfunktion, deren Zielsetzung es ist, die Fluss- bzw. Prozessorientierung im gesamten Unternehmen durchzusetzen (Schulte 2009, S. 19). Die vierte und jüngste Entwicklungsphase lenkt den Blick von der internen auf die unternehmensübergreifende Sichtweise. Es wird eine flussorientierte Gestaltung der Wertschöpfung über Unternehmensgrenzen hinweg, d. h. eine Koordination von der „source of supply“ bis zum „point of consumption“ (Weber 2008, S. 1052) angestrebt. Sowohl Weber (2008, S. 1051 und 2002, S. 5), Baumgarten (2008, S. 14) sowie Froschmayer und Göpfert (2010, S. 15) stellen die skizzierte Entwicklung der Logistik in mehrstufigen Modellen dar (Abb. 1).

Gerade im Rahmen der vierten Entwicklungsphase wird Logistikmanagement dem Supply Chain Management gleichgestellt. Es kann jedoch Cooper, Lambert und

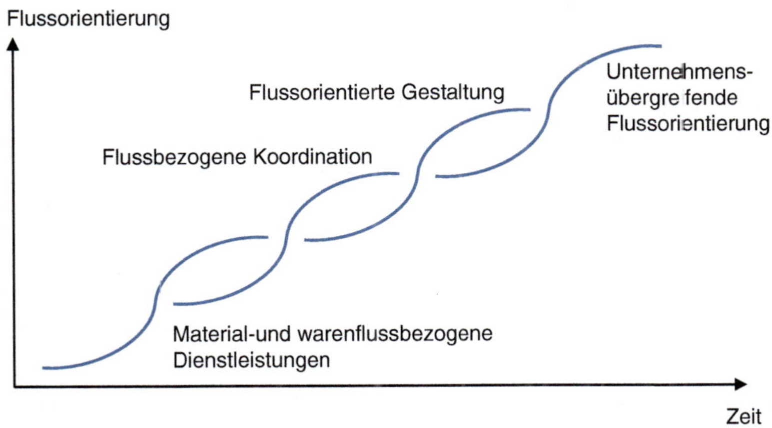

Abb. 1 Entwicklung des Logistikmanagements. (Quelle: in Anlehnung an Weber 2008, S. 1051)

Pagh gefolgt werden, die festhalten: „Supply Chain Management: More than a new name for logistics“ (Cooper et al. 1997). Es wird daher folgende Definition bzw. Abgrenzung des Council of Supply Chain Management Professionals (CSCMP) (2013) zu Grunde gelegt: „Supply chain management encompasses the planning and management of all activities involved in sourcing and procurement, conversion, and all logistics management activities. Importantly, it also includes coordination and collaboration with channel partners, which can be suppliers, intermediaries, third party service providers, and customers. In essence, supply chain management integrates supply and demand management within and across companies. Logistics management is that part of supply chain management that plans, implements, and controls the efficient, effective forward and reverses flow and storage of goods, services and related information between the point of origin and the point of consumption in order to meet customers' requirements“ (www.cscmp.org).

2.2 Logistikleistungen

Logistikleistungen sind Dienstleistungen, d. h. es werden externe Faktoren aus dem Verfügungsbereich des Kunden in den Produktionsprozess integriert. Sie lassen sich nicht auf Vorrat erstellen (nicht lagerbar) und die nutzenstiftende Wirkung äußert sich beim Nachfrager selbst (z. B. Flugreise) oder an den erzielten Eigenschaftsausprägungen des von ihm eingebrachten Objekts (z. B. Briefbeförderung). Dienstleistungen sind immateriell, d. h. eine Logistikleistung „[…] is something that can be dropped on your foot without hurting you“ (Chase et al. 2006, S. 12). Zur Charakterisierung von logistischen Dienstleistungen kann auf die Phasen der Dienstleistungsproduktion (Bereitstellung des Dienstleistungspotenzials, Durchführung des Dienstleistungsprozesses, Dienstleistungsergebnis) zurückgegriffen werden (Weber 2012, S. 135–150; Isermann 1998, S. 33–35), welche in Abb. 2 dargestellt sind.

Logistikleistungen verändern stets die zeitlichen und gegebenenfalls darüber hinaus die räumlichen und/oder art- und mengenmäßigen Merkmale von Logistikobjekten. Klassische logistische Leistungen werden als so genannte Kernleistungen bezeichnet. Zu diesen zählen Lager-, Transport- sowie Umschlagsleistungen (TUL-Logistik). Sie werden auch als logistische Einzelleistungen bezeichnet (Gudehus 2010, S. 990). Außerdem können logistische Zusatzleistungen wie beispielsweise Kommissionier- oder Verpackungsleistungen am Leistungsobjekt erbracht werden. Darüber hinaus können zu einer Logistikleistung logistische Informationsleistungen zählen (Isermann 1994, S. 23). Wird ein Bündel an Einzelleistungen in Verbindung mit administrativen Leistungen sowie nichtlogistischen Sonderleistungen erbracht, liegen verkettete Leistungsumfängen vor, die Gudehus (2010, S. 990) in Kombination als vernetzte Systemleistungen bezeichnet.

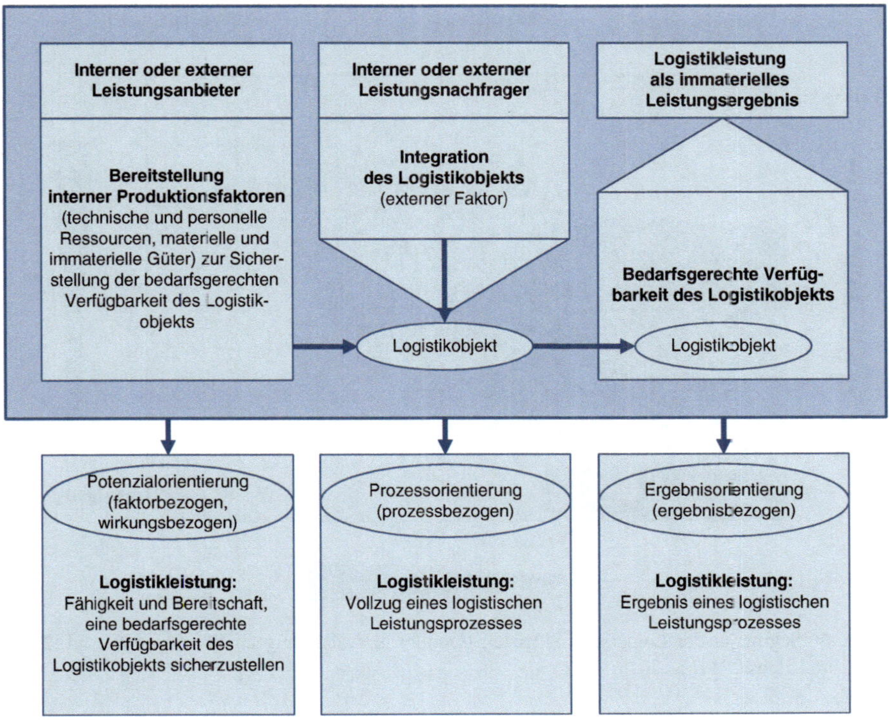

Abb. 2 Phasenbezogene Charakterisierung von Logistikleistungen. (Quelle: in Anlehnung an Isermann 1998, S. 33)

2.3 Anbieter von Logistikleistungen

Logistikleistungen können selbst erbracht oder von externen Anbietern eingekauft werden. Diese so genannten Logistikdienstleister lassen sich, wie in Abb. 3 dargestellt, kategorisieren.

Logistikdienstleister können beispielsweise anhand der technischen Ressourcen, dem Know-how und dem Kundenkreis in Einzel-, Verbund- und Systemdienstleister unterteilt werden (Gudehus 2010, S. 995). Auch werden Logistikdienstleister unter anderem nach dem angebotenen Leistungsspektrum, den Wirtschaftssektoren, den Logistik-Assets sowie dem Aktionsraum unterschieden. Hierbei wird in folgende Segmente klassifiziert: Transporteure, Spediteure, Systemdienstleister (3PL), Systemintegratoren (4PL), Anbieter von Logistiksoftware sowie Logistik- und Strategieberater (Baumgarten et al. 2002, S. 29). Einzeldienstleister bieten klassische, abgegrenzte Logistikleistungen wie Transport-, Umschlag- oder Lagerleistungen an, verwenden meist eigene Logistik-Assets und sind eher regional tätig. Demgegenüber fassen Verbunddienstleister mehrere logistische Einzelleistungen zu größeren Leistungsumfängen zusammen (Gudehus 2010, S. 94–96). Die Kontraktlogistik

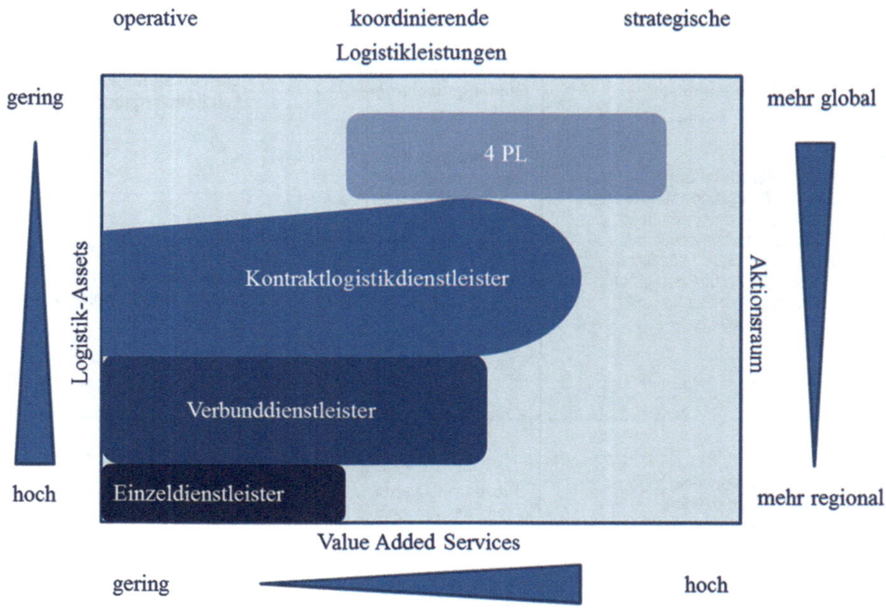

Abb. 3 Segmente der Logistikdienstleister. (Quelle: in Anlehnung an Baumgarten et al. 2002, S. 32 und Haas 2011, S. 201)

kann dahingehend abgegrenzt werden, dass es sich um ein kundenindividuell angepasstes, vertraglich festgelegtes, integriertes Leistungspaket mit mehreren logistischen Funktionen handelt. Zudem überschreitet das Geschäftsvolumen einen erheblichen Jahresmindestumsatz (Kille und Schwemmer 2012, S. 82). Fourth Party Logistics (4PL)-Provider haben als Netzwerkintegratoren die Aufgabe, eigene Ressourcen mit denen beteiligter Dienstleister zu verbinden, diese zu koordinieren und zu managen, um eine kundenindividuelle Gesamtlösung anbieten zu können (Nissen und Bothe 2002, S. 17).

3 Controlling von Logistikleistungen

3.1 Begriff und Ausprägung des Logistikcontrollings

Controlling lässt sich sowohl aus dem lateinischen „contra" als „das Führen einer Gegenrolle" (Baum et al. 2007, S. 3) als auch aus dem englischen Verb „to control" ableiten: lenken, steuern, im Griff haben, einwirken bzw. regeln von Prozessen (Peemöller 2005, S. 33). Allgemein bezeichnet das Controlling eine spezifische Führungs- und Managementfunktion, deren Kernaufgaben die Gestaltung der Planungsprozesse, die Kontrolle gesetzter Ziele, die Versorgung des Managements mit führungsrelevanten Informationen sowie die Unterstützung des Managements sind (Weber und Schäffer 2008, S. 13).

Logistikcontrolling entsteht durch die Anwendung der Controllingaufgaben im Bereich der Logistik. In Abschn. 2 wurden die Entwicklungsphasen der Logistik betrachtet. Daraus lässt sich schließen, dass keine Controlling-Konzeption für die Logistik im Sinne eines „one size fits all" existiert. Stattdessen sind individuell gestaltete Konzepte, die sich am Entwicklungsstand der Logistik im betrachteten Unternehmen orientieren, erforderlich (Weber 2002, S. 13). Analog zu den Entwicklungsphasen der Logistik ergeben sich bestimmte Grundkonzeptionen eines Logistikcontrollings (Weber 2002, S. 13–16; Weber 2008, S. 1054–1063; Froschmayer und Göpfert 2010, S. 19–21):

3.1.1 Informationsorientierte Konzeption des Logistikcontrollings

Bei dieser material- und warenflussorientierten Variante steht die Informationsversorgungsfunktion des Controllings im Vordergrund. Die Logistikprozesse sind mengen- und qualitätsmäßig, zeitlich sowie bezüglich ihres Einflusses auf monetäre Steuerungsgrößen hin zu erfassen und auszuweisen. Grundlage ist eine Kosten- und Leistungsrechnung für die Logistik sowie entsprechende Logistikkennzahlen bzw. Kennzahlensysteme.

3.1.2 Koordinationsorientierte Konzeption des Logistikcontrollings

Auch hier besitzt die Informationsversorgungsfunktion einen hohen Stellenwert, allerdings rückt die Koordination zwischen einzelnen Managementbereichen (Beschaffung, Produktion, Absatz) in den Fokus.

3.1.3 Flussorientierte Konzeption des Logistikcontrollings

In der dritten Ausprägungsvariante wird der Controller zum internen Berater des Logistikmanagements. Die Effizienzsicht erweitert sich um die Effektivitätsperspektive und es stehen die Vorbereitung und Begleitung von strukturellen Fragen im Zentrum.

Schließlich schlagen einige Fachvertreter das Supply Chain Controlling als jüngste Konzeption vor. In diesem Fall treten Fragen der Kommunikation und Koordination von rechtlich und wirtschaftlich selbstständigen Unternehmen in den Mittelpunkt. Das Controlling soll hierbei als Informations- und Methodenlieferant unterstützen (Weber 2008, S. 1060–1061; Wölfling 2003, S. 387–412). Auf Basis der Definition und der Abgrenzung von Logistik und Supply Chain Management (Abschn. 2) handelt es sich dann aber nicht um Logistikcontrolling.

3.2 Aufgaben, Ziele und Ablauf des Logistikcontrollings

Komplexe Logistiksysteme und steigende Leistungsanforderungen erfordern eine zielgerichtete Planung, Steuerung, Kontrolle und Koordination der logistischen Leistungserstellung. Ein Logistikcontrolling hat dann neben einer permanenten Wirtschaftlichkeitskontrolle durch Soll-Ist-Vergleiche von Logistikkosten und Logistikleistungen insbesondere die Beschaffung, Verdichtung und Bereitstellung entscheidungsrelevanter Informationen zur Aufgabe (Schulte 2009, S. 616).

Schulte (2009, S. 616) gibt eine detaillierte Aufstellung potenzieller Aufgaben des Logistikcontrollings bezüglich der Gestaltung eines Informationssystems, der Mitwirkung bei der Logistikplanung sowie der Durchführung der Logistikkontrolle. Der Ablauf eines Logistikcontrollings gestaltet sich nach Schulte (2009, S. 616–618) in sechs Schritten (Abb. 4). Der *1. Schritt* legt operationalisierbare und quantifizierbare Ziele für die Logistik fest. So kann beispielsweise bei Lieferanten eine bestimmte Liefertreue angestrebt werden, wobei sich die Liefertreue folgendermaßen berechnet:

$$\text{Liefertreue} = \frac{\text{Zum angegebenen Termin gelieferte Positionen}}{\text{Gesamtzahl der Lieferpositionen}} \cdot 100\ [\%].$$

Hierbei sind für die festgelegten Logistikziele Toleranzbereiche zu bestimmen (Abb. 5). Die ZF Friedrichshafen AG räumt ihren Lieferanten bei der Liefertreue für abruforientierte Lieferungen z. B. eine Mengentoleranz von +/− 10 % und eine Termintoleranz von +/− 1 Tag ein (Abb. 6).

Im *2. Schritt* ist die bestehende Ist-Situation zu ermitteln, welche in einem *3. Schritt* dahingehend zu überprüfen ist, inwieweit Plan- und Ist-Werte voneinander abweichen. Eine konkrete Analyse bezüglich der Abweichungsursachen erfolgt jedoch nur bei einer Überschreitung der im 1. Schritt definierten Toleranzbereiche. Für solche Abweichungen werden im *4. Schritt* Maßnahmen zur Verbesserung der Ist-Situation geplant. Sind die ergriffenen Maßnahmen erfolgreich, können neue Planwerte festgelegt werden (*5. Schritt*). Im *6. Schritt* schließt sich der Regelkreis mit einer Berichterstattung über die erzielten Ergebnisse und einer darauf aufbauenden potenziellen Veränderung der Logistikziele (Schulte 2009, S. 618).

Abb. 4 Ablauf eines Logistikcontrollings. (Quelle: in Anlehnung an Schulte 2009, S. 616)

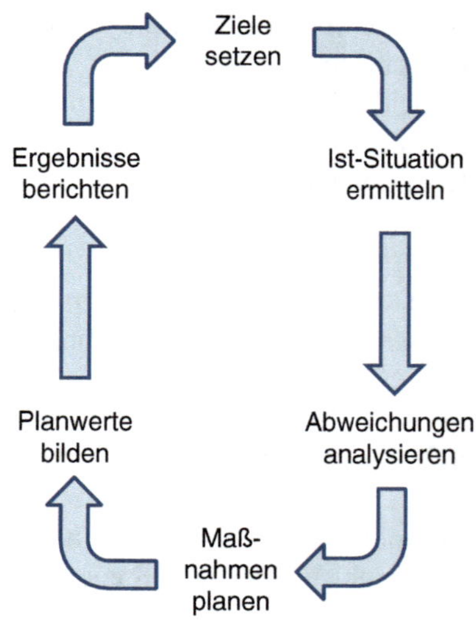

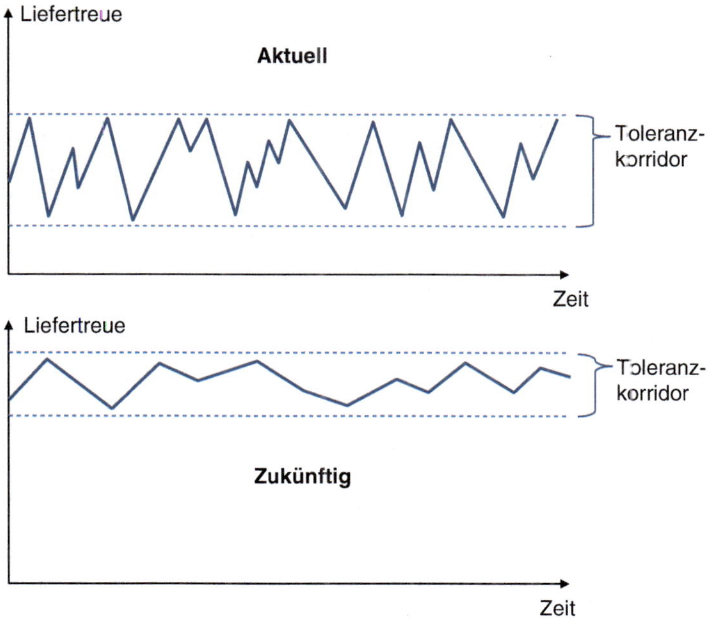

Abb. 5 Angestrebte Liefertreue mit festgelegtem Toleranzbereich. (Quelle: in Anlehnung an Schulte 2009, S. 617)

	Mengentoleranz	Termintoleranz
Abruforientierte Lieferung	+/– 10 %	+/– 1 Tag
Kanban	+/– 0 %	Festgelegte Wiederbeschaffungszeit (werksbezogen) + 0 Tage
JIT/JIS	+/– 0 %	+/– 0 Tage
VMI	Lagerbestand/Reichweite innerhalb definierter Min-Max-Grenze	
Abruforientierte Lieferung mit Konsignation	+/– 10 %	+ vereinbarte Sollreichweite /– 1 Tag

Abb. 6 Toleranzbereiche für Liefertreue. (Quelle: ZF Friedrichshafen AG 2014)

3.3 Instrumente des Logistikcontrollings

Ein leistungsfähiges Logistikcontrolling setzt den Einsatz von Instrumenten (Modelle, Methoden, Verfahren, Hilfsmittel) voraus, die eine Planung, Steuerung und Kontrolle der logistischen Leistungserstellung sowie die bedarfsgerechte Informationsversorgung zielgerichtet unterstützen. Insbesondere sind eine aussagefähige Logistikkosten- und -leistungsrechnung sowie logistische Kennzahlen und Kennzahlensysteme (Vahrenkamp 2007, S. 417–418) relevant.

3.3.1 Logistikkosten- und -leistungsrechnung

Damit ein Logistikcontrolling umfassend möglich ist und um logistische Rationalisierungspotenziale zu erschließen, müssen die Kosten und Leistungen der Logistik transparent gemacht werden. Maßnahmen in der Logistik, die zu Leistungssteigerungen oder Kostensenkungen führen sollen, bedingen, dass die resultierenden Logistikleistungen und Logistikkosten messbar sind. Schließlich bildet eine nachvollziehbare Logistikkosten- und -leistungsrechnung die Basis zur Bildung relevanter logistischer Kennzahlen und der darauf aufbauenden logistischen Kennzahlensysteme.

Die klassische Kostenrechnung weist diesbezüglich jedoch Schwachstellen auf, da Logistikkosten überwiegend Gemeinkosten darstellen und sich aufgrund des fehlenden Produktbezugs nur pauschal und undifferenziert auf Kostenträger (z. B. Aufträge, Kunden oder Produkte) verrechnen lassen (Vahrenkamp 2007, S. 418). Es ist daher eine Kosten- und Leistungsrechnung zu implementieren, die eine verursachungsgerechte Zuordnung ermöglicht.

Eine Lösungsalternative stellt die Variante nach Weber (2012) dar, welche eine vorhandene Kostenrechnung verfeinert und ergänzt, sodass Logistikkosten in der Kostenartenrechnung genauer differenziert, in der Kostenstellenrechnung besser erfasst und in der Kostenträgerrechnung verursachungsgerecht verrechnet werden können. Barwig und Hartmann (2013) zeigen konkret die Anwendung einer Logistikkosten- und -leistungsrechnung für Speditionen.

Eine weitere Alternative stellt die Prozesskostenrechnung als Logistikkostenrechnung dar. Hierbei werden die logistischen Tätigkeiten analysiert und als kostenstellenbezogene Teilprozesse und kostenstellenübergreifende Hauptprozesse strukturiert, wodurch eine erhöhte Kostentransparenz, eine verbesserte Planung und Kontrolle dieser Gemeinkosten sowie eine verursachungsgerechtere Verrechnung dieser Gemeinkosten auf Produkte erreicht werden (Vahrenkamp 2007, S. 423). Die Gestaltung, Anwendung und den Ablauf der Prozesskostenrechnung als Logistikkostenrechnung zeigen z. B. Schulte (2009, S. 626–640), Vahrenkamp (2007, S. 423–427) sowie Gleißner und Möller (2009, S. 138–160).

3.3.2 Logistische Kennzahlen und logistische Kennzahlensysteme

Kennzahlen als quantitative Größen, welche in verdichteter Form über wichtige betriebswirtschaftliche Sachverhalte informieren, dienen zur Effizienzmessung einzelner Teilbereiche des Unternehmens oder der gesamten Unternehmung und ermöglichen eine einfache und kompakte Darstellung komplexer Strukturen (Delfmann et al. 2003, S. 39). Schulte (2009, S. 640–660) unterscheidet vier Kennzahlentypen:

- *Struktur- und Rahmenkennzahlen*, die sich auf den Aufgabenumfang (Leistungsvolumen und -struktur), die Kapazitäten und die Kosten beziehen. Beispiele sind: Anzahl der Lieferanten, Beschaffungskosten, Transportvolumen, Transportkosten, Kapazität der Fahrzeuge, Anzahl der bevorrateten Artikel, Lagerkosten, Anzahl der Kunden, Kosten der Kundenauftragsabwicklung.
- *Produktivitätskennzahlen* zur Messung der Produktivität technischer und personeller Ressourcen, wie z. B.

$$\text{Transportzeit pro Transportauftrag} = \frac{\text{Gesamte Transportzeit}}{\text{Anzahl Transportaufträge}}\,[\text{Std./Auftrag}],$$

$$\text{Gefahrene Strecke je Transportmittel} = \frac{\text{Gefahrene Kilometer}}{\text{Anzahl Transportmittel}}\,[\text{km/Transportmittel}],$$

$$\text{Produktivität der Versandabwicklung} = \frac{\text{Sendungsanzahl}}{\text{Arbeitstage}}\,[\text{Sendungen/Tag}].$$

- *Wirtschaftlichkeitskennzahlen* geben Aufschluss über die Effizienz des Mitteleinsatzes in der Logistik. Beispiele hierfür sind:

$$\text{Ø Largerplatzkosten} = \frac{\text{Gesamtkosten des Lagers}}{\text{Anzahl der Largerplätze}}\,[\text{€/Largerplatz}],$$

$$\text{Ø Kosten der Kundenauftragsabwicklung} = \frac{\text{Gesamtkosten der Auftragsabwicklung}}{\text{Anzahl bearbeiteter Aufträge}}\,[\text{€/Auftrag}]$$

$$\text{Versandkostenquote} = \frac{\text{Versandkosten gesamt}}{\text{Anzahl der Sendungen}}\,[\text{€/Sendung}].$$

- *Qualitätskennzahlen* spiegeln den Grad der Zielerreichung bzw. die Qualität der logistischen Leistungserstellung wider, wie beispielsweise:

$$\text{Termintreue} = \frac{\text{Anzahl termingerecht ausgelieferter Aufträge}}{\text{Anzahl aller ausgelieferten Aufträge}} \cdot 100\ [\%],$$

$$\text{Fehllieferungsquote} = \frac{\text{Anzahl der Fehllieferungen}}{\text{Gesamtzahl der Lieferungen}} \cdot 100\ [\%].$$

Da der Aussagewert einzelner Messgrößen begrenzt ist, erfolgt eine systematische Zusammenstellung von sinnvoll aufeinander abgestimmten, sich ergänzenden und sich erklärenden Kennzahlen, die auf ein übergeordnetes Ziel ausgerichtet sind

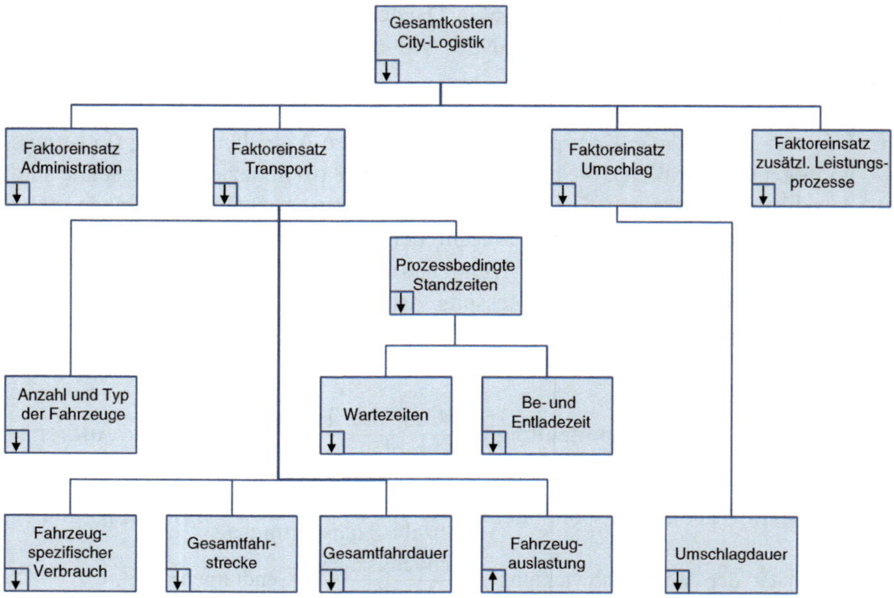

Abb. 7 Logistikkennzahlensystem. (Quelle: Kaupp 1997, S. 111)

in einem *Kennzahlensystem*. Logistische Kennzahlensysteme können einerseits als Rechensysteme, andererseits als Ordnungssysteme aufgebaut sein. Bestehen zwischen den einzelnen Kennzahlen mathematische Beziehungen, die eine quantitative Verdichtung aller Kennzahlen erlauben, handelt es sich um ein Rechensystem. In Ordnungssystemen hingegen wird auf eine rechentechnische Verknüpfung verzichtet. Stattdessen erfolgt eine Systematisierung nach betriebswirtschaftlichen Zusammenhängen (Vahrenkamp 2007, S. 428). Im konkreten Anwendungsfall sind geeignete Kennzahlen auszuwählen, um daraus ein individuelles Logistikkennzahlensystem zu generieren. So präsentiert Kaupp (1997, S. 111) ein Teilkennzahlensystem für die Logistikkosten einer City-Logistik-Konzeption (Abb. 7).

3.3.3 Weitere Instrumente des Logistikcontrollings

Minner (2007) beschreibt eine Steuerung und Kontrolle von logistischen Leistungsprozessen auf der Basis von Service Level Agreements (SLA) bzw. Operation Level Agreements (OLA), d. h. kennzahlenbasierte, vertraglich fixierte Dienstleistungsvereinbarungen zwischen einem internen oder externen Leistungsanbieter und einem internen oder externen Leistungsnachfrager. Bichler et al. (1994) schlagen ein Logistikcontrolling mit Benchmarking vor. Weber (2012) zeigt den möglichen Einsatz der Balanced Scorecard (BSC) im Logistikcontrolling und Froschmayer und Göpfert (2010) entwickeln eine komplette Logistik-Bilanz.

Die Auswahl der geeigneten Instrumente des Logistikcontrollings ist von der Unternehmensgröße, der Branche, dem Stellenwert der Logistik innerhalb des Unternehmens, der Komplexität des Logistiksystems und vielen weiteren Faktoren abhängig. Im folgenden Abschnitt werden für die konkrete Aufgabe des Retourenmanagements ausgewählte Instrumente eines entsprechenden Logistikcontrollings dargestellt.

4 Retourencontrolling

4.1 Retourenmanagement

Auch wenn der Onlinehändler Zalando den Zusatz „… oder schick's zurück" beim Werbemotto „Schrei vor Glück" schon seit geraumer Zeit gestrichen hat – gerade der Modehandel im Internet ist von einer hohen Retourenquote betroffen. Es kann davon ausgegangen werden, dass jede zweite Lieferung wieder an den Absender zurückgeht. Insgesamt, so hat die Forschungsgruppe Retourenmanagement im Jahr 2018 ermittelt, liegt der Anteil zurückgesandter Bestellungen bei 16 Prozent. Außerdem müssen Händler nach einer Umfrage des Gütesiegelunternehmen Trusted Shops damit rechnen, dass etwa 10 Prozent des Umsatzes für Retouren aufgewendet werden müssen. Neben Versandkosten und entgangenem Umsatz kommt es insbesondere zu einem Wertverlust der Ware und zu einem hohem Aufwand für die Aufbereitung und Wiedereinlagerung (Grossón 2013). Es ist damit zu rechnen, dass die Anzahl der zu bearbeitenden Retouren aus ökonomischen, ökologisch-sozialen sowie gesetzlichen Gründen weiter zunimmt, was ein zielgerichtetes Retourenmanagement unerlässlich macht.

Im weiteren Sinn umfassen Retouren sämtliche Rücksendungen gebrauchter und ungebrauchter materieller Güter an Institutionen des vorwärts gerichteten Wertschöpfungsprozesses (bspw. Produzenten, Händler) oder an von diesen beauftragte Dienstleister. Ein Verständnis im engeren Sinn schließt Behälter und Rücksendungen, die primär der Entsorgung dienen, von der Betrachtung aus. Hierfür haben sich neben dem Retourenmanagement mit der Behälter- und der Entsorgungslogistik eigene Disziplinen entwickelt. Retourenmanagement bezeichnet dann die zielgerichtete Planung, Durchführung und Kontrolle von Retouren und der damit assoziierten Informations- und Finanzflüsse (Asdecker 2011a, S. 424). Im Folgenden werden auf der Basis der in Abschn. 3 entwickelten Konzeption eines Logistikcontrollings ausgewählte Aspekte im Rahmen des Retourenmanagements angewendet.

4.2 Ziele und Aufgaben des Retourenmanagements

Wie in Abschn. 3 dargestellt, beginnt der Regelkreis des Controllings mit der Ableitung operationalisierbarer Ziele. Zunächst können drei Sachziele des Retourenmanagements unterschieden werden: die kurative Retourenbearbeitung auf der einen Seite und die beiden präventiven Sachziele der Retourenverhinderung und Retourenvermeidung auf der anderen Seite (Asdecker 2011b, S. 258).

Eine effiziente Retourenbearbeitung setzt ein vorhandenes Leistungspotenzial in Form eines Rückführungsnetzwerks voraus. Die konkrete Nutzung des geschaffenen logistischen Leistungspotenzials hängt stark vom jeweiligen Retourenzustand und der daraus resultierenden Verwertungsalternative ab: direkter Wiederverkauf auf Primär- oder Sekundärmärkten, Aufbereitung des Produkts oder die Entsorgung (Asdecker 2011a, S. 426). Sowohl die präventive Retourenverhinderung als auch die präventive Retourenvermeidung reduzieren im Ergebnis die Anzahl der zu bearbeitenden Rücksendungen. Während die Retourenvermeidung (Avoidance) alle proaktiven Aktivitäten umfasst, die zur Beseitigung der Retourenursachen beitragen, sollen Verhinderungsmaßnahmen (Gatekeeping) den Eintritt einer Rücksendung in den Retourenkanal erschweren. In bestimmten Fällen kann auch die Retourenförderung ein Sachziel des Retourenmanagements sein, wenn z. B. durch gezielte Rückgabe- oder Rückkaufprogramme der Absatz neuer Produkte gefördert wird. Welches dieser Sachziele verfolgt wird, hängt insbesondere von der Wettbewerbsstrategie des Unternehmens sowie dem Wertverlust der betrachteten Produkte im Zeitverlauf und dem möglichen Wiederverkaufswert ab.

4.3 Kosten, Kennzahlen und Kennzahlensystem des Retourencontrollings

Insbesondere die Beurteilung der Effizienz der Retourenbearbeitung (oder auch die Bewertung von Projekten zur Effizienzsteigerung der Retourenbearbeitung) aber auch die monetäre Beurteilung von Maßnahmen zur Retourenvermeidung und -verhinderung erfordern eine Transparenz der Retourenkosten (Abschn. 3.3). Die Forschungsgruppe Retourenmanagement an der Universität Bamberg (www.retourenforschung.de) konnte die durchschnittlichen Prozesskosten (Transport, Vereinnahmung, Aufbereitung und Administration) in Abhängigkeit der Retourenanzahl pro Jahr empirisch bestimmen (Abb. 8). Des Weiteren wurde ermittelt dass eine Retoure in der Gesamtbetrachtung durchschnittlich 7,93 € (Prozesskosten) + 7,25 € (Wertverlust) = 15,18 € kostet.

Herrscht Transparenz über die Kosten, können in einem weiteren Schritt relevante Kennzahlen ermittelt werden. Für einen konkreten Praxisfall konnten Asdecker et al. (2010) zeigen, wie auf Basis des Analytic Hierarchy Process (AHP) relevante Kennzahlen für das Retourenmanagement in einem Unternehmen bestimmt werden können. In diesem Fall ergaben sich als Kennzahlen die interne Retourenbearbeitungszeit, die relative Häufigkeit der Retourengründe, die Retourenkosten sowie die Retourenquote.

Anzahl Retouren pro Jahr	Prozesskosten
Weniger als 10.000 Retouren	17,70 Euro
Zwischen 10.000 und 50.000 Retouren	6,61 Euro
Über 50.000 Retouren	5,18 Euro

Abb. 8 Prozesskosten einer Retoure. (Quelle: www.retourenforschung.de)

Bezüglich der Retourenquote ist zwischen zwei sachzielbezogenen Kennzahlen zu unterscheiden (www.retourenforschung.de):

- Die *α-Retourenquote* misst die Rücksendewahrscheinlichkeit eines Pakets:

$$\alpha - \text{Retourenquote} = \frac{\text{Anzahl retournierter Pakete}}{\text{Anzahl versendeter Pakete}} \cdot 100 \; [\%].$$

  Die *α-Retourenquote* spiegelt die logistische Perspektive des Retourenmanagements wider und kann bei der Planung der physischen Bearbeitungsprozesse eingesetzt werden.
- Die *β- Retourenquote* misst die Rücksendewahrscheinlichkeit eines Artikels. Da Kunden häufig mehr als einen Artikel bestellen, aber im Retourenfall i. d. R. nicht alle Artikel zurückschicken (Auswahlbestellung), fällt diese Quote in der Praxis meist niedriger aus:

$$\beta - \text{Retourenquote} = \frac{\text{Anzahl retournierter Artikel}}{\text{Anzahl versendeter Artikel}} \cdot 100 \; [\%].$$

  Die *β-Retourenquote* kann aus Marketingsicht wertvolle Hinweise zur präventiven Vermeidung und Verhinderung von Rücksendungen geben.

Schließlich kann ein Kennzahlensystem des Retourenmanagements entwickelt werden. Eine erste Alternative hierfür präsentieren Lambert und Pohlen (2001).

4.4 Weitere Einsatzpotenziale des Retourencontrollings

4.4.1 Kennzahlenbasierte Bewertung der Konfiguration des Retourenbearbeitungsprozesses

Im Rahmen einer simulationsgestützten Veränderung bzw. Verbesserung des Prozesses der Retourenbearbeitung können die Kennzahlen „Retourenbearbeitungszeit" und „Retourenkosten" in Abhängigkeit von potenziellen Prozesskonfigurationsalternativen ermittelt werden. Die Simulation und die daraus resultierenden Kennzahlenwerte erlauben dann eine Beurteilung der Vorteilhaftigkeit des Projektes (Asdecker und Wiese 2010).

4.4.2 Kennzahlenbasiertes Benchmarking des Retourenmanagements

Eine Verbraucherbefragung (N = 538) von 14–29-jährigen Konsumenten durch die Forschungsgruppe Retourenmanagement an der Universität Bamberg hat die Retourenquoten für unterschiedliche Produktkategorien in Abhängigkeit von möglichen Zahlungsarten ermittelt (Abb. 9). Hierdurch wird weitergehend ein Benchmarking für interessierte Unternehmen ermöglicht.

	Consumer Electronics	Fashion	Medien/Bücher
Rechnung	18,60 %	55,65 %	11,45 %
E-Payment	13,68 %	44,10 %	8,08 %
Vorkasse	8,59 %	30,15 %	4,46 %

$$\alpha\text{-Retourenquote} = \frac{\text{Anzahl retournierter Pakete}}{\text{Anzahl versendeter Pakete}} \cdot 100\ [\%]$$

	Consumer Electronics	Fashion	Medien/Bücher
Rechnung	14,35 %	45,87 %	5,83 %
E-Payment	8,75 %	37,31 %	5,58 %
Vorkasse	5,39 %	26,13 %	3,92 %

$$\beta\text{-Retourenquote} = \frac{\text{Anzahl retournierter Artikel}}{\text{Anzahl versendeter Artikel}} \cdot 100\ [\%]$$

Abb. 9 Retourenquoten. (Quelle: www.retourenforschung.de)

5 Fazit

In der betrieblichen Praxis besteht zwar der Konsens, dass die Nutzung relevanter Kennzahlen im Speziellen und des Logistikcontrollings im Allgemeinen für die erfolgreiche Planung, Steuerung und Kontrolle der logistischen Leistungserstellung unabdingbar sind, jedoch offenbaren sowohl Industrie- und Handelsunternehmen als auch Logistikdienstleister noch deutliche Defizite in der Umsetzung. So werden grundlegende Logistikkennzahlen nicht oder nur unzureichend genutzt. Der vorliegende Beitrag gibt einerseits einen Überblick zum Status quo der Forschung und entwickelt andererseits eine Konzeption für ein Logistikcontrolling. Die Anwendung und das Einsatzpotenzial dieser Logistikcontrolling-Konzeption konnte anhand des Retourenmanagements aufgezeigt werden.

Literatur

Asdecker, B. (2011a). Retourenmanagement – Eine Literaturrecherche. In E. Sucky, B. Asdecker, A. Dobhan, S. Haas & J. Wiese (Hrsg.), *Logistikmanagement – Herausforderungen Chancen und Lösungen* (Bd. 2, S. 421–461). Bamberg: University of Bamberg Press.

Asdecker, B. (2011b). Retourenmanagement – Begriff, Inhalte, Strategien. *Wist, 40*(5), 258–262.

Asdecker, B., & Wiese, J. (2010). Supply Chain Management: Simulationsgestützte Konfiguration des Retourenmanagement-Prozesses in einem KMU. *Betriebswirtschaftliche Forschung und Praxis, 62*(1), 38–55.

Asdecker, B., Wiese, J., & Sucky, E. (2010). AHP-gestützte Einführung der Balanced Scorecard. *Performance, 2*(1), 96–109.

Bacher, A. (2004). *Instrumente des Supply Chain Controlling. Theoretische Herleitung und Überprüfung der Anwendbarkeit in der Unternehmenspraxis*. Wiesbaden: DUV.

Barwig, U., & Hartmann, H. (2013). *Kosten- und Leistungsrechnung in der Spedition, Grundlagen und praktische Anwendungen*. München: Oldenbourg.

Baum, H., Coenenberg, A., & Günther, T. (2007). *Strategisches controlling* (4. Aufl.). Stuttgart: Schäffer-Poeschel.

Baumgarten, H. (2008). Das Beste in der Logistik – Auf dem Weg zu logistischer Exzellenz. In H. Baumgarten (Hrsg.), *Das Beste der Logistik, Innovationen, Strategien, Umsetzungen* (S. 13–19). Berlin: Springer.

Baumgarten, H., Kasiske, F., & Zadek, H. (2002). Logistik-Dienstleister-Quo vadis? Stellenwert der Fourth Party Logistics Provider (4PL). *Logistik management, 4*(1), 27–44.

Bichler, K., Gerster, W., & Reuter, R. (1994). *Logistik-Controlling mit Benchmarking, Praxisbeispiele aus Industrie und Handel*. Wiesbaden: Gabler.

Blum, H. (2006). *Logistik-Controlling, Kontext, Ausgestaltung und Erfolgswirkungen*. Wiesbaden: DUV.

Bundesvereinigung Logistik. (2014). Logistik verbindet nachhaltig: Impulse – Ideen – Innovationen. http://www.bvl.de/misc/filePush.php?id=22880&name=BVL14+Thesenpapier+Januar+2014.pdf. Zugegriffen am 20.10.2020.

Bundesvereinigung Logistik. (2020). Logistikumsatz und Beschäftigung. Bedeutung der Logistik für die deutsche Wirtschaft. https://www.bvl.de/service/zahlen-daten-fakten/umsatz-und-beschaeftigung. Zugegriffen am 20.10.2020.

Chase, R., Jacobs, R., & Aquilano, N. (2006). *Operations management for competitive advantage with global cases* (11. Aufl.). New York: McGraw Hill.

Cooper, M., Lambert, D., & Pagh, J. (1997). Supply chain management: More than a new name for logistics. *The International Journal of Logistics Management, 8*(1), 1–14.

Council of Supply Chain Management Professionals. (2013). http://www.cscmp.org/about-us/supply-chain-management-definitions. Zugegriffen am 02.12.2013.

Delfmann, W., Reihlen, M., & Wickinghof, C. (2003). Prozessorientierte Logistik-Lewistungsrechnung. In W. Delfmann & M. Reihlen (Hrsg.), *Controlling von Logistikprozessen, Analyse und Bewertung logistischer Kosten und Leistungen* (S. 17–56). Stuttgart: Schäffer-Poeschel.

Froschmayer, A., & Göpfert, I. (2010). *Logistik-Bilanz, Erfolgsmessung neuer Strategien, Konzepte und Maßnahmen* (2. Aufl.). Wiesbaden: Gabler.

Gleißner, H., & Möller, K. (2009). *Fallstudien Logistik, Logistikwissen in der praktischen Anwendung*. Wiesbaden: Gabler.

Grossón, U. (2013). Unliebsame Retouren vermarkten. *Der Handel*. http://www.derhandel.de/news/technik/pages/Distanzhandel-Unliebsame-Retouren-vermarkten-9722.html. Zugegriffen am 15.08.2014.

Gudehus, T. (2010). *Logistik: Grundlagen – Strategien – Anwendungen* (4. Aufl.). Berlin: Springer.

Haas, S. (2011). Kontraktlogistik für mittelständische Unternehmen. In E. Sucky, B. Asdecker, A. Dobhan, S. Haas & J. Wiese (Hrsg.), *Logistikmanagement – Herausforderungen, Chancen und Lösungen* (Bd. 2, S. 195–209). Bamberg: University of Bamberg Press.

Isermann, H. (1994). Logistik im Unternehmen – Eine Einführung. In H. Isermann (Hrsg.), *Logistik: Beschaffung, Produktion, Distribution* (S. 21–44). Landsberg/Lech: VMI.

Isermann, H. (1998). Grundlagen eines systemorientierten Logistikmanagements. In H. Isermann (Hrsg.), *Logistik – Gestaltung von Logistiksystemen* (2. Aufl., S. 21–60). Landsberg/Lech: VMI.

Kaupp, M. (1997). *City-Logistik als kooperatives Güterverkehrs-Management*. Wiesbaden: Gabler.

Kille, C., & Schwemmer, M. (2012). *Die Top 100 der Logistik – Marktgrößen, Marktsegmente und Marktführer*. Hamburg: DVV.

Lambert, D., & Pohlen, T. (2001). Supply chain metrics. *The International Journal of Logistics Management, 12*(1), 1–19.

Minner, S. (2007). Grundlagen und Instrumente des Service Level Managements. In M. Pulverich & J. Schietinger (Hrsg.), *Service Levels in der Logistik, Mit KPIs und SLAs erfolgreich steuern* (S. 13–23). München: Heinrich Vogel.

Nissen, V., & Bothe, M. (2002). Fourth Party Logistics – ein Überblick. *Logistik management, 4*(1), 16–26.
Peemöller, V. (2005). *Controlling – Grundlagen und Einsatzgebiete* (5. Aufl.). Herne: NWB.
Plowman, E. G. (1964). *Elements of business logistics*. Stanford: Stanford University.
Schulte, C. (2009). *Logistik, Wege zur Optimierung der Supply Chain* (5. Aufl.). München: Vahlen.
Sucky, E. (2008). Netzwerkmanagement. In D. Arnold, H. Isermann, A. Kuhn, H. Tempelmeier & K. Furmans (Hrsg.), *Handbuch Logistik* (3. Aufl., S. 934–945). Berlin: Springer.
Vahrenkamp, R. (2007). *Logistik, Management und Strategie* (6. Aufl.). München: Oldenbourg.
Weber, J. (2002). *Logistik- und Supply Chain Controlling* (5. Aufl.). Stuttgart: Schäffer-Poeschel.
Weber, J. (2008). Logistik-Controlling. In D. Arnold, H. Isermann, A. Kuhn, H. Tempelmeier & K. Furmans (Hrsg.), *Handbuch Logistik* (3. Aufl., S. 1051–1063). Berlin: Springer.
Weber, J. (2012). *Logistikkostenrechnung, Kosten-, Leistungs- und Erlösinformationen zur erfolgsorientierten Steuerung der Logistik* (3. Aufl.). Berlin: Springer.
Weber, J., & Schäffer, U. (2008). *Einführung in das Controlling* (12. Aufl.). Stuttgart: Schäffer-Poeschel.
Weber, J., Wallenburg, C. M., Bühler, A., & Singh, M. (2012). *Logistik-Controlling mit Kennzahlensystemen*. Koblenz: Görres.
Wölfling, B. (2003). Supply Chain Management – Ubi venis, quo vadis? In W. Delfmann & M. Reihlen (Hrsg.), *Controlling von Logistikprozessen, Analyse und Bewertung logistischer Kosten und Leistungen* (S. 387–412). Stuttgart: Schäffer-Poeschel.
ZF Friedrichshafen AG. (2014). Optimierung Liefertreue. http://www.zf.com/media/media/de/document/corporate_2/company_4/purchasing_and_logistics/purchasing_strategy/delivery_reliability/optimierung_liefertreue.pdf. Zugegriffen am 30.08.2014.

Steuercontrolling in der Unternehmenspraxis

Thomas Egner

Zusammenfassung

Die Besteuerung nimmt wesentlichen Einfluss auf betriebswirtschaftliche Entscheidungen, da jegliches wirtschaftliche Handeln einen steuerlichen Schatten wirft. Dabei sind eine Reihe steuerlicher Pflichten zu beachten, bei deren Verletzung Sanktionen drohen. Daneben können „Kundensanktionen" treten, wenn in der Kommunikation nach Außen – zum Beispiel durch die Konzernsteuerquote – das gesellschaftliche Verantwortungsbewusstsein der Unternehmen in Frage gestellt wird. Vor diesem Hintergrund wird das Steuercontrolling in diesem Beitrag bezüglich Entscheidungs-, Prozess- und Kennzahlencontrolling näher betrachtet.

Schlüsselwörter

Besteuerungsprozess · Konzernsteuerquote · Steuerliches Risikomanagement · Tax Reporting · Dokumentationspflichten

1 Einleitung

Ein Steuercontrolling ist in der betrieblichen Praxis nicht regelmäßig vorzufinden. Lediglich bei Großkonzernen kann das Steuercontrolling als Teil des „Tax Managements" als etabliert gelten. Bei kleineren und mittleren Unternehmen liegt demgegenüber meist nur ein auf den Steuerberater ausgelagertes rudimentäres Steuercontrolling vor (Schlager 2012, S. 343). Nicht überraschend findet sich deshalb zum Beispiel in einer Studie von Becker et al. (2011, S. 309–313) zum Controlling im Mittelstand auf die Frage nach den Controllingaufgaben auch kein steuerlicher Bezugspunkt.

T. Egner (✉)
Otto-Friedrich-Universität Bamberg, Lehrstuhl für Betriebswirtschaftslehre, insb. Betriebliche Steuerlehre, Bamberg, Deutschland
E-Mail: thomas.egner@uni-bamberg.de

W. Becker, P. Ulrich (Hrsg.), *Handbuch Controlling*,
https://doi.org/10.1007/978-3-658-26431-4_25

Selbst bei größeren Unternehmen beschränkt sich das Steuercontrolling häufig auf den Bereich der Kennzahlenoptimierung, insbesondere der Konzernsteuerquote, die heute eine bedeutende Kapitalmarktinformation darstellt und „von strategischer Bedeutung für jedes Unternehmen" ist (Kuhn et al. 2003, S. 636).

Steuercontrolling umfasst aber weit mehr als die Kennzahlenoptimierung. Ausgehend von der Steuerplanung bezieht sich Steuercontrolling auf alle Teilbereiche des Besteuerungsprozesses und ist somit Teil des „Tax Managements". Im Einzelnen kann dabei insbesondere zwischen Entscheidungscontrolling, Prozesscontrolling und Kennzahlencontrolling unterschieden werden.

Von besonderer Bedeutung im Rahmen des Steuercontrollings ist zudem die Kooperation mit externen Steuerberatern, die häufig einen Teil des Besteuerungsprozesses für das Unternehmen übernehmen. Selbst bei einer weitgehenden Auslagerung des Besteuerungsprozesses erübrigt sich das Steuercontrolling nicht, da sich stets Schnittstellen zwischen den Unternehmensprozessen und den Prozessen der Steuerberatung ergeben. Dies ist insofern erheblich, da sich die Haftung in der Regel nicht vollständig auf die externen Berater verlagern lässt.

2 Einordnung des Steuercontrollings

Das Controlling ist Teil des Corporate Governance-Systems der Unternehmung, insbesondere des Internen Überwachungssystems. Den verschiedenen Komponenten des Internen Überwachungssystems lassen sich jeweils auch steuerliche Funktionen zuordnen. Folgt man der Kategorisierung des Internen Überwachungssystems von Freidank und Velte (2008, S. 723), sind die Organisatorischen Sicherungsmaßnahmen, das Controlling sowie die Prüfung in Form der Internen Revision zu unterscheiden. Dem steht als unternehmensexterne Prüfungsform die Betriebsprüfung gegenüber. Unter Einbeziehung der steuerlichen Ausprägungen der Komponenten ergibt sich folgendes Bild (Abb. 1).

Die Abgrenzung der Komponenten ist im Einzelnen zwar nicht immer eindeutig möglich, die Übergänge zum Teil fließend, doch sind organisatorische Sicherungsmaßnahmen notwendig, um gewährleisten zu können, dass alle steuerlichen Pflichten erfüllt werden („Tax Compliance"). Deren Nichterfüllung kann im Einzelfall erhebliche Strafzahlungen für das Unternehmen nach sich ziehen. Zudem hat sich seit der Finanzkrise gezeigt, dass auch ein erheblicher Imageschaden für das Unternehmen drohen kann. Ferner ist zwischen Steuercontrolling und Interner Revision in Steuerfragen zu unterscheiden. Das Steuercontrolling ist Bestandteil des Besteuerungsprozesses und dient insbesondere dessen formeller und materieller Optimierung. Die Interne Revision stellt demgegenüber eine prozessexterne Prüfungsinstanz dar und steht unternehmensintern der unternehmensexternen Betriebsprüfung – vergleichbar zum Wirtschaftsprüfer im Rechnungswesen – gegenüber (Egner 2011, S. 9). Sowohl der Internen Revision als auch dem Steuercontrolling obliegt es dabei, typische Fehler, die von der Betriebsprüfung aufgedeckt werden könnten, zu ver-

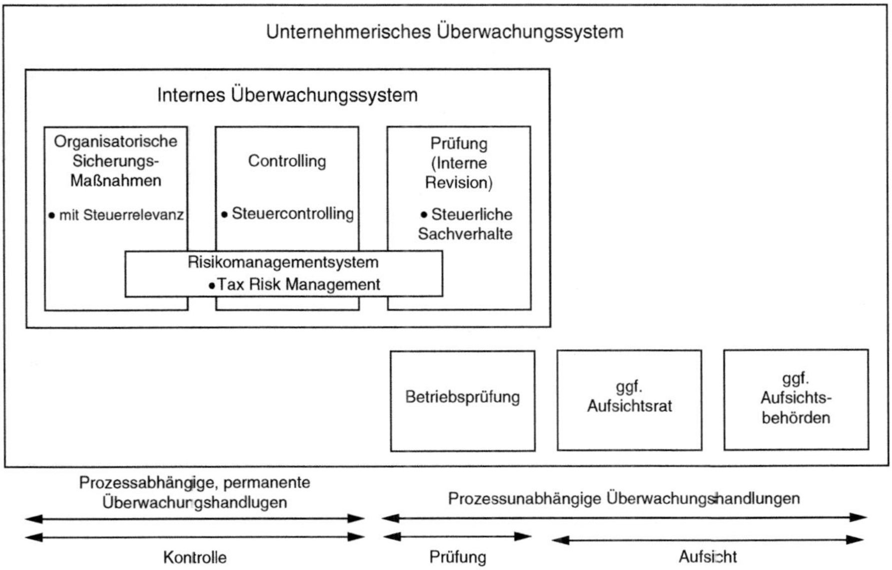

Abb. 1 Steuerliche Komponenten des unternehmerischen Überwachungssystems

hindern (Schumacher und Leister 2018, S. 59–261). Das Steuercontrolling versucht diese Fehler durch Prozessoptimierung von vornherein zu vermeiden, die Interne Revision versucht ggf. dennoch vorhandene Fehler intern aufzudecken, bevor die Betriebsprüfung ihre Arbeit aufnimmt.

Die drei Elemente des steuerlichen Überwachungssystems bilden zusammen auch die Struktur des steuerlichen Risikomanagementsystems ab (Egner und Henselmann 2015, S. 457–476), wobei aber gleichzeitig das Steuercontrolling über das Verständnis des Risikomanagements hinausgeht. Das Steuercontrolling umfasst neben der vergangenheitsorientierten Kontrollfunktion auch die zukunftsorientierte Nutzung von Chancen (Freidank und Velte 2008, S. 722).

Daneben findet sich in der praktischen Literatur auch ein phasenorientierter Ansatz, wonach sich das „Tax Controlling" aus „Tax Planning", „Tax Compliance", „Tax Risk Management" und „Tax Reporting" zusammensetzt (Kumer und Zöchling 2012, S. 5). Die vorzufindenden Begriffsdefinitionen sind jedoch nicht konsistent, da Tax Compliance häufig auch vom Steuercontrolling abgegrenzt wird, da das Steuercontrolling wertneutral ist, während sich die Tax Compliance an der Einhaltung des geltenden Rechts orientiert (Streck 2010, S. 419).

Das Verständnis von Steuercontrolling im Rahmen dieses Beitrags orientiert sich am Besteuerungsprozess, der regelmäßig mit der Steuerplanung beginnt und der Betriebsprüfung endet (Egner 2009, S. 71). Allerdings ist dieser Prozess nicht statisch, sondern unterliegt vielfältigen externen Einflüssen, die eine dynamische Interpretation notwendig machen. Das Steuercontrolling erstreckt sich dabei über den gesamten Prozessablauf und dient dessen Steuerung (Abb. 2).

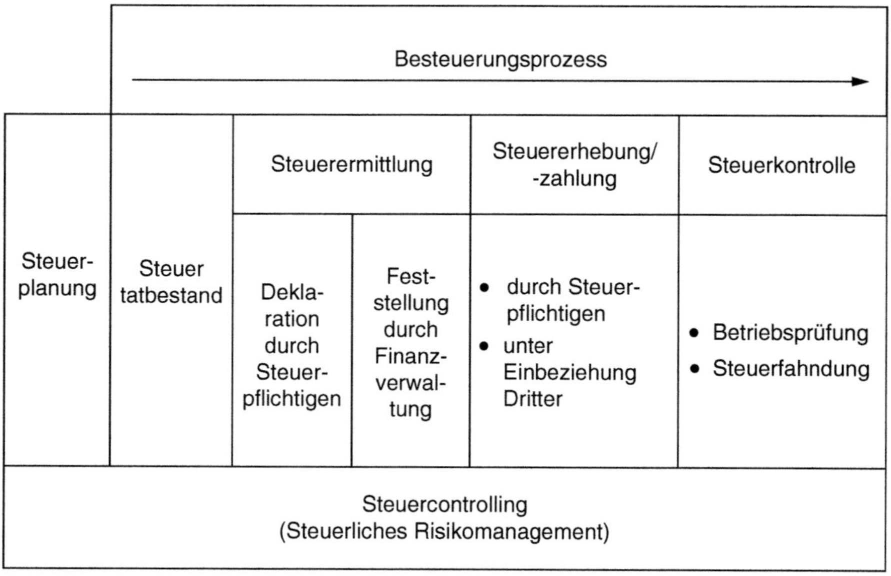

Abb. 2 Besteuerungsprozess

3 Aufgaben des Steuercontrollings

Basierend auf diesem Verständnis obliegen dem Steuercontrolling vor allem drei Aufgaben. Wie in allen anderen Bereichen des Controllings (Becker und Ulrich 2010, S. 6) steht auch hier die Erhöhung der Effizienz sowie der Effektivität im Vordergrund.

- *Entscheidungscontrolling*: Die auf Basis der Steuerplanung getroffenen Entscheidungen sind zu überwachen. Neben der Frage der korrekten Umsetzung der getroffenen Entscheidungen stellt sich im Zeitablauf vor allem die Frage, inwieweit die getroffenen Entscheidungen noch zielführend sind, da sich das steuerliche Umfeld regelmäßig in kurzen Zeiträumen ändern kann. Gerade mit der zunehmenden Internationalisierung und Globalisierung hat sich spätestens seit dem BEPS (Base Erosion and Profit Shifting) – Aktionsplan der OECD die Komplexität der Aufgabe nochmals deutlich erhöht.
- *Prozesscontrolling*: Durch das Steuercontrolling ist sicherzustellen, dass der Prozess in betriebswirtschaftlicher und juristischer Hinsicht optimiert wird. Aus betriebswirtschaftlicher Sicht bedeutet dies die Steuerung der formellen Abläufe, wie zum Beispiel der Informationsflüsse, die zur Steuerdeklaration notwendig sind. Aus juristischer Sicht ist zu beachten, dass die entsprechenden Deklarations- und Zahlungspflichten fristgerecht und materiell korrekt erfüllt werden. Fehler im Prozessablauf können erhebliche Kosten verursachen.

- *Kennzahlencontrolling*: Die Konzernsteuerquote hat sich in der Betriebswirtschaftslehre zu einer wichtigen Kennzahl entwickelt. In der Rechnungslegung nach IFRS ist sie verpflichtend anzugeben. Die Einflüsse steuerlicher Planung auf die Konzernsteuerquote sind zu beachten, da sich teilweise Zielkonflikte zu anderen steuerlichen Zielen ergeben.

3.1 Entscheidungscontrolling

Betriebswirtschaftliche Entscheidungen lösen regelmäßig Steuerwirkungen aus. Dies gilt insbesondere für konstitutive Entscheidungen wie die Rechtsformen- oder die – nationale wie internationale – Standortwahl, aber auch für regelmäßig auftretende Entscheidungen wie die Unternehmensfinanzierung. In betriebswirtschaftliche Entscheidungsmodelle sind dementsprechend Steuerwirkungen zu integrieren. Dabei können Zielkonflikte zwischen verschiedenen Zielgrößen nicht ausgeschlossen werden. Dies gilt z. B. für die Zinswirkungen berücksichtigende Steuerbarwertminimierung auf der einen Seite und die Verzinsungswirkungen vernachlässigende Konzernsteuerquote auf der anderen Seite, worauf später noch einzugehen ist. Wird in der Steuerplanung tarifabhängig eine Nachverlagerung von Steuerzahlungen angestrebt, um den Steuerbarwert zu minimieren, wirkt sich dies auf die Konzernsteuerquote nicht positiv aus. Vielmehr ergeben sich durch den Ausweis latenter Steuern keine Effekte.

Steuercontrolling ist dementsprechend nur dann sinnvoll, wenn in der betriebswirtschaftlichen Entscheidungsfindung Steuern berücksichtigt werden, mithin also eine agierende Steuerplanung vorliegt (Schmidt 2009, S. 355). Die Steuerplanung stellt den Ausgangspunkt des Besteuerungsprozesses dar. Dem liegt zu Grunde, dass Investoren Steuern als negative Erfolgsbeiträge auffassen. Der BFH hat in ständiger Rechtsprechung entschieden (jüngst wiederum: BFH vom 12.06.2018, VIII R 32/16), dass es dem Steuerpflichtigen erlaubt ist, diejenige Gestaltung zu wählen, die die geringste Steuerlast auslöst (zum Grundprinzip: Schlager 1978, S. 31). Dies ist deshalb möglich, weil das Steuerrecht in der Regel an zivilrechtlichen Gestaltungen ansetzt. Der Gesetzgeber hat dies jedoch dahingehend eingeschränkt, dass das alleinige Sparen von Steuern keine Gewinnerzielungsabsicht mehr darstellt (§ 15 Abs. 2 S. 2 EStG). Darüber hinaus versucht der Gesetzgeber durch eine Reihe von Missbrauchsbekämpfungsmaßnahmen den Handlungsraum für die Steuerpflichtigen einzuengen (Egner 2009, S. 71). Beispielspielhaft sei an dieser Stelle auf die 2019 neu eingeführte Pflicht zur Mitteilung (schädlicher) grenzüberschreitender Steuergestaltungen verwiesen, die mit erheblichem koordinativem und deklaratorischem Aufwand verbunden ist. Im Ergebnis führt dies dazu, dass Steuerplanung in einem Umfeld der Unsicherheit abläuft.

Dies gilt zum einen zeitlich, da sich die steuerlichen Parameter im Zeitablauf durch Gesetzes- und Rechtsprechungsänderungen, aber auch durch Änderungen in der Verwaltungsauffassung – national wie international – ändern können. Zum anderen besteht immer dann eine grundsätzliche materielle Unsicherheit, wenn für Steuergestaltungen eine gesicherte Rechtsauffassung fehlt. Dieses Steuerrisiko kann zwar durch eine Verbindliche Auskunft (§ 89 Abs. 2 AO) gebührenpflichtig vermindert werden, doch kann die Finanzverwaltung im Einzelfall eine Verbindliche Auskunft auch ablehnen (AEAO § 89, 3.5.4). Zudem entfällt die Rechtsbindung, wenn die zu Grunde liegende Rechtsnorm geändert wird (§ 2 Abs. 3 Steuerauskunftsverordnung).

Als Beispiel für eine rechtsänderungsbedingte Handlungsnotwendigkeit sei nur die körperschaftsteuerliche Organschaft bei der GmbH erwähnt. Der hierfür notwendige Ergebnisabführungsvertrag ist aufgrund der Einführung des verpflichtenden dynamischen Verweises in § 17 Abs. 1 S. 2 Nr. 2 KStG auf § 302 AktG („in seiner jeweils gültigen Fassung") durch das Gesetz zur Änderung und Vereinfachung der Unternehmensbesteuerung und des steuerlichen Reisekostenrechts vom 20.02.2013 (BGBl. I, S. 285) anzupassen. Der Gesetzgeber hat hierzu Übergangsfristen eingeräumt (§ 34 Abs. 10b KStG; durch das Gesetz zur Anpassung des nationalen Steuerrechts an den Beitritt Kroatiens zur EU und zur Änderung weiterer Gesetze vom 25.07.2014 (BGBl. I, S. 1266) in § 17 Abs. 2 KStG verschoben). Danach werden bestehende Verträge, die nach der bisherigen Rechtslage abgefasst waren, in der Regel noch bis Ende 2014 anerkannt. Mit BMF-Schreiben vom 03.04.2019 (BStBl. 2019 I, S. 467) räumt die Finanzverwaltung eine weitere Übergangsfrist für sog. Altverträge ein, für die eine Nichtanpassung der Verlustübernahmeklausel bisher unschädlich war. Derartige Altverträge waren damit bis Ende 2019 ebenfalls an den dynamischen Verweis anzupassen. Das Steuercontrolling hat diese Veränderungen zu erfassen und den Anpassungsvorgang zu begleiten bzw. zu steuern.

Getroffene Entscheidungen sind vor diesem Hintergrund regelmäßig zu hinterfragen und ggf. zu korrigieren. Es bedarf einer ständigen Erfassung des steuerlichen Umfelds sowie dessen Entwicklung. Dies bedingt – wie in anderen Controllingbereichen – ein Informationssystem „zur Sicherstellung bedarfsgerechter Informationen" (Becker und Ulrich 2010, S. 14).

Darüber hinaus ist von erheblicher Bedeutung, dass die Umsetzung der Steuerplanung überwacht wird, da bereits geringfügige Abweichungen in der Realisation erhebliche Steuerfolgen auslösen können. In diesem Zusammenhang muss das Steuercontrolling mögliche Steuerwirkungen betriebswirtschaftlicher Entscheidungen analysieren, auch wenn unmittelbare steuerliche Wirkungen nicht offensichtlich zu erkennen sind. Dies kann zum Beispiel für die Verbringung einzelner Wirtschaftsgüter zwischen Betriebsstätten eines Unternehmens gelten.

Beispiel

Ein deutsches Unternehmen verfügt in den Ländern A und B jeweils über eine Betriebsstätte. Ein Wirtschaftsgut, das bisher in der Betriebsstätte A genutzt wurde, wird aus betrieblichen Gründen in die Betriebsstätte B verlegt. Das deutsche Stammhaus wird davon erst später informiert, da steuerliche Auswirkungen nicht vermutet werden. Die abgebende Betriebsstätte liegt in einem Land (A), mit dem kein Doppelbesteuerungsabkommen (DBA) besteht. Mit dem Land B wurde ein

DBA abgeschlossen und entsprechend dem OECD-Musterabkommen die Freistellungsmethode vereinbart (Art. 7 i. V. m. Art. 23 A OECD-MA).

Im Ergebnis führt dies dazu, dass die im überführten Wirtschaftsgut vorhandenen stillen Reserven aufzudecken sind und in Deutschland (!) der Besteuerung unterliegen. Aufgrund des Welteinkommensprinzips werden Gewinne ausländischer Betriebsstätten in Deutschland unter Anrechnung einer vergleichbaren ausländischen Steuer der Besteuerung unterworfen. Das Besteuerungsrecht Deutschlands geht aber durch die Überführung des Wirtschaftsguts in eine Freistellungs-Betriebsstätte unter. § 4 Abs. 1 EStG i. V. m. § 12 KStG ordnet in solchen Fällen die sog. Entstrickungsbesteuerung an – also eine Besteuerung auf Basis eines fiktiven Realisationstatbestandes.

Gleiches ergibt sich, wenn mit einem bisher DBA-losen Staat ein Doppelbesteuerungsabkommen mit Freistellungsmethode abgeschlossen wird, da somit die Anrechnungsmethode endet und das deutsche Besteuerungsrecht eingeschränkt wird (sog. „passive" Entstrickung; BMF v. 26.10.2018, BStBl. 2018 I, S. 1104). ◄

Vor diesem Hintergrund ist es – insbesondere im internationalen Kontext – wichtig, dass bei allen betriebswirtschaftlichen Entscheidungen die Steuerrelevanz überprüft wird. Während dies lange Zeit meist nur bei bedeutenden Entscheidungen, zum Beispiel bei konstitutiven Entscheidungen wie der Rechtsformenwahl, erfolgte, oder wenn steuerliche Probleme offenkundig waren (Spengel und Matenaer 2011, S. 802), ist zunehmend eine positive Entwicklung hinsichtlich der Einbindung der Steuerabteilungen in unternehmerische Entscheidungen zu verzeichnen. Zwar zeigt sich nach einer in 2014 und 2015 bei großen deutschen Kapitalgesellschaften durchgeführten Umfrage, dass die Einbindung noch mehrheitlich auf kurzfristigem Weg erfolgt, jedoch wird gleichzeitig deutlich, dass steuerlichen Aspekten inzwischen eine sehr hohe Bedeutung beigemessen wird. Die steuerlichen Faktoren gewinnen somit zunehmend Einfluss auf die unternehmerische Entscheidungsfindung (Feller et al. 2017, S. 1617–1622 und 1673–1677).

Neben diesen betriebsprozessbezogenen Fragestellungen, können auch betriebsorganisatorische Veränderungen zu steuerlichen Problemen führen. Wird zum Beispiel bei zwei Unternehmen, die eine umsatzsteuerliche Organschaft bilden, der gemeinsame Geschäftsführer durch zwei neue Geschäftsführer ersetzt, weil keine geeignete Person gefunden wurde, die beide Geschäftsführungspositionen übernehmen kann, oder wurde aufgrund gestiegener Aufgaben auf die Personenidentität verzichtet, so kann dies die umsatzsteuerliche Organschaft (§ 2 Abs. 2 Nr. 2 UStG) gefährden, da das Kriterium der organisatorischen Eingliederung nicht mehr erfüllt wird. Hierfür ist in der Regel eine personelle Verflechtung der Geschäftsführung von Organgesellschaft und Organträger notwendig (UStAE 2.8 Abs. 8; Stangl und Winter 2014, S. 211–214). Darüber hinaus kann auch durch die Entsendung von leitenden Mitarbeitern oder durch Beherrschungsverträge die organisatorische Eingliederung erfüllt werden, wenn der Durchgriff tatsächlich ausgeführt wird. In diesem Zusammenhang wird empfohlen ein „dokumentiertes Konzerncontrolling" vorzunehmen (Korn 2013, S. 1887).

Auch außerhalb der Gesellschaftsebene drohen durch die Gesellschafter beständig steuerliche Risiken. Dies gilt grundsätzlich – aber meist erkannt – für die Nachfolgeplanung. Für die Personengesellschaften besteht durch das Integrationsprinzip die besondere Problematik, dass beide Besteuerungsebenen stets gemeinsam zu betrachten sind. Bereits Vermögensumschichtungen – im Rahmen einer vorweggenommenen Erbfolge – auf ein Kind, können zu einer Realisierung stiller Reserven führen, wenn das Vermögen bisher dem Unternehmen überlassen wurde (Sonderbetriebsvermögen).

Für das Steuercontrolling sind vor allem diejenigen Vorgänge problematisch, bei denen bei den Beteiligten keine steuerliche Sensibilität ausgelöst wird und somit das Steuercontrolling bzw. generell die Steuerabteilung/der Steuerberater erst nach dem Vorgang hiervon erfährt. Die Problematik liegt darin, dass für die Besteuerung Vorgänge in der Regel nicht reversibel sind. Dies gilt selbst dann, wenn die juristische Grundlage des Vorgangs rückwirkend aufgelöst wird oder das wirtschaftliche Ergebnis kompensiert wird. So führt ein überhöhtes Leistungsentgelt an einen Gesellschafter zu einer verdeckten Gewinnausschüttung (§ 8 Abs. 3 S. 2 KStG), die nachträgliche Rückzahlung des überhöhten Betrags aber nicht zu deren Rückabwicklung, sondern zu einem zweiten steuerrelevanten Vorgang, einer verdeckten Einlage (§ 8 Abs. 3 S. 3 KStG). Diese Irreversibilität erzwingt stets eine ex-ante-Betrachtung steuerlicher Wirkungen. Wichtig für das Steuercontrolling ist somit die Sensibilisierung aller Akteure eines Unternehmens hinsichtlich möglicher (unerwünschter) Steuerwirkungen.

In diesem Kontext könnte man von einem strategischen Controlling sprechen, wenn es sich um Fragen der steuerberücksichtigenden Entscheidungsfindung handelt. Die Grundsätze der Steuerberücksichtigung können hierbei zum Beispiel in Unternehmensrichtlinien dokumentiert werden. Das Umsetzungscontrolling wäre demgegenüber als operatives Controlling anzusehen.

Beispielhaft kann dies an der Entsendungspraxis von Mitarbeitern dargestellt werden. Bei der Mitarbeiterentsendung stellt sich die Frage der Berücksichtigung von Steuerwirkungen auf Ebene des Arbeitnehmers bei der Entlohnung, die zum einen durch Besteuerungsdifferenzen von Entsendungs- und Zielland und zum anderen durch eine Doppelbesteuerung in beiden Ländern auftreten können. Gleiches gilt für die Sozialversicherungsbeiträge. Die strategische Ebene umfasst zwei Fragestellungen: (1) Home-Based- oder Host-Based-Ansatz; (2) Brutto- oder Nettoansatz. Im konkreten kommen insbesondere Nettolohnvereinbarungen, Tax Protection- oder Tax Equalisation-Vereinbarungen zum Einsatz (Laws et al. 2008, S. 62–64). Die steuerlichen Regelungen für die Entsendung werden regelmäßig in Entsendungsrichtlinien dokumentiert. Die Interdisziplinarität des Steuercontrollings zeigt sich hier besonders deutlich, da die Steuerberücksichtigung wesentlich von Entwicklungen im Personalwesen beeinflusst wird. Während in der Vergangenheit tendenziell stärker der Home-Based-Ansatz dominierte, gewinnt in den letzten Jahren der Host-Based-Ansatz verstärkt an Gewicht. Dies gibt Anlass, auch die Entsendungsrichtlinien zu überprüfen. Die Ebene des operativen Controllings umfasst demgegenüber die Frage nach der Einhaltung der Entsendungsrichtlinien im konkreten Entsendungsfall und die Dokumentation der durch die Entsendung ausgelösten steuerbedingten Kosten. Dies führt zu Transparenz hinsichtlich der steuerinduzierten Entsendungskosten und kann gleichzeitig wiederum der Anlass für ein Nachsteuern in den Entsendungsrichtlinien sein.

Zum Entscheidungscontrolling gehört auch der Teil des steuerlichen Risikomanagements, der sich mit den steuerlichen Folgen der betriebswirtschaftlichen Entscheidungen beschäftigt. Dabei ist festzustellen, dass insbesondere aufgrund der zunehmenden Globalisierung der Unternehmen dem „Tax Risk Management" eine immer stärker werdende Bedeutung beigemessen wird (Pratter und Eichenberger 2012, S. 376) und als ein steuerlicher Kernprozess bezeichnet wird (Kromer et al. 2013, S. 159). Die bereits erwähnten neu geschaffenen Meldepflichten für grenzüberschreitende Gestaltungen verschärfen die Risikosituation noch einmal. Nach Henselmann und Rose (2001, S. 193) umfasst das steuerliche Risikomanagement vier Stufen:

- *Steuervermeidung*: Dabei werden Sachverhalte mit steuerlichen Risiken vermieden bzw. durch Steuerklauseln ausgeschlossen.
- *Risikominderung*: Soweit ein Risiko nicht verhindert werden kann, soll durch ein steuerliches Informationsmanagement oder die Einbindung der Finanzverwaltung (Verbindliche Auskunft) das Risiko gemindert werden.
- *Risikoüberwälzung*: In bestimmten Fällen kann das Risiko auf Dritte überwälzt werden, zum Beispiel den Steuerberater oder durch Steuerüberwälzungsklauseln auf Vertragspartner.
- *Risikoübernahme*: Das verbleibende Risiko muss vom Unternehmen getragen werden. Die Risikotragfähigkeit des Unternehmens ist durch das Steuercontrolling zu überwachen.

Als Instrument des Tax Risk Managements zur Dokumentation der Risiken dient zum Beispiel die „Risikomatrix" (Pratter und Eichenberger 2012, S. 380). Dabei werden den Risikoobjekten die verschiedenen Risikokategorien gegenüber gestellt. Als Risikoobjekte können zum Beispiel neben der (1) Konzernstruktur die (2) Transaktionen innerhalb des Konzerns und die (3) Transaktionen mit Dritten unterschieden werden. Als Risikokategorien dienen das (1) Umfeldrisiko, das (2) Prozessrisiko und das (3) Informationsrisiko. Die Matrix könnte in einer dritten Dimension noch um die Verantwortlichkeit ergänzt werden.

Folgt man Spengel und Matenaer (2011, S. 808) mit der Ansicht, dass „die Berücksichtigung steuerlicher Risiken insbesondere ein Informationsproblem darstellt", resultiert hieraus die Notwendigkeit eines umfassenden steuerlichen Informationssystems. Dies umfasst

- die Dokumentation der Unternehmensentscheidungen mit ihren steuerlichen Einflüssen/Risiken,
- die Entscheidungsumsetzung,
- die Entwicklung des steuerlichen Umfelds,
- die Kommunikation mit der Finanzverwaltung (Deklaration, Anfragen, Betriebsprüfungen).

Eine derartige Dokumentation erreicht sehr schnell eine komplexe Dimension, wenn internationale Bezüge oder umfangreiche Beteiligungsstrukturen vorliegen.

3.2 Prozesscontrolling

Das Prozesscontrolling beschäftigt sich mit der datenmäßigen Abbildung des Besteuerungsprozesses im Unternehmen. Dabei sind zwei Ausprägungsformen zu unterscheiden. Zum einen beschäftigt sich das Steuercontrolling mit der Prozessoptimierung im betriebswirtschaftlichen Sinne. Darunter ist die Aufbau- und Ablauforganisation im Bereich der Besteuerung zu verstehen. Zum anderen wird auch das Pflichtencontrolling umfasst. Darunter sind vor allem die organisatorischen Maßnahmen zur Sicherstellung der Erfüllung der steuerlichen Pflichten aufzunehmen. Hierbei ergeben sich Überschneidungen mit der an Bedeutung gewinnenden Tax Compliance.

3.2.1 Prozessoptimierung

Die Dokumentation des Besteuerungsprozesses soll in effizienter und effektiver Weise erfolgen. Damit ist zu gewährleisten, dass die steuerrelevanten Daten zur betriebswirtschaftlichen Entscheidungsfindung sowie zur Erfüllung steuerlicher Deklarationspflichten kosteneffizient erhoben und aufbereitet werden. Hierbei sind zwei Besonderheiten zu beachten:

- Die steuerliche Dokumentation bzw. der Datenfluss umfasst bei den meisten Unternehmen nicht nur die Unternehmensebene, sondern auch Übergänge zum Steuerberater.
- Die Digitalisierung steuerlicher Deklarationspflichten führt häufig zu Medienbrüchen. An den Übergängen entstehen erhebliche Kosten und Fehlerquellen.

Die beiden Problembereiche sind nicht getrennt voneinander zu sehen, da die Digitalisierung die Prozesse im Dreiecksverhältnis „Unternehmen – Steuerberater – Finanzverwaltung“ deutlich verändert. Dieses Dreiecksverhältnis (Egner 2018, S. 9) lässt sich zudem erweitern, wenn die Komponenten „Dienstleister“ – zum Beispiel die DATEV eG für die Steuerberater – sowie die Steuerberaterkammer als Träger der „Vollmachtsdatenbank“ einbezogen werden. Die Einführung der „Vollmachtsdatenbank“ im Herbst 2013 steht insbesondere mit der seit Anfang 2014 eröffneten Möglichkeit der vorausgefüllten Steuererklärung natürlicher Personen in Verbindung. Hierdurch kann der Steuerberater seine Vollmachten auf elektronischem Weg nachweisen und erhält einen medienbruchfreien Zugriff auf die an das Finanzamt übermittelten Daten des Mandanten (Willerscheid 2014, S. 297–300). Erst im Zuge der Implementierung der „Vollmachtsdatenbank 2.0“ im Jahr 2017, durch die die vollständige Anbindung an das System der Finanzverwaltung erfolgte, werden weitere Prozesse, zum Beispiel die Erfassung und Übermittlung von Unternehmensvollmachten, freigeschaltet. Mit dem Gesetz zur Modernisierung des Besteuerungsverfahrens vom 18.07.2016 (BGBl. I 2016, S. 1679), das eine Reihe neuer Regelungen hinsichtlich der Digitalisierung und der Automatisierung des Steuerverfahrensrechts implementiert (z. B. §§ 87a – 87e AO für die elektronische Kommunikation und Datenübermittlung; § 122a AO für den Datenabruf), wird in § 80a AO die rechtliche Grundlage zur elektronischen Übermittlung von Vollmachtsdaten geschaffen (Baum und Sonnenschein 2016, S. 2939). Zwar stellt auch die ELSTER-Software entsprechende Funktionalitäten für den Steuerberater zur Verfügung, doch bedingt dies stets eine aktive Einbeziehung des Mandanten (Kleemann 2013, S. 2721) (Abb. 3).

Eine besondere Herausforderung für das Steuercontrolling im Rahmen des Prozesscontrollings besteht darin, dass es zu mehreren Datenübergängen zwischen Unternehmen, Steuerberater und Finanzverwaltung kommt. Dies ist insofern problematisch, als Übergänge Fehlerquellen darstellen, insbesondere wenn es zu Medienbrüchen kommt. Dies führt auch zu einem Überlappen der Controlling-Systeme, da das Steuercontrolling des Unternehmens sicherstellen muss, dass (1) der Datenübergang auf Seiten des Unternehmens, (2) der Empfang der Daten durch den Steuerberater sowie (3) deren Weiterverarbeitung beim Steuerberater den Unternehmensleitlinien entspricht. Gleichzeitig hat das Kanzlei-Controlling des Steuer-

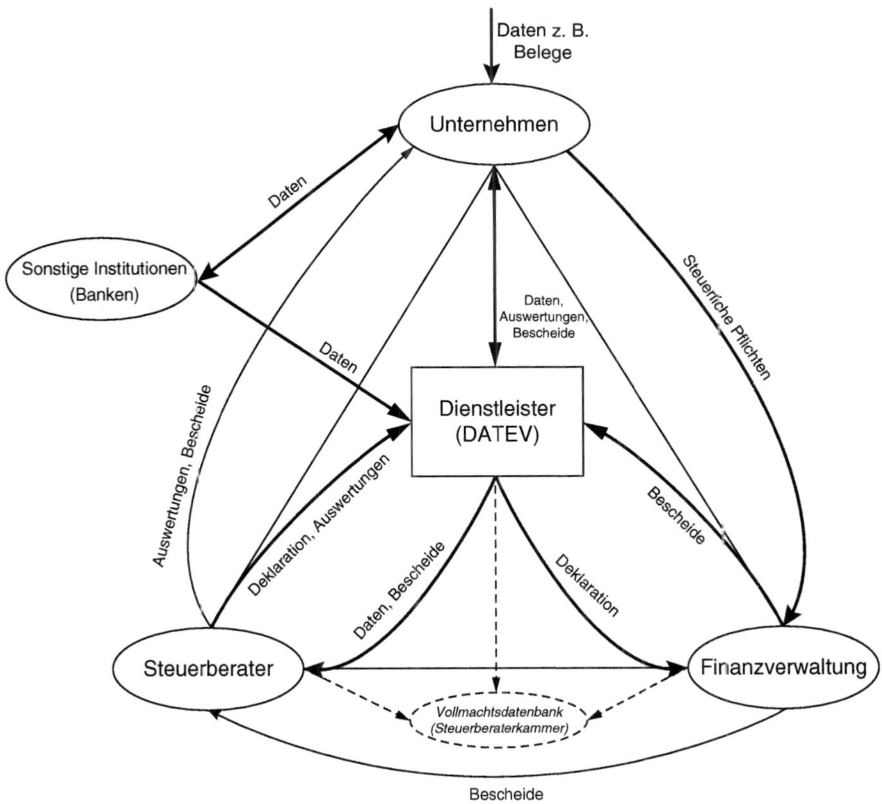

Abb. 3 Dreiecksverhältnis Steuerberater – Unternehmen – Finanzverwaltung

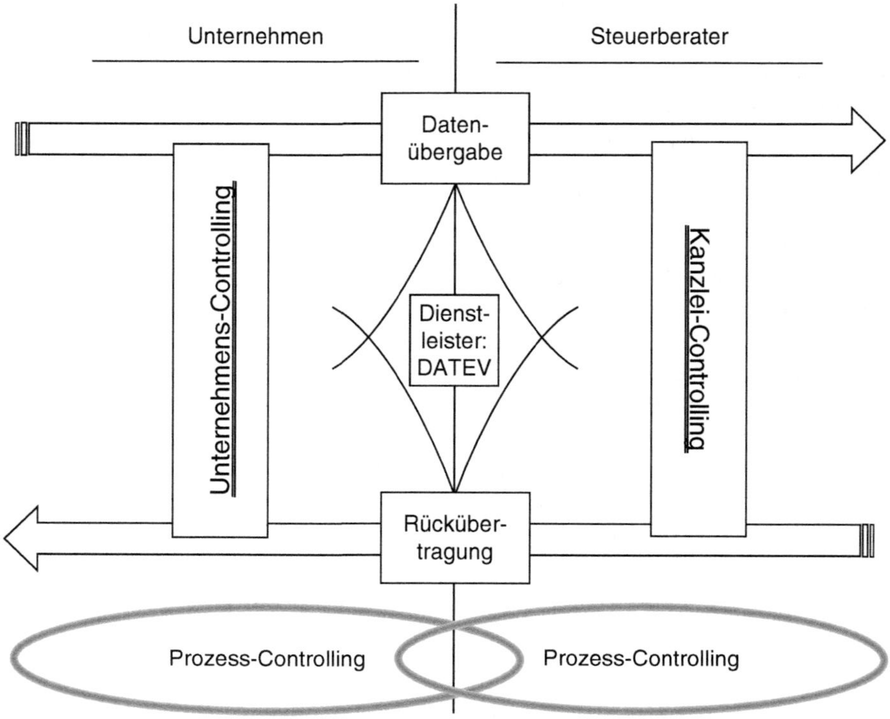

Abb. 4 Datenübergabe Unternehmen – Steuerberater

beraters sicherzustellen, dass im Unternehmen eine der Verfahrensdokumentation entsprechende Datenerfassung und -übermittlung in die Kanzlei erfolgt. In vielen Fällen wird dies mit Hilfe der Software der DATEV eG erfolgen (Abb. 4).

Eine aktuelle Tendenz der Prozessoptimierung ist in der Erstellung einer medienbruchfreien Dokumentationskette vom Unternehmen über den Steuerberater bis zur Finanzverwaltung zu sehen. Dies betrifft gleichzeitig auch die Erfüllung der steuerlichen Aufbewahrungspflichten. Zwar sind die Vorschriften der Abgabenordnung zur „Führung von Büchern und Aufzeichnungen" in den §§ 140 bis 148 sehr allgemein gehalten, doch hat die Finanzverwaltung umfangreiche Verwaltungsvorschriften geschaffen, die einzuhalten sind. Zur Anpassung an den Digitalisierungsprozess sind die Vorschriften der Abgabenordnung beispielsweise um die „Ordnungsvorschrift für die Buchführung und für Aufzeichnungen mittels elektronischer Aufzeichnungssysteme" (§ 146a AO) ergänzt worden.

3.2.2 Erfüllung der steuerlichen Pflichten

Die ordnungsmäßige Dokumentation der steuerrelevanten Daten ist Voraussetzung für deren Anerkennung als Grundlage der Besteuerung. Gibt es für die Finanzverwaltung Anlass für die Verwerfung der Buchführung, weil Mängel in der Dokumentation festgestellt werden, kann es zur (Zu-)Schätzung kommen (§ 162 AO). Die

Richtigkeit der Steuerdeklaration und -dokumentation ist somit von erheblicher Bedeutung für das Unternehmen und umfasst sowohl die inhaltliche als auch formelle Richtigkeit. Die inhaltliche und formelle Richtigkeit wird seitens der Finanzverwaltung regelmäßig im Rahmen der Betriebsprüfung (§§ 193–207 AO) einer Kontrolle unterzogen.

Die steuerlichen Dokumentationspflichten umfassen dabei nicht nur die klassischen Unterlagen der Buchführung, sondern ggf. auch betriebswirtschaftliche Entscheidungsgrundlagen, die zum Beispiel für die Verrechnungspreis- sowie bei der Funktionsverlagerungsdokumentation notwendig sind. So bestimmt § 1 Abs. 3 S. 9–12 AStG für den Fall der Funktionsverlagerung zwar nur die Anwendung des Fremdvergleichsgrundsatzes, in der Funktionsverlagerungsverordnung ist jedoch geregelt, wie der Verrechnungspreis zu bestimmen ist. Dabei ist nicht nur die Entscheidung des Unternehmens zu dokumentieren, vielmehr ist der Wert des Transferpakets „unter Berücksichtigung *tatsächlich bestehender Handlungsmöglichkeiten* zu ermitteln [...]. Ausgangspunkt für die Berechnung sind die Unterlagen, die Grundlage für die Unternehmensentscheidung waren [...]" (§ 3 Abs. 2 FVerlV vom 12.08.2008, BStBl. I 2009, S. 34).

Das Steuercontrolling hat dementsprechend den Dokumentations- und Ablageprozess zu steuern (betriebswirtschaftlich) sowie auf die Erfassung aller deklarationsrelevanten Daten – vorgangs- und entscheidungsdokumentierend – zur Einhaltung der steuerlichen Pflichten zu achten.

Wie bereits angesprochen, bestehen seitens der Finanzverwaltung dezidierte Vorgaben bezüglich des Führens von Büchern und Aufzeichnungen, die die Handlungsfreiheit des Unternehmens einschränken. Die Finanzverwaltung hat dabei neben dem grundlegenden Schreiben zu den „Grundsätzen zur ordnungsmäßigen Führung und Aufbewahrung von Büchern, Aufzeichnungen und Unterlagen in elektronischer Form sowie zum Datenzugriff (GoBD)" (zuletzt i. d. F. vom 28.11.2019, BStBl. I 2019, S. 1269 veröffentlicht) eine Reihe weiterer Grundsätze für Detailfragen erlassen, die zu beachten sind, zum Beispiel zur „Aufbewahrung digitaler Unterlagen bei Bargeschäften" (BMF-Schreiben vom 26.11.2010) oder zur „Nichtbeanstandungsregelung bei Verwendung elektronischer Aufzeichnungssysteme im Sinne des § 146a AO ohne zertifizierte technische Sicherheitseinrichtung nach dem 31. Dezember 2019" (BMF-Schreiben vom 06.11.2019, BStBl. I 2019, S. 1010) (Tab. 1).

Die im November 2014 veröffentlichten und heftig kritisierten GoBD ersetzen die „Grundsätze ordnungsmäßiger DV-gestützter Buchführungssysteme (GoBS)" und die „Grundsätze zum Datenzugriff und zur Prüfbarkeit digitaler Unterlagen (GDPdU)". Die Kritik bezieht sich vor allem darauf, dass die sehr detaillierten Anforderungen nicht den Verfahren der modernen Informationstechnologien entsprechen und praktisch nicht umsetzbar sind. Das Vorgehen der Finanzverwaltung wird als „Ausdruck etatistischen Denkens" angesehen (Oberhauser 2014, S. 10). Durch die Anpassungen 2019 wurde zwar auf die technischen Entwicklungen reagiert, die Grundkritik ist jedoch geblieben.

Gerade für das Steuercontrolling stellt dies eine Herausforderung dar, sind die Neuregelung doch zeitnah umzusetzen und erfordern erhebliche Anpassungsmaßnahmen bei den Aufzeichnungs- und Aufbewahrungsrichtlinien der Unternehmen.

Tab. 1 Formale Anforderungen an das Steuer-Controlling

Allgemeine Anforderungen und Ordnungsvorschriften für die Buchführung und für Aufzeichnungen	Aufbewahrung von Unterlagen	Grundsätze zur ordnungsmäßigen Führung und Aufbewahrung von Büchern, Aufzeichnungen und Unterlagen in elektronischer Form sowie zum Datenzugriff (GoBD)
• Buchführung muss so beschaffen sein, dass sie einem sachverständigen Dritten in angemessener Zeit einen Überblick über die Geschäftsvorfälle und die Lage des Unternehmens vermitteln kann. • Buchungen und Aufzeichnungen sind vollständig vorzunehmen. • Aufbewahrung von Unterlagen grundsätzlich im Inland. • Auf Antrag Aufbewahrung im Ausland. Dafür erhöhte Voraussetzungen. • Verzögerungsgeld (2500 € bis 250.000 €) bei Nicht-Beachtung allgemeiner Vorschriften. • Aufzeichnung der Geschäftsvorfälle mittels elektronischem Aufzeichnungssystem. • Belegausgabepflicht (ggf. Befreiung hiervon nach § 148 AO).	• Aufbewahrung von Büchern und Aufzeichnungen, Handels- oder Geschäftsbriefen, Buchungsbelegen, Zollunterlagen sowie sonstigen für die Besteuerung relevanten Unterlagen. • Aufbewahrung von Eingangs- und Ausgangsrechnungen. • Wahrung der zeitlichen Aufbewahrungspflichten. – Zehn Jahre: z. B. Bücher, Jahresabschlüsse, Buchungsbelege. – Sechs Jahre: Handels- und Geschäftsbriefe. • Möglichkeit der Aufbewahrung mit Hilfe von Datenträgern.	• Aktualisierung der GoBD zum 28.11.2019 (Anwendung ab 01.01.2020). • Anpassung der GoBD an technischen Fortschritt und Klärung bisheriger Zweifelsfragen. • Grundlagen der in 2014 veröffentlichten GoBD gelten weiterhin • Ausführungen zu Anforderung an – das Belegwesen und die Aufzeichnung der Geschäftsvorfälle, – das Interne Kontrollsystem (IKS), – die Datensicherheit, – die Aufbewahrung von Geschäftsunterlagen, – die Nachvollziehbarkeit und Nachprüfbarkeit und – den Datenzugriff. • Anpassung an die fortschreitende Digitalisierung und damit Erleichterungen bei Dokumentation und Aufbewahrung z. B. durch: – Zulässigkeit von Cloud-gestützten Datnveratbeitungssystemen, – Zulässigkeit von „Bildlicher Erfassung" der Belege durch mobile Endgeräte, – Erleichterung bei der Aufbewahrung von in ein In-House-Format konvertierten Daten. • GoBD gelten als Beurteilungsmaßstab für die Ordnungsmäßigkeit der Buchführung. • Nichtbeachtung kann zu Verwerfung der Buchführung und zu (Zu-)Schätzungen seitens der Finanzverwaltung führen.

(Fortsetzung)

Tab. 1 (Fortsetzung)

Allgemeine Anforderungen und Ordnungsvorschriften für die Buchführung und für Aufzeichnungen	Aufbewahrung von Unterlagen	Grundsätze zur ordnungsmäßigen Führung und Aufbewahrung von Büchern, Aufzeichnungen und Unterlagen in elektronischer Form sowie zum Datenzugriff (GoBD)
§§ 145, 146 , 146a AO	§ 147 Abs. 1 – 5 AO; § 14b UStG	BMF-Schreiben vom 28.11.2019 – IV A 4-S 0316/19/10003:001 (BStBl. I 2019, S. 1269); vgl. Schütte und Götz, DStR 2020, S. 90; Wied, BBK 2019, S. 1180; Hafner, BB 2020, S. 363

Häufig werden die Buchführung und auch die Aufbewahrung von Unterlagen durch den Steuerberater übernommen, so dass sich die Problematik auf den Steuerberater verlagert. Für den Steuerberater stellt die Bundessteuerberaterkammer zusammen mit dem Steuerberaterverband eine Muster-Verfahrensdokumentation („Version 2.0“, Stand: November 2019) zur Verfügung, die auf der BSI-Richtlinie 03138 (Technische Richtlinie „Ersetzendes Scannen“ vom 20.03.2013) aufbaut, und sowohl die notwendigen Prozesse für eine vollständig digitalisierte Belegaufbewahrung beinhaltet als auch die Möglichkeit des ersetzenden Scannens umfasst. Dadurch entfällt die Notwendigkeit der Aufbewahrung des Papierbelegs. Dies dient der bereits beschriebenen Prozessoptimierung unter Sicherstellung der rechtlichen Anforderungen. Die Verfahrensdokumentation sieht dabei eine Prozessbeschreibung aus Prüfung, Digitalisierung, Archivierung und Vernichtung vor, wobei der Prozess durch ein Internes Kontrollsystem zu überwachen ist (Tz. 3.3).

Die Steuerung der Datenhaltung spielt auch im Rahmen der Betriebsprüfung eine zentrale Rolle. Nach § 147 Abs. 6 AO sind aufzubewahrende Unterlagen, die elektronisch gespeichert werden, im Rahmen der Außenprüfung auf Wunsch zur maschinellen Auswertung zur Verfügung zu stellen (BMF-Schreiben vom 28.11.2019: GoBD, BStBl. I 2019, S. 1269, Rz. 165–167). Der digitale Zugriff umfasst auch alle Daten, die für die Besteuerung relevant sind (§ 147 Abs. 1 Nr. 5 AO). Soweit keine Abgrenzung der steuerlich relevanten Daten, zu deren Bereitstellung der Steuerpflichtige verpflichtet ist, von anderen Unternehmensdaten besteht, hat der Außenprüfer Einsichtmöglichkeit in alle zugänglichen Daten. Dies umfasst dann auch freiwillig gespeicherte Daten, für deren Aufbewahrung keine steuerliche Pflicht besteht. Zwar fallen auch diese Daten unter das Steuergeheimnis (§ 30 Abs. 2 Nr. 2 AO), doch resultiert hieraus kein Verwertungsverbot (Abb. 5).

Soweit der Steuerpflichtige – aus welchen Gründen auch immer – seiner Pflicht zur Zugriffseinräumung nicht nachkommt, kann die Finanzverwaltung ein Verzögerungsgeld zwischen 2500 € und 250.000 € festsetzen (§ 146 Abs. 2b AO).

Die Vorbereitung von Betriebsprüfungen stellt bereits heute eine wesentliche Aufgabe des Steuercontrollings dar. Dies gilt vor allem auch, seitdem die Finanzverwaltung durch die Digitalisierung der Daten vermehrt statistische Methoden (z. B. Benford-Test) zur Datenauswertung einsetzt (Krehl et al. 2014, S. 150–155; Rau 2012). Diese Verfahren sind zwar umstritten und von der Rechtsprechung nur mit

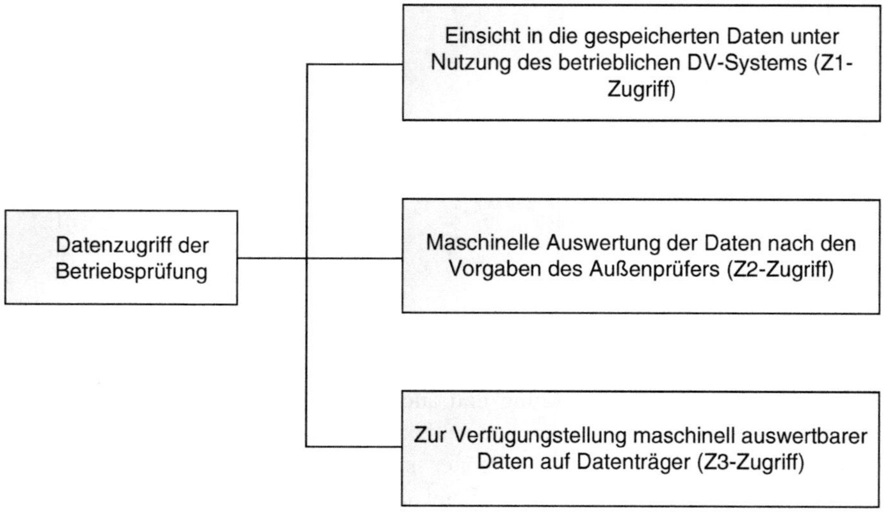

Abb. 5 Möglichkeiten des Datenzugriffs durch die Finanzverwaltung

indizieller Wirkung anerkannt (z. B. FG Rheinland-Pfalz vom 24.08.2011, 2 K 1277/10; zum Zeitreihenvergleich: BFH vom 25.03.2015, X R 20/13, BStBl. II 2015, S. 743), doch hat die Anwendung statistischer Verfahren mit der Einführung der E-Bilanz weiter zugenommen. Zielsetzung der Finanzverwaltung ist es dabei ein standardisiertes Risikomanagementsystem einzuführen und den jeweiligen Unternehmen einen „Compliance-Faktor" (Kowallik 2014, S. 411) zuzuordnen, der den Umfang der Prüfung des Unternehmens beeinflusst. Aufgabe des Steuercontrollings wird es dann sein, die Unternehmensparameter zu steuern, die für die Vergabe des „Compliance-Faktors" von Bedeutung sind. Eine derartige Risikokategorisierung erfolgt bereits bisher bei Arbeitnehmern. Die Finanzverwaltung kombiniert dies mit der sog. „Compliance-Strategie", dem Versuch die Steuerpflichtigen zur Kooperation zu bewegen (Seer 2017, Rz. 28). Diese Vorgehensweise ist international bereits weit verbreitet, so zum Beispiel in Großbritannien, den Niederlanden, den USA oder Australien (Hardeck 2013, S. 161–166). Die Idee zur Vorgehensweise entstammt der Spieltheorie, indem ein Nash-Gleichgewicht hergestellt werden soll, so dass die Kosten der Kooperation geringer sind als bei Nicht-Kooperation (Kowallik 2014, S. 407). Im internationalen Vergleich hinkt die deutsche Finanzverwaltung hinsichtlich der Verwirklichung eines kooperativen Compliance-Modells noch hinterher, jedoch sind in den letzten Jahren Fortschritte zu verzeichnen. Seit der Veröffentlichung des Anwendungserlasses zu § 153 AO (BMF-Schreiben vom 23.05.2016, BStBl. I 2016, S. 490), nach dem das Vorhandensein eines innerbetrieblichen steuerlichen Kontrollsystems ein Indiz gegen das Vorliegen eines Vorsatzes oder der Leichtfertigkeit darstellen kann, rückt die Implementierung von Tax Compliance-Management-Systemen (CMS) in den Fokus der Steuerabteilungen deutscher Unternehmen (Kirsch 2020, S. 8). Das Tax CMS bietet neben den haftungsreduzierenden Aspekten für das Unternehmen wertvolle Unterstützung für die

Finanzverwaltung. Nachdem in Österreich bereits ein Kooperationsmodell in Form der „Begleitenden Kontrolle“ (BK) als Alternative zur nachgelagerten Betriebsprüfung etabliert wurde, ist für Deutschland zukünftig ebenfalls ein Einfluss des Tax CMS auf die Art der Durchführung, den Umfang sowie die Dauer einer Betriebsprüfung zu erwarten (Bongaerts et al. 2020, S. 11–12). Daneben beteiligt sich die deutsche Finanzverwaltung an dem grenzüberschreitenden Kooperationsprogramm „ICAP 2.0“ (International Compliance Assurance Programme) der OECD (Kowallik 2020, S. 412–416; Egner 2019). Dieses verfolgt das Ziel auf Basis eines internationalen Informationsaustausches zwischen multinationalen Unternehmen und den beteiligten Steuerverwaltungen als Gegenleistung für ihre Kooperation in Form von Informationsübermittlungen hinsichtlich etwaiger steuerlicher Risiken Rechtssicherheit für die Unternehmen in Form eines „Outcome Letters“ benötigen.

Betriebswirtschaftliche Prozessoptimierung steht somit stets unter dem Vorbehalt der Erfüllung der steuerlichen Pflichten. Dies gilt nicht nur für die eigenen Steuern, sondern auch beim Einbehalt von Steuern Dritter, wie bei der Lohnsteuer. Für Kreditinstitute sind hier auch die Kapitalertragsteuern von erheblicher Bedeutung.

Neben den reinen Dokumentationspflichten umfasst der Besteuerungsprozess auch die Steuerdeklaration und damit zusammenhängend die materiell-rechtliche Würdigung steuerlicher Sachverhalte. Während bei speziellen steuerlichen Problemen davon auszugehen ist, dass der Besteuerungstatbestand bewusst gewürdigt wird, werden Routinefragen durch die Mitarbeiter in der Regel standardisiert abgewickelt. Dem Steuercontrolling obliegt es zum einen diese standardisierten Abwicklungsprozesse zu überwachen. Zum anderen ist darauf zu achten, dass Änderungen in der Gesetzgebung, Änderungen durch die Finanzverwaltung und auch Rechtsprechungsänderungen Berücksichtigung finden. Dies bedingt, dass die Fortbildungsmaßnahmen der steuerlichen Mitarbeiter überprüft werden.

Als aktuelles Beispiel kann die Rechtsprechung zur Besteuerung des geldwerten Vorteils, der dem Arbeitnehmer bei privater Nutzung eines überlassenen Dienstfahrzeugs entsteht (BFH vom 24.05.2019, VI B 101/18), herangezogen werden. Nach § 8 Abs. 2 S. 2 i. V. m. § 6 Abs. 1 Nr. 4 S. 2 EStG wird der lohnsteuerpflichtige Vorteil aus der Privatnutzung, soweit auf die Führung eines Fahrtenbuchs verzichtet wird, auf 1 % des Listenpreises pro Kalendermonat geschätzt. Überlässt der Arbeitgeber dem Arbeitnehmer mehrere Fahrzeuge ist mangels Regelung im Gesetzestext umstritten, wie mit dieser sog. 1 %-Regelung zu verfahren ist. Nach Auffassung des BFH (vom 13.06.2013, VI R 17/12) sei der 1 %-Wert für jedes der Fahrzeuge anzusetzen. Die Finanzverwaltung vertritt demgegenüber die Ansicht, dass auf den Ansatz mehrerer 1 %-Werte aus Billigkeitsgründen zu verzichten sei, wenn die Nutzung der Fahrzeuge durch andere zur Privatsphäre des Arbeitnehmers gehörende Personen so gut wie ausgeschlossen ist (BMF-Schreiben vom 28.05.1996 sowie vom 04.04.2018). Durch seinen jüngsten Beschluss bestätigt der BFH seine Auffassung erneut und hält an dem mehrfachen Ansatz des 1 %-Wertes fest.

Geprüft wird neben der korrekten Erfassung der steuerlichen Tatbestände auch die Anwendung des Steuertarifs. Dies kann insbesondere bei Steueranmeldungen (Umsatzsteuer, Lohnsteuer) Probleme bereiten, da hier die Steuerschuld durch den Steuerpflichtigen selbst zu berechnen ist.

Für das Steuercontrolling ist die Beziehung zwischen Unternehmen und Steuerberater von besonderer Bedeutung. Neben der bereits angesprochenen betriebswirtschaftlichen Prozessoptimierung stellt sich auch die Frage der Aufgabenverteilung. Dies betrifft zum einen die formellen Vorschriften, zum anderen aber vor allem auch die materiellen Vorschriften. Insbesondere bei Dauermandaten muss der Berater auf Rechtsänderungen hinweisen. Zudem besteht eine weitergehende Unterstützungspflicht des Steuerberaters (Tab. 2).

Tab. 2 Mandatspflichten

Einzelmandat	Dauermandat	Ohne Mandat
• Umfang der Beratungspflichten ergibt sich aus zugrunde liegendem Auftrag. • Über den Auftrag hinausgehende Vorgänge müssen nicht untersucht werden. • Konkludent übernommene Aufgaben verpflichten zur eingehenden Beratung. • Nebenpflicht zum Hinweis besteht bei Kenntnis von Fehlentscheidungen des Mandanten. • Auch auf Fehlbeurteilung von Spezialisten muss hingewiesen werden, wenn dies für den Berater erkennbar ist. • Keine Hinweispflicht auf mögliche zivilrechtliche Regressansprüche. • Pflicht zur Offenbarung eigener wirtschaftlicher Vorteile für den Steuerberater bei Veranlassung des Mandanten zu einem Vertragsabschluss mit einem Dritten.	• Grundsatz: Bewahrung des Mandanten vor Schaden. • Mandant muss über den sichersten Weg der Zielerreichung informiert werden. • Beratung über Gestaltungsmöglichkeiten muss u. U. ungefragt erfolgen. • Mandant ist über alle Einzelheiten erschöpfend zu beraten. • Steuerberater hat zu prüfen, ob auf Grundlage der ihm zur Verfügung gestellten Unterlagen und der ihm bekannten Umstände eine Fortführung der Unternehmenstätigkeit gefährdet ist. Zudem besteht eine Hinweispflicht auf einen möglichen Insolvenzgrund und auf die Prüfungspflicht des Geschäftsführers, soweit Anhaltspunkte offenkundig sind. • Beurteilungen von Spezialisten sind zu untersuchen, wenn allgemeiner Steuerberater ausdrücklich zur Zusammenarbeit aufgerufen ist; auf Fehlbeurteilungen in diesem Zusammenhang muss hingewiesen werden, wenn dies für den Berater erkennbar ist.	• Grundsätzliche Pflichten gegenüber Nichtmandaten bestehen nicht, jedoch ist auch die Haftung gegenüber diesen möglich, z. B. bei Verträgen zugunsten Dritter, Verträgen mit Schutzwirkung für Dritte oder bei Prospekthaftung.

(Fortsetzung)

Tab. 2 (Fortsetzung)

Einzelmandat	Dauermandat	Ohne Mandat
Rechtsprechung: BGH, 25.11.1987 – IV a ZR 162/86; BGH, 26.01.1995 – IX ZR 10/94; BGH, 11.05.1995 – IX ZR 140/94; BGH, 04.05.2000 – IX ZR 142/99; BGH, 04.05.2000 – IX ZR 199/05; BGH, 23.02.2012 – IX ZR 92/08;	**Literatur:** Merkel 2010, S. 2477–2480; Geuß 2013, S. 599–604; Mielke 2017, S. 1060–1064; Gehrlein 2018, S. 487–495; Pape 2019, S. 260–266; Blöse 2020, S. 69–72; Gehrlein 2020, S. 305–312.	
BGH, 07.03.2013 – IX ZR 64/12; BGH, 06.02.2014 – IX ZR 53/13; BGH, 25.09.2014 – IX ZR 199/13; BGH, 07.05.2015 – IX ZR 186/14; BGH, 26.01.2017 – IX ZR 285/14; BGH, 06.12.2018 – IX ZR 176/16.		

Soweit der Berater seine Pflichten nicht erfüllt, können Haftungstatbestände vorliegen. Allerdings ist es dabei Aufgabe des Steuercontrollings, die vertragliche Risikoaufteilung zu überwachen, da häufig Haftungsausschlüsse bzw. -begrenzungen durch den Steuerberater vorgenommen werden oder sich der Steuerberater den Hinweis auf steuerliche Risiken bestätigen lässt. Dementsprechend ist insbesondere hinsichtlich der Steuerplanung stets das durch das Unternehmen tragbare Risiko mit dem tatsächlichen Steuerrisiko zu vergleichen. Dabei ist nicht immer nur ein großes Einzelrisiko problematisch. Mindestens ebenso gefährlich sind Sachverhalte, die für sich genommen nicht unternehmensgefährdend sind, dafür aber häufig auftreten. Derartige Fälle kommen zum Beispiel bei der Lohnsteuer und der Umsatzsteuer vor. Abbilden lässt sich dies wiederum im Rahmen einer Risikobewertung mittels einer Matrix aus Eintrittswahrscheinlichkeit des Schadens und den möglichen finanziellen Auswirkungen (Pratter und Eichenberger 2012, S. 377, 381).

Im Ergebnis erfordert die Erfüllung der steuerlichen Pflichten im Zusammenhang mit der Deklaration ein eigenständiges Internes Kontrollsystem, wobei das Steuercontrolling einen wesentlichen Teil hiervon einnimmt (Kromer et al. 2013, S. 207). Die Ergebnisse aktueller Unternehmensbefragungen sind insofern nicht verwunderlich, als diese zeigen, dass neben der Qualität insbesondere die Verbesserung der Prozesseffizienz im „Tax Management" im Mittelpunkt steht (Deloitte 2020, S. 4).

3.3 Kennzahlencontrolling

Im Rahmen einer kennzahlenbasierten Steuerung von Unternehmen hat sich im Schnittbereich von externer Rechnungslegung und Unternehmensbesteuerung die Konzernsteuerquote als relevante Größe herauskristallisiert und damit die Bedeutung von Besteuerungsfragen erhöht (Spengel und Matenaer 2011, S. 798). Dies wird dadurch unterstützt, dass im Rahmen der Rechnungslegung nach IFRS die Konzernsteuerquote (IAS 12) verpflichtend zu veröffentlichen ist. In einer in 2011 und 2012 in der Schweiz bei multinationalen Konzernen durchgeführten Umfrage sahen 50 % der Befragten die Konzernsteuerquote (= effektiver Steuersatz) als wichtigste Performancegröße der Steuerabteilung an, 33 % nannten den Cash Flow an die Steuerbehörden (Wehrli-Ducaud und Drye 2013, S. 557). Nach einer erneuten Umfrage aus dem Jahr 2016 stellt die Konzernsteuerquote weiterhin für 50 % der befragten Unternehmen die wichtigste Performancegröße dar. Der Compliance-Status war als weitere Zielgröße von Bedeutung (Deloitte 2016, S. 4). Dieses Ergebnis belegt auch eine weitere in 2014 und 2015 in den Steuerabteilungen großer deutscher Kapitalgesellschaften durchgeführte Studie (Feller et al. 2017, S. 1675).

Es ist in diesem Rahmen darauf hinzuweisen, dass die Konzernsteuerquote nicht mit dem Konzept der Effektivsteuersätze (effektive Grenzsteuersätze (EMTR) und Durchschnittsteuersätze (EATR); Egner und Henselmann 2010, S. 2846) im Sinne der neoklassischen Investitionsmodelle vergleichbar ist (Becker et al. 2006, S. 730–742).

Als Controllinggröße für die Unternehmensbesteuerung erscheint die Konzernsteuerquote geeignet, wird doch die steuerliche Belastung des Unternehmensgewinns abgebildet. Dem Anleger wird offengelegt, welcher Anteil des Gewinns an den Fiskus abzuführen ist und welcher Nettogewinn nach Steuern den Anteilseignern verbleibt.

$$\text{Konzernsteuerquote (IAS 12.86)} = \frac{\text{Steueraufwand}}{\text{Bilanzielles Ergebnis vor Steuern}}$$

In IAS 12.86 wird diese Kennzahl als „durchschnittlicher effektiver Steuersatz“ bezeichnet. Der Steueraufwand (bzw. der Steuerertrag) setzt sich aus der tatsächlichen Steuerzahlung sowie den latenten Steuern zusammen.

Die Konzernsteuerquote ist insofern eine komplexe Kennzahl, als nicht nur die tatsächlich gezahlten Steuern in die Berechnung eingehen, sondern auch die in der handelsrechtlichen Rechnungslegung relevanten latenten Steuern, die das Ergebnis der Abweichung von handels- und steuerrechtlichen Bilanzierungsausweisen sind. Sie dienen eigentlich dazu, die Konzernsteuerquote zu objektivieren, indem zeitliche Unterschiede im Gewinnausweis von Handels- und Steuerbilanz neutralisiert werden. Insofern sind sie auch nur für temporäre Differenzen auszuweisen.

Beispiel

Werden in der Handelsbilanz steuerlich unzulässige Drohverlustrückstellungen gebildet, denen in der Steuerbilanz die Gewinnwirkung zeitlich später bei tatsächlichem Verlusteintritt – im Idealfall in gleicher Höhe – entgegensteht, so würde im

Jahr der Bildung der Drohverlustrückstellung ohne latente Steuern eine zu hohe Konzernsteuerquote ausgewiesen werden. Im Jahr der Verlustrealisierung würde demgegenüber die Konzernsteuerquote zu niedrig dargestellt werden. Indem für diese zeitliche Differenz im Gewinnausweis aktive latente Steuern gebildet werden, wird diese Ausweiswirkung neutralisiert. ◀

Im Ergebnis wird eine konstante Steuerquote von 30 % ausgewiesen. Dieses zunächst überzeugende Konzept der latenten Steuern weist jedoch für das Controlling einige Schwachstellen auf (Tab. 3).

Zwar ist das Konzept für das Controlling hilfreich, da nur dauerhafte Differenzen ihren Niederschlag finden und zu einer höheren oder niedrigeren Konzernsteuerquote führen. Dies betrifft vor allem steuerfreie Erträge und nicht abziehbare Aufwendungen. In der Erzielung der einen und der Vermeidung der anderen kann gerade ein Indikator für die Qualität des Steuermanagements gesehen werden. Dies gilt sowohl für die Steuerplanung als auch das Prozessmanagement, da Steuerstrafen, zum Beispiel wegen Fristversäumnissen, in der Regel steuerlich nicht abzugsfähig sind. Allerdings besteht ein Mangel darin, dass bei niedrigen Gewinnen die Reaktion der Kennzahl auf nicht abzugsfähige Betriebsausgaben bzw. steuerfreie Erträge überproportional erfolgt (Spengel und Kamp 2008, S. 516). Folglich stellt die Konzernsteuerquote in der Regel keine lineare Beziehung zwischen Ergebnis- und Steuergröße dar, vielmehr ergibt sich ein Kurvenverlauf, so dass bei niedrigeren Gewinnen meist höhere Konzernsteuerquoten resultieren als bei höheren Ergebnissen vor Steuern (Kuhn et al. 2003, S. 639).

Problematisch ist zudem, dass das Konzept der Konzernsteuerquote keinerlei Zinswirkungen berücksichtigt. Steuerlatenzen werden auch bei längeren zeitlichen Differenzen nicht abgezinst. Dies führt dazu, dass Steuerstundungseffekte keinen Niederschlag im Ausweis latenter Steuern finden. Dies ist für das Steuercontrolling insofern von Relevanz, als in der Betriebswirtschaftlichen Steuerlehre die Steuerbarwertminimierung als Kennzahl für die Steuerplanung Verwendung findet. Die Kennzahl der (internen) Steuerplanung und der (externen) Rechnungslegung senden dementsprechend unterschiedliche Signale aus. Eine gleichzeitige Optimierung bei-

Tab. 3 Konzernsteuerquote und latente Steuern

	t_1		t_2	
	HB	StB	HB	StB
Gewinn vor Rückstellung	100	100	100	100
Drohverlustrückstellung	−20	–	–	−20
Gewinn nach Rückstellung	= 80	= 100	= 100	= 80
Tatsächliche Steuer	−30	−30	−24	−24
(Konzern)Steuerquote ohne latente Steuern	30/80 = 37,5 %	30/100 = 30 %	24/100 = 24 %	24/80 = 30 %
Latente Steuern	+6	–	−6	–
(Konzern)Steuerquote nach latenten Steuern	24/80 = 30 %	30/100 = 30 %	30/100 = 30 %	24/80 = 30 %

der Kennzahlen wird in der Regel nicht möglich sein. Die genauen Wechselwirkungen zwischen Konzernsteuerquote, Steuerbarwert und Investitionsverhalten gelten aber als noch nicht im Detail erforscht (Haas 2013, S. 334). Die Relevanz der Konzernsteuerquote kann auch an den Ergebnissen von Watrin, Thomsen und Brune (FR 2017, S. 1029) abgelesen werden, die bei sinkenden Konzernsteuerquoten einen zunehmenden Anteil institutioneller Investoren als Anleger festgestellt haben.

Eine Zielsetzung in Form der Minimierung der Konzernsteuerquote birgt auch Risiken, da niedrige Konzernsteuerquoten nicht nur als besondere Leistung des Managements angesehen werden können, sondern als Ausdruck aggressiver – wenn auch legaler – Steuervermeidungsstrategien. Dies hat gerade bei einigen US-Konzernen in Europa während der Finanzkrise zu negativen Kundenreaktionen geführt. Es ist somit abzuwägen zwischen Ertragsteuern als Kostenfaktor und der gesellschaftlichen Verantwortung, die mit Steuerzahlungen verbunden wird. Das als unethisch empfundene Verhalten der Unternehmen kann zu Kundenempörung und im Extremfall auch zu Boykottaufrufen führen. Dies gilt umso mehr, wenn sich Unternehmen der „Corporate Social Responsibility“ (CSR) verschrieben haben, ihr Verhalten durch den Kunden aber konträr wahrgenommen wird.

Die Konzernsteuerquote ist aber insofern für das Controlling eine wichtige Zielgröße, als deren Entwicklung zum einen zu überwachen und zu steuern ist und zum anderen einer Kommunikationsstrategie bedarf. Daneben sind mögliche Zielkonflikte mit dem Steuerbarwert oder der Compliance zu analysieren und ggf. aufzuzeigen. Diese Zielkonflikte können auch dazu führen, dass von der Konzernsteuerquote als Zielgröße abgesehen wird (Haas 2013, S. 329). Vor allem ist aber auch darauf zu achten, dass die Kommunikationsprozesse mit der Rechnungslegung funktionieren, um eine integrierte Rechnungslegungspolitik für Handels- und Steuerbilanz zu gewährleisten.

Darüber hinaus bedarf es eines Benchmarkings, um die Steuerquote beurteilen zu können. Beim internen Benchmarking wird die Steuerquote mit der inländischen nominalen Steuerquote verglichen, beim externen Benchmarking erfolgt der Vergleich mit der ausgewiesenen Steuerquote anderer Unternehmen (Risse 2015, S. 132–138). Aufgrund von Steuerrechtsänderungen ist eine interne Analyse der Entwicklung über die Zeit meist nicht sinnvoll.

Darüber hinaus sollte sich das Controlling mit den Einflussfaktoren der Konzernsteuerquote genau beschäftigen. Neben den bereits genannten permanenten Effekten sind weitere „Treiber der Konzernsteuerquote“ zu identifizieren (Kuhn et al. 2003, S. 640–642). Darunter fallen zum Beispiel Steuersubventionen in Form von Lenkungsvorschriften, die unter anderem im Rahmen der Standortwahl genutzt werden können. Auch hier ist ein detailliertes Informationssystem Basis der Controllingtätigkeit. Allerdings ist zu bemerken, dass nur ein Teil der relevanten Faktoren beeinflussbar („influencable factors“) bzw. kontrollierbar („controllable factors“) ist, die meisten Faktoren demgegenüber durch das Steuermanagement nicht kontrollierbar („uncontrollable factors“) sind (Risse 2015, S. 77–78).

4 Fazit

Steuercontrolling hat sich spätestens seit der Finanzkrise zumindest bei Großunternehmen durchgesetzt. Die Globalisierung der Unternehmen hat dazu geführt, dass die steuerplanerischen Anforderungen deutlich gestiegen sind und gleichzeitig Kontakt zu mehreren Fisci besteht. Da Steuern zudem verzerrend wirken, davon nahezu alle betrieblichen Bereiche betroffen sind und Steuerzahlungen wegen der Nettoorientierung der Steuerpflichtigen negative Zielbeiträge darstellen, wird ein „gut funktionierendes Steuerrisikomanagement" – und damit auch in einem effizienten und effektiven Steuercontrolling – als ein wesentlicher Erfolgsfaktor gesehen (Spengel und Matenaer 2011, S. 798). Betroffen sind davon nicht nur die Ertragsteuern, sondern auch alle anderen Steuerarten (Substanz-, Verbrauch- und Verkehrsteuern).

Während in den großen Unternehmen inzwischen das Steuercontrolling eine erhebliche Bedeutung erlangt hat – wenn auch häufig sehr stark fokussiert auf die Konzernsteuerquote –, wird es bei kleineren und mittleren Unternehmen meist auf den Steuerberater verlagert. Dies erscheint jedoch nicht ausreichend, da bei einem risikoorientierten Ansatz auch der Steuerberater ein Untersuchungsobjekt des Steuercontrollings darstellt.

Inhaltlich kann zwischen einem entscheidungs-, prozess- und kennzahlenorientierten Steuercontrolling unterschieden werden. Wichtig ist für alle drei Teilbereiche die Implementierung eines umfassenden Steuerreportings, das geeignet ist, insbesondere die Volatilität des steuerlichen Umfelds aus Gesetzgebung, Rechtsprechung und Finanzverwaltung abzubilden (Egner und Henselmann 2015, S. 471). Zudem ist eine detaillierte Abbildung des Besteuerungsprozesses von der Steuerplanung bis zur Betriebsprüfung notwendig. Die Aufgaben des Steuercontrollings sind deshalb vielfältig und umfassen sowohl die formelle als auch die materielle sowie die zeitliche Dimension des Besteuerungsprozesses. Der Steuerberater kann hier aufgrund seiner Verpflichtungen gegenüber dem Mandanten Teilaufgaben übernehmen, ein unternehmensinternes Controlling aber nicht ersetzen.

Literatur

Baum, M., & Sonnenschein, A. (2016). Modernisierung des Besteuerungsverfahrens. *NWB Steuer- und Wirtschaftsrecht*, 2934–2945.

Becker, J., Fuest, C., & Spengel, C. (2006). Konzernsteuerquote und Investitionsverhalten. *Zeitschrift für betriebswirtschaftliche Forschung, 58*, 730–742.

Becker, W., & Ulrich, P. (2010). Corporate Governance und Controlling – Begriffe und Wechselwirkungen. In F. Keuper & F. Neumann (Hrsg.), *Corporate Governance, Risk Management und Compliance* (S. 3–28). Wiesbaden: Gabler.

Becker, W., Ulrich, P., & Baltzer, B. (2011). Controlling in mittelständischen Unternehmen. *Der Betrieb, 64*, 309–313.

Blöse, J. (2020). Steuerberater in eigener Sache: Haftung des Steuerberaters in nicht steuerlichen Angelegenheiten. *Gestaltende Steuerberatung, 28*, 69–72.

Bongaerts, D., Gräser, C., & Kirsch, A. (2020). Prüfung von Tax Compliance Management Systemen zur Vorbereitung auf eine Bp. *Der Betrieb, 73*, Beilage 03, 11–16.

Deloitte. (2016). *Swiss Tax Management Survey*. https://www2.deloitte.com/content/dam/Deloitte/ch/Documents/tax/ch-en-tax-management-survey-2016-executive-summary.pdf. Zugegriffen am 14.07.2020.

Deloitte. (2020). The management of tax: Discovering value, delivering confidence. https://www2.deloitte.com/content/dam/Deloitte/us/Documents/Tax/us-deloitte-global-research-management-of-tax2019.pdf. Zugegriffen am 14.07.2020.

Egner, T. (2009). Grundsätzliche Überlegungen zur Komplexität des deutschen Steuersystems. In T. Egner, K. Henselmann & L. Schmidt (Hrsg.), *Steuern und Rechnungslegung. Festschrift für Jochen Sigloch zum 65. Geburtstag* (S. 67–94). Aachen: Shaker.

Egner, T. (2011). Begriff, Zielsetzungen und Aufgaben. In C.-C. Freidank & V. H. Peemöller (Hrsg.), *Kompendium der Internen Revision* (S. 3–32). Berlin: Erich Schmidt.

Egner, T. (2018). *Digitale Geschäftsmodelle in der Steuerberatung*. Wiesbaden: Springer Gabler.

Egner, T. (2019). *ICAP 2.0 unter Beteiligung Deutschlands*. TLE-023-2019. https://www.tax-legal-excellence.com/statements-tax-compliance-blog/. Zugegriffen am 14.07.2020.

Egner, T., & Henselmann, K. (2010). Steuerbelastung als internationaler Standortfaktor. In *Gabler Wirtschaftslexikon* (17. Aufl.). Wiesbaden: Gabler.

Egner, T., & Henselmann, K. (2015). Steuerliches Risikomanagement. In W. Gleißner & F. Romeike (Hrsg.), *Praxishandbuch Risikomanagement* (S. 457–476). Berlin: Erich Schmidt.

Feller, A., Huber, S., & Schanz, D. (2017). Aufbau und Arbeitsweisen der Steuerabteilungen großer deutscher Kapitalgesellschaften. *Deutsches Steuerrecht, 55*, 1617–1622 (Teil I) und 1673–1677 (Teil II).

Freidank, C.-C., & Velte, P. (2008). Einfluss der Corporate Governance auf die Weiterentwicklung von Controlling und Interner Revision. In C.-C. Freidank & V. H. Peemöller (Hrsg.), *Corporate Governance und Interne Revision* (S. 711–745). Berlin: Erich Schmidt.

Gehrlein, M. (2018). Die Rechtsprechung des IX. Zivilsenats des BGH zur Steuerberaterhaftung in den Jahren 2016 bis 2017. *Deutsches Steuerrecht, 56*, 487–495.

Gehrlein, M. (2020). Die Rechtsprechung des IX. Zivilsenats des BGH zur Steuerberaterhaftung in den Jahren 2018 und 2019. *Deutsches Steuerrecht, 58*, 305–312.

Geuß, N. (2013). Haftungsrisiken des steuerlichen Beraters bei unterlassener Gestaltungsberatung. *Betriebs-Berater, 67*, 599–604.

Haas, M. (2013). Zur Bedeutung der Konzernsteuerquote für die betriebliche Steuerpolitik. *Steuer und Wirtschaft, 90*, 319–342.

Hafner, T. (2020). Neue GoBD: Kommt jetzt die Finanzverwaltung 4.0? *Betriebs-Berater, 75*, 363–366.

Hardeck, I. (2013). Kooperative Compliance Programme zwischen Finanzverwaltungen und Unternehmen. *Steuer und Wirtschaft, 90*, 156–172.

Henselmann, K., & Rose, A. (2001). Management steuerlicher Risiken. In U. Götze, K. Henselmann & B. Mikus (Hrsg.), *Risikomanagement* (S. 185–210). Heidelberg: Physica.

Kirsch, A. (2020). Update: Tax compliance management system in der Betriebsprüfung. *Der Betrieb, 73*, Beilage 03, 7–11.

Kleemann, R. (2013). Mit vorausgefüllter Steuererklärung und Vollmachtsdatenbank fit für die Zukunft. *Deutsches Steuerrecht, 51*, 2721–2722.

Korn, K. (2013). Neue Verwaltungsanweisungen zur organisatorischen Eingliederung bei der umsatzsteuerlichen Organschaft. *NWB Steuer- und Wirtschaftsrecht*, 1881–1891.

Kowallik, A. (2014). Das Risikomanagementsystem der Finanzverwaltung für Gewinneinkünfte. *NWB Internationales Steuer- und Wirtschaftsrecht*, 406–414.

Kowallik, A. (2020). ICAP 2.0: Mehr globale steuerliche Rechts- und Planungssicherheit für Ertragsteuern für kooperationsbereite multinationale Unternehmen. *Der Betrieb, 73*, 412–416.

Krehl, H., Strobel, S., & Schaller, J. (2014). *Stichproben und statistische Verfahren im Abschluss- und Betriebsprüfungsprozess*. Schongau: Verlag proSynt.

Kromer, C., Pumpler, R., & Henschel, K. (2013). Beurteilung der Effektivität eines Tax-Compliance-Systems. *Compliance-Berater, 2*, 156–162 (Teil 1), 204–211 (Teil 2).
Kuhn, S., Röthlisberger, R., & Niggli, S. (2003). Management der effektiven Konzernsteuerbelastung. *Der Schweizer Treuhänder, 77*, 636–645.
Kumer, V., & Zöchling, H. (2012). Tax Controlling: Das Steuerrad im Griff. *Dimensionen. Die Kundenzeitschrift*. KPMG Austria AG 01/2012, 4–7.
Laws, B., Koziner, A., & Waldenmaier, M. (2008). *Mitarbeiter ins Ausland entsenden*. Wiesbaden: Gabler.
Merkel, A. (2010). Haftung des Steuerberaters für Rat und Auskunft außerhalb des Mandats. *Deutsches Steuerrecht, 48*, 2477–2480.
Mielke, S. (2017). Verschärfung der Insolvenzverschleppungshaftung von Steuerberatern und Maßnahmen zur Haftungsvermeidung. *Deutsches Steuerrecht, 55*, 1060–1064.
Oberhauser, W. D. (2014). Grundsätze ordnungsmäßiger Buchführung. *DATEV-Magazin, 21*(06), 9–10.
Pape, G. (2019). Hinweis- und Warnpflichten des Steuerberaters bei Insolvenzreife des Mandanten. *Neue Zeitschrift für Insolvenz- und Sanierungsrecht, 22*, 260–266.
Pratter, K. S., & Eichenberger, O. (2012). Tax Risk Management im Konzern. *Der Schweizer Treuhänder, 86*, 376–382.
Rau, S. (2012). *Statistisch-mathematische Methoden der steuerlichen Betriebsprüfung und die Strukturanalyse als ergänzende Alternative*. Lohmar: Josef Eul.
Risse, R. (2015). *Steuercontrolling- und Reporting* (2. Aufl.). Wiesbaden: Gabler.
Schlager, J. (1978). *Die unternehmerische Steuerplanung*. Wien: Wirtschaftsverlag Dr. Anton Orac.
Schlager, S. (2012). Steuercontrolling in der Privatstiftung. In W. Nadvornik, H Kofler, B. Renner & R. Schwarz (Hrsg.), *Steuergestaltung und Betriebswirtschaft. Festschrift für Josef Schlager zum 65. Geburtstag* (S. 341–368). Wien: Linde.
Schmidt, L. (2009). Vom Sündenfall des erbschaftsteuerlichen Verschonungsabschlags beim Betriebsvermögen – zugleich ein Appell an die Durchführung einer aktiven Steuerplanung. In T. Egner, K. Henselmann & L. Schmidt (Hrsg.), *Steuern und Rechnungslegung. Festschrift für Jochen Sigloch zum 65. Geburtstag* (S. 67–94). Aachen: Shaker.
Schumacher, P., & Leister, M. (2018). *Buchführungsfehler und Betriebsprüfung* (6. Aufl.). Berlin: Erich Schmidt.
Schütte, J., & Götz, C. (2020). GoBD 2019 – Eine Übersicht über die wesentlichen Neuerungen. *Deutsches Steuerrecht, 58*, 90–93.
Seer, R. (2017). Kommentierung zu § 85 AO. In K. Tipke, H. W. Kruse, R. Seer, P. Brandis, K.-D. Drüen & M. Loose (Hrsg.), *Kommentar zur Abgabenordnung und Finanzgerichtsordnung*. Köln: Otto-Schmidt.
Spengel, C., & Kamp, A. (2008). Steuerkonsolidierung – Konzernsteuerquote. In C.-C. Freidank & V. H. Peemöller (Hrsg.), *Corporate Governance und Interne Revision* (S. 513–528). Berlin: Erich Schmidt.
Spengel, C., & Matenaer, S. (2011). Tax Risk Management – Strategische, prozessuale und organisationale Einflussfaktoren. *Die Unternehmensbesteuerung, 4*, 798–811.
Stangl, I., & Winter, M. (2014). *Organschaft 2013/14*. München: Verlag C.H. Beck.
Streck, M. (2010). Steuercontrolling, Tax Compliance und Haftungsvorsorge. In U. Niemann, M. Günkel & D. Piltz (Hrsg.), *Steuerberater-Jahrbuch 2009/10* (S. 415–436). Köln: Otto Schmidt.
Watrin, C., Thomsen, M., & Brune, A. (2017). Der Zusammenhang zwischen Steuerplanung und institutionellen Investoren. *Finanz-Rundschau, 99*, 1029–1035.
Wehrli-Ducaud, J., & Drye, S. (2013). Tax Management in der Schweiz. *Der Schweizer Treuhänder, 87*, 554–557.
Wied, M. (2019). Neufassung der GoBD im Überblick. *NWB Rechnungswesen – BBK*, 1180–1187.
Willerscheid, K. (2014). Die Vollmachtsdatenbank. *NWB Steuer- und Wirtschaftsrecht*, 297–300.

Digitalisierung im Controlling: Technologische Innovationen und Anwendungsfälle am Beispiel operativer Controlling-Prozesse

Wolfgang Becker, Patrick Ulrich und Hasan Andaç Güler

Zusammenfassung

Die Digitalisierung wird aktuell als einer der Mega-Trends im Controlling betrachtet. Eine Kopplung der Digitalisierung mit einer prozessualen Perspektive findet bisher in Theorie und Praxis allerdings nicht statt. Der Beitrag wendet auf Basis des Prozessmodells der IGC digitale Technologien auf Anwendungs- und Entwicklungspotenziale der Digitalisierung im operativen Controlling an und zeigt auf, wo in Forschung und Praxis noch offene Fragen bestehen.

Schlüsselwörter

Digitalisierung · Controlling · Digitale Technologien · Controlling-Prozessmodell · Digitalisierung · Controlling · Prozess · Operativ · S/4HANA · KI · Big Data

1 Einführung

Digitale Technologien weisen im Umfeld des Controllings vielfältige Anwendungsfelder auf. Die Analyse der Auswirkungen digitaler Technologien erfolgte in der einschlägigen Literatur bislang eher ohne konkreten Bezug zu einzelnen Controlling-

W. Becker
Ordinarius und Emeritus des Lehrstuhls für BWL, insbes. Unternehmensführung und Controlling, Otto-Friedrich-Universität Bamberg, Bamberg, Deutschland
E-Mail: wolfgang.becker@uni-bamberg.de

P. Ulrich
Lehrstuhl für Unternehmensführung, Hochschule Aalen – Technik und Wirtschaft, Aalen, Deutschland
E-Mail: patrick.ulrich@hs-aalen.de

H. A. Güler (✉)
Corporate Controlling and Reporting, Schenck Process, Darmstadt, Deutschland

W. Becker, P. Ulrich (Hrsg.), *Handbuch Controlling*,
https://doi.org/10.1007/978-3-658-26431-4_70

Prozessen. Die spezifischen Nutzenpotenziale digitaler Technologien innerhalb des Controllings bleiben somit eher verborgen. Dies ist eine für die Ableitung von Empfehlungen für die Wirtschaftspraxis unbefriedigende Ausgangssituation. Der vorliegende Beitrag dient daher der Konkretisierung der Anwendungsfelder und der Nutzenpotenziale der Digitalisierung im Controlling.

2 Technologische Innovationen der Digitalisierung

Im vorliegenden Abschnitt werden technologische Innovationen vorgestellt, die zu Verbesserungen in der Durchführung von Controlling-Prozessen führen können. Die Erläuterungen erheben nicht den Anspruch, eine vollständige technische Beschreibung der Funktionalität zu sein, sondern dienen der terminologischen Klärung sowie der Einordnung digitaler Technologien in den prozessualen Kontext des Controllings. Darauf aufbauend werden zudem die konkreten Nutzenpotenziale für das Controlling aufgezeigt.

2.1 Big Data und Data Analytics

Die Unterstützung der Entscheidungsfindung ist seit jeher eine Kernaufgabe des Controllings, die mit Hilfe von IT-Werkzeugen wie Management-Informationssystemen, Management-Unterstützungssystemen und insbesondere Business Intelligence umgesetzt wurde (Becker et al. 2015, S. 264). Zwei neue Begriffe in diesem Zusammenhang sind Big Data und Data Analytics, die aufgrund ihrer engen Verflechtung gemeinsam erläutert werden sollen: Der Begriff Big Data ist derzeit einer der am häufigsten verwendeten (Mode-)Begriffe im Bereich des Controllings, der oft fälschlicherweise als Synonym für Data Analytics – teilweise auch als Business Analytics bezeichnet (Hoenig und Esch 2018) – verwendet wird (Davenport 2014, S. 7). Dabei wird oft vernachlässigt, dass Big Data auf spezifische Datengegebenheiten abzielt, während Data Analytics auf eben dieser Datenbasis aufbaut, um Daten mit IT-basierten Methoden, Verfahren und (insbesondere statistischen) Methoden und Werkzeugen zu analysieren, um wertvolle, bisher unbekannte Zusammenhänge und Auswertungen für das Unternehmen zu generieren (wie z. B. das Erkennen von frühen Trends) (LaValle et al. 2011; Hoenig und Esch 2018). Beide Aspekte werden daher häufig als neue Entwicklungen im Controlling postuliert, obwohl die Methoden zur Datenauswertung im Rahmen der Datenanalyse zum größten Teil bereits existierten (Davenport 2014, S. 7).

Eine gemeinsame Definition der Beschaffenheiten von Big Data geht auf Laney zurück, der Big Data auf der Grundlage der folgenden drei V-Eigenschaften definiert (Laney 2001, S. 1 ff.):

- Die Datenmenge muss so groß sein, dass sie mit herkömmlichen statistischen Methoden und IT-Werkzeugen nicht verarbeitet werden kann (Data volume). Da sich diese Methoden und Werkzeuge ständig weiterentwickeln, kann sich die absolute Größenordnung, ab der Datenmengen als groß angesehen werden, nach oben hin verändern.

- Die Daten weisen eine Heterogenität auf, die sich nicht in ein vordefiniertes Datenmodell (Data variety) integrieren lässt. Beispiele könnten das Vorhandensein von Text-, Audio- und Videodaten sein. Big Data-Anwendungen haben daher die Aufgabe, Muster und Zusammenhänge aus diesem heterogenen Datenmodell zu erkennen.
- Die Daten haben eine sehr hohe Geschwindigkeit bei ihrer Erstellung, Änderung und/oder Verarbeitung, so dass sie aufgrund der hohen Erstellungsgeschwindigkeit nicht gespeichert werden können (Data velocity).

Die genannten drei V-Eigenschaften wurden im Verlauf der Zeit durch eine Vielzahl an weiteren Eigenschaften erweitert, welche unter anderem mit *veracity* (Richtigkeit der Daten), *visualization* (Darstellung der Daten), *variability* (Veränderbarkeit der Daten), *vulnerability* (Anfälligkeit im Sinne von Sicherheitsaspekten), *volatility* (Unbeständigkeit), *value* (Wert der Daten) oder auch *venality* (Bestechlichkeit der Daten) eine Einheit bilden (Davenport 2014, S. 7; Firican 2017).

Die auf den V-Eigenschaften basierende Definition von Big Data kann insofern kritisiert werden, als unklar ist, ob Daten in Unternehmen noch als Big Data bezeichnet werden können, wenn eines der genannten Merkmale nicht erfüllt ist (Davenport 2014, S. 7). Als problematisch erweist sich insbesondere die Diskussion, ob die Daten nun groß genug sind, um dem Begriff von Big Data zu genügen. Auch im Zeitalter von Big Data sollten aus ökonomischen Gründen nur die für das spezifische Problem relevanten Daten verwendet werden, da nicht alle Daten wirtschaftlich betrachtet ausgewertet werden können (Gadatsch 2016, S. 64). Dies liegt insbesondere daran, dass die Daten der Information vorgelagert sind und deshalb erst zu Informationen verarbeitet werden müssen (Wittmann 1959, S. 14), was im Unternehmen Kosten verursacht (Gadatsch 2016, S. 64). Gegenwärtig besteht jedoch oft keine Transparenz darüber, welche Daten den Unternehmen bereits zur Verfügung stehen und welche zusätzlichen Daten intern oder extern beschafft werden sollten (Buschbacher 2016, S. 42). Insofern ist der aktuelle Hype um Big Data kritisch zu hinterfragen, da das Risiko besteht, unnötig viele zusätzliche und möglicherweise redundante Daten anzuhäufen, ohne das volle Potenzial der bereits vorhandenen Unternehmensdaten auszuschöpfen. Anstelle der Diskussion, wie die V-Eigenschaften erfüllt werden können, schlägt Davenport daher eine zweckorientierte Begriffsdefinition von Big Data vor, die sich am Zweck der verschiedenen zu verwendenden Daten orientiert (Davenport 2014, S. 8). Die zweckorientierte Definition sollte sich auf die Art der verwendeten Daten, die Datenquellen, die betroffene Branche und gegebenenfalls die betroffenen Abteilungen beziehen, wofür in Abb. 1 Beispiele aufgeführt sind.

Eine beispielhafte zweck- und fallorientierte Definition von Big Data im Gesundheitswesen könnte daher lauten, elektronische Patientenakten und genomische Daten miteinander zu kombinieren, um personalisierte Behandlungspläne für Patienten zu ermöglichen (Davenport 2014, S. 8). Die Ausführungen zeigen auf, dass die vorgestellten V-Kriterien mögliche Ausprägungen zur Definition von Big Data sein

Datenart	Datenquelle	Betroffene Branche	Betroffene Abteilung
Große Menge	Online	Finanzdienstleistungen	Marketing
Unstrukturiert	Video	Gesundheitswesen	Logistik
Durchgängiger Fluss	Sensor	Fertigung	Human Resources
Mehrere Formate	Geonomisch	Reise/Verkehr	Finance

Abb. 1 Ausprägungen von Big Data nach *Davenport (in Anlehnung an* Davenport 2014, S. 4*)*

können, keinesfalls jedoch uneingeschränkt Gültigkeit für alle Einsatzszenarien haben müssen. Big Data stellt nach dem vorliegenden Verständnis die zweckorientierte und situative Verwendung von Daten unterschiedlicher Art und aus unterschiedlichen Quellen dar, welche in darauf aufsetzenden Methoden wie etwa Data Analytics zur Beantwortung spezifischer, bislang nicht beantwortbaren Fragestellungen dient. Hierbei wird Data Analytics in Abhängigkeit vom Analysespektrum in die folgenden unterschiedlichen Begrifflichkeiten unterteilt (Lanquillon und Mallow 2015, S. 56; Mehanna et al. 2018, S. 41 f.):

- *Descriptive Analytics* entspricht weitestgehend dem klassischen Berichtswesen und beantwortet anhand von vorhandenen Kennzahlen und Datenbeständen rückblickend die Frage, was geschehen ist.
- *Diagnostic Analytics* dient der Identifikation von Ursachen des Geschehenen. Dies können zum Beispiel klassische OLAP-Auswertungen (Online Analytical Processing) mit interaktivem Drill-down, einer Detaillierung von aggregierten Werten (bei Bedarf bis auf Belegebene) darstellen.
- *Real-time Analytics* dient der Beschreibung aktueller Geschehnisse in der operativen Steuerung, zum Beispiel in der Produktion oder dem Online-Wertpapierhandel. Auf der technischen Seite sind oftmals die kontinuierliche Bereitstellung (Streaming) sowie die Auswertung der Datenströme wesentliche Herausforderungen.
- *Predictive Analytics* dient der Prognose, etwa von entsprechenden Kennzahlen, unter der Nutzung von stochastischen Methoden, maschinellem Lernen sowie Data-Mining-Ansätzen. Ein in diesem Zusammenhang häufig diskutierter Ansatz ist der sogenannte digitale Forecast, welcher eben unter dem Einsatz von *Predictive Analytics* den Forecast-Prozess automatisieren soll.
- *Presciptive Analytics* geht über den Ansatz von *Predictive Analytics* heraus, indem neben der Prognostizierung zukünftiger Ereignisse Empfehlungen zur Optimierung abgeleitet werden. In diesem Zusammenhang ist insbesondere die automatische Disposition von Waren im Einzelhandel oder auch das Einleiten von *Predictive Maintenance* zu nennen.

Die Nutzung externer, möglicherweise unstrukturierter Datenquellen für das Controlling steckt laut Seiter noch in den Kinderschuhen, während die Analyse interner Daten z. B. durch Regressions- oder Zeitreihenanalysen ausgebaut wird, um Zusammenhänge zu erkennen, die z. B. für die kontinuierliche Überprüfung und Überarbeitung von Werttreiberbäumen genutzt werden (Seiter 2017, S. 63).

Da die Umsetzung der Datenanalyse spezifisches Know-how, insbesondere im Bereich der Datenverarbeitung und der mathematisch-statistischen Verarbeitung erfordert, werden in letzter Zeit vermehrt Stellenausschreibungen für Data Scientists identifiziert, die Controller in der betriebswirtschaftlichen Beratung durch die Datenanalyse unterstützen sollen (Satzger et al. 2018, S. 48). Griesfelder stellt jedoch fest, dass die erforderlichen Kompetenzen für Data Scientists derzeit nicht ausreichend vorhanden sind, weshalb eine hohe Nutzungsintensität von Big Data und Data Analytics nicht zu erwarten sei (Griesfelder 2014, S. 64). Zudem steht der traditionelle, zyklische Managementprozess, bestehend aus Planung, Steuerung und Controlling, im Konflikt zu den – auch zeitlich sehr flexiblen – Analysemöglichkeiten (Griesfelder 2014, S. 64 f.). In diesem Zusammenhang ist es wichtig zu prüfen, wann und wie viele neue Erkenntnisse in den Managementprozess einfließen sollen. Abschließend ist aus ethischen und ökonomischen Gründen abzuwägen, in welchen Bereichen die Datenanalyse mit Big Data moralisch vertretbar und wirtschaftlich sinnvoll ist, da in diesem Zusammenhang zum Teil hohe Investitionen in eine adäquate und leistungsfähige IT-Infrastruktur notwendig sind (Griesfelder 2014, S. 65).

2.2 Künstliche Intelligenz (KI)

Die Entwicklung der Künstlichen Intelligenz (KI) ist nicht durch Digitalisierung neu entstanden, sondern reicht mehr als 60 Jahre zurück, welche mit dem *Summer Research Project on Artifical Intelligence* 1956 ihren Anfang nahm (Buxmann und Schmidt 2019, S. 3). Seit dieser Zeit hat KI mehrere Entwicklungsstufen durchlaufen. Eine besonders medienwirksame Entwicklung war 1997 der Wettkampf zwischen dem damaligen Schachweltmeister Garry Kasparov und dem von IBM entwickelten Deep Blue Computer, der mit hoher Rechenleistung (Brute Force) Züge berechnen und damit den Weltmeister besiegen konnte (Buxmann und Schmidt 2019, S. 5). Die Künstliche Intelligenz stellt somit, ohne auf die unzähligen unterschiedlichen Definitionen des Begriffs einzugehen, einen Zweig der Informatik dar, der sich mit der Erforschung und Entwicklung von Agenten befasst (Müller et al. 1997, S. 21 ff.), die eigenständig Probleme lösen können (Carbonell 1983, S. 3 ff.).

Seit dem Zeitraum um das Jahr 2010 herum, ist mit dem maschinellen Lernen eine neue Dimension der KI entstanden, welches als die wichtigste Basistechnologie der Gegenwart gilt (Brynjolfsson und McAfee 2017). Maschinelles Lernen basiert auf Forschungen zu künstlichen neuronalen Netzen aus den 1940er-Jahren, auf die in diesem Beitrag nicht weiter eingegangen wird (Burgess 2018, S. 7). Das „Neue“ an der KI im Zeitalter der Digitalisierung ist, dass Maschinen in die Lage versetzt werden, durch autonome Lernprozesse Zusammenhänge zwischen Daten zu erkennen und darauf aufbauend Aussagen oder gar Vorhersagen zu treffen (Burgess 2018, S. 7). Für die Softwareentwicklung bedeutet dieser Paradigmenwechsel beispielsweise, dass notwendiges Wissen über die Software, wie z. B. die Identifikationsmerkmale eines bestimmten Tieres, der Maschine nicht explizit durch Kodierung beigebracht werden muss, sondern dass die Maschine mittels eines Algorithmus mit vielen verschiedenen Tierfotos selbstständig trainiert wird, zu erkennen, wie das jeweilige Tier aussieht und welche Unterscheidungsmerkmale es gegenüber anderen Tieren hat (Burgess 2018, S. 8). Die neue Entwicklungsstufe des maschinellen Lernens konnte sich ab 2010 etablieren, da wichtige Voraussetzungen bzw. Grundbedingungen für die Implementierung erfüllt waren. Dazu gehören die Verfügbarkeit von Big Data für das Training von künstlichen neuronalen Netzen, die deutlich niedrigeren Preise für Rechenleistung und Speicherplatz, die verbesserte Leistungsfähigkeit von sogenannten Deep-Learning-Algorithmen und die Verbreitung von Open-Source-KI-Anwendungen (Buxmann und Schmidt 2019, S. 7 ff.).

Spracherkennungsdienste wie Siri oder Amazon Alexa werden heute als komfortable Assistenten für viele private Anwendungen genutzt, die die Sprachbefehle des Benutzers erkennen und Aufgaben ausführen oder Fragen beantworten (Burgess 2018, S. 2). Spracherkennung ist nur eine der acht wesentlichen Fähigkeiten der künstlichen Intelligenz. Diese bilden mit der Bilderkennung (Image Recognition), Spracherkennung (Speech Recognition), Textverarbeitung (Search sowie Clustering), natürliches Sprachverstehen (Natural Language Understanding), Optimierung (Optimization), Prognose (Prediction). sowie dem Verstehen (Understanding) eine Einheit (Burgess 2018, S. 3). Die Bild- und Spracherkennung sowie Textverarbeitung sind notwendige Fähigkeiten für die Datenerfassung und werden derzeit am häufigsten eingesetzt, beispielsweise im Fall von Siri oder Alexa (Burgess 2018, S. 3). Natürliches Sprachverständnis, Optimierung und Vorhersage verarbeiten die erfassten Daten (Burgess 2018, S. 3). Während die Spracherkennung für die Erfassung der Einzeldaten zuständig ist, wird die natürliche Spracherkennung zur Erkennung des damit verbundenen Sachverhalts, z. B. des aktuellen Wetters, eingesetzt (Burgess 2018, S. 3). Mit Hilfe der Optimierung werden nun, wie am Beispiel der Erforschung und Wiedergabe des aktuellen Wetters, Lösungsvorschläge für das konkrete Problem generiert (Burgess 2018, S. 3). Auf der Grundlage der gesammelten Daten versucht die Prognosefähigkeit Muster und Zusammenhänge zu identifizieren, die zur Vorhersage zukünftiger Ereignisse genutzt werden können, wie z. B. mögliche Interessensgebiete in der Literatur auf der Grundlage früher erworbener Bücher (Burgess 2018, S. 3). Wie die Ausführungen am Beispiel der Frage nach dem aktuellen Wetter aufzeigen, steigt der Mehrwert des Einsatzes von künstlicher Intelligenz bei der Kombination der für die Lösung der Problemstellung notwendigen einzelnen Fähigkeiten (Burgess 2018, S. 4). Betrachtet man die beschriebenen Abläufe von Controlling-Prozessen, so wird deutlich, dass diese stark durch die Fähigkeiten von künstlicher Intelligenz abgedeckt werden und damit eine hohe Steigerung des Automatisierungsgrads in Controlling-Prozessen denkbar wird. So ist etwa das Szenario einer automatisierten Berichtssoftware denkbar, welche Sprach- oder Textbefehle, wie dem Deckungsbeitrag eines Produktes in der Region Europa aufnimmt, unter der Nutzung von natürlichem Sprachverstehen und Optimierung verarbeitet, sowie darauf eine automatisierte Antwort wiedergibt.

Als Mehrwert des Einsatzes von künstlicher Intelligenz in Unternehmensprozessen werden zum einen die Effizienzsteigerung durch den permanenten und im Vergleich zu Mitarbeitergehältern günstigeren Einsatz sowie die Standardisierung bzw. die Berechenbarkeit von Abläufen, etwa auch bei Entscheidungen, genannt (Burgess 2018, S. 4).

2.3 Robotic Process Automation (RPA)

Die Automatisierung von Geschäftsprozessen mit Hilfe von physischen Robotern wird in anderen Bereichen des Unternehmens schon lange eingesetzt, wie zum Beispiel in der Produktion in der Automobilindustrie (Hermann et al. 2018, S. 28). Aufgrund des zunehmenden Effizienzdrucks in unterstützenden Wertschöpfungsbereichen gilt die Automatisierung als wichtiger Hebel zur Kostensenkung (Manutiu 2018, S. 4). Die Verwendung von Robotic Process Automation (RPA) wird daher derzeit im Controlling intensiv diskutiert, um die Automatisierung von Prozessen im Zusammenhang mit dem Informationssystem zu ermöglichen (Manutiu 2018, S. 4). Anders als in der Produktion handelt es sich dabei jedoch nicht um physische Maschinen, sondern um Softwarelösungen, mit denen repetitive Tätigkeiten mit eigenen Zugangsdaten übernommen werden (Lacity und Willcocks 2016, S. 23). So werden mit RPA je nach Umfang des betrieblichen Einsatzes Aktivitäten wie das Ausfüllen von Formularen, die Abwicklung einzelner ERP-Transaktionen oder das Schreiben automatischer E-Mails durch den Erwerb von Softwarelizenzen automatisiert (Allweyer 2016, S. 7 ff.). Im Gegensatz zu großen Transformationsprojekten, die tief greifende Veränderungen von Geschäftsprozessen und deren Abbildung in ERP-Systemen mit sich bringen, zeichnet sich die Technologie durch ihre Fähigkeit aus, schnell in bestehende Geschäftsprozesse implementiert zu werden (Isensee und Reuschenbach 2018, S. 3).

Auf der Kostenseite verursacht RPA nur einen Bruchteil der Kosten im Vergleich zur Einstellung eines Vollzeitmitarbeiters (auch bei der Auslagerung in Niedriglohnländer) und ist zudem wesentlich einfacher zu planen (Fähigkeit zum Auf- und Abbau entsprechender Software), weshalb es auch als kostengünstigere Alternative zum Outsourcing gilt. Darüber hinaus können die Aktivitäten von RPAs erfasst werden, so dass die Auditierbarkeit gewährleistet ist (Burgess 2018, S. 59). Hinsichtlich der Prozessautomatisierung bei der Unterstützung von Wertschöpfungsbereichen durch RPA wird zwischen regelbasierter und intelligenter Automatisierung unterschieden. Die intelligente Automatisierung dient der Automatisierung unstrukturierter Prozesse mit vielen menschlichen Interaktionen und Schnittstellen (Hermann et al. 2018, S. 29). Da diese Form der Automatisierung wesentlich komplexer und aufwendiger ist als die regelbasierte Automatisierung, befindet sich die intelligente Automatisierung derzeit noch eher in der Entwicklungsphase (Hermann et al. 2018, S. 29). Die regelbasierte Automatisierung, welche häufiger Anwendung in der Unternehmenspraxis findet, setzt für eine erfolgreiche Anwendung folgende Prozessmerkmale voraus (Isensee und Reuschenbach 2018, S. 8):

- Prozesse sollen regelbasiert und somit nicht entscheidungsbasiert ablaufen,
- strukturierte und digitalisierte Datenquellen aufweisen,
- möglichst zahlenbasierte Daten verarbeiten,
- möglichst stetig sein und damit wenig Veränderungen aufweisen,
- eine möglichst hohe zu automatisierende Fallzahl an Aktivitäten haben,
- eine möglichst niedrige Komplexität in der Durchführung haben,
- möglichst hoch standardisiert sein sowie abschließend
- ein geringes Geschäftsrisiko im Falle eines Fehlers aufweisen.

Dies bedeutet jedoch nicht, dass Prozesse, die auch unstrukturierte oder unterschiedliche Datentypen verarbeiten, für eine regelbasierte Automatisierung mittels RPA ungeeignet sind. Die Daten können z. B. mit Hilfe von KI vorstrukturiert werden, und die automatisierten Prozesse mit RPA basieren daher darauf (Burgess 2018, S. 62). Aufgrund des im Vergleich zum Controlling höheren Grades an standardisierten und sich wiederholenden Tätigkeiten mit einer hohen Anzahl wiederkehrender Tätigkeiten gibt es im externen Rechnungswesen eine Vielzahl von Anwendungsszenarien, wie z. B. die automatisierte Buchung von Kundenzahlungseingängen im Rahmen der Debitorenbuchhaltung (Svatopluk et al. 2018, S. 15). Ein genauerer Blick auf Controlling-Prozesse zeigt jedoch repetitive Tätigkeiten wie die Validierung von Buchungsdaten oder die Erstellung von Berichten, die einen hohen Ressourceneinsatz erfordern und bei entsprechender Standardisierung automatisiert werden können (Isensee und Reuschenbach 2018, S. 3). In diesem Zusammenhang wurde eine Analyse der möglichen Eignung von RPAs entlang des Controlling-Prozessmodells durchgeführt, deren Ergebnisse in Abb. 2 dargestellt werden.

Die Abb. 2 zeigt auf, dass RPA durchaus auch in einer Vielzahl an Controlling-Prozessen Anwendungsfelder findet. Insbesondere das Management Reporting ist hiervon stark betroffen. Wesentliche Hürden bzw. Herausforderung in der Einführung von RPA stellen insbesondere das noch unzureichend ausgeprägte Know-how, die erschwerte Implementierung aufgrund der oft zu geringen Standardisierung von Geschäftsprozessen sowie die geringe Veränderungsbereitschaft von Mitarbeitern, welche ihren Arbeitsplatz im Unternehmen durch RPA gefährdet sehen, dar (Svatopluk et al. 2018, S. 14).

2.4 Moderne ERP-Systeme

Enterprise Resource Planning (ERP)-Systeme zeichnen sich durch eine standardisierte Datenstruktur aus, welche bereits bei der Erfassung von Geschäftsvorfällen gewährleistet und für die Berichterstattung herangezogen wird (Plattner und Leukert 2016, S. 8). Die Wandlung in der Kundeninteraktion und somit auch in der Wertschöpfung von Unternehmen im Zeitalter der Digitalisierung (etwa durch den kundenindividuellen Online-Verkauf von Produkten) trägt auch Konsequenzen in der Informationsversorgung durch ERP-Systeme nach sich (Poschadel 2019, S. 138). Die zunehmende Individualität der Kundenwünsche über Ausprägungen von Endprodukten sowie Transparenz über das Angebots- und insbesondere Preisportfolio von verschiedenen Anbietern erfordert eine auf die Problemstellung zugeschnittene

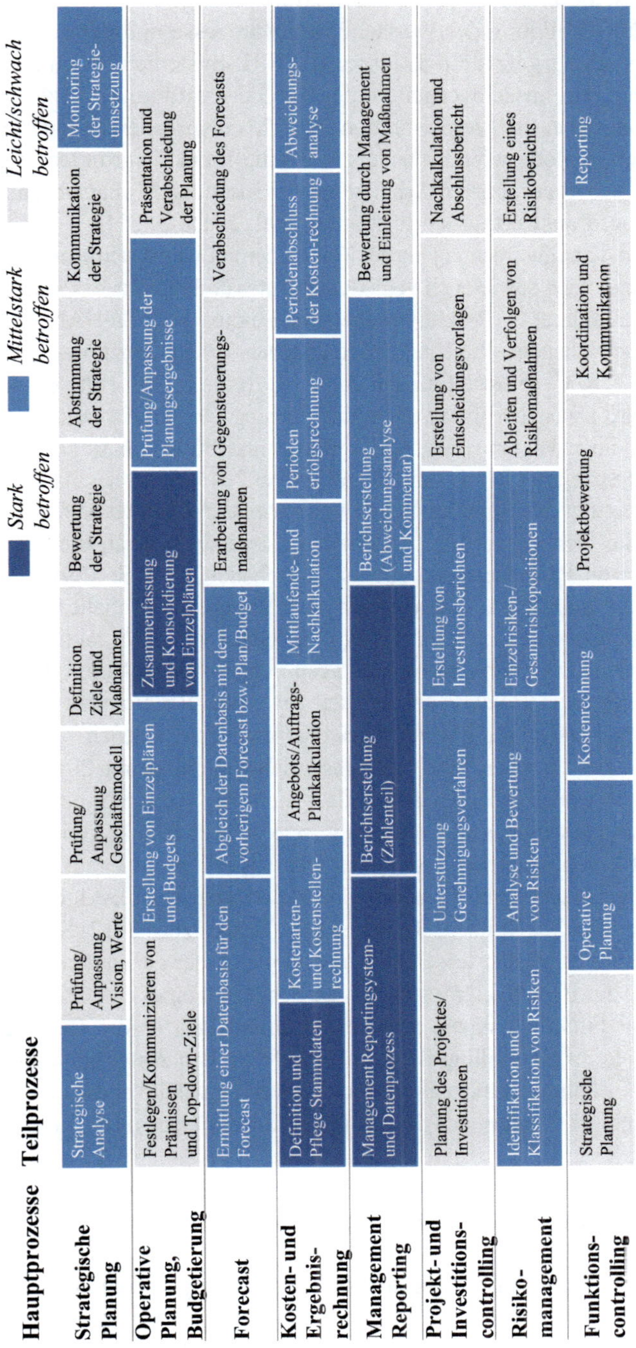

Abb. 2 RPA-Eignung in Controlling-Prozessen. (in Anlehnung an: Isensee und Reuschenbach 2018, S. 5)

sowie sehr schnelle Informationsbereitstellung zur Entscheidungsableitung. Zusätzlich zu diesen effektivitätsorientierten Anforderungen wird die Steigerung der Effizienz in der Abbildung der Wertschöpfungsprozesse und der damit verbundenen Berichterstattung gefordert. Traditionelle ERP-Systeme können diese steigenden Anforderungen nur schwerlich bedienen. Die Ausführung einzelner Berichte dauert teilweise über mehrere Stunden an, da entsprechende Queries geladen werden müssen, welche wiederrum aus Wirtschaftlichkeitsgründen erst nach der Fertigstellung des über mehrere Arbeitstage andauernden Monatsabschlusses vollständig und damit auswertbar sind (Salmon et al. 2016, S. 22).

Als Reaktion darauf wurden in jüngster Zeit moderne ERP-Systeme mit überarbeiteten Datenbanktechnologien sowie auch veränderten Datenstrukturen entwickelt. Allen voran ist das vom Marktführer SAP® entwickelte ERP-Produkt SAP S/4HANA® zu nennen, welches in entsprechenden Projekten in zahlreichen Unternehmen das führende SAP ERP® bzw. SAP R/3® ablöst (Hofmann et al. 2017b, S. 2). Mit Hilfe der In-Memory-Technologie wird Datenzugriffszeit durch die Nutzung von Arbeitsspeicher anstelle von Festplatten um einen Faktor $>$ 100.000 verkürzt und beschleunigt somit massiv die Lese- und Schreibzeit in vielen Aktivitäten (Krüger 2016, S. 66 ff.). Als Resultat kann eine Beschleunigung der Durchlaufzeiten von Prozessen erwartet werden, was jedoch nicht nur an die technologische, sondern insbesondere auch an die konzeptionelle Ausgestaltung von Prozessen geknüpft ist (Poschadel 2019, S. 139). Die Kernveränderung in SAP S/4HANA® stellt jedoch die harmonisierte Tabellenstruktur für das externe Rechnungswesen und Controlling dar, sodass von einer faktischen Abschaffung des traditionellen Zweikreissystems gesprochen werden kann. Die für das Berichtswesen relevanten Belegtypen aus dem externen Rechnungswesen sowie der Kosten- und Ergebnisrechnung werden nicht mehr in verschiedenen Tabellen, sondern größtenteils in einer zentralen Tabelle fortgeschrieben (Schmalzing 2017, S. 26). Diese Tabelle enthält – wie in Abb. 3 dargestellt – nicht nur Kerninformationen aus dem externen Rechnungswesen und Controlling, wie etwa Buchungskreise, Kostenrechnungskreise, Konten, Kontierungsobjekte (Kostenstellen, Innenaufträge, PSP-Elemente etc.), Merkmale, sondern auch logistik- und vertriebsrelevante Informationen wie Materialien, Werke, Kunden, Regionen etc. (Schmalzing 2017, S. 28).

Die Erläuterungen zu den wesentlichen Merkmalen der genannten digitalen Technologien diente zur Begriffsklärung sowie zur Schaffung eines einheitlichen Verständnisses über die Funktionalitäten, welche als Grundlage für die Beschreibung der Nutzenpotenziale im Controlling dient. Im nachfolgenden Abschnitt werden aufbauend auf diesen Erläuterungen entsprechende Anwendungsfälle und daraus resultierende Nutzenpotenziale der digitalen Technologien für das Controlling beschrieben.

3 Anwendungsfelder digitaler Technologien

3.1 Strategische und operative Controlling-Prozesse

Entsprechend des Titels des vorliegenden Beitrags sollen die Anwendungsfelder digitaler Technologien in operativen Controlling-Prozessen aufgezeigt werden, wofür eine Abgrenzung zwischen strategischen und operativen Controlling-Prozessen

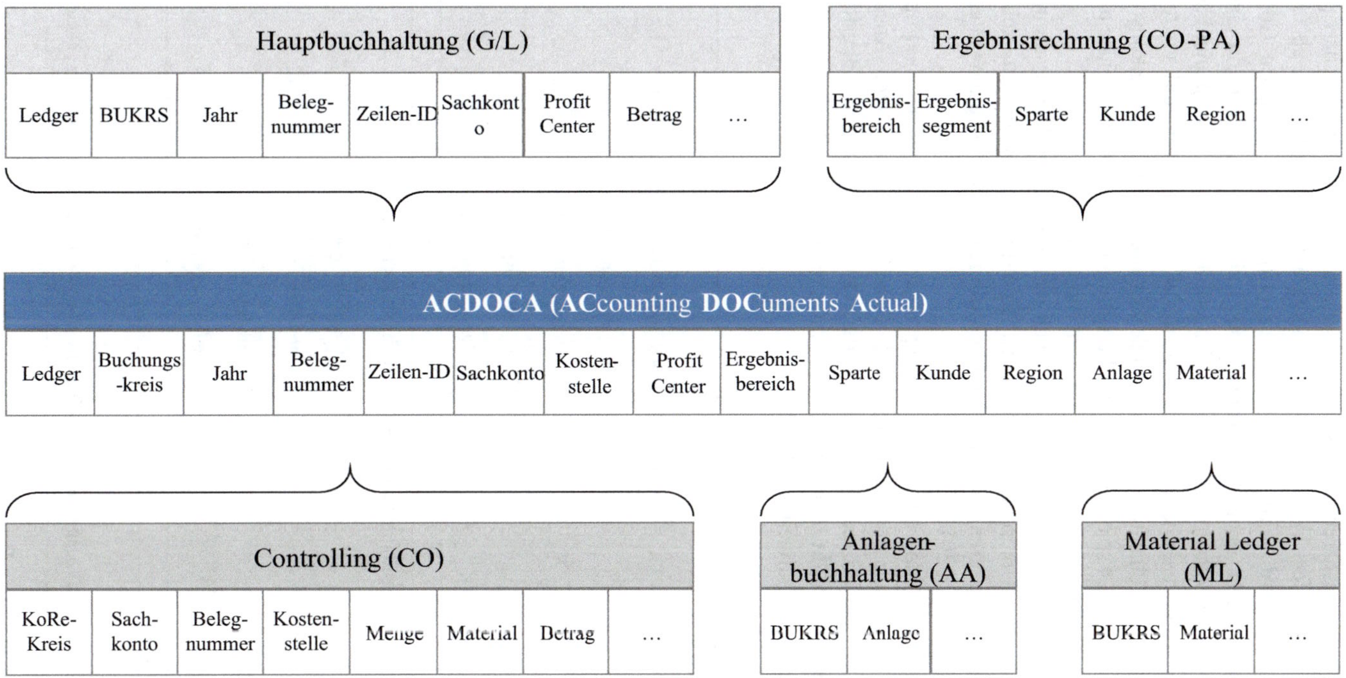

Abb. 3 Integrierte Datenstruktur der ACDOCA. (in Anlehnung an: (Schmalzing 2017, S. 28)

erforderlich ist. Als Aufsatzpunkt für die Ableitung operativer Controlling-Prozesse dient das Controlling-Prozessmodell. Das Controlling-Prozessmodell ist hierarchisch strukturiert, um Transparenz und Klarheit über die Elemente des Geschäftsprozesses Controlling zu schaffen. Während das Controlling auf der ersten Ebene als Geschäftsprozess definiert wird, wird auf drei weiteren Unterebenen zwischen Controlling-Hauptprozessen (z. B. operative Planung und Budgetierung), den darin enthaltenen Teilprozessen (z. B. Zusammenfassen und Konsolidieren von Einzelplänen) sowie die in den Teilprozessen enthaltenen Aktivitäten auf der untersten und vierten Ebene unterschieden (z. B. Planungsdaten in zentrale Datenbank bzw. die Plankonsolidierung einspielen). Die Abb. 4 spiegelt die Controlling-Hauptprozesse wider, welche als Grundgesamt für die Ableitung der operativen Controlling-Prozesse dient.

Das Prozessmodell unterscheidet zwischen Kernprozessen, Prozessen in Kooperation mit anderen Unternehmensbereichen, funktionsbezogenen Querschnittsprozessen sowie der Weiterentwicklung des Controllings in Unternehmen (International Group of Controlling 2017, S. 19).

Da im Prozessmodell nicht durchgängig zwischen strategischen und operativen Controlling-Prozessen unterschieden wird, bedarf eines geeigneten Ansatzes zur Unterteilung dieser Prozesse. Zunächst bedarf es einer Klärung der Begriffe strategisch und operativ. *Gälweiler* unterscheidet die strategische und operative Führungsaufgabe wie folgt (Gälweiler 2005, S. 28):

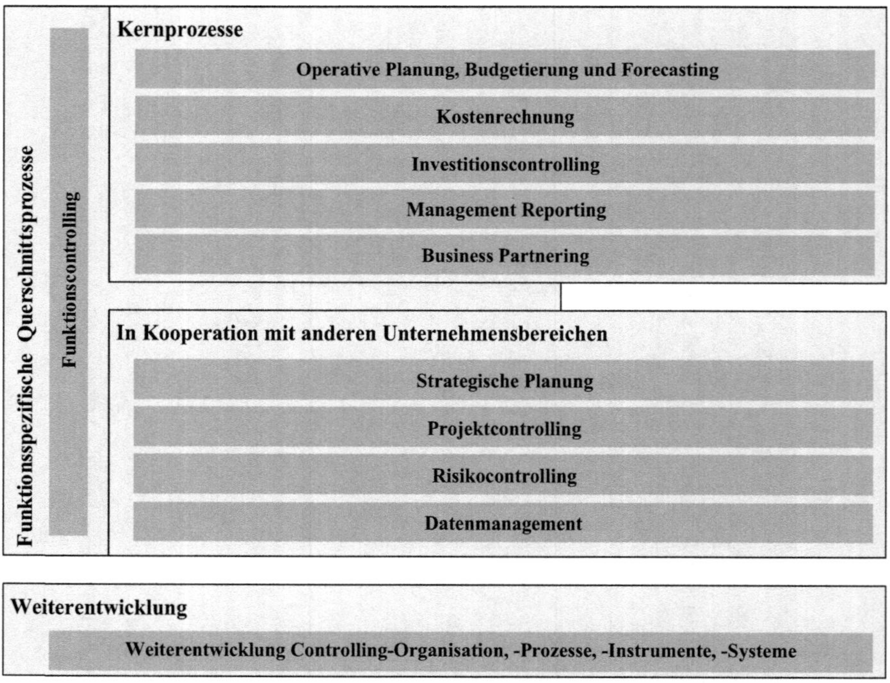

Abb. 4 IGC Controlling-Hauptprozesse. (in Anlehnung an: International Group of Controlling 2017, S. 19)

- Aufgabe der strategischen Führung ist die Suche, der Aufbau und die Erhaltung hinreichend hoher und sicherer Erfolgspotenziale unter Berücksichtigung der damit verbundenen langfristigen Liquiditätswirkungen.
- Aufgabe der operativen Führung ist die bestmögliche Realisierung des in der jeweiligen Nahperiode bestehenden Erfolgspotenzials, ohne dabei – in einer falsch verstandenen kurzsichtigen Gewinnmaximierung – die darauffolgenden Erfolgspotenziale zu schädigen. Ebenso gehört zur operativen Führung nach wie vor die ausreichende Sicherung der laufenden Liquidität.

Die dargestellten Steuerungsgrößen der strategischen und operativen Führung (Erfolgspotenziale bzw. Erfolg und Liquidität) zeigen Wechselbeziehungen auf. Zusammengefasst ist das Vorhandensein von Erfolgspotenzialen die Grundlage für die Erfolgsgenerierung, welche wiederrum ausschlaggebend für die Liquiditätssicherung ist, die letztendlich die notwendige monetäre Grundlage zur Erneuerung von Erfolgspotenzialen darstellt (Gälweiler 2005, S. 28 f.). Nach dem vorliegenden wertschöpfungsorientierten Verständnis ist es die Aufgabe des Controllings, sowohl eine strategische als auch operative Führungsperspektive auf das Unternehmen einzunehmen:

> „Wenn Controlling durch Lokomotion das dauerhafte Überleben des Unternehmens sichern soll, dann muss es folgerichtig zugleich strategisch wie auch operativ sein" (Becker et al. 2014, S. 59).

Die erläuterte Trennung zwischen der strategischen und operativen Führungsaufgabe dient in zahlreichen Werken als Grundlage für die Abgrenzung von strategischem und operativem Controlling. So beschreibt *Jung* operatives Controlling wie folgt:

> „Das operative Controlling bildet die Schnittstelle zwischen dem betrieblichen Rechnungswesen und dem strategischen Controlling. Das strategische Controlling befasst sich mit der unternehmerischen Potenzialsicherung zur langfristigen Unternehmenserhaltung, wohingegen das operative Controlling die periodenorientierte Liquidität sichern, die Produktivität optimieren, Störeinflüsse ausregeln, Informationen aus dem gesamten Rechnungswesen beschaffen, auswerten und permanente Kostensenkungsprogramme nach neuen Erkenntnisse ausarbeiten und durchsetzen soll" (Jung 2011, S. 368).

Hinsichtlich des Zeithorizonts des operativen Controllings besteht keine Einigkeit, da dieser für das operative Controlling „meist für ein Geschäftsjahr" (Jung 2011, S. 368) beziehungsweise für „bis zu drei Jahre" (Piontek 2005, S. 24) gilt. Das vorliegende funktionale Verständnis von operativem Controlling wird wie folgt festgehalten und dient nachfolgend als Grundlage für die Ableitung von operativen Controlling-Prozessen:

Operatives Controlling stellt eine Führungsaufgabe dar, welches das Ziel verfolgt, bei gegebenen Erfolgspotenzialen innerhalb einer definierten, kurzfristigen Zeitperiode und unter Berücksichtigung von Störfaktoren den höchstmöglichen Erfolg zu realisieren, welcher als Grundlage zur Liquiditätssicherung und somit insbesondere zur Sicherung der Zahlungsfähigkeit des Unternehmens, zur strategischen Investition in neue Erfolgspotenziale und damit insgesamt zur Substanzerhaltung des Unternehmens dient. Ausgehend von einem wertschöpfungsorientierten Controlling-Verständnis dient das operative Controlling gemeinsam mit dem strategischen Controlling somit originär der Erfüllung der Lokomotionsfunktion anhand der Aufrechterhaltung des betrieblichen Wertschöpfungskreislaufs bestehend aus (strategischen) Erfolgspotenzialen sowie (operativem) Erfolg und (operativer) Liquidität.

Die Auswahl der für den vorliegenden Beitrag relevanten operativen Controlling-Prozesse lehnt sich an den operativen Aufgaben des Controllings an, welche nachfolgend aufgelistet werden (Jung 2011, S. 370 ff.):

- Die operative Planung setzt auf der strategischen Ziel- sowie ggfs. taktischen Ressourcenplanung auf, indem diese in einem kurzfristigen Zeithorizont die Leistungserstellungs- und Leistungserbringungsprozesse im Rahmen gegebener Kapazitäten ausplant.
- Die operative Kontrolle setzt im Sinne einer Rückkopplung auf der operativen Planung auf und dient der Erkennung etwaiger Planungs- oder Durchführungsfehler. Kontrolle kann basierend auf realisierten Werten (Ist-Werte), voraussichtlichen Ist-Werten (Wird-Werte) sowie angestrebten Werten (Soll-Werte) erfolgen.
- Die operative Information hat die Aufgabe inne, Informationen an die operative Planung und Kontrolle mit dem notwendigen Genauigkeits- und Verdichtungsgrad und zum richtigen Zeitpunkt bereitzustellen. Hierbei werden die Finanzbuchhaltung sowie die Kostenrechnung explizit als Instrumente der operativen Information genannt. Das Controlling soll hierbei ferner die Informationsbeschaffung mit der Informationsverwendung abstimmen.
- Die operative Steuerung umfasst alle Tätigkeiten und Veranlassungen, die der Umsetzung der Planung sowie der Korrektur des Regelkreises bei etwaigen Abweichungen dienen. Auch die operative Steuerung setzt somit auf der operativen Information auf.

Ausgehend von den dargestellten Aufgabenstellungen des operativen Controllings werden somit die Controlling-Hauptprozesse Operative Planung, Budgetierung und Forecasting, Kosten- und Ergebnisrechnung sowie Management Reporting für die nachfolgenden Erläuterungen zu den Anwendungsfällen und Nutzenpotenzialen digitaler Technologien berücksichtigt.

3.2 Anwendungsfälle und Nutzenpotenziale

3.2.1 Planung, Budgetierung und Forecast

Der Planungs- und Budgetierungsprozess ist durch eine hohe Zeit- und Ressourcenintensität geprägt, was etwa eine Studie zur Planung (Horváth & Partners 2005) belegt, in der dieser Prozess bei etwa zwei Dritteln der Teilnehmer mindestens elf

Kalenderwochen andauert. Als Reaktion wird vermehrt der Frontloading-Ansatz diskutiert, welcher durch eine stärkere Top-Down Orientierung Zeit bei der Durchführung der Planung einspart (hier benötigen nur 27 % der befragten Unternehmen mindestens elf Kalenderwochen) und gleichzeitig eine stärkere Verknüpfung der strategischen mit der operativen Planung ermöglicht (Horváth et al. 2015, S. 104). Der Frontloading-Ansatz beginnt stets im Zuge einer intensiven Willensbildungsphase, in der unter Berücksichtigung des letzten Forecasts, etwaigen externen Vergleichen mit Wettbewerbern sowie Szenarienbetrachtungen die auf oberster Ebene angesiedelten Zielwerte top-down ermittelt werden (Losbichler und Gänßlen 2018, S. 55).

Nach der Verabschiedung der Haupt-Zielwerte werden Bottom-Up die zu den Haupt-Zielwerten untergeordneten Positionen geplant (Horváth et al. 2015, S. 104). In diesem Zusammenhang werden häufig Treiberbäume diskutiert, welche ein Instrument zur Verknüpfung der Haupt-Zielwerte mit den untergeordneten Kennzahlen auf Grundlage von Ursache-/Wirkungsbeziehungen ermöglichen. Traditionelle Treiberbäume werden jedoch oftmals kritisiert, da die logisch-deduktive Ableitung der Treiber teils auf zu einfachen bzw. komplexen Annahmen basiert, welches zu abstrakten bzw. derart komplexen Aussagen führt, sodass diese oft vom Management abgelehnt werden (Leyk et al. 2017, S. 53). Im Zuge der Diskussion um Big Data, Data Analytics sowie KI wird gegenwärtig sehr intensiv über eine Automatisierung in der Nutzung von Treiberbäumen diskutiert, welche sowohl im Planungs- und Budgetierungsprozess aber auch im Forecast zahlreiche Vorteile verspricht. Darüber hinaus kann die Automatisierung auch mit dem Einsatz von RPA unterstützt werden.

Die nachfolgenden Erläuterungen stellen zunächst die resultierenden Nutzenpotenziale des Einsatzes der neuen Technologien im Bereich der Planung und Budgetierung vor.

Im Controlling werden herkömmlich strukturierte interne Daten, welche in ERP-Systemen in relationalen Datenbanken gespeichert werden, verwendet (Gadatsch 2016, S. 63). Im Zuge von Big Data sollen diese Daten durch weitere, auch nicht strukturierte und ggfs. externe Daten ergänzt werden, etwa durch das Heranziehen von Maschineninformationen oder sogar Daten aus Social Media Kanälen (Gadatsch 2016, S. 63). Durch die Verwendung von unterschiedlichen Datenquellen sowie deren gezielten Auswertung anhand von Data Analytics und KI wird ein verbessertes Geschäftsverständnis erwartet, welches in eine realitätsnähere und exaktere Planung resultiert, die auf Grundlage von sich selbst aktualisierenden, dynamischen Treiberbäumen unter der Verwendung von Korrelations- und Regressionsanalysen (Bange et al. 2017, S. 72), welche quantitative und qualitative Kennzahlen verknüpfen, umgesetzt wird (Buschbacher 2016, S. 43). Durch maschinelles Lernen sollen Treibermodelle in die Lage versetzt werden können, die Parameter an neue Gegebenheiten, wie etwa neue makroökonomische Situationen, anzupassen, und sich somit von manuell gepflegten Treibermodellen abzusetzen (Kieninger et al. 2015, S. 242). In diesem Zusammenhang gilt es jedoch zu beachten, dass identifizierte Korrelationen oder auch Wirkungszusammenhänge nicht zwingend eine Kausalität bedingen, weshalb in der Deutschen Telekom AG die entsprechenden statistischen Ergebnisse nach wie vor einer menschlichen Einschätzung unterzogen werden und erst bei plausiblen Ergebnissen eine Anpassung des Treibermodells vorgenommen wird (Stratigakis und Kallen 2017, S. 37 f.). Hinsichtlich der Risikobetrachtung in der Planung können durch das Erkennen neuer Treiber exaktere Szenarien ermittelt werden, wodurch die Erfolgswirkung einzelner Effekte besser einzuschätzen ist (Leyk et al. 2017, S. 55; Satzger et al. 2017, S. 26).

Bedingt durch die zunehmende Automatisierung und Datenintegration innerhalb der operativen Planung und Budgetierung sind ferner Effizienzsteigerungen zu erwarten, welche sich in einer schnelleren Durchlaufzeit aber auch in einem geringeren Kapazitätsbedarf in der Planung bzw. in einer allgemeinen Prozesskostensenkung bemerkbar machen können (Leyk et al. 2017, S. 56). Der operative Planungs- und Budgetierungsprozess ist geprägt vom Zusammenspiel mit der strategischen Planung, der laufenden Koordination der Einzelpläne zu einem zusammenhängenden, abgestimmten Gesamtplan sowie der anschließenden Planverabschiedung (International Group of Controlling 2017, S. 34). Somit weist die operative Planung und Budgetierung im Bereich der Plandatenerfassung und -prüfung sowie insbesondere in der Konsolidierung und Koordination der Einzelpläne Anwendungsbereiche für den Einsatz von RPA zur Steigerung der Prozesseffizienz auf (Isensee und Reuschenbach 2018, S. 5).

Forecast

Der herkömmliche Forecasting-Prozess ist durch manuellen Aufwand gekennzeichnet, hängt von dem Beurteilungsvermögen des Forecast-Erstellers ab und kann insbesondere politischen Charakter aufweisen, sodass der beabsichtigte Steuerungsimpuls im Sinne einer antizipativen Identifikation unerwünschter Ereignisse abnimmt (Brauchle und Hanisch 2017, S. 216). Unter dem Schlagwort Predictive Analytics wird eine Vorgehensweise zur möglichst exakten Hervorsage von zukünftigen Zuständen durch das Erkennen von Wirkungszusammenhängen auf Grundlage von dem Einsatz von Data Analytics Verfahren verstanden (Buschbacher 2016, S. 42). Dabei ist Predictive Analytics keineswegs völlig neuartig, da entsprechende Ansätze bereits im Bereich Operations Research vorzufinden sind (Mehanna et al. 2018, S. 40). Die Erneuerungen stellen die Nutzung von Big Data und das Vorhandensein von ausreichender Rechenkapazität gemeinsam mit steigenden analytischen Kompetenzen von Mitarbeitern dar (Mehanna et al. 2018, S. 40). Einen Anwendungsfall in diesem Zusammenhang liefert die Deutsche Post, welche Predictive Analytics zur Prognose der Umsatzerlöse verwendet (Deipenbrock et al. 2019, S. 45). Erste Belege für die höhere Genauigkeit von automatisierten Forecasts zeigt die *KSB* AG auf, deren Genauigkeit der Auftragseingangsprognose von ursprünglich 48 % auf 79 % angestiegen ist (Mayer et al. 2017, S. 242). Mit Hilfe der Nutzung von KI können – analog dem Planungsprozess – zu Grunde liegende Forecast-Modelle stets auf Präzision hin überprüft und über die Zeit entsprechend angepasst werden (Satzger et al. 2018, S. 49). Diese damit gewährleistete Robustheit der Modelle und Präzision der Prognosen zahlt sich insbesondere für Unternehmen mit einer hohen Umweltdynamik aus (Satzger et al. 2017, S. 25 f.). Anhand der automatisierungsbedingten Beschleunigung von Forecasts kann die Frequenz der Forecast-Erstellung erhöht werden, womit antizipative Informationen kurzfristiger in Entscheidungsprozesse miteinbezogen werden können (Leyk et al. 2017, S. 58). Eine entsprechende Datenqualität vorausgesetzt, kann im Zuge des Forecast-Prozesses eine verbesserte Risikobetrachtung durch die Simulation einzelner Szenarien im Forecast gewährleistet werden (Buschbacher 2016, S. 43; Daum et al. 2017, S. 74).

Die Standardisierung und Automatisierung des Forecast-Prozesses zahlt ferner auch in einen geringeren Personal- sowie Zeitbedarf ein (Satzger et al. 2018, S. 49). Dies ist einerseits in der Beschleunigung der Abläufe zu erwarten, darüber hinaus werden Kapazitäten von Mitarbeitern, die zuvor stark in der Planerstellung oder in der Durchführung von manuellen Forecasts gebunden waren, freigesetzt, womit diese für andere Tätigkeiten genutzt werden können (Leyk et al. 2017, S. 56 f.). Auch im Bereich des Forecasting kann die Datenproduktion, welche hinreichende repetitive Abläufe aufzeigt, durch den Einsatz von RPA automatisiert werden (Isensee und Reuschenbach 2018, S. 5), sodass diese bei gegebener Qualität nicht nur kostengünstiger, sondern ggfs. auch parallel bzw. schneller abgewickelt werden können (Svatopluk et al. 2018, S. 14). Einschränkend bleibt darauf hinzuweisen, dass sowohl die operative Planung und Budgetierung als auch der Prozess des Forecasting stark von der Interaktion mit Entscheidungsträgern geprägt ist, welche nicht automatisiert werden kann. Insofern beschränken sich die Ausführungen zu den Anwendungsfeldern und die damit einhergehenden möglichen Effizienzsteigerungen durch den Einsatz von RPA auf denkbare Einsatzszenarien, welche bislang in der Literatur nicht durch konkrete Anwendungsbeispiele konkretisiert wurden. Es gilt die weitere Entwicklung aus diesem Controlling-Hauptprozess heraus weiter zu beobachten, der die anstehende empirische Untersuchung einen Beitrag leisten wird.

Eine Voraussetzung zur Erreichung der Potenziale stellt zunächst das Vorhandensein entsprechender Rechenkapazitäten dar (Leyk et al. 2017, S. 55). Neben dieser technischen Voraussetzung sind jedoch vor allem fachliche Voraussetzungen sowie das Vorhandensein von Mitarbeitern mit entsprechender Methodenkompetenz im Aufbau und in der Pflege von Modellen notwendig (Kieninger et al. 2016, S. 246). Die wohl wichtigste Voraussetzung ist die Definition der internen sowie externen Daten, welche für die Auswertungen herangezogen werden sollen, da eine wenig spezifizierte Datensammlung nicht den gewünschten Mehrwert erbringt (Losbichler und Gänßlen 2018, S. 32). Der Definition eines unternehmensindividuellen Datenmodells, welches im neuen Controlling-Hauptprozess Datenmanagement Erwähnung findet, kommt hierbei somit eine besonders große Bedeutung zu (Losbichler und Gänßlen 2018, S. 32). Wichtig an dieser Stelle ist zu betonen, dass für die Nutzung von Big Data selten die Voraussetzung einer strukturierten internen Datenbasis, etwa in den zu Grunde liegenden ERP-Systemen, erfüllt wird (Davenport 2014, S. 6). Vielmehr ist die Datenheterogenität hoch und muss aufwändig durch manuelle Anpassungen harmonisiert werden, um eine Automatisierung bei benötigter hoher Datenqualität zu gewährleisten (Hofmann et al. 2017a, S. 108). In diesem Zusammenhang wird derzeit intensiv über die Standardisierung der Datenmodelle in ERP-Systemen diskutiert, worauf nachfolgend näher eingegangen wird.

3.2.2 Kosten- und Ergebnisrechnung

Eine Kernvoraussetzung für die effektive Verwendung von modernen Ansätzen des digitalen Zeitalters sind granulare und fehlerfreie Stamm- und Bewegungsdaten (Schäffer und Weber 2016, S. 9). Dahingehend ist die Etablierung des neuen Controlling-Hauptprozesses Datenmanagement wenig verwunderlich, welches die Aufgabenstellung hat „alle Informationen, die das Management im Rahmen der regelmäßigen Steuerungsprozesse benötigt, in belastbarer Qualität verfügbar [. . .]" (International Group of Controlling 2017, S. 57) zu machen. Während das Datenmanagement ein über die Kosten- und Ergebnisrechnung hinausgehendes, gesamtheitliches Datenmodell definiert, stellen jedoch eben jene Werteflüssen in der Kosten- und Ergebnisrechnung eine essenzielle Basis für die Entscheidungsunterstützung des Managements dar (International Group of Controlling 2017, S. 57 f.).

Die Kosten- und Ergebnisrechnung wird wie bereits erläutert meist mit Hilfe des Einsatzes von ERP-Software wie etwa von *SAP*® umgesetzt (Pedell et al. 2017). ERP-Software zeichnet sich insbesondere durch die Funktionsintegration aus, welche eine für das Controlling besonders wichtige Anforderung der informationstechnischen Abbildung der gesamten Wertschöpfungskette erfüllt (Friedl et al. 2012, S. 6). Allerdings stößt die Kosten- und Ergebnisrechnung hier oftmals an ihre Grenzen, was anhand der folgenden Herausforderungen erläutert wird (Hofmann et al. 2017a, S. 107 ff.):

- Die Verarbeitung großer Datenmengen bringt die Rechnerkapazitäten häufig an ihre Grenzen. Daher werden bei großen Unternehmen Datenbestände zusammenhängender Funktionsbereiche in mehreren Instanzen abgebildet, die es z. B. im Konzernberichtswesen zu aggregieren gilt. Ferner müssen rechenintensive Aktivitäten aus Performancegründen teils nachts durchgeführt werden, um tagsüber die Nutzung von ERP-Systemen nicht zu behindern. Dies hat Auswirkungen auf Prozessdurchlaufzeiten sowie die Ausführungsfrequenz gewisser Aktivitäten, wie etwa Auftragsabrechnungen.
- Die Datenheterogenität verhindert eine durchgängig harmonisierte Informationsbasis oder gar Konvergenz des Rechnungswesens mit dem Controlling. Damit ist nicht nur die Nutzung von Big Data, sondern auch die schnelle Anpassungsfähigkeit der Kostenrechnungssysteme an Veränderungen erschwert.
- Das Zweikreissystem ist noch stark ausgeprägt. Die Ergebnis- und Marktsegmentrechnung, aber auch die Profit Center Rechnung werden oft in einem unabhängigen, kalkulatorischen Datenmodell abgebildet, wodurch Differenzen zu den gebuchten Daten im externen Rechnungswesen (FI-Modul) auftreten können. Häufig müssen Berichte daher manuell abgestimmt und übergeleitet werden, was ein integriertes near-time bzw. real-time Berichtswesen erschwert bzw. verhindert.

Der Einsatz moderner ERP-Systeme, wie etwa SAP S/4HANA® kann in der Kosten- und Ergebnisrechnung zu einem wesentlichen Mehrwert beitragen. Die Verbesserung der Prozessabläufe sowie die mögliche verbesserte Datenbasis stellt ferner einen mittelbaren Mehrwert für darauf aufbauende Prozesse wie insbesondere das Management Reporting dar (Pedell et al. 2017, S. 57). Insofern ist es wenig verwunderlich, dass in diesem eher transaktionalen Hauptprozess bislang keine Anwendungsfelder von Big Data und Data Analytics identifiziert wurden. Diese Technologien setzen eher auf den in der Kosten- und Ergebnisrechnung erzeugten Daten auf und nutzen diese etwa für den Forecast- oder das Management Reporting. Die nachfolgenden Ausführungen zeigen Nutzenpotenziale mit der Verwendung von des neuesten ERP Produkts SAP S/4HANA® des führenden ERP-Softwareanbieters SAP auf (Friedl et al. 2012, S. 2).

Mit Hilfe der erneuerten In-Memory-Datenbanktechnologie können repetitive Prozesse wie z. B. die Ermittlung von Ware in Arbeit schneller und mit geringer Beanspruchung von Datenmengen durchgeführt werden, was zu einer Senkung von Prozessdurchlaufzeiten bzw. der Erhöhung der Frequenz in der Durchführung führen kann (Hofmann et al. 2017a, S. 108). Die wohl größte Veränderung der neuen ERP-Software stellt die datentechnische Entwicklung hin zu einem Einkreissystem dar. Durch die Verschmelzung von Kostenarten und Konten sowie durch die zentrale Abbildung von – unter anderem – Rechnungswesen- und Controlling-Belegen in einer zentralen Tabelle (Accounting Documents Actual, ACDOCA) wird der Harmonisierungsgedanke aus *SAP ERP*® (automatisierte Abstimmbuchungen im Rechnungswesen bei Leistungsverrechnungen mit Funktionsbereichswechseln) konsequent in Richtung *Single Source of Truth* fortgeführt (Hofmann et al. 2017a, S. 107). Was sich zunächst nach einer eher überschaubaren Veränderung liest, zeigt in der Realität jedoch eine Vielzahl an möglichen Effektivitäts- und Effizienzsteigerungen auf, die aufgrund von datentechnischen Restriktionen in Vergangenheit nicht möglich waren.

Durch die Zentralisierung der Datenbasis mit der ACDOCA kann eine hohe Flexibilität im Berichtswesen bereitgestellt werden, sodass Abwandlungen bzw. Detaillierungen von Berichtsinformationen stets möglich sind (Hofmann et al. 2017b, S. 8). Die Kostenartenrechnung entfällt zwar trotz der Integration der Datenstruktur in die ACDOCA nicht (es ist z. B. nach wie vor möglich, Kostenartenhierarchien und Kostenartentypen zu pflegen), allerdings erfolgt deren Pflege zukünftig in der zentralen Sachkontenpflege (Schmalzing 2017, S. 31 f.). Die Kostenartenausprägungen wie Primär- und Sekundärkonten, aber auch die Kostenartentypen stellen somit zukünftig spezifische Ausprägungen von Konten dar (Salmon et al. 2016, S. 150 ff.). Dies hat zur Folge, dass etwa Leistungsverrechnungen im Rahmen der Kostenstellenrechnung, welche einen Funktionsbereichswechsel bewirken, nicht mehr separat im jeweiligen Hauptbuch per Abstimmbuchung nachgehalten werden müssen; die Kosten- und Ergebnisrechnung sowie die Hauptbuchhaltung sind somit stets synchron (Salmon et al. 2016, S. 150 ff.).

Für die Kostenträgerrechnung spiegeln sich neben der Beschleunigung einzelner rechenintensiver Prozesse insbesondere inhaltliche Potenziale wider. Für die Darstellung der Kosten der hergestellten Produkte wurde bislang im Rechnungswesen (Gewinn- und Verlustrechnung) auf das Bestandsveränderungskonto zurückgegriffen, während die Deckungsbeitragsrechnung meist auf Basis der Erzeugniskalkulation eine verfeinerte Sicht auf die Kostenelemente einnimmt. Unter S/4HANA® können nun sowohl das Bestandsveränderungskonto als auch Produktionsabweichungen entsprechend der Kostenelemente der Kalkulation bzw. der Abweichungskategorien kontenspezifisch aufgerissen werden, wodurch ein Hauptargument für die Nutzung der datentechnisch anhand von Wertfeldern getrennten kalkulatorischen Ergebnisrechnung hinfällig wird (Schmalzing 2017, S. 156 ff.). Ferner ist es mit der Nutzung des Material Ledgers möglich, simultan parallele Bewertungen, beispielsweise getrennt nach konsolidierten Konzernherstellkosten, legalen Herstellungskosten nach den Anforderungen des jeweils gültigen Rechnungslegungsstandards sowie steuerliche Herstellungskosten für Materialien abzubilden (Wurm 2005, S. 359). Dies kann sich sowohl in der Bedienung unterschiedlicher Rechnungslegungsstandards wie z. B. der Vorratsbewertung nach IFRS und HGB, aber auch – bei Konzernunternehmen – in unterschiedlichen internen Wertansätzen wie Konzernherstellkosten und Herstellkosten aus lokaler Sicht inkl. Intercompany Margen niederschlagen (Hofmann et al. 2017a, S. 118). Das Material Ledger ist zwar bereits unter *SAP ERP®* verfügbar, allerdings nimmt der Integrationsgrad der Buchungen durch die Verwendung der ACDOCA weiter zu und trägt damit zu einer höheren Harmonisierung mit dem Rechnungswesen bei (Hofmann et al. 2017a, S. 116).

Mit der Ergebnisrechnung wird üblicherweise die Ergebnis- und Marktsegmentrechnung (CO-PA), welche auf die Steuerung des Markterfolgs abzielt, gemeint, während die Profit Center Rechnung (PCA) auf die Steuerung der internen Organisationseinheiten im Unternehmen ausgerichtet ist. Für beide Rechenwerke ergeben sich aus den vorgelagerten Teilprozessen wesentliche Potenziale. Da sowohl das externe Rechnungswesen als auch das Controlling auf identischen Daten aufsetzen, besteht eine permanente Abstimmbarkeit der Berichtsinformationen, wodurch langwieriger Abstimmaufwand entfallen kann. Darüber hinaus werden bei Buchung entsprechender Kontierungsobjekte (wie z. B. Kostenstellen) die dazugehörigen Auswertungsmerkmale (wie z. B. Sparten) in Echtzeit abgeleitet (Hofmann et al. 2017a, S. 119).

Die beschriebene Echtzeitmerkmalsableitung ist jedoch nicht mit dem Echtzeit-Berichtswesen zu verwechseln, was durch die reine Echtzeitmerkmalsableitung nicht realisiert werden kann. Obwohl viele Merkmalsinformationen zwar in Echtzeit abgeleitet werden, werden viele anderweitige Bestandteile, beispielsweise der Abschreibungslauf, Innenauftragsabrechnungen etc. häufig aus Wirtschaftlichkeitsgründen monatlich von Unternehmen durchgeführt. Daher macht eine entsprechende Bereitstellung von Echtzeit-Berichten wenig Sinn, wenn zahlreiche, teils essenzielle Informationen noch nicht in der Auswertungsperiode verbucht wurden. Bedingt durch den kontenbasieren Aufriss der Herstellkosten und Produktionsabweichungen ist die buchhalterische Ergebnis- und Marktsegmentrechnung bei produzierenden Unternehmen mit kalkulierbaren Produkten nutzbar und steigert damit den Integrationsgrad mit dem externen Rechnungswesen (Schmalzing 2017, S. 46 f.). Der kontenbasierte Aufriss der Herstellkosten sowie der Produktionsabweichungen sind wesentlicher Grund hierfür (sogenannter PRD-Split). Voraussetzung hierfür ist der Verzicht auf kalkulatorische Anders- und Zusatzkosten (Hofmann et al. 2017a, S. 119). Für produzierende Unternehmen, welche auf den Ansatz dieser Kosten nicht verzichten können/wollen oder vornehmlich Projektgeschäft (z. B. Anlagenbau) betreiben, ist weiterhin die Nutzung der kalkulatorischen Ergebnisrechnung bzw. gesonderter Berichte des Projektsystems zu empfehlen (Hofmann et al. 2017a, S. 118). Unter der neuen Profit Center Rechnung stellen Profit Center kein eigenes Kontierungsobjekt mehr dar, sondern werden als zusätzliches Feld in der ACDOCA mitgeführt (Schmalzing 2017, S. 29). Die Ableitung des Profit Centers ergibt sich je nach Sachverhalt durch unterschiedliche Methodiken, wie etwa durch die Zuordnung von Kostenstellen oder Auftragsarten zu Profit Centern oder auch die Zuordnung einzelner Konten bzw. die Substitution von Profit Centern unter spezifischen Sachverhalten (Munzel und Munzel 2013, S. 614 ff.). Die daraus resultierende schnellere Analysemöglichkeit erfordert jedoch auch eine hohe Qualität und Vollständigkeit der dafür vorgehaltenen Merkmalsableitungsregeln für die Ergebnisrechnung (Hofmann et al. 2017a, S. 119).

Ein weiteres, eher technologisch bedingtes Nutzenpotenzial stellt die verbesserte Benutzerfreundlichkeit der Bedienungsoberfläche von SAP anhand der Einführung von SAP Fiori dar (Hofmann et al. 2017b, S. 8). Während die traditionelle Bedienungsoberfläche (SAP GUI) eine eher verschachtelte Baumstruktur aufweist, ist die neuartige Fiori-Oberfläche optisch ansprechender und übersichtlicher gestaltet.

Auch im Zuge der Kosten- und Ergebnisrechnung können Aktivitäten identifiziert werden, welche mit Hilfe der Nutzung von RPA automatisiert werden können. Hierzu werden insbesondre Aktivitäten miteingeschlossen, die mit den Begriffen Design und Production zusammengefasst werden. Unter Design und Production wird die Datengenerierung, Zusammenführung, Validierung und teilweise Kommentierung verstanden (Isensee und Reuschenbach 2018, S. 4). Aufgrund des eher transaktionalen Charakters der Kostenrechnung sowie der Zusammenfassung der Einzelbelege in entsprechende Berichtsformen im Zuge der Ergebnisrechnung, werden in diesem Zusammenhang einige Potenziale zur Steigerung der Stamm- und Bewegungsdatenqualität identifiziert. Hierzu zählen unter anderem die Steigerung der Stammdatenqualität durch eine automatisierte Validierung, die fehlerfreie und durchgängige Ausführung von Verrechnungen im Zuge der Kostenstellenrechnung oder auch die Erstellung von periodischen Standard-Berichten mitsamt etwaiger Kommentierungen (Isensee und Reuschenbach 2018, S. 5). Da RPA bei gleichbleibender Qualität praktisch permanent eingesetzt werden kann, kann die Fehleranfälligkeit in den Abläufen minimiert werden (Svatopluk et al. 2018, S. 14). Aus der Reduktion der Fehleranfälligkeit ist somit eine Steigerung der Datenqualität zu erwarten, was somit der Effektivität zugerechnet werden kann. Ein weiterer identifizierter Anwendungsfall stellt die Automatisierung von jährlichen Standardberichten, etwa der jährliche Standardkostenvergleich für Fertigerzeugnisse bei MANN+HUMMEL, dar (Hermann et al. 2018, S. 28 ff.). Nach Abschluss des Projekts wurden im Vergleich zu der manuellen Ausführung des Standardkostenvergleichs in einem Produktionsstandort 30 % der Kosten für die Ausführung eingespart, sodass sich das Projekt mitsamt des Aufwands zur Implementierung nach etwa 3 Jahren amortisiert (Hermann et al. 2018, S. 32). Bei einer etwaigen Ausweitung dieses Vorhabens auf alle weltweiten Produktionsstandorte wurde eine Kosteneinsparung von 200 % ermittelt (Hermann et al. 2018, S. 32), offen bleibt jedoch die Frage, inwieweit hier bereits Remanenzkosten bei einem Personalabbau jener Mitarbeiter, welche die Prozesse derzeit manuell ausführen, berücksichtigt sind.

Die Erläuterungen zeigen insbesondere im Hinblick auf moderne ERP-Systeme, aber auch im Bereich von RPA zahlreiche mögliche Nutzenpotenziale in der Kosten- und Ergebnisrechnung auf. Allerdings ist einschränkend darauf hinzuweisen, dass die IT-technologischen Werkzeuge kein Allheilmittel darstellen, welches in der Lage ist, alle erdenklichen Unzulänglichkeiten in der Ausführung der Controlling-Prozesse zu beseitigen. Ein gut durchdachtes Fachkonzept und das Nutzen der Informationen für die Ableitung von Managemententscheidungen sind nach wie vor essenzielle Erfolgsfaktoren für eine erfolgreiche Unternehmenssteuerung (Hofmann et al. 2017, S. 121).

3.2.3 Management Reporting

Mit Hilfe des Management Reportings werden unter anderem jene ermittelten Informationen aus den vorgelagerten Hauptprozessen Planung und Budgetierung, Forecasting sowie Kosten- und Ergebnisrechnung aggregiert und in Form von Berichten an Entscheidungsträger übermittelt. Somit kann das Management Reporting als der Output vorgelagerter Controlling-Prozesse betrachtet werden (International Group of Controlling 2017, S. 48). Zu den wesentlichen Aufwandstreibern im Management Reporting zählen das Sammeln und Aufbereiten von Daten sowie das manuelle Erstellen und Verteilen von (Standard-)Berichten (Isensee et al. 2019, S. 2). Die nachfolgenden Nutzenpotenziale zielen insbesondere auf die Automatisierung von der Berichtsgenerierung ab, welches zur Steigerung der Effektivität sowie auch der Effizienz im Management Reporting beiträgt. Die im Rahmen einer Studie wichtigste Voraussetzung zur Erreichung dieser Potenziale stellt, die bereits im Rahmen der Kosten- und Ergebnisrechnung erläuterte, integrierte Datenstruktur dar, wodurch im Management Reporting insbesondere eine manuelle Datensammlung, -validierung und Berichtserstellung automatisiert werden kann (Isensee et al. 2019, S. 2).

Eine kürzlich durchgeführte Studie (Isensee et al. 2019) zeigt auf, dass sich viele Aspekte aus dem Hauptprozess Planung, Budgetierung und Forecast unmittelbar bzw. mittelbar auf das Management Reporting übertragen lassen. Dies gilt insbesondere für jene Nutzenpotenziale, welche auf den Einsatz von Big Data und Data Analytics sowie KI zurückzuführen sind. Hierzu zählt zum einen die automatisierte Identifikation von Werttreibern, welche im Planungsprozess Eingang in den überarbeiteten Werttreiberbaum finden und damit konsequenterweise auch im Berichtswesen Berücksichtigung findet (Isensee et al. 2019, S. 2). Darüber hinaus stellt – bei entsprechend vorliegender Datenqualität – die Automatisierung der Abweichungsanalyse ein wesentliches Nutzenpotenzial dar, welches unter dem Einsatz von KI umgesetzt wird (Isensee et al. 2019, S. 2). Die automatisierte Kommentierung von Abweichungen bzw. Ableitung von Handlungsempfehlungen stellen weitere Nutzenpotenziale dar, welche auf der (unkommentierten) Abweichungsanalyse aufbauen. In der Studie wird das bereits im Rahmen der Planung und des Forecast erläuterte Nutzenpotenzial der verbesserten Szenarienbetrachtung genannt. Einschränkend wird festgestellt, dass über alle genannten Nutzenpotenziale hinweg gegenwärtig eine noch sehr geringe Einsatzintensität vorliegt, welche darin begründet ist, dass die Untersuchungsteilnehmer derzeit an der Erfüllung der Voraussetzungen zur Realisierung der Nutzenpotenziale arbeiten. Hierzu werden insbesondere die bereits angedeutete Notwendigkeit der Schaffung einer integrierten und standardisierten Datenbasis, die Automatisierung und Harmonisierung von Schnittstellen in den Reporting-Systemen sowie die Auswahl und Implementierung moderner Reporting-Lösungen genannt.

Auch im Management Reporting sind Effizienzsteigerungen in Form von geringerem Zeit- und/oder Personalaufwand zu erwarten (Becker et al. 2015, S. 264), welche entweder aus Potenzialen vorgelagerter Controlling-Prozesse resultieren oder durch spezifische Automatisierung einzelner Prozessschritte im Management Reporting entstehen können. Zu den vorgelagerten Potenzialen zählen insbesondere die Automatisierung von Planung, Budgetierung und Forecasting sowie – bei gegebener Stamm- und Bewegungsdatenqualität – das Entfallen von manuellen und zeitaufwändigen Berichtsvalidierungen bzw. Abstimmungen zwischen der Ergebnisrechnung und der externen Gewinn- und Verlustrechnung, da beide Rechenwerke auf dem identischen Datenmodell eines modernen ERP-Systems wie etwa S/4HANA® aufsetzen. Die Berichtsabläufe innerhalb des Management Reportings können durch den Einsatz von RPA, Self-Reporting oder auch durch KI effizienter ausgestaltet werden. Da das Management Reporting einen hohen Grad an repetitiven und standardisierbaren Abläufen aufzeigt, ist der Einsatz von regelbasiertem RPA besonders geeignet. Hierzu zählen Aktivitäten wie etwa die Konsolidierung verschiedener Daten aus unterschiedlichen Informationsquellen, die Validierung dieser Daten, das Erstellen vorstrukturierter Berichte mitsamt Versand oder bei Möglichkeit auch die Kommentierung bei der Identifikation etwaiger Abweichungen (Isensee und Reuschenbach 2018, S. 6).

Da der Einsatz von RPA zu jeder Tageszeit an jedem Tag im Jahr denkbar ist und somit nicht an die Arbeitszeiten von Mitarbeitern gekoppelt ist, besteht die Möglichkeit der Parallelisierung von Aktivitäten in Controlling-Prozessen (Manutiu 2018, S. 7). So können etwa Durchlaufzeiten von Prozessen gesenkt werden, indem Aktivitäten wie die Konsolidierung und Validierung von Daten aus unterschiedlichen Quellen in der zentralen Berichtsdatei beispielsweise nachts vorgenommen werden, worauf das menschliche Personal am nächsten Morgen wieder aufsetzen und den Bericht analysieren und kommentieren kann. Da RPA unabhängig von Arbeitszeitgesetzen und gesetzlichen Feiertagen einsatzfähig ist und die definierten Abläufe ohne Ermüdungserscheinungen durchführen kann, ist eine starke Skalierbarkeit von Abläufen bei gegebener Qualität ohne die Abhängigkeit zu einzelnen Personen möglich (Svatopluk et al. 2018, S. 14). Die Höhe der möglichen Effizienzsteigerung steigt hierbei mit der Anzahl der Anwendungsfälle (Deloitte 2015, S. 9). Durch den Einsatz von RPA können somit Personalkapazitäten in der Berichtserstellung eingespart werden. Diese Einsparungen können entweder in einer Reduzierung des Personalbestands oder auch in der Ausweitung der manuellen und weniger regelbasierten Tätigkeiten resultieren, etwa in der Kommentierung sowie in der Kommunikation mit Entscheidungsträgern (Isensee und Reuschenbach 2018, S. 6).

Die Automatisierung sowie Beschleunigung bestehender Abläufe wird analog möglicher Kosteneinsparungen und der verbesserten Disponierbarkeit im Vergleich zu Vollzeitangestellten nach vorliegendem Verständnis dem Effizienzaspekt zugeordnet, da hierdurch bei unverändertem Output im Sinne eines Berichts eine Einsparung von Zeit, Ressourcen oder Kosten im Erstellungsprozess erzielt wird.

Hierbei kann RPA als Zwischenlösung, etwa bei einem parallel laufenden Projekt zu Standardisierung der ERP-Landschaft und der damit einhergehenden Datenstruktur, oder auch als Dauerlösung bei fehlenden Kapazitäten oder auch bei fehlender Zeit zur Durchführung solcher mittel- bis langfristiger Projekte eingesetzt werden (Isensee und Reuschenbach 2018, S. 6). Ein Anwendungsbeispiel, in der RPA bewusst als Alternative gegen ein Transformationsprojekt gewählt wurde, stellt die Einführung in der Kathrein Automtotive Gruppe dar (Peper 2018). Mit Hilfe der Einführung von RPA konnte dort der Prozess des Monatsberichtswesens von einer Regelzeit von 4 Stunden auf 35 Minuten reduziert werden. Der Berichtsprozess ist aufgrund der fehlenden Anbindung des Controllings in SAP von vielen Systembrüchen zwischen SAP und Excel sowie daraus resultierenden Abstimmungen geprägt, welches vor der Einführung von RPA einen hohen manuellen Prüfaufwand sowie aufgrund der Datenvolumen lange Wartezeiten am Rechner erzeugt hat. Hierbei wurde die Effizienzsteigerung insbesondere in der Datenproduktion realisiert, welche die Überführung der für die Berichte notwendigen Auszüge aus dem SAP-System in vorstrukturierte Berichtsdateien umfasst. Neben der Effizienzsteigerung kann mit Hilfe des Einsatzes von RPA ferner die Berichtsfrequenz gesteigert werden. Der wesentliche Vorteil der Erhöhung der Berichtsfrequenz liegt insbesondere in der Steigerung des antizipativen Charakters des Berichtswesens aufgrund der frühzeitigen Bereitstellung von Trends (Peper 2018, S. 25).

Ein weiterer Hebel für die Effizienzsteigerung im Management Reporting stellt die Implementierung von Self-Reporting Plattformen, in denen insbesondere ausgewählte Standardberichte für Entscheidungsträger auf Abruf eingesehen werden können, ohne dass es in diesem Zusammenhang die aktive Einbindung eines Controllers bedarf (Schäffer und Weber 2016, S. 6 ff.). Dieses Potenzial setzt auf dem Gedanken auf, dass nicht alle für Entscheidungsprozesse relevanten Informationen von Controllern an Manager übermittelt werden müssen. Vielmehr wird, insbesondere für Informationen aus dem Standardberichtswesen, das Management in die Lage versetzt, ortsungebunden aktuelle Informationen selbstständig auf Abruf einzusehen (Schäffer und Weber 2016, S. 10). Die relevanten Standard-Informationen können hierbei unter dem Einsatz von interaktiver Software (etwa SAP Digital Boardroom) als eine Art Dashboard bereitgestellt und – je nach Informationsbedarf – ohne aktive Einbindung des Controllers für die Entscheidungsableitung genutzt werden. Controller werden in diesem Zusammenhang mit der operativen Berichtserstellung entlastet, nichtsdestotrotz zählt es noch zu ihrem Aufgabenbereich, die Rahmenbedingungen für das Self-Controlling zu gestalten sowie kontinuierlich zu prüfen und bei Bedarf zu adaptieren (Schäffer und Weber 2016, S. 11).

Unabhängig vom Einsatz von RPA bzw. der Einführung von Self-Controlling kann der Einsatz von KI zur Automatisierung der im operativen Berichtswesen wichtige Abweichungsanalyse beitragen, womit ein weiterer wesentlicher manueller Aufwandstreiber eliminiert werden kann. Die Automatisierung der Abweichungsanalyse knüpft hierbei insbesondere auf die Voraussetzung strukturierter Datenmodelle aus zu Grunde liegenden ERP-Daten, wodurch die Wichtigkeit einer Transformation zu modernen ERP-Systemen nochmals verdeutlicht wird (Leyk et al. 2017, S. 61).

4 Fazit

Der vorliegende Beitrag beschreibt den Einfluss technologischer Innovationen auf Controlling-Prozesse. Trotz der noch relativ jungen Diskussion um digitale Technologien und deren Einsatz im Controlling, zeigen die Erläuterungen eine Vielzahl an Anwendungsfeldern und Nutzenpotenzialen zur Steigerung der Effektivität und Effizienz der operativen Controlling-Prozesse auf. Gleichwohl wird an vielen Stellen deutlich, dass sich die Unternehmenspraxis in der Implementierung der einzelnen Technologien in einem noch jungen Stadium befindet. Es sind vereinzelte Praxisberichte von Unternehmen vorhanden, welche ihre individuellen Erfahrungen in der Implementierung einer einzelnen digitalen Technologie beschreiben. Diese haben vor allem für jene Unternehmen, die noch keine Implementierungserfahrung in diesem Bereich aufweisen, hohe Bedeutung.

Die Ausführungen zeigen auch, dass die alleinige Nutzung digitaler Technologien nicht als Allheilmittel anzusehen ist. Für die Realisierung der Nutzenpotenziale sind wichtige Voraussetzungen zu erfüllen. So ist für die adäquate Nutzung von Data Analytics etwa das Vorhandensein von Mitarbeitern mit Kompetenzen in der Datenmodellierung und -analyse notwendig. Darüber hinaus ist die Schaffung einer harmonisierten und standardisierten Datenstruktur sowie IT-Systemlandschaft erforderlich, um den Nutzen eines höheren Automatisierungsgrads der Prozessabläufe realisieren zu können. Manuelle Eingriffe in Prozesse oder auch Systembrüche sind in diesem Zusammenhang möglichst zu minimieren, um den maximalen Grad an Automatisierung erreichen zu können. Insofern wird die Handlungsempfehlung abgeleitet, die Implementierung von digitalen Technologien nicht aus einer rein technologischen Betrachtungsweise heraus vorzunehmen.

Eine umfassende Begutachtung des gegenwärtigen Standardisierungsgrads der Datenstrukturen sowie der Regelorientiertheit der Prozessabläufe ist notwendig, um mögliche Handlungsfelder zu identifizieren. Im Falle der Identifikation von Handlungsfeldern sind diese vor der Implementierung der neuen Technologien umzusetzen, um den Mehrwert der Digitalisierung auch im operativen Controlling zu realisieren. Unternehmen, welche diesen Aspekt vernachlässigen, laufen Gefahr, keinen adäquaten Gegenwert für den Mittelabfluss für die Implementierung der digitalen Technologien zu erzielen.

Literatur

Allweyer, T. (2016). Robotic Process Automation. Neue Perspektiven für die Prozessautomatisierung. https://www.kurze-prozesse.de/blog/wp-content/uploads/2016/11/Neue-Perspektiven-durch-Robotic-Process-Automation.pdf. Zugegriffen am 16.08.2019.

Bange, C., Derwisch, S., & Fuchs, C. (2017). Advanced-Analytics-Werkzeuge, die der Controller kennen sollte. *Controlling, 29*(K), 70–73.

Becker, W., Baltzer, B., & Ulrich, P. (2014). *Wertschöpfungsorientiertes Controlling*. Stuttgart: Konzeption und Umsetzung.

Becker, W., Ulrich, P., Botzkowski, T., & Eurich, S. (2015). Data Analytics in Familienunternehmen – Implikationen für das Controlling. *Controlling, 27*(4–5), 263–268.

Brauchle, A., & Hanisch, B. (2017). Big Data und Analytics in der Unternehmenssteuerung, Anwendungsbeispiele aus dem Finanzbereich eines Automobilherstellers. In M. Kieninger (Hrsg.), *Digitalisierung der Unternehmenssteuerung* (S. 221–226). Stuttgart: Schäffer Poeschel.

Brynjolfsson, E., & McAfee, A. (2017). The business of artificial intelligence. https://hbr.org/cover-story/2017/07/the-business-of-artificial-intelligence. Zugegriffen am 22.08.2019.

Burgess, A. (2018). *The Executive Guide to Artificial Intelligence*. Cham: How to identify and implement applications for AI in your organization.

Buschbacher, F. (2016). Wertschöpfung mit Big Data Analytics. *Controlling & Management Review, 60*(1), 40–45.

Buxmann, P., & Schmidt, H. (2019). Grundlagen der künstlichen Intelligenz und des maschinellen Lernens. In P. Buxmann & H. Schmidt (Hrsg.), *Künstliche Intelligenz* (S. 3–20). Berlin/Heidelberg: Springer Gabler.

Carbonell, J. G. (1983). An overview of machine learning. In R. S. Michalski, J. G. Carbonell & T. M. Mitchell (Hrsg.), *Machine learning* (S. 3–23). Berlin/Heidelberg: Springer Gabler.

Daum, J., Mette, J., & Sinzig, W. (2017). Wie In-Memory-Technik die Unternehmenssteuerung verbessert. *Controlling, 29*(K), 74–79.

Davenport, T. H. (2014). big data @ work, Chancen erkennen, Risiken verstehen, München

Deipenbrock, S., Landewee, L., & Sälzer, G. (2019). Digitale Transformation des Controllings bei Deutsche Post International Potentiale und Herausforderungen durch Nutzung von Predictive Analytics. *CONTROLLER Magazin, 1*, 45–50.

Deloitte. (2015). The robots are coming. https://www2.deloitte.com/content/dam/Deloitte/uk/Documents/finance/deloitte-uk-finance-robots-are-coming.pdf. Zugegriffen am 03.11.2018.

DIN SPEC 1086:2009-04. (2009). DIN SPEC 1086:2009-04, Qualitätsstandards im Controlling. https://www.din.de/de/wdc-beuth:din21:118618070. Zugegriffen am 01.05.2019.

Firican, G. (2017). The 10 Vs of Big Data. https://tdwi.org/articles/2017/02/08/10-vs-of-big-data.aspx. Zugegriffen am 20.08.2019.

Fischer, T. M., & Wenzel, J. (2004). Publizität von Werttreibern im Value Reporting. *Controlling, 16*(6), 305–314.

Friedl, G., Hilz, C., & Pedell, B. (2012). *Controlling mit SAP®. Eine praxisorientierte Einführung – Umfassende Fallstudie – Beispielhafte Anwendungen* (6. Aufl.). Wiesbaden: Springer Vieweg.

Gadatsch, A. (2016). Die Möglichkeiten von Big Data voll ausschöpfen. *Controlling & Management Review, 60*(1), 62–67.

Gälweiler, A. (2005). *Strategische Unternehmensführung. Unter Mitarbeit von Markus Schwaninger* (3. Aufl.). Frankfurt/New York: Campus.

Griesfelder, R. (2014). Big Data: Warum Sie noch lange darauf warten sollten. *Controlling & Management Review, 58*(1), 64–65.

Hermann, K., Stoi, R., & Wolf, B. (2018). Robotic Process Automation im Finance & Controlling der MANN+HUMMEL Gruppe. *Controlling, 30*(3), 28–34.

Hoenig, C., & Esch, M. (2018). Big Data, Business Intelligence und Business Analytics: Bedeutung, Nutzen und Mehrwert für die Unternehmenssteuerung. https://www.haufe.de/finance/finance-office-professional/big-data-business-intelligence-und-business-analytics-bedeutung-nutzen-und-mehrwert-fuer-die-unternehmenssteuerung_idesk_PI11525_HI10713394.html. Zugegriffen am 21.08.2019.

Hofmann, N., Linsner, R., & Poschadel, F. (2017a). SAP® S/4HANA – Revolution oder Evolution in der Unternehmenssteuerung? In M. Kieninger (Hrsg.), *Digitalisierung der Unternehmenssteuerung* (S. 105–122). Stuttgart: Schäffer Poeschel.

Hofmann, N., Panus, J., & Güler, H. A. (2017b). Integrierte operative Steuerung mit SAP S/4HANA Finance. Erste Anwendungsfälle aus der produzierenden Industrie. https://www.horvath-partners.com/de/media-center/studien/detail/integrierte-operative-steuerung-mit-sap-s4hana-finance/. Zugegriffen am 20.10.2020.

Horváth & Partners. (2005). Planungsstudie 2015. https://www.horvath-partners.com/fileadmin/horvath-parners.com/assets/05_Media_Center/PDFs/deutsch/Planungsstudie2015_Auszug_g.pdf. Zugegriffen am 03.08.2019.

Horváth & Partners. (2017). *Digitalisierung der Unternehmenssteuerung*. Prozessautomatisierung, Business Analytics, Big Data, SAP S/4 HANA, Anwendungsbeispiele. Stuttgart: Schäffer-Poeschel.

Horváth, P., Gleich, R., & Seiter, M. (2015). *Controlling* (13. Aufl.). München: Vahlen.

International Group of Controlling. (2011). *Controlling-Prozessmodell. Ein Leitfaden für die Beschreibung und Gestaltung von Controlling-Prozessen*. Freiburg.

International Group of Controlling. (2017). *Controlling-Prozessmodell 2.0. Leitfaden für die Beschreibung und Gestaltung von. Controllingprozessen* (2. Aufl.). Freiburg.

Isensee, J., & Reuschenbach, D. (2018). RPA im Controlling. Steigerung der Effizienz im Reporting durch Robotic Process Automation, 15.08.2019.

Isensee, J., Emler, M., & Schönherr, M., Goede, L. (2019). Digitale Transformation im Reporting. Durch Digitalisierung Nutzen und Effizienz des Reportings steigern. https://www.horvath-partners.com/de/media-center/studien/digitale-transformation-im-reporting-durch-digitalisierung-nutzen-und-effizienz-des-reportings-steigern/. Zugegriffen am 14.09.2019.

Jung, H. (2011). *Controlling*. Berlin/Boston: Schäffer Poeschel.

Kieninger, M., Michel, U., & Mehanna, W. (2015). Auswirkungen der Digitalisierung auf die Unternehmenssteuerung. In P. Horváth & U. Michel (Hrsg.), *Controlling im digitalen Zeitalter* (S. 3–13). Stuttgart: Rheinwerk.

Kieninger, M., Mehanna, W., & Vocelka, A. (2016). Wie Big Data das Controlling verändert. *Controlling, 28*(4–5), 241–247.

Krüger, J. (2016). *SAP S/4HANA finance. An introduction* (2. Aufl.). Bonn/Boston: Springer Gabler.

Lacity, M., & Willcocks, L. (2016). Robotic Process Automation at Telefonica O2. *MIS Quarterly Executive, 15*(1), 21–35.

Laney, D. (2001). 3-D data management. Controlling data volume, velocity, and variety. https://blogs.gartner.com/doug-laney/files/2012/01/ad949-3D-Data-Management-Controlling-Data-Volume-Velocity-and-Variety.pdf. Zugegriffen am 20.08.2019.

Lanquillon, C., & Mallow, H. (2015). Advanced Analytics mit Big Data. In J. Dorschel (Hrsg.), *Praxishandbuch Big Data* (S. 55–89). Wiesbaden: Gabler.

LaValle, S., Lesser, E., Shockley, R., Hopkins, M. S., & Kruschwitz, N. (2011). Big data, analytics and the path from insights to value. *MIT sloan management review, 52*(2), 20–33.

Leyk, J., Kirchmann, M., & Tobias, S. (2017). Planung, Forecast und Reporting in einer digitalen Welt. In M. Kieninger (Hrsg.), *Digitalisierung der Unternehmenssteuerung* (S. 51–64). Stuttgart: Schäffer Poeschel.

Liessmann, K. (1993). Strategisches Controlling. In E. Mayer (Hrsg.), *Controlling-Konzepte* (3. Aufl., S. 117–210). Wiesbaden: Gabler.

Losbichler, H., & Gänßlen, S. (2018). Performance Measurement in Zeiten von Big Data – Auswirkungen auf Kennzahlen und deren Reporting. *Controlling, 30*(S), 30–37.

Manutiu, S. (2018). Digitalisierung im Controlling – Mehrwert durch Robotic Process Automation. *Controlling, 30*(3), 4–10.

Mayer, T.-L., Stegmüller, W., & Zeibig, S. (2017). Digitaler Forecast bei der KSB AG. In M. Kieninger (Hrsg.), *Digitalisierung der Unternehmenssteuerung* (S. 227–244). Stuttgart: Rheinwerk.

Mehanna, W., Tatzel, J., Vogel, P. (2018). Business Analytics im Controlling – Fünf Anwendungsfehler. *Controlling, 30*(S), 38–45.

Müller, J. P., Wooldridge, M. J., Jennings, N. R., Franklin, S., & Graesser, A. (1997). Is It an agent, or just a program?: A taxonomy for autonomous agents. Intelligent Agents III Agent Theories, Architectures, and Languages. In J. P. Müller, M. J. Wooldridge & N. R. Jennings (Hrsg.), *Intelligent Agents III Agent Theories, Architectures, and Languages,* 1193 (S. 21–35). Berlin/Heidelberg: Springer.

Munzel, M., & Munzel, R. (2013). *SAP-Controlling – Customizing. Alle CO-Komponenten konfigurieren ; erfolgreiche Neuimplementierung und Optimierung ; effektive Kostenrechnung für alle Branchen* (2. Aufl.). Bonn: Oldenbourg.

Nasca, D., Munck, J. C., & Gleich, R. (2019). Quo Vadis Controlling? Einfluss der Digitalen Transformation auf die Controlling-Hauptprozesse. *CONTROLLER Magazin, 1*, 78–80.

\Pedell, B., Sautter, J., Alexander, S., Fahn, S., & Schäfer, M. (2017). SAP™ S/4HANA Finance – Implementierungsstatus, Ziele, Erwartungen und Einführungsstrategien. *Controlling, 29*(3), 54–61.

Peper, I. (2018). Effizienzsteigerungen im Controlling durch Robot Process Automation – Eine Analyse am Beispiel des Monatsabschlussprozesses der Kathrein Automotive Gruppe. *Controlling, 30*(3), 20–27.

Piontek, J. (2005). *Controlling* (3. Aufl.). München/Wien: Springer.

Plattner, H., & Leukert, B. (2016). *The In-Memory Revolution. How SAP HANA enables business of the future*. Wiesbaden: Springer.

Poschadel, F. (2019). SAP S/4HANA: Performance management in real time? In M. Buttkus & R. Eberenz (Hrsg.), *Performance management in retail and the consumer goods industry* (S. 137–151). Cham: Rheinwerk.

Salmon, J., Giera, C., Kuhn, P., Kunze, T., & Reinelt, D. (2016). *SAP S/4HANA Finance*. Bonn: Rheinwerk.

Satzger, G., Enders, T., & Reimer, N. (2017). Künstliche Intelligenz: Löst Watson den Controller ab? *Controlling, 29*(K), 24–30.

Satzger, G., Holtmann, C., & Peter, S. (2018). Advanced Analytics im Controlling – Potenzial und Anwendung für Umsatz- und Kostenprognosen. *Controlling, 30*(S), 46–53.

Schäffer, U., & Weber, J. (2016). Die Digitalisierung wird das Controlling radikal verändern. *Controlling & Management Review, 60*(6), 6–17.

Schmalzing, K. (2017). *CO-PA in SAP S/4HANA Finance. Prozesse, Funktionen, Customizing*. Bonn: Springer.

Seiter, M. (2017). Was Controller über Business Analytics wissen müssen. *Controlling, 29*(K), 60–63.

Stratigakis, G., & Kallen, B. (2017). Forecasting mit Big Data – Status quo und Ausblick. *Controlling & Management Review, 61*(9), 32–39.

Svatopluk, A., Haisermann, A., Schabicki, T., & Frank, S. (2018). Robotic Process Automation (RPA) im Rechnungswesen und Controlling – welche Chancen ergeben sich? *Controlling, 30*(3), 11–19.

Wittmann, W. (1959). *Unternehmung und Unvollkommene Information. Unternehmerische Voraussicht – Ungewißheit und Planung*. Wiesbaden: Gabler.

Wurm, F. (2005). Konzernergebnisplanung und -steuerung. *Controlling, 17*(6), 359–366.

Digitalisierung operativer Controllingprozesse

Hasan Andaç Güler

Zusammenfassung

Digitale Technologien weisen – wie im vorherigen Beitrag in diesem Handbuch aufgezeigt wurde – auch im Umfeld des Controllings Anwendungsfelder auf. Die Erläuterungen der Auswirkungen digitaler Technologien wurden gegenwärtig auf eher übergeordneter Ebene ohne konkreten Bezug zu einzelnen Controlling-Prozessen vorgenommen. Ziel des vorliegenden Beitrags ist es, konkrete Anwendungsfelder und Nutzenpotenziale moderner, digitaler Technologien entlang ausgewählter operativer Controlling-Prozesse aufzuzeigen. Hierbei werden ebenfalls dafür notwendige Voraussetzungen und Herausforderungen aufgezeigt.

Schlüsselwörter

Digitalisierung · Controlling · SAP HANA · Big Data · Predictive Forecast

1 Einführung

Digitale Technologien weisen – wie im vorherigen Beitrag in diesem Handbuch aufgezeigt wurde – auch im Umfeld des Controllings Anwendungsfelder auf. Die Erläuterungen der Auswirkungen digitaler Technologien wurden gegenwärtig auf eher übergeordneter Ebene ohne konkreten Bezug zu einzelnen Controlling-Prozessen vorgenommen. Somit ist derzeit unklar, inwiefern sich digitale Technologien auf einzelne Controlling-Prozesse auswirken und welche spezifischen Nutzenpotenziale innerhalb dieser Controlling-Prozesse resultieren. Dies erscheint jedoch insbesondere im Hinblick auf eine Einordnung der Nutzenpotenziale in die praktischen Arbeitsabläufe als notwendig. Der vorliegende Beitrag dient daher der Kon-

H. A. Güler (✉)
Corporate Controlling and Reporting, Schenck Process, Darmstadt, Deutschland

W. Becker, P. Ulrich (Hrsg.), *Handbuch Controlling*,
https://doi.org/10.1007/978-3-658-26431-4_71

kretisierung der Anwendungsfelder und Nutzenpotenziale anhand der Erläuterung entlang operativer Controlling-Prozesse.

In diesem Zusammenhang werden im nachfolgenden Abschn. 2 zunächst die operativen Controlling-Prozesse abgeleitet. Im Anschluss erfolgt in Abschn. 3 die Erläuterung der Anwendungsfelder und Nutzenpotenziale entlang der abgeleiteten operativen Controlling-Prozesse. Die wesentlichen Erkenntnisse des vorliegenden Beitrags werden im abschließenden Fazit zusammengefasst.

2 Operative Controlling-Prozesse

2.1 Controlling-Prozessmodell

Eine begründete Auswahl der operativen Controlling-Prozesse soll basierend auf einem Prozessmodell erfolgen, welches sowohl im akademischen als auch im praktischen Bereich eine hohe Akzeptanz aufweist. Durch die Verwendung eines Prozessmodells wird die Ansicht vertreten, dass Unternehmensprozesse zwar unternehmensspezifisch ausgeprägt sind, nichtsdestotrotz jedoch in Abstraktion von unternehmensspezifischen Details Ähnlichkeiten in ihren Prozesstypen aufweisen, sodass diese durchaus vergleichbar sind (Becker et al. 2014, S. 96). Das IGC Controlling-Prozessmodell wurde als Pendant zu bestehenden Prozessmodellen in anderen Bereichen (wie z. B. das SCOR-Modell in der Logistik) zum Zweck der Identifikation, Dokumentation, Analyse und Steuerung von Prozessen im Controlling konzipiert.[1] Da dieses Prozessmodell in der Unternehmenspraxis weit verbreitet ist und auch Berücksichtigung in einschlägigen Controlling-Konzeptionen findet (Becker et al. 2014, S. 96 ff.; Horváth et al. 2015, S. 402 ff.), stellt dies die Grundlage für die Ableitung operativer Controlling-Prozesse dar. Insofern wird nachfolgend das Prozessmodell in seinen wesentlichen Elementen erläutert.

Die zentrale Zielsetzung der IGC ist die Etablierung einer „übereinstimmend getragene[n] Controlling-Konzeption sowie eine einheitliche Controlling-Terminologie“ (International Group of Controlling 2017, S. 11). Neben der Standardisierung und Vergleichbarkeit von Controlling-Prozessen verfolgt das IGC Controlling-Prozessmodell ferner das Ziel, ein „zeitgemäßes Standard-Controlling-Prozessmodell zu formulieren“ (International Group of Controlling 2017, S. 11). Insbesondere aufgrund der Digitalisierung wurde die erste Auflage des IGC Prozessmodells in einer zweiten Auflage (International Group of Controlling 2017) aktualisiert, in der auch neuartige Controlling-Prozesse wie das Datenmanagement aufzufinden sind. Darüber hinaus wurden – in sehr knapper Form – situativ Anwendungsfelder der Digitalisierung entlang ausgewählter Hauptprozesse beschrieben.

Als Ausgangspunkt wurde in Zusammenarbeit mit dem Internationalen Controller Verein (ICV) eine gemeinsame Controlling-Definition erarbeitet:

[1] Vgl. International Group of Controlling (2017), S. 11.

> „Controlling ist der gesamte Prozess der betriebswirtschaftlichen Zielfestlegung, Planung und Steuerung eines Unternehmens. Controlling ist auf die Sicherstellung einer nachhaltigen wirtschaftlichen Entwicklung des Unternehmens ausgerichtet und beruft auf der Wechselwirkung vielfältiger Regelkreise aus Zielfestlegung, Planung, Umsetzung, Messung und Verbesserung." (DIN SPEC 1086:2009-04 2009, S. 5)

Die Begriffsdefinition des IGC weist eine enge Verbindung zum betrieblichen Regelkreislauf bestehend aus Planung, Steuerung und Kontrolle auf. Zudem wird das Controlling als Führungsfunktion interpretiert:

> „Controlling ist der auf nachhaltige Wirtschaftlichkeit ausgerichtete Prozess der Zielsetzung, Planung und Steuerung und insofern wesentlicher Bestandteil der Führungsprozesse eines Unternehmens" (International Group of Controlling 2017, S. 15).

Die Begriffsdefinition des IGC weist ferner eine Prozessorientierung auf, was nicht die zunehmende prozessuale Sichtweise zur Steigerung der Wirtschaftlichkeit der Unternehmensprozesse unterstreicht (International Group of Controlling 2017, S. 11). Das Controlling-Prozessmodell ist hierarchisch strukturiert, um Transparenz und Klarheit über die Elemente des Geschäftsprozesses Controlling zu schaffen. Während das Controlling auf der ersten Ebene als Geschäftsprozess definiert wird, wird auf drei weiteren Unterebenen zwischen Controlling-Hauptprozessen (z. B. operative Planung und Budgetierung), den darin enthaltenen Teilprozessen (z. B. Zusammenfassen und Konsolidieren von Einzelplänen) sowie die in den Teilprozessen enthaltenen Aktivitäten auf der untersten und vierten Ebene unterschieden (z. B. Planungsdaten in zentrale Datenbank bzw. die Plankonsolidierung einspielen).

Abb. 1 spiegelt die Controlling-Hauptprozesse wider, welche als Grundgesamt für die Ableitung der operativen Controlling-Prozesse dient.

Das Prozessmodell unterscheidet zwischen Kernprozessen, Prozessen in Kooperation mit anderen Unternehmensbereichen, funktionsbezogenen Querschnittsprozessen sowie der Weiterentwicklung des Controllings in Unternehmen (International Group of Controlling 2017, S. 19). Eine Unterscheidung in strategische und operative Controlling-Prozesse ist – abgesehen von Prozessbegriffen wie strategische Planung oder operative Planung, Budgetierung und Forecasting – nicht aufzufinden, weshalb dies Gegenstand der nachfolgenden Ausführungen sein wird.

2.2 Abgrenzung strategischer und operativer Controlling-Prozesse

Entsprechend des Titels der vorliegenden Arbeit gilt es die Grundgesamtheit aller eben abgebildeten Controlling-Hauptprozesse auf operative Controlling-Prozesse einzuschränken. Darauf basierend erfolgt für die verbleibendenden relevanten Controlling-Prozesse eine nähere Beschreibung der Prozessinhalte sowie der Anwendungsfelder der Digitalisierung auf diese Prozesse.

Da im Prozessmodell selbst nicht durchgängig zwischen strategischen und operativen Controlling-Prozessen unterschieden wird, bedarf eines geeigneten Ansatzes

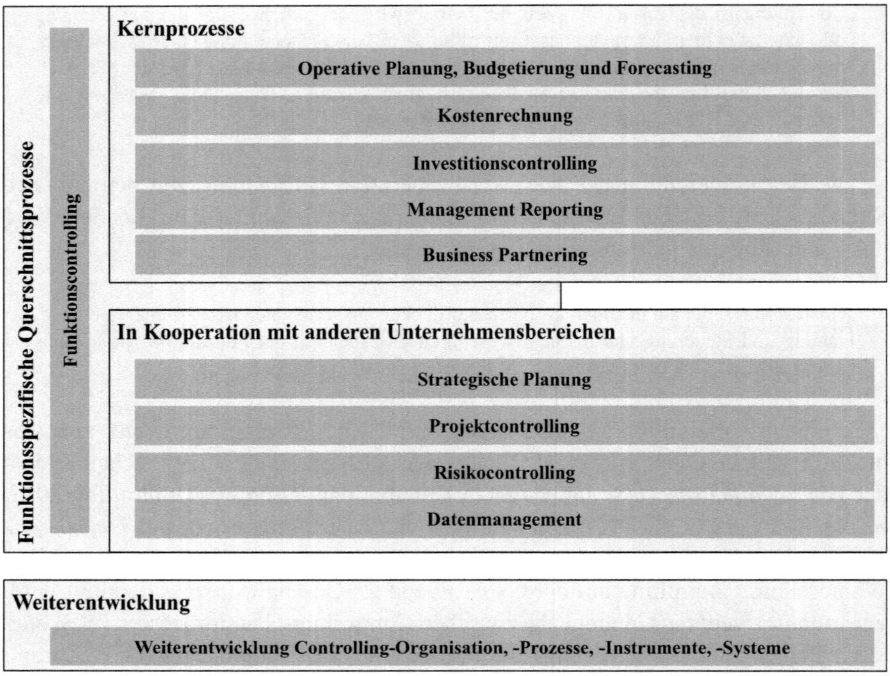

Abb. 1 IGC Controlling-Hauptprozesse (in Anlehnung an: International Group of Controlling 2017, S. 19)

zur Unterteilung dieser Prozesse. Zunächst bedarf es einer Klärung der Begriffe strategisch und operativ. In diesem Kontext erscheint das Werk von *Gälweiler* als besonders geeignet, der die strategische und operative Führungsaufgabe wie folgt unterscheidet (Gälweiler 2005, S. 28):

- Aufgabe der strategischen Führung ist die Suche, der Aufbau und die Erhaltung hinreichend hoher und sicherer Erfolgspotenziale unter Berücksichtigung der damit verbundenen langfristigen Liquiditätswirkungen.
- Aufgabe der operativen Führung ist die bestmögliche Realisierung des in der jeweiligen Nahperiode bestehenden Erfolgspotenzials, ohne dabei – in einer falsch verstandenen kurzsichtigen Gewinnmaximierung – die darauffolgenden Erfolgspotenziale zu schädigen. Ebenso gehört zur operativen Führung nach wie vor die ausreichende Sicherung der laufenden Liquidität.

Die dargestellten Steuerungsgrößen der strategischen und operativen Führung (Erfolgspotenziale bzw. Erfolg und Liquidität) zeigen Wechselbeziehungen auf. Zusammengefasst ist das Vorhandensein von Erfolgspotenzialen die Grundlage für die Erfolgsgenerierung, welche wiederrum ausschlaggebend für die Liquiditätssicherung ist, die letztendlich die notwendige monetäre Grundlage zur Erneuerung von Erfolgspotenzialen darstellt (Gälweiler 2005, S. 28 f.). Nach dem vorliegenden wertschöpfungsorientierten Verständnis ist es die Aufgabe des Controllings, sowohl eine strategische als auch operative Führungsperspektive auf das Unternehmen einzunehmen:

> „Wenn Controlling durch Lokomotion das dauerhafte Überleben des Unternehmens sichern soll, dann muss es folgerichtig zugleich strategisch wie auch operativ sein“ (Becker et al. 2014, S. 59).

Die erläuterte Trennung zwischen der strategischen und operativen Führungsaufgabe dient in zahlreichen Werken als Grundlage für die Abgrenzung von strategischem und operativem Controlling. So beschreibt *Jung* operatives Controlling wie folgt:

> „Das operative Controlling bildet die Schnittstelle zwischen dem betrieblichen Rechnungswesen und dem strategischen Controlling. Das strategische Controlling befasst sich mit der unternehmerischen Potenzialsicherung zur langfristigen Unternehmenserhaltung, wohingegen das operative Controlling die periodenorientierte Liquidität sichern, die Produktivität optimieren, Störeinflüsse ausregeln, Informationen aus dem gesamten Rechnungswesen beschaffen, auswerten und permanente Kostensenkungsprogramme nach neuen Erkenntnisse ausarbeiten und durchsetzen soll“ (Jung 2011, S. 368).

Auch der Definitionsansatz von *Piontek* sieht eine Trennung von strategischem und operativem Controlling anhand der Erfolgspotenziale und der Erfolgssphäre vor:

> „Operatives Controlling, als informationsverarbeitender Prozeß [!] mit den Funktionen Planung, Information, Analyse und Kontrolle, bietet in einer ganzheitlichen Betrachtung und Vernetzung seiner Funktionen – abhängig vom Entscheidungsvermögen des operativen Managements – über eine systematische Erfassung, Projektion und Überwachung des Unternehmensgeschehens – das Instrumentarium zur Steuerung bzw. Sicherung des geschäftlichen Ablaufs in kurz- und mittelfristigen Zeithorizonten. In diesem Zusammenhang spricht man auch von der unmittelbaren Geschäftssteuerung, das in einer gegenwartsnahen Kalenderzeiteinheit versucht, das bestehende Erfolgspotenzial so gut wie möglich auszuschöpfen, ohne damit Erfolgspotenziale zu schädigen oder gar zu gefährden. Hierbei dienen dem Controller die operativen Werkzeuge – Erfolgsrechnung, Erfolgsanalyse und Erfolgsplanung – zur aktiven Gewinnsteuerung, Ermittlung und Beseitigung von operativen Erfolgsengpässen im Beschaffungs-, Fertigungs-, Absatz- und Verwaltungsbereich“ (Piontek 2005, S. 24).

Obwohl die Begriffsdefinitionen von *Jung* im Gegensatz zu *Piontek* explizit den Liquiditätsaspekt im operativen Controlling berücksichtigt, steht in beiden Ansätzen die Steuerung der Erfolgsperspektive im Vordergrund, was sich nachfolgend auch anhand der Funktionen des operativen Controllings aufzeigen wird. Auffällig ist, dass der Zeithorizont keine vorrangige Rolle in der Definition von operativem Controlling spielt. Hinsichtlich des Zeithorizonts des operativen Controllings besteht keine Einigkeit, da dieser für das operative Controlling „meist für ein Geschäftsjahr“ (Jung 2011, S. 368) beziehungsweise für „bis zu drei Jahre“ (Piontek 2005, S. 24) gilt.

Zusammenfassend zeigen beide Begriffsdefinitionen auf, dass die Berücksichtigung der strategischen und operativen Führungsaufgaben nach *Gälweiler* (Gälweiler 2005) durchaus eine geeignete Basis für die Abgrenzung von strategischem und operativem Controlling darstellt. Das vorliegende funktionale Verständnis von operativem Controlling wird wie folgt festgehalten und dient nachfolgend als Grundlage für die Ableitung von operativen Controlling-Prozessen:

Operatives Controlling stellt eine Führungsaufgabe dar, welches das Ziel verfolgt, bei gegebenen Erfolgspotenzialen innerhalb einer definierten, kurzfristigen Zeitperiode und unter Berücksichtigung von Störfaktoren den höchstmöglichen Erfolg zu realisieren, welcher als Grundlage zur Liquiditätssicherung und somit insbesondere zur Sicherung der Zahlungsfähigkeit des Unternehmens, zur strategischen Investition in neue Erfolgspotenziale und damit insgesamt zur Substanzerhaltung des Unternehmens dient. Ausgehend von einem wertschöpfungsorientierten Controlling-Verständnis dient das operative Controlling gemeinsam mit dem strategischen Controlling somit originär der Erfüllung der Lokomotionsfunktion anhand der Aufrechterhaltung des betrieblichen Wertschöpfungskreislaufs bestehend aus (strategischen) Erfolgspotenzialen sowie (operativem) Erfolg und (operativer) Liquidität.

2.3 Ableitung operativer Controlling-Prozesse

Ausgehend von dem dargelegten Begriffsverständnis von operativen Controlling-Prozessen gilt es nun die dafür relevanten Controlling-Prozesse abzuleiten. Wie eingangs erläutert, ist hierfür ausgehend von der Zielsetzung die funktionale Perspektive des operativen Controllings abzuleiten, welches als Grundlage für die Beschreibung von operativen Controlling-Aufgaben dient, die daraufhin anhand einer institutionellen und instrumentellen Perspektive konkretisiert werden. Als Ausgangspunkt für die Ableitung der funktionalen Perspektive dient der operative Controlling-Regelkreis, der wie in Abb. 2 illustriert wird.

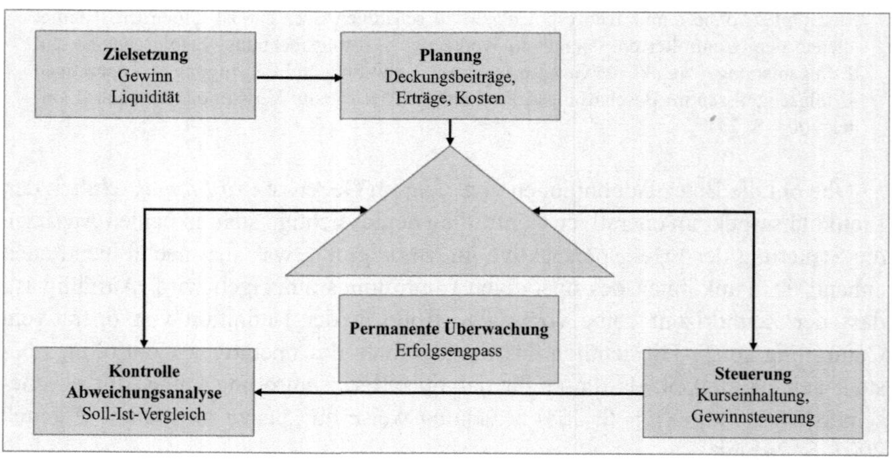

Abb. 2 Regelkreis des operativen Controllings (in Anlehnung an: Liessmann 1993, S. 126)

Anhand des dargestellten Regelkreises werden folgende Aufgaben des operativen Controllings abgeleitet, welche die funktionale Perspektive von operativen Controlling-Prozessen darstellen (Jung 2011, S. 370 ff.):

- Die operative Planung setzt auf der strategischen Ziel- sowie ggfs. taktischen Ressourcenplanung auf, indem diese in einem kurzfristigen Zeithorizont die Leistungserstellungs- und Leistungserbringungsprozesse im Rahmen gegebener Kapazitäten ausplant.
- Die operative Kontrolle setzt im Sinne einer Rückkopplung auf der operativen Planung auf und dient der Erkennung etwaiger Planungs- oder Durchführungsfehler. Kontrolle kann basierend auf realisierten Werten (Ist-Werte), voraussichtlichen Ist-Werten (Wird-Werte) sowie angestrebten Werten (Soll-Werte) erfolgen.
- Die operative Information hat die Aufgabe inne, Informationen an die operative Planung und Kontrolle mit dem notwendigen Genauigkeits- und Verdichtungsgrad und zum richtigen Zeitpunkt bereitzustellen. Hierbei werden die Finanzbuchhaltung sowie die Kostenrechnung explizit als Instrumente der operativen Information genannt. Das Controlling soll hierbei ferner die Informationsbeschaffung mit der Informationsverwendung abstimmen.
- Die operative Steuerung umfasst alle Tätigkeiten und Veranlassungen, die der Umsetzung der Planung sowie der Korrektur des Regelkreises bei etwaigen Abweichungen dienen. Auch die operative Steuerung setzt somit auf der operativen Information auf.

Die Ausführungen zeigen somit auf, dass die funktionale Perspektive des operativen Controllings die (operative) Planung, Kontrolle, Information und Steuerung umfasst. Die Ableitung der relevanten Controlling-Prozesse erfolgt ausgehend von dieser funktionalen Perspektive. Hierzu wurden die Ziele der Controlling-Hauptprozesse auf die Erfüllung der dargestellten funktionalen Aspekte des operativen Controllings geprüft und jene Prozesse mit einer hohen Übereinstimmung als relevant erachtet. In Abb. 3 mit dem Ergebnis der Prüfung wurden die relevanten Controlling-Prozesse grau hervorgehoben.

Die vorgenommene Einschätzung und Auswahl der – hervorgehobenen – relevanten Controlling-Prozesse unterliegt einer starken subjektiven Einschätzung, da nicht immer eine eindeutige Beantwortung der Fragestellungen in den oben dargestellten Entscheidungskriterien möglich war. In der Konsequenz eröffnet die Auswahl daher den Raum für Diskussionen, weshalb gerade die hervorgehobenen Prozesse als relevant eingeschätzt werden. Aus diesem Grund soll die (subjektive) Auswahl nachfolgend begründet werden. Aufgrund der Tatsache, dass strategische Führung die operative Führung umfasst (Gälweiler 2005, S. 34), lässt sich innerhalb eines Controlling-Hauptprozesses oftmals nicht klar zwischen strategisch und operativ unterscheiden. In zahlreichen Prozessen wurde versucht, den operativen Anteil solcher Prozesse zu identifizieren, wie beispielsweise anhand des Risikocontrollings oder auch des Management Reportings. In diesen Prozessen können daher durchaus unterschiedliche Ansichten vorliegen, ob diese Prozesse als operativ bezeichnet werden können. Die Controlling-Hauptprozesse weisen ferner allesamt eine sehr

Hauptprozess \ Funktion	Operative Planung	Operative Kontrolle	Operative Information	Operative Steuerung
Strategische Planung	Keine Erfüllung	Keine Erfüllung	Keine Erfüllung	Keine Erfüllung
Planung, Budgetierung und Forecast	Erfüllung im Rahmen der Planung	Erfüllung im Rahmen des Forecasts	Keine Erfüllung	Erfüllung im Rahmen der Budgetierung
Investitionscontrolling	Teilweise Erfüllung, jedoch eher strategisch geprägt	Teilweise Erfüllung, jedoch eher strategisch geprägt	Keine Erfüllung	Teilweise Erfüllung, jedoch eher strategisch geprägt
Kostenrechnung	Keine Erfüllung	Unterstützung durch resultierende operative Informationen	Erfüllung im Rahmen der Informationsbeschaffung	Unterstützung durch resultierende operative Informationen
Management Reporting	Unterstützung durch Informationsbereitstellung	Unterstützung durch Informationsbereitstellung	Erfüllung im Rahmen des operativen Berichtswesens	Unterstützung durch Informationsbereitstellung
Business Partnering	Unterstützung durch betriebswirtschaftliche Beratung und Führung	Unterstützung durch betriebswirtschaftliche Beratung und Führung	Keine Erfüllung	Unterstützung durch betriebswirtschaftliche Beratung und Führung
Projektcontrolling	Unterstützung durch operative Projektplanung	Unterstützung durch operative Projektkontrolle	Unterstützung durch Bereitstellen operativer Projektinformationen	Unterstützung durch operative Projektbudgetierung
Risikocontrolling	Teilweise Unterstützung durch operative Risikobetrachtung	Teilweise Unterstützung durch operative Risikobetrachtung	Unterstützung durch Bereitstellen operativer Risikoinformationen	Teilweise Unterstützung durch operative Risikobetrachtung
Datenmanagement	Keine Erfüllung	Keine Erfüllung	Unterstützung durch Sicherstellung von Datenqualität	Keine Erfüllung
Funktionscontrolling	Unterstützung durch funktionsspezifsiche operative Planung	Unterstützung durch funktionsspezifsiche operative Kontrolle	Unterstützung durch Bereitstellen von funktionsspezifischen Informationen	Unterstützung durch funktionsspezifsiche operative Budgetierung
Weiterentwicklung	Unterstützung durch kontinuierliche Weiterentwicklung	Unterstützung durch kontinuierliche Weiterentwicklung	Unterstützung durch kontinuierliche Weiterentwicklung	Unterstützung durch kontinuierliche Weiterentwicklung

Abb. 3 Auswahl relevanter operativer Controlling-Prozesse

wichtige Rolle in einem zusammenhängenden Controlling-System auf, weshalb sich viele Prozesse gegenseitig unterstützen bzw. auch die Grundlage für weitere Prozesse bilden. Dies ist beispielsweise in der Kostenrechnung der Fall, deren Resultate im Management Reporting im Sinne der operativen Information verwendet werden. Daher wurde oftmals auf die unterstützende Rolle des Prozesses für das Kriterium hingewiesen (wie z. B. keine Erfüllung eines Kriteriums). Zusammenfassend sind für die vorliegende Arbeit insbesondere die Prozesse Planung, Budgetierung und Forecast, Kostenrechnung sowie das Management Reporting relevant, da diese den höchsten Erfüllungsgrad der relevanten Kriterien aufweisen und zudem originäre Kernprozesse des Controllings darstellen. Darüber hinaus stellen diese Prozesse gemäß einer aktuellen empirischen Untersuchung jene Prozesse dar, auf die die digitale Transformation einen sehr großen Einfluss nehmen wird, sodass zahlreiche Anwendungsfelder und Nutzenpotenziale zu erwarten sind (Nasca et al. 2019, S. 79).

3 Anwendungsfelder und Nutzenpotenziale entlang ausgewählter operativer Controlling-Prozesse

3.1 Planung, Budgetierung und Forecast

Der Planungs- und Budgetierungsprozess ist durch eine hohe Zeit- und Ressourcenintensität geprägt, was etwa die Planungsstudie von *Horváth & Partners* (Horváth & Partners 2005) belegt, in der dieser Prozess bei etwa zwei Dritteln der Teilnehmer mindestens elf Kalenderwochen andauert. Als Reaktion wird vermehrt der Frontloading-Ansatz diskutiert, welcher durch eine stärkere Top-Down Orientierung Zeit bei der Durchführung der Planung einspart (hier benötigen nur 27 % der befragten Unternehmen mindestens elf Kalenderwochen) und gleichzeitig eine stärkere Verknüpfung der strategischen mit der operativen Planung ermöglicht (Horváth et al. 2015, S. 104). Der Frontloading-Ansatz beginnt stets im Zuge einer intensiven Willensbildungsphase, in der unter Berücksichtigung des letzten Forecasts, etwaigen externen Vergleichen mit Wettbewerbern sowie Szenarienbetrachtungen die auf oberster Ebene angesiedelten Zielwerte top-down ermittelt werden (Losbichler und Gänßlen 2018, S. 55). Nach Verabschiedung der Haupt-Zielwerte werden Bottom-Up die zu den Haupt-Zielwerten untergeordneten Positionen geplant (Horváth et al. 2015, S. 104). In diesem Zusammenhang werden häufig Treiberbäume diskutiert, welche ein Instrument zur Verknüpfung der Haupt-Zielwerte mit den untergeordneten Kennzahlen auf Grundlage von Ursache-/Wirkungsbeziehungen ermöglichen. Traditionelle Treiberbäume werden jedoch oftmals kritisiert, da die logisch-deduktive Ableitung der Treiber teils auf zu einfachen bzw. komplexen Annahmen basiert, welches zu abstrakten bzw. derart komplexen Aussagen führt, sodass diese oft vom Management abgelehnt werden (Leyk et al. 2017, S. 53). Im Zuge der Diskussion um Big Data, Data Analytics sowie KI wird gegenwärtig sehr intensiv über eine Automatisierung in der Nutzung von Treiberbäumen diskutiert, welche sowohl im Planungs- und Budgetierungsprozess aber auch im Forecast zahlreiche Vorteile verspricht. Darüber hinaus kann die Automatisierung auch mit dem Einsatz von RPA unterstützt werden. Die nachfolgenden Erläuterungen stellen zunächst die resultierenden Nutzenpotenziale des Einsatzes der neuen Technologien im Bereich der Planung und Budgetierung vor.

Im Controlling werden herkömmlich strukturierte interne Daten, welche in ERP-Systemen in relationalen Datenbanken gespeichert werden, verwendet (Gadatsch 2016, S. 63). Im Zuge von Big Data sollen diese Daten durch weitere, auch nicht strukturierte und ggfs. externe Daten ergänzt werden, etwa durch das Heranziehen von Maschineninformationen oder sogar Daten aus Social Media Kanälen (Gadatsch 2016, S. 63). Durch die Verwendung von unterschiedlichen Datenquellen sowie deren gezielten Auswertung anhand von Data Analytics und KI wird ein verbessertes Geschäftsverständnis erwartet, welches in eine realitätsnähere und exaktere Planung resultiert, die auf Grundlage von sich selbst aktualisierenden, dynamischen Treiberbäumen unter der Verwendung von Korrelations- und Regressionsanalysen (Bange et al. 2017, S. 72), welche quantitative und qualitative Kennzahlen verknüpfen, umgesetzt wird (Buschbacher 2016, S. 43). Durch maschinelles Lernen sollen Treibermodelle in die Lage versetzt werden können, die Parameter an neue Gegebenheiten, wie etwa neue makroökonomische Situationen, anzupassen, und sich somit von manuell gepflegten Treibermodellen abzusetzen (Kieninger et al. 2015, S. 242). In diesem Zusammenhang gilt es jedoch zu beachten, dass identifizierte Korrelationen oder auch Wirkungszusammenhänge nicht zwingend eine Kausalität bedingen, weshalb in der Deutschen Telekom AG die entsprechenden statistischen Ergebnisse nach wie vor einer menschlichen Einschätzung unterzogen werden und erst bei plausiblen Ergebnissen eine Anpassung des Treibermodells vorgenommen wird (Stratigakis und Kallen 2017, S. 37 f.). Hinsichtlich der Risikobetrachtung in der Planung können durch das Erkennen neuer Treiber exaktere Szenarien ermittelt werden, wodurch die Erfolgswirkung einzelner Effekte besser einzuschätzen ist.[2]

Bedingt durch die zunehmende Automatisierung und Datenintegration innerhalb der operativen Planung und Budgetierung sind ferner Effizienzsteigerungen zu erwarten, welche sich in einer schnelleren Durchlaufzeit aber auch in einem geringeren Kapazitätsbedarf in der Planung bzw. in einer allgemeinen Prozesskostensenkung bemerkbar machen können (Leyk et al. 2017, S. 56). Der operative Planungs- und Budgetierungsprozess ist geprägt vom Zusammenspiel mit der strategischen Planung, der laufenden Koordination der Einzelpläne zu einem zusammenhängenden, abgestimmten Gesamtplan sowie der anschließenden Planverabschiedung (International Group of Controlling 2017, S. 34). Somit weist die operative Planung und Budgetierung im Bereich der Plandatenerfassung und -prüfung sowie insbesondere in der Konsolidierung und Koordination der Einzelpläne Anwendungsbereiche für den Einsatz von RPA zur Steigerung der Prozesseffizienz auf (Isensee und Reuschenbach 2018, S. 5).

[2]Vgl. Leyk et al. (2017), S. 55; Satzger et al. (2017), S. 26.

Forecast
Der herkömmliche Forecasting-Prozess ist durch manuellen Aufwand gekennzeichnet, hängt von dem Beurteilungsvermögen des Forecast-Erstellers ab und kann insbesondere politischen Charakter aufweisen, sodass der beabsichtigte Steuerungsimpuls im Sinne einer antizipativen Identifikation unerwünschter Ereignisse abnimmt (Brauchle und Hanisch 2017, S. 216). Unter dem Schlagwort Predictive Analytics wird eine Vorgehensweise zur möglichst exakten Hervorsage von zukünftigen Zuständen durch das Erkennen von Wirkungszusammenhängen auf Grundlage von dem Einsatz von Data Analytics Verfahren verstanden (Buschbacher 2016, S. 42). Dabei ist Predictive Analytics keineswegs völlig neuartig, da entsprechende Ansätze bereits im Bereich Operations Research vorzufinden sind (Mehanna et al. 2018, S. 40). Die Erneuerungen stellen die Nutzung von Big Data und das Vorhandensein von ausreichender Rechenkapazität gemeinsam mit steigenden analytischen Kompetenzen von Mitarbeitern dar (Mehanna et al. 2018, S. 40). Einen Anwendungsfall in diesem Zusammenhang liefert die Deutsche Post, welche Predictive Analytics zur Prognose der Umsatzerlöse verwendet. (Deipenbrock et al. 2019, S. 45). Erste Belege für die höhere Genauigkeit von automatisierten Forecasts zeigt die *KSB* AG auf, deren Genauigkeit der Auftragseingangsprognose von ursprünglich 48 % auf 79 % angestiegen ist (Mayer et al. 2017, S. 242). Mit Hilfe der Nutzung von KI können – analog dem Planungsprozess – zu Grunde liegende Forecast-Modelle stets auf Präzision hin zu überprüfen und über die Zeit entsprechend anzupassen (Satzger et al. 2018, S. 49). Diese damit gewährleistete Robustheit der Modelle und Präzision der Prognosen zahlt sich insbesondere für Unternehmen mit einer hohen Umweltdynamik aus (Satzger et al. 2017, S. 25 f.). Anhand der automatisierungsbedingten Beschleunigung von Forecasts kann die Frequenz der Forecast-Erstellung erhöht werden, womit antizipative Informationen kurzfristiger in Entscheidungsprozesse miteinbezogen werden können (Leyk et al. 2017, S. 58). Eine entsprechende Datenqualität vorausgesetzt, kann im Zuge des Forecast-Prozesses eine verbesserte Risikobetrachtung durch die Simulation einzelner Szenarien im Forecast gewährleistet werden (Buschbacher 2016, S. 43; Daum et al. 2017, S. 74).

Die Standardisierung und Automatisierung des Forecast-Prozesses zahlt ferner auch in einen geringeren Personal- sowie Zeitbedarf ein (Satzger et al. 2018, S. 49). Dies ist einerseits in der Beschleunigung der Abläufe zu erwarten, darüber hinaus werden Kapazitäten von Mitarbeitern, die zuvor stark in der Planerstellung oder in der Durchführung von manuellen Forecasts gebunden waren, freigesetzt, womit diese für andere Tätigkeiten genutzt werden können (Leyk et al. 2017, S. 56 f.). Auch im Bereich des Forecasting kann die Datenproduktion, welche hinreichende repetitive Abläufe aufzeigt, durch den Einsatz von RPA automatisiert werden (Isensee und Reuschenbach 2018, S. 5), sodass diese bei gegebener Qualität nicht nur kostengünstiger, sondern ggfs. auch parallel bzw. schneller abgewickelt werden können (Svatopluk et al. 2018, S. 14). Einschränkend bleibt darauf hinzuweisen, dass sowohl die operative Planung und Budgetierung als auch der Prozess des Forecasting stark von der Interaktion mit Entscheidungsträgern geprägt ist, welches nicht automatisiert werden kann. Insofern beschränken sich die Ausführungen zu den Anwendungsfeldern und die damit einhergehenden möglichen Effizienzsteigerungen durch den Einsatz von RPA auf denkbare Einsatzszenarien, welche bislang in der Literatur nicht durch konkrete Anwendungsbeispiele konkretisiert wurden. Es gilt die weitere Entwicklung aus diesem Controlling-Hauptprozess heraus weiter zu beobachten, der die anstehende empirische Untersuchung einen Beitrag leisten wird.

Eine Voraussetzung zur Erreichung der Potenziale stellt zunächst das Vorhandensein entsprechender Rechenkapazitäten dar (Leyk et al. 2017, S. 55). Neben dieser technischen Voraussetzung sind jedoch vor allem fachliche Voraussetzungen sowie das Vorhandensein von Mitarbeitern mit entsprechender Methodenkompetenz im Aufbau und in der Pflege von Modellen notwendig (Kieninger et al. 2016, S. 246). Die wohl wichtigste Voraussetzung ist die Definition der internen sowie externen Daten, welche für die Auswertungen herangezogen werden sollen, da eine wenig spezifizierte Datensammlung nicht den gewünschten Mehrwert erbringt (Losbichler und Gänßlen 2018, S. 32). Der Definition eines unternehmensindividuellen Datenmodells, welches im neuen Controlling-Hauptprozess Datenmanagement Erwähnung findet, kommt hierbei somit eine besonders große Bedeutung zu (Losbichler und Gänßlen 2018, S. 32). Wichtig an dieser Stelle ist zu betonen, dass für die Nutzung von Big Data selten die Voraussetzung einer strukturierten internen Datenbasis, etwa in den zu Grunde liegenden ERP-Systemen, erfüllt wird (Davenport 2014, S. 6). Vielmehr ist die Datenheterogenität hoch und muss aufwändig durch manuelle Anpassungen harmonisiert werden, um eine Automatisierung bei benötigter hoher Datenqualität zu gewährleisten (Hofmann et al. 2017, S. 108). In diesem Zusammenhang wird derzeit intensiv über die Standardisierung der Datenmodelle in ERP-Systemen diskutiert, worauf nachfolgend näher eingegangen wird.

3.2 Kosten- und Ergebnisrechnung

Eine Kernvoraussetzung für die effektive Verwendung von modernen Ansätzen des digitalen Zeitalters sind granulare und fehlerfreie Stamm- und Bewegungsdaten (Schäffer und Weber 2016, S. 9). Dahingehend ist die Etablierung des neuen Controlling-Hauptprozesses Datenmanagement wenig verwunderlich, welches die Aufgabenstellung hat „alle Informationen, die das Management im Rahmen der regelmäßigen Steuerungsprozesse benötigt, in belastbarer Qualität verfügbar [...]“ (International Group of Controlling 2017, S. 57) zu machen. Während das Datenmanagement ein über die Kosten- und Ergebnisrechnung hinausgehendes, gesamtheitliches Datenmodell definiert, stellen jedoch eben jene Werteflüssen in der Kosten- und Ergebnisrechnung eine essenzielle Basis für die Entscheidungsunterstützung des Managements dar (International Group of Controlling 2017, S. 57 f.).

Die Kosten- und Ergebnisrechnung wird wie bereits erläutert meist mit Hilfe des Einsatzes von ERP-Software wie etwa von *SAP*® umgesetzt (Pedell et al. 2017). ERP-Software zeichnet sich insbesondere durch die Funktionsintegration aus, welche eine für das Controlling besonders wichtige Anforderung der informationstechnischen Abbildung der gesamten Wertschöpfungskette erfüllt (Friedl et al. 2012, S. 6). Allerdings stößt die Kosten- und Ergebnisrechnung hier oftmals an ihre Grenzen, was anhand der folgenden Herausforderungen erläutert wird (Hofmann et al. 2017, S. 107 ff.):

- Die Verarbeitung großer Datenmengen bringt die Rechnerkapazitäten häufig an ihre Grenzen. Daher werden bei großen Unternehmen Datenbestände zusammenhängender Funktionsbereiche in mehreren Instanzen abgebildet, die es z. B. im Konzernberichtswesen zu aggregieren gilt. Ferner müssen rechenintensive Aktivitäten aus Performancegründen teils nachts durchgeführt werden, um tagsüber die Nutzung von ERP-Systemen nicht zu behindern. Dies hat Auswirkungen auf Prozessdurchlaufzeiten sowie die Ausführungsfrequenz gewisser Aktivitäten, wie etwa Auftragsabrechnungen.
- Die Datenheterogenität verhindert eine durchgängig harmonisierte Informationsbasis oder gar Konvergenz des Rechnungswesens mit dem Controlling. Damit ist nicht nur die Nutzung von Big Data, sondern auch die schnelle Anpassungsfähigkeit der Kostenrechnungssysteme an Veränderungen erschwert.
- Das Zweikreissystem ist noch stark ausgeprägt. Die Ergebnis- und Marktsegmentrechnung, aber auch die Profit Center Rechnung werden oft in einem unabhängigen, kalkulatorischen Datenmodell abgebildet, wodurch Differenzen zu den gebuchten Daten im externen Rechnungswesen (FI-Modul) auftreten können. Häufig müssen Berichte daher manuell abgestimmt und übergeleitet werden, was ein integriertes near-time bzw. real-time Berichtswesen erschwert bzw. verhindert.

Der Einsatz moderner ERP-Systeme, wie etwa SAP S/4HANA® kann in der Kosten- und Ergebnisrechnung zu einem wesentlichen Mehrwert beitragen. Die Verbesserung der Prozessabläufe sowie die mögliche verbesserte Datenbasis stellt ferner einen mittelbaren Mehrwert für darauf aufbauende Prozesse wie insbesondere das Management Reporting dar (Pedell et al. 2017, S. 57). Insofern ist es wenig verwunderlich, dass in diesem eher transaktionalen Hauptprozess bislang keine Anwendungsfelder von Big Data und Data Analytics identifiziert wurden. Diese Technologien setzen eher auf den in der Kosten- und Ergebnisrechnung erzeugten Daten auf und nutzen diese etwa für den Forecast- oder das Management Reporting. Die nachfolgenden Ausführungen zeigen Nutzenpotenziale mit der Verwendung von des neuesten ERP Produkts SAP S/4HANA® des führenden ERP-Softwareanbieters SAP auf (Friedl et al. 2012, S. 2).

Mit Hilfe der erneuerten In-Memory-Datenbanktechnologie können repetitive Prozesse wie z. B. die Ermittlung von Ware in Arbeit schneller und mit geringer Beanspruchung von Datenmengen durchgeführt werden, was zu einer Senkung von Prozessdurchlaufzeiten bzw. der Erhöhung der Frequenz in der Durchführung führen kann (Hofmann et al. 2017a, S. 108). Die wohl größte Veränderung der neuen ERP-Software stellt die datentechnische Entwicklung hin zu einem Einkreissystem dar. Durch die Verschmelzung von Kostenarten und Konten sowie durch die zentrale

Abbildung von – unter anderem – Rechnungswesen- und Controlling-Belegen in einer zentralen Tabelle (Accounting Documents Actual, ACDOCA) wird der Harmonisierungsgedanke aus *SAP ERP*® (automatisierte Abstimmbuchungen im Rechnungswesen bei Leistungsverrechnungen mit Funktionsbereichswechseln) konsequent in Richtung *Single Source of Truth* fortgeführt (Hofmann et al. 2017a, S. 107). Was sich zunächst nach einer eher überschaubaren Veränderung liest, zeigt in der Realität jedoch eine Vielzahl an möglichen Effektivitäts- und Effizienzsteigerungen auf, die aufgrund von datentechnischen Restriktionen in Vergangenheit nicht möglich waren.

Durch die Zentralisierung der Datenbasis mit der ACDOCA kann eine hohe Flexibilität im Berichtswesen bereitgestellt werden, sodass Abwandlungen bzw. Detaillierungen von Berichtsinformationen stets möglich sind (Hofmann et al. 2017b, S. 8). Die Kostenartenrechnung entfällt zwar trotz der Integration der Datenstruktur in die ACDOCA nicht (es ist z. B. nach wie vor möglich, Kostenartenhierarchien und Kostenartentypen zu pflegen), allerdings erfolgt deren Pflege zukünftig in der zentralen Sachkontenpflege (Schmalzing 2017, S. 31 f.). Die Kostenartenausprägungen wie Primär- und Sekundärkonten, aber auch die Kostenartentypen stellen somit zukünftig spezifische Ausprägungen von Konten dar (Salmon et al. 2016, S. 150 ff.). Dies hat zur Folge, dass etwa Leistungsverrechnungen im Rahmen der Kostenstellenrechnung, welche einen Funktionsbereichswechsel bewirken, nicht mehr separat im jeweiligen Hauptbuch per Abstimmbuchung nachgehalten werden müssen; die Kosten- und Ergebnisrechnung sowie die Hauptbuchhaltung sind somit stets synchron (Salmon et al. 2016, S. 150 ff.).

Für die Kostenträgerrechnung spiegeln sich neben der Beschleunigung einzelner rechenintensiver Prozesse insbesondere inhaltliche Potenziale wider. Für die Darstellung der Kosten der hergestellten Produkte wurde bislang im Rechnungswesen (Gewinn- und Verlustrechnung) auf das Bestandsveränderungskonto zurückgegriffen, während die Deckungsbeitragsrechnung meist auf Basis der Erzeugniskalkulation eine verfeinerte Sicht auf die Kostenelemente einnimmt. Unter S/4HANA® können nun sowohl das Bestandsveränderungskonto als auch Produktionsabweichungen entsprechend der Kostenelemente der Kalkulation bzw. der Abweichungskategorien kontenspezifisch aufgerissen werden, wodurch ein Hauptargument für die Nutzung der datentechnisch anhand von Wertfeldern getrennten kalkulatorischen Ergebnisrechnung hinfällig wird (Schmalzing 2017, S. 156 ff.). Ferner ist es mit der Nutzung des Material Ledgers möglich, simultan parallele Bewertungen, beispielsweise getrennt nach konsolidierten Konzernherstellkosten, legalen Herstellungskosten nach den Anforderungen des jeweils gültigen Rechnungslegungsstandards sowie steuerliche Herstellungskosten für Materialien abzubilden (Wurm 2005, S. 359). Dies kann sich sowohl in der Bedienung unterschiedlicher Rechnungslegungsstandards wie z. B. der Vorratsbewertung nach IFRS und HGB, aber auch – bei Konzernunternehmen – in unterschiedlichen internen Wertansätzen wie Konzernherstellkosten und Herstellkosten aus lokaler Sicht inkl. Intercompany Margen niederschlagen (Hofmann et al. 2017a, S. 118). Das Material Ledger ist zwar bereits unter *SAP ERP*® verfügbar, allerdings nimmt der Integrationsgrad der Buchungen durch die Verwendung der ACDOCA weiter zu und trägt damit zu einer höheren Harmonisierung mit dem Rechnungswesen bei (Hofmann et al. 2017, S. 116).

Mit der Ergebnisrechnung wird üblicherweise die Ergebnis- und Marktsegmentrechnung (CO-PA), welche auf die Steuerung des Markterfolgs abzielt, gemeint, während die Profit Center Rechnung (PCA) auf die Steuerung der internen Organisationseinheiten im Unternehmen ausgerichtet ist. Für beide Rechenwerke ergeben sich aus den vorgelagerten Teilprozessen wesentliche Potenziale. Da sowohl das externe Rechnungswesen als auch das Controlling auf identischen Daten aufsetzen, besteht eine permanente Abstimmbarkeit der Berichtsinformationen, wodurch langwieriger Abstimmaufwand entfallen kann. Darüber hinaus werden bei Buchung entsprechender Kontierungsobjekte (wie z. B. Kostenstellen) die dazugehörigen Auswertungsmerkmale (wie z. B. Sparten) in Echtzeit abgeleitet (Hofmann et al. 2017, S. 119). Die beschriebene Echtzeitmerkmalsableitung ist jedoch nicht mit dem Echtzeit-Berichtswesen zu verwechseln, was durch die reine Echtzeitmerkmalsableitung nicht realisiert werden kann. Obwohl viele Merkmalsinformationen zwar in Echtzeit abgeleitet werden, werden viele anderweitige Bestandteile, beispielsweise der Abschreibungslauf, Innenauftragsabrechnungen etc. häufig aus Wirtschaftlichkeitsgründen monatlich von Unternehmen durchgeführt. Daher macht eine entsprechende Bereitstellung von Echtzeit-Berichten wenig Sinn, wenn zahlreiche, teils essenzielle Informationen noch nicht in der Auswertungsperiode verbucht wurden. Bedingt durch den kontenbasieren Aufriss der Herstellkosten und Produktionsabweichungen ist die buchhalterische Ergebnis- und Marktsegmentrechnung bei produzierenden Unternehmen mit kalkulierbaren Produkten nutzbar und steigert damit den Integrationsgrad mit dem externen Rechnungswesen (Schmalzing 2017, S. 46 f.). Der kontenbasierte Aufriss der Herstellkosten sowie der Produktionsabweichungen sind wesentlicher Grund hierfür (sogenannter PRD-Split). Voraussetzung hierfür ist der Verzicht auf kalkulatorische Anders- und Zusatzkosten (Hofmann et al. 2017, S. 119). Für produzierende Unternehmen, welche auf den Ansatz dieser Kosten nicht verzichten können/wollen oder vornehmlich Projektgeschäft (z. B. Anlagenbau) betreiben, ist weiterhin die Nutzung der kalkulatorischen Ergebnisrechnung bzw. gesonderter Berichte des Projektsystems zu empfehlen (Hofmann et al. 2017, S. 118). Unter der neuen Profit Center Rechnung stellen Profit Center kein eigenes Kontierungsobjekt mehr dar, sondern werden als zusätzliches Feld in der ACDOCA mitgeführt (Schmalzing 2017, S. 29). Die Ableitung des Profit Centers ergibt sich je nach Sachverhalt durch unterschiedliche Methodiken, wie etwa durch die Zuordnung von Kostenstellen oder Auftragsarten zu Profit Centern oder auch die Zuordnung einzelner Konten bzw. die Substitution von Profit Centern unter spezifischen Sachverhalten (Munzel und Munzel 2013, S. 614 ff.). Die daraus resultierende schnellere Analysemöglichkeit erfordert jedoch auch eine hohe Qualität und Vollständigkeit der dafür vorgehaltenen Merkmalsableitungsregeln für die Ergebnisrechnung (Hofmann et al. 2017, S. 119).

Ein weiteres, eher technologisch bedingtes Nutzenpotenzial stellt die verbesserte Benutzerfreundlichkeit der Bedienungsoberfläche von SAP anhand der Einführung von SAP Fiori dar (Hofmann et al. 2017, S. 8). Während die traditionelle Bedienungsoberfläche (SAP GUI) eine relativ verschachtelte Baumstruktur mit teils versteckten Einzeltransaktionen aufweist, ist die neuartige Fiori-Oberfläche optisch ansprechender und übersichtlicher gestaltet.

Auch im Zuge der Kosten- und Ergebnisrechnung können Aktivitäten identifiziert werden, welche mit Hilfe der Nutzung von RPA automatisiert werden können. Hierzu werden insbesondre Aktivitäten miteingeschlossen, die mit den Begriffen Design und Production zusammengefasst werden. Unter Design und Production wird die Datengenerierung, Zusammenführung, Validierung und teilweise Kommentierung verstanden (Isensee und Reuschenbach 2018, S. 4). Aufgrund des eher transaktionalen Charakters der Kostenrechnung sowie der Zusammenfassung der Einzelbelege in entsprechende Berichtsformen im Zuge der Ergebnisrechnung, werden in diesem Zusammenhang einige Potenziale zur Steigerung der Stamm- und Bewegungsdatenqualität identifiziert. Hierzu zählen unter anderem die Steigerung der Stammdatenqualität durch eine automatisierte Validierung, die fehlerfreie und durchgängige Ausführung von Verrechnungen im Zuge der Kostenstellenrechnung oder auch die Erstellung von periodischen Standard-Berichten mitsamt etwaiger Kommentierungen (Isensee und Reuschenbach 2018, S. 5). Da RPA bei gleichbleibender Qualität praktisch permanent eingesetzt werden kann, kann die Fehleranfälligkeit in den Abläufen minimiert werden (Svatopluk et al. 2018, S. 14). Aus der Reduktion der Fehleranfälligkeit ist somit eine Steigerung der Datenqualität zu erwarten, was somit der Effektivität zugerechnet werden kann. Ein weiterer identifizierter Anwendungsfall stellt die Automatisierung von jährlichen Standardberichten, etwa der jährliche Standardkostenvergleich für Fertigerzeugnisse bei MANN+HUMMEL, dar (Hermann et al. 2018, S. 28 ff.). Nach Abschluss des Projekts wurden im Vergleich zu der manuellen Ausführung des Standardkostenvergleichs in einem Produktionsstandort 30 % der Kosten für die Ausführung eingespart, sodass sich das Projekt mitsamt des Aufwands zur Implementierung nach etwa 3 Jahren amortisiert (Hermann et al. 2018, S. 32). Bei einer etwaigen Ausweitung dieses Vorhabens auf alle weltweiten Produktionsstandorte wurde eine Kosteneinsparung von 200 % ermittelt (Hermann et al. 2018, S. 32), offen bleibt jedoch die Frage, inwieweit hier bereits Remanenzkosten bei einem Personalabbau jener Mitarbeiter, welche die Prozesse derzeit manuell ausführen, berücksichtigt sind.

Die Erläuterungen zeigen insbesondere im Hinblick auf moderne ERP-Systeme, aber auch im Bereich von RPA zahlreiche mögliche Nutzenpotenziale in der Kosten- und Ergebnisrechnung auf. Allerdings ist einschränkend darauf hinzuweisen, dass die IT-technologischen Werkzeuge kein Allheilmittel darstellen, welches in der Lage ist, alle erdenklichen Unzulänglichkeiten in der Ausführung der Controlling-Prozesse zu beseitigen. Ein gut durchdachtes Fachkonzept und das Nutzen der Informationen für die Ableitung von Managemententscheidungen sind nach wie vor essenzielle Erfolgsfaktoren für eine erfolgreiche Unternehmenssteuerung (Hofmann et al. 2017, S. 121).

3.3 Management Reporting

Mit Hilfe des Management Reportings werden unter anderem jene ermittelten Informationen aus den vorgelagerten Hauptprozessen Planung und Budgetierung, Forecasting sowie Kosten- und Ergebnisrechnung aggregiert und in Form von Berichten an Entscheidungsträger übermittelt. Somit kann das Management Reporting als der Output vorgelagerter Controlling-Prozesse betrachtet werden (International Group of Controlling 2017, S. 48). Zu den wesentlichen Aufwandstreibern im Management Reporting zählen das Sammeln und Aufbereiten von Daten sowie das manuelle Erstellen und Verteilen von (Standard-) Berichten (Isensee et al. 2019, S. 2). Die nachfolgenden Nutzenpotenziale zielen insbesondere auf die Automatisierung von der Berichtsgenerierung ab, welches zur Steigerung der Effektivität sowie auch der Effizienz im Management Reporting beiträgt. Die im Rahmen einer Studie wichtigste Voraussetzung zur Erreichung dieser Potenziale stellt, die bereits im Rahmen der Kosten- und Ergebnisrechnung erläuterte, integrierte Datenstruktur dar, wodurch im Management Reporting insbesondere eine manuelle Datensammlung, -validierung und Berichtserstellung automatisiert werden kann (Isensee et al. 2019, S. 2).

Eine kürzlich durchgeführte Studie von Horváth & Partners (Isensee et al. 2019) zeigt auf, dass sich viele Aspekte aus dem Hauptprozess Planung, Budgetierung und Forecast unmittelbar bzw. mittelbar auf das Management Reporting übertragen lassen. Dies gilt insbesondere für jene Nutzenpotenziale, welche auf den Einsatz von Big Data und Data Analytics sowie KI zurückzuführen sind. Hierzu zählt zum einen die automatisierte Identifikation von Werttreibern, welche im Planungsprozess Eingang in den überarbeiteten Werttreiberbaum finden und damit konsequenterweise auch im Berichtswesen Berücksichtigung findet (Isensee et al. 2019, S. 2). Darüber hinaus stellt – bei entsprechend vorliegender Datenqualität – die Automatisierung der Abweichungsanalyse ein wesentliches Nutzenpotenzial dar, welches unter dem Einsatz von KI umgesetzt wird (Isensee et al. 2019, S. 2). Die automatisierte Kommentierung von Abweichungen bzw. Ableitung von Handlungsempfehlungen stellen weitere Nutzenpotenziale dar, welche auf der (unkommentierten) Abweichungsanalyse aufbauen. In der Studie wird das bereits im Rahmen der Planung und des Forecast erläuterte Nutzenpotenzial der verbesserten Szenarienbetrachtung genannt. Einschränkend wird festgestellt, dass über alle genannten Nutzenpotenziale hinweg gegenwärtig eine noch sehr geringe Einsatzintensität vorliegt, welche darin begründet ist, dass die Untersuchungsteilnehmer derzeit an der Erfüllung der Voraussetzungen zur Realisierung der Nutzenpotenziale arbeiten. Hierzu werden insbesondere die bereits angedeutete Notwendigkeit der Schaffung einer integrierten und standardisierten Datenbasis, die Automatisierung und Harmonisierung von Schnittstellen in den Reporting-Systemen sowie die Auswahl und Implementierung moderner Reporting-Lösungen genannt.

Auch im Management Reporting sind Effizienzsteigerungen in Form von geringerem Zeit- und/oder Personalaufwand zu erwarten (Becker et al. 2015, S. 264), welche entweder aus Potenzialen vorgelagerter Controlling-Prozesse resultieren oder durch spezifische Automatisierung einzelner Prozessschritte im Management Reporting entstehen können. Zu den vorgelagerten Potenzialen zählen insbesondere die Automatisierung von Planung, Budgetierung und Forecasting sowie – bei gegebener Stamm- und Bewegungsdatenqualität – das Entfallen von manuellen und zeitaufwändigen Berichtsvalidierungen bzw. Abstimmungen zwischen der Ergebnisrechnung und der externen Gewinn- und Verlustrechnung, da beide Rechenwerke auf dem identischen Datenmodell eines modernen ERP-Systems wie etwa S/4HANA® aufsetzen. Die Berichtsabläufe innerhalb des Management Reportings können durch den Einsatz von RPA, Self-Reporting oder auch durch KI effizienter ausgestaltet werden. Da das Management Reporting einen hohen Grad an repetitiven und standardisierbaren Abläufen aufzeigt, ist der Einsatz von regelbasiertem RPA besonders geeignet. Hierzu zählen Aktivitäten wie etwa die Konsolidierung verschiedener Daten aus unterschiedlichen Informationsquellen, die Validierung dieser Daten, das Erstellen vorstrukturierter Berichte mitsamt Versand oder bei Möglichkeit auch die Kommentierung bei der Identifikation etwaiger Abweichungen (Isensee und Reuschenbach 2018, S. 6). Da sich der Einsatz von RPA zu jeder Tageszeit an jedem Tag im Jahr denkbar ist und somit nicht an die Arbeitszeiten von Mitarbeitern gekoppelt ist, besteht die Möglichkeit der Parallelisierung von Aktivitäten in Controlling-Prozessen (Manutiu 2018, S. 7). So können etwa Durchlaufzeiten von Prozessen gesenkt werden, indem Aktivitäten wie die Konsolidierung und Validierung von Daten aus unterschiedlichen Quellen in der zentralen Berichtsdatei beispielsweise nachts vorgenommen werden, worauf das menschliche Personal am nächsten Morgen wieder aufsetzen und den Bericht analysieren und kommentieren können. Da RPA unabhängig von Arbeitszeitgesetzen und gesetzlichen Feiertagen einsatzfähig ist und die definierten Abläufe ohne Ermüdungserscheinungen durchführen kann, ist eine starke Skalierbarkeit von Abläufen bei gegebener Qualität ohne die Abhängigkeit zu einzelnen Personen möglich (Svatopluk et al. 2018, S. 14). Die Höhe der möglichen Effizienzsteigerung steigt hierbei mit der Anzahl der Anwendungsfälle (Deloitte 2015, S. 9). Durch den Einsatz von RPA können somit Personalkapazitäten in der Berichtserstellung eingespart werden. Diese Einsparungen können entweder in einer Reduzierung des Personalbestands oder auch in der Ausweitung der manueller und weniger regelbasierter Tätigkeiten resultieren, etwa in der Kommentierung sowie in der Kommunikation mit Entscheidungsträgern (Isensee und Reuschenbach 2018, S. 6). Die Automatisierung sowie Beschleunigung bestehender Abläufe wird analog möglicher Kosteneinsparungen und der verbesserten Disponierbarkeit im Vergleich zu Vollzeitangestellten nach vorliegendem Verständnis dem Effizienzaspekt zugeordnet, da hierdurch bei unverändertem Output im Sinne eines Berichts eine Einsparung von Zeit, Ressourcen oder Kosten im Erstellungsprozess erzielt wird. Hierbei kann RPA als Zwischenlösung, etwa bei einem parallel laufenden Projekt zu Standardisierung der ERP-Landschaft und der damit einhergehenden Datenstruktur, oder auch als Dauerlösung bei fehlenden

Kapazitäten oder auch bei fehlender Zeit zur Durchführung solcher mittel- bis langfristiger Projekte eingesetzt werden (Isensee und Reuschenbach 2018, S. 6). Ein Anwendungsbeispiel, in der RPA bewusst als Alternative gegen ein Transformationsprojekt gewählt wurde, stellt die Einführung in der Kathrein Automotive Gruppe dar (Peper 2018). Mit Hilfe der Einführung von RPA konnte dort der Prozess des Monatsberichtswesens von einer Regelzeit von 4 Stunden auf 35 Minuten reduziert werden. Der Berichtsprozess ist aufgrund der fehlenden Anbindung des Controllings in SAP von vielen Systembrüchen zwischen SAP und Excel sowie daraus resultierenden Abstimmungen geprägt, welches vor der Einführung von RPA einen hohen manuellen Prüfaufwand sowie aufgrund der Datenvolumen lange Wartezeiten am Rechner erzeugt hat. Hierbei wurde die Effizienzsteigerung insbesondere in der Datenproduktion realisiert, welche die Überführung der für die Berichte notwendigen Auszüge aus dem SAP-System in vorstrukturierte Berichtsdateien umfasst. Neben der Effizienzsteigerung kann mit Hilde des Einsatzes von RPA ferner die Berichtsfrequenz gesteigert werden. Der wesentliche Vorteil der Erhöhung der Berichtsfrequenz liegt insbesondere in der Steigerung des antizipativen Charakters des Berichtswesens aufgrund der frühzeitigen Bereitstellung von Trends (Peper 2018, S. 25).

Ein weiterer Hebel für die Effizienzsteigerung im Management Reporting stellt die Implementierung von Self-Reporting Plattformen, in denen insbesondere ausgewählte Standardberichte für Entscheidungsträger auf Abruf eingesehen werden können, ohne dass es in diesem Zusammenhang die aktive Einbindung eines Controllers bedarf (Schäffer und Weber 2016, S. 6 ff.). Dieses Potenzial setzt auf dem Gedanken auf, dass nicht alle für Entscheidungsprozesse relevanten Informationen von Controllern an Manager übermittelt werden müssen. Vielmehr wird, insbesondere für Informationen aus dem Standardberichtswesen, das Management in die Lage versetzt, ortsungebunden aktuelle Informationen selbstständig auf Abruf einzusehen (Schäffer und Weber 2016, S. 10). Die relevanten Standard-Informationen können hierbei unter dem Einsatz von interaktiver Software (etwa SAP Digital Boardroom) als eine Art Dashboard bereitgestellt und – je nach Informationsbedarf – ohne aktive Einbindung des Controllers für die Entscheidungsableitung genutzt werden. Controller werden in diesem Zusammenhang mit der operativen Berichtserstellung entlastet, nichtsdestotrotz zählt es noch zu ihrem Aufgabenbereich, die Rahmenbedingungen für das Self-Controlling zu gestalten sowie kontinuierlich zu prüfen und bei Bedarf zu adaptieren (Schäffer und Weber 2016, S. 11).

Unabhängig vom Einsatz von RPA bzw. der Einführung von Self-Controlling kann der Einsatz von KI zur Automatisierung der im operativen Berichtswesen wichtige Abweichungsanalyse beitragen, womit ein weiterer wesentlicher manueller Aufwandstreiber eliminiert werden kann. Die Automatisierung der Abweichungsanalyse knüpft hierbei insbesondere auf die Voraussetzung strukturierter Datenmodelle aus zu Grunde liegenden ERP-Daten, wodurch die Wichtigkeit einer Transformation zu modernen ERP-Systemen nochmals verdeutlicht wird (Leyk et al. 2017, S. 61).

4 Fazit

Der vorliegende Beitrag hat den Einfluss technologischer Innovationen auf operative Controlling-Prozesse aufgezeigt. Trotz der noch relativ jungen Diskussion um digitale Technologien und deren Einsatz im Controlling, zeigen die Erläuterungen eine Vielzahl an Anwendungsfeldern und Nutzenpotenzialen zur Steigerung der Effektivität bzw. der Effizienz der operativen Controlling-Prozesse auf. Nichtsdestotrotz wurde an vielen Stellen deutlich, dass sich die Unternehmenspraxis in der Implementierung der einzelnen Technologien in einem noch jungen Stadium befindet. Es sind vereinzelte Praxisberichte von Unternehmen vorhanden, welche ihre individuellen Erfahrungen in der Implementierung einer einzelnen digitalen Technologie beschreiben. Diese sind umso wichtiger für jene Unternehmen, die noch keine Implementierungserfahrung in diesem Bereich aufweisen.

Die Ausführungen haben auch aufgezeigt, dass die alleinige Nutzung digitaler Technologien nicht als Allheilmittel angesehen werden darf. Für die Erzielung der Nutzenpotenziale sind wichtige Voraussetzungen zu erfüllen. So ist für die adäquate Nutzung von Data Analytics etwa das Vorhandensein von Mitarbeitern mit Kompetenzen in der Datenmodellierung und -analyse notwendig. Darüber hinaus ist die Schaffung einer harmonisierten und standardisierten Datenstruktur sowie IT-Systemlandschaft notwendig, um den Nutzen eines höheren Automatisierungsgrads der Prozessabläufe realisieren zu können. Manuelle Eingriffe in Prozesse oder auch Systembrüche sind in diesem Zusammenhang möglichst zu minimieren um den maximalen Grad an Automatisierung erreichen zu können. Insofern wird die Handlungsempfehlung abgeleitet, die Implementierung von digitalen Technologien nicht aus einer rein technologischen Betrachtungsweise heraus vorzunehmen. Eine umfassende Begutachtung des gegenwärtigen Standardisierungsgrads der Datenstrukturen sowie der Regelorientiertheit der Prozessabläufe ist notwendig, um mögliche Handlungsfelder zu identifizieren. Im Falle der Identifikation von Handlungsfeldern sind diese vor der Implementierung der neuen Technologien umzusetzen, um den Mehrwert der Digitalisierung auch im operativen Controlling zu realisieren. Unternehmen, welche diesen Aspekt vernachlässigen, laufen Gefahr, keinen adäquaten Gegenwert für den Mittelabfluss für die Implementierung der digitalen Technologien zu erzielen.

Literatur

Bange, C., Derwisch, S., & Fuchs, C. (2017). Advanced-Analytics-Werkzeuge, die der Controller kennen sollte. *Controlling, 29*(K), 70–73.

Becker, W., Baltzer, B., & Ulrich, P. (2014). *Wertschöpfungsorientiertes Controlling. Konzeption und Umsetzung*. Stuttgart: Kohlhammer.

Becker, W., Ulrich, P., Botzkowski, T., & Eurich, S. (2015). Data Analytics in Familienunternehmen – Implikationen für das Controlling. *Controlling, 27*(4–5), 263–268.

Brauchle, A., & Hanisch, B. (2017). Big Data und Analytics in der Unternehmenssteuerung, Anwendungsbeispiele aus dem Finanzbereich eines Automobilherstellers. In M. Kieninger (Hrsg.), *Digitalisierung der Unternehmenssteuerung* (S. 221–226). Stuttgart: Schaeffer Poeschel.

Buschbacher, F. (2016). Wertschöpfung mit Big Data Analytics. *Controlling & Management Review, 60*(1), 40–45.
Daum, J., Mette, J., & Sinzig, W. (2017). Wie In-Memory-Technik die Unternehmenssteuerung verbessert. *Controlling, 29*(K), 74–79.
Davenport, T. H. (2014). *big data @ work, Chancen erkennen, Risiken verstehen*. München: Franz Vahlen.
Deipenbrock, S., Landewee, L., & Sälzer, G. (2019). Digitale Transformation des Controllings bei Deutsche Post International Potentiale und Herausforderungen durch Nutzung von Predictive Analytics. *CONTROLLER Magazin, 1*, 45–50.
Deloitte. (2015). The robots are coming. https://www2.deloitte.com/content/dam/Deloitte/uk/Documents/finance/deloitte-uk-finance-robots-are-coming.pdf. Zugegriffen am 03.11.2018.
Digitalisierung der Unternehmenssteuerung. (2017). *Digitalisierung der Unternehmenssteuerung. Prozessautomatisierung, Business Analytics, Big Data, SAP S/4 HANA, Anwendungsbeispiele*. Stuttgart: Schäffer-Poeschel.
DIN SPEC 1086:2009-04. (2009). DIN SPEC 1086:2009-04, Qualitätsstandards im Controlling. https://www.din.de/de/wdc-beuth:din21:118618070. Zugegriffen am 01.05.2019.
Fischer, T. M., & Wenzel, J. (2004). Publizität von Werttreibern im Value Reporting. *Controlling, 16*(6), 305–314.
Friedl, G., Hilz, C., & Pedell, B. (2012). *Controlling mit SAP®. Eine praxisorientierte Einführung – Umfassende Fallstudie – Beispielhafte Anwendungen* (S. 6). Wiesbaden: Springer.
Gadatsch, A. (2016). Die Möglichkeiten von Big Data voll ausschöpfen. *Controlling & Management Review, 60*(1), 62–67.
Gälweiler, A. (2005). *Strategische Unternehmensführung. Unter Mitarbeit von Markus Schwaninger* (S. 3). Frankfurt/New York: campus.
Hermann, K., Stoi, R., & Wolf, B. (2018). Robotic Process Automation im Finance & Controlling der MANN+HUMMEL Gruppe. *Controlling, 30*(3), 28–34.
Hofmann, N., Linsner, R., & Poschadel, F. (2017a). SAP® S/4HANA – Revolution oder Evolution in der Unternehmenssteuerung? In M. Kieninger (Hrsg.), *Digitalisierung der Unternehmenssteuerung* (S. 105–122). Stuttgart: Schaeffer Poeschel.
Hofmann, N., Panus, J., & Güler, H. A. (2017b). Integrierte operative Steuerung mit SAP S/4HANA Finance. Erste Anwendungsfälle aus der produzierenden Industrie. https://www.horvath-partners.com/de/media-center/studien/detail/integrierte-operative-steuerung-mit-sap-s4hana-finance/. Zugegriffen am 20.10.2018.
Horváth & Partners. (2005). Planungsstudie 2015. https://www.horvath-partners.com/fileadmin/horvath-partners.com/assets/05_Media_Center/PDFs/deutsch/Planungsstudie2015_Auszug_g.pdf. Zugegriffen am 03.08.2019.
Horváth, P., Gleich, R., & Seiter, M. (2015). *Controlling* (13. Aufl.). München: Vahlen.
International Group of Controlling. (2011). *Controlling-Prozessmodell. Ein Leitfaden für die Beschreibung und Gestaltung von Controlling-Prozessen*. Freiburg: Haufe.
International Group of Controlling. (2017). *Controlling-Prozessmodell 2.0. Leitfaden für die Beschreibung und Gestaltung von Controllingprozessen* (S. 2). Freiburg: Haufe.
Isensee, J., Emler, M., Schönherr, M., & Goede, L. (2019). Digitale Transformation im Reporting. Durch Digitalisierung Nutzen und Effizienz des Reportings steigern. https://www.horvath-partners.com/de/media-center/studien/digitale-transformation-im-reporting-durch-digitalisierung-nutzen-und-effizienz-des-reportings-steigern/. Zugegriffen am 14.09.2019.
Isensee, J., & Reuschenbach, D. (2018). RPA im Controlling. *Steigerung der Effizienz im Reporting durch Robotic Process Automation, 15*(08), 2019.
Jung, H. (2011). *Controlling*. Berlin/Boston: Oldenbourg.
Kieninger, M., Mehanna, W., & Vocelka, A. (2016). Wie Big Data das Controlling verändert. *Controlling, 28*(4–5), 241–247.
Kieninger, M., Michel, U., & Mehanna, W. (2015). Auswirkungen der Digitalisierung auf die Unternehmenssteuerung. In P. Horváth & U. Michel (Hrsg.), *Controlling im digitalen Zeitalter* (S. 3–13). Stuttgart: Schaeffer Poeschel.

Leyk, J., Kirchmann, M., & Tobias, S. (2017). Planung, Forecast und Reporting in einer digitalen Welt. In M. Kieninger (Hrsg.), *Digitalisierung der Unternehmenssteuerung* (S. 51–64). Stuttgart: Schaeffer Poeschel.

Liessmann, K. (1993). Strategisches Controlling. In E. Mayer (Hrsg.), *Controlling-Konzepte* (3. Aufl., S. 117–210). Wiesbaden: Springer.

Losbichler, H., & Gänßlen, S. (2018). Performance Measurement in Zeiten von Big Data – Auswirkungen auf Kennzahlen und deren Reporting. *Controlling, 30*(S), 30–37.

Manutiu, S. (2018). Digitalisierung im Controlling – Mehrwert durch Robotic Process Automation. Controlling, 30(3), 4–10.

Mayer, T.-L., Stegmüller, W., & Zeibig, S. (2017). Digitaler Forecast bei der KSB AG. In M. Kieninger (Hrsg.), *Digitalisierung der Unternehmenssteuerung* (S. 227–244). Stuttgart: Schaeffer Poeschel.

Mehanna, W., Tatzel, J., & Vogel, P. (2018). Business Analytics im Controlling – Fünf Anwendungsfehler. *Controlling, 30*(S), 38–45.

Munzel, M., & Munzel, R. (2013). *SAP-Controlling – Customizing. Alle CO-Komponenten konfigurieren; erfolgreiche Neuimplementierung und Optimierung; effektive Kostenrechnung für alle Branchen* (2. Aufl.). Bonn: Rheinwerk.

Nasca, D., Munck, J. C., & Gleich, R. (2019). Quo Vadis Controlling? Einfluss der Digitalen Transformation auf die Controlling-Hauptprozesse. *CONTROLLER Magazin, 1*, 78–80.

Pedell, B., Sautter, J., Alexander, S., Fahn, S., & Schäfer, M. (2017). SAP™ S/4HANA Finance – Implementierungsstatus, Ziele, Erwartungen und Einführungsstrategien. *Controlling, 29*(3), 54–61.

Peper, I. (2018). Effizienzsteigerungen im Controlling durch Robot Process Automation – Eine Analyse am Beispiel des Monatsabschlussprozesses der Kathrein Automotive Gruppe. *Controlling, 30*(3), 20–27.

Piontek, J. (2005). *Controlling* (3. Aufl.). München/Wien: Oldenbourg.

Salmon, J., Giera, C., Kuhn, P., Kunze, T., & Reinelt, D. (2016). *SAP S/4HANA Finance*. Bonn: Rheinwerk.

Satzger, G., Enders, T., & Reimer, N. (2017). Künstliche Intelligenz: Löst Watson den Controller ab? *Controlling, 29*(K), 24–30.

Satzger, G., Holtmann, C., & Peter, S. (2018). Advanced Analytics im Controlling – Potenzial und Anwendung für Umsatz- und Kostenprognosen. *Controlling, 30*(S), 46–53.

Schäffer, U., & Weber, J. (2016). Die Digitalisierung wird das Controlling radikal verändern. *Controlling & Management Review, 60*(6), 6–17.

Schmalzing, K. (2017). *CO-PA in SAP S/4HANA Finance. Prozesse, Funktionen, Customizing*. Bonn: Rheinwerk.

Stratigakis, G., & Kallen, B. (2017). Forecasting mit Big Data – Status quo und Ausblick. *Controlling & Management Review, 61*(9), 32–39.

Svatopluk, A., Haisermann, A., Schabicki, T., & Frank, S. (2018). Robotic Process Automation (RPA) im Rechnungswesen und Controlling – welche Chancen ergeben sich? *Controlling, 30*(3), 11–19.

Wurm, F. (2005). Konzernergebnisplanung und -steuerung. *Controlling, 17*(6), 359–366.

Projektcontrolling in der Unternehmenspraxis

Kai Nobach

Zusammenfassung

Der vorliegende Beitrag befasst sich mit der Bedeutung und Steuerung von Projektaktivitäten in der Praxis. Ausgehend von den Projekteigenschaften und Anforderungen des Projektmanagements werden zunächst die Relevanz und Aufgabenfelder eines durchgängigen Projektcontrollings aufgezeigt. Im Anschluss werden Instrumente dargestellt, die Projektcontroller einsetzen können, um Projektvorhaben zu beurteilen und auszuwählen, Einzelprojekte klassisch zu planen und zu überwachen sowie Entscheidungen im Projektablauf zu unterstützen. Abschließend erfolgt ein Ausblick auf neuere Entwicklungen im Projektcontrolling aufgrund der fortschreitenden Digitalisierung und Agilität im Projektmanagement. Die Inhalte des Beitrages basieren auf langjährigen Praxiserfahrungen im Controlling und Risikomanagement von Projekten sowie wissenschaftlichen Erkenntnissen.

Schlüsselwörter

Projekttypen · Projekterfolgsfaktoren · Portfoliomanagement · Projektrisiken · Wirtschaftlichkeitsanalyse · Projektstrukturplan · Meilenstein · Aufwandsschätzung · Terminplan · Ressourcenplan · Kosten-/Ergebnisplan · Finanzplan · Risk Map · Fortschrittskontrolle · Earned Value Methode · Projektstatusbericht · Digitale Transformation · Agile Projektsteuerung

Die Originalversion dieses Kapitels wurde revidiert. In der Zusammenfassung wurde „Projekteigenschaften" zu „Projektaktivitäten" geändert.

K. Nobach (✉)
Technische Hochschule Nürnberg Georg Simon Ohm, Professur für Controlling und Allgemeine Betriebswirtschaftslehre, Nürnberg, Deutschland
E-Mail: kai.nobach@th-nuernberg.de

W. Becker, P. Ulrich (Hrsg.), *Handbuch Controlling*,
https://doi.org/10.1007/978-3-658-26431-4_72

1 Bedeutung von Projekten und Projektmanagement

Die häufig mit dem Akronym VUCA (Volatility, Uncertainty, Complexity, Ambiguity) beschriebenen Umweltbedingungen stellen Unternehmen regelmäßig vor die Herausforderung, schnell und flexibel auf neue Kundenwünsche und andere Umfeldänderungen zu reagieren. Dies gilt insbesondere mit Blick auf die digitale und agile Transformation sowie die Ausgestaltung funktions- und unternehmensübergreifender Wertschöpfungsnetzwerke (siehe Abb. 1). Manager müssen deshalb laufend geeignete Maßnahmen einleiten, um Ressourcen, Prozesse und Produkte wettbewerbsfähig zu halten. Hierdurch entstehen *innovative und komplexe Aufgaben*, die oft in Form von Projekten abgewickelt werden (Kraus und Westermann 2019, S. 2). Diese Aktivitäten nehmen in der Praxis kontinuierlich zu, da Unternehmen Linientätigkeiten verstärkt in *interne Projekte* verlagern. Zudem spielt in vielen Branchen das *externe Projektgeschäft* aufgrund individueller werdender Kundenwünsche eine immer größere Rolle. Die hohe Bedeutung der Projektarbeit in den Unternehmen lässt sich auch empirisch belegen.

Nach einer branchenübergreifenden Studie der GPM Deutsche Gesellschaft für Projektmanagement e. V. wurden im Jahr 2013 in Deutschland durchschnittlich 34,7 Prozent der Gesamtarbeitszeit in Projekten erbracht und 27,4 Prozent der Umsatzerlöse über Auftragsprojekte generiert (GPM 2015, S. 19). Eine von den Beratungsunternehmen Pierre Audoin Consulting (PAC) und Hays durchgeführte Studie ergab ebenfalls einen *Anteil der Projektarbeit an der Gesamtarbeitszeit von 35 Prozent* und verweist zudem darauf, dass 62 Prozent der befragten Unternehmen in den vergangenen Jahren einen signifikanten Anstieg von Projektaktivitäten registrierten (PAC und Hays 2015, S. 13).

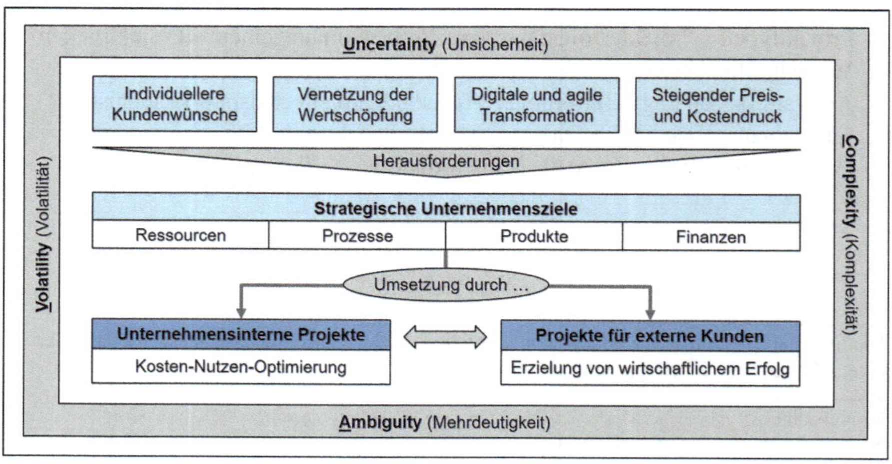

Abb. 1 Rahmenbedingungen für Projektaktivitäten in der Praxis. (Quelle: Eigene Darstellung)

Projekte haben sich als Organisationsform in der Praxis vor allem deshalb bewährt, weil sie aufgrund ihrer Eigenschaften fokussiert einsetzbar sind, um individuelle Aufgabenstellungen gezielt zu bearbeiten. Dies kommt auch in der häufig verwendeten *Projektdefinition* nach DIN 69901 zum Ausdruck. Danach ist ein Projekt ein Vorhaben, das „[...] im Wesentlichen durch die Einmaligkeit der Bedingungen in ihrer Gesamtheit gekennzeichnet ist [...]". Die Einmaligkeit ergibt sich aus der Fokussierung auf eine konkrete Aufgabe, die zumeist sachlich, zeitlich sowie budgetmäßig begrenzt ist und durch das Zusammenwirken verschiedener Funktionsbereiche und Hierarchieebenen erfüllt wird (Zirkler et al. 2019, S. 3).

Maßgeblich für den Projekterfolg ist das magische *Dreieck von Zeit, Qualität und Budget,* deren Ausgestaltung und Erreichung von projektspezifischen Rahmenbedingungen abhängt (siehe Abb. 2). Zeitlich gesehen besitzen Projekte einen definierten Anfangs- und Endzeitpunkt und sind damit auf begrenzte Dauer angelegt. Die Qualität von Projekten richtet sich danach, ob die Projektleistung in Art und Güte dem vorgegebenen Leistungsumfang entspricht. Das Projektbudget beinhaltet die zur Verfügung stehenden physischen, personellen, technologischen und finanziellen Ressourcen. Während als finanzielle Budgetgrößen bei internen Projekten regelmäßig nur Kosten und Auszahlungen relevant werden, muss die Betrachtung bei Projekten für externe Kunden auf Umsatz- und Gewinngrößen sowie Zahlungsüberschüsse ausgeweitet werden (Fiedler 2020, S. 6). Als weitere erfolgskritische Faktoren sind insbesondere die *Projektrisiken* zu betonen, die zum Beispiel aus unterschiedlichen Stakeholder-Interessen, Teamkonflikten, Ressourcenknappheit oder technischen Umsetzungsschwierigkeiten resultieren und sich letztlich auch in den Zielvorgaben für die Kapitalkosten und die Amortisationsdauer eines Projektes niederschlagen können.

Mit Blick auf den Inhalt und Umfang von Projekten können aus heutiger Sicht *klassische Projekte* mit relativ klar definierbaren Zielbildern von solchen Vorhaben

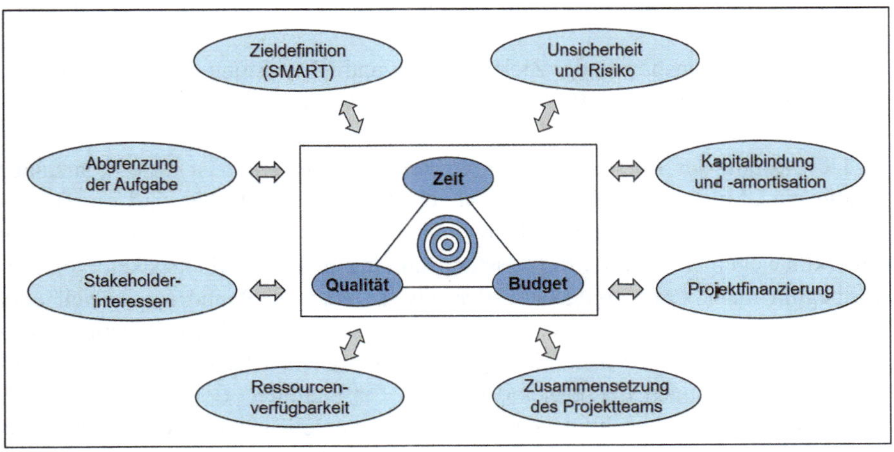

Abb. 2 Bedeutsame Erfolgsfaktoren und Zielgrößen in Projekten. (Quelle: Eigene Darstellung)

unterschieden werden, deren Anforderungen und Ziele zu Projektbeginn nur grob skizzierbar sind und die daher in der Praxis zunehmend mit *agilen Methoden* wie SCRUM oder KANBAN abgewickelt werden (Schastok et al. 2018, S. 205). Das ist vor allem bei Digitalisierungsprojekten der Fall, da sich diese wegen der zahlreichen IT-Innovationen der vergangenen Jahre (zum Beispiel SAP@ HANA oder Sprach- und Gesichtserkennung mit künstlicher Intelligenz) häufig fundamental auf Organisation und Geschäftsprozesse auswirken (Schmid 2019, S. 47). In der Praxis werden klassische bzw. agile Methoden allerdings nicht immer in Reinform angewendet, sondern auch in *hybriden Ansätzen* kombiniert (Ulrich und Rieg 2020, S. 191). Dabei wird das Projekt den Auftraggebern gegenüber meist klassisch geführt, während intern bestimmte Projektaufgaben agil abgewickelt werden (Kuster et al. 2019, S. 18). So setzt etwa die Bankengruppe BNP Paribas bei der Entwicklung kundenspezifischer Software-Lösungen auf eine Verbindung klassischer und agiler Vorgehensweisen in sogenannten „Agile Mixed"-Projekten.

Für eine erfolgreiche Steuerung von Projektaktivitäten benötigen Unternehmen ein professionelles *Projektmanagement*, das sowohl eine sinnvolle Auswahl von Projekten als auch eine erfolgreiche Projektabwicklung gewährleistet. In Hinblick darauf definiert DIN 69901-5 das Projektmanagement als „[...] Gesamtheit von Führungsaufgaben, -organisation, -techniken und -mitteln für die Initiierung, Definition, Planung, Steuerung und den Abschluss von Projekten [...]". Durch eine sinnvolle Gestaltung dieses Managementsystems können Unternehmen ihre Projektarbeit optimieren und folgende, in der Praxis häufig auftretende Problemsituationen vermeiden bzw. lindern:

- Zu hohe Projektanzahl wegen mangelnder Fokussierung auf strategische Aspekte
- Fehlender Teamgeist und mangelnde Berücksichtigung von Potenzialen und Restriktionen aufgrund schlechter Zusammenarbeit der beteiligten Fachbereiche und Mitarbeiter
- Häufige Projektänderungen und Aktionismus infolge unklarer Ziele (moving targets)
- Mangelnde Transparenz der Zielerreichung und Überlastung der Kapazitäten
- Kostenüberschreitungen (Overruns), Zeitverzögerungen und Qualitätsmängel

Der *Ausbau des Projektmanagements zur Kernkompetenz* ist daher heutzutage häufig ein „Must have" (Rietz und Meier 2020, S. 59). Dabei sind die Besonderheiten der beschriebenen Projektabwicklungsformen zu beachten. Im klassischen Projektmanagement werden der Leistungsumfang und die Arbeitspakete vor Projektbeginn meist fest vorgegeben, phasenweise ausgeplant und sequenziell oder parallel abgearbeitet. Bei Abweichungen während der Projektarbeit kommt es in der Regel nicht zu einer Veränderung des ursprünglichen Leistungsumfangs, sondern zu Anpassungen der Projektdauer und Einsatzmittel. Bei agilem Vorgehen erfolgt die Projektarbeit hingegen iterativ-inkrementell in kleineren Projektteams und ohne starre Hierarchien. Im Falle geänderter Bedingungen werden hier der Inhalt und Umfang sowie die angestrebten Resultate der Projekte angepasst, während Zeit und Budget weitestgehend konstant bleiben.

Projektmanager benötigen sowohl bei klassischer als auch bei agiler Arbeitsweise ein wirkungsvolles *Projektcontrolling*, um den Projekterfolg zu steuern. Es stellt daher in jedem Fall eine zentrale Aufgabe der Projektabwicklung dar, die von anderen Leitungsaufgaben im Projekt abzugrenzen ist (Kraus und Westermann 2019, S. 93). Das Projektcontrolling muss zudem von den Aktivitäten im Unternehmenscontrolling unterschieden werden, da es kein eigenständiger Controlling-Kernprozess ist, sondern zusammen mit weiteren Unternehmensfunktionen und -bereichen erfolgt (IGC 2017, S. 19).

2 Abgrenzung und Aufgaben des Projektcontrollings

Das Projektcontrolling wird in DIN 69901 als *Regelkreis* beschrieben, der folgende Aufgaben umfasst: „[. . .] Erreichen der Projektziele durch Soll-Ist-Vergleich, Feststellung der Abweichungen, Bewerten der Konsequenzen und Vorschlagen von Korrekturmaßnahmen, Mitwirkung bei der Maßnahmenplanung und Kontrolle der Durchführung". Dies bedeutet konkret, dass das Projektcontrolling die zur Realisierung der Projektziele notwendigen Planungs-, Umsetzungs- und Kontrollaktivitäten koordiniert und Projektentscheidungen durch Vermittlung relevanter Informationen und Bereitstellung betriebswirtschaftlicher Expertise unterstützt. Die Begleitung und Beratung des Projektmanagements erfolgt dabei sowohl auf strategischer Ebene (effektivitätsorientiert) als auch auf operativer Ebene (effizienzorientiert). Das Projektcontrolling muss also einerseits darauf achten, dass in der Projektarbeit die „richtigen Dinge" unternommen werden (Effektivität) und andererseits dafür Sorge tragen, dass die „Dinge richtig getan" werden (Effizienz).

Aus *strategischer Perspektive* geht es vorrangig um die Unterstützung bei der Identifizierung, Priorisierung und Auswahl von Projektvorhaben (siehe Abb. 3).

Das Projektcontrolling kümmert sich dabei um die generelle Ausgestaltung der notwendigen Strukturen und Prozesse für eine effektive Erfassung und Beurteilung von Projekten und Projektportfolios. Um effektiv zu sein, muss das Projektcontrolling sicherstellen, dass jene Projektvorhaben durchgeführt werden, die am besten zu den Unternehmenszielen beitragen und eine hohe Wirtschaftlichkeit aufweisen.

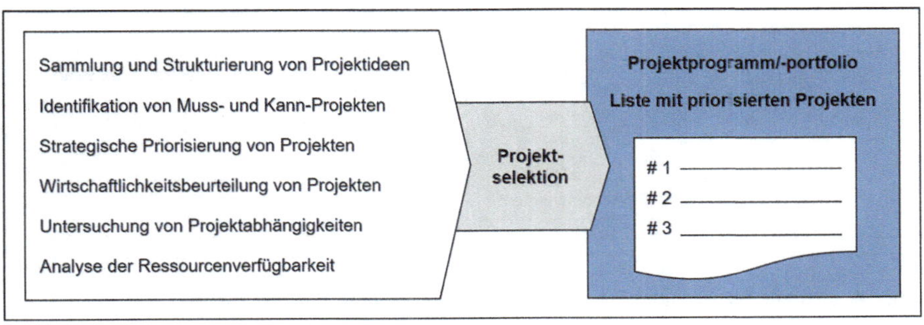

Abb. 3 Schwerpunkte des strategischen Projektcontrollings. (Quelle: Eigene Darstellung)

Projektcontroller müssen hierfür die relevanten Projekte vorselektieren, bewerten und priorisieren sowie mögliche Abhängigkeiten beleuchten und die Verfügbarkeit von Projektressourcen analysieren (Zirkler et al. 2019, S. 28 f.).

Operativ gesehen koordiniert das Projektcontrolling die laufenden Steuerungsaktivitäten für einzelne Projekte (Einzelprojektcontrolling) und ein Projekt-Portfolio (Multiprojektcontrolling). Das Multiprojektcontrolling unterscheidet sich vom Einzelprojektcontrolling jedoch hauptsächlich nur darin, dass es mehrere Projekte gleichzeitig bzw. zu einer Gruppe verdichtet betrachtet (Fiedler 2020, S. 13) und gegenseitige Projektabhängigkeiten beleuchtet. Das *Controlling von Einzelprojekten* zielt darauf ab, dass Projektmanagement über den gesamten Projektlebenszyklus hinweg so zu unterstützen, dass die Projektziele bestmöglich erreicht werden. Dabei existieren in jeder Projektphase verschiedene Steuerungsaufgaben, die koordiniert und mitgestaltet werden müssen (siehe Abb. 4).

Im Einzelnen ergeben sich für das *operative Projektcontrolling* folgende Aufgabenfelder:

- Festlegung der Vorgehensweise im Planungs- und Entscheidungsprozess
- Abstimmung von Projektteilzielen und projektspezifischen Teilplänen
- Erfassung und Analyse der Projektzielgrößen (Kosten/Ergebnisse, Cash Flows, Termine, etc.)
- Regelmäßige und rechtzeitige Information über den Projektstatus
- Vorschlag von Maßnahmen und Aufbereitung von Entscheidungsvorlagen
- Aufbau und Pflege des Projekt- und Risikomanagementsystems
- Auditsichere Dokumentation von Projektereignissen und -entscheidungen

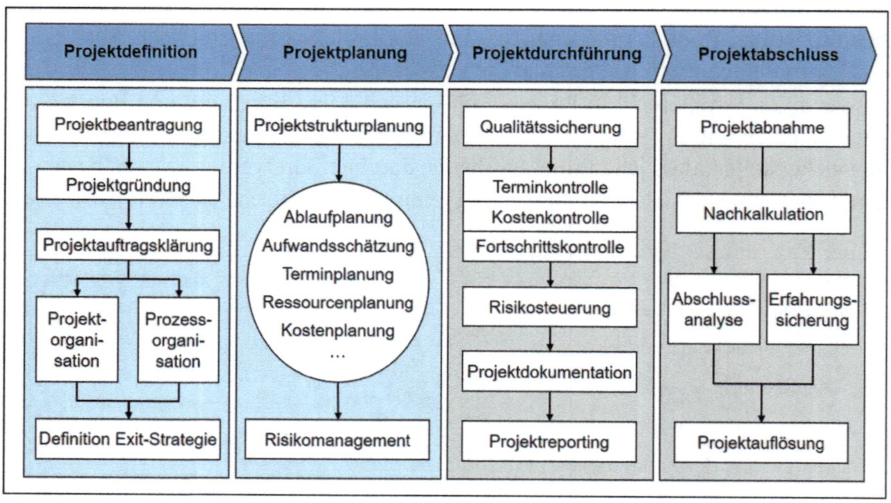

Abb. 4 Zentrale Steuerungsaufgaben im Projektlebenszyklus. (Quelle: Eigene Darstellung)

In Unternehmen mit *externem Projektgeschäft* beinhaltet das Projektcontrolling zudem oft auch Tätigkeiten in den Bereichen Vertragsmanagement (zum Beispiel Ausgestaltung von Werk- oder Dienstverträgen), Umsatzrealisation (IFRS 15), Claim und Change Order Management, Währungssicherung, Kalkulation von Gewährleistungsrückstellungen und Forderungsmanagement.

Die *institutionale Ausgestaltung des Projektcontrollings* in der Praxis hängt von den individuellen Gegebenheiten im Unternehmen und der Projektgröße ab. Während in kleineren Betrieben ohne externes Projektgeschäft die Steuerung von Projekten häufig direkt das Management oder das Unternehmenscontrolling übernimmt, existieren in größeren Unternehmen meist separate Abteilungen und/oder Stellen für Projektcontroller (Fiedler 2020, S. 14) Dies gilt nicht nur für privatwirtschaftliche Unternehmen, sondern zunehmend auch für öffentliche Betriebe. So beschäftigen etwa die Bundesagentur für Arbeit oder auch staatliche Hochschulen spezialisierte Projektcontroller (zum Beispiel für IT- oder Forschungs-Projekte).

Die Aufgaben von Projektcontrollern und Projektmanagern sollten dabei klar voneinander abgegrenzt werden (Kraus und Westermann 2019, S. 93). In der Praxis liegt die Umsetzungs-, Ergebnis- und Ressourcenverantwortung üblicherweise beim Projektleiter. Der Projektcontroller hat hingegen die Methoden- und Richtlinienkompetenz sowie die Transparenzverantwortung und eine Servicefunktion (Schreckeneder 2013, S. 58 f.). Die *Abstimmung zwischen Projektcontroller und -manager* erfordert ein einheitliches Projektverständnis und klare Begriffsdefinitionen, weil Projekte aus unterschiedlichen Perspektiven betrachtet werden können und sollten. Projektcontroller beleuchten ein Projekt zum Beispiel oftmals vorrangig aus Periodensicht, um die Auswirkungen der Projektaktivitäten auf die Erfolgs- und Finanzgrößen einzelner Quartale oder Monate zu analysieren, während Projektmanager häufig eine Lebenszyklusperspektive einnehmen und damit auf kumulierte Größen fokussieren.

Die Aufgabengebiete von Projektcontrollern verändern sich in der Praxis allerdings mit zunehmender *Digitalisierung und Agilität im Projektmanagement*. Die digitale Transformation führt unter anderem dazu, dass Planungs-, Reporting- und Analysetätigkeiten verstärkt automatisiert werden. Projektcontroller sollten sich daher künftig noch mehr auf die Beratung der Projektleiter konzentrieren, um der häufig bereits etablierten Rolle des Controllers als Business Partner gerecht zu werden (Nobach und Immel 2017, S. 79). Die Anwendung von agilem Projektmanagement beeinflusst vor allem den Methodeneinsatz im Projektcontrolling (Ulrich und Rieg 2020, S. 201) und stellt besondere Kompetenzanforderungen an Projektcontroller. Während es in klassischen Projekten primär um Planung, Reporting und Soll-Ist-Analyse auf Basis klar definierter Anforderungskataloge und Zielkriterien geht, ist in agilen Projekten eher Intuition, Innovationsfähigkeit und Fehlertoleranz gefragt (Dufft et al. 2018, S. 36–38). Das Controlling muss dabei sowohl die Projektdefinitionsphase aktiv mitgestalten als auch zusätzliche Aufgaben in der Durchführungsphase übernehmen (siehe dazu Abschn. 5).

3 Beurteilung und Planung von Projekten

3.1 Erfassung, Bewertung und Auswahl von Projektvorhaben

Für die Planung von Projektaktivitäten müssen ausgehend von den strategischen Unternehmenszielen zunächst Projektvorschläge generiert und systematisch erfasst werden. Das Projektcontrolling ist hierbei gefordert, den Prozess der Ideensammlung durch Bereitstellung von Informationen und einheitlichen Projektantragsformularen zu unterstützen, so dass eine transparente *Beurteilung der Projektvorhaben* möglich wird. Darüber hinaus sollten auch die grundsätzliche Machbarkeit der Vorhaben hinterfragt sowie Kriterien für Muss-Projekte definiert werden, um eine grobe Vorselektion durchführen zu können. Die verbleibenden Projekte sind anschließend hinsichtlich strategischer Bedeutung, Dringlichkeit, Wirtschaftlichkeit, Risiko und Ressourcenverfügbarkeit detailliert zu bewerten (Zirkler et al. 2019, S. 28). Das Projektcontrolling muss hierfür sinnvolle Methoden zur Verfügung stellen sowie die für die Beurteilung herangezogenen Daten plausibilisieren und mit den Fachbereichen abstimmen. Für die Analyse, Priorisierung und Auswahl von Projektvorhaben und -alternativen können beispielsweise Nutzwertanalysen und Portfolio-Konzepte sowie Wirtschaftlichkeitskennzahlen eingesetzt werden (siehe Abb. 5).

Mit *Nutzwertanalysen* lässt sich die Attraktivität von Projekten ganzheitlich bewerten, da nicht nur monetäre Aspekte, sondern auch qualitative Faktoren einbezogen werden können. Dabei ist neben der Definition der Bewertungskriterien vor allem deren Gewichtung von Bedeutung. Zur Vereinfachung der Bewertung können Muss-Ziele definiert, Präferenzmatrizen verwendet und Mindestpunktesummen festgelegt werden (Fiedler 2020, S. 33–36). Aufgrund der

Nutzwertanalyse

Kriterien		P1	P2		P3		P4	
Muss-Projekt		ja	nein		nein		nein	
Ziele	**G**		**P**	**GxP**	**P**	**GxP**	**P**	**GxP**
Strategic fit	30		2	60	5	150	3	90
relative Bed.			*40%*		*100%*		*60%*	
Dringlichkeit	25		5	125	4	100	1	25
relative Bed.			*100%*		*80%*		*20%*	
Komplexität	10		1	10	3	30	4	40
Risiko	15		4	60	2	30	3	45
Wirtschaftl.keit	20		2	40	3	60	2	40
Summe	**100**			**295**		**370**		**240**

P1–4 = Projekte; G = Gewichtung; P = Punkte (1 Punkt = geringe Erfüllung, 6 Punkte = sehr gute Erfüllung der Ziele); relative Bed. = Bedeutung im Vergleich zu Projekt mit höchstem Punktwert

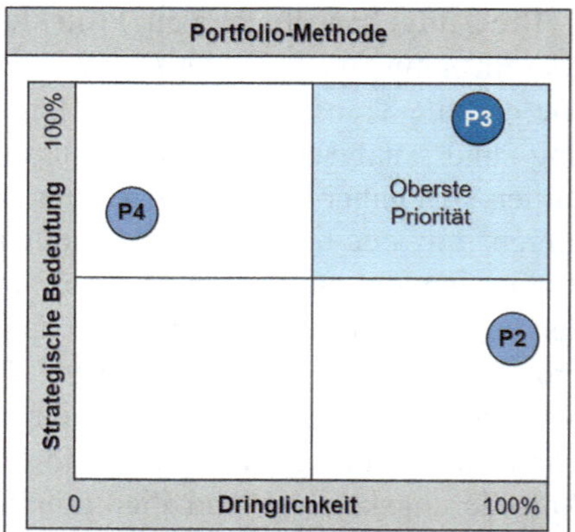

Strategische Bedeutung = z. B. Erfüllung von Kunden/Markt-, Prozess- oder Potenzialzielen; Dringlichkeit = z. B. Gesetzliche oder technische Anforderungen

Abb. 5 Beispiele zur Nutzwertanalyse und Portfolio-Methode. (Quelle: Eigene Darstellung)

Subjektivität bei der Gewichtung und Bewertung von Zielkriterien sollten Projektcontroller mehrere Szenarien in der Nutzwertanalyse abbilden. Ändert sich die Gesamtbewertung für mehrere Szenarien nur unwesentlich, kann diese als zuverlässig erachtet und für die Projektpriorisierung genutzt werden. Für die Visualisierung von Priorisierungsergebnissen eignen sich *Portfolio-Konzepte*, die Projekte zum Beispiel nach strategischer Bedeutung und Dringlichkeit kategorisieren (Sterrer 2014, S. 26). Dies ermöglicht es, Entscheidungen über die Realisierung, Aussetzung oder Einstellung von Projekten gezielt vorzubereiten.

Zur Beurteilung der *Wirtschaftlichkeit* können Projektcontroller auf das Methodenpotenzial der Investitionsrechnung zurückgreifen (Kuster et al. 2019, S. 222), das sich in statische und dynamische Methoden unterscheiden lässt. Statische Investitionsrechenverfahren, wie Kosten-, Gewinn- und Rentabilitätsvergleichsrechnungen verwenden durchschnittliche Erfolgsgrößen und setzen Kapitalkosten nur für das durchschnittlich gebundene Kapital an. Demgegenüber werden bei *dynamischen Verfahren* Cash Flows für den gesamten Projektlebenszyklus geplant und finanzmathematische Prozeduren genutzt, um die projektspezifische Kapitalverzinsung abzubilden. Zu den oft in der Praxis eingesetzten Verfahren zählen die Methode des internen Zinssatzes sowie die Kapitalwertmethode und die Amortisationsrechnung. Der interne Zinssatz kann in den frühen Phasen der Projektbeurteilung vor Kenntnis der Finanzierungskosten berechnet werden und im Sinne eines kritischen Sollzinssatzes als Maßstab für Finanzierungsentscheidungen dienen. Steht der Kapitalkostensatz fest, lässt sich mit der Kapitalwertmethode der aus dem Projekt zu erwartende Wertbeitrag bestimmen. Als Kapitalkostensatz wird dabei häufig der gesamtkapitalbezogene *Weighted Average Cost of Capital (WACC)* angewendet (Schmitt 2013, S. 112), der das gewogene Mittel des unternehmensspezifischen Eigen- und Fremdkapitalkostensatzes darstellt. Die Amortisationsrechnung ermöglicht es schließlich, die zeitliche Dauer der Kapitalbindung für das Projekt zu ermitteln. Da dynamische Investitionsrechnungen die Kapitalbindung in Projekten realitätsgetreuer abbilden, sollten diese Verfahren bevorzugt für die Wirtschaftlichkeitsbeurteilung eingesetzt werden. In der Praxis kommt es häufig zu einer Kombination mehrerer Methoden, um die projektbezogenen Zielgrößen Wertbeitrag, Rentabilität und Amortisationsdauer simultan abzubilden (siehe Abb. 6).

Einen solchen *Methoden-Mix* nutzen beispielsweise Airbus und MTU Aero Engines bei der Business Case-Analyse von Entwicklungsprojekten. Das Projektcontrolling muss dabei die Auswirkungen der Cash Flow-Planungen und Projektlaufzeiten sowie den Einfluss des Kapitalkostensatzes auf die Zielgrößen der Projekte analysieren und Szenarien unter *Risikogesichtspunkten* simulieren. Ausgehend davon können Risikoklassen für Projekte gebildet und Zielwerte (hurdle rates) für die Projektauswahl festgelegt werden. Die Risikokategorien ermöglichen überdies später den Aufbau einer Bewertungsmatrix, die das Risiko und die Attraktivität der Projekte gegenüberstellt (Schreckeneder 2013, S. 88).

Abschließend sind mögliche *Projektabhängigkeiten* zu prüfen, da sich Projekte in der Praxis gegenseitig beeinflussen können (zum Beispiel konzeptionelle Abhängigkeiten). Hierbei müssen auch die verfügbaren Ressourcen untersucht werden, um zu einer finalen Priorisierung der Einzelvorhaben zu kommen. Bei der *Projektfreigabe*

Periode	0	1	2	3	4	5
Investitionsauszahlung (€)	-120.000					
Operative Einzahlungen (€)		75.510	78.900	90.240	78.900	70.950
Operative Auszahlungen (€)		-45.306	-47.340	-54.144	-47.340	-42.570
Free Cash Flows (€)	**-120.000**	**30.204**	**31.560**	**36.096**	**31.560**	**28.380**
Abzinsungsfaktoren (WACC = 6,00%)		**0,943**	**0,890**	**0,840**	**0,792**	**0,747**
Barwerte der Free Cash Flows $t_{1\text{-}5}$ (€)	**133.095**	**28.494**	**28.088**	**30.307**	**24.998**	**21.207**
Kapitalwert der Investition (€)	**13.095**					
Interner Zinssatz der Investition (%)	**9,95**					

Free Cash Flow - Barwerte kumuliert (€)	**-120.000**	**-91.506**	**-63.417**	**-33.110**	**-8.112**	**13.095**
Amortisationsdauer (Interpolation)	**5 Jahre – (13.095 / (13.095 – (–8.112)))**				**4,38 Jahre**	

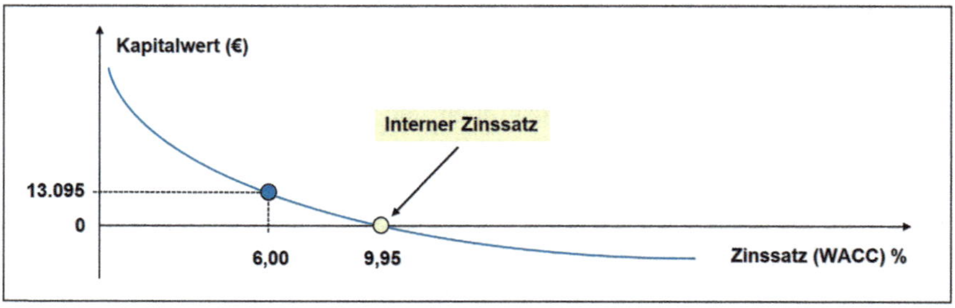

Abb. 6 Beispiel für die Wirtschaftlichkeitsanalyse eines Projektes. (Quelle: Eigene Darstellung)

sollte beachtet werden, dass nicht zu viele Projekte gleichzeitig ablaufen, da dies zu Personalüberlastung und Engpässen in Schlüsselpositionen führen kann. Daher ist es oftmals zu empfehlen, Projekte eher sequenziell statt parallel abzuarbeiten. Zudem ist es unter Umständen sinnvoll, das zuteilbare Budgetvolumen für bestimmte Projektarten zu begrenzen, um eine ausgewogene Zusammensetzung des Projektportfolios zu gewährleisten (Fiedler 2020, S. 49 ff.).

3.2 Definition und Planung von Einzelprojekten

Nach der Genehmigung und Freigabe eines Projektvorhabens muss dieses konkretisiert und detailliert geplant werden. Das Projektcontrolling hat dabei die Aufgabe, das *Projektmanagement ganzheitlich zu unterstützen*. Es darf sich daher nicht nur auf die Planung finanzieller Zielgrößen konzentrieren, sondern muss sämtliche projektspezifischen Teilplanungen koordinieren, Annahmen plausibilisieren und Steuerungsstrukturen mitgestalten (Sterrer 2014, S. 103).

Dies beginnt bereits in der *Projektdefinitionsphase* mit der Validierung des Projektauftrages und der Projektziele. Hier sollten Projektcontroller darauf achten, dass der Projektauftrag so konkret wie möglich formuliert und die Projektziele SMART (Spezifisch, Messbar, Attraktiv, Realistisch, Terminiert) definiert sind (Bär et al. 2017, S. 44). Im Zuge dessen kann das Projektcontrolling auch dazu beitragen, die Ziele mit den Interessengruppen abzustimmen und eventuelle Zielkonflikte zu beseitigen. Überdies können Projektcontroller das Projektmanagement bei der Wahl der Projektorganisation und -mitarbeiter beraten sowie überprüfen, ob die Zuständigkeiten und Vertretungsregelungen im Projekt durchgängig festgelegt sind.

Nach der Projektdefinitionsphase werden bei klassischem Vorgehen die Struktur und der Verlauf des Projektes detailliert ausgeplant. Die *Projektplanung* ist die Basis für ein regelmäßiges Projektcontrolling und spielt damit eine zentrale Rolle für den Projekterfolg (Zirkler et al. 2019, S. 15 f.). Für Projektcontroller ergeben sich in dieser Phase zahlreiche Informations- und Koordinationsaufgaben, da sie die projektspezifischen Einzelpläne plausibilisieren und abstimmen müssen (siehe Abb. 7).

Hierfür ist es zunächst erforderlich, einen *Phasenplan* für das Projekt aufzustellen, um die Erfolgsfaktoren für die einzelnen Projektabschnitte (zum Beispiel Kundenwünsche, Stakeholder-Interessen, Kostentreiber, Ressourcen und Risiken) gezielt identifizieren und steuern zu können (Kuster et al. 2019, S. 138 f.). Projektcontroller sollten dafür gemeinsam mit den Fachbereichen Standard-Prozessmodelle erarbeiten, die für jede Projektphase die wesentlichen Erfolgsfaktoren beschreiben sowie Empfehlungen für die Projektabwicklung beinhalten. Überdies müssen im Rahmen der Phasenplanung eine Projektabbruchstrategie entwickelt und „Exit"-Meilensteine definiert werden, um die Projektverantwortlichen vor Fehlentscheidungen zu bewahren und Ressourcenverschwendung für nicht erfolgversprechende Projekte zu vermeiden (Madauss 2017, S. 122).

Im Anschluss daran ist für klassische Projekte ein *Projektstrukturplan* zu erstellen, der alle Arbeitspakete und Meilensteine beinhaltet, die für die Erfüllung der Projektziele erforderlich sind. Der Strukturplan bildet das Fundament für die gesamte Planung, erleichtert die Aufwandsschätzung und unterstützt eine frühzeitige

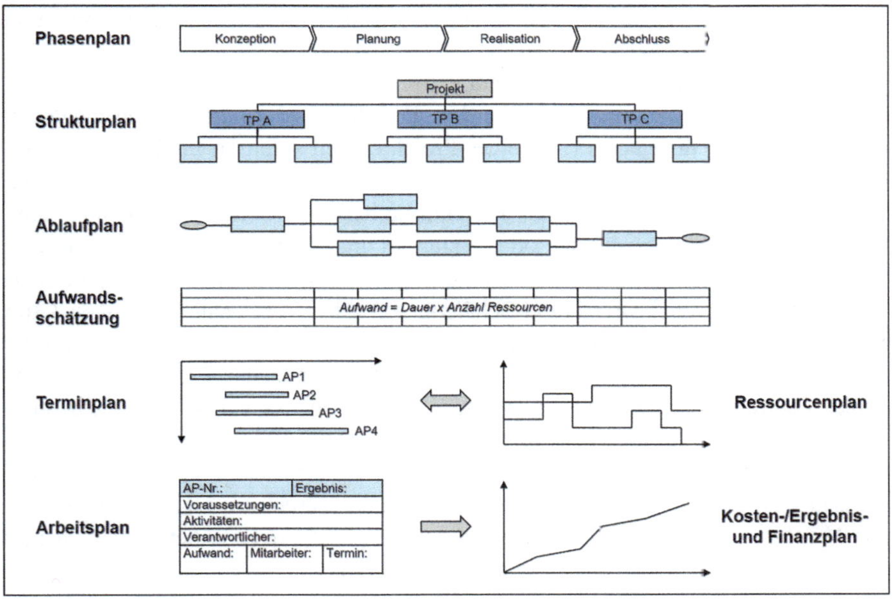

Abb. 7 Elementare Bestandteile einer klassischen Projektplanung. (Quelle: Eigene Darstellung)

Erkennung von Risiken (Sterrer 2014, S. 81). Die darin definierten Meilensteine markieren Orientierungspunkte, an denen die Leistungen überprüft und das weitere Vorgehen im Projekt festgelegt wird. Dabei kann es sich um vertragliche Verpflichtungen (zum Beispiel Test- und Liefereereignisse oder Zahlungen), Planungsnahtstellen oder Projektüberprüfungen (zum Beispiel Quality Gates) handeln (Madauss 2017, S. 336). In komplexen Projekten beginnt die Projektstrukturplanung meist mit der Erarbeitung eines High-Level-Planes, der dann durch die einzelnen Projektteams für deren Arbeitspakete ausgeplant wird. Dem Projektcontrolling kommt dabei zunächst die Aufgabe zu, Standardstrukturen für die Grobplanung zu entwickeln und Regelungen für den Planungsumfang und die Definition von Arbeitspaketen und Meilensteinen zu formulieren. So setzt zum Beispiel Airbus für das Controlling von Entwicklungsprojekten für Passagierflugzeuge eine standardisierte „Work Breakdown Structure" ein, die sämtliche Aufgaben (Tasks) enthält, die bei Flugzeugentwicklungen üblicherweise auftreten. Im Rahmen der Strukturplanung sollten Projektcontroller zudem validieren, ob die Meilensteine so definiert sind, dass sie zum Projektauftrag passen und die festgelegten Leistungstermine berücksichtigen (Fiedler 2020, S. 73).

Nach Festlegung der Projektstruktur sind im *Ablaufplan* die Reihenfolge und die Schnittstellen der ermittelten Arbeitspakete zu bestimmen. Aus dem Ablaufplan geht hervor, welche Abhängigkeiten zwischen den Vorgängen bestehen und welche Aktivitäten parallel, sequenziell oder unabhängig voneinander ablaufen können. Zudem zeigt der Ablaufplan die notwendigen Zeitabstände zwischen den einzelnen Arbeitspaketen auf (Bär et al. 2017, S. 31). Das Projektcontrolling muss gewährleisten, dass der Ablaufplan alle Arbeitspakte abbildet und sollte überdies die Anordnungsbeziehungen und Wartezeiten zwischen den einzelnen Tätigkeiten kritisch hinterfragen, da diese Informationen essenziell für die spätere Termin- und Ressourcenplanung sind.

Vor der Zeit- und Kapazitätsplanung muss jedoch erst der Aufwand für die einzelnen Arbeitspakete geschätzt werden. Die *Aufwandsschätzung* entscheidet in der Praxis häufig über den Erfolg eines Projektes und spielt daher für das Projektcontrolling eine zentrale Rolle (Zirkler et al. 2019, S. 10). In klassischen Projekten schätzen die Teilprojektleiter oder Projektmitarbeiter den Aufwand für ihre Leistungspakete in Personenstunden oder -tagen ab und melden diesen an die Projektleitung zur Konsolidierung des Gesamtaufwandes. Hierfür kommen Einzelschätzungen (zum Beispiel Drei-Punkt-Schätzungen) oder Mehrfachbefragungen (zum Beispiel nach der Delphi-Methode) sowie analytische Ansätze, wie algorithmische Methoden oder Vergleichsverfahren in Frage (Schreckeneder 2013, S. 105). Das Projektcontrolling sollte ausgehend von den unternehmensspezifischen Gegebenheiten Empfehlungen für die Durchführung von Aufwandsschätzungen erarbeiten und den Planungsprozess durch Moderation von Schätzworkshops unterstützen. Zudem müssen Projektcontroller die Schätzungen plausibilisieren, um typische Fehler wie das Vergessen von Aktivitäten oder den Ansatz unrealistisch hoher bzw. niedriger Aufwände zu vermeiden (Kuster et al. 2019, S. 174).

Der geschätzte Projektaufwand ist für die nun folgende *Termin- und Ressourcenplanung* gleichermaßen bedeutsam, da er bei termingesteuerter Planung den Ressourcenbedarf und bei ressourcengesteuerter Planung die Bearbeitungsdauer für das Projekt bestimmt. Bei vorgegebener Dauer ergibt sich der Ressourcenbedarf aus dem Quotienten von Aufwand und Bearbeitungszeit, während sich bei fester Ressourcenanzahl die Dauer aus der Relation des Ressourceneinsatzes zum Aufwand ableiten lässt. Es ist jedoch darauf hinzuweisen, dass in der Praxis selten eine proportionale Beziehung zwischen der Dauer einer Tätigkeit und dem Ressourceneinsatz existiert (Fiedler 2020, S. 80 f.). Projektcontroller müssen sich daher bewusst sein, dass die Bearbeitungsdauer für ein Projekt durch den Einsatz zusätzlicher Mitarbeiter nicht unbedingt sinkt, sondern eventuell sogar steigt. Bei Projektverzug gilt nämlich häufig die bekannte Regel von Frederic P. Brooks: „Adding manpower to a late project makes the project later" (Brooks 1995, S. 25).

In der *Terminplanung* werden die Bearbeitungsdauern der einzelnen Arbeitspakete ermittelt und in einer Vorgangsliste festgehalten (Kraus und Westermann 2019, S. 78 f.). Die logischen Abhängigkeiten der Arbeitspakete können dabei der Ablaufplanung entnommen werden. Der Projektcontroller muss sicherstellen, dass für alle Arbeitspakete eine plausible Zeitplanung mit angemessenem Detaillierungsgrad vorliegt. Die Darstellung erfolgt vorzugsweise mit Balkenplänen oder Netzplandiagrammen (Madauss 2017, S. 815). Netzpläne bieten den Vorteil, dass Zeitreserven berücksichtigt und Planänderungen simuliert werden können. Im Rahmen des Puffermanagements sind Zeitreserven so zu dimensionieren, dass das Risiko einer Zeitüberschreitung minimiert wird. Das Projektcontrolling sollte dabei darauf achten, dass möglichst keine versteckten Puffer geplant werden (Sterrer 2014, S. 42), sondern eine transparente Managementreserve. Der Ausweis einer Managementreserve erlaubt es, Projekte später über einen Pufferindex zu analysieren, der den Verbrauch der Managementreserve im Verhältnis zum Projektfortschritt wiedergibt (Fiedler 2020, S. 85 f.).

Aus der Terminplanung lässt sich die *Ressourcenplanung* ableiten (Kuster et al. 2019, S. 184). Diese zielt darauf ab, die Verfügbarkeit des notwendigen Personals für die Arbeitspakete sicherzustellen. Hierfür müssen die Anzahl und Qualifikation der Projektmitarbeiter sowie deren Einsatzzeitpunkte und -dauern möglichst detailliert geplant werden, um Ressourcenengpässe zu vermeiden. Das Projektcontrolling kann mithilfe von Ressourcenbelastungsdiagrammen überprüfen, ob der Bedarf einer Qualifikation zu jedem Zeitpunkt im Projektablauf gedeckt ist (Schreckeneder 2013, S. 172). Sofern ersichtlich wird, dass zu einem bestimmten Zeitpunkt die nötigen Ressourcen nicht verfügbar sind, muss der Projektcontroller dafür sorgen, dass der Spitzenbedarf kommuniziert und durch entsprechende Maßnahmen abgebaut wird. Dies kann durch zeitliche Verschiebung von Arbeitspaketen, Auslastungsoptimierung, Kapazitätserhöhung (zum Beispiel durch Überstunden) oder Bereitstellung zusätzlicher Kapazitäten (zum Beispiel durch externe Dienstleister) erfolgen. Das Projektcontrolling muss dabei auch darauf achten, dass freie Kapazitäten zentral dokumentiert und Mitarbeiter nicht in zu vielen Projekten parallel eingesetzt werden. Für Dienstleistungsunternehmen mit externem Projektgeschäft ist dies besonders bedeutsam, da die Personalauslastung dort ein direkter Umsatztreiber ist.

Nach Abschluss der Ressourcenplanung sollten detaillierte *Arbeitspläne* für jedes Arbeitspaket erstellt werden. Darin werden alle nötigen Aktivitäten zur Erstellung des Arbeitsergebnisses beschrieben und die mit der Realisierung beauftragten Personen benannt. Zudem sind der erforderliche Aufwand, die notwendigen Voraussetzungen und Ressourcen sowie die Dauer und eventuelle Wartezeiten anzugeben (Kraus und Westermann 2019, S. 78 f.). Projektcontroller müssen in diesem Zusammenhang überprüfen, ob die Arbeitspakete alle steuerungsrelevanten Informationen enthalten. Vollständig gepflegte Arbeitspläne sind die Basis für projektspezifische Auswertungen und projektübergreifende Analysen. Darüber hinaus bilden sie die Grundlage für die vom Projektcontrolling zu koordinierende Kosten-/Ergebnis- und Finanzplanung.

In der *Kosten- und Ergebnisplanung* sind zunächst sämtliche direkt zurechenbaren Kosten für die Arbeitspakete zu bestimmen (Dechange 2020, S. 171 f.). Dabei handelt es sich je nach Art des Projektes um Einzelkosten (Zum Beispiel für Materialien oder Fremdleistungen), die sich auf Basis von Stücklisten oder Spezifikationen zuordnen lassen sowie um Personalkosten und Anlagenkosten. Für die Ermittlung der Personalkosten werden die geplanten Projektzeiten mit Standardkostensätzen bewertet (Schreckeneder 2013, S. 135), die man in der Praxis häufig für unterschiedliche Mitarbeiterkategorien kalkuliert. Die Zuordnung von Gemeinkosten auf Projekte (zum Beispiel für Büroräume oder allgemeine Verwaltungskosten) kann über prozentuale Zuschläge auf die direkten Projektkosten (Madauss 2017, S. 521) oder über eine prozessorientierte Verrechnung erfolgen (Fiedler 2020, S. 104). Überdies müssen Risikozuschläge (Contingency) und eventuelle Finanzierungskosten in die Projektkostenkalkulation eingestellt werden. Eine Trennung fixer und variabler Kosten ist vor allem dann erforderlich, wenn Deckungsbeiträge für externe Kundenprojekte bestimmt werden sollen.

Neben der Planung von Kosten- und Ergebnisgrößen sind Projektcontroller regelmäßig auch für die projektspezifische *Finanzplanung* verantwortlich. Im Zuge dessen müssen sie die im Projektablauf erwarteten Ein- und Auszahlungen (Cash Flows) prognostizieren, mögliche Liquiditätsengpässe identifizieren und Finanzierungsmaßnahmen initiieren.

Im Rahmen der Erstellung der beschriebenen Teilpläne sind auch die zu erwartenden *Projektrisiken* detailliert zu beleuchten und zu bewerten (Sterrer 2014, S. 93). Hierfür stehen Projektcontrollern zahlreiche Methoden und Instrumente zur Verfügung, die sie abhängig von den projektspezifischen Gegebenheiten einsetzen und anpassen können (siehe Abb. 8).

So müssen zum Beispiel Checklisten und Fehlerbäume zur *Identifikation von Risiken* auf technische Rahmenbedingungen und individuelle Stakeholder-Interessen im Projekt ausgerichtet werden. Zudem sollten für eine ganzheitliche Risikobetrachtung verschiedene Methoden kombiniert und Risiken einzelnen Projektphasen zugeordnet werden. Zur *Bewertung der Risiken* können qualitative oder quantitative Ansätze genutzt werden (Zirkler et al. 2019, S. 63). Dabei sind sowohl die Eintrittswahrscheinlichkeit und Schadenshöhe der Risiken einzuschätzen (Kuster et al. 2019, S. 101) als auch deren Veränderung im Projektverlauf. Überdies sollten Risiken für die Bewertung typisiert (zum Beispiel akzeptierbare versus existenzbedrohende Risiken), in Ereignis- und Planungsrisiken eingeteilt sowie nach Größenklassen differenziert werden. Zur *Risikosteuerung* können Kennzahlen herangezogen sowie passive und aktive Strategien (zum Beispiel Einleitung von Mitigationsmaßnahmen) umgesetzt werden (Nobach 2010, S. 120 f.), die das Projektcontrolling dokumentieren und überwachen muss. Für die Dokumentation und Berichterstattung von Projektrisiken eignen sich Risikoinventare und Risk Maps (siehe Abb. 9) oder auch spezifische Risiko-Cockpits (Bär et al. 2017, S. 14). Dabei kann es ratsam sein, einen externen

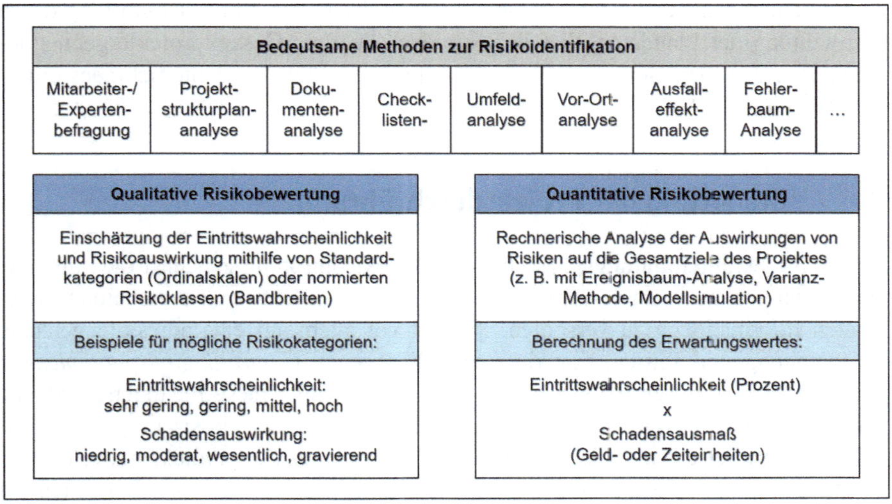

Abb. 8 Ansätze zur Erfassung und Bewertung von Risiken. (Quelle: Eigene Darstellung)

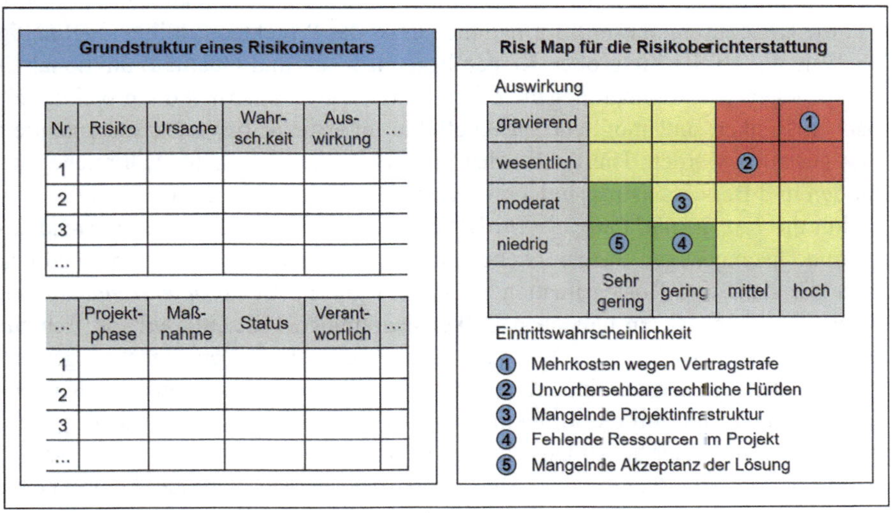

Abb. 9 Beispiele zur Risikodokumentation und -präsentation. (Quelle: Eigene Darstellung)

Risikomanager einzusetzen, um eine unabhängige und professionelle Risikobeurteilung zu gewährleisten. In staatlichen Organisationen ist dies ab einer bestimmten Projektgröße sogar teilweise vorgeschrieben.

Die projektspezifischen Planzahlen und Risikoinformationen sollten in einem ganzheitlichen *Projektinformationssystem* hinterlegt werden, um später durchgängige und aussagekräftige Analysen zu ermöglichen. Mit Blick auf eine periodenorientierte Unternehmens- und Projektsteuerung ist zu gewährleisten, dass die für das Projekt geplanten Kosten/Erlöse sowie Aus-/Einzahlungen auf einzelne Jahre, Quartale und Monate zugeordnet sind. So kann das Unternehmenscontrolling durch Verdichtung der Plandaten aller Projekte das erwartete Gesamtprojektergebnis ableiten und den Plan-Beitrag der Projekte zum Cash Flow des Unternehmens ermitteln (Fiedler 2020, S. 112).

4 Steuerung der Projektdurchführung

In der Projektdurchführungsphase hat das Projektcontrolling zunächst die Aufgabe, das Projektmanagement sowohl regelmäßig als auch situativ mit entscheidungsrelevanten Informationen zu versorgen. Hier ist vor allem auf eine adressatengerechte Aufbereitung und Präsentation der projektbezogenen *Controllinginformationen* zu achten (Schreckeneder 2013, S. 207), da Projektmanager diese für unterschiedliche Zwecke im Rahmen der Projektsteuerung nutzen. Neben der klassischen Projektfortschrittskontrolle setzen Projektverantwortliche Daten aus dem Projektcontrolling vor allem ein, um Projektentscheidungen zu fundieren (zum Beispiel zur Bereitstellung zusätzlicher Kapazitäten) und zu rechtfertigen (zum Beispiel gegenüber Mitgliedern des Projektlenkungsausschusses). Überdies verwenden Projektmanager Controllinginformationen häufig dazu, die Beteiligten im Projekt auf erfolgskritische Sachverhalte (zum Beispiel Terminverzug) hinzuweisen (Langmann 2009, S. 166). Für die Generierung dieser Informationen muss das Projektcontrolling regelmäßig analysieren, ob die Zielgrößen Kosten/Ergebnis, Zeit und Qualität/Funktionalität im vorgegebenen Rahmen liegen. Zudem müssen kontinuierlich die projektspezifischen Risiken und mögliche Nebeneffekte untersucht, bewertet, dokumentiert und gesteuert werden. Hierfür wurden in den letzten Jahrzehnten zahlreiche Methoden und Berichtsinstrumente entwickelt (Ulrich und Rieg 2020, S. 189).

Für die *Termin- und Budgetkontrolle* können Meilenstein- und Kosten-Trenddiagramme herangezogen werden (siehe Abb. 10), die einen transparenten Überblick über die Zeit- und Kostensituation im Projekt geben. *Meilenstein-Trendanalysen* zeigen im Vergleich zu einfachen Balkendiagrammen frühzeitig auf, ob sich für einzelne Projektabschnitte, Arbeitspakete oder Meilensteine Zeitverzögerungen anbahnen. Dabei weisen kontinuierlich steigende, fallende oder schwankende Kurvenverläufe darauf hin, ob die Projektplanung zu optimistisch ist, zu viele Zeitpuffer enthält oder mit einer hohen Unsicherheit behaftet ist (Zirkler et al. 2019, S. 46 f.).

Mit *Kosten-Trenddiagrammen* kann visualisiert werden, wie sich die prognostizierten Gesamtkosten für einzelne Teilprojekte und Arbeitspakete während der Projektlaufzeit verändern (Noé 2017, S. 110 f.). Zudem lassen sich Kostendaten

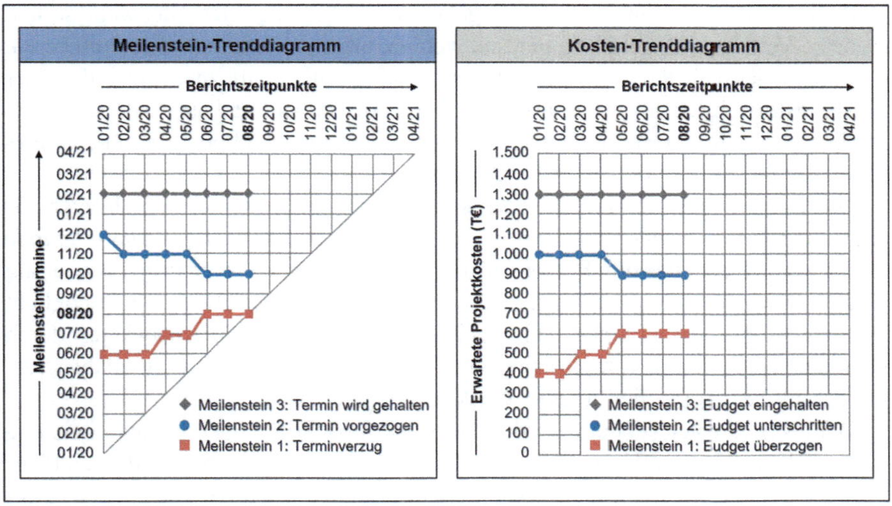

Abb. 10 Beispiele für Meilenstein- und Kosten-Trenddiagramme. (Quelle: Eigene Darstellung)

mit terminlichen Informationen in *Zeit-/Kosten-Trenddiagrammen* verbinden, so dass eine Verfolgung des Budgetverbrauchs im Zeitablauf möglich wird (Fiedler 2020, S. 144). Bei Analyse des projektspezifischen Zeit- und Kostenverbrauchs muss allerdings grundsätzlich auch die bereits erbrachte Leistung einbezogen werden, um Fehlinterpretationen zu vermeiden. So kann ein Projekt, in dem sich zum Betrachtungszeitpunkt sowohl die Ist- und Plankosten als auch der prozentuale Zeit- und Budgetverbrauch entsprechen, in Wirklichkeit im Zeitverzug sein und/oder das Kostenbudget überschreiten. Projektcontroller müssen daher regelmäßig den Fertigstellungsgrad analysieren, um den Leistungsfortschritt zu kennen (Kuster et al. 2019, S. 218).

Die *Messung des Fertigstellungsgrades* von Projekten kann mit verschiedenen Konzepten erfolgen, die sich in input- und outputorientierte Verfahren einteilen lassen. Zu den auf den Output abstellenden Methoden zählen zum Beispiel die Meilenstein-Methode oder die 0/50/100-Methode. Während erstere den Fertigstellungsgrad aus den erreichten Meilensteinen im Verhältnis zu den insgesamt geplanten *Projektmeilensteinen* ermittelt, bewertet die 0/50/100-Methode den Leistungsfortschritt auf Basis von Arbeitspaketen (Dechange 2020, S. 236). Danach beträgt der Fertigstellungsgrad für abgeschlossene Arbeitspakte 100 %, für angearbeitete Pakete 50 % und für noch nicht begonnene Pakete 0 %. Für eine inputorientierte Bestimmung des Fertigstellungsgrades können die *Efforts-Expended-Methode* oder die *Cost-to-Cost-Methode* herangezogen werden (Fiedler 2020, S. 137 f.). Diese bemessen den Leistungsfortschritt nach dem Verhältnis des Istaufwandes (zum Beispiel gemessen in Personentagen) bzw. der aufgelaufenen Istkosten zum insgesamt für das Projekt erwarteten Aufwand bzw. Kostenvolumen. Zur Gewährleistung einer vergleichbaren Leistungsmessung ist vom Projektcontrolling darauf zu dringen, dass die Methode zur Fertigstellungsgradermittlung unternehmensweit einheitlich in einer *Earning Rule* vorgegeben wird. Für die Methodenwahl sollten mehrere Verfahren längerfristig getestet werden, um das Verfahren zu identifizieren, das die verlässlichsten Ergebnisse liefert. Zudem ist darauf zu achten, dass der Leistungsfortschritt mit vertretbarem Aufwand oder im Idealfall automatisiert messbar ist, so dass dieser nur noch plausibilisiert und in regelmäßigen Projekt-Reviews mit den Projektleitern diskutiert werden muss.

Die Bestimmung des projektspezifischen Fertigstellungsgrades spielt auch für eine integrierte Kosten- und Leistungskontrolle nach der *Earned-Value-Methode* eine zentrale Rolle, die zum Beispiel häufig im Baugewerbe für die Projektsteuerung eingesetzt wird (Willems und Vanhoucke 2015, S. 1621). Dieses Konzept ermöglicht es, den Arbeitswert (Earned Value) eines Projektes oder Arbeitspaketes durch simultane Betrachtung von Kosten, Zeiten und Leistungsfortschritt zu analysieren, um daraus Trends für die Projektentwicklung abzuleiten (siehe Abb. 11).

Der als Sollkosten (Plankosten des Ist-Projektfortschritts) der erbachten Leistung zu verstehende Earned Value (EV) wird hierzu einerseits mit den kumulierten Plankosten (PK) und andererseits mit den aufgelaufenen Istkosten (IK) verglichen (Zirkler et al. 2019, S. 68 ff.). Weicht der Earned Value im Betrachtungszeitpunkt von den Istkosten ab, signalisiert diese *Kostendifferenz (Cost Variance)* einen unplanmäßigen Ressourcenverbrauch. Liegt der Earned Value über oder unter den Plankosten, weist dies auf eine *Leistungsabweichung (Schedule Variance)* im Sinne eines nicht planmäßigen Arbeitsfortschrittes hin. Für das Projektbeispiel in Abb. 11 ist die Kostenabweichung im Berichtsmonat August negativ (EV 13.500 T€ − IK 18.250 T€ = −4750 T€) und zeigt damit eine Kostenüberschreitung an. Die Leistungsabweichung nimmt ebenfalls einen negativen Wert an (EV 13.500 T€ − PK 16.000 T€ = −2500 T€) und bringt damit zum Ausdruck, dass das Projekt auch im Zeitverzug ist.

Das Earned-Value-Konzept ermöglicht zudem die Bildung spezifischer *Effizienzkennzahlen,* die zur Prognose der Gesamtkosten und der Fertigstellungsdauer von Projekten herangezogen werden können (Menze 2013, S. 71 ff.). Die Kosteneffizienz (Cost Performance Index) drückt das Verhältnis des Earned Values zu den Istkosten aus und informiert darüber, ob eine Kostenüberschreitung (Wert < 1) oder Kostenunterschreitung (Wert > 1) vorliegt. Im oben betrachteten Projekt beträgt der Wert im August 0,74 (= EV 13.500 T€/IK 18.250 T€). Bezieht man die Kosteneffizienz auf das Projektkostenbudget (BUD), lassen sich die *voraussichtlichen Gesamtkosten* bestimmen, wenn unterstellt wird, dass die noch ausstehenden Arbeiten weiterhin mit der gleichen Effizienz durchgeführt werden (Fiedler 2020, S. 150 f.). Im analysierten Projekt wären danach Gesamtkosten von 33.796 T€ (= BUD 25.000 T€/0,74) zu erwarten. Die Zeiteffizienz (Schedule Performance Index) gibt die Relation des Earned Values zu den Plankosten wieder und zeigt, ob das Projekt im Terminverzug ist (Wert < 1) oder vor dem Zeitplan liegt (Wert > 1). In dem Projektbeispiel beläuft sich der Wert für August auf 0,84 (= EV 13.500 T€/PK 16.000 T€). Dividiert man die geplante Projektdauer durch die Zeiteffizienz, ergibt sich die *prognostizierte Gesamtdauer* für das Vorhaben (Dechange 2020, S. 254). Für das analysierte Projekt ist demnach mit einer Dauer von 14,2 Monaten (= 12 Monate/0,84) zu rechnen, sofern von gleichbleibender Zeiteffizienz ausgegangen wird.

Ausgangsdaten: Laufzeit: Jan – Dez 2020; Umsatzbudget = 35.000 T€; Kostenbudget (BUD) = 25.000 T€

Projektstatus 8/2020	Jan	Feb	Mär	Apr	Mai	Jun	Jul	Aug	Sep	Okt	Nov	Dez	Summe
Arbeitspaket 1	1.000	1.000	2.000	2.000									**6.000**
Arbeitspaket 2					2.000	2.000	3.000	3.000	2.500	2.500			**15.000**
Arbeitspaket 3											2.000	2.000	**4.000**
Plankosten kumuliert (T€)	**1.000**	**2.000**	**4.000**	**6.000**	**8.000**	**10.000**	**13.000**	**16.000**	**18.500**	**21.000**	**23.000**	**25.000**	**25.000**
Arbeitspaket 1*	10,0	25,0	80,0	90,0	100,0	100,0	100,0	**100,0**					**100,0**
Arbeitspaket 2*	0,0	0,0	0,0	5,0	15,0	25,0	40,0	**50,0**					**50,0**
Arbeitspaket 3													**0,0**
Fertigstellung kumuliert (%)	**2,4**	**6,0**	**19,2**	**24,6**	**33,0**	**39,0**	**48,0**	**54,0**					**54,0**
Earned Value kumuliert (T€)	**600**	**1.500**	**4.800**	**6.150**	**8.250**	**9.750**	**12.000**	**13.500**					**13.500**
Arbeitspaket 1	750	1.250	2.250	1.250	250								**5.750**
Arbeitspaket 2				1.500	2.000	2.500	3.500	3.000					**12.500**
Arbeitspaket 3													**0**
Istkosten kumuliert (T€)	**750**	**2.000**	**4.250**	**7.000**	**9.250**	**11.750**	**15.250**	**18.250**					**18.250**

= 6.000 / 25.000 + 15.000 / 25.000 / 2

= 0,54 x 25.000

* Meldung der Projektleitung zum Bewertungsstichtag

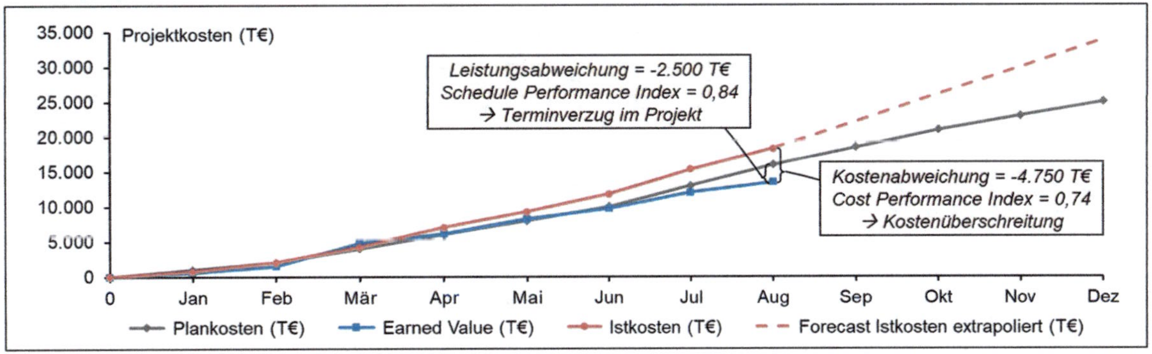

Abb. 11 Beispiel für eine Earned-Value-Analyse. (Quelle: Eigene Darstellung)

Die permanente Überwachung des Leistungsfortschrittes ist grundsätzlich für jedes Unternehmen mit Projektaktivitäten ein zentraler Erfolgsfaktor. Für Unternehmen mit *externem Projektgeschäft*, die nach internationalen Rechnungslegungsstandards bilanzieren und zu einer zeitraumbezogenen Erlösrealisation verpflichtet sind, ist eine laufende Projektfortschrittskontrolle jedoch unerlässlich. Gemäß International Financial Reporting Standards dürfen Erlöse nämlich nur dann *zeitraumbezogen erfasst* werden, wenn sich der Fertigstellungsgrad zuverlässig feststellen lässt (IFRS 15.44). Viele Unternehmen nutzen hierfür die bereits erläuterte Cost-to-Cost-Methode (Brune 2020, § 14 Rn. 175), bei der die zum Bewertungsstichtag aufgelaufenen Istkosten auf die für das Projekt prognostizierten Gesamtkosten bezogen werden. Der so ermittelte Fertigstellungsgrad bildet die Basis für den Umsatzausweis in der Ergebnisrechnung (siehe Abb. 12).

Die Gesamtkostenprognose ergibt sich aus den kumulierten Istkosten zum Bewertungszeitpunkt zuzüglich des geschätzten Restaufwandes für die Fertigstellung des Projektes. In dem in Abb. 12 erneut betrachteten Beispielprojekt hat der Projektmanager im Laufe des ersten Quartals die Einhaltung des ursprünglichen Projektkostenbudgets (25.000 T€) bestätigt. Danach wurde im Monat März ein Fertigstellungsgrad von 17,0 Prozent berechnet und ein Umsatz in Höhe von 3150 T€ (= 0,17 × 35.000 T€ − 2800 T€) realisiert. Zum Ende des zweiten Quartals teilte der Projektleiter jedoch mit, dass wegen des *Zeit- und Kostenverzugs im Projekt* voraussichtlich mit Gesamtkosten in Höhe von 30.000 T€ zu rechnen sei. Aufgrund der daraus absehbaren Minderung des Gesamtprojektergebnisses mussten im Juni die Umsatzerlöse aus den Vormonaten korrigiert und ein Verlust von −1742 T€ ausgewiesen werden. Als Ende August bekannt wurde, dass Nacharbeiten weitere Mehrkosten in Höhe von 3000 T€ auslösen, führte dies erneut zu einer Umsatzkorrektur und einem Verlust von −1436 T€. Die Abhängigkeit des Umsatzausweises vom projektspezifischen Fertigstellungsgrad verdeutlicht die *zentrale Bedeutung eines effektiven Projektcontrollings* für die Ergebnissteuerung (Nobach und Zirkler 2006, S. 746). Projektcontroller können hierzu beispielsweise die Earned-Value-Methode einsetzen, um eventuell erforderliche Anpassungen der erwarteten Gesamtprojektkosten zu plausibilisieren und mit dem Projektleiter zu diskutieren.

Der Leistungsfortschritt hängt wie der erwartete Kosten- und Zeitverbrauch vor allem von der Entwicklung der *projektspezifischen Risikosituation* ab. Projektcontroller müssen daher die vor Projektbeginn aufgenommenen Projektrisiken kontinuierlich beobachten, neu auftretende Risiken bewerten und die Aktivitäten zur Steuerung der Risiken durch ein Maßnahmencontrolling überwachen (Bär et al. 2017, S. 39). Dazu bietet sich eine aus dem Risikoinventar ableitbare *Risikoliste* an, die auch eine Priorisierung von Risiken ermöglichen sollte. Hierfür können Risikoprioritätszahlen (bei qualitativer Bewertung) oder mathematische Erwartungswerte (bei quantitativer Bewertung) herangezogen werden (Dechange 2020, S. 186 f.). Ausgehend davon lassen sich zum Beispiel die fünf oder zehn *Top-Risiken* selektieren und nach Abstimmung mit dem Projektleiter regelmäßig im Projektlenkungsschuss mit einer Risk Map präsentieren. Die übrigen Risikopositionen sollten allerdings ebenfalls laufend überprüft und im wöchentlichen oder zweiwöchentli-

Ausgangsdaten: Laufzeit: Jan – Dez 2020; Umsatzbudget = 35.000 T€; Kostenbudget (BUD) = 25.000 T€

Projektstatus 8/2020	Jan	Feb	Mär	Apr	Mai	Jun	Jul	Aug	Sep	Okt	Nov	Dez	Summe
Arbeitspaket 1	1.000	1.000	2.000	2.000									6.000
Arbeitspaket 2					2.000	2.000	3.000	3.000	2.500	2.500			15.000
Arbeitspaket 3											2.000	2.000	4.000
Plankosten kumuliert (T€)	**1.000**	**2.000**	**4.000**	**6.000**	**8.000**	**10.000**	**13.000**	**16.000**	**18.500**	**21.000**	**23.000**	**25.000**	**25.000**
Arbeitspaket 1	750	1.250	2.250	1.250	250								5.750
Arbeitspaket 2				1.500	2.000	2.500	3.500	3.000					12.500
Arbeitspaket 3													0
Istkosten kumuliert (T€)	**750**	**2.000**	**4.250**	**7.000**	**9.250**	**11.750**	**15.250**	**18.250**					**18.250**
Arbeitspaket 1	5.250	4.000	1.750	500									0
Arbeitspaket 2	15.000	15.000	15.000	13.500	11.750	14.250	10.750	10.750					10.750
Arbeitspaket 3	4.000	4.000	4.000	4.000	4.000	4.000	4.000	4.000					4.000
FC Restaufwand kumul. (T€)	**24.250**	**23.000**	**20.750**	**18.000**	**15.750**	**18.250**	**14.750**	**14.750**					**14.750**
Forecast Gesamtkosten (T€)	**25.000**	**25.000**	**25.000**	**25.000**	**25.000**	**30.000**	**30.000**	**33.000**					**33.000**

Fertigstellungsgrad (%)	**3,0**	**8,0**	**17,0**	**28,0**	**37,0**	**39,2**	**50,8**	**55,3**					**55,3**
Umsatzerlöse kumuliert (T€)	1.050	2.800	5.950	9.800	12.950	13.708	17.792	19.356					**19.356**
Umsatz Einzelmonat (T€)	**1.050**	**1.750**	**3.150**	**3.850**	**3.150**	**758**	**4.083**	**1.564**					**19.356**
Projektergebnis kumuliert (T€)	**300**	**800**	**1.700**	**2.800**	**3.700**	**1.958**	**2.542**	**1.106**					**1.106**
Ergebnis Einzelmonat (T€)	**300**	**500**	**900**	**1.100**	**900**	**-1.742**	**583**	**-1.436**					**1.106**

Abb. 12 Beispiel für eine zeitraumbezogene Umsatzrealisation. (Quelle: Eigene Darstellung)

chen Turnus mit dem Projektleiter und dem Projektteam diskutiert und falls erforderlich neu bewertet werden. Eine *offene Risikokultur* sowie eine enge Abstimmung zwischen Projektcontroller und Projektleiter gelten dabei als erfolgskritisch (Lucht 2019, S. 317 f.). Das Projektcontrolling kann die Risikosteuerung auch dadurch unterstützen, dass es Checklisten für Risikoanalysen (Kraus und Westermann 2019, S. 33 f.) und Maßnahmenkataloge für typische Projektrisikosituationen erarbeitet und pflegt. In diesem Kontext ist zu berücksichtigen, dass kommunikative Maßnahmen oft zu den wirkungsvollsten Mitteln des Risikomanagements zählen.

Die mit den dargestellten Instrumenten generierten Projektinformationen und daraus abgeleiteten Steuerungsmaßnahmen müssen schließlich mit *Standards-Reports und Ad hoc-Meldungen* auf verschiedenen Ebenen (zum Beispiel im Projekt Jour Fixe, Lenkungskreis oder Projekt Audit) berichtet werden. Hierfür kommen beispielsweise Statusberichte und Dashboards (siehe Abb. 13) oder Projekt-Scorecards (Zirkler et al. 2019, S. 75 ff.) in Frage. Die Projektreports sind möglichst *adressatenorientiert aufzubereiten* (zum Beispiel durch Ampelansichten oder individualisierte Auswertungsmöglichkeiten) und mit aussagekräftigen Kommentierungen und Empfehlungen zu versehen. Dabei ist auch darauf zu achten, dass unrealistisch erscheinende Berichte und Zahlen nicht ignoriert, sondern in jedem Falle ernst genommen und validiert werden, da es sonst zu schwerwiegenden Fehlentscheidungen kommen kann (Madauss 2017, S. 68). Projektcontroller sollten darüber hinaus laufend überprüfen, wie sie die *Effektivität und Effizienz im Projektreporting* steigern können. Hierfür müssen sie auch aktuelle Entwicklungen und Trends im Projektmanagement und Controlling einbeziehen, die im Folgenden näher beleuchtet werden.

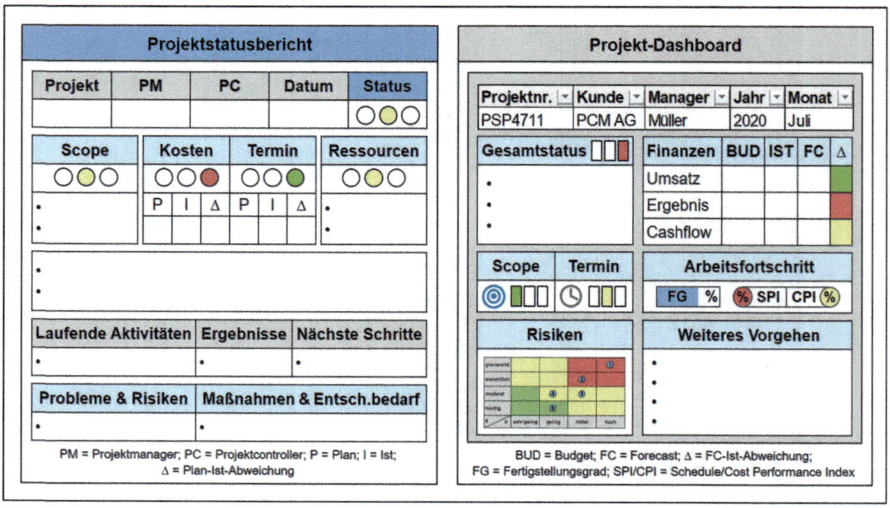

Abb. 13 Beispiele für mögliche Formate im Projektreporting. (Quelle: Eigene Darstellung)

5 Neuere Entwicklungen im Projektcontrolling

Die Entwicklung des Projektcontrollings in der Unternehmenspraxis wird derzeit vor allem durch die fortschreitende Digitalisierung und vermehrte Anwendung agiler Projektmanagementtechniken beeinflusst. Dies betrifft sowohl die Prozesse und Instrumente der Projektsteuerung als auch das Rollenbild von Projektcontrollern. Während sich die Anforderungen agiler Arbeitsweisen nur in Unternehmen mit entsprechenden Projekten auf das Projektcontrolling auswirken, hat die digitale Transformation in allen projektgetriebenen Unternehmen Konsequenzen für die Projektsteuerung.

5.1 Auswirkungen der Digitalisierung

Die Verfügbarkeit digitaler Technologien führt im Controlling einerseits zu flexibleren und schnelleren Steuerungsprozessen und andererseits zu einer stärkeren *Standardisierung und Automatisierung* von Planungs-, Erfassungs-, Berichts- und Analysetätigkeiten (Nobach 2019, S. 252 ff.). Im Projektcontrolling zählen dazu beispielsweise folgende Aspekte und Maßnahmen:

- Erfassung geleisteter Projektstunden über mobile Apps (digitaler Stundenzettel)
- Automatisierung der Übernahme dezentraler Projektdaten in Projekt-Dashboards durch Robotic Process Automation
- Einsatz moderner Datenbank-Lösungen für Echtzeit-Analysen von Projektdaten
- Individualisierung von Auswertungsmöglichkeiten für Projektinformationen
- Nutzung von Treibermodellen und Algorithmen für die Projektplanung
- Anwendung von Predictive Analytics zur Erstellung von Projekt-Forecasts
- Simulation projektspezifischer Risikoszenarien mit dynamischen Algorithmen
- Optimierung der Auslastungssteuerung mithilfe digitaler Simulationsmodelle
- Einsatz künstlicher Intelligenz zur Erkennung von Fehlermustern in der Projektabwicklung (zum Beispiel durch Auswertung von Lessons Learned-Berichten)

Mit Blick darauf wird die *Aufgabe von Projektcontrollern* künftig verstärkt darin bestehen, projektspezifische Prognose- und Analyseergebnisse (zum Beispiel automatisch generierte Restaufwandsschätzungen) zu validieren und um mögliche Störfaktoren oder abnormale Entwicklungen zu bereinigen. Überdies können Projektcontroller die durch digitale Automatisierung freigesetzte Kapazität dazu nutzen, Projektleiter noch aktiver bei der Steuerung der Projektaktivitäten zu unterstützen.

In diesem Zusammenhang sollten Projektcontroller stets auch die mit der Digitalisierung verbundenen *Risiken* im Auge behalten, die nicht nur in Projekten zur Umsetzung der digitalen Transformation eine Rolle spielen (zum Beispiel Datensicherheit und Barrierefreiheit von IT-Lösungen), sondern auch in vielen anderen Projektvorhaben. Hier ist etwa an die Risiken moderner digitaler Kommunikationswege (zum Beispiel soziale Netzwerke) zu denken, die es Projektgegnern erleichtern, sich gemeinsam zu organisieren und schlagkräftiger zu argumentieren (Madauss 2017, S. 652). Zur Vermeidung negativer Effekte sind daher im Rahmen des *Stakeholder-Managements* kommunikative Maßnahmen einzuleiten, deren Umsetzung das Projektcontrolling überwachen muss. Werden Projekte agil geführt, ergeben sich weitere Aufgaben für Projektcontroller, da sie sich mit der eingesetzten Methodik befassen und die Projektsteuerung darauf ausrichten müssen (Horváth et al. 2020, S. 159).

5.2 Steuerung agiler Projekte

Agile Arbeitsweisen basieren auf dem Konzept des System Thinking, das sich mit der Lösung komplexer Aufgaben beschäftigt, die nicht durch lineares Denken lösbar sind (Böhm 2019, S. 26–30). Zu den bekanntesten agilen Methoden zählen SCRUM (engl. „Gedränge") und KANBAN (Schastok et al. 2018, S. 205). Aufgrund der *hohen Verbreitung von SCRUM* (Ulrich und Rieg 2020, S. 199; GPM 2017, S. 10) und der Tatsache, dass diese Methode weniger auf spezielle Software-Fragen sondern eher auf die Managementperspektive von Projekten abstellt (Bea et al. 2020, S. 416), konzentrieren sich die nachfolgenden Ausführungen zum Controlling agiler Projekte auf dieses Vorgehensmodell.

Der SCRUM-Ansatz geht davon aus, dass das Ergebnis eines Projektes nicht von Beginn an ausplanbar ist, sondern iterativ in kurzen Zeitabschnitten entwickelt wird, so dass von Anfang an auf eine detaillierte Zeit- und Kostenplanung verzichtet wird (Friedl 2019, S. 39). Für die Projektsteuerung können daher statt einer Gesamtplanung meist nur unpräzise Kosten- und Terminpläne herangezogen werden (Schopka 2015, S. 183 f.). Dies führt dazu, dass Projektcontroller *keine klassischen Soll-Ist-Vergleiche* mehr anstellen können, sondern sich stärker darauf konzentrieren müssen, die Veränderungen im Projektumfeld und deren Auswirkungen auf die Projektzielerreichung kontinuierlich zu verfolgen. Das Projektcontrolling muss daher noch intensiver in die Projektdefinitionsphase eingebunden werden und zusätzliche Aufgaben während der Projektabwicklung übernehmen.

In der *Definitionsphase* sollten Projektcontroller bereits an der Nutzen-Ziel-Konzeption und deren Abstimmung mit den Stakeholdern sowie an der Formulierung des Projektauftrages aktiv mitarbeiten, da das hierbei erlangte Wissen essenziell für eine effektive Projektsteuerung ist (Schmid 2019, S. 49). Zudem sind Controller in agilen Projekten gefordert, eine *flexible Ressourcenallokation* zu gewährleisten sowie Unsicherheiten und mögliche Nebeneffekte im Projekt aufzuzeigen (Eschlbeck 2016, S. 40). Hierfür müssen innovative Planungsansätze entwickelt und zusätzliche Risikomanagementaktivitäten durchgeführt werden. Dabei ist zu beachten, dass in agilen Projekten *andere Projektrollen* (zum Beispiel Scrum Master), Zeitabschnitte (Sprints) und Definitionen für den Leistungsumfang (User Stories) existieren. Zudem erfolgt die Planung des Gesamtaufwandes mitlaufend und iterativ, so dass vor jedem Sprint der Restaufwand für das Projekt neu geschätzt wird. Hierfür eignet sich zum Beispiel die *Function-Point-Methode*, die in der Praxis häufig bei Digitalisierungsvorhaben Anwendung findet (Schmid 2019, S. 50). Danach bewertet man zunächst die in früheren Projekten durchgeführten Tätigkeiten zur

Realisierung von Systemfunktionen bzw. User Stories mit Punkten, die die Umsetzungskomplexität sowie weitere Aufwandstreiber ausdrücken (Fiedler 2020, S. 79). Anschließend wird für jeden Function bzw. Story Point der angefallene Arbeitsaufwand ermittelt und statistisch eine Function-Point-Kurve berechnet (siehe Abb. 14).

Ausgehend davon lassen sich nun für ein anstehendes Projekt die Function Points bestimmen und der dafür zu erwartende Aufwand ablesen. Die Aufwandschätzung für die einzelnen Sprints wird von den Projektteams selbst durchgeführt und während der *Durchführungsphase* täglich kontrolliert. Das Projektcontrolling muss hierfür jedoch als Methodendienstleister geeignete Instrumente bereitstellen, um eine effektive Steuerung der Teams zu gewährleisten. Das kann zum Beispiel mit einem *Burndown-Chart* erreicht werden (Friedl 2019, S. 39). Dieses Chart zeigt für einen definierten Projektabschnitt auf, wieviel Arbeit (Backlog) für die verbleibende Zeit geplant war und tatsächlich noch zu erledigen ist (siehe Abb. 14). Der ideale Burndown (Lineare Verbindung zwischen der Y- und X-Achse) gibt an, welcher Arbeitsaufwand zur Erreichung des Sprint-Ziels täglich erbracht werden muss (Dechange 2020, S. 296 f.). Der Plan- und Ist-Aufwand kann dabei in Personentagen oder Story Points bewertet werden, die das Projektteam abhängig von der Komplexität, Menge und Unsicherheit der zu bewältigenden Aufgaben definiert hat. Burndown-Charts lassen sich jedoch nicht nur auf Ebene der Projektteams zur Steuerung einsetzen, sondern auch für die Gesamtprojektsteuerung auf Managementebene. Nutzt man im Projektcontrolling die auch bei agilen Projekten anwendbare *Earned-Value-Methode*, können im Burndown-Chart zum Beispiel die Kosten- und Zeiteffizienzindizes abgebildet werden, so dass aussagekräftige Steuerungsinformationen entstehen (Fiedler 2020, S. 163 f.).

Neben der Analyse der Projektzielerreichung müssen sich Projektcontroller in agilen Projekten vor allem auf die Beobachtung des Projektumfeldes konzentrieren,

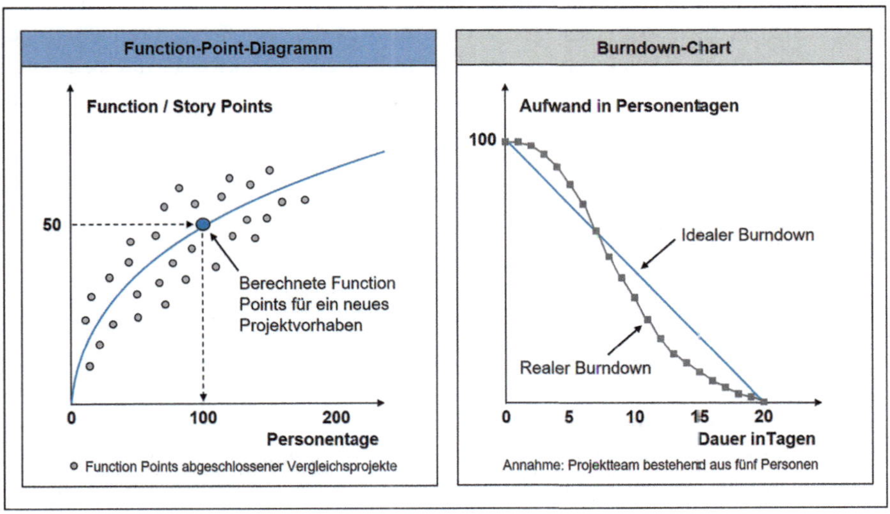

Abb. 14 Beispiele zum Function-Point- und Burndown-Chart. (Quelle: Eigene Darstellung)

da dieses häufig eine hohe Dynamik aufweist. In diesem Zusammenhang kommt vor allem der *Risikobetrachtung* eine besondere Bedeutung zu, da in agilen Projekten die Eigenschaft, Fehler frühzeitig zu erkennen (fail fast), ein integraler Bestandteil des Projektmanagements ist (Kuster et al. 2019, S. 318). Hierfür sollten bei jeder Sprint-Planung die Anforderungen in Tasks heruntergebrochen werden und ein Umsetzungsplan erstellt werden. Während der Sprint-Durchführung kann durch sorgfältige Pflege der Task Boards maximale Transparenz über die Leistungsrisiken geschaffen werden. Zudem müssen Projektcontroller bei agiler Arbeitsweise aufgrund der Selbstorganisation verstärkt auf *soziale Risiken und Qualitätsrisiken* achten. Letztere lassen sich nach dem SCRUM-Konzept dadurch begrenzen, dass man eindeutige Kriterien dafür festlegt, wann ein Arbeitspaket aus qualitativer Sicht als erledigt gilt (Definition of Done). Überdies trägt der *„Inspect and Adapt"-Ansatz* im Rahmen der Sprint-Reviews dazu bei, mögliche Risiken durch zügige Anpassungen der Ergebnisanforderungen zu mindern (Dechange 2020, S. 290). Die Vermeidung und Steuerung von Risiken wird zudem durch die nach jedem Sprint durchgeführte Retrospektive unterstützt, in der die Arbeitsweise in dem Sprint kritisch hinterfragt und nach Optimierungen für den nächsten Sprint gesucht wird (Ebhart et al. 2016, S. 31).

Die bewerteten Risiken müssen schließlich zusammen mit der Erreichung der Projektziele und anderen erfolgskritischen Faktoren in einem *Projektreporting* berichtet werden, das auf die spezifischen Anforderungen agiler Arbeitsweisen ausgerichtet ist. Das Reporting sollte dabei möglichst flexibel und nicht zu detailliert sein, da starre Berichtsstrukturen nicht mit einer agilen Arbeitsweise vereinbar sind (Dufft et al. 2018, S. 37 f.). Zudem sind Berichte in agilen Projekten wegen der stärkeren Einbindung der Auftraggeber und Stakeholder *besonders adressatengerecht* zu gestalten. Mit Blick darauf müssen auch Zielkonflikte zwischen Stakeholdern sowie Szenarien für erkennbare Nebeneffekte des Projektes aufgenommen werden, die zum Beispiel bei Digitalisierungsprojekten oft eine große Rolle spielen (Schmid 2019, S. 49 f.) Das Projektreporting muss daher letztlich so ausgestaltet werden, dass es der Agilität im Projektmanagement gerecht wird. Dies erfordert von Controllern eine Denkweise, die sich durch Transparenz und offenen Informationsaustausch sowie Zielorientierung, Analytik, konstruktiven Diskurs und gemeinsames Lernen auszeichnet (Schäffer und Weber 2019, S. 48).

6 Fazit

Ein effektives und effizientes Projektcontrolling ist ein *zentraler Erfolgsfaktor* für Projektaktivitäten in der Praxis. Dies gilt sowohl für die Auswahl und Beurteilung von Projekten auf Unternehmensebene als auch für die Steuerung von Einzelvorhaben. Mit Blick auf die Leitung und Durchführung einzelner Projekte kann zwischen *klassischer, agiler und hybrider Arbeitsweise* unterschieden werden. Bei klassischem Projektmanagement bewerten und steuern Projektcontroller den Projekterfolg in der Regel ausgehend von einer initialen Gesamtplanung mithilfe von regelmäßigen Soll-Ist-Vergleichen, Risikoanalysen und Projektreports. Agiles Projektmanagement unterstellt hingegen von Beginn an, dass Änderungen im Projektablauf auftreten werden und Abweichungen daher unabdingbar sind. Hybrides Projektmanagement verbindet beide Ansätze und erfordert besonders viel Flexibilität bei der Projektsteuerung. Das Projektcontrolling muss daher *individuell auf die Projektbedingungen im Unternehmen ausgerichtet werden.* Zudem sollten Projektcontroller unabhängig von der gewählten Projektmanagementmethode die Chancen der Digitalisierung nutzen, um durch Standardisierung und Automatisierung von Steuerungsprozessen Kapazität freizusetzen, die für eine intensivere Beratung der Projektmanager sowie für die Schulung von Projektmitarbeitern verwendet werden kann. Dies ist für projektgetriebene Unternehmen von zentraler Bedeutung, da für eine erfolgreiche Projektsteuerung nicht nur spezialisierte Controller und Projektleiter über entsprechendes Controlling-Know How verfügen müssen, sondern letztlich alle am Projekt beteiligten Personen.

Literatur

Bär, C., Fiege, J., & Weiß, M. (2017). *Anwendungsbezogenes Projektmanagement – Praxis und Theorie für Projektleiter*. Wiesbaden: Springer Vieweg.

Bea, F. X., Scheurer, S., & Hesselmann, S. (2020). *Projektmanagement* (3. Aufl.). München: UVK.

Böhm, J. (2019). *Erfolgsfaktor Agilität – Warum Scrum und Kanban zu zufriedenen Mitarbeitern und erfolgreichen Kunden führen*. Wiesbaden: Springer Vieweg.

Brooks, F. P. (1995). *The mythical man-month: Essays on software engineering*. Boston: Addison-Wesley.

Brune, J. (2020). § 14. Erlösrealisation. In J. Brune, D. Driesch, M. Schulz-Danso & T. Senge (Hrsg.), *Beck'sches IFRS-Handbuch – Kommentierung der IFRS/IAS* (Rn1–310). München: C. H. Beck.

Dechange, A. (2020). *Projektmanagement schnell erfasst*. Wiesbaden: Springer Gabler.

Dufft, N., Remmel, U., & Breden, T. (2018). Neues Denken für Controller. *Controlling & Management Review, 62*(4), 34–39.

Ebhart, D., von Reitzenstein, F., & von Thaden, T. (2016). Damit es ein Erfolg wird – Risikomanagement in agilen Projekten. In msg systems ag (Hrsg.), *Informationstechnologie NEWS 02/2016* (S. 28–33). Ismaning/München: MSG Group.

Eschlbeck, D. (2016). Agiles Management: Chance oder Bedrohung für Controller? *Controller-Magazin, 41*(4), 36–40.

Fiedler, R. (2020). *Controlling von Projekten* (8. Aufl.). Wiesbaden: Springer Vieweg.

Friedl, G. (2019). Neue Aufgaben im Controlling durch digitale Transformation. *Controlling – Zeitschrift für erfolgsorientierte Unternehmenssteuerung, 31*(3), 38–41.

GPM Deutsche Gesellschaft für Projektmanagement e. V., & EBS Universität für Wirtschaft und Recht. (Hrsg.). (2015). *Makroökonomische Vermessung der Projekttätigkeit in Deutschland*. Nürnberg: GPM Deutsche Gesellschaft für Projektmanagement e. V.

GPM Deutsche Gesellschaft für Projektmanagement e. V., & EBS Universität für Wirtschaft und Recht. (Hrsg.). (2017). *Status Quo Agile – Studie zu Verbreitung und Nutzen agiler Methoden*. Nürnberg: GPM Deutsche Gesellschaft für Projektmanagement e. V.

Horváth, P., Gleich, R., & Seiter, M. (2020). *Controlling* (14. Aufl.). München: Vahlen.

International Group of Controlling (Hrsg.). (2017). *Controlling-Prozessmodell 2.0 – Leitfaden für die Beschreibung und Gestaltung von Controllingprozessen* (2. Aufl.). Freiburg: Haufe.

Kraus, G., & Westermann, R. (2019). *Projektmanagement mit System – Organisation, Methoden, Steuerung* (6. Aufl.). Wiesbaden: Springer Gabler.

Kuster, J., Bachmann, C., Huber, E., Hubmann, M., Lippmann, R., Schneider, E., Schneider, P., Witschi, U., & Wüst, R. (2019). *Handbuch Projektmanagement – Agil – Klassisch – Hybrid* (4. Aufl.). Wiesbaden: Springer Gabler.

Langmann, C. (2009). *F&E-Projektcontrolling – Eine empirische Untersuchung der Nutzung von Controllinginformationen in F&E-Projekten*. Wiesbaden: Gabler.

Lucht, D. (2019). *Theorie und Management komplexer Projekte*. Wiesbaden: Springer Gabler.

Madauss, B.-J. (2017). *Projektmanagement – Theorie und Praxis aus einer Hand* (7. Aufl.). Wiesbaden: Springer Vieweg.

Menze, S. (2013). Projekt-Controlling mit Earned Value und Earned Schedule. *Controlling & Management Review, 57*(3), 68–76.

Nobach, K. (2010). Kennzahlengestütztes Risikocontrolling im Mittelstand. In G. Baier, G. Günther, G. Janke & H. Muschol (Hrsg.), *Bewältigung von Unternehmensrisiken – Jahrbuch 2009/2010 des Instituts für Betriebswirtschaft der Westsächsischen Hochschule Zwickau* (S. 115–134). Frankfurt: Peter Lang.

Nobach, K. (2019). Bedeutung der Digitalisierung für das Controlling und den Controller. In P. Ulrich & B. Baltzer (Hrsg.), *Wertschöpfung in der Betriebswirtschaftslehre – Festschrift für Prof. Dr. habil. Wolfgang Becker zum 65. Geburtstag* (S. 247–269). Wiesbaden: Springer Gabler.

Nobach, K., & Immel, C. (2017). Vom Controller zum Business-Partner bei Bosch. *Controlling & Management Review, 61*(3), 78–85.

Nobach, K., & Zirkler, B. (2006). Bedeutung der IFRS für das Controlling. *Zeitschrift für Internationale und Kapitalmarktorientierte Rechnungslegung, 6*(12), 737–748.

Noé, M. (2017). *Mit Controlling zum Projekterfolg – Partnerschaftliche Strategien für Controller und Manager* (2. Aufl.). Wiesbaden: Springer Gabler.

Pierre Audoin Consultants (PAC) GmbH, & Hays AG. (2015). *Von starren Prozessen zu agilen Prozessen – Unternehmen in der digitalen Transformation*. Mannheim: Hays AG.

Rietz, S., & Meier, D. (2020). Professionelles Projektmanagement vor dem Hintergrund aktueller Entwicklungen. In A. Müller, M. Graumann & H.-J. Weiß (Hrsg.), *Innovationen für eine digitale Wirtschaft – Wie Unternehmen den Wandel meistern* (S. 55–56). Wiesbaden: Springer Gabler.

Schäffer, U., & Weber, J. (2019). Zehn Thesen zur Entwicklung des Controllings. *Controlling & Management Review, 63*(6), 46–49.

Schastok, I., Munck, J. C., & Lill, P. (2018). Steuerung agiler Teams und Organisationen: Kontinuierliche Leistungssteigerung und Anpassungsfähigkeit sicherstellen. In G. Ronald & J. C. Munck (Hrsg.), *Die richtigen Kennzahlen optimal nutzen – Auswahl, Implementierung, Gestaltung, Praxisbeispiele* (S. 201–216). Freiburg: Haufe.

Schmid, A. (2019). Wirksames Projektcontrolling in Digitalisierungsprojekten. *Controlling – Zeitschrift für erfolgsorientierte Unternehmenssteuerung, 31*(1), 47–53.

Schmitt, M. (2013). Projektbewertung mit der Kapitalwertmethode. In A. Klein (Hrsg.), *Investitions- und Projektcontrolling* (S. 105–123). Freiburg: Haufe.

Schopka, K. (2015). Controlling von hybriden Projekten – Herausforderungen und Chancen. In M. Engstler, M. Fazal-Baqaie, E. Hanser, M. Mikusz & A. Volland (Hrsg.), *Projektmanagement und Vorgehensmodelle 2015* (S. 183–187). Bonn: Gesellschaft für Informatik e.V.

Schreckeneder, B. C. (2013). *Projektcontrolling – Projekte überwachen, steuern, präsentieren* (4. Aufl.). Freiburg: Haufe.

Sterrer, C. (2014). *Das Geheimnis erfolgreicher Projekte: Kritische Erfolgsfaktoren im Projektmanagement – Was Führungskräfte wissen müssen*. Wiesbaden: Springer Gabler.

Ulrich, P., & Rieg, R. (2020). Agilität in Projektmanagement und Projektcontrolling – Ergebnisse einer empirischen Studie. *Die Unternehmung, 74*(2), 187–2015.

Willems, L. L., & Vanhoucke, M. (2015). Classification of articles and journals on project control and earned value management. *International Journal of Project Management, 33*, 1610–1634.

Zirkler, B., Nobach, K., Jonathan, H., & Behrens, S. (2019). *Projektcontrolling – Leitfaden für die betriebliche Praxis*. Wiesbaden: Springer Gabler.

Teil V

Umweltbedingungen in der Controlling-Praxis

Controlling im Mittelstand

Wolfgang Becker, Patrick Ulrich und Tim Botzkowski

Zusammenfassung

Mittelständische Unternehmen weisen für die deutsche Volkswirtschaft eine besondere, weil höhere Bedeutung als in anderen entwickelten Volkswirtschaften der Erde auf. In der Vergangenheit wurden Aspekte des Controllings aus Großunternehmen meist 1:1 für mittelständische Unternehmen herunterskaliert. Dies ist jedoch aus zwei Gründen abzulehnen. Erstens entspricht die Konzentration auf eine quantitative, d. h. kleinere Größenklasse einer Verkürzung des Mittelstandsbegriffs. Der Mittelstand zeichnet sich neben einer mittleren (d. h. nicht kleinen, aber auch nicht großen) Größe durch andere, qualitative Faktoren aus. Zweitens hat dies Konsequenzen für die anwendbaren Controlling-Konzepte. Mittelständische Lösungen sind nicht pauschal kleiner oder weniger komplex, sondern sollten an die jeweiligen Bedürfnisse der mittelständischen Entscheider angepasst werden. Im vorliegenden Beitrag werden theoretische und empirische Besonderheiten des Controllings im Mittelstand diskutiert.

Schlüsselwörter

Controlling · Mittelstand · Familienunternehmen · Controlling · Instrumente

W. Becker
Ordinarius und Emeritus des Lehrstuhls für BWL, insbes. Unternehmensführung und Controlling, Otto-Friedrich-Universität Bamberg, Bamberg, Deutschland
E-Mail: wolfgang.becker@uni-bamberg.de

P. Ulrich (✉)
Lehrstuhl für Unternehmensführung, Hochschule Aalen – Technik und Wirtschaft, Aalen, Deutschland
E-Mail: patrick.ulrich@hs-aalen.de

T. Botzkowski
HDI Group, Hannover, Deutschland

W. Becker, P. Ulrich (Hrsg.), *Handbuch Controlling*,
https://doi.org/10.1007/978-3-658-26431-4_44

1 Einleitung

Das Controlling hat in den letzten Jahren sowohl in der Wissenschaft als auch in der Praxis eine gestiegene Aufmerksamkeit erlangt (Ahn 1999, S. 110) und wird sogar als „schillernder Begriff“ tituliert (Küpper et al. 1990, S. 282). Obwohl auch gegenwärtig noch Unstimmigkeiten hinsichtlich einer einheitlichen Definition (Littkemann 2004, S. 8) herrschen, ist eine wissenschaftliche und praktische Akzeptanz zu attestieren. Das Controlling ist aus der Unternehmenspraxis schlicht nicht mehr wegzudenken (Becker et al. 2014, S. 2 ff.). Zahlreiche Forschungsbemühungen zum Controlling in Großunternehmen und Kapitalgesellschaften wurden in den vergangenen Jahren angestellt, gleichwohl der spezielle Betriebstyp „Mittelstand“ kaum Beachtung in der Wissenschaft gefunden hat. Dies ist verwunderlich, da der Mittelstand eine enorme volkswirtschaftliche Bedeutung besitzt und durch spezifische betriebswirtschaftliche Besonderheiten gekennzeichnet ist, die sich deutlich von Großunternehmen unterscheiden. Zielsetzung des vorliegenden Beitrags ist es, den Mittelstand anhand einer integrierten Definition darzulegen und angesprochene Besonderheiten des Controllings aufzuzeigen. Ferner werden Besonderheiten des Controllings im Mittelstand erörtert und durch theoretische Ansätze hinterlegt. Schlussendlich wird ein Forschungsüberblick aufgezeigt und ausgewählte empirische Erkenntnisse zum Controlling im Mittelstand werden vermittelt.

2 Haupttext

2.1 Mittelstand

Eine Auseinandersetzung mit dem Unternehmenstypus „Mittelstand“ bedingt zunächst die Klärung des Mittelstandsbegriffs. Darüber hinaus sind volks- und betriebswirtschaftliche Besonderheiten herauszuarbeiten, um eine Abgrenzung zu Großunternehmen, welche nicht nur quantitativer Art ist, vorzunehmen.

2.1.1 Mittelstandsdefinition

Mittelständische Unternehmen erwirtschaften einen Großteil der Wertschöpfung der deutschen Volkswirtschaft (Hausch 2004, S. 5) und sind in breiter Öffentlichkeit und Wissenschaft ein gern diskutierter Gegenstand.

Verwunderlich ist derweil, dass im Gegensatz zur großen praktischen Relevanz des Themenkomplexes, die forschungsseitige Ausgestaltung der Mittelstandsforschung eher rudimentär ist (Becker und Ulrich 2011, S. 11). Diese zeichnet sich u. a. durch die Vielfalt ähnlicher oder synonym verwendeter Begrifflichkeiten, wie z. B. kleine und mittlere Unternehmen (KMU), Mittelstand und Familienunternehmen aus deren Abgrenzung weitgehend uneinheitlich ist (Damken 2007, S. 57 ff.).

In Deutschland existieren gegenwärtig drei verbreitete Definitionen, die für eine Zuordnung von Unternehmen zur Gruppe des Mittelstands verwendet werden können. Zum einen der Mittelstandsbegriff der EU-Kommission (Europäische Kommission 1996; Europäische Kommission 2003), welcher eine rein quantitative Einteilung vorsieht, während die Definition des Mittelstandsbegriffs des Instituts für Mittelstandsforschung (IfM) Bonn sowohl quantitative als auch qualitative Aspekte berücksichtigt. Schließlich hat sich die Definition des Europäischen Kompetenzzentrums für Angewandte Mittelstandsforschung an der Universität Bamberg (EKAM) herausgebildet, die dieser Untersuchung zugrunde liegt. Die Definition berücksichtigt neben den in der unten stehenden Tabelle genannten Größenklassen auch qualitative Merkmale (Abb. 1):

Becker und Ulrich schlagen im Sinne qualitativer Merkmale die Einheit von Leitung, Kontrolle und Besitz vor, weshalb letztendlich eine kombinierte Mittelstandsdefinition existiert (Becker und Ulrich 2011, S. 28):

- Eigentümergeführte Unternehmen bzw. Familienunternehmen;
- Managementgeführte Unternehmen bis zu einer Mitarbeiterzahl von 3000 Mitarbeitern und/oder einer Umsatzgröße von 600 Millionen Euro und
- Unternehmen, die beide Definitionsmerkmale aufweisen.

Die Mittelstandsdefinition des EKAM zeichnet sich durch erhöhte Praktikabilität für die anwendungsorientierte betriebswirtschaftliche Erforschung des Mittelstands aus, da eine integrierte Mittelstandsdefinition postuliert wird, die quantitative und qualitative Aspekte bei Dominanz letzterer berücksichtigt (Becker et al. 2008a, S. 10 f.).

Weitere Vorteile der Mittelstandsdefinition sind neben der genannten Integration qualitativer und quantitativer Kriterien, die Nutzung quantitativer Grenzen als Näherungsgrößen zur Klassifizierung von Unternehmen, der Vorrang qualitativer vor quantitativen Kriterien aufgrund der gesellschaftlich-psychologischen und ökonomischen Bedeutung, sowie eine deutliche Anhebung der Größenklassen nach oben zur besseren Eignung eines internationalen Vergleichs (Becker et al. 2009, S. 7).

Da eine Eingrenzung des Mittelstandsbegriffs alleine durch quantitative oder qualitative Definitionen kaum möglich ist, wird die Betrachtung um die beiden Aspekte Besitz und Leitung erweitert und als Grundlage einer Typologie mittelständischer Unternehmen verwendet.

Nach Definition des EKAM lassen sich fünf charakteristische Unternehmenstypen innerhalb des Mittelstands unterscheiden. Diese sind Publikumsgesellschaft,

Mittelstandsdefinition des EKAM		
Unternehmensgröße	**Beschäftigte**	**Jahresumsatz**
Kleinstunternehmen	bis ca. 30	bis ca. 6 Mio. EUR
Kleinunternehmen	bis ca. 300	bis ca. 60 Mio. EUR
Mittlere Unternehmen	**bis ca. 3.000**	**bis ca. 600 Mio. EUR**
Große Unternehmen	über 3.000	über 600 Mio. EUR

Abb. 1 Quantitative Mittelstandsdefinition des EKAM. (Quelle: Becker und Ulrich 2011, S. 29)

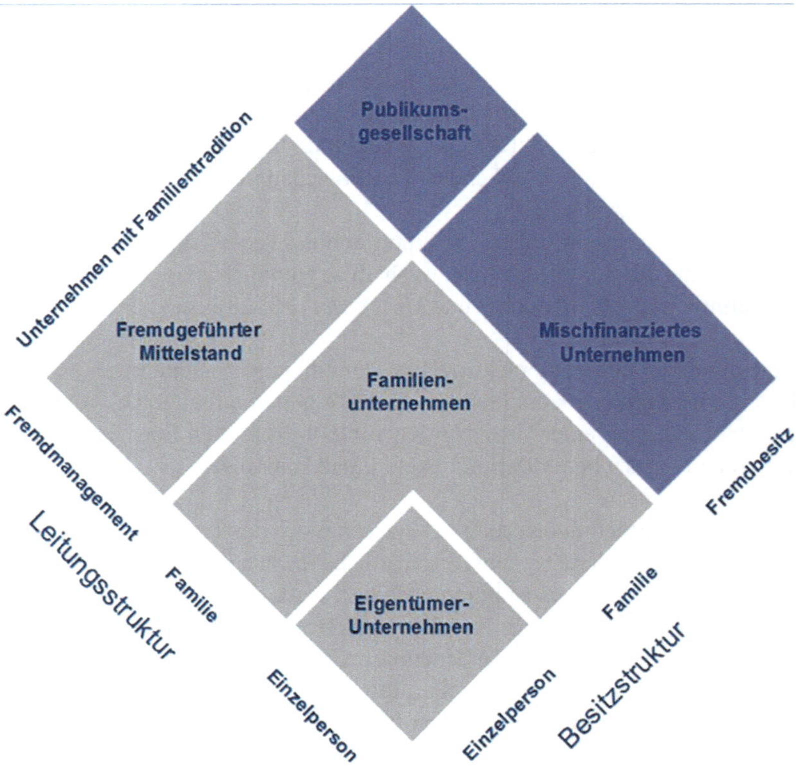

Abb. 2 Typologie des Mittelstandes. (Quelle: Becker und Ulrich 2011, S. 29)

fremdgeführter Mittelstand, mischfinanziertes Unternehmen, Familienunternehmen und Eigentümerunternehmen. Die Typologie ist in einem zweiten Schritt mit den bereits diskutierten Mittelstandskriterien zu kombinieren (Abb. 2).

Eine Vielzahl mittelständischer Unternehmen kann als Eigentümerunternehmen klassifiziert werden. Diese Unternehmen besitzen hinsichtlich ihrer Leitungs- und Besitzstruktur besondere Merkmale. Sowohl Besitz als auch Leitung können eindeutig einer Einzelperson zugeordnet werden. Bezüglich dieses Unternehmenstyps sind insbesondere die Auswirkungen der vorliegenden Besitz- und Leitungsstruktur auf die Ausprägung des Geschäftsmodells von Interesse. Hier besteht die Vermutung, dass persönliche Neigungen und Eigenschaften des Eigentümers das Unternehmen in besonderem Maße prägen.

Familienunternehmen weisen in Bezug auf Leitungs- und Besitzstruktur einen unmittelbaren Einfluss der besitzenden Familie auf. Oberster Entscheidungsträger (z. B. als CEO) ist stets ein Familienmitglied – auch dann, wenn ein Fremdmanagement in der Geschäftsführung etabliert ist.

Der fremdgeführte Mittelstand zeichnet sich dadurch aus, dass sich das Unternehmen im Besitz einer Einzelperson oder einer Familie (mindestens zwei Personen) befindet, während die Leitung komplett an ein externes Management vergeben wurde. Aufgrund der zunehmenden Entfernung der Familie vom operativen Geschäft werden in Anlehnung an die quantitative Mittelstandsdefinition des DMI nur Unternehmen bis ca. 3000 Mitarbeiter oder 600 Mio. Euro Jahresumsatz zu dieser Gruppe gezählt. Größere Unternehmen mit vergleichbaren Besitz- und Leitungsstrukturen sind qualitativ eher mit Publikumsgesellschaften vergleichbar.

Letztlich bleibt jedoch festzuhalten, dass zum einen eine allgemein gültige Definition aufgrund der Vielschichtigkeit und Komplexität des Konstruktes nicht aufgestellt werden kann und jegliche Definition einer gewissen Zweckmäßgikeitsüberlegung unterliegt. Zum anderen unterliegt der Mittelstand in der Praxis einer außerordentlichen Heterogenität, welche nur schwer in einem definitorischen Ansatz fassbar gemacht werden kann (Becker und Ulrich 2011, S. 18 f.).

2.1.2 Besonderheiten des Mittelstandes

Die Besonderheiten des Mittelstandes können grundsätzlich anhand von volks- und betriebswirtschaftlichen Aspekten erläutert werden. Während erstere insbesondere durch die Statistiken des IfM Bonn (2013) belegt werden, ergänzt durch die Auffassung, dass der Mittelstand ein Synonym und Quelle für Innovationen, Wachstum und Beschäftigung (Goeke 2008, S. 9) sowie zweifelsohne ein Garant der vom freien Unternehmertum getragenen Marktwirtschaft ist (Seitz 2006, S. 5), bedarf die betriebswirtschaftliche Auseinandersetzung einer genaueren Betrachtung.

Zur Darlegung der betriebswirtschaftlichen Besonderheiten erfolgt zunächst der Rückgriff auf den sog. Züricher Ansatz der Führungslehre (Rühli 1984, 1991; Tappe 2009, S. 26 f.), welcher Strategie, Struktur und Kultur als unternehmenspolitische Determinanten der Unternehmensführung beinhaltet (Rühli 1992, S. 10; Daniel 2008, S. 3).

Die einschlägige Literatur postuliert, dass die strategische Ausrichtung bzw. Strategie, definiert als „ein langfristig angelegtes, das gesamte Unternehmen berührendes Handlungsmuster, das zielorientiert beschreibt, wie ein Unternehmen seine Stärken einsetzt, um Veränderungen der Chancen-Risiko-Konstellation in den situativen Umweltbedingungen zu begegnen" (Becker 2013a, S. 35), im Mittelstand tendenziell durch ein eher kurzfristiges Denken und Handeln unter Vernachlässigung systematischer und zukunftsorientierter Planung sowie ein eher reaktives Handeln gekennzeichnet ist (Becker und Ulrich 2011, S. 58). Ursache für das oftmals fehlende strategische Denken im Mittelstand ist, dass vor allem auf zweiter Führungsebene eher improvisierend denn planend gehandelt wird (Bramsemann 1993, S. 30). Darüber hinaus ist die Implementierung einer (Unternehmens-) Strategie aufgrund begrenzter Ressourcen im Mittelstand ein essenzielles Problem (Behrends et al. 2005, S. 25). Bezugspunkt ist in diesem Zusammenhang der Unternehmer in seiner Doppelfunktion als Eigentümer und Manager in mittelständischen Unternehmen. Durch die starke Einbindung des Unternehmers ins operative Geschäft besteht die Gefahr, dass strategische Überlegungen nicht angestellt und notwendige Veränderungsprozesse übersehen und nicht durchgeführt werden (vgl. Hamer 1987, S. 57). Strukturell zeichnet sich der Mittelstand oftmals durch flache Hierarchien, kurze und ungezwungene Informationswege, einen begrenzten Delegationsumfang (Becker und Ulrich 2011, S. 59), sowie schnelle und eindeutige Entscheidungsabläufe aus

(Hennerkes 1999, S. 23). Der organisatorische Aufbau im Mittelstand entspricht häufig einem auf den Unternehmer ausgerichteten Einliniensystem, welches nur eine begrenzte Anzahl an Abteilungen führt (Pfohl 2006, S. 19). Das Kontroll- und Planungssystem zur Entscheidungsunterstützung ist im Mittelstand oftmals nur rudimentär ausgeprägt (Becker und Ulrich 2011, S. 60) und das Controlling übernimmt eher eine Rechnungswesen- und Informationsorientierungsfunktion, anstatt einer Führungsunterstützungsfunktion (Ulrich 2011, S. 54).

Kulturell ist eine Prägung durch den Unternehmensgründer weitestgehend vorherrschend, die auf speziellen Werten und Normen basiert (Wesel 2010, S. 162) und dazu führt, dass ein autoritärer Führungsstil im Mittelstand weit verbreitet ist (Lachnit und Ammann 1989, S. 28). Ein zusammenfassender Vergleich von Mittelstand und Großunternehmen ist der vorangestellten Abb. 3 zu entnehmen.

Die obige Abbildung zeigt wesentliche Unterschiede zwischen Mittelstand und Großunternehmen hinsichtlich der Unternehmensführung, Strategie, Organisation,

	Mittelständische Unternehmen	Großunternehmen
Unternehmensführung	• Eigentümerunternehmen • Führung nicht austauschbar • Vermischung von persönlichen und unternehmerischen Zielen • Überlastung durch mehrere Funktionen • Intuitive, spontane, autonome Entscheidungen • Kurzfristiges Denken und Handeln • Fehlendes Know-how • Selten institutionalisiertes Controlling	• Manager/Vorstand • Führung austauschbar • Ausrichtung nur auf Unternehmensziele • Sachbezogene Arbeitsteilung • Situationsabhängige Gruppenentscheidung • Langfristiges Denken & Handeln • Ausgeprägtes Führungs- und Ausführungswesen • Mehrdimensionale Controllingstrukturen
Strategie	• Keine schriftliche Fixierung strategischer Ziele • Planungslücken & mangelndes strategisches Bewusstsein	• Fixierung von Leitbildern & Visionen • Institutionalisierte Zielfindungs- und Planungsprozesse
Organisation	• Flache Strukturen • Kurze, pragmatische Informationswege • Schnelle Entscheidungen • Begrenzte Delegation • Geringe Prozessformalisierung • Hohe Flexibilität	• Komplexe Struktur • Lange, definierte Informationswege • Lange Entscheidungsprozesse • Arbeitsteilung • Weisungs- & Kontrollprozesse • Geringe Flexibilität
Personalstruktur	• Geringe Anzahl an Mitarbeitern • Persönlicher Kontakt zwischen Mitarbeitern und Leitern • Hohe relative Arbeitszufriedenheit • Starke Identifikation • Geringe Anzahl ungelernter Arbeiter • Geringer Anteil ungelernter Arbeiter	• Hohe Anzahl an Mitarbeitern • Sehr geringer persönlicher Kontakt • Niedrige relative Arbeitszufriedenheit • Geringe Identifikation • Höhere Anzahl ungelernter Arbeiter • Hoher Anteil ungelernter Arbeiter
Kontroll- und Planungssysteme	• Mangelhaftes Rechnungs- und Informationswesen • Vergangenheitsorientierte Informationsversorgung & Kontrolle	• Formalisiertes Rechnungs- und Informationswesen • Umfassende Informationsversorgung & Kontrolle
Kultur	• Haupteinflussgröße Unternehmer • Spezielle Personalführung • Tradierte Handlungsmuster der Mitarbeiter erschweren Veränderungsprozesse	• Führung/Vorstand legt Kultur fest • Personalführungsmodelle • Mitarbeiter müssen Veränderungen umsetzen oder werden entlassen

Abb. 3 Mittelstand und Großunternehmen im Vergleich. (Quelle: Becker und Ulrich 2011, S. 65)

Personalstruktur, Kontroll- und Planungssysteme sowie Kultur und ist als gedanklicher Unterscheidungsrahmen zu verstehen, da eine eindeutige Abgrenzung nie möglich ist.

2.2 Theoretische Ansätze zum Controlling im Mittelstand

Die theoretischen Grundlagen des Controllings bilden i. d. R. Entscheidungstheorie, Systemtheorie, situativer Ansatz, soziologischer Institutionalismus und verhaltenswissenschaftliche Ansätze (Baltzer 2013, S. 23 ff.). Diese universal theoretischen Ansätze sind natürlich auch auf das Controlling im Mittelstand übertragbar, gleichwohl insbesondere der Ressource-based-View und die Stewardship Theorie eine höhere Relevanz für mittelstandsspezifische Fragestellungen besitzen.

2.2.1 Resource-based-View

Die Relevanz von Ressourcen für ein Unternehmen im Kontext des Wachstums wurde erstmalig von Penrose (1959) hervorgehoben und erst in den 1990er-Jahren von mehreren Autoren gleichzeitig weiterentwickelt (Becker et al. 2013, S. 11).

Insbesondere Prahalad und Hamel (1990) und Barney (1991) setzten sich mit Ressourcen als strategisch bedeutsamer Wettbewerbsfaktor auseinander, weshalb Vertreter des Resourced-based-View postulieren, dass die Verwendung und Verwertung von Ressourcen die Basis des unternehmerischen Erfolges sind (Hungenberg 2008, S. 63), was im sogenannten „Resources-Conduct-Performance-Paradigma" zum Ausdruck gebracht wird (Macharzina und Wolf 2012, S. 56). Ressourcen werden jedoch nicht einheitlich definiert. Während Penrose Ressourcen als „physical things a firm buys, leases, or produces for its own use, and the people hired on terms that make them effectively part of the firm" definiert (Penrose 1959, S. 67), legt bspw. Barney eine weitergefasste Ressourcendefinition zu Grunde, da Ressourcen sämtliche Vermögensgegenstände, Fähigkeiten, Prozesse, Attribute, Informationen und Wissen implizieren, die ein Unternehmen befähigen, welches ein Unternehmen befähigt, eine Strategie zu konzipieren und zu implementieren, welche die Effizienz und Effektivität verbessert (Barney 1991, S. 99 ff.). Neben Ressourcen sieht die ressourcenorientierte Forschung Fähigkeiten und Kompetenzen als Fundament für den Wettbewerbsvorteil von Unternehmen an (Bode 2009, S. 62).

Zu berücksichtigen ist jedoch, dass der bloße Besitz von einzigartigen Ressourcen nicht ausreichend ist, um dauerhafte Wettbewerbsvorteile zu erzielen (Schulze 1994, S. 132), weshalb Ressourcen gebündelt und anschließend effektiv eingesetzt werden müssen, um Wettbewerbsvorteile zu erzielen (Ndofor et al. 2011, S. 640 ff.). Dies wird in der Prozessschule des ressourcenorientierten Ansatzes verdeutlicht.

Ein umfassendes Ressourcenmanagement, welches Ressourcenfreisetzung und -ersatz, die Ressourcenbereitstellung und die Ressourcenerhaltung und -optimierung impliziert, versetzt Unternehmen erst in die Lage, Ressourcen letztlich wettbewerbsvorteilhaft zu nutzen (Becker 2009, S. 93).

Mittelständische Unternehmen verfügen i. d. R. über eine geringe Ressourcenausstattung als Großunternehmen (Schauf 2009, S. 26). Insbesondere mangelt es an finanziellen Ressourcen (Rautenstrauch und Müller 2006, S. 100). Gleichwohl ist eine latente Gefahr der Tautologie zu erkennen, da sämtliche Unterschiede zwischen Mittelstand und Großunternehmen ressourcenspezifischer Natur sein können (Berthold 2010, S. 43 f.). Für die Analyse mittelstandsspezifischer Controlling-Fragestellungen ist der RBV v. a. deshalb interessant, da die spezifischen Ressourcenvorteile und Ressourcennachteile des Mittelstands in Controlling-Methoden, -Instrumenten und -Werkzeugen, aber auch der Controlling-Organisation zu berücksichtigen sind.

2.2.2 Stewardship Theorie

Die Stewardship Theorie hat ihren Ursprung in der Theologie (Thompson 1960), die wissenschaftssystematisch der Universalwissenschaft zuzuordnen ist (Balderjahn und Specht 2011, S. 28). Die Stwardship Theorie bildet ein Pendant zur Principal-Agent Theorie.

Die Principal-Agent Theorie gehört neben der Transaktionskostenkostentheorie und der Property-Rights Theorie zur neuen Institutionenökonomik (Zentes et al. 2005, S. 147; Erlei et al. 2007, S. 43 und 289) und basiert auf den Arbeiten von Jensen und Meckling (1976), Fama (1980), Fama und Jensen (1983) sowie Eisenhardt (1989). Die Theorie beschreibt die Beziehung zwischen einem Pincipal (Auftraggeber) und einem Agent (Auftragnehmer) unter der Annahme, dass Principal und Agent divergierende Ziele verfolgen und der Agent darüber hinaus die Ziele des Principals beeinflusst (Langerfeldt 2003, S. 57). Sowohl Principal als auch Agent verhalten sich zweckrational, agieren egozentrisch und streben die eigene Nutzenmaximierung an (Erlei und Schenk-Mathes 2012, S. 1). Der Agent besitzt jedoch gegenüber dem Principal einen Informationsvorsprung, welchen er zu seinem eigenen Vorteil nutzt, oder zumindest nutzen kann (Leruth und Paul 2006, S. 8). Die sich ergebenden Informationsasymmetrien führen zu Agenturkosten in Form von Bonding Costs, Monitoring Costs und dem Residual Loss (Jensen und Meckling 1976, S. 308 f.). Die Betriebswirtschaftslehre assoziiert mit Principal-Agent Problemen häufig Managementprobleme aufgrund bestimmter Auftragsbeziehungen (Mensch 1999, S. 686).

Die Stewardship Theorie verfolgt, nicht zuletzt durch den theologischen Ursprung, ein anderes Menschenbild, da angenommen wird, dass angestellte Manager im Unternehmen nicht zweckrational handeln oder egozentrisch agieren, sondern vertrauenswürdig sind und der Gesamtunternehmensnutzen über dem Eigennutzen und dem opportunistischen Verhalten zu Lasten des Principals liegt (Wagenhofer 2009, S. 8). Kollektivistisches Verhalten, hohes Verantwortungsbewusstsein, Engagement und die langfristige Verbesserung der Unternehmensperformance sind daher wesentliche Annahmen der Theorie (Davis et al. 1997, S. 37). Die Stewardship Theorie steht jedoch nicht im diametralen Gegensatz zur Principal-Agent Theorie, sondern versucht primär die Schwächen bzgl. der Annahmen über menschliches Verhalten zu kompensieren, indem ein differenziertes Managerbild zugrunde gelegt wird (Wargitsch 2010, S. 57).

Die Annahmen der Stewardship Theorie erscheinen insbesondere für den Mittelstand und Familienunternehmen zutreffend, aufgrund der oftmals vorherrschenden

Einheit von Eigentum und Management und den kulturellen Besonderheiten, insbesondere hinsichtlich Vertrauen und Kontrollvermeidung (Hiebl 2012, S. 40 ff.). Insofern dürfte im Mittelstand von einem abweichenden Umgang mit Controlling-Themen im Vergleich zu nicht-mittelständischen Unternehmen auszugehen sein.

2.3 Besonderheiten des Controllings im Mittelstand

Die bereits dargelegten betriebswirtschaftlichen Besonderheiten des Mittelstandes sind auch im Rahmen des Controllings im Mittelstand zu berücksichtigen und werden insbesondere durch die Umweltkomplexität, die Anforderungen von Banken, eine hohe Aufgabenbelastung und die Bedeutung der Intuition charakterisiert (Becker et al. 2014, S. 253).

2.3.1 Umweltkomplexität

Vor dem Hintergrund des steigenden globalen Wettbewerbs werden mittelständische Unternehmen mit immer größeren Veränderungen konfrontiert, weshalb eine Wettbewerbssituation entsteht, die die nachhaltige Existenzsicherung beeinträchtigen kann. Dies führt zu einer starken Betroffenheit durch externe Entwicklungen, insbesondere durch steigende Komplexität (Becker et al. 2014, S. 253). Als „komplex" wird umgangssprachlich eine problembehaftete Situation bezeichnet, die unübersichtlich und verwirrend erscheint und daher keine klare Orientierung für das eigene Verhalten ermöglicht (Schlange 1994, S. 2). In der Wissenschaft existiert kein einheitlicher Komplexitätsbegriff aufgrund der unterschiedlichen Vorstellungen verschiedener wissenschaftlicher Disziplinen (Bronner 1992, S. 1121). Bereits im Jahre 1930 wurde darauf aufmerksam gemacht, dass 30 Definitionsansätze existent sind, die allesamt keine Vollständigkeit im Sinne einer erschöpfenden Beschreibung oder gar Erklärung des Phänomens Komplexität besitzen (Reither 1997, S. 1). Komplexität kann nach Becker durch die Betrachtung der Anzahl, der Häufigkeit, des Wiederholungsgrades, der zeitlichen Reichweite sowie des inhaltlichen Umfangs der zu treffenden Dispositionen charakterisiert werden (Becker 1992, S. 171).

Da es sich bei der Komplexität um ein mehrdimensionales Phänomen handelt, zeigt Becker in seinem Komplexitätsmodell, dass sich die Komplexität aus der Differenziertheit (Lieferantenvielfalt, Ressourcenvielfalt, Prozessvielfalt) und der Dynamik (kurze Produktlebenszyklen, Technologiebrüche, verkürzte Entwicklungszeiten, Globalisierungstendenzen) zusammensetzt (Zloch 2007, S. 24; Piser 2004, S. 14).

Im Rahmen des Controllings sind aufgrund zunehmender Differenziertheit und Dynamik eine steigende Kostenintensität und damit einhergehende Komplexitätskosten festzustellen (Becker 2013b, S. 33). Erhöhte Führungskomplexität ist das Resultat der in der Leistungssphäre von Unternehmen vorgenommenen wettbewerbsstrategischen Anpassungen, insbesondere der Anwendung von Differenzierungsstrategien. Die Koordinationskosten ergeben sich durch den Anstieg sämtlicher Kostenarten, welche sich um die Steuerungskosten erweitern lassen (Becker 1992, S. 171).

Die kostenmäßige Konsequenz der erfolgenden Anpassung in der Leistungssphäre an die Anforderungen der Märkte ist vielschichtig und treten in Form der

Beschaffungskosten, Entwicklungskosten, Vorlauf- und Anlaufkosten, Logistikkosten, Entsorgungskosten, Rüstkosten, Qualitätskosten, Aus- und Weiterbildungskosten und Vertriebskosten auf. Dispositive Kosten sind insbesondere Planungs- und Steuerungskosten, Kontrollkosten, Koordinationskosten, Informationskosten, Entscheidungskosten, Motivationskosten und Konfliktkosten (Becker 2013b, S. 33).

Die Ausführungen zeigen, dass Komplexitätskosten sowohl in nicht unmittelbar wertschöpfenden Unternehmensbereichen (Führung) anfallen, sowie in unmittelbar wertschöpfenden Unternehmensbereichen (Ausführung). Die Kosten in den indirekten Bereichen haben die Eigenschaft, zeitlich verzögert aufzutreten, indem getroffene Entscheidungen den Komplexitätsgrad schleichend erhöhen, jedoch die Kostenwirkung als gering erscheinen lassen (Adam et al. 2004, S. 201). Die langfristigen Stückkosten nehmen aufgrund der steigenden Ausführungs- und Führungskosten einen U-förmigen Verlauf an und steigen sobald die Komplexität als zusätzlicher Kostentreiber wirkt an.

Letztendliches Problem für Manager und Controller ist trotz der zunehmenden Komplexität ein gewisses Maß an Rationalität zu gewährleisten (Schimank 2005, S. 121), obwohl zunehmend komplexitätsbedingte Informationsdefizite zu konstatieren sind (Dittmer 2002, S. 3).

2.3.2 Anforderungen von Banken

Das Controlling im Mittelstand ist ferner steigenden Anforderungen von Banken, speziell im Rahmen der Kreditvergabe, ausgesetzt, da regelmäßig ein hohes Maß an Transparenz für die Bereitstellung von Kapital vorausgesetzt wird und dadurch im Zuge der Finanzkrise die oftmals angeführte Kreditknappheit nicht an Bedeutung verliert (Becker et al. 2014, S. 253). In diesem Zusammenhang sind die für die Vergabe von Fremdkapital bindenden Anforderungen von Basel II bzw. Basel III zu berücksichtigen. Im Zuge der Erweiterung um Basel III erfolgen eine Veränderung des Eigenkapitalmixes und die Anhebung der Mindestkapitalquoten. Zudem wird sowohl die Einführung von Liquiditätskennzahlen wie dem Liquidity Coverage Ratio und dem Net Stable Funding Ratio als auch die Einführung einer Verschuldungskennziffer (Leverage Ratio) eine Neuheit darstellen (Angelkort und Stuwe 2011, S. 8). Die zunehmend restriktivere Kreditvergabe der Banken führt zu einem Engpassfaktor, wodurch mittelständische Unternehmen Probleme mit dem Bezug von Fremdkapital durch Banken bekommen. Andererseits führen die höheren Anforderungen an das regulatorische Kapital zu einer Verteuerung der Finanzierung, sowohl auf Unternehmensebene als auch auf volkswirtschaftlicher Ebene (Angelkort und Stuwe 2011, S. 15). Einhergehend ist die zunehmende Relevanz von Ratings, als Grundvoraussetzung der Kreditvergabe, zu berücksichtigen. Unter einem Rating ist ein Bonitätsurteil über ein Ratingobjekt zu verstehen, dass bei Schuldner (Emittentenrating) wie auch für definierte Finanztitel (Emissionsrating) durchgeführt werden kann (Füser und Heidusch 2003, S. 130). Das Bankenrating dient der Einschätzung der Ausfallwahrscheinlichkeit und der damit einhergehenden Ermittlung des Kreditzinses (Stiefl 2008, S. 267). Für mittelständische Unternehmen hat das Bankenrating die Notwendigkeit zur Folge, die Beziehung zu Banken zu intensivieren. Dies ermöglicht eine höhere Transparenz der Bonitätsunterschiede (Stark 2002, S. 44).

Das Bankenrating ist keine Neuheit in Deutschland, allerdings stiegen die Anforderungen für mittelständische Unternehmen speziell durch Basel II. Der Trend der Bonitätsprüfung bewegt sich in Richtung quantitativer Verfahren, welche vornehmlich auf die Eigenkapitalquote, den Cashflow und die Umsatzentwicklung abzielen (Boehm-Bezing 2002, S. 164) und dadurch das Controlling im Mittelstand vor erweiterte Herausforderungen stellt.

2.3.3 Hohe Aufgabenbelastung der Entscheidungsträger

Das Controlling im Mittelstand übernimmt eher eine Rechnungswesen- und Informationsorientierungsfunktion denn Führungsunterstützungsfunktionen (Ulrich 2011, S. 54), weshalb die Controllingfunktion in Personalunion häufig beim Leiter Rechnungswesen oder Mitgliedern des Leitungsgremiums angesiedelt ist (Hoogen und Lingnau 2009, S. 377), weshalb eine hohe Aufgabenbelastung attestiert werden kann (Becker et al. 2014, S. 253). Die Ansiedlung des Controllers beim Leiter Rechnungswesen ist jedoch kaum zweckmäßig, da der Controller bzw. das Controlling sich durch Zukunfts- und Zielorientierung auszeichnet, das Rechnungswesen indes eine starke Vergangenheitsorientierung aufweist (Kosmider 1993, S. 84). Ferner ist festzuhalten, dass mit steigender Unternehmensgröße die Überschaubarkeit der Unternehmensstruktur sinkt und deswegen ein steigender Koordinationsbedarf resultiert (Holland-Letz 2008, S. 17). Die hohe Aufgabenbelastung resultiert ferner aus der tendenziell geringeren Anzahl an Controllern im Mittelstand (Ossadnik et al. 2003, S. 24 ff.). Die geringe Anzahl an Controllern führt dazu, dass das Controlling in Funktionsbereichen (Bindestrich-Controlling) nicht institutionalisiert ist und oftmals durch eine Person übernommen wird. Dies ist i. d. R. auf die geringe (finanzielle) Ressourcenbasis zurückzuführen.

2.3.4 Hohes Gewicht intuitiver Entscheidungen

Intuition wird in der Literatur nicht einheitlich definiert, beschreibt jedoch grundsätzlich das sofortige Verstehen eines Objektes oder einer Idee, ohne dass eine bewusste Argumentation vorliegt (Bolte 1999, S. 8). Die Definitionsproblematik ist darauf zurückzuführen, dass die Intuition einer Bewusstseinsebene entstammt, die unter dem Niveau des Bewussten liegt und dadurch schwammig und schwer definierbar ist (Rowan 1989, S. 22). Theoretische Ansatzpunkte zur Intuition finden sich bspw. in der Naturalistic Decision-Making Theory, der Image-Theory oder der Garbage Can Theory. Deduktiv logische Entscheidungen, welche durch Controlling (und die verwendeten Controlling-Instrumente) getroffen werden können, werden im Mittelstand häufig durch Intuition ersetzt, was einer induktiv-intuitiven Entscheidung entspricht.

Insbesondere im Mittelstand haben intuitive Entscheidungen ein hohes Gewicht. Dies ist darauf zurückzuführen, dass Entscheidungsträger über ein fundiertes Wissen und Erfahrung verfügen, wodurch ein zweckrationales Entscheiden, welches durch das Controlling ermöglicht wird, unter Umständen nicht notwendig ist. Neben der Dominanz des intuitiven Entscheidungsstils sind im Mittelstand die Entscheidungszentralisation, eine hohe Entscheidungsgeschwindigkeit und eine tendenziell geringe Entscheidungsunterstützung mittels Controlling-Instrumenten charakteristisch.

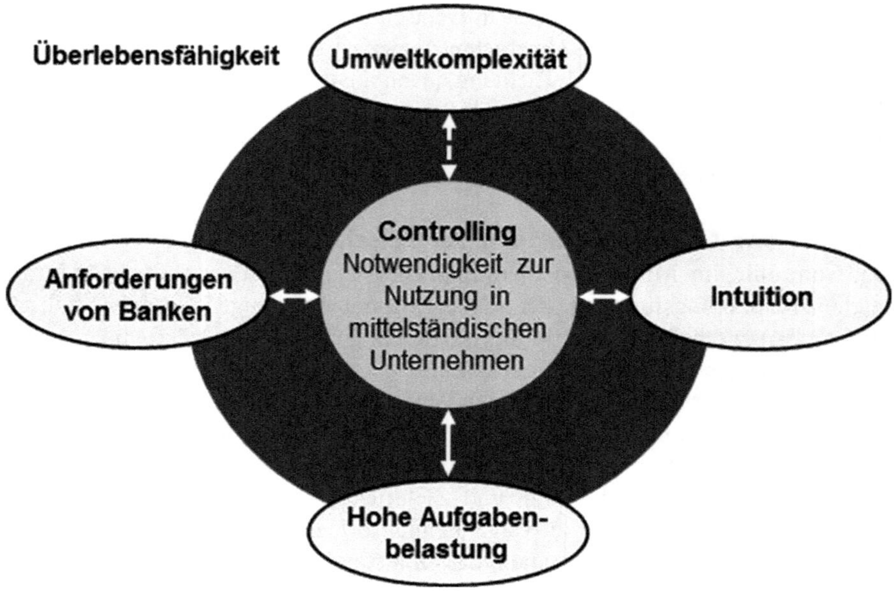

Abb. 4 Anforderungen an das Controlling im Mittelstand. (Quelle: Becker et al. 2014, S. 254)

Wie die obige Abb. 4 verdeutlicht, haben Umweltkomplexität, Anforderungen von Banken, hohe Aufgabenbelastung und das hohe Gewicht intuitiver Entscheidungen einen Einfluss auf das Controlling im Mittelstand und legitimieren teilweise die Notwendigkeit einer Institutionalisierung, um die langfristige Existenzsicherung, durch eine erhöhte Effizienz und Effektivität, zu gewährleisten (Keuper et al. 2009, S. 56 f.).

2.4 Status Quo der Forschung und empirische Erkenntnisse

Wie bereits dargelegt ist das Controlling im Mittelstand auch im Jahr 2014 immer noch unzureichend untersucht. Diesbezüglich soll im Weiteren ein kurzer Überblick über bisherige Forschungsaktivitäten gegeben und ausgewählte empirische Erkenntnisse aufgezeigt werden.

2.4.1 Forschungsüberblick

In der deutschsprachigen Forschung zur Implementierung des Controllings im Mittelstand werden seit ca. 20 Jahren immer wieder deskriptive Studien durchgeführt (Becker und Ulrich 2009, S. 310).

Wie im weiteren Verlauf angeführte Abb. 5 verdeutlicht, sind die jeweiligen Untersuchungen durch hohe Heterogenität gekennzeichnet, insbesondere hinsicht-

Quelle	Erhebung	Rück-lauf	Quote	Anzahl MA	Branche	Region
Bussiek (1981)	k.A.	208	21,1%	<1.000	alle	k.A.
Pohl/ Rehkugler (1986)	1984	217	13,9%	20 - 1.000	alle	Bremen/ Stade
Lachnit/ Dey (1989)	1986	24	p.Befr.	<500	alle	IHK Oldenburg
Lanz (1990)	1986	420	13,7%	<500	alle	Schweiz
Kosmider (1994)	1988	440	39,6%	20 - über 500	Industrie	IHK Koblenz
Legenhausen (1998)	1992	139	13,1%	<500	alle	IHK Bremen
Dintner/ Schorcht (1999)	1994/ 1996	152	15,9%	<500	Industrie	Thüringen
Zimmermann (2001)	2000	84	p.Befr.	50 - 1.000	Industrie	Alte BRD
Ossadnik/ Barklage/van Lengerich (2003, 2004)	2002	155	11,8%	<500	alle	Osnabrück-Emsland
Bischof/Benz/ Maier (2004	k.A.	34	20,7%	<750	Industrie/ Handel	Vorarlberg (Österreich)
Rauten-strauch/ Müller (2005, 2006)	2003	188	12,0%	20 - 500	Industrie	Ostwestfalen
Schachner/ Speckbacher/ Wentges (2006)	2003	205	13,7%	50 - 500	alle	Süd-deutschland/ Österreich
Flacke (2007)	2004	211	~ 7,0%	<500	alle	Region Münster
Feldbauer-Durstmüller/ Wimmer/ Duller (2008)	2007	236	20,0%	>50	alle	Österreich
Becker/ Baltzer/Ulrich (2008)	2008	113	11,1%	25 - 3.000	alle	Franken

Abb. 5 Deutschsprachige Controlling-Forschung im Mittelstand. (Quelle: Becker und Ulrich 2009, S. 309)

lich Rücklaufquote, Datenerhebung und Erhebungsregion. Neben der nur fragmentarischen Forschung zum Controlling im Mittelstand sind ferner die angewandte Methodik und Operationalisierung des Mittelstandsbegriffs derart heterogen, dass die Ergebnisse nur eine rudimentäre Vergleichbarkeit erlauben (Flacke 2007, S. 113). Die Studien unterscheiden sich jedoch auch hinsichtlich der zu untersuchenden Einflussfaktoren. Insbesondere Unternehmensgröße, Führungsstil und Unternehmensumwelt haben in der empirischen Forschung große Bedeutung erlangt, während andere Einflussfaktoren bisweilen nur oberflächlich behandelt oder gar gänzlich vernachlässigt werden.

Nichtsdestotrotz zeigen bereits die Ergebnisse der oben aufgeführten Studien, die Notwendigkeit einer eigenständigen mittelstandsbezogenen Controllingforschung.

2.4.2 Ausgewählte empirische Erkenntnisse

In Anlehnung an die generischen Elemente einer Controlling-Konzeption bestätigen Untersuchungen des Europäischen Kompetenzzentrums für Angewandte Mittelstandsforschung der Universität Bamberg die Notwendigkeit einer mittelstandsbezogenen Controllingforschung (Becker et al. 2008, S. 74 ff.).

Im Sinne der wertschöpfungsorientierten Controlling-Konzeption werden die originäre Funktion der Lokomotion und die derivativen Funktionen der Abstimmung und Informationskongruenz zu Grunde gelegt.

Wie im weiteren Verlauf angeführte Abb. 6 zeigt, wird Controlling deutlich stärker mit den derivativen Funktionen der Information (71 %) und der Abstimmung (58 %) verbunden, als mit der originären Funktion der Lokomotion (13 %). Darüber hinaus wurden die Controlling-Aufgabenträger untersucht (Abb. 7).

67 % der Befragten geben an, dass in ihrem Unternehmen spezialisierte Mitarbeiter für das Controlling verantwortlich sind. Deutlich seltener (27 %) sind angestellte Führungskräfte verschiedener Hierarchieebenen für das Controlling (mit-) verantwortlich. 20 % der Unternehmen nannten Eigentümer als wichtige Aufgabenträger sowie 13 % bestehende kaufmännische Stellen. Lediglich 7 % der befragten Unternehmen führen eine externe Vergabe durch.

Der Aufgabenträger hat im Rahmen seiner Tätigkeit verschiedene Aufgaben zu erfüllen. Im Vordergrund stehen Aufgaben im Rahmen der Planung (89 %) und der Budgetierung (69 %), Aufgaben der Informationsversorgung durch die Erstellung des Berichtswesens (89 %), Analysetätigkeiten (78 %) sowie die Durchführung der Kostenrechnung (78 %) und der Kalkulation (71 %) (Abb. 8).

Aufgaben wie bspw. Jahresabschluss (58 %), Investitionscontrolling (58 %), Schwachstellenanalyse (58 %), MIS (56 %) und strategische Planung (56 %) besitzen im Mittelstand nur eine untergeordnete Bedeutung. Zuletzt wurde die Nutzung von Controlling-Instrumenten untersucht.

Abb. 9 zeigt, dass Deckungsbeitragsrechnung (84 %) und (klassische Voll-) Kostenrechnung (80 %), Kennzahlensysteme (82 %) sowie Budgetierung (76 %) die größte Verbreitung aufweisen.

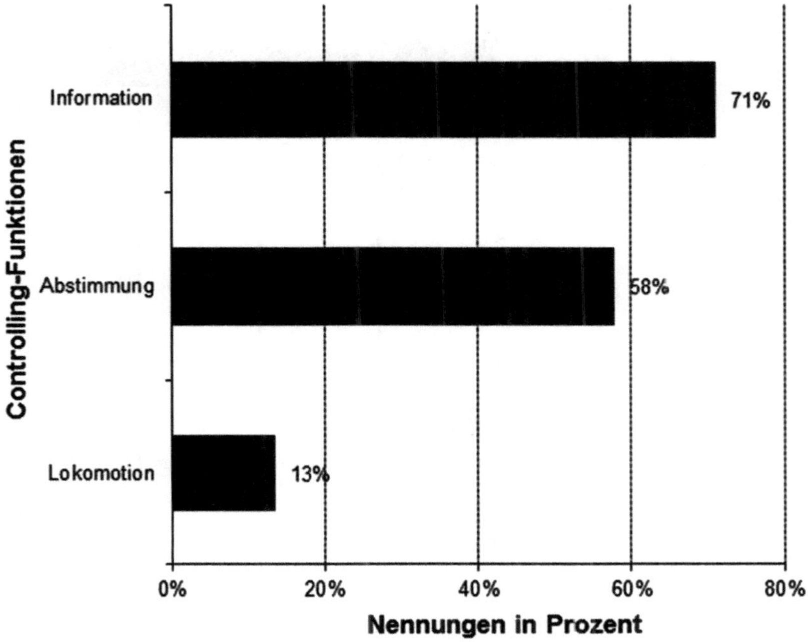

Abb. 6 Funktionen des Controllings in mittelständischen Unternehmen. (Quelle: Becker et al. 2008b, S. 74 ff.)

2.5 Fazit

Wie die obigen Ausführungen gezeigt haben, ist das Controlling im Mittelstand ein Forschungsgebiet, das in Zukunft vermehrt in den Fokus wissenschaftlicher Untersuchungen rücken sollte. Gerade im Kontext der internationalen Controlling-Diskussion um Globalisierung und Harmonisierung des Rechnungswesens ist es durchaus sinnvoll, das „mittelständische Controlling" aus einer spezifisch deutschen Perspektive zu betrachten. Dies ist zweifelsohne der volkswirtschaftlichen Bedeutung dieses Betriebstyps in Deutschland geschuldet, da der Mittelstand unbestritten das Rückgrat der deutschen Wirtschaft ist und bleiben wird. Darüber hinaus zeichnet sich dieser durch spezifische betriebswirtschaftliche Besonderheiten aus, die einen Einfluss auf die Ausgestaltung des Controllings besitzen. Großunternehmen, insbesondere jedoch mittelständische Unternehmen, sind und werden auch in Zukunft einer steigenden Umweltkomplexität ausgesetzt sein. Im aktuellen Umfeld zeigt sich das durch Agilität und Digitalisierung, aber auch die gestiegenen Anforderungen an das Controlling im Kontext der COVID-19-Pandemie. Hinzu kommen steigende Anforderungen von Kreditinstituten als Ergebnis der weltweiten Wirtschafts- und Finanzkrise 2008/2009 sowie der aktuell existierenden Liquiditätsengpässe in kleinen und mittleren Unternehmen, die v. a. den Auswirkungen der

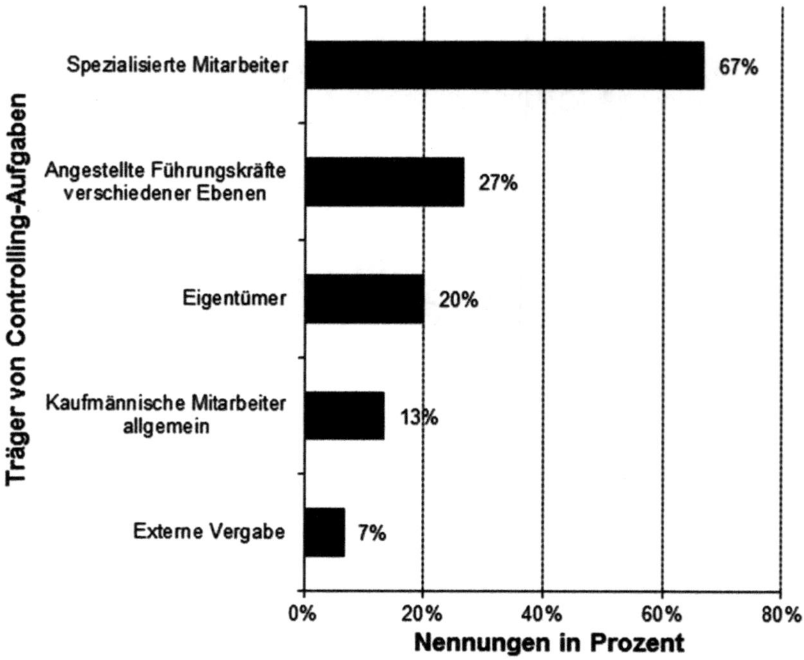

Abb. 7 Aufgabenträger des Controllings in mittelständischen Unternehmen. (Quelle: Becker et al. 2008, S. 74 ff.)

COVID-19-Pandemie seit März 2020 geschuldet sind. Gleichwohl ergeben sich nicht nur extern getriebene Anforderungen, sondern auch interne Bedarfe, insbesondere durch die hohe Aufgabenbelastung des (Familien-)Managements und das nach wie vor hohe Gewicht intuitiver Entscheidungen. Gerade letzterere Aspekt sollte vor dem Hintergrund der gestiegenen Bedeutung von Haftung im Sinne der Business Judgment Rule nach § 93 AktG hinterfragt werden. Die Aufgabenbelastung des Managements wird auch in Zukunft weiter zunehmen, da mittelständische Unternehmen auf die externen Entwicklungen reagieren müssen, sich gleichzeitig jedoch oftmals die finanzielle Ressourcenbasis für weitere Controller kaum ermöglichen. Die besondere Bedeutung der Intuition im Mittelstand ist zweifelsohne existent, gleichwohl dies gegenwärtig weder positiv noch negativ auszulegen ist. Eine zielgerichtete Forschung könnte Aufschluss darüber geben, wie im Mittelstand ein geeignetes Mittelmaß zwischen Rationalität und Intuition realisiert werden kann.

Die in dem Beitrag dargelegten empirischen Erkenntnisse zeigen unterdessen, dass im Mittelstand dem Controlling insbesondere die Informations- und Abstimmungsfunktion attestiert wird, die durch spezialisierte Mitarbeiter sichergestellt wird. Diesbezüglich liegen die Aufgaben vor allem im Rahmen der Planung und der Budgetierung sowie in der Informationsversorgung durch die Erstellung des Berichtswesens und Analysetätigkeiten. Eine fehlende Ausrichtung auf die Wertschöpfung ist erkennbar, was zweifelsohne zur Bedrohung der langfristigen Exis-

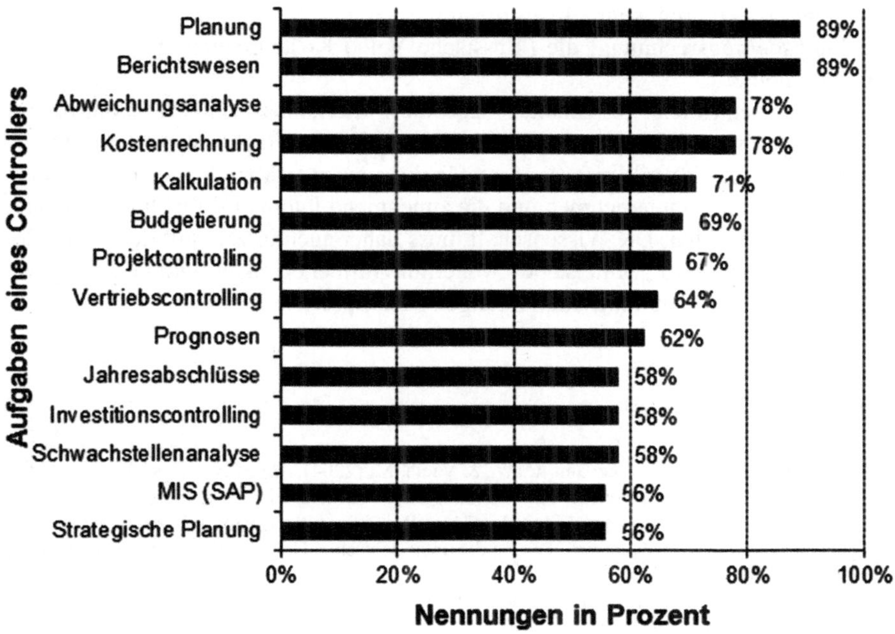

Abb. 8 Controlling-Aufgaben in mittelständischen Unternehmen. (Quelle: Becker et al. 2008, S. 74 ff.)

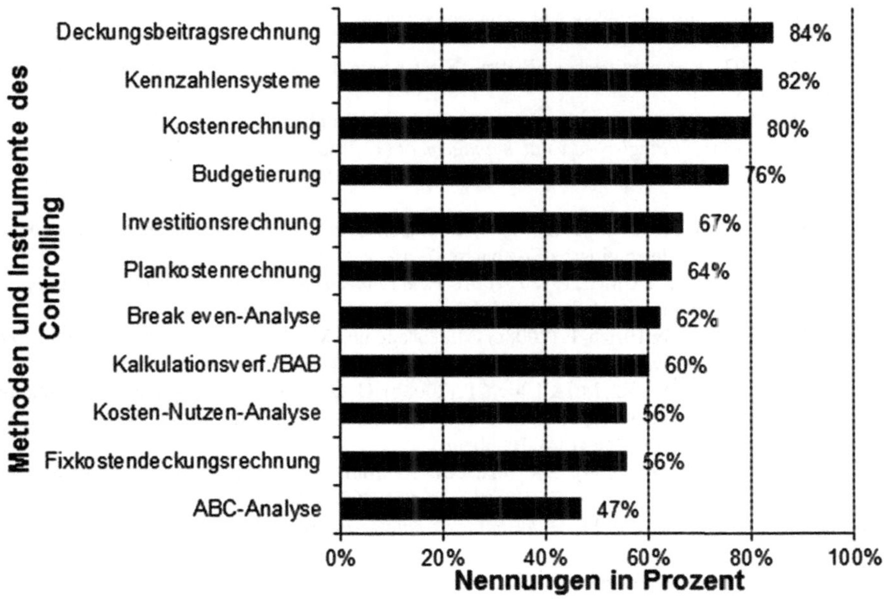

Abb. 9 Instrumente des Controllings in mittelständischen Unternehmen. (Quelle: Becker et al. 2008, S. 74 ff.)

tenzsicherung führen kann. Instrumentell setzt der Mittelstand primär auf die Deckungsbeitragsrechnung, die (klassische Voll-) Kostenrechnung sowie Kennzahlensysteme.

Abschließend bleibt festzuhalten, dass die mittelstandsspezifische Controlling-Forschung längst nicht ausgeschöpft ist und zahlreiche Fragen weiterhin unbeantwortet bleiben. Dies gilt insbesondere für die steigende Verzahnung mit der Forschung zu Familienunternehmen und die zunehmend internationale Dimension von Forschungsprojekten, Die Wissenschaft muss daher auch in Zukunft dem besonderen Unternehmenstyp „Mittelstand" weiterhin Aufmerksamkeit widmen, um praktisch anwendbare Handlungsempfehlungen auszusprechen.

Literatur

Adam, D., Backhaus, K., Thonemann, U. W., & Voeth, M. (2004). *Allgemeine Betriebswirtschaftslehre: Koordination betrieblicher Entscheidungen* (3. Aufl.). Berlin/Heidelberg: Springer.

Ahn, H. (1999). Ansehen und Verständnis des Controlling in der Betriebswirtschaftslehre: Grundlegende Erkenntnisse einer empirischen Studie unter deutschen Hochschullehrern. *Controlling, 3*, 109–114. München: Beck.

Angelkort, A., & Stuwe, A. (2011). Basel III und Mittelstandsfinanzierung. http://library.fes.de/pdf-files/managerkreis/08507.pdf. Zugegriffen am 06.05.2012.

Balderjahn, I., & Specht, G. (2011). *Einführung in die Betriebswirtschaftslehre* (6. Aufl.). Stuttgart: Schäffer-Poeschel.

Baltzer, B. (2013). *Einsatz und Erfolg von Controlling-Instrumenten: Begriffsbestimmung, empirische Untersuchung und Erfolgsbeurteilung*. Wiesbaden/Berlin: Springer.

Barney, J. (1991). Firm resources and sustained competitive advantage. *Journal of Management 17*(1), 99–120.

Becker, W. (1992). Komplexitätskosten. Krp – Kostenrechnungspraxis. *Zeitschrift für Controlling, 36*, 171–175.

Becker, W. (2009). *Strategie und Performance* (9. Aufl.). Bamberg: Universität Bamberg.

Becker, W. (2013a). *Strategisches value management* (13. Aufl.). Bamberg: Universität Bamberg.

Becker, W. (2013b). *Kosten-, Erlös- und Ergebnismanagement* (8. Aufl.). Bamberg: Universität Bamberg.

Becker, W., Baltzer, B., & Ulrich, P. (2009). Wie stehen mittelständische Unternehmen zur Corporate Governance? Aktuelle empirische Ergebnisse. *Zeitschrift für Corporate Governance, 1*, 5–12.

Becker, W., Baltzer, B., & Ulrich, P. (2014). *Wertschöpfungsorientiertes Controlling – Konzeption und Umsetzung*. Stuttgart: Verlag W. Kohlhammer.

Becker, W., Staffel, M., & Ulrich, P. (2008a). Mittelstand und Mittelstandsforschung. In *Bamberger Betriebswirtschaftliche Beiträge*, (Nr. 153). Bamberg.

Becker, W., Fischer, S., Staffel, M., & Ulrich, P. (2008b). Unternehmensführung und Controlling im Mittelstand – Einflüsse von Unternehmensgröße und Leitungsstruktur. In *Bamberger Betriebswirtschaftliche Beiträge*, (Nr. 154). Bamberg.

Becker, W., & Ulrich, P. (2009). Spezifika des Controllings im Mittelstand: Ergebnisse einer Interviewaktion. *Management & Controlling, 53*(5), 308–316.

Becker, W., & Ulrich, P. (2011). *Mittelstandsforschung: Begriffe, Relevanz und Konsequenzen*. Stuttgart: Verlag W. Kohlhammer.

Becker, W., Ulrich, P., Zimmermann, L., Botzkowski, T., & Vogt, M. (2013). Ressourcen im Mittelstand. In *Bamberger Betriebswirtschaftliche Beiträge*, Nr. 195. Bamberg.

Behrends, T., Meyer, U., & Korjamo, E. (2005). Strategisches Management in KMU: Befunde, Anforderungen und Gestaltungsmöglichkeiten. In S. Schöning, I. Ott, J. Richter & D. Nissen (Hrsg.), *Kleine und mittlere Unternehmen in Umbruchsituationen*, (S. 17–34). Frankfurt a. M.: Peter Lang Internationaler Verlag der Wissenschaften.

Berthold, F. (2010). *Familienunternehmen im Spannungsfeld zwischen Wachstum und Finanzierung*. Lohmar: Eul Lohmar.

Bode, A. (2009). *Wettbewerbsvorteile durch internationale Wertschöpfung*. Wiesbaden: Gabler.

Boehm-Bezing, C. (2002). Auswirkungen des Baseler Akkordes auf die Finanzierung des Mittelstandes. In C. Kolbeck (Hrsg.), *Finanzierung für den Mittelstand. Trends, Unternehmensrating, Praxisfälle* (S. 155–172). Wiesbaden: Gabler.

Bolte, A. (1999). *Intuition und Emotion: Einflüsse von Stimmungen auf semantische Aktvierung und implizite Urteilsprozesse*. Osnabrück: Forschungsberichte/ FB Psychologie, Univ. Osnabrück, 116. (zugl. Diss. Univ. Osnabrück).

Bramsemann, R. (1993). *Handbuch Controlling* (3. Aufl.). München: Fachbuchverlag Leipzig.

Bronner, R. (1992). Komplexität. In E. Frese (Hrsg.), *Handwörterbuch der Organisation* (S. 1121–1130). Stuttgart: Springer.

Damken, N. (2007). *Corporate Governance in mittelständischen Kapitalgesellschaften – Bedeutung der Business judgment rule und der D & O-Versicherung für Manager im Mittelstand nach der Novellierung des § 93 AktG durch das UMAG*. Edewecht: Oldenburger Verlag für Wirtschaft, Informatik und Rech.

Daniel, K. (2008). *Managementprozesse und Performance: Ein Konzept zur reifegradbezogenen Verbesserung des Managementhandelns*. Wiesbaden: Gabler.

Davis, J. H., Schoorman, D. F., & Donaldson, L. (1997). Toward a stewardship theory of management. *The Academy of Management Review, 22*(1), 20–47.

Dittmer, G. (2002). *Rationales Management: Komplexität methodisch meistern*. Berlin: Springer.

Eisenhardt, K. M. (1989). Agency theory: An assessment and review. *Academy of Management Review, 14*, 57–74.

Erlei, M., Leschke, M., & Sauerland, D. (2007). *Neue Institutionenökonomik* (2. Aufl.). Stuttgart: Schäffer-Poeschel.

Erlei, M., & Schenk-Mathes, H. (2012). *Bounded Rationality in Principal-Agent Relationships*. Arbeitspapier TU: Clausthal.

Europäische Kommission. (1996). KMU-Definition: Empfehlung der Kommission vom 03.04.1996. In *Amtsblatt der Europäischen Gemeinschaft. L 107 vom 30.04.1996.* Zitiert: Europäische Kommission .

Europäische Kommission. (2003). KMU-Definition: Empfehlung der Kommission vom 06.05.2003. In *Amtsblatt der Europäischen Gemeinschaft. L 124 vom 20.05.2003.* Zitiert: Europäische Kommission .

Fama, E. (1980). Agency problems and the theory of the firm. *Journal of Political Economy, 88*, 288–307.

Fama, E., & Jensen, M. C. (1983). Seperation of ownership and control. *Journal of Law and Economics, 26*, 301–325.

Flacke, K. (2007). *Controlling in mittelständischen Unternehmen*. Münster: Deutscher Universitätsverlag.

Füser, K., & Heidusch, M. (2003). *Rating: Einfach und schnell zur erstklassigen Positionierung Ihres Unternehmens*. Freiburg: Haufe München.

Goeke, M. (2008). Der deutsche Mittelstand – Herzstück der deutschen Wirtschaft. In M. Goeke (Hrsg.), *Praxishandbuch Mittelstandsfinanzierung* (S. 9–22). Wiesbaden: Gabler.

Hamer, R. (1987). *Das mittelständische Unternehmen*. Stuttgart: Poller.

Hausch, K. T. (2004). *Corporate Governance im deutschen Mittelstand: Veränderungen externer Rahmenbedingungen und interner Elemente*. Wiesbaden: Deutscher Universitätsverlag.

Hennerkes, B.-H. (1999). Persönliche Empfehlung für Familienunternehmen. In B.-H. Hennerkes & C. Pleister (Hrsg.), *Erfolgsmodell Mittelstand: 12 Unternehmer geben Einblicke in ihr Denken und Handeln* (S. 21–46). Wiesbaden: Gabler.

Hiebl, M. (2012). *Die Rolle des Chief Financial Officer in großen Familienunternehmen*. Berlin: ePubli.

Holland-Letz, S. (2008). *Controlling im Mittelstand: Entwicklung eines Controllingkonzeptes für den Mittel-stand, Diskussion der Umsetzung mit betriebswirtschaftlicher Software und Vergleich mit einer empirischen Bestandsaufnahme der Controllingpraxis*. Diss. Mannheim.

Hoogen, M., & Lingnau, V. (2009). Perspektiven eines kognitionsorientierten Controllings für KMU. In D. Müller (Hrsg.), *Controlling für kleine und mittlere Unternehmen* (S. 101–126). München: Oldenbourg.

Hungenberg, H. (2008). *Strategisches Management in Unternehmen* (5. Aufl.). Wiesbaden: Oldenbourg.

Jensen, M. C., & Meckling, W. H. (1976). Theory of the firm and managerial behaviour, agency costs, and ownership structure. *Journal of Financial Economics, 3*, 305–360.

Keuper, F., Brösel, G., & Albrecht, T. (2009). Controlling in KMU – Identifikation spezifischer Handlungs ¬ bedarfe auf Basis aktueller Studien. In D. Müller (Hrsg.), *Controlling für kleine und mittlere Unternehmen* (S. 55–71). München: Oldenbourg.

Kosmider, A. (1993). *Controlling im Mittelstand: Eine Untersuchung der Gestaltung und Anwendung des Controllings in mittelständischen Unternehmen* (2. Aufl.). Stuttgart: Schäffer Poeschel.

Küpper, H.-U., Weber, J., & Zünd, A. (1990). Zum Verständnis und Selbstverstänis des Controlling: Thesen zur Konsensbildung. *Zeitschrift für Betriebswirtschaft, 60*(3), 281–293.

Lachnit, L., & Ammann, H. (1989). Theoretische Grundlagen von Unternehmensführung in mittelständischen Betrieben. In L. Lachnit (Hrsg.), *EDV-Gestützte Unternehmensführung in mittelständischen Betrieben* (S. 7–56). München: Franz Vahlen.

Langerfeldt, M. (2003). Neue Institutionenökonomik. *WISU, 1*(03), 55–58.

Leruth, L., & Paul, E. (2006). *A principal-agent theory approach to public expenditure management systems in developing countries. IMF Working Paper*, 06/204.

Littkemann, J. (2004). Einführung in das Beteiligungscontrolling. In J. Littkemann & H. Zündorf (Hrsg.), *Beteiligungscontrolling: Ein Handbuch für die Unternehmens- und Beratungspraxis* (S. 1–20). Herne/Berlin: Neue Wirtschafts-Briefe.

Macharzina, K., & Wolf, J. (2012). *Unternehmensführung: Das internationale Managementwissen: Konzepte – Methoden – Praxis* (8. Aufl.) Wiesbaden: Springer Gabler.

Mensch, G. (1999). Grundlagen der Agency Theorie. *WISU, 28*(7), 937–940.

Ndofor, H. A., David Sirmon, G., & He, X. (2011). Firm resource, competitive actions and performance: Investigating a mediated model with evidence from the in-vitro diagnostics industry. *Strategic Management Journal, 32*, 640–657.

Ossadnik, W., Barklage, D, & van Lengerich, E. (2003). *Controlling mittelständischer Unternehmen in der Region Osnabrück-Emsland: Empirische Bestandsaufnahme, Evaluierung und Handlungsempfehlungen, Forschungsprojekt*. Osnabrück: Universität Osnabrück.

Penrose, E. (1959). *The growth of the firm*. New York: Wiley.

Pfohl, H.-C. (2006). Abgrenzung der Klein- und Mittelbetriebe von Großbetrieben. In H.-C. Pfohl (Hrsg.), *Betriebswirtschaftslehre der Mittel- und Kleinbetriebe: Größenspezifische Probleme und Möglichkeiten zu ihrer Lösung* (4. Aufl., S. 1–24). Berlin: Schmidt.

Piser, M. (2004). *Strategisches performance management*. Wiesbaden: Springer.

Prahalad, C. K., & Hamel, G. (1990). The core competence of the corporation. *Harvard Business Review, 68*, 79–91.

Rautenstrauch, T., & Müller, C. (2006). Investitionscontrolling in kleinen und mittleren Unternehmen (KMU). *ZfCM, 50*(2), 100–105.

Reither, F. (1997). *Komplexitätsmanagement: Denken und Handeln in komplexen Situationen*. München: Gerling Akad.

Rowan, R. (1989). *Spitzenleistungen durch intuitives Management*. Düsseldorf: Econ Verlag.

Rühli, E. (1984). Der Züricher Ansatz zu einer Führungslehre. *Die Unternehmung, 38*(4), 347–357.

Rühli, E. (1991). Das Züricher Management-Modell – Grundkonzept und zeitgemäße Weiterentwicklung. *Wissenschaftliche Zeitschrift der Handelshochschule Leipzig, 18*(2), 99–108.

Rühli, E. (1992). *Gestaltungsmöglichkeiten der Unternehmensführung*. Bern: Paul Haupt.

Schauf, M. (2009). Grundlagen der Unternehmensführung im Mittelstand. In M. Schauf (Hrsg.), *Unternehmensführung im Mittelstand: Rollenwandel kleiner und mittlerer Unternehmen in der Globalisierung* (2. Aufl., S. 1–30). München: Hampp.

Schimank, U. (2005). *Die Entscheidungsgesellschaft: Komplexität und Rationalität der Moderne*. Wiesbaden: Verlag für Sozialwissenschaften.

Schlange, L. E. (1994). Komplexitätsmanagement: Grundlagen und Perspektiven. In A. Schüller & L. E. Schlange (Hrsg.), *Komplexität und Managementpraxis: Reale Visionen zum Komplexitätsmanagement* (S. 1–32). Stuttgart: Enke.

Schulze, W. S. (1994). The two schools of thought in resource-based theory: Definitions and implications for research. In P. Shrivastava, A. Huff & J. Dutton (Hrsg.), *Resource-based view of the firm* (S. 127–152). Greenwich: JAI Press.

Seitz, B. (2006). *Optimierung der technischen Unternehmensführung mittels gewichteter Kennzahlen für KMU der Lackindustrie*. Chemnitz: IBF Paderborn.

Stark, J. (2002). Neue Trends der Unternehmensfinanzierung. In C. Kolbeck (Hrsg.), *Finanzierung für den Mittelstand: Trends, Unternehmensrating, Praxisfälle* (S. 35–47). Wiesbaden: Gabler.

Stiefl, J. (2008). *Finanzmanagement: Unter besonderer Berücksichtigung von kleinen und mittelständischen Unternehmen* (2. Aufl.). München: Oldenbourg.

Tappe, R. (2009). *Wertorientierte Unternehmensführung im Mittelstand: Eine Überprüfung der An-wendbarkeit*. Frankfurt a. M.: Perter Lang.

Thompson, T. K. (1960). *Stewardship in contemporary theology*. New York: Association Press.

Ulrich, P. (2011). *Corporate Governance in mittelständischen Familienunternehmen: Theorien, Feldstudien, Umsetzung*. Wiesbaden: Springer Gabler.

Wagenhofer, A. (2009). *Controlling und Corporate Governance-Anforderungen*. Berlin: Erich Schmidt.

Wargitsch, C. (2010). *Management control in Familienunternehmen*. Frankfurt a. M.: Peter Lang.

Wesel, M. A. (2010). *Corporate Governance im Mittelstand: Anforderungen, Besonderheiten, Umsetzung*. Berlin: Erich Schmidt.

Zentes, J., Swoboda, B., & Morschett, D. (2005). *Kooperationen, Allianzen und Netzwerke. Grundlagen-Ansätze-Perspektiven* (2. Aufl.). Wiesbaden: Gabler.

Zloch, S. (2007). *Wertorientiertes Management der pharmazeutischen Produktentwicklung*. Wiesbaden: Deutscher Universität.

Besonderheiten des Controlling im internationalen Umfeld

Andreas Hoffjan und Christoph Endenich

Zusammenfassung

Die International Vergleichende Controllingforschung bietet seit einem Vierteljahrhundert Einblicke in die Controllingausgestaltung verschiedener Länder. Auf diese Weise wird nicht nur der hohen Bedeutung des Controlling in international agierenden Unternehmen Rechnung getragen, sondern auch der internationale Transfer von Controllingtechniken ermöglicht. Der vorliegende Beitrag betrachtet vor dem skizzierten Hintergrund die Controllingausgestaltung in Deutschland, Frankreich und Spanien. Dabei werden Spezifika des Controlling in den betrachteten Ländern, aber auch deutliche Harmonisierungstendenzen aufgezeigt. Letztere werden insbesondere durch international agierende Unternehmen sowie die Verwendung standardisierter Unternehmenssoftware beschleunigt.

Schlüsselwörter

International Vergleichendes Controlling · Feldstudie · Deutschland · Frankreich · Spanien

1 Einleitung

Während das externe Rechnungswesen durch nationale und internationale Rechnungslegungsstandards normiert wird, wird das Controlling in der Unternehmenspraxis weitestgehend auf die Bedürfnisse der internen Entscheidungsträger – ins-

A. Hoffjan (✉)
Technische Universität Dortmund, Dortmund, Deutschland
E-Mail: andreas.hoffjan@tu-dortmund.de

C. Endenich
IESEG School of Management (LEM-CNRS), Katholische Universität Lille, Lille und Paris, Frankreich
E-Mail: c.endenich@ieseg.fr

W. Becker, P. Ulrich (Hrsg.), *Handbuch Controlling*,
https://doi.org/10.1007/978-3-658-26431-4_47

besondere des Top-Managements – abgestimmt. Hieraus resultiert, dass das Controlling über Branchen- aber auch über Landesgrenzen hinweg erhebliche Unterschiede aufweist (vgl. Endenich 2012; Wagenhofer 2006). Die vergleichende Analyse der resultierenden landesspezifischen Controllingausgestaltung stellt ein konstituierendes Element des Forschungsfeldes des *International Vergleichenden Controlling* dar (für einen Überblick: Harrison und McKinnon 1999; Endenich et al. 2011), unter welches die vorliegende Studie zu subsumieren ist.

Der Forschungsbereich bietet Möglichkeiten zur Identifikation von internationalen *best practices* sowie von Erfolgsfaktoren globaler Unternehmenssteuerung und somit zur Generierung länderübergreifender Lerneffekte. Folglich können international agierende Unternehmen bei der Ausgestaltung eines wirksamen Controlling von der International Vergleichenden Controllingforschung profitieren und Wettbewerbsvorteile generieren (vgl. Brandau und Hoffjan 2010; Endenich 2012). Im bestehenden internationalen Forschungskanon wird neben dem britischen und US-amerikanischen *management accounting* insbesondere das deutsche Controlling intensiv diskutiert (z. B. Ahrens 1997; Ahrens und Chapman 1999; Brandau et al. 2013).

Vor dem skizzierten Hintergrund betrachtet der vorliegende Beitrag das kontinentaleuropäische Controlling und fokussiert die Staaten Deutschland, Frankreich und Spanien. Frankreich und Spanien gehören zu den wichtigsten Handelspartnern Deutschlands; gemeinsam repräsentieren die drei Staaten einen bedeutenden Teil der kontinentaleuropäischen Wirtschaftsleistung. Im Rahmen der Untersuchung erfolgt eine besondere Beachtung der in der Literatur intensiv diskutierten – empirisch bisher jedoch unzureichend untermauerten – zunehmenden internationalen Angleichung der Controllingausgestaltung (vgl. Endenich et al. 2011). Methodisch basiert der vorliegende Beitrag auf qualitativen Experteninterviews mit 69 Controllingexperten, welche im Rahmen des Forschungsprojektes *Comparative Management Accounting* (zu deutsch: International Vergleichendes Controlling) am Lehrstuhl Unternehmensrechnung und Controlling der Technischen Universität Dortmund in Deutschland, Frankreich und Spanien durchgeführt wurden.

Unser Beitrag besitzt Relevanz für Controller und Manager international agierender Unternehmen, die eine effiziente Controllingausgestaltung und eine Optimierung ihrer Zusammenarbeit mit den Controllern ausländischer Tochterunternehmen anstreben sowie für Wissenschaftler im Bereich des internationalen Controlling und in angrenzenden Forschungsfeldern. Der Beitrag ist wie folgt aufgebaut: Im folgenden Kapitel wird zunächst in der gebotenen Kürze ein Literaturüberblick zum International Vergleichenden Controlling sowie zum Controlling in Deutschland, Frankreich und Spanien gegeben, um eine Einordnung der Studie in den Literaturkanon zu ermöglichen, bevor die dem Beitrag zu Grunde liegende Methodik aufgezeigt wird. Es folgt die Präsentation ausgewählter Ergebnisse. Der Beitrag wird durch Diskussion und Zusammenfassung abgerundet.

2 International Vergleichende Controllingforschung

Seit den 1990er-Jahren hat die International Vergleichende Controllingforschung zur weltweiten Popularität von Controllingtechniken wie dem japanischen *target costing* und dem US-amerikanischen *activity-based costing* beigetragen (Endenich et al. 2011). Im Zuge dieser internationalen Verbreitung landesspezifischer Controllingtechniken kann eine internationale *Konvergenz* des Controlling beobachtet werden (vgl. Sheridan 1995; Granlund und Lukka 1998; Shields 1998). Diese zunehmende länderübergreifende Harmonisierung des Controlling betrifft in erster Linie die verwendeten Controllingtechniken, weniger jedoch die verhaltensbezogenen Komponenten des Controlling. Folglich bedienen sich Controller weltweit zunehmend der gleichen Controllingtechniken (z. B. *balanced scorecard*, *target-costing*, *activity-based costing*), während die Einbindung des Controlling in unternehmerische Entscheidungsprozesse oder auch die Interaktion von Controllern mit dem Management und anderen betrieblichen Funktionen trotz der zunehmenden Globalisierung nach wie vor länderübergreifend deutliche Unterschiede aufweisen. Zu den bedeutendsten Treibern der internationalen Angleichung des Controlling gehören die Verwendung standardisierter Unternehmenssoftware, die Verbreitung internationaler Bilanzierungsvorschriften, die Ausbildung von Controllern und Managern nach internationalen Standards und unter Verwendung international verbreiteter Lehrbücher, die Tätigkeit internationaler Unternehmensberatungen sowie insbesondere die Auslandstätigkeit multinationaler Konzerne (Granlund und Lukka 1998).

Das deutsche Controlling basiert auf der zu Beginn des 20. Jahrhunderts maßgeblich von Eugen Schmalenbach geprägten deutschen Kostenrechnung, für die der Begriff des Controlling anfangs lediglich als neuartige Bezeichnung verwendet wurde (Schildbach 1997; Schäffer und Binder 2008). Das deutsche Controlling wird in der internationalen Literatur häufig als *international best practice* wahrgenommen; seine Übernahme anglo-amerikanischen Unternehmen in der praxisnahen Literatur empfohlen (Sharman 2003; Sharman und Vikas 2004). Darüber hinaus ist das Controlling in Deutschland nicht wie im anglo-amerikanischen Raum – wo leitende Controller häufig über Zertifizierungen von Organisationen wie dem Chartered Institute of Management Accountants (CIMA, Großbritannien) oder dem Institute of Management Accountants (IMA, Vereinigte Staaten von Amerika) verfügen – berufsständisch organisiert; Controller werden vielmehr überwiegend an Universitäten und Fachhochschulen ausgebildet (vgl. Ahrens und Chapman 2000; Endenich 2012). Letztlich werden Controller in Deutschland häufig zwar als ihrem Unternehmen loyal ergeben, organisiert und diszipliniert, aber auch als unkreativ, humorlos und passiv wahrgenommen (Hoffjan 2004).

Eine in der Literatur intensiv diskutierte Besonderheit des französischen Controlling (Comptabilité de Gestion) ist das der US-amerikanischen Balanced Scorecard ähnelnde *Tableau de Bord*, welches bereits seit Mitte des 20. Jahrhunderts – und somit deutlich vor der Entwicklung der Balanced Scorecard durch Kaplan und Norton in den 1990er-Jahren – in Frankreich Verbreitung fand (vgl. Bourguignon et al. 2004). Das Tableau de Bord ermöglicht dem Management, einen schnellen Überblick über das Unternehmen und seine Umwelt zu erhalten sowie systematisch Ziele, Aktionsvariablen und Aktionspläne zu definieren und zu verfolgen. Im Gegensatz zur Balanced Scorecard werden jedoch ursprünglich keine Ursache-Wirkungs-Beziehungen zwischen den verschiedenen strategischen Measurement Blöcken angenommen (vgl. Bourguignon et al. 2004). In einer empirischen Erhebung zeigen Gehrke und Horváth (2002), dass die Balanced Scorecard in Frankreich deutlich weniger verbreitet ist als beispielsweise in Deutschland und Großbritannien. Stattdessen findet das Tableau de Bord in 100 Prozent aller von Gehrke und Horváth (2002) befragten französischen Unternehmen Anwendung.

Nach der Etablierung demokratischer Strukturen, dem EU-Beitritt und dem folgenden wirtschaftlichen Aufschwung, gewinnt das Controlling (Contabilidad de Gestión) in spanischen Unternehmen in den 1980er schnell an Bedeutung. Dabei erfolgt eine starke Orientierung am US-amerikanischen management accounting; dessen Konzepte werden durch US-amerikanische Konzerne, aber auch durch die zunehmende Verfügbarkeit US-amerikanischer Lehrbücher in Spanien verbreitet (vgl. Amat 1992; Carmona 1993). Darüber hinaus hat eine neue Generation nach internationalen Standards ausgebildeter Manager die Etablierung formaler Controllingstrukturen in Spanien positiv beeinflusst (vgl. Amat 1992). In diesem Kontext spielt auch die spanische Gesellschaft für Unternehmensrechnung und Betriebswirtschaft (AECA) eine bedeutende Rolle, da durch deren Tätigkeit Entwicklungen im Controlling auf globaler Ebene Verbreitung in Spanien finden (vgl. Granlund und Lukka 1998). In der internationalen wissenschaftlichen Literatur wird das spanische Controlling bis heute jedoch nur unzureichend diskutiert (vgl. Endenich 2012).

3 Methodik: Vergleichende Feldstudie

Die vorliegende Untersuchung basiert auf der inhaltsanalytischen Auswertung von qualitativen Experteninterviews. Diese wurden im Rahmen von Feldstudien mit 69 Controllern sowie Managern mit Berufserfahrung im Controlling in Deutschland, Frankreich und Spanien durchgeführt (vgl. Boucoiran 2010; Endenich 2012; Schlichting 2013). Die Interviews dauerten im Durchschnitt eine bis eineinhalb Stunden. Der gewählte Feldstudienansatz bewegt sich im zur Verfügung stehenden methodischen Kanon zwischen Einzelfallstudien und großzahligen schriftlichen Fragebogenerhebungen und bietet somit eine Balance zwischen der erreichten Analysetiefe sowie der Breite des zugrunde liegenden Samples (vgl. Lillis und Mundy 2005). Feldstudien ermöglichen die Analyse komplexer Prozesse unter Berücksichtigung des relevanten unternehmensinternen und -externen Kontextes (vgl. Lillis und Mundy 2005; Silverman 2006) und finden deshalb in der International Vergleichenden Controllingforschung eine weite Verbreitung (vgl. Endenich et al. 2011).

Die Unternehmen der befragten Controllingexperten sind in verschiedenen Branchen tätig, wobei das Gros der Unternehmen unter den Bereich des produzierenden Gewerbes subsumiert werden kann (u. a. Maschinenbau, Automobilzulieferindustrie, Luft- und Raumfahrtindustrie, Lebensmittel- und Getränkeproduktion, chemische und pharmazeutische Industrie, Elektroindustrie). Alle Interviews wurden leitfadengestützt durchgeführt; auf diese Weise können ein zielgerichtetes Führen der Interviews und ein vollständiges Datenset sichergestellt werden. Außerdem werden Verzerrungen durch den Interviewer minimiert (Lillis 1999). Im Interviewprozess ermöglicht die Verwendung von offenen Fragen eine hohe Analysetiefe sowie eine Anpassung an die spezifische Expertise des jeweiligen Interviewpartners. Die Interviews wurden auf Tonband aufgezeichnet und anschließend wörtlich transkribiert, um eine systematische Auswertung zu ermöglichen. Zur Datentriangulation (vgl. Silverman 2006) wurden darüber hinaus während und nach den Interviews Notizen angefertigt sowie unternehmensinterne und frei zugängliche Unternehmensinformationen (Geschäftsberichte, Unternehmenspräsentationen, Unternehmenswebsites etc.) ausgewertet.

Im Rahmen der Inhaltsanalyse (vgl. Mayring 2010; Gläser und Laudel 2010) wurden die für die Analyse relevanten Informationen aus den Transkripten extrahiert, in Kategorien eingeordnet und mit Hilfe elektronischer Datenverarbeitung systematisch aufgearbeitet. Die Qualität der Inhaltsanalyse wurde durch die Überprüfung von Inter- (codieren durch verschiedene Personen) und Intra-Coderreliabilität (mehrfaches codieren durch dieselbe Person) sichergestellt (vgl. Neuendorf 2002; Krippendorff 2004). Die Ergebnisse der Inhaltsanalyse werden im Einklang mit der einschlägigen Literatur in diesem Beitrag durch ausgewählte repräsentative Zitate veranschaulicht (vgl. z. B. Ahrens 1997). Da allen Interviewteilnehmern Anonymität zugesichert wurde, wird im Folgenden lediglich auf die aktuelle Position im Unternehmen und die Herkunft des Interviewten sowie auf die Branche des beschäftigenden Unternehmens verwiesen.

4 Ergebnisse

4.1 Konzeption, Aufgaben und Bedeutung des Controlling

Zur Erfassung des Status Quo des Controlling in den besuchten Unternehmen wurden im Rahmen der Interviews zunächst die unternehmensspezifischen Controllingkonzeptionen sowie die Aufgaben des Controlling diskutiert. Dabei zeigen sich die Aufgaben der Controller der in Deutschland, Frankreich und Spanien befragten Unternehmen als stark durch die Unterstützung des Managements gekennzeichnet.

> „*Das Konzept des Controlling basiert bei* [befragtes Unternehmen] *– ja, wie ich glaube in allen Unternehmen – in der ein oder anderen Form auf der Unterstützung der Geschäftsführung und Führungskräfte.*“ (*Leiter Controlling, spanisch, verarbeitendes Gewerbe,* Schlichting 2013, *S. 150*)
>
> „[In unserem Unternehmen wird das Controlling] *als maßgebliche Steuerungsstelle verstanden, die das Management beim Treffen von Entscheidungen unterstützt.*“ (*Leiter Controlling, deutsch, Textilwirtschaft,* Endenich 2012, *S. 207*)

„Er [der Controller] ist da um zu begleiten, um Informationen bereitzustellen und um Ideen zu geben, um zu sagen, an dieser oder jener Sache könnte man arbeiten." (*Manager, französisch, Maschinenbau*)

In diesem Rahmen stellen Budgetierung und Planung zentrale Aufgaben der interviewten Controllingexperten dar.

„Also, die wesentlichen Funktionen – ganz klar – sind Reporting, Planung [...]. Wir sind sehr stark durch diesen Planungsprozess auf allen Ebenen – strategisch bis operativ – geprägt [...]." (*Leiter Beteiligungscontrolling, deutsch, Lebensmittelindustrie*, Endenich 2012, *S. 230*)

„Ein sehr wichtiger Teil beginnt mit der Ausarbeitung des Budgets. Wir fangen ungefähr im Mai, Juni an und sind im September damit fertig." (*Manager, spanisch, verarbeitendes Gewerbe*, Schlichting 2013, *S. 158*)

Über diesen gemeinsamen Aufgabenkern von Controllern in Deutschland, Frankreich und Spanien hinaus zeigen sich jedoch auch deutliche Unterschiede in der Arbeit der befragten Controller. So endet die Arbeit der Controller in den in die Untersuchung involvierten französischen und spanischen Unternehmen häufig mit der bloßen Datenbereitstellung, während die interviewten deutschen Controller deutlich stärker in die operativen wie strategischen Entscheidungsfindungsprozesse eingebunden sind.

„Letztendlich auch bei jeder Investition, die die Technik oder auch ein anderer Bereich macht, gibt es hier mittlerweile die Regel, dass keine relevante Investition genehmigt wird ohne, dass sie den Stempel vom Controlling hat. Sodass die Inhaber wissen worauf sie sich einlassen." (*Leiter Controlling, deutsch, Getränkeindustrie*, Endenich 2012, *S. 230*)

„Also die [Business-Controller] schauen wirklich auf die individuellen Projekte, was läuft da [...], die Kundenprojekte, Vertriebsprojekte, usw. und arbeiten da wirklich mit der Produktion entsprechend zusammen, mit den einzelnen Produktionsleitern, die wiederum bestimmte Projekte verantworten." (*Leiter Controlling, deutsch, Informations- und Kommunikationswesen*, Schlichting 2013, *S. 159*)

„Also, mein Eindruck ist [...], dass in Frankreich der Controller eher ein Informations- und Datenlieferant ist, während in Deutschland der Controller doch eher in den Führungszirkeln, in den Entscheidungsgremien vertreten ist." (*Controller, deutsch, deutsch-französisches Rüstungsindustrieunternehmen*)

Diese Beobachtung wird dadurch unterstrichen, dass die interviewten spanischen Controller eine zu starke Trennung von Controlling und Management kritisieren, während ihre deutschen Kollegen eine enge Verknüpfung von Controlling und Management hervorheben.

„In unserem Unternehmen arbeiten Controlling und Management klar voneinander getrennt." (*CFO, spanisch, Textilwirtschaft*, Endenich 2012, *S. 279*)

„Ein wesentlicher Aspekt vielleicht ist noch, dass das Controlling bei [Name des befragten Unternehmens] keine reine Stabsabteilung – sag ich mal – ist, sondern in den – sag ich mal – Managementgremien sind durchaus auch immer Controller organisatorisch verankert." (*Leiter Beteiligungscontrolling, deutsch, Lebensmittelindustrie*, Endenich 2012, *S. 295*)

Im Gegensatz dazu betrachten unsere Gesprächspartner das Controlling in Frankreich als deutlich weniger aktiv.

„*Aufbereiter, Vorbereiter, aber ein Coach, der macht ja sehr viel aus eigener Initiative heraus. Und das sehe ich [in Frankreich] dann nicht.*“ (*Beteiligungscontroller, deutsch, Maschinenbau*)

Auch wenn deutsche Controller in den besuchten Unternehmen deutlich stärker mit dem Management zusammenarbeiten und häufiger nicht-standardisierte Aufgaben bewältigen als ihre spanischen und französischen Kollegen, unterstreichen auch die deutschen Interviewpartner, dass es einer weiteren Verbesserung der Zusammenarbeit von Controllern mit den operativen Bereichen der Unternehmen sowie dem Top-Management bedarf, um den gewünschten Einfluss auf die Entscheidungen des Managements zu erhalten.

„*Also, ich finde, dass die Erkenntnisse, die im Controlling erarbeitet werden, durchaus gut sind.* [...] *Diese werden aber unzureichend in den Managemententscheidungen umgesetzt.*“ (*Leiter Controlling, deutsch, Investmentwesen*, Endenich 2012, *S. 285*)

Darüber hinaus sprechen die interviewten Experten dem Controlling in allen drei betrachteten Ländern eine bedeutende Rolle innerhalb der unternehmerischen Prozesse und einen maßgeblichen Beitrag zur Erreichung der Unternehmensgesamtziele zu.

„[...] *wir erbringen hier einen wesentlichen Teil der Steuerungsleistung* [...], *ohne uns würde es nicht so laufen wie es läuft.*“ (*Leiter Controlling, deutsch, Maschinen- und Anlagenbau*, Endenich 2012, *S. 209*)

„*Alle übrigen Abteilungen profitieren enorm von der Controllingfunktion. Es ist ein wirklicher Mehrwert.*“ (*Leiter Controlling, spanisch, Bauwesen*, Endenich 2012, *S. 210*)

Die hohe Bedeutung des Controlling wird dabei häufig mit der zunehmenden Komplexität der Entscheidungssituationen – insbesondere aufgrund der zunehmenden Internationalisierung der Geschäftstätigkeit – begründet.

„*Also, zum einen ist es, glaube ich, die zunehmende Komplexität des Geschäftes, die Internationalisierung und sicherlich auch der Bedarf an greifbaren Anhaltspunkten in gewissen komplexen Entscheidungssituationen.*“ (*Leiter Beteiligungscontrolling, deutsch, Lebensmittelindustrie*)

Letztlich erwartet das Gros der Interviewteilnehmer in der Zukunft einen weiteren Bedeutungsanstieg des Controlling in ihren Unternehmen.

„[...] *ich denke* [...], *dass dies Stellen sind, die für das Unternehmen an Stärke und Wichtigkeit gewinnen werden.*“(*Manager, französisch, Maschinenbau*)

„*Es* [*das Controlling*] *wird wichtiger werden als Instrument für das Top-Management zur Leitung des Unternehmens.*“ (*CFO, spanisch, Verkehr und Infrastruktur*, Endenich 2012, *S. 215*)

4.2 Herausforderungen des Controllers im internationalen Vergleich

Die Herausforderungen in der täglichen Arbeit der befragten Controller ergeben sich insbesondere aus ihrem bereits thematisierten Aufgabenbereich, der die systematische Identifikation und das Ansprechen von Schwachstellen und Risiken in sämtlichen Unternehmensbereichen umfasst.

> „*Dass sie nicht mit offenen Armen empfangen werden, wenn sie bestimmte Dinge immer wieder mal ansprechen, wo Fehlentwicklungen sind, ist glaube ich klar.*“ (*Leiter Controlling, deutsch, Handel*, Schlichting 2013, *S. 153*)
>
> „[. . .] *aber das Controllingteam ist in allen Unternehmen immer ein Team, das sehr viel kritisiert wird, weil wir manchmal Dinge sagen, die man nicht hören will oder die nicht angenehm sind, zu berichten.*“ (Manager, spanisch, Handel, Schlichting 2013, S. 153)

Das aus der Controllerarbeit resultierende Frustrationspotenzial wird von den Interviewpartnern hervorgehoben.

> „[. . .] *manchmal ist es trotzdem enttäuschend, wenn man am Ende sieht, was dann die Gremien entschieden haben und wie es ausgegangen ist.*“ (*Leiter Controlling, deutsch, Maschinen- und Anlagenbau*, Endenich 2012, *S. 244*)
>
> „*Und das führte* [*in der Budgetierung*] *eigentlich in der Vergangenheit immer zu Frustrationen der Planungsbeteiligten, wenn sie sich sehr viel Mühe geben, realistische Werte zu planen und dann* [. . .] *Top-down Kürzungen oder Top-down Erhöhungen gefordert werden, wo dann am Schluss alle sagen, ja, das hätten sie ja gleich von Anfang an sagen können.*“ (*Controller, deutsch, chemische Industrie*, Boucoiran 2010, *S. 144*)

Auch die im vorherigen Kapitel dargelegte hohe Bedeutung des Controlling in den Unternehmen kann zu Herausforderungen für die befragten Controller führen, wenn diese von anderen Mitarbeitern des Unternehmens kritisch hinterfragt wird.

> „[*Die Bedeutung des Controlling ist*] *relativ hoch oder gegebenenfalls sogar sehr hoch. Das führt soweit, dass die Kollegen aus dem Vertriebsbereich sagen,* [*Name des Unternehmens*] *wäre dominiert durch das Controlling* [. . .].“ (*Leiter Beteiligungscontrolling, deutsch, Lebensmittelindustrie*, Endenich 2012, *S. 210*)

Im Weiteren zeigt sich, dass in Deutschland insbesondere verhaltensbezogene Aspekte die Arbeit des Controllers erschweren, während die interviewten spanischen Controllingexperten zusätzlich Verbesserungspotenziale in der EDV-Unterstützung im Controlling identifizieren.

> „[. . .] *technisch sind wir gut. Das Problem ist immer der menschliche Faktor* [. . .]“ (*Leiter Controlling, deutsch, Maschinen- und Anlagenbau*, Endenich 2012, *S. 261*).
>
> „[. . .] *bei den Werkzeugen und bei unserem IT-System können wir uns noch verbessern.*“ (*CFO, spanisch, Textilwirtschaft*, Endenich 2012, S. 263)

4.3 Standardisierung und internationale Konvergenz des Controlling

Die befragten Controllingexperten unterstreichen, dass in ihren Unternehmen eine zunehmende Standardisierung von Controllingprozessen und -strukturen vonstattengeht. Diese betrifft sowohl das Controlling im jeweiligen Mutterunternehmen, aber – meist zeitlich etwas verzögert – auch das Controlling in den verschiedenen internationalen Tochterunternehmen.

„[...] *grundsätzlich haben wir versucht eine gewisse Standardisierung aufzusetzen, Routinen, die jeden Monat gleich sind: Abläufe, Terminkalender, die eingehalten werden.*" (*Leiter Beteiligungscontrolling, deutsch, Verkehr und Infrastruktur*, Endenich 2012, *S. 249*)

„*Also wir haben in den letzten Jahren – fünf Jahren muss man eigentlich sagen – viel an Harmonisierung und gemeinsamen Regeln gearbeitet.*" (*Controller, deutsch, deutsch-französisches Luft- und Raumfahrtunternehmen*)

In den entsprechenden Prozessen nehmen die interviewten Controller eine sehr aktive Rolle ein und tragen maßgeblich zur Vermittlung der unternehmensspezifischen Controllingkonzeptionen in den verschiedenen internationalen Tochtergesellschaften bei.

„[*In letzter Zeit hat sich das Controlling*] *sehr stark harmonisiert, ich sage mal, meine Besuche in den Ländern hatten auch meistens mit der Standardisierung und Harmonisierung von Prozessen zu tun.*" (*Leiter Controlling, deutsch, verarbeitendes Gewerbe*, Schlichting 2013, *S. 219*)

„*Was sicher wichtig ist, gerade wenn man Firmen im Ausland gründet, wo dieses oder unser Controllingverständnis nicht geteilt wird oder nicht bekannt ist, ist natürlich* [...] *die missionarische Tätigkeit, die man durchführen muss, um Kollegen im Ausland zu verdeutlichen, warum wir das so tun und, dass es nicht um das Schaffen von Arbeit oder von Controllerstellen geht, sondern, dass es um Punkte geht, die dem Management dabei helfen sollen, wie sie jetzt bestimmte Entscheidungen treffen sollen* [...]." (*Leiter Controlling, deutsch, Textilindustrie*, Endenich 2012, *S. 266*).

Dies unterstreicht, dass die interviewten Controller neben ihren Standardaufgaben – etwa in der Budgetierung und im Berichtswesen – auch vermehrt in spezielle Projektaufgaben involviert sind, was die Bedeutung des Controlling in den besuchten Unternehmen nochmals betont und diese auch innerhalb der Unternehmen gegenüber Mitarbeitern anderer Abteilungen verdeutlicht.

„*Daneben* [*umfasst meine Arbeit*] *verstärkt, oder immer mehr Projektmanagement, Umsetzung von Projekten.*" (*Leiter Beteiligungscontrolling, deutsch, Lebensmittelindustrie*, Endenich 2012, *S. 212*)

Durch die Einführung standardisierter Prozesse sollen Prozesse im Controlling deutlich beschleunigt werden um zeitnahe Informationen zu erhalten und rechtzeitig entsprechende Maßnahmen einleiten zu können, aber auch um Kosteneinsparungen im Controlling zu realisieren.

> *„Das heißt im Wesentlichen natürlich auch Beschleunigung: Ein bisschen standardisiertere Prozesse, dass die Prozesse ein bisschen selbstständiger laufen. Es ist schon noch so, dass man relativ viel nachhaken muss und koordinieren muss.“ (Controlling-Manager, deutsch, Immobilien-, Bau- und Ingenieurdienstleistungen*, Endenich 2012, *S. 243*)
>
> *„Also, woran wir [in der Budgetierung] zurzeit arbeiten, ist die Komplexität der Entscheidungsprozesse zu vereinfachen und den Prozess an sich zu verkürzen und möglichst zu verschlanken.“ (Leiter Beteiligungscontrolling, deutsch, Lebensmittelindustrie*, Endenich 2012, *S. 242*)

Darüber hinaus dient die zunehmende internationale Standardisierung der Sicherstellung der Vergleichbarkeit von Daten aus verschiedenen internationalen Standorten. Im Weiteren zeigt sich deutlich, dass die internationale Harmonisierung des Controlling in den befragten Unternehmen stark durch die zunehmende Verwendung standardisierter ERP-Systeme beschleunigt wird.

> *„Durch die Teilnahme an Seminaren, nationalen und internationalen, wird es am Ende deutlich, da wir in einer sehr globalen Welt leben, dass alles davon abhängt, wie man es gerade macht und das „Wie“ gleicht sich mit jedem Mal mehr an. Das heißt, SAP ähnelt sich in den mittelgroßen bis großen Unternehmen immer stärker und das beeinflusst sehr viel.“ (Manager, spanisch, verarbeitendes Gewerbe*, Schlichting 2013, *S. 227*)
>
> *„Das heißt wir haben damals angefangen hier in [Standort] oder in Deutschland SAP einzuführen und haben das dann in immer gleichen Prozessen ausgerollt auf ganz Europa.“ (Leiter Controlling, deutsch, verarbeitendes Gewerbe*, Schlichting 2013, *S. 219*)

Auch wenn diese Beobachtungen zur internationalen Harmonisierung des Controlling insbesondere die Tochterunternehmen deutscher Konzerne betreffen, ist davon auszugehen, dass sich die entsprechenden Entwicklungen auch auf andere spanische und französische Unternehmen übertragen werden – etwa durch den Austausch zwischen Controllern und Managern verschiedener Unternehmen, durch Controller und Manager die im Laufe ihres Berufslebens das Unternehmen wechseln oder durch Unternehmenskäufe und -zusammenschlüsse.

5 Diskussion und Zusammenfassung

Der vorliegende Beitrag ist in das Forschungsfeld des International Vergleichenden Controlling einzuordnen und bietet auf Basis eines empirischen Feldstudienansatzes einen Vergleich der Controllingpraxis in Deutschland, Frankreich und Spanien. Besondere Beachtung wird dabei der in der Literatur intensiv diskutierten internationalen Konvergenz des Controlling geschenkt. Zu diesem Zweck wurden am Lehrstuhl Unternehmensrechnung und Controlling der Technischen Universität Dortmund Experteninterviews mit 69 Controllern und Managern mit Controllingerfahrung in den betrachteten Ländern durchgeführt.

Die vergleichende Analyse des Controlling in Deutschland, Frankreich und Spanien zeigt, dass sich das Controlling in den betrachteten Ländern um einen ähnlichen Aufgabenkern – insbesondere Budgetierung und Reporting sowie allgemeiner die Unterstützung des Managements – konstituiert. Die Einbindung des Controllers in betriebliche Entscheidungsprozesse, die Zusammenarbeit mit dem Management und die konkrete Ausgestaltung des Controllinginstrumentariums weisen in den betrachteten Ländern jedoch deutliche Unterschiede auf. Darüber hinaus zeigt sich, dass der Controller zunehmend die Funktion eines Beraters oder Partners des Managements einnimmt, anstatt im Unternehmen als reiner Datenbereitsteller zu fungieren. Wenn auch sich eine entsprechende Entwicklung in allen drei untersuchten Ländern beobachten lässt, befindet sie sich in Deutschland tendenziell in einem weiter fortgeschrittenen Stadium als in Frankreich und Spanien, wo Controller bis heute häufig nur unzureichend in die betrieblichen Entscheidungsprozesse eingebunden werden.

Die Bedeutung des Controlling innerhalb der besuchten Unternehmen wird in den drei betrachteten Ländern als hoch eingeschätzt; für die Zukunft wird sogar ein weiterer Bedeutungsanstieg erwartet. Die zunehmende Komplexität und Internationalität der Geschäftsprozesse werden von den interviewten Controllingexperten als maßgebliche Gründe für diesen Bedeutungszuwachs genannt. Es zeigt sich jedoch, dass die Überbetonung der Bedeutung des Controlling in betrieblichen Prozessen zu Widerständen in angrenzenden betrieblichen Funktionen führen kann. In diesem Kontext wird auch deutlich, dass das Bild des Controllers in allen drei betrachteten Ländern mit Vorurteilen behaftet ist. Hier bedarf es eines stärker in die Geschäftsprozesse integrierten Controlling, um entsprechend gegenwirken zu können. Hierzu kann eine Verbesserung der Kommunikations- und Interaktionsfähigkeit von Controllern – etwa durch die stärkere Berücksichtigung entsprechender Aspekte in der universitären Ausbildung zukünftiger Controller – beitragen. Außerdem ist die organisatorische Abbildung des Controlling als reine Stabsstelle zu überdenken, da diese einer stärkeren Involvierung in die unternehmerischen Entscheidungsprozesse entgegenstehen kann. Darüber hinaus sollten auch Mitarbeitern aus anderen Abteilungen wie Produktionsplanung, Personalwesen oder Marketing grundlegende Controllingkenntnisse vermittelt werden, um die Arbeit des Controlling besser einschätzen, die zur Verfügung gestellten Daten adäquat einordnen und die Zusammenarbeit in aus unterschiedlichen Unternehmensfunktionen zusammengestellten Projektgruppen verbessern zu können (vgl. Endenich 2012)

Die vorliegende Untersuchung zeigt wie andere Studien (z. B. Brandau et al. 2013) deutlich, dass international agierende deutsche Konzerne zu einer internationalen Konvergenz des Controlling beitragen und unterstreicht somit die Bedeutung der International Vergleichenden Controllingforschung unter Einbeziehung Deutschlands. Die Ergebnisse der vorliegenden Studie sind jedoch nicht als statistisch generalisierbar zu betrachten. Die Einhaltung wissenschaftlicher Gütekriterien in der Tradition der qualitativen Sozialforschung (siehe hierzu z. B. Flick 2009; Lamnek 2010) unterstreichen jedoch die Reliabilität und Validität der Ergebnisse dieser Untersuchung. Unsere Ergebnisse können somit als Ausgangspunkt für qualitative wie quantitative Folgeerhebungen sowohl im europäischen als auch im außereuropäischen Kontext verwendet werden. In diesem Zusammenhang sind weitere Forschungsanstrengungen insbesondere im Bereich der BRIC-Staaten (Brasilien, Russland, Indien und China) zu erwarten und zu begrüßen (vgl. Endenich et al. 2011). Darüber hinaus können Längsschnittstudien dazu beitragen, die in dieser und anderen Studien identifizierten internationalen Harmonisierungstendenzen im Controlling empirisch weiter zu untermauern.

Literatur

Ahrens, T. 1997. Strategic interventions of management accountants: Everyday practice of British and German brewers. *European Accounting Review* 6(4): 557–588.

Ahrens, T., und C.S. Chapman. 1999. The role of management accountants in Britain and Germany. *Management Accounting (UK)* 77(5): 42–43.

Ahrens, T., und C.S. Chapman. 2000. Occupational identity of management accountants in Britain and Germany. *European Accounting Review* 9(4): 477–498.

Amat, J.M. 1992. Management accounting systems in Spanish firms. *European Accounting Review* 1(1): 1–25.

Boucoiran, T. 2010. *Einfluss nationaler Kultur auf das Controlling: Eine Exploration deutscher und französischer Controllingpraxis aus Sicht deutscher Unternehmen*. Hamburg: Dr. Kovač.

Bourguignon, A., V. Malleret, und H. Nørreklit. 2004. The American balanced scorecard versus the French *tableau de bord*: The ideological dimension. *Management Accounting Research* 15(2): 107–134.

Brandau, M., und A. Hoffjan. 2010. Comparative management accounting. *Die Betriebswirtschaft* 70(1): 101–104.

Brandau, M., C. Endenich, R. Trapp, und A. Hoffjan. 2013. Institutional drivers of conformity – Evidence for management accounting from Brazil and Germany. *International Business Review* 22(2): 466–479.

Carmona, S. 1993. La crisis de los sistemas de contabilidad de gestión: Una perspectiva Española, Hrsg S. Carmona. *Cambio tecnológico y contabilidad de gestión*, Ministerio de Economía y Hacienda, 101–113. Madrid.

Endenich, C. 2012. *Comparative Management Accounting – Ein Vergleich der Controllingforschung und -praxis in Deutschland und Spanien*. Wiesbaden: Springer-Gabler.

Endenich, C., M. Brandau, und A. Hoffjan. 2011. Two decades of research on comparative management accounting – Achievements and future directions. *Australian Accounting Review* 21(4): 365–382.

Flick, U. 2009. *Qualitative Sozialforschung – Eine Einführung*, 2. Aufl. Reinbek: Rowohlt.

Gehrke, I., und P. Horváth. 2002. Implementation of performance measurement: A comparative study of French and German organizations, Hrsg. M. J. Epstein und J. F. Manzoni. *Performance Measurement and Management Control: A Compendium of Research*, Emerald, 159–180. Bingley.

Gläser, J., und G. Laudel. 2010. *Experteninterviews und qualitative Inhaltsanalyse als Instrumente rekonstruierender Untersuchungen*, 4. Aufl. Wiesbaden: VS Verlag für Sozialwissenschaften.

Granlund, M., und K. Lukka. 1998. It's a small world of management accounting practices. *Journal of Management Accounting Research* 10(1): 153–179.

Harrison, G. L., und J. L. McKinnon. 1999. Cross-cultural research in management control systems design: A review of current state. *Accounting, Organizations and Society* 24(5/6): 483–506.

Hoffjan, A. 2004. The image of the accountant in a German context. Accounting and the public interest. *Accounting and the Public Interest* 4(1): 62–89.

Krippendorf, K. 2004. *Content analysis – An introduction on its methodology*, 2. Aufl. Thousand Oaks: Sage.

Lamnek. 2010. *Qualitative Sozialforschung*, 5. Aufl. Weinheim: Beltz.

Lillis, A. 1999. A framework for the analysis of interview data from multiple field research sites. *Accounting and Finance* 39(1): 79–105.

Lillis, A.M., und J. Mundy. 2005. Cross-sectional field studies in management accounting research – Closing the gaps between surveys and case studies. *Journal of Management Accounting Research* 17(1): 119–141.
Mayring, P. 2010. *Qualitative Inhaltsanalyse – Grundlagen und Techniken*. 11. Aufl. Weinheim: Beltz.
Neuendorf, K. A. 2002. *The content analysis guidebook*. Thousand Oaks: Sage.
Schäffer, U., und C. Binder. 2008. „Controlling" as an academic discipline: The development of management accounting and management control research in German-speaking countries between 1970 and 2003. *Accounting History* 13(1): 33–74.
Schildbach, T. 1997. Cost accounting in Germany. *Management Accounting Research* 8(3): 261–276.
Schlichting, T. 2013. *Controllingverständis und Planungssysteme in internationalen Konzernen – Eine deutsch-spanische Perspektive*. Hamburg: Dr. Kovač.
Sharman, P. A. 2003. Bring on German cost accounting. *Strategic Finance* 85(6): 30–38.
Sharman, P. A., und K. Vikas. 2004. Lessons from German cost accounting. *Strategic Finance* 86(6): 28–35.
Sheridan, T. T. 1995. Management accounting in global European corporations: Anglophone and continental viewpoints. *Management Accounting Research* 6(3): 287–294.
Shields, M.D. 1998. Management accounting practices in Europe: A perspective from the states. *Management Accounting Research* 9(4): 501–513.
Silverman, D. 2006. *Interpreting qualitative data – Methods for analysing talk, text and interaction*. 3. Aufl. Thousand Oaks: Sage.
Wagenhofer, A. 2006. Management accounting research in German-speaking countries. *Journal of Management Accounting Research* 18(1): 1–19.

Controlling im Gesundheitswesen

Maik Lachmann, Stephanie Rüsch und Felix Wenger

Zusammenfassung

Als eine der Säulen des Gesundheitswesens sehen sich Krankenhäuser heute mit einem hochdynamischen und komplexen Markt-, Wettbewerbs- und Regulierungsumfeld konfrontiert. Dieser Beitrag thematisiert das Controlling als notwendige Unterstützung der Krankenhausführung. Dabei werden Funktionen und ausgewählte Instrumente des Krankenhauscontrollings praxisnah dargestellt.

Schlüsselwörter

Gesundheitswesen · Krankenhaus · Krankenhauscontrolling · Krankenhaussteuerung · Controllinginstrumente

1 Einleitung

Die Gesamtausgaben des deutschen Gesundheitswesens beliefen sich im Jahr 2012 auf mehr als 300 Milliarden Euro. Vor dem Hintergrund dieser gesamtwirtschaftlichen Relevanz zeichnen sich aktuelle regulatorische Entwicklungen des Gesundheitswesens durch zunehmende Effizienzbestrebungen aus (Berens et al. 2011, S. 51). Auf den stationären Versorgungsbereich entfielen 2012 110,3 Milliarden

M. Lachmann (✉)
Technische Universität Berlin, Berlin, Deutschland
E-Mail: maik.lachmann@tu-berlin.de

S. Rüsch · F. Wenger
Technische Universität Dortmund, Dortmund, Deutschland
E-Mail: stephanie.ruesch@tu-dortmund.de; felix.wenger@tu-dortmund.de

W. Becker, P. Ulrich (Hrsg.), *Handbuch Controlling*,
https://doi.org/10.1007/978-3-658-26431-4_48

Euro, von denen der Anteil der Krankenhäuser als wesentliche Leistungserbringer des Gesundheitswesens 78,8 Milliarden Euro betrug (Statistisches Bundesamt 2014, S. 1).

Mangelnde Effizienzanreize führten Anfang der 1990er-Jahre zu einer deutlichen Zunahme der Kosten der gesetzlichen Krankenversicherung (GKV). Dies markierte den Beginn einer ganzen Reihe von weitreichenden Reformen der Krankenhausfinanzierung. Ziel dieser staatlichen Maßnahmen ist die wirtschaftliche Sicherung der stationär-medizinischen Versorgung der Bevölkerung mittels einer Reduzierung der Behandlungskosten und der durchschnittlichen Verweildauer je Patient, der Verbesserung der klinischen Prozesse, Kostentransparenz sowie der Steigerung des Wettbewerbs im Krankenhausmarkt (Haubrock 2009, S. 603-645 und 647-680). Die beschlossenen Reformen umfassen u. a. den Wegfall des Selbstkostendeckungsprinzips sowie die Einführung gedeckelter Budgets und somit der Möglichkeit für Krankenhäuser, Gewinne und Verluste zu erwirtschaften (Busse und Riesberg 2004, S. 165; Ernst und Szczesny 2008, S. 39–43).

Prognosen bezüglich zukünftiger Entwicklungen des Krankenhausmarktes gehen von einer weiteren Verschärfung der Markt- und Wettbewerbssituation bei gleichzeitig zunehmendem Qualitätswettbewerb aus. Der wirtschaftliche Druck zeigt sich insbesondere an der abnehmenden Anzahl deutscher Krankenhäuser, die von 2411 in 1991 auf 2017 in 2012 gesunken ist. Private Träger haben in diesem Zeitraum in großer Zahl Krankenhäuser aus öffentlicher Hand übernommen (Statistisches Bundesamt 2013, S. 8 und 11). In diesem hochdynamischen Markt-, Wettbewerbs- und Regulierungsumfeld wird eine Führungsunterstützung wie das Krankenhauscontrolling als notwendig erachtet (Berens et al. 2011, S. 51; Fleßa und Weber 2013, S. 415). Dieses versorgt die Führungsebene mit entscheidungsrelevanten Informationen hinsichtlich der Steuerung des Krankenhauses und ermöglicht somit die Planung und Kontrolle der medizinischen und ökonomischen Abläufe (Fleßa und Weber 2013, S. 416–417). Im Rahmen des Krankenhauscontrollings werden Instrumente eingesetzt, die ihren Ursprung oftmals in gewinnorientierten Industrieunternehmen finden. Angepasst an die krankenhausspezifischen Besonderheiten, zu denen neben betriebswirtschaftlichen Zielen ebenso die Qualität der medizinischen Leistungserbringung zählen, können diese Controllinginstrumente die Steuerung des Krankenhauses unterstützen.

2 Regulatorische Rahmenbedingungen des Krankenhauscontrollings

2.1 Finanzierung und Steuerung von Krankenhäusern

Grundsätzlich gilt für deutsche Krankenhäuser das System der *dualen Finanzierung*. Kurz gefasst bedeutet dies, dass *Investitionskosten* für umfangreiche Baumaßnahmen von den Ländern und *Betriebskosten*, die den Großteil der Krankenhauskosten ausmachen, von den gesetzlichen und privaten Krankenkassen getragen werden. Der deutsche Krankenhausmarkt sieht sich allerdings seit Beginn der 1990er-Jahre mit einer Reihe regulatorischer Reformen konfrontiert. Diese haben einen tiefgehenden Wandel der Markt- und Wettbewerbsbedingungen zur Folge. Auslöser der Reformen war die vorherige Form der Krankenhausfinanzierung, den Krankenhäusern alle tatsächlich angefallenen Betriebskosten zu erstatten (Haubrock 2009, S. 603 und 647).

Resultat der mangelnden Effizienzanreize einer solchen Leistungsvergütung waren stetig steigende Kosten der Krankenhäuser und folglich eine prekäre Finanzlage der gesetzlichen Krankenversicherungen (Haubrock 2009, S. 603). Zur wirtschaftlichen Sicherung der stationär-medizinischen Versorgung der Bevölkerung reagierte der Gesetzgeber daher 1993 mit dem Gesundheitsstrukturgesetz (GSG). Ziel war die Steigerung der technischen Effizienz der Krankenhäuser bei gleichzeitiger Begrenzung weiterer Kostensteigerungen durch Übertragung der Kostenverantwortung auf eben jene. Dazu wurde das kritisierte Selbstkostendeckungsprinzip aufgegeben und eine Vergütung in Form von tagesgleichen Pflegesätzen eingeführt. Das Wachstum der so von den Krankenhauskosten entkoppelten und gedeckelten Budgets wurde an den Anstieg der Beitragszahlungen der GKV gekoppelt. Das GSG markiert damit einen historischen Umbruch in der Krankenhausfinanzierung, der den Wirtschaftlichkeitsgedanken für die Krankenhausverwaltung erstmals relevant machte (Ernst und Szczesny 2008, S. 43).

Allerdings verfügen Krankenhäuser über eine größtenteils als fix einzuordnende Kostenstruktur (siehe Abb. 1), woran sich zwei wesentliche Kritikpunkte der Reform anknüpfen. Erstens wurden bei der Kostenermittlung die individuellen Kosten der Krankenhäuser fortgeschrieben. Die historisch variierende Kosteneffizienz der Krankenhäuser wurde damit nicht berücksichtigt (Weber et al. 2012, S. 17–18). Zweitens wurden der hohe Personalkostenanteil, der auch 2012 noch 59,7 % der Krankenhauskosten ausmachte (GBE-Bund 2014), bis 1997 unabhängig von den tagesgleichen Pflegesätzen weiterhin faktisch zu 100 % ausgeglichen (Haubrock 2009, S. 605).

Die bundesweite Einführung der *German Diagnosis Related Groups* (*G-DRG*) ab 2004 durch das Fallpauschalengesetz markiert die letzte wesentliche Gesetzesänderung in der Krankenhausfinanzierung (Goedereis 2009, S. 241). Mit diesem Vergütungssystem werden die Krankenhausfälle (Patienten) basierend auf der Haupt- und Nebendiagnose, der Behandlungstherapie, des Schweregrades der Erkrankung sowie eventueller Komplikationen zu Fallgruppen, den Diagnosis Related Groups (DRG), zugeordnet. Eine DRG weist dann im statistischen Mittel eng umgrenzte Fallkosten auf. Für allgemeine (notwendige) Krankenhausleistungen bezahlen die Krankenkassen den Krankenhäusern eine prospektiv fixierte identische Fallpauschale. Diese basiert auf einer Vollkostenrechnung der durchschnittlichen Kosten deutscher Krankenhäuser der Vorperiode (Fleßa 2014, S. 145–153). Zahlreiche retrospektive Zuschlags- und Abschlagsregelungen ergänzen die DRG-Vergütung u. a. zu Zwecken der Flexibilisierung und Anreizsteuerung. So sieht das G-DRG-

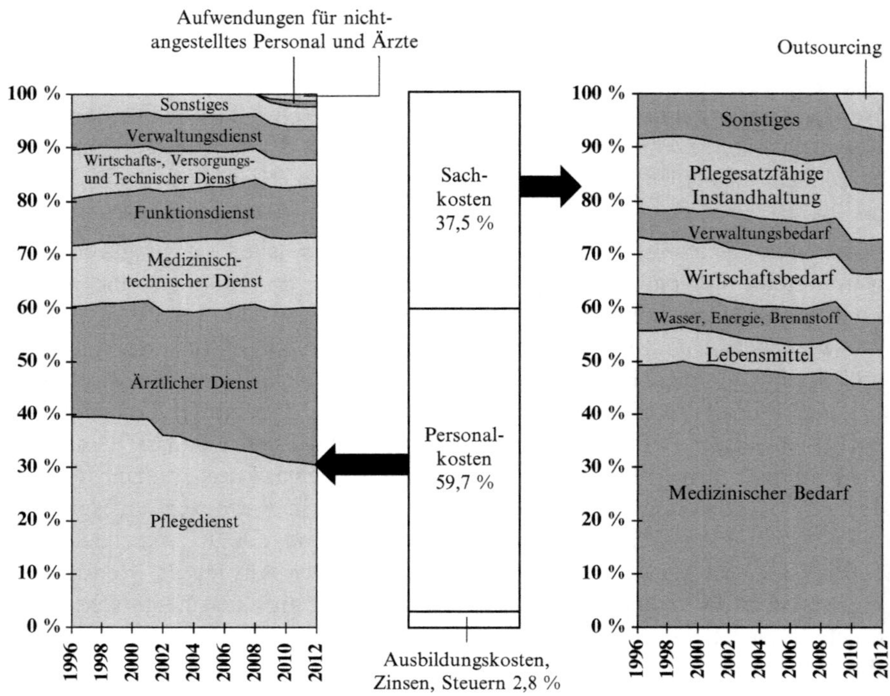

Abb. 1 Kostenstruktur deutscher Krankenhäuser im Zeitverlauf 1996–2012 (GBE-Bund 2014, in Anlehnung an Schönherr 2006, S. 120. Vgl. Lachmann 2011, S. 63)

System z. B. Zusatzentgelte für besonders kostenintensive Behandlungen (z. B. Beatmungspatienten) sowie Zu- und Abschläge im Fall der Über- oder Unterschreitung von bestimmten Grenzverweildauern vor (Busse und Riesberg 2004, S. 172–175; Fleßa 2014, S. 145; Haubrock 2009, S. 615–616). Die Budgethöhe eines Krankenhauses wird jährlich prospektiv in *Budgetverhandlungen* zwischen dem Krankenhaus und den Krankenkassen unter Berücksichtigung der Vorjahresleistung und des Krankenhausplans des Landes verhandelt (Busse und Riesberg 2004, S. 165–166).

Ziel der Einführung der Krankenhausfinanzierung nach G-DRG ist die Realisierung von Wirtschaftlichkeitspotenzialen bzw. der Abbau von Überkapazitäten. Zu den für die Krankenhaussteuerung wesentlichen Anreizmechanismen zählen dabei insbesondere die Optimierung der Verweildauer und der Patientenstruktur (*Case-mix*). Die wichtigsten Treiber von Krankenhauskosten – Behandlungsprozeduren und Verweildauer – werden somit in den Fokus gerückt (Goedereis 2009, S. 241–243; Weber et al. 2012, S. 11).

In diesem Kontext bedingt der für Krankenhäuser kennzeichnende hohe Fixkostenanteil ein erhöhtes Risiko von Mengenabweichungen. Die Realisierung von Degressionseffekten (Economies of Scale) mittels hoher Kapazitätsauslastung kann somit als eine Voraussetzung gesehen werden, um ein zufriedenstellendes betriebswirtschaftliches Ergebnis zu erzielen. Die gedeckelte Mengen- und Erlösbudgetierung stellt allerdings eine Restriktion für eine einfache Maximierungsstrategie dar. Mehrerlöse werden zu 65 %, Mindererlöse lediglich zu 20 % anteilig durch die Krankenkassen ausgeglichen. Dadurch besteht ein deutlicher Anreiz zur *Fallzahlmaximierung* und *Casemixoptimierung* (Ernst und Szczesny 2008, S. 39; Goedereis 2009, S. 242–243; Reifferscheid et al. 2013, S. 17). Als klassische, auf das Krankenhaus übertragbare Ansätze sind die Flexibilisierung von Kapazitäten durch flexible Arbeitszeitmodelle und Beschäftigungsverhältnisse sowie das Outsourcing oder die Zentralisierung (Shared Services) von Dienstleistungen zu nennen (Weber et al. 2012, S. 11–13). Eng damit verbunden ist der Versorgungsauftrag (Krankenhausplan) des Landes, der die vorzuhaltende Ressourcenausstattung der Fachabteilungen vorgibt. Mindererlöse können bei den Budgetverhandlungen dann zu einer Absenkung des Budgets führen. Um eine Unterdeckung durch zu wenig komplexe DRG zu vermeiden, ist die Optimierung des Casemixes hinsichtlich der fixen Ressourcenkapazitäten notwendig. Die Strategie zahlreicher Krankenhäuser ist es daher, sich neben Basisleistungen auf höherwertigere DRG zu spezialisieren (z. B. Beatmungsentwöhnung) (Fleßa 2014, S. 159; Goedereis 2009, S. 242). Diese können aufgrund von Lerneffekten dann kostengünstiger erbracht werden, was auch als Argument in den Budgetverhandlungen von hoher Relevanz ist.

Die Umstellung der Betriebskostenfinanzierung wurde außerdem, im Sinne des Transparenzgedankens, von einem Wandel der Qualitätssicherung von bisher freiwilligen internen zu verpflichtenden externen und internen Maßnahmen begleitet. Diese umfassen u. a. ein bundesweites Benchmarking mit über 300 Kennzahlen (*Krankenhausbetriebsvergleich*) und alle zwei Jahre zu veröffentlichende *Qualitätsberichte*. Auch Zertifizierungen z. B. nach ISO oder KTQ, basierend auf dem Modell der European Foundation for Quality Management (EFQM), werden angeregt (Busse und Riesberg 2004, S. 175).

Auch bei der *Investitionsförderung* hat der Gesetzgeber inzwischen mit dem Krankenhausfinanzierungsreformgesetz *leistungsorientierte Fallpauschalen* – vorerst noch länder-optional – eingeführt. Dadurch ist die Zahlung von Investitionspauschalen, wie auch bei den Betriebskosten, an das DRG-System gekoppelt. Da Krankenhäuser heute bis zu 40 % ihrer Investitionskosten selbst finanzieren (Rong et al. 2009, S. 10), steigt die Bedeutung des Nachweises einer konsequenten Planung, Steuerung und Kontrolle zusätzlich.

2.2 Controllingbedarf in Krankenhäusern

Die Ausführungen des vorherigen Kapitels belegen die Notwendigkeit einer Führungsunterstützung durch das Krankenhaus-Controlling (Fleßa und Weber 2013, S. 415). Um einen wirtschaftlich nachhaltigen Betrieb des Krankenhauses zu sichern, sind Effektivitäts- und Effizienzsteigerungen durch den Abbau von Überkapazitäten, die optimale Angebotssteuerung sowie die Realisierung von Mengen- und Lerneffekten heute unabdingbar (Weber et al. 2012, S. 13). Die Identifikation deckungsbeitragsstarker DRG, die Spezialisierung bei gleichzeitiger Gewährleistung des Versorgungsauftrags und zunehmende Kooperationen stellen dabei umfangreiche Anforderungen an das Krankenhauscontrolling (Fleßa und Weber 2013, S. 417).

Der Koordinationsbedarf wächst in Folge der Konzentrationswelle im deutschen Krankenhauswesen mit der Größe der einzelnen Krankenhäuser und der damit verbundenen Komplexität. Hinzu kommen die Dezentralisierung durch vertikale und horizontale Kooperationen sowie Outsourcing-Bestrebungen zahlreicher Krankenhäuser. Neue Geschäftsfelder wie integrierte Versorgungskonzepte, Medizinische Versorgungszentren oder ambulante Behandlungen wollen zudem erschlossen werden. Ohnehin stellt das Krankenhaus mit seiner heterogenen, dreigliedrigen Leitungsstruktur (Verwaltung, Ärzteschaft und Pflege) sowie dem hohen Grad an Arbeitsteilung und dezentraler Entscheidungsautonomie (Damkowski et al. 2000, S. 29) einen erhöhten Koordinationsbedarf an das Controlling. Entscheidungen müssen im Spannungsfeld von Medizin und Wirtschaftlichkeit, repräsentiert durch die Zielsysteme zahlreicher Anspruchsgruppen, betrachtet werden. Schließlich hat sich der Planungshorizont hin zu mehrjährigen Planungen verschoben, wozu die DRG-Einführung maßgeblich beigetragen hat. Die Unternehmensführung muss somit entscheidungsorientiert mit Informationen versorgt und in Planungs- sowie Kontrollprozessen unterstützt werden (Fleßa und Weber 2013, S. 416–417; Gary 2013, S. 87–88).

3 Status quo des Krankenhauscontrollings

3.1 Controlling als Rationalitätssicherung der Krankenhausführung

In der wissenschaftlichen ebenso wie der praktischen Diskussion besteht bisher kein Konsens über die Definition des Krankenhauscontrollings – sowohl hinsichtlich Funktionen, organisatorischer Einordnung als auch der Bezeichnung (Fleßa und Weber 2013, S. 415). Diesem Beitrag liegt das Controllingverständnis von Weber und Schäffer (2014, S. 47–56) zugrunde, demzufolge die *Rationalitätssicherung* – effiziente Mittelverwendung bei gegebenen Zwecken – die vornehmliche Aufgabe des Controllings ist. Dies lässt sich auch auf Krankenhäuser und ihr mehrdimensionales Zielsystem übertragen (Weber und Schäffer 2014, S. 66–69), das leistungswirtschaftliche, finanzwirtschaftliche und soziale Komponenten enthält. Aus dem Versorgungsauftrag des Krankenhausplans leitet sich das *Sachziel* als Sicherstellung der medizinisch-stationären Versorgung der Bevölkerung ab. Dazu erbringt das Krankenhaus medizinische und pflegerische Dienstleistungen am Patienten. Die *Formalziele* wiederum können in Abhängigkeit von der Trägerschaft hinsichtlich der Formulierung und Priorität variieren. Aus diesem Spannungsfeld lässt sich auch die *Koordinationsfunktion* ableiten, die zahlreiche Autoren als primär für das Krankenhauscontrolling identifizieren (exemplarisch Fleßa 2014, S. 87). Dies gilt insbesondere vor dem Hintergrund zunehmender institutionenübergreifender Kooperationen (Goedereis 2009, S. 247–251).

3.2 Organisation des Krankenhauscontrollings

Mittlerweile haben 60-90 % der deutschen Krankenhäuser ein Controlling eingerichtet (Berens et al. 2011, S. 52; Gary 2013, S. 266). Dieses ist in wechselnder Bezeichnung regelmäßig der Unternehmensführung untergeordnet. Die Selbsteinschätzung der Krankenhauscontroller zeichnet diesbezüglich das Bild eines internen Beraters der Unternehmensleitung. Tatsächlich entfallen aber zwei Drittel der Arbeitszeit auf die klassischen Funktionen der Informationsversorgung und des Berichtswesens mit der Aufbereitung, Analyse und Kommunikation entscheidungsrelevanter Informationen. Danach folgt die operative sowie mit Abstand die strategische Planung und Kontrolle (Crasselt et al. 2013, S. 12; Gary 2013, S. 266).

Das kaufmännische und das medizinische Controlling sind dabei üblicherweise organisatorisch getrennt, wodurch sich eine weitere Schnittstelle ergibt. Das Medizincontrolling erfüllt allerdings weniger eine Koordinationsfunktion, sondern beinhaltet vornehmlich die operative Aufgabe der Abrechnung mit den Krankenkassen basierend auf der DRG-Kodierung. Daran knüpft sich die Leistungsplanung und -kontrolle sowie die Informationsversorgung an. Die medizinische Komplexität der erbrachten Behandlungen beeinflusst diese Trennung maßgeblich (Crasselt et al. 2013, S. 11; Fleßa 2014, S. 165–166).

Die durchschnittliche Personalausstattung der Controllingabteilungen ist gering, mit durchschnittlich ca. 2,5 bis 3 Vollzeitstellen jeweils im kaufmännischen und medizinischen Controlling (Berens et al. 2011, S. 52; Gary 2013, S. 266). Die Personalausstattung ist aber in den letzten Jahren insbesondere im Medizincontrolling leicht gestiegen (Crasselt et al. 2013, S. 10), was auf die hohe Bedeutung der Dokumentations- und Kodierqualität zurückzuführen ist. Diese wird durch regelmäßige Fallprüfungen des Medizinischen Dienstes der Krankenversicherung (MDK) kontrolliert. Der erhebliche Einfluss dieser Abrechnungsprüfungen auf die Erlösströme des Krankenhauses hat wesentliche Investitionen in Kostenrechnungssysteme und Personal mit klinischem *und* betriebswirtschaftlichem Know-how zur Folge (Busse und Riesberg 2004, S. 172–175).

4 Funktionen und Instrumente des Krankenhauscontrollings

Dem Verständnis der Rationalitätssicherung der Unternehmensführung folgend, lassen sich die Instrumente des Krankenhauscontrollings den klassischen Controllingfunktionen der *Informationsversorgung* und der *Planung und Kontrolle* zuordnen. Einen Beitrag zur übergeordneten Koordinationsfunktion leisten dabei alle Instrumente (Weber und Schäffer 2014, S. 47 und 57–65). Howein (2013, S. 38) kritisiert allerdings die noch „fehlende Integration der verwendeten Controllinginstrumente in ein durchgängiges Steuerungskonzept" in der Literatur bzw. die starke Fragmentierung heutiger Controllinginstrumente. Fleßa und Weber (2013, S. 415) konstatieren außerdem, dass das Anspruchsniveau des Controllings in einem Großteil der deutschen Krankenhäuser nicht über die Kosten- und Leistungsrechnung hinausgeht. Insgesamt wird dem Krankenhauscontrolling als junge Disziplin in der wissenschaftlichen Literatur bis heute Entwicklungs- und Verbesserungspotenzial unterstellt (exemplarisch Lachmann 2011, S. 100; Weber et al. 2012, S. 65).

4.1 Informationsversorgung

Dem Berichtswesen kommt im Krankenhauskontext mit der dezentralen Entscheidungsautonomie der Chefärzte eine besondere Bedeutung zu. Entsprechend zeigt sich ein sehr hoher Standardisierungsgrad (Berens et al. 2011, S. 53–54). Empfängerorientierte Priorisierung bei der Informationsauswahl sowie visuelle Aufbereitung und Interpretationshilfe zählen zu den wesentlichen Anforderungen. Entscheidungsträger des ärztlichen, pflegerischen und kaufmännischen Bereichs erhalten monatliche Berichte mit vornehmlich DRG-abrechnungsrelevanten Leistungskennzahlen und quantitativen Wirtschaftlichkeitsanalysen (Crasselt et al. 2013, S. 14; Fleßa und Weber 2013, S. 424). Dadurch erfolgt eine Verknüpfung ökonomischer und klinischer Informationen, die es den Verantwortlichen ermöglicht, die wirtschaftlichen Folgen ihrer klinischen Entscheidungen nachzuvollziehen (Lachmann 2011, S. 77).

IT-gestützte Krankenhaus-Informationssysteme und Management-Informationssysteme erlangen dementsprechend eine zunehmende Bedeutung in Krankenhäusern (Haux et al. 2004, S. 3–4). Hieraus ergeben sich große Datenmengen, die in Form von Kennzahlen in diversen Berichtsformen den Führungskräften bereitgestellt werden können (Rohner und Winter 2010, S. 116–117). Problematisch ist allerdings, dass diese Informationen oftmals zu umfangreich, nicht adressatengerecht aufbereitet bzw. teils nicht von den Adressaten beeinflussbar sind. Der wesentliche Nutzen von Kennzahlen liegt jedoch darin, relevante Steuerungsparameter und ihre Ursache-Wirkungs-Zusammenhänge aufzuzeigen, um eine zielgerichtete interne Steuerung zu ermöglichen (Zapp 2010, S. 2–3).

Ein funktionales Kennzahlensystem beinhaltet sämtliche relevante Kennzahlen, die einen systematisierten Überblick über die betriebliche interne Situation sowie externe Entwicklungen geben (Reichmann 2010, S. 23). Eine Möglichkeit, um das Kennzahlensystem adressatengerecht zu präsentieren, ist die Einrichtung eines Controlling-Cockpits oder Dashboards (Lachmann und Wenger 2011, S. 224). Dieses bildet in Zusammenarbeit mit den Nutzergruppen – Geschäftsführung, Ärzteschaft, Pflegepersonal – die als relevant identifizierten Kennzahlen zusammen mit optionalen vertiefenden Informationen in einem übersichtlichen System ab. Der Vorteil solcher Dashboards liegt darin, dass die Datenmengen bzw. Informationen deutlich in ihrer Komplexität reduziert und somit übersichtlich aufbereitet sind. Ferner kann durch die frühe Einbindung der Adressaten deren Akzeptanz sowie das inhaltliche Verständnis erhöht werden (Gluchowski et al. 2008, S. 216).

Eine weitere Möglichkeit, den Informationsaustausch an der Schnittstelle zwischen dem betriebswirtschaftlichen bzw. medizinischen Controlling und den jeweiligen operativen Bereichen zu verbessern, bietet der Einsatz von Ärzten als so genannte *Boundary Spanners* (Long et al. 2013, S. 158). Als Boundary Spanners können z. B. Ärzte mit betriebswirtschaftlichem Fachwissen fungieren, die die Anforderungen von Seiten der Ärzteschaft an das Controlling weitergeben. Des Weiteren können sie andere Mediziner mit ihren Controlling-Kenntnissen in betriebswirtschaftlicher Hinsicht unterstützen. Auf diese Weise wird die interdisziplinäre Kommunikation gefördert und die Auswahl der relevanten Kennzahlen erleichtert. Als Ergebnis sollte für jede Nutzergruppe eine übersichtliche Anzahl an Steuerungsparametern entstehen (Salfeld et al. 2009, S. 44).

Bezüglich der Auswahl der relevanten Kennzahlen existiert bislang kein einheitliches System, jedoch bestehen Kriterien, mithilfe derer ein passendes Kennzahlensystem zusammengestellt werden kann. Im Folgenden werden Kriterien vorgestellt, die für eine adäquate Parameterdefinition simultan zu erfüllen sind (Salfeld et al. 2009, S. 45–46).

1. Relevanz für den entsprechenden Adressaten: Die Kennzahlen sollten wie bereits erwähnt an die entsprechenden Informationsbedürfnisse der Adressaten angepasst sein. Dies bedeutet, dass ein Zusammenhang zwischen der Kennzahl und dem jeweiligen Leistungsbereich vorhanden sein sollte. Beispielsweise sind Kennzahlen zu Schnitt-Naht-Zeiten typischerweise relevant für den Bereich der Chirurgie.
2. Beeinflussbarkeit: Des Weiteren sollte jede Kennzahl gemäß dem Controllability-Prinzip (Atkinson et al. 2007) durch den Adressaten beeinflussbar sein. Dieses besagt, dass ein Mitarbeiter nur für Ergebnisse verantwortlich gemacht werden sollte, die er selbst beeinflussen kann. Eine Evaluation anhand nicht-beeinflussbarer Kennzahlen könnte demzufolge als unfair empfunden werden, was sich wiederum negativ auf die Motivation und die Leistung auswirkt (Giraud et al. 2008, S. 33–34).
3. Verknüpfung mit einem Organisationsziel: Diese Anforderung zielt darauf ab, dass die ausgewählten Kennzahlen im Sinne der übergeordneten Organisationsziele relevant sind. Exemplarisch hervorzuheben ist die Kennzahl der durchschnittlichen Verweildauer verbunden mit dem Ziel der Kostenreduktion, da durch die verringerte Zeit, die der Patient im Krankenhaus verbringt, weniger Kosten entstehen. Bei der Betrachtung von Kennzahlen, die keine solche Verknüpfung aufweisen, besteht die Gefahr, dass die relevanten Steuerungsparameter aus dem Fokus treten.
4. Verweis auf eine Zielvorgabe: Die Kennzahlen sollten messbar und mit einer Zielvorgabe verknüpft sein (Lautenbach 2014, S. 889). Der Zielwert wird anhand der Unternehmensziele definiert und üblicherweise von Seiten der Führungs-

ebene an die entsprechenden Verantwortlichen der Leistungsbereiche weitergegeben. Im Falle einer Abweichung von der Zielvorgabe sollten konkrete Handlungsmechanismen festgelegt sein, die zu einer Verbesserung der Kennzahl beitragen.

5. Aktualität und Qualität der Daten: Kennzahlen sollten bezogen auf ihren Verwendungszweck möglichst aktuell, d. h. ohne große Verzögerungen abrufbar sein. Dies ist insbesondere in Hinblick auf die Steuerungswirkung notwendig. Informationen zur Verweildauer sind z. B. in sehr kurzen Abständen erforderlich, da die Ärzte zur Steuerung der Aufenthaltsdauer aktuelle Daten darüber benötigen, wann ein Patient die vorgegebene Verweildauer überschreitet. Bezüglich des Reporting-Intervalls sollte eine adäquate Häufigkeit der Berichterstattung eingehalten werden, die einerseits dem Zweck der Kennzahl angepasst ist (Lautenbach 2014, S. 898–899) und andererseits aus Sicht des Empfängers als nützlich empfunden wird. Aus Sicht des Chefarztes sind bspw. medizinische Leistungskennzahlen quartalsweise von Nutzen, während Finanzkennzahlen eher halbjährlich erhoben werden (Weber et al. 2012, S. 54–55).

Kennzahlen lassen sich anhand verschiedener Kategorien einteilen. Zapp (2010, S. 3–8) z. B. unterscheidet zwischen statistischen und anwendungsorientierten Kennzahlen, die sich wiederum in absolute und relative bzw. finanz- und leistungswirtschaftliche Kennzahlen untergliedern lassen. Tab. 1 zeigt eine Übersicht hinsichtlich der diesen Kategorien zugeordneten Kennzahlen und gibt jeweils krankenhausspezifische Beispiele. Es wird ersichtlich, dass neben traditionellen, wie z. B. Deckungsbeiträge oder Umsatzentwicklung, ebenso krankenhausspezifische Kennzahlen von Bedeutung sind. Diese sind insbesondere in der leistungswirtschaftlichen Kategorie zu finden, die auch die DRG-bezogenen Kennzahlen beinhaltet. So beschreibt das *Relativgewicht* (*Cost Weight*) den erwarteten ökonomischen Aufwand eines Falls relativ zu einem Schweregewicht von 1,0. Die Relativgewichte sowie Zu- und Abschläge werden auf Grundlage einer bundesweiten Erhebung durch das Institut für das Entgeltsystem im Krankenhaus (InEK) kalkuliert. Die Summe der Relativgewichte aller in einer Periode behandelten Fälle eines Krankenhauses (*Casemix*), geteilt durch die Fallanzahl, ergibt den *Casemixindex* (*CMI*) des Krankenhauses. Der ab 2014 bundesweit einheitliche *Basisfallwert* (Baserate: 3.156,82€) multipliziert mit dem DRG-spezifischen Relativgewicht ergibt den Erlös pro Fall. Die Multiplikation des Bundesbasisfallwertes mit dem Casemix ergibt dann das Budget des Krankenhauses (Busse und Riesberg 2004, S. 172–175).

4.2 Operative Planung und Kontrolle

Die Kosten-, Erlös- und Ergebnissteuerung ist als wesentliches Element einer entscheidungsorientierten Informationsversorgung sowie Planung und Kontrolle anzusehen. Hinzu kommt die vom DRG-System propagierte Kostentransparenz.

Tab. 1 Kennzahlen im Krankenhaus (Eigene Darstellung, in Anlehnung an Zapp 2010, S. 5–8)

Statistische Kennzahlen		Anwendungsorientierte Kennzahlen	
Absolut	Relativ	Finanzwirtschaftlich	Leistungswirtschaftlich
Einzelzahlen, z. B. abgerechnete Fälle im letzten Quartal	Gliederungszahlen, z. B. Personalkostenanteil an den Gesamtkosten	Investitionspolitik, z. B. Investitionsquote	Produktivität, z. B. Arbeitsproduktivität
Summen, z. B. Bilanzsumme	Beziehungszahlen, z. B. Verhältnis der stationären zu den ambulanten Patienten	Finanzierung, z. B. Verschuldungsgrad	DRG-bezogene Kennzahlen, z. B. Case-Mix-Index, Basisfallwert, Fallzahl, Verweildauer
Differenzen, z. B. Deckungsbeitrag der Klinik für Chirurgie	Indexzahlen, z. B. Umsatzentwicklung des Krankenhauses	Liquidität, z. B. Cash-Flow	Prozessdauer, z. B. Wartezeit für den Computertomographen oder Liegezeiten
Mittelwerte, z. B. durchschnittliche Verweildauer		Ertragslage, z. B. Umsatzrendite	

Zu den operativen Instrumenten der Planung und Kontrolle können die Budgetierung, darauf aufsetzende Abweichungsanalysen oder die krankenhausspezifische Prozesskostenrechnung basierend auf Clinical Pathways gezählt werden. Die Budgetierung auf Abteilungs- und Krankenhausebene sowie die Abweichungsanalyse werden von 60-70 % der Krankenhäuser intensiv eingesetzt (Berens et al. 2011, S. 54).

4.2.1 Kostensteuerung

Kostenrechnungssysteme ermöglichen einen Überblick über die Kostenstrukturen, da sie operative Informationen über Kostenarten (welche Kosten sind angefallen?, z. B. fixe oder variable Kosten), Kostenstellen (wo sind die Kosten entstanden?, z. B. Stationen, Ambulanzen, Funktionsbereiche) und Kostenträger (wofür sind die Kosten angefallen?, z. B. eine bestimmte Fallgruppe) liefern. Die *Kostensteuerung* ist in den meisten Krankenhäusern weit entwickelt. Kostenarten- und Kostenstellenrechnungen kommen hierbei häufig zum Einsatz. Regulatorische Mindestanforderungen kodifiziert der § 8 Krankenhaus-Buchführungsverordnung (KHBV), wobei die Mehrzahl der Krankenhäuser – und insbesondere systembedingt die InEK-Kalkulationshäuser – inzwischen ihre Kosten detaillierter aufgliedern (Crasselt et al. 2013, S. 16; Fleßa und Weber 2013, S. 422).

Entscheidungsrelevant im Hinblick auf die Steuerung des Leistungsprogramms sind vor allem die von der Kostenträgerrechnung gelieferten Informationen. Die Kosten- und Leistungsrechnung auf Kostenträgerbasis ermöglicht nämlich eine differenzierte Betrachtung der Zusammensetzung des wirtschaftlichen Ergebnisses; d. h. Kosten und Erlöse können hinsichtlich der Einzelleistungen, Fallgruppen oder Patienten verglichen werden. Auf diese Weise wiederum können Rationalisierungspotenziale aufgedeckt werden, die aufgrund des erhöhten Kostendrucks von essenzieller Bedeutung für viele Krankenhäuser erscheinen. Angesichts des in Krankenhäusern üblicherweise hohen Fixkostenanteils besteht die Gefahr bei der Anwendung der auf Vollkosten basierenden Kostenträgerrechnung allerdings darin, dass Ergebnisse fehlinterpretiert werden und zu Fehlentscheidungen führen. Leistungen könnten so aufgrund hoher Fixkosten als unwirtschaftlich interpretiert werden, obwohl sie einen – in der Vollkostenbetrachtung nicht sichtbaren – positiven Deckungsbeitrag aufweisen (Lüngen et al. 2009, S. 131).

Daher können ergänzend zu der Betrachtung der Kosten auf Basis der Kostenträger teilkostenbasierte Systeme, wie z. B. die Deckungsbeitragsrechnung, genutzt werden, um eine Aufspaltung nach fixen und variablen Kosten vorzunehmen. Im Rahmen der internen Steuerung ist es entscheidend, den Kostenblock der Fixkosten und Gemeinkosten möglichst transparent in mittel- und langfristig beeinflussbare Kosten zu systematisieren. Zudem kann durch die Deckungsbeitragsrechnung die Kostenverantwortlichkeit auf Abteilungs- oder Klinikebene erhöht werden (Schmidt-Rettig und Eichhorn 2008, S. 457).

Allerdings besteht im Rahmen der Dokumentation oftmals das grundsätzliche Problem, dass Leistungen und Ressourcenverbräuche entweder nicht ausreichend dokumentiert sind oder die Dokumentation nicht oder nur aufwendig auswertbar ist.

Letzteres liegt in der häufig noch papierbasierten Dokumentation oder in Schnittstellenproblemen bei Labor- oder Krankenhausinformationssystemen begründet. Somit liegen oftmals nur unzuverlässige Schätzdaten für die Berechnung von Kostenschlüsseln und kalkulatorischen Kosten vor. In der Praxis tendiert man daher zu pauschalen Verrechnungspreisen (z. B. Kosten pro durchschnittliches Röntgenbild oder Konsil), die aber die Anzahl, die Frequenz sowie den Zeit- und Ressourcenaufwand (z. B. Röntgen der Hand oder des Brustraums) der Leistungsinanspruchnahmen ignorieren (Fleßa 2014, S. 121 und 162–163).

Es ist festzuhalten, dass die Identifikation von Kostenträgern und verursachungsgerechten Verrechnungspreisen derzeit stark subjektiv geprägt ist und eine wesentliche Herausforderung der Kostenrechnung des Krankenhauses darstellt. Entsprechend selten kommen kostenträger-bezogene Instrumente, wie die Kostenträgerstückrechnung auf Vollkostenbasis oder Deckungsbeitragsrechnungen, zur Anwendung. Vielmehr beschränkt sich die Steuerung in der Praxis auf Budget- und Leistungsvorgaben. Das Gesamtbudget der jeweiligen Fachabteilung deckt die Sach- und Betriebskosten sowie die angeforderten, innerbetrieblich zu verrechnenden Leistungen. Investitionen sind davon ausgenommen (Berens et al. 2011, S. 52–53; Fleßa und Weber 2013, S. 422–424).

Ein weiterer in der Literatur als bedeutsam erachteter Ansatz ist die Prozesskostenrechnung auf Basis von *Clinical Pathways* (Behandlungspfaden), auch Pfadkostenrechnung genannt (Rieben und Müller 2005, S. 70). Kennzeichnend für die Prozesskostenrechnung ist es, dass ein möglichst großer Teil der Gemeinkosten nicht mittels Umlagen verrechnet, sondern spezifischen Prozessen zugeordnet wird. Auf diese Weise kann eine weitgehend beanspruchungsgerechte Kostenaufteilung erreicht werden (Schmidt-Rettig und Eichhorn 2008, S. 457). In Industrieunternehmen werden im Zuge der Prozesskostenrechnung Aktivitäten in Hauptprozesse zusammengefasst, die wiederum einem Produkt zugeordnet werden. Parallel zu dieser Vorgehensweise werden in der Pfadkostenrechnung Leistungen und Komponenten (z. B. Medikation bzw. Operation) zu Pfaden zugeordnet (Rieben und Müller 2005, S. 70–76).

Um eine adäquate Diagnostik und Therapie vieler Erkrankungen sicherzustellen, ist zumeist die interdisziplinäre Zusammenarbeit mehrerer Fachabteilungen erforderlich, die sich zum Teil aus parallel ablaufenden Teilleistungen zusammensetzt (Schlüchtermann et al. 2005, S. 48). So sind z. B. bei der Akutversorgung polytraumatisierter Patienten im Schockraum unterschiedliche Fachdisziplinen involviert (Schnabel et al. 2003, S. 1156). Zur Optimierung der Abläufe besteht daher ein besonders hoher Bedarf für eine strukturierte Koordination der Behandlungsschritte. Clinical Pathways stellen in diesem Zusammenhang ein krankenhausspezifisches Controllinginstrument dar, das krankenhausinterne Leitlinien bezüglich diagnose- und behandlungsbezogener Prozesse beschreibt (Zapp 2009, S. 220–228). Auf diese Weise kann der Behandlungsablauf, fundiert auf dem aktuellen medizinischen Wissensstand, in Form übergeordneter Entscheidungs- und Vorgehensweisen standardisiert werden. Ein solcher Behandlungsprozess sollte zur Sicherstellung der medizinischen Leistung am Patienten ausgerichtet sein und kann beispielhaft die folgenden Schritte durchlaufen: Aufnahme, Anamnese, Diagnostik, Therapie, Pflege, Entlassung (Harder 2005, S. 66). Jeder dieser Schritte beinhaltet Leistungsprozesse, die möglichst effektiv – z. B. durch patientenindividuelle Leistungen – und effizient – z. B. durch die Ausnutzung von Skaleneffekten – gestaltet werden sollten (Schlüchtermann et al. 2005, S. 59). Somit entsteht ein transparent strukturierter Prozess, der die Koordination zwischen den behandelnden Fachdisziplinen erleichtert und die Effizienz erhöhen kann. Zudem ist die Aussagekraft der Pfadabläufe und der zugehörigen Leistungen höher als die Berechnung der Gesamtverweildauer, da die einzelnen medizinischen Prozesse differenziert betrachtet werden können (Kaplan und Porter 2011, S. 58–60). Für die jeweiligen Prozesse dienen Qualitätsindikatoren mit Referenzbereichen zur Planung und Kontrolle der Effektivität und Rechtzeitigkeit der Versorgung (Schnabel et al. 2003, S. 1158–1163).

Kostenbezogene Effekte zeigen Clinical Pathways allerdings eher in mittel- bis langfristiger Hinsicht. Insbesondere der hohe Personalkostenanteil lässt sich nur längerfristig und vorwiegend in größeren Einrichtungen beeinflussen, indem frei gewordene Kapazitäten anderweitig genutzt werden können (Hacker 2005, S. 95). So beschreiben Gallwitz et al. (2006, S. 708), dass durch Einführung der Klinikpfade in einem maximalversorgenden Krankenhaus die Verweildauer und damit verbunden die Behandlungskosten gesenkt werden konnten. Ebenso stellen Kirschner et al. (2010, S. 857) einen kostensenkenden Effekt fest, jedoch nicht durch einen Rückgang der Verweildauer, sondern infolge verschiedener Einsparungen in Teilbereichen der Behandlung. Homagk et al. (2012, S. 1081) konstatieren, dass Clinical Pathways die Prozessqualität infolge einer erhöhten Durchführungshäufigkeit und Dokumentation der Behandlungsschritte verbessern.

Die Umsetzung von Clinical Pathways als Controllinginstrument im Krankenhaus verläuft in mehreren Schritten, die in Form eines Projekts durchlaufen werden können (Küttner 2004, S. 67–70): In der Vorbereitungsphase wird das Projektziel festgelegt, die in dem Pfad abgebildeten Patientengruppen definiert, die Projektbeteiligten benannt sowie ein Zeitplan erstellt. Die nachfolgende Entwicklungsphase umfasst die Analyse des Ist-Zustandes des Behandlungsablaufs, die Entwicklung der Soll-Konzeption in Form des angestrebten Prozesses und endet mit der Erstellung des optimierten Pfades, der zunächst in einem Dokument festgehalten wird. Die eigentliche Implementierung des neuen Behandlungspfades sollte sukzessiv erfolgen und von Schulungen für die involvierten Mitarbeiter begleitet werden. Insbesondere sollte darauf geachtet werden, dass sich die Optimierung der Prozesse nicht auf einzelne Abteilungen beschränkt, sondern sich auf den gesamten, von dem Patienten wahrgenommenen Behandlungsprozess bezieht. Die Balanced Scorecard (siehe Kap. Balanced Scorecard) bietet in diesem Zusammenhang eine Möglichkeit, die verschiedenen relevanten Leistungsprozesse zu messen und zu koordinieren. Zudem ist bei der Erstellung der Pfade ein hohes Maß an Kooperation zwischen Ärzten, Pflegekräften und Controllingabteilung erforderlich (Homagk et al. 2012, S. 1080). Im Anschluss an die Implementierung sollte ein kontinuierliches Pfadmanagement erfolgen, in dessen Zuge inhaltliche Überarbeitungen des Pfades bei Neuerungen durchgeführt werden (Küttner 2004, S. 67–70). Zu beachten ist, dass den Optimierungen der internen Krankenhausprozesse durch Behandlungspfade Grenzen gesetzt sind. Es existiert in diesem Zusammenhang ein Spannungsfeld zwischen dem Argument, dass alles, was regelmäßig abläuft, schematisiert werden kann und der Auffassung, dass sich Patienten und deren Erkrankungen nicht gänzlich systematisieren lassen. Idealerweise sollten die Pathways einen Mittelweg finden, d. h. sie sollten regelmäßige Prozesse systematisieren und gleichzeitig Raum für individuelle Abweichungen lassen (Boeden und Tsekos 2005, S. 155).

4.2.2 Erlössteuerung

Kurzfristig stehen im Krankenhaus, neben den oben beschriebenen Kosten, insbesondere die stationären Erlöse bzw. Entgelte im Fokus (Fleßa und Weber 2013, S. 418). Dabei wird zwischen interner und externer Entgeltbudgetierung unterschieden.

Im Rahmen der *externen Entgeltbudgetierung* muss das Controlling die notwendigen Informationen und Planwerte bereitstellen sowie Istwerte überwachen. Aus der externen Budgetierung ergeben sich zwei wesentliche Ziele: Die *Verweildauersteuerung* umfasst dabei zum einen die Berichterstattung über den Verweildauerstatus der einzelnen Patientenfälle. Zum anderen kommt die Unterstützungsaufgabe bei ärztlichen Entscheidungen über Aufnahmen, Überweisungen und Entlassungen hinzu. Dabei ist in der Praxis eine Orientierung an maximalen Erlösen festzustellen. Die Bettenauslastung lag 2012 jedoch durchschnittlich nur bei 77,4 % (Statistisches Bundesamt 2013, S. 8). Im Rahmen der *Fallzahlsteuerung* (Mengen) und *Casemixsteuerung* (Gewicht) unterstützt das Controlling die Krankenhausführung und insbesondere die leitenden Ärzte durch die Berichterstattung (Fleßa 2014, S. 157; Fleßa und Weber 2013, S. 421). Die Wahl der behandelnden Versorgungseinrichtung ist in Deutschland frei (§ 6 SGB V), die Einweisung erfolgt aber üblicherweise durch einen behandelnden Arzt (Allgemeinmediziner oder Spezialist). Eine beispielhafte Ausnahme stellt die Notfallaufnahme dar. Da Patienten also nicht direkt sondern in der Regel indirekt über die einweisenden Ärzte erreicht werden können, kommt den Netzwerken des klinischen Personals und insbesondere der Reputation und dem Engagement der leitenden Ärzte eine besondere Bedeutung in der Praxis zu.

Mit *internen Budgets* koordinieren Krankenhäuser ihre betrieblichen Aktivitäten (Fleßa 2014, S. 153–154). Der hohe Grad an Arbeitsteilung im Krankenhaus erfordert eine konsistente Abstimmung der Leistungsmengen, der Kapazitätsanforderungen, der Verrechnungspreise und Erlösanteile. Die Synchronisation erfolgt dabei auch auf zeitlicher (operativer, taktischer, strategischer) Ebene (Fleßa 2014, S. 159). Die Erlös- und Liquiditätsplanung der Fachabteilungen erfolgt in der Regel quartalsweise. Der Planungshorizont erstreckt sich dabei im Mittel auf ein Jahr, für Fallzahlen und Personal auf sechs Monate (Berens et al. 2011, S. 54). Bei strategischen und insbesondere bei operativen Liquiditätsplanungen ist eine Zunahme des Nutzungsgrades festzustellen. Das gilt insbesondere für kleine Krankenhäuser, bei denen aber noch immer 40 % auf eine operative Liquiditätsplanung verzichten (Crasselt et al. 2013, S. 29).

4.2.3 Ergebnissteuerung

Aufbauend auf Kosten- und Erlösplanungen führen drei Viertel der Krankenhäuser mindestens jährlich eine *Ergebnisanalyse* auf Abteilungsebene durch. Dabei gilt es zu beachten, dass im Krankenhaus Kosten im Rahmen der Budgetierung dort berücksichtigt werden, wo sie anfallen. Die Gemeinerlöse eines Behandlungsfalles in Form der DRG-Fallpauschale werden bei zwei oder mehr behandelnden Hauptabteilungen hingegen der entlassenden Hauptabteilung gutgeschrieben (Fleßa 2014, S. 162). Beispielhaft sei hier die interdisziplinäre Behandlung von Kardiologie und Herzchirurgie im Rahmen einer Herztransplantation genannt. Dementsprechend sollte eine leistungsgerechte Zurechnung der Erlöse erfolgen. Dazu stehen in der Praxis das *Erlössplitting* und die *innerbetriebliche Leistungsverrechnung* zur Verfügung. Die Schlüssel für das Splitting können aus der InEK-Kostentabelle für die jeweilige DRG entnommen oder selbst definiert werden. Aufgrund der Komplexität und Subjektivität ordnet allerdings nur ca. ein Drittel der Krankenhäuser ihre Erlöse den Fachabteilungen differenziert zu. Die Day-Mix-Index-Methode, bei der Erlösbestandteile mit und ohne OP-Bezug sowie Zusatzentgelte auf die beteiligten Abteilungen spezifisch verrechnet werden (Focke et al. 2006), gewinnt aber zunehmend an Bedeutung (Crasselt et al. 2013, S. 17; Fleßa 2014, S. 162–163; Fleßa und Weber 2013, S. 423). Im Hinblick auf den Fortbestand eines Krankenhauses ist die Budgetierung unter Berücksichtigung des wirtschaftlichen Ergebnisses einer Fachabteilung notwendig. Dennoch ist u. a. aufgrund der beschriebenen Komplexität der Kosten- und Leistungszuordnung von einer 1:1 Budgetierung nach Gewinnen und Verlusten abzuraten. Vielmehr sollte die Ergebnisrechnung durch weitere krankenhausspezifische Informationen, wie z. B. geplante Entwicklungen und strategische Ziele, ergänzt werden (Sonntag 2010, S. 311).

4.3 Strategische Planung und Kontrolle

Auf taktischer und strategischer Planungsebene nimmt das Controlling in den meisten Krankenhäusern eine Unterstützungsfunktion wahr (Fleßa und Weber 2013, S. 427). Die meisten Krankenhäuser nehmen strategische Planungen im Jahresrhythmus vor, bei einem Planungshorizont von drei Jahren. Inhaltlich werden neben medizinischen Leistungen hauptsächlich Investitionen und Erlöse geplant (Crasselt et al. 2013, S. 15; Gary 2013, S. 427). Hier sei hervorgehoben, dass das Controlling – wie auch bei der Fallzahl- und Casemixsteuerung – für die idealtypische Identifikation von Produktinnovationen und die Informationensammlung über die Marktdurchdringung auf das Know-how und die Netzwerke der klinischen Mitarbeiter angewiesen ist. Dem Controlling kommt hier die koordinierende Rolle zu, Interdependenzen der Teilplanungen mit der Krankenhausplanung abzustimmen.

Bedeutendste Aufgabe des strategischen Controllings ist folglich die *Analyse des Wettbewerbsumfelds* und somit des Marktes, der Einweiser, der Patienten und der Konkurrenten (Gary 2013, S. 267). Wichtigste externe Einflussfaktoren sind hier die Gesetzgebung und die Struktur der einweisenden Ärzte. Entsprechend ist das Benchmarking, neben dem vorgeschriebenen Krankenhausbetriebsvergleich, das wichtigste strategische Controllinginstrument. Weitere Instrumente, wie die Stärken-Schwächen-Chancen-Risiken-Analyse (SWOT), Konkurrenz- oder die Portfolio-Analyse, kommen auch, wenngleich deutlich seltener, zum Einsatz. Obwohl sich zahlreiche Beiträge in der krankenhausbezogenen Literatur der Balanced Scorecard widmen, ist diese in der Praxis bislang nur in wenigen Krankenhäusern implementiert. Zahlreiche Krankenhäuser streben allerdings eine Einführung dieses Instruments an (Berens et al. 2011, S. 56; Fleßa und Weber 2013, S. 424; Gary 2013, S. 266).

4.3.1 Balanced Scorecard

Die Balanced Scorecard ist ein Instrument, das die Berücksichtigung des mehrdimensionalen Zielsystems im Krankenhaus im Sinne der Koordinationsfunktion ermöglicht (Kaplan und Norton 1992, S. 70–79). Sie bricht die strategischen Ziele des Krankenhauses und dessen Träger auf messbare Elemente herunter und trägt somit dazu bei, die langfristigen Ziele im Spannungsfeld zwischen Medizin und Wirtschaftlichkeit zu operationalisieren.

Während die traditionelle, in Industrieunternehmen eingesetzte Balanced Scorecard Ziele, Kennzahlen, Vorgaben und Maßnahmen für die Perspektiven Finanzen, Prozesse, Kunden und organisationales Lernen beinhaltet (Kaplan und Norton 1992, S. 70–79), schlagen modifizierte Versionen der Balanced Scorecard weitere Perspektiven vor, die speziell an die Anspruchsgruppen des Krankenhauses angepasst sind. So sprechen Borges und Schmidt (2002, S. 101–117) der – typischerweise vergangenheitsorientierten – finanziellen Perspektive eine weniger dominante Gewichtung zu, um die Vielfältigkeit der krankenhausspezifischen Anspruchsgruppen zu berücksichtigen. Weitere Ansätze ergänzen die Balanced Scorecard um eine Sozialperspektive (Greulich et al. 2005, S. 77) oder ersetzen die Finanzperspektive durch eine sogenannte Leistungsfähigkeitsperspektive, die sowohl die finanziellen Formalziele als auch die Sachziele des Krankenhauses betrachtet (Wendel 2001, S. 259).

Der Nutzen der Balanced Scorecard wird bei Betrachtung des strategischen Handlungsrahmens eines Krankenhauses deutlich, der auf die Ressourcen- und Prozessoptimierung abzielt. Dies kann ein Krankenhaus einerseits durch mehr Fälle (Wachstumsstrategie) und andererseits mittels der Optimierung des Casemixes (Produktivitätsstrategie) erreichen (Brinkmann et al. 2003, S. 950–951). Im Zuge der strategischen Steuerung müssen demnach aus externer Sicht die Patienten, die niedergelassenen Ärzte in der Funktion des Einweisers sowie der Schwerpunkt des Angebots in Abgrenzung zu den Wettbewerbern mit einbezogen werden. Gleichzeitig ist es notwendig, die internen Prozessabläufe, Infrastruktur, Transparenz der Kostenstruktur und die damit verbundene Kostenkontrolle zu optimieren. Besondere Bedeutung erlangt in diesem Zusammenhang die Kundenperspektive. Die Kundenperspektive kann demnach durch die Patienten- und Einweiserperspektive ersetzt werden, die Informationen hinsichtlich der Bindung und Neugewinnung von Patienten und Einweisern liefert (Weimann und Weimann 2012, S. 290).

Der Implementierungsprozess einer Balanced Scorecard läuft in mehreren Schritten ab: Zunächst sollten die strategischen Ziele der Organisation sowie die darauf aufbauenden Schlüsselthemenbereiche – wie z. B. Patientenorientierung, Prozessoptimierung und Qualitätsmanagement sowie Entwicklung von Verbünden und Zentren – zusammengefasst werden. Auf Basis der so skizzierten *Strategy Map* können die Ziele der Balanced Scorecard definiert werden (Groene et al. 2009, S. 261–264). Nachdem auf diese Weise die Gesamt-Scorecard entwickelt wurde, erfolgt das sogenannte Roll-Out. Dies bezeichnet das Herunterbrechen der in der Scorecard festgelegten Ziele auf Fachabteilungen oder Organisationseinheiten. Als Ergebnis entstehen Scorecards für jeden Organisationsbereich, die eine angemessene Handlungsnähe zu ihrer jeweiligen Abteilung aufweisen und gleichzeitig die Gesamt-Ziele der Organisation berücksichtigen (Borges und Schmidt 2002, S. 107–108). Auf diese Weise fungiert die Balanced Scorecard als Bindeglied, das die ökonomische Perspektive mit den intern identifizierten medizinischen Anforderungen kombiniert (Groene et al. 2009, S. 263).

Bei der Entwicklung der Balanced Scorecard sollte im Hinblick auf die Praxistauglichkeit darauf geachtet werden, dass zwischen den abgebildeten Kennzahlen und den verfolgten Zielen ein Zusammenhang besteht (Carsten et al. 2004, S. 104). Des Weiteren sollte berücksichtig werden, dass der Einsatz der Balanced Scorecard mit einem erhöhten Finanz- und Arbeitsaufwand verbunden ist. Daher sollte die Implementierung idealerweise durch den Krankenhausträger unterstützt werden. Zudem stellt sie für die Mitarbeiter des Krankenhauses eine strukturelle Veränderung dar, die erfahrungsgemäß auf Ablehnung stoßen könnte. Der Erfolg der Balanced Scorecard hängt jedoch in hohem Maße davon ab, dass die einzelnen Aspekte im Tagesgeschäft aktiv umgesetzt und gelebt werden.

4.3.2 Investitions- und Risikocontrolling

Das *Investitionscontrolling* ist inzwischen in vielen Krankenhäusern etabliert. Geplant wird dabei in der Regel jährlich mit einem Planungshorizont von 18 bis 36 Monaten. Kleinere Krankenhäuser planen unregelmäßiger und mit kürzerem Planungshorizont (Crasselt et al. 2013, S. 15). Vorherrschend werden Kostenvergleichsrechnungen und die Berechnung der Amortisationsdauer durchgeführt. Die zumeist unsichere Informationslage hinsichtlich Regulierung, Wettbewerbs- und Gewerkschaftsaktivitäten unterstreicht die Bedeutung von rollierenden bzw. ex-post Kontrollen. Diese werden jedoch nur in wenigen Fällen regelmäßig und noch seltener ex-post durchgeführt (Berens et al. 2011, S. 54). Bei kurz- und mittelfristigen Planungen überwiegen daher Erwartungswerte. Bei längerfristigen Planungen nimmt der Anteil einwertiger Prognosen deutlich ab. Dafür steigt der Anteil der Krankenhäuser, die ganz auf eine Quantifizierung der Planungen verzichtet (Crasselt et al. 2013, S. 16). Zur idealtypischen Implementierung einer zweckadäquaten Investitionsplanung dient ein mehrstufiger Prozess, der die Phasen der Investitionsanregung, Investitionsuntersuchung, Beurteilung der Investitionsalternativen sowie der Investitionsentscheidung umfasst. Im Zuge der Investitionsanregung erfolgen die Beschreibung und Begründung der Investition sowie Angaben zur Dringlichkeit in Verbindung mit Vor- und Nachteilen (Sonntag 2010, S. 314). Die Aufmerksamkeit für besondere Risiken ist in diesem Zusammenhang zwar gestiegen, dennoch haben viele Krankenhäuser noch keine standardisierten Prozesse zur Risikoidentifikation und -bewertung etabliert (Crasselt et al. 2013, S. 19). Hinsichtlich der Untersuchung und der Beurteilung der Investitionsalternativen ist es demnach vorteilhaft, Fachausschüsse zu bilden, die sich aus Mitarbeitern und Leitungskräften der Fachabteilungen als auch Vertretern der Nutzergruppen zusammensetzen (Sonntag 2010, S. 314).

5 Zusammenfassung

Zusammenfassend ist zu konstatieren, dass Krankenhäuser mit einer zunehmenden Komplexität und Umweltdynamik konfrontiert sind. Diese Wandlungsprozesse, die insbesondere durch die veränderten Finanzierungsmechanismen induziert wurden, tragen zu dem Spannungsverhältnis zwischen Kosteneffizienz und Qualität der medizinischen Leistungserbringung bei. In diesem Kontext kommt dem Krankenhauscontrolling eine zunehmende Bedeutung zu. So bildet die Rationalitätssicherung, die im Rahmen des Kostendrucks im Gesundheitswesen eine wichtige Rolle einnimmt, das Kernelement des Controllingverständnisses in diesem Beitrag. Um die Ressourcen des Krankenhauses effizient einzusetzen, bietet das Controlling eine Reihe von Instrumenten, welche die Führungsebene mit Informationen versorgt und somit die Planung und Kontrolle operativer und strategischer Aktivitäten koordinierend unterstützt. Im Hinblick auf die sachzielorientierte Controllingfunktion sollte in diesem Zusammenhang sichergestellt werden, dass der Einsatz finanzieller und stärker qualitätsorientierter Controllinginstrumente ausgewogen erfolgt. Das Controlling darf somit nicht im Widerspruch zu den von dem Krankenhaus verfolgten Sachzielen, insbesondere der Sicherung der medizinischen Qualität, stehen. Konsens ist, dass klassische Controllinginstrumente grundsätzlich verbreitet sind, jedoch weiterhin Entwicklungs- und Handlungsbedarf besteht. Strategische Instrumente kommen nur selten zum Einsatz. Aber auch hinsichtlich der operativen Controllinginstrumente ist anzumerken, dass komplexere Anwendungen bisher wenig implementiert sind. Insbesondere die Kostenträgerrechnung als Voraussetzung eines fallbezogenen Controllings wird bislang relativ selten genutzt.

Literaturverzeichnis

Atkinson, Anthony A., Robert S. Kaplan, S. Mark Young, und Ella Mae Matsumura. 2007. *Management accounting*. 5. Aufl. Upper Saddle River: Pearson/Prentice Hall.

Berens, Wolfgang, Maik Lachmann, und Andreas Wömpener. 2011. Der Einsatz von Controllinginstrumenten in Krankenhäusern. Erfolgspotenziale und Status quo. *Das Gesundheitswesen* 73(03): 51–60.

Boeden, Gerhard, und Evangelos Tsekos. 2005. Auswahl geeigneter Diagnosen und Prozeduren. In *Clinical Pathways. Facetten eines neuen Versorgungsmodells*. 1. Aufl, Hrsg. Peter Oberender, 146–157. Stuttgart: Kohlhammer.

Borges, Peter, und Ralf Schmidt. 2002. Die Balanced Scorecard als Steuerungsinstrument im Krankenhaus. *Betriebswirtschaftliche Forschung und Praxis* 54(2): 101–117.

Brinkmann, Alexander, Florian Gebhard, Rainer Isenmann, Ulrich Bothner, Ulrich Mohl, und Bernhard Schwilk. 2003. Balanced Scorecard. „Tool or toy" im. *Krankenhaus? Der Anaesthesist* 52(10): 947–956.

Busse, Reinhard, und Annette Riesberg. 2004. *Health care systems in transition. Germany*, 1. Aufl. Kopenhagen: WHO Regional Office for Europe on behalf of the European Observatory on Health Systems and Policies.

Busse, Reinhard, Jonas Schreyögg, und Tom Stargardt. Hrsg. 2013. *Management im Gesundheitswesen. Das Lehrbuch für Studium und Praxis*, 3. Aufl. Berlin: Springer.

Carsten, Alexander, Christian Hankeln, und Renate Lohmann. 2004. Entwicklung und Implementierung von Strategien im Krankenhaus mit Hilfe einer Balanced Scorecard. *Journal für Anästhesie und Intensivbehandlung* 1: 98–104.

Crasselt, Nils, Christian Heitmann, und Björn Maier. 2013. *Controlling im deutschen Krankenhaussektor. Studienergebnisse zum aktuellen Stand und zu Entwicklungstendenzen des Controllings in deutschen Krankenhäusern*. 1. Aufl. Münster: zeb.

Damkowski, Wulf, Ulrich Meyer-Pannwitt, und Claus Precht. 2000. *Das Krankenhaus im Wandel. Konzepte, Strategien, Lösungen*, 1. Aufl. Stuttgart: Kohlhammer.

Debatin, Jörg F., und Axel Ekkernkamp. Hrsg. 2010. *Krankenhausmanagement. Strategien, Konzepte, Methoden*, 1. Aufl. Berlin: MWV Medizinisch Wissenschaftliche Verlagsgesellschaft.

Ernst, Christian, und Andrea Szczesny. 2008. Capped hospital budgets, risk-influencing activities and financial consequences. *Journal of Accounting and Public Policy* 27(1): 38–61.

Fleßa, Steffen. 2014. *Grundzüge der Krankenhausbetriebslehre*, Bd. 1, 3. Aufl. München: Oldenbourg.

Fleßa, Steffen, und Wolfgang Weber. 2013. Informationsmanagement und Controlling in Krankenhäusern. In *Management im Gesundheitswesen. Das Lehrbuch für Studium und Praxis*, 3. Aufl, Hrsg. Reinhard Busse, Jonas Schreyögg, und Tom Stargardt, 415–431. Berlin: Springer.

Focke, Axel C., Christoph H. Reinisch, und Jürgen Wasem. 2006. Abteilungs-und periodengerechte Verteilung von DRG-Erlösen mit Hilfe der DDMI-Methode (Sonderdruck). *Krankenhaus* 4:1–6.

Gallwitz, Baptist, Hendrik Lehnert, Helmut Dittmann, Jürgen Honegger, Reinhard Teichmann, Marcos Tatagiba, und Hans-Ulrich Häring. 2006. Behandlungspfade in der Endokrinologie und Diabetologie. *Der Internist* 47(7): 707–711.

Gary, Alexander. 2013. *Konzeptionelle Grundlagen eines marktorientierten strategischen Krankenhauscontrollings. Eine theoretische und empirische Untersuchung*, 1. Aufl. Kassel: kassel university press.

GBE-Bund. 2014. *Informationssystem der Gesundheitsberichterstattung des Bundes. Tabelle Krankenhäuser, Kosten, u. a. nach Einrichtungsmerkmalen*. http://www.gbe-bund.de/oowa921-install/servlet/oowa/aw92/WS0100/_XWD_FORMPROC. Zugegriffen am 03.05.2014.

Giraud, Françoise, Pascal Langevin, und Carla Mendoza. 2008. Justice as a rationale for the controllability principle: A study of managers' opinions. *Management Accounting Research* 19(1): 32–44.

Gluchowski, Peter, Roland Gabriel, und Carsten Dietmar. Hrsg. 2008. *Management Support Systeme und Business Intelligence. Computergestützte Informationssysteme für Führungskräfte*, 2. Aufl. Berlin: Springer.

Goedereis, Klaus. 2009. Einfluss auf die Versorgungslandschaft. In *Auswirkungen der DRG-Einführung in Deutschland. Standortbestimmung und Perspektiven*, Hrsg. Ferdinand Rau, Norbert Roeder, und Peter Hensen, 1. Aufl., 239–253. Stuttgart: Kohlhammer.

Greulich, Andreas, Alberto Onetti, Volker Schade, und Barbara Zaugg. Hrsg. 2005. *Balanced Scorecard im Krankenhaus. Von der Planung bis zur Umsetzung*, 2. Aufl. Heidelberg: Economica-Verl.

Groene, Oliver, Elimer Brandt, Werner Schmidt, und Johannes Moeller. 2009. The balanced scorecard of acute settings. Development process, definition of 20 strategic objectives and implementation. *International Journal for Quality in Health Care* 21(4): 259–271.

Hacker, Jan. 2005. Kostensenkungspotenziale durch Standardisierung. In *Clinical Pathways. Facetten eines neuen Versorgungsmodells*, Hrsg. Peter Oberender, 1. Aufl., 88–95. Stuttgart: Kohlhammer.

Harder, Klaus. 2005. Wer die Prozesse beherrscht, beherrscht das Unternehmen. Die Integration von Clinical Pathways in die Balanced Scorecard eines Krankenhauses. In *Clinical Pathways. Facetten eines neuen Versorgungsmodells*, Hrsg. Peter Oberender, 1. Aufl., 59–69. Stuttgart: Kohlhammer.

Haubrock, Manfred. 2009. Aspekte der Krankenhausfinanzierung. In *Betriebswirtschaft und Management in der Gesundheitswirtschaft*, Hrsg. Manfred Haubrock und Walter Schär, 5. Aufl., 603–681. Bern: Huber.

Haubrock, Manfred, und Walter Schär. Hrsg. 2009. *Betriebswirtschaft und Management in der Gesundheitswirtschaft*, 5. Aufl. Bern: Huber.

Haux, Reinhold, Alfred Winter, Elske Ammenwerth, und Birgit Brigl. Hrsg. 2004. *Strategic information management in hospitals. An introduction to hospital information systems*, 1. Aufl. New York: Springer.

Homagk, Lars, Oliver Deml, und Gunther O. Hofmann. 2012. Der IT-gestützte Behandlungspfad als Routinearbeitsinstrument in der Unfallchirurgie. *Der Unfallchirurg* 12:1076–1084.

Howein, Jörg. 2013. *Integrierte Ergebnissteuerung von Krankenhäusern und Krankenhauskonzernen. Ein Konzept unter Verwendung von Treiberbäumen*. 1. Aufl. Frankfurt am Main: Fritz Knapp.

Kaplan, Robert S., und David P. Norton. 1992. The balanced scorecard – measures that drive performance. *Harvard Business Review* 70(1): 70–79.

Kaplan, Robert S., und Michael E. Porter. 2011. How to solve the cost crisis in health care. *Harvard Business Review* 89(9): 46–52.

Kirschner, Stephan, Jörg Lützner, Klaus-Peter Günther, Maria E. Gonska, Kurt Reinicke, und Frank Krummenauer. 2010. Klinischer Behandlungspfad zur Implantation einer Oberflächenknieendoprothese (EGON). I: Pfadkonzeption und Effekt auf funktionelle Ergebnisqualität. *Der Orthopäde* 9: 853–859.

Klauber, Jürgen, Bernt-Peter Robra, und Henner Schellschmidt. Hrsg. 2009. *Krankenhaus-Report 2008/2009. Schwerpunkt: Versorgungszentren*, 1. Aufl. Stuttgart: Schattauer.

Klauber, Jürgen, Max Geraedts, Jörg Friedrich, und Jürgen Wasem. Hrsg. 2013. *Krankenhaus-Report 2013. Mengendynamik: mehr Menge, mehr Nutzen?*, 1. Aufl. Stuttgart: Schattauer.

Küttner, Tina. 2004. *Der Klinische Behandlungspfad als strategisches Managementinstrument im DRG-Kontext und dessen Entwicklung am praktischen Beispiel einer akutgeriatrischen Abteilung eines somatischen Krankenhauses*, 1. Aufl. Münster: Schüling.

Lachmann, Maik. 2011. *Der Einsatz von Controllinginstrumenten in Krankenhäusern. Verbreitung, Kontextfaktoren und Erfolgspotenziale*, 1. Aufl. Wiesbaden: Gabler.

Lachmann, Maik, und Felix Wenger. 2011. Dashboards im Gesundheitswesen. Integrierende Analyseinstrumente für das Krankenhaus-Controlling. *Zeitschrift für Controlling & Management* 55(4): 224–227.

Lautenbach, Christoph. 2014. Kennzahlen für die Unternehmenskommunikation: Definition, Erfassung, Reporting. In *Handbuch Unternehmenskommunikation*, Hrsg. Ansgar Zerfaß und Manfred Piwinger, 2. Aufl., 887–902. Wiesbaden: Springer Gabler.

Long, Janet C., Frances C. Cunningham, und Jeffrey Braithwaite. 2013. Bridges, brokers and boundary spanners in collaborative networks: A systematic review. *BMC Health Services Research* 13:158.

Lüngen, Markus, Christina Hochhuth, und Christian Ernst. 2009. Wirtschaftliche Steuerung von Krankenhäusern in Zeiten der G-DRGs. In *Krankenhaus-Report 2008/2009. Schwerpunkt: Versorgungszentren*, Hrsg. Jürgen Klauber, Bernt-Peter Robra, und Henner Schellschmidt, 1. Aufl., 129–142. Stuttgart: Schattauer.

Oberender, Peter. Hrsg. 2005. *Clinical Pathways. Facetten eines neuen Versorgungsmodells*, 1. Aufl. Stuttgart: Kohlhammer.

Rau, Ferdinand, Norbert Roeder, und Peter Hensen. Hrsg. 2009. *Auswirkungen der DRG-Einführung in Deutschland. Standortbestimmung und Perspektiven*, 1. Aufl. Stuttgart: Kohlhammer.

Reichmann, Thomas. 2010. *Controlling mit Kennzahlen und Management-Tools. Die systemgestützte Controlling-Konzeption* < 8. Aufl. München: Vahlen, Franz.

Reifferscheid, Antonius, Dominik Thomas, und Jürgen Wasem. 2013. Zehn Jahre DRG-System in Deutschland. Theoretische Anreizwirkungen und empirische Evidenz. In *Krankenhaus-Report 2013. Mengendynamik: mehr Menge, mehr Nutzen?* Hrsg. Jürgen Klauber, Max Geraedts, Jörg Friedrich, und Jürgen Wasem, 1. Aufl., 3–19. Stuttgart: Schattauer.

Rieben, Erwin, und Hans-Peter Müller. 2005. Clinical Pathways als Grundlage einer effizienten Kostenrechnung. Das Modell integrierter Patientenpfade „mipp". In *Clinical Pathways. Facetten eines neuen Versorgungsmodells*. 1. Aufl, Hrsg. Peter Oberender, 70–87. Stuttgart: Kohlhammer.

Rohner, Peter, und Robert Winter. Hrsg. 2010. *Patientenidentifikation und Prozessorientierung. Wesentliche Elemente des vernetzten Krankenhauses und der integrierten Versorgung*, 1. Aufl. Berlin: Springer.

Rong, Oliver, Jörg Schlüchtermann, Joachim Karrte, Monika Albrecht, Angela Schubert, Stefan David, Christian Raible, Jan Schaefer, und Andreas Kutschker. 2009. *Die Zukunft der Krankenhausfinanzierung in Deutschland. Herausforderungen und Handlungsempfehlungen für Player im Gesundheitsmarkt*, 1. Aufl. Berlin: Roland Berger Strategy Consultants/Universität Bayreuth.

Salfeld, Rainer, Steffen Peter Hehner, und Reinhard Wichels. 2009. *Modernes Krankenhausmanagement. Konzepte und Lösungen*, 2. Aufl. Berlin: Springer.

Schlüchtermann, Jörg, Rainer Sibbel, und Marc-Andreas Prill. 2005. Clinical Pathways als Prozesssteuerungsinstrument im Krankenhaus. In *Clinical Pathways. Facetten eines neuen Versorgungsmodells*, 1. Aufl, Hrsg. Peter Oberender, 43–58. Stuttgart: Kohlhammer.

Schmidt-Rettig, Barbara, und Siegfried Eichhorn. Hrsg. 2008. *Krankenhaus-Managementlehre. Theorie und Praxis eines integrierten Konzepts*, 1. Aufl. Stuttgart: Kohlhammer.

Schnabel, Michael, Clemens Kill, Michael El-Sheik, Axel Sauvageot, Klaus J. Klose, und Ina Kopp. 2003. Von der Leitlinie zum Behandlungspfad. *Der Chirurg* 74(12): 1156–1166.

Schönherr, Ralf. 2006. *Prozesscontrolling im Krankenhaus – Anforderungen und Umsetzungsmöglichkeiten*, 1. Aufl. Dresden: TUDpress.

Sonntag, Gabriele. 2010. Betriebswirtschaftliches Controlling. In *Krankenhausmanagement. Strategien, Konzepte, Methoden*. 1. Aufl, Hrsg. Jörg F. Debatin und Axel Ekkernkamp, 305–317. Berlin: MWV Medizinisch Wissenschaftliche Verlagsgesellschaft.

Statistisches Bundesamt. 2013. *Grunddaten der Krankenhäuser 2012*. https://www.destatis.de/DE/Publikationen/Thematisch/Gesundheit/Krankenhaeuser/GrunddatenKrankenhaeuser2120611127004.pdf?__blob=publicationFile. Zugegriffen am 02.04.14.

Statistisches Bundesamt. 2014. *Gesundheitsausgaben 2012 übersteigen 300 Milliarden Euro. Pressemitteilung Nr. 126 vom 07.04.2014*. https://www.destatis.de/DE/PresseService/Presse/Pressemitteilungen/2014/04/PD14_126_23611.html. Zugegriffen am 27.04.2014.

Weber, Jürgen, und Utz Schäffer. 2014. *Einführung in das Controlling*, 14. Aufl. Stuttgart: Schäffer-Poeschel.

Weber, Jürgen, Matthias Mahlendorf, Fabian Kleinschmit, und Martin Holzhacker. 2012. *Unternehmenssteuerung in deutschen Krankenhäusern. Bestandsaufnahme und Erfolskriterien*, 1. Aufl. Weinheim: Wiley.

Weimann, Edda, und Peter Weimann. 2012. *High performance im Krankenhausmanagement. Die 10 wichtigsten Schritte für eine erfolgreiche Klinik*, 1. Aufl. Berlin: Springer.

Wendel, Volker. 2001. *Controlling in Nonprofit-Unternehmen des stationären Gesundheitssektors*, 1. Aufl. Baden-Baden: Nomos-Verl.-Ges.

Zapp, Winfried. 2009. Kosten-, Leistungs-, Erlös- und Ergebnisrechnung (KLEE-Rechnung). In *Betriebswirtschaft und Management in der Gesundheitswirtschaft*, Hrsg. Manfred Haubrock und Walter Schär, 5. Aufl., 264–303. Bern: Huber.

Zapp, Winfried. Hrsg. 2010. *Kennzahlen im Krankenhaus*, 1. Aufl. Lohmar: Eul.

Zerfaß, Ansgar, und Manfred Piwinger. Hrsg. 2014. *Handbuch Unternehmenskommunikation*, 2. Aufl. Wiesbaden: Springer Gabler.

Controlling in Professional Service Firms

Till Grewe

Zusammenfassung

Professional Service Firms wie Unternehmensberatungen und Wirtschaftsprüfungsgesellschaften müssen als Anbieter wissensintensiver Dienstleistungen die Management Control ihrer Partnerschaften so konzipieren und umsetzen, dass die Steuerungsmaßnahmen mit der besonderen Immaterialität und Personengebundenheit ihres Geschäftsmodells konform gehen. Dieser Beitrag vertritt die These, dass dabei der Fokus auf die Standardisierung von Sekundärprozessen sowie ein adäquates Vergütungssystem bei gleichzeitig hohem Gestaltungsfreiraum für die Mitarbeiter in der operativen Tätigkeit gelegt werden sollte.

Schlüsselwörter

Professional Service Firms · Unternehmensberatung · Wirtschaftsprüfung · Management Control · Controlling

1 Einleitung

Rajat Gupta, ehemaliger CEO von McKinsey & Company, wahrscheinlich der typisierenden Unternehmensberatungsgesellschaft schlechthin und somit Teil der wissensintensiven Dienstleistungsbranche der Professional Service Firms, wurde 2001 mit folgenden Worten über die weltweit knapp 800 Partner des Unternehmens zitiert: „It's a very interesting thing, the partnership. We have a very interesting mode of governance at the firm. I fundamentally believe this is a firm of leaders. People are highly motivated, extremely capable, and very well intentioned. You don't need to control them, and you don't need to watch them. You just have to create an

T. Grewe (✉)
Unternehmensberater, Köln, Deutschland
E-Mail: till@grewe-consult.de

W. Becker, P. Ulrich (Hrsg.), *Handbuch Controlling*,
https://doi.org/10.1007/978-3-658-26431-4_51

environment and let them do what they think is best, and they will invariably do fantastic things." (Lorsch 2001, S. 18)

Heute sitzt Gupta im Gefängnis, weil ihn ein US-amerikanisches Gericht 2012 wegen der Weitergabe von Insider-Informationen an einen befreundeten Hedgefonds-Manager zu zwei Jahren Haft verurteilt hat (Handelsblatt.com 2012). Auch der, mittlerweile ehemalige, KPMG-Partner Scott London wurde in 2013 in den USA wegen Insiderhandels und des Verkaufs vertraulicher Kundeninformationen zu einer Gefängnisstrafe verurteilt. Londons Fall hat besonders an der Reputation der Branche gekratzt, weil er von den Ermittlern bei der Bargeldübergabe auf einem Parkplatz öffentlichkeitswirksam fotografiert wurde (The Wall Street Journal 2013). In den Niederlanden muss der Chef der Wirtschaftsprüfungsgesellschaft seinen Hut nehmen, weil die dortige Staatsanwaltschaft gegen KPMG wegen des Verdachts der Steuerhinterziehung bei einem Joint Venture mit einem Projektentwickler ermittelt (Spiegel Online 2014). Und unvergessen ist die damalige Big-5-Wirtschaftsprüfungsgesellschaft Arthur Andersen, gegen die 2003 im Zusammenhang mit dem Konkurs ihres Kunden, dem Energiehändler ENRON, Anklage wegen Behinderung der Justiz erhoben wurde. Dies führte schlussendlich zum Zusammenbruch von Arthur Andersen, weil die Gesellschaft „trotz einer (stark) integrierten und einheitlichen Organisation den Lead Client Service Partner bei ENRON nicht ausreichend kontrollieren konnte (oder wollte)" (Grewe 2008, S. 211).

Mögen dies auch Einzelfälle sein, wie die genannten Professional Service Firms natürlich betonen, sie zeigen trotzdem die Notwendigkeit einer intakten und effizienten Management Control, also zur Steuerung und Kontrolle in der Branche – auch wenn sich diese gerne namentlich von der „Profession" ableitet, „d. h. einer Berufsgruppe mit einer gewissen Autonomie in der Leistungskontrolle" (Mieg 2006, S. 343) nach innen wie außen, deren selbstkontrollierbare Tätigkeit „gewissen einklagbaren Qualitätsstandards unterliegt" (Mieg 2006, S. 343) und deren Konzentration „the application of [. . .] knowledge, combined with experience, to problems of vital importance in society and in a way which involves altruistic service to clients, rather than self-seeking motives such as profits and status" (Lowendahl 2005, S. 20) gelten. Wie nicht anders zu erwarten sind Professional Service Firms und ihre Mitarbeiter in der Praxis aber von diesem Altruismus weit entfernt, so dass firmenweite Ziele und Strategien, wie in anderen Branchen auch, nicht nur formuliert, sondern um- sowie durchgesetzt und die Umsetzung kontrolliert werden müssen. So wird verhindert, am Ende jeden nicht doch, wie frei nach Gupta, das machen zu lassen, was (nur) er für richtig hält: nicht nur zum Schutz der Öffentlichkeit, ihrer Kunden und anderer Stakeholder, sondern auch zum Schutz ihrer selbst.

„But not every control problem involves fraud. Control systems must also prevent mistakes." (Merchant und Van der Stede 2012, S. 5). Es geht nicht nur um eine Reduktion des Risikos, dass einzelne Mitarbeiter durch strafbares oder fahrlässiges Verhalten der Professional Service Firm schaden oder gar deren Existenz gefährden könnten. Sondern primär um den Wertschöpfungszweck, inwieweit über eine gemeinsame Willensbildung und -durchsetzung die „Sicherung einer rational geprägten und insofern zweckorientierten Handlungsfähigkeit des Unternehmens" (Becker et al. 2014, S. 73) mit dem Ziel gewährleistet wird, sowohl die Effektivität als auch die Effizienz des Handelns von Professional Service Firms zu optimieren und somit die Wettbewerbsfähigkeit zu stärken. Allerdings müssen dabei die der Branche eigenen Charakteristika des Geschäftsmodells berücksichtigt werden. Professional Service Firms sind im Vergleich zu Industrie- oder klassischen Dienstleistungsunternehmen „different to such an extent that a direct application of traditional strategic management assumptions and tools is at best misleading and at worst disasterous“ (Lowendahl 2005, S. XI). Im vorliegenden Beitrag sollen daher einige exemplarische und praxisnahe Überlegungen angestellt werden, welche Rolle Controlling, begrifflich im Folgenden definiert als Management Control in Professional Service Firms spielen sollte und welche Besonderheiten branchentypisch zu berücksichtigen sind.

2 Hauptteil

2.1 Wesen und Strategien von Professional Service Firms

Unter Professional Service Firms wie Unternehmensberatungen und Wirtschaftsprüfungsgesellschaften werden allgemein solche Firmen verstanden, die in einem interaktiven Prozess in hohem Maße an die Bedürfnisse der Kunden, vor allem Unternehmen und Institutionen, angepasste immaterielle Dienstleistungen anbieten, deren In- und Outputfaktor Wissen ist. Diese Professional Services werden meist von besonders qualifizierten Mitarbeitern, den „Professionals“, vor Ort erbracht und fast ausnahmslos zeitlich begrenzt in Projektform erstellt. Damit ist der Geschäftserfolg von Professional Service Firms stark abhängig von den Trägern des operativen Geschäfts sowie der innovativen und konstanten Gewinnung neuer Projekte und Mandate. Für die Vertrauens- und Auftragsgewinnung beim Kunden benötigen Professional Service Firms dabei ex-ante ihre Reputation und/oder die Kundenbeziehungen ihrer Mitarbeiter (Bürger 2005, S. 21–24).

Auch wenn mittlerweile immer mehr Professional Service Firms rechtlich als Kapitalgesellschaften firmieren, steht im Mittelpunkt des Geschäfts-, Organisations- und Führungsmodells von Professional Service Firms stets der „Partner“. Er ist gewählter Eigentümer und Kontrolleur, Manager bzw. leitender Mitarbeiter, aber gleichzeitig auch Auftragsakquisiteur, Leistungserbringer und Halter der Kundenbeziehung. Somit benötigen die Partner als Anreiz und Wettbewerbsvorteil für den Erfolg im operativen Geschäft ein überdurchschnittliches Maß an Autonomie und Individualität. Dieses schätzen sie auch meist höher als die ihnen eingeräumte Verantwortung, führen bzw. kontrollieren zu dürfen (oder müssen), und natürlich deutlich höher als die Möglichkeit, selbst von Kollegen geführt bzw. kontrolliert zu werden. Ein Partner einer mittelgroßen Unternehmensberatung: „Management ist nur ein Part-Time-Job. Mein Hauptaufgabenbereich ist eigentlich Key-Accounting, Kundenbetreuung und der Einsatz in Beratungsprojekten“. (Seibert 2011, S. 34). Maister fasst diese Besonderheit zusammen: „Professional Service Firms are managed in one of two ways: badly or not at all.“ (Maister 2003, S. 291).

Gleichzeitig ist aber zweifellos gerade für größere Professional Service Firms strategisches Management wichtig, denn die Synergiegewinnung aus gemeinsamem Handeln führt erst zum Auf- oder Ausbau einer firmenweiten Reputation, die wichtig für den Akquisitionserfolg ist, und zur effizienten gemeinsamen Nutzung von Ressourcen wie Wissen, die wesentlich für die Qualität der angebotenen Professional Services und damit für die Kundenzufriedenheit ist. Und auch das Management des „Leverage" wird nur koordiniert gelingen. Diese pyramidenähnliche Mitarbeiterstruktur aus vielen jungen und wenigen erfahrenen Mitarbeitern ist ein Kernelement des Geschäftsmodells und sichert die Profitabilität aller größeren Professional Service Firms. Denn in sämtlichen Zielkategorien, beispielsweise Service (Kunde), Success (Kosten) and Satisfaction (Mitarbeiter) (Maister 2003, S. 4), stehen Professional Service Firms heute unter größerem Druck als noch vor 10–20 Jahren. Kunden sind nur noch selten bereit, die häufig als austauschbar oder standardisierbar empfundenen Leistungen mit den sehr hohen Tagessätzen vergangener Zeiten zu vergüten, die nur noch vereinzelte Topanwälte und Investmentbanken in der M&A-Beratung aufrufen können. Kostenseitig haben gerade die in der Vergangenheit stark gewachsenen Firmen Probleme, ihre großen und teuren, von Mitarbeitern zudem als unproduktiv empfundenen Verwaltungsapparate sowie die gewöhnlich hohen Fixgehälter auf Partnerebene zu refinanzieren. Und die Mitarbeiter laufen ihnen auch nicht mehr in Scharen zu. Sie werden abgeschreckt von der schlechten Work-Life-Balance, der Unlust vieler Partner auf Personalführung und schlechter Aufstiegschancen infolge des nachlassenden Wachstums der Firmen.

Um diesen Herausforderungen zu begegnen, müssen Professional Service Firms den Fokus auf die flexible und schnelle Umsetzung der gewählten Strategien und deren Kontrolle legen: „Dabei kommt es nicht nur darauf an, dass aus bottom-up beim Kunden gewonnenen Erkenntnissen strategische Ziele geformt werden, die über ein gemeinsames Werteverständnis und Denken der Partner und Mitarbeiter von allen grundsätzlich geteilt werden, sondern auch darauf, dass diese Ziele im täglichen Geschäft von allen getragen werden, ohne dabei die Notwendigkeit im People's Business zum Unternehmertum des Einzelnen zu verkennen und ihm die Möglichkeiten hierzu einzuschränken." (Grewe 2008, S. 206–207).

2.2 Gemeinsame Willensbildung in Professional Service Firms

Bilden kleinere, sozietätsähnliche Professional Service Firms typischerweise noch „am runden Tisch" einen gemeinsamen Willen, an dem sich die Partner einmal die Woche zur Lagebesprechung zusammensetzen (Kaiser und Kampe 2005, S. 13–15), müssen stark gewachsene Firmen ab einer „kritischen" Größe von ungefähr 50–100 Mitarbeitern entscheiden, ob sie sich zur partnerschaftlichen Steuerung als One-Firm oder Multi-Firm organisieren. Dies ist abhängig von der unterschiedlich hohen Notwendigkeit zur gemeinsamen Willensbildung und damit zur Zentralisierung, formalisierten Steuerung und Integration ihres Unternehmens. Deren Treiber wiederum sind Typus und Haftungsrisiko der angebotenen Dienstleistung, Größe und Komplexität der Gesellschaft sowie der Kundenwunsch.

Kennzeichnend für die One-Firm ist vor allem eine einheitliche Willensbildung zwischen allen Bereichen, Büros und Partnern weltweit und ihre Fähigkeit, „to achieve high standards through the consistent application and enforcement of espoused operating rules, philosophies, values and ideologies" (Maister 2008, S. 205). Sie wird zentral über eine einheitliche Unternehmenskultur und durch den Einsatz grenzüberschreitender Anreiz- und Vergütungssysteme gesteuert. Die weniger konformistische und dezentraler organisierte Multi-Firm charakterisiert dagegen ein vergleichsweise hoher Autonomiegrad für die genannten Gruppen bei der Prozessgestaltung und der Tätigkeit beim Kunden vor Ort.

Es besteht dabei „primär für [eine solche Professional Service Firm] die Notwendigkeit, sich als One-Firm zu organisieren, die überwiegend Aufträge über ihre Reputation und nicht über die Kundenbeziehungen ihrer Partner akquiriert und für deren Kunden ein global einheitlicher Service höhere Priorität besitzt als dessen lokale Anpassung an die Gegebenheiten vor Ort" (Grewe 2010, S. 58).

2.3 Begriffliche Abgrenzung von Management Control

Management Control ist ein Begriff aus dem angelsächischen Sprachgebrauch und Unternehmensführungs- bzw. Controlling-Verständnisses. Sie wird definiert als Prozess „by which managers influence other members of the organization to implement the organization's strategies" (Anthony und Govindarajan 2006, S. 6). Management Control kann begrifflich somit nicht nur als reine Kontrolle im engeren Sinne, sondern als die „Planung, Steuerung und Kontrolle der Umsetzung der gewählten Unternehmensstrategie interpretiert werden" (Becker et al. 2014, S. 277). „Management Control focuses on execution." (Merchant und Van der Stede 2012, S. 8). Diese Betonung des Umsetzungsaspekts von Strategien kommt gerade Professional Service Firms sehr zupass: „The internal logic of the [Professional Service Firms'] business model means that the ultimate result of any strategic bold stroke depends on the subsequent behaviour of individual stars." (Lorsch und Tierney 2002, S. 60).

Management Control soll im Kern also geeignete Maßnahmen ergreifen, die sicherstellen, dass Mitarbeiter im Interesse des Unternehmens handeln und nicht aufgrund von Richtungslosigkeit, Demotivation oder fachlicher Limitation der Gesellschaft schaden. Sie ist vor allem dann umso notwendiger, wenn Wertschöpfungsprozesse nicht automatisiert oder, zumindest nur eingeschränkt, zentralisiert werden können. Daraus folgt, dass Management Control sowohl für kleine wie große, als Multi- oder One-Firm organisierte Professional Service Firms von Bedeutung ist, weil in allen Gruppen Prozesse typischerweise nicht automatisiert werden, und zentralisierte Prozesse, so überhaupt vorhanden, nur mit Willen der Professionals vor Ort als deren Träger implementiert werden können.

Es gibt Dutzende modelltheoretische Ansätze zur Systematisierung von Management Control; *Merchant und Van der Stede* nennen beispielhaft vier Formen von möglichen Kontrollmechanismen, die nach dem jeweiligen Zielobjekt unterschieden

Abb. 1 Systematisierung von Management Control. (Quelle: Eigene Darstellung in Anlehnung an Merchant und Van der Stede (2012))

und komplementär verwendet werden können: Action controls, Results controls sowie Personnel controls und Cultural controls, im Folgenden zur Vereinfachung als People controls zusammengefasst (siehe Abb. 1).

Action controls => Handlungskontrollen haben ihren Fokus auf den Handlungen der Mitarbeiter. Sie sind damit die direkteste Form der Kontrolle, weil sie unmittelbar auf die Tätigkeiten der Mitarbeiter abzielen. Prägnant formuliert wird dabei den Mitarbeitern mehr oder weniger konkret vorgeschrieben, welche Handlungen und Tätigkeiten sie wie auszuführen haben. Am effizientesten lassen sich Action controls über die Standardisierung oder zumindest starke Einflussnahme von, primären oder sekundären, Wertschöpfungsprozessen durchsetzen (Merchant und Van der Stede 2012, S. 81–88).

Results controls => Ergebniskontrollen sind eine indirekte Form der Kontrolle, weil sie nicht auf das „Was" und „Wie" der Tätigkeiten der Mitarbeiter ausgerichtet sind, sondern allein das Ergebnis ihres Handelns gemessen und bewertet wird. In Verbindung mit adäquaten Anreiz- und Vergütungssystemen lassen sich die Ziele der Mitarbeiter somit in Einklang bringen (Merchant und Van der Stede 2012, S. 29–40).

People controls => direkte wie indirekte Verhaltenskontrollen beinhalten personelle Kontrollmechanismen (Personell controls) wie die Kompetenz oder intrinsische Motivation des Mitarbeiters sowie kulturelle Kontrollmechanismen (Cultural controls) wie soziale Kontrolle des Mitarbeiters über Gruppen und Teams. Sie dienen dem Unternehmen dazu, das Verhalten des Einzelnen so zu steuern, dass es im Einklang mit den Werten und, eher weichen, Zielen des Unternehmens und der Kollegen steht. Notwendig hierfür sind beispielsweise ein spezielles Recruiting und Training der Mitarbeiter oder die Etablierung einer geeigneten Unternehmenskultur (Merchant und Van der Stede 2012, S. 88–95).

Management Control besteht also aus einer Vielzahl von Komponenten, Mechanismen und Instrumenten zur Sicherstellung von Umsetzung und Kontrolle gemeinschaftlichen Handelns. Da Professional Service Firms als eigenständiges Betrachtungsobjekt in der Literatur weiterhin eher unterentwickelt sind und häufig stark organisationstheoretisch analysiert werden (Goodale et al. 2008, S. 678–686), orientieren sich die folgenden Ausführungen an der Struktur zum Management Control Begriff von *Merchant und Van der Stede*.

2.4 Management Control in Professional Service Firms

2.4.1 Action controls in Professional Service Firms

Primäre Wertschöpfungsprozesse in Professional Service Firms
Die Kontrolle der Handlungen von Mitarbeitern ist in Professional Service Firms stets heikel und häufig kontraproduktiv. Dies gilt vor allem für die Standardisierung der *primären Wertschöpfungsprozesse*, also der Akquisition, personellen Besetzung und Durchführung von Projekten. Ein wesentlicher Faktor für die Attraktivität der Tätigkeit in Professional Service Firms ist für Partner wie Mitarbeiter die Autonomie und Gestaltungsfreiheit im Rahmen der eigentlichen Projekttätigkeit beim und mit dem Kunden. Stress, Zeitaufwand und Reiseintensität ihrer Tätigkeit nehmen sie dafür in Kauf. Praxisexperte Dirk Bäßler, Partner bei Deloitte: „Eine zu starke Ausprägung der Handlungskontrolle durch zu intensive Einflussnahme auf die primären Wertschöpfungsprozesse wirkt sich meines Erachtens nachteilig auf die Motivation und das Engagement der Mitarbeiter, auf deren Eigenverantwortlichkeit und Selbständigkeit und somit auch auf deren Produktivität aus.“ (Bäßler 2014).

Einflussnahme auf die Arbeitsprozesse selbst ist in der Regel nicht erwünscht und somit aus Unternehmenssicht nicht zielführend, weder für große noch für kleine Firmen, weder für One- noch für Multi-Firms. „Professionals [wissen] selbst am besten wie sie ihre Arbeit erledigen müssen.“ (Bürger 2005, S. 113). Schließlich sind gerade die Partner und deren Wissen und Kundenbeziehungen das Aktivvermögen einer Professional Service Firms. Sie möchten und müssen selbst entscheiden, welche Preise sie setzen, um den Auftrag akquirieren zu können, selbst das Team zusammen stellen, das aus ihrer Sicht die bestmögliche Qualität sicherstellt, und selbst den Service beim Kunden vor Ort so adjustieren, damit die Probleme gelöst werden und der Kunde zufrieden ist (Grewe 2008, S. 49).

Mehr Gestaltungs- und damit Kontrollspielraum als bei den Arbeitsprozessen besteht für Professional Service Firms bei der Standardisierung der Arbeitsergebnisse. Möglich ist dies bei umsetzungsorientierten Professional Services wie der Implementierung von Software oder dem Einsatz von Tools im Rahmen der Jahresabschlussprüfung, bei denen der Kunde ex-ante bereits eine klare Vorstellung davon hat, was ihn als Ergebnis erwartet. Das Qualitätsurteil wird dabei stark von der Vergleichbarkeit beeinflusst, so dass Professional Service Firms über eine Standardisierung der Ergebnisse sicherstellen müssen, dass die konkrete Kundenerwartung erfüllt wird. Wenn Professional Services zur „Commodity“ werden, besteht allerdings die Gefahr, dass die Margen von der Umsatzseite unter Druck geraten (Kitschler 2005, S. 103–104) und die Firmen weniger eine kundenspezifisch angepasste Dienstleistung denn ein „normales“ Produkt anbieten; dann würden auch ihre branchentypischen Besonderheiten nicht mehr gelten.

Einzig bei der Entscheidung über die eingesetzten Ressourcen können Professional Service Firms Prozesse standardisieren. So können sie mit Verweis auf die Qualitätsstandards des Unternehmens sicherstellen, dass die Qualifikationen der

Mitarbeiter auf den jeweiligen Projekten gewissen fachlichen Standards unterliegen. Dies erfolgt beispielsweise durch Weiterbildung und wird firmenweit durchgesetzt, unabhängig davon, dass so nicht-weiterverrechenbare Stunden produziert werden, und der Partner vor Ort den Professional zeitgleich nicht auch auf einem weiterverrechenbaren Projekt einsetzen kann. Neben regulatorischen Anforderungen, zum Beispiel in der Wirtschaftsprüfung, treibt vor allem der Kundenwunsch diese Standardisierung. Nur wenn dem Kunden wichtig ist, dass der Professional qualifiziert ist, wird die Professional Service Firm diesen entsprechend ausbilden.

Sekundäre Wertschöpfungsprozesse in Professional Service Firms

Zu den wesentlichsten *Sekundärprozessen* von Professional Service Firms gehören Auftragsmanagement, Wissensmanagement und Personalentwicklung. Standardisierungen dieser Sekundärprozesse sind besser möglich und auch implementierbarer als die der Primärprozesse. Sobald Professional Service Firms eine gewisse Größe erreicht haben, sind Partner in der Regel bereit, administrative Kompetenzen in Bereichen wie Marketing, Accounting oder IT abzugeben und von deren effizienterer Bündelung in Zentralfunktionen zu profitieren.

Standardisierungen beim Auftragsmanagement, also der Annahme, -freigabe und -abrechnung von Projekten dienen in Professional Service Firms vor allem dem Risk und Compliance Management, um regulatorische Anforderungen sicherzustellen. Als Abschlussprüfer dürfen Professional Service Firms beispielsweise dem Kunden keine oder nur noch eingeschränkt Beratungsleistungen verkaufen. Auch wird auf diesem Wege die Transparenz erhöht und die Bereitstellung von mehr Informationen gefördert (Grewe 2008, S. 160–162).

Wissen ist eine der Kernressourcen von Professional Service Firms. Die aktive Förderung von Wissensaufbau und -austausch ist daher ein wesentlicher strategischer und operativer Erfolgsfaktor. Die Professionals bauen ihr Wissen vor allem in Projekten beim Kunden auf, aber auch durch den Besuch von Seminaren oder bei der Zusammenarbeit mit Universitäten. Beim Wissensmanagement muss vor allem die Wissensweitergabe gefördert und kontrolliert werden (Kampe 2011, S. 73–75). Denn irgendwo in einer Professional Service Firm gibt es sicher immer jemanden, der auf genau dieses Problem eine Antwort weiß. Nur: wie findet man ihn?

Die Herausforderung besteht daher darin, das individuell gewonnene, implizite Wissen mit anderen Mitarbeitern zu teilen und es kodifiziert für die gesamte Organisation als explizites Wissen verfügbar zu machen. Das geschieht zunächst vor allem über den Aufbau von Wissensdatenbanken. Diese müssen allerdings aktiv von allen Professionals selbst genutzt, gehegt und gepflegt werden. Da Professionals abseits der Primärprozesse „faul“ sind, die Pflege der Wissensdatenbanken Zeit kostet, die ihnen im Gegenzug nicht vergütet wird, die Weitergabe von Wissen (über Kunden) ihnen als eigentlichen Haltern der Kundenbeziehung auch von Nachteil sein kann, entsteht der Wissensaustausch nicht von selbst, sondern muss gefördert oder institutionalisiert werden (Wollburg 2004, S. 225). Nur so können team-, funktions- und länderübergreifende Hindernisse abgebaut und das Cross Selling – Chinese walls zur Wahrung von Vertraulichkeiten respektierend – zwischen diesen Ebenen gefördert werden (Grewe 2009, S. 104–105).

Eine Möglichkeit besteht in der Schaffung eines Chief Knowledge Officer mit Durchgriffsmöglichkeiten, der verpflichtende Prozesse etabliert und umsetzt. Es bietet sich dabei eine prozessuale Integration in das Auftragsmanagement an: Nur solche Partner, die Wissensdatenbanken mit projektspezifischen Informationen nach Abschluss füllen, können technisch auch eine Rechnung erstellen. Alternativen sind eine Steuerung über Results Control, das heißt eine Schaffung von Anreizen, oder über People Control, indem die Bereitschaft zur Wissensteilung jedem neu eingestellten Professional vorgelebt wird.

Trotzdem bleibt das Knowledge Management Controlling in der Praxis sehr aufwändig und schwierig (Kaiser und Ringlstetter 2011, S. 65–68). Hinter dem (Marketing-) Anspruch, „das beste Wissen zum Kunden zu bringen", tun sich bisweilen Abgründe in den Wissensdatenbanken vieler Professional Service Firms auf, was den Kunden gemeinhin nur verborgen bleibt. Sie sind leer, nicht aktuell, schlecht gepflegt oder bereits im Ansatz falsch konzipiert. Eine Kontrolle scheint häufig nicht stattzufinden.

Ein zentrales Management und damit eine zentralisierte Kontrolle lässt sich allerdings bei der Personalentwicklung feststellen. Ist es in kleineren Professional Service Firms den jeweiligen Partnern vorenthalten, Mitarbeiter zu rekrutieren, auszuwählen, einzustellen, individuell zu beurteilen und zu fördern, werden heutzutage bei fast allen größeren Professional Service Firms diese Aufgaben zentral gesteuert: Die Recruiting-Bemühungen werden von HR-Teams firmenweit koordiniert. Der Auswahlprozess und das Beurteilungssystem gerade von jüngeren Professionals erfolgt größtenteils nach standardisierten Kriterien. Gehaltsbänder und Weiterbildungsbudgets werden zentral festgelegt (Baer und Stoll 1999, S. 211–217). Manche Professional Service Firms haben „Up-or-out" Karrieremaßnahmen etabliert, andere bevorzugen es hingegen, auch „alte Hasen" in ihren Reihen zu haben, also Mitarbeiter, die nicht Partner werden konnten oder wollten, aber als Experten vom Kunden geschätzt werden.

Vielen Partnern ist die Delegation von Verantwortung im Bereich der Personalentwicklung durchaus recht, kümmern sie sich doch lieber um die Akquisition und Durchführung von Projekten als um die persönlichen Anliegen ihrer Mitarbeiter. Und auch für die Professionals kann ein standardisierter Prozess von Vorteil sein, vorausgesetzt, sie haben einen Ansprechpartner, der sich um sie bemüht und auch die Autorität hat, Entscheidungen durchzusetzen. Nicht selten, dass beispielsweise ein Praktikant in einem deutschen Büro im Anschluss ein Praktikum in einem englischen Büro anstrebt; sein deutscher Betreuer aber keine Chance hat, ihm eines zu ermöglichen.

Zusammengefasst lassen sich exemplarisch eine Reihe von Sekundärprozessen in Professional Service Firms sinnvoll standardisieren. In der Praxis mangelt es aber an der Überwachung oder Durchsetzung der Einhaltung durch eine zentrale Steuerung. Mag es an mangelnder Sanktionierung, an den hohen Kontrollkosten oder schlussendlich an mangelhafter Priorisierung liegen: Sobald ein wichtiges anderes Projekt akquiriert wird, stehen beim Partner alle als „non-core" verstandenen Tätigkeiten hinten an. Gerade der Zeitaufwand, den Partner für die Befolgung von Standardisierungen aufwenden, muss folglich in deren Performance Messung bzw. Results controls eingehen.

2.4.2 Results controls in Professional Service Firms

Ergebniskontrollen sind eine indirekte Form der Kontrolle, weil sie nicht auf das „Was" und „Wie" der Tätigkeiten der Mitarbeiter ausgerichtet sind. Allein das Ergebnis des Handelns soll gemessen und bewertet werden. Die Leistungsmessung und -bewertung erfolgt im Idealfall anhand ganzheitlicher Performance Management Systeme wie der Balanced Scorecard (Becker 2012, S. 43–45). Damit die Mitarbeiter Anreize erhalten, entsprechend ihrer erzielten Ergebnisse und Leistung bezahlt zu werden, setzen adäquate Anreiz- und Vergütungssysteme, die materielle Anreize wie variable Vergütung und immaterielle Anreize wie Aufstiegsmöglichkeiten abbilden, im Idealfall auf den Performance Management Systemen einer Firma auf.

Die Performance von Partnern und Professionals wird dabei auch in Professional Service Firms anhand einer finanziell-objektivierbaren Ergebniskontrolle auf der einen sowie einer immateriellen, schwerer messbaren Verhaltenskontrolle wie Mitarbeiterbeurteilung, Wissensaustausch oder Reputationsbildung auf der anderen Seite gemessen. Die Herausforderung einer solchen Balanced Scorecard besteht darin, die immateriellen Erkenntnisse in messbare Ergebnisse umzuwandeln, um so eine langfristige Umwandlung in finanzielle Ergebnisse sowie eine Verhaltenssteuerung zu erzielen.

Natürlich nutzen auch Professional Service Firms, gerade die größeren, im Rahmen der finanziell-objektivierbaren Ergebniskontrolle (Fohmann 2005, S. 66–68) typische Controlling-Instrumente (Brandt 2002, S. 28–30), zu denen Auftragskalkulation, Budgetierung, Kosten- und Erlös- bzw. Deckungsbeitragsrechnung, Verrechnungspreise zwischen den einzelnen Profit Centern und Wirtschaftlichkeitsrechnungen gehören (Becker 2013, S. 167). Drei typische Werttreiber für den Gewinn je Partner können dabei identifiziert werden: Marge, Auslastung und Leverage (Scott 2001, S. 65; Maister 2003, S. 31–32). Da der mit Abstand größte Kostenblock in Professional Service Firms die Personalkosten und damit in der Regel Fixkosten sind, hängt die Marge vor allem von der Umsatzseite, also von den erzielbaren Tagessätzen ab, die in der Regel sehr hoch im Vergleich zum proportionalen Gehalt gerade der jüngeren Mitarbeiter sind. Je beratungsintensiver der Service, desto höher in der Regel die Tagessätze. Je mehr Projekte oder Aufträge vom Partner akquiriert werden, desto höher die Auslastung. Je höher die Anzahl von jungen Professionals, die auf dem Projekt eingesetzt werden können, desto höher der kostenseitige Effekt des Leverage. Folglich kann eine Verbesserung der Profitabilität nur durch Wachstum und regelmäßige Einstellung jüngerer Professionals erreicht werden.

Allerdings ist die finanziell-objektivierbare Ergebniskontrolle häufig wenig institutionalisiert. Gerade in kleinen und mittleren Professional Service Firms lässt sich beobachten, dass der, einfach zu greifende, Umsatz und nicht der Gewinn oder Deckungsbeitrag je Partner oder Projekt am wichtigsten ist (Seibert 2011 S. 60). Diese Umsatz- bzw. Verkaufsfokussierung ist sehr typisch für die Branche und zieht sich durch alle Partnerschaften. Der Star in Professional Service Firms ist am Ende des Tages der Partner, der am meisten Umsatz akquiriert, egal ob er die Projekte auch selbst durchführt oder an Kollegen weitervermittelt. Ob er von seinen Mitarbeitern geachtet wird, sein Wissen weitergibt oder für seine Firma auf Marketingveranstaltung fährt, ist für seinen Erfolg zweitrangig.

Dabei sind gerade in immateriell-geprägten Professional Service Firms das „Balanced" in Balanced Scorecard wichtig, die Fokussierung auf einzig finanzielle Kriterien dagegen ungeeignet für das Geschäftsmodell. Immaterielle, zunächst häufig nur eingeschränkt messbare Werttreiber des Geschäftsmodells sind beispielsweise die Mitarbeiter- und Kundenzufriedenheit, die geleisteten Beiträge zur Reputationsbildung oder zur Qualitätssteigerung (Fluri und Weibel 1999, S. 171–172). Wie auch bei der Implementierung von Balanced Scorecards in anderen Branchen liegt die Problematik in der Komplexität, Mess- bzw. „intersubjektiven Nachprüfbarkeit" (Bäßler 2014) und Durchsetzung des Modells. Es gibt Dutzende möglicher Werttreiber im Geschäftsmodell einer Professional Service Firm, die in noch unterschiedlicherer Art und Weise dimensioniert (Seiter 2011, S. 311; Schulze-Borges 2011, S. 197) und in Balanced Scorecards übertragen werden können (Gillmann 2002, S. 196; Wiemers 2002, S. 1074). Ohne den Versuch einer Objektivierung über auf Common-Sense-basierenden Kriterien wird die Durchsetzung bei den Partnern mangels Akzeptanz scheitern. Gleichzeitig ist das Dilemma: Ohne Messung seiner Wissensweitergabe oder Marketingbemühungen wird der Professional wenige Anreize haben, diese Tätigkeiten auch zu erledigen.

Auf Basis dieser Balanced Scorecards können Professional Service Firms ihre Anreiz- und Vergütungssysteme ausrichten, über deren konkrete Ausgestaltung sie nicht sonderlich auskunftsfreudig sind. In der Vergangenheit hatten Professional Service Firms meist sogenannte Lockstep-Systeme bei der Vergütung von Partnern und Professionals implementiert, bei denen Seniorität über (kurzfristige) persönliche Leistung geht (Harlacher 2010, S. 34). Der Anreiz, Karriere zu machen, um Partner zu werden und im Einklang mit den Unternehmensinteressen zu handeln, war groß. Allerdings bestand die Gefahr des „free ridings" ab einer bestimmten Senioritätsstufe, meist nach Erreichung des Partner-Levels. Heute dominiert eine Mischform aus fixer und variabler Vergütung. Der Anteil der immateriellen Zielerreichung ist umstritten. Trotzdem sollten Professional Service Firms, die ihre Ergebnisse über die nackten Zahlen hinaus kontrollieren wollen, ein Anreiz- und Vergütungssystem zu schaffen, das analog zu einer Balanced Scorecard aufgebaut ist und Anreize sowie Kontrolle bietet. Nur durch die forcierte Schaffung von Wettbewerb (kompetitiv) und Zusammenarbeit (kooperativ) zwischen Partnern, Funktionen, Ländern usw. kann gemeinschaftliches Handeln erfolgreich sein (Grewe 2008, S. 78–79).

2.4.3 People controls in Professional Service Firms

Gerade in Professional Service Firms wird der Unternehmenskultur (cultural controls) eine hohe Relevanz und ein großer Einfluss auf das Verhalten der Mitarbeiter zugesprochen. (Ringlstetter et al. 2004, S. 22; Lorsch und Tierney 2002, S. 141–143). Sie scheint damit eine echte Alternative zur Steuerung über Prozesse (eingeschränkt vermittelbar) oder Anreiz- und Vergütungssysteme (zu komplex) zu sein. Insbesondere One-Firms basieren gemeinhin auf einheitlichen und von allen geteilten Werten und Normen. *Heinen und Dill* verstehen unter einer Unternehmenskultur dabei die Grundgesamtheit der gemeinsamen Werte und Normen sowie der geteilten Denk- und Handlungsmuster (Heinen und Dill 1990, S. 17). Je homogener die Unternehmenskultur ist, desto stärker ist sie nach *Hofstede und Hofstede* auch, desto höher ist die Identifikation der Mitarbeiter mit dem Unternehmen, desto besser lassen sich diese Mitarbeiter über die kulturelle Ebene steuern und kontrollieren (Hofstede und Hofstede 2012, S. 384). Wenn die Mitarbeiter folglich sehr frei und damit unterschiedlich in ihren Ansichten sind, kann das auch ein Kulturtypus sein; nach dieser Logik aber ein schwacher.

Eine Unternehmenskultur hat nach *Dill und Hügler* drei Funktionen. Sie dient der Koordination, der Motivation und der Integration der Mitarbeiter (Dill und Hügler 1997, S. 147). In Professional Service Firms erfolgt die Koordination stärker auf einem von der kulturell geprägten Stewardship theory als auf einem von der misstrauensgeprägten Agency theory basierenden Corporate Governance Verständnis. Grundlage der Stewardship theory bildet das kollektiv-orientierte Verhalten des sich selbst verwirklichenden Stewards, dem von den Kollegen Vertrauen und Freiheiten eingeräumt werden, weil sie kein „eigennütziges, opportunistisches Verhalten" (Grewe 2008, S. 52) zu fürchten haben. Die überdurchschnittlich emotionale, bisweilen „als sektenartig bezeichnete" (Bürger 2005, S. 122) Bindung der Professionals ans Unternehmen dient der Motivation. Wo McKinsey drauf steht, muss auch McKinsey drin sein. Das gilt nicht nur für Kunden im Verkaufsgespräch, sondern auch für die den Bewerbern auf Recruiting- oder Einführungsveranstaltungen gemachten Versprechungen (Leif 2006, S. 96; Herles 2013, S. 60–63).

Dabei wirkt eine einheitliche Unternehmenskultur auch stark integrativ, solange man sich ihr als Mitarbeiter anpasst. Durch die Fokussierung auf Teamwork, Loyalität und Solidarität bildet „peer pressure", also Gruppenzwang und Konformitätsdruck, die Grundform gemeinschaftlicher Kontrolle (Bürger 2005, S. 122). Zudem sind die Rollen meist klar hierarchisch verteilt (Herles 2013, S. 69–71). Ohne Zustimmung des Partners dürfen Professionals häufig keine eigene Weihnachtspost verschicken, keine Kunden zum Mittagessen einladen, keine Praktikanten betreuen.

Maister definiert gerade als Grundvoraussetzungen für eine One-Firm die Schaffung einer starken und konformistischen Unternehmenskultur. Diese wird erreicht durch originäres Wachstum und die Vermeidung von Fusionen und Übernahmen, eine hohe Wertlegung auf systematisches Recruiting von Hochschulabsolventen, den Verzicht auf das Abwerben erfahrener Professionals von Konkurrenten sowie die Entwicklung der Mitarbeiter dahingehend, dass sie sich stets als Teil des Ganzen sehen, auch dann noch, wenn sie die Firma wieder verlassen haben. Im Mittelpunkt der One-Firm steht dabei stets die gemeinsame, partnerschaftliche Willensbildung und Koordination, selbst wenn die Partner auf der ganzen Welt verstreut sind (Maister 2008, S. 205–206).

In der Praxis scheint jedoch, mit Ausnahme von McKinsey & Company, kaum eine Professional Service Firms diese Einheitskultur zu erreichen. Fast alle versuchen sie aber zu fördern. Ab einer gewissen Firmengröße ist die kulturelle Einheitlichkeit schwierig, der Markt für passendes Talent umkämpft; und das Partnerschaftsmodell stößt an die Grenzen der Koordinationsfähigkeit. Die Firmen haben Schwierigkeiten dabei, sich (nicht nur, aber besonders) kulturell nach innen wie nach außen von Konkurrenten abzuheben (Herles 2013, S. 74). Eine meist unbeantwortete Frage auf Recruitingveranstaltungen und Kunden-Pitches: Was ist eigentlich der Unterschied zwischen KPMG und PwC, zwischen Roland Berger und BCG? Auch wollen wenige Partner ihre Arbeitszeit für Maßnahmen aufwenden, die die Unternehmenskultur stützen. Denn sie scheint, wie die Fraud-Fälle Gupta und Arthur Andersen zeigen, kein Persilschein für tugendhaftes Handeln zu sein, auch nicht in One-Firms. Oder verleiten gewisse kulturelle Ausprägungen die Mitarbeiter sogar erst zu unmoralischem Handeln? Angesichts des Preisdrucks sind zudem viele Professional Service Firms dazu übergegangen, ihren Wachstumsfokus auf den Einkauf von Umsatz über die Akquisition von Partner und Teams ihrer Konkurrenten, sogenannten „lateral hires" zu legen (Kampe 2011, S. 147), was definitiv auch nicht zur Vereinheitlichung der Unternehmenskultur beiträgt.

Insofern stellt sich die Frage, ob sich der Trend innerhalb der Verhaltenskontrolle nicht doch wieder stärker hin zur individuellen Selbstkontrolle und -motivation (personnel controls) verlagern sollte. Nicht nur der Auswahl geeigneter Kandidaten kommt dabei eine zentrale Steuerungsrolle zuteil, auch der Sicherstellung von deren Motivation. Die vergleichsweise hohe Fluktuation in der Branche sollte ein Alarmzeichen sein. Professionals sind nicht mehr alternativlos an ihre Gesellschaft gebunden. Offenbar stehen typische kulturelle Maßnahmen wie Wochenendtrips mit dem Team nach Mallorca, die Ausrichtung an Firmengolfturnieren oder das Feierabendbier mit dem Partner am, natürlich späten, Freitagabend nicht im Einklang mit den wirklichen Motivatoren der Mitarbeiter: in letzter Zeit vor allem der Verbesserung der Work-Life-Balance (Kaiser et al. 2010, S. 67), zum Beispiel über die Einführung von Vertrauensarbeitszeit (Bäßler 2014), den Verzicht auf Wochenendarbeit oder die Einräumung weiterer Urlaubstage. Somit wäre eine intakte und schwächere, da heterogene Unternehmenskultur in einer Professional Service Firm nur mehr ein Hygienefaktor, der im Einklang mit den persönlichen Interessen und der Ratio der Professionals stehen muss. Und nicht mehr als Einheitskultur der Treiber der Management Control, der angeblich alles zusammenhält (Huber und Kästle 2012, S. 83).

Im Umkehrschluss bedeutet dies, dass Unternehmen die aufgeführten Personalentwicklungsprozesse stärker auf die Interessen der Professionals ausrichten und bottom-up gewonnene Erkenntnisse über die Ziele und Wünsche der Mitarbeiter in die Steuerung einfließen lassen müssen, um so das Potential der Professionals durch höhere Leistungsfähigkeit und Leistungsbereitschaft zu steigern (Becker und Rech 2014, S. 201). Nicht nur Partner, auch Professionals schätzen an ihrer Tätigkeit die Autonomie und Eigenverantwortung, möchten selbstbestimmt und gestalterisch tätig sein und dabei in der Umsetzung nicht zu stark kontrolliert werden, sich aber, natürlich, an den Ergebnissen ihres Handelns messen lassen (results controls). In Zeiten von stetig wachsendem Fachkräftemangel in der westlichen Welt und den sich änderndem Bedürfnissen von Professionals scheint ein Umdenken hier beinahe überlebensnotwendig für die Professional Service Firms zu sein, auch wenn die „Korrelation zwischen Arbeitszufriedenheit und Arbeitsproduktivität" (Becker und Rech 2014, S. 232) von Mitarbeitern in Professional Service Firms erst noch empirisch nachgewiesen werden muss.

3 Fazit

Die dargelegten Überlegungen zeigen auch in ihrer zwangsläufig stark komprimierten und holistischen Form, dass Management Control in Professional Service Firms aufgrund der Immaterialität und Personengebundenheit ihres Geschäftsmodells komplex, aber notwendig ist, um synergetisches Handeln sicherzustellen. Eine erfolgreiche Umsetzung gelingt jedoch nur, wenn die Partner und Professionals als Träger des Wissens und Halter der Kundenbeziehung von der Ausgestaltung der Steuerungsmethoden überzeugt sind, und der Kundenservice nicht negativ beeinträchtigt wird.

Da die Planung und Entwicklung von Management Control Maßnahmen auch in Professional Service Firms meist zentral in entsprechenden Stabsstellen erfolgt, sollte unter Kosten-Nutzen-Gesichtspunkten genau analysiert werden, welche Maßnahmen wirklich notwendig sind und am Ende nicht nur um- sondern auch durchgesetzt werden. Ein schlecht gepflegtes Wissensmanagementsystem ist genauso sinnlos wie ein umfangreiches Leistungsbeurteilungssystem, das dann doch nicht zur Bestimmung der Vergütung herangezogen wird.

Gerade in kleineren Professional Service Firms sind die wichtigsten Steuerobjekte die Ergebnisse und das Verhalten der Mitarbeiter (Seibert 2011, S. 98). Praxisexperte Dr. Martin Imbeck, Partner bei IMBECK Rechtsanwaltsgesellschaft bestätigt: „Ich glaube, eine kleinere Firma sollte sich auf Results controls konzentrieren. People controls kommt daneben auch in Betracht." (Imbeck 2014) Erst wenn die Partner sich ab einer gewissen Unternehmensgröße teilweise Verantwortung aus dem operativen Projektgeschäft delegieren, geht laut des Praxisexperten Dr. Marc Ehlbeck, Partner bei eccelerate „dieser Rückzug der Partner aus der Operativen mit mehr Zeit für Steuerung und damit auch mit einem wachsenden Anteil an Handlungskontrollen einher" (Ehlbeck 2014). Damit sind Handlungskontrollen erst „bei großen oder sehr großen multiprofessionellen Firmen sinnvoll" (Imbeck 2014), so dass sie zum Beispiel in internationalen Netzwerken „an Bedeutung gewinnen" (Bäßler 2014). Wichtigstes Kriterium ist zunächst aber stets die Motivation der „richtigen" Mitarbeiter: „Die Auswahl von Personen, denen ich vertrauen kann, ist den beiden weiteren Kontrollformen zeitlich wie logisch vorgelagert." (Ehlbeck 2014).

Wie in Abb. 2 zusammenfassend gezeigt eignen sich für größere Professional Service Firms vor allem Steuerungs- und Kontrollmechanismen der Sekundärprozesse wie standardisiertes Auftrags- und Wissensmanagement. Eine Standardisierung der Primärprozesse ist kontraproduktiv, da es die Freiheiten der Partner und Professionals zu stark einschränkt. Die Einhaltung der Sekundärprozesse sollte mit einem adäquaten Anreiz- und Vergütungssystem (results controls) verlinkt sein, das vor allem in Multi-Firms eine wichtige Steuerungskomponente darstellt. One-Firms nutzen ihre Einheitskultur als kulturelle Steuerungsmaßnahme (cultural controls), während gerade Multi-Firms vom Konflikt der sich ändernden individuellen Wünsche des Mitarbeiters (personell controls) mit überwiegend konformistischen Zügen einer starken Kultur profitieren könnten. Erschwert wird die Steue-

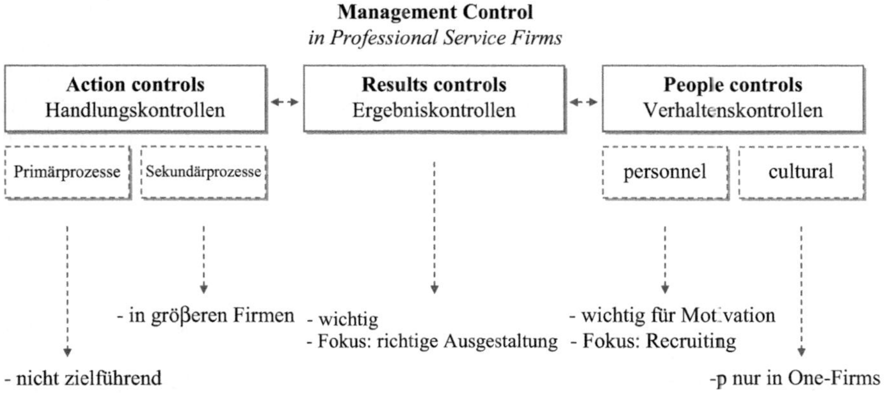

Abb. 2 Management Control in Professional Service Firms. (Quelle: Eigene Darstellung)

rung über Verhaltenskontrollen durch den Wachstumsdruck aller Gesellschaften. Obwohl Professional Service Firms eigentlich nicht der strukturellen Wachstumsnotwendigkeit kapitalistischer Gesellschaften (Rosa 2013, S. 34–35) unterliegen, expandieren die Gesellschaften zur Aufrechterhaltung des Leverage-Effekts stetig in der Hoffnung, so auch das gewohnte Profitabilitätsmodell der Branche nicht nachhaltig zu riskieren.

Offen bleibt, inwieweit die eingangs genannten Fraud-Beispiele typisch für Professional Service Firms sind und durch geeignete Management-Control-Maßnahmen reduziert werden können. Oder ob diese nicht eher durch spezialisierte Fraud Prevention & Detection Teams aufgedeckt und letztendlich auch verhindert werden müssen. Denn rein egoistisches Handeln oder sogar kriminelle Energie können leider, wenn auch in unterschiedlicher Intensität, in jedem Unternehmen auftreten, da hier Menschen miteinander zu tun haben. „Somit kann sowohl Vertrauen als auch Misstrauen der Partner in die Partner und Mitarbeiter von Professional Service Firms gerechtfertigt sein, sodass ökonomisch gesehen eine heterarchische Mischung aus Kontrollmechanismen und Freiheitsgraden für jeden Mitarbeiter auch hier sinnvoll erscheint.“ (Grewe 2008, S. 52).

Somit lassen sich abschließend drei Thesenblöcke formulieren:

1. Professional Service Firms müssen den Mitarbeitern wieder mehr Freiheiten bei der Gestaltung der Primärprozesse geben, gleichzeitig jedoch Sekundärprozesse geeignet standardisieren und diese Standardisierung kompromisslos um- und durchsetzen.
2. Im Mittelpunkt der Leistungsmessung der Partner muss deren Vertriebserfolg stehen, der jedoch durch quantifizierbare immaterielle Erfolgskennzeichen so ergänzt wird, damit die Zusammenarbeit zwischen allen Mitarbeitern gefördert wird. Ein adäquates Anreiz- und Vergütungssystem muss sicherstellen, dass die Mitarbeiter entsprechend der Zielerreichung vergütet und somit gesteuert werden.

3. Die Erhöhung der Eigenmotivation der Mitarbeiter muss wieder in dem Mittelpunkt der Überlegungen zur Verhaltenssteuerung gestellt werden. Die kulturelle Steuerung ist über die Verinnerlichung gewisser Grundwerte hinaus vernachlässigbar, da die Schaffung einer starken Einheitskultur sowieso nicht gelingen wird und diese sogar häufig den wirklichen Motivatoren der Mitarbeiter entgegensteht.

Literatur

Anthony, Robert N., und Vijay Govindarajan. 2006. *Management control systems*, 12. Aufl. New York: McGraw-Hill.

Baer, Jakob, und Marlyse Stoll. 1999. Human Resources Management als Eckpfeiler der strategischen und operativen Geschäftsentwicklung. In *Professional Service Firms. Wie sich multinationale Dienstleister positionieren*, Hrsg. Günter Müller-Stewens, Jens Drolshammer und Jochen Kriegmeier, 198–221. Frankfurt a. M.: Frankfurter Allgemeine Buch.

Bäßler, Dirk. 2014. Schriftliches Interview geführt vom Autor. München, 23.06.2014.

Becker, Wolfgang. 2012. *Strategie und Performance*, 12. Aufl. Bamberg: Otto-Friedrich-Universität.

Becker, Wolfgang. 2013. *Unternehmensführung I. Planung, Entscheidung und Kontrolle*, 11. Aufl. Bamberg: Otto-Friedrich-Universität.

Becker, Wolfgang, und Stefan Rech. 2014. *Dienstleistungscontrolling. Grundlagen – Ansätze – Entwicklungsperspektiven*. Stuttgart: Kohlhammer.

Becker, Wolfgang, Björn Baltzer, und Patrick Ulrich. 2014. *Wertschöpfungsorientiertes Controlling: Konzeption und Umsetzung*. Stuttgart: Kohlhammer.

Brandt, Stefan. 2002. Controlling in Beratungsunternehmen. *ZfCM Sonderheft* 2(2002): 27–30.

Bürger, Bernd. 2005. *Aspekte der Führung und der strategischen Entwicklung von Professional Service Firms*. Wiesbaden: Gabler.

Dill, Peter, und Gert Hügler. 1997. Unternehmenskultur und Führung betriebswirtschaftlicher Organisationen? Ansatzpunkte für ein kulturbewusstes Management. In *Unternehmenskultur: Perspektiven für Wissenschaft und Praxis*, Hrsg. Edmund Heinen, 141–158. München/Wien/Oldenburg: Oldenbourg.

Ehlbeck, Marc. 2014. Schriftliches Interview geführt vom Autor. Frankfurt a. M., 11.06.2014.

Fluri, Edgar, und Peter Weibel. 1999. Strategisches Management von Professional Service Firms. In *Professional Service Firms. Wie sich multinationale Dienstleister positionieren*, Hrsg. Günter Müller-Stewens, Jens Drolshammer und Jochen Kriegmeier, 157–186. Frankfurt a. M.: Frankfurter Allgemeine Buch.

Fohmann, Lothar. 2005. Projektergebnisrechnung in Beratungsunternehmen. In *Controlling in Consultingunternehmen*. Hrsg. Christian Stolorz und Lothar Fohmann, 2. Aufl., 27–60. Wiesbaden: Gabler.

Gillmann, Jan-Philipp. 2002. *Performance measurement in professional service firms*. Wiesbaden: Gabler.

Goodale, John C., Donald F. Kuratko, und Jeffrey S. Hornsby. 2008. Influence factors for operational control and compensation in professional service firms. *Journal of Operations Management* 26(2008): 669–688.

Grewe, Till. 2008. *Professional Service Firms in einer globalisierten Welt*. Wiesbaden: Gabler.

Grewe, Till. 2009. Strategische Entwicklung der Big 4: Fokussierung auf Kundengruppen. *ZUb* 03(2009): 101–107.

Grewe, Till. 2010. Die One-Firm: Ein geeignetes Organisationsmodell für alle Professional Service Firms? *zfo* 01(2010): 55–61.

Handelsblatt.com. 2012. *Rajat Gupta geht ins Gefängnis*. http://www.handelsblatt.com/finanzen/boerse-maerkte/boerse-inside/insiderhandel-rajat-gupta-geht-ins-gefaengnis/7298282.html. Zugegriffen am 14.05.2014.

Harlacher, Dirk. 2010. *The governance of professional service firms*. Köln: Kölner Wissenschaftsverlag.
Heinen, Edmund, und Peter Dill. 1990. Unternehmenskultur aus betriebswirtschaftlicher Sicht. In *Herausforderung Unternehmenskultur*, Hrsg. Hermann Simon, 12–24. Stuttgart: Schäffer-Poeschel.
Herles, Benedikt. 2013. *Die kaputte Elite*. München: Knaus.
Hofstede, Geert, und Gert Jan Hofstede. 2012. *Lokales Denken, globales Handeln: Interkulturelle Zusammenarbeit und globales Management*, 5. Aufl. München: Beck.
Huber, Henrik, und Alexander Kästle. 2012. *Management control in professional service firms: A control package in audit companies*. Unveröffentlichte Masterarbeit. Lund: Lund University.
Imbeck, Martin. 2014. Schriftliches Interview geführt vom Autor. München, 08.06.2014.
Kaiser, Stephan, und Tim Kampe. 2005. Partnerschaft ist, was der Partner schafft? *Der Betriebs-Berater, BB-Spezial* 11(41–2005): 13–18.
Kaiser, Stephan, und Max Ringlstetter. 2011. *Strategic management of professional service firms. Theory and practice*. Berlin/Heidelberg: Springer.
Kaiser, Stephan, Cornelia Reindl, und Martin Stolz. 2010. Work-life balance in professional service firms. In *Work-Life Balance: Erfolgversprechende Konzepte und Instrumente für Extremjobber*, Hrsg. Stephan Kaiser und Max Ringlstetter, 67–81. Heidelberg/Berlin: Springer.
Kampe, Tim. 2011. *Führung von Wirtschaftsprüfungsgesellschaften*. Wiesbaden: Gabler.
Kitschler, Roland. 2005. *Abschlussprüfung, Interessenkonflikt und Reputation. Eine ökonomische Analyse*. Wiesbaden: Gabler.
Leif, Thomas. 2006. *Beraten und verkauft*. München: Bertelsmann.
Lorsch, Jay W. 2001. *McKinsey & Co*. Harvard Business School Case 9-402-014.
Lorsch, Jay W., und Thomas J. Tierney. 2002. *Aligning the stars. How to succeed when professionals drive results*. Boston: Harvard Business School Press.
Lowendahl, Bente R. 2005. *Strategic management of professional service firms*, 3. Aufl. Kopenhagen: Copenhagen Business School Press.
Maister, David. 2003. *Managing the professional service firm*. London: Simon & Schuster.
Maister, David. 2008. *Strategy and the fat smoker*. Boston: Spangle Press.
Merchant, Kenneth A., und Wim A. Van der Stede. 2012. *Management control systems: Performance measurement, evaluation, and incentives*, 3. Aufl. London: Prentice Hall.
Mieg, Harald A. 2006. Professionalisierung. In *Handbuch der Berufsbildungsforschung*. Hrsg. Felix Rauner, 2. Aufl., 343–350. Bielefeld: Bertelsmann.
Ringlstetter, Max, Stephan Kaiser, und Bernd Bürger. 2004. Professional Service Firms: Geschäftstypen, Vergütungsformen und Teilbranchen. In *Strategien und Management für Professional Service Firms*, Hrsg. Max Ringlstetter, Bernd Bürger und Stephan Kaiser, 39–61. Weinheim: Wiley.
Rosa, Hartmut. 2013. *Beschleunigung und Entfremdung: Entwurf einer kritischen Theorie spätmoderner Zeitlichkeit*. Berlin: Suhrkamp.
Schulze-Borges, Felix. 2011. *Performance in professional service firms*. Wiesbaden: Gabler.
Scott, Mark C. 2001. *The professional service firm. The manager's guide to maximising profit and value*. Chichester: Wiley.
Seibert, Stefan. 2011. *Controlling in mittleren Unternehmensberatungen. Eine qualitative Untersuchung*. Hamburg: Diplomica.
Seiter, Mischa. 2011. *Entwicklung eines Performance-Measurement-Systems für Anbieter wissensintensiver Dienstleistungen*. Baden-Baden: Nomos.
Spiegel Online. 2014. *Ermittlungen wegen Steuerhinterziehung: KPMG-Chef in den Niederlanden tritt zurück*. http://www.spiegel.de/wirtschaft/unternehmen/kpmg-chef-in-den-niederlanden-tritt-zurueck-steuerhinterziehung-a-969002.html. Zugegriffen am 14.05. 2014.
The Wall Street Journal. 2013. *Die Lehren aus dem KPMG-Skandal*. http://www.wsj.de/article/SB10001424127887324030704578423921393378256.html. Zugegriffen am 14. 05. 2014.
Wiemers, Burkhard. 2002. Das Konzept der Balanced Scorecard in Wirtschaftsprüfungsgesellschaften. *WPg* 55(2002): 1074–1081.
Wollburg, Ralph. 2004. Wissensmanagement in einer internationalen Anwaltssozietät. In *Strategien und Management für Professional Service Firms*, Hrsg. Max Ringlstetter, Bernd Bürger und Stephan Kaiser, 217–227. Weinheim: Wiley.

Controlling im Sport

Lutz Thieme, Dirk Mazurkiewicz und Markus Klepzig

Zusammenfassung

Grundlage der Wertschöpfung in der Sportbranche ist die marktbezogene sportliche Leistung. Aufbauend lassen sich verschiedene Wertschöpfungsstufen, -netze und Ökosysteme differenzieren. Je zentraler die marktbezogene sportliche Leistung für die Wertschöpfung ist, umso branchenspezifischer sind die Anforderungen an das Controlling der Sportorganisationen. Innerhalb der Sportbranche lassen sich vier Organisationstypen (ideelle Sportvereine, Sportvereine im Zuschauersport, Sportverbände und öffentliche Sportverwaltungen) unterscheiden, welche aufgrund der branchenspezifischen Besonderheiten in den Funktionsbereichen und den vorherrschenden Wettbewerbs- und Produktionsbedingungen Relevanz für das Controlling besitzen. Beispielhaft sind bei Sportvereinen die besondere Form der Ressourcenbeschaffung, die Kooperenz von Klubs im Zuschauersport oder die Dominanz von Sachzielen gegenüber dem ökonomischen Gewinnstreben zu nennen. Der Einsatz von Controllinginstrumenten ist bei den genannten Organisationen aufgrund divergierender Bedürfnisse verschieden stark ausgeprägt. Der Bedarf wird nicht zuletzt auch aus der Organisationsgröße sowie der Wertschöpfungskomplexität abgeleitet. Damit entsprechend die Differenzierungsmerkmale des Controllings von Sportunternehmen im Wesentlichen denen von Familienunternehmen (dazu z. B. Leitterstorf und Kammerlander 2020).

L. Thieme (✉)
Fachbereich Wirtschafts- und Sozialwissenschaften, Hochschule Koblenz/RheinAhrCampus Remagen, Remagen, Deutschland
E-Mail: thieme@hs-koblenz.de

D. Mazurkiewicz
Fachbereich Wirtschafts- und Sozialwissenschaften, Hochschule Koblenz/RheinAhrCampus Remagen, Koblenz, Deutschland
E-Mail: mazurkiewicz@rheinahrcampus.de

M. Klepzig
SV Wehen 1926 Wiesbaden GmbH, Wiesbaden, Deutschland
E-Mail: klepzig@svww.de

W. Becker, P. Ulrich (Hrsg.), *Handbuch Controlling*,
https://doi.org/10.1007/978-3-658-26431-4_55

Schlüsselwörter

Sportbranche · Wertschöpfung · Strategisches Management · Effizienz · Organisationsgröße

1 Die Sportbranche – ein Abgrenzungsversuch

Eine Darstellung des Controllings im Sport in Abgrenzung zu anderen Branchen setzt zunächst die Existenz von Unternehmungen und Organisationen voraus, die sich in einer Branche zusammenfassen lassen, die mit dem Begriff „Sport" hinreichend charakterisiert werden kann. Der unscharfe Sportbegriff (Willimczik 2008; vgl. dazu auch die Debatte zu Begriff „eSport") ist mit einer Branchendefinition zu verbinden, die eine Entscheidung darüber darstellt, „wo die Grenze zwischen herkömmlichen Konkurrenten und Herstellern von Ersatzprodukten, zwischen etablierten Unternehmen und potenziellen neuen Konkurrenten und zwischen den Wettbewerbern der Branche und ihren Lieferanten und Abnehmern gezogen werden sollte" (Porter 1999, S. 68). Bislang dominieren enumerative Ansätze zur Definition einer „Sportbranche". Erste Modelle gehen dabei auf Heinemann (1987); Pöttinger (1986) und Büch (1985) zurück. Zunächst werden Erscheinungsformen wie „privater Sport, Schulsport, Vereinssport, Gewerbesport" (Pöttinger 1986, S. 100) oder Produktbereiche wie „aktiver Sport, Zuschauersport und sportbezogene Produkte" (Horch 1994, S. 245) unterschieden. Mit zunehmender Ausdifferenzierung sportbezogener Organisationen, Unternehmen und steigender Produktbreite und -tiefe stieg auch die Zahl der Versuche zur Branchencharakteristik. Thieme (2011, S. 65 ff.) listet 16 Modelle der Sportbranche auf und differenziert zwischen marktorientierter, institutionsorientierter und produktionsorientierter Betrachtung. In Weiterentwicklung des dort vorgeschlagenen wertschöpfungsorientierten Modells der Sportbranche mit den Wertschöpfungsstufen physische Leistung, Unterwerfung unter ein Regelwerk, Einzel- bzw. Mannschaftsleistung, Einbringen in einen sportlichen Vergleich, Sicherung der Ergebnisoffenheit möglicher sportlicher Vergleiche, Organisation eines sportlichen Vergleichs sowie Kombination sportlicher Vergleiche zu Ligen und Serien kann mittlerweile von einem Wertenetz (Nalebuff und Brandenburger 1996) oder bei Wertschöpfungsverknüpfungen mittels Internettechnologien sogar von einem Ökosystem (Dexheimer und Lechner 2019) gesprochen werden. Je unmittelbarer Produkte und Dienstleistungen am Ausgangspunkt der Wertschöpfung, nämlich der Erstellung einer sportlichen Leistung (die auch im virtuellen Raum ausgeführt werden kann) anzusiedeln sind, desto branchenspezifischer sollten die jeweiligen Organisationen u. a. auch im Controlling agieren. Auf dieser Grundlage gelingt eine Unterscheidung in eine Branchenbasis, einen Branchenkern, ein Branchenkernumfeld sowie einen Branchenrand der Sportbranche.

Zum Branchenkern der Sportbranche gehören danach die Produzenten, die marktbezogene sportliche Leistungen, einschließlich der Sicherung deren Vergleichbarkeit und Ergebnisoffenheit, herstellen. Dies sind im Einzelnen Personen oder Institutionen, die

- eine marktorientierte Bewegungsabfolge als sportliche Leistung erstellen (typische Hersteller: Sportlerinnen und Sportler),
- die sportliche Einzelleistungen zu sportlichen Mannschaftsleistungen kombinieren (typische Hersteller: z. B. Sportvereine und -clubs),
- die Vergleichbarkeit und Ergebnisoffenheit von sportlichen Leistungen sicherstellen (typische Hersteller: z. B. Sportverbände).

Dem Branchenkern nahe stehend sind Institutionen, bei deren Wertschöpfung die sportliche Leistung notwendiger Bestandteil der durch Kombination mit anderen Produktionsfaktoren geschaffenen Güter oder Dienstleistungen ist (Branchenkernumfeld). In diesem Bereich agieren vor allem

- Sportveranstalter von Einzelveranstaltungen (typische Vertreter: z. B. Sportvereine, Sportverbände, privatwirtschaftliche Sportveranstalter), d. h. Veranstaltungen, die nicht Bestandteil eines größeren Wettbewerbszusammenhangs sind,
- Sportveranstalter von Ligen und Serien (typische Vertreter: z. B. Ligavereinigungen, Sportverbände, privatwirtschaftliche Sportveranstalter).

Vom Branchenkern weiter entrückt sind Produkte, in deren Wertschöpfungsprozess der Produktionsfaktor sportliche Leistung nur noch mittelbar eingeht (Branchenrand). Dies ist der Fall, wenn

- die mit der Erstellung der sportlichen Leistung parallel entstandenen Imagedimensionen oder Rechte mit anderen Produktionsfaktoren zu neuen Gütern oder Dienstleistungen kombiniert werden (typische Hersteller: z. B. Vermarktungsagenturen, Sportrechtehändler),
- der geplant zustande gekommene Vergleich sportlicher Leistungen direkt oder medial, zeitgleich oder zeitversetzt vermittelt wird (typische Hersteller: z. B. Medien, organisierte Reisen zu Sportveranstaltungen, Sport-Internetplattformen, Sportwettunternehmen).

Vorprodukte sowie die zu ihrer Herstellung notwendigen institutionellen Arrangements bilden die Grundlage zur Erstellung sportlicher Leistungen. Insofern besteht ein prinzipielles Abgrenzungsproblem zwischen den Vorprodukten, die noch der Sportbranche und solchen, die ihr nicht mehr zuzurechnen sind. Differenziert werden muss dabei zwischen solchen Gütern und Dienstleistungen, die zielgerichtet zur Aufnahme als Produktionsfaktoren in die Wertschöpfungskette der Sportbranche hergestellt und solchen Gütern und Dienstleistungen, die in erster Linie für nichtsportliche Bezüge erstellt werden und damit im Sport nahezu keine Bedeutung haben.

Güter und Dienstleistungen, die zielgerichtet als Produktionsfaktoren zur Weiterverarbeitung in der Wertschöpfungskette des Sports hergestellt wurden, sind insbesondere die Hersteller von Sportgeräten und Sportkleidung sowie die Betreiber von Sportanlagen aufgrund der zentralen Bedeutung ihrer Güter und Dienstleistungen für die Erstellung sportlicher Leistungen.

In verschiedenen institutionellen Arrangements werden Infrastrukturelemente mit Beratungselementen in unterschiedlichen Anteilen verknüpft. Einige dieser Arrangements sind innerhalb eines übergeordneten Sinnzusammenhangs verpflichtend (z. B. Schulsport, Dienstsport in Armee oder Polizei), andere profit-orientiert (z. B. Fitnessstudio, Tanzstudio, Kletterhalle) oder vermeiden eine wirtschaftliche Orientierung (z. B. gemeinnützige Sportvereine). Neben erstellenden Nonprofit- und Forprofit-Organisationen werden zur Erstellung einer sportlichen Leistung auch Produktionsfaktoren durch den Ersteller selbst kombiniert. Ein Beispiel dafür ist die persönliche Kombination von Laufschuhen, Sportbekleidung und dem Sportraum „Wald“, um die sportliche Leistung „Waldlauf“ zu erstellen (Graumann und Thieme 2010, S. 48 ff.). Die so vorgenommene Branchenabgrenzung ist kompatibel zur Bestimmung des sportbezogenen Konsums deutscher Privathaushalte der von 59,1 Milliarden Euro im Jahr 2010 auf 65,0 Milliarden Euro 2015 stieg. Die sportspezifische Produktion in Deutschland betrug 2015 insgesamt 114,2 Milliarden Euro (Bundesministerium für Wirtschaft und Energie 2018).

2 Besonderheiten des Managements von Sportorganisationen

Branchenspezifische Besonderheiten mit Auswirkungen auf das Controlling in der Sportbranche leiten sich zum einen aus besonderen Wettbewerbs- und Produktionsbedingungen im Sport und zum anderen aus branchenspezifischen Besonderheiten der verschiedenen betrieblichen Funktionsbereiche ab.

Im Gegensatz zum Markt für Sportgeräte, Sportkleidung und Sporternährung wird die individuelle Nachfrage nach institutionellen Arrangements und der sportlichen Infrastruktur von umfangreichen Subventionen (vgl. z. B. Pawlowski und Breuer 2012) und der Monopolstellung der Sportverbände (Hovemann und Thieme 2016) überlagert. Gemeinnützige Organisationen profitieren von ansehnlichen Steuervorteilen. Städte, Gemeinden und Landkreise stellen ihre Sportstätten deutlich unter dem Selbstkostenpreis, oftmals sogar kostenfrei, zur Verfügung. Politische Gremien entscheiden über die Subventionsvergabe, staatliche Bürokratien wickeln diese ab, betreiben Sportstätten und bieten selbst Dienstleistungen an (z. B. Sportkurse der Volkshochschulen, Anfängerkurse im Schwimmen). Öffentliche Verwaltungseinheiten sind Ressourcengeber, Wettbewerber und Regulierer lokaler Sportmärkte in einem.

Sportverbände und Ligen weisen einige Merkmale natürlicher Monopole auf (Heubeck 2006, S. 16 ff.). Die Monopolstellung wird in Deutschland zudem durch die Etablierung des „Ein-Platz-Prinzips“ in den Verbandssatzungen institutionell abgesichert. In der Folge wird die Bandbreite der Möglichkeiten der Produktion sportlicher Leistungen durch verbandliche Regelsysteme beschränkt. Dies bezieht sich sowohl auf die Produktionsfaktoren, die (wie z. B. Doping) nicht zur Anwendung kommen können, als auch auf die Art und Weise von Bewegungsfolgen, die zum sportlichen Vergleich zugelassen werden. Das Regelwerk der Sportverbände übt daher eine Lenkungsfunktion für die Produktionsfunktionen innerhalb der Sportbranche aus.

Bei der Bereitstellung von Gütern und Dienstleistungen für die sportaktive Bevölkerung in Deutschland (Branchenbasis) haben sich verschiedene Organisationstypen etabliert. Branchenspezifische Besonderheiten im Controlling sind jedoch nur bei den Organisationsformen zu erwarten, deren Organisationslogik sich deutlich von einer durchschnittlichen Unternehmung als Referenzobjekt unterscheidet. Dies ist bei öffentlichen Einrichtungen sowie bei gemeinnützigen Sportvereinen der Fall, deren Organisationslogik die Dominanz von Sachzielen gegenüber ökonomischem Gewinnstreben beinhaltet. Zudem sind Sportvereine durch eine besondere Form der Ressourcenbeschaffung, beispielsweise in Form der Integration ehrenamtlichen Engagements, gekennzeichnet. Prinzipiell gilt dies auch für Sportverbände, die infolge ihrer Funktion als Regelsetzer, Regelüberwacher und Wahrer der Vergleichbarkeit sportlicher Leistungen das Bindeglied zum Zuschauersport darstellen. Die Wertschöpfung im Zuschauersport basiert auf der individuellen sportlichen Leistung, die direkt oder über Mannschaftsleistungen in nachfragerelevante sportliche Vergleiche und weiterführend in Ligen und Serien eingebracht werden. Die Maximierung der Erlösfunktion derartiger Wettbewerbe basiert auf einer gleichzeitigen Konkurrenz- und Kooperationsnotwendigkeit der beteiligten Klubs (Koopetenz) vor dem Hintergrund des Vertrauens der Konsumenten in die regelgetreue Erstellung der sportlichen Leistung einerseits und der Eindämmung von Überinvestitionsanreizen andererseits. Dies schlägt sich unmittelbar in der Ausgestaltung des Controllings der betreffenden Organisationen nieder.

Interpretieren die Nachfrager eines Sportwettbewerbs das Verhalten von wettbewerbsinternen oder wettbewerbsexternen Akteuren als Verminderung des allgemein akzeptierten Maßes für Chancengerechtigkeit, sinkt die Reputation und damit mittelbar die Nachfrage nach diesem Wettbewerb ebenso, wie bei unvorteilhaften Regeländerungen oder ausbleibenden Sanktionen gegen regelabweichendes Verhalten. Der Wertverlust des Wettbewerbs trifft dann nicht nur den Verursacher, sondern alle Teilnehmer eines Wettbewerbs, alle eingebundenen Hersteller einer individuellen sportlichen Leistung bzw. einer Mannschaftsleistung sowie alle anderen in die Herstellung des Positionswettbewerbs eingebundenen Akteure (Thieme und Lammert 2013).

Überinvestitionsanreize entstehen, weil Investitionen in die sportliche Leistung eines Einzelsportlers (z. B. höheres Training) oder einer Mannschaft (z. B. Zukauf eines leistungsstarken Spielers) immer auch Auswirkungen auf die relative Leistungsstärke anderer Einzelsportler und Mannschaften haben. Teams werden also solange verstärkt, bis die Grenzkosten einer Neuverpflichtung den Grenzerlösen entsprechen. Die Erlöse aus einem Ligabetrieb hängen jedoch nicht von der absoluten Spielstärke einer Mannschaft, sondern von der relativen Spielstärke einer Mannschaft im Vergleich mit den anderen Mannschaften der Liga ab. Dieses „Nullsummenspiel“ führt zu Überinvestitionsneigungen in den Ligen des Mannschaftssports und endet in „ruinösen Rüstungswettläufen“ (Franck und Müller 2000) bzw. „Rattenrennen“ (Akerlof 1976, S. 599).

Sowohl Chancengerechtigkeit als auch Überinvestitionsanreize stellen nicht nur hohe Anforderungen an das Controlling der in Produktionsverbünden („Ökosystemen“), wie beispielsweise in der Fußballbundesliga, agierenden, rechtlich selbstständigen Klubs und der von ihnen gebildeten Monitore, wie z. B. die Deutsche Fußballiga, sondern sind zentrale branchenspezifische Besonderheiten (für einen differenzierteren Überblick vgl. Thieme 2011, S. 115 ff.).

Vor diesem branchenspezifischen Hintergrund werden daher im Folgenden das Controlling bei Sportvereinen, im Zuschauersport, bei Sportverbänden sowie öffentlichen Sportverwaltungen hinsichtlich des Strategischen Performance Managements, der Planung und Budgetierung, dem Berichtswesen sowie der Effizienzkontrolle bzw. der Kostenrechnung betrachtet.

3 Controlling in Sportvereinen

3.1 Strategisches Performance Management

Gemeinnützige Sportvereine beinhalten in ihrer Organisationslogik eine Dominanz von Sachzielen gegenüber dem Streben nach Unternehmensgewinnen. Die jeweiligen Unternehmensziele der Sportvereine außerhalb des Zuschauersports sind je nach der Ausrichtung des Vereins verschieden, sodass auch die Kriterien zur Messung der Leistungsfähigkeit variieren. Aufgrund der Sachzieldominanz sind nicht nur monetäre Größen aus den Haushaltsplänen zu betrachten. Allen Vereinen liegt das allgemeine Ziel der Bereitstellung des sportlichen Angebotes für die Mitglieder zugrunde. Folgende Vereinstypen werden von Breuer (2011, S. 135 ff.) aufgeführt, welche ebenfalls hybrid, mit verschiedenen Vereinskonzepten, ausgerichtet sein können und die aufgeführten Zielsetzungen verfolgen:

Integrative Vereine bieten ein im Vergleich preiswerteres Angebot für möglichst viele Gruppen der Bevölkerung (u. a. Familien, Migranten, ältere Personen), welche neben Kursangeboten den Gesundheitssport anbieten, wohingegen *jugendorientierte Vereine* sich im Hauptaugenmerk in der Jugendarbeit engagieren. *Leistungssportvereine* bieten Talentförderung und die Gegebenheiten zur Ausübung von Leistungssport, was besonderen Bedarf an ehrenamtlichem Personal oder Hauptamt (Trainer), deren Ausbildung und der Nachfrage von (Leistungs-)Sportlern erzeugt. *Gesellige Traditionsvereine* sind im Gegensatz zu *dienstleistungsorientierten Vereinen* in ihrer Ausrichtung traditionell veranlagt, ohne einen Änderungsbedarf aufgrund neuer Umfeld- und Marktbedingungen für den eigenen Verein als notwendig anzusehen. Dienstleistungsorientierte Vereine bieten häufig Angebote im Gesundheitssport an, welche neben den Mitgliedern auch Interessenten außerhalb des Vereins als Kursangebote zur Verfügung stehen. Dieser Vereinstyp konkurriert in größerem Maße mit kommerziellen Anbietern, was einen erhöhten Bedarf an strategischen Controllinginstrumenten der Markt- und Umfeldanalyse hervorruft. Controllingfragen innerhalb der Leistungssportvereine beziehen sich insbesondere auf die Förderaspekte und das ehrenamtliche Engagement. Bei integrativen und jugendorientierten Vereinen sind die Zielgruppe, das vorhandene Angebot und die Mitgliederentwicklung – jeweils im Vergleich zu anderen Vereinen und dem Marktpotenzial im Einzugsgebiet – besonders relevant.

Die von Graumann et al. (2007) prognostizierte steigende Nachfrage durch breitensportlich orientierten Großsportvereinen nach steuerungsunterstützenden Systemen zur Operationalisierung der oben genannten Ziele ist nicht im erwarteten Maße eingetreten. Systeme zur operativen und strategischen Vereinssteuerung sind in Fitnessstudios und Profisportvereinen dagegen weit verbreitet (vgl. u. a. Hacheney 2003; Viemann et al. 2005). Das vom Institut für Sportmanagement und Sportmedizinische Technik (ISS) am RheinAhrCampus bereits 2005 auf Großsportvereine adaptierte Konzept der Balanced Scorecard (Kaplan und Norton 1997; vgl. Tab. 1) wurde mittlerweile nicht nur weiterentwickelt, sondern auch seitens der nutzenden Großsportvereine auf deutlich weniger Kennzahlen eingeschränkt.

Eine strategische Vereinssteuerung erfolgt bei Großsportvereinen sehr stark anhand der Mitgliederentwicklung, der Bilanz, der Einnahme-Überschuss-Rechnung sowie der Entwicklung des ehrenamtlichen Engagements, wobei Letzteres selten gemessen wird. Tendenziell bestimmen diese Indikatoren auch die Performancemessung bzw. die Performanceeinschätzung der Vorstände in kleineren Sportvereinen. Ausnahmen hiervon finden sich in höherem Maße bei Tennis-, Golf- und Reitvereinen aufgrund deren hohem Anlagevermögen. Angesichts der niedrigen Insolvenzrate breitensportlicher Sportvereine sowie dem Umstand, dass Insolvenzen vorrangig aufgrund steuer- und gemeinnützigkeitsrechtlicher Verfehlungen eintreten, scheint ein höherer Ressourceneinsatz für feinere Controllinginstrumente nicht notwendig.

3.2 Planung und Budgetierung

Gemeinnützige Vereine sind nach der Abgabenordnung (§§ 51–68 AO, Unmittelbarkeit, Ausschließlichkeit, Selbstlosigkeit) dazu verpflichtet, eine Einnahmen-Überschuss-Rechnung zu führen. Bis zu einer Umsatzgrenze von 600.000 € aus Vermögensverwaltung, Zweckbetrieb und wirtschaftlichem Geschäftsbetrieb bzw. 60.000 € Gewinn im wirtschaftlichen Geschäftsbetrieb (Stand 01.01.2020) reicht eine einfache Dokumentation der Einnahmen und Ausgaben als Nachweis aus. Oberhalb dieser Grenze sind auch für gemeinnützige Vereine ein Kontenerfassungssystem und die Erstellung einer Bilanz obligatorisch. Die Finanzplanung der Sportvereine basiert auf dem Haushaltsplan (Ist-Werte) eines Geschäftsjahres, welcher um die Kosten der Vorhaben im neuen Geschäftsjahr zu erweitern ist. Verbindlich wird der Haushaltsplan durch die Genehmigung in der Jahreshauptversammlung. Kritisch kann sich hier eine Fortschreibung der Haushaltsansätze durch einfache Übernahme des alten Haushaltes ohne Betrachtung einer möglichen Veränderung der Vereinssituation gestalten (Wadsack 2014).

Tab. 1 Perspektiven und Kennzahlen eines Vereins. (Quelle: Graumann et al. 2007, S. 101)

Finanz-Perspektive	Innovations-Perspektive	Prozess-Perspektive	Mitglieder- und Kundenperspektive
Relative Mitgliedsbeiträge	Verberuflichungsquote	Flächennutzungsgrad der Gesamtanlage	Mitgliederwachstum
Innenfinanzierungsgrad	Durchschnittliche Arbeits-zeit der Hauptamtlichen	Flächennutzungsgrad der Vereinsanlage	Austrittsrate allgemein
Schulden je Mitglied	Hauptberuflichkeitsgrad	Eigennutzungsanteil an Sportstätten	Austrittsrate Neumitglieder
Personalkosten je Mitglied	Wachstumsrate Sachanlagen	Betreuungsgrad	Eintrittsrate allgemein
Zahlungsmoral	Angebotsaktualität der Kurse	Mitgliederakquisition durch Probetraining	Medienpräsenz
Ausgabendeckungsgrad	Nachhaltige Angebots-aktualität der Kurse	Erreichbarkeitsgrad	Durchdringung Seniorensegment
Personalkostenanteil	Bildungsinvestitionen beim Personal	Kommunaler sportpolitischer Einfluss	Durchdringung Kinder- u. Jugendsegment
Durchschnittliche Personalkosten	Bildungsinvestitionen bei Hauptamtlichen	Anlagekosten	Durchdringung Kleinkindsegment
Personalkosten-deckungsgrad	Bildungsinvestition in Übungsleiter		Verhältnis Haupt- zu Ehrenamtlichen
			Ehrenamtsquote
			Durchschnittliche Vereinszugehörigkeit

Neben dem Haushaltsplan, der in der Regel auf Vorstandsebene erstellt und durch die Mitgliederversammlung beschlossen wird, findet zumeist eine Budgetierung auf der Ebene der einzelnen Sportabteilungen statt. Mischformen der Top-down und Bottom-up Prozesse finden zur Feststellung des Budgets zwischen Vorstand und den Abteilungen sowie abteilungsintern (Senioren- und Jugendbereich) Anwendung. Je nach Zielsetzungen der Abteilungen werden finanzielle Mittel bewilligt und das Budget festgesetzt. Die Abteilungsleiter können eigenverantwortlich über das bewilligte Budget verfügen, solange die Verwendung nicht gegen vereinsrechtliche sowie vereinsinterne Vorgaben verstößt. Die Abteilungsleiter der Sportabteilungen nutzen die Budgetierung für Soll/Ist-Abgleiche als Kontrolle der Ausgaben und Einnahmen. Die eigenverantwortliche Mittelverwendung der Abteilungsleiter dient neben der Funktionsgrundlage für die Planung der nächsten Periode ebenfalls als Motivationsfunktion, sich ehrenamtlich zu engagieren. Großsportvereine verfügen in der Regel über Kontenrahmen, die den jeweiligen Kostenstellenverantwortlichen Einblick in den Kontostand ermöglichen. Die Kostenstellenrechnung dominiert, eine detaillierte Kostenartenrechnung wird nur von wenigen Sportvereinen praktiziert.

Eine Besonderheit von Sportvereinen ist bei den Mittelzugängen zu beachten. Aufgrund bestehender Zahlungsziele der Mitgliedseinnahmen, meist auf Quartals- oder Jahresebene, werden große Einzahlungen zu definierten Zeitpunkten erreicht, welche zur Deckung der Zahlungsausgänge in den folgenden Perioden genutzt werden müssen. Hier besteht eine Herausforderung an das Management der Sportvereine, die Liquidität durch eine gezielte Finanzplanung über den Jahresverlauf zu gewährleisten.

3.3 Berichtswesen

Im Bereich des Reportings ist zwischen externen sowie internen Adressaten und Anspruchsgruppen zu unterscheiden. Die Rechtsform des eingetragenen Vereins und die damit verbundenen Steuervorteile erzeugen eine Nachweispflicht gegenüber den Finanzämtern. Der Verein wird hierzu zur Dokumentation der Einnahmen in vier Bereichen (ideeller Bereich, Zweckbetrieb, Vermögensverwaltung und wirtschaftlicher Geschäftsbetrieb) verpflichtet, welche jeweils unterschiedliche Steuervergünstigungen erhalten. Steuerbefreit sind alle Einkünfte, wenn diese nicht durch einen wirtschaftlichen Geschäfts- oder Zweckbetrieb erzielt werden (Wadsack und Liennig 2001, S. 7). Weitere externe Adressaten des Berichtswesens sind Kreditinstitute, welche sich im Zuge des Ratingprozesses bei der Aufnahme von Fremdkapital, Kennzahlen auf Basis des Jahresabschlusses (Vermögens- und Finanzlage) bedienen.

Nach der Auskunfts- und Rechenschaftspflicht des Bürgerlichen Gesetzbuches (§§ 26, 27, 666 BGB) sind insbesondere die Mitglieder als interne Adressaten zu nennen. Der Vorstand muss gegenüber seinen Vereinsmitgliedern der Informationspflicht nachkommen. Dabei werden der Kassenbericht mit Einnahmen und Ausgaben, der Haushaltsplan sowie die Verbindlichkeiten und die bevorstehenden Ausgaben (z. B. größere Anschaffungen) den Vereinsmitgliedern dargelegt. Seitens der Vorstände erfolgt ein über die gesetzlichen Bestimmungen hinausgehendes Controlling bezüglich der Haushaltsführung und, insbesondere bei (Groß-)Sportvereinen mit mehreren Abteilungen, hinsichtlich der Mitgliederstatistik. Gerade bei der in Sportvereinen oftmals knappen Ressource der Sportstättennutzfläche, rückt für den Vorstand zur zielgerichteten Ausgestaltung des Angebotes ein Controlling der Nutzungs- und Belegungszahlen in den Vordergrund. Weitergehend werden Kennzahlen zum Benchmark mit anderen Vereinen genutzt. Hier interessieren insbesondere die Mitgliederentwicklung, der Einsatz des Ehrenamts sowie die Entwicklung der Mitgliedsbeiträge. Die Ergebnisse dienen dem Vorstand als Bericht an die Mitglieder und weitergehend als Legitimationsgrundlage für notwendige Anpassungen, wie beispielsweise bei Mitgliedsbeiträgen oder dem Sportangebot. Neben dem strategischen Gesamtüberblick des Vereins findet ein Berichtswesen zwischen dem Vorstand und den Abteilungsleitern statt. Die bereits angesprochene Budgetierung wird überwacht und bei Anzeichen zur Überziehung kommuniziert. Weitergehend werden informelle Berichte aus den Trainings- und Übungsstunden an die Vorstände weitergereicht. Eine Besonderheit der Sportvereine besteht in der Nutzung der Vereinsangebote auch durch Vorstandsmitglieder. Somit werden Vereinsentwicklungen direkt diskutiert und informell unter Vereinsmitgliedern ausgetauscht. Dies unterscheidet sich von den klaren Berichtshierarchien in anderen Wirtschaftszweigen.

3.4 Effizienzcontrolling/Kostenrechnung

Eine Effizienzkontrolle findet sich in Breitensportvereinen, wie bereits angedeutet, selten. Während bei Großsportvereinen vereinzelt eine Kostenleistungsrechnung mit Kostenarten-, Kostenstellen- und Kostenträgerrechnungen implementiert ist, liefert beim Großteil der Vereine lediglich der Soll/Ist-Abgleich des Haushaltsplanes Anhaltspunkte für die Effizienz des Gesamtvereins oder einzelner Abteilungen. Kiel (2010, S. 247 f.) diskutiert aus Gründen der Wirtschaftlichkeit eine konsequente separate Kostenartenrechnung in Großsportvereinen. In den meisten Großsportvereinen wird eine historisch gewachsene Mischform aus Kostenarten-, Kostenstellen und Kostenträgerrechnung praktiziert. Diese dienen der Kalkulation zeitlich begrenzter Angebote wie Ferienfreizeiten oder Sportkursen, der Ausrichtung von Sonderveranstaltungen oder der Umlage von Gebäudekosten auf die verschiedenen Nutzergruppen. Der Einfluss oftmals nicht monetär bewertbarer Leistungen, wie die kostenfreie Bereitstellung von Sportanlagen durch die Kommunen oder der Einsatz der knappen Ressource Ehrenamt, erschweren eine detaillierte Kostenrechnung in Sportvereinen. Gerade bei aufkommenden Diskussionen zur Etablierung von Hauptamt im Sportverein anstelle ehrenamtlicher Mitarbeit wäre Ehrenamt als „kalkulatorischer Unternehmerlohn" zu betrachten. Eine detaillierte Kostenrechnung und Kontrolle bis hin auf Deckungsbeitragsebene der Abteilungen wird kaum realisiert. Aufgrund einer weit verbreiteten Vereinskultur als Solidargemeinschaft und der Quersubventionierung innerhalb der Sportvereine in den Kinder- und Jugend – sowie den Wettkampfsport – ist eine solche Betrachtungsweise im Hinblick auf die Gesamtstrategie auch nicht zielführend (Thieme 2012).

4 Controlling im Zuschauersport

4.1 Strategisches Performance Management

Mit dem Umsatzwachstum in einer Reihe von zuschauerorientierten Sportarten ging in den vergangenen Jahren eine zunehmende Sensibilisierung für das systematische Controlling einher. Dennoch darf die Tatsache, dass Vereine, wie zum Beispiel in der ersten Fußballbundesliga mehrstellige Millionenumsätze erreichen, nicht darüber hinweg täuschen, dass diese Institutionen allenfalls kleinen mittelständischen oftmals eher kleinen Unternehmen entsprechen, deren Anzahl von administrativen Mitarbeitern selten dreistellig ist. Im Gegenteil beschäftigen viele Klubs der dritten Fußball-, der ersten Handball-, Basketball- oder Eishockeyliga selten mehr als 20 Mitarbeiter in der Verwaltung. Diese scheinen ausreichend zu sein, um die eingangs beschriebenen Wertschöpfungsmöglichkeiten innerhalb der Sportbranche auszuschöpfen, woraus sich auf spezifische, wenig personalintensive Ausprägungen des Controllings schließen lässt.

Das Wesen von Organisationen im Zuschauersport veranschaulichen insbesondere die Vereine und Akteure im professionellen Teamsport. Deren Antrieb resultiert oftmals aus dem Ziel, sportlichen Erfolg zu erreichen. Dazu sollen Einnahmen maximiert werden, infolgedessen Ausgaben vor allem für SpielerInnen oder Personal in der Abteilung Sport getätigt werden können. Kurzfristig beeinflusst der sportliche Erfolg wiederum die Einnahmen, wohingegen das Marktpotenzial der Akteure das mittel- bis langfristige Einnahmepotenzial absteckt. Hieraus erwächst ein Dreieck von sportlichen, finanziellen und marktorientierten Zielen. Je nach dem Gestaltunghorizont der handelnden Personen erstreckt sich das Performance Management auf die jeweiligen Zielebenen. Dabei kann festgestellt werden, dass die Priorisierung sowie auch die Identifikation von über- und untergeordneten Zielen nicht immer umfassend diskutiert und definiert werden. Keller (2007, S. 164) stellte bei einer Befragung unter Fußballbundesligisten fest, dass beispielsweise die Balanced Scorecard, stellvertretend für das strategische Controlling, aus Sicht der „Controller“ völlig nachrangig in ihrer Bedeutung ist. Wenngleich das Modell der BSC nicht gleichbedeutend und auch nicht stellvertretend für das Performance Management steht, offenbart diese Einschätzung ein untergeordnetes Interesse der untersuchten Gruppe mehrdimensional und ursachenwirkungsorientiert die eigenen Prozesse und erstellten Leistungen systematisch zu analysieren, zu planen oder zu kontrollieren.

Hingegen nutzen die Klubs eine Reihe finanzieller und nicht-finanzieller „Key Performance Indicators (KPIs)“. So haben etwa 88 Prozent der Fußballerst- und Zweitligisten finanzielle und etwa 40 Prozent zudem nicht finanzielle KPI definiert (Mazurkiewicz et al. 2014, S. 15). Zu Letzteren zählen beispielsweise die Stadionauslastung oder die Mitgliederentwicklung.

Weitere Elemente, die dem strategischen Controlling zugeordnet werden können, finden meist weniger im Kontext des Controllings Anwendung als beispielsweise des Marketings. Hierzu zählt die Analyse der Marktziele, der Wettbewerbsstrategien, Produkt- und Leistungsanalysen oder Benchmarking.

Stellvertretend für die zuschauerorientierten Teamsportanbieter veranschaulicht die folgende Liste aktuelle Inhalte des Controllings bzw. Herausforderungen an das Controlling in der Fußballbundesliga (Mazurkiewicz et al. 2014):

- Lizenzierung und Reporting:
  - Höhere Anforderungen seitens Lizenzgebern (DFL und UEFA)
  - Notwendigkeit von u. a. automatisierten Planrechnungen auf Basis von FFP,[1] Szenario- und Potenzialanalysen
  - Abhängigkeit der Vereine von einer immer größeren Anzahl an Stakeholdern
  - Unerlässlichkeit eines zielgerichteten Klub-Controllings für die Lizenzierung
- Team-Controlling:
  - weiterhin dominanter Anteil der größten Kostenposition: Personal- bzw. Teamkosten
  - Erschwerte Steuerung durch individuelle Gestaltung von Spielerverträgen
- Übergreifende Steuerung und Finanzierung:
  - Zunehmende Anzahl von Geschäftsbereichen und Legaleinheiten
  - Steigende Vielfalt potenzieller Finanzierungsquellen (klassische Kredite, Großsponsoren, Beteiligungen, (Fan-)Anleihen, etc.)
- Erhöhung des Detaillierungsgrades:
  - Zunehmender Bedarf eines immer höheren Detaillierungsgrades zur effizienten Steuerung und tief greifenden Analyse
  - Berücksichtigung der Detailtiefe im aktuellen Controlling-Set-up (u. a. Detailtiefe des Kostenstellensystems, exaktere Kostenallokation, Deckungsbeitragsrechnungen, etc.)
- Dezentralisierung:
  - Notwendigkeit der Berücksichtigung dezentraler Steuerungselemente in der Unternehmenssteuerung
  - Dezentralisierung bedeutet u. a. erhöhte Transparenz, dezentrale Entscheidungsprozesse, stärkere Datenvernetzung, automatische Abteilungsreports sowie Budgetierung dezentraler Einheiten

Die exemplarische Liste erstreckt sich weitgehend auf operative und „klassische" Controllingaufgaben, welche allenfalls mittelbar den Bedarf nach strategischen Controllinginstrumenten auslöst.

4.2 Planung und Budgetierung

Die Planungsbereiche von zuschauerorientierten Profivereinen lassen sich in die Bereiche „Sport" und „Verwaltung" teilen (vgl. auch Haas 2002, S. 82). Hierbei erstrecken sich im Sportbereich die Ebenen einerseits auf kurz-, mittel- und langfristige Perspektiven und andererseits unterschieden nach Mannschaften (z. B. Profi,

[1]FFP kürzt das Lizenzierungssystem der UEFA ab: Financial Fair Play.

U23, U19, eSport virtuelle Bundesliga etc.) und genauso nach den Entwicklungsphasen einzelner, insbesondere junger Spieler.

Die Planungsbereiche in der Verwaltung teilen sich i. d. R. in „Personal", „Marketing" und „Finanzen" (vgl. ebd). Die Finanzplanung fußt im Wesentlichen auf Planungen und den anschließenden Soll/Ist Vergleichen der Gewinn- und Verlustrechnung (GuV).

Die Bilanz zählt innerhalb des Reportings im Rahmen des Jahresabschlusses und innerhalb der Lizenzierung zu einem wichtigen Informationsmedium. Dies gilt auch bei der Inanspruchnahme von externen Finanzinstrumenten, zum Beispiel für die Inanspruchnahme von Krediten für Investitionen in Sachanlagen (z. B. Stadion, Trainingszentrum).

Hinzu werden liquiditätswirksame Positionen der Bilanzkonten und der Gewinn- und Verlustrechnung (GuV) quasi monatlich und nicht selten wöchentlich für die Liquiditätsplanung berücksichtigt.

Angesichts der gemeinhin niedrigen Überschussquoten, der sportbedingten Geschäftsrisiken und der saisonalen Ein- und Ausgabenströme, hat die Liquiditätsplanung für alle Organisationen des Zuschauersports eine prioritäre Bedeutung. Abb. 1 veranschaulicht, dass die Zahlungsziele von Sponsoren, von Logen- und Dauerkartenbesitzern sowie die Mitgliederzahlung zu einem Liquiditätsüberschuss am Geschäftsjahresanfang führt, der im Laufe dieses Jahres, i. d. R. der Saison, deutlich abschmilzt.

Die Planungszyklen und -detaillierungen variieren vermutlich nach Größe der Organisationen. Dabei gilt für nahezu alle Klubs eine Jahres- und Halbjahresplanung als unabdingbar. Hierzu verpflichten u. a. die Ligaverbände ihre Mitglieder im

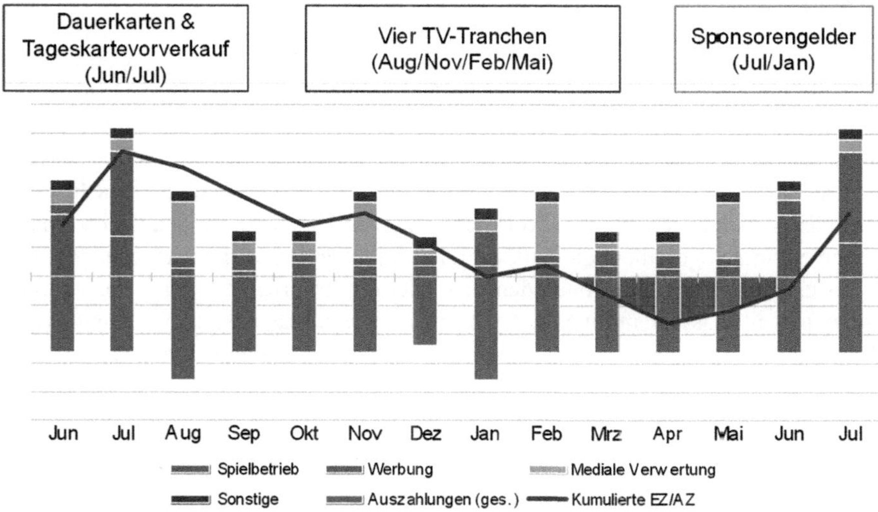

Abb. 1 Schematischer Cash-Flow eines Bundesliga-Klubs. (Quelle: Mazurkiewicz et al. 2014, S. 16)

Rahmen der Lizenzierung. Genauso gelten deren GuV-Positionen als Schema für die Detaillierung.

Die Planungsansätze „Top-down“ und „Gegenstromverfahren“ dominieren die Planungsmechanismen der Fußballklubs. Jeweils mehr als ein Drittel (35 Prozent) der Klubs wählen diese Wege (Mazurkiewicz et al. 2014, S. 18). Hingegen nutzen 18 Prozent den Bottom-up-Ansatz.

Angesichts enormer Unterschiede in den Organisationsgrößen zwischen Fußballerstligisten auf der einen Seite und anderen Ligasportarten (vermutlich Unterschied: Faktor 10), darf unterstellt werden, dass mit schrumpfender Organisationsgröße a) die Planungszyklen und b) die Detaillierung zurückgehen sowie c) Top-down Planungen zunehmen.

Die umfassende und mit Steuerungsprozessen einhergehende Budgetierung scheint nur bei wenigen Sportorganisationen überhaupt bzw. in geringer Art und Weise eingesetzt zu werden. Betrachtet man hingegen die Budgetierung in erster Linie als Verteilungsmuster des Gesamtbudgets in Teilbudgets für einzelne Einheiten, hat dieses Instrument sehr wohl eine hohe Relevanz in Sportorganisationen.

4.3 Berichtswesen

Das HGB, Finanzbehörden, Banken oder das BGB stellen zwingende Rahmenbedingungen für die Berichterstattung über die Geschäftstätigkeiten der Vereine und Kapitalgesellschaften der Ligen.[2]

Neben den Finanzbehörden verlangen vor allem die Ligaverbände genaue Einblicke in die Finanzsituation der Vereine. Neben der Erfüllung finanzieller Kriterien müssen sportliche (Zuordnung zur Liga), rechtliche, personelle, infrastrukturbedingte, sicherheitstechnische, administrative und medientechnische Kriterien erfüllt werden.

Hierbei verbinden sich Daten, die ohnehin im Rahmen eines Jahresabschlussberichts gewonnen werden, mit sportspezifischen Informationen. Abb. 2 listet exemplarisch die finanzorientierten Berichte auf, die Fußballclubs an die UEFA senden müssen, sofern diese an europaweiten Wettbewerben teilnehmen wollen.

Erneut veranschaulicht die Abb. 3 stellvertretend für den Profisport unterscheidbare Periodizitäten von Berichten im Profifußball. Die dominierenden monatlichen Finanzberichte erfassen vor allem die GuV und die Liquidität (Mazurkiewicz et al. 2014).

Es erscheinen die sich ähnelnden Lizenzierungskriterien der Ligen als zentrales Berichterstattungssystem für Vereine in Ligen. Es verursacht einerseits einen großen Aufwand, die entsprechenden Daten zu den Zeitpunkten aufzubereiten. Andererseits dient es den Wettbewerbern als Instrument, Misswirtschaft oder unzulässige Markteingriffe einzudämmen. Ob sich diese aber völlig ausschließen lassen, bleibt weiterhin abzuwarten.

---

[2]Nur für börsennotierte Klubs, wie die Borussia Dortmund GmbH & Co. KGaA, oder Vereine, die mit Schuldtiteln am Kapitalmarkt notiert sind, gelten die Bedingungen des IFRS.

Wirtschaftliche Anforderungen im Klublizenzierungsverfahren
A – Bericht erstattendes Unternehmen und Berichtskreis
• Darstellung der rechtlichen Gesamtstruktur des Konzerns mit Informationen zu allen beteiligten Einheiten
B – Jahresabschluss / Zwischenabschluss
• Bilanz / Gewinn – und Verlustrechnung / Kapitalflussrechnung
• o.g. Bestandteile jeweils mit Vergleichszahlen des vorherigen Abschlusses
• Erläuternde Anhangangaben
• Lagebericht des Unternehmens
• Überprüfung der o.g. Bestandteile durch einen unabhängigen Abschlussprüfer
C – Überfällige Verbindlichkeiten
• C1 – Keine überfälligen Verbindlichkeiten aus Transfers gegenüber anderen Klubs
• C2 – Keine überfälligen Verbindlichkeiten gegenüber Arbeitnehmer und Sozialversicherungsinstitutionen bzw. Steuerbehörden
D – Zukunftsbezogene Finanzinformationen
• Plan – Gewinn- und Verlustrechnung / Plan-Kapitalflussrechnung
• o.g. Bestandteile jeweils mit Vergleichszahlen des vorherigen Abschlusses
• Erläuternde Anhangangaben
E – Ereignisse nach dem Bilanzstichtag
• Information / Meldung von Ereignissen mit großer wirtschaftlicher Bedeutung und negativer Auswirkung auf die Ertrags-, Vermögens- und Finanzlage

Abb. 2 Wirtschaftliche Anforderungen des Klublizenzierungsverfahrens. (Quelle: UEFA (2014) Reglement zur Klublizenzierung und zum finanziellen Fairplay, Ausgabe 2012)

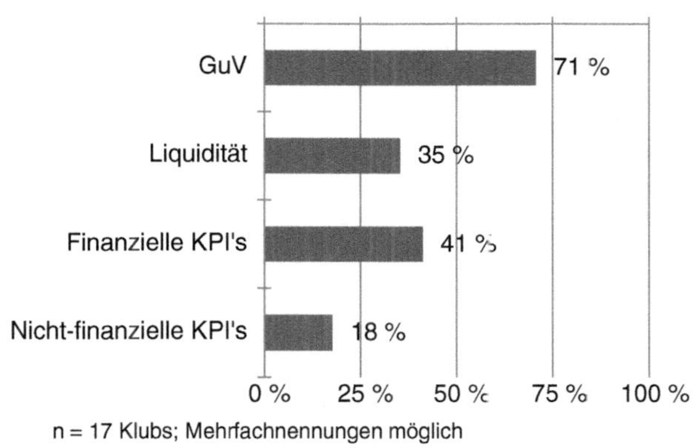

Abb. 3 Periodizität des Reportings in den Fußballbundesligen. (Quelle: Mazurkiewicz et al. 2014)

4.4 Effizienzcontrolling/Kostenrechnung

Als mögliche Grundpfeiler der Effizienzkontrolle stehen Kostenarten-, Kostenstellen- und Kostenträgerrechnungen zwar im Fokus vieler Profiklubs aber zugleich scheint die konsequente und umfängliche Umsetzung nur bedingt verbreitet (vgl. auch Blümlein 2010, S. 189).

Beispielhaft sind folgende Einteilungen denkbar:

- Kostenartenrechnung:
  Kosteneinteilung nach betrieblichen Aufgaben wie Personalkosten, Mietkosten (z. B. Stadion), Materialkosten
- Kostenstellenrechnung:
  Verteilung der (Gemein-)Kosten auf Lizenzspielerabteilung, Marketingabteilung, Mitgliederservice, Verwaltung (allgemein) oder Sportbetrieb
- Kostenträgerrechnung:
  Verteilung auf die Produkte bzw. Leistungen, wie etwa Logen, Sponsoring oder Event

Abb. 4 zeigt auf, dass in den Fußballbundesligen Kostenstellenrechnungen weitreichend etabliert sind, wohingegen etwa Kostenarten- und Kostenträgerrechnungen eher selten auftreten.

Die großen Sportklubs der Fußballliga erweitern die reine Kostenanalyse für Teilbereiche zu Deckungsbeitragsrechnungen. Dabei werden mehrstufig die Gewinnmargen von einzelnen Veranstaltungen oder von Fanartikeln ermittelt.

Es liegen bis dato kaum flächendeckende Erkenntnisse vor, wie weit perfomance-orientierte Formen zur Planung und Kontrolle von Profisportorganisationsprozessen etabliert sind. Verbreitet scheint die Annahme, dass insbesondere der Verwaltungspersonalanteil minimiert, und so das Input-/Outputverhältnis optimiert werden soll. Sofern allerdings Ziele bzw. Outputnormen nicht über alle Organisationsbereiche definiert werden, bleibt das Effizienzcontrolling im Profisport allenfalls oberflächlich und entzieht sich damit einer außenstehenden Bewertung.

Abb. 4 Form der eingesetzten Kostenrechnung in den beiden ersten Fußballligen (Mazurkiewicz et al. 2014)

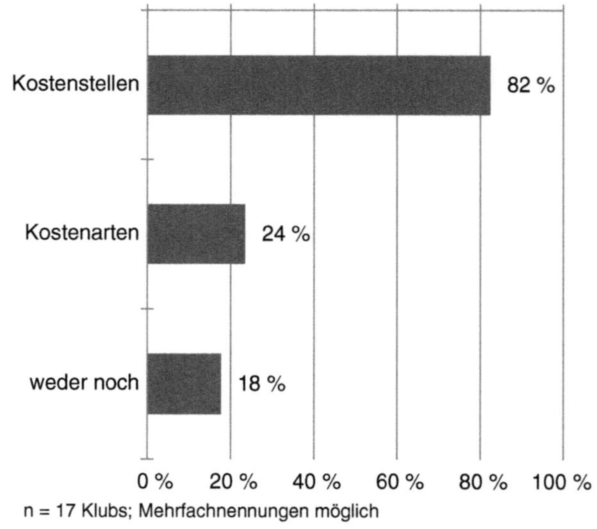

5 Controlling in Sportfachverbänden

5.1 Strategisches Performance Management

Vereine und Fachverbände ordnen, entwickeln und verantworten die einzelnen Sportarten. Sie gestalten das Wettkampfsystem, suchen Talente und fördern Sportlerinnen und Sportler. Fachverbände unterstützen die Vereine, welche letztlich den Sportlern ihre sportliche „Heimat“ geben. Sportvereine wiederum haben sich i. d. R. in Fachverbänden zusammengeschlossen, um ihre Aktivitäten sportartspezifisch zu bündeln und abzustimmen. Diese als Fachverbände bezeichneten Vereine aus Vereinen sind in vielen Sportarten von der regionalen bis zur nationalen Ebene organisiert. Nur in wenigen Sportarten konkurrieren mehrere Fachverbände miteinander. In der Regel verfügen die Fachverbände über eine Monopolstellung. Die nationale monopolistische Struktur („Spitzenverbände“) schlägt sich auch auf der internationalen Ebene nieder.[3]

Die Kernbereiche von Sportfachverbänden können zwar spezielle Aufgaben betreffen, folgende Aufgaben finden sich bei allen Sportverbänden auf nationaler Ebene (vgl. auch Winkler und Karhausen 1985, S. 79):

- allgemeine Förderung der Sportart
- Interessenvertretung der Mitglieder
- Organisation des Spiel- bzw. Sportbetriebes, Durchsetzung internationaler Regeln und Sicherung der Integrität des Wettbewerbs
- Organisation des Spitzensports
- Weitergabe von Finanz- und Sachmitteln, Personal oder Infrastruktur

Da Verbände letztlich organisatorisch und rechtlich Vereine sind, unterscheidet sich deren Controlling prinzipiell nicht Grundsätzen eines Vereinscontrollings. Allerdings verschieben sich Umfang und Fokus. Verbände wie der Deutsche Fußballbund oder der Deutsche Skiverband greifen aufgrund des hohen Publikumsinteresses eher auch Elemente des Controllings des Zuschauersports auf. Zu dieser Gruppe zählen auch die Ligaverbände, die wie z. B. die deutsche Fußballliga (DFL) oder Handballliga (HBL) die jeweiligen Bundesligaklubs zu ihren Mitgliedern zählen. Hingegen nähern sich Fachverbände weniger populärer Sportarten eher dem breitensportlichen Vereinscontrolling an. Die Controlling spezifischen Zielstellungen der Fachverbände leiten sich von deren zentralen Aufgaben ab, können aber weitergehend differenziert werden.

[3]Auf die parallel agierenden, je nach Region bezeichneten „Bünde“ bzw. „Sportverbände“, die übergreifende aber i. d. R. keine sportartspezifischen Aufgaben wahrnehmen, kann an dieser Stelle nur verwiesen werden.

5.2 Planung und Budgetierung

Sowohl die Einnahmen der Verbände als auch die ihrer Mitgliedsvereine schwanken stark. Jenseits von Mitgliedsbeiträgen, Sponsoring oder TV-Vermarktung hat die Förderung durch die öffentlichen Haushalte eine besonders große Bedeutung für viele Organisationen des Sports.

Die Basis für die Finanzierung von Sportfachverbänden fußt wie bei allen Vereinen auf den Beiträgen der Mitglieder,[4] bei publikumsstarken Verbänden auf Sponsorenerlösen sowie auf Zahlungen aus öffentlichen Haushalten.

Dies ermöglicht es den Verbänden stabile Jahresplanungen bis hin zu überjährlichen Planungen im Zeitraum des vierjährigen Olympiazyklus zu tätigen. Der Jahreshaushaltsplan erhält damit eine dominante Funktion.

Exemplarisch für die strukturelle Ordnung der Aufgaben veranschaulicht die Gliederung des Haushalts des Deutschen Turner-Bunds (DTB) die Verbandsarbeit. Der jährliche Haushaltsplan, ist gegliedert in die Bereichshaushalte

- Finanzen, Verwaltung und Personal
- Allgemeines Turnen
- Sportart-Entwicklung
- Olympischer Spitzensport
- Deutsche Turnerjugend

Innerhalb dieser Säulen, werden Budgetplanungen vorgenommen, die ausgabenbezogen die Mittelverwendung unterjährig ordnen.

5.3 Berichtswesen

Der Dominanz der Haushaltsplanungen folgend, gerät das Controlling offenbar regelmäßig zu einer reinen Soll/Ist Kontrolle der untergeordneten Bereiche und Organe. Diese jährlichen Berichte differenzieren die Ein- und Ausgaben der Verbände und dokumentieren so die Geschäftstätigkeiten an interne und externe Anspruchsgruppen (z. B. Finanzbehörden oder öffentliche Geldgeber). Zu den internen Organen zählen vor allem der Vorstand und die Hauptversammlung, welche wiederum die zukünftigen Haushaltspläne genehmigen muss.

Neben der finanzorientierten Berichterstattung bilden die Verbände ihre Leistungsfähigkeit gegenüber den Stakeholdern und auch der interessierten Öffentlichkeit ab. Auf der einen Seite, und i. d. R. sehr umfassend, stehen dabei die vor allem

---

[4]Vor allem der Deutsche Fußballbund entzieht sich dieser Regel und unterscheidet sich damit von vielen Fachverbänden, da er in der Lage ist, seine Mitglieder finanziell zu entlasten. Auf weitere einzelne Ausnahmen (Deutscher Skiverband, Golfverband) kann an dieser Stelle nur hingewiesen werden.

internationalen Erfolge deutscher Sportler im Mittelpunkt sowie die Ausbildung aktueller und möglicher zukünftiger Kaderathleten. Auf der anderen Seite berichten die Verbände z. T. dezidiert über weitere Maßnahmen, wie über das soziale Engagement, die Zahl der organisierten Sportler und Vereine einer Sportart sowie über die Präsenz im TV oder die Zahl der Zuschauer.

Versuche einer effizienzorientierten Mittelvergabe an Sportfachverbände sind seitens des Bayerischen Landessportverbandes sowie des Landessportbundes Niedersachsen zu beobachten. Dagegen bleibt der Versuch, die Vergabe von Bundesmitteln an nationale olympische Sportfachverbände Indikatoren gestützt vorzunehmen, deutlich hinter etablierten Controllingstandards zurück (Thieme 2017).

Sofern Verbände Geschäftstätigkeit an Tochtergesellschaften übertragen haben, berichten diese ihre Finanzflüsse HGB-orientiert im Rahmen einer GuV Rechnung und/oder monatlicher Betriebsabrechnungsbögen. Diese meist als Marketinggesellschaften bezeichneten Töchter üben ihre Tätigkeiten meist im Umfeld des wirtschaftlichen Geschäftsbetriebs der Verbände (nach § 67 a AO) aus. Daher erstrecken sich deren Berichte detaillierter über Einnahmen aus Sponsoring oder Veranstaltungen, notwendige Ausgaben, vor allem für das Personal und zugleich auf die erreichten Leistungen. Diese spiegeln sich als Reichweiten für Sponsoren, Zahl der Zuschauer oder TV-Zuschauerkontakte wider.

5.4 Effizienzcontrolling/Kostenrechnung

Fachverbände vereinen unter ihrem Dach viele Organisationen als Mitglieder, die wiederum durch viele unterschiedliche natürliche Personen vertreten werden. Oftmals erweist sich dabei schon die Zielformulierung als problematisch. Meistens ergeben die vielen unterschiedlichen Interessen ein heterogenes Bild differierender Ziele. Insofern erhält dieses, das Vereinsmanagement ohnehin prägende Muster, bei den Verbänden oftmals eine noch höhere Ausprägung.

Für die Messung der Effizienz oder leistungsorientierten Kostenrechnung bedeutet dies, dass die durch den Haushaltsplan geprägte Steuerung zu einer vorrangigen Kostenkontrolle führt, wohingegen leistungsorientierte Effizienzmessungen kaum beachtet werden.

Dabei verhindert die große Spanne unterschiedlicher Typen von Verbänden Aussagen zum „typischen“ Controlling genauso wie zum „üblichen“ Umfang der Kostenrechnung. An der einen Seite dieser Spanne stehen umsatz- und personalstarke, meist olympische Verbände die einhergehend mit Tochtergesellschaften Kostenstellen definiert haben, die z. T. jeweils eigene Analysen zum In- und Output vornehmen. Veranstaltungen wie deutsche Meisterschaften werden als Kostenträger geplant.

Auf der anderen Seite stehen Verbände mit nur einigen wenigen administrativen Mitarbeitern, die die Arbeit der ehrenamtlichen Leitungen unterstützen und womöglich gar keinen Bedarf haben, den Einsatz von Ressourcen unter kostenrechnerischen Prinzipien zu analysieren.

6 Controlling in öffentlichen Sportverwaltungen

6.1 Strategisches Performance Management

Während das Strategische Performance Management innerhalb des Public Management Ansatzes seit längerer Zeit diskutiert wird (Proeller und Siegel 2009) und auch international bereits einen beachtlichen Niederschlag gefunden hat (Kroll und Küchler-Stahn 2009), steht die Übertragung auf einzelne Verwaltungsteile noch weitgehend aus. Dies gilt insbesondere auch für die Sportverwaltung, für die nach wie vor nur eine deskriptive Beschreibung der in einer Kommune verwendeten strategischen und operativen Controllinginstrumente vorliegt (Schäfer 2010).

Zentrale Dokumente, an denen die Leistungsfähigkeit der Sportverwaltung zu messen wäre, sind neben den jeweiligen Haushaltsplänen, Sportentwicklungspläne sowie Sportförderrichtlinien. Zudem eröffnet das in den letzten zehn Jahren erprobte und sich im praktischen Vollzug entwickelnde Neue Kommunale Finanzmanagement (NKF) mit seinem Drei-Komponenten-System aus Bilanz, Ergebnisrechnung und Finanzrechnung auch der Sportverwaltung neue Handlungsspielräume (Fudalla et al. 2011). Die nach den Richtlinien des NKF aufgestellten kommunalen Haushaltpläne enthalten jedoch als Ziele der sportbezogenen Produktbereiche sehr häufig Formulierungen, die kaum operationalisier- und schwer messbar sind. Zudem wirken auf die genannten Ziele multiple Einflussfaktoren, von denen nur sehr wenige von der Sportverwaltung aktiv und direkt beeinflussbar sind. Sind kommunale Sportentwicklungspläne vorhanden, fehlt diesen in vielen Fällen die Verbindung zur Stadtentwicklungs- und mittelfristigen Finanzplanung (Thieme 2014). Die in expliziten oder impliziten Planungen als wünschenswert definierten Niveaus der Versorgung der Bevölkerung mit Sportstätten und Sportangeboten lassen sich durch die Sportverwaltung selbst oder durch Dritte verwirklichen. Um das gewünschte Versorgungsniveau mit Hilfe Dritter zu gewährleisten, stellen Sportförderrichtlinien ein zentrales Steuerungsinstrument der kommunalen Sportverwaltung für Leistungsanbieter auf dem Territorium der jeweiligen Kommune dar. Derzeit beschränkt sich der Empfängerkreis auf gemeinnützige Sportvereine und ggf. Sportverbände mit analogem Wirkungskreis zu den politischen Grenzen der Geberkommune. Die Steuerungswirkung von Sportförderrichtlinien leidet gegenwärtig unter der begrenzten Höhe der bereitstehenden Fördermittel, an den größtenteils an quantitativen Merkmalen (z. B. Anzahl von Mitgliedern) orientierten Förderkategorien sowie an fehlenden Kontrollressourcen bei den Sportverwaltungen. Eine wirkungskennzahlenbasierte Vergabe von Sportfördermitteln bleibt auf kommunaler Ebene ebenso wie auf Länder- und Bundesebene ein Desiderat ohne erkennbare Anstrengungen, den Anschluss an Unternehmensstandards herzustellen.

6.2 Planung und Budgetierung

Planung und Budgetierung stellen die zentralen Controllingelemente öffentlicher Sportverwaltungen dar. Einerseits wird die Sportverwaltung selber über ein Budget geführt, andererseits bilden Budgets die zentralen Eckpfeiler kommunalen Handelns im Sport. Auf kommunaler Ebene sind Ausgaben für die Betreibung kommunaler Sportstätten (Schulsporthallen, Sportplätze, Frei- und Hallenbäder, Eishallen, Bolzplätze, Skateranlagen usw.), für die Sportförderung entsprechend den gültigen Sportförderrichtlinien, für eigene Sportangeboten (z. B. Schwimmkurse, eigenorganisierte Sportveranstaltungen) sowie für Serviceleistungen (z. B. Beratung der Bevölkerung, Koordination der Sportstättenbelegung, Repräsentation der Stadt gegenüber den Akteuren im Sport) aufzubringen. Die jeweiligen Budgets werden zumeist amtsintern zugeteilt und überwacht. Auf Landes- und Bundesebene werden Budgets für verschiedene Elemente der Sportförderung bereitgestellt. Hinzu kommen repräsentative Aufgaben.

Die Planung erfolgt zunächst in einem Bottom-up-Prozess, der die Budgetwünsche auf unterschiedlichen Ebenen zusammenführt und an die Leistungsfähigkeit der jeweiligen Gebietskörperschaft top down anpasst. Kurzfristige Budgetveränderungen sind sowohl durch Umverteilungen innerhalb der Sportverwaltung als auch durch externe Eingriffe, beispielsweise durch den Kämmerer bzw. den Finanzminister möglich und zumindest auf kommunaler Ebene nicht selten. Zudem wirken sportbezogene politische Beschlüsse budgetverändernd.

Insgesamt scheinen Budgets in der Sportverwaltung vor allem eine Planungs- und Orientierungsfunktion zuzukommen. Nur in wenigen Fällen wird die Höhe von Budgets an welche Art von Wirkungskennzahlen auch immer gebunden. Gründe hierfür sind neben fehlenden oder wenig spezifizierten Leistungsparametern aber auch die Dominanz von Fixkosten im Bereich der Betreibung von Sportstätten. Fällt das bereitgestellte Budget unter ein Minimum, ist eine weitere Senkung nur durch die Verschiebung von Investitionen oder die Aufgabe der Sportstätte möglich.

6.3 Berichtswesen

Sportverwaltungen sind in der Regel einer Berichtspflicht an ihre übergeordnete Verwaltungseinheit (z. B. Dezernat) und an das fachlich verantwortliche politische Gremium (z. B. kommunaler Sportausschuss; Sportausschüsse der Bundesländer und des Bundes) unterworfen. Umfang, Qualität und Periodizität des Berichtswesens schwanken dabei sehr stark. Die Bundesregierung veröffentlicht alle vier Jahre einen Sportbericht. Auf kommunaler Ebene bilden Berichte zur Entwicklung der Mitgliederzahlen in Sportvereinen sowie die Haushaltsrechnung den Kern des Berichtswesens.

Im Rahmen der Eröffnungsbilanzen beim Übergang auf das Neue Kommunale Finanzmanagement wurden auch alle Sportstätten in kommunalem Besitz bewertet. Diese Bewertungen hielten jedoch in einigen Fällen einer weiteren Prüfung nicht stand, so dass eine Anpassung der Abschreibungen vorgenommen werden musste. Trotz Eröffnungsbilanzen ist es nur wenigen Kommunen gelungen, den tatsächlichen Zustand ihrer Sportstätten zu erfassen. Gerade in größeren Kommunen fehlt ein Sportstättenkataster oder beinhaltet veraltete Daten. Auf Bundesebene erfolgte die letzte systematische Erfassung der Sportstätten im Rahmen der Sportstättenstatistik der Länder, die im Jahre 2002 veröffentlich wurde. Jüngere Zahlen basieren auf volkswirtschaftlichen Modellen (an der Heiden et al. 2012).

6.4 Effizienzcontrolling/Kostenrechnung

Ein wirksames Effizienzcontrolling findet mangels operationalisierten Bewertungsmaßstäben nur in Ausnahmefällen statt. Dagegen hat die Einführung des Neuen Kommunalen Finanzmanagements die Grundlagen für eine Kostenrechnung deutlich verbessert. Gerade bei den kommunalen Bädern dürfte mittlerweile die Qualität kommunaler Kostenrechnungen deren privater Betreiber in nichts mehr nachstehen. Dabei helfen auch Benchmarkverfahren, die beispielsweise über Fachverbände wie die Deutsche Gesellschaft für das Badewesen e. V. initiiert werden.

Im Zuge allgemeiner Transparenzvorschriften, einer strikteren Haushaltskontrolle, der Mitwirkung von Bürgerinitiativen und Bürgerbeteiligungsverfahren häufiger Effizienzbetrachtungen bei Sanierungsvorhaben nachgefragt werden, erhöht sich der Druck auf die Sportverwaltungen die technischen Voraussetzungen für eine Kostenrechnung zu schaffen. Dies fällt bei Sportstätten an singulären Standorten leichter als bei Sportstätten, die wie Schulturnhallen eng mit der Infrastruktur anderer Gebäude verbunden sind.

Derzeit weitgehend ohne Rückgriff auf eine Kostenrechnung erfolgt die verwaltungstechnische Abgabe von Sportfördermitteln. Dabei unterscheidet sich der Verwaltungsaufwand für Zuwendungen geringer Beträge nur unwesentlich von der gleichen Anzahl an Zuwendungen größerer Beträge. Die Relation zwischen Verwaltungskosten und ausgereichtem Budget als Wirkungskennzahl dürfte angesichts von Fördersummen, die häufig im dreistelligen Bereich liegen, deutliche Effizienzpotenziale aufweisen.

Literatur

Akerlof, G. A. (1976). The economics of caste and the rat race and other woeful tales. *Quarterly Journal of Economics, 90*(4), 599–617.

Blümlein, C. (2010). Controlling in zuschauerorientierten Vereinen und Kapitalgesellschaften. In M. Graumann & L. Thieme (Hrsg.), *Controlling im Sport* (S. 179–194). Berlin: Schmidt.

Breuer, C. (2011). *Sportentwicklungsbericht 2009/2010 – Analyse zur Situation der Sportvereine in Deutschland*. Köln: Strauß.

Büch, M.-P. (1985). Marktwirtschaft und Sport. *Olympische Jugend, 30*(11), 8–9.

Bundesministerium für Wirtschaft und Energie. (2018). *Sportwirtschaft*. Berlin: BMWi.

Dexheimer, M. J., & Lechner, C. (2019). Ökosystem-basierte Wettbewerbsstrategien. *Die Unternehmung, 73*(4), 308–321.

Franck, E., & Müller, C. J. (2000). Problemstruktur, Eskalationsvoraussetzungen und eskalationsfördernde Bedingungen sogenannter Rattenrennen. *Schmalenbachs Zeitschrift für betriebswirtschaftliche Forschung, 52*(1), 3–25.

Fudalla, M., Tölle, M., Wöste, C., & Zur Mühlen, M. (2011). *Bilanzierung und Jahresabschluss in der Kommunalverwaltung*. Berlin: Schmidt.

Graumann, M., & Thieme, L. (2010). Controlling im Sport? Theoretische Grundlagen. In M. Graumann & L. Thieme (Hrsg.), *Controlling im Sport* (S. 21–174). Berlin: Schmidt.

Graumann, M., Thieme, L., & Mazurkiewicz, D. (2007). Entwicklung eines Kennzahlensystems für breitensportorientierte Großsportvereine. In H.-D. Horch, C. Breuer, G. Hovemann, S. Kaiser & V. Römisch (Hrsg.), *Qualitätsmanagement im Sport* (S. 95–106). Köln: Inst. für Sportökonomie und Sportmanagement.

Haas, O. (2002). *Controlling der Fußballunternehmen*. Berlin: Schmidt.

Hacheney, B. (2003). Anwendungsmöglichkeiten der Balanced Scorecard bei Organisationen des Profi-Sports – dargestellt am Beispiel des FC Schalke 04. In W. Berens & C. Brast (Hrsg.), *Profifußball und Ökonomie* (S. 159–176). Hamburg: Kovac.
Heiden, I. an der., Meyrahn, F., Huber, S., Ahlert, G., Kokot, A., & Preuß, H. (2012). *Die wirtschaftliche Bedeutung des Sportstättenbaus und ihr Anteil an einem zukünftigen Sportsatelliten konto*. Berlin: Bundesministerium für Wirtschaft und Technologie.
Heinemann, K. (1987). Besonderheiten einer Betriebswirtschaftslehre des Vereins. In K. Heinemann (Hrsg.), *Betriebswirtschaftliche Grundlagen des Sportvereins* (S. 10–39). Schorndorf: Hofmann.
Heubeck, T. (2006). *Product and labor markets in professional team sports – Regulation and consequences*. Berlin: Logos.
Horch, H.-D. (1994). Besonderheiten einer Sport-Ökonomie. Ein neuer bedeutender Zweig der Freizeitökonomie. *Freizeitpädagogik, 16*(3), 243–257.
Hovemann, G., & Thieme, L. (2016). Zur Effizienz institutioneller Arrangements des Freizeit- und Breitensports. In C. Deutscher, G. Hovemann, T. Pawlowski & L. Thieme (Hrsg.), *Handbuch Sportökonomik* (S. 299–312). Schorndorf: Hofmann.
Kaplan, R. S., & Norton, D. P. (1997). *Balanced Scorecard*. Stuttgart: Schäffer-Poeschel.
Keller, C. (2007). Der Einfluss des Controllings auf die Steuerungsqualität von Profisport-Organisationen – Eine empirisch-theoretische Analyse am Beispiel des deutschen Profifußballs. In H.-D. Horch, C. Breuer, G. Hovemann, S. Kaiser & V. Römisch (Hrsg.), *Qualitätsmanagement im Sport* (S. 155–168). Köln: Institut für Sportökonomie und Sportmanagement.
Kiel, A. (2010). Controlling in breitensportorientierten Vereinen. In M. Graumann & L. Thieme (Hrsg.), *Controlling im sport* (S. 237–261). Berlin: Schmidt.
Kroll, A., & Küchler-Stahn, N. (2009). Performance Management in der öffentlichen Verwaltung. Zwischen Idealismus und Pragmatismus – Ein erweiterter Literaturbericht. *Der moderne Staat, 2*(2), 475–490.
Leitterstorf, M., & Kammerlander, N. (2020). Warum Controlling in Familienunternehmen anders ist. *Controlling & Management, 64*(1), 8–15.
Mazurkiewicz, D., Jahnke, A., & Kremer, J. (2014). Controlling in der Fußball-Bundesliga. In L. Thieme (Hrsg.), *Spezielle Aspekte des Sportmanagements. Zur Sportartikelindustrie, dem Controlling in Sportclubs und Angebotsaspekten in Sportvereinen* (S. 65–86). Berlin: epubli.
Nalebuff, B. J., & Brandenburger, A. M. (1996). *Co-opetition*. New York: Currency Doubleday.
Pawlowski, T., & Breuer, C. (2012). *Die finanzpolitische Bedeutung des Sports in Deutschland*. Wiesbaden: Springer.
Porter, M. E. (1999). *Wettbewerbsstrategie – Methoden zur Analyse von Branchen und Konkurrenten*. Frankfurt: Campus.
Pöttinger, P. (1986). Die Sportökonomie und das ökonomisch orientierte Sportmodell. *Leibesübung-Leibeserziehung, 4*(40), 98–102.
Proeller, I., & Siegel, J. P. (2009). Performance Management in der deutschen Verwaltung – Eine explorative Einschätzung. *Der moderne Staat, 2*(2), 455–474.
Schäfer, T. (2010). Controlling in öffentlichen Sportverwaltungen. In M. Graumann & L. Thieme (Hrsg.), *Controlling im Sport* (S. 293–308). Berlin: Schmidt.
Thieme, L. (2011). *Zur Konstitution des Sportmanagements als Betriebswirtschaftslehre des Sports? Entwicklung eines Forschungsprogramms*. Berlin: epubli.
Thieme, L. (2012). Effizienzverzicht durch Ehrenamt – Ist die Absorption von Hauptamtlichkeit in Sportvereinen funktional? *Sport und Gesellschaft, 9*(2), 161–192.
Thieme, L. (2014). Mikro- und Makroökonomische Theorien der Sportentwicklungsplanung. In A. Rütten, S. Nagel & R. Kähler (Hrsg.), *Handbuch Sportentwicklungsplanung* (S. 55–62). Schorndorf: Hofmann.
Thieme, L. (2017). Zielsicher verteilen. Anmerkungen zum Konzept der neuen potenzialorientierten Fördersystematik für den deutschen Spitzensport. *German Journal of Exercise and Sport Research, 47*(3), 264–273.
Thieme, L., & Lammert, J. (2013). Regulation und regulatorisches Ausmaß zur Sicherung von Wettbewerbsintegrität – Eine gütertheoretische Perspektive auf sportliche Positionswettbewerbe. *Schmollers Jahrbuch, 144*(1), 563–594.

UEFA. (2014). *UEFA-Reglement zur Klublizenzierung und zum finanziellen Fairplay, Ausgabe 2012*. http://de.uefa.org/MultimediaFiles/Download/Tech/uefaorg/General/01/80/54/12/1805412_DOWNLOAD.pdf. Zugegriffen am 01.04.2014.

Viemann, K., Filbrich, B., & Tietje, C. (2005). Controlling in der Fußballbranche – Eine empirische Untersuchung zum Implementierungsstand des Controllings in den drei höchsten deutschen Fußballligen. *Sport und Gesellschaft, 2*(3), 296–278.

Wadsack, R. (2014). *VIBBS Finanzplanung*. http://www.vibss.de/finanzen/finanzplanung/. Zugegriffen am 14.05.2014.

Wadsack, R., & Liennig, H. (2001). *Finanz-Check für Vereine. Geldquellen und Fördermittel, Steuern und Finanzen, Ehrenamt und Vergütung, Finanzplanung und -kontrolle*. Wien/Frankfurt: Ueberreuter.

Willimczik, K. (2008). Der Sportbegriff – zwischen Analytik und Ideologie. *Sportwissenschaft, 38*(1), 89–97.

Winkler, J., & Karhausen, R.-R. (1985). *Verbände im Sport*. Schorndorf: Hofmann.

Controlling in Klöstern

Birgit Feldbauer-Durstmüller und Karin Niederwimmer

Zusammenfassung

Controllingsystem und Klöster scheinen auf den ersten Blick nichts gemein zu haben. Bei näherer Betrachtung ergibt sich durchaus ein anderes Bild. Besonders die Gemeinschaften der Benediktiner zeichnen sich durch den Anspruch an wirtschaftliche Selbstständigkeit zur Sicherung ihrer Unabhängigkeit aus. Handwerkliche Arbeit wurde von Benedikt von Nursia sogar als Mittel zur Herstellung einer inneren Balance befürwortet. Allerdings stellt die Belastung durch komplexe wirtschaftliche Umweltbedingungen, sinkende Renditen, Nachwuchsprobleme und Überalterung die Führung der Klöster heute vor große Herausforderungen. Die Einführung eines Controllingsystems als Instrument der Managementunterstützung erscheint naheliegend. Damit einhergehende Veränderungsprozesse können zu Widerständen führen und sind entsprechend sorgfältig vorzubereiten. In diesem Artikel soll auf die besonderen Rahmenbedingungen benediktinischer Gemeinschaften eingegangen und daraus Handlungsempfehlungen für die Gestaltung eines Controllingsystems im Kloster abgeleitet werden.

Schlüsselwörter

Kloster · Benediktiner · Gestaltung Controlling · Benediktregel · Widerstand

1 Einleitung

Die Begriffe „Controlling" und „Kloster" scheinen auf den ersten Blick keine Anknüpfungspunkte aufzuweisen. Bei genauerer Betrachtung der Strukturen und Aktivitäten der Klöster wird erkennbar, welche Bedeutung wirtschaftlichem Denken und Handeln in dieser Organisationsform zukommt (Feldbauer-Durstmüller et al.

B. Feldbauer-Durstmüller (✉) · K. Niederwimmer
Johannes Kepler Universität, Institut für Controlling & Consulting, Linz, Österreich
E-Mail: birgit.feldbauer@jku.at; karin.niederwimmer@jku.at

W. Becker, P. Ulrich (Hrsg.), *Handbuch Controlling*,
https://doi.org/10.1007/978-3-658-26431-4_56

2019, S. 35 ff.). Eine Verbindung zum Controlling als System zur Steuerung dieser Aktivitäten ist damit naheliegend (Feldbauer-Durstmüller et al. 2013, S. 578).

In diesem Beitrag wird dies insbesondere am Beispiel der Männergemeinschaften der Benediktiner analysiert. Benedikt von Nursia (gest. 547), der mit seiner Benediktregel (RB) die bis heute gültige Grundlage für das klösterliche Leben dieser Gemeinschaften geschaffen hat, verlangte von seinen Mönchen, sich von der Arbeit der eigenen Hände zu ernähren (Casey 2010, S. 243), um sich mit der damit gesicherten wirtschaftlichen Unabhängigkeit auch eine innere Unabhängigkeit von Verwandten und Wohltätern zu bewahren (Grün 1979, S. 160). Die tägliche Arbeit sollte dem Mönch zu einem Gleichgewicht zwischen innerer Zurückgezogenheit und nach außen gerichtetem Tun verhelfen.

Die Existenzsicherung mit Hilfe der „eigenen Hände Arbeit" unterliegt heute allerdings anderen Rahmenbedingungen als zu Zeiten Benedikts. So belasten sinkende Renditen in den zum Teil stark diversifizierten Wirtschaftsbereichen, Nachwuchsprobleme, Überalterung der Konventmitglieder und wartungsintensive, große Gebäudekomplexe die Finanzen der Klöster zusehends. Das zeigen auch Beispiele verschiedener anderer Gemeinschaften, die bereits mit bedrohlichen finanziellen Problemen konfrontiert wurden wie das Augustiner-Chorherren-Stift Reichersberg (Oberösterreichische Nachrichten 10.11. 2012), das Zisterzienserstift Schlierbach (Oberösterreichische Nachrichten 13.02. 2013) oder das Zisterzienserkloster Himmerod in der Eifel (Fittkau 2011).

Der daraus entstehende Anspruch an die Führungsgremien der Klöster, sich umfassender mit finanzwirtschaftlichen Themenstellungen und strategischen Veränderungsprozessen auseinanderzusetzen, kann zu Widerständen bei internen und externen Stakeholdern führen. Die seit Jahrhunderten gewachsenen und festgefahrenen Organisationsstrukturen machen Restrukturierungsmaßnahmen schwierig. Zusätzlich können Denkweisen und Erwartungshaltungen sowie Ressourcenprobleme blockierend wirken (del Val und Fuentes 2003, S. 148).

Wird die Einführung bzw. der Ausbau eines Controllingsystems zur Unterstützung des Kloster-Managements überlegt, ist eine Auseinandersetzung mit den Traditionen und Werten dieser Organisation zu empfehlen. So hängt der Erfolg des Controllingsystems maßgeblich davon ab, inwiefern auf die besonderen personellen, strukturellen und wirtschaftlichen Rahmenbedingungen, die sich über die Jahrhunderte entwickelt haben, Rücksicht genommen wird.

Ziel des vorliegenden Artikels ist es, jene Rahmenbedingungen darzustellen, die eine hohe Relevanz für ein funktionierendes Controllingsystem im Kloster haben. Daraus sollen in einem weiteren Schritt Handlungsempfehlungen für die Gestaltung eines derartigen Systems abgeleitet werden. In diesem Zusammenhang stellen sich folgende Forschungsfragen:

Welche besonderen Rahmenbedingungen sind bei der Gestaltung eines Controllingsystems im Kloster zu berücksichtigen?

Welche Handlungsempfehlungen können daraus für die Gestaltung eines Controllingsystems in dieser Organisationsform abgeleitet werden?

2 Controlling in Klöstern

2.1 Benediktinerklöster

2.1.1 Entwicklung benediktinischer Klöster

Benedikt von Nursia wurde um 480/90 als Sohn einer wohlhabenden Familie geboren, studierte im nahen Rom und beschloss später in der Einsamkeit der Berge bei Subiaco weiterzuleben.

Nach drei Jahren eremitischen Daseins stand er einer klösterlichen Gemeinschaft vor, die er auf zwölf kleine Klöster unter seiner Leitung verteilte. Um 529 gründete er eine Gemeinschaft auf einem Berg über Casinum, dem heutigen Kloster Monte Cassino, wo er um 540 seine RB verfasste (Dartmann 2018, S. 22 f.). Unser heutiges Wissen über Benedikt von Nursia geht auf Papst Gregor den Großen und sein zweites Buch der Dialoge zurück, das sich ausschließlich mit dem Leben des Benedikt befasst (Gregor der Große 1995).

Das Wort „Regula" bezeichnet die schriftlich festgehaltene Ordnung, die das monastische Leben in einem Kloster reguliert. Benedikts „Regula" ist eine konkrete Ordnung, die sich während seiner Zeit als Abt in der Abtei Montecassino herausgebildet hat. Sie ist verbindlich für alle Gemeinschaftsmitglieder unabhängig von der hierarchischen Position und gilt als konstitutiv und normativ für das gemeinsame Leben. In den 73 Regeln ist festgelegt, „wie gebetet, gearbeitet, gehorcht und miteinander gelebt werden soll" (Salzburger Äbtekonferenz 2006, S. 27).

Beginnend mit dem 6. Jahrhundert wurde die RB nicht nur von neu gegründeten, sondern auch von vielen bestehenden Klostergemeinschaften übernommen. Kaiser Karl der Große erkannte sehr bald ihren Nutzen als politisches Instrument und ließ sie in einem Großteil der Klöster seines Reiches als verpflichtende Regel einführen. Auch heute noch berufen sich sogar nicht benediktinische Klostergemeinschaften, Anglikaner und Reformierte auf die RB, die nach 1500 Jahren nichts an Aktualität eingebüßt hat (Foundation Benedict o. J.).

Prinzipiell sind benediktinische Klöster autonom organisiert, schließen sich aber seit ungefähr 700 Jahren als freiwillige Kongregationen zusammen. Der jeweiligen Kongregation steht ein gewählter Abtpräses für eine begrenzte Amtszeit vor. 1893 entstand auf Wunsch des Papstes Leo XIII. eine alle Kongregationen umfassende Confoederatio Benedictina, deren Repräsentant der Abtprimas mit Sitz in Rom ist.

Weltweit zählen in etwa 16.000 weibliche und 7000 männliche Mitglieder in rund 800 Klöstern zur Ordensgemeinschaft der Benediktiner (Foundation Benedict o. J.). Empirische Untersuchungen von Inauen und Frey (Inauen und Frey 2008, S. 267) sowie Feldbauer-Durstmüller/Sandberger/Neulinger (Feldbauer-Durstmüller et al. 2012, S. 83 ff.) zeigen, dass ein Kloster im deutschsprachigen Raum durchschnittlich 600 Jahre alt wird.

Bezeichnend für die Kultur benediktinischer Klöster ist deren Verwurzelung in der unmittelbaren Umgebung und das Engagement für Bedürftige und Notleidende (Foundation Benedict o. J.). Die wirtschaftliche Basis dafür sowie für alle pastoralen, spirituellen und kulturellen Aktivitäten bilden Betriebe der land- und forstwirtschaftlichen Urproduktion, Verarbeitungs- und Veredelungsbetriebe sowie gewerbliche Einnahmequellen aus Tourismus, Handwerk und Dienstleistung (Andeßner 1999, S. 44).

2.1.2 Organisation der Klostergemeinschaften

Die Satzungen der Benediktinerkongregationen stellen die verbindliche Auslegung der RB dar. Sie bestehen aus Konstitutionen, die vom Apostolischen Stuhl zu genehmigen sind und nur mit seiner Zustimmung geändert werden können sowie aus anderen Normen des Eigenrechts der Kongregation (Satzungen der österreichischen Benediktinerkongregation 2006, S. 13).

Interne Beratungs- und Entscheidungsorgane

Abt und Prior (Vertreter des Abtes) leiten als vom Kapitel gewählte Organe eine selbstständige Klostergemeinschaft. Das Kapitel entspricht der Gesamtheit der Mönche mit ewiger Profess (mit abgelegtem Ordensgelübde). Entscheidungen wie die Bestätigung des jährlichen Haushaltsplans oder über wichtige Rechtsgeschäfte werden mittels Abstimmung im Kapitel gefällt (Österreichische Benediktinerkongregation 2006, Satzung Nr. 178). Besondere Themenstellungen wie z. B. Personalangelegenheiten und spezielle Wirtschaftsfragen sind der Behandlung im Seniorenrat und Wirtschaftsrat vorbehalten, deren Mitglieder, wie in Abb. 1 ersichtlich, jeweils zur Hälfte vom Kapitel gewählt und zur Hälfte vom Abt ernannt werden.

Die Ernennung von Mönchen für bestimmte Leitungspositionen im Kloster ist laut RB ausdrücklich dem Abt vorbehalten. Sie bestimmt zum Teil sehr detailliert wie sich der Abt und seine Brüder zueinander zu verhalten haben und welche Ordnungsprinzipien anzuwenden sind. So darf der Abt beispielsweise „nur lehren oder bestimmen und befehlen, was der Weisung des Herrn entspricht" (Salzburger Äbtekonferenz 2006, RB 2,4) sowie „über das Heil der ihm Anvertrauten nicht hinwegsehen oder es gering schätzen und sich größere Sorge machen um vergängliche, irdische und hinfällige Dinge" (Salzburger Äbtekonferenz 2006, RB 2,4 und 2,33).

Eine besondere Funktion nimmt der Cellerar, der Wirtschafter des Klosters, ein. Seine Position kann mit der eines Finanzmanagers eines weltlichen Unternehmens

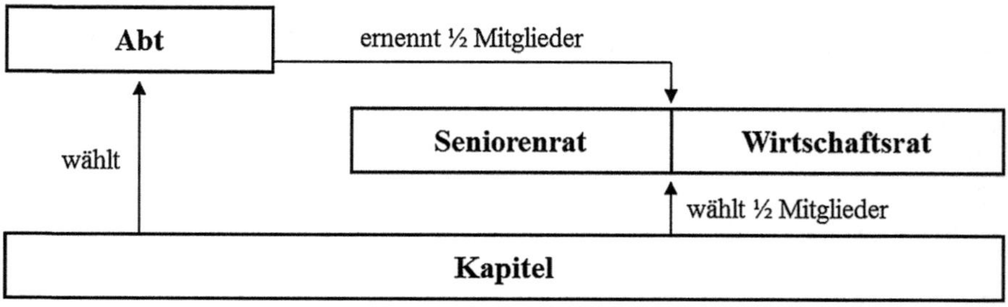

Abb. 1 Beratende und beschließende Gremien eines Klosters. (Quelle: Feldbauer-Durstmüller et al. 2013, S. 580)

verglichen werden (Hiebl und Feldbauer-Durstmüller 2014, S. 51 ff.). Der Cellerar wird vom Abt ernannt und trägt häufig die Verantwortung für die Haushaltsführung, Gebäude und Anlagen (Tredget 2002, S. 224). Dabei übernimmt er sowohl Aufgaben der Administration, des Rechnungswesens, der Personalabteilung als auch der Betriebsführung.

Der Handlungsrahmen des Cellerars wäre laut RB äußerst eng gefasst: „Ohne Weisung des Abtes tue er nichts; an seine Aufträge halte er sich“ (Salzburger Äbtekonferenz 2006, RB 31,4–5). Die tatsächliche Ausgestaltung der Aufgaben kann allerdings je nach Einstellung des Abtes zur Rolle des Cellerars variieren (Hiebl und Feldbauer-Durstmüller 2014, S. 63) und wird in der modernen Klosterpraxis in Abhängigkeit zur Organisationsgröße in einem wesentlich breiteren Rahmen gelebt (Jaschke 2010, S. 82). In der RB selbst finden sich vornehmlich Vorgaben zur Persönlichkeit sowie zum Verhalten des Cellerars gegenüber dem Abt, seinen Mitbrüdern und klosterfremden Personen. So sollte der Cellerar u. a. „weise, reifen Charakters und nüchtern“ sein, „nicht maßlos im Essen, nicht überheblich, nicht stürmisch, nicht verletzend, nicht umständlich und nicht verschwenderisch“ (Salzburger Äbtekonferenz 2006, RB 31,1).

Externe Beratungs- und Kontrollorgane

Seit dem Mittelalter sind unter dem Gesichtspunkt des gemeinsamen Verfolgens von Zielen und des Austauschs aktueller Fragestellungen rund 20 übergeordnete Bündnisse, sogenannte Kongregationen entstanden (Feldbauer-Durstmüller et al. 2012, S. 86).

Vorsitzender einer Kongregation ist der Abtpräses, der meist für sechs Jahre vom Generalkapitel (Gesamtheit der Äbte der zugehörigen Klöster) gewählt wird. Er führt den Vorsitz im Generalkapitel und ist für Visitationen und die Leitung von Abtwahlen der zugehörigen Klöster verantwortlich. Im Einzelnen können Amtsdauer und Kompetenzen des Abtpräses in Abhängigkeit der unterschiedlichen Satzungen der Kongregationen etwas voneinander abweichen.

Die Benediktinische Konföderation ist die darüber hinausgehende Vereinigung aller Kongregationen, Föderationen und Klöster weltweit (Feldbauer-Durstmüller et al. 2012, S. 86).

2.2 Theorien zur Erklärung der Besonderheiten von Klöstern

Bei der Betrachtung der Führungsstrukturen in den Klöstern können folgende Theorien helfen, die Besonderheiten in diesen Organisationsformen zu erklären.

In der Prinzipal-Agenten-Theorie, die von Interaktionen eines Auftraggebers (Prinzipal) und eines Auftragnehmers (Agent) ausgeht (Eisenhardt 1989, S. 57–74) wird angenommen, dass zwischen den beiden Interessenskonflikte bestehen. Agent und Prinzipal streben nach individueller Nutzenmaximierung und verfolgen damit unter Umständen opportunistische Ziele. Weiters geht die Prinzipal-Agenten-Theorie von der Annahme aus, dass der Agent Informationsvorsprünge gegenüber dem Prinzipal in Bezug auf die von ihm zu treffenden Entscheidungen besitzt. Letztere können sich positiv oder negativ auf den Nutzen des Prinzipals auswirken. Dieser wiederum begegnet der Situation mit Versuchen das Verhalten des Agenten zu beeinflussen und mögliche Risiken zwischen sich und dem Agenten aufzuteilen (Schaefer und Lange 2004, S. 116).

Der Beitrag des Controllingsystems zur Lösung der genannten Prinzipal-Agenten-Probleme besteht darin, die Einrichtung eines Planungs-, Kontroll- und Berichtssystems zu unterstützen um Informationsunterschiede auszugleichen sowie bei der Implementierung von Anreizsystemen mitzuwirken, die den Agenten zu einem zielkonformen, mit den Interessen des Prinzipals abgestimmten Verhalten, bewegen (Schaefer und Lange 2004, S. 117).

Prinzipal-Agenten-Beziehungen lassen sich auch in den Führungsstrukturen von Klöstern finden,wie beispielsweise jene des Abtes zu weltlichen Mitarbeitern oder zu internen Entscheidungsgremien wie dem Kapitel oder dem Seniorenrat (Österreichische Benediktinerkongregation 2006, Satzungen Nr. 167–237). Je nach Situation kann auch der Abt die Rolle des Agenten übernehmen, wenn er im Auftrag der Klostergemeinschaft aktiv wird, gegenüber Dachorganisationen der Ordensgemeinschaft (Kongregation, Konföderation) oder Leitungsorganen der Kirche auftritt (Österreichische Superiorenkonferenz, Salzburger Äbtekonferenz).

Klassische Lösungsvorschläge der Prinzipal-Agenten-Theorie sind in der RB sowie in den Satzungen in Form von Entscheidungs- und Kontrollmechanismen, Verantwortlichkeiten, Berichtspflichten, Sanktionen usw. umgesetzt. Können die Genehmigungs- und Berichtsprozesse aufgrund von Personalmangel ihre Kontrollwirkung nicht hinreichend entfalten, greifen gerade in Klöstern Mechanismen, die durch Loyalität und gegenseitiges Vertrauen bestimmt sind. Hier sind es informelle Strukturen, die auf Traditionen und Konventionen beruhen (Feldbauer-Durstmüller et al. 2013, S. 583). Die starke Bindung an das Kloster und seine Zielsetzungen begleitet von intrinsischer Motivation ist kennzeichnend. Dies würde eher auf Bedingungen, die im Rahmen der Stewardship-Theorie dargestellt sind, hinweisen (Davis et al. 1997, S. 20–47).

Der Steward betrachtet im Gegenzug zum Agenten partnerschaftliches und kooperatives Verhalten nützlicher als das Streben nach dem persönlichen Vorteil. Der Anspruch auf Selbstkontrolle und Selbstverantwortlichkeit tritt in den Vordergrund. Auch hier bedarf es Informationen sowie Klarheit betreffend strategischer Zielsetzungen. Dabei geht es nicht darum die Mitarbeiter zu kontrollieren, sondern die Handlungs-, Entscheidungsfähigkeit sowie die notwendige intrinsische Motivation der Stewards zu gewährleisten (Velte 2010, S. 285–286; Hernandez 2007, S. 122).

Eine weitere Theorie zur Erklärung der Spezifika in benediktinischen Klöstern stellt der Stakeholder-Ansatz dar. Demnach können Organisationen nur dann langfristig erfolgreich sein, wenn sie die Bedürfnisse der zentralen Interessensgruppen (Stakeholder) erfüllen. Carroll und Buchholz definieren Stakeholder als „any individual or group who can affect or is affected by the actions, decisions, policies, practices or goals of the organisation“ (Caroll und Buchholz 2009, S. 84). Diese können auf Grund der regionalen Verankerung und der vielschichtigen Tätigkeitsbereiche eines Klosters sehr heterogen sein. So unterscheiden Payer-Langthaler/ Feldbauer-Durstmüller (2013, S. 105) am Beispiel eines Stifts nach klosterinternen Stakeholdern (Mönche, Mitarbeiter) und klosterexternen Stakeholdern (Leistungsempfänger und weiteres Umfeld).

2.3 Controllingsystem

Der in Abschnitt 2 beschriebene Theorierahmen unterstreicht die Bedeutung der Informationsfunktion für diese Organisationsformen. Neben einem entsprechenden Informationssystem ist im Sinne einer zielgerichteten Klosterführung auch ein Planungs- und Kontrollsystem einzurichten.

Dabei sind die organisations- und personalspezifischen Besonderheiten des Klosters bei der Gestaltung der genannten Teilsysteme zu berücksichtigen. Die Controllingkonzeption nach Küpper, die eine Koordination der Führungsteilsysteme (Planungs-, Kontroll-, Personalführungs-, Informationssystem und Organisation) zur Sicherstellung einer zielgerichteten Lenkung durch die Unternehmensführung vorsieht (Küpper et al. 2013, S. 27), stellt eine geeignete Basis für die Definition des Controllingsystems in diesem Beitrag dar.

Die Koordinationsaufgabe des Controllingsystems ist hier zweifach gestaltet. Einerseits sind die Komponenten eines Teilsystems aufeinander abzustimmen, andererseits ist das Controllingsystem für die Koordination zwischen den Teilsystemen zuständig. Schwerpunktmäßig erfolgt die Koordination von Planung, Kontrolle und Informationssystem (Küpper et al. 2013, S. 45).

Bei Vorliegen von Verhaltensinterdependenzen sieht die Controllingkonzeption nach Küpper den Einsatz personenorientierter Koordinationskonzepte vor. Dazu zählen Instrumente und Prozesse, mit denen das Verhalten beeinflusst werden kann, so z. B. Anreizsysteme (Friedl 2003, S. 171), wie sie auch aus dem Blickwinkel der Prinzipal-Agenten-Theorie zur Steuerung des Agenten durch den Prinzipal eingesetzt werden.

2.4 Widerstand in Veränderungsprozessen

Die Lebensdauer benediktinischer Klöster zeigt, dass es diese Organisationen nicht zuletzt auf Grund ihrer ausgeprägten Führungsstrukturen und -prinzipien geschafft haben, über viele Jahrhunderte hinweg erfolgreich zu existieren (Inauen und Frey 2008, S. 13). Trotzdem befinden sich Klöster derzeit in einem starken Umbruch. Nachwuchsprobleme, zunehmende wirtschaftliche Komplexität und verstärkter Wettbewerb machen es auch für sie erforderlich, bestehende Strukturen zu überprüfen und gegebenenfalls Veränderungsprozesse zu initiieren. Veränderungen jahrzehntelang gewachsener Strukturen und Gewohnheiten können ablehnendes und blockierendes Verhalten bei den internen Stakeholdern auslösen. Nicht selten ist der Widerstand von Mitarbeitern die Ursache für Fehlschläge in Veränderungsprozessen (Michel et al. 2013, S. 761–780). Rumelt (Rumelt 1995, S. 101–132) geht sogar davon aus, dass jegliche Änderungen in Strategie, Strukturen und administrativen Prozessen schwierig, kostenintensiv, riskant und zeitraubend sind, weil Trägheit und geringe Beweglichkeit innerhalb der Unternehmen blockierend wirken.

Widerstand gegen Veränderungen kann als Phänomen betrachtet werden, das Veränderungsprozesse verlangsamt, verzögert, behindert und kostenerhöhend wirkt (del Val und Fuentes 2003, S. 148). Mit Widerstand wird jegliches Verhalten beschrieben, das versucht, den Status quo aufrechtzuerhalten Eine Studie von del Val und Fuentes (del Val und Fuentes 2003, S. 148–153) zeigt, dass dieses Verhalten am stärksten bei strategischen Veränderungen in Zusammenhang mit tief verwurzelten Werten auftritt. Sie empfehlen die Kompatibilität der neuen Zielsetzungen mit der bestehenden Kultur der Organisation zu überprüfen und allenfalls anzupassen, bevor der Veränderungsprozess begonnen wird. Diese Überlegungen können auch auf Veränderungsprozesse in klösterlichen Organisationen übertragen werden. Wird die Lebensform und das Wertesystem im Rahmen der Einführung eines Controllingsystems zu wenig berücksichtigt, können Widerstände der Mitglieder einer Klostergemeinschaft die Folge sein (Niederwimmer 2019, S. 64).

2.5 Rahmenbedingungen für das Controllingsystem in einem benediktinischen Kloster

2.5.1 Wertesystem der Benediktiner

Das Wertesystem der Benediktiner wird maßgeblich von der RB bestimmt. Dabei kann der darin enthaltene Aufruf zu „Gottsuche“ und zur „Verherrlichung Gottes“ (Salzburger Äbtekonferenz 2006, RB 57–58) als vorrangiges Organisationsziel für alle Konventmitglieder weltweit betrachtet werden (Soegtrop 2003, S. 35; Feldbauer-Durstmüller et al. 2012, S. 90).

Im Zentrum des klösterlichen Lebens steht Gott als Quelle und Ziel allen Wirkens. Das in den benediktinischen Klöstern gelebte Prinzip des ora (bete) – labora (arbeite) et lege (und lies) bzw. communio (Gemeinschaft) (Soegtrop 2003, S. 14) bedeutet aber auch, dass wirtschaftliches Denken und Handeln Platz haben muss, um einen Beitrag zum langfristigen Bestehen des Klosters zu leisten (Tredget 2002, S. 222). Trotzdem sollte Geschäftigkeit nicht Hauptzweck des Lebens sein, vielmehr zeigt sich benediktinisches Dasein als das Fehlen eines Zweckes um „einen Raum der Leere“ zu schaffen, „in dem Gottes Herrlichkeit sich zeigen kann“ (Soegtrop 2003, S. 38). Auch warnt Benedikt seine Mönche vor dem Motiv der Habgier und fordert „man verkaufe sogar immer etwas billiger als es sonst außerhalb des Klosters möglich ist, …“ (Salzburger Äbtekonferenz 2006, RB 57,8).

Die grundsätzlichen Werte und Ziele, wie sie die RB beschreibt, sind nicht wirtschaftlicher Natur, sondern regen vielmehr zu konkreten Tugenden, Handlungen Verhaltensweisen an (Salzburger Äbtekonferenz 2006, RB 2–73). Ökonomisch orientiert sind dagegen jene Leitprinzipien, die Nachhaltigkeitsüberlegungen verfolgen. So ist die Sicherung der Überlebensfähigkeit des Klosters für nachfolgende Generationen ein zentrales Ziel der klösterlichen Wirtschaft. „Alles Gerät und die ganze Habe des Klosters soll (…) als heiliges Altargerät" betrachtet werden (Salzburger Äbtekonferenz 2006, RB 31,10). Ihre Umsetzung erfahren die Nachhaltigkeitsüberlegungen in Tätigkeiten im Primärsektor, in der umweltfreundlichen Energiegewinnung und -verwendung sowie in der weltweiten Bewusstseinsbildung für dieses Thema (Feldbauer-Durstmüller und Neulinger 2010, S. 231).

2.5.2 Motive für den Klostereintritt und Qualifikation der Konventmitglieder

Eine Untersuchung benediktinischer Männerkloster in Deutschland hat ergeben, dass neben spirituellen Motiven auch der Wunsch in einer Gemeinschaft zu leben sowie das positive Erleben klösterlicher Zeremonien maßgeblich für die Entscheidung ist, in ein Kloster einzutreten. Ein weiteres Eintrittsmotiv ist der Wunsch, abseits der restlichen Welt das „Leben zu verlangsamen" und sich im Wechsel von Arbeit und Gebet, Gemeinschaft und Einsamkeit entfalten zu können. (Jaschke 2010, S. 127–130). Die Qualifikation eintretender Mönche beziehungsweise deren Weiterbildung nach dem Klostereintritt zeigt ebenso eine eher spirituelle Ausrichtung. Überdies werden Positionen, die spezifische Kenntnisse erfordern würden, wie jene des Cellerars, mit Konventmitgliedern besetzt, die primär den personellen Vorgaben der RB entsprechen. Fachlichen Voraussetzungen wird hingegen weniger Bedeutung beigemessen (Hiebl und Feldbauer-Durstmüller 2014, S. 65).

2.5.3 Personal und soziale Verantwortung

Bis auf wenige Ausnahmen sinkt oder stagniert die Anzahl der Mönche in den Klöstern. Überalterung führt zu zusätzlichem Betreuungsaufwand, der intern oder extern zu decken ist (Jaschke 2010, S. 176–180). Positionen mit spezifischen Ansprüchen an Persönlichkeit und fachlichem Wissen wie z. B. zur Führung eines Wirtschaftsbetriebes können zum Teil nur noch mit weltlichen Mitarbeitern besetzt werden (Feldbauer-Durstmüller et al. 2013, S. 584). Zunehmend müssen auch zur Bewältigung von internen Aufgaben wie Haushaltsdienstleistungen und Altenpflege externe Mitarbeiter eingesetzt werden.

Auswirkungen der Nachwuchsprobleme zeigen sich auch bei der Besetzung der Offizialämter, die nur mit Mönchen bekleidet werden dürfen. Gerade für weniger spirituell ausgerichtete Positionen wie die des Cellerars findet sich nicht immer ein Ordensmitglied, das sowohl fachlich geeignet als auch hinreichend motiviert ist diese Rolle zu übernehmen. Damit „zwingt der Personalmangel (…) eigentlich einen Oberen jemand zu finden, nicht wer geeignet ist, sondern wer frei ist und was übernehmen könnte" (Jaschke 2010, S. 66).

Eine Steigerung des Anteils weltlicher Mitarbeiter, insbesondere in den Führungsebenen der Klosterbetriebe, führt zu einer Zunahme von Prinzipal-Agenten-Beziehungen. Damit erhöht sich der Anspruch an zeitnaher, richtiger und verständlicher Information über die wirtschaftlichen Aktivitäten und Leistungen des Agenten und der Kontrollaufwand für die Klosterführung.

Auf Mitarbeiterebene belastet die hohe soziale Verantwortung der Klöster Anstellungs- und Freisetzungsentscheidungen. Die Tendenz leistungsschwache (behinderte oder aus anderen Gründen eingeschränkt einsetzbare) Mitarbeiter zu beschäftigen oder notwendigen Personalabbau aufzuschieben ist hier besonders ausgeprägt (Feldbauer-Durstmüller et al. 2013, S. 589).

2.5.4 Wirtschaftsbereiche und Vermögensstrukturen

Die Vermögensstruktur benediktinischer Klöster zeichnet sich durch einen beträchtlichen land- und forstwirtschaftlichen Grundbesitz aus, der aufgrund von Dotationen und Schenkungen in der Vergangenheit in das Eigentum der Klöster übergegangen ist. Verarbeitungs- und Veredelungsbetriebe ergänzen die bestehenden Betriebsstrukturen. Zusätzliche Erträge werden in den Bereichen Handwerk und Tourismus sowie im Handels- und Dienstleistungsgewerbe erzielt (Payer-Langthaler und Feldbauer-Durstmüller 2013, S. 100).

Die starke Vernetzung der Betriebe eines Klosters kann zu Intransparenzen bei der Einschätzung der Ertragskraft der einzelnen Profit-Center führen. Fehlentwicklungen werden zu spät erkannt und falsche strategische Entscheidungen gefällt. Bei der Darstellung von Informationen im Rahmen des Controllingsystems ist damit besonders auf Verständlichkeit und Klarheit zu achten. In manchen Klöstern konnte das Wachstum der Wirtschaftsunternehmen im Sinne der Existenzsicherung erfolgreich forciert werden. Hier sind es die umfangreicher gewordenen Strukturen und Datenvolumen, deren Steuerbarkeit und Transparenz mit Hilfe eines Controllingsystems gewährleistet werden kann (Gehra et al. 2007, S. 119).

Klöster sind aber auch historisch gewachsene Organisationen und deshalb gefährdet intransparent zu werden. Dies trifft insbesondere auf die Zuordnung von Aufgaben und Verantwortlichkeiten innerhalb der Klosterbereiche sowie das Rollenverständnis der Konventmitglieder zu. In diesen Fällen wäre es naheliegend im Rahmen einer Einführung eines Controllingsystems eine Überarbeitung von Strukturen und Verantwortlichkeiten zur Verbesserung der Transparenz zu initiieren.

2.5.5 Berichtspflichten

Interne Berichtspflichten

Für einzelne Ordensmitglieder besteht eine individuelle Rechenschaftspflicht gegenüber dem Abt. Der Abt selbst hat das Kapitel zumindest jährlich über die finanzielle und personelle Situation des Klosters zu informieren. Dies erfolgt üblicherweise mit der Fertigstellung des Jahresabschlusses. Der Bauzustand des Klosters ist alle sechs Jahre Gegenstand eines zusätzlichen Berichts, der vom Abt oder einem Beauftragten zu erstellen ist (Österreichische Benediktinerkongregation 2006, Satzung Nr. 180).

Externe Berichtspflichten

Über die internen Berichtspflichten hinaus besteht die Verpflichtung eines jährlichen Reportings der selbstständigen Klöster an den Wirtschaftsrat der Kongregation. Darin ist bis Ende März über die Vermögenslage sowie über Umsatz-, Personal- und Leistungskennzahlen zu berichten. Mit der Vorlage des Jahresabschlusses bis

Dezember und einer Stellungnahme des Wirtschaftsrates dazu ist der Berichtsprozess abgeschlossen (Österreichische Benediktinerkongregation 2006, Satzung Nr. 318).

Alle sechs Jahre wird die wirtschaftliche Situation der Klöster durch den Wirtschaftsrat der Kongregation im Rahmen einer Visitation überprüft. Ziel ist es, im Sinne der Existenzsicherung der Gemeinschaften rechtzeitig Missstände aufzudecken und mittels Maßnahmenempfehlungen abzustellen (Österreichische Benediktinerkongregation 2006, Satzungen Nr. 325–337).

2.6 Gestaltung eines Controllingsystems im Kloster

2.6.1 Controllingziele

Unter dem Gesichtspunkt der Herausforderungen, mit denen ein Kloster heute konfrontiert ist, kommt der Deckung des Informationsbedarfs eine hohe Bedeutung zu. Jahrzehntelang gewachsene Strukturen sind zu durchleuchten und möglichst rasch an geänderte Anforderungen anzupassen (Feldbauer-Durstmüller et al. 2013, S. 584–585). Die dazu notwendige Gewährleistung und Verbesserung der Koordinations-, Reaktions- und Anpassungsfähigkeit der Unternehmensführung ist mit einer entsprechenden Informationsversorgung durch das Controllingsystem sicherzustellen (Horváth et al. 2019, S. 298). In diesem Zusammenhang stellen Informationen entscheidungsrelevantes Wissen dar, also jenes Wissen, das der Vorbereitung zielorientierter Handlungen dient (Schweitzer 1991, S. 26). Das Informationsziel impliziert die effektive und effiziente Zurverfügungstellung der Informationen beim richtigen Empfänger mit der erforderlichen Genauigkeit und Detailliertheit unter Berücksichtigung der Datenaktualität (Schmidt 1995, S. 118). Es beinhaltet ebenso, dass das Controllingsystem die für die Auswertung notwendigen Methoden und Modelle unter Heranziehung der bereitgestellten Informationen zur Verfügung stellt (Schweitzer und Friedl 1992, S. 149).

Ein weiteres direktes Ziel des Controllingsystems bezieht sich auf die formale, zeitliche und inhaltliche Koordination der Planung und Kontrolle. In der erweiterten Betrachtung, wie sie diesem Beitrag zugrunde gelegt wird, erstreckt sich das Koordinationsziel auch auf die Sicherstellung der Koordination aller Entscheidungen im Unternehmen. Damit sind neben dem Planungs-, Kontroll- und Informationssystem auch die restlichen Führungsteilsysteme einzuschließen (Küpper et al. 2013, S. 28–31).

Eine Eingrenzung der indirekten Ziele des Controllingsystems auf Ergebnis- und Liquiditätsziele wie sie in der rein planungs- und kontrollorientierten Konzeption angestrebt wird, ist für die Klosterorganisation nicht anwendbar. In einer Fallstudie von Payer-Langthaler und Feldbauer-Durstmüller wurden aus der RB und einer ersten Stakeholder-Analyse beispielhaft folgende normativen Ziele abgeleitet:

1. Gott suchen;
2. Bestandssicherung für zukünftige Generationen unter der Prämisse der Nachhaltigkeit;

3. Zufriedenheit der zentralen Anspruchsgruppen: „Keiner soll traurig sein im Hause Gottes“ (Payer-Langthaler und Feldbauer-Durstmüller 2013, S. 105).

Eine reine Gewinnmaximierung ist aus den abgeleiteten normativen Zielen nicht erkennbar. Damit entsprechen Klöster als öffentlich rechtliche Körperschaften dem weiteren Begriffsverständnis von Nonprofit-Organisationen (Greiling 2008, S. 24 f.). Im Vordergrund stehen vielmehr die auf qualitative Merkmale konzentrierte RB und zentrale Stakeholder-Interessen. (Payer-Langthaler und Feldbauer-Durstmüller 2013, S. 103; Feldbauer-Durstmüller und Neulinger 2010, S. 239).

2.6.2 Controllingfunktionen

Aus den Controllingzielen lassen sich die Informations- und Koordinationsfunktion ableiten.

Die Informationsfunktion umfasst die Sicherstellung einer bedarfsgerechten Informationsversorgung für die Entscheidungsträger eines Unternehmens. Dabei ist zu erheben, welche Informationen personen- und aufgabenspezifisch benötigt werden und wie diese zu gestalten sind. Auch die Unterstützung der Anwender bei Abruf und Verwendung der Berichte zählt dazu (Schmidt 1995, S. 118). Transparenz- und Informationsdefiziten im Kloster, die infolge historischer Entwicklungen, Wachstum und veralteter Datenaufbereitungsprozesse entstanden sind, kann damit erfolgreich begegnet werden. Dies gilt auch für Anforderungen aus den internen und externen Berichtspflichten.

Die Führungsunterstützung des Controllingsystems geschieht schwerpunktmäßig durch die Koordination des Planungs-, Kontroll- und Informationsversorgungssystems. Im Sinne einer Unterstützung des Führungsgesamtsystems sind auch die Beziehungen zur Organisation und zur Personalführung in den Koordinationsprozess aufzunehmen. Werden zusätzlich der Aufbau, die Wartung und die Abstimmung der eingesetzten Methoden und Instrumente mitberücksichtigt, handelt es sich um eine systembildende Koordinationsfunktion.

Fehlende Vorschriften in den Satzungen für die Gestaltung eines Controllingsystems sowie die starke Vergangenheitsorientierung, sowohl im primär dokumentationsorientierten Rechnungswesen der Klöster als auch in dem aus der starken historischen Verwurzelung heraus geprägten Wertesystem (Feldbauer-Durstmüller et al. 2013, S. 585) unterstreichen ebenso die Notwendigkeit einer systemgestaltenden Unterstützung durch das Controllingsystem. Dabei ist entsprechend der klösterlichen Rahmenbedingungen unter Berücksichtigung einer Kosten-Nutzenoptimierung ein Planungs- und Kontrollsystem einzurichten. In einem weiteren Schritt ist der Planungsprozess zu initiieren und die Abstimmungsprozesse sind im Sinne einer systemkoppelnden Koordinationsfunktion zu begleiten (Horváth et al. 2019, S. 168–169).

2.6.3 Controllinginstrumente

Strategisches Controlling

Im Rahmen des strategischen Prozesses wird das Controllingsystem für das Management unterstützend tätig, indem es das strategische Planungs- und Kontrollsystem gestaltet, nutzt beziehungsweise zur Anwendung bringt und koordinierend betreut (Feldbauer-Durstmüller 2001, S. 134).

Zu Beginn des strategischen Zielbildungsprozesses steht die Vision. „Die Vision ist das Bewusstsein eines Wunschtraumes einer Änderung der Umwelt" (Hinterhuber 2004, S. 44), aus der sich die Grundsätze für die unternehmerische Tätigkeit in Form eines „Leitbildes" beziehungsweise „Mission Statements" ableiten. Damit soll der Existenzzweck des Unternehmens begründet und seine Legitimation beschrieben werden. Diese Zielebene wird in benediktinischen Gemeinschaften durch die RB und die Bedürfnisse zentraler Stakeholdergruppen bestimmt (Payer-Langthaler und Feldbauer-Durstmüller 2013, S. 103).

Auf Basis der normativen Bestimmungen werden in einem weiteren Schritt die strategischen Ziele generiert. Bevor diese in die strategische Planung übernommen werden können, sind im Rahmen einer strategischen Frühaufklärung mögliche Chancen und Risiken aus dem Unternehmensumfeld sowie aus dem Unternehmen selbst zu antizipieren (Baum et al. 2013, S. 16). Das Erkennen von externen Chancen und Risiken sowie deren Abgleich mit den Stärken und Schwächen des Unternehmens unterstützt die von benediktinischen Gemeinschaften traditionell angestrebte langfristige strategische Zielsetzung der „nachhaltigen Sicherung der Unternehmensexistenz". Im Sinne der sogenannten Triple Bottom Line läßt sich dieses Oberziel in drei Subziele differenzieren: die Ziele der sozialen, ökologischen und ökonomischen Nachhaltigkeit.So enthält das in den benediktinischen Gemeinschaften gelebte Prinzip des „ora et labora et lege" (bete und arbeite und lese) Anforderungen an eine langfristige Existenzsicherung im Sinne der ökonomischen Nachhaltigkeit.

Die soziale Komponente der Nachhaltigkeitsziele findet sich in einigen Versen der RB wieder, wie zum Beispiel in der RB 2: Der Abt „ … soll sich auf alle einstellen und auf sie eingehen. So wird er an der ihm anvertrauten Herde keinen Schaden erleiden, vielmehr kann er sich am Wachsen einer guten Herde freuen" (Salzburger Äbtekonferenz 2006, RB 2,32). Damit ist nicht nur das Wachstum der Klostergemeinschaft gemeint, sondern auch die langfristige Tragfähigkeit hinsichtlich Kompetenz- und Altersstruktur um den Fortbestand des Klosters abzusichern. Wesentliche Anwendungsbereiche ökologischer Nachhaltigkeitsüberlegungen finden sich in den Bereichen der erneuerbaren Energie sowie des Primärsektors, wie Land- und Forstwirtschaft (Payer-Langthaler und Feldbauer-Durstmüller 2013, S. 106).

Sowohl die erschwerte Messbarkeit nicht monetärer Ziele der sozialen und ökologischen Dimension als auch Zielkonflikte zwischen den Dimensionen (insbesondere soziale und ökologische Nachhaltigkeit versus ökonomische Nachhaltigkeit) (Baum et al. 2013, S. 10) stellen für die Klosterführung bei der Formulierung einer Strategie eine besondere Herausforderung dar. Eine gemeinsame Erarbeitung der Erfolgspotenziale des Klosters im Rahmen einer SWOT-Analyse kann helfen eine einheitliche Sichtweise auf die Ausgangsposition und die künftige Ausrichtung des Klosters zu entwickeln. Es handelt sich dabei um ein Instrument, mit dem „ … der Deckungsgrad der im Zuge der Umfeldanalyse ermittelten Chancen und Risiken mit den in der Unternehmensanalyse erkannten Stärken und Schwächen …" festgestellt wird (Baum et al. 2013, S. 99).

Der im Rahmen der Durchführung der SWOT-Analyse angeregte Diskussionsprozess unterstützt die Erreichung einer gemeinsam getragenen Einschätzung der Entwicklungsmöglichkeiten der Organisation. Das Wissen von Teilnehmern aus unterschiedlichen Bereichen (Konventmitglieder, Mitarbeiter) hilft dabei strategische Wissenslücken aufzudecken und eine gemeinsame Zukunftsperspektive zu entwickeln (Baum et al. 2013, S. 402–403).

Operatives Controlling

Dem Aufbau und Erhalt von Erfolgspotenzialen als Aufgabe der strategischen Planung folgt in einem weiteren Schritt die Umsetzung, also die Ausschöpfung der Erfolgspotenziale durch die operative Planung (Gälweiler 2005, S. 28). Die Aufgabe der operativen Planung besteht darin, strategische in operative Ziele überzuführen, da die strategische Planung zumeist auf qualitativen Informationen aufbaut und nur wenig konkret ist um in ein direktes Handeln übergeführt werden zu können (Welge und Al-Laham 1992, S. 411).

Budgetierung

Das Budgetierungssystem gilt als eines der bedeutendsten Instrumente des operativen Controllingsystems. Als Koordinationsinstrument zur zielorientierten Unternehmensführung ist es auch für Klöster geeignet durch abgestimmte Entscheidungen zwischen den Bereichen eine gemeinsame Ausrichtung zu erreichen und den komplexen und sich rasch ändernden Umfeldbedingungen zu begegnen (Feldbauer-Durstmüller 2001, S. 197–198).

Der Budgetierungsprozess kann hierarchisch als Top-Down-Planung, Bottom-Up-Planung oder im Gegenstromverfahren erfolgen. Während die Planungsvorgaben in der Top-Down-Planung von der Unternehmensleitung vorgegeben werden, erfolgt in der Bottom-Up-Planung eine Abfrage der realisierbaren Ziele auf den unteren Hierarchieebenen, die in der Folge zu Gesamtzielen aggregiert werden. Empfehlenswert ist die Gestaltung entsprechend dem Gegenstromverfahren, bei dem Top-Down grobe Zielvorgaben aus der strategischen Planung vorgegeben werden, auf den unteren Hierarchieebenen auf Realisierbarkeit überprüft und als Selbstverpflichtungswerte an die Unternehmensführung zurückgemeldet werden (Fiedler und Gräf 2011, S. 99–101). Das Gegenstromverfahren bietet die Möglichkeit das Spezialwissen und die Erfahrung der Mitarbeiter vor Ort mit den Vorgaben der Unternehmensspitze zusammenzuführen. Vorteilhaft wirkt sich auch die höhere Akzeptanz bei den Mitarbeitern aus. Planungsergebnisse und später entstehende Abweichungen werden besser verstanden und mitgetragen (Weber und Schäffer 2011, S. 287). Diese Vorgehensweise passt sehr gut zur klösterlichen Kultur, die sich entsprechend der Stewardship-Theorie durch partnerschaftliches und kooperatives Verhalten in der Klostergemeinschaft auszeichnet.

Das Ergebnis einer Zusammenführung der Teilpläne zu einem integrierten Gesamtbudget, das eine „periodenbezogene Gesamtschau der Maßnahmen aller Unternehmensbereiche darstellt“ (Weber und Schäffer 2020, S. 289) sind das Erfolgsbudget, der Finanzplan und die Planbilanz. Ausgangsbasis des Erfolgsbudgets ist ein auf Kosten und Erlösen beruhendes Leistungsbudget, das durch Neutralisierung kalkulatorischer Positionen in eine Gewinn- und Verlustrechnung übergeleitet wird (Eichhübl und Kunesch 1996, S. 458). Der Finanzplan wird in einem weiteren Schritt indirekt, ausgehend vom Gewinn, durch Zu- und Abrechnung der nicht auszahlungswirksamen Aufwendungen und nicht einzahlungswirksamen Erträge ermittelt. Die wesentlich aufwendigere Methode der direkten Ermittlung des Finanzplans (Überleitung der einzelnen Aufwands- und Ertragspositionen in Einzahlungen und Auszahlungen) wird in der Regel selten angewendet (Egger und Winterheller 2007, S. 65).

Berichtswesen
Die Qualität der Entscheidungen des Managements wird maßgeblich von der Güte der bereitgestellten Informationen beeinflusst (Weber und Schäffer 2020, S. 225).

Die wichtigsten bei der Gestaltung eines Berichts zu klärenden Dimensionen sind:

- Zweck (z. B. Dokumentation, Planungsbasis, Abweichungskontrolle)
- Typ (z. B. Standardbericht, Abweichungsbericht, Bedarfsbericht)
- Inhalt (z. B. Gegenstand, Verdichtungsgrad, Bezugsgrößen)
- Form (z. B. Umfang, Tabellen, Grafik usw.)
- Termin (z. B. Berichtszyklus oder ereignisabhängige Berichtserstellung)
- Empfänger (z. B. hierarchische oder funktionale Eingrenzungen) und
- Träger des Berichts (z. B. Controller, Mitarbeiter des externen Rechnungswesens usw.) (Weber und Schäffer 2020, S. 226–238).

Werden die genannten Dimensionen mit den laut Satzungen definierten Zuständigkeiten der für wirtschaftliche Belange relevanten Gremien, also Kapitel und Wirtschaftsrat (Sandberger und Feldbauer-Durstmüller, in 2015), Verbindung gebracht, ergeben sich einige Anhaltspunkte für die Gestaltung der Berichtsdimensionen.

Im Rahmen seiner beschließenden und überwachenden Funktion (insbesondere Genehmigung und Überwachung des Haushaltsplanes) benötigt das Kapitel vorrangig finanzwirtschaftliche Standardberichte. Diese können im Sinne einer leichteren Vergleichbarkeit entsprechend der Jahresabschluss-GuV strukturiert sein und im Bedarfsfall in einzelne Betriebsbereiche differenziert werden. Ein monatlicher oder zumindest vierteljährlicher Berichtszyklus unterstützt die Abweichungskontrolle und führt zu einer regelmäßigeren Auseinandersetzung der Kapitelmitglieder mit der Entwicklung der wesentlichen finanzwirtschaftlichen Größen des Klosters.

Entscheidungen zu noch nicht genehmigten Rechtsgeschäften, der Verkauf von Immobilien und Preziosen sowie die Aufnahme von Krediten und ähnlichen Finanzierungsgeschäften, die ebenso in den Zuständigkeitsbereich des Kapitels fallen (Sandberger und Feldbauer-Durstmüller, 2015) erfordern tendenziell ereignisabhängige Bedarfsberichte sowohl zur Erfolgssituation als auch zur finanziellen Entwicklung. Formal ist eine Darstellung des Standardberichts als Management Summary mit einem hohen Verdichtungsgrad und einfachen Grafiken (Weber und Schäffer 2020, S. 228) zu empfehlen um auch jenen Kapitelmitgliedern, die weniger mit finanzwirtschaftlichen Berichten vertraut sind, einen leicht verständlichen Zugang zu ermöglichen. Darüber hinaus können fehlendes fachliches Wissen mit ergänzenden Erklärungen und Kommentaren kompensiert sowie wesentliche Sachverhalte „auf den Punkt gebracht" werden. Werden detailliertere Informationen benötigt, bietet sich eine Art „Trichterstruktur" des Berichts an, also eine Reihenfolge der Informationen von allgemeineren zu spezielleren hin (Weber und Schäffer 2020, S. 228–230).

Für die vierteljährlich stattfindenden Sitzungen des Wirtschaftsrates empfiehlt sich die Erweiterung des Standardberichts des Kapitels um eine Prognoserechnung. Dies würde der Aufgabe des Gremiums, dem Abt in wirtschaftlichen Fragen beratend und helfend zur Seite zu stehen und die gesamte Vermögensverwaltung mit zu planen, mitzubestimmen und zu überwachen (Sandberger und Feldbauer-Durstmüller, 2015), entgegenkommen, da damit die Auswirkungen möglicher Handlungsalternativen in Prognoseszenarien dargestellt werden können.

2.7 Controllingorganisation

Die organisatorische Gestaltung eines Controllingsystems kann je nach Unternehmensgröße, -organisation, Personalsituation und zur Verfügung stehenden finanziellen Mitteln sehr unterschiedlich sein. Gemäß einer Untersuchung von Jaschke (Jaschke 2010, S. 17–18) sind in Deutschland mit einer Belegschaftsstärke von maximal 100 Personen mehr als die Hälfte der benediktinischen Männerklöster als klein bzw. mittelgroß zu bezeichnen. Die institutionelle Ausgestaltung in diesem Artikel wird daher auf die Bedürfnisse von Klein- und Mittelunternehmen abgestellt.

Prinzipiell ist zu entscheiden, ob das Controllingsystem internen oder externen Aufgabenträgern überantwortet wird. Bei einer internen Controllingträgerschaft können die Aufgaben entweder bestehenden Abteilungen zugeordnet werden (nicht-institutionalisiertes Controllingsystem) oder es werden eigene Stellen eingerichtet (institutionalisiertes Controllingsystem).

Im Rahmen eines institutionalisierten Controllingsystems ist zu klären, auf welcher hierarchischen Ebene (erste, zweite oder niedrigere Ebenen) die Positionierung erfolgen soll. Prinzipiell ist eine hohe Einordnung der Controllingstelle in der Unternehmenshierarchie zu empfehlen, da das Controllingsystem der Gesamtaufgabe gegenübersteht und bereichsübergreifend ausgerichtet werden kann (Friedl 2003, S. 113). Im Kloster würde das der Ebene des Abtes entsprechen. Hinsichtlich der Entlastung des Abtes ist alternativ eine Zuordnung zum Aufgabenbereich des Cellerars (zweite Führungsebene) möglich. Dieser kann, sofern er über die entsprechende Ausbildung, Erfahrung und Zeit verfügt, die Rolle selbst übernehmen oder einen Mitarbeiter mit den Controllingaufgaben betrauen.

Eine nicht-institutionalisierte Controllingträgerschaft, also die nebenamtliche Durchführung der Controllingaufgaben durch Führungs- oder Fachkräfte des Unternehmens, weist insbesondere für kleinere Organisationen Vorteile auf, da kein zusätzliches Personal benötigt wird (Mühlböck 2012, S. 176). Dies war auch ausschlaggebend für die Einrichtung der Controllerposition in einem von Feldbauer-Durstmüller et al. untersuchten Kloster. Die Rolle des Controllers wurde dem Buchhalter übertragen, nachdem dessen Tätigkeitsbereich analysiert und Umschichtungen vorgenommen worden waren. Nur während der Implementierungsphase wurde er von einem externen Controller unterstützt (Feldbauer-Durstmüller et al. 2013, S. 587).

Eine Übertragung der Aufgaben an externe Träger wie z. B. Wirtschaftstreuhänder, Unternehmensberater usw. stellt eine weitere Alternative für kleinere Organisationen dar (Feldbauer-Durstmüller 2001, S. 284). Externe Experten verfügen zumeist über ein umfangreiches fachliches Know-how verbunden mit einer neutraleren Sichtweise, frei von „Betriebsblindheit". Vorteile können auch hinsichtlich Sachinvestitionen und Personal genutzt werden, da die externen Aufgabenträger i. d. R. entsprechende Software und fachlich spezialisierte Mitarbeiter zur Durchführung der Controllingaufgaben einbringen können (Mühlböck 2012, S. 180–181). Eine Entscheidung, ob und in welchem Ausmaß dezentrale Controllingbereiche eingerichtet werden sollen, ist aufgrund der einfacheren Struktur in kleineren Klostergemeinschaften als nachrangig zu betrachten.

2.8 Widerstände bei der Gestaltung eines Controllingssystems im Kloster

Klostergemeinschaften sind stark geprägt von ihrer historischen Verbindung zur Vergangenheit (Feldbauer-Durstmüller et al. 2013, S. 585). Die Zukunftsorientierung des Controllingsystem kann mitunter als Geringschätzung von Altbewährtem verstanden werden und in der Folge eine ablehnende Haltung provozieren. Auch die im operativen Controllingsystems übliche Verwendung von Erfolgs- und Liquiditätsgrößen (Weber und Schäffer 2020, S. 284) scheint auf den ersten Blick gegensätzlich zur Non-Profit-Orientierung benediktinischer Gemeinschaften zu sein, in denen die RB ein erfülltes Leben als Mensch und die Gottsuche (RB 58,7) in den Mittelpunkt stellt. Interpretieren Konventmitglieder und Mitarbeiter das Controllingsystem in der Folge als Gefahr für die Werte und Ziele der Benediktiner, kann das Widerstand auslösen. Zusätzlich verschärfend wirken Controllinganalysen, die eine dringende Notwendigkeit zur Anpassung an geänderte Umweltbedingungen anzeigen. Jahrhundertealte Regelungen, Strukturen und Traditionen, die als unantastbar gelten, stellen häufig maßgebliche Barrieren für derart notwendige Wandelprozesse dar.

Die Herausforderung bei der Gestaltung eines Controllingsystems wird es daher sein, eine vermehrte Zukunftsausrichtung unter gleichzeitiger Wahrung der Werte und Ziele einer Klostergemeinschaft zu erreichen (Feldbauer-Durstmüller et al. 2013, S. 585). In einem weiteren Schritt kommt der sorgfältigen Gestaltung des strategischen Zielfindungsprozesses große Bedeutung zu. Spannungsfelder können sich dabei in der Abstimmung sozialer, ökologischer und zugleich ökonomischer Nachhaltigkeitszielsetzungen ergeben (Vgl. Andeßner 1999, S. 47 f.), deren Realisierbarkeit nicht zuletzt vom finanziellen Handlungsspielraum abhängt.

3 Fazit

Komplexer gewordene wirtschaftliche Rahmenbedingungen sowie Nachwuchsprobleme in den Klöstern haben dazu geführt, dass eine intensivere Auseinandersetzung mit betriebswirtschaftlichen Themenstellungen auch für diese primär spirituell ausgerichtete Organisationsform Relevanz gewinnt. Dabei kann ein Controllingsystem das Management koordinierend in den Führungsteilsystemen Informationsversorgung, Planung, Kontrolle, Personalführung und Organisation unterstützen. Bei der Gestaltung eines Controllingsystems im Kloster sind die spezifischen Rahmenbedingungen, die diese Organisationsform auszeichnen, zu berücksichtigen, um einerseits den Ansprüchen an Effektivität und Effizienz gerecht zu werden und andererseits Widerständen der Stakeholder vorzubeugen. So ist eine Eingrenzung der Controllingziele auf Ergebnis- und Liquiditätsziele ähnlich zu Non-Profit-Organisationen nicht sinnvoll. Vielmehr steht die Ausrichtung an gesamthaften Organisationszielen wie z. B. Gottsuche, Zufriedenheit der Stakeholder und die Verfolgung von Nachhaltigkeitszielen im Vordergrund. Besondere Bedeutung kommt der systemgestaltenden Funktion des Controllingssystems zu. Klöster sind häufig mit den Strukturen kleinerer Unternehmen vergleichbar und verfügen daher kaum über entsprechende Instrumente zur Informationsversorgung, Planung und Kontrolle. Überdies lassen sich aus den benediktinischen Satzungen und der RB keine konkreten Vorgaben zur Gestaltung eines entsprechenden Systems ableiten.

Systemgestaltend und koordinierend wird ein Controllingsystem zunächst im Rahmen des strategischen Prozesses eingesetzt. Die Analyse externer Chancen und Risiken sowie deren Abgleich mit den Stärken und Schwächen des Klosters im Rahmen einer SWOT-Analyse kann dabei als wirksames Instrument zur Feststellung strategischer Lücken und Entwicklungsmöglichkeiten angewendet werden. Als Instrumente des operativen Controllingsystems sind Budgetierung und Berichtswesen geeignet den Planungs- und Kontrollprozess in kleineren Strukturen zu unterstützen.

Die Erstellung eines integrierten Budgets mittels Gegenstromverfahrens kommt der Organisationskultur einer Klostergemeinschaft entgegen. Für die konkrete Ausgestaltung des Berichtswesens können Anhaltspunkte aus den Zuständigkeitsbestimmungen der Satzungen abgeleitet werden. Besondere Merkmale wie Verdichtungsgrad, Darstellung und Kommentierung der Berichte sind in Abhängigkeit zur Ausbildung und zum Wissensstand der Empfänger bei der Implementierung des Reportings zu berücksichtigen. Die organisatorische Eingliederung eines Controllingsystems in das Kloster hängt von den bestehenden finanziellen und personellen Mitteln und vom Ausbildungsstand der in Frage kommenden Aufgabenträger ab. Sowohl eine Zuordnung zu bestehenden Abteilungen, wie der Buchhaltung oder dem Aufgabengebiet des Cellerars als auch die Übergabe an externe Träger wie Wirtschaftstreuhänder oder Unternehmensberater stellen mögliche Alternativen dar. Besonderes Augenmerk sollte der Widerstandsthematik gewidmet werden. Ein System, das überwiegend in gewinnorientierten Organisationen eingesetzt wird, kann in einer klösterlichen Umgebung Sorge um die Absicherung der bestehenden Wertekultur auslösen. Zur Vermeidung von Blockaden und Verzögerungen in der Implementierungsphase des Controllingsystems ist eine intensive Auseinandersetzung und Einbeziehung der Besonderheiten benediktinischer Gemeinschaften zu empfehlen.

Literatur

Andeßner, R. (1999). Einige grundlegende Bemerkungen zum Controlling in österreichischen Stiften. In D. Budäus & R. Schauer (Hrsg.), *Public management* (Diskussionsbeiträge Nr. 36, S. 39–55). Hamburg: Arbeitsbereich Public Management, Hamburger Universität für Wirtschaft und Politik.

Baum, H. G., Coenenberg, A. G., & Günther, T. (2013). *Strategisches controlling* (5. Aufl.). Stuttgart: Schäffer-Poeschel.

Caroll, A. B., & Buchholz, L. (2009). *Business & society: Ethics and stakeholder management* (7. Aufl.). Mason: South Western.

Casey, M. (2010). *Einführung in die Benediktusregel. Ein geistliches Ausbildungsprogramm.* Sankt Ottilien: EOS.

Dartmann, C. (2018). *Die Benediktiner, Von den Anfängen bis zum Ende des Mittelalters.* Kohlhammer: Stuttgart. Verlag W.

Davis, J. H., Schoorman, D. F., & Donaldson, L. (1997). Toward a stewardship theory of management. *Academy of Management Review, 14*(1), 20–47.

Del Val, M. P., & Fuentes, C. M. (2003). Resistance to change: A literature review and empirical study. *Management Decision, 41*(2), 148–155.

Egger, A., & Winterheller, M. (2007). *Kurzfristige Unternehmensplanung* (14. Aufl.). Wien: Linde.

Eichhübl, G., & Kunesch, H. (1996). In R. Eschenbach (Hrsg.), *Controlling* (2. Aufl., S. 441–481). Stuttgart: Schäffer-Poeschel.

Eisenhardt, K. M. (1989). Agency theory: An assessment and review. *Academy of Management Review, 14*(1), 57–74.

Feldbauer-Durstmüller, B. (2001). *Handels-Controlling: Eine Controlling-Konzeption für den Einzelhandel.* Linz: Trauner Verlag.

Feldbauer-Durstmüller, B., & Neulinger, M. (2010). Stabilität über Jahrhunderte – Corporate Governance österreichischer Benediktinerklöster. In *Corporate sustainability* (S. 220–244). Wiesbaden: Gabler Verlag.

Feldbauer-Durstmüller, B., Sandberger, S., & Neulinger, M. (2012). Sustainability for centuries. Monastic governance of Austrian Benedictine Abbeys. *European Journal of Management, 12*(3), 83–92.

Feldbauer-Durstmüller, B., Sandberger, S., Niederwimmer, K., & Neulinger, M. (2013). Controlling im Kloster. Ein Fallbeispiel eines österreichischen Benediktinerklosters. In G. Seicht (Hrsg.), *Jahrbuch für Controlling und Rechnungswesen* (S. 577–593). Wien: LexisNexis.

Feldbauer-Durstmüller, B., Sandberger, S., & Neulinger, M. (2019). Sustainability for centuries. Monastic governance of Austrian Benedictine Abbeys. In G. Müller-Stewens & N. Wolf (Hrsg.), *Leadership in the Context of Religious Institutions. The Case of Benedictine Monasteries* (S. 35–50). St. Gallen: Springer Nature Switzerland.

Fiedler, R., & Gräf, J. (2011). *Einführung in das Controlling. Methoden, Instrumente und IT-Unterstützung* (3. Aufl.). München: Oldenburg Verlag.

Fittkau, L. (2011). *Abtei Himmerod in der Eifel ist pleite.* http://www.deutschlandradio.de/abtei-himmerod-in-der-eifel-ist-pleite.331.de.html?dram:article_id=204381. Zugegriffen am 04.07.2014.

Foundation Benedict. (o. J.). *Die Benediktiner und ihre Organisation.* http://www.foundation-benedict.org/geschichte/die-benediktiner-und-ihre-organisation.html. Zugegriffen am 17.01.2020.

Friedl, B. (2003). Controlling. In F. X. Bea, E. Dichtl & M. Schweitzer (Hrsg.), *Grundwissen der Ökonomik. Betriebswirtschaftslehre.* Stuttgart: Lucius und Lucius Verlag.

Gälweiler, A. (2005). *Strategische Unternehmensführung* (3. Aufl.). Frankfurt a. M.: Campus.

Gehra, W., Hanke, G. M., Schmidt, H.-L., & Schuster, G. (2007). Controlling im Kloster: Ein Praxisbericht aus der Benediktinerabtei Plankstetten. *Zeitschrift für Controlling & Mangement, 51*(2), 118–122.

Gregor, D. G. (1995). In S. Äbtekonferenz (Hrsg.), *Der heilige Benedikt. Buch II der Dialoge (lateinisch/deutsch)*. St. Ottilien: Verlag St. Ottilien.

Greiling, D. (2008). *Performance Measurement in Nonprofit-Organisationen*. Wiesbaden: Gabler.

Grün, A. (1979). Bete und arbeite – Kurzformel benediktinischen Lebensstils. In G. Braulik (Hrsg.), *Herausforderung der Mönche. Benediktinische Spiritualität heute* (S. 155–174). Wien: Herder Verlag.

Hernandez, M. (2007). Promoting stewardship behavior in organizations: A leadership model. *Journal of Business Ethics, 80*(1), 121–128.

Hiebl, M. R. W., & Feldbauer-Durstmüller, B. (2014). What can the corporate world learn from the cellarer? Examining the role of a Benedictine abbey's CFO. *Society and Business Review, 9*(1), 51–73.

Hinterhuber, H. H. (2004). *Strategische Unternehmensführung: II Strategisches Handeln* (7. Aufl.). Berlin: Erich Schmidt Verlag.

Horváth, P., Gleich, R., & Seiter, M. (2019). *Controlling* (14. Aufl.). München: Vahlen Verlag.

Inauen, E., & Frey, B. S. (2008). Benediktinerabteien aus ökonomischer Sicht. Über die außerordentliche Stabilität einer besonderen Institution. *Erbe und Auftrag, 86*(3), 267–307.

Jaschke, H. (2010). *Wirtschaftsmanagement in benediktinischen Männerklöstern Deutschlands*. Berlin: Lit Verlag.

Küpper, H.-U., Friedl, G., Hofmann, C., Hofmann, Y., & Pedell, B. (2013). *Controlling. Konzeption, Aufgaen, Instrumente* (6. Aufl.). Stuttgart: Schäffer-Poeschel.

Michel, A., Todnem, R., & Burnes, B. (2013). The limitations of dispositional resistance in relation to organizational change. *Management Decision, 51*(4), 761.

Mühlböck, S. (2012). *Controlling für Kleinst- und Kleinunternehmen unter Mithilfe von Steuerberatungskanzleien*. Wien: Linde.

Niederwimmer, K. (2019). Implementierung eines Controllingsystems im Kloster. In B. Feldbauer-Durstmüller, T. Wolf & M. Neulinger (Hrsg.), *Unternehmen und Klöster – Wirtschaft und monastisches Leben im interdisziplinären Dialog* (S. 27–82). Springer Gabler.

Oberösterreichische Nachrichten. (2012). *Hohe Betriebskosten*. Stift Reichersberg ringt um Sanierung: Fehlspekulation.

Oberösterreichische Nachrichten. (2013). *Sorge um das Stift Schlierbach: Mit der Käserei in den roten Zahlen*. 13.02.2013.

Österreichische Benediktinerkongregation. (2006). *Die Satzungen der österreichischen Benediktinerkongregation*. Melk: Eigenverlag.

Payer-Langthaler, S., & Feldbauer-Durstmüller, B. (2013). Performance Management im Kloster: Das Beispiel der Benediktiner in Österreich. In M. Gmür, R. Schauer & L. Theuvsen (Hrsg.), *Performance Management in Nonprofit-Organisationen: Theoretische Grundlagen, empirische Ergebnisse und Anwendungsbeispiele* (S. 98–108). Wien: Haupt Verlag.

Rumelt, R. (1995). Inertia and transformation. In C. Montgomery (Hrsg.), *Resources in an evolutionary perspective. Towards a synthesis of evolutionary and resource-based approaches to strategy* (S. 101–132). Norwell: Kluwer Academic Publishers.

Sandberger, S., & Feldbauer-Durstmüller, B. (2015). Beraten, Beschließen und Überwachen – Aufgaben von Kapitel und Wirtschaftsrat in der Sicherstellung materieller und finanzieller Ressourcen eines Benediktinerklosters. In R. Andeßner, D. Greiling, M. Gmür & L. Theuvsen (Hrsg.), *Ressourcenmobilisierung durch Nonprofit-Organisationen. Theoretische Grundlagen, empirische Ergebnisse und Anwendungsbeispiele. Dokumentation des 11. Internationales NPO-Colloquium 2014* (S. 391–403). O.S.A. Linz: Trauner Verlag.

Salzburger Äbtekonferenz. (2006). *Die Benediktusregel* (4. Aufl.). Beuron: Beuroner Kunstverlag.

Schaefer, S., & Lange, C. (2004). Informationsorientierte Controllingkonzeptionen – Ein Überblick und Ansatzpunkte der Weiterentwicklung. In E. Scherm & G. Pietsch (Hrsg.), *Controlling – Theorien und Konzeptionen* (S. 116). München: Vahlen Verlag.

Schmidt, R. (1995). *Grundfunktionen des Controlling: Eine Analyse der betriebswirtschaftlichen Literatur zum Stand der aufgabenorientierten Controlling-Diskussion*. Frankfurt a. M.: Peter Lang Verlag.

Schweitzer, M. (1991). Planung und Kontrolle. In F. X. Bea, E. Dichtl & M. Schweitzer (Hrsg.), *Allgemeine Betriebswirtschaftslehre* (5. Aufl., Bd. 2: Führung, S. 17–100). Stuttgart: Gustav Fischer Verlag.

Schweitzer, M., & Friedl, B. (1992). Beitrag zu einer umfassenden Controlling-Konzeption. In K. Spremann & K. Aeberhard (Hrsg.), *Controlling: Grundlagen, Informationssysteme, Anwendungen* (S. 141–167). Wiesbaden: Gabler Verlag.

Soegtrop, U. (2003). *Nachhaltiger Wandel im Kloster: Organisationale Veränderungsprozesse in der Benediktinerinnenabtei Burg Dinklage*. Baden-Baden: Nomos.

Tredget, D. A. (2002). „The rule of benedict" and its relevance to the world of work. *Journal of Managerial Psychology, 17*(3), 219–229.

Velte, P. (2010). Stewardship-Theorie. *Zeitschrift für Planung & Unternehmenssteuerung, 20*(3), 285–293.

Weber, J., & Schäffer, U. (2020). *Einführung in das Controlling* (16. Aufl.). Stuttgart: Schäffer-Poeschl Verlag.

Welge, K. M., & Al-Laham, A. (1992). *Planung: Prozesse – Strategien – Maßnahmen*. Wiesbaden: Gabler Verlag.

Personalcontrolling im Krankenhaus

Tobias Nemmer und Julia Schuster

Zusammenfassung

Krankenhäuser stehen vor großen Herausforderungen. Einerseits wird es für die Kliniken immer schwieriger gut ausgebildetes pflegerisches, ärztliches und sonstiges Fachpersonal für sich zu gewinnen. Andererseits steigt jedoch auch der wirtschaftliche Druck im Krankenhaussektor unaufhörlich. Vor diesem Hintergrund müssen sich die Führungskräfte eines Klinikums die Frage stellen, wie sie die vorhandenen Personalressourcen im Klinikalltag optimal einsetzen können. Das Personalcontrolling kann hierzu einen wesentlichen Beitrag leisten.

Schlüsselwörter

Personalcontrolling · Krankenhäuser · Personalbedarfsermittlung · Kennzahlen · Kennzahlensysteme

1 Ausgangslage für Krankenhäuser

Zahlreiche Publikationen setzen sich mit dem Thema des Wandels im Krankenhaussektor bereits seit längerem auseinander. KERRES/LOHMANN stellten in diesem Zusammenhang bereits Anfang des Jahrtausends die nicht unberechtigte Frage, ob der ständige Wandel im Gesundheitssektor zur Normalität geworden ist, die keiner mehr so recht ernst nimmt (Kerres und Lohmann 2000, S. 13). Allerdings hat sich der Krankenhaussektor auch in den letzten Jahren nicht wirklich beruhigt. Stattdessen sehen sich die deutschen Krankenhäuser weiterhin mit einigen Heraus-

T. Nemmer (✉)
Hochschule Aalen, Aalen, Deutschland
E-Mail: tobias.nemmer@hs-aalen.de

J. Schuster
Oberasbach, Deutschland

W. Becker, P. Ulrich (Hrsg.), *Handbuch Controlling*,
https://doi.org/10.1007/978-3-658-26431-4_78

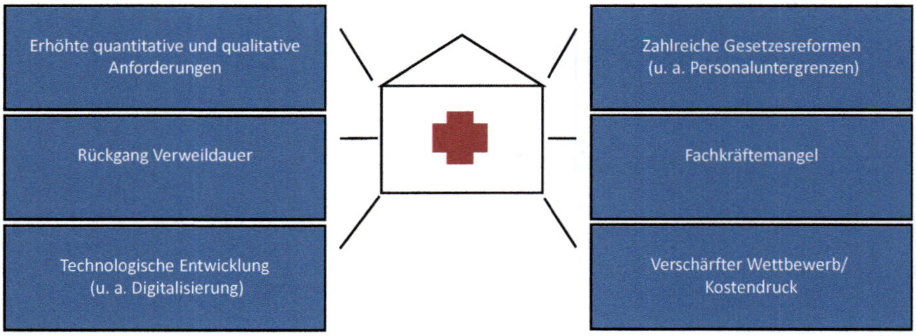

Abb. 1 Wandel im Krankenhaussektor (eigene Darstellung)

forderungen konfrontiert. Nachfolgend werden einige wesentliche Herausforderungen skizziert und der Bezug zum Personalcontrolling hergestellt (Abb. 1).

Von 1991 (ca. 14,6 Mio. Fälle) bis 2017 (ca. 19,4 Mio. Fälle) sind die Fallzahlen in den Krankenhäusern kontinuierlich angestiegen (Statistisches Bundesamt 2018a, S. 11). Ein längerfristiger Rückgang der Fallzahlen ist aufgrund der demografischen Entwicklung bzw. des medizinisch-technischen Fortschrittes aktuell auch nicht absehbar. Ferner wird den Krankenhäusern unter dem Stichwort der „angebotsinduzierten Nachfrage" auch immer wieder vorgeworfen, dass sie Leistungen erbringen, die medizinisch nicht notwendig sind und dies zu einem nicht unerheblichen Anstieg der stationären Fallzahlen beiträgt. Die angebotsinduzierte Nachfrage begründet sich im Informationsungleichgewicht zwischen Arzt und Patient. Der Krankenhauspatient vermag in der Regel Art und Umfang der Behandlung nicht zu bestimmen. Er entscheidet nur, ob er einen Arzt oder ein Krankenhaus aufsucht oder nicht. Über die Behandlungsmethoden und den Umfang der Behandlung entscheidet ausschließlich der behandelnde Arzt. Der Arzt ist somit Anbieter und zugleich Nachfrager nach Krankenhausleistungen (vgl. hierzu ausführlich Breyer et al. 2013, S. 353–372). Um dem Trend steigender Leistungszahlen entgegenzuwirken hat der Gesetzgeber in den letzten Jahren mehrere Maßnahmen ergriffen. Hierzu zählt u. a. die Einführung des Mehrleistungsabschlags bzw. Fixkostendegressionsabschlags. Es bleibt abzuwarten, inwiefern diese Vergütungsabschläge auf zusätzlich im Krankenhausbudget vereinbarte Leistungszahlen ihre Wirkung entfachen.

Eine zentrale Veränderung ergibt sich für viele Krankenhäuser auch aus den gestiegenen Erwartungen der Patienten, Angehörigen, Einweisern und des Gesetzgebers an eine qualitativ hochwertige Behandlung und die breite Verfügbarkeit möglichst vieler medizinischer Leistungen. Dabei werden nicht nur erhöhte Anforderung an Diagnostik und Therapie gestellt. Vielmehr müssen auch Hotellerie- und Freizeitleistungen (wie z. B. Essen, Verfügbarkeit von WLAN, Zimmer etc.) höchsten Komfortansprüchen genügen.

Hinzu kommt, dass im Zeitraum von 1991 bis 2017 die Verweildauer, also der durchschnittliche Zeitraum, den ein Patient im Rahmen einer vollstationären Behandlung im Krankenhaus verbracht hat, von 14,0 Tagen auf 7,3 Tage zurückgegangen ist (Statistisches Bundesamt 2018a, S. 11).

Diese skizzierten Umstände sind in den Kliniken tagtäglich spürbar. So klagen Ärzte und Pflegekräfte zunehmend über die Arbeitsverdichtung im klinischen Geschehen und dass sie nicht mehr genug Zeit für ihre Patienten haben (MLP 2019, S. 10–11). Das Gefühl immer mehr Patienten, mit immer höheren Ansprüchen an die Versorgung, in immer kürzerer Zeit durch das Krankenhaus zu „schleusen", kann zu einer permanenten Überforderung des Personals und in Folge dessen hohen Krankenständen, innerer Kündigung und hohen Fluktuationsraten führen. Auch kann die Arbeitsverdichtung im klinischen Alltag ein hoher Risikofaktor für das Auftreten von Burnout sein (Grosser 2014, S. 212). Mit einem funktionierenden Personalcontrolling können Auffälligkeiten (z. B. in Form von hohen Krankenständen in einzelnen Abteilungen/Stationen bzw. erhöhten Fluktuationsquoten) erkannt und Gegensteuerungsmaßnahmen ergriffen werden.

Deutsche Krankenhäuser stehen darüber hinaus in Bezug auf die Digitalisierung vor einer Aufholjagd, was ebenfalls spürbare Auswirkungen auf das Personalcontrolling hat. Nimmt man beispielsweise das Electronic Medical Records Adoption Model (EMRAM), um den Digitalisierungsgrad im Krankenhaus zu messen, stellt man fest, dass es in Deutschland kein einziges Krankenhaus gibt, dass die höchste Stufe (Stufe 7) innerhalb dieses Rankings erreicht. Stattdessen dümpeln deutsche Krankenhäuser mit einem EMRAM-Mittelwert von 2,3 am unteren Ende der Tabelle. Dies bedeutet, dass Arbeitsabläufe kaum digital umgesetzt sind. Auch im internationalen Vergleich ist dabei erkennbar, dass die deutschen Kliniken vielen anderen Ländern (insbesondere Dänemark und USA) hinterherhinken (Stephani et al. 2019, S. 21–25). Dies ist auch im Personalcontrolling spürbar. So ist in der deutschen Kliniklandschaft nur in den seltensten Fällen ein voll automatisiertes und IT-gestütztes Personalcontrolling vorzufinden. Häufig kommen stattdessen manuell geführte Listen zum Einsatz, die aus unterschiedlichen IT-Subsystemen händisch gespeist werden müssen, was nicht nur sehr aufwändig, sondern auch fehleranfällig ist.

Ferner führen auch gesetzgeberische Maßnahmen dazu, dass das Personalcontrolling an Bedeutung in den Kliniken gewinnt. Mit dem Pflegepersonal-Stärkungsgesetz (PpSG) bzw. mit der Pflegepersonaluntergrenzen-Verordnung (PpUGV) möchte der Gesetzgeber zu einer Verbesserung der Pflegebedingungen in den Kliniken beitragen. Hierzu wurde gesetzgeberisch unter anderem festgelegt, dass jede aufgestockte Pflegestelle vollständig von den Kostenträgern zu refinanzieren ist. Ferner sollen die Pflegepersonalkosten unabhängig von den DRGs über separate Pflegebudgets vergütet werden. Darüber hinaus werden auch die Pflegepersonaluntergrenzen fortwährend weiterentwickelt. All diese Maßnahme führen jedoch auch dazu, dass die Kliniken Personaldaten auswerten, überwachen und liefern müssen, die häufig in der gewünschten Form nicht verfügbar sind. Auch dies erfordert zunehmend die Einbindung eines umfassenden Personalcontrollings.

Hinzu kommt, dass kaum ein Thema aus dem Gesundheitswesen so emotional diskutiert wird, wie der Fachkräftemangel. Die Diskussion findet dabei auf allen Ebenen der Politik, der Leistungserbringer und der Wissenschaft statt und wurde durch die Corona-Pandemie nochmals verschärft. Unter den Begriffen „Ärzteengpass" oder „Pflegemangel" findet man eine Vielzahl an Diskussionen und Beiträgen, die die Problematik rund um die ärztliche und pflegerische Versorgung aufgreifen. So gehen z. B. Augurzky und Kolodziej in ihrem Worst-Case-Szenario davon aus, dass bis zum Jahr 2030 1,3 Mio. Fachkräfte im Gesundheits- und Sozialwesen fehlen werden (Augurzky und Kolodziej 2018, S. 19). Bereits heute sind die Vakanzzeiten offener Stellen v. a. im Bereich der Fachkräfte für Kranken- und Altenpflege überdurchschnittlich hoch (Bundesagentur für Arbeit 2019, S. 14–15). Essentiell für die Krankenhäuser ist es daher eine langfristige Personalplanung vorzunehmen und Personalbedarfe zeitnah zu identifizieren. Ferner ist auch die Effektivität der Personalbeschaffungswege kritisch zu überprüfen. Auch hier wird die verstärkte Bedeutung des Personalcontrollings ersichtlich.

Zuletzt sei noch darauf hingewiesen, dass der Wettbewerb im Krankenhaussektor in der Vergangenheit zugenommen hat. Der Wettbewerb zwischen Krankenhäusern kann dabei nicht als Preiswettbewerb verstanden werden, da aufgrund des DRG-Systems den Kliniken die Autonomie zur selbstständigen Preisfestsetzung im Normalfall fehlt. Es kann jedoch zu einem „Wettbewerb um Fälle" kommen (Bruckenberger et al. 2006, S. 162). Dass diese Form des Wettbewerbs durchaus auch ihre Wirkung entfacht, wird ersichtlich, wenn man einen Blick auf die Anzahl der Krankenhäuser wirft. So zeichnet sich weiterhin ein Konzentrationsprozess in der deutschen Kliniklandschaft ab. Seit 1991 mussten lt. Statistischem Bundesamt 469 Krankenhäuser schließen. Betroffen waren davon überwiegend Krankenhäuser in öffentlicher Trägerschaft, während der Anteil der Krankenhäuser in privater Trägerschaft deutlich zugenommen hat (Statistisches Bundesamt 2018a, S. 16). Zusätzlich stehen die Krankenhäuser nach wie vor unter einem erheblichen Kostendruck (Abb. 2), da bei regelmäßig hohen Fixkosten bereits geringe Schwankungen in der Nutzung vorhandener Bettenkapazitäten aus einer guten Ertragslage schnell eine Verlustsituation entstehen lassen können. Den Personalkosten, die traditionell mit ca. 60 % den größten Kostenblock im Krankenhaus darstellen

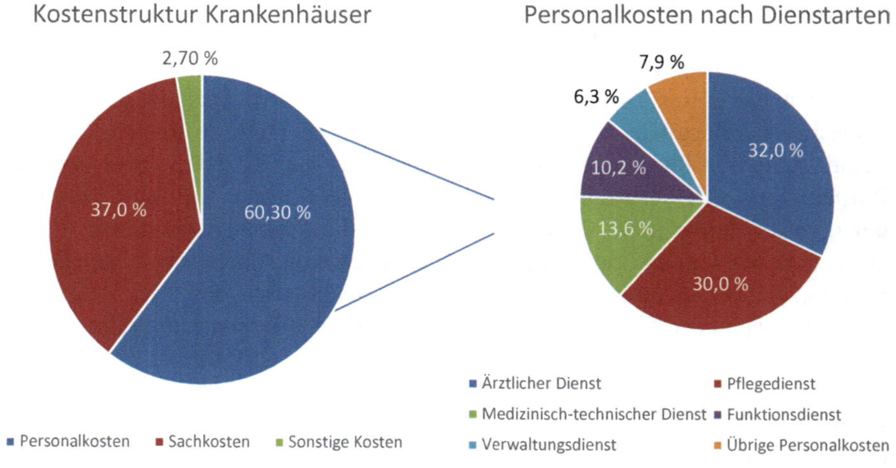

Abb. 2 Kostenstruktur im Krankenhaus (eigene Darstellung in Anlehnung an Statistisches Bundesamt 2018b, S. 7–8)

(Statistisches Bundesamt 2018b, S. 7), muss dabei im Zuge des Personalcontrollings besondere Beachtung geschenkt werden.

Zusammenfassend kann somit festgehalten werden, dass das Personalcontrolling im Krankenhaussektor verstärkt an Geltung gewinnt. Nachfolgend werden im Rahmen dieses Beitrags einige grundlegende Informationen zum Personalcontrolling im Krankenhaus wiedergegeben (Abschn. 2). Im Anschluss daran wird in Abschn. 3 die quantitative Personalbedarfsermittlung bzw. in Abschn. 4 die Steuerung mittels Personalkennzahlen genauer betrachtet. Diese beiden Instrumente des Personalcontrollings sind in der deutschen Kliniklandschaft von übergeordneter Bedeutung und werden daher separat und ausführlich beschrieben. Auf weitere Methoden und Verfahren des Personalcontrollings, wie z. B. der Humanvermögensrechnung, der Kostenstrukturanalyse und dem Bildungscontrolling wird im Rahmen dieser Arbeit nicht eingegangen (für eine ausführliche Betrachtung weiterer Methoden und Verfahren vgl. u. a. Haubrock und Öhlschlegel-Haubrock 2018, S. 192–213).

2 Grundlagen des Personalcontrollings

Da sich bisher keine einheitliche Definition für den Begriff „Controlling“ in der wissenschaftlichen Literatur durchsetzen konnte und stattdessen je nach Blickwinkel informationsorientierte, erfolgszielbezogene, koordinationsorientierte und rationalitätsorientierte Aspekte in den Vordergrund gerückt wurden, ist es auch nicht weiter verwunderlich, dass auch der Begriff des „Personalcontrollings“ teilweise sehr uneinheitlich abgegrenzt wird. Ohne an dieser Stelle auf die unterschiedlichen definitorischen Ansätze einzugehen, wird nachfolgend der Definition von BÜHNER gefolgt. Dieser versteht unter Personalcontrolling „die Ausrichtung der Planung, Steuerung und Kontrolle von personalwirtschaftlichen Prozessen auf den wirtschaftlichen Erfolg des Unternehmens“ (Bühner 2005, S. 340). Diese Definition lässt sich auch auf das Krankenhaus übertragen. Im Unterschied zu industriellen und Handelsunternehmen streben jedoch Krankenhäuser häufig nicht primär nach wirtschaftlichen Erfolg (z. B. in Form von Gewinnmaximierung). Stattdessen stehen vor allem bei öffentlichen und freigemeinnützigen Krankenhäuser nicht-monetäre Ziele im Vordergrund. Hierzu zählen z. B. die Erreichung einer möglichst hohen Patientenzufriedenheit, die Sicherstellung einer hohen Qualität der Leistungsangebote und ein positives Image (Helmig 2005, S. 182–185). Aus diesem Grund ist die Definition von BÜHNER für Krankenhauszwecke etwas breiter hinsichtlich der Zielausrichtung zu fassen. Nachfolgend wird deshalb unter Personalcontrolling die Ausrichtung der Planung, Steuerung und Kontrolle von personalwirtschaftlichen Prozessen zur allgemeinen Zielerreichung des Klinikums verstanden.

Das Personalcontrolling (Abb. 3) bezieht sich als eine übergeordnete Komponente der Personalarbeit auf sämtliche personalwirtschaftliche Handlungsfelder also z. B. auf die:

- Personalbedarfsplanung
- Personaleinsatz
- Personalbindung und -erhaltung
- Personalentwicklung

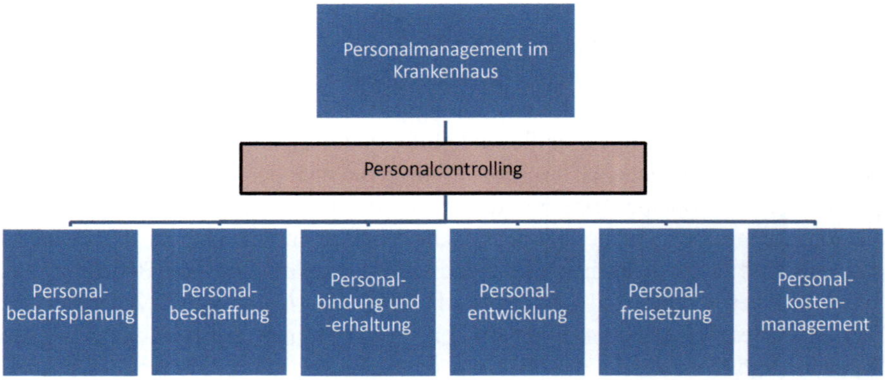

Abb. 3 Handlungsfelder Personalmanagement (eigene Darstellung in Anlehnung an Schuster et al. 2018, S. 14)

- Personalfreisetzung und
- Personalkostenmanagement

Ziel ist es innerhalb dieser personalwirtschaftlichen Handlungsfelder Wirtschaftlichkeitspotenziale zu identifizieren und Handlungsempfehlungen abzuleiten um diese Potenziale entsprechend nutzen zu können (Bühner 2005, S. 340).

Im Wesentlichen übernimmt das Personalcontrolling dabei fünf funktionsspezifische Aufgaben. Zu diesen Aufgaben zählen lt. Ansicht der Deutschen Gesellschaft für Personalführung e. V. (DGFP):

- Informationsversorgung und Berichterstattung
- Schaffung von Transparenz
- Früherkennung von Personalchancen und -risiken
- Koordination personalwirtschaftlicher Funktionen
- Sensibilisierung für die Personalarbeit (Armutat 2013b, S. 23–28)

Das Personalcontrolling lässt sich hinsichtlich seiner Dimensionen in einen strategischen bzw. operativen Ansatz, in einen quantitativen bzw. qualitativen oder einen prozessorientierten bzw. faktororientierten Ansatz unterteilen (Heinze 2007, S. 802–805; Armutat 2013a, S. 20–22).

3 Personalbedarfsplanung für Krankenhäuser

3.1 Grundlagen der Personalbedarfsplanung

Wie bereits in Abschn. 2 beschrieben wurde, erstreckt sich das Personalcontrolling über sämtliche Handlungsfelder des Personalmanagements. Eine besondere Bedeutung erhält das Personalcontrolling dabei im Zusammenhang mit der Personalbe-

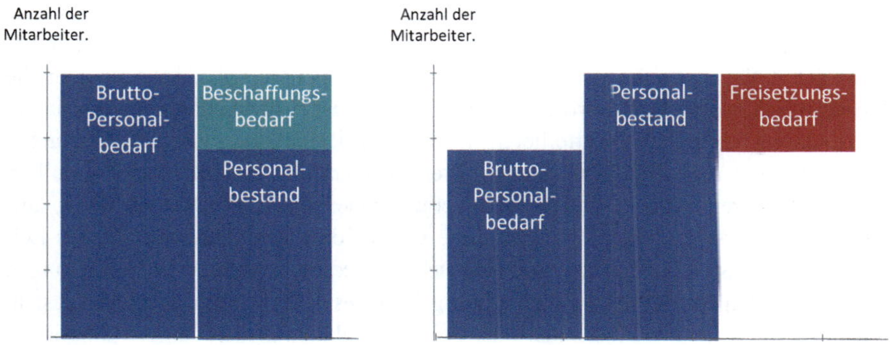

Abb. 4 Soll- und Ist-Personalbestand (eigene Darstellung in Anlehnung an Nicolai 2019, S. 50)

darfsplanung im Klinikum (Abb. 4). „Als Personalbedarfsplanung werden alle Maßnahmen zur Ermittlung der Art (z. B. fachliche Qualifikation) und Anzahl (quantitative Komponente) von Mitarbeitern bezeichnet, die in einem Krankenhaus zu einem bestimmten Zeitpunkt benötigt werden“ (Schuster et al. 2018, S. 30). Die Aufgabe der Personalbedarfsplanung besteht somit darin, für den Planungszeitraum den erforderlichen Soll-Personalbestand (= Bruttopersonalbedarf) qualitativ differenziert zu bestimmen. Der Bruttopersonalbedarf ergibt sich abgeleitet aus den geplanten betrieblichen Aktivitäten unter Berücksichtigung eines entsprechenden Mehrbedarfs für Fehlzeiten. Der Bruttopersonalbedarf wird anschließend mit dem Ist-Personalbestand zum Planungszeitpunkt ins Verhältnis gesetzt. Der Ist-Personalbestand berücksichtigt den aktuellen und gegenwärtigen Personalbestand inklusive der feststehenden bzw. prognostizierten Zu- und Abgänge (Schär 2009, S. 413). Ist der Bruttopersonalbedarf größer als der Ist-Bestand, so ergibt sich ein Beschaffungsbedarf (= Nettopersonalbedarf). Ist der Soll-Bestand hingegen kleiner als der Ist-Bestand, so ergibt sich ein entsprechender Personal-Freisetzungsbedarf (Nicolai 2019, S. 49–50).

Die Erhebung der Daten kann auf der Ebene einzelner Dienstarten (z. B. Ärztlicher Dienst, Pflegedienst, Medizinisch-technischer Dienst, Verwaltung), auf Ebene einzelner Kostenstellen, Fachabteilungen, Stationen bzw. in Klinikverbänden auch auf Ebene einzelner Krankenhäuser erfolgen (Hentze und Kammel 2010, S. 188–189). Gerade in der Krankenversorgung ist es zur Aufrechterhaltung einer qualitativ hochwertigen Versorgung von grundlegender Bedeutung, nicht nur eine ausreichende Anzahl an Mitarbeitern vorzuhalten, sondern auch über fachlich sehr gut ausgebildete und qualifizierte Mitarbeiter zu verfügen. Dies ist im Krankenhaus besonders schwierig, da die Leistungsinanspruchnahme durch die Patienten auf der Zeitachse zumeist sehr ungleichmäßig verteilt und auch nur bedingt vorhersehbar ist, was u. a. die Corona-Pandemie wieder verdeutlicht hat. Es muss jedoch immer so viel Personal vorhanden sein, dass Patienten auch ohne längere Wartezeit behandelt werden können, was häufig Leerzeiten und Ineffizienzen bedingt. Allerdings dürfen sich die Kliniken auf Grund des zunehmenden Kostendrucks im Gesundheitswesens nicht den Luxus leisten, zu viel Personal vorzuhalten (Naegler und Garbsch 2017, S. 95–97). Die quantitative Personalbedarfsermittlung ist in diesem Zusammenhang ein wichtiger Indikator dafür, ob zusätzliches Personal eingestellt werden soll oder ob personelle Überkapazitäten abgebaut werden müssen. Essentiell ist es daher, dass die Personalbedarfsplanung verlässliche Werte liefert. Damit dies der Fall ist, muss die Personalbedarfsermittlung regelmäßig hinsichtlich ihrer Realitätsnähe bewertet und kontrolliert werden. Eine reine Fortschreibung von Vergangenheitsdaten ist zwar als wenig aufwendig zu beurteilen, allerdings setzt diese voraus, dass keine Änderungen des Leitungsprogramms vorhanden sind und dass sich die Bedingungen bzw. Voraussetzungen im Zeitablauf nicht geändert haben. Häufig bietet es sich deshalb an (zumindest in regelmäßigen zeitlichen Abständen oder bei einem akuten Bedarf) eine Nullbasisplanung vorzunehmen. Im Rahmen der Nullbasisplanung wird der Personalbedarf für die kommenden Perioden ohne Berücksichtigung der Ergebnisse aus der Vergangenheit vollständig neu ermittelt. Der Arbeitsaufwand ist dabei immens. Allerdings kann nur so evaluiert werden, ob z. B. Planzahlen oder Ausfallquoten in der Vergangenheit zu niedrig/zu hoch angesetzt waren (Naegler und Garbsch 2017, S. 98–99).

Im Rahmen der Personalbedarfsplanung sind bestimmte interne und externe Einflussfaktoren zu berücksichtigen. Diese umfassen:

Interne Einflussgrößen:

- Geplante Case-Mix-Punkte
- Leistungsprogramm
- Qualifikation und Leistungsbereitschaft der Beschäftigten
- Arbeitszeitregelungen
- Urlaubsansprüche
- Fehlzeiten, Krankenstand
- Einarbeitungszeiten
- Anstehende Eintritte in den Ruhestand
- Fluktuation
- Organisatorische, bauliche und technische Rahmenbedingungen

Externe Einflussgrößen:

- Entwicklung der Gesamtwirtschaft bzw. des Krankenhausmarktes
- Politische Erwartungen/Gesundheitspolitik
- Entwicklung der rechtlichen Rahmenbedingungen (z. B. Pflegepersonaluntergrenzen/Arbeitsrecht)
- Technologische Veränderungen (z. B. Künstliche Intelligenz, Robotik) (Naegler und Garbsch 2017, S. 101–104; Schuster et al. 2018, S. 31–32; Cording-de Vries 2019, S. 136–138)

Diese einzelnen Faktoren sind bei der Personalbedarfsplanung zusammenhängend zu berücksichtigen.

3.2 Quantitative Personalbedarfsermittlung

Zur Bestimmung des quantitativen Personalbedarfs haben sich in der Praxis unterschiedliche Methoden etabliert. Die Begrifflichkeiten werden in der Literatur nicht einheitlich verwendet. In der Praxis ist auch eine Kombination unterschiedlicher Verfahren durchaus denkbar (Cording-de Vries 2019, S. 140). Nachfolgend werden folgende Methoden mit Bezug zum Krankenhaus skizziert:

- Schätz-Verfahren
- Stellenplan-Verfahren/Arbeitsplatzmethode
- Kennzahlen-Verfahren/Anhaltszahlenrechnung
- Leistungsorientiertes-Verfahren/Leistungseinheitsrechnung
- Erlösorientiertes-Verfahren (anhand InEK-Daten)

Das einfachste aber auch ungenaueste Verfahren ist das *Schätz-Verfahren.* Im Rahmen des Schätz-Verfahrens werden entweder einfache Schätzungen vorgenommen oder Experten, z. B. leitende Ärzte oder Stationsleitungen hinsichtlich des Personalbedarfs befragt. Man erhält hier sehr schnell Werte, allerdings sind diese Werte in den seltensten Fällen objektiv, da Intuition und unterschiedliche Erfahrungen eine gewichtige Rolle im Rahmen der Schätzung spielen (Nicolai 2019, S. 53). Ferner besteht gerade bei der Befragung interner Experten häufig ein Interesse daran, bestimmte „Puffer" hinsichtlich des Personalbedarfs einzuplanen. Um dies zu vermeiden, kann die Einbeziehung von externen Experten bzw. die Anwendung systematischer Expertenbefragungen (z. B. mittels Delphi-Methode) bessere Ergebnisse liefern (Kolb 2010, S. 616–617).

Im Rahmen des *Stellenplan-Verfahrens* bzw. der *Arbeitsplatzmethode* wird der Personalbedarf aufgrund von vorliegenden Stellenplänen, Organigrammen, Hierarchien oder Aufgabengliederungen bestimmt (Bartscher und Huber 2007, S. 65–66). Je Arbeitsplatz wird dann die notwendige Anwesenheitszeit rechnerisch ermittelt und in Relation zu der Soll-Arbeitszeit einer Vollkraft gesetzt, um den entsprechenden Personalbedarf bestimmen zu können (Oswald et al. 2017, S. 375). Vorteil dieser Methode ist der geringe Erhebungsaufwand. Nachteilig ist, dass Auslastungsüberlegungen nicht angestellt werden und dass das konkrete Leistungsgeschehen keine Berücksichtigung findet. Das Verfahren ist für Kliniken in Bereichen anwendbar, die eine bestimmte personelle Mindestbesetzung unabhängig vom tatsächlichen Arbeitsanfall erfordern (Schuster et al. 2018, S. 35–36). Typische Arbeitsplätze im Krankenhaus, bei denen dieses Verfahren Anwendung findet, sind die Besetzung der Pforte, der Telefonzentrale bzw. des Bereitschaftsdienstes (Oswald et al. 2017, S. 375). Nachfolgend soll ein stark vereinfachtes Beispiel in Anlehnung an Naegler und Garbsch für die Anwendung der Arbeitsplatzmethode gezeigt werden. Schwieriger wird dieses Verfahren bereits dann, wenn berücksichtigt wird, dass an verschiedenen Wochentagen mehrere Personen mit unterschiedlichen Arbeits- und Pausenzeiten anwesend sein müssen (Oswald et al. 2017, S. 375).

Beispiel (in Anlehnung an Naegler und Garbsch 2017, S. 108)
Die Pforte eines Krankenhauses muss ganzjährig rund um die Uhr besetzt sein. Es ergeben sich folgende Daten:

- Zahl Arbeitsplätze (A): 1
- Zahl Schichten/Tag (S): 3
- Zahl der Tage p.a. (T): 365
- Zeit/Schicht in h (Z): 8

Der Arbeitsmenge lässt sich dann über folgende Formel ermitteln:

$$A \times S \times T \times Z = 1 \times 3 \times 365 \times 8 = 8760\,\text{Stunden}$$

Der Personalbedarf wird anschließend ermittelt, indem die Arbeitsmenge (8760 Stunden) durch die jährliche Arbeitszeit eines Mitarbeiters unter Berücksichtigung von Ausfallzeiten für Krankheit, Urlaub, Schulungsmaßnahmen etc. dividiert wird. Geht man in obigem Beispiel von einer jährlichen Arbeitszeit eines Mitarbeiters von 1600 Stunden aus, so ergibt sich ein Personalbedarf von 5,5 VK.

Kennzahlen-Verfahren sind im Dienstleistungs- und Verwaltungsbereich weit verbreitet. Typischerweise kann der Personalbedarf anhand von Kennzahlen der Arbeitsproduktivität (z. B. Produktionsmengen pro Zeiteinheit) oder der Anzahl der Kunden bzw. des Umsatzes ermittelt werden. Auch die Festlegung der Arbeitskräftestruktur (z. B. Fachkraftquoten) kann anhand des Kennzahlen-Verfahrens erfolgen (Nicolai 2019, S. 54). Im Krankenhaussektor hat die Bestimmung des Personalbedarfs anhand von Kennzahlen bzw. Anhaltszahlen eine lange Tradition. So wurden bereits 1951 von der Deutschen Krankenhausgesellschaft Anhaltszahlen für die Besetzung von Krankenanstalten mit Pflegekräften und im Jahre 1969 Anhaltszahlen für die Besetzung der Krankenhäuser mit Ärzten veröffentlicht. Im Jahre 1974 erfolgte dann eine Modifikation und Anpassung der entsprechenden Anhaltszahlen (Plücker 2015, S. 226). Diese Anhaltszahlen haben jedoch heute keine große Bedeutung mehr und sind nicht mehr gesetzlich verpflichtend anzuwenden. Allerdings kann zukünftig im Bereich der Pflege auf die Pflegepersonaluntergrenzen als Anhaltswert zurückgegriffen werden. Zudem finden vielfach betriebsinterne Personalbedarfskennzahlen Anwendung bzw. es wird auf Benchmarking-Werte von externen Beratungsunternehmen zurückgegriffen (Cording-de Vries 2019, S. 140). Als mögliche Kennzahlen zur Ermittlung des Personalbedarfs kommen in Akutkliniken z. B. Bewertungsrelationen pro Vollkraft im Ärztlichen Dienst oder Pflegetage pro VK im Pflegedienst in Betracht. Der wesentliche Vorteil des Kennzahlen-Verfahrens besteht in der hohen Anschaulichkeit und Einfachheit des Vorgehens

(Schuster et al. 2018, S. 36). Zudem ist eine schnelle Abschätzung des benötigten Personalbedarfs möglich. Von Nachteil ist, dass die Methode weiterhin eher ungenau ist, da bei der Ermittlung des Personalaufwands von einem durchschnittlichen Aufwand ausgegangen wird. Hat ein Krankenhaus, eine Fachabteilung oder eine Station tendenziell aufwändigere Patienten (z. B. isolierungspflichtige oder besonders pflegeintensive Patienten), wird dies durch pauschale Kennzahlen nicht berücksichtigt. Ebenso werden individuelle Behandlungsstrategien sowie räumliche, apparative und organisatorische Gegebenheiten (z. B. Baustruktur und daraus entstehende Wegezeiten) nicht berücksichtigt. Kennzahlen zur Ermittlung des Personalbedarfs sind daher stets zu hinterfragen, ob eine Anpassung erfolgen muss (Schuster et al. 2018, S. 40–41).

Beispiel (in Anlehnung an Schuster et al. 2018, S. 40–41)
Ein Krankenhaus der Grund- und Regelversorgung mit 200 Betten erwartet für das kommende Planungsjahr 8250 Case-Mix-Punkte (CMP) bzw. 41.250 Belegungstage (BT).

Als Leistungsmengen je Vollzeitkraft werden festgelegt:

- Ärztlicher Dienst: 180 CMP je Vollzeitkraft (VK)
- Pflegedienst: 550 BT je Vollzeitkraft (VK)

Der Bedarf beträgt somit:

- Ärztlicher Dienst: 8250 CMP/180 CMP je VK = 45,8 VK
- Pflegedienst: 41.250 BT/550 BT je VK = 75,0 VK

Im Rahmen der *leistungsorientierten Personalbedarfsermittlung* bzw. Leistungseinheitsrechnung wird der Zeitaufwand je Aktivität und die Häufigkeit der zu verrichtenden Tätigkeit bestimmt. Anhand dieser Daten wird dann der entsprechende Personalbedarf bestimmt, indem die Arbeitsmenge der verschiedenen Teilaufgaben mit der benötigten Zeit je Teilaufgabe multipliziert wird und das Produkt durch die betriebsübliche Arbeitszeit einer Vollzeit-Arbeitskraft dividiert wird (Oswald et al. 2017, S. 374). Die leistungsorientierte Personalbedarfsermittlung setzt weitgehend standardisierbare und relativ homogene Aufgabengebiete und Tätigkeiten voraus (Bartscher und Huber 2007, S. 70). Diese liegen lt. Einschätzung von Oswald et al. im Krankenhaus vor allem in der Anästhesie, dem Labor, der Küche oder der Wäscherei vor (Oswald et al. 2017, S. 374–375). Das leistungsorientierte Verfahren zur Personalbedarfsermittlung liefert deutlich genauere Ergebnisse als die oben dargestellten Verfahren. Allerdings ist dieses Verfahren auch äußerst aufwändig, da im Vorfeld sämtliche Aktivitäten und Prozesse im Krankenhaus identifiziert werden müssen, um die entsprechende Transparenz für die leistungsorientierte Personalbedarfsermittlung zu generieren. Die Prozesse können dabei in Form von Befragungen, Beobachtungen bzw. Dokumentationsanalysen aufgenommen werden (Greiling 2007, S. 97). Gegebenenfalls sind auch medizinische Leitlinien oder Therapievorgaben und -standards vorhanden, auf die zurückgegriffen werden kann (Kothe-Zimmermann 2005, S. 71). Gerade bei der erstmaligen Aufnahme von Prozessen ist häufig auch mit Widerständen der Belegschaft zu rechnen, da diese Angst davor haben hinsichtlich ihrer individuellen Leistung transparent zu werden (Töpfer und Großekatthöfer 2006, S. 117). Aber nicht nur die Erfassung und Erhebung von Aktivitäten, Teilprozessen und Hauptprozessen ist erforderlich, sondern es ist auch zu bestimmen, wieviel Zeit eine entsprechende Aktivität benötigt bzw. wie häufig eine Aktivität durchgeführt wird. Der Zeitaufwand je Aktivität kann dabei über Zeit- und Arbeitsstudien (z. B. REFA-Methode, Selbstaufschreibung etc.) ermittelt werden (Bartscher und Huber 2007, S. 68–69). Dies muss auch mit der entsprechenden Sorgsamkeit geschehen, da eine unzureichende Erfassung von Aufgaben oder der Ansatz falscher Zeitwerte unweigerlich zu falschen Ergebnissen und damit zur personellen Unter- oder Überbesetzung des betrachteten Bereichs führt (Schuster et al. 2018, S. 40). Da das Verfahren sehr aufwändig ist, bietet es sich an die leistungsorientierte Personalbedarfsermittlung nicht sofort auf das gesamte Klinikum auszurollen, sondern die Einführung zuerst in einzelnen klar abgegrenzten Teilen des Klinikums vorzunehmen. Nachfolgend wird exemplarisch ein stark vereinfachtes Beispiel für die Leistungseinheitsrechnung anhand einer einzelnen Tätigkeit dargestellt. Möchte man unten genanntes Beispiel auf einen ganzen Bereich (Station/Abteilung etc.) übertragen, müssen alle anfallenden Tätigkeiten und Zeitwerte in diesem Bereich bestimmt werden. Darüber hinaus bedarf es auch der Berücksichtigung von Zeitzuschlägen für das Erfüllen ungeplant auftretender Aufgaben und Tätigkeiten.

Beispiel in Anlehnung an SCHUSTER et al. 2018, S. 39–40

Ein Krankenhaus nimmt pro Jahr 12.000 Patienten administrativ auf. Der Zeitaufwand pro administrative Aufnahme beträgt 20 Minuten.

Der gesamte Zeitaufwand für die administrative Aufnahme des Patienten beträgt:

$$12.000\ \text{Patienten} \times 20\ \text{Minuten} = 240.000\ \text{Minuten bzw. } 4000\ \text{Stunden}$$

Dieser Zeitbedarf wird anschließend durch die Soll-Arbeitszeit eines Mitarbeiters unter Berücksichtigung eines Reserveabschlags (z. B. für Urlaub, Schulung, Krankheit) dividiert. Geht man von einer jährlichen Arbeitszeit eines Mitarbeiters von 1600 Stunden aus, so ergibt sich ein Personalbedarf von 2,5 Vollkräften pro Jahr.

Die *erlösorientierte Personalbedarfsermittlung* ist im Krankenhaussektor viel beachtet (kritisch hierzu u. a. Fiedler und Grau 2019, S. 295–309). Zugegriffen wird im Rahmen dieses Verfahrens auf die InEK-Daten der Kalkulationskrankenhäuser, die öffentlich verfügbar sind und die durchschnittliche Kostensituation in den Kliniken abbilden sollen. Im Rahmen der InEK-Kalkulation wird für jede einzelne DRG ausgewiesen, wie viele Kosten in den einzelnen Kostenarten bzw. Kostenstellen angefallen sind. Die InEK-Daten der Kalkulation sind dabei matrixbezogen aufgebaut (vgl. Abb. 5). Aus ihnen lässt sich der Personalkostenanteil DRG-bezogen entnehmen und anhand der Leistungszahlen des Krankenhauses kann dann ermittelt werden, welcher Personalbestand über die DRG's refinanziert ist. Allerdings bedarf es auch hierzu noch einiger Anpassungen. So entspricht der effektive Casemix regelmäßig nicht dem Casemix nach InEK (auf Grund von Zu- und Abschlägen). Ferner ist der Personalkostenanteil für Zusatzentgelte (ZE) und neue Untersuchungs- und Behandlungsmethoden nicht in den InEK-Daten enthalten und manuell hinzuzurechnen (Cording-de Vries 2019, S. 141–142). Zudem können auch krankenhausspezifische Besonderheiten (z. B. Honorarkräfte, Outsourcing von Leistungsbereichen, Belegabteilungen, interne Verlegungen) entsprechend zu berücksichtigen sein (Oswald 2019, S. 73). Anwendung findet die erlösorientierte Personalbedarfsermittlung vor allem im Ärztlichen Dienst und Pflegedienst. In anderen Dienstarten können Zurechnungsprobleme auftreten (Cording-de Vries 2019, S. 142). Ein ausführliches Beispiel zur erlösorientierten Personalbedarfsermittlung und eine detaillierte Beschreibung der Vorgehensweise findet sich bei Henry und Schäfer (Henry und Schäfer 2017, S. 111–127).

4 Personalkennzahlen im Krankenhaus

4.1 Grundlagen Kennzahlen

Kennzahlen stellen Informationen in aggregierter Form dar. Auf deren Basis können seitens des Krankenhausmanagements Entscheidungen getroffen werden, sowie das Unternehmensgeschehen kontrolliert bzw. gesteuert werden. Ferner können mittels Kennziffern:

- Auffälligkeiten und Veränderungen frühzeitig erkannt werden (Anregungsfunktion)
- Ziele konkretisiert und messbar gemacht werden (Operationalisierungsfunktion)
- Zielgrößen definiert werden (Vorgabefunktion)
- Komplexe Steuerungsprozesse vereinfacht werden (Steuerungsfunktion)
- Soll-Ist-Vergleiche durchgeführt werden (Kontrollfunktion) (Hummel 2007, S. 509)

	Gesamt	Personalkosten			Sachkosten			Infrastruktur	
		Ärztlicher Dienst	Pflegedienst	Med.-techn. Dienst/ Funktions-dienst	Arzneimittel (Einzel- und Gemein-kosten)	Implantate/ Transplantate	Übriger medizinischer Bedarf	Medizinische Infrastruktur	Nicht-medizinische Infrastruktur
01 Normalstation									
02 Intensivstation									
03 Dialyse									
04 OP									
05 Anästhesie									
06 Kreißsaal									
07 Kardiologie									
08 Endoskopie									
09 Radiologie									
10 Labor									
11 Diagnostik									
12 Therapeutische Verf.									
13 Patientenaufnahme									

Abb. 5 InEK-Matrix (eigene Darstellung)

Kennzahlen lassen sich dabei nach unterschiedlichen Aspekten voneinander abgrenzen. Denkbar ist z. B. eine Abgrenzung in:

- Absolute und relative Kennzahlen
- Monetäre und nicht-monetäre Kennzahlen
- Lokale und globale Kennzahlen
- Traditionelle und wertorientierte Kennzahlen

Zu den *absoluten Kennzahlen* zählen z. B. die Zahl der Angestellten, die Bilanzsumme, das Betriebsergebnis. Relative Kennzahlen sind hingegen Kennzahlen, bei denen eine Größe ins Verhältnis zu einer anderen Größe gesetzt wird. *Relative Kennzahlen* lassen sich weiter unterteilen in Gliederungszahlen, Beziehungszahlen und Messzahlen (Indexzahlen). Bei Gliederungszahlen wird eine Teilgröße mit ihrer entsprechenden Gesamtgröße ins Verhältnis gesetzt. Als Beispiel hierfür sei auf die Eigenkapital- oder Fremdkapitalquote verwiesen, bei der das Eigenkapital bzw. Fremdkapital eines Klinikums ins Verhältnis zum Gesamtkapital gesetzt wird. Ferner stellt auch das Verhältnis von Personalaufwand zu den gesamten Aufwendungen eines Krankenhauses eine entsprechende Gliederungszahl dar. Bei Beziehungszahlen werden hingegen Größen, die in einem sachlogischen Zusammenhang stehen (i. d. R. Mittel-Zweck-Relation) in Beziehung gesetzt. Als Beispiel sei hier auf die Eigenkapitalrentabilität hingewiesen, bei der das eingesetzte Eigenkapital ins Verhältnis zum erwirtschafteten Gesamtergebnis gestellt wird. Mit Bezug zum Personal können hier auch Kennzahlen gebildet werden, bei der z. B. die Anzahl der Betriebsunfälle ins Verhältnis zu der Gesamtanzahl der Arbeitsstunden gesetzt wird. Indexzahlen werden zuletzt zur Darstellung von zeitlichen Veränderung bzw. zur Verdeutlichung zeitlicher Entwicklungen herangezogen. Der Wert des Basiszeitpunktes wird hier zumeist gleich 100 Prozent gesetzt. Alle weiteren Werte verschiedener Zeitpunkte werden im Verhältnis zu diesem Basiswert gemessen (Küpper et al. 2013, S. 471–472; Gladen 2014, S. 14–17; Horvath et al. 2015, S. 286).

Eine weitere Unterscheidung ist in monetäre bzw. nicht-monetäre Kennzahlen möglich. *Monetäre Kennzahlen* umfassen z. B. Rentabilitäts-, Erfolgs- bzw. Liquiditätskennzahlen. *Nicht-monetäre Kennzahlen* sind z. B. der Servicegrad oder der Auslastungsgrad von Kapazitäten (Weber und Schäffer 2016, S. 178). Übertragen auf das Krankenhaus können z. B. nicht-monetäre Kennzahlen die Anzahl der Patientenbeschwerden, der Auslastungsgrad des OPs oder bestimmte Qualitätsindizes sein.

Ferner kann zwischen lokalen und globalen Kennzahlen unterschieden werden. *Lokale Kennzahlen* beziehen sich auf einen abgegrenzten betrieblichen Bereich. *Globale Kennzahlen* erstrecken sich hingegen auf das Gesamtunternehmen (Weber und Schäffer 2016, S. 178). So können beispielsweise im Krankenhaus OP-Kennzahlen (wie z. B. Schnitt-Naht-Zeiten) lokale Kennzahlen darstellen, während die Eigenkapitalquote regelmäßig eine globale Kennzahl ist.

Die letzte hier beschriebene Form der Unterscheidung von Kennzahlen ist die Einteilung in traditionelle und wertorientierte Kennzahlen. *Traditionelle Kennzahlen* bauen auf Größen des Rechnungswesens auf. *Wertorientierte Kennzahlen* liefern hingegen eine Aussage zur Wertgenerierung (zum wertorientierten Ansatz vgl. Horvath et al. 2015, S. 210–218).

Trotz aller positiven Effekte von Kennzahlen bleibt jedoch auch festzuhalten, dass durch Kennzahlen häufig schwer oder nicht messbare Erfolgsfaktoren (wie z. B. Sozialkompetenzen oder das Betriebsklima) nicht erfasst werden. Dadurch besteht im Rahmen der Führung die Gefahr, dass Mitarbeiter alleine auf Kennzahlen reduziert werden. Hinzu kommt, dass Kennzahlen stets nur das Abbild eines Teils der Realität sind. Fokussiert man sich zu stark auf einzelne Kennzahlen (sog. Tunnelblick), besteht die Gefahr, dass relevante Aspekte vernachlässigt bzw. nur unzureichend berücksichtigt werden. Das Gefühl totaler Kontrolle des unternehmerischen Geschehens mittels Kennzahlen kann somit eine Illusion sein. Auch die Gefahr der Kennzahlenfixierung ist zu nennen. Hierunter ist zu verstehen, dass die Erreichung häufig kurzfristig ausgerichteter Kennzahlen wichtiger wird, als die langfristige Weiterentwicklung des Klinikums. Gerade wenn Zielvereinbarungen bzw. variable Vergütungsbestandteile an bestimmte Kennzahlen geknüpft sind, besteht zudem die Gefahr, dass Kennzahlen manipuliert bzw. beeinflusst werden (z. B. Ziele besonders niedrig gehalten werden) (Hafner und Polanski 2009, S. 39–40). Gerade bei den traditionellen Kennzahlen, die sich aus dem Rechnungswesen ableiten, kommt ferner hinzu, dass diese stets vergangenheitsorientiert und auf Grund bilanzieller Bewertungsspielräume wenig objektiv sind (Weber und Schäffer 2016, S. 183–184). Insgesamt sollten Kennzahlen daher immer auch kritisch gewürdigt werden.

4.2 Personalkennzahlen

In Abschn. 4.1 wurden bereits einige grundlegende Erkenntnisse zu den Kennzahlen und die Steuerung mittels Kennzahlen wiedergegeben, ohne dabei gesondert auf Personalkennzahlen einzugehen. Dies soll nun nachgeholt werden. Personalkennzahlen haben die Aufgabe und das Ziel, die Realität der personalwirtschaftlichen Situation im Krankenhaus abzubilden (Hafner und Polanski 2009, S. 16) und der Krankenhausleitung eine detaillierte Übersicht darüber zu liefern. Grundsätzlich existiert in der Literatur eine hohe Anzahl an Kennzahlen für den Personalbereich (vgl. hierzu ausführlich Hafner und Polanski 2009, S. 62–149; Schulte 2012, S. 182–243; Schirmer 2017, S. 326–333). Wenig zielführend erscheint es an dieser Stelle die einzelnen Kennzahlen detailliert zu beschreiben. Stattdessen werden nachfolgend nur wenige Personalkennzahlen genauer betrachtet, die im Rahmen einer Expertenbefragung unter Führungskräften in einem privaten Klinikkonzern als besonders wichtig eingeschätzt wurden (für eine ausführliche Darstellung der Studienergebnisse, vgl. Schuster et al. 2018, S. 60–88). Dabei handelt es sich um folgende Kennzahlen:

- Personalkosten je Vollkraft
- Netto-Personalbedarf
- Krankheitsquote (bzw. Fehlzeitenquote)

- Entwicklung Vollzeitkräfte
- Pflegetage je Vollkraft
- Fluktuationsquote
- Anteil der Personalkosten an den Gesamtkosten
- Mitarbeiterzufriedenheit

Die *Personalkosten je Vollkraft* lassen sich als Verhältnis der gesamten Personalkosten einer Periode zur durchschnittlichen Anzahl der Vollkräfte in einer Periode ermitteln. Die Personalkosten je VK geben den durchschnittlichen Aufwand für einen Mitarbeiter in einer definierten Periode an. Verändert sich die Höhe der Personalkosten je Vollkraft, kann dies z. B. auf Veränderungen in den Tarif- und Mitarbeiterstrukturen zurückzuführen sein.

Wie bereits in Abschn. 3 beschrieben wurde, ist die Bestimmung des Personalbedarfs von großer Bedeutung für jedes Klinikum. Es ist daher nicht verwunderlich, dass im Rahmen der Studie der Kennzahl des *Netto-Personalbedarfs* eine große Relevanz zugesprochen wurde. Durch diese Kennzahl kommt zum Ausdruck, wie viele Mitarbeiter, mit welcher Qualifikation, zu welchem Zeitpunkt, an welchem Ort, zur Umsetzung der geplanten Leistung zusätzlich eingestellt werden bzw. im anderen Fall freigesetzt werden müssen. Der Nettopersonalbedarf ergibt sich dabei über folgende Formel:

Brutto-Personalbedarf
− Personalbestand
+ Personalabgänge
− Personalzugänge
= Netto-Personalbedarf (Mitarbeiter)

Die *Krankheitsquote* ergibt sich als Quotient zwischen der Anzahl der krankheitsbedingten Ausfallzeiten (in Tagen) und der Anzahl der gesamten Arbeitstage. Die Kennzahl gibt einen wichtigen Aufschluss über den Gesundheitszustand der Mitarbeiter. Zudem kann anhand dieser Kennzahl auch untersucht werden, ob Auffälligkeiten in bestimmten Abteilungen, in Form eines sehr hohen Krankenstandes erkennbar sind. Dies kann z. B. auf ein schlechtes Klima oder schlechte Arbeitsbedingungen in der Abteilung bzw. auf der Station hindeuten. Die Krankheitsquote kann somit auch ein Frühwarnindikator für Probleme in den einzelnen Fachbereichen sein und es kann bei Auffälligkeiten entsprechend gegengesteuert werden. Dies ist auch notwendig, da bei Krankheit das Klinikum in der Regel zur Lohnfortzahlung verpflichtet ist, im Krankheitszeitraum allerdings keine Arbeitsleistung erhält. So können z. B. Maßnahmen des betrieblichen Gesundheitsmanagements angezeigt sein.

Von besonderer Bedeutung war für die befragten Führungskräfte auch die *Entwicklung der Vollzeitkräfte*. Dies ist eine relativ einfach zu erhebende Kennzahl. Gerade wenn man bedenkt, dass auf Grund des vereinbarten Krankenhausbudgets, ein leistungsseitiges Wachstum für Krankenhäuser nur sehr eingeschränkt möglich ist, ist es für die Führungskräfte eines Klinikums extrem wichtig, die Veränderung der Vollkräfteentwicklung im Auge zu behalten. Ein starkes personelles Wachstum ohne entsprechende Mehrleistungen, kann für ein Krankenhaus massive Auswirkungen in Form einer verschlechterten Ertragslage haben. Anhand dieser Kennzahl können auf den ersten Blick Veränderungen in der Vollkräfteentwicklung erkannt werden und entsprechende Gegensteuerungsmaßnahmen ergriffen werden.

Die Kennzahl *Pflegetage je Vollkraft* findet häufig zur Steuerung des Pflegedienstes Anwendung. Die Kennzahl gibt einen Hinweis auf die Effizienz des Pflegepersonals, d. h. wie viele Patientenbehandlungstage je Pflege-Vollkraft erbracht werden. Zu beachten ist, dass es im Vergleich zu Verzerrungen kommen kann, z. B. bei Intensivstationen bzw. bei isolierpflichtigen Patienten, die im Vergleich zu Normalstationen deutlich personalintensiver sind. Gerade im Stationsvergleich liefert diese Kennzahl wichtige Hinweise auf mögliche Verbesserungspotenziale. Im Ärztlichen Dienst wird als Pendant zu oben genannter Kennzahl häufig auf die Kennzahl *Case-Mix Punkte je Vollkraft* zurückgegriffen.

Auch die *Fluktuationsquote* und im speziellen die *Frühfluktuationsquote* kann als Indikator für den Grad der Zufriedenheit der Belegschaft herangezogen werden. Die Fluktuationsquote lässt sich anhand der Schlüter-Formel (Anzahl der Austritte/(Anfangsbestand + Zugänge Personal) * 100) bzw. anhand der BDA-Formel ermitteln (Freiwillig ausgeschiedene Mitarbeiter/durchschnittlicher Personalbestand * 100).

Zuletzt sei an dieser Stelle noch auf den *Anteil der Personalkosten an den Gesamtkosten* bzw. die *Mitarbeiterzufriedenheit* hingewiesen. Diese beiden Kennziffern wurden im Rahmen der Befragung ebenfalls als sehr wichtig eingeschätzt. Der Anteil der Personalkosten an den Gesamtkosten ist dabei im Gegensatz zur Mitarbeiterzufriedenheit relativ einfach zu erheben. Die Mitarbeiterzufriedenheit kann hingegen nur indirekt über Kennzahlen wie z. B. die Fluktuationsquote oder den Krankenstand bzw. direkt über eine umfassende Mitarbeiterbefragung ermittelt werden. Die Mitarbeiterbefragung kann trotz eines gewissen Aufwands dennoch sinnvoll sein, da so auch Problemfelder und Wünsche der Mitarbeiter identifiziert und Veränderungsmaßnahmen abgeleitet werden können (für eine ausführliche Betrachtung der jeweiligen Kennzahlen in Form von Kennzahlenblättern, vgl. Schuster et al. 2018, S. 95–101).

4.3 Personalkennzahlensysteme und Management-Cockpit

Die Aussagekraft einzelner Kennzahlen ist in der Regel eher begrenzt. In der Praxis bietet sich deshalb die Kombination mehrerer Kennzahlen an, um die Transparenz und Aussagekraft steigern zu können (Gleich 2011, S. 10). Ein solches Kennzahlensystem muss an die geschäftspolitischen Zielsetzungen des Unternehmens angepasst werden. Eines der ältesten Kennzahlensysteme wurde vom amerikanischen Unternehmen E.I. DuPont de Nemours & Co. entwickelt. Im Rahmen des *DuPont Kennzahlensystem* werden ausgehend vom Return on Investment weitere finanzielle

Kennzahlen abgeleitet. Eine Weiterentwicklung des DuPont Kennzahlensystems ist das *ZVEI-Kennzahlensystem*, bei dem mehr als 200 Kennzahlen mathematisch verknüpft dargestellt werden (Haubrock 2009, S. 445–447; Horvath et al. 2015, S. 291–295).

Die beiden oben genannten Kennzahlensysteme fokussieren sich alleine auf finanzielle Kenngrößen. Da jedoch vor allem öffentliche und freigemeinnützige Krankenhäuser nicht nur nach ökonomischen Erfolg und Gewinnmaximierung streben, müssten neben der finanziellen Perspektive auch noch weitere Kennzahlen betrachtet werden. Dies geschieht im Rahmen der *Balanced Scorecard*. Die Balanced Scorecard wurde Anfang der 90er-Jahre von Robert S. Kaplan und David P. Norton in den USA entwickelt. Die Einführung einer Balanced-Scorecard ist sehr aufwändig, da ausgehend von der Unternehmensstrategie bestimmte Unternehmensziele abgeleitet werden müssen und es anschließend einer Operationalisierung der Ziele anhand von Kennzahlen und Zielvorgaben bedarf. Im Unterschied zu den finanziellen Kennzahlensystemen werden im Rahmen der Balanced Scorecard neben den finanziellen Kennzahlen weitere Kennzahlen aus der Kundenperspektive, der Prozessperspektive und der Lern- und Entwicklungsperspektive betrachtet. Die einzelnen Perspektiven stehen nicht isoliert nebeneinander, sondern sind miteinander verknüpft (vgl. hierzu ausführlich Kaplan und Norton 1992, S. 71–79).

- *Finanzperspektive*: klassische finanzielle Kennzahlen, u. a. bezogen auf Kosten, Erlöse, Gewinne, Deckungsbeiträge, Liquidität, Case Mix bzw. Case Mix Index
- *Kunden-/Patientenperspektive*: Kennzahlen, wie z. B. Zufriedenheitskennzahlen von Einweisern und Patienten, Beschwerden, positive Berichte in Fachpresse
- *Prozessperspektive*: Kennzahlen, wie z. B. Qualitätsindikatoren, Schnitt-Naht-Zeiten, Wechselzeiten, Auslastung, Verweildauer
- *Lern- und Entwicklungsperspektive*: Kennzahlen, wie z. B. Vorschläge pro Mitarbeiter, Anzahl erfolgreich abgeschlossener Schulungen, Krankenstand, Fluktuationsrate (für eine ausführliche Darstellung mit Bezug zum Krankenhaus Haubrock 2009, S. 461–463)

Durch diese ganzheitliche und mehrdimensionale Betrachtung wird den Führungskräften im Klinikum ein umfassender Überblick über das Leistungsgeschehen im Klinikum gegeben. Die „richtige" Anzahl an Kennzahlen gibt es nicht. Vielmehr besteht die Herausforderung darin, wenige aber strategisch wichtige Kennzahlen auszuwählen (Niven 2009, S. 233). Da die Einführung einer Balanced Scorecard allerdings sehr aufwändig ist und einer ständige Anpassung an neue Gegebenheit bedarf, scheuen viele Krankenhäuser vor der Einführung zurück. So konstatiert HAUBROCK, dass der Einsatz der Balanced Scorecard im Krankenhausbereich sich noch im Anfangsstadium befindet, wenngleich aus seiner Sicht zahlreiche positive Eigenschaften der Balanced Scorecard für die Anwendung im Krankenhaussektor sprechen (Haubrock 2009, S. 458; ähnlich auch Schirmer 2017, S. 222).

Während die bisherigen Kennzahlensysteme allgemein gehalten sind, existiert mit dem *Kennzahlensystem nach SCHULTE* ein Kennzahlensystem, dass speziell auf die personalwirtschaftliche Prozesskette ausgerichtet ist (Schulte 1989, S. 51–52). Dieses Kennzahlensystem ist auf Grund der Fokussierung auf die Personalwirtschaft für das Personalcontrolling besonders geeignet, allerdings in der originären Form mit 61 Kennzahlen sehr umfassend. Es ist daher nicht verwunderlich, dass SCHULTE empfiehlt, dass das Kennzahlensystem auf die spezifischen Gegebenheiten eines Unternehmens bzw. in unserem Falle auf ein Klinikum anzupassen ist (Schulte 1989, S. 35–36).

Eine gute Möglichkeit um Personalkennzahlen aggregiert darzustellen, sind darüber hinaus sog. Kennzahlen-Management-Cockpits. Diese Cockpits können zur Berichterstattung der Ergebnisse an die Entscheidungsträger eines Klinikums eingesetzt werden, indem wichtige Personalinformationen (wie z. B. Überstundenquote, Krankheitsquote, Case-Mix je Vollkraft, Pflegetage je Vollkraft, Fluktuationsquoten etc.) kompakt und übersichtlich aufbereitet werden. Um möglichst schnell zu überblicken, ob die entsprechenden Zielvorgaben eingehalten werden, bietet es sich an, im Management-Cockpit Soll-Ist Vergleiche z. B. in Form von Ampeldarstellungen darzustellen. Ferner ist ein Vorjahresvergleich sinnvoll, um auch Veränderungen im Vergleich zum Vorjahr frühzeitig festzustellen. In vielen Fällen bietet sich auch eine Trennung nach Dienstarten an (Abb. 6).

5 Fazit

Spätestens auf Grund der jüngsten Veränderungen in der Kliniklandschaft werden die Krankenhäuser dazu gezwungen, sich mit dem Thema Personalcontrolling intensiver auseinanderzusetzen. Vielfach besteht hier in der Praxis noch erheblicher Nachholbedarf. Im Rahmen dieser Arbeit wurden zwei Bereiche aufgezeigt, bei denen das Personalcontrolling hilfreich sein kann.

Der erste Themenkomplex setzte sich mit der Personalbedarfsplanung im Krankenhaus auseinander. Eine umfassende und frühzeitige Personalbedarfsplanung ist erforderlich, da ein etwaiger Personalbedarf frühzeitig erkannt werden muss, um auf Grund des Fachkräftemangels im Gesundheitswesen nach geeignetem und qualifizierten Personal Ausschau zu halten. Geschieht dies nicht und wird ein sich abzeichnender Personalbedarf nicht unmittelbar erkannt, so kann dies zu einer Überforderung des verbliebenen Personals führen.

Der zweite Themenkomplex setzte sich mit der Steuerung des personalwirtschaftlichen Geschehens über Personalkennzahlen auseinander. Personalkennzahlen sind hierzu besonders geeignet, da sie einfach, schnell und verständlich einen Überblick vermitteln. Die Steuerung anhand einzelner Kennzahlen kann in diesem Kontext jedoch zu fehlerhaften Rückschlüssen führen. In der Praxis bieten sich deshalb Kennzahlensysteme oder ein Kennzahlen Management-Cockpit an.

DA	00				01				02				03			
DA (Text)	Ärztlicher Dienst				Pflegedienst				Med-Tech-Dienst				Funktionsdienst			
Zeitraum	Monat (Ist)	Monat YTD	Plan YTD	VJ YTD	Monat (Ist)	Monat YTD	Plan YTD	VJ YTD	Monat (Ist)	Monat YTD	Plan YTD	VJ YTD	Monat (Ist)	Monat YTD	Plan YTD	VJ YTD
Vollkräfte		🟡				🟡				🟡				🟡		
Mitarbeiter		🟡				🟡				🟡				🟡		
Überstundenquote		🔴				🔴				🔴				🔴		
Stand Urlaubs-RSt.		🟡				🟡				🟡				🟡		
Krankheitsquote		🟢				🟢				🟢				🟢		
Fehlzeitenquote		🟢				🟢				🟢				🟢		
Frühfluktuationsquote		🟡				🟡				🟡				🟡		
Fluktuationsquote		🔴				🔴				🔴				🔴		
VK-Brutto-Kosten (TEUR)		🟡				🟡				🟡				🟡		
Fälle je VK		🟢				🟢				🟢				🟢		
Pflegetage je VK		🔴				🔴				🔴				🔴		
Casemix je VK		🟢				🟢				🟢				🟢		

DA	04				05				06				07			
DA (Text)	WVD				Technischer Dienst				Verwaltungsdienst				Sonderdienst			
Zeitraum	Monat (Ist)	Monat YTD	Plan YTD	VJ YTD	Monat (Ist)	Monat YTD	Plan YTD	VJ YTD	Monat (Ist)	Monat YTD	Plan YTD	VJ YTD	Monat (Ist)	Monat YTD	Plan YTD	VJ YTD
Vollkräfte		🟡				🟡				🟡				🟡		
Mitarbeiter		🟡				🟡				🟡				🟡		
Überstundenquote		🔴				🔴				🔴				🔴		
Stand Urlaubs-RSt.		🟡				🟡				🟡				🟡		
Krankheitsquote		🟢				🟢				🟢				🟢		
Fehlzeitenquote		🟢				🟢				🟢				🟢		
Frühfluktuationsquote		🟡				🟡				🟡				🟡		
Fluktuationsquote		🔴				🔴				🔴				🔴		
VK-Brutto-Kosten (TEUR)		🟡				🟡				🟡				🟡		
Fälle je VK		🟢				🟢				🟢				🟢		
Pflegetage je VK		🔴				🔴				🔴				🔴		
Casemix je VK		🟢				🟢				🟢				🟢		

Abb. 6 Management-Cockpit. Eigene Darstellung in Anlehnung an Schuster et al. 2018, S. 104

Literatur

Armutat, S. (2013a). Gegenstand und Dimensionen des Personalcontrollings. In DGFP e. V. (Hrsg.), *Personalcontrolling für die Praxis. Konzepte – Kennzahlen – Unternehmensbeispiele* (2. Aufl., S. 19–22). Düsseldorf: W. Bertelsmann.

Armutat, S. (2013b). Ziele und Aufgaben des Personalcontrollings. In DGFP e. V. (Hrsg.), *Personalcontrolling für die Praxis. Konzepte – Kennzahlen – Unternehmensbeispiele* (2. Aufl., S. 23–28). Düsseldorf: W. Bertelsmann.

Augurzky, B., & Kolodziej, I. (2018). *Fachkräftebedarf im Gesundheits- und Sozialwesen 2030.* Essen.

Bartscher, T., & Huber, A. (2007). *Praktische Personalwirtschaft. Eine praxisorientierte Einführung* (2. Aufl.). Wiesbaden: Gabler.

Breyer, F., Zweifel, P., & Kifmann, M. (2013). *Gesundheitsökonomik* (6. Aufl.). Berlin: Springer.

Bruckenberger, E., Klaue, S., & Schwintowski, H. (2006). *Krankenhausmärkte zwischen Regulierung und Wettbewerb*. Berlin: Springer.

Bühner, R. (2005). *Personalmanagement* (3. Aufl.). München: Oldenbourg.

Bundesagentur für Arbeit. (2019). *Arbeitsmarktsituation im Pflegebereich*. Nürnberg.

Cording-de Vries, F. (2019). Sachrationale Gestaltungselemente der Personalwirtschaft. In J. Oswald (Hrsg.), *Personalwirtschaft im Krankenhaus. Theorien und Gestaltungsfelder unter Einbeziehung des Arbeitsrechts* (S. 127–170). Stuttgart: Kohlhammer.

Fiedler, M., & Grau, A. (2019). Personaleinsatz und Personalbedarf als Strukturqualität. In J. Stierle, H. Siller, M. Fiedler & S. Ortner (Hrsg.), *Handbuch Strategisches Krankenhausmanagement* (S. 295–309). Wiesbaden: Springer Gabler.

Gladen, W. (2014). *Performance Measurement: Controlling mit Kennzahlen* (6. Aufl.). Wiesbaden: Springer Gabler.

Gleich, R. (2011). *Performance Measurement: Konzepte, Fallstudien und Grundschema für die Praxis* (2. Aufl.). München: Vahlen.

Greiling, M. (2007). *Patientenbehandlungspfade optimieren – Prozessmanagement im Krankenhaus*. Kulmbach: Mediengruppe Oberfranken.

Grosser, M. (2014). Burnout im Krankenhaus: Ursachen, Folgen und Prävention. In D. von der Oelsnitz, F. Schirmer & K. Wüstner (Hrsg.), *Die auszehrende Organisation* (S. 209–237). Wiesbaden: Springer Gabler.

Hafner, R., & Polanski, A. (2009). *Kennzahlen-Handbuch für das Personalwesen*. Zürich: Praxium.

Haubrock, A., & Öhlschlegel-Haubrock, S. (2018). *Personalmanagement* (3. Aufl.). Stuttgart: Kohlhammer.

Haubrock, M. (2009). Kennzahlensysteme. In M. Haubrock & W. Schär (Hrsg.), *Betriebswirtschaft und Management in der Gesundheitswirtschaft* (5. Aufl., S. 441–464). Huber: Bern.

Heinze, I. (2007). Personal-Controlling. In C. Steinle & A. Daum (Hrsg.), *Controlling. Kompendium für Ausbildung und Praxis* (4. Aufl., S. 802–825). Stuttgart: Schäffer Poeschel.

Helmig, B. (2005). *Ökonomischer Erfolg in öffentlichen Krankenhäusern*. Berlin: Berliner Wissenschaftsverlag.

Henry, K., & Schäfer, R. (2017). Erlösorientierte Personalbedarfsbestimmung am Beispiel des Deutschen Herzzentrums Berlin (DHZB). In H. Naegler & M. Garbsch (Hrsg.), *Personalmanagement im Krankenhaus* (4. Aufl., S. 111–127). Berlin: Medizinisch Wissenschaftliche Verlagsgesellschaft.

Hentze, J., & Kammel, A. (2010). Personalcontrolling im Krankenhaus. In J. Hentze & E. Kehres (Hrsg.), *Krankenhaus-Controlling. Konzepte, Methoden und Erfahrungen aus der Krankenhauspraxis* (4. Aufl., S. 183–200). Stuttgart: Kohlhammer.

Horvath, P., Gleich, R., & Seiter, M. (2015). *Controlling* (13. Aufl.). München: Vahlen.

Hummel, T. (2007). Quellen und Elemente von Informationssystemen des Controllings. In C. Steinle & A. Daum (Hrsg.), *Controlling. Kompendium für Ausbildung und Praxis* (4. Aufl., S. 507–521). Stuttgart: Schäffer Poeschel.

Kaplan, R., & Norton, D. (1992). The balanced scorecard: Measure that drive performance. *Harvard Business Review, 1*, 71–79.
Kerres, M., & Lohmann, H. (2000). *Der Gesundheitssektor – Chance zur Erneuerung: vom regulierten Krankenhaus zum wettbewerbsfähigen Gesundheitszentrum*. Wien: Ueberreuter.
Kolb, M. (2010). *Personalmanagement. Grundlagen und Praxis des Human Resources Management* (2. Aufl.). Wiesbaden: Gabler.
Kothe-Zimmermann, H. (2005). *Prozesskostenrechnung und Prozessoptimierung im Krankenhaus. Eine Praxisanleitung in sieben Schritten*. Stuttgart: Kohlhammer.
Küpper, H., Friedl, G., Hofmann, C., Hofmann, Y., & Pedell, B. (2013). *Controlling. Konzeption, Aufgaben, Instrumente* (6. Aufl.). Stuttgart: Schäffer-Poeschel.
MLP. (2019). *MLP Gesundheitsreport 2019 – Repräsentative Umfrage in Kooperation mit dem Institut für Demoskopie Allensbach*.
Naegler, H., & Garbsch, M. (2017). *Personalmanagement im Krankenhaus* (4. Aufl.). Berlin: Medizinisch Wissenschaftliche Verlagsgesellschaft.
Nicolai, C. (2019). *Personalmanagement* (6. Aufl.). München: utb.
Niven, P. (2009). *Balanced Scorecard. Arbeitsbuch* (2. Aufl.). Weinheim: Wiley.
Oswald, J. (2019). Personalwirtschaft in Theorie und Praxis. In J. Oswald (Hrsg.), *Personalwirtschaft im Krankenhaus. Theorien und Gestaltungsfelder unter Einbeziehung des Arbeitsrechts* (S. 15–126). Stuttgart: Kohlhammer.
Oswald, J., et al. (2017). Personalmanagement in Krankenhäusern. In R. Busse, J. Schreyögg & T. Stargardt (Hrsg.), *Management im Gesundheitswesen. Das Lehrbuch für Studium und Praxis* (4. Aufl., S. 368–388). Berlin: Springer.
Plücker, W. (2015). Personalbedarf. In W. Zapp (Hrsg.), *Krankenhausmanagement. Organisatorischer Wandel und Leadership* (S. 226–230). Stuttgart: Kohlhammer.
Schär, W. (2009). Personalmanagement. In M. Haubrock & W. Schär (Hrsg.), *Betriebswirtschaft und Management in der Gesundheitswirtschaft* (5. Aufl., S. 406–426). Bern: Huber.
Schirmer, H. (2017). *Krankenhaus-Controlling. Handlungsempfehlungen für Krankenhausmanager, Krankenhauscontroller und alle mit Controlling befassten Führungs- und Fachkräfte in der Gesundheitswirtschaft* (5. Aufl.). Renningen: expert.
Schulte, C. (1989). *Personal-Controlling mit Kennzahlen* (1. Aufl.). München: Vahlen.
Schulte, C. (2012). *Personal-Controlling mit Kennzahlen* (3. Aufl.). München: Vahlen.
Schuster, J., et al. (2018). *Personalcontrolling in Krankenhaus und Rehaklinik. Systematischer Überblick und praktische Umsetzung*. Stuttgart: Kohlhammer.
Statistisches Bundesamt. (2018a). *Grunddaten der Krankenhäuser*. Wiesbaden.
Statistisches Bundesamt. (2018b). *Kostennachweis der Krankenhäuser*. Wiesbaden.
Stephani, V., Busse, R., & Geissler, A. (2019). Benchmarking der Krankenhaus-IT: Deutschland im internationalen Vergleich. In J. Klauber, M. Geraedts, J. Friedrich & J. Wasem (Hrsg.), *Krankenhaus-Report 2019* (S. 17–32). Berlin: Springer.
Töpfer, A., & Großekatthöfer, J. (2006). Analyse der Prozesslandschaft und Prozesssteuerung als Erfolgsvoraussetzung. In M. Albrecht & A. Töpfer (Hrsg.), *Erfolgreiches Changemanagement im Krankenhaus – 15 Punkte Sofortprogramm für Kliniken* (S. 115–134). Wiesbaden: Springer.
Weber, J., & Schäffer, U. (2016). *Einführung in das Controlling* (15. Aufl.). Stuttgart: Schäffer-Poeschel.

Dienstleistungscontrolling

Stefan Rech

Zusammenfassung

In den betriebswirtschaftlichen Teildisziplinen Marketing und Unternehmensführung haben sich in den letzten Jahrzehnten eigenständige, auf die Besonderheiten von Dienstleistungen spezialisierte Teilgebiete entwickelt. Eine derartige Entwicklung ist in der betriebswirtschaftlichen Teildisziplin Controlling weitgehend ausgeblieben. Der Autor entwirft einen theoretisch-konzeptionellen Bezugsrahmen für das Dienstleistungscontrolling und gewährt Einblicke in den Umsetzungsstand des Dienstleistungscontrollings in der Praxis.

Schlüsselwörter

Dienstleistung · Dienstleistungscontrolling · Service-dominant Logic · Transformationsprozess · Wertschöpfungsorientierung

1 Einleitung

Während sich im Marketing und in der Unternehmensführung mit dem Dienstleistungsmarketing und dem Dienstleistungsmanagement eigenständige Teildisziplinen entwickelt haben (Benkenstein und Holtz 2011, S. 460), verharren die Controllingvertreter in der Diskussion, ob es überhaupt einer besonderen Betrachtung von Dienstleistungen durch das Controlling bedarf (Schäffer und Weber 2002, S. 8; Bruhn und Stauss 2006, S. 5; Reckenfelderbäumer 2006, S. 46–48; Kleinhietpaß 2012, S. 48). Insofern verwundert es nicht, dass die wenigen vorhandenen Controllingsansätze vornehmlich von Vertretern des Dienstleistungsmarketings und -managements stammen (Bruhn und Meffert 2012, S. 727) und das Dienstleistungs-

S. Rech (✉)
Römerberg, Deutschland
E-Mail: stefan.rech@sap.com

W. Becker, P. Ulrich (Hrsg.), *Handbuch Controlling*,
https://doi.org/10.1007/978-3-658-26431-4_79

controlling nach wie vor ein vergleichsweise **kleines Forschungsgebiet** darstellt (Benkenstein et al. 2017, S. 6).

In Abschn. 2 wird zunächst der Begriff des Dienstleistungscontrollings definiert. Im Anschluss daran, wird in Abschn. 3 ein theoretisch-konzeptioneller Bezugsrahmen für das Dienstleistungscontrolling vorgestellt. Mit dem Umsetzungsstand des Dienstleistungscontrollings in der Praxis befasst sich Abschn. 4. Der Beitrag schließt mit einem Fazit in Abschn. 5.

2 Der Begriff des Dienstleistungscontrollings

Missverständnisse zum Dienstleistungscontrolling resultieren unter anderem daraus, dass die Begriffe Dienstleistung und Controlling in der Betriebswirtschaftslehre weder eindeutig definiert noch einheitlich verwendet werden (Reckenfelderbäumer 2006, S. 34). Um derartigen Missverständnissen vorzubeugen, werden die Begriffe Dienstleistung, Controlling und Dienstleistungscontrolling eingangs definiert.

Die **Dienstleistung** wird in Anlehnung an Rück als Transformationsprozess interpretiert (Abb. 1). Demnach ist (Rech 2020, S. 45, in Anlehnung an Rück 2000, S. 277) „die Dienstleistung [.] ein Transformationsprozess, den ein Anbieter an einem externen Faktor (Person oder Objekt) des Nachfragers erbringt und der eine Veränderung der Zustandseigenschaften dieses Faktors bewirkt." Der transformationsorientierte Dienstleistungsbegriff löst sich von der Unterscheidung in materielle

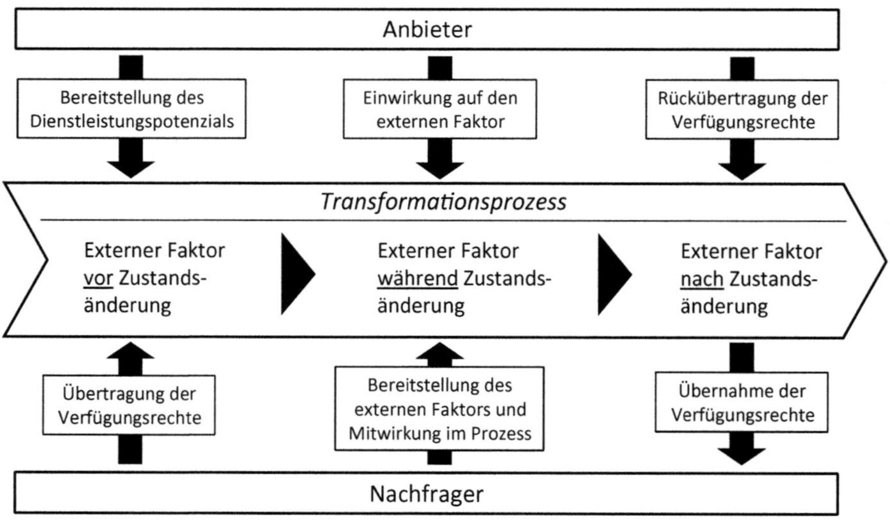

Abb. 1 Dienstleistung als Transformationsprozess. (Quelle: Rech 2020, S. 47, in Anlehnung an Mengen 1993, S. 25, 29; Rück 2000, S. 277)

und immaterielle Leistungsergebnisse und betrachtet stattdessen die Veränderung der Zustandseigenschaften des externen Faktors als Kernergebnis der Dienstleistung.

Gemäß der wertschöpfungsorientierten Controllingkonzeption (Becker et al. 2014, S. 49–62) lässt sich **Controlling** wie folgt definieren (Becker 1999, S. 3; Becker 2017, S. 86): „Controlling ist eine integrierte Aufgabe der Unternehmensführung, die im Dienste der Optimierung von Effektivität und Effizienz steht. Die originäre Funktion des Controllings, die Lokomotionsfunktion, umfasst das initialisierende Anstoßen, das Sichern sowie das (Weiter-)Entwickeln des betrieblichen Zwecks der Wertschöpfung. Dies erfolgt durch die Wahrnehmung von Gestaltungs- und Lenkungsaufgaben. Die Lokomotionsfunktion setzt die Erfüllung von derivativen Funktionen des Controllings voraus. Dies sind die Sicherung wechselseitiger Abstimmung (Integration, Koordination und Adaption) von Führung und Ausführung sowie die Schaffung von Informationskongruenz innerhalb der Führung und Ausführung." Die Abb. 2 illustriert die originäre Funktion des Controllings, die Lokomotionsfunktion.

Überträgt man den wertschöpfungsorientierten Controllingbegriff auf Dienstleistungen (Becker und Rech 2013, S. 515, 2014, S. 53), so stellt sich das **Dienstleistungscontrolling** „als eine integrierte Aufgabe des Dienstleistungsmanagements dar, die im Dienste der Optimierung von Effektivität und Effizienz das initialisierende Anstoßen sowie das wertschöpfungsorientierte Ausrichten des Handelns in Dienstleistungsbereichen unter Berücksichtigung der besonderen Dienstleistungseigenschaften sicherzustellen hat."

Neben der Präzisierung des Begriffs Dienstleistungscontrolling, benötigt das Dienstleistungscontrolling eine theoretische und konzeptionelle Fundierung (Scherm und Pietsch 2004, S. 6). Im folgenden Abschn. 3 wird der theoretische-konzeptionelle Bezugsrahmen des Dienstleistungscontrollings vorgestellt.

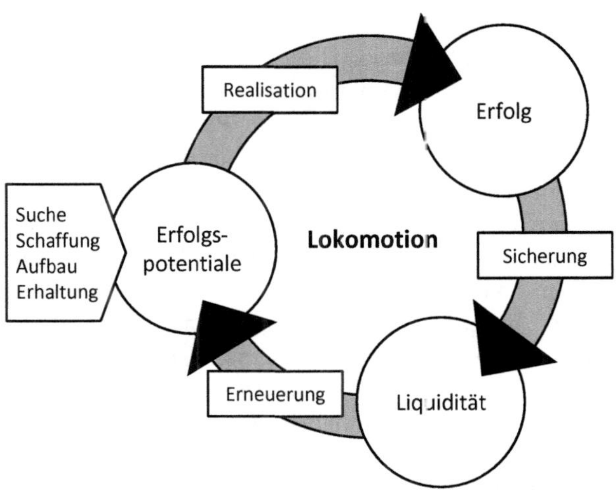

Abb. 2 Lokomotion als originäre Funktion des Controllings. (Quelle: Rech 2020, S. 253, in Anlehnung an Becker 2017, S. 70, in Verbindung mit Gälweiler 2005, S. 27–35)

3 Konzeption des Dienstleistungscontrollings

3.1 Theoretischer Bezugsrahmen

Zur theoretischen Fundierung des Dienstleistungscontrollings sind zusätzlich zur theoretischen Basis der zugrundeliegenden allgemeinen Controllingkonzeption – im vorliegenden Fall der wertschöpfungsorientierten Controllingkonzeption – weitere Theorien einzubeziehen (Rech 2020, S. 14–15). Wegen der besonderen Bedeutung des Faktors Mensch bei Dienstleistungen, muss der theoretische Bezugsrahmen des Dienstleistungscontrollings gleichermaßen **Theorien zu Sach- und zu Verhaltensaspekten** umfassen (Rech 2020, S. 143–148, 163–165, 168–169). Die Abb. 3 vermittelt einen Überblick, der im theoretischen Bezugsrahmen des Dienstleistungscontrollings verwendeten Theorien.

Den Überbau des theoretischen Bezugsrahmens bildet die **Systemtheorie**. Die Systemtheorie ist offen für die Integration weiterer Theorien. Komplexe betriebliche Strukturen und Zusammenhänge auf der Leistungs- und Wertsphäre von Dienstleistungen lassen sich mit ihr beschreiben (Ulrich 1970, S. 135–136). Die Elemente und Funktionen des Dienstleistungscontrollings, die Beschreibung der Zusammenhänge von Führungs-, Controlling- und Ausführungssystem sowie die Erklärung der Verhältnisse zwischen Potenzial-, Prozess- und Ergebnisebene basieren auf systemtheoretischen Überlegungen (Rech 2020, S. 212–215).

Die **Entscheidungstheorie** wird durch eine Entscheidungsorientierung bedacht (Rech 2020, S. 215–218). So werden bei der Gestaltung der Elemente des Dienstleistungscontrollings strategische und operative Entscheidungen berücksichtigt, wie zum Beispiel Entscheidungen zur Dienstleistungsentwicklung (Service Engineering), Dienstleistungsqualität und zur Kapazitätsdimensionierung und -auslastung (Kapazitätsmanagement). In der integrativen Wertschöpfung übernimmt das Dienstleistungscontrolling die Aufgabe, die interdependenten Entscheidungs- und Handlungsfelder des Anbieters und des Nachfragers wertschöpfungsorientiert abzustimmen und die dafür erforderlichen Informationen bereitzustellen (Corsten und Gössinger 2004, S. 319; Corsten und Corsten 2013, S. 444–449).

Der **Situative Ansatz** (Kieser 2014) ist eine weitere Theoriesäule, sowohl für den theoretischen Bezugsrahmen als auch für die Analyse des Umsetzungstandes des Dienstleistungscontrollings in der Praxis. Kennzeichnend für die Anwendung des Situativen Ansatzes im theoretischen Bezugsrahmen ist die Anpassung der wertschöpfungsorientierten Controllingkonzeption auf die situativen Bedingungskonstellationen der Dienstleistung sowie die Berücksichtigung der Individualisierung bzw. Standardisierung der Dienstleistung als Kontingenzfaktor (Rech 2020, S. 218–220).

Die Analyse der **Produktions- und Kostentheorie** (Fandel 2010) zeigt, dass sowohl netzplanorientierte wie auch aktivitätsanalytische Produktionsmodelle als theoretische Grundlage des Dienstleistungscontrollings nicht in Frage kommen (Rech 2020, S. 220–224). Analog zur Entscheidungsorientierung, wird die Produktions- und Kostentheorie durch eine Produktionsorientierung im theoretischen Bezugsrahmen verankert: Die Dienstleistungsproduktion vollzieht sich in einem mehrstufigen Prozess aus Vor- und Endkombination. Sie umfasst mit der

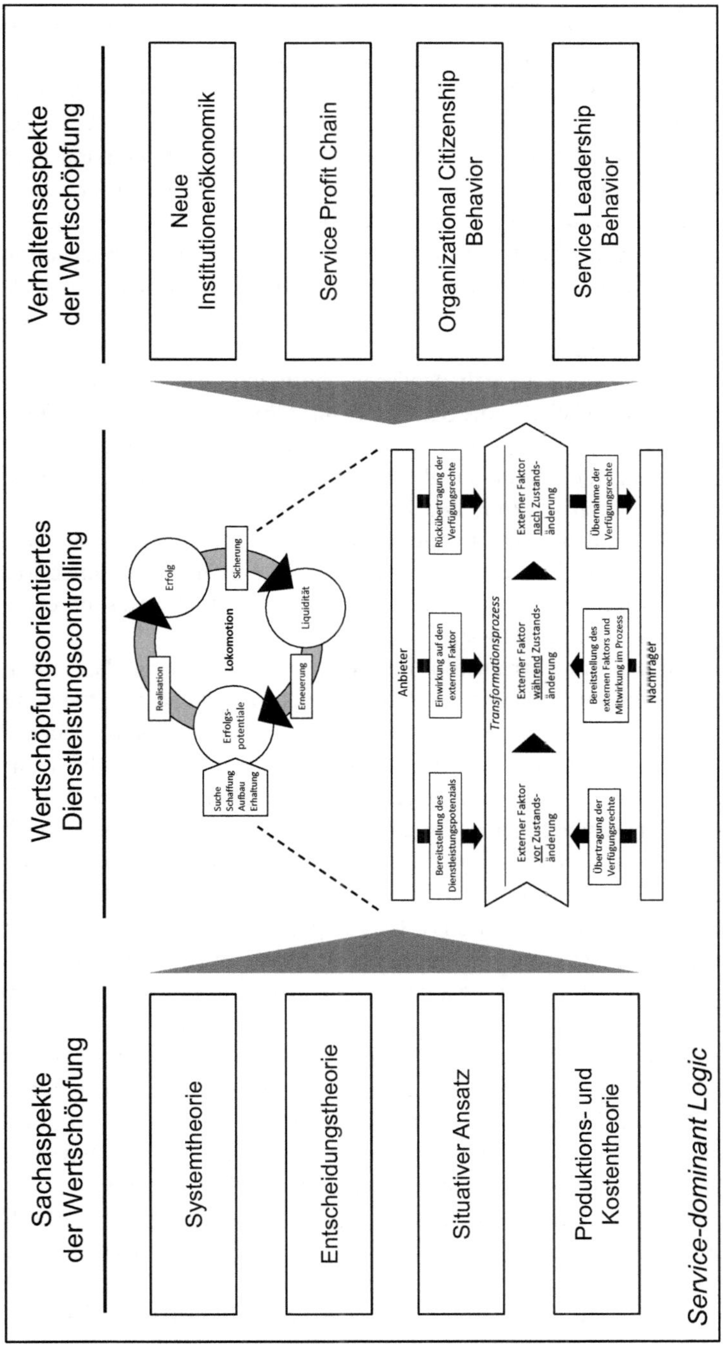

Abb. 3 Theoretischer Bezugsrahmen des Dienstleistungscontrollings. (Quelle: Rech 2020, S. 241)

Potenzial-, Prozess- und Ergebnisebene drei interdependente, leistungswirtschaftliche Ebenen (Kleinaltenkamp 2007, Sp. 1041–1042).

Verhaltensaspekte werden im theoretischen Bezugsrahmen durch institutionenökonomische und verhaltenswissenschaftliche Ansätze einbezogen.

Bestandteile der **Neuen Institutionenökonomik** sind die Transaktionskostentheorie, die Theorie der Verfügungsrechte und die ökonomische Vertragstheorie (Jost 2007, Sp. 764–786). Bei der Ermittlung des optimalen Integrationsgrades des externen Faktors sind im Sinne der Transaktionskostentheorie zusätzlich zu Produktionskosten, Informations-, Kommunikations- und Koordinationskosten zu erwägen. Die Theorie der Verfügungsrechte ergänzt die produktionswirtschaftliche um eine austauschbezogene Perspektive. Zielorientierte Anreizsysteme in Dienstleistungsbereichen lassen sich schließlich mit der Prinzipal-Agenten-Theorie gestalten (Rech 2020, S. 225–229).

Bei der Untersuchung verhaltenswissenschaftlicher Ansätze ist festzustellen, dass – trotz ihrer Schwächen – die **Service Profit Chain** (Heskett et al. 1994, 1997) für das Dienstleistungscontrolling einen theoretischen Wert besitzt (Rech 2020, S. 231–233). Sie lenkt den Blick auf die Verhaltensbeeinflussung von Kunden und Mitarbeitern und deren Wirkung auf den ökonomischen Erfolg. Mit der Balanced Scorecard steht zudem das Instrumentarium zur Verfügung, die Ursache-Wirkungsbeziehungen der Service Profit Chain in einem Performance Measurement System abzubilden (Kaplan und Norton 1996, S. 30–31; Heskett et al. 1997, S. 35–36; Sanche 2002, S. 214–228).

Mit **Organizational Citizenship Behavior** bezeichnet man das individuelle, bewusste Verhalten einer Person, das über arbeitsvertragliche Verpflichtungen hinausgeht, nicht direkt oder explizit durch formale Anreizsysteme belohnt wird und das bei Anwendung durch viele Mitarbeiter, zur effizienten und effektiven Funktionsweise der Organisation beiträgt (Organ et al. 2006, S. 3–11). Wie Studien belegen, wirkt kundenorientiertes Organizational Citizenship Behavior positiv auf die Performance einer Organisation (Podsakoff und MacKenzie 1997, S. 146–148).

Organizational Citizenship Behavior wird wiederum durch das Führungsverhalten (Leadership Behavior) beeinflusst (Nerdinger und Pundt 2018). Insbesondere besteht ein positiver Zusammenhang zwischen Service Leadership Behavior, Serviceklima, kundenorientiertem Organizational Citizenship Behavior, Kundenzufriedenheit und finanzieller Performance (Schneider et al. 2005, S. 1025). **Service Leaderhip Behavior** umschreibt ein dienstleistungsorientiertes Führungsverhalten. Führungskräfte, die dieses Führungsverhalten zeigen, fühlen sich der Service Exzellenz verpflichtet. Sie setzen Qualitätsstandards, beseitigen Hindernisse, die ein dienstleistungsorientiertes Verhalten behindern und sie belohnen Mitarbeiter für dienstleistungsorientiertes Verhalten (Schneider et al. 2005, S. 1018).

Das übergeordnete Denkmuster des theoretischen Bezugsrahmens stellt die **Service-dominant Logic** (Vargo und Lusch 2004, 2008, 2013) dar. Das Paradigma der Service-dominant Logic weicht die tradierte Orientierung des Controllings auf die Leistungserstellung und -verwertung des Anbieters auf. An seine Stelle tritt das Denken in Serviceökosystemen, in denen Akteure interagieren, um durch den Austausch von Services gemeinsam Wert zu schaffen. Das Controlling muss sich neu orientieren, weg vom Güteraustausch auf der Ergebnisebene, hin zur integrativen Wertschöpfung auf der Prozessebene (Rech 2020, S. 236–239).

3.2 Konzeptioneller Bezugsrahmen

Der überwiegende Teil der Autoren von Beiträgen zur Konzeption des Dienstleistungscontrollings überträgt allgemeine Controllingkonzeptionen entweder auf konstitutive Merkmale von Dienstleistungen, auf Dienstleistungsprozesse oder auf mehrdimensionale Dienstleistungsräume und leitet auf diese Weise Implikationen und Anpassungserfordernisse für das Controlling ab (Rech 2020, S. 175–181). In diesem Vorgehen besteht der Kern konzeptioneller Bezugsrahmen des Dienstleistungscontrollings. Der konzeptionelle Bezugsrahmen in Abb. 4 integriert vorhandene konzeptionelle Rahmen in Form von **Grundsätzen**.

Aus den **IHIP-Eigenschaften** von Dienstleistungen (Lovelock und Gummesson 2004, S. 23–25) – Immaterialität, Heterogenität, Untrennbarkeit von Produktion und Konsumption, Nichtlagerfähigkeit – und der Integration externer Faktoren in den Dienstleistungsprozess werden weitreichende Konsequenzen für das Controlling gezogen. Unter anderem zählen hierzu Probleme mit Fix-, Gemein-, Leerkosten, der Abbildung des externen Faktors in der Kostenrechnung, der Planung und Steuerung von Dienstleistungsprozessen und Probleme bei der Quantifizierung des Outputs (Reckenfelderbäumer 1995, S. 40–49; Rech 2020, S. 181–186).

Friedl (1998) sowie Schäffer und Weber (2002) betrachten die Anforderungen an das Controlling, die sich aus **Dienstleistungsprozessen** ergeben. Dabei finden sie heraus, dass die Standardisierung von Dienstleistungsprozessen und -ergebnissen ein bedeutender Kontextfaktor darstellt. Mit abnehmender Standardisierung bzw. steigender Individualität von Dienstleistungen steigt die Unsicherheit des Managements in Bezug auf den Ablauf und das Ergebnis. Dementsprechend verschieben sich die Controllingschwerpunkte von einer primär ergebnisbezogenen hin zu einer prozess- und potenzialorientierten Steuerung (Rech 2020, S. 186–194).

Corsten und Gössinger (2004) sowie Bruhn (2008) verwenden **multidimensionale Dienstleistungsräume** als konzeptionelle Bezugsbasis. Das Dienstleistungscontrollings übernimmt aus dieser Perspektive im Rahmen seiner Abstimmungsfunktion die Aufgabe, die interdependenten Entscheidungen der Akteure des Anbieters und Nachfragers auf der Potenzial-, Prozess- und Ergebnisebene wertschöpfungsorientiert abzustimmen. Hinsichtlich der Informationsfunktion fällt dem Dienstleistungscontrolling die Aufgabe zu, die Akteure des Anbieters und Nachfragers mit entscheidungsrelevanten Informationen über die Potenzial-, Prozess- und Ergebnisebene zu versorgen (Rech 2020, S. 194–198).

Einen weiteren Grundsatz bildet das **Konsistenzpostulat** nach Lingau und Koffler. Sie fordern die „widerspruchsfreie, konsistente Beziehung" zwischen den Funktionen, Aufgaben und Instrumenten einer Controllingkonzeption (Lingnau und Koffler 2013, S. 394–395). Unterstellt wird, dass die Funktionen des

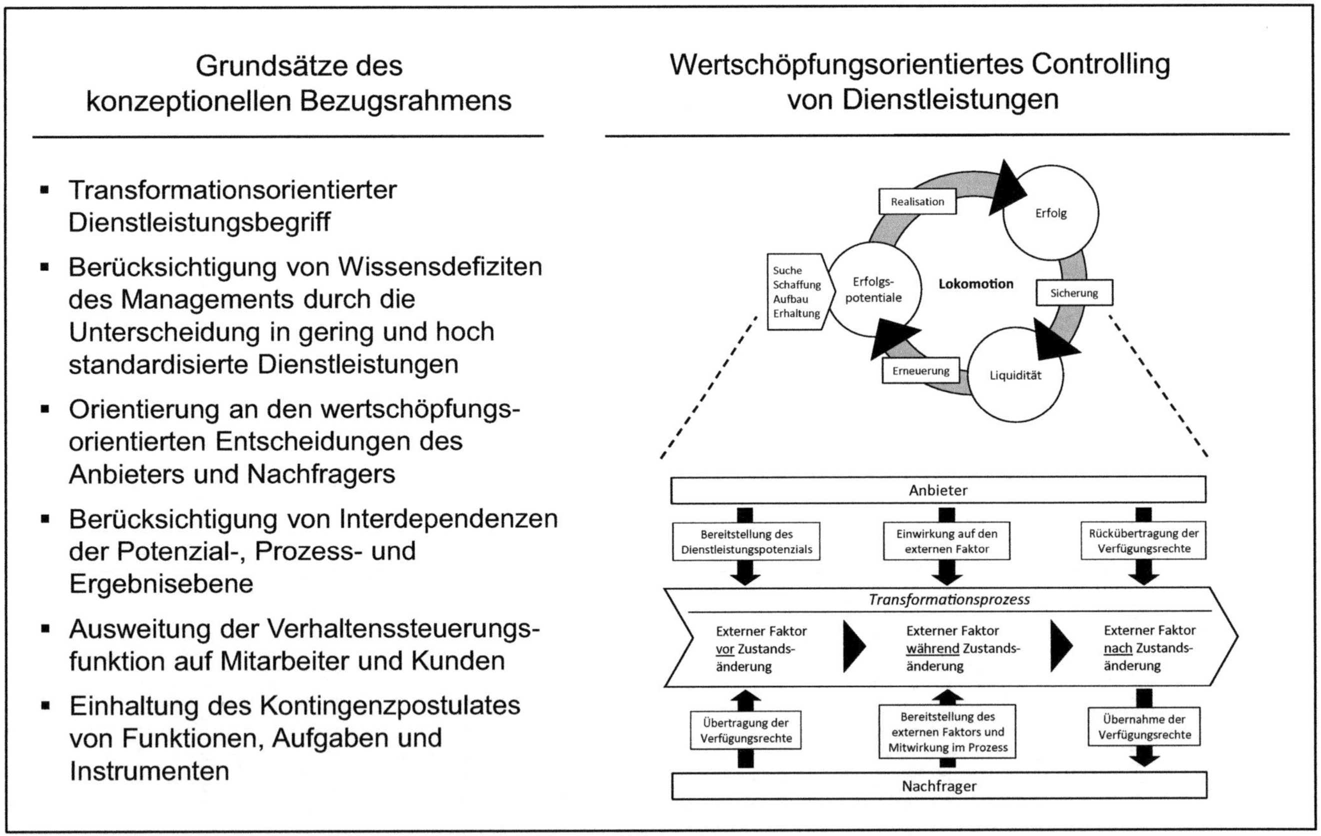

Abb. 4 Konzeptioneller Bezugsrahmen des Dienstleistungscontrollings. (Quelle: Rech 2020, S. 162)

Controllings allgemeine Gültigkeit besitzen, die anderen Elemente einer Controllingkonzeption (Becker und Rech 2014, S. 63–65; Becker et al. 2014, S. 50–51, 70–219), wie die Aufgaben und die Instrumente, aber der Anpassung an das Objekt der Dienstleistung bedürfen.

Durch die genannten Grundsätze erfährt das Controlling in dreifacher Hinsicht eine Aufwertung seines traditionellen Aufgabenspektrums:

- Wegen der **integrativen Wertschöpfung** der Dienstleistung muss das Controlling die interdependenten Entscheidungen und Handlungen des Anbieters und des Nachfragers wertschöpfungsorientiert planen, steuern und kontrollieren und beide Parteien mit entscheidungsrelevanten Informationen versorgen.
- Abhängig vom **Standardisierungsgrad** der Dienstleistung muss das Controlling unterschiedliche Steuerungskonzepte bereitstellen, die an die unterschiedlichen Entscheidungs- und Handlungsunsicherheiten des Anbieters und des Nachfragers angepasst sind.
- Das Controlling muss bei der **Gestaltung von Anreiz- und Motivationssystemen** die Entscheidungs- und Aufgabenträger des Anbieters und des Nachfragers berücksichtigen.

Ausgehend von dem theoretisch-konzeptionellen Bezugsrahmen des Dienstleistungscontrollings wird im vierten Abschnitt untersucht, wie sich das Dienstleistungscontrolling in der Unternehmenspraxis gestaltet. Es werden die Ergebnisse der empirischen Studie von Rech (2020, S. 311–450) wiedergegeben. Darin beantworten 129 Unternehmen aus verschiedenen Branchen Fragen zum Status Quo ihrer Controllingsysteme für Dienstleistungsbereiche (Rech 2020, S. 342–350, 364–372). Bei den Ausführungen handelt es sich um einen verkürzten Auszug der Studie. Die Ausführungen beschränken sich auf die Beschreibung der Funktionen, der Aufgaben und der Instrumente des Dienstleistungscontrollings. Des Weiteren werden Gestaltungsempfehlungen für die praktische Umsetzung gegeben.

4 Dienstleistungscontrolling in der Praxis

4.1 Funktionen

Durch die Übertragung des wertschöpfungsorientierten Controllingbegriffs auf den Objektbereich der Dienstleistung in Abschn. 2, kommen dem Dienstleistungscontrolling drei Funktionen zu. Die **Lokomotionsfunktion** richtet das gesamte betriebliche Handeln in Dienstleistungsbereichen auf den Zweck der Wertschöpfung aus, stößt den dienstleistungsspezifischen Wertschöpfungskreislauf an und hält ihn in Gang. Die **Abstimmungsfunktion** stimmt alle dienstleistungsspezifischen Entscheidungs- und Handlungsfelder aufeinander ab. Die **Informationsfunktion** schafft und erhält die Kongruenz dienstleistungsspezifischer Führungsinformationen (Becker und Rech 2013, S. 517, 2014, S. 52–53; Rech 2020, S. 251–258).

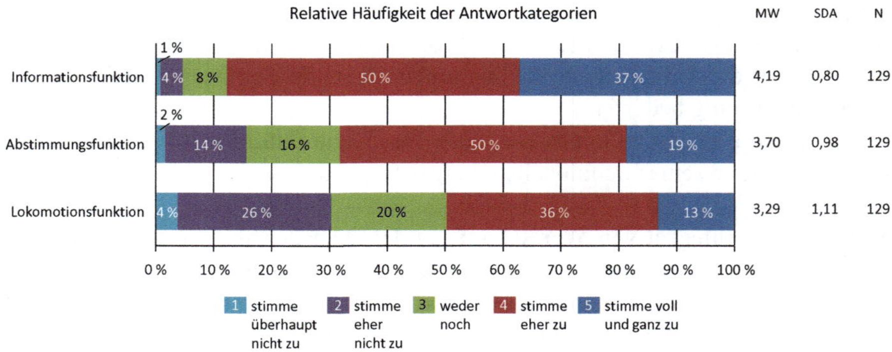

Abb. 5 Funktionen des Dienstleistungscontrollings. (Quelle: Rech 2020, S. 381)

Rech (2020, S. 380–383) befragt die Teilnehmer der empirischen Studie, welche dieser drei Funktionen das Dienstleistungscontrolling in ihren Betrieben wahrnimmt. Die Antworten der Studienteilnehmer spiegelt die Abb. 5 anhand der relativen Häufigkeit der Antwortkategorien in %, dem Mittelwert (MW), der Standardabweichung (SDA) und den Nennungen (N) wider.

87 % der Unternehmen stimmen darin überein, dass das Dienstleistungscontrolling **Führungsinformationen** zur Verfügung stellt, auf dessen Basis das Dienstleistungsmanagement das Dienstleistungsgeschäft erfolgsorientiert plant, steuert und kontrolliert (MW: 4,19). Für 69 % der Studienteilnehmer **koordiniert** das Dienstleistungscontrolling den Prozess der erfolgsorientierten Planung, Steuerung und Kontrolle von Dienstleistungen und stimmt die Dienstleistungsplanung ab (MW: 3,70). Für 49 % der Teilnehmer hält das Dienstleistungscontrolling die dienstleistungsspezifische **Wertschöpfung** in Gang, indem es die Entwicklung neuer Dienstleistungen anstößt und die Effektivität und Effizienz bestehender Dienstleistungen sicherstellt (MW: 3,29).

Aus den Ergebnissen ist abzulesen, dass das Dienstleistungscontrolling in der Praxis vorrangig eine Informations- und Abstimmungsfunktion erfüllt, wobei die **Informationsfunktion** überwiegt.

Zwischen den Funktionen des Dienstleistungscontrollings bestehen enge Zusammenhänge. Die Lokomotion ist die originäre Funktion des Controllings. Die begleitende Erfüllung der wechselseitigen Abstimmung und die Schaffung der Informationskongruenz sind derivative Funktionen (Becker et al. 2014, S. 60–61). Um die Erreichung des Wertschöpfungszweckes zu fördern, sollten 51 % der Studienteilnehmer dem Dienstleistungscontrolling zusätzlich eine **Lokomotionsfunktion** beimessen und die Informations- und Abstimmungsfunktion konsequent auf die Lokomotionsfunktion ausrichten.

4.2 Aufgaben

Becker und Rech deduzieren aus der Lokomotions-, Abstimmungs- und Informationsfunktion des Controllings sieben **Aufgabenfelder** des Dienstleistungscontrollings. Hierzu zählen die Potenzialsteuerung, die Prozesssteuerung, die Ergebnissteuerung, die Qualitätssteuerung, das Performance Measurement, die strategische Steuerung und die Verhaltenssteuerung (Becker und Rech 2013, S. 517–519, 2014, S. 184–210).

Auf der Grundlage dieser sieben Aufgabenfelder befragt Rech (2020, S. 384–391) die Teilnehmer der Studie nach ihrer Zufriedenheit mit der Durchführung der **Aufgaben** des Dienstleistungscontrollings. Die Abb. 6 veranschaulicht die Ergebnisse der Befragung für einzelne Aufgaben anhand der relativen Häufigkeit der Antwortkategorien in %, dem Mittelwert (MW), der Standardabweichung (SDA) und den Nennungen (N). Die Aufgaben sind absteigend sortiert nach der Höhe der Mittelwerte.

Sehr positiv beurteilen die Teilnehmer die Erfassung der **Kosten, Erlöse und Ergebnisse** der angebotenen Dienstleistungen (MW: 4,08). Überwiegend positiv beurteilen die Studienteilnehmer weitere fünf Aufgaben: 56 % vertreten die Auffassung, das Dienstleistungscontrolling plane, steuere und kontrolliere die **Kapazitätsauslastung** eher gut oder sehr gut (MW: 3,54). In 57 % der Fälle erfasst das Dienstleistungscontrolling die **Wert- und Kostentreiber** des Dienstleistungsgeschäftes eher gut oder sehr gut (MW: 3,53). **Informationssysteme** für das Dienstleistungsmanagement (zum Beispiel Berichte, Cockpits, Dashboards) baut und pflegt das Dienstleistungscontrolling in 54 % der Nennungen eher gut oder sehr gut (MW: 3,45). In 50 % der Unternehmen **berät** – institutional betrachtet – das Dienstleistungscontrolling **Führungskräfte** in Fragen der erfolgsorientierten Dienstleistungssteuerung eher gut oder sehr gut (MW: 3,34). In 47 % der Unternehmen ermittelt das Dienstleistungscontrolling den Beitrag des **Dienstleistungsportfolios** zum Unternehmenswert eher gut oder sehr gut (MW: 3,34).

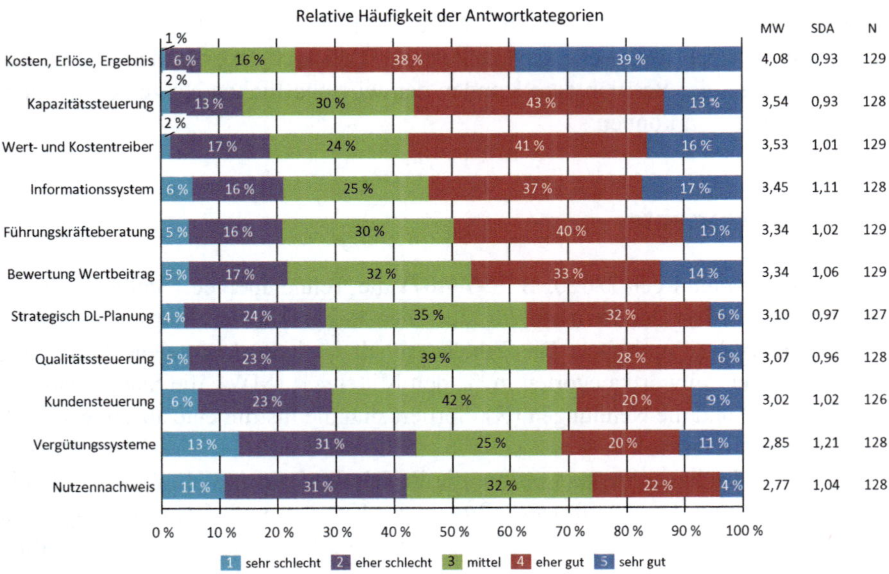

Abb. 6 Aufgaben des Dienstleistungscontrollings. (Quelle: Rech 2020, S. 384)

Ambivalent äußern sich die Studienteilnehmer in Bezug auf die **strategische Dienstleistungsplanung** (MW: 3,10) sowie zur Messung und Steuerung der **Dienstleistungsqualität** durch das Dienstleistungscontrolling (MW: 3,07). Gleich viel gute wie schlechte Bewertungen finden sich ferner bei der ergebnisorientierten Planung, Steuerung und Kontrolle der **Mitwirkung des Kunden** in der Leistungserstellung (MW: 3,02).

Mehrheitlich schlechte Noten verteilen die befragten Unternehmen dem Dienstleistungscontrolling bei der Integration der Dienstleistungsziele mit den **Vergütungssystemen** des Dienstleistungspersonals. 44 % der Teilnehmer halten diesbezüglich die Aufgabenerfüllung des Dienstleistungscontrollings für eher schlecht oder sehr schlecht (MW: 2,85). Eher schlecht oder sehr schlecht schätzen zudem 42 % der Teilnehmer den **Nutzennachweis** von Dienstleistungen durch das Dienstleistungscontrolling ein (MW: 2,77).

Wie die empirischen Befunde zu den Aufgaben des Dienstleistungscontrollings belegen, nimmt das Dienstleistungscontrolling in der Praxis hauptsächlich Informationsversorgungsaufgaben wahr. Vor allem stellt es **operative Ergebnisinformationen** zur Verfügung. Durch die einseitige Ausrichtung auf die Bereitstellung operativer Ergebnisinformationen, vernachlässigt das Dienstleistungscontrolling in der Praxis wichtige erfolgskritische Steuerungsdimensionen des Dienstleistungsgeschäftes wie Kunden, Qualität, Mitarbeiter und Strategie.

Den Betrieben ist zu empfehlen, das **Aufgabenspektrum** des Dienstleistungscontrollings **zu erweitern**. So sollten sie das Kunden- und Qualitätscontrolling zu einer Kernaufgabe des Dienstleistungscontrollings erklären. Überdies erscheint es ratsam, dem Dienstleistungscontrolling die Koordination der strategischen Dienstleistungsplanung zu übertragen. Dienstleistungsspezifische Wert-, Produkt-/Markt-, Prozess- und Potenzialziele sollten als Bemessungsgrundlagen Einzug in die variable Vergütung des Dienstleistungspersonals halten. Das Dienstleistungscontrolling ist zudem aufgefordert, vermehrt Methoden und Instrumente bereitzustellen (zum Beispiel Lebenszykluskosten, TCO-Analyse), mit deren Hilfe das Marketing und der Vertrieb dem Kunden den wirtschaftlichen Nutzen der Dienstleistung aufzeigen können.

4.3 Instrumente

Weiterhin befragt Rech (2020, S. 397–407) die Teilnehmer der Studie nach der Nutzungshäufigkeit der **Instrumente** des Dienstleistungscontrollings. Die Abb. 7 dokumentiert die Ergebnisse. Die Tabelle enthält für jedes Instrument die relative Häufigkeit der Antwortkategorien in %, den Mittelwert (MW), die Standardabweichung (SDA) und die Nennungen (N). Sortiert sind die Instrumente absteigend nach Höhe der Mittelwerte.

95 % der Studienteilnehmer nutzen die **Preiskalkulation** (MW: 3,98), 93 % die **Erfolgsrechnung** von Aufträgen, Projekten, Kunden und Dienstleistungsarten (MW: 3,73) und 90 % geben dem Vertrieb **Preis- und Deckungsbeitragsvorgaben**

Nr.	Instrumente	Relative Häufigkeit der Antwortkategorien in %					MW	SDA	N
		nie	gering	mittel	häufig	sehr häufig			
		1	2	3	4	5			
1	Preiskalkulation	5	7	12	37	39	3,98	1,11	126
2	Erfolgsrechnung	7	13	13	35	32	3,73	1,24	127
3	Personalbedarfsplanung	5	9	24	37	25	3,68	1,09	129
4	Preis- und DB-Vorgaben	10	10	17	29	34	3,66	1,31	128
5	Kapazitätsauslastungskontrolle	9	16	22	29	25	3,47	1,26	129
6	Personalentwicklung	6	10	32	38	14	3,45	1,03	128
7	Beschwerdemanagement	8	17	16	42	17	3,43	1,18	129
8	Benchmarking	12	19	20	32	17	3,24	1,27	128
9	Wettbewerberanalysen	10	24	29	27	9	3,02	1,14	129
10	Produktivitätsanalyse	20	16	26	25	14	2,97	1,33	129
11	Zielbezogene Vergütungssysteme	16	26	20	27	11	2,91	1,26	129
12	ABC-Analyse	13	26	28	25	8	2,90	1,15	127
13	Portfolioanalyse	15	25	29	23	9	2,86	1,18	129
14	Mitarbeiterzufriedenheitsanalyse	15	26	27	25	8	2,85	1,18	128
15	Break-Even-Analyse	22	17	24	28	9	2,84	1,29	127
16	QM-Systeme	25	17	22	26	10	2,78	1,34	126
17	Stärken-Schwächen-Analyse	17	30	26	18	9	2,71	1,20	129
18	Prozesskostenrechnung	25	22	23	22	9	2,67	1,29	129
19	Kundenzufriedenheitsanalyse	25	23	22	23	7	2,63	1,27	128
20	Qualitätskostenrechnung	23	32	21	19	5	2,50	1,18	129
21	Qualitätsmessungen	32	20	19	25	4	2,48	1,28	128
22	Service Level Agreements	36	20	17	16	11	2,47	1,40	129
23	Wert- und Kostentreiberbäume	30	26	22	15	6	2,40	1,23	129
24	Target Costing	33	27	21	13	6	2,33	1,24	127
25	Balanced Scorecard	36	27	16	14	8	2,31	1,30	129
26	Zero-Base Budgeting	42	29	16	10	3	2,04	1,13	127
27	Reservierungssysteme	46	25	14	9	6	2,03	1,22	128
28	Customer Lifetime Value	42	31	14	10	3	2,02	1,12	129
29	Yield Management	56	24	13	4	3	1,73	1,03	128
30	Data Envelopment Analyse	57	27	14	2	1	1,63	0,84	127
31	Service Blueprinting	63	21	13	2	1	1,57	0,86	127

MW = Mittelwert, SDA = Standardabweichung, N = Nennungen

Abb. 7 Instrumente des Dienstleistungscontrollings. (Quelle: Rech 2020, S. 398)

vor (MW: 3,66). Häufig oder sehr häufig verwenden 76 % die Preiskalkulation, 67 % die Erfolgsrechnung und 63 % die Preis- und Deckungsbeitragsvorgaben. Damit zählen diese drei Instrumente zu den am häufigsten genutzten Instrumenten der Stichprobe

Zu den am häufigsten genutzten Instrumenten zählen außerdem die **Personalbedarfsplanung** (MW: 3,68), die **Kapazitätsauslastungskontrolle** (MW: 3,47) und die **Personalentwicklungsplanung** (MW: 3,45). 95 %, 91 % bzw. 94 % der Studienteilnehmer setzen diese drei Instrumente zur **Personalsteuerung** ein. Häufig oder sehr häufig nutzen sie 62 %, 54 % bzw. 52 % der Teilnehmer. Mit Mittelwerten von 3,24 und 3,02 landen zudem zwei Instrumente des strategischen Controllings im vorderen Drittel: **Benchmarking** und **Wettbewerberanalyse**. Das Benchmarking verwenden 88 % der Teilnehmer, die Wettbewerberanalyse 90 %.

Intensiv genutzt wird im Übrigen das **Beschwerdemanagement**. 92 % der Studienteilnehmer setzen es ein, 59 % davon häufig oder sehr häufig (MW: 3,43). Andere Instrumente des Qualitätsmanagements, wie **Qualitätsmanagementsyste-**

me (MW: 2,78), **Qualitätskostenrechnung** (MW: 2,50), **Qualitätsmessungen** (MW: 2,48) kommen dagegen weniger zum Einsatz. Die Nutzungszahlen offenbaren, dass zum einen, lediglich ein geringer Anteil der Studienteilnehmer regelmäßig Instrumente des Qualitätsmanagements benutzt und zum anderen, die Studienteilnehmer für das Qualitätsmanagement eher **reaktive Instrumente** bevorzugen, wie das Beschwerdemanagement.

Bemerkenswert erscheint der geringe Nutzungsgrad der Prozesskostenrechnung (MW: 2,67), des Target Costing (MW: 2,33), der Balanced Scorecard (MW: 2,31) und des Service Blueprinting (MW: 1,57). In der einschlägigen Literatur bilden sie das **Standardrepertoire** der Instrumente zur erfolgsorientierten Steuerung von Dienstleistungen (Rech 2020, S. 128–129, 136). Bislang scheint die Praxis davon kaum Notiz zu nehmen.

In Summe korrespondieren die empirischen Ergebnisse zu den Instrumenten des Dienstleistungscontrollings mit den empirischen Resultaten zu den Aufgaben des Dienstleistungscontrollings. Häufig nutzen die Unternehmen Instrumente der **operativen Ergebnissteuerung** (Preiskalkulation, Preis- und Deckungsbeitragsvorgaben, Erfolgsrechnung) und Instrumente der **Personalsteuerung** (Personalbedarfsplanung, Kapazitätsauslastungsanalyse, Personalentwicklungsplanung).

Unter den Teilnehmern der Umfrage besteht ein erhebliches Verbesserungspotenzial bei der Verwendung von Instrumenten der **Qualitätssteuerung**, des **Kosten- und Erlösmanagements**, der **strategischen Planung** und von **Kennzahlensystemen**. Rund 70 % der Teilnehmer sollten die Instrumente der Qualitätssteuerung, wie zum Beispiel GAP-Modell, SERVQUAL, Mystery Shopping oder der Qualitätskostenrechnung intensiver nutzen. In der strategischen Steuerung bietet der **Customer Lifetime Value** den Unternehmen die Möglichkeit, die Kundenbeziehung unternehmenswertorientiert zu steuern. Gleichzeitig eignet sich der Customer Lifetime Value als Bemessungsgrundlage für Entlohnungssysteme (Wall und Mödritscher 2012, S. 145). 42 % der Unternehmen ist zu empfehlen eine Implementierung zu prüfen, 45 % sollten den Customer Lifetime Value häufiger nutzen.

Im Kosten- und Erlösmanagement empfiehlt sich zur Beeinflussung der hohen Gemein- und Fixkostenanteile bei Dienstleistungen verstärkt auf die **Break-Even-Analyse** und das **Zero-Base Budgeting** zurückzugreifen – am besten in Verbindung mit der Prozesskostenrechnung. Eine frühzeitige Beeinflussung der Betriebskosten auf Zielkostenniveau lässt sich mit dem **Target Costing** bewerkstelligen – evtl. in Kombination mit der Prozesskostenrechnung und dem Service Blueprinting. In der Prozesssteuerung sollten die Unternehmen die **Prozesskostenrechnung** bzw. Derivate wie Activity-Based Costing und Time-Driven Activity-Based Costing, **Service Level Agreements** und das **Service Blueprinting** vermehrt einsetzen. Des Weiteren wäre es angebracht, Ziel- und Kennzahlensysteme zu implementieren, die zum einen die Brücke schlagen zwischen der Dienstleistungsstrategie und den operativen Wert-, Produkt-, Markt-, Prozess- und Potenzialzielen und zum anderen die Zusammenhänge zwischen den Steuerungsgrößen transparent machen. Etwa 80 % der Studienteilnehmer sollte aus diesen Gründen die Anwendung der **Balanced Scorecard** und von **Wert- und Kostentreibermodellen** erhöhen.

5 Fazit

Das Dienstleistungscontrolling unterscheidet sich nicht grundsätzlich, sondern nur graduell vom herkömmlichen Controlling (Corsten und Gössinger 2004, S. 328). Allerdings sind die Anforderungen an das Dienstleistungscontrolling derart speziell, dass zumindest in zweierlei Hinsicht ein fundamentales Umdenken notwendig ist. Erstens, ist aufgrund der Transformation des externen Faktors das Controlling gezwungen, mit zunehmender Unsicherheit über den Prozess und das Ergebnis der Veränderung der Zustandseigenschaften des externen Faktors seine einseitige Ausrichtung auf die Ergebnisebene aufzugeben und stattdessen die Planungs- und Steuerungskonzepte stärker an der **Prozess- und Potenzialebene** zu orientieren (Schäffer und Weber 2002, S. 8). Zweitens, muss das Controlling durch die größere Bedeutung der **integrierten Wertschöpfung** seine anbieterzentrierte Sichtweise aufgeben und durch eine Perspektive ersetzen, in der Anbieter und Nachfrager durch den Austausch von Services gemeinsam Wert schaffen. Dafür sind neuartige, integrative wertschöpfungsorientierte Steuerungskonzepte erforderlich, die deutlich stärker die Aktivitäten des Nachfragers einbeziehen

In der Praxis muss sich das Dienstleistungscontrolling zunächst **funktional verbreitern**, umfangreicher als bisher, die Abstimmungsfunktion wahrnehmen und gemeinsam mit der heute dominierenden Informationsfunktion auf die Lokomotionsfunktion ausrichten. Analog ist das aktuell vorherrschende, operative **Aufgabenspektrum zu erweitern** um die Prozess-, Qualitäts-, Verhaltens-, strategische Steuerung und das Performance Measurement. Die Erweiterung des Aufgabenspektrums hat eine **Ausweitung des Instrumenteneinsatzes** zur Folge. Die Nutzung der Instrumente der Prozess-, Qualitäts-, Verhaltens-, strategischen Steuerung und des Performance Measurement sollten intensiviert werden. Insbesondere sind die Standardinstrumente Target Costing, Prozesskostenrechnung, Balanced Scorecard und Service Blueprinting einzuführen und kombiniert zu nutzen.

Literatur

Becker, W. (1999). *Begriff und Funktionen des Controlling*. Bamberger Betriebswirtschaftliche Beiträge Nr. 106. Bamberg: Otto-Friedrich-Universität.

Becker, W. (2017). *Wertschöpfungsorientiertes Controlling. Konzeption und Umsetzung* (Bamberger Betriebswirtschaftliche Beiträge 241, 12. Aufl.). Bamberg: Otto-Friedrich-Universität.

Becker, W., Baltzer, B., & Ulrich, P. (2014). *Wertschöpfungsorientiertes Controlling. Konzeption und Umsetzung*. Stuttgart: Kohlhammer.

Becker, W., & Rech, S. (2013). Wertschöpfungsorientiertes Dienstleistungscontrolling. *Controlling, 25*(10), 515–521.

Becker, W., & Rech, S. (2014). *Dienstleistungscontrolling: Grundlagen – Ansätze – Entwicklungsperspektiven*. Stuttgart: Kohlhammer.

Benkenstein, M., Bruhn, M., Büttgen, M., Hipp, C., Matzner, M., & Nerdinger, F. W. (2017). Topics for service management research – A European perspective. *Journal of Service Management Research, 1*(1), 4–21.

Benkenstein, M., & Holtz, B. (2011). Dienstleistungsmanagement und Dienstleistungsmarketing. *Sammelrezension. Die Betriebswirtschaft, 71*(5), 459–477.

Bruhn, M. (2008). Dienstleistungscontrolling durch eine ganzheitliche Betrachtung der Erfolgskette des Dienstleistungsmanagements. *Controlling, 20*(8/9), 405–413.

Bruhn, M., & Meffert, H. (2012). *Handbuch Dienstleistungsmarketing: Planung – Umsetzung – Kontrolle*. Wiesbaden: Gabler.

Bruhn, M., & Stauss, B. (2006). Dienstleistungscontrolling – Einführung in die theoretischen und praktischen Problemstellungen. In M. Bruhn & B. Stauss (Hrsg.), *Dienstleistungscontrolling. Forum Dienstleistungsmanagement* (S. 3–29). Gabler: Wiesbaden.

Corsten, H., & Corsten, M. (2013). Produktionscontrolling in Dienstleistungsunternehmen. *Controlling, 25*(8/9), 441–449.

Corsten, H., & Gössinger, R. (2004). Dienstleistungscontrolling – Konzeptioneller Rahmen und Gestaltungsfelder. In F. Bensberg, J. v. Brocke & M. Schultz (Hrsg.), *Trendberichte zum Controlling. Festschrift für Heinz Lothar Grob* (S. 311–343). Heidelberg: Physica.

Fandel, G. (2010). *Produktions- und Kostentheorie* (8. Aufl.). Berlin\Heidelberg: Springer.

Friedl, B. (1998). Leistungscontrolling von Dienstleistungs-Anbietern. In A. Meyer (Hrsg.), *Handbuch Dienstleistungs-Marketing. Band 1* (S. 466–482). Stuttgart: Schäffer-Poeschel.

Gälweiler, A. (2005). *Strategische Unternehmensführung* (3. Aufl.). Frankfurt\New York: Campus.

Heskett, J. L., Jones, T. O., Loveman, G. W., Sasser, W. E., & Schlesinger, L. A. (1994). Putting the Service-Profit Chain to Work. *Harvard Business Review, 74*(3), 164–174.

Heskett, J. L., Sasser, W. E., & Schlesinger, L. A. (1997). *The Service Profit Chain: How leading Companies link Profit and Growth to Loyalty, Satisfaction, and Value*. New York: The Free Press.

Jost, P.-J. (2007). Institutionenökonomik. In R. Köhler, H.-U. Küpper & A. Pfingsten (Hrsg.), *Handwörterbuch der Betriebswirtschaft* (6. Aufl., Sp. 781–789). Stuttgart: Schäffer-Poeschel.

Kaplan, R. S., & Norton, D. P. (1996). *The Balanced Scorecard: Translating Strategy into Action*. Boston: Harvard Business School Press.

Kieser, A. (2014). Der situative Ansatz. In A. Kieser & M. Ebers (Hrsg.), *Organisationstheorien* (7. Aufl., S. 164–194). Stuttgart: Kohlhammer.

Kleinaltenkamp, M. (2007). Kundenintegration. In R. Köhler, H.-U. Küpper & A. Pfingsten (Hrsg.), *Handwörterbuch der Betriebswirtschaft* (6. Aufl., Sp. 1037-1048). Stuttgart: Schäffer-Poeschel.

Kleinhietpaß, G. (2012). Dienstleistungs-Controlling: Alles anders – oder doch gleich? *Controller Magazin, 37*(4), 45–48.

Lingnau, V., & Koffler, U. (2013). Auswirkung des Konsistenzpostulates auf die konzeptionelle Controllingforschung: Eine inhaltsanalytische Betrachtung der instrumentellen Perspektive bei Weber und Schäffer. *Controlling, 25*(7), 394–400.

Lovelock, C., & Gummesson, E. (2004). Whither Services Marketing? In Search of a New Paradigm and Fresh Perspectives. *Journal of Service Research, 7*(1), 20–41.

Mengen, A. (1993). *Konzeptgestaltung von Dienstleistungsprodukten. Eine Conjoint-Analyse im Luftfrachtmarkt unter Berücksichtigung der Qualitätsunsicherheit beim Dienstleistungskauf.* Stuttgart: Schäffer-Poeschel. (zugleich Dissertation, Wissenschaftliche Hochschule für Unternehmensführung Koblenz, 1992).

Nerdinger, F. W., & Pundt, A. (2018). Leadership of Service Employees – A Narrative Review. *Journal of Service Management Research, 2*(1), 3–15.

Organ, D. W., Podsakoff, P. M., & MacKenzie, S. B. (2006). *Organizational Citizenship Behavior: Its Nature, Antecedents, and Consequences*. Thousand Oaks: Sage Publications.

Podsakoff, P. M., & MacKenzie, S. B. (1997). Impact of Organizational Citizenship Behavior on Organizational Performance: A Review and Suggestion for Future Research. *Human Performance, 10*(2), 133–151.

Rech, S. (2020). *Dienstleistungscontrolling. Ein wertschöpfungsorientierter Beitrag zur konzeptionellen, theoretischen und empirischen Fundierung*. Wiesbaden: Springer Gabler. (zugleich Dissertation, Otto-Friedrich-Universität Bamberg, 2020).

Reckenfelderbäumer, M. (1995). *Marketing-Accounting im Dienstleistungsbereich: Konzeption eines prozeßkostengestützten Instrumentariums*. Wiesbaden: Gabler. (zugleich Dissertation, Universität Bochum, 1994).

Reckenfelderbäumer, M. (2006). Konzeptionelle Grundlagen des Dienstleistungscontrolling – Kritische Bestandsaufnahme und Perspektiven der Weiterentwicklung zu einem Controlling der Kundenintegration. In M. Bruhn & B. Stauss (Hrsg.), *Dienstleistungscontrolling. Forum Dienstleistungsmanagement* (S. 31–51). Gabler: Wiesbaden.

Rück, H. R. G. (2000). *Dienstleistungen in der ökonomischen Theorie*. Wiesbaden: Gabler. (zugleich Dissertation, Universität Frankfurt am Main, 1999).

Sanche, N. (2002). *Strategische Erfolgsposition: industrieller Service. Eine empirische Untersuchung zur Entwicklung industrieller Dienstleistungsstrategien*. Bamberg: Difo-Druck. (zugleich Dissertation, Universität St. Gallen, 2002).

Schäffer, U., & Weber, J. (2002). Herausforderungen für das Dienstleistungs-Controlling. *Kostenrechnungspraxis. Sonderheft, 2*(2002), 5–13.

Scherm, E., & Pietsch, G. (2004). Theorie und Konzeption in der Controllingforschung. In E. Scherm & G. Pietsch (Hrsg.), *Controlling: Theorien und Konzeptionen* (S. 3–19). Vahlen: München.

Schneider, B., Ehrhart, M. G., Mayer, D. M., Saltz, J. L., & Niles-Jolly, K. (2005). Understanding Organization-Customer Links in Service Settings. *Academy of Management Journal, 48*(6), 1017–1032.

Ulrich, H. (1970). *Die Unternehmung als produktives soziales System. Grundlagen einer allgemeinen Unternehmungslehre* (2. Aufl.). Bern und Stuttgart: Haupt.

Vargo, S. L., & Lusch, R. F. (2004). Evolving to a New Dominant Logic for Marketing. *Journal of Marketing, 68*(1), 1–17.

Vargo, S. L., & Lusch, R. F. (2008). Service-dominant logic: continuing the evolution. *Journal of the Academy of Marketing Science, 36*(1), 1–10.

Vargo, S. L., & Lusch, R. F. (2013). Service-Dominant Logic: Prologue and Prospects. *Die Betriebswirtschaft, 73*(2), 91–93.

Wall, F., & Mödritscher, G (2012). Integrationsnotwendigkeiten im Controlling bei der Transformation zum Lösungsanbieter. In G. Fleig, P. Horváth & M. Seiter (Hrsg.), *Integration von Produkt und Service – Auf dem Weg zum Lösungsanbieter* (S. 128–152). *Zeitschrift für betriebswirtschaftliche Forschung, Sonderheft* 65/12. Handelsblatt: Düsseldorf.

GPSR Compliance

The European Union's (EU) General Product Safety Regulation (GPSR) is a set of rules that requires consumer products to be safe and our obligations to ensure this.

If you have any concerns about our products, you can contact us on ProductSafety@springernature.com

In case Publisher is established outside the EU, the EU authorized representative is:

Springer Nature Customer Service Center GmbH
Europaplatz 3
69115 Heidelberg, Germany

Batch number: 10577860

Printed by Printforce, the Netherlands

GPSR Compliance

The European Union's (EU) General Product Safety Regulation (GPSR) is a set of rules that requires consumer products to be safe and our obligations to ensure this.

If you have any concerns about our products, you can contact us on ProductSafety@springernature.com

In case Publisher is established outside the EU, the EU authorized representative is:

Springer Nature Customer Service Center GmbH
Europaplatz 3
69115 Heidelberg, Germany

Batch number: 10577860

Printed by Printforce, the Netherlands

Handbuch Controlling

Wolfgang Becker • Patrick Ulrich
Hrsg.

Handbuch Controlling

2., überarbeitete und erweiterte Auflage

Band 2

mit 284 Abbildungen und 46 Tabellen

Springer Gabler

Hrsg.
Wolfgang Becker
Ordinarius und Emeritus des Lehrstuhls für BWL, insbes. Unternehmensführung und Controlling
Otto-Friedrich-Universität Bamberg
Bamberg, Deutschland

Patrick Ulrich
Lehrstuhl für Unternehmensführung
Hochschule Aalen – Technik und Wirtschaft
Aalen, Deutschland

ISBN 978-3-658-26430-7 ISBN 978-3-658-26431-4 (eBook)
ISBN 978-3-658-26454-3 (print and electronic bundle)
https://doi.org/10.1007/978-3-658-26431-4

Die Deutsche Nationalbibliothek verzeichnet diese Publikation in der Deutschen Nationalbibliografie; detaillierte bibliografische Daten sind im Internet über http://dnb.d-nb.de abrufbar.

Springer Gabler

Lektorat: Vivien Bender
Springer Gabler ist ein Imprint der eingetragenen Gesellschaft Springer Fachmedien Wiesbaden GmbH und ist ein Teil von Springer Nature.
Die Anschrift der Gesellschaft ist: Abraham-Lincoln-Str. 46, 65189 Wiesbaden, Germany

Vorwort zur 2. Auflage

Seit der ersten Auflage des Handbuchs Controlling im Jahr 2015 ist in Theorie und Praxis Einiges geschehen: Die Unternehmen sind einem immer stärkeren Wandel durch technologische, ökologische, gesellschaftliche und andere Einflüsse ausgesetzt. Diese Einflüsse haben Auswirkung auf die Wertschöpfung der Unternehmen und sind damit auch und gerade für das Controlling relevant.

Viele Unternehmen haben die sich derzeit beschleunigende Digitalisierung über Digitalstrategien, digitale Geschäftsmodelle und Chief Digital Officers (CDO) bereits umgesetzt oder haben damit zumindest begonnen. Auch das Controlling sieht sich vielfältigen Herausforderungen, aber auch Chancen gegenüber: Der Ruf nach der Rolle des Controllers als Business Partner wird in der Praxis immer stärker, gleichzeitig versuchen Unternehmen, Routinetätigkeiten von Controllern stärker zu digitalisieren und automatisieren. Hierzu stehen teilweise neue, teilweise bisher nicht umfassend eingesetzte Technologien wie Künstliche Intelligenz, Machine Learning, Deep Learning, Chatbots und Robotic Process Automation (RPA) zur Verfügung.

Eine ebenfalls zunehmende Herausforderung entsteht bereits in vielen Unternehmen durch die wachsenden ökologischen Anforderungen. Unternehmen werden zukünftig stärker als bislang gezwungen sein, sich mit ökologischen Fragen zu beschäftigen und ihre Wertschöpfung nachhaltig zu gestalten. Es wird zunehmende Aufgabe des Controllings sein, hierfür die Weichen richtig zu stellen.

In Teilbereichen der Wirtschaft, so etwa in bislang als etabliert geltenden Industrien wie dem Maschinen- und Anlagenbau sowie der Automobilindustrie zeigen sich bereits tief greifende strukturelle Veränderungen. Dieser Strukturwandel bedingt auch für das Controlling, dass tradierte Vorgehensweisen hinterfragt und ggf. neue Methoden, Instrumente und Werkzeuge sowie entsprechend angepasste Prozesse entwickelt werden müssen.

Zusätzlich neben derartigen Veränderungen stellen Krisen, wie die aktuelle COVID-19-Pandemie einen wesentlichen Treiber für zunehmenden Kostendruck, für das resultierende Entstehen erfolgswirtschaftlicher Risiken sowie das wiederum daraus entstehende Auftreten finanzwirtschaftlicher Risiken bis hin zu Insolvenzbedrohungen in Unternehmen dar. Die Wechselwirkungen zwischen situativen Einflüssen auf das unternehmerische Handeln sowie die Konsequenzen für die unternehmerischen Erfolgspotenziale, den Erfolg selbst und die resultierende Liquidität von Unternehmen rückt immer stärker in den Mittelpunkt der Betrachtungen des Controllings.

Diese und andere aktuelle Themen greifen wir in dieser überarbeiteten und um 16 neue Beiträge ergänzten 2. Auflage unseres Handbuchs Controlling auf. Den Grundaufbau des Handbuchs haben wir beibehalten, da sich dieser auf Basis des Feedbacks aus Theorie und Praxis bewährt hat. Das Buch kann für Entscheider in Management und Controlling, aber auch für Lehrende an Hochschulen und Studierende eine wertvolle Wissensquelle darstellen, die den Stand des modernen Controllings in Theorie und Praxis abbildet.

Bedanken möchten wir uns zunächst bei den Kolleginnen und Kollegen, die durch ihre Mitarbeit und ihre Beiträge das Handbuch erst möglich gemacht haben. Weiterer Dank gilt Vanessa Frank, die am Aalener Institut für Unternehmensführung (AAUF) die Schriftleitung sowie die Koordination des Gesamtprojekts übernommen hat. Ebenfalls bedanken möchten wir uns bei Jennifer Ott von Springer Nature, die das Projekt verlagsseitig wie immer freundlich und professionell begleitet hat.

Wir freuen uns über Feedback und Anregungen und Wünschen dem Handbuch eine weite Verbreitung.

Bamberg und Aalen
im Februar 2021

Wolfgang Becker
Patrick Ulrich

Vorwort

Das Controlling befindet sich, ähnlich wie auch andere betriebswirtschaftliche Teildisziplinen, momentan im Umbruch. Aktuelle Trends und Entwicklungen, die zunehmende Internationalisierung der Wissenschaft und Praxis, aber auch Veränderungen im Forschungs- und Lehrverhalten an Universitäten und anderen Hochschulen tangieren das traditionelle Themengebiet, die Forschungsfragen und nicht zuletzt die praktische Tätigkeit von Controllerinnen und Controllern.

Angesichts des Trends hin zu (angloamerikanischen) Journal-Veröffentlichungen sind in der wissenschaftlichen Community vermehrt Meinungen zu vernehmen, die sich von Büchern als Publikationsform wissenschaftlicher Erkenntnisse gänzlich abwenden. Das Handbuch alter Tradition stellt hier sicherlich eine besondere Form der Publikation dar, da in Handbüchern historisch das gesammelte Wissen von Expertinnen und Experten in einem speziellen Themenbereich geordnet, systematisiert und damit für Wissenschaft und Praxis nutzbar gemacht wurde.

Die Herausgeber dieses Handbuchs sind der Auffassung, dass die aktuelle Situation des Controllings in Wissenschaft und Praxis die Herausgabe eines aktualisierten Handbuchs zum Controlling begründet und geradezu notwendig macht. Während sich die deutschsprachigen Vertreter des Controllings zwischen 1990 und etwa 2005 stark um die Etablierung des Fachs und konzeptionelle Grundlagenarbeit verdient gemacht haben, sollte das Controlling angesichts der Vielzahl zu erwartender Veränderungen wie z. B. der Digitalisierung wieder stärker die praxeologische Funktion der Wissenschaft in den Vordergrund rücken und konkrete Handlungsempfehlungen für die Unternehmenspraxis ableiten. Damit könnte die BWL auch dem stärker als bisher formulierten Wunsch nach einem evidenzbasierten Forschungsparadigma entsprechen.

Es freut uns, dass wir Freundinnen und Freunde, Kolleginnen und Kollegen für unser Projekt begeistern und für die Mitarbeit gewinnen konnten. Entstanden ist aus unserer Sicht ein Werk, das ausgezeichnete Wissenschaftlerinnen und Wissenschaftler sowie Praktikerinnen und Praktiker im Bereich des Controllings vereint und den Status Quo des Controllings in Wissenschaft und Praxis gewinnbringend miteinander verbindet.

Das Handbuch ist bewusst an mehrere Zielgruppen gerichtet. Es kann als Nachschlagewerk, Anregung für vertiefendes Studium, aber auch als Wegweiser für

Forscherinnen und Forscher sowie praktische Entscheidungsträger aus Geschäftsleitung und Controlling dienen.

Wir danken allen Mitwirkenden an diesem Projekt und sind unseren Leserinnen und Lesern natürlich für ihr wie auch immer ausfallendes Feedback dankbar.

Bamberg
im September 2015

Univ.-Professor Dr. Dr. habil. Wolfgang Becker
Dr. Patrick Ulrich

Inhaltsverzeichnis

Band 1

Band 2

Autorenverzeichnis

Björn Asdecker Otto-Friedrich-Universität Bamberg, Lehrstuhl für Betriebswirtschaftslehre, insb. Produktion und Logistik, Bamberg, Deutschland

Björn Baltzer University of Applied Sciences Würzburg-Schweinfurt, Würzburg, Deutschland

Thomas Barth Hochschule für Wirtschaft und Umwelt, Nürtingen, Deutschland

Albrecht Becker Institut für Organisation und Lernen, Universität Innsbruck, Innsbruck, Österreich

Visiting Professor, Turku School of Economics, Innsbruck, Österreich

Wolfgang Becker Ordinarius und Emeritus des Lehrstuhls für BWL, insbes. Unternehmensführung und Controlling, Otto-Friedrich-Universität Bamberg, Bamberg, Deutschland

Stefan Behringer IFZ Institut für Finanzdienstleistungen Zug, Hochschule Luzern, Rotkreuz, Schweiz

Tim Botzkowski HDI Group, Hannover, Deutschland

Bianca Brandt Otto-Friedrich-Universität Bamberg, Lehrstuhl für Unternehmensführung & Controlling, Bamberg, Deutschland

Frerich Buchholz Sparkasse Hannover, Hannover, Deutschland

Marino Bundi Institut für Finanzdienstleistungen Zug IFZ, Hochschule Luzern, Rotkreuz, Schweiz

Nils Crasselt Schumpeter School of Business and Economics, Bergische Universität Wuppertal, Wuppertal, Deutschland

Ute David IPRI gGmbH, Stuttgart, Deutschland

Stefan Dierkes Georg-August-Universität Göttingen, Göttingen, Deutschland

Thomas Egner Otto-Friedrich-Universität Bamberg, Lehrstuhl für Betriebswirtschaftslehre, insb. Betriebliche Steuerlehre, Bamberg, Deutschland

Christoph Endenich IESEG School of Management (LEM-CNRS), Katholische Universität Lille, Lille und Paris, Frankreich

Birgit Feldbauer-Durstmüller Johannes Kepler Universität, Institut für Controlling & Consulting, Linz, Österreich

Sebastian Firk Professur für Management und Controlling, Georg-August-Universität Göttingen, Göttingen, Deutschland

Carl-Christian Freidank Institut für Wirtschaftsprüfung und Steuerwesen, Universität Hamburg, Hamburg, Deutschland

Florian Fuchs Lehrstuhl für Unternehmensrechnung und Controlling, TU Kaiserslautern, Kaiserslautern, Deutschland

Siegfried Gänßlen Internationaler Controller Verein (ICV), Stuttgart, Deutschland

Werner Gleißner Future Value Group, Leinfelden-Echterdingen (Stetten), Technische Universität Dresden, Dresden, Deutschland

Ronald Gleich Frankfurt School of Finance & Management, Oestrich-Winkel, Deutschland

Lukas Goretzki Universität Innsbruck, Institut für Organisation und Lernen, Innsbruck, Österreich

Till Grewe Unternehmensberater, Köln, Deutschland

Kai Grönke Horváth & Partners Management Consultants, Düsseldorf, Deutschland

Hasan Andaç Güler Corporate Controlling and Reporting, Schenck Process, Darmstadt, Deutschland

Dirk Hachmeister Lehrstuhl für Rechnungswesen und Finanzierung, Universität Hohenheim, Stuttgart, Deutschland

Thomas Heupel Universität Siegen, Siegen, Deutschland

Martin R. W. Hiebl Lehrstuhl für Betriebswirtschaftslehre, insbesondere Management Accounting and Control, Universität Siegen, Siegen, Deutschland

Institut für Controlling und Consulting, Johannes Kepler Universität Linz, Linz, Österreich

Gero Hoch FOM-Hochschule Essen, Essen, Deutschland

Andreas Hoffjan Technische Universität Dortmund, Dortmund, Deutschland

Péter Horváth IPRI gGmbH, Stuttgart, Deutschland

Dominik Ilgner Brose Tuscaloosa Inc, Vance, USA

Björn Ivens Otto-Friedrich-Universität Bamberg, Bamberg, Deutschland

Timo Kachel Universität Siegen, Siegen, Deutschland

Imke Keimer Institut für Finanzdienstleistungen Zug IFZ, Hochschule Luzern, Rotkreuz, Schweiz

Tanja Keser PricewaterhouseCoopers GmbH, München, Deutschland

Markus Klepzig SV Wehen 1926 Wiesbaden GmbH, Wiesbaden, Deutschland

Wolfgang Kornblum Oldenburg, Deutschland

Maik Lachmann Technische Universität Berlin, Berlin, Deutschland

Sabine Landwehr-Zloch Duale Hochschule Baden-Württemberg, Karlsruhe, Deutschland

Sven Laumer Otto-Friedrich-Universität Bamberg, Bamberg, Deutschland

Arnd Lawrenz Deloitte Consulting, Düsseldorf, Deutschland

Alexander Leischnig Otto-Friedrich-Universität Bamberg, Bamberg, Deutschland

Katja Lepper Stiftungsprofessur für Wohnungsgenossenschaften und genossenschaftliches Prüfungswesens, EBZ Business School, Bochum, Deutschland

Florian Lindner Mazars Wirtschaftsprüfungsgesellschaft, Köln, Deutschland

Volker Lingnau Lehrstuhl für Unternehmensrechnung und Controlling, TU Kaiserslautern, Kaiserslautern, Deutschland

Christian Lohmann Schumpeter School of Business and Economics, Bergische Universität Wuppertal, Wuppertal, Deutschland

Kerstin Lopatta Fakultät für Wirtschafts- und Sozialwissenschaften, Universität Hamburg, Hamburg, Deutschland

Heimo Losbichler Internationaler Controller Verein (ICV) / International Group of Controlling (IGC), Steyr, Österreich

Christian Maier Otto-Friedrich-Universität Bamberg, Bamberg, Deutschland

Dirk Mazurkiewicz Fachbereich Wirtschafts- und Sozialwissenschaften, Hochschule Koblenz/RheinAhrCampus Remagen, Koblenz, Deutschland

Christian Million Horváth & Partners, Stuttgart, Deutschland

Tobias Nemmer Hochschule Aalen, Aalen, Deutschland

Rita Niedermayr International Group of Controlling (IGC), Wien, Österreich

Karin Niederwimmer Johannes Kepler Universität, Institut für Controlling & Consulting, Linz, Österreich

Kai Nobach Technische Hochschule Nürnberg Georg Simon Ohm, Professur für Controlling und Allgemeine Betriebswirtschaftslehre, Nürnberg, Deutschland

Jochen R. Pampel Professur Internationales Management, Dekan Fakultät Wirtschaft, Hochschule Macromedia - University of Applied Science, Hamburg, Deutschland

Maurice Plößer Lehrstuhl für BWL, insbesondere Unternehmensführung & Controlling, Universität Bamberg, Bamberg, Deutschland

Gregor Przytulla Horváth & Partners Management Consultants, Düsseldorf, Deutschland

Stephan Rasch PricewaterhouseCoopers GmbH, München, Deutschland

Stefan Rech Römerberg, Deutschland

Sven Reinecke Institut für Marketing und Customer Insight, Universität St. Gallen, St. Gallen, Schweiz

Lukas Rieder International Group of Controlling (IGC), St. Gallen, Schweiz

Robert Rieg Hochschule Aalen, Aalen, Deutschland

Stephanie Rüsch Technische Universität Dortmund, Dortmund, Deutschland

Frederik Ruthardt Stuttgarter Büro von Ebner Stolz, Universität Hohenheim, Stuttgart, Deutschland

Remmer Sassen Technische Universität Dresden, Dresden, Deutschland

Sigrid Schaefer Professur für Betriebswirtschaftslehre, insbesondere Controlling und nachhaltiges Wirtschaften, EBZ Business School, Bochum, Deutschland

Ulrich Schäfer Georg-August-Universität Göttingen, Göttingen, Deutschland

Utz Schäffer Internationaler Controller Verein (ICV), Vallendar, Deutschland

Ewald Scherm FernUniversität in Hagen, Lehrstuhl für BWL, insb. Organisation und Planung, Hagen, Deutschland

Holger Schmidt Horváth & Partners Management Consultants, Düsseldorf, Deutschland

Torben Schmidt Professur für Management und Controlling, Georg-August-Universität Göttingen, Göttingen, Deutschland

Mario Schmitz Deloitte Consulting, Düsseldorf, Deutschland

Christian Schneider Deloitte Consulting, Düsseldorf, Deutschland

Andreas Schöler Hochschule für angewandtes Management GmbH, Erding, Deutschland

Michael Schönherr Horváth & Partners, Berlin, Deutschland

Stephan Schüssler Deloitte Consulting, Düsseldorf, Deutschland

Felix Schuhknecht Lehrstuhl für BWL, insbesondere Unternehmensführung & Controlling, Universität Bamberg, Bamberg, Deutschland

Julia Schuster Oberasbach, Deutschland

Klaus Stemmermann Technische Hochschule Nürnberg Georg Simon Ohm, Nürnberg, Deutschland

Eric Sucky Otto-Friedrich-Universität Bamberg, Lehrstuhl für Betriebswirtschaftslehre, insb. Produktion und Logistik, Bamberg, Deutschland

Lutz Thieme Fachbereich Wirtschafts- und Sozialwissenschaften, Hochschule Koblenz/RheinAhrCampus Remagen, Remagen, Deutschland

Alexander Tombach Institut für Marketing und Customer Insight, Universität St. Gallen, St. Gallen, Schweiz

Rouven Trapp Institut für Controlling, Universität Ulm, Ulm, Deutschland

Patrick Ulrich Lehrstuhl für Unternehmensführung, Hochschule Aalen – Technik und Wirtschaft, Aalen, Deutschland

Dominik van Aaken Ludwig-Maximilians-Universität München, München, Deutschland

Ute Von Vanini FH Kiel, Kiel, Deutschland

Patrick Velte Leuphana Universität Lüneburg, Lüneburg, Deutschland

Bernhard H. Vollmar ZE Zentrum für Entrepreneurship, Professur für Entrepreneurship und Finance, PFH Private Hochschule Göttingen, Göttingen, Deutschland

Friederike Wall Universität Klagenfurt, Institut für Unternehmensführung, Abteilung für Controlling und Strategische Unternehmensführung, Klagenfurt, Österreich

Jürgen Weber Internationaler Controller Verein (ICV), Vallendar, Deutschland

Christoph Weinert Otto-Friedrich-Universität Bamberg, Bamberg, Deutschland

Tim Weitzel Otto-Friedrich-Universität Bamberg, Bamberg, Deutschland

Felix Wenger Technische Universität Dortmund, Dortmund, Deutschland

Michael Wolff Professur für Management und Controlling, Georg-August-Universität Göttingen, Göttingen, Deutschland

Norbert Zdrowomyslaw Hochschule Stralsund, Stralsund, Deutschland

Bernd Zirkler Eckprofessur für Allgemeine Betriebswirtschaftslehre, insbesondere Rechnungswesen/Controlling Fakultät Wirtschaftswissenschaften, Westsächsische Hochschule Zwickau, Zwickau, Deutschland

Teil VI

Controlling-Aufgaben und Controlling-Instrumente in der Praxis

Life-Cycle-Costing in der Unternehmenspraxis: Techniken, Strategische Bedeutung, Umsetzungsprobleme

Gero Hoch, Thomas Heupel und Timo Kachel

Zusammenfassung

Die betriebliche Controllingpraxis wird nicht selten von kurzfristig orientierten Fragen des Tagesgeschäfts zu Lasten längerfristiger orientierter Betrachtungen dominiert. Die Einbeziehung des Produktlebenszyklus gehört zu den gelegentlich vernachlässigten Aspekten, obwohl die langfristige Vorteilhaftigkeit einer Leistungsentscheidung grundsätzlich gegeben bzw. bekannt sein sollte. Dazu bedarf es nicht nur über reines „Costing" hinaus einer Einbeziehung der Erlösseite sondern auch der hier näher untersuchten Modifikation des investitions- und kostenrechnerischen Instrumentariums unter anderem durch Einbeziehung von Vor- und Nachlaufkosten nebst periodenüberschreitender Kalkulation. Beides erweist sich auch unter dem Gesichtspunkt der Geschäftsführerpflichten zur Entscheidung „auf der Grundlage angemessener Information" als empfehlenswert.

Schlüsselwörter

Life Cycle Costing · Strategisches Kostenmanagement · Produktlebenszyklus · Vorlaufkosten · Nachlaufkosten · Geschäftsführerpflichten

G. Hoch (✉)
FOM-Hochschule Essen, Essen, Deutschland
E-Mail: hoch@bwl.wiwi.uni-siegen.de; gero.hoch@uni-siegen.de

T. Heupel · T. Kachel
Universität Siegen, Siegen, Deutschland

W. Becker, P. Ulrich (Hrsg.), *Handbuch Controlling*,
https://doi.org/10.1007/978-3-658-26431-4_27

1 Einleitung

Ökonomische Prozesse vollziehen sich in Zyklen. Bereits die Untersuchungen Schumpeters beschreiben die Entwicklungen von ökonomischen Größen im Zeitablauf in wiederkehrenden Wellenbewegungen (Schumpeter 1961). Neben den dort betrachteten Konjunkturzyklen kennzeichnet die Betriebswirtschaftslehre auch Technologie-, Nachfrage- und Angebotszyklen, die sich dem Produktlebenszykluskonzept zuordnen lassen. Ziel des Konzeptes ist, neben der Strukturierung und Kostensenkung, die Koordination von steuernden Handlungen zu wichtigen Zeitpunkten im Laufe eines Produktlebens (Götze 2010, S. 301).

Das Lebenszykluskonzept zeigt sich in der heutigen BWL als produzentenorientierter und kundenorientierter Ansatz zur Strukturierung des Produktmanagements. Aus Produzentensicht unterliegt die Entwicklung eines Produktes oder einer Dienstleistung – vergleichbar zu den Lebewesen – dem Gesetz vom Werden und Vergehen (Meffert 2000, S. 338). Unter evolutionswissenschaftlichen Gesichtspunkten lässt sich der Produktlebenszyklus als Abfolge von Pflanzen, Wachsen, Gedeihen und Degenerieren fassen. Analog bezeichnet die BWL diese als Einführungsphase, Marktdurchdringungsphase, Sättigungsphase und Degenerationsphase. Die kundenorientierte Sichtweise setzt sich neben den Anschaffungskosten auch mit den Folgekosten von Investitionsgütern auseinander. Analog sind aus Produzentensicht kostenperspektivische Erweiterungen über den Herstellungsprozess hinaus zu empfehlen. Die erstmalige Nennung des Produktlebenszykluskonzeptes ist nicht eindeutig erkennbar (Jacobs 2011, S. 11). In Deutschland baut das Konzept auf den Arbeiten von Vernon und Hirsch (1966/67) sowie Pfeiffer und Bischof (1974) auf. Allerdings ist festzustellen, dass es bis heute teilweise an einer Berücksichtigung im Entscheidungsprozess fehlt.

Gerade durch die einperiodige Sichtweise des externen und internen Rechnungswesens unterbleibt regelmäßig die periodenübergreifende Sichtweise des Lebenszykluskonzeptes auf diesen Feldern, während besonders im Bereich des Marketing diesbezügliche Betrachtungen schon länger stattfinden (Schild 2005, S. 155). Hier werden die erwarteten Zahlungsströme in Form von abgezinsten Ein- und Auszahlungen über die erwartete Lebensdauer als Entscheidungsgrundlage betrachtet.

Die klassische Kosten- und Erlösrechnung stößt demgegenüber durch ihre Einperiodizität mit der systemseitigen Erfassung der periodenübergreifenen Einschätzungen an ihre Grenzen. Traditionell wendet sich die Produkterfolgsrechnung zeitabschnittsbezogen dem bestehenden Produktprogramm zu. Kosten für zukünftige oder vergangene Produkte werden häufig nicht weiter differenziert, sondern den aktuell gefertigten Produkten zugerechnet. Die Überlagerung mehrerer Lebenszyklen in einem Mehrproduktunternehmen führt dazu, dass Entwicklungs- und Entsorgungskosten der Produkte aus anderen Abrechnungsperioden die Leistungsbeurteilung der aktuellen Produkte erheblich verfälschen können.

Dieses Problem ist durch Konzepte unter dem Sammelbegriff des *Life Cycle Costing* (Götze 2010, S. 299) lösbar. Der vorliegende Beitrag behandelt eine periodenübergreifende Kosten- und Erfolgsrechnung von Produkten aus produzentenorientierter Sichtweise unter Einschluss sowohl der Betrachtung der Vorteilhaftigkeit einer Produktionsentscheidung aus investitionsrechnerischer Sicht als auch einer wirklich verursachungsgerechten Stückkalkulation aus kostenrechnerischer Sicht.

Das Konzept des Life Cycle Costing betrachtet Vorlaufkosten, begleitende Kosten und Folgekosten eines Produktes (Reichmann 1997, S. 503), wobei der Ansatz auf einer ganzheitlichen Sichtweise beruht, was ermöglicht, die anfallenden Kosten und erzielten Erlösen den Lebenszyklusphasen des entsprechenden Produkts zuzurechnen. Die ursprünglich vier Marktphasen wurden für das Life Cycle Costing um den Entstehungs- und Nachsorgezyklus erweitert.

Diese Aufteilung gewinnt durch die festzustellende Verkürzung von Produktlebenszyklen und den Anstieg von Vor- und Nachlaufkosten an Bedeutung. Anhand des Life Cycle Costing können die anfallenden Kosten und Erlöse nicht nur einem Produkt sondern auch einzelnen Phasen des Produktes zugeordnet werden. In welcher Lebenszyklusphase sich ein Produkt befindet wird anhand sachlicher Merkmale bzw. Tätigkeiten bestimmt (Jacobs 2011, S. 12 ff.).

Während es theoretisch-konzeptionell verschiedene Rechenansätze gibt, bleiben zahlreiche Praxisprobleme ungelöst. So werden Produkte selten komplett neu entwickelt, sondern vielmehr eine modifizierte, in diesem Sinne „neue" Produktform geschaffen. Zudem gibt es oftmals mit Gleichteilen Verbundeffekte und manche Entwicklungen werden für unterschiedlich lange Marktzyklen einer Produktfamilie entwickelt. Diese Unzulänglichkeiten verstellen eine flächendeckende Anwendung und lassen das Konzept abstrakt wirken.

Es liegen erste konzeptionelle Vorschläge vor, die im Rahmen dieses Beitrags erörtert werden sollen, wobei die methodischen Schwächen und die eine Implementierung hemmenden Umsetzungsbarrieren Gegenstand dieses Beitrags sind. Nach einer kurzen Beschreibung des Produktlebenszyklus werden verschiedene rechnerische Zugänge aus Produzentensicht dargestellt und auch hinsichtlich ihrer Mängel evaluiert. Nicht behandelt werden sollen Lebenszykluskosten als Gesamtkostenoptimierung aus Kundensicht (Total Cost of Ownership), bei denen prinzipiell ähnliche Überlegungen anzustellen sind. Ein Beispiel dafür ist die alternative Betrachtung von Kraftfahrzeugkosten mit Benzin- oder Dieselmotoren als Life Cycle Costing bei Ressourcen (Götze 2010, S. 306–309 mit Beispiel). Der Beitrag schließt mit einigen Hinweisen zu pragmatischen Näherungslösungen und der strategischen Bedeutung des so verstandenen Life Cycle Costing für Produkte.

2 Phasen des Produktlebenszyklus

Nach dem klassischen Produktlebenszyklusmodell beginnt das Leben eines Produktes mit seinem Markteintritt. Hierbei konnten empirisch in vielfältigen Studien verschiedene Kurvenverläufe des Marktzyklus durch Umsatz und Gewinngrößen festgestellt werden (Jacobs 2011, S. 13). Neben der Produktart variieren diese Verläufe besonders durch Einflussfaktoren wie Marktpotenial, Infrastruktur, Kundeninteresse sowie absatzfördernder Maßnahmen. Der Kurvenverlauf eines Produktes ist damit nicht vorgegeben, sondern kann z. B. durch das Verfolgen von Strategien von einem Unternehmen aktiv beeinflusst werden. Aus den Ansätzen zu

Modellierung der Kurvenverläufe hat sich gerade im Marketing das Vierphasen-Modell des klassischen Produktlebenszyklus durchgesetzt. Die einzelnen Phasen der Einführung, Marktdurchdringung, Sättigung und Degeneration lassen sich phasenspezifisch relativ gut abgrenzen. Während die Reihenfolge der Zyklen unabhängig festliegt, kann die Länge der Phasen je nach Produkt variieren.

Der Marktzyklus beginnt mit *der Einführungsphase*. Hier muss das Unternehmen durch Werbung und Public Relations auf das neue Produkt aufmerksam machen, um es erfolgreich in den Markt einführen zu können. Nur bei entsprechender Marktakzeptanz hat das Produkt Chancen, die nächsten Phasen zu erreichen. So war beispielsweise das deutsche Videosystem 2000 technologisch ausgereifter als die VHS-Technologie, wurde aber in der Einführungsphase durch den machtvollen Markteintritt und geschickteres Agieren der japanischen Konkurrenten nicht zum Erfolg, die darauf verzichteten ihre Entwicklungskosten durch hohe Lizenzgebühren früh zu liquidieren. Dies kann als Beispiel dafür dienen, dass mit strategischem Geschick – im Sinne des Agierens mit langem Atem – unter Lebenszyklusgesichtspunkten ein technisch besseres Produkt geschlagen werden kann. Erfolgsgaranten eines neuen Produktes sind in dieser Phase ein optimaler Werbemitteleinsatz und alle absatzpolitischen Bemühungen und Maßnahmen einen Markt zu beherrschen und zu gewinnen. Das bedeutet gleichzeitig, dass in dieser Phase die Umsätze noch sehr gering und Aufwendungen hoch sind. Positive Deckungsbeiträge können nur selten erwirtschaftet werden (Stibbe 2009, S. 159). Die Einführungsphase ist beendet, wenn der Break-Even-Point erreicht ist, also die Erlöse die Kosten erstmals übersteigen.

Zur differenzierteren Betrachtung wird die *Marktdurchsetzungsphase* auch in eine Wachstums- und Reifephase aufgeteilt (Meffert 2000, S. 338 ff.; Ewert und Wagenhofer 2005, S. 297 f.), um absatzpolitische Maßnahmen feiner koordinieren, bzw. Kostenverläufe genauer abgrenzen zu können. Mit der Wachstumsphase tritt das Produkt in die Gewinnzone ein, obwohl die Ausgaben für Verkaufsförderung und Kommunikation weiter auf hohem Niveau anhalten. Da Umsätze steigen, werden auch Wettbewerber auf diese positive Entwicklung und den potenziellen neuen Markt aufmerksam. Diese lancieren Alternativprodukte, weshalb der Ausbau von Markteintrittbarrieren mittels Maßnahmen aus dem Bereich der Preis- und Konditionenpolitik zunehmend wichtiger werden. Das Produkt wird am Markt akzeptiert, verliert zunehmend seinen Charakter als Neuheit, weshalb weitere Leistungseigenschaften kommuniziert werden müssen. In der Reifephase befindet sich das Produkt auf dem Weg zum Höhepunkt seiner Entwicklung. Zwar steigen in dieser Phase die absoluten Umsätze und Gewinne noch an, allerdings deutet sich bereits ein Absinken der Grenzerträge an. Der abnehmende Umsatzanstieg ist in der Regel die Folge einer zunehmenden Marktsättigung. Neben Maßnahmen der Produktpolitik wie Servicemarke etc. sind deutliche Maßnahmen der Preispolitik, wie z. B. eine zeitliche oder räumliche Preisdifferenzierung, empirisch in dieser Phase zu beobachten. Da die Reifephase im Regelfall die profitabelste Phase im Produktlebenszyklus ist, sollte sie vom Unternehmen durch geeignete Werbemaßnahmen und leichte Modifikationen des Produkts möglichst lange konserviert werden. Durch Größendegressions- und Lerneffekte können Unternehmen, die das Produkt als Erste auf den Markt eingeführt haben, einer Marktpreisabsenkung des Produktes gut entgegenstehen. Die allmähliche Stagnation des Umsatzes führt das Produkt von der Reifephase in die Sättigungsphase.

Nach bisheriger positiver Entwicklung stagniert der Absatz in *der Sättigungsphase* und es kommt zu Umsatzrückgängen. Folglich gehen Gewinne zurück. Das Produkt wird nun stärker über den Preis verkauft und die Deckungsbeiträge nehmen ab. Zur Verlängerung des Lebenszyklusses kann man mittels verschiedener Modifikationen noch versuchen, mehr Kunden zu gewinnen. In aller Regel aber endet die Sättigungsphase, wenn die Umsatzerlöse die Deckungsbeitragsgrenzen wieder unterschreiten, wenn also keine Erfolgsbeiträge mehr erzielt werden können.

In der *Phase der Degeneration* kommt es zum deutlichen Rückgang der Umsätze. Neben starker Konkurrenz ist auch eine schwindende Akzeptanz des Produktes durch den Markt erkennbar. Häufig werden in dieser Phase ältere Produkte durch Neuere oder Produktrelaunches ersetzt (Jacobs 2011, S. 14). Es kann erwogen werden, das bestehende Produkt durch einen „Facelift" oder eine technische Modifikation einem neuen Aufschwung zuzuführen. Auch durch Verbund- und Sortimentseffekte kann die Eliminierung gehemmt werden, dennoch verursachen veränderte Verbrauchergewohnheiten bzgl. Qualitätsansprüche oder Gewährleistung der Kunden zusätzliche Kosten.

Herstellerbezogen geht allerdings die Entwicklung des Produktes dem Marktzyklus voraus. Daher wenden sich bereits die Autoren Pfeiffer und Bischof (1974, S. 637 ff.) einer ausdifferenzierten Entstehungsphase zu und weiten somit den Blick über den Marktzyklus hinaus. Als Reaktion auf Gefahren einer Vernachlässigung des für den Erfolg eines Produktes wesentlichen Entstehungsphase und der ökologisch und damit auch ökonomisch nachgelagerten Entsorgungsphase wurde in der betriebswirtschaftlichen Forschung das „integrierte Produktlebenszyklusmodell" ausgebildet (Abb. 1). Anhand dieses Modells kann eine Differenzierung zwischen Vorlaufkosten und -erlösen, begleitenden Kosten und Erlösen sowie Nachsorgekosten und -erlösen eines Produktes vorgenommen werden (Stibbe 2009, S. 164). Die erweiterten Phasen lassen sich wie folgt kennzeichnen:

Der Stellenwert der *Vorlaufphase* kann vor allem mit ihrer hohen Tragweite für die Festlegung der späteren Kosten in der Markt- und Nachlaufphase begründen werden. Neben der Suche nach alternativen Produkten und deren Bewertung spielt in dieser Phase besonders die Erfassung der Kundenbedürfnisse eine große Rolle. Insbesondere das Konzept des Target Costing hat aufgezeigt, wie die Beeinflussung des Produkt- und Fertigungsdesigns in der Frühphase der Produktentwicklung große Auswirkungen auf die Fertigungskosten und die Kosten der Nutzungszeit ausübt. Das trifft auch auf Fälle zu, in denen eher weniger durch Kundenanforderungen fundierte Alternativen ausgewertet werden, sondern aufgrund des Vertrauens in eigene Innovationen auf dem Markt getestet werden sollen. Durch die komplexer werdenden Anforderungen an künftige Produkte determinieren primär die Entwicklungskosten die wirtschaftliche Bedeutung der Vorlaufphase (Schild 2005, S. 162).

In der *Nachlaufphase* geht es schließlich um die Wiederverwertung von Produktkomponenten, Maßnahmen in Recycling und Entsorgung sowie eine effiziente Entsorgungslogistik (Michel et al. 2004, S. 327). In dieser Phase wird neben der

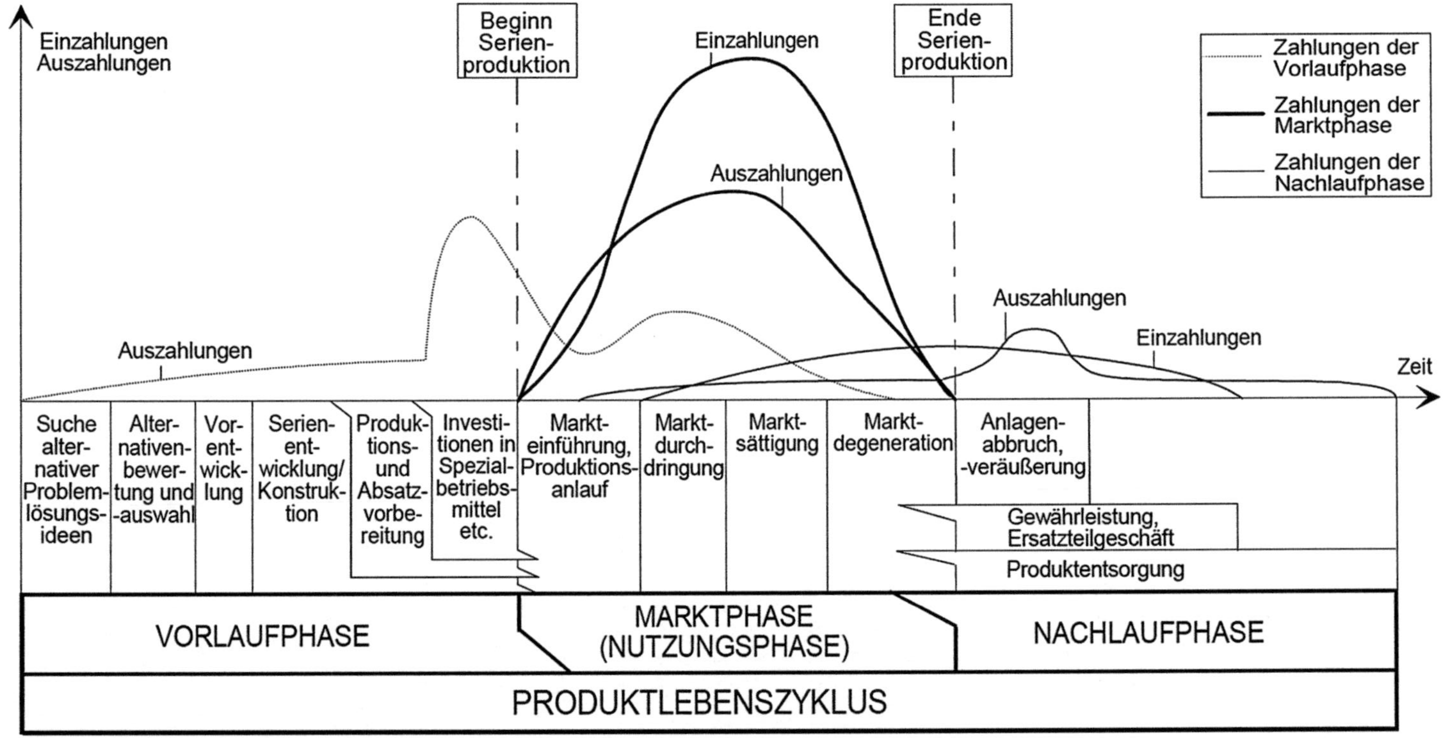

Abb. 1 Modell des integrierten Produktlebenszyklus nach Riezler und Goetze (Goetze 2010, 303 mit weiteren Nachweisen)

ökologischen Verantwortung des Unternehmens auch der ökonomischen Ebene Rechnung getragen, da die hier anfallenden Entsorgungskosten und -erträge die Gesamtrentabilität des Produktlebenszyklus (u. U. erheblich) beeinflussen (Jacobs 2011, S. 18). Nach Kennzeichnung des integrierten Produktlebenszyklus mit seinen Phasen werden nachfolgend alternative betriebswirtschaftliche Berechnungszugänge zu seiner praktischen Handhabung aufgezeigt.

3 Die investitionsrechnerische Sicht

3.1 Das Produkt als Investition

In der Wissenschaft wird das Konzept des Life Cycle Costing aus verschiedenen Perspektiven diskutiert. Während aus Sicht einer Steuerungsperspektive die Kosten- und Erlösrechnung mittels der Vollkostenrechnung sowie der Deckungsbeitragsrechnung konzeptionell für eine Lebenszyklusbetrachtung vorgeschlagen werden, wird aus Sicht der Beurteilung der Vorteilhaftigkeit von ökonomischem Engagement die Investitionsrechnung herangezogen. Durch die Barwertbestimmung von Ein- und Auszahlungen zukünftiger Perioden können im Vorfeld die Vorteilhaftigkeit einer Produktentwicklung, -einführung und -modifikation beurteilt und bei Bedarf auch mit Alternativen vergleichbar gemacht werden.

Diese Offerten werden in den nächsten beiden Kapiteln produzentenorientiert behandelt. Der produzentenorientierte Ansatz hat natürlich Ähnlichkeiten mit einem kundenorientierten Ansatz (Total Cost of Ownership) des Lebenszykluskonzeptes (Götze 2010, S. 305). Betrachtet man die vollständigen Kosten der Investition in ein Produkt, kann man neben den Kosten der Herstellung eines Produktes (Marktzyklus) gerade auch die Kosten für Entwicklung (Vorlaufphase) ansetzen. Zusätzlich treten in der Nachlaufphase zusätzliche Kosten wie Recycling bzw. Entsorgung auf. Vorlauf- und Folgekosten einer Investition können die engeren Herstellkosten des Marktzyklus übersteigen, so dass deren Nichtbetrachtung oder unvollständige Betrachtung ein deutliches Rationalitätsdefizit darstellen würde. Die investitionsrechnerische Betrachtungsweise öffnet auch die Augen für Aspekte der Kostenrechnung, welche bis dato die diesbezüglichen Kosten der künftigen und vergangenen Produkte als Gemeinkosten der gegenwärtigen Produkte diesen zurechnet und damit nicht dem Grundsatz verursachungsgerechter Kalkulation genügt. Es liegt auf der Hand, dass im Rahmen der Sorgfaltspflichten leitender Entscheidungsträger die Berücksichtigung der angesprochenen Problemfelder angesichts ihres möglichen wirtschaftlichen Gewichtes dem Grundsatz der Entscheidung „auf Grundlage angemessener Informationen" dienen kann und damit grundsätzlich zur Vermeidung von Pflichtverletzungen im Rahmen gesellschaftsrechtlicher Regelungen zur Geschäftsführerhaftung (§§ 43 GmbhG, 93 AktG) geeignet sind. Die im folgenden betrachteten Lösungstechniken zur Vorteilhaftigkeit von Produktentscheidungen und nachfolgend zur verursachungsgerechten Kalkulation, jeweils unter Life Cycle Costing Gesichtspunkten, sind auch unter den Gesichtspunkten der ordentlichen und gewissenhaften Geschäftsführung zu sehen, ohne dass dies hier vertieft werden soll. Doch zunächst zur Betrachtung einer Produktentscheidung als Investition.

3.2 Lösungstechniken

Bei den Investitionsrechnungen ist zwischen den statischen und den dynamischen Ansätzen zu unterscheiden (Wöhe und Döring 2013, S. 480). Bei den statischen Ansätzen, wie den Amortisations-, Kosten- oder Gewinnvergleichsrechnungen, werden die Ein- und Auszahlungen unabhängig von ihrem zeitlichen Bezug betrachtet. Eine Diskontierung findet hier nicht statt. Diese Betrachtung kann nur zum gröberen Vergleich alternativer Investitionsobjekte herangezogen werden. Für die Komplexität eines ganzen Lebenszyklus hingegen erscheint es durch die fehlende Berücksichtigung von Finanzierungseffekten trotz Mehrperiodizität eher ungeeignet.

Detailliertere Ansätze bieten die dynamischen Investitionsrechnungen. Sowohl die Interne Zinsfußmethode als auch das diesbezüglich gängigste Verfahren, die Kapitalwertmethode (vgl. Wöhe und Döring 2013, S. 493), leisten die Betrachtung von Zahlungsreihen mittels Diskontierung. Die zu unterschiedlichen Zeitpunkten anfallenden Ein- bzw. Auszahlungen des Unternehmens während des Lebenszyklus eines Produktes werden durch den abgezinsten Kapitalwert auf ein und denselben Zeitpunkt bezogen und damit vergleich- und rechenbar gemacht. Diese Methode empfiehlt nur dann Investitionen, wenn sich ein positiver Kapitalwert ergibt. Als Zinsfuß sollte ein Zinssatz gewählt werden, der die Kapitalstruktur berücksichtigt. Auf dieser Grundlage kann dann an den sich ergebenden Kapitalwerten beurteilt werden, bei welcher Alternative sich das eingesetzte Eigenkapital besser verzinst.

Bei Anwendung der Kapitalwertmethode, bzw. bei der Bestimmung des Barwertes, werden alle späteren Zahlungen auf die erste Betrachtungsperiode abgezinst. Nach Kremin-Buch ist „der Kapitalwert (K) einer Investition [. . .] die Differenz aus der Summe der Barwerte aller Einzahlungen (Et) und der Summe der Barwerte aller Auszahlungen (At), beide bezogen auf den Zeitpunkt der ersten Zahlung“ (Kremin-Buch 2007, S. 188).

Mit einem festen Abzinsungsfaktor $(1+i)^{-t}$ ergibt sich unter Berücksichtigung vom Liquidationserlösen (L) die nachfolgende Formel (Wöhe und Döring 2013, S. 493):

$$K_0 = -A_0 + \sum_{t=1}^{n} (E_t - A_t)(1+i)^{-t} + L_n(1+i)^{-n}$$

Natürlich ist ein positiver Kapitalwert Entscheidungsbedingung für das Produkt. Aufgrund von Nachlaufkosten können die Liquidationserlöse, verstanden als Saldo von Verwertungserlösen und Nachlaufkosten, auch ein negatives Vorzeichen haben. Die hier mit A_0 bezeichneten Anschaffungsauszahlungen sind im Sinne des Life Cycle Costing als Vorlaufkosten zu deuten. Die Basisformel ist insofern als Prinzipskizze zu verstehen.

Die sich hier weniger anbietende Interne Zinsfußmethode belässt es nicht bei der Barwertbetrachtung. Vielmehr wird hier mit variablem Zinssatz die gewünschte optimale Verzinsung möglicher Alternativen betrachtet. Die Bedingung zur Ermittlung des Zinsfußes lautet (Wöhe und Döring 2013, S. 499):

$$0 = -A_0 + \sum\nolimits_{t=1}^{n} (E_t - A_t)(1 + r)^{-t} + L_n(1 + r)^{(-n)}$$

Mittels linearer Interpolation können für verschiedene Zinssätze r nun mehrere alternative Lösungen bestimmt werden, die den internen Zinssatz aufzeigen. Für Zwecke des Life Cycle Costing ist eine analoge Anpassung wie bei der Kapitalwertmethode erforderlich.

Probleme investitionsrechnerischer Ansätze ergeben sich in erster Linie aus der Qualität der Plandaten hinsichtlich der Ein- und Auszahlungen. Nach den Modellrechnungen lohnen sich oftmals anfänglich höhere Entwicklungskosten, weil die bessere technische Lösung in den sich anschließenden Produktions- und Marktzyklen erhebliche Einsparungen mit sich bringen können. Die Betrachtung der zeitlich greifbareren Auszahlungen fällt aber tendenziell leichter, als die Definition späterer verminderter Auszahlungen oder höherer Einzahlungen, die dann auch noch diskontiert werden müssen. Ohne eine zusätzliche Betrachtung der Kostenrechnung können Auszahlungsreihen genauso schwer prognostiziert werden, wie die zukünftigen Einzahlungen. Ein ergänzender Blick in die Kalkulation der Kostenträgerrechnung kann helfen, Auszahlungsreihen besser greifen zu können. Insbesondere bei einer mehrstufigen eigenen Fertigung sind die Kosten deutlich schwieriger zu erfassen als bei geringer Fertigungstiefe und größerem Anteil an Zukaufteilen.

Aus Sicht der Kostenrechnung gibt es einen Voll- und einen Teilkosten-Ansatzpunkt. Beide sollen nachfolgend vorgestellt werden.

4 Die lebenszyklusbezogene Kalkulation

4.1 Mängel der Standard-Produktkalkulation aus Sicht des Lebenszyklus

Die Kostenrechnung erfasst periodische Kostenpositionen und rechnet sie in der Kalkulation final einem Kostenträger zu. Durch die im Regelfall gegebene Ausdifferenzierung von Kostenarten und Kostenstellen in der deutschen Industrie liegt eine valide Grundlage für unternehmerische Entscheidungen vor. Auch viele mittelständische Unternehmen betreiben so aktives Kostenmanagement. Diese systemseitige Ausgestaltung ermöglicht grundsätzlich eine kostenrechnerische Lösung für das Life-Cycle Costing Problem.

Allerdings ist dabei eine Zugangshürde zu überwinden. Die konventionelle Kostenrechnung berücksichtigt durch den strikten Periodenfokus keine Kosten aus der Vorlaufphase eines heute am Markt befindlichen Produktes. Diese wurden früher den Gemeinkosten zugerechnet und in der anfallenden Periode den damals produzierten Kostenträgern angelastet. Genauso wird mit aktuellen Entwicklungskosten verfahren. Da die zukünftigen Kostenträger noch nicht existieren, erfolgt in der Vollkostenbetrachtung auch hier die Zuteilung auf die bestehenden Produkte. Ebenso verhält es sich mit Kosten der Nachlaufphase. Aktuelle Entsorgungskosten, durch Kostenträger vergangener Perioden verursacht, werden auf das aktuelle Produktsortiment über die Gemeinkostenzuschläge zugerechnet. Zukünftige Entsorgungskosten werden in der Kostenrechnung nicht betrachtet. Diese können zwar planerisch ermittelt werden, fließen aber erst später als angefallene Kosten in die Betrachtung ein. Die laufende Kostenrechnung ist wegen ihrer Nähe zur Finanzbuchhaltung als Basis recht gegenwartsbezogen und pagatorisch orientiert, selbst wenn sie als Plankostenrechnung betrieben wird.

Die Systematik stellt zwar sicher, dass Kostenträger grundsätzlich auch mit Kosten aus den Vor- und Nachlaufphasen belastet werden, allerdings nicht mit einer zutreffenden Zuordnung zu den Kostenträgern. Dieser als Phasenverschiebung beschreibbare Effekt gewinnt an Komplexität, wenn man sich ganze Produktionsprogramme von Mehrproduktunternehmen und deren unterschiedlichen Gesamtverbrauch an Ressourcen nebst „Verschachtelungen" betrachtet. Die Zuordnung zum einzelnen Produkt erweist sich als schwierig und aufwendig. Dennoch sollte sie nicht unterbleiben. Dies gilt umso stärker, je mehr sich die Produktkosten unterscheiden. Die kostenseitige Steuerung von Produkten dürfte gerade in der Durchsetzungsphase sehr nützlich sein, was eine fehlerhafte Datenbasis natürlich erschweren würde. Durch die empirisch beobachtbare Verkürzung von Produktlebenszyklen und eine Intensivierung des Wettbewerbs kann bei produktbezogen signifikant abweichenden Vor- und Nachlaufkosten unterstellt werden, dass diese Problemstellung an Bedeutung gewonnen hat.

4.2 Lösungstechniken

Die aufgezeigten Zugangshürden zu einer verursachungsgerechten Stückkalkulation können im Rahmen der Kostenrechnung systemabhängig gelöst werden. Angesichts gegebener langfristiger Betrachtungsweise wird primär eine Vollkostenlösung in Betracht kommen. Allerdings sind auch im Rahmen von Konzepten der Deckungsbeitragsrechnung die angesprochenen Probleme relevant.

Vollkostenrechnerischer Ansatz: Allgemein können zwei Formen des an Vollkosten orientierten Verfahrens unterschieden werden. Handelt es sich bei dem betrachteten materiellen oder immateriellen Produkt um ein Konsumgut, so spricht man vom Product Life Cycle Costing. Betrachtet man hingegen ein Investitionsgut, so wird die Bezeichnung Investment Life Cycle Costing herangezogen. Aber auch erweiterte Anwendungsfelder mit Bezugsobjekten wie Technologien und Unternehmensbeteiligungen sind denkbar (Schild 2005, S. 156).

Gemeinsam ist den Betrachtungen, dass hier eine breitere Ausdifferenzierung der Kosten im Hinblick auf die Phasen des Lebenszyklusses zu erfolgen hat. Es müssen verschiedene zusätzliche Kostenarten aufgerufen werden und auch die bebuchbaren Kostenstellen werden entsprechend erweitert. Andernfalls besteht die Gefahr, dass, wie im vorherigen beschrieben, Kosten als undifferenzierte Gemeinkosten gesammelt und in allgemeinen Zuschlagssätzen über eine innerbetriebliche Leistungsverrechnung und anschließende Bezugsgrößenbildung verrechnet werden. Eine belastbare Datenbasis für die Entscheidung über die Entwicklung eines neuen Produktes wäre so kaum gegeben. Erst auf einer objektbezogen weiter ausdifferenzierten Datenbasis kann ein Lebenszyklus im Kostenmanagement durch die Einschätzung von Vorlauf- und Nachlaufkosten und -erlösen auch durch die Berücksichtigung von Erfahrungswerten gesteuert werden. Die Strukturierung dieser Kostenarten zeigt dann ebenfalls auf, welche Produkte sich in der betrachteten Periode in der Entwicklung, im Verkauf oder in der Phase der Entsorgung befinden. Dennoch kann auch diese Strukturierung sich als nicht überschneidungsfrei erweisen, wenn z. B. ein defektes Produkt in einer Periode der Entsorgung zugeführt wird, während zeitgleich der gleiche Produkttyp noch gefertigt wird. Auch ist mit dem Markteintritt nicht per se die Entwicklungsphase abgeschlossen. So können es zum Beispiel durch Fehler bedingte Rückrufaktionen erforderlich machen, dass ein Produkt weiter entwickelt wird. Auch die gesteuerte Verlängerung des Lebenszyklusses eines Produktes durch einen Relaunch verursacht Entwicklungskosten noch während des Marktzykluses. Nur diese wenigen Anmerkungen zeigen die Komplexität dieser Erfassungsaufgabe auf.

Erster konzeptioneller Vorschlag: Die einfachste Form einer vollkostenorientierten Berücksichtigung des Life Cycle Costing bringt die Vorlauf- und Nachlaufkosten als eigene Kostenarten mit eigenen Zuschlagsätzen in die Kalkulation ein (Abb. 2). Da sie sonst üblicherweise mit anderen Gemeinkostenblöcken (versteckt) verrechnet werden (z. B. mit Verwaltungskosten), bedeutet diese Vorgehensweise eine fundamentale Änderung der bisherigen Kalkulation, da die bestehenden Bezugsgrößen

Material EK	€ 500,00
+ 10 % Zuschlag für Material GK	€ 50,00
Fertigung EK	€ 200,00
+ 25 % Zuschlag für Fertigung GK	€ 50,00
Herstellkosten	€ 800,00
+ 10 % Zuschlag für Verwaltung GK	€ 80,00
+ 15 % Zuschlag für Vertrieb GK	€ 120,00
+ 12,5 % Zuschlag für Vorlaufkosten	€ 100,00
+ 2,5 % Zuschlag für Nachlaufkosten	€ 20,00
Selbstkosten	**€ 1.120,00**

Problem hier:
Zuordnung der aktuellen Entwicklungskosten für zukünftige Produkte und der Entsorgungskosten für historische Produkte

Abb. 2 Integration des Lebenszyklusgedankens in die klassische Kostenrechnung

für die Kalkulation aufgebrochen und neu berechnet werden müssen. Darauf aufbauend werden die Vor- und Nachlaufkosten der Produkte möglichst ausdifferenziert über eigene Kostenstellen gebucht und können dann als eigener Zuschlag in die Kalkulation mit einbezogen werden. Dieses Verfahren bietet damit eine Möglichkeit der genaueren Gemeinkostenansprache. Die Belastung der aktuellen Produkte durch Vor- und Nachlaufkosten zukünftiger und vergangener Produkte wird ersichtlich, was einen deutlichen Transparenzgewinn darstellt. Folgt man der hier vorgeschlagenen Kostendifferenzierung, so werden nach einigen Perioden Erfahrungswerte vorliegen und auch heute nicht genau bekannte Nachlaufkosten können zumindest aufgrund von historischen Erfahrungswerten bereits recycelter Produkte näherungsweise besser abgeschätzt bzw. geplant werden.

Das genannte Problem der fehlerhaften – weil nicht verursachungsgerechten – Zuordnung von Vor- und Nachlaufkosten zu Kostenträgern bleibt bei diesem ersten Vorschlag bestehen. Es bleibt nur der Transparenzgewinn durch die Erfassung und Dokumentation der Phasenkosten. Die Behandlung der Kosten als Gemeinkosten durch die Sammlung auf speziellen Kostenstellen, welche wiederum verrechnet werden, macht eine exakte Zurechnung der Kosten zu dem verursachenden Kostenträger unmöglich. Aus diesem Kritikpunkt ergibt sich die Behandlung von Vor- und Nachlaufkosten als Einzelkosten der verursachenden Kostenträger, die Kernidee des zweiten konzeptionellen Vorschlags.

Zweiter konzeptioneller Vorschlag: Eine exaktere Berechnung der Lebenszykluskosten bedingt nicht nur die Transparentmachung von Vor- und Nachlaufkosten (siehe erster Vorschlag), sondern auch eine differenziertere Periodenbetrachtung mit Beachtung des Verursachungsprinzips. Einerseits müssen Vorlaufkosten dokumentiert werden, damit sie den Kostenträgern im späteren Marktzyklus periodenübergreifend zugerechnet werden können. Daher ist auch hierfür eine Differenzierung in der Kostenartenrechnung notwendig. Ein derartiges Verfahren ist andererseits für die Erfassung von Nachlaufkosten nicht möglich. Diese müssen, vergleichbar zu dem Vorgehen in der Investitionsrechnung, via Planung vorausbestimmt werden. Vernachlässigt man hier zunächst Zinseffekte, so können die spezifischen Kosten und Erlöse der Vor- und Nachlaufphase zumindest ausdifferenzierter als in der vorangegangenen Lösungsofferte als Einzelkosten in die Kalkulation der Selbstkosten einfließen. Methodisch werden dann aus den Gemeinkosten die Vor- und Nachlaufkosten zukünftiger und vergangener Produkte abgegrenzt und dokumentiert (Abb. 3). Für die Kalkulation der Produkte in der Marktphase werden dann nur die Gemeinkosten berücksichtigt, die keine Kostenanteile zukünftiger oder vergangener Produkte enthalten (Korrektur 1). In die Kalkulation fließen dann nach den korrigierten Selbstkosten die historischen Vorlaufkosten und die geplanten Nachlaufkosten des Produktes anteilig auf die erwartete Produktionsmenge als Einzelkosten ein (Korrektur 2). Eine noch exaktere Betrachtung wäre möglich, wenn künftige Nachlaufkosten und evtl. Restgemeinkosten diskontiert in die Kalkulation einfließen würden.

Probleme dieser Lösungsofferte ergeben sich aus verschiedenen methodischen Punkten. Zunächst enthält die Kalkulation planerische Daten, die mit Unsicherheiten belegt sind (Prognoseproblem). Neben den Nachlaufkosten muss auch die Länge,

Kostenart \ Kostenstellen	Einkauf und Logistik	Forschung & Entwicklung
Personalkosten	5.450	29.500
Sachkosten	2.470	6.600
Gemeinkosten	**7.920**	**36.100**
davon für künftige Erzeugnisse*	800	16.000

*Die Produktion der Produkte beginnt ab **2015**

Belastung mit Gemeinkosten zukünftiger Produkte (Korrektur 1)

Belastung mit „echten" **Vor- und Nachlaufkosten** (Korrektur 2)

Material EK	1,20
+ 50 % Zuschlag für Material GK	0,60
Fertigung EK	3,70
+ 120 % Zuschlag für Fertigung GK	4,44
Herstellkosten	9,94
+ 30,51% Zuschlag für V&V	3,03
Selbstkosten	**12,97**
Vorlaufkosten	1,60
Nachlaufkosten	3,52
Selbstkosten mit LBZ	**18,09**

Abb. 3 Periodenübergreifende Kalkulation mit Lebenszykluskosten

Stückzahlen und Verlauf des Produktlebenszyklus für eine anteilige Verrechnung auf die Produkte abgeschätzt werden. Im Vergleich zur konventionellen Zuschlagsrechnung bei den Wettbewerbern, kann eine zu pessimistische Prognose zu hohe Vor- und Nachlaufkosten pro Stück verursachen, genauso wie eine zu optimistische Prognose eine zu niedrige Kostenbelastung der Kostenträger verursacht. Daher besteht sowohl die Gefahr nicht kostendeckend zu kalkulieren, als auch sich „aus dem Markt zu kalkulieren".

Bisher haben die Wertstofferlöse für rücklaufende Produkte deren Entsorgungskosten teilweise oder voll kompensiert. Diese Kostenabschätzung konnte somit vernachlässigt werden und als Variante der Lösungsofferte nur eine Berücksichtigung der historischen Vorlaufkosten in einer korrigierten Kalkulation erfolgen. Die Annahme der Kompensation von Nachlaufkosten durch entsprechende Erlöse kann nur auf Grundlage einer entsprechend zuverlässigen Datenbasis abgeschätzt werden. In volatilen Zeiten spricht wenig dafür.

Auch stellt das Vorgehen eine Erweiterung der bisherigen Periodenrechnung dar. Dadurch werden gemäß den Prinzipien des externen Rechnungswesens eine Aktivierung der Vorlaufkosten und eine Passivierung der Nachlaufkosten erforderlich. Weiterhin ist unklar, wie die Verrechnung von Vor- und Nachlaufkosten zu erfolgen hat, wenn diese Kosten keinem Produkt sondern nur einer Produktgruppe zugeordnet werden können. Darüber hinaus stellt sich noch die Frage, wie die bereits entstandenen Kosten verrechnet werden sollen. Die Entscheidung, ob die Verrechnung dieser Kosten auf die Vor- oder Nachlaufphase stattfinden soll, sollte individuell in Abhängigkeit ihrer Bedeutung im Produktlebenszyklus getroffen werden.

Teilkostenrechnerischer Ansatz: Fokus der Deckungsbeitragsrechnung in der hier betrachteten langfristigen Anwendung ist es, nur Kosten in die Betrachtung einzubeziehen, die dem Produkt oder der Produktgruppe zuzurechnen sind (stufenweise Deckungsbeitragsrechnung bzw. Fixkostendeckungsrechnung). Hierfür ist es notwendig, die Kosten in ihre fixen und variablen Bestandteile zu trennen. Werden Deckungsbeiträge für das jeweilige Produkt, für die jeweilige Produktgruppe, für die Sparte etc. stufenweise herangezogen, was bei langfristiger Betrachtung erforderlich scheint, so kann abgeschätzt werden, ob und wie die verschiedenen Produkte zum Erfolg des Unternehmens beitragen können.

Als problematisch erweist sich auch bei diesem Ansatz der Zeitbezug. Da eine stufenweise Erfolgsrechnung prinzipiell auf gegenwärtige Periodenkosten fokussiert ist, muss ein ähnlicher Planungsaufwand wie bei der Vollkostenkalkulation erfolgen. Würde man nur die ersten Jahre eines neuen Produktes betrachten, so könnte man die Elimination anraten, obwohl das Produkt womöglich langfristiges Erfolgspotenzial hat. Folglich macht die stufenweise Deckungsbeitragsrechnung unter Life Cycle Gesichtspunkten nur Sinn, wenn diese über alle Marktperioden hinaus ebenfalls die vorlaufenden und nachfolgenden Perioden mit in die Betrachtung einbezieht (Kremin-Buch 2007, S. 200 ff.).

5 Anmerkungen zur strategischen Bedeutung

Seit einigen Jahren kann festgestellt werden, dass der Produktlebenszyklus für Konsumgüter sich immer weiter verkürzt. Die Unternehmen haben dadurch weniger Zeit, neue Produkte zu entwickeln und vom Verkauf der Produkte im Marktzyklus zu profitieren. Auch geht die Verkürzung der Sättigungsphase während der Marktdurchdringung zu Lasten der Rentabilität der Produkte. Dadurch steigt das Risiko, die Kosten der Entwicklung im Produktlebenszyklus nicht decken zu können. Neben dem allgemein beobachtbaren Trend gilt das in besonderem Maße für die IT Soft- und Hardwarebranche. Das Verlustrisiko fällt bei Investitionsgütern geringer aus als bei Konsumgütern, die von der Verkürzung der Produktlebenszyklen stärker betroffen sind (Vollmuth 2008, S. 367). Damit ist in vielen Bereichen ein Zugzwang erkennbar, die Lebenszykluskosten besser greifen und im Sinne der Vorschläge entsprechend handeln zu können.

Die Frage nach konzeptionellen Lösungen, die sich in der Praxis des Kostenmanagement am Produktlebenszyklus orientieren, zeigt, dass für unterschiedliche Ausgangssituationen durchaus verschiedene Dringlichkeiten für die Berücksichtigung von Life Cycle Costing gegeben sind. Als Entscheidungsregel kann formuliert werden, dass eine Betrachtung des Lebenszyklusses auf jeden Fall einen Steuerungsgewinn erzeugt, wenn die vor- und nachlaufenden Kosten der gegenwärtigen Produkte sich von denen der anderen Perioden stark unterscheiden, sodass ein Ausgleich nicht unterstellt werden kann. Selbst wenn die Konzepte Planungsschwächen haben oder nur Teilfragen beantworten können, so leisten diese eine Sensibilisierung der Entscheidungsträger. Der investitionsrechnerische Ansatz ist in jeden Fall bei langfristigen Produktentscheidungen zu empfehlen. Der kalkulatorische Ansatz begleitet dann den Lebenszyklus mit besonderem Gewicht bei absehbaren Änderungen der ursprünglichen Planannahmen. Da hierfür eine stärkere Ausdifferenzierung der Einzel- und Gemeinkosten vorgenommen wird, ist eine größere Transparenz gegeben. Von dieser transparenteren Datenbasis in der

Kostenrechnung kann die Bedeutung der fehlerhaften Zurechnung der Vor- und Nachlaufkosten verursachungsgerecht ermittelt und falls notwendig und möglich abgemildert werden.

Damit kann konstatiert werden, dass es in jedem Fall sinnvoll ist, den diesbezüglichen Ausbau der Kostenarten- sowie Kostenstellenrechnung zu betreiben. Selbstverständlich sind die angesprochenen Problemlösungen als Planrechnungen und als den Lebenszyklus begleitende Istrechnungen nebst Abweichungsanalyse zwecks laufender Korrekturen gestaltbar (vgl. Wöhe und Döring 2013, S. 961). Business Intelligence Systeme helfen dabei, die Datengrundlage für strategische Entscheidungen über Maßnahmen im Rahmen des Lebenszyklusmanagements zu treffen und künftige Entwicklungen auch auf Grundlage von Erfahrungswerten beurteilen und tendenziell prognostizieren zu können.

6 Fazit

In Zeiten engerer Margen und dynamischer Märkte mit verkürzten Produktlebenszyklen und schnellen Technologiesprüngen suchen Unternehmen nach einer validen Datenbasis, um die Entscheidung über die Entwicklung und Markteinführung eines neuen Produktes belastbar treffen zu können. Sowohl die investitionsrechnungsbasierten, als auch die auf der Kostenrechnung basierenden Standardansätze, führen hier nur zu eingeschränkt belastbaren Werten. Daher sind erweiterte Betrachtungen der hier vorgestellten Art notwendig. Keines der dargestellten Konzepte ist jedoch angesichts langer Planungshorizonte und großer Unsicherheiten eine First-Best Lösung.

Daraus sollte aber nicht abgeleitet werden, dass eine Lebenszyklusbetrachtung unterbleiben kann! Vielmehr ist zu empfehlen, auf Basis der möglichen Datenlage eine für Kostenbetrachtungen nicht untypische Second-Best Lösung auszuwählen und zu verfolgen. Nur wenn in Ansätzen Kosten und Erlöse beziehungsweise Ein- und Auszahlungen zusammengetragen und verrechnet werden, ist zumindest eine Tendenzaussage zur Vorteilhaftigkeit möglich. Im Rahmen des vorliegenden Beitrags werden in Abhängigkeit von der Datenbasis und der Unternehmensgröße alternative Wege vorgeschlagen, die eine erste Annäherung ermöglichen. Auf dieser Basis sind absolute „poor dogs“ frühzeitig identifizierbar und auch potentielle „stars“ erkennbar. Natürlich muss deren Entwicklung verfolgt werden. Wirtschaftliche Risiken können vermindert, aber natürlich nicht gänzlich eliminiert werden. Es verbleibt ein graues Mittelfeld, in dem unternehmerisches Risiko durch Entscheidung unter Unsicherheit zu tragen ist. Ein wenig Intuition wird also gefragt bleiben! Dennoch kann die Wahrnehmung von Führungsverantwortung bei Anwendung der diskutierten Instrumente als qualitativ verbessert gelten, da im Rahmen der Sorgfaltspflichten der Geschäftsführer (z. B. § 43 Abs. 1 GmbHG, § 93 Abs. 1 AktG) gilt, dass eine Pflichtversetzung nicht vorliegt, wenn „auf der Grundlage angemessener Informationen“ gehandelt wurde. Life Cycle Costing kann dazu einen kaum bestreitbareren Beitrag leisten.

Literatur

Ewert, Ralf, und Alfred Wagenhofer. 2005. *Interne Unternehmensrechnung*, 6. Aufl. Berlin: Springer-Verlag.

Götze, Uwe. 2010. *Kostenrechnung und Kostenmanagement*, 5. Aufl. Berlin: Springer-Verlag.

Jacobs, Jens. 2011. *Produktlebenszyklusorientiertes Controlling am Beispiel des produktbezogenen Businessplans*. Köln: Kölner Wissenschafts-Verlag.

Kremin-Buch, Beate. 2007. *Strategisches Kostenmanagement*, 4. Aufl. Wiesbaden: Gabler.

Meffert, Heribert. 2000. *Marketing*, 9. Aufl. Wiesbaden: Gabler.

Michel, Rudolf, H. D. Torspecken, und Jürgen Jandt. 2004. *Neue Formen der Kostenrechnung mit Prozesskostenrechnung*, 5. Aufl. München, Wien: Carl Hanser Verlag.

Pfeiffer, Werner, und Peter Bischof. 1974. Produktlebenszyklen als Basis der Unternehmensplanung, In *ZfB* 44:635–666.

Reichmann, Thomas. 1997. *Controlling mit Kennzahlen und Managementberichten*. München: Vahlen.

Schild, Ulrich. 2005. *Lebenszyklusrechnung und lebenszyklusbezogenes Zielkostenmanagement*, 1. Aufl. Wiesbaden: Dt. Univ.-Verlag.

Schumpeter, Joseph. 1961. *Konjunkturzyklen*, 1. Aufl. Göttingen: Vandenhoeck & Ruprecht.

Stibbe, Rosemarie. 2009. *Kostenmanagement*, 3. Aufl. München: Oldenbourg.

Vernon, Raymond, und Hirsch. 1966/67. International investment and international trade in the product cycle. In *Quarterly journal of economics*. Oxford: University Press.

Vollmuth, Hilmar J. 2008. *Controlling-Instrumente von A-Z*,. 7. Aufl. München: Haufe Mediengruppe.

Wöhe, Günther, und Ulrich Döring. 2013. *Einführung in die Allgemeine Betriebswirtschaftslehre*, 25., überarb. u. akt. Aufl. München: Vahlen Verlag.

Verrechnungspreismanagement in der Unternehmenspraxis

Stephan Rasch, Dominik Ilgner und Tanja Keser

Zusammenfassung

Die Problematik der Verrechnungspreise ist aus Sicht des Controllings von großer Bedeutung, da ein großer Teil der Transaktionen innerhalb einer Unternehmensgruppe konzerninterne Transaktionen sind. Dabei ergibt sich jedoch ein Zielkonflikt zwischen der steuerlichen Gewinnabgrenzung zwischen den Einheiten eines Konzerns einerseits und der Kontroll- und Koordinationsfunktionen andererseits, die aus betriebswirtschaftlicher Sicht für die Preis- und Margensteuerung von Verrechnungspreisen im Vordergrund stehen.

Schlüsselwörter

Verrechnungspreissystem · Verrechnungspreismethoden · Year-End Adjustments · Koordinationsfunktion · Informationstransparenz

1 Einleitung

Unter Verrechnungspreisen versteht man die Preise, die bei allen internationalen Transaktionen zwischen Gesellschaften oder Betriebsstätten innerhalb eines Konzerns anfallen. Die steuerliche Relevanz solcher Transaktionen ergibt sich daher, dass innerhalb eines Konzerns durch gleichgerichtete Interessen aller verbundenen Gesellschaften ein Interesse und die Möglichkeit bestünden, durch gezielte Preisfestsetzung zu steuern, in welchen Ländern Unternehmensgewinne und -verluste anfallen.

S. Rasch (✉) · T. Keser
PricewaterhouseCoopers GmbH, München, Deutschland
E-Mail: stephan.rasch@pwc.com; tanja.keser@pwc.com

D. Ilgner
Brose Tuscaloosa Inc, Vance, USA
E-Mail: dominik.ilgner@brose.com

W. Becker, P. Ulrich (Hrsg.), *Handbuch Controlling*,
https://doi.org/10.1007/978-3-658-26431-4_31

International ist für die Bestimmung einer angemessenen Bepreisung (und des damit resultierenden Ergebnisses in den einzelnen Ländern) von grenzüberschreitenden Transaktionen der Fremdvergleichsgrundsatz weitgehend anerkannt.[1] Nach diesem Maßstab sind alle grenzüberschreitenden Transaktionen zwischen verbundenen Gesellschaften oder Betriebsstätten so zu strukturieren und zu bepreisen, wie unabhängige fremde Dritte dies getan hätten.

Die Problematik der Verrechnungspreise ist aus Sicht des Controllings von großer Bedeutung:

- In den meisten international operierenden Konzernen machen interne Liefer- und Leistungsbeziehungen häufig den überwiegenden *Teil der gesamten Transaktionen* aus.
- Je nach Methode und Sachverhalt fallen dem Controlling wesentliche Funktionen bei der *Analyse* von Preisen und Margen zu – sowohl für interne Transaktionen, als auch – je nach Sachverhalt – für potenziell vergleichbare Transaktionen mit fremden Dritten. Beispielsweise sind oft segmentierte Zahlen, eine detaillierte Analyse von Plan- und Ist-Zahlen, Analysen von Transaktionen mit fremden dritten Unternehmen, oder Anpassungen zu Daten (z. B. für Zahlungsziele, Transportkosten, Währungsunterschiede) notwendig.
- Die *Kontrolle* des Verrechnungspreissystems durch angemessene Umsetzung ist wichtig, um steuerliche Risiken zu minimieren.
- Die *Steuerung* des Unternehmens und die Wahl von finanziellen *Anreizmechanismen* sollten im Einklang mit dem Verrechnungspreissystem stehen.

2 Verrechnungspreise in der Betriebswirtschaft und im Steuerrecht

2.1 Unterschiede in der Definition von Verrechnungspreisen aus steuerlicher Sicht und aus Sicht des Controllings

Aus steuerlicher Sicht werden Verrechnungspreise als Preise verstanden, die der Abrechnung von Liefer- und Leistungsbeziehungen zwischen rechtlich unabhängigen Gesellschaften dienen, um die Höhe der steuerlichen Einkünfte der Transaktionspartner zu beeinflussen. Insofern erfüllen Verrechnungspreise aus steuerlicher Sicht in erster Linie Zwecke der steuerlichen Gewinnermittlung und -abgrenzung (Kluge 2013, S. 9).

In der betriebswirtschaftlichen Literatur und insbesondere im Controlling werden der Begriff des Verrechnungspreises und seine wesentlichen Funktionen hingegen

[1] Auf zum Teil vom Fremdvergleichsgrundsatz abweichende Diskussionen auf Ebene der OECD im Rahmen der Besteuerungsvorschläge zu „Pillar 1" („Tax Challenges arising from Digitalisation – Report on the Pillar One Blueprint"), veröffentlicht im Oktober 2020 unter http://www.oecd.org/tax/beps/tax-challenges-arising-from-digitalisation-report-on-pillar-one-blueprint.pdf, soll an dieser Stelle nicht näher eingegangen werden.

deutlich weiter gefasst. Demnach stellen Verrechnungspreise Wertansätze für jeglichen Leistungsaustausch zwischen rechnungsmäßig abgegrenzten Teilbereichen einer Unternehmung oder eines Unternehmensverbundes dar (Gschwend 1987, S. 66; Coenenberg et al. 2012, S. 706 f.).

Vor dem Hintergrund dieser sehr weiten Definition haben sich in der betriebswirtschaftlichen Literatur weitere Begriffe im Zusammenhang mit Verrechnungspreisen herausgebildet, die je nach Untersuchungsgegenstand eine präzisere inhaltliche Einengung ermöglichen sollen. So haben sich sowohl Spezifikationen herausgebildet, um z. B. interne oder innerbetriebliche von multinationalen bzw. internationalen Verrechnungspreisen zu unterscheiden (Tang 1982, S. 179; Stewart 1977, S. 353), als auch durch die Wahl eigenständiger Begrifflichkeiten wie Transferpreise oder Verrechnungspreise zur eindeutigen Differenzierung zwischen internen Transaktionen von Gütern bzw. Dienstleistungen (Ewert und Wagenhofer 2014, S. 573). Liegt der Fokus hingegen auf dem Austausch von Lieferungen und Leistungen zwischen selbstständigen Unternehmen eines Konzerns, wird auch der Begriff Konzernverrechnungspreise verwendet (Gschwend 1987, S. 67).

2.2 Übersicht wesentlicher Funktionen von Verrechnungspreisen

Die Funktionen von Verrechnungspreisen können sowohl auf unternehmensinterne als auch unternehmensexterne Zwecke ausgerichtet sein (Weber et al. 2004, S. 13 ff.). Die unternehmensinternen Funktionen von Verrechnungspreisen beziehen sich unter anderem auf Planung, Koordination und Kontrolle der internen Leistungsbeziehungen. Für unternehmensexterne Zwecke können Verrechnungspreise insbesondere die Funktion der Ermittlung des Unternehmenserfolgs für steuerliche und unternehmensrechtliche Zwecke erfüllen.

Für steuerliche Zwecke erfüllen Verrechnungspreise insofern im Wesentlichen eine Erfolgsermittlungsfunktion, während aus Controllingsicht nicht nur die Erfolgsermittlungsfunktion wesentlich ist, sondern zusätzlich die Funktion der internen Koordination. Die Wesentlichkeit der Koordinationsfunktion aus der Perspektive des Controllings entsteht durch die zu beobachtende stark arbeitsteilige Leistungserstellung in dezentralen Organisationsstrukturen, die in Abstimmungs- und Koordinationsbedarf resultiert (Kluge 2013, S. 231 f.).

Vor dem Hintergrund bestehender Informationsasymmetrien zwischen der Zentrale und dezentralen Organisationseinheiten eines Unternehmensverbunds können Verrechnungspreise als dezentrales Koordinationsinstrument eingesetzt werden. Die Koordinationsfunktion von Verrechnungspreisen resultiert hierbei wesentlich aus der Auffassung des Preismechanismus als Steuerungsinstrument in gesamtwirtschaftlichen Marktmodellen (Gschwend 1987, S. 286). Es erscheint daher naheliegend, den Verrechnungspreis als einen Preis auf einem fiktiven internen Markt einer Unternehmung zur Koordination dezentraler Organisationseinheiten einzusetzen. Allerdings können Verrechnungspreise weder alle Koordinationserfordernisse von dezentral organisierten Unternehmen erfüllen noch die potenziell möglichen Steuerungsvorteile in allen Konstellationen vollständig ausschöpfen. Zur ganzheitlichen

Koordination von dezentralen Organisationseinheiten sind daher stets weitere Koordinationsinstrumente wie z. B. Budgetierung, Kennzahlen und personelle Anreizsysteme zu betrachten und zu implementieren.

Das Ziel der Koordination ist es, Entscheidungen und Handlungen dezentraler Bereiche auf die Maximierung des Gesamtgewinns des Unternehmens oder Konzerns auszurichten. Hierbei wird durch die Koordinationsfunktion zunächst eine Grundlage für dezentrale Entscheidungen zur lokalen Gewinnmaximierung geschaffen. Die vor dem Hintergrund der Rahmenbedingungen der lokalen Organisationseinheiten getroffenen Entscheidungen können jedoch aus Gesamtunternehmenssicht nachteilig sein, falls keine zentrale Koordination stattfindet. Diese nachteiligen Effekte für andere Organisationseinheiten stellen Externalitäten dar, die in das Entscheidungskalkül der lokalen Einheiten nicht einfließen (Ewert und Wagenhofer 2014, S. 577). Daher muss die Koordinationsfunktion auch immer eine Anreizfunktion beinhalten, die sicherstellt, dass mögliche Externalitäten in das Entscheidungskalkül dezentraler Organisationseinheiten eingebunden werden.

Insofern beeinflusst die Koordinationsfunktion im Gegensatz zur Erfolgsermittlungsfunktion nicht nur die Allokation des Gesamtgewinns zwischen den Organisationseinheiten, sondern trägt selbst zu einer Gewinnsteigerung im Unternehmen bei, da eine verbesserte Koordination im Unternehmen zu Synergien führt (Kluge 2013, S. 233 f.). Gleichzeitig existieren Interdependenzen zwischen der Koordinations- und Erfolgsermittlungsfunktion, da zur Beurteilung der durch die Koordinationsfunktion induzierten Verhaltensweisen die Auswirkung von Handlungsalternativen auf die Gewinnsituation der Organisationseinheit berücksichtigt wird. Diese Interdependenzen können jedoch zu Zielkonflikten führen, deren Ausmaß von der konkreten Ausgestaltung des Verrechnungspreises abhängen (Ewert und Wagenhofer 2014, S. 579 f.).

2.3 Verhältnis von betriebswirtschaftlichen Verrechnungspreismethoden und steuerlichen Verrechnungspreismethoden der OECD

Aufgrund der unterschiedlichen Funktionen, die Verrechnungspreise für betriebswirtschaftliche Zwecke grundsätzlich erfüllen können, haben sich eine Vielzahl unterschiedlicher Verrechnungspreismethoden in der betriebswirtschaftlichen Literatur sowie der Unternehmenspraxis herausgebildet. Diese oftmals als betriebswirtschaftliche Verrechnungspreismethoden bezeichneten Ansätze weisen im Grundsatz große Ähnlichkeit mit steuerlichen Verrechnungspreismethoden auf, sie sind jedoch nicht so differenziert ausgeprägt wie die steuerlichen Verrechnungspreismethoden der OECD (Kluge 2013, S. 11). Ähnliches gilt auch für Verrechnungspreismethoden in Vorschriften zur externen Rechnungslegung, die ebenfalls weniger detailliert ausgearbeitet sind als die steuerlichen Methoden.

In der Praxis ist festzustellen, dass meist nicht zwischen internen und externen Verrechnungspreisen unterschieden wird, sondern ein einheitliches Verrechnungspreissystem für interne und externe Zwecke implementiert wird. Aufgrund der

Erforderlichkeit für internationale Unternehmen, steuerliche Vorschriften einzuhalten, wird das verwendete Verrechnungspreissystem im Ergebnis meist auf Basis steuerlicher Verrechnungspreismethoden ausgestaltet.

Aufgrund dieser Dominanz von steuerlichen Verrechnungspreismethoden in der Praxis soll im Folgenden untersucht werden, inwieweit die aus Controlling Sicht wesentliche Koordinationsfunktion von steuerlichen Verrechnungspreisen erfüllt werden kann.

Dazu sollen die Verrechnungspreismethoden sowohl aus steuerlicher Sicht als auch die betriebswirtschaftlichen Verrechnungspreismethoden untersucht werden. Auf Basis einer Einschätzung der Erfüllung der Koordinationsfunktion durch betriebswirtschaftliche Verrechnungspreismethoden sowie einem methodischen Vergleich zwischen betriebswirtschaftlichen und steuerlichen Verrechnungspreisen kann schließlich die Eignung von steuerlichen Verrechnungspreisen für Zwecke der internen Koordination eingeschätzt werden.

3 Verrechnungspreismethoden

3.1 Steuerliche Verrechnungspreismethoden

International sind fünf Methoden (vgl. nur Hülshorst und Mank 2012, Kap. II OECD-Leitlinien, Anm. 2.12 ff. m. w. N.) zur Bestimmung angemessener Verrechnungspreise weitgehend anerkannt, wobei diese hier in erster Linie vor dem Hintergrund der Aufgaben des Controllings behandelt werden sollen. Auf eine umfassende konzeptionelle Herleitung der Methoden soll deshalb an dieser Stelle verzichtet werden. Diese fünf Methoden, eine kurze Beschreibung und wesentliche Anwendungsbereiche sind in der folgenden Tabelle zusammen gefasst (Tab. 1).

3.2 Darstellung betriebswirtschaftlicher Verrechnungspreismethoden für Zwecke des Controllings

Die betriebswirtschaftlichen Verrechnungspreismethoden können einerseits nach der zu Grunde liegenden Wertbasis und andererseits nach der Art des Bestimmungsverfahrens unterschieden werden (Gschwend 1987, S. 80–95). Marktpreis- und Kostenmethoden sind nach diesen Unterscheidungskriterien den wertbasisbezogenen Verrechnungspreismethoden zuzurechnen, während eine verhandlungsbasierte Ermittlung von Verrechnungspreisen unabhängig von der zu Grunde liegenden Wertbasis als eine Methode hinsichtlich des Bestimmungsverfahrens aufgefasst werden kann.

3.2.1 Marktpreisorientierte Verrechnungspreismethode

Marktpreisorientierte Verrechnungspreismethoden werden anhand von beobachtbaren Marktpreisen auf den für die zu verrechnende Leistung relevanten Absatz- oder Beschaffungsmärkten bestimmt (Kluge 2013, S. 243). Auf diese Weise soll ein

Tab. 1 Steuerliche Verrechnungspreismethoden

Methode (engl. Abkürzung)	Vergleichsmaßstab/ Beschreibung	Wesentliche Anwendungsbereiche
Preisvergleichsmethode (comparable uncontrolled price Method – CUP)	*Preis* für eine vergleichbare Transaktion zwischen fremden Dritten	Finanztransaktionen (Zinssätze)
		Allgemein gehandelte Massenprodukte (z. B. Öl, Rohstoffe)
		Lizenzen (umsatzabhängig)
Wiederverkaufspreismethode (Resale Price method – RP method)	*Bruttomarge*, die im Ein- und Verkauf eines Produktes von/an einen fremden Dritten mit vergleichbarem Vertriebsaufwand erzielt wird	Routinefunktionen, z. B. Wareneinkauf von verbundenen Unternehmen und Vertrieb an fremde Dritte, ohne grundlegende Änderung des Produktes
Kostenaufschlagsmethode (cost plust method – CP method)	*Kostenaufschlagssatz*, der auf die Kosten der Warenerstellung oder Erbringung der Dienstleistung an einen fremden Dritten angewendet wird	Routinefunktionen, z. B. Auftragsfertigung oder Erbringung von Routinedienstleistungen
Transaktionsbezogene Nettomargenmethode (transactional net margin method – TNMM)	*Nettomarge*, die fremde Dritte aus einer Transaktion oder einer Reihe ähnlicher Transaktionen mit vergleichbarem Funktions- und Risikoprofil zu einer verbundenen Transaktion erzielen	Routinefunktionen (Vertrieb, Auftragsfertigung)
		In der Praxis weit verbreitet, da ein geringeres Maß an Vergleichbarkeit bzgl. Produkte/Dienstleistungen und Funktionen erforderlich ist als bei anderen Methoden
Gewinnaufteilungsmethode (profit split method)	Fremdübliche Aufteilung des (Residual-) Gewinns zwischen Gesellschaften	Einheiten, die gemeinsam immaterielle Wirtschaftsgüter entwickeln oder nutzen, oder stark integrierte Geschäftsmodelle aufweisen. Teilweise auch bei bestimmten Geschäften bei Banken und Versicherungen anzutreffen

interner Markt simuliert werden, auf dem dezentrale Organisationseinheiten autonome Entscheidungen unter Berücksichtigung der durch den Marktpreis transportierten Informationen treffen (Mensch 2003, S. 927).

Marktpreisorientierte Verrechnungspreise erfordern die Existenz eines möglichst vollkommenen Marktes für die zu verrechnenden Leistungen. Das heißt, dass die betrachtete Leistung ein homogenes Gut darstellt, für das Marktteilnehmer weder sachliche, räumliche noch persönliche Präferenzen besitzen (Kluge 2013, S. 243). Darüber hinaus dürfen die Transaktionen der Organisationseinheiten keinen Einfluss auf den Marktpreis haben (Coenenberg et al. 2012, S. 719; Ewert und Wagenhofer 2014, S. 584). Entsprechend gilt, dass keine Absatz- bzw. Beschaffungsbeschränkungen für die autonom am internen oder externen Markt tätigen Organisationseinheiten bestehen (Weber et al. 2004, S. 20).

Da diese restriktiven Annahmen nur in seltenen Fällen tatsächlich erfüllt sein werden, sind oftmals Anpassungen notwendig, um Unterschiede zwischen den am Markt beobachtbaren Leistungen und der internen Leistung in der Festlegung der Höhe des Verrechnungspreises näherungsweise zu berücksichtigen (Ewert und Wagenhofer 2014, S. 585). Einfache Anpassungen können z. B. die Korrektur von Transportkosten betreffen. Sind Transportkosten in beobachtbaren Marktpreisen nicht enthalten, die interne Leistung jedoch inklusive des Transports erfolgt, sind die Marktpreise um die Transportkosten zu modifizieren, um einen angemessenen Verrechnungspreis näherungsweise abzuleiten. Für eine umfangreiche Übersicht möglicher Anpassungsrechnungen siehe auch Coenenberg et al. 2012, S. 729–734).

3.2.2 Kostenbasierte Verrechnungspreismethode

Die betriebswirtschaftlichen kostenbasierten Verrechnungspreismethoden umfassen eine Vielzahl unterschiedlicher Bestimmungsmethoden, die nach dem Zeitbezug der zu Grunde gelegten *Kosten* (Plankosten/Istkosten) und dem Umfang der *Kostenbestandteile* (Grenzkosten/Teilkosten/Vollkosten oder Grenzkosten zuzüglich Opportunitätskosten) unterschieden werden können. Zusätzlich kann bei kostenbasierten Verrechnungspreisansätzen danach differenziert werden, ob bzw. in welcher Form ein Gewinnzuschlag zur betrachteten Kostenbasis berücksichtigt wird (Coenenberg et al. 2012, S. 736). Die unterschiedlichen Möglichkeiten der *Kostenbasisdefinition* bzw. der Anwendung eines Gewinnaufschlags führen im Ergebnis zu einer Bandbreite von möglichen Verrechnungspreisen (Kluge 2013, S. 262). Grundsätzlich wird die Untergrenze dieser Bandbreite durch Verrechnungspreise auf Basis von Grenzkosten gebildet, die Obergrenze ist durch Vollkosten zuzüglich eines Gewinnzuschlags bzw. Grenzkosten zuzüglich Opportunitätskosten definiert (Gschwend 1987, S. 88).

Grenzkostenbasierte Verrechnungspreise führen bei linearen Kostenfunktionen zu einem Verlust in Höhe der *Fixkosten* bei der mit dem Verrechnungspreis vergüteten Organisationseinheit (Coenenberg et al. 2012, S. 737 f.; Ewert und Wagenhofer 2014, S. 596). In der praktischen Umsetzung müsste daher die Transaktionsfreiheit der leistenden Organisationseinheit in dem Sinne eingeschränkt werden, dass sie zu einer internen Lieferung an andere Organisationseinheiten unter Inkaufnahme der Verluste gezwungen wird, damit überhaupt ein interner Leistungsaustausch zwischen den Organisationseinheiten stattfinden kann (Ewert und Wagenhofer 2014, S. 597).

Die Ermittlung von Verrechnungspreisen auf Basis von *Vollkosten* basiert auf der Zielsetzung, dass alle mit der Leistungserstellung einer Organisationseinheit verbundenen Kosten langfristig gedeckt sein sollen. Auf der anderen Seite wird die leistungsempfangende Organisationseinheit bei internem Bezug zu Vollkosten nicht schlechter gestellt als bei einer eigenständigen Leistungserstellung (Gschwend 1987, S. 90).

Eine besondere Form der *kostenbasierten Verrechnungspreise* stellen im Controlling *Grenzkosten* zuzüglich entstandener *Opportunitätskosten* dar. Diese auf

Basis von Grenzkosten und Opportunitätskosten ermittelten Verrechnungspreise werden auch als Knappheitspreise bezeichnet. Knappheitspreise dienen der Berücksichtigung beschränkter Kapazitäten und Ressourcenausstattung der leistenden Organisationseinheit (Kluge 2013, S. 263). Aufgrund beschränkter Kapazitäten oder Ressourcen ist eine konkrete Entscheidung zu treffen, welche der möglichen Leistungen tatsächlich erstellt werden sollen. Die Berücksichtigung der Opportunitätskosten innerhalb von Knappheitspreisen führt dazu, dass die leistende Gesellschaft unabhängig von der tatsächlichen Wahl der zu erstellenden Leistungen in jedem Fall mindestens so gut gestellt wird wie bei Erstellung der existierenden Alternativleistungen (Gschwend 1987, S. 92; Coenenberg et al. 2012, S. 747). Allerdings erfordert diese Art von Verrechnungspreisen, dass Opportunitätskosten ermittelt werden können. Hierzu ist erforderlich, dass für die nicht gewählte beste Alternative ein Markt und somit ein Marktpreis vorliegt, da sich die Opportunitätskosten nur als Differenz aus Marktpreis und den Grenzkosten der nicht gewählten besten Alternative abgeleitet werden können (Kluge 2013, S. 263).

3.2.3 Verhandelte Verrechnungspreise

Während bei marktpreisorientierten und kostenbasierten Verrechnungspreisen der Verrechnungspreis entweder der Höhe nach oder die Art und Weise der Ermittlung durch die Zentrale vorgegeben wird, werden *verhandelte Verrechnungspreise* vollständig dezentral bestimmt (Weber et al. 2004, S. 21; Kluge 2013, S. 279). Hierbei verhandeln die am internen Leistungsaustausch beteiligten Organisationseinheiten miteinander die zu verwendenden Verrechnungspreise (Coenenberg et al. 2012, S. 751–752). Hierdurch wird sichergestellt, dass dezentrale Informationen optimal in das Kalkül der Verrechnungspreisbestimmung eingehen. Entsprechend können Informationen über die jeweiligen Kosten der Leistungserstellung, den Beschaffungs- bzw. Absatzmarkt, die verfügbaren Kapazitäten, die Kapazitätsauslastung oder Gewinnerwartungen berücksichtigt werden und einen Einigungsbereich aufspannen, innerhalb dessen der Verrechnungspreis in Abhängigkeit der Verhandlungsstärke der Transaktionspartner gebildet wird (Ewert und Wagenhofer 2014, S. 616 und 619; Mensch 2003, S. 931).

Die Verrechnungspreisfindung durch *Verhandlungen* simuliert aus Prozesssicht somit die Preisfindung auf einem externen Markt, auch wenn das Ergebnis aufgrund der Abhängigkeit vom Verhandlungsgeschick der Transaktionspartner nicht mit Marktpreisen übereinstimmen muss (Gschwend 1987, S. 95 f.; Neus 1997, S. 44).

Voraussetzung für eine Anwendung von Verrechnungspreisen auf *Verhandlungsbasis* ist, dass für beide Transaktionspartner keine Pflicht zur internen Transaktion besteht. Ansonsten besäße die Organisationseinheit ohne Transaktionsfreiheit faktisch keine *Verhandlungsmacht*, so dass die andere Partei Monopolpreise durchsetzen könnte (Coenenberg et al. 2012, S. 725; Ewert und Wagenhofer 2014, S. 615; Neus 1997, S. 44).

3.3 Beurteilung betriebswirtschaftlicher Verrechnungspreismethoden

3.3.1 Marktpreisorientierte Verrechnungspreismethode

Marktpreisorientierte Verrechnungspreise erlauben durch die Nutzung des Marktmechanismus eine dezentrale Koordination von Organisationseinheiten. Voraussetzung ist jedoch, dass eindeutige Marktpreise für die interne Leistung überhaupt ermittelt werden können und ein möglichst vollkommener Markt für diese Leistung vorliegt. Existieren Marktpreise, kann der Marktmechanismus die *Koordinationsfunktion* innerhalb des Unternehmens grundsätzlich erfüllen (Coenenberg et al. 2012, S. 719 f.; Gschwend 1987, S. 82).

Ein weiterer Vorteil der Verwendung von Marktpreisen als Verrechnungspreis liegt bei hoher Markttransparenz in der erwarteten geringen Manipulierbarkeit, da die vorhandene *Informationsasymmetrie* in dezentralen Unternehmen keinen Einfluss auf den Marktpreis hat (Horváth 2011, S. 524; Ewert und Wagenhofer 2014, S. 585).

Oftmals ist die Anwendbarkeit von marktpreisorientierten Verrechnungspreisen jedoch dadurch eingeschränkt, dass für intern ausgetauschte Leistungen keine externen Märkte mit homogenen und substituierbaren Leistungen existieren (Gschwend 1987, S. 84). Vielmehr zeichnen sich, unter Annahme der ökonomischen Vorteilhaftigkeit von Unternehmensverbünden aufgrund der Realisierung von *Synergien*, interne Leistungen vielfach durch ihre Einmaligkeit und Individualität aus (Gschwend 1987, S. 84). Insofern können für diese Leistungen häufig keine aktiven Märkte und somit auch keine Marktpreise beobachtet werden. Bei nicht vorhandenen vollkommenen Märkten sind ggf. vorhandene Marktpreise zu korrigieren, um den Marktpreise für die interne Leistung zu approximieren. Je nachdem wie groß diese Korrekturen ausfallen, verliert der Marktpreis allerdings seine Vorteile wie seine Eindeutigkeit und Objektivität (Gschwend 1987, S. 85).

Die *Koordinationsfunktion* kann in der Praxis tendenziell umso besser erfüllt werden, je vollkommener der externe Markt für die betreffende Leistung ist und je geringer die Synergieeffekte im Unternehmen sind und je geringer das Transaktionsvolumen der internen Leistung ist (Ewert und Wagenhofer 2014, S. 585).

3.3.2 Kostenbasierte Verrechnungspreismethode

Kostenorientierte Verrechnungspreise haben den Vorteil, dass sie bei einer eindeutigen Definition ihrer Ermittlung aufgrund des möglichen Rückgriffs auf Daten des Rechnungswesens leicht zu bestimmen sind. Jedoch kann keine der verschiedenen *Gestaltungsmöglichkeiten* der kostenbasierten Verrechnungspreise die Erfolgsermittlungs- und Koordinationsfunktion uneingeschränkt erfüllen.

Die Verwendung von *Grenzkosten* als Verrechnungspreis erfüllt aus theoretischer Sicht für kurzfristige Entscheidungen optimal die *Koordinationsfunktion* hinsichtlich der Menge des internen Leistungsaustausches (Ewert und Wagenhofer 2014, S. 593), solange keine Kapazitätsengpässe auftreten (Gschwend 1987, S. 89). Vor dem Hintergrund der praktischen Umsetzbarkeit erfüllen Grenzkosten das Koordinationsproblem allerdings nur scheinbar. Die Grenzkosten hängen bei nichtlinearen Kostenfunktionen von der Ausbringungsmenge ab. Zur Erreichung des Oberziels der Gewinnmaximierung ist also zunächst die optimale Menge unter Berücksichtigung der Gewinnfunktionen der beteiligten Organisationseinheiten zu bestimmen, um als Ergebnis die als Verrechnungspreis zu verwendenden Grenzkosten ableiten zu können (Brühl 2012, S. 339; Ewert und Wagenhofer 2014, S. 596). Insofern ist ein Gesamtplan notwendig, der jedoch eine dezentrale Koordination überflüssig macht.

Auf der anderen Seite erfüllen Grenzkosten die *Erfolgsermittlungsfunktion* von Organisationseinheiten nur sehr bedingt, da Fixkosten bei der leistenden Organisationseinheit nicht vergütet werden. Der Erfolg wird somit in vollem Umfang bei denjenigen Organisationseinheiten ausgewiesen, die die internen Leistungen beziehen und am Markt veräußern (Gschwend 1987, S. 89; Ewert und Wagenhofer 2014, S. 596).

Für langfristige Entscheidungen sind *Vollkosten* zwar besser geeignet als Grenzkosten, aber auch sie weisen Schwächen hinsichtlich der Erfüllung der Koordinationsfunktion auf. Vollkostenbasierte Verrechnungspreise werden bei der abnehmenden Organisationseinheit vollständig zu variablen Kosten. Hieraus können Fehlentscheidungen resultieren, da variable Kosten in Verkaufssituationen die kurzfristige Untergrenze für die Absatzpreise darstellen. Diese Untergrenze ist umso höher, je höher die Kosten ggf. inklusive eines Gewinnaufschlags ausfallen. Der Einbezug sämtlicher Kosten führt also bei nachgelagerten Organisationseinheiten zur Berücksichtigung von Kostenelementen, die für das Entscheidungsproblem eigentlich nicht relevant sind (Ewert und Wagenhofer 2014, S. 600).

3.3.3 Verhandlungsbasierte Verrechnungspreise

Der Ansatz, Verrechnungspreise in Verhandlungen zu bestimmen, ist konzeptionell vorteilhaft für *Koordinationszwecke*, da Informationsvorteile dezentraler Organisationseinheiten in die Verrechnungspreisbestimmung unmittelbar einfließen (Ewert und Wagenhofer 2014, S. 615). Existieren für die intern ausgetauschte Leistung *Marktpreise*, werden diese unter der Voraussetzung der Transaktionsfreiheit der beteiligten Organisationseinheiten in die Verhandlungen der Verrechnungspreise einfließen und somit den Einigungsbereich beeinflussen (Kluge 2013, S. 280). Im Vergleich zu einem Einsatz marktpreisorientierter Verrechnungspreise weist das Konzept der verhandlungsbasierten Verrechnungspreise somit den Vorteil auf, dass nicht nur Entscheidungen hinsichtlich der Transaktionsmengen zu treffen sind, sondern die spezifische Kosten- und Erlössituation der Transaktionspartner auf die Höhe eines angemessenen Verrechnungspreises berücksichtigt wird.

Insofern wird der Grundüberlegung, den *Marktmechanismus* als *Koordinationsinstrument* im Unternehmen zu nutzen, bei verhandlungsbasierten Verrechnungspreisen am umfassendsten gefolgt (Mensch 2003, S. 931). Allerdings bringt die praktische Umsetzung dieses Verrechnungspreiskonzepts auch Nachteile mit sich. Der Marktmechanismus setzt unter der Annahme eines *vollkommenen Marktes* eine atomistische Marktstruktur mit vielen Anbietern und Nachfragern voraus und kein zweiseitiges Monopol wie im Fall interner Transaktionen zwischen zwei Organisationseinheiten eines Unternehmens (Neus 1997, S. 44). Vor diesem Hintergrund können die ausgehandelten Verrechnungspreise zwar für die beteiligten Transaktionspartner optimal sein, die hieraus folgenden operativen Entscheidungen jedoch zu suboptimalen Ergebnissen für das Gesamtunternehmen führen. Da bei einem gegebenen Einigungsbereich das Verhandlungsergebnis aufgrund der vielfältigen *Einflussfaktoren* schwer vorhersagbar sein kann, wird die Koordinationsfunktion im Sinne einer Ausrichtung von operativen Entscheidungen auf die Gewinnmaximierung des Gesamtunternehmens nur zufällig erfüllt (Ewert und Wagenhofer 2014, S. 615–617).

Darüber hinaus folgt aus dem Wesensmerkmal von Verhandlungen, dass das Verhandlungsergebnis wesentlich von der jeweiligen Verhandlungsmacht der Transaktionspartner abhängt. Da die *Verhandlungsmacht* wesentlichen Einfluss auf den Verrechnungspreis hat, wirkt sie sich auch auf die Allokation der Erfolge zwischen den Transaktionspartnern aus. Insofern steht der jeweils bei den Transaktionspartnern entstehende Erfolg nicht mehr uneingeschränkt in sachlichem Zusammenhang mit den eigentlichen Erfolgsfaktoren der Organisationseinheiten (Kluge 2013, S. 286; Ewert und Wagenhofer 2014, S. 617). Entsprechend können verhandlungsbasierte Verrechnungspreise die Erfolgsermittlungsfunktion nur eingeschränkt erfüllen (Gschwend 1987, S. 96).

3.4 Verhältnis von betriebswirtschaftlichen und steuerlichen Verrechnungspreismethoden

Die dargestellten betriebswirtschaftlichen Verrechnungspreisemethoden ähneln in der Grundkonzeption steuerlich akzeptierten Verrechnungspreismethoden wie sie in den OECD Leitlinien definiert sind. Beiden Perspektiven ist gemein, dass eine *Objektivierung* der *Verrechnungspreise* angestrebt wird, indem auf beobachtbare Maßstäbe wie Marktpreise, Kosten oder Erfolgskennzahlen zurückgegriffen wird (Weber et al. 2004, S. 24). Allerdings existieren auch deutliche Unterschiede, die im Wesentlichen auf die unterschiedlichen Schwerpunktsetzungen in Hinblick auf die von Verrechnungspreisen zu erfüllenden Funktionen zurückzuführen sind.

Steuerliche Verrechnungspreise folgen konsequent dem *Fremdvergleichsgrundsatz*, der einen klaren Rahmen für die Einkünfteermittlung vorgibt. Betriebswirtschaftlichen Methoden fehlt dagegen ein derartig einheitlicher objektiver Bezugspunkt (Kluge 2013, S. 305–306). Stattdessen stellen betriebswirtschaftliche Methoden im Wesentlichen auf die Entscheidungsnützlichkeit unterschiedlicher Verrechnungspreise und der hieraus folgenden Erfolgsallokationen für die dezentrale Koordination von Organisationseinheiten ab (Kluge 2013, S. 306).

Eine große Übereinstimmung in der grundsätzlichen Konzeption weisen das *marktpreisorientierte Verfahren* und die *steuerliche Preisvergleichsmethode* auf, da beide Methoden zur Ermittlung von Verrechnungspreisen auf externe Marktpreise abstellen. Die Preisvergleichsmethode stellt allerdings nicht wie die marktpreisorientierte Verrechnungspreismethode die Existenz eines weitestgehend vollkommenen Marktes in den Vordergrund. Für die Anwendung der Preisvergleichsmethode gemäß OECD Leitlinien (OECD Leitlinien 2017, Tz. 2.17) müssen relativ strenge Anforderungen an die Vergleichbarkeit der konzerninternen Transaktion mit dem Fremdgeschäftsvorfall erfüllt sein, insbesondere die Vergleichbarkeit des übertragenen Wirtschaftsgutes oder Dienstes, sowie die in Kapitel 1 der OECD Leitlinien (OECD Leitlinien 2017, Tz. 1.36) genannten fünf wirtschaftlich relevanten Merkmale. Diese umfassen, neben der bereits genannten Vergleichbarkeit des übertragenen Wirtschaftsgutes oder Dienstes:

- die vertraglichen Bedingungen des Geschäftsvorfalls
- die ausgeübten Funktionen, unter Berücksichtigung der genutzten Vermögenswerte und übernommenen Risiken,
- die wirtschaftlichen Verhältnisse der Beteiligten und des Markts, und
- die von den Beteiligten verfolgten Geschäftsstrategien.

Unterschiede in Bezug auf diese Faktoren sind dann relevant, wenn sie sich erheblich auf den Preis auswirken können: ggf. sind Anpassungen vorzunehmen, um Auswirkungen auf den Preis zu beseitigen. Zwar gelten die oben genannten fünf Vergleichbarkeitskriterien für alle Verrechnungspreismethoden, allerdings ist zu erwarten, dass auch kleinere Unterschiede den fremdüblichen Preis stärker beeinflussen als Margen oder Kostenaufschläge (OECD Leitlinien 2017, Tz. 2.47) und somit aus praktischer Sicht die Anforderungen an die Vergleichbarkeit im Vergleich zu den sonstigen Methoden bei der Preisvergleichsmethode sehr hoch sind. Die steuerliche *Wiederverkaufspreismethode* hat mit der *marktorientierten Verrechnungspreismethode* gemeinsam, dass ihre Bestimmungskomponenten Wiederverkaufspreis und fremdübliche Bruttomarge ebenfalls aus Marktdaten abgeleitet werden.

Kostenbasierte Verrechnungspreise finden im Grundsatz äquivalente Ansätze in den steuerlichen Verrechnungspreisen. Maßgeblich ist für steuerliche Zwecke grundsätzlich die Vergleichbarkeit der Kostenbasis, die sowohl die direkten als auch die indirekten Kosten umfassen sollten (OECD Leitlinien 2017, Tz. 2.54). So könnten beispielsweise unterschiedliche Rechnungslegungsstandards die Vergleichbarkeit der Kostenbasis beeinflussen (OECD Leitlinien 2017, Tz. 2.52). Je nach Sachverhalt schließt die OECD auch die Verwendung von Grenzkosten oder Durchschnittskosten (z. B. für Kosten des Anlagevermögens) nicht aus, dies wiederum allerdings nur, wenn die Marktbedingungen diese Vorgehensweise erforderlich machen (OECD Leitlinien 2017, Tz. 2.57). Wesentlich bei der Festlegung der Kostenbasis ist allerdings, dass die gewählte Kostenbasis auch zur Preisermittlung von Leistungen zwischen fremden Dritten verwendet wird sowie eine zeitliche Konsistenz der Anwendung besteht (OECD Leitlinien 2017, Tz. 2.58). Grundsätzlich anders als bei kostenbasierten Verrechnungspreisen des Controllings ist die Erfordernis, dass bei wertschöpfenden Tätigkeiten ein fremdüblicher Kostenaufschlag als Gewinnkomponente zur Kostenbasis zu berücksichtigen ist. Diese Vorgehensweise folgt der Auffassung, dass langfristig nicht nur die Vollkosten gedeckt werden müssen, sondern in Übereinstimmung mit dem jeweiligen Funktions- und Risikoprofil auch eine angemessene Gewinnerzielung sichergestellt werden soll.

Verhandlungsbasierte Verrechnungspreise finden in den steuerlichen Verrechnungspreismethoden keine unmittelbare Entsprechung. Verhandlungen zwischen verbundenen Unternehmen sind nicht als Verrechnungspreismethode von der OECD genannt, sie werden vielmehr aus folgenden Gründen sogar als nicht ausreichend abgelehnt, um den Nachweis fremdüblicher Verrechnungspreise zu erbringen (OECD Leitlinien 2017, Tz. 1.5):

- Verhandlungen sind konzernintern oft nicht gewünscht, da sie aus Konzernsicht unnötigerweise Zeit und Kosten verursachen
- Die zwischen fremden Dritten übliche Informationsasymmetrie und Intransparenz von Kostenstrukturen oder Margen liegt zwischen verbundenen Unternehmen oft nicht vor
- Unternehmen besitzen faktisch nicht die Freiheit eine Transaktion ggfs. nicht einzugehen.
- Die beteiligten verbundenen Gesellschaften könnten die gleichen Interessen haben (z. B. positive Darstellung der Finanz- und Ertragslage der Muttergesellschaft anstatt der lokalen Tochtergesellschaft)

Deshalb werden Verhandlungen auch von den meisten Steuerbehörden nicht anerkannt. um den Fremdvergleichsgrundsatz zu belegen, sodass stattdessen eine dem Sachverhalt angemessene steuerliche Verrechnungspreismethode angewendet werden sollte.

3.5 Erfüllung der Koordinationsfunktion durch steuerliche Verrechnungspreise

Wie oben gezeigt wurde, weisen *steuerliche Verrechnungspreismethoden* durchaus *Ähnlichkeiten* zu den *betriebswirtschaftlichen* Methoden auf. Daher lassen sich die jeweiligen Einschätzungen zur Eignung der betriebswirtschaftlichen Methoden für die Erfüllung der Koordinationsfunktion auf die entsprechenden steuerlichen Verrechnungspreismethoden weitestgehend übertragen.

Aus steuerlicher Sicht wird die Auswahl einer angemessenen Verrechnungspreismethode insbesondere durch die *Aufteilung* von *Funktionen* und *Risiken* zwischen den betrachteten Organisationseinheiten sowie der Verfügbarkeit von Drittdaten, die die Vergleichbarkeitskriterien in Bezug auf eine bestimmte Transaktion erfüllen, bestimmt. Im Controlling wird die Auswahl einer geeigneten Methode dagegen nicht auf Basis von Funktions- und Risikoprofilen oder Drittdaten, sondern vielmehr auf Basis der jeweiligen Zielsetzung für die Anwendung des Verrechnungspreises vorgenommen.

Insofern ist bei der Betrachtung der Eignung von steuerlichen Verrechnungspreisen für Zwecke der dezentralen Koordination zunächst sicherzustellen, dass für die betrachtete interne Transaktion die grundsätzlich aus steuerlicher Sicht zulässigen Methoden identifiziert werden. In einem zweiten Schritt kann dann aus ggf. vorhandenen Alternativen diejenige Verrechnungspreismethode gewählt werden, die die Koordinationsfunktion relativ gesehen am besten erfüllt.

3.6 Einschätzung der Eignung der steuerlichen Verrechnungspreismethoden für Koordinationszwecke

Es konnte festgestellt werden, dass marktorientierte Verrechnungspreise den kosten- und verhandlungsbasierten Verrechnungspreismethoden für betriebswirtschaftliche Zwecke vorgezogen werden sollten. Zwar existieren gewisse konzeptionelle Ähnlichkeiten zwischen betriebswirtschaftlichen und steuerlichen Verrechnungspreismethoden jedoch müssen für steuerliche Zwecke andere Kriterien zur Wahl einer Methode angewendet werden. Vor allem bestimmt meist der Sachverhalt, welche Methode für steuerliche Zwecke am geeignetsten ist.

Aufgrund der Vorteilhaftigkeit der *marktorientierten Verrechnungspreise* in Hinblick auf die Koordinationsfunktion sollte vorrangig die *Preisvergleichsmethode* als steuerliche Verrechnungspreismethode eingesetzt werden. Allerdings ist Voraussetzung, dass für eine betrachtete Transaktion samt der Funktions- und Risikoallokation der beteiligten Transaktionspartner Preisvergleichsdaten ermittelt werden können. In der Praxis dürfte die bevorzugte Preisvergleichsmethode tatsächlich daher nur in wenigen Fällen anwendbar sein. In diesem Fall sollte geprüft werden, ob für den vorliegenden Geschäftsvorfall die Wiederverkaufspreismethode angemessen eingesetzt werden kann, da diese Methode starke Ähnlichkeiten zu marktpreisbasierten bzw. verhandlungsbasierten betriebswirtschaftlichen Ansätzen aufweist.

Die größten *Zielkonflikte* mit der *Koordinationsfunktion* weisen die *TNMM* und die *Kostenaufschlagsmethode* auf. Die TNMM besitzt im Ergebnis Ähnlichkeiten zu vollkostenbasierten Verrechnungspreisen. Da Drittdaten in der Regel nur auf Basis von Ist-Zahlen vorliegen, sollte ebenfalls die TNMM die Ist-Zahlen der Transaktionspartner berücksichtigen.Anreize für die Erzielung von Effizienzgewinnen ergeben sich dann nur in einem sehr engen Rahmen, wenn Verrechnungspreise für die zu verrechnenden Transaktionen vorab bestimmt wurden und statt eines Zielpunkts für die zu erreichende Nettomarge eine Bandbreite eingesetzt wird, innerhalb derer das Unternehmen eine möglichst hohe Marge anstreben kann. Darüber hinaus kann z. B. bei Bezug der Nettomarge zum Umsatz einer Vertriebsgesellschaft weitere Anreize setzen, durch Umsatzausweitung den erzielten Gewinn zu erhöhen (Kluge 2013, S. 314–315).

Die dargestellte *Methodenrangfolge* zeigt im Ergebnis, dass die Zielkonflikte zwischen der steuerlichen Erfolgsermittlungsfunktion sowie der Koordinationsfunktion aus Controlling Sicht besonders in Unternehmen mit vielen Routineunternehmen auftreten. Denn die für Routineunternehmen typischerweise zum Einsatz kommenden Methoden TNMM und Kostenaufschlagsmethode lösen die größten Zielkonflikte aus (Kluge 2013, S. 319).

4 Verrechnungspreissysteme

4.1 Steuerrechtliche Anforderungen an Verrechnungspreissysteme

Unter einem „*Verrechnungspreissystem*" soll an dieser Stelle das gesamte Verrechnungspreismodell eines Konzerns verstanden werden. Dies umfasst vor allem:

- Die Wahl von angemessenen Methoden: Oft werden in verschiedenen Geschäftsbereichen oder für verschiedene Transaktionen unterschiedliche Methoden anwendbar sein.
- Die Umsetzung der Methoden aus zeitlicher Sicht, d. h. wird der ex ante oder ex post Ansatz verfolgt.

Mit der Thematik der *nachträglichen Preisfestsetzung* bzw. nachträglichen Anpassung beschäftigten sich die sog. „Verwaltungsgrundsätze Verfahren" (Bundesministerium der Finanzen, BMF v. 12.04.2005 – IV B 4 – S. 1341 – 1/05, BStBl. I 2005, 570.) Nach Tz. 3.4.12.8 Verwaltungsgrundsätze Verfahren sind nach Abschluss eines Geschäftes vorgenommene nachträgliche Preisermittlungen (Konkretisierung des Preises in absoluter Höhe) dem Grunde nach nur für die Besteuerung anzuerkennen, wenn im Vorhinein sowohl ein entgeltliches Leistungsverhältnis als auch alle Preisbestimmungsfaktoren vereinbart wurden. Demgegenüber steht die Forderung der Finanzverwaltungen – einschließlich der deutschen Finanzverwaltung –, für konzerninterne Transaktionen einen *angemessenen Gewinn* zu bestimmen, der im Einklang mit den ausgeübten Funktionen und übernommenen Risiken seitens der beteiligten Gesellschaften steht. Dies gilt insbesondere für solche Unternehmen, die in der *Wertschöpfung* nur ein begrenztes Funktions- und Risikoprofil aufweisen. Den sog. Routineunternehmen soll ein angemessenes und wenngleich niedriges, aber stabiles Ergebnis zugewiesen werden. Damit zeigt sich betriebswirtschaftlich aber unmittelbar das Problem, da eine Planung aller *Rahmenbedingungen* nicht ohne weiteres möglich ist und eine genaue Planung der Verrechnungspreise nur selten zu einem fremdvergleichskonformen Ergebnis führen wird. Daher ist die Methodik der Ausgleichszahlungen, um den vorab (auf Basis der TNMM) bestimmten, fremdvergleichskonformen Gewinn zu erzielen, in der Praxis ein häufig angewandtes Instrument (Rasch 2013, S. 431).

Denkbar sind zwei *Möglichkeiten* der *Steuerung*. In der ersten Alternative werden Anpassungen *nicht* einmalig am *Jahresende*, sondern bereits unterjährig vorgenommen. Das bedeutet, dass basierend auf Budgetschätzungen Produktpreise entsprechend der Zielmarge bestimmt und die Produktpreise unterjährig ex-ante entsprechend der Zielmarge angepasst (z. B. monatlich, quartalsweise, halbjährlich) werden. In der zweiten Alternative werden Preisanpassungen nur am *Jahresende* vorgenommen. Basierend auf Budgetschätzungen werden in diesem Fall vorläufige Produktpreise entsprechend der Zielmarge festgelegt und die Produktpreise werden am Jahresende ex-post fixiert (Rasch 2013, S. 431–432). In der zusammenfassenden Betrachtung ergeben sich folgende Merkmale am Beispiel einer Vertriebsgesellschaft, deren Haupttransaktion der Einkauf von Waren sein soll (Tab. 2).

Durch die konzerninterne Vereinbarung von Nettomargen, die auf der Basis einer TNMM Analyse als fremdüblich ermittelt werden, will der Steuerpflichtige mit Jahresendanpassungen folgende *Ziele* verwirklichen bzw. Aspekte berücksichtigen (Rasch 2013, S. 432):

- Vereinfachung der Konzernstrukturen aus Verrechnungspreissicht und einhergehend Verschlankung des Verrechnungspreissystems.
- Vereinfachung der Verrechnungspreisdokumentation.

- Erfüllung der Anforderung lokaler Finanzverwaltungen durch Zuweisung eines fremdüblichen Gewinns für die lokale Tätigkeit.
- Planungs- und Rechtssicherheit durch Bestimmung eines angemessenen Gewinns mit Anpassungsmöglichkeit.
- Reduktion des Aufwands für Betriebsprüfungen und Vermeidung von zeitaufwändigen Verständigungs- und Schiedsverfahren.
- Flexibilität der Steuerung (Ausgleich von Gewinnen und Verlusten).

Tab. 2 Verrechnungspreissysteme – unterjährige vs. Jahresendanpassung

Kriterium	Unterjährige Ex-Ante Preisanpassung	Preisanpassung Ex-Post am Jahresende
Flexibilität der Margensteuerung	• Grundsätzlich Ausgleich zu hoher Gewinne und Verluste	• Grundsätzlich Ausgleich zu hoher Gewinne und Verluste
	• „Treffsicherheit" der Margensteuerung bei ex-ante Preisanpassungen oftmals problematisch	• Anpassung am GJ Ende auf der Basis verfügbarer Informationen möglich
Übereinstimmung mit lokalem Funktions- und Risikoprofil (F&R-Profil)	• Entspricht im Wesentlichen dem F&R-Profil der Routinevertriebsgesellschaften	• Entspricht im Wesentlichen dem F&R-Profil der Routinevertriebsgesellschaften
Operative Aspekte	• Komplexität abhängig davon, ob pauschale Preiskorrektur auf alle Produkte oder produktspezifisch erfolgt	• Komplexität abhängig davon, ob pauschale Preiskorrektur auf alle Produkte oder produktspezifisch erfolgt
	• Je nach Häufigkeit der Anpassung sowie Anzahl der Produkte hoher laufender administrativer Aufwand	• Laufender administrativer Aufwand tendenziell geringer als bei unterjähriger Preisanpassung
	• Controllingschwierigkeiten	• Einfacheres Controlling als bei unterjähriger Preisanpassung
Bewertung Lagervermögen	• Bewertung des Lagers basierend auf (regelmäßig angepassten) Einkaufspreisen der Waren	• Kann zur Veränderung der Bewertung des Lagerbestands führen
	• Anpassung bezieht sich auf noch nicht verkaufte Produkte	• Anpassung bezieht sich auf bereits verkaufte Produkte
Sonstige Kriterien (z. B. Zoll, Umsatzsteuer, Quellensteuer)	• Ggf. Rückfragen in Bezug auf während des Jahres schwankende Zollwerte für gleiche Produkte	• Preisänderung kann zu veränderten Zollwerten führen, Nachzahlungen/Rückerstattung möglich • Ex-post Anpassungen werde in manchen Ländern nicht ohne weiteres akzeptiert • Ggf. Auswirkungen aus Sicht der Umsatzsteuer

- Übereinstimmung mit lokalem Funktions- und Risikoprofil (Routinevertriebsgesellschaft).
- Operative Aspekte (z. B. Implementierungsaufwand, interne Anreizwirkung, Durchführung Controlling).
- Sonstige Anforderungen (z. B. Zoll- und umsatzsteuerliche Anforderungen);
- Einfluss auf Bewertung von Lagervermögen.

Die zeitliche Komponente spielt in unterschiedlicher Hinsicht eine wesentliche Rolle für die Verrechnungspreisbildung und für die -prüfung. So ist die zeitliche Komponente von Bedeutung für die Anwendung der Methoden und dort insbesondere im Zusammenhang mit dem Warenumschlag und der Preisvolatilität. Zu unterscheiden ist im hier verstandenen Sinne zwischen der zeitlichen Perspektive der Preisbildung (ex-ante) und der Prüfung und Verprobung (ex-post) einer Verrechnungspreisgestaltung, welche – wie oben in der Tabelle dargestellt – auch Jahresendanpassungen mit sich bringen kann.

Die *Zulässigkeit* von *Jahresendanpassungen* wird z.Zt. sowohl in der OECD als auch seitens der Finanzverwaltung *kontrovers* diskutiert. Die OECD hat erkannt, dass sich durch unterschiedliche Sichtweisen verschiedener Länder in Bezug auf den Zeitpunkt der Verrechnungspreisüberprüfung bzw. -bildung auch Konflikte in Form von Doppelbesteuerungen ergeben können (OECD Leitlinien 2017, Tz. 3.17), bekennt sich aber nicht zu einem Ansatz. In Deutschland ist seit der Umsetzung des dreistufigen Dokumentationsansatzes der OECD (OECD BEPS Projekt, Maßnahme 13) durch die Neufassung des § 90 Abs. 3 AO samt der Gewinnabgrenzungsaufzeichnungs-Verordnung (GAufzV) vom 22. Mai 2017 für die landesspezifische, unternehmensbezogene Dokumentation ebenfalls der Zeitpunkt der Verrechnungspreisbestimmung aufzunehmen (GAufzV, § 4 Abs. 1, Nr. 4 a)) Im Rahmen seiner Dokumentation kann der Steuerpflichtige aufzeichnen, dass die Preise unter Berücksichtigung der vorhandenen Informationen im *Zeitpunkt der Verrechnungspreisfestsetzung* zutreffend und in Übereinstimmung mit dem Fremdvergleich festgesetzt wurden. Umgekehrt kann der Steuerpflichtige auch dokumentieren, dass die vereinbarten oder auferlegten Preise sich innerhalb einer Bandbreite von fremdüblichen Preisen befinden und damit sein eigenes Ergebnis *verproben* (vgl. Rasch 2013, S. 433 zu der Diskussion in der OECD und der Analyse der Sichtweise der deutschen Finanzverwaltung aus steuerlicher Sicht).

4.2 EU JTPF Report zu Jahresendanpassungen

Auf Ebene der EU wurde im Januar 2014 ein Bericht zur Behandlung von Jahresendanpassungen veröffentlicht (EU 2014, Annex 3). Das EU JTPF verzichtet darin, Stellung zu nehmen, inwiefern dem ex-ante oder dem ex-post Ansatz (oder beiden) zu folgen sei, sondern erkennt vielmehr an, dass Mitgliedstaaten in dieser Frage unterschiedlicher Auffassung sein mögen. Die EU empfiehlt zur Vermeidung von Doppelbesteuerung *fünf kumulative Voraussetzungen*, unter denen Jahresendanpassungen grundsätzlich akzeptiert werden sollten, unabhängig davon, ob sie den Gewinn einer Gesellschaft erhöhen oder senken:

1. *Fremdvergleichsgrundsatz* – Ernsthaftes Bemühen des Steuerpflichtigen, im Zeitpunkt der Verrechnungspreisbildung dem Fremdvergleichsprinzip zu entsprechen, ist grundsätzlich in der Verrechnungspreisdokumentation darzustellen;
2. *Symmetrie* – Die Anpassungen müssen deckungsgleich in beiden Mitgliedsstaaten erfolgen, d. h. die an einer Transaktion beteiligten verbundenen Unternehmen haben denselben Verrechnungspreis zugrunde zu legen;
3. *Konsistenz* – Der gewählte Ansatz hinsichtlich der Verrechnungspreisbestimmung ist konsistent im Zeitablauf vom Steuerpflichtigen anzuwenden;
4. *Zeitpunkt* – Die Anpassungen müssen vor Abgabe der Steuererklärung erfolgen;
5. *Rechtfertigung* – Im Falle einer Anpassung ist darzulegen, warum Plan-Ergebnisse nicht den tatsächlichen Ist-Ergebnissen entsprechen. Eine Begründung ist allerdings nur erforderlich, sofern Gesetze eines der Mitgliedsstaaten dies verlangen.

Diesen Punkten ist vollumfänglich zuzustimmen, da sie regelmäßig erfüllt sein werden, wenn Unternehmen im Rahmen eines durchdachten und angemessenen Verrechnungspreismodells basierend auf der TNMM Jahresendanpassungen vornehmen.

4.3 Vorgaben für das nationale Steuerrecht

Zusammenfassend lässt sich festhalten, dass Verrechnungspreissysteme mit Anpassungen aus Sicht der Verrechnungspreissystematik die logische Konsequenz sind, falls die TNMM – wie so oft in der Praxis – die richtige Methode ist und richtig angewendet wurde. Dann ist es zwar konzeptionell irrelevant, ob das Ergebnis durch Anpassungen am Jahresende oder unterjährig erzielt wird. Jedoch kann es aus Sicht der deutschen Finanzbehörden einen Unterschied machen, wie ein Ergebnis erzielt wird. Deshalb lassen sich zur Vermeidung von Fragen bzgl. der Akzeptanz von Anpassungen folgende Empfehlungen zusammenfassen:

- Margen sollten so akkurat wie möglich unterjährig kontrolliert, und sofern möglich eine bestimmte Marge durch laufende Anpassungen erreicht werden;
- Bei Jahresendanpassungen sollte vorab schriftlich (vertraglich und in einer Verrechnungspreisrichtlinie) dokumentiert werden, wie Anpassungen berechnet werden, welche Transaktion angepasst wird, wann die Anpassung in den beteiligten Ländern gebucht wird, warum ggf. eine hohe Anpassung notwendig war, und dass alle Anpassungen in den Steuererklärungen der beteiligten Gesellschaften berücksichtigt werden.

4.4 Überlegungen zur Optimierung der Koordinationsfunktion von Verrechnungspreisen bei bestehenden Verrechnungspreissystemen

Implementierte Verrechnungspreismethoden können so ausgestaltet werden, dass sie zur *Koordination* im Unternehmen beitragen. Dies gelingt vor allem durch die Schaffung von Anreizen, dezentrale Entscheidungen und Handlungen auf das übergeordnete Ziel der Gewinnmaximierung auszurichten (Battenfeld 1999, S. 10). Auf diese Weise kann auch bei einem gegebenen Verrechnungspreissystem eine potenziell stärker *dezentrale* Koordination erreicht werden als dies der Fall ohne jegliche Anreizgestaltung wäre.

Die Gestaltung von Anreizen innerhalb der gewählten Verrechnungspreismethoden ist vor allem bei Anwendung der Kostenaufschlagsmethode und der TNMM relevant. So ist auch innerhalb der Kostenaufschlagsmethode eine gewisse Kostenkontrolle des leistenden Unternehmens relevant, allerdings beschränkt sich gem. OECD diese Fähigkeit für Routineeinheiten auf allgemeine Aufwendungen und Verwaltungskosten (OECD Leitlinien 2017, Tz. 2.51 c)) Ein steuerliches Verrechnungspreissystem, welches stark auf die Verwendung der TNMM für Routinefunktionen abstellt, mag daher nur unzureichende Anreize zur Effizienzsteigerung seitens der lokalen Routine-Gesellschaft bieten; Allerdings ist auch zu bedenken, dass eine solche Routine-Einheit nur eingeschränkte Funktionen übernimmt, wenige Risiken trägt und wesentliche Vorgaben bzw. Entscheidungen gerade eben vom Strategieträger getroffen werden und so auch gesteuert und kontrolliert werden könnten.

Es kann trotz dieser Einschränkungen in Betracht gezogen werden, für auftretende Plan/Ist-Abweichungen ein Korridorkonzept zu implementieren, nach dem Plan/Ist-Abweichungen bei Kosten, die die Organisationseinheit im Einklang mit ihrem Funktions- und Risikoprofil selbstverantwortlich beeinflussen kann, nur innerhalb eines vorher festgelegten Korridors vergütet werden. Kostenabweichungen, die außerhalb des jeweils definierten Korridors liegen, wären von der Organisationseinheit selbst zu tragen. Auf diese Weise verbleibt eine gewisse Verantwortung für die Angemessenheit des Kostenniveaus und der Kostenstruktur bei der leistenden Organisationseinheit. Natürlich zieht ein solches System jedoch weitreichendere Dokumentationsanforderungen nach sich, da sowohl die Angemessenheit der Plan-Zahlen, als auch Gründe für die Zielabweichung, welche natürlich frei von jeglicher Einflussnahme verbundener Unternehmen sein muss, dargestellt werden müssen.

Aus Sicht der steuerlichen Verrechnungspreise klarer geregelt ist die Tragung von Risiken und Geschäftschancen, welche – neben Effizienzen aus der laufenden Tätigkeit – ebenfalls das lokale Ergebnis stark beeinflussen können. Hier ist sehr stark zwischen der Ex-Ante und Ex-Post Betrachtung zu unterscheiden: Risiken oder Geschäftschancen einer Entscheidung einer Konzerngesellschaft sind per Definition ex-Ante (oder im Zeitpunkt der Entscheidung oder des Vertragsabschlusses) ungewiss. Solange die Gesellschaft diese Risiken und Chancen kontrolliert, steuert, und die Folgen der Entscheidung tragen kann, sollten die Gewinne oder Verluste daraus nicht Ex-Post im Rahmen von Jahresendanpassungen revidiert werden (OECD Leitlinien 2017, Tz. 1.78).

5 Fazit

Die TNMM ist in der steuerlichen Verrechnungspreispraxis weit verbreitet, bietet jedoch in der Regel nur eingeschränkte *Anreize* für eine lokale Einheit, Kosten zu reduzieren oder den Gewinn zu steigern. Denn ist vorab bekannt, dass eine Anpassung auf eine fremdübliche Zielmarge am Periodenende durchgeführt wird, werden Anreize zur Gewinnmaximierung reduziert und somit die Entscheidungsnützlichkeit von Verrechnungspreisen aus Sicht des Controllings unterlaufen.

Aus steuerlicher Sicht liegt diese Vorgehensweise begründet im eingeschränkten Funktions- und Risikoprofil der lokalen Gesellschaft, was eine Voraussetzung einer Margenaussteuerung ist. Die lokale Gesellschaft hat demnach faktisch ohnehin wenig Spielraum zur Gestaltung der lokalen Tätigkeit. Bei komplexeren lokalen Einheiten lässt sich jedoch der Zielkonflikt aus Sicht der Steuern und des Controllings besser auflösen, indem beispielsweise im Sinne des Price Setting Ansatzes Verrechnungspreise tatsächlich auf Ebene der zu verrechnenden Transaktionen vorab bestimmt wurden und die ex-ante bestimmen Risiken oder Chancen eines Geschäfts auch bei dieser verbleiben.

Im potenziellen Falle einer Unvereinbarkeit der Ziele der steuerlichen Verrechnungspreise und des Controllings ist dann zu überlegen, ob zumindest eine gewisse Trennung des betriebswirtschaftlichen Anreizsystems vom steuerlichen Verrechnungspreissystem möglich ist.

Literatur

Battenfeld, D. (1999). *Interne Marktorientierung durch Verrechnungspreise*. Diskussionsbeitrag N. 279. Diskussionsbeiträge des Fachbereichs Wirtschaftswissenschaft der FernUniversität Hagen. Hagen.

Brühl, R. (2012). *Controlling- Grundlagen des Erfolgscontrollings*. Berlin: de Gruyter.

Coenenberg, A. G., Fischer, T. M., & Günther, T. (2012). *Kostenrechnung und Kostenanalyse* (8. Aufl.). Stuttgart: Schäffer-Poeschl.

EU. (2014). Communication from the Commission to the European Parliament, the Council and the European Economic and Social Committee, on the work of the EU Joint Transfer Pricing Forum in the period July 2012 to January 2014: COM 2014 315 final, Annex 3, Report on compensating adjustments, 4 June 2014. Brüssel.

Ewert, R., & Wagenhofer, A. (2014). *Interne Unternehmensrechnung* (8. Aufl.). Heidelberg: Springer.

Gschwend, W. (1987). *Die Zielproblematik des Verrechnungspreises – Eine kritische Analyse der verschiedenen Verrechnungspreisfunktionen*. St. Gallen: Hochschule St. Gallen.

Horváth, P. (2011). *Controlling* (12. Aufl.). München: Vahlen.

Hülshorst, J., & Mank, K. (2012). Kap. II OECD-Leitlinien, Loseblatt. In H.-K. Kroppen (Hrsg.), *Handbuch Internationale Verrechnungspreise*. Köln: Otto-Schmidt.

Kluge, S. (2013). Verrechnungspreise in Ertragsteuern und Controlling – Gestaltungsempfehlungen zur Reduzierung von Zielkonflikten. In W. Wacker & G. Förster (Hrsg.), *Schriften zur Betriebswirtschaftlichen Steuerlehre* (Bd. 51). Berlin: Erich Schmidt.

Mensch, G. (2003). Verrechnungspreise als Controlling-Instrument. *Betrieb und Wirtschaft, 22*, 925–931.

Neus, W. (1997). Verrechnungspreise – Rekonstruktion des Marktes innerhalb der Unternehmung? *Die Betriebswirtschaft, 57*, 38–47.

OECD. (2017). *Transfer pricing guidelines for multinational enterprises and tax administrations*. Paris: OECD.

Rasch, S. (2013). Jahresendanpassungen: Möglichkeiten und Grenzen für „year end adjustments" in Verrechnungspreissystemen. *Internationale Steuer-Rundschau, Köln* (S. 431–439).

Stewart, J. C. (1977). Multinational companies and transfer pricing. *JoBF&A. The Journal of Banking, Finance and Accounting, 4*(3), 353–371.

Tang, R. Y. W. (1982). Environmental variables of multinational transfer pricing: A U.K. perspective. *JoBF&A. The Journal of Banking, Finance and Accounting, 9*(2), 179–189.

Weber, J., Stoffels, M., & Kleindienst, I. (2004). *Internationale Verrechnungspreise im Konzern: Altes Problem – neuer Fokus, Schriftenreihe Advanced Controlling* (Bd. 40). Vallendar: Wiley-Vch.

Wertorientierte Unternehmenssteuerung in der Praxis

Sebastian Firk, Torben Schmidt und Michael Wolff

Zusammenfassung

Obwohl sich die wertorientierte Unternehmensführung zunehmender Beliebtheit erfreut, stellt die durchgängige Verankerung des Konzeptes weiterhin eine große Herausforderung in der Unternehmenspraxis dar. Denn es bedarf weit mehr als der bloßen Berechnung einer Kennzahl, um die Führungs- und Entscheidungskultur konsequent auf eine langfristige Unternehmenswertsteigerung auszurichten. Dieses Ziel kann nur durch konsistente Umsetzung folgender fünf Kernelemente erreicht werden: Auswahl einer geeigneten Spitzenkennzahl, deren Integration in die Steuerungssysteme, deren Verknüpfung mit der Unternehmensstrategie und den Anreizsystemen sowie eine Flankierung durch aktive Kommunikation.

Schlüsselwörter

Wertorientierung · Value-based Management · Shareholder Value · Unternehmensführung · Strategic Performance Measurement · Werttreiber · Implementierung

1 Einführung in die wertorientierte Unternehmensführung

Die wertorientierte Unternehmensführung (engl. Value-based Management) ist aus der heutigen unternehmerischen Praxis kaum noch wegzudenken. Eine aktuelle Studie europäischer Unternehmen zeigt beispielsweise, dass der Anteil von Unternehmen, die wertorientierte Kennzahlen zur Unternehmensführung nutzen, von

S. Firk · T. Schmidt · M. Wolff (✉)
Professur für Management und Controlling, Georg-August-Universität Göttingen, Göttingen, Deutschland
E-Mail: sebastian.firk@wiwi.uni-goettingen.de; torben.schmidt@wiwi.uni-goettingen.de; michael.wolff@wiwi.uni-goettingen.de

W. Becker, P. Ulrich (Hrsg.), *Handbuch Controlling*,
https://doi.org/10.1007/978-3-658-26431-4_36

22 % in 2005 auf 27 % in 2010 gestiegen ist (Firk et al. 2014). Im Mittelpunkt dieses Managementansatzes steht die Steigerung des (ökonomischen) Unternehmenswertes bzw. des Wertes der Eigenkapitalgeber (Shareholder Value). Neben den konzeptionellen Grundlagen wertorientierter Kennzahlenkonzepte, geht es in dieser Einführung insbesondere um die Frage, welche Elemente bei der Implementierung eines wertorientierten Steuerungsansatzes beachtet werden sollten, um die Grundlage für ein *durchgängiges Wertsteigerungsmanagement* zu schaffen.

1.1 Hintergrund der wertorientierten Unternehmensführung

Die wertorientierte Unternehmensführung hat ihre Ursprünge in den 1980er-Jahren und wird oft auf das 1986 veröffentlichte Werk *Creating Shareholder Value* des US-amerikanischen Professors und Unternehmensberaters Alfred Rappaport zurückgeführt. Gemäß Rappaport ist Wertorientierung gleichzusetzen mit dem Ziel der Maximierung des Wertes für die Eigenkapitalgeber. Rappaport begründet dies damit, dass die Ansprüche der Fremdkapitalgeber meist eindeutig (vertraglich) fixiert sind, ihr Wert daher feststeht und nur bedingt durch Managemententscheidungen beeinflusst werden kann. Die Zufriedenstellung der Ansprüche der Eigenkapitalgeber stellt die Grundlage für die Sicherung der Finanzierung und damit des langfristigen Fortbestehens einer Unternehmung dar (Rappaport 1999).

Die zunehmende Implementierung wertorientierter Unternehmensführung in Unternehmen geht auf verschiedene Einflussfaktoren zurück. Ein wesentlicher Grund ist die gestiegene Nutzung des Kapitalmarkts als Finanzierungsquelle (im Gegensatz zur klassischen Finanzierung über Banken) in Kontinentaleuropa, so dass sich Unternehmen stärker mit den Ansprüchen und Forderungen institutioneller Investoren nach einer marktgerechten Performance auseinandersetzen müssen (Günther 1997; Dillerup 2006). Zudem impliziert das gestiegene Engagement angelsächsischer Investoren innerhalb Europas einen größeren Wertsteigerungsdruck. Darüber hinaus führt die zunehmende Internationalität der Geschäftsmodelle und Märkte sowie die daraus resultierende interne Komplexität der Unternehmen zu einer stärkeren Nachfrage nach Managementinstrumenten, die den steigenden Informationsasymmetrien innerhalb von Unternehmen sowie zwischen Eigentümern und Managern entgegen wirken können. Damit einhergehend bedarf es Steuerungsgrößen, die weniger anfällig für Manipulationen als traditionelle buchhalterische Steuerungsgrößen wie Gewinn und Umsatzrentabilität sind.

1.2 Elemente einer wertorientierten Unternehmensführung

Die Implementierung einer durchgängigen wertorientierten Unternehmensführung beinhaltet fünf wesentliche Elemente (vgl. Abb. 1), die im Folgenden näher beschrieben werden. Grundstein und notwendige Voraussetzung einer wertorientierten Unternehmensführung stellt die Messung des Unternehmenswertes in Form einer wertorientierten Spitzenkennzahl dar (vgl. Kap. Methodische Grundlagen wertori-

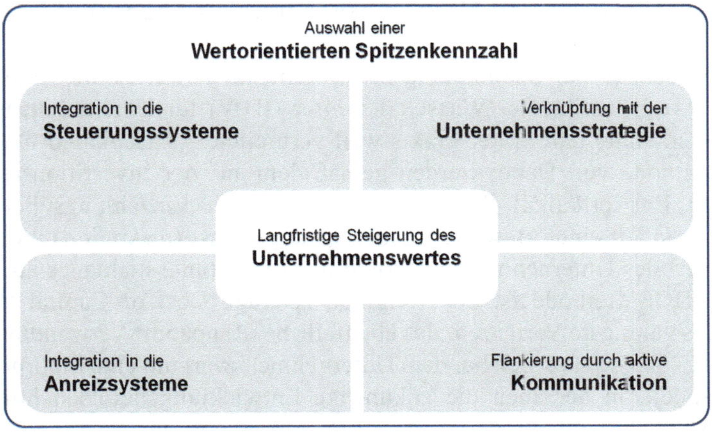

Abb. 1 Kernelemente einer wertorientierten Unternehmensführung

entierter Spitzenkennzahlen). Erst die Kennzahl macht den Unternehmenswert *greifbar* und ermöglicht sowohl die Wirkungsabschätzung von Entscheidungen im Vorfeld, als auch die Erfolgskontrolle im Nachgang (vgl. Kap. Implementierung einer wertorientierten Unternehmensführung). Im nächsten Schritt sollte die Spitzenkennzahl in die vorhandenen Steuerungssysteme integriert werden sowie eine Verknüpfung mit der Unternehmensstrategie stattfinden (vgl. Abschn. 2 und 3 in Kap. Implementierung einer wertorientierten Unternehmensführung). Wird die Kennzahl dann auch noch in die Entlohnungs- bzw. Anreizsysteme integriert und findet eine flankierende Kommunikation des Leitgedankens der Wertorientierung über alle Hierarchieebenen hinweg statt, so sind die Weichen für eine nachhaltige Steigerung des Unternehmenswertes gestellt (vgl. Abschn. 4 und 5 in Kap. Implementierung einer wertorientierten Unternehmensführung).

2 Methodische Grundlagen wertorientierter Spitzenkennzahlen

Prinzipiell kann bei der Ermittlung des Unternehmenswertes zwischen der Unternehmens- und der Marktperspektive unterschieden werden. Aus der Marktperspektive lässt sich der Marktwert für die Eigenkapitalgeber vereinfacht über die Multiplikation der Aktienanzahl mit dem Aktienkurs bestimmen (Marktkapitalisierung). Bei der Unternehmensperspektive resultiert der Wert des Eigenkapitals aus der Differenz aus Unternehmenswert und Wert des Fremdkapitals (Hungenberg 2011). Auch wenn theoretisch beide Perspektiven zum selben Ergebnis führen, kann es in der Praxis zu Abweichungen kommen, z. B. auf Grund irrationaler Kursbewertungen. Nur über die Verbindung der beiden Perspektiven kann jedoch letztendlich die Wertorientierung für die interne Unternehmensführung operationalisierbar gemacht werden.

2.1 Discounted Cash Flow Konzept nach Rappaport

Rappaport schlägt zur Bestimmung des Unternehmenswertes die – theoretisch fundierte, vom Institut der Wirtschaftsprüfer (IDW) für Unternehmensbewertungen anerkannte und in der Praxis weit verbreitete – Discounted Cash Flow (DCF) Methode vor. Dabei werden gemäß dem aus der Investitionsrechnung bekannten Barwertkalkül die zukünftig erwarteten Einzahlungsüberschüsse (Cash Flows) auf einen Bewertungsstichtag abgeszinst (diskoniert) und weisen so den Wert des Unternehmens aus Sicht des Bewertungsstichtages aus. Innerhalb der DCF-Methode ist der Weighted Average Cost of Capital (WACC) Ansatz das gängigste Verfahren, das ebenfalls bei Rappaport Verwendung findet (Ossadnik 2009). Da es sich bei dem Unternehmenswert um eine Mehrperiodengröße handelt, in der auch die zukünftige Entwicklung berücksichtigt wird, schlägt Rappaport für die periodische Erfolgsmessung den Shareholder Value Added (SVA) vor. Der SVA einer Periode bestimmt sich aus der Veränderung des per DCF-Methode bestimmten Shareholder Values bzw. Unternehmenswertes gegenüber der Vorperiode sowie des Cash Flows der aktuellen Periode (Ahn et al. 2013).

Das DCF-Verfahren stellt den Cash Flow in den Mittelpunkt, so dass für jede unternehmerische Entscheidung die Konsequenzen für den Zahlungsstrom abzuschätzen sind. Die Herausforderung beginnt hier also schon in der Denkweise, die in Unternehmen oft eher von Erlösen und Kosten geprägt ist. Die Interpretation der Kennzahl, d. h. das Erkennen von Wirkungszusammenhängen wird zudem über die Diskontierung erschwert. Selbst wenn ein Unternehmen lernt mit dieser Komplexität umzugehen, sieht es sich dem Problem des *Restwertes* gegenübergestellt. Anders als bei Investitionsprojekten, die meist eine begrenzte *Lebensdauer* besitzen, wird in der Unternehmensplanung von einer unendlichen Fortsetzung der Unternehmenstätigkeit ausgegangen (Going-Concern-Prämisse). Da die unendliche Prognose von Cash Flows prinzipiell nicht möglich ist und die Unsicherheit wächst, je weiter die Prognose in die Zukunft reicht, teilt sich die Berechnung in eine Detailplanungsphase und eine Restwert- oder Terminal-Value-Phase. In der Detailplanungsphase erfolgt die genaue Prognose relevanter Größen. Diese reicht in der Praxis meist nicht über drei bis fünf Jahre hinaus. Die Folgejahre werden in einem Restwert verdichtet, wobei von einem stabilisierten Zustand (steady state) ausgegangen wird, in dem der Cash Flow bis in die Ewigkeit mit einer konstanten Rate wächst bzw. schrumpft oder konstant bleibt (Kreyer 2009). Problematisch wird es dadurch, dass der Restwert einen wesentlichen Anteil am Unternehmenswert ausmacht und meist über die Hälfte, bei Wachstumsunternehmen unter Umständen sogar über 100 %, ausmachen kann (Kreyer 2009). Damit lässt sich der SVA über die Annahmen des Restwertes sowohl bei der Prognose als auch bei der nachträglichen Wirkungsabschätzung beeinflussen und somit ggf. vom Management manipulieren. In der Praxis haben sich daher vor allem wertorientierte Residualgewinn- bzw. Residualstrom-Kennzahlenkonzepte durchgesetzt.

2.2 Residualgewinn- und Residualstrom-Konzepte

Grundidee der Residual-Konzepte ist die zusätzliche Berücksichtigung der Kapitalkosten. Während aus buchhalterischer Sicht ein Gewinn aus einem Überschuss von Ertrag gegenüber Aufwand resultiert, werden bei Residual-Konzepten zusätzlich die Kosten für das eingesetzte Fremd- und Eigenkapital berücksichtigt.[1] Da Eigenkapitalgeber für die Bereitstellung ihrer finanziellen Mittel eine Verzinsung erwarten, ergibt sich für diese Anspruchsgruppe erst dann ein Wertbeitrag, wenn ein positiver Residualgewinn erwirtschaftet wird. Die generelle Formel ergibt sich wie folgt:

$$Wertbeitrag_t = Erfolgsgröße_t - Kapitalkosten_t \qquad (1)$$

Hierbei ist zu beachten, dass die Erfolgsgröße entweder ein Gewinn oder ein Cash Flow sein kann. Der Residualgewinn (Wertbeitrag) kann bei *Barwertidentität* (Barwert der Gewinne = Barwert der Cash Flows) durch Abzinsung analog der DCF-Methode ebenfalls zur Bestimmung des Unternehmenswertes herangezogen werden.[2] Im Vergleich zum DCF-Konzept von Rappaport ergibt sich hier also der Vorteil einer restwertunabhängigen periodischen Kennzahl, dem Wertbeitrag, der gleichzeitig durch Diskontierung – und dann natürlich auch Restwertbildung – die Brücke zum Unternehmenswert schlägt.

In der Praxis haben sich bei den Residual-Konzepten insbesondere zwei Vertreter durchgesetzt: der Economic Value Added (EVA) der Unternehmensberatung *Stern Stewart & Co.* und der Cash Value Added (CVA) der *The Boston Consulting Group.* Darüber hinaus existiert eine Vielzahl weiterer Konzepte (z. B. Economic Profit von der Unternehmensberatung *McKinsey&Company*), die jedoch auf demselben Prinzip basieren und sich nur in der konkreten Ausprägung einzelner Bestandteile unterscheiden. Hier sollen daher im Folgenden stellvertretend für alle Ausprägungen nur das EVA- sowie das CVA-Konzept als gängigste Vertreter vorgestellt werden.

2.2.1 Economic Value Added (EVA)

Das EVA-Konzept beruht auf der namensgebenden periodischen Residualgewinn-Größe Economic Value Added (EVA) und wurde in den 1990er-Jahren von der Unternehmensberatung *Stern Stewart & Co.* entwickelt. Die absolute periodische Spitzenkennzahl berechnet sich wie folgt (Ahn et al. 2013):

$$EVA_t = NOPAT_t - WACC * IC_t = (ROIC_t - WACC) * IC_t \qquad (2)$$

Der Wertbeitrag der Periode t (EVA_t) ergit sich aus der Differenz des Betriebsergebnisses nach Steuern (Net Operating Profit after Tax, $NOPAT_t$) und den Kapitalkosten,

[1] Der buchhalterisch Gewinn berücksichtigt lediglich Fremdkapitalkosten in Form von Zinszahlungen und -tilgungen.

[2] Barwertidentität beruht auf dem Preinreich-Lücke-Theorem und ist erfüllt, wenn das Kongruenzprinzip (Summe der Gewinne = Summe der Cash Flows) gilt bzw. Clean Surplus Accounting eingesetzt wird.

die sich als Produkt des Gesamtkapitalkostensatzes (WACC) und dem investiertes Kapital (IC_t) ergeben. Je nach Zielhorizont des Unternehmens kann die Gewinngröße anstelle des NOPATs auch durch einen Vorsteuergewinn, wie der Earnings before Interest and Tax (EBIT), ersetzt werden. Sowohl die Gewinngröße NOPAT als auch die Kapitalbasis (IC) werden im ersten Schritt aus buchhalterischen Quellen (GuV bzw. Bilanz) ermittelt. Das investierte Kapital, das häufig auch als Capital Employed (CE) bezeichnet wird, stellt das verzinsliche betriebsnotwendige Kapital dar. Zur Berechnung sind entsprechend von der Bilanzsumme alle unverzinslichen Bestandteile in Abzug zu bringen. Um mögliche Schwankungen der Kennzahl auf Grund des Stichtagsbezogenen Charakters des IC zu vermeiden, wird für die Kapitalbasis meist der arithmetische Mittelwert über das Jahr angesetzt. Im zweiten Schritt schlagen *Stern Stewart & Co.* eine Reihe von Anpassungen (bis zu 164 sogenannte Conversions) vor, mit dem Ziel von den buchhalterischen Größen zu abstrahieren und sich einer *ökonomischer Realität* anzunähern. Als Beispiel sei hier die Behandlung von Miet- und Leasingobjekten angeführt. Um eine bessere Vergleichbarkeit zwischen Unternehmenseinheiten mit unterschiedlichen Besitzverhältnissen in Bezug auf das eingesetzte Kapital zu erreichen, kann es sinnvoll sein Miet- und Leasingobjekte so zu behandeln als ob sie gekauft seien. Entsprechend sind sämtliche Effekte in Verbindung mit den Objekten von Mietzahlungen bis hin zu Steuervorteilen zu korrigieren und stattdessen fiktive Abschreibungen auf Basis der Anschaffungskosten zu berücksichtigen (Stern Stewart & Co. 1994; Weber et al. 2004).

Mit den Conversions soll die Genauigkeit und Aussagekraft der Kennzahl steigen, gleichzeitig nehmen jedoch auch der Aufwand und die Komplexität zu. Bei der Wahl der Bezugsgrößen (Vor- oder Nachsteuer) sowie der Anpassungen ist in jedem Fall auf Konsistenz der einzelnen Bestandteile zueinander zu achten. Die Berechnung des EVAs wird häufig auch mit Hilfe von relativen Größen dargestellt. Die Kapitalrentabilität Return on Invested Capital (ROIC), oft auch als Return on Capital Employed (ROCE) bezeichnet, ergibt sich aus der Division des NOPATs durch das investierte Kapital (IC). Der Term in Klammern (ROIC – WACC) aus Formel 2 wird auch als Überrendite oder EVA-Spread bezeichnet und weist den Wertbeitrag als relative Größe aus. Analog zum EVA weist ein negativer EVA-Spread eine Wertvernichtung, ein positiver eine -steigerung aus.

Auf Basis der im Rahmen des DCF-Konzeptes erwähnten Barwertidentität lässt sich aus der Diskontierung der periodischen EVAs eine Mehrperiodengröße, der sogenannte Market Value Added (MVA), bestimmen. Die Summe aus MVA und Kapitalbasis (IC) im eingeschwungenen Zustand ergibt den Unternehmenswert (Weber et al. 2004).

2.2.2 Cash Value Added (CVA)

Das Konzept des Cash Value Added (CVA) hat seine Ursprünge in der von der Unternehmensberatung *Holt* in den 1980er-Jahren entwickelten Methode des Cash Flow Return on Investment (CFROI), die im Wesentlichen auf der Methode des internen Zinsfußes basiert (Weber et al. 2004). Mit der Übernahme von Holt durch *The Boston Consulting Group* 1991 wurde dieses Verfahren durch den Ansatz der *ökonomischen Abschreibungen* ersetzt bzw. weiterentwickelt. Das CVA-Konzept stellt ein Residualstrom-Konzept dar, bei dem sich der Wertbeitrag ähnlich wie in Formel (2) wie folgt berechnet (Ahn et al. 2013):

$$CVA_t = (BCF_t - ÖA_t) - WACC * BIB_t = (CFROI_t - WACC) * BIB_t \qquad (3)$$

Die verwendete Cash Flow Größe, auch als nachhaltiger Cash Flow bezeichnet, ergibt sich als Saldo des Brutto Cash Flow (BCF_t) und der ökonomischen Abschreibung ($ÖA_t$). Der BCF entspricht dem Zahlungsüberschuss, der am Ende der Periode t – nach Abzug von Steuern – für Zahlungen an die Eigen- und Fremdkapitalgeber bzw. für Investitionen zur Verfügung steht (Männel 2001). Die ÖA „umfasst den konstanten Betrag [äquivalente Annuität], den es jährlich zurückzulegen gilt, damit das abschreibbare Anlagevermögen über die gesamte Nutzungsdauer zurückverdient wird" (Weber et al. 2004, S. 75 [eigene Ergänzung]) und berechnet sich wie folgt:

$$ÖA_t = \frac{WACC}{(1 + WACC)^n - 1} * AV_{ab}^{t-1} \qquad (4)$$

AV_{ab} steht für den abschreibbaren Anteil des Anlagevermögens (zu historischen Werten) und n für die Nutzungsdauer.[3] Mit anderen Worten stellt die ÖA einen (fiktiven) Ansparfond dar, dessen finales Volumen am Ende der Nutzungsdauer einschließlich Zinserträge der Höhe des abnutzbaren Anteils der ursprünglich investierten Bruttokapitalbasis (BIB) entspricht (Männel 2001). Damit wird der Going-Concern-Prämisse Rechnung getragen, da nicht nur die Kapitalkosten sondern auch die Kosten für Ersatzinvestitionen berücksichtigt werden. Die Kapitalkosten ergeben sich aus der Multiplikation der Bruttoinvestitionsbasis (BIB) und der Gesamtkapitalkosten (WACC). Analog zum EVA-Konzept umfasst die Bruttoinvestitionsbasis (BIB_t) das investierte Kapital abzüglich der unverzinslichen Bestandteile, welche allerdings zu Anschaffungs- bzw. Herstellkosten bewertet und an das aktuelle Preisniveau angepasst werden (Lewis 1994). Die BIB lässt sich also nicht direkt aus der Bilanz ablesen und setzt die Kenntnis über die Anschaffungskosten voraus. Der CFROI ergibt sich aus der Division des BCF abzüglich der ÖA durch die BIB. Die Differenz aus CFROI und WACC weist den relativen Wertzuwachs einer Periode aus (CFROI-Spread). Analog zum Vorgehen beim EVA-Konzept lässt sich durch Abzinsung der periodischen CVAs eine Mehrperiodengröße bilden (dCVA), die mit der BIB aufsummiert den Unternehmenswert ausweist.

[3] Der Quotient vor dem abschreibbaren Anlagevermögen stellt den Kehrwert des Endwertfaktors dar. Dieser gibt an, welchen Wert eine äquivalente Annuität von einer Geldeinheit nach n Jahren besitzt (Obermeier und Gasper 2008, S. 45 f.).

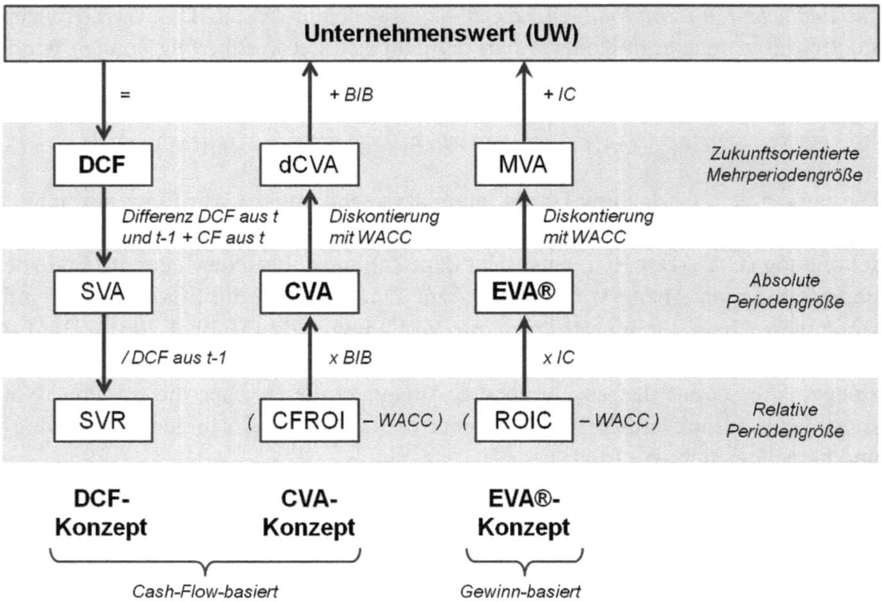

Abb. 2 Übersicht führender wertorientierter Kennzahlenkonzepte (in Anlehnung an Ahn et al. 2013)

2.3 Vergleichende Gegenüberstellung der Kennzahlenkonzepte

Abb. 2 zeigt zusammenfassend die Logik und Bestandteile der vorgestellten Kennzahlenkonzepte. Ausgangspunkt für das DCF-Konzept ist der Unternehmenswert, auf dessen Basis die absolute periodische Größe (SVA) ermittelt wird. Das EVA und CVA-Konzept basieren hingegen auf der namensgebenden absoluten periodischen Größe (EVA bzw. CVA). Erst über Diskontierung aller zukünftigen Wertbeiträge (MVA bzw. dCVA) und Addition der Kapitalbasis wird der Unternehmenswert ermittelt (Ahn et al. 2013).

Alle Konzepte weisen auch eine relative Kennzahl aus. Hier sei jedoch darauf hingewiesen, dass beim EVA- bzw. CVA-Konzept erst durch die Berücksichtigung des WACCs, also über den Spread, von einer *echten* Wertorientierung gesprochen werden kann. Die relativen Größen ROIC bzw. CFROI alleine stellen noch keine wertorientierte Kennzahl dar, da sie für sich genommen die Kapitalkosten vernachlässigen. Trotzdem können sie eine wichtige Rolle in der wertorientierten Unternehmensführung und insbesondere bei der Steuerung von Geschäftseinheiten spielen. Dann sollte jedoch zumindest auf übergeordneter Gesamtunternehmensebene eine Berücksichtigung der Kapitalkosten erfolgen.

Auf Basis dieser Gegenüberstellung lässt sich bereits festhalten, dass bzgl. der Zielkongruenz, d. h. der Verbindung zwischen Spitzenkennzahl und Unternehmenswertsteigerung, einige Unterschiede zwischen den Verfahren bestehen. Das DCF-Konzept berücksichtigt durchgängig auch zukünftige Perioden, so dass sich der Einfluss der Management-Entscheidungen auf die Entwicklung des Unternehmenswertes theoretisch direkt ablesen lässt. Bei den anderen Verfahren ist dies hingegen nur indirekt über die Mehrperiodengröße möglich. Allerdings sind die Mehrperiodengrößen und das DCF-Konzept als Ganzes insbesondere aufgrund der Restwertproblematik als schwierig anzusehen, da hierbei die Empfindlichkeit gegenüber Fehleinschätzungen und Manipulationen zunimmt. Durch die Verbindung zum Unternehmenswert stellen sie jedoch einen integralen Bestandteil der Konzepte dar, eignen sich jedoch eher für Indikationen bzgl. einer langfristigen Steuerung.

Bei der operativen Steuerung bieten die periodischen Kennzahlen Vorteile, da Sie gegenüber traditionellen buchhalterischen Kennzahlen, wie z. B. Gewinn- und Rentabilitätsgrößen, neben den Kosten für das Eigenkapital auch das Risiko der Unternehmenstätigkeit (indirekt über den Unternehmens- bzw. Industriespezifischen WACC) berücksichtigen. Darüber hinaus wird über die Anpassungen (Conversions beim EVA und der Methode der ökonomischen Abschreibung beim CVA) versucht Verzerrungen durch Ansatz- und Bewertungswahlrechte in den Bilanzierungsvorschriften zu vermeiden bzw. die buchhalterischen Größen in aussagefähige, realitätsnahe ökonomische Größen zu überführen. Hierzu sei angemerkt, dass durch die Wahlmöglichkeiten bei den Anpassungen die vermeintlich identischen Kennzahlen unterschiedlicher Unternehmen untereinander kaum vergleichbar sind, da ihre spezifische Ausgestaltung erheblich divergieren kann. Trotz der vorhandenen Unterschiede der verschiedenen Kennzahlen führt das jeweilige Konzept als Ganzes – bei korrekter Anwendung – immer zu einer Wertorientierung.

3 Implementierung einer wertorientierten Unternehmensführung

Aufbauend auf den methodischen Grundlagen der wertorientierten Kennzahlenkonzepte, beschäftigt sich dieses Kapitel mit den wichtigsten Aspekten, die bei der Einführung bzw. Umsetzung einer durchgängigen und konsistenten wertorientierten Unternehmensführung zu berücksichtigen sind. Neben der Auswahl einer geeigneten Spitzenkennzahl sind dies die Integration in die Steuerungssysteme, die Verknüpfung mit der Unternehmensstrategie, die Integration in die Anreizsysteme sowie die Flankierung durch eine aktive Kommunikation.

3.1 Auswahl einer wertorientierten Spitzenkennzahl

Erster Schritt im Rahmen der Implementierung der Wertorientierung ist die Auswahl einer der vorgestellten Spitzenkennzahlen bzw. Kennzahlenkonzepte. Aufgrund der aufgezeigten Komplexität und *Restwertproblematik* beim DCF-Konzept lässt sich dieses nur sehr schwer für die operative und strategische Unternehmenssteuerung operationalisieren, weshalb hier auf eine weitere Betrachtung verzichtet wird.

Generell kann die Bewertung und die damit einhergehende Auswahl einer geeigneten Spitzenkennzahl nur vor dem spezifischen Hintergrund des jeweiligen Unter-

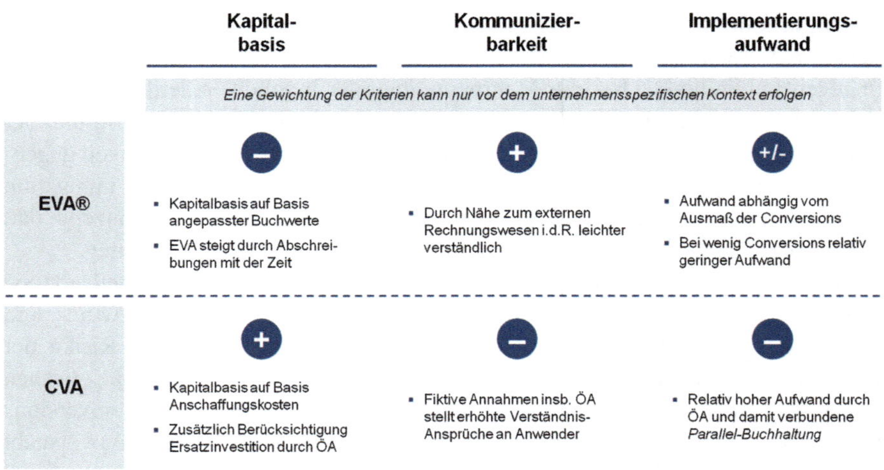

Abb. 3 Auswahl einer wertorienten Spitzenkennzahl: Vor- und Nachteile des EVA- und CVA-Konzeptes

nehmens getroffen werden. Neben der Branche, in der ein Unternehmen tätig ist, spielt vor allem das spezifische Geschäftsmodell eine wesentliche Rolle. Verallgemeinert lassen sich jedoch drei Kriterien definieren, die bei der Auswahl zu berücksichtigen sind (vgl. Abb. 3).

Trotz der konzeptionellen Ähnlichkeit der beiden vorgestellten Residual-Konzepte unterscheiden sich der EVA und der CVA im Umgang mit dem betriebsnotwendigen Kapital. Das betriebsnotwendige Vermögen (IC) des EVA-Konzeptes basiert auf angepassten Buchwerten. Die damit einhergehende Berücksichtigung von Abschreibungen hat zur Folge, dass der EVA bei konstanten NOPATs mit der Zeit ansteigt, ohne dass sich die Leistungsgrundlage des Unternehmens zwangsläufig verbessert hat (Hachmeister 2003). Daher ist die Vergleichbarkeit von EVAs im Zeitablauf oder von Geschäftsbereichen mit unterschiedlichen Altersstrukturen innerhalb der Kapitalbasis als problematisch zu werten (Weber et al. 2004). Das CVA-Konzept umgeht diese Problematik, indem es die Kapitalbasis (BIB) zu Anschaffungs- bzw. Herstellkosten ansetzt (Weber et al. 2004). Zudem wird über die *ökonomische Abschreibung* berücksichtigt, dass am Ende der Nutzungsdauer der abnutzbare Anteil der Kapitalbasis erneut angeschafft bzw. instandgesetzt werden muss. Das EVA-Konzept bietet sich also in dieser Hinsicht eher für Unternehmen mit sukzessiven (Neu-) Anschaffungen des Anlagevermögens und relativ konstanten Abschreibungsraten an, während das CVA-Konzept bei stark schwankenden bzw. schubweisen Anlageinvestitionen Vorteile aufweist.

Die Kommunizierbarkeit der Spitzenkennzahl geht im Wesentlichen mit Ihrer Verständlichkeit einher. Aufgrund der Einfachheit und der Nähe zum externen Rechnungswesen wird das EVA-Konzept meist als verständlicher wahrgenommen, was die Kommunizierbarkeit erhöht. Demgegenüber stellt das CVA-Konzept durch seine fiktiven Annahmen, insbesondere bei der ökonomischen Abschreibung, erhöhte Ansprüche an den Anwender und macht eine umfassende Aufklärung bzw. Kommunikation notwendig.

Der Implementierungsaufwand wird vor allem durch die Nähe zu vorhandenen Informationssystemen beeinflusst. Beim EVA stellt der Aufwand eine Funktion des Ausmaßes und der Anzahl der Conversions dar. Solange die Anzahl und der Effekt der Anpassungen verhältnismäßig gering sind (häufig in der Praxis zu beobachten), orientiert sich das Konzept sehr eng an den Bestandteilen des externen Rechnungswesens und verringert somit den zusätzlichen Aufwand. Aufgrund des (fiktiven) Konzeptes der *ökonomischen Abschreibung* ist das CVA-Konzept in der Regel mit einem höheren Aufwand verbunden.

Zusammenfassend lässt sich festhalten, dass das EVA-Konzept leichter zu kommunizieren und gegebenenfalls weniger Implementierungsaufwand verursacht, sich jedoch als ungeeignet bei unregelmäßig stark schwankender Kapitalbasis erweist. Das CVA-Konzept hingegen bietet insbesondere bei unregelmäßigen und schubartigen Investitionszyklen Vorteile, ist allerdings in der Regel aufgrund seiner Komplexität schwerer verständlich und meist mit einem höheren Implementierungsaufwand verbunden. Die Gewichtung der drei Kriterien und damit die finale Entscheidung für das eine oder das andere Konzept hängt von der jeweiligen spezifischen Unternehmenssituation und den -präferenzen ab.

3.2 Integration in die Steuerungssysteme

Nachdem über die Auswahl einer wertorientierten Spitzenkennzahl die Basis für eine wertorientierte Unternehmenssteuerung geschaffen wurde, geht es im nächsten Schritt darum, die Spitzenkennzahl und den Leitgedanken der Wertorientierung in die vorhandenen Steuerungssysteme zu integrieren. Ziel sollte es dabei sein, das Konzept der Wertorientierung nicht nur in oberen Managementebenen, sondern möglichst auch auf Ebene einzelner Unternehmenseinheiten zu verankern. Dadurch kann eine durchgängige Transparenz darüber geschaffen werden, wie Entscheidungen auf der Gesamtunternehmensebene und innerhalb der Unternehmenseinheiten die Kennzahl und damit den Unternehmenswert beeinflussen können. Diese Verankerung wird über die Identifizierung und Implementierung operativer Werttreiber erreicht. Der Prozess zur Integration der Spitzenkennzahl und die operative Integration in die Steuerungssysteme erfolgt in drei Schritten (vgl. Abb. 4).

In Schritt (1) wird die Spitzenkennzahl in seine Bestandteile zerlegt und im Anschluss auf Basis der vorhandenen Informationssysteme so weit wie möglich heruntergebrochen. Für das Beispiel der Kostenpositionen, die in die Erfolgsgröße der Kennzahl (NOPAT beim EVA oder BCF beim CVA) einfließen, wären diese bis auf die jeweiligen Beiträge der verursachenden Kostenstellen aufzuspalten. Auf der Erlösseite könnte die kleinste Einheit beispielsweise eine Vertriebsgesellschaft oder ein Marktsegment sein. Die Kapitalbasis lässt sich meist auf Geschäftseinheiten (z. B. Business Units oder Legal Entities) herunterbrechen.

Wie aus den Beispielen bereits deutlich wird, ist die kleinste Einheit nicht unbedingt für alle Bestandteile der Kennzahl identisch. Daher sollte in Schritt

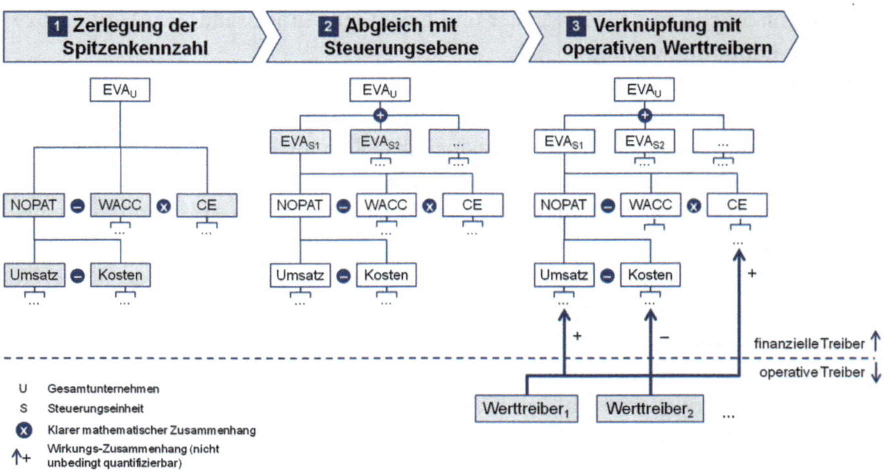

Abb. 4 Prozess der Integration der Spitzenkennzahl in die operative Unternehmenssteuerung

(2) analysiert werden, welche Einheit die Steuerungsebene darstellt, auf der die Spitzenkennzahl für Steuerungszwecke noch sinnvoll ausgewiesen werden kann bzw. sollte. Dies könnten beispielsweise Organisationseinheiten wie Business Units oder Marktsegmente sein. Orientierungspunkte für die Auswahl geeigneter Steuerungsobjekte bieten die existierenden Planungsprozesse (z. B. im Rahmen der Mittelfristplanung), da im Rahmen dieser Prozesse typischerweise auch dezentrale Einheiten als Planungsobjekte betrachtet werden. Liegen alle notwendigen Daten auf der Ebene der gewählten Steuerungsobjekte vor, kann die Spitzenkennzahl jeweils direkt ausgewiesen werden. Ist dies nicht der Fall sollte überlegt werden, ob und wie die Lücke geschlossen werden kann (z. B. mit geeigneten Annahmen bzgl. der Kapitalbasis) oder ob im Zweifelsfall die Grundlogik der Steuerungsebenen hinterfragt werden soll.

Zuletzt sollte in Schritt (2) die bisher rein finanzielle Datenebene verlassen werden, um für die wichtigsten Bestandteile der Spitzenkennzahl operative Werttreiber zu identifizieren. Damit der nachgelagerte Implementierungsprozess nicht zu aufwendig wird, sollten hierbei nur die wichtigsten operativen Werttreiber berücksichtigt werden. Eine Priorisierung erfolgt im Idealfall über einen quantifizierten Einfluss, falls dies nicht möglich bzw. zu aufwendig erscheint, alternativ auf Basis der Erfahrungswerte des Managements.

Nach erfolgreicher Umsetzung der drei Schritte kann nicht nur das Management auf aggregierter Ebene über die verdichtete Spitzenkennzahl gesteuert werden, sondern indirekt – über den Einfluss auf die operativen Werttreiber – auch die einzelnen Unternehmenseinheiten. Es ergibt sich somit eine Hierarchie, an dessen Basis die geschäftsspezifischen und beeinflussbaren operativen Werttreiber stehen, während die wertorientierte Kennzahl an der Spitze eine verdichtete Erfolgsmessung ermöglicht. Die Rolle von operativen Werttreibern in einer Werttreiberhierarchie lässt sich am fiktiven Beispiel eines EVA-gesteuerten Modeunternehmens mit mehreren Verkaufsfilialen verdeutlichen. Die in Schritt (1) identifizierten wesentlichen Bestandteile der Spitzenkennzahl sind der *Umsatz* und das *Working Capital*. Die in Schritt (2) festgelegten Steuerungseinheiten sind geographische Segmente, die jeweils aus mehreren Verkaufsfilialen bestehen. Der Umsatz in den Steuerungseinheiten wird durch die *Anzahl an Käufen* und den *durchschnittlichen Umsatz pro Kauf* beeinflusst (finanzielle Treiber). Die entsprechenden Informationen sind i. d. R. über das ERP-System verfügbar. Betrachtet man in Schritt (3) die Anzahl an Käufen, so wird diese wiederum vom *Kundenaufkommen* sowie der *Kaufwahrscheinlichkeit* getrieben. Beide Elemente stellen somit operative Werttreiber zur Steigerung des Umsatzes dar. Das Kundenaufkommen könnte z. B. automatisiert im Eingangsbereich der Filialen erfasst werden. Die Kaufwahrscheinlichkeit ließe sich wiederum über das Verhältnis der Anzahl an Käufen und dem Kundenaufkommen ermitteln. Der Effekt möglicher Maßnahmen kann also direkt anhand der Entwicklung der Werttreiber bzw. der verdichteten Spitzenkennzahl abgelesen werden. Als Maßnahme zur Steigerung der Kaufwahrscheinlichkeit könnte beispielsweise die Verfügbarkeit der Produkte in der Auslage der Filialen erhöht werden, da Kunden unter Umständen nicht beim Verkaufspersonal nachfragen, wenn eine bestimmte Größe nicht vorhanden ist. Zur Erhöhung der Verfügbarkeit könnten sowohl der Auffüllprozess der Auslage als auch der Lagerbestand in den Filialen verbessert werden. Letzteres hätte wiederum direkte Konsequenzen für das Inventar und damit einen wesentlichen (finanziellen) Werttreiber des Working Capitals. Über die Werttreiberhierarchie werden auf diese Weise mögliche negative Effekte auf andere Bestandteile bzw. Werttreiber verdeutlich. Dies ermöglicht eine zielgerichtete Steuerung der verdichteten Spitzenkennzahl.

Der Integrationsprozess operativer Werttreiber ist insgesamt als iterativer Prozess zu verstehen. Dabei sollte regelmäßig hinterfragt werden, ob die wesentlichen operativen Treiber identifiziert wurden, ob ihre Bedeutung zu- oder abgenommen hat, oder ob andere (neue) Treiber an Relevanz gewonnen haben. Auch sollte in diesem Zusammenhang kritisch analysiert werden, ob ggf. eine Anpassung der Steuerungsebene in Betracht gezogen werden sollte (z. B. auf Grund veränderter Marktfaktoren oder einer Änderung im eigenen Geschäftsmodell). Aus beiden Überlegungen können sich dann wiederum Konsequenzen für die Datenerfassung, d. h. die kleinste Einheit aus Schritt (1) ergeben, wenn beispielsweise Daten zur Messung eines bestimmten Werttreibers oder zur Schlüsselung von Kennzahlbestandteilen auf Steuerungsebenen neu erfasst werden müssen.

Nachdem über die obige Drei-Schritt-Logik die Spitzenkennzahl auf das spezifische Unternehmen angepasst und über die operativen Werttreiber steuerbar gemacht wurde, gilt es im nächsten Schritt dies in die bisherigen Steuerungssysteme und -prozesse einzubetten. Während die theoretische Notwendigkeit trivial erscheint, stellt die Systemintegrität des entwickelten Kennzahlensystems ein wesentliches Hindernis bei der Implementierung dar (Claes 2008). Zunächst müssen alle notwendigen Informationen, die zur Berechnung der Kennzahl und zur Auskunft über die operativen Werttreiber notwendig sind, in das unternehmensspezifische *ERP-System* eingebunden werden, so dass sie automatisiert über die Managementinformationssysteme den Entscheidungsträgern bereitgestellt werden können.

Neben der Anpassung bestehender *Controlling Templates* bietet die Verdichtung der wesentlichen Schlüsselindikatoren in *Controlling Cockpits* eine weitere Möglichkeit dem Management wertorientierte Informationen anschaulich bereitzustellen. Hier sollte in jedem Fall darauf geachtet werden, die Verbindung zwischen Spitzenkennzahl und Werttreibern kenntlich zu machen, damit Wertschaffung zum Leitgedanken des unternehmerischen Handelns wird. Zur kontinuierlichen Festigung des wertorientierten Leitgedankens sollten Spitzenkennzahl und Werttreiber auch in den Kontroll- und Feedbackprozessen (z. B. regelmäßige *Controlling Meetings*) eine Schlüsselrolle einnehmen und durch das Management immer wieder thematisiert werden.

3.3 Verknüpfung mit der Unternehmensstrategie

Spitzenkennzahl und operative Werttreiber machen zwar mögliche Ansatzpunkte zur Steigerung des Unternehmenswertes transparent. Um eine substantielle und nachhaltige Wirkung zu erreichen, muss jedoch sichergestellt werden, dass die wertorientierten Kennzahlen und Werttreiber im Rahmen strategischer Entscheidungsprozesse systematisch berücksichtigt werden. Dafür ist ein konkretes Anspruchsniveau an die Wertsteigerung zu stellen. Es sollten daher für die Spitzenkennzahl bzw. die operativen Werttreiber konkrete und überprüfbare Ziele gesetzt werden, die den Entscheidungsträger wichtige Orientierungshilfe geben. Bei der Festlegung eines Zielwerts der Spitzenkennzahl gilt es zwei wesentliche Dimensionen zu beachten: Zum einen den *Zeithorizont*, für den das Ziel gilt, und zum anderen das *Anspruchsniveau*, das den exakten, zu erreichenden Wert für diesen Zeitraum angibt. Aufgrund der *Restwertproblematik* wird die Spitzenkennzahl in der Regel eine einperiodische Kennzahl wie der EVA oder CVA sein (vgl. Kap. 2 und 3). Um eine Fehlsteuerung im Sinne einer kurzfristigen Optimierung dieser zu vermeiden, welche automatisch zum Unterlassen von Investitionen mit zeitlich verzögertem Pay-Offs führen würde, ist eine langfristigere, mehrperiodische Perspektive einzunehmen. Dies kann durch die Betrachtung der Mehrperiodengröße des gewählten Kennzahlen-Konzeptes erreicht werden (d. h. durch die Abzinsung der erwarteten EVAs oder CVAs, vgl. dazu Kap. 2). Hier ergibt sich jedoch erneut die *Restwertproblematik*. Eine pragmatische Alternative stellt die Festlegung eines durchschnittlichen bzw. kumulierten Zielwertes bezogen auf die Einperiodengröße über einen bestimmten Zeitraum in der Größenordnung mehrerer Jahre bzw. Perioden dar. Der Zeitraum kann sich beispielsweise am typischen (Detail-) Planungshorizont des Unternehmens oder idealerweise an einem markttypischen Geschäftszyklus (Business Cycle) orientieren.

Nachdem der Zeithorizont festgelegt wurde, gilt es im nächsten Schritt einen konkreten Zielwert für die Kennzahl zu definieren. Dieser Wert sollte Anspruchscharakter besitzen und nicht nur das Ergebnis bloßer mathematischer Berechnungen aus den Planwerten darstellen. Rappaports Grundgedanken folgend orientiert sich dieser Wert an den Erwartungen der Eigenkapitalgeber. Bei strategischen Investoren wie Familienbesitzern können diese relativ konkret artikuliert werden. Börsennotierten Unternehmen dient der Kapitalmarkt als wichtiger Indikator. Im Börsenwert (Marktkapitalisierung) werden bereits die zukünftigen Erwartungen der Investoren hinsichtlich der Unternehmensentwicklung und damit auch der wertorientierten Spitzenkennzahl eingepreist, die Marktkapitalisierung stellt also den Unternehmenswert aus heutiger Sicht dar. Entsprechend kann über die Mehrperiodengrößen der Kennzahlenkonzepte ein durchschnittlicher Zielwert für den EVA bzw. CVA ermittelt werden. Diesen gilt es in jedem Fall zu erreichen, um den Erwartungen der Eigenkapitalgeber gerecht zu werden. Für ein ambitionierteres Anspruchsniveau kann auch ein höherer Zielwert definiert werden. Dazu wird häufig ein Delta-EVA- oder Delta-CVA-Ziel vorgegeben, das die Steigerung der Kennzahl im Vergleich zu einem Referenzzeitpunkt ausweist.

Die konkrete Zielgröße für die Spitzenkennzahl sollte im nächsten Schritt auf die operativen Werttreiber heruntergebrochen werden, um nicht nur das Ziel sondern auch den Weg dorthin aufzuzeigen. Dies bedeutet, dass auch dezidierte Ziele für die Werttreiber zu definieren sind. Die Steuerungssysteme aus dem vorherigen Abschnitt ermöglichen zudem eine unterjährige Erfolgskontrolle, so dass frühzeitig Maßnahmen gesucht und eingeleitet werden können, die einer Nicht-Erreichung der Ziele entgegenwirken.

Zusätzlich zu konkreten Zielwerten sollte die Wertorientierung als Leitgedanke bei allen strategischen Entscheidungen berücksichtigt werden. Unabhängig vom Inhalt der zu treffenden Entscheidung ist stets die Auswirkung auf die Entwicklung der Spitzenkennzahl bzw. die operativen Werttreiber zu hinterfragen, z. B. bei Investitions-, Portfolio-, Markteintritt- oder M&A-Entscheidungen. Dies kann durch die Integration der Spitzenkennzahlen bzw. der operativen Werttreiber in Standardprozesse zur Bewertung von Entscheidungen (z. B. Entscheidungsvorlagen für den Vorstand) erreicht werden.

3.4 Integration in die Anreizsysteme

Unabhängig von strukturellen und organisatorischen Aspekten ist die Berücksichtigung der Wertorientierung in den betrieblichen Anreizsystemen ein weiterer Hebel in der Implementierung einer wertorientierten Unternehmensführung. Nur dadurch kann langfristig eine nachhaltige Verhaltensänderung der Entscheidungsträger im Sinne der Wertorientierung erreicht werden. Die Ausrichtung der Anreizsysteme auf die Steigerung des Unternehmenswerts beinhaltet vor allem die *inhaltliche* und *zeitliche* Ausgestaltung der Bemessungsgrundlage des Anreizsystems.

Die inhaltliche Dimension der Bemessungsgrundlage lässt sich aus dem wertorientierten Ziel des Unternehmens ableiten. Ist beispielsweise der EVA als Spitzenkennzahl ausgewählt worden, so sollte auch die variable Vergütung des Managements (zumindest teilweise) an diese Größe gekoppelt werden. Aktuell zeigt die Unternehmenspraxis jedoch, dass zahlreiche Unternehmen trotz der Implementierung einer wertorientierten Unternehmensführung an klassischen Erfolgsgrößen (EBIT, etc.) in der Vergütung festhalten. Diese Inkonsistenz ist vor allem aus zwei Gründen für den Erfolg der Institutionalisierung der Wertorientierung hinderlich:

Zunächst wird sich keine individuelle Verhaltensänderung der betroffenen Manager einstellen, da die Wertschaffung nicht direkter Teil ihres individuellen Anreizsystems ist. So zeigt Hilgers (2014) beispielsweise, dass wertorientierte Kennzahlen als Bestandteile der variablen Barvergütung amerikanischer CEOs im Vergleich zu klassischen Finanzkennzahlen zu erfolgreicheren M&A-Deals führen. Zweitens hat diese Inkonsistenz hohe Symbolkraft für die Organisation, da nachgeordnete Mitarbeiter es als Signal verstehen könnten, dass die Wertorientierung doch nicht mit hoher Priorität verfolgt werden soll.

Analog zu der Diskussion bei der Ableitung des Zielwertes für die Spitzenkennzahl sollte bei der zeitlichen Ausgestaltung der Bemessungsgrundlage ebenfalls eine mehrperiodische Perspektive gewählt werden. Damit sollen Entscheidungen verhindert werden, die nur zu einer kurzfristigen Steigerung der wertorientierten Kennzahlen führen, aber langfristig den Unternehmenswert senken. Die Nutzung einer *Bonusbank* als Grundlage für die Ausgestaltung des Anreizsystems kann in diesem Zusammenhang als Beispiel genannt werden (Plaschke 2003; Rappaport 1986; Young & O'Bryne 2001). Hierbei wird ein Ausgangswert in einer Bonusbank angelegt und über einen mehrperiodischen Zeitraum auf Basis der Veränderungen der Bemessungsgrundlage verzinst. Dies soll zusätzlich die Angleichung von Management und Eigentümerinteressen fördern. Ein *strukturell einfacherer* Ansatz könnte beispielsweise darin bestehen, die Vergütung auf Basis eines Mehrjahresdurchschnitts der Spitzenkennzahlen (z. B. der CVA über einen mehrperiodischen Geschätfs- bzw. Marktzyklus) zu berechnen. Da die mittleren und unteren Hierarchieebenen nur selten die wertorientierte Spitzenkennzahl direkt beeinflussen können, bietet es sich aus Motivationsgründen an, bei der Gestaltung der Anreizsysteme für diese Mitarbeiter auf die identifizierten Werttreiber zurückzugreifen.

3.5 Flankierung durch aktive Kommunikation

Die Erfolgsgeschichten und Misserfolge der Implementierung einer wertorientierten Unternehmensführung in der Unternehmenspraxis machen deutlich, dass eine Fokussierung auf die reine Implementierung einer wertorientierten Kennzahl alleine noch keine Veränderung bezüglich des Verhaltens und Denkens der Mitarbeiter bewirkt. Neben den bereits genannten Aspekten ist ein weiterer Schlüsselfaktor für den langfristigen Implementierungserfolg eine begleitende aktive Kommunikation. Claes (2008) fast seine Erfahrungen hierzu zusammen: „If the implementation is then hardly supported by any communication and training, no one beyond controlling may actually know what value creation is about. [. . .] Such system then proves to be highly ineffective in managing for value.“ (Claes 2008, S. 236)

Die aktive Kommunikation der wertorientierten Unternehmensführung unterscheidet sich in ihrer *internen* und *externen* Aufgabe. Bei der externen Kommunikation sollen die Inhalte und die Implementierungsentscheidung des wertorientierten Managements den Share- bzw. Stakeholdern näher gebracht werden. Hierzu eignen sich insbesondere eine ausführliche Beschreibung innerhalb des jährlichen Geschäftsberichts, die regelmäßige Berichterstattung der Entwicklung der Spitzenkennzahlen bzw. der operativen Werttreibern im Rahmen von *Analyst Conference Calls*, oder auch detaillierte Broschüren zur wertorientierten Steuerung auf der Internetpräsenz des Unternehmens.

Die interne Kommunikation soll dagegen den Implementierungsprozess und die langfristige Institutionalisierung der Wertorientierung unterstützen. Im Hinblick auf den Implementierungsprozess sind eine umfassende Kommunikationsstrategie und ein klares *Commitment* des Top-Managements notwendig. Die Kommunikationsstrategie sollte nicht nur dazu dienen die ausgewählte Spitzenkennzahl und die dahinterliegende Methodik den Mitarbeitern zu erklären, sondern vor allem dazu genutzt werden die Gründe für die Einführung transparent und die Bedeutung der geplanten Veränderungen für die Unternehmensführung deutlich zu machen (z. B. mit Hinweisen wie sich Planungs- oder Investitionsprozesse konkret ändern). Entscheidend im Rahmen dieser Implementierungskommunikation ist der *Tone from the Top*. Die Kommunikation muss vom Top-Management ausgehen bzw. unterstützt werden, da ansonsten die notwendigen strukturellen und prozessualen Veränderungen zu einer konsequenten Wertorientierung nicht initiiert werden. In diesem Zusammenhang spielt auch die Argumentationsweise und Sprache des Managements eine Schlüsselrolle. Zu treffende Entscheidungen sollten einheitlich mit ihrer Wertschaffung oder dem positiven Wertbeitrag begründet werden. Des Weiteren sollte auch in der direkten und indirekten Kommunikation verstärkt auf Begriffe mit einer Assoziation zur Wertorientierung zurückgegriffen werden. Diese Änderungen in der Kommunikation hat eine Signalwirkung für die Mitarbeiter und verdeutlicht den Wechsel in der Managementphilosophie.

Nach der Anlaufphase fördert die kontinuierliche Kommunikation ein gemeinsames Verständnis der wertorientierten Unternehmensführung. Hierbei sollten zum einen verschiedene Kommunikationskanäle genutzt und zum anderen die Kommunikation an seine Empfänger angepasst werden. Als Kommunikationskanäle bieten sich regelmäßige Workshops zur wertorientierten Unternehmensführung oder eine interaktive Internetplattform, die neben der Präsentation auch Fragen zum wertorientierten Konzept beantwortet, an. Ein weiteres Beispiel für das unternehmensweite Einbinden der Mitarbeiter und die Förderung unternehmerischen Denkens kann auch die Prämierung der besten wertsteigernden Ideen oder Maßnahmenvorschläge bieten. Es sollte jedoch beachtet werden, dass alle – insbesondere auch finanzfremde und Mitarbeiter unterer Hierarchieebenen – einbezogen werden. Die Inhalte sollten deswegen auf die verschiedenen Empfängerkreise zugeschnitten sein. Hierbei ist darauf zu achten, dass die ausschließliche Fokussierung auf die Berechnung der wertorientierten Kennzahl nicht zielführend wäre. Stattdessen sollte auch die zugrundeliegende Managementphilosophie und die Verknüpfung mit operativen Werttreibern kommuniziert werden. Über die Zeit kann sich auf diese Weise die Wertorientierung als Leitgedanke eines jeden Mitarbeiters festigen.

4 Potentiale und Grenzen einer wertorientierten Unternehmensführung

Die unternehmensspezifische Umsetzung der oben beschriebenen Elemente einer wertorientierten Unternehmensführung erfordert einen systematischen Implementierungsprozess, der in Abb. 5 dargestellt ist.

Unabhängig von einzelnen Aufgaben des dargestellten Prozesses sollten Unternehmen den Prozess als strategische Aufgabe für das Top-Management auffassen und entsprechend planen. Die Einführung einer konsistent und konsequent umgesetzten wertorientierten Unternehmensführung erfordert ein umfangreiches *Change-Management-Projekt* mit einem klaren *Commitment* des Top-Managements. Ohne dieses Commitment werden zwar neue Kennzahlen abgeleitet oder Steuerungsprozesse angepasst, aber die Wertorientierung als Managementansatz wird mit hoher Wahrscheinlichkeit kein integraler Bestandteil von Managemententscheidungen und -prozessen, d. h. Teil der Führungskultur, werden. Angesichts der hohen Projektkosten, die typischerweise mit der Implementierung einhergehen (Aufwendungen für Anpassungen der IT-Systeme, der Neukalibrierung von Steuerungssystemen und -prozessen etc.), sollte bei fehlender Konsequenz besser vollständig auf die Implementierung verzichtet werden. In einem solchen Fall wäre mit Einführung der Wertorientierung tatsächlich nur eine zusätzliche Kennzahl in das betriebliche *Performance Measurement System* aufgenommen worden und der potentielle Nutzen stünde in keinem positiven ökonomischen Verhältnis zu dem benötigten Implementierungsaufwand.

Im Rahmen der Entscheidung über die Implementierung einer wertorientierten Unternehmensführung sollte – insbesondere vor dem Hintergrund des hohen Implementierungsaufwands – analog zu anderen größeren Investitionsentscheidungen eine systematische Evaluierung der zu erwartenden Kosten vorgenommen werden. Diese Vorgehensweise führt nicht nur zu einer größeren Kostentransparenz, sondern aufgrund der tendenziell höheren und realistischeren Kostenschätzung auch zu einer größeren Sensibilisierung auf Seiten des Top-Managements, wodurch letztendlich die Voraussetzung für dessen Commitment geschaffen werden. Bei Abschätzung der Projektkosten sollte darauf geachtet werden, dass auch die intern benötigten Kapazitäten – sowohl auf Ebene operativer Mitarbeiter als auch auf Ebene der Führungs-

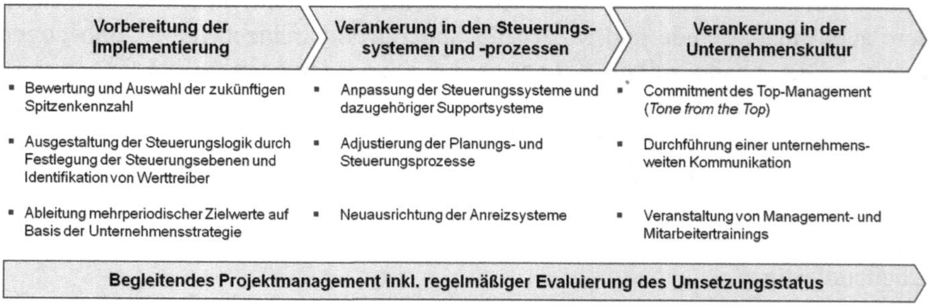

Abb. 5 Prozess der Implementierung einer wertorientierten Unternehmensführung

kräfte – berücksichtigt und bewertet werden, da diese typischerweise unterschätzt werden.

Der aufwendige Implementierungsprozess und die damit einhergehenden Kosten führen zwangsläufig zur Frage nach der generellen ökonomischen Sinnhaftigkeit der Einführung einer wertorientierten Unternehmensführung. Neben den aufgezeigten konzeptionellen Argumenten für die konsequente Ausrichtung des Unternehmens auf Wertschaffung liefern aktuelle empirische Studien eine robuste Indikation für die Vorteilhaftigkeit einer Implementierung. So zeigen Rapp et al. (2011) auf Basis einer Untersuchung von ca. 170 deutschen Unternehmen über den Zeitraum von 2002 bis 2008, dass die Einführung einer wertorientierten Unternehmensführung vom Kapitalmarkt nachhaltig positiv bewertet wird. Die positive Performancewirkung der Wertorientierung zeigt sich auch bei einer Studie von Firk et al. (2014) auf Basis von ca. 500 europäischen Unternehmen für die Jahre 2005 bis 2010. Unternehmen mit einer wertorientierten Unternehmensführung zeigten sowohl eine bessere operative als auch marktbasierte Performance. Trotz dieser positiven empirischen Befunde sollte jedes Unternehmen vor der Implementierung eine detaillierte unternehmensspezifische Kosten-Nutzen-Einschätzung vornehmen, da empirische Studien naturgemäß Durchschnittsbetrachtungen über viele Unternehmen darstellen, wohingegen eine konkrete Bewertung jedoch immer unternehmensspezifisch erfolgen muss.

Trotz der konzeptionellen Vorteile einer wertorientierten Unternehmensführung und der empirischen Indikation der Wirksamkeit dieses Ansatzes ist der Shareholder-Value-Ansatz insbesondere vor dem Hintergrund der letzten Finanzkrise in die Kritik geraten. Dabei wird insbesondere die einseitige Konzentration auf die Eigenkapitalgeber (Shareholder) und deren oft eher kurzfristige Orientierung kritisiert. Wichtige weitere Stakeholder wie Mitarbeiter, Kunden und die Gesellschaft würden dabei ignoriert werden. Diese Kritik ist allerdings substanzlos, sofern man dem originären Ansatz Rappaports folgt, der von der Zielsetzung einer nachhaltigen, langfristigen Wertsteigerung aus Sicht der Eigenkapitalgeber ausgeht. In diesem Kontext kann davon ausgegangen werden, dass die Wertorientierung als Leitgedanke der Unternehmensführung neben den Ansprüchen der Eigenkapitalgeber auch denen weiterer Stakeholder gerecht wird. Sie führt somit zu einer nachhaltigen Unternehmensführung, die gleichzeitig auch eine wertorientierte Unternehmensführung darstellt.

Literatur

Ahn, Heinz, Jan Herold, Torben Schmidt, und Anneke Timm. 2013. Praxisorientierte Gegenüberstellung wertorientierter Kennzahlenkonzepte. Working Paper des Instituts für Controlling und Unternehmensrechnung der Technischen Universität Braunschweig.

Claes, Paul C. M. 2008. *Value-based management control systems: An analysis of design and use*. Amsterdam: Vrije Universiteit.

Dillerup, Ralf. 2006. Wertorientierte Unternehmensführung. In *Praxis der Unternehmensbewertung und Akquisitionsfinanzierung*, Hrsg. Ernst Dietmar, Joachim Häcker, Ulrich Moser und Stefanie Auge-Dickhut, 8.1.1–8.1.56. München: Olzog Verlag.

Firk, Sebastian, Sebastian Schrapp, und Michael Wolff. 2014. Performance effects of value-based managements systems under institutional complexity. Working Paper des Lehrstuhls für Management und Controlling der Georg-August-Universität Göttingen.

Günther, Thomas. 1997. *Unternehmenswertorientiertes Controlling*. München: Vahlen.

Hachmeister, Dirk. 2003. Gestaltung von Wertbeitragskennzahlen in der Theorie der Unternehmensrechnung. *Zeitschrift für Betriebswirtschaftliche Forschung* 55:97–119.

Hilgers, Roman. 2014. CEO Cash bonus design: Improving managerial decision in the context of M&A. Working Paper des Lehrstuhls für Management und Controlling der Georg-August-Universität Göttingen.

Hungenberg, Harald. 2011. *Strategisches Management in Unternehmen*, 6. Aufl. Gabler: Wiesbaden.

Kreyer, Felix. 2009. *Strategieorientierte Restwertbestimmung in der Unternehmensbewertung: Eine Untersuchung des langfristigen Rentabilitätsverlaufs europäischer Unternehmen*. Wiesbaden: Gabler.

Lewis, Thomas G. 1994. *Steigerung des Unternehmenswertes: Total value management*, 2. Aufl. Landsberg: Moderne Industrie.

Männel, Wolfgang. 2001. Der Cash Flow Return on Investment (CFROI) als Instrument des wertorientierten Controlling. *Kostenrechnungspraxis* 1:39–51.

Obermeier, Thomas, und Richard Gasper. 2008. *Investitionsrechnung und Unternehmensbewertung*. München: Oldenbourg.

Ossadnik, Wolfgang. 2009. *Controlling*, 4. Aufl. München: Oldenbourg.

Plaschke, Frank J. 2003. *Wertorientierte Management-Incentivesysteme auf Basis interner Wertkennzahlen*. Wiesbaden: Dt. Univ.-Verlag.

Rapp, Marc S., Daniel Schellong, Maximillian Schmidt, und Michael Wolff. 2011. Considering the shareholder perspective: Value-based management systems and stock market performance. *Review of Managerial Science* 5(2–3): 171–194.

Rappaport, Alfred. 1986. *Creating shareholder value: The new standard for business performance*. New York: The Free Press.

Rappaport, Alfred. 1999. *Shareholder value: ein Handbuch für Manager und Investoren*, 2. Aufl. Stuttgart: Schäffer-Poeschel.

Stern Stewart & Co. 1994. EVA™-roundtable. *Journal of Applied Corporate Finance* 7:46–70.

Weber, Jürgen, Urs Bramsemann, Carsten Heineke, und Bernd Hirsch. 2004. *Wertorientierte Unternehmenssteuerung Konzepte – Implementierung – Praxisstatements*. Wiesbaden: Gabler.

Young, S. David, und Stephen F. O'Bryne. 2001. *EVA and value based management – a practical guide to implementation*. New York: McGraw-Hill.

Management Accounting in den USA

Bernd Zirkler

Zusammenfassung

Durch die voranschreitende Globalisierung und die damit einhergehende Internationalisierung der Rechnungslegung besinnt man sich insbesondere im kontinental-europäischen Raum der Vorteile einer Reharmonisierung des etablierten Zweikreissystems. Diesbezüglich liefert der vorliegende Beitrag vor allem für Praktiker deutscher Unternehmen konstruktive Ansätze für ein schlankes Controlling. Hierfür werden bedeutsame Spezifika des US-amerikanischen Management Accounting herausgearbeitet und kritisch diskutiert. Im Vordergrund der Betrachtungen stehen neben den Hauptaspekten der Abrechnung in der Logik des General Ledger-Konzeptes und der Ausrichtung auf die Profit-Center-Organisation deren spezifische Implikationen für das Controlling.

Schlüsselwörter

US-amerikanisches Management Accounting (Managerial Accounting) · General Ledger-Konzept (Tied-in Cost System) · Profit-Center-Konzept · Reharmonisierung · Einkreissystem · Zweikreissystem

1 Einleitung

Die in Deutschland artikulierten Bestrebungen zur Reharmonisierung des externen und internen Rechnungswesens zielen im Zusammenhang mit der zunehmenden Globalisierung und internationalen Konzernbildung darauf ab, ein geschlossenes

B. Zirkler (✉)
Eckprofessur für Allgemeine Betriebswirtschaftslehre, insbesondere Rechnungswesen/Controlling
Fakultät Wirtschaftswissenschaften, Westsächsische Hochschule Zwickau, Zwickau, Deutschland
E-Mail: bernd.zirkler@fh-zwickau.de

W. Becker, P. Ulrich (Hrsg.), *Handbuch Controlling*,
https://doi.org/10.1007/978-3-658-26431-4_37

internes *Kontroll-, Steuerungs- und Reportingsystem* bereitzustellen, welches weltweit verwendbare, einheitliche und in diesem Sinne relevante Informationen zu liefern vermag. Gleichzeitig soll das Konzept dabei aber auch überschaubar bleiben (Haller 1997, S. 270). Sieht man dies noch im Zusammenhang mit dem zunehmenden Bedürfnis großer Kapitalgesellschaften, ihren deutlich gewachsenen Finanzkapitalbedarf auch an internationalen Kapitalmärkten zu decken, so wird verständlich, dass derartige Unternehmungen ihr internes Controllingkonzept primär auf das *US-amerikanische General Ledger-Konzept* ausrichten werden. Der Zugang zum US-amerikanischen Kapitalmarkt – als größtem Kapitalmarkt der Welt – bedingt bis heute noch einen *Abschluss nach anglo-amerikanisch geprägten Rechnungslegungsnormen* (*US-GAAP/IFRS*). Insofern sollen die hier diskutierten konzeptionellen Spezifika des US-amerikanischen Management Accounting als Beitrag zu einem besseren Verständnis dafür dienen, wie ein *konzeptionell geschlossenes, schlankes internes Rechnungswesen* auf Basis des US-amerikanischen General Ledger-Konzeptes realisiert werden kann.[1]

2 Grundlegende systembildende Spezifika des US-amerikanischen Rechnungswesens

Für das führungsorientierte interne US-amerikanische Rechnungswesen haben sich in der Accounting-Literatur verschiedene Bezeichnungen herausgeschält. Diese oftmals synonym verwendeten Termini bezeichnen jedoch – zum Teil nur marginale – Unterschiede. Zudem verwenden die amerikanischen Lehrbücher eine eigene Fachsprache, die sich nicht im strengen Sinn übersetzen lässt, sondern vielmehr einer eingehenden Erörterung bedarf. Daher erfolgt zunächst eine *grundlegende definitorische Auseinandersetzung* mit den wesentlichsten Fachtermini.

Insbesondere wird dabei auf das *Einkreis- bzw. General-Ledger-Konzept* eingegangen, da sich die Ausgestaltung von Methoden und Instrumenten vollständig nur vor dem Hintergrund ihres Datenlieferanten – eben dem General Ledger – begreifen lässt.

2.1 Abgrenzung von Accounting, Financial Accounting und Management Accounting

Der Begriff des *Accounting* wird in der US-amerikanischen Fachliteratur als *Umbrella Term* (Siegel und Shim 1995, S. 6) bezeichnet, d. h. er umfasst alle

[1] Diese Ausrichtung auf das General Ledger wird sich durch die vom AICPA geforderte *verstärkte Integration entscheidungsorientierter Informationen* über Potentiale, Erfolgsfaktoren, Chancen und Risiken in die externe US-amerikanische Berichterstattung in Zukunft eher noch verstärken als abschwächen (Haller 1997, S. 275).

Disziplinen, die sich mit Serviceaktivitäten befassen, „... whose function is to provide quantitative information, primarily financial in nature, about economic entities that is intended to be useful in making economic decisions“ (Weil et al. 1994, S. 6).

Damit stellt Accounting einen Oberbegriff für die Bereiche *Auditing* (*Prüfungswesen*), *Taxation* (*Steuerlehre*), *Financial Accounting* bzw. *General Accounting* (*externes Rechnungswesen*) und *Managerial Accounting* (*internes Rechnungswesen*) dar (vgl. Abb. 1).[2]

Vergleicht man amerikanische Lehrbücher zum Accounting als dem gesamten betrieblichen Rechnungswesen mit den korrespondierenden deutschen grundlegenden Fachbüchern, so wirkt ihr Grundaufbau zunächst ähnlich. Analog der Zweiteilung in externes und internes Rechnungswesen nach der Konzeption des deutschen Zweikreissystems, wird dort *Financial Accounting* und *Management* bzw. *Managerial Accounting* separat behandelt.[3] Das externe und das interne Rechnungswesen werden als zwei Systeme behandelt, ersteres dient als *Informationsinstrument für unternehmensexterne Adressaten*, das heißt als Aufzeichnung der Güter- und Zahlungsströme zur Dokumentation und Rechenschaftslegung gegenüber Dritten. Letzteres dagegen dient als *Führungsinstrument*, „Reporting designed to enhance the ability of management to do its job of *decision making, planning, and control* [...]“ (Weil et al. 1994, S. 52).

Abb. 1 Teilgebiete des US-amerikanischen Accounting

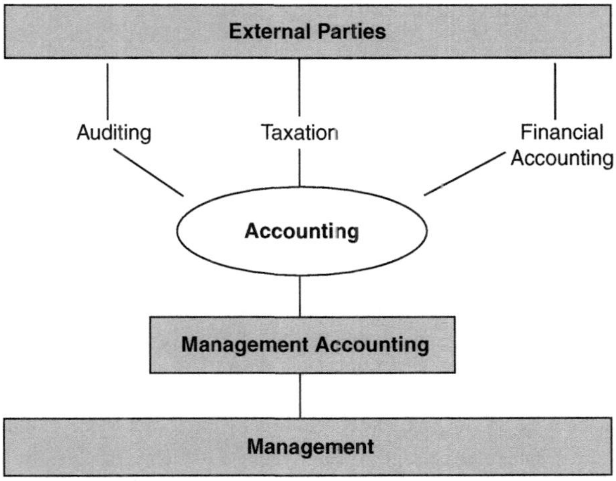

[2]Zu dieser Zuordnung nochmals Siegel und Shim 1995, S. 6. Der eher selten verwendete Begriff General Accounting findet sich beispielsweise bei Neuner und Deakin 1977, S. 7.

[3]Als typisches Beispiel für diesen Grundaufbau vgl. Shillinglaw und Mc Gahran 1986.

2.2 Das US-amerikanische Einkreissystem bzw. General Ledger-Konzept

2.2.1 Wesen und Bedeutung des Einkreissystems

Das US-amerikanische Einkreissystem darf keineswegs undifferenziert dahingehend interpretiert werden, als würde es den unterschiedlichen Informationserfordernissen externer und interner Adressaten nicht gerecht. Vielmehr ist der oftmals gebrauchte Terminus Einkreissystem dahingehend zu interpretieren, dass die zwei Systeme Financial Accounting und Management Accounting auf eine *gemeinsame Datenbasis* zurückgreifen.[4] Diese Auswertungsbasis oder Grundrechnung stellt das General Ledger dar. Man bezeichnet das US-amerikanische Einkreissystem daher auch als *General Ledger System* oder auch *Tied-in Cost System* (insbesondere in der älteren Literatur).[5]

Beim General Ledger handelt es sich um ein *umfassendes Hauptbuch*, das in sachlicher Ordnung alle Konten des Financial Statement enthält (Weil et al. 1994, S. 41). Mit anderen Worten: der Informationsnutzen von zwei vollständig selbständigen Rechenkreisen und damit Datengrundlagen wurde gegenüber dem korrespondierenden Aufwand der Führung und Pflege zweier separater Rechenkreise als gering eingestuft. *Robert S. Kaplan*, der sich differenziert mit der Entstehungsgeschichte des Management Accounting auseinandergesetzt hat (Kaplan 1984, S. 390–418; Kaplan und Johnson 1987, S. 19–207; Kaplan und Atkinson 1989, S. 1–14), betont unter Bezugnahme auf die Zeit nach dem ersten Weltkrieg, dass es – außer dem oben genannten – *keinen spezifischen Grund* gab, warum die Etablierung der externen Rechnungslegung das führungsorientierte Management Accounting auf dieselbe Informationsgrundlage festlegte.[6]

---

[4] „After all, the same basic transaction data are used for both purposes, although the data may be assembled and adjusted in somewhat different ways“ (Brown 1987, S. 39).

[5] Die Bezeichnung Tied-in Cost System findet sich auch in dem von Dickey herausgegebenen Kostenrechnungshandbuch. Dort wird aus US-amerikanischer Perspektive eine sehr gute knappe Beschreibung des Einkreissystems gegeben. „Accounting costs or tied-in costs are from a cost system tied in with regular accounts, which operates as an integral part of the whole system of accounts. [. . .] Although some flexibility in the type of the data utilized is provided for in subsidiary ledgers and papers, a tied-in system must keep accounts in dollar form and follow the same basic concepts employed in the keeping of financial accounts. A tied-in system has the advantages of objectivity and internal check required by the formal system of accounts“ (Dickey 1960, S. 228).

[6] „In principle there was no particular reason why the greatly increased demand for published, objective, audited financial statements [. . .] should have had any impact on the development of management accounting systems. [. . .] were But U.S. companies must have decided, sixty and seventy years ago, that the benefits of keeping two sets of books [. . .] were too costly relative to the benefits. The high cost of information collection, processing, and reporting [. . .] led companies to attempt to manage their internal operations with the same information used to report to external constituencies. Thus, product costs were computed based on aggregate, average allocations of manufacturing overhead, and control procedures used monthly variances computed from general ledger financial accounts.“ (Kaplan und Atkinson 1989, S. 9).

2.2.2 Zentrale Implikationen des General Ledger-Konzeptes für das US-amerikanische Rechnungswesen

Wesentliches Charakteristikum des US-amerikanischen Einkreissystems ist also die *Dominanz der Daten des Financial Accounting*. Für das führungsorientierte Management Accounting bedeutet das im fest implementierten Rechenwerk einen *grundsätzlichen Verzicht auf den Ansatz kalkulatorischer Werte*. So finden sich in der US-amerikanischen Literatur auch kaum Hinweise auf *Anderskosten*. Die Lehrbücher weisen lediglich auf *Opportunity Costs* hin, die als Zusatzkosten jedoch nur in fallweisen Sonderrechnungen Berücksichtigung finden sollen.[7] Auf jeden Fall gilt es als gesicherte Erkenntnis, dass die vorherrschende US-amerikanische Theorie und Praxis *keine kalkulatorischen Abschreibungen* und *kalkulatorischen Zinsen* verrechnet (Weber 1964, S. 16).

Während das Financial Accounting als geschlossener Rechenkreis in *Routinerechnungen* gepflegt und geführt wird, stellen die Auswertungen des Management Accounting immer dann, wenn die Daten des General Ledger ausnahmsweise, d. h. *for particular purposes*, kalkulatorisch umbewertet werden, *Sonderrechnungen* dar. *Vatter*, als früher Apologet des Zweikreissystems in den USA, stellte diesen Bezie-

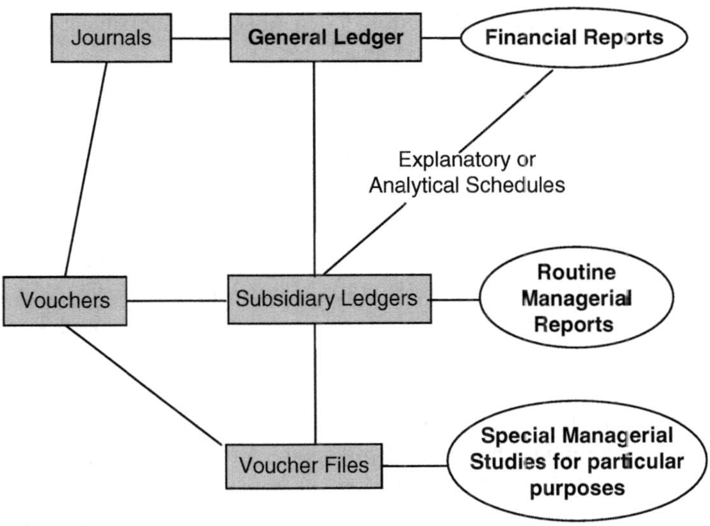

Abb. 2 Einordnung des General Ledger in das Accounting System

[7] „Besides being concerned with the traceability of costs, the accountant must recognize the concept of oppportunity cost. Opportunity cost is the marginal income or contribution that is given up because one alternative is chosen in preference to another. This concept, which centers on foregone opportunities instead of cash expenditures, is relevant for those decisions in which a scarce resource must be utilized as efficiently as possible" (Boer 1974, S. 11).

hungszusammenhang zwischen Accounting, Management Accounting, Financial Accounting und General Ledger in einem Modell dar (vgl. Abb. 2: in Anlehnung an Vatter 1950, S. 108).

Deutlich geht aus seiner Systematisierung hervor, dass die Routinerechnungen des führungsorientierten Management Accounting auf die Werte des General Ledgers, differenziert geführt in den Nebenbüchern (*Subsidiary Ledgers*), zurückgreifen. Demgegenüber bildet eine geordnete Belegablage (*Voucher Files*) die einzige Basis für die spezifischen *Special Studies*, die als kalkulatorische Sonderrechnungen nur im Einzelfall (*Particular Purpose*) aufgestellt werden.

3 Zusammenfassende Darstellung bedeutsamer Spezifika des US-amerikanischen Management Accounting

3.1 Abrechnungstechnische und organisatorische Kernspezifika

Im Folgenden wird in einer *Gesamtbetrachtung* eine Würdigung zentraler bedeutsamer Spezifika des US-amerikanischen Management Accounting vorgenommen. Im Vordergrund dieser Betrachtung stehen die nachfolgend aufgegriffenen Hauptaspekte der Abrechnung in der Logik des General Ledger-Konzeptes und der Ausrichtung auf die Profit-Center-Organisation. Aus diesen grundsätzlichen Besonderheiten werden dann die im darauffolgenden Abschnitt thematisierten konzeptionellen Merkmale und ihre Bedeutung abgeleitet.

3.1.1 General Ledger-Konzept als abrechnungstechnische Grundlage

Die grundsätzliche Ausrichtung des Management Accounting auf das *General Ledger-Konzept*, ist sicherlich der bedeutsamste Unterschied zwischen einem anglo-amerikanisch und einem kontinental-europäisch geprägten System des internen Rechnungswesens. Daraus resultiert insbesondere eine *Einheitlichkeit des Wertniveaus* (Baumann 1986, S. 430; Männel 1995, S. 193) von internem und externem Rechnungswesen, welche es ermöglicht, das Zustandekommen des externen Jahres- und auch Quartalsergebnisses (*Net Income or Loss*) anhand differenzierender Kalküle des internen Rechnungswesens transparent zu machen. Insbesondere sind im US-amerikanischen Kontext in diesem Zusammenhang auch keine Verzerrungen durch den Einfluss der Ertragsbesteuerung zu befürchten, da in den USA kein Maßgeblichkeitsprinzip der Handels- für die Steuerbilanz besteht. Zudem zeichnet sich ein geschlossenes und schlankes Ergebniscontrolling auf Basis des externen Rechnungswesens durch eine *Erhöhung der Transparenz* des Gesamtkonzeptes aus. Diese Argumente, welche letztlich dem allgemeinen Wirtschaftlichkeitsgebot Rechnung tragen, spiegeln sich auch klar in einer veränderten Ausrichtung großer deutscher Unternehmen wider, was beispielsweise anschaulich durch den auf Daimler-Benz zurückgehenden Neologismus „*Biltrolling*“ oder auch durch die Begründung des Hauses Siemens für die Neuausrichtung ihres internen Rechnungswesens auf die Internationalisierung der externen Berichterstattung belegt werden kann (Haller 1997, S. 271; Baumann 1986, S. 430–432).

Auf diese Vorteile, welche heute mit einer zunehmenden Ausrichtung des führungsorientierten Rechnungswesens auf die Eigenkapitalgeber noch zunehmen, hat in Deutschland insbesondere *Männel* hingewiesen (Männel 1999, S. 11–21). Das General Ledger-Konzept impliziert als *abrechnungstechnischer Aspekt* wesentliche Einzelspezifika in der Architektur und Nutzung US-amerikanischer Management Accounting Systeme (Zirkler 2002, S. 21–22). Die wesentlichsten werden im folgenden Abschnitt nochmals knapp zusammenfassend aufgezeigt und in ihrer Bedeutung auch für das deutsche Rechnungswesen und Controlling gewürdigt.

3.1.2 Profit-Center-Konzept als organisatorische Grundausrichtung

Als *organisatorische Besonderheit* fällt in der Management Accounting Literatur die *dominante Ausrichtung auf das Profit-Center-Konzept* auf. Die damit einhergehende Dezentralisierung und Delegation von Entscheidungsbefugnissen hat den Vorteil, dass das Zielsystem nicht top-down bis auf die operative Ebene in Detailvorschriften heruntergebrochen werden muss. Dies erhöht die (Re-) Aktionsgeschwindigkeit der gesamten Unternehmung. Wird ein solches System noch nach anglo-amerikanischem Vorbild mit erfolgsbezogenen Vergütungssystemen gekoppelt, so werden die Profit-Center-Leiter auf diese Weise motiviert, ihren Bereich wie ein selbständiges Unternehmen zu führen (Männel 1988, S. 5). Gerade in technologieintensiven Branchen, welche häufig durch immer kürzere Produktlebenszyklen gekennzeichnet sind und in denen Flexibilität als kritischer Wettbewerbsfaktor angesehen werden muss, sollten auch deutsche Unternehmen diese Organisationsform und die typisch amerikanische *partizipative, bottom-up-orientierte Ausrichtung* (Daley et al. 1985, S. 91–106; Zirkler 2002, S. 207) in noch stärkerem Maße als bislang in Erwägung ziehen.

Das vorrangige Abstellen auf Verantwortungsbereiche mit eigener Ergebnisverantwortung erfolgt in den USA im Rahmen des *Responsibility Accounting* und führt zu Besonderheiten in der Ausgestaltung des Management Accountings, welche hier ebenfalls nochmals knapp resümiert werden.

3.2 Spezifische Implikationen des General Ledger-Konzeptes und der Profit-Center-Organisation

Im Folgenden werden zentrale Einzelspezifika des US-Management Accounting nochmals knapp aufgegriffen und in ihrer Bedeutung gewürdigt. Diese stehen sachlogisch eine Ebene unter den aufgezeigten Kernspezifika und lassen sich vorrangig auf diese zurückführen.

3.2.1 Dominante Ausrichtung auf die vollkostenorientierte Produktkostenkalkulation in der Logik des Absorption Costing Approach

Zunächst soll hier nochmals mit Nachdruck auf die grundsätzliche *Vollkostenorientierung nach dem Absorption Costing Approach* aufmerksam gemacht werden. Da die für das externe Rechnungswesen maßgeblichen US-GAAP zwingend den Ansatz unfertiger und fertiger Erzeugnisse zu vollen Herstellungskosten vorsehen, fehlen im laufenden Rechenwerk die für differenzierende Deckungsbeitragsrechnungen notwendigen Teilkosteninformationen. Dies war ein Grund dafür, warum sich in den USA im Vergleich zu Deutschland nur *verhältnismäßig undifferenzierte Formen der Deckungsbeitragsrechnung* (Contribution Margin Approach) entwickelt haben.

Das *dominante Bestandsbewertungserfordernis* des General Ledger führte dazu, dass in den USA auch das interne Management Accounting traditionell primär auf die Produktkostenkalkulation ausgerichtet wurde. Da nun die Kalkulation auch auf Basis der kontenmäßigen Betriebsbuchhaltung erfolgt, entwickelte sich eine Grundmethodik der Kalkulation, die als *Three-Account-per-Product-System* bezeichnet wird. Das Grundverfahren operiert mit den drei grundlegenden Kalkulationspositionen Materialeinzelkosten (Direct Material), Fertigungseinzelkosten (Direct Labor) und Herstellgemeinkosten (Factory Overhead Burden). Diese groben Kalkulationspositionen stellen die zentralen *Cost Pools* dar. Man bezeichnet solche Management Accounting Systeme, die mit nur wenigen Kalkulationspositionen und Bezugsgrößen arbeiten, aufgrund ihrer dominanten und zugleich undifferenzierten Ausrichtung auf die Bestandsbewertung auch als *Inventory Cost Accounting Systems*.

3.2.2 Periodengerechter Erfolgsausweis und fallweise Sonderrechnungen auf Basis der buchtechnischen Kostenspaltung

Die Logik des Absorption Costing Approach geht im US-Management Accounting auch intern mit einer Ausrichtung auf den *periodengerechten Erfolgsausweis* (*Accrual Principle*) einher. Dieses klare Kostenzurechnungsprinzip sieht grundsätzlich eine Gleichverteilung der Kosten auf Kalkulationsobjekte und vor allem auch -perioden vor, wie sie in Deutschland durch die dynamische Bilanztheorie nach *Schmalenbach* geprägt worden ist (Schmalenbach 1962, S. 64–75). Eine derartige Ausrichtung zeigt langfristige *Kosten- und auch Erfolgsniveaus* auf. Werden diese Informationen noch durch spezifische Entscheidungsrechnungen unterstützt, welche sich im amerikanischen Sinne einer Optimierung von Informationsnutzen- und -aufwand (Cost-Benefit Approach) durchaus der *buchtechnischen Kostenspaltung* (*Account Classification*) bedienen können, so sind gute Voraussetzungen für ein schlankes, integriertes Gesamtkonzept des externen und internen Rechnungswesens gegeben. Vergleichsweise *umfangreichere Kostenartenpläne* (*Charts of Accounts*), die in der Logik des extern vorgeschriebenen

Umsatzkostenverfahrens sowohl Auskunft über die Primärkosten-, als auch die Sekundärkostenstruktur geben (insofern also auch die vergleichsweise gröberen Kostenstelleninformationen integrieren), sind hierbei ein wichtiges Hilfsmittel.

3.2.3 Konsequent durchgängiges Rechnen mit Standardkosten

Die vom externen Rechnungswesen ausgehende Fokussierung auf eine vergleichbare (Grundsatz der *Comparability*) und auch verständliche und kommunizierbare (Grundsatz der *Understandability*) Produktkostenkalkulation führte in den USA dazu, dass eine durchgängige Abrechnung zu *Standardkosten* vorherrscht.

Dies muss sicherlich auch im Zusammenhang mit traditionell vergleichsweise einheitlicheren Ressourcen- und Produktspektren[8] sowie der Vorstellung von standardisierten bzw. normalen Gemeinkosten als Folge des Scientific Management gesehen werden (Schoenfeld 1992, S. 350). Dabei werden insbesondere Einsatzfaktorpreise, Materialverbräuche und Beschäftigungsgrade für die typisch amerikanische „Kostenartenrechnung mit Integration kostenstellenspezifischer Aspekte" (Herzog 1989, S. 322; Zirkler 2002, S. 124–128) konstant gehalten. Insofern erfolgt bei dieser Vorgehensweise, die in Reinform in Unternehmen der Massen- und Großserienfertigung Anwendung findet, *keine Istabrechnung* für die Cost Pools, die ja an sich schon vergleichsweise ressourcenübergreifender ausgerichtet sind als die Kostenstellen deutscher Prägung. In diesem Sinne plädiert *Männel* im deutschsprachigen Raum für eine Reduzierung der Anzahl von Hilfskostenstellen, für größere Kostenkontrollbereiche und für engere und klarere Beziehungen zwischen Kostenstellen- und Kostenträgerstruktur (Männel 1994, S. 384–385).

So kann also auch auf eine Nachkalkulation für einzelne Produkte oder Aufträge verzichtet werden. Stattdessen erfolgt dieser Abgleich auf einem höher aggregierten Niveau, der Produktgruppen-, oder sogar -spartenebene. Anstelle der ständigen Nachkalkulation und Soll-Ist-Abweichungsanalyse für alle produzierten und abgesetzten Produkte oder Aufträge erfolgt die *Abweichungserfassung in aggregierter Form in der Betriebsergebnisrechnung*, in der die kumulierten produktgruppen- oder -spartenbezogenen Standarddeckungsbeiträge den entsprechenden Istwerten gegenübergestellt werden. Diese Vorgehensweise erhöht die Transparenz der Ergebnisrechnung. Insbesondere stellt sie jedoch eine günstige Basis für die Beschleunigung umsatzorientierter Erfolgsrechnungen dar. Die Abrechnung der Istumsätze zu Standarddeckungsbeiträgen auf Basis des nach US-GAAP vorgeschriebenen Umsatzkostenverfahrens gibt insofern einen aktuellen guten Überblick über die erfolgsmäßigen Konsequenzen des Absatzes (Männel 1992, S. 132). Die stark *standardisierten ergebnisorientierten Abweichungsana-*

[8]Dieses anglo-amerikanische Spezifikum wird in der folgenden Aussage deutlich: „Erstellt man dagegen *eine Fabrik für ein Erzeugnis*, das dann in *großen Mengen* gefertigt wird, wie es *in den USA oft der Fall* ist, wird man hier und da in der Fertigung mit *einfachen Abrechnungsmethoden* auskommen" (Plaut 1984, S. 67, Hervorhebungen vom Verfasser; Zirkler 2002, S. 36–45).

lysen in der US-amerikanischen Fachliteratur belegen diese Ausrichtung sehr plastisch (Zirkler 2002, S. 211 ff.).

Im US-amerikanischen Kontext wird diese Abrechnungslogik durch eine relativ *geringe Anzahl von Hilfskostenstellen*, welche mit einer Dezentralisierung indirekter Leistungen korrespondiert, und einer weitaus weniger starken Untergliederung der Leistungsbereiche überhaupt stark begünstigt.

Deutsche Unternehmen können insofern von dieser Organisations- und Abrechnungslogik lernen, ihre Aufbau- und Ablaufstrukturen gezielt zu vereinfachen und dadurch ihre Kostenrechnung zu entfeinern. Dieser Weg zu einem Konzept des Lean Controlling durch eine bewusste Vergröberung der Kostenrechnung wurde in Deutschland insbesondere von *Männel* beschrieben (Männel 1995, S. 192–197). Der Verzicht auf das Weiterwälzen von Kostenabweichungen und ein höherer Anteil direkt produktbezogener Hauptkostenstellen ermöglicht auf diese Weise eine Verringerung der Komplexität, vor allem aber eine *Erhöhung der Flexibilität* der betrieblichen Kostenrechnungskonzepte.

3.2.4 Hoher Anteil an Sonderauswertungen gegenüber Routinerechnungen

Den vergleichsweise hohen Anteil an *Sonderauswertungen* (*Special Managerial Studies*) gegenüber der relativ geringen Zahl von *Routinerechnungen* (*Routine Managerial Reports*) kann man im US-Management Accounting primär als Konsequenz des zugrundeliegenden General Ledger-Konzeptes ansehen. Das Einkreissystem impliziert eine fallspezifische Ergänzung oder sogar völlig neue Generierung von Kosten-, Erlös- und Ergebnis-, letztlich auch Liquiditäts- und Rentabilitätsinformationen.

Besonders anschaulich wird dies im Rahmen des Aufgabenfeldes *Decision Making* illustriert, welches sich primär mit führungsorientierten Entscheidungsrechnungen befasst. Gerade das *Differential Costing* (*Rechnen mit relevanten Kosten*) belegt die Notwendigkeit von einzelfallbezogenen Modifikationen oder gar Grundkalkülen in vielfältigen spezifischen Entscheidungssituationen.

3.2.5 Vergleichsweise unpräzisere Fachterminologie

Im Vergleich zum deutschen internen Rechnungswesen lassen sich für das US-amerikanische Management Accounting verhältnismäßig *größere Unstimmigkeiten und Ungenauigkeiten in der Fachterminologie* konstatieren. Diesen kritischen Aspekt kann man darauf zurückführen, dass in den USA typischerweise für das interne Rechnungswesen *keine laufende Führung des Mengen- und auch Zeitgerüstes* erfolgt und dass eben ein vergleichsweise höherer Anteil der Auswertungen als Sonderkalküle organisiert werden muss. Demzufolge blieb offenbar auch die Einheitlichkeit und Präzision der Definitorik auf einem geringeren Niveau als es in einem geschlossenen eigenen internen Rechenkreis hätte realisiert werden können.

Dieser Aspekt soll als *Tendenzaussage* verstanden werden. Er ist sicherlich nicht auf jeden Bereich des Management Accounting übertragbar. Gleichwohl kann man darauf verweisen, dass sich der entsprechende Hinweis sowohl in der US-amerikanischen als auch in der deutschen Literatur wiederfindet.[9]

3.2.6 Implikationen der obligatorischen Quartalsberichterstattung

Als weiterer Ausfluss des anglo-amerikanischen Einkreissystems lässt sich die für das externe Rechnungswesen in den USA vorgeschriebene Quartalsberichterstattung anführen. Die vergleichsweise *kürzeren Berichtsturni* stellen eine wesentliche Erleichterung für ein aussagefähiges, General Ledger-basiertes, internes Berichtswesen dar.

Das *laufende interne US-amerikanische Rechnungswesen* (*Planning and Control*) operiert zudem nach dem Master Budget Konzept letztlich weitestgehend in der Struktur des externen Rechnungswesens. Insofern sind sowohl in sachlicher als auch in zeitlicher Hinsicht gute Rahmenbedingungen für ein *integriertes*, *konzeptionell geschlossenes Ergebniscontrolling* gegeben.[10]

3.2.7 Grundsätzlicher Verzicht auf das Rechnen mit kalkulatorischen Kosten

Ebenso wird diese Geschlossenheit durch den *Verzicht auf das Rechnen mit kalkulatorischen Kosten* im laufenden Rechenkreis unterstützt. Überhaupt finden sich in der US-amerikanischen Literatur kaum Hinweise auf *Anderskosten*. Die Lehrbücher verweisen lediglich auf *Opportunity Costs*, die als Zusatzkosten jedoch nur in fallweisen Sonderrechnungen Berücksichtigung finden und insofern eben nicht in die periodische Beriebsergebnisrechnung mit einfließen.

Der US-amerikanische Kostenbegriff ist also *pagatorischer Natur*, eine Unterscheidung von Aufwand und Kosten ist in der laufenden Abrechnung also nicht vorgesehen. Die Termini *Expenses* und *Costs* werden insofern auch regelmäßig weitestgehend deckungsgleich gebraucht, wenngleich letzterer im strengen Sinne eigentlich für den Wertansatz von Vermögensgegenständen und eben nicht deren Verzehr steht (Zirkler 2002, S. 22–25).

---

[9] In der *US-amerikanischen Literatur* ist die folgende Aussage von Zeff ein deutlicher Beleg für diesen Sachverhalt: „terminology has never been a strong point in accounting practice or research" (Zeff 1971, S. 51). In der *deutschsprachigen Literatur* äußert sich Weber wie folgt: „[...] dort [USA, d.V.] werden selbst die wichtigsten Grundbegriffe der Kostenrechnung sehr oft unpräzise und unkonventionell verwendet. Für die – in der deutschen Literatur weitgehend bestehenden – klaren Begriffsysteme scheinen manche amerikanische Autoren überhaupt kein Verständnis zu haben" (Weber 1964, S. 6 f.).

[10] In dieser Hinsicht befürwortet Männel ein konzeptionell geschlossenes integriertes Ergebniscontrolling durch die Konvergenz der Rechenkreise. Der Problematik der zeitlichen Divergenz von *Jahres*abschluss und monatlicher Kosten-, Erlös- und Ergebnisrechnung wird Männel mit einer Abgrenzungsrechnung gerecht (Männel 1999, S. 16 ff.) Zu den Bestandteilen eines integrierten Ergebniscontrollings aus deutscher Perspektive vgl. nochmals Männel (Männel 1998, S. 234–238).

Für deutsche Unternehmen gilt in diesem Zusammenhang, dass man sich im Streben nach einer Wiederannäherung der Rechenkreise an dieser pagatorischen Ausrichtung ein Beispiel nehmen sollte. Zusatzkosten und auch „unechte Zusatzkosten“[11] (der Betrag, um den die Anderskosten den Wertansatz im externen Rechnungswesen übersteigen), die letztlich vor allem als Innenfinanzierungsbeiträge zur Schließung inflatorischer Lücken Verwendung finden sollen, sind als *Sollmindestgewinne* unter Antizipation der Ertragsbesteuerung und dem Abfluss von Dividendenzahlungen in einer *differenzierenden Gewinnkalkulation* anzusetzen (Männel und Distler 1997, S. 49–54). Ansonsten besteht die Gefahr, dass Gewinnbestandteile unter Kosten versteckt werden (Schneider 1998, S. 35).

3.2.8 Bezugsgrößendifferenzierung und Leistungsorientierung als Folge des Activity Based Costing

Erst seit Mitte der 80er-Jahre diskutiert die US-amerikanische Literatur Systeme mit einer größeren Bezugsgrößendifferenzierung deutlich eingehender als es bislang in den USA der Fall war. Diese Entwicklung wurde insbesondere durch die Konzeptionierung und Diskussion des *Activity Based Costing* vorangetrieben. In Deutschland war die Bezugsgrößendifferenzierung in den direkten Bereichen durch die Nutzung der Grenzplankostenrechnung bereits seit den 50er-Jahren ein fester Bestandteil in Theorie und Praxis. Die Verbesserung durch die Entstehung der deutschen Prozesskostenrechnung bezieht sich insofern primär auf die indirekten Bereiche. In den USA gab das Activity Based Costing hingegen zunächst einen wesentlichen Impuls zur *Bezugsgrößendifferenzierung der direkten Bereiche.*[12] Analog zum Beitrag der deutschen Prozesskostenrechnung bezieht sich das ABC natürlich auch auf die indirekten Bereiche. Trotzdem lässt sich für das US-amerikanische Management Accounting im Allgemeinen bis heute noch eine *verhältnismäßig grobe Bezugsgrößendifferenzierung* konstatieren.

3.2.9 Implikationen der vergleichsweise undifferenzierten Kostenstellenrechnung

Als wesentliche Konsequenz der stark *divisionalisierten Unternehmensstrukturen* und der häufigen Organisation US-amerikanischer Betriebe nach dem *Profit-Center-Konzept* hat die Literatur, die sich bislang mit vergleichenden Betrachtungen deutscher und US-amerikanischer Kostenrechnungskonzepte auseinandersetzte, die in den USA nur *ansatzweise ausgebaute Kostenstellenrechnung* aufgegriffen.[13] Die relativ grobe Abgrenzung von Bereichen mit eigener Kostenverantwortung führte im

---

[11] Zu diesem Ausdruck vgl. für viele Coenenberg (Coenenberg 1997, S. 59).

[12] Für die direkten Bereiche konstatiert Geiser diesbezüglich: „Im Prinzip wurde für direkte Bereiche nachgeholt, was in Deutschland lange Tradition hatte“ (Geiser 1998, S. 69).

[13] Vgl. für viele Bertsch (Bertsch 1990, S. 667). Vgl. auch nochmals das pointierte, auf die Aussage eines US-amerikanischen Praktikers Bezug nehmende Zitat von Geiser: „Beim Überschreiten des Firmentores steht man in der einzigen Kostenstelle“ (Geiser 1998, S. 68).

Rahmen führungsorientierter Sonderrechnungen zu einer weiten Verbreitung und Akzeptanz des sogenannten *Concept of Controllable Cost*. Nach diesem Kalkül rechnet man sämtliche von einer Entscheidung mit einem spezifischen Zeithorizont beeinflussbaren Kosten eben genau dieser Entscheidung zu. Wenngleich gerade die deutsche Fachliteratur die nur rudimentär ausgeprägte US-amerikanische Kostenstellenrechnung eher kritisch beurteilt (Herzog 1989, S. 321–326), so kann man doch auch durchaus positiv konstatieren, dass die vergleichsweise *gröberen Kostenstellenstrukturen* mit nur wenigen Cost Pools und die korrespondierenden *umfassenderen Kostenkontrollbereiche* im Sinne eines schlanken Controlling einen Beitrag zu einem transparenteren und reaktionsschnellerem Konzept des internen Rechnungswesens darstellen.

3.2.10 Ergebnisorientierte Budgetingkonzepte und Abweichungsanalysen

Im Zusammenhang mit dem Responsibility Accounting müssen auch die typisch US-amerikanischen *ergebnisorientierten Budgetingkonzepte und Abweichungsanalysen* genannt werden. Man kann die US-amerikanische Kosten-, Erlös- und Ergebnisplanung, -kontrolle und -steuerung direkt mit dem Begriff *Budgetary Control* bezeichnen, da die Planwerte in den USA immer auch einen stärkeren Vorgabecharakter haben als vergleichbare deutsche Wertansätze. Das US-Accounting ist insgesamt weitaus stärker auf die *Anreizverträglichkeit* der Wertansätze, welche die Basis der Vergütung von Managementleistungen darstellen, ausgerichtet.[14] Dies wird auch durch die vergleichsweise starke Integration verhaltenswissenschaftlicher Aspekte belegt, welche in den USA unter den Begriffen *Behavioral Accounting* und *Human Resource Accounting* bekannt geworden ist (Zirkler 2002, S. 265–280).

Planung, Kontrolle und Steuerung erfolgt dort dann ebenfalls in der Struktur des *Master Budget*, einem umfassenden Kosten-, Erlös-, Ergebnis- und auch Liquiditätsplan. Dass aus dieser Planung schließlich auch eine *Planbilanz* und *Planerfolgsrechnung* hervorgehen, macht wiederum deutlich, wie stark das externe und das interne US-amerikanische Rechnungswesen konzeptionell miteinander verzahnt sind.

Bezüglich der Abweichungsanalyse bedingt die Ausrichtung am Profit-Center-Konzept, dass *Abweichungen primär als Ergebnisabweichungen* ermittelt und reportiert werden. Die Ermittlung von Kostenabweichungen erfolgt erst in einem sekundären Analyseschritt. Diese Vorgehensweise wird auch durch das durchgängige *Operieren mit Standards* verständlich. Wie bereits aufgezeigt wurde, wird im US-Management Accounting auf ein Weiterwälzen von Kostenabwei-

[14] Die hohe Bedeutung der Anreizverträglichkeit im Zusammenhang mit erfolgsabhängigen Entlohnungssystemen spiegelt sich in den USA letztlich auch in der *Höhe der Tätigkeitsvergütungen der Chief Executive Officers* (CEO, vergleichbar mit dem deutschen Vorstandsvorsitzenden) wider. Diese betrugen in den USA 1999 etwa das 209-fache *der Vergütung* eines Fabrikarbeiters. Demgegenüber werden vergleichbare Führungspositionen in Deutschland „nur" mit dem 25-fachen eines durchschnittlichen Fabrikarbeiterlohnes entgolten (Vorwold 1999, S. 2325; Zirkler 2002, S. 87).

chungen und insofern auf eine Nachkalkulation jedes einzelnen Kalkulationsobjektes in der Regel verzichtet. Stattdessen erfolgt die Abweichungsanalyse in aggregierter Form auf Produktgruppen-, oder sogar -spartenebene in der *geschlossenen Betriebsergebnisrechnung*.

3.2.11 Relativ undifferenzierte, jedoch pragmatisch schlanke Deckungsbeitragsrechnungen

Schließlich kann man die vergleichsweise nur *schwach ausgeprägten Differenzierungen US-amerikanischer Deckungsbeitragsrechnungen* auf das Profit-Center-Konzept zurückführen. Sicherlich ist in diesem Zusammenhang auch mit ausschlaggebend gewesen, dass die *Kostenspaltung* im Kontext des US-amerikanischen General Ledger-Konzeptes nur als Parallelauswertung zur laufenden Abrechnung organisiert werden kann. Unter US-amerikanischen Bedingungen ist diese Besonderheit allerdings gut verständlich und gegenüber dem deutschen führungsorientierten Rechnungswesen keineswegs als Manko zu empfinden. In den USA wird die Differenzierung diesbezüglich eben nicht abrechnungstechnisch, sondern organisatorisch geschaffen. Die vorrangige Ausrichtung auf Profit-Center-Strukturen bedingt also, dass einfache Konzepte, wie etwa das *Composite Profit Concept* nach Shillinglaw (Zirkler 2002, S. 90–97) oder der *Segment Margin Approach* (Zirkler 2002, S. 217–224) durchaus ein leistungsfähiges Ergebniscontrolling sicherstellen können. Auch diese Implikationen sind grundsätzlich bei einer schlanken Ausrichtung des führungsorientierten Rechnungswesens im Sinne des Lean Controlling zu beachten.

4 Fazit

Mit dem vorliegenden Beitrag wurde das Ziel verfolgt, bedeutsame Spezifika des US-amerikanischen Management Accounting aufzugreifen und überblicksartig zu erörtern. Als Fazit lassen sich gerade auch für deutsche Fachleute des Rechnungswesens und Controllings die folgenden wesentlichsten Implikationen festhalten.

Hinsichtlich eines durchgängigen Ergebniscontrollings weist das anglo-amerikanische integrierte Rechnungswesen gegenüber dem Zweikreissystem klare Vorteile auf. Insbesondere können in dieser Logik schlanke Controlling-Strukturen in Unternehmen verankert werden. So eröffnet der konsequente Verzicht auf den Ansatz kalkulatorischer Werte die Möglichkeit einer entscheidungsorientierten, durchgängig geschlossenen Ergebnissteuerung und -berichterstattung auch nach außen. Auch das externe Betriebsergebnis kann dann als Summe einzelner Produktgruppen- und -spartenbeiträge erklärt werden. Die US-amerikanisch obligatorische Ausgestaltung der Gewinn- und Verlustrechnung nach dem Umsatzkostenverfahren unterstützt diese Ausrichtung im Sinne einer Absatzergebnisrechnung ganz im Sinne des Decision Usefulness Approach.

Die aufgezeigten Kernspezifika und weitere relevante Wesensmerkmale des US-amerikanischen Management Accounting und ihr Beziehungszusammenhang veranschaulicht abschließend Abb. 3.

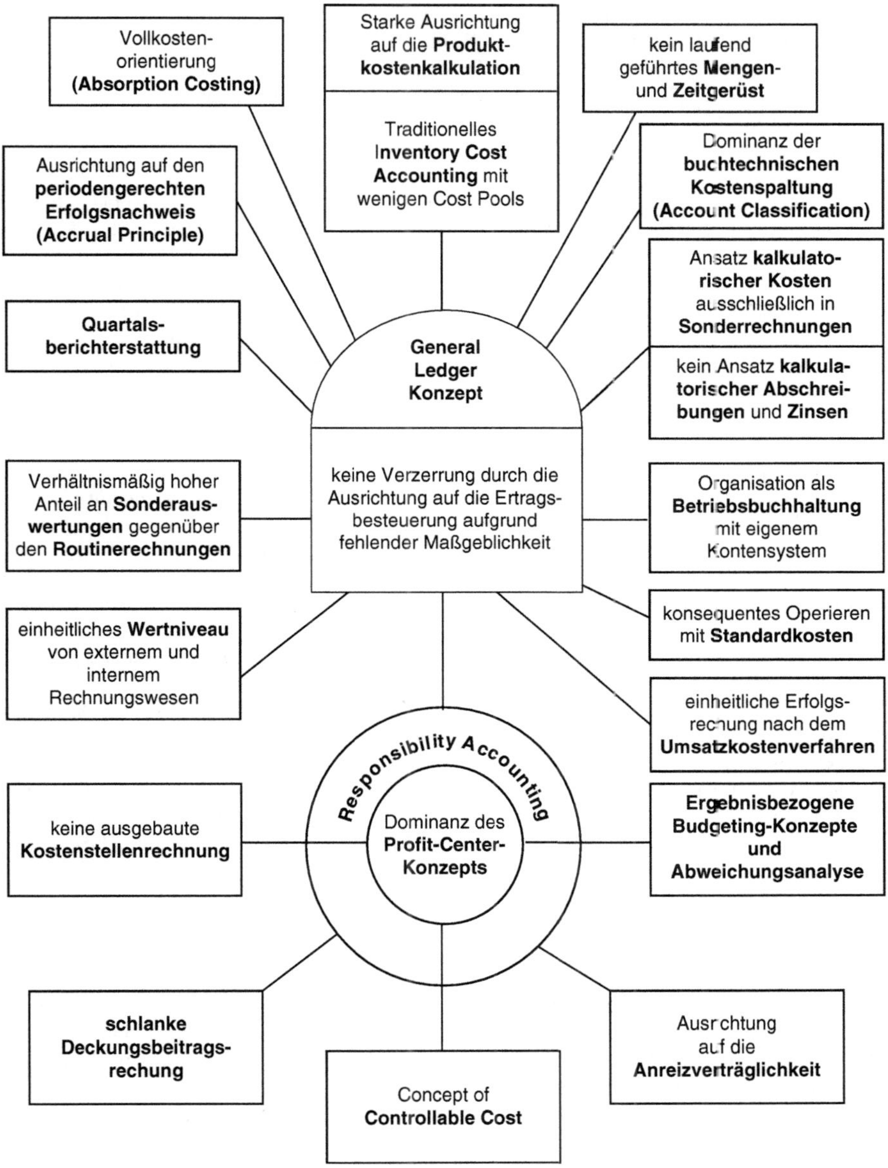

Abb. 3 Wesentliche Spezifika des US-amerikanischen Management Accounting

Literatur

Baumann, Karl-Hermann. 1986. Das Rechnungswesen als Instrument zur Steuerung und Kontrolle von US-Tochtergesellschaften deutscher Unternehmen. *Zeitschrift für Betriebswirtschaftliche Forschung* 38:425–432.

Bertsch, Ludwig-H. 1990. Zum Stand des Controlling in den USA. In *Handbuch Controlling*, Hrsg. Elmar Mayer und Weber S. Jürgen, 1. Aufl., 655–670. Stuttgart: C. E. Poeschel.
Boer, Germain. 1974. *Direct cost and contribution accounting*, 1. Aufl. New York: Wiley.
Brown, Victor H. 1987. The tension between management accounting and financial reporting. *Management Accounting* (May):39.
Coenenberg, Adolf G. 1997. *Kostenrechnung und Kostenanalyse*, 4. Aufl. Landsberg am Lech: Verlag moderne Industrie.
Daley, Lane, James Jiambalvo, Gary Sundem, und Yasumasa Kondo. 1985. Attitudes toward financial control systems in the United States and Japan. *Journal of International Business Studies* 16(3): 91–110.
Dickey, Robert. Hrsg. 1960. *Accountants cost handbook*, 2. Aufl. New York: Ronald Press.
Geiser, Bernd. 1998. Prozeßkostenrechnung und Activity Based Costing (ABC). In *Prozeßkostenmanagement*, Hrsg. Horváth & Partner GmbH, 2. Aufl., 68. München: Vahlen.
Haller, Axel. 1997. Zur Eignung der US-GAAP für Zwecke des internen Rechnungswesens. *Controlling* 9(4): 270–276.
Herzog, Ernst. 1989. Stand und Entwicklungstendenzen des innerbetrieblichen Rechnungswesens in den USA. In *Rechnungswesen und EDV*, Hrsg. August-Wilhelm Scheer, 1. Aufl., 313–326. Heidelberg: Physica-Verlag.
Kaplan, Robert S. 1984. The evolution of management accounting. *The Accounting Review* 1984:390–418.
Kaplan, Robert S., und Anthony A. Atkinson. 1989. *Advanced management accounting*, 2. Aufl. New Jersey: Prentice-Hall.
Kaplan, Robert S., und H. Thomas Johnson. 1987. *Relevance lost – the rise and fall of management accounting*, 1. Aufl. Boston: Harvard Business School Press.
Männel, Wolfgang. 1988. Entwicklung der Kostenrechnung zum Controlling-Instrument. *Kostenrechnungspraxis* 32(1): 4–18.
Männel, Wolfgang. 1992. Anpassung der Kostenrechnung an moderne Unternehmensstrukturen. In *Handbuch Kostenrechnung*, Hrsg. Wolfgang Männel, 1. Aufl., 105–137. Wiesbaden: Gabler.
Männel, Wolfgang. 1994. Ausrichtung von Kostenrechnung, Kostencontrolling und Kostenmanagement auf marktorientiert segmentierte Unternehmensstrukturen. *Kostenrechnungspraxis* 38(6): 381–385.
Männel, Wolfgang. 1995. Schlanke Konzepte und Methoden der Kostenrechnung. *Kostenrechnungspraxis* 39(4): 192–197.
Männel, Wolfgang. 1998. Thesen zum Ergebniscontrolling. *Kostenrechnungspraxis* 42(4): 234–238.
Männel, Wolfgang. 1999. Integration des Rechnungswesens für ein durchgängiges Ergebniscontrolling. *Kostenrechnungspraxis* 43(1): 11–21.
Männel, Wolfgang, und Helmut Distler. 1997. Substanzerhaltung durch kalkulatorische Abschreibungen und Gewinnbestandteile. *Kostenrechnungspraxis* 41(Sonderheft 1): 43–54.
Männel, Wolfgang. 1999. Reorganisation des führungsorientierten Rechnungswesens durch Integration der Rechenkreise. *Kostenrechnungspraxis*, 11–21.
Neuner, John J. W., und Edward B. Deakin. 1977. *Cost accounting: Principles and practice*, 1. Aufl. Homewood: R. D. Irwin.
Plaut, Hans-Georg. 1984. Grenzplankosten- und Deckungsbeitragsrechnung als modernes Kostenrechnungssystem (II). *Kostenrechnungspraxis* 28(2): 67–72.
Schmalenbach, Eugen. 1962. *Dynamische Bilanz*, 13. Aufl. Neuß: Westdeutscher Verlag.
Schneider, Dieter. 1998. Rechnungszweckwidrige wiederbeschaffungswertorientierte Abschreibung. *Kostenrechnungspraxis* 42(1): 34–36.
Schoenfeld, Hanns-Martin W. 1992. Entwicklung des Management Accounting in den USA. In *Handbuch Kostenrechnung*, Hrsg. Wolfgang S. Männel, 1. Aufl., 348–359. Wiesbaden: Gabler.
Shillinglaw, Gordon, und Kathleen Mc Gahranm. 1986. *Accounting: A management approach*, 9. Aufl. Homewood: R.D. Irwin.

Siegel, Joel G., und Jae K. Shim. 1995. *Dictionary of accounting terms*, 2. Aufl. New York: Barron's.

Vatter, William J. 1950. *Managerial accounting*, 1. Aufl. New York: Prentice-Hall.

Vorwold, Gerhard. 1999. Gewinnmanagement in den USA – Beobachtungen aus deutscher Sicht. *Der Betrieb* 52(46): 2321–2328.

Weber, Karl. 1964. *Amerikanisches Direct Costing. Habil.-Schrift*. Bern: Univ. Zürich.

Weil, Roman L., Patricia C. O'Brien, Michael Maher, Clyde P. Stickney, und Sidney Davidson. 1994. *Accounting: The language of business*, 9. Aufl. Sun Lakes: T. Horton and Daughters.

Zeff, Steven. 1971. Comments on varieties of accounting theory. In *Foundations of accounting theory*, Accounting Series (University of Florida), Hrsg. Williard E. Stone, Bd. 7, 51. Gainesville: University of Florida Press.

Zirkler, Bernd. 2002. *Führungsorientiertes US-amerikanisches Management Accounting – Entwicklung – Aufgabenfelder – Spezifika*. 1. Aufl. Wiesbaden: Gabler Verlag.

Plankostenrechnung für das digitale Performance Measurement und Management in der Unternehmenspraxis

Jochen R. Pampel und Tim Botzkowski

Zusammenfassung

Die flexible Plankostenrechnung wurde insbesondere im deutschsprachigen Raum seit den 50er-Jahren bis in die 80er-Jahre des letzten Jahrhunderts zu einem hoch entwickelten Instrument der Unternehmenssteuerung entwickelt. Sie setzte sich nicht zuletzt, auch Dank fortschreitender IT-Unterstützung, in der Praxis der Unternehmen durch. Mit neu aufkommenden Controllinginstrumenten seit den späten 80er-Jahren haben die Daten der Plankostenrechnung im Zuge dieser Entwicklung als direkte Messgrößen sowohl als Entscheidungsgrundlage als auch für die Zwecke des Performance Management an Bedeutung eingebüßt. Später rückten mit digitalen Innovationen im Bereich der Hardware, Software und Algorithmen neue Instrumente der Analyse etwa auf der Grundlage des Machine Learnings auch für das Controlling in den Vordergrund. Deshalb ist aus heutiger Sicht zu erörtern, welche Stellung die Plankostenrechnung konzeptionell noch haben sollte und in der praktischen Anwendung immer noch hat. In diesem Beitrag werden ausgehend von dem aktuellen Entwicklungsstand der Plankostenrechnung deren Integration in das erweiterte Controlling-Instrumentarium, bestehend auch aus externem Rechnungswesen, Leistungsrechnung, Investitionsrechnung und wertorientierte Kalküle

Vollständige Überarbeitung unter nur teilweiser Übernahme (insbesondere Abschn. 2 und 4) des Beitrages Pampel und Botzkowski (2016) Plankostenrechnung in der Unternehmenspraxis in der vorherogen Auflage des vorliegenden Handbuchs.

J. R. Pampel (✉)
Professur Internationales Management, Dekan Fakultät Wirtschaft, Hochschule Macromedia - University of Applied Science, Hamburg, Deutschland
E-Mail: jrp@pampel-online.de; jpampel@macromedia.de

T. Botzkowski
HDI Group, Hannover, Deutschland

W. Becker, P. Ulrich (Hrsg.), *Handbuch Controlling*,
https://doi.org/10.1007/978-3-658-26431-4_38

diskutiert und Anwendungsfelder der Plankostenrechnung aufgezeigt. Empirische Studien dienen dann abschließend der Validierung der Ausführungen und erlauben den Blick in die Zukunft.

Schlüsselwörter

Grenzplankostenrechnung · Flexible Plankostenrechnung · Integriertes Controllinginstrumentarium · Performance Management · Controlling · Digitalisierung

1 Einleitung

Noch vor ein paar Jahren war auf die Angabe „Controller“ als Berufsbezeichnung eine Reaktion wie „Ach so, Sie machen Kostenrechnung!“ typisch. Häufig stellte sich dabei der etwas versierte Gesprächspartner die Beherrschung komplexer Rechnungen und Soll-Ist-Vergleiche auf der Ebene der Kostenstellen und der Kostenträger vor. Gilt das noch heute im Zeitalter der Predictive Analytics und des Machine Learnings? Die Grenzplankostenrechnung ist ein Begriff der Praxis, der eine bestimmte Ausprägung der flexiblen Plankostenrechnung treffend beschreibt.

Unter einer Grenzplankostenrechnung versteht man eine flexible Plankostenrechnung auf der Basis einer Spaltung der Kosten der betrachteten Objekte in proportionale und fixe Kosten bezogen auf die Leistungsmenge (Kilger et al. 2012). Diese Form der internen Unternehmensrechnung hat sich in den letzten knapp sechzig Jahren in der Unternehmenspraxis weitgehend durchgesetzt. Über ein langen Zeitraum fand die flexible Plankostenrechnung und damit insbesondere das Werk von Kilger durchgehend hohe Beachtung (Schäffer et al. 2006, S. 404 f.). Dann verlor die flexible Plankostenrechnung im Zuge des Aufkommens anderer Controllinginstrumente und auch des Lean Managements scheinbar an Attraktivität, ohne jedoch an Verbreitung in der Praxis einzubüßen. Doch in der jüngeren Zeit und in einem anderen Kontext verdichten sich andererseits die Zeichen auf eine wiederum verstärkte Beachtung. In den USA diskutiert man seit Ende der 90er-Jahre die Möglichkeiten der Übernahme von Prinzipien der flexiblen Plankostenrechnung zur Stärkung der Steuerungsfunktion des Rechnungswesens, die auch mit einer Kritik an der dort vorherrschenden Dominanz des finanziellen Rechnungswesens einhergeht (Sharman und Vikas 2004, S. 322 ff.). Mit dem stärkeren Kostenfokus im Management von Unternehmen der letzten Dekaden bleibt die kostenrechnerische Analyse ein bedeutsames Instrument. Sie dient sowohl für die kurzfristige Kostenkontrolle und -reduzierung als auch für die weitere Flexibilisierung von Kostenstrukturen. Allerdings haben sich seit der Frühzeit der flexiblen Plankostenrechnung die Anforderungen an die Kostenrechnung durch das Controlling erheblich gewandelt. Im Zuge des oft als disruptiv wahrgenommenen Einsatzes innovativer digitaler Instrumente stellt sich die Frage nach der Relevanz der Plankostenrechnung erneut.

2 Flexible Plankostenrechnung

Eine Auseinandersetzung mit der flexiblen Plankostenrechnung bedingt zunächst eine begriffliche und konzeptionelle Klärung. Ferner sind Elemente und Funktionsweise der Kostenplanung mit der flexiblen Plankostenrechnung herauszuarbeiten.

2.1 Begriff und Konzepte der Plankostenrechnung

Unter Kosten wird allgemein jeglicher bewerteter, leistungsbezogener Güterverzehr verstanden. Kosten umfassen deshalb sowohl eine Mengen- als auch eine Wertkomponente, die multiplikativ miteinander verknüpft sind.

Unter Plankostenrechnung wird ein Kostenrechnungssystem verstanden, in dem die Gesamtkosten einer Unternehmung für eine bestimmte Planungsperiode im Voraus nach Kostenarten, Kostenstellen und Kostenträgern differenziert geplant werden. Plankosten sind das Produkt aus geplanten Faktormengen und geplanten Faktorpreisen (Kilger et al. 2012, S. 115 f.). Die Plankostenrechnung ist ein Teil der integrierten Unternehmensplanung und -steuerung, vor allem jedoch ein zentrales Element der Kosten-, Erlös-, Leistungs- und Ergebnisplanung und -kontrolle. Im Gegensatz zur einfachen starren Plankostenrechnungen beruht die flexible Plankostenrechnung auf einer getrennten Planung von beschäftigungsfixen und variablen Kosten und erfüllt allein die wichtigsten Anforderungen an den Einsatz als Instrument des Controllings.

Bereits die ursprünglich primäre Aufgabe der Kontrolle der Wirtschaftlichkeit im Produktionsvollzug erforderte unter der praxisrelevanten Bedingung von Beschäftigungsschwankungen hinsichtlich der variierenden Auslastung flexible Kosteninformationen, die als Sollkosten bezeichnet werden.

Die vor allem von Kilger ausformulierte flexible Plankostenrechnung hat sich in der Anwendungspraxis nach kritischen Auseinandersetzungen mit Vertretern alternativer Formen der Plankostenrechnung und insbesondere der Einzelkosten- und Deckungsbeitragsrechnung durchgesetzt und wird häufig auch als Grenzplankostenrechnung (Plaut 1953) bezeichnet.

Die Kostenplanung erfolgt für jede Kostenart in jeder Kostenstelle, soweit diese dort auftritt. Dies bedarf zunächst der Auflistung sämtlicher Kostenarten innerhalb einer Kostenstelle. Mittels der Grenzplankostenrechnung ist es dann möglich, einen Sollkosten-Istkosten-Vergleich durchzuführen und Abweichungen zu ermitteln. Dies geschieht i. d. R. monatlich, da ein jährlicher Sollkosten-Istkosten-Vergleich zur Steuerung kaum geeignet ist und notwendige Reaktionen auf Veränderungen nicht möglich sind (siehe diesbezüglich Abb. 1).

Wie die Abb. 1 zeigt, ist es mittels eines monatlichen Sollkosten-Istkosten-Vergleichs möglich, sämtliche kostenartenbezogenen Abweichungen zu berechnen und letztlich Bezugsgrößen und Kostensätze zu ermitteln.

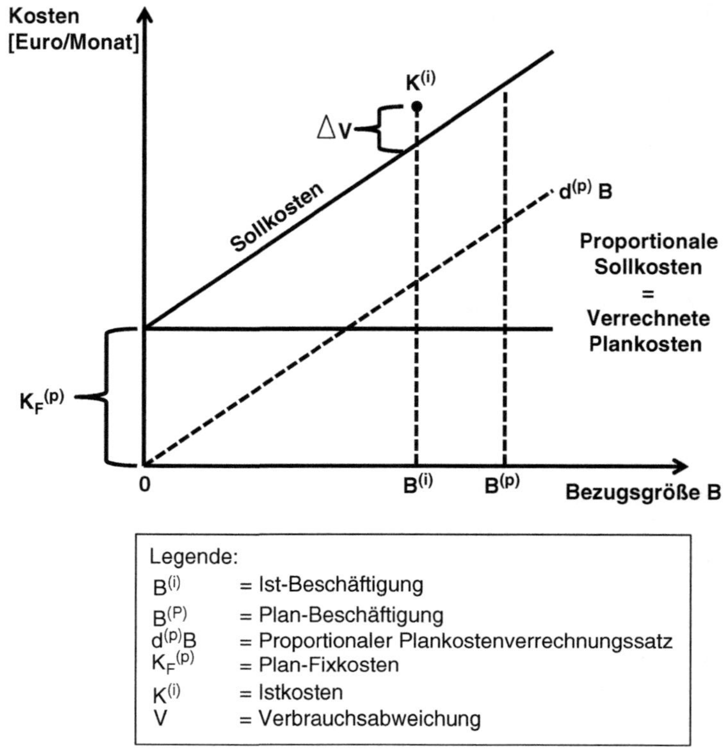

Abb. 1 Beispiel eines Sollkostenverlaufs in der Grenzplankostenrechnung (Kilger et al. 2012, S. 78)

2.2 Elemente und Funktionsweise der Kostenplanung mit der Flexiblen Plankostenrechnung

Die moderne Plankostenrechnung beruht in der Regel auf einem Plan- oder Festpreissystem, durch das die Verantwortung für die Lohnkosten und Preise für die bezogenen Güter von der Verantwortung für die mengenmäßigen Faktorverbräuche in der Leistungserstellung und -verwertung getrennt werden kann. Dabei werden die Lohnsätze und Preise für die Planperiode als konstant angenommen. Die analytische Kostenplanung unterscheidet zwischen Planung der Kostenträgereinzelkosten und der Kostenstellenkosten. Die Einzelkosten werden pro Einheit der Erzeugnisarten geplant. Die Planung der Kostenstellenkosten (siehe auch Abb. 2) erfolgt in folgenden Schritten:

- Bestimmung der Kostenstellenstruktur nach Kriterien der Unternehmensabgrenzung, getrennter Steuerbarkeit und zweckmäßiger Abrechnungsstruktur für Kostenträger und Ergebnisrechnung.
- Bezugsgrößenwahl gemäß der doppelten Funktionalität, sowohl als Maßgröße der Kostenverursachung als auch als Maßgröße für den Output (z. B. Maschinen-

SOLL - ISTKOSTEN - VERGLEICH

6	Soll -Istkosten-Vergleich nach Kostenarten		Einzelmonat				Kumuliert		
8	Nr.	Kostenarten	Ist-Kosten	Soll Kosten	Abw.	In %	Istkosten kum.	Abw. kum.	In %
9		Fertigunglohn	71,015	69,762	1,253	2 %	265,312	2,627	1 %
10		Zusatzlohn	2,931	2,790	141	5 %	11,242	735	7 %
11		Hilfslohn Vorarbeiter/Einrichter	24,992	27,053	–2,061	-8 %	100,756	–2,056	–2 %
12		Hilfslohn Transport/Lager							
13		Hilfslohn Reinigung	1,178	1,223	–46	–4 %	5,101	146	3 %
14	1	Sonstiger Hilfslohn	29		29	100 %	116	116	
15		Zulagen	7,308	7,601	–293	–4 %	28,907	286	1 %
16		Mehrarbeitszuschläge	969	924	45	5 %	3,683	452	14 %
17		Kalk. Sozialaufwand Lohn	81,316	82,015	–699	–1%	307,187	1,645	1 %
18		Gehalt	3,954	3,729	225	6 %	14,876	147	1 %
19		Kalk. Sozialaufwand Gehalt	3,163	2,984	179	6 %	11,901	118	1 %
20		Heizöl/Treibstoffe							
21	2	Werkzeuge	28,671	26,787	1,884	7 %	105,909	5,043	5 %
22		Kalk. verr. Betriebsmittel	8,539	8,539		0 %	32,154		
23		Sonstige Hilfs- u. Betriebsstoffe	3,142	2,655	487	15 %	9,894	–202	–2 %
24	3	Instandhaltung	24,955	31,108	–6,153	–25 %	121,904	3,551	3 %
25		Kalk. Instandhaltungskosten	14,787	14,784		0 %	55,668		0 %
26		Auschuss/Nacharbeit							
27	4	Fremdenergie							
28		Sonst. Eigen- und Fremdleistungen							
29		Steuern/Versicherungen							
30		Beiträge/Gebühren							
31	5	Porti/Telefon/FS							
32		Werbung/Marketing							
33		Reise- u. Bewirtungskosten							
34		Sonst. Verwaltungskosten							
35	6	Kalk. Abschreibungen	74,960	74,960		0 %	288,579		0 %
36		Kalk. Zinsen	16,307	16,307		0 %	65,228		0 %
37		Kalk. Sozialkosten	4,817	4,817		0 %	15,761		0 %
38		Kalk. Raumkosten	8,084	8,084		0 %	32,337		0 %
39	7	Kalk. Energiekosten	14,204	14,204		0 %	34,051		0 %
40		Kalk. Transportkosten							
41		Kalk. Leitungskosten	24,029	24,029		0 %	77,912		0 %
43	Gesamtkosten		419,347	424,355	–5,008	–1,18 %	1,588,478	12,608	0,80 %
45	Kostenarten-Gruppen und Abweichungen		Einzelmonat				Kumuliert		
46	Nr.	Kostenarten	Ist-Kosten	Soll-Kosten	Abw.	In %	Istkosten kum.	Abw. kum.	In %
47	1	Personalkosten	196,855	198,081	–1,226	–1 %	749,031	4,219	1%
48	2	Hilfs- und Betriebskosten	40,352	37,981	2,371	6 %	147,957	4,841	3 %
49	3	Instandhaltungskosten	39,739	45,892	–6,153	–15 %	177,572	3,551	2 %
50	4	Sonst. Gemeinkosten							
51	5	Versch. Gemeinkosten							
52	6	Kalk. Kapitalkosten	91,267	91,267		0 %	353,807		–20 %
53	7	Sonst. Kalk. Kosten	51,134	51,134		0 %	160,061		–20 %
54	Gesamtkosten I		419,347	424,355	–5,008	–1,18 %	1,588,478	12,611	0,08 %

Abb. 2 (Fortsetzung)

55	Tarifabw. Lohn einschl. Soz.-Aufw.	9,487		9,487		9,487	9,487	
56	Tarifabw. Gehalt einschl. Soz.-Aufw.	356		356		356	356	
57	Preisdifferenzen	1,074		1,074		2,103	2,103	
58	Abw. Sekundärer Stellen	266		266		1,117	1,117	
59	Gesamtkosten II	430,530	424,355	6,175	1.46 %	1,601,541	25,674	1.63 %
61	Fixkostendeckung	Plan-fixkosten	Gedeckte Fixkosten	Besch.-Abw.	In %	Ged. Fixkosten	Besch. Abw. kum.	In %
62		91,915	101,107	−9,192	10 %	380,712	−13,052	−4 %
63	Deckung Standartaufträge	Ist-Kosten	Verr. Kosten	Über/Unter deckg.	In %	Istkosten kum.	Über/Unter deckg.	In %
64			23,323	−23,323	100 %	61,356	−25,958	−23 %
65	Bezugsgrößen und Kostensätze	Ist-BZ-Menge	Plan-BZ-Menge	Beschäftigungsgrad		Prop. Plankosten-satz	Prop. Istkosten-satz	Prop. Istkosten-satz
66				Monat	kum.	Plan	Monat	Kum.
67		4,620	4,200	110 %	103 %	71.96	73.12	73.24

Abb. 2 Beispiel eines Soll-ist-Kostenvergleichs (Kilger et al. 2012, S. 502 f.)

zeiten im Fertigungsbereich) und ersatzweise Wertgrößen als indirekte Bezugsgrößen bei proportionalem Leistungsbezug in indirekten Bereichen.

- Planbezugsgrößenfestlegung abgeleitet aus der Absatz- und Leistungsplanung des Unternehmens unter Koordination der relevanten Teilpläne und Berücksichtigung aller Engpässe.
- Mengenplanung für die Verbrauchsmengen und Zeiten unter Berücksichtigung der geplanten Prozesstechnologie bei effizienter Umsetzung.
- Ermittlung der Plankosten als Ergebnis der Multiplikation von Mengenvorgaben und den zugehörigen Planpreisen.
- Kostenauflösung in fixe und variable Kosten mittels einer Analyse der Faktorverbräuche (Repetierfaktoren führen tendenziell zu variablen Kosten, Potenzialfaktornutzung tendenziell zu fixen Kosten), der Art der Bereitstellung (z. B. Bevorratung) und der Bezahlung der Güter (z. B. mengenunabhängiger Festpreis) und anschließende erneute Aufteilung der zunächst als solche verbleibenden Mischkosten; bei allen Analyseschritten ist wegen des Einflusses der Dispositionszeit auf die Anpassungsfähigkeit der Kosten die Fristigkeit der Kostenplanung zu berücksichtigen.
- Kalkulationssätze berechnen aus der Division der Plankosten der Kostenstelle durch die zugehörige Planbezugsgröße.

Damit ist die Plankostenrechnung insgesamt in die Ergebnisplanung des Unternehmens integriert bzw. prägt bei konsequenter Anwendung weitgehend den Planungsprozess des Unternehmens.

3 Entwicklung des Controllings und seines Instrumentariums

Die Controllingfunktion unterliegt ebenso einem ständigen Wandel wie das von diesem eingesetzte Instrumentarium.

3.1 Controlling und Performance Management

Am Ende einer langen Ära des Ringens um das richtige Controllingverständnis systematisierte Hahn Controllingdefinitionen in den Dimensionen Zielorientierung und Autonomiegrad in Bezug auf die Unternehmensführung (Hahn 1997, S. 16 ff.), und konstatierte damit die Breite des Spektrums unterschiedlicher Auffassungen. Hier wird darauf zurückgreifend Controlling als die ergebnis- und wertorientierte Planung und Kontrolle als Meta-Führungsfunktion sowie die Koordination des Informationsversorgungssystems als unmittelbare Aufgabe verstanden. Damit wird betont, dass neben der kurzfristigen Ergebnisorientierung auch der Unternehmenswert die längerfristig relevante Zielgröße des Controllings sein muss. Mit der Meta-Führungsaufgabe unterstützt das Controlling die Unternehmensführung in einer zielgerichteten Planung und Kontrolle des Unternehmensgeschehens ohne die Koordinationsverantwortung der Unternehmensführung zu ersetzen. Die Unternehmensführung wird durch das Controlling sowohl durch das Etablieren geeigneter Abstimmungsstrukturen und -prozesse im Planungs- und Kontrollsystem im Sinne einer systembildenden Koordination als auch durch das zielgerichtete Verstärken der Diffusion von Informationen im Sinne einer systemkoppelnden Koordination unterstützt (Horváth et al. 2015, S. 43 f.). Mit einer weiten Sichtweise umfasst das Controlling auch weite Bereiche von Management Control Systemen; diese beziehen sich primär auf die Strategieimplementierung und die Sicherstellung zielkonformer Leistungen der Mitarbeiter (Feichtner und Grabner 2020, S. 150). Damit sind auch Erkenntnisse der Forschung zu Management Controls relevant.

Das Controlling ist in der Unternehmungspraxis seit seinen frühen Anfängen einem starken Wandel unterworfen. Wird seit jeher die „interne Marktorientierung des Controllers" gefordert (Weber 2002, S. 87), verbinden Controllerinnen und Controller zunehmend ein pro-aktives Selbstverständnis. Sie schalten sich selbst frühzeitig in Entscheidungsprozesse ein. Das produktive Zusammenwirken von Controllern und Managern ist ein Beitrag zu Rationalitätssicherung der Führung (Weber und Schäffer 2011, S. 33 ff.). Demgegenüber verlieren die routinemäßigen operativen Controllingtätigkeiten an Bedeutung. Die Controllingaufgaben werden darüber hinaus längst nicht mehr nur allein von zentralen Stellen in der Unternehmung wahrgenommen. Vielmehr findet Controlling immer stärker dezentral in den einzelnen Geschäftsprozessen statt (Klein und Vikas 1999, S. 83 f.). Eine stärker beratende Rolle ist nicht die Selbstwahrnehmung von Controllern sondern zum Teil sogar noch stärker die Wahrnehmung der Manager, wenn sie Controller als „Business Analyst" akzeptieren (Schäffer und Schürmann 2010, S. 189).

Wissenschaftler modellieren Controlling zunehmend im Kontext von Erwartungshaltungen der Verantwortungsträger, Wissensbasis und Unternehmenskultur (Sunder 2002). Die richtige Konzeption hängt somit vom Führungssystem ab. Mit diesen Fragen gehen auch Überlegungen der Praktiker und wissenschaftliche Untersuchungen einher, wie Informationen des Controllings und Rechnungswesens auf das Verhalten von Managern und Entscheidern einwirken, was dann vom Controlling wiederum in der Erfüllung seiner Steuerungsaufgaben antizipiert werden muss.

Mit der Forderung nach einem verantwortungsvolleren und risikoorientierteren Umgang mit der wertorientierten Steuerung nimmt Controlling auch aktuelle Investorenforderungen auf. Diesen geht es weniger darum neue Steuerungsgrößen zu entwickeln, sondern etwa für etablierte Gewinngrößen ergänzende qualitative Attribute wie Stabilität, Prognosegenauigkeit, Glättung und Frühzeitigkeit zu analysieren und zu erhalten (Barton et al. 2002, S. 786).

Auch neue Forderungen nach mehr Nachhaltigkeit im Sinne von sogenannten ESG (=Environment, Social, Governance)-Faktoren in der Unternehmensführung legen eine stärkere Ausrichtung des Controllings auf eine Unterstützung des nachhaltigen Managements nahe. Inzwischen verfolgen viele Unternehmen ausgewählte Ziele im Rahmen der von der UN vorgegebenen Sustainability Development Goals (SDG) (United Nations 2020). Das Controlling erhält somit ein weiteres Objekt zur Erfüllung seiner Aufgaben im Strategischen Controlling und in der operativen Performance.

Mit zunehmender Internationalisierung rückt das Performance Management anglo-amerikanischer Prägung gegenüber dem deutschsprachigen konzeptionell sehr umfassend angelegten Controllingverständnis in den Vordergrund. Sowohl in der Praxis als auch in der Wissenschaft liegt der Fokus auf der Performance, deren Einflussfaktoren und vor allem auf deren Messung. Bilanz- und rechnungswesenorientierte Steuerungskonzepte sind im Anglo-amerikanischen seit Beginn der 1980er-Jahre verstärkter Kritik ausgesetzt (Johnson und Kaplan 1987; Neely et al. 2003, S. 129). Fokus der Kritik war die weitgehende Vernachlässigung des Strategie- und Zielbezugs (Sandt 2004, S. 17), ein monodimensionales Leistungsverständnis und die starke Funktions- und Vergangenheitsorientierung, sowie eine deutliche monetäre Ausrichtung, in Form der Leistungserhebung mittels Planungs- und Kontrollrechnungen wie bspw. der Kosten- Finanz- und Investitionsrechnung (Klingebiel 2001, S. 42), wie noch einmal in Abschn. 4 vertieft wird.

Schäffer und Steiners (2005, S. 321) konstatieren grundlegend zur Bedeutung der Kostenrechnung im Jahre 2005 „Die Kostenrechnung ist – nicht zu Unrecht – in den letzten Jahren vielfach ins Gerede gekommen oder gar für obsolet erklärt worden. Neben nichtfinanziellen Steuerungsgrößen gewinnen insbesondere auch der EVA oder der Unternehmenswert als Erfolgsgrößen eine immer größere Bedeutung für Geschäftsführer und Vorstände.“ Der Ausdruck „Performance“ bedeutet wörtlich übersetzt Leistung, kann jedoch auch als Erfolg, Ergebnis oder Leistungsfähigkeit bezeichnet werden (Hilgers 2008, S. 30). Der Leistungsbegriff wird in der Betriebswirtschafslehre uneinheitlich definiert und kann sowohl in einem theoretischen Kontext (systembildend), als auch praktisch (Betriebsabläufe) interpretiert werden und findet explizit dann Anwendung, wenn Entscheidungsprozesse und die sich daraus ergebende Auswirkung beschrieben werden (Hilgers 2008, S. 14). In der

Literatur existieren zahlreiche Definitionsansätze (Meyer und Gupta 1994, S. 309). Im vorliegenden Beitrag wird Performance als eine Messgröße definiert, „die für die dynamische Anpassung des leistungswirtschaftlichen Programms eines Unternehmens (also der Potenziale, Prozesse, Projekte, Produkte und der jeweiligen Portfolios) an die (mit Chancen und Risiken versehenen) Marktverhältnisse steht, so dass stets eine angemessene Erreichung der interessenbedingten Ziele eines Unternehmens gewährleistet ist." Performance ergibt sich stets im Kontext spezifischer Unternehmensziele und existiert daher nie absolut, wodurch ein Unternehmenszielbezug hergestellt wird und die Performance als Zielerreichungsgrad fungiert (Riedl 2000, S. 16 f.). Auch Performance Management ist in der Literatur nicht einheitlich definiert (Klingebiel 1999, S. 13), weshalb Krause (2006) das Performance Management anhand verschiedener Aspekte charakterisiert. Demnach ist Performance Management ein Prozess zur strategischen Ausrichtung des Leistungsprogramms; zukunftsorientiert; Bestandteil des Change Managements; zielt auf die Integration von Strategieplanung und -Implementierung ab; beinhaltet Initiativen zur Verbesserung der Performance; umfasst stets ein geeignetes Performance Measurement und stützt sich auf konkrete Methoden, Techniken und Software (Krause 2006, S. 39). Performance Measurement als Teil des Performance Managements zielt auf die Leistungsverbesserung auf allen Leistungsebenen ab, wodurch eine Erweiterung der Sach- und Formalzielplanung stattfindet. Gleichzeitig unterstützt das Performance Measurement die anspruchsgruppen- und leitungsebenengerechte Zielformulierung und verbessert die Strategieoperationalisierung und -quantifizierung (Neely et al. 1995 S. 80). Durch die Strategieoperationalisierung mittels des Performance Measurements kann eine konkrete Aktion transformiert werden, wodurch die Leistungstreiber der Strategie und daher auch die Frühindikatoren späterer Ergebnisgrößen messbar sind (Piser 2004, S. 3). Das Performance Measurement unterstützt letztendlich das Performance Management bei der Beurteilung zukünftiger Potenziale. Neben der Beurteilung zukünftiger Potenziale generiert das Performance Measurement kontinuierliche Daten mit Zukunftsbezug zur Unterstützung des Informationsbedürfnisses, sowie der Überprüfung kausaler Ursache-Wirkungsbeziehungen zwischen Kennzahlen (Piser 2004, S. 110 ff.) (Abb. 3).

Die im Performance Management verwendeten Kennzahlen werden als Measures bezeichnet, eine Verknüpfung mehrerer Measures miteinander stellt ein Performance Measurement System (analog Kennzahlen und Kennzahlensysteme) dar (Neely et al. 1995, S. 80). Die Ausgestaltung dieses Systems hängt von internen Faktoren (aktuelle Performance, Controlling, Verhalten etc.), externen Faktoren (Kunden, Gesetzgebung, neue Industrien etc.) und spezifischen Wechselbarrieren (Unternehmenskultur, Technologie, Ressourcen etc.) ab (Kennerley und Neely 2002, S. 1227).

Das Performance Measurement zeichnet sich zusammenfassend dadurch aus, dass auf mehrere quantifizierbare Maßgrößen verschiedener Dimensionen zur Beurteilung der Effizienz und Effektivität der Leistungen und Leistungspotenziale unterschiedlicher Objekte des Unternehmens abgestellt wird (Gleich 1997, S. 115). Das Steuerungskonzept des Performance Measurement zeichnet sich ferner durch vergangenheits- und zukunftsbezogene Informationen, interne und externe Anspruchsgruppen, Mehrdimensionalität, kurz- und langfristige Optimierungsmöglichkeiten auf Gesamt- und Bereichsebene, finanzielle und nichtfinanzielle Kennzahlen, operative

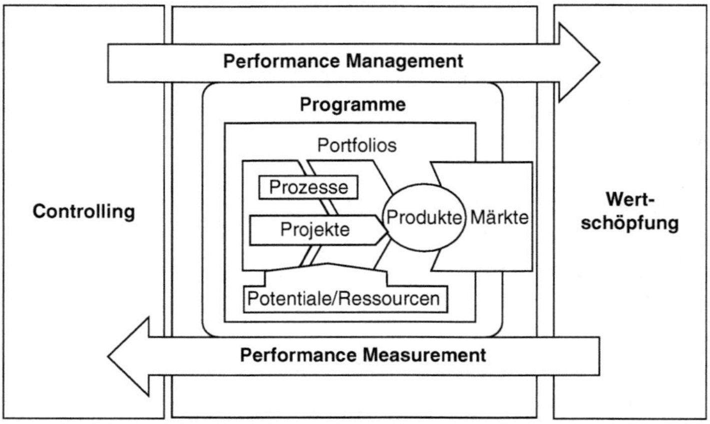

Abb. 3 Zusammenspiel von Performance Management und Performance Measurement

und strategische Kennzahlen, Hard- und Soft facts sowie durch kontinuierliche Verbesserungsaktivitäten aus. Lebas (1995) konzipierte im Sinne der Mehrdimensionalität den sog. „Performance-Tree", wonach die Leistung/Erfolg des Unternehmens von verschiedenen Determinanten wie bspw. Innovationen, Qualität, Service oder Kundenzufriedenheit abhängig ist die als Erfolgspotenziale interpretiert werden können. Die Mehrdimensionalität kann diesbezüglich durch Instrumente wie die Balanced Scorecard oder die Performance Pyramid sichergestellt werden.

Zusammenfassend bleibt festzuhalten, dass die verstärkte Performance Management-Orientierung im Zusammenhang mit den Performance Measurement-Instrumenten auf die Notwendigkeit einer mehrdimensionalen Betrachtung eines Unternehmens zurückzuführen ist. Insbesondere die Berücksichtigung nichtfinanzieller Kennzahlen sowie oftmals unberücksichtigte soft facts führten zu einer Abkehr von einer auf Grenzkosten basierenden Unternehmenssteuerung, hin zu einer vornehmlich Stakeholder-orientierten Steuerung. Der Nutzen des mehrdimensionalen Performance Managements für ein Unternehmen liegt im Wettbewerbsfokus durch die Verbesserung der Wettbewerbsfähigkeit, der strategischen Ausrichtung des gesamten Unternehmens auf die Unternehmensstrategie, der Ergebnissicherung und Leistungshonorierung (Jetter 2004, S. 43). Dies steht auch im Einklang mit der überwiegend anglo-amerikanischen Forschung zu Management Control Systems, die isolierte Betrachtungen von Steuerungsmechanismen als reduktionistisch verwirft und den Fokus auf das Zusammenspiel mehrerer Steuerungsmechanismen richtet (Feichtner und Grabner 2020, S. 166).

3.2 Konzeptionelle Integration des Controlling-Instrumentariums

Die zunehmenden Anforderungen an die Unternehmenssteuerung durch die Erwartungen der Stakeholder haben zu einer starken Ausdifferenzierung des Instrumentariums geführt, wie Abb. 4 in einer Übersicht zeigt.

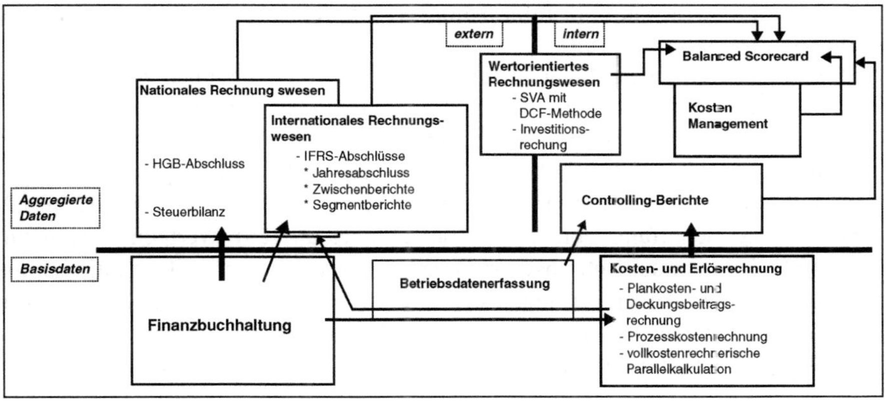

Abb. 4 Historisch mangelnde Integration wegen isolierter zweckspezifischer Ausprägung der Instrumente als Ausgangspunkt

Die jeweiligen Instrumente versuchen immer wieder sowohl regulatorische Anforderungen zu erfüllen, als auch dem Management größere Entscheidungssicherheit zu geben.

So verfügen die Unternehmen über eine Finanzbuchhaltung, die maßgeblich den Anforderungen des Handelsrechts (HGB) folgt, um die Datengrundlage für einen gesetzeskonformen Jahresabschluss zu generieren und auch die Basis für die Steuerbilanz bietet. Später und begleitend dazu hat sich eine Kosten-Erlös-Rechnung herausgebildet, die einerseits differenziert in den Unternehmensstrukturen und andererseits auch in kürzeren Zeitabständen Informationen zur Planung, Kontrolle und Entscheidungsfindung durch das Management bereitstellen sollte. Diese hat sich sehr stark von der externen Rechnungslegung differenziert. Im Sinne von eigenständig gebildeten Kosten-Erlös-Kategorien und der Verfolgung anderer Aussageziele, wie die realistische Erfolgsermittlung oder auch der Herstellung von Vergleichbarkeit durch kalkulatorische Wertansätze, haben sich diese Informationen stark von den Informationen des externen Rechnungswesens gelöst.

Über die stärkere Digitalisierung der betrieblichen Prozesse (vertikale Wertschöpfungskette) wurden auch immer mehr Daten aus technischen oder administrativen Steuerungssystemen gewonnen, sodass moderne Unternehmen über eine Vielzahl von Informationen über den Leistungsvollzug aus dem Betriebsdatenerfassungssystem verfügen. Die zunehmende Digitalisierung soll letztlich dazu führen, dass eine Automatisierung von Prozessen mit Hilfe von Informations- und Kommunikationstechnologien erfolgt, um eine funktionsübergreifende Vernetzung zwischen direkten- und indirekten Unternehmensbereichen zu ermöglichen. Dies führt dazu, dass Daten aus den direkten Unternehmensbereichen automatisch als Informationen beim Entscheidungsträger vorliegen. Ferner wird auch die Digitalisierung von Controlling-Prozessen zunehmend von Bedeutung für die Unternehmenspraxis.

Um diese Informationsflut zu bewältigen, entwickelte sich in den Unternehmen das Controlling, welches wiederum Managementberichte aus diesen Basissystemen generierte, die nicht mit dem Informationssystem des externen Rechnungswesens verkoppelt waren.

Die Hinwendung des Managements in vielen Unternehmungen zum Shareholder Value Ansatz (Rappaport 1999) führte seit den 80er-Jahren zu einer weiteren Relativierung der Steuerung durch die klassische externe und interne Unternehmensrechnung. In der Shareholder Value-Analyse (SVA) von Rappaport (Rappaport 1999) wird der diskontierte freie Cashflow zum zentralen Erfolgsmaßstab erhoben. Die Schaffung von Werten setzt dabei an fünf Wertgeneratoren an: Umsatzwachstumsrate, Betriebsgewinnmarge, Ertragssteuerrate, Investitionen ins Nettoumlauf- und Anlagevermögen sowie Kapitalkosten (Rappaport 1999, S. 39). Erst diese Auflösung macht die DCF-Methode für das Management handhabbar und führt das strategische und das finanzielle Management zusammen (Gomez 1993, S. 30).

Eine erneute zusätzliche Bildung von Instrumenten setzte ein, als neue Instrumente des Kostenmanagements wie Target Costing, Prozesskostenrechnung oder auch Benchmarking aufgekommen sind. Zuletzt hat das Aufkommen in der Abbildung nicht berücksichtigter (weil nicht direkt im klassischen Rechnungswesen angesiedelter) Risikomanagementsysteme sowie neuer Nachhaltigkeitsstrukturen zu einem weiteren Anwachsen der für das Reporting und die Unternehmenssteuerung zu berücksichtigenden Instrumenten gesorgt.

Durch diese Vielzahl von Instrumenten mit zweckspezifischen Aussagen ging ein ganzheitlicher Überblick und damit letztlich die Steuerung verloren. Weil die Instrumente teilweise unterschiedliche Ergebnisse ausgeben, kann dies auch zur Irritation der Unternehmenssteuerung führen (Müller 2003, S. 117 ff.).

Aus den auf diese Weise erhöhten Aufwendungen und der erschwerten Komplexitätsbeherrschung bei Planung, Kontrolle und Reporting resultieren verschiedene Integrationsanforderungen, die primär die Integration des externen Rechnungswesens, des wertorientierten Managements und des Risikomanagements sowie des Nachhaltigkeitsmanagements umfassen. Insgesamt also strebt das privatwirtschaftliche Unternehmen nach einem handhabbareren Rechnungswesen, das stringente Informationen liefert. Abb. 5 zeigt die Vision einer auf die Belange der Unternehmenssteuerung ausgerichtete Verkettung aller Instrumente, die bereits seit geraumer zur Veranschaulichung des Trends zur Integration des Controlling-Instrumentariums eingeführt wurde. (Kilger et al. 2007, S. 6)

Der obere Bereich der Abb. 5 verdeutlicht, dass die bilanzielle Abbildung durch die Kostenrechnung das finanzielle Rechnungswesen und das wertorientierte Rechnungswesen in seinen Ansätzen harmonisiert hat. Wertansätze und Kategorien der einzelnen Instrumente lassen sich somit stringent überführen und bilden eine konsistente Informationsbasis. Diese lässt sich auf einen abgestimmten Einsatz nichtfinanzieller Erfolgsgrößen aus den Bereichen der Kundenbeziehung, der Prozesse und des Ressourceneinsatzes zurückführen.

Nicht zuletzt das hier nicht näher zu behandelnde Gesetz zur Modernisierung des Bilanzrechts (BilMoG) vom 25.09.2009 hat die Bestrebungen zur Harmonisierung von internem und externem Rechnungswesen sehr gefördert. Zuvor führten bereits die Anwendung der International Financial Reporting Standards (IFRS) sowie die

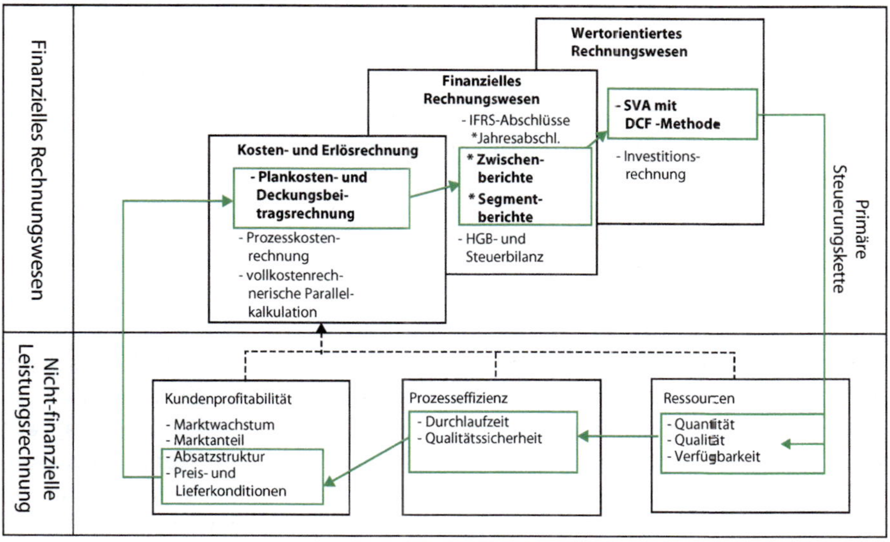

Abb. 5 Die Integration des Rechnungswesensinstrumentariums erlaubt die Bildung einer Steuerungskette zur Abbildung des Geschäftsmodells

auch der amerikanischen Rechnungslegung (US-GAAP) verstärkt dazu, dass sich aus dem externen Rechnungswesen Größen für die interne Unternehmenssteuerung, wie etwa aktivierbare Entwicklungskosten, ableiten ließen. Andererseits benötigen die Aussagen nach IFRS eine umfassendere Untermauerung durch die Kostenrechnung und andere Controllinginstrumente.

Eine weitere Integrationsaufgabe betrifft die wertorientierte Steuerung deren Implementierung durch das Controlling eine Integration in das gesamte Rechnungswesen erforderlich machte (Günther 2013) Schon in den 80er-Jahren entwickelte Küpper einen Vorschlag, die Kostenrechnung investitionstheoretisch zu fundieren (Küpper 1985, S. 26 ff.) und dazu auch die Kategorien Kosten und Erlöse durch diskontierte Zahlungen zu ersetzen. Die Kategorien des internen Rechnungswesens sind an sich offen (Holzwarth 1993, S. 100). Daher ist es zulässig, Kosten und Erlöse auch als zukünftige diskontierte Zahlungsstromänderungen zu interpretieren. Auch wenn es mit Blick auf die praktische Handhabung zur Vermeidung von Missverständnissen zweckmäßiger erscheint, finanztheoretisch fundierte Kalküle auch terminologisch von den konventionellen Kosten- und Erlösrechnungen zu trennen. Die Investitionsrechnung und die Kostenrechnung liegen dennoch näher beieinander als gemeinhin wahrgenommen. Mangels vorliegender Finanzpläne müssen die Ein- und Auszahlungsströme per Prognose ermittelt werden. Hierzu bietet die auf konkreten Zeiten- und Mengengerüsten aufbauende Kosten-, Erlös- und Ergebnisrechnung vielfach eine gute Ausgangsbasis, insbesondere wenn sie auf pagatorische Erfolgsgrößen zurückgreift. In der Literatur wird die Ableitung des benötigten freien Cashflows aus dem internen Betriebsergebnis vorgeschlagen (Knorren 1998, S. 207). Dazu ist das Betriebsergebnis wie folgt umzurechnen:

Betriebsergebnis
+ im Betriebsergebnis angesetzte Abschreibungen
+ im Betriebsergebnis angesetzte Kapitalkosten
+ (ggfs.) im Betriebsergebnis enthaltene sonstige kalkulatorische Kosten
+ Erhöhung (./. Auflösung) von langfristigen Rückstellungen
= Brutto-Cashflow
– Investitionen in das Anlagevermögen (+ Desinvestitionen)
– Erhöhung (+ Senkung) des Working Capital
– Steuerzahlung
= Freier Cashflow

Die Integration des Risikomanagements (Krolak und Pampel 2016) schafft einen mit Integration des externen Rechnungswesens verwandten Integrationsaspekt. Trotz aller neuen regulatorischen Anforderungen ist die Beachtung der angemessenen Balance von Chancen und Risiken keine neue Controllinganforderung. Aufgrund der zunehmenden regulatorischen Anforderungen in Bezug auf das Risikomanagement der Unternehmen ist die Frage, inwieweit das zur Unternehmenssteuerung eingesetzte Controlling diese Anforderungen mit bewältigen kann, nicht nur interessant sondern auch ein Gebot der Effektivität und der Effizienz des Risikomanagements selbst.

Schließlich resultiert aus der bereits angesprochenen Befassung des Controllings mit Nachhaltigkeitsinformationen ein weiterer instrumenteller Integrationsaspekt.

3.3 Unternehmenssteuerung im Zeitalter der Digitalisierung

Die Digitalisierung der Unternehmenssteuerung umfasst verschiedene Perspektiven.

3.3.1 Digitalisierung von Geschäftsprozessen und der Unternehmenssteuerung

Die Digitalisierung verändert derzeit die Wirtschaft und Gesellschaft so grundlegend, wie einst die industrielle Revolution (vgl. Brynjolfsson und McAfee 2014). Selbst versierte Manager überrascht das Ausmaß, mit der sich aktuell die Digitalisierung durchsetzt und immer weitere Anwendungspotenziale erschließt (Pampel 2017). Dabei ist die aktuelle Digitalisierungswelle einerseits ein Resultat von beeindruckenden Leistungssteigerungen bei Speicherkapazitäten, Prozessorleistungen, Datentransfervolumen und -geschwindigkeit, sinkenden Kosten in der Sensorik und Fortschritte in der Softwareentwicklung einschließlich der Abbildung von Problemen durch neuartige Algorithmen. Für Controllingprozesse bedeutsame digitale Innovationen sind Robotics (mit Chatbots als textbasierte, volltextsuchfähige Ein-und Ausgabesysteme und Cobots (Collaborative Bots), die Menschen-Mimik Routinearbeiten abnehmen). Diese Bots sind häufig mit Natural Language Processing (NLP) und Optival Character Recognition (OCR) verbunden sowie mit Predictive Analytics und Machine Learning verknüpft und so insgesamt auf dem Weg zur künstlichen Intelligenz.

Durch die digitalen Innovationen wandeln sich derzeit neben den viel beachteten neuen Geschäftsmodellen auch die Geschäftsprozesse sehr stark. Dies wirkt sich sowohl mittelbar als auch unmittelbar auf die Prozesse der Unternehmenssteuerung aus. Als primär Informationen gewinnende, verarbeitende und aufbereitende Aktivitäten werden diese in besonderer Weise IT-basiert unterstützt. Digitalisierung gleichzusetzen mit der Automatisierung von (Geschäfts-)Prozessen greift jedoch zu kurz. Freilich können durch moderne Technologien und Softwarelösungen Medienbrüche verringert und die Effizienz von (Geschäfts-) Prozessen gesteigert werden, jedoch bilden Daten die Basis der Digitalisierung. Verschiedene Systeme (oder auch Data Lake) liefern dabei strukturierte (Zahlen) und unstrukturierte (Texte, Bilder), interne (Produktion und Produkte) und externe (Kunden und Lieferanten) Daten (Knapp und Wagner 2019, S. 1643). Die Unternehmenssteuerung wurde in den vergangenen Jahren insbesondere durch den Einsatz von Management-Informationssystemen und Management-Unterstützungssystemen revolutioniert. Diese Entwicklung erlangte ihren vorläufigen Höhepunkt in dem Konstrukt der sogenannten Business Intelligence (Raber 2014, S. 5 ff.)

Sprach man zunächst von einer Klasse der „Management Support Systeme", wurden im Zuge der ständigen Weiterentwicklung der IT-Unterstützung von Managementsystemen bald in einem engeren Verständnis unter Business Intelligence „lediglich wenige Kernapplikationen verstanden, die eine Entscheidungsfindung unmittelbar unterstützen" (Kemper et al. 2010, S. 3).

Als solche gelten das Online Analytical Processing (OLAP) und die Management Information Systeme (MIS) bzw. Executive Information Systems (EIS) (Kemper et al. 2010, S. 3). Allerdings hat sich tendenziell ein weiteres Verständnis von Business Intelligence durchgesetzt, das alle Anwendungen umfasst, die direkt oder indirekt Entscheidungen unterstützen. Dazu zählen neben OLAP und MIS/EIS auch Data Warehouse, Reporting, Kennzahlen-, Balanced Scorecard-Systeme, Data Mining, Analytisches CRM (= Customer Relationship Management) und Planung (Kemper et al. 2010, S. 3). Mithin sind zahlreiche Controllingstrukturen angesprochen und es ist die starke Überschneidung zum Controlling zu sehen. Business Intelligence ist letztlich jeweils unternehmensspezifisch aufzubauen und individuell auf der Basis der Analyse von speziellen Anforderungen des Geschäftsmodells, der Unternehmensorganisation und der IT-Landschaft auszugestalten. Dennoch konnte von Kemper, Baars und Mehanna (Kemper et al. 2010) ein allgemeiner Ordnungsrahmen formuliert werden, der den generischen Aufbau der Business Intelligence strukturiert:

- Informationszugriff über Portale
- Informationsgenerierung und- distribution mit der eigentlich Analyse und
- Datenbereitstellung

Dabei setzt die Business Intelligence auf zahlreichen operativen Systeme mit strukturierten und unstrukturierten Daten auf, die in den verschiedenen einzelnen Unternehmensfunktionen verankert oder auch außerhalb des Unternehmens installiert sind. Diese hier nicht näher zu betrachtenden Systeme sind unter anderem für die Supply Chain (SCM), den elektronischen Einkauf (e.Proc.), die übergreifende Fertigungssteuerung (ERP) und das Kundenmanagement (CRM) zuständig – mithin nicht etwa für das Rechnungswesen oder Controlling entwickelt worden. Darunter liegen wiederum unterschiedliche spezialisierte Systeme etwa für die Entwicklung von Produkten (CAD) zusammengefasst zu CAx sowie für Produktionsplanung im engeren Sinne (PPS), das Steuerungssystem mit Industrie 4.0 Grundlagen für die Fertigung (MES) und das Produktdatenmanagement bzw. Produktlebenszyklusmanagement (PDM/PLM).

Im Zentrum von BI stehen die grundlegenden Elemente BI-Portal, Analysesysteme, Informationsdistribution, Data Mart (mit Core Data Warehouse, Operational Data Store) und dem Content & Document Management, die eingebettet in die umfassenden Metadaten in drei Phasen die Datenbereitstellung, die Informationsgenerierung/-distribution und den Informationszugriff unterstützen.

Standen ursprünglich zunächst die Fertigungsbereiche, u. a. aufgrund der industriellen Prägung der deutschen Wirtschaft, im Vordergrund, lassen sich jedoch durch die Digitalisierung bzw. den technologischen Fortschritt auch im Controlling zahlreiche Vorteile, insbesondere automatisierte Prozesse, realisieren (Wullenkord und Rapp 2019, S. 222). Controllingprozesse erscheinen auch heute noch nur wenig automatisiert, es bieten sich jedoch große Potenziale insbesondere im Reporting und dem Planungsprozesse. Neue Technologien wie bspw. Robotic Process Automation (RPA) bieten dabei neue Ansatzpunkte für eine Automatisierung (Kirchberg und Müller 2016, S. 85). Die Digitalisierung der Prozesse ermöglicht letztlich die Steigerung der übergreifenden Effizienz und Qualität sowie die Reduktion der Transaktionskosten (Ahmad et al. 2020 S. 4553) und ist mitunter Bestandteil einer gesamten Digitalisierungsstrategie (Leischnig et al. 2016). Insbesondere mittelständische Unternehmen setzten sich verstärkt mit der Prozessdigitalisierung auseinander, während in Großunternehmen bereits verstärkt an Ökosystemen und der Digitalisierung der gesamten Wertschöpfungskette gearbeitet wird (Botzkowski 2018, S. 123 ff. und Becker et al. 2018, S. 4541).

3.3.2 Advanced Analytics in der Unternehmenssteuerung

Business Intelligence befasst sich dabei primär mit der Aufbereitung und Nutzung von wertschöpfungsorientiertem Wissen zur Entscheidungsfindung. In den letzten Jahren hat sich dieser Trend durch die stark zunehmende Datenmenge weiter verstärkt. Aufgrund der zunehmenden Verfügbarkeit enormer Datenmengen können durch Advanced Analytics neue Analysen durchgeführt werden (Becker et al. 2015, S. 264). Wichtig ist dabei, Business Intelligence und Advanced Analytics voneinander abzugrenzen. Während Methoden wie Standard-Reports, ad hoc-Berichte, Statistische Analysen (was ist geschehen) und Forecasts dem Business Intelligence zuzuordnen sind, befasst sich Advanced Analytics mit zukunftsgerichteten Fragen (was wird geschehen, was soll geschehen). Während in der Vergangenheit im Controlling primär strukturierte Daten mittels statistischer Verfahren analysiert wurden (Business Intelligence), werden zukünftig auch unstrukturierte Daten zunehmend an Bedeutung erlangen. Künstliche Intelligenz wird daher zunehmend Einzug halten in das Controlling (Appelbaum et al. 2017).

Für die Unternehmensteuerung ergeben sich jedoch nicht nur durch die Anwendung von Advanced Analytics neue Möglichkeiten, sondern auch durch die Verfügbarkeit von Echtzeitinformationen, da diese die Handlungsgeschwindigkeit von Unternehmen erhöhen können (Becker et al. 2016, S. 116). Weißenberger und Bauch (2019, S. 703 ff.) sprechen daher auch vom Controlling in der Echtzeit-Economy. Allerdings gilt für das Controlling wie auch für Management Control Systems im Besonderen, dass die wissenschaftliche Literatur zur Anwendung von Big Data und künstlichen Intelligenz bisher eher wenig beigetragen hat obwohl diese Entwicklungen für die Planung und Steuerung ein erkennbar hohes Potenzial aufweisen (Feichtner und Grabner 2020, S. 171).

3.3.3 Weiterentwicklung der Konzepte Unternehmenssteuerung

Das Controlling entwickelt sich im Zuge der fortschreitenden Digitalisierung um zwei wesentliche Aspekte weiter. Der erste Aspekt betrifft den Ausbau des Controllings in der Rolle zum innovativen Aufbau, zur laufenden Anpassung, zur systematischen Nutzung und zur konsequenten Weiterentwicklung wertschöpfender Geschäftsmodelle, die eine neue Ausrichtung des Controllings erfordern (Pampel 2017). Der zweite Aspekt nimmt Bezug auf die Entwicklung des Controllings zum Business Partner, mit dem Ziel, die Digitale Transformation von Geschäftsmodellen effektiv und effizient zu gestalten (Becker 2016, S. 327).

Neben der Weiterentwicklung des Controllings ist eine digitale Weiterentwicklung der existierenden quantitativen und qualitativen Kennzahlen notwendig, die für Planungs- und Kontrollzwecke nutzbar sind. Diese müssen ferner durch dynamische, algorithmenbasierte Kennzahlen ergänzt werden. Eine Verknüpfung etablierter Finanzkennzahlen mit neuen Kennzahlen ist daher sicherzustellen (Schlenkrich und Wisbert 2019, S. 53 sowie Schönbom und Egle 2016, S. 226). (Schönbom und Egle (2016), S. 227 ff.) empfehlen deshalb die Etablierung eines flexiblen und zielgerichteten Konzepts zur Messung des digitalen Wertbeitrages mittels eines Digitalcockpits, welches aus der Digitalstrategie abzuleiten ist. Das Digitalcockpit mit den vier heuristischen Dimensionen (am Beispiel eines Medienunternehmens) Community, Partner, Portfolio und Ressourcen kann dabei folgende digitalspezifische Kennzahlen beinhalten (auszugsweise):

- Community: Reichweite, Traffic, Cost per Click, NPS, Search Engine Performance, Conversion Rates
- Partner: Digital FTE, Earn-out Ratio,
- Portfolio: Digitalumsatz, Anteil Digital EBITDA, online-Werbeumsatz
- Ressourcen: IT-Kosten, Abschreibungen digitaler Investitionen

Durch Abweichungsanalysen ist es sodann möglich, Lerneffekte und Veränderungsprozesse anzustoßen, aber auch eine Verhaltenssteuerung zu erzielen, da durch die Kontrolle verstärkt der Fokus auf die Wertschöpfung gelegt werden kann (Schönbom und Egle 2016, S. 227 f.).

4 Unternehmenssteuerung mittels Plankosten

Die bisherigen Ausführungen haben verdeutlicht, dass die Plankostenrechnung nicht nur der Wirtschaftlichkeitskontrolle mittels Abweichungsanalysen dient, sondern auch der aktiven Unternehmenssteuerung. In den letzten Jahren fand einerseits eine Weiterentwicklung zum Performance Measurement bzw. Performance Management statt, andererseits ergeben sich durch die zunehmende Digitalisierung neue Möglichkeiten der Unternehmenssteuerung.

Aus Platzgründen kann hier nur ein Überblick gegeben werden, der auf ausführlichen Darstellungen der Spezialliteratur beruht (vgl. Kilger et al. 2012). Allerdings scheint die Plankostenrechnung inzwischen aber offenbar auch längst den Charakter von Allgemeingut erlangt hat, wie die Behandlung in Lehrbüchern zeigt (siehe etwa Weber und Weißenberger 2015, S. 339 ff.)

4.1 Kostenstellen-Soll-Ist-Vergleiche

Die Unternehmenssteuerung auf Basis von Kostenabweichungen – führt insbesondere die aus der Verbrauchsabweichung abgeleiteten Spezialabweichungen zur Erklärung von spezifischen Kosteneinflussgrößen – zu komplexen Modellen, die anspruchsvollen Problemlösungen erfordern (Glaser 1999). In der Unternehmenspraxis erfolgt oftmals eine schlankere Vorgehensweise, um die Komplexität nicht zu überhöhen.

Die Ergebnisse der Kostenplanung dienen als Grundlage für den monatlichen Soll-Ist-Kostenvergleich. Hierzu werden alle Kostenstellen mit den von ihnen verursachten Istkosten belastet. Weiterhin werden die Ist-Bezugsgrößen ermittelt und mit ihrer Hilfe die geplanten Kosten auf die Sollkosten umgerechnet. Subtrahiert man von den Istkosten die zugehörigen Sollkosten, so erhält man die (nach Kostenarten und Kostenstellen differenzierten) Kostenabweichungen für das Controlling der Kostenstellen.

4.2 Herstellkosten-Soll-Ist-Vergleich

Der Herstellkosten-Soll-Ist-Vergleich ist insbesondere in Unternehmen mit standardisierten Leistungen notwendig. Die Standardisierung führt dazu, dass Strukturen und Leistungsprozesse für die Dauer einer Planungsperiode im Voraus festgelegt werden können. Dies ermöglicht für sämtliche Erzeugnisse des Unternehmens die Erstellung einer Plankalkulation, die für die Dauer der Planperiode konstant bleibt. Die ermittelten Plan-Herstell- und Plan-Selbstkosten der betrieblichen Leistungsergebnisse stellen die Grundlage für die kurzfristige Erfolgsrechnung dar. Eine notwendige Bedingung ist ferner, dass im Unternehmen keine ständig wechselnden Produktionsabläufe stattfinden. Für Einzel- und Auftragsfertigung ist es aufgrund des ständig wechselnden Produktaufbaus nicht möglich, eine Plankalkulation zu etablieren. Bei Anwendung der Plankostenrechnung werden Vor- und Nachkalkulation erstellt und entsprechende Kostenabweichungen ermittelt. Die Nachkalkulation wird dabei als Standard-Nachkalkulation verstanden (Medicke 1992).

4.3 Ergebniscontrolling

Wenn kostenseitig der Herstellkosten-Soll-Ist-Vergleich ermöglicht wurde, muss im nächsten Schritt die Erlösseite betrachtet werden, um letztlich zu einem Ergebniscontrolling zu gelangen. Diesbezüglich werden zunächst die Umsätze der verkauften Erzeugnisse/Produkte den entsprechenden Plan-Selbstkosten gegenüber gestellt. Eine Zurechnung der angefallenen Kostenabweichungen erfolgt anschließend. In der Unternehmenspraxis haben sich in diesem Zusammenhang die Formen der geschlossenen und nicht-geschlossenen Kostenträgererfolgsrechnung etabliert (Plaut 1953; Medicke 1992). Die nicht-geschlossene Kostenträgererfolgsrechnung ist auch unter dem Synonym der Artikelergebnisrechnung bekannt. Vorteil der geschlossenen Form der Kostenträgererfolgsrechnung ist die exakte Abstimmung mit allen übrigen Teilen der Kostenrechnung sowie der Ausweis der rechnerischen Bestände der Halb- und Fertigerzeugnisse und eine genaue Verrechnung der Kostenabweichung im Kontext des Erfolgsausweises. Problematisch ist dies jedoch bei hohem Rechenaufwand, da dann die Differenzierungsmöglichkeiten äußerst begrenzt sind. Die nicht geschlossene Form der Kostenträgererfolgsrechnung ist rechentechnisch einfacher und ermöglicht eine unbegrenzte Differenzierung des Erfolgsausweises nach Erzeugnisarten, Verkaufsgebieten und sonstigen Merkmalen. Es fehlen jedoch Abstimmungsmöglichkeiten und Bestandsausweis. Letztlich sind Kostenabweichungen nur mit Hilfe von Näherungsverfahren ermittelbar, wodurch eine hohe Ungenauigkeit entstehen kann.

Abb. 6 zeigt eine konsolidierte Deckungsbeitragsrechnung. Die Istdaten bis zum Deckungsbeitrag 3 entstammen aus Absatz- bzw. Umsatzzahlen und stehen dem Unternehmen verhältnismäßig zeitnah – bei Fakturierung – zur Verfügung. Die Istkosten der restlichen Bereiche entstammen der Kostenstellen- bzw. Werkauftragsabrechnung und werden monatlich bereitgestellt. Mittels der konsolidierten Deckungsbeitragsrechnung ist es möglich, Plan-Ist-Abweichungen zu ermitteln und diese prozentual darzustellen.

4.4 Gemeinkostencontrolling

Der monatliche kostenstellenbezogene Soll-/Istkostenvergleich eignet sich prinzipiell auch zur Steuerung des Gemeinkostenblocks, soweit die Kostenplanung und -kontrolle auch hier leistungsbezogen vorgenommen wird. Das Gemeinkostencontrolling gewinnt zunehmend an Bedeutung, aufgrund einer zunehmenden Verlagerung der Kostenentstehung in indirekte Bereiche.

DB - Plan - Istvergleich (Gesamtunternehmen)					
Erzeugnisgruppe	P 10	Getriebe	Getriebebau AG		
Artikelnummer	P 10101	Getriebe SGW			
Region		Gesamt			
Zeitraum		Plan 1-3	IST 1-3	Abw. (abs.)	Abw. (%)
Bruttoumsatz		**20.328.756**	**19.371.291**	**957.465**	**5 %**
Rabatte		2.554.198	2.422.405	131.793	5 %
Bruttoerlöse		17.774.558	16.948.886	825.672	5 %
Bonus		107.549	102.516	5.033	5 %
Skonto		162.405	158.962	3.443	2 %
Nettoerlös 1		**17.504.604**	**16.687.408**	**817.196**	**5 %**
Frachten		227.831	214.016	13.815	6 %
Provisionen		1.194.110	1.128.571	65.539	5 %
Transport		149.910	140.635	9.275	6 %
Verpackung		333.891	316.837	17.054	5 %
Exp. Förderung		–482.657	–437.786	–44.871	9 %
Nettoerlös 2		**16.081.519**	**15.325.135**	**756.384**	**5 %**
HK prop. MP					
Materialkosten		3.806.044	3.598.439	207.605	5 %
Fertigungskosten		5.987.982	5.676.863	311.119	5 %
Sek. Fertigungskosten		318.792	301.908	16.884	5 %
Deckungsbeitrag 1		**5.968.701**	**5.747.925**	**220.776**	**4 %**
HK prop. AP					
Mat. Bereitstellung		352.059	342.634	9.422	3 %
Fertigungsunterstützung		611.464	594.751	16.713	3 %
Deckungsbeitrag 2		**5.005.178**	**4.810.537**	**194.641**	**4 %**
HK fix					
Fertigung		2.063.978	1.961.256	102.722	5 %
Sek. Fertigungskosten					
Mat. Bereitstellung		162.983	158.559	4.424	3 %
Fertigungsunterstützung		212.826	206.944	5.882	3 %
Lebenszyklus Kosten		254.592	247.213	7.379	3 %
Deckungsbeitrag 3		**2.310.799**	**2.236.565**	**74.234**	**3 %**
Konstruktion/Entwicklung allg.		70.236	65.389	4.847	7 %
Marketing		188.786	167.252	21.534	11 %
Marketing, auftr.		111.000	72.538	38.462	35 %
Fertigungswarenlager		202.938	199.416	3.522	2 %
Deckungsbeitrag 4		**1.737.839**	**1.731.970**	**5.869**	**0 %**
Vertriebsabwicklung		751.023	731.679	19.344	3 %
Versand		287.046	285.184	1.862	1 %
Deckungsbeitrag 5		**699.770**	**715.107**	**–15.337**	**–2 %**
Vertriebsleitung		150.738	162.845	–12.107	–8 %
Verwaltung/DV		848.562	831.117	17.445	2 %
Unternehmensleitung		509.517	512.626	–3.109	–1 %
Deckungsbeitrag 6		**–809.047**	**–791.481**	**–17.566**	**2 %**

Abb. 6 Deckungsbeitrags-Plan-Istvergleich (Kilger et al. 2012, S. 650)

4.5 Projektkostencontrolling

Im Rahmen des Projektkostencontrollings werden projektbezogene Kosten geplant und mittels einer Gegenüberstellung der Istkosten und der mit dem erreichten Projektfortschritt verbundenen Sollkosten kontrolliert. Aperiodisch anfallende Kosten werden über Abgrenzungsaufträge mit den Planquoten verrechnet, welche anschließend zur Kontrolle der kumulativen Istwerte verrechnet werden. Sowohl Mengenabweichungen als auch Preisabweichungen werden ausgewiesen. Der Ausweis von Preisabweichungen in der Plankostenrechnung erfolgt durch Preisdifferenzkonten.

4.6 Plankosten für Entscheidungsunterstützung

Die Einführung flexibler Plankostenrechnungen wurde vielfach auch mit den Anforderungen zur Unterstützung der Entscheidungsfindung begründet. Die Entscheidungsfindung im Rahmen der betriebswirtschaftlichen Theorie und Praxis wird seit Jahren kontrovers diskutiert und auch in Zukunft einen zentralen Untersuchungsgegenstand der Betriebswirtschaftslehre darstellen (insbesondere Klassifikation der Entscheidung, Entscheidungskriterien, beteiligte Akteure, Zentralisationsgrad, Entscheidungsdauer, Entscheidungsverhalten und Instrumente zur Entscheidungsunterstützung).

Damit im Kontext der Verfahrenswahl bei mehreren Fertigungsverfahren möglichst richtige Entscheidungen getroffen werden können, ist eine aussagefähige Zurechnung der tatsächlich entscheidungsrelevanten Kosten essenziell. Diese Entscheidungen können, im Falle eines gegebenen Vorbereitungsgrades, noch kurzfristig getroffen werden. Die Frage, welche Anpassungen letztlich in den Kostenvergleich einfließen, ist im Wesentlichen durch die Fristigkeit bestimmt.

Ob bestimmte Leistungen zugekauft oder selbst erstellt werden (Make or Buy) muss ggfs. kurzfristig, in Abhängigkeit von der gewählten Bereitstellungsstrategie, entschieden werden. Make or Buy-Entscheidungen bedingen diesbezüglich zwingend Kenntnis über die Grenzkosten.

Sobald Kosten- und Erlösveränderungen simultan disponiert wurden, ist es möglich, die Plankosteninformationen in deckungsbeitragsrechnerische Entscheidungskalküle zu integrierten.

Informationen über die kostenmäßigen Preisuntergrenzen (langfristig wie kurzfristig), erzielbare Deckungsbeiträge oder zu beachtende Engpässe bei erzielbaren Deckungsbeiträgen pro Engpass sind insbesondere dann notwendig, wenn der Absatz bestehender Leistungen an bekannte Kunden und mittels definierter Vertriebswege sowie unter Berücksichtigung einer marktorientierten Preisbestimmung erfolgt.

Liegen keine Engpässe vor, sind grundsätzlich zunächst alle Produkte mit positivem Deckungsbeitrag in das Programm aufzunehmen. Falls ein oder mehrere unabhängige Kostenengpässe vorliegen, muss eine Zuordnung von Kapazitäten zu Produkten vor dem Hintergrund der höchsten Deckungsbeiträge erfolgen (engpassbezogene Deckungsbeiträge oder spezifische Deckungsbeiträge). Einen Ansatz zur Lösung bietet diesbezüglich die lineare Optimierung, welche bei mehreren voneinander abhängigen Engpässen eingesetzt werden kann.

Die Daten der Plankostenrechnung sind ferner für Entscheidungsrechnungen, Investitionsrechnungen und wertorientierte Ansätze relevant. Zum einen ist ein investitionsrechnerisches Instrumentarium im Rahmen wertorientierter Ansätze notwendig; die Daten dafür liefert das interne Rechnungswesen. Zum anderen ist es notwendig, die zu verfolgenden Einflussgrößen der wertsteigernden Strategien auf die operative Handlungsebene herunterzubrechen und für die ständige Verfolgung zu operationalisieren. Dies bedingt nach wie vor die Größen der Grenzplankostenrechnung und Deckungsbeitragsrechnung.

5 Empirische Erkenntnisse zur Nutzung der Plankostenrechnung in der Unternehmenspraxis

Zur Beantwortung der Frage, ob Controller noch Grenzplankostenrechner sind, ist ein Blick in die Empirie hilfreich.

Dass die Plankostenrechnung bis zum Ende des letzten Jahrhunderts eine weite Verbreitung erreichte, beweist die empirische Untersuchung von Währisch aus dem Jahr 1998, nach der kleinere Unternehmungen zu 49 %, mittlere zu 65 % und große zu 61 % über grenzkostenbasierte Kalkulationen verfügten und über alle Größenklassen hinweg zu 42 % Grenzkosten in kurzfristigen Erfolgsrechnungen führten. Schäffer und Steiners untersuchten im Jahr 2005, wie Geschäftsführer und Vorstände in deutschen Industrieunternehmen ihre Kostenrechnung nutzen. Von den 449 teilnehmenden Unternehmen gaben 24 % an, die Plankostenrechnung sehr intensiv zu nutzen und 23 % bestätigten eine intensive Nutzung. Lediglich 11 % nutzten die Plankostenrechnung gar nicht. Ferner zeigt die Studie, dass 71 % der Unternehmen die Plankostenrechnung laufend benutzten und nur 29 % fallweise. Eine etwas jüngere Untersuchung stammt von Friedl et al., die im Jahr 2008 (Friedl et al. 2008) den Stand und Perspektiven der Kostenrechnung in deutschen Großunternehmen untersuchten. Die Autoren kamen zu dem Ergebnis, dass 91,1 % der befragten Unternehmen eine Plan- oder Grenzplankostenrechnung nutzten und 86,7 % der befragten Unternehmen zwischen fixen und variablen Kostenbestandteilen unterschieden. Ein differenzierter Ausweis fixer und variabler Kostenbestandteile fand dabei in der Kostenstellenrechnung (44,4 %), in der Kostenträgerstückrechnung (35,6 %) oder durch eine Deckungsbeitragsrechnung (68,9 %) statt. Der ausschließliche Ausweis variabler Kostenbestandteile in der Kostenstellenrechnung (0 %) und in der Kostenträgerrechnung (4,4 %) war hingegen rudimentär. Die Autoren stellen darüber hinaus fest, dass zwar 86,7 % der Unternehmen zwischen variablen und fixen Kosten unterschieden, jedoch lediglich sechs der befragten Unternehmen ihr Kostenrechnungssystem selbst als Grenzplankostenrechnung bezeichneten (Friedl et al. 2008). An dieser eher pragmatischen als in Bezug auf das Kilgersche Kostenrechnungssystem konzepttreuen Umsetzung dürfte sich auch bis heute nicht viel geändert haben.

Aktuellere anwendungsorientierte Untersuchungen zur Empirie des Rechnungswesens legen in der Regel einen Fokus auf die Digitalisierung. Die generelle Beobachtung, dass es für die Digitalisierung des Rechnungswesens an einer grundlegenden Digitalisierungsstrategie mangelt (Buhl et al. 2017), dürfte auch für die Plankostenrechnung gelten. Im Controlling und für die Kostenrechnung sind auch die in einer auf das Rechnungswesen insgesamt bezogenen Studie von Hess et al. (2017) beobachteten Schwächen relevant, nach denen Prozesse vor der Digitalisierung nicht optimiert werden und weitere Probleme wie der Fachkräftemangel, die Englischsprachigkeit der Systeme und mangelnde Einbeziehung von Mitarbeitern in die Umstrukturierungsmaßnahmen die Digitalisierung erschweren. Vor einer euphorischen Überschätzung des Digitalisierungsstandes schützt die Kenntnisnahme der Ergebnisse einer Studie (Hess et al. (2017), S. 27) mit der Klassifikation von Unternehmen in Digitale Vorreiter 0 % (kein Unternehmen), Digitale Pioniere 15 %, Mittelfeld 66 %, Digitale Anfänger 14 % und Digitale Konservative 5 % von 146 erhobenen größtenteils kapitalmarktorientierten Unternehmen verschiedener Branchen. Bestätigt wird diese Einschätzung auch durch die Mitwirkung eines Autors dieses Beitrags an einer 2019 durchgeführten Studie, die in acht Tiefeninterviews mit den Leitungen des Finanzbereiches von bekannten führenden Großkonzernen ergab, dass die aktuell diskutierten digitalen Innovationen im Rechnungswesen in der Regel bisher nur vereinzelt im Pilotstadium Einsatz finden, dass Controllingprozesse weniger priorisiert werden und im Vergleich zu Prozessen im Procurement-2-Pay oder Order-2-Cash mit Digitalisierungsdruck mit Blick auf Kostensenkungspotenziale aus großen Transaktionsvolumina gegebenenfalls eher aus autonomem Digitalisierungsstreben innoviert werden. Überhaupt beschäftigt sich laut einer Studie der Boston Consulting Group (BCG) erst jedes zweite Unternehmen in Deutschland mit KI, in China bereits neun von zehn (BCG 2018).

6 Wer rechnet in der Zukunft mit Plankosten?

Letzteres führt zu einem weiten Blick in die Zukunft der Plankostenrechnung mag dieser auch vermessen erscheinen. Der Blick zurück auf die enge Kopplung der Verbreitung der Plankostenrechnung mit dem informationstechnischen Fortschritt legt durchaus nahe, dass die Plankostenrechnung noch zukünftig über eine digitale Entwicklungsperspektive verfügt.

Bereits (1991) listete Fiedler bedeutsame Vorteile für die Unterstützung von Managemententscheidungen mit „wissensbasierten Systemen" auf und betonte die Entlastung des Controllers von Routinetätigkeiten und Schaffung von Kapazität zur Bewältigung innovativer und komplexer Aufgaben, personenunabhängige gleiche Beurteilung gleichartiger Analysesituationen, vollständige und qualitativ höherwertige Analysen durch Systemunterstützung, zur Verfügung stellen von Controlling-Expertenwissen für andere Mitarbeiter, stärkere Unabhängigkeit des Unternehmens von einzelnen Personen durch Speicherung von Spezialistenwissen und leichtere Beherrschbarkeit komplexer Aufgabengebiete. Diese früh identifizierten Vorteile haben sich inzwischen nicht nur bestätigt, sondern können mit aktuellen Trends wie webbasierten Bots, einer zunehmenden Entwicklung hin zu automatisierten Lernen etwa durch neuronale Netze hin zur künstlichen Intelligenz weiter ausgebaut werden. Die oben bereits behandelte Unterstützung der Unternehmenssteuerung mit Machine Learning und Predictive analytics kann auch als Schritte der Entwicklung zur künstlichen Intelligenz gesehen werden.

Ein gängiges Konzept der künstlichen Intelligenz besteht darin, intelligentes Verhalten basierend auf dem Merkmal der menschlichen Intelligenz zu replizieren, um menschlich zu handeln, ohne tatsächlich menschlich zu sein (Gentsch 2017). Whitby (2012) schreibt und begrenzt damit auch gleichzeitig die künstliche Intelligenz: „Artificial Intelligence is the study of intelligent behavior and the attempt to find ways in which such behavior could be engineered in any type or artefact“ (S. 6). Thus, artificial intelligence is mainly the attempt to reduce human-like intelligence, and not to replace it. KI umfasst also die Wahrnehmung, Argumentation, Lernen und Kommunikation für das Agieren in komplexen Umgebungen (Nielsen 1998). Dabei lassen sich die Ausprägungsstufen symbolische künstliche Intelligenz und subsymbolische künstliche Intelligenz unterscheiden (Dirksen und Schrills 2018): Subsymbolische Intelligenz bilden Systeme, die eine menschenverständliche Sprache verwenden und mit Natural Language Processing Textbedeutungen herausfiltern. Sie generieren natürliche Sprache generieren berücksichtigen dabei auch Grammatik und Stil. Derzeitig kennt man im privaten Bereichen Produkte für die Sprachassistenz wie Siri, Alexa, Cortana und Google Assistant. Aber längst sind auch für Unternehmen geeignete Applikationen wie Hyper Anna, CRM-Software TecArt, Sisense oder Cisco Spark Assistent mit unterschiedlich Fähigkeiten zur Suche nach Unternehmensdaten und den Nutzer unterstützenden Ausgaben in unterschiedliche Formaten verfügbar (Digitales Wirtschaftswunder 2017). Gleichzeitig handelt es sich um regelbasierte Expertensysteme, die auf von Menschen verfasste Informationen angewiesen sind. Subsymbolische künstliche Intelligenz kann ohne eine vorherige Festlegung von Regeln selbstständig bestimmte Muster ableiten und erkennen, was zum eigenständigen Lernen führt.

Für ein „Deep Learning“ ist die Verfügbarkeit großer Datenmengen erforderlich, die entsprechenden Algorithmen verarbeiten. Mit Blick auf die „Selbständigkeit“ des maschinellen Lernens unterscheidet man, Supervised Learning, Unsupervised Learning und Reinforcement Learning als aufeinander folgende Stufen mit zunehmender Künstlicher Intelligenz (Buxmann und Schmidt 2018). Der Begriff des Reinforcement Learning ist der Psychologie entlehnt und wurde bereits seit den Anfängen der Kybernetik verwendet. So benutzte schon Marvin Minsky den Begriff in seiner Dissertation von 1954 (Minsky 1954). Die Modelle des bestärkenden Lernens versuchen das Lernverhalten in der Natur nachzubilden. Allerdings sind die vorgenannten Unterscheidungen noch keine wirkliche künstliche Intelligenz, die man als System mit einem programmierten dem menschliche Wesen vergleichbaren Daseinszweck verstehen kann (Luger 2005). Vielmehr erreicht man allmählich einen Entwicklungsstand den man hinsichtlich der Intelligenz den man zunächst als „Weak AI“ bezeichnet und damit eine simulierte Intelligenz meint, die durch Algorithmen simple Entscheidungen selbstständig treffen kann.

Die davon als Zielbild zu unterscheidende Strong AI würde dagegen eine wirkliche nach menschlichen Maßstäben funktionierende Intelligenz bedeuten, die in der Lage ist sich selbst zu reflektieren und sich somit zu erweitern,

Nach Expertenmeinung braucht sie noch 20 bis 40 Jahre (Braga und Logan 2017), wenn sie denn überhaupt erreicht wird und den vom Mathematiker Turing bereits 1950 entwickelten Test besteht. Dieser verlangt, dass eine Maschine menschliches Verhalten so imitieren kann, dass weder Maschine noch Menschen feststellen können, ob ein Mensch oder eine Maschine der Gegenüber der laufenden Konversation sind (Turing 1950). Eine solche Maschine verfügt dann vielleicht sogar über programmierte Empathie.

Wann merkt man nicht mehr, dass die Plankostenrechnung vollständig autonom von einem System eingesetzt wird? Dies führt zu einer durchaus steilen These: wenn Plankostenrechnung sinnvoll und mühsame menschliche Arbeit ist, wovon die Verfasser ausgehen, wird sie sich auch in Lösungen der KI wiederfinden, die der Ablösung menschlicher Arbeit dient und (direkt) eine sinnvolle Unternehmenssteuerung unterstützt. Spekuliert wird inwieweit die Logik der Plankostenrechnung eine Art Basisalgorithmus in der Weiterentwicklung konkreter Unternehmenssteuerung darstellt.

Eine Analyse der Entwicklung der heutigen verfügbaren Applikationen zeigt, dass die IT-Unterstützung in dem Maße, wie sie vom Ausgangspunkte der Hilfe bei der Analyse strukturierter das das Arbeiten mit unstrukturierten Daten erlernt, auch ausgehend von der Aufgaben der Unterstützung von Mitarbeitern auch die Tätigkeit von Mitarbeitern ersetzt. (siehe zu einer entsprechenden Analyse von digitalen Innovationen (Tornbohn 2016)).

Starke Veränderungen ergeben sich für die Unternehmenssteuerung und das Controlling durch die sich dynamisch verändernde Zusammenarbeit von Mensch und Maschine mit Indikation für die Controllingaufgabe. Zuerst unterstützen die Systeme (z. B. RPA) die Plankostenrechner; Controlling-Manager müssen dies organisieren. Später ersetzten die Systeme (maschinelles Lernen) die Plankostenrechner in Routineprozessen; Manager müssen mit Systemen wie mit Menschen arbeiten. Schließlich übernehmen Systeme (künstliche Intelligenz) auch die dispositiven Aufgaben etwa der Planung und Kontrolle; Controller müssen mit kritischen Denken die allmählich kontrollieren.

Mit der allmählich absehbaren künstlichen Intelligenz ergeben sich nach Wilson et al. (2017) drei Aufgaben, gewissermaßen neue Jobprofile im Controlling und zwar des Trainers, Explainer and Sustainer. Das heißt in etwa Controller bringen als Trainer dem System das plankostenrechnerische Denken zuerst bei übersetzten und erklären als Explainer einerseits dem System bestimmte Anforderungen und interpretieren aber auch die Informationen aus dem System um die Unternehmenssteuerung nachvollziehbar zu halten. Dies erscheint solange erforderlich wie sich – so nach heutiger Beobachtung – Top Manager und Managerinnen „ungern auf Planungsergebnisse verlassen, die auf (für sie) schwer nachvollziehbaren Algorithmen basieren“ (Feichtner und Grabner 2020, S. 172). Schließlich gilt es auch immer wieder als Sustainer Anpassungen vorzunehmen wenn etwa sich Unternehmensstrukturen oder die Grundbedingungen in der Supply Chain ändern.

Es bleibt für den Menschen das kritische Begleiten der Unternehmenssteuerung durch künstliche Intelligenz mit den kreativen und intuitiven menschlichen Fähigkeiten. Generell liegt schon beim Machine Learning eine zentrale Herausforderung für das Vordringen von Machine Learning-Algorithmen in der noch mangelnden Nachvollziehbarkeit ihrer Prognosen und Entscheidungsvorlagen oder gar Entscheidungen (Sellhorn 2020, S. 63). Controller und Controllerinnen benötigen umso mehr die Befähigung zum „educated guess“ auf dem Gebiet der Plankostenrechnung, die eine grundlegende Beherrschung der Plankostenrechnung voraussetzt.

7 Zusammenfassung

Die Grenzplankostenrechnung bildet ohne Zweifel den Kern des traditionellen Controllings. Einige der klassischen Einsatzgebiete des Controllings haben aber inzwischen auch an Bedeutung verloren. Deshalb stellt sich die Frage, welche Rolle die Grenzplankostenrechnung im modernen Controlling spielt.

Forderungen nach einem verstärkten Einsatz von Instrumenten des Kostenmanagements, von Investitionsrechnungen und von Konzepten des wertorientierten Instrumentariums sind schon seit langem häufig mit der Kritik an der Funktionalität der laufenden Kostenrechnung als Instrument der Unternehmensführung verbunden (Weber 1990, S. 122 ff.; Weber 1992, S. 179 ff.; Küpper 1998, S. 533 ff.). Die starke Kritik an der herkömmlichen Kostenrechnung Anfang und Mitte der neunziger Jahre hat zu deutlichen Veränderungen im Einsatz der Kostenrechnung und letztlich so auch zu einer Renaissance der Kostenrechnung als Instrument der Unternehmensführung beigetragen.

Seit einigen Jahren wird die Kostenrechnung wieder in einem etwas besseren Licht als in der Dekade zuvor gesehen (Horngren 2007, S. 207). Die Plankostenrechnung ergänzt um prozessorientierte Verfahren der Kostenrechnung und eingebettet in die differenzierende Deckungsbeitragsrechnung bildet auch weiterhin den Kern des internen Rechnungswesens. Auch wenn die Ergebnisdaten der Grenzplankostenrechnung nicht direkt im Vordergrund von Performance Management, Planung und Entscheidungen stehen, fungieren sie als Enabler der heute in den Fokus gerückter Kalküle des Kostenmanagements und der investitionsrechnerisch fundierten wertorientierten Kalküle.

Die Plankostenrechnung ist also nicht so sehr an die unmittelbare Anwendung durch das Controlling gebunden, da sie Basisdaten für Performance Management oder Kalkulation zur Entscheidungsfundierung (im Sinne eines Digital Cockpit) liefert.

Sind denn Controller noch Grenzplankostenrechner oder sind sie Performance-Management-Beauftragte? Das Rollenbild des Controllers hat zweifellos einen

Wandel durchlebt, jedoch werden sie immer Grenzplankostenrechner bleiben, solang in einer freien Marktwirtschaft Preiskämpfe herrschen und Unternehmen Deckungsbeiträge erzielen müssen. Controller sind jedoch auch Performance-Beauftragte geworden, welche nicht nur finanzielle- oder kostenpolitische Kennzahlen generieren müssen, sondern auch nichtfinanzielle Informationen oder Mitarbeiterzufriedenheit berücksichtigen, sowie die Unternehmensstrategie stets im Blick behalten sollten. Diese Entwicklung stellt aber die Kernfunktion der flexiblen Plankostenrechnung nicht in Frage sondern fordert allenfalls deren richtige Gewichtung im integrierten Instrumentarium. Controller sind weiterhin nicht nur aber eben auch Grenzplankostenrechner.

Die obigen Ausführungen haben ferner gezeigt, dass das Controlling durch die Digitalisierung vor großen Veränderungen steht und sich damit auch das Rollenbild des Controllers ändert, wenn sich zukunftsgerichtete Analysen und die Nutzung moderner Technologien immer mehr an Bedeutung gewinnen. Doch auch im Rahmen weitreichender Visionen zur künstlichen Intelligenz bleibt die Plankostenrechnung relevant und sei es als Grundlage für die Befähigung des Menschen zur Kreativität und Intuition in kritischen Umgang mit den Entscheidungsvorschlägen des intelligenten Systems.

Literatur

Ahmad, M., Klötzer, C., Botzkowski, T., & Papert, M. (2020). Behind the blackbox of digital business models. In *Proceedings of the 53rd Hawaii international conference on system sciences* (S. 4534–4543). Wailea.

Appelbaum, D., Kogan, A., Vasarhelyi, M., & Yan, Z. (2017). Impact of business analytics and enterprise systems on managerial. *International Journal of Accounting Information Systems, 25*, 29–44.

Barton, J., Hansen, B., & Pownall, G. (2002). Which performance measures do investors around the world value the most – and why? *Accounting Review, 85*(3), 753–789.

BCG. (2018). Nur jedes zweite Unternehmen in Deutschland beschäftigt sich aktiv mit KI. https://www.bcg.com/de-de/d/press/BCG_2018_Nov29_GAMMA_AIGap-208523. Zugegriffen am 07.12.2018.

Becker, W. (2016). *Wertschöpfungsorientiertes Controlling: Konzeption und Umsetzung* (11. Aufl.). Stuttgart: Kohlhammer.

Becker, W., Schmidt, O., & Botzkowski, T. (2018). Role of CDOs in the digital transformation of SMEs and LSEs. An empirical analysis. In *Proceedings of the 51st Hawaii international conference on system sciences* (S. 4547–4557). Wailea.

Becker, W., Ulrich, P., Botzkowski, T., & Eurich, S. (2015). Data Analytics in Familienunternehmen – Implikationen für das Controlling. *Zeitschrift für erfolgsorientierte Unternehmenssteuerung, 27*(4/5), 263–268.

Becker, W., Ulrich, P., Botzkowski, T., & Eurich, S. (2016). Controlling von Digitalisierungsprozessen – Veränderungstendenzen und empirische Erfahrungswerte aus dem Mittelstand. In R. Obermaier (Hrsg.), *Industrie 4.0 als unternehmerische Gestaltungsaufgabe: Betriebswirtschaftliche, technische und rechtliche Herausforderungen* (S. 97–118). Wiesbaden: Springer-Gabler.

Botzkowski, T. (2018). *Digitale Transformation von Geschäftsmodellen im Mittelstand: Theorie, Empirie und Handlungsempfehlungen.* Wiesbaden: Springer-Gabler.

Braga, A., & Logan, R. (2017). The emperor of strong AI has no clothes. Limits to artificial intelligence. *Information, 8*, 156. https://doi.org/10.3390/info8040156.

Brynjolfsson, E., & McAfee, A. (2014). *The second machine age: Work, progress and prosperity in a time of brilliant technologies*. New York: Norton.

Buhl, H. U., Häckel, B., Hilsheimer, M., & Reimann, A. (2017). Digital Finance. Ergebnisse einer empirischen Untersuchung zur Digitalisierung im Finanzbereich. https://www.fim-rc.de/wp-content/uploads/kpmg_Digital-Finance-Studie.pdf. Zugegriffen am 24.01.2019.

Buxmann, P., & Schmidt, H. (2018). *Künstliche Intelligenz: mit Algorithmen zum wirtschaftlichen Erfolg*. Wiesbaden: Springer/Gabler.

Digitales Wirtschaftswunder. (2017). Alexa & Co. – Sprachsteuerung kommt in die Unternehmen. https://digitales-wirtschaftswunder.de/alexa-co-sprachsteuerung kommt in die Unternehmen/. Zugegriffen am 03.06.2018.

Dirksen, J. K., & Schrills, J. N. (Hrsg.). (2018). *Die Bedeutung von Chatbots im Kundenservice*. Düren: Shaker.

Feichtner, C., & Grabner, I. (2020). Empirische Forschung zu Management Control – Ein Überblick und neue Trends. *Schmalenbachs Zeitschrift für betriebswirtschaftliche Forschung, 72*(2), 149–181.

Fiedler, R. (1991). *Controlling von Projekten*. Berlin: Springer.

Friedl, G., Frömberg, K., Hammer, C., Küpper, H.-U., & Pedell, B. B. (2008). Stand und Perspektiven der Kostenrechnung in deutschen Großunternehmen. *Zeitschrift für Controlling & Management, 53*(2), 111–116.

Gentsch, P. (2017). *Künstliche Intelligenz für Sales, Marketing und Service*. Wiesbaden: Springer Gabler.

Glaser, H. (1999). Zur Relativität von Kostenabweichungen. *Betriebswirtschaftliche Forschung und Praxis, 51*(1), 21–32.

Gleich, R. (1997). Performance measurement. *Die Betriebswirtschaft, 57*(1), 114–117.

Gomez, P. (1993). *Wertmanagement: Vernetzte Strategien für Unternehmen im Wandel*. Berlin: Econ.

Günther, T. (2013). *Unternehmenswertorientiertes Controlling* (2. Aufl.). München: Vahlen.

Hahn, D. (1997). Controlling in Deutschland – State of the Art. In R. Gleich & W. Seidenschwarz (Hrsg.), *Die Kunst des Controlling: Prof. Dr. Péter Horváth zum* 60. Geburtstag (S. 13–46). München: Vahlen.

Hess, T., Kreher M., & Sellhorn, T. (2017). Digitalisierung im Rechnungswesen. Studie zum Status quo deutscher Unternehmen. https://www.wim.bwl.uni-muenchen.de/download/epub/studie_kpmg.pdf. Zugegriffen am 24.01.2019.

Hilgers, D. (2008). *Performance Management: Leistungserfassung und Leistungssteuerung in Unternehmen und öffentlichen Verwaltungen*. Wiesbaden: Gabler.

Holzwarth, J. (1993). Differenzrechnungen als Verfahren einer strategischen Kostenrechnung. *Kostenrechnungspraxis, 37*(2), 95–100.

Horngren, C. T. (2007). Management accounting: Some comments. *Journal of Management Accounting Research, 16*(1), 207–211.

Horváth, P., Gleich, R., & Seiter, M. (2015). *Controlling* (13. Aufl.). München: Vahlen.

Jetter, W. (2004). *Performance management: Strategien umsetzen, Ziele realisieren, Mitarbeiter fördern* (2. Aufl.). Stuttgart: Vahlen.

Johnson, T. H., & Kaplan, R. S. (1987). *Relevance lost: The rise and fall of management accounting*. Boston: Harvard Business School Press.

Kemper, H.-G., Baares, H., & Mehanna, W. (2010). *Business Intelligence – Grundlagen und praktische Anwendungen* (3. Aufl.). Wiesbaden: Vieweg+Teubner.

Kennerley, M., & Neely, A. (2002). A framework of the factors affecting the evolution of performance measurement systems. *International Journal of Operations & Production Management, 22*(11), 1222–1245.

Kilger, W., Pampel J. R., & Vikas, K. (2007). *Flexible Plankostenrechnung und Deckungsbeitragsrechnung* (12. Aufl.). Wiesbaden: Gabler.

Kilger, W., Pampel J. R., & Vikas, K. (2012). *Flexible Plankostenrechnung und Deckungsbeitragsrechnung* (13. Aufl.). Wiesbaden: Gabler.

Kirchberg, A., & Müller, D. (2016). Digitalisierung im Controlling: Einflussfaktoren, Standortbestimmung und Konsequenzen für die Controllerarbeit. In R. Gleich, K. Grönke, K. Markus & J. Leyk (Hrsg.), *Konzerncontrolling 2020: Zukünftige Herausforderungen der Konzernsteuerung meistern* (S. 79–98). Freiburg: Haufe.

Klein, A., & Vikas, K. (1999). Überblick über das prozessorientierte Controlling. *Kostenrechnungspraxis, 43*(2), 83–90.

Klingebiel, N. (1999). *Performance Measurement: Grundlagen-Ansätze-Fallstudien*. Wiesbaden: Gabler.

Klingebiel, N. (2001). Entwicklungslinien und Aussageerwartungen an Performance Measurement-Systeme. In N. Klingebiel (Hrsg.), *Performance measurement & balanced scorecard* (S. 38–64). München: Vahlen.

Knapp, P., & Wagner, C. (2019). Künstliche Intelligenz schafft neue Geschäftsmodelle im Mittelstand. In P. Buxmann & H. Schmidt (Hrsg.), *Künstliche Intelligenz: Mit Alogorithmen zum wirtschaftlichen Erfolg* (S. 161–172). Berlin: Springer Gabler.

Knorren, N. (1998). *Wertorientierte Gestaltung der Unternehmensführung*. Wiesbaden: Gabler.

Krause, O. (2006). *Performance-Management: Eine Stakeholder-Nutzen-orientierte und Geschäftsprozess-basierte Methode*. Wiesbaden: Gabler.

Krolak, T., & Pampel, J. (2016). Risikomanagement durch Controlling. In C. E. Hauschka, K. Moosmayer & T. Lösler (Hrsg.), *Corporate Compliance – Handbuch der Haftungsvermeidung im Unternehmen* (3. Aufl., S. 383–401). München: C.H. Beck.

Küpper, H.-U. (1985). Investitionstheoretische Fundierung der Kostenrechnung. *Zeitschrift für betriebswirtschaftliche Forschung, 37*(1), 26–46.

Küpper, H.-U. (1998). Marktwertorientierung: Neue und realisierbare Ausrichtung für die interne Unternehmensrechnung? *Betriebswirtschaftliche Forschung und Praxis, 50*(5), 517–539.

Lebas, M. (1995). Performance measurement and performance management. *International Journal of Production Economics, 41*, 23–35.

Leischnig, A., Woelfl, S., & Ivens, B. (2016). When does digital business strategy matter to market performance? *Thirty seventh international conference on information systems* (S. 1–16). Dublin, Ireland.

Luger, G. F. (2005). Artificial intelligence: Structures and strategies for complex problem solving. https://books.google.de/book?id=QcTuJb7Hi40C&printsec=frontcover&hl=de#v=onepage&q&f=false. Zugegriffen im Juni 2018.

Medicke, W. (1992). Die geschlossene Kostenträgerrechnung im System der Grenzplankostenrechnung. In W. Männel (Hrsg.), *Handbuch Kostenrechnung* (S. 689–702). Wiesbaden: Gabler.

Meyer, M. W., & Gupta, u. V. (1994). The performance paradox. *Research in Organizational Behaviour, 16*, 309–369.

Minsky, M. (1954). Neural nets and the brain model problem. Dissertation, Princeton University.

Müller, S. (2003). *Management-Rechnungswesen: Ausgestaltung des externen und internen Rechnungswesens unter Konvergenzgesichtspunkten*. Wiesbaden: DUV in Kooperation mit Gabler.

Neely, A., Gregory, M., & Platts, K. (1995). Performance measurement system design: A literature review and research agenda. *International Journal of Operations & Production Management, 15*, 80–116.

Neely, A., Marr, B., Roos, G., Pike, S., & Gupta, O. (2003). Towards the third generation of performance measurement. *Controlling, 15*(3/4), 129–135.

Nielsen, N. J. (1998). *Artificial intelligence: A new synthesis*. San Francisco: Morgan Kaufmann Publishers.

Pampel, J., & Botzkowski, T. (2016). Plankostenrechnung in der Unternehmenspraxis. In W. Becker & P. Ulrich, (Hrsg.), *Handbuch Controlling* (S. 385–407). Wiesbaden: Springer Gabler.

Pampel, J. (2017). Digitale Horizonterweiterung. Begleitung der Innovation von Geschäftsmodellen durch das Controlling. *Controlling, 29*(2), 21–29.

Piser, M. (2004). *Strategisches performance management*. Wiesbaden: DUV.

Plaut, H.-G. (1953). Die Grenz-Plankostenrechnung. *Zeitschrift für Betriebswirtschaft, 23*(6), 347–363.

Raber, D. (2014). *Reifegradmodellbasierte Weiterentwicklung von Business Intelligence in Unternehmen*. Dissertation. St. Gallen: Universität Sankt Gallen.

Rappaport, A. (1999). *Shareholder Value: Ein Handbuch für Manager und Investoren*. Stuttgart: Schäffer-Poeschel.

Riedl, J. B. (2000). *Unternehmungswertorientiertes Performance Measurement*. Wiesbaden: Gabler.

Sandt, J. (2004). *Management mit Kennzahlen und Kennzahlensystemen: Bestandsaufnahme, Determinanten und Erfolgsauswirkungen*. Wiesbaden: DUV in Kooperation mit Gabler.

Schäffer, U., & Schürmann, C. (2010). Die Rolle des Controllers: Erbsenzähler oder interner Berater? *Zeitschrift für Controlling und Management, 54*(3), 189–190.

Schäffer, U., & Steiners, D. (2005). Wie nutzen Geschäftsführer und Vorstände in deutschen Industrieunternehmen ihre Kostenrechnung? *Controlling, 17*(6), 321–325.

Schäffer, U., Binder, C., & Gmür, M. (2006). Struktur und Entwicklung der Controllingforschung: Eine Zitations- und Kozitationsanalyse von Controllingbeiträgen in deutschsprachigen wissenschaftlichen Zeitschriften von 1970 bis 2003. *Zeitschrift für Betriebswirtschaft, 76*(4), 395–440.

Schlenkrich, K., & Wisbert, H. (2019). Effizienz von Controllingsystemen in der digitalen Transformation. In T. Kümpel, K. Schlenkrich & T. Heupel (Hrsg.), *Controlling & Innovation 2019: Digitalisierung* (S. 39–56). Wiesbaden: Gabler.

Schönbom, A., & Egle, U. (2016). Controlling der Digitalen Transformation. In D. R. A. Schallmo, A. Rusnjak, J. Anzengruber, T. Werani & M. Jünger (Hrsg.), *Digitale Transformation von Geschäftsmodellen: Grundlagen, Instrumente und Best Practices* (S. 213–236). Wiesbaden: Gabler.

Sellhorn, T. (2020). Machine Learning und empirische Rechnungslegungsforschung: Einige Erkenntnisse und offene Fragen. *Schmalenbachs Zeitschrift für betriebswirtschaftliche Forschung, 72*(1), 49–69.

Sharman, P. A., & Vikas, K. (2004). Lessons from German cost accounting. *Strategic finance, 86*(6), 28–35.

Sunder, S. (2002). Management controls, expectations, common knowledge and culture. *Journal of Management Accounting Research, 14*(1), 173–187.

Tornbohn, C. (2016). *Robotic Process Automation: Eight Guidelines for Effective Results*. Analyst(s) Results Published: 12 October 2016 ID: G00309398. Stamford: Gartner, Inc.

Turing, A. M. (1950). Computing machinery and intelligence. https://cogprints.org/499/1/turing.html. Zugegriffen am 07.12.2019.

United Nations. (2020). Sustainable Development Goals. https://www.un.org/sustainabledevelopment/. Zugegriffen am 05.07.2020.

Währisch, M. (1998). *Kostenrechnung in der deutschen Industrie: Eine empirische Studie*. Wiesbaden: Gabler.

Weber, J., & Schäffer, U. (2011) *Einführung in das Controlling* (13. Aufl.). Stuttgart: Schäffer-Poeschel.

Weber, J., & Weißenberger, B. E. (2015). *Einführung in das Rechnungswesen* (9. Aufl.). Stuttgart: Schäffer-Poeschel.

Weber, J. (1990). Change Management für die Kostenrechnung: Zum Veränderungsbedarf der. Kostenrechnung. *Controlling, 2*(3), 120–126.

Weber, J. (1992). Entfeinerung der Kostenrechnung? In A.-W. Scheer (Hrsg.), *Rechnungswesen und EDV, 13* (S. 173–199). Heidelberg: Saarbrücker Arbeitstagung.

Weber, J. (2002). Interne Marktorientierung des Controllers. *Kostenrechnungspraxis, 46*, 87–94.

Weißenberg, B. E., & Bauch, K. A. (2019). Controlling in der Echtzeit-Economy: Auswirkungen der digitalen Transformation auf die Unternehmenssteuerung. In R. Obermaier (Hrsg.), *Handbuch Industrie 4.0 und Digitale Transformation: Betriebswirtschaftliche, technische und rechtliche Herausforderungen* (S. 703–722). Wiesbaden: Springer Gabler.

Whitby, B. (2012). *Artificial intelligence*. New York: Oneworld Publications.

Wilson, H. J., Daugerthy, P. A., & Morini-Bianzino, N. (2017). The jobs that artificial intelligence will creat. *MIT Sloan Management Review, 58*(4), 12–16.

Wullenkord, A., & Rapp, M. J. (2019). *Unternehmenssteuerung durch den Finanzvorstand* (3. Aufl.). Wiesbaden: Springer-Gabler.

Working-Capital Management in der Unternehmenspraxis

Michael Schönherr und Christian Million

Zusammenfassung

Working Capital Management ist ein wirksames Instrument zur Stärkung der Innenfinanzierungskraft und genießt in der betrieblichen Praxis nach wie vor eine sehr hohe Bedeutung.

Häufig werden die mit dem Working Capital Management verbundenen Erwartungen und Ziele in der Praxis jedoch nicht erfüllt. Ein wesentlicher Grund hierfür ist die Fokussierung auf lokale operative Handlungsfelder.

Working Capital Management muss in erster Linie als Ansatz verstanden werden, der über die reine Optimierung einzelner Bilanzpositionen hinausgeht. Deshalb rücken die dem Lebenszyklus von Forderungen, Verbindlichkeiten und Vorräten zugrunde liegenden Prozesse in den Mittelpunkt der Betrachtung. Vor diesem Hintergrund werden zwei Ansätze betrachtet.

Working Capital Management 2.0 fokussiert Maßnahmen mit einem hohen Automatisierungs-, Digitalisierungs- und Innovationspotenzial.

SMART Production ermöglicht eine signifikante Reduktion der Kapitalbindung im Bereich des Anlagevermögens über die drei Sichten Finanzierung, Organisation und Technologie.

Schlüsselwörter

Controlling · Working Capital · Forderungsmanagement · Liquidität · Cash

M. Schönherr (✉)
Horváth & Partners, Berlin, Deutschland
E-Mail: MSchoenherr@horvath-partners.com

C. Million
Horváth & Partners, Stuttgart, Deutschland
E-Mail: cmillion@horvath-partners.com

W. Becker, P. Ulrich (Hrsg.), *Handbuch Controlling*,
https://doi.org/10.1007/978-3-658-26431-4_39

1 Problemstellung: Notwendigkeit zur Weiterentwicklung des Working Capital Managements

Working Capital Management wird von CFOs auch im Jahr 2014 als ein Thema mit hoher Priorität gesehen. In sich stetig verändernden und zunehmend international ausgerichteten Märkten stehen Unternehmen weiterhin vor der Herausforderung ihr Kapital möglichst effizient einzusetzen. Darüber hinaus führen verschärfte Anforderungen für Banken (z. B. Basel III) dazu, dass die Aufnahme von Fremdkapital, trotz des aktuellen Niedrigzinsumfeldes schwieriger und vor allem teurer wird. Getrieben durch diese Entwicklungen wächst der Bedarf alternative Quellen zur Finanzierung des Unternehmens zu erschließen, um bspw. wichtige Investitionen durchführen oder die finanzielle Handlungsfreiheit des Unternehmens erhalten zu können. Die Stärkung der Innenfinanzierungskraft durch ein effektives und nachhaltiges Working Capital Management stellt dabei einen wichtigen und in der Unternehmenspraxis vielfach erprobten Stellhebel dar, mit dem sich die Erreichung der finanzwirtschaftlichen Ziele eines Unternehmens wirksam unterstützen lässt.

Als Working Capital wird allgemein das kurzfristige Umlaufvermögen abzüglich aller kurzfristigen Verbindlichkeiten bezeichnet.[1] Entgegen dieser allgemeinen Sichtweise, die u. a. auch Positionen wie kurzfristige Rückstellungen umfasst, liegt der Fokus des Working Capital Managements primär auf den drei Bereichen Vorräte, Forderungen aus Lieferung und Leistung (im Folgenden kurz Forderungen) und Verbindlichkeiten aus Lieferung und Leistung (im Folgenden kurz Verbindlichkeiten). Übergeordnetes Ziel des Working Capital Managements ist es, das in diesen Bilanzpositionen unnötig gebundene Kapital freizusetzen. Konkret bedeutet dies, Vorrats- und Forderungsbestand zu reduzieren und den Bestand an Lieferantenverbindlichkeiten zu erhöhen. Aus einer prozessbezogenen Sichtweis heraus lassen sich diese Ziele auch als Reduzierung der Lagerreichweite (Days Inventory Held bzw. DIH), Minimierung der Forderungslaufzeit (Days Sales Outstanding bzw. DSO) und Maximierung der Kreditorenlaufzeit (Days Payables Outstanding) darstellen. Durch ein nachhaltiges Working Capital Management lässt sich gebundenes Kapital dauerhaft freisetzen, was sich unmittelbar auf das finanzielle Ergebnis des Unternehmens auswirkt und den Unternehmenswert erhöht. Darüber hinaus trägt ein nachhaltiges Working Capital Management dazu bei, wichtige Kennzahlen zu verbessern, wodurch sich wiederum neue Handlungsspielräume, z. B. bei der Finanzierung von Investitionen, ergeben. Zusätzlich zu dem primären Ziel der Reduzierung der Kapitalbildung soll eine hohe Steuerungsfähigkeit der zugrundeliegenden Prozesse erreicht werden, um erstens die durch die Optimierung erzielte Performance dauerhaft abzusichern und zweitens insb. in volatilen Zeiten die Liquidität des Unternehmens aktiv steuern zu können.

Da die positiven Wirkungen allgemein bekannt sind, ist Working Capital Management mittlerweile ein Instrument, mit dem die allermeisten Unternehmen bereits praktische Erfahrungen gesammelt haben. Viele diese Unternehmen sind jedoch mit den Ergebnissen, die in entsprechenden Projekten erreicht wurden, nur bedingt

[1] Meyer (2007), S. 1.

zufrieden. Zum einen liegt dies darin begründet, dass im Verhältnis zum Gesamtwert der Aktivseite oder auch im Vergleich zu bedeutenden Investitionsvorhaben das im Rahmen von Working Capital Management-Initiativen freigesetzte Kapital oft nur einen geringen Anteil ausmacht. Zum anderen lässt sich leider sehr häufig beobachten, dass erzielte Verbesserungen nur von kurzer Dauer sind. Bereits kurz nach Abschluss eines Working Capital Projektes setzt häufig wieder eine entgegengesetzte Entwicklung ein, so dass Unternehmen über kurz oder lang wieder vor der gleichen Situation stehen. Es stellt sich daher die Frage, welche Ansatzpunkte es gibt, um durch Working Capital Management einen sehr viel größeren Hebel zu generieren und erzielte Erfolge nachhaltig abzusichern.

2 Ursachenanalyse: Gründe für die begrenzte Erfolgswirkung verbreiteter Working Capital Management-Ansätze

Eine der wesentlichen Ursachen für den eher begrenzten Wirkungsgrad des Working Capital Managements in der Praxis liegt in einer häufig zu starken Fokussierung auf operative Handlungsfelder, bei denen einzelne Teilprozesse oder Stellhebel unter gegebenen Rahmenbedingungen lediglich lokal optimiert werden. Ein Klassiker unter den Handlungsfeldern, das in nahezu jedem Working Capital Projekt intensiv untersucht und bearbeitet wird, ist bspw. die Optimierung von Zahlungsbedingungen. Der Erfolg dieses Handlungsfeldes hängt jedoch sehr stark von der Verhandlungsposition des Unternehmens ab. Teilweise ist die Verhandlungsmacht derart begrenzt, dass sich nur für kleinere Kunden- oder Lieferantensegmente verbesserte Zahlungsbedingungen durchsetzen lassen. Darüber hinaus kann erfreulicherweise konstatiert werden, dass in den letzten Jahren sowohl im Vertrieb als auch im Einkauf die Sensibilität für das Thema Zahlungsbedingungen spürbar gestiegen ist. Für das Handlungsfeld ‚Optimierung der Zahlungsbedingungen' bedeutet dies jedoch, dass das vorhandene Optimierungspotenzial sehr begrenzt ist und diesem ein vergleichsweise hoher Analyse- und Umsetzungsaufwand gegenübersteht.

Weitere Handlungsfelder, die in der Praxis häufig aufgegriffen werden, beziehen sich auf die Behebung identifizierter Prozessdefizite. So lassen sich bspw. durch eine Analyse der Prozesse zur Abwicklung von Zahlläufen sehr rasch Optimierungspotenziale identifizieren und mit sehr geringem Aufwand umsetzen. Ebenso leicht können z. B. auch mögliche Hemmnisse für eine zügige Rechnungsstellung (z. B. Schnittstellenprobleme zu Vorsystemen, manuelle Nacharbeiten etc.) erkannt und abgebaut werden. Entsprechende Maßnahmen haben ohne Zweifel ihre Bedeutung und bilden berechtigterweise auch den Ausgangspunkt einer jeden Working Capital Optimierung. Zudem lassen sich durch ebendiese Maßnahmen meist schon nach kurzer Zeit sichtbare Erfolge erzielen. Werden jedoch lediglich identifizierte Schwachstellen und Probleme angegangen, ohne die grundsätzliche Struktur, Ausgestaltung und IT-technische Verankerung der Prozesse und Prozessketten zu hinterfragen, besitzen auch diese Maßnahmen nur einen sehr begrenzten Wertbeitrag. Gerade durch die zu starke Fokussierung auf operativ ausgerichtete und kurzfristig umsetzbare Maßnahmen werden jedoch Möglichkeiten für strukturelle Anpassungen häufig gerade nicht erkannt, so dass der weitaus größte Teil des vorhandenen Optimierungspotenzials nicht ausgeschöpft wird. Zudem besteht die Gefahr, dass durch entsprechende Maßnahmen lediglich die Symptome behandelt werden, ohne jedoch die Ursachen der hohen Kapitalbindung zu bekämpfen.

Eine weitere Ursache für den eher begrenzten Erfolg vieler Working Capital Management-Initiativen ist in deren praktische Ausgestaltung zu suchen. Viele Unternehmen und verantwortliche Manager begreifen Working Capital Management lediglich als eine zeitlich begrenzte Aktivität, bei der durch die Optimierung einzelner Stellschrauben möglichst viel und möglichst schnell Liquidität freigesetzt werden soll. Diese bedeutet jedoch, dass tendenziell nur solche Anpassungen vorgenommen werden, die sich innerhalb der Projektlaufzeit realisieren lassen. Langfristige Optimierungspotenziale und strategische Impulse werden in den Projekten zwar in aller Regel ebenfalls adressiert, aufgrund eines nachlassenden Momentums, dem Wegfall einer zentral verantwortlichen und koordinierenden Instanz oder auch der Re-Priorisierung neuer Themenstelllungen versanden diese dann jedoch sehr schnell nach Abschluss des Working Capital Projekts.

Der operative Charakter der Maßnahmen spiegelt sich zudem teilweise bereits in der Projektorganisation wider. Das Projektteam besteht vielfach aus Mitarbeitern, die entweder gerade zur Verfügung stehen oder das Working Capital Projekt neben dem eigentlichen Tagesgeschäft zu bewältigen haben. Dies kann dazu führen, dass das Erfahrungswissen einzelner Mitarbeiter nicht oder nur sehr begrenzt in das Projekt einfließt und auch der funktions- und bereichsübergreifende Charakter des Working Capital Managements nur unzureichend Berücksichtigung findet. Weiterhin lässt sich in der Praxis häufig beobachten, dass sich der an der Spitze der Projektorganisation stehende Lenkungsausschuss lediglich aus Vertretern des mittleren Managements einzelner Fachbereichen zusammensetzt. Dies hat zum einen zur Folge, dass, wie oben bereits als Problemstellung thematisiert, eben tendenziell auch nur solche Maßnahmen zur Umsetzung kommen, die in den Entscheidungs- und Ermessenspielraum der vertretenen Hierarchiestufen und Fachbereiche fallen. Darüber hinaus kann eine fehlende Unterstützung durch das Top Management dazu führen, dass das Working Capital Management sowohl von den unmittelbar beteiligten Personen als auch von den betroffenen Mitarbeitern lediglich als eines von vielen Projekten mit geringer Priorität gesehen wird. Letztendlich kann dies dazu führen, dass ein Projekt nie richtig Momentum erlangt und bereits in einer sehr frühen Phase durch allerlei Widerstände aus den verschiedenen Fachabteilungen zum Erliegen kommt.

3 Working Capital Management 2.0

3.1 Erweiterung des Maßnahmenportfolios

3.1.1 Prozessorientierter Optimierungsansatz als Basis eines effektiven und nachhaltigen Working Capital Managements

Für eine nachhaltige Reduktion der Kapitalbindung muss Working Capital Management in erster Linie als Ansatz verstanden werden, der über die reine Optimierung einzelner Bilanzpositionen hinausgeht. Ein effektives und nachhaltiges Working

Capital Management rückt stattdessen die dem Lebenszyklus von Forderungen, Verbindlichkeiten und Vorräten zugrunde liegenden Prozesse in den Mittelpunkt der Betrachtung. Gegenstand eines prozessorientierten Working Capital Management Ansatzes ist eine positive Beeinflussung dieser Prozesse hinsichtlich der Zielgrößen Prozessdurchlaufzeit, -effizienz, -effektivität und -qualität, wodurch sich folgende Ziele erreichen lassen:

- **Performancesteigerung** durch Beseitigung prozessbedingter Ursachen eines hohen Working Capitals (z. B. zeitintensive manuelle Tätigkeiten, fehlerhafte Prozessergebnisse (z. B. fehlerhafte Rechnungen), unklare Aufgabenverteilungen oder Tätigkeiten mit einem geringen Standardisierungsgrad),
- **Nachhaltige Absicherung der Performance** durch eine dauerhafte Verankerung von Standards und Praktiken in den zugrunde liegenden Teilprozessen,
- **Verbesserung der Prozessbeherrschung**, um Working Capital aktiv steuern und auf veränderte Rahmenbedingungen schnell und effektiv reagieren zu können.

Eine effektive und nachhaltige Optimierung des Working Capitals erfolgt entlang der drei in Abb. 1 dargestellten Prozessketten Order-to-Cash (OtC - Forderungen), Forecast-to-Fulfill (FtF - Vorräte) und Purchase-to-Pay (PtP - Verbindlichkeiten). Jede dieser Prozessketten ist durch verschiedene charakteristische Teilprozesse gekennzeichnet, die sich wiederum auf unterschiedliche Fachbereiche eines Unternehmens verteilen. Daraus folgt, dass es prinzipiell eine sehr große Anzahl unterschiedlicher Handlungsfelder zur Optimierung des Working Capitals gibt. Dabei ist allerdings zu beachten, dass nicht einzelne Prozesse isoliert voneinander betrachtet werden dürfen. Aufgrund vielfacher Abhängigkeiten und Wechselwirkungen zwischen den verschiedenen Teilprozessen sind vielmehr die genannten Prozessketten in ihrer Gesamtheit zu beleuchten. Die Praxis zeigt, dass gerade an den Schnittstellen zwischen den Teilprozessen die größten Verbesserungspotenziale liegen. Diese werden jedoch nur auf Basis einer teilprozess- und fachbereichsübergreifenden Betrachtung sichtbar. Darüber hinaus wird häufig auch erst durch eine ganzheitliche Sichtweise transparent, dass die Ursachen für eine niedrige Leistungsfähigkeit einzelner Teilprozesse gar nicht in dem betrachten Teilprozess selbst, sondern in den vorgelagerten Teilprozessen begründet sind. Bspw. können lange Durchlaufzeiten bei der Rechnungsbearbeitung dadurch verursacht sein, dass relevante Informationen aus anderen Bereichen (insb. Informationen zur Bestellung und zum

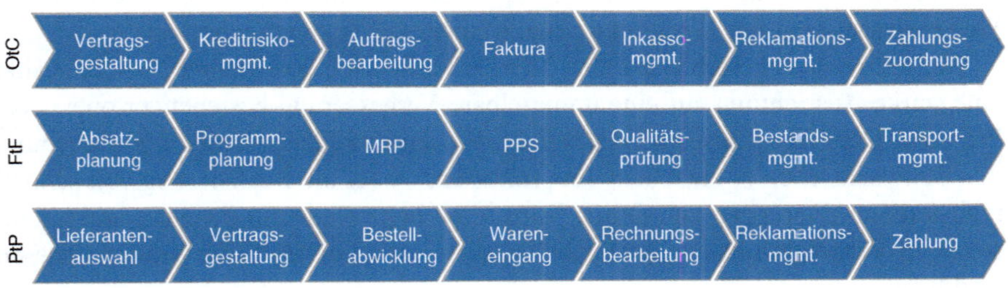

Abb. 1 Prozessketten im Working Capital Management

Wareneingang) nicht vorliegen und dadurch eine aufwendige, manuelle Prüfung von Rechnungen erforderlich ist. Liegen diese Informationen dagegen vor, können Rechnungen durch das Buchhaltungssystem automatisch geprüft und freigegeben werden, was nicht nur den Bearbeitungsaufwand, sondern auch die Durchlaufzeit erheblich reduziert. Working Capital Management ist somit nicht nur als eine prozessorientierte, sondern auch als eine funktions- und bereichsübergreifende Aufgabe zu verstehen. Neben der Identifikation relevanter Stellschrauben führt diese Betrachtungsweise auch dazu, dass die einzelnen Fachbereiche und deren Mitarbeiter ihre Rolle innerhalb der Prozesskette sowie ihren Einfluss auf andere Teilprozesse und damit auf die Working Capital Performance besser verstehen, was wiederum die Grundlage für deren nachhaltige Absicherung ist.

3.1.2 Ausweitung des potenziellen Maßnahmenportfolios um strategische und innovative Maßnahmen

Aufgrund der das gesamte Unternehmen umfassenden Prozessketten ergibt sich prinzipiell eine sehr große Anzahl potenzieller Maßnahmen zur Optimierung des Working Capital. In der Praxis lässt sich jedoch immer wieder beobachten, dass Unternehmen nur wenige dieser Maßnahmen in Betracht ziehen, so dass ein großer Teil des vorhandenen Optimierungspotenzials ungenutzt bleibt. Häufig ist die Ursache dafür schlicht eine fehlende Konsequenz, mit der aus identifizierten Schwachstellen ganzheitliche und innovative Lösungsoptionen abgeleitet und diese zur Umsetzung gebracht werden. Viele Unternehmen geben sich stattdessen mit einfachen sowie schnell und aufwandsarm zu implementierenden Lösungen zufrieden, ohne den Wertbeitrag und die nachhaltige Wirkung der wirklichen Stellschrauben zu sehen.

Ein wesentliches Element des Ansatzes Working Capital Management 2.0 ist die Fokussierung auf Maßnahmen mit einem hohen Automatisierungs-, Digitalisierungs- und Innovationspotenzial. Viele dieser Maßnahmen sind nicht neu, jedoch versperren verbreitete Optimierungsansätze häufig den Blick auf ebendiese Maßnahmen, anstelle diese in den Mittelpunkt zu rücken.

Abb. 2 zeigt eine grobe Systematisierung des potenziellen Maßnahmenportfolios. Die dargestellten sechs Stufen unterscheiden sich hinsichtlich des jeweiligen erreichbaren Automatisierungs-, Digitalisierungs- und Innovationsgrads sowie hinsichtlich ihres Einflusses auf Performance- und Wertsteigerung. Aus den sechs Stufen lassen sich wiederum drei charakteristische Working Capital Optimierungsansätze ableiten. Die Systematisierung der Maßnahmen kann Unternehmen helfen, bisherige Working Capital Initiativen kritisch zu hinterfragen und Potenziale für eine schrittweise Weiterentwicklung des Working Capital Managements zu erkennen.

Der am weitesten verbreitete und hier als traditionell bezeichnete Ansatz besitzt eine starke Ausrichtung auf eine unmittelbare Verbesserung bestehender operativer Prozesse. Der Fokus dieses Ansatzes liegt insb. auf der Identifikation und Behebung von Schwachstellen in einzelnen Teilprozessen, wobei die Realisierung von schnell realisierbaren Erfolgen, sog. Quick Wins, eine hohe Bedeutung besitzt und häufig sogar im Vordergrund steht. Maßnahmen, die sich der ersten Stufe zuordnen lassen sind bspw.:

Abb. 2 Systematisierung des Maßnahmenportfolios des Ansatzes WCM 2.0

- Optimierung von Zahlungszielen
- Verbesserung des Kreditrisikomanagements
- Parametrisierung von Zahlläufen
- Behebung fehlerhafter Stammdaten (z. B. falsch hinterlegte Zahlungsbedingungen)
- Festlegung kundengruppenspezifischer Mahnstufen und Mahnverfahren
- Verbesserung der Disposition von Beschaffungsgütern (z. B. Optimierung Dispositionsparameter)
- Optimierung von Sicherheitsbeständen

Ziel dieser Maßnahmen ist es, grundlegende Ursachen für eine hohe Kapitalbindung zu beseitigen. Aufgrund gewachsener und nicht auf die Erfordernisse einer effizienten Verwendung des eingesetzten Kapitals ausgerichteter Prozesse können derartige Maßnahmen bereits in kurzer Zeit eine beachtliche Verbesserung des Working Capital bewirken. Allerdings sind entsprechende Verbesserungen lokal begrenzt, da sich dafür erforderliche Analysen (insb. Datenanalysen und Prozessanalysen) meist auf ausgewählte Unternehmenseinheiten, Standorte oder Bereiche beziehen. Eine weitere Verbesserung des Working Capitals lässt sich nunmehr dadurch erreichen, indem die innerhalb der ersten Stufe gewonnenen Erkenntnisse weiterentwickelt und auf weitere Teile des Unternehmens übertragen werden (Stufe 2). Dabei ist es jedoch i. d. R. wirtschaftlich nicht sinnvoll und häufig aufgrund begrenzter Ressourcenverfügbarkeit auch gar nicht umsetzbar, auch für alle verbliebenen Unternehmensteile detaillierte Daten- und Prozessanalysen durchzuführen. Vielmehr besteht der Optimierungsansatz der zweiten Stufe darin, über die Definition und das unternehmensweites Ausrollen einheitlicher Verfahren und global gültiger Standards eine Optimierung in den anderen Unternehmensbereichen zu erreichen. Wesentliches Element der zweiten Stufe sind Richtlinien zu den drei Prozessketten und relevanten Teilprozessen. Für die darin beschriebenen Prozesse ist eine weitgehende Standardisierung anzustreben und Abweichungen nur in begründeten Ausnahmefällen zuzulassen (z. B. besondere Erfordernisse aus dem Geschäftsmodell einzelner Geschäftsbereiche, länderspezifische Anforderungen oder Besonderheiten der IT-technischen Infrastruktur). Mögliche Abweichungen vom Standard sollten dann jedoch ebenfalls in spezifischen, die global gültige Richtlinie konkretisierenden und ergänzenden Anweisungen festgehalten werden. Die Implementierung unternehmensweit gültiger Standards trägt dazu bei, eine umfassende Optimierung des Working Capitals unter den gegebenen Rahmenbedingungen zu ermöglichen.

Viele Unternehmen geben sich mit den auf den ersten beiden Stufen erzielten Verbesserungen zufrieden und wenden ihren Fokus nach erfolgter Optimierung ab auf andere Themenstellungen im Unternehmen. Das Projektteam wird aufgelöst und die Verantwortlichkeit für die Umsetzung der noch ausstehenden Maßnahmen wird in die Fachbereiche übertragen. Dabei wird jedoch übersehen, dass Working Capital Management auch nach Abschluss eines sehr erfolgreichen Projektes kein Selbstläufer ist. Um die erreichte Performance dauerhaft abzusichern und weiter zu steigern bedarf es vielmehr einer fortwährenden Überwachung des Working Capitals und einer ständigen Adjustierung von Prozessen aufgrund geschäftlicher Entwicklungen und sich verändernden Rahmenbedingungen. Die Voraussetzung dafür ist eine hohe Transparenz über die Entwicklung des Working Capitals in den verschiedenen Bereichen eines Unternehmens sowie über die Treiber, die diese Entwicklung an den verschiedenen Stellen der Wertschöpfungskette beeinflussen. Als Best Practices für ein nachhaltiges Working Capital Management gilt daher ein Working Capital Reporting, das relevante und aktuelle Informationen umfassend und in der erforderlichen Granularität zur Verfügung stellt. Als Merkmale eines effektiven Working Capital Reportings lassen sich folgende Punkte anführen:

- Auswahl geeigneter Performance-, Prozess- und Analysekennzahlen, die alle relevanten Bereiche der Wertschöpfungskette umfassen
- Unternehmensweit einheitliche Kennzahlendefinition (insb. Eingangsgrößen und Berechnungsvorschriften)
- Grafische Aufbereitung der Informationen zur schnellen und einfachen Erfassung der Inhalte sowie zur Hervorhebung wichtiger Sachverhalte
- Aufbereitung spezifischer Working Capital Berichte, die eine adressatengerechte Bereitstellung relevanter Informationen ermöglichen
- Weitgehende IT-technische Unterstützung der Kennzahlenberechnung und Berichterstellung

Aufgrund der enormen Fortschritte und der gestiegenen Leistungsfähigkeit im IT-Umfeld sind bereits heute intelligente Dashboard-Lösungen möglich, die dem

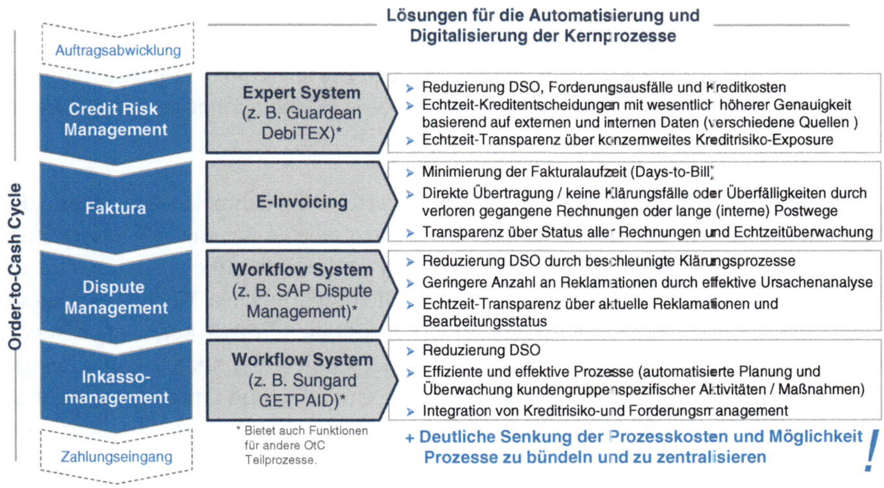

Abb. 3 Automatisierung und Digitalisierung von Teilprozessen am Bespiel der Prozesskette Order-to-Cash

Nutzer Informationen mobil und echtzeitbasiert zur Verfügung stellen und eine flexible Auswahl (insb. Drill-Down-Funktionalitäten) und Bearbeitung (z. B. Darstellungsformen) der Reportinginhalte erlauben.

Ein weiteres Element von Best Practice-Ansätzen des Working Capital Managements ist die Automatisierung und Digitalisierung von Prozessen. Für alle Teilprozesse der drei betrachteten Prozessketten sind am Markt IT-Lösungen verfügbar, mit denen bisher manuelle Tätigkeiten wirksam unterstützt werden können. In Abb. 3 sind exemplarisch mögliche Softwarelösungen für ausgewählte Teilprozesse der Prozesskette Order-to-Cash dargestellt.

Die durch die Digitalisierung und Automatisierung von Prozessen erzielbaren Verbesserungen gehen weit über die Optimierungspotenziale der Stufen 1 und 2 hinaus, da Abläufe nicht nur innerhalb der bestehenden Strukturen optimiert, sondern diese grundsätzlich in Frage gestellt und zielgerichtet angepasst werden. Zusammenfassend lassen sich durch die Digitalisierung und Automatisierung von Prozessen folgende Verbesserungen erzielen:

- **Erhöhung der Prozesseffizienz** (insb. durch den Abbau manueller Tätigkeiten),
- **Steigerung der Prozesseffektivität** (z. B. durch Vernetzung von Teilprozessen und Unternehmensbereichen (z. B. digitale Verknüpfung von Inkassomanagement und Kreditrisikomanagement), zielgerichtete Unterstützung von Aktivitäten mit verfügbaren Informationen (z. B. Risikoinformationen) oder Dokumentation von Aktivitäten),
- **Verkürzung der Prozessdurchlaufzeit** (z. B. automatische Workflows und digitale Datenübertragung statt zeitaufwendige Postwege),
- **Verbesserung der Prozessqualität** (insb. Vermeidung von manuellen Fehlerquellen)

- **Nachhaltige Verankerung von Standards** (Kanalisierung der Handlungen der Mitarbeiter durch die im IT-System hinterlegten Workflows),
- **Bündelung und Zentralisierung von Aktivitäten und Teilprozessen** (alle Informationen liegen in digitaler Form vor und können daher an jedem Ort der Welt verfügbar gemacht und bearbeitet werden).

Verbindendes Element aller bisher diskutierten Maßnahmenstufen ist die Erkenntnis, dass optimale Prozesse, eine hohe Prozessbeherrschung sowie eine hohe Transparenz über relevante Entwicklungen und deren Treiber die Grundlage für ein nachhaltig niedriges Working Capital bilden. Die beschriebenen Maßnahmen setzen daher allesamt unmittelbar an den drei oben dargestellten Prozessketten an. Über die Optimierung dieser Prozessketten können Unternehmen signifikante Teile des gebundenen Kapitals freisetzen. Je nach Ausgangssituation und Optimierungsintensität ist auf Basis der beschriebenen Maßnahmen eine nachhaltige Absenkung des Working Capitals zwischen 25 % und 50 % möglich. Working Capital Management muss sich aber nicht auf die bisher dargestellten Hebel beschränken. Auch für sog. Best Practices-Unternehmen bieten sich durchaus weitere Stellhebel, mit denen eine weitere Absenkung des Working Capitals möglich ist.

Innovative Working Capital Ansätze gehen über die bisher diskutierten Maßnahmenstufen hinaus und zeichnen sich durch eine stetige Suche nach neuen Möglichkeiten zur Optimierung des Working Capitals aus. Einige dieser zusätzlichen Möglichkeiten werden bspw. durch die Finanzindustrie geschaffen. Derzeit bieten verschiedene Banken und Finanzdienstleiter (im Folgenden kurz „FDL“) unterschiedliche Produkte an, mit denen sie ihren Kunden eine Optimierung des Working Capital versprechen. Dabei handelt es sich weniger um den bereits von vielen Unternehmen praktizierten Verkauf von Forderungen, sondern um eine aktive Einbindung des FDL in den Bezahlprozess von Unternehmen. Der FDL fungiert dabei als Intermediär zwischen dem Kunden und dem Lieferanten und übernimmt die Zwischenfinanzierung der gelieferten Waren und Leistungen. Der wesentliche Vorteil für den Lieferanten liegt darin, dass überfällige Rechnungen vermieden werden, da deren Bezahlung nicht länger vom Zahlverhalten des Kunden abhängt. Häufig erhalten Lieferanten ihr Geld sogar früher, als dies auf Basis der mit dem Kunden vereinbarten Zahlungsziele der Fall wäre. Als zusätzlicher Effekt ergibt sich für den Lieferanten außerdem eine sehr viel bessere Planbarkeit der Geldeingänge, da diese durch den FDL zu festen Zeitpunkten ausgeführt werden. Die Kunden können auf der anderen Seite von längeren Zahlungszielen profitieren. In diesem Zusammenhang darf allerdings nicht unerwähnt bleiben, dass mit der Einbindung eines FDL auch zusätzliche Kosten anfallen, die je nach vertraglicher Vereinbarung vom Kunden und/oder dem Lieferanten zu tragen sind. Die Anwendung entsprechender Instrumente sollte daher wohl überlegt sein und ggf. nur auf bestimmte Bereiche oder Segmente übertragen werden. Die Lösungen der FDL könnten bspw. für Lieferanten insb. für all jene Kundensegmente eine Alternative darstellen, bei denen eine frühzeitige Begleichung der Rechnungen durch die Gewährung von Skonto „erkauft“ wird.

Eine weitere innovative Möglichkeit zur Optimierung des Working Capitals, welche ebenfalls auf die Bezahlung von Rechnungen gerichtet ist, sind geschlossene Bezahlsysteme (sog. Closed Loop Payment Systems).[2] Dabei handelt es sich um einen von einem Anbieter von Waren und Dienstleistungen initiierten geschlossenen Verbund, über den die Bezahlung von Waren und Dienstleistungen abgewickelt wird. Jeder Teilnehmer besitzt innerhalb dieses Verbundes ein virtuelles Konto, auf das dieser entweder bereits vor Bezug der Leistungen einbezahlt oder das durch ein Clearing mit dessen Bankkonto nachträglich ausgeglichen wird. Aus Working Capital Sicht ergibt sich für den Betreiber eines solchen geschlossenen Bezahlsystems der Vorteil, dass sich aufgrund der Vorauszahlungen durch den Kunden das Kreditrisiko signifikant reduziert und eine hohe Kapitalbindung aufgrund langer Zahlungsziele oder Überfälligkeiten vermieden werden kann. Selbst bei einem nachträglichen Clearing lassen sich diese Vorteile anführen, da der Ausgleich offener Rechnung durch den Betreiber des Bezahlsystems angestoßen wird und daher nicht vom Zahlverhalten des Kunden abhängt.

Auf der obersten Stufe des beschriebenen Maßnahmenportfolios sind all jene Handlungsfelder angesiedelt, die auf wissenschaftlichen und technologischen Trends beruhen. Diese weisen häufig auf den ersten Blick keinen unmittelbaren Bezug zum Working Capital auf, besitzen jedoch einen enormen Hebel, um insb. die Bestände eines Unternehmens zu senken. Ein solcher Trend stellt bspw. das Value Network Management dar. Ziel des Value Network Management ist die ganzheitliche Optimierung des gesamten Wertschöpfungsnetzwerkes, indem bestehende Strukturen und Lieferbeziehungen systematisch analysiert und verbessert werden. Kernelement des Value Network Management ist bspw. die Frage, welche Produkte innerhalb eines Unternehmens an welchen Standorten gefertigt werden sollen, um möglichst kurze Durchlaufzeiten, niedrige Bestände und geringe Transportkosten zu ermöglichen. Weiterhin wird die Frage behandelt, welche Wertschöpfungstiefe für das Unternehmen optimal ist (Make-or-Buy). Der Blick auf die Bestände wird somit von einer eher operativen und auf einzelne Abschnitte des Wertschöpfungsnetzwerks begrenzten Sichtweise auf eine strategische und ganzheitliche Sicht gehoben, woraus sich für Unternehmen ganz neue Gestaltungsparameter ergeben, die einen wesentlich stärkeren Einfluss auf die Höhe der Bestände haben.

Ein wichtiger technologischer Trend, mit erheblichem Potenzial für das Working Capital Management, stellt das 3D-Printing dar. Diese Technologie existiert bereits seit vielen Jahren und wurde von Unternehmen anfangs insb. zur Herstellung von Prototypen genutzt, da sich diese mit Hilfe von 3D-Druckern sehr viel schneller und kostengünstiger als mit herkömmlichen Verfahren herstellen lassen (sog. Rapid Prototyping). In den letzten Jahren hat das 3D-Printing allerdings eine enorme Entwicklung durchlaufen, so dass 3D-Drucker mittlerweile auch immer häufiger in der Produktion Anwendung finden. Bspw. lassen sich bereits heute Gegenstände aus unterschiedlichen Metallen drucken, die ggü. mit herkömmlichen Verfahren hergestellten Teilen z. T. sogar günstigere Materialeigenschaften besitzen. Aus Sicht

[2] Vgl. dazu Rothe M. (2014), S. 12.

des Working Capital Management erscheint das 3D-Printing insb. für das Ersatzteilgeschäft von großer Relevanz, was sich am Beispiel des Maschinen- und Anlagebaus sehr gut veranschaulichen lässt. Im Bereich des Maschinen- und Anlagenbaus ist eine hohe Ersatzteilverfügbarkeit von herausragender Bedeutung, um im Falle des Ausfalls einer Maschine oder Anlage lange Stillstandszeiten zu vermeiden, die i. d. R. mit hohen Kosten verbunden sind. Zur Gewährleistung einer hohen Ersatzteilverfügbarkeit werden von Unternehmen daher regelmäßig große Ersatzteillager vorgehalten. Der vorgehaltene Ersatzteilbestand ist dabei tendenziell umso größer, je vielfältiger, heterogener und komplexer das Produktportfolio ist, je länger die Lebensdauern und desto kürzer die Modellzyklen der Produkte sind. Statt eine große Vielfalt von Ersatzteilen, die teilweise sogar noch Jahre nach Auslaufen des eigentlichen Produktes vorgehalten werden müssen, zu lagern, könnten viele dieser Teile mittlerweile auch mit Hilfe von 3D-Druckern erst zum Zeitpunkt eines Bedarfs hergestellt werden. Ersatzteile bestünden somit nicht länger als physische, über Jahren hinweg Kapital bindende Gegenstände, sondern lediglich als digitaler Datensatz, aus dem erst im Bedarfsfall der geforderte Gegenstand erstellt wird. Für das Working Capital ergeben sich damit erhebliche Potenziale, Ersatzteilbestände zu senken.

3.1.3 SMART Production: Optimierung des Analagevermögens als nächster Schritt einer umfassenden Minimierung der Kapitalbindung

Auf Basis der oben beschriebenen Maßnahmenstufen eröffnen sich Unternehmen vielfältige Potenziale, ihr Working Capital signifikant und nachhaltig zu senken. Fraglich ist, ob für Unternehmen damit alle Handlungsfelder erschlossen sind oder ob nicht weitere Möglichkeiten zur Reduktion der Kapitalbindung existieren. Diese Frage stellt sich insb. vor dem Hintergrund, dass i. d. R. der weitaus größere Anteil des eingesetzten Kapitals nicht im Working Capital, sondern im Anlagevermögen gebunden ist. Dieser wird von Unternehmen jedoch in aller Regel als fix und zumindest kurzfristig unveränderlich angesehen. Entsprechende Initiativen zu Reduktion der Kapitalbindung konzentrieren sich daher fast ausschließlich auf das Working Capital, ohne die Möglichkeiten zur Beeinflussung des im Anlagevermögen gebundenen Kapitals überhaupt in Erwägung zu ziehen. Da sich jedoch auch im Bereich des Anlagevermögens verschiedenste Möglichkeiten zur Beeinflussung ergeben, bleiben trotz umfangreicher sowie zeit- und ressourcenintensiven Working Capital Initiativen große Teile des im Unternehmen vorhandenen Optimierungspotenzials ungenutzt.

Um diesem Umstand Rechnung zu tragen und eine umfassende Optimierung der Kapitalbildung eines Unternehmens zu ermöglichen, wurde dem oben beschriebenen Working Capital Management Ansatz der auf das Anlagevermögen ausgerichteter Ansatz SMART Production zur Seite gestellt. Ziel beider Ansätze ist eine Dematerialisierung der Vermögenswerte des Unternehmens. Dies darf jedoch nicht dahingehend verstanden werden, dass Vermögenswerte einfach veräußert werden, was womöglich auch negative Auswirkungen auf den Geschäftsverlauf des Unternehmens hätte. Vielmehr geht es darum, verschiedene Möglichkeiten zu nutzen, um

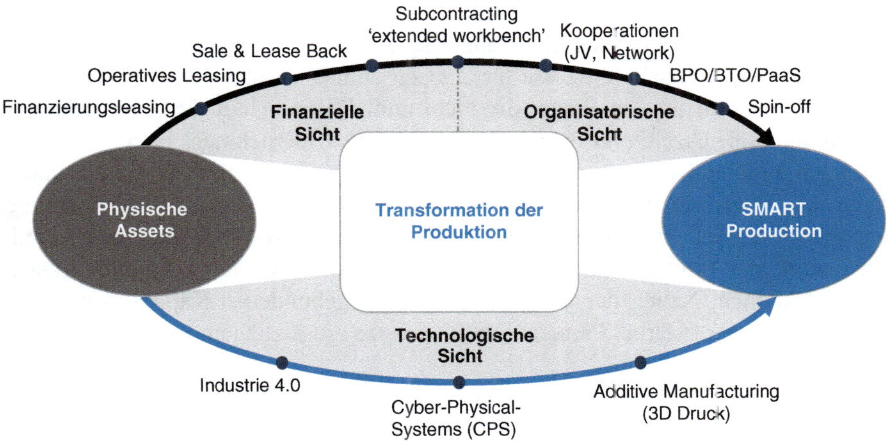

Abb. 4 SMART Production: Hebel zur Transformation der Produktion

im Eigentum des Unternehmens befindliche physische Assets in Informationen, Rechte und immaterielle Vermögenswerte zu transformieren (Abb. 4).

SMART Production beinhaltet drei unterschiedliche Stellhebel zur Beeinflussung der Kapitalbindung im Anlagevermögen. Der erste Stellhebel hinterfragt die Art der Finanzierung sowie die Eigentumsstrukturen der Assets (finanzielle Perspektive). Statt zu kaufen und im Eigentum zu halten, können Unternehmen ihre Immobilien, Maschinen, Anlagen oder Fahrzeuge auch durch die verschiedenen Arten des Leasings finanzieren. Entsprechende Optionen ergeben sich dabei nicht nur für zukünftig neu anzuschaffende Assets. Auch vorhandene Assets können an Leasingunternehmen verkauft und anschließend von diesen zur weiteren Nutzung zurückgeleased werden (Sale & Lease Back). Als potenzielle Vertragspartner kommen neben den auf Leasing spezialisierten Finanzdienstleistern immer häufiger auch die Hersteller von Maschinen und Anlagen in Frage. Diese nutzen Leasing verstärkt als Instrument zur Absatzförderung und bieten ihren Kunden daher z. T. sehr attraktive Leasingkonditionen. Leasingoptionen sollten grundsätzlich für all jene Assets in Betracht gezogen werden, die dem Kerngeschäft eines Unternehmens zuzurechnen sind. Für Assets, die dagegen solchen Bereichen zugeordnet sind, die nicht zum Kerngeschäft des Unternehmens gehören, sollte geprüft werden, inwiefern die Erbringung entsprechender Leistungen durch externe Partnern möglich und von Vorteil ist.

Die Einbindung externer Partner ist Gegenstand der organisatorischen Sicht des SMART Production-Ansatzes. Dieser geht der Frage nach, welche Prozesse und damit in Verbindung stehende Assets in welcher Form auf externe Partner verlagert werden können. Die Möglichkeiten der Zusammenarbeit mit externen Partnern erstreckt sich von der Vergabe von Unteraufträgen (Subcontracting), über Kooperationen bis hin zum Business Process Outsourcing (BPO) und Process as a Service (PaaS). Ebenso ist es möglich, ganze Teile des Unternehmens abzuspalten und in ein neu zu gründendes Unternehmen zu überführen (Spin-off). Dies erfolgt unter der Maßgabe, dass das neu zu gründende Unternehmen die jeweiligen Prozesse als

Kerngeschäft betreibt und entsprechende Leistungen auch für andere Kunden erbringt, wodurch die Leistungserstellung insgesamt eine sehr viel höhere Effizienz aufweist. Als potenzielle Prozesse für eine Zusammenarbeit mit externen Partnern kommen insb. all jene in Frage, die nicht zum Kerngeschäft des Unternehmens gehören und gleichzeitig nur wenig zur Rendite des Unternehmens beitragen, einen geringen Standardisierungs- und Automatisierungsgrad aufweisen und die Kapazitäten der Assets nur gering und/ oder sporadisch beanspruchen. Die Verlagerung entsprechender Prozesse auf spezialisierte Partner hat gewöhnlich auch den Vorteil, dass diese die Prozesse mit einer höheren Qualität und zu niedrigeren Kosten erfüllen können. Neben der Freisetzung unnötig gebundenen Kapitals kann eine Auslagerung an externe Partner somit auch zu zusätzlichen Kostensenkungen führen.

Die dritte Komponente des SMART Production-Ansatzes ist die technologische Sicht. Ziel dieser Sicht ist es, auf Basis technologischer Innovationen die Ausnutzung vorhandener Kapazitäten sowie deren Verfügbarkeit zu steigern. Durch die damit einhergehende Erhöhung der verfügbaren Kapazität der Assets resultiert wiederum die Möglichkeit, überschüssige Kapazitäten abzubauen, erforderliche Investitionen in neue Kapazitäten in die Zukunft zu verschieben und damit die erwirtschaftete Rendite auf das eingesetzte Kapital zu steigern. Als technologische Innovationen mit einem besonders hohen Potenzial sind insb. Industrie 4.0 und Cyber-Physical-Systems hervorzuheben. Beide technologische Trends forcieren die Digitalisierung, Vernetzung und Automatisierung von Maschinen und Produktionsprozessen. Grundlage dafür sind unterschiedlichste Informationen, die bspw. über Sensoren an den einzelnen Maschinen generiert und im Produktionsnetzwerk ausgetauscht und verarbeitet werden. Auf Basis dieser Informationen können Produktionsprozesse in einer bisher nicht gekannten Dimension optimieren und weiterentwickelt werden:

- Erhöhung der Flexibilität und der Reaktionsfähigkeit
- Harmonisierung von Abläufen über verbesserte Abstimmung zwischen einzelnen Teilprozessen der Produktion
- Optimierung des Materialflusses und Verkürzung von Durchlaufzeiten
- Optimale Ausnutzung vorhandener Maschinenkapazitäten
- Frühzeitige Erkennung möglicher Störungen

Ein weiterer technologischer Trend zur Reduktion der Kapitalbindung im Bereich des Anlagevermögens ist das bereits oben genannte 3D-Printing. Das 3D-Printing lässt sich ebenso in die Prozesse zur Herstellung der Hauptprodukte integrieren, wodurch eine zusätzliche, über die oben genannten Effekte hinausgehende Optimierung der Produktionsprozesse möglich ist. Bspw. kann 3D-Printing zur Herstellung aller Teile mit einer niedrigen und eher sporadischen Nachfrage angewendet werden. Der unmittelbare Vorteil besteht darin, dass ein aufwendiges Rüsten von Maschinen für die Herstellung weniger Teile vermieden werden kann. Vorhandene Maschinenkapazitäten können somit in einem höheren Grade produktiv genutzt werden, da der Anteil unproduktiver Rüstzeiten sinkt. Darüber hinaus können Investitionen in teilespezifische Werkzeuge reduziert werden, da diese im Gegensatz zu den klassischen Produktionsmethoden beim 3D-Printing nicht erforderlich sind.

3.2 Praktische Umsetzung des Working Capital Management 2.0

Integraler Bestandteil des Ansatzes Working Capital Management 2.0 ist neben einem weiterentwickelten Maßnahmenportfolio eine Vorgehensweise, die einen sehr starken, strategischen Charakter besitzt sowie den Anforderungen für eine nachhaltige Absicherung und kontinuierliche Verbesserung der Working Capital Performance Rechnung trägt. Die Erfordernis einer strategischen Ausrichtung des Working Capital Managements resultiert i. W. aus dem beschriebenen Maßnahmenportfolio, das neben lokalem Adjustieren innerhalb einzelner Teilprozesse auch strukturelle und langfristig wirkende Veränderungen beinhaltet. Dies bedeutet für die praktische Umsetzung, dass Working Capital Management nicht länger nur als kurzfristiges Projekt zur Beeinflussung einzelner Bilanzkennzahlen gesehen werden darf, sondern vielmehr als ein strategisches Projekt zur Optimierung von Geschäftsprozessen, das einen deutlichen Veränderungscharakter besitzt. Um die gewünschten Veränderungen herbeiführen zu können sind drei wesentliche Erfolgsfaktoren zu berücksichtigen:

- **Aktive Unterstützung und Einbindung des Top Managements**: Um die Bedeutung des Projektes zu unterstreichen und um Entscheidungen, die über die Kompetenz nachgelagerter Hierarchiestufen hinausgehen, herbeizuführen, müssen Vertreter der obersten Managementstufe aktiv in die Aktivitäten eingebunden werden. Dies bedeutet bspw., dass zu Beginn des Projektes durch das Top Management ein klares Statement abgegeben wird, welche Ziele durch das Working Capital Management verfolgt werden und welcher Beitrag von den einzelnen Bereichen gefordert wird. CEO, CFO und COO sollten zudem Mitglied des Lenkungskreises sein. Dies ermöglicht es ihnen, in regelmäßigen Abständen einen unmittelbaren Einblick in den Projektverlauf zu erhalten, direkten Einfluss auf diesen zu nehmen und erforderliche Entscheidungen zeitnah treffen zu können.
- **Sensibilisierung aller Führungskräfte und der Mitarbeiter**: Um zielgerichtet Verbesserungen herbeiführen zu können, ist es notwendig, dass alle Führungskräfte verstehen, welchen Einfluss der von ihnen verantwortete Bereich auf das Working Capital des Unternehmens sowie auf die Prozesse angrenzender Bereiche hat. Wirksames Instrument zur Sensibilisierung von Führungskräften sind Workshops und Schulungen, wobei sich insb. webbasierte Schulungsformate als äußert hilfreich erwiesen haben, um kosteneffizient und innerhalb einer kurzen Zeitspanne möglichst viele Führungskräfte zu erreichen. Sobald diese ein aus-

reichendes Verständnis für das Thema Working Capital Management entwickelt haben, können sie innerhalb ihres Bereiches als Multiplikator fungieren und ihre Mitarbeiter für geplante oder bereits angestoßene Veränderungen gewinnen. Dies ist eine elementare Voraussetzung für eine hohe Akzeptanz und den Erfolg angestrebter Veränderungen.

- **Change Management als integraler Bestandteil des Projektansatzes**: Aufgrund der zum Teil sehr weitreichenden und einschneidenden Veränderungen ist es erforderlich, mögliche Widerstände frühzeitig zu erkennen und Mitarbeiter immer wieder aufs Neue für die angestrebten Veränderungen zu gewinnen. Es empfiehlt sich daher, die inhaltliche Projektarbeit durch ein professionelles Change-Management zu begleiten. Klassische Change-Management-Instrumente lassen sich auch an dieser Stelle wirksam durch webbasierte Anwendungen unterstützen. Bereits die Einrichtung einer Intranet-Seite, über die sich alle Mitarbeiter über aktuelle Entwicklungen und den Fortgang des Working Capital Projektes informieren können, kann wirksam dazu beitragen, die Transparenz zu erhöhen und Unsicherheiten bei den Mitarbeitern spürbar abzubauen. Die Intranet-Seite könnte zusätzlich um eine Weblog-Funktionalität ergänzt werden, über die Mitarbeiter die Möglichkeit erhalten, sich über bestimmte Ideen, Lösungen, Probleme oder Fragen über das gesamte Unternehmen hinweg auszutauschen (Expertise Exchange Plattform). Durch die Möglichkeit eines aktiven Gedanken- und Erfahrungsaustauschs werden Mitarbeiter von Betroffenen zu Beteiligten gemacht, was zu einer enormen Steigerung der Akzeptanz führen kann.

Für ein wirksames Working Capital Management ist es zudem erforderlich, dieses nicht als zeitlich begrenzte Aktivität, sondern als kontinuierlichen Verbesserungsprozess zu begreifen. Diese ist eine wesentliche Voraussetzung dafür, um bereits erzielte Verbesserungen nachhaltig abzusichern und eine stetige Weiterentwicklung zu ermöglichen. Dazu müssen bereits in der Projektphase bestimmte Voraussetzungen geschaffen werden:

- **Etablierung eines festen Working Capital Management-Teams**: Neben der Verantwortung für das Controlling und das Monitoring der Working Capital Entwicklung sowie der Umsetzung der definierten Maßnahmen besteht die Aufgabe eines solchen Teams insb. in der stetigen Suche nach weiteren Verbesserungspotenzialen. Die kann bspw. durch ein fortwährendes internes und externes Benchmarking, der Verfolgung aktueller Markttrends sowie der Weiterentwicklung und dem Ausrollen von Best-Practice-Lösungen erfolgen.
- **Working Capital-bezogene Incentivierung**: Um auch nach Abschluss des Projektes weitere Verbesserungen und einen aktiven Beitrag aller Bereiche zu gewährleisten, müssen Working Capital bezogene Bestandteile in das Ziel- und Anreizsystem des Unternehmens integriert werden. Dazu sind je Bereich geeignete Kennzahlen und entsprechende Zielvorgaben zu definieren. Ebenso sind Zielvorgaben in Form von jährlichen Beträgen, um den das Working Capital zu reduzieren ist, für das Working Capital Management Team festzulegen.

- **Working Capital Tool Set**: Um die Arbeit des Working Capital Management Teams wirksam zu unterstützen, sind diesem geeignete Instrumente an die Hand zu geben. Hervorzuheben sind insb. Reporting- und Analysewerkzeuge, mit denen die Entwicklung des Working Capitals unternehmensweit verfolgt und die Ursachen möglicher Veränderungen unmittelbar ermittelt werden können (vgl. dazu auch die Ausführungen in Abschn. 3.1.2).

4 Fazit

Working Capital Management ist ein wirksames Instrument zur Stärkung der Innenfinanzierungskraft und genießt in der Praxis nach wie vor eine sehr hohe Bedeutung. Allerdings werden die mit dem Working Capital Management verbundenen Erwartungen häufig nicht erfüllt. Ziel des vorliegenden Beitrags war es, mögliche Ursachen für die Nichterreichung gesteckter Working Capital Ziele herauszuarbeiten und für die Praxis relevante Stellhebel zur Verbesserung und Weiterentwicklung des Working Capital Managements aufzuzeigen. Dazu wurde ein Ansatz beschrieben, der sich sowohl im Portfolio der in die Betrachtung einzubeziehenden Maßnahmen als auch in der praktischen Umsetzung des Working Capital Managements von herkömmlichen Vorgehensweisen unterscheidet. Der Fokus wurde zudem vom reinen Working Capital auf den Bereich des Anlagevermögens erweitert, da hier ebenso erhebliche Potenziale liegen und gleichfalls Möglichkeiten zur aktiven Beeinflussung existieren. Unter der Bezeichnung SMART Production wurde dazu ein Ansatz vorgestellt, mit dem über die drei Sichten Finanzierung, Organisation und Technologie eine signifikante Reduktion der Kapitalbindung im Bereich des Anlagevermögens erzielt werden kann. Durch die vorgestellten Ansätze wurden Impulse gesetzt, auf deren Basis Unternehmen ihre bisherigen Working Capital Aktivitäten kritisch hinterfragen und schrittweise weiterentwickeln können.

Center of Expertise Controlling/Reporting Factory 2.0

Aus dem Funktionsbereich Controlling wird das agile Controlling-Netzwerk

Mario Schmitz, Arnd Lawrenz und Christian Schneider

Zusammenfassung

Das Center of Expertise (CoE) Controlling mit der Ausgestaltung zu einer Reporting Factory bündelt insb. Reporting- und Planungsaufgaben eines Unternehmens und gewährleistet damit eine effiziente und effektive Bereitstellung dieser Controlling-Funktionen (vgl. Klingebiel 2019, S. 157). Im Zuge von Shared Service Center (SSCs) Realisierungen der letzten Jahre war das CoE Controlling oftmals Bestandteil eines SSCs oder ein eigenständiger Organisationsbaustein als CoE in einem Netzwerk zusammen mit einem SSC. Multifunktionale Shared Services beheimaten ebenso das CoE Controlling, so dass die Controlling-Funktionen und im Konkreten für die Reporting Factory die Reporting- und Planungs-Funktionen, als ein wesentlicher Zentralisierungsbestandteil zu nennen ist (vgl. bspw. Müller, 2008, S. 311 ff. insb. für Reporting).

Schlüsselwörter

Reporting Factory · Finance Transformation · Netzwerkorganisation · Finanzorganisation · Implementierung · Center of Expertise · Controlling · Analytics · Data Steward · Data Governance

Der Beitrag wurde in der 1. Auflage mit verfasst von Bianca Drerup.

M. Schmitz (✉) · A. Lawrenz · C. Schneider
Deloitte Consulting, Düsseldorf, Deutschland
E-Mail: marschmitz@deloitte.de; alawrenz@deloitte.de; chrischneider@deloitte.de

W. Becker, P. Ulrich (Hrsg.), *Handbuch Controlling*,
https://doi.org/10.1007/978-3-658-26431-4_40

1 Einleitung

Das Center of Expertise (CoE) Controlling mit der Ausgestaltung zu einer Reporting Factory bündelt insb. Reporting- und Planungsaufgaben eines Unternehmens und gewährleistet damit eine effiziente und effektive Bereitstellung dieser Controlling-Funktionen (vgl. Klingebiel 2019, S. 157). Im Zuge von Shared Service Center (SSCs) Realisierungen der letzten Jahre war das CoE Controlling oftmals Bestandteil eines SSCs oder ein eigenständiger Organisationsbaustein als CoE in einem Netzwerk zusammen mit einem SSC. Multifunktionale Shared Services beheimaten ebenso das CoE Controlling, so dass die Controlling-Funktionen und im Konkreten für die Reporting Factory die Reporting- und Planungs-Funktionen, als ein wesentlicher Zentralisierungsbestandteil zu nennen ist (vgl. bspw. Müller, 2008, S. 311 ff. insb. für Reporting).

Der vorliegende Beitrag greift das Organisationskonzept bewährter Reporting Factories auf und erläutert deren Aufbau im Abschn. 2. Im nachfolgenden Abschn. 3 werden Aspekte der Weiterentwicklung der sogenannten Reporting Factory 2.0 vorgestellt. Insb. einzelne Elemente aus agilen Organisationskonzepten und deren Beitrag zur Weiterentwicklung der Factory führen zu neuen Konzepten jenseits der alten Silos in netzwerkartigen Strukturen und Zusammenarbeitsmodellen. Maßgeblich für kundenzentrierte Services einer Reporting Factory ist deren Produkt- und Servicekatalog in einem bedarfsgerechten Zuschnitt. Mit der Zunahme von agilen Organisationselementen in der Reporting Factory ist im Wesentlichen die Zunahme an Projektgeschäft angesprochen. Abschn. 3 erläutert diese Sachverhalte und stellt zuletzt an einem Praxisbericht deren Umsetzung in einer Reporting Factory 2.0 vor.

Der Abschn. 4 erläutert praxisbewährte Schritte zum Aufbau einer Reporting Factory 2.0, wobei der Data Steward und ein neuer, innovativer Produkt- und Servicekatalog vorrangig dargestellt werden.

Der Beitrag endet im Abschn. 4 mit einer kritischen Würdigung von Chancen und Risiken, die insb. aus den Praxisberichten entnommen wurden sowie mit einer Zusammenfassung und einem Ausblick in Abschn. 5.

2 Reporting Factory – Ein etabliertes und bewährtes Organisationskonzept

In den nachfolgenden Abschnitten wird nochmals der klassische Aufbau einer Reporting Factory gewürdigt, indem die praxisbewährten Gestaltungsdimensionen dargestellt werden. Ferner zeigt ein Praxisbericht, wie die Ausgestaltung dieser Bausteine aussieht.

2.1 Reporting Factory Organisationskonzept fußt auf sieben bewährten Dimensionen

Eine Definition einer Reporting Factory 1.0, so wie sie sich in diversen Projekten bei der Deloitte Consulting in den letzten 8–10 Jahren gezeigt hat, führt zu folgenden Aufgabenbereichen, die in der Art eines Center of Exellence Controlling auftreten.

Das CoE Controlling bzw. die Reporting Factory 1.0 bündelt die Pflege des Datenmodells für eine effiziente und effektive Datenbewirtschaftung für ein Reporting, deren Analysen sowie für die Vorbereitung der Planung (vgl. hierzu Grönke und Ahr 2017, S. 133 ff.). Im Falle eines Konzerns, ist die systemische Betreuung der Konzernrechnungslegung und deren Integration zur Planung ebenso vorzusehen. Die konzeptionellen und IT-Vorkehrungen zur Ausgestaltung einer (Konzern-) Kostenrechnung, deren Integrationspunkte zum Datawarehouse sowie den Analyse- und Planungs-Werkzeugen sind weitergehende Aufgabenschwerpunkte. Neben diesen finanziellen Daten sind zunehmend nicht-finanzielle Daten für Ursache-Wirkungs-zusammenhänge in einem Werttreiberbaum Reporting vorzuhalten. Deren Konzeption, die Datenmodell-Pflege und Integration (nicht-finanziell zu finanziell) sowie deren effektive und effiziente Datenbewirtschaftung ist ebenso Kernbestandteil einer Reporting Factory 1.0. Das Monitoring der Berichtskalender für die Ist- und Planungsrechnung, wie auch ausgewählte Aktivitäten zur Kosten- und Erlösallokation im Zuge von Abschlussarbeiten, runden das Bild eines Aufgabenspektrums einer Reporting Factory 1.0 ab.

Damit ist das Wissen in einer Reporting Factory grundsätzlich interdisziplinärer auszugestalten, womit vorrangig Controlling-Fachwissen und IT-Realisierungswissen im ERP und Datawarehouse-Umfeld zusammentreffen und gemeinsam die o. g. Aufgaben in Angriff nehmen (zur Bedeutung des Wissens um ERP Systeme siehe auch Weissenberger und Schneider 2017, S. 28 ff.).

Erfolgreiche, am Markt agierende Reporting Factories haben sich an sieben Dimensionen ausgerichtet, die im Folgenden kurz genannt werden (Abb. 1).

2.1.1 Agiere von der Kunden-Perspektive aus

Eine Reporting Factory bedient interne Kunden und Kundengruppen. Deren Klassifizierung, Erfragung von Informationsbedürfnissen sowie der Ausrichtung eines Informations-Marketings dient der fokussierten Bereitstellung von Produkten und Services der Reporting Factory. Regelmäßige Zufriedenheitsabfragen, wie auch die institutionelle Einbettung eines Anforderungsmanagements der Kunden an ihre Reporting Factory sind Kernbestandteile einer erfolgreich agierenden Factory.

Aus Sicht der Reporting Factory sind die Kunden die sogenannten Business Partner, die innerhalb der Factory kundenorientierte Verantwortlichkeiten zugeordnet bekommen. So bspw. eine Analytics-Support-Rolle für die Region X im Unternehmensbereich Z. Es wird deutlich, dass Kundengruppen und deren Hierarchie sich an der Unternehmens-(Konzern-)Hierarchie entlang aufbauen (vgl. hierzu Weber 2008, S. 268 ff.) und somit die Reporting Factory ihre Kundenfokussierung auf Konzern-, Segment-, Einzelgesellschaft bis hin zum Werk, Profit Center und Kostenstelle ausgestaltet. Des Weiteren sind funktionale Differenzierungen, wie Konzern-, Vertrieb- oder Personalcontrolling zielführend.

2.1.2 Liefere Kundenwünsche: Produkte & Services

Als zentrales Element einer Reporting Factory mit einem kundenzentrierten Verständnis, ist das transparente und zugängliche Angebot von Factory Produkten & Services zu sehen. Welche Reports und Planungsmappen stehen wann in einer qualitätsgesicherten Version den Kunden der Factory zur Verfügung?

Abb. 1 Gestaltungsdimensionen einer Reporting Factory

Neben diesen offensichtlichen Angeboten hat die Factory-Praxis weitaus differenziertere Produkte & Services in ihrem Angebotskatalog. So ist eine Self-Services-Analyse den Business Partnern anzubieten, die ihrerseits Drill-Down-Optionen in qualitätsgesicherten Datenbanken nach sich zieht.

Die Factory bietet in diesem Zusammenhang eine korrekte Datenmodellierung mit ebenso korrekter Datenbewirtschaftung an. Unterschiedliche Sichten von Data-Layers, die ihrerseits in einer Datawarehouse-Umgebung mit Fortschreibungsregeln ein Data-Cleansing und eine Verdichtung einschließlich einer Verteilung einer Korrektur nach sich ziehen, sind ebenso Produkte & Service einer Reporting Factory, wie die Distribution und Veranschaulichung von Informationen in Standardreports oder Dashboards (vgl. Matos et al. 2008, S. 257 für einen beispielhafen Servicekatalog).

Der Produkt & Servicekatalog folgt somit der Datenbewirtschaftung in den Kategorien Datenaufbereitung (einschließlich Load-Management in Datawarehouse-Umgebungen), Datenhaltung (einschließlich deren qualitätsgesicherter Verdichtung) sowie Datenrepräsentanz (einschließlich dem Angebot zum Self-Service-Analyse durch die Kunden der Factory). Diesem Anspruch folgend, haben Produkt und Service Kataloge einer Reporting Factory 1.0 durchaus 20–25 Haupt-Produkt- und Service-Gruppen, die ihrerseits bis zu 300 Einzelaktivitäten beinhalten.

Anhand dieser Aktivitätenliste ist das Zusammenarbeitsmodell bspw. mit der IT aber auch im Zusammenspiel mit den Business Partner festzulegen. Die Reporting Factory bekommt dadurch eine Governance und eine etablierte, organisatorische Verordnung innerhalb des Unternehmens.

2.1.3 Etabliere eine agile Aufbauorganisation

Bei einer Reporting Factory Größe von bspw. 80 Mitarbeitern und einer zunehmenden Automatisierung der Datenbewirtschaftung zum qualitätsgesicherten und zeitgerechten Angebot der Produkte und Services,[1] ist eine Verschiebung der Aktivitätenschwerpunkte zu einem zunehmenden Projektgeschäft erkennbar. Die Mitarbeiter der Factory widmen sich der weitergehenden Verbesserung des Serviceangebotes. So wird bspw. aus dem SAP BW der Factory 1.0 ein Data Lake mit neuen Analysemöglichkeiten. Transaktionales Überwachen von Datenflüssen, deren Qualitätssicherung und Aufbereitung treten dank Automatisierung in den Hintergrund. Ein Projektgeschäft ausgestattet mit interdisziplinären Teams und agil bezüglich der Vorgehensweise, tritt in den Vordergrund der Factory-Aktivitäten.

Im Zuge dieser Entwicklung ist ebenso festzustellen, dass aufbauorganisatorische Verantwortlichkeiten aus einem abteilungsgeprägten Silodenken zu einer teamorientierten, agilen Organisationsstruktur wechseln. Wenn das Projektgeschäft den Rahmen bildet und die Weiterentwicklung des Produktes und Service Kataloges ein zielfokussiertes Vorgehen ist, dann sind in einem nächsten Schritt, aus aufbauorganisatorischer Sicht, Produkt-Verantwortliche mit ihren Teams abteilungsüber-

[1]Produkt-/Services-Katalog (P/S): Bspw.: Reports, Analysen, Planung, Abschlussarbeiten am Monatsabschluss, etc.

greifend zu bilden. Das abteilungsspezifische Silo wird damit zu Gunsten von interdisziplinären Teams ersetzt (Welpe et al. 2018, S. 115 ff.). Deren Zusammenarbeitsmodell steht nunmehr im Mittelpunkt und folgt agilen Methoden.

2.1.4 Gewährleiste zielgerichtete Governance

Die Reporting Factory 1.0 hat in den letzten Jahren einen besonderen Wert auf die Ausgestaltung des Governance Mandates gelegt. Das Mitbestimmungs- und Vorgaberecht war hierbei maßgeblich.

Im Rahmen dieser Ausgestaltung steht der o. g. Produkt und Service Katalog erneut im Zentrum der Argumentation. Damit wird ein Aktivitätensplit und die Zusammenarbeit der Factory mit anderen Stakeholdern (bspw. IT) geregelt. Die Product-/Service-Owner innerhalb der Reporting Factory erhalten das Mandat Ressourcen und Zeit für eine Weiterentwicklung zu managen. Ferner die Aufgabe, in Abstimmung mit ihren Kunden, die strategische und konzeptionelle Weiterentwicklung zu designen.

Es zeigte sich ebenso im Rahmen der Etablierung erfolgreicher Factories, dass mit dem o. g. Mandat die Festlegung der Business-Prozess-, System- und Budget-Ownerschaft verbunden ist. Im Rahmen der Business-Prozess-Ownerschaft (vgl. hierzu Kirchberg 2017, S. 91 ff.), sind insb. die Prozessfragmente „Record-2-Report" und „Plan-2-Fulfill" auf Ownerschaft-Bestandteile zu prüfen. So werden bspw. Datenbereitstellungsprozess-Fragmente in die Ownerschaft der Reporting Factory fallen wobei hingegen fachlich-inhaltliche Verantwortlichkeiten in der Ownerschaft bei den Fachbereichen verbleibt (so bspw. im Falle des Konzernabschlusses).

Erfolgreich agierende Reporting Factories haben weitreichende Governance-Mandate hinsichtlich der Prozess-, System- und Budget-Ownerschaft, womit sie ihre eigene Weiterentwicklung selbstverantwortlich und unternehmerisch gestalten können. Die o. g. Product-Owner, sind als Entrepreneure in einer agil agierenden Reporting Factory zu betrachten (zur allgemeinen Rolle und Aufgaben des Product-Owner siehe bspw. Pichler 2010, S. 7 ff.).

2.1.5 Informiere, verhandle mit Interessengruppen

Diese Gestaltungsdimension ist insb. im Rahmen des Aufbaues einer Reporting Factory ein wichtiger und ggfs. auch zeitintensiver Prozess. Die Mitbestimmungsgremien sind frühzeitig einzubinden, wenn arbeitsvertragliche Änderungen durch einen Factory-Aufbau für Mitarbeiter auftreten. Die Zentralisierung und Verlagerung von Aktivitäten führt zu Veränderungen in bestehenden Controlling-Arbeitsstellen, die bis zum Wegfall der Stelle am bisherigen Arbeitsplatz und den Aufbau von Kapazitäten an einem zentralisierten neuen Arbeitsplatz führen. Die arbeitsrechtlichen Schritte insb. die frühzeitige Information der jeweiligen Gremien, ist zu beachten.

Neben den o. g. rechtlichen Anforderungen, sind insb. auch Kommunikations- und Change-Management Maßnahmen zu ergreifen. Damit ist sichergestellt, dass die Neuerungen im Unternehmen angenommen werden. Während des Aufbaues einer Factory, sind Informationsveranstaltungen (bspw. Gallery Walks, Video-Botschaften,

Flyer und erklärende Artikel im Intranet des Unternehmens), bis hin zu und Einzelgesprächen bei wesentlichem Arbeitsplatzabbau zu nennen.

Ein gezieltes Kommunikations- und Change Management in der Aufbauphase, ist später durch kundenzentrierte Marketing-Maßnahmen zur Etablierung und Vermarktung des Produkt- und Services-Angebotes der Reporting Factory weiter zu führen. Der Wandel durch Digitalisierung bis hin zur Reporting Factory 2.0 benötigt eine transparente Kommunikation und stets eine gezielte Schulung des betroffenen Mitarbeiterkreises (siehe hierzu auch Helferich und Pleil 2019, S. 92 ff.).

2.1.6 Etabliere innovative IT-Systeme/-Architekturen und standardisierte Prozesse

Den Aufbau der Reporting Factories 1.0 ist im Wesentlichen durch zwei IT relevante Sachverhalte geprägt. Einerseits erfolgte deren Aufbau gemäß dem „Lift and Shift" Approach und demnach mit der bestehenden Reporting- und Planungs-Systemlandschaft unabhängig ihrer Heterogenität. Andererseits ist ein Datawarehouse Approach erkennbar, der oftmals mit SAP BW und mehreren darin enthalten Datenwürfeln und deren Datenbewirtschaftungen durch Fortschreibungsregeln einhergeht.

Mit Blick auf die entstehenden SAP S/4 Initiativen sowie dem Wunsch „Big Data" in einem „Data Lake" (siehe Gronwald 2020, S. 86 zum Wandel von Datawarehouse zu Data Lake) durch innovative Analytics-Software zu erkunden, ergeben sich gänzlich neue Produkt- und Service-Angebote für die Reporting Factory 2.0. Diese Veränderungspotenziale, bewirkt durch eine Digitalisierung im Reporting und der Planung, sind Gegenstand des Abschn. 3.

2.1.7 Konfiguration/Mitarbeiter-Fähigkeiten

In vielen Fällen unserer Projektpraxis in der Realisierung und Etablierung von Reporting Factories ist ein sogenanntes „Hub & Spoke" Modell erkennbar. Der Vorteil dieses Model liegt in der verteilten Nutzung von Ressourcen, die unter einheitlicher Führung und Governance und einem einheitlichen Verständnis für den Produkt- und Service Katalog als eine einheitliche Organisationseinheit auftreten, wobei wertvolle lokale Ressourcen (BI[2]-nahe Controller) weiterhin im Unternehmen beschäftigt werden können. Vertragliche Änderungen durch die Umhängung von Verantwortlichkeiten aus einem primär geprägten, lokalen Controlling Fachbereich in ein zentral geführtes Center of Expertise, was ggfs. einer Shared Service GmbH anhängig ist, ist durchaus möglich und im Sinne einer stringenten Governance so auch zielführend.

Des Weiteren können verschiedene Hubs entstehen, deren Bündelung von IT- und Controlling-Ressourcen an historisch, personell stark ausgeprägten Standorten ebenso zielführend ist. Damit ist auch, ohne nennenswerten Stellenabbau, das Ziel einer gewünschten einheitlichen Governance mit zentraler Führung herbeigeführt.

[2]Business Intelligence.

Ferner ist in den Reporting Factories der letzten 10 Jahre durchaus erkennbar, dass im o. g. Hub & Spoke Model eine Near- oder Offshore-Komponente für transaktionale Arbeiten an der Datenbewirtschaftung und -Visualisierung realisiert wurde. Diese sogenannten „Spoke-Bereiche" werden in der Regel in einem Shared Service Center in Osteuropa oder Asien aufgebaut. Das Monitoring, Customizing oder Testing sind typische Aufgaben für derartige Near- oder Offshore Centern.

Die Weiterentwicklung zur Reporting Factory 2.0 mit immensen Digitalisierungsoptionen und Veränderungen an organisatorischen Verantwortlichkeiten im „Hub & Spoke" Modell einerseits, wie auch in der Near- oder Offshore-Nutzung anderseits, ist Schwerpunkt des Abschn. 3.

2.2 Praxisbewährte Bausteine zur Ausgestaltung der Reporting Factory 1.0

Bevor eine Reporting Factory 1.0 aufgebaut wird, muss festgelegt werden, welchen Umfang und welchen Tätigkeitsbereich sie beinhalten soll. (Krüger und Danner 2004, S. 218) Dazu sind grundlegend zwei Fragen zu beantworten: 1. Was sind die Produkte und Dienstleistungen der Factory 1.0? 2. Wer sind die Kunden?

2.2.1 Produkte und Services bzw. Dienstleistungen der Reporting Factory 1.0

Eine vorrangige Aufgabe ist die Frage, welche Reports die Factory erstellen soll. Allgemein gibt es hier zwei Herangehensweisen: Die Factory 1.0 kann Reports für die oberste Führungsebene erstellen, ihren Schwerpunkt also in der Top Management Berichterstattung haben. Eine Alternative ist die Bereitstellung von Berichten für eine größere Empfängergruppe, die Erstellung von sogenannten Massenreports für das operative Linienmanagement. Dies sind z. B. Kostenstellenberichte oder sehr operative, mitunter nicht-finanzielle Berichte. In einem Produktionsunternehmen könnten dies Reports über die technische Produktion sein, in einem eher vertriebsorientierten Unternehmen Berichte über Kundenbewegungen und -verhalten.

Die Definition der Berichtsprodukte ist die Grundlage für eine Detaillierung der Aktivitäten der Factory: Erstellt die Reporting Factory 1.0 vorwiegend Management Berichte, ist sie überwiegend mit der Verdichtung von Informationen bis hin zur Erstellung von Output-Formaten (Präsentationen, Cockpits, Mobile Tablet Berichte, …) beschäftigt. Sie wird in diesem Fall auch die generierten Daten inhaltlich validieren und erste Analysen und Kommentierungen anfertigen. Im Laufe der Zeit eignet sich die Factory auf diese Art und Weise ein immer tieferes Geschäftswissen an und kann weitere Aufgaben, die geschäftsspezifisches Wissen voraussetzen, wie etwa die Planung und Prognose, unterstützen bzw. teilweise übernehmen. Liegt der Fokus der Reporting Factory 1.0 hingegen in der Generierung von Massenreports, werden die Tätigkeiten der Factory näher an der Datenbereitstellung und somit an den ERP-Systemen und den operativen Datenbanken liegen, da diese Reports weitestgehend automatisiert von Systemen generiert werden können und sollten. Systemnahe Aktivitäten sind beispielsweise das Datenmanagement, die Datenverknüpfung und die weitergehende Standardisierung und Automatisierung von Datawarehouse und ERP Systemumgebungen.

2.2.2 Kunden der Reporting Factory 1.0

Eng verknüpft mit der Frage der Produkte ist die Bestimmung des Kundenkreises. Eine eher auf Top Management Berichte fokussierte Factory 1.0 wird auch eher das Top Management bedienen, während Massenreports überwiegend für das Linienmanagement bestimmt sind. Dennoch ist der Kundenkreis mit den Produkten noch nicht endgültig festgelegt. Es gilt zu bestimmen, welche Hierarchieebenen tatsächlich bedient werden. Management Berichte können für verschiedenste Führungsebenen, etwa dem Vorstand, den Leitern von einzelnen Geschäftsbereichen oder lediglich ausgewählten Funktionsleitern bestimmt sein. Bei Massenberichten gibt es ebenfalls verschiedenste Ebenen, welche als Adressaten in Frage kommen. Dies können operative Manager sein, welche mit ausgewählten Standardberichten versorgt werden. Beispielsweise sind in einem produzierenden Unternehmen Werksleiter zu nennen, welche jeden Monat einen Standardbericht mit den entstandenen Kosten im Werk erhalten. Ebenso können die darunterliegenden Ebenen mit ähnlichen Berichten versorgt werden. In diesem Fall nimmt die Detailtiefe deutlich zu. Gerade im produzierenden Gewerbe bieten sich nicht nur Berichte mit finanziellen Kennzahlen an. Auch technisches Personal, z. B. Schichtleiter oder Produktionslinienverantwortliche, kann mit Standardberichten über die jeweils erzeugte Menge, das verbrauchte Rohmaterial, die Fehlerquote, Arbeitsunfälle, Fehlzeiten, usw. versorgt werden.

Neben der Hierarchieebene ist bei der Bestimmung des Kundenkreises zu entscheiden, welcher Teil der Gesamt-Organisation im Realisierungsfokus der Reporting Factory 1.0 liegt. Insbesondere in frühen Aufbauphasen der Reporting Factory kann es Sinn machen, nur ausgewählte Teile des Unternehmens zu bedienen. Beispielsweise können einzelne Geschäftseinheiten aus spezifischen Gründen ausgeschlossen werden. Kriterien zum Ausschluss können etwa Minderheitsbeteiligungen, die Größe der Geschäftseinheit oder Besonderheiten des Geschäftsmodells sein. Ebenso ist denkbar, dass ein geografischer Ausschluss stattfindet, um die Komplexität aufgrund verschiedener Sprachen, Kulturen, Gesetzesanforderungen, usw. zu senken. (vgl. zur Kontextabhängigkeit der Finanzfunktion Hopwood 1999, S. 377)

Wie jede Organisation, muss die Reporting Factory 1.0 ein klassisches Organigramm erhalten, welches die Aufgaben einzelner Abteilungen definiert. (vgl. zu Anforderungen an eine adäquate Organisationsstruktur Krüger 2006, S. 103 f.; Mellewigt und Decker 2006, S. 72 ff.) An der Spitze der Factory 1.0 muss ein Leiter der Reporting Factory 1.0 stehen, an den die nachgeordneten Abteilungen berichten. Dieser Leiter übernimmt analog zu anderen größeren Abteilungen die Vertretung nach Außen, die Bestimmung der grundlegenden Strategie und Ziele sowie allgemeine Führungsaufgaben.

Ist die Bestimmung der Führungsaufgabe noch einfach und entspricht dem Muster aller Organisationen, stellt sich die Frage, nach welchen Kriterien sich die darunterliegenden Abteilungen ausrichten sollen. Folgende Kriterien sind relevant:

- Kunden
- Produkte und Services
- Interne Prozesse
- Regionale Aufstellung

Richtet sich die Organisation nach seinen Kunden aus, ist jede Abteilung für die Bedienung einer bestimmten Kundengruppe zuständig und bietet diesen die komplette Produktpallette der Factory an. Eine Gliederung kann etwa nach geografischen Kriterien erfolgen. In diesem Falle bedient eine Abteilung ausgewählte Regionen bzw. Länder des gesamten Unternehmens. Ebenso ist es denkbar die Abteilungen nach Geschäftseinheiten zu gliedern. Die Gliederung nach Kunden stellt insbesondere in der Anfangsphase der Reporting Factory 1.0 ein einfaches Instrument zur Bedienung der Kundenwünsche dar, kann auf diese Art und Weise doch auf bestehende Strukturen aufgesetzt werden. Zudem gewährleistet eine derartige Struktur eine große Kundennähe. (vgl. zur Relevanz der Kundennähe Messner 2005, S. 286). Dagegen spricht allerdings, dass mit einer auf die Kunden ausgerichteten Organisationsstruktur eine gewisse Dezentralität vorherrschen wird und die Vorteile einer Bündelung von Aufgaben nicht voll realisiert werden können. Ist jede Abteilung für die komplette Bedienung der Kundenwünsche zuständig, wird sie auch sämtliche dafür notwendigen Prozesse selbst ausführen. Doppelarbeit in mehreren Abteilungen und mangelnde Synergien sind die Folge, welchen jedoch mit einem abteilungsübergreifenden Wissensaustausch innerhalb der Factory 1.0 entgegengewirkt werden kann.

Wird die Organisation dagegen anhand der Produkte und Services aufgebaut, ist jede Abteilung für die Erstellung von bestimmten Produkten zuständig. So ist es etwa denkbar, dass eine Abteilung für die Generierung von Managementreports zuständig ist, während eine andere Abteilung für Massenreports verantwortlich ist. Diese Organisationsform bietet den Vorteil einer starken Spezialisierung. Allerdings kommt sie nur in Frage, wenn die Reporting Factory 1.0 einen großen Umfang an Produkten abdeckt und so überhaupt in der Lage ist, eine ausreichende Anzahl an Abteilungen aufzubauen. Zudem gehen möglicherweise aufgrund der starken Spezialisierung Synergieeffekte zwischen den Abteilungen verloren.

Die letzte Variante ist eine Organisation entlang der internen Prozesse. Die einzelnen Abteilungen sind auf diese Art und Weise einander vorgelagert und arbeiten einander zu. Beispielsweise kann eine nach internen Prozessen ausgerichtete Reporting Factory 1.0 eine Abteilung für die Aufnahme und das Management von Kundenwünschen zuständig sein und somit auch den zentralen Kontakt für die Kunden bilden. Weitere Abteilungen sind für die Erfüllung der Kundenwünsche zuständig. Eine Abteilung ist für die Sicherstellung der Informationsversorgung verantwortlich und muss demnach die Kundenwünsche überwiegend in den Systemen umsetzen. Für die (manuelle) Generierung der Reports anhand der bereitgestellten Information ist eine andere Abteilung zuständig. Diese kann auch bereits erste Kommentierungen vornehmen.

Nach welchem Muster auch immer die Organisation gestaltet ist: Bei jeder Organisationsform ist es angeraten, eine weitere dezidierte Abteilung aufzubauen, welche für die Weiterentwicklung des Reportings und die Durchführung von Projekten zuständig ist.

Exemplarisch finden sich in Abb. 2 Illustrationen von Organisationstrukturen welche nach a) den Kunden und b) den internen Prozessen aufgebaut sind.

Neben Überlegungen zum klassischen Organigramm, gilt es beim Aufbau der Organisation die Standortfrage zu bedenken. Zunächst ist dabei in Erwägung zu ziehen, ob es sich um eine zentrale oder eine dezentrale bzw. virtuelle Organisation handelt. Dezentrale Organisationen folgen zwar einem klassischen Organigramm, die einzelnen Abteilungen bzw. Teams von Abteilungen befinden sich jedoch an unterschiedlichen Standorten. In einer dezentralen Organisation ist ein aus der Shared Service Center Methodologie stammendes „Hub and Spoke" Modell denkbar (siehe Abb. 3). Die Spokes sind kleinere Teams, welche lokal in der geografischen Nähe ihrer jeweiligen Kunden angesiedelt sind. Sie sind für Tätigkeiten verantwortlich, welche eine große Kundennähe, Wissen über das lokale Geschäft und mitunter das Beherrschen der lokalen Sprache erfordern. Denkbar sind die Aufnahme der Kundenanforderungen und die Übernahme von Analysen und Kommentierungen, welche Kenntnisse über das lokale Geschäftsmodell und einen regelmäßigen Austausch mit den Kunden erfordern. Der Hub kann die Aufgabe einer Zentrale übernehmen und verantwortet die Koordination und die Governance über die Prozesse und Systeme der Reporting Factory 1.0. Weiterhin sind sämtliche reportingbezogene Tätigkeiten denkbar, welche keinen nahen Kontakt zum Kunden voraussetzen. (Schmitz et al. 2013, S. 370)

Die Vorteile einer dezentralen Organisation liegen in der schnellen Umsetzbarkeit, kann in diesem Falle doch auf die bestehenden lokalen Einheiten zurückgegriffen werden. Auch ist die Umstellung für die Kunden nicht allzu groß, da ihre Ansprechpartner weiterhin vor Ort angesiedelt sind. Der Nachteil ist allerdings, dass die Reporting Factory 1.0 nicht als eine Organisation wahrgenommen wird und ihre Akzeptanz daher geringer sein könnte. Auch kann es vorkommen, dass sich das Personal in den Spokes eher dem lokalen Business zugehörig fühlt als der Factory 1.0. Dies wird insbesondere dann der Fall sein, wenn sie vor dem Aufbau der Factory dem lokalen Business angehört haben. Sie werden höchstwahrscheinlich eher Anweisungen ihrer ehemaligen Vorgesetzten folgen als der ihrer neuen Vorgesetzten in der „fernen Zentrale". Zudem ist die Verankerung von Synergien und damit oftmals einhergehend die Kosteneffizienz in dezentralen Organisationsformen eingeschränkt.

Eine weitergehende Standortfrage für eine Reporting Factory 1.0 – in Analogie zu Shared Service Centern – ist die Prüfung von „Nearshoring". Dies bietet sich insbesondere dann an, wenn der vorrangige Zweck zum Aufbau einer Reporting Factory 1.0 die Senkung von Kosten ist. Durch die niedrigeren Arbeitskosten in sogenannten near- bzw. off-shore Regionen kann eine erhebliche Arbeitsarbitrage erzielt werden. Insbesondere transaktionale Tätigkeiten mit wenig Kundenkontakten

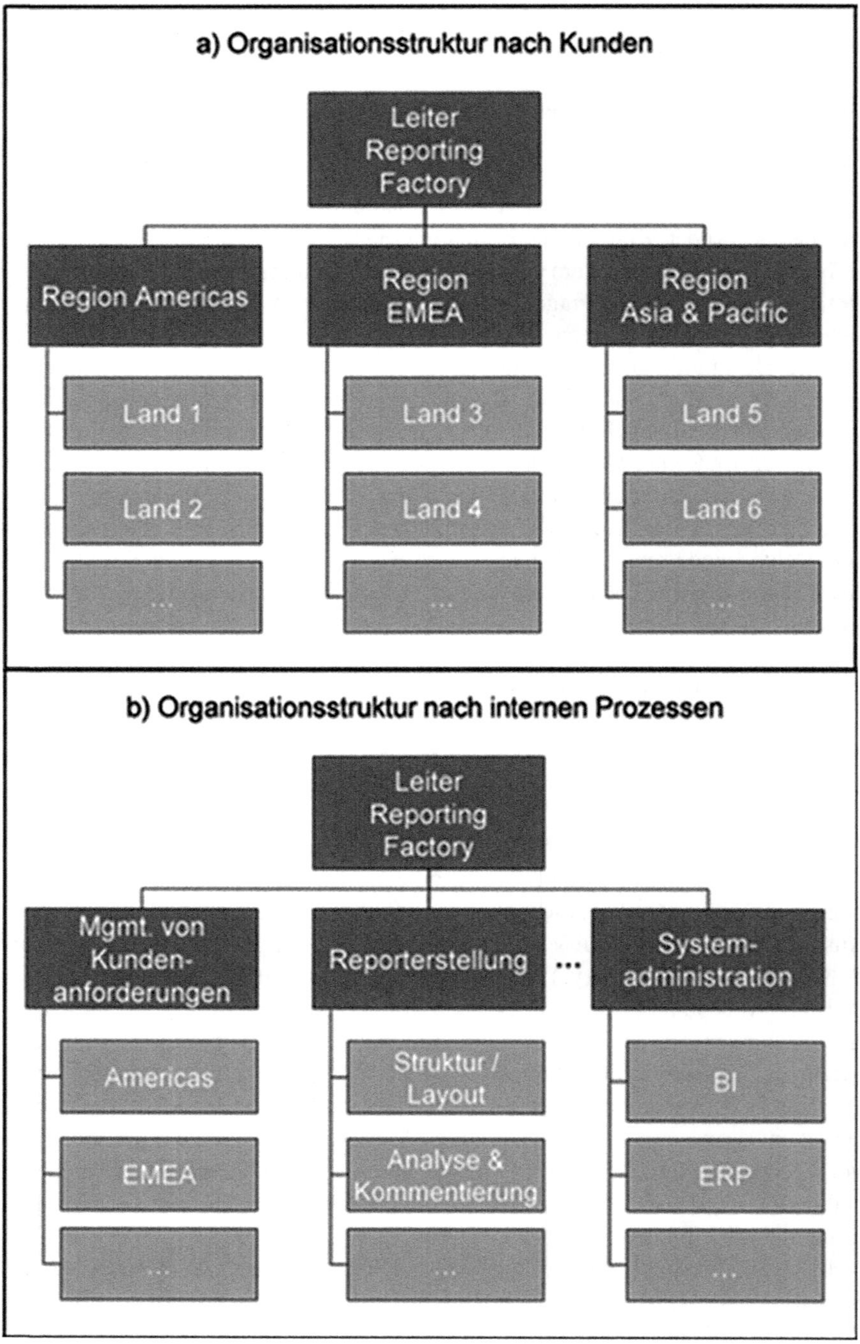

Abb. 2 Mögliche Organisationsstrukturen einer Reporting Factory der Reporting Factory 1.0

Abb. 3 Regionale Ausrichtung des Hub and Spoke Ansatzes (Beispiel)

bieten sich für eine derartige Standortverlagerung an. In Frage kommen etwa die Zuständigkeit für die Systeme, die im Zuge von Reportrealisierungen oder Datenmodellierungen genutzt werden oder die Erstellung von PowerPoint-basierten Standardreports, deren Struktur und Layout fest definierbar sind. Wenig geeignet sind dagegen Tätigkeiten, welche nicht standardisierbar sind und Kenntnisse über das lokale Geschäft voraussetzen. Klassischerweise sind dies Analyse- und Kommentierungsaufgaben.

3 Reporting Factory 2.0 – Die Weiterentwicklung verlässt das Silo

Mit zunehmender Digitalisierung bspw. in Data Lakes zur Datenhaltung und künstlicher Intelligenz bspw. zur automatisierten Kommentierung von Datenentwicklungen eines Reports, ergeben sich neue Aufgabenfelder und Zusammenarbeitsmodelle für die Mitarbeiter einer Reporting Factory 2.0 im Vergleich zur Factory 1.0. Die siloartige Organisation der alten Factory verlässt ihre Abteilungsgrenzen und wird zu einer agilen Organisation, in der das Projektgeschäft zunehmend mehr in den Vordergrund steht. Im Gegenzug dazu werden die transaktionalen, sich wiederholenden Tätigkeiten bspw. zur Datenbewirtschaftung und -aufbereitung weitestgehend automatisiert, so dass ein verändertes Produkt-Service-Angebot entsteht (Morganti et al. 2018). Die nachfolgenden Abschnitte konkretisieren diese Entwicklung und führen hin zur Reporting Factory 2.0.

3.1 Fünf IT fokussierte Thesen und deren Beitrag zur Factory 2.0

Eine Zielbild-Entwicklung für eine Reporting-Factory 2.0, mit einer Vorausschau von 10 Jahren benötigt Leitlinien.

Die folgenden 5 Thesen stellen diese Leitlinien dar:

1) Der Mensch unterstützt die IT und nicht „vice versa“
2) One stakeholder eco-system
3) In-process analytics
4) Cognitive computing in Finance
5) Neues Wissen und Qualifikationen gefordert

Abb. 4 verdeutlicht die Zusammenhänge der IT Innovationen in Verbindung mit den o. g. Thesen und dem damit einhergehenden, durch Digitalisierung veranlassten Mitarbeiterabbau.

Hinsichtlich der Zielbild-Entwicklung für eine Reporting-Factory 2.0 werden im Folgenden die fünf o. g. Thesen detaillierter dargestellt.

These Nr. 1: Der Mensch unterstützt die IT und nicht „vice versa“. Mit den neuen IT-Innovationen und Stellhebeln der Digitalisierung in der Rubrik „Robotics & Cognitive Computing (KI)“ werden weite Teile von Aktivitäten in Prozessabläufen automatisiert. Via Cognitive Computing können Sprachbefehle von einem Experten an eine künstliche Intelligenz (KI) gegeben werden, die dann eigenständig nach Analysen und Reports Ausschau hält und diese dann präsentiert (einfachstes Beispiel aus der privaten Welt: „Hallo Siri, wie koche ich eine Lasagne?). Es wird ersichtlich, dass auch komplexere Abfragen durch KI und Robots unterstützt werden (Langmann und Turi 2020, S. 75 f.).

Die menschliche Unterstützung von Reporting- und Planungs-Aktivitäten sinkt rapide und der Einzug von Robots und KI steigt an. Robots und KI werden in Farmen für ihre Tätigkeiten gehalten und müssen kontrolliert und gepflegt werden. Wie der Mensch heute, so müssen auch bei den Robots und KIs Passwörter regelmäßig aktualisiert werden, wenn sich die Applikationen in den Systemen (bspw. einem Datawarehouse) anmelden, Tätigkeiten verrichten und sich wieder abmelden. Weiterer ERP- oder Datawarehouse-basierter Pflegeaufwand, wie bspw. das Bekanntmachen von neuen Funktionen oder weiteren Stamm- und Bewegungsdaten in Reporting- und Planungs-Systemen, führt ebenso zu regelmäßiger Wartung und Pflege von Robots und KI, die mit eben diesen Systemen arbeiten. Der Mensch wird zunehmend die IT (insb. die Robots und KI) unterstützen, damit diese ihre Aufgaben fehlerfrei bewältigen kann.

These Nr. 2: One stakeholder eco-system. Über die letzten Jahre sind in den Unternehmen verschiedene Datawarehouse-Systeme entstanden, sodass es für Finance, Einkauf, Human Resources, IT, Vertrieb, Produktion oder Supply Chain jeweils eigene, nur teilweise aufeinander abgestimmte Datentöpfe (Datawarehouses) gibt. Die Systemlandschaften sind historisch entstanden und lassen somit in vielen Fällen nur funktions-fokussierte Analysen zu. Konzernübergreifend ist eine Analyse: „Mit welchen Kunden und welchen Produkten machen Unternehmen welche

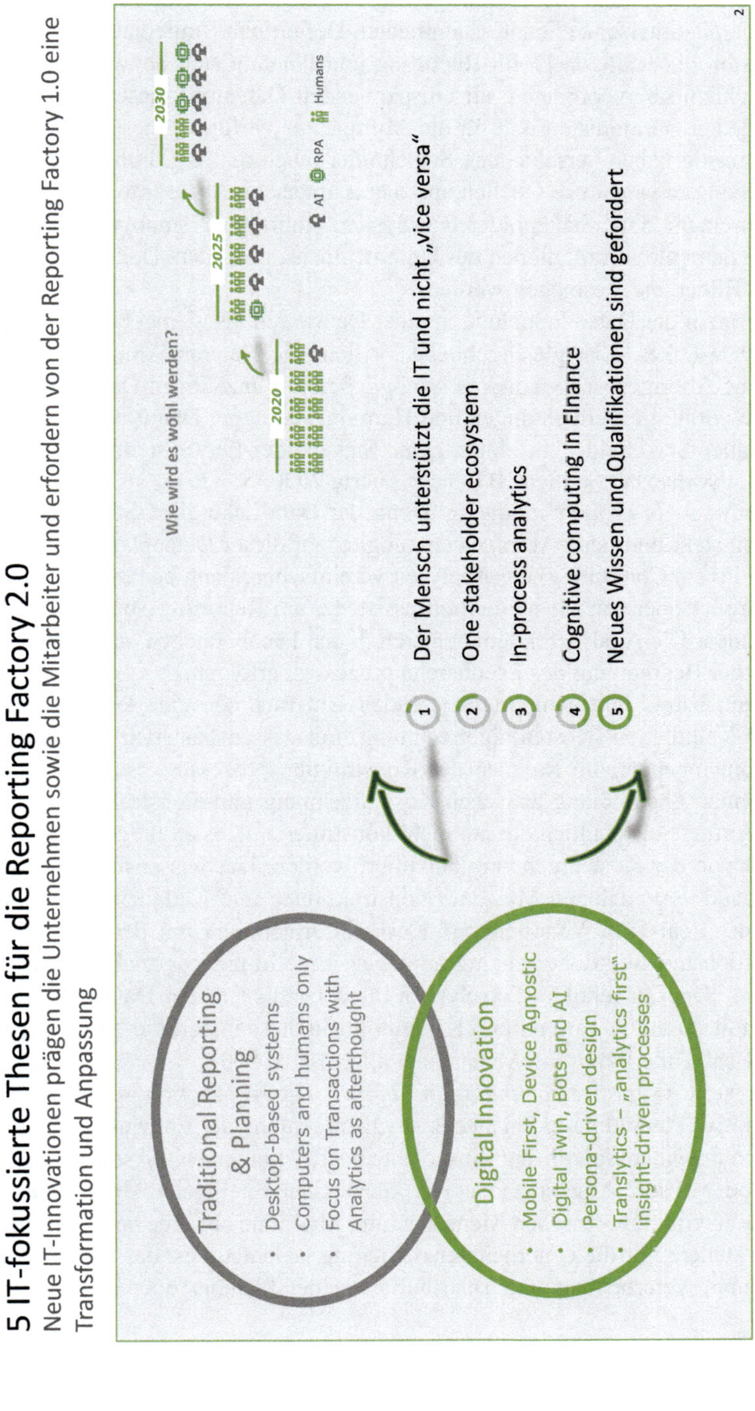

Abb. 4 5 IT fokussierte Thesen zur Zielbild-Entwicklung der Reporting Factory 2.0

Deckungsbeiträge und allokieren wie viel Personal oder sonstige Ressourcen?" oftmals nicht möglich. Diese Abfrage muss verschiedene Quell-Datawarehouse-Abfragen mit unterschiedlichen Stammdaten-Definitionen miteinander kombinieren, was mit der heutigen IT für Reporting und Planung stets schwierig ist, wenn nicht in einem übergeordneten, all umspannenden Datentopf diese Informationen vorab geladen, harmonisiert und für die Abfrage zur Verfügung gestellt werden.

Gleichzeitig haben verschiedene Stakeholder (eben die o. g. Funktionen) unterschiedliche Datawarehouse-Quellen und damit unterschiedliche Informationen. Das Ziel nach einem „One-Stakeholder-Eco-System" führt zur IT-Innovation des Data-Lakes, in dem alle Informationen des Unternehmens, ob Daten, Dokumente, Filme, E-Mails, Bilder, etc. gespiegelt werden.[3]

Das Prinzip der Datendoppelung in einer Datawarehouse-Umgebung – nunmehr in den Data-Lakes – ist gleichgeblieben. Allein die Datenbankinnovationen und deren hohe Abfragegeschwindigkeit ermöglichen mit unzähligen Daten ein Reporting ohne vorherige Verdichtungen und Harmonisierungen. Damit ist der effiziente Zugang aller Stakeholder zu einem „One-Stakeholder-Eco-System" sichergestellt (so beispielsweise bei Siemens BT, siehe Gierig 2020, S. 226).

These Nr. 3: In-process analytics. Wenn der Data-Lake allen Stakeholdern zur Verfügung steht und neue Abfragetechnologien auf dieser Datenplattform (einschl. mit Cognitivem Computing) die Analysen vereinfachen, dann bedarf es auch weniger Controller oder sonstiger Funktionsassistenz, um Reporting vorzubereiten und zu versenden. Die Analysen könnten gleich in den Fachbereichen, nach Bedarf und während der Bearbeitung des Fachbereichprozesses, erfolgen.

So kann bspw. in einem produzierenden Unternehmen eine konstruktionsbegleitende Kalkulation (Kostenträgerrechnung) mit wissensbasierten Systemen (KI) gleich vom Ingenieur im Rahmen des Konstruktionsprozesses erstellt werden. Es bedarf keiner Abstimmung zwischen Kostenrechnung und Konstruktionsabteilung und der Anfrage hinsichtlich der nunmehr konstruierten Kosten für das Produkt, die dann erst von der Kostenrechnung kalkuliert werden. Das wissensbasierte System kann anhand von analogen Mustern (Konstruktionen und Kalkulationen) dem Ingenieur in „Real-Time-Verarbeitung" Kosteninformationen mit der Auswahl von Konstruktionsteilen und -anordnung mitgeben. Eine In-process analytics basierend auf einem „One-Stakeholder-Eco-System" und letztlich einem Data-Lake in Verbindung mit Cognitive Computing (KI) ermöglicht diese integrierte Vorgehensweise (vgl. zu Real-Time Reporting Mehanna et al. 2016, S. 503).

These Nr. 3: Cognitive computing in Finance. Die Konzeption und Realisierung von Cognitive computing in Finance ist noch am Anfang der Entwicklung und wird in den kommenden Jahren an Einsatzpotenzialen gewinnen. Systeme wie IBM Watson oder IPsoft Amelia haben mit künstlichen Intelligenz-Algorithmen eine Basis, die Interaktion zwischen Menschen und Maschine auf eine neue Zusammenarbeit zu stellen. Für die Unternehmenssteuerung bedeutet dies, dass für die Datenaufbereitung, Verarbeitung und Distribution in der Planung oder dem Reporting

[3] Siehe auch Ausführungen zu Advanced Analytics, Needleman und Sternitzke (2018), S. 18 ff.

immer weniger menschliche Aktivitäten benötigt werden. Wie im Abschnitt „In-process analytics“ und „One-stakeholder-eco-System“ angedeutet, werden diese Prozesse zukünftig von den neuen IT-Innovationen und im Besonderen durch Cognitive Computing unterstützt und weitestgehend automatisiert übernommen (Amann et al. 2020a, S. 250).

These Nr. 4: Neues Wissen und Qualifikationen gefordert. Mit Blick auf das Jahr 2020 und einer weiteren Entwicklung für die kommenden 5–10 Jahre einerseits sowie hinsichtlich der zuvor genannten neuen Formen von interdisziplinärer Zusammenarbeit mit Prozess- und IT-Wissen[4] andererseits, ist in den Unternehmen die Frage berechtigt, mit welchen Mitarbeitern und welchem Wissen und welchen Qualifikationen diese Entwicklung möglich ist.

Mitarbeiter eines Unternehmens, die schon seit zwei Jahrzehnten abteilungsbezogenen mit klaren Hierarchien ihre Sachbearbeitung verrichten, sind in einer Komfortzone, die sie nicht mehr verlassen möchten. Geforderte flachere Hierarchien, eigenverantwortliches Arbeiten und Entscheiden führt zu Arbeitsinhalten, die zuletzt nie gefördert und gefordert wurden und für die die laufenden Arbeitsverträge keine Gehaltskompensationen vorsehen. Es wird ersichtlich, dass mit dem technologischen Wandel und der neuen Arbeitswelt zwei Ausrichtungen in Einklang zu bringen sind (Dicks et al. 2020):[5]

- Immer weniger Mitarbeiter verrichten die Arbeit mit Hilfe neuer IT-Innovationen und
- viele, altgediente Mitarbeiter werden ihre heutige Arbeitsform und Komfortzone verlassen müssen, um der Entwicklung und den Ansprüchen gerecht zu werden.

Die Entwicklungspfade in die neuen Wege der Unternehmensteuerung und Reporting sind mit einem umfassenden Change-Management und neuem Wissen im Bereich der Robotics und des Cognitive Computings sowie der Analyse komplexer Zusammenhänge auszustatten.

Expertenwissen wird sich auf wenige Mitarbeiter verdichten, wobei Zuarbeiten den IT-Innovationen vorbehalten sein werden. Darüber hinaus benötigen Unternehmen IT- und Prozess-Experten, die Robots und Cognitive Computing konzipieren und implementieren können sowie deren Aufgabenerfüllung permanent überwachen.

3.2 Drei ausgewählte Merkmale der Reporting Factory 2.0

„Daten sind das neue Öl“, lautet ein fast schon altes Zitat aus den Big Data Diskussionen der vergangenen Jahre. Mit Blick auf die zukünftige Reporting Fac-

[4]Beachte, das wird nicht weniger: Der Mensch ist für den Robot da!

[5]Siehe auch „Personell richtig aufgestellt“ in Needleman und Sternitzke (2018), S. 26 ff.

tory äußert sich diese Art von Fokussierung dahingehend, dass drei wesentliche Weiterentwicklungen ineinandergreifen:

- kundenfokussierte Daten im Data Lake analytisch verknüpft mit Ursache-Wirkungszusammenhänge im Unternehmen, führten zu einem Data Steward als „Guardian of Data-Quality“
- automatisierte, transaktionale Tätigkeiten verknüpft mit intelligenten Analyse-Werkzeugen führten zu einem „Shift“ an Aufgaben und Know-How hin zum agilen Projektgeschäft
- die handwerkliche Datenmodellierung, -bewirtschaftung und -visualisierung der Vergangenheit, deren Restrukturierung durch Digitalisierung, führten zu neuen Data Scientist Aufgaben und damit einhergehend zu einem neuen Produkt-Service-Katalog

Die Reporting Factory 2.0 wird diesen Weiterentwicklungen gerecht und die nachfolgenden Abschnitte liefern diesbezüglich tiefere Einblick.

3.2.1 Der Data Steward im Mittelpunkt der Factory 2.0

Der Data Steward (Marmonti 2019) suggeriert eine Person, die sich gutachterlich mit der Qualität der Daten für das Reporting und die Planung beschäftigt. Dem ist nicht so! Die Etablierung von „Data Steward“ ist in erster Linie die institutionelle Verankerung von „Guardian of Data-Quality“ und damit werden die folgenden 3 Wirkungsfelder angesprochen:

- Strukturgebendes Wirkungsfeld: Strukturelle Definitions- und Änderungsprozesse im Data Lake (bspw. Analysehierarchien für Werttreiberanalysen oder trainierte neuronale Netze für effektive Mensch-Maschine-Kommunikationen)
- Prozessuales Wirkungsfeld: Kontrollierte Datenbewirtschaftung in abgestimmten und transparenten Bewegungsdatenprozessen in den Data Lake und den verschiedenen Zugriffsebenen
- Steuerendes Wirkungsfeld: Identifiziert und adressiert Abweichungen von KPIs unter Zuhilfenahme von intelligenten, analytischen Werkzeugen, die im Self-Service direkt den Business Partnern zur Verfügung stehen

Das strukturgebende Wirkungsfeld führt zu neuen Rollen und Verantwortlichkeiten in einer Reporting Factory 2.0. Die strukturellen Definitions- und Veränderungsprozesse werden von den folgenden Rollen und Verantwortlichkeiten wahrgenommen:

- Data Standard & Governance: Diese Mitarbeiter einer Reporting Factory 2.0 sind als Data Stewards verantwortlich für die Definition von Daten-Standards und Richtlinien. Sie monitoren die Ordnungsmäßigkeit der internen und externen Service Level Agreements der Factory.

- Metadata & Masterdata Management: Diese Mitarbeiter einer Reporting Factory 2.0 sind als Data Stewards verantwortlich für die Definiton und Wartung der Meta- & Masterdaten, wodurch sie eine Schlüsselfunktion in der Auswertbartkeit und Navigation der Daten im Data Lake innehaben.
- Enterprise Content Management: Diese Mitarbeiter einer Reporting Factory 2.0 sind als Data Stewards verantwortlich für Suche und Integration von verschiedenen inner- und außerhalb des Unternehmens befindlichen „Contents“ und deren Content Management Teams. Deren Ziel ist die weitergehende Defintion und Standardisierung des neuen „Content“ mit den Daten der Factory, sowie der Festlegung von Integration-Roadmaps zur Inbetriebnahme der neuen Daten im Data Lake.
- Data Model Management: Diese Mitarbeiter einer Reporting Factory 2.0 sind als Data Stewards verantwortlich für die Defintion und Wartung der Datenmodelle einschließlich ihrer referenziellen Integrität. Ein Denken in Schichten des Data Lakes, wie auch eine Priorisierung von kritischen und weniger kritischen Daten unterstützt ein fokussiertes Vorgehen in der Standardisierung von Datenbereichen im Lake.

Das prozessuale Wirkungsfeld führt zu neuen Rollen und Verantwortlichkeiten in einer Reporting Factory 2.0. Die prozessualen Kontrollaktivitäten zur Datenbewirtschaftung werden von den folgenden Rollen und Verantwortlichkeiten wahrgenommen:

- Data Architecture Management: Diese Mitarbeiter einer Reporting Factory 2.0 sind als Data Stewards verantwortlich für die Definiton und deren Einhaltung eines Daten-Sichtenmodells im Data Lake und dessen strukturellem Aufbau innerhalb der Gesamtdatenarchitektur des Lakes. Sie geben die technologischen Bestandteile des Data Lakes sowie die dazugehörigen Datenanalyse- und Datenmodellierungs-Werkzeuge für die Mitarbeiter der Factory, wie auch für die Business Partner vor.
- Business Rules Management: Diese Mitarbeiter einer Reporting Factory 2.0 sind als Data Stewards verantwortlich für die Definiton und Wartung von Fortschreibungsregeln innerhalb des Datenmodells im Data Lake. Deren Regeln bestimmen zwischen den einzelenen Datenschichten die Güte der Auswertbarkeit und transformieren somit Rohdaten des Lakes in Analysedaten.
- Data Privacy & Security Management: Diese Mitarbeiter einer Reporting Factory 2.0 sind als Data Stewards verantwortlich für mitbestimmungspflichtige Analysevorhaben und deren Genehmigungsverfahren. Ferner arbeiten sie zusammen mit den Unternehmens-Security Bereichen an der Abwehr von unberechtigten Datenzugriffen und -manipulationen.

Das steuernde Wirkungsfeld führt zu neuen Rollen und Verantwortlichkeiten in einer Reporting Factory 2.0. Die vorbereitenden Tätigkeiten für möglichst automatische, identifizierende Abweichungsanalysen von KPIs werden von den folgenden Rollen und Verantwortlichkeiten wahrgenommen:

- Data Quality Management: Diese Mitarbeiter einer Reporting Factory 2.0 sind als Data Stewards verantwortlich für die Einhaltung von Definitionen, Standards und Businessregeln im Data Lake sowie der berechtigten Zugriffe von Business Partnern in den dafür vorgesehen Data Lake Bereichen. Sie verfügen über Werkzeuge zur Überprüfung der zuvor genannten Qualitätsansprüche und fungieren als Internal Data Quality Audit der Reporting Factory.
- Data Lifecycle Management: Diese Mitarbeiter einer Reporting Factory 2.0 sind als Data Stewards verantwortlich für die Definition und Wartung von Datenlebenszyklen, die in Abhängigkeit vom Meta & Master Data Management Zeitreihenanalysen und deren Integrität bestimmen.

3.2.2 Der neue Produkt- und Service-Katalog der Reporting Factory 2.0

Die Rollen und Verantwortlichkeiten des Data Steward zielen insb. auf die Governance der Datenbestände für eine zielgerichtete Auswertbarkeit der Business Partner als Kunden der Reporting Factory 2.0. Der Kerngedanke dieser Auswertbarkeit ist ein Self-Service, womit sich am Kunden orientierend folgende Hauptproduktgruppen des neuen Produkt- und Service-Kataloges bestimmen lassen:

- Descriptive Analytics
- Predictive/Prescriptive Analytics
- Data Analytics Strategy, Innovation and Business Enablement und
- Business Engagement

Diese vier Produkt- und Service-Hauptgruppen der Reporting Factory bestimmen den „Demand" und damit das Leistungsversprechen der Reporting Factory 2.0 gegenüber den Kunden.

Die „Descriptive Analytics" bietet als Produkt- und Service analysierte Daten an, um die aktuelle Geschäftslage zu beschreiben, so dass Trends, Muster und Ausnahmen erkennbar werden (z. B.: Marketinganalysen). Aus praxisbewährter technologischer Sicht kommen Analysewerkzeuge wie Celonis[6] und Trufa[7] zum Einsatz, deren künstliche Intelligenzalgorithmen Muster erkennen und Ausnahmen sowie Abweichungen erkennbar machen.

[6]Celonis bietet Tools zur Umsetzung von Process Mining Anwendungsszenarien in Unternehmen. Hierbei werden Geschäftsprozesse digital abgebildet und auf darin enthaltene Prozess- und Leistungsindikatoren automatisiert analysiert.

[7]Trufa ist eine Analytics-Anwendung, die Informationen über betriebswirtschaftliche Optimierungen im Unternehmen in extremer Geschwindigkeit und Präzision erarbeitet. Dabei ermöglicht der Einsatz maschineller Intelligenz ein neues Level an inhaltlicher Analyse. So können für betriebswirtschaftliche Ziele, wie beispielsweise das Working Capital Management, mit Hilfe von Trufa wirksame Maßnahmen analysiert und quantifiziert werden.

Die „Predictive/Prescriptive Analytics“ bietet als Produkt und Service datenwissenschaftliche Techniken, wie Data-Mining-Algorithmen mit neuronale Netztechnologien und stochastische Modellierungen an, um zukünftige Trends vorherzusagen und Maßnahmen vorzuschlagen. (z. B.: Working Capital Entwicklung basierend auf Kaufbereitschaften) (vgl. auch Amann et al. 2020b, S. 251 ff.)

Die „Data Analytics Strategy, Innovation and Business Enablement“ bietet als Produkt- und Service die Festlegung von datengetriebenen Strategien und Prioritäten und bewertet die Innovationsmöglichkeiten von neuen Data-Analytics Technologien und deren Leistungsversprechen zum Mehrwert des Factory-Angebotes. Versuchsmodelle und Laborumgebungen beschreiben praxisbewährte Vorgehensweisen zur Etablierung dieser Services. Die enge Zusammenarbeit mit den Business Partnern gewährleistet die Nähe und Relevanz der Versuche und letztlich deren Praxistauglichkeit.

Das „Business Engagement“ bietet als Produkt und Service den Bedarf an Factory-unterstützenden Daten und Analysen, unterstützt ferner die Business Partner bei der Definition von Geschäftsproblemen und damit einhergehenden Analysefelder und liefert hierzu die Geschäfts- und Datenbereiche im Data Lake. Der Bereich „Business Engagement“ erkennt die Wiederverwertbarkeit von Produkt-und Service Assets vergangener Problemstellungen hinsichtlich qualitätsgesicherter Data-Lake Bereiche und innovativen Analysewerkzeugen zur Generierung von Erkenntnissen.

Aus diesen kundenfokussierten Hauptgruppen des neuen Produkt- und Service-Kataloges der Reporting Factory 2.0 wird erkennbar, dass sich das Dienstleistungsgeschäft der Factory vom lediglichen Bereitstellen und Monitoring der Datenbewirtschaftung im Falle der Factory 1.0, hin zu einem agilen Projektgeschäft in enger Zusammenarbeit mit den Business Partnern entwickelt hat.

Neben den zuvor genannten kundenfokussierten Hauptgruppen des Produkt- und Service-Kataloges (kurz genannt „Demand“) sind der Vollständigkeit halber, die beiden weiteren Produkt- und Servicegruppen wie folgt zu nennen:

- Governance (siehe hierzu Abschn. 3.2.1 und den dort genannten Produkten und Services im Rollen und Verantwortlichkeitsverständnis des Data-Steward) sowie
- Supply (Datenbewirtschaftung) mit den Produkten und Services:
  - Data Source Management
  - Data Solution Management
  - Data Delivery Operations
  - Data Solution Operations
  - Infrastructure Delivery Operations

Der neue Produkt- und Service Katalog der Reporting Factory 2.0 beinhaltet zusammengefasst damit die Bereiche „Demand“, „Governance“ und „Supply“, wobei in einer kundenzentrierten Reporting Factory der „Demand“ richtungsweisend für die weitergehende Ausgestaltung von „Governance“ und „Supply“ ist und damit als Schnittstelle zum Kunden das eigentliche Produkt zum Kunden vorgibt.

Eine agile Organisation der Reporting Factory mit Product-Ownern und deren interdisziplinären Teams zur Entwicklung, Vermarktung und Abrechnung des Produktes und Services gestaltet sich in so genanten Squads[8] und Chapters[9] entlang der Descriptive Analytics, Predictive/Prescriptive Analytics, Data Analytics Strategy, Innovation and Business Enablement und Business Engagement.

3.2.3 Das Projektgeschäft dominiert und etabliert die Agilität

Mit zunehmender Automatisierung der Produkt- und Service-Bereiche der Reporting Factory 2.0 (siehe auch Abschn. 3.2.1 und 3.2.2) der „Governance“ und des „Supply“, treten die kundenfokussierten Bereiche des „Demand“ in den Vordergrund und dominieren damit die mitarbeiter-bezogenen Aktivitäten. Das Projektgeschäft bestimmt die Art der Leistungserbringung der Product-Owner mit Ihren interdisziplinären Teams und in der Zusammenarbeit mit den Business Partnern, den Kunden der Factory.

Das Projektgeschäft nimmt 70 % der Arbeitszeit der Squads ein und prägt damit die Weiterentwicklung der „Demand“-Hauptgruppen:

- Descriptive Analytics
- Predictive/Prescriptive Analytics
- Data Analytics Strategy, Innovation and Business Enablement und
- Business Engagement.

In einem sehr ausgeprägten Praxisbeispiel der Ausgestaltung von Agilität und Projektgeschäft im Rahmen einer Reporting Factory 2.0, verweist ein Unternehmen auf den Mehrwert der Daten durch eine ressortübergreifende Zusammenarbeit in einer agil angelegten sogenannten „Analytics-WG“. Wie in einer Wohngemeinschaft werden die Mitarbeiter zum Projektgeschäft eingeladen, in dem sich die Data-Analytics Komponenten zu einem „Information Value Loop“ vernetzen. Es ist erkennbar, dass sich die traditionelle Arbeit der Reporting Factory 1.0 fokussiert auf dem Produkt-Service-Katalog der Datenbewirtschaftung, -haltung und -distribution zu Gunsten eines agilen Projektgeschäftes verändert hat und sich bei zunehmender Durchdringung von digitalen, analytischen Möglichkeiten dahingehend weiterentwickeln wird.

[8]Ein Squad ist selbstorganisierend und hat den Charakter eines Mini-Startups. Durch ein multidisziplinäres Team soll es mit allem Wissen und den Kompetenzen ausgestattet sein, die für die Entwicklung des jeweiligen Produktes oder des Services benötigt werden. Von den ersten Rohskizzen bis hin zur Fertigstellung (vgl. hierzu Salameh und Bass 2019, S. 21).

[9]Ein Chapter besteht aus Mitarbeitern, die über dieselbe Expertise verfügen. So kann ein Chapter zum Beispiel aus Data Scientist bestehen. Unter der Leitung einer Chapter-Führung, die selbst auch zu einem Squad gehört, kommt es zum regelmäßigen Austausch zwischen den Mitarbeitern. Sie teilen einander mit, welche Erfahrungen sie gemacht und welches Wissen sie erworben haben. Und sie besprechen, mit welchen Herausforderungen bezüglich ihres Fachgebietes sie es zu tun hatten (vgl. hierzu Salameh und Bass 2019, S. 21).

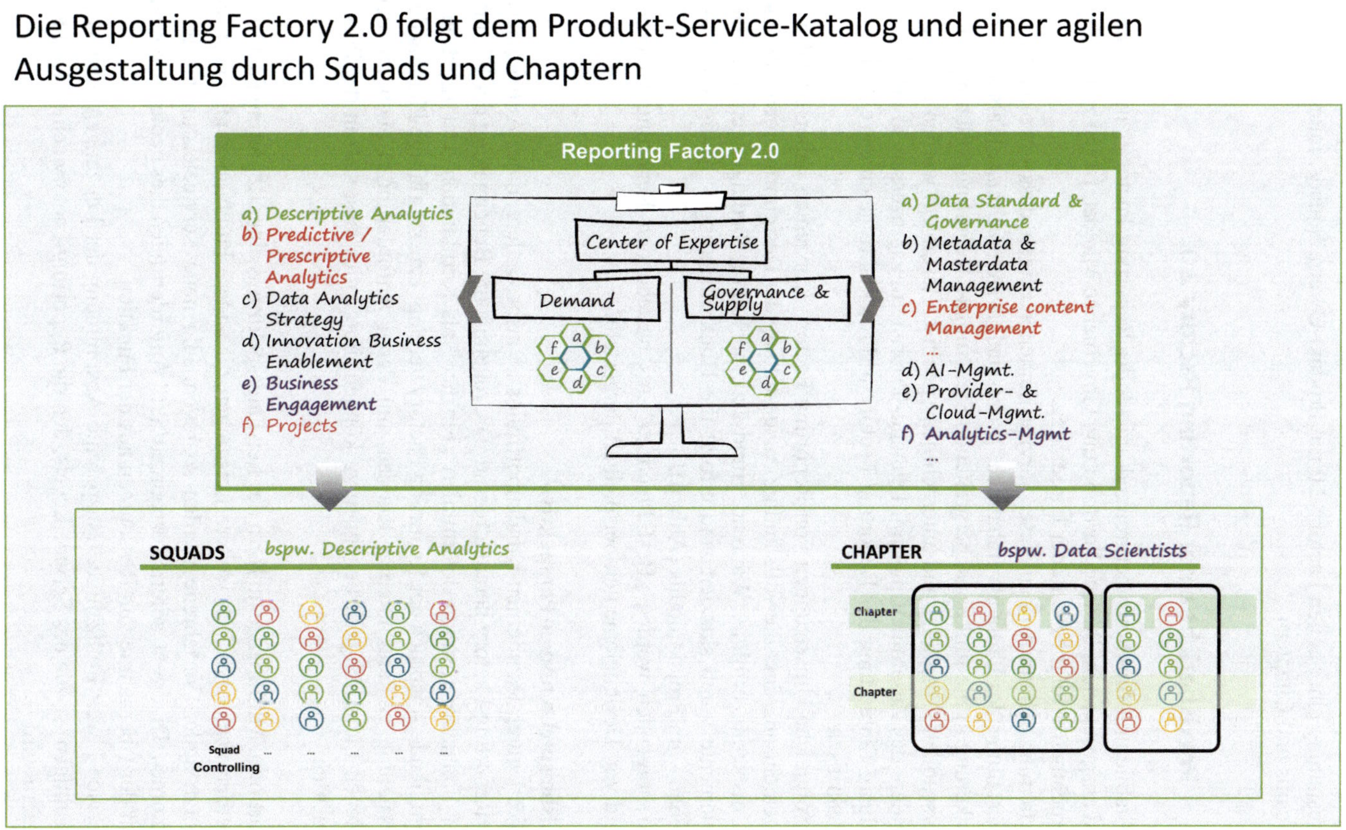

Abb. 5 Reporting Factory 2.0 und agile Ausgestaltung durch Squads und Chaptern

Abb. 5 verdeutlicht nochmals den Grundgedanken des Produkt-Service-Kataloges einer Reporting Factory 2.0 als Gestaltungsrahmen für die organisatorische Ausgestaltung einer agilen Factory 2.0 mit Produkt-Owern, Squads, interdisziplinären Teams und Chaptern.

3.3 Praxisbericht einer Reporting Factory 2.0

Die Etablierung funktionsübergreifend agierender Reporting Factories mit entsprechend ausgestaltetem Service Portfolio und Governance Mandat, ist bei zahlreichen Unternehmen erfolgt bzw. in der Umsetzung.

Erfahrungen beim Aufbau dieser Service-Einheiten zeigen, dass sowohl die klare Ausgestaltung des Umfangs (inhaltlich, prozessual, systemtechnisch), als auch die Verankerung in die funktionsübergreifende Steuerungs-, Reporting-, Planungs- und Analyseabläufe sorgfältig und unternehmensspezifisch festgelegt werden muss. Insbesondere das Zusammenspiel mit Demand-/Priorisierungsprozessen sowie die unmittelbare Einbindung der Reporting Factory in Projektaktivitäten erweist sich als erfolgskritisch.

Erfolgreiche Umsetzungen von Reporting Factory Konzepten haben grundsätzlich gemeinsam, dass die vollständige Ausgestaltung der Designprinzipien während der Umsetzung erfolgte. Während grundsätzliche Rahmenbedingungen aller Designelemente vorab skizziert sind erfolgt die Konkretisierung – häufig Use-Case getrieben – im Projektmodus (Abb. 6).

Im Folgenden werden „Best Practices" aus bestehenden Reporting Factories anhand von Designelementen beispielhaft dargestellt.

Praxisbeispiel Kunden-Perspektive

Die Festlegung des internen Kundenportfolios ist insbesondere in der Aufbauphase einer Reporting Factory herausfordernd. Die regelmäßige Beheimatung der Factory in der Finanzorganisation determiniert „Finance" als Kernkunden. Der funktionsübergreifende Anspruch der Reporting Factory verlangt eine sorgfältige Planung der Adressierung weiterer interner Kunden, um deren Anforderungen auch mit der gebotenen Lieferfähigkeit begegnen zu können. Folgendes lässt sich in der Praxis beobachten:

- Portfolio: Mit Finance im Kern des Leistungsspektrums einer Reporting Factories werden nach und nach weitere Leistungen für andere Funktionen integriert. In einem agilen Verfahrene werden so regelmäßig neue Serviceleistungen übernommen. Dies geht, sofern Ressourcen/Skill Anforderungen dies gebieten, einher mit der Übernahme von Ressourcen aus der Funktion
- Service Level: Frühzeitige, transparente Abstimmung der Leistungen (und Vorleistungen) sowie des Service Levels, den die Reporting Factory seinen Kunden liefern wird
- Feedback: Regelmäßige (i. d. R. monatlich, mindestens quartärlich) Rückkopplungen mit den internen Kunden, um unmittelbar neue Anforderungen aber auch

		Goals & Principles	Activities	Deliverables	Roles & Respons.	Practices & Techniques	Technology	Organization & Culture
Data Management Functions		•Vision, Mission •Benefits •Goals, Objectives •Guiding Principles	•Phases, tasks, steps •Dependencies •Trigger events	•Inputs, Outputs •Information •Documents •Other resources	•Indiv. & org. roles •Qualifications & skills •Business & IT roles	•Best-Practices •Comm. approaches •Alt. techniques	•Tool categories •Stand. & Protocols •Select. criteria •Learning curves	•Crit. success factors •Report. structures •Mmt. metrics •Values, expect.
Data Governance	Planning, supervision & control over Data Management & use							
Data Architecture	Defining the blueprint for managing data assets							
Data Integration & Interoperability	Managing movement & consolidation of data within & between applications & organizations							
Data Storage & Operations	Design, implementation & support of stored data, to maximize its value throughout its lifecycle							
Data Security	Insuring privacy, confidentiality & appropriate access							
Reference & Master Data Mgmt.	Managing golden versions & replicas							
Data Warehousing & BI	Enabling reporting & analysis (including advanced analytics & data science)							
Document & Content Mgmt.	Managing data found outside of databases							
Metadata Mgmt.	Integrating, controlling & providing metadata							
Data Quality	Defining, monitoring & improving data quality							

Abb. 6 Beispiel einer initialen Scope Definitionsmatrix für das Portfolio einer Reporting Factory mit Fokus auf Data Management und Data Governance

Verbesserungspotenziale und unterstützende Maßnahmen gemeinschaftlich zu priorisieren
- Initiativen Verankerung: Projekte und Initiativen sind Anforderer an die Reporting Factory, die teilweise, u. a. wegen der fehlenden eindeutigen funktionalen Heimat, nicht über die funktionalen Business Partner abgedeckt werden. Reife Reporting Factories schaffen es, schon in der Designphase von Projekten und Initiativen involviert zu werden. Dies vermeidet das Risiko, dass Reporting- und Analyseanforderungen erst am Projekt-/Initiativen-Ende bekannt werden und so zu vermeintlichen Leistungsdefiziten führen.

Praxisbeispiel Produkt/Service Katalog
Das Leistungsportfolio definiert die Liefertiefe, welche die Reporting Factory leisten muss. Erfolgreiche Reporting Factories zeigen dabei folgende Gemeinsamkeiten:

- Business Partner fokussiert: Es besteht ein klares und abgestimmtes Verständnis der Anforderungen und Wünsche der internen Kunden – der Business Partner
- Einbindung interner Kunden: Reporting Factories involvieren ihre internen Kunden und werden von ihren internen Kunden unmittelbar bei der Identifikation und dem Lösungsdesign von Anforderungen involviert. Dies geschieht regelmäßig schon in der Ideen-Phase und unter Verwendung agiler Methoden
- Stop Doing: Es gibt ein klares, transparentes Vorgehen, um überflüssige Service Leistungen der Reporting Factory mit dem Business zu identifizieren und diese „außer Betrieb" zu setzen.

Praxisbeispiel Governance-/Prozess-Perspektive
Die verbindliche Definition der Prozesse innerhalb der Reporting Factory und mit den Stakeholdern der Factory, bildet das Fundament für die Leistungslieferung. Folgende Ähnlichkeiten zeigen etablierte Reporting Factories:

- Prozessverantwortung: Dokumentierte (z. B. RACI Matrix) Transparenz in den Prozessschritten und Verantwortlichkeiten in den Liefer-, Anforderungs- und Entwicklungsprozessen
- End to End Sicht: Besonders das Management der Datenlieferung erfolgt in einer übergreifenden Ende zu Ende Sicht. Hier liegt insbesondere das Augenmerk auf der Datenlieferstrecke der IT aus dem ERP zur Reporting Factory (häufig inkl. BI) und weiterhin zum Business Partner und ggfs. seiner Projekte
- Kommunikation: Regelmäßige Mittelung des Status der Factory Prozesse (Pipeline, Incidents, Solutions, Backlog …) an die relevanten Stakeholder. Die Kommunikation folgt dem Push-Prinzip folgend proaktiv aus der Reporting Factory heraus und nutzt dabei die gesamte Bandbreite digitaler (Newsletter, Cockpits, Intranet, …) und klassischer (Report, Roadshows, Stakeholder Dialog, …) Medien.

Praxisbeispiel-System-Perspektive

Der fachliche Betrieb und die fachliche Pflege der Datensysteme für Reporting, Planung und Analyse, stellt eine elementare Aufgabe der Reporting Factory 2.0 dar. Nichtsdestotrotz ist die Ausgestaltung der „Systemownership" ein herausforderndes aber gleichzeitig erfolgskritisches Designelement. Reife Reporting Factories agieren hier ähnlich:

- Skills: Reporting Factory Einheiten besitzen umfangreiche technische Umsetzungsfähigkeiten und Ressourcen, um eigenständig, flexibel Prioritäten für Demands/Incidents festlegen zu können. Zudem beheimatet die Factory Mitarbeiter, die in der agilen Methodik geschult sind.
- SPOC: Die Bereitstellung und Etablierung eines „Single Point of Contacts (SPOC)" für die Kunden erfolgt über ein „Factory Portal". Hier werden u. a. verfügbare Informationen zu Systemverfügbarkeiten und damit zu Datenverfügbarkeiten bereitgestellt. Zudem finden sich im Portal häufig auch Definitionen von Strukturen und Kennzahlen, Prozessbeschreibungen und der Zugang zu Reports, Analysen und aufbereiteten Daten.
- Projektfähigkeit: Auch im eingeschwungenen Zustand zeigt sich, dass der überwiegende Teil der Reporting Factory Mitarbeiter in Projekten für die Business Partner involviert sind (teilweise 60–70 % der Kapazität der Factory). Kritisch ist es zum einen diese Ressourcen bereitzustellen, zum anderen aber auch genügend Ressourcen bereitzuhalten, mit der die Reporting Factory interne Optimierungen projektieren und umsetzen kann. Fokus ist hier die eigene Projektfähigkeit für z. B. Verbesserung der System-/Datenlandschaft, um effizienter einen Service leisten zu können; Erweiterungen von Portalen und Cockpits; Verbesserung von Demandmanagmentsystemen (...). Diese Ressourcen sind üblicherweise nicht über die Funktionen/Kunden finanziert und werden daher in der eigenen Budgetierung sichergestellt.

Praxisbeispiel Organisations-Perspektive

Das breite Anforderungsprofil an die Reporting Factory spiegelt sich in der Praxis auch in der Aufbauorganisation wider. Regelmäßig zu beobachtende Elemente der Organisation sind dabei:

- Business Partner mit Umsetzungskompetenz: Die Ansprechpartner für die Funktionen werden in Teams/Abteilungen gebündelt. Diese Teams haben ein tiefes Wissen um die Anforderungen der internen Kunden. Neben dem Fokus der nahtlosen Kommunikation haben diese Teams auch Ressourcen und Fähigkeiten, um kleinere Anforderungen direkt und unmittelbar für den Business Partner zu lösen/zu implementieren. Hierbei handelt es sich i. d. R. um die Bereitstellung bereits in den Systemen vorhandener Zahlen oder die Adaptierung von Reports/ Cockpits. Größere Anforderungen werden in den Reporting Factory Demand

angemeldet. Die Rolle des agilen Product Manager übernimmt dabei das Business Partner Team
- Business as Usual: Reporting Factories haben Teams, die sich auf die regelmäßige Bereitstellung von Informationen, bzw. die Durchführung von datenbasierenden Prozessen fokussieren. Hier sind im Wesentlichen die Unterstützung im Rahmen von Monatsabschlusstätigkeiten und die Pflege/der Betrieb von Front-Ends und Portalen zu nennen
- Governance und Strategie: Die strategische Weiterentwicklung der Reporting Factory, insbesondere in Abstimmung mit den Business Partnern und der IT (IT Roadmap) ist organisatorisch verankert. Zudem finden die Aktivitäten zur Sicherstellung der funktionsübergreifenden Data Governance organisatorisch eine explizite Heimat
- Agile Liefereinheit: Reife Reporting Factories organisieren sich in ihrer Liefereinheit agil. So kann in der Praxis beobachtet werden, dass die Organisationselemente nicht nach inhaltlichen Aspekten, sondern über agile Skills gebündelt sind. Dies sind z. B. Business Analyst Abteilung, Solution Design Abteilung und Development Abteilung
- Analytics: Reporting Factories zeigen eigene Organisationseinheiten für Big Data/Analytics. Die Tiefe des analytischen Leistungsspektrums und somit die organisatorische Ausgestaltung ist unternehmensspezifisch. Zu beobachten ist aber, dass es eine eindeutige Verankerung innerhalb der Reporting Factory gibt
- Innovation: Reporting Factory Organisationen definieren sich als Zentrum für Innovationen im Unternehmen. Sie stellen damit sicher, dass die Einheit funktionsübergreifend, attraktiv für datenaffine und analytisch begeisterte Mitarbeiter ist. Entsprechende Karrierepfade sind etabliert

Insgesamt ist festzustellen, dass sich auch etablierte Reporting Factories in allen Designelementen fortlaufend weiterentwickeln und bewährte Bausteine der Reporting Factory 1.0 integrieren. Analytics basierend auf Data Lakes werden einen noch breiteren Raum in den Factories einnehmen. Hilfreich hierbei wir die funktionsübergreifende Verankerung sowie ein etabliertes, starkes Mandat zur Ausübung von Data Governance sein (Abb. 7).

4 Chancen und Risiken der Reporting Factory 2.0

Die Reporting Factory 2.0 verlässt das abteilungsbezogene Silodenken und wird eine agile Organisation. Die Realisierungserfolge in der Digitalisierung, bspw. durch eine Zunahme von KI-basierter Analyse-Software und Data Lake Modellen, führt zu einer Zunahme des Self-Services der Business Partner hinsichtlich Reporting, Analyse und Planung (siehe Sidler und Gerussi 2020, S. 257 für ein Beispiel etablierter Self-Services). Die daraus entstehenden Chancen spiegeln sich insb. in der überproportionalen Zunahme des Projektgeschäftes wider. Reporting Factory 2.0 Mitarbeiter agieren in Projekten und wechselnden Aufgabenbereichen und Zeitplänen.

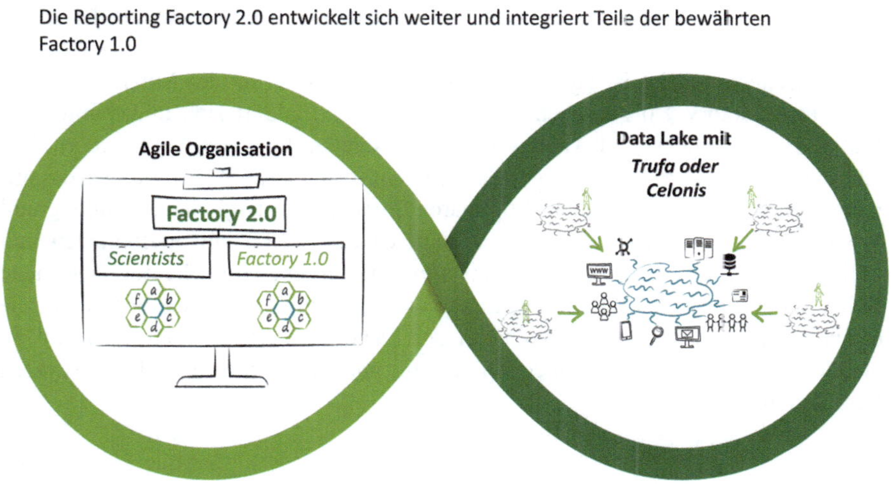

Abb. 7 Reporting Factory 2.0 und Data Lake

Die Agilität und die interdisziplinäre Zusammenarbeit werden hierbei vorrangige Arbeitsmuster, was als sehr positiv zu bewerten ist.

Für die Reporting Factory 2.0 bietet sich das agile, interdisziplinäre Zusammenarbeitsmodell als Chance dahingehend an, dass deren Weiterentwicklung gemeinsam mit den Kunden der Factory zu kundenzentrierten Produkten und Services führt. Gesteigerte Kundenzufriedenheit als Ergebnis dieser Entwicklung, ist ebenso als sehr positiv zu bewerten.

Mit der Agilität und der diesbezüglichen Organisationsentwicklung werden neue Rollen in der Reporting Factory 2.0 ausgeprägt. Product Owner, die in sogenannten Squads und Chaptern die Produkte und Services weiterentwickeln prägen das Angebot der Factory. Die damit einhergehenden Chancen, sind zusammenfassend als eine kundenzentrierte Reporting Factory zu benennen.

Ein Risiko entsteht in der Aufgabenverteilung und Abgrenzung von Verantwortlichkeiten der agilen Reporting Factory 2.0 zur restlichen Organisation, die in der Regel traditionell hierarchisch und abteilungsbezogen aufgestellt ist (vgl. hierzu auch Hellebrand und Schäffer 2020). Allein die Frage nach der Budgetverantwortung für die Vielzahl von Projekten einer Reporting Factory 2.0, ob nun beim Product Owner und Mitarbeiter der Reporting Factory oder bei einem abteilungsspezifischen Mitarbeiter (bspw. aus der IT), ist ein kritisches Unterfangen. Das Risiko von Fehlallokationen an Budget und damit an Ressourcen und Assets entsteht dann, wenn die Verantwortlichkeiten über die Budgets uneinheitlich und in der Regel außerhalb der Reporting Factory liegen. Die Reporting Factory 2.0 benötigt ein starkes Mandat und damit auch die Budgetverantwortung von Reporting- und Planungs-bezogenen Produkt und Service-Entwicklungen. Das Risiko von Konflikten mit den Fachbereichen (bspw. Controlling und IT) ist damit vorprogrammiert. Mit einer direkten Berichtslinie und disziplinarischer Verantwortung zum Vorstands-

oder Geschäftsführungsbereich lassen sich Eskalationsprozedere, die aus derartigen Risiken entstehen, effizient lösen.

Ein weiteres Risiko ist ggfs. im unzureichenden Skill-Set der Mitarbeiter einer Reporting Factory 2.0 zu sehen. Das Arbeitsumfeld ändert sich und damit auch Skills, die im Projekt- und Analytics-Geschäft unerlässlich sind. So erfordern Projekte kommunikative und Change-Management- orientierte Skills, die das Zusammenarbeiten in agilen und interdisziplinären Strukturen ermöglichen. Schulung und Weiterbildung in diesen Kategorien reduzieren das Risiko von ineffizienten und ineffektiven Projekten sowie missverstandenen Projektteams. Ferner sind neue Skills in den Bereichen AI und Data Lake orientierter Datenhaltung zu fordern, die durch ein regelmäßiges Prototyping in der Factory ebenso zu trainieren und zu etablieren sind. Das Risiko einer Veralterung von Produkt-/Service-Lebenszyklen wird dadurch reduziert.

5 Zusammenfassung und Ausblick

Die Reporting Factory 2.0 als agile, interdisziplinäre Organisation mit dem Fokus des Projekt-Geschäftes ist richtungsweisend für die Neuausrichtung des gesamten Unternehmens. Product-Owner mit kundenzentrieter Ausrichtung und ausgestattet mit innovativen Softwareprodukten für das Reporting und die Planung, kennzeichnen das Bild einer Reporting Factory 2.0. Im Ergebnis einsteht ein neuer, innovativer Produkt- und Service-Kataloge mit:

- Descriptive Analytics
- Predictive/Prescriptive Analytics
- Data Analytics Strategy, Innovation and Business Enablement und
- Business Engagement.

Ein Data Steward mit strukturgebenden, prozessualen und steuerndem Wirkungsfeld fungiert als „Guardian of Data-Quality" und ermöglicht den Kunden der Reporting Factory 2.0 Verlässlichkeit im Reporting, der Analyse und der Planung. Diese Wirkungsfelder lassen sich wie folgt zusammen:

- Data Standard & Governance
- Metadata & Masterdata Management
- Enterprise content Management
- Data Model Management
- Data Architecture Management
- Business Rules Management
- Data Privacy & Security Management
- Data Quality Management
- Data Lifecycle Management

Innovative Projekte werden die Wirkungsfelder der Reporting Factory 2.0 weitergehend ausprägen, wobei AI-basierte analytische Softwareprodukte und immense interne und externe Datenmengen in einem Data Lake der Reporting Factory 2.0 und ihren Kunden, den Business Partnern zur Verfügung stehen.

Literatur

Amann, K., Petzold, J., & Westerkamp, M. (2020a). Künstliche Intelligenz im Umfeld des Managements und Controllings. In K. Amann, J. Petzold & M. Westerkamp (Hrsg.), *Management und Controlling: Instrumente – Organisation – Ziele – Digitalisierung* (S. 243–250). Wiesbaden: Springer.

Amann, K., Petzold, J., & Westerkamp, M. (2020b). Prädiktive Analytik. In K. Amann, J. Petzold & M. Westerkamp (Hrsg.), *Management und Controlling: Instrumente – Organisation – Ziele – Digitalisierung* (S. 251–256). Wiesbaden: Springer.

Dicks, R., Pieroni, M., Bier, J., & Caram, C. (2020). *The finance workforce in a digital world.* London: Deloitte.

Gierig, I. (2020). Standardisierung und Automatisierung als Basis für die Digitalisierung im Controlling von Siemens Building Technologies. In I. Keimer & U. Egle (Hrsg.), *Die Digitalisierung der Controlling-Funktion – Anwendungsbeispiele aus Theorie und Praxis* (S. 211–236). Wiesbaden: Springer.

Grönke, K., & Ahr, H. (2017). Reengineering des CFO-Bereichs – Automatisierung der Prozesse, neue Organisationsformen und veränderte Rollen. In M. Kieninger (Hrsg.), *Digitalisierung der Unternehmenssteuerung: Prozessautomatisierung, Business Analytics, Big Data, SAP S/4 HANA, Anwendungsbeispiele* (1. Aufl., S. 123–138). Stuttgart: Schaeffer-Poeschel.

Gronwald, K.-D. (2020). *Integrierte Business-Informationssysteme – Ganzheitliche, geschäftsprozessorientierte Sicht auf die vernetzte Unternehmensprozesskette ERP, SCM, CRM, BI, Big Data Analytics*. Berlin: Springer.

Helferich, P., & Pleil, T. (2019). Lebenslanges Lernen in der Digitalisierung – Veränderung als Teil der DNA eines Unternehmens. In C. Bosse & K. Zink (Hrsg.), *Arbeit 4.0 im Mittelstand – Chancen und Herausforderungen des digitalen Wandels für KMU* (1. Aufl., S. 91–104). Berlin: Springer.

Hellebrand, H.-M., & Schäffer, U. (2020). Im agilen Modell steht der Controller mit auf dem Platz. In J. Weber & U. Schäffer (Hrsg.), *Controlling & Management Review, Ausgabe 5/2020* (S. 8–7). Wiesbaden: Springer.

Hopwood, A. G. (1999). Situating the practice of management accounting in its cultural context: an introduction. *Accounting, Organizations and Society, 24*(5/6), 377–378.

Kirchberg, A. (2017). Harmonisierung des externen und des internen Rechnungswesesns aus ausbau- und ablauforganisatorischer Sicht. In A. Klein & J. Gräf (Hrsg.), *Reporting und Business Intelligence* (1. Aufl., S. 85–102). Freiburg: Haufe-Lexware.

Klingebiel, N. (2019). Shared Services & Digitalisierung. In T. Kümpel, K. Schlenkrich & T. Heupel (Hrsg.), *Controlling & Innovation 2019: Digitalisierung* (1. Aufl., S. 155–171). Wiesbaden: Springer.

Krüger, W. (2006). Controlling von Reorganisationsprojekten. In A. Werder, H. Stöber & J. Grundei (Hrsg.), *Organisations-Controlling: Konzepte und Praxisbeispiele* (1. Aufl., S. 83–132). Wiesbaden: Gabler.

Krüger, W., & Danner, M. (2004). Einsatz von Shared Service Centern für Finanzfunktionen. *Controller Magazin, 29*(3), 215–220.

Langmann, C., & Turi, D. (2020). *Robotic Process Automation (RPA) – Digitalisierung und Automatisierung von Prozessen*. Wiesbaden: Springer.

Marmonti, S. (2019). Der Controller als Data Steward. In J. Weber & U. Schäffer (Hrsg.), *Controlling & Management Review, Ausgabe 2/2019* (S. 64–67). Wiesbaden: Springer.

Matos, Z., Szekely, A., & Szukits, A. (2008). The Reporting Factory – Service-Center bei E.ON Hungária. In R. Gleich (Hrsg.), *Management Reporting: Grundlagen, Praxis und Perspektiven* (1. Aufl., S. 249–268). Freiburg: Haufe-Lexware.

Mehanna, W., Tatzel, J., & Vogel, P. (2016). Business Analytics im Controlling – Fünf Anwendungsfelder. In P. Horvath (Hrsg.), *Controlling – Zeitschrift für erfolgsorientierte Unternehmenssteuerung* (S. 502–508). München: Vahlen.

Mellewigt, T., & Decker, C. (2006). Messung des Organisationserfolgs. In A. Werder, H. Stöber & J. Grundei (Hrsg.), *Organisations-Controlling: Konzepte und Praxisbeispiele* (1. Aufl., S. 51–82). Wiesbaden: Gabler.

Messner, M. (2005). Controlling und organisatorischer Wandel: Eine Fallstudie. In J. Weber & M. Meyer (Hrsg.), *Internationalisierung des Controllings: Standortbestimmung und Optionen* (1. Aufl., S. 263–290). Wiesbaden: Deutscher Universitäts.

Morganti, T., Schloemer, J., & Panth, A. (2018). *Crunch time 7 – Reporting in a digital world*. London: Deloitte.

Müller, M. (2008). Reporting Factory – Gestaltung, Aufbau und Einordnung in den Finanzbereich. In R. Gleich (Hrsg.), *Management Reporting: Grundlagen, Praxis und Perspektiven* (1. Aufl., S. 311–334). Freiburg: Haufe-Lexware.

Needleman, P., & Sternitzke, M. (2018). *Modern Business Intelligence The Path to Big Data Analytics*. London: Deloitte.

Pichler, R. (2010). *Agiles Produktmanagement mit Scrum: Erfolgreich als Product Owner arbeiten* (1. Aufl.). Heidelberg: dpunkt.

Salameh, A., & Bass, J. (2019). Spotify tailoring for promoting effectiveness in cross-functional autonomous squads. In *Agile processes in software engineering and extreme programming – Workshops* (S. 20–28). Wiesbaden: Springer International.

Schmitz, M., Hey, A., & Winn, M. (2013). Shared Services als Hebel für die Optimierung der Finanzorganisation. *Controlling, 25*(7), 367–373.

Sidler, P., & Gerussi, L. (2020). Vom Finanzbericht zum Controlling Cockpit im Zeitalter der Digitalisierung. In I. Keimer & U. Egler (Hrsg.), *Die Digitalisierung der Controlling-Funktion* (S. 251–263). Wiesbaden: Springer.

Weber, J. (2008). Marktorientiertes Controlling. In J. Weber (Hrsg.), *Das Advanced-Controlling-Handbuch: Richtungsweisende Konzepte, Steuerungssysteme und Instrumente* (1. Aufl., Bd. 2, S. 267–295). Weinheim: Wiley-VCH.

Weissenberger, B., & Schneider, F. (2017). Rechnet sich die Einführung von ERP-Systemen? In P. Horvath (Hrsg.), *Controlling* (S. 28–35). München: Vahlen.

Welpe, I., Brosi, P., & Schwarzmüller, T. (2018). *Digital work design*. Frankfurt: Campus.

Anreizsysteme im Controlling

Wolfgang Becker und Bianca Brandt

Zusammenfassung

Der Beitrag greift mit dem Blick auf die Gestaltung betrieblicher Anreizsysteme die fortgesetzten Debatten um Konzepte der wertorientierten Unternehmensführung, speziell auch des Shareholder Values auf.

Durch die Einbeziehung alternativer Perspektiven und Ansätze soll gezeigt werden, welche Konsequenzen für betriebliche Anreizsysteme entstehen und wie ein modernes Controllingverständnis unterstützend eingesetzt werden kann. Abschließend wird – konzeptionell und praxisorientiert – veranschaulicht, wie ein „Social Controlling" als potentieller Lösungsansatz aussehen kann.

Schlüsselwörter

Controlling · Anreizsysteme · Stakeholder · Shared Value · Social Value

1 Einleitung

Seit Jahren werden Konzepte des Value-based Managements – teils sogar heftig – kritisiert. Besonders deutliche Kritik wird beispielsweise an der Shareholder Value Idee (Rappaport 1999) als Maxime unternehmerischen Handelns geübt. Dies gipfelt in der Bezeichnung „blödeste Idee der Welt" (Guerera und Baer 2009, S. 3; Büschemann 2010) und führt zu der Frage, inwieweit eine besondere Orientierung an

W. Becker (✉)
Ordinarius und Emeritus des Lehrstuhls für BWL, insbes. Unternehmensführung und Controlling, Otto-Friedrich-Universität Bamberg, Bamberg, Deutschland
E-Mail: ufc@uni-bamberg.de; wolfgang.becker@uni-bamberg.de

B. Brandt
Otto-Friedrich-Universität Bamberg, Lehrstuhl für Unternehmensführung & Controlling, Bamberg, Deutschland
E-Mail: bianca.brandt@uni-bamberg.de

W. Becker, P. Ulrich (Hrsg.), *Handbuch Controlling*,
https://doi.org/10.1007/978-3-658-26431-4_41

dem Ziel der Unternehmenswertsteigerung grundsätzlich und insbesondere im Kontext betrieblicher Anreizsysteme sinnvoll ist.

Unternehmensziele, die über eine reine Orientierung an den monetären Aktionärsinteressen hinausgehen, sind für Unternehmen mehr als nur „nice to have" – sie sind ein strategisch äußerst bedeutsamer Hygienefaktor. Es erstaunt daher nicht, dass die Kritik am Shareholder Value auch wertorientierte Anreizsysteme trifft, die das Verhalten der Mitarbeiter im Sinne der Erreichung des formulierten Unternehmensziels Wertsteigerung beeinflussen sollen. Neben manch anderen kritischen Stellungnahmen findet sich in diesem Kontext oft auch die Kritik an einer Förderung vermeintlich exzessiver Manager-Vergütungen, die teils doch sehr polemisch angeprangert werden. Dass grundlegende Kritik mit Blick auf Wirtschaftsskandale der Vergangenheit grundsätzlich nachvollziehbar ist, soll nicht in Abrede gestellt werden. Jedoch ist auch zu fragen, ob die Shareholder Value Idee tatsächlich unüberwindbare Unzulänglichkeiten aufweist, oder ob kritische Aspekte eher in der Interpretation und Implementierung derartiger Konzepte gesucht werden könnten. Kurzum ließe sich auch fragen: Haben wir ein bereits überholtes Verständnis von Wertschöpfung und deren Verteilung?

Dieser Frage geht der vorliegende Beitrag weniger aus methodischer, sondern vielmehr eher aus philosophischer Perspektive nach, indem zunächst terminologische Grundlagen dargelegt werden, um dann (wertorientierte) Anreizsysteme aus der Sicht des wertschöpfungsorientierten Controllings zu thematisieren. In diesem Kontext sei auch auf das aktuelle White Paper des ICV (Blachfellner et al. 2014) verwiesen, welches mit Thesen zur modernen Wertorientierung eine Anregung zur Diskussion bietet.

Ausgehend von den originären Zielsetzungen der langfristigen Existenzsicherung und der dafür erforderlichen Wertschöpfung wird das Controlling als Ansatzpunkt zum Umgang mit der Prinzipal-Agenten-Problematik thematisiert. Die in diesem Zusammenhang relevanten Anreizsysteme werden hinsichtlich ihrer bisherigen Wirksamkeit im Sinne einer tatsächlichen Verhaltensausrichtung der Individuen auf die originären Zielsetzungen hinterfragt, um bedeutsame Anforderungen an (wertorientierte) Anreizsysteme zu formulieren. Dies geschieht vorwiegend, um einen anderen Blickwinkel auf die Thematik aufzuzeigen, indem sach- und verhaltensökonomische Aspekte der Entstehung und Verwendung der betrieblichen Wertschöpfung einbezogen und die alternativen Ansätze des Shared Value und Social Value dargestellt werden. In diesem Kontext soll auch die formulierte Frage nach einem möglicherweise überholten Wertschöpfungsverständnis aufgegriffen werden. Konsequenzen für Anreizsysteme und Herausforderungen für das Controlling leiten zum „Social Controlling" und zu Ansatzpunkten für die betriebliche Praxis über. Ziel des Beitrags ist es, Möglichkeiten zur Berücksichtigung ökonomischer, ökologischer und sozialer Interessen als strategisch bedeutsame Hygienefaktoren bei der Gestaltung von Anreizsystemen aus Perspektive des Controllings aufzuzeigen.

2 Controlling und Anreizsysteme

Nach einer Darstellung des dem Beitrag zugrunde liegenden Controlling-Verständnisses sind Anreize und Anreizsysteme als Instrumente des Controllings zu thematisieren, um fundiert auf die Kritik an wertorientierten Anreizsystemen eingehen zu können.

2.1 Wertschöpfungsorientierte Controlling-Konzeption

Im Mittelpunkt der Controlling-Konzeption nach Becker steht die betriebliche Wertschöpfung, die sich als primärer unternehmerischer Zweck begreifen lässt (Becker 1999, S. 6. Diese Publikation ist eine überarbeitete Fassung des erstmals 1996 veröffentlichten Grundgedankens zur wertschöpfungsorientierten Controlling-Konzeption). Die Wertschöpfung, verstanden als Ergebnisgröße des zur Schaffung betrieblicher Werte genutzten Wertschöpfungsprozesses, kann unterschiedlich operationalisiert werden. Nach Becker (2014, S. 29) wird mit der Wertschöpfung „der Mehrwert bestimmt, den ein Betrieb aufgrund seiner betrieblichen Leistungserstellung den (vom Beschaffungsmarkt bezogenen) Vorleistungen hinzugefügt hat (value added). Der entstehende Mehrwert verteilt sich auf die berechtigten Anspruchsgruppen."

Das Controlling wird in dieser Konzeption mit der Unternehmensführung integriert und mit den Funktionen der Lokomotion sowie Information und Abstimmung materiell ausgestattet (Abb. 1). Die als originäre Funktion betrachtete Lokomotion stellt dabei auf das initialisierende Anstoßen und wertschöpfungsorientierte Ausrichten des unternehmerischen Handelns zur Optimierung von Effektivität und Effizienz ab. Als weitere Funktionen sind die Informationsfunktion zur Generierung

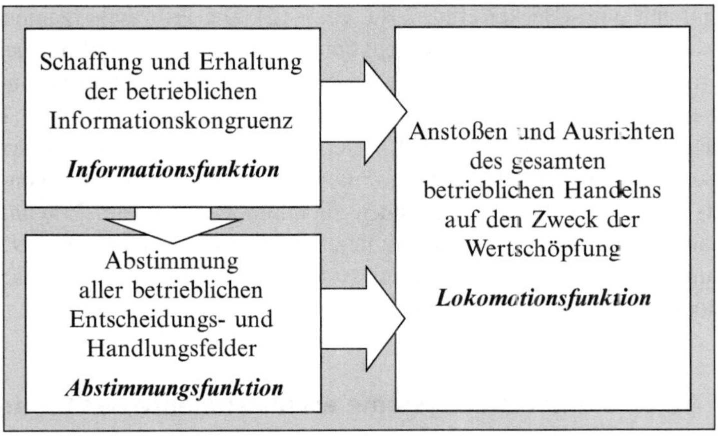

Abb. 1 Funktionen des Controllings (Becker 2014, S. 45; Becker und Brandt 2014, S. 109)

und Erhaltung der Informationskongruenz innerhalb der Führung sowie die Abstimmungsfunktion zur wechselseitigen Integration, Koordination und Adaption von Führung und Ausführung zu nennen. Diese derivativen Funktionen ermöglichen die Erfüllung der originären Funktion.

Die Konzeption selbst kann in der Praxis zur Operationalisierung des Controllings dienen und legt, wie jede umsetzbare Konzeption, sowohl strukturelle als auch prozessuale Organisationselemente fest. Das Controlling-Verständnis wird durch die Controlling-Philosophie widergespiegelt und ist möglichst in einem Leitbild zu fixieren. Aus diesem lassen sich die betriebsspezifischen Ziele des Controllings ableiten, die wiederum für die Festlegung der Controlling-Strukturen wesentlich sind. Als strukturelle Elemente lassen sich die Controlling-Aufgaben aus der Konkretisierung der Funktionen im Kontext definierter Objekte (z. B. Portfolios, Programme, Potentiale, Prozesse und/oder Projekte, Produkte) generieren. Diese so abgeleiteten Aufgaben sind Aufgabenträgern zuzuordnen, die sich im Zuge der Aufgabenerfüllung entsprechender Methoden, Instrumente und Werkzeuge bedienen (Becker 2014, S. 52. Zur Abgrenzung der Begriffe Methode, Instrument und Werkzeug im Kontext des Controlling, vgl. auch Becker und Baltzer 2009, S. 32 ff.). Eine derartige Strukturierung bildet die Voraussetzung zur sich anschließenden Gestaltung effektiver und effizienter Controllingprozesse.

Betriebliches Handeln kann durch eine konsequente Ausrichtung des Controllings an der vorgestellten Konzeption in seiner Komplexität reduziert werden (Becker 2012, S. 14; Becker und Brandt 2014, S. 110). Darüber hinaus kann das Controlling wertvolle Impulse zur Ausgestaltung betrieblicher Anreizsysteme geben, um das Mitarbeiterverhalten im Sinne des Zweckes und der Ziele von Unternehmen zu beeinflussen (Becker et al. 2014, S. 162).

Diese Einflussnahme wird etwa vor dem Hintergrund der Prinzipal-Agenten-Problematik relevant. Der Prinzipal (Auftraggeber) überträgt dem Agenten (Auftragnehmer) im Rahmen eines Vertrages Entscheidungsbefugnisse, für welche der Agent entlohnt wird (Becker et al. 2011, S. 5–12). Die Prinzipal-Agenten-Theorie geht davon aus, dass in dieser Konstellation eine asymmetrische Informationsverteilung zugunsten des Agenten entstehen kann, die dieser zudem ausnutzen und dadurch dem Prinzipal schaden kann (Jensen und Meckling 1976, S. 205–360; Welge und Al-Laham 2012, S. 50 ff.). Der Prinzipal verfolgt vor diesem Hintergrund die Zielsetzung, bestehende Informationsasymmetrien mithilfe von Anreiz-, Kontroll- und Informationsmechanismen zu minimieren, um im Ergebnis seinen Nutzen aus dieser Beziehung zu maximieren. Einen bedeutsamen Ansatz zur Problemlösung stellen Anreize und Anreizsysteme dar, die nunmehr zunächst eine terminologische Klärung erfahren sollen.

2.2 Anreize und Anreizsysteme als Instrumente des Controllings

In einer verhaltensorientierten Perspektive spielen Anreize als Bindeglied zwischen der Motivation und Motiven (Bedürfnissen) zur Verhaltensbeeinflussung von Individuen eine elementare Rolle. Bereits das in diesem Zusammenhang wesentliche Konstrukt „Motiv“ ist jedoch durchaus komplex; es stellen sich vielfältige Fragen: Welche Motive haben neben den in diesem Kontext häufig thematisierten Mitarbeitern beispielsweise die Lieferanten, die Kunden oder der Staat und die Gesellschaft? Welche Anreize sind folglich aus Unternehmensperspektive zu setzen, um ein intendiertes Verhalten zu provozieren und gleichermaßen ökonomischen, ökologischen und sozialen Ansprüchen gerecht zu werden? Zur vertiefenden Differenzierung wird zudem gerne zwischen intrinsisch und extrinsisch motiviertem Verhalten unterschieden (Lehmann 2006, S. 21; Ulrich 2011, S. 97; Armstrong und Taylor 2014, S. 170). Als intrinsische Motive können beispielsweise das Machtmotiv oder das Motiv nach Selbstverwirklichung genannt werden (Berthel und Becker 2013, S. 83 f.). Darüber hinaus spielen individuelle Fähigkeiten, Überzeugungen, Wertvorstellungen und persönliche Eigenschaften, aber auch externe Bedingungen, wie das Arbeits- und Aufgabenumfeld oder die Unternehmenskultur, eine wichtige Rolle.

Der Wirkmechanismus von Anreizsystemen scheint auf der Hand zu liegen: Einerseits misst jedes Individuum den dargebotenen Anreizen eine individuelle Bedeutung bei; andererseits soll eine gezielte Verhaltensbeeinflussung stattfinden. Dies wird in der Literatur mit Hilfe verschiedener theoretischer Ansätze und Disziplinen betrachtet (Hofmann 2002, S. 72–77; Krisor und Rowold 2013, S. 125–129; Armstrong und Taylor 2014, S. 170–177). Exemplarisch sind in diesem Zusammenhang aus verhaltenswissenschaftlicher Sicht die Anreiz-Beitrags-Theorie, Aussagensysteme der Organisations- und Motivationspsychologie sowie aus ökonomischer Sicht insbesondere die Prinzipal-Agenten-Theorie anzuführen. Um möglichst viele Individuen zu einem gewünschten Verhalten zu bewegen, genügt offenbar das Setzen eines einzigen Anreizes regelmäßig nicht. Das führt zur Ausgestaltung und Implementierung von Anreizsystemen, die überwiegend im betrieblichen Kontext für die internen Stakeholder-Gruppen der Mitarbeiter und des Managements genutzt werden (Hungenberg 2006, S. 353). Ein derartiges Anreizsystem darf allerdings weder im Widerspruch zur Unternehmenskultur noch zu den Unternehmenszielen stehen, da ansonsten die Akzeptanz durch die Mitarbeiter und Manager negativ beeinträchtigt werden kann. Ferner werden vor dem Hintergrund einer zunehmend starken Positionierung von Compliance-Aspekten grundsätzliche Fragen zur angemessenen Ausgestaltung von Anreizsystemen gestellt. Es sollte eben nicht nur gefragt werden, welche Anreize ein intendiertes Verhalten provozieren, sondern ebenso, welche Anreize unter Umständen auch ein Fehlverhalten begünstigen könnten und wie mit dem resultierenden Risiko umgegangen wird.

Eine Klassifizierung von Anreizen (Abb. 2 und 3) im betrieblichen Kontext skizziert die in der Praxis existierende Bandbreite:

In der Praxis ist den immateriellen Anreizen, wie etwa dem Arbeitsinhalt oder den persönlichen Entwicklungsmöglichkeiten, aber auch den materiellen Anreizen, wie sie im Rahmen betrieblicher Entlohnungssysteme abgeleitet werden, eine elementare Bedeutung beizumessen (Becker et al. 2014, S. 164).

Wird unter Anreizsystemen „die Summe aller im Wirkungsverbund bewusst gestalteten und aufeinander abgestimmten Stimuli (. . .) sowie die damit verbundene Administration verstanden“ (Berthel und Becker 2013, S. 568 f.), so entspricht dies der Auffassung von Anreizsystemen im weiteren Sinne. Anreizsysteme fungieren also letztlich als (sehr bedeutsames) Führungsinstrument. Wird der Betrieb als

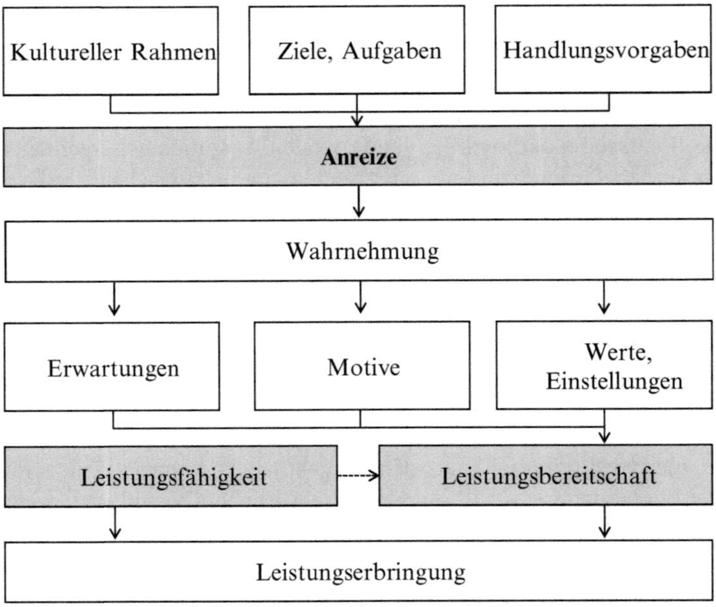

Abb. 2 Zusammenhang von Anreizen und der Leistungserbringung (Krüger 1994, S. 303 ff.; Hungenberg 2006, S. 354)

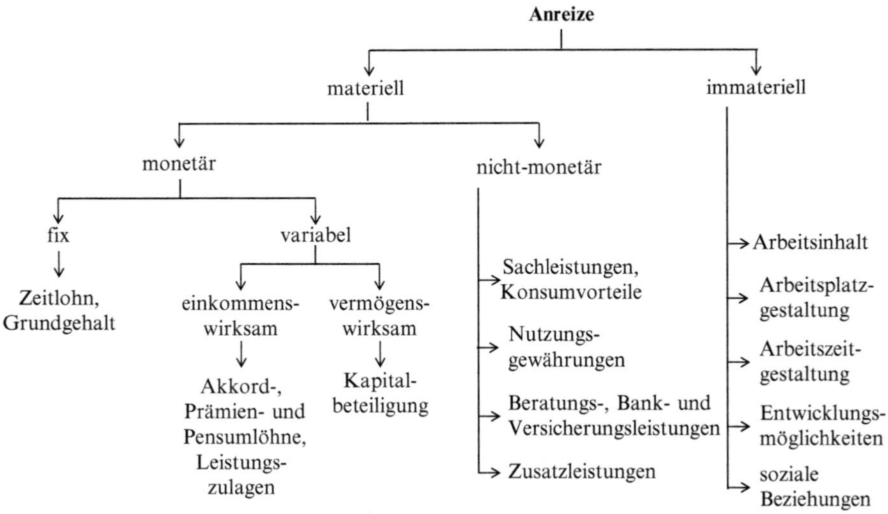

Abb. 3 Anreizformen (in Anlehnung an Holtbrügge 2007, S. 181; Becker et al. 2014, S. 163).

Anreizsystem gesehen, entspricht dies der Sichtweise des Anreizsystems im weitesten Sinne, wohingegen eine individuelle Ausgestaltung der Systeme mit Bezug auf einzelne Mitarbeiter Anreizsystemen im engeren Sinne entspricht (Becker 2004; Berthel und Becker 2013, S. 568). Als Funktionen von Anreizsystemen sind folglich die Aktivierung, Steuerung, Information und Veränderung des Mitarbeiterverhaltens zu nennen (Becker 2004; Berthel und Becker 2013), wobei vorliegend auch andere Stakeholder Betrachtung finden sollen.

Eine konsequente Orientierung an der wertschöpfungsorientierten Controlling-Konzeption bietet hierzu durch ihre theoretische Fundierung bei gleichzeitiger praxisnaher Ausgestaltung wertvolle Ansatzpunkte. Controlling als integrierte Aufgabe der Unternehmensführung richtet das betriebliche Handeln nicht nur auf den genannten Zweck der Wertschöpfung, sondern (dadurch!) ebenso auf die langfristige Existenzsicherung aus. Der Zusammenhang dieser originären Zielsetzungen soll nunmehr verdeutlicht werden:

> Um Wertschöpfung generieren zu können, müssen marktliche Chancen-Risiken-Konstellationen und betriebliche Fähigkeitsprofile in Form geeigneter Erfolgspotentiale in einem kongruenten Verhältnis zueinander stehen. Erfolgspotentiale führen im Fall realisierter Wettbewerbsvorteile zum Erfolg (Becker und Baltzer 2010, S. 14) und ermöglichen zudem die Sicherung angemessener Liquidität. Das Erfordernis wiederkehrender Investitionen zur Erneuerung der Erfolgspotentiale kann mit deren „Abnutzung" im Zeitverlauf begründet werden (Abb. 4). Aufgrund der eher langfristigen Ausrichtung gelten Erfolgspotentiale als Vorsteuergröße von Erfolg und Liquidität (vgl. dazu Gälweiler). Die genannten Größen stellen Elemente des Wertschöpfungskreislaufes dar, welche durch die Unternehmensführung in Gang zu halten sind, wobei das Controlling als Treiber fungieren kann (Becker und Baltzer 2010, S. 15).

Das Controlling hat allein schon aufgrund seiner originären Funktion der Lokomotion die Aufgabe, die tatsächliche Wertschöpfung permanent zu überwachen. Dies umfasst die Identifikation von Potentialen zur Wertsteigerung und die Aufdeckung wertvernichtender Aktivitäten. Die Existenz und Immanenz

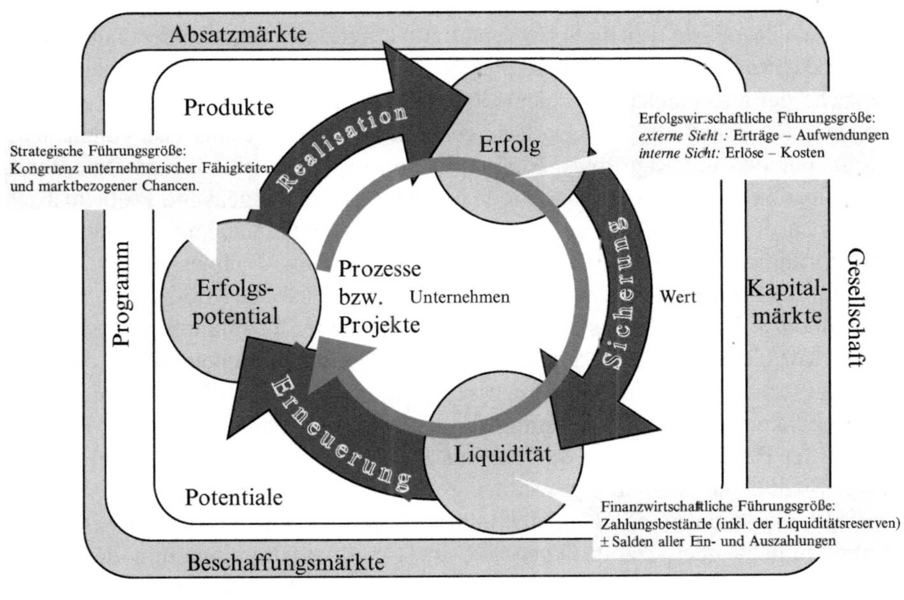

Abb. 4 Denkebenen des unternehmerischen Handelns (Becker 2009, S. 30)

wertorientierter Anreizsysteme zur erfolgreichen Umsetzung einer wertorientierten Unternehmensführung gilt als unbestritten (Becker und Kunz 2008; Ulrich 2011).

Um Anreizsysteme so auszurichten, dass sie die erforderliche Wertorientierung unterstützen und die Verfolgung der originären Zwecksetzung der Wertschöpfung fördern, sind konzeptionell verschiedene Anforderungen zu beachten (vgl. hierzu ausführlich Bleicher 1992; Lehmann 2006; Becker und Kunz 2008 sowie insbes. Becker et al. 2014):

- Berücksichtigung des Wirtschaftlichkeitsprinzips
- Leistungsorientierung
- Zielausrichtung
- Beeinflussbarkeit
- Anreizkompatibilität
- Flexibilität

Hinsichtlich eines umfassenden Überblicks zu den in der Literatur diskutierten Anforderungskatalogen wird auf (Becker et al. 2012) verwiesen.

2.3 Wertorientierte Anreizsysteme in der Kritik

Wertorientierte Anreizsysteme sind in ihrer Bedeutung letztlich weitgehend unumstritten, auch werden die genannten Anforderungen im Rahmen der Gestaltung zumeist berücksichtigt. Gleichwohl stehen solche Anreizsysteme immer wieder in der Kritik. Diese Kritik fällt, wie bereits anfangs erwähnt, im Kontext der Shareholder-Value-Lehre regelmäßig besonders heftig aus.

Dass selbst Jack Welch als bekanntester Vertreter der Shareholder-Value-Lehre dieser den Rücken kehrt, könnte Rappaport 2011 zum Kontern veranlasst haben. Die Ursache der angeklagten Missstände sei eine Kurzfristorientierung aufgrund überzogener Konzentration auf Quartalsergebnisse, so die durchaus nachvollziehbare Argumentation von Rappaport. Als Empfehlungen werden eine transparente Rechnungslegung und langfristig orientierte Vergütungssysteme genannt. Problematisch ist jedoch, dass neben der Transparenz als unzureichende Maßnahme der Begegnung unvollständiger Informationen und potentiell fehlendem Fachwissen der Anleger (Stichwort Prinzipal-Agenten-Problematik), die intrinsische Motivation in ihrer Bedeutung in seiner Auffassung langfristig orientierter Vergütungssysteme weiter außen vor bleibt. Mit Blick auf das komplexe Konstrukt Motivation und die Vielschichtigkeit intraindividueller Prozesse sowie in der Folge divergierende Wahrscheinlichkeiten einer Übereinstimmung der dargebotenen Anreize zur Entsprechung der Bedürfnisse, kann die fehlende Einbeziehung immaterieller Anreize auf lange Sicht nicht gerechtfertigt werden.

Statt nun die vor allem in der breiten Öffentlichkeit beliebte Debatte über (vermeintlich) überbezahlte Vorstände im Detail aufzugreifen und detaillierte Maßnahmen zur Prävention abzuwägen, soll aus der Perspektive des wertschöpfungsorientierten Controllings eine modifizierte Sicht, ergänzt um den Einbezug von sach- und verhaltensökonomischen Aspekten, eingenommen werden. Ziel ist es, eine eher langfristig orientierte und insofern nachhaltige Möglichkeit, verschiedenen Stakeholdern (Freeman 1984) gerecht zu werden und deren Bedürfnisse zu befriedigen, zu skizzieren.

3 Alternative Ansätze und Perspektiven

Der Ausdruck Social Value ermöglicht, sowohl die Auswirkungen der dargelegten Problematik als auch die Konsequenzen für Anreizsysteme und das Erfordernis einer angemessenen Berücksichtigung der Stakeholder-Vielfalt zu thematisieren. Dieser soll nachstehend zusammen mit dem Shared Value eine nähere Betrachtung erfahren. Die damit einhergehenden Herausforderungen für das Controlling leiten zu einem denkbaren Lösungsansatz über.

3.1 Shared Value und Social Value

Wenn die Wertschöpfung als rechnerisches Ergebnis der Abstraktion von Vorleistungskosten von (Umsatz-)Erlösen betrachtet wird, ist zunächst die Frage nach deren Herkunft („woher?“) beantwortet. Im nächsten Schritt kann deren Verteilung („wohin?“) dargelegt werden. In welchen Anteilen der geschaffene Wert auf die Stakeholder Personal (in Form von Entgelt), Fremdkapitalgeber (in Form von Fremdkapitalzinsen), Staat (in Form von Steuern, Gebühren, Abgaben) und Eigenkapitalgeber (in Form von Dividenden, Gewinn) erfolgt („warum?“), ist grundsätzlich situativ (zum Situativen Ansatz vgl. z. B. Kieser und Walgenbach 2010) unterschiedlich ausgestaltet.

Wenngleich die Feststellung, dass mit steigender Wertschöpfung eine höhere Verteilungsmasse vorliegt, banal ist, so ist sie hier dennoch wesentlich. Eine Verfolgung des Shareholder Value Gedankens kann bedeuten, den Marktwert eines Unternehmens als Ergebnis der Multiplikation von Kurswert und der Anzahl der gehaltenen Wertpapiere zu steigern. Dies führt jedoch nicht zwingend zu einer kurzfristigen Steigerung des Börsenkurses. Im Gegenteil: Nur eine langfristig orientierte Ausrichtung sowie Investitionen in den Erhalt und Ausbau der Wettbewerbsfähigkeit und Profitabilität, kann das Vertrauen der Anleger dauerhaft gewinnen und den Kurswert auf einem stabilen und hohen Niveau halten. Nur so ist es möglich, nachhaltig positive Wertentwicklungen zu schaffen. Exemplarisch kann der erforderliche Wertgenerator „Umsatzwachstum“ zur Steigerung des betrieblichen Cash-Flows als Rechengröße des Shareholder Values angeführt werden. Wird das Ziel der Wertsteigerung langfristig ausgerichtet und interpretiert, trägt dies dazu bei, dass die Mitarbeiter, Fremd- sowie Eigenkapitalgeber und der Staat einen Erhalt oder Anstieg der jeweiligen Entgelte erzielen können, um ihre Bedürfnisse zu befriedigen. In diesem Zusammenhang interpretiert Becker den Shared Value als aggregierte Größe von Arbeits-, Kapital- und Gemeinwert (Abb. 5). Das Konzept des Shared Value stammt von Michael Porter, welcher die Daseinsberechtigung von Unternehmen in

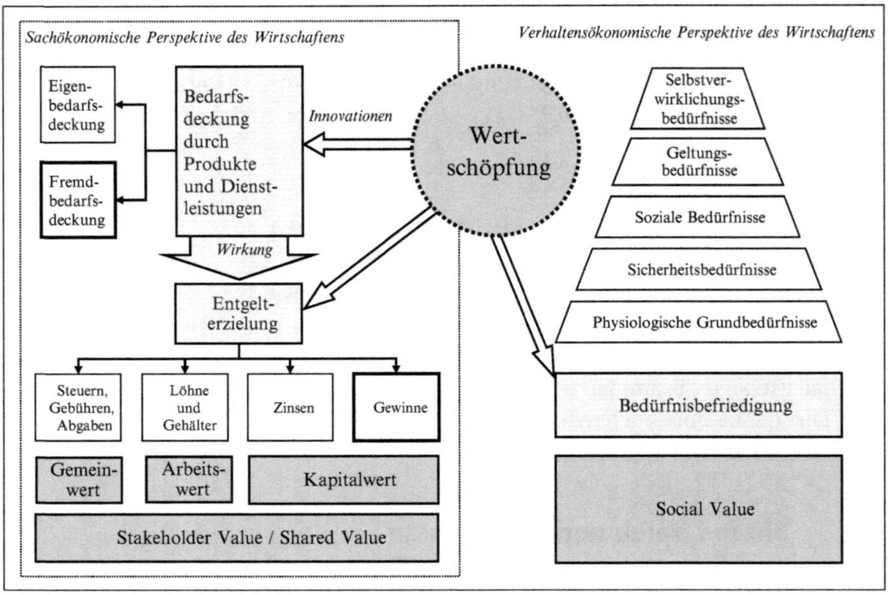

Abb. 5 Zwecke des unternehmerischen Handelns (Becker 2014, S. 75)

der Schaffung gesellschaftlicher Werte sieht und damit ein über eine reine Umverteilung zu Recht deutlich hinausgehendes Verständnis hat.

Neben einer in der traditionellen Betriebswirtschaftslehre üblichen Betrachtung sachökonomischer Aspekte der Wertschöpfung kann aber auch die Frage aufgegriffen werden, welche Bedeutung der Wertschöpfung aus verhaltensökonomischer Perspektive, also zur Bedürfnisbefriedigung der Stakeholder beizumessen ist. Dieser Aspekt wurde so erstmals von Becker aufgegriffen (vgl. dazu Becker 1996, hier S. 24–34, speziell auch Abb. 1 und 2 auf S. 30.) Vorliegend soll daher in dieser Perspektive vom (letztlich leider wohl nur schwer monetär messbaren) Social Value gesprochen werden.

Das soziale System Unternehmung hat im Sinne einer nachhaltig orientierten Ausrichtung also verschiedene Interessensgruppen angemessen zu berücksichtigen. Um dauerhafte und existenzsichernde Gewinne zu erzielen, ist der faire Umgang mit allen Partnern erforderlich (vgl. dazu z. B. auch Sprenger 2014). Dies setzt die angemessene Berücksichtigung sowohl sachökonomischer, als auch verhaltensökonomischer Perspektiven der Wertschöpfung und der ihr beizumessenden ursächlichen Zwecke voraus und inkludiert die dauerhafte Erfüllung gesellschaftlicher und sozialer Aufgaben.

3.2 Konsequenzen für Anreizsysteme: Berücksichtigung der Stakeholder-Vielfalt

Die Integration der berechtigte Ansprüche der Stakeholder in die Konzeption von Anreizsystemen trägt dem Gedanken Rechnung, dass gesellschaftlicher und wirtschaftlicher Fortschritt als integratives Konzept zu sehen sind. Eine gleichermaßen werte-, wie auch wertorientierte Unternehmensführung wird so zum Primat eines sinnstiftenden Handelns im Lichte ökonomischer Interessen.

Eine (integrativ zu verstehende) Werte- und Wertorientierung in den Vordergrund zu rücken, um gesellschaftlichen Fortschritt zu erreichen und damit nachhaltig unterschiedlichen gesellschaftlichen Interessen gerecht zu werden/sein erscheint erstrebenswert und konsequent. Dies lässt sich jedoch nicht immer konfliktfrei umsetzen. Insofern ist zu fragen, welche Herausforderungen sich in diesem Zusammenhang dem Controlling stellen.

3.3 Herausforderungen für das Controlling: You can't manage what you can't measure

Die Überwindung des oft diskutierten Konflikts zwischen der Werte- und der Wertorientierung von Unternehmen benötigt grundsätzlich vielfältige Lösungsansätze. Eine vergleichsweise einfache Lösung bestünde darin, die Anreize in ihrer Vielfalt unter Berücksichtigung der individuellen Gegebenheiten möglichst breit zu gewähren, um den verschiedensten Individuen der einzelnen Interessengruppen gerecht zu werden. Doch wirtschaftlich zweckmäßig wäre das wohl eher nicht. Es gilt folglich, ein angemessenes Kosten-Nutzen-Verhältnis anzustreben, für dessen Erreichung und Überwachung Führungsfunktionen benötigt werden. Das Controlling kann in diesem Kontext Hilfe leisten, steht aber dabei vor dem Problem, Bedürfnisse in Anreize übersetzen und managen zu müssen, die nicht ohne weiteres greifbar, also auch messbar sind.

Hierzu ein Beispiel: Ein mittelständisches Unternehmen der Automobilzulieferindustrie hat seinen Firmensitz in einer ländlich geprägten Gegend. Die an das Firmengrundstück angrenzende Anwohnerschaft kann grundsätzlich davon profitieren, einen potentiellen Arbeitgeber in der unmittelbaren Umgebung zu haben. Auch die Gemeinde partizipiert durch die zu entrichtende Gewerbesteuer in Form finanzieller Mittel. Andererseits sehen sich die Anwohner mit dem Autolärm, verursacht durch die Belegschaft und die LKW-Transporte, konfrontiert. Das Unternehmen ergreift zwar Lärmschutzmaßnahmen, etwa durch die Steuerung von Anliefer- und Abholzeiten zur Reduktion des LKW-Verkehrs in den frühen Morgenstunden, doch nicht alle Anwohner erachten diese als ausreichend. Die Lärmschutzmaßnahme spricht, aus der Perspektive Maslow's Bedürfnispyramide, die Befriedigung eines Grundbedürfnisses (Ruhe- und Schlafbedütfnis) an, da der Geräuschpegel in den frühen Morgenstunden durch das Unternehmen zumindest reduziert wird. Ein direkter Zusammenhang zwischen den Lärmschutzmaßnahmen und dem Schlafverhalten der einzelnen Anwohner kann jedoch nur schwer und mit vergleichsweise hohem Aufwand nachgewiesen werden. Ferner erweist sich die Bestimmung des Kosten-Nutzen-Verhältnisses als Problem. Wie soll der entstehende Nutzen, in den frühen Morgenstunden möglicherweise besser schlafen zu können, erfasst oder gar (monetär) bewertet werden?

Einen Orientierungsansatz bietet die Global Reporting Initiative (GRI), die einen Rahmen für die Nachhaltigkeitsberichterstattung in einem partizipativen Verfahren entwickelt. Neben wirtschaftlichen Kennzahlen und Indikatoren sind gemäß der Richtlinien auch ökologische sowie gesellschaftliche Themen aufzugreifen, die auf die Produkte und Dienstleistungen übertragen werden und in Form von Kennzahlen und Indikatoren abzubilden sind. Neben der Möglichkeit, die Berichte unternehmensübergreifend zu vergleichen, lassen sich Anregungen für Anreizsysteme identifizieren, welche ökonomische, ökologische und soziale Aspekte (Triple Bottom Line) aufgreifen. Dadurch entstehen gangbare Lösungsansätze.

4 Lösungsansatz „Social Controlling"

Anreizsysteme können also durch die angemessene Berücksichtigung verschiedener Stakeholder-Interessen eine Perspektivenerweiterung erfahren, indem der jeweilige Interessenträger-spezifische Social Value identifiziert und explizit berücksichtigt wird. Dies birgt zwar weiterhin durchaus Konfliktpotentiale in sich; diese sind möglichst aktiv im Rahmen eines entsprechenden Konfliktmanagements zu bearbeiten. Dieses Vorgehen soll vorliegend mit dem Begriff des Social Controllings belegt werden. Die bereits genannten Controlling-Funktionen (Lokomotion, Information und Abstimmung) kommen auch hier zum Tragen: Um die erforderlichen Informationen bereitzustellen und in einen zielführenden Stakeholder-Dialog einsteigen zu können, sind zunächst die Interessen verschiedener Stakeholder genauer zu betrachten.

Mitarbeiter verfolgen beispielsweise typischerweise u. a. die Ziele der Erzielung von angemessenem Einkommen, des Gewährleistens sozialer Sicherheit, des Ermöglichens zwischenmenschlicher Kontakte und/oder des Erlangens von Anerkennung für eine ausgeübte Tätigkeit. Eigentümer und Manager streben idealtypisch nach Einkommen/Gewinn, Macht, Einfluss und Prestige, der Steigerung des investierten Kapitals und/oder nach der Möglichkeit, sich umfassend zu entfalten. Fremdkapitalgeber intendieren in der Regel Zinsansprüche sowie den dauerhaften Vermögenszuwachs durch eine sichere Kapitalanlage. Lieferanten suchen nach günstigen Konditionen und stabilen Lieferverhältnissen und die Interessen der Kunden können sich produkt- bzw. dienstleistungsseitig sowohl auf Qualitäts- und Quantitätsaspekte als auch auf die preisseitigen Konditionen beziehen. Marktkonkurrenten könnten für die Einhaltung geltender Spielregeln einstehen. Eine weitere Anspruchsgruppe stellen Staat und Gesellschaft dar, wozu etwa Bürgerinitiativen, Verbände oder Behörden sowie die allgemeine Öffentlichkeit zählen. Deren Interessen beziehen sich z. B. auf die Sicherung von Arbeitsplätzen, eine lebenswerte Umwelt, angemessene Sozialleistungen und/oder die Einhaltung geltender Normen, Werte und Gesetze.

Welche Instrumente des Controllings können nun herangezogen werden, um die vielfältigen Interessen berücksichtigen und abbilden zu können? Nach Becker (2014, S. 92 ff., Becker et al. 2014, S. 99–166) nutzt das Controlling unterschiedliche Instrumente; dazu zählen beispielsweise neben den hier bereits im Vordergrund stehenden Anreizsystemen auch das nunmehr zusätzlich zu berücksichtigende Kennzahlenmanagement und das Berichtswesen.

Als Funktionen von Kennzahlen und Kennzahlensystemen sind nach Weber und Schäffer (2014) die Anregungsfunktion (d. h. Aufmerksamkeit für wichtige Führungstatbestände erregen, Veränderungen und Auffälligkeiten identifizieren), die Operationalisierungsfunktion (also gesetzte Ziele konkretisieren und die Zielerreichung messen), die Diagnosefunktion (insbesondere Auffälligkeiten und Veränderungen analysieren sowie weitere Entwicklungen prognostizieren), die Lenkungsfunktion (d. h. Zielausprägungen vorgeben, Steuerungs- und Regelungsprozesse vereinfachen) sowie die Kontrollfunktion (etwa Soll-Ist-Vergleiche und Abweichungsanalysen durchführen) zu nennen. Kennzahlen können nun zusammen mit Indikatoren zur Berücksichtigung schwer messbarer Tatbestände in ein entsprechend gestaltetes Berichtswesen für das Social Controlling einfließen.

In Anlehnung an die Global Reporting Initiative (GRI) könnte ein Social Controlling in Bezug auf die Stakeholder der Mitarbeiter Kennzahlen und Indikatoren enthalten, die sich etwa mit der Mitarbeiterstruktur beschäftigen. Über die Kopfzahl und den Anteil an Männern und Frauen insgesamt oder nach einzelnen Segmenten differenziert hinausgehend, können Aussagen zum Arbeitsschutz, der Mitarbeiterbeteiligung, beanspruchter Elternzeit, einem Stimmungsbarometer, der Vielfalt und Chancengleichheit oder zur Umweltstrategie und umweltverträglichen Produkten getroffen werden. Auch Arbeitspraktiken und der Umgang mit Menschenrechten, sowohl im eigenen Unternehmen als auch bei Lieferanten, bieten Ansatzpunkte, um über die reine ökonomische Perspektive hinauszugehen. Auch Informationen zu Umweltschutzkosten, dem Anteil an Recyclingmaterial, der Schulung zu bewusstseinsbildenden Maßnahmen, Emissionen und der Energieverbrauch differenziert nach Energiequellen oder Standorten in der Nähe von Naturschutzgebieten sind, ebenso wie die zuvor genannten Kennzahlen und Indikatoren, für verschiedene Stakeholder, etwa auch Staat und Gesellschaft, von Interesse.

Derartige Vorgehensweisen sind nicht etwa rein theoretischer Natur; sie finden bereits in der Wirtschaftspraxis Anwendung. Als einer der Vorreiter auf diesem Gebiet kann Nestlé genannt werden. Das Unternehmen verfolgt seit vielen Jahren das Ziel, Mehrwert auch für die Gesellschaft zu generieren und berichtet medienwirksam auf der Homepage, welche Verpflichtungen innerhalb der Themenfelder Ernährung, ländliche Entwicklung und verantwortungsbewusste Beschaffung, Wasser, ökologische Nachhaltigkeit sowie Mitarbeiter, Menschenrechte und Compliance eingegangen werden. Wie diese Verpflichtungen konkretisiert werden wird ebenso offen gelegt wie der Fortschritt und die jeweils intendierten Ziele.

5 Fazit

Anreizsysteme als Instrument des Controllings können helfen, das Verhalten verschiedener Stakeholder im Sinne der Unternehmensziele zu beeinflussen. Hierbei sollte eine Gestaltung über wertorientierte Anreizsysteme hinausgehend intendiert werden. Die Erkenntnis, gesellschaftliche Bedürfnisse nicht außer Acht zu lassen, ist ebenso wenig neu wie die Forderung, in Wertschöpfungsketten zu denken. Das hier thematisierte amerikanische Konzept des Shared Value ist daher nicht gänzlich neu, wie auch die Kritik der international anerkannten Wirtschaftsethikern Crane, Palazzo, Spence und Matten (2014) zeigt. In den Lehrplänen der Betriebswirtschaftslehre wird ihnen bis heute jedoch eine eher geringe Relevanz zuteil. Eine umfassende Lösung der dargelegten Problematik vermag auch der vorliegende Beitrag nicht zu gewähren, jedoch soll er zum Nachdenken anregen und zur Diskussion mit dem Umgang ökonomischer Interessen einerseits, sowie sozialer und ökologischer Belange andererseits, anregen. Das gängige Verständnis von Gewinnstreben und Wertschöpfung bietet nämlich, ein angemessenes Verständnis vorausgesetzt, durchaus vielfältige Potentiale zu einer Perspektivenerweiterung im betriebswirtschaftlichen Denken.

Wertschöpfung bedeutet aus unserer Sicht folglich, dass selbstverständlich der Unternehmenswert für die Eigenkapitalgeber optimiert werden sollte, um diesen an verschiedene Stakeholder in Form von Gewinnen, Zinsen, Löhnen und Gehältern sowie Steuern, Gebühren und Abgaben, zur Bedürfnisbefriedigung (vgl. Abb. 5) weitergeben zu können und so ökonomischen, ökologischen und sozialen Interessen in angemessener Weise gerecht zu werden. Daneben umfasst Wertschöpfung aber eben auch die angemessene Berücksichtigung der Bedürfnisse aller beteiligten Stakeholder. Diese Sicht begünstigt ein Selbstverständnis, das ein Zusammenspiel von Wert- und Werteorientierung in der Unternehmensführung fördert und den resultierenden wirtschaftlichen auch als gesellschaftlichen Fortschritt anerkennt.

Literatur

Armstrong, M., und S. Taylor. 2014. *Armstrong's handbook of human resource management practice*, 13. Aufl. London.

Becker, W. 1996. *Stabilitätspolitik für Unternehmen*. Wiesbaden.

Becker, W. 1999. Begriff und Funktionen des Controllings. *Bamberger Betriebswirtschaftliche Beiträge*, Nr. 106. Bamberg.

Becker, F. 2004. Anreizsysteme und Mitarbeiterführung. In.*Entgeltsysteme für produzierende Unternehmen. Durch differenzierte Vergütung die Wettbewerbsfähigkeit steigern*, Hrsg. E. Eyer. Düsseldorf.

Becker, W. 2012. *Controlling – Konzepte, Methoden und Instrumente*, 7. Aufl. Bamberg.

Becker, W. 2014. *Wertschöpfungsorientiertes Controlling*. Bamberger Betriebswirtschaftliche Beiträge, Nr. 200. Bamberg.

Becker, W., und B. Baltzer. 2009. *Controlling – Eine instrumentelle Perspektive*. Bamberger Betriebswirtschaftliche Beiträge, Nr. 162. Bamberg.

Becker, W., und B. Baltzer. 2010. *Die wertschöpfungsorientierte Controlling-Konzeption*. Bamberger Betriebswirtschaftliche Beitrage, Nr. 172. Bamberg.

Becker, W., und B. Brandt. 2014. Der CFO im produzierenden Mittelstand – Sparringpartner des CFO. In *Unternehmenssteuerung in der produzierenden Industrie*, Hrsg. F. Keuper und R. Sauter, 105–128. Wiesbaden.

Becker, W., und C. Kunz. 2008. Wertorientierte Anreizsysteme. *WiSt* 6:290–296.

Becker W., R. Holzmann, und P. Ulrich. 2011. Non-Compliance in Organisationen – wie lässt sich wirtschaftskriminelles Handeln vermeiden? *ZCG – Zeitschrift für Corporate Governance. Leitung und Überwachung in der Unternehmens- und Prüfungspraxis 6*(1): 5–12.

Becker, W., P. Ulrich, S. Krüger, und C. Nowak. 2012. Entlohnungssysteme in mittelständischen Industrieunternehmen. *Zeitschrift für Controlling & Management* 56(1): 96–101.

Becker, W., B. Baltzer, und P. Ulrich. 2014. *Wertschöpfungsorientiertes Controlling. Konzeption und Umsetzung*. Stuttgart.

Becker, W., B. Brandt, und P. Ulrich. 2014. Wie gerecht sind Vorstandsbezüge? *Controlling & Management Review* 1:38–44.

Berthel, J., und F. Becker. 2013. *Personal-Management*, 10. Aufl. Stuttgart.

Blachfellner, M., K. Oehler, und W. Schmidt. 2014. *White Paper der ICV-Fachkreise: Moderne Wertorientierung – vom „Wertobjekt" zur „Teilhabe an der Wertschöpfung"* (Thesen zur Diskussion), Hrsg. ICV, Mai 2014. http://www.controllerverein.de/. Zugegriffen am 19.08.2014.

Bleicher, K. 1992. *Strategische Anreizsysteme. Flexible Vergütungssysteme für Führungskräfte*. Stuttgart.

Büschemann, K. H. 2010. Die blödeste Idee der Welt, *Süddeutsche*. http://sz.de/1.405826. Zugegriffen am 17.05.2010.

Crane, A., G. Palazzo, L. J. Spence, und D. Matten. 2014. Contesting the Value of Shared Value Concept. *California Management Review* 56(2). http://ssrn.com/abstract=2368387. Zugegriffen am 28.10.2014.

Freeman, R. E. 1984. *Strategic Management. A Stakeholder Approach*. Pitman.

Guerra, F., und J. Baer. 2009. Welch schwört Shareholder-Value ab. *Financial Times Deutschland*, 13.03.2009, 3.

Hofmann, C. 2002. Anreizsysteme. In *Handwörterbuch Unternehmensrechnung und Controlling*, Hrsg. H. U. Küpper und A. Wagenhofer, 69–79. Stuttgart.

Holtbrügge, D. 2007. *Personalmanagement*. Berlin: Springer.

Hungenberg, H. 2006. Anreizsysteme für Führungskräfte – Theoretische Grundlagen und praktische Ausgestaltungsmöglichkeiten. In *Strategische Unternehmensplanung – Strategische Unternehmensführung. Stand und Entwicklungstendenzen*, Hrsg. D. Hahn und B. Taylor, 9. Aufl. Berlin.

Jensen, M.C., und W. Meckling. 1976. Theory of the firm und managerial behavior, agency costs, and ownership structure. *Journal of Financial Economics* 3(4):305–360.

Kieser, A., und P. Walgenbach. 2010. *Organisation*, 6. Aufl. Stuttgart.

Krisor, S.M., und J. Rowold. 2013. Motivation. In *Human resource management*, Hrsg. J. Rowold, 123–133. Berlin: Springer.

Lehmann, M. 2006. *Möglichkeiten und Grenzen der Ausgestaltung von Anreizsystemen für den freien Mitarbeiter*. Duisburg.

Porter, M. E., und M. R. Kramer. 2011. *Die Neuerfindung des Kapitalismus 33*(2): 58–75.

Rappaport, A. 1999. *Shareholder Value: Ein Handbuch für Manager und Investoren*, 2. Aufl. Stuttgart.

Rappaport, A. 2011. *Saving capitalism from short-termism: How to build long-term value and take back our financial future*. New York: McGraw-Hill.

Sprenger, R.K. 2014. Vom Wollen zum Sollen: Motivation als Sinnzerstörung. *Controlling & Management Review* 58(1): 8–13.

Ulrich, P. 2011. Führungskräfteincentivierung in Familienunternehmen. *Zeitschrift für Controlling und Management*, Sonderheft 3:96–103.

Weber, J., und U. Schäffer. 2014. *Einführung in das Controlling*, 14. Aufl. Stuttgart.

Welge, M., und A. Al-Laham. 2012. *Strategisches Management: Grundlagen – Prozesse – Implementierung*, 7. Aufl. Wiesbaden.

Controlling von Shared Service Centern

Wolfgang Becker und Patrick Ulrich

Zusammenfassung

In der jüngeren Vergangenheit haben Großkonzerne Kosten- und Effizienzvorteile durch eine neue Organisationsform für Dienstleistungen, die sogenannten Shared Service Center (SSC), realisiert. Ein formalisiertes Controlling dieser Organisationseinheiten ist jedoch bisher sowohl aus theoretisch-konzeptioneller Sicht als auch in der Unternehmenspraxis kaum zu vernehmen. Der vorliegende Beitrag skizziert Entwicklungsperspektiven des Controllings von SSC aus einer wertschöpfungsorientierten Perspektive und verbindet dies mit aktuellen Praxisbeispielen.

Schlüsselwörter

Shared Services · Shared Service Center · Management Accounting · Value Added · Controlling Conception

1 Einleitung

Die Diskussion um die Bündelung bestimmter unternehmerischer Dienstleistungen in eigens etablierten Einheiten – den SSC – hat sich in Theorie und Praxis etabliert. In den letzten Jahren ist hier eine zusätzliche Perspektive durch die zunehmende Digitalisierung von Controlling-Aktivitäten hinzugekommen. Wenig Beachtung wird bisher jedoch der konkreten Analyse der durch SSC geschaffenen/vernichteten

W. Becker (✉)
Ordinarius und Emeritus des Lehrstuhls für BWL, insbes. Unternehmensführung und Controlling, Otto-Friedrich-Universität Bamberg, Bamberg, Deutschland
E-Mail: wolfgang.becker@uni-bamberg.de

P. Ulrich
Lehrstuhl für Unternehmensführung, Hochschule Aalen – Technik und Wirtschaft, Aalen, Deutschland
E-Mail: patrick.ulrich@hs-aalen.de

W. Becker, P. Ulrich (Hrsg.), *Handbuch Controlling*,
https://doi.org/10.1007/978-3-658-26431-4_42

Wertschöpfung gewidmet und der Messung und Beeinflussung dieses Werts durch ein wertschöpfungsorientiertes Controlling geschenkt. Der vorliegende Beitrag zeigt eine derartige Sichtweise auf Basis bestehender theoretischer und empirischer Erkenntnisse. Der Theorieteil des Beitrags basiert auf Becker et al. (2013, S. 352 ff.).

2 Haupttext

2.1 Konzept und Ausprägungsformen von SSC

2.1.1 Kontextuale Verortung von SSC

Der Shared-Service-Center-Gedanke hat seinen Ursprung in ökonomischen Optimierungsbestrebungen, die auf unternehmerische Dienstleistungsprozesse heruntergebrochen wurden.

Dem Konzept der **SSC** wird sich definitorisch in der Literatur verschiedenartig genähert, worauf die Begriffsverwendungen „Inhouse Outsourcing" und „Co-Sourcing" hindeuten. Insgesamt dominiert das Verständnis von SSC als zumindest rechtlich und/oder wirtschaftlich **begrenzt autonom agierende Einheiten**, die unterschiedliche Unterstützungsfunktionen wahrnehmen. Eine begriffliche Annäherung ist über die im Rahmen des **Business Process Outsourcing** (BPO) üblichen Kriterien „Art der Leistungserstellung" und „Kulturdistanz der Leistungserstellung" möglich (Abb. 1).

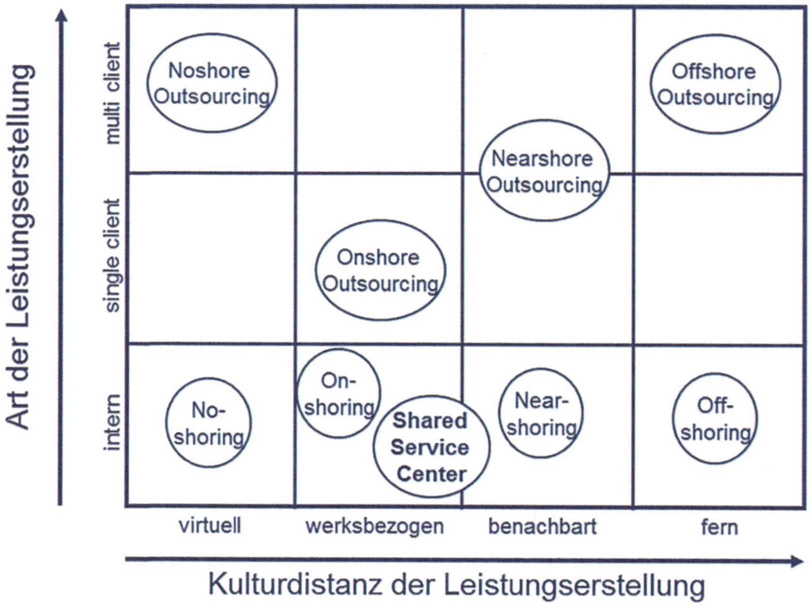

Abb. 1 Formen des Business Process Outsourcing. (Quelle: in Anlehnung an Schewe und Kett 2007, S. 139)

Das Maß an der selbstständigen Leistungserstellung wird durch das erste Kriterium dargestellt, wohingegen das zweite Kriterium die Entfernung der Leistungserstellung aus kultureller Sicht verdeutlicht.

2.1.2 Begriff und Merkmale von SSC

Kagelmann (2001, S. 49) versteht das **SSC- Konzept** als *„einen Organisationsansatz zur Bereitstellung von internen Dienstleistungen für mehrere Organisationseinheiten mittels gemeinsamer Nutzung von Ressourcen innerhalb einer Organisationseinheit*". Hinzu treten Kunden- und Wertschöpfungsorientierungen von SSC (vgl. Wißkirchen 1999, S. 5 f.).

SSC sind **wirtschaftlich selbstständige Einheiten**, die administrative Prozesse und Dienstleistungen grundsätzlich bündeln und Unterstützungsaktivitäten für kernkompetenznahe, auf Wettbewerbsvorteile abzielende Aufgaben von vorrangig dezentral-operativen Geschäftseinheiten oder Konzernunternehmen verrichten. Darüber hinaus können SSC auch Leistungen weiterreichen und selbsterstellte Leistungen extern vermarkten, wobei die zweite Option in der Praxis selten verfolgt wird. Die Auslagerung von Aktivitäten kann u. a. finanz-, personal-, IT-bezogene Tätigkeiten betreffen. Empirische Erkenntnisse deuten jedoch in der Praxis auf eine Dominanz der fast vollständigen Verlagerung von **Prozessen des Finanz- und Rechnungswesens** hin (vgl. Deloitte 2011, S. 14; PriceWaterhouseCoopers 2008, S. 25)

2.1.3 Servicearten

In erster Linie ist hierbei der **generische Charakter** der übernommenen Aufgaben zu nennen, der dazu führt, dass die Aufgaben weder geschäftsbereich- noch standortgebunden sind. Darüber hinaus sollten die Tätigkeiten zumindest teilweise standardisierbar sein.

Zunächst sind **transaktionsbasierte Services** zu erwähnen, die primär verwaltungs- und prozessorientierte Unterstützungstätigkeiten (z. B. Reisekostenabrechnungen, Kreditoren- und Debitorenbuchhaltung) umfassen und sich regelmäßig durch hohe Volumina auszeichnen. In Verbindung mit ihrem hohen Standardisierungsgrad können Skaleneffekte erzielt werden, um Kostensenkungen zu bewirken. Überdies ist diese Kategorie durch niedrige Freiheitsgrade in der Entscheidung beschreibbar.

Als nächste Servicekategorie sind **expertisebasierte Services** zu nennen, die sich deutlich durch geringere Prozess-Volumina auszeichnen. Bei dieser Art von Service kommen deswegen vorrangig wissensorientierte Prozesse (z. B. Steuern und Treasury) mit höchsten Fähigkeitsanforderungen in Frage. Vom Wesen weisen expertisebasierte Dienste somit Beratungs- und Problemlösungscharakter auf und tragen zur **Zielerfüllung** von Unternehmenszielen bei, weshalb diese im Vergleich einen übergeordneten Unternehmensbezug aufweisen.

2.1.4 SSC im Spannungsfeld von Zentralisation und Dezentralisation

Unternehmen können Funktionen grundsätzlich zwischen vollständiger Zentralisation oder Dezentralisation als Extremtypen verorten. **Zentralisation** entspricht dabei einer Zusammenfassung homogener Aufgaben in einer organisatorischen Einheit, wohingegen ihre Verteilung auf mehrere Organisationseinheiten einer **Dezentrali-**

sation entspricht. Es geht dabei im Wesentlichen um die Art der Verteilung von Kompetenzen und Aufgaben innerhalb einer Organisation, deren jeweilige Sinnhaftigkeit situationsabhängig abzuwägen ist.

Obgleich die Implementierung von SSC mitunter oftmals mit dem Prinzip der Zentralisation gleichgesetzt wird, ist vielmehr zu konstatieren, dass mit SSC versucht wird, Vorteile der Dezentralisation von den üblichen Nachteilen zu trennen und zu realisieren (vgl. Klingebiel und Andreas 2006, S. 38).

2.2 SSC-Controlling – Stand der Literatur

SSC-Controlling kann grundsätzlich in ein Controlling von und in ein Controlling in SSC unterschieden werden.

- Das **Controlling von SSC** wird dabei vom Konzerncontrolling wahrgenommen, dessen Aufgabe die gesamthafte Ausrichtung eines Konzerns und damit auch die **Ausrichtung von** etwaigen **SSC** an **Zielsetzungen des Konzerns** (vgl. Schultze und Hirsch 2015, S. 12) ist.
- Hingegen ist unter einem **Controlling in SSC** die Ausrichtung des SSC an eine oder mehrere Zielsetzungen zu verstehen. Folglich kann ein Controlling von SSC nur erfolgen, wenn das Controlling in SSC die benötigen Informationen bereitstellt (vgl. Behme und Roth 1997, S. 29).

Im Folgenden soll ein Überblick über die Situation Controlling-spezifischer Beiträge zu SSC gegeben werden. Prinzipiell zählen hierzu sowohl Beiträge **wissenschaftsorientierter Natur** als auch **praxisnahe Beiträge**.

2.2.1 Bedeutung der Existenz einer Controlling-Konzeption

Controlling-Konzeptionen beschreiben die Gesamtheit und das Zusammenspiel grundlegender Vorstellungen über charakteristische Merkmale des Controllings, die auf unterschiedlichen Theorien beruhen können. Konzeptionen basieren auf der Zusammenführung theoretischer und praktischer Erkenntnisse, weshalb ihr Vorhandensein die Beantwortung von Implementierungsfragen erleichtert.

Die Ausgestaltung einer **wertschöpfungsorientierten Controlling- Konzeption** (vgl. Becker 1999, S. 10 f.) soll als Basis der Analyse des Controllings von und für SSC dienen. Ausgangspunkt der wertschöpfungsorientierten Controlling-Sicht ist der zur Zukunftssicherung bedeutsame übergeordnete **Wertschöpfungszweck** von Unternehmen.

2.2.2 Methodik und Ergebnisse der Literaturanalyse

Um die wissenschaftsorientierten Beiträge zu erfassen, wurde eine **Datenbanksuche** in Verbindung mit einer entsprechenden Trefferanalyse von Aufsätzen bei der Datenbank ECONIS vorgenommen. Das Resultat der Trefferanalyse Controlling-naher Beiträge nach Erscheinungsjahr zeigt Abb. 2.

Insgesamt konnten 95 potenziell Controlling-relevante Beiträge identifiziert werden. Ein **erstmaliges Auftreten von Publikationen** ist erst ab dem Jahr 2001 zu verzeichnen, auf die vereinzelte Beiträge bis einschließlich 2006 folgen. Ab dem Jahr 2007 kann eine relativ starke Zunahme der Beiträge diagnostiziert werden, die ihren Höhepunkt von 25 Beiträgen im Jahr 2008 erreicht. Die Folgejahre lassen sich überwiegend durch eine stetige Abnahme an Beiträgen beschreiben. Es scheint, dass diese Beitragsentwicklung sich in die Zeitspanne von der verstärkten Zunahme an Outsourcing-Aktivitäten mit gewisser zeitlicher Verzögerung von einigen Jahren einordnen lässt und somit ursächlich in eben jenem Trend begründet sein dürfte.

Mit **weiterer begrifflicher Eingrenzung** konnten 4 Treffer identifiziert werden, die eine Auseinandersetzung mit wertbezogenen Fragestellungen versprechen lassen (vgl. Abb. 3).

Insofern als Unternehmen nur dauerhaft überlebensfähig sind, wenn sie dauerhaft ein ausreichendes Maß an Wert schaffen können, ist eine permanente Auseinandersetzung mit Fragen der Wertschöpfung eine wesentliche Anforderung an das Con-

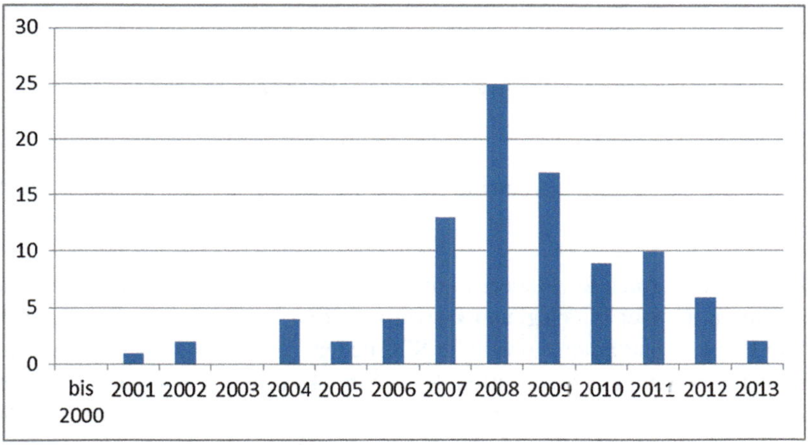

Abb. 2 Trefferanalyse nach Erscheinungsjahr

Autor/Jahr	Titel	Inhaltlicher Fokus
Unrein (2010)	Das Value-Adding-Controlling-Concept- der Wertbeitrag der Controllingorganisation zum Unternehmenserfolg	Bündelung von Controlling- und Rechnungswesen in einem CFO-SSC zur Effizienzsteigerung
Michel/Kirchberg (2008,2009)	Reporting Factory : Gestaltung, Aufbau und Einordnung bin den Finanzbereich	Implementierung einer sogenannten „Reporting Factory", die im Stile eines SSC zu gestalten sei
Brokemper (2007)	Interne Kundenorientierung des Controllerbereiches	Ansätze zur Erhöhung der Kundenorientierung des Controlling

Abb. 3 Darstellung weiterer Treffer

trolling. Dies ist schließlich auch für ein Controlling von und in SSC erforderlich, zumal SSC aus Optimierungsbestrebungen gebildet wurden, die sich auf die grundlegenden betriebswirtschaftlichen Kriterien Kosten und Nutzen bzw. Risiko und Rendite beziehen.

Eine Prüfung dieser Beiträge zeigte, dass sie **weder** eine **wertschöpfungsorientierte Controlling-Konzeptionen**, noch Anhaltspunkte für die Ausgestaltung einzelner Elemente einer solchen Konzeption liefern können. Zusätzlich konnten aus der Literatur jedoch Beiträge mit einem **Wertschöpfungsbezug** ausgemacht werden. Es handelt sich dabei um die Beiträge von Sterzenbach (2010), Becker et al. (2010), Weiser et al. (2009) und Fischer und Sterzenbach (2007), die im Weiteren einer kriteriengeleiteten Prüfung hinsichtlich eines potenziellen Beitrags zu einem wertschöpfungsorientierten SSC-Controlling zu unterziehen sind. Da der erste und der letzte Beitrag die gleiche Stichprobe verarbeiten, wurden die Ergebnisse beider Beiträge gemeinsam erfasst. Als Kriterien werden Ziele, Funktionen und Aufgaben, Prozesse, Instrumente und Institutionalisierung herangezogen, die sowohl Erkenntnisse zu SSC im Allgemeinen und SSC-Controlling im Speziellen zusammenfassen. Allgemeine Erkenntnisse zu SSC werden betrachtet, um gegebenenfalls besondere Anforderungen an ein SSC-Controlling ableiten zu können.

2.2.3 Detailanalyse wissenschaftsorientierter Beiträge

Becker et al. (2010)
Dieser Buchbeitrag setzt sich ausführlich mit unterschiedlichen Facetten von SSC auseinander.

- **Ziele**: Die Autoren konstatieren eine hohe Bedeutung von Kostenzielen, deren Erfüllung in einer **überlegenen Gewinnposition** kulminiert. Auf Sachzielebene sind Prozess- und Potenzialziele für SSC bedeutsam, um Voraussetzungen für die Formalzielerreichung zu schaffen. Mit Hinblick auf ein SSC-Controlling werden zwar keine konkreten Ziele genannt, jedoch wird sich mit Prinzipien der Wertschöpfung, die einzuhalten sind, auseinandergesetzt.
- **Funktionen und Aufgaben**: Obgleich ein gewissen Anforderungen genügendes Spektrum von Unterstützungsaktivitäten in SSC ausgegliedert werden kann, ist eine konkrete Entscheidung lediglich unternehmensspezifisch möglich. Potentiell kommen die **Kategorien** Personal, Beschaffung, Auftragsabwicklung, Abschlusserstellung und IT zur Auslagerung in SSC in Frage. Als Funktionen eines wertschöpfungsorientierten SSC-Controllings beschreiben und erläutern die Autoren die Lokomotions-, die Abstimmungs- und die Informationsfunktionen.
- **Prozesse**: nicht thematisiert
- **Instrumente**: Als Instrumente eines wertschöpfungsorientierten Controlling nennen die Autoren prozessorientierte Instrumente, SLAs, Kundenzufriedenheitsmessungen, wertorientierte Kennzahlensysteme, Benchmarking und Performance Measurement.
- **Institutionalisierung**: Aussagen zur Anzahl von SSC sind nicht identifizierbar. Als wirtschaftliche Struktur kommen für SSC die **Ausprägungsformen** Cost-

Center, Revenue-Center, Profit-Center oder Investment-Center in Frage, die unterschiedliche Steuerungsdimensionen bedingen. In Bezug auf die institutionelle Gestaltungsform beschränken sich die Autoren dabei auf die Einordnung in das Konzerncontrolling.

Weiser et al. (2009)
In diesem Beitrag findet eine Betrachtung von SSC im Hinblick auf ihre unternehmenspraktische Ausgestaltung einerseits und auf Controlling-relevante Ansätze ihrer Steuerung andererseits statt. Die Erkenntnisse beruhen dabei auf einer empirischen Untersuchung von den nach Markenwert 100 größten deutschen Unternehmen, von denen 19 Teilnehmer Daten zu 35 SSC liefern konnten.

- **Ziele**: Überwiegend gelten Kostenbudgets mit 57 % der Nennungen als häufigste Zielgröße für SSC. An zweiter Stelle folgt der Economic Value Added (EVA®) mit 22 % der Nennungen. EBIT-bezogene Zielgrößen lassen mit 13 % der Nennungen auf eine nachrangige Bedeutung schließen. Mit jeweils 4 % der Nennungen sind KPIs und SLAs eher Randerscheinungen.
- **Funktionen und Aufgaben**: Hauptsächlich findet das SSC-Konzept im Rechnungswesen (37 %) Anwendung. Die Bereiche IT (17 %) und Personal (14 %) werden zwar ähnlich oft, aber absolut eher selten in SSC gebündelt. An vierter und fünfter Stelle mit 9 % bzw. 6 % der Nennungen folgen Einkauf und immobilienbezogene Funktionen. Sonstige Funktionen entsprechen 17 % der Nennungen.
- **Prozesse**: nicht thematisiert
- **Instrumente**: Lediglich finden sich hier Aussagen zu als Cost-Center-geführten SSC, bei denen sich in 93 % der Fälle zur Steuerung überwiegend qualitäts-, service- und leistungsbezogener Kennzahlen bedient wird. Die Kosteneinhaltung wird in 7 % der Fälle als Steuerungskennzahl genutzt.
- **Institutionalisierung**: Vorrangig adressieren SSC mit ihrer Leistungserbringung Grundeinheiten der Konzerne. 25 % der Leistungen von rund der Hälfte der SSC erbrachten Leistungen sind für die Unternehmenszentrale bestimmt. Nur ein Fünftel der SSC weist hier einen Anteil von ungefähr 75 % auf.

Fischer und Sterzenbach (2007)
Die Autoren präsentieren mit diesem Beitrag empirische Erkenntnisse zum Controlling von SSC. Dazu wurde ein Fragebogen an die 500 umsatzstärksten Unternehmen und an Unternehmen, die zwar im DAX, MDAX oder SDAX vertreten sind, jedoch das Umsatzkriterium nicht erfüllen, geschickt. Die Rücklaufquote von 9,2 % entspricht dabei 58 verwertbaren Fragebögen.

- **Ziele**: Im Rahmen der Ziele wurde zum einen die Relevanz im Unternehmen und zum anderen die Berücksichtigung im SSC-Controlling abgefragt. Hierbei zeigt sich, dass finanziellen Zielen die höchste Bedeutsamkeit im Unternehmen hinzukommt und diese zugleich überproportional stark im SSC-Controlling berücksichtigt werden. Kunden-, prozess- sowie mitarbeiter- und innovationsbezogene

Ziele weisen jeweils eine z. T. deutlich höhere Relevanz im Unternehmen als im SSC-Controlling auf. Mit Hinblick auf die Zielerreichung ist festzustellen, dass insbesondere finanzielle Ziele nicht im gewünschten Maße erreicht werden können.

- **Funktionen und Aufgaben**: Für in SSC auszugliedernde Funktionen oder Aufgaben finden sich keine Anhaltspunkte. Mit Hinblick auf ein SSC-Controlling konstatieren die Autoren, dass die Ausrichtung der SSC-Ziele auf das Gesamtziel des Unternehmens und die SSC-internen Aktivitäten zur Erreichung der SSC-Ziele zu koordinieren sind.
- **Prozesse**: nicht thematisiert
- **Instrumente**: Es zeigt sich, dass nur wenige Unternehmen insgesamt die abgefragten Instrumente nutzen, was sich an der höchsten Nutzungsrate von 18,2 % für das Instrument Budgetierung auf Unternehmensebene zeigt. Auf SSC-Ebene dominieren im Vergleich zur Anwendung auf Unternehmensebene die Instrumente Kapazitätsplanung, Qualitätscontrolling, Prozesskostenrechnung, weisen dabei jedoch mit Nutzungsraten zwischen rund 12 % und 14 % als gering einzustufende absolute Werte auf. Mit Hinblick auf wertorientierte Kennzahlensysteme ist feststellbar, dass diese primär sowohl auf Unternehmens- als auch auf SSC-Ebene Anwendung finden, dies jedoch nur in 12 % der Fälle vorliegt.
- **Institutionalisierung**: SSC werden überwiegend als Cost-Center (54,9 %) geführt. Das Profit-Center-Konzept belegt mit rund 30 % den zweiten Rang. Sonstige Varianten wie Revenue- und Investment-Center stellen realtypisch Ausnahmeerscheinungen dar. Überwiegend (71 %) berichten die SSC monatlich an die Unternehmensleitung.

Die Ergebnisse der wissenschaftsorientierten Beiträge sind in nachfolgender Abb. 4 dargestellt.

2.2.4 Überblick zu Studien von Professional Service Firms

Im Folgenden soll ein ergänzender Überblick über praxisorientierte Studien gegeben werden.

2011 Global Shared Services Survey Results – Deloitte (2011)

- **Ziele**: nicht thematisiert
- **Funktionen und Aufgaben**: Im Rahmen der wahrgenommenen Funktionen dominieren die Bereiche Finanzen (93 %) und Personal (60 %). Die Bereiche IT und Supply-Chain mit rund 50 % folgen. Funktionen aus dem Rechtsbereich bilden mit 20 % die letzte Position. SSC sind überwiegend (53 %) monofunktional. Mehr als drei Funktionen werden eher selten (17 %) in einem SSC gebündelt.
- **Prozesse**: nicht thematisiert
- **Instrumente**: nicht thematisiert
- **Institutionalisierung**: Die Mehrzahl der Unternehmen (55 %) haben höchstens zwei SSC. Mehr als 5 SSC (14 %) sind eher selten gegeben. Hierbei ist es nicht verwunderlich, dass umsatzstärkere Unternehmen die Tendenz nach mehr SSC

Ergebnisse/Beitrag	Ziele	Funktionen/Aufgaben	Prozesse	Instrumente	Institutionalisierung
Sterzenbach (2010)	wie Fischer/Sterzenbach (2007)	- Personal, Rechnungswesen und Finanzen als am häufigsten ausgelagerte Funktionen	-In 75% der SSC transformations- und transaktionsorientierung von Prozessen	wie Fischer/Sterzenbach (2007)	- Cost-Center-Prinzip am meisten verbreitet, gefolgt von Profit-Center-Prinzip - 2/3 der SSC mit eigener Controlling-Abteilung
Becker/Kunz/Mayer (2009)	- hohe Bedeutung von Kosten-, Prozess- u. Potentialzielen - Controllingziele zur Erfüllung des Wertschöpfungszwecks	- nur unternehmensspezifisch entscheidbar - Personal, Beschaffung, Auftragsabwicklung, Abschlusserstellung und IT als Spektrum - Lokomotions-, Abstimmungs- und Informationsfunktion als Controlling-Funktionen	-	- prozessorientierte Instrumente, SLAs, Kundenzufriedenheitsmessungen, wertorientierte Kennzahlensysteme, Benchmarking und Performance Measurement als Instrumente eines SSC-Controlling.	- Cost-, Revenue-, Profit- und Investmentcenter als Gestaltungsmöglichkeiten - SSC-Controlling im Konzerncontrolling verankert
Weiser/Balser/Wapple r (2009)	- Kostenbudgets dominante Zielgrößen, EVA nur zu rund 20%	- vorrangig Rechnungswesen - IT und Personal eher selten in SSC gebündelt	-	- Steuerung von Cost-Center-geführten SSC zum Großteil durch qualitäts-, service- und leistungsbezogene Kennzahlen	- primäre Leistungserbringung an Grundeinheiten der Konzerne - Leistungserbringung prozentual ausbaufähig
Fischer/Sterzenbach (2007)	- finanzielle Ziele höchste Relevanz und zugleich größte Berücksichtigung im SSC-Controlling - Erreichung finanzieller Ziele insbesondere bei Kostensenkungs-zielen deutlich ausbaufähig.	- keine Aussagen zur Funktionsübernahme durch SSC - Ausrichtung der SSC-Ziele sowie Koordination der SSC-Aktivitäten als Controlling-Funktionen	-	- insgesamt geringe Nutzungsquoten von Instrumenten sowohl auf SSC- als auch auf Unternehmensebene - auf SSC-Ebene dominieren Kapazitätsplanungen, Qualitätscontrolling und Prozesskostenrechnungen - Finanzkennzahlen als bedeutendste Steuerungskennzahlen, allerdings überwiegend nicht wertorientiert	- Cost-Center-Prinzip bei jedem zweiten SSC, Profit-Center-Prinzip bei rund 3 von 10 SSC - Reporting von SSC an die Unternehmensleitung überwiegend monatlich

Abb. 4 Übersicht der theoretischen Beiträge und ihre Erkenntnisse

aufweisen. Insgesamt sind bei 40 % der Unternehmen SSC seit mindestens fünf Jahren in Betrieb. Für SSC ist bei jedem zweiten Unternehmen mindestens ein Vice President in der Führungsverantwortung, der in rund 50 % der Fälle an den CFO oder CEO berichtet. 58 % der Unternehmen geben an, dass min. 75 % ihrer Business Unit durch SSC bedient werden. 15 % der Unternehmen haben SSC, die externe Aufträge annehmen.

Shared Service Center – The 2nd Generation – PWC (2008)
Diese Studie thematisiert die Entwicklung und Ausgestaltung von SSC in deutschen und österreichischen Unternehmen. Dazu wurde ein strukturierter Fragebogen an 44 Großunternehmen, die entweder im DAX30 oder im MDAX gelistet sind, verschickt. Mit den insgesamt von 24 Unternehmen (13 DAX30) rückläufigen Fragebögen repräsentiert die Stichprobe insgesamt mehr als 100 SSC.

- **Ziele**: Diese Studie untersuchte sowohl die Zielbedeutung vor als auch nach der Implementierung von SSC. Bei allen Zielen kann im Vergleich zum Zustand vor einer Implementierung entweder keine Änderung in der Bedeutung oder sogar

eine Bedeutungszunahme erkannt werden. Für besonders bedeutsam werden Erhöhungen in der Prozessqualität, gesteigerte Transparenz und Senkung von Stückkosten durch Effizienzgewinne befunden. Nachrangige Bedeutung kommt einer Kostensenkung durch Leistungsverzicht und die Generierung von Neugeschäft mittels des SSC hinzu.
- **Funktionen/Aufgaben**: Bei der Hälfte der Unternehmen sind circa 80 % der Funktionen des Finanz- u. Rechnungswesens in SSC verlagert.
- **Prozesse**: 92 % sehen deutliche Optimierungspotenziale in Bezug auf die Prozessstandardisierung. In einer Prozessautomatisierung sehen sogar 96 % aller Unternehmen ein hohes Optimierungspotenzial.
- **Instrumente**: Umfangreiche interne Kontrollsysteme (IKS) weisen lediglich 42 % der SSC auf, obwohl die Unternehmen mit einem IKS höhere Kosteneinsparungen realisieren konnten. Weiterhin werden sehr häufig (65 %) Benchmarking, Balanced Scorecard (38 %) und Management-Informations-Systeme (MIS) mit 45 % genutzt. SSC mit Benchmarking verfügen über eine höhere Kundenzufriedenheit.
- **Institutionalisierung**: Die Mehrheit der SSC wird als Cost-Center (71 %) geführt, obgleich die als Profit-Center geführten SSC einen größeren Wertbeitrag für das Unternehmen bedeuten, indem Sie höhere Kosteneinsparungen und höhere Produktivität aufweisen.

Shared Service Center Controlling – KPMG (2007)
Die SSC-Betrachtung wird um eine Controlling-Perspektive erweitert. Zur Zielerreichung wurde ein strukturierter Fragebogen an die 500 umsatzstärksten Unternehmen in Deutschland versandt, von denen 46 schlussendlich verwertet werden konnten, was einer Rücklaufquote von 9,2 % entspricht.

- **Ziele**: In dieser Studie wurden lediglich controllingbezogene Ziele erhoben. Bei der Zielbedeutung ist eine Dominanz finanzieller Ziele, bei denen primär Kostensenkungsziele im Vordergrund stehen, zu konstatieren, die unmittelbar von Prozesszielen gefolgt werden.
- **Funktionen/Aufgaben**: Die Ergebnisse zeigen, dass vorrangig Funktionen aus den Bereichen Personal, Rechnungswesen, Finanzen und interne Beschaffung in SSC transferiert worden sind. Hingegen werden die Bereiche Steuern, IT, Recht und Kundenservice selten in SSC abgewickelt.
- **Prozesse**: Im Kontext von Prozessen finden sich Erkenntnisse zur zeitlichen Dauer von Einführungsprozessen der SSC. Rund 70 % der befragten Unternehmen sind in der Lage, die Einführung von SSC innerhalb von einem Jahr abzuschließen. Insgesamt ist die Einführung von SSC an sich jedoch rückläufig, da Betriebszeiten von weniger als einem Jahr nur von knapp 8 % der Unternehmen angegeben wurden.
- **Instrumente**: Zunächst gebraucht die große Mehrheit der Unternehmen (90 %) Service-Level-Agreements (SLA). Weiterhin kommen zur Steuerung vorrangig finanzielle und prozessuale Kennzahlen zur Anwendung, wobei die finanzbezogene Kennzahlen überwiegend (61,8 %) nicht wertorientiert sind. Die genutzten

Instrumente des SSC-Controllings variieren in Abhängigkeit der organisatorischen Verankerung. Bei einem auf Unternehmensebene angesiedelten Controlling werden mehrheitlich die Instrumente Produktergebnisrechnung, Kunden-Controlling, Deckungsbeitragsrechnung und wertorientierte Kennzahlensysteme angewendet. Sofern das Controlling nur im SSC angesiedelt ist, werden vorrangig die Instrumente Kapazitätsplanung, Qualitätscontrolling und Prozesskostenrechnung genutzt. Im Falle eines Controllings sowohl auf Unternehmens- als auch auf SSC-Ebene dominieren die Instrumente Budgetierung, Benchmarking, Ergebnisrechnung und wertorientierte Kennzahlensysteme mit Angaben im Spektrum zwischen rund 12 % und 18 %.
- **Institutionalisierung**: Etwas mehr als die Hälfte der Unternehmen verfügt über 2–5 SSC. Mehr als 10 SSC stellen eher Randerscheinungen (3,2 %) dar. Rund 55 % der SSC werden in Form von Cost-Centern geführt und rund 30 % als Profit Center. Überwiegend werden SSC onshore, also in der Unternehmenszentrale (33,9 %) oder in der Geschäftsbereichszentrale (11,9 %) errichtet. Standorte im fernen Ausland (offshore) sind in rund 20 % der Fälle beobachtbar und damit etwas unbeliebter als Standorte im näheren Ausland.

Success through Shared Services – AT Kearney (2004)
Grundlage stellen 140 Interviews mit Direktoren oder höherrangigen Angestellten von Großunternehmen, mit einem Dollarumsatz von mehr als einer Milliarde aus den USA, Großbritannien, Deutschland und Frankreich dar.

- **Ziele**: In dieser Studie wurden keine Ziele, sondern Erwartungen durch SSC abgefragt. Vorrangig wurden hier Kostenreduktionen, Performanceverbesserungen und Produktivitätssteigerungen genannt. So erwarteten 85 % der Unternehmen eine Erfolgssteigerung.
- **Funktionen/Aufgaben**: Auch diese Studie spricht dafür, dass die Bereiche HR, IT und das Rechnungs-/Finanzwesen die beliebtesten Funktionen für SSC darstellen. Am Ende des Funktionsspektrums liegen die Bereiche Beschaffung und Recht.
- **Prozesse**: Im Vergleich zeigt sich, dass die Mehrzahl der europäischen Unternehmen (36 %) die Implementierung in weniger als einem Jahr abschließt, wohingegen dies nur 25 % der US-amerikanischen Unternehmen gelingt.
- **Instrumente**: nicht thematisiert
- **Institutionalisierung**: In den USA sind überwiegend C-Level-Manager (davon in der Hälfte der Fälle der CEO) für die SSC verantwortlich. In Europa ist dies die deutliche Minderheit. Hier dominieren Direktoren oder Manager.

Zentrale Ergebnisse der untersuchten Studien sind in nachfolgender Abbildung stichpunktartig zu Überblickszwecken zusammengefasst (Abb. 5).

Weiterhin soll eine Übersicht über den jeweiligen Controlling- und Wertschöpfungsbezug der einzelnen Beiträge in Bezug auf die Untersuchungskriterien gegeben werden (vgl. Abb. 6).

Ergebnisse/Studie	Ziele	Funktionen/Auf-gaben	Prozesse	Instrumente	Institutionalisierung
Deloitte (2011)	-	- meist monofunktional - Finanzen und Personal dominant	-	-	- Mehrzahl der UN mit max. 2 SSC- regelmäßig VP oder höherrangigem Manager unterstellt
PWC (2008)	- Qualitäts- und Kostensenkungsziele dominant	- Finanz- u. Rechnungswesen häufig in SSC verlagert	- deutliche Optimierungs-potentiale bei Prozess-standardisierung und -automatisierung	- SSC mit IKS realisieren höhere Kosteneinsparungen - häufige Nutzung von Benchmarking, BSC und MIS	- überwiegend als Cost-Center geführt - Profit-Center-geführte SSC jedoch mit höherem Wertbeitrag
KPMG (2007)	- Kostensenkungs- und Prozessziele dominant	- vorrangig Personal, Rechnungswesen, Finanzen und interne Beschaffung in SSC	- Implementierung von SSC meistens innerhalb eines Jahres abgeschlossen	- primär Finanz- und Prozesskennzahlen zur Steuerung - finanzielle Kennzahlen selten wertorientiert -geringe Anwendungsquoten von Instrumenten wie Ergebnis- u. Prozess-kostenrechnung	- Mehrzahl der UN zwischen 2-5 SSC - SSC überwiegend onshore angesiedelt - Cost-Center-Prinzip dominiert
AT Kearney(2004)	- Kostensenkungs- und Performance-ziele überwiegen	- Personal, IT sowie Finanz- u. Rechnungswesen beliebt -Personal in den USA beliebter als in Europa	- US-amerikanische UN benötigen für die Implementierung rund die doppelte Zeit	-	- SSC-Zuständigkeit in den USA sehr häufig bei der C-Level-Ebene - Verantwortung in Europa überwiegend bei Direktoren oder Managern

Abb. 5 Zusammenfassende Darstellung zentraler Ergebnisse

Zusammenfassend ist somit festzuhalten, dass von den wissenschaftsorientierten Beiträgen Becker et al. (2010) die stärkste **Wertschöpfungsorientierung** aufweist. Auffällig bedeckt zeigen sich die Beiträge mit Hinblick auf prozessuale und institutionelle Aspekte des Controllings, wohingegen instrumentelle Sachverhalte des Controlling überwiegend wertorientiert gesehen werden.

2.3 SSC-Controlling – Schlussfolgerungen

In mehreren Bereichen der „modernen" Unternehmensführung hat sich die Orientierung an **wert(schöpfungs) orientierten Maßgrößen** und somit auch an einer entsprechenden Führungsphilosophie etabliert. In der Folge ergibt sich auch für SSC die Anforderung, für sich genommen einen Beitrag zur Wertschöpfung zu leisten. Daraus lässt sich die Notwendigkeit eines wertschöpfungsorientierten Controlling von SSC in multinationalen Konzernen ableiten. Jedoch wurde diesbezüglich bereits festgestellt, dass zwischen einem Controlling von und einem Controlling in SSC differenziert werden muss (vgl. hierzu und im Folgenden Becker et al. 2010, S. 124 f.).

Einerseits bildet das **Controlling von SSC** den Anstoß für das **Controlling in SSC**. Andererseits ist ein Controlling von SSC nur möglich, wenn das Controlling in

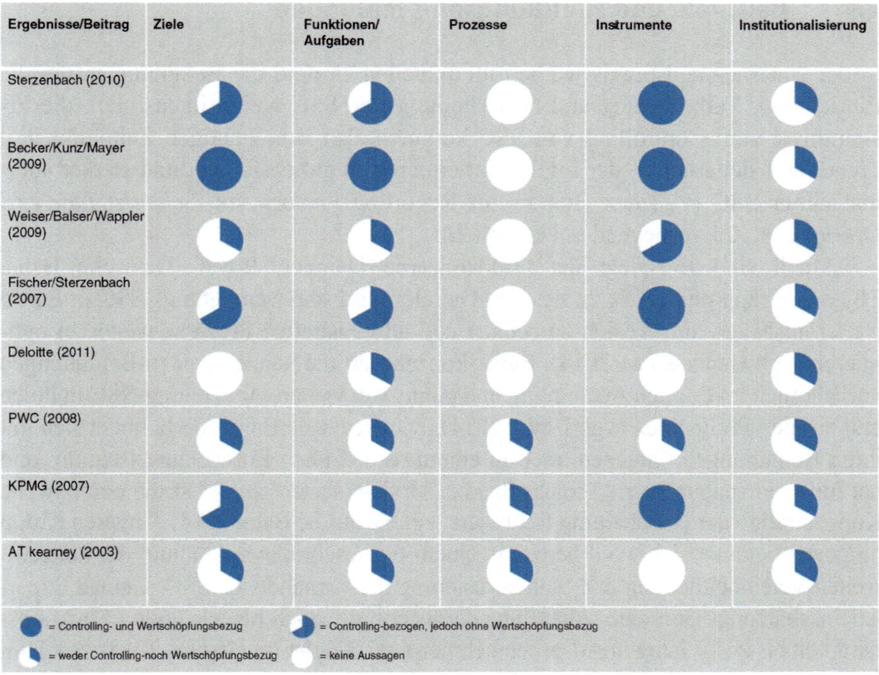

Abb. 6 Bewertung der vorhandenen Studien zum Controlling von/in SSC

SSC die entsprechende Führungsstruktur bereitstellt. Im Rahmen der **Abstimmungsfunktion** hat das wertschöpfungsorientierte Controlling die Abstimmung der Strategie, des Entscheidungsverhaltens, der Instrumente sowie des Kontrollsystems im SSC sowie mit dem Gesamtkonzern zu gewährleisten. Die **Informationsfunktion** beinhaltet insbesondere die Bereitstellung von steuerungsrelevanten Informationen für die Center- und Konzernleitung. Die **Lokomotionsfunktion** umfasst schließlich das Ausrichten des SSC auf die Wertschöpfung durch die Formulierung und Umsetzung entsprechender Strategien. Um die **wertorientierte Steuerung** von SSC zu gewährleisten, ist die Einbettung der entsprechenden Steuerungsinstrumente in eine ganzheitliche, wertschöpfungsorientierte Controlling-Konzeption notwendig. Die Auswahl eines geeigneten Controllinginstrumentariums wird darüber hinaus von der Organisation des Controllings und der konkreten Ausgestaltung der bereits genannten Funktionen direkt beeinflusst.

Die **Literaturanalyse** von wissenschaftlichen Beiträgen und Praxisstudien hat zwei Dinge deutlich gezeigt: Zum einen erreichen viele SSC nicht die mit ihnen meist verbundenen, hoch gesteckten **Kosten- und Rentabilitätsziele**. Zum anderen fehlt den Unternehmen jedoch gerade jenes **Instrumentarium**, das im Sinne eines ganzheitlichen Performance Measurement and Management zur Etablierung einer wertschöpfungsorientierten Controlling-Konzeption von und für SSC notwendig ist.

2.4 Beispiele und Handlungsempfehlungen

In der Unternehmenspraxis werden im aktuellen Umfeld die Bemühungen um die Einrichtung, Verbesserung und Neuerfindung von SSC weiter intensiviert, die Erkenntnisse zum Controlling von SSC kommen also zum richtigen Zeitpunkt. Ein Trend liegt sicherlich in der Implementierung multidimensionaler und stärker automatisierter SSC (vgl. den Beitrag zur Reporting Factory von *Schmitz*/ *Lawrenz*/ *Drerup* et al. im vorliegenden Handbuch).

Aktuell sind Beispiele der Großkonzerne Daimler, Bayer, Deutsche Bahn, Thyssen-Krupp und E.ON zu nennen. Daimler wird sein Verwaltungs-SSC in Berlin weiter ausbauen, um Kosten zu senken und administrative Prozesse weiter zu optimieren (vgl. Handelsblatt 2014). Bayer konzentriert die konzernweiten Bemühungen vornehmlich im Bereich Accounting und plant zwei weitere Accounting-SSC in Polen und auf den Philippinen (vgl. Bayer 2014). Die Deutsche Bahn AG befindet sich mit ihren Bemühungen hingegen noch in einem recht frühen Entwicklungsstadium und hat mit dem sogenannten „Projekt Shared Service Center" zunächst die europaweite Konzentration der Buchhaltung fokussiert (vgl. Deutsche Bahn 2014). Thyssen Krupp hingegen befindet sich wohl bereits in einem fortgeschrittenen Stadium der konzernweiten Vereinheitlichung und Standardisierung der vorhandenen SSC. Gemäß Experteneinschätzung kann eine solche Standardisierung jedoch bis zur vollen Funktionsfähigkeit bis zu 10 Jahre in Anspruch nehmen (vgl. Kögler und Paulus 2014). Auch im E.ON-Konzern werden bereits seit längerem SSC-Anstrengungen unternommen, dort unter dem Stichwort „Business Service Centers (BSCs)". Schon 2012 begann die Konzernführung, administrative Prozesse wie HR und Accounting im Rahmen des Projekts E.ON 2.0 zusammenzulegen (vgl. E.ON 2012). SSC sind im Übrigen nicht nur ein Thema für (börsennotierte) Großkonzerne: Auch wenn die Diskussion von Skalen- und Synergieeffekten eine gewisse Betriebsgröße voraussetzt, hat sich in den letzten Jahren vermehrt auch der sogenannte große oder gehobene Mittelstand zunehmend mit SSC auseinandergesetzt (vgl. Kapp 2014).

Im Rahmen der Unterscheidung der Wertsteigerungspotenziale von SSC ist zwischen eher kostenorientierten Effekten (z. B. Skaleneffekte) und eher leistungs- und somit erlössteigernden Effekten (z. B. Verbundeffekte) zu unterscheiden. In diesem Kontext ist schlank nicht immer gleich besser, so dass Unternehmen langfristig planen sollten, ob und inwieweit für bestimmte Services a) ein Mindest-Serviceniveau erhalten bleiben muss und b) welche Folgen aus der Schaffung eines SSC resultieren. Mit einem umfassenden SSC-Controlling sollten derartige Vorab-Einschätzungen dann auch simultan überwacht und entsprechende Schlüsse aus etwaigen Abweichungen gezogen werden.

3 Zusammenfassung und Ausblick

Im vorliegenden Beitrag wurden Stand und Entwicklungsperspektiven zum Controlling von SSC zusammengefasst. Interessant erscheint die Tatsache, dass seit dem Erscheinen der ersten Auflage des Handbuchs kaum neue Literatur zu SSC hinzugekommen ist, v. a. nicht im Kontext der Controlling-Aktivitäten von SSC. Hier besteht also weiterhin Forschungs- und Beratungsbedarf. Wie die formalisierte Analyse von wissenschaftlicher Literatur und Praxispublikationen gezeigt hat, haben die bisherigen Veröffentlichungen kaum bis keinen Controlling-Gehalt. Insofern ist davon auszugehen, dass die Implementierung von SSC in der Unternehmenspraxis zwar bereits einen relativ hohen Reifegrad erreicht hat, dass andererseits jedoch bisher spezifische Controlling-Methoden, -Instrumente und -Werkzeuge für SSC fehlen.

In vielen Publikationen und Praxisbeiträgen wird von Notwendigkeit von Ist-Analysen und Soll-Ist-Vergleichen zu Kostenhöhe und Serviceniveau in SSC gesprochen, ohne konkrete Handlungsempfehlungen abzuleiten oder die Controlling-Spezifika weiter auszuführen. Eine sinnvolle Steuerung von SSC-Aktivitäten könnte bspw. über (wertorientierte) Spitzenkennzahlen wie den EVA™ erfolgen; im Optimalfall sollten derartige Wertkennzahlen dann in ein unternehmensweites Steuerungssystem auf Basis von Balanced Scorecards (BSC) oder ähnlichen Instrumenten eingebettet sein, um eine konzerninterne Vergleichbarkeit des durch SSC geschaffenen Mehrwerts zu ermöglichen.

Literatur

Bayer Business Services. (2014). EuroServices – Accounting Center für den Bayer-Konzern. https://business-services.bayer.de/de/unternehmen/tochtergesellschaften/euroservices/index.php. Zugegriffen am 22.04.2015.

Becker, W. (1999). Begriff und Funktionen des Controlling. *Bamberger Betriebswirtschaftliche Beiträge*, Nr.106, Überarbeiteter Nachdruck. Otto-Friedrich-Universität Bamberg.

Becker, W., Kunz, C., & Mayer, B. (2010). *Shared Service Center, Konzeption und Implementierung in internationalen Unternehmen*. Stuttgart: Kohlhammer.

Becker, W., Ulrich, P., & Eggeling, H. (2013). Wertschöpfungsorientiertes Controlling von Shared Service Centern – Status Quo und Empfehlungen. *Controlling- Zeitschrift für erfolgsorientierte Unternehmenssteuerung, 25*(7), 352–359.

Behme, W., & Roth, A. (1997). Organisation und Steuerung von dezentralen Einheiten. In A. Roth & W. Behme (Hrsg.), *Organisation und Steuerung von dezentralen Einheiten: Konzepte – Instrumente – Erfahrungsberichte* (S. 17–39). Wiesbaden: Gabler.

Deloitte. (2011). Global shared services survey results.

Deutsche Bahn AG. (2014). Großer Erfolg des Europäischen Betriebsrats. http://www1.deutschebahn.com/ewc-de/start/allgm_informationen/aktuelles/7262434/ebr_sitzung_20052014.html?start=0. Zugegriffen am 22.04.2015.

E.ON. (2012). E.ON to bundle support functions into new units. http://www.eon.com/en/media/news/press-releases/2012/5/24/e-on-to-bundle-support-functions-into-new-units.html. Zugegriffen am 22.04.2015.

Fischer, T. M., & Sterzenbach, S. (2007). Shared Service Center-Controlling – Ergebnisse einer empirischen Studie in deutschen Unternehmen. *Controlling, 19*, 463–472.

Handelsblatt. (2014). Daimler verlagert Jobs nach Berlin.

Kagelmann, U. (2001). *Shared Services als alternative Organisationsform. Am Beispiel der Finanzfunktion im multinationalen Konzern*. Wiesbaden: Gabler.

Kapp, S. (2014). Shared Service Center erreichen großen Mittelstand. http://www.finance-magazin.de/strategie-effizienz/kosteneffizienz/shared-service-center-erreichen-grossen-mittelstand/. Zugegriffen am 17.04.2014.

Kearney, A. T. (2004). *Success through shared services*. Chicago: Illinois.

Klingebiel, N., & Andreas, J. (2006). Outsourcingvarianten im Rechnungswesen. *Zeitschrift für Controlling & Management, 50*(1), 36–42.

Kögler, A., & S. Paulus. (2014). Shared Service Center werden multifunktional. http://www.finance-magazin.de/strategie-effizienz/kosteneffizienz/shared-service-center-werden-multifunktional/. Zugegriffen am 14.07.2014.

KPMG. (2007). Shared Service Center Controlling – Ergebnisse einer empirischen Untersuchung. http://www.kpmg.de/docs/Shared_Service_Center_Controlling.pdf. Zugegriffen am 22.04.2015.

PriceWaterhouseCoopers. (2008). *Shared service center – The 2nd generation*. Stuttgart.

Schewe, G., & Kett, I. (2007). Maßgeschneidert – Die unternehmensspezifische Situation und ihr Einfluss auf die „richtige" Form des Outsourcing. *Zeitschrift Führung & Organisation, 76*, 138–145.

Schultze, W., & Hirsch, C. (2015). *Unternehmenswertsteigerung durch wertorientiertes Controlling*. München: Vahlen.

Sterzenbach, S. (2010). *Shared Service Center-Controlling: Theoretische Ausgestaltung und empirische Befunde in deutschen Unternehmen*. Aachen: Lang.

Weiser, C., Balser, L., & Wappler, M. (2009). Controlling von Shared Services Centern. *Zeitschrift für Controlling und Management, 53*(3), 187–192.

Wißkirchen, F. (1999). *Outsourcing – Projekte erfolgreich realisieren*. Stuttgart: Schäffer Pöschel.

Zukunftsorientierung in der Unternehmensbewertung

Stefan Behringer

Zusammenfassung

Herrschende Meinung in der Lehre der Unternehmensbewertung ist, dass sich der Wert eines Unternehmens nach zukünftigen Erfolgen bemisst. Der vorliegende Beitrag geht aus von der Berücksichtigung der Zukunft in den verschiedenen Bewertungsverfahren. Ertragswertverfahren und Discounted Cash-flow Verfahren werden als adäquat angesehen, um die Zukunft in die Bewertung zu integrieren. Im Folgenden werden dann die Bedeutung von Zähler und Nenner dieser Verfahren – Einzahlungsüberschuss und Diskontierungsfaktor – besprochen. Die ausgewählten Verfahren gehen von einer unendlichen Lebensdauer des Unternehmens aus. Welche Bedeutung diese in der fernen Zukunft liegenden Perioden rechnerisch und wirtschaftlich haben, wird im Anschluss diskutiert. Abschließend werden Praxishinweise zum Umgang mit der Zukunftsorientierung gegeben.

Schlüsselwörter

Unternehmensbewertung · Zukunftserfolgsverfahren · Prognose · Bewertungsverfahren · Ewige Rente

1 Einleitung

Der IDW S 1 „Grundsätze zur Durchführung von Unternehmensbewertungen" konstatiert, dass das „Kernproblem einer jeden Unternehmensbewertung … die Prognose der finanziellen Überschüsse …" (IDW S1, Tz. 68) ist. Ausgangspunkt dabei ist, dass wertrelevant allein künftig erzielbare Überschüsse des Unternehmens sind, die für eine Ausschüttung an die Anteilseigner potentiell zur Verfügung stehen.

S. Behringer (✉)
IFZ Institut für Finanzdienstleistungen Zug, Hochschule Luzern, Rotkreuz, Schweiz
E-Mail: stefan.behringer@hslu.ch

W. Becker, P. Ulrich (Hrsg.), *Handbuch Controlling*,
https://doi.org/10.1007/978-3-658-26431-4_43

Wertvoll wird ein Unternehmen nur dadurch, dass es etwas zur Bedürfnisbefriedigung eines Individuums beiträgt (vgl. Gibbons 1984, S. 622).

Dieser Gedanke wurde schon lange in der Wirtschaftspraxis angewendet, auch wenn es bis heute Autoren gibt, die es verstörend finden, wenn der Unternehmenswert aus künftigen Erträgen eines Unternehmens und damit naturgemäß auf unsicherer Grundlage abgeleitet wird. Zukunftsgerichtete Bewertungen werden schon von Kameralwissenschaftlern des 18. Jahrhunderts empfohlen. So zitiert Schneider (Schneider 1987, S. 333) den königlich-preußischen Hofgerichtsrat Christoph Hermann Schweder aus Hinterpommern, der 1716 zukunftsgerichtete Bewertungsverfahren für die Bewertung von Landgütern in seinem Werk „Gründliche Nachricht von Gericht- und aussergerichtlicher Anschlagung der Güther nach dem jährlichen Abnutz“ beschrieb.

Eine Prognose durchzuführen ist notwendig, um einen aussagekräftigen Wert zu erhalten. Einige Autoren sind der Ansicht, dass dieses Vorgehen zu scheingenauen Werten führt (vgl. Barthel 2010, S. 2242). Dass ein anderes, vergangenheits- oder gegenwartsbezogenes Vorgehen leicht zu unsinnigen Werten führen kann, sei an einem einfachen Beispiel demonstriert (vgl. Behringer 2001, S. 720): Man stelle sich eine Goldmine vor, die bisher sehr ertragreich war, wo das Erzvorkommen aber kurz vor der Erschöpfung steht. Eine Bewertung auf Basis der derzeitigen oder vergangenen Erfolge würde eine klare Fehlbewertung darstellen, da davon auszugehen ist, dass künftig keine Gewinne mehr gemacht werden können. Schmalenbach hat das mit dem Satz: „Der Kaufmann gibt auf das Gewesene nichts“ (Schmalenbach 1917/1918, S. 11) zusammengefasst und damit ein geflügeltes Wort unter Betriebswirten geschaffen.

Im Folgenden soll diskutiert werden, wie sich die Zukunftsorientierung in der Unternehmensbewertung ausdrückt. Dazu wird zunächst ein Überblick über Methoden der Unternehmensbewertung gegeben und die Methoden ausgewählt, die die notwendige Zukunftsorientierung der Unternehmensbewertung am besten abbilden. Innerhalb dieser Methoden wird dann untersucht, welchen Einfluss Variationen der Ertragsgröße und des Kalkulationszinsfußes auf den errechneten Unternehmenswert haben. Anschließend wird dargestellt, welche Bedeutung die Diskussion um die Ertragsgröße im Vergleich zum Kapitalisierungsfaktor in wissenschaftlicher und praxisorientierter Literatur hat. Der fünfte Abschnitt befasst sich mit den besonderen Problemen der sehr weit in der Zukunft liegenden Phasen. Im letzten Teil werden dann die Implikationen der Zukunftsorientierung für Bewertungsgutachten in der Praxis diskutiert.

2 Methoden der Unternehmensbewertung

2.1 Methodenüberblick

Grundsätzlich können vier verschiedene Arten von Bewertungsverfahren unterschieden werden: Verfahren, die die einzelnen Vermögensgegenstände abzüglich der Schulden als Unternehmenswert ansetzen (Substanzwertverfahren), Multiplikatorverfahren, die einen Unternehmenswert aus anderen Unternehmenstransaktionen ableiten, die am Markt vollzogen worden sind, Zukunftserfolgsverfahren, bei denen eine Gewinngröße auf ihren Gegenwartswert diskontiert wird und Optionspreisverfahren, die analog zur Bewertungslehre für derivative Finanzinstrumente einen Unternehmenswert ermitteln:

- **Substanzwertverfahren** (vgl. Matschke und Börsel 2013, S. 315 ff.): Ausgangspunkt der Wertermittlung ist das Inventar des Unternehmens. Die einzelnen Vermögensgegenstände werden mit ihren Zeitwerten (Substanzwert zu Zerschlagungswerten) oder mit ihren Wiederbeschaffungswerten (Substanzwert zu Reproduktionswerten) bewertet. Problematisch bei diesem Verfahren ist, dass Synergieeffekte nicht berücksichtigt werden. Das Unternehmen ist im Regelfall mehr wert als die Summe seiner Teile, da die Kompetenzen der Mitarbeiter und andere immaterielle Vermögensgegenstände wie Marken, technologisches know-how etc. nicht in dem Inventar berücksichtigt sind. In einer elaborierteren Ausgestaltung kann der Substanzwert aber auch diejenigen Vermögensgegenstände umfassen, die nicht Bestandteil des Inventars, aber sehr wohl wertrelevant sind. Dann verliert der Substanzwert aber seinen größten Vorteil: Er ist mit geringem Aufwand auf sicherer Basis (dem Inventar) zu ermitteln.
- **Multiplikatorverfahren** (vgl. Krolle et al. 2005): Bei dieser Verfahrensgruppe werden betriebswirtschaftliche Kennzahlen (wie Umsatz, Gewinn, EBIT o. ä.) mit einem Faktor, der einen Marktwert darstellt und sich im Zeitablauf ändert, multipliziert. Diese Verfahren sind sehr hilfreich, um sich einem tatsächlich am Markt realisierbaren Preis anzunähern. Für die Beratungsfunktion der Unternehmensbewertung, in der ein individueller Grenzpreis für einen Entscheidungsträger ermittelt werden soll, taugen sie allerdings nicht, da keine individuellen Werte ermittelt werden sondern Marktwerte. Die Multiplikatoren haben in der Praxis eine überragende Bedeutung als Benchmark in Preisverhandlungen. Verkaufswillige Unternehmer reden sehr häufig über den von ihnen angestrebten Multiplikator und konfrontieren ihre beauftragten Gutachter damit. Allerdings wäre eine Bewertung, die allein auf der Bewertung mit einem Multiplikator beruht, nicht adäquat. Problematisch bei den Multiplikatorverfahren ist zudem die Datenermittlung, sei es bei börsennotierten Unternehmen, die wesensverschieden von nicht notierten Unternehmen sind oder vorhergehenden Unternehmenstransaktionen, bei denen die wahren Werte nicht immer offengelegt werden.
- **Zukunftserfolgswertverfahren:**[1] Eine Überschussgröße, normalerweise die Einzahlungsüberschüsse des Unternehmens, werden auf ihren Gegenwartswert diskontiert. Diskontierungsfaktor können dabei die Opportunitätskosten, also die beste Alternative, die durch die Unternehmenstransaktion verdrängt wird, sein (Ertragswertverfahren, vgl. Behringer 2012, S. 117 ff.). Vereinfachend wird beim Ertragswertverfahren auf die Verzinsung einer langlaufenden Staatsanleihe zurückgegriffen, die um einen Risikozuschlag erhöht wird, der das höhere Risiko des

[1]Der Begriff geht zurück auf Busse von Colbe, W.: Der Zukunftserfolg, Wiesbaden 1957.

Unternehmens im Vergleich zur relativ sicheren Staatsanleihe ausdrückt. Als zweite Alternative können als Diskontierungsfaktor die gewichteten Kapitalkosten des Bewertungsobjekts angesetzt werden. Dazu werden die Fremdkapitalkosten aus den tatsächlich zu veranschlagenden Sollzinssätzen des Unternehmens gewonnen. Die Eigenkapitalkosten werden aus den Modellen der Kapitalmarkttheorie (insbesondere dem CAPM) abgeleitet. Die so gewonnenen Kapitalkosten werden mit ihren Anteilen an dem Gesamtkapital des Unternehmens gewichtet (Discounted Cash-flow Verfahren, vgl. Ballwieser und Hachmeister 2016, S. 140 ff.).

- **Optionspreisverfahren:** Auf die Theorie zur Bewertung derivativer Finanzinstrumente greift der Ansatz der Optionspreisverfahren der Unternehmensbewertung zurück. Mit dem Rückgriff auf die Optionspreistheorie kann der Tatsache Rechnung getragen werden, dass durch die Übernahme eines Unternehmens tatsächliche Handlungsmöglichkeiten erst entstehen (sogenannte Realoptionen), z. B. die Erschließung neuer Märkte oder Innovationen in neue Produkte. Diese Handlungsmöglichkeiten werden in diesem Verfahren mit bewertet. Damit ergibt sich die Möglichkeit, unternehmerische Flexibilität in das Bewertungskalkül zu integrieren (vgl. Adams und Rudolf 2013, S. 359). Diese Verfahrensgruppe hat sich in der Praxis noch nicht durchgesetzt, da Optionspreisbewertungen mit vergleichsweise komplexen mathematischen Prozessen verbunden sind.

Bezüglich ihres Zukunftsbezugs kann man die Verfahrensgruppen differenzieren. Die Substanzwertverfahren sind tendenziell vergangenheitsorientiert. Sie gehen vom Inventar und damit von historischen Anschaffungskosten, die um Abschreibungen, die die Abnutzung der Vermögensgegenstände berücksichtigen sollen, vermindert sind, aus.[2] Damit werden vergangene Wertansätze bestimmend für den Unternehmenswert. Das Multiplikatorverfahren kann man als gegenwartsorientiert kennzeichnen. Ausgangspunkt ist ein Marktwert, der sich in dem Multiplikator ausdrückt. Dieser ist momentan gegeben. Neue Transaktionen können ihn obsolet machen. Insofern kann ein Multiplikator nur ganz kurzfristig ein wertrelevantes Argument bieten. Multiplikatoren haben aber eine überragende Bedeutung in der Praxis, wenn es darum geht einen realisierbaren Wert (Preis) für das Unternehmen festzulegen. Die tatsächliche Bedeutung der Multiplikatoren ist aber flüchtig und die Werte volatil. So werden diese Verfahren auch als „quick and dirty method of valuation" (Benninga und Sarig 1997, S. 330) bezeichnet. Bei den Zukunftserfolgsverfahren deutet der Name bereits auf die Zukunftsorientierung hin. Bei ihnen sind zukünftige Erfolge wertrelevant, die mit einem Kapitalisierungszinsfuß auf ihren Gegenwartswert diskontiert werden. Kritiker dieser Methoden bemängeln, dass die so gewonnene Zukunftsorientierung im Wesentlichen eine Fortschreibung des status quo mit Trendentwicklungen ist (vgl. Kuhner und Maltry 2017, S. 212). Wesentliche Veränderungen des Umfelds, die insbesondere

[2] In einer anderen Abgrenzung wird der Substanzwert aber auch als Reproduktionswert verstanden. Dann sind die Wiederbeschaffungskosten der Substanz entscheidungsrelevant. Vgl. zu dieser Konzeption grundlegend Sieben, G.: Der Substanzwert der Unternehmung, Wiesbaden 1963.

durch die Übernahme des Unternehmens selbst entstehen, können durch die Optionspreisverfahren berücksichtigt werden. Diese Methoden können insofern als am stärksten zukunftsorientiert gekennzeichnet werden.

2.2 Bedeutung der Methoden

Herrschende Meinung in Theorie und Praxis ist, dass die Zukunftserfolgswertverfahren zur Bewertung von Unternehmen angewendet werden sollten. Dies zeigt sich u. a. in dem Standard der deutschen Wirtschaftsprüfer zur Unternehmensbewertung, in dem die beiden Varianten der Zukunftserfolgsverfahren – Ertragswertverfahren und Discounted Cash-flow Verfahren – verankert sind (IDW S 1). Diese Ansicht wird auch von der weit überwiegend herrschenden Meinung in der Literatur geteilt (vgl. exemplarisch Wöhe 2016, S. 512 ff.).

Empirische Untersuchungen zeigen, dass auch die Praxis dieser Ansicht ganz überwiegend folgt. Eine empirische Untersuchung unter den 400 größten börsennotierten Unternehmen in Deutschland zeigt eine weit überwiegende Dominanz des Discounted Cash-flow Verfahrens und des Ertragswertverfahrens (vgl. Lorenz 2009, S. 12 ff.). Eine Umfrage unter Unternehmensberatungsgesellschaften und Wirtschaftsprüfungsgesellschaften, sowie anderen mit Unternehmensbewertungen betrauten Gesellschaften zeigt ebenfalls eine weit verbreitete Anwendung der zukunftsorientierten Bewertungsverfahren. Sie zeigt aber auch eine starke Verbreitung der Multiplikatorverfahren (vgl. Henselmann und Barth 2009, S. 21 ff.). Diese Aussagen werden auch durch andere empirische Untersuchungen gestützt, die weit überwiegend eine Dominanz der Zukunftserfolgsverfahren zeigen (vgl. die Übersicht bei Behringer 2012, S. 233 ff.).

3 Zukunftsorientierung der Zahlungsüberschüsse in den Zukunftserfolgsverfahren

3.1 Rechnerische Bedeutung der Zahlungsüberschüsse

Die Prognose der Zahlungsüberschüsse hat sowohl inhaltlich als auch rechnerisch eine überragende Bedeutung für die Unternehmensbewertung. Die Güte der zugrundeliegenden Prognose macht die Güte der Bewertung aus. Geht man von konstanten künftigen Einzahlungsüberschüssen aus, so kann man die Ertragswertformel vereinfachend in Form der kaufmännischen Kapitalisierungsformel schreiben (vgl. zur Ableitung Behringer 2020, S. 227):

$$W = \frac{E}{i}$$

Dabei symbolisiert W den Unternehmenswert, E die Einzahlungsüberschüsse und i den Kalkulationszinsfuß.

Tab. 1 zeigt die Effekte, die eine Variation der Einzahlungsüberschüsse (Cash-flows) in Höhe von 10.000 Euro auf den Unternehmenswert nach der kaufmännischen Kapitalisierungsformel hat. In Spalte 1 sind die ursprünglich prognostizierten Cash-flows dargestellt. In Spalte 2 werden die Unternehmenswerte mit einem Kapitalisierungszinssatz von 10 % berechnet. In Spalte 3 wird der ursprünglich prognostizierte jährliche Einzahlungsüberschuss um 10.000 Euro variiert. Spalte 4 rechnet den Unternehmenswert mit diesem leicht veränderten Cash-flow aus. Es zeigt sich, dass je geringer der Cash-flow ist, desto stärker ist die prozentuale Auswirkung einer Variation von 10.000 Euro. Damit ist die Bedeutung einer Abweichung bei den prognostizierten Cash-flows bei kleineren Unternehmen relativ bedeutender als bei größeren Unternehmen.

Mathematisch spielt es dabei keine Rolle, dass der Barwert von Cash-flows gespeist werden, die im aktuellen Jahr fließen oder von solchen, die in 500 Jahren zur Auszahlung kommen. Für den Investor bedeutet dies jedoch einen bedeutenden tatsächlichen Unterschied. Aus diesen mathematischen Wahrheiten wird von einigen Autoren der Schluss gezogen, dass eine Bewertung mit Zukunftserfolgsverfahren scheingenau wäre (vgl. Barthel 2010, S. 2242). Diese Autoren reihen sich in eine prominente Tradition ein. Die ersten Autoren, die die praktische Anwendung von Zukunftserfolgsverfahren in der Industrie propagierten warnten davor, dass eine Vorausschau von mehr als drei oder maximal 10 Jahren aus praktischen Gründen „äußerst gefährlich sein kann" (Wellington 1888, S. 80). In den 30er-Jahren entspann sich in der britischen Zeitschrift The Accountant eine heftige Diskussion zwischen zwei Dozenten der London School of Economics, die zum Teil in einem harschen unakademischen Ton geführt wurde, in der insbesondere auch die Zukunftsorientierung von Investitionsrechenverfahren als „sheer insanity" bezeichnet wurde (vgl. Miller 1991, S. 741).

Angesichts der Irrelevanz von anderen Verfahren werden solche Aussagen heute nur noch vereinzelt getätigt. Der Gutachter einer Unternehmensbewertung sollte

Tab. 1 Prozentuale und absolute Änderung des Unternehmenswertes bei einer Variation des prognostizierten Cash-flows um 10.000 Euro (Barthel 2010, S. 2242)

Cash-flow in Euro	Unternehmens-wert (i = 10 %)	Cash-flow Variation in Euro	Unternehmens-wert (Variation) (i = 10 %)	Δ Unternehmenswert in Euro	in %
−10.000	−100.000	−20.000	−200.000	−100.000	100 %
1000	10.000	−9000	−90.000	−100.000	−1000 %
10.000	100.000	0	0	−100.000	−100 %
100.000	1.000.000	90.000	900.000	−100.000	−10 %
1.000.000	10.000.000	990.000	9.900.000	−100.000	−1 %
10.000.000	100.000.000	9.990.000	99.900.000	−100.000	−0,1 %
100.000.000	1.000.000.000	99.990.000	999.900.000	−100.000	−0,01 %
1.000.000.000	10.000.000.000	999.990.000	9.999.900.000	−100.000	0,00 %

allerdings der Cash-flow Prognose besondere Aufmerksamkeit schenken und seine Annahmen und Vorgehensweise genau dokumentieren.

Tab. 1 zeigt ganz deutlich, dass bereits kleinere Variationen der prognostizierten Einzahlungsüberschüsse zu größeren Abweichungen bei den Unternehmenswerten führen. Mithin ist darauf zu achten, dass die Prognose möglichst präzise durchgeführt wird. Dabei wird der Unterschied zur unwissenschaftlichen Prognose, die nicht adäquat für die Unternehmensbewertung ist, durch die verwendete Methode gemacht. Es müssen alle Annahmen und Verfahren, die angewendet werden, dokumentiert werden. Ob die Prognose letztendlich mit der künftigen Wirklichkeit übereinstimmt, kann nicht das Kriterium für die Güte der Prognose sein. Hervorragende Prognosen von Experten, die mit viel Mühe und anerkannten Methoden abgeleitet worden sind, können sich als unzutreffend erweisen, da das Grundproblem – die Ungewissheit der Zukunft – bleibt. Auf der anderen Seite können Prognosen von Scharlatanen zufällig eintreffen (vgl. Bretzke 1975, S. 498).

3.2 Relevanz in der wissenschaftlichen Diskussion

Im Folgenden wird explorativ untersucht, inwiefern sich die Literatur zur Unternehmensbewertung mit den beiden Grundelementen des Ertragswertverfahrens, den Einzahlungsüberschüssen (dem Zähler der kaufmännischen Kapitalisierungsformel) und dem Kapitalisierungszinsfuß (dem Nenner der kaufmännischen Kapitalisierungsformel) widmet.

Ein Blick in die gängigen Lehrbücher zur Unternehmensbewertung legt eine größere Bedeutung des Kapitalisierungszinsfußes nahe. Dabei lässt sich die Analyse exakt nur bei solchen Lehrbüchern durchführen, die in ihrer Gliederung die Struktur der kaufmännischen Kapitalisierungsformel nachbilden. So umfasst das Kapitel zur Ertragsprognose im Lehrbuch von Ballwieser/Hachmeister 15 Seiten während die Ableitung des Kapitalisierungszinsfußes auf 50 Seiten abgehandelt wird (vgl. Ballwieser und Hachmeister 2016). Ähnlich ist das Verhältnis im Lehrbuch von Kuhner und Maltry (Kuhner und Maltry 2017): Das Kapitel zur Schätzung der Zählergröße umfasst 34 Seiten während die Nennergröße in zwei Kapiteln über 151 Seiten ausgeführt wird. In die gleiche Richtung läuft eine Stichwortsuche in der deutschsprachigen Literaturdatenbank WISO, die bei den Stichworten „Ertragsprognose Unternehmensbewertung" 80 Treffer findet, bei der Stichwortsuche „Kapitalisierung Unternehmensbewertung" 228 Treffer in den Kategorien Fachzeitschriften und eBooks (Stand: 1. September 2021). Natürlich können diese Ergebnisse nur einen Trend darstellen und sind nicht mehr als eine Indikation auf die tatsächliche Bedeutung dieser beiden Bereiche für die wissenschaftliche Literatur zur Unternehmensbewertung. Diese indikativen Befunde zeigen aber eine Tendenz auf, dass der Kapitalisierungszinsfuß in der wissenschaftlichen Diskussion einen größeren Raum einnimmt als die Ertragsprognose.

4 Zukunftsorientierung des Kalkulationszinsfußes in den Zukunftserfolgsverfahren

4.1 Bedeutung des Kalkulationszinsfußes für die Zukunftsorientierung

Die Diskontierung der Einzahlungsüberschüsse mit einem Kalkulationszinsfuß hat als eine Aufgabe, zukünftige Zahlungen mit heutigen vergleichbar zu machen. Die heutige Einzahlung ist mehr wert, da sie sofort in Konsum umgesetzt werden könnte oder alternativ verzinst angelegt werden könnte (bei Negativzinsen gilt diese eigentlich als unumstößlich angesehene Logik allerdings nicht mehr). Bei zukünftigen Einzahlungen bestehen diese Möglichkeiten nicht – sowohl eine sofortige Umsetzung in Konsum scheidet aus, sowie eine verzinste Anlage des Betrages. Damit hat der Kalkulationszinsfuß in dieser Bedeutung einen ganz wesentlichen Anteil an der Zukunftsorientierung der Zukunftserfolgswertverfahren. In der zweiten Aufgabe des Kalkulationszinsfußes spiegeln sich die Wesensunterschiede zwischen Ertragswert- und DCF-Verfahren. Im Ertragswertverfahren wird der Kalkulationszinsfuß als optimale Alternative des Entscheidungsträgers zur Unternehmenstransaktion gewonnen. Im DCF Verfahren wird der Kalkulationszinsfuß dahingehend als gewichteter Kapitalkostensatz des zu bewertenden Unternehmens gewonnen, wobei die Eigenkapitalkosten theoretisch zukunftsorientiert in der Praxis meist gegenwartsorientiert gestützt auf die Kapitalmarkttheorie gewonnen werden.

4.2 Relevanz in der wissenschaftlichen Diskussion

Von besonderer Bedeutung ist der Kalkulationszinsfuß in der wissenschaftlichen Diskussion. In Abschn. 3.2 wurden die Beispiele aus Lehrbüchern und Literaturdatenbanken genannt. Im Folgenden wird untersucht, worin diese indikativen Befunde begründet sein können.

Einen besonderen Schub hat die Auseinandersetzung mit dem Kapitalisierungszinsfuß durch das Vordringen der ursprünglich aus den USA stammenden Discounted Cash-flow Verfahren erhalten. Zwar suggerieren die Namen, dass der Unterschied zwischen Ertrags- und DCF-Verfahren in der Zählergröße liegt. Bei beiden Verfahren werden jedoch Einzahlungsüberschüsse auf ihren Gegenwartswert diskontiert (Schildbach 1998, S. 309). Der Unterschied zwischen den Verfahren ergibt sich aus dem verwendeten Diskontierungsfaktor. Bei dem Ertragswertverfahren wird ein Faktor verwendet, der individuell ermittelt wird und die Verzinsung der optimalen Alternative zur Unternehmenstransaktion ausdrücken soll (vgl. Löhr 1994, S. 332). Marktwertorientiert wird demgegenüber die Ableitung des Diskontierungsfaktors aus den Modellen der Kapitalmarkttheorie, insbesondere des Capital Asset Pricing Models (CAPM) vorgenommen. Bei dieser Vorgehensweise ergibt sich im Modell rechnerisch ein Kapitalisierungszinsfuß, der einen objektiven Eindruck erweckt. Allerdings wird diese scheinbare Objektivität erkauft durch vier zumindest zweifelhafte Sachverhalte:

1) Es gibt erhebliche Einwände gegen die empirische Validität des CAPM (vgl. zur Übersicht Behringer 2020, S. 262 ff.). Diese Einwände werden in der Praxis häufig leichtfertig vom Tisch gewischt. Da es keinen anderen Weg der Bemessung eines risikoadäquaten Zinsfußes gibt, wird dieser als fragwürdig erkannte Weg einfach als Surrogat verwendet (vgl. Schneider 1998, S. 1477).
2) Alle praktischen Anwendungen des DCF Verfahrens extrapolieren die Daten der Vergangenheit, mit der sich die modellhafte Ableitung eines Diskontierungsfaktors durchführen lässt, in die Zukunft. Die Rechnung ist nur dann so bestechend einfach, wenn sich die Verhältnisse des Unternehmens und des Kapitalmarkts in keiner Weise ändern (vgl. Dörschell et al. 2008, S. 1154). Zudem setzt sich diese Ableitung dem Vorwurf des induktiven Fehlschlusses aus, da vergangene Entwicklungen einfach auf die Zukunft übertragen werden.
3) Für den weit überwiegenden Teil der deutschen Unternehmen lassen sich die Daten nicht ermitteln, da sie nicht an der Börse notiert sind. Vergleichswerte – wie sie in der Praxis häufig eingesetzt werden – sind aber wenig aussagekräftig, da man davon ausgehen kann, dass börsennotierte und nicht-börsennotierte kleine und mittlere Unternehmen wesensverschieden sind (vgl. Behringer 2012, S. 38 ff.).
4) Das CAPM ist ein Modell, das den Kapitalmarkt im Gleichgewicht beschreibt. Ein Marktgleichgewicht entsteht dann, wenn es keine weiteren Transaktionen mehr gibt. Dies bedeutet auch, dass es in dieser Modellwelt keine Unternehmenstransaktionen mehr geben darf. Ein Einsatz des Verfahrens zur Bewertung von Unternehmen zum Zwecke der Mergers & Acquisitions wird daher zumindest fragwürdig.

Erklärbar ist die besondere Auseinandersetzung mit dem Kalkulationszinsfuß, die sich sowohl in der wissenschaftlichen Literatur, der Rechtsprechung (vgl. Ballwieser und Hachmeister 2016, S. 130 ff.) und der praktischen Unternehmensbewertung zeigt, mit dem besser greifbaren und mathematisch ableitbaren modellbasierten Aussagen, die sowohl dem Wissenschaftler als auch dem Praktiker mehr Sicherheit geben. Allerdings zeigt ein Blick in die Prämissen und auch Zielsetzungen der Modelle (insbesondere des CAPM), dass bei diesem Vorgehen „die Algebra […] nur der Tarnung dient" (Forster 1997, S. 99). Die besondere Wertschätzung, die diese Methoden in Theorie und Praxis genießen, kann man nur mit einer langen Tradition begründen, in der rationale Wissenschaft mit der Anwendung von mathematischen Methoden und Modellen gleichgesetzt wird (vgl. Schneider 2009, S. 10). Die betriebswirtschaftliche Theorie kann in dieser Modellwelt elegant den Kalkulationszinsfuß darstellen. Exakt bedeutet hier, dass auch Dezimalstellen ausgewiesen werden. Bei der Ableitung der Einzahlungsüberschüsse ist dies nicht so elegant möglich, da die Unsicherheit hier immer eine nicht bestreitbare Rolle spielt, da man explizit zukünftige Ereignisse vorhersehen muss. Die scheinbare Eleganz kann man aber mit dem Satz des britischen Philosophen und Mathematikers Bertrand Russell entlarven, nach dem „[…]; man Mathematik als den Gegenstand definieren [kann], bei dem wir niemals wissen, worüber wir reden, noch ob das, was wir sagen, wahr sei" (Russell 1952, S. 77).

Praktisch verführt die mathematische Exaktheit dazu, Werte bis auf Centbeträge genau auszurechnen. Dies suggeriert dem Leser eine abwegige Genauigkeit, die angesichts der dargestellten Probleme nicht realistisch ist.

5 Die fernere Zukunft: Unendliche Probleme mit der Unendlichkeit

Die Unternehmensbewertung mit den Zukunftserfolgsverfahren wendet meist einen Kunstgriff an, um die Berechnung zu vereinfachen: Sie geht von einer unendlichen Lebensdauer der Unternehmen aus. Diesem Vorgehen wiederspricht die Lebenserfahrung, dass Unternehmen in der Regel liquidiert, insolvent oder schlicht und einfach aufgegeben werden, z. B. bei einem Generationswechsel. Begründen lässt sich dieses Vorgehen, wenn die Eigentumsrechte an dem Unternehmen weiter verwertet werden durch einen Verkauf und das Unternehmen nur seine rechtliche (und eventuell personelle) Identität wechselt. Dies scheint weltweit der Regelfall zu sein, da die meisten Staaten eine Insolvenzrate von unter 2 % im Jahresdurchschnitt (erhoben in den 90er-Jahren) hatten (vgl. Claessens und Klapper 2005, S. 262). Damit können die Unternehmen im Regelfall auch tatsächlich langfristig (wenn auch nicht unendlich) finanzielle Überschüsse erbringen. Wird das Unternehmen z. B. verkauft materialisieren sich die Überschüsse in den Verkaufserlösen, deren zugrundeliegende Bewertung wiederum mit einem Zukunftserfolgsverfahren ermittelt werden muss.

5.1 Rechnerische Bedeutung der ferner in der Zukunft liegenden Phasen

Ab einer gewissen Entfernung vom heutigen Datum sind Prognosen über den zukünftigen Erfolg eines Unternehmens nicht mehr sinnvoll durchführbar. Allerdings hat die ewige Rente, die die in der fernen Zukunft liegenden Perioden berücksichtigt, eine große rechnerische Bedeutung für den zu ermittelnden Unternehmenswert. Das Institut der Wirtschaftsprüfer spricht in seinem Standard von einer Detailplanungsphase von drei bis fünf Jahren (IDW S1). Im sechsten Jahr beginnt dann die ewige Rente. Formal stellt sich dies für das Ertragswertverfahren wie folgt dar:

$$W = \sum_{t=1}^{m} \frac{E_t}{(1+i)^t} + \frac{E_{m+1}}{i \cdot (1+i)^{m+1}}$$

Dabei sind:

t = Periodenindex
m = Dauer der Detailplanungsphase

Aufgrund des Diskontierungseffekts erhalten zukünftige Perioden mathematisch ein geringeres Gewicht. Allerdings darf man trotzdem den Einfluss der weiter entfernt liegenden Perioden nicht unterschätzen. Mit Hilfe der folgenden Formel lässt sich die Bedeutung B der ewigen Rente für den gesamten Unternehmenswert ermitteln (vgl. Harrer 1956, S. 310):

$$B = \frac{1}{(1+i)^{m+1}}$$

Folgt man der Empfehlung des IDW und lässt die Detailplanungsphase bis zum Jahr 5 laufen, so ergeben sich folgenden Bedeutungen der ewigen Rente für den gesamten Unternehmenswert je nach Zinssatz:

Zinssatz	Bedeutung der ewigen Rente für den Unternehmenswert
2 %	88,8 %
4 %	79,0 %
6 %	70,5 %
8 %	63,0 %
10 %	56,4 %
12 %	50,7 %
14 %	45,6 %

Mit steigendem Zinssatz erhöht sich der Diskontierungseffekt und fernere Perioden erhalten ein niedrigeres Gewicht. Genauso hätte eine Verlängerung des Detailplanungszeitraums einen Bedeutungsverlust der ewigen Rente für den gesamten Unternehmenswert zur Folge.

Man kann an oben stehender Tabelle gut erkennen, dass man die ferner liegenden Perioden nicht als geringwertig ansehen darf. Insbesondere bei den derzeit niedrigen Zinsen ist der Wertanteil bei mehr als der Hälfte des gesamten Unternehmenswerts. Während die Wirkung der Variation des Kalkulationszinsfußes unmittelbar aus der Tabelle ersichtlich ist, soll im Folgenden auf die Probleme bei der Bemessung der in die ewige Rente eingehenden Einzahlungsüberschüsse eingegangen werden.

5.2 Bemessung der in ferner Zukunft anfallenden Einzahlungsüberschüsse

Das im IDW Standard 1 favorisierte Verfahren sieht vor, dass der Einzahlungsüberschuss, der für die letzte Phase des Detailplanungszeitraums geplant wurde, in der ewigen Rente fortgeschrieben wird. Dies führt zu der unrealistischen Annahme, dass die zukünftigen Ergebnisse konstant sind. Man geht davon aus, dass das Unternehmen keine Veränderungen an dem Geschäftsmodell vornehmen wird, mithin in einem eingeschwungenen Zustand ist (vgl. Laun und Mölls 2019, S. 532). Dies wird damit begründet, dass so weit in der Zukunft liegende Phasen nur schwer planbar sind und diese Planungen auch nicht mit vertretbarem Aufwand erstellt werden können. Allein durch die Inflation werden sich aber die Einzahlungsüberschüsse nominal verändern müssen. Im IDW Standard 1 geht man davon aus, dass alle internen Optimierungen der Unternehmensprozesse bereits in der Detailplanung berücksichtigt sind. In der anschliessenden ewigen Rente müssen die aus diesen Optimierungsmassnahmen resultierenden Trends nur noch auf ihre Nachhaltigkeit hin überprüft werden (vgl. Muschallik 2019, S. 49). Dies wird in den Zukunftserfolgsverfahren durch einen Wachstumsabschlag zum Kalkulationszinsfuß berücksichtigt. Dies ist eigentlich nicht konsequent, da der Wachstumsabschlag gedanklich zu den Einzahlungsüberschüssen im Zähler gehört, praktisch aber im Nenner berücksichtigt wird (vgl. Bark 2013, S. 134). Des Weiteren müssen Zahlungen zur Sicherung der Nachhaltigkeit z. B. für Investitionen in neue Maschinen und Anlagen berücksichtigt werden. Wie diese Sicherungen zur Substanzerhaltung genau in die ewige Rente integriert werden können, ist allerdings nicht klar.

Theoretisch fundiert wird die Berücksichtigung des Wachstumsabschlags durch das Gordon/Shapiro Wachstumsmodell (vgl. Gordon und Shapiro 1956; Gordon 1959, 1982; Spremann und Ernst 2011, S. 43 ff.). Dieses Modell befasst sich mit einem Aktionär, der passiv an einem zu bewertenden Unternehmen beteiligt ist und, da das Bewertungsobjekt eine Kapitalgesellschaft ist, keine zusätzlichen Lasten aus Nachschussverpflichtungen hat. Annahmegemäß erhält der Aktionär Dividenden über eine unendliche Zeit. Diese Dividenden sind die einzigen Erträge, die der Aktionär erhält. Weiterhin wird von sicheren Erwartungen ausgegangen. Des Weiteren wächst die Dividende gleichförmig, die Wachstumsrate bleibt also konstant bis zur Unendlichkeit. Damit lässt sich die bereits oben erwähnte kaufmännische Kapitalisierungsformel anwenden, die auch von konstanten Einzahlungsüberschüssen ausgeht, wobei g für die Wachstumsrate steht:

$$W = \frac{E}{i - g}$$

Man kann erkennen, dass die Wachstumsrate dabei in einem Intervall zwischen -1 und dem Kapitalisierungszins liegen muss. Wäre die Wachstumsrate größer oder gleich dem Kalkulationszinsfuß so würde der Unternehmenswert gegen unendlich streben. Sind die Wachstumsraten im genannten Intervall, ergibt sich, dass Unternehmenswerte dann besonders hoch werden, wenn die Wachstumsrate nahe an den Kalkulationszinsfuß herankommt. Wie im vorigen Kapitel gezeigt, sind diese in der fernen Zukunft liegenden Perioden jedoch außerordentlich wertrelevant. Damit besteht die praktische Gefahr durch Überschätzen der künftigen Wachstumsaussichten den Unternehmenswert zu überziehen. Dies ist ein auch in der Investitionsplanung bekanntes Problem, das gemeinhin als „hockey-stick Effekt" bezeichnet wird (vgl. Behringer 2018, S. 152). Dieses Phänomen ist empirisch in vielen Untersuchungen belegt. In einer Meta-Studie kommt Linder zu dem Ergebnis, dass bei Investitionsprojekten eine mangelnde Prognosequalität angenommen werden kann, wobei die betrachteten Studien den Schluss zulassen, dass die Abweichung häufig optimistischer Natur ist (vgl. Linder 2004, S. 54). Wird die Planung auf einen bestimmten Detailplanungszeitraum begrenzt, wie es der IDW S 1 vorsieht, so zeigt sich dieses Phänomen schon im letzten Jahr der Detailplanung, dessen Ergebnis perpetuiert wird. Insbesondere bei Start-up Unternehmen oder Unternehmen mit veränderter Geschäftsstrategie gibt es diesen Effekt, da es wenige verlässliche Vergangenheitsdaten gibt, auf denen eine Prognose aufbauen kann. In jedem Fall muss die Planung der letzten Periode besonders genau vorgenommen werden, so müssen Sondereffekte und nicht für ewig fortzuschreibende Effekte für die ewige Rente wieder aus dem Einzahlungsüberschuss der letzten Detailplanungsperiode eliminiert werden. In jedem Fall ist unbegrenztes Wachstum nicht realistisch allein wegen des Effekts der immer größer werdenden Basis (vgl. Achleitner 2001, S. 927).

Der Wachstumsabschlag drückt aus, dass die Erfolge des Unternehmens künftig mit einer konstanten Rate wachsen werden. Ausgangspunkt dieser Überlegungen ist die prognostizierte Inflationsrate. Um zu einem unternehmensindividuell sinnvollen Wachstumsabschlag zu gelangen, ist es aber notwendig, zu prüfen, inwieweit ein Unternehmen kostenseitige Inflationswirkungen überhaupt an seine Kunden überwälzen kann (vgl. Ruthardt und Hachmeister 2014, S. 197). In der Bewertungspraxis wird häufig auf die Studie von Widmann et al. (2003, S. 800 ff.) verwiesen, die untersucht hat, wie sich die Unternehmensgewinne zwischen 1971 und 2001 durchschnittlich entwickelten. Dabei wurde der Jahresabschlusspool der Deutschen Bundesbank als Datenbasis benutzt, man hat also mit aggregierten Daten gearbeitet. Sie kam zu einem durchschnittlichen Gewinnwachstum von 1,4 % p.a. bei einer durchschnittlichen Inflation im gleichen Zeitraum von 3,1 %. Damit erweist sich, dass Unternehmensgewinne weniger stark steigen als die Inflation. Dieser Effekt bleibt auch dann bestehen, wenn man die Daten auf einzelne Konjunkturzyklen beschränkt (vgl. Widmann et al. 2003, S. 809). Die in dieser Studie verwendeten Daten sind dazu noch leicht verzerrt, da Unternehmen, die aus dem Markt ausgeschieden sind, in dieser Stichprobe nicht enthalten waren und damit das Gewinnwachstum überschätzt wurde (survivorship bias, vgl. Weber 2008, S. 98 ff.). Allerdings muss darauf hingewiesen werden, dass die Untersuchung aufgrund ihrer Datenbasis stark kritisiert wird (vgl. Knoll et al. 2009, S. 12 ff.). Knoll et al. (2009) kommen in ihrer Auswertung auf eine Wachstumsrate von 6,5 %, Basis ist hier das Jahrbuch des Statistischen Bundesamts. Werden einzelne Unternehmen untersucht, so ergeben sich ebenfalls je nach Datenbasis, Zeitraum und betrachteter Region (vgl. Laun und Mölls 2019, S. 536) sehr unterschiedliche Wachstumsraten. Je nach verwendeter Kennzahl und Branche haben Laun und Mölls (2019, S. 543 ff.) Wachstumsraten zwischen 5 und 12 % ermittelt.

Aus der zitierten empirischen Untersuchung von Widmann et al. ergibt sich eine Wachstumsrate, die unter der Inflationsrate liegt, was letztlich eine dauerhafte (da in die Unendlichkeit perpetuierte) reale Schrumpfung des Unternehmens bedeutet. Grund dafür ist, dass das Unternehmen die Inflation auf den Faktormärkten nur teilweise an ihre Kunden überwälzen kann. Dieser Effekt kann auch auf die Vorgabe des IDW zurückgeführt werden, dass in einer Unternehmensbewertung nur die vorhandene Ertragskraft bewertet werden darf und noch nicht hinreichend konkretisierte Maßnahmen nicht berücksichtigt werden sollen (vgl. Schüler und Lampenius 2007, S. 233). In der Konsequenz werden die Wachstumsraten in der fernen Zukunft negativ und letztlich auch die Cash-flows, da ein Teil der Preiserhöhung bei den

Produktionsfaktoren direkt den Gewinn mindert. Schüler und Lampenius (2007, S. 237) haben für eine Überwälzungsmöglichkeit von 95 % der inflationsbedingten Kostensteigerung auf Faktormärkten errechnet, dass das nominale Wachstum nach rund 82 Jahren negativ wird und die Cash-flows absolut nach rund 107 Jahren negativ werden.

Damit zeigt sich, dass Unternehmen über kurz oder lang zwangsläufig in die Insolvenz rutschen müssen, da dauerhaft Verluste gemacht werden. Dies deckt sich mit der wirtschaftshistorischen Forschung, nach denen auch sehr großen Unternehmen nur eine begrenzte Lebenszeit beschieden ist. In einer klassischen Untersuchung haben Collins und Preston die größten US-amerikanischen Unternehmen von 1909 über die folgenden 50 Jahre verfolgt (vgl. Collins und Preston 1961, S. 986 ff.). Nur 36 der 100 größten amerikanischen Unternehmen von 1909 fanden sich auch 1958 auf der Liste. Von den 10 größten amerikanischen Unternehmen von 1909 existierten nur noch drei im Jahr 1987 (vgl. Scherer und Ross 1990, S. 68 f.). Eigene Recherchen über die zehn größten Unternehmen der USA von 1909 zeigen, dass United States Steel (1909 das größte Unternehmen) noch existiert, Exxon (hat seine Wurzel in dem damals auf Nr. 2 stehenden Unternehmen Standard Oil of New Jersey) ist heute das größte Unternehmen der USA und das zweitgrößte der Welt (gemessen am Umsatz). Das dritte noch im Jahr 1987 existierende Unternehmen American Tobacco wurde 1994 an die britische British American Tobacco verkauft, die einst selbst eine Tochtergesellschaft von American Tobacco war. Insofern existieren nur noch zwei der zehn größten amerikanischen Unternehmen von 1909, was zu den vorherigen Überlegungen passt.

Auf der anderen Seite zeigt sich, dass auch nur eines der genannten Unternehmen vollständig aufhörte zu existieren. United States Leather war 1909 auf Platz 7 und wurde 1953 liquidiert. Bei allen anderen Unternehmen wurde durch Fusion, Verkauf oder anderen Folgemaßnahmen eine Fortführung des Geschäfts erreicht (vgl. Scherer und Ross 1990, S. 67 ff.). Dies lässt die Rechnung mit einer ewigen Rente sehr wohl begründet erscheinen, da das Ertragspotential des ursprünglichen Unternehmens weitergenutzt wird. Dies sind zwar nur explorative Studien, die so wahrscheinlich nicht auf kleinere personenorientierte Unternehmen übertragbar sind, aber auch hier wird sich jeder Unternehmenseigner zumindest um eine Folgeverwertung bemühen. In eventuellen Verkaufserlösen spiegeln sich diese künftigen Einzahlungsüberschüsse wieder, was eine Berücksichtigung der ewigen Rente rechtfertigt.

Um die Problematik, der aus dem Markt ausscheidenden Unternehmen in dem Kalkül der ertragswertorientierten Unternehmensbewertung zu berücksichtigen, hat Shaffer (2006) das Gordon Modell um die Berücksichtigung von Ausfallrisiken erweitert. Bezeichnet p die Wahrscheinlichkeit, dass das Unternehmen insolvent wird und damit die jährlich zu zahlende Dividende ausfällt, so kann man das Modell von Gordon wie folgt umformulieren:

$$W = \frac{E \cdot (1 - p)}{i + p - g \cdot (1 - p)}$$

Auch dieses Modell lässt sich so umformulieren, dass jährlich sich ändernde Wahrscheinlichkeiten für eine Insolvenz des Unternehmens berücksichtigt werden. Mit dieser Formel kann die Lebenserfahrung, dass Unternehmen auch wieder verschwinden, in ein handhabbares Kalkül integriert werden. Mit dieser Variante des Gordon Wachstumsmodells ergibt sich auch die Möglichkeit, ein eventuelles Scheitern – dessen Wahrscheinlichkeit ja vergleichsweise hoch ist – in das Kalkül einzubeziehen.

6 Praktische Hinweise zum Umgang mit der Zukunftsorientierung in der Unternehmensbewertung

Die folgenden Thesen fassen die vorherigen Ausführungen zusammen und geben praktische Hinweise zum Umgang mit den aus der Zukunftsorientierung der Unternehmensbewertung erwachsenen Probleme:

(1) Eine sinnvolle betriebswirtschaftliche Bewertung muss zwangsläufig zukunftsorientierte Zahlungsüberschüsse zugrunde legen. Eine vergangenheitsorientierte Sichtweise würde zu unsinnigen Werten führen, auch wenn diese scheinbar sicherer sind. Daraus folgt für den Bewertungsgutachter zwangsläufig ein Prognoseproblem. Darauf sind die Bewertungsadressaten hinzuweisen. Der Bewertungsadressat muss auch darauf hingewiesen werden, dass eine gute Prognose methodisch korrekt sein muss, um betriebswirtschaftlich adäquat zu sein. Auch eine korrekte Prognose kann aber sehr wohl von der später eintretenden Realität abweichen, z. B. weil sich Annahmen ändern oder unvorhergesehene Ereignisse eintreten.

(2) Zukunftserfolgsverfahren (Ertragswertverfahren und DCF Verfahren) sind zukunftsbezogen und können daher grundsätzlich für betriebswirtschaftliche Bewertungen eingesetzt werden. Optionspreisverfahren sind noch stärker zukunftsorientiert, da sie die Möglichkeit bieten, Handlungsalternativen in das Bewertungskalkül zu integrieren. Allerdings sind diese Verfahren sehr komplex und erklärungsbedürftig und finden daher praktisch nur geringe Resonanz. Bewertungsgutachter sollten sich an die auch vom IDW favorisierten Verfahren (DCF und Ertragswertverfahren) halten.

(3) Rechnerisch lässt sich ermitteln, dass insbesondere bei absolut kleinen Beiträgen bereits kleine Änderungen bei den prognostizierten Einzahlungsüberschüssen zu erheblichen Variationen des Unternehmenswertes führen. Für den Bewertungsgutachter bedeutet dies, dass die Prognose der Einzahlungsüberschüsse im Detail zu belegen ist und die Herleitung der unterstellten Werte genau beschrieben werden muss. Bei kleinen Unternehmen ist dies wichtiger als bei großen. Hierdurch entsteht ein praktisches Dilemma, was letztlich nicht zu lösen ist: Der Zeitrahmen für die Erstellung von Gutachten für Kleinunternehmen ist geringer als bei Großunternehmen, der Aufwand ist allerdings meistens höher (auch weil häufig Controllingdaten fehlen).

(4) Diese praktische Bedeutung der Einzahlungsüberschüsse ist nicht unbedingt konform zu der Beachtung in der wissenschaftlichen Diskussion, in der die Auseinandersetzung mit dem Kalkulationszinsfuß mehr Beachtung bekommt. Für das Bewertungsgutachten ist i. d. R. die Ableitung eines Kalkulationszinsfußes besser zu belegen, da es mehrere anerkannte Verfahren gibt, die angewendet werden können bzw. zumindest zur Plausibilisierung des gewählten Diskontierungsfaktors eingesetzt werden können. Für den Bewertungsgutachter bedeutet dies aber auch, dass bei der Ableitung des Diskontierungsfaktors methodische Unsauberkeiten stärker angegriffen werden können. Dies und die ebenfalls große rechnerische Bedeutung von Variationen im Kalkulationszinsfuß verbieten eine Vernachlässigung der Ableitung des Kalkulationszinsfußes.
(5) Die ewige Rente hat – abhängig vom Zinssatz – einen enormen Einfluss auf den gesamten Unternehmenswert. Insbesondere bei den derzeit niedrigen Marktzinsen repräsentiert die ewige Rente meist deutlich mehr als die Hälfte des gesamten Unternehmenswerts. Nach der vom IDW vorgeschlagenen Vorgehensweise wird der Einzahlungsüberschuss der letzten Detailplanungsphase fortgeschrieben. Damit verbietet sich eine einfache rechnerische Ableitung dieses letzten Wertes der Detailplanungsphase. Diesem muss in jedem Bewertungsgutachten besondere Aufmerksamkeit geschenkt werden. Auch hier muss das Bewertungsgutachten Aufschluss geben und deutlich dem Bewertungsadressaten, die mit der ewigen Rente verbundenen Probleme, erklären. Auch in der Praxis sollte die Insolvenzwahrscheinlichkeit von Unternehmen, die man praktisch beobachten kann, berücksichtigt werden.
(6) Der IDW Standard 1 sieht den Ansatz eines Wachstumsabschlags in der ewigen Rente vor. Dieser soll der Tatsache Rechnung tragen, dass die Unternehmen aufgrund von Inflation und deren Überwälzungsmöglichkeit an den Endkunden keine konstanten Einzahlungsüberschüsse erzielen wird. Problematisch ist zum einen, dass empirische Untersuchungen meist ergeben, dass Unternehmen langfristig Gewinnzuwächse unterhalb der Inflationsrate erzielen. Dies ergibt rechnerisch ein schrumpfendes Unternehmen, das irgendwann Verluste erzielt und damit zwangsläufig insolvent wird. Historische Untersuchungen zeigen, dass die meisten Unternehmen tatsächlich von der Bildfläche verschwinden. Allerdings finden die Unternehmen oder ihre Aktiva meist eine Anschlussverwendung, weil sie in anderen Unternehmen aufgehen. Damit ergeben sich zwei praktische Konsequenzen: Zum einen muss der Wachstumsabschlag mit Bedacht gewählt werden. In ihm steckt mehr betriebswirtschaftliche Bedeutung als Gutachter ihm zumessen, wenn sie ihn einfach „greifen“. Dies wird noch durch den erheblichen rechnerischen Hebel verstärkt, der sich aus dem Ansatz eines Wachstumsabschlags ergibt. Zum anderen gibt die Erkenntnis, dass die allermeisten Unternehmen in der einen oder anderen Form weiterexistieren, auch eine praktisch bedeutsame Begründung für den Ansatz der ewigen Rente. Die weit in der Zukunft liegenden Einzahlungsüberschüsse materialisieren sich in Verkaufserlösen für das Unternehmen bzw. seiner Assets, die das Ertragspotential, das nach IDW S 1 Grundlage der Bewertung sein soll, darstellen.

Literatur

Achleitner, A.-K. (2001). Start-up-Unternehmen: Bewertung mit der Venture Capital Methode. *BB, 56*, 927–933.

Adams, M., & Rudolf, M. (2013). Unternehmensbewertung auf Basis von Realoptionen. In U. Schacht & M. Fackler (Hrsg.), *Praxishandbuch Unternehmensbewertung* (S. 359–381). Wiesbaden: Springer Gabler.

Ballwieser, W., & Hachmeister, D. (2016). *Unternehmensbewertung* (5. Aufl.). Stuttgart: Schäffer-Poeschel.

Bark, C. (2013). *Der Kapitalisierungszinssatz in der Unternehmensbewertung*. Wiesbaden: Springer.

Barthel, C. W. (2010). Unternehmenswert: Das Problem der Scheingenauigkeit. *DB, 63*, 2236–2242.

Behringer, S. (2001). Das Ertragswertverfahren zur Bewertung von kleinen Unternehmen. *DStR, 39*, 719–724.

Behringer, S. (2012). *Unternehmensbewertung der Mittel- und Kleinbetriebe* (5. Aufl.). Berlin: Erich Schmidt.

Behringer, S. (2018). *Konzerncontrolling* (3. Aufl.). Wiesbaden: Springer als Verlag.

Behringer, S. (2020). *Unternehmenstransaktionen* (2. Aufl.). Berlin: Erich Schmidt.

Benninga, S., & Sarig, S. (1997). *Corporate finance: A valuation approach*. New York: McGraw-Hill.

Bretzke, W.-R. (1975). Möglichkeiten und Grenzen einer wissenschaftlichen Lösung praktischer Prognoseprobleme. *BFuP, 27*, 496–515.

Busse von Colbe, W. (1957). *Der Zukunftserfolg*. Wiesbaden: Gabler.

Claessens, S., & Klapper, L. F. (2005). Bankruptcy around the World: Explanations of its relevant use. *American Law and Economics Review, 7*, 253–283.

Collins, N. R., & Preston, L. E. (1961). The size structure of the largest industrial firms, 1909–1958. *The American Economic Review, 51*(5), 986–1011.

Dörschell, A., et al. (2008). Ableitung CAPM-basierter Risikozuschläge bei der Unternehmensbewertung. *WPg, 61*, 1152–1162.

Forster, K. H. (1997). Zur angemessenen Barabfindung (§ 305 AktG). In Geburtstag (Hrsg.), *Festschrift für Carsten Peter Clausen zum 70* (S. 91–101). Köln: Carl Heymanns.

Gibbons, J. E. (1984). The fear of forecasting. *The Appraisal Journal, 52*, 616–623.

Gordon, M. J. (1959). Dividends, earnings, and stock prices. *Review of Economics and Statistics, 41*, 99–105.

Gordon, M. J. (1982). The investment, financing and valuation of the coproration. Reprint Westpoint, Original 1962: E. D. Irwin.

Gordon, M. J., & Shapiro, E. (1956). Capital equipment analysis: the required rate of profit. *Management Science, 3*, 102–110.

Harrer, H. (1956). Der Unsicherheitsmoment beim Ertragswert – Versuch einer rechnerischen Abgrenzung. *DB, 9*, 310.

Henselmann, K., & Barth, T. (2009). *Unternehmensbewertung in Deutschland*. Norderstedt: Books on Demand.

Knoll, L., Lobe, S., & Tartler, T. (2009). Langfristiges Ergebniswachstum: Was sagt die Empirie? *Bewertungspraktiker, 1*, 12–19.

Krolle, S., Schmitt, G., & Schwetzler, B. (2005). *Multiplikatorverfahren in der Unternehmensbewertung*. Stuttgart: Schäffer-Poeschel.

Kuhner, C., & Maltry, H. (2017). *Unternehmensbewertung* (2. Aufl.). Berlin: Springer.

Laun, S., & Mölls, S. H. (2019). Abbildung von Wachstum in Unternehmensbewertungskalkülen – Theorie und Empirie. *BFuP, 5*, 529–549.

Linder, S. (2004). Wie (un)zuverlässing sind Investitionsplanungen? *Controlling und Mangement, Sonderheft, 1*, 47–57.

Löhr, D. (1994). *Die Grenzen des Ertragswertverfahrens*. Frankfurt: Peter Lang.

Lorenz, M. (2009). *Unternehmensbewertungsverfahren*. Wiesbaden: Springer.

Matschke, M. J., & Börsel, G. (2013). *Unternehmensbewertung* (3. Aufl.). Wiesbaden: Springer Gabler.

Miller, P. (1991). Accounting innovation beyond the enterprise: Problematizing investment decisions and programming economic growth in the U.K. in the 1960s. *Accounting, Organizations and Society, 16*, 733–762.

Muschallik, M. (2019). Bedeutung des Terminal Value im Rahmen investitionstheoretischer Bewertungsverfahren. *Corporate Finance, 10*, 48–56.

Russell, B. (1952). *Mystik und Logik. Philosophische Essays*. Wien: Humboldt.

Ruthardt, F., & Hachmeister, D. (2014). Unendlichkeit als Problem der Unternehmensbewertung aus theoretischer, praktischer und rechtlicher Sicht. *Der Betrieb, 67*, 193–202.

Scherer, F. M., & Ross, D. (1990). *Industrial Market Structure and Economic Performance* (3. Aufl.). Boston: Houghton Mifflin.

Schildbach, T. (1998). Ist die Kölner Funktionenlehre durch die Discounted Cash-flow Verfahren überholt? In M. J. Matschke & T. Schildbach (Hrsg.), *Unternehmensberatung und Wirtschaftsprüfung, FS Sieben* (S. 301–322). Stuttgart: Schäffer-Poeschel.

Schmalenbach, E. (1917/1918). Die Werte von Anlagen und Unternehmungen in der Schätzungstechnik. *ZfhF, 12*, 1–20.

Schneider, D. (1987). *Allgemeine Betriebswirtschaftslehre* (3. Aufl.). München: Oldenbourg.

Schneider, D. (1998). Marktwertorientierte Unternehmensrechnung: Pegasus mit Klumpfuß. *DB, 51*, 1473–1478.

Schneider, D. (2009). Missbrauch mathematischer Methoden durch Messwut, Qualitäten als Quantitäten abzubilden. In A. G. Scherer, I. M. Kaufmann & M. Patzer (Hrsg.), *Methoden in der Betriebswirtschaftslehre* (S. 1–20). Wiesbaden: Springer.

Schüler, A., & Lampenius, N. (2007). Wachstumsannahmen in der Bewertungspraxis: eine empirische Untersuchung ihrer Implikationen. *BFuP, 59*, 232–248.

Shaffer, S. (2006). Corporate failure and equity valuation. *Financial Analysts Journal, 62*, 71–80.

Sieben, G. (1963). *Der Substanzwert der Unternehmung*. Wiesbaden: Gabler.

Spremann, K., & Ernst, D. (2011). *Unternehmensbewertung* (2. Aufl.). München.

Weber, S. (2008). *Selektionskriterien beim Investment in aktive US-Aktienfonds*. Wiesbaden: Gabler.

Wellington, A. M. (1888). *Economic theory of railway location*. New York: John Wiley.

Widmann, B., Schieszl, S., & Jeromin, A. (2003). Der Kapitalisierungszinssatz in der praktischen Unternehmensbewertung. *FB, 5*, 800–810.

Wöhe, G. (2016). *Einführung in die Allgemeine Betriebswirtschaftslehre* (26. Aufl.). München: Vahlen.

Eigenkapitalkosten in der Unternehmensbewertungspraxis

Dirk Hachmeister und Frederik Ruthardt

Zusammenfassung

„Bewerten heißt vergleichen." Zur Bewertung eines Unternehmens müssen die Kapitalkosten als Alternativanlage bestimmt werden. Dieser Beitrag befasst sich mit der Ermittlung der Eigenkapitalkosten, die im Regelfall komponentenweise betrachtet werden. Diskutiert werden der risikolose Basiszinssatz, der kapitalmarktorientiert ermittelte Risikozuschlag (CAPM) sowie die Angemessenheit weiterer (Risiko-)Zuschläge für Länderrisiken, eine geringe Unternehmensgröße und eingeschränkte Fungibilität.

Schlüsselwörter

Zinsstrukturkurve · Marktrisikoprämie · Betafaktor · Leverageeffekt · Tax Shield · Fungibilitätszuschlag · Size-Prämie · Länderrisikoprämie · Unternehmensbewertung

1 Einleitung

Methoden der Unternehmensbewertung stellen für Controller ein unverzichtbares Handwerkszeug dar, bspw. im Rahmen des Beteiligungscontrollings, der wertorientierten Unternehmenssteuerung oder der Bilanzierung (Impairment Test oder Beteiligungsbewertung). Unternehmensbewertung ist immer ein Vergleich: „Bewerten

D. Hachmeister (✉)
Lehrstuhl für Rechnungswesen und Finanzierung, Universität Hohenheim, Stuttgart, Deutschland
E-Mail: hachmeister@uni-hohenheim.de

F. Ruthardt
Stuttgarter Büro von Ebner Stolz, Universität Hohenheim, Stuttgart, Deutschland
E-Mail: Frederik.Ruthardt@ebnerstolz.de

W. Becker, P. Ulrich (Hrsg.), *Handbuch Controlling*,
https://doi.org/10.1007/978-3-658-26431-4_66

heißt vergleichen" (Moxter 1983, S. 123). Der Wert eines Unternehmens wird vom bekannten Preis der Alternative bestimmt. Ausgedrückt wird die Alternativanlage durch den Kapitalisierungszinssatz. Der Unternehmenswert ergibt sich durch Diskontierung der zukünftigen Zahlungsüberschüsse aus dem Unternehmen mit dem Kapitalisierungszinssatz. Je nach Bewertungsverfahren handelt es sich beim Kapitalisierungszinssatz um die Eigenkapitalkosten (Ertragswert, Flow to Equity-Ansatz) oder die gewogenen durchschnittlichen Kapitalkosten (Weighted Average Cost of Capital – Ansatz) (Behringer 2015, Kap. 43 Verfahren der Unternehmensbewertung). Hier soll der Fokus auf die praktische Bestimmung der Eigenkapitalkosten gelegt werden. Folgende Komponenten werden diskutiert:

- Risikoloser Basiszinssatz;
- Risikozuschlag;
- Weitere (Risiko-)Zuschläge.

Bewertungs- und Vergleichsobjekt müssen vergleichbar sein. Insofern ist praktisch insbesondere auf die Einhaltung der folgenden Äquivalenzprinzipien zu achten:

- Währungsäquivalenz,
- Kaufkraftäquivalenz,
- Planungshorizontäquivalenz,
- Risikoäquivalenz
- Verfügbarkeitsäquivalenz i.V.m. Ausschüttungs- und Haltedaueräquivalenz.

Währungsäquivalenz liegt vor, wenn die Zahlungsströme aus dem Unternehmen und die Alternativanlage in derselben Währung (Recheneinheit) ausgedrückt werden (Ballwieser und Hachmeister 2013, S. 87). Kaufkraftäquivalenz erfordert eine konsistente Nominal- oder Realrechnung. Üblicherweise werden nominale Größen geplant, da der am Kapitalmarkt beobachtbare risikolose Zinssatz eine implizite Inflationsrate enthält, die die Inflationserwartung spiegelt. Zur Einhaltung der Planungshorizontäquivalenz müssen Bewertungs- und Vergleichsobjekt den gleichen Planungshorizont aufweisen. Die zukünftigen Zahlungsströme aus dem Unternehmen sind das Ergebnis einer Prognose, sie sind im Gegensatz zur risikolosen Anlage (Basiszinssatz) unsicher. Risikoäquivalenz zwischen Zähler und Nenner wird in der Praxis durch einen Risikozuschlag zum Basiszinssatz (Risikozuschlagsmethode) hergestellt; allerdings sind die Planwerte als Erwartungswerte, nicht als häufigster Wert zu verstehen. Für Zwecke des Controllings wird überwiegend eine Betrachtung vor persönlicher Einkommensteuer vorgenommen. Zähler und Nenner – Bewertungsobjekt und Alternativanlage – sind insofern Größen vor Einkommensteuer (Verfügbarkeitsäquivalenz). Sollten die Kapitalkosten vom Kapitalmarkt abgeleitet werden, wird auf die mittelbar am Kapitalmarkt beobachtbaren, aber nicht um die persönlichen Steuern bereinigten Alternativrenditen verwiesen, die allerdings unter dem Einfluss der persönlichen Besteuerung aller Kapitalmarktteilnehmer entstanden sind. Diese Vorgehensweise wird in der Wirtschaftsprüferpraxis als *mittelbare* Typisierung bezeichnet, und bei der Bewertung unternehmerischer Initiativen innerhalb des Unternehmens verwendet (IDW 2014, A 83).

2 (Risikoloser) Basiszins

Der Basiszinssatz unterliegt theoretisch keinem Ausfall-, Termin- und Währungsrisiko. Für die Ermittlung des Basiszinssatzes wird auf den landesüblichen Zins einer risikolosen Kapitalanlage am Stichtag abgestellt. Sofern dabei die am Stichtag beobachtbare Effektivverzinsung von Staatsanleihen herangezogen wird, sollte wegen des Erfordernisses der Laufzeitäquivalenz und der Möglichkeit, Markterwartungen für einen möglichst langen Zeitraum zu nutzen, auf möglichst lang laufende Anleihen zurückgegriffen werden. Auch wenn teilweise die Verwendung liquiderer zehnjähriger Bundesanleihen gefordert wird, fällt bei der Verwendung 30-jähriger Anleihen der bei der Festlegung der Anschlussverzinsung auftretende Schätzfehler geringer aus (Wiese und Gampenrieder 2007, S. 443).

Der Rückgriff auf die Effektivverzinsung von Staatsanleihen führt im Regelfall zu vermeidbaren Fehlbewertungen, da sich die implizit angenommene flache Zinsstruktur am Markt nicht beobachten lässt. Dies kann vermieden werden, wenn die Zinsstrukturkurve in das Bewertungsmodell integriert wird. Bei der Verwendung der Zinsstrukturkurve wird jeder Zahlungsstrom mit dem Zinssatz diskontiert, der zum gegenwertigen Zeitpunkt abhängig vom Wiederanlagetermin erwartet wird.

Die Zinsstrukturkurve könnte direkt am Markt „abgelesen" werden, wenn am Kapitalmarkt kreditausfallfreie, risikolose Nullkuponanleihen mit entsprechenden Laufzeiten notiert wären. Mangels verfügbarer Nullkuponanleihen, ist auf Kuponanleihen zurückzugreifen. Zur Ableitung der Zinsstruktur aus Kuponanleihen bietet sich die sogenannte Svensson-Methode an, die von der Deutschen Bundesbank und der Europäischen Zentralbank eingesetzt wird.

Bei der Svensson-Methode handelt es sich um ein von Nelson und Siegel entwickeltes Schätzverfahren, das von Svensson zu seiner hier vorgestellten Form weiterentwickelt wurde (Svensson 1994, S. 5–8, 1995, S. 13–21; Nelson und Siegel 1987, S. 473–489). Danach gilt folgender Zusammenhang zwischen der stetigen Spot Rate i_s (in %) und der Laufzeit T:

$$i_s\,(t,\ t+T,\ b) = \beta_0 + \beta_1 \frac{1 - e^{(-T/\tau_1)}}{T/\tau_1} + \beta_2 \left(\frac{1 - e^{(-T/\tau_1)}}{T/\tau_1} - e^{(-T/\tau_1)}\right) + \beta_3 \left(\frac{1 - e^{(-T/\tau_2)}}{T/\tau_2} - e^{(-T/\tau_2)}\right)$$

Für diese Funktion ist der Parametervektor $b = (\beta_0, \beta_1, \beta_2, \beta_3, \tau_1, \tau_2)$ zu schätzen. Da für Zwecke der Unternehmensbewertung in der Regel mit diskreten Zinsen gerechnet wird, müssen die über das Svensson-Verfahren geschätzten stetigen Zinsen nach folgender Gleichung in diskrete Zinsen i_d überführt werden (vgl. Reese und Wiese 2007, S. 41).

$$i_d\,(t,\ t+T,\ b) = 100\left(e^{\frac{i_s\,(t,\ t+T,\ b)}{100}} - 1\right)$$

Für die Schätzung der (hypothetischen) Spot Rates über die Svensson-Methode können unterschiedliche Datengrundlagen herangezogen werden. Für die Anwendung kann auf die eigenständige Schätzung der Parameter verzichtet werden, weil diese auf der Basis monatlicher oder täglicher Daten bei der Bundesbank und der EZB tagesaktuell abrufbar sind.

Während die Deutsche Bundesbank bei der Schätzung lediglich deutsche Staatsanleihen verwendet, greift die EZB für ihre Schätzung auf Anleihen europäischer Staaten der Ratingklasse AAA (auf Basis der Ratingagentur Fitch) zurück (vgl. www.ecb.int). Zu beachten ist folgendes: Die Verwendung der Schätzparameter der Deutschen Bundesbank führt, im Gegensatz zu denjenigen Daten der EZB, die zunächst zu stetigen Zinssätzen führen, direkt zu diskreten Renditen. Eine Umrechnung in diskrete Größen ist somit für die Bundesbank Daten nicht notwendig (vgl. Reese und Wiese 2007, S. 42). Die aus den EZB-Daten geschätzte Zinsstrukturkurve liegt regelmäßig über der nach dem gleichen Schätzverfahren aus Bundesanleihen abgeleiteten Zinsstrukturkurve (vgl. Wiese und Gampenrieder 2008, S. 1725–1726). Es erscheint naheliegend, dass die von der EZB verwendeten Staatsanleihen eine (kleine) Risikoprämie für höhere Bonitätsrisiken der jeweils emittierenden Länder enthalten. Der Basiszins enthält definitionsgemäß jedoch keine Bonitätsrisiken. Insofern ist es empfehlenswert, bei seiner Schätzung auf die von der Deutschen Bundesbank veröffentlichten Daten zurückzugreifen.

Da bei der Ermittlung der Zinsstrukturkurve nur auf deutsche Staatsanleihen mit einer Restlaufzeit um die 30 Jahre zurückgegriffen werden kann, stellt sich die Frage, wie die Kurve in die Unendlichkeit verlängert werden kann. In der Literatur finden sich verschiedene Vorschläge:

- Jonas/Wieland-Blöse/Schiffahrt wollen die Extrapolation auf der Basis der geschätzten Parameter für 249 Jahren vornehmen (Jonas et al. 2005, S. 648). Diese Vorgehensweise ist abzulehnen, weil der Kurvenverlauf zwar gegen einen Grenzwert konvergiert, aber mit den idealtypischen Zinsstrukturkurven nur schwer vereinbar ist.
- Obermaier modelliert die Anschlussfinanzierung mithilfe eines statistischen Prozesses auf der Basis der ermittelten Rendite für eine (Rest-)Laufzeit von 30 Jahren (Obermaier 2008, S. 496–502).
- Bis zum Jahr 2008 hat der FAUB des IDW empfohlen, die Zinsstrukturkurve in die Zukunft zu extrapolieren (IDW 2005, S. 1315). Inzwischen wird die plausiblere Annahme einer am langen Ende flachen Zinsstruktur vertreten, nach der die Zinsstrukturkurve ab der 30. Periode parallel zu verlängern ist (Hachmeister und Wiese 2009, S. 57).

Das IDW empfiehlt eine aus den letzten drei Monaten vor dem Bewertungsstichtag erzeugte Durchschnittskurve heranzuziehen, da so Marktschwankungen ausgeglichen und Schätzfehler minimiert würden (IDW 2014, A 355; kritisch dazu Gebhardt und Daske 2005, S. 655; Ballwieser und Hachmeister 2013, S. 91). Allerdings ist eine stichtagsgenaue Betrachtung vorzugswürdig. Aktuelle Zinsentwicklungen werden durch die Durchschnittsbildung auf der Basis von drei Monaten vor dem Bewertungszeitpunkt nur verzögert erfasst. Die Durchschnittsbildung ist insbesondere dann kritisch, wenn die Zinsentwicklung einem Trend folgt. Durch Glättung könnten bestenfalls Schwankungen der Zinssätze um einen konstanten Wert bereinigt werden.

Das IDW empfiehlt weiter aus pragmatischen Gründen eine Umrechnung der Zinsstrukturkurve in einen barwertäquivalenten Einheitszins mit anschließender Rundung auf den nächstliegenden Viertel-Prozentpunkt. Der barwertäquivalente Einheitszins wird nach folgender Gleichung ermittelt (Wiese und Gampenrieder 2007, S. 445):

$$EW_0 = \sum_{t=1}^{\infty} \frac{E_0(1+w)^t}{(1+i_{0,t})^t} = \frac{E_0(1+w)}{i_E - w}$$

Unterstellt man bspw. ein Wachstum von $w = 0{,}01$ und einen Einheitsbetrag von $E_0 = 1$, kann man über numerische Verfahren der Einheitszins i_E approximiert werden. Die Vorteile dieser Umrechnung bleiben allerdings unklar. Der „umgerechnete Einheitszins" führt immer dann zu vermeidbaren Fehlbewertungen, wenn die prognostizierten Erträge von dem für die Berechnung unterstellten, konstanten Wachstum der Ertragsüberschüsse abweichen. Das Ausmaß des Bewertungsfehlers kann nicht allgemein bestimmt werden, es hängt von der individuellen Struktur der Zahlungsüberschüsse des Unternehmens und der jeweiligen Zinsstrukturkurve ab (vgl. Gebhardt und Daske 2005, S. 655). Aspekte der Komplexitätsreduktion sprechen kaum für die Anwendung des Einheitszinssatzes, da laufzeitspezifische Zinssätze ohne größere Probleme in die Bewertungsprogramme integriert werden können (vgl. Reese und Wiese 2007 S. 45).

3 Risikozuschlag nach CAPM

3.1 Grundlagen

Der Risikozuschlag wird in der Bewertungspraxis im Regelfall kapitalmarktorientiert bestimmt. Für die Bestimmung des Risikozuschlages werden die Reaktionen des anonymen Kapitalmarkts herangezogen; die Kapitalkosten werden aus dem Börsenkurs notierter Anteile bestimmt, weil sich im Börsenkurs eine risikoentsprechende Renditeerwartung der Anleger widerspiegelt.

Als Kapitalmarktmodell wird üblicherweise auf das CAPM zurückgegriffen. Für den Risikozuschlag z gilt die folgende Beziehung: $z = [\mu(r_M) - i] \cdot \beta$. Hierbei bezeichnet $[\mu(r_M) - i]$ die Marktrisikoprämie. Diese ergibt sich aus dem Erwartungswert der Rendite einer Investition ($\mu(r_M)$) in das aus riskanten Aktien bestehende Marktportfolio abzüglich des risikolosen Zinssatzes (i). Der Betafaktor β erfasst den Risikobeitrag des individuellen Unternehmens zum Marktportfolio (systematisches Risiko). Der Betafaktor ist definiert als die Kovarianz zwischen der Rendite der Aktie des betroffenen Unternehmens und der Marktrendite dividiert durch die Varianz der Marktrendite:

$$\beta_i = \frac{Cov(r_i; r_m)}{Var(r_m)}$$

Das CAPM basiert auf der folgenden Grundidee: Durch Diversifizierung in unterschiedliche Kapitalanlageformen kann das Risiko des Gesamtengagements verringert werden. Annahmegemäß nutzt ein typisierter, rationaler Investor alle Diversifikationspotentiale. Der Betafaktor ist das relevante Risikomaß des CAPM. Er erfasst das systematische Risiko oder Marktrisiko, das nicht durch Diversifikation vernichtet werden kann. Unsystematisches oder spezifisches Risiko, bspw. Managementfehler, Produktionsausfälle, neue Wettbewerber, etc., wird durch die Diversifikation vernichtet. Eine Risikoprämie wird vom Markt wegen der unterstellen Diversifizierung nur für das systematische Risiko bezahlt.

Die Verwendung des CAPM wird allerdings auch mit Hinweis auf realitätsferne Prämissen und der Tatsache, dass es sich um ein Gleichgewichtsmodell handelt, kritisiert. Zudem sind einige Fragen bei der praktischen Umsetzung offen, da keine eindeutigen Vorgaben bestehen, wie die Parameter zu quantifizieren sind. Da aktuell „bessere" Alternativen fehlen und eine rein subjektive Schätzung des Risikozuschlages ihre eigenen Probleme aufwirft, wird es in der Rechtsprechung zur Unternehmensbewertung bei gesellschaftsrechtlichen Strukturmaßnahmen augenblicklich weitgehend anerkannt (Hachmeister et al. 2011, S. 832–837). Das CAPM unterstützt die Transparenz der Kapitalkostenermittlung, weil der Bewerter gezwungen werden kann, seine Annahmen offen zu legen. Auf offene Fragen bei der Umsetzung und Schätzung der Parameter wird in den folgenden Abschnitten eingegangen.

3.2 Marktrisikoprämie

Die Marktrisikoprämie kann auf Basis historischer Daten (Zeitreihe), modellgestützter Vorhersagen oder aktueller Markterwartungen ermittelt werden. Bei der vergangenheitsorientierten Ermittlung, sind

- der betrachtete Untersuchungszeitraum,
- der Vergleichsindex,
- die Art der Mittelwertbildung (arithmetisches vs. geometrisches Mittel), und
- die Referenz für den risikolosen Zins

festzulegen. Die Wahl der Parameter hat einen wesentlichen Einfluss auf die Höhe der ermittelten Marktrisikoprämie. Der für die Schätzung verwendete Vergleichsindex sollte als Performance-Index konzipiert sein, in dem gezahlte Dividenden reinvestiert werden; zudem sollte die Gewichtung der einzelnen Titel nach Marktwerten erfolgen. Für die Schätzung sollte ein langer Zeitraum unterstellt werden, weil sonst der Standardfehler in der Schätzung zu groß wird. Darüber hinaus sollte der Marktindex eine Vielzahl von Aktien beinhalten; je weiter der Index definiert ist, desto breiter sind die alternativen Anlagemöglichkeiten erfasst und desto umfänglicher sind die Diversifikationspotentiale. Für Deutschland kommt insofern bspw. der CDAX in Frage. Angesichts zunehmender Integration der Finanzmärkte ist ein Fortbestand länderspezifischer Marktrisikoprämien fraglich. Daher wird zunehmend auf weltweite Daten zur Bestimmung der Marktrisikoprämie verwiesen. Im Rahmen der Regulierung wird die Studie von Dimson, Marsh und Staunton genannt (Credit Suisse Global Investment Returns Yearbook 2013), die auf einer Datenbasis von 25 Ländern über den Zeitraum von 1900 bis 2013 basiert; die Studie ist (jährlich aktualisiert) öffentlich verfügbar. Zu beachten ist allerdings, dass sich bei der Verwendung eines international zusammengesetzten Index Verzerrungen aus unterschiedlichen Währungs- und Steuersystemen ergeben. Dagegen können bei der Verwendung von lokalen Indizes die Wirtschaftsstrukturen des Landes Einfluss auf die Marktrisikoprämie und den Betafaktor haben. Ein möglicher Kompromiss könnte ein Euroland-Index sein, der zumindest ein einheitliches Währungsgebiet umfasst, allerdings immer noch unterschiedliche Steuersysteme und -sätze beinhaltet. In jedem Fall wird die Wahl des Marktindex von den Annahmen über die Anleger bestimmt (Holthausen und Zmijewski 2014, S. 300 und 747–750). Wenn wir unterstellen, der Investor ist primär in deutschen Aktien investiert, wäre ein nationaler Index angemessen; wenn er in der ganzen Welt investiert, sollte ein internationaler Index verwendet werden.

Um bei historischen Zeitreihen den Einfluss einzelner Jahre oder einzelner Marktphasen und Startpunkte zu relativieren, sollten möglichst lange Zeitreihen verwendet werden. Allerdings leiden Zeitreihenanalysen unter dem Nachteil von Strukturbrüchen, die wahrscheinlicher werden, wenn lange Untersuchungszeiträume gewählt werden; zudem darf sich das Risiko des Marktportefeuilles in der Vergangenheit nicht systematisch verändert haben. Damit eine historische Ermittlung überhaupt angemessen ist, darf sich die Risikoaversion der Investoren im Zeitablauf nicht systematisch verändert haben; zwar sind Schwankungen möglich, jedoch muss immer wieder eine Bewegung zurück zu den historischen Durchschnitten unterstellt werden. Insbesondere die Finanzkrise hat hier Probleme hervorgerufen: Einerseits wird in solchen Phasen die beobachtbare Rendite des Marktindex negativ, was zur Absenkung der durchschnittlichen Rendite der Vergangenheit führen kann. Andererseits steigt in solchen Phasen möglicherweise die Risikoaversion der Marktteilnehmer, die somit eine höhere Prämie verlangen, wenn Risiken übernommen werden sollen.

Die Art und Weise der **Mittelwertbildung** wird in der Literatur heftig diskutiert. Wird ein arithmetisches Mittel errechnet, wird ein Kauf zu Beginn und ein Verkauf zum Ende einer Periode bei konstant gehaltenem Kapital unterstellt. Das geometrische Mittel hingegen unterstellt eine dauerhafte Anlage mit Zinseszinseffekten. Geht man von stochastisch unabhängigen Renditen aus und vernachlässigt Schätzunsicherheiten, zeigt sich das arithmetische Mittel als die bessere Methode. Lässt man Schätzunsicherheiten zu, wird die Argumentation ungleich komplexer und die Antworten werden nicht eindeutiger. Bei der Ermittlung der Marktrisikoprämie lassen sich somit Argumente für ein arithmetisches und ein geometrisches Mittels zur Schätzung der Marktrisikoprämie finden (Knoll 2010). Häufig wird ein Zwischenwert aus beiden Methoden verwendet, weil das arithmetische Mittel die Renditen überschätzt und das geometrische Mittel sie unterschätzt (Dörschell et al. 2012, S. 107).

Um die Risikoprämie zu bestimmen, ist jedoch nicht nur die Marktrendite zu bestimmen, sondern auch ein (quasi-)**risikoloser Zins**. Auch wenn dieser durch deutsche Staatsanleihen approximiert wird, bleibt offen, ob kurz- oder langfristige Zinsen verwendet werden sollen. Welche Vorgehensweise angemessen ist, lässt sich theoretisch nicht ableiten, da das CAPM ein Ein-Perioden-Kalkül ist, so dass die Differenzierung zwischen kurz- und langfristigen Zinsen hinfällig ist. Kurzfristige Anleihen weisen im Vergleich zu langfristigen Anleihen ein geringeres Ausfallrisiko auf, auch wenn der Effekt bei Staatspapieren nicht groß sein dürfte. In der deutschen Literatur werden überwiegend langfristige Zinsen verwendet; so verwendet *Staehle* für seine Berechnungen alternativ

- die Änderungsraten des REXP; diese können als Renditen aus einem Portefeuille von Bundeswertpapieren interpretiert werden, die in den REXP einbezogen sind (Stehle 2004, S. 920);
- die hochgerechneten Durchschnitte des FIBOR bzw. EURIBOR Monatsgelds (Schulz und Stehle 2005, S. 32).

Wie die Parameter des CAPM bestimmt werden, ist vom Bewerter eigenverantwortlich zu beantworten, wenn nicht vom Auftraggeber Vorgaben gemacht werden (können). Allerdings wird in der deutschen Bewertungspraxis häufig auf (berufsständische) Empfehlungen verwiesen (Für einen Überblick siehe Ballwieser und Hachmeister 2013, S. 102, m.w.N.):

- Das IDW hält eine Marktrisikoprämie vor persönlichen Einkommensteuern i.H.v. 4,5 % bis 5,5 % für angemessen; wobei für den DAX das arithmetische Mittel rechnerisch bei 6,02 % und für den CDAX bei 5,46 % liegt (IDW 2014, A 360. Die Empfehlungen basieren auf Stehle 2004, S. 906 ff; und Schulz und Stehle 2005, S. 22 ff.).
- Die BNetzA geht für die Regulierung aktuell von einer Marktrisikoprämie vor persönlicher Einkommensteuer in Höhe von 4,55 % aus.
- § 203 BewG sieht einen Risikozuschlag von 4,5 %-Punkten vor und argumentiert explizit mit einem Beta-Faktor von 1 und einer Marktrisikoprämie (vor persönlicher Einkommensteuer) von 4,5 %.

Bei der Ermittlung der Marktrisikoprämie sind mögliche Auswirkungen der jüngeren (Staats-) Schuldenkrise zu beachten. Das IDW hat zu den „Auswirkungen der aktuellen Kapitalmarktsituation auf die Ermittlung des Kapitalisierungszinssatzes“ am 19.09.2012 folgendermaßen Stellung bezogen: Aufgrund der derzeit am Kapitalmarkt beobachtbaren erhöhten Unsicherheit und der damit gestiegenen Risikoaversion der Kapitalmarktteilnehmer, wird empfohlen, den Ansatz der Marktrisikoprämie am oberen Rand der empfohlenen Bandbreiten von 5,5 % bis 7 % vor persönlicher Ertragssteuer zu prüfen (IDW 2012, S. 568 f.; IDW 2014, A 360). Eine Anpassung der im historischen Vergleich derzeit niedrigen Renditen deutscher Staatsanleihen, d. h. dem risikolosen Basiszinssatz, ist dagegen nicht angezeigt, da die Renditen das Ergebnis eines funktionierenden Marktprozesses darstellen.

3.3 Betafaktor

3.3.1 Historischer Betafaktor

Der Betafaktor wird regelmäßig auf der Basis von historischen Kapitalmarktdaten, eventuell ergänzt um fundamentale (Jahresabschluss-)Daten bzw. qualitative Überlegungen, ermittelt. Zur Schätzung des Betafaktors eines börsennotierten Unternehmens kann eine Regression der historischen Aktienrenditen des Unternehmens auf die Rendite eines Vergleichsindex eingesetzt werden. Der Steigungsparameter der Regressionsgleichung entspricht definitorisch dem Betafaktor.

Zwingende Voraussetzung für diese Vorgehensweise ist eine den vergangenen Renditen innewohnende Erklärungskraft für künftige Renditen (Ballwieser und Hachmeister 2013, S. 104). Zudem muss die Verteilung die zugrundeliegenden statistischen Annahmen erfüllen. Die Regression sollte einen statistisch signifikanten Zusammenhang beschreiben. Die Qualität der Regression kann mit dem Gütemaß R^2, mit einem t- oder F-Test überprüft werden; um das Problem von Thin-Trading zu vermeiden, ist die Liquidität des Marktes zu beachten (Dörschell et al. 2012, S. 167–174).

Folgende Parameter beeinflussen die Höhe des ermittelten Betafaktors:

- Vergleichsindex als Stellvertreter für das Marktportfolio,
- betrachtete Renditeintervalle,
- Vergangenheitszeitraum, über den Renditen betrachtet werden.

Als **Renditeintervalle** kommen tägliche, wöchentliche, monatliche oder quartalsbezogene Renditen in Frage. Da bei wenig liquiden Aktien Preisanpassungen nur verzögert erfolgen (Rudolph und Zimmermann 1998, S. 442), erscheint ein längeres Renditeintervall angemessen. Allerdings führt ein längeres Renditeintervall c.p. zu einem geringeren Stichprobenumfang, was den Standardfehler der Schätzung erhöht und deren Aussagekraft vermindert.

Im Allgemeinen wird aktuellen Daten, d. h. einem kürzeren Vergangenheitszeitraum, eine höhere Prognosefähigkeit zugeschrieben, da diese neuere Entwicklungen, beispielsweise eine strategische Neuausrichtung des Unternehmens, berücksichtigen. Die fehlende Aktualität kann hingegen auch als Vorteil interpretiert werden. Längere Zeiträume können einen kompletten Konjunkturzyklus umfassen und sind weniger anfällig gegen Ausreißer nach oben oder unten. Die „Suche nach einer aus wissenschaftlicher Sicht haltbaren Trennungslinie zwischen den mehr und den weniger relevanten Jahren [ist] wahrscheinlich aufwendig und wenig fruchtbar." (Stehle und Hartmond 1991, S. 380) In jedem Fall sollte der Bewerter verschiedene Annahmen bei der Ermittlung von Beta-Faktoren durchrechnen. Auch wenn damit vielleicht eine große Spannbreite von Betafaktoren ermittelt wird, sollte dieser Weg gewählt werden, weil damit deutlich wird, dass die Berechnungen nur Schätzungen sind und der Eindruck von Scheingenauigkeit vermieden wird.

Häufig werden die folgenden „Standardkonfigurationen" verwendet:

- Einjahresbeta auf Basis täglicher Renditen,
- Zweijahresbeta auf Basis wöchentlicher Renditen,
- Fünfjahresbeta auf Basis monatlicher Renditen.

Da die künftige Risikosituation erfasst werden soll, sind die auf der Basis historischer Daten ermittelten Betafaktoren grundsätzlich um außergewöhnliche Umstände zu bereinigen und an zukünftig geplante Entwicklungen, z. B. Restrukturierungen oder Strategiewechsel, anzupassen (IDW 2014, A 363, 369). Dabei kann auf die Verwendung **fundamentaler Daten** zur Bestimmung des Betafaktors (sog. Fundamental-Beta) zurückgegriffen werden, die oftmals auf Daten des Jahresabschlusses aufsetzen. Hierbei wird ein stark positiver Zusammenhang zwischen den Daten des Jahresabschlusses und dem Risiko des Unternehmens unterstellt (Zimmermann 1997, S. 259–261). Zur Bestimmung des Betafaktors werden diese Erfolgsgrößen des betrachteten Unternehmens mit den durchschnittlichen Erfolgsgrößen des Marktes verglichen. Dieser Ansatz bringt zweierlei Schwierigkeiten mit sich. Zum einen sind Erfolgskennzahlen zu bestimmen, die in einem signifikanten Zusammenhang mit dem systematischen Risiko des Unternehmens stehen (Hachmeister 1999, S. 207–225; Zimmermann 1997, S. 261). Zum anderen können durch Bilanzpolitik oder unterschiedliche Rechnungslegungssysteme die einfließenden Kennzahlen an Vergleichbarkeit einbüßen. In jedem Fall leidet die Nachprüfbarkeit der Ergebnisse.

3.3.2 Peer Group Betafaktor

Sollten die Aktien eines zu bewertenden Unternehmens nicht am Kapitalmarkt gehandelt werden oder erscheint der Betafaktor wenig aussagekräftig, kann dieser mit Hilfe von Vergleichsunternehmen (Peer Group Betafaktor) geschätzt werden. Neben den oben beschriebenen Sachverhalten entstehen bei der Auswahl vergleichbarer Unternehmen und der Durchschnittsbildung weitere Spielräume, so dass die Transparenz über die Auswahl zu einem wichtigen Kriterium für die Bestimmung von Peer Group Betafaktoren wird. Bei der Zusammenstellung, Auswahl und Analyse von Peer Group Betafaktoren erscheint es angemessen, die folgenden Schritte zu beachten:

- Zusammenstellen einer Liste aller Unternehmen, die auf Basis der Klassifizierung der Unternehmensaktivitäten als vergleichbar gelten könnten (Long List); die Liste der vergleichbaren Unternehmen sollte nicht zu kurz sein, um unternehmensspezifische Ausreißer zu neutralisieren;
- Auswahl einer Referenzgruppe von Unternehmen, die hinsichtlich weiterer Kriterien mit dem Bewertungsobjekt vergleichbar sind; Kriterien könnten die Größe, Umsatz- oder Ergebnisanteile in bestimmten Branchen sein;
- Analyse der Handelsfrequenz/Liquidität der Aktien der ausgewählten Unternehmen, weil bei fehlendem Handel die Betafaktoren nach unten verzerrt sind (s. o.);
- Analyse der statistischen Verlässlichkeit der ermittelten Betafaktoren, um Berechnungen mit großem Schätzfehler zu eliminieren;
- Bereinigung des Finanzierungsrisikos bei den gemessenen Betafaktoren durch Ermittlung eines operativen Betas, das an die Zielkapitalstruktur des Bewertungsobjekts angepasst wird.

Am Markt beobachtbare Betafaktoren werden nicht nur durch operative Risiken aus der Leistungserstellung beeinflusst, sondern auch durch das finanzielle Risiko, das durch den Verschuldungsgrad des Unternehmens bestimmt wird. Weicht die Kapitalstruktur der Vergleichsunternehmen von der des Bewertungsobjekts ab, müssen die historisch ermittelten Betafaktoren angepasst werden; dies gilt auch, wenn der eigene Betafaktor des Unternehmens verwendet werden kann, der Verschuldungsgrad jedoch angepasst werden soll.

Beim Rückgriff auf Vergleichsunternehmen sind die ermittelten Betafaktoren zunächst in die eines fiktiv unverschuldeten Unternehmens zu transformieren (Unlevering), um das operative Risiko aus der Geschäftstätigkeit zu bestimmen. Dabei wird aus den Betafaktoren der Vergleichsunternehmen zunächst ein (gewichtetes) durchschnittliches Peer Group Beta ermittelt, wobei der Durchschnitt in der Praxis üblicherweise mithilfe des ungewichteten arithmetischen Mittels oder des Median bestimmt wird. Da es bei der Ermittlung des Kapitalisierungszinssatzes darum geht, die Rendite der Alternativinvestition abzubilden, bietet sich auch die Gewichtung der unverschuldeten Betafaktoren anhand der Marktkapitalisierung der Vergleichsunternehmen an. Anschließend ist der ermittelte durchschnittliche unverschuldete Betafaktor der Peer Group (periodenspezifisch) an die Kapitalstruktur des Bewertungsobjekts anzupassen (Relevering). Beim Unlevering/Relevering ist die Kapitalstruktur anhand von Marktwerten, nicht von Buchwerten zu ermitteln, wobei als Approximation beim Fremdkapital in der Regel auf den Buchwert zurückgegriffen wird. Um den Einfluss der Verschuldung herauszurechnen (Unlevering) und anschließend an die geplante Verschuldung anzupassen (Relevering), muss ein funktionaler Zusammenhang zwischen unverschuldetem und verschuldetem Betafaktor bestehen. Ausgangspunkt ist die bekannte Leveragegleichung ohne Unternehmenssteuer:

$$\beta_v = \beta_u + (\beta_u - \beta_{FK}) \frac{FK}{EK}$$

Mit	
β_u	unverschuldeter Betafaktor
β_v	verschuldeter Betafaktor
β_{FK}	Beta des Fremdkapitals („Debt Beta"); sofern von der Möglichkeit einer Insolvenz abstrahiert wird, gilt $\beta_{FK} = 0$; r_{FK} bzw. β_{FK} sind aus Vereinfachungsgründen von der Kapitalstruktur unabhängig.
r_{FK}	Fremdkapitalkosten, sofern risikolos gilt $r_{FK} = i$
FK	Marktwert des Fremdkapitals (wird i.d.R. über den Buchwert approximiert)
EK	Marktwert des Eigenkapitals

Wird eine Unternehmenssteuer eingeführt, vermindert dies grundsätzlich die Wirkungen der Verschuldung auf die verschuldeten Eigenkapitelkosten, weil Fremdkapitalzinsen als Betriebsausgabe abzugsfähig sind und dieser Vorteil den Aktionären zufällt. Der Unternehmenssteuersatz zur Bestimmung des Tax Shield beträgt bei Kapitalgesellschaften überschlägig 26,325 % und wird bestimmt von der Körperschaftsteuer (15 %), dem Solidaritätszuschlag von 5,5 % auf die Körperschaftsteuerschuld sowie der Gewerbeertragsteuer (angenommener Hebesatz 400 % × Steuermesszahl von 3,5 %), wobei die Zinsen auf Verbindlichkeiten zu 25 % der Gewerbe (ertrag)steuer unterworfen sind und die Steuerersparnis der Fremdfinanzierung somit nur 75 % des effektiven Gewerbesteuersatzes von 14 % beträgt. Die Gewerbesteuer ist keine Betriebsausgabe i.S.d. § 4 Abs. 4 EStG und wird nicht von der eigenen Bemessungsgrundlage und der der Körperschaftsteuer abgezogen: $s^* = 15\,\% + 15\,\% \times 5{,}5\,\% + 10{,}5\,\% = 26{,}325\,\%$.

Die Wirkungen der Unternehmenssteuer sind davon abhängig, ob der Wert der Steuerersparnis – $(\beta_u - \beta_{ITS}) \times V^S/EK$ – sicher oder unsicher ist; wobei V^s dem Wert des Steuervorteils entspricht und β_{ITS} den Risikograd des Steuervorteils abbildet. Für den allgemeinen Fall gilt die folgende Gleichung (Holthausen und Zmijewski 2014, S. 400):

$$\beta_v = \beta_u + (\beta_u - \beta_{FK}) \times \frac{FK}{EK} + (\beta_u - \beta_{ITS}) \times \frac{V^S}{EK}$$

Im Folgenden werden die drei am häufigsten diskutierten Beta-Anpassungsformeln dargestellt; um den unverschuldeten Betafaktors zu bestimmen (Unlevering) sind die Formeln nach βu aufzulösen.

In der Bewertungspraxis ist die Anpassungsformel nach **Modigliani/Miller,** auch **Hamada-**Anpassung genannt, weit verbreitet. Sie basiert auf restriktiven Annahmen, da sie von einem unendlich gleichbleibenden Zahlungsstrom (ewige Rente/Rentenmodell) und sicheren Steuervorteilen aus der Fremdfinanzierung bzw. einem sicheren Tax Shield ausgeht; zudem entsprechen wegen fehlenden Ausfallrisiken die Fremdkapitalkosten dem risikolosen Zinssatz. Um ein sicheres Tax Shield unterstellen zu können, muss der zukünftige Fremdkapitalbestand vorgegeben (determiniert) sein (autonome Finanzierung). Eine autonome Finanzierung muss nicht zwangsläufig einen konstanten Fremdkapitalbetrag vorsehen, die Entwicklung des Fremdkapitalbestands muss jedoch im Vorhinein geplant sein. Unter der Annahme des Rentenmodells bleibt sowohl der jeweilige Fremdkapitalbestand als auch die Fremdkapitalquote konstant; in diesem Fall ist die autonome Finanzierung mit einer konstanten Zielkapitalstruktur (atmende Finanzierung) vereinbar. Ein mögliches Wachstum in der ewigen Rente wäre dann aber nicht vereinbar. Bei einem sicheren, unendlich fließenden Tax Shield gilt ($\beta_{ITS} = 0$) und $V^S = s^*FK$, so dass die folgende Anpassungsformel gilt:

$$\beta_v = \beta_u \left[1 + (1 - s^*) \frac{FK}{EK}\right]$$

Da bei einer atmenden Finanzierung das Ergebnis der Bewertung (der Wert des Eigenkapitals) bekannt sein muss, besteht ein Zirkularitätsproblem, das in der Praxis durch eine geplante Zielkapitalstruktur oder iterativ gelöst wird.

Unterstellen wir eine atmende Finanzierung, in der der Fremdkapitalbestand an die Entwicklung des Unternehmenswerts in jeder Periode angepasst wird, sind die Steuerersparnisse aus der Fremdfinanzierung mit dem Betafaktor für ein unverschuldetes Unternehmen zu diskontieren, weil die Steuerersparnisse dem gleichen Risiko unterliegen; schließlich wird der Fremdkapitalbestand jeweils an die Entwicklung des Unternehmenswertes angepasst; der Verschuldungsgrad bleibt im Zeitablauf konstant und der Marktwert des Eigenkapitals und des Fremdkapitals stehen in einem festen Verhältnis. Steigt der Unternehmenswert, steigt analog auch der Wert des Fremdkapitals. Unterstellen wir eine konstante Kapitalstruktur, bei der der Bestand des Fremdkapitals ohne Verzögerung an den Unternehmenswert angepasst wird (**Harris-Pringle**), wird das fremdfinanzierungsbedingte Tax Shield mit dem risikoangepassten Zinsfuß diskontiert, der auch für die Abzinsung operativer Zahlungsströme verwendet wird ($\beta_{ITS} = \beta_u$), so gilt:

$$\beta_v = \beta_u + (\beta_u - \beta_{FK}) \times \frac{FK}{EK}$$

Diese Reaktionshypothese sieht aus wie in einer Welt ohne Unternehmenssteuer; die Unternehmenssteuer ist jedoch keineswegs verschwunden, vielmehr hat der Wert des Tax Shields keinen Einfluss auf die verschuldeten Eigenkapitalkosten. Wird zusätzlich eine nicht ausfallbedrohte Fremdfinanzierung unterstellt, gilt:

$$\beta_v = \beta_u \left[1 + \frac{FK}{EK}\right]$$

Während Harris-Pringle von einer unendlich schnellen Anpassung des Fremdkapitalbestands an den Unternehmenswert ausgehen, unterstellen **Miles/Ezzell** eine Anpassungszeit des Fremdkapitalbestands von einer Periode an die Zielkapitalstruktur. Somit diskontieren Miles/Ezzell die Steuerersparnis in der ersten Periode mit den Fremdkapitalkosten, erst für die folgenden Perioden werden die unverschuldeten Eigenkapitalkosten herangezogen.

Wird die Fremdfinanzierung mit einer Verzögerung von einer Periode an den Unternehmenswert angepasst (Miles-Ezzel), gilt die folgende Reaktionshypothese –

im ersten Fall mit ausfallbedrohtem, im zweiten Fall ohne ausfallbedrohtes Fremdkapital (Holthausen und Zmijewski 2014, S. 411):

$$\beta_v = \beta_u + (\beta_u - \beta_{FK}) \times \left(1 - \frac{r_{FK} \times s*}{1 + r_{FK}}\right) \times \frac{FK}{EK}$$

$$\beta_v = \beta_u + \beta_u \times \left(1 - \frac{r_{FK} \times s*}{1 + r_{FK}}\right) \times \frac{FK}{EK}$$

Die Wahl der Anpassungsformeln im konkreten Fall wird bestimmt von den Annahmen der Fremdfinanzierungspolitik der Vergleichsunternehmen und denjenigen, die für das Bewertungsobjekt getroffen werden. Sie ist daher auch keine Frage von richtig oder falsch, sondern wird bestimmt von den Annahmen (sicheres oder unsicheres Tax Shield, Anpassungsgeschwindigkeit). Die verschuldeten Betafaktoren und folglich die Eigenkapitalkosten des Unternehmens sind unter der Annahme unsicherer Tax Shields höher als bei einem sicheren Tax Shield, bei einer schnellen Anpassung der Fremdfinanzierung höher als bei einer langsameren.

Beim Unlevering der Betafaktoren von Vergleichsunternehmen erscheint es plausibel, von einem konstanten Verschuldungsgrad und einer atmenden Finanzierung auszugehen. Der Verschuldungsgrad kann ermittelt werden, in dem jeweils zum Jahresende der bilanzielle Bestand des Fremdkapitals ins Verhältnis zur Börsenkapitalisierung des Unternehmens gesetzt wird, um anschließend den Durchschnitt über die jeweiligen Verschuldungsgrade der Jahre zu bilden. Aus Vereinfachungsgründen bietet sich die Harris/Pringle-Anpassung an. Wie der unverschuldete Betafaktor an das Bewertungsobjekt angepasst wird, hängt davon ab, ob eine autonome oder eine atmende Finanzierung unterstellt wird.

4 Besondere Risikozuschläge

4.1 Länderrisikoprämie

Teile der Literatur und Bewertungspraxis sprechen sich, insbesondere bei Unternehmen in Schwellen- und Entwicklungsländern (Emerging Markets), für den Ansatz einer Länderrisikoprämie auf die Eigenkapitalkosten gemäß CAPM aus. Die Länderrisikoprämie wird als notwendig erachtet, da die angesetzte Marktrisikoprämie und/oder der unternehmensspezifische Betafaktor die Länderrisiken nicht ausreichend erfassen würden. Bei der Kapitalkostenermittlung für Unternehmen aus Emerging Markets wird zunächst auf die folgenden Probleme verwiesen (Hofbauer 2011, S. 13–15, 50):

- Es liegen häufig nur unvollständige oder verzerrte historische Daten vor. Die Zeitreihen sind häufig zu kurz, während die Volatilität der Aktienrenditen vergleichsweise hoch ist, wodurch es zu großen Standardfehlern kommt.

- Die Kapitalmärkte sind oft nicht liquide oder die Marktentwicklung wird von einzelnen Unternehmen dominiert.

Als weiteres grundsätzliches Argument für den Ansatz von Länderrisikoprämien wird die fehlende Möglichkeit zur Diversifikation von Länderrisiken aufgrund segmentierter Märkte oder einer hohen Korrelation der länderspezifischen Renditen angeführt. Auf segmentierten Kapitalmärkten investieren Anleger, möglicherweise aus rechtlichen oder kulturellen Gründen, nur auf dem lokalen Markt. Ihr Vermögen ist insofern nur eingeschränkt diversifiziert. Grundsätzlich entscheidet die Bewertungsperspektive (Koller et al. 2010, S. 703):

- Ein internationaler Investor könnte Länderrisiken evtl. diversifizieren;
- Ein lokaler Anleger kann Länderrisiken nicht „wegdiversifizieren".

Sofern keine genauen Kenntnisse über das Anlageverhalten des Bewertungssubjektes vorliegen, dürfte es sinnvoll sein, von einem international agierenden Investor auszugehen; d. h. von der Annahme integrierter Märkte. Die Marktrisikoprämie sollte auf der Basis eines möglichst breiten internationalen Marktportfolios bzw. Stellvertreterindizes ermittelt werden. Unter dieser Annahme sind Länderrisiken überwiegend diversifizierbar; eine mangelnde Diversifizierbarkeit kann insofern nicht als Argument für den Ansatz einer Länderrisikoprämie herangezogen werden. Generell sollte ein rationaler Investor angenommen werden, der auch internationale Diversifikationspotenziale nutzt (Hachmeister et al. 2012, S. 234), wenn nicht explizit andere Informationen vorliegen.

Auch wenn eine (pauschale) Erfassung von Länderrisiken über eine Länderrisikoprämie nicht sinnvoll ist, kommt ihnen dennoch eine Wertrelevanz zu. Länderrisiken sollten bei der Prognose der zukünftigen Zahlungsströme erfasst werden; es bietet sich an diverse Szenarien zu betrachten (Koller et al. 2010, S. 689–703). Einzelne Länderrisiken können durch die Bildung des Erwartungswertes über die abgeleiteten Szenarien abgebildet werden. Bspw. könnte eine drohende Enteignung über ein wahrscheinlichkeitsgewichtetes „Enteignungsszenario" integriert werden. In der Unternehmenspraxis wird diese Transparenz möglicherweise gescheut und das Risiko – undeutlich – über einen Risikozuschlag erfasst.

4.2 Prämie für geringe Unternehmensgröße

In der Bewertungspraxis wird häufig ein Zuschlag für eine geringe Unternehmensgröße (Small Size Company Premium, Size-Prämie) angesetzt. Dieser wird mit einem vermeintlich höheren Risikoniveau kleiner und mittlerer Unternehmen im Vergleich zu großen, in der Regel börsennotierten Gesellschaften begründet (Hachmeister et al. 2012, S. 235 f.). Als Gründe für eine Size Prämie werden u. a. angeführt:

- höhere operative und finanzwirtschaftliche Risiken durch stärkere Abhängigkeit kleiner Unternehmen von der konjunkturellen Lage oder von wenigen Kunden, Lieferanten und Geldgebern (Schulz 2009, S. 127–128; IDW 2014, A 438).
- eine besondere Personenabhängigkeit auf der Management- oder Eigentümerebene (Ausfall einer Schlüsselperson) (Fleischer 2012, S. 1640);
- mangelnde Diversifikation von Anteilseignern bei kleinen und mittleren Unternehmen (wenn Eigentum und Verfügungsmacht in einer Hand liegen) (Jonas 2011, S. 307).

Dazu wird angeführt, dass eine geringere Liquidität der Anteile zu höheren Transaktionskosten führt (insbesondere bei nicht börsennotierten Gesellschaften) (Balz und Bordemann 2007, S. 740). Fungibilitätsrisiken stellen allerdings keine Besonderheit kleiner (oder großer) Unternehmen dar; sie können unabhängig von der Unternehmensgröße auftreten. Möglicherweise könnten geringere Agency-Kosten für kleinere, inhabergeführte Unternehmen, weil keine Überwachungskosten bei der Unternehmensführung auftreten, die mit der geringeren Liquidität dieser Unternehmen verbundenen höheren Transaktionskosten ausgleichen (Jonas 2011, S. 307 f.). Im Zuschlag für eine geringe Unternehmensgröße vermischt sich eine Vielzahl von (vermeintlichen) Risikofaktoren, denen kleine und mittlere Unternehmen unterliegen. Eine differenzierte Analyse der Risikofaktoren unterbleibt allerdings.

Der Ansatz einer Size Prämie scheint durch diverse empirische Studien gestützt zu werden, die für die USA einen nach Berücksichtigung des systematischen Risikos verbleibenden Zusammenhang zwischen der Unternehmensgröße und der Rendite von Wertpapieren ermitteln. Häufig wird auf das Drei-Faktoren-Modell von Fama und French (1993) verwiesen. Diesem mangelt es allerdings an einer modelltheoretischen Fundierung, die eine ökonomische Erklärung für den Zusammenhang zwischen den Wertpapierpreisen und den Einflussfaktoren des *Fama-French*-Modells liefern könnte (Koller et al. 2010, S. 256). Auch sind die empirischen Ergebnisse nicht eindeutig:

- Morningstar ermittelt beispielsweise für den Zeitraum von 1926 bis 2008 mit sinkender Unternehmensgröße (gemessen an der Marktkapitalisierung) steigende Überrenditen über die Marktrendite, die durch das CAPM nicht erklärt werden können. Für die 10 % kleinsten Unternehmen ergibt sich eine durchschnittliche Size-Prämie (Differenz zwischen der realisierten und der durch das CAPM ermittelten Aktienrendite) von 5,81 %, für die 10 % größten Unternehmen dagegen ein Size-Abschlag von durchschnittlich −0,36 %.
- In Deutschland werden für zurückliegende Untersuchungszeiträume Size Prämien für kleinere Unternehmen identifiziert. In einer neueren Untersuchung kommt *Schulz* für den Zeitraum von 1995/96 bis 2007/08 zu dem Ergebnis, dass „eine Modifikation des CAPM durch eine [S]ize-Prämie eher für große Unternehmen als für kleine Unternehmen geboten [wäre].“ (Schulz 2009, S. 206) Empirisch lässt sich eine Size Prämie für kleinere (oder größere) Unternehmen in Deutschland nicht begründen.

Grundsätzlich muss der Zusammenhang zwischen der Unternehmensgröße an sich und dem Risikoniveau in Frage gestellt werden. Theoretisch lässt er sich jedenfalls nicht begründen: „[W]enn größere und gehandelte Unternehmen unter sonst gleichen Bedingungen mehr wert sind als vergleichbare, nur eben kleinere und nicht gehandelte Unternehmen, dürfte es sich bei letzteren um eine aussterbende Spezies handeln. (...) Da die Realität eine andere ist, muss es auch Vorteile für kleinere, nicht gehandelte Unternehmen geben." (Jonas 2011, S. 306. *Jonas* sieht allerdings Gründe für einen Wertabschlag bei kleinen, nicht eigentümergeführten Unternehmen sowie bei sehr großen, nicht börsengehandelten aber eigentümergeführten Unternehmen; ebenda, S. 307).

Prinzipiell sollten die Besonderheiten kleiner und mittlerer Unternehmen bei der Prognose der finanziellen Überschüsse über eine Szenarioanalyse berücksichtigt werden (Hachmeister und Ruthardt 2014a, b). Insbesondere bei KMU relevante personenabhängige Erfolgsfaktoren können auf diese Weise erfasst werden. Eine pauschale Erfassung KMU spezifischer Risiken birgt dagegen die Gefahr, dass diese Risiken über die Ertragsprognose und zusätzlich über einen Risikofaktor im Kalkulationszinsfuß erfasst werden. Auch das IDW lehnt für „die Ermittlung objektivierter Unternehmenswerte kleiner und mittlerer Unternehmen [...] die Anwendung [von Size-Prämien]" ab (IDW 2014, A 434).

4.3 Zuschlag für eingeschränkte Liquidität (Fungibilität)

Auf liquiden Märkten können Anleger ihre Portfolios schnell umschichten, Orders werden schnell ausgeführt, die Transaktion führt nicht zu Preiseffekten. Auf nicht liquiden Märkten können Orderungleichgewichte dagegen einen Preiseinfluss haben; ein Verkauf ist dann nur unter Inkaufnahme von Wertabschlägen möglich. Prinzipiell würden Investoren ein Wertpapier auf einem liquiden Markt gegenüber einem identischen Wertpapier auf einem illiquiden Markt bevorzugen. Letzteres wird von Teilen der Literatur und Praxis als Begründung für die notwendige Berücksichtigung einer mangelnden Fungibilität bei der modellgestützten Unternehmensbewertung auf Basis der Ertragswertmethode herangezogen. Eine geringe oder fehlende Handelbarkeit soll entweder durch einen Liquiditätszuschlag im Zins, einen Liquiditätsabschlag bei den Entnahmeerwartungen oder die Verminderung des vorläufig ermittelten Unternehmenswerts erfasst werden.

Die Erfassung einer mangelnden Fungibilität ist nicht angezeigt, wenn von der unbegrenzten Fortführung des Unternehmens sowie einem langfristigen Zeithorizont des Anteilseigners ausgegangen wird. In diesem Fall ist ein (Wieder-)Verkauf nicht zu erwarten (Ballwieser und Hachmeister 2013, S. 115). Insofern ist im Einzelfall zu untersuchen, ob und mit welcher Wahrscheinlichkeit ein Wiederverkauf erwartet oder ausgeschlossen werden kann. Der mögliche Verkauf stellt grundsätzlich ein Szenario der Entnahmeplanung dar. Im Rahmen des „(Wieder-) Verkaufsszenarios" wird der erzielbare Preis unter Berücksichtigung der dabei anfallenden Transaktionskosten bei der Planung der finanziellen Überschüsse erfasst. Eine Notwendigkeit für einen besonderen Risikozuschlag im Kalkulationszinsfuß bzw. einen Abschlag im Nenner oder vom vorläufigen Unternehmenswert liegt nicht vor.

5 Zusammenfassung

(1) Die Eigenkapitalkosten werden komponentenweise betrachtet. Unterschieden werden der risikolose Basiszinssatz, der Risikozuschlag und weitere (Risiko-) Zuschläge.

(2) Für die Ermittlung des Basiszinssatzes wird auf die Zinsstrukturkurve von Nullkuponanleihen verwiesen, die mittels der Svensson-Methode aus den beobachtbaren Renditen von Kuponanleihen (Bundesanleihen) geschätzt werden kann.

(3) Die Zinsstrukturkurve ist für Deutschland nur bis 30 Jahren marktdeterminiert. Als Anschlussverzinsung wird inzwischen die Spot Rate der 30. Periode in die Unendlichkeit fortgeschrieben.

(4) Die folgenden Empfehlungen des IDW führen bezüglich des Basiszinssatzes zu vermeidbaren Fehlbewertungen: Durchschnittsbildung, barwertäquivalenter Einheitszins, Rundung auf den nächsten Viertelprozentpunkt.

(5) Die Risikoaversion der Investoren wird im Regelfall durch einen Risikozuschlag erfasst. Dieser wird kapitalmarktorientiert über das CAPM ermittelt. Bei der Ermittlung der Marktrisikoprämie und dem Betafaktor bestehen vielfältige Ermessensspielräume. Diese sind prinzipiell vom Bewerter eigenverantwortlich auszufüllen, wobei für die Marktrisikoprämie im Regelfall auf die Empfehlungen des IDW rekurriert wird.

(6) Sind die Anteile des Bewertungsobjektes börsennotiert, kann der Betafaktor über eine Regression aus historischen Aktienrenditen ermittelt werden. Der historische Betafaktor ist evtl. an zukünftige geplante Strategieänderungen anzupassen.

(7) Sind die Anteile des Bewertungsobjektes nicht börsennotiert, wird regelmäßig der Betafaktor von vergleichbaren Unternehmen bestimmt. Der Betafaktor enthält das operative und das finanzielle Risiko. Sofern die Kapitalstruktur der Vergleichsunternehmen nicht mit derjenigen des Bewertungsobjektes übereinstimmt, ist der Betafaktor daraufhin anzupassen (Unlevering und anschließendes Relevering).

(8) In Literatur und Praxis werden besondere Risikozuschläge diskutiert. Allerdings sollten Länderrisiken, Besonderheiten einer geringeren Unternehmensgröße und einer eingeschränkten Fungibilität sinnvollerweise über die Bildung von Szenarien bei der Entnahmeplanung abgebildet werden. Die pauschale Erfassung durch einen Länderrisikozuschlag, eine Size Prämie oder einen Fungibilitätszuschlag ist abzulehnen.

Literatur

Ballwieser, Wolfgang, und Dirk Hachmeister. 2013. *Unternehmensbewertung. Prozess, Methoden und Probleme*, 4. Aufl. Stuttgart.

Balz, Ulrich, und Heinz-Gerd Bordemann. 2007. Ermittlung von Eigenkapitalkosten zur Unternehmensbewertung mittelständischer Unternehmen mithilfe des CAPM. *FB* 9:737–743.

Behringer, Stefan. 2015. Verfahren der Unternehmensbewertung. In *Praxishandbuch Controlling* (im Druck). Wiesbaden: Springer Gabler.

Dimson, Elroy, Paul Marsh, und Mike Staunton. 2013. Credit Suisse Global Investment Returns Yearbook.

Dörschell, Andreas, Lars Franken, und Jörn Schulte. 2012. *Der Kapitalisierungszinssatz in der Unternehmensbewertung*, 2. Aufl. Düsseldorf.

Fama, Eugene F., und Kenneth R. French. 1993. Common risk factors in the returns on stocks and bonds. *Journal of Financial Economics* 33:3–56.

Fleischer, Holger. 2012. Rechtsfragen der Unternehmensbewertung bei geschlossenen Kapitalgesellschaften – Minderheitenabschlag, Fungibilitätsabschlag, Abschlag für Schlüsselpersonen. *ZIP* 33:1633–1642.

Gebhardt, Günther, und Holger Daske. 2005. Kapitalmarktorientierte Bestimmung von risikofreien Zinssätzen für die Unternehmensbewertung. *WPg* 58:649–655.

Hachmeister, Dirk. 1999. *Der Discounted Cash Flow als Maß der Unternehmenswertsteigerung*, 4. Aufl. Frankfurt a. M.

Hachmeister, Dirk und Jörg Wiese. 2009. Der Zinsfuß in der Unternehmensbewertung: Aktuelle Probleme und Rechtsprechung. *WPg* 62:54–65.

Hachmeister, Dirk, Benjamin Kühnle, und Niklas Lampenius. 2009. Unternehmensbewertung in Squeeze-Out-Fällen: eine empirische Analyse. *WPg* 62:1234–1246.

Hachmeister, Dirk, Frederik Ruthardt, und Niklas Lampenius. 2011. Unternehmensbewertung im Spiegel der neueren gesellschaftsrechtlichen Rechtsprechung – Berücksichtigung des Risikos, Risikozuschlags und persönlicher Steuern. *WPg* 64:829–839.

Hofbauer, Edith. 2011. *Kapitalkosten bei der Unternehmensbewertung in den Emerging Markets Europas*. Wiesbaden.

Hachmeister, Dirk, Niklas Lampenius, und Martin Stähle. 2012a. The decision-usefulness of ideal cost and value accounting regimes in the context of valuation and stewardship. *Zeitschrift für Betriebswirtschaft*, Special Issue 5. Corporate Governance, Regulierung und Rechnungslegung, 161–181.

Hachmeister, Dirk, Fiona Ungemach, und Frederik Ruthardt. 2012b. Bestimmung der Kapitalkosten beim Impairment Test – Kritische Bemerkungen zum Ansatz von Prämien für Länderrisiken und geringe Unternehmensgröße. *IRZ* 7:233–237.

Hachmeister, Dirk, und Frederik Ruthardt. 2014a. Herausforderungen bei der Bewertung von KMU: Entnahmeplanung. *DStR* 52:158–163.

Hachmeister, Dirk, und Frederik Ruthardt. 2014b. Herausforderungen bei der Bewertung von KMU: Risikozuschlag. *DStR* 52:488–493.

Holthausen, Robert W., und Mark E. Zmijewski. 2014. *Corporate valuation. Theory, evidence & practice*. Cambridge: Cambridge Business Publishers.

IDW. 2005. IDW S 1: IDW Standard: Grundsätze zur Durchführung von Unternehmensbewertungen (IDW S 1). *WPg* 58:1303–1321.

IDW. 2012. FAUB: Hinweise zur Berücksichtigung der Finanzmarktkrise bei der Ermittlung des Kapitalisierungszinssatzes. *IDW-FN* 65:568 f.

IDW. 2014. *WP-Handbuch 2014*, Bd. II, 14. Aufl. Düsseldorf.

Jonas, Martin, Heike Wieland-Blöse, und Stefanie Schiffarth. 2005. Basiszinssatz in der Unternehmensbewertung. *FB* 7:647–653.

Jonas, Martin. 2011. Die Bewertung mittelständischer Unternehmen – Vereinfachungen und Abweichungen. *WPg* 64:299–309.

Knoll, Leonhard. 2010. Anmerkungen zur Mittelungsproblematik historischer Marktrisikoprämien. In *Unternehmensbewertung, Festschrift für Mandl*, Hrsg. Heinz Königsmaier und Klaus Rabel, 325–343. Wien.

Koller, Tim, Marc Goedhart, und David Wessels. 2010. *Valuation – Measuring and Managing the Value of Companies*, 5. Aufl. Hoboken, N. J.

Moxter, Adolf. 1983. *Grundsätze ordnungsmäßiger Unternehmensbewertung*, 2. Aufl. Wiesbaden.

Nelson, Charles R., und Andrew F. Siegel. 1987. Parsimonious modeling of yield curves. *The Journal of Business* 60:473–489.

Obermaier, Robert. 2008. Die kapitalmarktorientierte Bestimmung des Basiszinssatzes für die Unternehmensbewertung: the Good, the Bad and the Ugly. *FB* 10:493–507.

Reese, Raimo, und Jörg Wiese. 2007. Die kapitalmarktorientierte Ermittlung des Basiszinses für die Unternehmensbewertung. *ZBB* 19:38–52.

Rudolph, Bernd, und Peter Zimmermann. 1998. Alternative Verfahren zur Ermittlung und zum Einsatz von Betafaktoren. In *Handbuch Portfoliomanagement*, Hrsg. Jochen M. Kleeberg und Heinz Rehkugler, 435–458. Bad Soden/Ts.

Schulz, Anja, und Richard Stehle 2005. Empirische Untersuchungen zur Frage CAPM vs. Steuer-CAPM. *AG,* Sonderheft, 22–34.

Schulz, Roland. 2009. *Größenabhängige Risikoanpassungen in der Unternehmensbewertung.* Düsseldorf.

Stehle, Richard, und Anette Hartmond. 1991. Durchschnittsrenditen deutscher Aktien. *KuK 24*:371–411.

Stehle, Richard. 2004. Die Festlegung der Risikoprämie von Aktien im Rahmen der Schätzung des Wertes von börsennotierten Kapitalgesellschaften. *WPg* 57:906–927.

Svensson, Lars E. O. 1994. Estimating and interpreting forward interest rates: Sweden 1992–1994. NBER working paper, no. 4871. Cambridge.

Svensson, Lars E.O. 1995. Estimating forward interest rates with the extended Nelson & Siegel method. *Quarterly Review* 3:13–26, Sveriges Riksbank

Wiese, Jörg, und Peter Gampenrieder. 2007. Kapitalmarktorientierte Bestimmung des Basiszinses – Möglichkeiten und Grenzen. *ST* 81:442–448.

Wiese, Jörg und Peter Gampenrieder. 2008. Marktorientierte Ableitung des Basiszinses aus Bundesbank- und EZB-Daten. *BB* 63:1722–1726.

Zimmermann, Peter. 1997. *Schätzung und Prognose von Betawerten.* Bad Soden/Ts.

Planung im Zusammenhang mit der Bilanzierung und Bewertung nach IFRS

Thomas Barth

Zusammenfassung

Die Rechnungslegung nach IFRS hat im Vergleich zur Rechnungslegung nach dem deutschen HGB vielfältige Berührungspunkte zum Controlling. Insbesondere wird in verschiedenen Standards auf zukünftige Ereignisse abgestellt. Um eine korrekte und IFRS-konforme Bilanzierung und Bewertung zu gewährleisten, sind umfangreiche Informationen aus dem Controlling notwendig. Das Controlling übernimmt hierbei die Funktion eines Daten- und Methodenlieferants.

Schlüsselwörter

IFRS · Controllingaufgaben · Management Approach · Fair Value · Impairment · Selbst erstellte immaterielle Vermögenswerte · Latente Steuern · Umsatzerlöse · Leasingverträge

1 Einleitung

Die Rechnungslegung nach den International Financial Reporting Standards (IFRS) ist in der Zwischenzeit bei international tätigen Unternehmen Standard und wird auch vermehrt im Mittelstand angewendet. Hintergrund ist neben der gesetzlichen Vorgabe durch die EU-Verordnung zur IFRS-Rechnungslegung vor allem eine verbesserte Transparenz von IFRS-Abschlüssen im Vergleich zu HGB-Abschlüssen.

Sowohl die IFRS-Rechnungslegung als auch das Controlling als Funktion haben die Aufgabe, den zuständigen Stellen und Gremien entscheidungsrelevante Informationen zu liefern. Durch diese gleich gerichteten Ziele ergibt sich teilweise eine Harmonisierung von internem und externem Rechnungswesen. Häufig müssen entscheidungsrelevante Informationen nicht mehr aus einem separaten internen Rech-

T. Barth (✉)
Hochschule für Wirtschaft und Umwelt, Nürtingen, Deutschland
E-Mail: thomas.barth@hfwu.de

W. Becker, P. Ulrich (Hrsg.), *Handbuch Controlling*,
https://doi.org/10.1007/978-3-658-26431-4_63

nungswesen entnommen werden, sondern können direkt aus dem externen Rechnungswesen nach IFRS abgeleitet werden. Auf der anderen Seite sind für die IFRS-Rechnungslegung zwingend Informationen aus dem Controlling, dem internen Rechnungswesen, notwendig. So werden nicht ausschließlich Informationen aus der Bewertung vergangener Geschäftsabläufe benötigt, sondern zudem vielfach auch interne Planwerte. Bei Bilanzierungs- und Bewertungsstandards, bei denen solche Planwerte notwendig sind, kommen die zentralen Informationen für die Jahresabschlusserstellung aus dem Controlling.

Im Folgenden werden verschiedene IFRS-Standards dahingehend untersucht, inwieweit Planwerte in die Bilanzierung oder Bewertung einfliessen und welche Aufgabe hierbei das Controlling wahrnimmt bzw. ob die im Rahmen der IFRS-Rechnungslegung geforderte Vorgehensweise controllingkonform ist, das heißt mit den Controllingzielen einhergeht. Hierzu wird zunächst ein kurzer Überblick über die Ziele und den Grundaufbau der IFRS-Rechnungslegung gegeben und anschließend die Funktion des Controlling definiert. Danach wird die Verknüpfung zwischen der IFRS-Rechnungslegung und dem Controlling allgemein dargestellt, bevor auf die Notwendigkeit von Planwerten in einzelnen Standards eingegangen wird. Es wird untersucht, inwieweit diese Planwerte vom Controlling bereitgestellt werden können.

2 Grundaufbau der IFRS

Die Ursprünge der IFRS gehen auf das Jahr 1973 zurück, in dem das International Accounting Standards Committee (IASC) als privatrechtliche Organisation in London gegründet wurde. Die Aufgabe des IASC sollte darin bestehen, supranationale, d. h. von einzelnen Staaten unabhängige, einheitliche Rechnungslegungsvorschriften zu entwickeln, um eine Vergleichbarkeit der Abschlüsse internationaler Unternehmen herzustellen (vgl. Hirschböck et al. 2017, S. 1). Die entwickelten Rechnungslegungsvorschriften trugen die Bezeichnung International Accounting Standards (IAS). Anfang des Jahres 2001 wurde die Organisation des IASC grundlegend reformiert und orientiert sich seitdem stark an der Struktur der amerikanischen Standardsetter, des Financial Accounting Standards Board (FASB). Das IASC wurde daraufhin in International Accounting Standards Board (IASB) umbenannt. Diese Umstrukturierung wirkte sich auch auf die Bezeichnung der Standards aus. Alle ab dem 1. Januar 2001 neu erlassenen Standards sowie die Gesamtheit aller Standards tragen nun die Bezeichnung International Financial Reporting Standards (IFRS). Die Bezeichnung für die von der Vorgängerorganisation erlassenen Standards blieb daneben erhalten (vgl. Heuser und Theile 2019, S. 12 ff.). So sind Stand Mai 2020 27 Standards mit der Bezeichnung IAS und 16 Standards mit der Bezeichnung IFRS in Kraft.

Im Folgenden wird der Begriff IFRS sowohl für das Rechnungslegungssystem als auch für die Gesamtheit aller Standards (IAS und IFRS) verwendet. Für Einzelstandards wird deren offizielle Bezeichnung benutzt. Betreffen Erläuterungen die Organisation, so wird für den Zeitraum vor 2001 die Bezeichnung IASC verwendet und ab 2001 die Bezeichnung IASB. Bevor es zur Verabschiedung eines Standards kommt, wird zuerst ein sogenannter exposure draft (ED) veröffentlicht. Ein exposure draft ist somit die Vorstufe zur Verabschiedung eines Standards. Er stellt den vom IASB favorisierten Lösungsansatz dar und wird zum Zwecke der Kommentierung publiziert und der Öffentlichkeit zur Verfügung gestellt (vgl. Zülch und Hendler 2017, S. 40 ff.). Durch die dargestellte Umstrukturierung der Organisation sowie die angestrebte Konvergenz mit dem amerikanischen Rechnungslegungssystem US-GAAP wurden bzw. werden nahezu alle bestehenden IAS entweder überarbeitet oder durch neue IFRS ersetzt.

Die Zielsetzung von Jahresabschlüssen nach IFRS liegt in der Vermittlung entscheidungsnützlicher Informationen (decision usefulness) für Investoren. Um das Informationsvermittlungsziel zu erfüllen, basiert der IFRS-Abschluss auf zwei grundsätzlichen Annahmen (Rahmenkonzept 22 und 23):

- der Periodenabgrenzung (accrual principle) und
- der Unternehmensfortführung (going concern).

Die Basisannahme der Unternehmensfortführung (going concern) beinhaltet qualitative Merkmale. Zu den wichtigsten qualitativen Anforderungen an entscheidungsrelevanten Informationen aus dem Rahmenkonzept 24 ff. zählen:

- Relevanz (relevance)
- Glaubwürdige Darstellung (faithful representation)
- Vergleichbarkeit (comparability)
- Verständlichkeit (understandability)

Das Kriterium der Relevanz ist im Zusammenhang mit der Zielsetzung der Vermittlung von entscheidungsnützlichen Informationen zu sehen. Demnach müsste ein Unternehmen alle intern verfügbaren Informationen, welche entscheidungsrelevant sind, veröffentlichen. Dies ist jedoch aufgrund der großen Menge sowohl für die Unternehmensleitung als auch für die Investoren nicht zielführend. Aus diesem Grund wird das Kriterium der Relevanz mit der Unterordnung durch das Kriterium der Wesentlichkeit relativiert. Das bedeutet, dass unwesentliche Informationen nicht die wesentlichen Informationen überdecken dürfen. Außerdem können unwesentliche Informationen weggelassen werden, wenn diese zur Verschleierung führen.

Das Kriterium der glaubwürdigen Darstellung wird durch die Grundsätze der Vollständigkeit und Neutralität sowie der Fehlerfreiheit, der Willkürfreiheit, der Vorsicht und der Vollständigkeit konkretisiert.

Das Kriterium der Verständlichkeit beinhaltet die klare und konsistente Darstellung von Informationen. Dabei ist von einer gewissen Kompetenz des Adressaten auszugehen.

Die Vergleichbarkeit erfordert, dass die angewendeten Ansatz- und Bewertungsmethoden angegeben werden und dass auf Änderungen hingewiesen wird, um eine zeitliche und zwischenbetriebliche Vergleichbarkeit sicherzustellen. Die Vergleichbarkeit im Zeitablauf setzt die Beachtung der Stetigkeit auch der Darstellung voraus (IAS 1.45). Die Vergleichbarkeit kann zu einer Verbesserung von entscheidungs-

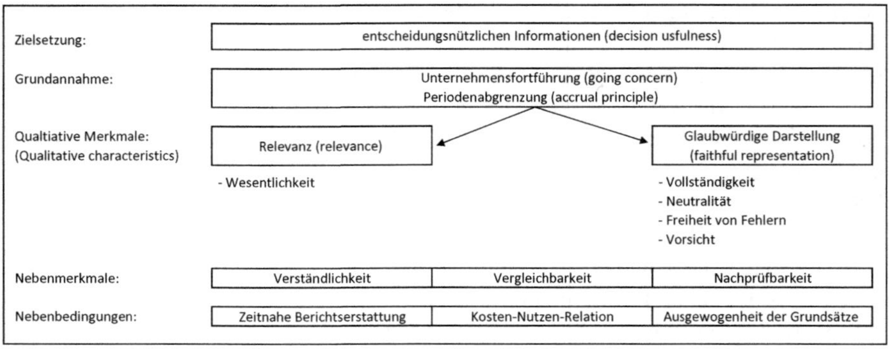

Abb. 1 System der allgemeinen Rechnungslegungsgrundsätze der IFRS (Petersen et al. 2019, S. 8)

relevanten Informationen führen in Bezug auf die Bewertung von Handlungsalternativen. Wahlrechte beeinflussen diese Vergleichbarkeit.

Bei der Erfüllung der Relevanz und der glaubwürdigen Darstellung kann es zu Zielkonflikten kommen. Zum einen ist die zeitliche Anforderung ein Problem, denn durch eine schnelle Zurverfügungstellung entscheidungsrelevanter Daten können unzuverlässige Daten geschätzt werden (vgl. Heuser und Theile 2019, S. 85).

Zum anderen ist die Ausgewogenheit von Kosten (cost constraint) ein weiterer Zielkonflikt. Die Kosten der Informationsbereitstellung sollen den Nutzen nicht überschreiten. Es muss also drauf geachtet werden, dass ein ausgewogenes Kosten-Nutzen-Verhältnis eingehalten wird (vgl. Hirschböck et al. 2017, S. 3).

Ein weiterer Zielkonflikt ergibt sich allgemein aus der Ausgewogenheit zwischen den qualitativen Charakteristiken (balance between qualitative characteristics). Bei solch einem Konflikt ist abzuwägen, welche Anforderung bevorzugt werden soll, denn das Rahmenkonzept gibt keinen Hinweis zur Lösung. Wichtig ist, dass eine möglichst breite und angemessene Ausgewogenheit zwischen den einzelnen qualitativen Anforderungen sichergestellt wird (vgl. Zülch und Hendler 2017, S. 69 ff.).

Abb. 1 fasst die übergeordneten Grundsätze der IFRS-Rechnungslegung zusammen. Die Zielsetzung der Rechnungslegung, entscheidungsrelevante Informationen für Investoren zu vermitteln, führt unter Beachtung der dargestellten Grundsätze zu einem den tatsächlichen Verhältnissen entsprechenden Bild der Vermögens-, Finanz-, und Ertragslage (true and fair view/fair presentation) (vgl. Coenenberg et al. 2018, S. 69). Im Gegensatz zu den Rechnungslegungsvorschriften nach dem deutschen HGB, welche durch das Realisationsprinzip zu einer verzerrten Darstellung der Unternehmenslage führen, stellt die Rechnungslegung nach IFRS eine ökonomisch fundierte Abbildung des Unternehmens dar.

3 Controllingfunktion

Die Funktion des Controlling wird in der Literatur und Praxis sehr kontrovers diskutiert. Aus Sicht der International Group of Controlling (IGC) wird die Aufgabe des Controllers in der Gestaltung und Begleitung des Managementprozesses der

Zielfindung, Planung und Steuerung definiert. Der Controller trägt somit eine Mitverantwortung für die Zielerreichung (vgl. IGC 2013, online).

Weber sieht die Rolle des Controlling in Analogie zur Qualitätssicherung in der industriellen Produktion als Rationalitätssicherung bzw. Sicherstellung von Effizienz und Effektivität der Führung. Unter Rationalität wird die herrschende Meinung von Fachleuten hinsichtlich einer bestimmten Zweck-Mittel-Situation verstanden. Der Controller trägt durch eine Kombination aus Entlastungs-, Ergänzungs- und Begrenzungsaufgaben zu einer optimalen Allokation der Aufmerksamkeit des Managements bei (vgl. Weber und Schäffer 2016, S. 27 ff.).

Horvath hingegen sieht die Controllingfunktion in der ergebniszielorientierten Koordination von Planung und Kontrolle sowie Informationsversorgung (vgl. Horváth et al. 2020, S. 62).

Die verschiedenen Definitionen haben als gemeinsame Basis die Hauptaufgabe des Controlling. Diese besteht in der Generierung von betriebswirtschaftlich relevanten Informationen für das Management zur Unterstützung von Entscheidungen. Entscheidungsrelevante Informationen basieren immer auf Plan- bzw. Prognosewerten. Vor diesem Hintergrund stellt die Unterstützung der Planung bzw. die Metaplanung eines der wesentlichen Aufgabengebiete des Controlling dar. (vgl. Horváth et al. 2017, S. 5 f.)

4 Management Approach als Bindeglied zwischen Controlling und IFRS

Der Begriff „Management Approach“ stammt aus dem Englischen und kann mit Ansatz/Vorgehensweise der Unternehmenssteuerung übersetzt werden. Der Begriff wurde im Rahmen der Segmentberichterstattung nach dem US-Standard SFAS 131 (Statements of Financial Accounting Standards) als Methode eingebracht. Inzwischen wurde diese Regelung auch über IFRS 8 in die IFRS-Finanzberichterstattung übernommen. In diesem Standard wird festgelegt, dass Informationen aus dem internen Rechnungswesen für die Darstellung im externen Rechnungswesen entnommen werden, um Steuerungs- und Entscheidungsstrukturen eines Unternehmens transparent zu machen. Der Begriff „Management Approach“ wird mittlerweile in einem weiteren Zusammenhang verwendet, und zwar wenn die IFRS-Rechnungslegung für die Abbildung von Sachverhalten in der Finanzberichterstattung auf Informationen zurückgreift, die im Rahmen des Controllingprozesses für die Unternehmenssteuerung verwendet werden. (vgl. Weißenberger 2011, S. 181 f.)

Das Konzept entstand auf Basis eines Prozesses, in dem von normativer Seite aus das zunehmende Bedürfnis von Investoren nach zukunftsorientierten und entscheidungsnützlichen Informationen erfüllt werden sollte. Darin kann die Verantwortung des Controllers als Informationslieferant für die IFRS-Rechnungslegung gesehen werden. (vgl. Belohuby 2014, S. 156)

Die Zielsetzung der IFRS – den Investoren entscheidungsrelevante Informationen zu präsentieren – kommt in ihrem Rahmenkonzept Ziffer 11 zum Ausdruck: „… die veröffentlichten Abschlüsse basieren auf den vom Management verwendeten Informationen über die Vermögens-, Finanz- und Ertragslage sowie Veränderungen in der

Vermögens- und Finanzlage des Unternehmens." Der Management Approach basiert auf dem Grundgedanken, dass die Informationen, die für die interne Unternehmenssteuerung herangezogen werden, auch für externe Nutzer, bspw. für die Investoren, eine wichtige Bedeutung haben (vgl. Grünberger 2017, S. 398). Dadurch soll eine Abbildung des Unternehmens aus Sicht des Managements und eine bessere Präsentation der Tätigkeiten des Managements für außenstehende Nutzer erreicht werden. (vgl. Belohuby 2014, S. 156)

Die Relevanz des Management Approach nimmt mit der steigenden Bedeutung der IFRS-Rechnungslegung zu, ebenso die damit verbundenen umfassenden Implikationen.

Infolgedessen hat der Management Approach der IFRS-Rechnungslegung auch einen großen Einfluss auf die Rolle und die Aufgaben des Controlling. Insgesamt ist davon auszugehen, dass die Bedeutung des Controllingbereichs innerhalb des Unternehmens durch die IFRS zunehmen wird.

Bei der Informationsfunktion im Sinne des Management Approach geht es darum, bilanzielle Werte nicht nur zu fundieren, sondern auch zu plausibilisieren. Dabei sind zwei Ausprägungen des Management Approach zu unterscheiden (vgl. Weißenberger 2011, S. 185):

- Zum einen die unmittelbare Übernahme von Controllinginformationen in die IFRS-Abschlüsse ohne jegliche Veränderungen.
- Zum anderen die mittelbare Herleitung von Informationen für das IFRS-Reporting aus internen Controllinginformationen.

Bei der unmittelbaren Übernahme werden zum Beispiel die intern festgelegten Segmente aus dem Management Reporting in die Segmentberichterstattung übernommen.

Werden die Informationen unmittelbar, also ohne weitere Datenaufbereitung in die externe Berichterstattung übernommen, so treten folgenden Vorteile im Zusammenhang mit dem Management Approach zutage:

- erhöhte Entscheidungsrelevanz für Investoren, da diese dieselben Informationen wie das Management haben,
- geringe (oder keine) zusätzlichen Datenermittlungskosten, da die Daten bereits vorliegen und
- geringerer Koordinationsaufwand im Rahmen der Abschlussprüfung.

Bei der mittelbaren Herleitung werden zum Beispiel Informationen aus dem Controlling für die Bewertung weiterverarbeitet. Hierbei handelt es sich in der Regel um Planwerte, die in die Bewertung von Vermögenswerten und Schulden eingehen. Werden aber Informationen erst unmittelbar für die Berichterstattung vom Controlling generiert, so ist es kein Management Approach mehr. (vgl. Belohuby 2014, S. 157)

Im Folgenden wird insbesondere die zweite Ausprägung des Management Approach näher analysiert, da hier das Zusammenspiel von IFRS-Rechnungslegung

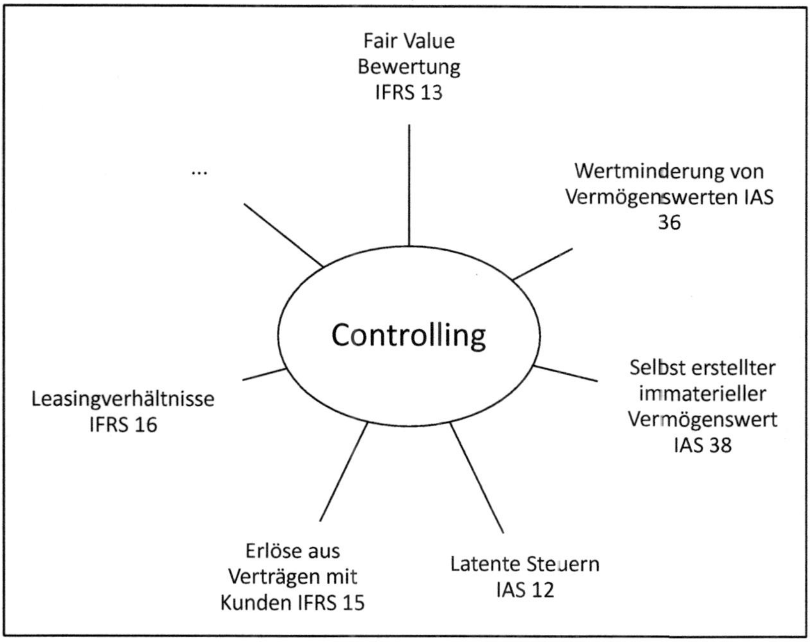

Abb. 2 IFRS-Regelungen mit Einfluss auf das Controlling (Eigene Darstellung)

und Controlling nicht direkt offensichtlich ist. In Abb. 2 werden Standards aufgeführt, die nachfolgend näher untersucht werden.

Früher wurde der Controller als betriebswirtschaftlicher Berater betrachtet. Durch den Management Approach haben Controller außerdem die Rolle des Informationsdienstleisters und dadurch die Mitverantwortung für einen Teil der externen Finanzberichterstattung erhalten. Die Aktionsfelder des Controlling haben deshalb Veränderungen erfahren. Viele IFRS greifen Informationen aus originären Controllerbereichen wie Planung, Kontrolle, aber auch Berichtswesen und Performance-Messung auf.

Aber auch die Aufgaben in derivativen Controllerbereichen weisen Veränderungen auf. So muss eine Anpassung der controllingrelevanten IT-Systeme an die IFRS-Rechnungslegung erfolgen, wie z. B. die Einführung von Buchhaltungs-, Planungs- und Konsolidierungstools. Auch ist die Einrichtung von zusätzlich erforderlichen Bezugsobjekten, wie zum Beispiel cash-generating units für den Werthaltigkeitstest nach IAS 36, durch die IFRS-Rechnungslegung notwendig. Dadurch soll sichergestellt werden, dass Management Approach-Informationen für die Bilanzierung nicht im Rahmen einer Parallel-Planung bzw. eines Parallel-Reporting mehrmals erstellt werden. Darüber hinaus können Anpassungen von IT-Systemen im Hinblick auf die Beschleunigung von internen Controllingprozessen sinnvoll sein, um die notwendigen Informationen zeitnah für die Erstellung von Jahres- bzw. Zwischenabschlüssen bereitzustellen. (vgl. Weißenberger 2011, S. 182 ff.)

5 Fair Value-Bewertung

Unter Fair Value-Bewertung versteht man ganz allgemein die Bewertung von Vermögenswerten und Schulden zum aktuellen Marktpreis (vgl. Grünberger 2017, S. 33). Der Fair Value ist auch als beizulegender Zeitwert bekannt. Das Problem des Fair Value ist, dass dieser Wert mehrmals in verschiedenen Standards definiert worden ist und es somit keine eindeutig festgelegte Definition gab. Aus diesem Grund wurde ein übergeordneter IFRS-Standard erarbeitet, welcher das Fair Value-Konzept für alle relevanten Standards übergreifend regelt. Der seit dem 1. Januar 2013 gültige IFRS 13 hat das Ziel, den Fair Value-Gedanken deutlich zu vereinfachen und zu vereinheitlichen. Der Fair Value ist bei der Bewertung von Vermögenswerten und Schulden nach IFRS anzuwenden. In IFRS 13.9 wird der Fair Value als Preis definiert, welcher bei einem gewöhnlichen Geschäftsvorfall zwischen Marktteilnehmern am Bemessungsstichtag beim Verkauf eines Vermögenswertes erzielt worden wäre oder der für die Übertragung einer Schuld zu zahlen wäre. Diese neue Definition zielt somit auf die Abgangsfiktion und nicht wie die bisherigen Definitionen auf die Tauschfiktion ab. Ein weiterer wichtiger Punkt des IFRS 13 und der Fair Value-Bewertung sind die neuen Bewertungshierarchien oder auch Bewertungsstufen (IFRS 13.38):

- **Stufe 1:** Diese beinhaltet die tatsächlichen Marktpreise, welche an aktiven Märkten ermittelt werden, für Bewertungsobjekte wie Vermögenswerte und Schulden.
- **Stufe 2:** Auf dieser Ebene spielen die sonstigen beobachtbaren Faktoren eine Rolle, wie Marktpreise für ähnliche Vermögenswerte bzw. Schulden oder Preise an inaktiven Märkten.
- **Stufe 3:** Diese beinhaltet Faktoren, welche nur dann herangezogen werden sollen, wenn die Werte aus den Stufen 1 und 2 nicht verfügbar sind. Diese Faktoren bedürfen der Weiterentwicklung, um daraus Annahmen ableiten zu können. Zu beachten ist, dass alle verfügbaren Informationen einbezogen werden müssen. Der Fair Value wird über eine marktnahe Bewertung (mark-to-model) durch Bewertungsmodelle, wie zum Beispiel das DCF-Verfahren, ermittelt. Es wird ein vollkommener Kapitalmarkt unterstellt.

Grundsätzlich ist die Bewertungsstufe zu wählen, für die die notwendigen Informationen vorliegen. Je niedriger die Bewertungsstufe ist, desto aussagekräftiger ist der Fair Value. Zudem bestimmen sich die Umfänge der Angabepflichten im Anhang nach der jeweiligen Stufe, was die Transparenz des Jahresabschlusses verbessern soll. (vgl. Zülch und Hendler 2017, S. 99)

Einfluss auf das Controlling

Insbesondere für den Fall, dass keine Marktdaten vorhanden sind, werden für eine Bewertung zum Fair Value Plandaten für die Bewertungsmodelle (mark-to-model) benötigt. Hierbei müssen zukünftige Cashflows, welche zum Beispiel eine Sachanlage generiert, prognostiziert werden. Der Barwert dieser zukünftigen Cashflows stellt dann den Fair Value dar. Entsprechend der zuvor dargestellten Funktion des Controlling zählt die Bereitstellung von prognostizierten zukünftigen Cashflows zu den Aufgaben des Controlling. Hierbei sind vom Controlling die Anforderungen der IFRS an die Bewertungsmodelle zu berücksichtigen. Auch zu beachten ist die Nichtaktivierung von Nebenkosten beim Unternehmenserwerb nach IFRS 3. Hier ist das erworbene Vermögen inkl. Goodwill mit dem Fair Value der Gegenleistung (IFRS 3.37) anzusetzen und nicht mehr mit den Anschaffungskosten. In Bezug auf die Erfordernisse der IFRS zur sachlich richtigen Abgrenzung sowie den Abzinsungssätzen und -zeiträumen wird auf die Ausführungen im nächsten Abschnitt verwiesen.

6 Wertminderung von Vermögenswerten nach IAS 36

Wie bereits dargestellt, ist es das übergeordnete Ziel der IFRS-Rechnungslegung, den Adressaten entscheidungsrelevante Informationen zur Verfügung zu stellen, damit sie einen Überblick über die tatsächliche wirtschaftliche Situation des Unternehmens (fair presentation) erhalten.

In der IFRS-Rechnungslegung werden neben planmäßigen Wertminderungen (planmäßige Abschreibungen) auch außerplanmäßige Abschreibungen (impairments) erfasst.

Indikatoren für eine außerplanmäßige Wertminderung eines Vermögenswertes sind zum Beispiel (IAS 36.12-14):

- ein erheblicher Rückgang des Marktwerts
- eingetretene oder drohende nachteilige Veränderungen des wirtschaftlichen, rechtlichen oder technischen Umfelds
- gestiegene Zinssätze
- ein Buchwert des Eigenkapitals, der höher ist als seine Marktkapitalisierung
- Schadensfälle sowie technische Überalterungen des Vermögenswerts
- nachteilige Veränderungen in der Nutzung des Vermögenswerts, Verkaufs- oder Stilllegungspläne
- Informationen aus dem Berichtswesen, die auf eine verschlechterte Wirtschaftlichkeit hinweisen etc.

Der Werthaltigkeitstest (Impairment-Test) ist ein wesentlicher Baustein der IFRS-Rechnungslegung. Wenn eine Wertminderung bei Vermögenswerten festgestellt wird, ist eine außerplanmäßige Abschreibung erforderlich. Diese darf nur dann erfolgen, wenn die Bedingungen des Werthaltigkeitstests erfüllt sind.

Eine Wertminderung gem. IAS 36.59 liegt vor, wenn der erzielbare Betrag (recoverable amount) unter den Buchwert absinkt. Nur in diesem Fall kommt es zu einer außerplanmäßigen Abschreibung.

Nach IAS 36.6 gilt als erzielbarer Betrag eines Vermögenswerts der höhere Wert aus:

- beizulegendem Zeitwert abzüglich Verkaufskosten
  (fair value less cost to sell) und
- Nutzungswert (value in use).

Nach IFRS 36.6 ist der Nutzungswert der Barwert des zukünftigen Cashflows, der voraussichtlich aus einem Vermögenswert abgeleitet werden kann.

In der Berechnung des Nutzungswerts müssen sich folgende Faktoren niederschlagen (IAS 36.30):

a) zu erwartende Mittelzuflüsse aus der fortgesetzten Nutzung des Vermögenswertes
b) Erwartungen über mögliche Abweichungen der künftigen Cashflows
c) Zeitwert des Geldes
d) ein Risikozuschlag, um der Unsicherheit von Vermögenswert und resultierenden Cashflows Rechnung zu tragen
e) andere Einflussfaktoren, wie z. B. mangelnde Liquidität.

Der Anwendungsbereich des Werthaltigkeitstests nach IAS 36 gilt ausschließlich für folgende Vermögenswerte:

- Vermögenswerte des Sachanlagevermögens (nach IAS 16.53),
- immaterielle Vermögenswerte (nach IAS 38.111),
- Geschäfts- oder Firmenwert (goodwill) (IFRS 3.55),
- Anteile an Tochterunternehmen, Gemeinschaftsunternehmen und assoziierten Unternehmen.

Von einem Werthaltigkeitstest nach IAS 36 sind Vermögenswerte ausgeschlossen, wenn sie als zur Veräußerung bestimmt klassifiziert sind.

Der Werthaltigkeitstest erfolgt in zwei Schritten:

- Im ersten Schritt wird überprüft, ob Anhaltspunkte für eine Wertminderung vorliegen.
- Im zweiten Schritt wird ein Vergleich zwischen dem Buchwert des Vermögenswerts und seinem erzielbaren Betrag vorgenommen

Sehr häufig kann der Nutzungswert nicht ermittelt werden, weil eine direkte Cash-Flow-Zurechnung zu einzelnen Vermögenswerten nicht möglich ist (vgl. Grünberger 2017, S. 83). In diesem Fall wird die Werthaltigkeit auf einer übergeordneten Ebene, der sogenannten zahlungsmittelgenerierenden Einheit (cash generating unit, CGU), geprüft und dort ggf. die Wertminderung berücksichtigt. Die CGU wird in IAS 36.6 als kleinste identifizierbare Gruppe von Vermögenswerten definiert, die Mittelzuflüsse erzeugen, welche weitestgehend unabhängig von den Mittelzuflüssen anderer Vermögenswerte sind (vgl. Heuser und Theile 2019, S. 405). Bei bestimmten immateriellen Vermögenswerten schreibt IAS 36 eine jährliche Werthaltigkeitsprüfung auch ohne entsprechende Hinweise auf eine Wertminderung vor.

Dazu gehören:

- Der Geschäfts- oder Firmenwert aus Unternehmenszusammenschlüssen,
- andere immaterielle Vermögenswerte mit einer unbestimmbaren Nutzungsdauer,
- immaterielle Vermögenswerte, die am Abschlussstichtag noch nicht zur Verfügung (zum Gebrauch) stehen.

Für die Einteilung von CGUs ist es entscheidend, wie die Geschäftsleitung bzw. das Controlling die Leistung des Unternehmens misst (z. B. nach Produktlinien, Geschäftsfeldern, Standorten, Regionen). IAS 36 wählt bewusst eine sehr allgemeine Definition, damit Unternehmen eine möglichst sinnvolle und flexible Einteilung entsprechend der internen Leistungssteuerung wählen können (zum Beispiel anhand bestehender Profit Center). Allerdings müssen CGUs möglichst kleine Einheiten sein. (vgl. Grünberger 2017, S. 84)

Beispiele für selbstständige CGUs sind (vgl. Grünberger 2017, S. 84):

- Filialen einer Handelskette,
- eine Produktionsstätte, die Vorprodukte für die Weiterverarbeitung in anderen Produktionsstätten erstellt;
- einzelne Zeitschriftentitel eines Verlags, wenn die Verkaufs- und Werbeeinnahmen für jede Zeitschrift getrennt festgestellt werden können.

Einfluss auf das Controlling Wie bereits ausgeführt, gehören die Planung sowie die Bereitstellung entscheidungsrelevanter Informationen zu den Aufgaben des Controlling. Analog zur Fair Value-Bewertung (vgl. Kap. IX), ergeben sich für das Controlling auch beim Werthaltigkeitstest verschiedene Aufgaben, wie zahlreiche Informationsleistungen aus der Planung und dem Reporting. Zur Verfügung gestellt werden Ist-Informationen für eine Wertminderung sowie Plan-Cashflows zur Ermittlung des Nutzungswertes anhand der Vorgaben des IAS 36. Daher sind interne Planungs- und Reportingsysteme für die Durchführung von Werthaltigkeitstests anzupassen.

Im Folgenden wird untersucht, inwieweit die IFRS die zu verwendenden Daten bereits vorgeben und ob sich diese Vorgaben gegebenenfalls mit den Anforderungen aus der Funktion des Controlling decken.

Aus der oben genannten Vorgehensweise für den Werthaltigkeitstest lassen sich die folgenden wesentlichen Informationsnotwendigkeiten ableiten, die Einfluss auf das Controlling haben können:

1. Identifizierung eines Vermögenswerts, der wertgemindert sein könnte
2. Schätzung der Cashflows für die Bewertung des erzielbaren Betrags
3. Festlegung des Abzinsungssatzes für die Bewertung des erzielbaren Betrags
4. Ggf. Bildung von zahlungsmittelgenerierenden Einheiten

Zu 1. Identifizierung eines Vermögenswerts, der wertgemindert sein könnte IAS 36.8-17 legt fest, ab wann ein Vermögenswert oder eine CGU wertgemindert ist oder in anderen Worten, der Buchwert den erzielbaren Betrag übersteigt.

Das Controlling hat in diesem Zusammenhang die Aufgabe, die in IAS 36.12-14 genannten Anhaltspunkte (siehe oben) für eine Wertminderung zu überprüfen. Hierbei wird zwischen unqualifizierten Vermögenswerten (Vermögen, das planmäßig abgeschrieben werden muss) und qualifiziertem Vermögen (Vermögen, das nicht planmäßig abgeschrieben wird, wie zum Beispiel Goodwill oder sonstiges immaterielles Vermögen mit unbestimmbarer Nutzungsdauer) unterschieden. Diese Unterscheidung ist relevant für die Beantwortung der Frage, wann ein Impairment-Test durchzuführen ist. Bei qualifiziertem Vermögen ist grundsätzlich eine jährliche Wertminderungsprüfung vorzunehmen (IAS 36.10), bei unqualifiziertem Vermögen lediglich bei Vorliegen von Anhaltspunkten für Wertminderungen. Als Anhaltspunkte für eine Wertminderung nennt IAS 36.12 sowohl externe als auch interne Informationsquellen. Zu den externen Informationsquellen zählen zum Beispiel Marktwerte, die sich im technischen, marktbezogenen, ökonomischen oder gesetzlichen Umfeld signifikant verändern, Marktzinssätze und Marktrenditen (IAS 36.12 a) – d)). Als interne Informationsquellen nach IAS 36.12 e) – g) werden Hinweise auf physische Schäden, Überalterung, signifikante Veränderungen, wie zum Beispiel geplante Stilllegung des Vermögenswerts, Restrukturierungen des Bereichs oder substanzielle Hinweise auf eine geminderte Ertragskraft des Vermögenswerts genannt.

Das Controlling hat durch den Aufbau einer geeigneten Reportingstruktur dafür Sorge zu tragen, dass die Anhaltspunkte für mögliche Wertminderungen erfasst werden. Die in IAS 36 genannten Anhaltspunkte sind nicht abschließend und müssen vom Controlling unternehmensindividuell angepasst und ergänzt werden.

Zu 2. Schätzung der Cashflows für die Bewertung des erzielbaren Betrags Die Grundlage für die Schätzung der künftigen Cashflows findet sich in IAS 36.33-54. Dort wird festgelegt, dass die Cashflow-Prognose auf vernünftigen und vertretbaren Annahmen, die den Annahmen zu den ökonomischen Rahmenbedingungen des Managements entsprechen, basieren soll. Hierbei sollen insbesondere externe Hinweise bevorzugt einfließen. Als Prognosezeitraum wird ein Zeitraum von maximal fünf Jahren vorgegeben. Ein längerer Zeitraum muss gerechtfertigt werden. Vor dem Hintergrund, dass immer mehr Unternehmen aufgrund der großen Unsicherheiten ihre langfristige Planung auf drei Jahre beschränken, entspricht diese Vorgabe der allgemein üblichen Vorgehensweise des Controlling. Die Prognosen jenseits des Zeitraums, auf den sich die jüngsten Finanzpläne/Vorhersagen beziehen, sind durch gleichbleibende oder rückläufige Wachstumsraten für die Folgejahre (als Extrapolation der Prognose) zu berücksichtigen. Eine steigende Rate muss explizit gerechtfertigt werden (vgl. Zülch und Hendler 2017, S. 511). Sie darf die langfristige Durchschnittswachstumsrate für die betreffenden Produkte, die Branche oder das Land bzw. den Markt, in dem der Vermögenswert genutzt wird, nicht überschreiten. Diese Vorgabe deckt sich nicht mit den Planungsgrundsätzen des Controlling, da hier die unternehmensindividuell zu erwartenden Wachstumsraten anzusetzen sind. Allerdings lassen die IFRS eine Überschreitung zu, wenn die höheren Raten gerechtfertigt werden können (IAS 36.33c), wovon auch bei einer controllingorientierten Planung auszugehen ist. Eine Überschreitung kann mit einer steigenden Wachstumsrate, die eine langfristige Durchschnittswachstumsrate übertrifft, gerechtfertigt werden.

Die Cashflow-Prognosen müssen vom Management regelmäßig beurteilt und anhand der Überprüfung mit den effektiven Ergebnissen der Vergangenheit verifiziert werden. Hierfür ist eine effektive Abweichungsanalyse durch das Controlling vorzunehmen. Die Änderungen sind im Rahmen einer revolvierenden Planung zu berücksichtigen. Für die Prognose der zukünftigen Cashflows sind zum einen die Mittelzuflüsse und zum anderen die notwendigerweise entstehenden Mittelabflüsse sowie der Netto-Cashflow am Ende der Nutzungsdauer bei Abgang des Vermögenswerts zu schätzen. Hierbei sind nach IAS 36.40 Preissteigerungen aufgrund der allgemeinen Inflation zu berücksichtigen (entweder in den Cashflows oder im Abzinsungssatz). Bei den Mittelabflüssen sind nach IAS 36.41 die tägliche Wartung des Vermögenswertes als auch künftige Gemeinkosten, die vernünftig zugeordnet werden können zu berücksichtigen.

Des Weiteren sind nach IAS 36.44 die künftigen Cashflows auf Basis des gegenwärtigen Zustands des Vermögenswerts zu schätzen. Es dürfen damit keine künftigen Restrukturierungen oder Verbesserungen bzw. Erhöhungen der Ertragskraft berücksichtigt werden. Diese Vorgabe entspricht nicht der controllingorientierten Planung. Hier würden zur Verbesserung der entscheidungsrelevanten Informationen für das Management Maßnahmen zur Verbesserung der Ertragskraft und geplante Restrukturierungen berücksichtigt werden. Da hierfür in der Regel aber auch eine Szenario-Analyse durchgeführt wird, für die der Plan ohne Verbesserungen als Basis vorliegt, sind die Cashflows im gegenwärtigen Zustand des Vermögenswerts problemlos aus dem Controlling ableitbar. (vgl. Grünberger 2017, S. 81)

Zu 3. Festlegung des Abzinsungssatzes für die Bewertung des erzielbaren Betrags Als Abzinsungssatz wird gem. IAS 36.55 ein Zinssatz vor Steuern vorgeschrieben, was sich mit der üblichen Vorgehensweise der controllingorientierten Planung deckt.

Der Zinssatz spiegelt den Zinseffekt sowie die speziellen Risiken des Vermögenswerts wieder. Es ist darauf zu achten, dass die Effekte entweder in den geschätzten zukünftigen Cashflows oder aber im Zinssatz berücksichtigt werden, um Doppelerfassungen zu vermeiden. (vgl. Heuser und Theile 2019, S. 430)

Zu 4. Bildung von zahlungsmittelgenerierenden Einheiten Wie zuvor beschrieben, sind CGUs einzurichten, wenn der Werthaltigkeitstest nicht für einen einzelnen Vermögenswert durchgeführt werden kann. Aufgabe des Controlling ist es hierbei, einzelne CGUs zu identifizieren und jeweils eine gesonderte Planungsebene aufzubauen, welche auch im Unternehmensreporting abgebildet wird. Für das externe Rechnungswesen werden vereinfachend und zur Vermeidung von Wertminderungen häufig mehrere gemeinschaftliche CGUs gebildet. Diese Vorgehensweise ist für ein controllingorientiertes Informationssystem ungeeignet, da insbesondere die wertmindernden Faktoren in den einzelnen CGUs von Interesse sind. Die Vorgaben des IAS 36 grenzen eine controllingorientierte Generierung der CGUs nicht ein.

Insgesamt entsprechen die Vorgaben des IAS 36 den im Rahmen der controllingorientierten Unternehmensplanung üblicherweise angewendeten Verfahren. Kommen im Rahmen des Controlling ausnahmsweise Vorgehensweisen zur Anwendung, die nicht mit den Vorgaben des IAS 36 übereinstimmen, können diese entsprechend so angepasst werden, dass für Zwecke der externen Rechnungslegung und des Controlling gleich verfahren wird.

7 Bilanzierung selbst erstellter immaterieller Vermögenswerte nach IAS 38

Innerhalb der letzten 10–15 Jahre hat, unter anderem durch den Wandel von einer Produktions- zu einer Dienstleistungsgesellschaft, die Bedeutung von immateriellen Vermögenswerten stark zugenommen. Daher stellen selbsterstellte immaterielle Vermögenswerte bei vielen Unternehmen einen wesentlichen Teil der Aktiva dar.

Ein immaterieller Vermögenswert ist:

- identifizierbar
- nicht monetär
- ein Vermögenswert und
- ohne physische Substanz

Beispiele hierfür sind Patente, Lizenzen, Absatzrechte sowie Warenzeichen. (IAS 38.9)

Nach IAS 38.24 ist ein selbst erstellter immaterieller Vermögenswert mit den Anschaffungs- oder Herstellkosten zu bewerten.

Während im HGB seit dem BilMoG ein Wahlrecht eingeräumt wird, ob ein Unternehmen seine selbsterstellten immateriellen Vermögensgegenstände aktivieren will oder nicht, besteht nach IAS 38 eine Aktivierungspflicht, sofern gewisse Bedingungen erfüllt sind. IAS 38 unterscheidet auch zwischen dem Firmenwert und sonstigen immateriellen Vermögenswerten. Prinzipiell dürfen dabei nur die Entwicklungsaufwendungen aktiviert werden. Für die Forschungsaufwendungen besteht ein Aktivierungsverbot. Das heißt, dass die Forschungsphase klar von der Entwicklungsphase getrennt sein muss.

Entwicklungsaufwendungen sind nach IAS 38.57 unter folgenden Bedingungen zu aktivieren:

a) Die Fertigstellung muss realisierbar sein.
b) Es muss die Absicht bestehen, den Vermögenswert fertig zu stellen, zu nutzen oder zu verkaufen.
c) Es muss die Fähigkeit bestehen, den Vermögenswert zu nutzen oder zu verkaufen.

d) Das Unternehmen muss aufzeigen, wie der Vermögenswert in Zukunft einen künftigen wirtschaftlichen Nutzen erbringen kann.
e) Das Unternehmen muss über genügend finanzielle, technische und sonstige Ressourcen verfügen, um die Entwicklung des Vermögensgegenstandes abzuschließen.
f) Das Unternehmen muss die Ausgaben für die Entwicklung des Vermögenswertes verlässlich bewerten können.

Für nicht entgeltlich erworbene Marken, Drucktitel, Verlagsrechte, Kundenlisten oder vergleichbare immaterielle Vermögenswerte des Anlagevermögens herrscht nach den IFRS ein Aktivierungsverbot. Ebenso herrscht nach IAS 38.48 für den selbstgeschaffenen Geschäfts- und Firmenwert ein Aktivierungsverbot, da dieser nicht die Ansatzkriterien eines immateriellen Vermögenswertes erfüllt, wie z. B. die Beherrschbarkeit.

Einfluss auf das Controlling
Zur Erfüllung der in IAS 38.57 genannten Bedingungen werden Informationen bzw. die Unterstützung durch das Controlling benötigt.

Im Rahmen des Management Approach sind folgende Informationen vom Controlling bereitzustellen (vgl. Weißenberger 2011, S. 495):

- die Projektplanung und Kalkulation zur Prüfung der Aktivierbarkeit von Entwicklungskosten und
- die projektbezogene Dokumentation der Entwicklungskosten,
- die Abgrenzung der Forschung von der Entwicklung.

Sobald ein selbsterstellter immaterieller Vermögenswert die Kriterien aus IAS 38.57 erfüllt, sind die direkt zurechenbaren Herstellungskosten des immateriellen Vermögenswertes zu aktivieren. Für die Folgebewertung herrscht ein bedingtes Wahlrecht. Hier kann zwischen einer Neubewertung oder einer Fortführung der Anschaffungs- oder Herstellungskosten (abzüglich der planmäßigen oder außerplanmäßigen Abschreibung) gewählt werden.

Der Nachweis des in IAS 38.57 (d) genannten zukünftigen wirtschaftlichen Nutzens erfordert eine entsprechende Planungsrechnung. Diese Informationen sind vom Controlling bereitzustellen und können über Unternehmens- oder Finanzpläne nachgewiesen werden (vgl. Heuser und Theile 2019, S. 257 ff.). Im Gegensatz zu den beschriebenen Regelungen zum Werthaltigkeitstest schreibt IAS 38 nicht vor, wie die Ermittlung des zukünftigen wirtschaftlichen Nutzens zu erfolgen hat. Es wird lediglich darauf abgestellt, dass ein Nachweis für einen existierenden Markt für die immateriellen Vermögenswerte vorliegt bzw. soweit der Vermögenswert intern genutzt wird, den Nutzen des immateriellen Vermögenswertes selbst. Falls das Unternehmen regelmäßig am Kauf oder Verkauf einzigartiger immaterieller Vermögenswerte beteiligt ist, können Verfahren zur indirekten Schätzung des beizulegenden Zeitwerts herangezogen werden. Derartige Verfahren sind zum Beispiel Multiplikatoren, aktuelle Marktvorgänge in Abhängigkeit von Rentabilitätskennzahlen des Vermögenswerts oder die Diskontierung zukünftiger Netto-Cashflows aus dem Vermögenswert. Das Controlling hat in diesen Fällen dafür Sorge zu tragen, dass die notwendigen Informationen zur korrekten Bilanzierung und Bewertung des Vermögenswerts bereitgestellt werden. IAS 38.60 verweist zur Beurteilung des zukünftigen wirtschaftlichen Nutzens auf die Grundsätze des IAS 36 (vgl. Kap. X).

Die in IAS 38.57 (f) genannte Bedingung der verlässlichen Bewertung der Ausgaben für den Vermögenswert erfordert ein funktionsfähiges F&E-Controlling, welches eine überschneidungsfreie Zurechenbarkeit der Ausgaben auf die Entwicklung ermöglicht.

Um die Herstellungskosten des immateriellen Vermögenswertes bestimmen zu können, ist deshalb nach IAS 36.62 ein entsprechendes Kostenrechnungssystem einzurichten.

Neben der Erfüllung der oben genannten Kriterien muss die Forschungsphase eindeutig von der Entwicklungsphase getrennt werden, da nur die in der Entwicklungsphase anfallenden Aufwendungen aktiviert werden dürfen. IAS 38 definiert in diesem Zusammenhang, was der jeweiligen Phase zugerechnet werden kann (Abb. 3).

In IAS 38.56 und IAS 38.59 werden einzelne Forschungs- bzw. Entwicklungstätigkeiten genannt. Eine eindeutige Trennung ist allerdings in der Praxis schwierig bzw. es verbleibt ein breiter Ermessensspielraum. So werden Entwicklungskosten

Beispiele für Forschungsaktivitäten (IAS 38.56)	Beispiele für Entwicklungsaktivitäten (IAS 38.59)
– Aktivitäten, die auf die Erlangung neuer Erkenntnisse ausgerichtet sind – Die Suche nach sowie die Abschätzung und endgültige Auswahl von Anwendungen für Forschungsergebnisse und anderem Wissen	– Entwurf, Konstruktion und Testen von Prototypen und Modellen vor Aufnahme der eigentlichen Produktion oder Nutzung – Entwurf von Werkzeugen, Spannvorrichtungen, Prägestempeln und Gussformen unter Verwendung neuer Technologien
– Die Suche nach Alternativen für Materialien, Vorrichtungen, Produkte, Verfahren, Systeme oder Dienstleistungen und – Die Formulierung, der Entwurf sowie die Abschätzung und endgültige Auswahl von möglichen Alternativen für neue oder verbesserte Materialien, Vorrichtungen, Produkte, Verfahren, Systeme oder Dienstleistungen	– Entwurf, Konstruktion und Betrieb einer Pilotanlage, die von ihrer Größe her für eine ommerzielle Produktion wirtschaftlich ungeeignet ist – Entwurf, Konstruktion und Testen einer gewählten Alternative für neue verbesserte Materialien, Vorrichtungen, Produkte, Verfahren, Systeme oder Dienstleistungen

Abb. 3 Beispiele für Forschungs- und Entwicklungskosten (Funk und Rossmanith 2017, S. 197)

für ein Medikament in der Pharmabranche häufig nicht aktiviert, weil es aufgrund der komplizierten Zulassungsverfahren oft an der Realisierbarkeit mangelt (vgl. Heuser und Theile 2019, S. 256).

8 Latente Steuern auf Verlustvorträge nach IAS 12

Nach IAS 12.34 besteht für noch nicht genutzte steuerliche Verluste und noch nicht genutzte Steuergutschriften eine Pflicht zur Bilanzierung von latenten Steueransprüchen in dem Umfang, in dem es wahrscheinlich ist, dass ein künftiges zu versteuerndes Ergebnis zur Verfügung steht, welches mit den noch nicht genutzten Verlusten verrechnet werden kann. Das gleiche gilt für alle abzugsfähigen temporären Differenzen, die zum Beispiel dadurch entstehen, dass bestimmte Vermögenswerte zum beizulegenden Zeitwert bilanziert werden, ohne dass eine entsprechende Bewertung nach den steuerlichen Vorschriften erfolgt (IAS 12.24). Die Beurteilung der latenten Steueransprüche ist zu jedem Abschlussstichtag vorzunehmen. Zum Beispiel kann die Inanspruchnahme der noch nicht genutzten steuerlichen Verluste durch die Verbesserung des Geschäftsumfeldes im Zeitablauf wahrscheinlicher werden. Gem. IAS 12.82 sind beim Ansatz von latenten Steuern die substanziellen Hinweise anzugeben, die den Ansatz rechtfertigen.

Für den Ansatz latenter Steueransprüche müssen folgende Kriterien nach IAS 12.36 erfüllt sein:

- die Wahrscheinlichkeit für die Erzielung eines künftigen steuerlichen Ergebnisses ist größer als 50 Prozent,
- es existieren ausreichende zu versteuernde, temporäre Differenzen des gleichen Steuersubjekts gegenüber der gleichen Steuerbehörde,
- die nicht genutzten steuerlichen Verluste stammen aus identifizierbaren Ursachen, welche künftig wahrscheinlich nicht mehr auftreten,
- es sind Steuergestaltungsmöglichkeiten verfügbar, die ein zu versteuerndes Ergebnis in der Periode erzeugen, in der noch nicht genutzte steuerliche Verluste verwendet werden können.

Da der prinzipienorientierte IAS 12 auf eine detaillierte Festlegung der Anforderungen an eine Steuerplanungsrechnung verzichtet, ist eine enge Verknüpfung von Steuer-, Rechnungslegungsabteilung und Controlling notwendig.

Einfluss auf das Controlling

Um den Anforderungen des Nachweises eines künftigen zu versteuernden Ergebnisses zur Verrechnung der nicht genutzten Verluste gerecht zu werden, sind umfangreiche steuerliche Ergebnisplanungen durchzuführen. In der Regel wird das steuerliche Ergebnis aus der externen Rechnungslegung abgeleitet.

Bei der Bewertung latenter Steueransprüche haben die Kriterien Prognosezeitraum bzw. Planungshorizont eine große Bedeutung. Die Wahl des Prognosezeitraums ist ein entscheidendes Kriterium für die Höhe der zu aktivierenden latenten Steuern, da mit zunehmendem Planungshorizont umfangreichere latente Steuern aktiviert werden. Nach dem deutschen HGB, § 274 sind als Prognosezeitraum für die Berechnung aktiver latenter Steuern die folgenden fünf Jahre zu berücksichtigen, während in IAS 12 nicht konkret festgelegt wurde, welcher Prognosezeitraum für die Steuerplanung des Unternehmens anzuwenden ist. Es stellt sich also die Frage, welchen Zeitraum der Controller für die Prognose wählen soll, da die Anforderungen an die Zuverlässigkeit der Steuerplanung hoch sind. Der gewählte Prognosezeitraum beeinflusst erheblich die Qualität der Unternehmensplanung, da mit steigender Dauer des Planungszeitraums auch die Unsicherheit der Prognose wächst. Nach IAS 12.34 ff. sind latente Steueransprüche zu bilden, wenn es wahrscheinlich ist, dass künftige Gewinne zur Verrechnung verfügbar werden. Hier ist zu entscheiden, ob die künftigen Ergebnisse über einen langen bzw. zeitlich unbegrenzten Zeitraum oder eine kurze, begrenzte Zeitperiode einzubeziehen sind. Unternehmen nutzen häufig den Mittelfristzeitraum als Planungshorizont für die Bewertung der latenten Steuern auf die Verlustvorträge (vgl. Weißenberger 2011, S. 426). Die Mittelfristzeiträume variieren je nach Unternehmensbranche. So erstellen bspw. Automobilzulieferer, Werbeunternehmen oder Dienstleister ihre Mittelfristplanung über einen kurzen Zeitraum von einem Jahr, Energieunternehmen über drei Jahre. Die Unternehmen aus besonders stabilen Branchen können Planungszeiträume von fünf oder mehr Jahren wählen (vgl. Heuser und Theile 2019, S. 828 f.). Derartige Planungen entsprechen nicht den Grundsätzen einer controllingorientierten Planung, da diese in der Regel nicht auf den Wertansätzen der verschiedenen Steuergesetzgebungen basiert. Die Überleitung auf das zu versteuernde Ergebnis fällt nicht in den Aufgabenbereich des Controlling. Das Controlling liefert hierbei nur die Planungsgrundlagen. Die Planungsdaten müssen von der Steuerabteilung auf die jeweiligen steuerlichen Vorgaben angepasst und übergeleitet werden.

9 Bilanzierung von Umsatzerlösen nach IFRS 15

Zum 01. Januar 2018 ist der Standard IFRS 15: Erlöse aus Kundenverträgen in Kraft getreten. Dieser Standard löst bisherige Standards, wie IAS 11 und IAS 18 ab.

Der wesentliche Grund für die Neuregelungen ist, dass es bei IAS 18 zum Teil an konkreten Vorgaben für bestimmte Sachverhalte fehlt. Beispielsweise sind keine konkreten Vorgaben für den Umgang mit Mehrkomponentenverträgen vorhanden. Besteht ein Vertragsverhältnis aus mehreren Leistungen (Mehrkomponentengeschäft), wird nach IFRS 15 eine Aufteilung der Gegenleistung des Kunden auf die einzelnen Teilleistungen/Komponenten vorgeschrieben. Dabei ist es notwendig, nach IFRS 15.35 ff. zwischen zeitpunkt- und zeitraumbezogenen Leistungsverpflichtungen zu differenzieren. Dieser Unterschied ist entscheidend für den Zeitpunkt der Umsatzrealisierung. So wird bei einer zeitraumbezogenen Leistungsverpflichtung der Umsatz kontinuierlich über einen bestimmten Zeitraum realisiert, während der Umsatz bei einer zeitpunktbezogenen Leistungsverpflichtung zu einem bestimmten Zeitpunkt realisiert wird.

Abb. 4 Fünf Schritte-Modell nach IFRS 15 (Eigene Darstellung)

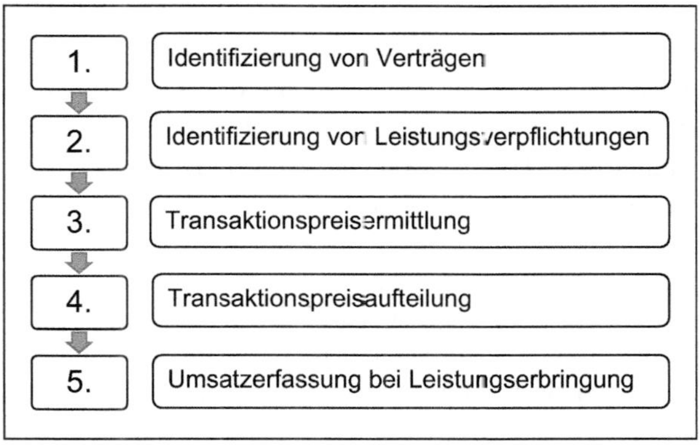

Ein Beispiel für einen Mehrkomponentenvertrag ist ein Vertrag mit einem Mobilfunkanbieter, der neben der Leistung des Mobilfunkvertrages auch ein Mobiltelefon in einem Vertragsbündel anbietet. Dabei müssen die Kostenträger (zum einen das Mobiltelefon, zum anderen der Mobilfunkvertrag) getrennt kalkuliert und kontrolliert werden.

IFRS 15 sieht die Ermittlung der Umsatzerlöse in fünf Schritten vor (Abb. 4). Dabei wird festgelegt, ob überhaupt, wann und in welcher Höhe Erlöse aus Kundenverträgen zu erfassen sind.

Zuerst werden die Verträge und die jeweiligen Leistungsverpflichtungen identifiziert. Darauffolgend ist der Gegenwert der Leistung zu bestimmen, der sog. Transaktionspreis. Wenn ein Vertrag mehrere Leistungsverpflichtungen beinhaltet, ist der Transaktionspreis den einzelnen Leistungen zuzuweisen. Im letzten Schritt wird ermittelt, wann eine Leistung erfüllt wird, da zu diesem Zeitpunkt der Ertrag zu erfassen ist (vgl. Heuser und Theile 2019, S. 149). Dies wird im Absatz Einfluss auf das Controlling (S. 20 ff.) ausführlich erklärt.

Eine wesentliche Abweichung zwischen der Bilanzierung nach IFRS und der nach dem HGB resultiert unter anderem aus der Auslegung des Realisationsprinzips. Das Realisationsprinzip legt fest, ab wann der Umsatz aus einer Lieferung oder Leistung realisiert werden darf und hat daher einen großen Einfluss auf den ausgewiesenen Periodenerfolg eines Unternehmens. Es wird oftmals als zentraler Abgrenzungsgrundsatz bezeichnet und stellt das Fundament der Bilanzierung dar.

Realisationsprinzip nach HGB

Gem. § 252 Abs. 1 Nr. 4 HGB sind Gewinne nur zu berücksichtigen, wenn sie am Abschlussstichtag realisiert sind. Somit wird hier der Zeitpunkt festgelegt, ab wann anstatt der aktivierten Anschaffungs- oder Herstellungskosten die höheren Verkaufspreise als Umsatzerlöse in der Erfolgsrechnung erfasst werden. Gewinne aus Fertigungsaufträgen, welche sich über den Jahresabschluss und gegebenenfalls über mehrere Perioden erstrecken, dürfen erst realisiert werden, wenn die komplette Leistung erbracht wurde.

Dieses Prinzip wird oftmals als „Completed Contract"-Methode bezeichnet und verzerrt die ausgewiesenen Periodenerfolge, da sie nicht dem Leistungsfortschritt entsprechend realisiert werden. Die vorzeitige Teilgewinnrealisierung, wie sie nach IFRS möglich ist, gilt nach dem HGB nur unter ganz speziellen Bedingungen. Diese strenge Regelung unterbindet somit den Ausweis von noch nicht realisierten Gewinnen im Jahresabschluss.

Realisationsprinzip nach IFRS
In der Rechnungslegung nach IFRS werden die Grundsätze der Ertragsrealisierung in IFRS 15.31 ff. geregelt. Diese entsprechen annähernd dem Realisationsprinzip nach dem HGB. Hierbei ist der Erfassungszeitpunkt von Erlösen prinzipiell an den Zeitpunkt zu setzen, an dem der Kunde die Kontrolle über die Leistung erhält. Für die Gewinnrealisierung beim Verkauf von Gütern oder Dienstleistungen ist schon bei Vertragsbeginn festzulegen, ob eine Leistungsverpflichtung während eines Zeitraums oder zu einem Zeitpunkt erfüllt wird.

Für die Umsatzrealisierung zu einem festgelegten Zeitpunkt, müssen folgende Kriterien nach IFRS 15.38 erfüllt sein:

a) Das Unternehmen hat einen Zahlungsanspruch gegenüber dem Kunden.
b) Der Kunde hat ein Eigentumsrecht.
c) Der physische Besitz des Gutes wurde an den Kunden übertragen.
d) Das Unternehmen hat die wesentlichen Chancen und Risiken, die mit dem Eigentum verbunden sind, auf den Kunden übertragen.
e) Der Kunde hat das Gut oder die Leistung abgenommen.

Da diese Kriterien teilweise der Auslegung bedürfen und es folglich einen gewissen Spielraum gibt, ist es in der Praxis teilweise schwierig, einen eindeutigen Zeitraum zu bestimmen, ab wann Erlöse tatsächlich realisiert werden dürfen. Insbesondere bei Mehrkomponentenverträgen trifft diese Problematik zu.

Bei der Erfassung von beispielsweise langfristigen Fertigungsaufträgen, wird die Leistung meist über einen bestimmten Zeitraum hinweg erbracht. Daher erfolgt die Umsatzrealisierung nach dem Leistungsfortschritt, wie bisher unter der aus IAS 11 bekannten „Percentage-of-Completion"-Methode. Diese besagt, dass Erlöse und Kosten bei Erfüllung bestimmter Voraussetzungen entsprechend dem Leistungsfortschritt realisiert werden.

In IFRS 15.35 ff. werden die Bedingungen dafür aufgeführt:

a) Der Kunde verbraucht zeitgleich den Nutzen während der Leistungserbringung.
b) Durch die Leistung eines Unternehmens wird ein Vermögenswert erstellt, welcher sich bereits unter der Kontrolle des Kunden befindet.
c) Es besteht ein Zahlungsanspruch für die bereits erbrachte Leistung, da es keine alternative Nutzungsmöglichkeit gibt.

Ein Beispiel hierfür sind Großprojekte, wobei eine teilweise Umsatzrealisierung nach messbarem Leistungsfortschritt erfolgt. Dies liegt zum einen daran, dass der

Lieferant Teilzahlungen für die Finanzierung fortschreitender Arbeitsprozesse benötigt, zum anderen, dass der Kunde innerhalb einer Teilabnahme die Gelegenheit hat, korrektiv auf den Projektfortgang Einfluss zu nehmen, z. B. bei Investitionen und Bauvorhaben.

Nach IFRS 15.40 werden die Erlöse und Kosten des Fertigungsauftrags entsprechend dem Leistungsfortschritt am Abschlussstichtag erfasst. Die Höhe der Teilgewinnrealisierung hängt damit vom Leistungsfortschritt bzw. dem Fertigstellungsgrad am Abschlussstichtag ab. Die Bestimmung des Fertigstellungsgrads kann nach unterschiedlichen Methoden erfolgen, wobei die IFRS keine Methode explizit vorschreibt (vgl. siehe auch Abb. 5).

Input-orientierte Verfahren schätzen den Fertigstellungsgrad mithilfe der eingesetzten Faktoren ab, während output-orientierte Verfahren eine Proportionalität zwischen der erreichten Leistung und der vertraglich vereinbarten Gesamtleistung erfassen. Aufgrund der einfachen Ermittlung und der häufig bereits erfolgten internen Verwendung dieser Methode für Zwecke der Steuerung wird in der deutschen IFRS-Praxis die „cost to cost"-Methode bevorzugt, welche zu den input-orientierten Verfahren gehört (Abb. 5) (vgl. Grünberger 2017, S. 107).

Einfluss auf das Controlling

Der im IFRS verankerte Management Approach schreibt die Bereitstellung von Informationen der internen Planung, Steuerung und Berichterstattung für die Rechnungslegung vor. Deswegen sind Controllinginstrumente so zu gestalten, dass zu-

	Methode	**Basis**	**Leistungsfortschritt**
Output-orientiert	Units-of-delivery	Fertig gestellte Leistungseinheiten	Quotient aus bereits fertig gestellten und vertraglich zugesagten Leistungseinheiten
	Value-added	Wert der bereits fertig gestellten Teilleistung	Quotient aus dem Wert der bereits fertig gestellten Teilleistung zum Gesamtwert der vertraglich vereinbarten Leistung
	Contract milestones	Vereinbarte Zwischenziele	Erreichte Zwischenziele
Input-orientiert	Cost-to-cost	Angefallene Kosten	Quotient aus den bis zum Bilanzstichtag angefallenen Kosten und den voraussichtlichen Gesamtkosten für die Erbringung der vereinbarten Leistung
	Effort-expended	Verbrauchte Produktionsfaktoren	Quotient aus den bis zum Bilanzstichtag verbrauchten Produktionsfaktoren (z.B. Arbeitsstunden) zum voraussichtlichen gesamten Faktoreinsatz

Abb. 5 Verfahren zur Ermittlung des Fertigstellungsgrades (Heuser und Theile 2019, S. 186)

sätzlich zu den notwendigen Informationen für die Unternehmenssteuerung auch die benötigten Informationen für die Bilanzierung zur Verfügung stehen (vgl. Horváth 2020, S. 7).

Vor diesem Hintergrund hat das Controlling bei langfristigen Fertigungsaufträgen die notwendigen Informationen, wie geplante Gesamtkosten und Fertigstellungsgrad bei Leistungsverpflichtungen für die Bilanzierung zu liefern. Die sich aus den IFRS ergebenden Anforderungen an die Informationen können als Vorgabe für das Controlling gesehen werden. So kann beispielsweise im Projekt- oder Produktcontrolling die Daten- und Informationserfassung gezielt auf die Rechnungslegung ausgerichtet werden.

Daneben erleichtert der neue IFRS 15 durch die Harmonisierung von Rechnungswesen-Systemen die Controllingaufgaben z. B. bei Mehrkomponentenverträgen. Bislang ist die Erfassung des Erfolgsbeitrags einzelner Komponenten bei Mehrkomponentenverträgen nur für interne Zwecke erfolgt. Jetzt können die Informationen aus dem externen Rechnungswesen verwendet werden, da interne und externe Rechnungslegungdieselben Informationen benötigen. Anders herum können auch die Informationen aus dem externen Rechnungswesen für die Unternehmenssteuerung bzw. das Controlling verwendet werden.
werden Im Folgenden werden weitere Implikationen für das Controlling, die sich aus der Anwendung des IFRS 15 ergeben, aufgezeigt. Das oben dargestellte Fünf Schritte-Modell zur Umsatzrealisierung (Abb. 4) mit dem Hauptaspekt der zu erbringenden Informationsdienstleistung wird durch das Controlling genauer betrachtet.

Es soll eine Verknüpfung zwischen den Anforderungen des IFRS 15 und dem Management Approach aufgezeigt werden.

- **Schritt 1: Identifikation von Verträgen mit Kunden** Das Controlling kann durch die Bereitstellung von spezifischen Absatzinformationen und den Daten zur Preiskalkulation einzelner Verträge einen wichtigen Beitrag zur Beurteilung leisten.
- **Schritt 2: Identifikation separater Leistungsverpflichtungen** Jede Leistungsverpflichtung stellt einen vom Controlling zu planenden und zu kontrollierenden Kostenträger dar. Durch das Vertriebs- und Projektcontrolling können Informationen zu den einzelnen Gütern und zur Durchführung einzelner Dienstleistungen bereitgestellt werden. Dafür sind eine weitreichende Dokumentation und Datenerfassung bem Verkauf von Produkten und der Erbringung von Dienstleistungen notwendig.
- **Schritt 3: Ermittlung des Transaktionspreises** Die Ermittlung des Transaktionspreises wird in IFRS 15.47 ff. geregelt. Die Höhe und Zusammensetzung der zu erwartenden Einnahmen wird bereits vor Auftragsbeginn bei der Preisbestimmung durch eine Vorkalkulation ermittelt. Hierfür liefert das Controlling die notwendige Datenbasis.
- **Schritt 4: Zuordnung des Transaktionspreises** Für die Zuordnung des Transaktionspreises ist die Bestimmung von Einzelveräußerungspreisen notwendig. Man spricht von einem Einzelveräußerungspreis, wenn ein Unternehmen eine

Leistungsverpflichtung separat verkaufen würde (IFRS 15.77). Durch das Controlling werden die Preise auf Basis der kalkulierten Kosten auf die einzelnen Kostenträger verteilt.

- **Schritt 5: Ertragsrealisation bei Erfüllung der Leistungsverpflichtung** Entscheidend ist die Übertragung der Verfügungsmacht vom Unternehmen auf den Kunden. Der Umsatz aus den separat identifizierten Leistungsverpflichtungen ist in Höhe des zugeteilten Transaktionspreises zu realisieren. Wichtig für die Bestimmung des Zeitpunkts der Umsatzrealisierung ist es, zwischen zeitpunkt- und zeitraumbezogenen Leistungsverpflichtungen zu unterscheiden. Das Controlling hat die Aufgabe, den Erfolg der einzelnen Komponenten zu untersuchen und die Abweichungen zu analysieren.

Die Umsetzung von IFRS 15 erfordert eine enge Zusammenarbeit von Vertrieb, Vertriebscontrolling und Vertragsmanagement. Das Vertriebscontrolling hat die Aufgabe, die notwendigen Anpassungen an den neuen Standard zu identifizieren, dem Management und dem Vertrieb die Vorteile einer solchen Anpassung deutlich zu machen und die IT-Abteilungen entsprechend anzuleiten bzw. zu schulen. Es ist wichtig, dass die IT-Systeme die Kundenverträge entsprechend erfassen und Leistungsverpflichtungen/-fortschritte richtig zuordnen. Komplexe Vertragsbeziehungen zwischen Lieferanten und Kunden müssen richtig abgebildet werden, damit der Zeitraum und der jeweilige Leistungsfortschritt möglichst exakt geschätzt werden können.

Die Verwendung der „Percentage of Completion"-Methode hat einen großen Einfluss auf das Controlling, da diese eine verlässliche Projektkalkulation im Sinne einer Vorkalkulation voraussetzt. Zusätzlich sind Auftragskosten in einer mitlaufenden Kalkulation zu erfassen. Insbesondere in den frühen Phasen eines Auftrags sind die Ergebnisse noch nicht verlässlich schätzbar, die Deckung der Auftragskosten aber wahrscheinlich. Dann dürfen die Auftragserlöse nur in Höhe der angefallenen Kosten erfasst werden (IFRS 15.45). Hier hat das Controlling eine vor- und mitlaufende Kalkulation der Auftragskosten auf Basis der Vorgaben der IFRS zu erstellen. In IFRS 15.95 ff. werden Informationen zu den Auftragskosten geregelt. Die in dem Standard aufgeführten Kosten decken sich mit den controllingrelevanten Kosten im Rahmen eines Projektcontrolling. Da die „Percentage of Completion"-Methode davon ausgeht, dass der Gewinn nicht zu einem bestimmten Stichtag realisiert wird, sondern eine während der Bearbeitung des Fertigungsauftrags stetig anwachsende Größe darstellt, entspricht diese den Anforderungen an ein controllingorientiertes Informationssystem, welches im Rahmen eines Projektcontrolling ohnehin notwendig ist.

Die verlässliche Ermittlung des Fertigstellungsgrades erfordert insbesondere bei den inputorientierten Verfahren einen Projektstrukturplan mit Arbeitspaketen und eine Terminplanung mit Netz- und Meilensteinplänen sowie eine laufende Abweichungsanalyse der Auftragskosten. Wenn der Ressourceneinsatz nicht proportional zur Leistungserfüllung ist, müssen ggf. Anpassungen durchgeführt werden (vgl. Grünberger 2017, S. 107) Dieselben Controllinginstrumente sind für die verlässliche Bestimmung der dem Vertrag zurechenbaren direkten und indirekten Kosten notwendig. Hierbei sind insbesondere die aktuell angefallenen Kosten aus der mitlaufenden Kalkulation und Abweichungsanalyse gegenüber den geplanten Kosten relevant.

10 Leasingverträge nach IFRS 16

In IFRS 16 wird, im Gegensatz zum HGB, ein Leasingverhältnis klar definiert. Gemäß IFRS 16.9 entsteht ein Leasingverhältnis mit einem Vertrag, der eine Übertragung des Nutzungsrechts an einem Vermögenswert über einen Zeitraum und im Austausch für eine Gegenleistung begründet. Das Nutzungsrecht ist das Recht des Leasingnehmers, den Vermögenswert über die Vertragslaufzeit zu kontrollieren und im Wesentlichen komplett zu nutzen. Dadurch erhält der Leasingnehmer sozusagen das Recht zur Kontrolle oder auch „right of use“ (vgl. Deloitte 2017, S. 2). Dies gilt als erfüllt, wenn der Leasingnehmer folgende zwei Rechte besitzt (vgl. Heuser und Theile 2019, S. 341):

1. Er muss im Wesentlichen den ökonomischen Nutzen erhalten.
2. Er darf über die Art und Nutzung des geleasten Vermögenswerts selbst bestimmen.

Der neue Leasingstandard findet grundsätzlich für alle Leasingverhältnisse Anwendung. Ausnahmen sind nach IFRS 16.3 nachfolgende Fälle:

- Leasingverhältnisse, welche die Verarbeitung und Exploration von Erdgas, Mineralien, Öl oder ähnlichen, nicht regenerativen Ressourcen beinhalten.
- biologische Vermögenswerte, für die IAS 41 Landwirtschaft Anwendung findet.
- Dienstleistungskonzessionsvereinbarungen, die in den Anwendungsbereich von IFRIC 12 Dienstleistungsvereinbarungen fallen.
- Lizenzvereinbarungen über geistiges Eigentum, die vom Leasinggeber gewährt werden. Diese fallen in den Anwendungsbereich von IFRS 15 Erlöse aus Verträgen mit Kunden.
- Lizenzverträge. Dazu zählen beispielsweise Posten wie Patente, Film- und Videoaufnahmen, Urheberrechte, Theaterstücke oder Manuskripte, da sie unter Anwendung von IAS 38 immaterielle Vermögenswerte zu bilanzieren sind.

  Für diese immateriellen Vermögenswerte besteht gem. IFRS 16.4 ein Wahlrecht für den Leasingnehmer, ob er die neuen Regeln des IFRS 16 anwendet oder nicht.

Der Standard IFRS 16 Leasingverhältnisse ist seit dem 01. Januar 2019 in Kraft. und löst den bisherigen Standard IAS 17 ab.

Bilanzierung beim Leasinggeber

IFRS 16 hat die Leasinggeberbilanzierung nach IAS 17 kaum geändert. Lediglich die Anhangangaben wurden erweitert (vgl. Funk und Rossmanith 2017, S. 151). Der

Leasinggeber nutzt weiterhin den all or nothing-approach für die Bilanzierung der Leasingverhältnisse und unterscheidet somit weiterhin nach Operating und Finance Lease. Damit verbunden ist auch die Prüfung, wer das wirtschaftliche Eigentum an dem Leasinggegenstand hält (vgl. Heuser und Theile 2019, S. 360).

Das Operating Lease ist eine Leasingform, bei der der Leasingnehmer den Leasingvertrag jederzeit oder innerhalb kürzester Zeit kündigen kann. Der Leasingsvertrag wird in diesem Fall wie ein Mietverhältnis betrachtet, da das wirtschaftliche Eigentum beim Leasinggeber verbleibt. Daher muss der Leasinggeber das Wirtschaftsgut in die Bilanz aufnehmen. Bilanziert wird das vermietete Wirtschaftsgut im Anlagevermögen (vgl. Grünberger 2017, S. 71).

Bei einem Finanzierungsleasing ist der Leasinggeber dagegen nicht mehr der wirtschaftliche Eigentümer des Leasinggegenstandes. Das Leasingobjekt wird deshalb nicht in der Bilanz des Leasinggebers ausgewiesen. Stattdessen bilanziert der Leasinggeber eine Leasingforderung gegenüber dem Leasingnehmer in Höhe des Kaufpreises oder der Herstellungskosten (vgl. Coenenberg et al. 2018, S. 203 f.).

Laut IFRS 16.62 liegt ein Finance Lease vor, wenn die mit dem wirtschaftlichen Eigentum verbundenen Chancen und Risiken am Leasinggegenstand im Wesentlichen auf den Leasingnehmer übertragen worden sind. Ist dies nicht der Fall, liegt ein Mietleasingverhältnis (Operating Lease) vor.

IFRS 16.63 enthält eine Auflistung von Vertragskonstellationen, die zu einer Qualifizierung als Finance Lease führen:

a) Am Ende der Vertragslaufzeit wird das Eigentum an dem Vermögenswert, der dem Leasingverhältnis zugrunde liegt, auf den Leasingnehmer übertragen.
b) Der Leasingnehmer hat eine Kaufoption, um den Leasinggegenstand zu einem Preis unter dem erwarteten Zeitwert, also unter dem fair value zum Ausübungszeitpunkt zu erwerben. Es wird als ein Finance Lease angesehen, da davon ausgegangen wird, dass diese günstige Option hinreichend sicher ausgeübt wird.
c) Die Vertragslaufzeit des Leasingverhältnisses umfasst einen überwiegenden Teil der wirtschaftlichen Nutzungsdauer des Vermögenswertes.
d) Zu Beginn des Leasingverhältnisses entspricht der Barwert der Leasingzahlungen mindestens dem beizulegenden Zeitwert (fair value) des Vermögenswertes.
e) Der zugrunde liegende Vermögenswert hat eine spezielle Beschaffenheit, so dass er ohne bedeutende Änderungen nur vom Leasingnehmer genutzt werden kann.

Beim Finance Lease erfasst der Leasinggeber nach IFRS 16.67 zu Beginn des Leasingverhältnisses eine Forderung in Höhe der zu erwartenden Barwerte der Leasingzahlungen oder auch Nettoinvestition genannt (net investment in the lease). Während der Laufzeit des Leasingvertrages vereinnahmt der Leasinggeber Finanzerträge als konstante Verzinsung seiner Nettoinvestition (IFRS 16.75).

Ebenso zu Beginn des Leasingverhältnisses erfasst der Leasinggeber als ein Hersteller oder Händler den Veräußerungsgewinn oder -verlust entsprechend der Vorschriften in IFRS 15 für einen vollständigen Verkauf (IFRS 16.71c).

Beim Operating Lease erfasst der Leasinggeber nach IFRS 16.81 Erträge aus Mietleasingverhältnissen grundsätzlich linear über die Laufzeit des Leasingverhältnisses. Von einer linearen Ertragsvereinnahmung ist nur dann abzusehen, wenn eine andere planmäßige Verteilung eher dem zeitlichen Verlauf der Nutzenziehung entspricht.

Bilanzierung beim Leasingnehmer

Mit Ausnahme der oben genannten Punkte sieht IFRS 16 eine Bilanzierungspflicht des Leasingnehmers vor, sowohl im Falle des Finance Lease als auch des Operating Lease. Zuvor wurde nach dem alten IAS 17, dem sogenannten all or nothing-approach bilanziert. Dieses beinhaltet den Nichtansatz von Operating Lease und den vollen Ansatz beim Finance Lease. Der Leasingnehmer ist nun aber durch den neuen Standard verpflichtet, einen Vermögenswert für das Recht zur Nutzung des Leasinggegenstands (right of use asset) und eine korrespondierende Verpflichtung zur Zahlung der Leasingraten anzusetzen (lease liability) (IFRS 16.22 ff.). Nach IFRS 16.22 wird die Bewertung des Nutzungsrechts und der Leasingverbindlichkeit mit dem Barwert der Leasingzahlungen bewertet und die Leasingzahlungen werden mit dem im Vertrag zu Grunde gelegten Zinssatz diskontiert. Sofern dem Leasingnehmer dieser Diskontierungszinssatz nicht bekannt gegeben wird, muss er mit seinem Grenzfremdkapitalzinssatz diskontieren. Dies ist der Zinssatz, den der Leasingnehmer bei vergleichbarer Laufzeit und Besicherung bei einem Fremdkapitalgeber für den Leasinggegenstand zahlen müsste (vgl. Grünberger 2017, S. 63). Das Nutzungsrecht ist zu Anschaffungskosten zu bewerten (IFRS 16.23). Grundlage für die Ermittlung der Anschaffungskosten ist die zuvor beschriebene Bewertung der Leasingverbindlichkeit. Bei der Folgebewertung ist die Effektivzinsmethode anzuwenden.

Somit teilen sich die laufenden Zahlungen in einen Tilgungs- und einen Zinsanteil auf. Dabei vermindert sich die Verbindlichkeit um die Tilgung und erhöht sich durch die Aufzinsung. Bei der Folgebewertung des Nutzungsrechts wird nach dem Anschaffungskostenmodell bewertet, indem planmäßige Abschreibungen und Wertminderungen berücksichtig werden (IFRS 16.30a). Beinhaltet ein Leasingvertrag eine Kaufoption, welche mit großer Wahrscheinlichkeit vom Leasingnehmer in Anspruch genommen wird oder einen automatischen Eigentumsübergang am Ende der Vertragslaufzeit, ist die Nutzungsdauer des Leasinggegenstandes heranzuziehen. Ansonsten ist der kürzere Zeitraum aus der wirtschaftlichen Nutzungsdauer und der Leasinglaufzeit zu verwenden (IFRS 16.32). Tritt ein außergewöhnlicher Werteverzehr nach IAS 36 ein oder kann der Leasinggegenstand nicht mehr ertragsbringend genutzt werden, muss das Nutzungsrecht nach IFRS 16.33 außerplanmäßig abgeschrieben werden.

Einfluss auf das Controlling

Anders als bei den bisherigen Standards des Management Approach wird für die Bilanzierung nach IFRS 16 kein Controllinginput benötigt. Somit beziehen sich die Auswirkungen von IFRS 16 auf das Controlling hauptsächlich auf die Veränderung der Unternehmenskennzahlen. Im Folgenden werden diese Auswirkungen erläutert.

Bilanzstrukturell kommt es zu einer Verlängerung der Bilanz beim Leasingnehmer, da die Leasingverbindlichkeiten zu passivieren und die Leasingzahlungen in Höhe des Barwertes zu aktivieren sind. Dies hat negative Auswirkungen auf die Eigenkapitalquote und den Verschuldungsgrad (vgl. Coenenberg et al. 2018, S. 211).

Unter IAS 17 wurde der Leasingaufwand in konstanter Höhe als betrieblicher Aufwand (Mietaufwand) erfasst. Nach IFRS 16 gliedern sich die Leasingraten in einen Zins- und Tilgungsanteil. Das heißt, dass zu Beginn des Leasingverhältnisses der Zinsanteil höher ist und über die Vertragslaufzeit abnimmt, während der Tilgungsanteil zunimmt. Die Abschreibungen des neu bilanzierten Nutzungsrechts bleiben über die Laufzeit konstant, da das Nutzungsrecht linear abgeschrieben wird.

Die Verschiebung zwischen den Perioden und den Aufwandsposten führt auch in diesem Fall zu einer neuen Berechnung und Beurteilung von GuV-bezogenen Kennzahlen. Es ändert sich durch IFRS 16 auch die Struktur der Kapitalflussrechnung, denn die Zahlung des Zins- und Tilgungsanteils wird nun im Finanzierungscashflow abgebildet. Dieser sinkt um den Zins- und Tilgungsanteil der Leasingzahlungen. Demnach steigen der operative Cashflow und somit auch der Free-Cashflow, welche ausschlaggebend für die Berechnung des EBITs sind (vgl. Grünberger 2017, S. 59).

Im Interesse des Controlling ist es, die veränderten Kennzahlen des Unternehmens zu verstehen und in der Planung zu berücksichtigen. Außerdem kann sich die Änderung der Bilanzierung auch auf die lease or buy-Entscheidung im Investitionscontrolling auswirken. Unternehmen können beispielsweise Leasingverträge mit einer Kaufoption besitzen, deren Option längst ausgeführt werden könnte und deren Ausführung günstiger wäre als die Fortführung des Leasings. Zudem ergibt sich vermehrt die Notwendigkeit, ein Vertragscontrolling im Bereich Leasing auf- bzw. auszubauen. Ein systematisches Vertragscontrolling kann den Anforderungen der Leasingbilanzreform genügen und ebenso für IFRS 15 eine Hilfe sein, um das interne, wie externe Rechnungswesen mit den künftig notwendigen Informationen zu versorgen (vgl. Funk und Rossmanith 2017, S. 161). Denn auch der Leasinggeber muss die Gegenleistung gemäß den Vorschriften in IFRS 15 aufteilen. Eine weitere Controllingaufgabe ist in der Trennung der einzelnen Vertragsbestandteile zu sehen.

11 Zusammenfassung

Die Rechnungslegung nach IFRS hat im Vergleich zur Rechnungslegung nach dem deutschen HGB mehr Berührungspunkte zum Controlling (siehe Abb. 6).

Insbesondere wird in verschiedenen Standards auf zukünftige Ereignisse abgestellt. Um eine korrekte und IFRS-konforme Bilanzierung und Bewertung zu gewährleisten, sind deshalb umfangreiche Informationen aus dem Controlling, Planwerte notwendig. Das Controlling übernimmt die Funktion eines Daten- und Methodenlieferanten. Zum Teil geben die einzelnen Standards konkret vor, wie die Planungswerte generiert werden müssen.

Zusammenfassend haben die IFRS folgende Auswirkungen auf die Arbeit des Controlling:

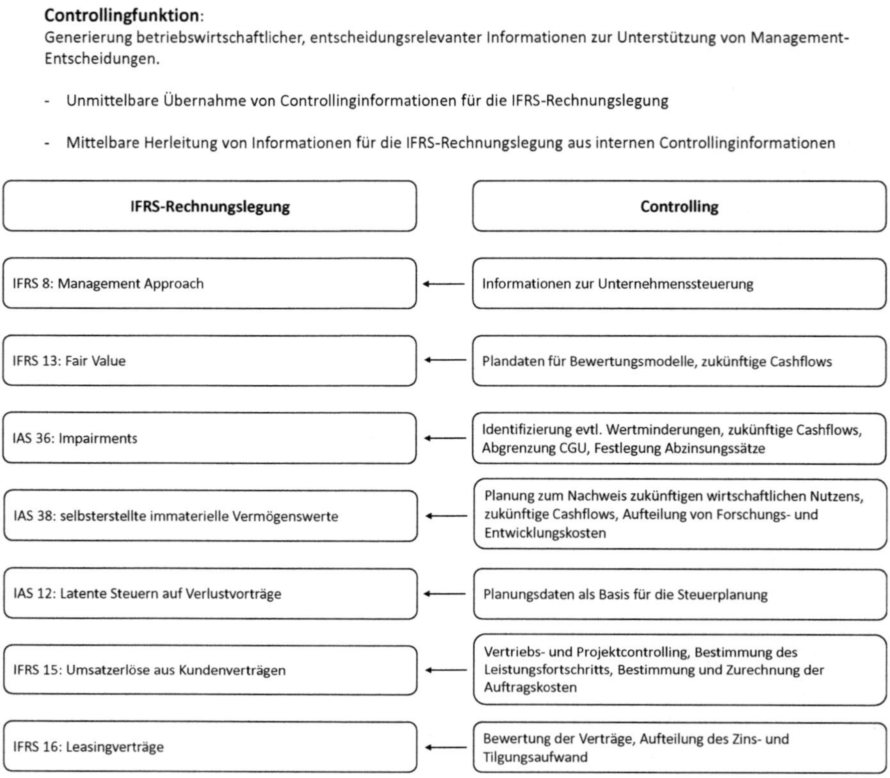

Abb. 6 Aufgaben des Controlling im Zusammenhang mit den IFRS

- Controller müssen über grundlegende IFRS-Kenntnisse verfügen, um nachvollziehen zu können, weshalb das Controlling bestimmte Methoden, Daten und Informationen für die Finanzberichterstattung bereitzustellen hat.
- Controller müssen aktuelle Entwicklungen der IFRS-Rechnungslegung beobachten und rechtzeitig die Auswirkungen der Änderungen auf ihre Arbeit analysieren (z. B. das mögliche Inkrafttreten von neuen Regelungen).
- Controller müssen im Rahmen ihrer Arbeit zusätzliche Aufgaben übernehmen (z. B. bei der Generierung der erforderlichen Daten für die Segmentberichterstattung).
- Es wird von Controllern eine engere Zusammenarbeit mit Wirtschaftsprüfern gefordert, da der Controllingbereich über die dargestellten Interdependenzen auch Gegenstand der Prüfung wird (z. B. bei der Überprüfung der Methoden zur Ermittlung des Fertigstellungsgrades bei langfristigen Fertigungsaufträgen).
- Zu Zwecken der Steuerplanung ist eine enge Zusammenarbeit der Controller mit der Steuerabteilung erforderlich.
- Controller sollten detaillierter als in der Vergangenheit die interne Ergebnisrechnung mit der externen Erfolgsrechnung nach IFRS abstimmen, evtl. auch zusammen mit der Funktion Konzernreporting und Buchhaltung.

So stellt die Entwicklung der internationalen Rechnungslegung neue Anforderungen an die Arbeit der Controller, eröffnet aber gleichzeitig auch neue Möglichkeiten. Die Problematik der Auswirkung der IFRS-Rechnungslegung auf das Controlling stellt sich deshalb nicht einmalig, sondern kontinuierlich dar.

Literatur

Belohuby, R. (2014). *Kundenwertcontrolling und IFRS Rechnungslegung* (1. Aufl.). Wiesbaden: Springer Gabler.

Coenenberg, A., Haller, A., & Schultze, W. (2018). *Jahresabschluss und Jahresabschlussanalyse* (25. Aufl.). Stuttgart: Schäffler-Poeschel.

Deloitte. (Hrsg.). (2017). IFRS 16 – Auswirkungen des neuen Leasingstandards. https://www2.deloitte.com/content/dam/Deloitte/de/Documents/financial-services/Financial-Services-White-Paper-No-79-2017.pdf. Zugegriffen am 12.05.2020.

Funk, W., & Rossmanith, J. (Hrsg.). (2017). *Internationale Rechnungslegung und Internationales Controlling: Herausforderungen – Handlungsfelder – Erfolgspotenziale* (3. Aufl.). Wiesbaden: Springer Gabler.

Grünberger, D. (2017). *IFRS 2017 – Ein systematischer Praxis-Leitfaden* (14. Aufl.). Herne: NWB.

Heuser, P., & Theile, C. (2019). *IFRS Handbuch – Einzel- und Konzernabschluss* (6. Aufl.). Köln: Otto Schmidt.

Hirschböck, G., Kerschbaumer, H., & Schurbohm, A. (2017). *IFRS für Führungskräfte* (3. Aufl.). Wien: Linde.

Horváth, P., Gleich, R., & Seiter, M. (2020). *Controlling* (14. Aufl.). München: Vahlen.

Horváth, P., et al. (2017). Die Zukunft des Controllings. *Controlling von Juli, 2017*, 5–6.

IGC (International Group of Controlling). (Hrsg.). (2013). Controller – Leitbild. https://www.igc-controlling.org/fileadmin/pdf/controller-de-2013.pdf. Zugegriffen am 12.05.2020.

Petersen, K., Bansbach, F., & Dornbach, E. (Hrsg.). (2019). *IFRS Praxishandbuch – Ein Leitfaden für die Rechnungslegung mit Fallbeispielen* (13. Aufl.). München: Vahlen.

Weber, J., & Schäffer, U. (2016). *Einführung in das Controlling* (15. Aufl.). Stuttgart: Schäffer-Poeschel.

Weißenberger, B. E. (2011). *IFRS für Controller* (2. Aufl.). Freiburg: Haufe.

Zülch, H., & Hendler, M. (2017). *Bilanzierung nach International Financial Reporting Standards (IFRS)* (2. Aufl.). Weinheim: Wiley-VCH.

Konvergenz des Rechnungswesens

Rouven Trapp

Zusammenfassung

Die Konvergenz des internen und externen Rechnungswesens stellt ein in der Unternehmenspraxis und in der wissenschaftlichen Diskussion gleichermaßen vielbeachtetes Phänomen dar. Gegenstand dieser Entwicklung ist die Verschiebung der Trennlinie zwischen dem internen und externen Rechnungswesen: Die zur Koordination von Geschäftsbereichen eingesetzte Steuerungsrechnung wird aus der Gewinn- und Verlustrechnung abgeleitet und basiert somit auf den Daten des externen Rechnungswesens. Der vorliegende Beitrag erläutert mit der partiellen Konvergenz eine weit verbreitete Konzeption, fasst ihren Implementierungsstand in der Unternehmenspraxis zusammen und erörtert mögliche Entwicklungsperspektiven.

Schlüsselwörter

Anreiznützlichkeit · IFRS · Interne Steuerungsrechnung · Konvergenz des Rechnungswesens · Kostenrechnung

1 Einleitung

In den letzten 25 Jahren sind deutsche Großunternehmen zunehmend dazu übergegangen, einzelne Teilsysteme des internen und externen Rechnungswesens zu harmonisieren (z. B. Beißel und Steinke 2004; Weißenberger et al. 2011). Diese Entwicklung ist im Wesentlichen auf die Unzulänglichkeiten eines strikt zweigeteilten Rechnungswesens im Zuge einer Internationalisierung der Unternehmenstätigkeit sowie auf nennenswerte Veränderungen in der Unternehmensumwelt zurückzuführen (Trapp 2012a, S. 140–163). Zum einen soll durch eine Vereinheitlichung

R. Trapp (✉)
Institut für Controlling, Universität Ulm, Ulm, Deutschland
E-Mail: rouven.trapp@uni-ulm.de

W. Becker, P. Ulrich (Hrsg.), *Handbuch Controlling*,
https://doi.org/10.1007/978-3-658-26431-4_68

bzw. Annäherung von Rechenwerken des internen und externen Rechnungswesens die Komplexität des Rechnungswesens in multinationalen Konzernen abgebaut und die Verständlichkeit von Rechnungsweseninformationen insbesondere in ausländischen Einheiten erhöht werden (Haller 1997; Wagenhofer 2008). Zum anderen werden entsprechende Bemühungen durch die Internationalisierung der Rechnungslegung unter der Anwendung stärker betriebswirtschaftlich orientierter Bilanzierungsvorschriften begünstigt (Kirsch und Steinhauer 2003; Weißenberger und IGC 2006; Trapp 2010a).

Auch wenn sich nach einer anfänglichen Diskussion, wie weit eine Harmonisierung gehen kann (Coenenberg 1995; Küting und Lorson 1998; Schweitzer und Ziolkowski 1999), mit der „partiellen Konvergenz" ein konsensfähiger Ansatz gefunden zu haben scheint (Trapp 2012a, S. 225 f.), ist die Thematik nach wie vor von hoher Relevanz. Dies liegt nicht zuletzt darin begründet, dass für eine Reihe von angenommenen Vorteilen eines konvergenten Rechnungswesens bislang nicht nachgewiesen worden ist, ob diese tatsächlich in der Unternehmenspraxis eintreten (Trapp 2012b). Des Weiteren geben unter anderem Neuerungen in der Rechnungslegung Anlass, die Auswirkungen von neuen Bilanzierungsvorschriften auf ein konvergentes Rechnungswesen zu untersuchen (z. B. Hoffjan et al. 2013; Trapp 2013a).

Vor diesem Hintergrund ist das Ziel des vorliegenden Beitrags, die Überlegungen zur Konzipierung eines konvergenten Rechnungswesens aufzuarbeiten und den bestehenden empirischen Erkenntnissen zu seiner Implementierung in der Unternehmenspraxis gegenüberzustellen. Darauf aufbauend werden Entwicklungsperspektiven für die Ausgestaltung eines konvergenten Rechnungswesens diskutiert.

2 Ausgangspunkt: Die Grenzen eines zweigeteilten Rechnungswesens

Über Jahrzehnte zeichnete sich die Ausgestaltung des Rechnungswesens in deutschen Unternehmen durch eine Differenzierung von zwei Teilsystemen aus (Schaier 2007, S. 89): Gegenstand des externen Rechnungswesens ist die Informationsversorgung der Stakeholder eines Unternehmens über die Rechenwerke des Einzel- bzw. Konzernabschlusses, die auf den Daten der Finanzbuchhaltung basieren. Demgegenüber richtet sich das interne Rechnungswesen an die Entscheidungsträger auf den verschiedensten Ebenen innerhalb eines Unternehmens, indem es die informatorische Grundlage für ihre Entscheidungsfindung generiert. Das zentrale Rechnungssystem bildet dabei die Kosten- und Leistungsrechnung (Günther und Zurwehme 2008; Coenenberg et al. 2018, S. 8). Den unterschiedlichen Informationsbedürfnissen der unternehmensinternen und -externen Adressaten entsprechend unterscheiden sich das interne und externe Rechnungswesen beispielsweise hinsichtlich ihrer Bezugsobjekte und des Zeitbezugs (Trapp 2012a, S. 2). Entsprechende Unterschiede sollen im Zuge einer Konvergenz nicht aufgegeben werden: Auch im Rahmen eines konvergenten Rechnungswesens werden für interne Informationszwecke differenziertere Ergebnisse ausgewiesen und häufiger berichtet als im Rahmen des externen Rechnungswesens. Die Überlegungen zu einer

Harmonisierung von Teilsystemen des Rechnungswesens beziehen sich demgegenüber auf Wertunterschiede, welche auf die unterschiedlichen Basisgrößen des internen und externen Rechnungswesens zurückzuführen sind: So werden „traditionell" für Zwecke der Kostenrechnung die Aufwendungen und Erträge, welche die Basisgrößen des externen Rechnungswesens darstellen, um kalkulatorische Komponenten erweitert (Coenenberg et al. 2016, S. 25 ff.).

Das Abweichen von pagatorischen Größen für Zwecke des internen Rechnungswesens wurde lange als Notwendigkeit zur vollumfänglichen Erfüllung seiner Aufgaben erachtet (Schweitzer und Ziolkowski 1999; Günther und Zurwehme 2008). Ein abweichendes Vorgehen hinsichtlich Ansatz und Bewertung erschien dabei insbesondere aufgrund der vorsichtig-pessimistischen Abbildung der Geschäftsvorfälle im handelsrechtlichen Jahresabschluss erforderlich (Trapp und Ufer 2012). Seit den 1990er-Jahren sind in der Unternehmenspraxis allerdings stärker die Grenzen dieser Zweiteilung offensichtlich geworden. In Kombination mit bedeutsamen Veränderungen in der Unternehmensumwelt lassen sich die Gründe für das Abrücken von der etablierten Ausgestaltung des Rechnungswesens insbesondere auf vier Aspekte zurückführen:

So sind in diesem Zusammenhang *Ergebnisdivergenzen* zu nennen. Diese bestehen zwischen dem Periodenerfolg, der im externen Rechnungswesen als Saldo von Aufwendungen und Erträgen gemessen wird, und dem mittels der Kostenrechnung bemessenen Periodenerfolg, welcher sich aus Kosten und Leistungen zusammensetzt (Trapp 2012a, S. 140–145). Pointieren lässt sich dieses Problem anhand des Beispiels der Lufthansa AG, bei der in den frühen 1990er-Jahren „‚intern' bzw. kalkulatorisch noch ein Gewinn ausgewiesen [wurde], während sich ‚extern' ein Milliardenverlust und Illiquidität abzeichneten." (Beißel und Steinke 2004, S. 63). Insbesondere bei nicht überleitbaren Differenzen ergeben sich somit Schwierigkeiten hinsichtlich der Ergebnisinterpretation, die sich negativ auf die Akzeptanz von Rechnungsweseninformationen im Unternehmen auswirken können (Angelkort 2010, S. 135; Trapp 2012a, S. 144).

Diese Problematik fällt umso stärker ins Gewicht, wenn Unternehmen Tochtergesellschaften im Ausland halten, die auf Basis eines konzernweiten Steuerungssystems geführt werden (Hoffjan und Weide 2006). Die Entwicklung entsprechender länderübergreifender Strukturen hat seit einigen Jahrzehnten für deutsche Unternehmen infolge der Globalisierung von Absatz- und Beschaffungsmärkten an Bedeutung gewonnen. Da die durchgängige Separation von kalkulatorischen und pagatorischen Größen im Sinne eines Zweikreissystems außerhalb des deutschsprachigen Raums unbekannt ist, erscheinen die daraus hervorgehenden Ergebnisunterschiede für Mitarbeiter in ausländischen Dimensionen kaum vermittelbar (Trapp 2012a, S. 161 f.). Die *international unübliche Trennung von Kosten und Aufwendungen* und die vor diesem Hintergrund im Falle eines Festhaltens an einem zweigeteilten Rechnungswesen zu erwartenden Verständnisprobleme haben somit deutsche Unternehmen zunehmend dazu veranlasst, die Zweiteilung in der traditionellen Form zu überdenken (Hebeler 2006; Kley 2006).

Einhergehend mit der Globalisierung der Gütermarkte hat die Bedeutung ausländischer Kapitalmärkte zugenommen (Pellens et al. 2009). So haben deutsche Unternehmen insbesondere ab den 1990er-Jahren zur Finanzierung ihrer länderübergreifenden Expansion verstärkt Titel an internationalen Kapitalmärkten platziert und sind damit von der bis dahin vorherrschenden Bankenfinanzierung abgerückt (Pellens et al. 1998). Das Interesse der Kapitalgeber, welche sich an diesen Märkten engagieren, besteht in der Maximierung des Unternehmenswerts (Ballwieser 2009), weshalb deutsche Unternehmen die Ausrichtung ihrer Geschäftspolitik am Shareholder Value nach außen hin dokumentieren sollten, um im Wettbewerb um Kapital bestehen zu können (Coenenberg und Schultze 2002). Vor diesem Hintergrund plausibilisiert sich die zunehmende Ausrichtung deutscher Unternehmen am Shareholder Value-Gedanken. So sind unternehmerische Entscheidungen unter der Maßgabe der Unternehmenswertsteigerung zu treffen (Günther und Zurwehme 2008), was den Einsatz eines Steuerungsinstrumentariums voraussetzt, welches die Wertschaffung innerhalb einer Periode abbildet (Gebhardt und Mansch 2005; Arbeitskreis Internes Rechnungswesen 2010). Entsprechende Steuerungsgrößen setzen in der Regel auf Daten des externen Rechnungswesens auf und sollten sowohl für die Kommunikation mit dem Kapitalmarkt als auch zur Steuerung von Geschäftsbereichen eingesetzt werden (Trapp 2012a, S. 154–158). Somit stellt die *Shareholder Value-Orientierung* deutscher Unternehmen eine wesentliche Entwicklung dar, durch welche die traditionellen kalkulatorischen Steuerungsgrößen an Bedeutung verloren haben und die Zweitverwendung von Daten des externen Rechnungswesens für Belange der Unternehmenssteuerung an Relevanz gewonnen hat (Trapp 2012a, S. 155 f.).

Aus dem länderübergreifenden Güter- und Kapitaltransfer hat sich schließlich die Notwendigkeit für die Etablierung *internationaler Rechnungslegungsvorschriften* ergeben. Damit ausländische Investoren, aber auch Kooperationspartner auf den Gütermärkten, ihre Entscheidungen über ein mögliches Engagement treffen können, erscheint die Anwendung einer weltweit verständlichen Finanzsprache geboten (Pellens et al. 2009). Nachdem in den 1990er-Jahren noch die US-amerikanischen Generally Accepted Accounting Principles (US-GAAP) mit den damaligen International Accounting Standards (IAS) um die Position des international führenden System aus Rechnungslegungsstandards konkurrierten, setzten sich kurz nach der Jahrtausendwende die IAS bzw. die späteren International Financial Reporting Standards (IFRS) – begünstigt durch die EU-Verordnung Nr. 1606/2002 – als weltweit führende Finanzsprache durch (Glaum 2000; Zeff 2007).

Die Einführung internationaler Rechnungslegungsstandards gilt als weiterer zentraler Treiber der Harmonisierungsbemühungen im Hinblick auf das interne und externe Rechnungswesen (z. B. Simons und Weißenberger 2010; Trapp 2012a, S. 158–161). Dies begründet sich darin, dass mit dem einhergehenden Bedeutungsverlust der handelsrechtlichen Rechnungslegungsvorschriften ein zentraler „Rechtfertigungsgrund“ für ein zweigeteiltes Rechnungswesen entfällt (Haller 1997; Weißenberger und IGC 2006). Im Gegensatz zu den handelsrechtlichen Vorschriften sind die internationalen Rechnungslegungsstandards in geringerem Maße von Vorsichtserwägungen geprägt und beabsichtigen, die Unternehmenssituation unverzerrt und dementsprechend in hoher Übereinstimmung mit der ökonomischen Realität abzubilden (Fülbier et al. 2006; Wagenhofer 2008). Damit ähnelt die Darstellung der wirtschaftlichen Situation im Jahresabschluss per se einer Perspektive, die bis dato dem internen Rechnungswesen vorbehalten war (Kirsch und Steinhauer 2003; Kley 2006; Trapp 2010b). Insbesondere die zuvor thematisierten Unzulänglichkeiten eines zweigeteilten Rechnungswesens im Kontext der Internationalisierung der Geschäftstätigkeiten legen somit nahe, die stärker betriebswirtschaftliche Perspektive der IFRS zu nutzen, um eine einheitliche Finanzsprache für die unternehmensinterne und -externe Kommunikation zu erreichen (Kirsch und Steinhauer 2003; Weißenberger und IGC 2006). Das Ergebnis ist eine Ausgestaltung des Rechnungswesens, welche stärker jener ähnelt, die im US-amerikanischen Raum anzutreffen ist (Haller 1997; Hebeler 2003, S. 123).

3 Konzeption eines konvergenten Rechnungswesens

In Anbetracht der dargelegten Grenzen eines zweigeteilten Rechnungswesens stellt sich die Frage, wie eine Annäherung der beiden Teilbereiche zur Überwindung der strikten Zweiteilung konkret aussehen kann. In diesem Zusammenhang ist insbesondere abzuwägen, ob ein „Einheitsrechnungswesen" realisierbar erscheint (Hirsch und Schneider 2010) oder sich die Bemühungen zur Verschlankung des Rechnungswesens auf eine teilweise Annäherung beschränken (Wurl et al. 2001; Trapp 2012a, S. 218–232). In der Literatur werden in diesem Zusammenhang drei Gestaltungsparameter unterschieden, anhand derer sich die Ausgestaltung eines konvergenten Rechnungswesens beschreiben lässt (Küting und Lorson 1998; Trapp 2012a, S. 216–218). Die Strukturierung eines konvergenten Rechnungswesens anhand dieser Parameter trägt der Überlegung Rechnung, dass das „Ziel der Konvergenz im Rechnungswesen […] nicht eine ganzheitliche Änderung der Unternehmensrechnung, sondern eine partielle Verbesserung des Rechnungswesens" sein sollte (Melcher 2002, S. 80). Nachfolgend werden diese Gestaltungsparameter herangezogen, um die Konzeption eines konvergenten Rechnungswesens zu erläutern.

3.1 Konvergenzbereich

Der Gestaltungsparameter „Konvergenzbereich" berücksichtigt, dass sich sowohl der interne als auch der externe Teilbereich des Rechnungswesens aus mehreren Rechenwerken zusammensetzen. Er bezieht sich daher auf die Frage, welche dieser Rechenwerke für eine Vereinheitlichung grundsätzlich geeignet erscheinen (Klein 1999, S. 19). Eine vollständige Verschmelzung des internen und externen Rechnungswesens erscheint dabei zunächst ebenso möglich wie eine Auswahl von relevanten Rechenwerken (Melcher 2002, S. 79; Schaier 2007, S. 125). In diesem Zusammenhang stellt sich ferner die Frage, auf welchen Ebenen der Organisationsstruktur eine Konvergenz des Rechnungswesens umsetzbar erscheint (Stute 2007, S. 32; Simons und Weißenberger 2008).

Mit Blick auf die Ergebnisdivergenzen und die international unübliche Trennung von Kosten und Aufwendungen mag eine vollständige Vereinheitlichung des internen und externen Rechnungswesens erstrebenswert erscheinen, welche einen kompletten Verzicht auf die Verwendung kalkulatorischer Kosten implizieren würde. Von einer so weitgehenden Vereinheitlichung geht jedoch die Gefahr aus, dass die unterschiedlichen Aufgaben der einzelnen Rechenwerke nicht mehr vollumfänglich erfüllt werden können (Küting und Lorson 1998; Günther und Zurwehme 2008). Die entscheidungsorientierte Kostenrechnung, welche Informationen zur prozess- oder produktbezogenen Entscheidungsfindung liefert, beispielsweise in Form von preis- und sortimentpolitischen Fragen (z. B. Preisuntergrenzenbestimmung), produktionsbezogenen Entscheidungen (z. B. Losgrößenbestimmung) oder beschaffungspolitischen Fragestellungen (z. B. Make or Buy-Entscheidungen), soll demnach weiterhin mit kalkulatorischen Größen arbeiten, um die Kostenkonsequenzen einzelner Handlungsalternativen möglichst vollständig abbilden zu können (z. B. Heyd 2001; Weißenberger 2006a; Trapp 2012a, S. 236). Damit erscheint ein kompletter Verzicht auf einen zweiten Rechenkreis folglich nicht umsetzbar (Trapp 2012a, S. 237).

Während in den operativen Einheiten eines Unternehmens also aus konzeptioneller Perspektive am zweigeteilten Rechnungswesen festgehalten werden sollte, erscheint eine Vereinheitlichung der internen Erfolgsrechnung, welche auf den obersten Hierarchieebenen zur Steuerung selbstständiger Geschäftsbereiche eingesetzt wird, und der Gewinn- und Verlustrechnung des externen Rechnungswesens gangbar (Coenenberg 1995; Trapp 2012b). Dies trifft insbesondere auf Holding-Strukturen zu, in denen sich das Top-Management aus dem operativen Geschäft weitestgehend zurückhält und sich seine Aufgaben im Wesentlichen auf die Bereitstellung von Kapital und die Formulierung strategischer Vorgaben beschränken (Weißenberger 2003, S. 203–208; Trapp 2012a, S. 239–241). Unter entsprechenden Gegebenheiten bestehen Parallelen zwischen den Informationsbedarfen der Unternehmensleitung und der externen Investoren: Beide benötigen Informationen, um über die Allokation von Kapital zu entscheiden. Während sich externe Investoren zwischen verschiedenen Unternehmen entscheiden, beziehen sich die Entscheidungen der Unternehmensleitung auf einzelne Geschäftsbereiche (Ruhwedel und Schultze 2004; Wagenhofer 2008; Trapp 2012a, S. 231). Aufgrund dieser ähnlichen Entscheidungssituationen kann davon ausgegangen werden, dass ein Rechenwerk, welches externe Investoren adäquat mit entscheidungsrelevanten Informationen versorgt, auch die Informationsbedarfe der Unternehmensleitung grundsätzlich erfüllen kann. Vor dem Hintergrund, dass für eine Annäherung nur solche Rechenwerke in Frage kommen, die ähnliche Zwecke verfolgen (Günther und Zurwehme 2008; Trapp 2012b), beziehen sich die Überlegungen zu einer Konvergenz des Rechnungswesens folglich auf die Vereinheitlichung der Steuerungsrechnung zur Koordination selbstständiger Geschäftsbereiche und der Gewinn- und Verlustrechnung des externen Rechnungswesens, insbesondere wenn Letztere unter Anwendung der IFRS erstellt wird (Weißenberger und IGC 2006; Kunz 2010; Trapp 2012b; Lorson et al. 2013). Eine solche Annäherung wird im Weiteren als „partielle Konvergenz“ (Trapp 2012b) bezeichnet.

Ein auf diese Weise abgegrenzter Konvergenzbereich impliziert allerdings lediglich eine Verlagerung und keine Aufhebung der Bruchstelle, die bei der zweigeteilten Ausgestaltung des Rechnungswesens zwischen der internen und externen

Erfolgsrechnung besteht (Weißenberger und IGC 2006). Während eine solche Bruchstelle auf den Hierarchieebenen, auf denen eine Angleichung der Rechenwerke erfolgt, beseitigt werden kann, entsteht sie zwischen den obersten Hierarchieebenen, auf denen ein konvergentes Rechnungswesen zur Anwendung kommt, und den operativen Steuerungseinheiten, in denen ein zweigeteiltes Rechnungswesen fortbesteht (Weißenberger und IGC 2006; Trapp 2012a, S. 237). Diese Bruchstelle schränkt jedoch nicht die Möglichkeiten des Unternehmens ein, mit dem Kapitalmarkt zu kommunizieren, da diesem in der Regel nur aggregierte Informationen zur Verfügung gestellt werden, die bei einer partiellen Konvergenz auf den Daten des externen Rechnungswesens basieren. Somit können dem Kapitalmarkt interne Ziele direkt kommuniziert werden. Des Weiteren trägt eine partielle Konvergenz zur Vermeidung der Verständnis- und Interpretationsprobleme in ausländischen Divisionen aufgrund der zuvor genannten international unüblichen Trennung von Kosten und Aufwendungen bei. Den ausländischen Geschäftseinheiten werden Ergebnisziele in der ihnen bekannten „IFRS-Sprache" gesetzt. Die Operationalisierung dieser Ziele bleibt ihnen vorbehalten, während der weitere Einsatz einer kalkulatorischen Kostenrechnung in den operativen Einheiten der in Deutschland ansässigen Divisionen für die ausländischen Mitarbeiter im Falle einer partiellen Konvergenz kaum ins Gewicht fallen dürfte. Somit stellt die partielle Konvergenz einen Kompromiss dar, welcher einige Probleme, die aus der traditionellen Ausgestaltung des Rechnungswesens resultieren, löst, gleichzeitig aber die Zweiteilung nicht vollständig aufgibt, um die Funktionserfüllung des Rechnungswesens weiterhin zu gewährleisten.

3.2 Konvergenzrichtung

Der Gestaltungsparameter „Konvergenzrichtung" bezieht sich auf die Frage, ob einer der für eine Konvergenz relevanten Teilbereiche einen Fixpunkt darstellt, an den der andere anzunähern ist oder ob eine gegenseitige Annäherungmöglich ist, bei der sich beide Teilbereiche aufeinander zubewegen (Küting und Lorson 1998; Weide 2009, S. 52; Trapp 2012a, S. 217). Aufgrund der verbindlich anzuwendenden Rechnungslegungsvorschriften und der damit verbundenen „Fixierung" des externen Rechnungswesens nähert sich vorrangig das interne Rechnungswesen an den externen Teilbereich an (Simons und Weißenberger 2008; Vanini und Beyer 2009; Trapp 2012a, S. 254–265). Infolgedessen gelten die Bilanzierungsvorschriften der anzuwenden Standards auch für die internen Rechenwerke (Klein 1999, S. 22), während Abweichungen von diesen Vorschriften, etwa in Form von kalkulatorischen Kosten, dem Konvergenzgedanken entgegenstehen (Trapp 2012a, S. 257).

Allerdings nähert sich in umgekehrter Richtung das externe Rechnungswesen geringfügig an den internen Teilbereich an. In diesem Zusammenhang sind zwei Entwicklungen zu unterscheiden: Zum einen können von den Bilanzierungsvorschriften gewährte Spielräume genutzt werden, um eine Abbildung von Geschäftsvorfällen zu erreichen, die jener im internen Rechnungswesen entspricht (Trapp 2012a, S. 258). Zum anderen geht aus dem in den IFRS verankerten Management

Approach eine Annäherung des externen an das interne Rechnungswesen hervor. Dieser bezieht sich auf einen Datenaustausch zwischen den Teilbereichen des Rechnungswesens, der sich in der „mittelbare[n] Herleitung von Größen im IFRS-Reporting auf der Basis interner Controllinginformationen" (Weißenberger und Maier 2006, S. 2077) konkretisiert. Anwendungsbeispiele des Management Approach sind der Goodwill Impairment Test nach IAS 36, welcher auf den Strukturen des internen Berichts- und Steuerungssystems sowie den Inhalten der unternehmensinternen Planungen fußt, oder die Segmentberichterstattung nach IFRS 8 (Trapp und Wolz 2008; Trapp 2010b).

Insbesondere der Segmentbericht stellt einen Treiber für eine Annäherung des externen an das interne Rechnungswesen dar, indem er solche Segmente ausweist, die auch Berichtsobjekte des unternehmensinternen Berichtswesens sind. Für die berichtspflichtigen Segmente sind ferner die Daten auszuweisen, die dem Management im Rahmen des internen Berichtswesens übermittelt werden (Trapp und Wolz 2008; Blase und Müller 2009). Dieser unmittelbare Datentransfer entspricht somit „einer vollständigen Integration des internen und externen Rechnungswesens in der Segmentberichterstattung" (Wagenhofer 2008, S. 163). Dessen ungeachtet ist jedoch festzustellen, dass sich das interne Rechnungswesen wesentlich stärker auf das externe zubewegt als umgekehrt (Lorson et al. 2013).

3.3 Konvergenzgrad

Als dritter Gestaltungsparameter bezieht sich der „Konvergenzgrad" auf das Übereinstimmungsniveau der Rechnungen, die einander angenähert werden sollen. Gegenstand dieser Gestaltungsdimension ist demnach die Frage, ob die für eine Konvergenz relevanten Rechenwerke des internen und externen Teilbereichs vollständig vereinheitlicht werden sollen oder die Vornahme von Modifikationen unter Inkaufnahme von geringen Ergebnisabweichungen zielführend erscheint (Küting und Lorson 1998; Schaier 2007, S. 126). Dieser Gestaltungsparameter lässt sich quantifiziert darstellen, indem er als eine Maßzahl zwischen 0 und 1 interpretiert wird. Eine Ausprägung von 1 wäre dann erreicht, wenn das Periodenerfolgsmaß gemäß externem Rechnungswesen, beispielsweise in der Gestalt des betrieblichen Ergebnisses, ohne Modifikationen für interne Steuerungszwecke verwendet wird, die Gewinn- und Verlustrechnung somit unmittelbar als Steuerungsrechnung fungiert (Melcher 2002, S. 83; Trapp 2012a, S. 268 f.). Eine Ausprägung von 0 würde sich hingegen in dem Fall ergeben, in dem das interne Periodenerfolgsmaß auf einer von der Finanzbuchhaltung losgelösten, kalkulatorischen Datenbasis aufsetzen würde.

Um Ergebnisdivergenzen und die damit verbundenen unternehmensinternen wie -externen Kommunikationsschwierigkeiten zu vermeiden, erscheint ein Konvergenzgrad von 1 erstrebenswert. Allerdings besteht das Problem, dass sich infolge der oben genannten Ausprägung der Konvergenzrichtung die für das externe Rechnungswesen geltenden Bilanzierungsvorschriften mittelbar auf die interne Steuerungsrechnung auswirken. Hieraus können sich insofern unerwünschte Effekte ergeben, als dass zwischen den Informationsbedürfnissen externer Investoren und dem Top-Management im Kontext von Holding-Strukturen zwar – wie oben erwähnt – Parallelen bestehen. Dennoch sind die Zwecke der internen Steuerungsrechnung und der externen Erfolgsrechnung nicht völlig deckungsgleich (Trapp 2012b). Dies liegt darin begründet, dass die IFRS den Aspekt der Entscheidungsunterstützung stärker gewichten als die Rechenschaftslegung (Trapp 2012a, S. 53). Infolge dieser Gewichtung priorisieren die IFRS das Potenzial, anhand des Jahresabschlusses künftige Erfolge abschätzen zu können, bisweilen gegenüber der Möglichkeit, die Leistung des Managements im Berichtsjahr zu beurteilen (Coenenberg und Straub 2008). Der letztgenannte Aspekt erscheint jedoch im Lichte der Verhaltenssteuerung bedeutsam: So sollen die Entscheidungen untergeordneter Handlungsträger nicht nur durch die Kommunikation von Zielvorgaben über die Steuerungsrechnung auf die Unternehmensziele ausgerichtet werden, sondern auch mithilfe von Kontrollen, inwiefern diese Ziele erreicht worden sind, beeinflusst werden (Trapp 2012a, S. 23). Vor diesem Hintergrund ist es wichtig, dass eine Steuerungsrechnung die Ergebniskomponenten, die zufällig aufgetreten sind und sich einer Beeinflussbarkeit durch das Management entziehen, von jenen trennt, die auf die Leistung des Managements zurückzuführen sind (Weißenberger 2004; Hoffjan et al. 2014). Dem sog. „Controllability-Prinzip“ folgend soll das Management somit nur an den Erfolgen gemessen werden, welche auf seine Entscheidungen zurückzuführen sind (Trapp 2012a, S. 340 f.).

Da weder eine nach dem HGB noch eine nach IFRS aufgestellte Erfolgsrechnung den Anforderungen an eine Steuerungsrechnung vollumfänglich entsprechen kann (Trapp 2012b; Lorson et al. 2013), erscheinen Modifikationen ratsam, um unerwünschte Steuerungswirkungen zu vermeiden oder zumindest zu verringern. Obwohl der adäquate Konvergenzgrad unternehmensindividuell festgestellt werden muss (Wagenhofer 2008; Trapp 2012b), werden nachfolgend einige aus der Perspektive der Unternehmenssteuerung wichtig erscheinende Modifikationsbedarfe erläutert. Hierzu gehören insbesondere (Trapp 2012a, S. 275–298):

- *Eliminierung der Ergebniseffekte aus Wertänderungen des Vermögens:* In diesem Zusammenhang sind insbesondere Effekte aus der Fair Value-Bewertung zu nennen. Hierunter ist die Bewertung von Vermögensgegenständen des Anlagevermögens zu Marktwerten zu verstehen (Trapp und Weide 2012). Während die IFRS vereinzelt auf diesen Bewertungsansatz abstellen, weil ihm Entscheidungsnützlichkeit bei der Abschätzung des künftigen Ertragspotenzials zugesprochen wird, erscheint aus der Perspektive der Unternehmenssteuerung bedenklich, dass die Fair Value-Bemessung mit erheblichen Ermessensspielräumen behaftet ist (Kirchner 2006). Zudem haben Fair Value-Änderungen tendenziell Zufallscharakter und lassen keine Rückschlüsse auf die Managementleistung zu. Dementsprechend sollten entsprechende Effekte aus der IFRS-Periodenerfolgsgröße eliminiert werden, ehe sie zu Verhaltenssteuerungszwecken eingesetzt wird. Ähnliche Überlegungen betreffen die Folgebewertung von Vorrats- und Forderungsbeständen (Trapp 2012a, S. 282).
- *Bereinigung der Ergebniseffekte aus der Bildung und Auflösung von Rückstellungen:* Die Bildung von Rückstellungen zur bilanziellen Antizipation von wahrscheinlichen, aber noch nicht vollständig konkretisierten Verpflichtungen mindert

den Periodenerfolg, während die Auflösung nicht in Anspruch genommener Beträge zu einem sonstigen betrieblichen Ertrag führt. Da die Bildung und Auflösung von Rückstellungen ermessensbehaftet ist, haben Bereichsmanager die Möglichkeit, durch eine Überdotierung die Voraussetzung für künftige Gewinnglättungen zu schaffen (Coenenberg 1995). Infolge von Informationsasymmetrien zugunsten der in den Geschäftsbereichen tätigen Manager können entsprechende Überdotierungen von der Unternehmensführung kaum identifiziert werden. Um derartige Gestaltungspotenziale zu schließen, sollte das zur Unternehmenssteuerung eingesetzte Periodenerfolgsmaß um entsprechende Ergebniseffekte bereinigt werden (Trapp 2012a, S. 283).

- *Eliminierung der Ergebniseffekte aus der Aktivierung investitionsähnlicher Ausgaben:* Zahlreiche betriebliche Ausgaben, etwa solche für Marketingmaßnahmen oder Forschung und Entwicklung, werden in der Erwartung getätigt, durch die initiierten Maßnahmen künftig höhere Erträge zu erwirtschaften. Eine erfolgswirksame Erfassung dieser Ausgaben zum Zeitpunkt ihres Entstehens führt dazu, dass die Aufwendungen und Erträge aus dem zugrunde liegenden Sachverhalt in unterschiedlichen Perioden in die Erfolgsrechnung eingehen (Weinand und Wolz 2010). Sofern für die Managementbeurteilung eine Ergebnisgröße herangezogen wird, welche entsprechende Ausgaben als Aufwendungen umfasst, werden Investitionen, die der Erschließung langfristiger Erfolgspotenziale dienen, sanktioniert. Damit verbunden sind die Gefahr von Unterinvestitionen und die langfristige Beeinträchtigung der Wettbewerbsfähigkeit des Unternehmens, wenn Führungskräfte mit einem kurzfristigen Zeithorizont entsprechende Ausgaben verringern. Da die IFRS unter bestimmten Voraussetzungen nur die Aktivierung von Entwicklungsausgaben zulassen, ist die zur Unternehmenssteuerung verwendete Größe um entsprechende Aufwendungen zu neutralisieren. Diese sollten stattdessen aktiviert und über den Zeitraum ihrer Nutzenentfaltung planmäßig abgeschrieben werden (Trapp 2012a, S. 289).
- *Modifikationen bei der Abgrenzung der sonstigen betrieblichen Aufwendungen und Erträge:* Für eine adäquate Messung der Managementleistung scheint es nicht nur geboten, sich im Sinne des Controllability-Prinzips auf die durch das Management beeinflussbaren Erfolgskomponenten zu beschränken. Vielmehr sollten darüber hinausgehend solche Erfolgskomponenten fokussiert werden, die nachhaltig erwartet werden können. Mehr oder weniger zufällig entstandene Erträge und Aufwendungen, die nicht zu den operativen Tätigkeiten eines Geschäftsbereichs gehören, sollten demgegenüber neutralisiert werden. Die Ergebnisspaltung nach IFRS steht solchen Erwägungen jedoch entgegen, da sie lediglich eine Aufgliederung des in der GuV ausgewiesenen Periodenerfolgs in ein Ergebnis aus fortgeführten Geschäftsbereichen sowie in ein Ergebnis aus aufgegebenen Geschäftsbereichen vorsieht. Zu dem erstgenannten Ergebnis gehören dabei auch sonstige betriebliche Aufwendungen und Erträge, die für den Geschäftsbereich untypisch sind und zudem häufig unregelmäßig anfallen. Für eine leistungsgerechte Erfolgsmessung sollten entsprechende Komponenten eliminiert werden, um ein aussagekräftiges Bild über das Managementhandeln und die nachhaltige Ertragskraft gewinnen zu können (Trapp 2012a, S. 286).

Die anhand der aufgezählten Modifikationsbedarfe veranschaulichte Vorgehensweise, unter dem Aspekt der Verhaltenssteuerung wenig sachgerechte Bilanzierungsvorschriften zu „korrigieren“, vermag insofern zu irritieren, als dass das Nebeneinander von zwei unterschiedlichen Periodenerfolgsgrößen ein grundlegendes Problem des zweigeteilten Rechnungswesens darstellt, welches im Zuge einer partiellen Konvergenz nicht vollständig gelöst werden kann. Sofern ein Konvergenzgrad von weniger als 1 realisiert wird, bestehen schließlich weiterhin zwei Periodenmaße: Ein operatives Ergebnis, welches in der Finanzberichterstattung ausgewiesen wird, und ein daraus abgeleitetes Ergebnis, welches unter Modifikationen für die Unternehmenssteuerung eingesetzt wird. Ein wesentlicher Unterschied im Vergleich zur traditionellen Ausgestaltung des Rechnungswesens besteht jedoch darin, dass beide Maße derselben (pagatorischen) Datenbasis entstammen und lediglich punktuelle Anpassungen vorgenommen werden. Dementsprechend ist davon auszugehen, dass die sich ergebenden Wertunterschiede zum einen deutlich geringer ausfallen als im Falle des zweigeteilten Rechnungswesens. Zum anderen sind die beiden Größen ineinander überleitbar (Trapp 2013b). Der Zielkonflikt zwischen der Verständlichkeit und der Eignung zur Verhaltenssteuerung legt dabei nahe, Änderungsbedarfe genau zu prüfen und die Modifikationen auf die wichtigsten Sachverhalte zu beschränken.

4 Implementierungsstand in der Unternehmenspraxis

Die in Abschn. 3 beschriebene partielle Konvergenz stellt inzwischen – zumindest aus konzeptioneller Perspektive – die mehrheitlich befürwortete Ausgestaltungsform dar (Trapp 2012b; Lorson et al. 2013). Damit scheint sich diese Konzeption gegenüber weiterführenderen Ansätzen, die auf Zahlungsströmen basieren und damit einen engeren Bezug zum Shareholder Value aufweisen (Trapp 2012a, S. 300–313), durchgesetzt zu haben. Die Überlegenheit der partiellen Konvergenz lässt sich damit begründen, dass dieser Ansatz eine Reihe von Vorteilen verspricht, ohne die Funktionserfüllung des Rechnungswesens zu beeinträchtigen. Zu den Vorteilen, die vielfach mit einer Konvergenz des Rechnungswesens in Verbindung gebracht werden, zählen insbesondere die erhöhte Ergebnistransparenz durch die Ableitung von Steuerungsgrößen aus der Gewinn- und Verlustrechnung, die höhere Objektivität der Steuerungsrechnung aufgrund des Verzichts auf ermessenbehaftete kalkulatorische Bestandteile sowie die vereinfachte internationale Kommunizierbarkeit von Erfolgsgrößen, die auf den Daten des externen Rechnungswesens basieren (Trapp 2012a, S. 167–171). Ergänzend werden Kostenvorteile durch den Verzicht auf einen zweiten Rechenkreis auf den obersten Hierarchieebenen eines Unternehmens und eine Beschleunigung der Berichtsprozesse als Folgen eines konvergenten Rechnungswesens erwartet (Trapp 2012a, S. 171–175).

Diese Vorteile legen die Vermutung nahe, dass sich die partielle Konvergenz des Rechnungswesens auch in der Unternehmenspraxis etabliert hat. Empirische Studien aus den späten 1990er- und frühen 2000er-Jahren zeichnen jedoch ein uneinheitliches Bild von den Vorstellungen der jeweils befragten Unternehmen, was in der

Verwendung von mitunter wenig präzisen Befragungsinstrumenten begründet liegen könnte (Trapp 2012b). Nachfolgend werden demgegenüber jüngere empirische Erhebungen aufgearbeitet, um Aussagen über den aktuellen Implementierungsstand in der Unternehmenspraxis generieren zu können. Grundlagen dieser Studien sind entweder die im Jahresabschluss veröffentlichten Segmentberichte und ergänzende Anhangsangaben (z. B. Blase et al. 2012; Engelen und Pelger 2014) oder Primärdaten, die im Rahmen von schriftlichen Befragungen oder Experteninterviews erhoben worden sind (z. B. Weide et al. 2011; Weißenberger und Angelkort 2011).

Während die Fokussierung auf Segmentberichte nur Aussagen zur Ausgestaltung des Rechnungswesens auf der obersten Unternehmensebene zulässt und damit den Aktionsraum einer partiellen Konvergenz betrachtet, ermöglichen auf Primärdaten basierende Studien auch eine Betrachtung untergeordneter Hierarchieebenen. Insgesamt deuten die Studien darauf hin, dass sich die Konzeption einer partiellen Konvergenz auch in der Unternehmenspraxis etabliert hat. Die analysierten Segmentüberleitungen zeigen, dass ein Großteil der betrachteten Unternehmen seine Geschäftsbereiche anhand von IFRS-Daten steuert (Matova und Pelger 2010; Blase et al. 2012). Auffällig erscheint dabei, dass sich kalkulatorische Kosten nur in Einzelfällen auf der Segmentebene wiederfinden. Die am häufigsten empirisch nachgewiesenen Anpassungsmaßnahmen beziehen sich auf die Eliminierung von Sonder- und Einmaleffekten und damit auf die Ergebnisspaltung in einen ordentlichen und einen außerordentlichen Bestandteil sowie auf Konsolidierungseffekte und die Eliminierung von Aufwendungen aus zentralen Unternehmensaktivitäten (Blase und Müller 2009; Matova und Pelger 2010; Trapp 2012a, S. 384–392).

Aus der Untersuchung von Weide (2009, S. 226–229) ergeben sich Hinweise, dass die entscheidungsorientierte Kostenrechnung zur informatorischen Fundierung operativer Entscheidungen vielfach weiterhin mit kalkulatorischen Größen arbeitet. Angelkort (2010, S. 115 f.) differenziert demgegenüber im Rahmen einer schriftlichen Befragung von 149 Unternehmen die Integrationsintensität auf der Gesamtunternehmens- bzw. Konzernebene sowie auf der Produkt- bzw. Prozessebene und findet heraus, dass eine partielle Konvergenz, die sich nur auf die Gesamtunternehmensebene bezieht, nahezu genauso verbreitet ist wie eine starke Integration auf beiden Ebenen. Des Weiteren ist den Ergebnissen zu entnehmen, dass eine Börsennotierung und eine Rechnungslegung nach IFRS mit einer höheren Integrationsintensität einhergehen (Weißenberger et al. 2011). Ferner verfügen größere Unternehmen und solche mit einer geringeren Ergebnisvolatilität über ein höheres Integrationsniveau (Angelkort 2010, S. 101–112). Diese Ergebnisse lassen die Schlussfolgerung zu, dass ein konvergentes Rechnungswesen ein in der Unternehmenspraxis geläufiges Vorgehen darstellt, auf den in Abschn. 2 dargelegten Wandel der Rahmenbedingungen zu reagieren. Ferner belegt die Studie von Engelen und Pelger (2014), dass Unternehmen mit einer komplexen Organisation, d. h. solche, die über mindestens 20 Tochterunternehmen verfügen, häufiger ein konvergentes Rechnungswesen aufweisen als solche mit weniger Konzerngesellschaften.

Hinsichtlich der Folgewirkungen eines konvergenten Rechnungswesens zeigt sich, dass Manager eine einheitliche Finanzsprache in der Form einer hohen Konsistenz zwischen den Informationen, die vom internen und externen Rechnungswesen bereitgestellt werden, mit einer höheren Ergebnisqualität des Controllings in Verbindung bringen. Die Konsistenz der Finanzsprache hängt wiederum von der Integrationsintensität ab (Weißenberger und Angelkort 2011). Der Effekt der einheitlichen Finanzsprache auf den managementseitig wahrgenommenen Erfolg des Controllings sowie der Einfluss des Controllings auf Managemententscheidungen wird dabei von Controllern als geringer eingeschätzt als von den befragten Managern (Weißenberger et al. 2012). Somit finden sich Hinweise, dass ein konvergentes Rechnungswesen die seitens des Managements wahrgenommene Qualität der Informationsversorgung innerhalb des Unternehmens begünstigt. Offen bleibt dagegen bislang, ob mittels eines konvergenten Rechnungswesen tatsächlich Verständnisschwierigkeiten in Bezug auf die vom Rechnungswesen bereitgestellten Informationen vermieden werden können (Trapp 2012b).

5 Entwicklungsperspektiven eines konvergenten Rechnungswesens

Die Verwendung der Daten des externen Rechnungswesens für die Steuerung von Geschäftsbereichen scheint sich vor dem Hintergrund der empirischen Studien inzwischen als „State of the Art" in der Unternehmenspraxis etabliert zu haben (Trapp 2012a, S. 5). Somit scheint mit der partiellen Konvergenz eine Konzeption gefunden worden zu sein, welche die oben angesprochenen Defizite des traditionell strukturierten Rechnungswesens überwindet, gleichzeitig aber die Möglichkeiten zur Erfüllung unterschiedlicher Funktionen des Rechnungswesens nicht (wesentlich) einschränkt. Mit Blick auf die weitere Entwicklung eines konvergenten Rechnungswesens erscheinen folgende Überlegungen bedeutsam:

- *Entwicklung zu einem einheitlichen konvergenten Rechnungswesen:* Die Ergebnisse von Angelkort (2010, S. 115 f.) hinsichtlich der vergleichsweise starken Verbreitung einer über die partielle Konvergenz hinausgehenden Vereinheitlichung deuten darauf hin, dass weitergehende Überlegungen aus Sicht der Praxis grundsätzlich realisierbar erscheinen. Inwiefern die partielle Konvergenz lediglich eine „Zwischenlösung" darstellt, dürfte insbesondere von der nachhaltigen Bedeutung kalkulatorischer Kosten für die operative Entscheidungsfindung abhängen. Wenngleich eine stärkere Ausrichtung an der tatsächlichen Nutzungsdauer von Vermögensgegenständen bei der Bemessung der planmäßigen Abschreibungen sowie die Berücksichtigung von Eigenkapitalkosten im Rahmen von wertorientierten Steuerungskonzepten zu einem Bedeutungsverlust einzelner kalkulatorischer Kostenarten beitragen können, erscheint die Zieladäquanz eines kompletten Verzichts auf kalkulatorische Komponenten in der entscheidungsorientierten Kostenrechnung bis auf Weiteres dennoch fraglich.
- *Relevanz der Konvergenzüberlegungen für HGB-Bilanzierer.* Die Konvergenz des Rechnungswesens ist aufgrund der vorgenannten Gründe eng mit der Einführung internationaler Rechnungslegungsvorschriften in die deutsche Bilanzierungspraxis verknüpft. Galt die handelsrechtliche Rechnungslegung früher als

Grundlage für die Unternehmenssteuerung als „Notlösung“ (Küting und Lorson 1999, S. 51), hat die umfangreiche Novellierung des Handelsbilanzrechts im Rahmen des „BilMoG“ zu einer Revidierung dieser Einschätzung geführt. Insbesondere die stärkere Abkoppelung der Handels- von der Steuerbilanz und die Streichung zahlreicher Wahlrechte begünstigen die Steuerungseignung des Handelsbilanzrechts (Trapp und Ufer 2012). Dementsprechend kann geschlussfolgert werden, dass die Anwendung internationaler Rechnungslegungsvorschriften nicht länger eine Voraussetzung für ein funktionsfähiges konvergentes Rechnungswesen darstellt.
- *Auswirkungen von IFRS-Änderungen:* Der mittelbare Einfluss der Rechnungslegungsvorschriften auf die Steuerungsrechnung bedingt, dass sich ändernde Standards aus der Perspektive der Unternehmenssteuerung beurteilt werden (Trapp 2013a). Ergibt sich hieraus der Bedarf für zusätzliche Korrekturmaßnahmen, kann die damit verbundene Verringerung des Konvergenzgrads zu einer Beeinträchtigung der Vorteile eines konvergenten Rechnungswesens führen.
- *Initiativen für ein „Integrated Reporting“:* Impulse für die Konvergenz des Rechnungswesens sind auch von den Bemühungen des International Integrated Reporting Council (IIRC) zu erwarten, welches Leitlinien für eine ganzheitliche Berichterstattung herausgibt. Ein integrierter Bericht beabsichtigt dabei die Kommunikation der Unternehmensstrategie sowie ihre Umsetzung zur langfristigen Existenzsicherung und Wertsteigerung eines Unternehmens (Kajüter und Hannen 2014). Die deutlich über den Jahresabschluss hinausgehende Berichterstattung kann die weitergehende Offenlegung von Information aus dem internen Rechnungswesen zum Gegenstand haben und bedingt dementsprechend – analog zum Management Approach nach IFRS – eine Annäherung der unternehmensexternen Berichterstattung an die unternehmensinternen Informationssysteme.

6 Zusammenfassung

Mit der partiellen Konvergenz hat sich die Trennlinie zwischen dem internen und externen Rechnungswesen verschoben, aber keineswegs aufgehoben (Weißenberger 2006b; Trapp 2012b). Der Gegenstand entsprechender Bemühungen konkretisiert sich darin, dass die Daten des externen Rechnungswesens zur Steuerung von Geschäftsbereichen herangezogen werden. Die zu diesem Zwecke eingesetzten Steuerungsrechnungen leiten sich somit aus der Gewinn- und Verlustrechnung des externen Rechnungswesens ab. Dieser Ansatz hat sich in der Unternehmenspraxis weitgehend etabliert und ist insbesondere für kapitalmarktorientierte Unternehmen mit einer internationalen Geschäftstätigkeit von Bedeutung. Die konkrete Ausgestaltung, insbesondere die Frage, welche Modifikationen an den extern berichteten Periodenerfolgsmaßen vorzunehmen sind, damit sie für Steuerungszwecke eingesetzt werden können, ist dabei unternehmensspezifisch festzulegen. Die weite und im Zeitablauf zunehmende Verbreitung eines konvergenten Rechnungswesens in der Unternehmenspraxis deutet darauf hin, dass die Konvergenz des Rechnungswesens mehr als nur einen Trend darstellt. Nichtsdestotrotz können künftig Anpassungen infolge von Entwicklungen in der Unternehmensumwelt, insbesondere in Form der Weiterentwicklung der internationalen Rechnungslegungsvorschriften und den Leitlinien für ein „Integrated Reporting", erforderlich werden.

Literatur

Angelkort, H. (2010). *Integration des Rechnungswesens als Erfolgsfaktor für die Controllerarbeit – Eine empirische Untersuchung deutscher Großunternehmen*. Frankfurt: Peter Lang.

Arbeitskreis Internes Rechnungswesen der Schmalenbach-Gesellschaft. (2010). Vergleich von Praxiskonzepten zur wertorientierten Unternehmenssteuerung. *Zeitschrift für Betriebswirtschaftliche Forschung, 62*(11), 797–820.

Ballwieser, W. (2009). Shareholder Value als Element von Corporate Governance. *Zeitschrift für Betriebswirtschaftliche Forschung, 61*(2), 93–101.

Beißel, J., & Steinke, K.-H. (2004). Integriertes Reporting unter IFRS bei der Lufthansa. *Zeitschrift für Controlling und Management, 48*(Sonderheft 2), 63–70.

Blase, S., & Müller, S. (2009). Empirische Analyse der vorzeitigen IFRS-8-Erstanwendung – Eine Analyse der Harmonisierung von interner und externer Segmentberichterstattung im Rahmen der vorzeitigen Umstellung auf IFRS 8 bei DAX-, MDAX- und SDAX-Unternehmen. *Die Wirtschaftsprüfung, 62*(10), 537–544.

Blase, S., Müller, S., & Reinke, J. (2012). Fortschritt in der Harmonisierung von internem und externem Rechnungswesen durch den management approach des IFRS 8 – Empirische Analyse zur Harmonisierung von Segmentsteuerung und Segmentberichterstattung bei den Unternehmen des DAX, MDAX und SDAX. *Zeitschrift für internationale und kapitalmarktorientierte Rechnungslegung, 12*(7–8), 352–359.

Coenenberg, A. G. (1995). Einheitlichkeit oder Differenzierung von internem und externem Rechnungswesen – Die Anforderungen der internen Steuerung. *Der Betrieb, 48*(42), 2077–2083.

Coenenberg, A. G., & Schultze, W. (2002). Unternehmensbewertung – Konzeptionen und Perspektiven. *Die Betriebswirtschaft, 62*(6), 597–621.

Coenenberg, A. G., & Straub, B. (2008). Rechenschaft versus Entscheidungsunterstützung – Harmonie oder Disharmonie der Rechnungszwecke? *Zeitschrift für internationale und kapitalmarktorientierte Rechnungslegung, 8*(1), 17–26.

Coenenberg, A. G., Fischer, T. M., & Günther, T. (2016). *Kostenrechnung und Kostenanalyse* (9. Aufl.). Stuttgart: Schäffer-Poeschel.

Coenenberg, A. G., Haller, A., Mattner, G., & Schultze, W. (2018). *Einführung in das Rechnungswesen – Grundlagen der Buchführung und Bilanzierung* (7. Aufl.). Stuttgart: Schäffer-Poeschel.

Engelen, C., & Pelger, C. (2014). Determinanten der Integration von externer und interner Unternehmensrechnung – Eine empirische Analyse anhand der Segmentberichterstattung nach IFRS 8. *Zeitschrift für Betriebswirtschaftliche Forschung, 66*(5), 178–211.

Fülbier, R. U., Hirsch, B., & Meyer, M. (2006). Wirtschaftsprüfung und Controlling – Verstärkte Zusammenarbeit zwischen zwei zentralen Institutionen des Rechnungswesens. *Zeitschrift für Controlling und Management, 50*(4), 234–241.

Gebhardt, G., & Mansch, H. (2005). Wertorientierte Unternehmenssteuerung in Theorie und Praxis. *Zeitschrift für Betriebswirtschaftliche Forschung,* 57(Sonderheft 53), 1–185.

Glaum, M. (2000). Bridging the GAAP: The changing attitude of German managers towards Anglo-American accounting and accounting harmonization. *Journal of International Financial Management and Accounting, 11*(1), 23–47.

Günther, T., & Zurwehme, A. (2008). Harmonisierung des Rechnungswesens – Stellschrauben, Informationswirkung und Nutzenbewertung. *Betriebswirtschaftliche Forschung und Praxis, 60*(2), 101–121.

Haller, A. (1997). Zur Eignung der US-GAAP für Zwecke des internen Rechnungswesens. *Controlling, 9*(4), 270–276.

Hebeler, C. (2003). *Harmonisierung des internen und externen Rechnungswesens. US-amerikanische Accounting-Systeme als konzeptionelle Grundlage für deutsche Unternehmen?* Wiesbaden: DUV.

Hebeler, C. (2006). Integration von internem und externem Rechnungswesen bei Henkel – Eine ex-post Analyse. *Zeitschrift für Controlling und Management, 50*(Sonderheft 2), 4–13.

Heyd, R. (2001). Zur Harmonisierung von internem und externem Rechnungswesen nach US-GAAP – Die Sichtweise deutscher Konzernunternehmen. *Der Schweizer Treuhänder, 75*(3), 201–214.

Hirsch, B., & Schneider, Y. (2010). Erklärungs- und Gestaltungsbeiträge verhaltenswissenschaftlicher Theorien für eine integrierte Rechnungslegung. *Zeitschrift für Planung und Unternehmenssteuerung, 21*(1), 7–35.

Hoffjan, A., & Weide, G. (2006). Organisation des internationalen Controlling – Im Spannungsfeld zwischen Standardisierung und Differenzierung. *Die Unternehmung, 60*(6), 389–406.

Hoffjan, A., Trapp, R., & Endenich, C. (2013). Das Financial Statement Presentation-Projekt von FASB und IASB – Eine kritische Würdigung im Lichte der Konvergenz des Rechnungswesens. In G. Seicht (Hrsg.), *Jahrbuch für Controlling und Rechnungswesen* (S. 391–409). Wien: LexisNexis.

Hoffjan, A., Weide, G., & Trapp, R. (2014). Erfolgswirkungen eines integrierten Rechnungswesens auf die unternehmensinterne Informationsversorgung – Eine empirische Bestandsaufnahme. *Betriebswirtschaftliche Forschung und Praxis, 66*(2), 192–219.

Kajüter, P., & Hannen, S. (2014). Integrated Reporting nach dem Rahmenkonzept des IIRC – Anforderungen, Anwendung und offene Fragen. *Zeitschrift für internationale und kapitalmarktorientierte Rechnungslegung, 14*(2), 75–81.

Kirchner, C. (2006). Probleme von Ermessensspielräumen in der fair value-Bewertung nach Internationalen Rechnungslegungsstandards. *Zeitschrift für Betriebswirtschaftliche Forschung, 58*(Sonderheft 55), 61–78.

Kirsch, H.-J., & Steinhauer, L. (2003). Zum Einfluss der internationalen Rechnungslegung auf das Controlling. *Zeitschrift für Planung und Unternehmenssteuerung, 14*(4), 415–435.

Klein, G. A. (1999). *Unternehmenssteuerung auf Basis der International Accounting Standards.* München: Vahlen.

Kley, K.-L. (2006). IFRS – Möglichkeiten und Grenzen ihrer Abbildung im Controlling. *Zeitschrift für Controlling und Management, 50*(3), 150–157.

Kunz, C. (2010). Organisatorische Aspekte eines integrierten Rechnungswesens – Persönliche Einschätzungen von Finanzvorständen börsennotierter Konzerne. *Die Betriebswirtschaft, 70*(4), 301–329.

Küting, K., & Lorson, P. (1998). Konvergenz von internem und externem Rechnungswesen: Anmerkungen zu Strategien und Konfliktfeldern. *Die Wirtschaftsprüfung, 51*(11), 483–493.

Küting, K., & Lorson, P. (1999). Harmonisierung des Rechnungswesens aus Sicht der externen Rechnungslegung. *Kostenrechnungspraxis, 43*(Sonderheft 3), 47–57.

Lorson, P., Melcher, W., & Zündorf, H. (2013). 20 Jahre Konvergenzdiskussion – Geschichte einer wechselvollen Beziehung. *Controlling & Management Review, 57*(6), 12–23.

Matova, M. R., & Pelger, C. (2010). Integration von interner und externer Segmentergebnisrechnung – Eine empirische Untersuchung auf Basis der Segmentberichterstattung nach IFRS 8. *Zeitschrift für internationale und kapitalmarktorientierte Rechnungslegung, 10*(10), 494–500.

Melcher, W. (2002). *Konvergenz von internem und externem Rechnungswesen. Umstellung des traditionellen Rechnungswesens und Einführung eines abgestimmten vertikalen und horizontalen Erfolgsspaltungskonzepts*. Hamburg: Dr. Kovac.

Pellens, B., Fülbier, R. U., & Gassen, J. (1998). Unternehmenspublizität unter veränderten Marktbedingungen. In C. Börsig & A. G. Coenenberg (Hrsg.), *Controlling und Rechnungswesen im internationalen Wettbewerb* (S. 55–69). Stuttgart: Schäffer-Poeschel.

Pellens, B., Crasselt, N., & Sellhorn, T. (2009). Corporate Governance und Rechnungslegung. *Zeitschrift für Betriebswirtschaftliche Forschung, 61*(2), 102–113.

Ruhwedel, F., & Schultze, W. (2004). Konzeption des Value Reporting und Beitrag zur Konvergenz im Rechnungswesen. *Controlling, 16*(8–9), 489–495.

Schaier, S. (2007). *Konvergenz von internem und externem Rechnungswesen. Bedarf für eine Neustrukturierung des Rechnungswesens?* Wiesbaden: DUV.

Schweitzer, M., & Ziolkowski, U. (1999). Interne Unternehmensrechnung: aufwandsorientiert oder kalkulatorisch? *Zeitschrift für Betriebswirtschaftliche Forschung, 51*(Sonderheft 42), 1–153.

Simons, D., & Weißenberger, B. E. (2008). Die Konvergenz von externem und internem Rechnungswesen – Kritische Faktoren für die Entwicklung einer partiell integrierten Rechnungslegung aus theoretischer Sicht. *Betriebswirtschaftliche Forschung und Praxis, 60*(2), 137–160.

Simons, D., & Weißenberger, B. E. (2010). Integration von externer und interner Rechnungslegung – State-of-the-Art und Zukunftsperspektiven nach 15 Jahren betriebswirtschaftlicher Diskussion. *Die Betriebswirtschaft, 70*(4), 271–280.

Stute, A. (2007). *Konvergenz von IFRS und interner Unternehmensrechnung. Eignung der IFRS-Rechnungslegung zur Erfüllung von Funktionen und zur Substitution von Instrumenten der internen Unternehmensrechnung*. Berlin: Erich Schmidt.

Trapp, R. (2010a). Integration des internen und externen Rechnungswesens. *Zeitschrift für Planung und Unternehmenssteuerung, 20*(3), 303–310.

Trapp, R. (2010b). Controlling und IFRS. *Controlling, 22*(4–5), 267–269.

Trapp, R. (2012a). *Konvergenz des Rechnungswesens. Eine Inhaltsanalyse der Diskussion um eine Annäherung des internen und externen Rechnungswesens in deutschsprachigen Fachzeitschriften*. Wiesbaden: Gabler.

Trapp, R. (2012b). Konvergenz des internen und externen Rechnungswesens – Etablierung oder Auflösung eines Theorie-Praxis-Paradoxons? *Zeitschrift für Betriebswirtschaft, 82*(9), 969–1008.

Trapp, R. (2013a). Ein Schritt zurück? – IFRS-Änderungen und ihre Auswirkungen auf die Unternehmenssteuerung. *Controlling & Management Review, 57*(6), 24–31.

Trapp, R. (2013b). Konsequenzen der Konvergenz des internen und externen Rechnungswesens für das Controlling – Eine Bestandsaufnahme. *Controlling, 25*(2), 109–114.

Trapp, R., & Ufer, H.-W. (2012). Auswirkungen des BilMoG auf die Konvergenz von internem und externem Rechnungswesen – Eine kritische Würdigung des novellierten Handelsbilanzrechts als Grundlage für ein konvergentes Rechnungswesen. *Die Wirtschaftsprüfung, 65*(24), 1290–1298.

Trapp, R., & Weide, G. (2012). Der Fair Value nach IFRS – Bedrohung für ein integriertes Rechnungswesen? *Controlling, 24*(3), 169–174.

Trapp, R., & Wolz, M. (2008). Segmentberichterstattung nach IFRS 8 – Konvergenz um jeden Preis? *Zeitschrift für internationale Rechnungslegung, 3*(2), 85–94.

Vanini, U., & Beyer, S. (2009). Ansätze und Probleme einer Harmonisierung der Konzernrechnungslegung nach IFRS und der internen Profit-Center-Rechnung. *Zeitschrift für Controlling und Management, 53*(2), 129–138.

Wagenhofer, A. (2008). Konvergenz von intern und extern berichteten Ergebnisgrößen am Beispiel von Segmentergebnissen. *Betriebswirtschaftliche Forschung und Praxis, 60*(2), 161–176.

Weide, G. (2009). *Gestaltung und Erfolg des Management Reporting. Empirische Analyse der Auswirkungen einer Integration des Rechnungswesens*. Hamburg: Dr. Kovac.

Weide, G., Hoffjan, A., Nevries, P., & Trapp, R. (2011). Organisatorisch-personelle Auswirkungen einer Integration des Rechnungswesens – Eine empirische Analyse. *Zeitschrift für Betriebswirtschaftliche Forschung, 63*(2), 63–86.

Weinand, M., & Wolz, M. (2010). Forschungs- und Entwicklungskosten im Mittelstand – Zur faktischen Irrelevanz des Aktivierungswahlrechts. *Zeitschrift für internationale und kapitalmarktorientierte Rechnungslegung, 10*(3), 130–138.

Weißenberger, B. E. (2003). *Anreizkompatible Erfolgsrechnung im Konzern. Grundmuster und Gestaltungsalternativen*. Wiesbaden: DUV.

Weißenberger, B. E. (2004). Integrierte Rechnungslegung und Unternehmenssteuerung – Bedarf an kalkulatorischen Erfolgsgrößen auch unter IFRS? *Zeitschrift für Controlling und Management, 48*(Sonderheft 2), 72–77.

Weißenberger, B. E. (2006a). Integration der Rechnungslegung unter IFRS – Ergebnisse des Arbeitskreises „Controller und IFRS“ der International Group of Controlling. *Controlling, 18*(8–9), 409–415.

Weißenberger, B. E. (2006b). Ergebnisrechnung nach IFRS und interne Performancemessung. In A. Wagenhofer (Hrsg.), *Controlling und IFRS-Rechnungslegung – Konzepte, Schnittstellen, Umsetzung* (S. 49–79). Berlin: Erich Schmidt.

Weißenberger, B. E., & Angelkort, H. (2011). Integration of financial and management accounting systems: The mediating influence of a consistent financial language on controllership effectiveness. *Management Accounting Research, 22*(3), 160–180.

Weißenberger, B. E., & International Group of Controlling (IGC). (2006). Controller und IFRS: Konsequenzen einer IFRS-Finanzberichterstattung für die Aufgabenfelder von Controllern. *Betriebswirtschaftliche Forschung und Praxis, 58*(4), 342–364.

Weißenberger, B. E., & Maier, M. (2006). Der Management Approach in der IFRS-Rechnungslegung: Fundierung der Finanzberichterstattung durch Informationen aus dem Controlling. *Der Betrieb, 59*(39), 2077–2083.

Weißenberger, B. E., Angelkort, H., & Kleine, C. (2011). Business Reporting für Kapitalmärkte als Treiber einer integrierten Rechnungslegung? – Empirische Evidenz aus deutschen Großunternehmen. *Der Betrieb, 64*(39), 2157–2161.

Weißenberger, B. E., Angelkort, H., & Holthoff, G. (2012). MAS integration and controllership effectiveness: Evidence of a preparer-user perception gap. *Business Research, 5*(2), 134–153.

Wurl, H.-J., Kuhnert, M., & Hebeler, C. (2001). Traditionelle Formen der kurzfristigen Erfolgsrechnung und der „Economic Value Added“-Ansatz – Ein kritischer Vergleich unter dem Aspekt der Unternehmenssteuerung. *Die Wirtschaftsprüfung, 54*(23), 1361–1372.

Zeff, S. A. (2007). Some obstacles to global financial reporting comparability and convergence at a high level of quality. *The British Accounting Review, 39*(4), 290–302.

Outsourcing des Controllings und Selbstständigkeit

Robert Rieg

Zusammenfassung

Zwar sind die allermeisten Controller innerhalb von Unternehmen beschäftigt. Es existieren jedoch eine Reihe von Dienstleistern die als Externe Controlling-Tätigkeiten erbringen. Der vorliegende Beitrag beleuchtet zunächst aus ökonomischer Sicht Erklärungsansätze dafür bevor anhand empirischer Daten die Situation des Outsourcing von Controlling-Dienstleistungen betrachtet wird.

Schlüsselwörter

Controlling · Outsourcing · Transaktionskostentheorie · Selbstständigkeit · Ressourcen-basierte Theorie

1 Selbstständigkeit und Controlling

Die allermeisten Controller arbeiten als Angestellte in einem Unternehmen. So geht man von über Hunderttausend Controllerinnen und Controllern in deutschen Unternehmen aus. Auch wenn es in der Wissenschaft unterschiedliche Begriffsbestimmungen und Konzeptionen des Controllings gibt (zu einem Überblick Scherm und Pietsch 2004), so umfassen die Aufgaben im Kern Planung und Kontrolle, Informationsversorgung und Entscheidungsunterstützung (Vanini et al. 2019).

Neben angestellten Controllern nutzen Unternehmen auch externe Dienstleister für die Erfüllung von Controlling-Aufgaben (siehe Abschn. 3). Solche externen Dienstleistungen werden von einem nur unscharf abgrenzbaren Personen- und Unternehmenskreis erbracht. Zu diesen zählen neben auf das Controlling spezialisierten Beratern und Beratungen auch solche, die neben ihrer Haupttätigkeit auch Controlling-Dienstleistungen anbieten, wie Steuerberater und Wirtschaftsprü-

R. Rieg (✉)
Hochschule Aalen, Aalen, Deutschland
E-Mail: robert.rieg@hs-aalen.de

W. Becker, P. Ulrich (Hrsg.), *Handbuch Controlling*,
https://doi.org/10.1007/978-3-658-26431-4_74

fer, oder solche, deren Tätigkeit große Schnittmengen aufweist. Dazu gehören IT-Dienstleister, die bei Implementierung von IT auch Organisationsthemen und inhaltliche Controlling-Fragen mitbearbeiten. Organisatorisch kann es sich bei externen Controlling-Dienstleistern um einzelne Selbstständige (Solo-Selbstständige) handeln bis hin zu großen Kapitalgesellschaften.

Während bei angestellten Controllern die Diskussion ihrer Rolle und Zusammenarbeit in Bezug auf das Management schon länger diskutiert wird (Rieg 2018; Goretzki 2016), ist diese Diskussion bei selbstständigen Controllern bisher nicht vorhanden. Dabei erscheint das Rollenkonzept auch für die Beauftragung und die Zusammenarbeit zwischen externen Controllern und internem Unternehmensmanagement relevant.

Schließlich ist auch zu erwarten, dass die fortschreitende Digitalisierung die Zusammenarbeit mit externen Dienstleistern verändert. So entfallen durch Automatisierung zunehmend Routine-Aufgaben, die bisher aus Kostengründen ausgelagert wurden.

Der vorliegende Beitrag greift diese Themen auf. Zunächst ist dabei zu klären, weshalb Unternehmen überhaupt Controlling-Aufgaben von extern beziehen, da doch die allermeisten Controller im Unternehmen angestellt sind. Zur Erklärung wird in Abschn. 2 die Transaktionskostentheorie und die Ressourcen-basierte Theorie herangezogen. Anschließend erfolgt in Abschn. 3 die Darstellung der Praxis der Selbstständigkeit im Controlling, wobei die Phänomene der Praxis im Lichte der theoretischen Diskussion des vorigen Abschnitts bewertet werden. Anschließend wird in Abschn. 4 die Rolle externer Controller im Verhältnis zum internen Management diskutiert bevor abschließend auf Trends und Entwicklungen eingegangen wird.

2 Erklärungsansätze für die Beauftragung externer Controlling-Dienstleister

2.1 Transaktionskostentheorie und Grenzen eines Unternehmens

Die in der Mikroökonomik entwickelte Transaktionskostentheorie (TKT) ist ein Ansatz zur Erklärung der Existenz von Unternehmen im Vergleich zu Märkten. Dabei lässt man die Annahme fallen, dass die Abwicklung von Geschäften (Transaktionen) kostenlos ist. Es fallen vielmehr Kosten für Informationssuche, Anbahnung und Durchsetzung an. Solche Transaktionskosten größer Null können dazu führen, dass es günstiger ist, Transaktionen innerhalb einer auf Dauer angelegten, hierarchischen Organisation abzuwickeln, d. h. über Weisungsrechte und Arbeitsverträge, statt über Märkte (einführend Neus 2018, S. 136 ff.). Man unterscheidet, begründet und aufbauend auf Williamson, drei Hauptaspekte von Transaktionen, anhand deren man beurteilen kann, ob Transaktionen eher innerhalb einer Organisation abgewickelt werden oder eher über Märkte. Dazu gehören:

a) *Häufigkeit der Transaktion*: je häufiger eine Geschäftstransaktion durchgeführt wird, desto eher können die Beteiligten ihre Aufwendungen amortisieren und eine stabile Kooperation kann sich entwickeln. Insofern führen häufige Transaktionen eher zu einem „Insourcing“ als einer Auslagerung. Seltenere Transaktionen werden eher über den Markt abgewickelt.
b) *Unsicherheit und Transaktion*: Die Unsicherheit kann sich auf zwei Aspekte beziehen (Everaert et al. 2010, S. 97 m. w. N.). Zum einen die Umweltunsicherheit, also Unkenntnis über Umfang, Häufigkeit und die benötigten Instrumente und Technologien für Transaktionen in der Zukunft. Zum zweiten die Verhaltensunsicherheit, also die Frage ob ein externer Dienstleister auch die Leistung tatsächlich erbracht hat und die Leistung auch messbar ist. Eine hohe Unsicherheit favorisiert eher die die hierarchische Organisation innerhalb eines Unternehmens (kurz: Hierarchie) als die Markttransaktion.
c) *Spezifität von Ressourcen*, die für eine Transaktion nötig sind. Hierbei geht es um die Frage, ob Ressourcen von einer Transaktion auf andere übertragbar und dort verwendbar sind, also unspezifisch sind, oder nicht. Investiert ein Vertragspartner in spezifische Ressourcen und kann sie daher nicht anderweitig verwenden, kann er vom anderen Vertragspartner ausgenutzt werden (sog. hold up-Problem). Das erzeugt einen Anreiz nicht zu investieren und auf solche Transaktionen zu verzichten. Eine hohe Spezifität favorisiert tendenziell die Hierarchie gegenüber dem Markt.

2.2 Empirische Erkenntnisse und Erweiterung der Transaktionskostentheorie

Die Transaktionskostentheorie ist empirisch gut bestätigt (Klein 2005, S. 456 f.; Geyskens et al. 2006). Während jedoch Williamson und im Zuge dessen viele Autoren (bspw. Neus 2018, S. 139), die Spezifität als wichtigsten Faktor ansahen, zeigt sich empirisch, dass Unsicherheit über die Häufigkeit von Transaktionen und bezüglich des Verhaltens der Beteiligten als auch die Spezifität einen ähnlich hohen Einfluss ausüben. Hinzu kommt, dass Outsourcing-Entscheidungen tendenziell nicht „Alles-oder-Nichts-Entscheidungen“ sind, sondern dass es eher eine komplementäre Situation zwischen internen und externen Tätigkeiten gibt (Geyskens et al. 2006, S. 531 ff.). Das ist auch für das Outsourcing von Controlling-Prozessen eine wichtige Erkenntnis. Dieser Punkt deutet auch darauf hin, dass Verfeinerungen und Erweiterung der Theorie sehr oft den spezifischen Kontext von Transaktionen und der beteiligten Personen einbeziehen, so dass eine per se allgemeine Theorie kontextspezifischer wird (Burr 2003, S. 132).

Einige Studien haben Outsourcing-Entscheidungen für das Rechnungswesen auf Basis der Transaktionskostentheorie (TKT) untersucht. So stützen die Ergebnisse von Everaert et al. 2010 die TKT für Rechnungswesen-Tätigkeiten: Routine-Aufgaben werden eher an externe Dienstleister vergeben im Gegensatz zu Nicht-Routine-Aufgaben, die oft auch höhere Kompetenz (Spezifität) erfordern.

Hinzu kommt jedoch der Faktor *Vertrauen*, der in der TKT nicht direkt aufscheint. Gerade kleinere Unternehmen setzen offenbar stark auf den Aufbau und Erhalt einer auf Vertrauen gründenden Beziehung zu externen Dienstleistern. Die Bedeutung von Vertrauen im Outsourcing-Prozess zeigt sich auch in anderen Studien (Bachmann 2001; Brouthers und Brouthers 2003).

Für das Outsourcing von Rechnungswesen-Aktivitäten spielen neben Transaktionskosten und Vertrauen auch der Fokus auf *Kernkompetenzen* eine Rolle. Letzteres wird in der Ressourcen-basieren Theorie (RBT) angesprochen. Sie betont die Rolle von spezifischen Ressourcen, Kompetenzen und Fähigkeiten zur Erlangung von Wettbewerbsvorteilen. Outsourcing im Rechnungswesen kann dazu dienen, sich Zugang zu solchen Ressourcen, Kompetenzen und Fähigkeiten zu verschaffen (Kamyabi und Devi 2011; Graham und Neck 2007).

2.3 Transaktionskosten und die Gestaltung der Unternehmenssteuerung

Transaktionskosten beeinflussen auch die Ausgestaltung der Unternehmenssteuerung. Das betrifft die Frage welche Controlling-Konzepte und Instrumente ein Unternehmen als Reaktion auf die spezifische Transaktionssituation wählt (Vosselman 2002). So zeigen Spraakmann und Davidson 1998 an einem Fallbeispiel, dass die Spezifität und Unsicherheit die Einführung komplexerer Controlling-Werkzeuge förderte. Über die TKT lassen sich mehrere Archetypen für Controlling-Systeme unterscheiden (Speklé 2001). Das ist insofern relevant, als dass die Aufgaben und Prozesse des Controllings nicht fixiert sind, sondern das Management einen hohen Freiheitsgrad der Gestaltung hat. Die TKT beeinflusst daher nicht nur die Frage, welche Prozesse und Aktivitäten des Controllings ggf. ausgelagert werden, sondern auch die davor liegende Frage, welche Prozesse und Aktivitäten es in einem Unternehmen gibt.

3 Externe Dienstleistungen und Controlling

3.1 Relevante Controlling-Prozesse und Aktivitäten

Ausgangspunkt einer Outsourcing-Überlegung in Dienstleistungsbereichen sind einzelne Tätigkeiten bis hin zu gesamten Geschäftsprozessen. Zwar können Tätigkeiten und Prozesse aufgrund des eben angesprochenen Freiheitsgrades im Controlling sehr unternehmensindividuell sein. Als Anhaltspunkt kann jedoch das in der Praxis und praxisorientierten Literatur diskutierte Controlling-Prozessmodell der International Group of Controlling dienen (Möller und Illich-Edlinger 2018; Möller und Gackstatter 2017). Es strukturiert Controlling in zehn Hauptprozesse. Die folgende Beschreibung bezieht sich auf das im Jahr 2017 leicht abgewandelte Prozessmodell (Möller und Illich-Edlinger 2018, S. 56 f.):

- Strategische Planung: Sie legt den langfristigen Orientierungsrahmen und die Struktur der Unternehmensplanung fest, ebenso wie wesentliche Ziele und Maßnahmen hinsichtlich Produkte, Märkten und Wettbewerb.
- *Operative Planung, Budgetierung und Forecasting*: Sie struktuieren die kurz- bis mittelfristige Fokussierung des Unternehmens auf Ziele, Ressourcen, und Aktivitäten zur Umsetzung der gewählten Strategie. Der Forecasting-Prozess liefert wichtige Prognoseinformationen sowohl ex ante als auch während der Planumsetzung.
- *Investitionscontrolling*: hierbei steht die Beurteilung, Auswahl und Steuerung wesentlicher Investitionen im Vordergrund.
- *Kostenrechnung*: Dieser Prozess betrifft die Steuerung der Wirtschaftlichkeit von Produkten, Kunden oder Organisationseinheiten unter gegebenen Strukturen.
- *Management Reporting*: Darunter fällt die Bereitstellung empfängerorientierter und entscheidungsrelevanter Informationen über die Leistung des Unternehmens
- *Business Partnering*: Hier wird dem Controller als Aufgabe die Unterstützung des Managements zugeschrieben. In dieser Rolle geht es auch um eine kritische Diskussionsrolle gegenüber Managern.
- *Projektcontrolling*: Das Projektcontrolling unterstützt die Bewertung, Auswahl und Steuerung von Projekten ebenso wie die Ergebniskontrolle.
- *Risikocontrolling*: Ein Risikocontrolling soll dem Management laufend Informationen über das Chancen- und Risikoprofil des Unternehmens liefern, damit nicht nur die Existenzsicherung gewährleistet wird, sondern auch die risikogerechte Erfolgsrealisation.
- *Datenmanagement*: Aufgrund der immer größeren und heterogener werdenden Datenmengen, muss ein Controlling auch die Datenqualität gewährleisten, um jederzeit auskunfts- und analysefähig zu sein.
- *Weiterentwicklung des Controllings*: Dabei steht die Aufgabe darin, die im Unternehmen realisierten Controllingprozesse, -instrumente und -systeme so weiterzuentwickeln, dass sie sich verändernden Anforderungen gerecht werden.

Kontrastiert man diese Controlling-Prozesse mit den Aspekten der TKT (Häufigkeit, Spezifität, Unsicherheit) ergänzt um den Faktor Kernkompetenz der RBT zeigen sich erste Erkenntnisse welche Prozesse in welchem Umfang sich für ein Outsourcing eignen (Tab. 1). Wichtig zum Verständnis ist dabei, dass mit Unsicherheit hier nicht die Unsicherheit über die gewählte Strategie oder den verabschiedeten Plan gemeint ist, sondern die Unsicherheit in Bezug auf die Prozessdurchführung und die Leistungsmessung für den Prozess. So ist auch ein operativer Plan von Unsicherheit geprägt, da viele Pläne nicht eintreffen. Der Planungsprozess selbst ist jedoch demgegenüber weit weniger unsicher und seine erfolgreiche Durchführung lässt sich gut messen.

Einen auf den ersten Blick anderen Ansatz wählen Sierke et al. 2017. Die Autoren ermitteln in ihrer empirischen Studie die Verbreitung von Controlling-Instrumenten im Mittelstand bevor sie von den Befragten das Potential zu deren Auslagerung an externe Dienstleister abfragen. Letztlich zeigen sich jedoch ähnliche Ergebnisse wie in Tab. 1: standardisierte Aufgaben, also solche mit geringer Spezifität, eignen sich

Tab. 1 Controlling-Prozesse, Transaktionskosten und Eignung für Outsourcing

Controlling-Prozesse	Häufigkeit	Spezifität	Unsicherheit	Eignung für Outsourcing?
Strategische Planung	Eher selten	Hoch	Mittel	Einzelne Aktivitäten, bspw. Marktanalysen
Planung, Budgetierung, Forecasting	Regelmäßig	Mittel	Gering	Ja
Investitionscontrolling	Fallweise wiederkehrend	Mittel	Gering	Ja
Management Reporting	Sehr regelmäßig	Gering bis mittel	Gering	Ja
Business Partnering	wiederkehrend	Hoch	Hoch	nein
Projektcontrolling	Fallweise wiederkehrend	Gering bis mittel	Gering	Ja
Risikocontrolling	Regelmäßig	Mittel bis hoch	Mittel	Einzelne Aktivitäten, bspw. Risikoaggregation und -simulation
Datenmanagement	Regelmäßig	Gering bis mittel	Gering	Ja
Weiterentwicklung	fallweise	hoch	Hoch	Nein

gut für ein Outsourcing. Ebenso solche, bei denen Unternehmen auf einzelne Kompetenzen zurückgreifen wie die auch in Tab. 1 genannten Marktanalysen.

Beide Ansätze zeigen auch, dass Unternehmen über externe Dienstleister auf Kompetenzen zugreifen können, die sie intern nicht zur Verfügung haben und die es ihnen erlauben Vorteile gegenüber anderen Unternehmen zu erlangen, die dies nicht tun. Ganz im Sinne der Ressourcen-basierten Theorie ermöglicht es daher Outsourcing auch für KMU Wettbewerbsvorteile zu generieren.

Outsourcing wird dabei umso wertvoller je geringer das interne Kompetenz- und Erfahrungsniveau im Unternehmen ist, allerdings entsteht dann auch eine höhere Verhaltensunsicherheit, die ggf. über den Aufbau einer Vertrauensbasis und eine langfristige Zusammenarbeit begrenzt werden kann (Everaert et al. 2010, S. 109; Bruyckere et al. 2018).

3.2 Empirie zu Controlling-Outsourcing von Unternehmen

Die vorhergehende Diskussion hat gezeigt, dass es ein Potenzial für die Auslagerung von Controlling-Aufgaben gibt. Kontrastiert man dies mit empirischen Studien zur tatsächlichen Auslagerung von Controlling-Aufgaben, so zeigt sich, dass diese Auslagerung eher selten vorkommt, wie Tab. 2 zeigt. Im externen Rechnungswesen werden Aufgaben öfters ausgelagert. So finden Rieg et al. (2020) über eine Befragung von 231 deutschen und polnischen Unternehmen, dass Aufgaben des externen Rechnungswesens häufiger extern erledigt werden (13,4 % Zustimmung) als Auf-

Tab. 2 Studien zu externem Controlling bzw. zu Controlling-Outsourcing

Studie	Stichprobe	Relevante Erkenntnisse
Becker et al. (2012)	N = 45 Interviews mit deutschen Unternehmen	Etwa 10 % der kleineren bis mittleren Unternehmen beauftragen externe Dienstleister
Berens et al. (2005)	N = 213 vor allem mittelständische Unternehmen in Deutschland	Etwa 20 % der befragten kleineren und mittleren Unternehmen nehmen externe Controlling-Dienstleistungen in Anspruch
Hiebl et al. (2013)	N = 576 österreichische und bayerische Unternehmen	Knapp 10 % der mittelgroßen Unternehmen beziehen Controlling-Dienstleistungen extern, Familienunternehmen häufiger als Nicht-Familienunternehmen.
Neubauer et al. (2012)	N = 1052 deutsche und österreichische Unternehmen	Ungefähr 6 % der Befragten beauftragen externe Dienstleister, Familienunternehmen etwas häufiger als Nicht-Familienunternehmen.
Ossadnik et al. (2004)	N = 146 Unternehmen im IHK-Bezirk Osnabrück-Emsland	Nur etwa 10 % der Befragten beauftragen externe Dienstleister, viele lehnen dies wegen mangelnder unternehmensspezifischer Kenntnisse ab.
Rautenstrauch und Müller (2005)	N = 188 Unternehmen aus Ostwestfalen	2,7 % der Befragten beauftragen externe Berater für Controlling-Dienstleistungen
Rieg et al. (2020)	N = 231 deutsche und polnische Unternehmen	Knapp 5 % der Befragten beauftragen externe Dienstleister für Controlling.

gaben des Controllings mit 4,8 % Zustimmung (ähnlich Hiebl et al. 2013, S. 96). Externe Aufgabenträger für das externe Rechnungswesen sind dabei oft Buchhaltungsbüros und Steuerberater (Rieg 2019).

Das geringere Niveau der Auslagerung von Controlling-Aufgaben überrascht angesichts des Potenzials. Selbst in den Augen des Managements befragter Unternehmen scheint ein großes Potenzial vorhanden zu sein, gehandelt wird aber nicht entsprechend (Sierke et al. 2017).

Eine weitere Erkenntnis aus den empirischen Studien ist, dass oft nur einzelne Aufgaben extern beauftragt werden und nicht gesamte Prozesse. Das bedeutet im Umkehrschluss, dass intern komplementäre Aufgabenträger und Kompetenzen vorhanden sein müssen, an die sich externe Dienstleister „ankoppeln" (i.A.a. Everaert et al. 2007).

Der relativ geringe externe Bezug von Controlling-Dienstleistungen könnte auf Basis von Abschnitt 2 dadurch erklärt werden, dass Unternehmen die entsprechenden Transaktionskosten als hoch einschätzen, kein ausreichendes Vertrauen zu einem externen Dienstleister entwickeln oder es als schwierig ansehen, dies aufzubauen und zu erhalten. Ebenso könnte es sein, dass Unternehmen die Vorteile des Bezugs externer Kompetenzen im Rahmen der RBT als gering einschätzen.

Aus der relativ geringen Auslagerung kann man jedoch nicht den Umkehrschluss ziehen, dass Controlling dann primär unternehmensintern erfolgt. Bei Familienunternehmen, die oft auch KMU sind, zeigen sich auch Gründe dafür, auf Controlling gänzlich zu verzichten. Dazu gehören: familienspezifische Motive, die Bevorzugung informeller Führung, eine Abwesenheit von Interessenkonflikten im eigentümergeführten Unternehmen sowie eine geringe Wertschätzung solcher Konzepte (Andric und Kammerlander 2017).

3.3 Empirie zu externen Dienstleistern für Controlling

Während der vorige Abschnitt die Auftraggeber-Seite betrachtet hat, wird in diesem Abschnitt die Auftragnehmer-Seite betrachtet, also den Fragen nachgegangen, welche Dienstleister welche Tätigkeiten anbieten.

Controlling-Dienstleistungen fallen unter die allgemeinen Beratungs-Dienstleistungen (Ennsfellner et al. 2014, S. 23 f.). Als solche unterliegen sie – zumindest in Deutschland – keiner Regulierung. Es gibt dort keine Pflichtmitgliedschaft in Wirtschaftskammern wie bspw. in Österreich (Ennsfellner et al. 2014, S. 70 ff.; Karlhofer 2017). Dies macht die Abgrenzung des Kreises an Dienstleistern für Controlling-Aufgaben schwierig. Grob und ohne Anspruch auf Vollständigkeit lassen sich jedoch wie eingangs genannt drei Gruppen an Dienstleistern unterscheiden:

Gruppe 1: Allgemeine Unternehmensberatungen. Hierunter fällt ein zahlenmäßig recht unbestimmter aber vermutlich auch der größte Personen- und Unternehmenskreis. Tab. 3 stellt einige Daten aus amtlichen deutschen Statistiken zusammen.

Hier zeigt sich schon das Problem der Abgrenzung. Wie viele Unternehmen und Personen Controlling-Dienstleistungen erbringen, ist unklar. Die tatsächliche Zahl dürfte auch deshalb nur schwer ermittelbar sein, da manche Berater auch nur fallweise oder in geringerem Umfang Controlling-Dienstleistungen anbieten und das was als Controlling-Dienstleistung einzuordnen ist, per se auch nicht eindeutig bestimmt ist. Dennoch scheint es plausibel von einer mindestens vier- und eher fünfstelligen Anzahl an Unternehmen auszugehen.

Gruppe 2: Steuerberater. Das Steuerberatergesetz (StBerG) regelt zusammen mit der Berufsordnung für Steuerberater (BOStB), die mit der Steuerberatung vereinbaren Tätigkeiten (§ 57 Abs. 3 StBerG, § 15 BOStB). Dazu gehört auch die Unternehmensberatung samt Controlling-Dienstleistungen (Schepers 2020). Dass Steuerberater ihre Mandanten auch in solchen Fragen beraten, ergibt sich schon allein durch den engen und oft mehrjährigen Kontakt mit der Geschäftsführung der Mandanten-Unternehmen (Rautenstrauch und Müller 2005, S. 192; Mayr 2015). Um eine hohe Qualität zu sichern, hat der Deutsche Steuerberaterverband (DStV e. V.) einen Fachberater-Lehrgang mit Zertifikat ins Leben gerufen, den Fachberater Controlling und Finanzwirtschaft (DStV e. V.). Aktuell sind dort 82 solche Fachberater verzeichnet (DStV e. V. 2020).

Rautenstrauch und Müller (2005, S. 205 f.) zeigen in ihrer Erhebung, dass Steuerberater ein hohes Ansehen genießen und als einer der Hauptansprechpartner auch für Controlling in KMU angesehen werden. Eine Spezialisierung von Steuer-

Tab. 3 Daten der amtlichen Statistik

Datenbasis	Bezugs-jahr	Wirtschaftszweig	Beschäftigte	Anzahl Un-ternehmen	Quelle
Vollerhebung	2017	69.20.4 „Buchführung“	39.081	13.042	(Destatis 2019, S. 24, 27)
	2017	70.22 „Unternehmensberatung“	246.872	81.860	(Destatis 2019, S. 24, 27)
Mikrozensus	2016	„Rechnungswesen, Controlling und Revision“	-	20.300	(Maier und Ivanov 2018, S. 24).

beratern kann man aus der geringen Anzahl an Fachberatern aber nicht erkennen, so dass vermutlich Controlling-Dienstleistungen von Steuerberatern eher als ein „Zubrot“ gesehen werden.

Gruppe 3: IT-Dienstleister. Auch für die dritte Gruppe sind Controlling-Dienstleistungen nicht der Kern ihrer Leistungsangebots. Mit der Bereitstellung neuer Informations- und Kommunikationstechnik (IKT) gehen jedoch organisatorische Konsequenzen einher, so dass eine wechselseitige Anpassung von IKT und Organisation angeraten ist (Krcmar 2015, S. 3 f.). Es ist daher keine Überraschung, dass sich IT-Dienstleister auch mit Organisationsveränderungen beschäftigen und im Zuge dessen auch Controlling-Dienstleistungen anbieten. Solche beziehen sich meist auf die Gestaltung von Controlling-Systemen unter Einschluss neuer IKT. Vereinzelt kann es auch dazu kommen, dass IT-Dienstleister komplette Controlling-Prozesse übernehmen (bspw. Walther et al. 2010).

Hinsichtlich des *Leistungsangebots* geht die Literatur davon aus, dass gerade KMU, für die ein externes Controlling besonders relevant ist, für die Steuerung des Unternehmens neben dem externen Rechnungswesen eine Kosten- und Erlösrechnung, operative Planung und Budgetierung sowie primär finanzielle Kennzahlen benötigen (Feldbauer-Durstmüller und Mühlböck 2009, S. 65). Gerade kleinste und Kleinunternehmen könnten von entsprechender externe Unterstützung profitieren (Beyer und Geis 2009, S. 373 f.). Empirische Erhebungen zeigen, dass externe Controlling-Dienstleister gerade in diesen Bereichen auch tätig sind und Unterstützung leisten (Rieg und Fischer 2013, S. 123). In der letztgenannten Befragung zeigte sich auch, dass diese Controlling-Dienstleistungen höher entlohnt werden als Dienstleistungen des Rechnungswesens. Mögliche Erklärungen sind: eine geringere Markttransparenz bzw. geringere Standardisierung als auch ggf. eine höhere Nutzenvermutung bei den Auftraggebern. Inwiefern jedoch externe Controller das höhere wirtschaftliche Risiko gegenüber angestellten Controllern vergütet bekommen, ist eine offene Frage. Zumindest für Selbstständige im Rechnungswesen trifft es nicht zu (Rieg 2019).

4 Zur Rolle externer Controller in Bezug auf das Management

Die Diskussion um die Rolle von Controllern in Unternehmen ist weiterhin lebhaft, sowohl in der Wissenschaft (Wolf et al. 2020) als auch in der Praxis (Gänßlen et al. 2013). Da der Begriff Rolle sich auf Tätigkeiten, Erwartungen und Zusammenarbeit zwischen mehreren Beteiligten bezieht (Rieg 2018), ist die Diskussion für externe Controller grundsätzlich relevant. Jedoch fehlt bisher eine wirkliche Auseinandersetzung damit.

Eine umfassende Studie von Fourné et al. hat drei empirisch getestete Rollen von Controllern in Unternehmen identifiziert (Fourné et al. 2018):

- *Controller als Scorekeeper*: hier kümmern sich Controller um die routinemäßigen Berichtspflichten und die Verwaltung der internen Finanzsysteme einer Organisation.

- *Controller als Watchdog*: Die primäre Verantwortlichkeit von Controllern ist es, nachgelagerte Manager zu überwachen und die Einhaltung der festgelegten Leistungsstandards und internen Vorschriften sicherzustellen.
- *Controller als Business Partner*: Von Controllern in der Rolle des Geschäftspartners wird erwartet, dass sie mithelfen die Entscheidungsfindung im Management zu verbessern.

Es liegt nahe, diese Rollen auch als relevant für externe Controller zu sehen, denn sie knüpfen an bestimmte Aufgaben von Controllern an, die grundsätzlich sowohl intern als auch extern durchführbar wären:

- *Externe Controller als Scorekeeper*: solche Routineaufgaben erfordern eine geringe bis mittlere Spezifität und eignen sich daher für eine Auslagerung an externe Controller.
- *Externe Controller als Watchdog*: die fehlende Zugehörigkeit externer Controller zum Unternehmen lassen es vermutlich an der Akzeptanz durch Manager mangeln, so dass externe Controller wohl eher Zuarbeiten liefern können.
- *Externe Controller als Business Partner*: Es wäre denkbar, dass externe Controller hier als Sparringspartner des Managements fungieren könnten, was ein hohes Vertrauensverhältnis voraussetzt. Allerdings dürfte es Vorbehalte von Managern geben hinsichtlich Vertraulichkeit und Vertrautheit mit dem Unternehmen. Daher wird diese Rolle für externe Controller eher ausscheiden.

In letzter Zeit entstand für Controller eine weitere Aufgabe, die gerade für externe Controllertätigkeit geeignet ist: die Prüfung von Entscheidungsvorlagen im Rahmen der sogenannten Business Judgment Rule gemäß § 93 Aktiengesetz. Darunter ist zu verstehen, dass die Geschäftsführung Entscheidungen auf der Grundlage angemessener Informationen zum Wohle der Gesellschaft zu treffen hat, um nicht persönlich haftbar zu sein (weiterführend Gleißner et al. 2018). Die Geschäftsführung ist i. d. R. interessengeleitet und selbst eher nicht in der Lage, möglichst objektiv die benötigten Entscheidungsvorlagen zu erarbeiten, die für eine solche Entscheidung nötig ist. sie wird dafür interne Mitarbeiter beauftragen, typischerweise Controller. Sind diese aber bereits bei der Ausarbeitung von Projektideen beteiligt, können sie per se ebenfalls nicht mehr objektiv sein und solche neutralen Entscheidungsvorlagen erarbeiten. Da aber gerade bei KMU nur wenige Mitarbeiter vorhanden sind, eröffnet sich für externe Controller ein Tätigkeitsfeld: das Erarbeiten und Prüfen objektiver Entscheidungsvorlagen für die Geschäftsführung (Gleißner et al. 2021).

5 Trends und Entwicklungen

Der vorliegende Beitrag hat gezeigt, dass die Beauftragung externer Controlling-Dienstleistungen durch ökonomische Prinzipien und Zusammenhänge erklärbar ist, namentlich die Transaktionskostentheorie und die Ressourcenbasierte Theorie. In der praktischen Umsetzung muss man jedoch feststellen, dass Unternehmen das

Potenzial zur Auslagerung nicht voll nutzen. Weitere Forschungen könnten hier helfen, diese Zurückhaltung besser zu verstehen.

Wie in vielen anderen Bereichen ist auch das Thema Digitalisierung im und für das Controlling relevant (Schäffer und Weber 2018). Externe Controller können diesen Digitalisierungsprozess unterstützen (Ströbele 2018). Außerdem verschiebt die Digitalisierung auch die „Grenzen des Unternehmens" und mehr Aufgaben als bisher lassen sich extern beziehen (Picot et al. 2020).

Literatur

Andric, M., & Kammerlander, N. (2017). Motive zum Verzicht auf Controlling in Familienunternehmen – eine Mediatoranalyse. *Zeitschrift für KMU und Entrepreneurship, 65*, 223–251. https://doi.org/10.3790/zfke.65.4.223.

Bachmann, R. (2001). Trust, power and control in trans-organizational relations. *Organization Studies, 22*, 337–365.

Becker, W., Ulrich, P., & Zimmermann, L. (2012). Betriebsgröße als Gestaltungsparameter des Controllings. *Controlling, 24*, 208–213.

Berens, W., Püthe, T., & Siemes, A. (2005). Ausgestaltung der Controllingsysteme im Mittelstand – Ergebnisse einer Untersuchung. *Controlling & Management, 49*, 186–191. https://doi.org/10.1007/BF03255010.

Beyer, A., & Geis, G. (2009). Möglichkeiten und Grenzen des externen Controllings für KMU. *Controlling, 21*, 371–376. https://doi.org/10.15358/0935-0381-2009-7-371.

Brouthers, K., & Brouthers, L. (2003). Why service and manufacturing entry mode choices differ: The influence of transaction cost factors, risk and trust. *Journal of Management Studies, 40*, 1179–1203.

Bruyckere, S. de, Verplancke, F., Everaert, P., Sarens, G., & Coppens, C. (2018). The importance of mutual understanding between external accountants and owner-managers of SMEs. *Australian Accounting Review, 23*, 589. https://doi.org/10.1111/auar.12251.

Burr, W. (2003). Fundierung von Leistungstiefenentscheidungen auf der Basis modifizierter Transaktionskostenansätze. *zfbF, 55*, 112–134.

Destatis. (Hrsg). (2019). Dienstleistungen; Strukturerhebung im Dienstleistungsbereich Strukturerhebung Erbringung von freiberuflichen, wissenschaftlichen und technischen Dienstleistungen. Fachserie 9 Reihe 4.4.

DStV e. V. (2020). Fachberater-Register. https://www.fachberaterdstv.de/service/fachberater-register1?fachgebiet=Controlling+und+Finanzwirtschaft&landesverband=alle&plz=&volltext=&suche=Suchen&termsOfUse=&termsOfUse=1. Zugegriffen am 12.08.2020.

Ennsfellner, I., Bodenstein, R., & Herget, J. (2014). *Exzellenz in der Unternehmensberatung; Qualitätsstandards für die Praxis Inklusive der EN 16114*. Wiesbaden: Springer Gabler.

Everaert, P., Sarens, G., & Rommel, J. (2007). Sourcing strategy of Belgian SMEs: Empirical evidence for the accounting services. *Production Planning & Control, 18*, 716–725. https://doi.org/10.1080/09537280701706195.

Everaert, P., Sarens, G., & Rommel, J. (2010). Using transaction cost economics to explain outsourcing of accounting. *Small Business Economics, 35*, 93–112. https://doi.org/10.1007/s11187-008-9149-3.

Feldbauer-Durstmüller, B., & Mühlböck, S. (2009). Konzeption des externen Controllings für Kleinst- und Kleinunternehmen. In V. Lingnau (Hrsg.), *Mittelstandscontrolling* (S. 51–74). Lohmar/Köln: Eul.

Fourné, S. P. L., Guessow, D., & Schäffer, U. (2018). Chapter 7, Controller roles: Scale development and validation. In M. J. Epstein (Hrsg.), *Performance measurement and management control. The relevance of performance measurement and management control research* (S. 143–190). Bingley: Emerald Publishing.

Gänßlen, S., Losbichler, H., Niedermayr, R., Rieder, L., Schäffer, U., & Weber, J. (2013). Die Kernelemente des Controllings – Das Verständnis von ICV und IGC. *Controlling & Management Review, 57*, 56–61. https://doi.org/10.1365/s12176-013-0757-7.

Geyskens, I., Steenkamp, J.-B. E. M., & Kumar, N. (2006). Make, Buy, or Ally: A transaction cost theory meta-analysis. *The Academy of Management Journal, 49*, 519–543. https://doi.org/10.2307/20159779.

Gleißner, W., Kimpel, R., Kühne, M., Lienhard, F., Nickert, A., & Nickert, C. (2018). *Managemententscheidungen unter Risiko; Haftung – Recht – Business Judgement Rule*. Berlin: Erich Schmidt.

Gleißner, W., Rieg, R., & Vanini, U. (2021). Entscheidungsvorlagen für die Unternehmensführung; Leitfaden für die Vorbereitung „unternehmerischer Entscheidungen" (Business Judgment Rule).

Goretzki, L. (2016). Controllership in der Unternehmenspraxis. In W. Becker & P. Ulrich (Hrsg.), *Handbuch Controlling* (S. 79–98). Wiesbaden: Springer Fachmedien.

Graham, R., & Neck, P. A. (2007). Finance and accounting outsourcing – The next logical step for small business. *Review of International Comparative Management, 8*, 71–79.

Hiebl, M. R. W., Feldbauer-Durstmüller, B., & Duller, C. (2013). Die Organisation des Controllings in österreichischen und bayerischen Familienunternehmen. *ZfKE, 61*, 83–114.

Kamyabi, Y., & Devi, S. (2011). Using transaction cost economics and resource-based views in management accounting outsourcing: An empirical study of Iranian SMEs. *Middle-East Journal of Scientific Research, 10*, 87–98.

Karlhofer, F. (2017). Wirtschaftskammer und Korporatismus in Österreich. In D. Sack (Hrsg.), *Wirtschaftskammern im europäischen Vergleich* (S. 233–255). Wiesbaden: Springer VS.

Klein, P. (2005). The make-or-buy decision: Lessons from empirical studies. In C. Ménard & M. Shirley (Hrsg.), *Handbook of new institutional economics* (S. 435–464). Dordrecht: Springer.

Krcmar, H. (2015). *Informationsmanagement*. Wiesbaden: Springer Gabler.

Maier, M. F., & Ivanov, B. (2018). Selbstständige Erwerbstätigkeit in Deutschland. 0174-4992 FB514.

Mayr, A. (2015). Controlling in Klein- und Kleinstunternehmen durch Steuerberater. *ZfKE – Zeitschrift für KMU und Entrepreneurship, 63*, 325–334. https://doi.org/10.3790/zfke.63.3-4.325.

Möller, K., & Gackstatter, T. (2017). Controllingorganisation: Nutzen und Perspektiven standardisierter Prozessmodelle. In R. Gleich, H. Losbichler, K. Möller & M. Tschandl (Hrsg.), *Standards im Controlling* (S. 53–67). Freiburg/München: Haufe Gruppe.

Möller, K., & Illich-Edlinger, S. (2018). IGC Controlling-Prozessmodell 2.0. *CON, 30*, 55–58. https://doi.org/10.15358/0935-0381-2018-2-55.

Neubauer, H., Mayr, S., Feldbauer-Durstmüller, B., & Duller, C. (2012). Management accounting systems and institutionalization in medium-sized and large family businesses – Empirical evidence from Germany and Austria. *European Journal of Management, 12*, 41–60.

Neus, W. (2018). *Einführung in die Betriebswirtschaftslehre aus institutionenökonomischer Sicht*. Tübingen: Mohr Siebeck.

Ossadnik, W., Barklage, D., & van Lengerich, E. (2004). Controlling im Mittelstand: Ergebnisse einer empirischen Studie. *Controlling, 16*, 621–630.

Picot, A., Reichwald, R., & Wigand, R. T. (2020). Die grenzenlose Unternehmung; Information, Wiesbaden. Springer Gabler Verlag.

Rautenstrauch, T., & Müller, C. (2005). Verständnis und Organisation des Controlling in kleinen und mittleren Unternehmen. *Zeitschrift für Planung (Zeitschrift für Planung & Unternehmenssteuerung), 16*, 189–209. https://doi.org/10.1007/BF02848578.

Rieg, R. (2018). Task, interaction and role perception of management accountants – Evidence from Germany. *Journal of Management Control, 29*, 183–220. https://doi.org/10.1007/s00187-018-0266-0.

Rieg, R. (2019). Selbstständigkeit von Bilanzbuchhaltern und Controllern: Eine empirische Untersuchung zu Einkommen und Determinanten. *ZfKE, 67*, 35–66.

Rieg, R., & Fischer, V. (2013). Preisgestaltung und wirtschaftliche Situation selbstständiger Bilanzbuchhalter und Controller 2011; Eine empirische Untersuchung in Zusammenarbeit mit dem BVBC. *BC – Zeitschrift für Bilanzierung, Rechnungswesen und Controlling, 37*, 121–129.

Rieg, R., Dobroszek, J., & Zarzycka, E. (2020). Organization of Accounting in SMEs and Family Firms – Empirical Test of Socio-Emotional Wealth and Transaction Cost Theory. in Vorbereitung.

Schäffer, U., & Weber, J. (2018). Digitalisierung ante portas; Die Veränderung des Controllings im Spiegel der dritten WHU-Zukunftsstudie. *Controlling, 30*, 42–48.

Schepers, V. (2020). Die Tätigkeiten des Steuerberaters im Einklang mit dem Rechtsdienstleistungsgesetz. *Die Steuerberatung*, 37–42.

Scherm, E., & Pietsch, G. (Hrsg.). (2004). *Controlling; Theorien und Konzeptionen*. München: Vahlen.

Sierke, B., Algermissen, J., & Brinkhoff, S. (2017). Outsourcing von Controlling als Option für den Mittelstand. *Controlling and Management Review, 61*, 22–32.

Speklé, R. F. (2001). Explaining management control structure variety: A transaction cost economics perspective. *Accounting, Organizations and Society, 26*, 419–441. https://doi.org/10.1016/S0361-3682(00)00041-6.

Spraakmann, G., & Davidson, R. (1998). Transaction cost economics as predictor of management accounting practices at the Hudson's Bay Company, 1860 to 1914. *Accounting History, 3*, 69–101.

Ströbele, A. (2018). Outsourcing als Strategie zur Bewältigung der Digitalisierung im Controlling. *CON, 30*, 56–61. https://doi.org/10.15358/0935-0381-2018-3-56.

Vanini, U., Krolak, T., & Langguth, H. (2019). *Controlling; Grundlage einer entscheidungsorientierten Unternehmensführung*. Stuttgart: UTB.

Vosselman, E. G. J. (2002). Towards horizontal archetypes of management control: A transaction cost economics perspective. *Management Accounting Change: Second Special Issue, 13*, 131–148. https://doi.org/10.1006/mare.2002.0182.

Walther, D., Nölken, D., & Reichmann, T. (2010). Das Outsourcing von komplexen Management- und Controlling-Prozessen am Beispiel der Die Skonto AG. *CON, 22*, 645–650. https://doi.org/10.15358/0935-0381-2010-11-645.

Wolf, T., Kuttner, M., & Feldbauer-Durstmüller, B., & Mitter, C. (2020). What we know about management accountants' changing identities and roles – A systematic literature review. *Journal of Accounting & Organizational Change*. https://doi.org/10.1108/JAOC-02-2019-0025.

Management und Controlling von Innovationen

Wertorientierung im Kontext von Bewertungsunsicherheit und Komplexität

Sabine Landwehr-Zloch

Zusammenfassung

Der Beitrag beschreibt auf der Grundlage eines kybernetisch geprägten Managementverständnisses, wie Wertorientierung im Kontext von Innovationen gelingen kann. Drei zentrale Handlungsfelder des Controlling zur Bewältigung von Unsicherheit und Komplexität werden abgeleitet und am Beispiel der chemisch-pharmazeutischen Industrie konkretisiert.

Schlüsselwörter

Innovationen · Controlling · Management · Wertorientierung · Effektivität · Effizienz · Innovationsprozesse · Projektbewertung · Verhaltensorientierung (im Controlling)

1 Langfristige Existenzsicherung durch Innovationen

1.1 Unternehmerische Führungsgrößen und ihr Zusammenspiel

Für nachhaltig wirtschaftende Unternehmen ist die langfristige Sicherung ihrer Existenz ein anzustrebendes Oberziel (Becker 2001, S. 5 und Schiller 2000, S. 35). Dies macht es – unabhängig von Branche und Wettbewerbsposition – erforderlich, neben der Realisierung von gegenwärtigem Erfolg und der damit verbundenen Sicherung von Liquidität auch für weit reichende Erfolgsmöglichkeiten in der Zukunft zu sorgen, sogenannte „Erfolgspotentiale“ aufzubauen (Gälweiler 2005, S. 26 und Becker 1996, S. 102). Vor allem in wettbewerbsintensiven Branchen wie beispielsweise der chemischen und pharmazeutischen Industrie ist die Suche nach Erfolgspotenzialen in Form von neuen Produkten, Geschäftsmodellen oder

S. Landwehr-Zloch (✉)
Duale Hochschule Baden-Württemberg, Karlsruhe, Deutschland
E-Mail: sabine.landwehr-zloch@dhbw-karlsruhe.de

W. Becker, P. Ulrich (Hrsg.), *Handbuch Controlling*,
https://doi.org/10.1007/978-3-658-26431-4_75

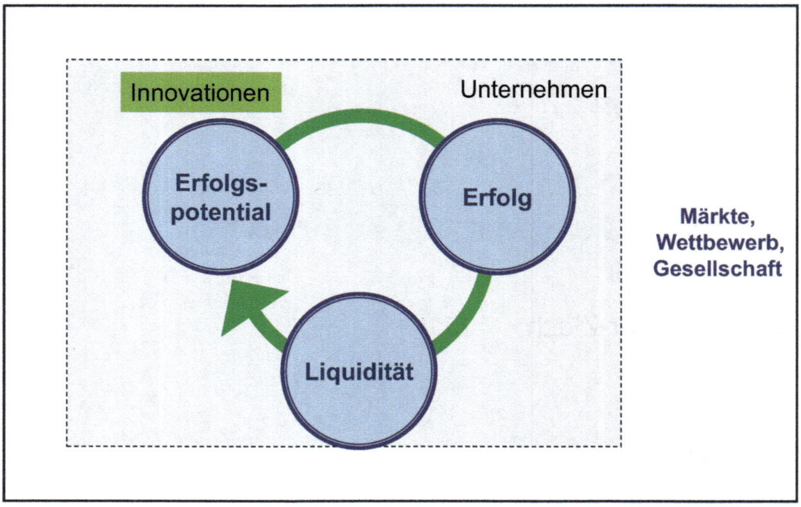

Abb. 1 Führungsgrößen in ihrem Zusammenspiel. (Quelle: In Anlehnung an: Becker 2017, S. 72)

effizienten Prozessen von herausragender Bedeutung, denn sie bilden die Grundlage des zukünftigen Geschäftserfolgs (Cardinal 2001, S. 20). Neue Produkte und Geschäftsmodelle eröffnen Zugang zu neuen Märkten bzw. – infolge des Differenzierungsvorteils – eine Verbesserung der relativen Wettbewerbsposition auf bestehenden Märkten. Der Wertbeitrag effizienter Prozesse und Technologien ist darin zu sehen, dass bestehende Produkte verbessert und/oder günstiger angeboten werden können und dadurch eine Erhöhung des relativen Wettbewerbsvorteils auf bestehenden Märkten erreicht werden kann.

Wie in Abb. 1 verdeutlicht stehen die drei unternehmerischen Führungsgrößen Erfolg, Liquidität und Erfolgspotenziale in einem kreislaufartigen Wirkungszusammenhang, der die Voraussetzung für die Sicherung der langfristigen Existenz eines Unternehmens bildet. Wertorientiertes Management bedeutet in diesem Kontext, die kurz- und die langfristige Erfolgssituation des Unternehmens auszubalancieren. Dem Innovationsmanagement kommt dabei die entscheidende Aufgabe zu, das unternehmerische Wertschöpfungsgefüge so zu gestalten und zu lenken, dass das Unternehmen in der Lage ist, systematisch es sieht nicht schön aus, dass Erfolgspotential und Erfolgpotenzial nebeneinande rverwendet werden.Ist es möglch, durchgängig Erfolgspotential zu verwenden? Falls nein, dann so lassen. Erfolgspotenziale aufzubauen und zu realisieren. Ist dies gegeben, gilt das Unternehmen als innovationsfähig.

1.2 Bedeutung und Systematisierung von Innovationen

Die hohe Bedeutung, die Innovationen als Antwort auf Wachstumsfragen, technologische Herausforderungen und nicht zuletzt als Motor für die zukünftige Wettbewerbsfähigkeit von Unternehmen zukommt, ist in Theorie und Praxis unbestritten.

Boutellier (2006, S. 14–18) spricht gar von Innovationen als der „neuen Religion der Industrie“ – mahnt jedoch auch vor den begrenzten Innovationsaufnahmekapazitäten des Menschen.

In der Praxis zeigt sich der Stellenwert von Innovationen unter anderem in kontinuierlich hohen Aufwendungen für Forschung und Entwicklung (Stifterverband 2020) sowie in sorgfältig aufbereiteten Unternehmensberichten zu Innovationsaktivitäten und Innovationsergebnissen. Auch ein Blick in die Bilanz forschungsstarker, meist kleinerer Unternehmen lässt erahnen, dass sich hinter den häufig hohen immateriellen Vermögensgegenständen des Anlagevermögens oft aktivierte Entwicklungskosten und damit Innovationsaktivitäten verbergen, die die Zukunft des Unternehmens maßgeblich bestimmen.

Wenngleich in Theorie und Praxis grundsätzlich Einigkeit über die Relevanz von Innovationen besteht, so ist die Bandbreite dessen, was als Innovation verstanden wird, durchaus groß. Die Interpretationen reichen von einer neuen Anwendung ohne nennenswerte Außenwirkung bis hin zu einem neuen Geschäftsmodell mit dem Potenzial, etablierte Spielregeln am Markt zu verändern. Häufig sind dabei neue Technologien der Auslöser für Innovationen. Ein aufschlussreicher Überblick über die Weite des Innovationsverständnisses findet sich bei Sammerl (2006).

Angesichts dieser Begriffsweite ist es nicht verwunderlich, dass sich verschiedene Ansätze herausgebildet haben, um Innovationen zu systematisieren und damit individuell steuern zu können.

Für die weiteren Überlegungen eignen sich vor allem drei Ansätze – die Systematisierung von Innovationen nach der Art des Outputs, dem Innovationsgrad und der Phase –, um Innovationen zu beschreiben und kontextabhängig die jeweils relevanten Zielgrößen, Aufgaben und Instrumente des Innovationscontrolling abzuleiten. Dabei wird eine vorrangig funktionale Sichtweise des Controlling eingenommen, die Frage nach der Zuordnung von Funktionen auf Aufgabenträger als institutionelle Sichtweise wird ausgeklammert.

Nach der Art des erwarteten Outputs lassen sich Innovationen in Produkt- bzw. Dienstleistungsinnovation einerseits und Verfahrens-, Prozess- und Infrastrukturinnovation andererseits unterscheiden (Gemünden und Littkemann 2007, S. 5).

Nach dem Innovationsgrad wird zwischen inkrementellen Innovationen mit geringem Innovationsgrad und radikalen Innovationen mit hohem Innovationsgrad differenziert. Um den Innovationsgrad einschätzen zu können, hat sich in vielen Unternehmen eine Systematik durchgesetzt, die auf die Arbeiten von Nagji und Tuff (2012) zurückgeführt werden kann. Dabei werden Innovationen in Relation zum Kerngeschäft des Unternehmens anhand einer Markt- bzw. Kunden- und einer Technologieperspektive klassifiziert. Nagji und Tuff schlagen nach dieser Logik drei Innovationsgrade vor: Innovationen im Kerngeschäft mit geringem Innovationsgrad („core“), Innovationen auf benachbarten Feldern mit mittlerem Innovationsgrad („adjacent“) und transformative Innovationen mit hohem Innovationsgrad („transformative“).

Als dritter Systematisierungsansatz kann entlang eines idealtypischen Prozesses danach unterschieden werden, ob sich eine Innovation in einer frühen Phase (Stadi-

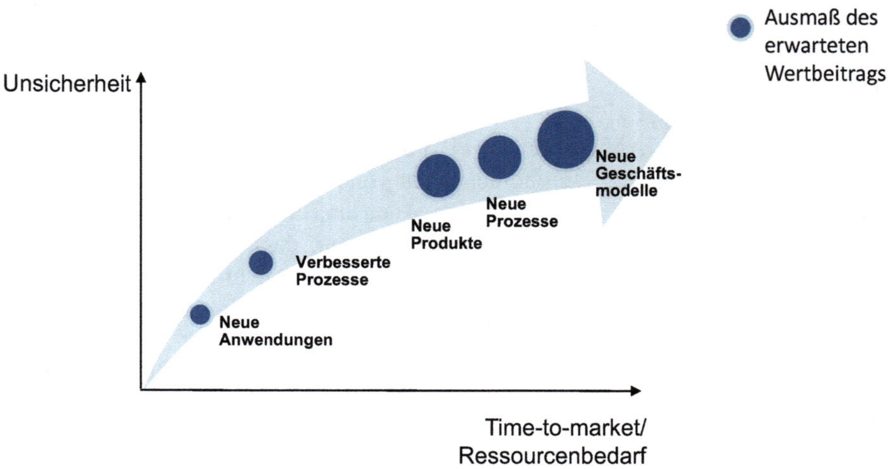

Abb. 2 Beispielhafter Systematisierung nach Innovationsoutput in der chemischen Industrie. (Quelle: Eigene Darstellung)

um der Innovationsidee) oder in einer späten Phase (konkretes Projekt mit klarem Business Case) befindet.

In der Praxis haben sich Ansätze durchgesetzt, die die vorgestellten Systematisierungen zum Teil kombinieren. So werden beispielsweise in der chemischen und pharmazeutischen Industrie Innovationen nach der Art des Innovationsoutputs und dem Innovationsgrad in „neue Anwendungen", „verbesserte Produkte", „verbesserte Prozesse", „neue Produkte", „neue Prozesse" und „neue Geschäftsmodelle" unterschieden. Das Maß an Unsicherheit nimmt dabei typischerweise von neuen Anwendungen bis hin zu neuen Geschäftsmodellen zu, was vor allem auf weniger bestehendes Wissen und damit verbunden zunehmende Entwicklungsdauern (Time-to-market) und einen zunehmenden Ressourcenbedarf zurückzuführen ist. Eine grob schematische Übersicht zu diesem Zusammenhang gibt Abb. 2.

1.3 Konsequenzen für das Innovationscontrolling

Aus Sicht des Controllings sind Innovationsvorhaben vor allem durch Unsicherheit und Komplexität gekennzeichnet, wobei das jeweilige Ausmaß in Abhängigkeit von der Art des Outputs, vom Innovationsgrad und von der Entwicklungsphase variieren kann. Im zeitlichen Verlauf eines Projektes entwickeln sich Unsicherheit und Komplexität meist gegenläufig; einer abnehmenden Unsicherheit im Projektverlauf steht in der Regel eine steigende Komplexität gegenüber.

Abnehmende Unsicherheit im Projektverlauf: In frühen Innovationsphasen, zum Beispiel der Phase der Ideen- bzw. Chancenfindung, ist der Weg zum konkreten Projekt noch weit und ungewiss, die Prognostizierbarkeit eines möglichen Wertbeitrags hinsichtlich Eintrittswahrscheinlichkeit („ob") und Beitragshöhe („wie hoch") ist begrenzt. Bewertungsrelevante Größen wie zukünftige Umsätze oder Kostenverläufe können nicht belastbar abgeschätzt werden, in manchen Fällen ist der zukünftige Markt noch gar nicht entwickelt. Darüber hinaus besteht vor allem in frühen Phasen Unsicherheit, ob ein Vorhaben technisch realisiert werden kann oder wieder verworfen werden muss.

In Zeiten zunehmender Durchdringung nahezu aller Branchen mit digitalen Technologien nimmt das Ausmaß an Unsicherheit weiter zu: Bereichs- und unternehmensübergreifende Vernetzung infolge des digitalen Wandels haben dazu geführt, dass jene, die an den Innovationen beteiligt sind, verstärkt auch außerhalb bekannter Gebiete denken müssen, um marktfähige Innovationen hervorzubringen (Landwehr-Zloch 2018, S. 46).

Verantwortliche Entscheider stehen in diesem Kontext vor der Herausforderung, knappe Ressourcen in diejenigen Innovationsvorhaben zu investieren, die den höchsten Wertbeitrag in Aussicht stellen. Die fundierte Bewertung von Projekten wird zu einer wesentlichen Voraussetzung für die effektive Selektion von Innovationsideen und damit zur Kernaufgabe des eher strategisch geprägten Controlling in frühen Phasen (Schuh et al. 2012, S. 258).

Zunehmende Komplexität im Projektverlauf: In den späteren Entwicklungsphasen nehmen Unsicherheit und Gestaltungsfreiheiten aufgrund von Erkenntnisgewinnen und Lerneffekten typischerweise ab, aber die Komplexität, gemessen an der Zahl der zu koordinierenden Akteure und ihrer (weltweiten) Schnittstellen, nimmt zu. Die effiziente Entwicklung bis zur Marktreife (Time-to-market) ist dabei erfolgskritisch, da Zeitverzögerungen und Fehler in diesen Phasen mit hohen zusätzlichen Kosten oder Erlöseinbußen verbunden sein können. Die effektive und effiziente Prozesssteuerung durch abgestimmte Ablauforganisation, Planung und Kontrolle wird zur Kernaufgabe des eher operativ geprägten Controlling. Um Zeit einzusparen, rückt man von traditionellen sequenziellen Ablaufmustern ab und versucht, Phasen zu überlappen und Aktivitäten zu parallelisieren. Dies erhöht aber den Planungs- und Koordinationsbedarf. Die bevorzugten Maßnahmen für diese Phasen sind klar definierte Ziele und Prozesse, zeitaktuelles Projektcontrolling, insbesondere an wohl definierten Meilensteinen und ein gutes Schnittstellenmanagement zwischen den betroffenen Akteuren (Gemünden und Littkemann 2007, S. 8).

2 Wertorientiertes Innovationscontrolling

2.1 Wertorientierung durch Effektivität und Effizienz

Mit Blick auf die oben skizzierten Besonderheiten kann festgestellt werden, dass die Aufgaben und Instrumente des Controllings im zeitlichen Verlauf eines Innovationsvorhabens variieren. (Abb. 3) In frühen Phasen des Innovationsprozesses wird Wertorientierung vor allem über das Sicherstellen von Effektivität erreicht, in späteren Phasen darüber hinaus und schwerpunktmäßig über das Anstreben von Effizienz (vgl. mit ähnlicher Argumentation Schuh et al. 2012, S. 257). Damit können

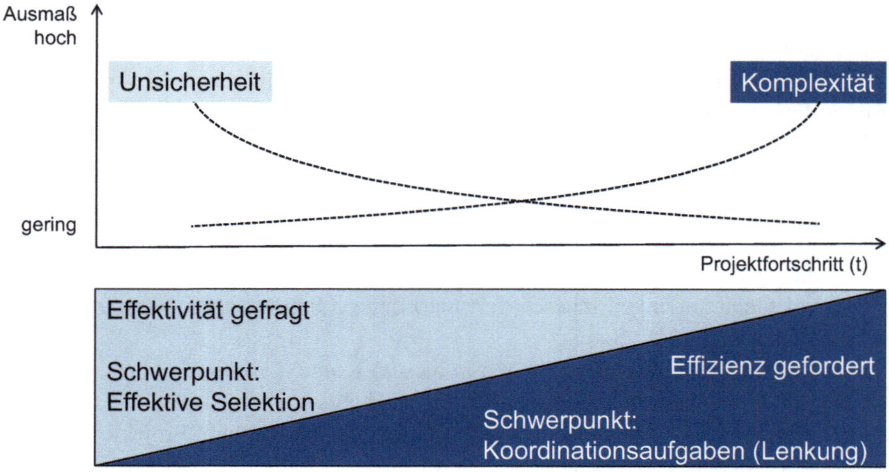

Abb. 3 Ziele des Controlling in Abhängigkeit vom Projektfortschritt. (Quelle: Eigene Darstellung)

folgende Anforderungen an ein wertorientiert ausgerichtetes Controlling formuliert werden (vgl. ähnlich Zloch 2007, S. 75 ff.):

1. Controlling muss ein effektives Management von Innovationen sicherstellen: Dies ist erfüllt, wenn Innovationsvorhaben, die einen hohen Wertbeitrag versprechen, zielgerichtet zur Marktreife entwickelt werden und Innovationen, die keinen zufriedenstellenden Wertbeitrag erwarten lassen, konsequent eingestellt werden. In der Praxis wird diese Zielsetzung auch mit der prägnanten Faustregel „fail early, fail cheap" umschrieben.
2. Controlling muss ein effizientes Management von Innovationen sicherstellen: Werthaltige Innovationsvorhaben sollen zeit- und ressourceneffizient zur Marktreife entwickelt werden. Innovationen, die keinen zufriedenstellenden Wertbeitrag in Aussicht stellen, müssen so zeitnah wie möglich identifiziert und abgebrochen werden. Einschlägige Praxisstudien (vgl. z. B. für die pharmazeutische und chemische Industrie Bäumler et al. 2015, S. 13–14) betonen dabei vor allem die überragende Bedeutung der Zeiteffizienz im Innovationsprozesses – eine kürzere „Time-to-market" bzw. schnellere Einführung von Innovationen am Markt entscheidet maßgeblich über den Zeitraum möglicher Monopolvermarktungen.

Effektivität und Effizienz werden in diesem Verständnis als unabhängige Anforderungen und damit als eigenständige Hebel zur Steigerung des Wertbeitrags im Innovationsmanagement verstanden (vgl. ähnlich, jedoch mit Bezug auf die unternehmerische Erfolgsposition Hauber 2002, S. 67). Die Auswahl der „richtigen" Innovationsvorhaben ist demnach genauso wichtig wie ihre wirkungsvolle Umsetzung (Ahn und Dyckhoff 1997, S. 3). Mit anderen Worten verlieren effektive Maßnahmen ihre Vorteilhaftigkeit, wenn sie ineffizient durchgeführt werden, andererseits sind effizient durchgeführte Maßnahmen nutzlos, wenn sie nicht zielgerichtet, d. h. nicht effektiv sind (Brockhoff 1994, S. 61).

Sind die formulierten Anforderungen an Effektivität und Effizienz erfüllt, so werden knappe Ressourcen in ihre jeweils produktivste Verwendung bzw. Erwartung investiert. Nach dem hier zu Grunde liegenden Verständnis ist damit Wertorientierung im Innovationsmanagement zu jedem Zeitpunkt sichergestellt.

2.2 Wertorientiertes Innovationscontrolling im kybernetischen Kontext

Für die weiteren Ausführungen wird wertorientiertes Innovationscontrolling als umfassende Unterstützungsfunktion des Managements verstanden, die die effektive und effiziente Gestaltung und Lenkung von Innovationsvorhaben sicherstellen soll (vgl. im generischen Grundkonzept Becker 2000, S. 7 und adaptiert auf den Innovationsbereich Zloch 2007, S. 60–61). In diesem Verständnis orientieren sich die Aufgaben und Funktionen des Innovationscontrolling an den Aufgaben und Funktionen des Innovationsmanagements (vgl. zum Zusammenhang von Aufgaben und Funktionen Baltzer 2013, S. 3).

In einer kybernetischen Sichtweise ist insbesondere zwischen gestaltenden und lenkenden Aufgaben des Managements zu unterscheiden (Becker 1996, S. 126, 2006, S. 3; Wild 1974, S. 151 ff.).

Im Vordergrund dieses Beitrages stehen vor allem die lenkenden Aufgaben und die damit verbundenen Herausforderungen, die sich auf der Sach- und auf der Verhaltensebene ergeben. Bevor auf diese näher eingegangen wird, wird zunächst die branchenübergreifend übliche Gestaltung von Innovationsabläufen als strukturierte Innovationsprozesse vorgestellt.

2.3 Gestaltung von Innovationsprozessen

In der Praxis werden seit einigen Jahren strukturierte Innovationsprozesse zum besseren Management der Besonderheiten von Innovationen eingesetzt. Grundlage hierfür sind Untersuchungen an Best Practice Unternehmen, die belegen, dass Unternehmen, die Innovationen erfolgreich umsetzen, einen strukturierten bzw. systematisch angelegten Produktinnovationsprozess haben und dieser als Erfolgsfaktor gewertet werden kann (vgl. stellvertretend für weitere Cooper 2002, S. 80 ff.).

Strukturierte Innovationsprozesse zeichnen sich im Wesentlichen dadurch aus, dass sie ein Innovationsvorhaben in idealtypische, funktionsübergreifende Phasen unterteilen, die selbst wiederum sequenziell angelegt sind. Zwischen den einzelnen Abschnitten sind Kontroll- bzw. Entscheidungspunkte eingebaut, an denen ein definiertes Team über den weiteren Projektverlauf zu bestimmen hat.

Der bekannteste Vertreter derartiger Innovationsprozesse ist der „Stage-Gate-Prozess" von Robert Cooper, der in abgewandelter Form in vielen Unternehmen unterschiedlichster Branchen Einzug gehalten hat. Eine typische Strukturierung von

Innovationsaktivitäten, wie sie beispielsweise in der chemischen Industrie anzutreffen ist, wird in Abb. 4 dargestellt (vgl. ähnlich Landwehr-Zloch 2017b).

Jedes Entwicklungsvorhaben wird anhand eines einheitlichen Schemas in fünf Phasen (oder Phases) unterteilt und innerhalb dieser Phasen durch ein multifunktionales Team bearbeitet. Das Team wird durch einen Projektleiter koordiniert, der je nach Entwicklungsstadium und Fokus des Projektes üblicherweise aus der Forschung bzw. aus dem Marketing kommt. Die Gates bilden die Eingriffspunkte für steuernde und regelnde Managementaktivitäten. Hier finden die relevanten Entscheidungen über den weiteren Verlauf des Projektes statt. Wegen der notwendigen Kontroll- und Entscheidungskompetenz über finanzielle Mittel und andere Ressourcen ist es ratsam, überwiegend Führungskräfte als sogenannte „Gatekeeper" einzusetzen.

In erster Näherung lässt sich der skizzierte Innovationsprozess in eine Konzept- und in eine Umsetzungsphase unterteilen. Den Übergang zwischen den genannten Phasen bildet im vorliegenden Beispiel Gate 3. An Gate 3 entscheidet die Unternehmensführung bzw. Bereichsleitung gemeinsam mit den Projektverantwortlichen, ob ein Innovationsvorhaben realisiert werden soll. Die Entscheidungsfindung ist aufgrund ihrer Komplexität nur begrenzt standardisierbar. Wie in Abschn. 3 noch gezeigt wird, kann sie jedoch durch Einsatz geeigneter Kriterien transparent gestaltet und intersubjektiv nachvollziehbar gemacht werden.

Im Moment ist zu beobachten, dass bestehende traditionelle Prozesse in vielen Branchen mit agilen Elementen angereichert werden. Nach der Devise: „Das Beste aus zwei Welten" werden agile und traditionell sequenzielle Vorgehensweisen kombiniert und aufgabenbezogen verwendet, z. B. indem innerhalb einzelner Stages nach agilen Prinzipien (Agilemanifesto 2001) gearbeitet wird (Rath 2020, S. 138–140). Wie an

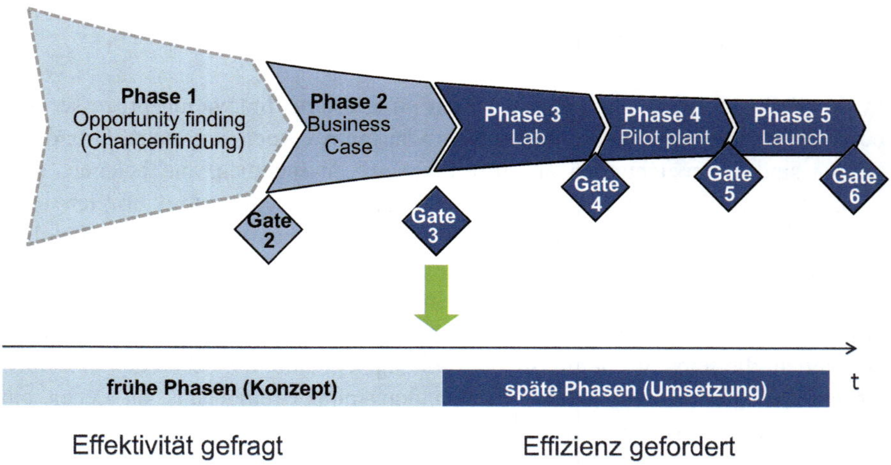

Abb. 4 Idealtypischer Innovationsprozess am Beispiel der chemischen Industrie. (Quelle: Landwehr-Zloch 2017b, S. 55)

späterer Stelle (Abschn. 3.2) noch deutlich wird, ist dies jedoch kein grundsätzlich neuer Gedanke, sondern Agilität in kybernetisch geprägten Managementkonzepten bereits in Form der komplexen Lenkung enthalten.

2.4 Lenkung von Innovationsprojekten

Die Lenkung von Innovationsprojekten lässt sich aus kybernetischer Sicht als Regelkreis darstellen, in dem steuernde und regelnde Managementaktivitäten[1] stattfinden (Abb. 5).

Der Regler (Führungsinstanz, z. B. Manager) hat bestimmte Zielvorstellungen (z. B. Ergebniserwartungen in strategischen Märkten), die er zu realisieren versucht. Die Zielvorstellungen sind dabei nicht beliebig festgesetzt, sondern im Rahmen der Planung entwickelt, koordiniert und geprüft worden (Wild 1982, S. 35).

Auf Basis geeigneter Steuergrößen (z. B. Budgetvorgaben, Ergebnisziele) beeinflusst der Regler das Verhalten der Regelstrecke (z. B. Mitarbeiter der Forschung). Die zielgerichtete Beeinflussung der Regelstrecke entspricht dem kybernetischen Prinzip der Vorkopplung und wird als Steuerung bezeichnet (Becker 1990, S. 302).

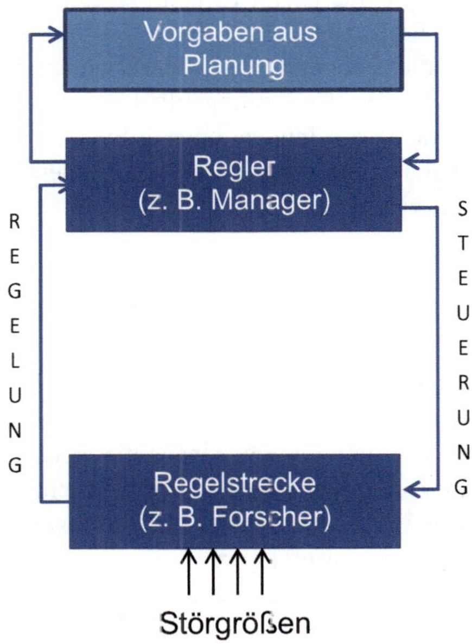

Abb. 5 Kybernetisches Managementverständnis. (Quelle: In Anlehnung an: Zloch 2007, S. 28)

[1]Konkret sind dies die Planung, Zielbildung, Entscheidung, Durchsetzung, Messung, Kontrolle Abweichungsanalyse und Ziel-, Plan- und Systemanpassung. Vgl. Wild (1982), S. 35–36.

Das Verhalten der Regelstrecke schlägt sich in Ergebnissen (z. B. Forschungsleistungen) nieder, die gemessen und an den Regler zurückgemeldet werden. Die Erfassung der realisierten Ergebnisse erfolgt dabei mit Hilfe geeigneter Kontrollstandards und -maßstäbe. Durch Vergleich der Ist- mit den vorgegebenen Sollwerten ist es dem Regler möglich, faktische Abweichungen gegenüber den ursprünglichen Zielvorgaben zu entdecken und ggf. nachsteuernd Anpassungsmaßnahmen einzuleiten (Wild 1982, S. 34). Abweichungen können dabei durch das Auftreten von internen oder externen Störgrößen verursacht werden. Die Rückmeldung der Ergebnisse an den Regler und der Vergleich mit den zuvor gesetzten Sollvorgaben entsprechen dem kybernetischen Prinzip der Rückkopplung und werden in diesem Zusammenhang als Regelung bezeichnet (Becker 1990, S. 303).

3 Ausgewählte Aufgaben und Instrumente des Innovationscontrolling

Aufbauend auf den konzeptionellen Überlegungen der vorangegangenen Abschnitte wird nachfolgend ein praxisorientierter Einblick in die Aufgaben und Instrumente gegeben, mit deren Hilfe Unsicherheit und Komplexität im Kontext von Innovationen bewältigt werden können. Drei ausgewählte Themenfelder werden dabei am Beispiel der chemisch-pharmazeutischen Industrie dargestellt. Dies sind die effektive Projektselektion (Abschn. 3.1), die komplexe Lenkung (Abschn. 3.2) und die Berücksichtigung verhaltensorientierter Aspekte (Abschn. 3.3).

Weitere Controllingaufgaben, die keinen spezifischen Bezug zum Anwendungskontext von Innovationen aufweisen, werden an dieser Stelle nicht betrachtet. Für den interessierten Leser sei stattdessen auf die einschlägige Controllingliteratur verwiesen.

3.1 Effektive Projektselektion

Entsprechend dem in Abschn. 2.1 gelegten Verständnis ist Innovationsmanagement dann effektiv, wenn die werthaltigen Projekte zielgerichtet zur Marktreife entwickelt werden und darüber hinaus die wertvernichtenden Projekte konsequent ausgesiebt bzw. eingestellt werden. Wertvernichtend sind im vorliegenden Verständnis diejenigen Vorhaben, von denen kein positiver Beitrag zum zukünftigen Unternehmensergebnis erwartet wird.

Damit eine rationale Auswahlentscheidung getroffen werden kann, muss die Vorteilhaftigkeit von einem oder mehreren Innovationsvorhaben anhand ihres erwarteten Wertbeitrages ermittelt werden. Das Bereitstellen und Anwenden der dazu geeigneten Verfahren stellen zentrale Aufgaben des Controllings dar.

Innovationsvorhaben zeichnen sich in der Regel durch eine asymmetrische Zahlungsstruktur aus: Auszahlungen fallen im Rahmen der unter Abschn. 2.3 beschriebenen Innovationsphasen an, die erwarteten Rückflüsse erfolgen überwiegend danach ab Inbetriebnahme oder Markteinführung über einen langen Zeitraum. Gängige

Bewertungszeiträume in der chemischen Industrie sind zehn Jahre oder mehr. In anderen Branchen, wie beispielsweise in der Energie- oder Pharmabranche, können sie noch deutlich länger sein.

Dynamische Investitionsrechenverfahren

Da dynamische Investitionsrechnungen geeignet sind, um die asymmetrische Zahlungsstruktur von Innovationsprojekten zu berücksichtigen, werden sie in der Praxis häufig angewendet. Gängige Bewertungs- und Auswahlkriterien sind beispielsweise der Kapitalwert bzw. Net Present Value (NPV), der risikoadjustierte Kapitalwert bzw. Expected Commercial Value (ECV) oder der interne Zinsfuß bzw. Internal Rate of Return (IRR). Eine Übersicht über diese und weitere Methoden findet sich z. B. Perridon et al. (2017, S. 52–99).

Als deterministische oder stochastische Modelle sind die genannten Bewertungsverfahren jedoch nur in der Lage, Entscheidungen unter Sicherheit oder unter Risiko zutreffend abzubilden. Beispielsweise wird im Fall der NPV-Berechnung durch Festlegung aller Inputparameter der Output sicher ermittelt (deterministisches Modell). Im Fall des ECV können unterschiedliche Inputparameter (z. B. zukünftige Einzahlungen) jeweils mit einer objektiven oder subjektiven Eintrittswahrscheinlichkeit eingeschätzt werden. Dadurch kann bei der Bewertung ein Risiko bezüglich zukünftiger Zustände berücksichtigt werden (stochastisches Modell).

Im Gegensatz zur skizzierten Modellwelt sind jedoch die bewertungsrelevanten Parameter (z. B. Auszahlungen und Einzahlungen) in der Realität von Innovationsvorhaben überwiegend nicht sicher prognostizierbar. Häufig sind noch nicht einmal Eintrittswahrscheinlichkeiten sinnvoll abschätzbar. Es handelt sich um Entscheidungen unter Unsicherheit,[2] wobei die Unsicherheit in Abhängigkeit vom Innovationsgrad und von der Entwicklungsphase variieren kann. (Abschn. 1.2).

Gerade schnittstellenübergreifende (z. B. im Rahmen der Digitalisierung) oder fachübergreifende Innovationen (z. B. im Rahmen der Biotechnologie oder Nanophysik) sind mit einem hohen Maß an Neuheit und damit Bewertungsunsicherheit verbunden (Landwehr-Zloch 2017a, S. 16). Darüber hinaus ist in der wettbewerblichen und globalen Umwelt von Unternehmen nahezu branchenübergreifend eine Zunahme an Volatilität, Unsicherheit, Komplexität und Ambiguität festzustellen, was häufig unter dem Begriff der VUCA Welt zusammengefasst wird.[3] Diese Entwicklungen führen dazu, dass Prognosen über wettbewerbliche oder globale Entwicklungen weniger zuverlässig durch induktiven Schluss auf Basis von Analysen über die Gegenwart und Vergangenheit gestellt werden können (Johansen 2013, S. 10). Beispielhaft sei hier auf Prämissen zu Markteintrittsbarrieren im Automobilsektor verwiesen, die im Zuge der Elektromobilität deutlich überdacht werden mussten.

[2]Korrekterweise handelt es sich um Entscheidungen unter Ungewissheit bzw. unter Unsicherheit im engeren Sinne. Zur Abgrenzung vgl. die Ausführungen in Bamberg et al. (2019, S. 41–122).

[3]Der Begriff VUCA wurde bereits Ende der 80er-Jahre durch die US-amerikanische Militärakademie geprägt. Vgl. Barber 1992, S. 4 ff.

Um den skizzierten Herausforderungen des VUCA Kontextes in der Projektbewertung Rechnung zu tragen werden, nachfolgend ausgewählte Methoden und Analysen vorgestellt, die auf dem Grundkonzept der NPV- bzw. Kapitalwertmethode aufbauen und die Bewertung eines Projektes breiter und damit belastbarer machen. Einschränkend ist an dieser Stelle festzuhalten, dass nicht die korrekte Bewertungsmethode die Herausforderungen der VUCA Welt löst, sondern die Fähigkeit, agil,[4] d. h. durch schnelle bzw. flexible Vor- und Rückkopplungen innerhalb von Projekten und Portfolios, auf bewertungsrelevante Änderungen zu reagieren sowie vorausdenkend zu agieren. Die nachfolgenden Methoden können hier helfen, den Blick der Projektverantwortlichen auf die relevanten „Bewertungstreiber" zu lenken und diese im Projektverlauf im Sinne eines Frühwarnsystems besonders im Auge zu behalten (vgl. dazu auch die Ausführungen in Abschn. 3.2).

Denken in Szenarien und Sensitivitätsanalysen

Sensitivitätsanalysen (auch Methode der kritischen Werte genannt) sind eine praktikable Methode, um zu prüfen, wie stabil sich das Projektergebnis bei Veränderung einzelner Inputparameter verhält. Im Wesentlichen kann mit Sensitivitätsanalysen beantwortet werden, wie weit bewertungsrelevante Größen (z. B. Absatzmengen und Preise, geschätzte Herstellungskosten, Kosten für Forschung und Entwicklung oder die Time-to-market) von ihrem ursprünglichen Wertansatz abweichen dürfen, ohne dass die Zielgröße (z. B. der NPV) einen festgelegten Wert unterschreitet bzw. negativ wird (Perridon et al. 2017, S. 141–144).

Neben der Kenntnis von kritischen Werten liefert die Sensitivitätsanalyse Anhaltspunkte, welche Größen ausschlaggebend für die Robustheit der Projektbewertung sind und deshalb im Projektverlauf besonders sorgfältig überwacht werden sollten.

Einschränkend ist an dieser Stelle festzuhalten, dass die isolierte Variation einzelner Parameter in der Regel nicht der Realität entspricht, da meist Wechselwirkungen zwischen den Inputvariablen bestehen (z. B. gehen mit einer längeren Time-to-market häufig auch höhere Entwicklungskosten einher). Die gleichzeitige Untersuchung von Veränderungen der Werte zweier oder mehrerer Größen ist zwar grundsätzlich möglich, führt aber schnell zu Interpretationsschwierigkeiten. Weitere Nachteile sind darin zu sehen, dass über die Wahrscheinlichkeit von Abweichungen keine Aussagen getroffen werden.

Business Case Szenarien und Monte Carlo Simulation

Eine zusätzliche Möglichkeit, Bewertungsunsicherheiten zu berücksichtigen, ist das Erstellen von unterschiedlichen Szenarien für die Wirtschaftlichkeitsbewertung bzw. für den „Business Case" eines Innovationsvorhabens (vgl. zur Szenariotechnik als Ausgangspunkt zur Entwicklung ökonomischer Szenarien z. B. Geschka et al. 2013, S. 97 ff.). So lässt sich in der Wirtschaftlichkeitsbewertung durch Variation aller Inputfaktoren (z. B. Forschungskosten, Investitionen, Rohstoffkosten und -mengen, andere fixe und variable Herstellkosten) und Output-Faktoren (z. B. Absatzvolumen und Preise) sowie Rahmenbedingungen, die den Zeitpunkt der Markt-

[4]Im vorliegenden Beitrag wird Agilität mehr als Managementphilosophie denn als strikte Methode interpretiert. Ähnliche Sichtweisen finden sich z. B. bei Lucht (2019).

einführung beeinflussen (Dauer der Forschung, Aufbau neuer Produktionskapazitäten, Produktregistrierung) berechnen, welche dieser Paramater den größten Einfluss auf die Zielgröße, hier den NPV des Innovationsprojektes, haben.

Dieser auf unterschiedlichen Szenarien basierende Bewertungsansatz kann mit Hilfe der (methodisch anspruchsvollen und deshalb in der Praxis noch kaum verbreiteten) Monte Carlo Simulation erweitert werden. Es handelt sich dabei um eine Art von Sensitivitäts- bzw. Wahrscheinlichkeitsanalyse, die das Variieren aller Parameter im Bewertungsmodell gleichzeitig erlaubt (Perridon et al. 2017, S. 145–150). Wesentliche Bestandteile einer Monte-Carlo-Simulation sind die Wahrscheinlichkeitstheorie und die Statistik. Mithilfe der Monte-Carlo-Simulation werden Stichproben (Samples) der Parameter auf zufällige Art generiert. Da das zu Grunde liegende Bewertungsmodell deterministischer Natur ist, wird aus den so gewonnenen Parameterverteilungen (z. B. Forschungskosten, Investitionen, Rohstoffkosten und -mengen, andere fixe und variable Herstellkosten) über das Ursache-Wirkungsgeflecht die zugehörige Zielgröße (NPV) eindeutig bestimmt. Durch ständige Wiederholung dieses Prozesses kann somit eine Wahrscheinlichkeitsverteilung der zu erwartenden Zielgröße ermittelt werden (Spielmann 2017).

Im Vergleich zu den oben vorgestellten Sensitivitätsanalysen ist die Monte Carlo Simulation zwar deutlich aufwändiger, bietet jedoch gerade in Entscheidungssituationen, in denen eine hohe Bewertungsunsicherheit bzw. ein komplett neuartiger Kontext vorliegt, einige Vorteile, da sie Wahrscheinlichkeitsaussagen über das Eintreten eines bestimmten Wertbeitrags ermöglicht. Gerade im Fall von radikalen Prozessinnovationen, komplett neuen Produkten oder neuen Geschäftsmodellen, für die relevante Parameter noch nicht bekannt sind (z. B. Absatzmärkte existieren noch nicht), kann eine zufallsbasierte Ermittlung des Wertbeitrags eine zusätzliche Entscheidungsgrundlage bieten.

Ergänzung um qualitative Verfahren: Scoringmodelle

Scoring-Modelle zählen zu den qualitativen Bewertungsverfahren und lassen sich nutzen, um relevante Aspekte, die nicht oder noch nicht unmittelbar in Geldeinheiten quantifiziert werden können (z. B. strategische Ziele, Nachhaltigkeitsziele), angemessen in der Projektbewertung zu berücksichtigen. Die Bewertung und Auswahl von Innovationsprojekten kann dadurch auf eine breitere Basis gestellt werden.

Es existieren in der Praxis zahlreiche Ausprägungen von Scoring-Modellen, deren methodisches Vorgehen jedoch immer gleich ist. In Scoring-Modellen erfolgt die Bewertung von Handlungsalternativen (z. B. verschiedenen Innovationsprojekten) anhand von qualitativen und/oder quantitativen Kriterien. Das Ausmaß der Kriterienerfüllung wird mit dimensionslosen Punktwerten beurteilt. Durch Summenbildung über alle Kriterien zu einem Gesamtpunktwert bzw. Score können verschiedene Handlungsalternativen hinsichtlich ihrer Zielerreichung beurteilt und miteinander verglichen werden (ähnlich Zuber 2009).

Wenngleich dieses Verfahren intuitiv nachvollziehbar und unkompliziert in der Anwendung ist, so ist es wichtig, sich auch über dessen Grenzen bewusst zu sein. So können mehrere Handlungsalternativen nur in eine ordinale Rangfolge gebracht werden, metrische Aussagen (z. B. um wieviel besser das Projekt A als Projekt B ist) sind jedoch nicht möglich. Weiter birgt die Bewertung von Handlungsalternativen mit Punktwerten die Gefahr von Subjektivität und von Manipulation. Dies kann jedoch dadurch abgemildert werden, wenn die Projekte transparent in einer Gruppe bewertet und diskutiert werden.

Spezialfall Multifaktorenanalyse

Eine spezielle Variante des Scoringmodells, die in einigen Unternehmen zum Einsatz kommt, ist die „Multifaktoren-Analyse": In dieser Analyse wird jedes Projekt anhand von relevanten Kriterien bzw. Faktoren mit vordefinierten Ausprägungen beurteilt und in Form einer Matrix dargestellt (ausführlich Landwehr-Zloch und Vossen 2020, S. 81–84). Die Analyse umfasst dabei sowohl quantitative als auch qualitative Faktoren.

Die Stärke der Multifaktorenanalyse liegt vor allem in der differenzierten Betrachtung und Charakterisierung einzelner Projekte sowie in der damit verbundenen Möglichkeit, deren Stärken- und Schwächenprofil anhand von qualitativen und quantitativen Faktoren gleichermaßen zu erfassen. Auf eine Ermittlung von Gesamtpunktwerten oder Total Scores, wie es im Grundmodell meist vorgesehen ist, wird jedoch bewusst verzichtet, da dies zu Fehlinterpretationen (z. B. Ableitung metrischer Aussagen) verleiten könnte.

Zur besseren Visualisierung der Projektunterschiede lassen sich ausgewählte Faktoren in einer zweidimensionalen Grafik auftragen, wie es in Abb. 6 beispielhaft für die Kriterien Erfolgswahrscheinlichkeit und Zeitpunkt der Markteinführung (Launchjahr) vorgenommen wurde. Durch diese Gesamtschau aller Projekte anhand von ausgewählten Faktoren wird eine systematische Portfoliosteuerung möglich. So kann z. B. untersucht werden, ob die strategischen Ziele eines Unternehmens mit dem vorhandenen Innovationsportfolio erreicht werden können.

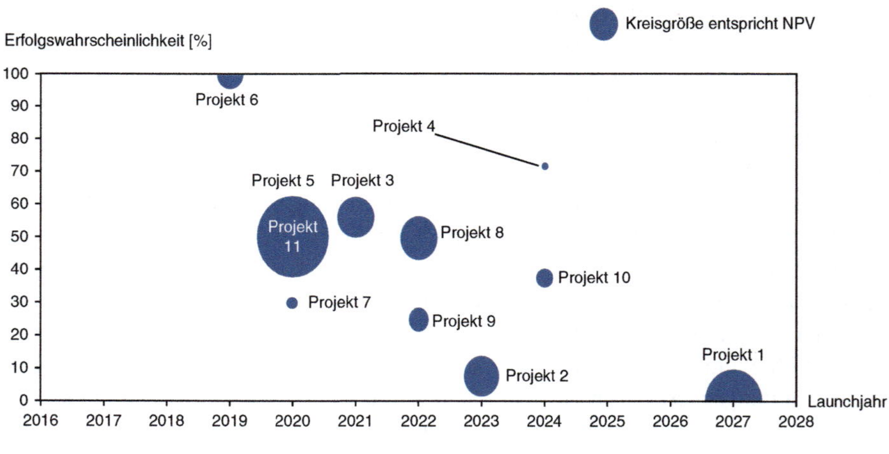

Abb. 6 Portfolioübersicht. (Quelle: Landwehr-Zloch und Vossen 2020, S. 83)

3.2 Komplexe Lenkung

Neue Erkenntnisse im Verlauf der Innovationsphasen selbst, aber auch externe Einflüsse wie Marktveränderungen, neue Wettbewerber oder regulatorische Änderungen können dazu führen, dass Auswahlentscheidungen auf Grundlage initialer Projektbewertungen ihre Gültigkeit verlieren bzw. im Lichte neuer Informationen auf Ebene des Einzelprojektes und auf Ebene des gesamten Portfolios anzupassen sind. Ein effektives Controlling schafft hier die Voraussetzungen, dass solche bewertungsrelevanten Änderungen identifiziert werden können. Effizient ist es darüber hinaus, wenn die daraus abgeleiteten Maßnahmen so zeitnah wie möglich umgesetzt werden.

In der Wissenschaft besteht weitgehender Konsens über die Rolle des Controlling zur Sicherung der ökonomischen Rationalität durch Ausrichtung des unternehmerischen Handelns auf den Wertschöpfungszweck (Hirsch et al. 2008, S. 5–6). Diese bei Becker auch als „Lokomotion" bezeichnete Führungsfunktion setzt voraus, dass Informations- und Abstimmungsaufgaben in drei zeitlichen Kontexten – dem präsituativen, dem situativen und dem postsituativen Kontext – erfüllt werden (Becker 2000, S. 12 f.).

Im situativen Kontext besteht die Rolle des Controllings überwiegend in der Effizienzüberwachung einzelner Projekte oder aggregiert in der Überwachung des Innovationsportfolios. Durch klassische Vergleiche von Sollvorgaben (z. B. Budgets und Zeitvorgaben), realisierten Istgrößen (Kosten und zeitlichen Ergebnissen) und zu erwartenden Wirdgrößen (Kosten- und Zeitforecasts) ist es möglich, Abweichungen zu erkennen und entsprechende Korrekturmaßnahmen anzustoßen. Übertragen auf das kybernetische Lenkungsmodell aus Abschn. 2.4 trägt Controlling im situativen Kontext dazu bei, dass die Steuerung und Regelung von Innovationsprojekten entlang des skizzierten Innovationsprozesses möglichst effizient funktioniert und unnötiges Nachsteuern vermieden wird.

Wie unter Abschn. 3.1 beschrieben, sind Innovationsvorhaben häufig verbunden mit Entscheidungen unter Unsicherheit in einem zunehmend volatilen, unsicheren, komplexen und mehrdeutigen Entscheidungskontext (im Folgenden als Komplexität i.w.S. zusammengefasst). Um diese Bewertungsunsicherheit im komplexen Kontext angemessen bewältigen zu können ist es erforderlich, das kybernetische Grundmodell um antizipative Steuerungsinformationen zu erweitern, die auch den präsituativen und postsituativen Kontext umspannen. Antizipative Steuerungsinformationen helfen im Sinne eines Frühwarnsystems, bewertungsrelevante Annahmen, Prognosen und Beurteilungen regelmäßig auf ihre Gültigkeit zu überprüfen und bei Bedarf vorsteuernd einzugreifen (Abb. 7). In der Literatur wird dies unter dem Begriff der strategischen Kontrolle subsumiert, die sich in eine Prämissenkontrolle, Durchführungskontrolle und in die (ungerichtete) strategische Überwachung unterteilen lässt (vgl. stellvertretend für weitere Steinmann und Schreyögg 2000, S. 244). Im Unterschied zur effizienzgetriebenen Kontrolle innerhalb des beschriebenen

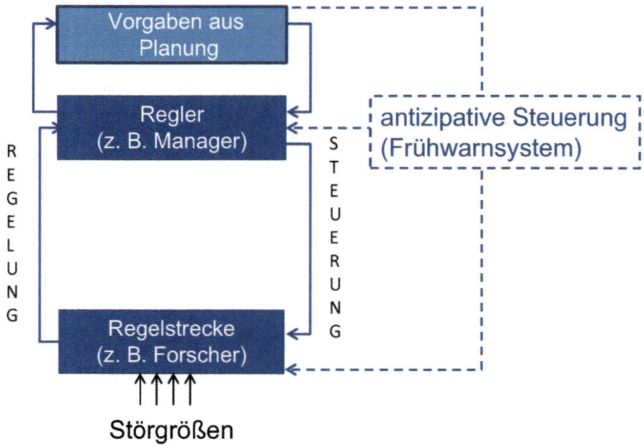

Abb. 7 Komplexe Lenkung. (Quelle: In Anlehnung an Zloch 2007, S. 29)

Lenkungskreises ist es durch die strategische Kontrolle möglich, auch die Effektivität im Innovationsmanagement kontinuierlich zu überprüfen und bei Bedarf vorsteuernd Maßnahmen einzuleiten. Im Rahmen der Prämissenkontrolle kann beispielsweise überprüft werden, ob die der Bewertung zu Grunde liegenden Annahmen (z. B. hinsichtlich Wettbewerbssituation, Markteintrittsbarrieren etc.) weiter gültig sind. Die Durchführungskontrolle kann helfen zu erkennen, ob die erzielten Ergebnisse im Rahmen der Durchführung zur Erreichung der Ziele aus der Planung beitragen bzw. ob die getroffenen Entscheidungen effektiv waren. Innerhalb der beschriebenen Kontrolltypen ist die Definition geeigneter Kontrollgrößen und -punkte, die Analyse möglicher Abweichungen sowie die Ableitung geeigneter Anpassungsmaßnahmen klassischer Aufgabenbereich des Controlling. Wie nachfolgendes Beispiel aus der chemischen Industrie verdeutlicht, können dabei die Ergebnisse aus der vorgelagerten Sensitivitätsanalyse (Abschn. 3.1) wertvolle Hinweise geben:

Hat die Sensitivitätsanalyse beispielsweise gezeigt, dass der Projekterfolg eines neuen Produktes vorrangig davon abhängig ist, dass die geplanten Investitionskosten in eine neue Anlage eingehalten werden, so lassen sich bereits bei der Verfahrensausarbeitung in der Pilot Phase Abbruchkriterien definieren, die für einen erfolgreichen Projektabschluss einzuhalten sind. Hier können auch Lerneffekte aus abgeschlossenen Projekten einfließen, z. B. indem typische Muster in Parameterentwicklungen identifiziert und überwacht werden. (Landwehr-Zloch und Vossen 2020, S. 79).

In der neueren Literatur zum Management von Komplexität i.w.S. bzw. zum Management von VUCA Kontexten (stellvertretend für weitere Rigby et al. 2016, S. 41–50) findet sich häufig der Begriff der Agilität, der in seinen Grundzügen im Ausgangswerk des Agilen Manifests beschrieben wurde. (Agilemanifesto 2001).

Interpretiert man wie z. B. bei Lucht (2019) Agilität als die Fähigkeit, schnelle Vor- und Rückkopplungen zu erzeugen, dann kann die im vorliegenden Beitrag beschriebene komplexe Lenkung auch als „agile“ Lenkung bezeichnet werden.

3.3 Berücksichtigung verhaltensorientierter Aspekte

Wertorientiertes Innovationscontrolling sollte jedoch nicht auf die sachlich-methodischen Aspekte der vorangegangenen Abschnitte begrenzt werden – auch, wenn dies vermutlich dem klassischen Selbstverständnis vieler Innovationscontroller entsprechen würde. Eine weitere zentrale Voraussetzung für effektives und effizientes Innovationsmanagement ist, dass die Verhaltensebene in allen Aktivitäten des Managements (Abschn. 2.4) überwacht wird, da diese Quelle für verhaltensbedingte Verzerrungen sein kann (ähnlich Weber und Schäffer 2016, S. 62–65). Verhaltensbedingte Verzerrungen sind meist Folge von kognitiver Begrenztheit: Entscheider verhalten sich nicht wie ein „Homo oeconomicus“, sondern greifen beispielsweise auf Heuristiken zurück und lassen weitere Motive und Emotionen in ihre Urteilsfindung einfließen (Slovic und Peters 2006, S. 322–323). Wenngleich Heuristiken ein effizientes Vorgehen zur Lösung von Entscheidungsproblemen sein können und in bestimmten Fällen auch zu gleichen Ergebnissen wie rein rationale Entscheidungsprozesse führen, sind sie gleichermaßen Quelle für systematische Störungen („Biases“) und Fehlurteile (vgl. z. B. Kahneman 2011, S. 38 ff. und Beck 2014, S. 26–27). Diese können die Effektivität und Effizienz im Innovationsmanagement erheblich beeinträchtigen. Wie nachfolgend gezeigt wird treten sie sowohl bei der Projektselektion als auch bei der Projektlenkung auf und sollten durch das Controlling adressiert werden (Landwehr-Zloch 2018, S. 46–50).

Störungen im Kontext der effektiven Projektselektion
Störungen, die sich in den Phasen der Alternativen- bzw. Ideensuche zeigen sind beispielsweise das Unvermögen, gänzlich neue Ideen zu erkennen (bekannt als „Conformity Bias“) sowie das „Not-invented-here-Syndrom“, bei dem Innovationsideen, die außerhalb des eigenen Systems entstanden sind, systematisch schlechter beurteilt werden als die eigenen Ideen (Rau et al. 2015, S. 341–353). In der Konsequenz führen beide Effekte dazu, dass das Unternehmen möglicherweise Chancen verpasst, da es werthaltige Ideen aus nicht rationalen Gründen verwirft. Treten die Störungen auf, wird die Anforderung an Effektivität im Innovationsmanagement nicht erfüllt.

Typische Biases, die sich im Rahmen der Alternativenbeurteilung zeigen, sind der Confirmation Bias und der Effekt, dass Ideen häufig mit Hilfe von Ersatzkriterien beurteilt werden („Proxy-Effekt“). Der Confirmation Bias kommt darin zum Ausdruck, dass nur Informationen in der Beurteilung berücksichtigt werden, die eine gewünschte (Vor-)entscheidung bestätigen. Informationen, die hingegen eine bereits erfolgte Einschätzung oder Entscheidung widerlegen könnten, werden systematisch vernachlässigt (Morrison und Potts 2008, S. 9–10). In der Praxis kommt dieser

Effekt in Situationen zum Ausdruck, in denen Beurteilungskriterien wie beispielsweise der Kapitalwert einer Forschungsidee „hingerechnet“ werden, damit die Zahlen eine bereits getroffene Entscheidung untermauern. Der Proxy- bzw. Stellvertreter-Effekt wird dadurch deutlich, dass der Wertbeitrag von Innovationsideen in Abhängigkeit davon eingeschätzt wird, wer der Ideengeber bzw. der Projektleiter ist. Anstelle der eigentlichen Innovationsidee wird folglich die damit verbundene Person beurteilt (Morrison und Potts 2008, S. 11–12).

Während die skizzierten Störungen, die im Rahmen der Ideensuche auftreten können, vor allem dazu führen, dass Chancen nicht genutzt werden, kommen im Rahmen der Alternativenbeurteilung weitere Risiken hinzu: Störungen wie der Confirmation Bias und der Proxy Bias können dazu führen, dass wertvernichtende Ideen nicht verworfen werden. In beiden Fällen werden knappe Ressourcen nicht in ihre rational produktivste Erwartung investiert. Das Innovationsmanagement ist nicht effektiv.

Störungen im Kontext der Lenkung

Ein typischer Effekt bei langfristigen Innovationsprojekten ist das „Escalating Commitment“ (Wieber et al. 2015, S. 587–595). Dieser Effekt führt dazu, dass Innovationsprojekte aus verschiedenen Gründen auch dann nicht abgebrochen werden, wenn ihre aktuellen Erfolgsaussichten unter rationalen Gesichtspunkten einen Abbruch nahelegen würden. Das Festhalten an derartigen Projekten wird häufig mit der Redewendung „gutes Geld schlechtem hinterherwerfen“ umschrieben und führt dazu, dass die Anforderung an Effizienz im Innovationsmanagement nicht erfüllt wird. Das Erkennen von Fehlentwicklungen (z. B. durch Verschlechterung der Projektbewertung) und die konsequente Entscheidung (Projekt wird abgebrochen) fallen zeitlich auseinander.

Die skizzierten Störungen stellen eine Auswahl der relevantesten aus der Menge aller systematischen Störungen dar, die im Kontext von Innovationsprozessen auftreten können. Ihnen ist gemein, dass sie die Effektivität und Effizienz im Innovationsmanagement beeinträchtigen.

Da Störungen meist nicht von den betroffenen Entscheidern selbst bemerkt werden, kommt dem Controlling hier eine entscheidende Rolle zur Sicherung der ökonomischen Rationalität zu. Sind dem Controller psychologisch schwierige Situationen und damit potenzielle Stellen für irrationales Verhalten im Entscheidungsprozess bekannt, kann er gezielt darauf einwirken. Dies gelingt zum einen über die Schaffung von Informationstransparenz, z. B. indem Führungskräften die mit ihren Beurteilungen und Entscheidungen verbundenen Kosten transparent gemacht werden. Zum anderen kann über die Mitgestaltung in Entscheidungsgremien und die Definition von Entscheidungswegen (z. B. Genehmigungspflicht durch das Zentralcontrolling bei bestimmten Investitionsbudgets) die ökonomische Rationalität gesichert werden. Auch entsprechend ausgestaltete Anreizsysteme begünstigen rationales Entscheidungsverhalten und unterstützen so die durchgängige Wertorientierung (Hirsch et al. 2008, S. 8).

4 Fazit und Ausblick

Innovationen sind entscheidend für die langfristige Wettbewerbsfähigkeit eines Unternehmens, das Erhalten einer systematischen Innovationsfähigkeit wird damit ein zentrales Ziel der Unternehmensführung. Die Begriffsweite von Innovationen ist groß, kennzeichnend für alle sind jedoch Unsicherheit und Komplexität, wobei das jeweilige Ausmaß in Abhängigkeit von der Art des Outputs, vom Innovationsgrad und von der Entwicklungsphase variieren kann.

Wertorientierung im Innovationsmanagement wird erreicht, wenn zu jedem Zeitpunkt Effektivität und Effizienz gewährleistet sind. Das Innovationscontrolling als umfassende Unterstützungsfunktion des Managements muss dabei vor allem die effektive Projektselektion, die komplexe Lenkung und die durchgängige Berücksichtigung verhaltensorientierter Aspekte sicherstellen.

In der Praxis liegen die Schwerpunkte des Controlling häufig nur auf den sachlich-methodischen Aspekten. Die Erweiterung des Selbstverständnisses auf verhaltensorientierte Aspekte kann helfen, die Wertschöpfungspartnerschaft zwischen Management und Controlling systematisch weiterzuentwickeln und zukunftsweisend auszugestalten.

Literatur

Agilemanifesto. (2001). Manifesto for agile software development. https://agilemanifesto.org/. Zugegriffen am 07.11.2019.

Ahn, H., Dyckhoff, H. (1997). Organisatorische Effektivität und Effizienz. *Wirtschaftswissenschaftliches Studium, 26*(1), 2–6.

Baltzer, B. (2013). *Einsatz und Erfolg von Controlling-Instrumenten*. Wiesbaden: Springer.

Bamberg, G., Coenenberg, A. G., & Krapp, M. (2019). *Betriebswirtschaftliche Entscheidungslehre* (S. 16). München: Vahlen.

Barber, H. F. (1992). Developing strategic leadership: The US Army War college experience. *Journal of Management Development, 11*(6), 4–12.

Bäumler, M., Hermann, I., & Brandes, H. (2015). *Die Branche im Wandel* (S. 12–16). Weinheim: Provadis School of International Management and Technology: Von den Megatrends zum Geschäftserfolg.

Beck, H. (2014). *Behavioral Economics: Eine Einführung*. Wiesbaden: Springer.

Becker, W. (1990). Funktionsprinzipien des Controlling. *Zeitschrift für Betriebswirtschaft, 60*(3), 295–318.

Becker, W. (1996). *Stabilitätspolitik für Unternehmen: Zukunftssicherung durch integrierte Kosten- und Leistungsführerschaft*. Wiesbaden: Gabler.

Becker, W. (2000). *Funktionen und Konzepte des Controlling: Bamberger Betriebswirtschaftliche Beiträge*. Bamberg: University of Bamberg Press.

Becker, W. (2001). *Planung, Entscheidung und Kontrolle* (2. Aufl.). Bamberg: Bamberger Betriebswirtschaftliche Beiträge. University of Bamberg Press.

Becker, W. (2006). *Einführung in das Controlling. Bamberger Betriebswirtschaftliche Beiträge*. Bamberg: University of Bamberg Press.

Becker, W. (2017). *Wertschöpfungsorientiertes Controlling. Bamberger Betriebswirtschaftliche Beiträge*. Bamberg: University of Bamberg Press.

Boutellier, R. (2006). Wie viel Innovation verträgt der Homo Faber? *Vierteljahrsschrift der Naturforschenden Gesellschaft in Zürich, 151*(1/2), 13–19.

Brockhoff, K. (1994). *Forschung und Entwicklung – Planung und Kontrolle* (4. Aufl.). München/ Wien: Vahlen.

Cardinal, L. (2001). Technological innovation in the pharmaceutical industry: The use of organizational control in managing research and development. *Organization Science, 12*(1), 19–36.

Cooper, R. G. (2002). *Top oder Flop in der Produktentwicklung. Erfolgsstrategien: von der Idee zum Launch*. Weinheim: Wiley.

Gälweiler, A. (2005). *Strategische Unternehmensführung* (3. Aufl.). Frankfurt a. M./New York: Campus.

Gemünden, H. G., & Littkemann, J. (2007). Innovationsmanagement und -controlling – Theoretische Grundlagen und praktische Implikationen. *ZfCM Controlling & Management, 51*(3), 4–17.

Geschka, H., Hahnenwald, H., & Schwarz-Geschka, M. (2013). Szenariotechnik. In O. Gassmann & P. Sutter (Hrsg.), *Praxiswissen Innovationsmanagement. Von der Idee zum Markterfolg* (3. Aufl., S. 97–112). München: Carl Hanser.

Hauber, R. (2002). *Performance Measurement in der Forschung und Entwicklung – Konzeption und Methodik*. Wiesbaden: Springer.

Hirsch, B., Schäffer, U., & Weber, J. (2008). Zur Grundkonzeption eines verhaltensorientierten Controllings. *ZfCM Controlling & Management, 52*, 5–11, Sonderheft.

Johansen, B. (2013). Navigating the VUCA World. *Research-Technology Management, 56*(1), 5–10.

Kahneman, D. (2011). *Schnelles Denken, Langsames Denken* (10. Aufl.). München: Penguin.

Landwehr-Zloch, S. (2017a). Beziehungsorientiertes Innovationsmanagement in der chemischen und pharmazeutischen Industrie – Analyse und Konzept. *Controller Magazin, 42*(4), 16–20.

Landwehr-Zloch, S. (2017b). Beziehungsorientiertes Innovationsmanagement in der chemischen und pharmazeutischen Industrie – Konzept und Handlungsempfehlungen. *Controller Magazin, 42*(5), 52–56.

Landwehr-Zloch, S. (2018). F&E Mitarbeiter wertorientiert führen. *Controlling and Management Review, 62*(3), 46–51.

Landwehr-Zloch, S., & Vossen, M. (2020). Bewertung von Innovationsprojekten in VUCA-World. In S. Landwehr-Zloch & J. Glaß (Hrsg.), *Innovationsmanagement der chemischen Industrie im digitalen Zeitalter* (S. 68–85). Heidelberg: Springer-Gabler.

Lucht, D. (2019). *Theorie und Management komplexer Projekte*. Wiesbaden: Springer.

Morrison, K., Potts, J. (2008) Toward behavioral innovation economics – Heuristics and biases in choice under novelty. https://espace.library.uq.edu.au . Zugegriffen am 26.01.2018.

Nagji, B., & Tuff, G. (2012). Managing your innovation portfolio. *Harvard Business Review, 90*(5), 66–74.

Perridon, L., Steiner, M., & Rathgeber, A. (2017). *Finanzwirtschaft der Unternehmung* (17. Aufl.). München: Vahlen.

Rath, G. (2020). Der Innovationsprozess im digitalen Zeitalter. In S. Landwehr-Zloch & J. Glaß (Hrsg.), *Innovationsmanagement der chemischen Industrie im digitalen Zeitalter* (S. 117–142). Berlin/Heidelberg: Springer.

Rau, C., Möslein, K., & Neyer, A.-C. (2015). Playing possum, hide-and-seek, and other behavioral patterns: knowledge boundaries at newly emerging interfaces. *R&D Management, 46*(20), 341–353.

Rigby, D., Sutherland, J., & Takeuchi, H. (2016). Embracing agile: How to master the process that's transforming management. *Harvard Business Review, 94*, 41–50. https://hbr.org/2016/05/ embracing-agile. Zugegriffen am 14.05.2020.

Sammerl. (2006). *Innovationsfähigkeit und nachhaltiger Wettbewerbsvorteil: Messung, Determinanten, Wirkungen*. Wiesbaden: Deutscher Universitätsverlag.

Schiller, T. (2000). *Kompetenz-Management für den Anlagenbau: Ansatz, Empirie und Aufgaben*. Wiesbaden: Gabler.

Schuh, G., Arnoscht, J., & Schiffer, M. (2012). Innovationscontrolling. In G. Schuh (Hrsg.), *Innovationsmanagement 3* (S. 249–349). Berlin/Heidelberg: Springer.

Schwaninger, M. (1990). Wege zu einem integralen Management. *Harvard Manager, 12*(1), 42–52.

Slovic, P., & Peters, E. (2006). Risk perception and affect. *Current Directions, Psychological Science, 15*(6), 322–325.

Spielmann, V. (2017). Unsicherheits- und Sensitivitätsanalysen von Kompartiment-Modellen und Computer-Voxel-Phantomen für interne Strahlenexposition der Patienten durch Radiopharmazeutika in der Nuklearmedizin, Otto-von-Guericke Universität Magdeburg, Dissertation. https://d-nb.info/1127639145/34. Zugegriffen am 17.08.2019.

Steinmann, H., & Schreyögg, G. (2000). *Management: Grundlagen der Unternehmensführung* (5. Aufl.). Wiesbaden: Gabler.

Stifterverband. (Hrsg.). (2020). Forschung und Entwicklung der Wirtschaft 2018. https://www.stifterverband.org/fue-facts-2018. Zugegriffen am 21.05.2020.

Weber, J., & Schäffer, U. (2016). *Einführung in das Controlling* (15. Aufl.). Stuttgart: Schäffer Poeschel.

Wieber, F., Thürmer, L., & Gollwitzer, P. (2015). Attenuating the escalation of commitment to a faltering project in decision-making groups: an implementation intention approach. *Social Psychological and Personality Science, 6*(5), 587–595.

Wild, J. (1974). Führungstheorie und Führungsmodelle. Unternehmensführung. In J. Wild (Hrsg.), *Unternehmensführung* (S. 141–179). Berlin: Rororo.

Wild, J. (1982). *Grundlagen der Unternehmensplanung* (4. Aufl.). Opladen: VS.

Zloch, S. (2007). *Wertorientiertes Management der pharmazeutischen Produktentwicklung*. Wiesbaden: Springer.

Zuber, P. (2009). *Innovationsmanagement in der Biotechnologie: Nachhaltigkeit als Leitbild einer entwicklungsbegleitenden Evaluierung*. Wiesbaden: Springer.

Controlling, Unternehmensplanung, Risiko und Risikomanagement

Werner Gleißner

Zusammenfassung

Ein modernes Controlling darf die bei jeder unternehmerischen Tätigkeit unvermeidlichen Chancen und Gefahren (Risiken) nicht ignorieren. Die Betrachtung von Risiken ist insbesondere erforderlich bei der Erstellung der Unternehmensplanung und darauf aufbauender Vorlagen für Managemententscheidungen, speziell „unternehmerische Entscheidungen", durch Vorstand und Geschäftsführung. Daher ist eine enge Verbindung des Controllings zum Risikomanagement und ein integrativer Ansatz, bei dem das Controlling viele Aufgaben des Risikomanagements leicht mit abdecken kann, empfehlenswert.

Schlüsselwörter

Risikoanalyse · Monte-Carlo-Simulation · Zielplanung · Unternehmensplanung · Managemententscheidungen

1 Die Bedeutung von Chancen und Gefahren (Risiken) für das Controlling

Das Controlling ist bei den meisten Unternehmen die zentrale Instanz für die betriebswirtschaftliche Rationalitätssicherung und damit maßgeblich verantwortlich, um Managemententscheidungen adäquat vorzubereiten. Das Controlling hat darüber hinaus eine Vielzahl weiterer Aufgaben (siehe Horváth et al. 2020 und Vanini et al. 2019) und steht bei vielen Unternehmen vor neuen Herausforderungen, die eine Weiterentwicklung erfordern. Weber und Schäffer (2020, S. 47) nennen 10 Trends und betonen:

W. Gleißner (✉)
Future Value Group, Leinfelden-Echterdingen (Stetten), Technische Universität Dresden, Dresden, Deutschland
E-Mail: w.gleissner@futurevalue.de

W. Becker, P. Ulrich (Hrsg.), *Handbuch Controlling*,
https://doi.org/10.1007/978-3-658-26431-4_76

„Die Funktion des Controllings ist weiter relevant: Rationalitätssicherung ist wichtiger denn je!"

Rationalitätssicherung (vgl. Weber und Schäffer 1999) impliziert für das Controlling bei anstehenden Entscheidungen, speziell der Unternehmensführung, dass dieses die für diese nötigen Informationen bereitstellen sollte. Die große Herausforderung bei allen Managemententscheidungen besteht darin, dass die Zukunft nicht sicher vorhersehbar ist. Es gibt aber immer Chancen und Gefahren (Risiken), die Planabweichungen auslösen können, und die in einem rationalen Entscheidungskalkül zu berücksichtigen sind (Entscheidungsfindung und Entscheidungsvorbereitung bei einer sicher vorhersehbaren Zukunft wäre sehr einfach). Hohe Komplexität und Volatilität des Umfelds erhöhen den Umfang von Risiken, also den Umfang möglicher Planabweichungen. Es sind die Chancen und Gefahren (Risiken) eines Unternehmens, die folglich heute und in Zukunft in besonderer Weise eine Herausforderung für das Controlling darstellen. Das Controlling ist gefordert, bei der Vorbereitung von Managemententscheidungen bestehende und durch die Entscheidung selbst verursachte Chancen und Gefahren (Risiken) zu berücksichtigen. Dies bringt das Controlling in die Nähe des Risikomanagements (vgl. z. B. Risk Management Association e. V. (RMA) und Internationaler Controller Verein e.V. (ICV) 2018 und Gleißner und Klein 2017 sowie Ballwieser 2009). und den dort genutzten Methoden für die Identifikation, Quantifizierung und Aggregation von Risiken. Die Identifikation und Quantifizierung sowie Aggregation von Risiken ist notwendig, um für eine Managemententscheidung geeignete, sogenannte „erwartungstreue" Planwerte zu erhalten und Aussagen über den Umfang möglicher Planabweichungen, also die Planungssicherheit, treffen zu können. Das Controlling sollte die Fähigkeiten im Umgang mit der Unsicherheit, also mit Chancen und Gefahren, verbessern (also z. B. Risikoanalyse-Methoden anwenden können). Controller benötigen zudem speziell zur Vorbereitung „unternehmerischer Entscheidungen" (§ 93 AktG) Kompetenz in der Beurteilung des Ertrag-Risiko-Profils alternativer Handlungsmöglichkeiten (also für eine „risikogerechte Bewertung", vgl. Gleißner 2019c, d).

Die Verbindung zwischen Controlling und den Unternehmensrisiken, und damit dem Risikomanagement, sind vielfältig (siehe dazu Gleißner 2017b). Das Controlling erstellt Planungen und es sind wie erwähnt Risiken, die Planabweichungen auslösen können. Risiken sind damit die Ursachen eingetretener Planabweichungen, die bei Abweichungsanalysen durch das Controlling ermittelt und betrachtet und hergeleitet werden. Die Gesamtheit der bestehenden Risiken und ihre Kombinationseffekte bestimmen die Planungssicherheit, den Umfang möglicher Verluste, und damit die risikogerechte Finanzierung des Unternehmens (den Eigenkapital- und Liquiditätsbedarf; Gleißner 2017a). Viele Methoden des Controllings lassen sich nur sachgerecht anwenden, wenn Risiken explizit berücksichtigt werden (siehe z. B. Rieg 2016 zur Break-Even-Analyse). Bei Investitionsplanung und Investitionsrechnung ist es beispielsweise notwendig Chancen und Gefahren bei der Cashflow-Prognose zu berücksichtigen und zudem einen risikoadäquaten Diskontierungszinssatz abzuleiten (siehe zur Methodik Gleißner 2014, 2019c sowie d). Es ist zu erwähnen, dass entgegen der in Praxis üblichen Vorgehensweise, der Bestimmung von Diskontierungszinssätzen mit dem Capital Asset Pricing Modell (CAPM), die Risiken der Cashflows für den Diskontierungszinssatz maßgeblich sind: Höhere Cashflow-Volatilität (Ertragsrisiko) führt zu höheren erwarteten Renditen und damit höheren Kapitalkosten, (siehe Gleißner 2014, 2019c).

In diesem Beitrag werden die hier sich hieraus ergebenden Verknüpfungen von Controlling einerseits und Risiko, und damit Risikomanagement, andererseits betrachtet. Dabei wird gezeigt, wie Controlling und Risikomanagement in einem integrativen Ansatz zusammenwirken können, um gerade bei der Vorbereitung unternehmerischer Entscheidungen der Unternehmensführung möglichst fundierte Informationen bereitzustellen. Entscheidungen basieren insbesondere auf einer Planung und einer Risikoanalyse. Vertiefend betrachtet wird daher die Implikation dieser Verknüpfung für die Unternehmensplanung. In einem integrativen Ansatz ist es nämlich erforderlich Chancen und Gefahren (Risiken) in der Unternehmensplanung zu berücksichtigen. Die Unternehmensplanung sollte zugleich nutzbar sein für

- die Vorbereitung unternehmerischer Entscheidungen und zugleich
- die Steuerung des Unternehmens (durch Ziel-Vorgaben; Schentler et al. 2010).

Der nachfolgende Abschn. 2 fasst zunächst ökonomische und auch juristische Anforderungen an die Vorbereitung „unternehmerischer Entscheidungen“, der wichtigsten Gruppe der Managemententscheidungen, knapp zusammen. Besonders betrachtet werden dabei die Implikationen für die Unternehmensplanung und die Entscheidung über die Jahresplanung (Jahresbudget). Deutlich wird dabei die zentrale Bedeutung von Risiken. Geeignete Grundlage für eine unternehmerische Entscheidung ist nur eine Unternehmensplanung, die Chancen und Gefahren erfasst. Eine solche Planung sollte „im Mittel“ realisierbar, also erwartungstreu sein und möglichst auch den Umfang möglicher Planabweichungen erkennen lassen (also die Planungssicherheit zeigen). Dies ermöglicht insbesondere eine sogenannte Bandbreitenplanung, die mittels Simulation aus einer „traditionellen“ einwertigen Planung und den Ergebnissen einer Risikoanalyse abgeleitet werden kann. Sowohl eine traditionelle meist zum Zweck der Unternehmenssteuerung erstellte als auch eine erwartungstreue Bandbreitenplanung sind für die Unternehmensführung von Bedeutung. In Abschn. 3 wird erläutert wie beide Arten der Unternehmensplanung miteinander verbunden sind und wie diese in der Praxis erstellt werden können. Die Unternehmensplanung ist eine besonders wesentliche, aber nicht die einzige Verbindungsstelle zwischen Controlling und Risikomanagement. Wie oben bereits erwähnt, gibt es eine ganze Reihe weiterer Berührungspunkte des Controllings zum Thema Risiko. Daraus ergeben sich Möglichkeiten der Verknüpfung beider Managementsysteme, um Synergien zu realisieren. Solche werden in Abschn. 4 erläutert. Abschn. 5 fasst die wichtigsten Implikationen für die Praxis knapp zusammen.

2 Rechtliche Mindestanforderungen und Grundlagen zur Verbindung von Planung und Risikomanagement

Informationen, die das Controlling für die Unternehmensführung erarbeitet, haben nur dann praktischen Nutzen, wenn sie in Entscheidungen einfließen und damit Maßnahmen auslösen. Wie erwähnt, sind bei Entscheidungen grundsätzlich die mit diesen verbundenen Risiken zu berücksichtigen. Die enge Verknüpfung zwischen Controlling und Risiko bzw. Risikomanagement besteht insbesondere bei der Vorbereitung von Managemententscheidungen und speziell den sogenannten „unternehmerischen Entscheidungen" (§ 93 AktG), die aufgrund der besonders großen Bedeutung für das Unternehmen von der Unternehmensführung, Vorstand oder Geschäftsführer, getroffen werden.

Aus der Business Judgement Rule (§ 93 AktG) ergibt sich, dass „unternehmerische Entscheidungen" beweisbar auf „angemessenen Informationen" basieren sollen.[1] Infolge der unsicheren Auswirkungen von Entscheidungen sind es insbesondere die mit diesen verbundenen Chancen und Gefahren (Risiken), die zu analysieren und in der Entscheidungsvorlage zu dokumentieren sind (siehe Graumann et al. 2009 und weiterführend zu den rechtlichen Grundlagen RMA 2019).[2] Daraus ergibt sich speziell eine „entscheidungsorientierte" Ausrichtung des Risikomanagements (siehe den neuen Revisionsstandard DIIR RS Nr. 2 von 2018; Gleißner und Kimpel 2019 sowie Gleißner 2020 und Hunziker 2019 mit einer Einordnung in die Anforderungen nach COSO Enterprise Risk Management (Version 2017)). Die zentrale Intention ist klar: unternehmerische Entscheidungen sind mit Risiken verbunden und kein Vorstand oder Geschäftsführer haftet dafür, dass solche Risiken auch einmal zu negativen Planabweichungen oder Verlusten führen können. Um dieses „Haftungsprivileg" in Anspruch nehmen zu können, ist es aber erforderlich, die Entscheidung durch adäquate Methoden vorzubereiten und adäquate Entscheidungsvorlagen zu erstellen (siehe Hartmann und Romeike 2015 und Scherer 2012 mit Bezug zu Corporate Governance).

Bei den meisten Unternehmen dürfte die Entscheidung über die jährliche Unternehmensplanung und das Jahresbudget zu den wesentlichsten unternehmerischen Entscheidungen gehören. Nachfolgend wird diskutiert, ob jede Entscheidung über die Unternehmensplanung, also ihre „Freigabe", als unternehmerische Entscheidung aufzufassen ist.

Die Entscheidung über die Unternehmensplanung ist genau dann eine „unternehmerische Entscheidung", wenn diese die aus Gesetz und Rechtsprechung genannten Charakteristika erfüllt. Die wesentlichen Eigenschaften von „unternehmerischen Entscheidungen" sind insbesondere die folgenden (siehe auch die ausführlichere Erläuterung bei RMA 2019):

[1] Dies gilt sinngemäß auch für GmbH-Geschäftsführer (siehe RMA 2019).

[2] Siehe zu weiteren Anforderungen, wie die Benennung von Handlungsoptionen Gleißner (2019d).

1. Es ist mindestens ein Vorstand bzw. Geschäftsführer involviert.[3]
2. Die Entscheidung ist keine „gesetzlich gebundene" Entscheidung.[4]
3. Es gibt verschiedene Handlungsoptionen.
4. Die Auswirkungen der Entscheidung sind unsicher, d. h. es bestehen Chancen und Gefahren (Risiken).

Die „unternehmerischen Entscheidungen" sind für das Unternehmen wesentlich und der Gesetzgeber geht zunächst einmal von der Vermutung aus, dass eine Entscheidung, die von Vorstand bzw. Geschäftsführer getroffen wird, tatsächlich für das Unternehmen wesentlich ist (es sei denn, es ist explizit etwas anderes geregelt). Die Entscheidung über die Unternehmensplanung erfüllt ganz offensichtlich oft die hier skizzierten Anforderungen. Dies ist zumindest dann der Fall, wenn sich durch diese Entscheidung tatsächlich konkrete materielle Auswirkungen ergeben (also z. B. Projekte initiiert oder Budgets freigegeben werden). Dies wird in der Regel der Fall sein.

Man kann, ausgehend von der Definition einer „unternehmerischen Entscheidung" auch ableiten, unter welchen speziellen Bedingungen die Entscheidung über die Unternehmensplanung keine unternehmerische Entscheidung darstellen könnte. Keine unternehmerische Entscheidung könnte man vermuten, wenn

- die Unternehmensplanung und das Budget völlig „unverbindlich" sind und keine konkreten Auswirkungen haben,
- lediglich eine Prognose der Zukunftsentwicklung darstellen, ohne dass über irgendwelche Maßnahmen (z. B. Investitionen) entschieden würde, oder aber
- nur anzustrebende Ziele festgelegt werden, ohne dass zugleich über die zur Zielerreichung erforderlichen Maßnahmen entschieden würde.[5]

Die hier skizzierten Bedingungen dürften im Allgemeinen nicht erfüllt sein. Im Gegenteil: Eine durch die Entscheidung freigegebene Unternehmensplanung[6] (oder ein Jahresbudget) wird im Allgemeinen zugleich Entscheidungen über die der Planung zugrunde liegenden Maßnahmen und Budgets darstellen (also z. B. die Entscheidung über die Durchführung von Investitionen, Projekten oder die Einstellung von Mitarbeitern). Natürlich ist die Entscheidung über eine große Investition eine unternehmerische Entscheidung im Sinne § 93 AktG und wenn diese z. B. bei der Entscheidung im Rahmen der Jahresplanung – oft zusammen mit anderen – getroffen wird, ist dies auch eine unternehmerische Entscheidung.

---

[3]Und agiert hier in seiner Organeigenschaft, und nicht etwa als disziplinarischer Vorgesetzter von Mitarbeitern.

[4]Also keine solche, bei der es keinen Spielraum gibt.

[5]Wobei zu diskutieren ist, ob nicht alleine die Festlegung von Zielen nicht in vielen Fällen schon als bedeutende unternehmerische Entscheidung anzusehen ist.

[6]Für ein oder mehrere Geschäftsjahre.

Aus methodischer Sicht ist zu beachten, dass eine Unternehmensplanung, die eine geeignete Vorlage für eine unternehmerische Entscheidung sein soll, auf Erwartungswerten basieren muss, die bestehende Chancen und Gefahren (Risiken) berücksichtigen. Eine zum Zweck der Unternehmenssteuerung möglicherweise durchaus sinnvolle Festlegung auf ambitionierte Zielwerte ist keine adäquate Entscheidungsgrundlage.[7] Wenn ein Unternehmen zunächst Zielwerte festlegt, ist es erforderlich unter Beachtung von Chancen und Gefahren diese erst auf „erwartungstreue Planwerte", die sich „im Mittel" realisieren lassen, überzuleiten (also durch Risikoanalyse und Risikoaggregation, siehe dazu Gleißner 2017b). Genau dies fordern schon seit Jahren die Grundsätze ordnungsgemäßer Planung (GoP).[8]

Möglicherweise mag ein Vorstand oder Geschäftsführer ausgehend von diesen Überlegungen zur Schlussfolgerung kommen, seine Unternehmensplanung einfach als „unverbindliche Orientierungswerte" zu interpretieren oder lediglich Zielwerte für die Unternehmenssteuerung festzulegen. In diesem Fall mag es ggf. gerechtfertigt erscheinen, die Freigabe dieser Unternehmensplanung nicht als unternehmerische Entscheidung im Sinne § 93 AktG anzusehen. Das würde scheinbar dazu führen, die gesetzlichen Anforderungen im Rahmen der Planung nicht erfüllen zu müssen.

Wenn Vorstand oder Geschäftsführer mit der Unternehmensplanung nicht über Investitionen, Budgets, Akquisitionen oder strategisch wichtige F&E-Projekte entscheidet, sind hierfür eigenständige unternehmerische Entscheidungen nötig. Man muss also dann z. B. für alle bedeutenden Investitionen eigene Entscheidungsvorlagen erstellen.[9] Im Allgemeinen ist es am sinnvollsten, wenn man mit der Entscheidung über die Freigabe der Unternehmensplanung – soweit zum Entscheidungszeitpunkt bereits möglich – alle wesentlichen Maßnahmen, Investitionen und Teilentscheidungen verbindlich freigibt, auf denen diese Planung basiert. Damit ist diese Freigabe eine unternehmerische Entscheidung, die i. d. R. durch das Controlling vorbereitet wird.

Sind in der Unternehmensplanung Projekte oder Investitionen geplant, die noch nicht final freigegeben worden sind, nennt man diese „Vorbehaltsentscheidungen". Die Umsetzung solcher Maßnahmen oder Investitionen ist also in der Unternehmensplanung bereits „eingeplant",[10] aber noch nicht final entschieden. Für sie ist später noch eine eigene Vorlage für eine unternehmerische Entscheidung erforderlich, die wieder alle oben genannten Anforderungen erfüllt (also insbesondere auch diejenigen Chancen und Gefahren nennt, die mit der Entscheidung einhergehen).

---

[7] Man würde hier z. B. sich bei einer Investitionsentscheidung die Welt einfach „schön rechnen".

[8] Es war ein zentrales Anliegen der GoP Anforderungen an eine Unternehmensplanung so festzulegen, dass diese als Grundlage unternehmerischer Entscheidungen geeignet sind.

[9] Und dabei auch die Bezugnahme zur Gesamtunternehmensplanung wiederum herstellen.

[10] Weil wahrscheinlich.

3 Die Bedeutung von Risiko bei der Unternehmensplanung

3.1 Planung und die Grundsätze ordnungsgemäßer Planung

Eine zentrale Aufgabe des Controllings ist die Erstellung der Unternehmensplanung, aber auch von Projektplanungen. Traditionell erstellen Unternehmen einwertige Planungen, d. h. es gibt genau einen Plan-Wert, an dem man sich im Unternehmen orientiert. Gelegentlich wird eine einwertige Planung ergänzt um ein sogenanntes Best- oder Worst-Case-Szenario, was zur Betrachtung von drei Planszenarien führt. Es ist jedoch quasi sicher, dass weder das „Basisszenario" der Planung noch die betrachteten Worst- oder Best-Case-Szenarien sich realisieren werden. Chancen und Gefahren (Risiken) werden Planabweichungen verursachen und daher wird schon seit langem gefordert, dass Unternehmen ausgehend von einer stochastischen Simulation (Monte-Carlo-Simulation) eine Bandbreitenplanung erzeugen sollen (zusammenfassend: Gleißner 2017a). Diese zeigt einen realistischen Entwicklungskorridor und vermeidet Scheingenauigkeiten. Sie ermöglicht durch die Verknüpfung von Chancen und Gefahren (unsicheren Planannahmen) mit den Planungspositionen erwartungstreue Prognosen, d. h. sie geben an welche Entwicklung des Unternehmens „im Mittel" tatsächlich zu erwarten ist. Eine solche Bandbreitenplanung, die die Methode der Risikoaggregation (Monte-Carlo-Simulation) nutzt, ist seit Jahren vorgeschrieben, um die gesetzlichen Anforderungen an das Risikofrüherkennungssystem zu erfüllen, demzufolge insbesondere „bestandsgefährdende Entwicklungen", auch aus Kombinationseffekten von Einzelrisiken zu erkennen sind (Gleißner 2018; IDW PS 340 n.F. (2020) und Abschn. 4). Durch die Präzisierungen der Anforderungen aus der Business Judgement Rule (§ 93 AktG) ergibt sich eine noch größere Bedeutung von simulationsbasierten Bandbreitenplanungen: Vor jeder „unternehmerischen Entscheidung" eines Vorstand oder Geschäftsführers ist wie oben erläutert beweisbar aufzuzeigen, wie sich durch diese der Risikoumfang des Unternehmens verändern würde (Gleißner 2019a; RMA 2019). Für das ökonomisch offensichtlich sinnvolle Abwägen der unsicheren Auswirkungen einer Entscheidung auf Cashflow (Gewinn, Ertrag) und Risiken benötigt man also eine Bandbreitenplanung. Diese ist ein entscheidender Baustein für eine sachgerechte Vorbereitung unternehmerischer Entscheidungen, die wiederum bei einer nicht sicher vorhersehbaren Zukunft für den nachhaltigen Erfolg des Unternehmens wesentlich sind.

Mit den „Grundsätzen ordnungsgemäßer Planung" (GoP) existiert seit einigen Jahren auch ein Leitfaden, der die Verknüpfung von Controlling/Planung und Risikomanagement fordert. Es war eine wesentliches Ziel bei der Entwicklung dieser „GoP" 2010 sicherzustellen, dass eine Planung geeignet ist, den Anforderungen an eine gute Entscheidungsgrundlage gerecht zu werden. Risiken werden auch in den GoP definiert als mögliche Planabweichungen, was Chancen (mögliche positive Abweichungen) und Gefahren (mögliche negative Abweichungen) einschließt (vgl. ähnlich auch IDW PS 981, DIIR Revisionsstandard Nr. 2 und ISO 9000:2015). Die GoP fordern Transparenz über diejenigen Risiken, die Planabweichungen auslösen können, und über die Planungssicherheit. So sind Risiken, z. B. unsichere Plannahmen, zu identifizieren und quantitativ zu beschreiben. Dies ist z. B. möglich durch die Angabe von (a) Mindestwert, (b) wahrscheinlichstem Wert und (c) Maximalwert einer Plangröße oder Planannahme, womit implizit auch der Erwartungswert erfasst wird.

Behringer und Gleißner (2018) finden bei einer Befragung von Unternehmen über ihre Unternehmensplanung allerdings folgende Situation der Unternehmensplanungen:

1. Die Unternehmensplanungen der Unternehmen geben meist Zielwerte[11] an. Für die Entscheidungsvorbereitung bzw. für die Unternehmensbewertung wären aber Erwartungswerte notwendig.
2. Die Verknüpfung zwischen Risikomanagement und Unternehmensplanung ist unzureichend und die Erkenntnisse aus der Identifikation und Quantifizierung von Chancen und Gefahren (Risiken) werden nur selten in der Unternehmensplanung berücksichtigt. Eine adäquate Risikoanalyse fehlt oft. Selbst wenn das Unternehmen eine adäquate Risikoanalyse vornimmt, werden deren Ergebnisse meistens nicht zur Ableitung erwartungstreuer Planwerte verwendet.
3. Eine Verbindung der Planergebnisse zum Rating wird häufig nicht gezogen. Dadurch findet auch keine Plausibilisierung der in der Planung verwendeten Fremdkapitalzinsen statt, was durch die Wirkung des Ratings auf die Höhe der von Gläubigern verlangten Kreditzinsen geboten wäre.
4. Eine Risikoaggregation findet in den allermeisten Unternehmen nicht statt. Sie ist jedoch notwendig, um die Gesamtwirkung sämtlicher Risiken auf die Unternehmensplanung zu erfassen, den Gesamtrisikoumfang (Eigenkapitalbedarf) anzugeben und mögliche „bestandsgefährdende Entwicklungen" (im Sinne § 91 AktG) zu identifizieren, weil sich diese zumeist aus Kombinationseffekten von Risiken ergeben (vgl. Gleißner 2018 und Angermüller et al. 2020. Diese Defizite zeigen auch Studien zum Risikomanagement, siehe Ulrich 2019a; Deloitte 2020 und Köhlbrandt et al. 2020).
5. Die meisten Unternehmensplanungen sind somit nicht GoP-konform.

Viele Unternehmen haben also keine Risikoaggregation und Bandbreitenplanung. Ein Hemmnis scheint dabei zu sein, dass viele Unternehmen nicht wissen, wie man eine Bandbreitenplanung für die Unternehmenssteuerung nutzen soll. Man möchte daher die traditionelle einwertige Planung, die einen konkreten Zielwert angibt, nur ungern durch eine Bandbreitenplanung ersetzen. Aber dies ist auch gar nicht gefordert.

Die Erstellung von einer traditionellen einwertigen Zielplanung und einer Bandbreitenplanung sind keine Gegensätze. In der Regel benötigen Unternehmen beides. Eine auf der Risikoaggregation basierende Bandbreitenplanung ist nötig, um

- die gesetzlichen Anforderungen an das Risikomanagement (aus den §§ 91 und 93 AktG) gerecht zu werden und

[11]Oder wahrscheinlichste Werte.

- bei jeder „unternehmerischen Entscheidung", auch über die gesamte Unternehmensplanung, die hier unvermeidlichen Chancen und Gefahren (Risiken) adäquat im Entscheidungskalkül berücksichtigen zu können.

Für die Unternehmenssteuerung sind aber abweichende Ziel-Werte durchaus sinnvoll. Die Folgerung ist einfach: ein Unternehmen benötigt in der Regel beides. Eine simulationsbasierte Bandbreitenplanung ist notwendig, um sachgerechte Vorlagen für unternehmerische Entscheidungen zu erstellen. Ist über einen bestimmten Sachverhalt, wie eine Investition oder die Jahresplanung, entschieden worden, ist es für die praktische Umsetzung hilfreich, eine „traditionelle" Zielplanung zu erstellen. Dies wird nachfolgend näher erläutert.

3.2 Umsetzung: Zielplanung, Bandbreitenplanung und erwartungstreue Planwerte

Ausgangspunkt ist die in Abb. 1 genannte „Basis-Planung".

Eine solche Basisplanung ist der explizite oder implizite Ausgangspunkt für die Unternehmensplanung (vgl. Mosler 2017; Nickert und Kühne 2019). Eine solche Basisplanung kann einfach die (naive) Fortschreibung der Historie sein. (also des letzten Jahresabschlusses). Diese Basisplanung ist für die Unternehmenssteuerung und auch als Grundlage für unternehmerische Entscheidungen ungeeignet. Im Allgemeinen ist es sinnvoll zunächst Adjustierungen der Planungen vorzunehmen, um die Zukunftsentwicklung im Planungszeitraum besser abzubilden (also insbesondere eine bessere Prognose der Zukunft zu erreichen; siehe dazu Gleißner 2008 sowie

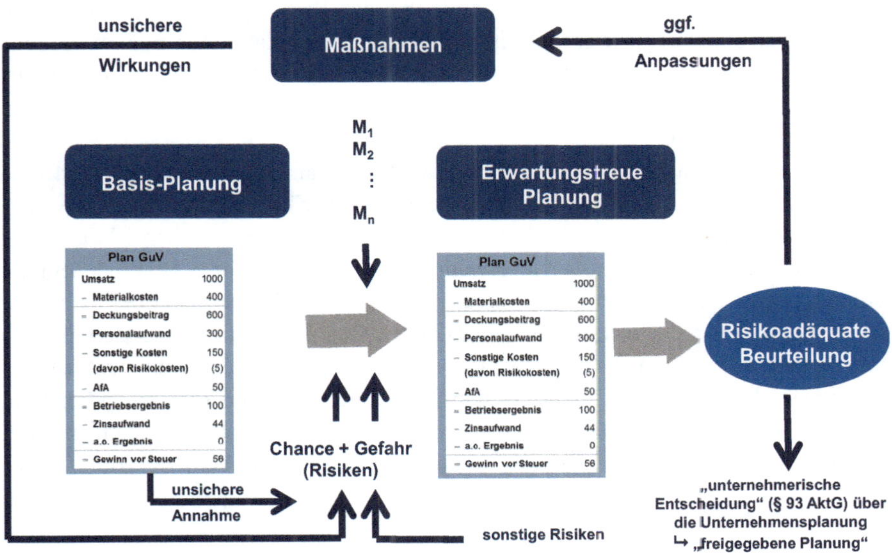

Abb. 1 1. Schritt: Von der Basis-Planung zur erwartungstreuen Planung (eigene Darstellung)

Rieg 2018). Für die Weiterentwicklung der „Basis-Planung“ sind insbesondere folgende Informationen zu berücksichtigen:

1. Veränderung der Planungsprämissen gegenüber der Historie[12] (z. B. Nachfrage, Rohstoff-Preise, Zinssätze, Wechselkurse oder auch „interne“ Größen, wie die Vertriebserfolgswahrscheinlichkeit).
2. Maßnahmen, die durchgeführt werden sollen, und Kapitalbindung, Umsätze oder Kosten verändern (wie z. B. Investitionsprojekte)
3. Chancen und Gefahren (Risiken), insbesondere Unsicherheiten bei den Annahmen (Planungsprämissen), die Planabweichungen auslösen können.

Oft wird zunächst aber nur die Basisplanung um Veränderungen bei den zentralen Prämissen angepasst, um z. B. Veränderungen der Wechselkurse oder des Preisniveaus (Inflationierung) zu berücksichtigen. Weitere Adjustierungen, die oft in den Planungsprämissen einfließen, erfolgen oft in Abstimmung zwischen den für die Planung verantwortlichen zentralen Stellen (Controlling) und den dezentralen Stellen im Unternehmen in einem Abstimmungsprozess (siehe Planung nach Gegenstrom-Verfahren bei Nevries et al. 2009). Auf diese Weise fließen Informationen, Erwartungen, Ziele – aber auch Interessen – der verschiedenen Stellen eines Unternehmens mehr oder weniger stark in die Planung ein.

Grundsätzlich wichtig ist es, dass in einer solchen Planung diejenigen Maßnahmen erfasst werden, die größere Veränderungen des Unternehmens zur Konsequenz haben. Dies können Großprojekte, wie Standort-Investitionen an einem neuen Standort, aber auch Kostensenkungsmaßnahmen (Personalabbau) oder Änderungen der Finanzierung sein. Im Allgemeinen ist es insbesondere erforderlich, dass Maßnahmen bezüglich derer aufgrund ihrer ökonomischen Bedeutung eine „unternehmerische Entscheidung“ getroffen wurde, in der Planung erfasst werden. Man erkennt hier bereits eine wechselseitige Abhängigkeit: Wie oben erwähnt, ist eine erwartungstreue Planung Grundlage für eine unternehmerische Entscheidung, wobei diese Planung die Maßnahme, über die entschieden wird entsprechend auch erfassen muss (siehe Abb. 2).

Mit den hier nur knapp skizzierten Planungsverfahren wird oft zunächst eine einwertige (deterministische) Planung erzeugt. Sie berücksichtigt erwartete Veränderungen bei den zentralen Planungsprämissen und die wesentlichen Maßnahmen der Unternehmenssteuerung. Wie erwähnt, ist Grundlage für eine Entscheidung allerdings eine „erwartungstreue“ Planung und die zunächst abgeleitete Planung ist im Allgemeinen nicht erwartungstreu. Dies liegt daran, dass bestehende Chancen und Gefahren (Risiken), die Planabweichungen auslösen können, noch nicht berücksichtigt sind. Die Risiken treten als Unsicherheiten über die Planungsprämissen, unsichere Auswirkungen der Maßnahmen und auch als sonstige Risiken mit wesentlichen Auswirkungen auf das Unternehmensergebnis auf (z. B. Ausfall von IT

[12] „Delta-Planung“.

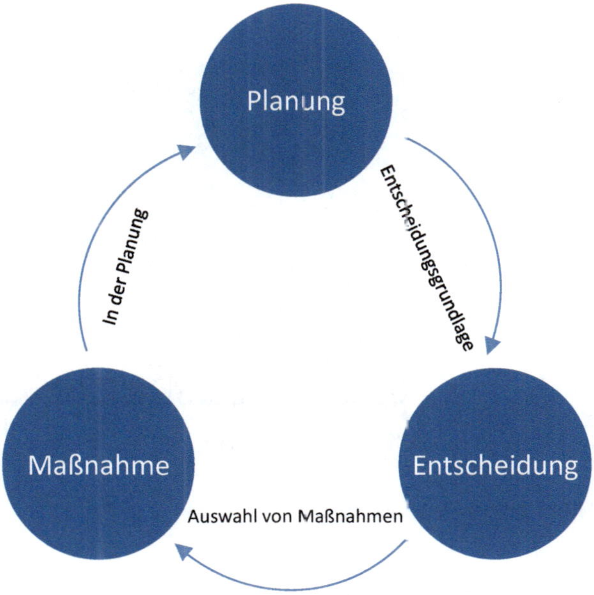

Abb. 2 Planung, Entscheidung, Maßnahmen

oder von Lieferanten).[13] Durch die Einbeziehung der Risiken ist es möglich eine „erwartungstreue" Planung zu erhalten, bei der alle Planwerte als Erwartungswerte aufzufassen sind, also „im Mittel" realisierbar sind. Die Berücksichtigung von Chancen und Gefahren (Risiken) gelingt am besten mittels stochastischer Simulation (Monte-Carlo-Simulation). Bei einer solchen Simulation wird nämlich unmittelbar mit dem Mittelwert der in der Simulation berechneten risikobedingt möglichen Zukunftsszenarien ein Schätzer für die Erwartungswerte berechnet. So entsteht eine erwartungstreue Planung für alle interessierenden Plangrößen, wie Umsätze, Kosten, EBITDA, EBIT, Cashflow, Gewinne oder den an die Eigentümer ausschüttbaren Ertrag. Der Vorteil der Simulation besteht darin, dass neben erwartungstreuen Planwerten auch Transparenz geschaffen wird über den Risikoumfang, also den Umfang möglicher Planabweichungen (die Planungssicherheit). Diesen aggregierten Gesamtrisikoumfang kann man ausdrücken durch Risikomaße, wie den Eigenkapital- und Liquiditätsbedarf (Value-at-Risk), die Standardabweichungen der Erträge oder den Variationskoeffizient, der als Grundlage für die Ableitung risikogerechter Kapitalkostensätze in der Strategiebewertung dient (Gleißner 2014, 2019c; Gleißner und Ihlau 2017 mit einem Fallbeispiel). Insbesondere wird unmittelbar der „Grad der Bestandsgefährdung", die Insolvenzwahrscheinlichkeit (Insolvenzrisiko), aufgezeigt und damit eine zentrale Anforderung des Kontroll- und Transparenzgesetzes (KonTraG, § 91 AktG) erfüllt.

[13] Wie z. B. Haftpflichtrisiken oder Risiken der operativen Leistungserstellungsprozesse, siehe zu den Verfahren der Risikoanalyse Gleißner (2017a).

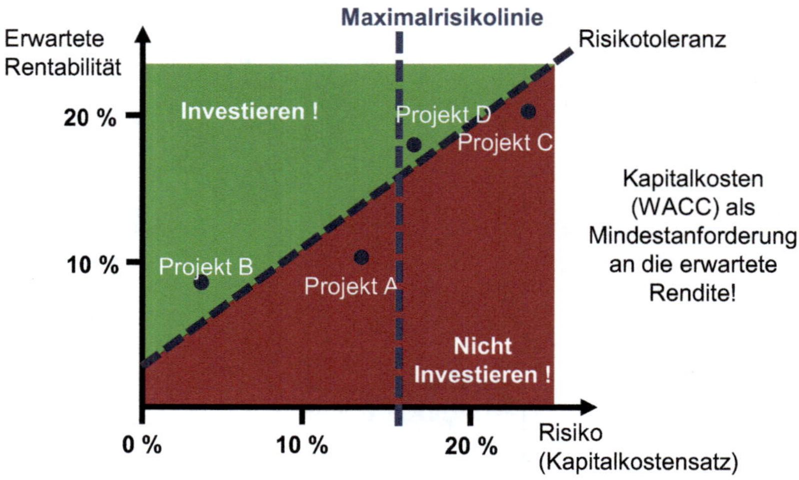

Abb. 3 Rendite-Risiko-Profil

Die Information über die erwarteten Cashflows und Erträge und die mit diesen verbundenen Risiken (Ertragsrisiken) zeigen damit das Ertrag-Risiko-Profil der Unternehmensplanung, was die Informationsgrundlage bietet, um bei der anstehenden unternehmerischen Entscheidung über die Unternehmensplanung über „angemessene" Informationen zu verfügen. Möglich ist ein Abwägen von Ertrag und Risiko und damit speziell eine risikogerechte Bewertung (Strategiebewertung; Gleißner 2019b; vgl. Abb. 3).

Es ist zu beachten, dass bei der Entscheidung über eine solche Unternehmensplanung zugleich eine Entscheidung getroffen wird über die in der Planung erfassten Maßnahmen. Klar zu regeln ist, ob mit der Entscheidung über die Unternehmensplanung sämtliche darin berücksichtigte Maßnahmen bereits final „freigegeben" wurden, oder ob über bestimmte Maßnahmen später noch einmal, z. B. bei besseren Informationsstand eine eigenständige „unternehmerische Entscheidung" ansteht (mit entsprechender Entscheidungsvorlage; siehe Gleißner 2020 zu Struktur und Inhalt einer Entscheidungsvorlage).

Die erwartungstreue Unternehmensplanung, die Grundlage ist für die Entscheidung über Unternehmensplanung bzw. Jahresbudget, ist nicht zwangsläufig geeignet für die operativen Unternehmenssteuerungen. Es kann daher sinnvoll sein auf dieser Informationsgrundlage eine eigenständige Planung für die Unternehmenssteuerung abzuleiten, die man z. B. als „Ziel-Planung" bezeichnen kann (vgl. Abb. 4).

Ist eine unternehmerische Entscheidung getroffen, geht es im zweiten Schritt darum diese möglichst konsequent umzusetzen. Die Perspektive wechselt von der Entscheidung über ein Projekt (Handlungsoption) zu dessen Umsetzung. Für die praktische Umsetzung ist eine auf Zielwerten basierende Planung durchaus sinnvoll. Zielwerte (der Zielplanung) und Erwartungswerte (der Bandbreitenplanung) sind

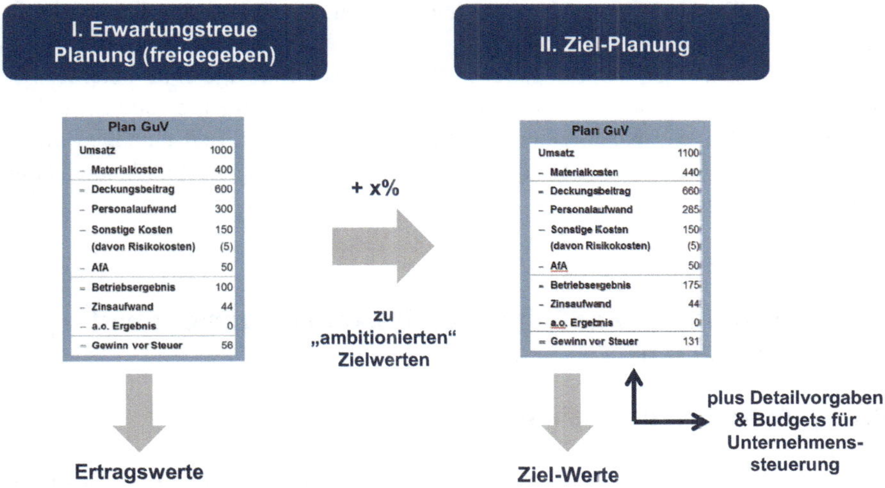

Abb. 4 Von der „freigegebenen" Planung zur Ziel-Planung (Unternehmenssteuerung) (eigene Darstellung)

unterschiedliche Varianten von Planwerten. Sie haben unterschiedliche Bedeutung und Anwendungsfelder. Unternehmerische Entscheidungen müssen auf Erwartungswerten basieren und entsprechend Chancen und Gefahren (Risiken) berücksichtigen, was durch eine Simulation (Risikoaggregation) und Bandbreitenplanung möglich wird. Für die Umsetzung kann es sinnvoll sein z. B. durchaus „ambitionierte Zielwerte" im Unternehmen vorzugeben. Selbstverständlich ist es grundsätzlich möglich, wenn man die Erwartungswerte der Entscheidungsvorlage (also aus der Bandbreitenplanung) auch als Zielwerte festlegt. Dies ist in der Hinsicht einfacher, dass man im Unternehmen nur mit einem Begriff Planwert arbeiten muss. Oft erscheint es aber sinnvoll, dass die Zielwerte, die z. B. auch Grundlage von Budgetierung und Mitarbeiterhonorierung sein können, anders gesetzt werden. Will man Anreize für besonders hohe Leistungen stellen, bieten sich ambitionierte aber realisierbare Zielwerte an. Den „Anspannungsgrad" (oder Ambitionierungsgrad) A misst man dabei mit der Relation von Erwartungswert und Zielwert:

$$A = \frac{Zielwert}{Erwartungswert} - 1$$

Die Kenntnisse der Chancen und Gefahren (Risiken), die bei einem Planwert Abweichungen auslösen können, helfen zudem ex post bei der Abweichungsanalyse die Ursachen fair einzuteilen (vgl. Abschn. 4).

In einer solchen Ziel-Planung ist es durchaus möglich, und oft sinnvoll, Planwerte vorzugeben, die nicht erwartungstreu – sondern ambitioniert – sind (A > 1). Dies kann sinnvoll sein, um Leistungsanreize zu setzen. Gerade für die Vorgaben bei den dezentral verantwortlichen Business Units und Geschäftsbereichen können entsprechend (Ziel-)Planwerte angegeben werden, die von den Planwerten der unternehmerischen Entscheidung abweichen.[14]

Fazit: Zwischen der erwartungstreuen Planung als Grundlage einer unternehmerischen Entscheidung und der Ziel-Planung für die Unternehmenssteuerung ist klar zu unterscheiden. Sie haben einen unterschiedlichen Zweck und enthalten unterschiedliche Plan-Werte (was nach den Grundsätzen ordnungsgemäßer Planung, GoP, auch klar zu zeigen ist).

4 Weitere Verbindungen von Risikomanagement und Controlling

4.1 Aufgaben des Risikomanagement

In Abschn. 3 wurde die enge Verbindung zwischen Controlling und Risikomanagement bei der Vorbereitung unternehmerischer Entscheidungen und der dieser zugrunde liegenden Unternehmensplanung erläutert. In diesem Abschnitt wird ergänzend auf weitere Verbindungspunkte zwischen Risikomanagement und Controlling eingegangen. Diese ergeben sich aus den zentralen Aufgaben des Risikomanagements. Gemäß den gesetzlichen Vorgaben muss das Risikomanagement eines Unternehmens in der Lage sein mögliche „bestandsgefährdende Entwicklungen" (§ 91 AktG) früh zu erkennen. Das Risikomanagement dient damit der Krisenfrüherkennung und damit der Krisenprävention. Aus dem bereits näher erläuterten § 93 AktG ergibt sich zudem, dass das Risikomanagement bei der Vorbereitung unternehmerischer Entscheidungen durch Risikoanalysen mitwirken soll.[15] Ergänzende Aufgaben des Risikomanagements sind z. B. die Optimierung von Risikobewältigungsmaßnahmen (Risikosteuerung) und damit die Reduzierung von Risikokosten (Total Cost of Risk; siehe Gleißner 2017c).

Zur Erfüllung dieser Aufgaben erfordert es einige grundlegende Methoden und Tätigkeiten (vgl. Gleißner 2017a): Erforderlich ist es zunächst die Risiken eines Unternehmens, Geschäftsbereichs oder Projekts systematisch zu identifizieren. Die wesentlichen Risiken sind danach zu quantifizieren. Risikoquantifizierung bedeutet die Zuordnung einer Wahrscheinlichkeitsverteilung, also z. B. einer Normalverteilung oder Dreiecksverteilung (spezifiziert durch Mindestwert, wahrscheinlichsten Wert und Maximalwert). Für die meisten Aufgaben des Risikomanagements ist nicht nur die Kenntnis von Einzelrisiken, sondern des Gesamtrisikoumfangs erforderlich. Die Bestimmung des Gesamtrisikoumfangs geschieht durch eine Risikoaggregation, in der Regel eine Monte-Carlo-Simulation. Ausgehend von einer Planung wird dabei eine große repräsentative Anzahl risikobedingt möglicher Zukunftsszenarien berechnet (vgl. Abb. 5).

[14] Siehe dazu Gleißner (2017a) zur Verknüpfung von Risikoinformationen mit den Kennzahlen der Balanced Scorecard.

[15] Siehe dazu Gleißner und Kimpel (2019) mit einer Erläuterung zum DIIR Revisionsstandard Nr. 2.

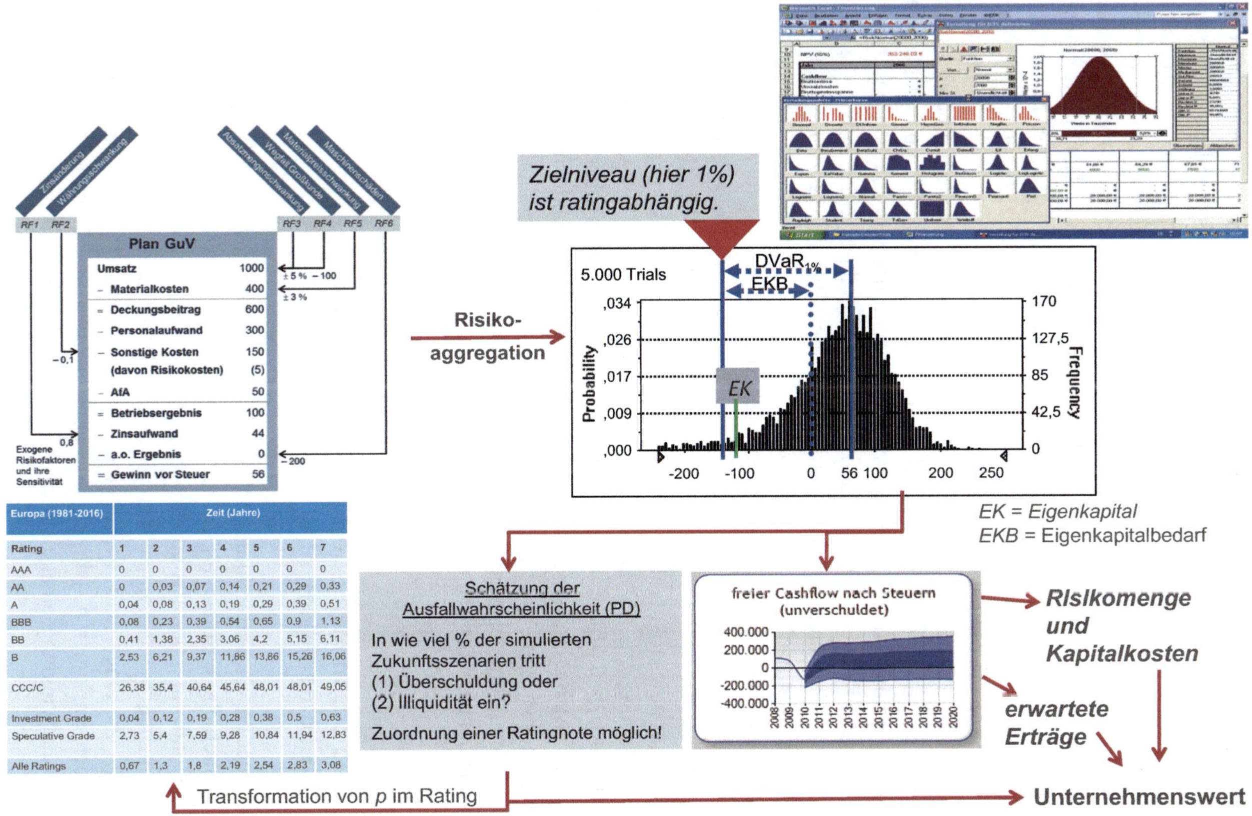

*Mock, T. (2017): Auf was Bewerter beim Rating achten sollten!, Presentation during EACVA's 11th Annual Conference 2017, p. 14.

Abb. 5 Von der Risikosimulation zur Bewertung

Aus der so ermittelten Bandbreite der interessierenden Größe, z. B. des Cashflows, kann wie erwähnt ein Erwartungswert und eine Zahl für die Risikomenge abgeleitet werden. Die Risikomenge wird ausgedrückt durch ein Risikomaß, z. B. die Standardabweichung, den Variationskoeffizienten oder den Value at Risk (VaR).[16] Mit der Risikoaggregation kann ermittelt werden wie wahrscheinlich „bestandsgefährdende Entwicklungen" auch unter Berücksichtigung der Kombinationseffekte der einzelnen Risiken und der Risikotragfähigkeit des Unternehmens sind. Verbesserung des Rendite-Risiko-Profils des Unternehmens werden erreicht durch gezielte Risikobewältigungsmaßnahmen, z. B. durch die Reduzierung der Eintrittswahrscheinlichkeit eines Risikos durch die redundante Auslegung kritischer Maschinen in der Fertigung oder dem Transfer von Risiken auf Dritte (z. B. über eine Versicherungslösung oder ein Hedging von Währungsrisiken).

Zur Erfüllung der gesetzlichen Mindestanforderungen an das Risikomanagement wird zudem gefordert, dass die wesentlichen Regelungen zum Risikomanagement eines Unternehmens nachvollziehbar schriftlich dokumentiert sind (insbesondere durch Risikopolitik und ein Risikohandbuch; siehe Gleißner 2018; sowie die hier bestehenden Risikomanagementstandards (wie dem IDW PS 340 n.F., 2020 und dem DIIR Revisionsstandard Nr. 2, 2018)).

Entscheidend ist, dass alle die ökonomisch sinnvollen Tätigkeiten im Umgang mit Risiken und die gesetzlich formulierten Mindestanforderungen innerhalb der Unternehmen auf sehr unterschiedliche Weise erfüllt werden können. Es ist nicht notwendig, dass diese Aufgaben durch eine völlig eigene Risikomanagementabteilung, unter Leitung z. B. Risikomanagers oder eines Chief Risk Officer, abgewickelt werden. Erforderlich ist lediglich, dass die angesprochenen Aufgaben in irgendeiner Weise in den Managementsystemen des Unternehmens bearbeitet werden. Damit möglich sind insbesondere moderne „integrative Risikomanagementkonzepte", bei denen im Unternehmen bereits vorhandener Managementsysteme für die Aufgaben des Risikomanagements genutzt werden (Gleißner 2020).

4.2 Die Zusammenarbeit von Controlling und Risikomanagement

Aufgrund der engen Verbindung von Risikomanagement und Controlling, speziell über die Unternehmensplanung, sind hier insbesondere Möglichkeiten der Verknüpfung von Controlling und Risikomanagement zu betrachten. Wesentliche Aufgaben des Risikomanagements können nämlich sehr effizient unmittelbar im Rahmen der Controlling-, Planungs- und Budgetierungsprozesse eines Unternehmens mit abgedeckt werden (in enger Anlehnung an Gleißner 2020 und Gleißner und Kalwait 2017). Die Entwicklung eines derartigen unternehmensweiten integrierten Risiko-

[16]Dieser ist die Standardabweichung in Bezug zum Erwartungswert und kann unmittelbar umgerechnet werden in eine Anforderung an die Rendite (Kapitalkostensatz), siehe Gleißner (2014, 2019c).

managements basiert auf einer Weiterentwicklung von Struktur, Aufgaben und Arbeitsabläufen bereits vorhandener Managementsysteme. Hier gibt es z. B. folgende Möglichkeiten:

1. **Nutzung von Planung und Budgetierung für die Risikoidentifikation:** Planwert und Budget basieren auf bestimmten Planungsprämissen, also Annahmen (z. B. Entwicklung von Rohstoffpreisen, Wechselkursen oder Erfolgswahrscheinlichkeit von Akquisitionsprojekten). Viele dieser Annahmen sind nicht sicher. Immer wenn bei der Planung auf eine unsichere Annahme Bezug genommen wird, wird automatisch ein Risiko identifiziert. Für die Vollständigkeit der im Unternehmen identifizierten und im Risikoinventar zusammengefassten Risiken, ist zu empfehlen, im Planungsprozess solche risikobehafteten Annahmen explizit zu erfassen und diese Informationen dem Risikomanagement (z. B. für die Risikoaggregation) zur Verfügung zu stellen. In Abstimmung zwischen Risikomanagement und Controlling muss definiert werden, wie das so identifizierte Risiko künftig überwacht werden soll. Sofern ein neues, relevantes Risiko Weg identifiziert wird, müssen die üblichen Überwachungsregelungen (wer ist verantwortlich für die laufende Überwachung des Risikos?) festgelegt werden.
2. **Risikoquantifizierung und Planung:** Die Quantifizierung von Risiken geschieht unmittelbar bei der Planung bzw. Budgetierung. Sobald der Planwert (z. B. für ein Kostenbudget) festgelegt ist, wird zugleich angegeben, welche Ursachen zu Planabweichungen führen (Risiken) und welchen Gesamtumfang diese Planabweichungen haben können. Implizit wird damit eine Wahrscheinlichkeitsverteilung beschrieben. Wird die bekannte Dreiecksverteilung gewählt, sind anstelle des Planwerts drei Werte anzugeben werden, nämlich Minimalwert (bzw. ein unteres Quantil), wahrscheinlichster Wert sowie Maximalwert (bzw. ein oberes Quantil).
3. **Identifikation von Risiken mittels Abweichungsanalyse:** Planabweichungen, die im Rahmen des Controllingprozesses analysiert werden, ermöglichen die Identifikation von Risiken. Immer, wenn eine Planabweichung auf eine Ursache zurückzuführen ist, die bisher noch nicht im Risikomanagement erfasst ist, wird automatisch ein neues Risiko identifiziert.
4. **Quantifizierung von Risiken auf Basis von Abweichungsanalysen des Controllings:** Durch regelmäßige Abweichungsanalysen des Controllings entsteht eine Zeitreihe von eingetretenen Planabweichungen, die die quantitativen Konsequenzen der Auswirkungen von Risiken darstellen. Mittels statistischer Analysen (im einfachsten Fall erfolgt die Berechnung einer Standardabweichung der Planabweichungen) können diese Informationen genutzt werden, um Risiken zu quantifizieren oder eine existierende quantitative Risikoeinschätzung zu überprüfen.
5. **Risikomanagement im Strategischen Controlling mit Balanced Scorecard:** Strategische Controllingsysteme (z. B. die Balanced Scorecard) werden genutzt, um die Unternehmensstrategie durch eine klare Beschreibung durch strategischen Ziele, zugehörige Kennzahlen, sowie die Zuordnung von Maßnahmen und Verantwortlichkeiten operativ umzusetzen. Mit der Zuordnung von Risiken zu Kennzahlen, bei denen diese Planabweichungen auslösen können, wird eine Weiter-

entwicklung des traditionellen Balanced-Scorecard-Ansatzes möglich. Der Vorteil einer derartigen Verbindung besteht einerseits in der höheren Effizienz, weil die Verantwortlichen für eine bestimmte Kennzahl zugleich als Risikobeauftragte für die Überwachung der zugeordneten Risiken zuständig werden. Andererseits wird durch die Abweichungsanalyse eine verursachungsgerechte Zuordnung der Verantwortlichkeit für Abweichungen möglich, die durch „exogene" Risiken verursacht worden sind. Diese können i. d. R. den Verantwortlichen für die Kennzahl bei der Performance-Beurteilung nicht angelastet werden. Die Übertragung der Verantwortung für die Risiken der Kennzahl an den Kennzahlverantwortlichen erhöht die Anreize konsequent, die relevanten Risiken zu identifizieren. Insgesamt erhöht ein derartiger Ansatz die Akzeptanz von Balanced Scorecard (siehe Abb. 6).

Durch die Übernahme wesentlicher Aufgaben des Risikomanagements durch das Controlling wird effizient und unbürokratisch ein leistungsfähiges Risikomanagement etabliert. Der zentralen Stabsfunktion des „Risikocontrollers" oder „Risikomanagers" bleiben vor allem die Koordination und die Methodenentwicklung für das Risikomanagement sowie i. d. R. Spezialaufgaben, wie die Ableitung vom Gesamtrisikoumfang mit Hilfe der Risikoaggregation (Monte-Carlo-Simulation).

Auch das operative und strategische Controlling profitiert von dieser engeren Verbindung mit dem Risikomanagement. So werden Erkenntnisse des Risikomanagements über Risiken, die z. B. im Rahmen von Risk-Assessments oder Prozessanalysen identifiziert wurden, dem Controlling mitgeteilt. Denn auch diese Risiken können Planabweichungen verursachen, die für das Controlling interessant sind. Nur so können „erwartungstreue" Planwerte bestimmt werden.

Zudem erhält das Controlling mit den zusätzlichen Erkenntnissen des Risikomanagements über den aggregierten Gesamtrisikoumfang die Möglichkeit, die Planungssicherheit realistisch einzuschätzen, zufallsbedingte und statistisch signifikante Abweichungen (orientiert an ihrem Umfang) zu unterscheiden und Risiken und Erträge gegeneinander abzuwägen. Die so verfügbaren zusätzlichen Informationen über den aggregierten Risikoumfang können dann weiterführend z. B. im Rahmen wertorientierter Steuerungssysteme genutzt werden, indem über den Risikoumfang auf den Bedarf an Eigenkapital zur Abdeckung möglicher Verluste und den Kapitalkostensatz (Diskontierungszinssatz) als zentralen Werttreiber geschlossen wird (Gleißner 2017a, S. 415).

5 Fazit und Implikation

Ein modernes Controlling darf die bei jeder unternehmerischen Tätigkeit unvermeidlichen Chancen und Gefahren (Risiken) nicht ignorieren. Die Betrachtung von Risiken ist insbesondere erforderlich bei der Erstellung der Unternehmensplanung und darauf aufbauender Vorlagen für Managemententscheidungen, speziell „unternehmerische Entscheidungen", durch Vorstand und Geschäftsführung.

Es ist festzuhalten, dass die Entscheidung über ein Jahresbudget oder eine mehrjährige Unternehmensplanung im Allgemeinen als „unternehmerische Entscheidun-

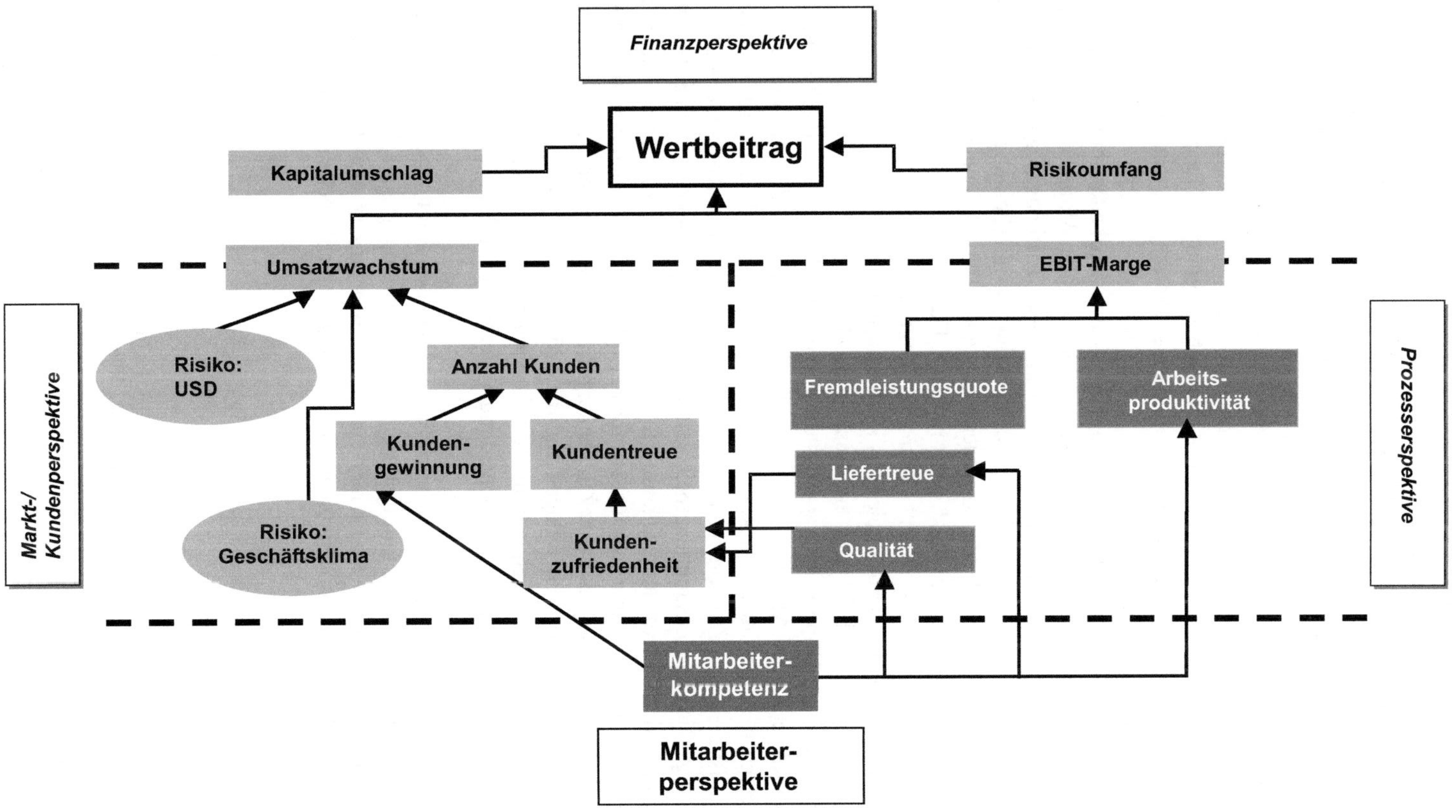

Abb. 6 Kennzahlensystem einer FutureValue Scorecard mit zugeordneten Risiken (Gleißner 2019c)

g" nach § 93 AktG aufzufassen ist. Dies liegt einfach daran, dass mit der Entscheidung über die Unternehmensplanung zugleich über viele der zugrunde liegenden Maßnahmen, Investitionen oder Projekte entschieden wird. Eine Unternehmensplanung hat nur dann keine Relevanz für die Business Judgement Rule, wenn sie völlig unverbindlich ist oder lediglich Zielwerte für die Unternehmenssteuerung, aber keine Entscheidung über verbindliche Maßnahmen, umfasst.[17] Im Allgemeinen ist es zu empfehlen, für die Freigabe der Unternehmensplanung eine adäquate Entscheidungsvorlage zu erstellen, also entsprechend den Anforderungen der Business Judgement Rule insbesondere Ziele, Nebenbedingungen, Handlungsmöglichkeiten, zugrundeliegende Annahmen, Prognosen sowie die Chancen und Gefahren (Risiken) zu dokumentieren.[18]

Controlling und Risikomanagement sollten zusammen arbeiten, um unternehmerische Entscheidungen (z. B. bezüglich Investitionen oder Akquisitionen) adäquat vorzubereiten. Ohne eine quantitative Risikoanalyse, Risikoaggregation und die Beurteilung von Planungssicherheit ist eine fundierte Entscheidungsvorbereitung, wie sie auch entsprechend den Anforderungen aus § 93 Aktiengesetz (Business Judgement Rule) zu empfehlen ist, nicht möglich. Dabei sind insbesondere die zum Vergleich mit den „traditionellen" Controllingfunktionen oft noch relativ schwach entwickelten Fähigkeiten im Bereich Risikoanalyse und Risikosimulation besonders zu verbessern. Möglich ist hier ein Ausbau des Fähigkeitsprofils und der Kompetenzen im Controlling selbst, so dass diese die Aufgaben eines „Risikocontrollings" mit übernimmt. Alternativ kann man eine mit ausreichenden Ressourcen und Kompetenzen ausgestattete Risikomanagement-Abteilung aufbauen. Auch in diesem Fall ist ein enges Zusammenspiel zwischen Controlling und Risikomanagement notwendig. Die enge Zusammenarbeit hilft vielfältige Synergien zu realisieren und die Qualität der Unternehmensplanung und der Entscheidungsvorlagen, die Vorstände und Geschäftsführer halten, zu verbessern. Ein Unternehmen benötigt dabei eine Bandbreitenplanung und eine Zielplanung. Erstere ist notwendig als Grundlage für unternehmerische Entscheidungen und die Erfüllung der Anforderungen an das Risikomanagement. Die Zielplanung ist erforderlich, um im Rahmen der Unternehmenssteuerung die mit den Entscheidungen verbundenen Maßnahmen umzusetzen und Budgets abzuleiten.

Als Fazit ist festzuhalten, dass Controlling sich intensiv mit Chancen und Gefahren (Risiken) befassen sollte und damit eine enge Verbindung zum Risikomanagement besteht. Empfehlenswert ist hier ein integrativer Ansatz, bei dem das Controlling viele Aufgaben des Risikomanagements leicht mit abdecken kann.

Literatur

Angermüller, N. O., Berger, T. B., Blum, U., Erben, R. F., Ernst, D., Gleißner, W., Grundmann, T., Heyd, R., Hofmann, K. H., Mayer, C., Meyer, M., Rieg, R., Schneck, O., Ulrich, P., & Vanini,

[17]Und selbst darüber kann man diskutieren.

[18]Unsichere Planannahmen stellen dabei grundsätzlich Chancen und Gefahren (Risiken) dar.

U. (2020). Gemeinsame Stellungnahme zum IDW EPS 340, 14.01.2020. https://www.idw.de/blob/121892/0749c64f54f80bdee6c7f29d837a3f93/down-idweps340nf-gem-stn-hochschullehrer-rm-data.pdf. Zugegriffen am 05.08.2020.

Ballwieser, W. (2009). Controlling und Risikomanagement. In P. Hommelhoff, K. J. Hopt & A. von Werder (Hrsg.), *Handbuch Corporate Governance – Leitung und Überwachung börsennotierter Unternehmen in der Rechts- und Wirtschaftspraxis* (2. Aufl., S. 447–462). Stuttgart: Schäffer-Poeschel.

Behringer, S., & Gleißner, W. (2018). Die Unternehmensplanung als Grundlage für die Unternehmensbewertung – eine empirische Studie. *WPg – die Wirtschaftsprüfung, 5*, 312–319.

Deloitte. (2020). Risikomanagement Benchmarkstudie 2020. Analyse von Risikomanagementsystemen vor dem Hintergrund des IDW PS 981 und des IDW PS 340 n.F., auf. https://www2.deloitte.com/de/de/pages/audit/articles/risikomanagement-benchmarkstudie-2020.html. Zugegriffen am 06.08.2020.

Gleißner, W. (2008). Erwartungstreue Planung und Planungssicherheit – Mit einem Anwendungsbeispiel zur risikoorientierten Budgetierung. *Controlling, 2*, 81–87.

Gleißner, W. (2014). Kapitalmarktorientierte Unternehmensbewertung: Erkenntnisse der empirischen Kapitalmarktforschung und alternative Bewertungsmethoden. *Corporate Finance, 4*, 151–167.

Gleißner, W. (2017a). *Grundlagen des Risikomanagements* (3. Aufl.). München: Vahlen.

Gleißner, W. (2017b). Risikoanalyse, Risikoquantifizierung und Risikoaggregation. *WiSt, 9*, 4–11.

Gleißner, W. (2017c). Risikomanagement: Nutzen, Perspektiven und Implikationen für das Versicherungsmanagement. *VersicherungsPraxis, 1*, 3–7.

Gleißner, W. (2017d). Was ist eine „bestandsgefährdende Entwicklung" i.S. des § 91 Abs. 2 AktG (KonTraG)? *Der Betrieb, 47*, 2749–2754.

Gleißner, W. (2018). Risikomanagement 20 Jahre nach KonTraG: Auf dem Weg zum entscheidungsorientierten Risikomanagement. *Der Betrieb, 46*, 2769–2774.

Gleißner, W. (2019a). Business Judgement Rule: Das neue Paradigma eines entscheidungsorientierten Risikomanagements. *GRC aktuell, 4*, 148–153.

Gleißner, W. (2019b). Insolvenzrisiko, Rating und Unternehmenswert. *WISU, 6*(19), 692–698.

Gleißner, W. (2019c). Cost of capital and probability of default in value-based risk management. *Management Research Review, 42*(11), 1243–1258.

Gleißner, W. (2019d). *Wertorientierte Unternehmensführung, Strategie und Risiko, E-Book*. Kindle Direct Publishing, Amazon.de.

Gleißner, W. (2020). Integratives Risikomanagement. Schnittstellen zu Controlling, Compliance und Interner Revision. *Controlling, 32*(4), 23–29.

Gleißner, W., & Ihlau, S. (2017). Anwendung von Unternehmensbewertungsmethoden bei der Strategiebeurteilung. *BetriebsBerater, 26*, 1387–1391.

Gleißner, W., & Kalwait, R. (2017). Integration von Risikomanagement und Controlling – Plädoyer für einen völlig neuen Umgang mit Planungssicherheit im Controlling. In W. Gleißner & A. Klein (Hrsg.), *Risikomanagement und Controlling* (2. Aufl., S. 39–65). München: Haufe-Lexware.

Gleißner, W., & Kimpel, R. (2019). Prüfung des Risikomanagements und der neue DIIR Revisionsstandard Nr. 2 – Anforderungen der §§91 und 93 AktG an das Risikomanagement im Fokus. *ZIR – Zeitschrift Interne Revision, 54*(4), 148–159.

Gleißner, W., & Klein, A. (2017). *Risikomanagement und Controlling* (2. Aufl.). München: Haufe-Lexware.

Graumann, M., Linderhaus, H., & Grundei, J. (2009). Wann ist die Risikobereitschaft bei unternehmerischen Entscheidungen „in unzulässiger Weise überspannt"? *BFuP, 5*, 492–505.

Hartmann, W., & Romeike, F. (2015). Business Judgement Rule – Maßstab für die Prüfung von Pflichtverletzungen. *Zeitschrift für das gesamte Kreditwesen, 68*(5), 227–230.

Horváth, P., Gleich, R., & Seiter, M. (2020). *Controlling* (14. Aufl.). München: Vahlen.

Hunziker, S. (2019). *Enterprise risk management – Modern approaches to balancing risk and reward*. Wiesbaden: Springer Gabler.

Köhlbrandt, J., Gleißner, W., & Günther, T. (2020). Umsetzung gesetzlicher Anforderungen an das Risikomanagement in DAX- und MDAX-Unternehmen. Eine empirische Studie zur Erfüllung der gesetzlichen Anforderungen nach den §§ 91 und 93 AktG. *Corporate Finance, 7–8*, 248–258.

Mosler, A. (2017). *Integrierte Unternehmensplanung. Anforderungen, Lösungen und Echtzeitsimulation im Rahmen von Industrie 4.0*. Wiesbaden: Springer Gabler.

Nevries, P., Strauß, E., & Goretzki, L. (2009). Zentrale Gestaltungsgrößen der operativen Planung. *Controlling & Management, 53*(4), 237–241.

Nickert, C., & Kühne, M. (2019). *Unternehmensplanung in Krise und Insolvenz* (2. Aufl.). Köln: RWS.

Rieg, R. (2016). Break-Even-Analyse im Mehrproduktfall unter Unsicherheit und Risiko. *Controller Magazin, 4*, 76–82.

Rieg, R. (2018). Eine Prognose ist (noch) kein Plan – Operative Planung in Zeiten von Predictive Analytics. *Controlling, 6*, 22–28.

Risk Management Association e. V. (RMA), & Internationaler Controller Verein e.V. (ICV). (2018). *Vernetzung von Risikomanagement und Controlling. Grundlagen – Praktische Aspekte – Synergiepotenziale*. Berlin: ESV.

Risk Management Association e.V. (RMA). (Hrsg.). (2019). *Managemententscheidungen unter Risiko* (erarbeitet von Werner Gleißner, Ralf Kimpel, Matthias Kühne, Frank Lienhard, Anne-Gret Nickert und Cornelius Nickert). Berlin: Erich Schmidt.

Romeike, F., & Hager, P. (2020). *Erfolgsfaktor Risiko-Management 4.0: Methoden, Beispiele, Checklisten Praxishandbuch für Industrie und Handel*. Wiesbaden: Springer.

Schentler, P., Rieg, R., & Gleich, R. (2010). Budgetierung im Spannungsverhältnis zwischen Motivation und Koordination. *Controlling, 22*(1), 6–11.

Scherer, J. (2012). Good Governance und ganzheitliches strategisches und operatives Management: Die Anreichung des „unternehmerischen Bauchgefühls" mit Risiko-, Chancen- und Compliancemanagement. *Corporate Compliance Zeitschrift (CCZ), 6*, 201–211.

Ulrich, P. (2019a). Risikomanagement im Mittelstand – Empirische Implikationen für Aufsichtsräte und Beiräte. *Der Aufsichtsrat, 16*(6), 173–175.

Ulrich, P. (2019b). Controlling und Erfolg in Familienunternehmen und Nicht-Familienunternehmen. *Controller Magazin, 1*, 51–55.

Vanini, U. (2018). Die Notwendigkeit einer Integration von Risikomanagement und Controlling. In Risk Management Association e.V. (Hrsg.), *Praxisleitfaden Risikomanagement im Mittelstand – Grundsätze – Organisation – Durchführung* (S. 56–65). Berlin: ESV.

Vanini, U., Krolak, T., & Langguth, H. (2019). *Controlling – Grundlage einer entscheidungsorientierten Unternehmensführung* (2. Aufl.). München: UVK.

Weber, J., & Schäffer, U. (1999). Sicherstellung der Rationalität von Führung als Aufgabe des Controlling? *Die Betriebswirtschaft, 59*, 731–747.

Weber, J., & Schäffer, U. (2020). *Einführung in das Controlling* (16. Aufl.). Stuttgart: Schäffer Poeschel.

Controlling mit Hilfe von Robotics und künstliche Intelligenz

Der Controller als Business Partner für das Management und Coach für die maschinelle Workforce

Mario Schmitz, Stephan Schüssler und Christian Schneider

Zusammenfassung

Die Automatisierung der Fertigungsindustrie zeigt richtungsweisend der Administration, welche Optimierungsstellhebel durch Digitalisierung möglich sind. Der vorliegende Artikel skizziert ausgewählte Stellhebel und deren Wirkung auf die Finanzorganisation. Insb. anhand der Controlling Funktion wird das Spannungsfeld zwischen maschineller (IT) und menschlicher Workforce dargestellt, wobei Digitalisierungsanwendungen der Robotics und der künstlichen Intelligenz anhand von Praxisbeispielen einen Eindruck in die veränderte Arbeitswelt geben.

Schlüsselwörter

Robotics · Artificial Intelligence · Business Partnering · Natural Language Generator · Controlling Skills · Controlling · IT Workforce · Data Governance · Finance Transformation

1 Einleitung

Die Automatisierung der Fertigungsindustrie zeigt richtungsweisend der Administration, welche Optimierungsstellhebel durch Digitalisierung möglich sind. Der vorliegende Artikel skizziert ausgewählte Stellhebel und deren Wirkung auf die Finanzorganisation. Insb. anhand der Controlling Funktion wird das Spannungsfeld zwischen maschineller (IT) und menschlicher Workforce dargestellt, wobei Digitalisierungsanwendungen der Robotics und der künstlichen Intelligenz anhand von Praxisbeispielen einen Eindruck in die veränderte Arbeitswelt geben.

M. Schmitz (✉) · S. Schüssler · C. Schneider
Deloitte Consulting, Düsseldorf, Deutschland
E-Mail: marschmitz@deloitte.de; sschuessler@deloitte.de; chrischneider@deloitte.de

W. Becker, P. Ulrich (Hrsg.), *Handbuch Controlling*,
https://doi.org/10.1007/978-3-658-26431-4_77

Der Abschn. 2 legt die Grundlagen für die Diskussion, wie sich der Controller als Business Partner für das Management und als Coach für die maschinelle Workforce entwickeln wird. Potentielle Wirkungsgrade der Digitalisierung sowie Thesen als Leitlinien zur Bestimmung eines Zielbildes prägen den Abschn. 2, wobei am Ende die Basis für ein digitalisiertes Controlling durch einen Data Lake beschrieben wird.

Der Abschn. 3 verdeutlicht das neue Zusammenarbeitsmodell von Menschen und der maschinellen Workforce an Hand von Use-Cases aus dem Robotics-Umfeld, wie auch aus der künstlichen Intelligenz zur Abbildung eines virtuellen Controllers. Im Fokus der Darstellung stehen Chat-Bots und KI Anwendungen mittels Natural Language Generation, um konkrete Einblicke in praxisbewährte digitale Möglichkeiten zu geben. Der Abschn. 3 endet mit der Feststellung, dass die maschinelle Workforce und deren Entwicklung und Betrieb neue Skills vom Controller der Zukunft erfordert. Diese neuen Skills werden anhand von praxisbewährten Empfehlungen dargestellt.

Die Zusammenfassung und der Ausblick am Ende des Artikels würdigen den heutigen Entwicklungsstand im digitalisierten Controlling und geben einen Blick in die Zukunft, basierend auf Diskussionsbeiträgen von globalen Kongressen der Deloitte Consulting im Themenfeld „Finance in a digital World“.

2 Digitalisierung und Wirkung auf das Controlling

Deloitte hat eine Vielzahl von Digitalisierungsprojekten bspw. mit Robotics[1] bei unterschiedlichen Mandaten durchgeführt, was insb. auch eine organisatorische und verhaltensorientierte Veränderung in den Unternehmen nach sich zog. Die folgenden Abschnitte skizzieren unterschiedliche Digitalisierungsoptionen und legen das Fundament für das Verständnis von Wirkungen auf das Controlling, herbeigeführt von einer zunehmenden maschinellen Workforce im Verhältnis zur Menschlichen.

2.1 Potenzielle Wirkungsgrade der Digitalisierung

Eine Auswahl von innovativen Stellhebeln zur Beschleunigung der Digitalisierung für die Unternehmenssteuerung und -kontrolle, ist wie folgt zu nennen:

- In Memory-Computing und Data-Lake
- Cloud-basierte Systemumgebungen
- Robotics und Cognitive Computing (KI)[2]
- Digitale Services als Organisationsausrichtung

[1]Robotics auch Robotics Process Automation (RPA) im weiteren Text genannt.

[2]KI = Künstliche Intelligenz (bspw. IBM Watson oder ARRIA).

In Memory-Computing und Data-Lake

Das Konzept des In-Memory-Computing umfasst die Vorhaltung von Daten direkt im Hauptspeicher, was kürzere Zugriffszeiten ermöglicht. Höhere Geschwindigkeiten und Zugriff auf Datenmengen, deren Verarbeitung bisher jenseits des Vorstellbaren lag (Zur Gegenüberstellung bzw. Bedeutung von In Memory-Computing und Data-Lake siehe bspw. Gronwald 2020, S. 86).

Unternehmen werden von einer Informationsflut heimgesucht und Datenvolumina steigen überproportional an (Big Data & Soziale Medien & Internet der Dinge). Tagtäglich werden weltweit drei Quintillionen Bytes erzeugt (Epstein et al. 2017, S. 6). Diese hohe Anzahl von unstrukturierten Daten, wie Videos, Fotos und Texte, werden in Data-Lakes vorgehalten und sind eine neue Dimension von Datawarehouse-Architekturen.

Cloud-basierte Systemumgebungen

Das Cloud-Computing nutzt skalierbare Technologien zur Bereitstellung von Diensten über das Internet (Reinhardt 2020, S. 294 ff.). Statt erhebliche Beträge vorab zu investieren, erhält das Unternehmen die gesamte Palette an Funktionen nach dem „As-a-Service"-Prinzip. Bereitgestellt werden diese Lösungen in öffentlichen, privaten oder hybriden Clouds. So kann bspw. In-Memory-Computing mittels S/4Hana Enterprise Management bei der SAP in der Public Cloud angeboten werden.

Robotics & Cognitive Computing (KI)

Mit RPA lässt sich die Transaktionsabwicklung und Kommunikation über unterschiedliche Technologiesysteme hinweg automatisieren (Masood und Hashmi 2019, S. 225 ff.). Robots führen ebenso wie der Mensch sich wiederholende Prozesse aus, jedoch mit geringerem Fehler- und Ermüdungsrisiko. Cognitive Computing und Künstliche Intelligenz (KI) bilden das menschliche Denken nach. Dieses Technologiefeld umfasst maschinelles Lernen, natürliche Sprachverarbeitung, Spracherkennung und maschinelles Sehen.

Abb. 1 verdeutlicht nochmals die Optimierungsstellhebel und der Prozesswirkung.

Digitale Finance Services als Organisationsausrichtung

Digitale Finance Service als zentrale Abteilung entwickeln und führen die digitale Roadmap eines Unternehmens und insb. hinsichtlich der Finance (Accounting, Controlling, Tax, Risk, Audit, Treasury). Das Zusammenarbeitsmodell ist agil und interdisziplinär geprägt und insb. durch ein vorrangiges Projekt-Geschäft bestimmt. Flache Organisations-Hierarchien, ein neues Teaming-Verständnis in interdisziplinären Teams (Rechnungswesen, IT, Einkauf, …) bspw. für Robotics-Design oder Provicer & Cloud Management mit einer Aufgaben- statt Fachbereichsbenennung, stehen im Vordergrund (siehe hierzu auch Huber 2020, S. 263 ff.).

Die zentrale Frage bezüglich der Organisationsausrichtung lautet: Wie verändert sich die Finanzorganisation der Zukunft bei zunehmender Digitalisierung?

Dies führt zur folgenden Teilfragen: Welche digitalen Stellhebel und Softwareprodukte sind wie zu kategorisieren und kommen auf die Unternehmen zu?

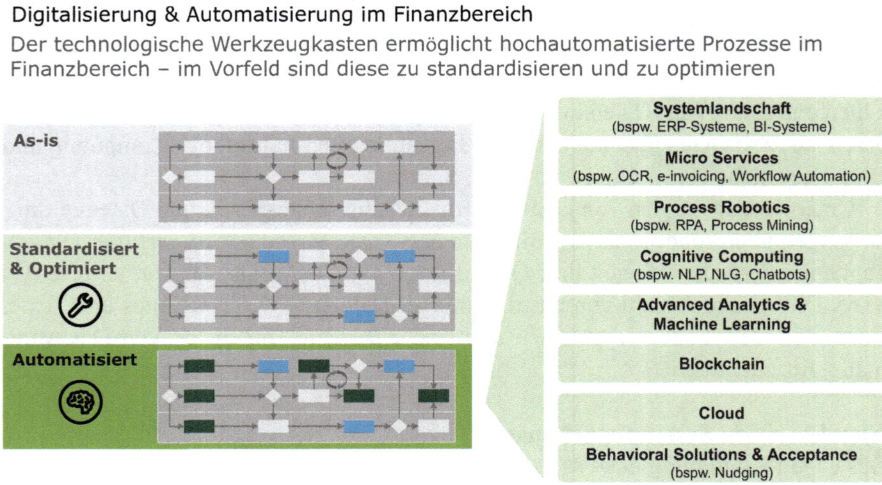

Abb. 1 Digitalisierung und Automatisierung im Finanzbereich

- Welche Rolle spielt RPA, KI, SAP S/4 Hana ggfs. Cloud-basiert und wie sind Data-Lake-Überlegungen einzuordnen?
- Wie ändert sich die Governance im Unternehmen zur Steuerung solcher Vorhaben?
- Welche Merkmale weisen agile Unternehmensorganisationen auf und wie könnte ein Zielbild für eine Finanzorganisation in 10 Jahren aussehen?
- Wie gelangt man zu diesem Zielbild?

Der folgende Abschnitt greift erste Überlegungen zum Zielbild auf und startet mit praxisbewährten Thesen, die als Leitlinien für eine Entwicklung der Finanzorganisation zu verstehen sind.

2.2 10 Thesen als Leitlinien für die Entwicklung eines digitalisierten Controllings

Eine Zielbild-Entwicklung mit einer Vorausschau von 10 Jahren benötigt Leitlinien. Die Standardisierungsinitiativen und ERP[3]-Realisierungen mit zentraler Governance-Stelle zur Steuerung von Veränderungen oder der Aufbau von Reporting Factory-Strukturen[4] der vergangenen Jahre sind derart etabliert, dass weitergehende Schritte im Zuge der Digitalisierung nunmehr möglich sind.

[3]ERP: Enterprise Resource & Planning – System – so bspw. SAP S/4.

[4]Siehe auch den Reporting Factory 2.0 Artikel in der vorliegenden Herausgeberschaft.

Die folgenden 10 Thesen stellen diese Leitlinien dar:

1) Modulare, flexible & Cloud-basierte Applikationen
2) Der Mensch unterstützt die IT und nicht „vice versa"
3) Komplett automatisierte Shared Service Center
4) 100 %ige Konvergenz Accounting & Controlling
5) One stakeholder eco-system
6) In-process analytics
7) Netzwerke dominieren gegenüber Funktionen
8) Cognitive computing in Finance
9) Neues Wissen und Qualifikationen gefordert
10) Experten verbleiben trotz Digitalisierung

Modulare, flexible & Cloud-basierte Applikationen
Die Erfahrungen aus den Konzern-weiten ERP-Projekten, mit dem Ziel, ein integriertes OneERP zu implementieren, haben gezeigt, dass oftmals ab einer gewissen Größe eines Unternehmens die Komplexität steigt, sodass deren Realisierungen zu überzogenen Projektzeiten und -budgets führte. Zwischenzeitliche Neuentwicklungen der ERP-Software, wie auch Zu- und Abverkäufe von Unternehmensteilen, führen zu weiteren Unwägbarkeiten, die das Standardisierungsziel nicht unterstützen und – trotz erster Erfolge in der Realisierung des OneERPs – oftmals weitergehende Heterogenität in Prozessen und Systemen hinterlassen.

Mit neuen IT-Innovationen, wie der zuvor erwähnten In-Memory-Technologie der Datenbanken (bspw. mit der Datenbank Hana von SAP S/4), ist ein damit ausgestatteter Kernbereich mit kleinerem funktionalem Scope denkbar (bspw. nur der Finanzbereich). Weitere Bereiche (wie bspw. Einkauf, Vertrieb oder Human Resources) können via spezifischer Applikationen[5] diesem digitalen Kern die Daten für die Buchhaltung, das Reporting und die Planung in Realtime-Verarbeitung liefern. Die Einlese-Routinen, wie auch die Verarbeitung dieser Daten, sind aufgrund der neuen Datenbanktechnologie derart schnell, dass man von dem Ziel eines integrierten OneERP (alle Funktionen in einem ERP) und den damit einhergehenden Komplexitätsproblemen absehen kann.

Die ERP-Software-Unternehmen bieten verschiedenste Apps für Teilbereiche von unternehmerischen Problemstellungen an.[6] Diese Apps kommunizieren mit dem digitalen Kernbereich via Internet (somit Cloud-basiert) und stehen dem Unternehmen damit zur Verfügung.

Modulare, flexible & Cloud-basierte Applikationen bilden dann, um ein weitaus kleineres ERP-System herum, den digitalen Kern (bspw. nur aus Rechnungswesen und Kostenrechnung aus Finance-Sicht bestehend), die Systemlandschaft des Unternehmens funktionsgenau ab.

[5] Bspw. für den Einkauf mit der Cloud-Software Tradeshift.

[6] So bspw. für das Working-Capital-Management – siehe Apps.-Store der SAP via SAP Homepage.

Der Mensch unterstützt die IT und nicht „vice versa"
Mit den neuen IT-Innovationen und Stellhebeln der Digitalisierung in der Rubrik „Robotics & Cognitive Computing (KI)" werden weite Teile von Aktivitäten in Prozessabläufen automatisiert. So ist bspw. die morgendliche Prüfaktivität des Debitorensachbearbeiters nach Zahlungseingängen und dem Ausziffern in der Mahnliste, die womöglich zuvor in Excel aus 1–2 ERP-Systemen zusammengestellt wird, händisch abgehakt und danach wieder händisch in den ERPs mit richtigem Status gemeldet und gebucht wird, durch eine Automatisierung eines Robotics-Programmes in Sekundenschnelle und an 7 Tagen zu 24 Stunden bearbeitbar. Das Programm legt sich nahezu maskenähnlich auf die verschiedenen Quellsysteme, bedient, wie sein menschlicher Vorgänger, via Cursor oder Feldnamen das ERP-Systemüber die Benutzeroberfläche und erstellt Abfragen und Reports, die dann miteinander verglichen werden, und zuletzt werden daraus resultierende Buchungssätze durch den Robot in dem ERP gebucht.

Abb. 2 verdeutlicht anhand einer sogenannten Process-Map in Finance Digitalisierungspotenziale.

In der nächsten Ausbaustufe werden mittels Algorithmen der künstlichen Intelligenz voll automatisierte Funktionalitäten in den Prozess integriert, die auf Basis von maschinellem Lernen über eine Vielzahl von Parametern einen Abgleich zwischen Zahlungseingängen und offenen Posten machen. Hierbei wird eine deutlich höhere Fehlertoleranz für Eingabefehler erreicht, da sie aus allen Parametern die Konfidenz ermitteln, ob eine Zahlung zu einem bestimmten Posten zugeordnet werden kann (obwohl bspw. die falsche Rechnungsnummer in der Referenz angegeben wurde). Ist die Konfidenz oberhalb eines vorher definierten Wertes (wird anhand des individuellem Risikoprofils der Transaktion festgelegt), kann die Buchung vollautomatisch durchgeführt werden. Befindet sich die Konfidenz unterhalb des Schwellwertes wird der Vorgang zur finalen Bearbeitung inkl. eines Buchungsvorschlags an einen Bearbeiter übergeben. Durch eine integrierte Feedback Schleife bzgl. des tatsächlichen Ergebnisses der Prüfung wird das KI System weiter trainiert, damit die Zuordnungsgenauigkeit für die weitere Nutzung permanent verbessert wird (i. S. v. supervised learning des KI Algorithmus) und die automatisierte Verarbeitungsquote stetig erhöht wird.

Als weitere Anwendungsmöglichkeit des Cognitive Computing können mit Hilfe von virtuellen Assistenten Text-/Sprachbefehle von einem Mitarbeiter an eine KI basierte Anwendung gegeben werden, in der dann eigenständig geeignete Analysen und Reports gestartet werden. Die Ergebnisse werden durch den virtuellen Assistenten in der gewünschten Form des Nutzers (bzw. als grafische Aufbereitung, als zusammenfassender Test oder in einer Kombination verschiedener Komponenten) präsentiert. Im alltäglichen Anwendungsbereich findet die Nutzung von virtuellen Assistenten bereits hohe und ständig steigenden Akzeptanz (einfaches Beispiel: „Hey Siri, wie komme ich am schnellsten nach Stuttgart?").

Aus den aufgeführten Anwendungsszenarien wird ersichtlich, dass auch komplexere Abfragen durch Robots und Cognitive Computing unterstützt oder vollständig übernommen werden können und der Mensch sich in dieser neuen Form der Mensch Computer Interaktion viel stärker auf die Lösung der komplexen Fragestel-

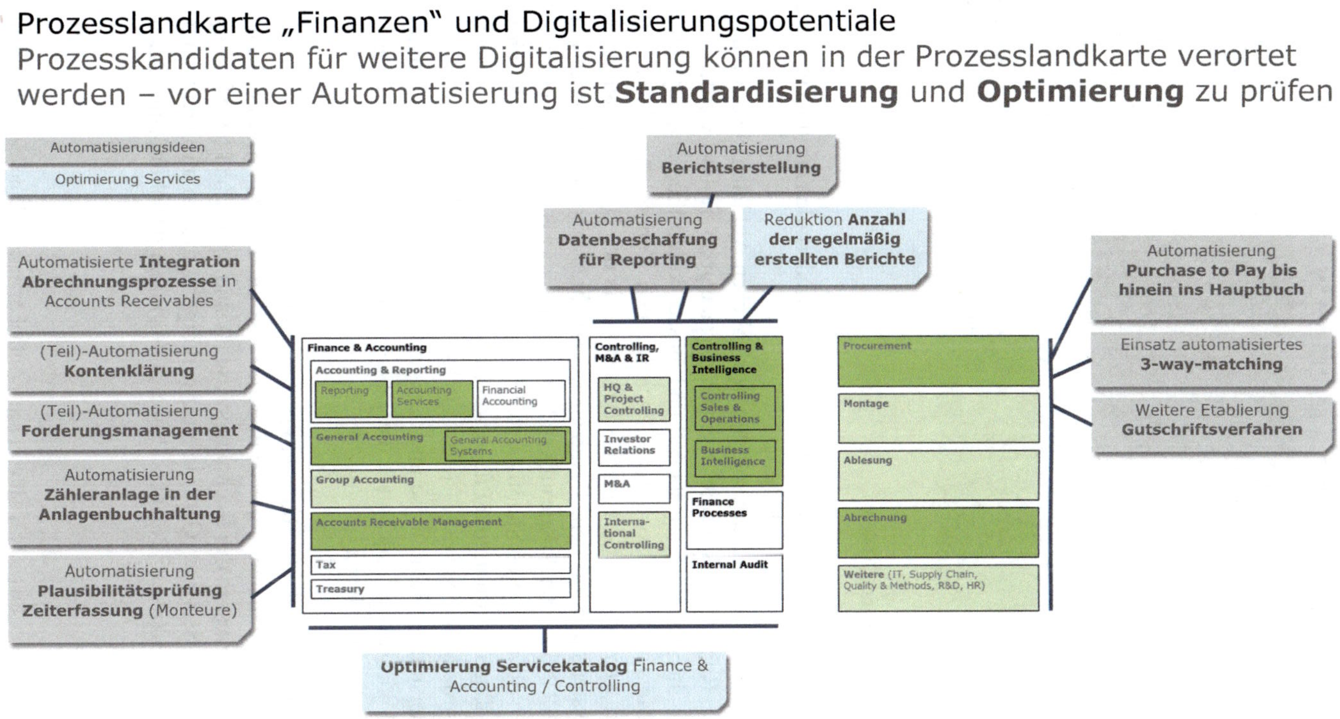

Abb. 2 Digitalisierung und Automatisierung im Finanzbereich

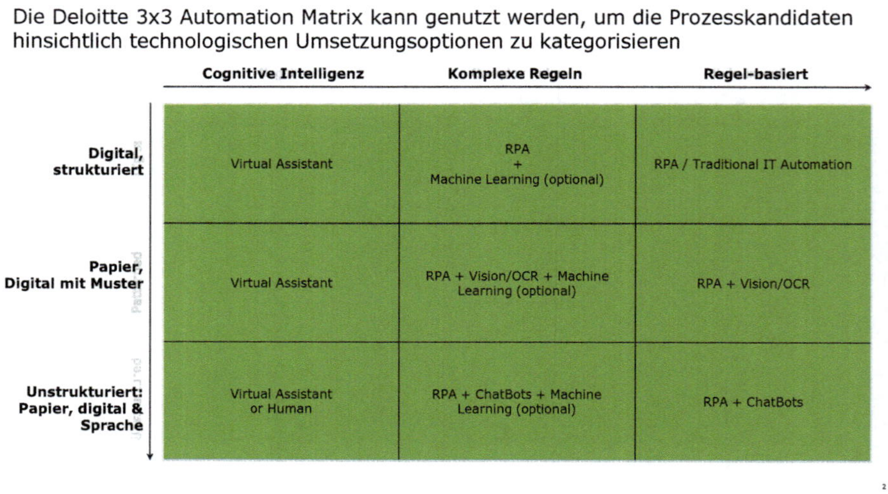

Abb. 3 3 × 3 Automation Matrix

lungen fokussieren kann, statt sich mit häufig wiederholenden und weniger wertschöpfenden Tätigkeiten zu befassen.

Die menschliche Unterstützung von betrieblichen Abläufen sinkt rapide und der Einzug von Robots und künstlicher Intelligenz steigt an. Robots werden in Robots-Farmen für ihre Tätigkeiten installiert und müssen kontrolliert und gepflegt werden. Wie der Mensch heute, so müssen auch bei den Robots Passwörter regelmäßig aktualisiert werden, wenn die Robots (wie zuvor in den Beispielen aufgezeigt) sich in den Systemen anmelden, Tätigkeiten verrichten und sich wieder abmelden. Weiterer ERP-basierter Pflegeaufwand, wie bspw. das Bekanntmachen von neuen Funktionen oder weiteren Stamm- und Bewegungsdaten in den ERPs, führt ebenso zu regelmäßiger Wartung und Pflege von Robots, die mit dem System arbeiten. Der Mensch wird zunehmend die IT (insb. die Robots und das Training von KI basierten Tools) unterstützen, damit diese ihre Aufgaben fehlerfrei bewältigen können.[7]

Abb. 3 klassifiziert nochmals die zuvor genannten Zusammenhänge in einer 3 × 3 Automation Matrix.

Komplett automatisierte Shared Service Center

Insbesondere die einfachen, transaktionellen Aktivitäten und Prozesse (bspw. in den Kontokorrentprozessen des Rechnungswesens) sind im Aufbau der SSCs bis hin zu Global Business Services (GBS) in Netzwerkorganisationen mit internen und externen Dienstleistern (bspw. Business Prozess Outsourcing) (Schmitz und Drerup 2015,

[7] Die IT unterstützt den Menschen, damit er seine Aufgaben machen kann! So lautet die allgemeine Regel, die sich aber in den kommenden Jahren bei massiver Zunahme der Übernahme von Aufgaben durch Robots und Cognitive Computing verändern wird.

S. 145 ff.) transformiert worden. Diese SSCs, die bspw. in Osteuropa entstanden sind, werden von den Konzernmuttergesellschaften Jahr für Jahr mit weiteren Effizienzzielen belegt.

Neben den Gehaltsreduktionen zu Beginn der SSC-Laufzeit[8] werden weitergehende Kostenziele bspw. im Rahmen der Mittelfristplanung veranschlagt, die über eine zunehmende Automatisierung mit Robotics und Cognitive Computing herbeigeführt werden (vgl. hierzu: Arbeitskreis Shared Services der Schmalenbach-Gesellschaft für Betriebswirtschaft e. V. 2018, S. 29 ff.). Ein Mitarbeiterabbau von weiteren 60–70 % in den Centern wird derzeit für die kommenden Jahre prognostiziert (Epstein et al. 2017, S. 6 ff.).

100 %ige Konvergenz Accounting & Controlling
Der Unterschied zwischen den angelsächsischen und deutschen Unternehmen ist oftmals in der Ausgestaltung der Kostenrechnung zu erkennen. In Deutschland haben wir seit Jahrzehnten eine Art Zweikreissystem. Das Rechnungswesen bucht Konten und schließt die Bücher monatlich, quartärlich und jährlich ab und in der Kostenrechnung werden die Aufwände in Kosten übergeleitet und bspw. über eine Kostenrechnung zu einer Kostenträgerrechnung mit fixen und variablen Aufsplittungen einer Deckungsbeitragsrechnung zugefügt. Die angesprochene Überleitung findet in integrierten ERP-Systemen unmittelbar statt, wobei Besonderheiten in der Kostenrechnung (bspw. eine Bewertung von Aufträgen) vom Controlling in der Regel angestoßen werden müssen und explizit dem Rechnungswesen mitgeteilt werden. In diesem kleinen Beispiel wird klar, dass in einem Zweikreissystem (legale Rechnungslegung und interne Kostenrechnung) auch zwei Bereiche (einschließlich ihrer Mitarbeiter) involviert sind, die zu zusätzlichen Abstimmungs- und Schnittstellen-Ineffizienzen führen können (vgl. hierzu Trapp 2012 und Weißenberger und Simons 2008, S. 137 ff.).

Die IT-Innovationen und hier insb. die In-Memory-Datenbanken erlauben nun – ganz im angelsächsischen Sinne – ein großes Hauptbuch (General Ledger) (zum Thema ACDOCA siehe u. a. Schimank und Güler 2019, S. 313 f.), in dem alle Informationen der Kostenrechnung ohne die Trennung in ein Zweikreissystem in einer großen „Finance“-Tabelle (eben diesem Hauptbuch) zusammen mit dem Rechnungswesen „real-time“ gebucht bzw. kostenrechnerisch allokiert werden.

Damit einhergehend ist auch eine Zusammenführung der beiden Bereiche (Rechnungswesen und Controlling (insb. Kostenrechnung) möglich und führt zu einer 100 %igen Konvergenz zwischen Accounting (Rechnungswesen) & Controlling.

Weiter nach vorne blickend kann hier auf Basis der Blockchain Technologie weitere Vereinfachung und Effizienzsteigerung insb. im Rechnungswesen möglich werden. Die Auswirkungen werden sich jedoch erst in den nächsten Jahren zeigen (vgl. hierzu Ernstberger et al. 2019).

---

[8]Bis zu 40 % rausgenommen an Kosten.

One stakeholder eco-system

Über die letzten Jahre sind in den Unternehmen verschiedene Datawarehouse-Systeme entstanden, sodass es für Finance, Einkauf, Human Resources, IT, Vertrieb, Produktion oder Supply Chain jeweils eigene, nur teilweise aufeinander abgestimmte Datentöpfe (Datawarehouses) gibt.[9] Die Systemlandschaften sind historisch entstanden und lassen somit in vielen Fällen nur funktions-fokussierte Analysen zu. Konzernübergreifend ist eine Analyse: „Mit welchen Kunden und welchen Produkten machen Unternehmen welche Deckungsbeiträge und allokieren wie viel Personal oder sonstige Ressourcen?“ oftmals nicht möglich. Diese Abfrage muss verschiedene Quell-Datawarehouse-Abfragen mit unterschiedlichen Stammdaten-Definitionen miteinander kombinieren, was mit der heutigen IT für Reporting und Planung stets schwierig ist, wenn nicht in einem übergeordneten, all umspannenden Datentopf diese Informationen vorab geladen, harmonisiert und für die Abfrage zur Verfügung gestellt werden.

Andernfalls haben im Ergebnis verschiedene Stakeholder (eben die verschiedenen genannten Funktionen) unterschiedliche Datawarehouse-Quellen und damit unterschiedliche Informationen.

Das Ziel nach einem „One-Stakeholder-Eco-System“ führt zur IT-Innovation des Data-Lakes (Gronwald 2020, S. 86 f.), in dem alle Informationen des Unternehmens, ob Daten, Dokumente, Filme, E-Mails, Bilder, etc, gespiegelt werden (siehe auch Ausführungen zu Advanced Analytics, Epstein et al. 2017, S. 18 ff.).

Das Prinzip der Datendoppelung in einer Datawarehouse-Umgebung – nunmehr in den Data-Lakes – ist gleichgeblieben. Allein die Datenbankinnovationen und deren hohe Abfragegeschwindigkeit ermöglichen mit unzähligen Daten ein Reporting ohne vorherige Verdichtungen und Harmonisierungen. Damit ist der effiziente Zugang aller Stakeholder zu einem „One-Stakeholder-Eco-System“ sichergestellt.

In-process analytics

Wenn der Data-Lake allen Stakeholdern zur Verfügung steht und neuere Abfragetechnologien auf dieser Datenplattform (einschl. Cognitive Computing) die Analysen vereinfachen, dann bedarf es auch weniger Controller oder sonstiger Funktionsassistenz, um Reporting vorzubereiten und zu versenden. Die Analysen könnten gleich in den Fachbereichen, nach Bedarf und während der Bearbeitung des Fachbereichprozesses, erfolgen (siehe hierzu auch Mehanna et al. 2016, S. 503).

So kann bspw. in einem produzierenden Unternehmen eine konstruktionsbegleitende Kalkulation (Kostenträgerrechnung) mit wissensbasierten Systemen (KI) gleich vom Ingenieur im Rahmen des Konstruktionsprozesses erstellt werden. Es bedarf keiner Abstimmung zwischen Kostenrechnung und Konstruktionsabteilung und der Anfrage hinsichtlich der nunmehr konstruierten Kosten für das Produkt, die dann erst von der Kostenrechnung kalkuliert werden. Das wissensbasierte System kann anhand von analogen Mustern (Konstruktionen und Kalkulationen) dem Ingenieur in „Real- Time-Verarbeitung“ Kosteninformationen mit

[9] In DAX-Konzernen sind 50–80 Datawarehouses keine Seltenheit.

der Auswahl von Konstruktionsteilen und -anordnung mitgeben Eine In-process analytics basierend auf einem „One-Stakeholder-Eco-System" und letztlich einem Data-Lake und in Verbindung mit Cognitive Computing (KI) ermöglicht diese integrierte Vorgehensweise.

Netzwerke dominieren gegenüber Funktionen

Mit dem Aufbau der funktionalen SSCs (bspw. nur für Rechnungswesen) und der Weiterentwicklung zu multifunktionalen SSCs in sogenannten Global Business Services (GBS) setzte sich das Konzept der funktional-übergreifenden Zusammenarbeit durch. Interdisziplinäre Teams, die sich mehr an dem Prozess (bspw. Purchase-to-Pay, von der Bestellung bis zur Bezahlung) ausrichten, überwinden die Abteilungsbarrieren bspw. im Einkauf und Rechnungswesen und bilden neue Einheiten. Die GBS-Center werden im Einklang mit diesem Konzept auch prozessorientiert organisiert und verlassen zunehmend mehr die klassischen Funktionstrennungen (Schmitz und Drerup 2015, S. 145 ff.).

Die These, dass sich Netzwerke (Zu Netzwerkorganisation vs. Prozessorganisation vgl. Sydow 2010, S. 377 ff.) gegenüber Funktionen durchsetzen werden, wird auch in der Diskussion und Forderung bezgl. agiler Organisationen (zur agilen Unternehmensführung siehe Kollmann 2020, S. 118 ff.) deutlich. Die klassischen Konzerne mit ihren klassischen Funktionstrennungen und Hierarchien drängt es in Organisationsformen, die in Start-ups mit flacher Hierarchie zu finden sind. „New-Ways-Of-Working" (vgl. hierzu Kalve 2019) und insb. der Zusammenschluss von interdisziplinärem Wissen jenseits von Abteilungsdenken unterstreichen diese Entwicklung (siehe auch „Personell richtig aufgestellt" in Epstein et al. 2017 S. 26 ff.).

Cognitive Computing in Finance

Die Konzeption und Realisierung von Cognitive Computing Anwendungen (Langmann und Turi 2020, S. 75 f.) in Finance hat bereits erste Erfolge zu verzeichnen und wird in den kommenden Jahren stetig an Einsatzpotenzialen gewinnen. Eine Kombination von verschiedenen Systemen und (Micro-)Services in Verbindung mit einem übergreifenden, konversations-orientiertem User Interface, welches Anfragen und Abfragen durch den Nutzer in natürlicher Sprache ermöglicht, wird auch die Arbeitsweise in Finance nachhaltig verändern. Aufgrund der Vereinfachung von Abfragen und der Verfügbarkeit der Informationen können die verschiedenen Nutzergruppen (und somit auch Nicht-Fachexperten) viele der heute durch eine Anfrage im Controlling angeforderten Informationen, zukünftig in Echtzeit über die bereitgestellten Self Service Möglichkeiten eines virtuellen Assistenten abfragen.

Eine wesentliche Voraussetzung für diese veränderte Arbeitsweise sind gute, konversations- und dialogorientierte Interfaces, die es auf Basis von sogenannten Conversational AI Plattformen (Tombeil et al. 2020, S. 136 ff.) (bspw. Artificial Solutions Teneo, Conigy.AI, IBM Watson, IPSoft Amelia) ermöglichen, aus der Interaktion mit dem Nutzer (in Form von geschriebenem Chat oder gesprochenen Informationen) die wesentlichen Inhalte und Parameter der Fragestellung in einem natürlichem Dialog mit dem Nutzer (i. S. v. Intent Erkennung) herauszuarbeiten. Auf dieser Basis werden die richtigen Informationen aus den entsprechenden Quellsystemen bezogen und aufbereitet, um sie dem Nutzer aus seinem präferierten Interaktionskanal bereitzustellen. Im Rahmen der Aufbereitung können sowohl Daten aus verschiedenen Quellsystemen kombiniert, Robots eingesetzt, Advanced Analytics Methoden genutzt als auch weitere Cognitive Computing Services eingebunden werden. Ein Beispiel hierfür ist die Aufbereitung der Analysedaten mit Hilfe von auf Natural Language Generation (NLG) spezialisierte Technologien (bekannte Beispiele hierfür sind ARRIA, Narrative Science oder AX Semantics) in Form von verständlichen Texten, um dem Nutzer direkt die Handlungsbedarfe aufzuzeigen und Handlungsempfehlungen zu geben, ohne dass der Nutzer ein Experte für die darunterliegenden Daten oder für die analytischen Methoden und Vorgehensweise sein muss.

Diese Möglichkeiten bringen wesentliche Veränderungen und Anforderungen in der Interaktion zwischen Menschen und Maschine mit sich. Für die Unternehmenssteuerung bedeutet dies, dass für die Datenaufbereitung, Verarbeitung und Distribution in der Planung oder dem Reporting immer weniger menschliche Aktivitäten benötigt werden. Wie im Abschnitt „In-process analytics" und „One-stakeholder-eco-System" angedeutet, werden diese Prozesse zukünftig von den neuen IT-Innovationen und im Besonderen durch Cognitive Computing unterstützt und weitestgehend automatisiert übernommen.

Neues Wissen und Qualifikationen gefordert

Mit Blick auf die aktuelle und weitere Entwicklung für die kommenden 10 Jahre einerseits sowie hinsichtlich der zuvor genannten neuen Formen von interdisziplinärer Zusammenarbeit mit Prozess- und IT-Wissen[10] andererseits, ist in den Unternehmen die Frage berechtigt, mit welchen Mitarbeitern und welchem Wissen und welchen Qualifikationen diese Entwicklung möglich ist.

Mitarbeiter eines Unternehmens, die schon seit 2 Jahrzehnten abteilungsbezogenen mit klaren Hierarchien ihre Sachbearbeitung verrichten, sind in einer Komfortzone, die sie nicht mehr verlassen möchten. Geforderte flachere Hierarchien, eigenverantwortliches Arbeiten und Entscheiden führt zu Arbeitsinhalten, die zuletzt nie gefördert und gefordert wurden und für die die laufenden Arbeitsverträge keine Gehaltskompensationen vorsehen. Es wird ersichtlich, dass mit dem technologischen Wandel und der neuen Arbeitswelt zwei Ausrichtungen in Einklang zu bringen sind (Epstein et al. 2017, S. 26 ff.):

- Immer weniger Mitarbeiter verrichten die Arbeit mit Hilfe neuer IT-Innovationen und
- viele, altgediente Mitarbeiter werden ihre heutige Arbeitsform und Komfortzone verlassen müssen, um der Entwicklung und den Ansprüchen gerecht zu werden.

Die Entwicklungspfade in die neuen Wege der Unternehmensteuerung und Reporting sind mit einem umfassenden Change-Management und neuem Wissen im

[10]Beachte, das wird nicht weniger: Der Mensch ist für den Robot da!

Bereich der Robotics und des Cognitive Computings sowie der Analyse komplexer Zusammenhänge auszustatten (vgl hierzu beispielhaft für künftige Kompetenzprofile im Controlling bei Schöning et al. 2020, S. 58 ff.).

Experten verbleiben trotz Digitalisierung
Mit Blick auf ein Expertenwissen bspw. im Rechnungswesen, wie die Aufbereitung der IFRS-Grundsätze für den operativen Rechnungswesen-Betrieb oder Fragestellungen zu Steuern, internal Audit oder Versicherungen, sind Experten weiterhin unabdingbar für die Sicherstellung einer ordnungsgemäßen Unternehmenssteuerung. Ebenso bspw. Controller, die Planungen begleiten, abstimmen und finalisieren sowie Plan-/Ist-Abweichungen im Reporting interpretieren und als Navigator im Unternehmen die richtigen Entscheidungsprozesse anstoßen.

Allein der Unterbau an Mitarbeitern, die Schnittstellen und Datenaufbereitungen größtenteils manuell verrichten, wird geringer bzw. wegfallen. Noch immer sind hoch qualifizierte Controller mit diesen einfachen Datenaufbereitungsarbeiten zu 50 % ihrer Arbeitszeit beschäftigt, wobei der Anteil für die qualifizierteren Aufgabenbereiche der Entscheidungsunterstützung zu gering ausfällt.

Expertenwissen wird sich auf wenige Mitarbeiter verdichten, wobei Zuarbeiten den IT-Innovationen vorbehalten sein werden. Darüber hinaus benötigen Unternehmen IT- und Prozess-Experten, die Robots und Cognitive Computing konzipieren und implementieren können sowie deren Aufgabenerfüllung permanent überwachen.

2.3 Data Lake als Basis für ein digitalisiertes Controlling

Der Data-Lake zur Unternehmenssteuerung ist ein zentraler Innovationshebel, der insb. die Reporting- und Planungsprozesse und -inhalte verändern wird (Gronwald 2020, S. 89 ff.). Ferner werden künftige Aufgabenschwerpunkte des Controllers oder Rechnungswesen-Mitarbeiters offensichtlich, die ebenso Inhalt in diesem Abschnitt sind (Abb. 4).

Die Grundkonzeption des Datawarehouse-Ansatzes geht mit einem Data-Lake nicht verloren. Daten werden aus verschiedenen Quellen redundant auf eine neue Datenplattform transferiert und stehen für Reporting und Planungen zur Verfügung. Der Unterschied besteht in der Übernahme von ausgewählten Datenquellen in ein Datawarehouse der alten Prägung zu einer Kopie von möglichst allen strukturierten und unstrukturierten Informationen (Daten, Dokumente, Filme, etc) in ein redundant vorgehaltenes File-System (bspw. mit Hadoop-Software). Eine weitergehende Verteilung dieser Informationen in Datawarehouse-Datenbanken, die die Daten in harmonisierter und interpretierbarer Form vorhalten, ist ein zweiter Schritt. Ferner sind die klassischen Datengenerierungswege aus Vorsystemen in diese Datenwarehouse-Datenbanken ebenso noch vorgesehen und können aufgrund der fortgeschrittenen Abfragegeschwindigkeiten in „Real Time“ direkt aus dem Vorsystem oder via „Batch“ mit physischer Zwischenlagerung im Datawarehouse erfolgen (alte Grundkonzeption).

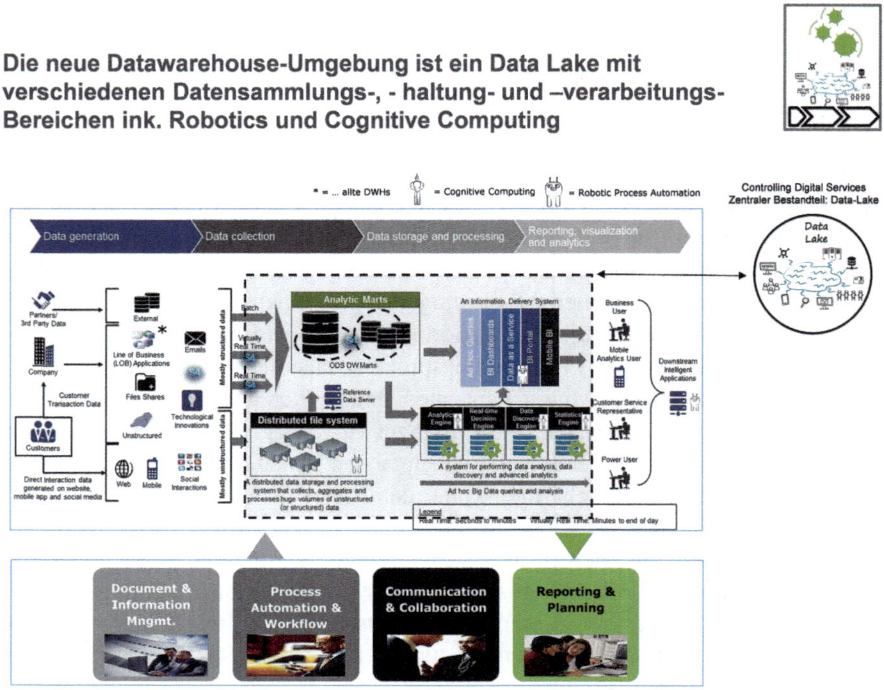

Abb. 4 Architekturskizze Data Lake

Robots und Cognitive Computing stellen Abfrage-Algorithmen im Bereich der „Data-Analysis-Engines" zur Verfügung, die je nach Anwendungskontext darauf programmiert oder trainiert sind, aus den strukturierten und unstrukturierten Informationen Analyseergebnisse dem fragenden Mitarbeiter anzubieten. So ist bspw. eine Software „NarrativeScience" auf den Anwendungskontext der Kommentierung ausgerichtet. Die Software sammelt verschiedene Daten zu einem Bericht und interpretiert deren Ausprägungen hinsichtlich prozentualer Abweichungen, um im Anschluss eine erste Kommentierung seiner Feststellungen in Textform automatisch niederzuschreiben. Diese Kommentierung kann eine Vorlage für den menschlichen Controller sein, der im Nachgang den Feinschliff der Kommentierung übernehmen kann. Nach einer Vorbereitung der Software durch die Bekanntmachung von Datenquellen und dem Training der Zusammenführungsprozedere ist das System selbst in der Lage, Abweichungsanalysen durchzuführen und diese Ergebnisse in Texten als Kommentar festzuhalten. Ähnlich würde ein Controller seine ersten Aufbereitungen für eine Kommentierung durchführen, die nunmehr automatisiert und in weitaus größerer Anzahl bereitgestellt werden.

Weitere „Data-Analysis-Engines", wie sie in dem vorangegangenen Abschnitt aufgeführt wurden, sind denkbar (wie bspw. für die konstruktionsbegleitende Kalkulation mit Cognitive Computing).

Darüber hinaus benötigt der Data-Lake verschiedene kleinere Datenverteil- und Zusammenführungsprogramme, die von transaktional arbeitenden Robots zwischen den Systembausteinen erledigt werden können. So ist die simple Verteilung von Berichten an die Manager bei Schwellenwertüberschreitungen an einen Workflow zu binden und automatisiert vorzunehmen. Mit der Robots-Technologie und der neuen Datengenerierungsgeschwindigkeit ist diese Art von Informationsdistribution nahezu „Real time" möglich. Daraus ersichtlich wird eine weitere und teilweise neue Aufgabe der unternehmerischen Datenbereitstellung: Die Informationsflut ist derart zu kanalisieren, dass die Manager am Ende wertvolle Entscheidungsunterstützung erhalten. Die Aufgabe des „Data-Stewards" rückt ins Zentrum von Rechnungswesen und Controlling-Abteilungen und gewährleistet eine zielgerichtete und verwertbare Informationsbereitstellung.

Die Einbeziehung von unstrukturierten Dokumenten und E-Mails, Workflow und Collaboration sowie Reporting und Planung mit einer Vielzahl von Datenquellen über Kunden, deren Einkaufsverhalten, Zulieferer und weiteren externen Daten rückt in das Zentrum des Data-Lakes und steht der Analyse und Auswertung dieser Big-Data zur Verfügung.

3 IT Workforce und menschliche Controller – die Zusammenarbeit der Zukunft

Die Zusammenarbeit von Mensch und Maschine wird sich auch im Controlling grundlegend verändern. In den folgenden Abschnitten gehen wir darauf ein, welche Zusammenarbeitsmodelle sich in der zwischen Mensch und Maschine etablieren werden, was typische Anwendungsbeispiele für Robots im Controlling sind und welche beispielhaften Einsatzbereiche es für KI basierte Lösungen gibt.

3.1 Zusammenarbeitsmodelle von Menschen und der IT Workforce

Insbesondere bei einfacheren und wiederkehrenden Tätigkeiten wird zukünftig die IT Workforce den Großteil der Aufgaben übernehmen und der Mensch wird in der Bearbeitung von den Robots und Cognitive Computing Lösungen in den Prozess einbezogen, wenn die IT Workforce den Sachverhalt nicht eindeutig und abschließend bearbeiten kann (zu damit einhergehenden sog. Smart Workflows siehe Mohanty und Vyas 2018, S. 132 ff.). Hierbei steuern die Tools die entsprechenden Vorgänge gezielt an einen Menschen aus und führen die weitere Prozessierung dann basierend auf der Entscheidung des Menschen vollautomatisch durch (der Mensch unterstützt hier die IT Workforce bei der Bearbeitung der Sachverhalte und wird aktiv von der Maschine hinzugezogen, wenn eine Unterstützung erforderlich ist). Neben der weiteren automatisierten Bearbeitung des Sachverhalts auf Basis des menschlichen

Inputs, können Lösungen aus dem Umfeld des Cognitive Computing mit Hilfe von Machine Learning Algorithmen diese Inputs ebenfalls dafür nutzen, dass in der zukünftigen automatisierten Bearbeitung auch diese Fälle bearbeitet werden können, da die zugrunde liegenden Algorithmen mit dem menschlichen Input permanent weiter trainiert und optimiert werden, was zu einer fortlaufenden Erhöhung der Automatisierungsquote führt.

In den beschriebenen Sachverhalten wird sich die Tätigkeit der Mitarbeiter im Controlling verstärkt darauf fokussieren, Roboter und künstliche Intelligenz in die Lage zu versetzen, fehlerfrei zu arbeiten. Im Fall von Robots (i. S. v. Robotics Process Automation – RPA) liegt der Fokus der menschlichen Mitarbeiter im Controlling oder in Zusammenarbeit mit Kollegen in einer RPA Tätigkeit der Mitarbeiter im Controlling auch in Zusammenarbeit mit einem möglichen Center darauf, die Abläufe und Tätigkeiten in der entsprechenden Software zu modellieren und somit dem Robot beizubringen welche Schritte, wie gemacht werden müssen, um das gewünschte Ergebnis bereitzustellen. Auch die fortlaufende Pflege und Anpassung der abgebildeten Prozesse auf Basis veränderter Arbeitsabläufe, Systeme oder anderer (regulatorischer) Anforderungen fällt in diesen Aufgabenbereich.

Auch viele KI Lösungen müssen durch den Input menschlicher Entscheidungen und Informationen trainiert werden, um diese Lösungen in die Lage zu versetzten Entscheidungen mit einer ausreichend hohen Konfidenz treffen zu können. Hierbei unterstützt das fortlaufende Training durch menschlichen Input bei Sachverhalten mit geringerer Konfidenz bei der kontinuierlichen Verbesserung dieser Tools und somit zu einem immer stärkeren Automatisierungsgrade im Einsatz der IT Workforce bei gleichzeitiger Entlastung der menschlichen Controller.

Im Gegensatz dazu wird die Bearbeitung komplexer und spezifischer Fragestellungen – bei denen ein hohes Maß an Kontext- und Expertenwissen erforderlich ist – auch zukünftig nicht vollständig automatisiert werden können. Dieses trifft vor allem auf solche Themenstellungen zu, in denen der Controller als Navigator im Unternehmen die anderen Fachbereiche im Rahmen komplexer Entscheidungsprozesse und Analysen berät und unterstützt.

Auch hierbei kommen verstärkt KI basierte Tools im Rahmen von verschiedener Controlling Fragestellungen zum Einsatz. Diese ermöglichen, dass die Mitarbeiter im Controlling eine Vielzahl von analytischen Auswertungen und Ergebnissen mit in die Entscheidungsfindung einbringen können und somit ihre Rolle als Navigator wahrnehmen können.

Gerade in Zeiten, in denen die schieren Datenmengen als Rohstoff für die Informationsgewinnung exponentiell wachsen, ist es wichtig, aus diesen Daten die richtigen Informationen zu gewinnen. Ein Vorhandensein von mehr Daten alleine hilft in der Regel nicht, um bessere Entscheidungen zu treffen. Insbesondere in diese Szenarien bieten KI basierte Lösungen einen großen Mehrwert, da die zugrundliegenden Modelle und Algorithmen fortlaufend nach neuen Mustern in den Daten suchen können und damit neue Informationen bereitstellen.

Im Bereich der Mustererkennung ermitteln diese Tools die Zusammenhänge verschiedenster Faktoren und es ist die Aufgabe der menschlichen Controlling

Kollegen die Ergebnisse zu interpretieren, zu validieren und entsprechen Impulse für die Entscheidungsfindung abzuleiten.

Im Anwendungsbereich von „Predictive Analytics“ können KI basierte Controlling Tools für sehr umfangreiche Szenario Analysen genutzt werden (vgl. auch Amann et al. 2020, S. 251 ff.), in denen die Ergebnisse verschiedener Simulationen in kurzer Zeit bereitgestellt werden können. Auf Basis einer Vielzahl von Parametern können Vorhersagen zu Entwicklungen für die Forecast- und Planungsaktivitäten genutzt werden. Hierbei ist es wichtig, dass die Konfidenz der ermittelten Ergebnisse aus den KI Tools in die Bewertung der Szenarien mit einfließt.Im Bereich „Prescriptive Analytics“ zeigen KI basierte Tools nicht nur Ursache-Wirkungs-Zusammenhänge bestimmter Abweichungen auf, sondern zeigen den menschlichen Controlling Kollegen, auf Basis von internen und externen Daten, auch direkt Maßnahmen auf, die zur Verbesserung bestimmter Kennzahlen führen, inkl. einem Vorschlag zur Priorisierung der Maßnahmen (beispielhaft ist hier die Lösung TRUFA[11] zu nennen, die durch eine Vielzahl eingebauter KI basierter Komponenten Vorschläge für die Optimierung verschiedener Kennzahlen macht).

Im Anwendungsbereich der komplexen Fragestellungen im Controlling Bereich unterstützt die IT Workforce weiterhin den menschlichen Controlling Mitarbeiter, um die immer höheren Erwartungen seitens des Business Bereichs zu erfüllen und den Mehrwert für das Unternehmen ständig zu erhöhen. Die Controlling Mitarbeiter können hier viel stärkere Impulse für die Unternehmenssteuerung basierend auf Daten und Fakten einbringen, was ihr Ansehen als wertvoller Business Partner weiter stärkt. Entscheidend für den Erfolg ist es, dass die Controlling Mitarbeiter die Ergebnisse in der Diskussion mit den Business Bereichen klar kommunizieren und adressatengerecht darstellen können, da die Herleitungslogik der Algorithmen deutlich schwieriger nachvollzogen werden kann (in einem Excel Modell können die Logiken hingegen schrittweise nachvollzogen werden, allerdings mit deutlich weniger Parametern).

3.2 IT Workforce der Robots und Use Cases im Controlling

Die klassischen Anwendungsbereiche für Robotics Process Automation (RPA) sind alle sich regelmäßig wiederholenden Tätigkeiten im Controlling. Insbesondere in den Bereichen Reporting und Planung müssen häufig Informationen aus einer Vielzahl von Systemen extrahiert und in eine Controlling Anwendung (häufig kommt hier immer noch eine Tabellenkalkulationsanwendung wie z. B. MS Excel zum Einsatz) überführt werden. Im weiteren Verlauf werden dann wiederkehrende

[11] Trufa ist eine Analytics-Anwendung, die Informationen über betriebswirtschaftliche Optimierungen im Unternehmen in extremer Geschwindigkeit und Präzision erarbeitet. Dabei ermöglicht der Einsatz maschineller Intelligenz ein neues Level an inhaltlicher Analyse. So können für betriebswirtschaftliche Ziele, wie beispielsweise das Working Capital Management, mit Hilfe von Trufa wirksame Maßnahmen analysiert und quantifiziert werden.

Analysen durchgeführt und die Daten in ein Reporting Format überführt, das dann wiederum an verschiedene Empfänger versendet wird.

RPA Lösungen werden in diesem Umfeld dafür eingesetzt die Datenbeschaffung aus den verschiedenen Systemen vollständig zu automatisieren, diese Daten in die genutzten Analysewerkzeuge einzufügen sowie eine Validierung der Daten vorzunehmen (Gärtner 2020, S. 37 ff.). Im nächsten Schritt können die Robots eine Abweichungsanalyse erstellen und diese den Mitarbeitern im Controlling bereitzustellen, damit diese sich darauf fokussieren können, die Analyse und fachliche Bewertung der Abweichungen durchzuführen sowie relevante Handlungsempfehlungen abzuleiten. Nachdem die menschlichen Kollegen die Bewertung der Ergebnisse abgeschlossen haben, können die Robots wiederum daraus Reports für verschiedene Stakeholder in einem vordefinieren Format erstellen und diese automatisiert an die Empfänger verteilen.

Häufig müssen die Ergebnisse der Analysen auch in verschiedene andere Systeme übertragen werden. Eine Aufgabe für die ein Robot sehr gut geeignet ist und somit den menschlichen Kollegen mehr Zeit für die inhaltliche Arbeit verschafft, vor allem, da die Robots ihre Tätigkeiten auch außerhalb der normalen Arbeitszeiten der menschlichen Controlling Kollegen verrichten können und somit die Informationen bereits zu Beginn des Arbeitstages zur Verfügung stehen. Einen großen Mehrwert schafft RPA typischerweise im Rahmen der Monatsabschlusstätigkeiten, in denen viele automatisierbare Tätigkeiten durchgeführt werden, bei der Aufbereitung von standardisierten Reports für verschiedene Empfänger sowie beim Abgleich großer Datenmengen aus unterschiedlichen Quellen.

Auch im Rahmen von Planungs- und Forecast Prozessen existieren häufig viele wiederkehrende Aufgaben, die mit RPA unterstützt und automatisiert werden können. Weitere Anwendungsfelder sind Tätigkeiten in der Datenpflege wie bspw. der Stammdatenpflege sowie bei standardisierten Prozessen, wie z. B. die Anlage von Kostenstellen, die einem immer gleichem Muster folgt und deren Informationen nach der Anlage im ERP System häufig in verschiedene weitere Systeme und Tools übertragen werden müssen.

3.3 IT Workforce der KI und Use Cases im Controlling

KI basierte Anwendungen kommen in Finance und insb. im Controlling in einem sehr breiten Anwendungsspektrum zum Einsatz. Das betrifft Einsatzgebiete von KI in Form von virtuellen Assistenten, von spezialisierten Analysewerkzeugen, um eine Vielzahl von Analysen in Verbindung mit tatsächlichen Handlungsempfehlungen automatisiert durchzuführen. Ferner bei der Aufbereitung von Informationen in einen für den Empfänger verständlichen Text, damit dieser seinen Fokus auf die Definition und Umsetzung von Maßnahmen legen kann, statt seine Aufmerksamkeit auf die Analyse von Daten zu legen. Im Folgenden betrachten wir zwei beispielhafte Ausprägungen von KI im Controlling.

3.3.1 Der KI basierte virtuelle Controlling Assistent

Ein virtueller Controlling Assistent wird für die Manager und Mitarbeitenden des Controlling Bereichs auf Basis einer Conversational AI Plattform (Weber 2020, S. 118 ff.) bereitgestellt. Ein wesentliches Ziel sind Manager-Fragestellungen, die als Self Service zu jeder Zeit und mit verschiedenen Endgeräten (Computer, Tablet, Smartphone, per Sprachabfrage, etc.) angeboten werden, ohne dass sie sich hierfür an die menschlichen Controlling Mitarbeiter wenden müssen. Damit einhergehend ist eine erhöhte Kundenzufriedenheit der Manager verbunden, da keine Wartezeiten auftreten und der virtuelle Assistent immer verfügbar ist.

Die einfachste Ausprägung eines Controlling Assistenten stellt ein FAQ Chatbot (FAQ = Beantwortung häufig gestellter einfacher Fragen, die nur eine Antwort bzw. eine geringe Anzahl von kontextuell unterschiedlichen Antworten haben) dar. Hier identifiziert der Chatbot aus der Anfrage des Nutzers den Inhalt der Anfrage, den sogenannten Intent, und ermittelt gemeinsam mit dem Nutzer noch weitere Parameter, sofern diese zur Beantwortung der Anfrage benötigt werden. Typische Beispiele sind Fragen nach Kostenstellen, Kostenstellenzuordnung des Nutzers, Kostenarten, Kontierungsregelungen, Fragen zu Prozessabläufen wie den Monatsabschluss-, Reporting-, Abgrenzungs-, Planungsprozessen sowie nach Ansprechpartnern für bestimmte Themenstellungen im Controlling. Zudem werden den Nutzern über den Chatbot auch Informationen zu Kostenrechnungsverfahren und bestimmter Methoden zur Verfügung gestellt. Hierdurch findet bereits eine erste Entlastung der menschlichen Kollegen statt, da die Beantwortung dieser Fragestellungen durch den virtuellen Kollegen übernommen wird und somit Zeit für die komplexeren Fachaufgaben gewonnen wird.

Um den Mehrwert eines virtuellen Assistenten zu steigern, ist es erforderlich, diesen mit anderen Systemen zu verknüpfen, damit er – wie seine menschlichen Kollegen auch – Fragen jenseits von FAQs beantworten kann. Durch eine Integration mit dem ERP System, BI Tools und anderen Business Anwendungen, wird dem virtuellen Assistenten der Zugang zu Informationen ermöglicht, die vorher nur seinen menschlichen Kollegen zur Verfügung standen. Auf dieser Basis kann der Assistent dann auch komplexere, wiederkehrende Anfragen beantworten und somit die menschlichen Kollegen weiter entlasten.

Typischerweise kann der virtuelle Assistent, über die im Rahmen des FAQ Bots genannten Fragestellungen hinaus, sehr dedizierte Anfragen nach den bestimmten Kennzahlen beantworten. Potentielle Fragestellungen sind bspw.: „Wie hoch war der Umsatz mit Produkt A in Deutschland letzten Monat?“ oder „Wie groß ist die aktuelle Abweichung bei den Personalkosten auf meiner Kostenstelle und was sind die größten Treiber?“ (Abb. 5)

Zusätzlich nimmt der virtuelle Assistent auch Anfragen nach bestimmten Reports inkl. aller gewünschten Parameter und Filter entgegen, stößt die Erstellung des Reports im BI Tool an und übernimmt den Versand des Reports an den Empfänger, ohne dass hierfür ein menschlicher Kollege aktiv werden muss.

In einer weiteren Stufe kann der virtuelle Assistent auch als „Ansprechpartner“ in Prozesse integriert werden, in den er dann bestimmte Informationen der Nutzer

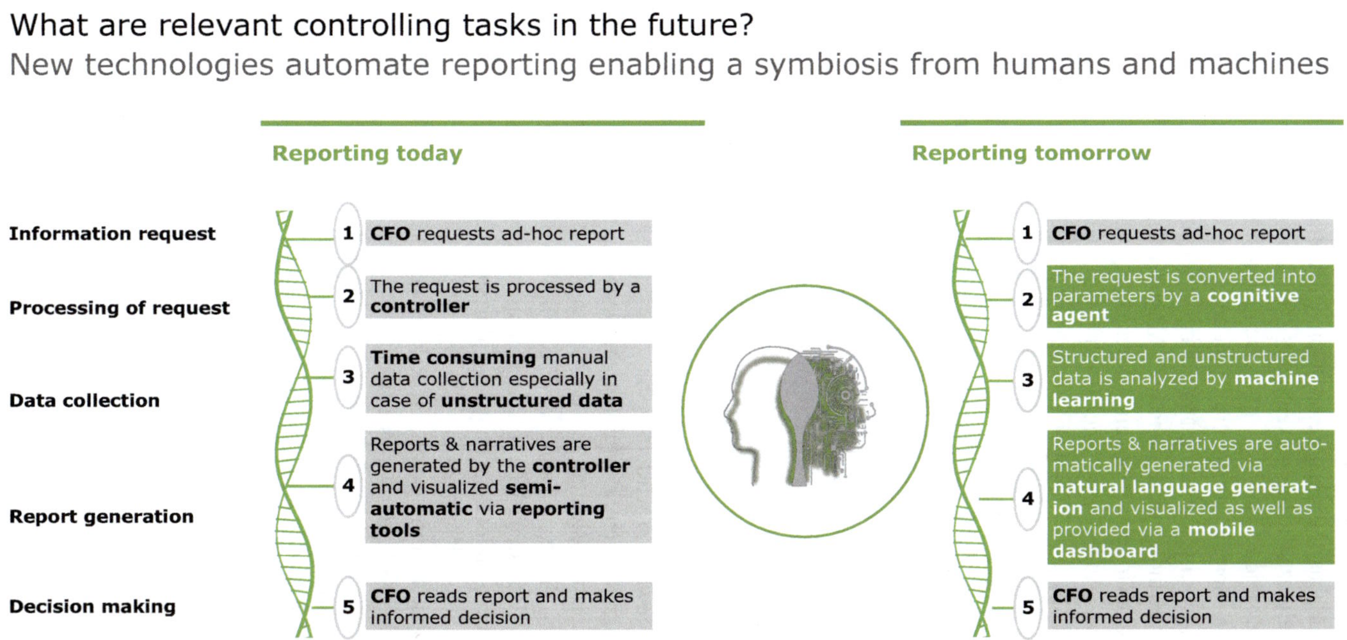

Abb. 5 Reporting heute und in der Zukunft

entgegennimmt, diese Daten validiert, bei Abweichungen mit dem Nutzer die Klärung vornimmt und die Informationen anschließend im entsprechenden System bucht. Beispiele hierfür sind die Integration eines virtuellen Assistenten in den Planungsprozess und die Entgegennahme von Planungsinput durch den Assistenten oder die Meldung von Rückstellungsbedarfen durch die Bereichs- und Kostenstellenverantwortlichen im Rahmen des Monats- und Jahresabschlussprozesses.

Durch eine kontinuierliche Weiterentwicklung des virtuellen Assistenten werden dessen Fähigkeiten ständig erweitert und die menschlichen Kollegen, um wiederkehrende und teilweise zeitaufwändige Aufgaben entlastet. Die Basis ist auch hier, dass die Mitarbeiter aus dem Controlling den virtuellen Assistenten als Teil des Controlling Teams verstehen und den virtuellen Kollegen auf Basis ihres Wissens trainieren und erweitern, damit er auch für die Nutzer einen hohen Wert darstellt.

3.3.2 Die Natural Language Generation (NLG) als KI Anwendung im Controlling

Eine wesentliche Aufgabenstellung des Controlling Bereichs als Navigator ist es, aus den vorhandenen Daten durch Analysen die geschäfts- und steuerungsrelevanten Informationen zu generieren und diese den verschiedenen Managern in einer verständlichen, adressatengerechten Form bereitzustellen, um hiermit entsprechende Steuerungsimpulse zu geben. Auf Basis dieser Informationen sollen die Empfänger möglichst einfach geeignete Maßnahmen definieren und umsetzen können.

Eine Schwierigkeit hierbei ist häufig, dass nicht alle Empfänger genauso zahlenaffin sind, wie die Kollegen im Controlling selbst. Dieses führt häufig dazu, dass zusätzlich zu quantitativen Informationen auch eine umfangreiche Kommentierung der Daten durch das Controlling zu leisten ist, um die Inhalte in einer für den Empfänger verständlichen Form aufzubereiten. Studien zeigen, dass ein geschriebener Text in Kombination mit einer grafischen Aufbereitung der Daten die beste Möglichkeit darstellt, um komplexe Sachverhalte in einen Kontext zu setzen und die Ergebnisse von Analysen somit relevanter und interessanter für den Empfänger zu machen (Deloitte Insights 2015).

Um ein Unternehmen optimal zu steuern und zu kontrollieren, muss das Reporting eine umfassende und durchgängige Story zu den Geschäftsergebnissen, den aktuellen Zahlen, dem Vergleich mit vorherigen Perioden, sowie einem nachvollziehbaren Ausblick abbilden. Die Grundlage für ein solches Reporting bildet eine Kombination aus Fachwissen, technischem Verständnis, analytischen Fähigkeiten verbunden mit der Fähigkeit der adressatengerechten Aufbereitung der Informationen (Forbes 2018).

Während Stakeholder und Empfänger von Controlling Berichten eine inhaltlich gute aufbereitete Kommentierung der Informationen und Zusammenhänge sehr wertschätzen, nimmt die Erstellung solcher Reports häufig einen Großteil der Arbeitszeit im Controlling ein. Im Controlling stufen aber nur 3 % der Mitarbeiter die Reporterstellung als ihre bevorzugte Tätigkeit ein (Deloitte 2018).

KI basierte Natural Language Generation (NGL) Tools wie ARRIA, Narrative Science oder AX Semantics helfen dem Controlling Bereich, quantitative Daten und Informationen in Form eines aussagekräftigen Textes aufzubereiten und somit den

Empfängern in einer für sie wertvolleren und nachvollziehbareren Form zur Verfügung zu stellen (Kabel 2020, S. 39 ff.). Hierbei liegt der Fokus häufig in der Kommentierung der wesentlichen Veränderungen und der dahinterliegenden Treiber im Vergleich zum vorangegangenen Reporting Zyklus. Aktuell werden NLG Tools im Controlling in den folgenden zwei wesentlichen Anwendungsbereichen eingesetzt:

- Regelmäßig wiederkehrendes Reporting und
- Self Service Dashboards

Den ersten Anwendungsbereich bildet das regelmäßig wiederkehrende Reporting, wie z. B. die Erstellung der monatlichen Kostenstellen-Reports, das Profitcenter Reporting oder die täglichen Vertriebs-Reports. Hier wird durch eine Kombination von RPA und NLG Tools die Aufbereitung der Berichtsinformationen übernommen und den Berichtsempfängern individualisiert zur Verfügung gestellt.

Hierbei ist das Ziel, dem Empfänger die relevanten Abweichungen (bspw. Plan – Ist Abweichungen) für seinen Verantwortungsbereich sowie die dahinterliegenden und in der Regel nicht sofort ersichtlichen Treiber hinter diesen Abweichungen aufzuzeigen. Die daraus resultierenden Maßnahmen kann der Empfänger nunmehr ableiten, in dem er den Fokus auf die kritischen, steuerungsrelevanten Themen richtet. Die Aufbereitung der Informationen, inkl. möglicher Warnmeldungen bei der Überschreitung definierter Schwellwerte, kann vollständig durch die IT Workforce übernommen werden, so dass sich das Controlling in seiner Rolle als Navigator darauf konzentrieren kann, mit den Fachbereichsverantwortlichen Maßnahmen zur Verbesserung der Ergebnisse zu definieren und die Business Verantwortlichen bei der Umsetzung der Maßnahmen zu unterstützen.

Im zweiten Anwendungsbereich liegt der Fokus auf der Erweiterung von Self Service Dashboards mittels automatisch erzeugter Kommentierungen. Wie bereits mehrfach in den vorangegangenen Abschnitten erwähnt, geht auch der Trend im Controlling und der Unternehmenssteuerung zur Bereitstellung von Self Service Dashboards (Alpar und Schulz 2016, S. 151 ff.) mit gängigen BI Self Service Tools (bspw. PowerBI oder Tableau). Auf Basis dieser Dashboards kann das Management und damit die Adressaten sich jederzeit selbstständig vordefinierte Analysemöglichkeiten nutzen und eigene Analysen durchführen.

Diese Dashboards ermöglichen eine Vielzahl von Analysemöglichkeiten, allerdings liegt die Herausforderung in der Balance die richtige Granularität zu finden, ohne das Dashboard mit einer Vielzahl von Informationen auf einen Blick zu überfrachten. Aus diesem Grund sind die Dashboads meistens kaskardierend aufgebaut, so dass von einer High Level Sicht immer weiter in die Details heruntergegangen werden kann. Für den Empfänger ergibt sich aber hierdurch die Schwierigkeiten, dass er nicht immer sofort erkennen kann, mit welchen Bereichen er sich aus der Steuerungsperspektive intensiver beschäftigen muss und welche Bereiche und Kennzahlen aktuell nicht die größte Aufmerksamkeit benötigen.

Als wertvolle Ergänzung eines Self Service Dashboard hat sich ebenfalls die Integration von NLG Komponenten herausgestellt. Allerdings ist es hier wichtig, dass die NLG Komponente nicht nur in textueller Form die Datenpunkte wiedergibt, die in den Grafiken das Dashboards aufbereitet wurden, sondern dass die Kommentierung mindestens ein Detaillevel tiefer geht, als die Ebene der aktuellen Ansicht.

Wenn bspw. im Dashboard aggregiert die Umsätzen und Kosten auch im Vergleich zum Plan und Vergleichsperioden dargestellt werden, zeigt die NLG Komponente auf dieser Ebene bereits die Informationen zu den dahinterliegenden Treibern und erläutert im genannten Beispiel bereits die wesentlichen Produktgruppen, die besonders positive oder negative Auswirkungen auf den Umsatz gehabt haben, um eine weitere fokussierte Analyse im Self Service zu ermöglichen, ohne sich in den Details zu verlieren. Diese Kommentierung ist auf jeder Detailebene möglich, solange die Daten eine weitere Detaillierung der Treiber und Abweichungen ermöglichen.

Ein zweiter wesentlicher Aspekt für die erfolgreiche Nutzung von NLG im Self Service Dashboard ist, dass sich die Kommentierung der Daten dynamisch an die Filterung durch den Nutzer anpasst und nicht statisch bei der Bereitstellung des Dashboards erzeugt wird. Insbesondere bei derartigen Dashboards ist es wichtig, dass der Nutzer eine Antwort auf seine individuelle Fragestellung bekommt und diese durch die Kommentierung so exakt wie möglich gegeben wird. Andernfalls wendet sich der Nutzer das Dashboards wieder an die Kollegen im Controlling, um sich die Zahlen und Treiber erläutern zu lassen.

Die Integration von NLG in diesem Szenario bildet eine weitere Möglichkeit, die Kollegen im Controlling zu entlasten und indem bedarfs- und adressatengerechte Informationen direkt im Dashboard bereitgestellt werden. Auch in diesem Anwendungsfall ist es die Rolle der Controller, die entsprechenden Treiberlogiken im NLG Tool aufzubauen und die Kommentierung auf Basis der Anforderungen der Nutzer zu designen, um das volle Potenzial der Technologie für die Unternehmenssteuerung auszuschöpfen.

3.4 IT Workforce erfordert neue Skills

In den zuvor genannten Abschnitten wurde deutlich, dass der Mensch die IT unterstützt und nicht „vice versa“. Die Weiterentwicklung der Robotics-Farmen inkl. der angeschlossenen Chat-Bot's und weitergehender KI für eine Mensch-Maschine-Kommunikation und Zusammenarbeit erfordert neue Skills.

Generell lässt sich das Veränderungspotenzial der Digitalisierung auf drei Bereiche gliedern (Schwartz et al. 2017):

Work: Was ist die neue Rolle der Finanzorganisation und wie ist dies in eine neue Ablauforganisation eingebettet?

Workers: Welche Typen von Mitarbeitern werden benötigt und wie sind die Teams aufbauorganisatorisch aufgestellt?

Workplace: Wie werden die disruptiven Technologien im Arbeitsumfeld genutzt und verändern die Aufbauorganisation?

Die Rolle der neuen Finanzorganisation und deren Etablierung in einer digitalisierten Ablauf-organisation richtet sich nach dem Reifegrad des digitalen „Operating Model". Wieviele Prozessfragmente sind digital automatisiert und bspw. mit Bot's und KI ausgestattet? Seitens der Skills ist Wissen über die Fähigkeiten der digitalen Systeme gefordert, um ein digitales „Operating Model" und deren Prozesse bspw. im „Record-To-Report" zu konzipieren und zu realisieren. Darin enthalten sind Software- und Controlling-Fachkenntnisse über dynamisches Echt-Zeit-Reporting, Predictive Forecasting und die Vorbereitung des Data Lakes für Analysen.

Die Weiterentwicklung der digitalen (IT-)Workforce hinsichtlich neuer Regeln für Bot's, Chat-Bot's und innerhalb der KI, einschließlich dem Training von neuronalen Netzten sind weitergehende Schwerpunkte, in denen künftige Controller fachlichegeschäftliche Ursache-Wirkungsbeziehungen in Bot und KI Regelwerke übersetzen müssen. Zuletzt richtet sich ein weiterer Fokus künftiger Controller-Arbeit auch auf das Provider-Management. Software-Anbieter von Systemen in der Cloud sind hinsichtlich ihrer Service-Level-Agreements zu monitoren und gemeinsam mit ihnen eine Weiterentwicklung der digitalen Workforce zu managen. Diesbezügliche Fach- und Prozesskenntnisse sind im Controlling-Bereich aufzubauen.

Hinsichtlich Fach-begleitender digitaler Kenntnisse von Controllern zum Management einer digitalen Roadmap, sind Erfahrungen im Umfeld des Change Managements zur Verbindung von Technologie und Menschen sowie die Orchestrierung von Netzwerkorganisationen zu nennen. Letzteres einhergehend bswp. mit dem Management unterschiedlicher Bot's und KI Provider in der Cloud. Das zuvor genannte Change Management beinhaltet Kenntnisse des „Storytelling", damit die Kunden der neuen digitalen Workforce in einem Gesamtzusammenhang von Geschäfts-, Controlling-Fach- und IT-Know How eingebettet und integriert werden. Die neuen Systeme müssen von den Nutzern in der Self-Service-Analytics angenommen werden. An dieser Stelle ist eine kundenorientierte Denkweise als besondere Kenntnisse der künftigen Controllern für eine erfolgreiche Etablierung von Bot's und KI entscheidend.

Weitere Skills für die künftigen Controller im Zusammenspiel mit der digitalen Workforce, sind in der technologischen Überwachung zu sehen. Neue Interne Kontroll Systeme und Risiko-Systeme sind in einem Monitoring den Controllern anzubieten, die ihrerseits ein Know How in der Bewertung von angezeigten Verarbeitungsanomalien haben müssen.

Mit Zunahme der sprachgesteuerten Schnittstellen zu Bot's und KI wird ein kontextsensitives Know- How zur Vermittlung und Training der KI gefordert. Eine mobile Präsenz dieser Schnittstelle in innovativen Büroeinrichtungen gepaart mit einer agilen Arbeitsweise in flachen Hierarchien und organisatorischen Netzwerken setzt die Rahmenbedingungen, um stets in der Maschine-Mensch Kommunikation die richtigen Antworten seitens der KI zu den gestellten Fragen seitens des Managements zu erhalten. Die Controller der Zukunft verfügen über das Know-How diese Schnittstellen mit den richtigen Ursache-Wirkungsfeldern zu trainieren, zu testen und zu etablieren.

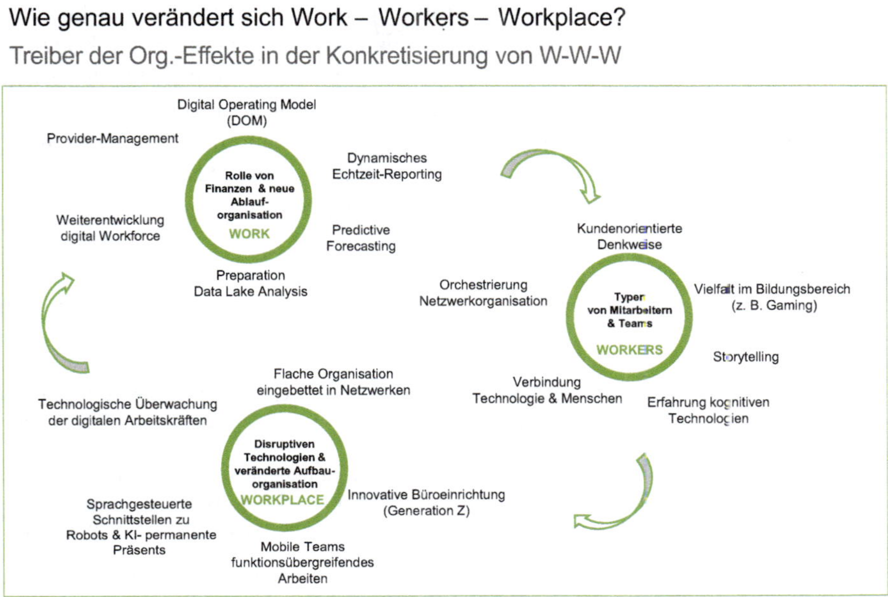

Abb. 6 Skills für den zukünftigen Controller hinsichtlich Work, Workers, Workplace

Abb. 6 verdeutlich nochmals die o. g. Zusammenhänge und gibt einen Einblick in die erweiterten Skill-Bereiche der Controller hinsichtich Work, Workers, Workplace.

4 Zusammenfassung und Ausblick

Die digitale Workforce ist aus den unternehmerischen Prozessen und damit ebenso aus dem Controlling Bereich nicht mehr weg zu denken. Die Pilotprojekte der letzten Jahre sind zunehmend in produktive Bot- und KI-Farmen überführt, in denen tausende von menschlichen Arbeitsstunden digital und automatisiert ersetzt wurden. Das Monitoring dieser Bereiche einerseits, wie auch die Weiterentwicklung ist eine wesentliche Aufgabe der kommenden Jahre, wobei neue Skills in den Vordergrund der Controller Arbeit kommen.

In den Controlling-Feldern Work, Workers, Workplace wird ein neues Know How aufgerufen, wobei stellvertretend für eine Reihe von digitalen Kenntnissen insb. das Training von Ursache-Wirkungsbeziehungen und damit das Realisieren von Regeln und Mustererkennung seitens der KI eine wichtige Aufgabe darstellt. Daten stehen in sehr großen Datenmengen in sogenannten Data Lakes für eine maschinelle Analyse mittels Celonis oder Trufa zur Verfügung und bedürfen seitens des Controllers einer qualifizierten Freigabe. Die Freigabe erhält hierbei die KI als virtueller Controller, deren Training und Etablierung zuvor in den Händen des menschlichen Controllings lag.

Ein Ausblick hinsichtlich eines Controllings von übermorgen mit zunehmender Durchdringung von digitalen Möglichkeiten und insb. KI gibt die Firma Kaggle.[12] Sie wirbt damit, dass sie das airbnb für Data Scientist ist, womit richtungsweisend ein Outsourcing der Datenanalyse an Externe ermöglicht wird. Damit werden weitergehende Organisationsformen und extern vergebene Controlling-Aufgaben in den Unternehmensalltag etabliert, wobei die o. g. Skills, bspw. des Providermanagements eine besondere Bedeutung im Controlling zugemessen wird.

Literatur

Alpar, P., & Schulz, M. (2016). Self-sevice business intelligence. In W. Christof & M. Bichler (Hrsg.), *Business & information systems engineering – The international journal of wirtschaftsinformatik* (S. 151–155). Wiesbaden: Gabler.

Amann, K., Petzold, J., & Westerkamp, M. (2020). Künstliche Intelligenz im Umfeld des Managements und Controllings. In K. Amann, J. Petzold & M. Westerkamp (Hrsg.), *Management und Controlling: Instrumente – Organisation – Ziele – Digitalisierung* (S. 243–250). Wiesbaden: Springer.

Arbeitskreis Shared Services der Schmalenbach-Gesellschaft für Betriebswirtschaft e. V. (2018). Digitale Transformation und Leadership in Shared Service Organisationen. In P. Krause & Bernhard (Hrsg.), *Betriebswirtschaftliche Implikationen der digitalen Transformation* (S. 29–48). Wiesbaden: Springer Fachmedien.

Deloitte. (2018). *Crunch time 7: Reporting in a digital world.* https://mydeloittenet.de.deloitte.com/Documents/Studien/Crunch%20Time%20VII_Zukunft_Reporting.pdf.

Deloitte Insights. (2015). *„Why data storytelling is so important – And why we're so bad at it".* https://www2.deloitte.com/us/en/insights/topics/analytics/data-driven-storytelling.html.

Epstein, R., et al. (2017). *Crunch Time – Finanzfunktion in der digitalen Welt.* London: Deloitte.

Ernstberger, J., Stephan, R., Mario, K., & Michael, R. (2019). Anwendungsfälle der Blockchain-Technologie in Rechnungswesen und Wirtschaftsprüfung. In *WPg* (S. 488–495). Düsseldorf: IDW.

Forbes. (2018). *Finance and the art of storytelling.* https://www.forbes.com/sites/jeffthomson/2018/01/03/finance-and-the-art-of-storytelling/.

Gärtner, C. (2020). *Smart HRM Digitale Tools für die Personalarbeit.* Wiesbaden: Springer.

Gronwald, K.-D. (2020). *Integrierte Business-Informationssysteme – Ganzheitliche, geschäftsprozessorientierte Sicht auf die vernetzte Unternehmensprozesskette ERP, SCM, CRM, BI, Big Data Analytics*. Berlin: Springer.

Huber, N.-C. (2020). In M. Dahm & S. Thode (Hrsg.), *Cost-Cutter, Steuersparer oder Enabler? In Digitale Transformation in der Unternehmenspraxis*. Wiesbaden: Springer Fachmedien.

Kabel, P. (2020). *Dialog zwischen Mensch und Maschine – Conversational User Interfaces, intelligente Assistenten und Voice-Systeme*. Wiesbaden: Springer.

Kalve, I. (2019). The modern workplace in service management: Possibilities, realities, new ways of working. In G. Prostean, J. J. L. Villahoz, L. Brancu & G. Bakacsi (Hrsg.), *Innovation in sustainable management and entrepreneurship -2019 International symposium in management (SIM2019)*. Basel: Springer International Publishing.

Kollmann, T. (2020). *Digital Leadership – Grundlagen der Unternehmensführung in der Digitalen Wirtschaft*. Wiesbaden: Springer.

[12]www.kaggle.com kaggle is the world's largest data science community with powerful tools and resources to help you achieve your data science goals.

Langmann, C., & Turi, D. (2020). *Robotic Process Automation (RPA) – Digitalisierung und Automatisierung von Prozessen*. Wiesbaden: Springer.

Masood, A., & Hashmi, A. (2019). *Cognitive computing recipes*. New York: Apress.

Mehanna, W., Tatzel, J., & Vogel, P. (2016). Business Analytics im Controlling – Fünf Anwendungsfelder. In P. Horvath (Hrsg.), *Controlling – Zeitschrift für erfolgsorientierte Unternehmenssteuerung* (S. 502–508). München: Vahlen.

Mohanty, S., & Vyas, S. (2018). *How to compete in the age of artificial intelligence – Implementing a collaborative human-machine strategy for your business*. New York: Apress.

Reinhardt, K. (2020). *Digitale Transformation der Organisation – Grundlagen, Praktiken und Praxisbeispiele der digitalen Unternehmensentwicklung*. Wiesbaden: Springer Fachmedien.

Schimank, C., & Güler, H. A. (2019). Steuerung betrieblicher Wertschöpfungsprozesse im digitalen Zeitalter mit S/4HANA. In P. Ulrich, B. Baltzer, P. Ulrich & B. Baltzer (Hrsg.), *Wertschöpfung in der Betriebswirtschaftslehre – Festschrift für Prof. Dr. habil. Wolfgang Becker zum 65. Geburtstag* (S. 299–328). Wiesbaden: Springer.

Schmitz, M., & Drerup, B. (2015). Global Business Services: Referenzmodell einer netzwerkorientierten Center-Organisation mit ganzheitlicher Governance, in Leitung und Überwachung in der Unternehmensund Prüfungspraxis. *Zeitschrift für Corporate Governance (ZCG), 10* Berlin: Erich Schmidt Verlag.

Schöning, S., Mendel, V., & Köse, A. (2020). Mit neuen Controller-Kompetenzen in die Zukunft. In J. Weber & U. Schäffer (Hrsg.), *Controlling & management review* (1. Aufl., S. 58–63). Wiesbaden: Springer.

Schwartz, J., Stockton, H., & Monahan, K. (2017). *Forces of change: The future of work*. London: Deloitte.

Sydow, J. (2010). *Management von Netzwerkorganisationen*. Wiesbaden: Gabler.

Tombeil, A.-S., Kremer, D., Neuhüttler, J., Dukino, C., & Ganz, W. (2020). Potenziale von Künstlicher Intelligenz in der Dienstleistungsarbeit. In M. Bruhn & K. Hadwich (Hrsg.), *Automatisierung und Personalisierung von Dienstleistungen: Methoden – Potenziale – Einsatzfelder* (S. 136–155). Wiesbaden: Springer.

Trapp, R. (2012). *Konvergenz des Rechnungswesens – Eine Inhaltsanalyse der Diskussion um eine Annäherung des internen und externen Rechnungswesens in deutschsprachigen Fachzeitschriften*. Wiesbaden: Gabler.

Weber, F. (2020). *Künstliche Intelligenz für Business Analytics – Algorithmen, Plattformen und Anwendungsszenarien*. Wiesbaden: Springer.

Weißenberger, B., & Simons, D. (2008). Die Konvergenz von externem und internem Rechnungswesen – Kritische Faktoren für die Entwicklung einer partiell integrierten Rechnungslegung aus theoretischer Sicht. *Betriebswirtschaftliche Forschung und Praxis, 60*(2), 137–160. Herne: NWB.

Kostenmanagement in der digitalen Welt: Chancen und Herausforderungen

Wolfgang Becker, Maurice Plößer und Felix Schuhknecht

Zusammenfassung

„Change is the only constant in life. One's ability to adapt to those changes will determine your success in life". Die Digitalisierung stellt eine große Veränderung unserer Welt dar und das einleitende Zitat, von Benjamin Franklin, macht deutlich, dass man sich weder als Mensch noch als Unternehmen solchen Veränderungen verschließen darf, sondern mit ihnen umgehen muss, wenn man erfolgreich sein möchte. Die gegenwertige Relevanz der Digitalisierungsthematik im Bereich des Controllings, jedoch auch speziell in dem des Kostenmanagements, ist inzwischen unbestritten. Eine Bewusstwerdung dieser Bedeutsamkeit ist der erste Schritt um die aus der Digitalisierung entstehenden Herausforderungen zu überwinden, aber auch resultierende Chancen zu erkennen und zu nutzen.

Schlüsselwörter

Digitale Transformation · Geschäftsmodelltransformation · Kostenmanagement · Value Agent · Value Operator

W. Becker (✉)
Ordinarius und Emeritus des Lehrstuhls für BWL, insbes. Unternehmensführung und Controlling, Otto-Friedrich-Universität Bamberg, Bamberg, Deutschland
E-Mail: wolfgang.becker@uni-bamberg.de

M. Plößer · F. Schuhknecht
Lehrstuhl für BWL, insbesondere Unternehmensführung & Controlling, Universität Bamberg, Bamberg, Deutschland
E-Mail: michael-maurice.ploesser@uni-bamberg.de; felix.schuhknecht@uni-bamberg.de

W. Becker, P. Ulrich (Hrsg.), *Handbuch Controlling*,
https://doi.org/10.1007/978-3-658-26431-4_85

1 Einleitung

Die Veränderungen durch die fortschreitende Digitalisierung – die Begriffe Digitalisierung und Digitale Transformation werden im Rahmen dieses Beitrages synonym verwendet (Botzkowski 2018, S. 23) – sind beträchtlich und nachhaltig. Inzwischen hat ihr Tempo rasant zugenommen, was sich in einer sich stetig stärker transformierenden Wirtschaft widerspiegelt (Knop und Becker 2015, S. 1 f.; BMWi 2017, S. 2). Der Markt wird durch digitalisierte Wettbewerber transformiert, etablierte Marktmechanismen werden ausgehebelt und starre Wertschöpfungsketten werden durch kooperative, dynamische Netzwerke abgelöst (Hess et al. 2016, S. 131; Bughin und van Zeebroeck 2017, S. 82). Unternehmen werden in immer kürzeren Abständen vor neue Aufgaben und Herausforderungen, wie Big Data und Geschäftsmodell-Transformationen, gestellt (Becker et al. 2018, S. 16 f.; Sia et al. 2016, S. 106 ff.). Gerade letztere fordern eine agile und flexible Unternehmenssteuerung. Das Festhalten am Status quo kann sich somit kein Unternehmen und auch keine Unternehmensabteilung länger erlauben (Müller-Seitz et al. 2016, S. 24 f.). Auch das Controlling kann sich der Welle disruptiver Veränderungen nicht entziehen (Becker et al. 2017, S. 298; Klatt 2014, S. 541). Es muss, als Wegbegleiter des digitalen Wandels, somit definieren, welchen Wertbeitrag es in der Rolle des Business Partners in einer digitalen Zukunft leisten will und wie eine sinnvolle Realisation der neuen technologischen Möglichkeiten umgesetzt werden kann (Keimer und Egle 2018, S. 62; Schäffer und Weber 2016, S. 16). Es gilt, den Einsatz digitalisierter Mittel zu fördern, sodass entscheidungsrelevante Informationen für die Unternehmenssteuerung zur Verfügung gestellt werden können, um am Markt konkurrenzfähig zu bleiben (Koß 2016, S. 36 f.). Davon abgeleitet ist die Entwicklung einer Digitalisierungsstrategie auch für das Controlling unausweichlich, da Geschäftsmodellinnovationen in Form von internetbasiertem globalen Wettbewerb und Produkttransformationen das Controlling vor neue Aufgaben stellen (Kieninger et al. 2015, S. 11). Diese basieren vorwiegend auf neuen digitalen Technologien, Anwendungen und der wertschöpfenden Nutzung von Datenquellen. Ziel ist, eine Verbesserung der operativen und strategischen Entscheidungsunterstützung des Managements und eine Steigerung der operativen Effizienz im Controlling selbst zu schaffen (Becker et al. 2015, S. 264). Neben Prozessänderungen wird sich auch eine Anpassung im Rollenprofil des Controllers ergeben (Tüllmann et al. 2018, S. 175 f.; Klatt 2014, S. 542). Bisher ist die Nutzung von Chancen der Produktionseffizienzen und Vertriebssteigerungen in Unternehmen fokussiert worden. In jüngster Zeit wird durch die Praxis eine zunehmende Bedeutung neuer Steuerungskonzepte im Digitalgeschäft bestätigt (Keimer und Egle 2018, S. 62). Einer zur Folge wurde die Kostensenkung, als zentrale Rolle des CFOs, in den letzten Jahren vernachlässigt, da sich mehr dem Gewinn durch Wachstum zugewendet wurde. Durch das Vernachlässigen der Kostenseite sind Unternehmen enormen Wettbewerbsnachteilen ausgesetzt. Des Weiteren ergab die Untersuchung, dass CFOs von einem weiteren Gesamtkostenanstieg ausgehen und eine flexible Kostenstruktur essenziell für ein nachhaltiges Unternehmenswachstum ist (Axson und Delawalla 2018, S. 2 f.). In diesem Zusammenhang rücken die Kosten der Unternehmung verstärkt in den Mittelpunkt der Betrachtung. Besondere Bedeutsamkeit wird hierbei dem neuen Niveau der Einflussnahme auf die Transparenz von Kosteninformationen für das Kostenmanagement zugesprochen, da strategische Entscheidungen direkt beeinflusst werden (Axson und Delawalla 2018, S. 3). Das Kostenmanagement stellt somit einen der bedeutendsten Eckpfeiler zur Sicherung der Unternehmensexistenz in Zeiten des digitalen Wandels dar (Aguilar und Moffatt 2018, S. 25) und ist dadurch gezwungen, den Chancen- und Risiko-Konstellationen der Digitalisierung proaktiv zu begegnen. Vor dem dargestellten Hintergrund und der daraus resultierenden Notwendigkeit einer stärkeren Berücksichtigung der Kosten durch das Controlling in digitalen Unternehmen, müssen die bevorstehenden Anforderungen für das Kostenmanagement neu bestimmt werden. Diese resultieren primär aus einem sich ändernden Aufgabenprofil, der Verwendung neuer Toolboxen und der Anpassung der Denkweise an neue Rahmenbedingungen. Derzeit liegen in der Literatur kaum Erkenntnisse hinsichtlich der Potenziale und Hindernisse, verursacht durch die Digitalisierung, für das Kostenmanagement vor.

2 Terminologie

Das folgende Kapitel erläutert die grundlegenden Begrifflichkeiten der vorliegenden Arbeit. Es wird auf die wertschöpfungsorientierte Controlling Konzeption nach Becker et al. (2014) eingegangen. Ausführungen zum Begriff des Kostenmanagements und eine Vorstellung der Aufgaben sowie eine Darstellung ausgewählter Instrumente, Werkzeuge und Methoden des Kostenmanagements folgen. Ergänzt wird das Kapitel durch die Definition von der digitalen Transformation von Geschäftsmodellen.

2.1 Wertschöpfungsorientiertes Controlling – Zweck, Funktionen, Objekte, Aufgaben und Aufgabenträger

Unter dem Begriff Wertschöpfung werden mehrere Unternehmenszwecke subsumiert. Sie werden generell als die Rollen verstanden, welche diese von der Gesellschaft zugeschrieben bekommen (Ulrich 2001, S. 114 f.). In ihnen spiegeln sich die unterschiedlichen Erwartungen der Stakeholder wider (Becker et al. 2014, S. 53). Das hat zur Folge, dass die Erreichung dieser zugeordneten Zwecke eine enorme Bedeutung für das Unternehmen hat, da sonst deren Existenz gefährdet ist (Becker et al. 2014, S. 53). Zu den elementarsten Zwecken gehören Entgelterzielung, Deckung der eigenen und fremden Bedarfe (sachökonomische Perspektive) sowie die Befriedigung unterschiedlichster menschlicher Bedürfnisse (verhaltensökonomische Perspektive) (Krüger 1981, S. 932). Diese voneinander abhängenden und grundsätzlich gleichpositionierten Unternehmenszwecke können unter dem Begriff der Wertschöpfung aggregiert und als Teilaspekte dieser verstanden werden (Becker 1996, S. 29 ff.). Unternehmensziele hingegen entstehen „als Resultat von Willensbildungsprozessen innerhalb von Unternehmen“ (Baltzer 2013, S. 44). Stakeholder-Gruppen der Unternehmen sind an letzteren in unterschiedlichem Maße beteiligt

(Kieser und Walgenbach 2010, S. 7 ff.). Neben den spezifisch festgelegten Unternehmenszielen wird die Existenzsicherung als allgemeingültiges und übergeordnetes Ziel einer Unternehmung angesehen (Bleicher und Meyer 1976, S. 29 ff.). Das Fortführungsprinzip ist somit von zentraler Bedeutung für die Unternehmensführung, da die gesamten Unternehmensaktivitäten auf das Erreichen der Wertschöpfung ausgerichtet sind (Becker et al. 2014, S. 54).

Hinter der Erzielung von Wertschöpfung steht letztlich immer eine unternehmensspezifische Wertschöpfungsprozesskette (Porter 2014, S. 59 ff.; Becker 1996, S. 88 ff.). Das in dieser Arbeit angenommene Verständnis der Unternehmensführung ermöglicht die Interpretation der stattfindenden Prozessabläufe als Wertschöpfungskreislauf (Gälweiler und Malik 2005, S. 23 f.; Becker 2011, S. 42). Es existieren drei Führungsgrößen in diesem Kreislauf (Becker 2017, S. 7): Erfolgspotenziale, Erfolg und Liquidität. Die beiden zuletzt genannten Größen können als operative Führungsgrößen klassifiziert werden. Demnach gehören Erfolgspotenziale zu den strategischen Führungsgrößen, da deren Verwendung nur auf lange Sicht Wirkung zeigt (Gälweiler und Malik 2005, S. 23 ff.; Becker 2017). Erfolgspotenziale stellen Vorsteuergrößen des Erfolgs und der Liquidität dar und bilden in diesem Kontext die Basis der Wertschöpfung (Becker 1999, S. 6). Erfolg wird in diesem Zusammenhang geschaffen, indem die vom Unternehmen entwickelten Erfolgspotenziale umgesetzt werden. Letztere führen letztendlich zu Einzahlungen, welche zur Verbesserung der Liquiditätslage beitragen. Erfolgspotenziale liegen jedoch nicht unendlich vor, sodass diese mithilfe von Investitionen (Liquidität) gesucht, geschaffen, aufgebaut und erhalten (Erneuerung) werden müssen (Gälweiler und Malik 2005, S. 26). Demzufolge führt der Regelkreis, welcher stetig und phasensimultan zu durchlaufen ist, zur Wertschöpfung und dem Unternehmensziel der Existenzsicherung (Becker 1999, S. 6). Die Sicherung und Aufrechterhaltung des Wertschöpfungskreislaufs gehört mit zu den wesentlichsten Aufgaben der Unternehmensführung. Becker (1999, S. 4) bezeichnet diese originäre Führungsfunktion als Lokomotionsfunktion.

Zurückzuführen ist die „Lokomotionsfunktion" auf Lukasczyk (1960, S. 182 ff.), der die Konkretisierung der Begriffe Lokomotion (Sicherstellung der Aufgabenlösung bzw. Zielerreichung durch eine Gruppe) und die Kohäsion (Aufrechterhaltung des Zusammenhalts einer Gruppe) anhand von Literaturauswertungen als unternehmerischen Führungsfunktionen vornahm. Bleicher (1993, S. 1277). führte dieses Verständnis weiter und definierte unter der Lokomotionsfunktion „die Gesamtheit derjenigen Aktionen, welche in einem instrumentellen, zielorientierten Sinne die Aufgabenerfüllung begünstigen".

Weitere Führungsfunktionen stellen zudem die Gestaltung, Lenkung sowie Steuerung (Regelung) dar (Becker 2010, S. 37). Traditionelle Instrumente der Unternehmensführung wie die Planung und Kontrolle reichen nicht aus (Becker 1990, S. 302 ff.), um die Ausführung der Lokomotionsfunktion zu gewährleisten, sodass die Unternehmensführung sich dem Führungsinstrument des Controlling bedient (Welge 1988, S. 6; Küpper et al. 1990, S. 281; Amshoff 1993, S. 439; Zimmermann 2001, S. 169), um die Wertschöpfung zu fördern. Demnach dient das Controlling als Instrument der Unternehmensführung zur Realisierung der Lokomotion, aus der die Sicherstellung der Wertschöpfung resultiert (Becker et al. 2014, S. 60). Damit dies jedoch gelingen kann, müssen die derivativen Führungsfunktionen als begleitende Voraussetzung für die originäre Lokomotionsfunktion erfüllt werden. Hierzu gehören die Abstimmungs- und Informationsfunktion, (Becker 1999, S. 6 f.) welche ebenfalls durch das Controlling realisiert und als Führungsunterstützungsfunktionen bezeichnet werden können (Becker 1999, S. 7 ff.). Die Unternehmensführung hat zur Aufgabe, sämtliche wertschöpfende Aktivitäten im Unternehmen hinsichtlich der Schaffung, Steigerung und Sicherung der Wertschöpfung zu koordinieren (Primärkoordination) (Becker 1999, S. 7 ff.). Zugleich muss beachtet werden, dass neben den Ausführungsaktivitäten auch die Führungsaktivitäten auf den Zweck der Wertschöpfung auszurichten sind (Sekundärkoordination). Für die Differenzierung der Primär- und Sekundärkoordination wird auf Friedl (2013, S. 8 ff.) und Horváth (2012, S. 102 ff.) verwiesen. Ziel der derivativen Abstimmungsfunktion ist somit die Koordination aller prozessualen, instrumentalen sowie institutionellen Führungsaktivitäten, wonach unter der Abstimmung ein mehrdimensionales und komplexes Phänomen zu verstehen ist. (Becker 1999, S. 9). Betrachtet man die prozessuale Perspektive, ist eine „Integration beim planerischen Denkhandeln, eine Koordination (im engeren Sinne) beim Durchsetzungshandeln sowie eine Adaption beim Kontrollhandeln" (Baltzer 2013, S. 46). sicherzustellen. Bei der instrumentellen Sichtweise ist es in hohem Maße von Bedeutung, dass eine zielgerichtete Abstimmung der Führungs- und Leitungsinstrumente sowohl systembildend als auch systemkoppelnd erfolgt. Zur differenzierten Betrachtung der Begriffe systembildende und -koppelnde Koordination wird auf Horváth (2012, S. 102 ff.) verwiesen. Bei den institutionellen Führungsaktivtäten ist auf eine vertikale Abstimmung zwischen den einzelnen Managementebenen und eine horizontale Abstimmung in den Führungsebenen selbst zu achten (Becker 1999, S. 8 f.). Die Grundvoraussetzung sowohl für die Lokomotionsfunktion als auch für die Abstimmungsfunktion ist die Schaffung und Erhaltung der betrieblichen Informationskongruenz (Informationsfunktion) (Becker 1999, S. 9 f.). Hierunter wird die möglichst vollständige Deckung aus Informationsbedarf, -angebot und -nachfrage zusammengefasst (Berthel 1975, S. 27 ff.) Aufgrund der stetig steigenden Komplexität (Komplexität wird hier als ein Zusammenspiel aus Differenziertheit und Dynamik verstanden) der Unternehmensumwelt stellt die Übereinstimmung dieser informationswirtschaftlichen Größen stets eine enorme Herausforderung dar (Becker et al. 2014, S. 79 f.). Ein Auseinanderfallen dieser drei Größen kann zu den Extrema des Information Overload oder des Informationsdefizits für die Aufgabenträger führen, was verheerende Folgen für die Unternehmen haben kann (Baltzer 2013, S. 46). Demzufolge sind die Sicherstellung und Bereitstellung wertschöpfungsorientierter Informationen für die Unternehmensführung die fundamentalsten Aufgaben des Controllings, da nur so sämtliche unternehmerische Tätigkeiten auf den Wertschöpfungszweck ausgerichtet werden können (Becker et al. 2014, S. 78). Die aus der Führungsfunktion der Lokomotion resultierenden Aufgaben liegen in der Verantwortung der Manager und sollen demnach von diesen wahrgenommen und nicht delegiert werden (Becker 1999, S. 7). Hauptaugenmerk des Controllership gemäß Becker (1999, S. 10) besteht darin, die beiden derivativen Führungsunterstützungsfunktionen, die Abstimmung aller betrieblichen Entscheidungs- und

Handlungsfelder und die Schaffung sowie Erhaltung der betrieblichen Informationskongruenz, zu erfüllen.

2.2 Kosten als Objektfeld des wertschöpfungsorientierten Controlling

Die Vielzahl möglicher Controlling-Objekte kann mittels einer Typisierung in Potenziale, Prozesse, Projekte, Produkte, Portfolios und Programme vorgenommen werden (Becker 1999, S. 11; Kajüter 2000, S. 161 ff.; Daniel 2008, S. 22 ff.). Die kontinuierlich zielorientierte Gestaltung und Lenkung der Kosten von Objekten über alle Wertschöpfungsaktivitäten hinweg ist von großer Bedeutung. Nach allgemeiner Auffassung werden durch Entscheidungen der Produktentwicklung bis zu 70 % der Gesamtkosten eines Produktes determiniert (Blanchard 1978, S. 14 f.; Ehrlenspiel et al. 2014, S. 13). Besonders wichtig ist es somit, bereits im Entstehungszyklus die kostenverursachenden Produktmerkmale unter Beachtung der kundenspezifischen Bedarfe zweckorientiert zu gestalten (Franz und Kajüter 2007, S. 978). Die effiziente Gestaltung von Arbeitsabläufen strebt das prozessorientierte Kostenmanagement an (Friedl 2013, S. 203). Zu den Gestaltungsparametern zählen somit Struktur, Ablauf und Träger von Prozessen (Becker 2018, S. 52). Des Weiteren können kostenzielorientierte Prozessanpassungen kontinuierlich in kleinen Schritten oder in radikaler Art und Weise erfolgen (Davenport 1993, S. 10 ff.; Franz und Kajüter 2007, S. 979). Die für die Durchführung der Unternehmensprozesse notwendigen Mittel (Material, Personal, etc.) werden als Ressourcen bezeichnet (Kajüter 2000, S. 197). Das potenzialorientierte Kostenmanagement befasst sich mit der Gestaltung der Produktionsfaktoren für die Realisation des Leistungsprogramms mittels Beeinflussung der Entscheidungsträger zur Bereitstellung des Leistungspotenzials (Friedl 2013, S. 358). Zudem fokussiert es sich nicht allein auf die Kostensituation des betrachteten Unternehmens, sondern blickt auch über dessen Grenzen hinaus (Cooper und Slagmunder 2004).

2.3 Kostenmanagement

Dieser Abschnitt thematisiert den Kostenmanagementbegriff sowie dessen Ziele. Zudem werden Aufgaben sowie Aufgabenträger des Kostenmanagements diskutiert.

Begriff und Ziele des Kostenmanagements
Der Terminus Kosten ist zentraler Bestandteil des Kostenmanagements (Becker 2018, S. 31). Der wertmäßige Kostenbegriff, der diesem Beitrag zu Grunde liegt, orientiert sich an der Definition von Becker (2018, S. 31). Hierunter versteht man den „bewerteten [leistungserstellungsbedingten] Verzehr von Gütern und Dienstleistungen zur Erstellung und zum Absatz der betrieblichen Produkte und zur Aufrechterhaltung der hierfür notwendigen Betriebsbereitschaft." Diese Definition beruht auf der Begriffsdefinition von Schmalenbach (1919, S. 268), Kosiol (1979),

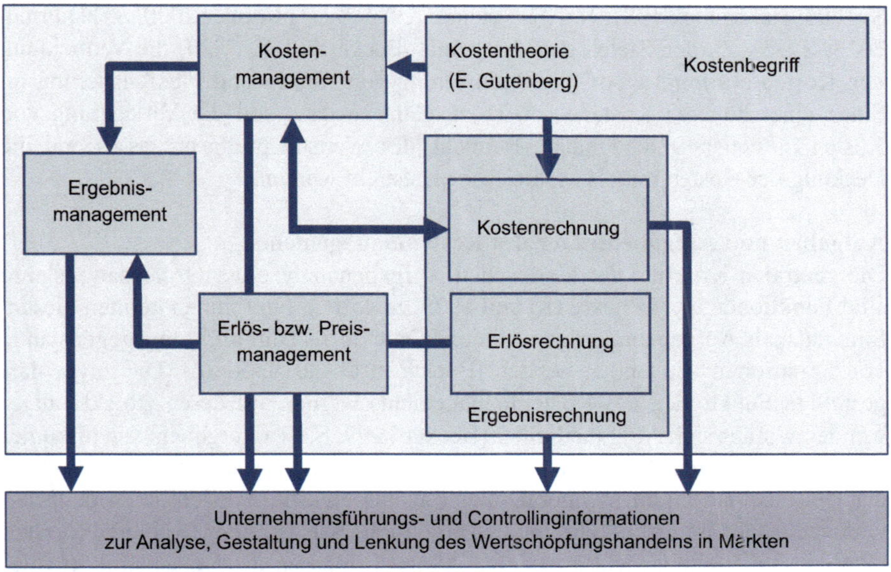

Abb. 1 Teilgebiete der betriebswirtschaftlichen Kostenlehre

Heinen (1983) und Schweitzer et al. (2016) folgen dem Verständnis. Zur Abgrenzung des pagatorischen Kostenbegriffs vergleiche Deimel et al. (2006), S. 47 ff. Die Kostentheorie (Gutenberg 1951) und ihre Erklärungs- sowie Prognosefunktionen sind das Fundament für etliche Kostenaussagensysteme (Becker 2008, S. 17). Wobei die Kostenrechnung als Instrument genutzt wird, um die Ermittlungs-, Dokumentations- und Informationsfunktion zu erfüllen (Becker 2008, S. 17). Das Kostenmanagement ist ebenfalls ein Teilgebiet der Kostenlehre und kann dem Aufgabenbereich der Unternehmensführung (Abb. 1) zugeordnet werden (Friedl 2013, S. 38).

Der Begriff Kostenmanagement kann in dieser Ausprägung als Synonym für die Kostenbeeinflussung und Kostenpolitik betrachtet werden. Becker (1993, S. 11) kritisiert durchaus die Verwendung des Management-Begriffs, da dieser synonym für die Führung gesehen werden kann und es somit zur Vernachlässigung von sachbezogenen Aufgaben käme. Zudem führt es neben sach- und strukturbezogenen auch verhaltensbezogene Gestaltungs- und Lenkungsfunktionen aus und trägt mittels systematisch-methodischer Verfahren zu einer umfassenden Beeinflussung der unternehmerischen Kostensituation bei (Becker 2018, S. 49; Friedl 2013, S. 47); Horváth und Seidenschwarz (1991); Reiß und Corsten (1992); Männel (1995) beachten primär den Gestaltungsaspekt, sodass sich an der Erklärung von Becker (2018) orientiert wird. Die Literatur schlägt eine Unterteilung in die Bereiche operatives (kurzfristiges) und strategisches (langfristiges) Kostenmanagement vor (Hardt 2018, S. 8; Schulte 2018, S. 4 ff.). Die Ziele des Kostenmanagements lassen sich demnach in operative und strategische Zielsetzungen unterteilen, die es situativ zu konkretisieren gilt (Heiß 2004, S. 51; Becker 2008, S. 20). Grundsätzlich soll die Wirtschaftlichkeit mittels einer Effizienzsteigerung verbessert werden (Bohr 1981,

S. 1795; Haberstock 1981, S. 1079; Heinen 1983, S. 31; Kajüter 2000, S. 11; Friedl 2013, S. 35). Zu den Zielen gehören gemäß Becker (2018, S. 20) die Vermeidung von Kosten bestimmter Art, die Reduzierung von Kosten und Flexibilisierung im Sinne einer höheren Kostenelastizität. Ergänzend dazu soll die Verlagerung von Kosten in steuer- und regelbare Bereiche des Wertschöpfungsprozesses und die Deckung der Kosten mittels Mehrerlöse angestrebt werden.

Aufgaben und Aufgabenträger des Kostenmanagements
Die zentralen Kriterien der klassischen Aufgabenanalyse der Organisationslehre sind Funktionen und Objekte (Kosiol 1979, S. 45 ff.). Funktionen können diesem Sinn nach als Aufgabenaggregationen und Objekte als Durchführungsgegenstände von Funktionen verstanden werden (Becker et al. 2014, S. 86). Die zuvor dargestellten Funktionen des Kostenmanagements werden auf deren Objekte angewendet, woraus sich Aufgabenfelder (Becker 1999, S. 11 f.) ergeben. Die hierunter zusammengefassten Aufgaben/Tätigkeiten haben den Zweck der Beeinflussung der Kostensituation eines Unternehmens, wobei eine Berücksichtigung des Kostenniveaus (der Begriff beschreibt die „punktuelle Kostenhöhe" (Reiß und Corsten 1990, S. 390)) allein nicht ausreicht. Demnach müssen die Kostenstruktur (hierunter wird „die Zusammensetzung der Kosten aus unterschiedlichen Kostenblöcken, -kategorien bzw. -arten verstanden (Reiß und Corsten 1992, S. 1479)) und der Kostenverlauf, (Kennzeichnet die Entwicklung der Kosten in Abhängigkeit von einem Kostentreiber. (Reiß und Corsten 1990, S. 390 ff.)) die das Niveau determinieren, zugleich Interdependenzen aufweisen und von Einflussmechanismen verschiedener Kostentreiber (Kostentreiber sind Einflussgrößen, von denen die Kostenhöhe einer Kostenstelle dependent ist (Hoitsch 2003, S. 412) abhängen), als Gestaltungs- und Wirkungsebenen verstanden werden. (Reiß und Corsten 1990, S. 390; Becker 2018, S. 56). Aufgaben zur Einflussnahme auf das Handeln anderer können in sachbezogene, strukturbezogene und personenbezogene Aufgaben gegliedert werden (Wild 1980, S. 32; Krüger 2007, S. 198). Neben sachbezogenen gilt es zudem zeitbezogene Aspekte bei Gestaltungs- und Wirkungsebenen zu beachten. Hieraus ergeben sich laut Becker (2008, S. 76) beispielhaft folgende Aufgaben: die Schaffung einer ganzheitlichen und frühzeitigen Kostentransparenz sowie die Erzeugung eines adäquaten Kostenbewusstseins im Unternehmen. Festzuhalten ist, dass sämtliche Aufgaben aus der Informations-, Abstimmungs- und Lokomotionsfunktion abgeleitet werden (Becker 2008, S. 76). Wobei diese Listung lediglich als Kategorisierungshilfe dienlich ist und kein deutlich abgrenzbares Aufgabenbünde darstellt (Becker 2008, S. 30 ff.; Männel 1995, S. 27 ff.). In der existierenden Literatur wird das Kostenmanagement tendenziell der Rolle des Managers zugesprochen, da dieser Aufgaben ausführt, welche dem Bereich der Lokomotionsfunktion zuzuordnen sind. Zuvor dargestellten Aufgaben tragen zur Erfüllung der Lokomotionsfunktion (Abschn. 2.1) bei. Die Zuordnung des Sicherstellens der Lokomotionsfunktion liegt in den Verantwortungsbereichen des Mangers (Becker et al. 2014, S. 92). Empirische Studien stellen dar, dass sowohl unternehmensinterne als auch – externe Aufgabenträger die Kostensituation managen können (Wiederstein und Bernd 2014; Axson und Delawalla 2018). Dem zur Folge kann das Kostenmanagement de- und zentralisiert in Unternehmen

verankert sein, sodass die Zuordnung der Kostenmanagement-Aufgaben von institutionellen Aspekten abhängt. Als externe Aufgabenträger sind Unternehmensberater von Bedeutung (Sakurai 1989, S. 44 f.; Kajüter 2000, S. 237 ff.; Konle 2004, S. 62 ff.).

2.4 Digitale Transformation von Geschäftsmodellen

Das Schlagwort Digitalisierung ist derzeit in verschiedensten Bereichen und somit auch in einer Vielzahl von Wirtschaftszweigen populär. Diese Popularität des Themas führt zu einer übermäßigen Nutzung des Begriffs in den Medien (Becker et al. 2017, S. 302 f.). Bevor eine genaue Definition des Begriffs vorgenommen werden kann, muss deren Motor sowie Änderungspotenzial aufgezeigt werden. Die elementarsten Treiber der Digitalisierung sind die Fähigkeit der Codierung physischer Informationen und Daten in Binärzeichen (Fink et al. 2005, S. 23), der Fortschritt technologischer Erkenntnisse und die Nutzung von Informations- und Kommunikationstechniken (IKT) (Laudon et al. 2016) als Bindeglied zwischen Technik- und Wirtschaftsebene (Laudon et al. 2016, S. 17). Dieser Einsatz führt zu einer Verbesserung der Prozesseffizienz, senkt Prozesskosten und unterstützt wertschöpfende Geschäftstätigkeiten durch eine digitale Koordination, Steuerung und Lenkung von Unternehmensprozessen (Cole 2010, S. 83). Der digitale Wandel beschränkt sich jedoch nicht allein auf den Umgang mit IKT (Jahn und Pfeiffer 2014). Er wird zukünftig zur Umgestaltung gesamter Unternehmensabteilungen, wie dem Controlling, führen, sodass es letztendlich zur sehr starken Verzahnung von technischen und wirtschaftlichen Bereichen kommen wird (Scheer und Wahlster 2012, S. 7 f.). Aufgrund zahlreicher Definitionsansätze existiert derzeit kein klares und einheitliches Verständnis des Digitalisierungsbegriffs in der Literatur (Becker et al. 2015, S. 264). Trotz der Unbestimmtheit des Begriffs, ist ein zweckbezogenes Begriffsverständnis für den untersuchten Terminus von hoher Relevanz (Wolf 2013, S. 7 f.; Krickel 2015, S. 42). In dieser Arbeit wird unter der Digitalisierung folgendes verstanden:

► **Digitalisierung** ist die strategisch orientierte Transformation von Prozessen, Produkten, Dienstleistungen bis hin zur Transformation von kompletten Geschäftsmodellen unter Nutzung moderner Informations- und Kommunikationstechnologien (IuK) mit dem Ziel, nachhaltige Wertschöpfung effektiv und effizient zu gewährleisten. (Becker und Pflaum 2019, S. 9)

Diese Definition wird als zweckdienlich erachtet, da unter der Digitalisierung nicht allein die technologische Seite betrachtet, sondern auch die strategische Transformation von Geschäftsmodellen und das Ziel der Wertschöpfung thematisiert wird (Becker 2019, S. 24 f.). Hiervon bleibt das Kostenmanagement auch nicht unberührt, da gerade die Transformation eine Initiative darstellt, welche es zu ergreifen gilt, um sicherzustellen, dass Unternehmen digitale Umbrüche, sprich die Existenzsicherung, überstehen (Axson und Delawalla 2018, S. 3).

3 Out of Lifecycle Costing als Betrachtungsperspektive des Kostenmanagements

In diesem Kapitel wird das Instrument des Total Cost of Ownership – Ansatzes der Out of Lifecycle Costing als Betrachtungsperspektive des Kostenmanagements vorgestellt. Es wurde sich für diese Perspektive entschieden, da in Zeiten der Digitalisierung Wertschöpfungsnetzwerke und kooperative Zusammenarbeit mit Lieferanten sowie Kunden immer größeren Einfluss auf die Kostensituation von Unternehmen haben (Schröder et al. 2015, S. 7 f.). Dies hat zur Folge, dass die Bedeutung des unternehmensübergreifenden Kostenmanagements weiter steigt (Wiederstein 2017, S. 10). Der Total Cost of Ownership (TCO) Begriff setzt sich aus den Bestandteilen „Total", der möglichst vollständigen Beachtung der „Cost", wobei hiermit nicht unmittelbar die Gesamtkosten, sondern ebenfalls Auszahlungen und weitere Rechengrößen zu verstehen sind, zusammen (Götze und Weber 2008, S. 249). Das Wort „Ownership" steht für die Verfügungsgewalt über ein bestimmtes Bezugsobjekt (Götze und Weber 2008, S. 249). Erstmalig findet sich der Begriff in einer Studie der Gartner Group, die ihn zugleich prägte (Riepl 1998, S. 7 f.; Wolf und Holm 1998, S. 19). Aus theoretischer Perspektive liegt, aufgrund der Vielzahl von unterschiedlichen Schwerpunktsetzungen bei der Gestaltung der TCO-Modelle, keine eindeutige Definition vor (Wynstra und Hurkens 2004, S. 464; Thomas 2008, S. 26). Im Rahmen dieses Beitrages wird die Begriffserläuterung nach Jaeger (2000, S. 453) genutzt. Diese besagt, dass das Konzept auf die „Identifizierung der Gesamtkosten [. . .] über den gesamten Lebenszyklus (life cycle costs)" abzielt. Es wurde sich vor diesem Hintergrund für diese sehr umfassende Definition entschieden, da somit sämtliche Ansätze unterschiedlicher Kostenzuordnungsansichten inkludiert werden und somit keine Betrachtungsweise ausgelassen wird.

4 Bezugsrahmen für das Kostenmanagement in der digitalen Welt

Bezugsrahmen erfüllen primär die wissenschaftliche Grundfunktion der „[. . .] Systematisierung, Strukturierung und geistige[n] Durchdringung der den jeweiligen Untersuchungsbereich charakterisierenden Ursachen, Gestaltungen und Wirkungen, aber auch die Erleichterung der Kommunikation der erfolgten Forschungsbemühungen und -ergebnisse." (Wolf 2013, S. 37). Es wird somit das Ziel der Ordnung komplexer Sachverhalte mit anschließender Überprüfung dieser verfolgt (Kirsch 1973, S. 14). Häufig werden Bezugsrahmen zur systematischen Nachvollziehbarkeit von explorativen Studien genutzt (Becker 1993, S. 118; Kirsch 1997, S. 562 ff.). Dies wird allerdings nur unter der Voraussetzung einer sorgfältigen Erarbeitung hinsichtlich der inhaltlichen Struktur sowie der prozessualen und methodischen Merkmale als sinnvoll erachtet (Kirsch et al. 2007, S. 31). Anzumerken ist, dass explorative empirische Forschungen ebenfalls zum Testen des Bezugsrahmens genutzt werden können, wobei diese einer bedingten Intersubjektivität unterliegen (Welge 1980, S. 52). Aufgrund ihres allgemeinen Aufbaus, oftmals eine einfache grafische Wiedergabe von mehreren theoretischen Konstrukten (Wolf 2013, S. 37), lassen sich Bezugsrahmen nicht unmittelbar überprüfen, sondern lediglich die festgelegten Variablen und deren Wirkungsweisen der daraus abgeleiteten Thesen (Nerdinger 2012, S. 40). Bezugsrahmen sind somit eine visuelle Orientierungshilfe zur Lösung komplexer Phänomene und lenken zugleich den fortlaufenden Forschungsprozess. Demnach kann ein Bezugsrahmen als ein allgemein formuliertes Erklärungskonstrukt verstanden werden, aus welchem Aussagen hinsichtlich des Verständnisses von Zusammenhängen des jeweiligen Forschungsgegenstandes getroffen werden können (Kirsch 1997, S. 569 f.).

Der situative Kontext bildet in diesem Zusammenhang den Rahmen des Konstrukts (siehe Abb. 2) und umgibt das Kostenmanagement. Die Digitalisierung wirkt als exogener bzw. endogener Impuls auf das Kostenmanagement, das zunächst eine Digitalisierungsentscheidung treffen muss, da die determinierenden Faktoren des unternehmerischen Handels durch den Einsatz neuer Technologien beeinflusst werden (Strategic Choice). In diesem Entscheidungsprozess gilt es, vorherrschende Barrieren zu überwinden und den Digitalisierungs- und Diversifizierungsgrad des Kostenmanagements zu bestimmen. Zudem wirkt sich der digitale Einfluss auf sämtliche Unternehmensbereiche aus, wodurch neue Anforderungen an das Kostenmanagement gestellt werden. Zur Berücksichtigung sämtlicher kostenbasierter Auswirkungen der Digitalisierung eignet sich als Grundkonzept der Total Cost of Ownership Ansatz (TCO), da dieser versucht, die Kostensituation umfassend abzubilden (Schröder et al. 2015, S. 7 f.). Die tradierten Lebenszyklusphasen (Entstehungs-, Markt-, Entsorgungsphase) sind durch einen Stage-Gate-Prozess (Cooper 1990, S. 46) ergänzt, welcher Meilensteine der Entscheidungsfindung in den Zyklus integriert. In Zeiten von Wertschöpfungsnetzwerken und der zunehmenden Integration der Kundenperspektive in das Kostenmanagement stellt die Erweiterung des TCO-Ansatzes zum Total Value of Ownership (Miller 1997) eine geeignete und zweckorientierte Alternative dar.

Dies ergibt sich daraus, dass gerade in komplexen und dynamischen Märkten die reine Kosten- und Erlösbetrachtung (monetäre Größen) nicht ausreicht, sondern um die Wertseite ergänzt werden muss, da die Wertschöpfung mehrere Facetten berücksichtigt. Diese Betrachtung ist notwendig, damit bspw. der Mehrwert einer IT-Investition ermittelt werden kann. Hierbei nimmt neben den Kosten eines Investments auch dessen Innovationspotenzial und Nutzenversprechen eine übergeordnete Rolle ein. Das Kostenmanagement kann somit dazu beitragen, Chancen zu entdecken und zu nutzen sowie Hindernisse zu meistern, was in einer Geschäftsmodellinnovation des Unternehmens münden kann. Eine Missachtung dieser Potenziale kann dazu führen, dass essenziellen Investitionsmöglichkeiten nicht nachgegangen werden kann, was das Fortbestehen (Existenzsicherung) des Unternehmens gefährdet. Für das Kostenmanagement ergeben sich hieraus, auf der Lokomotion basierend, neue Gestaltungs-, Lenkungs- und Führungsaufgaben. Die innovierte Generierung des Wertbeitrags durch das Kostenmanagement für die Unternehmensbereiche kann lediglich mithilfe eines zielorientierten Change Managements erlangt werden. Der Einfluss der Digitalisierung schafft Chancen und Herausforderungen für das Kostenmanagement, die wiederum in Abhängigkeit ihres Verfolgungs- und Umsetzungsgrads zu Auswirkun-

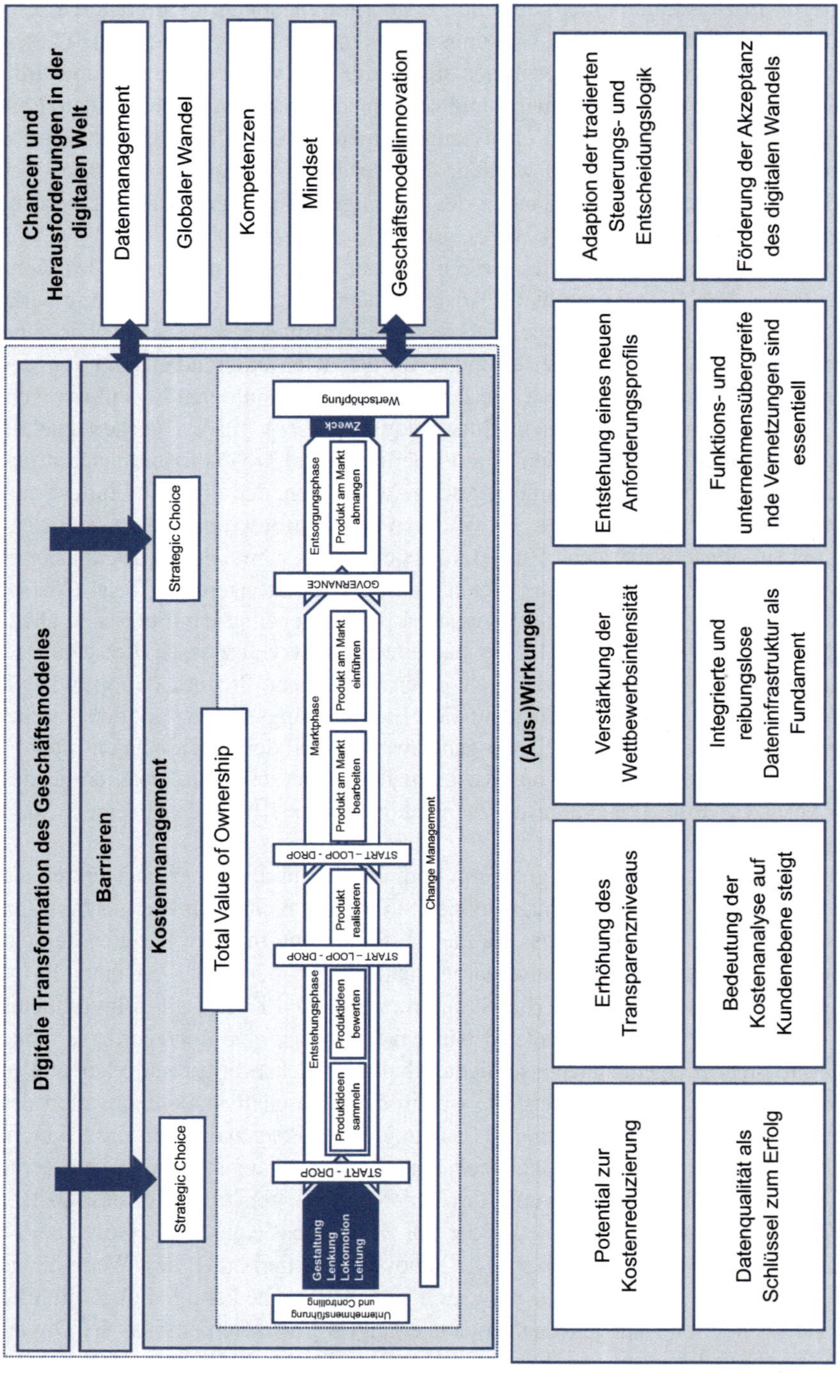

Abb. 2 Bezugsrahmen des Kostenmanagements

gen, beispielsweise in Form von Kostenreduzierungen, sowie einem gesteigerten Transparenzniveau führen können. Für die Praxis ergeben sich hieraus Erkenntnisse und Maßnahmen, die das Wahrnehmen der Chancen bzw. das Meistern der Herausforderungen vereinfachen sollen und zur Steigerung des Nutzens digitaler Technologien im Unternehmen beitragen. Zu betonen ist, dass es sich hierbei um einen dynamischen Prozess handelt, da in Abhängigkeit zum technologischen Fortschritt neue Chancen und Herausforderungen sowie Wirkungsweisen und praxisbezogene Maßnahmen resultieren.

Im Folgenden sollen nun ausgewählte Chancen und Herausforderungen näher beleuchtet werden.

Datenmanagement

Die in vergangenen Jahren stattgefundene Datenexplosion hat dafür gesorgt, dass Unternehmen einer Vielzahl von strukturierten und unstrukturierten Daten ausgesetzt sind (Bhimani 2012, S. 381 f.; Stich 2015, S. 17). Somit sind der fehlerfreie Umgang und die zielorientierte Nutzung großer digitaler Datenmengen mit die größten Herausforderungen für das Kostenmanagement (Bhimani 2012, S. 382). Deren Überwindung verlangt den Leistungsbereichen große Ausdauer und ein adäquates Engagement ab (Payne 2014, S. 493). Gemäß Bhimani und Willcocks (2014, S. 474), wird gerade das Handling von unstrukturierten Daten, welche in vergangener Zeit vernachlässigt wurden, zukünftig an Bedeutung gewinnen. Ziel ist es, die enormen Datenmengen intelligent zusammenzuführen, (Sauter et al. 2015, S. 478) sodass eine hohe Datenqualität resultiert und somit die Entscheidungsgüte der Kosteninformationen für das Management sichergestellt werden kann (Klatt 2014, S. 541). Kann dies nicht erreicht werden, sind sämtliche digitale Visionen einer großen Unsicherheit ausgesetzt (Klatt 2014, S. 545; Rinke et al. 2018 S. 54). Demzufolge wird die Relevanz des Roh- und Stammdaten-Management sowie die Thematik Datensicherheit weiter zunehmen (Stich 2015, S. 17; Obermaier 2016, S. 301 ff.; Bhimani und Willcocks 2014, S. 471 f.) Ergänzt wird diese Aufgabe von der Gewährleistung der Konsistenz und Kompatibilität von unterschiedlichen Datenquellen sowie Analysemodellen der Leistungsbereiche des Wertschöpfungsprozesses (Sauter et al. 2015, S. 478 f.; Bhimani und Willcocks 2014, S. 471 f.; Obermaier 2016, S. 301). Hieraus entsteht das Potenzial der Datengenerierung entlang des gesamten Wertschöpfungsprozesses in Echtzeit, wodurch neue Wirkungszusammenhänge festgestellt werden können (Kasselmann und Gebhardt 2017, S. 84; Stich 2015, S. 17 f.). Zudem kann anhand von real-time Datenerfassung eine Echtzeitsteuerung und -lenkung der aktuellen Kosten im Unternehmen verfolgt werden (Sauter et al. 2015, S. 475 ff.), sodass Ressourcenverbräuche verursachungsgerechter zugeordnet werden können (Rinke et al. 2018, S. 54 f.). Abschließend stellt sich nur die Frage der Organisation des Datenmanagements, da jede Entscheidung, egal ob zentral oder dezentral, weitreichende Konsequenzen für das Kostenmanagement haben kann. (Klatt 2014, S. 541; Reischauer und Schober 2015, S. 26; Sauter et al. 2015, S. 476 ff.; Stich 2015, S. 17; Bhimani und Willcocks 2014, S. 472 f.; Obermaier 2016, S. 303; Kasselmann und Gebhardt 2017, S. 83).

Geschäftsmodellinnovationen
Traditionelle Geschäftsmodelle besitzen sowohl statische als auch dynamische Eigenschaften (Klatt 2014, S. 542 f.). Doch durch den Einsatz neuer Technologien werden digitale Geschäftsmodelle entwickelt (digitale Geschäftsmodelltransformation), die wesentlich dynamischer agieren als ihre Vorgänger (Bhimani und Willcocks 2014, S. 474 f.). Als bedeutsamster Aspekt wird hierbei die zunehmend intensivierte Vernetzung der Geschäftsmodelle gesehen (Payne 2014, S. 494; Bhimani und Willcocks 2014, S. 474 f.; Reischauer und Schober 2015, S. 24). Beispielsweise mit Händlern, Suchmaschinen und Konsumentenbewertungen (Klatt 2014, S. 542). Diese Verknüpfung ermöglicht es Unternehmen, ein starkes Wertschöpfungsnetzwerk aufzubauen, das sich durch Anpassungsfähigkeit, Transparenz und Effizienz auszeichnet (Bhimani 2012, S. 384 f.). Die Produkte, inhalts- oder serviceorientiert, der digitalen Geschäftsmodelle zeigen hierdurch neue Merkmale angesichts des Rechnungswesens auf (Klatt 2014, S. 542). Gerade für die interne Kostenrechnung entsteht hieraus ein neues Transparenzniveau an Einflussnahme auf die Kostensituation (Kostenstruktur, -niveau und -verlauf) eines Unternehmens (Bhimani 2012, S. 385 f.; Klatt 2014, S. 541; Stich 2015, S. 20). Ziel soll es sein, dieses Potenzial für sämtliche davon profitierende Geschäftsprozesse und Produkte zu nutzen, um deren maximalen Wertbeitrag für das Unternehmen zu generieren (Stich 2015, S. 20). Erlangt wird dies nur, wenn Kostenmanager die Wirkungszusammenhänge im Geschäftsmodell kennen und diese bei der Entscheidungsfindung berücksichtigen (Klatt 2014, S. 542). Einer Geschäftsmodellinnovation folgt zugleich meist eine Produkttransformation (Klatt 2014, S. 542). Diesbezüglich werden Produktanpassungen vorgenommen (Bhimani und Willcocks 2014, S. 474), um traditionelle und digitale Märkte bedienen zu können. Das wiederum schlägt sich in enormen Anforderungen an eine transparente und verursachungsgerechte Kostenzuordnung nieder (Klatt 2014, S. 541; Reischauer und Schober 2015, S. 25). Ergänzend hierzu gestaltet sich die Kostenkontrolle wesentlich komplexer aufgrund steigender Produkt- und Prozessvariabilität sowie kürzerer Produktlebenszyklen (Reischauer und Schober 2015, S. 25 f.; Rinke et al. 2018, S. 55 f.). Trotz dieser Zusammenhänge ergibt sich die Möglichkeit, mithilfe modularer Vernetzung von Produkten und Maschinen, Daten während des Produktionsvorgangs zu erzeugen (Bhimani 2012, S. 382 f.), sodass eine real-time cost control, d. h. eine Echtzeit-Steuerung und eine Gestaltung der Produktions-, Periodenkosten und Produktionsperformance möglich ist (Rinke et al. 2018, S. 53 f.). Basierend hierauf erhöhen sich die Prognosefähigkeit von Gewinnschwellen sowie die Genauigkeit der Kosten- und Ergebnisgestaltung der Folgeperioden. Demzufolge kann eine zeitnahe Nachkalkulation anhand verursachungsgerechter und dynamischer Daten durchgeführt werden (Rinke et al. 2018, S. 55). Diese Potenziale fallen unter die Oberbegriffe Smart Production/Product und können langfristig zu Effizienzsteigerungen in Form von Kostensenkungen und Produktivitätssteigerungen führen (Kasselmann und Gebhardt 2017, S. 83; Huang und Sundararajan 2011, S. 730). Damit die zuvor genannten Chancen für das Kostenmanagement erkannt und genutzt werden können, muss ebenfalls eine Prozesstransformation erfolgen. Dieser Prozesswandel wird durch die zunehmende Funktions- und unternehmensübergreifende Vernetzung verstärkt (Payne

2014, S. 493; Reischauer und Schober 2015, S. 24). Diese Verknüpfung schafft eine stetige und produktionsabhängige Anpassung der Kostensätze, die den dynamischen Umweltbedingungen Rechnung trägt (Rinke et al. 2018, S. 53). Zugleich resultiert aus solch einer flexiblen Produktion und hohen Prozessvariabilität eine komplexere Kostenanalyse (Rinke et al. 2018, S. 55 f.). Diese wird sich von klassischen Kostenstellen und Kostenträgern abwenden und eine Zuordnung basierend auf kundenzentrierten Produktionsprozessen vornehmen, da eine klare Abgrenzung der Teilgebiete der Kostenrechnung mit der Definition von Modulen konfliktreich ist (Reischauer und Schober 2015, S. 26; Bhimani und Willcocks 2014, S. 477 f.). Um jedoch die Wertschöpfungsorientierung in Bezug auf Kunden zu realisieren, sind flexible und transparente Produktionsabläufe sowie eine agile Fertigungssteuerung unabdingbar. (Sauter et al. 2015, S. 479 ff.; Obermaier 2016, S. 305). Festzuhalten ist, dass durch den Einsatz digitaler Technologien die Flexibilität, Anpassungsfähigkeit und die Effektivität sowie Effizienz von Prozessen gesteigert wird. (Huang und Sundararajan 2011, S. 730; Bhimani 2012, S. 383 f.; Bhimani und Willcocks 2014, S. 474; Sauter et al. 2015, S. 478 ff.; Kasselmann und Gebhardt 2017, S. 83).

Globaler Wandel

In Anbetracht der sich stark wandelnden, dynamischen Umweltbedingungen durch die Digitalisierung gestaltet sich das Marktgefüge neu (Sauter et al. 2015, S. 483). Dies führt zu einem neuen Wettbewerbsumfeld mit verschwimmenden Grenzen zwischen Unternehmen und Branchen (Bhimani und Willcocks 2014, S. 477; Klatt 2014, S. 542). Internationalisierung und das Auftreten neuer Wettbewerber gehören mit zu den wesentlichsten Elementen, welche die Wettbewerbsvorteilhaftigkeit von Unternehmen beeinflussen (Bhimani und Willcocks 2014, S. 476; Payne 2014, S. 494). Jedoch gerade in der digitalen Welt erfolgen deren Auswirkungen aufgrund unabhängiger Limitationen des Internets sehr rasant (Klatt 2014, S. 542). Die hohe Wettbewerbsdynamik führt zugleich zu einem enormen Kostendruck, sodass die Bedeutung relevanter Informationen aus dem Kostenmanagement für strategische Entscheidungen steigt (Klatt 2014, S. 542). Technologische Entwicklungen können hierbei kostensenkende Wirkungen erzielen und den Handlungsspielraum für global tätige Unternehmen erhöhen (Huang und Sundararajan 2011, S. 730; Kasselmann und Gebhardt 2017, S. 83). Gleichzeitig entstehen neue Wege der Kostenreduktion durch die voranschreitende Spezialisierung mittels der Aufteilung von Wertschöpfungsaktivitäten (Sauter et al. 2015, S. 478 f.; Obermaier 2016, S. 304 f.). Mit das größte Potenzial scheint gemäß Bhimani (2012, S. 382 f.) der kostengünstige Daten- und Informationsaustausch über den gesamten Wertschöpfungsprozess zu versprechen. Dies hat zur Folge, dass die Zusammenarbeit zwischen den einzelnen Leistungsbereichen angestrebt werden muss, da nur so sämtliche resultierende Änderungen der unternehmerischen Wirkungspfade, aufgrund der digitalisierten Organisation, erfasst werden können (Heise 2014, S. 123; Klatt 2014, S. 542 f.).

Kompetenzen & Fähigkeiten

Angesichts der tief greifenden Veränderung der Digitalisierung in den Unternehmensbereichen ist der Status quo keine Option (Klatt 2014, S. 541). Ihr Einfluss veranlasst (Weiter-)Entwicklungen von Methoden und Kompetenzerweiterungen, wie eine optimale Maschinenbelegung bei „Losgröße eins mit Stückkosten einer Massenproduktion" (Reischauer und Schober 2015, S. 23) sowie die Informationsqualität bei der Nutzung von Big Data zu bewahren (Bhimani und Willcocks 2014, S. 478 f.). Neben dem Erlernen neuer Fähigkeiten gilt es als wichtige Aufgabe, sich ein funktionsübergreifendes Knowhow anzueignen (Payne 2014, S. 493 f.), wobei hierbei die Schwierigkeit darin liegt, die Ausgewogenheit zwischen den Bedarfen vieler Bereiche zu finden (Klatt 2014, S. 543 f.). Der Fokus liegt allerdings in der Überarbeitung traditioneller Konzepte und Methoden (Sauter et al. 2015, S. 484). Hierbei stehen die Standardkostenkalkulation sowie Kosten- und Ergebnisrechnung auf dem Prüfstand (Sauter et al. 2015, S. 482). Forecast und Predictive Analytics schaffen neue Möglichkeiten, klassische Verfahren zu erweitern, gerade hinsichtlich einer verursachungsgerechten Kostenzuordnung bei immer kürzeren Steuerungszyklen (Bhimani und Willcocks 2014, S. 486; Heise 2014, S. 117 ff.; Payne 2014, S. 493; Stich 2015, S. 17 f.; Rinke et al. 2018, S. 49). Neben System- und Instrumentenkenntnis rücken auch soziale und kommunikative Fähigkeiten (Bhimani und Willcocks 2014, S. 483; Heise 2014, S. 116 f.) sowie ein breites Branchen- und Geschäftsverständnis (Payne 2014, S. 494) stärker in den Vordergrund, wodurch das Kompetenzprofil des Kostenmanagers weiter wächst (Klatt 2014, S. 544 f.).

Mindset

Die tradierte Denkweise und somit die Entscheidungs- und Steuerungslogik von Kostenmanagern ist stark von den Gestaltungs- und Wirkungsebenen der Kostentreiber und der Effizienz geprägt (Bhimani 2012, S. 384 ff.; Klatt 2014, S. 541). Die Problematik dieser Logik besteht darin, dass sie in stabilen Umweltkontexten erfolgsversprechend ist, jedoch in disruptiven Situationsbedingungen, wie der Digitalen Transformation, hinderlich sein kann (Bhimani 2012, S. 385 f.; Bhimani und Willcocks 2014, S. 477 f.). Um rechtzeitig den Anforderungen der digitalen Zukunft gerecht zu werden, muss sich das Mindset der Kostenmanager adaptieren (Bhimani und Willcocks 2014, S. 479; Klatt 2014, S. 541 f.; Obermaier 2016, S. 304 f.). Die teilweise fehlende Akzeptanz des digitalen Wandels stellt ein Hindernis dar, welches es zu überwinden gilt (Klatt 2014, S. 542). Zudem muss der Umgang mit Unsicherheit anerkannt werden (Sauter et al. 2015, S. 484; Kasselmann und Gebhardt 2017, S. 85 f.). Ein erweitertes Wirtschaftlichkeitsverständnis durch die Beachtung schwer quantifizierbarer Geschäftswirkungen ist ebenfalls notwendig (Heise 2014, S. 123). Hierbei können die zuvor genannten Tools behilflich sein sowie der Perspektivenwandel von einem Denken in Jahresscheiben hin zu einer Projektbetrachtung (Klatt 2014, S. 544; Sauter et al. 2015, S. 482).

5 Evidenzbasierte Analyse

In diesem Kapitel werden die Chancen und Herausforderungen für das Kostenmanagement in digitalen Unternehmen mittels empirischer Befunde beleuchtet. Zunächst wird die Forschungsmethode konkretisiert, indem auf das Verfahren der Datenerhebung eingegangen wird. Anschließend erfolgt die Vorstellung der Interviewpartner. Ergänzend hierzu wird die Vorbereitung, Durchführung und Auswertung der Interviews erläutert. Nachfolgend werden die Ergebnisse dargestellt und interpretiert, bevor abschließend eine Beurteilung der Vorgehensweise vorgenommen wird.

5.1 Forschungsmethodik

Die methodische Vorgehensweise des Forschungsprozesses wird durch das Forschungsdesign beschrieben (Baur und Blasius 2019, S. 48). Der aktuelle Stand der untersuchten Forschungsthematik bestimmt in hohem Maße die Wahl der Forschungsmethode (Döring und Bortz 2016, S. 50). Da es sich bei der betrachteten Forschungsthematik um komplexe Zusammenhänge handelt, wird eine qualitative Erhebung als besonders geeignet erachtet (Flick 2011, S. 17; Gläser und Laudel 2010, S. 13). Vor dem Hintergrund der Novität des Themengebietes bildet das Forschungsdesign der Fallstudie das Fundament für die Durchführung der Datenerhebung (Eisenardt 1989, S. 548 f.), da ein exploratives Untersuchungsziel (Döring und Bortz 2016, S. 192) angestrebt wird. Des Weiteren wird die empirische Untersuchung genutzt, um Gestaltungsmuster zu identifizieren und zu beschreiben, sodass sie der exploratorisch-deskriptiven Forschung zuzuordnen ist (Töpfer 2012, S. 152). Im Zuge der vorliegenden Arbeit findet eine Querschnittsanalyse in Form einer vergleichenden Feldstudie statt. Dies ermöglicht es, Abgleiche der einzelnen Untersuchungsobjekte vorzunehmen, um differenzieren zu können, ob es sich bei den Beobachtungen um Eigentümlichkeit oder Konformität handelt. Laut Eisenardt (1989, S. 545) wird die Betrachtung von vier bis zehn Fällen als angemessen erachtet. Innerhalb des Untersuchungsdesigns der Fallstudie gehören Interviews zu den relevantesten Datenquellen (Yin 2003, S. 106), weshalb Experteninterviews, die eine Sonderform des Leitfadeninterviews sind, im Zuge dieser Arbeit genutzt werden. Angesichts dieser Methodik ist lediglich das Merkmal „Experte" (Bogner et al. 2014, S. 73) eines Individuums für den untersuchenden Forschungsgegenstand und seine Funktion im Unternehmen von Interesse (Flick 2011, S. 214). Bei den Experteninterviews handelt es sich um forschungsproblemzentrierte und teilstandardisierte Interviews (Gläser und Laudel 2010, S. 41). Der Interviewleitfaden sorgt dafür, dass sämtliche Fragen beantwortet werden, um ein umfassendes Expertenwissen zu erlangen. Hierbei spielt die Reihenfolge und die Formulierung der Fragen eine untergeordnete Rolle (Gläser und Laudel 2010, S. 13 i. V. m. S. 42).

5.2 Datenerhebungsmethode

Für Fall- bzw. Feldstudien können mehrere Datenerhebungsmethoden angewendet werden. Zu diesen gehören neben anderen auch Beobachtungen und Interviews (Yin 2014, S. 85 ff.). Problemzentrierte Interviews, unter denen offene, semistandardisierte Befragungen verstanden werden (Witzel 1985). Zusätzlich vereinen sie qualitative und quantitative Vorgehensweisen (Lamnek 2008, S. 364), sodass die Triangulation der Forschungsergebnisse berücksichtigt wird (Flick 2011, S. 107 ff.). Neben der Auswahl zahlreicher Wege der Datenerhebung, schafft die Verwendung dieser Befragungsform auch verschieden mögliche Ansätze zur Interpretation der gewonnen Daten (Flick 2011, S. 107 ff.). Durch die genannten Aspekte wird eine Steigerung der Konstruktvalidität und der internen sowie externen Validität der Untersuchung erzielt (Lühring 2006, S. 125). Der Interviewleitfaden, welcher zugleich ein Instrument sowie ein strukturgebendes Element der Erhebung ist, stellt somit ein wesentliches Charakteristikum der problemzentrierten Befragung dar (Reinders 2016, S. 153 ff.). Hierdurch wird eine angemessene Vergleichbarkeit der einzelnen Interviews gewährleistet (Mayer 2006, S. 37).

Die Vorbereitung der Untersuchung bestand aus der Erarbeitung eines fünfteiligen Interviewleitfadens, der Durchführung von Pre-Tests sowie der Akquise von Probanden. Die Überprüfung des Interviewleitfadens erfolgte anhand eines Pre-Tests (Raithel 2008, S. 63 ff.) in einem Interview mit einem Controller eines mittelständischen Unternehmens. Dieser Test diente unter anderem der Überprüfung der Fragen auf Verständlichkeit und Komplexität sowie der Befragungsdauer (Schnell et al. 2008, S. 347). Hieraus ergaben sich kleinere Anpassungen hinsichtlich der Fragenformulierung und des Zeitmanagements. Die Kontaktierung von Interviewpartnern erfolgte direkt durch persönliche Kontakte, aber auch durch Postings in forschungsthematisch relevanten Gruppen der XING-Plattform. Zudem konnten auch über die Vernetzung einzelner Interviewpartner wiederum weitere Experten gewonnen werden. Insgesamt erklärten sich elf Interviewpartner für eine Befragung bereit, welche aus elf Unternehmen kommen. Den Teilnehmern wurden ein Anschreiben, eine Erläuterung des Projekts sowie der Leitfaden übermittelt (Gläser und Laudel 2010, S. 164). Die Interviews fanden im Januar und Februar 2019 statt, wobei versucht wurde, sämtliche Interviews persönlich am Unternehmensstandort zu führen. Mit dem Einverständnis der Teilnehmer wurde die Befragung digital aufgezeichnet, (Mayer 2006, S. 47; Gläser und Laudel 2010, S. 165) damit eine wortgetreue Verschriftlichung (Kuckartz 2012, S. 165) ermöglicht und somit die Datenqualität sichergestellt ist (Dittmar 2009, S. 50 ff.). Falls gewünscht, wurde den Experten das Transkript zur Ansicht zur Verfügung gestellt, wobei es hierbei zu keiner Ablehnung der Freigabe der Transkripte kam. Die Datenschutzerklärung unterzeichneten ebenfalls alle Interviewpartner, sodass ihre persönlichen Daten für dieses Forschungsprojekt gespeichert werden dürfen. Durchschnittlich betrug die Befragungsdauer 55 Minuten. Das kürzeste Interview erstreckte sich über einen Zeitraum von 42 Minuten, das längste dauerte 67 Minuten. Für die Auswertung der Daten wurden die Angaben der Experten vollständig anonymisiert. Sie erfolgte mittels einer kombinierten Vorgehensweise, einer sogenannten mixed-design Methodik, bestehend aus quantitativen und qualitativen Fragen. Die angewendeten Ratingskalen wurden ausschließlich quantitativ ausgewertet (Döring und Bortz 2016, S. 269 ff.) Die Datenanalyse der Transkripte erfolgt anhand der Methodik der qualitativen Inhaltsanalyse nach Mayring (2015, S. 67) mit Unterstützung der

Software MAXQDA). Das Auswertungsverfahren wird als geeignet angesehen, da mit dieser eine systematische und theoriegeleitete Exploration von Datenmaterial in Textform vorgenommen werden kann (Mayring 2015, S. 121). Um die Nachvollziehbarkeit und Intersubjektivität der zuvor dargestellten Methodik zu gewährleisten, wird ein Kategoriensystem, anhand des konzipierten Fragebogens gebildet (Mayring 2015, S. 51). Für die Bestimmung der Kategorien wurden bedeutsame Kategorien bzw. Subkategorien, aus dem Leitfaden bzw. den Interviewprotokollen gebildet. Im Zuge dieser Vorgehensweise ist eine nachträgliche Adjustierung der Kategorien möglich (Kuckartz 2012, S. 64 ff.). Im Kontext dieser Arbeit wurde ein Kategorieleitfaden entwickelt, welcher die Kategoriebezeichnung, deren Definition, Ankerbeispiele und Kodierregeln (Mayring 2015, S. 97) enthält, wodurch eine zielgerechte Allokation des Textmaterials erfolgt (Kuckartz 2012, S. 40).

5.3 Charakterisierung der Probanden

Im Rahmen der empirischen Untersuchung konnten elf Personen aus elf verschiedenen Unternehmen befragt werden. Die Namen der Interviewpartner sowie der Unternehmen wurden vollständig anonymisiert (griechische Buchstaben), um die Vertraulichkeit der Daten zu wahren. Abb. 3 stellt eine Übersicht wesentlicher Merkmale der Experten dar, die während des Interviews erhoben wurden.

Die Interviewteilnehmer wurden zu Beginn gefragt, in welcher *Branche* ihr Unternehmen tätig ist. Die Branchenkategorisierung (BMWI 2018, S. 9) ergab

Nr.	Experte	Funktion/ Position	Branche	Rechtsform	Mitarbeiter	Umsatz in Mio. €	Dauer in Min.	Art des Interviews
1	Alpha	CFO	Energie- und Wasserversorgung	GmbH	12.500	1.300	63	Persönlich
2	Beta	CEO	Chemie/Pharma	GmbH	16	2	67	Persönlich
3	Gamma	Senior Projekt Manager	Wissensintensive Dienstleistungen	GmbH	1000	180	49	Telefoninterview
4	Delta	Leiter Kosten-management	Fahrzeugbau	GmbH & Co KG.	26.000	7.500	52	Persönlich
5	Epsilon	Leiter Controlling	Energie- und Wasserversorgung	GmbH	16.000	2.000	54	Telefoninterview
6	Zeta	CEO	Gesundheit, Medizin, Pharma	GmbH	20	2.5	42	Telefoninterview
7	Eta	Cost Controller	Finanz- und Versicherungs-dienstleistungen	AG	49.000	1.200	65	Telefoninterview
8	Theta	Leiter Controlling	Maschinenbau	GmbH	550	130	47	Persönlich
9	Iota	CFO	Handel	GmbH	300	100	55	Telefoninterview
10	Kappa	Leiter Controlling	Energie- und Wasserversorgung	GmbH	500	140	57	Telefoninterview
11	Lamda	Controller	Handel	GmbH & Co KG.	70	43	53	Telefoninterview

Abb. 3 Vorstellung der Experten

folgendes Ergebnis. 27 % gehören der Energie- und Wasserversorgung und 18 % dem Handel an. 9 % der Befragten können jeweils den Branchen Wissensintensive Dienstleistungen, Finanz- und Versicherungsdienstleistungen, Chemie/Pharma, Gesundheitswesen, Maschinenbau und Fahrzeugbau zugeordnet werden (Abb. 4).

Für die Einordnung der Unternehmen in die *quantitativen Größenklassen* der Mittelstandsdefinition des EFAM, wurden die Experten gebeten, Auskunft zur Mit-

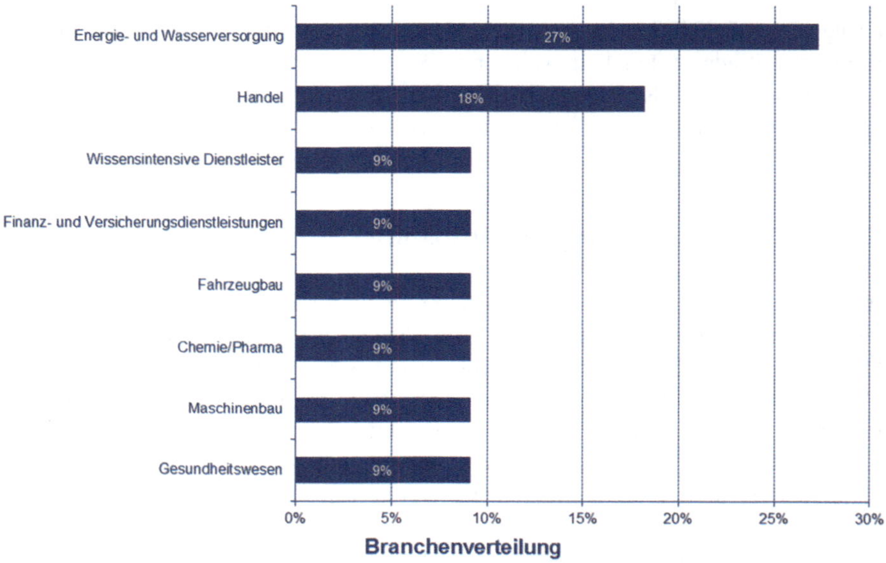

Abb. 4 Branchenverteilung

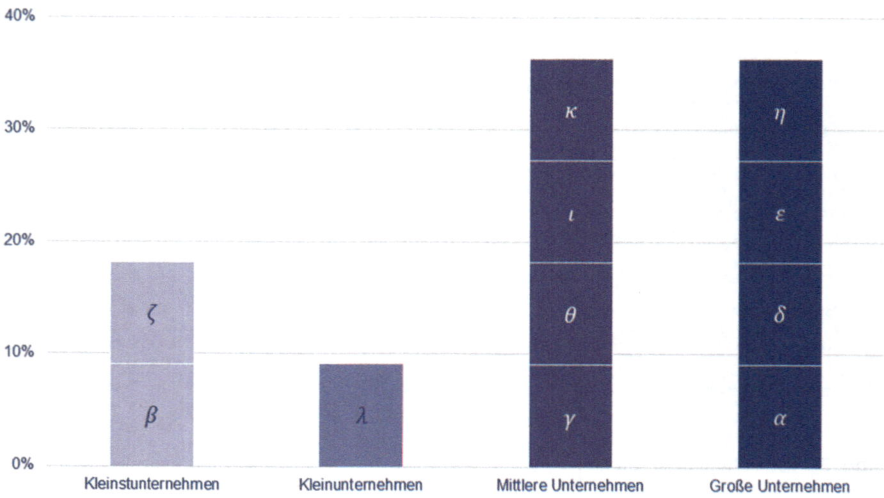

Abb. 5 Größenklassen nach EFAM

arbeiteranzahl und zum Jahresumsatz in 2018 zu geben. Abb. 5 zeigt, dass 18 % den Kleinstunternehmen, 9 % den Kleinunternehmen und jeweils 36 % der Probanden mittelgroßen und großen Unternehmen zuzuordnen sind.

Im Rahmen der Erhebung wurde die *Position bzw. funktionale Zuordnung* abgefragt. Festzuhalten ist, dass 27 % der Befragten Leiter/in des Controlling sind. Die Stichprobe enthält zudem jeweils 18 % CEOs sowie CFOs. Neben diesen wurde noch ein Controller, Cost Controller, Leiter des Kostenmanagements und ein Senior Projekt Partner (jeweils 9 %) befragt.

5.4 Ergebnispräsentation

In diesem Kapitel werden die gewonnenen Erkenntnisse aus der Datenanalyse der Experteninterviews vorgestellt. Die Darstellung der Ergebnisse orientiert sich an der Gliederung des Interviewfragebogens, sodass mit dem Verständnis der Experten über Kostenmanagement und Digitale Transformation begonnen wird. Anschließend erfolgt die Zusammenführung beider Themen, indem die wesentlichen digitalen Einflusspotenziale für das Kostenmanagement und die daraus resultierenden Chancen und Herausforderungen diskutiert werden. Abgerundet wird der Abschnitt mit den Maßnahmen, die die Praxis umsetzt, um den zuvor genannten Chancen und Herausforderungen zu begegnen.

Kostenmanagement und Digitale Transformation
Bei 82 % der befragten Experten ist das Kostenmanagement dem Bereich des Controlling, 64 % in mehreren Bereichen (Geschäftsführung und Kostenstellenverantwortliche), 36 % in der Entwicklung und jeweils 9 % in einer bereichsübergreifenden Stabsfunktion sowie im Einkauf zuzuordnen (Abb. 6).

Die *Ziele*, die mit dem Kostenmanagement verfolgt werden, wurden ebenfalls abgefragt. Hier muss festgehalten werden, dass 100 % (stimme weitgehend zu und stimme voll und ganz zu) dem Ziel der Erhöhung der Kostentransparenz nachgehen. Als weiteres bedeutsames Ziel wird die Planung und Budgetierung (91 %) angesehen, knapp gefolgt von der Kostensenkung (81 %). Der Flexibilisierung und Deckung von Kosten stimmten 63 % der Probanden zumindest mit weitgehend zu (Abb. 7). EXPERTE DELTA spricht der Flexibilisierung von Kosten gerade in Zeiten der Digitalisierung eine immer wichtigere Rolle zu.

91 % der Experten sehen bei den *Barrieren* die Kommunikations- und Technikbarrieren am stärksten ausgeprägt, die sie am Erreichen der zuvor aufgeführten Ziele hindern. Diese werden gefolgt von Kompetenz- und Risikobarrieren, denen 45 % zumindest weitgehend zustimmen. Legitimationsbarrieren sind mit 9 % am schwächsten vertreten (Abb. 8).

Präsentiert die *Ebenen der Kostenanalyse* unter Berücksichtigung der Unternehmensgröße. Auf Ebene der Kostenarten, Kostenstellen und Kostenträger (Produkte) werden die Kosten von allen Größenklassen erhoben. Zudem verdeutlicht die Analyse der Auswertungsebenen, dass 100 % der Kleinstunternehmen (zugleich hoher Digitalisierungsgrad) ihre Kosten auf Prozess- und Kunden-Ebene analysie-

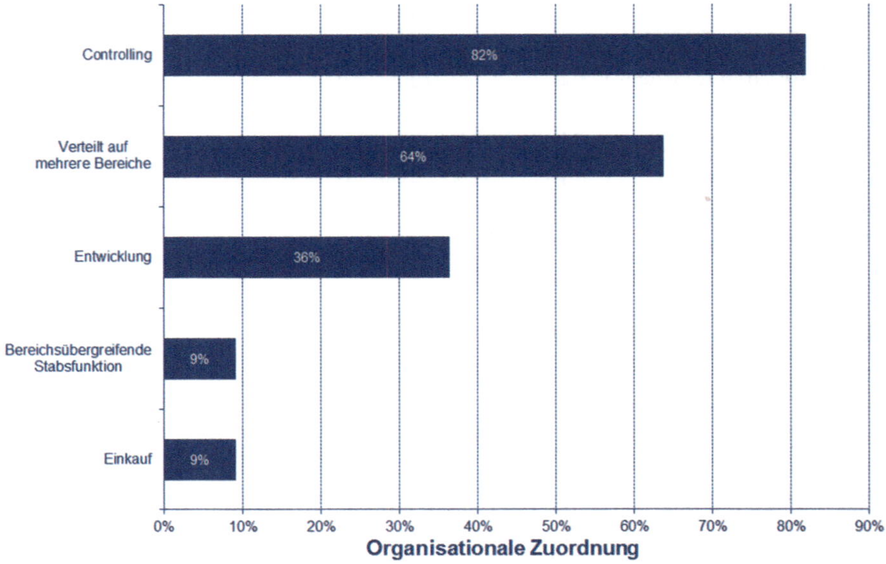

Abb. 6 Organisationale Zuordnung des Kostenmanagements

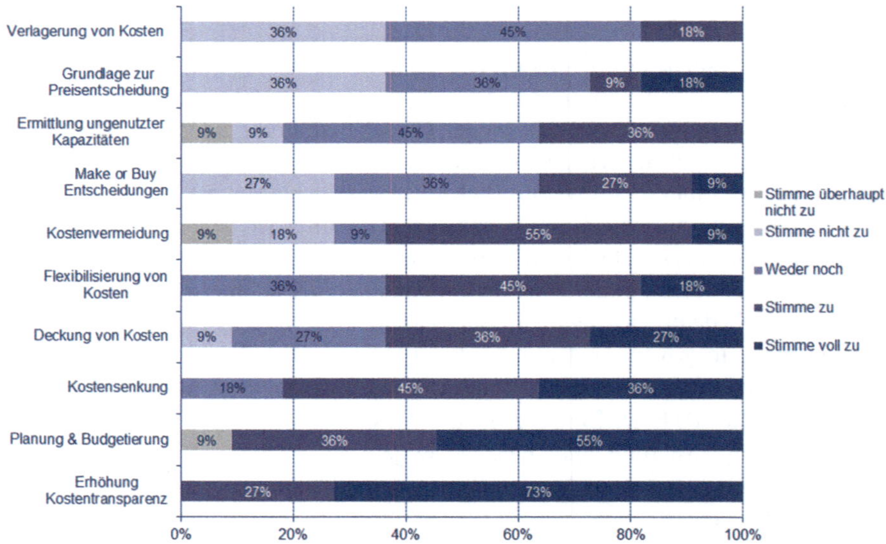

Abb. 7 Ziele des Kostenmanagements

ren. Wohingegen lediglich 50 % der mittleren und großen Unternehmen ihre Kosten auf Kundenebene und nur 25 % der großen Unternehmen diese auf Prozessebene betrachten. Doch auch diese Größenklassen haben den Bedarf des Erfassens der Kosten auf Kundenebene erkannt und sind dabei ihre Systeme anzupassen. EXPER-

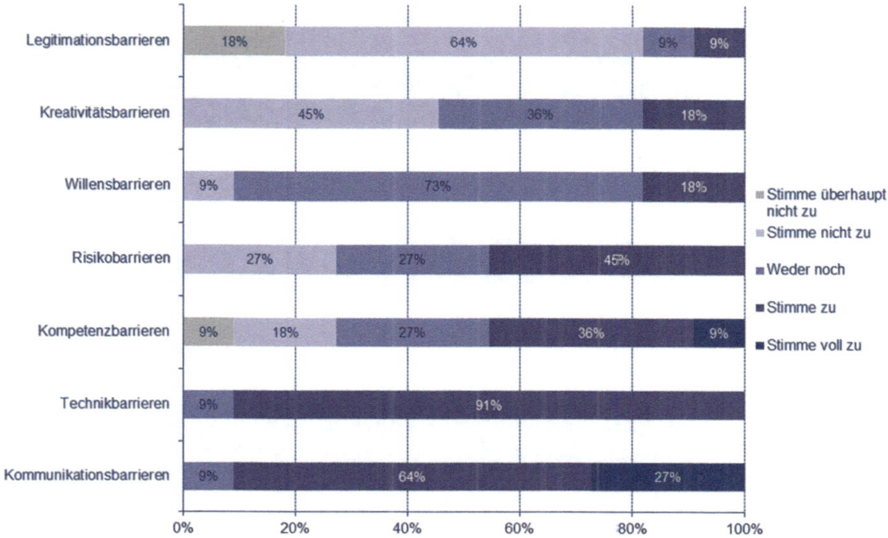

Abb. 8 Barrieren des Kostenmanagements

TE KAPPA setzt hierfür jedoch die Erhebung der Kosten auf Prozessebene voraus. Zusätzlich zu den aufgeführten Ebenen wurden Projekte als sonstiges Analyseobjekt genannt. Der geringe Prozentsatz bei den Prozesskosten spiegelt sich in den am häufigsten genutzten Instrumenten des Kostenmanagements wider. Keiner der Probanden erwähnte hierbei die Prozesskostenrechnung. Wobei in diesem Kontext erwähnt wird, dass gerade bei serviceorientierten Unternehmen in Prozessen hohes Optimierungspotenzial steckt, da sich das Humankapital erheblich auf die Performance auswirkt. Derzeit liegt jedoch noch keine adäquate Messbarkeit vor.

Die Experten wurden zusätzlich nach ihrem *Verständnis zur Digitalisierungsthematik* gefragt. Hier zeigt sich deutlich, dass der technische Fortschritt den originären Startpunkt darstellt. Aber dieser alleine umfasst und schöpft die Thematik nicht vollkommen aus. Die Geschäftsmodellinnovation und der Wertschöpfungsaspekt sind den Interviewteilnehmern nach wesentliche Sachverhalte, die berücksichtigt werden müssen. Dies spiegelt sich in der Frage wider, in der die Probanden angeben sollten, wie sehr sie einer Definition des Digitalisierungsbegriffs zustimmten. 100 % der Experten (91 % stimme voll und ganz zu) stimmten der Definition von BECKER, 82 % der von KALINOWSKI und 27 % der von LOEBBECKE weitgehend zu (siehe Abb. 9).

Neben dem Verständnis wurde auch der *Digitalisierungsgrad der Unternehmen* ermittelt. Hierfür wurde die Vorgehensweise des Bundesministeriums für Wirtschaft und Energie genutzt. Wie die Abb. 10 zeigt, sind demnach 82 % der befragten Unternehmen der Kategorie „Digital Fortgeschrittene" zuzuordnen. Jeweils ein (9 %) Unternehmen findet sich in der Gruppe „Digitales Mittelfeld" und „Digitale Vorreiter" wieder Keines der Unternehmen wurde der Klasse „Digitale Nachzügler"

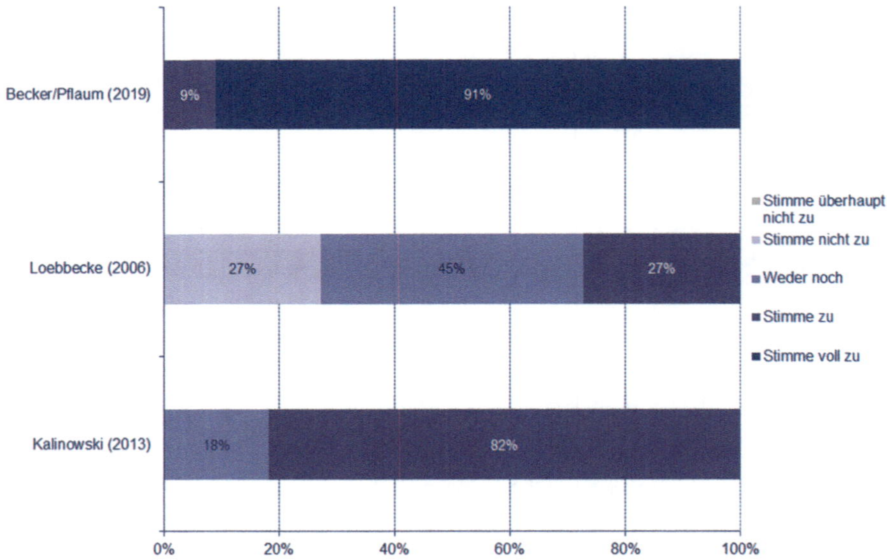

Abb. 9 Digitalisierungsverständnis

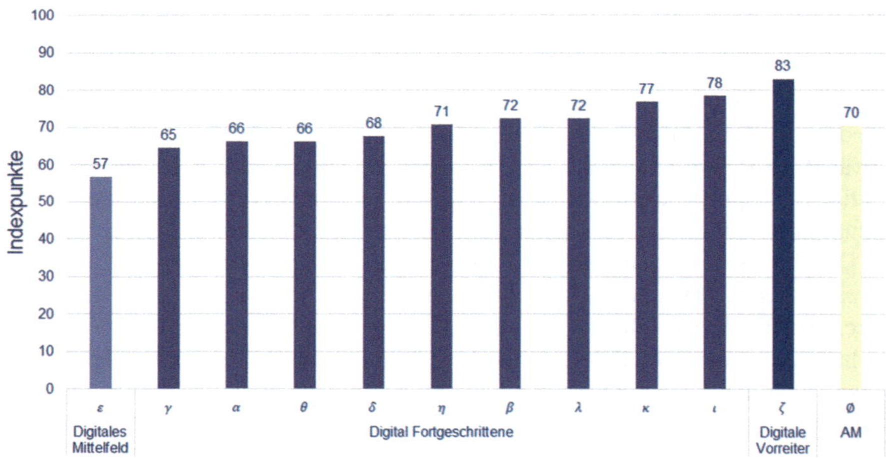

Abb. 10 Digitalisierungsgrad

oder „Digitale Anfänger“ zugeordnet. Das Arithmetische Mittel der Interviewteilnehmer liegt bei 70 Indexpunkten.

Ein linearer Zusammenhang zwischen dem *Digitalisierungsgrad und der Unternehmensgröße* kann demnach verneint werden. Die Kleinstunternehmen zeichnen sich durch einen hohen Digitalisierungsgrad aus, wobei eines sogar den höchsten Indexwert (83) der Probanden aufzeigt. Die fünf am niedrigsten ermittelten Digitalisierungsgrade werden zu 75 % von großen Unternehmen repräsentiert. 50 % der mittleren Unternehmen bilden die Spitze der Klasse „Digital Fortgeschrittene".

Digitale Einflusspotenziale und deren (Aus-) Wirkungen

Eine Zusammenführung der Themen Kostenmanagement und Digitalisierung wurde dadurch erzielt, dass die Experten die wesentlichen digitalen Einflusspotenzialen für das Kostenmanagement nennen sollten und deren Angabe dazu, welche Effektivitäts- und Effizienzsteigerungen sich durch den Einsatz neuer digitaler Technologien ergeben. Bei der Befragung nach den digitalen Einflusspotenzialen nannten 64 % der Experten Robotik & Sensorik und Prozessautomatisierung (RPAs), 55 % Internet of Things und 45 % Industrie 4.0 und Big Data als wesentliche Einflusspotenziale. Cloud-Computing erwähnten 36 %, Smart Services und Künstliche Intelligenz 27 % und Blockchain 9 %. Die „Prozessautomatisierung ist das Einflusspotenzial das die Kostenstruktur am schnellsten beeinflusst und Unternehmen würden relativ einfach, in Abhängigkeit vom Automatisierungsgrad, ohne größere Investitionskosten Prozesse automatisieren können." Eine Automatisierung habe zudem die Vorteile, dass es zur Vermeidung von Redundanzen und Ineffizienzen kommt und besser messbare, kostengünstige und schlanke Prozesse geschaffen werden. Ergänzt werde dies durch eine Kapazitätsoptimierung, woraus eine gesteigerte Kosteneffizienz resultiert. Dies scheinen mit die wesentlichsten Gründe für die hohe Relevanz der RPAs in der Praxis zu sein. Zudem sieht EXPERTE DELTA für hoch standardisierte und automatisierte Prozesse gerade im Kostenmanagement und der Kostenanalyse einen sehr hohen Anwendungsgrad. Diese Prozesse sollen dabei unterstützen, die enorme Datenmenge aufzubereiten. Ziel sei es zukünftig kaum noch Personal für letzteres zu benötigen, sondern diese Kapazitäten für die Analyse der Daten zu nutzen. Die Sensorik als innovative Anwendung, sei besonders für Dienstleister von Bedeutung, da diese häufig in der Infrastruktur des Kunden agieren und hier proaktiv Arbeitsschritte ausführen können, wie das Austauschen von Bauteilen bei Wartungstätigkeiten. Das Internet der Dinge als zweitbedeutsamste Anwendung und die Industrie 4.0 schaffen mit der digitalen Vernetzung von Geräten und Gegenständen, aber auch mit ganzen Industrieanlagen, große Potenziale in der Produktion. Zum anderen wird hier besonders die Generierung neuer produktbezogener Kosteninformationen seitens der Experten betont, die wiederum zu einer verursachungsgerechteren Kostenzuordnung führen und sogar gesamte Wertschöpfungsketten optimieren. Knapp die Hälfte sieht in Big Data große Möglichkeiten für das Kostenmanagement, da die Technologie die Zusammenführung und Analyse großer Datensätze aus unterschiedlichen Quellen ermöglicht, sowie zur Prozessoptimierung beiträgt. Zudem könne sie zur Entwicklung eines besseren Kostenverständnisses dahingehend beitragen, dass komplexe Zusammenhänge und neue Wirkungsweisen zwischen Kostenpositionen aufgezeigt werden.

Chancen und Herausforderungen für das Kostenmanagement
Dieser Abschnitt diskutiert die Chancen und Herausforderungen für das Kostenmanagement der zuvor dargestellten digitalen Einflusspotenziale. Begonnen wird mit den thematisierten Chancen. Mithilfe der Innovationstechnologien (Cyber-physische Systeme, Big Data, Industrie 4.0) werden Daten für sämtliche Unternehmensbereiche erzeugt. Diese Daten gelte es so zu selektieren und inhaltlich zusammenzuführen, dass daraus Informationen generiert werden können. Letztere lassen sich wiederum in Wissen und neue Kompetenzen transformieren, woraus sich ein besseres Verständnis für Unternehmensabläufe entwickelt. Festzuhalten ist, dass die Digitalisierung von Prozessen ein gestärktes Daten-, Prozess- und Systemverständnis im Unternehmen ermöglicht zu etablieren. Dieses Verständnis stelle das Fundament dar, um einen Großteil weiterer Potenziale überhaupt erst nutzen zu können, denn dort wo Black Boxen vorliegen, sei eine zielgerichtete Optimierung nur schwer umsetzbar. Neben dem verbesserten Verständnis von Prozessabläufen bestehe die Chance durch die Datensammlung über neue bzw. zuvor als irrelevant erachtete, nun aber als relevant deklarierte Informationen zu verfügen.

Dieser Informationsvorsprung sei eine Möglichkeit die jedes Unternehmen, unabhängig vom Geschäftsmodell, habe. Denn die Digitalisierung generiere Daten schneller aber auch gezielter. Eine Zusammenführung von intern und extern gesammelten Daten kann zu einer verbesserten Entscheidungsgrundlage beitragen, was die Wettbewerbsposition positiv beeinflusst. Des Weiteren ließen sich mithilfe neuer Instrumente und Analysemethoden innerhalb großer Datenbestände neue Wirkungszusammenhänge entdecken. EXPERTE ETA ist der Ansicht, dass demzufolge aus einer sinnvollen Verdichtung von Informationen Fehlentwicklungen wesentlich schneller erkannt werden können und zielgerichtet eingegriffen werden kann. Dieser Experte ergänzt, dass auch beim Zusammentragen von Daten erste Indikatoren auf fehlerhafte Einschätzungen hinweisen können. Die Etablierung von standardisierten und kontinuierlich gemanagten Prozessen ist in vielen Unternehmen ein angestrebter Zielzustand. Die Automatisierung, Standardisierung und Simplifizierung seien in diesem Kontext die Oberbegriffe, die zu einer besseren Steuerung von operativen Prozessen führen. Neben der standardisierten Gestaltung von transaktionalen Prozessen sei es ebenfalls von großer Relevanz analysegetriebene Prozesse in der Zukunft flexibel zu gestalten. Auch dies wird durch den Einsatz neuer Technologien erzielt. Laut EXPERTE GAMMA stellen Agilität und Flexibilität in der Digitalisierung weitere Chancen für das Kostenmanagement dar. Hierbei werde es vor allem wichtig sein, dass Daten schnell und sofort zur Verfügung stehen. Im Prinzip verschaffe die unmittelbare Messung zugleich eine nahtlose Rückkopplung, die sich zusätzlich auf weiter nachgelagerte Entscheidungsprozesse auswirke, sodass flexibler auf interne und externe Umwelteinflüsse reagiert werden könne. In diesem Zusammenhang wurde von den Experten vor allem der Geschwindigkeitsaspekt hervorgehoben, da Entwicklungszyklen und der Markt durch die Digitalisierung schneller geworden sind. „[Denn] Kosten senken, kann ich auch mit einem Blatt Papier, nur nicht so schnell." Durch einen schnellen Zugriff und eine zielgerichtete Verarbeitung von Informationen könne sich das Kostenmanagement in anfänglichen Entwicklungsphasen stärker einbinden, da Entscheidungen mit Kosteninformationen somit früher beeinflusst werden würden. Hieraus ergibt sich laut der Aussage dreier Experten zugleich das Potenzial der Kapazitätsoptimierung, da nicht wertschöpfende Produkte und Projekte nicht weiter verfolgt werden und somit Kapazität geschaffen wird, die es gilt in sinnvolle Tätigkeiten zu investieren. Ergänzt wird diese Ansicht von einem Experten, der der Auffassung ist, dass neben dem zuvor genannten Aspekt durch die Digitalisierung repetitive Tätigkeiten immer stärker von (innovativen) Technologien übernommen werden. Das Kostenmanagement könne sich demnach kognitiv anspruchsvollen Aufgabenfeldern widmen oder in völlig neue Aufgabenfelder vorstoßen, sodass ein Wandel von minderwertigen zu höherwertigen Aufgaben zukünftig festzustellen sein werde. Zudem merkt EXPERTE IOTA an, dass die Autonomie von Mitarbeitern wächst, weil die Selbststeuerung und die Delegation von Verantwortung ermöglicht werden. Ebenfalls thematisieren alle Experten den Anstieg des Transparenzniveaus, der durch den Einsatz innovativer Technologien erzielt werden kann. Zwei Teilnehmer betonen hierbei den sinnvollen Einsatz und die zielgerichtete Aggregation von Daten als wesentliche Voraussetzungen, da vorerst lediglich eine Vielzahl von Daten erzeugt wird. Die Erhöhung der Transparenz wird als übergreifendes Potenzial verstanden, da sie zuvor diskutierte Chancen teilweise unter sich vereint. Die hierfür notwendige hohe Datenqualität, welche durch die Integration mehrerer Datenmodelle erreicht werden könne, ermöglicht qualitativ bessere Prognosen und Analysen, die sich selbstverständlich in einer fundierten und umfassenden Entscheidungsgrundlage für das Management niederschlagen würden. Die gestärkte Fundierung der Entscheidungsqualität werde aus steuerungsrelevanten Kosten- und Kundeninformationen, die zukünftig für das Kostenmanagement an Bedeutung gewinnen, generiert. Doch gerade dieser Wandel, der zugleich Herausforderungen aufzeigt, entwickelt sich in vielen Branchen zu einem kritischen Erfolgsfaktor. Auswertungsmöglichkeiten, die Daten unterschiedlichster Kommunikationskanäle betrachten, würden zunehmend interessanter werden, da sie Einblick in das Kundenverhalten geben. Parallel zu dieser Entwicklung steigt die Komplexität der regulatorischen Rahmenbedingungen, sodass diese das Digitalisierungsvorhaben bremsen können. Hierbei rücken zunehmend die Themen Datenschutz und -sicherheit in den Fokus. Des Weiteren sehen zwei Experten, Kategorie „Mittleres" und „Großes" Unternehmen, die Einführung digitaler Technologien mit einem enormen Investitionsbedarf verbunden. Gleichzeitig dürften hier die hohen Folgekosten digitaler Infrastruktur nicht unterschätzt werden. Deswegen werden adäquate Kosten-Nutzenanalysen als ein elementarer Schritt erachtet, bevor Digitalisierungsinitiativen umgesetzt werden sollten. Die Standardisierung und Automatisierung von Prozessen sollten nur dann durchgeführt werden, wenn sie besser als die manuelle Ausführung sind. Doch genau hier liege die Herausforderung der Nutzenquantifizierung für die Optimierung betrieblicher Prozesse. Hierbei könne die Entwicklung neuer Instrumente und Werkzeuge hilfreich sein, die es schaffen Potenziale und Risiken neuer Technologien angemessen zu erfassen. Zugleich ist für die Hälfte der Befragten die Sicherstellung der Datenqualität eine besondere Herausforderung. Denn die Generierung von enormen Datenmengen könne dazu führen, dass man bei der Verarbeitung und Analyse der Massen überwältigt wird und somit den Fokus auf das Wesentliche verliert. Ziel sei es, eine effiziente Gestaltung einer digitalen Infrastruktur vorzunehmen und existierende IT-Landschaften zu konsolidieren. Die zunehmende Komplexität durch die Digitalisierung trage ebenfalls dazu bei, dass die Qualitätssicherung von Informationen erschwert wird. Denn nur eine sinnhafte Zusammenführung und Verdichtung von Daten ermögliche, Unternehmen ein wertschöpfungsorientiertes Wissen zu schaffen. Ein Experte erwähnt in diesem Kontext das Vermeiden von Insellösungen als wesentlichen Aspekt, da einzelne Lösungen eine Infrastruktur nur komplexer und teurer machen. Die Infrastruktur bzw. Datenmodelle müssten integriert aufgebaut werden, damit aus den bereitgestellten Informationen zielgerichtete Entscheidungen abgeleitet werden können. EXPERTE IOTA betont hierbei die ganzheitliche Erfassung des zuvor dargestellten Ablaufs in einen Managementprozess als einen entscheidenden Aspekt. In diesem Kontext ist auch die Überarbeitung der Steuerungs- und Entscheidungskonzepte notwendig. Denn stark formell geprägte Konzepte würden den Anforderungen der Digitalisierung nicht gerecht werden. Unternehmen müssen darüber nachdenken auf eine breitere Werkzeug- und Instrumentenbasis zurückzugreifen, um die Steuerung flexibler zu machen. Neben der Flexibilität erwähnen mehrere Experten die zunehmende Bedeutung von Vertrauen, Offenheit und Kommunikation gerade in Bezug auf das Wahrnehmen und Umsetzen von Chancen. Der transparente Umgang mit diesen Oberbegriffen stellt für viele Experten eine große Herausforderung dar, was sich in den Barrieren, die im Kostenmanagement am häufigsten auftreten, widerspielgelt. Die Problematik wird dahingehend gesehen, dass zum einen Mitarbeiter die Informationen generieren, gerne wissen, wer die Informationen verarbeitet. Zum anderen sei das Zurückhalten von Informationen auch präsent, was den Lernfortschritt und die Weiterentwicklung von Leistungsbereichen hemmt. Es gelte, solche Hemmschwellen und Ängste abzubauen. Mitarbeiter seien mit den Chancen und Risiken der Digitalisierungsthematik selbst und ihren Auswirkungen vertraut zu machen. Eine transparente Kommunikation sei hierbei kein Selbstzweck, sondern es werde das Ziel verfolgt, sich kosteneffizienter und somit wettbewerbsfähiger aufzustellen. Damit dies gelingt, müssten Unternehmen es schaffen eine Veränderungsbereitschaft bei den Mitarbeitern zu erzeugen, weshalb Information und Kommunikation Schlüsselfaktoren darstellen. Die Etablierung eines digitalaffinen Mindsets helfe Hemmnisse innerhalb der Unternehmen abzubauen und steigere das Vertrauen in digitale Lösungen. Dieser Vertrauensaspekt werde immer wichtiger, da aufgrund der voranschreitenden Standardisierung und Automatisierung Unternehmenszahlen mit einem Knopfdruck erstellt werden. Einige Experten sind der Meinung, dass sich aufgrund des ansteigenden Automatisierungsgrads im Kostenmanagement neue Anforderungen an das Kompetenzprofil des Kostenmanagers ergeben. Bestimmte Prozesse seien mittel- bis langfristig mit Personal durchzuführen, die ausgeprägte Qualifikationen in den Bereichen Kommunikationsfähigkeit, IT-Affinität und den Wirkungszusammenhängen des jeweiligen Geschäftsmodells besitzen.

Maßnahmen der Praxis

Für die Gliederung der Maßnahmen wurden drei Kategorien gebildet. Hierzu zählen Mitarbeiter & Steuerung, Daten & Systeme und Prozesse & Organisation. Diese betrachten sämtliche Maßnahmen, die von den Experten geplant sind, umgesetzt werden oder bereits umgesetzt worden sind, um den zuvor aufgezeigten Chancen und Herausforderungen für das Kostenmanagement zu begegnen. Die unter den Interviewteilnehmern am stärksten diskutierte Kategorie, ist die der Mitarbeiter & Steuerung. Dies liegt vor allem daran, dass der Mitarbeiter als größtes Risiko im Unternehmen betrachtet werde. Deswegen verfolgen viele das Ziel mithilfe von geeigneten Informations- und Kommunikationsprozessen, in Form von Schulungen, Weiterbildungen (z. B. Rollouts mobiler Endgeräte) und E-Learnings (z. B. zur Datensicherheit) ein stabiles Fundament aufzubauen. Mitarbeiter mit geringer digitaler Affinität müssten demnach mit den für das Unternehmen relevanten Technologien vertraut gemacht werden, um ihnen gegenüber ein Bewusstsein aufzubauen. Denn nur so sei es für Unternehmen möglich eine Veränderungsbereitschaft in der Belegschaft zu erzeugen, woraus sich bei kontinuierlicher Verfolgung ein Wandel der Denkweise ergeben kann (Digital Culture). Diese Form der Kultur werde durch regelmäßige Berührungspunkte mit neuen Technologien schneller erlangt, sodass die Einbindung von Mitarbeitern in Transformationsprojekte zunehmend bedeutsamer wird. Neben der internen Betrachtung spielen für die Experten auch die Rekrutierung von Personal mit einem gezielten Qualifikationsprofil eine große Rolle, da diese in der Regel neue Anforderungen, wie eine agile Arbeitsweise, einfacher annehmen können. Aus diesem Grund zeigen die befragten Unternehmen an Hochschulen und Universitäten inzwischen verstärkt Präsenz. Hinsichtlich der Kategorie Daten & Systeme stehen bei den Probanden große Investitionen in Digitalisierungsprojekte in Aussicht. Hierunter fallen Investitionen in den Aufbau einer adäquaten, vereinheitlichten und zentral verfügbaren Dateninfrastruktur. Ziel sei es, konsistente und komplementäre Datenmodelle zu implementieren, da diese als wesentliche Grundvoraussetzung für weitere Digitalisierungsprojekte gelten. Liegt eine geeignete Struktur des Datentransfers vor, werde in die Etablierung von neuen Technologien wie Data Analytics, zur Strukturierung und Analyse des Datenpools, oder übergreifende Plattformen, in Form von Dashboards, Interfaces und Sharepoints, investiert. Bei der Auswahl neuer Instrumente hebt EXPERTE IOTA hervor, dass es anzustreben ist, sich für die Technologien zu entscheiden, welche das Niveau des gesamten Wertschöpfungsprozesses anheben. Der Fokus liege somit auf ausgewählten digitalen Lösungen, die zur Schaffung von Kapazitäten für wertschöpfende Tätigkeiten und zu verbesserten Analysepotenzialen beitragen. Neben aufgezeigten Investitionsvorhaben thematisiert ein Experte hinsichtlich des Datenmanagements auch die Bedeutung der klaren Zuständigkeit im Unternehmen. Denn nur über eine eindeutige Zuordnung von Aufgabenbereichen seien Themen, wie die zielgerichtete Datenqualität, umsetzbar. Für die Kategorie Prozesse & Organisation setzen die Probanden stark auf Digitalisierungsvorhaben mit der sie eine agile und effiziente Prozessgestaltung erreichen können. Für redundante Aufgaben wie das Ablesen von Informationen auf Formularen, wird Robotik genutzt, um Kostensenkungen zu generieren. Zudem kommen auch Lean Management Methoden zur Verschlankung von Prozessen zum Einsatz. Ein Experte berichtet von einem großen Restrukturierungsprojekt, um zukünftig End-to-End Prozesse zu ermöglichen und Produktentwicklungen schneller umsetzen zu können. Hierfür rücke die Kundenperspektive auch für das Kostenmanagement immer stärker in den Fokus. Damit dies erreicht werde, müsse eine funktions- und unternehmensübergreifende Zusammenarbeit zwischen Abteilungen in den betrachteten Unternehmen gefördert werden. Fachabteilungen setzen sich in diesem Kontext zusammen, betreuen und verantworten hierbei die Projekte, wodurch die Entscheidungsgewalt verstärkt in die Kompetenzbereiche falle. Einige der Probanden thematisieren in diesem Kontext auch die Gründung von Digitalisierungsabteilungen bzw. -positionen. Die zugehörigen Aufgabenfelder seien abhängig vom Automatisierungsgrad des Unternehmens. Diese würden von der Ermittlung des aktuellen Digitalisierungsstands über die Auswahl und Entwicklung von Digitalisierungsvorhaben bis hin zur Evaluierung erster Erkenntnisse aus den implementierten Digitalisierungstools gehen. Das Priorisieren von ausgewählten Digitalisierungsprojekten erfolge durch die Beurteilung eines Komitees, um gezielt Investitionen zu tätigen, resultierende Potenziale für sich zu nutzen und die Wettbewerbsfähigkeit zu stärken. In diesem Zusammenhang ist das Adaptieren sich als erfolgreich erwiesener Konzepte anderer Branchen ein weiterer Weg, wie EXPERTE ETA erläutert „[. . .] [W]ir [haben] noch eine Startup Garage, sodass wir immer an den aktuellsten Technologien dran sind. [. . .] [D]ie Hoffnung ist natürlich, dass wir daraus irgendwann auch hohe Einsparungspotenziale erzielen."

6 Handlungsempfehlungen und Rollenprofil des Kostenmanagers in der digitalen Welt

Das am stärksten verfolgte Ziel der Kostentransparenz kann durch die Digitalisierungspotenziale auf ein höheres Level gehoben werden. Wobei hier eine Vielzahl von Experten einschob, dass Effektivitäts- und Effizienzsteigerungen sowie eine erhöhte Entscheidungsgüte nicht garantiert sind. Es bedarf einer gezielten Auswahl neuer Technologien sowie einem sinnvollen und intelligenten Einsatz derer, da nur so die sehr oft angesprochene und notwendige Datenqualität erzielt werden kann.

Die Mehrzahl sieht den Vorteil für das Performance Measurement durch die Echtzeit-Steuerung, wohingegen der andere Teil die benötigte Dauer für eine vollständige Automatisierung sämtlicher Unternehmensprozesse als kritischen Aspekt ansieht. Hierfür werden die Vermeidung von Insellösungen und die Harmonisierung der Systemlandschaft als notwendig erachtete Schritte genannt. Festzuhalten ist zudem, dass Probanden, die die Bedeutung von Echtzeit-Steuerung und Wertschöpfungswissen hoch bis sehr hoch einstuften, den Rollenwandel zum Business Partner ebenfalls bestätigen.

Zu den elementaren digitalen Einflusspotenzialen gehören die Prozessautomatisierung/Robotik & Sensorik, Internet of Things, Industrie 4.0 und Big Data. Die Automatisierung, als die unter den Probanden am weitesten verbreitete Technologie, scheint aufgrund der schnellen Umsetzbarkeit von der Praxis favorisiert worden zu sein. Die am stärksten vertretene und stark diskutierte Barriere im Kostenmanagement ist die der Kommunikation. Die Überwindung dieser Barriere wird von den meisten Probanden als große Herausforderung angesehen, da hier der Faktor Mensch, wie bei den diskutierten Ergebnissen hinsichtlich der Herausforderungen

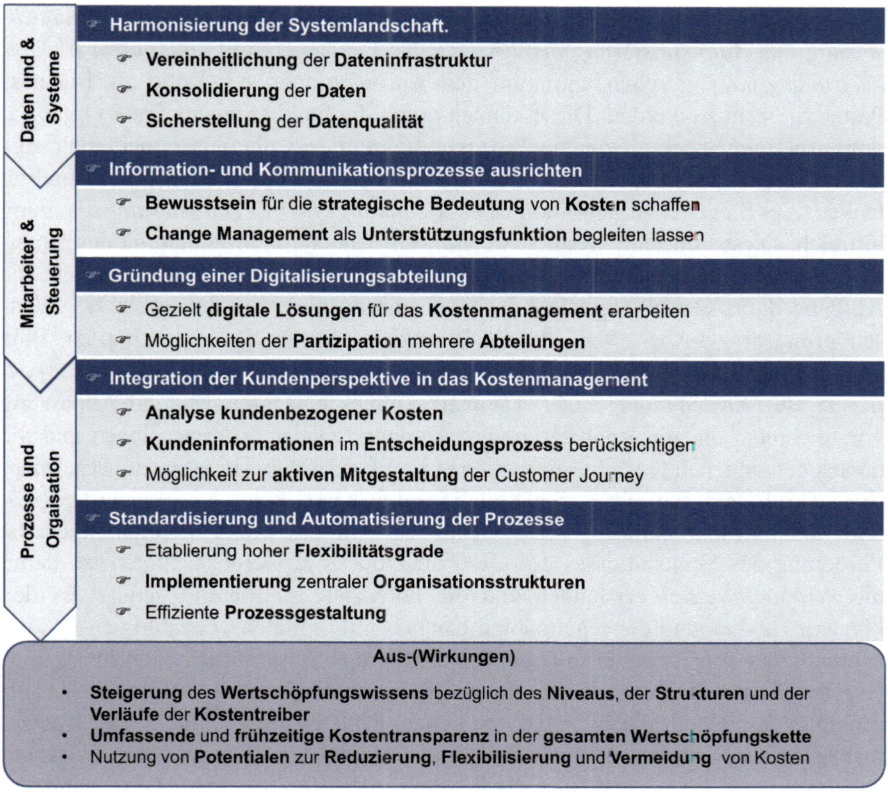

Abb. 11 Handlungsempfehlungen

dargestellt, eine tragende Rolle im digitalen Fortschritt einnimmt. Laut der Interviewteilnehmer führt der Einsatz neuer digitaler Technologien primär zu (Aus-)Wirkungen wie der Steigerung der Kosteneffizienz, Geschwindigkeit und Kapazitätsoptimierung. Diese werden durch eine verstärkt eingenommene Kundenfokussierung ergänzt. Die erste wesentliche Erkenntnis für die Praxis besteht in der, in den Interviews vielfach angesprochen Problematik, der *Harmonisierung der Systemlandschaft*. Die Vereinheitlichung der Dateninfrastruktur, das Zusammenführen von Daten und die Sicherstellung der Datenqualität sind elementare Ansatzpunkte, welcher sich Unternehmen annehmen müssen (Abb. 11).

Die wesentliche Grundlage stellt die Etablierung einer Systemlandschaft dar, die konsistente und komplementäre Datenmodelle beinhaltet und keine einzelnen digitalen Lösungen. Die Standardisierung der Kostenmanagementprozesse ist ein wichtiger Aspekt und wird als Grundlage der Digitalisierung angesehen. Die Bedeutung von dem Verständnis über das jeweilige Geschäftsmodell muss Mitarbeitern verdeutlicht werden und sie müssen verstärkt in Digitalisierungsprojekte eingebunden werden. Zudem werden die Themen Offenheit, Transparenz und persönliche Kommunikation für die Steuerung zunehmend von Bedeutung sein.

Für die Betrachtung der Prozesse kann festgehalten werden, dass die *Standardisierung und Automatisierung der Prozesse* als Fundament mit *adäquatem Flexibilisierungsgrad* angesehen wird, um den Anforderungen der Rolle als Business Partner gerecht zu werden. Diese können durch die Etablierung zentraler Organisationsstrukturen einer effizienten Prozessgestaltung und die Zusammenarbeit ausgewählter Fachbereiche erreicht werden, um zweckorientiert zu gestalten und zu lenken. Aus Sicht der Organisation ist die *Gründung einer Digitalisierungsabteilung* hilfreich. Diese soll dafür genutzt werden, um eine Bestandsaufnahme des Unternehmens hinsichtlich des digitalen Fortschritts vorzunehmen. Zudem besteht die Aufgabe darin, gezielt digitale Lösungen auszuwählen, die den gesamten Wertschöpfungsprozess betreffen, um die Potenziale vollständig auszuschöpfen. Eine weitere bedeutsame Erkenntnis ist die zunehmende *Integration der Kundenperspektive in das Kostenmanagement.* Demnach gilt es eine systemseitige Anpassung vorzunehmen, um die Analyse kundenbezogener Kosten zu ermöglichen und die daraus gewonnenen Kundeninformationen im Entscheidungsprozess zu berücksichtigen. Der Belegschaft gilt es die Digitalisierungsthematik durch geeignete *Information- und Kommunikationsprozesse* näher zu bringen, wobei hierunter auch die Förderung des Verständnisses des Geschäftsmodells zu berücksichtigen ist, damit die Wirkungsweisen verstanden und die Potenziale zielführend genutzt werden können. Hierbei sind der regelmäßige Kontakt mit digitalen Technologien und die Einbindung der Mitarbeiter in Digitalisierungsprojekte wesentliche Schritte.

Hinsichtlich der Rolle des Kostenmanagers verdeutlicht die empirische Untersuchung, dass ein Großteil der Experten einen Rollenwandel feststellt. Der Kostenmanager nimmt gegenwärtig verstärkt einen Wandel vom Reporter zur Zwischenposition von Navigator und Business Partner ein. In die Zukunft blickend, tendieren die Befragten zu einem eindeutigeren Wandel zum Business Partner, da das Wertschöpfungswissen bezüglich der Kostensituation an Bedeutung gewinnen wird (Abb. 12).

Im Folgenden sollen die aufgeworfenen Rollen kurz erläutert werden. Die Ausführungen unterscheiden zwischen ausgewählten möglichen Rahmenbedingungen, Aufgabenfeldern und den Kompetenzbündeln Dürfen, Können, Wollen und Wissen (Becker et al. 2019).

Reporter: Bezüglich der Rahmenbedingungen ist anzuführen, dass diese Rolle über eingeschränkte Informations- und Kommunikationstechnologien verfügt. Die Dokumentation und Kalkulation der wertmäßigen Kosten im Marktzyklus steht bei diesem Rollenprofil im Fokus. Vornehmlich bestimmt diese Rolle Selbstkosten. Der Reporter verfügt in der Regel über keine konkreten Entscheidungsbefugnisse. Zudem zeichnet sich der Reporter durch eine limitierte analytische Fachkompetenz aus. Auch ist ein geringes Wissen über die Wertschöpfungsprozesse und leistungswirtschaftliche Programme zu attestieren.

Navigator: Diese Rolle beschäftigt sich vornehmlich mit der Analyse von Kostenabweichungen. Der Navigator verfügt im Gegensatz zu dem Reporter über ein grundlegendes Wertschöpfungswissen. Auch ist er in der Lage multifaktorielle Kosteneinflusssysteme zu identifizieren.

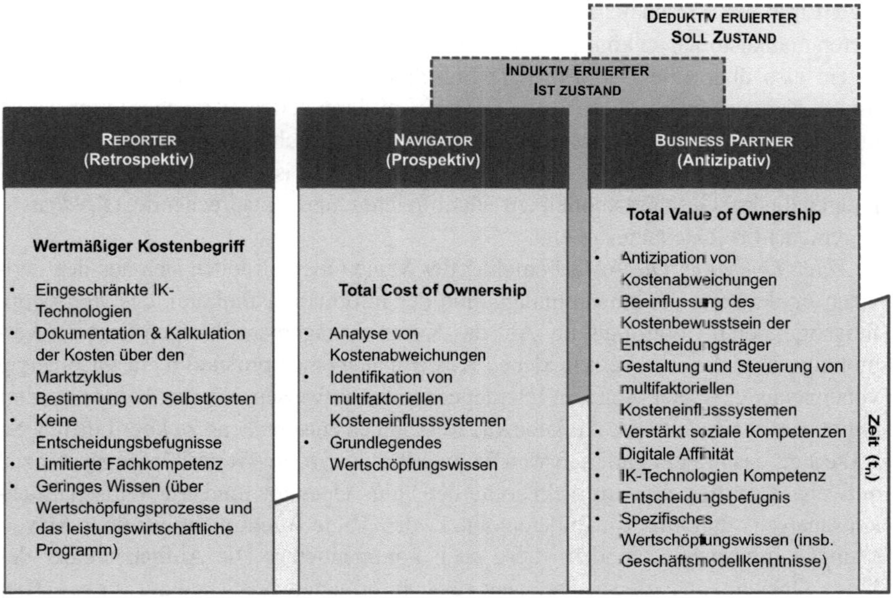

Abb. 12 Rollenwandel des Kostenmanagers

Business Partner: Der Business Partner ist neben der Identifikation solcher multifaktoriellen Kosteneinflusssysteme auch in der Lage diese zu gestalten und zu steuern. Zudem ist er in der Lage das Kostenbewusstsein der jeweiligen Entscheidungsträger aktiv zu beeinflussen. Des Weiteren verfügt diese Rolle im Bereich des Dürfens über ein gewisses Maß an Entscheidungsbefugnis. Neben sondierten Fähigkeiten bezüglich Informations- und Kommunikationstechnologien weist der Business Partner eine hohe Digitalaffinität auf. Zudem verfügt der Business Partner über ein fundiertes spezifisches Wertschöpfungswissen. Neben diesen fachlichen Kompetenzen benötigt diese Rolle auch soziale Kompetenzen.

Neben diesen, empirisch überprüften, Rollen wären noch andere Rollenbilder des Kostenmanagers in der digitalen Welt durchaus denkbar. Hierbei sollen vor allem die spezifischen Aufgabenfelder und Kompetenzen der Rollen Value Agent und Value Operator im Vordergrund der Betrachtung stehen.

Value Agent: Diese Rolle leitet sich aus der originären Funktion, der Lokomotion, des wertschöpfungsorientieren Controlling ab. Eine zentrale Aufgabe des Value Agent ist es demnach, die entsprechenden Abteilungen zur Aufnahme des Kostenmanagements anzuregen. Das bedeutet, dass der indizierte Impuls zur Aufnahme des Kostenmanagements vom Value Agent auszugehen hat. Die Lokomotionsfunktion des Controllings fordert darüber hinaus die stetige Sicherstellung der Effektivität und Effizienz des Kostenmanagements in der digitalen Welt. Hierzu sollte der Value Agent stets überprüfen, inwieweit die gesetzten Kosten- und Terminziele eingehalten werden. Ist deren Weiterführung nicht gerechtfertigt, sollte der Value Agent über die Entscheidungsbefugnis verfügen diese zu stoppen. Auch sollte der Value

Agent mit dem Geschäftsmodell vertraut sein um entsprechende Projekte identifizieren und anstoßen zu können. Im Gegensatz zum Business Partner sollte der Value Agent also über eine klar definierte Entscheidungs- und Handlungsbefugnis verfügen. Zudem verfügt diese Rolle über ein differenziertes Wertschöpfungswissen und über fundierte Kenntnisse des leistungswirtschaftlichen Programms.

Die wesentliche Aufgabe der Rolle des Value Agent ist es also, Wertschöpfungspotenziale im Geschäftsmodell zu identifizieren und entsprechende (Kostenmanagement)-Projekte anzustoßen.

Value Operator: Die Aufgabenfelder des Value Operator leiten sich aus den derivaten Funktionen, der Abstimmungs- und der Informationsfunktion, des wertschöpfungsorientieren Controlling ab. Auf das Kostenmanagement bezogen liegt die Vermutung nahe, dass die verschiedenen Kostenmanagementprojekte nicht unabhängig voneinander existieren, sondern Interdependenzen aufweisen. Für den Value Operator ergibt sich demzufolge die Aufgabe, die Ressourcen entsprechend zu koordinieren. So sollte stets das Projekt präferiert werden, welches das größte Wertschöpfungspotenzial aufweist. Um dieses zu ermitteln sollte der Value Operator fundierte Wirtschaftlichkeitsanalysen durchführen. Zudem sollte er den Value Agent nicht nur über Abweichungen informieren, sondern diese auch kommentieren. Die Aufgabenfelder des Value Operator gehen also über eine reine Informationsbereitstellung hinaus. Hier ähnelt er der Rolle des Business Partners. Um diejenigen Kostenmanagementprojekte zu identifizieren, die das höchste Wertschöpfungspotenzial aufweisen, sollte der Value Operator hervorragende analytische Fähigkeiten verfügen. Zudem sollte der Value Operator über spezielle Kenntnisse bezüglich Informations- und Kommunikationstechnologien verfügen. Analog zum Value Agent ist zudem ein fundiertes Wertschöpfungswissen vonnöten.

7 Fazit

Die digitale Transformation von Geschäftsmodellen ist ein bedeutendes Thema für die Zukunft des Kostenmanagements. Technologische Anwendungen sind Initiatoren und Treiber zahlreicher Veränderungen sämtlicher Unternehmensbereiche. Die Erfassung und Analyse der Auswirkungen erfolgt unter anderem durch das Kostenmanagement, sodass dieses weiterhin einen elementaren Faktor der Existenzsicherung des Unternehmens darstellen wird.

Das dafür benötigte Kompetenzprofil wird zunehmend von digitaler Affinität, Geschäftsverständnis und sozialen Fähigkeiten geprägt sein. Zum Abschluss dieses Beitrages lassen sich aus den gewonnen Erkenntnissen erste Merkmale hinsichtlich eines zukünftigen Anforderungsprofils des Kostenmanagers ableiten. Das derzeitige Profil wird den neuen Gestaltungs-, Lenkungs- und Führungsaufgaben nicht gerecht und bedarf somit einer Anpassung. Damit der Kostenmanager zukünftig verstärkt die Rolle des Value Agent einnimmt, wird die Steuerung zunehmend auf Offenheit, Transparenz und sozialen Kompetenzen basieren, um dem dynamischen Umfeld standzuhalten. Dem technologischen Wandel (kultureller Aspekt) gegenüber sollte der Kostenmanager positiv eingestellt sein, da dies als Grundvoraussetzung für die Erfüllung der Rolle des Value Agent angesehen wird. Digitale Affinität und IuK-Kompetenzen werden ebenfalls als wichtige Faktoren erachtet, da nur so Wirkungszusammenhänge verstanden und mögliche Potenziale, wie der Anstieg des Transparenzniveaus, genutzt werden können. Letzteres führt zu einem verbesserten Wertschöpfungswissen bezüglich der Kostensituation und lässt dessen Bedeutung weiter steigen. Bezüglich der Mitarbeiterführung wird ein höheres Maß an persönlicher Kommunikationsfähigkeit notwendig sein, um den digitalen Wandel zu meistern.

Literatur

Aguilar, O., & Moffatt, J. (2018). *Thriving in uncertainty in the age of digital disruption.* https://www2.deloitte.com/content/dam/Deloitte/se/Documents/process-and-operations/GlobalCostSurvey2017.pdf. Zugegriffen am 17.12.2018.

Amshoff, B. (1993). *Controlling in deutschen Unternehmungen. Realtypen, Kontext und Effizienz* (Neue betriebswirtschaftliche Forschung, Bd. 114). Wiesbaden: Gabler (Zugl.: Dortmund, Univ., Diss., 1991).

Axson, D., & Delawalla, A. (2018). *CFO reality check: Good intentions in cost management are not enough.* Accenture Strategy Survey.

Baltzer, B. (2013). *Einsatz und Erfolg von Controlling-Instrumenten. Begriffsbestimmung, empirische Untersuchung und Erfolgsbeurteilung.* Wiesbaden: Springer Gabler.

Baur, N., & Blasius, J. (Hrsg.). (2019). *Handbuch Methoden der empirischen Sozialforschung.* Wiesbaden: Springer Fachmedien.

Becker, W. (1990). Funktionsprinzipien des Controlling. *Zeitschrift für Betriebswirtschaft, 60*(3), 295–318.

Becker, W. (1993). Entwicklungslinien der betriebswirtschaftlichen Kostenlehre. *Kostenrechnungspraxis, 37*(1), 5–18.

Becker, W. (1996). *Stabilitätspolitik für Unternehmen. Zukunftssicherung durch integrierte Kosten- und Leistungsführerschaft.* Wiesbaden: Gabler.

Becker, W. (1999). Begriff und Funktionen des Controlling. In *Bamberger Betriebswirtschaftliche Beiträge* (Bd. 106). Bamberg.

Becker, W. (2008). *Kosten-, Erlös-, Ergebnisrechnung.* Bamberg.

Becker, W. (2010). *Unternehmensführung I – Planung, Entscheidung und Kontrolle.* Bamberg.

Becker, W. (2011). *Controlling: Konzepte, Methoden und Instrumente.* Bamberg.

Becker, W. (2017). *Wertschöpfungsorientiertes Controlling. Kennzahlen-, Performance- & Value Management*, 2. Aufl. Bamberg.

Becker, W. (2018). *Wertschöpfungsorientiertes Controlling – Kosten-, Erlös- & Ergebnismanagement* (Bamberger Betriebswirtschaftliche Beiträge, Nr. 259). Bamberg.

Becker, W., Baltzer, B., & Ulrich, P. (2014). *Wertschöpfungsorientiertes Controlling. Konzeption und Umsetzung.* Stuttgart: Kohlhammer.

Becker, W., Ulrich, P., Botzkowski, T., & Eurich, S. (2015). Data Analytics in Familienunternehmen – Implikationen für das Controlling. *Controlling – Zeitschrift für erfolgsorientierte Unternehmenssteuerung, 27*(4/5), 263–268.

Becker, W., Ulrich, P., Botzkowski, T., & Eurich, S. (2017). Digitalisierung von Geschäftsmodellen. In D. Schallmo, A. Rusnjak & J. Anzengruber (Hrsg.), *Digitale Transformation von Geschäftsmodellen* (S. 283–309). Wiesbaden.

Becker, W., Ulrich, P., & Stradtmann, M. (2018). *Geschäftsmodellinnovationen als Wettbewerbsvorteil mittelständischer Unternehmen.* Wiesbaden: Springer Gabler.

Becker, W., & Pflaum, A. (2019). Begriff der Digitalisierung – Extension und Intension aus betriebswirtschaftlicher Perspektive. In W. Becker, B. Eierle, B. Ivens, A. Leichnig, A. Pflaum & E. Sucky (Hrsg.), *Geschäftsmodelle in der digitalen Welt – Strategie, Prozesse und Praxiserfahrungen* (S. 3–13). Wiesbaden: Springer.

Becker, W., Schuhknecht, F., Stradtmann, M., & Botzkowski, T. (2019). Entscheidungskompetenzen für Digitalisierungs-Entscheidungen: Zum gegenwärtigen Stand der Dynamic Capabilities-

Forschung. In W. Becker, B. Eierle, B. Ivens, A. Leichnig, A. Pflaum & E. Sucky (Hrsg.), *Geschäftsmodelle in der digitalen Welt – Strategie, Prozesse und Praxiserfahrungen* (S. 91–121). Wiesbaden: Springer.

Berthel, J. (1975). *Betriebliche Informationssysteme*. Stuttgart: Poeschel.

Bhimani, A. (2012). Cost Management in the digital age. In M. Falconer, N. Hanne & J. M. Jakobsen (Hrsg.), *The Routledge Companion to Cost Management. Routledge companions in business, management and accounting* (S. 381–388). Edinburgh: Routledge Chapman & Hall.

Bhimani, A., & Willcocks, L. (2014). Digitisation, ‚Big Data' and the transforming of accounting information. *Accounting and Business Research, 44*(4), 469–490.

Blanchard, B. S. (1978). *Design and manage to life cycle cost*. Portland: M/A Press.

Bleicher, K. (1993). Führung. In W. Wittmann (Hrsg.), *Handwörterbuch der Betriebswirtschaft* (S. 1270–1284). Stuttgart: Schäffer-Poeschel.

Bleicher, K., & Meyer, E. (1976). *Führung in der Unternehmung*. Reinbek bei Hamburg: Verlag für Sozialwissenschaften.

BMWi. (2017). *Smart Service Welt – Innovationsbericht 2017: Eine Studie im Rahmen der Begleitforschung zum Technologieprogramm Smart Service Welt*. Berlin.

BMWi. (2018). Monitoring-Report Wirtschaft DIGITAL 2018. https://www.bmwi.de/Redaktion/DE/Publikationen/Digitale-Welt/monitoring-report-wirtschaft-digital-2018-kurzfassung.pdf?__blob=publicationFile&v=22. Zugegriffen am 12.01.2019.

Bogner, A., Littig, B., & Menz, W. (2014). *Interviews mit Experten. Eine praxisorientierte Einführung*. Wiesbaden: Springer.

Bohr, K. (1981). Wirtschaftlichkeit. In E. Kosiol (Hrsg.), *Handwörterbuch des Rechnungswesens* (S. 1795–1805). Stuttgart: Schäffer-Poeschel.

Botzkowski, T. (2018). *Digitale Transformation von Geschäftsmodellen im Mittelstand*. Wiesbaden: Springer.

Bughin, J., & van Zeebroeck, N. (2017). The best response to digital disruption. *MIT Sloan Management Review, 58*(3), 80–86.

Cole, T. (2010). *Unternehmen 2020. Das Internet war erst der Anfang*. München: Hanser.

Cooper, R., & Slagmunder, R. (2004). Interorganizational cost management and relational context. *Accounting, Organizations & Society, 29*(1), 1–26.

Cooper, R. G. (1990). Stage-gate systems: A new tool for managing new products. *Business Horizons, 33*(3), 44–54.

Daniel, K. (2008). *Managementprozesse und Performance. Ein Konzept zur reifegradbezogenen Verbesserung des Managementhandels*. Wiesbaden: Gabler.

Davenport, T. H. (1993). *Process innovation. Reengineering work through information technology*. Boston: Harvard Business School Press.

Deimel, K., Isemann, R., & Müller, S. (2006). *Kosten- und Erlösrechnung. Grundlagen, Managementaspekte und Integrationsmöglichkeiten der IFRS*. München: Pearson Deutschland GmbH.

Dittmar, N. (2009). *Transkription. Ein Leitfaden mit Aufgaben für Studenten, Forscher und Laien (Qualitative Sozialforschung)*. Wiesbaden: Verlag für Sozialwissenschaften.

Döring, N., & Bortz, J. (2016). *Forschungsmethoden und Evaluation in den Sozial- und Humanwissenschaften*. Berlin: Springer.

Ehrlenspiel, K., Kiewert, A., Lindemann, U., & Mörtl, M. (2014). *Kostengünstig Entwickeln und Konstruieren. Kostenmanagement bei der integrierten Produktentwicklung*. Berlin: Springer Vieweg.

Eisenardt, K. M. (1989). Building theories from case study research. *Academy of Management Review, 14*(4), 532–550.

Fink, A., Schneidereit, G., & Voß, S. (2005). *Grundlagen der Wirtschaftsinformatik*. Heidelberg: Physica-Verlag.

Flick, U. (2011). *Triangulation (Qualitative Sozialforschung)*. Wiesbaden: Springer Fachmedien.

Franz, K.-P., & Kajüter, P. (2007). Kostenmanagement. In R. Köhler, U. Küpper & A. Pfingsten (Hrsg.), *Enzyklopädie der Betriebswirtschaftslehre, Band 1: Handwörterbuch der Betriebswirtschaft* (6. Aufl., S. 974–983). Stuttgart: Springer.

Friedl, B. (2013). *Controlling Unternehmensführung*. Konstanz: UVK Verl.Ges.

Gälweiler, A., & Malik, F. (2005). *Strategische Unternehmensführung*. Frankfurt: Campus.

Gläser, J., & Laudel, G. (2010). *Experteninterviews und qualitative Inhaltsanalyse als Instrumente rekonstruierender Untersuchungen*. Wiesbaden: VS.

Götze, U., & Weber, T. (2008). (Total) Cost of ownership. *Zeitschrift für Planung & Unternehmenssteuerung, 19*(2), 249–257.

Gutenberg, E. (1951). *Grundlagen der Betriebswirtschaftslehre. Erster Band Die Produktion*. Berlin/Heidelberg: Springer.

Haberstock, L. (1981). Kostensenkung. In E. Kosiol (Hrsg.), *Handwörterbuch des Rechnungswesens* (S. 1078–1090). Stuttgart: Poeschel.

Hardt, R. (2018). *Kostenmanagement. Methoden und Instrumente*. Berlin/Boston: Oldenbourg Wissenschaftsverlag.

Heinen, E. (1983). *Betriebswirtschaftliche Kostenlehre. Kostentheorie und Kostenentscheidungen*. Wiesbaden: Gabler.

Heise, D. (2014). Überlegungen zu einem Empfängergerichtet(e)n IT-Kostenmanagement als Bestandteil eines integrativen. *Controlling – Zeitschrift für erfolgsorientierte Unternehmenssteuerung, 2*, 116–123.

Heiß, M. (2004). *Strategisches Kostenmanagement in der Praxis. Instrumente, Maßnahmen, Umsetzung*. Wiesbaden: Gabler.

Hess, T., Benlian, A., Matt, C., & Wiesböck, F. (2016). Options for formulating a digital transformation strategy. *MIS Quarterly Executive, 15*(2), 103–119.

Hoitsch, H.-J. (2003). Kostenbestimmungsfaktoren. In P. Horváth & T. Reichmann (Hrsg.), *Vahlens großes Controllinglexikon* (S. 412–413). München: Vahlen.

Horváth, P. (2012). *Controlling*. München: Vahlen.

Horváth, P., & Seidenschwarz, W. (1991). Strategisches Kostenmanagement der Informationsverarbeitung. In L. Heinrich, G. Pomberger & R. Schauer (Hrsg.), *Die Informationswirtschaft im Unternehmen* (S. 297–322). Linz: Universitätsverlag Rudolf Trauner.

Huang, K.-W., & Sundararajan, A. (2011). Pricing digital goods: Discontinuous costs and shared infrastructure. *Information Systems Research, 22*(4), 721–738.

Jaeger, F. (2000). Total cost of ownership. In L. von Dobschütz (Hrsg.), *IV-controlling* (S. 451–477). Wiesbaden: Springer.

Jahn, B., & Pfeiffer, M. (2014). Die digitale Revolution – Neue Geschäftsmodelle statt (nur) neue Kommunikation. *Marketing Review St. Gallen, 31*(1), 80–92.

Kajüter, P. (2000). *Proaktives Kostenmanagement. Konzeption und Realprofile*. Wiesbaden: Dt. Univ.-Verlag.

Kasselmann, S., & Gebhardt, M. (2017). Kosten- und Erlösstruktur im Wandel durch Industrie 4.0 – Empirische Benchmarks. *Controlling – Zeitschrift für erfolgsorientierte Unternehmenssteuerung, 29*, 83–86.

Keimer, I., & Egle, U. (2018). Die Treiber der Digitalisierung im Controlling. *Controlling & Management Review, 62*(4), 62–67.

Kieninger, M., Mehanna, W., & Michel, U. (2015). Auswirkungen der Digitalisierung auf die Unternehmenssteuerung. In P. Horváth & U. Michel (Hrsg.), *Controlling im digitalen Zeitalter* (S. 3–13). Stuttgart: Schäffer-Poeschel.

Kieser, A., & Walgenbach, P. (2010). *Organisation*. Stuttgart: Schäffer-Poeschel.

Kirsch, W. (1973). Empirische Entscheidungsforschung und Betriebswirtschaftslehre: Eine Einführung in den Problemkreis der Untersuchung. In C. Berg (Hrsg.), *Individuelle Entscheidungsprozesse: Laborexperimente und Computersimulation* (S. 11–2[illegible]). Wiesbaden: Springer.

Kirsch, W. (1997). *Beiträge zu einer evolutionären Führungslehre*. Stuttgart: Schäffer-Poeschel.

Kirsch, W., Seidl, D., & van Aaken, D. (2007). *Betriebswirtschaftliche Forschung. Wissenschaftstheoretische Grundlagen und Anwendungsorientierung*. Stuttgart: Schäffer-Poeschel.

Klatt, T. (2014). Strategisches Controlling in digitalen Unternehmen: Anforderungen an das Kostenmanagement. *Controlling – Zeitschrift für erfolgsorientierte Unternehmenssteuerung, 26*(10), 541–547.

Knop, C., & Becker, T. (2015). *Digitales Neuland. Warum Deutschlands Manager jetzt Revolutionäre werden*. Wiesbaden: Springer Gabler.

Konle, M. (2004). *Entwurf einer Konzeption für das potentialorientierte Kostenmanagement in Dienstleistungsunternehmungen*. Berlin: TENEA.

Kosiol, E. (1979). *Kostenrechnung der Unternehmung*. Wiesbaden: Gabler.
Koß, R. (2016). Ein Reifegradmodell für das digitale Controlling. *Controlling & Management Review, 60*(6), 32–39.
Krickel, F. (2015). Digitalisierung in der Energiewirtschaft. In W. Hecker, C. Lau & A. Müller (Hrsg.), *Zukunftsorientierte Unternehmenssteuerung in der Energiewirtschaft* (S. 41–74). Wiesbaden: Springer.
Krüger, W. (1981). Theorie unternehmensbezogener Konflikte. *Zeitschrift für Betriebswirtschaft, 51*, 910–952.
Krüger, W. (2007). Change management. In R. Köhler, H. Küpper & A. Pfingsten (Hrsg.), *Handwörterbuch der Betriebswirtschaft* (S. 195–203). Stuttgart: Schäffer-Poeschel.
Kuckartz, U. (2012). *Qualitative Inhaltsanalyse. Methoden, Praxis, Computerunterstützung*. Weinheim: Beltz-Juventa.
Küpper, H.-U., Weber, J., & Zünd, A. (1990). Zum Verständnis und Selbstverständnis des Controlling. *Zeitschrift für Betriebswirtschaft, 60*, 281–293.
Lamnek, S. (2008). *Qualitative Sozialforschung*. Weinheim: Beltz PVU.
Laudon, K. C., Laudon, J. P., & Schoder, D. (2016). *Wirtschaftsinformatik. Eine Einführung*. Hallbergmoos: Pearson.
Lühring, N. (2006). *Koordination von Innovationsprojekten*. Wiesbaden: 1 DUV Deutscher Universitätsverlag.
Lukasczyk, K. (1960). Zur Theorie der Führer-Rolle. *Psychologische Rundschau, 11*, 179–188.
Männel, W. (1995). Ziele und Aufgabenfelder des Kostenmanagements. In T. Reichmann (Hrsg.), *Handbuch Kosten- und Erfolgs-Controlling* (S. 25–45). München: Vahlen.
Mayer, H. O. (2006). *Interview und schriftliche Befragung. Entwicklung, Durchführung und Auswertung*. München: Oldenbourg.
Mayring, P. (2015). *Qualitative Inhaltsanalyse. Grundlagen und Techniken*. Weinheim: Beltz.
Miller, M. J. (1997). Total value of ownership. *PC Magazine, 16*(8), 4.
Müller-Seitz, G., Beham, F., & Thielen, T. (2016). Die digitale Transformation der Wertschöpfung. *Controlling & Management Review, 60*(6), 24–31.
Nerdinger, F. W. (2012). *Grundlagen des Verhaltens in Organisationen*. Stuttgart: W. Kohlhammer.
Obermaier, R. (2016). „Controlling 4.0“ – Zu den Möglichkeiten eines regelungsbasierten Controllings (nicht nur) von Supply Chains in einer „Industrie 4.0“. *Controlling – Zeitschrift für erfolgsorientierte Unternehmenssteuerung, 28*(6), 301–307.
Payne, R. (2014). *Discussion of ‚Digitisation‘ ‚Big Data‘ and the transformation of accounting information*. Accounting and Business Research.
Porter, M. E. (2014). *Wettbewerbsvorteile. Spitzenleistungen erreichen und behaupten*. Frankfurt: Campus.
Raithel, J. (2008). *Quantitative Forschung*. Wiesbaden: VS Verlag für Sozialwissenschaften/GWV Fachverlage GmbH.
Reinders, H. (2016). *Qualitative Interviews mit Jugendlichen führen. Ein Leitfaden*. Berlin: de Gruyter Oldenbourg.
Reischauer, G., & Schober, L. (2015). Controlling von Industrie 4.0-Prozessen. *Controlling & Management Review, 59*(5), 22–28.
Reiß, M., & Corsten, H. (1990). Grundlagen des betriebswirtschaftlichen Kostenmanagements. *Wirtschaftswissenschaftliches Studium, 19*(8), 390–396.
Reiß, M. & Corsten, H. (1992). Gestaltungsdomänen des Kostenmanagements. In W. Männel (Hrsg.), *Handbuch Kostenrechnung* (S. 1478–1491). Wiesbaden: Springer Gabler.
Riepl, L. (1998). TCO versus ROI. *Information Management, 13*(2), 7–12.
Rinke, A., Maiwald, M., Michael, V., & Günther, T. (2018). Kostensimulation oder dynamische Kostenrechnung? Ansätze zur Bewältigung von Komplexität und Volatilität in der Kostenrechnung verarbeitender Unternehmen in Zeiten von Industrie 4.0. *Controlling – Zeitschrift für erfolgsorientierte Unternehmenssteuerung, 30*(1), 49–56.
Sakurai, M. (1989). Target costing and how to use it. *Journal of Cost Management, 3*(2), 39–50.
Sauter, R., Bode, M., & Kittelberger, D. (2015). Auswirkungen von Industrie 4.0 auf die Produktionsnahe Steuerung der Wertschöpfung. *Controlling, 27*(8/9), 475–484.

Schäffer, U., & Weber, J. (2016). Die Digitalisierung wird das Controlling radikal verändern. *Controlling & Management Review, 60*(6), 8–17.

Scheer, A.-W., & Wahlster, W. (2012). Die vierte industrielle Revolution zeichnet sich ab! *Information Management und Consulting, 27*(3), 7 ff.

Schmalenbach, E. (1919). *Selbstkostenrechnung*. Leipzig: G. A. Gloeckner Verlagsbuchhandlung in Leipzig.

Schnell, R., Hill, P., & Esser, E. (2008). *Methoden der empirischen Sozialforschung* (8. Aufl.). München: de Gruyter.

Schröder, B., Mooremann, U., Reichle, F., & Deutgen, F.-F. (2015). *Studie „Future Profitability – Einfluss globaler Megatrends auf Produktkosten und Wettbewerbsfähigkeit“*. http://www.kmu-digital.eu/de/publikationen/tags/produktion/17-future-profitability/file. Zugegriffen am 22.12.2018.

Schulte, R. (2018). *Kostenmanagement. Einführung in das operative Kostenmanagement*. Berlin: Oldenbourg Wissenschaftsverlag.

Schweitzer, M., Küpper, H.-U., Friedl, G., Hofmann, C., & Pedell, B. (2016). *Systeme der Kosten- und Erlösrechnung*. München: Franz Vahlen.

Sia, S. K., Soh, C., & Weill, P. (2016). How DBS Bank pursued a digital business strategy. *MIS Quarterly Executive, 15*(2), 105–121.

Stich, V. (2015). Controller müssen ihre Anpassungsfähigkeit unter Beweis stellen. *Controlling & Management Review, 60*(6), 8–17.

Thomas, K. (2008). Total Cost of Ownership: ein bewährtes und effizientes Management-Tool. *Zeitschrift der Unternehmensberatung, 3*(1), 26–30.

Töpfer, A. (2012). *Erfolgreich Forschen. Ein Leitfaden für Bachelor-, Master-Studierende und Doktoranden*. Wiesbaden: Springer Gabler.

Tüllmann, C., Sagner, D., Prasse, C., & Piasowski, H. (2018). Vernetzt denken – vernetzt handeln. In F. Keuper, M. Schomann, L. Sikora & R. Wassef (Hrsg.), *Disruption und Transformation Management: Digital Leadership-Digitales Mindset – Digitale Strategie* (S. 165–185). Wiesbaden: Springer.

Ulrich, H. (2001). *Gesammelte Schriften*. Bern: Haupt.

Welge, M. K. (1980). *Management in deutschen multinationalen Unternehmungen. Ergebnisse einer empirischen Untersuchung*. Stuttgart: Poeschel.

Welge, M. K. (1988). *Management in deutschen multinationalen Unternehmungen. Ergebnisse einer empirischen Untersuchung*. Stuttgart: Poeschel.

Wiederstein, M. (2017). *Cost Engineering 2025*. https://www.polarixpartner.com/files/content/documents/whitepaper/2017/20170901_whitepaper_cost_engineering/polarixpartner_whitepaper_cost_engineering_2025_20170901_DE.pdf. Zugegriffen am 07.01.2019.

Wiederstein, M., & Bernd, S. (2014). Wert- und Kostenmanagement bei den Top-Unternehmen – Viele Potenziale bleiben nach wie vor ungenutzt. https://www.polarixpartner.com/files/content/documents/studies/2009/20090215_studie_kostenmanagement/polarixpartner_studie_kostenmanagement_20090215_DE.pdf. Zugegriffen am 07.01.2019.

Wild, J. (1980). *Grundlagen der Unternehmungsplanung*. Wiesbaden: VS Verlag für Sozialwissenschaften.

Witzel, A. (1985). Das problemzentrierte Interview. In G. Jüttemann (Hrsg.), *Qualitative Forschung in der Psychologie: Grundlagen, Verfahrensweisen, Aufgabenfelder* (S. 227–256). Kröning: Asanger Roland.

Wolf, J. (2013). *Organisation, Management, Unternehmensführung. Theorien, Praxisbeispiele und Kritik*. Wiesbaden: Springer Gabler.

Wolf, K., & Holm, C. (1998). Total Cost of Ownership: Kennzahl oder Konzept? *Information Management, 13*(2), 19–23.

Wynstra, F., & Hurkens, K. (2004). Total cost and total value of ownership. In M. Eßig (Hrsg.), *Perspektiven des Supply Management* (S. 464–482). Wiesbaden: Springer.

Yin, R. K. (2003). *Case study research: Design and methods* (3. Aufl.). Thousand Oaks: Sage.

Yin, R. K. (2014). *Case study research. Design and methods*. Los Angeles: SAGE.

Zimmermann, C. (2001). *Controlling in international tätigen mittelständischen Unternehmen. Einführung – Gestaltung – Performance*. Wiesbaden: Deutscher Universitätsverlag.

Teil VII

Neuere Entwicklungen im Umfeld des Controlling

Controlling und Ethik

Volker Lingnau und Florian Fuchs

Zusammenfassung

Analog zur Betriebswirtschaftslehre allgemein, haben ethische Überlegungen auch im Controlling nur eine geringe Bedeutung. Im Beitrag werden zunächst die Konsequenzen der konzeptionellen Ethikfreiheit der Betriebswirtschaftslehre insbesondere in Bezug auf das Thema Compliance erörtert. Anschließend werden theoretische Überlegungen zur Nachhaltigkeit aus ökonomischer Sicht dargelegt. Diese theoretischen Überlegungen werden dann mit Erkenntnissen aus Fallstudien konfrontiert und kritisch analysiert, ehe ethische Implikationen für das Controlling formuliert werden.

Schlüsselwörter

Compliance · Entscheidungsbeeinflussung · Entscheidungsunterstützung · Legitimität · Nachhaltigkeit

1 Einleitung

Wirft man einen Blick in aktuelle Standard-Lehrbücher zum Controlling, so fällt auf, dass das Thema „Ethik" dort praktisch keine Rolle spielt. Weber und Schäffer (2020) widmen sich immerhin auf zwei Seiten diesem Thema und kommen aus ihrer rationalitätssicherungsorientierten Perspektive zu dem noch zu diskutierenden Fazit: „Situationsabhängig müssen Controller ethisch orientiertes Handeln begrenzen oder unterstützen." (S. 60). Lediglich Küpper et al. (2013) befassen sich vergleichsweise ausführlich mit ethischen Implikationen des Controllings und sehen aus ihrer koor-

V. Lingnau (✉) · F. Fuchs
Lehrstuhl für Unternehmensrechnung und Controlling, TU Kaiserslautern, Kaiserslautern, Deutschland
E-Mail: lingnau@controlling-lehrstuhl.de; fuchs@controlling-lehrstuhl.de

W. Becker, P. Ulrich (Hrsg.), *Handbuch Controlling*,
https://doi.org/10.1007/978-3-658-26431-4_57

dinationsorientierten Sichtweise die Notwendigkeit, auch die Wertvorstellungen von Organisationsmitgliedern zu koordinieren (S. 72).

Diese weitgehende „Sprachlosigkeit" der deutschsprachigen Controllingliteratur in Bezug auf ethische Fragen korrespondiert mit einer entsprechenden Haltung der deutschsprachigen Betriebswirtschaftslehre (BWL) insgesamt, die sich – unbeschadet gelegentlicher Diskussionen über die Integration ethischer Überlegungen in die BWL – immer noch in Anlehnung an Max Weber überwiegend als „wertfreie Wissenschaft" versteht. Ihren Ausdruck findet diese Grundlegung auch in zwei bekanntgewordenen akademischen Auseinandersetzungen, welche als Schneider-Kontroverse in den 90er-Jahren sowie nochmals Mitte der 2000er-Jahre in der sog. Albach-Kontroverse in die betriebswirtschaftliche Geschichte einging. Während Schneider jegliche Integration ethischer Überlegungen kategorisch als unseriös und in Rekurs auf Karl Popper als erwiesenermaßen „unfruchtbar" ablehnte (vgl. Schneider 1990, S. 890 f.), postulierte Albach, dass Betriebswirtschaftslehre mit den zugrunde liegenden Konstrukten wie dem ökonomischen Rationalprinzip (optimale Effizienzforderung!) oder dem Erwerbsprinzip bereits ein etabliertes und vernünftiges normatives Fundament aufweise. Er kommt damit zum Schluss: „Die Betriebswirtschaftslehre ist Unternehmensethik." (Albach 2005, S. 809).

Diese konzeptionelle Ethikfreiheit der betriebswirtschaftlichen Lehre wird ergänzt durch eine praktische Ethikaversion im deutschen Sprachraum, wonach es sich nicht lohne, „anständig" zu sein, oder betriebswirtschaftlich ausgedrückt, dass sowohl die Nicht-Umgehung gesetzlicher Vorschriften (compliance) einerseits als auch ein über bestehende Vorschriften hinausgehendes ökologisches oder soziales Engagement (Nachhaltigkeit) andererseits jeweils zu Lasten der finanziellen Performance gingen. Vielfach wird „Wirtschaftsethik" als „schöne Idee", „Kuschelkapitalismus", „Sozialromantik" oder „Thema für Sonntagspredigten" angesehen, das mit der „harten unternehmerischen Realität" wenig zu tun habe. Folgt man diesen Beurteilungen, hätte das Thema „Controlling und Ethik" gerade in einem Praxishandbuch nichts verloren, sodass hier zunächst einmal die Berechtigung dieses Beitrags zu begründen ist (Zur Beziehung von Controlling und Ethik s. a. Lingnau und Schäffer 2009).

Hierfür wird als erstes das Verhältnis von Ökonomik und Ethik theoretisch untersucht und dann mit praktischen Fällen konfrontiert. Abschließend werden die so gewonnenen Erkenntnisse dann auf den Controllingkontext übertragen.

2 Theoretische Überlegungen

2.1 Compliance

Der weit überwiegende Teil der Betriebswirtschaftslehre lehnt seit dem sog. Werturteilsstreit Anfang des 20. Jahrhunderts – bei dem es um die Frage ging, ob es Aufgabe der Betriebswirtschaftslehre sein soll, ethische Normen für wirtschaftliches Handeln aus allgemeingültigen ethischen Werten abzuleiten, um so die Wirtschaft zu diesen Sollzuständen hinführen zu können – eine ethisch-normative Ausrichtung kategorisch ab und postuliert vielmehr die BWL als wertfreie Wissenschaft (dieser Abschnitt beruht auf Lingnau 2011).

Diese „konzeptionelle Ethikfreiheit“ war auch Basis der mikroökonomischen Fundierung der BWL in den 1950er-Jahren durch Erich Gutenberg, der damit zu einer Schlüsselfigur der BWL wurde. Gutenbergs Interesse war auf die Suche von wirtschafts- und gesellschaftssystemunabhängigen ökonomischen Strukturen des Betriebs gerichtet. Dabei löste er sich von realen Gegebenheiten und konstruierte einen idealen Betrieb: „Wir betrachten also nunmehr unter Verwendung einer regulären Als-ob-Konstruktion die Dinge so, … als ob ein psycho-physisches Subjekt gar nicht vorhanden sei. Dieses letztere wird auf diese Weise aus der Unternehmung als Objekt der betriebswirtschaftlichen Theorie eliminiert.“ (Gutenberg 1929, S. 41 f.). Zentrale Idee ist die optimale Kombination der „Produktionsfaktoren“ menschliche Arbeitskraft, Betriebsmittel und Werkstoffe durch den „dispositiven Faktor“ Unternehmensführung, um die betriebliche Leistung zu erstellen. Dem Produktionsfaktor menschliche Arbeitskraft kommt dabei keinerlei Eigenständigkeit zu, er „funktioniert“ aufgrund der Anweisungen des dispositiven Faktors in den quasi-maschinellen Betriebsabläufen. Dieses mechanistische Modell wird unter dem Wirtschaftlichkeitspostulat analysiert, um das Verhältnis von eingesetzten Produktionsfaktoren (Aufwand) und erstellter Leistung (Ertrag) zu optimieren (vgl. Gutenberg 1983, S. 457 ff.). Zur Analyse zieht Gutenberg konsequent die Mathematik heran, mit deren Hilfe er den Betrieb und seine Abläufe vollständig formalisiert. Es sei nochmals betont, dass es Gutenberg bei seiner mathematischen Modellierung nicht um die modellhafte Erfassung realer Abläufe in Betrieben ging, sondern einzig um die Modellierung seines idealen Betriebes. Seine Modelle sollen weder Beobachtungen erklären noch Prognosen über zukünftige Entwicklungen ermöglichen. Die Aufgabe dieses von Gutenberg in die BWL eingeführten Typus des Idealmodells besteht vor allem darin, komplexe Sachverhalte, d. h. die Idee des idealen Betriebs, der Kommunikation zugänglich zu machen. „Dieser Ansatz mag das Befremden erklären, das (nicht nur) Mathematiker beim Anblick betriebswirtschaftlicher Formalismen befällt, die bisweilen eher wie mathematische Phantastik anmuten. Es geht nicht um eine adäquate Modellierung, sondern um die Formulierung einer Idee.“ (Koubek 2005, S. 180).

Mit Gutenberg findet auch eine wissenschaftstheoretische Verschiebung statt: Die BWL wendet sich ab vom materialen ökonomischen Prinzip, das die bestmögliche Versorgung der Menschen mit Gütern unter effizienter Ausnutzung der Ressourcen thematisiert, hin zu einer Wissenschaft vom Handeln nach dem Rationalprinzip (formales ökonomisches Prinzip) (vgl. Göbel 2020, S. 72 ff.), d. h. dem reinen Rationalprinzip der Zweck-Mittel-Optimierung, das als Auswahlprinzip das Erfahrungsobjekt Betrieb zum Erkenntnisobjekt „Wirtschaften im Betrieb“ bzw. „Betriebswirtschaftslehre“ macht (vgl. Wöhe et al. 2020, S. 33 ff.). In dieser mathematisch formulierten, personellen Wirtschaftlichkeitsoptimierungslehre haben ethische Kategorien keinen Platz; derartige Überlegungen entsprechen nicht dem Rationalprinzip.

Seine theoretische Fundierung findet dieser Ansatz im Menschenbild der Wirtschaftswissenschaften, dem homo oeconomicus (vgl. Manstetten 2000, S. 34). Es handelt sich hierbei ebenfalls um ein Idealmodell, das einen Menschen modelliert, der vollständig rational seinen eigenen Nutzen maximiert. Ökonomisch modelliert wird die Nutzenmaximierung durch diskontierte Zahlungsströme. Das heißt der homo oeconomicus ist in der Lage, sämtliche Handlungsalternativen, die sich ihm bieten, zu bewerten und die daraus resultierenden Zahlungsströme über die Zeit abzuzinsen. Sein einziges Ziel besteht darin, seinen Nutzen, d. h. den diskontierten Netto-Zahlungsstrom, zu maximieren. Sämtliche Bedürfnisse des homo oeconomicus spiegeln sich in seiner Präferenzordnung wider, die zeitlich stabil und widerspruchsfrei ist (vgl. z. B. Kapeller 2008, S. 13; Kirchler 2005, S. 28 f.; Manstetten 2006, S. 41 f.).

Auch wenn der homo oeconomicus theoretisch so konzipiert werden kann, dass es ihm um die Befriedigung beliebiger, z. B. auch altruistischer, Bedürfnisse geht, so erfolgt doch in den Wirtschaftswissenschaften regelmäßig eine Konkretisierung, da sonst dem Modell jegliche analytische Schärfe fehlen würde, weil jedes bewusste Handeln automatisch „rational" wäre. „Zum einen wird dem Homo oeconomicus ‚Nicht-Sättigung' zugeschrieben, das bedeutet: Er will immer mehr haben, als er tatsächlich hat. Zum anderen wird die so genannte ‚Unabhängigkeit der Präferenzen' angenommen. Das bedeutet: Das Wohlbefinden des Homo oeconomicus wird nicht von dem Wohlbefinden oder Elend anderer Menschen beeinflusst. Damit erscheint der Homo oeconomicus als kalkulierender und unersättlicher Egozentriker: Was ihn selbst angeht, so hat er nie genug; was die anderen Menschen angeht, so liegen Anteilnahme und Mitleid, Neid und Missgunst … ganz außerhalb seines Horizontes." (Manstetten 2006, S. 42).

Die Konsequenzen dieser „Präzisierung" wurden auch von Ökonomen zum Teil schon sehr früh und sehr deutlich formuliert:

„The trouble with him was … that he was antisocial and materialistic, interested only in money and material goods and ready to sacrifice even his old mother to get them." (Homans 1961, S. 79).

„No one in his senses would want his daughter to marry an economic man [homo oeconomicus, v.l.], who counted every cost and asked for every reward, was never afflicted by mad generosity or uncalculating love, and … never acted out of a sense of inner identity and indeed had no inner identity even if he was occasionally affected by carefully calculated considerations of benevolence or malevolence." (Boulding 1969, S. 10).

„Der Homo oeconomicus wird versuchen, seinen Nutzen zu maximieren und kann dabei durchaus amoralisch handeln, Regeln ignorieren, Vereinbarungen brechen, oder sich Mitteln der Hinterlist, der Manipulation und des Betruges bedienen, solange er sich dadurch einen persönlichen Nutzen verspricht." (Hackert 1999, S. 20).

Damit wird deutlich: „… mit der ökonomischen Rationalität [ist] noch nicht die umfassende praktische Vernunft wirtschaftlichen Handelns garantiert …" (Göbel 2020, S. 9).

Der homo oeconomicus mutiert „dank" der ökonomischen Modellierung zum eiskalten, berechnenden, asozialen „rational fool" (Sen 1977). Die Frage der Einhaltung von Regeln wird demnach reduziert auf die Frage, „ob sich das rechnet". Sollte dies nicht der Fall sein, müssten Controller, der o. a. Aussage von Weber und Schäffer folgend „ethisch orientiertes Handeln begrenzen". Denn: Wer gegen die Eigennutzannahme verstößt, handelt aus Sicht des ökonomischen Rationalmodells irrational.

2.2 Nachhaltigkeit

Aus einer „traditionellen" Perspektive heraus entwickelte sich die Auffassung, dass ein freiwilliges, im Sinne eines über gesetzliche Auflagen hinausgehendes, Umwelt- und Sozialengagement lediglich zu zusätzlichen Kosten führt und dadurch mit dem primären Ziel der Gewinnmaximierung im Widerspruch steht, also im o. a. Sinne „irrational" ist (Die Verf. danken Frau Dipl.-Kffr. techn. K. Kckot für wertvolle Unterstützung bei diesem Abschnitt). Dieser negative Zusammenhang zwischen Nachhaltigkeitsaktivitäten und finanzieller Performance eines Unternehmens findet seinen theoretischen Ursprung in der neoklassischen Mikroökonomie. Mit jeder zusätzlichen Umwelt- bzw. Sozialmaßnahme wird die finanzielle Performance eines Unternehmens verringert und umgekehrt korrespondiert ein geringeres Umwelt- und Sozialengagement mit einem höheren wirtschaftlichen Erfolg (s. Abb. 1).

Genau den umgekehrten Zusammenhang postuliert die sog. „revisionistische Perspektive", die im Kern auf Porter (1991) und weiterführend auf Porter und van der Linde (1995a, b) zurückgeht (s. Abb. 2). Diese besagt, dass Unternehmen durch Umweltschutzvorschriften bzw. durch eine daraus folgende verbesserte Umweltperformance in zweierlei Hinsicht ihren wirtschaftlichen Erfolg und damit ihre Wettbewerbsfähigkeit steigern können. Zum einen besteht für Unternehmen, welche mit hohen Kosten der Einhaltung ökologischer oder sozialer Standards konfrontiert sind, ein wirtschaftlicher Anreiz zur Entwicklung neuer Technologien oder zur Verbesserung bestehender Produkte und Prozesse, um eine kostengünstigere Um-

Abb. 1 Umwelt- und Sozialengagement in neoklassischer Perspektive

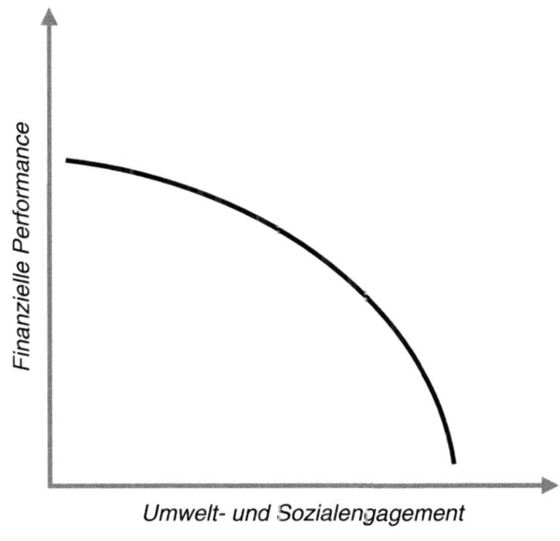

Abb. 2 Umwelt- und Sozialengagement in revisionistischer Perspektive

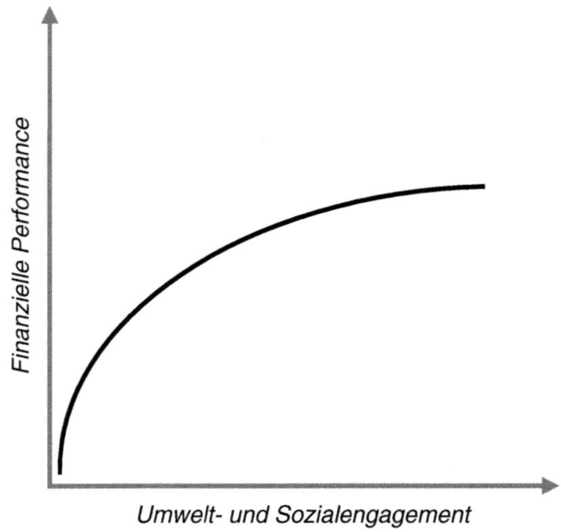

setzung von Nachhaltigkeitsmaßnahmen zu erreichen. Nachhaltigkeitsaspekte können daher Innovationen vorantreiben, die durch einen effizienteren Einsatz von Ressourcen (wie z. B. Rohmaterial, Energie und Arbeitskraft) zu einer Erhöhung der Produktivität führen und somit auch die Produktionskosten reduzieren. Zum anderen können Innovationen ebenfalls den Wert bestehender Produkte steigern oder sogar die Entwicklung neuer „grüner" und „sozialer" Produkte vorantreiben, durch die sich ein Unternehmen als „Early-Mover" Preisprämien sichern oder neue Marktsegmente erschließen kann. Nach Porter und van der Linde ist es in einem zunehmend dynamischen Wettbewerb für ein Unternehmen nicht mehr ausreichend, lediglich einen Zugang zu günstigen Ressourcen zu haben. Stattdessen bestimmt ein effizienter Einsatz dieser Ressourcen mit Hilfe fortschrittlicher Technologien und Methoden die langfristige Wettbewerbsfähigkeit eines Unternehmens. „The new paradigm has brought environmental improvement and competitiveness together. … How industry responds to environmental problems may, in fact, be a leading indicator for its overall competitiveness." (1995a, S. 133 f.). In dieser Situation wäre es daher im o. a. Sinne „irrational", das ökologische (und soziale) Engagement auf das notwendige Minimum zu beschränken.

Ein dritter möglicher Zusammenhang zwischen Nachhaltigkeitsmaßnahmen und dem wirtschaftlichen Erfolg von Unternehmen ergibt sich aus der Kombination zwischen „traditioneller" und „revisionistischer" Perspektive. Abb. 3 veranschaulicht diesen Zusammenhang, der sich durch eine umgekehrte U-förmige Kurve beschreiben lässt. Für Unternehmen mit geringem bis unterdurchschnittlichem Umwelt- und Sozialengagement steigt die Kurve bis zu einem Optimum an, das der maximalen finanziellen Performance entspricht. Dieser ansteigende Kurvenverlauf repräsentiert die „revisionistische" Perspektive. Dagegen fällt nach der Erreichung des Optimums die Kurve, gemäß der „traditionellen" Perspektive, wieder ab. Für den gesamten Kurvenverlauf bedeutet dies, dass der wirtschaftliche Erfolg eines

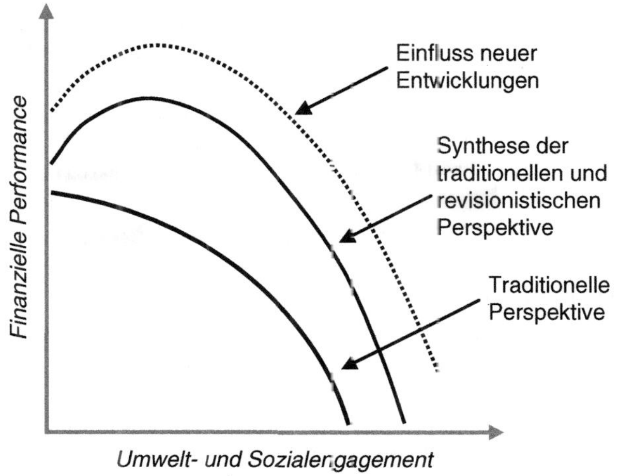

Abb. 3 Umwelt- und Sozialengagement in kombinierter Perspektive

Unternehmens zwar mit zunehmenden Umwelt- und Sozialaktivitäten auf einem niedrigeren Niveau zunächst stetig steigt, aber früher oder später aufgrund steigender Kosten wieder abnimmt.

Diese Überlegungen erlauben die Schlussfolgerung, dass ein umgekehrter U-förmiger Zusammenhang sowohl durch die neoklassische Mikroökonomie als auch durch die Porter-Hypothese gestützt wird. Diese kombinierte Perspektive bestätigt Porters Hypothese nur für den Fall einer geringen und unterdurchschnittlichen Umwelt- und Sozialperformance, d. h. existierender „low-hanging fruits" in Bezug auf kosteneffiziente und vorteilhafte Umwelt- und Sozialmaßnahmen. Erreicht das Umwelt- und Sozialengagement dagegen ein bestimmtes Niveau, führen weitere ökologische und soziale Verbesserungen lediglich zu zusätzlichen Kosten und damit zu steigenden Grenzkosten und sinkendem Grenznutzen gemäß der neoklassischen Mikroökonomie.

Zusätzliche Unterstützung erhält diese Interpretation durch das auf Cyert und March (1963) zurückgehende Konzept des „organizational slack". Danach wirken sich Zahlungen an Organisationsmitglieder, die über das theoretisch ableitbare Optimum hinausgehen, zunächst erhöhend auf die finanzielle Performance aus und erst ab einer bestimmten Höhe sinkt die finanzielle Performance mit zunehmenden Zahlungen. Begründet wird dies insbesondere durch die Verteilungskonflikte entschärfende Wirkung von „Über-Zahlungen", ohne die ansonsten eine ressourcenbeanspruchende und damit die finanzielle Performance mindernde Konfliktlösung erforderlich würde. In einer Erweiterung dieser Überlegungen über Organisationsgrenzen hinaus könnte man analog von „ecological and social slack" sprechen. Ein Beispiel wäre der (vermeintliche) Nachteil (zu) hoher Lohnkosten in Deutschland mit dem dadurch beförderten Vorteil sozialen Friedens (wenig Arbeitskampfmaßnahmen, wenig Produktionsausfälle): Die „zu hohen" Löhne stellen einen Konflikt entschärfenden „social slack" dar, der zwar nicht rational aber vernünftig ist.

Im Laufe der Zeit können neue Entwicklungen, z. B. im Bereich der Technologien, Konsumentenpräferenzen oder Umweltstandards, den wirtschaftlichen Erfolg eines Unternehmens bei konstant bleibender Umwelt- und Sozialperformance erhöhen. Dies lässt sich durch eine Verschiebung der Kurve grafisch darstellen (s. Abb. 3).

3 Empirische Erkenntnisse

Hier seien aus Platzgründen nur jeweils einige wenige, typische Fälle skizziert, um die jeweiligen ethischen Implikationen zu illustrieren.

3.1 Compliance

Der Fall Enron

Noch im Jahr 2000 war der Energiekonzern Enron mit einem Umsatz von 101 Mrd. US-Dollar und mehr als 22.000 Mitarbeitern das siebtgrößte Unternehmen der USA, weltweit lag das Unternehmen auf Platz 16. An der Börse wurde Enron mit über 60 Mrd. US-Dollar bewertet und in der Kategorie „Qualität des Managements" stand die Firma auf Platz eins der Fortune-Liste der „Most Admired American Companies".

Am 2. Dezember 2001 meldete das Unternehmen Insolvenz an, nachdem noch kurz zuvor die weltweit führenden Ratingagenturen Standard & Poor's und Moody's Enron eine „vorzügliche Bonität" bescheinigt hatten. Enron hatte über die Jahre mithilfe von Bilanzmanipulationen ein gigantisches Schneeballsystem aufgebaut, das nun kollabiert war. Der Name Enron steht heute für einen der größten Unternehmensskandale in der Geschichte. Stellvertretend für viele ähnlich lautende Analysen sei hier die Aussage von Sims und Brinkmann (2003, S. 247) zu den Ursachen wiedergegeben: „it was the sum of incremental ethical transgressions that produced the business catastrophe."

Der Fall Siemens

Bei Siemens hatte sich über die Jahre ein unternehmensweites Schmiergeldsystem etabliert, um Aufträge zu erhalten. Allein der Vermögensschaden nach Aufdecken des Korruptionsfalls wird mit bis zu 3 Milliarden Euro beziffert. Zudem stand der Konzern 2007 während der Ermittlungen sogar vor dem endgültigen „Aus". Es drohten der Ausschluss von öffentlichen Aufträgen, ein unkalkulierbarer Imageschaden und Strafen von mehreren Milliarden Euro. Auch eine feindliche Übernahme und eine Zerschlagung wurden als realistisches Szenario diskutiert. Darüber hinaus zeigen die Untersuchungen der Wirtschaftshistoriker Berghoff und Rauh (2013) jedoch, dass auch während des vermeintlichen Funktionierens des Bestechungssystems dieses keineswegs die erhofften ökonomischen Wirkungen hatte: viele offenbar mit Schmiergeldern akquirierte Aufträge waren unprofitabel. Zudem machte sich das Unternehmen durch die Zahlungen angreifbar, es gingen sogar

Schweigegeldforderungen ein. „Man warf Geld in ein Fass ohne Boden – am Ende floss es nur noch zur Schadensbegrenzung."

Lessons learned
Auch kleinste Überschreitungen von Normen, die sich scheinbar (!) kurzfristig rechnen, können überlebenskritische Konsequenzen haben. Gerade in Zeiten von WikiLeaks ist zudem zunehmend damit zu rechnen, dass Verstöße auf Dauer nicht unentdeckt bleiben werden. Eine „Compliance-Kultur" ist daher überlebenskritisch.

3.2 Sozialengagement

Allen folgenden Fällen ist gemein, dass ihnen keine Verstöße gegen Vorschriften zugrunde liegen, das Verhalten der jeweiligen Unternehmen also legal war und trotzdem zum Teil gravierende ökonomische Konsequenzen hatte.

Der Fall Ford Pinto
Ford hatte in den 1970er-Jahren als Antwort auf die erste Ölkrise und den daraus resultierenden Erfolg insbesondere japanischer Hersteller auf dem US-amerikanischen Markt den preisgünstigen Ford Pinto herausgebracht. Als es bei diesem Fahrzeugtyp zu Unfällen kam, weil schon bei vergleichsweise geringen Geschwindigkeiten bei einem Heckaufprall der Tank beschädigt wurde, sich das Fahrzeug entzündete und gleichzeitig die Türen des Zweitürers klemmten, stellte sich die Frage einer Nachrüstung der betroffenen Fahrzeuge. Ford lehnte dies mit dem Hinweis ab, dass die Kosten (11 $ pro Fahrzeug) etwa dreimal so hoch wären, wie der durch Brandtote und Verletzte entstehende „gesellschaftliche Schaden". Frühzeitigen Hinweisen von Ingenieuren auf dieses Problem war schon zuvor mit dem Argument begegnet worden, dass der Markt zusätzliche Kosten für Sicherheit nicht akzeptiere. Lee Iacocca (damaliger Präsident der Ford Motor Company) stellte rückblickend fest, dass die aus den Unfällen resultierenden Klagen existenzbedrohend für Ford waren und dadurch die höchste Priorität der Unternehmensführung darauf gerichtet war, die Prozesse zu gewinnen.

Auch wenn dieser Fall schon länger zurück liegt, hat er zum einen als „Klassiker" noch heute eine kaum gebrochene Aktualität und wird zum anderen in aktuellen Diskussionen als Beleg für eine Tradition einer angeblichen „menschenverachtenden Kultur des Verschweigens und Verzögerns" bei Ford verwendet (so z. B. als es um die Verantwortung für Unfälle beim Ford Explorer in den USA und Großbritannien Anfang der 2000er-Jahre ging).

Der Fall Nestlé Säuglingsnahrung
Als Antwort auf zurückgehende Umsätze aufgrund der demografischen Entwicklung in den Ländern der nördlichen Hemisphäre in den 1970er-Jahren hatte Nestlé eine Marketingstrategie für Afrika entwickelt. Über örtliche Hebammen, die Erfolgsprovisionen erhielten, wurden an stillende Mütter Gratis-Probepackungen für Muttermilch-Ersatznahrung verteilt. Insbesondere aufgrund des nicht vorhandenen Zugangs

zu sauberem Trinkwasser kam es in der Folge zu Erkrankungen und Todesfällen bei Säuglingen, die in den Medien bis hin zum Vorwurf eines Massakers an unschuldigen Kindern aus Geldgier gipfelten. Eine zunehmend an Dynamik gewinnende Boykottbewegung war die Folge. Nestlé versuchte zunächst, mit juristischen Mitteln dagegen vorzugehen, was der Protestbewegung jedoch nur weiteren Zulauf bescherte. Schließlich wurde ein Verhaltenskodex erlassen, der die zentralen Kritikpunkte aufgriff. Bis heute wird die Glaubwürdigkeit dieser Selbstbindung jedoch von einigen bezweifelt, wie nicht zuletzt das weiterhin aktive International Nestlé Boycott Committee zeigt.

Der Fall Schlecker
Nach der Debatte um Dumpinglöhne (Teile der Stammbelegschaft waren durch schlechter bezahlte Leiharbeiter ersetzt worden) brach der Umsatz in den ersten vier Monaten 2010 um 16 Prozent ein, 1,7 Millionen Käuferhaushalte wanderten zur Konkurrenz ab. „Die … Verbraucher bestrafen solche ethischen Fehltritte inzwischen … durch dauerhaften Vertrauensentzug“, so der GfK-Experte Wolfgang Twardawa in der Wirtschaftswoche (vgl. Twardawa 2010). Im Januar 2012 wurde der Insolvenzantrag gestellt.

Lessons learned
Die Nicht-Berücksichtigung sozialer Aspekte, um den (aktuellen) ökonomischen Erfolg zu erhöhen, stellt ein (langfristiges) ökonomisches Risiko dar. Daraus erwächst die Notwendigkeit für das Management, sich um die Integration sozialer Aspekte zu kümmern.

3.3 Umweltengagement

Auch diesen Fällen ist gemein, dass ihnen keine Verstöße gegen Vorschriften zugrunde liegen, das Verhalten der jeweiligen Unternehmen also legal war und trotzdem ebenfalls zum Teil gravierende ökonomische Konsequenzen hatte.

Der Fall Brent Spar
Shell wollte 1995 die ausgediente Bohrplattform Brent Spar in Übereinstimmung mit internationalen und britischen Gesetzen in der Nordsee versenken. Greenpeace startete dagegen eine Kampagne, deren Erfolg den Konzern völlig überraschte. In kurzer Zeit kam es in Deutschland zu Umsatzeinbrüchen von bis zu 50 %, zum Teil wird sogar vom „PR-Desaster des Jahrhunderts“ gesprochen. Shell brach die Aktion schließlich ab. Peter Duncan (damaliger Vorstandsvorsitzender der Deutschen Shell AG) hielt als Konsequenz fest: „Unternehmen können ohne gesellschaftliche Akzeptanz nicht einfach ihren Geschäften nachgehen.“

Der Fall Nestlé Kitkat
2010 stellte Greenpeace ein Video auf YouTube ins Netz, das drastisch auf die Problematik der Verwendung von Palmöl aus Plantagen im Schokoriegel Kitkat und die damit einhergehende Regenwaldzerstörung hinwies. Nach anfänglichen

Versuchen, juristisch dagegen vorzugehen, lenkte Nestlé aufgrund des rapide zunehmenden öffentlichen Interesses – insbesondere in den sozialen Medien – ein und kündigte den Vertrag mit dem umstrittenen Palmöllieferanten.

Lessons learned
Die Nicht-Berücksichtigung ökologischer Aspekte, um den (aktuellen) ökonomischen Erfolg zu erhöhen, stellt ein (langfristiges) ökonomisches Risiko dar. Daraus erwächst die Notwendigkeit für das Management, sich um die Integration ökologischer Aspekte zu kümmern.

3.4 Zwischenfazit

Mit anderen Worten: Compliance is not enough! Es besteht eine überlebenskritische Notwendigkeit für Unternehmen, im Rahmen des strategischen Managements ökonomische, ökologische und soziale Aspekte zu integrieren und darüber hinaus das Ausmaß des ökologischen und sozialen Engagements regelmäßig zu überprüfen, da keineswegs sichergestellt ist, dass bei gleichbleibendem Engagement durch den Einfluss neuer Entwicklungen im Zeitablauf mit einer steigenden finanziellen Performance zu rechnen ist. Vielmehr ist es auch möglich, dass durch gesellschaftliche Veränderungen, insbesondere zunehmende ökologische und soziale Sensibilisierung, ein bisher aus Sicht der finanziellen Performance „optimales" ökologisches und soziales Engagement gesellschaftlich als nicht mehr ausreichend angesehen wird und damit womöglich sogar der Bestand des Unternehmens gefährdet ist, die finanzielle Performance also auf 0 sinkt („Status quo-Falle", s. Abb. 4).

Gestützt werden diese Überlegungen schließlich auch von der experimentellen Forschung im Kontext ethischer Konsumpräferenzen. Hierbei zeigen einige Studien, dass gerade die Nichtbeachtung gesellschaftlicher Wertvorstellungen in der sozialen wie ökologischen Nachhaltigkeitsdimension zu drastischen ökonomischen Kon-

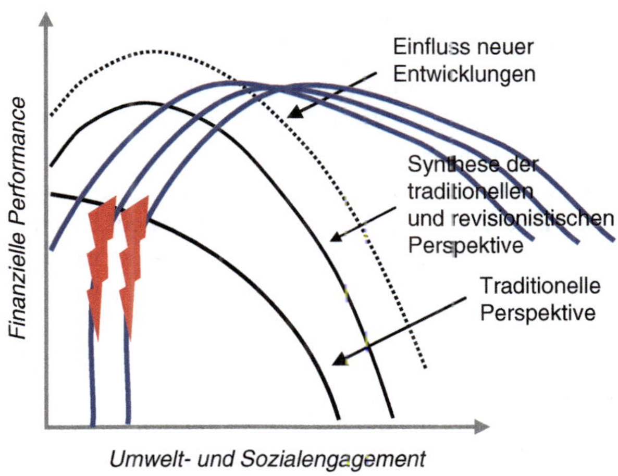

Abb. 4 „Status quo-Falle" von Umwelt- und Sozialengagement

sequenzen oder sogar einem kompletten Boykott eines Produkts führen kann (vgl. Lingnau et al. 2019; Moosmayer 2012; Trudel und Cotte 2009). Hiermit wird folglich nochmals die Relevanz der Berücksichtigung sozialer wie ökologischer Konsequenzen des unternehmerischen Handelns unterstrichen. Da sich die zugrunde liegenden Wertvorstellungen (insbesondere hinsichtlich eines „minimal good corporate conduct") durchaus im Laufe der Zeit ändern können, sei die Relevanz der Regelmäßigkeit einer solchen Reflexion abschließend nochmals hervorgehoben.

4 Legitimitätsmanagement als betriebswirtschaftliche Herausforderung

Bisher wurde bei der Frage, warum Unternehmen sich aus betriebswirtschaftlicher (!) Sicht mit ethischen Fragen auseinandersetzen sollten, originär ökonomisch argumentiert, dass die Nichtberücksichtigung ökologischer oder sozialer Folgen der wirtschaftlichen Tätigkeit zu „ethischen Kosten" führen kann, die die durch derartiges Verhalten angestrebten Einsparungen um Größenordnungen übersteigen können. Um derartige ethische Kosten zu vermeiden, müssen ethische Aspekte in ökonomische Entscheidungen integriert werden. Letztlich geht es bei dieser Argumentation allerdings nur um eine Fortsetzung der Ökonomik mit anderen Mitteln, da ethische Aspekte allein unter einem ökonomischen Nutzenkalkül betrachtet werden.

Einen Schritt weiter gehen Überlegungen, die über reine Kostenkalküle hinausgehen und die Gefahr betonen, dass Unternehmen, z. B. durch die Nichtberücksichtigung sozialer und ökologischer Aspekte, ihre „licence to operate" bzw. ihre Legitimität verlieren (zu dieser sog. Legitimitätstheorie s. z. B. Deegan 2002). Empirische Untersuchungen zeigen in der Tat, dass die Akzeptanz des marktwirtschaftlichen Systems und des ihm zugrunde liegenden ökonomischen Prinzips „historische Tiefststände erreicht hat." (Pies et al. 2009, S. 324; zu ausführlichen Ergebnissen s. Beckmann 2007 sowie im internationalen Kontext auch Horváth und Barton 2016). Die Fälle von Schlecker, Nestlé und Shell unterstützen diese Erkenntnisse.

Ist die Wirtschaftsordnung (nahezu) vollkommen, so ist jedes legale Handeln auch legitim. In Fällen einer nicht vollkommenen Wirtschaftsordnung reicht rein legales Verhalten zur Legitimation jedoch nicht mehr aus („Beyond compliance" (s. z. B. Sundrum 2004)). Presse und kritische Öffentlichkeit akzeptieren legales Verhalten nicht mehr automatisch als legitim (vgl. Pies et al. 2009, S. 325). Die Legitimationsverantwortung fällt an das Unternehmen und seine Entscheidungsträger zurück. Für die dauerhafte Sicherung der Unternehmensexistenz ist es folglich nicht mehr ausreichend, lediglich im Rahmen des betriebswirtschaftlich klassischen strategisch-operativen Paradigmas zu wirtschaften. Vielmehr muss als übergeordnete Ebene die normative Reflexion als Rahmen bzw. Vorsteuergröße vor aller Planung der unternehmerischen Strategien, wie auch operativen Entscheidungen und Handlungen, vorgeschaltet werden, welches die Relevanz eines genuinen normativen Managements verdeutlicht. Das normative Management hat hierbei das Ziel, mit dem Aufbau und Erhalt von Legitimität die Grundlagen zu schaffen, auf

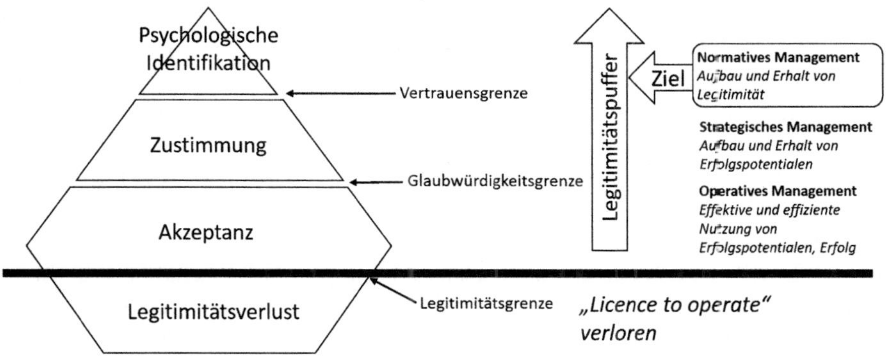

Abb. 5 Konzept des strukturierten Legitimitätsmanagements (Lingnau und Fuchs 2019, S. 246)

welchen sich dauerhaft erfolgreiche Strategien (Erfolgspotenziale) entfalten können, die dann wiederum innerhalb dieses normativen Rahmens effektiv und effizient operativ genutzt werden können. Um die unternehmerische Legitimität bzw. ein stets ausreichendes Maß an Legitimität zu garantieren (Legitimitätspuffer), welches das Unternehmen schützt, ist das Management gefordert, die legitimen Ansprüche der zahlreichen Anspruchsgruppen zu integrieren und regelmäßig zu reflektieren (vgl. grundlegend Lingnau und Fuchs 2019, S. 243 ff.). Diese Überlegungen verdeutlicht auch nochmals Abb. 5. Die ethische Legitimation der unternehmerischen Tätigkeit kann damit als originäre Managementaufgabe charakterisiert werden (vgl. auch Rüegg-Sturm 2003, S. 70). Dabei sei betont, dass ein rein symbolisch-manipulativ ausgerichtetes Management mit der Intention der Errichtung einer „Legitimitätsfassade" ohne substanzielle bzw. genuine Berücksichtigung legitimer Ansprüche im Zuge der Möglichkeiten der Digitalisierung sowie einschlägiger Portale wie „WikiLeaks" keine viable Option repräsentiert. So kann mit den Überlegungen von Grimes (2016) geschlussfolgert werden, dass Unternehmensskandale und ethisch fragwürdige Praktiken durch die Anzahl an Mitwissern schon nach kurzer Zeit der Öffentlichkeit (z. B. durch Whistleblower) zugänglich werden, wodurch eine dauerhafte Sicherung der Legitimität nicht gegeben wäre.

Da nicht davon ausgegangen werden kann, dass stets eine vollständige Komplementarität der Stakeholderansprüche vorherrscht, ist es zudem notwendig, bei vorherrschenden, konfligierenden Ansprüchen der Stakeholdergruppen, die getroffenen Entscheidungen „nachvollziehbar zu begründen (Legitimierung)" (Rüegg-Sturm 2003, S. 33). In Ermangelung einer allgemeinen Wohlfahrtsfunktion/„Stakeholder-Nutzen-Funktion" bedarf es also der Abwägung der Ansprüche aller Stakeholder durch die Unternehmensführung, um die Legitimität des Unternehmens – und damit sein Überleben – zu sichern. Diese Abwägung kann allerdings aufgrund der zum Teil divergenten Ziele niemals die Zielerreichung aller Stakeholder bewirken. Die Benachteiligung einzelner Stakeholder muss daher auf Basis gesellschaftlich anerkannter Werte und Normen begründet sein; sie wird damit zur ethischen Herausforderung. Eine unangemessene Benachteiligung einer Stakeholdergruppe birgt das Risiko des Legitimitätsverlustes.

Vor diesem Hintergrund ist schließlich festzustellen, dass gerade die Führungskräfte des Unternehmens zunehmend gefordert sind, ihr eigenes aber auch das kollektive Verhalten des Unternehmens argumentativ-ethisch zu rechtfertigen bzw. die gesellschaftliche Sinnhaftigkeit ihres Tuns zu begründen, womit diese jedoch häufig noch überfordert sind (vgl. Pies et al. 2009, S. 325). Hieraus ergibt sich aus curricularer Sicht folglich die Notwendigkeit einer verstärkten Auseinandersetzung mit wirtschaftsethischen Fragestellungen durch eine didaktische Etablierung in allen wirtschaftswissenschaftlichen Studiengängen, mit dem Ziel, eine vertiefte wirtschaftsethische Kompetenz der angehenden Führungskräfte zu schaffen (vgl. Lingnau und Fuchs 2019, S. 252). Ziel ist es dabei im Kern, nicht (nur) „die Studierenden zu besseren Menschen zu erziehen, sondern …, die Studierenden zu besseren (erfolgreicheren) Managern auszubilden.“ (Pies et al. 2009, S. 324).

5 Implikationen für das Controlling

Im Folgenden soll aus Vereinfachungsgründen von einer wertorientierten Controllingkonzeption ausgegangen werden, d. h. das Controllingsystem ist auf die Steigerung des Shareholder Values ausgerichtet, wie dies z. B. für kapitalmarktorientierte Unternehmen typisch ist (vgl. Lingnau 2009). Konzeptionell ist das Controlling damit Träger des Wissens über die (formalzielorientierten) Ansprüche der Eigenkapitalgeber und bringt dieses Wissen unter Berücksichtigung der begrenzten Rationalität und des begrenzten Opportunismus realer Entscheidungsträger in die betrieblichen Problemlösungsprozesse ein. Dies umfasst die mittelbare und unmittelbare Unterstützung des Managements bei Entscheidungen zu Nutzung, Aufbau und Erhalt betrieblicher Erfolgspotenziale, die Unterstützung des Managements bei Entscheidungen zur Beeinflussung von Entscheidungen und die Unterstützung des Managements bei der Begründung dieser Entscheidungen.

Angesichts des in Literatur und Praxis aufgrund der wachsenden Bedeutung des Kapitalmarktes und dem dadurch begründeten wertorientierten Management derzeit dominierenden Shareholder-Value-Ansatzes ist zunächst zu fragen, ob nicht die (alleinige) Ausrichtung an den Ansprüchen der Eigenkapitalgeber bereits als Legitimation der Unternehmung genügt, sodass sich auf dieser Ebene weitere ethische Implikationen für das Controlling erübrigen würden. Die von den Vertretern des Shareholder-Value-Ansatzes (vgl. z. B. Rappaport 1999) behauptete Komplementarität der Eigenkapitalwertmaximierung mit den Zielen anderer Anspruchsgruppen erweist sich jedoch ausschließlich bei vollkommenen Märkten, d. h. bei Gültigkeit der Prämissen der (neo)klassischen Theorie, als zutreffend (vgl. Lorson 2004, S. 160 sowie grundlegend Lingnau und Fuchs 2018). Diese Anwendungsbedingungen sind jedoch in der Realität praktisch nicht existent, da die Prämissen der Vollkommenheit weder für Kapital- noch für Güter- und Arbeitsmärkte gelten, sodass eine Eigenkapitalwertmaximierung nicht automatisch die Ansprüche der anderen Anspruchsgruppen befriedigt (vgl. z. B. Hardtmann 1996, S. 173; Hax 1993, S. 770; Janisch 1993, S. 109). Hieraus ergibt sich die ethische Verpflichtung für das Controlling, das Management auf diese Zusammenhänge hinzuweisen.

Darüber hinaus ist zu beachten, dass die Shareholder hinsichtlich ihrer formalzielorientierten Ansprüche nicht trivial als homogene Einheit aufgefasst werden können, wie dies die neoklassische Theorie vielfach unterstellt. So kann gezeigt werden, dass bereits die Aufgabe einer einzigen Annahme des vollkommenen Kapitalmarktes, nämlich der Gleichheit von Soll- und Habenzinsen, dazu führt, dass die Shareholder keineswegs mehr einmütig bezüglich ihres Anspruchsniveaus sind (sog. Einmütigkeitsproblem). Dies hat bspw. wiederum Konsequenzen bei der Bewertung von Investitionsobjekten. So stellt möglicherweise eine für einen Anleger vorteilhafte Realinvestition für einen anderen Investor einen möglichen Verlust dar. Des Weiteren ist auch festzustellen, dass traditionelle Instrumente zur Ermittlung der Shareholder-Renditeforderungen die verhaltenswissenschaftlichen Erkenntnisse zur Satisfizierung von Ansprüchen nicht beachten und zudem systematisch zu hohe Renditen aus der Vergangenheit fortschreiben, ohne diese anhand des tatsächlich eingegangenen (Zusatz-)Risikos für die Eigenkapitalgeber kritisch zu reflektieren (zu diesem sog. „Equity-Premium-Puzzle" s. a. Lingnau und Fuchs 2018 sowie grundlegend Mehra 2006). Vor dem Hintergrund einer Prämissenkritik klassischer Controllinginstrumente sind so auch etliche traditionelle Instrumente wie das Capital-Asset-Pricing-Model (CAPM) kritisch zu evaluieren und eine Substitution durch, oder zumindest komplementäre Anwendung von, realwissenschaftlich fundierten Instrumenten, wie der FK^{+}-Heuristik (vgl. Lingnau und Fuchs 2018, S. 42 ff.), welche genau auf diesen Kritikpunkten aufbauen, zu bedenken. So kann das Controlling unter Hinzunahme überzeugender Instrumente einen bedeutenden Beitrag zur Unterstützung der Begründung von Entscheidungen liefern.

In diesem Zusammenhang besteht generell für das Controlling eine ethische Verpflichtung zur kritischen Transparenz in Bezug auf die verwendeten Instrumente und deren Ergebnisse. Hier wäre z. B. auch die kritische Verwendung kalkulatorischer Kosten (insbesondere Eigenkapitalkosten) zu nennen, da diese keine anspruchsgruppenneutrale Größe darstellen, sondern die Eigenkapitalgeberperspektive widerspiegeln. Aber auch explizit wertorientierte Steuerungsgrößen sind kritisch, insbesondere in Bezug auf die zugrunde liegenden kapitalmarkttheoretischen Prämissen, zu verwenden. Ansonsten besteht die Gefahr, dass die ermittelten Größen zwar (rechnerisch) genau, aber (inhaltlich) falsch sind, weil auch hier z. B. die Prämisse eines vollkommenen Kapitalmarktes verletzt wird.

Im Rahmen der Unterstützung der Entscheidungsbeeinflussung geht es bei der Gestaltung von Anreizsystemen um die Berücksichtigung der im Unternehmen gelebten Werte (Unternehmenskultur) in den Anreizsystemen (zur Rolle des Controllings bei der Gestaltung von Anreizsystemen s. Lingnau und Willenbacher 2013). Dabei muss wertekonformes Verhalten belohnt und nonkonformes Verhalten sanktioniert werden, z. B. durch Aktivierung anderer Motive wie beispielsweise Fairness und Reziprozität neben oder anstatt der Aktivierung des Motivs Eigennutz. Es gilt folglich, „die *Anreizstrukturen* durchgängig so zu gestalten, dass ethisch verantwortungsvolles Handeln belohnt und rücksichtsloses, allein an persönlichen Bereicherungs- oder Karrierezielen orientiertes Verhalten *de*motiviert wird statt umgekehrt." (Ulrich 2016, S. 494, in der Quelle ebenfalls herv.) Da es hierzu allerdings bislang kaum praktikable Vorschläge zur Umsetzung in Anreizsystemen gibt, ergibt sich die ethische Verpflichtung für das Controlling, auf Grenzen und

Gefahren von Anreizsystemen hinzuweisen, die allein auf dem homo oeconomicus-Paradigma beruhen. So sind diese insbesondere hinsichtlich zweier Dysfunktionalitäten kritisch zu betrachten. Neben einem häufig diskutierten, potenziellen motivationalen Crowding-Out-Effekt der intrinsischen Motivation durch extrinsische (i. d. R. materielle) Anreize ist vor allem der Selektionseffekt zu nennen, welcher den Aufstieg charakterlich problematischer Führungskräfte in Unternehmen erklären kann, weil diese dem zugrunde liegenden Menschenbild des Anreizsystems entsprechen. Dies ist problematisch, da festgestellt werden kann, dass der homo oeconomicus starke Ähnlichkeiten mit den Eigenschaften eines Faktor-1-Psychopathen aufweist (vgl. Kühn 2012). Diese häufig auch als „Corporate Psychopaths" oder „Psychopathen in Nadelstreifen" bezeichneten Persönlichkeiten nehmen teilweise hohe gesellschaftliche Positionen bzw. unternehmerische Führungspositionen ein, trotz, oder gerade *durch* ihre Charakterdispositionen. Sie grenzen sich dabei zu „klassischen" gewalttätigen Psychopathen zwar durch vorhandene Impulskontrolle ab, zeigen jedoch ebenso einen fehlenden Affekt für andere Personen (z. B. durch Kaltherzigkeit oder mittels manipulativen Handelns) und zeichnen sich durch starke Unaufrichtigkeit aus, weshalb diese ein hohes Risiko für die langfristige Existenz von Unternehmen darstellen, wie auch der „Fall Enron" zeigt. Auch die empirische Forschung nimmt sich dieser Problematik zunehmend an, wobei bspw. unethische Entscheidungen in Dilemmasituationen untersucht werden (vgl. Stevens et al. 2012), der negative Einfluss auf die CSR-Politik eines Unternehmens erforscht wird (vgl. Boddy et al. 2010) oder auch neuerdings der Zusammenhang der psychopathischen Faktor-1-Eigenschaften zur Zustimmung zu wirtschaftskriminellen Handlungen gezeigt werden kann (vgl. Lingnau et al. 2017).

In Bezug auf das Thema Compliance hat das Controlling zunächst in seinem eigenen Bereich (insbesondere im Rechnungswesen) dafür zu sorgen, dass auch „inkrementelle ethische Verstöße" verhindert werden. Darüber hinaus hat es in seiner Entscheidungsunterstützungsfunktion bei der Gestaltung und Nutzung von Kontrollsystemen und ggf. Frühwarnsystemen zur Verhinderung/Aufdeckung von Complianceverstößen zu unterstützen.

Im Bereich des Legitimitätsmanagements besteht eine ethische Verpflichtung des Controllings zu einer kategorienkonformen Argumentation. Die Abwägung von Chancen und Risiken von Maßnahmen des Legitimitätsmanagements, speziell im Bereich von Sozial- und Umweltengagement, ist originäre Aufgabe des obersten Leitungsorgans (Vorstand). Die dabei anzuwendenden Kriterien entziehen sich weitgehend einer Diskontierung. Auf dieser Ebene stellt daher die Frage, „ob sich das rechnet", einen Kategorienfehler dar, da Legitimität (ähnlich wie Vertrauen und Reziprozität) und (diskontierte) Zahlungsströme unterschiedlichen Kategorien angehören. Die Frage, um wieviel Euro sich die Legitimität denn nun durch eine Sozial- oder Umweltmaßnahme, deren Kosten bekannt sind, erhöhen werde (bzw. wieviel Euro an Legitimitätsverlust dadurch vermieden werden), ist offensichtlich unsinnig und nicht zu beantworten. In diesem Sinne kann das Controlling im o. a. Verständnis lediglich auf die Legitimität von Entscheidungen des obersten Leitungsorgans aus Sicht der Eigenkapitalgeber rekurrieren und auf deren, ggf. von anderen Anspruchsgruppen abweichende, Legitimitätsansprüche verweisen. Ebenso denkbar ist schließlich auch die Unterstützung bei der Detektion von Legitimitätsdefiziten aus Sicht der Shareholder sowie der Implementation von „Red Flags“, welche als Indikator hierzu dienen könnten (vgl. Lingnau und Fuchs 2019, S. 247).

6 Zusammenfassung

Nachdem die konzeptionelle Ethikfreiheit der Betriebswirtschaftslehre auf Basis des homo oeconomicus-Paradigmas thematisiert und die Konsequenzen für das Thema Compliance analysiert wurden, wurde die Rationalität von Nachhaltigkeitsmaßnahmen aus Sicht der traditionellen und der sog. revisionistischen Perspektive erörtert. Diese Ergebnisse wurden mit Fallstudien konfrontiert, die die Notwendigkeit der Integration ökonomischer, ökologischer und sozialer Aspekte im Rahmen des strategischen Managements sowie der Begründung unternehmerischer Handlungen unter Berücksichtigung gesellschaftlich akzeptierter Werte und Normen im Rahmen des Legitimitätsmanagements deutlich machten. Abschließend wurden ethische Implikationen für das Controlling thematisiert, mit der Konsequenz, dass es keine situative Begrenzung ethisch orientierten Handelns des Managements durch das Controlling geben kann und darf.

Literatur

Albach, H. (2005). Betriebswirtschaftslehre ohne Unternehmensethik. *Zeitschrift für Betriebswirtschaft, 75*(9), 809–831.

Beckmann, M. (2007). Corporate social responsibility und corporate citizenship. Eine empirische Bestandsaufnahme der aktuellen Diskussion über die gesellschaftliche Verantwortung von Unternehmen. In I. Pies (Hrsg.), *Wirtschaftsethik-Studien des Lehrstuhls für Wirtschaftsethik an der Martin-Luther-Universität Halle-Wittenberg*. Nr. 2007-1, Halle.

Berghoff, H., & Rauh, C. (2013). Korruption rechnet sich nicht. *FAZ, 6*(2), 2013.

Boddy, C. R., Ladyshewsky, R. K., & Galvin, P. (2010). The influence of corporate psychopaths on corporate social responsibility and organizational commitment to employees. *Journal of Business Ethics, 97*(1), 1–19.

Boulding, K. E. (1969). Economics as a moral science. *American Economic Review, 59*(1), 1–12.

Cyert, R. M., & March, J. G. (1963). *A behavioral theory of the firm*. Englewood Cliffs, NJ: Prentice Hall.

Deegan, C. (2002). Introduction: The legitimising effect of social and environmental disclosures – A theoretical foundation. *Accounting, Auditing & Accountability Journal, 15*(3), 282–311.

Göbel, E. (2020). *Unternehmensethik* (6. Aufl.). Konstanz: UVK-Verl.-Ges.

Grimes, D. R. (2016). On the viability of conspiratorial beliefs. *PLoS One, 11*(1), 1–17.

Gutenberg, E. (1929). *Die Unternehmung als Gegenstand betriebswirtschaftlicher Theorie* (unveränderter Nachdruck der 1. Aufl.). Wiesbaden: Gabler.

Gutenberg, E. (1983). *Grundlagen der Betriebswirtschaftslehre* (Bd. 1, Die Produktion, 24. Aufl.). Berlin: Springer.

Hackert, B. (1999). *Kooperation in Arbeitsgruppen: Bausteine einer ökonomischen Analyse*. Berlin: E. Schmidt.

Hardtmann, G. (1996). *Die Wertsteigerungsanalyse im Managementprozeß unter besonderer Berücksichtigung bewertungsmethodischer Fragen*. Wiesbaden: Dt. Univ.-Verl.

Hax, H. (1993). *Investitionstheorie* (5. Aufl.). Würzburg: Physica.

Homans, G. C. (1961). *Social behavior: Its elementary forms*. New York: Harcourt.
Horváth, D., & Barton, D. (2016). Conclusion: Capitalism re-imagined. In D. Barton et al. (Hrsg.), *Re-imagining capitalism* (S. 319–331). Oxford: Oxford University Press.
Janisch, M. (1993). *Das strategische Anspruchsgruppenmanagement – Vom shareholder value zum stakeholder value*. Bern: Haupt.
Kapeller, J. (2008). *Das Menschenbild moderner Ökonomie*. Linz: Trauner.
Kirchler, E. (2005). *Arbeits- und Organisationspsychologie*. Wien: WUV.
Koubek, J. (2005). Normative Mathematik in der Betriebswirtschaftslehre. In J. Brüning et al. (Hrsg.), *Die mathematischen Wurzeln der Kultur: Mathematische Innovationen und ihre kulturellen Folgen* (S. 173–193). München: Fink.
Kühn, C. (2012). *Psychopathen in Nadelstreifen*. Köln: Eul.
Küpper, H.-U., Friedl, G., Hofmann, C., Hofmann, Y., & Pedell, B. (2013). *Controlling: Konzeption, Aufgaben, Instrumente* (6. Aufl.). Stuttgart: Schäffer-Poeschel.
Lingnau, V. (2009). Shareholder Value als Kern des Controllings? In F. Wall & R. Schröder (Hrsg.), *Controlling zwischen Shareholder Value und Stakeholder Value* (S. 19–37). München: Oldenbourg.
Lingnau, V. (2011). Menschenfreundlichkeit ist keine ökonomische Kategorie – oder: Warum die Betriebswirtschaftslehre Probleme mit ethischen Aspekten hat, aber nicht haben sollte. In M. Schmidt et al. (Hrsg.), *Führung und Verantwortung* (S. 33–45). München: Hampp.
Lingnau, V., & Fuchs, F. (2018). Das Ende der Einmütigkeit der Shareholder? Die Grenzen des standardökonomischen Ansatzes und ein verhaltenswissenschaftlicher Gegenentwurf. In V. Lingnau (Hrsg.), *Beiträge zur Controlling-Forschung*. Nr. 28, Kaiserslautern. www.Controlling-Forschung.de.
Lingnau, V., Fuchs, F., & Beham, F. (2019). The impact of sustainability in coffee production on consumers' willingness to pay – New evidence from the field of ethical consumption. *Journal of Management Control, 30*(1), 65–93.
Lingnau, V., Fuchs, F., & Dehne-Niemann, T. E. (2017). The influence of psychopathic traits on the acceptance of white-collar crime: Do corporate psychopaths cook the books and misuse the news? *Journal of Business Economics, 87*(9), 1193–1227.
Lingnau, V., & Fuchs, F. (2019). Das Subjekt als Verantwortungsträger in der Wirtschaft? Von den Grenzen individueller Verantwortung in der globalisierten Wissensgesellschaft und der Begründung von Unternehmensethik. *Zeitschrift für Wirtschafts- und Unternehmensethik, 20*(2), 231–257.
Lingnau, V., & Schäffer, U. (2009). Was hat Controlling mit Ethik zu tun? *Zeitschrift für Controlling & Management, 53*(5), 284–287.
Lingnau, V., & Willenbacher, P. (2013). Die Rolle des Controllings bei der Gestaltung von Anreizsystemen. In V. Lingnau (Hrsg.), *Beiträge zur Controlling-Forschung*. Nr. 24, Kaiserslautern. www.Controlling-Forschung.de.
Lorson, P. (2004). *Auswirkungen von Shareholder-Value-Konzepten auf die Bewertung und Steuerung ganzer Unternehmen*. Herne: NWB.
Manstetten, R. (2000). *Das Menschenbild der Ökonomie*. Freiburg: Alber.
Manstetten, R. (2006). Menschenbild und Wirtschaft. In V. von Nell et al. (Hrsg.), *Homo oeconomicus: Ein neues Leitbild in der globalisierten Welt?* (S. 41–58). Berlin: LIT.
Mehra, R. (2006). The equity premium puzzle: A review. *Foundations and Trends in Finance, 2*(1), 1–81.
Moosmayer, D. C. (2012). Negativity bias in consumer price response to ethical information. *Business Ethics: A European Review, 21*(2), 198–208.
Pies, I., Hielscher, S., & Beckmann, M. (2009). Betriebswirtschaftslehre und Unternehmensethik: Ein ordonomischer Beitrag zum Kompetenzaufbau für Führungskräfte. *Die Betriebswirtschaft, 69*(3), 317–332.
Porter, M. E. (1991). America's green strategy. In R. Welford et al. (Hrsg.), *The earthscan reader in business and the environment* (S. 33–35). London: Earthscan.
Porter, M. E., & van der Linde, C. (1995a). Green and competitive: Ending the stalemate. *Harvard Business Review, 73*(5), 120–134.

Porter, M. E., & van der Linde, C. (1995b). Toward a new conception of the environment-competitiveness relationship. *Journal of Economic Perspectives, 9*(4), 97–118.

Rappaport, A. (1999). *Shareholder Value – Wertsteigerung als Maßstab für die Unternehmensführung* (2. Aufl.). Stuttgart: Schäffer-Poeschel.

Rüegg-Sturm, J. (2003). *Das neue St. Galler Management-Modell: Grundkategorien einer integrierten Managementlehre. Der HSG-Ansatz* (2. Aufl.). Berlin: Haupt.

Schneider, D. (1990). Unternehmensethik und Gewinnprinzip in der Betriebswirtschaftslehre. *Zeitschrift für betriebswirtschaftliche Forschung, 42*(10), 869–891.

Sen, A. K. (1977). Rational fools: A critique of the behavioral foundations of economic theory. *Philosophy and Public Affairs, 6*(4), 317–344.

Sims, R. R., & Brinkmann, J. (2003). Enron ethics (or: Culture matters more than codes). *Journal of Business Ethics, 45*(3), 243–256.

Stevens, G. W., Deuling, J. K., & Armenakis, A. A. (2012). Successful psychopaths: Are they unethical decision-makers and why? *Journal of Business Ethics, 105*(2), 139–149.

Sundrum, E. (2004). Moving beyond compliance and control: Building a values-based corporate governance culture supportive of a culture of mutual accountability. *International Journal of Business Governance and Ethics, 1*(2/3), 192–209.

Trudel, R., & Cotte, J. (2009). Does it pay to be good? *MIT Sloan Management Review, 50*(2), 61–68.

Twardawa, W. (2010) Zit. nach Hielscher, H. (2010). *Umsatzeinbruch bei Schlecker*. https://www.wiwo.de/unternehmen/drogeriekette-umsatzeinbruch-bei-schlecker/5241004.html. Zugegriffen am 26.05.2020.

Ulrich, P. (2016). *Integrative Wirtschaftsethik: Grundlagen einer lebensdienlichen Ökonomie* (5. Aufl.). Bern: Haupt.

Weber, J., & Schäffer, U. (2020). *Einführung in das Controlling* (16. Aufl.). Stuttgart: Schäffer-Poeschel.

Wöhe, G., Döring, U., & Brösel, G. (2020). *Einführung in die Allgemeine Betriebswirtschaftslehre* (27. Aufl.). München: Vahlen.

Einflüsse von Corporate Governance- und nachhaltigkeitsorientierten Normen auf das Controlling

Carl-Christian Freidank und Remmer Sassen

Zusammenfassung

Die weltweiten Bestrebungen zur Optimierung der Regelungen für die Unternehmensführung und Unternehmensüberwachung (Corporate Governance) haben bedeutende Reformeinflüsse auf das Controlling ausgeübt, das sich in jüngerer Zeit als klar abgegrenztes Steuerungskonzept etabliert hat. Daneben ergibt sich aufgrund von nachhaltigkeitsorientierten Normen zunehmend der Bedarf einer Integration ökologischer und sozialer Aspekte in die Unternehmenssteuerung. Vor diesem Hintergrund analysiert der Beitrag am Beispiel der dualistischen Unternehmensverfassung zentrale Auswirkungen der internationalen Corporate Governance- und Nachhaltigkeitsdiskussion auf das Konzept des Controllings, um zu klären, wie sich ihre Rolle aus theoretischer und praktischer Sicht gegenwärtig darstellt und künftig weiterentwickeln wird.

Schlüsselwörter

Corporate Governance · Nachhaltigkeit · Controlling · Unternehmensüberwachung · Unternehmenspublizität

1 Einleitung

Das Controlling als Element des Risikomanagementsystems hat sich in Deutschland in den letzten Jahren auf allen Wissenschafts- und Praxisebenen der Betriebswirtschaftslehre etabliert (Freidank und Sassen 2010, S. 267). Zwischenzeitlich besteht

C.-C. Freidank (✉)
Institut für Wirtschaftsprüfung und Steuerwesen, Universität Hamburg, Hamburg, Deutschland
E-Mail: carlchristian.freidank@uni-hamburg.de

R. Sassen
Technische Universität Dresden, Dresden, Deutschland
E-Mail: remmer.sassen@tu-dresden.de

W. Becker, P. Ulrich (Hrsg.), *Handbuch Controlling*,
https://doi.org/10.1007/978-3-658-26431-4_58

ein weitgehend einheitliches Meinungsbild über den Begriff, die Funktionen, die Instrumente und die theoretische Fundierung des Controllings. Demgegenüber beinhaltet die Corporate Governance sämtliche organisatorischen und inhaltlichen Ausgestaltungen der Führung und Überwachung von Unternehmen. Dabei werden Reformansätze vorrangig aus rechtlicher Sicht diskutiert und in verbindliche Regelungen transformiert. Diese sollen bewirken, dass vor allem kapitalmarktorientierte Unternehmen effizienter geführt und wirkungsvoller überwacht werden können. Im dualistischen System zielt die Corporate Governance bei der Aktiengesellschaft primär auf die Rechte und Pflichten der Gesellschaftsorgane sowie des Abschlussprüfers ab. Der Vorstand, der Aufsichtsrat und die Hauptversammlung sind für die zielgerichtete Führung und Überwachung verantwortlich. In jüngerer Zeit wirken sich zunehmend Reformeinflüsse zur Verbesserung der Corporate Governance auf das Controlling aus (Freidank 2006; Freidank und Paetzmann 2004a, b; Freidank und Sassen 2010, 2012; Freidank und Velte 2008; Sassen 2012, S. 323–329; Wulf und Schäfer 2010). Auslöser hierfür waren zum Teil spektakuläre nationale und internationale Unternehmenskrisen und -skandale sowie Weiterentwicklungen im Bereich der Unternehmenssteuerung. Die primär juristisch geprägte Corporate Governance-Diskussion ignoriert jedoch den Begriff des Controllings. Dennoch werden controllingspezifische Aspekte zunehmend in gesetzlichen Novellierungen von Führungs- und Überwachungsgrundsätzen berücksichtigt.

Neben den genannten Corporate Governance-Reformeinflüssen hat das Nachhaltigkeitspostulat sukzessiven Eingang in die Unternehmenssteuerung genommen. Ursächlich hierfür sind vor allem gesellschaftliche Erwartungen an eine nachhaltige Entwicklung, „die den Bedürfnissen der heutigen Generation entspricht, ohne die Möglichkeiten künftiger Generationen zu gefährden, ihre eigenen Bedürfnisse zu befriedigen und ihren Lebensstil zu wählen" (Brundlandt-Bericht 1987). Zunehmend sind in diesem Kontext nachhaltigkeitsorientierte Normen festzustellen. Dies wird aktuell insbesondere durch Entwicklungen im Bereich der Unternehmensberichterstattung forciert (z. B. Pflicht zur Erstellung einer nicht-finanziellen Erklärung als Bestandteil des handelsrechtlichen Lageberichts für bestimmte große Unternehmen gem. §§ 289b, 289c HGB, Nachhaltigkeitsberichterstattung, Integrated Reporting etc.). Darüber hinaus sind nachhaltigkeitsorientiere Normierungen auch in anderen Gebieten der Corporate Governance zu konstatieren (z. B. Vorstands- und Aufsichtsratsvergütung). Infolge dieser Entwicklungen resultieren einerseits Konsequenzen für das Controlling im Hinblick auf die Steuerung von Nachhaltigkeitsaspekten und das Reporting hierüber sowie andererseits auch für die Überwachungsorgane bezüglich der Erfüllung ihrer Aufgaben.

Zielsetzung des Beitrags ist es, anknüpfend an Freidank und Sassen (2012), Reformeinflüsse zur Verbesserung der Corporate Governance mit Wirkung auf das Controlling zu identifizieren. Ein besonderer Fokus wird dabei auf die jüngsten Entwicklungen im Bereich der Corporate Governance sowie auf nachhaltigkeitsorientierte Normierungen gelegt. Hierzu nimmt Abschn. 2 zunächst eine Systematisierung der Corporate Governance am Beispiel einer Aktiengesellschaft vor. Anschließend erfolgt eine Analyse von Corporate Governance- und nachhaltigkeitsorientierte Normierungen vor dem Hintergrund jüngerer Reformeinflüsse mit Bezug zum Controlling aus organ- (Abschn. 3), publizitäts- (Abschn. 4) und überwachungsorientierter (Abschn. 5) Perspektive. Der Beitrag schließt mit einem Fazit und Ausblick in Abschn. 6.

2 Systematisierung der Corporate Governance

Hinsichtlich der Corporate Governance existiert kein einheitliches Begriffsverständnis (m. w. N. etwa Weber 2011, S. 23–29). „Mit Blick auf die unvollständigen Verträge der Kapitalüberlassung und bestehende Informationsasymmetrien ist es das Ziel der Corporate Governance, die Interessen der Aktionäre zu schützen. Corporate Governance bedeutet damit die zielgerichtete Führung und Überwachung von Unternehmen und beinhaltet Mechanismen zur Regelung von Kompetenzen, Schaffung von Anreizen, Installierung von Überwachungsprozessen und Koordinierung von Außenbeziehungen des Unternehmens“ (Freidank 2006, S. 176). Unter Corporate Governance ist somit die Gesamtheit der organisatorischen und inhaltlichen Ausgestaltung einer zielgerichteten Führung und Überwachung eines Unternehmens zu verstehen. Dabei werden Reformansätze primär aus rechtlicher Sicht diskutiert und in verbindliche Regelungen transformiert (Freidank 2006, S. 176). Diese sollen bewirken, dass vor allem kapitalmarktorientierte Unternehmen effizienter geführt und wirkungsvoller überwacht werden können. Aus theoretischer Perspektive lassen sich Corporate Governance Mechanismen z. B. mithilfe der Existenz von Principal Agent Konflikten erklären und gestalten (ausführlich Freidank und Sassen 2012, S. 169–172).

Die Corporate Governance zielt bei der Aktiengesellschaft primär auf die Rechte und Pflichten von Vorstand, Aufsichtsrat und Hauptversammlung ab, die als Organe für die zielgerichtete Führung und Überwachung verantwortlich sind. Dies spiegelt sich auch im Deutschen Corporate Governance Kodex (DCGK (o. J.)) wider, welcher erstmalig 2002 entwickelt und seither jährlich aktualisiert wurde. Der DCGK bezieht sich insbesondere auf die o. g. Organe einer Aktiengesellschaft. Er enthält umfassende Empfehlungen und Anregungen für die Hauptversammlung, den Vorstand und den Aufsichtsrat, welche als Standards guter und verantwortlicher Unternehmensführung zu verstehen sind. Weiterhin wird auf die Transparenz, Rechnungslegung und Abschlussprüfung eingegangen. Der DCGK fordert bereits in der Präambel eine nachhaltige Wertschöpfung der Unternehmen und nimmt an weiteren Stellen Konkretisierungen der aktienrechtlichen Anforderungen in Bezug auf den Vorstand und Aufsichtsrat hinsichtlich nachhaltigkeitsorientierter Aspekte vor (siehe Abschn. 3). Die Empfehlungen des DCGK sind zwar prinzipiell nicht obligatorisch anzuwenden, dennoch besteht für börsennotierte Aktiengesellschaften eine implizite Verpflichtung zur Umsetzung, da Vorstand und Aufsichtsrat jährlich eine sog. Entsprechenserklärung gem. § 161 AktG abgeben müssen. Alternativ können sie erklären, welche Empfehlungen des DCGK nicht angewendet wurden und warum dies nicht geschah. Die Entsprechenserklärung ist gem. § 289f HGB und § 315d HGB als Teil der Erklärung zur Unternehmensführung in den Lagebericht aufzunehmen. Alternativ kann sie ebenfalls auf der Unternehmenshomepage veröffentlicht werden, sofern dies im Lagebericht angegeben wird. Weiterhin empfiehlt der DCGK in Grundsatz 22, dass Aufsichtsrat und Vorstand jährlich in der Erklärung zur Unternehmensführung über die Corporate Governance der Gesellschaft berichten.

Zahlreiche aktuell bestehenden gesetzlichen Regelungen zur Corporate Governance haben konkrete Auswirkungen auf die Rolle und die Ausgestaltung des unternehmerischen Controllings und dessen Integration in das Corporate Governance System. Abb. 1 zeigt eine Strukturierung am Beispiel einer börsennotierten Aktiengesellschaft auf der Grundlage des dualistischen Systems der Unternehmensverfassung (Sassen 2012, S. 323–329). Grundsätzlich gliedert sich das Corporate Governance System zur Führung und Überwachung einer Aktiengesellschaft auf Basis der Organstruktur. Die Hauptversammlung wählt und delegiert die Überwachung des Vorstands an den Aufsichtsrat, welcher wiederum den Vorstand bestellt und überwacht. An die Organe schließen sich in- und externe Überwachungssysteme (Freidank 2006, S. 181–183) an, wobei hier die Einrichtung des internen Überwachungssystems (beinhaltet unter anderem das Controlling) (Lück 1998, S. 8–14) dem Vorstand obliegt. Die Wahl des Abschlussprüfers nimmt dagegen die Hauptversammlung vor. Das Controlling als Teil des internen Überwachungssystems ist im Sinne des Management Approachs wiederum maßgeblich an der Erstellung der verpflichtenden Unternehmenspublizität beteiligt, welche von den Subjekten des externen Überwachungssystems geprüft bzw. überwacht wird. Gleichzeitig ist auch das interne Überwachungssystem Teil der Prüfungen des externen Überwachungssystems.

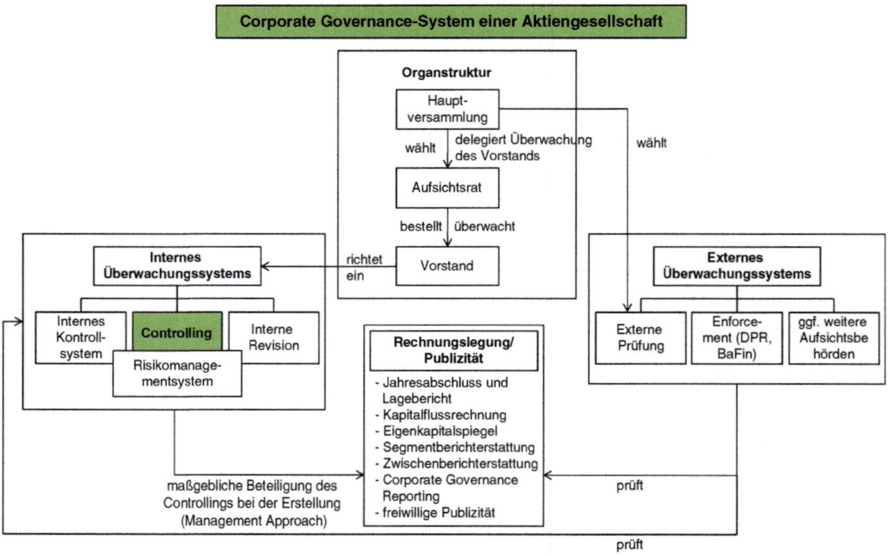

Abb. 1 Corporate Governance System einer Aktiengesellschaft (entnommen von Sassen 2012, S. 327)

Im Folgenden wird die Wirkung von organ- (Abschn. 3), publizitäts- (Abschn. 4) und überwachungsorientierten (Abschn. 5) Rechtsnormen zur Verbesserung der Corporate Governance auf das gesetzlich nicht explizit normierte Controlling unter besonderer Berücksichtigung nachhaltigkeitsorientierter Normen analysiert.

3 Einflüsse organorientierter Normen

Der Vorstand leitet das Unternehmen gem. § 76 AktG in eigener Verantwortung mit dem Ziel einer nachhaltiger Wertschöpfung (Präambel des DCGK). Der Aufsichtsrat einer Aktiengesellschaft (§§ 95–116 AktG) soll unter anderem den Aktionärswillen bündeln und gegenüber dem Vorstand vertreten. Damit dient der Aufsichtsrat als Schnittstelle zwischen Vorstand und Gesellschaftern (Strobel 2000, S. 534–535), um bestehende Informationsasymmetrien zwischen diesen zu verringern (Baetge und Zülch 2003, S. 223). Während der Vorstand gem. § 76 Abs. 1 AktG die Gesellschaft unter eigener Verantwortung leitet, ist es Hauptaufgabe des Aufsichtsrats gem. § 111 Abs. 1 AktG, die Geschäftsführung durch den Vorstand zu überwachen. Darüber hinaus umfasst die Tätigkeit des Aufsichtsrats auch die präventive und zukunftsgerichtete Beratung des Vorstands (AKEIÜ 1995, S. 1–4; Paetzmann 2008, S. 162; Theisen 1995, S. 193–203). Eine ordnungsmäßige Geschäftsführung impliziert die Einhaltung der Grundsätze ordnungsmäßiger Unternehmensführung (Hülsberg 2007, S. 542; Seidl 2007, S. 603–606). Das Leitungsverhalten des Vorstandes ist vom Aufsichtsrat grundsätzlich allumfassend zu bewerten, damit Fehlentwicklungen oder Schieflagen frühzeitig erkannt werden können (Baetge und Zülch 2003, S. 223). Insofern ist eine rein vergangenheitsbezogene Aufsicht nicht ausreichend und es ist von einer vorbeugenden und zukunftsorientierten Überwachung auszugehen. In diesem Rahmen muss der Aufsichtsrat auch das Risikomanagementsystem und damit ebenfalls das Controlling auf seine Ordnungs-, Recht-, Zweckmäßig- und Wirtschaftlichkeit hin überwachen, um eine nachhaltige Wertschöpfung des Unternehmens zu bewirken. Hierzu darf der Aufsichtsrat sich grundsätzlich nicht der Internen Revision oder des Controllings bedienen, die in der Regel den Weisungen des Vorstands unterliegen sowie ausschließlich an diesen berichten und auch selbst Teil des Risikomanagementsystems sind. Daher bestünde die Gefahr einer Selbstprüfung. Bei Bedarf können Sachverständige und Auskunftspersonen zur Beratung in der Aufsichtsratssitzung hinzugezogen werden (§ 109 Abs. 1 Satz 2 AktG), wobei auf Angestellte der Gesellschaft (z. B. Leiter Controlling oder Leiter Interne Revision) nur auf Vermittlung des Vorstands zurückgegriffen werden darf (Freidank 2006, S. 190–191; Spindler 2010, § 109 AktG, Tz. 21). Ggf. besteht eine Pflicht der Hinzuziehung von Angestellten bei festgestellten Mängeln in oder Zweifeln an der Regelberichterstattung des Vorstands an den Aufsichtsrat (§ 90 AktG).

§ 107 Abs. 3 Satz 2 AktG konkretisiert die Möglichkeit der Bildung eines Prüfungsausschusses im Aufsichtsrat: „Er kann insbesondere einen Prüfungsausschuss bestellen, der sich mit der Überwachung des Rechnungslegungsprozesses, der Wirksamkeit des Internen Kontrollsystems, des Risikomanagementsystems und des internen Revisionssystems sowie der Abschlussprüfung, hier insbesondere der

Unabhängigkeit des Abschlussprüfers und der vom Abschlussprüfer zusätzlich erbrachten Leistungen, befasst.“ Hierin ist ein Wahlrecht zur Bildung eines Prüfungsausschusses zu sehen. Implizit wird die Verpflichtung zur Überwachung der o. g. Komponenten durch den Aufsichtsrat dennoch normiert, da der Aufsichtsrat selbst Prüfungen vornehmen muss, wenn keine Delegation an den Prüfungsausschuss stattfindet.

Die Informationsversorgung des Aufsichtsrats ist in § 90 AktG geregelt. Sie ist notwendig, damit er seine Überwachungsaufgabe hinreichend erfüllen kann (Baetge und Zülch 2003, S. 223). § 90 AktG beinhaltet Berichtspflichten des Vorstands, woraus sich im Umkehrschluss auch die Prüfungsobjekte des Aufsichtsrates ableiten lassen (Lentfer 2003, S. 128). Hierbei handelt es sich um grundsätzliche Fragen der Unternehmensplanung (insbesondere der Finanz-, Investitions- und Personalplanung) sowie Abweichungen der tatsächlichen Entwicklung von früher berichteten Zielen unter Angabe von Gründen (§ 90 Abs. 1 Nr. 1 AktG). Ferner muss der Aufsichtsrat laut § 90 Abs. 1 Nr. 2 und Nr. 3 AktG über die Rentabilität, den Umsatz und die Lage der Gesellschaft unterrichtet werden. Diese normierte Informationsversorgung des Aufsichtsrats wurde durch den DCGK nochmals explizit in Grundsatz 15 herausgestellt. „Die Information des Aufsichtsrats ist Aufgabe des Vorstands. Der Aufsichtsrat hat jedoch seinerseits sicherzustellen, dass er angemessen informiert wird. Der Vorstand informiert den Aufsichtsrat regelmäßig, zeitnah und umfassend über alle für das Unternehmen relevanten Fragen insbesondere der Strategie, der Planung, der Geschäftsentwicklung, der Risikolage, des Risikomanagements und der Compliance. Er geht auf Abweichungen des Geschäftsverlaufs von den aufgestellten Plänen und vereinbarten Zielen unter Angabe von Gründen ein. Der Aufsichtsrat kann jederzeit zusätzliche Informationen vom Vorstand verlangen.“

Hieraus ergeben sich verschiedene Konsequenzen. Eine derartige Informationsbereitstellung als Bringschuld des Vorstands setzt die Existenz eines umfassenden Controllings voraus, welches die geforderten Planungs-, Kontroll- und Steuerungsgrößen mit dem Ziel einer nachhaltigen Wertschöpfung bereitstellen kann. Hiermit werden klassische Funktionsbereiche des Controllings angesprochen, sodass der Controller wesentliche Inhalte der Berichterstattung über den Vorstand an den Aufsichtsrat liefert. Die Berichtspflicht des § 90 AktG wirkt somit direkt auf das Controlling ein, das sein Reporting auf die spezifischen Bedürfnisse der Adressaten auszurichten hat. Zugleich stellt das Controlling selbst ein wichtiges, nicht delegierbares Überwachungsobjekt des Aufsichtsrats dar. Zur Überwachung der o. g. Komponenten ist entgegen der gesetzlichen Auffassung zwingend ein direkter Kontakt des Aufsichtsrats zu den entsprechenden Leitungspersonen notwendig, d. h. auch zum Controlling.

Im Hinblick auf die Vergütung des Vorstands hat der Aufsichtsrat bei der Festsetzung der Vorstandsbezüge gem. § 87 Abs. 1 AktG und Grundsatz 23 des DCGK dafür zu sorgen, dass diese in einem angemessenen Verhältnis zu den Aufgaben und Leistungen des Vorstandsmitglieds sowie zur Lage der Gesellschaft stehen und die übliche Vergütung nicht ohne besondere Gründe übersteigen (Lingemann 2009, S. 1918–1924; Thüsing 2009, S. 517–529). Die Vergütungsstruktur ist bei börsennotierten Gesellschaften auf eine nachhaltige Unternehmensentwicklung auszurichten. Anreizkompatible Vergütungssysteme sind dabei in der Regel in Abhängigkeit von wert- und nachhaltigkeitsorientierten Steuerungsgrößen einzurichten, sodass auf Daten des Controllings zurückgegriffen werden muss. Obwohl in der Praxis üblicherweise Bilanz- oder Cashflow orientierte Kennzahlen für variable Vergütungsbestandteile genutzt werden, sollte der Aufsichtsrat zur Vermeidung von Haftungsrisiken bestrebt sein, ein zielorientiertes Vergütungskonzept zu entwickeln, welches auch Nachhaltigkeitsaspekte beinhaltet (Sassen und Schnier 2013, S. 253).

Die Vergütung des Aufsichtsrats soll nach § 113 Abs. 1 AktG ebenfalls in einem angemessenen Verhältnis zu den Aufgaben der Aufsichtsratsmitglieder und zur Lage der Gesellschaft stehen. Das Nachhaltigkeitskriterium ist im Gegensatz zur Vorstandsvergütung nicht explizit im Aktiengesetz genannt. Grundsatz 24 des DCGK konkretisiert jedoch, dass die Aufsichtsratshonorierung im Falle einer erfolgsorientierter Vergütung zumindest auf eine langfristige Unternehmensentwicklung ausgerichtet sein soll. Das Nachhaltigkeitskriterium wird in der aktuellen Version des DCGK nicht mehr explizit aufgegriffen. Dennoch bietet es sich an, die Vergütung des Aufsichtsrats analog zur Vergütung des Vorstands am Nachhaltigkeitskriterium auszurichten. In diesem Fall sind im Hinblick auf eine Umsetzung vom Controlling geeignete Instrumente zu entwickeln (z. B. Aufsichtsrats-Scorecard mit einer Nachhaltigkeitsperspektive) (Freidank und Sassen 2013, S. 1197–1198, 2019, S. 67–91).

4 Einflüsse publizitätsorientierter Normen

Aufgrund (inter-)nationaler Harmonisierungsbestrebungen ist eine zunehmende Konvergenz der rechtsnormgetragenen externen sowie der internen Rechnungslegung festzustellen, sodass Rechnungslegungsnormen vermehrt Einfluss auf das Controlling ausüben. Diese Entwicklung wird auch als Management Approach bezeichnet, wobei der Begriff durch die Diskussion zur Segmentberichterstattung (nach dem US-Standard SFAS 131 aus dem Jahr 1997) entstanden ist (Wagenhofer 2006, S. 4; Freidank und Noori 2010, S. 73–101). Hiernach sind die Elemente der externen Berichterstattung auf Basis des internen Reportings zu ermitteln, d. h. es ist über von der Unternehmensleitung verwendete entscheidungsorientierte Informationen zu berichten (Velte 2008, S. 133). Mittlerweile wird der Begriff Management Approach weiter ausgelegt. Grundsätzlich können hierunter Informationen verstanden werden, die intern im Rahmen des Controllings für Zwecke der Unternehmenssteuerung bereitgestellt werden, um sie für eine zweite Verwendung in der Rechnungslegung zu nutzen (Weißenberger 2008, S. 7–8). Das Grundkonzept des Management Approach basiert insofern auf dem Gedanken, dass die Offenlegung interner Informationen des Controllings auch für Außenstehende sinnvoll sein kann. Hiermit wird eine Analyse des Unternehmens aus dem Blickwinkel des Managements möglich. Ausgewählte Beispiele für den Management Approach sind etwa in der Segmentberichterstattung gem. § 297 Abs. 1 HGB bzw. IFRS 8 oder in einer zunehmenden Berücksichtigung von Fair Values sowohl in nationalen als auch internationalen Rechnungslegungsstandards zu sehen (Weißenberger und Maier 2006, S. 2077–2083).

Im Lagebericht sind gem. § 289 Abs. 1 Satz 4 HGB die wesentlichen Chancen und Risiken der zukünftigen Entwicklung zu beurteilen. Dabei ist auch auf die zugrundeliegenden Annahmen einzugehen. Weiterhin müssen gem. § 289 Abs. 4 HGB kapitalmarktorientierte Kapitalgesellschaften im Sinne des § 264d im Lagebericht die wesentlichen Merkmale des Internen Kontroll- und des Risikomanagementsystems im Hinblick auf den Rechnungslegungsprozess beschreiben. Für Konzerne existiert eine analoge Formulierung in § 315 Abs. 1 Satz 4 HGB.

„Börsennotierte Aktiengesellschaften […] haben eine Erklärung zur Unternehmensführung in ihren Lagebericht aufzunehmen, die dort einen gesonderten Abschnitt bildet" (§ 289 f Abs. 1 HGB). Alternativ ist eine Veröffentlichung dieser Erklärung auf der Homepage des Unternehmens möglich. In diesem Fall ist ein Hinweis hierauf in den Lagebericht aufzunehmen. In die Erklärung zur Unternehmensführung sind gem. § 289f Abs. 2 HGB die Entsprechenserklärung nach § 161 AktG, relevante Angaben zu Unternehmensführungspraktiken, die über die gesetzlichen Anforderungen hinaus angewandt werden, nebst Hinweis, wo sie öffentlich zugänglich sind, die Beschreibung der Arbeitsweise von Vorstand und Aufsichtsrat sowie Zusammensetzung und Arbeitsweise der Ausschüsse aufzunehmen. Mögliche, relevante Angaben zu Unternehmensführungspraktiken können in diesem Zusammenhang Ethikgrundsätze oder Richtlinien sein. Gegebenenfalls sind auch Angaben zum Controlling notwendig oder möglich. § 315d HGB sieht bezüglich der Erklärung zur Unternehmensführung analoge Vorschriften für Konzerne vor.

Neben der Erklärung zur Unternehmensführung bildet zunehmend auch die unternehmensspezifische Corporate Governance einen bedeutenden Publizitätsschwerpunkt. Mit der stärkeren Orientierung am Shareholder Value genügt eine Berichterstattung, die sich weitgehend auf finanzielle Sachverhalte beschränkt, nicht mehr den erhöhten Informationsbedürfnissen der Investoren. Der Marktwert des Unternehmens wird insofern nicht allein durch finanzielle Komponenten bestimmt, sondern maßgeblich auch durch die Güte der Corporate Governance, so dass eine Berichterstattung hierüber für börsennotierte Gesellschaften üblich ist (Arbeitskreis Corporate Governance Reporting 2016, 2018, 2019). Hierfür kann das Controlling als zentraler Informationslieferant genutzt werden.

Viele Unternehmen veröffentlichen zunehmend bereits auf freiwilliger Basis Nachhaltigkeitsinformationen, um das gestiegene Interesse sowohl der Shareholder als auch der in- und externen Stakeholder (z. B. Lieferanten, Mitarbeiter, Kapitalgeber, Staat etc.) zu befriedigen (Dienes et al. 2016). Der Informationsbedarf wird auch anhand der dynamischen Entwicklung sog. Socially Responsible Investments deutlich, die im Wesentlichen auf Grundlage von Daten zur Nachhaltigkeit getätigt werden. International ist die Erstellung eines Nachhaltigkeitsberichtes üblich, jedoch in aller Regel nicht verpflichtend. Außerdem existiert seit Herbst 2011 ein freiwillig anwendbarer Deutscher Nachhaltigkeitskodex (DNK), der die Erstellung eines Nachhaltigkeitsberichts empfiehlt (DNK 2012). Mit Umsetzung der sog. CSR-Richtlinie müssen sehr große Unternehmen eine nichtfinanzielle Erklärung in ihrem Lagebericht veröffentlichen und dabei über ökologische und soziale Aspekte informieren (z. B. Umwelt-, Sozial- und Arbeitnehmerbelange sowie die Achtung der Menschenrechte und die Bekämpfung von Korruption und Bestechung) (§§ 289b, 289c HGB).

Die Berichterstattung über Nachhaltigkeitsinformationen erfolgt häufig auf freiwilliger Basis (analog für Umweltberichte Freidank 1998, S. 333–334). Die berichtenden Unternehmen nutzen jedoch oftmals das als quasi-verpflichtend titulierte Rahmenwerk der Global Reporting Initiative (GRI) (KPMG 2011). Die modernisierte Fassung G4 trägt durch diverse Anpassungen aktuellen und sich verändernden Gegebenheiten Rechnung (GRI 2013, S. 3).

Weiterhin existieren aktuell Bestrebungen zur Entwicklung eines Integrated Reporting durch das International Integrated Reporting Council (IIRC), welches im Dezember 2013 das finale Rahmenwerk eines Integrated Reportings veröffentlicht hat (Freidank und Hinze 2015). Hier soll im Zuge der integrierten Berichterstattung die Verknüpfung der Nachhaltigkeitsleistung eines Unternehmens, die vor allem anhand eines Nachhaltigkeitsberichts zu erkennen ist, etwa mit der Vergütung des Managements, benötigten Ressourcen oder die Auswirkungen der nichtfinanziellen Aspekte auf den finanziellen Erfolg dargelegt werden.

5 Einflüsse überwachungsorientierter Normen

Neben den Überwachungshandlungen des Aufsichtsorgans (in der Regel Aufsichtsrat) ist gem. §§ 316, 317 HGB eine handelsrechtliche Abschlussprüfung bei (mittel-) großen Kapitalgesellschaften durchzuführen (Freidank 2012, S. 239–317). Hier stellen der Jahresabschluss sowie der Lagebericht die wesentlichen Prüfungsobjekte dar. Ziel der handelsrechtlichen Abschlussprüfung ist gem. § 317 Abs. 1 Satz 2 HGB die Feststellung der Gesetz- und Ordnungsmäßigkeit der Rechnungslegung unter Berücksichtigung der gesetzlichen Vorschriften sowie des Gesellschaftsvertrags oder der Satzung. Der Abschlussprüfer soll die Verlässlichkeit und die Ordnungsmäßigkeit der im Jahresabschluss und Lagebericht enthaltenen Informationen bestätigen und damit die Glaubwürdigkeit dieser Informationen gegenüber den Adressaten erhöhen. Hierzu muss der Abschlussprüfer mit hinreichender Sicherheit und unter Beachtung des Grundsatzes der Wirtschaftlichkeit und Wesentlichkeit zu einem Prüfungsergebnis in Form eines Prüfungsberichts und eines Bestätigungsvermerks kommen (IDW PS 200 2000, Rn. 8–9).

Der Prüfungsgegenstand der handelsrechtlichen Abschlussprüfung umfasst gem. § 316 Abs. 1 HGB i. V. m. § 264 Abs. 1 Satz 1 HGB den Jahresabschluss, bestehend aus Bilanz, Gewinn- und Verlustrechnung (GuV), Anhang sowie dem Lagebericht. Bei nicht konzernrechnungslegungspflichtigen, kapitalmarktorientierten Kapitalgesellschaften i. S. v. § 264d HGB ist der Jahresabschluss und damit auch der Prüfungsgegenstand gem. § 316 Abs. 1 HGB i. V. m. § 264 Abs. 1 Satz 2 HGB um eine Kapitalflussrechnung und einen Eigenkapitalspiegel zu erweitern. Hinsichtlich der Segmentberichterstattung besteht ein Erstellungswahlrecht. Bei börsennotierten Aktiengesellschaften ist zudem gem. § 317 Abs. 4 HGB zu prüfen, ob der Vorstand die ihm nach § 91 Abs. 2 AktG obliegenden Maßnahmen in einer geeigneten Form getroffen hat und ob das danach einzurichtende Überwachungssystem seine Aufgaben erfüllen kann. Die obliegenden Maßnahmen gem. § 91 Abs. 2 AktG sind wie folgt formuliert: „Der Vorstand hat geeignete Maßnahmen zu treffen, insbesondere ein Überwachungssystem einzurichten, damit den Fortbestand der Gesellschaft gefährdende Entwicklungen früh erkannt werden." In der Praxis wird die Formulierung des § 91 Abs. 2 AktG „[...] Fortbestand der Gesellschaft gefährdende Entwicklungen früh erkannt [...]" häufig so durch den Abschlussprüfer ausgelegt, dass lediglich das Risikofrüherkennungssystem zu prüfen ist. Die Prüfungsnorm des § 317 Abs. 4 HGB bezieht sich jedoch auf das einzurichtende Überwachungssystem. Insofern wird das Controlling als Teil des Internen Überwachungssystems selbst zum Prüfungsobjekt, sodass eine Systemprüfung des Controllings vorzunehmen ist.

Gem. § 317 Abs. 2 Satz 3 HGB sind die Angaben nach § 289f HGB (Erklärung zur Unternehmensführung) nicht in die Prüfung des Lageberichts einzubeziehen. Grundsätzlich ist es damit nur notwendig, das Vorhandensein der Erklärung zur Unternehmensführung zu prüfen. Dennoch ist der Abschlussprüfer verpflichtet, diesen Abschnitt „kritisch zu lesen", um zu überprüfen, ob Unstimmigkeiten im Hinblick auf die Zusatzinformationen zwischen dem Jahresabschluss und dem Lagebericht bestehen oder ob deren Glaubhaftigkeit beeinträchtigt ist. Damit sind etwaige Feststellungen in die Berichterstattung des Abschlussprüfers aufzunehmen.

Aus nachhaltigkeits- und controllingorientierter Perspektive sind zudem die nichtfinanziellen Leistungsindikatoren sowie die Prognoseinformationen im Lagebericht durch den Abschlussprüfer zu prüfen. Im Hinblick auf freiwillige Reportinginstrumente wie den Nachhaltigkeitsbericht oder das Integrated Reporting existiert zwar keine Verpflichtung zur Prüfung dieser Informationen, dennoch wird diesbezüglich in der Praxis häufig eine prüferische Durchsicht durch die Unternehmen beauftragt. Der Wirtschaftsprüfer wendet in diesem Kontext den IDW PS 821 2006 (Grundsätze ordnungsmäßiger Prüfung oder prüferischer Durchsicht von Berichten im Bereich der Nachhaltigkeit) an.

Weiterhin ist das Enforcement durch die Bundesanstalt für Finanzdienstleistungsaufsicht (BaFin) und die Deutsche Prüfstelle für Rechnungslegung e. V. (DPR) gem. §§ 342b-342e HGB als Aufsichtsinstanz zu berücksichtigen (Buchholz et al. 2010, S. 309–310). Die DPR prüft anlass- oder stichprobenbezogen ausgewählte Aspekte der Rechnungslegung von Unternehmen, die am regulierten Markt in Deutschland vertreten sind. Die Prüfungsobjekte sind insofern grundsätzlich identisch im Vergleich zum Abschlussprüfer. Dennoch stellt es einen wichtigen Baustein der Corporate Governance von Unternehmen dar, da die DPR unabhängig vom zu prüfenden Unternehmen ist und ihr zudem eine hohe Prüfungsqualität zugewiesen werden kann (Niederhuemer und Niedermayr 2007, S. 311–312). Insofern erfüllt sie die Ziele einer Beschwerde-, Korrektiv- und Präventivfunktion, wobei insbesondere der präventiven Wirkung ein hoher Stellenwert beigemessen wird (Egner 2008, S. 666; Scheffler 2007, S. 220). Ausgewählte Prüfungsschwerpunkte der DPR waren in den vergangenen Jahren der (Konzern-)Lagebericht einschließlich Risiko- und Prognoseberichterstattung sowie die Segmentberichterstattung nach IFRS 8, sodass im Sinne des Management Approachs auch Daten des Controllings, welche für die Rechnungslegung genutzt werden, vom Enforcement betroffen waren und einer Prüfung durch die DPR unterzogen wurden.

6 Fazit

Zentrales Anliegen der vorliegenden Ausführungen war es, die bestehenden Ansätze zur Untersuchung des Verhältnisses von Corporate Governance und Controlling um nachhaltigkeitsorientierte Normierungen zu erweitern. Hierzu wurde einleitend auf den Begriff und die Notwendigkeit der Corporate Governance sowie die gesellschaftlichen Erwartungen an eine nachhaltige Unternehmensführung eingegangen. In diesem Kontext existieren vielfältige Reformeinflüsse zur Verbesserung der Corporate Governance. Auf Basis einer Systematisierung der Corporate Governance nach organ-, publizitäts- und überwachungsorientierten Gesichtspunkten wurde eine Integration des Controllings in dieses System dargestellt. Des Weiteren wurden die Reformeinflüsse zur Verbesserung der Corporate Governance bzw. die aktuell bestehenden nachhaltigkeitsorientierten Normierungen mit Wirkung auf das Controlling ausführlich auf Basis der vorgenommenen Systematisierung untersucht. Diesbezüglich hat sich gezeigt, dass vielfältige Corporate Governance-Regelungen und Normierungen zur Nachhaltigkeit (un-)mittelbar auf die Ausgestaltung des Controllings einwirken, sodass vor diesem Hintergrund eine faktische Normierung des Controllings festzustellen ist.

Literatur

AKEIÜ (Arbeitskreis Externe und Interne Überwachung der Unternehmung der Schmalenbach-Gesellschaft für Betriebswirtschaft e. V.). (1995). Grundsätze ordnungsmäßiger Aufsichtsratstätigkeit – ein Diskussionspapier. *DB, 48*, 1–4.

Arbeitskreis Corporate Governance Reporting der Schmalenbach-Gesellschaft für Betriebswirtschaft e. V. (2016). Weiterentwicklung der Unternehmensberichterstattung (Anm.: Erste Thesen). *Der Betrieb (DB), 69*, 2130–2132.

Arbeitskreis Corporate Governance Reporting der Schmalenbach-Gesellschaft für Betriebswirtschaft e. V. (2018). Weiterentwicklung der Unternehmensberichterstattung: Überlegungen zur Reform des Corporate Governance Reportings und zur Einführung einer Mustergliederung. *Der Betrieb (DB), 69*, 2125–2128.

Arbeitskreis Corporate Governance Reporting der Schmalenbach-Gesellschaft für Betriebswirtschaft e. V. (2019). Weiterentwicklung der Unternehmensberichterstattung: Gemeinsame Berichterstattung zur Corporate Governance durch Vorstand und Aufsichtsrat (§ 289f HGB, Grundsatz 17 DCGK-E). *Der Betrieb (DB), 70*, 317–322.

Baetge, J., & Zülch, H. (2003). Abschlusskennzahlen als Instrumente zur Unterstützung der Überwachungsfunktion des Aufsichtsrates. In A. von Werder & H. Wiedmann (Hrsg.), *Internationalisierung der Rechnungslegung und Corporate Governance: Festschrift für Professor Dr. Klaus Pohle* (S. 221–246). Stuttgart: Schäffer-Poeschel.

Brundlandt-Bericht. (1987). *Unsere gemeinsame Zukunft* (Hrsg.: von Volker Hauff). Greven: Eggenkamp.

Buchholz, A., Sassen, R., & Jucknat, J. (2010). Ökonomische Ineffizienzen der Prüfung und Aufsicht privater Universalbanken. In C.-C. Freidank (Hrsg.), *Rechnungslegung, Steuerung und Überwachung von Unternehmen* (S. 295–331). Berlin: Erich Schmidt.

DCGK. (o. J.). Deutscher Corporate Governance Kodex (in der Fassung vom 24.06.2014). http://www.dcgk.de. Zugegriffen am 17.07.2015.

Dienes, D., Sassen, R., & Fischer, J. (2016). What are the drivers of sustainability reporting? A systematic review. *Sustainability Accounting, Management and Policy Journal (SAMPJ), 7*(2), 154–189.

DNK. (2012). Der Deutsche Nachhaltigkeitskodex. http://www.nachhaltigkeitsrat.de. Zugegriffen am 18.06.2014.

Egner, T. (2008). Interne Revision und Enforcement. In C.-C. Freidank & V. H. Peemöller (Hrsg.), *Corporate Governance und Interne Revision: Handbuch für die Neuausrichtung des Internal Auditing* (S. 661–675). Berlin: Erich Schmidt.

Freidank, C.-C. (1998). Rechnungslegung und Prüfung ökologischer Sachverhalte. In K.-W. Hansmann (Hrsg.), *Umweltorientierte Betriebswirtschaftslehre* (S. 313–366). Wiesbaden: Gabler.

Freidank, C.-C. (2006). Controlling und corporate governance. In P. Horváth (Hrsg.), *Controlling und finance excellence* (S. 173–199). Stuttgart: Schäffer-Poeschel.

Freidank, C.-C. (2012). *Unternehmensüberwachung: Die Grundlagen betriebswirtschaftlicher Kontrolle, Prüfung und Aufsicht*. München: Vahlen.

Freidank, C.-C., & Hinze, A.-K. (2015). Einordnung des Integrated Reportings in das System der unternehmerischen Berichterstattung. In C.-C. Freidank, S. Müller & P. Velte (Hrsg.), *Integrated Reporting als neue Herausforderung für die unternehmerische Steuerung, Überwachung und Berichterstattung* (S. 1–31). Berlin: Erich Schmidt.

Freidank, C.-C., & Noori, M. (2010). Rechnungslegungspolitik im Spiegel der Reform des deutschen Bilanzrechts. In C.-C. Freidank (Hrsg.), *Rechnungslegung, Steuerung und Überwachung von Unternehmen* (S. 73–101). Berlin: Erich Schmidt.

Freidank, C.-C., & Paetzmann, K. (2004a). Bedeutung des Controlling im Rahmen der Reformbestrebungen zur Verbesserung der Corporate Governance. In C.-C. Freidank (Hrsg.), *Corporate Governance und Controlling* (S. 1–24). Heidelberg: Physica.

Freidank, C.-C., & Paetzmann, K. (2004b). Die Wirkung von Rechtsnormen auf das Controlling: ein Analysedefizit konzeptioneller Forschung? In E. Scherm & G. Pietsch (Hrsg.), *Controlling. Theorien und Konzeptionen* (S. 893–919). München: Vahlen.

Freidank, C.-C., & Sassen, R. (2010). Corporate Governance und Controlling, Vortrag auf dem 25. Deutschen Controlling Congress DCC (8/9.6.2010), siehe auch: Reichmann T. (Hrsg.), *Neue Anforderungen an das Management & Controlling, Tagungsband* (S. 263–280). Dortmund.

Freidank, C.-C., & Sassen, R. (2012). Regulierungstheoretischer Ansatz des Controllings: Notwendigkeit einer Weiterentwicklung von Unternehmensführung und -überwachung. In C.-C. Freidank & P. Velte (Hrsg.), *Corporate Governance, Abschlussprüfung und Compliance. Neue Entwicklungen aus nationaler und internationaler Sicht* (S. 161–189). Berlin: Erich Schmidt.

Freidank, C.-C., & Sassen, R. (2013). Die Aufsichtsratsvergütung als Instrument der Corporate Governance. *Betriebs-Berater (BB), 68*, 1195–1200.

Freidank, C.-C., & Sassen, R. (2019). Die Aufsichtsratsvergütung als Steuerungsinstrument der Unternehmensüberwachung. In P. Ulrich & B. Balzer (Hrsg.), *Wertschöpfung in der Betriebswirtschaftslehre. Festschrift für Prof. Dr. habil. Wolfgang Becker zum 65. Geburtstag* (S. 67–91). Wiesbaden.

Freidank, C.-C., & Velte, P. (2008). Einfluss der Corporate Governance auf die Weiterentwicklung von Controlling und Interner Revision. In C.-C. Freidank & V. H. Peemöller (Hrsg.), *Corporate Governance und Interne Revision: Handbuch für die Neuausrichtung des Internal Auditings* (S. 711–745). Berlin: Erich Schmidt.

GRI. (2013). G4 sustainability guidlines. https://www.globalreporting.org. Zugegriffen am 18.06.2014.

Hülsberg, F. M. (2007). Geschäftsführungsprüfung. In C.-C. Freidank, L. Lachnit & J. Tesch (Hrsg.), *Vahlens Großes Auditing Lexikon* (S. 541–543). München: Vahlen.

IDW PS 200. (2000). Ziele und allgemeine Grundsätze der Durchführung von Abschlußprüfungen. *WPg, 53*, 706–710.

IDW PS 821. (2006). Grundsätze ordnungsmäßiger Prüfung oder prüferischer Durchsicht von Berichten im Bereich der Nachhaltigkeit. *WPg, 59*, 854–863.

KPMG. (2011). International survey of corporate responsibility reporting. https://www.boardmember.com. Zugegriffen am 18.06.2014.

Lentfer, T. (2003). *Die Überwachung des Risikomanagementsystems gemäß § 91 Abs. 2 AktG durch den Aufsichtsrat*. Hamburg: Ottokar Schreiber.

Lingemann, S. (2009). Angemessenheit der Vorstandsvergütung – Das VorstAG ist in Kraft. *BB, 64*, 1918–1924.

Lück, W. (1998). Elemente eines Risiko-Managementsystems: Die Notwendigkeit eines Risiko-Managementsystems durch den Entwurf eines Gesetzes zur Kontrolle und Transparenz im Unternehmensbereich (KonTraG). *DB, 51*, 8–14.

Niederhuemer, S., & Niedermayr, T. (2007). Enforcement – Überwachung der Rechnungslegungsstandards im europäischen Vergleich. In H. Löffler (Hrsg.), *Internationale und nationale Rechnungslegung am Wendepunkt* (S. 299–323). Wien: Linde.

Paetzmann, K. (2008). *Corporate Governance: Strategische Marktrisiken, Controlling, Überwachung*. Heidelberg: Springer.

Sassen, R. (2012). Integration des Controllings in das Corporate Governance-System einer Aktiengesellschaft. *Zeitschrift Controlling, 24*, 323–329.

Sassen, R., & Schnier, O. (2013). Die Vorstandsvergütung als Steuerungsinstrument der Corporate Governance. Problembereiche und Spannungsfelder aus theoretischer und normativer Perspektive. In C.-C. Freidank & P. Velte (Hrsg.), *Unternehmenssteuerung im Umbruch* (S. 233–261). Berlin: Erich Schmidt.

Scheffler, E. (2007). Erste Erfahrung mit dem deutschem Enforcement. In C.-C. Freidank & P. Altes (Hrsg.), *Rechnungslegung und Corporate Governance* (S. 205–221). Berlin Erich Schmidt.

Seidl, D. (2007). Grundsätze ordnungsmäßiger Unternehmensführung. In C.-C. Freidank, L. Lachnit & J. Tesch (Hrsg.), *Vahlens Großes Auditing Lexikon* (S. 603–606). München: Vahlen.

Spindler, G. (2010). Kommentierung zu §§ 1–149 AktG. In G. Spindler & E. Stilz (Hrsg.), *Kommentar zum Aktiengesetz* (2. Aufl., Bd. 1). München: C.H. Beck.

Strobel, W. (2000). Reform der Unternehmensüberwachung durch den Aufsichtsrat der Aktiengesellschaft. In L. Lachnit & C.-C. Freidank (Hrsg.), *Investororientierte Unternehmenspublizität: Neue Entwicklungen von Rechnungslegung, Prüfung und Jahresabschlussanalyse* (S. 527–569). Wiesbaden: Gabler.

Theisen, M. R. (1995). Grundsätze ordnungsmäßiger Kontrolle und Beachtung der Geschäftsführung durch den Aufsichtsrat. *AG, 40*, 193–203.

Thüsing, G. (2009). Das Gesetz zur Angemessenheit der Vorstandsvergütung. *AG, 54*, 517–529.

Velte, P. (2008). Management approach. *ZP, 18*, 133–138.

Wagenhofer, A. (2006). Zusammenwirken von Controlling und Rechnungslegung nach IFRS. In A. Wagenhofer (Hrsg.), *Controlling und IFRS-Rechnungslegung: Konzepte, Schnittstellen, Umsetzung* (S. 1–20). Berlin: Erich Schmidt.

Weber, S. C. (2011). *Externes Corporate Governance Reporting börsennotierter Publikumsgesellschaften: Konzeptionelle Vorschläge zur Weiterentwicklung der unternehmerischen Berichterstattung*. Wiesbaden: Gabler.

Weißenberger, B. E. (2008). Auswirkungen der IFRS auf das Controlling. In C.-C. Freidank & J. Tanski (Hrsg.), *Accounting, controlling & finance. Management-Handbuch, Loseblattsammlung: 5. Ergänzungslieferung, Dezember 2007* (II. 4, S. 1–29). München: Vahlen.

Weißenberger, B. E., & Maier, M. (2006). Der Management Approach in der IFRS-Rechnungslegung: Fundierung der Finanzberichterstattung durch Informationen aus dem Controlling. *DB, 59*, 2077–2083.

Wulf, I., & Schäfer, B. (2010). Auswirkungen der Corporate Governance auf das Controlling: Eine Analyse auf Basis von Corporate Governance-Mechanismen und relevanten Rechtsnormen. *ZCG, 5*(6), 261–267.

Controlling und Corporate Sustainability: eine exemplarische Darstellung anhand der Kreditwirtschaft

Kerstin Lopatta, Frerich Buchholz und Wolfgang Kornblum

Zusammenfassung

Für deutsche an der Börse gelistete Unternehmen ergibt sich bislang nur die rechtliche Verpflichtung, ein angemessenes Risikomanagement und Risikocontrolling zu betreiben. In diesem Beitrag werden neben den sich hieraus ergebenen Interdependenzen zwischen dem Controlling und der Corporate Governance vielmehr auch ökologische und gesellschaftliche Aspekte mit berücksichtigt. Die Integration von Nachhaltigkeitsrisiken bei Kreditinstituten wird anhand regulatorischer Anforderungen aufgezeigt. Dabei ergibt sich für die Kreditinstitute ein erheblicher Implementierungsaufwand, der insb. durch die fehlende Basis von Nachhaltigkeitsdaten begründet ist. Demgegenüber profitieren Kreditinstitute aus der Berücksichtigung von Nachhaltigkeitsrisiken, da sie frühzeitig Risiken erkennen oder sich profitabel im Markt für nachhaltige Finanzierungen positionieren können.

Schlüsselwörter

Controlling · Corporate Sustainability · Corporate Governance · Corporate Social Responsibility · Kreditwirtschaft

K. Lopatta (✉)
Fakultät für Wirtschafts- und Sozialwissenschaften, Universität Hamburg, Hamburg, Deutschland
E-Mail: kerstin.lopatta@uni-hamburg.de

F. Buchholz
Sparkasse Hannover, Hannover, Deutschland
E-Mail: frerich.buchholz@sparkasse-hannover.de

W. Kornblum
Oldenburg, Deutschland
E-Mail: wolfgang.kornblum@uni-oldenburg.de

W. Becker, P. Ulrich (Hrsg.), *Handbuch Controlling*,
https://doi.org/10.1007/978-3-658-26431-4_59

1 Einleitung

Die Wertschöpfung stellt innerhalb der strategischen Unternehmensführung das oberste Ziel zum Zweck der Unternehmenssicherung dar. Das Controlling dient mit der Steuerung und Überwachung der Geschäftsprozesse als Verbindung zur Sicherstellung dieses Ziels. Dabei wird die unternehmerische Tätigkeit zunehmend durch die Anforderungen einer Corporate Governance (CG) und Corporate Social Responsibility (CSR) determiniert. Allerdings stellt die Befolgung von CG-Vorgaben, die seit 2005 für deutsche börsengelistete Unternehmen rechtlich verbindlich sind, hauptsächlich auf die Bedürfnisse von Investoren ab. Mit dem Deutschen Corporate Governance Kodex (DCGK) wird dem Vorstand die Pflicht auferlegt, für angemessenes Risikomanagement und Risikocontrolling innerhalb des Unternehmens Sorge zu tragen. Der zunehmenden Bedeutung gesellschaftlicher wie auch ökologischer Aspekte für die Unternehmensführung wird diese Regelung somit nicht gerecht. Die Aspekte haben aber wesentliche Einflüsse auf die Gestaltung und Steuerung von Produktionsprozessen und wirken sich somit auch auf das Controlling aus. Ebenfalls dient die Berücksichtigung dieser Faktoren zur Hebung von wesentlichen Erfolgspotenzialen und zur Determinierung der Unternehmenswerte und -kultur. Es lässt sich daraus erkennen, dass eine einzelne Betrachtung der Beziehung zwischen Controlling einerseits sowie CG und CSR andererseits nicht zielführend sein kann.

Anhand der historischen Entwicklung regulatorischer Anforderungen soll die Auswirkung der Integration von Nachhaltigkeitsrisiken in das Risikomanagement oder der Strategie bzw. Unternehmensführung dargestellt werden. Dabei wird herausgestellt, dass innerhalb der Nachhaltigkeitsrisiken die klimabezogenen Risiken besonders betroffen sind. Klimabezogene Risiken sind dementsprechend in physische und transitorische Risiken zu unterscheiden. So beziehen sich physische Risiken direkt auf die Folgen von Klimaveränderungen wie Hitze- und Trockenperioden. Demgegenüber entstehen Transitionsrisiken durch den Übergang auf eine kohlenstoffarme Wirtschaft/klimaneutrale Gesellschaft. Neben einer aufwändigen Gesamtbankimplementierung, bei der fast alle Bereiche betroffen sind, haben Kreditinstitute komplexe Methoden und die Datenbeschaffung sicherzustellen.

2 Wechselwirkung des Controllings und der Corporate Sustainability

2.1 Controlling und Corporate Governance

Das Controlling erfüllt wesentliche Aufgaben und Anforderungen, die Unternehmen im Rahmen einer CG gestellt werden (Lachnit und Müller 2012, S 22). Mit CG wird der rechtliche und faktische Ordnungsrahmen für die Leitung und Überwachung von Unternehmen verstanden. So stellt das Controlling Informationen für die Erstellung und Prüfung des Risiko- und Prognoseberichtes bereit, welcher mit der Einführung des Gesetzes zur Kontrolle und Transparenz im Unternehmensbereich (KonTraG) und dem Bilanzrechtsreformgesetz (BilReG) für Unternehmen in Deutschland rechtlich bindend geworden ist. Mit dem DCGK wird das Ziel formuliert, das Vertrauen von Stakeholdern deutscher börsennotierter Gesellschaften durch die Schaffung von Transparenz zu fördern (DCGK 2013, S. 1). Die Zielsetzung dieses CG-Systems ist, Informationsasymmetrien zu verringern und opportunistisches Verhalten durch das Management zu beschränken (Hart 1995, S. 678). Informationsasymmetrie entsteht durch die Trennung von Unternehmenseigentum und Unternehmensleitung. Gernauer gesagt, transferiert der Kapitalanteilseigner oder Prinzipal sein Vermögen beispielsweise durch den Erwerb von Unternehmensanteilen zur Unternehmensführung (Agent). Ist der Anteilseigner nicht in der Unternehmensleitung vertreten, ist er einem geringen Informationsfluss und Informationsstand ausgesetzt (Jensen und Meckling 1976, S. 10 f.). Der Prinzipal-Agenten-Theorie zufolge wird das Management eigennützig seinen Nutzen maximieren wollen, wodurch Interessenkonflikte und Agency-Kosten entstehen (Healy und Palepu 2001, S. 409). Demgegenüber stehen die Begrenzung von Entscheidungsrechten, die Reduktion von Interessenkonflikten und die Informationsbereitstellung als mögliche Handlungsmechanismen zur Reduktion von Prinzipal-Agenten-Problemen (Wagenhofer 2009, S. 8). Gegen die Einschränkung der Rechte des Managements spricht der geringere Handlungsspielraum der Unternehmensführung in Bezug auf wichtige strategische Entscheidungen. Demnach ist der Reduktion von Interessenkonflikten und der erhöhten Informationsbereitstellung der Vorrang einzuräumen. So können neben Sanktionen insbesondere Vertrauen und ethisches Verhalten zur Verringerung von Interessenkonflikten herangezogen werden (Becker und Ulrich 2010, S. 16). Die Informationsbereitstellung kann einerseits durch den Jahresabschluss, ad-hoc-Mitteilungen oder anderen rechtlich geforderten Dokumenten erfolgen. Andererseits können diese Informationen durch freiwillige Veröffentlichungen wie zum Beispiel Nachhaltigkeitsberichte, Gewinnschätzungen durch das Management oder Telefonkonferenzen ergänzt werden.

An dieser Stelle lässt sich mit der Berichts- und Beratungsfunktion ein wichtiges Aufgabengebiet des Controllings ableiten (Becker 2012, S. 26). Die Berichterstellung für den Aufsichtsrat erfolgt indirekt über den Vorstand, der nach § 90 Abs. 1 AktG dazu verpflichtet ist (Wall 2008, S. 231 f.; Becker und Ulrich 2010, S. 21). Hinsichtlich der Kontrolle der Unternehmensführung ist diese Konstellation als problematisch zu erachten, weil der Controller nur im Zusammenwirken mit dem Vorstand eine Transparenzschaffung erwirken kann (Lachnit und Müller 2012, S. 23).

National lässt sich mit der in § 93 Abs. 1 AktG genannten Sorgfaltspflicht für Geschäftsleiter die grundlegende Verpflichtung zur Einrichtung und Betreibens eines Controllings festhalten. So wird von keiner Pflichtverletzung durch die Geschäftsführung ausgegangen, falls auf der Grundlage angemessener Information und Rationalität zum Wohle der Gesellschaft gehandelt wurde (Lachnit und Müller 2012, S. 22 f.). Der DCGK ist durch § 161 Abs. 1 AktG Teil des deutschen Gesellschaftsrechts und greift mit der Textziffer 4.1.4 die Verpflichtung des Vorstands, für ein angemessenes Risikomanagement und Risikocontrolling im Unternehmen Sorge zu tragen, auf. Weitere explizite Verweise auf das Controlling werden nicht aufgeführt, wodurch sich nur ein geringer Zusammenhang vermuten lässt (Wall 2008, S. 228;

Günther 2004, S. 44; Becker und Ulrich 2010, S. 18). Demgegenüber wird der Begriff „Information“ insgesamt sechs Mal im DCGK genannt und nimmt eine wesentliche Rolle in dem Zusammenwirken von Vorstand und Aufsichtsrat (Tz. 3.4 und 3.8), der Offenlegung der Vergütung im Lagebericht (Tz. 4.2.5) sowie der Transparenz (Tz. 6.1 und 6.2) ein. Der DCGK greift damit eine wichtige Funktion des Controllings auf und unterstreicht somit indirekt die Bedeutung des Controllings für die CG.

In der internationalen Rechnungslegung nimmt die Bereitstellung von Informationen ebenfalls eine wichtige Rolle ein. Gemäß Zielsetzung (OB) 12 des Rahmenwerkes der International Financial Reporting Standards (IFRS) sollen Jahresabschlüsse Informationen über die Vermögens-, Finanz- und Ertragslage eines Unternehmens sowie deren Veränderungen, die für die wirtschaftlichen Entscheidungen der Stakeholder von Belang sind, enthalten (Hoffjan 2009, S. 202). In der Fassung des Rahmenkonzeptes von 2001 wurde in F.11 dem Management attestiert, dass es an den im Abschluss enthaltenen Informationen interessiert sei, obwohl es Zugang zu weiteren Management- und Finanzinformationen hat. Auf Grundlage dieser Informationen könne es seine Planungen und seine Entscheidungsfindung besser vornehmen und seiner Kontrollverantwortung besser nachkommen. Mit dem OB 9 des Rahmenwerkes in der Fassung von 2010 wird lediglich darauf verwiesen, dass das Management an den in den Abschlüssen enthaltenen Daten interessiert sei. Es stellt sich daher die Frage, ob eine Relevanz des Controllings für die Jahresabschlusserstellung immer noch gegeben ist. Entgegen der vorgenannten Streichung geht das Controlling mit Anwendung des management approach, wie z. B. bei der Bildung von Cash Generating Units für den Impairment Test nach IAS 36 oder bei der Segmentberichterstattung nach IFRS 8, in die Rechnungslegung nach IFRS ein. Im Gegenzug gleicht sich das Controlling unter Berücksichtigung von Wirtschaftlichkeitsaspekten an die IFRS an (Wagenhofer 2006, S. 3). Es zeigt sich eine gegenläufige Interdependenz zwischen dem Controlling und der Berichterstellung für den Jahresabschluss. Ist der Controller für interne Berichtszwecke auf Zahlen des externen Rechnungswesen angewiesen, so benötigen Accountants im Gegenzug Daten aus dem Controlling, um bestimmte Bilanzierungsvorschriften überhaupt umsetzen zu können (Hoffjan 2009, S. 221).

Insgesamt lässt sich schlussfolgern, dass das Controlling dem vom DCGK geforderten Ziel der Transparenzförderung entspricht. Allerdings beschränkt sich die Interdependenz zwischen dem Controlling und der CG nicht nur auf die zuvor diskutierte Berichts- und Beratungsfunktion. Beispielsweise nimmt das Controlling mit der Gestaltung von Anreizsystemen und der Durchführung des Risikocontrollings weitere wichtige Funktionen zur Unterstützung der CG und somit zur Reduktion von Agency-Kosten ein (Becker und Ulrich 2010, S. 20 ff.).

2.2 Controlling und Corporate Social Responsibility

Mit der unternehmerischen Verantwortung wird unter anderem die Transparenz der Unternehmenstätigkeit sowie der dazugehörigen Nachhaltigkeitsleistung (Corporate

Social Responsibilty [CSR]) aufgegriffen (Coenenberg 2012, S. 949). Der Begriff CSR umfasst viele Prozesse eines Unternehmens, die in Wechselwirkung mit der jeweiligen Umwelt und Gesellschaft stehen. Demzufolge existiert weder eine Legaldefinition noch eine in der Literatur weitgehend akzeptierte Definition (Beltratti 2005, S. 374; Carroll 1999, S. 291 f.; Godfrey et al. 2010, S. 336). Vielmehr kristallisieren sich vier Dimensionen heraus, die sich auch widersprechen können. *Instrumental Theories* begrenzen CSR-Aktivitäten auf ein Instrument zur Erreichung ökonomischer Ziele. Der Einfluss auf die Politik und Gesetzgebung werden durch die *Political Theories* umfasst und *Integrative Theories* greifen die Anforderungen auf, die durch die Gesellschaft an Unternehmen gestellt werden. Konträr zur Erreichung lediglich ökonomischer Ziele berufen sich *Ethical Theories* auf eine ethische Verpflichtung, die Unternehmen mit ihrer Tätigkeit gegenüber der Gesellschaft als Ganzes auf sich nehmen (Garriga und Melé 2004, S. 65 f.).

Es ist vor dem Hintergrund der vielfältigen Erscheinungsformen und dem Gebrauch von CSR-Aktivitäten festzustellen, dass empirische Untersuchungen unterschiedliche Ergebnisse aufweisen. So neigen Geschäftsleiter vermehrt oder über ein ökonomisches Maß hinaus, in CSR-Aktivitäten zu investieren, wenn deren Kapitalanteil und somit deren persönlichen Residualkosten geringer sind (Barnea und Rubin 2010, S. 81). Auf der anderen Seite verringert ein hohes CSR-Engagement oder explizit die Erstveröffentlichung von Nachhaltigkeitsberichten die Kapitalkosten und inhärent Informationsasymmetrien (Dhaliwal et al. 2011, S. 74 ff.; El Ghoul et al. 2011, S. 2395 f.). Darüber hinaus weisen die Jahresabschlüsse von Unternehmen mit einem klaren Bekenntnis zu CSR geringere bilanzpolitische Maßnahmen auf und diese Unternehmen unterliegen auch seltener einer Untersuchung durch die Finanzaufsicht (Kim et al. 2012, S. 776 ff.). Demnach führen eine Informationsbereitstellung, die unter anderem durch das Controlling erfolgt und die Schaffung von Vertrauen durch ethisches Verhalten zur Förderung von Transparenz zur Verringerung von Interessenkonflikten, wodurch wiederum Agency-Kosten verringert werden (Becker und Ulrich 2010, S. 16). Als Bedingung für eine erfolgreiche Nachhaltigkeitskommunikation muss sie vom Stakeholder wahrgenommen werden und dessen Wissen, Einstellung, Erwartungen und Verhalten beeinflussen. Unterstützt durch das Controlling, trägt sie so zur Steigerung des Unternehmenserfolges bei und kann öffentliche Handlungsspielräume sichern (Schaefer 2012, S. 272).

Neben den vorgenannten Maßnahmen, die sich nur indirekt positiv auf das Geschäftsergebnis auswirken, können Unternehmen auch direkt mit CSR-Aktivitäten den Betriebserfolg beeinflussen. So tragen eine Kosten- und Risikoreduktion oder die Schaffung von Legitimität und Reputation in der engen Sicht des *Business Case* für CSR-Engagements zu einer Unternehmenswertsteigerung bei. In der weiten Sicht kann der Ausbau eines Alleinstellungsmerkmals oder die Schaffung von Win-win-Situationen mit den Stakeholdern des Unternehmens zu Wertsteigerungen führen (Carroll und Shabana 2010, S. 101). Diese Maßnahmen können zusätzlich zu den direkten Einflussmöglichkeiten ergriffen werden und bieten demnach ein größeres Erfolgspotenzial. Aufgrund der ansteigenden Komplexität solcher Geschäftsprozesse wird im Folgenden der direkte Einfluss durch die Kosten- und Risikoreduktion fokussiert.

Traditionelle Ansätze der Unternehmenssteuerung berücksichtigen zwar das strategische wie operative Controlling – beispielhaft seien hier die Strategieimplementierung und Planung oder die spezifische Steuerung von Fertigungsprozessen genannt – doch wird die Dimension von Nachhaltigkeit außer Acht gelassen (Anthony 1965; Anthony und Govindarajan 2007). Die Gründe für die Außerachtlassung ökologischer Aspekte sind mannigfaltig und können zum Beispiel in der zu gering geschätzten Höhe von direkten und indirekten ökologischen Kosten liegen (Burritt 2004, S. 15 ff.). Mit der Sustainable Balanced Scorecard (SBSC) wird dieser Malus aufgegriffen und mit der Aufnahme der Nicht-Markt-Perspektive das Umwelt- und Gesellschaftsmanagement in das betriebswirtschaftliche Management integriert. Als Ausgangspunkt wird die Strategie der gewählten Geschäftseinheit festgelegt und die unternehmensspezifischen Umwelt- und Gesellschaftsaspekte identifiziert. Final wird die Relevanz der identifizierten Umwelt- und Gesellschaftsaspekte für die Finanz-, Kunden-, Prozess-, Lern- und Entwicklungs- sowie die Nicht-Markt-Perspektive ermittelt (Figge et al. 2002, S. 276 f.). Es wird somit eine Brücke zwischen der abstrakten Systematisierung unternehmerischer Nachhaltigkeit in einem Leitbild oder der Unternehmensstrategie und einer konkreten operativen Umsetzung errichtet (Schaltegger 2004, S. 172 f.). Neben den traditionellen Finanz- werden genauso Nicht-Finanz-Kennzahlen innerhalb einer Balanced Scorecard durch das Controlling überprüft und dienen somit als wesentlicher Bestandteil eines Anreizsystems. Für die Nicht-Finanz-Dimension seien beispielhaft die Reduktion des Energie- und Wasserverbrauchs sowie CO_2-Emissionen oder die Verwendung von Holz aus nachhaltigem Anbau als Umweltkennzahlen genannt (Pape et al. 2009, S. 161; Günther 2010, S. 5). Um gesellschaftliche Aspekte mit aufzugreifen, kann die erfolgreiche Entsprechung und Implementierung eines Leitfadens gemäß dem ISO 26000-Standard mit aufgenommen werden (Groot und Selto 2013, S. 71). So werden die fehlende oder unzulängliche Ausgestaltung der Unternehmenskultur, des Ethikkodex, der Unternehmensleitsätze und die Vergütungsstruktur als Ursache der Finanz- und Wirtschaftskrise gesehen, weil diese falsche Anreize für Manager begünstigt haben (Enste 2010, S. 219). Entgegen dem Leitfaden ISO 26000, der Orientierung und Empfehlungen aufgibt, stellt der ISO 14001-Standard eine internationale Umweltmanagementnorm dar, mit der das Umweltmanagementsystem eines Unternehmens zertifiziert werden kann. Es wird ein kontinuierlicher Verbesserungsprozess angestrebt, der auf der Methode „planen, umsetzen, prüfen und optimieren" (Plan-Do-Check-Act [PDCA]) beruht (International Organization for Standardization 2004). In Verbindung mit dem Standard 14051, der die Materialkostenflussrechnung zum Gegenstand hat, können Material- und Energieverbräuche quantifiziert sowie Mengen- und Preisabweichungen und somit Ineffizienzen identifiziert werden (International Organization for Standardization 2011). Das Controlling trägt mit seiner Berichts- und Beratungsfunktion als CG-Mechanismus nicht nur zur Transparenzförderung, sondern auch durch ein CSR-Engagement wesentlich zur effizienten Gestaltung operativer Prozesse bei. In einem Fallbeispiel wird anhand des Unternehmens Procter & Gamble dargestellt, wie das Controlling zur erfolgreichen Implementierung von Nachhaltigkeitsaspekten beiträgt und neben Effizienzsteigerungen auch zur umweltverträglicheren Produktgestaltung und Reputationssteigerung führt (Riccaboni und Leone 2010, S. 139 ff.).

Abschließend lässt sich für das Controlling und insbesondere das Nachhaltigkeitscontrolling folgern, dass es einen Stellenwert in den Unternehmen einnimmt, der weit über die beispielhaft diskutierte Berichts- und Beratungsfunktion als CG-Mechanismus hinausgeht. Dabei wird die Rolle des Controllings durch die Bedeutung von Nachhaltigkeit für das Marktpotenzial determiniert. Ist diese Bedeutung hoch, sollte die Verantwortung von einem Fachbereich durch das Controlling übernommen werden, anstatt sich auf die alleinige Unterstützung durch Steuerungs- und Finanz-Know-how zu beschränken (Weber et al. 2012, S. 99 f.). Im Rahmen der Nachhaltigkeitskommunikation wird die Transparenzförderung als wesentliches Ziel definiert und wirkt somit indirekt auf die Steigerung des Unternehmenswertes. Direkt können Ineffizienzen identifiziert und somit Anreize gesetzt werden, die eine Steigerung des Unternehmenserfolges zur Folge haben und genauso mit Ökologie und Gesellschaft im Einklang stehen.

2.3 Wechselwirkung von Controlling, Corporate Governance und Corporate Social Responsibility

„Controlling stellt sich als eine integrierte Aufgabe der Unternehmensführung dar, die im Dienste der Optimierung von Effektivität und Effizienz das initialisierende Anstoßen sowie das wertschöpfungsorientierte Ausrichten des Handelns von Betrieben sicherstellen muss." (Becker 2012, S. 14) Diese originäre Funktion des Controllings knüpft an der Notwendigkeit der Wertschöpfung zum Zweck der Unternehmenssicherung an (Becker und Ulrich 2010, S. 12). Metastudien zeigen verschiedene CG-Mechanismen wie beispielsweise die Zahl der Vorstandsmitglieder sowie unabhängiger Vorstandsmitglieder, der Charakteristika des Prüfungskomitees, der Unabhängigkeit des Abschlussprüfers und deren positive Relation zum Firmenwert auf (García-Meca und Sánchez-Ballesta 2009, S. 605; Lin und Hwang 2010, S. 71; Dalton et al. 1999, S. 678). Die gleiche positive Beziehung wird auch von Metastudien aufgezeigt, die das CSR-Engagement und den Firmenwert zum Untersuchungsgegenstand haben. So weisen Firmen mit einer hohen Nachhaltigkeitsleistung geringes Risiko, höheres Vertrauen unter deren Stakeholdern, geringere Transaktionskosten und schlussendlich einen höheren Unternehmenswert auf (Orlitzky und Benjamin 2001, S. 391; Orlitzky et al. 2003, S. 427, 2011, S. 12 f.). Wenn die vorgenannten Mechanismen Firmenrisiken reduzieren, Transparenz fördern und Vertrauen schaffen bzw. ausweiten, so muss davon ausgegangen werden, dass sowohl CG als auch CSR in ihrer Form als ganzheitliche Managementkonzepte zur Unternehmensfortführung und Wertschöpfung beitragen. Demnach kann ein Zusammenwirken von wertschöpfungsorientiertem Controlling und CG nicht isoliert betrachtet werden, sondern muss um die Dimension des CSR erweitert werden. Es ist vielmehr eine Betrachtung der nachhaltigen Unternehmensführung (CS) in ihrer Gesamtheit notwendig.

CS umfasst die nachhaltige Entwicklung ökonomischer, ökologischer und gesellschaftskonformer Aspekte inner- und außerhalb eines Unternehmens. Im Gegensatz zu CSR wird nicht nur die Verantwortung zu den Stakeholdern, sondern auch die Verantwortung zu der gesamten Gesellschaft und zukünftigen Generationen mit einbezogen (Bassen et al. 2005, S. 234). Auch wenn CG und CSR mit der Reduzierung von Agency-Kosten ein gemeinsames Ziel verfolgen, so unterscheiden sie sich in dem Punkt, dass je nach CSR-Aktivität die Ziele einzelner Interessengruppen zu Lasten anderer Stakeholder favorisiert werden (Kim et al. 2012, S. 767). So können hohe Spenden für wohltätige Zwecke die Reputation der Firma und insbesondere der Geschäftsleitung erhöhen, doch erfolgt diese Öffentlichkeitsarbeit auf Kosten der Anteilseigner. Im Gegensatz dazu wirkt CSR komplementär zu CG, welches zum Großteil die Einhaltung rechtlicher Vorschriften zum Schutz der Anteilseigner beinhaltet. So kann ein entsprechendes ethisches Verhalten über die rechtlichen Erfordernisse hinaus zum Schutz der Anteilseigner dienen (Beltratti 2005, S. 384 f.). Mit dem Fehlen der Begriffe *Ethik* und *Moral* im DCGK wird ebenfalls deutlich, dass CG allein nicht ausreichend ist, um dem Ziel der nachhaltigen Wertschöpfung zu entsprechen. Der DCGK stellt per Zielsetzung auch nur auf eine Shareholderbeziehung ab und kann demnach auch nur als Mindestvoraussetzung für die gesellschaftliche Verantwortung gesehen werden (Czymmek et al. 2009, S. 245). Insgesamt bilden CG und CSR mit der Zielerreichung eine gemeinsame Schnittmenge und zeigen viele Interdependenzen auf. Um eine nachhaltige Unternehmensführung sicherzustellen, ist demnach die Berücksichtigung beider Dimensionen notwendig. Das Controlling nimmt dabei eine wichtige Rolle ein, da ohne ein funktionierendes Controlling-System weder eine Durchführung noch eine Zielerreichung im Rahmen der CS möglich sind.

So stellen Zvezdov und Schaltegger (2012) heraus, dass die steigende wirtschaftliche Bedeutung von Nachhaltigkeitsbelangen/-risiken und die notwendige Koordination der Vielzahl unternehmerischer Nachhaltigkeitsaktivitäten eine Unterstützung durch das Controlling erfordern. Empirisch stellen Schaltegger und Zvezdov (2012) hingegen fest, dass die Umsetzung des Nachhaltigkeitscontrollings durch Faktoren wie bspw. die mangelnde Kenntnis der Auswirkungen unternehmerischer Aktivitäten auf Umwelt und Gesellschaft oder das mangelnde Erkennen des Nutzens von Nachhaltigkeitsaktivitäten und -trends gehemmt wird. Ebenso merkt Hilbert (2019) an, dass in Bezug auf die inhaltliche Spezialisierung des Controllings in Unternehmen das Nachhaltigkeitscontrolling immer noch ein Randthema darstellt. Daher fordern Schaltegger und Zvezdov (2012) eine stärkere Einbindung des Controllings im Nachhaltigkeitsbereich zur wirksamen und erfolgsorientierten Transformation konventioneller an Wettbewerbsfähigkeit verlierender Prozesse, Produkte, Geschäftsbereiche und Unternehmen. Insgesamt betrachtet, besteht aktuell für das Controlling die Notwendigkeit, qualitative Größen und ethisch-moralische Aspekte in die Steuerungssysteme zu integrieren (Hilbert 2019).

Dabei geht es in den meisten Unternehmen derzeit nicht mehr allein um die reagierende Einhaltung von Nachhaltigkeitsnormen, sondern um die aktive Entwicklung von nachhaltigkeitsbasierten Unternehmensstrategien (Horváth 2018). So konzentriert sich das Nachhaltigkeitscontrolling nicht nur auf einzelne Aspekte wie bspw. Umwelt- oder CSR-Controlling bzw. Carbon Accounting. Vielmehr sind Nachhaltigkeitsaspekte in den Unternehmenszielen und -strategie zu berücksichtigen und im Kerngeschäft zu integrieren (Colsman 2016). Im Folgenden soll dies exemplarisch für den Sektor der Kreditwirtschaft dargestellt werden.

3 Controlling und Corporate Sustainability, eine exemplarische Darstellung anhand der Kreditwirtschaft

3.1 Historie politischer und aufsichtlicher Anforderungen

In Nachfolge des Kyoto-Protokolls haben sich mit dem Pariser Abkommen 197 Vertragsparteien der Klimarahmenkonvention der Vereinten Nationen in 2015 dazu verpflichtet, nationale Klimaschutzziele zu definieren. Mit der Ratifizierung sind die teilnehmenden Staaten völkerrechtlich verpflichtet, Maßnahmen zur Erreichung der Ziele zu ergreifen (Bundesministerium für Umwelt, Naturschutz und nukleare Sicherheit 2017). Ab dem Jahr 2016 haben die Vereinten Nationen 17 Ziele für nachhaltige Entwicklung (englisch: Sustainable Development Goals, SDGs) wie bspw. Frieden, Ernährungssicherheit und nachhaltige Landwirtschaft, Wasserzugang, Energie, Bildung, und Einschränkung des Klimawandels, etc. gefasst (Vereinte Nationen 2018). Innerhalb der EU wurden mit der Richtlinie 2014/95/EU „CSR-Richtlinie" die Berichterstattung von großen kapitalmarktorientierten Unternehmen, Kreditinstituten, Finanzdienstleistungsinstituten und Versicherungsunternehmen erweitert, um die Transparenz über ökologische und soziale Aspekte von Unternehmen in der EU zu erhöhen.[1] Mit Anwendung des CSR-Richtlinie-Umsetzungsgesetzes auf Lageberichte ab dem Geschäftsjahr 2017 erfolgte in Deutschland die Umsetzung in nationales Recht. Im gleichen Jahr gab die Task Force on Climate-related Financial Disclosures (TCFD) Empfehlungen zur klimabezogenen Berichterstattung für Unternehmen im Hinblick auf Governance, Strategie, Risikomanagement sowie verwendeten Metriken und Zielen heraus (Task Force on Climate-related Financial Disclosures 2017). Die Umsetzung der Klimaberichterstattung wird weiter verfolgt und in jährlichen Statusberichten veröffentlicht (Task Force on Climate-related Financial Disclosures 2018, 2019).

In 2018 veröffentlichte die von der der EU-Kommission eingesetzte High Level Expert Group on Sustainable Finance (HLEG) ihren Bericht über die Finanzierung nachhaltiger EU-Wirtschaft. In dem Bericht nennt sie neben acht zentralen Empfehlungen mit dem Fokus Klimawandel auch Empfehlungen für Finanzinstitutionen (Europäische Kommission 2018b). Als Reaktion auf diesen Bericht ratifizierte die EU-Kommission ihren Aktionsplan nachhaltige Finanzierung, weil die ausgespro-

[1]Nachfolgend wird in diesem Artikel der Begriff Kreditinstitut verwendet. Die damit verbundenen Anforderungen können mit Ausnahme branchenspezifischer Besonderheiten auch auf Finanzdienstleistungsinstitute, Pensionsfonds, Kapitalverwaltungsgesellschaften und Versicherungsunternehmen übertragen werden.

chenen Klima- und Energieziele nicht allein aus öffentlichen Mitteln finanzierbar sind und durch private Investitionen ergänzt werden müssen (Europäische Kommission 2018a). Ferner legte das Network for Greening the Financial System (NGFS), welches sich weltweit aus Zentralbanken und Aufsichtsbehörden zusammensetzt, einen umfassenden Bericht mit sechs Handlungsempfehlungen, die sich hauptsächlich an Zentralbanken, Aufsichtsbehörden und Gesetzgeber richten, vor. Die Handlungsempfehlungen beinhalten u. a. die Einbindung von klimabezogenen Risiken in die Überwachung der Finanzstabilität und in die Risikokontrolle sowie die Einbindung von Nachhaltigkeitsaspekten in das Management der eigenen Portfolios (Network for Greening the Financial System 2019). Für Kreditinstitute sind mit der Verordnung (EU) 2019/2088 des europäischen Parlaments und des Rates bindend Transparenzpflichten bezüglich nachhaltiger Investments und ESG-Risiken herausgegeben worden. Somit wurden harmonisierte Vorschriften für Finanzmarktteilnehmer und Finanzberater über Transparenz bei der Einbeziehung von Nachhaltigkeitsrisiken und der Berücksichtigung nachteiliger Nachhaltigkeitsauswirkungen in ihren Prozessen und bei der Bereitstellung von Informationen über die Nachhaltigkeit von Finanzprodukten festgelegt (Europäisches Parlament und Rat 2019). Zusätzlich ergänzte die Europäische Kommission die Leitlinien für die Berichterstattung nichtfinanzieller Informationen um die klimabezogene Berichterstattung (Europäische Kommission 2019a). Die Leitlinien sollen eine Hilfestellung bei der relevanten, zweckdienlichen, einheitlichen und besser vergleichbaren Angabe nichtfinanzieller Informationen geben, sind im Gegensatz zur Verordnung (EU) 2019/2088 allerdings unverbindlich. In 2020 veröffentlichte die Technical Expert Group on Sustainable Finance (TEG) eine Taxonomie für grüne Investments, um einheitliche Definitionen und Klassifizierungen für „ökologisch nachhaltige“ Wirtschaftstätigkeiten am Kapitalmarkt zu schaffen (Technical Expert Group on Sustainable Finance 2020). So müssen bspw. Anbieter von Finanzdienstleistungen anhand dieser Taxonomie festlegen, ob die Unternehmen im Produktportfolio und somit das angebotene Produkt selber als nachhaltig bezeichnet werden dürfen. Als wegweisend ist der Europäische Grüne Deal zu bezeichnen, durch den bis zum Jahr 2050 keine Netto-Treibhausgasemissionen in der EU freigesetzt und das Wirtschaftswachstum von der Ressourcennutzung abgekoppelt werden sollen (Europäische Kommission 2019b).

Neben den öffentlichen Stellen oder Gesetzgebungsorganen haben auch Aufsichtsbehörden seit dem Jahr 2019 die Umsetzung nachhaltiger Anforderungen gegenüber Kreditinstituten weiter spezifiziert. So setzt die European Banking Authority (EBA) ihre Erwartungen an die Strategie und das Risikomanagement, die Berichterstattung und das Stresstesting von Kreditinstituten in ihrem Action Plan on Sustainable Finance fest (European Banking Authority 2019). Auch die Europäische Zentralbank (EZB) definiert Mindestanforderungen an das Management von Klima- und Umweltrisiken für signifikante Institute und bietet eine Orientierungshilfe für Offenlegungsanforderungen (Europäische Zentralbank 2020). Basierend auf der Verordnung (EU) 2019/2088 stellen die drei europäischen Banken-, Versicherungs- sowie Wertpapiere- und Marktaufsichtsbehörden (EBA, EIOPA and ESMA – ESAs) die Berichterstattungspflichten in Bezug auf Nachhaltigkeitsaspekte zur Konsultation (ESA 2020). In Ergänzung haben die Bundesanstalt für Finanzdienstleistungsaufsicht (BaFin) in Deutschland und die Finanzmarktaufsichtsbehörde (FMA) in Österreich ein Merkblatt bzw. einen Leitfaden zum Umgang mit Nachhaltigkeitsrisiken herausgegeben (Bundesanstalt für Finanzdienstleistungsaufsicht 2020; Finanzmarktaufsichtsbehörde 2020). Dabei sind die von der BaFin und FMA herausgegebenen Orientierungshilfen ebenfalls als Mindestanforderungen anzusehen, auf deren Basis Wirtschaftsprüfer die Berücksichtigung der Nachhaltigkeit in der Strategie bzw. Governance sowie dem Risikomanagement bei Kreditinstituten beurteilen. Abschließend stellt die Tab. 1 die Veröffentlichungen im Überblick dar. Zusätzlich werden die Initiativen am Kriterium unterteilt, ob nur Umwelt- oder auch Sozial- und Governanceaspekte berücksichtigt werden.

Tab. 1 Überblick aufsichtlicher Anforderungen*

Jahr	Initiator	Initiativen	Umweltfokus	Sozial- & Governance-aspekte
2015	VN	Pariser Abkommen	x	
2016	VN	Nachhaltigkeitsziele (SDG)	x	x
2017	EU-Parlament	Richtlinie 2014/95/EU „CSR-Richtlinie“	x	x
2017	TCFD	Empfehlungen der Task Force on Climate-related Financial Disclosures	x	
2018	HLEG	Bericht über die Finanzierung nachhaltiger EU-Wirtschaft	x	x
2018	HLEG	Aktionsplan zur Finanzierung nachhaltigen Wachstums	x	x
2019	NGFS	Aktionsplan zur Einbeziehung von Klimarisiken	x	
2019	EU-Parlament	Verordnung (EU) 2019/2088 zur Offenlegung von ESG-Risiken	x	
2019	EU-Kommission	Leitlinien für die Berichterstattung nichtfinanzieller Informationen	x	
2020	TEG	Taxonomie für grüne Investments	x	
2019	EU-Kommission	Der Grüne Deal	x	
2019	EBA	Aktionsplan nachhaltige Finanzen	x	x
2020	EZB	Leitlinien zu Klima- und Umweltrisiken	x	x
2020	ESA	Berichterstattungspflichten in Bezug auf Nachhaltigkeitsaspekte zur Konsultation	x	x
2019	BaFin	Merkblatt zum Umgang mit Nachhaltigkeitsrisiken	x	x
2020	FMA	Leitfaden zum Umgang mit Nachhaltigkeitsrisiken	x	x

*Quelle: eigene Darstellung

Aus Der Tab. 1 wird ersichtlich, dass zurzeit ein Fokus auf Klimarisiken gelegt wird. Darüber hinaus wird der Aspekt der Gesellschaftsverantwortung nur untergeordnet berücksichtigt, wie bspw. in den Leitlinien der EZB, in denen neben Klimarisiken hauptsächlich Governanceaspekte mit aufgegriffen werden. Dieser Fokus resultiert aus der überwiegenden Bedeutung von Klimarisiken für die Weletwirtschaft und indirekt für die Kreditwirtschaft. So stammen 3 der 5 wahrscheinlichsten und schwerwiegendsten Risiken des Global Risks Perception Survey aus der Kategorie Umwelt (World Economic Forum 2019).

Als Zwischenfazit ist festzuhalten, dass sowohl Politik als auch Aufsichtsbehörden die Kreditwirtschaft als Transmissionsmechanismus zur Umsetzung der Nachhaltigkeitsziele für die Gesamtwirtschaft verwenden. Somit muss die Kreditwirtschaft einerseits Regularien befolgen, um nachhaltige Projekte zu finanzieren oder nachhaltige Anlagen anbieten zu können. Andererseits bieten die Vorgaben Orientierung. So kann bspw. die Gefahr des Greenwashings gemindert werden, wenn die Taxonomie grüner Investments korrekt befolgt wird. Gleichzeitig ergibt sich ein hohes Maß an sozialer Verantwortung, da der Kreditwirtschaft eine ausgeprägte Rolle bei der Beurteilung der Nachhaltigkeitsbemühungen von Unternehmen zugewiesen wird. Schlussendlich ist der Fokus auf Umweltaspekte kritisch zu bewerten, da die Kreditwirtschaft ebenso gesellschaftliche Aspekte wie bspw. das Ausmaß von Kinderarbeit bei der Finanzierung von Unternehmen einbeziehen sollte.

3.2 Nachhaltigkeitsrisiken in der Kreditwirtschaft

Nachhaltigkeitsrisiken in der Kreditwirtschaft
Kreditinstitute haben von ihrer operativen Tätigkeit her keinen außerordentlich negativen Einfluss auf Umwelt- oder Sozialaspekte. So ist bspw. der Ausstoß an CO_2 für Kreditinstitute im Vergleich zu produzierenden Industriezweigen wie Stahl, Zement, Chemie, Energieversorger, etc. als gering einzustufen. Auch wenn Banken Initiativen bspw. zur Senkung des eigenen Energieverbrauchs in Rechenzentren oder Bürogebäude oder des Papierverbrauchs in ihren CSR-Maßnahmen mit berücksichtigen sollten, ist die Optimierung der eigenen Nachhaltigkeit nicht Ziel dieses Artikels. Vielmehr soll auf die Rolle der Banken als Intermediär von nachhaltigen Investments in Form oder von Kreditvergaben, Eigen- (Depot A) oder Kundenanlagen (Depot B) eingegangen werden. So nimmt die Kreditwirtschaft eine intermediäre Rolle zwischen ökonomischer Entwicklung und Umweltschutz bzw. gesellschaftlicher Standards wie die Vermeidung von Kinder- und Zwangsarbeit ein, indem nachhaltige Projekte überdurchschnittlich gefördert, bzw. die Nachhaltigkeitspräferenzen von Investoren stärker berücksichtigt werden. Somit konzentriert sich dieser Artikel auf die Reduktion von Nachhaltigkeitsrisiken bei Kreditinstituten.

Mit der Entwicklung der 17 nachhaltigen Entwicklungsziele durch die Vereinten Nationen ist die Erfüllung dieser Ziele der völkerrechtlichen Definition von Nachhaltigkeit gleichzusetzen. Nachhaltigkeitsrisiken sind Ereignisse oder Bedingungen in den Bereichen Umwelt, Soziales oder Unternehmensführung, deren Eintreten tatsächlich oder potenziell wesentliche negative Auswirkungen auf den Wert der

Investition oder auf die Vermögens-, Finanz- und Ertragslage sowie auf die Reputation eines beaufsichtigten Unternehmens haben können (Bundesanstalt für Finanzdienstleistungsaufsicht 2020). Dabei unterteilen sich Nachhaltigkeitsrisiken in den Bereichen Klima und Umwelt in physische Risiken und Transitionsrisiken. Physische Risiken ergeben sich direkt aus den Folgen einzelner Extremwetterereignisse (Hitze- und Trockenperioden, Überflutungen, Lawinen, Waldbrände, etc) und langfristiger Klimaveränderungen (bspw. Niederschlagshäufigkeit und -intensität). Transitionsrisiken bestehen im Zusammenhang mit dem Übergang auf eine kohlenstoffarme Wirtschaft/klimaneutrale Gesellschaft (CO_2-Steuer, Elektromobilität, etc.). Zu den Nachhaltigkeitsrisiken zählen auch Rechts- und Reputationsrisiken. Diese Risiken können aus Gerichtsverfahren, die auf die Verhinderung von Umweltschäden abzielen, oder Boykottaufrufe von Produkten, die als klimaschädlich gelten oder durch Kinder- und Zwangsarbeit hergestellt wurden, stammen.

Nachhaltigkeitsrisiken können sich bspw. durch Extremwetterereignisse auf die Wirtschaft in Form von Betriebsstörungen oder ein Anstieg der Rohstoffpreise auswirken, woraus niedrigere Vermögenswerte (bspw. Immobilien) oder geringere Unternehmensprofitabilität resultieren. Die gesamtwirtschaftliche Verschlechterung wirkt sich negativ auf das Finanzsystem bspw. durch Finanzmarkt- oder Kreditverluste aus, wodurch wiederum negative Folgen auf die Realwirtschaft durch eine Verknappung der Kreditvergabe resultieren können (Bundesanstalt für Finanzdienstleistungsaufsicht 2020). Zwecks Darstellung von möglichen Maßnahmen zur Reduktion der Auswirkungen von Nachhaltigkeitsrisiken auf Kreditinstitute soll im Folgenden auf Basis der Empfehlungen der BaFin und der FMA die Integration von Nachhaltigkeitsrisiken in das Risikomanagement sowie der Strategie und Unternehmensführung von Kreditinstituten betrachtet werden.

3.3 Integration von Nachhaltigkeitsrisiken in das bestehende Risikomanagement von Kreditinstituten

Nachhaltigkeitsrisiken können nicht als eigenständige Risikoart betrachtet werden, sondern sind in den bestehenden Risikoarten abzubilden wie der Tab. 2 entnommen werden kann.

Nachhaltigkeitsrisiken wirken auf bestehende Risiken ein. Es wird somit von der BaFin erwartet, dass die beaufsichtigten Unternehmen eine Auseinandersetzung auch mit Nachhaltigkeitsrisiken sicherstellen und diese dokumentieren. Somit ist die Auswirkung von Nachhaltigkeitsrisiken auf alle wesentlichen Risiken zu identifizieren, zu bewerten, zu überwachen, zu steuern und zu kommunizieren.

Kreditinstituten stehen zur Identifikation und Messung von Nachhaltigkeitsrisiken Risikoanalyse- bzw. klassifizierungsverfahren zur Verfügung. Mit diesen Verfahren können die Fähigkeit und Bereitschaft der Vertragspartner zu risikominimierenden Maßnahmen oder die Qualität des Nachhaltigkeitsmanagements geprüft werden. Dabei stehen den Kreditinstituten die folgenden Tools zur Identifikation und Messung zur Verfügung:

Tab. 2 Übersetzung von Nachhaltigkeitsrisiken in bekannte Risikoarten*

Risikoart	Physisches Risiko	Transitionsrisiko
Kredit-/ Gegenparteiausfallrisiko	– Naturkatastrophen reduzieren – den Wert von Sicherheiten – die Schuldtragfähigkeit – Temperaturanstieg/Verlust von Biodiversität reduziert Produktivität/Einkommen	– hohe Abschreibungen auf CO_2-intensive Anlagen – geringere Einnahmen von Schuldnern/Veranlagungen wegen CO_2-Steuer – mehr Investitionen in neue, riskantere Technologien
Marktpreis-Risiko	– Naturkatastrophen – erhöhen Preisvolatilität – verwüsten ganze Regionen – führen zu raschem Kapitalabfluss – steigende Unsicherheit über Katastrophen – steigende Meeresspiegel erhöhen Länderrisiko	– Änderungen im Konsumentenverhalten sowie Technologie – steigende Inflationserwartungen wegen CO_2-Steuern – Abwertungen von Ländern, die viel CO_2 verursachen
Operationelles Risiko	– Zerstörung von Infrastruktur für die Geschäftstätigkeit – Datenverfügbarkeit (insb. auch bei Auslagerung)	– Preisanstiege durch CO_2-Steuern – mehr Berichtspflichten über Emissionen
Liquiditäts-Risiko	– plötzliche Nachfrage nach Notkrediten – Plötzliche Abflüsse wegen Katastrophen	Stranded Assets können nicht mehr gehandelt werden
Rechts- und Reputations-Risiko	– Anstieg an Gerichtsverfahren („Strategic/Climate Litigation") – „Ansteckung" wegen Nähe zu betroffenen Regionen	– Stigmatisierung von Unternehmen durch Konsumenten – Vertrieb von vermeintlich nachhaltigen Finanzprodukten („Greenwashing")
Strategisches und Governance-Risiko	– keine oder zu geringe Berücksichtigung von Nachhaltigkeitsrisiken im Business Continuity Management des Unternehmens: – Ausfall unerlässlicher Gebäude/Server/ Zufahrtsstraßen – Anbindung zu öffentlichen Verkehrsmitteln	– mangelnde Beschäftigung mit bzw. falsche Bepreisung von Nachhaltigkeitsrisiken – ein auf die Finanzierung von CO_2-intensiven Wirtschaftstätigkeiten spezialisiertes Unternehmen verliert durch CO_2-Steuern Geschäftsbasis
Systemisches Risiko	– Unterschätzung von Effekten in Risikomodellen	– simultaner Verkauf betroffener Vermögenstitel

*Quelle: Finanzmarktaufsichtsbehörde (2020, S. 24–26).

1. **Klimarisiko-Heatmap:** Die Unternehmen der Vertragspartner werden anhand des sektoralen und regionalen Risiko-Exposition ggü. physischen und Transitionsrisiken in einer Matrix abgebildet. Somit ist die Intensität der Risikoaussetzung des Portfolios identifiziert.

2. **Anteil von Unternehmen mit Offenlegung der CO_2-Emissionen:** Mit diesem Indikator wird ermittelt, ob Unternehmen ihre CO_2-Emissionen kennen und aktiv steuern oder sogar verbergen wollen.
3. **Summe oder Anteil CO_2-exponierter Portfoliobestandteile oder CO_2-Fußabdruck:** Diese Indikatoren dienen zur Ermittlung und Berechnung der Exponiertheit ggü. dem Transitionsrisiko.
4. **Szenarioanalysen/Stresstests:** Diese Verfahren bieten hohe Flexibilität zur Abbildung von unternehmensindividuellen Abhängigkeiten ggü. Nachhaltigkeitsrisiken.
5. **Climate Value at Risk (CVaR):** Mit dem CVaR wird der maximale Wertverlust eines Portfolios durch Nachhaltigkeitsrisiken in einem bestimmten Zeitintervall und einer definierten Wahrscheinlichkeit ermittelt.

Zur Steuerung und Begrenzung von Nachhaltigkeitsrisiken können u. a. folgende Verfahren verwendet werden:

1. **Ausschlusskriterien/Limite:** Risikobehaftete Vermögensgegenstände werden im Portfolio ausgeschlossen oder limitiert.
2. **Positivlisten:** Im Gegensatz zu den Ausschlusskriterien werden nur nachhaltige Vermögensgegenstände im Portfolio aufgenommen bzw. gehalten.
3. **Best-in-Class-Ansatz:** Es werden jeweils die führenden Unternehmen eines Sektors ausgewählt.
4. **Divestment:** Risikobehaftete Portfoliobestandteile werden strategisch im Portfolio abgebaut.
5. **Engagement und Stimmrechtsausübung:** Das Engagement umfasst einen zielgerichteten Dialog mit Unternehmen, um diese von nachhaltigeren Geschäftsstrategien zu überzeugen. Ferner kann die Ausübung von Stimmrechten zur Anpassung der Nachhaltigkeitsstrategie von Unternehmen führen.

Die Aussagegüte der zuvor aufgeführten Tools unterliegt der Voraussetzung einer hinreichenden Datenverfügbarkeit und -qualität. Hierbei wird erwartet, dass die Methoden effektiv angewendet werden können. Zusätzlich hat eine angemessene Plausibilisierung bei der Verwendung von externen Ratings zu erfolgen.

3.4 Integration von Nachhaltigkeitsrisiken in Strategie und Unternehmensführung

Von Kreditinstituten wird von der Aufsicht erwartet, dass sie entweder eine Nachhaltigkeitsstrategie entwickeln oder die bestehende überprüfen bzw. anpassen. Die Nachhaltigkeitsstrategie sollte mit der allgemeinen Geschäftsstrategie abgestimmt sein und denselben Governancemechanismen unterliegen. Im Detail ist die Exponiertheit ggü. Nachhaltigkeitsrisiken von Geschäftsfeldern festzustellen und daraufhin zu bewerten, ob die Risiken erheblich sind. Dabei können auch die im Rahmen des Risikomanagements genannten Verfahren Anwendung finden. In einem weiteren

Schritt ist festzustellen, ob nur einzelne oder alle Geschäftsfelder betroffen sind. Daraus ist dann abzuleiten, ob Geschäftsfelder fortgeführt, eingeschränkt oder umgestaltet werden müssen. Damit eine hohe Aussagegüte der Analysetools erzielt werden kann, ist eine robuste Datenlage Grundvoraussetzung. Daher hat die Geschäftsleitung Strategien zur systematischen Beschaffung von nachhaltigkeitsbezogenen Risikofaktoren bspw. im Rahmen des Kreditvergabeprozesses festzulegen. Dabei ist bei längerfristigen Engagements darauf zu achten, dass bspw. Transitionsrisiken zukünftig eine erhöhte Relevanz einnehmen können.

Ebenso ist auch das Geschäftsmodell dahingehend zu überprüfen, ob nachhaltige Produkte wie bspw. Green oder Social Bonds in die Produktpalette mit aufgenommen werden können. Weiterhin ist sicherzustellen, dass ausreichende und geeignete personelle und materielle Ressourcen zur angemessenen Berücksichtigung von Nachhaltigkeitsrisiken zur Verfügung stehen. Im Rahmen der Risikostrategie sind der Risikoappetit und die intern festgelegten Risikolimite auf Nachhaltigkeitsrisiken zu überprüfen und ggf. neu festzulegen.

Die Verantwortung über die Nachhaltigkeitsstrategie liegt bei der Geschäftsleitung. Sie sollte sich ein Verständnis über die Nachhaltigkeitsrisiken zulegen und Verantwortlichkeiten für die Integration von Nachhaltigkeitsrisiken in bekannte Risikoarten festlegen. In Ergänzung wird der Geschäftsleitung eine Vorbildfunktion zugesprochen, die bspw. eine Verknüpfung des gewissenhaften Umgangs von Nachhaltigkeitsrisiken mit der Vergütungspolitik bedingt. Insbesondere wird erwartet, dass die Implementierung bzw. Verankerung der Nachhaltigkeitsstrategie durch das Management mit einer hohen Priorität vorangetrieben wird.

Mit der angemessenen Berücksichtigung von Nachhaltigkeitsrisiken müssen neue physische und transitorische Risiken identifiziert und hinreichend überprüft bzw. bewertet werden. Dabei ist nicht nur die Methodik als komplex einzustufen, sondern auch die Datenbeschaffung als problematisch zu bewerten, weil kaum Daten zu Nachhaltigkeitsrisiken – insb. bei KMUs – verfügbar sind. Die Datenbestände sind aufzubauen, wobei die Aufsicht eine zügige Bereitstellung der Daten erwartet. Somit ist mit Kostensteigerungen für Kreditinstitute zu rechnen, die zunächst insb. im Bereich der Offenlegung zu signifikanten Anstiegen führen kann. Weiterhin kann die Beziehung zum Kunden durch die zusätzliche Datenbeschaffung und möglichen Risikoaufschlägen bei Identifizierung von Nachhaltigkeitsrisiken belastet werden.

4 Zusammenfassung und problemorientierter Ausblick

Die Rolle des Controllings nimmt innerhalb der Unternehmen mit der Berichts- und Beratungsfunktion sowie der Steuerung von Risiken eine wichtige Rolle ein. Neben weiteren Rechtsvorschriften greift der DCGK direkt und indirekt die Verpflichtung für Unternehmen auf, diese Funktionen sicherzustellen. Der DCGK verfolgt das Ziel der Transparenzförderung, um das Vertrauen von Stakeholdern in deutsche börsennotierte Gesellschaften zu erhöhen. Im Rahmen einer CG trägt das Controlling somit dazu bei, Informationsasymmetrien abzubauen und den Firmenwert zu erhöhen. Diese Regelung stellt allerdings primär auf die Bedürfnisse von Shareholdern ab und lässt dabei mit der gesellschaftlichen und ökologischen Verantwortung von Unternehmen wichtige Aspekte außer Acht.

Die Notwendigkeit zur Integration von Nachhaltigkeitsrisiken in das Risikomanagement und der Strategie von Kreditinstituten beruht insb. auf dem Anstieg klimatischer Risiken. Die konforme Berücksichtigung regulatorischer Anforderungen führt dabei zu erheblichen zusätzlichen Kosten, die insb. durch Datenerfassung, Aufbau von Datenbanken und Schließen von Datenlücken verursacht sind. Zusätzlich muss eine Implementierung in nahezu sämtlichen Bankbereichen erfolgen, wodurch ein umfangreicher Gesamtbankimplementierungsaufwand entsteht. Demgegenüber können Kreditinstitute ihr Geschäftsmodell auf Nachhaltigkeitsrisiken überprüfen und somit ihr Geschäftsmodell langfristig stärken. Ebenso kann eine ausgeprägte Nachhaltigkeitsstrategie als Wettbewerbsvorteil genutzt werden, wenn dadurch die Nachfrage an nachhaltigen Finanzierungen unter der Bedingung einer positiver Marge bedient werden kann.

Literatur

Anthony, R. N. (1965). *Planning and control systems; A framework for analysis*. Boston: Division of Research, Graduate School of Business Administration, Harvard University.

Anthony, R. N., & Govindarajan, V. (2007). *Management control systems*. Boston: McGraw-Hill/Irwin.

BaFin. (2020). Merkblatt zum Umgang mit Nachhaltigkeitsrisiken. https://www.bafin.de/SharedDocs/Downloads/DE/Merkblatt/dl_mb_Nachhaltigkeitsrisiken.html. Zugegriffen am 27.01.2021.

Barnea, A., & Rubin, A. (2010). Corporate social responsibility as a conflict between shareholders. *Journal of Business Ethics, 97*, 71–86. https://doi.org/10.1007/s10551-010-0496-z.

Bassen, A., Jastram, S., & Meyer, K. (2005). Corporate social responsibility; Eine Begriffserläuterung. *Zeitschrift für Wirtschafts- und Unternehmensethik: zfwu, 6*, 231–236.

Becker, W. (2012). *Controlling; Konzepte, Methoden und Instrumente*. Bamberg: Univ.

Becker, W., & Ulrich, P. (2010). Corporate governance und controlling – Begriffe und Wechselwirkungen. In F. Keuper & F. Neumann (Hrsg.), *Corporate governance, risk management und compliance* (S. 3–28). Wiesbaden: Gabler.

Beltratti, A. (2005). The complementarity between corporate governance and corporate social responsibility. *Geneva Pap R I-Iss P, 30*, 373–386. https://doi.org/10.1057/palgrave.gpp.2510035.

Burritt, R. L. (2004). Environmental management accounting: Roadblocks on the way to the green and pleasant land. *Business Strategy and the Environment, 13*, 13–32. https://doi.org/10.1002/bse.379.

Carroll, A. B. (1999). Corporate social responsibility: Evolution of a definitional construct. *Business & Society, 38*, 268–295. https://doi.org/10.1177/000765039903800303.

Carroll, A. B., & Shabana, K. M. (2010). The business case for corporate social responsibility: A review of concepts, research and practice. *International Journal of Management Reviews, 12*, 85–105. https://doi.org/10.1111/j.1468-2370.2009.00275.x.

Coenenberg, A. G. (2012). *Jahresabschluß und Jahresabschlußanalyse; Betriebswirtschaftliche, handels- und steuerrechtliche Grundlagen*. Landsberg am Lech: Verl. Moderne Industrie.

Colsman, B. (2016). Nachhaltigkeitscontrolling. In *Nachhaltigkeitscontrolling* (S. 39–90). Wiesbaden: Springer Gabler.

Czymmek, F., Freier, I., Hesselbarth, C., & Kleine, A. (2009). Vom Umwelt- zum Nachhaltigkeitsmanagement; Stand und Perspektiven. In A. Baumast (Hrsg.), *Betriebliches Umweltmanage-*

ment. Nachhaltiges Wirtschaften in Unternehmen 30 Tabellen (S. 241–254). Stuttgart/Hohenheim: Ulmer.

Dalton, D. R., Daily, C. M., Johnson, J. L., & Ellstrand, A. E. (1999). Number of directors and financial performance: A meta-analysis. *Academy of Management Journal, 42*, 674–686. https://doi.org/10.2307/256988.

DCGK. (2013). Deutscher Corporate Governance Kodex (in der Fassung vom 13. Mai 2013 mit Beschlüssen aus der Plenarsitzung vom 13. Mai 2013). https://www.dcgk.de/files/dcgk/usercontent/de/download/kodex/D_CorGov_Endfassung_2013.pdf. Zugegriffen am 27.01.2021.

Dhaliwal, D. S., Li, O. Z., Tsang, A., & Yang, Y. G. (2011). Voluntary nonfinancial disclosure and the cost of equity capital: The initiation of corporate social responsibility reporting. *The Accounting Review, 86*, 59–100. https://doi.org/10.2308/accr.00000005.

EBA. (2019). EBA Action Plan on Sustainable Finance. https://www.eba.europa.eu/sites/default/documents/files/document_library//EBA%20Action%20plan%20on%20sustainable%20finance.pdf. Zugegriffen am 27.01.2021.

El Ghoul, S., Guedhami, O., Kwok, C. C., & Mishra, D. R. (2011). Does corporate social responsibility affect the cost of capital? *Journal of Banking & Finance, 35*, 2388–2406. https://doi.org/10.1016/j.jbankfin.

Enste, D. H. (2010). Moralische Risiken – Mit Ordnungs-, Unternehmens- und Individualethik Krisen bewältigen und vermeiden. In F. Keuper & F. Neumann (Hrsg.), *Corporate governance, risk management und compliance* (S. 213–236). Wiesbaden: Gabler.

ESA. (2020). Joint ESA consultation on ESG disclosures. https://www.esma.europa.eu/press-news/consultations/joint-esa-consultation-esg-disclosures. Zugegriffen am 27.01.2021.

Europäische Kommission. (2018a). Aktionsplan: Finanzierung nachhaltigen Wachstums. https://eur-lex.europa.eu/legal-content/DE/TXT/?uri=CELEX%3A52018DC0097. Zugegriffen am 27.01.2021.

Europäische Kommission. (2018b). Final Report 2018 by the High-Level Expert Group on Sustainable Finance. https://ec.europa.eu/info/sites/info/files/180131-sustainable-finance-final-report_en.pdf. Zugegriffen am 27.01.2021.

Europäische Kommission. (2019a). Leitlinien für die Berichterstattung über nichtfinanzielle Informationen (Methode zur Berichterstattung über nichtfinanzielle Informationen) (2017/C 21 5/01). https://eur-lex.europa.eu/legal-content/DE/TXT/PDF/?uri=CELEX:52017XC0705(01)&from=DE. Zugegriffen am 27.01.2021.

Europäische Kommission. (2019b). Der europäische Grüne Deal. https://eur-lex.europa.eu/legal-content/DE/TXT/?qid=1596443911913&uri=CELEX:52019DC0640#document2. Zugegriffen am 27.01.2021.

Europäische Zentralbank. (2020). Leitfaden zu Klima- und Umweltrisiken. Erwartungen der Aufsicht in Bezug auf Risikomanagement und Offenlegung. https://www.bankingsupervision.europa.eu/legalframework/publiccons/pdf/climate-related_risks/ssm.202005_draft_guide_on_climate-related_and_environmental_risks.de.pdf. Zugegriffen am 27.01.2021.

Europäisches Parlament und Rat. (2019). Verordnung (EU) 2019/2088 des Europäischen Parlamentes und des Rates vom 27. November 2019 über nachhaltigkeitsbezogene Offenlegungspflichten im Finanzdienstleistungssektor.

Figge, F., Hahn, T., Schaltegger, S., & Wagner, M. (2002). The sustainability balanced scorecard – Linking sustainability management to business strategy. *Business Strategy and the Environment, 11*, 269–284. https://doi.org/10.1002/bse.339.

Finanzmarktaufsichtsbehörde. (2020). FMA-Leitfaden zum Umgang mit Nachhaltigkeitsrisiken. https://www.fma.gv.at/fma/fma-leitfaeden/. Zugegriffen am 27.01.2021.

García-Meca, E., & Sánchez-Ballesta, J. P. (2009). Corporate governance and earnings management: A meta-analysis. *Corporate Governance: An International Review, 17*, 594–610. https://doi.org/10.1111/j.1467-8683.2009.00753.x.

Garriga, E., & Melé, D. (2004). Corporate social responsibility theories: Mapping the territory. *Journal of Business Ethics, 53*, 51–71. https://doi.org/10.1023/B:BUSI.0000039399.90587.34.

Godfrey, P. C., Hatch, N. W., & Hansen, J. M. (2010). Toward a general theory of CSRs: The roles of beneficence, profitability, insurance, and industry heterogeneity. *Business & Society, 49*, 316–344. https://doi.org/10.1177/0007650308315494.

Groot, T., & Selto, F. H. (2013). *Advanced management accounting*. Harlow/New York: Pearson.

Günther, E. (2010). Carbon controlling. *Zeitschrift für Controlling und Management, 54*, 2–5.

Günther, T. (2004). Theoretische Einbettung des Controlling in die Methodologie der Unternehmensüberwachung und -steuerung. In C. Freidank (Hrsg.), *Corporate governance und controlling* (S. 25–50). Heidelberg: Physica-Verlag HD.

Hart, O. (1995). Corporate governance: Some theory and implications. *The Economic Journal, 105*, 678. https://doi.org/10.2307/2235027.

Healy, P. M., & Palepu, K. G. (2001). Information asymmetry, corporate disclosure, and the capital markets: A review of the empirical disclosure literature. *Journal of Accounting and Economics, 31*, 405–440. https://doi.org/10.1016/S0165-4101(01)00018-0.

Hilbert, S. (2019). Nachhaltigkeitscontrolling. In *Nachhaltiges Management* (S. 521–549). Berlin/Heidelberg: Springer Gabler.

Hoffjan, A. (2009). *Internationales controlling*. Stuttgart: Schäffer-Poeschel.

Horváth, P. (2018). „Green" Controlling-Umweltorientierung in der Unternehmenssteuerung. In *Rechnungslegung, Steuern, Corporate Governance, Wirtschaftsprüfung und Controlling* (S. 611–621). Wiesbaden: Springer Gabler.

International Organization for Standardization. (2004). ISO 14001; Environmental management systems – requirements with guidance for use. http://www.iso.org/iso/catalogue_detail?csnumber=31807. Zugegriffen am 27.01.2021.

International Organization for Standardization. (2011). ISO 14051; Environmental management – material flow cost accounting – general framework. http://www.iso.org/iso/home/store/catalogue_tc/catalogue_detail.htm?csnumber=50986. Zugegriffen am 27.01.2021.

Jensen, M. C., & Meckling, W. H. (1976). Theory of the firm: Managerial behavior, agency costs and ownership structure. *Journal of Financial Economics, 3*, 305–360. https://doi.org/10.1016/0304-405X(76)90026-X.

Kim, Y., Park, M. S., & Wier, B. (2012). Is earnings quality associated with corporate social responsibility? *The Accounting Review, 87*, 761–796. https://doi.org/10.2308/accr-10209.

Lachnit, L., & Müller, S. (2012). *Unternehmenscontrolling; Managementunterstützung bei Erfolgs-, Finanz-, Risiko- und Erfolgspotenzialsteuerung*. Wiesbaden: Springer Fachmedien; Imprint: Springer Gabler, Wiesbaden.

Lin, J. W., & Hwang, M. I. (2010). Audit quality, corporate governance, and earnings management: A meta-analysis. *International Journal of Auditing, 14*, 57–77. https://doi.org/10.1111/j.1099-1123.2009.00403.x.

Orlitzky, M., & Benjamin, J. D. (2001). Corporate social performance and firm risk: A meta-analytic review. *Business & Society, 40*, 369–396. https://doi.org/10.1177/000765030104000402.

Orlitzky, M., Schmidt, F. L., & Rynes, S. L. (2003). Corporate social and financial performance: A meta-analysis. *Organization Studies, 24*, 403–441. https://doi.org/10.1177/0170840603024003910.

Orlitzky, M., Siegel, D. S., & Waldman, D. A. (2011). Strategic corporate social responsibility and environmental sustainability. *Business & Society, 50*, 6–27. https://doi.org/10.1177/0007650310394323.

Pape, J., Pick, E., & Kleine, A. (2009). Umweltkennzahlen und -systeme zur Umweltleistungsbewertung. In A. Baumast (Hrsg.), *Betriebliches Umweltmanagement. Nachhaltiges Wirtschaften in Unternehmen 30 Tabellen* (S. 147–164). Stuttgart/Hohenheim: Ulmer.

Riccaboni, A., & Leone, E. L. (2010). Implementing strategies through management control systems: The case of sustainability. *International Journal of Productivity and Performance Management, 59*, 130–144. https://doi.org/10.1108/17410401011014221.

Schaefer, S. (2012). Nachhaltigkeitskommunikation aus der Perspektive des Controllings. In H. Corsten & S. Roth (Hrsg.), *Nachhaltigkeit* (S. 255–273). Wiesbaden: Gabler.

Schaltegger, S. (2004). Wertorientiertes Nachhaltigkeitsmanagement mit der Sustainability Balanced Scorecard. In M. Mahammadzadeh (Hrsg.), *Betriebliche Instrumente für nachhaltiges Wirtschaften. Konzepte für die Praxis* (S. 165–174). Köln: Dt. Inst.-Verl.

Schaltegger, S., & Zvezdov, D. (2012). Strategisch fundiertes Nachhaltigkeitscontrolling-Konzeption und Umsetzung in der Praxis. In *Nachhaltigkeitscontrolling: Konzepte, Instrumente und Fallbeispiele für die Umsetzung* (S. 45–66). Freiburg: Haufe.

Task Force on Climate-related Financial Disclosures. (2017). Recommendations of the Task Force on Climate-related Financial Disclosures. https://assets.bbhub.io/company/sites/60/2020/10/FINAL-2017-TCFD-Report-11052018.pdf. Zugegriffen am 27.01.2021.

TCFD. (2018). 2018 Status Report. https://assets.bbhub.io/company/sites/60/2020/10/FINAL-2018-TCFD-Status-Report-092518.pdf. Zugegriffen am 27.01.2021.

TCFD. (2019). 2019 Status Report. https://assets.bbhub.io/company/sites/60/2020/10/2019-TCFD-Status-Report-FINAL-0531191.pdf. Zugegriffen am 27.01.2021.

Technical Expert Group on Sustainable Finance. (2020). TEG final report on the EU taxonomy – Technical annex to the TEG final report on the EU taxonomy.

Vereinte Nationen. (2018). *Ziele für nachhaltige Entwicklung: Bericht 2018*. New York: Vereinte Nationen. https://www.un.org/Depts/german/millennium/SDG%20Bericht%202016.pdf. Zugegriffen am 27.01.2021.

Wagenhofer, A. (2006). Zusammenwirken von Controlling und Rechnungslegung nach IFRS. In A. Wagenhofer (Hrsg.), *Controlling und IFRS-Rechnungslegung. Konzepte, Schnittstellen, Umsetzung* (S. 1–20). Berlin: Schmidt.

Wagenhofer, A. (2009). Corporate Governance und Controlling. In A. Wagenhofer (Hrsg.), *Controlling und Corporate Governance-Anforderungen. Konzepte, Maßnahmen, Umsetzungen* (S. 1–22). Berlin: Erich Schmidt.

Wall, F. (2008). Funktionen des Controllings im Rahmen der Corporate Governance. *Z Control Management, 52*, 228–233. https://doi.org/10.1007/s12176-008-0064-x.

Weber, J., Georg, J., Janke, R., & Mack, S. (2012). *Nachhaltigkeit und Controlling*. Weinheim: Wiley-VCH.

World Economic Forum. (2019). The Golbal Risk Report 2019, 14th Edition. http://www3.weforum.org/docs/WEF_Global_Risks_Report_2019.pdf. Zugegriffen am 27.01.2021.

Zvezdov, D., & Schaltegger, S. (2012). Nachhaltigkeitscontrolling: mehr als nur ein Konzept? *Controlling & Management, 56*(4), 276–278.

Co-Operative Social Accounting – Potenziale für Nachhaltigkeit und Controlling in Genossenschaften

Sigrid Schaefer und Katja Lepper

Zusammenfassung

Genossenschaften weisen aufgrund des Förderprinzips hohe Potenziale für die nachhaltige Entwicklung der Gesellschaft auf. Entsprechend ist das Controlling auf die Umsetzung einer nachhaltigkeitsbezogenen, mit den Interessen der Mitglieder abgestimmten Unternehmenspolitik auszurichten. Zur Unterstützung des Entscheidens und Handelns in Genossenschaften ist aus Sicht des Controlling zu untersuchen, inwieweit das Social Accounting zu einem Co-Operative Social Accounting weiterentwickelt werden kann.

Schlüsselwörter

Controlling · Genossenschaften · Nachhaltigkeit · Social Accounting

1 Einleitung

Am 18. Dezember 2009 erklärte die Generalversammlung der Vereinten Nationen unter dem Leitsatz Cooperative Enterprises Build a Better World das Jahr 2012 zum Internationalen Jahr der Genossenschaften. Im Anschluss daran veröffentlichte die International Co-Operative Alliance 2013 den Blueprint For A Co-Operative Decade. In diesem wird als Vision 2020 die Etablierung der genossenschaftlichen Koope-

S. Schaefer (✉)
Professur für Betriebswirtschaftslehre, insbesondere Controlling und nachhaltiges Wirtschaften, EBZ Business School, Bochum, Deutschland
E-Mail: s.schaefer@ebz-bs.de

K. Lepper
Stiftungsprofessur für Wohnungsgenossenschaften und genossenschaftliches Prüfungswesens, EBZ Business School, Bochum, Deutschland
E-Mail: k.lepper@ebz-bs.de

W. Becker, P. Ulrich (Hrsg.), *Handbuch Controlling*,
https://doi.org/10.1007/978-3-658-26431-4_60

rationsform als „führendes Modell in wirtschaftlicher, sozialer und ökologischer Nachhaltigkeit“ formuliert (Münkner 2013, S. 13).

Um dieses Ziel zu erreichen fordert die International Co-Operative Alliance eine Innovation im Accounting. Zwar existieren bereits Ansätze zur Messung des Einflusses von Genossenschaften auf die nachhaltige Entwicklung. Es wird jedoch empfohlen, die (Weiter-)Entwicklung genossenschaftsspezifischer Messinstrumente voranzutreiben. In diesem Zusammenhang verweist die International Co-Operative Alliance insbesondere auf die soziale Berichterstattung. Genossenschaften sollen künftig eine führende Rolle in der Entwicklung von Prinzipien und Standards zur sozialen Berichterstattung einnehmen (ICA 2013, S. 18).

Der Fokus auf die soziale Berichterstattung lässt sich auf das besondere Verhältnis einer Genossenschaft zu ihren Mitgliedern und der sie umgebenden Gesellschaft zurückführen. „Genossenschaften erinnern die internationale Gemeinschaft daran, dass es möglich ist, wirtschaftliches Handeln und soziale Verantwortlichkeit zu verbinden“ (Ki-Moon 2012). Durch die Betonung zentraler Werte helfen Genossenschaften, eine Vision voranzubringen, die soziale Grundsätze in das Geschäftsleben integriert. Sie zeigen, „dass es möglich ist, sowohl nach wirtschaftlicher Rentabilität als auch sozialer Verantwortung zu streben“ (Ban Ki-Moon 2012).

Ein auf die Sicherung der finanziellen Ansprüche von Anteilseignern und damit insbesondere auf die Steigerung des Shareholder Value – verstanden als Erhöhung des Wertes („Value“) des Unternehmens für seine Anteilseigner („Shareholder“) – fokussiertes Controllingverständnis wird den spezifischen Anforderungen von Genossenschaften nicht gerecht. Vor dem Hintergrund der Potenziale von Genossenschaften für die nachhaltige Entwicklung ist das Controlling auf die Unterstützung von nachhaltigkeitsbezogenen, mit den Interessen der Mitglieder abgestimmten Führungsprozessen auszurichten. Im Folgenden ist daher zu untersuchen, welche Aufgaben sich daraus für das Controlling ableiten lassen und wie das Co-Operative Social Accounting aus der Perspektive des Controlling auszugestalten ist.

Im vorliegenden Beitrag wird zunächst die nachhaltige Entwicklung als politisches Leitbild thematisiert. Daran anschließend wird das Controlling in Genossenschaften fokussiert. Im Einzelnen werden die Besonderheiten der Genossenschaften skizziert, die Potenziale von Genossenschaften für die Nachhaltigkeit herausgearbeitet sowie Ziele und Aufgaben des genossenschaftlichen Controllings ableitet. Hieran anknüpfend erfolgt eine Auseinandersetzung mit dem Social Accounting als Erkenntnisobjekt des Controlling. Mit dem Förderplan und dem Förderbericht, der Balanced Scorecard sowie dem Expanded Value Added Statement werden ausgewählte Ansätze des Co-Operative Social Accountig vorgestellt. Der Beitrag schließt mit einer Zusammenfassung.

2 Nachhaltige Entwicklung als politisches Leitbild

Der Umsetzung des Leitbilds der nachhaltigen Entwicklung kommt für Unternehmen eine große Bedeutung zu. Die vielfach zitierte und weithin akzeptierte Definition des *Brundtland-Berichts* (World Commission in Environment and Development

1987, S. 54), der zufolge die Bedürfnisse der gegenwärtigen Generation intragenerational, d. h. verteilungs- und chancengerecht, zu befriedigen sind ohne die Handlungsoptionen für nachfolgende Generationen einzuschränken, kann zwar eine Interpretationsgrundlage bilden. Diese ist aber durch ein hohes Maß an *Unschärfe* gekennzeichnet, so dass sie wenig handlungsleitend erscheint.

Zur Konkretisierung des Leitbilds der nachhaltigen Entwicklung wird das *Drei-Säulen-Modell* gewählt (Kleine 2009, S. 73–87). Diesem entsprechend kann die nachhaltigkeitsbezogene Leistungsfähigkeit einer Gesellschaft nur durch eine gleichzeitige und gleichrangige Realisierung ökonomischer, ökologischer und sozialer beziehungsweise gesellschaftlicher Ziele erreicht oder verbessert werden. Es verlangt die Interessen der unterschiedlichen Akteursgruppen zu akzeptieren und in einem dialogorientierten, partizipativen Verhandlungs- oder Abwägungsprozess zu einem möglichst gemeinsam getragenen Konsens zusammenzuführen.

Auch wenn das Drei-Säulen-Modell insbesondere aufgrund der *Wechselwirkungen* zwischen den aufgezeigten Zieldimensionen kontrovers diskutiert wird (Lange und Pianowski 2008, S. 142; Hauff und Kleine 2009, S. 15–32; Brugger 2010, S. 20–24), lassen sich Anhaltspunkte für die *nachhaltigkeitsbezogene* Ausrichtung unternehmerischer *Führungsprozesse* ableiten. In Abstimmung mit den Ansprüchen der als strategisch relevant ermittelten Stakeholder können ökonomische, ökologische und soziale Aspekte in die Vision, das Leitbild sowie die strategischen Ziele des Unternehmens integriert, nachhaltigkeitsbezogene Handlungsfelder abgeleitet und unternehmerische Informations- und Entscheidungsunterstützungssysteme entsprechend angepasst werden.

Eine offensiv-antizipative Unternehmenspolitik erfordert damit eine Ausweitung der *wertorientierten*, auf die Steigerung des finanziellen Erfolgs fokussierte Führung, zu einer auch ökologisch und sozial ausgerichteten *werteorientierten* Führung. Für diese stellen Operationalisierung und Gewichtung der Dimensionen der Nachhaltigkeit ein offenes Problem dar. Es können *Konfliktpotenziale* entstehen, zu deren Abbau das *Controlling* die Planung, Steuerung und Kontrolle einer *Nachhaltigkeitskommunikation* unterstützen kann. Dies impliziert, dass die Interessen unterschiedlicher Stakeholdergruppen artikuliert und diskutiert werden. Insbesondere dann, wenn nicht von einem *Grundkonsens* hinsichtlich der Notwendigkeit nachhaltigen Wirtschaftens ausgegangen werden kann, ist der Kommunikation über sowie der Kommunikation für die Nachhaltigkeit eine hohe Bedeutung beizumessen. In *Genossenschaften* können die vom *Co-Operative Social Accounting* bereitgestellten Informationen hierzu einen wesentlichen Beitrag leisten.

3 Controlling in Genossenschaften

3.1 Besonderheiten von Genossenschaften

Genossenschaften weisen aufgrund ihrer Rechtsform Besonderheiten auf, denen für die Ausgestaltung unternehmerischer Entscheidungsprozesse und Handlungsspielräume eine hohe Bedeutung zukommt. Rechtsgrundlage für Genossenschaften bildet in Deutschland das *Genossenschaftsgesetz*. Diesem zufolge sind Genossenschaften „Gesellschaften von nicht geschlossener Mitgliederzahl, deren Zweck darauf ausgerichtet ist, den Erwerb oder die Wirtschaft ihrer Mitglieder oder deren sozialen oder kulturellen Belange durch gemeinschaftlichen Geschäftsbetrieb zu fördern" (§ 1). Vergleichbar definiert die *International Co-Operative Alliance* (2014) „A Co-operative is an autonomous association of persons united voluntarily to meet their common economic, social and cultural needs and aspirations through a jointly owned and democratically controlled enterprise".

Beiden Definitionen gemeinsam ist das genossenschaftliche *Förderprinzip*, das als absolutes Wesensprinzip im Mittelpunkt genossenschaftlichen Entscheidens und Handelns steht (Grosskopf et al. 2009, S. 18–19). Genossenschaften sind der Förderung ihrer Mitglieder verpflichtet. Sie dürfen finanzielle Erfolge erwirtschaften, müssen diese aber stets zur Förderung der Mitglieder oder zum langfristigen Erhalt der Förderfähigkeit gegenüber Mitgliedern verwenden (Keßler 2010, § 1 Rn. 17). Die International Co-Operative Alliance (2014) betont ergänzend zu dieser nach innen gerichteten Verantwortung der Genossenschaft für die Mitglieder eine nach außen gerichtete *Verantwortung für die Gesellschaft*. „Co-Operatives work for the sustainable development of their communities through policies approved by their members."

Die Leistungsbeziehungen zwischen Mitgliedern und Genossenschaft beruhen primär auf *kollektiver Selbstförderung durch Naturalförderung* (Beuthien 2011, § 1 Rn. 8; Keßler 2010, § 1 Rn. 35). „Was der Einzelne nicht vermag, das vermögen viele" (Raiffeisen, zitiert nach Blome-Drees 2012, S. 1). Die Mitglieder bündeln ihre Ressourcen, um gemeinsam eine Genossenschaft zu unterhalten und den genossenschaftlichen Zweck zu erreichen (*Prinzip der Selbsthilfe*). Gleichzeitig treten sie dieser als Bezieher der angebotenen Leistungen entgegen (*Identitätsprinzip*). Für die Genossenschaft stehen nicht die Bedürfnisse einzelner Mitglieder im Mittelpunkt, sondern jene, die von der Mehrzahl der Mitglieder fokussiert werden. Dabei gilt – gemäß § 43 III Genossenschaftsgesetz und Principles 2 des Statement on the Co-Operative Identity – für die Ausübung der Entscheidungs- und Kontrollrechte durch die Mitglieder die Gleichheit von Stimmen, unabhängig von der Höhe der Kapitalanteile (*Demokratieprinzip*).

Gemeinschaftlich setzen sich die Mitglieder für die Gründung, die Sicherung und den Erhalt der Genossenschaft ein (*Solidaritätsprinzip*). Genossenschaften agieren auf Basis der drei Strukturprinzipien *Selbsthilfe*, *Selbstverwaltung* und *Selbstverantwortung*. Fremde Hilfe ablehnend und sich selbst organisierend haften die Mitglieder solidarisch für entstehende Forderungen gegenüber der Genossenschaft (§ 23 I Genossenschaftsgesetz). Dies gilt gemäß § 23 II Genossenschaftsgesetz auch für die vor dem Eintritt eingegangenen Verbindlichkeiten.

3.2 Potenziale von Genossenschaften für die Nachhaltigkeit

Genossenschaften sind auf Dauer angelegte Zusammenschlüsse ihrer Mitglieder, die generationenübergreifend weiterentwickelt werden. Genossenschaftliches Entscheiden und Handeln *zukunftsfähig* zu gestalten, impliziert die Bedürfnisse gegenwärtiger Mitgliedergenerationen zu befriedigen, ohne die Fähigkeit einer Genossenschaft zu gefährden, auch den Bedürfnissen zukünftig beitretender Mitglieder gerecht werden zu können. Genossenschaften werden daher auch als „*Hort der Nachhaltigkeit*" bezeichnet (Blome-Drees 2012, S. 4; Ringle 2012, S. 27).

Das genossenschaftliche Förderprinzip begründet Nachhaltigkeitspotenziale auf allen drei Ebenen der Triple Bottom Line. Sie präsentieren sich als „*Architekten der Nachhaltigkeit*" (Münkner 2013, S. 63). Genossenschaftliches Wirtschaften wird als *kollektives Streben nach Nachhaltigkeit* beschrieben (International Co-Operative Alliance 2013, S. 14). Genossenschaften bieten Potenziale für die ökonomische, die soziale und die ökologische Dimension der Nachhaltigkeit, die es im Folgenden zu skizzieren gilt.

Ökonomisch betrachtet zielen Genossenschaften nicht darauf ab, das von den Mitgliedern eingebrachte Kapital zu vermehren, sondern dieses Nutzen bringend und im Sinne des jeweiligen *Förderzwecks* einzusetzen. Die Bereitschaft hohe Risiken einzugehen um kurzfristig finanzielle Erfolge zu erwirtschaften, ist daher als gering einzustufen. Diese Beständigkeit genossenschaftlicher Unternehmen spiegelt sich in der Zahl der Liquidationen und Insolvenzen wider. So wurden von den 7.618 Genossenschaften, die 2010 in das Genossenschaftsregister eingetragen waren, lediglich 72 liquidiert. Dieser Zusammenhang blieb zwischen 2006 und 2010 relativ konstant (Günterberg 2011, S. 49). Die Insolvenzquote der Genossenschaften, die sich aus der Anzahl der Insolvenzen je 10.000 Unternehmen aller Rechtsformen berechnet, lag im Jahr 2010 bei 0,23 Prozent, im Folgejahr bei 0,13 Prozent (Creditreform 2011, S. 18). Damit zählt die Genossenschaft zu den *insolvenzärmsten* Unternehmensformen in Deutschland. Auf gesamtwirtschaftlicher Ebene wird den Genossenschaften folglich eine *stabilisierende Wirkung* zugewiesen (Blome-Drees 2012, S. 1).

Soziale Nachhaltigkeit von Genossenschaften kommt in der Übernahme von Verantwortung für soziale und auch kulturelle Belange zum Ausdruck. Dies kann in zweifacher Weise erfolgen: Genossenschaften, die auf die wirtschaftliche Förderung ihrer Mitglieder ausgerichtet sind, übernehmen als *Nebenzweck* zusätzlich Dienstleistungen, die andernfalls etwa von privaten Versicherungsunternehmen oder von kommunalen Aufgabenträgern übernommen werden müssten. Sie gehen damit über die individuellen Interessen ihrer Mitglieder hinaus und tragen so zum Erhalt der sozialen und auch kulturellen Infrastruktur in einer Region bei (Blome-Drees 2012, S. 3). Entsprechend werden Genossenschaften neben den Kommunen historisch als *Infrastrukturleistungsträger* betrachtet (Novy et al. 1985).

Mit der Novellierung des Genossenschaftsgesetzes in Jahre 2006 ist es zudem möglich, soziale oder kulturelle Belange nicht mehr nur als Nebenzweck zu betrachten, sondern die soziale oder auch kulturelle Förderung der Mitglieder als *Hauptzweck* zu verfolgen. Entsprechend kann seither auch die Gründung etwa von *Sozial-Genossenschaften* stattfinden, die im sozialen Sektor arbeiten und vor dem Hintergrund sozialer Bedürfnisse tätig sind (Ravensburger 2010, S. 360–362). Sozial-Genossenschaften können z. B. als Kooperation von Betroffenen zur Selbsthilfe, als solidarische Kooperation mit überwiegend ehrenamtlichen Tätigkeiten oder aber als Kooperation zur Erbringung von Leistungen am Markt, die nicht oder nicht in vergleichbarer Weise zur Verfügung stehen (z. B. Stadtteilgenossenschaften, Pflegegenossenschaften), bestehen. Sozial-Genossenschaften sind in Deutschland weit weniger verbreitet als in anderen Länder, z. B. Italien oder Japan (Münkner 2013, S. 29).

Aus *ökologischer* Perspektive können Genossenschaften aufgrund ihrer partizipativen Organisationsstruktur nachhaltiger agieren als andere Unternehmensformen. Mitglieder stimmen demokratisch über die Einbindung und Gewichtung ökologischer Aspekte in die bzw. der Unternehmenspolitik der Genossenschaft ab. Genossenschaften übernehmen in ihrem Entscheiden und Handeln über die Förderung der Mitglieder hinausgehend Verantwortung für die Gesellschaft, so dass der Vermeidung negativer *externer Effekte* genossenschaftlichen Handelns eine hohe Bedeutung zugemessen wird.

Eine Analyse der Gründungen von Genossenschaften im vergangenen Jahrzehnt verdeutlicht zudem, dass der Anteil von Genossenschaften, bei denen ökologische Nachhaltigkeit im Förderauftrag verankert ist, deutlich angestiegen ist. Insbesondere *Energiegenossenschaften* kommt hier eine hohe Bedeutung zu.

3.3 Ziele und Aufgaben des Controlling

Controlling in Genossenschaften lässt sich definieren als sowohl *strategisch* als auch *operativ* ausgerichtete Unterstützung der Führung mit dem *Ziel*, auf allen Hierarchieebenen der genossenschaftlichen Organisationstruktur sowie entlang der Interaktionsprozesse mit den als strategisch relevant ermittelten Stakeholdern die *Rationalität* in Entscheidungsprozessen zu erhöhen und die Umsetzung der aus dem Leitbild der nachhaltigen Entwicklung abzuleitenden Anforderungen sicherzustellen (Schaefer 2008, S. 257). Das Controlling unterstützt die Führung demzufolge etwa darin eine *nachhaltigkeitsbezogene*, auf die *Interessen der Mitglieder* ausgerichtete Unternehmenspolitik zu formulieren und in Abstimmung mit den Interessen weiterer Stakeholder entlang der genossenschaftlichen *Führungs- und Leistungsprozesse* umzusetzen.

Aus den Zielen des Controlling lassen sich zunächst *informationsbezogene Controllingaufgaben* ableiten. Durch den Auf- und Ausbau von Informationsbeziehungen zwischen den Entscheidungsträgern in Genossenschaften kann das Controlling dazu beitragen *Informations- und Instrumentenwissen* zur Lösung komplexer Entscheidungsprobleme zu schaffen und zugleich das *Informations- und Entscheidungsverhalten* von zentralen und dezentralen Entscheidungsträgern – etwa durch Unterstützung der Führung bei der Implementierung und Pflege von Anreizsystemen – zu beeinflussen (Schaefer 2012, S. 261–263; Küpper et al. 2013, S. 99–100). Zur Verringerung *asymmetrischer Informationsverteilungen* kann das genossenschaftliche Controlling die Implementierung und Pflege von *Anreizsystemen* empfehlen.

Die Informationsaufgabe des Controlling ist nicht nur auf die Belange der unmittelbar in die (führungsbezogenen) Entscheidungsprozesse involvierten Entscheidungsträger auszurichten. Vor dem Hintergrund einer zunehmend vielfältigeren *Informationsnachfrage* insbesondere auch aus dem Kreis der Mitglieder kommt dem

Controlling auch die Aufgabe zu, die Bereitstellung eines auf die Interessen aller als strategisch relevant erachteten Stakeholder zugeschnittenen *Informationsangebotes* sicherzustellen. Hierzu gehören zusätzlich zu den Interessen der Mitglieder, die Interessen der nicht in die (führungsbezogenen) Entscheidungsprozesse eingebundenen Mitarbeiter, der Kooperations- bzw. Netzwerkpartner, Kapitalgeber sowie weiterer Akteure aus dem Interaktionsumfeld der Genossenschaft.

Zur zielbezogenen *Kommunikation* aufbereiteter Informationen wird das Controlling den Auf- und Ausbau modularer Reportingsysteme unterstützen (Lange und Kellermann 2014). Das Controlling begleitet die IT-gestützte Implementierung einer *Reportingfunktionalität*, welche die parallele Generierung und Verwaltung unterschiedlicher, jeweils mit den Informationsbedarfen der Mitglieder sowie weiterer strategisch als relevant erachteter Stakeholder abgestimmter Berichtsstrukturen ermöglicht. Es kann dafür sorgen, dass den Informationsinteressenten in Abhängigkeit von ihren *Informationsrechten* nicht nur regelmäßig Standardberichte zugehen, sondern sie – entsprechende Zugriffsberechtigungen vorausgesetzt – fallweise auch individuelle Bedarfsberichte abrufen können. Durch den Abbau von Informationsasymmetrien kann das Reporting dazu beitragen, das Verhalten möglichst aller Mitglieder sowie weiterer als strategisch relevant erachteter Stakeholder zu beeinflussen und Vertrauen zu schaffen.

Die Integration von Aspekten der *Verhaltenssteuerung* und *Vertrauensbildung* in die Informationsaufgabe verdeutlicht, dass dem Controlling auch *koordinationsbezogene* Aktivitäten zugewiesen werden können. Diese sind auf die Interdependenzbeziehungen in und zwischen Führungs(teil-)prozessen, insbesondere den entscheidungsbezogenen Planungs- und Kontrollprozessen sowie den Informations- und Kommunikationsprozessen, ausgerichtet. Mit der Sicherstellung einer zielorientierten Informationsbereitstellung sowie der Implementierung von *Koordinationsinstrumenten* (z. B. Kennzahlensysteme) sorgt das genossenschaftliche Controlling für die Reduzierung von Koordinationsbedarfen, die aus der Delegation von Zuständigkeiten, Verantwortlichkeiten und Entscheidungsbefugnissen resultieren können.

Obgleich Genossenschaften bezogen auf alle drei Dimensionen der Nachhaltigkeit Potenziale aufweisen, fokussieren *Accounting* und *Reporting ökonomische* und *soziale* Aspekte. Dies ist in der beschriebenen Beziehung einer Genossenschaft zu ihren Mitgliedern begründet. Im Folgenden soll daher das *Co-Operative Social Accounting* als Erkenntnisobjekt und Instrumentarium des genossenschaftlichen Controlling thematisiert werden.

4 Co-Operative Social Accounting als Erkenntnisobjekt des Controlling

4.1 Social Accounting

Social Accounting blickt auf über *70 Jahre Entwicklungsgeschichte* zurück (Mathews 1997; Gray 2002; Owen 2008 und Mook 2013). Zwischen 1940 und 1970 wurde zwar mehrfach die Forderung nach einer sozialen Berichterstattung formuliert

(Kreps 1940; Bowen 1953 und Goyder 1961), jedoch erfolgt erst mit Beginn der 1970er Jahre eine Übersetzung in praxisorientierte Konzepte. Zu nennen sind hier das *Socio-Economic-Operating Statement* (Linowes 1972a, 1972b) sowie das *Social Impact Statement* (Estes 1976). Seitdem unterliegt das Social Accounting einem kontinuierlichen Entwicklungsprozess.

Bis 1980 konzentrierten sich die durchgeführten Projekte auf die Untersuchung *sozialer Aspekte* in der Berichterstattung von *For-Profit Organisationen*. Dies spiegelt sich auch in Definitionen des Begriffs in diesem Zeitraum wider. Estes 1972 führt aus, dass unter dem Begriff die *Messung* und *Berichterstattung* von internen und externen Informationen zum *Einfluss* eines Unternehmens und seiner Aktivitäten *auf die Gesellschaft* zu verstehen ist. Detaillierter beschreibt Ramanathan (1976, S. 519) Social Accounting als einen Prozess der Informationsselektion bezüglich der *sozialen Leistungsfähigkeit* eines Unternehmens, Maßeinheiten und Messverfahren, die systematische Erhebung entsprechender Daten und ihre Kommunikation gegenüber betroffenen sozialen Gruppen innerhalb und außerhalb des Unternehmens. Dazu können die Arbeitsbedingungen, die Sicherstellung der *Gleichheit* unabhängig von Geschlecht oder kulturellem Hintergrund, die Beziehung des Unternehmens zu der lokalen sowie internationalen Gesellschaft sowie der Schutz der Konsumenten gezählt werden (Gray 1997, S. 201–202).

Ab 1990 wurden dann vermehrt *ökologische Aspekte* einbezogen. Autoren wie Gray (1997, S. 201–202), Mathews (1995, S. 668) und Gauthier et al. (1997, S. 1) stellen Definitionen bereit, die den Umfang der Berichterstattung zusätzlich um Belange der Umwelt erweitern. Gleichzeitig rückten *Non-Profit Organisationen* und *Genossenschaften* zunehmend in den Interessenbereich der Social Accounting Forschung (Mook et al. 2007; Mook 2013; Zadek, Pruzan und Evans 1997). Die *partizipative Rolle der Stakeholder* im Prozess des Social Accounting wird damit zu einem weiteren Element des Social Accounting (Brown und Hicks 2013). Vergleichbare Interpretationen des Begriffs stammen u. a. von Deegan und Soltys (2007, S. 75), Mathews und Perera (1995, S. 364), O'Dwyer (2006, S. 233) und Spreckley (2008, S. 5).

In der Literatur kann bisher keine einheitliche Definition von Social Accounting ausgemacht werden. Zusätzlich erschwert wird die Interpretation des Begriffs durch die Zugehörigkeit zu verschiedenen Disziplinen bzw. Ausrichtungen der Autoren, die sich bislang mit dem Thema auseinandergesetzt haben (Gray et al. 2010, S. 11–37). Es ist daher kaum möglich eine Definition herzuleiten, die jedem der unterschiedlichen Ansätze und Projekte gerecht wird (Gray 2002, S. 692). Analysen zeigen jedoch, dass die unterschiedlichen Definitionsansätze Gemeinsamkeiten aufweisen. Vor diesem Hintergrund soll dem Verständnis von Mook et al. (2007) gefolgt werden, die *Social Accounting* definieren als „a systematic analysis of the effects of an organization on its communities of interest or stakeholders, with stakeholder input as part of the data that are analyzed for the accounting statement" (Mook et al. 2007, S. 40–41).

4.2 Ansätze des Co-Operative Social Accounting

4.2.1 Überblick

Wie ausgeführt, unterscheiden sich die genossenschaftliche Zieldefinitionen nach dem deutschem Genossenschaftsgesetz und dem Statement on the Co-operative Identity der International Co-Operative Alliance (2014) bezüglich der zu fördernden Zielgruppen. Entsprechend verschieden sind die Konzepte des genossenschaftlichen Social Accounting in Deutschland und auf internationaler Ebene.

Im Weiteren werden zunächst Konzepte aus *Deutschland* vorgestellt. Diese können als *spezifische Form* des Social Accounting gesehen werden. Hier steht hier nicht die Betrachtung des Effekts auf alle Interessengruppen der Organisation im Mittelpunkt, sondern die Betrachtung einer isolierten Interessengruppe, die der *Mitglieder*. Die Berichterstattung der Genossenschaften ist in Bezug auf die Einbeziehung dieser Interessengruppe dem Social Accounting zuzuordnen. „*Ob gefördert worden ist, entscheiden allein die Mitglieder bzw. die Mitgliedervertreter*" (Jäger 1997, S. 51). Die Mitglieder der Genossenschaft müssen folglich zwingend in die Berichterstattung einbezogen werden. In diesem Beitrag werden Förderplan und -bericht und die genossenschaftliche Balanced Scorecard als Beispiele für Social Accounting in Deutschland vorgestellt.

Weiterhin wird ein Konzept aus dem internationalen Bereich eingeführt, das neben den Mitgliedern auch die gesamte Gesellschaft in seine Betrachtung einbezieht. Für diesen Beitrag wurde das Expanded Value Added Statement ausgewählt.

4.2.2 Förderplan und Förderbericht

Das Konzept des Förderplans und -berichts, das in der Literatur auch als Förderbilanz oder vereinzelt als Member Value Reporting bezeichnet wird (Lamprecht und Donschen 2006), wurde 1979 von Boettcher entwickelt.

Der *Förderplan* wird zu Beginn einer Periode festgelegt und enthält die von der Genossenschaft angestrebten und vom Controlling abzustimmenden Ziele in Bezug auf die Mitgliederförderung. Diese müssen „hinsichtlich aller Elemente (Inhalt, Zeitbezug und eventuell Prioritäten der Einzelziele) eindeutig verständlich und realisierbar gefasst und aufgrund von Messbarkeit kontrollierbar sein" (Bänsch 1990, S. 96). Der *Förderbericht* wird mit Unterstützung des genossenschaftlichen Controllings am Ende der selben Periode auf Basis des Förderplans erstellt. Er beinhaltet einen Soll-Ist-Vergleich zwischen den zuvor definierten Zielen und der tatsächlich erreichten Förderleistung. Zudem soll er für die Erstellung des Förderplans nachfolgender Perioden als Basis dienen (Boettcher 1979, S. 200).

Der *Förderbericht* wurde von Anfang an als integrierter Teil des Geschäftsberichts angesehen (Blümle 1980, S. 42; Dülfer 1980, S. 60). Seine Erstellung dient mehreren Zwecken. Aus Sicht des Controlling stellt er ein Instrument zur besseren *Integration* der Mitglieder in den Zielbildungsprozess der Genossenschaft dar (Blümle 1981; Jäger 1981, S. 246). Der Förderbericht kann dabei zum einen als

Kontrollinstrument dienen, mit dessen Hilfe die Mitglieder untersuchen können, inwiefern die Genossenschaft ihren Förderzweck erfüllt hat. Der dem Förderbericht zugrunde liegende *Förderplan* bietet den Mitgliedern aus der Perspektive des Controlling aber auch die Möglichkeit am *Zielbildungsprozess* teilzunehmen. Ihre Einbeziehung wäre z. B. in Form von Umfragen zu ihren Bedürfnissen oder durch Beteiligung bei der Auswahl von Indikatoren für die Förderplanung und Förderberichterstattung möglich (Patera 1981, S. 215, 222–225; Kuhn 1984, S. 321–322).

Bezüglich des Inhalts eines Förderplans und -berichts können divergierende Strömungen in der Literatur ausgemacht werden. Nach Boettcher (1979, S. 200–201) sollen allein *ökonomische Faktoren* Betrachtung finden. Er empfiehlt daher für die Erstellung des Förderplans, Indikatoren aus den Bereichen *Kosten- oder Produktivitätsvorteile* sowie *Wettbewerbsvorteile.* Da Genossenschaften ihre Mitglieder aber nicht ausschließlich über ökonomische Faktoren fördern, ist aus der Sicht des genossenschaftlichen Controllings die Aufnahme auch *metaökonomischer Faktoren* unumgänglich (Patera 1981, S. 214, 218; Blümle 1980, S. 43–45). Insbesondere sind *soziale* und *kulturelle Aspekte* zu integrieren. Förderplan und Förderbericht sollten somit sowohl ökonomische als auch metaökonomische Indikatoren berücksichtigen. Genossenschaften wird das Controlling daher die Aufnahme von Indikatoren empfehlen, die den *Demokratiegehalt des Willensbildungsprozesses, die Austauschbeziehung zwischen Genossenschaftsbetrieb und den Mitgliedern, die Förderungswirkung auf die Mitgliederbetriebe* sowie *identitätsstiftende Faktoren* abbilden (Blümle 1980, S. 43–45; Zacherl 1981, S. 230–232). Diese können weiterhin den drei Bereichen *ökonomische, soziale und ökologische Förderleistungen,* im Sinne des Triple Bottom Line Ansatzes, zugeordnet werden (Beuerle 2013).

Da sich Genossenschaften stark unterscheiden, erscheint es nicht möglich einen allgemeingültigen Indikatorenkatalog zu erstellen, der von allen gleichermaßen genutzt werden kann (Kuhn 1984, S. 322). In der Literatur wurden daher Ansätze entwickelt, die spezifische Indikatoren für ländliche und gewerbliche Genossenschaften (Boettcher 1979, S. 201; Blümle 1980, S. 43–45), Wohnungsgenossenschaften (Zacherl 1981, S. 230–232; Beuerle 2013) sowie Kreditgenossenschaften (Kuhn 1984, S. 321) bereitstellen.

Einzig im Bereich der Demokratie und Identität können allgemeine Indikatoren angesetzt werden. So kann das Controlling empfehlen, die demokratische *Qualität des Willensbildungsprozesses* über Indikatoren wie *aktives und passives Wahlverhalten, Repräsentativität und Rotation der Gremien, die Partizipationsrate und das Ausmaß der Mitglieder-Mitbestimmung* zu messen. *Identitätsstiftung* kann aus Sicht des Controlling über Indikatoren wie *Umfang und Entgeltlichkeit der Beratung und Information von Mitgliedern oder die Unterstützung von Mitgliederaktionen, z. B. Bereitstellung von Gemeinschaftsräumen oder Vermittlung bei Konflikten,* abgebildet werden (Kuhn 1984, S. 321; Zacherl 1981, S. 231–232).

4.2.3 Genossenschaftliche Balanced Scorecard

Das Konzept der Balanced Scorecard (BSC) wurde im Jahr 1992 von Kaplan und Norton mit dem Ziel entwickelt, den Mangel der Beschränkung traditioneller Steuerungsinstrumente auf *finanzielle* Größen durch Integration *nicht-finanzieller* quantitativer und qualitativer Informationen zu beseitigen und dabei ein ausgewogenes Verhältnis („*Balanced*") nicht nur zwischen finanziellen und nicht-finanziellen Zielgrößen, sondern auch zwischen Aspekten der *operativen* und *strategischen* Steuerung zu erreichen (Kaplan und Norton 1992).

Die BSC dient der Umsetzung von Vision und Leitbild sowie daraus abgeleiteten strategischen Zielen in unternehmerisches Entscheiden und Handeln. In einem prozessbezogenen Vorgehen werden die strategischen Ziele durch die Formulierung von *Strategischen Themen* und die Ableitung von *Einzelzielen* konkretisiert. Für jedes Einzelziel werden *Messgrößen* im Sinne von Kennzahlen definiert. Den Kennzahlen werden *Zielvorgaben* zugeordnet, deren Erreichung durch die Entwicklung und Umsetzung von *Maßnahmen* sichergestellt werden soll.

Im Ergebnis entsteht ein *„ausgewogener Berichtsbogen"*, der Einzelziele, Kennzahlen, Zielvorgaben und Maßnahmen themenbezogen strukturiert und zu *Perspektiven* zusammenfasst. Dabei differenzieren Kaplan und Norton die Perspektiven *„Finanzen"*, *„Kunden"*, *„Interne Geschäftsprozesse"* sowie *„Lernen und Entwicklung"* (Kaplan und Norton 1992). Alternativ oder zusätzlich können weitere Perspektiven (z. B. Forschung und Entwicklung) in die BSC aufgenommen werden. Ein zentrales Element der BSC ist die Fokussierung des Handelns und die Konzentration der Kennzahlen auf die besonders wichtigen, strategisch relevanten Aktionsfelder. Dies führt zur Reduzierung des Kennzahlenumfangs auf eine „Scorecard", einem – entsprechend der Devise: *„Alles Wichtige auf einem Blatt"* – überschaubaren Tableau.

Da für Genossenschaften die naturale Selbstförderung ihrer Mitglieder im Mittelpunkt steht, ist die von Kaplan und Norton vorgeschlagene BSC mit ihrer konsequenten Ausrichtung auf die Perspektive *„Finanzen"* nur bedingt anwendbar (Crazius 2002, S. 124; Honold-Reichert 2002, S. 45–46; Beuthien et al. 2008, S. 71–72; Sassen 2011, S. 364). Auch die in der Literatur vorgeschlagene Erweiterung der Kundenperspektive um Aspekte der Mitgliederförderung (Kring 2003, S. 46–47) kann das Wirkungsgeflecht einer Genossenschaft aus Sicht des Controlling nicht hinreichend abbilden. Um den skizzierten Beziehungen der Genossenschaft zu ihren Mitgliedern gerecht zu werden, empfiehlt sich die Integration der Perspektive *„Mitglieder"* in die BSC (Crazius 2002, S. 124–125).

Dabei ist im Rahmen der Analyse der Ursache–Wirkungsbeziehungen und damit bei Erstellung der Strategy Map mit Unterstützung des Controlling herauszuarbeiten, inwieweit es sinnvoll erscheint, die Perspektive *„Mitglieder"* gleichberechtigt neben die Perspektive *„Finanzen"* anzuordnen oder aber alle Perspektiven ausschließlich auf die Mitgliederperspektive auszurichten.

Honold-Reichert (2002, S. 49) schlägt vor, die Finanzperspektive aus ihrer herausgehobenen Stellung zu lösen und der Mitgliederperspektive unterzuordnen (vgl. Abb. 1). Elemente, die Kaplan und Norton der internen *Geschäftsprozessperspektive* und der *Lernen- und Entwicklungsperspektive* zuordnen, werden zu der nach innen gerichteten *Ressourcenperspektive* zusammengefasst. Diese enthält alle Faktoren, die Einfluss auf das Förderpotenzial der Genossenschaft haben. Die *Kundenperspektive* wird in die *Wettbewerbsperspektive* überführt. Diese fokussiert das Verhältnis der Genossenschaft zu Wettbewerbern sowie zu Kunden, die nicht gleichzeitig Mitglie-

Abb. 1 Genossenschaftliche BSC in Anlehnung an Honold-Reichert (2002, S. 49)

der der Genossenschaft sind (*Nichtmitgliedergeschäft*) (Honold-Reichert 2002, S. 45–51).

Werden zudem die Beziehungen zu Kooperations- bzw. Netzwerkpartnern in die BSC aufgenommen, kann – in Abhängigkeit vom Förderauftrag der Genossenschaft – dem Vorschlag von Kramer (2008, S. 169) gefolgt werden. Seine genossenschaftsfokussierte *Relationship Management Balanced Scorecard* enthält zusätzlich zu der *Kunden-Perspektive*, der *Investor-Perspektive* und der *Mitarbeiter-Perspektive* die *Lieferanten-Perspektive* sowie die *Verbundpartner-Perspektive*. Als Beispiele für Verbundpartner werden Prüfungsverbände und Zentralgenossenschaften genannt.

Im Rahmen der Auswahl, Anordnung und inhaltlichen Ausgestaltung der BSC-Perspektiven, inklusive der Analyse der *Ursache-Wirkungsbeziehungen*, stellt das Controlling sicher, dass der *Förderauftrag* und damit die *Förderziele* sowie auch die *Förderrisiken* hinreichend abgebildet werden (Sassen 2011, S. 369). Zudem sorgt es dafür, dass die BSC insbesondere auch mit dem *Förderplan* und dem *Förderbericht* verknüpft wird (Neese 2012, S. 241). Bislang finden sich nur vereinzelt Beispiele für genossenschaftliche Formen der BSC in der Praxis. Beispielhaft können hier die Raiffeisenbank St.-Stefan-Bad-Gams-St.-Josef (Krainer 2005) und die Volksbank Mittelhessen eG (Beuthien et al. 2008, S. 73) genannt werden. Beide integrieren eine zusätzliche Mitgliederperspektive.

4.2.4 Expanded Value Added Statement

Das Expanded Value Added Statement (EVAS) wurde von Mook et al. (2007, S. 107–130) als Konzept für die Waterloo Cooperative Residence Incorporated (WCRI), eine kanadische Wohnungsgenossenschaft, deren Mitglieder ausschließlich

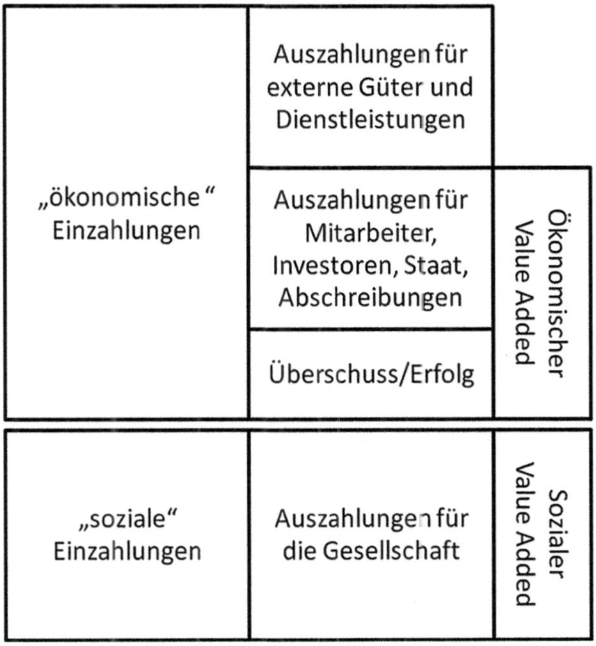

Abb. 2 Expanded Value Added Statement in Anlehnung an Mook et al. (2007, S. 111–112)

Studierende der Universitäten Waterloo und Wilfried Laurier sind, entwickelt und stellt eine Erweiterung des Value Added dar. Zusätzlich zu den finanziellen Leistungen werden mit dem EVAS auch soziale Leistungen erfasst. Das EVAS setzt sich demzufolge aus dem *ökonomischen Value Added* sowie dem *sozialen Value Added* zusammen (Abb. 2). Mook et al. (2007, S. 111–112) bezeichnen das ökonomische Value Added Statement als *„Restricted“*, da es ausschließlich ökonomische Faktoren betrachtet und somit die Performance von Non-Profit Organisationen und Genossenschaften nicht hinreichend wiedergibt.

Im Einzelnen umfasst das EVAS primäre, sekundäre und tertiäre Leistungen. *Primäre Leistungen* sind direkte Leistungen, die im Rahmen des Förderauftrags und der damit verbundenen Angebote erbracht werden. So gehören etwa die von Mitgliedern gezahlten Nutzungsgebühren zum primären ökonomischen Value Added. Der primäre soziale Value Added entspricht dagegen den Auszahlungen, die bspw. durch ehrenamtliche Engagements der Mitglieder eingespart werden, und den Einzahlungen, die der Genossenschaft durch Verfolgen von Nebenzwecken (z. B. Unterbringung von Flüchtlingen im genossenschaftlichen Wohnungsbestand) entgangen sind. Das Controlling wird hier Informationen und Instrumente zur Ermittlung der eingesparten Auszahlungen bzw. entgangenen Einzahlungen bereitstellen.

Sekundäre Leistungen bemessen indirekte Leistungen mit Wirkung auf die Mitglieder. Entsprechend können beispielsweise Auszahlungen für Newsletter und Weiterbildungsangebote, die die Partizipation der Mitglieder stärken, als sekundärer ökonomischer Value Added gewertet werden. Vergleichbar kann auch der sekundäre soziale Value Added im Rahmen der Mitgliederpartizipation entstehen. Dies gilt etwa dann, wenn Mitglieder Management Skills oder Erfahrungen mit demokratischen Prozessen einbringen.

Leistungen, die eine Wirkung auf Dritte haben, werden im Bereich der *tertiären Leistungen* erfasst. In den tertiären sozialen Value Added können etwa Einzahlungen eingehen, die der Genossenschaft durch die kostenlose Beratung anderer Genossenschaften entgangen.

5 Fazit

Genossenschaften weisen aufgrund ihrer Rechtsform Besonderheiten auf, denen für die Ausgestaltung von Entscheidungsprozessen sowie von Handlungsspielräumen eine hohe Bedeutung zukommt. Vor dem Hintergrund des ihnen zugrunde liegenden *Förderprinzips* sind Genossenschaften der Förderung ihrer Mitglieder verpflichtet. Darüber hinausgehend können sie aber auch Leistungen erbringen, die über die Interessen der Mitglieder hinausgehen und auf die Übernahme von Verantwortung für die Gesellschaft ausgerichtet sind. Insofern weisen Genossenschaften hohe Potenziale für die ökonomische und die soziale sowie auch die ökologische *Nachhaltigkeit* auf.

Entsprechend ist auch das Controlling auszurichten. Controlling in Genossenschaften lässt sich definieren als Unterstützung der Führung mit dem *Ziel*, auf allen Hierarchieebenen der genossenschaftlichen Organisationstruktur sowie entlang der Interaktionsprozesse mit den sicherzustellen als strategisch relevant ermittelten Stakeholdern die *Rationalität* in Entscheidungsprozessen zu erhöhen und die Umsetzung der aus dem Leitbild der nachhaltigen Entwicklung abzuleitenden Anforderungen sicherzustellen. Das Controlling stellt demzufolge sicher, dass die Führung eine *nachhaltigkeitsbezogene*, auf die *Interessen der Mitglieder* ausgerichtete Unternehmenspolitik formuliert und in Abstimmung mit den Interessen weiterer Stakeholder entlang der genossenschaftlichen *Führungs- und Leistungsprozesse* umsetzt.

Eine Basis hierfür kann das *Social Accounting* bilden. Es untersucht die Auswirkung organisationalen Entscheidens und Handelns auf die *Interessen der Stakeholder*, im Einzelnen der Mitglieder, der Mitarbeiter, der Kooperations- bzw. Netzwerkpartner, der Kapitalgeber sowie weiterer Akteure aus dem Interaktionsumfeld der Genossenschaft. Mit den Ansätzen des Finanzplans und des Förderberichts, der genossenschaftlichen Balanced Scorecard sowie des Expanded Value Added Statements ist ein Einblick darin gegeben worden, wie aus Sicht des Controlling das Social Accounting zu einem Co-Operative Social Accounting ausgebaut werden kann.

Literatur

Bänsch, Axel. 1990. Operationalisierung des Förderauftrags. In *Genossenschaftswesen – Hand- und Lehrbuch*, Hrsg. Juhani Laurinkari, 96–101. München: Oldenbourg Wissenschaftsverlag.

Beuerle, Iris. 2013. Förderberichte in Wohnungsgenossenschaften. In *Genossenschaften im Fokus einer neuen Wirtschaftspolitik – Bericht der XVII. Internationalen Genossenschaftswissenschaftlichen Tagung (IGT) 2012 in Wien – Teilband II Bestandsaufnahme und Ausgangssituation*, Hrsg. Johann Brazda, Markus Dellinger, und Dietmar Rößl, 577–583. Wien: LIT Verlag.

Beuthien, Volker. 2011. *Genossenschaftsgesetz: GenG – mit Umwandlungs- und Kartellrecht sowie Statut der Europäischen Genossenschaft*, 15. Aufl. München: C.H BECK.

Beuthien, Volker, Stephanie Hanrath, und Heinz-Otto Weber. 2008. *Mitglieder-Fördermanagement in Genossenschaftsbanken – Analysen, Erläuterungen und Gestaltungsempfehlungen aus ökonomischer, rechtlicher und steuerlicher Sicht*. Göttingen: Vandenhoeck & Ruprecht.

Blome-Drees, Johannes. 2012. Wirtschaftliche Nachhaltigkeit statt Shareholder Value. Das genossenschaftliche Geschäftsmodell. *WISO Direkt* März 2012: 1–4.

Blümle, Ernst-Bernd. 1980. Bemerkungen zur genossenschaftlichen Verbandsprüfung. *Zeitschrift für das gesamte Genossenschaftswesen* 30:39–46.

Blümle, Ernst-Bernd. 1981. Genossenschaftspolitik und Förderungsbilanz. *Zeitschrift für das Gesamte Genossenschaftswesen* 31:234–237.

Boettcher, Erik. 1979. Die Problematik der Operationalisierung des Förderungsauftrages in Genossenschaften: Förderplan und Förderbericht. *Zeitschrift für das gesamte Genossenschaftswesen* 29: 189–216.

Bowen, Howard Rothmann. 1953. *Social responsibilities of the businessman*. New York: Harper.

Brown, Leslie, und Elizabeth Hicks. 2013. Stakeholder engagement in the design of social accounting and reporting tools. In *Accounting for social value*, Hrsg. Laurie Mook, 85–116. Toronto/Buffalo/London: University of Toronto Press.

Brugger, Florian. 2010. *Nachhaltigkeit in der Unternehmenskommunikation: Bedeutung, Charakteristika und Herausforderungen*. Wiesbaden: Galber.

Crazius, Till. 2002. Geno-Scorecard – Die Balanced Scorecard für Genossenschaftsbanken. In *Unternehmensführung in Genossenschaftsbanken – Erfolgsfaktoren jenseits von Managementmethoden*, Hrsg. Rainer Herzog. Wiesbaden: DG.

Creditreform. 2011. *Insolvenzen Neugründungen Löschungen – Jahr 2011.*

Deegan, Craig, und Sharon Soltys. 2007. Social accounting research: An Australasian perspective. *Accounting Forum* 31(1): 73–89.

Dülfer, Eberhard. 1980. Welche Relevanz hat der „Förderauftrag" für die Pflichtprüfung der eingetragenen Genossenschaft? *Zeitschrift für das gesamte Genossenschaftswesen* 30:47–61.

Estes, Ralph W. 1972. Socio-economic accounting and external diseconomics. *The Accounting Review* 47:284–290.

Estes, Ralph W. 1976. *Corporate social accounting*. New York: Wiley.

Gauthier, Yves, Martin Leblanc, Louis Farley, und Louise Martel. 1997. *Introductory guide to environmental accounting*. Montreal: KPMG.

Genossenschaftsgesetz in der Fassung der Bekanntmachung vom 16. Oktober 2006 (BGBl. I S. 2230), das zuletzt durch Artikel 8 des Gesetzes vom 15. Juli 2013 (BGBl. I, S. 2379) geändert worden ist.

Goyder, George. 1961. *The responsible company*. Oxford: Blackwell.

Gray, Rob. 1997. The practice of silent accounting. In *Building corporate accountability. Emerging practices in social and ethical accounting, auditing and reporting*, Hrsg. Simon Zadek, Peter Pruzan, und Richard Evans, 201–217. London: Earthscan.

Gray, Rob. 2002. The social accounting project and accounting organizations and society privileging engagement, imaginings, new accountings and pragmatism over critique? *Accounting Organizations and Society* 27(7): 687–708.
Gray, Rob, David Owen, und Carol Adams. 2010. Some theories for social accounting?: A review essay and a tentative pedagogic categorisation of theorisations around social accounting. In *Sustainability, environmental performance and disclosures*, Hrsg. Martin Freedman und Bikki Jaggi, 1–54. Bingley: Emerald Group Publishing.
Grosskopf, Werner, Hans-H Münkner, und Günther Ringle. 2009. *Unsere Genossenschaft: Idee – Auftrag – Leistungen*. Wiesbaden: DG-Verlag.
Günterberg, Brigitte. 2011. *Gründungen, Liquidationen, Insolvenzen 2010 in Deutschland. Daten und Fakten*, Bd. 1. Bonn: Institut für Mittelstandsforschung (IfM).
Honold-Reichert, Thomas. 2002. Portfolio und Balanced Scorecard: Instrumente für das strategische Management in Genossenschaften. *Arbeitspapiere der Forschungsstelle Genossenschaftswesen an der Universität Hohenheim* 17.
International Co-Operative Alliance. 2013. *Blueprint for a co-operative decade*. http://ica.coop/en/blueprint-co-op-decade. 9. September 2015.
International Co-Operative Alliance. 2014. *Statement on the co-operative identity*. http://ica.coop/en/whats-co-op/co-operative-identity-values-principles. 9. September 2015.
Jäger, Wilhelm. 1981. Der Förderbericht in Genossenschaften als Legitimations- und Motivationsinstrument. *Zeitschrift für das Gesamte Genossenschaftswesen* 31:241–247.
Jäger, Wilhelm. 1997. Förderplan und Förderbericht (Förderbilanz) als obligatorische Legitimationsinstrumente in managergeleiteten Genossenschaftskonzernen der Wohnungswirtschaft. In *Unternehmensverbindungen bei Wohnungsgenossenschaften*, Hrsg. Wilhelm Jäger und Rolf Greve. Münster: Verlag Regensburg.
Kaplan, Robert S., und David P. Norton. 1992. The balanced scorecard – measures that drive performance. *Harvard Business Review* 70:71–79.
Keßler, Jürgen. 2010. *Berliner Kommentar zum Genossenschaftsgesetz, Klaus-Peter Hillebrand und Jürgen Keßler*, 2. Aufl. Hamburg: Hammonia.
Ki-Moon, Ban. 2012. *International Year of Co-operatives*. http://social.un.org/coopsyear/. Zugegriffen am 09.09.2015.
Kleine, Alexandro. 2009. *Operationalisierung einer Nachhaltigkeitsstrategie. Ökologie, Ökonomie und Soziales integrieren*. Wiesbaden: Springer-Verlag.
Krainer, Günter. 2005. Die Balanced Scorecard zur kundenorientierten Gesamtbanksteuerung. *Raiffeisenblatt* 6.
Kramer, Jost W. 2008. Erfolgsaspekte genossenschaftlichen Wirtschaftens. In *Alleinstellungsmerkmale genossenschaftlicher Kooperation – Der Unterschied zählt*, Hrsg. Hans-H Münkner und Günther Ringle, 152–173. Göttingen: Vandenhoeck & Ruprecht.
Kreps, Theodore J. 1940. *Measurement of the social performance of business*. Washington: U. S. Government Printing Office.
Kring, Thorn. 2003. Erfolgreiche Strategieumsetzung: Leitfaden zur Implementierung der Balanced Scorecard in Genossenschaftsbanken. *Arbeitspapiere des Instituts für Genossenschaftswesen der Westfälischen Wilhelms-Universität Münster* 35.
Kuhn, Wolfgang. 1984. Förderplan und Unternehmensleitbild genossenschaftlicher Kreditinstitute. *Zeitschrift für das gesamte Bank- Und Börsenwesen* 32:320–330.
Küpper, Hans-Ulrich, Gunther Friedl, Christian Hofmann, Yvette Hofmann, und Burkhard Pedell. 2013. *Controlling. Konzeption, Aufgaben, Instrumente*, 6. Aufl. Stuttgart: Schäffer-Poeschel.
Lamprecht, Dirk, und Alexander Donschen. 2006. Der Nutzen des Member Value Reporting für Genossenschaftsbanken – eine ökonomische und juristische Analyse. *Arbeitspapiere des Instituts für Genossenschaftswesen der Westfälischen Wilhelms-Universität Münster* 58.
Lange, Christoph, und Jacinta Kellermann. 2014. Bedeutung des Integrated Reportings für Umweltmanagement und -auditing. In *Integrated Reporting als neue Herausforderung für die unternehmerische Steuerung, Überwachung und Berichterstattung*, Hrsg. Carl-Christian Freidank, Stefan Müller, und Patrick Velte. Berlin: Erich Schmidt Verlag. (im Druck).

Lange, Christoph, und Mathias Pianowski. 2008. Nachhaltigkeitsberichterstattung und Integriertes Controlling. In *Internetgestützte Nachhaltigkeitsberichterstattung. Maßgeschneiderte Stakeholder-Kommunikation mit IT*, Hrsg. Ralf Isenmann und Jorge Marx Gómez, 141–155. Berlin: Erich Schmidt Verlag GmbH & Co.

Linowes, David. 1972a. An approach to socio-economic accounting. *Conference Board Record* 9(11): 58–61.

Linowes, David. 1972b. Let's Get on With the Social Audit: A Specific Proposal. *Business and Society Review* 4:39–42.

Mathews, Martin Reginald. 1995. Social and environmental accounting: A practical demonstration of ethical concern? *Journal of Business Ethics* 14(8): 663–671.

Mathews, Martin Reginald. 1997. Twenty-five years of social and environmental accounting research: Is there a silver jubilee to celebrate? *Accounting, Auditing & Accountability Journal* 10(4): 481–531.

Mathews, Martin Reginald, und Hector Perera. 1995. *Accounting theory and development*, 3. Aufl. Nashville: Thomas Nelson Publisher.

Mook, Laurie. 2013. *Accounting for social value*. Toronto/Buffalo/London: University of Toronto Press.

Mook, Laurie, Jack Quarter, und Betty Jane Richmond. 2007. *What counts: Social accounting for nonprofits and cooperatives*, 2. Aufl. London: Sigel Press.

Münkner, Hans-H. 2013. *Blaupause des Internationalen Genossenschaftsbundes (IGB) für eine Dekade der Genossenschaften 2012–2020 – Übersetzung aus dem Englischen, Zusammenfassung und Kommentierung für den deutschen Leser*. Marburg: Institut für Genossenschaftswesen an der Philipps-Universität Marburg.

Neese, Christine H. 2012. Profilierung durch wertebezogenes genossenschaftliches Management – vergleichende Betrachtung der Raiffeisenbanken im Alpenraum. In *Genossenschaftliche Kooperation – anders wirtschaften!* Hrsg. Günther Ringle und Hans-H Münkner, 229–249. Baden-Baden: Nomos.

Novy, Klaus, Bodo Hombach, Frank Karthaus, Ulrich Birnberg, Arno Mersmann, und Albert Scheppers. 1985. *Anders leben. Geschichten und Zukunft der Genossenschaftskultur*. Berlin/Bonn: Verlag J. H.W. Dietz Nachf.

O'Dwyer, Brendan. 2006. Theoretical and practical contributions of social accounting to corporate social responsibility. In *Corporate social responsibility volume 1: Concepts, accountability and reporting*, Hrsg. José Allouche. New York: Palgrave Macmillan.

Owen, David. 2008. Chronicles of wasted time?: A personal reflection on the current state of, and future prospects for, social and environmental accounting research. *Accounting, Auditing & Accountability Journal* 21(2): 240–267.

Patera, Mario. 1981. Genossenschaftliche Förderbilanz Theoretische Grundlagen – Praktische Durchführung. *Zeitschrift für das Gesamte Genossenschaftswesen* 31:212–225.

Ramanathan, Kavasseri V. 1976. Toward a theory of corporate social accounting. *The Accounting Review* 51(3): 516–528.

Ringle, Günther. 2012. Werte der Genossenschaftsunternehmen – ‚Kultureller Kern" und neue Werte-Vorstellungen. *Wismarer Diskussionspapiere* 7.

Sassen, Remmer. 2011. *Fortentwicklung der Berichterstattung und Prüfung von Genossenschaften: Eine betriebswirtschaftliche und empirische Analyse vor dem Hintergrund des genossenschaftlichen Förderauftrags. Eine betriebswirtschaftliche und empirische Analyse vor dem Hintergrund des genossenschaftlichen Förderauftrags*. Wiesbaden: Gabler Verlag/Springer Fachmedien Wiesbaden.

Schaefer, Sigrid. 2008. *Controlling und Informationsmanagement in Strategischen Unternehmensnetzwerken. Multiperspektivische Modellierung und interorganisationale Vernetzung von Informationsprozessen*. Wiesbaden: Gabler Verlag.

Schaefer, Sigrid. 2012. Nachhaltigkeitskommunikation aus der Perspektive des Controlling. In *Nachhaltigkeit – Unternehmerisches Handeln in globaler Verantwortung*, Hrsg. Hans Corsten und Stefan Roth, 255–273. Wiesbaden: Springer Gabler.

Schulte, Günther. 2011. *Genossenschaftsgesetz: Gesetz, betreffend die Erwerbs- und Wirtschaftsgenossenschaften. Mit Erläuterungen zum Umwandlungsgesetz. Kommentar*, Hrsg. Johann Lang und Ludwig Weidmüller, 37. Aufl. Berlin/Boston: De Gruyter.

Spreckley, Freer. 2008. *Social audit toolkit*, 4. Aufl. Herefordshire: Local Livelihoods.

von Hauff, Michael, und Alexandro Kleine. 2009. *Nachhaltige Entwicklung: Grundlagen und Umsetzung*. München: Oldenbourg Wissenschaftsverlag.

von Ravensburg, Nicole Göler. 2010. Aktuelle Entwicklung von Kultur- und Sozialgenossenschaften. In *Kommunale Kooperation*, Hrsg. Wolfgang George und Martin Bonow, 356–371. Lengerich: Pabst Science Publishers.

World Commission in Environment and Development. 1987. *Report of the World Commission in Environment and Development: Our common future, development and international co-operation: Environment, A/42/427.*

Zacherl, Ulrich. 1981. Zur Konzeption der genossenschaftlichen Förderbilanz. *Zeitschrift für das Gesamte Genossenschaftswesen* 31:226–233.

Zadek, Simon, Peter Pruzan, und Richard Evans. 1997. *Building corporate accountability: Emerging practices in social and ethical accounting, auditing and reporting*. London: Earthscan.

Controlling und Nachhaltigkeit

Bernhard H. Vollmar

Zusammenfassung

Nachhaltigkeitscontrolling bildet für jedes Unternehmen eine zentrale Herausforderung für die Sicherstellung strategischer Wettbewerbsvorteile in der Zukunft. Unternehmen sind immer mehr gefordert, ökologisch und sozial verträglich zu handeln, um den Erwartungen ihrer Anspruchsgruppen gerecht zu werden und ganzheitlich Verantwortung zu tragen. Gestalterisch findet dieser Veränderungsbedarf seinen Niederschlag in der systematischen Integration des Öko- und Sozio-Controllings in die konventionelle Controllingperspektive.

Schlüsselwörter

Nachhaltigkeit · Nachhaltigkeitscontrolling · Öko-Controlling · Sozio-Controlling · Sustainability Balanced Scorecard

1 Einleitung

Nachhaltigkeit und Nachhaltiges Wirtschaften werden schon länger eingehend diskutiert und auch mit der konsequenten Übernahme unternehmerischer Verantwortung in Verbindung gebracht. Der immer offensichtlicher werdende Klimawandel, deutliche Ressourcenknappheiten und soziale Problemlagen, die regelmäßig an besonderen Ereignissen festgemacht werden, lassen die fehlende Weitsicht und das mangelnde Verantwortungsgefühl in das Bewusstsein rücken. Dies macht darauf

B. H. Vollmar (✉)
ZE Zentrum für Entrepreneurship, Professur für Entrepreneurship und Finance, PFH Private Hochschule Göttingen, Göttingen, Deutschland
E-Mail: vollmar@pfh.de

W. Becker, P. Ulrich (Hrsg.), *Handbuch Controlling*,
https://doi.org/10.1007/978-3-658-26431-4_61

aufmerksam, dass man sich zunehmend auch als Unternehmen mit Nachhaltigkeit, und nicht nur mit der ökonomischen, eingehender beschäftigen muss. Angesichts der Aktualität und der gewachsenen Relevanz in der öffentlichen Diskussion, die auf ein grundlegendes Umdenken und einen Stimmungs- und Bewusstseinswandel hindeuten, werden alle Bereiche der Gesellschaft und Wirtschaft erfasst. Unternehmen werden von einer Vielfalt von ökologischen und sozialen Themen tangiert, so dass sich Nachhaltigkeit als strategisch wichtiger Stellhebel für die eigene ökonomische Handlungsgrundlage in der Gegenwart und Zukunft herauskristallisiert. Beim unternehmerischen Denken und Handeln zeichnet sich mittlerweile ein Paradigmenwechsel ab, wird doch immer offensichtlicher, dass das ökonomische Operieren im Einklang von Mensch und Natur zu erfolgen hat. Dabei bewegen sich Unternehmen – unabhängig von Größe und Branche – immanent in diesen Themenfeldern, die von zunehmender Komplexität gekennzeichnet sind. Aufgrund der zunehmenden Relevanzzuweisung wird das gesellschaftsrelevante Thema zur strategischen Herausforderung eines jeden Unternehmens und seiner Steuerung durch das Controlling. Prominente Unternehmensbeispiele wie z. B. BMW, Deutsche Lufthansa, DHL, Henkel, Trumpf oder auch Hansgrohe, die ganz oder partiell eine Nachhaltigkeitsstrategie verfolgen, unterstreichen dies eindrucksvoll (ICV 2011a, S. 32–33). Allem Anschein nach handelt es sich um ein brisantes Gegenwarts- und Zukunftsthema (Weber et al. 2012, S. 13; Schaltegger 2016, S. 56–57), das nicht nur eine Management- oder Controlling-Mode darstellt, sondern systematisch von der Unternehmenspraxis in den Blick genommen werden muss. Konventionelle Geschäftsmodelle werden selbst zum strategischen Risikofaktor und obsolet, wenn der Einklang von Mensch und Natur nicht unter Beweis gestellt wird. Nachhaltigkeit wird zunehmend zur institutionellen Norm, an der die gesellschaftliche Legitimität gebunden wird. Dies hat zur Folge, dass es zum „Gebot der Stunde" gehört, ein möglichst umfassendes Nachhaltigkeitscontrolling umzusetzen und eine entsprechende Steuerungsadäquanz zu gewährleisten und nachzuweisen.

Genauer ist dabei zu überlegen, wie man sich konzeptionell darauf einstellen und neu ausrichten muss, damit Nachhaltigkeit als Handlungsmaxime und hier insbesondere mit ihren ökologischen und sozialen Aspekten strategisch wie operativ gesteuert werden kann. Dieser Beitrag befasst sich eingehender mit dem Nachhaltigkeitscontrolling als zukunftsweisende Entwicklungsaufgabe für die Unternehmenssteuerung. Ausgehend von einer Einordnung von Nachhaltigkeit in ihren Facetten und ihrer Bedeutung für den Unternehmenskontext werden die Anforderungen an ein Nachhaltigkeitscontrolling, das ganzheitlich-integrativ sein soll, geklärt. Mit Blick auf die Integrationsperspektive wird auf den Einsatz des Öko- und des Sozialcontrollings eingegangen, die mit dem konventionellen Controlling bis auf die Instrumentenebene verzahnt werden. Eine zusammenhängende Steuerung aller Nachhaltigkeitsperspektiven verspricht die Sustainable Balanced Scorecard, deren Anwendung dargelegt wird. Im Anschluss werden Handlungs- und Gestaltungsempfehlungen für die Unternehmenspraxis abgeleitet.

2 Nachhaltigkeit und ihre strategische Relevanz

2.1 Nachhaltigkeit: eine theoretische Annäherung und thematische Einordnung

Nachhaltigkeit kann der alltäglichen Sprachbedeutung zufolge mit etwas in Verbindung gebracht werden, dass längere Zeit andauert oder bleibt bzw. eine lang anhaltende und bewahrende Wirkung zeigt. Bereits im 18. Jahrhundert wurde im forstökonomischen Handlungskontext die hohe Bedeutung vorausschauenden und ökologisch angemessenen Denkens im Umgang mit lebenswichtigen natürlichen Ressourcen erkannt. Damit die weitreichenden ökonomischen und sozialen Folgen einer potenziellen Holzknappheit, die deutlich zeitversetzt entstehen kann, nicht auftreten, ist auf die Balance zwischen der Abholzung und Aufforstung von Waldbeständen zu achten (von Hauff und Kleine 2009, S. 1). Eine sehr allgemein gehaltene und die heute bekannteste begriffliche Fassung bietet die sog. „Brundtland-Definition", die eine geeignete Basis für eine Annäherung an ein einheitliches Verständnis des Terminus Nachhaltigkeit bietet. „Eine nachhaltige Entwicklung ist eine Entwicklung, welche den Bedürfnissen der heutigen Generation entspricht, ohne die Möglichkeiten künftiger Generationen zu gefährden, ihre eigenen Bedürfnisse zu befriedigen und ihren eigenen Lebensstil zu wählen" (Sietz et al. 2008, S. 12). Die begriffliche Bestimmung fungiert zunächst als ein grundlegendes gesellschaftliches Leitbild, aus dem sich zwar keine spezifischen Handlungsempfehlungen, aber die wesentlichen Orientierungspfeiler und Pflichten zu verantwortlichem Handeln in Politik, Wirtschaft und Gesellschaft ableiten lassen, nämlich die Intergenerationengerechtigkeit und die Intragenerationengerechtigkeit (Fischer et al. 2009, S. 263; Weber et al. 2012, S. 14–15). Im Prinzip wird – eine permanent so aufrechtzuerhaltende – Verbindung zwischen heutigen bzw. gegenwärtigen Handlungen und deren Handlungskonsequenzen für sowohl die gegenwärtigen als auch die zukünftigen Handlungsbedingungen entwickelt. Das gesamte menschliche Handeln soll für die gegenwärtige und zukünftige Generation keine negativen Aus- und Nachwirkungen haben.

Bei der Intergenerationengerechtigkeit geht es darum, dass das Leben heutiger Generationen inklusive ihrer Handlungsweisen nicht zu Lasten zukünftiger Generationen gehen darf. Auch zukünftige Generationen sollen gleichwertige Ausgangsbedingungen vorfinden, die ihnen eine bedürfnisgerechte Lebensweise ermöglichen (Höffe 2008, S. 149–150). Dies erfordert, dass eine langfristige Denk- und Handlungsperspektive eingenommen wird. Damit ist eng die Intragenerationengerechtigkeit verknüpft, mit der auch schon auf die Gerechtigkeit innerhalb einer Generation abgestellt wird. Aus ihr leitet sich das einzufordernde Bestreben ab, für einen gerechten Ausgleich zwischen den Interessen der Menschen, aber vor allem auch der Industrie- und Entwicklungsländer einer Generation zu sorgen (Schröder et al. 2002, S. 391–393; Dierkes et al. 2016, S. 238).

2.2 Dimensionen der Nachhaltigkeit im komplexen Wechselspiel

Auf diesem Grundverständnis aufbauend lassen sich die drei inhaltlichen Säulen, Bausteine oder Dimensionen der Nachhaltigkeit auffächern, denn ökologische, ökonomische und soziale Aspekte der Nachhaltigkeit greifen stets ineinander. Dies stellt heraus, dass bspw. eine einseitige Beschränkung auf ökologische Aspekte nicht angebracht ist, da Nachhaltigkeit, um ganzheitlich betrachtet zu werden, auch aus sozialer und ökonomischer Perspektive interpretiert werden kann und muss. Diese enge Verzahnung der Teilaspekte ist gut nachvollziehbar, da es eine conditio sine qua non ist, dass bspw. bei der Lösung von Umweltproblemen – auch von globaler Dimension – die damit stets verbundenen Aspekte ökonomischer und sozialer Art in die Überlegungen mit einzubeziehen sind. Allerdings werden umgekehrt keine ökonomischen Entscheidungen getroffen, die nicht immanent nicht-marktliche Konsequenzen haben und daher durch ökologische und soziale Akzeptanz legitimiert werden müssen (Tschandl 2012, S. 23).

Die ökologische Nachhaltigkeit orientiert sich am stärksten am Grundgedanken nachhaltiger Entwicklung. Die ökologische Nachhaltigkeit zielt auf die langfristige Sicherung des Lebensraums für Menschen, Tiere und Pflanzen sowie der Schutz der biologischen Vielfalt ab. Zur Grundvoraussetzung gehört der bewusste, schonende Umgang mit den natürlichen Ressourcen. Dazu zählen vor allem neben der Vermeidung von Umweltbelastungen die verstärkte Nutzung erneuerbarer Ressourcen sowie die Senkung des Energieverbrauchs, der Ressourcen- und Verkehrsströme und der globalen Erwärmung. Auf diesem Wege steht in Aussicht, für den Erhalt des Lebensraumes zu sorgen, so dass man den Bedürfnissen heutiger und künftiger Generationen gerecht werden kann (Scherenberg 2011, S. 138–139; ICV 2014, S. 13).

Im Rahmen der ökonomischen Dimension gilt es, für die Erhaltung des Wohlstandes heutiger sowie zukünftiger Generationen zu sorgen. Damit verbunden ist, alles dafür zu tun, dass die Entwicklungs- und Leistungsfähigkeit der Wirtschaft gewahrt und Einkommen und Beschäftigung gesichert werden (Danielli et al. 2009, S. 41). Nachhaltiges Wirtschaften liegt vor, wenn es stabil und dauerhaft betrieben werden kann (Fiedler 2007, S. 19).

Die soziale Dimension der Nachhaltigkeit setzt an der gerechten Verteilung sozialer Grundgüter an, die mit Blick auf die zukünftigen Generationen weiterentwickelt und weitergegeben werden. Dazu gehören sowohl Gesundheit, Grundversorgung und politische Rechte jedes Einzelnen sowie Ressourcen sozialer Natur, wie bspw. Toleranz, Solidarität und Integrationsfähigkeit. All diese Grundgüter dienen dazu, Lebensbedingungen zu schaffen und zu bewahren, die den sozialen Frieden unter den Menschen garantieren und gerechte Chancen und Handlungspotenziale sowie eine faire Partizipation den Mitgliedern der Gesellschaft bieten (Grunwald und Kopfmüller 2006, S. 49–50).

Diese abstrakt gehaltenen Überlegungen bilden zusammen auch die inhaltlichen Vorgaben für den ökonomischen Handlungskontext und das Entwicklungsfeld für das Management, den Weg zu nachhaltiger Unternehmensführung und damit auch zu einem Nachhaltigkeitscontrolling einzuschlagen.

2.3 Nachhaltigkeit im ökonomischen Handlungskontext

Inhaltlich konkretisiert und operationalisiert lässt sich die nachhaltige Entwicklung für Unternehmen durch die drei grundlegenden Prinzipien der Kapitalerhaltung, Dauerhaftigkeit und dreidimensionalen Wertschöpfung charakterisieren (Gminder et al. 2002, S. 96–97). Unter dem ersten Prinzip der Kapitalerhaltung wird in erster Linie verstanden, dass bei langfristiger Unternehmenstätigkeit nicht zu Lasten des Kapitals gelebt werden soll, sondern von den Zinsen, dem Gewinn oder dem Einkommen. Das Kapital wird sehr weit interpretiert, so dass auch ökologisches (z. B. natürliche Ressourcen, Ökosysteme etc.) und soziales Kapital (z. B. Humankapital) mit eingeschlossen wird. Hintergrund ist die Verpflichtung jeder Generation, also auch nachfolgender Unternehmer, die gleichen frei zu gestaltenden Chancen für die Zukunft zu bieten. Das zweite Prinzip einer dauerhaft tragfähigen Entwicklung bzw. das Postulat der Dauerhaftigkeit impliziert, dass kurz- und langfristige Ziele aufeinander abgestimmt und in Verbindung gesetzt werden. So wird mit der Zielkonvergenz eine auf Dauer angelegte und bestehende wirtschaftliche Entwicklung nachhaltig. Im Gegensatz dazu führt eine Verkürzung der Zeit- und Planungshorizonte – auch durch den Druck der Finanzmärkte verstärkt – einerseits zu einer Vernachlässigung langfristiger Erfolgsaussichten und andererseits auch ganz maßgeblich zu einer abwertenden Haltung gegenüber ökologischen und sozialen Aspekten (Gminder et al. 2002, S. 96–97). Im Rahmen des dritten Prinzips der dreidimensionalen Wertschöpfung oder auch Werteorientierung wird das unternehmerische Erfolgskonzept konsequent nach den drei Nachhaltigkeitsdimensionen ausgerichtet. Erst durch die ganzheitliche Betrachtung und die Integration der ökonomischen, ökologischen und sozialen Aspekte wird unternehmerisches Handeln als nachhaltig zu beurteilen sein (Greiling und Ther 2010, S. 43; Tschandl 2012, S. 21–22).

2.4 Bestimmungsfaktoren für die Nachhaltigkeitsorientierung von Unternehmen

Vielfältige externe wie interne Bestimmungsfaktoren lassen sich anführen, die eine nachhaltige Ausrichtung nahelegen bzw. den strategischen Entscheidungs- und Handlungsrahmen eines Unternehmens mitprägen. Die gegenwärtigen Handlungsbedingungen werden demnach durch die Einflüsse des Umfeldes wie auch der im Unternehmen mitgestaltet und -geprägt. Je nachdem wie die Unternehmenswirklichkeit konstruiert wird, sorgen sie bei entsprechender Antizipation und Interpretation dafür, dass der Nachhaltigkeitsthematik Relevanz zugewiesen wird und die Dringlichkeit eines Handlungsbedarfs erkannt wird.

2.4.1 Externe Bestimmungsfaktoren

Unternehmen antizipieren unternehmensspezifisch aufkommende Forderungen in ihrem Umfeld. Bei den externen Bestimmungsfaktoren ist zunächst an die Entwicklung der Märkte auf Beschaffungs- und Absatzseite zu denken. Gerade wenn die Wettbewerbsposition in Gefahr gerät, weil im Marktumfeld die Umwelt- und Sozialverträglichkeit an Bedeutung gewinnt und eingefordert wird, steigt die extrinsische Motivation für Unternehmen, nachhaltige Kriterien bei ihren Marktleistungen sicherzustellen. Entlang der Wertschöpfungskette erfolgt gerade im B-to-B-Geschäft die Auswahl von Geschäftspartnern zunehmend anhand der Nachhaltigkeitstransparenz. Nachhaltiger Konsum, auch u. U. ohne höhere Zahlungsbereitschaft der Nachfrager, ist zudem nicht als kurzfristiges Trendphänomen einzustufen. Öffentliche Erwartungen, denen Unternehmen gerecht werden sollen, um Legitimität und gesellschaftliche Akzeptanz zugesprochen zu bekommen, bestimmen den Handlungsspielraum. Ein Reputations- bzw. Imageverlust kann gravierende ökonomische Folgen haben. Ansprüche bezüglich des Umweltschutzes oder sozial verträglicher, menschlicher Arbeitsbedingungen, die mit dem wachsenden öffentlichen Bewusstsein erhoben werden, weisen großes ökonomisches Sanktionspotenzial auf, wenn sie nicht erfüllt werden (Tschandl 2012, S. 24; ICV 2014, S. 25–26).

Der Klimawandel als Nebeneffekt des übermäßig starken Ressourcenverbrauches sowie die Knappheit nicht regenerativer Ressourcen in Verbund mit den implizierten sozialen Folgen treffen Unternehmen immer stärker. Deutliche Preisanstiege knapper werdender Ressourcen belasten kostenseitig deutlich. Folglich wird es umso wichtiger, den Einsatz dieser Rohstoffe so effizient wie möglich zu planen und auch die Leistungserstellung entsprechend zu gestalten (Weber et al. 2012, S. 24–25). Wettbewerbsförderlich ist es, auf die Reduktion von CO_2-Emissionen zu achten, worauf auch politisch eingewirkt wird. Von staatlicher Seite entsteht durch die Gesetzgebung, wie bspw. das Umweltrecht und andere umweltpolitische Instrumente in Form von freiwilligen Standards und Zertifizierungsoptionen, ein immenser Handlungsdruck, dem die Unternehmen ausgesetzt sind. Dies gilt auch für Nicht-Regierungs-Organisationen, die sich für soziale oder ökologische Themen und deren Bewältigung weltweit einsetzen und ganz maßgeblich auch den öffentlichen Nachhaltigkeitsdiskurs mitprägen (Weber et al. 2012, S. 23–24; ICV 2014, S. 25–26).

Mit dem gesellschaftlichen Wertewandel gehen vielfältige internationale Initiativen von politischer Seite, Regulatoren und engagierten, sich selbstverpflichtenden Unternehmen einher, die, sollten so wesentliche Schritte zu einheitlichen Rahmenbedingungen und Standards beschritten werden, auf eine erfolgreiche nachhaltige Transformation hinauslaufen können. Der prinzipielle Wille zur Umorientierung zeigt sich v. a. auch an dem sogenannten „Green Deal“ als Fahrplan der EU, mit dem Europa bis 2050 zum ersten klimaneutralen Kontinent werden und eine umweltfreundliche, ressourceneffiziente und dadurch wettbewerbsfähige Wirtschaft entwickeln will (EU 2020). Für die Finanzmärkte manifestiert sich das Umdenken in der Ausrichtung auf Sustainable Finance, mit der als umgreifender Bewegung ein neues Leitbild, auch der Unternehmensberichterstattung, propagiert wird. Nicht nur Klima-, sondern auch ganz allgemein Nachhaltigkeitsrisiken werden relativ klar und deutlich in der Finanzbranche als Investmentrisiken eingestuft. Diese Erwartungshaltung sorgt für eine entsprechende Marktdynamik und einen Wettbewerb um Nachhaltigkeitsleistungen. Die ESG-Kriterien (Environmental, Social, Governance) werden einerseits zum Maßstab und zur Präferenz für Investoren, so dass die Unternehmensleitungen Nachhaltigkeit in das Zentrum des unternehmerischen Handelns stellen müssen, um den Zugang zu finanziellen Ressourcen zu sichern. Sie dienen andererseits als Maßstab der zur Norm werdenden Nachhaltigkeitsberichterstattung. Die gesamte Wertschöpfungskette sollte nachhaltig und verantwortungsvoll aufgesetzt sein, um die Gunst der Investoren nicht zu verlieren. Dies sorgt für Ausstrahlungseffekte auf alle Unternehmen unabhängig von ihrer Größe, Branche und Rechtsform. Von öffentlicher Seite bzw. von Seiten externer Stakeholder besteht ein erhöhter Informationsbedarf, der als Kommunikationsaufforderung aufzufassen ist. Unternehmen und ihre Handlungsweisen rücken verstärkt in den geschärften Blick. Sie stehen stärker unter Nachweispflicht und müssen entsprechend bekennen, ob und wie sie vor dem Hintergrund von Nachhaltigkeitsaspekten möglichst erwartungskonform agieren (Tschandl 2012, S. 22; ICV 2014, S. 26–27).

2.4.2 Interne Bestimmungsfaktoren

Zu den internen Bestimmungsfaktoren für den Nachhaltigkeitsfokus gehört die Werteordnung eines Unternehmens, auf die die Unternehmenskultur als gelebte Praxis permanent Bezug nimmt. Sie wird stark von der Unternehmensleitung und den Eigentümern geprägt. Die strategische Spitze hat Vorbildfunktion und ist Maßstab dafür, inwiefern Nachhaltigkeit ernst genommen und wie weit sie verstanden wird, so dass sie als Wertebezug in den Unternehmensstrategien Einzug hält. Typischerweise garantieren Eigentümerfamilien ein Kontinuitätsstreben. Sie bekennen sich zu gesellschaftlicher Verantwortung, da sie langfristig orientiert sind und daher perspektivisch eher den ökonomischen Nutzen erkennen (Sailer 2020, S. 37). Ein solches Verantwortungsgefühl ist auch bei staatlichen Unternehmen anzusetzen. Die Unternehmenskultur ist ein wichtiger Stellhebel dafür, ob die Werte der Nachhaltigkeit auch in der Unternehmenspraxis gelebt werden können. Eine nachhaltig ausgerichtete Unternehmenskultur als kommunikative Handlungspraxis wirkt sich auf die Mitarbeiter motivations- und loyalitätssteigernd aus. Nachhaltigkeitsmanagement lässt sich dann reibungsloser und engagierter im Unternehmen umsetzen, weil es auf allen Ebenen positiv besetzt und mitgetragen wird. Sonderereignisse, wie bspw. Umweltskandale oder kritische Arbeitsbedingungen, die z. T. massive ökonomische Folgen haben, können für einen Weckruf sorgen. Sie leiten ein Umdenken in Richtung einer höheren Reflexivität ein, machen sie doch den strategischen Nachholbedarf in puncto ökologischer und sozialer Nachhaltigkeit für das betroffene Unternehmen oder die gesamte Branche offenkundig (Tschandl 2012, S. 24; ICV 2014, S. 28–29; Schaltegger 2016, S. 58).

2.5 Management von Nachhaltigkeit

Die Nachhaltigkeitsthematik tangiert Unternehmen ganz fundamental (Fischer et al. 2009, S. 263). Grundlegende Voraussetzungen der Unternehmenstätigkeit bilden zweifellos neben dem zuverlässigen Zugang zu benötigten Ressourcen, wie bspw. qualifizierter Mitarbeiter, ein hohes Nachfragepotenzial sowie ein funktionierendes Wettbewerbsumfeld (Schäfer und Lindenmayer 2005, S. 7). Daher liegen die soziale und ökologische Nachhaltigkeit im ureigensten Interesse, weil ein Unternehmen zumindest langfristig von einem stabilen sozialen Umfeld sowie einer intakten

Umwelt abhängig ist (Habisch 2003, S. 41–42; Meffert und Münstermann 2005, S. 1). Während die ökologische Nachhaltigkeit primär auf das Problemfeld der begrenzten Aufnahmekapazität der Ökosysteme abstellt, befasst sich die soziale Nachhaltigkeit vor allem mit der Thematik der Verteilungsgerechtigkeit (Fischer et al. 2009, S. 263).

Die Kernaufgabe und auch die Legitimation eines Unternehmens ist es, für den Markt und für die Gesellschaft eine wirtschaftliche Leistung zu erbringen (Müller 2011, S. 30). Um im weitesten Sinne die „license to operate" in der Gesellschaft und damit auch in der Wirtschaft bzw. am Markt zu erhalten, muss sich das Geschäftsmodell bewähren. Das Geschäftsmodell ist das ganzheitliche Abbild des Leistungserstellungs- und -verwertungsprozesses eines Unternehmens und zeigt auf, wie die Unternehmensstrategie umgesetzt werden soll. Im Zentrum der Überlegungen stehen der Kundennutzen und die Wettbewerbsfähigkeit. Das Geschäftsmodell besteht in seinen grundlegenden Komponenten aus der Produkt-Markt-Kombination, der Wertschöpfungskonfiguration und der Erfolgsmechanik. Mit der Produkt-Markt-Kombination wird festgelegt, was angeboten wird, also mit welchen Marktleistungen auf welchem Markt für welche Kunden agiert wird. Die Wertschöpfungskonfiguration gibt an, wie die Marktleistungen konkret erstellt werden. Die Erfolgsmechanik zeigt auf, mit welchem ökonomischen Effekt oder Erfolg gerechnet werden kann, indem die Kosten für die Leistungserstellung den Erlösen für die Leistungsverwertung gegenübergestellt werden (Freiling 2006, S. 94–95; Wirtz 2013, S. 40; Freiling und Harima 2019, S. 126–127).

Die Bewährung kann nur dadurch gelingen, dass mit dem verfolgten Geschäftsmodell und den angebotenen Marktleistungen die vertrauensbezogenen Erwartungen der Kompetenz, der Gesinnung und Integrität dauerhaft und überzeugend den Anspruchsgruppen gegenüber erfüllt werden. Die „license to operate" muss sich jedes Unternehmen vor dem Hintergrund der gesellschaftlichen Ansprüche und Erwartungen permanent erarbeiten, um seine eigene Zukunft zu sichern: Es wird zunehmend eine „license to operate in a complete sustainable manner". Im Rahmen des Nachhaltigkeitsmanagements gilt es, die Ansprüche der Stakeholder über eine entsprechend umfassende Ausrichtung dauerhaft zu befriedigen. Dies bedeutet, dass nachhaltigen Wirtschaftens nicht nur als Attribut zu kommunizieren, sondern es auch einzuhalten und dauerhaft unter Beweis zu stellen ist. Mit Nachdruck kommt nicht nur die ökonomische Verantwortung, sondern insbesondere die ökologische und soziale Verantwortung zur Geltung, die im Zuge des gesellschaftlichen Wandels zunehmend wichtiger geworden ist und eingefordert wird (Müller 2011, S. 25; Sailer 2020, S. 74).

Zu den Managementkonzepten, die bislang in diesem Kontext in der Unternehmensführung Einzug gehalten haben und teilweise inhaltlich sich überschneiden, gehört neben dem Corporate Sustainability auch das Corporate Social Responsibility (CSR) (Müller 2011, S. 25). Das Konzept des CSR beruht auf freiwilliger Basis und markiert Selbstverpflichtungen zu verantwortlichem unternehmerischen Handeln. Auch wenn beim CSR stets die Freiwilligkeit betont wird, ist aus betriebswirtschaftlicher Perspektive de facto diese nicht immer gegeben (Fischer et al. 2009, S. 268). Wesentliches Differenzierungsmerkmal ist jedoch, dass in der Tendenz der Status quo festgeschrieben wird, weil keine weit reichenden Korrekturmaßnahmen der zugrunde liegenden Art des Wirtschaftens angedacht sind. Nachhaltigkeitsaspekte werden den Markterfordernissen unbegrenzten Wachstums untergeordnet und spielen somit nur eine begleitende oder selbstlegitimierende bzw. instrumentelle Rolle. Die Leitprinzipien der nachhaltigen Entwicklung sind dagegen anders zu verstehen, die dem Nachhaltigkeitsmanagement bzw. Corporate Sustainability-Ansatz zugrunde liegen. Es zielt nämlich auf eine Optimierung der ökonomischen, sozialen und ökologischen Unternehmensleistungen ab, die durch die Integration erzielt werden können (Fischer et al. 2009, S. 268).

Im Rahmen einer umfassenden Stakeholder-Orientierung ist dabei vor allem zu klären, in welcher Weise neben den ökonomischen Zielen auch ökologische und soziale Zielsetzungen strategisch zur Geltung kommen können und sollen, um die unternehmerische Nachhaltigkeitsleistung wirksam zu gestalten und zu steuern. Etablierte Unternehmen werden nicht ad-hoc ihr Geschäftsmodell radikal umstellen können und daher eher pfadoptimierend handeln (Nidumolu et al. 2009, S. 56). Eine Zuwendung zu den extremeren Formen im Spektrum der denkbaren Geschäftsmodelle, wie bspw. dem Social Entrepreneurship oder dem Ecoentrepreneurship, bei denen pfadgenerierend innovative Geschäftsmodelle für ökologische und sozial ausgerichtete Ideen umgesetzt und betrieben werden, ist nicht unbedingt zu erwarten (Fichter 2009, S. 151). Dennoch lässt sich ein gesamtgesellschaftlicher Veränderungstrend gerade bei jungen, innovativen und ambitionierten Unternehmen antizipieren. Rund 40 % der deutschen Startups verfolgen Social und Sustainable Entrepreneurship-Ansätze mit steigender Tendenz (Kollmann et al. 2020, S. 38). Maßgeblich ist in jedem Fall der Integrationsgedanke, der den Kernfokus und den Veränderungsimpuls in der strategischen Ausrichtung bildet.

2.6 Strategische Konzeptionalisierung von Nachhaltigkeit im Unternehmenskontext

Unterschiedlich wird ausgelegt, inwiefern die aufgeführten Nachhaltigkeitsdimensionen als gleichwertig eingestuft werden oder ob über- und untergeordnete Beziehungen zwischen ihnen bestehen sollen. Wird Nachhaltigkeit mit gleichwertigen Komponenten konstruiert, so liegt der sog. Triple-Bottom-Line-Ansatz vor. Nach diesem Konzept der Dreidimensionalität nachhaltiger Entwicklung gilt diese bzw. ein nachhaltiger Zustand nur dann als erreicht, wenn alle drei Dimensionen gleichermaßen dauerhaft erhalten und realisiert werden. Dies bedeutet, dass das Prinzip der simultanen Einbeziehung ökonomischer, ökologischer und sozialer Einflussgrößen in das unternehmerische Handeln zur Anwendung kommt, und zwar mit dem Ziel, Ressourcen zu erhalten für künftige Generationen (Elkington 1997, S. 69–71; Fischer et al. 2009, S. 268; Sailer 2020, S. 67–72). Auf diese Weise werden zusätzlich nicht-finanzielle Indikatoren für die ökologische und soziale Performance einbezogen (Fischer et al. 2009, S. 268).

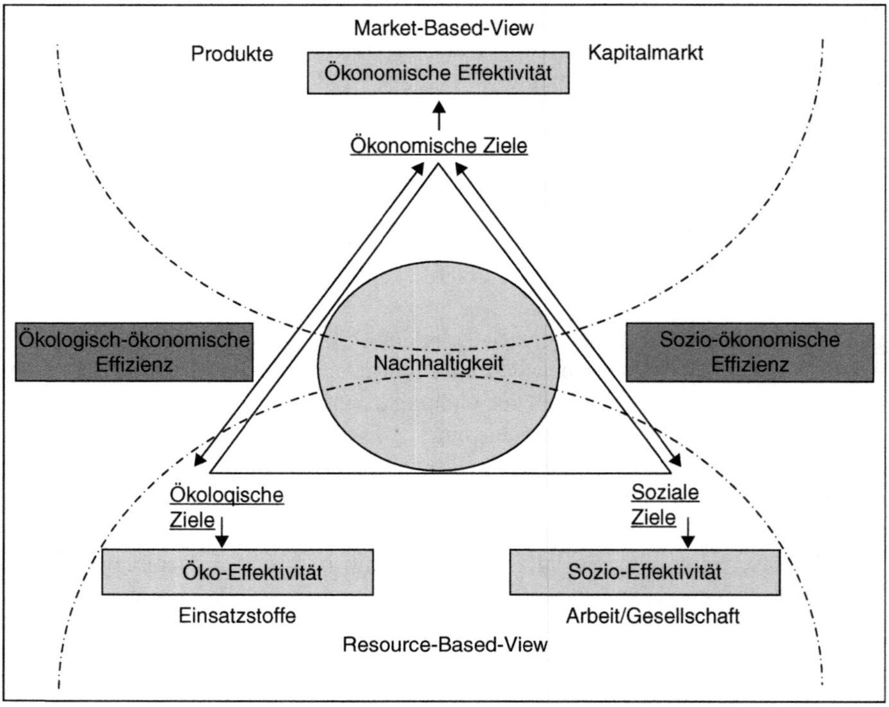

Abb. 1 Weiterentwicklung des Nachhaltigkeits-Dreiecks (Fischer et al. 2009, S. 264)

Systematisch betrachtet weisen die Nachhaltigkeitsdimensionen, die man in einem Nachhaltigkeits-Dreieck miteinander verzahnt darstellen kann (Abb. 1), eine Effektivitäts- und eine Effizienzebene auf (Fischer et al. 2009, S. 264).

Um die Effektivität der Nachhaltigkeitsdisposition zu erreichen, sind zunächst für die drei Nachhaltigkeitsdimensionen die richtigen Ziele zu bestimmen. Hier gilt es, die ökonomische, ökologische und soziale Leistungsfähigkeit des Unternehmens zu entwickeln und zu erhalten. Auf der Effizienzebene sollen dann die Ziele richtig erreicht werden, so dass die tatsächlichen Nachhaltigkeitsleistungen abgebildet werden (Boms 2008, S. 134–136). Die Ökonomische Effektivität liegt vor, wenn in der typischen Marktperspektive das ökonomische Ergebnisziel mit Hilfe betriebswirtschaftlicher Kennzahlen möglichst gut realisiert wird. Unter Öko-Effektivität wird die absolute Zielerreichung in Bezug auf ökologische Aspekte verstanden, wie z. B. mit Blick auf Ressourcenschonung und Senkung externer Effekte der CO_2-Ausstoß pro Produktionsvolumen (Schaltegger et al. 2006, S. 9). Mit der Sozio-Effektivität wird versucht, die sozialen Aspekte der Unternehmenshandlungen angemessen zu berücksichtigen. Dies impliziert v. a., sich an sozialen Mindeststandards zu orientieren und sich der gesellschaftlichen Auswirkungen bewusst zu werden und zu sein und dies den Anspruchsgruppen gegenüber auch unter Beweis zu stellen (Dyllick und Hockerts 2002, S. 125–126; Fischer et al. 2009, S. 265). Die Öko- und Sozio-Effektivität bestimmt die Basis eines Unternehmens für die eingesetzten materiellen und immateriellen Einsatzgüter. Diese stellt gleichzeitig die wesentliche Grundlage für die ökologisch-ökonomische und sozio-ökonomische Effizienz dar, die dauerhaft zu erzielen ist.

Bei der ökologisch-ökonomischen Effizienz wird die Summe aller direkt oder indirekt verursachter Umweltbeanspruchung bzw. -belastung in das Verhältnis zur Wertschöpfung als der erwirtschafteten Geldeinheit gesetzt. Kennzahlen sind emittiertes CO_2 in Mio. Tonnen pro Wertschöpfung oder der Energieverbrauch pro Betriebsstunde bezogen auf die Wertschöpfung. Die sozio-ökönomische Effizienz bestimmt sich dadurch, dass die Gesamtheit aller negativen sozialen Auswirkungen der Leistungserstellung (Externalitäten) in das Verhältnis zur Wertschöpfung gesetzt wird. Ein Beispiel für soziale Externalitäten sind z. B. Krankheitstage pro Mitarbeiter (Schaltegger et al. 2006, S. 17). Eine Verbesserung der ökologisch-ökonomischen und der sozio-ökönomischen Effizienz kann sich aus Unternehmensperspektive als vorteilhaft erweisen, lassen sich doch durch einen besseren Ressourcenumgang Kostenreduktionen erzielen, neue Kundensegmente gewinnen, Innovationshandeln initiieren und Motivations- und Bindungseffekte bei den Mitarbeitern erreichen (Schäfer und Lindenmayer 2005, S. 22–23).

Nachvollziehbar prägen das Wirtschaftsgeschehen von vornherein nicht allein Zielbeziehungen, die als komplementär zu bezeichnen sind (Müller 2011, S. 28–29; Wall und Leitner 2012, S. 257–258). Eine Abwandlung des gewünschten Dreiklangs erfährt der strenge Ansatz mit dem in der Unternehmenspraxis vielfach vertretenen „ökonomischen" Triple-Bottom-Line-Ansatz, bei dem der ökonomischen Nachhaltigkeit der Vorzug vor den anderen Nachhaltigkeitskomponenten gegeben wird. Die Gleichwertigkeit rückt schnell in Anbetracht der konventionellen Handlungspraxis in den Hintergrund (Müller 2011, S. 25). Das Nachhaltigkeitsprinzip, das man als intrinsische Handlungsmaxime verstehen kann, einen sorgsamen Umgang mit den Ressourcen zu pflegen, ist nicht unbedingt im Sinne einer ethischen Haltung fest verankert (Müller 2011, S. 25). Das primär betriebswirtschaftlich begründete Nachhaltigkeitsprinzip setzt an der langfristigen Erhaltung der erforderlichen Ressourcenquellen an, die zur wirtschaftlichen Existenzsicherung des Unternehmens benötigt werden (Müller 2011, S. 28). Bei dieser Form der schwachen Nachhaltigkeit wird zwar versucht, soziale und ökologische Aspekte mit in die übliche einseitige unternehmerische Perspektive einzubeziehen, sie werden aber dabei dennoch nachrangig betrachtet. Aufgrund der bisherigen Unterordnung stehen sie in einer instrumentellen Beziehung zu ökonomischen Zielen und werden nur dann intensiver beachtet, wenn sie auch langfristig einen ökonomischen Nutzen bzw. Mehrwert und Wettbewerbsvorteil versprechen. Somit lassen sich Win-Win-Situationen bzw. Synergieeffekte für das Unternehmen und die Gesellschaft als überzeugende Argumente anführen, auf Nachhaltigkeit zu setzen (Porter und Kramer 2002, S. 59–62; Fischer et al. 2009, S. 270; Müller 2011, S. 28; Weber et al. 2012, S. 14–15).

Einige Zielkonflikte, die bspw. zwischen den ökologischen und ökonomischen Nachhaltigkeitsdimensionen vorstellbar sind, lösen sich auf, wenn sie unter langfristiger Perspektive betrachtet werden (ICV 2014, S. 19–20). Eine ökologisch nachhaltige Ausrichtung eines Unternehmens führt nicht zwangsläufig zu ökonomischen Kompromissen, da sie enormes ökonomisches Chancenpotenzial aufweisen kann. Gelingt es aus der ökologisch nachhaltigen Fokussierung die Marktposition zu festigen, wird sich dies auch wirtschaftlich positiv niederschlagen. Aufgrund einer besseren Kostensituation der erbrachten Marktleistungen wird die Wettbewerbsfähigkeit gestärkt und zudem kann das zusätzliche Marktpotenzial ausgenutzt werden (Müller 2011, S. 28; ICV 2014, S. 17–18). Dies zeichnet letztlich eine Geschäftsmodell-Entwicklung unter Nachhaltigkeitsperspektive nach. Ein rechtzeitiges und systematisch angelegtes Umstellen auf ökologisch nachhaltige Themen – möglichst ergänzt um soziale – sorgt für langfristigen unternehmerischen Erfolg.

Unabhängig von der gewählten Einstufung ist prinzipiell ein unsystematisches Engagement zu vermeiden, das vor allem die unternehmerische Praxis bislang prägt (Kramer und Porter 2007; Schaltegger 2016, S. 58). Ein Unternehmen muss Sorgfalt walten lassen. Angesichts begrenzter Ressourcen ist auf Basis einer gezielten Analyse der Stakeholder-Beziehungen ein selektives Vorgehen bezüglich der Sozial- und Umweltmaßnahmen zu empfehlen (Porter und Kramer 2006, S. 86; Schaltegger und Wagner 2006, S. 3; Fischer et al. 2009, S. 270). Der konsequente Einbezug in die Strategiebildung ist schon ein wichtiger Schritt der Strategiefokussierung, um die die Wettbewerbsfähigkeit zu stärken und dauerhaft Wettbewerbsvorteile zu erzielen (Fischer et al. 2009, S. 269; Zaugg 2009). Einseitig orientierte Shareholder Value-Ansätze verlieren zunehmend an Berechtigung und werden sukzessive abgelöst, weil sie auf lange Sicht kontraproduktiv sind (Müller 2011, S. 28).

Strategieentwicklung ist ein emergenter Prozess, mit dem die Grundlagen dafür zu legen sind, wie unter der Integrationsvorgabe der Umgang mit der ökologischen und sozialen Nachhaltigkeit erfolgen soll. Strategische Überlegungen kreisen um die Gedanken, wie das Geschäftsmodell des Unternehmens auch in Zukunft tragfähig sein kann. Maßgeblich ist festzulegen, welche Bedeutung den beiden Nachhaltigkeitsdimensionen bei der Marktpositionierung zukommt (Produkt-Markt-Kombination). Klarheit muss darüber bestehen, in welchem Ausmaß Chancen bei den Kunden, den anderen Anspruchsgruppen und im Wettbewerb, die durch die besondere nachhaltige Ausrichtung entstehen, erarbeitet werden sollen und inwiefern diese im angemessenen Verhältnis zu dem betriebenen Aufwand und den eingesetzten Ressourcen stehen (Erfolgsmechanik). Bestimmt werden muss ebenfalls, welche Themenbereiche Vorrang haben und welche grundsätzlich oder vorerst vernachlässigt werden können. Damit hängt die zu klärende Frage zusammen, wie weitreichend versucht wird, die gemachten Nachhaltigkeitsvorgaben in der Leistungserstellung und damit auch auf den Wertschöpfungsstufen durchzusetzen (Wertschöpfungskonfiguration). Zusammenfassend sind insofern das gewählte Ausmaß und der bestimmte Schwerpunkt der Umsetzung von zentraler Bedeutung. Für ein Unternehmen muss klar sein, auch auf welche Art und Weise es spezifisch nachhaltig sein will, also welche Schwerpunkte im Fokus der Nachhaltigkeits- und damit Veränderungsbemühungen liegen werden (ICV 2014, S. 29–30; Weber und Schäffer 2016, S. 47). Aus dem unternehmensspezifischen Zuschnitt leiten sich die entsprechenden Nachhaltigkeitsstrategien ab, die für die integrierte Unternehmenssteuerung maßgeblich sind und die konkreten Anforderungen an sie stellen.

3 Nachhaltigkeit und Controlling

3.1 Nachhaltigkeitscontrolling

Wird die Entscheidung gefasst, sich bewusst als Unternehmen nachhaltig auszurichten und ein Nachhaltigkeitsmanagement zu etablieren, dann bedeutet dies auch v. a. neue Herausforderungen für das Controlling (Greiling und Ther 2010, S. 45; Horváth 2012, S. 18; Wall und Leitner 2012, S. 255). Mit dem Nachhaltigkeitscontrolling wird dem Bedarf nach einer integrierten Unternehmenssteuerung nachgekommen. Das konventionelle Controllingkonzept konzentriert sich ausschließlich auf die ökonomische Dimension von Nachhaltigkeit und ist stark ergebnisorientiert (Greiling und Ther 2010, S. 47; Wall und Leitner 2012, S. 255). In der Konsequenz wird es notwendig, dass sich das Controlling ökologische und soziale Themenfelder erschließt und sich den ökologischen und sozialen Aspekten im Rahmen des unternehmerischen Denkens und Handelns systematisch zuwendet (Fischer et al. 2009, S. 273; Horváth 2012, S. 45). Unter Nachhaltigkeitscontrolling ist daher ein übergreifendes Konzept des Unternehmenscontrollings zu fassen, das darauf abzielt, das traditionelle ergebniszielorientiertes Controlling, das Öko-Controlling und das Sozio-Controlling zu integrieren (Greiling und Ther 2010, S. 47). Indem es das Nachhaltigkeitsmanagement umfassend in der konsequenten Stakeholderorientierung methodisch unterstützt, in ökonomisch, ökologisch und sozial relevanten Entscheidungsfeldern zielgerecht zu handeln, wird ein wesentlicher Beitrag geleistet, die angestrebten Nachhaltigkeitsziele zu erreichen (Greiling und Ther 2010, S. 46). Damit dient das Nachhaltigkeitscontrolling auch der Rationalitätssicherung von Unternehmensentscheidungen (Jung 2007, S. 8). Zur Konzeption des Nachhaltigkeitscontrolling gehören neben den Zielen als wesentlichen Elementen die funktionalen Aufgaben, die Steuerungsinstrumente und die institutionelle Verankerung (Greiling und Ther 2010, S. 50). Ein vorgegebenes Ziel könnte bspw. darin bestehen, den Planungsprozess an einer Kennzahl wie dem Umsatzanteil schadstoffarmer Marktleistungen am Gesamtumsatz auszurichten und diese entsprechend zu steuern (Fischer et al. 2009, S. 273). Zu den Aufgaben zählen typischerweise die Informations-, Planungs-, Koordinations- und Kontrollfunktion (Fischer et al. 2009, S. 273; Greiling und Ther 2010, S. 50; Bernatzky et al. 2018, S. 205–206).

Vor dem Hintergrund einer Umstellung ist danach zu fragen, was dies für das Rollenverständnis des Controllers bedeutet, wenn er sich nicht nur zum Green-oder Social Controller, sondern zum Nachhaltigkeits- bzw. Sustainable Controller entwickeln soll? Wird das Controlling mit der ökologischen und sozialen Nachhaltigkeit thematisch aufgeladen und somit aufgewertet, so handelt es sich um eine qualitative wie quantitative Erweiterung des Controllings. Die Mehrdimensionalität spiegelt sich in zusätzlichen und z. T. wenn nicht neuen, dann doch veränderten Aufgaben, Prozessen und Instrumenten des Controllings wider, mit deren Unterstützung die mehrdimensionalen Nachhaltigkeitsziele optimiert und die anvisierten Nachhaltigkeitsleistungen erreicht werden sollen (ICV 2011a, S. 11; Lachmann et al. 2017, S. 131–132). Eine derartige Aufgabenerweiterung hat insofern Konsequenzen für das (Selbst-)Verständnis der Controller-Tätigkeit, das deutlich zu modifizieren ist. Den Controllern in der Funktion als Business Partner und Berater des Managements kommt ein wesentlicher Beitrag zum nachhaltigen Unternehmenserfolg in wirtschaftlicher, ökologischer und sozialer Hinsicht zu, um damit den bestehenden und künftigen Interessen der Stakeholder gerecht zu werden (ICV 2014, S. 20). Das geschieht dadurch, dass sie einerseits mit entsprechender Überzeugungskraft Bewusstsein für Nachhaltigkeitsthemen im Unternehmen bis auf die Mitarbeiterebene schaffen und andererseits als Ratgeber und Unterstützer dem Management gegenüber fungieren (ICV 2011b, S. 18–19; Weber und Schäffer 2016, S. 51–53). Mit Bezug auf das Controller-Leitbild der International Group of Controlling und des Internationalen Controller Vereins e. V. für den Green Controller (International Group of Controlling 2013; ICV 2014, S. 20–21), das an dieser Stelle um den sozialen Aspekt erweitert wird, bedeutet dies konkret im Überblick Folgendes:

Der nachhaltigkeitsorientierte Controller …

- ist mit Blick auf Zielfindung, Planung und Steuerung Gestalter und Begleiter des Management-Prozesses – neben der ökonomischen – auch in der ökologischen und sozialen Dimension. Unternehmensentscheidungen und -handlungen erfolgen auf diese Weise zielorientiert gestützt, da sie zur Erreichung ökonomischer, ökologischer und sozialer Unternehmensziele im Rahmen der Nachhaltigkeit dienen (Beitrag zur Zielbildung und -realisation).
- setzt sich bewusst mit den zukünftigen Handlungsgrundlagen des Unternehmens auch hinsichtlich der ökologischen und sozialen Nachhaltigkeit des Unternehmens auseinander. Dadurch werden – ganzheitlich abgewogen – mit den entwickelten Nachhaltigkeitsstrategien Chancen wahrgenommen und Risiken bewältigt (Bewältigung der Unsicherheit der Zukunft durch gezielte Risiko-Chancen-Abwägung).
- bezieht die Zielsetzungen sowie die Vorstellungen sämtlicher Beteiligten in der ökonomischen, der ökologischen und der sozialen Dimension mit ein, damit ein abgestimmtes Ganzes entsteht (Schaffung von Kohärenz).
- ist für die Entwicklung und Pflege der Controlling-Systeme zuständig. Sie garantieren sowohl die Datenqualität als auch die Gewinnung entscheidungsrelevanter Informationen im Hinblick auf ökonomische, ökologische und soziale Zielsetzungen (Funktion der Informationsversorgung).
- befördert betriebswirtschaftlich fundiert eine ausgewogene Entwicklung der Organisation als Ganzes und sorgt für eine wirtschaftlich effiziente Erreichung auch ökologischer und sozialer Nachhaltigkeitsziele (Ganzheitlichkeit und Effizienz der Steuerung).

Die ökonomische Dimension der Nachhaltigkeit ist im Controlling zweifellos fest verankert, zumal prinzipiell die langfristige Existenzsicherung und die wirtschaftliche Tragfähigkeit des Geschäftskonzepts die primäre Zielvorgabe jeden Unternehmens ist. Auf Ebene des strategischen Controllings werden Instrumente genutzt, die helfen, die langfristigen Erfolgspotenziale zu identifizieren und die strategischen Handlungsfelder anzusteuern (Vollmuth 2006, S. 15–17; Sailer 2020, S. 45). Auf der operativen Ebene des Controllings werden dann die aus der strategischen Planung abgeleiteten Erfolgsziele kurzfristiger Natur über die eingesetzten Instrumente versucht zu erreichen (Erichsen 2011, S. 9). Nichtsdestoweniger ist bemerkenswert, dass die Unternehmenspraxis in der ökonomischen bzw. finanziellen Nachhaltigkeitsdimension bislang weitestgehend kurz- bzw. mittelfristig ausgerichtet ist. Zeithorizonte von Planungsrechnungen, wie die Finanzplanung, enden, wenn sie mehrjährig angelegt sind, meist nach fünf Jahren. Investitionsverfahren sind vielfach statisch einperiodig ausgelegt, gerade in mittelständischen Unternehmen (Günther und Heinicke 2015, S. 9; Schäffer 2016, S. 330; Günther und Günther 2017, S. 87–88). Dies deutet systematische Steuerungsdefizite an. Daher ist auch beim Umgang mit finanziellen Ressourcen und Werten auf intra- und intergenerationale Aspekte zu achten. Die Frage, wie man letztlich finanziell erfolgreich wirtschaftet, ohne dass dies zu Lasten der finanziellen Handlungsspielräume und der Solvenz der nachfolgenden Generationen geht, ist differenziert zu beantworten. Neben der Langfrist- und Zukunftsorientierung müssen die Finanzierung, Geldwertaspekte und die unternehmerischen Risiken miteinander inhaltlich verknüpft werden (Günther und Günther 2017, S. 84). Die für die Nachhaltigkeitsberichterstattung weltweit maßgeblichen GRI-Standards (hier: GRI-200) empfehlen bspw. den EVG & D-Ansatz zur Messung der finanziellen Nachhaltigkeit. Dieser wird auf der Basis von bilanziellen Größen als Differenz von Umsatzerlösen und wieder verteilten ökonomischen Werten ermittelt. Mit einer solchen einperiodigen, vergangenheitsbezogenen Größe ist eine langfristige, zukunftsbezogene Wertschaffung und -haltung im Sinne einer intragenerationalen finanziellen Nachhaltigkeit jedoch nicht ansatzweise zu garantieren (Günther und Günther 2017, S. 83). Angemessener erscheint der Unternehmenswert als langfristig ausgelegter, mehrperiodiger Maßstab für nachhaltige Wertschöpfung, so dass im Rahmen einer breiter aufgefassten wertorientierten Unternehmensführung eine stärkere Zukunfts- und Langfristorientierung in Aussicht steht. Dies gilt auch für mehrperiodig ausgelegte Finanzrechnungen. Für das Finanz- und Rechnungswesen ist zugleich auch eine stärkere Strategieorientierung in der Bilanzierung und der Kosten- und Leistungsrechnung vorzusehen (Günther und Günther 2017, S. 89). Mit Blick auf die intergenerationale, finanzielle Steuerung ist davon auszugehen, dass die tradierten Grundsätze ordnungsgemäßer finanzieller Führung, wie bspw. „goldene" Finanzierungsleitlinien bzw. -regeln, dazu geeignet sind, einen wichtigen Beitrag zu leisten, in diese Richtung zu wirken und das Ziel der nachhaltigen Wertschöpfung zu erreichen (Günther und Günther 2017, S. 89). Ein solch wünschenswertes „Denken in Generationen" ist wohlbedacht bei Familienunternehmen am ehesten verankert. Für die Integrationskomponenten des Öko-Controllings und Sozial-Controllings werden die Möglichkeiten im Folgenden geklärt.

3.2 Integrationskomponente der ökologischen Nachhaltigkeit: Öko-Controlling

3.2.1 Öko-Controlling als Konzept

Im Rahmen der Bemühungen um ein Öko-Controlling wurden bislang einzelne, eher operative Teilaspekte des Controllings aufgegriffen und behandelt. Die strategische und systemische Relevanz einer ökologischen Unternehmensausrichtung muss jedoch mehr und mehr wahrgenommen werden. Der Internationale Controller Verein e.V. hat mit „Green Controlling“ den strategieorientierten Ansatz mit einem bewusst provokanten oder plakativen Begriff versehen, um auf ein notwendiges Umdenken im Kreis der Controller aufmerksam zu machen (ICV 2011a; Horváth 2012, S. 17; ICV 2014). Unter Öko- bzw. „Green Controlling“ oder auch „Grünes Controlling“ versteht man den Aufgabenbereich bzw. konzeptionellen Ansatz, mit dem versucht wird, die ökologischen Aspekte der Nachhaltigkeit in den Controllingkontext eines Unternehmens systematisch einzubeziehen (ICV 2011a, S. 10). Die ökologiesensible und -bewusste, grüne, umweltgerechte Ausrichtung der gesamten Unternehmensaktivitäten lässt sich in dem Zusammenhang mit den Termini „Greening“ oder „Green“ erfassen. Die „Begrünung“ bezieht in ihrer Reichweite nicht nur das betrachtete Unternehmen und seine erstellten Marktleistungen, d. h. Produkte und Dienstleistungen, mit ein, sondern die vor- und nachgelagerten Stufen der Wertschöpfungskette und den Lebenszyklus der angebotenen Marktleistungen über die Zeit. Die ökologische Verantwortung wird hierbei sowohl in der Leistungserstellung als auch in der Entwicklung, Nutzung und Entsorgung der Marktleistungen, gerade von Produkten, erkannt. Die ökologische Ausrichtung kann in folgenden vier Dimensionen bzw. Wirkungsrichtungen konkretisiert werden (ICV 2011a, S. 4; ICV 2014, S. 33–34, 114):

- Ökologiegerechter Ressourceneinsatz bzw. Umweltschonung: Die erste Dimension umfasst die Art der verwendeten Ressourcen, die für eine Umweltschonung sorgen. Dies bedeutet, dass sich Unternehmen bemühen, über die Phasen des Lebenszyklus der Marktleistungen hinweg, natürliche und möglichst umweltfreundliche Ressourcen zu verwenden.
- Ressourceneffizienz bzw. -schonung: Im Rahmen der zweiten Dimension sollten Unternehmen beim konkreten Ressourceneinsatz darauf achten, dass der Ressourcenverbrauch möglichst sparsam ausfällt. Besondere Aufmerksamkeit erfordert v. a. die Energie-, Wasser-, Rohstoff- und Bodennutzung.
- Vermeidung von Umweltbelastungen: Die negativen ökologischen Folgewirkungen unternehmerischer Handlungen, insbesondere der Schadstoffausstoß von Unternehmen, sollen vermieden oder verringert werden. Dazu zählen, sowohl eine weitere Verschmutzung von Boden und Wasser zu verhindern als auch CO_2-Emissionen und andere spezielle Emissionen einzudämmen.
- Wiederverwendung und -gewinnung von Ressourcen: Im Rahmen des Recycling als letzter Dimension sollte sich die umweltgerechte Ausrichtung des Unternehmens auch auf die Wiederverwendung und -gewinnung eingesetzter Ressourcen, wie bspw. die Materialrückgewinnung sowie eine Reststoffverwertung, auswirken.

Die ökologische Perspektive wird konsequent auf die Ebene der Controlling-Prozesse, -Instrumente und -Methoden angewendet. Aufgrund der Perspektiverweiterung wird sichergestellt, dass die Unternehmensentscheidungen auch vor dem Hintergrund ökologischer Aspekte getroffen werden können. Das Öko-Controlling ist nicht darauf zu reduzieren, ökologisch relevante, also „grüne“ Daten zu erschaffen bzw. zu sammeln. Ökologisch relevante Daten, die in den Unternehmensbereichen entstehen, gilt es, informativ aufzubereiten, zu analysieren und für Steuerungszwecke darzustellen. Dafür ist es also unerlässlich, dass mit Blick auf ökologische Sachverhalte Transparenz für die Unternehmenssteuerung geschaffen werden kann (Horváth et al. 2012, S. 45–46; Scheffner und Pham Duc 2012, S. 148).

3.2.2 Gestaltungsalternativen des Öko-Controllings

Die Wahl der ökologischen Nachhaltigkeitsstrategie des Unternehmens entscheidet darüber, welche Bedeutung dem Öko- bzw. Green Controlling-Konzept zukommt. Dies impliziert, dass je nachdem, wie die strategischen Entscheidungen getroffen werden, sich andere Aufgaben und Ziele sowie die Instrumente ableiten lassen, weil dann aus den strategischen Erwägungen heraus ökologische Aspekte in einem unterschiedlichen Maß überhaupt berücksichtigt werden können resp. sollen. Zunächst stehen mehrere Handlungsoptionen zur Verfügung, die sich je nach zugewiesener thematischer Relevanz sowie Intensität und Umsetzungsfokus der Anstrengungen ergeben (Schaltegger und Burritt 2000, S. 383–384). Eine reine ökonomische oder eine rein ökologische Leitlinie, soviel sollte vorab nachvollziehbar sein, wäre jeweils zu eng gefasst und nicht ausreichend, so dass es sich anbietet, beide möglichst zu verknüpfen, um eine vollständige Erfassung von ökologischen Nachhaltigkeitswirkungen zu gewährleisten.

Im Rahmen des primär ökonomischen Ansatzes, bei dem die finanziell-orientierte Controllingperspektive erweitert wird, werden ausschließlich die Maßnahmen zum Umweltschutz, wie bspw. die Einführung von Energiesparmaßnahmen und CO_2-Filtern, sowie die finanziellen Folgen von Umweltschäden, wie v. a. die Kosten für CO_2-Zertifikate, berücksichtigt, die der Unternehmensaktivität direkt zugeordnet werden können. Mit relativ geringem Aufwand beschränkt man sich auf die Steuerung der Kosten internalisierter Umweltschäden (ICV 2014, S. 21–22).

Der ökologische Ansatz setzt dagegen an den Umweltschäden bzw. -belastungen an, die quasi als externe Effekte bislang noch nicht internalisiert wurden. Da davon ausgegangen wird, dass die ökologisch nachhaltige Steuerung nur über die Erfassung physikalischer Größen möglich wird, liegt der Untersuchungsfokus auf physikalisch-quantitativen Größen, wie bspw. der Menge an CO_2-Emissionen in Tonnen. Folglich kommen Instrumente aus der Umwelttechnik zum Einsatz, wie die Öko-Bilanz oder auch Stoffflussanalysen, für deren Anwendung entsprechendes Wissen aufgebaut werden muss (ICV 2014, S. 22).

Werden beide einseitig ausgerichteten Ansätze integriert, so ist man bestrebt, die finanziellen Auswirkungen der Umweltbelastungen vollständig zu erfassen und ganzheitlich die mit den Umweltschäden verbundenen Folgen und damit auch den Umweltschutz zu steuern. In diesem ökonomisch-ökologisch integriertem Ansatz finden neben den bereits internalisierten finanziellen Auswirkungen ebenfalls die rein quantitativ bewerteten Umweltschäden, die partiell noch nicht einbezogen wurden, über die physikalisch-quantitativen Datenerfassung Beachtung (ICV 2014, S. 22). Der Internationale Controller Verein e.V. empfiehlt bspw. mindestens mit der zweiten Handlungsoption zu starten, wenngleich es sich um einen Entwicklungsprozess handelt, der sich stufenartig vollziehen kann. Die Wahl der Gestaltungsalternative

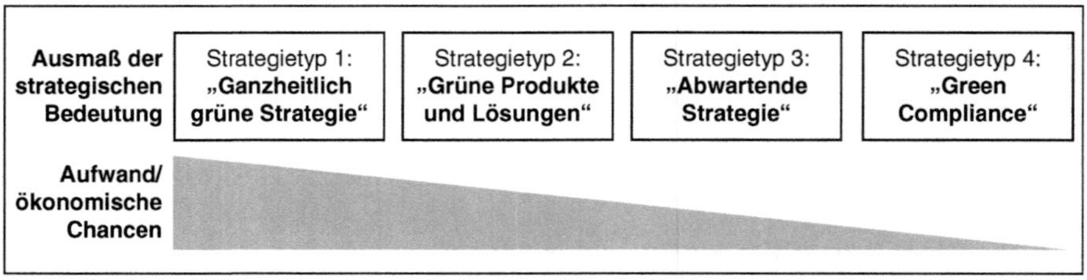

Abb. 2 Typen ökologisch nachhaltiger Strategien (ICV 2014, S. 31)

stellt eine Weichenstellung dar, denn je nach gewähltem Schwerpunkt sind entsprechend die Aufgaben, Prozesse und Instrumente des Öko-Controllings zu gestalten (ICV 2014, S. 23).

Mit Blick auf konkrete ökologisch ausgerichtete Nachhaltigkeitsstrategien und die damit eingeschlagenen Strategiepfade sind prinzipiell vier ökologisch-fokussierte Strategietypen mit aufsteigender Ernsthaftigkeit der Ökologieausrichtung denkbar (Abb. 2). Bei dem ersten Strategietyp handelt es sich um den Basisansatz des „Green Compliance“, der zunächst nur darauf ausgerichtet ist, gesetzliche Pflichten einzuhalten. Eine darüber hinaus gehende strategische Relevanz des „Greenings“ wird nicht antizipiert, so dass nur das „Nötigste“ angedacht und realisiert wird. Beim zweiten Strategietyp besteht bereits das Verständnis, dass es wichtig sein wird, mehr umweltbezogene Maßnahmen umzusetzen. Aufgrund des Fehlens eines übermäßigen Handlungsdrucks von außen werden jedoch keine weiteren Weichen gestellt. Dieses Vorgehen lässt sich aufgrund der bewussten Zurückhaltung als „abwartende Strategie“ einordnen. Der dritte Strategietyp ist proaktiver Natur, da vor allem darauf geachtet wird, dass vermehrt „grüne“ Marktleistungen und -lösungen entwickelt und angeboten werden. Daher nimmt der ökologische Nachhaltigkeitsaspekt in Form des „Greenings“ eine schon sehr bedeutende Rolle ein, das Unternehmen wird jedoch noch nicht ganzheitlich „grün“ bzw. ökologisch-fokussiert ausgerichtet. Die intensivste Ausprägung erfolgt im Rahmen des vierten Strategietyps, nämlich der einer ganzheitlich „grünen“ Strategie. Bei diesem Strategietyp wird den ökologischen Aspekten konsequent eine hohe bzw. u. U. die höchste Priorität und Aufmerksamkeit zuteil, so dass alle notwendigen Maßnahmen für eine ökologische Ausrichtung des Unternehmens angestrebt und umgesetzt werden (ICV 2011b, S. 2, 11, 2014, S. 30–31). Je nach Ausprägung werden entsprechend unterschiedliche Anforderungen an die Öko-Controlling-Konzepte abgeleitet.

Trotz der hohen Relevanz weist der Grad der Umsetzung ökologischer Steuerungserfordernisse einen geringen Status quo auf. Für die Gesamtheit der Unternehmen ergibt sich ein differenziertes Bild, da zweifellos größenspezifische Unterschiede eine Rolle spielen. Kapitalmarktorientierte Unternehmen sind viel eher durch die ökologische Nachhaltigkeitsthematik herausgefordert als bspw. kleine und mittlere Unternehmen (KMU), die in einem geringeren Maße dem öffentlichen Erwartungsdruck ausgesetzt sind und u. U. geringere Ressourcen zur Verfügung haben (Weber

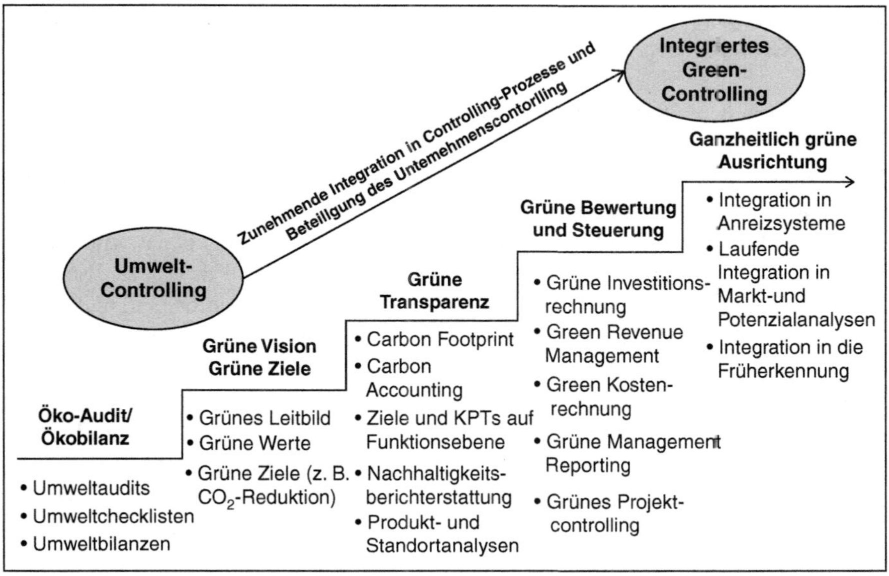

Abb. 3 Stufen vom Umwelt-Controlling zum integrierten Öko- bzw. Green Controlling (ICV 2011b, S. 10)

et al. 2012, S. 64). Unternehmen durchlaufen im Regelfall stufenweise die Transformation vom reinen, eher isolierten Umweltcontrolling zum ganzheitlich aufgesetzten integrierten Öko- bzw. Green Controlling (Abb. 3).

Bei denjenigen Unternehmen, die sich schon früh und bereits auch intensiver mit einem Öko- bzw. Green Controlling-Konzept auseinandergesetzt haben, ist im Regelfall die gesamte Bandbreite der denkbaren Handlungsoptionen bislang nicht ausgenutzt worden. Auf Prozess- und Instrumentenebene bleibt ein weiterer Anpassungs- und Entwicklungsbedarf, weil die schon realisierten Umsetzungsschritte verbessert und durch weitere Maßnahmen ergänzt werden müssen (ICV 2011a, S. 32–33). Auf der untersten Stufe, auf der sich die meisten Unternehmen bewegen, beschränkt man sich auf die Umsetzung von Umwelt-Audits oder die Erstellung von Öko-Bilanzen. Für eine ökologisch-nachhaltige Unternehmenssteuerung sind jedoch größere Anstrengungen erforderlich. Mit zunehmender Integration in Controllingprozesse und Beteiligung des Controllings lässt sich über die weiteren Stufen der „grünen" Visions- und Zielbildung, der Transparenzschaffung, der Bewertung und Steuerung eine ganzheitliche ökologische bzw. „grüne" Ausrichtung erreichen. Mit ihr kann es dann gelingen, die formulierten ökologischen Zielsetzungen durch passgenaue Anreizsysteme anzusteuern und zu erreichen. Dazu gehört zudem, dass ökologische Aspekte sowohl bei Markt- und Potenzialanalysen als auch bei der Früherkennung beachtet werden. Es handelt sich somit um einen stetigen Gestaltungs- und Lernprozess für das betreffende Unternehmen und sein Controlling, das sich weiter transformieren muss (Horváth et al. 2012, S. 47).

3.3 Integrationskomponente der sozialen Nachhaltigkeit: Sozio-Controlling

Im Gegensatz zum Öko-Controlling, das stark naturwissenschaftlich ausgerichtet ist, steht dem Sozio-Controlling nicht eine Vielzahl an Ansätzen und Instrumenten zur Verfügung, die auch schon in der Unternehmenspraxis verstärkt Anwendung und Akzeptanz finden (Greiling und Ther 2010, S. 40; Müller 2012, S. 82). Gerade wenn an die Vielfalt unterschiedlicher Themen im sozialen Bereich gedacht wird, erklärt sich der erschwerte Zugang von allein (Dubielzig 2009). „Soft facts" wie bspw. das kaum quantifizierbare Betriebsklima oder die Mitarbeitermotivation sind nicht leicht handhabbar und einzuschätzen (Müller 2011, S. 32–33). Insofern stellt die Integration der sozialen Dimension der Nachhaltigkeit in das Unternehmenscontrolling im Vergleich zur ökologischen Nachhaltigkeit eine wohl größere Herausforderung dar (Greiling und Ther 2010, S. 49; Müller 2011, S. 103–105; Tschandl et al. 2012, S. 133). Für das einzelne Unternehmen bedeutet die systematische Ausrichtung auf den Aspekt der sozialen Nachhaltigkeit vor allem die Bewusstheit ihrer stärkeren Verantwortung für ihre Mitarbeiter, aber auch für das kommunale und regionale Umfeld und darüber hinaus für die sozialen Belange entlang der genutzten Wertschöpfungskette (Straube et al. 2009, S. 207–208; Tschandl et al. 2012, S. 133; Günther und Koep 2018, S. 865). Für ein auch sozial nachhaltig ausgerichtetes Unternehmen müssen – analog zur ökologischen Nachhaltigkeit – die strategisch relevanten sozialen Themenfelder erfasst werden, die gerade für die Stakeholder des jeweiligen Unternehmens wichtig sind. Das Sozio-Controlling muss entsprechend zielgerecht ausgestaltet werden. Die systematische Identifikation kann über die bekannten Instrumente des strategischen Controllings erfolgen, wie bspw. eine SWOT-Analyse oder eine Matrix, mit der die Bedeutsamkeit der jeweiligen sozialen Themen bei den Anspruchsgruppen eingestuft wird (Bollmann 2007, S. 21, 25; Müller 2011, S. 103–112, 2012, S. 83). Wenn diese identifizierten sozial relevanten Themen nicht hinreichend beachtet werden, entstehen potenziell Problemsituationen, aus denen sich Risiken i. S. v. Verlustgefahren ergeben können. Regelmäßige Diskussionen über die Arbeitsbedingungen in Unternehmen und gerade bei Zulieferern, für die Mitverantwortung zu tragen ist, zeigen dies sehr anschaulich. Diesen Risiken stehen jedoch durch eine bewusste Auseinandersetzung die Chancen eines Nachweises sozialer Nachhaltigkeit des Unternehmens gegenüber. Daran ansetzend muss der Handlungsspielraum mit den entsprechenden Handlungsalternativen bestimmt werden, aus denen jene Bewältigungsoptionen ausgewählt werden, die für das Unternehmen am geeignetsten erscheinen. Hieraus lassen sich dann entsprechende Aufgabenfelder für die Unternehmenssteuerung ableiten (Müller 2012, S. 82–83).

Zu den Instrumenten des Sozio-Controllings zählen v. a. die Sozialbilanzierung und der Einsatz von Sozialindikatoren(systemen). Ansätze zu einer spezifischen Sozialkostenrechnung haben sich kaum durchgesetzt. Sie leiden daran, dass die monetäre Bewertung der internen wie externen Nachhaltigkeitswirkungen im sozialen Bereich nicht einfach fällt und v. a. damit qualitative Aussagen zu treffen sind (Tschandl et al. 2012, S. 119–121, 133). Die Sozialbilanz dient der gesellschaftsbezogenen Berichterstattung und hat die Aufgabe, über die sozialen Kosten und den damit verbundenen sozialen Nutzen Auskunft zu geben. Sie wird jedoch in der Unternehmenspraxis kaum gesondert erstellt, zumal keine gesetzliche Verpflichtung dazu besteht und primär finanzielle Daten aufgeführt werden (Müller 2010, S. 111–113).

Für eine Integration in das Nachhaltigkeitscontrolling bieten sich insbesondere Sozialindikatoren oder Sozialindikatorensysteme an. Solche sozialen Indikatoren sollen die unternehmerische Leistung bezogen auf die aufgegriffenen sozialen Themenfelder aussagekräftig widerspiegeln (Müller 2011, S. 32–33, 2012, S. 83; Schulze et al. 2012, S. 104). Sie lassen sich in quantitative und qualitative Indikatoren unterteilen, wobei eine Kombination beider sich am besten zur Leistungsbeurteilung sozialer Nachhaltigkeit eignet. Eine erste pragmatisch gedachte Orientierung bietet die erwähnte „Global Reporting Initiative“ (GRI), die die Standards einer weltweit gültig werdenden Nachhaltigkeitsberichterstattung setzt (Global Reporting Initiative (GRI) 2020). Neben den Indikatoren zu den anderen beiden Nachhaltigkeitsdimensionen werden auch einige Kernindikatoren für die soziale Nachhaltigkeitsdimension vorgeschlagen. Diese behandeln die Themen der Produktverantwortung, Arbeitspraktiken und menschenwürdige Beschäftigung sowie Menschenrechte und Gesellschaft (Müller 2011, S. 108–110). Als Kernindikatoren, die branchenübergreifend für jedes Unternehmen gelten sollen, für das spezifische Themenfeld Arbeitspraktiken und menschenwürdige Beschäftigung gelten bspw. die Aspekte Beschäftigung (Gesamtbelegschaft nach Beschäftigungsart, Arbeitsvertrag und Region; Mitarbeiterfluktuation etc.), Arbeitnehmer-Arbeitgeber-Verhältnis (Prozentsatz der Mitarbeiter mit Kollektivvereinbarungen etc.), der Arbeitsschutz (Anzahl der Verletzungen, Schulungen etc.), die Aus- und Weiterbildung (zeitlicher Umfang pro Mitarbeiter und Bildungskategorie) sowie die Vielfalt und Chancengleichheit (Zusammensetzung von Management und Belegschaft sowie die relative Bezahlung, jeweils geschlechtsspezifisch betrachtet) (Müller 2012, S. 85–86; Tschandl et al. 2012, S. 134). Auch hier gilt, dass die Sozialindikatoren u. U. an den jeweiligen unternehmerischen Handlungskontext angepasst werden müssen (Müller 2012, S. 82), wenngleich dies zulasten der Vergleichbarkeit geht und einer Standardisierung der Nachhaltigkeitsberichterstattung entgegensteht. Dies macht das Sozio-Controlling auch schon bei der Erfüllung der Informationsfunktion des Controllings relativ anspruchsvoll (Greiling und Ther 2010, S. 49; Tschandl et al. 2012, S. 121).

3.4 Ausgewählte Instrumente des Nachhaltigkeitscontrollings

Die Integration ökologischer und sozialer Aspekte in das Unternehmenscontrolling setzt einerseits an den Hauptprozessen und andererseits an den erforderlichen Instrumenten an (Schulze und Steinke, 2012, S. 33–34). Mit Blick auf die einzelnen Controlling-Prozesse muss entsprechende Vorarbeit geleistet werden, indem ökologisch und sozial relevante Daten und Information als Input für den Prozess gesammelt bzw. erstellt werden. Mit Hilfe der passenden Controlling-Instrumente werden diese dann verarbeitet und einer Analyse unterzogen. Daran anschließend lassen sich die gewonnenen Daten gut nachvollziehbar darlegen (ICV 2011a, S. 13). An dieser Stelle kann kein ganz umfassender Überblick über die Instrumente des Nachhaltigkeitscontrollings geliefert werden, sondern nur ein Ausschnitt, v. a. aus dem Bereich des Öko-Controllings. Ausgangspunkt bilden die instrumentellen Möglichkeiten, wie Daten bzw. Information mit Bezug auf Nachhaltigkeitsthemen entstehen, die dann in den wesentlichen Kern- bzw. Hauptprozessen des Controllings einfließen und dort verarbeitet und verwertet werden (Müller 2010, S. 40–42).

3.4.1 Instrumente zur Erhebung von Nachhaltigkeitsinfomationen

Einen wesentlichen Schritt der Informationsgewinnung bildet ein *Umweltmanagementsystem*, das im Unternehmen etabliert wird. Mit ihm wird der betriebliche Umweltschutz nach den Vorgaben bestimmter Normen aufgebaut, um die Umweltleistung zu optimieren. Orientierungsgrundlagen bieten die Normenreihe ISO 14001 der Weltnormungsorganisation ISO (International Organization for Standardization) oder der EMAS-Verordnung (Eco-Management and Audit-Scheme). Die externe Begutachtung des Umweltmanagementsystems durch neutrale Umweltexperten erfolgt über *Öko-Audits*. Mit ihnen wird analog zu *Sozial-Audits*, die Arbeitsbedingungen beurteilen, versucht, die Umweltbestrebungen in der Öffentlichkeit und bei den Kunden glaubwürdig zu machen. Aufgrund der mit der Einführung verbundenen Nachweispflichten werden ökologisch relevante Informationen generiert (Braun 2003, S. 182; ICV 2011a, S. 28).

Im Rahmen der Ökobilanzierung wird ein betriebliches Informationssystem erstellt, das zur Aufgabe hat, über die ökologischen Wirkungen sämtlicher Unternehmensaktivitäten Auskunft zu geben. Die *Öko-Bilanz* dient dem Management als Informations- und Steuerungsgrundlage. Sie stellt jedoch auch eine wichtige Komponente in der extern ausgerichteten Nachhaltigkeitsberichterstattung dar, um externe Anspruchsgruppen, wie z. B. Kunden, Lieferanten, Öffentlichkeit, über den ökologischen Stand des Unternehmens zu informieren. Als Datengrundlage dienen die in physikalischen Einheiten gemessenen betrieblichen Stoff- und Energieflüsse als Input und zudem die hergestellten Produkte und unerwünschten Nebenprodukte als Output, wie z. B. Emissionen, Lärm oder Abfälle. Die Öko-Bilanz stellt somit eine Input-Output-Analyse auf Unternehmensebene auf höchstem Abstraktionsniveau dar, mit der ein quantitativer Überblick über die eingesetzten Stoffe und die verbrauchte Energie vermittelt wird (Hansmann 2006, S. 186; ICV 2011a, S. 30).

Mit dem *Carbon Accounting* erfolgt unter dem Klimaschutzgedanken ein wesentlicher Schritt für die Integration ökologischer Aspekte in das Unternehmenscontrolling. Es zielt auf die Erfassung von CO_2-Emissionen und anderen Treibhausgasen als physikalische Größen ab. Dafür werden zunächst die CO_2- bzw. Treibhausgas-Werte gemessen und deren Verteilung auf Marktleistungen und Unternehmensbereiche ermittelt. Im anschließenden Bewertungsschritt werden die Emissionen in monetären und/oder nicht-monetären Größen ausgedrückt (Stechemesser und Günther 2012, S. 213–214). Mit diesen Angaben lässt sich dann weiterarbeiten. Unberücksichtigt bleiben dabei jedoch die indirekten Emissionswerte auf den vor- und nachgelagerten Wertschöpfungskettenstufen, also bei den Lieferanten und den Konsumenten des Unternehmens (ICV 2011a, S. 31).

3.4.2 Instrumente der strategischen und operativen Planung

Die strategische Planung kann im Grunde auf die bekannten Instrumente zurückgreifen. Mit Hilfe von Umfeld- und Unternehmensanalysen und auch Stakeholder-Analysen lässt sich die Relevanz von Nachhaltigkeitsthemen ermitteln und die erkannten Erfolgspotenziale in der Risiko-Chancen-Abwägung ansteuern, bspw. über eine BSC. Mit Blick auf das Marktpotenzial nachhaltiger Marktleistungen sind Portfolio- und Szenariotechniken einsetzbar (Stölzle 1993, S. 21–23; Vollmuth 2006, S. 340–342; ICV 2011a, S. 17).

Im Budgetierungsprozess, dem die kurzfristig orientierte operative Planung zugrunde liegt, lassen sich ebenfalls ökologische Aspekte einbeziehen. Denkbar sind zwei Vorgehensweisen, die sich miteinander vermischen lassen (Stelling 2005, S. 239–242). Jeweils aus der kurzfristigen Finanz- und Sachzielplanung werden für eine bestimmte Periode Budgets, also die Pläne, die in wertmäßigen Größen ausgedrückt werden, formuliert. Es lassen sich einerseits dezentrale Ökologiebudgets zuweisen, indem ökologische Zielsetzungen in Form von Umweltkosten und -erlösen in die funktionalen Budgets des Unternehmens integriert werden. Alternativ können Ökologiebudgets zentral etabliert werden, bei denen Positionen aufgeführt werden, die sich nicht direkt funktionalen Budgets zurechnen lassen. Ausgangspunkt bildet, neben den normalen Produktumsatzbudgets, idealerweise das Umsatzbudget für ökologisch nachhaltige Marktleistungen, das festzulegen ist. Daran ausgerichtet werden bspw. die Budgets für den Beschaffungs- und Produktionsbereich bestimmt, indem der notwendige Ressourceneinsatz für die zu erstellenden ökologisch nachhaltigen Marktleistungen kalkuliert wird. Gleiches gilt für die Festlegung der Forschungs- und Entwicklungsbudgets. Nicht zu unterschätzen ist hier v. a. die entfachte Anreizwirkung, sich für nachhaltiges Handeln einzusetzen. Das Nachhaltigkeitsbewusstsein kann über diese Budgetierungsmaßnahmen im gesamten Unternehmen angestoßen und optimiert werden (ICV 2011a, S. 19–20, 2014, S. 64–68).

3.4.3 Instrumente einer nachhaltigkeitsorientierten Kosten- und Leistungsrechnung

Im Rahmen der Kosten- und Leistungsrechnung lassen sich ökologische Aspekte einbeziehen, indem vor allem die Betrachtung von Umweltkosten in der Kostenrechnung umgesetzt wird. Auf der Ebene der Kostenartenrechnung sind pagatorische und kalkulatorische Umweltkosten zu unterscheiden. Vor allem Kosten für Energie und den Umweltschutz sind pagatorischer Natur und aus dem externen Rechnungswesen zu beziehen. Bei kalkulatorischen Umweltkosten, worunter bspw. Kosten für nicht geleisteten Umweltschutz oder der Umweltbelastung fallen, gelingt die Ermittlung nicht so einfach. Um einen Kostenansatz zu finden, sind u. a. „grüne" Verrechnungspreise oder sogar ein interner Handel mit Emissionszertifikaten einzuführen. Auf der Ebene der Kostenstellenrechnung kann es sinnvoll erscheinen, gesondert umweltbezogene Kostenstellen im Unternehmen zu bilden, über die die Umweltkostenarten verrechnet werden können. Anschließend sollten im Rahmen der Kostenrechnung ökologische Kostenträger für die Kostenträgerrechnung gebildet werden, so dass die Kosten von ökologischen Marktleistungen oder Projekten transparent gemacht werden können. Auf Basis der Ergebnisse der ökologischen Kostenrechnung lassen sich fundiert operative und strategische Entscheidungen zur nachhaltigen Unternehmensführung treffen (ICV 2011a, S. 21–22). Weitere Möglichkeiten, vor allem ökologische Aspekte zu berücksichtigen, bieten bspw. die Flusskostenrechnung, die Aussagen zur Ressourceneffizienz geben kann, sowie, jeweils um ökologische Aspekte modifiziert, die Prozesskostenrechnung und das Target Costing.

Im Rahmen der Prozesskostenrechnung wird versucht, die Gemeinkosten des Unternehmens auf der Basis von Aktivitäten bzw. Prozessen des Unternehmens bei der Kalkulation der Marktleistungen zu berücksichtigen. Hierbei lassen sich auch ökologische Aspekte einbeziehen. Indem Umweltkosten, die der Kostenartenrechnung entnommen werden, den betrieblichen Haupt- und Teilprozessen zugeordnet werden, werden die Kostentreiber für Umweltkosten identifiziert (Müller 2010, S. 126). Der Einsatz des Verfahrens einer *ökologischen Prozesskostenrechnung* ist jedoch ambivalent. Die umweltorientierte Prozesskostenrechnung verspricht einerseits transparent zu machen, welche der Geschäftsprozesse Umweltkosten verursachen. Ihre Einführung ist andererseits allerdings sehr aufwendig, zumal es schwierig ist, die Umweltkosten zu erfassen und den jeweiligen Prozessen selbst zuzuordnen (Burschel et al. 2004, S. 482).

Eine Variante der umweltorientierten Prozesskostenrechnung ist die *Flusskostenrechnung*, bei der die betrieblichen Material- und Energieflüsse bestimmt und bewertet werden. Ziel ist es, einen material- und energieflussorientierten Kostenrechnungsansatz zu gewinnen, um den Material- und Energieeinsatz zu senken und effizient zu steuern (Loew et al. 2003, S. 89). Flusskosten lassen sich berechnen, indem sämtliche Kosten, die durch Material- und Energieflüsse auf dem Weg der innerbetrieblichen Leistungserstellung vom Input zum Output anfallen, horizontal addiert werden. Neben den Ausgaben für Material und Energie, für Transport, Lagerung und Bearbeitung des Materials werden die Ausgaben einbezogen, die für den Absatz der Marktleistungen bzw. die Entsorgung anfallender Abwässer und Abfälle aufgebracht werden. Werden die Kosten der Material- und Energieflüsse verursachungsgerecht zugeordnet, so lassen sich die Kostentreiber feststellen. Der Transparenzschaffung durch die strukturierte Darstellung einer Flusskostenmatrix steht der hohe Aufwand gegenüber, die Kosten der Material- und Energieflüsse zu ermitteln und verursachergerecht zuzuordnen (Müller 2012, S. 71–73).

Für ökologisch und sozial nachhaltige Marktleistungen lässt sich auch ein *Target Costing* als marktorientiertes Zielkostenmanagement anwenden. Damit die Kundenanforderungen und die Zahlungsbereitschaft für ökologische und soziale Eigenschaften der Marktleistungen bereits im Vorfeld der Entwicklung des neuen Leistungsangebots und somit auch bei der Planung der Kosten der Erstellung berücksichtigt werden können, sind über Marktforschung die Kundenwünsche in Erfahrung zu bringen. Diese geben Aufschluss darüber, wie das Leistungsangebot zu gestalten ist und wie viel die jeweilige ökologisch und sozial erbrachte Marktleistung mit den gewünschten Eigenschaften zukünftig kosten darf. Die sich ergebenden Zielkosten werden dann auf alle betroffenen Abteilungen aufgeteilt und sind dort auch einzuhalten

(Götze 2010, S. 283–293). Können Kostenpotenziale genutzt sowie umweltorientierte Kosten bei Kostenüberschreitung reduziert werden, so lässt sich die ökologische Nachhaltigkeitsleistung erhöhen. Vorausgesetzt wird bei diesem Verfahren, dass der ökologische Sachverstand bei Konsumenten und Experten sowie notwendige Daten über den Lebenszyklus der Marktleistungen vorhanden sind (ICV 2011a, S. 23).

3.4.4 Instrumente des Nachhaltigkeitsreportings

Nachhaltigkeitsaspekte sind in das Berichtswesen des Unternehmens, unabhängig ob extern oder intern ausgelegt, systematisch einzubeziehen. Im Rahmen des externen Reportings lassen sich bei Jahresabschlüssen der Übersichtlichkeit willen umwelt- und sozialbezogene Informationen am besten im Lagebericht darlegen (Müller 2010, S. 96–98; Fifka 2016, S. 97; Lachmann et al. 2017, S. 132). Mittlerweile erfolgt durch immer mehr Unternehmen freiwillig die spezifische, extern ausgerichtete Nachhaltigkeitsberichterstattung, um die Anstrengungen in puncto Nachhaltigkeitsleistungen des Unternehmens unter Beweis zu stellen und für die gesellschaftliche Akzeptanz und Legitimität zu sorgen. Dies unterstreicht die Einsicht und das Bekenntnis zum bewussten und konstruktiven Tragen gesellschaftlicher Verantwortung. Der Süßgebäckhersteller Bahlsen schreibt anlässlich der ersten Erstellung eines Nachhaltigkeitsberichts, mit dem nun regelmäßig und transparent über den Fortschritt der wirtschaftlichen, sozialen und ökologischen Nachhaltigkeit informiert wird: „Verantwortungsbewusstsein und nachhaltiges Handeln sind seit Firmengründung fest im Unternehmen Bahlsen verankert. (…) Soziale und ökologische Aspekte und Herausforderungen wurden zu jeder Zeit ernst genommen und werden auch zukünftig von hoher Priorität für das Unternehmen sein. (…) Nachhaltiges und umweltgerechtes Handeln ist somit die Richtschnur für die Unternehmensführung und für alle Mitarbeiter. Für Bahlsen bedeutet Nachhaltigkeit kein abschließendes Ergebnis, sondern beschreibt einen Weg, den es für verantwortungsbewusste Unternehmen zu gehen gilt" (Bahlsen 2013).

Damit eine nachhaltige Unternehmenssteuerung möglich wird, ist auch das interne Management Reporting – als eine Aufgabe des Controllings – um ökologische wie auch soziale Themen zu ergänzen. Aus unterschiedlichen Abteilungen, wie bspw. dem Umweltmanagement und dem Rechnungswesen, werden dafür die Informationen gesammelt, die für die Berichtsverfassung notwendig sind. Ebenso lassen sich Angaben aus der externen Berichterstattung nutzen. Im Anschluss können dann Key Performance Indicators (KPIs) berechnet werden, die in die Berichtserstellung einfließen und in der Analyse entsprechend kommentiert werden. Für den ökologischen Bereich sind vor allem Kennzahlen mit Bezug zu Material, Energie, Abfall und Emissionen aussagekräftig (Müller 2011, S. 59–61). Unterstützt werden sollte dieses Vorgehen durch ausgereifte IT-Systeme, die helfen, ökologische und soziale Informationen handhabbar und analysierbar zu machen. Das Controlling ist hier, so zeigt es sich, insbesondere gefordert, weil es nicht nur um die Interpretation betriebswirtschaftlicher Sachverhalte gehen kann, sondern auch umwelttechnische und sozial relevante Belange verstanden und eingeordnet werden müssen (ICV 2011a, S. 26).

3.5 Ganzheitliches Nachhaltigkeitscontrolling: die Sustainability Balanced Scorecard als Syntheseoption

Mit Blick auf ein ganzheitliches Nachhaltigkeitscontrolling ist als problematisch festzustellen, dass das Vorgehen im Öko- und Sozio-Controlling weitgehend getrennt voneinander erfolgt. Auf diese Weise fehlt im Regelfall die Konsistenz und Abgestimmtheit der unterschiedlichen Nachhaltigkeitsperspektiven. Der verbindende Schritt, um das Controlling unter Nachhaltigkeitsaspekten zu komplettieren, wird meist nicht gegangen. Aufgrund der isolierten Betrachtung werden die Zusammenhänge zwischen ökonomischer, ökologischer und sozialer Nachhaltigkeit nicht immer transparent. Ein vollständig integratives Konzept wird nicht genutzt bzw. hat sich noch nicht in der Unternehmenspraxis fest etabliert, mit dem die Synthese der Nachhaltigkeitsdimensionen zu einem ganzheitlichen Nachhaltigkeitscontrolling erreicht werden kann (Müller 2012, S. 86). Nachvollziehbar ist, dass eine Zusammenführung der Nachhaltigkeitsdimensionen auf strategischer Controllingebene vollzogen werden muss.

Eine denkbare Syntheseoption steht dem Nachhaltigkeitsmanagement mit der *Sustainability Balanced Scorecard* (SBSC) zur Verfügung. Sie bildet einen wesentlichen Anknüpfungspunkt und eine empfehlenswerte Handlungsoption, die im strategischen Controlling anzusiedeln ist und als effektive Grundlage für ein integriertes Nachhaltigkeitscontrolling betrachtet werden kann (Greiling und Ther 2010, S. 40; Schaltegger 2016, S. 66; Bento et al. 2017, S. 769–770). Als Bindeglied zwischen den Nachhaltigkeitsdimensionen bildet sie den passenden Entwicklungs- und Strukturierungsrahmen. Methodisch setzt sie auf dem Grundkonzept der von Kaplan/Norton entwickelten *Balanced Scorecard* (BSC)(Kaplan und Norton 1992, 1996) auf, indem ökologische wie auch soziale Aspekte – je nach der zugewiesenen Relevanz – in die Steuerung der Unternehmensperformance systematisch und zielgerichtet einbezogen werden. Die konventionellen ökonomisch orientierten Steuerungsbereiche (Finanz-, Lern-, Prozess-, Marktperspektive) werden konsequent um die weiteren ökologischen und sozialen Controlling-Perspektiven ergänzt. Demnach halten neben den ökonomischen Gesichtspunkten die nicht-marktlichen Aspekte, wie bspw. Reputation, Legitimation, Arbeitsbedingungen, Ressourcenschonung und Rechtssicherheit, die eine deutliche Relevanz für den unternehmerischen Erfolg haben können, Einzug in die strategische Unternehmenssteuerung. Der BSC-Ansatz ist am ehesten dafür geeignet, sämtliche Nachhaltigkeitsdimensionen miteinander zu verbinden und gleichzeitig in ihrer wechselseitigen Abhängigkeit zu steuern. Sie ist prinzipiell gestaltbar und gerade auch offen dafür, dass die Grundstruktur modifiziert und an die unternehmensspezifischen Bedürfnisse und Handlungssituationen angepasst werden kann (Schulze et al. 2012, S. 109; ICV 2014, S. 59). Auf diese Flexibilität haben Kaplan und Norton ursprünglich auch schon verwiesen, dass nämlich neben den Interessensgruppen „Kunden“ und „Mitarbeiter“ auch weitere Stakeholderperspektiven denkbar sind (Kaplan und Norton 1996, S. 34). Das Grundkonzept der BSC erlaubt es ja insbesondere, nicht nur quantifizierbare monetäre, sondern gerade auch nicht-monetäre sowie qualitative, weiche erfolgsrelevante Faktoren zu berücksichtigen, was v. a. für die ökologischen und sozialen Nachhaltigkeitsbereiche unerlässlich ist (Schulze et al. 2012, S. 101). Es kann umfassend aufgezeigt werden, inwiefern sich die unterschiedlichen Einflussfaktoren, auch der Umwelt- und Sozialbereiche, auf den Unternehmenserfolg auswirken (Schaltegger und Dyllick 2002, S. 39; Schaltegger und Zvezdov 2012, S. 49). Insbesondere lassen sich die wechselseitigen Ursache-Wirkungs-Beziehungen zwischen den quantitativen und qualitativen Einflussgrößen, die sich auf die unterschiedlichen Nachhaltigkeitsbereiche beziehen, abbilden (Müller 2012, S. 84). Dadurch eröffnet sich die Möglichkeit, kontinuierlich die Nachhaltigkeitsleistung des Unternehmens zu beurteilen und zu verbessern. Die eingesetzten Key Performance Indicators (KPI) fokussieren zudem besonders den zukünftigen Unternehmenserfolg, so dass die strategische Vision in der Unternehmensstrategie zielgerecht zum Tragen kommt (Schaltegger und Dyllick 2002, S. 38; Fischer et al. 2009, S. 274–275; Schulze et al. 2012, S. 100–101). Auf diese Weise sorgt die SBSC für eine systematische Vorgehensweise des strategischen (Nachhaltigkeits-)Managements und damit bei der Umsetzung von Unternehmens- und Geschäftsfeldstrategien. Diese müssen dabei vorab klar definiert sein, da ansonsten ohne eine strategische Positionierung keine sinnvollen Zielvorgaben gemacht werden können (Schulze et al. 2012, S. 101; ICV 2014, S. 59; Schaltegger 2016, S. 62). Zielsetzung ist es, sich nicht nur als ökonomisch nachhaltiges, sondern auch nachhaltig ökologisch wie auch sozial verträgliches Unternehmen zu entwickeln und sich in diese strategische Richtung zielgerichtet zu verbessern.

Mit Blick auf die Ausgestaltung der SBSC sind mehrere Möglichkeiten denkbar (Abb. 4), um passgenau eine um die zwei weiteren Nachhaltigkeitsdimensionen erweiterte BSC auf das jeweilige Unternehmen konzeptionell zuzuschneiden (Müller 2012, S. 86–87; Schulze et al. 2012, S. 101; ICV 2014, S. 59–62).

Wird den Dimensionen Ökologie und Soziales eine gewisse Bedeutung zugeschrieben, so bietet sich für Unternehmen die *funktional angepasste BSC* an. Indem eine eigenständige fünfte Perspektive (Nachhaltigkeits-, Gesellschafts-, Umwelt- bzw. Nicht-Markt-Perspektive) in die klassische BSC-Logik integriert wird, werden diese beiden Dimensionen der Nachhaltigkeit gesondert betrachtet. Folglich werden für diese spezifische Steuerungsperspektive die jeweils relevanten ökologisch-sozialen KPIs, Zielvorgaben und Maßnahmen konkret einbezogen. Denkbar ist auch, jeweils gesondert eine Öko- und eine Sozio-Perspektive zu etablieren, was aber i. d. R. nicht favorisiert wird. Die Ergänzung der konventionellen Balanced Scorecard fällt im Grunde zunächst eher leicht und unterstreicht die strategische Relevanz. Bedenken gegenüber der Vorgehensweise bestehen jedoch dahingehend, dass angesichts der tendenziell isolierten Betrachtung die Ursache-Wirkung-Beziehungen nicht angemessen transparent werden (Schulze et al. 2012, S. 101).

Die *systemisch angepasste BSC* bietet eine weitere Möglichkeit für Unternehmen, die nicht-marktlichen Dimensionen der Nachhaltigkeit zu berücksichtigen. Mit der systemischen Anpassung haben sie die Möglichkeit, ökologische und soziale Aspekte und damit auch die anvisierten Umwelt- und Sozialziele in die bereits bestehenden Standardperspektiven der BSC, nämlich die Finanz-, Kunden-, Prozess- und Lern- und Entwicklungsperspektive, ganz oder partiell, wie bspw. nur in der Kun-

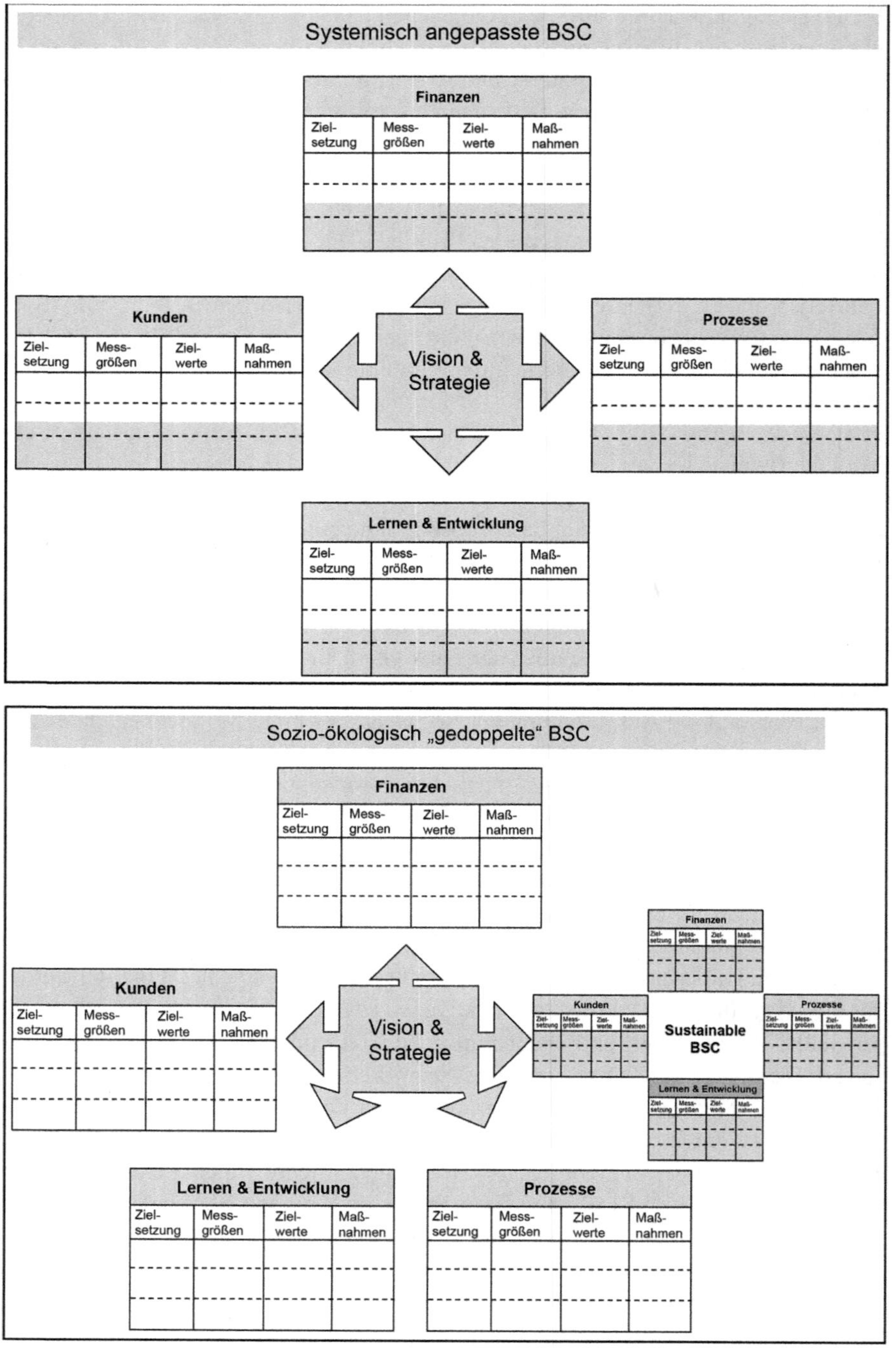

Abb. 4 (Fortsetzung)

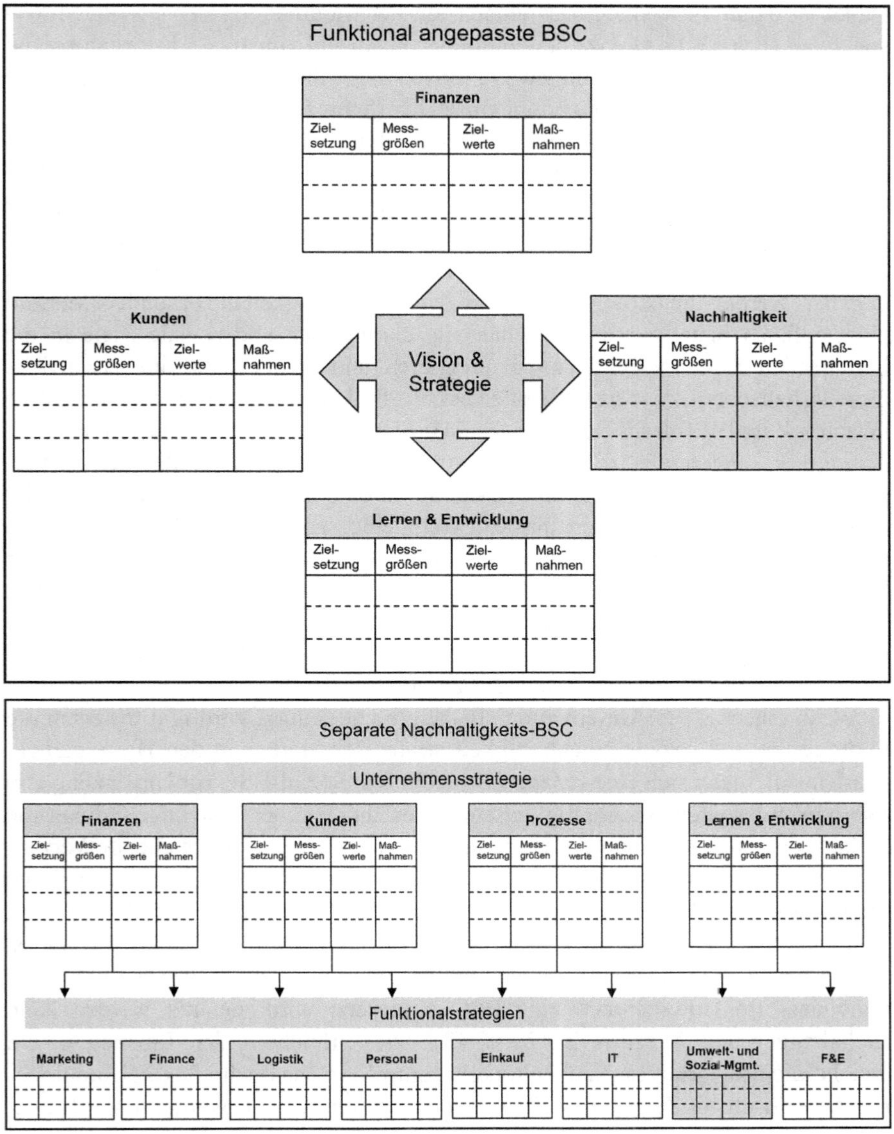

Abb. 4 Gestaltungsansätze der Sustainability Balanced Scorecard (Schulze et al. 2012, S. 103; ICV 2014, S. 60–61)

den- und der Mitarbeiterperspektive, zu integrieren. In die Prozessperspektive lassen sich bspw. die Ziele „Abfallmenge oder Emissionen reduzieren" ansetzen. Die bislang genutzte BSC-Struktur bleibt insofern erhalten, was akzeptanzförderlich ist.

Dabei ist daran zu denken, dass jedoch mit der Modifikation der jeweiligen Perspektiven auch an die Grenze der empfohlenen Anzahl von 16–25 Kennzahlen und Indikatoren gestoßen wird. Im Zweifel erweist sich die Steuerung dann als wenig funktional und operational nicht gut einsetzbar (Schulze et al. 2012, S. 102).

Für eine ganzheitlich ausgerichtete Einbeziehung ökologischer und sozialer Aspekte sind die beiden beschriebenen empfehlenswert bzw. zu wählen, sofern eine klassische BSC im Unternehmen als Steuerungsinstrument bislang schon eingesetzt wird oder zukünftig eine gesamthafte Sustainability BSC genutzt werden soll (ICV 2014, S. 60). Darüber hinaus sind Kombinationen aus den vorgenannten Varianten denkbar. Werden die ökologische und soziale Nachhaltigkeit als besonders relevant eingestuft, so bietet es sich an, einerseits ökologische und soziale Ziele in die bestehenden BSC-Perspektiven zu integrieren und andererseits eine zusätzliche Gesellschaftsperspektive bzw. eine Perspektive für Umwelt und Soziales zu schaffen (Waniczek und Werderits 2006, S. 72–74). Eine weitere Variante bietet die *sozio-ökologisch „gedoppelte" BSC*, die ebenfalls eine Kombination der beiden vorgenannten Varianten darstellt. In Ergänzung zu einer klassischen BSC, die an der ökonomischen Nachhaltigkeit ansetzt, greift eine separate SBSC die strategisch relevanten Umwelt- und Sozialaspekte auf. Diese besteht aus den typischen vier Steuerungsperspektiven und weist somit den gleichen BSC-Aufbau auf. Dies sorgt wiederum für eine von der ökonomischen Nachhaltigkeit getrennten Steuerung, so dass die Möglichkeiten einer Integration und Koordination beschränkt werden (Hahn et al. 2002, S. 61–62; Schulze et al. 2012, S. 102).

Wenn eine BSC im Unternehmen bislang nicht genutzt wird und trotzdem die ökologische und soziale Nachhaltigkeit strategisch stärker in den Blick gerückt werden soll, bietet sich eine separate Umwelt- und Sozial-BSC zur Umsetzung von ökologisch-sozialen Nachhaltigkeitsstrategien an. Hierbei besteht allerdings die Gefahr, dass sich aufgrund der isolierten Betrachtung keine ausreichende Verzahnung mit der Gesamtstruktur entfaltet. Zudem entwickeln sich u. U. unnötige organisatorische Parallelstrukturen (Schulze et al. 2012, S. 101; ICV 2014, S. 60). Dennoch zeigt sich, dass die Umsetzungshürde nicht vornherein hoch sein muss. Bei der SBSC handelt es sich um einen konzeptionellen Ansatz, der letztlich, auch ohne dass im Unternehmen eine BSC eingesetzt wird, genutzt werden kann (Schaltegger und Zvezdov 2012, S. 48). Dies erleichtert den Einstieg in ein ganzheitlich-integratives Nachhaltigkeitscontrolling, das sehr flexibel unternehmensspezifisch im Zuge eines Lernprozesses fortentwickelt werden kann (Funkl et al. 2012, S. 200–201).

Mit Blick auf die inhaltliche Ausgestaltung werden je nach strategischer Positionierung für die gewählte Nachhaltigkeitsstrategie KPIs und Zielvorgaben festgelegt, die entlang von Ursache-Wirkungsketten beurteilt werden. Hier ist wiederum eine Orientierung am GRI etc. sinnvoll (Schulze et al. 2012, S. 101,104; Schaltegger 2016, S. 67). Unter Berücksichtigung der vorhandenen Ressourcen wird das Ausmaß der Steuerungsbemühungen unternehmensspezifisch bestimmt, wobei im Rahmen einer Kosten-Nutzen-Analyse die Verfügbarkeit, Messbarkeit der Daten sowie die Häufigkeit deren Erhebung in die Überlegungen mit einfließen (ICV 2014, S. 62). Die Betrachtung der Ursache-Wirkungsketten startet bei Erfolgspotenzialen und dies sind typischerweise die Mitarbeiter, die die verfolgten Nachhaltigkeitsziele konkret umsetzen müssen. Stufenartig lassen sich diese Vorgaben bis auf die Ebene der Mitarbeiter oder auch der Zulieferer herunterbrechen, die ebenfalls den Anforderungen unterliegen. Auf diese Weise können sich Leistungsprozesse entfalten, die ökologisch und zugleich sozial verträglich sind (Müller 2012, S. 89). Die praktische Umsetzbarkeit einer SBSC beweist die BMW Group, die eine sehr konsequente Nachhaltigkeitsstrategie verfolgt. Abb. 5 stellt eine SBSC für BMW dar, die exemplarisch auf Basis des letzten Nachhaltigkeitsberichts konstruiert ist (Schulze et al. 2012, S. 108).

Ist die SBSC strategisch fest verankert und erfolgreich eingeführt, so kann die Erreichung der Nachhaltigkeitsziele in Form der Nachhaltigkeitsleistung auf einfache und standardisierte Art und Weise ermittelt und dann auch kommuniziert werden. Anhand der SBSC können alle internen Stakeholder auf normierte Kennzahlen zugreifen. Die Publizierung der ermittelten Kennzahlen und Indikatoren

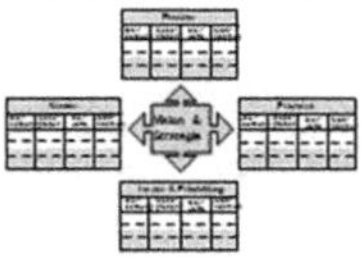

Perspektiven der „klassischen" BSC nach Kaplan/Norton

Ökologische Perspektive				
Zielbezeichnung	**Kennzahl**	**Zielvorgabe**	**2012**	**2013**
Senkung des Energieverbrauchs	Energieverbrauch je produzierten Fahrzeug (in MWh)	jährlich -5 %	2,41	2,36
Senkung des Wasserverbrauchs	Wasserverbrauch je produzierten Fahrzeug (in m³)	jährlich -5 %	2,22	2,18
Senkung des Prozessabwassers	Prozessabwasser je produzierten Fahrzeug (in m³)	jährlich -5 %	0,51	0,47
Senkung des Abfallmenge	Abfall zur Beseitigung je produzierten Fahrzeug (in kg)	jährlich -5 %	6,47	5,73
Senkung gefährlicher Emissionen	Emissionen flüchtiger organischer Lösungsmittel (VOC) je produzierten Fahrzeug (in kg)	jährlich -5 %	1,78	1,59
Senkung der Emissionen Neuwagenflotte	CO_2-Emissionen der BMW Group Automobile (in g/km)	-50 % bis 2020 (Basis 1995)	0,72	0,68

Soziale Perspektive				
Zielbezeichnung	**Kennzahl**	**Zielvorgabe**	**2012**	**2013**
Senkung der Unfallrate	Unfallhäufigkeitsrate (je 1. Mio. geleistete Arbeitsstunden)	n.b.	5,8	4,8
Schaffung/Erhaltung von Arbeitsplätzen	Anzahl der Mitarbeiter der BMW Group am jeweiligen Jahresende	n.b.	105.876	110.351
Erhöhung des Frauenanteils im Unternehmen	Frauenanteil an der Gesamtbelegschaft (in %)	mind. 15–17 % bis 2020	16,8 %	17,4 %
Reduzierung/Vermeidung von Mitarbeiterfluktuation	Fluktuationsquote der BMW AG (in %)	n.b.	3,87 %	3,47 %
Erhöhung der Mitarbeiterqualifikation	Fort- und Weiterbildungstage pro Mitarbeiter und Jahr	n.b.	3,7	3,5
Steigerung gesellschaftlich positiver Unternehmensaktivität	Höhe der Ausgaben für gesellschaftliches Engagement der BMW Group weltweit (in Mio. €)	n.b.	31,979	28,944

Abb. 5 Beispielhafte Balanced Scorecard der BMW Group (Schulze et al. 2012, S. 108; BMW AG 2014)

erfolgt dann der Öffentlichkeit gegenüber im Nachhaltigkeitsbericht (Gänßlen 2012, S. 214). Ein weiteres Instrument stellt in dem Kontext der Sustainable Value-Ansatz dar. Bei ihm handelt es sich um einen Benchmarking-Ansatz, mit dem der Sustainable Value als nachhaltiger Wertbeitrag eines Unternehmens im gesamten Ressourceneinsatz ermittelt wird. Etwaige Effizienzabweichungen bei den eingesetzten Ressourcenmengen, die zu einer Ertragsgröße in das Verhältnis gesetzt werden, werden mit den Werten der Branche verglichen. Die betrachteten Ressourceneinsätze reichen vom Kapitaleinsatz, den unterschiedlichsten Emissionsarten, dem Wassereinsatz, über die Arbeitsunfälle bis hin zur Beschäftigtenzahl. Das Verfahren ist v. a. von einer belastbaren quantitativen Datenbasis zur jeweiligen Branche abhängig, die nur dann repräsentative Aussagen ermöglicht (Hahn et al. 2007, S. 16–17; Greiling und Ther 2010, S. 56, 60).

3.6 Handlungs- und Gestaltungsempfehlungen für die Anwendungspraxis

Nachhaltigkeit ist ein dynamisches Thema, das eine unternehmensweite und übergreifende strategische Auseinandersetzung und Aufmerksamkeit erfordert. Ausschlaggebend ist, dass im Unternehmen ein gemeinsames Nachhaltigkeitsverständnis entwickelt wird und flächendeckend, sicherlich zunächst von der strategischen Spitze ausgehend, für Nachhaltigkeitsaspekte und Themen sensibilisiert wird. Daher sind alle Führungskräfte und Unternehmensbereiche – bis auf die Mitarbeiterebene herunter – frühzeitig einzubinden. Hieraus sind im Zuge des Strategieentwicklungsprozesses, der vom Controlling maßgeblich moderiert und konstruktiv begleitet wird, relevante strategische Handlungsfelder abzuleiten (Isensee und Henkel 2011, S. 147–149; ICV 2014, S. 20–21, 40; Schaltegger 2016, S. 66). Die bislang genutzten Steuerungsinstrumente sind entsprechend anzupassen, indem allgemeingültige Kennzahlen zur Messung der Nachhaltigkeit in Ergänzung zu den bestehenden Kennzahlen der „klassischen" Unternehmenssteuerung implementiert werden (ICV 2014, S. 48), die bewusstseinsaktivierend bis auf Abteilungs- und Mitarbeiterebene heruntergebrochen werden. Von der Nachhaltigkeitsberichterstattung ist zu erwarten, dass von ihr wichtige Impulse ausgehen, da Kennzahlen zum Maßstab und Orientierungswert des alltäglichen Denken und Handelns werden sollen. Eine Anlehnung an den GRI bietet eine erste Unterstützung, wobei die Standardvorgaben unternehmensspezifisch anzupassen sind (Isensee und Henkel 2011, S. 147, 149). Das gehört zur Kernaufgabe des Controllings und des Controllers, der dazu methodisch und inhaltlich in der Lage ist und den nötigen Aufwand reduzieren kann (Abb. 6).

Die Anforderungen an das Controlling und dessen organisatorischer Verankerung richten sich, wie schon angedeutet, nach der zugewiesenen Bedeutung ökologischer und sozialer Aspekte und der daraus resultierenden Unternehmensstrategie. Die System- und Methodenkompetenz und das vorgehaltene Know-How versetzen das Controlling prinzipiell in die Lage, die Nachhaltigkeitsaspekte in die bereits vorhandenen Controlling-Instrumente, die sich auf die finanziellen Ziele beziehen,

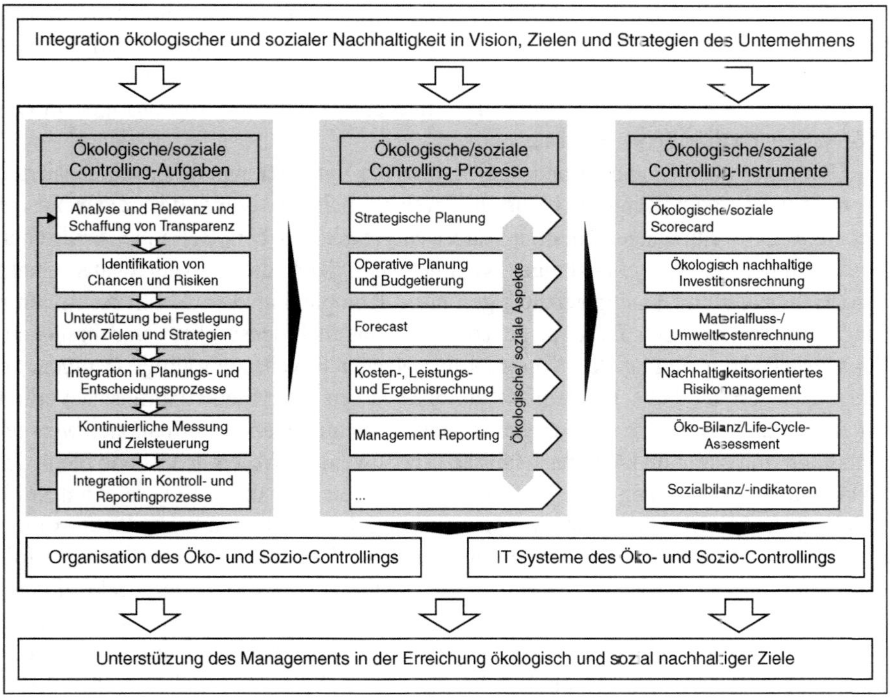

Abb. 6 Handlungsfelder für die Integration ökologischer und sozialer Nachhaltigkeit in das Nachhaltigkeitscontrolling (ICV 2014, S. 47)

einzubeziehen bzw. neue passende Steuerungsinstrumente zu entwickeln. Vieles hängt davon ab, ob ökologische und soziale Aspekte messbar und transparent werden, wenngleich man auch z. T. mit Näherungslösungen Vorlieb nehmen muss (Müller 2011, S. 32). Bislang genutzte Instrumente müssen überdacht und erweitert werden. Genauso muss Entwicklungsaufwand für ergänzende neue Instrumente betrieben und diese regelmäßig aufgrund der gesammelten Erfahrung weiterentwickelt werden (Isensee und Henkel 2011, S. 142; Gänßlen 2012, S. 215; Bernatzky et al. 2018, S. 205–206).

Um internen Konflikten zu begegnen, müssen die Rollen bei der Einführung der Nachhaltigkeitssteuerung klar verteilt und eindeutig zugeordnet werden. Doppelstrukturen sind in jedem Fall zu vermeiden. Das Controlling nimmt aufgrund der zentralen Rolle im Rahmen der Unternehmenssteuerung eine von anderen Funktionsbereichen kaum gut imitierbare Ausgangsposition ein, um auf alle Unternehmensbereiche sich effektiv auszuwirken. Auch hier ist das Controlling verantwortlich zu machen, jedoch ist daran zu denken, dass inhaltliche Abstimmungen mit Fachabteilungen notwendig werden, falls besonders unterschiedliche Themenaspekte erfasst werden müssen. Sollte bspw. im Unternehmen ein Umwelt- und Sozialmanagement organisatorisch verankert sein, ist eine enge fachliche Zusammenarbeit mit dem Controlling notwendig (Horváth et al. 2012, S. 48; Tschandl 2012, S. 21). Die Glaubwürdigkeit der Daten wird auf diese Weise garantiert. Durch die zu vergebende Mitverantwortung wird zudem gewährleistet, dass die Unternehmensstrategie optimal und zielkonform verfolgt werden kann (Weber et al. 2012, S. 96–97). Dafür bedarf es allerdings umfangreiches thematisches Know-How im Controlling und entsprechender Anpassungen in den IT-Systemen (ICV 2014, S. 114).

Herauszustellen ist ganz grundsätzlich, dass die Entwicklung des strategiebasierten Nachhaltigkeitscontrollings nicht nur für Großunternehmen reserviert ist, die bspw. ein separates Umweltmanagement organisatorisch verankert haben. Bei mittelständischen Unternehmen ist es nicht weniger wichtig, wenngleich die Ressourcenausstattung anders ausfällt und eine potenziell geringere Komplexität der Geschäftsstrukturen und -prozesse vorliegt. Es kann generell eine unternehmensgrößen- und branchenspezifische Adjustierung des Konzepts des Nachhaltigkeitscontrollings erfolgen, so dass sich vermeintliche Hindernisse auflösen lassen. Der Steuerungsansatz verliert nicht an Stärke, wenn die steuerungsrelevanten Indikatoren und Informationen weniger detailliert und damit im kleineren Maßstab erfasst werden. Wesentlich ist und bleibt der systematische Einbezug von Nachhaltigkeitsbereichen, die erfolgsrelevant sind. Nichtsdestoweniger kann ein systematisch angelegtes Nachhaltigkeitscontrolling gerade deshalb sinnvoll sein, weil dann auch der Ressourceneinsatz besser erfolgen kann – von positiven Effekten wie gestiegener Arbeitgeberattraktivität in Verbund mit höherer Zufriedenheit und Produktivität der Mitarbeiter ganz zu schweigen. Das liegt somit im Interesse jeden Unternehmens unabhängig von der Größe (Isensee und Henkel 2011, S. 143; Schaltegger und Zvezdov 2012, S. 54, 60, 63; Falle et al. 2016, S. 10–13; Endenich und Trapp 2019, S. 243). Eine Schnellstart-Anleitung für das Öko-Controlling bietet bspw. der Internationale Controller Verein e.V. (ICV 2014, S. 115–118).

4 Fazit

Die Auseinandersetzung mit dem Thema Nachhaltigkeit sorgt zwangsläufig für eine erhöhte Reflexivität im unternehmerischen Denken und Handeln. Vor dem Hintergrund der gesellschaftlichen Ansprüche und Erwartungen wird für jedes Unternehmen, unabhängig von Größe und Branche, die „license to operate" bzw. Legitimität immer stärker an der dreidimensional zu denkenden Nachhaltigkeitsleistung – quasi als Solidarleistung – bemessen, die über ein ganzheitlich integriertes Controlling gesteuert werden kann. Ein ernsthaft verfolgtes Nachhaltigkeitsmanagement schafft sich im Dialog mit seinen Anspruchsgruppen seine eigenen unternehmerischen Grundlagen und Handlungsbedingungen für die eigene Zukunft und dabei auch die der nächsten Generationen. Die ökonomischen, ökologischen und sozialen Nachhaltigkeitsdimensionen bewegen sich in einem komplexen Zusammenspiel. Zu den strategischen Weichenstellungen gehört die controllingseitige Begleitung des Wegs zu einem nachhaltig und verantwortlich agierenden Unternehmen. Angesichts der Komplexitätssteigerung muss die Anpassungs- und Neuerungsfähigkeit ganz wesentlich auch im Controlling unter Beweis gestellt werden. Die Einführung bzw. der Aufbau eines Nachhaltigkeitscontrollings als Entwicklungsaufgabe fordert und fördert ein Umdenken, da das primär finanzorientierte Controlling transformiert werden muss. Der Nachholbedarf im Bereich der ökologisch-sozialen Steuerung muss über systematische Integrationsmaßnahmen des Öko- und Sozio-Controllings befriedigt werden. Die Ausrichtung auf Nachhaltigkeit in allen drei Dimensionen muss für das Unternehmen strategisch und operativ auf allen Controllingebenen miteinander verzahnt gesteuert werden. Eine tragfähige Synthese der Nachhaltigkeitsaspekte bietet die Sustainability Balanced Scorecard. Eine nur ansatzweise Verweigerung, auf Nachhaltigkeit zu Gunsten kurzfristiger Vorteile zu setzen, ist nicht nur nachlässig, sondern als grob fahrlässig einzustufen. Der von gesellschaftlicher und politischer Seite immer stärker eingeforderte Nachweis von Nachhaltigkeitsleistungen und die verantwortungsvollen Offenlegung der unternehmerischen Handlungsweise sorgt für einen gravierenden Erwartungs- und Handlungsdruck mit immer geringer werdenden Spielräumen, so dass die Weichen zu stellen sind, um in Zukunft nicht ins Abseits zu geraten. Eine fehlende Nachhaltigkeitsausrichtung und eine Intransparenz im Controlling kann als wachsendes, strategisches Risiko begriffen werden, da das Unternehmen sich auf Dauer, d. h. nachhaltig, im Wettbewerb und gesellschaftlichen Diskurs angreifbar macht.

Literatur

Bahlsen GmbH & Co. KG. (Hrsg.). (2013). Nachhaltigkeitsbericht.

Bento, R. F., Mertins, L., & White, L. F. (2017). Ideology and the balanced scorecard: an empirical exploration of the tension between shareholder value maximization and corporate social responsibility. *Journal of Business Ethics, 4*(Jun.), 769–789.

Bernatzky, S., Endenich, C., & Wömpener, A. (2018). Zur Integration von Nachhaltigkeit in das Controlling: eine empirische Analyse. *Betriebswirtschaftliche Forschung und Praxis: BFuP, 2*(Mrz/Apr.), 202–226.

BMW AG. (Hrsg.). (2014). Sustainable value report 2013 der BMW Group.

Bollmann, S. (2007). *Auswirkungen des Deutschen Corporate Governance-Kodex auf das Controlling* (1. Aufl.). München: GRIN.

Boms, A. (2008). *Unternehmensverantwortung und Nachhaltigkeit: Umsetzung durch das Sustainability Performance Measurement* (1. Aufl.). Lohmar: Eul.

Braun, B. (2003). *Unternehmen zwischen ökologischen und ökonomischen Zielen – Konzepte, Akteure und Chancen des industriellen Umweltmanagements aus wirtschaftsgeographischer Sicht*. Münster: LIT.

Burschel, C., Losen, D., & Wiendl, A. (2004). *Betriebswirtschaftslehre der Nachhaltigen Unternehmung*. München: Oldenbourg Wissenschaftsverlag.

Danielli, G., Backhaus, N., & Laube, P. (2009). *Wirtschaftsgeografie und globalisierter Lebensraum – Lerntext, Aufgaben mit Lösungen und Kurztheorie* (3. Aufl.). Zürich: Compendio Bildungsmedien.

Dierkes, S., Hanrath, S., & Kloock, J. (2016). Konzeption und Anwendung von Wertschöpfungsrechnungen im Nachhaltigkeits-Controlling. In R. Antes, M. Müller & B. Siebenhüner (Hrsg.), *Umweltmanagement im Nachhaltigkeits- und Verhaltenskontext: Festschrift für Hans-Ulrich Zabel* (S. 237–249). Marburg: Metropolis.

Dubielzig, F. (2009). *Sozio-Controlling im Unternehmen. Das Management erfolgsrelevanter sozialgesellschaftlicher Themen in der Praxis*. Wiesbaden: Gabler.

Dyllick, T., & Hockerts, u. K. (2002). Beyond the business case for corporate sustainability. *Business Strategy and the Environment, 11*, 130–141.

Elkington, J. (1997). *Cannibals with forks: The triple bottom line of 21st century business*. Oxford: Capstone.

Endenich, C., & Trapp, R. (2019). Nachhaltigkeitscontrolling in Klein- und Mittelunternehmen. In B. Feldbauer-Durstmüller & S. Mayr (Hrsg.), *Controlling – Aktuelle Entwicklungen und Herausforderungen: Digitalisierung, Nachhaltigkeit und Spezialaspekte* (S. 229–246). Wiesbaden: Springer Gabler.

Erichsen, J. (2011). *Controlling-Instrumente von A-Z – Die wichtigsten Instrumente zur Unternehmenssteuerung* (8. Aufl.). Freiburg: Haufe.

EU. (2020). *Ein europäischer Grüner Deal.* https://ec.europa.eu/info/strategy/priorities-2019-2024/european-green-deal_de. Zugegriffen am 15.07.2020.

Falle, S., Rauter, R., Engert, S., & Baumgartner, R. J. (2016). Sustainability Management with the Sustainability Balanced Scorecard in SMEs: Findings from an Austrian Case Study. *Sustainability, 8*(6), 1–16.

Fichter, K. (2009). Verantwortung durch schöpferische Zerstörung. In I. Antoni-Komar, M. Beermann, C. Lautermann, J. Müller, N. Paech, H. Schattke, U. Schneidewind & R. Schulz (Hrsg.), *Neue Konzepte der Ökonomik : Unternehmen zwischen Nachhaltigkeit, Kultur und Ethik; Festschrift für Reinhard Pfriem zum 60. Geburtstag* (S. 143–162). Marburg: Metropolis.

Fiedler, K. (2007). Nachhaltigkeitskommunikation in Investor Relations. http://opus.ub.uni-hohenheim.de/volltexte/2007/205/pdf/Dissertation_Katja_Fiedler.pdf. Zugegriffen am 01.07.2020.

Fifka, M. S. (2016). Nachhaltigkeitsberichterstattung und Controlling – eine natürliche Symbiose. In E. Günther & K.-H. Steinke (Hrsg.), *CSR und Controlling: unternehmerische Verantwortung als Gestaltungsaufgabe des Controlling* (S. 83–99). Berlin: Springer-Gabler.

Fischer, T. M., Sawczyn, A., & Brauch, B. (2009). Nachhaltigkeit und Sustainability Accounting. In F. Wall & R. W. Schröder (Hrsg.), *Controlling zwischen Shareholder Value und Stakeholder Value: neue Anforderungen, Konzepte und Instrumente* (S. 261–287). München: Oldenbourg Wissenschaftsverlag.

Freiling, J., & Harima, J. (2019). *Entrepreneurship: Gründung und Skalierung von Startups*. Wiesbaden: Springer-Gabler.

Freiling, J. (2006). *Entrepreneurship: Theoretische Grundlagen und unternehmerische Praxis*. München: Vahlen.

Funkl, E., Martin, T., & Jürgen, W. H. (2012). Die Balanced Scorecard als Instrument im Umweltcontrolling. In M. Tschandl & A. Posch (Hrsg.), *Integriertes Umweltcontrolling: von der Stoffstromanalyse zum Bewertungs- und Informationssystem* (2., Akt. u. erw. Aufl., S. 179–204). Wiesbaden: Gabler.

Gänßlen, S. (2012). Green Controlling @ Hans Grohe – Praxis des Nachhaltigkeitscontrolling bei Hansgrohe. In R. Gleich (Hrsg.), *Controlling – Relevance lost?: Perspektiven für ein zukunftsfähiges Controlling* (S. 202–216). München: Vahlen.

Global Reporting Initiative (GRI). (2020). Standards. https://www.globalreporting.org/standards. Zugegriffen am 15.07.2020.

Gminder, C. U., Bieker, T., Dyllick, T., & Hockerts, K. (2002). Nachhaltigkeitsstrategien umsetzen mit einer Sustainability Balanced Scorecard. In S. Schaltegger & T. Dyllick (Hrsg.), *Nachhaltig managen mit der Balanced Scorecard* (S. 95–147). Wiesbaden: Gabler.

Götze, U. (2010). *Kostenrechnung und Kostenmanagement* (5. Aufl.). Berlin: Springer.

Greiling, D., & Ther, D. (2010). Leistungsfähigkeit des Sustainable Value-Ansatzes als Instrument des Sustainability Controlling. In H. K. Prammer (Hrsg.), *Corporate Sustainability: Der Beitrag von Unternehmen zu einer nachhaltigen Entwicklung in Wirtschaft und Gesellschaft, Festschrift für em. o. Univ.-Prof. Ing. Dr. Adolf Heinz Malinsky* (S. 37–67). Wiesbaden: Gabler.

Grunwald, A., & Kopfmüller, J. (2006). *Nachhaltigkeit* (2. Aufl.). Frankfurt a. M.: Campus.

Günther, E., & Koep, L. (2018). Nachhaltigkeitscontrolling in Wertschöpfungsnetzwerken. In H. Corsten, R. Gössinger & T. S. Spengler (Hrsg.), *Handbuch Produktions- und Logistikmanagement in Wertschöpfungsnetzwerken* (S. 860–885). Berlin: De Gruyter Oldenbourg.

Günther, T., & Günther, E. (2017). Finanzielle Nachhaltigkeit: Messung, finanzielle Steuerung und Herausforderungen. In A. Hoffjan, T. Knauer & A. Wömpener (Hrsg.), *Controlling: Konzeptionen – Instrumente – Anwendungen* (S. 79–90). Stuttgart: Schäffer-Poeschel.

Günther, T., & Heinicke, A. (2015). Gestaltung und Nutzung von Performance Measurement-Systemen in KMUs: Ergebnisse einer empirischen Untersuchung. *Jahrbuch für Controlling und Rechnungswesen, 2015*, 1–24.

Habisch, A. (2003). *Corporate Citizenship – Gesellschaftliches Engagement von Unternehmen in Deutschland.* Berlin: Springer.

Hahn, T., Andrea, L., Frank, F., & Ralf, B. (2007). Nachhaltig erfolgreich Wirtschaften. Eine Untersuchung der Nachhaltigkeitsleistung deutscher Unternehmen mit dem Sustainable-Value-Ansatz. Langversion. http://web.mit.edu/21f.410/www/documents/newstudiekurzfassung.pdf. Zugegriffen am 15.07.2020.

Hahn, T., Wagner, M., Figge, F., & Schaltegger, S. (2002). Wertorientiertes Nachhaltigkeitsmanagement mit einer Sustainability Balanced. In S. Schaltegger & T. Dyllick (Hrsg.), *Nachhaltig managen mit der Balanced Scorecard* (S. 43–94). Wiesbaden: Gabler.

Hansmann, K.-W. (2006). *Industrielles Management* (8. Aufl.). München: Oldenbourg Wissenschaftsverlag.

Hauff Michael, v., & Kleine, A. (2009). *Nachhaltige Entwicklung*. Freiburg: Haufe.

Höffe, O. (2008). *Lexikon der Ethik* (7. Aufl.). München: Beck.

Horváth, P. (2012). Experten-Interview „Green Controlling: Herausforderungen der Integration ökologischer Aspekte in das Controlling". In R. Gleich, P. Bartels & V. Breisig (Hrsg.), *Nachhaltigkeitscontrolling: Konzepte, Instrumente und Fallbeispiele zur Umsetzung* (S. 15–22). Freiburg: Haufe.

Horváth, P., Isensee, J., & Michel, U. (2012). „Green Controlling" – Bedarf einer Integration von ökologischen Aspekten in das Controlling. In T. Martin & P. Alfred (Hrsg.), *Integriertes Umweltcontrolling: von der Stoffstromanalyse zum Bewertungs- und Informationssystem* (2., Akt. u. erw. Aufl., S. 39–58). Wiesbaden: Gabler.

International Group of Controlling (IGC). (Hrsg.). (2013). *Controller-Leitbild*, https://www.igc-controlling.org/fileadmin/pdf/controller-de-2013.pdf. Zugegriffen am 15.07.2020.

Internationaler Controller Verein e. V. (Hrsg.). (2011a). *Green Controlling: Relevanz und Ansätze einer „Begrünung" des Controlling-Systems – Dream Car der Ideenwerkstatt im ICV* 2010, o.O.

Internationaler Controller Verein e. V. (Hrsg.). (2011b). *Green Controlling eine (neue) Herausforderung für den Controller? Relevanz und Herausforderungen der Integration ökologischer Aspekte in das Controlling aus Sicht der Controllingpraxis*. o.O.

Internationaler Controller Verein e. V. (Hrsg.). (2014). *Green Controlling: Leitfaden für die erfolgreiche Integration ökologischer Zielsetzungen in Unternehmensplanung und -steuerung im ICV 2014*. Freiburg: Haufe.

Isensee, J., & Angelika, H. (2011). Nachhaltigkeit als neues Ziel: Herausforderung und Lösungsansätze für das Green Controlling. In R. Gleich, S. Gänßlen & H. Losbichler (Hrsg.), *Challenge Controlling 2015: [Trends und Tendenzen; auf dem Weg zum Business Partner, Effizienz und Effektivität des Controllings steigern, Neue Reporting-Trends – Planung mit Szenarien, Green Controlling: Nachhaltigkeit als Zukunftsthema, Controlling und Compliance]* (S. 133–152). Freiburg: Haufe.

Isensee, J., & Michael, U. (2011). Green Controlling als (neue) Aufgabe für den Controller? *Controller Magazin, 4*, 18–20.

Jung, H. (2007). *Controlling* (2. Aufl.). München: Oldenbourg Wissenschaftsverlag.

Kaplan, R. S., & Norton, D. P. (1992). The Balanced Scorecard – measures that drive performance. *Havard Business Review, 70*(1), 71–79.

Kaplan, R. S., & Norton, D. P. (1996). *The balanced scorecard: Translating strategy into action*. Boston: Harvard Business School Press.

Kollmann, T., Hensellek, S., Jung, P. B., & Kleine-Stegemann, L. (2020). *Deutscher Startup Monitor 2019: Mehr Mut, neue Wege*. Hrsg. Bundesverband Deutsche Startups e.V. https://deutscherstartupmonitor.de/fileadmin/dsm/dsm-19/files/Deutscher_Start-Monitor_2019.pdf. Zugegriffen am 15.07.2020.

Kramer, M. R., & Porter, M. E. (2007). Corporate social responsibility: Wohltaten mit System. *Harvard Business Manager, 29*(1), 16–34.

Lachmann, M., Faust, A., & Getzin, F. (2017). Nachhaltigkeitscontrolling: eine anwendungsorientierte Erweiterung der Controllingkonzeption. In A. Hoffjan, T. Knauer & A. Wömpener (Hrsg.), *Controlling. Konzeptionen – Instrumente – Anwendungen. Unter Mitarbeit von W: Berens* (S. 127–139). Stuttgart: Schäffer-Poeschel.

Loew, T., Klaus, F., Uta, M., Werner, F. S., & Markus, S. (2003). Ansätze der Umweltkostenrechnung im Vergleich – Vergleichende Beurteilung von Ansätzen der Umweltkostenrechnung auf ihre Eignung für die betriebliche Praxis und ihren Beitrag für eine ökologische Unternehmensführung, Berlin 2003. https://www.umweltbundesamt.de/sites/default/files/medien/publikation/long/2428.pdf. Zugegriffen am 15.07.2020.

Meffert, H., & Matthias, M. (2005). Corporate social responsibility in Wissenschaft und Praxis: eine Bestandsaufnahme. Arbeitspapier Nr. 186 der Wiss. Ges. für Marketing und Unternehmensführung e. V., Leipzig. Münster: Wiss. Ges. für Marketing und Unternehmensführung.

Müller, Armin. (2010). *Umweltorientiertes betriebliches Rechnungswesen* (3., vollst. überarb. u. erw. Aufl.). München: Oldenbourg Wissenschaftsverlag.

Müller, A. (2011). *Nachhaltigkeits-Controlling*. Berlin: Uni-Ed.

Müller, A. (2012). Ansätze und Instrumente des Nachhaltigkeitscontrollings – ein praxisorientierter Überblick. In R. Gleich, P. Bartels & V. Breisig (Hrsg.), *Nachhaltigkeitscontrolling: Konzepte, Instrumente und Fallbeispiele zur Umsetzung* (S. 67–90). Freiburg: Haufe.

Nidumolu, R., Prahalad, C. K., & Rangaswami, M. (2009). In fünf Schritten zum Nachhaltigen Unternehmen. *Harvard Business Manager, 31*(12), 50–61.

Porter, M. E., & Kramer, M. R. (2002). The competive advantage of corporate philanthropy. *Harvard Business Review, 80*(12), 56–69.

Porter, M. E., & Kramer, M. R. (2006). Strategy & society – The link between competive advantage of corporate philanthropy. *Harvard Business Review, 84*(12), 78–92.

Sailer, U. (2020). *Nachhaltigkeitscontrolling: was Controller und Manager über die Steuerung der Nachhaltigkeit wissen sollten* (3., überarb. Aufl.). München: UVK/Tübingen: Narr Francke Attempto.

Schäfer, H., & Lindenmayer, P. (2005). *Unternehmenserfolge erzielen und verantworten – Ein finanzmarktgesteuertes Beurteilungs- und Steuerungsmodell von Corporate Responsibility.* Gütersloh: Bertelsmann Stiftung.

Schäffer, U. (2016). Nachhaltiges Management – eine Bestandsaufnahme aus der Perspektive des Controllings. In H. Ahn, M. Clermont & R. Souren (Hrsg.), *Nachhaltiges Entscheiden: Beiträge zum multiperspektivischen Performancemanagement von Wertschöpfungsprozessen* (1. Aufl., S. 319–332). Wiesbaden: Springer Gabler.

Schaltegger, S. (2016). CSR, Nachhaltigkeit und Controlling – Zwischen Praxislücke und Forschungskonzepten. In E. Günther & H.-K. Steinke (Hrsg.), *CSR und Controlling: unternehmerische Verantwortung als Gestaltungsaufgabe des Controlling* (S. 55–69). Berlin: Springer-Gabler.

Schaltegger, S., Bennett, M., & Burrit, R. (2006). Sustainability accounting and reporting – Developement, linkages and reflection. In S. Schaltegger, M. Bennett & R. Burrit (Hrsg.), *Sustainability accounting and reporting* (S. 1–33). Dordrecht: Gabler.

Schaltegger, S., & Burritt, R. (2000). *Contemporary Environmental Accounting – Issues, Concepts and Practice*. Sheffield: Greenleaf Publishing.

Schaltegger, S., & Dyllick, T. (Hrsg.). (2002). *Nachhaltig managen mit der Balanced Scorecard – Konzept und Fallstudien*. Wiesbaden: Gabler.

Schaltegger, S., & Wagner, u. M. (2006). In S. Schaltegger & M. Wagner (Hrsg.), *Managing the business case of sustainability: The integration on social, environmental and economic performances* (S. 1–27). Sheffield: Greenleaf Publishing.

Schaltegger, S., & Zvezdov, D. (2012). Strategisch fundiertes Nachhaltigkeitscontrolling – Konzeption und Umsetzung in der Praxis. In R. Gleich, P. Bartels & V. Breisig (Hrsg.), *Nachhaltigkeitscontrolling: Konzepte, Instrumente und Fallbeispiele für die Umsetzung* (S. 45–66). Freiburg: Haufe.

Scheffner, J., & Pham Duc, K.-M. (2012). Umfassende Beratung: Neue Herausforderungen für das Controlling. In U. Krings (Hrsg.), *Controlling als inhouse-consulting* (S. 135–150). Wiesbaden: Gabler.

Scherenberg, V. (2011). *Nachhaltigkeit in der Gesundheitsvorsorge – Wie Krankenkassen Marketing und Prävention erfolgreich verbinden*. Wiesbaden: Gabler.

Schröder, M., Claussen, M., Grunwald, A., Hense, A., Klepper, G., Lingner, S., Ott, K., Schmitt, D., & Sprinz, D. (2002). *Klimavorhersage und Klimavorsorge*. Berlin: Springer.

Schulze, M., Nuhn, H. F. R., & Gleich, u. R. (2012). In R. Gleich, P. Peter & V. Breisig (Hrsg.), *In Nachhaltigkeitscontrolling: Konzepte, Instrumente und Fallbeispiele für die Umsetzung* (S. 91–111). Freiburg: Haufe.

Schulze, M., & Steinke, K.-H. (2012). Neuer ICV-Fachkreis „Green Controlling" gegründet. In R. Gleich, P. Bartels & V. Breisig (Hrsg.), *Nachhaltigkeitscontrolling: Konzepte, Instrumente und Fallbeispiele zur Umsetzung* (S. 29–36). Freiburg: Haufe.

Sietz, M., Sonnenberg, A., & Wrenger, B. (2008). *Nachhaltigkeit*. Frankfurt a. M.: Harri Deutsch.

Stechemesser, K., & Günther, E. (2012). Carbon Footprint als Teil des Carbon Accounting – ein Berechnungsbeispiel aus der Luftfahrtindustrie. In R. Gleich, P. Bartels & V. Breisig (Hrsg.), *Nachhaltigkeitscontrolling: Konzepte, Instrumente und Fallbeispiele zur Umsetzung* (S. 211–230). Freiburg: Haufe.

Stelling, J. N. (2005). *Kostenmanagement und Controlling* (2. Aufl.). München: Oldenbourg Wissenschaftsverlag.

Stölzle, W. (1993). *Umweltschutz und Entsorgungslogistik – Theoretische Grundlagen mit ersten empirischen Ergebnissen zur innerbetrieblichen Entsorgungslogistik*. Berlin: Schmidt.

Straube, F., Borkowski, S., & Nagel, A. (2009). Ökologisch nachhaltige Logistik – Ansätze zur Konzeption und Bewertung. In M. Reimer & S. Fiege (Hrsg.), *Perspektiven des Strategischen Controllings – Festschrift für Professor Dr. Ulrich Krystek* (S. 205–228). Wiesbaden: Gabler.

Tschandl, M. (2012). Perspektiven der Integration im Umweltcontrolling. In M. Tschandl und A. Posch (Hrsg.), *Integriertes Umweltcontrolling: von der Stoffstromanalyse zum Bewertungs- und Informationssystem* (2. akt. u. erw. Aufl., S. 11–38). Wiesbaden: Gabler.

Tschandl, M., Gabriel, M., & Posch, A. (2012). Nachhaltigkeitsorientiertes life cycle costing. In R. Gleich, P. Bartels & V. Breisig (Hrsg.), *Nachhaltigkeitscontrolling: Konzepte, Instrumente und Fallbeispiele für die Umsetzung* (S. 113–138). Freiburg: Haufe.

Vollmuth, H. J. (2006). *Controllinginstrumente* (4. durchges. Aufl.). Freiburg: Haufe.

Wall, F., & Leitner, S. (2012). Die Relevanz der Nachhaltigkeit für unternehmerische Entscheidungen. *Controlling – Zeitschrift für erfolgsorientierte Unternehmensführung, 24*, 255–260.

Waniczek, M., & Werderits, E. (2006). *Sustainability Balanced Scorecard: Nachhaltigkeit in der Praxis erfolgreich managen – mit umfangreichem Fallbeispiel*. Wien: Linde.

Weber, J., & Schäffer, U. (2016). Nachhaltigkeit: Modewelle oder ein neues Arbeitsfeld für Controller? In E. Günther & K.-H. Steinke (Hrsg.), *CSR und Controlling: unternehmerische Verantwortung als Gestaltungsaufgabe des Controlling* (S. 41–54). Berlin: Springer Gabler.

Weber, J., Georg, J., Janke, R., & Mack, S. (2012). *Nachhaltigkeit und Controlling*. Weinheim: Wiley-VHC.

Wirtz, B. (2013). *Business Model Management – Design – Instrumente – Erfolgsfaktoren von Geschäftsmodellen* (3. Aufl.). Wiesbaden: Gabler.

Zaugg, R. J. (2009). *Nachhaltiges Personalmanagement: Eine neue Perspektive und empirische Exploration des Human Resource Management*. Wiesbaden: Gabler.

Stakeholder-Controlling

Friederike Wall

Zusammenfassung

Eine Reihe von Entwicklungen legen nahe, das Controlling künftig stärker nicht nur auf die Interessen der Eigenkapitalgeber sondern zusätzlich auch auf die legitimen Interessen anderer Stakeholder auszurichten. Damit stellt sich die Koordinationsaufgabe des Controllings als Koordination bei mehrfacher Zielsetzung dar. In instrumenteller Hinsicht kann ein Stakeholder-Controlling teils auf bestehende Instrumente zurückgreifen, teils sind neue Stakeholder-spezifische Instrumente zu entwickeln bzw. in ein erweitertes Controllinginstrumentarium zu integrieren.

Schlüsselwörter

Koordination · Multi-objective decision-making · Shareholder Value · Stakeholder-Orientierung · Wertorientierung

1 Einleitung

Das Controlling ist traditionell auf das Erfolgsziel der Unternehmung und damit auf die Interessen der Eigenkapitalgeber ausgerichtet. Dies kommt teils in den Definitionen und konzeptionellen Abgrenzungen des Controllings zum Ausdruck. So grenzt Horváth Controlling als „Koordinationsfunktion im Hinblick auf die Ergebnisziele (Wertziele) einer Unternehmung“ (Horváth 2009, S. 129) ab. Nach Hahn und Hungenberg bezieht sich das Controlling „primär auf die Erreichung des generellen Wertzieles der Unternehmung, die Ergebnisoptimierung als Kapitalwert- bzw. Gewinnmaximierung unter Beachtung der Liquiditätssicherung“ (Hahn und

F. Wall (✉)
Universität Klagenfurt, Institut für Unternehmensführung, Abteilung für Controlling und Strategische Unternehmensführung, Klagenfurt, Österreich
E-Mail: friederike.wall@uni-klu.ac.at

W. Becker, P. Ulrich (Hrsg.), *Handbuch Controlling*,
https://doi.org/10.1007/978-3-658-26431-4_64

Hungenberg 2001, S. 272). Die Orientierung des Controllings am Ergebnisziel kommt aber auch in dem Instrumentarium zum Ausdruck, das typischerweise dem Controlling zugerechnet wird, wie der Kosten- und Leistungsrechnung oder – weniger traditionsreich – Instrumente im Rahmen der wertorientierten Unternehmungsführung (Binder und Schäffer 2005, S. 609).

In jüngerer Zeit mehren sich jedoch Entwicklungen, die eine stärkere Ausrichtung des Controllings an den Interessen auch anderer Stakeholder als den Eigenkapitalgebern nahelegen. Zu nennen sind beispielsweise die sog. „Grand Societal Challenges", wie sie aus dem Klimawandel oder dem demographischen Wandel folgen, oder eine Orientierung auf Nachhaltigkeitsziele hin. Nachhaltigkeit im Sinne der „Triple Bottom Line" stellt ein dreidimensionales Konzept dar, das die ökonomische, ökologische und soziale (Ziel-) Dimensionen umfasst (Elkington 1999). Unternehmerische Nachhaltigkeit kann als „das Prinzip der simultanen Einbeziehung ökonomischer, ökologischer und sozialer Einflussgrößen in das unternehmerische Handeln mit dem Ziel der Ressourcenerhaltung für künftige Generationen" verstanden werden (Quick und Knocinski, 2006, S. 616). Als jüngste Entwicklung in diese Richtung ist wohl das sog. Integrated Reporting zu nennen: Diese neue Form der Unternehmensberichterstattung soll eine Darstellung der Interdependenzen zwischen finanziellen und nicht-finanziellen Leistungsparametern liefern und insbesondere auch die wechselseitigen Wertbeiträge verschiedener Stakeholder eines Unternehmens sichtbar machen (IIRC 2013; Haller 2013, S. 875).

Vor diesem Hintergrund hat der vorliegende Beitrag zum Ziel, zentrale Problemstellungen und Instrumente eines Stakeholder-orientierten Controllings zu skizzieren.

2 Bezugsrahmen des Stakeholder-Controllings

2.1 Zur Konzeption eines Stakeholder-orientierten Controllings

Die Auffassungen über die vorrangigen Funktionen des Controllings dürfen nach wie vor als uneinheitlich gelten (Weber und Schäffer 2014, S. 20–27). Ohne die entsprechenden Diskussionen an dieser Stelle auch nur ansatzweise wiederholen zu wollen, sei nachfolgend Controlling im Sinne einer umfassenden Koordination innerhalb des Führungssystems verstanden (Küpper 2008; Küpper et al. 2013).

Dabei ergibt sich ein Koordinationsbedarf und mithin die Koordinationsfunktion des Controllings daraus, dass die Unternehmensleitung das komplexe Entscheidungsproblem „Leistungserstellung und -verwertung" segmentieren und auf dezentrale Entscheidungsträger delegieren muss. Zwischen den solchermaßen dezentralisierten Entscheidungen können vielfältige sachlich-inhaltliche Interdependenzen bestehen, deren Vernachlässigung Einbußen im Hinblick auf das Erreichen des Gesamtziels hervorrufen kann. Ferner werden die dezentralen Entscheidungsträger möglicherweise eigene Ziele verfolgen – möglicherweise auch zulasten der Unternehmensziele (Verhaltensinterdependenzen). Um diese (zweifache) Koordinationsproblematik zu bewältigen, sind die Entscheidungen der dezentralen Entscheidungsträger aufeinander und auf die Unternehmensziele hin abzustimmen, wozu (auch) das Controlling beitragen soll.

Dem Controlling kommt dabei über die Entscheidungsunterstützungsfunktion, die der sachlich-inhaltlichen Koordination dezentraler Entscheidungen dient, hinaus auch eine Verhaltenssteuerungsfunktion („Beeinflussung fremder Entscheidungen") zu, wenn es z. B. durch Anreizsysteme auch zur Entschärfung (der Folgen) von Zielkonflikten bei asymmetrisch verteilter Information zwischen Unternehmensleitung und Entscheidungsträgern beiträgt. In diesem Sinne soll das Controlling neben der sachlich-inhaltlichen auch der personellen Koordination dienen.

2.2 Beziehung zwischen Shareholder- und Stakeholder-Zielen

Dem Controlling kommt – wenn auch in den verschiedenen Controlling-Konzeptionen unterschiedlich konnotiert – eine Zielausrichtungsfunktion zu. Vor diesem Hintergrund ist die Frage von Relevanz, wie Shareholder- und Stakeholder-Ziele miteinander verknüpft sein können.

Im Rahmen einer konsequenten Orientierung an der Shareholder-Perspektive ist es das oberste Ziel, den Wert des Unternehmens für seine Eigentümer zu maximieren (Rappaport 1986). Die Interessen anderer Anspruchsgruppen werden nur insoweit berücksichtigt, als sie ein *Mittel* zur Erreichung dieses Ziels darstellen. Diese Sichtweise kommt bei Friedman zum Ausdruck: „There is one and only one social responsibility of business – to use its resources and engage in activities designed to increase its profits so long as it . . . engages in open and free competition, without deception and fraud" (Friedman 1962, S. 133).

Im Rahmen einer Stakeholder-orientierten Perspektive besteht die Aufgabe des Managements darin, sowohl die Interessen der Eigentümer als auch diejenigen anderer Anspruchsgruppen zu berücksichtigen und auszubalancieren: „. . . stakeholder theory demands that interests of all stakeholders be considered even if it reduces company profitability" (Smith 2003, S. 86). Im Gegensatz zur Shareholder-Perspektive stellen die Interessen der Nicht-Eigentümer-Stakeholder nicht (nur) Mittel, sondern *sowohl Mittel als auch Ziele* dar (Freeman und McVea 2001, S. 194; Smith 2003, S. 86).

Dem weiten Begriff „Stakeholder" entsprechend, kann es sich dabei handeln um „. . . any group or individual who can affect or is affected by the achievement of the organization's objectives" (Freeman 1984, S. 46). Zu den Stakeholdern zählen typischerweise (zumindest)

- Eigentümer (Shareholder)
- Fremdkapitelgeber
- Kunden
- Mitarbeiter
- Lieferanten
- lokale Kommune/Kommunalverwaltung

Tab. 1 Vergleich von Shareholder Value- und Stakeholder Value-Perspektive. (Quelle: Stadler et al. 2006, S. 42)

	Shareholder-Orientierung	Stakeholder-Orientierung
Verständnis der Unternehmung als ...	den Shareholder Value maximierende Einheit	sozio-ökonomisches System
Zweck der Unternehmung	Erreichen der Ziele der Eigentümer	Erfüllen der Interessen aller Stakeholder
Langfristiges Ziel	Maximierung des Shareholder Value	Nachhaltigkeit der Entwicklung/Fortbestand der Unternehmung
Stakeholder Interessen	Mittel zur Maximierung des Shareholder Value („means")	Ziel und Mittel („end and means")
Hauptproblem	Interessenkonflikte und Informationsasymmetrien zwischen Prinzipal (Shareholder) und Agenten (Management)	Ausbalancieren der Interessen verschiedener Stakeholder
Corporate Governance durch ...	Regulation und externe Überwachung	Vertretung von Stakeholdern
Beitrag zum Gemeinwohl durch ...	Verfolgung individueller Interessen	Verfolgung ausbalancierter Interessen

Für eine Stakeholder-orientierte Unternehmensführung sollen nach Jones/Wicks insbesondere eine instrumentale Perspektive (welche Ergebnisse resultieren vorhersehbar aus Managemententscheidungen im Rahmen einer Stakeholder-Orientierung?) und eine normative Perspektive (welche moralischen Verpflichtungen haben Manager gegenüber Stakeholdern der Unternehmung?) zusammengeführt werden: Danach sollen Manager vertrauensvolle und auf Kooperation angelegte Beziehungen zu den Stakeholdern des Unternehmens schaffen und aufrechterhalten, da derartige Beziehungen moralisch wünschenswert sind und Wettbewerbsvorteile schaffen (Jones und Wicks 1999, S. 207–213).

Tabelle 1 stellt die Merkmale der Shareholder- und der Stakeholder-Perspektive in Anlehnung an *Stadler et al.* im Überblick dar.

2.3 Arten von Stakeholder-Controlling

Wie auch der Tab. 1 zu entnehmen ist, spielen Stakeholder-Interessen auch im Rahmen einer Shareholder- oder wertorientierten Unternehmensführung eine Rolle – nämlich insoweit als deren Befriedigung oder Nicht-Befriedigung einen positiven bzw. negativen Wertbeitrag für die Shareholder stiftet („means"). Im Rahmen einer Shareholder-orientierten Unternehmensführung kann ein Stakeholder-Controlling i.w.S. verstanden werden als die Koordination von stakeholder-relevanten Entscheidungen auf ein wertorientiertes Ziel hin. Beispielsweise können Entscheidungen zur Produktgestaltung und Value Added Services daraufhin koordiniert werden, inwieweit sie Wert für den Kunden (gerade noch) in dem Ausmaß schaffen, wie es zum Wert des Unternehmens beiträgt.

In einem engen Sinne kann von Stakeholder-Controlling gesprochen werden, wenn die Koordination dezentraler Entscheidungen nicht nur auf die Eigentümerinteressen, sondern auch auf die Interessen anderer Stakeholder hin zu koordinieren sind. Für ein Stakeholder-Controlling besteht dann die Problemstellung, eine sachlich-inhaltliche und personelle Koordination des Unternehmensgeschehens auf die Interessen mehrerer Stakeholder herbeizuführen. Die weiteren Darstellungen richten sich in erster Linie auf ein Stakeholder-Controlling im engen Sinn (Wall und Schröder 2009, S. 11–13).

2.4 Koordination bei mehrfacher Zielsetzungen als Besonderheit eines Stakeholder-Controllings

Damit steht das Controlling im Rahmen einer Stakeholder-orientierten Unternehmensführung, (d. h., ein Stakeholder-Controlling i.e.S.), vor einer ungleich komplexeren Koordinationsaufgabe als bei einer Shareholder-Orientierung (Wall 2009, S. 345–353). Im Zuge einer Stakeholder-Orientierung gehen die Interessen von Nicht-Eigentümern eben nicht nur als Mittel zur Erreichung des Erfolgsziels, sondern selbst als Ziele in die Unternehmenssteuerung ein (Freeman und McVea 2001, S. 194; Smith 2003, S. 86; Stadler et al. 2006, S. 42).

Die Koordination der dezentralen Entscheidungen muss damit nicht nur auf *ein* Ziel, sondern auf *mehrere* Ziele hin ausgerichtet werden. So wird für jede als relevant erachtete Interessengruppe zumindest ein Ziel zu beachten sein. Eine Stakeholder-orientierte Unternehmensführung verlangt mithin Entscheidungen unter mehrfacher Zielsetzung (Jensen 2001, S. 301; Ballwieser 2002, S. 1746) und damit ist auch die *Koordination auf mehrfache Zielsetzungen* hin vorzunehmen. Dies ist insbesondere dann problematisch, wenn konfliktäre Zielbeziehungen vorliegen, d. h. wenn die Ziele einer Interessengruppe nur zulasten der Ziele einer anderen Interessengruppe erreicht werden können. Konfliktäre Beziehungen können aber auch auf divergenten Mittel-Zielbeziehungen der zur Verfügung stehenden Entscheidungsalternativen beruhen, wie nachfolgend genauer dargestellt wird.

3 Koordination bei mehrfacher Zielsetzung

Die Koordination bei mehrfacher Zielsetzung lässt sich als eine Besonderheit des Stakeholder-orientierten Controllings begreifen (Wall 2009, S. 347–353). Zugleich finden sich jedoch Bezugspunkte zu etablierten Bereichen der Betriebswirtschaftslehre wie z. B. der Entscheidungsfindung bei mehrfacher Zielsetzung („multi-objective decision-making“).

3.1 Analyse von Zielbeziehungen

Einen ersten Schritt der Koordination bei mehrfacher Zielsetzung stellt die Analyse der Beziehungen zwischen den Zielen dar. Üblicherweise werden drei Wirkungsbeziehungen unterschieden (Heinen 1991, S. 13–16): Bei einer komplementären Beziehung geht mit einer besseren Zielerreichung des einen Ziels auch ein besseres Ergebnis bei dem anderen einher; im Falle der Zielkonkurrenz lässt sich ein besseres Ergebnis bei dem einen Ziel nur „auf Kosten" der Zielerreichung bei einem anderen Ziel erreichen; im Fall der Indifferenz beeinflusst die Zielerreichung eines Ziels nicht die des anderen.

Zwischen komplementären Zielen kann insofern eine besondere Beziehung bestehen, als das eine Ziel möglicherweise *nur* angestrebt wird, als es ein Mittel zur Erreichung eines anderen fundamentaleren Ziels darstellt und damit ein *Instrumentalziel* für dieses *Fundamentalziel* bildet, welches seinerseits für den Entscheider keiner weiteren Rechtfertigung bedarf (Eisenführ et al. 2010, S. 63–67). Im Rahmen einer reinen Shareholder-Orientierung wird im Extremfall eine hohe Kundenzufriedenheit (Instrumentalziel) nur angestrebt, weil damit der Unternehmenswert (Fundamentalziel) gesteigert werden kann. Im Rahmen einer Stakeholder-orientierten Unternehmensführung ist die Kundenzufriedenheit bzw. ein hoher für den Kunden geschaffener Wert ein Fundamentalziel, das als solches gerechtfertigt ist und zudem (möglicherweise) auch zu dem anderen Fundamentalziel des Werts für die Eigentümer positiv beiträgt. Welches Ziel ein Fundamentalziel ist und welches ein Instrumentalziel, ist abhängig vom Kontext und der Präferenz der Entscheidungsträger (Eisenführ et al. 2010, S. 65–67; Küpper et al. 2013, S. 143).

Die Beziehungen zwischen Zielen können begrifflich-definitorischer oder empirischer Art sein (Küpper et al. 2013, S. 141–142). So besteht ein *begrifflich-definitorisch* begründeter Zielkonflikt zwischen Eigentümer- und Mitarbeiterinteressen beispielsweise im Hinblick auf die Entlohnung: Während eine hohe Vergütung im Interesse der Mitarbeiter liegt, steigt damit auch der Personalaufwand als negative Gewinnkomponente, was letztlich den Eigentümerinteressen entgegenläuft. Unabhängig mag man jedoch vermuten, dass ***empirisch*** mit der Entlohnung die Motivation der Mitarbeiter steigt, was sich wiederum positiv auf den Gewinn auswirkt (Rucci et al. 1998). In diesem Beispiel könnte eine aus Shareholder-Sicht definitorisch begründete Zielkonkurrenz durch eine empirisch ermittelte komplementäre Zielbeziehung überlagert werden.

Zielbeziehungen sind nicht nur präferenz-, sondern auch *situations- und kontextabhängig* (Eisenführ et al. 2010, S. 63–65). Die Beziehungen zwischen zwei gegebenen Zielen müssen daher nicht für alle Teil-Entscheidungsprobleme ähnlich sein: Beispielsweise mag eine geringere Umweltbelastung der Produktion die Kosten des Produktionsbereichs erhöhen und damit einen negativen Gewinnbeitrag darstellen (Zielkonkurrenz), während eine umweltfreundliche Produktion aufgrund gestiegenen Umweltbewusstseins der Kunden eine erhöhte Kauf- und/oder Zahlungsbereitschaft und damit höhere Umsätze und mithin einen positiven Gewinnbeitrag nach sich ziehen kann (Zielkomplementarität). Empirische und begrifflich-definitorische

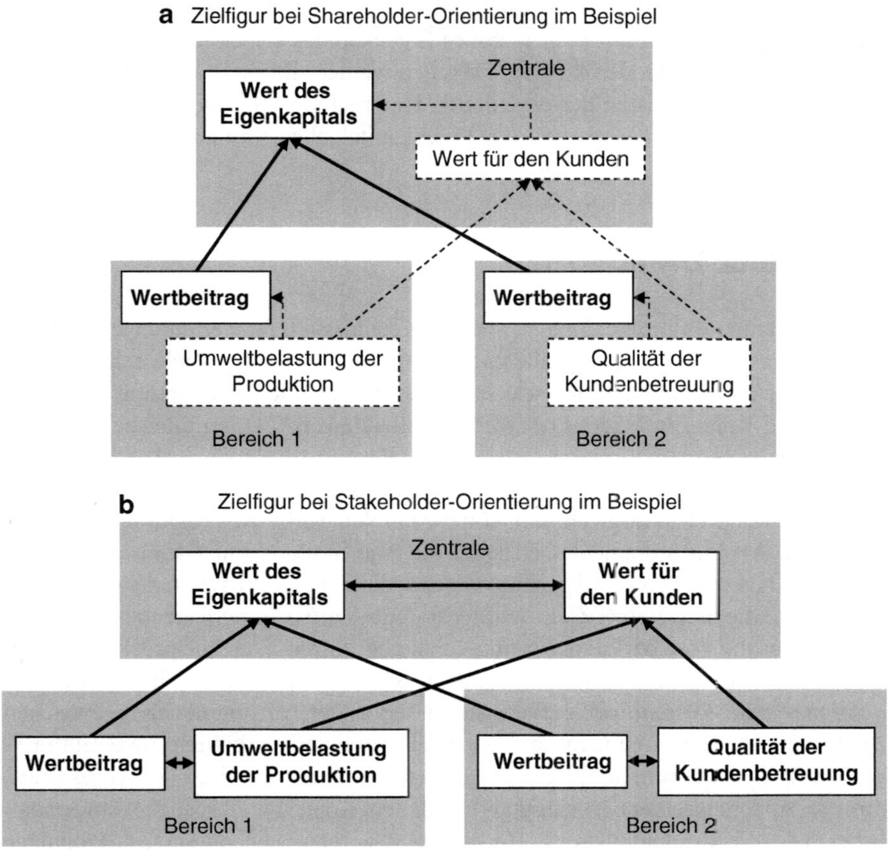

Abb. 1 Zielfigur bei Shareholder- versus Stakeholder-orientierter Unternehmensführung

Zielbeziehungen sind somit für jedes Teilentscheidungsproblem zu analysieren, zu operationalisieren und in der Koordination zu berücksichtigen.

Abbildung 1 skizziert im oberen Teil idealtypisch die Shareholder-orientierte Zielstruktur für das zuvor skizzierte Beispiel für eine Organisation, bei der das Gesamtentscheidungsproblem in zwei Teilentscheidungen zerlegt und auf zwei dezentrale Bereiche delegiert ist. Ein Stakeholder-orientiertes Ziel (z. B. Umweltverträglichkeit von Produkten und Produktion) wird dabei nur insoweit berücksichtigt, als es insgesamt einen positiven Beitrag zum Ziel aus Eigentümersicht leistet, also zu diesem ein Instrumentalziel darstellt. Der untere Teil der Abbildung deutet hingegen die Zielbeziehungen für den Fall einer Stakeholder-orientierten Unternehmensführung an. Hier werden das Eigentümerziel (z. B. Wert des Eigenkapitals) ebenso wie das Stakeholder-Ziel (Wert für den Kunden zu schaffen) sowohl auf übergeordneter Ebene als auch auf Bereichsebene berücksichtigt.

Insgesamt unterscheidet sich eine Stakeholder-orientierte von der Shareholder-orientierten Zielfigur: Bei alleiniger Ausrichtung auf die Eigentümerinteressen werden Ziele anderer Stakeholder idealtypisch nur insoweit verfolgt, als sie in einem komplementären Verhältnis zum Wert des Eigenkapitals stehen bzw. als Instrumentalziele interpretiert werden können. Dagegen werden die Ziele anderer Interessengruppen bei einer Stakeholder-orientierten Unternehmensführung unabhängig von der Beziehung zu den Interessen der Eigenkapitalgeber als Fundamentalziele berücksichtigt (Abb. 1).

3.2 Mittel-Ziel-Netzwerk

Für zielorientierte Entscheidungen sind die Kenntnisse bzw. Vermutungen über die Konsequenzen von Handlungsalternativen auf die relevanten Ziele relevant. Bei mehrfacher Zielsetzung, d. h., wie etwa bei Stakeholder-Orientierung bedarf es mithin der Kenntnis einer Art „Mittel-Ziel-Netzwerk" (Eisenführ et al. 2010, S. 87–88).

Das Controlling verfügt insbesondere mit Blick auf die Eigentümerinteressen über eine Reihe von Ansätzen, um Mittel-Ziel-Netzwerke zu strukturieren bzw. zu fundieren. Als ein prominentes Beispiel für eine Strukturierung kann die weithin bekannte Balanced Scorecard genannt werden, deren Perspektiven in der Grundform letztlich auf die finanziellen Ziele der Investoren zulaufen. Grundlegende Kenntnisse zur Fundierung von Wirkungszusammenhängen liefern auch entsprechende theoretische Erkenntnisse der Betriebswirtschaftslehre. Zum Beispiel liefert die *Produktions- und Kostentheorie* Hypothesen über den Zusammenhang zwischen Ausbringungsmenge, mengen- und wertmäßigem Faktorverbrauch sowie Einflussgrößen (z. B. Faktorqualität, Fertigungsprogramm, Faktorpreise oder Anpassungsform bei Änderungen der Beschäftigung). In diesem Kontext wird auch die (unvermeidliche, i.S.v. Kuppelproduktion) Hervorbringung von unerwünschten Produkten (z. B. Schadstoffen) analysiert, die beispielsweise im Sinne von umweltbezogenen Zielen relevant sein können.

Für Entscheidungen im Rahmen einer Stakeholder-orientierten Unternehmensführung können nun aber nicht nur konfliktäre Beziehungen zwischen den Stakeholder-Zielen relevant sein; darüber hinaus können die zur Verfügung stehenden Entscheidungsalternativen auch in unterschiedlichem Maß zu den Zielen der verschiedenen Stakeholder beitragen. Beispielsweise mag eine Alternative zwar hohe Beiträge zur Zielerreichung einer Interessengruppe leisten – aber geringe zur Zielerreichung eines anderen Stakeholders, während die andere Alternative moderate positive Beiträge zu den Zielen beider Stakeholder liefert.

3.3 Entscheidungsinterdependenzen bei mehrfacher Zielsetzung

Der vom Controlling zu bewältigende Koordinationsbedarf resultiert aus der Zerlegung des Entscheidungsproblems in Teilentscheidungen (sachlich-inhaltliche Dimension) und deren Delegation auf dezentrale Manager (personale Dimension). Zwischen den Teilentscheidungen können vielfältige Interdependenzen bestehen, die zu vernachlässigen, Einbußen hinsichtlich der Erreichung des Gesamtziels nach sich ziehen kann.

In Anlehnung an Frese (Frese 1998, S. 58–65) lässt sich unterscheiden zwischen

- Prozessinterdependenzen, die aus Verknüpfungen im Leistungsvollzug resultieren. Beispielsweise sind bei der Produktionsprogrammplanung auch etwaige Engpässe bei der Beschaffung zu bedenken, während umgekehrt bei den Vertriebsaktivitäten die produzierbaren Menge zu berücksichtigen sind.
- Ressourceninterdependenzen, die auftreten, wenn zwei Bereiche die gleiche knappe Ressource (z. B. Lagerraum) benötigen.
- Marktinterdependenzen, die sich ergeben, wenn die marktbezogenen Entscheidungen der Bereiche sich auf den jeweils anderen Unternehmensbereich auswirken. Beispielsweise kann eine Preisentscheidung des einen Bereichs einen Preisdruck im Absatzmarkt eines anderen Bereichs auslösen.

Andere Klassifikationen unterscheiden beispielsweise zwischen Ziel-, Mittel- und Risikointerdependenzen (Küpper et al. 2013, S. 84–90) oder zwischen gepoolten, sequentiellen und reziproken Interdependenzen (Thompson 1967, S. 54–55).

Für die Koordinationsfunktion eines Stakeholder-Controllings ergibt sich daraus folgendes: Es sind nicht „nur“ die Koordinationsbedarfe aus Entscheidungsinterdependenzen im Hinblick auf das Erfolgsziel (Shareholder-Orientierung) zu decken. Vielmehr werden durch die Zerlegung der Gesamtentscheidung in Teilentscheidungen und deren Delegation auch Interdependenzen im Hinblick auf die Ziele der anderen Stakeholder „zerschnitten“. Letztlich entsteht bezüglich jedes Stakeholders ein Koordinationsproblem.

Ein Stakeholder-orientiertes Controlling besteht im Kern darin, die dezentralen Entscheidungen im Hinblick auf die mehrfachen Zielsetzungen aller als relevant erachteten Stakeholder hin zu koordinieren. Damit hat ein Stakeholder-orientiertes Controlling drei (zusätzliche) Problemstellungen zu bewältigen, die über das bislang vorherrschende Shareholder-orientierte Controlling hinausgehen, nämlich

- Zielkoordination bei konkurrierenden Zielen der Stakeholder
- Generierung von Mittel-Ziel-Wirkungsnetzen im Hinblick auf die Ziele der (Nicht-Eigentümer-) Stakeholder
- Koordination dezentraler Entscheidungen und Manager im Hinblick auf die Ziele aller Stakeholder

4 Spezifische Teilaufgaben eines Stakeholder-Controllings

Im vorangegangenen Abschnitt wurde die Koordinationsaufgabe eines Stakeholder-Controllings näher charakterisiert: Koordination verlangt stets die Präzisierung einer Zielfigur, auf die hin koordiniert werden kann. Damit erweist sich die mehrfache Zielsetzung, mit der die Stakeholder-Orientierung zwangsläufig einhergeht, als Kernproblem eines Stakeholder-orientierten Controllings.

Tab. 2 Spezifische Teilaufgaben eines Stakeholder- Controllings nach Subsystemen der Führung (Wall 2009, S. 60)

Subsystem der Führung	Teilaufgaben
Planung/Planungssystem	• Ermittlung der Ziele der als relevant erachteten Stakeholder
	• Analyse von Zielbeziehungen
	• Entwicklung von Mittel-Ziel-Netzwerken
	• Lösung von Zielkonflikten zwischen Stakeholder-Zielen
	• „Herunterbrechen“ der mehrfachen Zielsetzung auf Bereichs- und Abteilungsziele
	• Formulierung von Stakeholder-orientierten Zielvorgaben für dezentrale Entscheidungsträger
Kontrolle/Kontrollsystem	• Soll-Ist-Vergleich im Hinblick auf die Stakeholder-Ziele
	• Analyse von Soll-Ist-Abweichungen auch im Hinblick auf die Relationen der Beiträge zu den Zielen verschiedenen Stakeholder
Informationsversorgung/ Informationsversorgungssystem	• Bereitstellung von Prognoseinformation über die Zielbeiträge von Entscheidungsalternativen zu den Stakeholder-Zielen
	• Dokumentation der erreichten Ist-Beiträge zu den Stakeholder-Zielen
	• Entwicklung Stakeholder-orientierter IT-basierter Informationssysteme
Personalführung/ Personalführungssystem	• Auswahl geeigneter Stakeholder-orientierter Performance-Maße als Bemessungsgrundlage der Vergütung und Entwicklung entsprechender Belohnungsregeln
	• Koordination der Performance-Maße im Anreizsystem mit den Planungszielen (z. B. Gewichtung)
	• Gestaltung von Stakeholder-orientierten Belohnungs- und Ausschüttungsregeln im Anreizsystem

Die Koordinationsfunktion des Controllings kann sich auf verschiedene Teilsysteme des Führungssystems beziehen (Küpper et al. 2013, S. 33–38; Horváth 1978, S. 194, 202–206). Abhängig von der zugrunde gelegten Controllingkonzeption (Wall 2008, S. 465–474) sind beispielsweise zu unterscheiden:

– Planung bzw. Planungssystem
– Kontrolle bzw. Kontrollsystem
– Informationsversorgung bzw. Informations(versorgungs)system
– Personalführung bzw. Personalführungssystem

Tabelle 2 führt – gegliedert nach diesen Führungsteilsystemen – beispielhaft Teilaufgaben eines Stakeholder-Controllings auf, die nachfolgend erläutert werden (Wall 2009, S. 360–361):

So betreffen die im vorangegangenen Abschnitt angesprochenen Aspekte der Ermittlung der Stakeholder-Ziele, Analyse der Zielbeziehungen und Lösung von

Zielkonflikten in erster Linie das *Planungssystem*. Bei dezentralen Entscheidungskompetenzen sind die Zielbeziehungen nicht nur auf Unternehmensgesamtebene zu analysieren und etwaige Zielkonflikte auf dieser übergeordneten Ebene zu lösen. Vielmehr muss jeder dezentrale Bereich über ein Zielsystem für die jeweiligen Entscheidungen verfügen. Damit muss die mehrfache Zielsetzung auf Unternehmensebene in geeigneter Weise auf die Bereichsebene „heruntergebrochen" werden. Da Zielbeziehungen und damit auch Zielkonflikte kontextabhängig sind (s. dazu Abschn. 3.2), sind diese mithin auch für jede Unternehmensebene bzw. Teilentscheidung zu analysieren.

Im Rahmen eines Stakeholder-orientierten Controllings sind aufgrund der mehrfachen Zielsetzung, *Kontrollen* nicht nur bezüglich einer Zieldimension durchzuführen, sondern letztlich im Hinblick auf alle als relevant erachteten Stakeholder-Ziele inkl. entsprechender Abweichungsanalysen. Diese Problemstellung ergibt sich selbst dann, wenn die Entscheidung zuvor auf der Basis eines Verfahrens getroffen wurde, das einen Zielkompromiss herbeiführt: Wird beispielsweise eine Entscheidung im Wege eines additiven Modells, wie z. B. der Nutzwertanalyse getroffen (Summe der gewichteten und transformierten Ausprägungen einer Entscheidungsalternative bezüglich der Stakeholder-Ziele) (Eisenführ et al. 2010, S. 318–322), so ist zu analysieren, ob

1. insgesamt der Ist-Nutzwert dem Soll-Nutzwert entspricht und
2. die Zusammensetzung des Ist-Nutzwerts der des Soll-Nutzwerts entspricht.

Sollte der zweitgenannte Aspekt nämlich nicht gegeben sein, wurden de facto die Interessen einer Stakeholder-Gruppe zulasten der Ziele einer anderen Interessengruppe übererfüllt.

Sowohl für die Planung als auch für die Kontrolle im Rahmen einer Stakeholder-orientierten Unternehmensführung sind entsprechende *Informationssysteme* erforderlich. Schließlich gilt es abzuschätzen, welche Beiträge die Entscheidungsalternativen im Unternehmen zu den Zielen der verschiedenen Stakeholder leisten werden bzw. geleistet haben. Um abzuschätzen, welche Beiträge für die Ziele verschiedener Stakeholder (z. B. Mitarbeiter, Kunden, Lieferanten) geschaffen werden, bedarf es spezifischer, auf die Ziele der jeweiligen Stakeholder zugeschnittener Konzeptualisierungen der Performance und der zugehörigen Messkonzepte. Die Performance eines Unternehmens stellt sich im Stakeholder-Controlling als ein *operationalisiertes hybrides Wertkonzept* dar (Wall und Greiling 2011, S. 118–123). Dafür bedarf es spezifischer Performance-Konzeptionen, Performance-Maße und Messverfahren, aber auch IT-Systeme, um die entsprechenden Informationen generieren zu können.

Im Rahmen der Verhaltenssversteuerungsfunktion des Controllings (personelle Koordination) sollen die Konsequenzen von Interessenkonflikten zwischen individuellen Interessen dezentraler Manager und übergeordneten Zielen sowie asymmetrischer Informationsverteilung gemildert werden. *Anreizsysteme* stellen ein Instrument der Personalführung dar, das insbesondere auch im Controlling Beachtung findet. Um das Entscheidungsverhalten der Manager auf die Stakeholder-Interessen auszurichten, können auch die Anreizsysteme entsprechend ausgestaltet werden.

Insbesondere wird sich die mehrfache Zielsetzung im Anreizsystem niederschlagen müssen. In die *Bemessungsgrundlage* der Entlohnung gehen dann mehrere Performance-Maße ein, welche die Stakeholder-Interessen widerspiegeln und die Relation, in der diese Performance-Maße in der Entlohnungsfunktion zueinander stehen, beeinflussen, wie Manager den Trade-Off zwischen konfliktären Stakeholder-Interessen lösen. Dies bedeutet zugleich, dass die Zielfigur, die im Rahmen eines Stakeholder-orientierten Planungssystems festgelegt wurde, sich in geeigneter Weise im Anreizsystem widerspiegeln muss. Jensen hält einer Stakeholder-orientierten Unternehmensführung entgegen, Managern keine Hinweise dafür zu geben, wie Trade-Offs zwischen den Interessen verschiedener Stakeholder zu behandeln sind: „Because stakeholder theory provides no definition of better, it leaves managers and directors unaccountable for their stewardship of the firm's resources. With no criteria for performance, managers cannot be evaluated in any principled way. Therefore, stakeholder theory plays into the hands of self-interested managers allowing them to pursue their own interests at the expense of society and the firm's financial claimants ... Viewed in this way it is not surprising that many managers like it" (Jensen 2001, S. 305).

5 Ausgewählte Instrumente des Stakeholder-Controllings

5.1 Stakeholder-übergreifende Instrumente des Stakeholder-Controllings

Eine wesentliche Besonderheit des Stakeholder-orientierten Controllings ist – wie herausgearbeitet – die mehrfache Zielsetzung (letztlich für jede als relevant erachtete Anspruchsgruppe). Als eine Gruppe von Instrumenten des Stakeholder-Controllings können mithin die Entscheidungsverfahren bei mehrfacher Zielsetzung (multi-objective decision-making) betrachtet werden, die in der einschlägigen Literatur breite Beachtung erfahren haben (Kirchgäßner 1983; Jaeger 1989, S. 1199–1205; Eisenführ et al. 2010, S. 129-160; Küpper et al. 2013, S. 143–152). Die Verfahren lassen sich in Anlehnung an Küpper et al. auch als Verfahren der Zielkoordination begreifen und in solche mit Zielunterdrückung, Festlegung von Anspruchsniveaus und Zielkompromiss unterscheiden (Küpper et al. 2013, S. 146–147).

Bei Verfahren der *Zielunterdrückung* wird die Entscheidungsfindung dadurch vereinfacht, dass bestimmte Ziele außer Acht gelassen werden – also möglicherweise die Ziele/Interessen bestimmter Stakeholder nicht berücksichtigt werden. Dies kann insbesondere dann eine akzeptable Möglichkeit sein, wenn sich die Entscheidungsalternativen im Hinblick auf die nicht berücksichtigten Ziele nicht (nennenswert) unterscheiden. Nach *Küpper* et al. liegt „Zieldominanz" vor, wenn überhaupt nur ein Ziel berücksichtigt wird, und „Zielschisma", wenn in unterschiedlichen Entscheidungssituationen jeweils ein anderes Ziel verfolgt wird (Küpper 2008, S. 119). Eine „lexikographische Ordnung" beruht auf einer Rangordnung der Ziele, indem zunächst die Alternativen im Hinblick auf das als wichtigstes erachtete Ziel hin bewertet werden; bei zwei Alternativen, die bezüglich dieses Ziels gleichwertig sind, wird das zweitwichtigste Ziel herangezogen usw. Welche Stakeholder-Ziele hierbei das Entscheidungsergebnis beeinflussen, hängt von der Rangordnung der Ziele (Stakeholder) sowie den Konsequenzen der Entscheidungsalternativen im Hinblick auf das wichtigste, das zweitwichtigste usw. Ziel ab.

Ein anderer Weg besteht darin, ein Ziel als zu maximierendes (minimierendes) auszuwählen und für die anderen Ziele nur zu erreichende *Zielniveaus* festzulegen. Die zu erreichenden Zielniveaus bilden damit Nebenbedingungen, die einzuhalten sind und den Raum der akzeptablen Lösungen einschränken. Beispielsweise kann der Wert des Eigenkapitals als zu maximierende Zielgröße festgelegt werden, während kunden- oder mitarbeiterbezogene Anspruchsniveaus berücksichtigt werden.

Eine Reihe von Verfahren für Entscheidungen bei mehrfacher Zielsetzung beruhen darauf, einen Zielkompromiss herzustellen. Das additive Vorgehen ist dabei am gebräuchlichsten: Die Ausprägungen der Handlungsalternativen werden hinsichtlich der verschiedenen Ziele addiert. Schließlich wird die Alternative ausgewählt, welche die höchste (gewichtete) Summe aufweist. Dieses Vorgehen liegt z. B. Scoring-Modellen oder Nutzwertanalysen zugrunde (Reichmann 2011, S. 281–282). Ein Zielkompromiss ist in diesen Verfahren insoweit angelegt, dass Einbußen hinsichtlich eines Zieles durch höhere Beiträge zu anderen Zielen kompensiert werden (z. B. Kompensation von Gewinneinbußen durch geringere Umweltbelastung). Auch wenn insbesondere additive Ansätze der Kompromissverfahren weit verbreitet sind, erfordern sie doch einige nicht unproblematische Teilschritte (Küpper 2008, S. 120–121; Eisenführ et al. 2010, S. 138-146, S. 159–160; Wall und Leitner 2012, S. 257–258):

- *Skalentransformation*: Die Ausprägungen der (ggf. dimensionsverschiedenen) Zielbeiträge müssen in eine einheitliche Maßeinheit (z. B. Punkte) transformiert werden. Bei großen Unterschieden in der Größenordnung der verschiedenen Zielattribute und Bandbreiten, können damit (implizit) „Substitutionsrelationen" zwischen den verschiedenen Zielen geprägt werden (sog. Bandbreiteneffekt) (Eisenführ et al. 2010, S. 159).
- *Festlegung von Zielgewichten*: Die (transformierten) Beiträge zu den einzelnen Zielen gehen mit einem Gewichtungsfaktor in die Summe der Zielbeiträge ein. Damit werden explizit die Substitutionsrelationen zwischen den verschiedenen Zielen bzw. Stakeholder-Gruppen festgelegt.
- *Addition*: In den additiven Kompromissverfahren werden die transformierten und gewichteten Zielwerte in der Zielfunktion addiert und diese Zielfunktion, z. B. die Summe der Punkte, ist zu maximieren. Dies kann allerdings nur dann zu rationalen Entscheidungen führen, wenn bestimmte Unabhängigkeitsbedingungen erfüllt sind (Eisenführ et al. 2010, S. 133–138).

Die Wahl des Verfahrens der Zielkoordination bzw. des multi-objective decision-making kann erheblichen Einfluss darauf haben, wie stark welche Stakeholder-Interessen sich auf das Entscheidungsergebnis auswirken. Im Rahmen einer Stakeholder-orientierten Unternehmensführung sind die zuvor skizzierten Verfahren auch im Kontext mit anderen Elementen des Führungssystems, wie z. B. dem Anreizsystem oder der Delegation von Entscheidungskompetenzen zu sehen (Leitner and Wall 2011, S. 79–80).

5.2 Stakeholder-spezifische Instrumente des Stakeholder-Controllings

Mittlerweile hat sich eine Vielzahl von Instrumenten herausgebildet, die für das Controlling für spezifische Stakeholder-Gruppen verwendet werden können. Gegeben die beiden „Arten" des Stakeholder-Controllings (Abschn. 2.3) wird nachfolgend exemplarisch mit dem Human Resource Accounting (Abschn. 5.2.1) eine Instrumentengruppe beschrieben, die insbesondere versucht, den Wert einer Stakeholder-Gruppe für die Shareholder zu erfassen (Stakeholder-Controlling i.w. S.). Dagegen dient das Customer Perceived Value Accounting (Abschn. 5.2.2) v. a. dazu, den für den Kunden geschaffenen Wert zu erfassen.

5.2.1 Human Resource Accounting

Der Begriff Human Resource Accounting wurde bereits 1968 im angloamerikanischen Raum als „... the process of identifying, measuring, and communicating information about human resources to facilitate effective management within an organization" (Brummet et al. 1968, S. 20) eingeführt. Bis Anfang der 70er-Jahre wurden verschiedenartige neue Methoden zur Messung des Humanvermögens entwickelt und teils auch implementiert. Insbesondere mit Blick auf Probleme in der Datenbeschaffung und -verarbeitung sowie der Komplexität der Verfahren ließ das Interesse allerdings wieder nach. Die Methoden lassen sich z. B. nach dem Bewertungsobjekt klassifizieren – ob sie sich auf einzelne Individuen oder aber auf Personenmehrheiten beziehen – oder nach der Ergebnisdimension – ob sie nämlich den Wert des Humanvermögens in monetären oder nicht-monetären Größen messen (Gebauer und Wall 2002, S. 686–688; Gebauer 2005, S. 35–93):

Unter den Verfahren des Human Resource Accounting, die monetäre Größen fokussieren, werden wiederum die „kostenbasierten" von den wertbasierten Methoden unterschieden. Die „kostenbasierten" Verfahren stellen beispielsweise auf „historische" Anschaffungskosten, in die etwa Rekrutierungs- sowie Aus- und Weiterbildungskosten eingehen (Brummet et al. 1968, S. 20–25), oder auf „Wiederbeschaffungskosten" (Flamholtz 2001, S. 61–64) ab. Dagegen versuchen die wertorientierten Verfahren den zukünftigen Nutzen im Sinne der bewerteten Leistungsbeiträge zu bestimmen, die aus dem Humanvermögen erwachsen. Ein Beispiel für ein wertbasiertes Konzept liefert das Modell der zukünftigen *Leistungsbeiträge mit Hierarchieebenen* (*Stochastic Rewards Valuation Model*), das den Wert des Humanvermögens in einem fünfstufigen Prozess ermittelt (Flamholtz 2001, S. 179–180; Gebauer 2005, S. 60–65):

1. Für jeden Mitarbeiter Feststellung der potentiell in der Zukunft zu besetzenden Hierarchieebenen.

2. Prognose der Leistungsbeiträge, die jeder Mitarbeiter bei seinen Tätigkeiten/ Dienstleistungen auf den einzelnen Hierarchieebenen für das Unternehmens potentiell erbringen wird.
3. Schätzung der Verweildauern jeden Mitarbeiters auf den zukünftigen Hierarchieebenen.
4. Schätzung von Wahrscheinlichkeiten für die unterschiedlichen Karrierewege sowie die Verweildauern eines Mitarbeiters auf den einzelnen Hierarchiestufen.
5. Summation der Einzelwerte zum individuellen Wert eines Mitarbeiters für das Unternehmen.

Zwar stellt ein solches Verfahren konsequent auf zukünftige Wertgrößen ab, die allerdings in erheblichen Umfang auf Prognosen beruhen.

5.2.2 Customer Perceived Value Accounting

Im Marketing finden sich verschiedene Verfahren, wie der Wert eines Kunden für ein Unternehmen ermittelt werden kann. Eine bekannte Konzeption dieser Richtung stellt der Customer Equity bzw. Customer Lifetime Value dar (Blattberg und Deighton 1996, S. 136–144), der im Kern auf einem Barwertkonzept beruht und damit auch rechnerisch mit einer Shareholder-orientierten Steuerung korrespondiert. Diesem Kundenwert aus Anbieterperspektive steht der Kundenwert aus Kundenperspektive im Sinne des für den Kunden geschaffenen Werts gegenüber (Schröder und Wall 2004, S. 670–672, 2009, S. 108–112):

Der sog. Customer Perceived Value als der vom Kunden wahrgenommene Wert des Produktes oder der Dienstleistung ist die „vom Kunden wahrgenommene Diskrepanz zwischen dem (mehrdimensionalen) wahrgenommenen Nutzen und den (mehrdimensionalen) wahrgenommenen Kosten im Vergleich zur Konkurrenz“ (Matzler 2000, S. 290; Eggert 2001, S. 46) im Sinne des Nettonutzens, der dem Kunden aus der bezogenen Leistung entsteht (Abb. 2).

Welche Komponenten wie den Nettonutzen des Kunden prägen, d. h., was der Kunde als Wert für sich wahrnimmt, lässt sich nur mit Hilfe eines vielschichtigen und interdisziplinären Instrumentariums ermitteln, das nur bedingt im Controlling zu verorten ist. Wenngleich die Ermittlung der Aufwandssumme auf den ersten Blick als vergleichsweise „Controlling-nah“ erscheinen mag, ist doch hervorzuheben, dass es sich um *wahrgenommene* Größen handelt: „Es ist davon auszugehen, dass selbst die Preise einzelner Produkte nicht als objektiv zu betrachten sind, sondern dass von der subjektiven Preiswahrnehmung des Kunden auszugehen ist“ (Matzler 2000, S. 296).

Auf der Basis des Customer Perceived Value können in weiteren Schritten jedoch, typische Controllinginstrumente aufgesetzt werden, indem beispielsweise (Schröder und Wall 2009, S. 674–675)

- nach einer Aufspaltung in Leistungskomponenten ermittelt wird, welche Beiträge einzelne Unternehmensbereiche zur Schaffung dieses Werts leisten bzw. welcher Bereich Abweichungen von einem angestrebten Nettonutzenniveau zu verantworten hat,

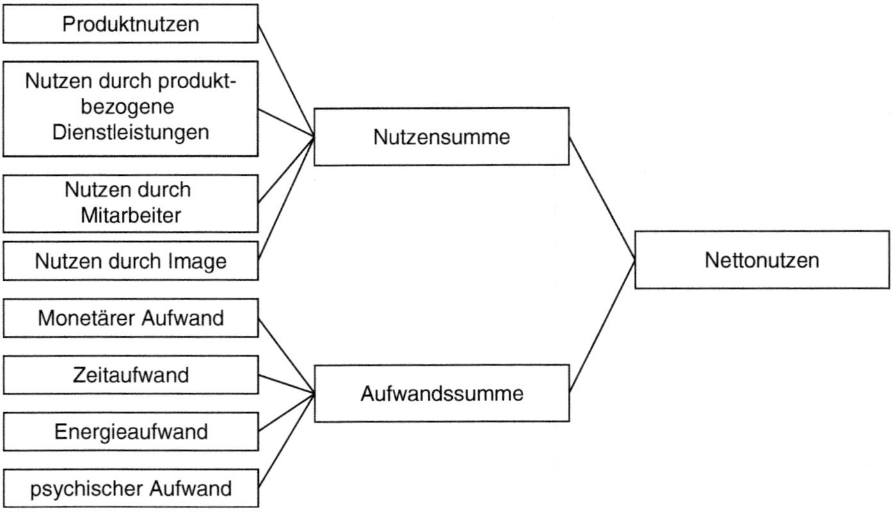

Abb. 2 Customer Perceived Value als Nettonutzen. (Quelle: Kotler und Bliemel 2001, S. 58)

– Ressourcen nach den geschaffenen Wert für den Kunden alloziert werden, wie es ähnlich in der Zielkostenrechnung verankert ist oder
– eine entsprechende Verknüpfung mit Anreizsystemen erfolgt.

Allerdings deuten empirische Befunde darauf hin, dass sich Implementierungen eines Customer Perceived Value Accounting wohl erst in Ansätzen finden (Schröder und Wall 2004, S. 672–674).

6 Fazit

Im Zuge einer Stakeholder-orientierten Unternehmensführung ist das Unternehmensgeschehen nicht nur auf eine, die Eigentümer-orientierte Zielsetzung auszurichten, sondern auf eine mehrfache Zielsetzung. Idealtypisch sind für jede als relevant erachtete Anspruchsgruppe deren jeweilige Ziele zu berücksichtigen.

Versteht man die Kernaufgabe des Controllings als die Koordination des Führungssystems auf die obersten Ziele der Unternehmung hin, so geht mit der Stakeholder-Orientierung eine deutlich höhere Komplexität dieser Koordinationsaufgabe im Vergleich zur „traditionellen" Shareholder- bzw. wertorientierten Unternehmensführung einher: Im Rahmen einer Shareholder-orientierten Steuerung spielen die Interessen anderer Anspruchsgruppen als der Eigentümer nur insoweit eine Rolle, als sie ein Mittel zur Erreichung der Shareholder-Ziele darstellen – soweit sie also in einer komplementären Beziehung zu den Eigentümer-Zielen stehen. Bei Stakeholder-Orientierung bezieht sich die Koordinationsaufgabe des Controllings darauf, die Entscheidungen dezentraler Manager auf die mehrfache Zielsetzung der verschiedenen Stakeholder hin abzustimmen. Dies ist insbesondere dann problematisch, wenn konfliktäre Beziehungen zwischen den Stakeholder-Interessen bestehen.

Die Betriebswirtschaftslehre kann für ein Stakeholder-orientiertes Controlling auf eine Reihe von Instrumenten verweisen – seien es Verfahren des multiobjective decision-making oder Instrumente, die auf spezifische Stakeholder-Gruppen zugeschnitten sind. Gleichwohl dürfte eine systematische Verknüpfung dieser Instrumente noch ausstehen, wenngleich sich in jüngster Zeit auch im Zuge des sog. Integrated Reporting ein weiterer Entwicklungsimpuls in diese Richtung abzeichnet.

Literatur

Ballwieser, Wolfgang. 2002. Shareholder value. In *Handwörterbuch Unternehmensrechnung und Controlling*, Hrsg. Hans-Ulrich Küpper und Alfred Wagenhofer, 4. Aufl., 1745–1754. Stuttgart: Schäffer-Poeschel.

Binder, Christoph, und Utz Schäffer. 2005. Die Entwicklung des Controllings von 1970 bis 2003 im Spiegel von Publikationen in deutschsprachigen Zeitschriften. *Die Betriebswirtschaft* 65(6): 603–626.

Blattberg, Robert C., und John Deighton. 1996. Manage marketing by the customer equity test. *Harvard Business Review* 74(July/August): 136–144.

Brummet, R. Lee, Eric G. Flamholtz, und William C. Pyle. 1968. Accounting for human resources. *Michigan Business Review* 20(2): 20–25.

Eggert, Andreas. 2001. Die zwei Perspektiven des Kundenwerts: Darstellung und Versuch einer Integration. In *Kundenwert*, Hrsg. Bernd Günter und Sabrina Helm, 39–55. Wiesbaden: Gabler.

Eisenführ, Franz, Martin Weber, und Thomas Langer. 2010. *Rationales Entscheiden*, 5. Aufl. Berlin/Heidelberg: Springer.

Elkington, John. 1999. *Cannibals with forks. The triple bottom line for the 21st century business*. Oxford: Capstone.

Flamholtz, Eric G. 2001. *Human resource accounting*, 3. Aufl. Boston: Kluwer.

Freeman, R. Edward. 1984. *Strategic management: A stakeholder approach*. Boston: Pitman Publishing.

Freeman, R. Edward, und John McVea. 2001. A stakeholder approach to strategic management. In *Handbook of strategic management*, Hrsg. Michael Hitt, R. Edward Freeman und Jeffrey Harrison, 189–207. Oxford: Wiley-Blackwell.

Frese, Erich. 1998. *Grundlagen der Organisation*, 7. Aufl. Wiesbaden: Gabler.

Friedman, Milton. 1962. *Capitalism and freedom*. Chicago: University of Chicago Press.

Gebauer, Michael. 2005. *Unternehmensbewertung auf der Basis von Humankapital*. Lohmar-Köln: Eul-Verlag.

Gebauer, Michael, und Friederike Wall. 2002. Human Resource Accounting zur Unterstützung der Unternehmensrechnung: Eine Übersicht über Entwicklungsstand, methodische Möglichkeiten und potentielle Fallstricke. *Controlling* 14(12): 685–690.

Hahn, Dietger, und Harald Hungenberg. 2001. *PuK – Planung und Kontrolle, Planungs- und Kontrollsysteme, Planungs- und Kontrollrechnung: Wertorientierte Controllingkonzepte*, 6. Aufl. Wiesbaden: Gabler.

Haller, Axel. 2013. Integrated Reporting – Herausforderungen für die Finanzberichterstattung. *Betriebs-Berater* 68(15): 875–882.

Heinen, Edmund. 1991. Industriebetriebslehre als entscheidungsorientierte Unternehmensführung. In *Industriebetriebslehre*, Hrsg. Edmund Heinen, 9. Aufl., 1–71. Wiesbaden: Gabler.

Horváth, Péter. 1978. Controlling – Entwicklung und Stand einer Konzeption zur Lösung der Adaptions- und Koordinationsprobleme der Führung. *Zeitschrift für Betriebswirtschaft* 48(3): 194–208.

Horváth, Péter. 2009. *Controlling*, 11. Aufl. München: Vahlen.

International Integrated Reporting Council (IIRC). 2013. *The international integrated reporting framework*. http://www.theiirc.org/international-ir-framework/. Zugegriffen am 29.06.2014.

Jaeger, Arno. 1989. Multikriteria-Planung. In *Handwörterbuch der Planung*, Hrsg. Norbert Szyperski, 1199–1205. Stuttgart: Schäffer-Poeschel.

Jensen, Michael C. 2001. Value maximisation, stakeholder theory and the corporate objective function. *European Financial Management* 7(3): 297–317.

Jones, Thomas M., und Andrew C. Wicks. 1999. Convergent stakeholder theory. *Academy of Management Review* 24(2): 206–221.

Kirchgäßner, Adalbert. 1983. *Vergleich von Verfahren zur Lösung von Entscheidungsproblemen mit mehrfacher Zielsetzung*. Frankfurt a. M.: Peter Lang.

Kotler, Philip, und Friedhelm Bliemel. 2001. *Marketing-management: Analyse, Planung und Verwirklichung*, 10. Aufl. Stuttgart: Schäffer-Poeschel.

Küpper, Hans-Ulrich. 2008. *Controlling: Konzeption, Aufgaben, Instrumente*, 5. Aufl. Stuttgart: Schäffer-Poeschel.

Küpper, Hans-Ulrich, Gunther Friedl, Christian Hofmann, Yvette Hofmann, und Burkhard Pedell. 2013. *Controlling: Konzeption, Aufgaben, Instrumente*, 6. Aufl. Stuttgart: Schäffer-Poeschel.

Leitner, Stephan, und Friederike Wall. 2011. Effectivity of multi criteria decision-making in organisations: Results of an agent-based simulation. In *Emergent results of artificial economics*, Hrsg. Sjouke Osinga, Gert J. Hofstede und Tim Verwaart, 79–90. Berlin/Heidelberg: Springer.

Matzler, Kurt. 2000. Customer value management. *Die Unternehmung* 54(4): 289–308.

Quick, Rainer, und Martin Knocinski. 2006. Nachhaltigkeitsberichterstattung: Empirische Befunde zur Berichterstattungspraxis von HDAX-Unternehmen. *Zeitschrift für Betriebswirtschaft* 76(6): 615–650.

Rappaport, Alfred. 1986. *Creating shareholder value: The new standard for business performance*. New York: The Free Press.

Reichmann, Thomas. 2011. *Controlling mit Kennzahlen und Management-Tools: Die systemgestützte Controlling-Konzeption*, 8. Aufl. München: Vahlen.

Rucci, Anthony J., Steven S. Kirn, und Richard T. Quinn. 1998. The employee-customer-profit chain at sears. *Harvard Business Review* 76(2): 83–97.

Schröder, Regina W., und Friederike Wall. 2004. Customer perceived value accounting: Konzeption, Beiträge und Entwicklungsstand. *Controlling* 16(12): 669–676.

Schröder, Regina W., und Friederike Wall. 2009. Customer perceived value als Komponente von performance measurement-Systemen. In *Controlling zwischen shareholder value und stakeholder value: Neue Anforderungen, Konzepte und Instrumente*, Hrsg. Friederike Wall und Regina W. Schröder, 105–126. München: Oldenbourg.

Smith, H. Jeff. 2003. The shareholders vs. stakeholders debate. *MIT Sloan Management Review* 44(4): 85–90.

Stadler, Christian, Kurt Matzler, Hans Hinterhuber, und Birgit Renzl. 2006. The CEO's attitude towards the shareholder value and the stakeholder model: A comparison between the continental European and the Anglo-Saxon perspectives. *Problems & Perspectives in Management* 4(3): 41–48.

Thompson, James David. 1967. *Organizations in action. Social science bases of administrative theory*. New York: McGraw-Hill.

Wall, Friederike. 2008. Controlling zwischen Entscheidungs- und Verhaltenssteuerungsfunktion – Konzeptionelle Gemeinsamkeiten und Unterschiede innerhalb des Fachs. *Die Betriebswirtschaft* 68(4): 463–482.

Wall, Friederike. 2009. Stakeholder-orientiertes Controlling als Koordination bei mehrfacher Zielsetzung. In *Controlling zwischen shareholder value und stakeholder value: Neue Anforderun-*

gen, Konzepte und Instrumente, Hrsg. Friederike Wall und Regina W. Schröder, 345–363. München: Oldenbourg.

Wall, Friederike, und Dorothea Greiling. 2011. Accounting information for managerial decision-making in shareholder management versus stakeholder management. *Review of Managerial Science* 5(2–3): 91–135.

Wall, Friederike, und Stephan Leitner. 2012. Die Relevanz der Nachhaltigkeit für unternehmerische Entscheidungen. *Controlling* 24(4/5): 255–260.

Wall, Friederike, und Regina W. Schröder. 2009. Zwischen Shareholder Value und Stakeholder Value: Neue Herausforderungen für das Controlling. In *Controlling zwischen Shareholder Value und Stakeholder Value: Neue Anforderungen, Konzepte und Instrumente*, Hrsg. Friederike Wall und Regina W. Schröder, 3–18. München: Oldenbourg.

Weber, Jürgen, und Utz Schäffer. 2014. *Einführung in das Controlling*, 14. Aufl. Stuttgart: Schäffer-Poeschel.

Einfluss von Chief Financial Officers auf die Ausgestaltung des Controllings

Martin R. W. Hiebl

Zusammenfassung

Neben dem Einfluss von organisationalen und externen Faktoren wurde in jüngerer Zeit vermehrt auch der Einfluss von Topmanagement-Mitgliedern auf die Ausgestaltung von Controlling-Systemen erforscht. Aufgrund der häufigen Funktionsverantwortung für Controlling scheint dabei der Einfluss von Chief Financial Officers (CFOs) besonders hoch zu sein. Der vorliegende Beitrag gibt daher eine Übersicht über bisherige Forschungsergebnisse zum Einfluss von CFOs auf die Ausgestaltung des Controllings. Zusammengefasst zeigen diese Ergebnisse, dass CFOs, die eine wirtschaftswissenschaftliche Ausbildung genossen haben und/oder weniger lange im betreffenden Unternehmen aktiv sind, mit besser ausgebauten bzw. innovativeren Controlling-Systemen assoziiert werden können. Zudem deuten bisherige Studien an, dass vielfach die unternehmensexterne Rekrutierung von CFOs als Anstoß für den Aufbau bzw. den Wandel von Controlling-Systemen dient. Trotz eines deutlichen Anstiegs von Forschungsarbeiten zum Thema bieten sich noch vielfältige Möglichkeiten für die weitere Erforschung des Einflusses von CFOs auf die Ausgestaltung des Controllings an – einige davon werden am Ende des Beitrags skizziert.

Schlüsselwörter

Chief Financial Officer (CFO) · Controlling · Upper-Echelons-Theorie · Top Manager · Management Control · Management Accounting · Manager Effects

M. R. W. Hiebl (✉)
Lehrstuhl für Betriebswirtschaftslehre, insbesondere Management Accounting and Control, Universität Siegen, Siegen, Deutschland

Institut für Controlling und Consulting, Johannes Kepler Universität Linz, Linz, Österreich
E-Mail: martin.hiebl@uni-siegen.de

W. Becker, P. Ulrich (Hrsg.), *Handbuch Controlling*,
https://doi.org/10.1007/978-3-658-26431-4_67

1 Einführung

Über viele Jahre bestand in der Controlling-Forschung die Annahme, dass sich die Ausgestaltung von Controlling-Systemen in erster Linie an organisationalen Merkmalen (wie beispielsweise der Größe oder der strategischen Ausrichtung des betreffenden Unternehmens) und externen Faktoren (wie der Unternehmensumwelt oder der entsprechenden Länderkultur) orientiert (Chenhall 2003, S. 127–157; Otley 2016, S. 49–51). Erst in jüngerer Zeit wurde in der Forschung dem Umstand vermehrt Rechnung getragen, dass die Ausgestaltung von Controlling-Systemen nicht nur von den eben genannten Faktoren, sondern in entscheidendem Ausmaß auch von den handelnden Akteuren abhängt (Abernethy und Wallis 2019, S. 3–4; Hanlon et al. 2021, S. 19; Hiebl 2014b, S. 223–224). Eine oder sogar die Position, die die Ausgestaltung von Controlling wohl am stärksten (mit-)prägt, ist jene des Chief Financial Officers (CFOs)[1] – nicht zuletzt deswegen, weil sich CFOs in der Regel für Finanz- und Rechnungswesen-Agenden – und somit auch für das Controlling – auf der obersten Hierarchieebene vieler Unternehmen verantwortlich zeigen (Becker et al. 2011, S. 21–22; Becker und Ulrich 2012, S. 80–82; Hiebl 2012, S. 25; Mian 2001, S. 144–145; Zoni und Pippo 2017, S. 217). Zudem berichten verschiedene empirische Studien (Niedermayr-Kruse und Pfneissl 2007, S. 12–13; Schäffer et al. 2008, S. 378–380; Hiebl 2012, S. 95), dass der überwiegende Anteil von CFOs in ihrem Karriereverlauf zumindest einmal in einer Controlling-Funktion tätig war, woraus geschlossen werden kann, dass CFOs in der Regel umfangreiche Controlling-Kenntnisse aufweisen und daher relativ schnell Änderungs- bzw. Anpassungsbedarf in der Gestaltung von Controlling-Systemen erkennen. Es scheint daher überraschend, dass der Einfluss von CFOs auf die Ausgestaltung von Controlling-Systemen erst in jüngerer Vergangenheit stärker in den Mittelpunkt von Forschungsarbeiten gerückt wurde.

Der vorliegende Beitrag hat zum Ziel, einen Überblick über die bisher bestehende Literatur zum Einfluss von CFOs auf die Ausgestaltung des Controllings zu geben. Vielfach stützt sich diese Literatur auf Überlegungen, die auf der Upper-Echelons-Theorie basieren. Aus diesem Grund werde die Grundgedanken diese Theorie in Abschn. 2 dieses Beitrags kurz vorgestellt, bevor in Abschn. 3 auf vorliegende empirische Ergebnisse zum Einfluss von CFOs auf Controlling-Systeme eingegan-

[1] In Einklang mit bestehender Literatur zu CFOs (u. a. Mian 2001, S. 144–145; Becker et al. 2011, S. 21–22; Becker und Ulrich 2012, S. 75–82; Hiebl 2012, S. 25) wird auch in diesem Beitrag die Bezeichnung „CFO“ als Sammelbegriff für Positionen verstanden, die in der Regel die betrieblichen Funktionen Finanzierung, externes Rechnungswesen und Controlling verantworten. Dieser Definition entsprechend sind CFOs nicht zwingend Teil des obersten Geschäftsleitungsorgans (wie etwa Vorstand oder Geschäftsführung), sondern können auch auf unteren Hierarchieebenen verortet sein. Ebenso sind von dieser CFO-Definition auch betriebliche Positionen umfasst, die nicht explizit als CFO, sondern etwa als Finanzvorstand oder kaufmännischer Geschäftsführer/Leiter bezeichnet werden.

gen wird. In Abschn. 4 schließlich werden ein Resümee über den bisherigen Stand der Forschung geboten und einige lohnenswerte zukünftige Forschungsthemen skizziert, die zu einem besseren Verständnis über den Einfluss von CFOs auf Controlling-Systeme beitragen und hierdurch auch in präziseren Empfehlungen für die Unternehmenspraxis resultieren sollten.

2 Upper-Echelons-Theorie

Die Upper-Echelons-Theorie fußt auf der Tatsache, dass nicht Organisationen, sondern Akteure innerhalb dieser Organisationen Entscheidungen treffen. Viele dieser Entscheidungen wiederum werden von Mitgliedern des Topmanagement-Teams (den so genannten „Upper Echelons") getroffen, weshalb Hambrick und Mason (1984) vorschlugen, dass für ein näheres Verständnis strategischer Entscheidungen, der organisationalen Folgen dieser Entscheidungen sowie der Leistungsfähigkeit von Organisationen vermehrt die Mitglieder des Topmanagements in den Fokus der wirtschaftswissenschaftlichen Forschung rücken sollten. Hambrick und Mason (1984, S. 194–197) begründeten diesen Ansatz mit der Annahme, dass Topmanager bei ihren Entscheidungen stark von ihren Wertvorstellungen, Wahrnehmungen und Denkmustern beeinflusst würden. Da diese psychologischen Aspekte jedoch schwer beobachtbar seien, schlugen Hambrick und Mason (1984, S. 196) vor, stattdessen beobachtbare, meist demografische Charakteristika von Topmanagern zur Analyse von strategischen Entscheidungen heranzuziehen, da diese Charakteristika wiederum die zuvor genannten psychologischen Aspekte (zumindest zum Teil) reflektieren würden. Als Beispiel nennen Hambrick und Mason (1984, S. 196), dass die Ausbildung von Topmanagern (teilweise) Rückschlüsse auf deren sozioökonomischen Status zuließe.

Später ergänzte Hambrick (2007, S. 335–336) unter anderem, dass die Beziehung zwischen Topmanagement-Charakteristika und Entscheidungen sowie Organisationsmerkmalen in entscheidendem Maße von zwei Faktoren moderiert wird – nämlich von dem Freiheitsgrad, den Manager bei ihren Entscheidungen genießen (der so genannten „managerial discretion"), und dem Schwierigkeitsgrad der betreffenden Management-Aufgaben (den so genannten „executive job demands"). Sei etwa der Freiheitsgrad eines Managers bei seinen Entscheidungen relativ hoch, würden die Charakteristika des betreffenden Managers treffsicherere Rückschlüsse auf seine Entscheidungen und die organisationalen Folgen zulassen. Ebenso würde ein hoher Schwierigkeitsgrad der Management-Entscheidungen genauere Prognosen der Entscheidungen zulassen, da bei einem hohen Schwierigkeitsgrad der betreffende Manager Entscheidungen weniger lange abwägen und stärker auf seine Werte und Denkmuster zurückgreifen würde (Hambrick 2007, S. 335–336).

Übliche Topmanagement-Charakteristika sowie Kategorien von strategischen Entscheidungen, die häufig Gegenstand von Upper-Echelons-Untersuchungen sind, sind Abb. 1 zu entnehmen. Ferner zeigt die Abbildung, dass den Annahmen von Hambrick und Mason (1984, S. 198) zufolge auch in einer Upper-Echelons-basierten Betrachtung situative bzw. organisationale Kontextfaktoren – wie etwa die

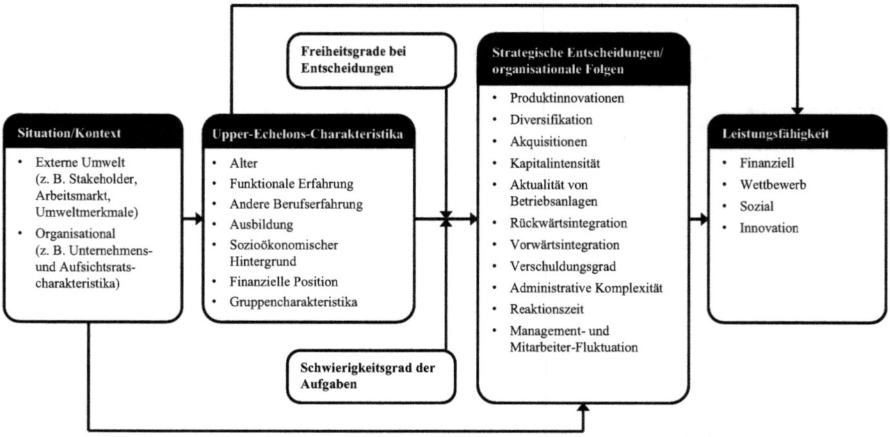

Abb. 1 Konzeptionelles Modell der Upper-Echelons-Theorie. (Quellen: Hambrick und Mason 1984, S. 198; Carpenter et al. 2004, S. 760; Hambrick 2007, S. 335; Hiebl 2014b, S. 225)

Wettbewerbssituation – nicht gänzlich außer Acht gelassen werden dürfen, sondern ebenfalls Einfluss haben – sowohl auf die Topmanagement-Charakteristika als auch auf die strategischen Entscheidungen bzw. organisationalen Folgen dieser Entscheidungen. Auf der rechten Seite von Abb. 1 schließlich wird weiters sichtbar, dass aus der Analyse des Zusammenspiels von Topmanagement-Charakteristika und strategischen Entscheidungen auch ein besseres Verständnis über die Leistungsfähigkeit der betreffenden Organisationen ableitbar sein sollte.

Aus dieser kurzen Beschreibung der Grundgendanken der Upper-Echelons-Theorie wird schnell sichtbar, warum diese Theorie auch zur Analyse des Zusammenhangs von CFOs und deren Charakteristika sowie der Ausgestaltung von Controlling-Systemen zur Anwendung eignet:[2] CFOs haben mittlerweile in vielen Unternehmen einen Status als Mitglied des Topmanagement-Teams erreicht (Farag et al. 2012, S. 129–131; Hiebl und Feldbauer-Durstmüller 2014, S. 55–56; Zorn 2004, S. 349–351), Controlling-Systeme hingegen können als Folgen strategischer Entscheidungen bzw. als Elemente von administrativen Systemen interpretiert werden (Abernethy und Wallis 2019, S. 3–4; Hambrick und Mason 1984, S. 201; Hanlon et al. 2021, S. 19; Hiebl 2014b, S. 224, 2017, S. 214–215). Welche Forschungsergebnisse bislang in der Analyse des Einflusses von CFOs auf Controlling-Systeme – teilweise explizit mit Referenz zur Upper-Echelons-Theorie – erbracht wurden, wird im folgenden Kapitel näher ausgeführt.

[2]Neben Auswirkungen auf Controlling-Systeme haben weitere Arbeiten, die teilweise explizit auf der Upper-Echelons-Theorie beruhen, gezeigt, dass CFO-Charakteristika auch auf andere Funktionen Auswirkung haben, die üblicherweise im Verantwortungsbereich eines CFOs liegen, wie etwa die Rechnungslegung (z. B. Dauth et al. 2017, S. 78–81; Plöckinger et al. 2016, S. 60–67).

3 Empirische Ergebnisse zum Einfluss von CFOs auf die Ausgestaltung des Controllings

3.1 Controlling als Teil des Funktionsumfangs von CFOs

Eine – wenn nicht *die* bedeutendste – Quelle des Einflusses von CFOs auf die Ausgestaltung des Controllings ist die übliche Verantwortlichkeit von CFOs für die betriebliche Funktion „Controlling". Empirische Studien aus dem deutschsprachigen Raum belegen für verschiedene Größenklassen und Typen von Unternehmen die Tatsache, dass Controlling auf Geschäftsleitungsebene üblicherweise von CFOs verantwortet wird. So zeigen etwa die Ergebnisse von Becker et al. (2011, S. 63–65) basierend auf einer Studie über CFOs im deutschen Mittelstand, dass Controlling jene betriebliche Funktion ist, welche am häufigsten (und somit noch häufiger als Finanzierung oder externes Rechnungswesen) im Funktionsumfang von CFOs enthalten ist. Ähnliche Ergebnisse liefert eine Studie von Kunz (2010, S. 51) über die Ressortzuständigkeiten von CFOs in DAX- und MDax-Konzernen: Hier zeigten sich fast 90 % der 75 analysierten CFOs für die Funktion „Controlling" verantwortlich. Farag et al. (2012, S. 132) weisen für ihre Analyse der DAX-Unternehmen einen ähnlich hohen Wert aus. Auch in österreichischen Mittel- und Großunternehmen ergibt sich ein vergleichbares Bild: So zeigt eine Befragung aus dem Jahr 2012, dass Controlling in 72 % der teilnehmenden Unternehmen von CFOs und nur in 21 % der Unternehmen von CEOs verantwortet wird (Hiebl et al. 2012, S. 177).

Einschränkend muss jedoch angeführt werden, dass häufig erst ab Überschreiten einer gewissen Unternehmensgröße eigenständige CFO-Positionen eingerichtet bzw. mit der Verantwortung der Controlling-Funktion ausgestattet werden. Als Beleg hierfür mag dienen, dass – wie in Tab. 1 ersichtlich – eine Studie unter deutschen Mittel- und Großunternehmen zum Ergebnis kam, dass CFOs in 72 % der untersuchten Großunternehmen, aber nur in 55 % der befragten mittleren Unternehmen die Funktion „Controlling" (in der Tabelle angeführt unter der englischsprachigen Bezeichnung „Management Accounting") verantworteten (Hiebl et al. 2013, S. 88). In den analysierten mittleren Unternehmen zeigte sich häufiger als in den analysierten Großunternehmen der CEO für Controlling verantwortlich. Gründe hierfür sind in der Regel, dass in kleinen und mittleren Unternehmen schlicht (noch) keine eigenständigen CFO-Positionen eingerichtet sind (Hiebl et al. 2013, S. 89) oder dass in derlei Unternehmen der Einfluss einer Unternehmerfamilie noch sehr groß ist, die häufig die Verantwortung für entscheidungsunterstützende betriebliche Funktionen wie Controlling bei Mitgliedern der Familie belässt und CFOs bzw. Leitern des Rechnungswesens eher transaktionale denn strategisch relevante Funktionen überträgt (Gurd und Thomas 2012, S. 293–302; Hiebl 2013a, S. 156–157; Hiebl und Mayrleitner 2019, S. 1056–1060). In Bezug auf das nähere Thema dieses Beitrags kann hieraus geschlossen werden, dass der Einfluss von CFOs auf die Ausgestaltung des Controllings generell aufgrund der häufigen Funktionsverantwortung als hoch eingeschätzt werden kann, dass der Einfluss allerdings in größeren Unternehmen tendenziell noch höher sein dürfte als in kleineren Unternehmen – was

Tab. 1 Funktionsverantwortung von CEOs, CFOs und anderen Positionen in mittleren (50–249 Mitarbeiter) und großen (>249 Mitarbeiter) Unternehmen. (Quelle: Hiebl et al. 2013, S. 88)

	Medium-sized firms				Large firms				
	Management team member responsible for function				Management team member responsible for function				
Corporate function	CEO	CFO	Other	Function non-existent	CEO	CFO	Other	Function non-existent	p value (Pearson's Chi-squared test)
Management accounting	34,5 %	55,2 %	9,7 %	0,7 %	18,3 %	72,0 %	9,7 %	0,0 %	0,036**
Cost accounting	21,0 %	67,8 %	11,2 %	0,0 %	8,7 %	83,7 %	7,6 %	0,0 %	0,020**
Financial accounting	17,3 %	61,2 %	9,4 %	12,2 %	8,9 %	80,0 %	4,4 %	6,7 %	0,029**
Treasury	32,9 %	55,2 %	5,6 %	6,3 %	9,0 %	78,2 %	4,5 %	7,9 %	0,000***
Risk management	54,5 %	25,9 %	7,7 %	11,9 %	26,1 %	46,6 %	17,0 %	10,2 %	0,000***
Legal	40,7 %	33,8 %	5,5 %	20,0 %	26,7 %	43,3 %	14,4 %	15,6 %	0,019**
Tax	18,2 %	57,3 %	11,2 %	13,3 %	8,8 %	79,1 %	6,6 %	5,5 %	0,008***
Insurance	28,2 %	50,0 %	16,9 %	4,9 %	16,7 %	67,8 %	14,4 %	1,1 %	0,034**
Internal audit	19,0 %	35,0 %	9,5 %	36,5 %	19,1 %	31,5 %	16,9 %	32,6 %	0,423
Investor relations	42,7 %	13,0 %	3,8 %	40,5 %	34,5 %	10,3 %	4,6 %	50,6 %	0,477
Mergers & Acquisitions	51,9 %	8,4 %	7,6 %	32,1 %	46,0 %	12,6 %	10,3 %	31,0 %	0,623
Human resources	50,3 %	28,3 %	20,7 %	0,7 %	30,8 %	29,7 %	37,4 %	2,2 %	0,008***
Strategy/Corporate Development	88,8 %	6,3 %	2,8 %	2,1 %	78,7 %	7,9 %	9,0 %	4,5 %	0,113
Procurement	38,4 %	16,7 %	37,0 %	8,0 %	30,0 %	28,9 %	37,8 %	3,3 %	0,079*
Information technology	29,0 %	39,1 %	22,5 %	9,4 %	30,0 %	43,3 %	25,6 %	1,1 %	0,086*

Level of significance: *$p<0{,}100$; **$p<0{,}050$; ***$p<0{,}010$

in erster Linie auf jene kleinere Unternehmen zutreffen sollte, in denen die Eigentümer noch stark im Unternehmen operativ tätig sind und somit den Einfluss familienfremder Manager (z. B. CFOs) limitieren.

3.2 CFO-Charakteristika und Controlling-Systeme

Wie oben dargestellt, lässt sich auf Basis der Upper-Echelons-Theorie schließen, dass aus gewissen Charakteristika von CFOs (auch) Ausgestaltungsformen des Controllings ableitbar wären. Ausgestattet mit dieser grundsätzlichen Überlegung haben in jüngerer Vergangenheit mehrere wissenschaftliche Arbeiten die Auswirkungen verschiedener CFO-Charakteristika auf das Controlling untersucht.

Analog zu den von Hambrick und Mason (1984, S. 198–200) ursprünglich aufgestellten Thesen, dass jüngere Topmanager und Topmanager, die weniger lange in der betreffenden Organisation aktiv sind, eher innovative Management-Praktiken anwenden, zeigen auch die Studien zu CFO-Charakteristika und Controlling-Ausgestaltung mehrheitlich, dass in Organisationen mit CFOs mit geringerer „Tenure" (also Zugehörigkeitsdauer zur betreffenden Organisation) häufiger innovative Controlling-Praktiken vorzufinden sind. So zeigen etwa Naranjo-Gil et al. (2009, S. 685–687) für ein Sample von öffentlichen spanischen Krankenhäusern, dass in Organisationen mit weniger lange in der Organisation befindlichen CFOs innovative Controlling-Instrumente wie Activity Based Costing, die Balanced Scorecard oder Benchmarking häufiger anzutreffen sind. In ähnlicher Form berichten Pavlatos und Kostakis (2018, S. 467) für ein Sample von griechischen Industrieunternehmen, dass eine geringere CFO-Tenure mit einer stärkeren Nutzung strategischer Controlling-Instrumente korreliert ist. Ebenfalls in Einklang mit Hambrick und Mason (1984, S. 200) zeigen Burkert und Lueg (2013, S. 16–17) für ein Sample von DAX- und MDax-Unternehmen, dass in Unternehmen mit weniger lang gedienten CFOs weiter entwickelte Praktiken des Value-Based Managements (VBMs) zur Anwendung kommen als in Unternehmen mit länger im Amt befindlichen CFOs. Als Einschränkung für diese Ergebnisse muss allerdings hinzugefügt werden, dass manche Studien keinen statistisch signifikanten Zusammenhang zwischen der CFO-Tenure und Aspekten des Controllings finden (z. B. Firk et al., 2019; Hiebl et al., 2017). Maßgebliche Studien, die signifikante Zusammenhänge zwischen einer höheren CFO-Tenure und einer stärkeren Nutzung von (sophistizierteren) Controlling-Instrumenten zeigen würden, sind bislang allerdings nicht erschienen. Dies deutet an, dass für den Fall, dass sich die CFO-Tenure in großzahligen Studien überhaupt auf Aspekte des Controllings auswirkt, dies im Einklang mit dem von Hambrick und Mason (1984, S. 200) vorgeschlagenen negativen Zusammenhang zu beobachten ist.

Für eine weitere Eigenschaft, die häufig im Zuge von Upper-Echelons-Studien untersucht wird, nämlich das persönliche Alter, sind die Ergebnisse der Studien zum Zusammenhang zwischen CFO-Charakteristika und Controlling-Nutzung gemischt. Während manche, vor allem frühere Studien im Einklang mit Hambrick und Mason (1984, S. 198–199) den Zusammenhang finden, dass ältere CFOs eher nicht innovative oder sophistizierte Controlling-Instrumente anwenden (z. B. Naranjo-Gil et al.

2009, S. 686; Pavlatos 2012, S. 249), finden jüngere Studien in der Regel keinen signifikanten Zusammenhang (z. B. Hiebl et al. 2017, S. 100–101; Pavlatos und Kostakis 2018, S. 467). Diese Unterschiede zwischen älteren und jüngeren Studien mögen Zufall bzw. auf die individuellen Stichproben der Studien zurückzuführen sein, könnten aber auch andeuten, dass für die Erklärung der Controlling-Anwendung das persönliche Alter von CFOs inzwischen nicht mehr sehr gut als Prädiktor geeignet ist. Dies wiederum könnte daran liegen, dass Controlling-Instrumente wie die Balanced Scorecard, Activity Based Costing oder Benchmarking, die in manchen Upper-Echelons-Studien noch als „innovativ" bezeichnet werden (z. B. Naranjo-Gil et al. 2009, S. 670), inzwischen nicht mehr wirklich neu sind. Vielmehr liegt die erstmalige Entwicklung und Verbreitung dieser Instrumente inzwischen mindestens 25 Jahre zurück (z. B. Gosselin 2007, S. 641–643; Hoque 2014, S. 34–35). Das heißt, CFOs, die in aktuellen Studien mit der Nutzung solcher ehemals neuartiger Controlling-Instrumente in Verbindung gesetzt werden, haben wahrscheinlich diese Instrumente schon vielfach während ihrer Ausbildung, z. B. während eines wirtschaftswissenschaftlichen Studiums, kennengelernt. Dies wiederum kann bedeuten, dass für diese CFOs eine Anwendung von derlei Instrumenten mit keinen großen Unsicherheiten verbunden ist, da sie die Instrumente in der Regel bereits gut kennen. Da aber Hambrick und Mason (1984) den Zusammenhang zwischen Topmanager-Alter und organisationalen Folgen über die abnehmende Risikofreudigkeit von älteren Topmanagern argumentieren, mag dies bedeuten, dass sich eben das persönliche Alter von CFOs für die Erklärung der Nutzung dieser mittlerweile gut etablierten Controlling-Instrumente nicht mehr sehr gut eignet und deshalb jüngere Studien keine signifikanten Zusammenhänge mehr finden.

Ein weiteres Charakteristikum von Topmanagern, das laut Hambrick und Mason (1984, S. 200–201) entscheidenden Einfluss auf strategische Entscheidungen und deren organisationale Folgen haben sollte, ist die Ausbildung der betreffenden Topmanager – mit der Tendenz, dass Unternehmen, die von Managern mit längerer Ausbildung geführt werden, innovativer agieren sollten als Unternehmen, deren Manager eine weniger ausgedehnte Ausbildung genossen haben. Ähnlich wie für die CFO-Tenure konnte auch diese These für den Zusammenhang zwischen CFO-Charakteristika und Controlling-Ausgestaltung auf Basis bisheriger empirischer Arbeiten mehrheitlich bestätigt werden. Naranjo-Gil et al. (2009, S. 686–687) kommen zum Schluss, dass neben dem Alter und der Tenure von CFOs auch deren Ausbildung Einfluss auf die Anwendung innovativer Controlling-Instrumente in spanischen Krankenhäusern hat. So zeigen deren Ergebnisse, dass Krankenhäuser, deren CFOs eine eher wirtschaftsnahe Universitätsausbildung genossen haben, häufiger innovative Controlling-Instrumente anwenden als Krankenhäuser, deren CFOs eher eine medizinische, pflegewissenschaftliche oder naturwissenschaftliche Universitätsausbildung absolviert haben. Ähnlich zeigen Burkert und Lueg (2013, S. 16–17), Pavlatos (2012, S. 248–249) sowie Pavlatos und Kostakis (2018, S. 467), dass auch in deren Samples in Unternehmen mit CFOs mit einer wirtschaftsnahen Ausbildung weiter entwickelte Instrumente des VBMs, des Kostenmanagements bzw. des strategischen Controllings anzutreffen sind als in Unternehmen, deren CFOs eine nicht wirtschaftsnahe Ausbildung genossen haben. Die Ergebnisse von

Burkert und Lueg (2013, S. 16–17) zeigen zudem, dass der Einfluss der CFO-Ausbildung auf die Anwendung von VBM-Konzepten stärker ist als der Einfluss der CFO-Tenure; dass also eine wirtschaftsnahe Ausbildung von CFOs mehr oder weniger unabhängig von der Betriebszugehörigkeit der CFOs einen Einfluss auf die Anwendung dieser Konzepte hat.

Neben den klassischen Topmanagement-Charakteristika wie Tenure, Alter oder Ausbildung hat sich die Controlling-Forschung jüngst auch psychometrischen Eigenschaften von Upper Echelons zugewandt – nicht zuletzt aufgrund der Entwicklung, dass nun, anders als in den 1980er-Jahren, als Hambrick und Mason (1984) ihren einflussreichen Beitrag veröffentlicht haben, deutlich mehr und wahrscheinlich auch bessere Möglichkeiten bestehen, psychologische Eigenschaften von Topmanagern direkt zu messen, ohne auf deren demografische Eigenschaften als Proxys zurückgreifen zu müssen (z. B. Abatecola und Cristofaro 2020, S. 130–131; Waldman et al. 2004, S. 356–357). So haben etwa Pavlatos und Kostakis (2018, S. 463–466) auch den Einfluss der Kreativität eines CFOs auf die Nutzung strategischer Controlling-Instrumente untersucht und finden für diese Beziehung eine positive Korrelation. Dies deutet an, dass kreativere CFOs mehr auf strategische Controlling-Instrumente setzen als weniger kreative CFOs.

3.3 Einfluss von CFOs auf den Aufbau und den Wandel von Controlling-Systemen

Neben Studien zum Einfluss einzelner Charakteristika von CFOs auf die Ausgestaltung des Controllings wurden in jüngeren Arbeiten auch Längsschnittstudien zum Einfluss von CFOs auf den Aufbau und Wandel von Controlling-Systemen publiziert. So zeigen zwei Studien von Davila und Foster (2005, 2007), dass Startup-Unternehmen, die einen dedizierten CFO von außerhalb des Unternehmens rekrutieren, früher Controlling-Systeme aufbauen und diese auch aufwendiger gestalten als Unternehmen, die keinen (externen) CFO beschäftigen. Diese Ergebnisse wiederum können in Einklang gebracht werden mit den in Abschn. 3.1 diskutierten Forschungsresultaten aus dem deutschsprachigen Raum, aus denen geschlossen werden kann, dass der Einfluss von CFOs auf die Ausgestaltung des Controllings in größeren Unternehmen größer sein dürfte als in kleineren: Erst wenn Unternehmen mit steigender Größe eine dedizierte CFO-Position installieren, werden Controlling-Systeme aufgebaut bzw. professionalisiert – mitunter weil erst durch die Hinzunahme von (externen bzw. dedizierten) CFOs das relevante Wissen um derlei Systeme ins Unternehmen geholt wird (Davila und Foster 2005, S. 1056; Hiebl 2013a, S. 19–20). Dies heißt allerdings nicht zwangsläufig, dass Startups oder Familienunternehmen zwingend externes Know-how ins Unternehmen holen müssen, um ihre Controlling-Systeme aufzubauen oder weiterzuentwickeln. Eine jüngere Fallstudie deutet an, dass etwa in wachsenden Familienunternehmen durchaus auch Mitglieder der Unternehmerfamilie in einer CFO-Rolle dazu in der Lage sind, Controlling-Systeme zu professionalisieren – solange sie die hierfür notwendigen

Fähigkeiten und den Willen zur Professionalisierung mitbringen (Hiebl und Mayrleitner 2019, S. 1060–1064).

Zudem hat die Forschung zuletzt auch Evidenz zu Auswirkungen von CFO-Wechseln auf Aspekte des Controllings geliefert. So zeigt eine Studie auf Basis von Umfragedaten aus Österreich etwa, dass Unternehmen eher ein Enterprise Resource Planning (ERP)-System eingeführt haben, wenn der CFO unternehmensextern und nicht -intern rekrutiert wurde. Die Autoren führen dieses Ergebnis darauf zurück, dass wenn Unternehmen derlei Systeme einführen wollen, ERP-Erfahrung beim CFO hilfreich ist und daher dieser Schritt häufig erst nach einem CFO-Wechsel gewagt wird (Hiebl et al. 2017, S. 91, 100–105). ERP-Systeme haben Relevanz für das Controlling, weil derlei Systeme häufig eine sehr wichtige – wenn nicht *die* wichtigste – Datenbasis für Controlling-Instrumente darstellen (z. B. Grabski et al. 2011, S. 53–55; Rom und Rohde 2007, S. 42–61). Unter anderem aus diesem Grund haben CFOs häufig auch ein Interesse an der Entscheidung, ob ein ERP-System eingeführt oder gewechselt werden soll, was den empirisch belegten Zusammenhang zwischen einer externen CFO-Rekrutierung und der Einführung von ERP-Systemen erklären mag (Hiebl et al. 2017, S. 86–87). Ein weiteres Forschungsergebnis zur Auswirkung von CFO-Wechseln liefert die Studie von Firk et al. (2019, S. 33–39). Die Studie zeigt einerseits, dass die Betonung von VBM durch CFOs ein wichtiger Erfolgsfaktor für die Effektivität von VBM-Instrumenten ist. Allerdings liefert die Studie andererseits auch Evidenz dafür, dass nach einem CFO-Wechsel die Betonung von VBM durch den neuen CFO häufig zurückgeht, was folglich die Effektivität der VBM-Instrumente reduziert. Firk et al. (2019, S. 40) erklären dieses Ergebnis mit dem Umstand, dass nachfolgende CFOs eventuell ihre eigenen Controlling-Themen und -Instrumente einführen und betonen wollen und häufig weniger Interesse daran haben, Controlling-Instrumente des Vorgänger-CFOs weiter zu betonen oder gar weiter zu betreiben. Dies lässt den Schluss zu, dass die Effektivität von Controlling-Instrumenten wie VBM durch CFO-Wechsel entscheidend beeinträchtigt werden kann und Unternehmen überlegen sollten, bei CFO-Wechseln Vorkehrungen zu treffen, die ein derartiges Absinken der Effektivität von Controlling-Instrumenten verhindern.

In anderen – in erster Linie qualitativ-empirischen – Arbeiten konnten verschiedene Treiber identifiziert werden, die zum Wandel von Controlling durch CFOs führen. Ein wiederum in mehreren Studien (z. B. Baxter und Chua 2008; Goretzki 2013; Goretzki et al. 2013; Hiebl 2018, S. 30, 32; Stergiou et al. 2013; Zoni et al. 2012, S. 127, 135) genannter Treiber ist die Neubesetzung der CFO-Position mit extern rekrutierten Managern. So zeigen etwa Goretzki et al. (2013, S. 50–58), wie ein neuer CFO nach seiner Rekrutierung ein modernes Image der im Unternehmen beschäftigten Controller (nämlich jenes des „Business Partners") institutionalisiert. Die Fallstudie von Stergiou et al. (2013, S. 67–69) hingegen illustriert, wie sehr (unterschiedliche) CFOs die Ausgestaltung des Controllings beeinflussen: Während ein lang gedienter CFO das Controlling-System relativ unverständlich für andere Manager gestaltete, um seine eigene Machposition, die durch das Verständnis des Controlling-Systems abgesichert war, nicht zu schwächen, baute der nachfolgende – extern rekrutierte – CFO das Controlling-System radikal um, um das gewachsene und internationalisierte Unternehmen steuerbar zu halten. In Summe können diese Beispiele als Beleg für den generell hohen Einfluss von CFOs auf die Ausgestaltung von Controlling-Systemen betrachtet werden. Sie zeigen, dass mit Wechseln in der CFO-Position häufig auch ein Wandel von Controlling-Systemen einhergeht. In Bezug auf die Upper-Echelons-Theorie können diese fallstudienbasierten Forschungsergebnisse daher als weiteres Indiz für den Zusammenhang einer niedrigen CFO-Tenure und der Innovativität von Controlling-Systemen gedeutet werden. Anders betrachtet stärken diese qualitativen Ergebnisse die quantitativen Resultate von Hiebl et al. (2017, S. 100–101), dass das Charakteristikum, ob ein CFO von innen oder außen rekrutiert wurde, ebenfalls starken Einfluss auf die Gestaltung von Controlling-Systemen haben kann.

Allerdings existiert auch Evidenz, dass CFOs ihren hohen Einfluss in Puncto Controlling-Systeme mitunter nicht nur zum Wohle des Unternehmens, sondern auch für persönliche bzw. politische Zwecke einsetzen. Wie oben angedeutet, zeigt die Fallstudie von Stergiou et al. (2013, S. 67–69) etwa, dass CFOs Controlling-Systeme bewusst unverständlich gestalten und somit auch als eine Art politisches Instrument verwenden können, um ihre eigene Machtposition im Unternehmen sowie die Abhängigkeit z. B. des CEO vom CFO abzusichern. Ein weiteres Beispiel für eine eher politische Verwendung von Controlling-Systemen durch CFOs liefert Vaivio (1999, S. 691–709): In einer ebenfalls fallstudienbasierten Untersuchung beschreibt er, wie ein CFO durch eine Ausdehnung des Controlling-Systems auf Vertriebsfunktionen (letztlich wenig erfolgreich) versucht, auch in diesen Funktionen eine höhere Orientierung an quantifizierbaren Kenngrößen und somit mehr Einfluss im Vertrieb zu erreichen. Diese Beispiele zeigen, dass von CFOs induzierter (oder im Fall von Stergiou et al. 2013: verhinderter) Controlling-Wandel nicht immer für alle Funktionen im Unternehmen bzw. das Gesamtunternehmen sinnvoll sein muss (Hiebl 2018, S. 30). Für die Praxis lässt sich daraus schließen, dass CEOs bzw. andere funktionale Mitglieder des Management-Teams von CFOs beabsichtigte (oder auch abgelehnte) Neuerungen im Controlling stets kritisch hinterfragen und auf ihre Zweckmäßigkeit für das betreffende Unternehmen prüfen sollten.

4 Resümee und Ausblick

Wie dieser Beitrag verdeutlicht, haben CFOs heute großen Einfluss auf die Ausgestaltung von Controlling-Systemen – dieser Einfluss ist jedoch in entscheidendem Maß von mehreren Faktoren abhängig: Einerseits scheinen CFOs in kleineren Unternehmen aufgrund der oftmals hohen Eigentümerzentrierung generell weniger Einfluss zu haben, was auch für die Ausgestaltung des Controllings gelten sollte. Andererseits zeigen jüngere Forschungsarbeiten, dass wirtschaftswissenschaftlich ausgebildete CFOs tendenziell innovativere Controlling-Systeme zur Anwendung bringen. Ebenfalls zeigt sich, dass Unternehmen mit von außen rekrutierten CFOs bzw. CFOs mit relativ geringer Tenure in der betreffenden Organisation ebenfalls Controlling-Systeme in höherem Maß bzw. in innovativerer Ausprägung anwenden. Gleichzeitig legen manche Forschungsbeiträge nahe, dass der hohe Einfluss von

CFOs auf Controlling-Systeme mitunter „mit Vorsicht zu genießen ist", da CFOs die Ausgestaltung von Controlling-Systemen auch bewusst zur Absicherung ihrer Machtposition bzw. ihres Einflusses in der Organisation verwenden können.

Für die Unternehmenspraxis lassen die in diesem Beitrag zusammengestellten Ergebnisse mehrere Schlussfolgerungen zu. Wenn die Eigentümer bzw. das Topmanagement von Unternehmen unzufrieden mit der Ausgestaltung ihrer Controlling-Systeme sind, mag sich die externe Rekrutierung eines wirtschaftswissenschaftlich ausgebildeten CFOs zur Lösung dieses Problems anbieten. Für diesen Fall scheint es jedoch – v. a. in stark eigentümerorientierten Unternehmen – von entscheidender Bedeutung zu sein, dem neu rekrutierten CFO in der Folge auch ausreichend Freiraum zur Entfaltung und zur (Neu-)Gestaltung der Controlling-Systeme zu gewähren (Hiebl 2013b, S. 48–50). Andererseits kann aus den hier zusammengefassten Ergebnissen geschlossen werden, dass CEOs bzw. andere Mitglieder von Topmanagement-Teams bei der (Neu-)Gestaltung von Controlling-Systemen nicht blind auf die Expertise des jeweiligen CFOs vertrauen sollten, da CFOs mitunter Controlling-Systeme auch für persönliche bzw. politische Zwecke einsetzen können (Hiebl 2018, S. 30). Vielmehr scheint eine konstruktive, aber kritische Auseinandersetzung mit von CFOs vorgeschlagenen Neuerungen bezüglich des Controllings auch für andere Management-Team-Mitglieder empfehlenswert.

Obgleich sich die Forschung in den letzten Jahren – wie in diesem Beitrag gezeigt – vermehrt dem Einfluss von CFOs auf die Ausgestaltung des Controllings gewidmet hat, verbleiben eine Reihe relevanter und interessanter Forschungsfragen. So wäre es etwa – v. a. auch, um noch präzisere Handlungsempfehlungen für die Praxis ableiten zu können – relevant, das in Abb. 1 zusammengefasste Upper-Echelons-Modell in seiner Gesamtheit auf den Einfluss von CFOs auf Controlling-Systeme anzuwenden: Bisher standen in derlei Studien v. a. die Auswirkungen von diversen CFO-Charakteristika auf diverse Controlling-Instrumente bzw. -Systeme im Vordergrund des Interesses. Allerdings wurde bislang kaum untersucht, ob und unter welchen Bedingungen das Zusammenspiel zwischen CFO-Charakteristika und Controlling-Systemen auch zu einer Leistungssteigerung der betreffenden Unternehmen oder zumindest des Controlling-Systems führt. Erst durch die Erforschung dieser Zusammenhänge scheint es möglich, beurteilen zu können, ob gewisse Kombinationen aus CFO-Charakteristika und Controlling-Systemen zu höherer oder niedrigerer Leistungsfähigkeit führen und daher mehr oder weniger empfehlenswert für die Unternehmenspraxis sind. Ebenso wäre es von Interesse, in weiteren Forschungsarbeiten stärker unterschiedliche organisationale Kontexte in Studien zum Einfluss von CFOs auf Controlling-Systeme einzubinden. Wie oben gezeigt, erscheint es nämlich durchaus vorstellbar, dass in Unternehmen mit unterschiedlich starker Einbindung der Eigentümer ins Unternehmen (besonders stark etwa in Familienunternehmen) auch der Einfluss von CFO-Charakteristika auf Controlling-Systeme variiert; dass also z. B. der in bisherigen Studien analysierte Einfluss von CFOs auf Controlling-Systeme durch andere Effekte (wie den Grad des Familieneinflusses) moderiert (oder gar überstrahlt) werden könnte.

Ferner wäre es auch notwendig, den Einfluss weiterer demografischer und psychologischer CFO-Charakteristika auf die Ausgestaltung von Controlling-Systemen zu untersuchen. Unter diesen Charakteristika ist auch das Geschlecht von CFOs zu nennen. Für die Rechnungslegung etwa zeigt die Forschung, dass weibliche CFOs in der Regel risikoscheuer bzw. konservativer agieren als männliche CFOs (Hiebl 2020, S. 18–19). Konkret zeigen einschlägige Studien, dass Unternehmen mit weiblichen CFOs weniger Betrugsfälle generieren (z. B. Gupta et al. 2020, S. 812–824), weniger Earnings Management betreiben (z. B. Barua et al. 2010, S. 33–37) und eine weniger aggressive Steuergestaltungspolitik verfolgen (Francis et al. 2014, S. 178–197). Während es also in der Forschung zum externen Rechnungswesen zahlreiche Hinweise auf einen Effekt des CFO-Geschlechts gibt (Plöckinger et al. 2016, S. 65), hat sich die Controlling-Forschung dieses Effekts bislang nicht angenommen (Hiebl 2020, S. 18–19). Aufgrund von Studien, die einen signifikanten allgemeinen Zusammenhang zwischen dem Geschlecht von organisationalen Führungskräften und der Nutzung von Controlling-Systemen berichten (Bobe und Kober 2018, S. 20–21, 2020, S. 243–247), ist aber anzunehmen, dass es auch Effekte des CFO-Geschlechts auf die Controlling-Nutzung gibt. Explizite Forschung hierzu fehlt aber bislang.

Dass CFOs in der Regel hohen Einfluss auf die Ausgestaltung von Controlling-Systemen ausüben, erscheint auf Basis der in diesem Beitrag diskutierten Forschungsergebnisse als relativ gesichert. Gleichzeitig sind einige Fragen zu diesem Einfluss – wie eben angedeutet – noch ungeklärt, was auch für die Zukunft eine weitere Beschäftigung mit dem Einfluss von CFOs auf die Ausgestaltung des Controllings lohnenswert erscheinen und damit erwarten lässt.

Literatur

Abatecola, G., & Cristofaro, M. (2020). Hambrick and Mason's „Upper Echelons Theory": evolution and open avenues. *Journal of Management History, 26*(1), 116–136.

Abernethy, M. A., & Wallis, M. S. (2019). Critique on the „manager effects" research and implications for management accounting research. *Journal of Management Accounting Research, 31*(1), 3–40.

Barua, A., Davidson, L. F., Rama, D. V., & Thiruvadi, S. (2010). CFO gender and accruals quality. *Accounting Horizons, 24*(1), 25–39.

Baxter, J., & Chua, W. F. (2008). Be(com)ing the chief financial officer of an organisation: Experimenting with Bourdieu's practice theory. *Management Accounting Research, 19*(3), 212–230.

Becker, W., Krämer, J., Staffel, M., & Ulrich, P. (2011). *Chief Financial Officers (CFO) im Mittelstand: Aufgabengebiete, Rollenverständnis und organisatorische Gestaltung*. Stuttgart: Kohlhammer.

Becker, W., & Ulrich, P. (2012). Chief Financial Officers (CFO) im Mittelstand: eine deutsche Perspektive. In C. Denk & B. Feldbauer-Durstmüller (Hrsg.), *Internationale Rechnungslegung und internationales Controlling* (S. 73–108). Linde: Wien.

Bobe, B. J., & Kober, R. (2018). Does gender matter? The association between gender and the use of management control systems and performance measures. *Accounting & Finance*. https://doi.org/10.1111/acfi.12365. im Druck.

Bobe, B. J., & Kober, R. (2020). University dean personal characteristics and use of management control systems and performance measures. *Studies in Higher Education, 45*(2), 235–257.

Burkert, M., & Lueg, R. (2013). Differences in the sophistication of Value-based Management: The role of top executives. *Management Accounting Research, 24*(1), 3–22.

Carpenter, M. A., Geletkanycz, M. A., & Sanders, W. G. (2004). Upper Echelons research revisited: Antecedents, elements, and consequences of top management team composition. *Journal of Management, 30*(6), 749–778.

Chenhall, R. H. (2003). Management control systems design within its organizational context: Findings from contingency-based research and directions for the future. *Accounting, Organizations and Society, 28*(2–3), 127–168.

Dauth, T., Pronobis, P., & Schmid, S. (2017). Exploring the link between internationalization of top management and accounting quality: The CFO's international experience matters. *International Business Review, 26*(1), 71–88.

Davila, A., & Foster, G. (2005). Management accounting systems adoption decisions: Evidence and performance implications from early-stage/startup companies. *The Accounting Review, 80*(4), 1039–1068.

Davila, A., & Foster, G. (2007). Management control systems in early-stage startup companies. *The Accounting Review, 82*(4), 907–937.

Farag, H., Plaschke, F., & Rodt, M. (2012). Evolving capital markets and the changing role of the CFO. In U. Hommel, M. Fabich, E. Schellenberg & L. Firnkorn (Hrsg.), *The Strategic CFO: Creating Value in a Dynamic Market Environment* (S. 127–142). Berlin: Springer.

Firk, S., Schmidt, T., & Wolff, M. (2019). CFO emphasis on value-based management: Performance implications and the challenge of CFO succession. *Management Accounting Research, 44*, 26–43.

Francis, B. B., Hasan, I., Wu, Q., & Yan, M. (2014). Are female CFOs less tax aggressive? Evidence from tax aggressiveness. *The Journal of the American Taxation Association, 36*(2), 171–202.

Goretzki, L. (2013). Management accounting and the construction of the legitimate manager. *Journal of Management Control, 23*(4), 319–344.

Goretzki, L., Strauss, E., & Weber, J. (2013). An institutional perspective on the changes in management accountants' professional role. *Management Accounting Research, 24*(1), 41–63.

Gosselin, M. (2007). A review of activity-based costing: technique, implementation, and consequences. In C. S. Chapman, A. G. Hopwood & M. D. Shields (Hrsg.), *Handbooks of Management Accounting Research* (2. Aufl., S. 641–671). Oxford: Elsevier.

Grabski, S. V., Leech, S. A., & Schmidt, P. J. (2011). A review of ERP research: A future agenda for accounting information systems. *Journal of Information Systems, 25*(1), 37–78.

Gupta, V. K., Mortal, S., Chakrabarty, B., Guo, X., & Turban, D. B. (2020). CFO gender and financial statement irregularities. *Academy of Management Journal, 63*(3), 802–831.

Gurd, B., & Thomas, J. (2012). Family business management: Contribution of the CFO. *International Journal of Entrepreneurial Behaviour & Research, 18*(3), 286–304.

Hambrick, D. C. (2007). Upper Echelons theory: An update. *Academy of Management Review, 32*(2), 334–343.

Hambrick, D. C., & Mason, P. A. (1984). Upper Echelons: The organization as a reflection of its top managers. *Academy of Management Review, 9*(2), 193–206.

Hanlon, M., Yeung, K., & Zuo, L. (2021). *Behavioral Economics of Accounting: A Review of Archival Research on Individual Decision Makers*. Contemporary Accounting Research, im Druck. https://doi.org/10.1111/1911-3846.12739.

Hiebl, M. R. W. (2012). *Die Rolle des Chief Financial Officer in großen Familienunternehmen*. Berlin: epubli.

Hiebl, M. R. W. (2013a). Bean counter or strategist? Differences in the role of the CFO in family and non-family businesses. *Journal of Family Business Strategy, 4*(2), 147–161.

Hiebl, M. R. W. (2013b). Non-family CFOs in family businesses: do they fit? *Journal of Business Strategy, 34*(2), 45–51.

Hiebl, M. R. W. (2014a). A finance professional who understands the family: family firms' specific requirements for non-family chief financial officers. *Review of Managerial Science, 8*(4), 465–494.

Hiebl, M. R. W. (2014b). Upper echelons theory in management accounting and control research. *Journal of Management Control, 24*(3), 223–240.

Hiebl, M. R. W. (2017). Finance managers in family firms: an upper-echelons view. *Journal of Family Business Management, 7*(2), 207–220.

Hiebl, M. R. W. (2018). Management accounting as a political resource for enabling embedded agency. *Management Accounting Research, 38*, 22–38.

Hiebl, M. R. W. (2020). Mehr weibliche CFOs braucht das Land. *Controlling & Management Review, 64*(4), 16–21.

Hiebl, M. R. W., Duller, C., & Feldbauer-Durstmüller, B. (2012). Aktuelle Erkenntnisse zur Rolle des CFO in Österreich: Charakteristika, Verantwortungsbereiche und Strategieeinbindung. *CFO aktuell, 6*(5), 175–178.

Hiebl, M. R. W., & Feldbauer-Durstmüller, B. (2014). What can the corporate world learn from the cellarer? Examining the role of a Benedictine abbey's CFO. *Society and Business Review, 9*(1), 51–73.

Hiebl, M. R. W., Gärtner, B., & Duller, C. (2017). Chief financial officer (CFO) characteristics and ERP system adoption: An upper-echelons perspective. *Journal of Accounting & Organizational Change, 13*(1), 85–111.

Hiebl, M. R. W., & Mayrleitner, B. (2019). Professionalization of management accounting in family firms: The impact of family members. *Review of Managerial Science, 13*(5), 1037–1068.

Hiebl, M. R. W., Neubauer, H., & Duller, C. (2013). The Chief Financial Officer's role in medium-sized firms: Exploratory evidence from Germany. *Journal of International Business & Economics, 13*(2), 83–92.

Hoque, Z. (2014). 20 years of studies on the balanced scorecard: trends, accomplishments, gaps and opportunities for future research. *The British Accounting Review, 46*(1), 33–59.

Kunz, C. (2010). Ressortzuständigkeiten des Finanzvorstandes von DAX- und MDax-Konzernen. *Zeitschrift für Controlling & Management, 54*(S2), 47–53.

Mian, S. (2001). On the choice and replacement of Chief Financial Officers. *Journal of Financial Economics, 60*(1), 143–175.

Naranjo-Gil, D., Maas, V. S., & Hartmann, F. G. H. (2009). How CFOs determine management accounting innovation: an examination of direct and indirect effects. *European Accounting Review, 18*(4), 667–695.

Niedermayr-Kruse, R., & Pfneissl, T. (2007). Der CFO von heute. *CFO aktuell, 1*(Sonderheft Mai), 1–31.

Otley, D. (2016). The contingency theory of management accounting and control: 1980–2014. *Management Accounting Research, 31*, 45–62.

Pavlatos, O. (2012). The impact of CFOs' characteristics and information technology on cost management systems. *Journal of Applied Accounting Research, 13*(3), 242–254.

Pavlatos, O., & Kostakis, X. (2018). The impact of top management team characteristics and historical financial performance on strategic management accounting. *Journal of Accounting & Organizational Change, 14*(4), 455–472.

Plöckinger, M., Aschauer, E., Hiebl, M. R. W., & Rohatschek, R. (2016). The influence of individual executives on corporate financial reporting: A review and outlook from the perspective of upper echelons theory. *Journal of Accounting Literature, 37*, 55–75.

Rom, A., & Rohde, C. (2007). Management accounting and integrated information systems: A literature review. *International Journal of Accounting Information Systems, 8*(1), 40–68.

Schäffer, U., Büttner, V., & Zander, K. (2008). CFO-Karrieren im Wandel. *Zeitschrift für Controlling & Management, 52*(6), 375–382.

Stergiou, K., Ashraf, J., & Uddin, S. (2013). The role of structure and agency in management accounting control change of a family owned firm: A Greek case study. *Critical Perspectives on Accounting, 24*(1), 62–73.

Vaivio, J. (1999). Examining „The quantified customer". *Accounting, Organizations and Society, 24*(8), 689–715.

Waldman, D. A., Javidan, M., & Varella, P. (2004). Charismatic leadership at the strategic level: A new application of upper echelons theory. *The Leadership Quarterly, 15*(3), 355–380.

Zoni, L., Dossi, A., & Morelli, M. (2012). Management accounting system (MAS) change: field evidence. *Asia-Pacific Journal of Accounting & Economics, 19*(1), 119–138.

Zoni, L., & Pippo, F. (2017). CFO and finance function: what matters in value creation. *Journal of Accounting & Organizational Change, 13*(2), 216–238.

Zorn, D. M. (2004). Here a chief, there a chief: The rise of the CFO in the American Firm. *American Sociological Review, 69*(3), 345–364.

Risikocontrolling

Christian Lohmann und Nils Crasselt

Zusammenfassung

Betriebswirtschaftliche Planung und Steuerung erfolgen generell unter Unsicherheit. Risiko als spezielle Form der Unsicherheit kennzeichnet Situationen, in denen möglichen Ereignissen und Ergebnissen Eintrittswahrscheinlichkeiten zugeordnet werden können. Das Risikocontrolling befasst sich mit der Planung unter Unsicherheit, der Bewertung von risikobehafteten Entscheidungsalternativen und der Identifikation wirtschaftlich vorteilhafter Anpassungsmaßnahmen als Reaktion auf die Auflösung von Unsicherheit. Darüber hinaus gehört auch die Steuerung der Risikoposition des Unternehmen, insbesondere zur Vermeidung existenzgefährdender Risiken, zu dessen Aufgaben. Der Beitrag gibt einen Überblick über wichtige Instrumente und Methoden des Risikocontrollings und zeigt deren beispielhafte Anwendung auf die Projektportfolioplanung unter Risiko.

Schlüsselwörter

Risiko · Realoption · Simulation · Projektplanung · Abweichungsanalyse · Flexibilität · Investitionsbewertung

1 Einleitung

Das Unternehmensumfeld, alle relevanten Märkte sowie alle Interaktionspartner eines Unternehmens wirken in vielfältiger, nicht vollständig vorhersehbarer Weise auf ein Unternehmen ein. Unternehmerische Entscheidungen und ihre nachfolgende Umsetzung erfolgen somit generell unter Unsicherheit. Diese kann sich zur Ungewissheit ausprägen, bei welcher nur die möglichen zukünftigen Zustände und Ergeb-

C. Lohmann (✉) · N. Crasselt
Schumpeter School of Business and Economics, Bergische Universität Wuppertal, Wuppertal, Deutschland
E-Mail: lohmann@wiwi.uni-wuppertal.de; crasselt@wiwi.uni-wuppertal.de

W. Becker, P. Ulrich (Hrsg.), *Handbuch Controlling*,
https://doi.org/10.1007/978-3-658-26431-4_81

nisse, aber nicht deren Eintrittswahrscheinlichkeit bekannt sind. Die für betriebswirtschaftliche Entscheidungen relevantere Ausprägung von Unsicherheit beschreibt den Fall, dass den möglichen zukünftigen Zuständen und Ergebnissen objektive oder zumindest subjektive Eintrittswahrscheinlichkeiten zugeordnet werden können. In der wirtschaftswissenschaftlichen Literatur, speziell in der Entscheidungstheorie, wird dann von Risiko als spezielle Form der Unsicherheit gesprochen (Bamberg et al. 2019, S. 23; grundlegend Knight 1921).

Der Risikobegriff im entscheidungstheoretischen Sinne ist abzugrenzen vom umgangssprachlichen Risikoverständnis, das lediglich negative Abweichungen von einem gewünschten oder als optimal angesehenen Zustand umfasst. Der entscheidungstheoretische Risikobegriff bezieht sich generell auf Abweichungen gegenüber dem Erwartungswert einer Größe und umfasst negative und positive Abweichungen, umgangssprachlich also neben den Risiken auch Chancen. Abweichend von diesem symmetrischen Risikoverständnis gibt es im betriebswirtschaftlichen Kontext auch Fragestellungen, denen ein asymmetrisches Risikoverständnis zugrunde liegt. Dies gilt insbesondere für Bereiche, in denen Abweichungen vom Normalzustand nur in eine Richtung möglich sind, wie z. B. die Risikovorsorge für Elementarrisiken.

Wird ein symmetrisches Risikoverständnis zugrunde gelegt, ergeben sich die Risiken der unternehmerischen Tätigkeit aus möglichen positiven und negativen Abweichungen von einem Referenzwert, welcher vornehmlich aus der unternehmerischen Zielsetzung und der Unternehmensplanung abzuleiten ist. Da monetär messbare Ziel- und Plangrößen besonders bedeutsam sind, können periodische Kosten-, Erlös- und Ergebnisgrößen sowie mehrperiodige Größen, z. B. Barwerte erwarteter Zahlungsreihen, als Referenzwerte herangezogen werden. Die realisierten Werte können die Ziel- und Planwerte übersteigen oder unterschreiten. Das prognostizierte Ausmaß an positiven und negativen Abweichung vom Referenzwert kann als Ausmaß des vorliegenden Risikos angesehen werden.

Das Risikocontrolling betrachtet zum einen die Risiken im Unternehmensumfeld als Einflussfaktoren, die sich auf unternehmerische Entscheidungen auswirken. Um die Wirkung der Risiken transparent zu machen, ist die Entscheidungssituation einschließlich der Risikofaktoren in einer geeigneten Weise zu strukturieren und in Planszenarien zu überführen. Auf deren Grundlage sind für risikobehaftete Entscheidungsalternativen Entscheidungswerte zu ermitteln. Zu den Aufgaben des Risikocontrollings gehört es weiterhin, ursprüngliche Pläne für die Durchführung von Projekten in Abhängigkeit von der tatsächlichen Entwicklung zu überprüfen und Entscheidungsgrundlagen für Anpassungsmaßnahmen zu schaffen. Nachträgliche Abweichungsanalysen können genutzt werden, um den realisierten Einfluss der Risikofaktoren zu bestimmen und von anderen unternehmensinternen Faktoren und Entscheidungen zu separieren.

Zum anderen gehört es zu den Aufgaben des Risikocontrollings, die durch das Unternehmen eingegangenen Risiken in ihrer Gesamtheit zu bewerten sowie als eigenständige Steuerungsgröße zu optimieren. Auch dabei werden positive und negative Entwicklungen in die Betrachtung einbezogen und unter Beachtung von Korrelationseffekten gegeneinander abgewogen; als Zielgröße dienen jedoch in der Regel Maßzahlen für negative Abweichungen. Das Risikocontrolling soll dabei nicht nur die Gefahr übergroßer, existenzgefährdender negativer Abweichungen quantifizieren, sondern auch die Wirkung möglicher Maßnahmen zur Anpassung der Risikoposition aufzeigen. Dabei kann es sich sowohl um realwirtschaftliche Maßnahmen wie langfristige Fixpreisverträge als auch finanzwirtschaftliche Maßnahmen wie Termin- und Optionsgeschäfte handeln. Es gilt Entscheidungen über die bewusste Vermeidung oder die bewusste Inkaufnahme von Risiken zu unterstützen, wodurch ein wesentlicher Beitrag zur Steigerung des Unternehmenswertes unter Beachtung des Rendite-Risiko-Zusammenhangs sowie von Kapitalstruktureffekten geleistet werden kann (z. B. Hahnenstein 2001).

Der vorliegende Beitrag besteht aus zwei Hauptkapiteln. Das erste Hauptkapitel gibt einen Überblick über die eben skizzierten Aufgaben des Risikocontrollings. Dabei stehen die Methoden zur Bewältigung der Planungs- und Bewertungsaufgaben im Vordergrund. Im zweiten Hauptkapitel werden ausgewählte Methoden des Risikocontrollings angewendet, um beispielhaft das Vorgehen bei einer Projektportfolioplanung unter Risiko aufzuzeigen. Ein Fazit verdichtet die wesentlichen Gedanken und gibt weitere Hinweise für die praktische Anwendung.

2 Aufgaben des Risikocontrollings

2.1 Planung unter Risiko

Planung unter Risiko beschreibt die Antizipation und Berücksichtigung von zukünftig möglichen Ereignissen und Ergebnissen in der Entscheidungsfindung. Maßgeblich ist dabei die Erkenntnis, dass es mehrere sich gegenseitig ausschließende zukünftige Ereignisse bzw. bei kontinuierlichen Größen eine ganze Spannbreite möglicher Ergebnisse gibt. Einwertige Plan- bzw. Prognosewerte stellen somit stets eine sehr starke Vereinfachung der unsicheren Wirklichkeit dar, indem entweder Risiken ignoriert werden, oder auf ein mögliches Ereignis (z. B. das wahrscheinlichste Ereignis) fokussiert wird oder die Wahrscheinlichkeitsverteilung möglicher Ergebnisse auf einen einzelnen Wert (z. B. Erwartungswert) verdichtet wird. Letztlich erfordert die Planung unter Risiko die explizite Modellierung und Analyse einer Wahrscheinlichkeitsverteilung, welche sowohl verschiedene, vom Eintritt bestimmter Ereignisse abhängige Szenarien sowie die Spannweite möglicher Ergebnisse in Verbindung mit deren Wahrscheinlichkeiten abbildet.

In einem ersten Schritt sind zunächst die risikobehafteten Entscheidungssituationen strukturell zu analysieren, indem die risikobehafteten Einflussgrößen identifiziert sowie hinsichtlich ihrer Interaktion und Abfolge beschrieben werden. Hierzu eignet sich insbesondere die Visualisierung der Entscheidungssituation als Zustandsbaum. Der Zustandsbaum kann zu einem Entscheidungsbaum erweitert werden, indem Entscheidungen bzw. die zugehörigen Entscheidungsalternativen, welche sukzessive als Reaktion auf die Realisierung von unsicheren Einflussgrößen getroffen werden können, berücksichtigt werden (Laux 1971, S. 39 ff.; Magee 1964a, b). Die vorgelagerte Entscheidung über die Durchführung einer umfassenden Planung unter Risiko stellt dabei selbst eine Entscheidung dar, welche die zukünftigen Entscheidungen und Ergebnisse beeinflussen kann. Innerhalb eines Entscheidungsbaumes kann ebenfalls analysiert werden, unter welchen Bedingungen die Planung unter Risiko einen Mehrwert bietet (Chwolka und Raith 2012).

In einem zweiten Schritt wird im Rahmen der Planung versucht, die Wahrscheinlichkeiten von diskreten Ereignissen oder die Wahrscheinlichkeitsverteilungen von stetigen Ergebnissen möglichst realitätsnah abzubilden. Ohne weitere Anhaltspunkte besteht eine intuitive Vorgehensweise in der Annahme einer Dreiecksverteilung aus den Prognosewerten der Worst-, Base- und Best-Case-Analyse. Eine methodenbasierte Bestimmung einer Wahrscheinlichkeitsverteilung erfordert indes eine einschrittige oder mehrschrittige Simulation. Eine einschrittige Simulation kann unter nachvollziehbaren Annahmen eine große Anzahl an Risikofaktoren sowie deren Korrelationen abbilden (Coenenberg 1970); sie kann jedoch nur die Verteilung zu einem bestimmten Zeitpunkt und keine Verlaufspfade darstellen. Unter Berücksichtigung einer vorgeschalteten Sensitivitätsanalyse (Hartley 1970) können besonders bedeutsame Risikofaktoren identifiziert und hinsichtlich der Ursache-Wirkungs-Beziehungen möglichst realitätsnah und exakt abgebildet werden. Risiken, welche sich aus den Schwankungen von Beschaffungs- und Absatzpreisen ergeben, können durch eine Simulation der zugrunde liegenden stochastischen Preisprozesse abgebildet werden. Als stochastische Prozesse kommen dabei insbesondere der zeitdiskrete und der zeitstetige Wiener-Prozess, die zeitdiskrete und die zeitstetige geometrische Brownsche Bewegung, der Ornstein-Uhlenbeck-Prozess mit Mittelwertrückkehr sowie der Poisson-Prozess mit stochastischen Wertsprüngen zum Einsatz (für eine Einführung in stochastische Prozesse vgl. Meintrup und Schäffler 2005). Die Abbildung von mehreren, miteinander korrelierten Risikofaktoren in einem stochastischen Prozess kann durch die Cholesky-Zerlegung erfolgen.

Auf der Basis der ermittelten Wahrscheinlichkeiten von diskreten Ereignissen bzw. den ermittelten Wahrscheinlichkeitsverteilungen von stetigen Ergebnissen können Erwartungswerte oder andere Entscheidungswerte zur Entscheidungsfindung unter Risiko bestimmt werden. Je exakter die ermittelten Wahrscheinlichkeiten die Realität wiedergeben, desto besser ist die Informationsgrundlage für eine risikobehaftete Entscheidung. Es besteht allerdings ein grundlegendes Verifikationsproblem, da die der Planung zugrunde gelegte Wahrscheinlichkeitsverteilung auch nachträglich nicht überprüft werden kann. In der Regel liegt nur eine Beobachtung vor, aus welcher kein Rückschluss auf die Richtigkeit der geschätzten Wahrscheinlichkeitsverteilung gezogen werden kann. Deshalb unterliegt das Risikocontrolling, welches insbesondere Eintrittswahrscheinlichkeiten von Ereignissen und Ergebnissen abschätzt und bewertet, einem permanenten Rechtfertigungsdruck: Wenn besonders negative Ergebnisse tatsächlich eintreten, wird dem Risikocontrolling Versagen vorgeworfen; wenn positive Ergebnisse eintreten, wird der Nutzen des Risikocontrollings in Frage gestellt.

2.2 Bewertung von risikobehafteten Entscheidungsalternativen

2.2.1 Berücksichtigung von Risikopräferenzen

Die Bewertung von risikobehafteten Entscheidungsalternativen erfordert die Einbeziehung der Risikopräferenz des Bewertenden bzw. des Entscheiders. Nur für risikoneutrale Entscheider können auf der Grundlage der geschätzten Wahrscheinlichkeitsverteilungen ermittelte Erwartungswerte als Entscheidungsgrundlage dienen. Im Gegensatz dazu stehen risikoaverse und risikofreudige Entscheider dem Risiko nicht indifferent gegenüber. Die Entscheidungswerte weichen dementsprechend vom Erwartungswert ab.

Ein Entscheidungswert, der sich durch eine Risikokorrektur in Form eines Ab- oder Zuschlags vom Erwartungswert ergibt, wird als Sicherheitsäquivalent bezeichnet (Bamberg et al. 2019, S. 77). Dieses entspricht dem sicheren Betrag, der aus Sicht des Bewertenden den gleichen Nutzen stiftet wie die Aussicht auf den Erhalt eines Ergebnisses aus der unsicheren Verteilung. Für einen erwarteten Ergebnisbeitrag (z. B. Zahlungseingang) mit positivem Erwartungswert gilt: Das Sicherheitsäquivalent eines risikofreudigen Entscheiders übersteigt und das Sicherheitsäquivalent eines risikoaversen Entscheiders unterschreitet den Erwartungswert. Das Sicherheitsäquivalent eines risikoneutralen Entscheiders entspricht hingegen genau dem Erwartungswert. Fällt der risikobehaftete Betrag erst in der Zukunft an, ist das Sicherheitsäquivalent in einem zweiten Schritt mit dem risikolosen Zinssatz abzuzinsen und der Barwert als Entscheidungswert zu heranzuziehen.

Die Ermittlung von Sicherheitsäquivalenten kann prinzipiell auf der Grundlage subjektiver Nutzenfunktionen erfolgen (Bamberg et al. 2019, S. 81 ff.). Unter praktischen Bedingungen ist deren Ermittlung aber selbst bei einperiodigen Bewertungsproblemen nahezu ausgeschlossen. Im Mehrperiodenkontext tritt das Problem hinzu, dass die periodenbezogene Anwendung der Nutzenfunktion und anschließende Addition der diskontierten periodischen Sicherheitsäquivalente nur für den Fall der Risikoneutralität theoretisch begründbar sind (Kürsten 2002). Als Alternative bietet sich eine kapitalmarkt-objektivierte Vorgehensweise unter Rückgriff auf das Capital Asset Pricing Model (CAPM) an, bei der nur die nicht durch Diversifikation eliminierbaren Risiken Grundlage der Risikokorrektur sind. Unter konsistenten Annahmen können kapitalmarkt-objektivierte Sicherheitsäquivalente auch mit der Methode der risikoneutralen Bewertung oder auf der Grundlage von Zustandspreisen mit dem Time State Preference Model (TSPM) ermittelt werden (Fischer et al. 1999).

Eine andere, in der Praxis gebräuchlichere Möglichkeit der Risikoberücksichtigung besteht darin, den in der Zukunft liegenden Erwartungswert mit einem risikoadjustierten Zinssatz zu diskontieren. Der risikoadjustierte Zinssatz kann ebenfalls kapitalmarkt-objektiviert auf der Basis des CAPM hergeleitet werden. Allerdings kann die dafür erforderliche Verteilung möglicher zukünftiger Renditen theoretisch exakt nur unter Kenntnis des aktuellen Barwertes, sprich des gesuchten Entscheidungswertes, ermittelt werden (Kruschwitz und Husmann 2012). Um diesen Zirkelschluss zu vermeiden, werden beim praktischen Einsatz der Methodik die Renditeverteilungen anhand historischer Daten geschätzt. Unter der Annahme, dass die in der Vergangenheit beobachteten Verteilungen als repräsentativ für den betrachteten zukünftigen Zeitraum angesehen werden können, führt die Risikoberücksichtigung über den risikoadjustierten Zinssatz zu einem konsistenten Bewertungsergebnis.

2.2.2 Berücksichtigung von Anpassungsmaßnahmen

Auf eine Entscheidung folgt die Auflösung der zunächst bestehenden Unsicherheit. Dieser Prozess kann schlagartig, z. B. bei einer Genehmigungsentscheidung, oder graduell, z. B. bei einer Preisentwicklung, erfolgen. In der Regel hängen operative Entscheidungen bei der Durchführung von Projekten und strategische Folgeentscheidungen von diesem Prozess der Unsicherheitsauflösung ab. Ein Unternehmen hat die Möglichkeit, flexibel auf die tatsächlich eingetretene Entwicklung zu reagieren. Solche flexiblen Handlungsmöglichkeiten werden als Realoptionen bezeichnet und können in ähnlicher Weise wie Finanzoptionen kapitalmarkttheoretisch fundiert bewertet werden (z. B. Dixit und Pindyck 1994; Trigeorgis 1996).

Trotz der Analogie zwischen Real- und Finanzoptionen sind die Anwendungsvoraussetzungen optionspreistheoretischer Methoden bei der Bewertung von Realoptionen durch die Komplexität und Unschärfe realwirtschaftlicher Entscheidungssituationen allenfalls näherungsweise erfüllt, so dass die Bewertung in höherem Maße subjektiven Einflussparametern unterliegt. Aufgrund der komplexen Entscheidungssituationen eignen sich dabei numerische Methoden wie das auf Cox et al. (1979) zurückgehende Binomialmodell besser als analytische Methoden in geschlossener Gleichungsform, zu denen das bekannte Bewertungsmodell von Black und Scholes (1973) gehört. Der Realoptionsansatz eignet sich insbesondere für die Bewertung und Beurteilung von Investitions-, Desinvestitions-, Umstellungs- und Verbundoptionen (Trigeorgis 1996; zum Folgenden auch Crasselt 2011).

Als Investitionsoption wird die Möglichkeit bezeichnet, zu einem zukünftigen Zeitpunkt oder innerhalb eines bestimmten Zeitraums über die Durchführung einer Investition entscheiden zu können. Ist die Investition nicht an bestimmte Fristen gebunden, besteht das zentrale Entscheidungsproblem darin, unter Abwägung von Kosten und Nutzen des Abwartens den optimalen Investitionszeitpunkt festzulegen. Durch das Abwarten kann der Entscheider seinen Informationsstand verbessern und bei konstanter Investitionsauszahlung einen Zinsgewinn realisieren. Gleichzeitig können aber auch Kosten des Abwartens entstehen. So können dem Unternehmen Einzahlungen entgehen, die bei früherer Investition bereits realisierbar wären, oder es kann eine Verschlechterung der Wettbewerbsposition eintreten.

Investitionsoptionen können mit Blick auf die konkrete Entscheidungssituation weiter differenziert werden. Die Möglichkeit, erstmals in ein bestimmtes Produkt oder Geschäftsfeld zu investieren, wird als Aufschuboption (option to wait, option to defer oder timing option) bezeichnet. Handelt es sich demgegenüber um Investitionsmöglichkeiten, die sich erst als Folge einer vorhergehenden Investition ergeben, wird von einer Erweiterungsoption (option to expand) bzw. einer Wachstumsoption (growth option) gesprochen. Dabei bezieht sich der Begriff der Erweiterungsoption auf Anschlussinvestitionen innerhalb eines Projekts, z. B. eine Kapazitätserweiterung von Produktionsanlagen bei positiver Nachfrageentwicklung. Als Wachstumsoption werden demgegenüber Möglichkeiten zur Investition in eigenständige Folgeprojekte verstanden. Beispielsweise kann eine Direktinvestition im Ausland die Möglichkeit schaffen, den ausländischen Markt durch weitere Investitionen auch für bereits im Inland vertriebene Produkte zu erschließen.

Als Desinvestitionsoption wird die Möglichkeit bezeichnet, den Umfang eines bereits laufenden Investitionsprojektes bei negativer Entwicklung zu verringern. Ist die Desinvestitionsentscheidung nicht nur zu einem festen Zeitpunkt möglich, ist der optimale Zeitpunkt für die Desinvestition festzulegen. Einzahlungen aus dem noch laufenden Investitionsprojekt stellen in diesem Fall den Nutzen des Abwartens dar. Die Kosten des Abwartens ergeben sich demgegenüber aus einem Zinsverlust und darüber hinaus auch aus der möglichen Verringerung des Desinvestitionserlöses. Auch bei Desinvestitionsoptionen ist eine weitere Differenzierung nach Entscheidungssituationen möglich. Die vollständige Beendigung des Investitionsprojektes wird als Abbruchoption (option to abandon) bezeichnet und die Möglichkeit einer nur teilweisen Desinvestition kann als Einschränkungsoption (option to contract) angesehen werden.

Bei einfachen Investitions- oder Desinvestitionsoptionen wird davon ausgegangen, dass die Investitionsauszahlung bzw. die Desinvestitionseinzahlung bekannt sind und nicht durch risikobehaftete Parameter beeinflusst werden. Viele reale Entscheidungssituationen werden jedoch treffender als Umstellungs-, Wechsel- oder Tauschoption (option to switch oder exchange option) beschrieben, bei denen der Entscheider darüber entscheiden muss, eine risikobehaftete Alternative gegen eine andere, ebenfalls risikobehaftete Alternative zu tauschen. Solche Entscheidungssituationen können sowohl als Kauf- als auch als Verkaufsoption interpretiert werden. So kann die Möglichkeit, auf einer Produktionsanlage das Produkt B anstelle von Produkt A herzustellen, einerseits als Kaufoption auf die Erlöse von Produkt B interpretiert werden. Die entgehenden Erlöse von Produkt A zuzüglich der Umrüstkosten stellen dann den zu entrichtenden variablen Basispreis der Option dar. Andererseits kann diese Entscheidungssituation auch als Verkaufsoption auf die Erlöse von Produkt A angesehen werden, bei deren Ausübung dem Unternehmen die Erlöse von Produkt B abzüglich der Umrüstkosten zugehen.

Betriebliche Entscheidungssituationen sind oftmals dadurch gekennzeichnet, dass der Entscheider nicht nur in der Ausgangssituation über eine gewisse Flexibilität verfügt, sondern durch die Entscheidung für eine Investition, Desinvestition oder Umstellung selbst neue Handlungsspielräume geschaffen werden. In diesem Fall liegt eine Verbundoption (compound option) vor, welche bei der Bewertung der originären Investitions-, Desinvestitions- oder Umstellungsoption berücksichtigt werden muss. Als typische Beispiele für eine Verbundoption können die Investitionsoption mit anschließender Erweiterungs- und/oder Abbruchoption sowie alle Wechseloptionen in der Produktionsprogrammplanung, welche die Möglichkeit des späteren Zurückwechselns beinhalten, angesehen werden.

Die Realoptionstheorie erlaubt die Ableitung von allgemeinen Entscheidungsregeln, welche durch die numerische Bewertung der vorhandenen Handlungsspielräume bzw. Realoptionen konkretisiert werden können (Crasselt 2003, S. 43 f.). Wenn von einem Zustand z_1 in einen anderen Zustand z_2 gewechselt werden soll, sind bei der Bewertung der Vorteilhaftigkeit nicht nur die erwarteten Ergebnisse der beiden Zustände und die Kosten, um von z_1 zu z_2 zu wechseln, sondern ebenfalls die Handlungsspielräume vor und nach dem Wechsel der Zustände zu berücksichtigen.

Demnach ist es vorteilhaft von z_1 zu z_2 zu wechseln, wenn die Summe aus dem erwarteten Ergebnis von z_2 und dem Wert der zukünftigen Handlungsspielräume von z_2 größer ist als die Summe aus dem erwarteten Ergebnis von z_1, dem Wert der zukünftigen Handlungsspielräume von z_1, den Wechselkosten und dem Wert des Handlungsspielraumes, diesen Wechsel auch zu einem späteren Zeitpunkt durchführen zu können.

Die auf diese Weise allgemein beschriebene Entscheidungsregel lässt sich für verschiedene Situationen konkretisieren. Für eine einfache Investitionsentscheidung ohne zeitliche Flexibilität und ohne Anpassungsmöglichkeiten des Projekts vereinfacht sie sich zur üblichen Kapitalwertregel, nach der ein Projekt mit positivem Kapitalwert durchgeführt werden sollte. Kann die Investition hingegen auch zu einem späteren Zeitpunkt durchgeführt werden, muss der Kapitalwert der Investition unter Vernachlässigung der zeitlichen Flexibilität den Wert der Warteoption übersteigen, damit der sofortige Projektbeginn vorteilhaft ist. Oftmals sind quantitative Abschätzungen der Warteoption schwierig und stark annahmebehaftet. Eine erste qualitative Einschätzung, ob Investitionsprojekte bereits reif für die Durchführung sind, kann dann durch das Realoptionsportfolio (Luehrman 1998) gegeben werden.

2.3 Analyse von Plan-Ist-Abweichungen

Löst sich nach einer Entscheidung die Unsicherheit auf, treten nahezu immer Abweichungen zwischen der geplanten Normgröße und der tatsächlich eingetretenen Ist-Größe auf. Solche Abweichungen können auf drei Ursachenkategorien zurückgeführt werden (Küpper et al. 2013, S. 271 f.): Die erste Abweichungsursache besteht in der fehlerhaften Erfassung der geplanten Norm- sowie der zu prüfenden Ist-Größe. Die zweite Abweichungsursache ist die fehlerhafte Festlegung der geplanten Normgröße. Bei einer Planung unter Risiko kann insbesondere ein unzureichend fundiertes Planungs- oder Prognosemodell die Abweichung begründen. Insbesondere die Nichtberücksichtigung von bestehenden Risiken oder die Nutzung eines aus einer Ergebnisverteilung abgeleiteten Erwartungswertes können dazu führen, dass die Normgröße unrealistisch und objektiv nicht erreichbar ist. Auch kann der Planungs- und Prognoseprozess zur Ableitung einer geplanten Normgröße fehlerhaft sein. Die dritte Abweichungsursache liegt in der Ausführung des zu kontrollierenden Prozesses oder des zugehörigen Ergebnisses. Ausführungsfehler können sich durch das Treffen von ineffektiv Entscheidungen, das Ergreifen von ineffizienten Handlungen sowie für das Unternehmen unzweckmäßige Verhaltensweisen der Mitarbeiter ergeben.

Um die Entwicklung von Anpassungsmaßnahmen anzustoßen, ist die Abweichungsanalyse auf die systematischen Ausführungs- bzw. Ergebnisabweichungen des Prozesses gerichtet. Die Analyse von unsystematischen oder zufällig auftretenden Abweichungsursachen ist nicht zielführend, da die Erkenntnisse weder zu einer Verbesserung des Planungsprozesses noch zur Entwicklung von Anpassungsmaßnahmen herangezogen werden können. Die Ableitung von Verbesserungsmaßnahmen ist nur bei systematischen Abweichungsursachen möglich, die ein strukturelles sowie wiederkehrendes Auseinanderfallen zwischen der geplanten Norm- sowie der zu prüfenden Ist-Größe erklären. Systematische Abweichungsursachen können insbesondere durch das Entscheidungs- und Handlungsverhalten (z. B. ungeeignetes Entscheidungsmodell oder ungeeignete Arbeitsanreize) sowie die nachhaltige Veränderung eines exogenen Einflussfaktors (z. B. dauerhafter Nachfrage- und Preisanstieg) gegeben sein.

Eine exakte Bestimmung der Abweichungsursachen erfordert die genaue Kenntnis der Handlungsvariablen und der exogenen Einflussfaktoren, welche für die Ausführung des zu kontrollierenden Prozesses oder für das daraus resultierende Ergebnis maßgebend sind. Die Handlungsvariablen kennzeichnen die durch einen Mitarbeiter oder durch einen organisatorischen Bereich vorgenommenen Entscheidungen oder Handlungen (z. B. Produktions- und Absatzmengen); die exogenen Einflussfaktoren beschreiben die Rahmenbedingungen und Restriktionen, welche den zu kontrollierenden Prozess und das daraus resultierende Ergebnis beeinflussen (z. B. Marktnachfrage, Marktpreise). Die exogenen Einflussfaktoren stehen nicht im Verfügungsbereich der betrachteten organisatorischen Einheit und können als risikobehaftet angesehen werden. Die geplante Normgröße bildet die Ursache-Wirkungs-Beziehungen zwischen den Handlungsvariablen sowie den exogenen, risikobehafteten Einflussfaktoren ab. Die geplante Normgröße kann beispielsweise eine Produktionsfunktion, eine Kostenfunktion, eine Erlösfunktion oder eine Gewinnfunktion darstellen, welche durch die Handlungsvariablen sowie die exogenen, risikobehafteten Einflussfaktoren konkretisiert werden können.

Die Auswirkung einer Veränderung einer Handlungsvariablen oder eines Einflussfaktors kann im Rahmen der Abweichungsanalyse isoliert analysiert und quantifiziert werden, wenn diese Veränderungen in der geplanten Normgröße von anderen Veränderungen vollständig mathematisch separierbar sind. Hierzu müssen die veränderten Handlungsvariablen und die veränderten Einflussfaktoren additiv miteinander verknüpft sein. Sofern zwei oder mehr veränderte Handlungsvariablen oder Einflussfaktoren nicht vollständig mathematisch separierbar sind (z. B. multiplikative Verknüpfung), ist die eindeutige Zuordnung der Gesamtabweichung auf die einzelnen Handlungsvariablen und Einflussfaktoren nicht mehr möglich. Es entstehen Abweichungen höheren Grades (Kloock 1988). Für eine verursachungsgerechte Abweichungsanalyse sind insbesondere die Abweichungen, welche aus unternehmerischen Entscheidungen resultieren, von Abweichungen, welche sich aus stochastischen Einflüssen ergeben, bestmöglich zu separieren.

Die Abweichungsanalyse von Erlösen veranschaulicht die Problematik der Aufspaltung in endogene, entscheidungsbezogene Einflussgrößen und exogene, risikobehaftete Einflussgrößen. Erlöse ergeben sich im einfachsten Fall aus der Multiplikation von Absatzmenge und Absatzpreis. Sowohl die Absatzmenge als auch der Absatzpreis sind das Resultat von Unternehmensentscheidungen sowie Markteinflüssen. Der Erlösverantwortliche trägt somit nur eine Teilverantwortung in Bezug auf Absatzmenge und Absatzpreis. Im Rahmen der differenziert kumulativen Abweichungsanalyse nach Albers (1989, 1998) wird die Beziehung zwischen Absatzpreis und Absatzmenge beachtet, indem zwischen endogenen, dem Erlösverantwortlichen zurechenbaren Entscheidungen und Handlungen sowie exogenen, aus dem Marktumfeld resultierenden Einflussfaktoren unterschieden wird. Als endogene, entscheidungsbezogene Einflussfaktoren werden die Preispolitik sowie die Marketingaktivitäten in Bezug auf den Marktanteil angesehen. Das Preisniveau des relevanten Marktes bzw. in der relevanten Branche sowie die Veränderung der mengenmäßigen Nachfrage und des daraus resultierenden mengenmäßigen Marktvolumens werden als exogene, risikobehaftete Einflussfaktoren berücksichtigt.

2.4 Risikosteuerung

Neben der Planung und Bewertung von Projekten unter Berücksichtigung eines durch exogene Faktoren gegebenen Risikoniveaus ist die Unterstützung von Entscheidungen zur Steuerung des Risikos selbst eine Aufgabe des Risikocontrollings. Bei dieser Risikosteuerung ist über die bewusste Inkaufnahme oder die bewusste Vermeidung von Risiken in Bezug auf Einzelmaßnahmen wie auch die gesamte Risikoposition des Unternehmens zu entscheiden. Anders als bei der kapitalmarkttheoretischen Bewertung liegt der Fokus der Überlegungen meist auf einem asymmetrischen Risikoverständnis, bei dem negative Abweichungen im Vordergrund stehen. Die Gefahr von sehr starken negativen Abweichungen von betriebswirtschaftlichen Zielgrößen kann durch die Methodik des Value at Risk genauer untersucht werden. Der Value at Risk zeigt für eine geschätzte Wahrscheinlichkeitsverteilung an, mit welchem Konfidenzniveau ein bestimmter Wert nicht unterschritten wird. Während sich der Value at Risk auf die Wertentwicklung von Wertpapierbeständen insbesondere im Bankenbereich bezieht, können in ähnlicher Weise auch der Cash Flow at Risk und die Earnings at Risk im realwirtschaftlichen Bereich ermittelt werden (Hager 2004; Duch 2005).

Die Schwankungsbreite von betriebswirtschaftlichen Zielgrößen kann durch Hedging-Strategien reduziert werden. Beim Hedging werden zu risikobehafteten Geschäftsvorgängen Gegenpositionen mit einer negativen Korrelation eingegangen. Aufgrund der negativen Korrelation wird die Schwankungsbreite der betriebswirtschaftlichen Zielgröße reduziert und bei vollständiger Absicherung kann der Erwartungswert sicher vereinnahmt werden. Als Absicherungsinstrumente können im realwirtschaftlichen Kontext neben finanziellen Gegengeschäften und Versicherungen insbesondere auch langfristige vertragliche Fixierungen mit Lieferanten und Kunden zum Einsatz kommen. Wenn der risikobehaftete Geschäftsvorgang auch eine Realoption beinhaltet, kann eine Delta-Hedging-Strategie dazu genutzt werden, den Wert der Realoption sicher zu vereinnahmen (Hull 2014, S. 402 ff., 2018, S. 162 ff.). Allerdings wird durch einen hohen Grad der Absicherung nicht nur die Gefahr negativer Abweichungen, sondern auch die Chance auf Partizipation an positiven Abweichungen ausgeschlossen.

3 Risikocontrolling am Beispiel der Projektportfolioplanung

3.1 Problemstellung

Viele Aufgaben eines Unternehmens, z. B. im Forschungs- und Entwicklungsbereich, werden projektbezogen organisiert und durchgeführt. Ein Projekt ist eine unternehmerische komplexe Aufgabenstellung, welche insbesondere durch die folgenden Charakteristika gekennzeichnet ist:

- Einmaligkeit und Einzigartigkeit der Aufgabenstellung: Das Projekt verfolgt ein spezifisches Ziel, unterliegt spezifischen Restriktionen und entspricht in seiner Gesamtheit keiner wiederholbaren Aufgabe.
- Unsicherheit des Projekterfolges: Aufgrund der Einmaligkeit und Einzigartigkeit der Aufgabenstellung sind das Erreichen des Projektziels sowie der angestrebte Projekterfolg bei der Projektinitiierung unsicher. Die Unsicherheit über den Projekterfolg nimmt im Zeitablauf sowie mit zunehmender Bewältigung von Projektteilaufgaben ab.
- Projekterfolg von beendeten und abgebrochenen Projekten: Ein Projekterfolg ergibt sich weitestgehend nur für abgeschlossene Projekte, welche die Aufgabenstellung umgesetzt haben; abgebrochene Projekte haben die Aufgabenstellung nicht erfüllt und führen zu keinem Projekterfolg.

Das Ziel der Projektportfolioplanung ist es, aus allen vorliegenden Projektalternativen diejenigen Projekte auszuwählen, welche auch tatsächlich begonnen werden. Als Auswahlkriterium kann der erwartete, aber unsichere Projekterfolg, z. B. gemessen durch den Kapitalwert des Projektes, herangezogen werden. Stehen für die Durchführung aller erfolgversprechenden Projekte nicht genügend Ressourcen (z. B. Mitarbeiter oder finanzielle Mittel) zur Verfügung, muss die sich ergebende Projektauswahl weiter eingegrenzt werden. Dabei stellt sich die Frage, welche Projekte ausgewählt und wie die verfügbaren Ressourcen den ausgewählten Projekten während der Projektdauer zugeteilt werden sollen.

Bei der klassischen Portfolioplanung bei knappen Ressourcen wird die Projektauswahl typischerweise als eine endgültige Festlegung betrachtet. Dabei wird vernachlässigt, dass der Erfolg eines Projektes im Verlauf der Projektdurchführung in der Regel immer besser beurteilt werden kann. Werden anfänglich mehrere Projekte angestoßen, besteht später die Möglichkeit, die Ressourcen auf das Projekt mit der größten Erfolgsaussicht zu bündeln und Projekte, deren Beurteilung sich verschlechtert hat, abzubrechen. Eine solche Anpassungsmöglichkeit hat einen ökonomischen Wert, der bei der ursprünglichen Ressourcenverteilung berücksichtigt werden sollte. In diesem Kapitel wird die Projektauswahl unter besonderer Berücksichtigung von Anpassungsmöglichkeiten analysiert, die den Wert eines Projektportfolios zusätzlich erhöhen können.

3.2 Analyse der Entscheidungssituation

Die folgende Modellanalyse bezieht sich auf eine Projektportfolioplanung unter Berücksichtigung von Umweltunsicherheit hinsichtlich des Projekterfolges sowie der Möglichkeit späterer Umschichtungen zwischen den Projekten als Reaktion auf neue Informationsstände. Abb. 1 veranschaulicht den Analyserahmen. Zum Zeitpunkt $t = 0$ erfolgen die Projektauswahl und Projektinitiierung auf der Basis der erwarteten Projekterfolge. Während der Projektdurchführung zum Zeitpunkt $t = 1$ wird die Unsicherheit über die Projekterfolge aufgelöst und es wird über die Fortführung oder die vorzeitige Beendigung der Projekte entschieden. Wenn die Projekte weitergeführt werden, werden zum Zeitpunkt $t = 2$ die zum Zeitpunkt $t = 1$ bereits bekannten Projekterfolge realisiert. Der Analyserahmen berücksichtigt somit explizit die Unsicherheit hinsichtlich des Projekterfolges zum Zeitpunkt der Projektinitiierung sowie die ausschließliche Werthaltigkeit von abgeschlossenen Projekten.

Ohne Ressourcenrestriktion und ohne Berücksichtigung der Revisionsmöglichkeit zum Zeitpunkt $t = 1$ würden zum Zeitpunkt $t = 0$ alle Projektalternativen mit positivem erwarteten Gesamterfolg initiiert. Liegen Ressourcenrestriktionen vor, basiert die klassische Projektportfolioplanung zum Zeitpunkt $t = 0$ auf der Maximierung der erwarteten Projekterfolge $E[PE_p(R_p)]$ über alle Projektalternativen $p \in \{1, \ldots, P\}$.

Es sei angenommen, dass die Initiierung der Projekte mit ihren jeweils erwarteten Projekterfolgen die Zuteilung der Ressource R_p (z. B. Mitarbeiterstunden) erfordert. Aus Vereinfachungsgründen soll die Ressource R während des Planungshorizontes begrenzt vorhanden und nicht veränderbar sein sowie keiner alternativen Verwendung zugeführt werden können. Die Zuteilung der Ressource kann sowohl für die Periode 1 (von Zeitpunkt $t = 0$ bis $t = 1$) als auch für die Periode 2 (von Zeitpunkt $t = 1$ bis $t = 2$) erfolgen. Damit das Projekt abgeschlossen werden kann, muss der gesamte projektbezogene Ressourcenbedarf mit $R_p = R_{p,1} + R_{p,2}$ erfüllt werden. Dabei muss beachtet werden, dass sich die insgesamt zur Verfügung stehenden Ressourcen R aus den periodenspezifischen Ressourcen R_1 und R_2 ergeben.

Die Projektauswahl eines risikoneutralen Entscheiders sowie die Ressourcenverteilung zum Zeitpunkt $t = 0$ erfolgen bei einer bindenden Ressourcenrestriktion auf der Basis des relativen erwarteten Projekterfolges *rel.* $E[PE_p]$ (Verhältnis aus erwartetem Projekterfolg und Ressourcenbedarf zum Zeitpunkt $t = 0$). Tab. 1 zeigt das Optimierungsprogramm der klassischen Projektportfolioplanung. Wenn mehrere Ressourcenrestriktionen vorliegen, können die Verfahren der linearen Programmierung verwendet werden. Die Möglichkeit des Projektwechsels wird bei der Ent-

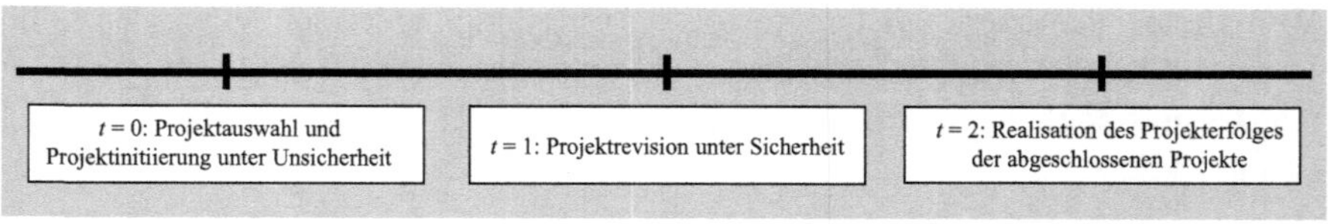

Abb. 1 Analyserahmen

Tab. 1 Optimierungsprogramm der klassischen Projektportfolioplanung

	Optimierungsprogramm $t = 0$	Optimierungsprogramm $t = 1$
Zielfunktion	$\max\limits_{x_p \in [0;1]} \sum\limits_{p=1}^{P} (x_p \cdot E[PE_p(R_p)])$	$\max\limits_{x_p \in [0;1]} \sum\limits_{p=1}^{P} (x_p \cdot PE_p(R_{p,2}))$
Periodische Restriktionsbedingung	$\sum\limits_{p=1}^{P} (x_p \cdot R_{p,1}) \leq R_1$	$\sum\limits_{p=1}^{P} (x_p \cdot R_{p,2}) \leq R_2$
Entscheidungskriterium bei einer Restriktion	$rel.E[PE_p] = \frac{E[PE_p(R_p)]}{R_p}$	$rel.PE_p = \frac{PE_p(R_{p,2})}{R_p - R_{p,1}}$

Tab. 2 Beispiel zur klassischen Projektportfolioplanung

Optimierungsprogramm $t = 0$			Optimierungsprogramm $t = 1$		
	Projekt 1	Projekt 2		Projekt 1	Projekt 2
$E[PE_p(R_p)]$	110	100	$PE_p(R_p)$	110	140
R_p	10	10	$R_p - R_{p,\,1}$	2	10
R_1	8		R_2	8	
$rel.\ E[PE_p(R_p)]$	11	10	$rel.\ PE_p(R_p)$	55	14
$R_{p,\,1}$	8	0	$R_{p,\,2}$	2	6

scheidung in $t = 0$ nicht berücksichtigt. Gleichwohl ist eine Anpassung der Projektauswahl in $t = 1$ möglich. Die optimale Ressourcenverteilung zum Zeitpunkt $t = 1$ erfolgt auf der Basis des relativen Projekterfolges $rel.\ PE_p$ unter Berücksichtigung der für die Projektfertigstellung notwendigen Ressourcen. Für ein zuvor noch nicht begonnenes Projekt sind dann alle notwendigen Ressourcen in der zweiten Periode aufzubringen.

Tab. 2 zeigt die Vorgehensweise der Projektportfolioplanung unter Vernachlässigung von Anpassungsmöglichkeiten an einem Beispiel mit zwei Projekten und einer bindenden Ressourcenrestriktion. Zum Zeitpunkt $t = 0$ ist Projekt 1 zu favorisieren, da der relative erwartete Projekterfolg mit dem Wert 11 am größten ist. Als Folge werden die knappen Ressourcen $R_1 = 8$ Projekt 1 zur Verfügung gestellt. Nach der Auflösung der Umweltunsicherheit zum Zeitpunkt $t = 1$ verspricht nun Projekt 2 den absolut und in Relation zu den insgesamt benötigten Ressourcen höheren Projekterfolg. Die Wahl von Projekt 2 ist aber zum Zeitpunkt $t = 1$ nicht mehr möglich. Einerseits übersteigt der Ressourcenbedarf von Projekt 2 das in Periode 2 noch verfügbare Ressourcenangebot ($R_p - R_{p,\,1} > R_2$). Die Nichtberücksichtigung von Projekt 2 bei der Ressourcenzuteilung zum Zeitpunkt $t = 0$ kann in Periode 2 nicht mehr kompensiert werden. Andererseits beeinflusst die Ressourcenzuteilung zum Zeitpunkt $t = 0$ den relativen Projekterfolg zum Zeitpunkt $t = 1$. Die bereits verwendeten Ressourcen werden als versunken angesehen und werden bei der relativen Vorteilhaftigkeit der Ressourcen nicht berücksichtigt. Da Projekt 1 nur noch zwei Ressourceneinheiten benötigt, ist dessen relativer Erfolg des Ressourceneinsatzes höher. Als Folge führt die frühzeitige Projektpriorisierung zu einer grenznutzenbezogenen Selbstbindung, welche den Abbruch eines Projektes erschwert.

Im Folgenden soll nun gezeigt werden, wie sich der auf das Projektportfolio bezogene Erfolg insgesamt steigern lässt, wenn bereits in $t = 0$ die Möglichkeit eines Projektwechsels in die Entscheidung über den Ressourceneinsatz berücksichtigt wird. Das Optimierungsprogramm zum Zeitpunkt $t = 0$ muss dann, wie in Tab. 3 dargestellt, zusätzlich den Wert der Wechselmöglichkeiten $WM(PE_p(R_p))$ einbeziehen. Der Wert der Wechselmöglichkeiten ergibt sich aus den durch die Ressourcenzuteilung ausgewählten Projekten und deren Charakteristika (Wahrscheinlichkeitsverteilung der Projekterfolge, stochastische Abhängigkeit zwischen den Projekten). Dadurch verändert sich aber die Komplexität des Optimierungsprogramms, das deshalb auch bei nur einer bindenden Ressourcenrestriktion nicht mehr der linearen Programmierung zugänglich ist.

Zur Illustration der Vorgehensweise bei der Projektportfolioplanung unter Berücksichtigung von Projektwechselmöglichkeiten wird das Beispiel in Tab. 2 um die Wahrscheinlichkeitsverteilungen von Projekt 1 und Projekt 2 in Tab. 4 erweitert. Projekt 1 sei ein sicheres Projekt, das in jedem Zustand einen Projekterfolg in Höhe von 110 erreicht. Der Erfolg von Projekt 2 sei hingegen unsicher und betrage 140 oder 60 mit jeweils einer Wahrscheinlichkeit von $\rho = 0{,}5$. Für das vorliegende Beispiel ergeben sich entsprechend Abb. 2 zum Zeitpunkt $t = 0$ drei Entscheidungsalternativen in Bezug auf die Verteilung der Ressource auf die Projekte: Die erste Entscheidungsalternative bezeichnet die vollständige Verwendung der Ressource R_1 für Projekt 2. Dieses Vorgehen beinhaltet gleichzeitig die Fortführung von Projekt 2 in Periode 2 unabhängig von dem tatsächlichen Projekterfolg. Die zweite Entscheidungsalternative besteht in der vollständigen Verwendung der Ressource R_1 für Projekt 1. Zum Zeitpunkt $t = 0$ ist Projekt 1 gegenüber Projekt 2 zu bevorzugen, da der erwartete Projekterfolg größer ist ($110 > 100$). Als dritte Entscheidungsalterna-

Tab. 3 Optimierungsprogramm der Projektportfolioplanung unter Berücksichtigung von Projektwechselmöglichkeiten

	Optimierungsprogramm $t = 0$	Optimierungsprogramm $t = 1$
Zielfunktion	$\max\limits_{x_p \in [0;1]} \sum\limits_{p=1}^{P} \left(x_p \cdot \begin{pmatrix} E[PE_p(R_p)] \\ +WM(PE_p(R_p)) \end{pmatrix} \right)$	$\max\limits_{x_p \in [0;1]} \sum\limits_{p=1}^{P} \left(x_p \cdot PE_p(R_{p,2}) \right)$
Periodische Restriktionsbedingung	$\sum\limits_{p=1}^{P} \left(x_p \cdot R_{p,1} \right) \leq R_1$	$\sum\limits_{p=1}^{P} \left(x_p \cdot R_{p,2} \right) \leq R_2$

Tab. 4 Beispiel zur klassischen Projektportfolioplanung unter Unsicherheit

Optimierungsprogramm $t = 0$		
	Projekt 1	Projekt 2
$E[PE_p(R_p)]$	110	100
$PE_p(R_p)/\rho$	110/0,5	140/0,5
$PE_p(R_p)/\rho$	110/0,5	60/0,5
R_p	10	10
R_1	8	

tive kommt eine Ressourcenzuteilung auf beide Projekte in Betracht, bei der zum Zeitpunkt $t = 1$ die Fortführung und Beendigung von beiden Projekten möglich ist. Wenn Projekt 2 einen Projekterfolg von 60 generiert, wird Projekt 1 mit einem Projekterfolg von 110 durchgeführt; hingegen wird Projekt 2 bei einem Projekterfolg von 140 durchgeführt. Die dritte Entscheidungsalternative führt zum Zeitpunkt $t = 0$ zu einem erwarteten Erfolg von 125, wobei ein erwarteter Erfolg von 110 auf Projekt 1 und ein erwarteter Erfolg von 15 auf die Wechselmöglichkeit zwischen den Projekten zurückzuführen ist.

Die dritte Entscheidungsalternative ist gegeben, wenn die Ressourcenzuteilung so erfolgt, dass sowohl Projekt 1 als auch Projekt 2 in Periode 2 beendet werden könnten. Dies ist bei einer Ressourcenzuteilung mit den Eigenschaften $2 \leq R_{1,1} \leq 6$ und $R_{2,1} = 8 - R_{1,1}$ gegeben. Allerdings ist zu berücksichtigen, dass die Ressourcenzuteilung die relativen Projekterfolge, welche für die nachgelagerte Ressourcenzuteilung herangezogen werden, zum Zeitpunkt $t = 1$ beeinflusst (Tab. 5). Im Beispiel führt die Ressourcenzuteilung von $R_{1,1} = 6$ und $R_{2,1} = 2$ stets zu der relativen Vorteilhaftigkeit von Projekt 1 und die Ressourcenzuteilung von $R_{1,1} = 2$ und $R_{2,1} = 6$ führt stets zu der relativen Vorteilhaftigkeit von Projekt 2. Um die

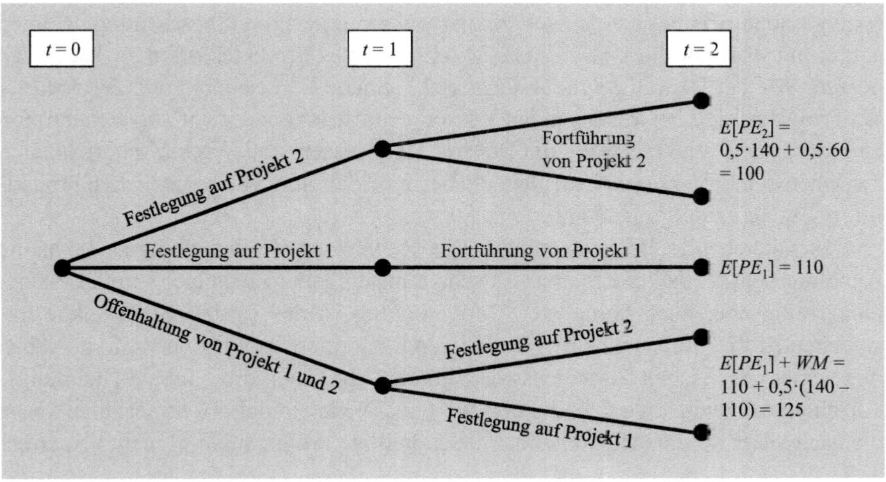

Abb. 2 Entscheidungsbaum der Projektauswahl

Tab. 5 Beispiel zur Ressourcenzuteilung

		Projekt 1	Projekt 2	
$PE_p(R_p)$		110	140	60
rel. $PE_p(R_p)$	$R_{1,1} = 6$ $R_{2,1} = 2$	$\frac{110}{4} = 27{,}5$	$\frac{140}{8} = 17{,}5$	$\frac{60}{8} = 7{,}5$
	$R_{1,1} = 2$ $R_{2,1} = 6$	$\frac{110}{8} = 13{,}75$	$\frac{140}{4} = 35$	$\frac{60}{4} = 15$
	$R_{p,1} = R_1 \cdot \frac{R_p}{\sum_{p=1}^{P} R_p} = 4$	$\frac{110}{6} = 18{,}33$	$\frac{140}{6} = 23{,}33$	$\frac{60}{6} = 10$

Vorteilhaftigkeit der nachgelagerten Ressourcenverwendung nicht zu verzerren, sind die Ressourcen proportional zu dem gesamten Ressourcenbedarf der Projekte zuzuordnen.

Die Initiierung beider Projekte mit einem Teil der verfügbaren Ressource führt dazu, dass der erwartete Projekterfolg um 15 steigt. Da hier angenommen wurde, dass die Ressource nicht veränderbar ist sowie keiner alternativen Verwendung zugeführt werden kann, stehen dieser Steigerung des erwarteten Projekterfolgs keine Kosten gegenüber. Kann der Ressourceneinsatz demgegenüber noch angepasst werden oder die Ressource auf andere, nicht explizit betrachtete Verwendungsmöglichkeiten übertragen werden, sind die Kosten bzw. Opportunitätskosten des Ressourceneinsatzes einzubeziehen. Der Einsatz zusätzlicher Mitarbeiterstunden zur Schaffung der Wechselmöglichkeit ist nur dann lohnend, wenn die Kosten dafür den zusätzlichen Nutzen in Höhe von 15 nicht übersteigen.

Die Projektportfolioplanung ist ohne die Berücksichtigung von Ressourcenrestriktionen ein einfaches Planungsproblem, bei dem alle Projekte mit einem positiven erwarteten Projekterfolg durchgeführt werden. Wenn Ressourcenrestriktionen bei der Projektportfolioplanung auftreten, entsteht beim Vorliegen von Unsicherheit ein komplexes Planungsproblem. Durch die Unsicherheit entstehen zusätzliche Projektinterdependenzen, da die Festlegung auf die Projekte, welche nicht nur initiiert, sondern auch beendet werden sollen, erst während der Projektbearbeitung erfolgen sollte, um dadurch die Option, den Abschluss eines Projektes offen zu halten, zu nutzen. Wie der Beitrag zeigt, ist die ausschließliche Berücksichtigung der erwarteten Projekterfolge bei vorliegenden Ressourcenrestriktionen nicht ausreichend, um eine optimale Projektauswahl zu erreichen. Stattdessen sind Wechselmöglichkeiten zwischen den Projekten zu beachten, die bei der Erlangung von zusätzlichen Projektinformationen zu ergreifen sind.

Das vorstehende Beispiel enthält eine Reihe von Vereinfachungen, u. a. die Annahme eines risikoneutralen Entscheidungsträgers. Für eine realitätsnähere, gleichzeitig aber auch komplexere Modellierung ist das Optimierungskalkül entsprechend Tab. 3 hin zu einem vollständigen Realoptionskalkül zu erweitern. Neben dieser mathematischen Vorgehensweise können aber auch drei verbale Handlungsvorschläge abgeleitet werden, die den Wert der Wechselmöglichkeit beachten sowie die nachgelagerte Entscheidung über die endgültige Projektauswahl nicht verzerren:

- Initiierung möglichst vieler, stochastisch unabhängiger oder sogar stochastisch gegensätzlicher Projekte: Da die Projekterfolge sich im Zeitablauf nicht gleichgerichtet entwickeln, ist der erwartete Unterschied zwischen den Projekterfolgen und dadurch der Wert der Wechselmöglichkeit hoch.
- Gleichmäßige Ressourcenzuteilung auf die Projekte entsprechend ihres Ressourcenbedarfs: Die relativ gleichmäßige Ressourcenzuteilung verzerrt nicht die nachträgliche Projektauswahl, da sich die Rangfolge der Projekte in Bezug auf den relativen Projekterfolg je knapper Ressourceneinheit nicht ändert.
- Nutzung von zusätzlichen Projektinformationen bei einer möglichst späten, endgültigen Projektfestlegung: Zusätzliche Projektinformationen verbessern die Be-

urteilung der Projekte und führen zu einer optimalen Projektauswahl bzw. zu einer optimalen Nutzung der geschaffenen Wechselmöglichkeit zwischen initiierten Projekten.

4 Fazit

Die Berücksichtigung von unternehmerischen Risiken kann durch ein institutionalisiertes Risikocontrolling sowie durch einen effektiven Einsatz der Instrumente des Risikocontrollings erfolgen. Als Ergebnis können zum einen Informationen über die Wahrscheinlichkeitsverteilung der risikobehafteten Zielgröße gewonnen werden. Zum anderen können diese Wahrscheinlichkeiten zur Ermittlung von Entscheidungswerten unter Berücksichtigung von Risikopräferenzen und zukünftigen Handlungsspielräumen genutzt werden. Das Vorliegen von unternehmerischen Risiken erfordert in qualitativer Hinsicht daher stets das Denken in Wahrscheinlichkeiten sowie das Denken in Handlungsoptionen.

Die skizzierten Instrumente des Risikocontrollings sind besonders bedeutsam für risikobehaftete Investitionsentscheidungen. Sie können aber auch auf risikobehaftete operative Entscheidungen wie z. B. die Produktionsprogrammplanung angewendet werden (z. B. Crasselt und Lohmann 2016). Als Beispiel wurde die Projektportfolioplanung unter Risiko dargestellt. Die Projektauswahl muss berücksichtigen, dass der Erfolg eines Projektes mit Risiken behaftet ist.

Wenn unsichere Projekterfolge vorliegen und bindende Ressourcenrestriktionen bestehen, muss die Projektportfolioplanung um Flexibilitätsüberlegungen in Bezug auf nachträgliche Wechselmöglichkeiten zwischen den Projekten erweitert werden. Die Flexibilitätsüberlegungen manifestieren sich in dem Wert der Wechselmöglichkeit, die als Realoption aufgefasst werden kann. In qualitativer Hinsicht ist die Projektauswahl so zu gestalten, dass möglichst viele, stochastisch unabhängige oder sogar stochastisch gegensätzliche Projekte ausgewählt werden, die Ressourcen relativ gleichmäßig den Projekten zugeteilt werden und die endgültige Projektfestlegung möglichst spät unter Nutzung von zusätzlich gewonnenen Projektinformationen erfolgt. Die auf diese Weise generierten Vorteile sind schließlich gegen die zusätzlichen Kosten einer solchen flexiblen Strategie abzuwägen.

Literatur

Albers, S. (1989). Ein System zur IST-SOLL-Abweichungs-Ursachenanalyse von Erlösen. *Zeitschrift für Betriebswirtschaft, 59*(6), 637–654.

Albers, S. (1998). A framework for analysis of sources of profit contribution variance between actual and plan. *International Journal of Research in Marketing, 15*(2), 109–122.

Bamberg, G., Coenenberg, A. G., & Krapp, M. (2019). *Betriebswirtschaftliche Entscheidungslehre* (16. Aufl.). München: Vahlen.

Black, F., & Scholes, M. (1973). The pricing of options and corporate liabilities. *Journal of Political Economy, 81*(3), 637–654.

Chwolka, A., & Raith, M. G. (2012). The value of business planning before start-up. A decision-theoretical perspective. *Journal of Business Venturing, 27*(3), 385–399.
Coenenberg, A. G. (1970). Unternehmensbewertung mit Hilfe der Monte-Carlo-Simulation. *Zeitschrift für Betriebswirtschaft, 40*(12), 793–804.
Cox, J., Ross, S., & Rubinstein, M. (1979). Option pricing. A simplified approach. *Journal of Financial Economics, 7*(3), 229–263.
Crasselt, N. (2003). *Wertorientierte Managemententlohnung, Unternehmensrechnung und Investitionssteuerung*. Frankfurt a. M.: Peter Lang.
Crasselt, N. (2011). Realoptionen. In W. B. von Colbe, N. Crasselt & B. Pellens (Hrsg.), *Lexikon des Rechnungswesens* (5. Aufl., S. 647–651). München: Oldenburg.
Crasselt, N., & Lohmann, C. (2016). Considering real options in short-term decision making. *Journal of Management Control, 27*(4), 351–369.
Dixit, A. K., & Pindyck, R. S. (1994). *Investment under uncertainty*. Princeton: Princeton University Press.
Duch, J. (2005). *Risikoberichterstattung mit Cash-Flow at Risk-Modellen. Ökonomische Analyse einer Risikoquantifizierung im Risikobericht*. Frankfurt a. M.: Peter Lang.
Fischer, T. R., Hahnenstein, L., & Heitzer, R. (1999). Kapitalmarkttheoretische Ansätze zur Berücksichtigung von Handlungsspielräumen in der Unternehmensbewertung. *Zeitschrift für Betriebswirtschaft, 69*(10), 1207–1232.
Hager, P. (2004). *Corporate Risk Management. Cash Flow at Risk und Value at Risk*. Frankfurt a. M.: Bankakademie.
Hahnenstein, L. (2001). *Hedging mit Termingeschäften und Shareholder Value*. Wiesbaden: Gabler.
Hartley, R. V. (1970). Some extensions of sensitivity analysis. *The Accounting Review, 45*(2), 223–234.
Hull, J. C. (2014). *Options, futures, and derivatives* (9. Aufl.). Upper Saddle River: Pearson.
Hull, J. C. (2018). *Risk Management and Financial Institutions* (5. Aufl.). Newark: Wiley.
Kloock, J. (1988). Erfolgskontrolle mit der differenziert-kumulativen Abweichungsanalyse. *Zeitschrift für Betriebswirtschaft, 58*(3), 423–434.
Knight, F. (1921). *Risk, uncertainty, and profit*. New York: Houghton Mifflin Company.
Kruschwitz, L., & Husmann, S. (2012). *Finanzierung und Investition* (7. Aufl.). München: Oldenburg.
Küpper, H.-U., Friedl, G., Hofmann, C., Hofmann, Y., & Pedell, B. (2013). *Controlling. Konzeption, Aufgaben, Instrumente* (6. Aufl.). Stuttgart: Schäffer-Poeschel.
Kürsten, W. (2002). „Unternehmensbewertung bei Unsicherheit", oder: Theoriedefizite einer künstlichen Diskussion über Sicherheitsäquivalent- und Risikozuschlagsmethode. *Zeitschrift für betriebswirtschaftliche Forschung, 54*(2), 128–144.
Laux, H. (1971). *Flexible Investitionsplanung. Einführung in die Theorie der sequentiellen Entscheidungen unter Unsicherheit*. Opladen: Westdeutscher.
Luehrman, T. A. (1998). Strategy as a portfolio of real options. *Harvard Business Review, 76*(5), 87–99.
Magee, J. F. (1964a). Decision trees for decision making. *Harvard Business Review, 42*(4), 126–138.
Magee, J. F. (1964b). How to use decision trees in capital investment. *Harvard Business Review, 42*(5), 79–96.
Meintrup, D., & Schäffler, S. (2005). *Stochastik. Theorie und Anwendungen*. Berlin: Springer.
Trigeorgis, L. (1996). *Real options. Managerial flexibility and strategy in resource allocation*. Cambridge: MIT Press.

Konzernerfolgsrechnung und Controlling

Robert Rieg

Zusammenfassung

Die Erfolgsrechnung in einem Konzern ist durch die Leistungsverflechtung und den Ansatz von Verrechnungspreisen deutlich komplexer als in einem Einzelunternehmen. Der Beitrag stellt die Konzernkostenrechnung als Basis des Konzerncontrollings dar und erläutert anhand von Beispielen wie eine Erfolgsrechnung durchgeführt wird. Weiterhin wird auf das Spannungsfeld zwischen Steuerung im Sinne des Controllings und Besteuerung eingegangen.

Schlüsselwörter

Konzern · Controlling · Kostenrechnung · Erfolgsrechnung · Verrechnungspreise

1 Besonderheiten der Konzernerfolgsrechnung

Der Begriff *Konzern* ist sowohl aus rechtlicher wie betriebswirtschaftlicher Sicht definiert. Im deutschen Recht sind das Aktiengesetz (AktG) sowie das Handelsgesetzbuch (HGB) relevant. Gemäß der Legaldefinition des § 18 AktG besteht ein Konzern aus einem herrschenden und mindestens einem beherrschten Unternehmen, die unter einer einheitlichen Leitung stehen. Die beteiligten Unternehmen müssen also rechtlich selbstständig sein. Eine einheitliche Leitung bedeutet dabei, dass das herrschende Unternehmen die Geschäftspolitik, Grundfragen der Unternehmensführung als auch die Planung bestimmt. Im HGB ist die einheitliche Leitung nicht (mehr) Voraussetzung für einen Konzern, sondern nur die Möglichkeit der Beherr-

Der folgende Beitrag ist eine erweiterte und überarbeitete Fassung von Rieg (2020, S. 274 ff.).

R. Rieg (✉)
Hochschule Aalen, Aalen, Deutschland
E-Mail: robert.rieg@hs-aalen.de

W. Becker, P. Ulrich (Hrsg.), *Handbuch Controlling*,
https://doi.org/10.1007/978-3-658-26431-4_82

schung. Da sich das Handelsrecht jedoch auf die Pflicht zur Aufstellung des Konzernabschlusses bezieht und das Aktiengesetz hier breiter fokussiert, ist die einheitliche Leitung die allgemeinere und damit in vielen Fällen gültige Vorschrift (Behringer 2014, S. 1 f.). Für das Verständnis der Besonderheiten eines Konzerns aus betriebswirtschaftlicher Sicht reicht die Legaldefinition nicht aus. In der Betriebswirtschaftslehre wird stärker die wirtschaftliche Einheit der Verbindung mehrerer Unternehmen betont, die neue Fragen aufwirft. Das bedeutet, dass der Verbund mehrere Unternehmen, ob rechtlich selbstständig oder nicht, als eine wirtschaftliche Einheit (ein Gesamtunternehmen), auf ein gemeinsames Ziel hin agieren soll und damit rechtliche und organisatorische Trennungen auflösen soll und muss (Behringer 2014, S. 2). In diesem Beitrag wird die wirtschaftliche Einheit betont, die spezifische Fragen des Konzerncontrollings und der Konzernerfolgsrechnung aufwirft.

Da diese wirtschaftliche Sicht sich nicht zwingend mit einer rein juristischen deckt, ist es naheliegend, dass es nicht einfach ist, die Gesamtzahl an Konzernen aus wirtschaftlicher Perspektive zu ermitteln. Amtliche statistische Daten für das Jahr 2007 zeigen eine Zahl von etwa 7000 Unternehmensgruppen in Deutschland, die einen Konzernabschluss zu erstellen haben (Kleber et al. 2010, S. 534). Das zeigt schon die Bedeutung des hier diskutierten Themas.

Konzerne stellen die Erfolgsrechnung vor mehrere Herausforderungen:

Zunächst sehen sich Konzerne gegenüber Einzelunternehmen einer komplexeren Struktur gegenüber. Es lassen sich mehrere *Dimensionen der Differenzierung* unterscheiden (nachfolgend Behringer 2014, S. 3 ff.):

- Aus *rechtlicher Sicht* unterscheidet das AktG den Unterordnungskonzern und den Gleichordnungskonzern. Daneben existieren in der Praxis jedoch auch Konzerne außerhalb des Aktienrechts, so in der Rechtsform der GmbH, der Personengesellschaft oder des europäischen Rechts.
- Hinsichtlich der *Führungsstruktur* differenziert man nach dem Stammhauskonzern und der Holding. Ersterer dominiert die anderen Konzernunternehmen und vereinigt wesentliche Funktionen des Konzerns während die Holding-Struktur oft für divisionalisierte Konzerne verwendet wird.
- In Bezug auf die *Rolle innerhalb einer Wertschöpfung* lassen sich die vertikale, horizontale und laterale Konzernorganisation unterscheiden. Bei der vertikalen übernehmen Konzernunternehmen verschiedene vor- und nachgelagerte Stufen der Wertschöpfung. Bei der horizontalen übernehmen sie dieselbe Funktion bspw. in Form mehrerer Vertriebsgesellschaften. Die laterale Struktur verbindet beides.

Es leuchtet unmittelbar ein, dass bei einer solchen Differenzierung komplexe Leistungsströme entstehen. Die Zurechnung von beeinflussbarem Erfolg einer Führungskraft wird schwieriger, wenn sich ihre Organisationseinheit in einem komplexen Geflecht von Leistungserbringung und Leistungsverwertung befindet.

Konzerne, die international tätig sind, sehen sich weiteren Herausforderungen gegenüber (Hoffjan 2009, S. 13 ff.; Rieg 2020, S. 34 f.):

- Gesellschaften in unterschiedlichen Währungsräumen erfordern die Planung und Kontrolle von Wechselkursen sowie die Berücksichtigung der *Wechselkursänderungen* in der Erfolgsrechnung.
- *Unterschiede zwischen Ländern in ökonomischer und rechtlicher Hinsicht* können die Aussagekraft der Erfolgsrechnung beeinflussen: Unterschiede in den Vorschriften zur Kalkulation, Rechnungslegung oder den Geschäftspraktiken müssen beachtet werden.
- *Leistungswirtschaftliche Verflechtung und Verrechnungspreise*: Preise für den konzerninternen Austausch von Waren und Dienstleistungen (sogenannte Verrechnungspreise) werden nicht auf dem Markt durch Angebot und Nachfrage gebildet, sondern können von der Konzernführung bestimmt werden. Bei niedrig angesetzten Transferpreisen und dem Austausch von der Zentrale zur Tochtergesellschaft, wird der Gewinn und die Besteuerung der Muttergesellschaft reduziert und der Gewinn der Tochtergesellschaft erhöht. Mit der Verlagerung von Gewinnen in Niedrigsteuerländer können steuerliche Zielsetzungen verfolgt werden. Schwierig gestaltet sich jedoch dann die Ermittlung des „korrekten" Erfolgs der Tochtergesellschaft.

Fundament einer Erfolgsrechnung im Konzern ist die Kosten- und Leistungsrechnung des Konzerns, die sich von der in einem Einzelunternehmen unterscheidet, wie der folgende Abschn. 2 darlegt. Um den Erfolg auf Gesamtkonzernebene zu ermitteln, ist es nötig, die Bestandswerte aus den zwischen den Konzernunternehmen erfolgten Lieferungen um jene Gewinnanteile zu reduzieren, die nicht realisiert wurden. Das dazu benötigte Verfahren der Zwischengewinneliminierung beschreibt Abschn. 3. In der Erfolgsrechnung hängt der Erfolg von Konzernunternehmen entscheidend von der Wahl der Verrechnungspreise ab. Während die verschiedenen Methoden der Verrechnungspreisgestaltung an anderer Stelle dieses Handbuchs beschrieben werden (siehe den Beitrag Rasch, Ilgner und Koch), wird hier in Abschn. 4 diskutiert, ob und wie sich eine Erfolgsrechnung unter Einbezug von Verrechnungspreisen so gestalten lässt, dass sie aus steuerlicher und Steuerungssicht kompatibel ist. Weiterhin spielt in Konzernen die wertorientierte Steuerung über entsprechende Kennzahlen wie den EVA™ eine große Rolle (Rieg 2020, S. 166 f. m. w. N.). Abschn. 5 diskutiert den Einbezug solcher periodischen wertorientierten Kennzahlen in eine Konzern-Erfolgsrechnung. Ein kurzes Fazit rundet den Beitrag ab.

2 Ausgestaltung einer Konzernerfolgsrechnung

2.1 Herausforderungen im Konzern

Die Konzernkostenrechnung umfasst die interne Ergebnisrechnung im und für den Konzern. „Im Konzern" bedeutet, die Wirtschaftlichkeit von erstellten Leistungen und Organisationseinheiten innerhalb des Konzerns zu ermitteln. „Für den Konzern" bedeutet, dieses auch mit Blick auf die Wirtschaftlichkeit für den gesamten Konzern zu tun. Gegenüber der Kostenrechnung in einem einzelnen, rein national tätigen Unternehmen ist diese Aufgabe in einem multinational tätigen Konzern mit Verbundbeziehungen erheblich komplexer, wie bereits oben beschrieben wurde. Im Einzelnen ist das bedingt durch (Pfaff 2003, S. 29 f.):

- Leistungen, die arbeitsteilig über Standorte, Länder und Geschäftsbereiche hinweg erstellt werden. Da Kosten und Organisationsstrukturen und -prozesse stark divergieren können, ist es nicht einfach die Kosten und Erlöse zu planen und zu steuern.
- Länderspezifische Unterschiede in der Organisation, in den Geschäftspraktiken aber auch Kostenrechnungsstrukturen. So können sich Kostenarten je nach Standort unterscheiden, ebenso wie der Detailgrad der Kostenrechnung und die Methoden der Kalkulation. Um ein korrektes Konzernergebnis zu erhalten, ist jedoch eine Angleichung oder Überleitung solcher Strukturen notwendig.
- Währungsunterschiede, die eine Umrechnung in Konzernwährung nötig machen und die auch zu positiven oder negativen Wechselkurseffekten führen können (dazu Rieg 2020, S. 305 ff.).
- Inflationsunterschiede, die die Werthaltigkeit von Vermögenswerten beeinflusst, Fragen zur Kapitalerhaltung in Tochtergesellschaften aufwirft aber auch die Ermittlung der inflationsbereinigten, realen Wirtschaftlichkeit von Tochtergesellschaften betrifft.
- Endprodukte, deren Teilleistungen an verschiedenen Standorten und damit verschiedenen Abrechnungskreisen erzeugt werden, durch die ein konzernweiter Erfolg je Produkt, Kunde oder Auftrag schwer ermittelbar wird.

Die Aufgabe der Konzernkostenrechnung ist es, eine interne Erfolgsrechnung zu gestalten, die sowohl auf Gesamtkonzernebene als auch auf Ebene von Geschäftsbereichen, Produkten und ggf. weiteren Kategorien (Regionen, Kunden etc.) die jeweilige Wirtschaftlichkeit ausweisen kann. Gegenüber der externen Konzernrechnungslegung gibt es dabei einige Unterschiede zu beachten: die Konzernrechnungslegung hat nach herrschender Meinung zum Ziel einen „Weltabschluss" zu erstellen, also die Bilanz so darzustellen, als ob alle Teilunternehmen in einem einzigen Unternehmen aufgehen würden (sog. Einheitsfiktion oder Einheitstheorie). Damit müssen die meist vorhandenen Verflechtungen zwischen den Konzerngesellschaften bezüglich Leistungen, Kapital, Vermögen oder Schulden eliminiert werden (*Konsolidierung*). Die konsolidierten Posten sind für den externen Bilanzleser nicht von Interesse und könnten sogar die Aussagekraft verfälschen. Analog dazu wird es in der Konzernkostenrechnung auch eine Konsolidierung geben, um ein Gesamt-Konzernergebnis zu ermitteln. Im Gegensatz zur Konzernbilanzierung sind die Teilergebnisse von Konzerngesellschaften jedoch ebenso von Interesse, da sich darin die Wirtschaftlichkeit einzelner Organisationseinheiten widerspiegelt. Insofern interessieren sowohl die Teile wie auch das Ganze.

2.2 Ausgestaltung der Konzernerfolgsrechnung

Für die konkrete Ausgestaltung einer Konzernerfolgsrechnung sind mehrere Themen zu klären (nachfolgend Pfaff 2003, S. 31 ff.): Zunächst stellt sich die Frage der *Abrechnungskreise*. In der Bilanzierung erstellt man typischerweise einen Abrechnungskreis (Kontenkreis) je Gesellschaft, um Geschäftsvorfälle eindeutig zuordnen zu können. Die wirtschaftliche Betrachtung eines Konzerns kann jedoch von der rechtlichen Struktur verschieden sein. So sind Geschäftsbereiche (Divisionen) oft keine eigenständigen Gesellschaften oder Tochtergesellschaften erbringen Leistungen für mehrere Produktlinien und Divisionen. Die Erfolgsrechnung muss dann einzelne Posten in einer Gesellschaft unter Umständen auf mehrere Abrechnungskreise aufteilen oder je nach Auswertungszweck verschieden bewerten und aggregieren.

Mit der organisatorischen Frage der Abrechnungskreise eng verknüpft ist die Frage, welche *Bezugsobjekte* man aus Kosten- und Leistungssicht benötigt. Zunächst ist dabei festzulegen, welche Gesellschaften in die Betrachtung eingehen. Ein erster Ansatz kann zwar der nach der Rechnungslegung einzubeziehende Kreis an Unternehmen sein (Konsolidierungskreis) (Gräfer und Scheld 2016, S. 45). Welche Gesellschaften einzubeziehen sind, hängt im internen Rechnungswesen jedoch von den konkreten Rechenzielen, Informationsbedarfen und Aufgaben ab. Insofern kann der Konsolidierungskreis weiter oder enger gefasst sein als in der Bilanzierung. Desweitern ist festzulegen, welche konkreten *wirtschaftlichen Einheiten* definiert werden sollen. So sind Leistungsprozesse oft über Gesellschafts-, Länder und Divisionsgrenzen hinweg organisiert und kostenrechnerisch abzubilden. Dagegen fokussiert die Konzernkonsolidierung in der Rechnungslegung auf einzelne Gesellschaften und eliminiert die Beziehungen, d. h. die Leistungsprozesse, zwischen diesen. Die folgende Abb. 1 zeigt dies an einem simplen Beispiel. Die Konzernbilanzierung eliminiert die entsprechenden Leistungsbeziehungen und weist die Divisionen als Segmente aus. Die Leistungsbeziehungen werden in einer Konsolidierungsrechnung aggregiert berichtet.

Im Gegensatz dazu informiert die Konzernkostenrechnung detailliert über die entsprechenden Ergebnisse je Organisationseinheit als auch der Leistungsbeziehungen sowie der Marktleistungen. Dabei muss bspw. die in Abb. 1 aufgeführte Tochtergesellschaft 2 rechnerisch aufgespalten werden auf die Divisionen. Die Konzernkostenrechnung hat damit eine komplexe, mehrdimensionale Bezugsgrößensystematik.

Um solche Ergebnisse nach verschiedenen Bezugsgrößen und -objekten ermitteln zu können, müssen einheitliche *Ordnungssysteme* geschaffen werden. Diese sind Voraussetzung für eine konsistente Datenerfassung und -verarbeitung. Zu den Ordnungssystemen gehören Konten, Kostenarten, Kostenstellen und Kostenträger aber ebenso Vorgaben zur Erfassung, Bewertung und Verrechnung. Heutzutage bietet es sich an, diese in einem webbasierten Dokument zur Verfügung zu stellen, da durch Veränderungen der Organisation immer wieder auch Änderungen/Ergänzungen und Überarbeitungen dieser Ordnungssysteme nötig werden.

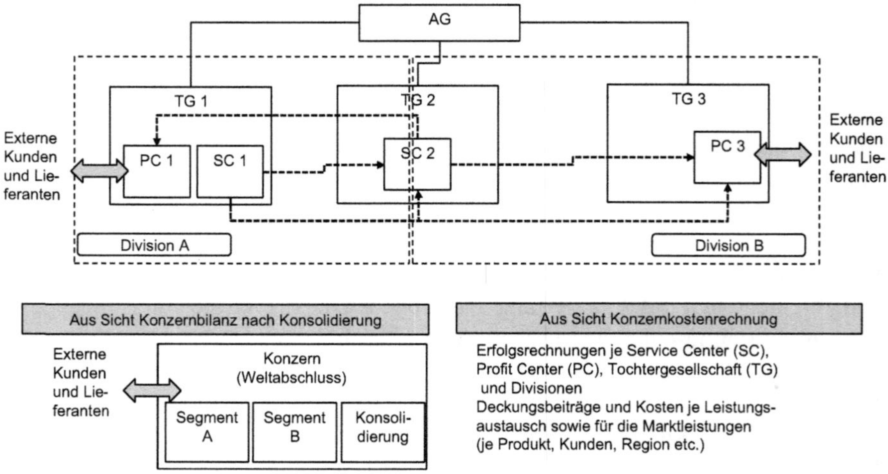

Abb. 1 Beispiel einer Leistungsverflechtung im Konzern. (Quelle: Rieg 2020, S. 275)

In Konzernen finden häufig *Leistungsverflechtungen* statt, so dass der Erfolg von Tochtergesellschaften und Geschäftsbereichen auch durch die von anderen Konzernbereichen empfangenen bzw. an andere Konzernbereiche gelieferten Leistungen abhängt. Erst im Rahmen einer Konsolidierung von Kosten und Leistungen kann für die einzelnen Konzernbereiche bzw. den Gesamtkonzern eine aussagekräftige Erfolgsrechnung aufgestellt werden. Bereits bei einfachen Leistungsverflechtungen mit Bestandsveränderungen über mehrere Perioden ergeben sich komplexe Fragen, denen im Folgeabschnitt nachgegangen wird.

Durch die angesprochene *Leistungsverflechtung* im Konzern ist es nicht mehr so offensichtlich, welche Kosten im Konzern tatsächlich variabel und fix sind und wie hoch bestimmte Kostenarten wie Personalkosten oder Fertigungslöhne sind: verrechnet eine Tochtergesellschaft ein über Vollkosten ermitteltes Vorprodukt an eine andere Tochtergesellschaft, werden daraus für die zweite Tochtergesellschaft variable Kosten (Einzelkosten). Wie hoch dann die Einzelkosten eines Endprodukts tatsächlich sind und welche Kostenvariabilität bei Beschäftigungsänderungen besteht, kann für den Gesamtkonzern nicht mehr unmittelbar erkannt werden. Damit wird beispielsweise auch eine Break-Even-Rechnung praktisch unmöglich, da unklar ist, wie sich die Kosten tatsächlich mit der Absatzmenge ändern. Als Abhilfe benötigt der Konzern eine *Konzernprimärkostenrechnung*. Dabei werden alle Kosten am Ort ihrer Entstehung erfasst und bei Leistungsverrechnungen die Kostenstrukturen mitgeführt, also die Anteile bzw. Beträge an variablen und fixen Kosten sowie Kostenarten. Dadurch entsteht eine große Datenmenge und -komplexität, die es zu beherrschen gilt.

Schließlich sind im grenzüberschreitenden Leistungsaustausch auch Fragen der *Währungsumrechnung* und *Inflationswirkungen* zu beachten, auf die auf weiterführende Literatur verwiesen wird (bspw. Rieg 2020, Kap. 10).

Empirische Ergebnisse zur Konzernkostenrechnung sind spärlich. Die Studie von Wolfsgruber 2012 deutet jedoch darauf hin, dass eine Konzernerfolgsrechnung auf Daten der Tochtergesellschaften aufbaut mit dem Ziel, Transparenz zu schaffen und ein Fundament für weitere Analysen zu ermöglichen. Dabei spielt die oben genannte Standardisierung eine Rolle bei der Mehrheit der Befragten.

3 Konsolidierung und Erfolgsrechnung

3.1 Grundzüge der Konsolidierung im Konzern

Die Konsolidierung von Kosten und Leistungen im Konzern greift auf die bekannten Techniken der Konsolidierung in der externen Rechnungslegung zurück. Im Einzelfall wird es jedoch Anpassungen geben, da die Informationsanforderungen für die Planung, Kontrolle und Steuerung von denen der Rechnungslegung abweichen können (nachfolgend auch Troßmann 2003).

Die Rechnungslegung unterscheidet in eine Kapitalkonsolidierung, Konsolidierung von Forderungen und Verbindlichkeiten sowie eine Konsolidierung von Erträgen und Aufwendungen. Die beiden erstgenannten dürften für das interne Rechnungswesen selten eine Rolle spielen. Denkbar wäre aber, dass man für wertorientierte oder Renditekennzahlen aber auch zur Beurteilung von Investitionen das investierte Kapital bzw. Vermögen benötigt und Überlegungen anstellen muss, welcher Anteil des Kapitals bzw. Vermögens einer Tochtergesellschaft, einer Division oder dem Konzern als Ganzes zuzurechnen wäre. Abgesehen davon, stellt jedoch die Konsolidierung von Kosten und Leistungen den wesentlichen Schnittpunkt mit der externen Rechnungslegung dar und wird nachfolgend näher betrachtet. Hierbei sind die Leistungsbeziehungen zwischen Konzerngesellschaften als Innenumsätze zu eliminieren, da sie sich aus Konzernsicht aufheben. Dasselbe gilt für Gewinne, die nicht am Markt, sondern aus dem Leistungsaustausch zwischen Konzerngesellschaften entstehen, der noch nicht zu Marktleistungen geführt hat (*Zwischengewinneliminierung*).

Die Rechnungslegung unterscheidet drei Arten der Konsolidierung, die u. a. vom Grad der Kapitalbeteiligung abhängen: die *Vollkonsolidierung* von Unternehmen, die zu 100 % zu einem Mutterunternehmen gehören und deren Bilanz vollständig in den Konzernabschluss aufzunehmen ist, die *Quotenkonsolidierung* von Unternehmen, die nur anteilig zum Mutterunternehmen gehören und deren Bilanzposten entsprechend dem Kapitalanteil zu berücksichtigen sind sowie die *Equity-Methode* bei assoziierten Unternehmen, bei der der Eigenkapitalanteil bewertet wird, aber nicht die einzelnen Bilanzposten in den Konzernabschluss einbezogen werden (Gräfer und Scheld 2016, S. 135 ff.).

Für das interne Rechnungswesen spielen die ersten beiden Arten eine Rolle. Bei der dritten, der Equity-Methode geht es nur um die Bewertung eines Kapitalanteils, was ggf. für eine wertorientierte Steuerung interessant wäre, nicht aber für die operative Erfolgsrechnung im Konzern. Bei der Vollkonsolidierung und Quotenkonsolidierung sind die nicht realisierten Gewinne zwischen den Konzerngesellschaften zu eliminieren. Dabei steigt die Komplexität dann, wenn es zu Bestandsveränderungen von Vor- und Zwischenprodukten kommt, was ein Nachvollziehen und Beurteilen mehrstufiger Wertschöpfungsprozesse erfordert.

3.2 Zwischengewinneliminierung im Konzern

Ein erster Beispielfall betrachtet vollkonsolidierte Tochtergesellschaften (TG), die ein bestimmtes Produkt in einem linearen Prozess weiterverarbeiten, bis es auf der letzten Produktionsstufe am Markt verkauft wird (i. A. a. Troßmann 2003, S. 54 ff.). Die entsprechenden Verrechnungs- und Absatzpreise als auch Kosten und Mengen finden sich in Tab. 1.

Die Erfolgsrechnung je Tochtergesellschaft und für den Konzern stellt sich dann wie in Tab. 2 dar. Dabei werden aus den Vollkosten plus Gewinnzuschlag der Zwischenprodukte in TG 1 über die Leistungsverrechnung Einzelkosten in TG 2. Die Ergebnisrechnung kann als Vollkosten- oder Teilkostenrechnung aufgebaut sein.

Beurteilt man die Erfolge der Tochtergesellschaft je für sich, steht TG 3 aufgrund des Verlustes schlecht da, während TG 1 mit hohen Gewinnen glänzt. Im Gesamtkonzern wird aber ein Gewinn erwirtschaftet, daher ist die Aussagekraft der Erfolgsrechnung je Tochtergesellschaft begrenzt und abhängig von der Höhe der gewählten Verrechnungspreise. Auf diese Problematik wird im Abschn. 4 näher eingegangen.

Der Konzerngewinn ist hier die simple Addition der Gewinne/Verluste der Tochtergesellschaften – eine Zwischengewinneliminierung wäre nicht erforderlich. Für die Teilkostenrechnung auf Konzernebene müsste man die Zuordnung von Kosten als fix oder variabel auf der Ebene von Teilgesellschaften einheitlich vornehmen und über den Konzern hinweg aggregieren. Dann müssten jedoch auch die Bezugs-

Tab. 1 Ausgangsdaten für die Beispiele zur Kosten- und Leistungskonsolidierung. (Quelle: Rieg 2020, S. 277)

Ausgangsdaten	TG= Tochtergesellschaft			
	TG1	TG2	TG3	Konzern
Menge	100	100	100	100
variable Kosten je Stück	10 €	12 €	8 €	30 €
Fixe Kosten je Periode	400 €	500 €	1000 €	1900 €
Herstellkosten gesamt	1400 €	1700 €	1800 €	4900 €
… pro Stück	14 €	17 €	18 €	49 €
Verrechnungspreise	20 €	40 €		
Absatzpreis			55 €	55 €

Tab. 2 Erfolgsrechnung, Fall 1, ohne Bestandsveränderungen. (Quelle: Rieg 2020, S. 278)

Fall 1: Ergebnisrechnung als Teilkostenrechnung

	TG1	TG2	TG3	Konzern
Erlös durch Verrechnung	2000 €	4000 €		
Umsatz mit Dritten			5500 €	5500 €
Eigene Kosten				
variable Kosten	1000 €	1200 €	800 €	3000 €
Fixe Kosten	400 €	500 €	1000 €	1900 €
Kosten Vorprodukte		2000 €	4000 €	
Gesamtkosten	1400 €	3700 €	5800 €	4900 €
Erfolg je TG	600 €	300 €	- 300 €	**600 €**

Fall 1: Ergebnisrechnung als Teilkostenrechnung (Deckungsbeitragsrechnung)

	TG1	TG2	TG3	Konzern
Erlös durch Verrechnung	2000 €	4000 €		
Umsatz mit Dritten			5500 €	5500 €
variable Kosten, davon				
Kosten Vorleistungen		2000 €	4000 €	
variable Kosten in TG	1000 €	1200 €	800 €	9000 €
Deckungsbeitrag	1000 €	800 €	700 €	2500 €
Fixe Kosten	400 €	500 €	1000 €	1900 €
Erfolg je TG	600 €	300 €	- 300 €	**600 €**

größen konzernweit einheitlich sein, da die Einordnung nach fix und variabel von den jeweils gewählten Bezugsgrößen abhängt. Das ist zugleich ein Beispiel für die o. g. Konzernprimärkostenrechnung.

Komplexer und zugleich realistischer ist der zweite Fall: Vor- und Zwischenprodukte werden in den Produktionsstufen teilweise über die Periodengrenze hinweg gelagert und erst im Folgezeitraum weiterverarbeitet oder verkauft. Tab. 3 zeigt hier die angenommene Mengenstruktur und -veränderungen über zwei Perioden.

TG 2 erhält in der Periode 1 eine Menge von 100, von denen 70 weiterverarbeitet und an TG 3 geliefert werden. 30 Mengeneinheiten des Vorprodukts von TG 1 verbleiben bei TG 2 vor Weiterverarbeitung im Lagerbestand und werden erst in der zweiten Periode verarbeitet.

Da nun nicht mehr alle Produkte in derselben Periode produziert, weiterverarbeitet und an Dritte verkauft werden, entstehen Lagerbestände. Im Leistungsaustausch zwischen den Tochtergesellschaften werden diese Lagerbestände zu Verrechnungspreisen bewertet. Sofern die liefernde Tochtergesellschaft mit den Verrechnungspreisen einen Gewinn erzielt, ist zu prüfen, ob dieser Gewinn auch

Tab. 3 Fall 2: Bestandsveränderungen in Mengeneinheiten. (Quelle: Rieg 2020, S. 279)

	Periode 1 (Mengeneinheiten)	TG1	TG2	TG3
	Anfangsbestand			
+	Bestandserhöhung Vorprodukt		100	70
-	Bestandsminderung durch Weiterverarbeitung		-70	-60
=	Endbestand		30	10
	Lieferung Fertigprodukt der TG	100	70	60

	Periode 2 (Mengeneinheiten)	TG1	TG2	TG3
	Anfangsbestand		30	10
+	Bestandserhöhung Vorprodukt		100	120
-	Bestandsminderung durch Weiterverarbeitung		-120	-110
=	Endbestand		10	20
	Lieferung Fertigprodukt der TG	100	120	110

tatsächlich realisiert wurde. Tab. 4 zeigt links oben die Ergebnisse der Tochtergesellschaften. TG 1 und TG 2 erwirtschaften mit der Lieferung des Zwischenprodukts einen Gewinn von 600 € bzw. 60 €, unabhängig davon ob die Zwischenprodukte in den nachfolgenden Produktionsstufen (TG 2 für TG 1 und TG 3 für TG 2) auch vollständig weiterverarbeitet und dann verkauft wurden. Dem ist jedoch nicht so. Somit muss aus Konzernsicht der Gewinn der Töchter TG 1 und TG 2 um jene Beträge reduziert werden, die sich auf nicht weiterverarbeitete, also gelagerte Zwischenprodukte beziehen. Es werden daher nicht alle Gewinne der Tochtergesellschaften eliminiert. Diese können rechnerisch Gewinne innerhalb des Konzerns erzielen, auch wenn Gewinne tatsächlich nur mit Dritten außerhalb des Konzerns möglich sind. Diese sog. *Zwischengewinneliminierung* erfolgt so, dass die Gewinnanteile je Produkt ermittelt und dann mit der Menge der Bestandserhöhung multipliziert werden. Im konkreten Fall (Tab. 4 unten) ergibt sich der Gewinnanteil als *Zwischenergebnisfaktor (ZEF)* für TG 1 als (20 € − 14 €)/ 20 € = 30 %. Mit dem Verrechnungspreis von 20 € hat TG 1 eine Gewinnmarge von 30 % gegenüber den vollen Herstellkosten je Stück von 14 €. Bei TG 2 müssen dann die Herstellkosten kumuliert über die Produktionsstufen ermittelt werden: also 14 € aus TG 1 und 17 € aus TG 2 = 31 € kumuliert. Es ergibt sich in Summe ein zu korrigierender Zwischengewinn von 270 €, der das nicht konsolidierte Konzernergebnis schmälert: 600 € Bestandswert × 30 % = 180 € und 400 € Bestandswert * 22,5 % = 90 €.

Derselbe Betrag von 270 € wird auch ersichtlich als Differenz der Bestandserhöhungen einmal in der nicht konsolidierten Erfolgsrechnung (600 € von TG 2 und 400 € von TG 3 = 1000 €) und der Bestandsbewertung in einer Konzernprimärkostenrechnung, bei der die Bestände nur zu vollen Herstellkosten bewertet werden: in diesem Fall 30 ME × 14 € und 10 ME zu 31 € = 730 €. Die Differenz ist genau der zu eliminierende Zwischengewinn von 270 €, der aus Konzernsicht nicht realisiert wurde.

Tab. 4 Fall 2: Erfolgsrechnung für Periode 1. (Quelle: Rieg 2020, S. 280)

Fall 2: Deckungsbeitragsrechnung für Periode 1

	TG1	TG2	TG3	Zeilen-summen
Erlös durch Verrechnung	2000 €	2800 €		
Umsatz mit Dritten			3300 €	3300 €
Kosten Vorprodukte		1400 €	2400 €	
variable Kosten in der Stufe	1000 €	840 €	480 €	2320 €
DB	1000 €	560 €	420 €	1980 €
Fixkosten	400 €	500 €	1000 €	1900 €
Erfolg je TG	600 €	60 €	- 580 €	80 €
Wert Endbestand		600 €	400 €	1000 €

Gesamtkostenverfahren zu Vollkosten

Unkonsolidierte Erfolgsrechnung	Konzernprimär-kostenrechnung	
3300 €	3300 €	Nettoerlöse
1000 €	730 €	Bestandserhöhung
2320 €	2320 €	variable Kosten je Stufe
1900 €	1900,0 €	Fixkosten
80 €	- 190 €	Ergebnis Konzern
- 270 €	<= nicht realisierte	
- **190 €**	Zwischengewinne	

Zwischengewinneliminierung

		TG1	TG2	
a	Verrechnungspreis	20 €	40 €	
b	HK je Stück zu Vollkosten	14 €	31 €	(Gesamte HK/Menge)
c = (a b)/a	Zwischenergebnisfaktor ZEF	30 %	22,50 %	Summe:
ZEF * Bestandswert	zu eliminierender Gewinn	180 €	90 €	270 €

	Gesamt
Unkonsolidierter Erfolg	80 €
zu eliminierender Gewinn	- 270 €
Konzernergebnis nach Konsolidierung	- **190 €**

Die Komplexität der Erfolgsrechnung und Konsolidierung steigt an, wenn, was realistisch ist, je Periode unterschiedliche Kosten und Erlöse anfallen. Die dargestellten Grundprinzipien finden aber weiter Anwendung.

3.3 Quotenkonsolidierung und Erfolgsrechnung

Eine Besonderheit ergibt sich für die Erfolgsrechnung durch Fälle, bei denen Mutterunternehmen an anderen Unternehmen nur einen Kapitalanteil von weniger als 100 % besitzen. In diesem Fall ist allgemein anteilig oder quotal zu konsolidieren, die sog. *Quotenkonsolidierung* (Busse von Colbe et al. 2010, S. 502 ff.). Im Grundsatz sind alle Erlöse und Aufwendungen dann entsprechend quotal in den Konzern einzubeziehen, seien es Lieferungen an ein (downstream), von einem (upstream) oder zwischen (cross-stream) Gemeinschaftsunternehmen. Eine Erfolgsrechnung muss daher bei der Bestandsbewertung, bei der Zwischengewinneliminierung und der Zurechnung von Erlösen und Aufwendungen quotal vorgehen. Tab. 5 zeigt diese Berechnung unter der Annahme TG2 sei nun nur zu 40 % im Eigentum des Konzerns.

Die Erfolgsermittlung für die drei Tochtergesellschaften selbst läuft wie bisher ab. Die Zurechnung der Erlöse und Aufwendungen ergibt jedoch Unterschiede zu Fall 2, da die Bestände von TG2 die an TG 3 geliefert wurden nur quotal zu berücksichtigen sind (400 € × 40 % = 160 €). Ebenso sind die variablen Kosten von TG 2 (840 € × 40 %) und Fixkosten von TG 2 (500 € × 40 %) quotal einzubeziehen. Daher sind die entsprechenden Summen der nicht konsolidierten Erfolgsrechnung unterschiedlich zu Fall 2. In der Konzernprimärkostenrechnung gehen die Bestände mit ihren Herstellungskosten ein. Diese sind für TG 2 wieder nur quotal zu berücksichtigen, also 31 € × 10 Mengeneinheiten × 40 %. Das korrekte Konzernergebnis ist daher 428 €.

Die Zwischengewinneliminierung berücksichtigt ebenso die Quote bei TG 2. Sie ist also für TG 2 nur 400 € × 22,50 % × 40 % = 36,- €. Der in Fall 2 ermittelte zu eliminierende Gewinn von 90 € ist im Fall 3 zu 60 % (90 € – 36 € = 54 €) aus Sicht des Konzerns realisiert und kann nicht eliminiert werden. Der gesamte zu eliminierende Zwischengewinn ist damit mit 216 € um 54 € niedriger als in Fall 2. Da andererseits nicht alle Aufwendungen von TG 2 im Konzern anfallen, ist das Konzernergebnis jedoch höher als in Fall 2.

4 Einfluss von Verrechnungspreisen auf den Konzernerfolg

4.1 Funktionen von Verrechnungspreisen und Konfliktfelder

Eine Herausforderung der Konzernsteuerung in divisionalisierten Unternehmen ist es, Ziele so vorzugeben, dass die einzelnen Gesellschaften als auch Geschäftsbereiche nicht nur ihren eigenen Wirkungsbereich im Blick haben, sondern auch den Gesamtkonzern. Eine Erfolgsrechnung sollte also neben dem spezifischen Produkt-,

Tab. 5 Fall 3: Quotenkonsolidierung und Erfolgsrechnung für Periode 1. (Quelle: Rieg 2020, S. 281)

Fall 3: Deckungsbeitragsrechnung für Periode 1 und Quotenkonsolidierung / **Gesamtkostenverfahren zu Vollkosten**

	TG1	TG2	TG3	Zeilen-summen	Unkonsolidierte Erfolgsrechnung	Konzernprimär-kostenrechnung	
Erlös durch Verrechnung	2000 €	2800 €					
Umsatz mit Dritten			3300 €	3300 €	3300 €	3300 €	Nettoerlöse
					760 €	544 €	Bestandserhöhung
Kosten Vorprodukte		1400 €	2400 €				
variable Kosten in der Stufe	1000 €	840 €	480 €	2320 €	1816 €	1816 €	variable Kosten der Stufe
DB	1000 €	560 €	420 €	1980 €			
Fixkosten	400 €	500 €	1000 €	1900 €	1600 €	1600,0 €	Fixkosten
Erfolg je TG	600 €	60 €	- 580 €	80 €	644 €	428 €	Ergebnis Konzern
Quote Kapital:	**100 %**	**40 %**	**100 %**		- 216 €	<= nicht realisierte Zwischengewinne	
Wert Endbestand		600 €	400 €	1000 €	428 €		
Bestandsbewertung für Konzern		600 €	160 €	760 €			

Zwischengewinneliminierung bei Quotenkonsolidierung

		TG1	TG2	
a	Verrechnungspreis	20 €	40 €	
b	HK je Stück zu Vollkosten	14 €	31 €	(Gesamte HK/Menge)
c = (a-b)/a	Zwischenergebnisfaktor ZEF	30,00 %	22,50 %	Summe:
ZEF * Bestandswert * Quote Kapital		180 €	36 €	216 €

Unkonsolidierter Erfolg	644 €
zu eliminierender Gewinn	- 216 €
Konzernergebnis nach Konsolidierung	**428 €**

Gesellschafts- und Geschäftsbereichserfolg auch den Beitrag zum Gesamterfolg über alle Wertschöpfungsstufen abbilden. Die im vorigen Abschnitt dargestellte Konzernkostenrechnung leistet dies ohne weiteres nicht, da die Ergebnisse der Teilbereiche durch die Wahl der Verrechnungspreise beeinflusst werden. So zeigte bereits Tab. 2, dass die Tochtergesellschaft 3 einen Verlust ausweist, obwohl der Gesamterfolg für das Produkt und den Konzern positiv ist.

Verrechnungspreise sind dabei Preise für konzerninterne Leistungen, die zwischen Konzernunternehmen ausgetauscht werden (Ewert und Wagenhofer 2014, S. 567). Sie können mehrere Funktionen erfüllen, woraus wiederum ein Konfliktpotenzial entsteht, da in der Regel eine Zahl nicht gleichzeitig unterschiedliche Anforderungen und Zwecke erfüllen kann. Abb. 2 zeigt im Überblick die Funktionen von Verrechnungspreisen und Konfliktpotenziale.

Konzernintern stehen die Koordinationsfunktion, Anreizgestaltung und Erfolgsermittlung im Vordergrund. Die Koordinationsfunktion soll den Leistungsaustausch zwischen Konzernunternehmen steuern. Die Anreizgestaltung ist Teil der Verhaltenssteuerung und dient zur Ausrichtung der Entscheidungen dezentraler Manager auf die Konzernziele. Die Erfolgsermittlung dient zur Messung der Zielerreichung dezentraler Einheiten. Externe Funktionen umfassen ebenso die Erfolgsermittlung, jedoch aus Sicht der Rechnungslegung. Eng damit verbunden ist die Bemessung der Besteuerung. Schließlich dienen Verrechnungspreise auch als Argumentationshilfe dezentraler Einheiten gegenüber der Konzernzentrale ebenso auch zur Preisbestimmung und Preisrechtfertigung (Clemens 2008, S. 290).

Bereits hier deuten sich mehrere Konfliktpotenziale an: Zum einen existieren solche zwischen den internen Funktionen, zum anderen zwischen den internen und externen Funktionen.

Ein Konfliktpotenzial besteht zwischen den beiden internen Funktionen der Verrechnungspreise, der Anreizsetzung und Erfolgsermittlung. Angenommen ein Konzern möchte einem Konzernunternehmen, das ein Produkt an Endkunden verkauft, einen möglichst großen Preisspielraum geben so wäre ein Verrechnungspreis für Vorprodukte in Höhe der Grenzkosten zweckmäßig. Damit würde aber der liefernde Bereich immer eine Verlust in Höhe der Fixkosten ausweisen, was für den Zweck der Erfolgsermittlung inadäquat ist (Fischer et al. 2015, S. 457).

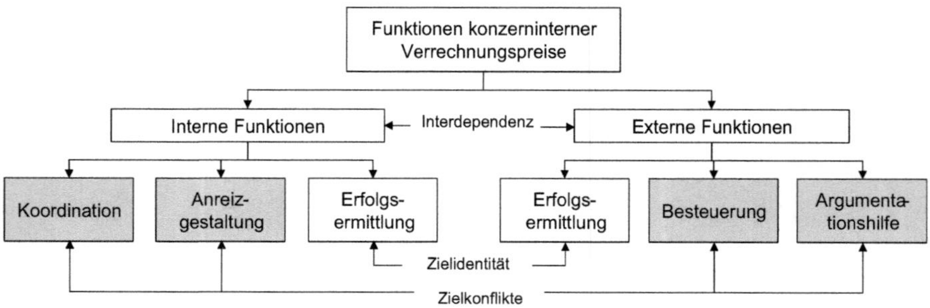

Abb. 2 Funktionen von Verrechnungspreisen und Konfliktpotenzial (i. A. a. Weber et al. 2006, S. 14)

Hier zeigt sich ein weiteres Grundproblem und Konfliktfeld: die Verbindung von Verrechnungspreisen und Investitionsentscheidungen. Das Konzernunternehmen, das ein Vorprodukt erstellen und liefern soll muss neben der Erstattung der laufenden Kosten über einen Verrechnungspreis auch einen Anreiz erhalten, in neue ggf. kostenreduzierende Technologien zu investieren, sog. transferspezifische Investitionen. Aufgrund der Verbundvorteile als Argumentationsbasis fürr die Existenz des Konzerns (Rieg 2020, S. 338, 345) können weder die Investitionsausgaben noch der dadurch erzeugte Erfolg wirklich verursachungsgerecht aufgeteilt werden. Jedes beteiligte Konzernunternehmen wird für sich von einer Investition zurückschrecken, um nicht am Ende die ganzen Ausgaben allein tragen zu müssen. Es entsteht dadurch ein „hold-up"-Problem. Hier spricht einiges dafür, eine Lösung in Form von Verhandlungen über Verrechnungspreise, Liefer- und Absatzverpflichtungen und Investitionsbudgets zu suchen (Coenenberg et al. 2016, S. 769 f.).

Schließlich liegt ein weiteres erhebliches Problemfeld in Konzernen darin, dass Verrechnungspreise neben der internen Wirkung auf die Unternehmenssteuerung auch eine externe Wirkung auf die Besteuerung ausüben und beide Zwecke nicht ohne weiteres in Deckung zu bringen sind. Der Zielkonflikt entsteht grundsätzlich dadurch, dass in der Besteuerung eine Steuerminimierung über Verrechnungspreise angestrebt wird, was jedoch für Anreize, Koordination und Erfolgsrechnung inadäquat sein dürfte (Stoffels und Kleindienst 2005, S. 94 ff.). Auf mögliche Lösungen wird im Folgeabschnitt eingegangen.

Die in diesem Abschnitt angesprochenen Konflikte zwischen internen Funktionen von Verrechnungspreisen sowie zwischen den internen und externen sind auch diejenigen, die in der Praxis als am bedeutsamsten angesehen werden, wie eine Studie von Pfaff und Hummel zeigt (Pfaff und Hummel 2014, S. 589).

4.2 Lösungsansätze für den Zielkonflikt zwischen Steuerung und Besteuerung

Für den Umgang mit dem genannten Zielkonflikt bieten sich mehrere Lösungswege an (Pfaff und Hummel 2014, S. 599 ff.). Zunächst können sich Unternehmen nur auf ein Ziel konzentrieren zu Lasten aller anderen, die sog. *Zieleliminierung*. Dafür spricht, dass in der Praxis die Erfüllung steuerlicher Vorgaben bei der Verrechnungspreisfestlegung dominiert (Ditz et al. 2019).

Ein zweiter Lösungsansatz ist die *Zielverlagerung*. Dabei verwendet man nur für eine Funktion die Verrechnungspreise und für andere Funktionen andere Instrumente. So könnte man mehrere Abrechnungskreise mit unterschiedlichen Verrechnungspreis-Systemen verwenden, eines für steuerliche Zwecke und ein weiteres für Controlling-Zwecke. Somit wäre es möglich, in jedem Abrechnungskreis separat Ziele maximal zu erfüllen unabhängig von anderen Überlegungen (zu einem Beispiel Sen und Fallscheer 2013). Allerdings erscheint der Aufwand hoch und es ist auch fraglich, ob Steuerbehörden zwei völlig unterschiedliche Verrechnungspreise akzeptieren würden und eher kritische Nachfragen nach sich ziehen dürften (Löffler 2020, S. 53). Mithin beschreiten auch nur wenige Unternehmen diesen Weg (Ditz et al. 2015, S. 2594). Eine andere

Form der Zielverlagerung ist die Verwendung anderer Kennzahlen für die Erfolgsbeurteilung, die unabhängig von den steuerlich geprägten Verrechnungspreisen sind. Das Folgekapitel 4.3 stellt dazu ein Fallbeispiel vor.

Der dritte Lösungsweg besteht in der *Reorganisation* des Konzerns dergestalt, dass beide Zwecke, die interne Steuerung und die Besteuerung erfüllt werden können. So sind dann Abrechnungseinheiten so aufzuteilen, dass sowohl die gewünschten Anreize gesetzt werden, als auch steuerliche Vorgaben erfüllt werden. Eine Möglichkeit dazu ist es, sich für den internationalen Leistungstransfer notwendigerweise notwendigerweise eng an steuerliche Vorgaben zu halten und durch die Einführung rein nationaler Abrechnungseinheiten die durch die internationalen Verrechnungspreise ausgelösten Verzerrungen wieder zu korrigieren. Das ist möglich, da rein national Unternehmen weit freier und flexibler sind, ihre Verrechnungspreise festzulegen (Löffler 2019, 2020). Ein Beispiel dazu ist das Unternehmen Trumpf (Hummel et al. 2009).

Weiterhin denkbar, und in der Praxis auch verbreitet, ist die *Zielintegration*. Dabei versuchen Unternehmen auf Basis der steuerlich dominierten Verrechnungspreis-Logik durch entsprechende fallspezifische Anpassungen Verzerrungen auszugleichen als auch durch möglichst große Transparenz die Akzeptanz und das Verständnis zu erhöhen (Hummel et al. 2019).

Schließlich lassen sich noch die Entscheidung für ein Hauptziels (i. d. R. die steuerliche Sicht) und die *Festlegung von Anspruchsniveaus* für andere Ziele nennen. Ein Vorgehen, dass für Konzerne mit geringem Auslandsgeschäft oder geringen Anreizproblemen geeignet erscheint.

4.3 Fallbeispiel zur Zielverlagerung

Ein Anwendungsfall für die Zielverlagerung mit Verwendung von steuerlich geprägten Verrechnungspreisen, die in der Beurteilung des Erfolgs eliminiert werden, ist die ZEISS Gruppe (nachfolgend Rieg 2020, S. 281 ff.). Die primäre Steuerung der ZEISS-Gruppe erfolgt aus Sicht der Konzernführung entlang von vier Sparten vorgenannten Sparten. Aus funktionaler Sicht finden sich für das operative Geschäft üblicherweise in eigene Rechtseinheiten gegliederte Produktionsgesellschaften (Produktionseinheiten, „Production Entities", PE) sowie Vertriebs- und Servicegesellschaften (Sales & Service Companies, SSCs). Diese Einheiten sind mit eigenem Management ausgestattet und befinden sich in den meisten Fällen in unterschiedlichen Rechtsräumen. Ziel der Konzernerfolgsrechnung bzw. der verwandten Steuerungsgröße „Market Contribution" ist es, den Ergebnisbeitrag von Segmenten und deren Untereinheiten zu ermitteln, und zwar einerseits unabhängig von steuerlich gewählten Verrechnungspreise und andererseits mit ausschließlichem Blick auf das Gesamtergebnis auf der gesamten „Weltstrecke" so, dass die Handlungen von Produktionseinheiten und SSCs sich in jeder Sparte stets an der Maximierung des Ergebnisbeitrags für die ZEISS-Gruppe auf der Gesamtstrecke orientieren.

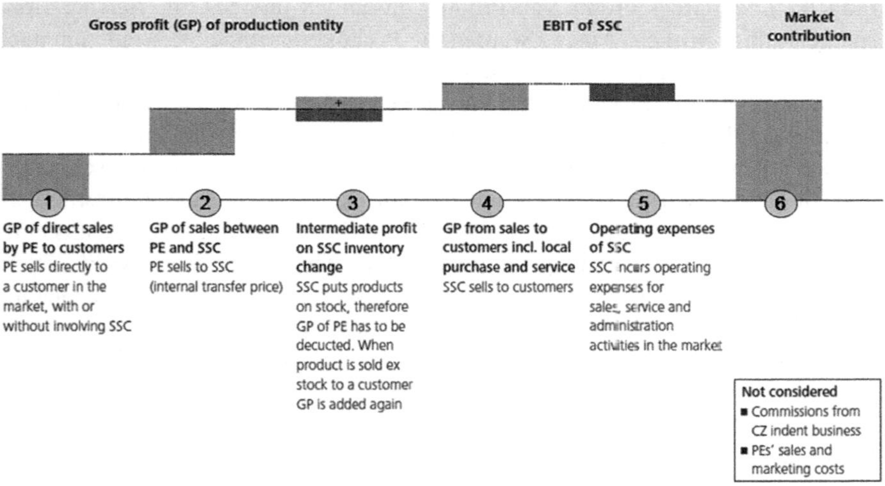

Abb. 3 Market Contribution-Konzept ZEISS-Gruppe (mit freundlicher Genehmigung der ZEISS-Gruppe)

Um dieses Ziel zu erreichen wird als eine gemeinsame Steuerungsgröße für Sparten und SSCs die sogenannte „Market Contribution“ entlang der Wertschöpfungskette ermittelt (Abb. 3).

Am Beginn steht die Produktionseinheit, die Produkte entweder – in wenigen Fällen – direkt an Kunden im regionalen Verantwortungsbereich der SSC mit deren Beteiligung verkauft und einen Bruttorohertrag (Gross Profit, „GP“) erwirtschaftet oder – als Regelfall – diese Produkte an eine SSC liefert (Schritte 1 und 2). Der Verrechnungspreis für diese Lieferung ist steuerlich dominiert. Sollten nicht alle Produkte in der Periode ihrer Herstellung verkauft werden, ist die weiter oben beschriebene Zwischengewinneliminierung anzuwenden (Schritt 3). Im nächsten Schritt werden die von der Produktionseinheit gelieferten Produkte verkauft und die SSC realisiert als lokalen Rohertrag (Gross Profit) die Differenz zwischen externem Verkaufspreis gegenüber den Endkunden und durch die Verrechnungspreise der Produktionseinheit determinierten Einstandskosten. Darüber hinaus erbringt die SSC gegenüber den Kunden verschiedene Serviceleistungen, die ebenfalls zum lokalen Gross Profit der SSC beitragen. Saldiert man davon die auf die erforderlichen Strukturen entfallenden Kosten der SSC (Schritt 5) erhält man den EBIT der SSC als lokale Ergebnisgröße. Dieser ist aber nur für steuerliche Überlegungen von Interesse. Für die Performancesteuerung steht die Market Contribution im Fokus. Diese ergibt sich als Zusammenfassung aller Rechenschritte und fungiert als zentrale Zielvorgabe und Erfolgsmaßstab einer Sparte bzw. deren Untereinheiten über die beschriebene Wertschöpfungskette hinweg. Durch die Kombination der Schritte 2 und 4 werden die steuerlichen Verrechnungspreise neutralisiert und spielen daher für die Performancebetrachtung einer Sparte bzw. deren Untereinheiten selbst keine Rolle, da Verrechnungspreisänderungen in den Gross Profits von Produktionseinheit und SSC in gleicher Höhe spiegelbildlich wirken. Analog werden die Produktionseinheiten wiederum auch nicht über den Gross Profit gesteuert, sondern über die üblichen Größen wie Herstellkosten oder Produktivität. Die folgende Tab. 6 zeigt an einem fiktiven Beispiel den Rechenweg auf.

Man erkennt die Neutralisierung des Rohertragseffekts aus dem Verrechnungspreis durch die Schritte 2 und 4 sowie den korrekten Ausweis des Konzernergebnisbeitrags, wenn man die „Market Contribution" mit dem Konzernergebnis einer Konzernprimärkostenrechnung vergleicht. Aus steuerlicher Sicht wirkt der im Beispiel angesetzte Verrechnungspreis so, dass die PE einen lokalen Gewinn erzielt und die SSC einen lokalen Verlust. Diese Situation ist aus steuerlichen Gesichtspunkten nicht regelkonform und zeigt die Notwendigkeit einer Anpassung in der Verrechnungspreisgestaltung auf. Eine solche Anpassung ist durch Fokus auf die „Market Contribution" wie ausgeführt für die konzerninterne Performancesteuerung jedoch unerheblich.

Tab. 6 Market Contribution-Konzept ZEISS-Gruppe (fiktive Daten)

	Produktionseinheit (PE)	
Ausgangsdaten	Herstellmenge	100
	var. Kosten	400 €
	Fixe Kosten	1000 €
	Vollkosten je Stück	14 €
Schritt 1	Direktverkauf	
	Absatzmenge	20
	Verkaufspreis	30 €
	Umsatz	600 €
	Bruttoertrag	320 €
Schritt 2	Lieferung an SSC	
	Liefermenge	80
	Verrechnungspreis	28 €
	Interner Umsatz	2240 €
	Bruttoertrag	1120 €
	Bruttorohertrag PE (nachrichtlich)	
	Direktverkauf	320 €
	Lieferung an SSC	1120 €
	zu eliminierender Gewinn -	140 €
	Bruttorohertrag PE	1300 €

	Vertriebseinheit (SSC)		
			Bestandswert
	Bezugsmenge von PE	80	
	davon Lagerung	10	280,00 €
	davon Verkauf an Dritte	70	(28 € x 10)
Schritt 3	Zwischengewinneliminierung		
	Verrechnungspreis	28,00 €	
	HK der PE	14 €	
	Zwischenergebnisfaktor ZEF	50%	
	zu eliminierender Gewinn	140 €	(50% * 280)
Schritt 4	Bruttoerfolg Verkauf an Dritte		
	Absatzmenge	70	
	Absatzpreis	35 €	
	Bezugspreis	28 €	
	Bruttoertrag je Stück	7 €	
	Gesamt-Bruttoertrag	490 €	(7 € * 70)
Schritt 5	Operativer Aufwand SSC	600 €	
	EBIT (nachrichtlich)	- 110 €	SSC erwirtschaftet
		(490 € - 600 €)	bei diesem VP
Schritt 6	Market Contribution		steuerlich einen
	Schritt 1: Direktverkauf durch PE	320 €	Verlust
	+ Schritt 2: Lieferung an SSC	1120 €	
	- Schritt 3: Zwischengewinneliminierung -	140 €	
	+ Schritt4: Verkauf durch SSC	490 €	
	- Schritt 5: Operativer Aufwand SSC -	600 €	
	= Schritt 6: **Market contribution:**	**1190 €**	

Konzernprimärkostenrechnung	
Umsatz durch PE	600 €
Umsatz durch SSC	2450 €
Bestandserhöhung	140 €
Gesamtleistung	3190 €
Kosten PE	1400 €
Kosten SSC	600 €
Gesamtkosten	2000 €
Konzernergebnisbeitrag	**1190 €**

Anmerkung: bei ZEISS-Gruppe sind die HK der PE variable Kosten, hier im Beispiel jedoch Vollkosten

5 Wertorientierte Kennzahlen und Konzernerfolg

5.1 Grundidee

Wissenschaft und Praxis schlagen für die Messung des periodischen Konzernerfolgs sogenannte *wertorientierte Kennzahlen* vor. Das sind solche, die einen erwarteten Erfolg formulieren, der auf Basis des für die Teileinheit des Konzerns benötigten Kapitals und einer Renditeerwartung (Kapitalkostensatz) ermittelt wird. Diesem erwarteten Erfolg wird der realisierte Erfolg gegenübergestellt, um zu erkennen, ob die Teileinheit des Konzerns einen positiven Wertbeitrag erzielt hat. In der Praxis dominieren dabei wertorientierte Kennzahlen, die aus Rechnungslegungsdaten ermittelt werden. Sie alle lassen sich als Varianten des *Residualgewinns* (RG) bezeichnen, darunter auch die bekannteste Kennzahl, der Economic Value Added™ (weiterführend Rieg 2020, S. 103 ff.). Ein einfaches Beispiel verdeutlicht die Ermittlung des Residualgewinns (Tab. 7).

Aus einer Investition in Höhe von 1000 € werden entsprechende Zahlungsüberschüsse über fünf Jahre erzeugt. Die Summe der Barwerte der Zahlungsüberschüsse (untere Hälfte) als auch die Summe der Barwerte der Residualgewinne sind identisch. Ein Residualgewinn ergibt sich als Saldo aus Nettoertrag abzüglich kalkulatorischer Zinsen auf das gebundene Kapital am Ende der Vorperiode. Dieses *Kongruenzprinzip* (auch: *Lücke-Theorem* Neus 2018, S. 457 ff. m. w. N.) sichert die Vereinbarkeit von Investitionsrechnungen, die die Basis der Unternehmensbewertung sind, und einer periodischen wertorientierten Kennzahl wie dem Residualgewinn.

Tab. 7 Beispielrechnung Residualgewinn. (Quelle: Rieg 2020, S. 66)

Erträge und Aufwendungen						
Jahr	0	1	2	3	4	5
Gebundenes Kapital zum 31.12.	1000 €	800 €	600 €	400 €	200 €	- €
zahlungswirksamer Umsatz		400 €	450 €	500 €	400 €	350 €
zahlungswirksame Kosten		100 €	150 €	150 €	100 €	100 €
Abschreibung		200 €	200 €	200 €	200 €	200 €
Kalkulatorischer Zins		100 €	80 €	60 €	40 €	20 €
Residualgewinn		- €	20 €	90 €	60 €	30 €
Barwertfaktoren (i = 10 %)		0,9091	0,8264	0,7513	0,6830	0,6209
Barwerte (i = 10 %)		- €	17 €	68 €	41 €	19 €
Kapitalwert Nettoerträge	**143,76 €**					

Zahlungsorientierte Sicht						
Jahr		1	2	3	4	5
zahlungswirksamer Umsatz		400 €	450 €	500 €	400 €	350 €
zahlungswirksame Kosten		100 €	150 €	150 €	100 €	100 €
Investitionsauszahlung	- 1000 €					
Zahlungsüberschüsse	- 1000 €	300 €	300 €	350 €	300 €	250 €
Barwertfaktoren (i = 10 %)		0,9091	0,8264	0,7513	0,6830	0,6209
Barwerte (i = 10 %)	- 1000 €	273 €	248 €	263 €	205 €	155 €
Kapitalwert Zahlungsüberschusse	**143,76 €**					

5.2 Aussagekraft und Konzernspezifika

Allerdings kann ein einzelner Wert des RG für eine Periode nicht anzeigen, ob sich die Gesamtinvestition lohnt. Das schränkt die Interpretierbarkeit des RG pro Periode ein. Man müsste im Grunde die Betrachtung über die Laufzeit einer Investition heranziehen, was für ein Konzernunternehmen i. d. R. ausscheidet, da es auf Dauer angelegt ist nicht als zeitlich abgrenzbare Investition. Eher geeignet ist es, den aktuellen RG mit dem eines geplanten RG der Periode zuzüglich möglicher Änderungen in der Zukunft heranziehen. Dann erhält man als Kontrollrechnung die Netto-Wertänderung als Summe aus Realisationsänderung, d. h. dem Vergleich des tatsächlichen RG abzüglich des geplanten RG der Periode, und Planabweichung, also der Auswirkungen geänderter Pläne für die Zukunft (Drukarczyk und Schüler 2015, S. 390 f.; zu einem Beispiel Rieg 2020, S. 124).

Eine wichtige Erkenntnis hier ist auch, dass das periodische Ziel der wertorientierten Kennzahl nicht ist, dass der Nettoertrag größer als die Renditeerwartung sein muss, was die Renditeerwartung zu einer Mindestrendite transformiert. In der Praxis und auch in mancher Fachliteratur herrscht jedoch teilweise diese Ansicht vor (vgl. stellvertretend für viele Schierenbeck und Lister 2001, S. 173). Manager eines Unternehmens sollen als Zielvorgabe mindestens diese Rendite erwirtschaften. Und so wird als Zielvorgabe für den Resiudalgewinn als auch für die weit verbreitete wertorientierte Kennzahl Economic Value Added (EVA™) meist eine positive Zahl vorgegeben. Diese Ansicht ist irreführend: Ein Erwartungswert einer Rendite ist ein Mittelwert künftiger Renditen. Die Renditen können und müssen also im konkreten Fall darunter oder darüber liegen, sonst ergibt sich kein Mittelwert. Wären E(Ri) und damit auch der RG oder EVA™ eine Mindestrendite bzw. ein Mindestgewinn, würde der Erwartungswert darüber liegen. Die sachlich korrekte Zielvorgabe für den Saldo aus tatsächlicher Rendite und E(Ri), also dem RG und damit auch dem EVA™ ist null, nämlich die Erwartung der Investoren genau zu treffen (Vanini und Rieg 2020, S. 92).

Ein weiterer für Konzerne und ihre Teileinheiten relevanter Aspekt bei der Ermittlung wertorientierter Kennzahlen ist die Frage ob eine einheitliche *Renditeerwartung* (= Kapitalkostensatz) verwendet werden soll oder nicht. Grundsätzlich ist die Frage leicht zu beantworten. Die Renditeerwartung muss risikoadjustiert, also dem Risiko einer Geschäftstätigkeit angepasst sein (Gleißner 2017, S. 343 ff.). Demgegenüber verwendet die Praxis oft einheitliche Renditeerwartungen unabhängig von den Risiken und Chancen, die eine Geschäftstätigkeit aufweist (Krüger et al. 2015).

Die konkrete Ausgestaltung wertorientierter Kennzahlen in Konzernen kann sehr unterschiedlich sein (Arbeitskreis Internes Rechnungswesen der Schmalenbach-Gesellschaft 2010). Als wichtigste Faktoren lassen sich nennen (Kremer 2008, S. 196 ff.):

a) Das relevante Kapital bzw. Vermögen eines Konzernunternehmens: Ein Vorteil wertorientierter Kennzahlen liegt darin, dass sie dezentralen Managern deutlich machen, dass der Kapitaleinsatz nicht kostenlos ist, sondern eine entsprechende

Verzinsung erwartet wird (Rapp et al. 2011; Blume et al. 2015). Entscheidend ist daher, welches Kapital (oder Vermögen) in welcher Höhe jeder Teileinheit eines Konzerns zugewiesen ist. Neben dem oft noch einfach zu bestimmenden Sach- und Finanzkapital gehören hier auch immaterielle Vermögenswerte, ob bilanziert oder nicht. Hinzu kommt, dass Konzerne nur durch Verbundvorteile und Synergien existieren (sollten), diese lassen sich ihrer Natur nach jedoch nicht auf einzelne Teileinheiten aufteilen. Insofern wird eine Kapital- bzw. Vermögensaufteilung keineswegs einfach oder gar vollständig sein.

b) Lebensphase eines Konzernunternehmens: üblicherweise unterscheidet man eine Wachstums-, Reife- und Degenerationsphase von Unternehmen. In der Wachstumsphase verfügt das Konzernunternehmen noch über wenig Substanz, erfordert hohe Investitionen und generiert oft Verluste. Eine Bewertung über wertorientierte Kennzahlen erscheint hier wenig hilfreich. Anders sieht es aus bei Konzernunternehmen in der Reifephase, die über entsprechende Vermögenswerte und Ertragskraft verfügen. Auch für die Degenerationsphase lassen sich wertorientierte Kennzahlen verwenden.
c) Informationsrechte der Konzernzentrale: Nur bei vollständigem oder mehrheitlichem Eigentum einer Gesellschaft, kann die Konzernzentrale dem Konzernunternehmen Anforderungen stellen für die Durchführung einer Konzernerfolgsrechnung und die Ermittlung wertorientierter Kennzahlen. Bei Minderheitsbeteiligungen fehlen hier entsprechende Durchsetzungsmöglichkeiten.

6 Fazit

Die Konzernerfolgsrechnung stellt ein wichtiges Instrument des Konzerncontrollings dar. Sie erfordert einige Erweiterungen gegenüber einer Einzelgesellschaftsbezogenen Erfolgsrechnung, um Transparenz, Aussagekraft und Analysemöglichkeiten zu bieten. Ein spezifisches Spannungsfeld entsteht in internationalen Konzernen durch das Thema der Verrechnungspreise. Verwendet man in der periodischen Erfolgsrechnung auch wertorientierte Kennzahlen kommen zusätzliche Herausforderungen an Konzerne hinzu.

Literatur

Arbeitskreis Internes Rechnungswesen der Schmalenbach-Gesellschaft. (2010). Vergleich von Praxiskonzepten zur wertorientierten Unternehmenssteuerung. *Zeitschrift für betriebswirtschaftliche Forschung, 62*, 797–820.

Behringer, S. (2014). *Konzerncontrolling* (S. 1). Berlin/Heidelberg: Springer.

Blume, K. H., Rapp, M. S., Wiedemann, F., & Wolff, M. (2015). VBM in Deutschland: Status quo und Herausforderungen. *Controlling, 27*, 330–337.

Busse von Colbe, W., Ordelheide, D., Schulte, J., & Schurbohm-Ebneth, A. (2010). *Konzernabschlüsse; Rechnungslegung nach betriebswirtschaftlichen Grundsätzen sowie nach Vorschriften des HGB und der IAS/IFRS*. Wiesbaden: Gabler.

Clemens, R. (2008). Verrechnungspreise in internationalen Konzernen; Aufgabenstellungen für das Controlling. In W. Funk & J. Rossmanith (Hrsg.), *Internationale Rechnungslegung und internationales Controlling. Herausforderungen – Handlungsfelder – Erfolgspotenziale* (S. 285–317). Wiesbaden: Gabler.

Coenenberg, A. G., Fischer, T. M., & Günther, T. (2016). *Kostenrechnung und Kostenanalyse*. Stuttgart: Schäffer Poeschel.

Ditz, X., Bärsch, S.-E., Kluge, S., Eberenz, R., & Müller, H. (2015). Verrechnungspreise im Spannungsfeld zwischen betriebswirtschaftlicher Steuerung und steuerrechtlichen Anforderungen – Ergebnisse einer empirischen Analyse. *Der Betrieb, 65*, 2592.

Ditz, X., Eberenz, R., Bärsch, S.-E., Kluge, S., Müller, H., Palmer, D., & Schröder, M. (2019). Internationale Verrechnungspreise – Eine empirische Analyse in Zeiten von BEPS und zunehmender Digitalisierung. *Der Betrieb, 69*, 1044–1049.

Drukarczyk, J., & Schüler, A. (2015). *Unternehmensbewertung*. München: Verlag Franz Vahlen.

Ewert, R., & Wagenhofer, A. (2014). *Interne Unternehmensrechnung*. Berlin/Heidelberg: Springer.

Fischer, T. M., Möller, K., & Schultze, W. (2015). *Controlling; Grundlagen Instrumente und Entwicklungsperspektiven*. Stuttgart: Schäffer-Poeschel.

Gleißner, W. (2017). *Grundlagen des Risikomanagements; Mit fundierten Informationen zu besseren Entscheidungen*. München: Vahlen.

Gräfer, H., & Scheld, G. A. (2016). *Grundzüge der Konzernrechnungslegung; Mit Fragen Aufgaben und Lösungen*. Berlin: Erich Schmidt.

Hoffjan, A. (2009). *Internationales Controlling*. Stuttgart: Schäffer-Poeschel.

Hummel, K., Kriegbaum-Kling, C., & Schuhmann, S. (2009). Verrechnungspreisgestaltung im internationalen Produktionsverbund; Darstellung am Beispiel der Firma TRUMPF. *Controlling, 21*, 598–603.

Hummel, K., Pfaff, D., & Bisig, B. (2019). Can the integration of a tax-compliant transfer pricing system into the management control system be successful? *Journal of Accounting and Organizational Change, 15*, 198–230. https://doi.org/10.1108/JAOC-09-2017-0077.

Kleber, B., Sturm, R., & Tümmler, T. (2010) Ergebnisse zu Unternehmensgruppen aus dem Unternehmensregister. *Wirtschaft und Statistik o.Jg.*, 527–537.

Kremer, P. (2008). *Konzerncontrolling; Ein unternehmenswertorientierter und beteiligungsspezifischer Ansatz*. Berlin: Schmidt.

Krüger, P., Landier, A., & Thesmar, D. (2015). The WACC fallacy: The real effects of using a unique discount rate. *The Journal of Finance, 70*, 1253–1285. https://doi.org/10.1111/jofi.12250.

Löffler, C. (2019). Divisionalization and domestic transfer pricing for tax considerations in the multinational enterprise. *Management Accounting Research, 45*, 100646. https://doi.org/10.1016/j.mar.2019.07.003.

Löffler, C. (2020). Internationale Verrechnungspreise im Spannungsfeld von Steuerung und Steuern; Ein Ansatz zur Lösung dieses Zielkonfliktes auf nationaler Ebene. *Controller Magazin, 45*, 52–55.

Neus, W. (2018). *Einführung in die Betriebswirtschaftslehre aus institutionenökonomischer Sicht*. Tübingen: Mohr Siebeck.

Pfaff, D. (2003). Methodische Fragen einer internationalen Konzernkostenrechnung. In K.-P. Franz & A. Hieronimus (Hrsg.), *Kostenrechnung im international vernetzten Konzern* (S. 29–46). Düsseldorf/Frankfurt a. M.: Verl.-Gruppe Handelsblatt.

Pfaff, D., & Hummel, K. (2014). Funktionen und Zielkonflikte der Verrechnungspreisgestaltung – Ergebnisse einer empirischen Erhebung in der Schweiz. In M. Dobler, D. Hachmeister, C. Kuhner & S. Rammert (Hrsg.), *Rechnungslegung, Prüfung und Unternehmensbewertung. Festschrift zum 65. Geburtstag von Professor Dr. Dr. h.c. Wolfgang Ballwieser* (S. 587–604). Stuttgart: Schäffer-Poeschel.

Rapp, M., Schellong, D., Schmidt, M., & Wolff, M. (2011). Considering the shareholder perspective: value-based management systems and stock market performance; Review of Mana-

gerial Science. *Review of Managerial Science, 5*, 171–194. https://doi.org/10.1007/s11846-010-0056-z.
Rieg, R. (2020). *Internationales Controlling*. München: Vahlen.
Schierenbeck, H., & Lister, M. (2001). *Value Controlling; Grundlagen wertorientierter Unternehmensführung*. München: Oldenbourg.
Sen, M., & Fallscheer, D. (2013). Transparenz als Erfolgsfaktor der wertorientierten Vertriebs- und Unternehmenssteuerung: das Beispiel Siemens Healthcare. *Schmalenbachs Zeitschrift für betriebswirtschaftliche Forschung, 65*, 97–108. https://doi.org/10.1007/BF03373711.
Stoffels, M., & Kleindienst, I. (2005). Internationale Verrechnungspreise. *CON, 17*, 93–100. https://doi.org/10.15358/0935-0381-2005-2-93.
Troßmann, E. (2003). Konsolidierung in der Konzernkostenrechnung. In K.-P. Franz & A. Hieronimus (Hrsg.), *Kostenrechnung im international vernetzten Konzern* (S. 47–70). Düsseldorf/Frankfurt [Main]: Verl.-Gruppe Handelsblatt.
Vanini, U., & Rieg, R. (2020). *Risikomanagement; Grundlagen – Instrumente – Unternehmenspraxis*. Stuttgart: Schäffer-Poeschel.
Weber, J., Stoffels, M., & Kleindienst, I. (2006). *Internationale Verrechnungspreise im Konzern: altes Problem – neuer Fokus*. Weinheim: Wiley-VCH.
Wolfsgruber, I. (2012). Kostenrechnung in international tätigen Industriekonzernen. In C. Denk & B. Feldbauer-Durstmüller (Hrsg.), *Internationale Rechnungslegung und internationales Controlling* (S. 533–558). Wien: Linde.

Zur Symbiose von Integrated Reporting und Controlling

Einbettung in die empirische Forschung und Handlungsempfehlungen

Patrick Velte

Zusammenfassung

Die kapitalmarktorientierte Unternehmensberichterstattung wird spätestens seit der Finanzkrise 2008/09 zunehmend durch nichtfinanzielle Aspekte (Corporate Governance und Nachhaltigkeit) geprägt, welche die traditionelle Finanzberichterstattung ergänzen. Die Nachhaltigkeitsberichterstattung wurde in den vergangenen Jahren häufig aufgrund des Risikos einer Informationsüberflutung und des Greenwashings kritisiert. Als Reaktion hierauf hatte das International Integrated Reporting Council (IIRC) Ende 2013 ein Rahmenkonzept für eine integrierte Berichterstattung veröffentlicht. Der vorliegende Beitrag richtet sich an die wechselseitige Beziehung zwischen dem Controlling und dem Integrated Reporting. Neben konzeptionellen Überlegungen wird eine Bestandsaufnahme der bisherigen empirischen Forschung gegeben. Hierbei zeigt sich, dass das Controlling bislang nur nachrangig Gegenstand von empirischen Untersuchungen ist, wenngleich es in der Unternehmenspraxis den zentralen Beitrag zur Sicherstellung einer entscheidungsnützlichen integrierten Berichterstattung leisten muss.

Schlüsselwörter

Controlling · Integrated Reporting · Corporate Governance · Unternehmenspublizität · Unternehmensüberwachung

1 Einleitung

Spätestens seit der Finanzkrise 2008/09 erfährt die kapitalmarktorientierte Unternehmenskommunikation, welche sich traditionell auf die periodische und regulierte Finanzberichterstattung bezogen hatte, eine zunehmende Ergänzung um nichtfinan-

P. Velte (✉)
Leuphana Universität Lüneburg, Lüneburg, Deutschland
E-Mail: velte@leuphana.de

W. Becker, P. Ulrich (Hrsg.), *Handbuch Controlling*,
https://doi.org/10.1007/978-3-658-26431-4_86

zielle Unternehmensberichte (Corporate Governance-, Vergütungs- und Nachhaltigkeitsberichte) (Velte 2017, S. 2813). Hintergrund ist die zunehmende Lücke zwischen dem bilanziellen Eigenkapital und dem Unternehmenswert, die durch eine außerbilanzielle nichtfinanzielle Berichterstattung abgebaut werden muss. Die EU-Kommission hatte bereits 2006 für börsennotierte Unternehmen eine Regulierung der Corporate Governance-Berichterstattung („Erklärung zur Unternehmensführung") vorgenommen und mit großem zeitlichem Abstand im Rahmen der sog. EU-CSR-Richtlinie 2014 für bestimmte Unternehmen des öffentlichen Interesses eine „nichtfinanzielle Erklärung" eingeführt (Velte 2017, S. 2813). Unabhängig davon erfreut sich die freiwillige Publikation von Nachhaltigkeitsberichten nach (inter)nationalen Rahmenwerken (z. B. nach den Standards der Global Reporting Initiative) einer steigenden Beliebtheit am Kapitalmarkt. Infolge der zunehmenden Bedeutung der nichtfinanziellen Berichterstattung und der Vielfalt an Berichtsformaten („Silodenken") sind Redundanzen und Widersprüche in der Berichterstattung vorprogrammiert, welche mit einer eingeschränkten zeitlichen und zwischenbetrieblichen Vergleichbarkeit verbunden sind. Als zentrale Risiken lassen sich die Informationsüberflutung und das Greenwashing anführen, sodass nichtfinanzielle Berichte zur bloßen Selbstdarstellungspolitik des Managements degradiert werden können (siehe die Nachhaltigkeitsberichte des VW-Konzerns kurz vor Bekanntwerden von „Dieselgate"). Die zunehmende Nachfrage nach verlässlichen nichtfinanziellen Unternehmensinformationen spiegelt sich ebenfalls in der Finanz- und Unternehmensanalyse wieder. Infolge der steigenden Bedeutung von institutionellen Investoren, welche die Environmental, Social und Governance (ESG)-Performance von Unternehmen in ihr Entscheidungsverhalten einbeziehen, ergeben sich vielfältige Möglichkeiten eines „Business Case for Sustainability". Hierbei besteht die Möglichkeit, dass Unternehmen bei einer hohen Nachhaltigkeitsperformance auch ihren Unternehmenswert steigern können. Als Reaktion auf die steigende Kritik an separat publizierten Nachhaltigkeitsberichten hatte das International Integrated Reporting Council (IIRC) Ende 2013 ein Rahmenkonzept für eine integrierte Berichterstattung vorgelegt (IIRC 2013; Dienes und Velte 2013, S. 229, 2014, S. 67; Freidank et al. 2015). Zur Reduzierung des Greenwashing und des Information Overload soll eine Konzentration auf wesentliche finanzielle und nichtfinanzielle Informationen nach dem sog. Integrated Thinking Ansatz erfolgen (Stawinoga und Velte 2017, S. 59). Die Finanz-, Nachhaltigkeits- und Corporate Governance-Berichterstattung sollen stärker miteinander nach dem Management Approach verknüpft werden. Hieraus ergeben sich weitreichende Auswirkungen auf das unternehmerische Controlling, da die Steuerung und Überwachung der im Rahmenkonzept aufgeführten sechs Kapitalien mit erheblichen zeitlichen und fachlichen Ressourcen verbunden ist (Dumay et al. 2017, S. 461; Freidank et al. 2017, S. 567; Günther et al. 2015, S. 153). Vor diesem Hintergrund widmet sich der vorliegende Beitrag den wechselseitigen Beziehungen zwischen dem Integrated Reporting und dem Controlling aus konzeptioneller und empirischer Perspektive.

Der Gang der Untersuchung gliedert sich wie folgt. In Abschn. 2 erfolgt eine kompakte Vorstellung des Konzepts der integrierten Berichterstattung nach dem IIRC-Rahmenkonzept. Dem schließt sich eine Darstellung des Zusammenhangs zwischen Controlling und Integrated Reporting an. Schwerpunkt der vorliegenden Analyse bildet Abschn. 4 zur Strukturierung und Bestandsaufnahme der bisherigen empirischen Integrated Reporting-Forschung. Neben empirisch-quantitativen und empirisch-qualitativen Forschungsergebnissen werden die geringfügigen Untersuchungen zur Beziehung zwischen Controlling und Integrated Reporting einbezogen. Gegenstand von Abschn. 5 bildet eine kritische Würdigung zu den Restriktionen der bisherigen Forschung und die Abgabe von Handlungsempfehlungen. Eine Zusammenfassung und ein Ausblick runden den vorliegenden Beitrag ab.

2 Integrated Reporting nach dem IIRC-Framework

Das Konzept der integrierten Berichterstattung wird bislang in der betriebswirtschaftlichen Forschung und Praxis heterogen ausgelegt. Der vorliegende Beitrag basiert auf der Definition nach dem Rahmenkonzept des International Integrated Reporting Council (IIRC): „An integrated report is a concise information about how an organization's strategy, governance, performance and prospects, in the context of its external environment, lead to the creation of value over the short, medium and long term" (IIRC 2013). In diesem Sinne besteht die Zielsetzung des integrierten Berichts darin, den Wertschöpfungsprozess des Unternehmens aus kurz-, mittel- und langfristiger Perspektive zu erläutern (Velte und Stawinoga 2017, S. 278). Die Berichterstattung richtet sich an alle zentralen Stakeholder-Gruppen des Unternehmens, wobei die Eigenkapitalgeber im Fokus stehen. Neben qualitativen Informationen kommt der quantitativen Aufbereitung des integrierten Berichts (z. B. durch die Angabe von Key Performance Indicators) eine besondere Bedeutung zu. Neben vergangenheitsorientierten Informationen sollen zukünftige Erfolgspotenziale aus holistischer Sicht aufgezeigt werden. Der integrierte Bericht versteht sich als Vernetzung zwischen der traditionellen Finanzberichterstattung und der vielfältigen nichtfinanziellen Publikationsinstrumente von kapitalmarktorientierten Unternehmen (z. B. Nachhaltigkeits-, Corporate Governance- und Vergütungsberichte). Abb. 1 gibt einen Überblick über die Konzeption.

Um zu einer vernetzten Darstellung im integrierten Bericht zu gelangen, sieht das Rahmenkonzept die in Abb. 2 aufgeführten sechs Kapitalien vor: finanzielles Kapitel, produziertes Kapital, intellektuelles Kapital, Humankapital, Sozial- und Beziehungskapital sowie natürliches Kapital. Insofern werden zwei Kapitalien aus der klassischen Finanzberichterstattung sowie vier nichtfinanzielle Kapitalien aus der Nachhaltigkeitsberichterstattung gleichwertig einbezogen. Abb. 3 zeigt basierend auf den sechs Kapitalien den Wertschöpfungsprozess bzw. -kreislauf auf. Diese stellen gleichermaßen Einsatz- und Outputfaktoren dar, welche in ein Unternehmensführungs- und Überwachungssystem eingebunden sein müssen. In diesem Kontext bedarf es auch einer Abstimmung und Fortentwicklung des nachhaltig orientierten Geschäftsmodells, um zu einer kurz-, mittel- und langfristigen Wertschöpfung zu gelangen. In dem grafisch dargelegten Governance-Kreis ist auch ein unternehmerisches Chancen- und Risikomanagementsystem zu hinterlegen, sodass

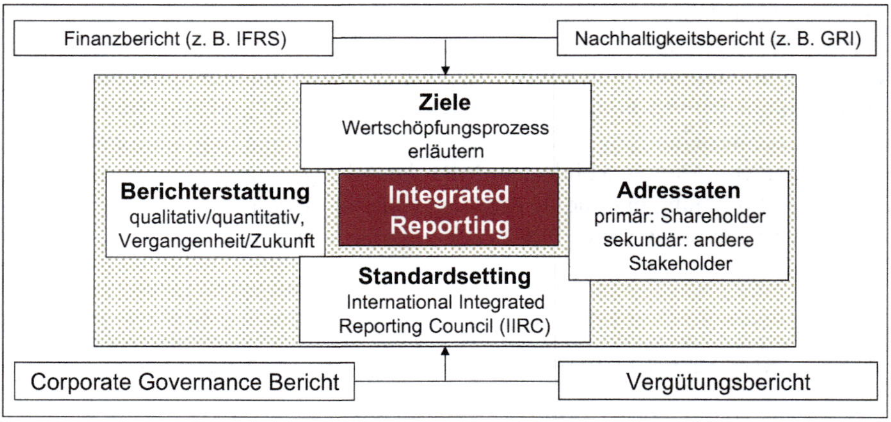

Abb. 1 Konzeption des Integrated Reportings (modifiziert entnommen von Velte und Stawinoga 2017, S. 279)

Abb. 2 Kapitalien nach dem Rahmenkonzept des IIRC

u. a. das Controlling eine zentrale Bedeutung bei der Einrichtung und Verbesserung des Integrated Reportings spielt.

Die Prinzipien für eine integrierte Berichterstattung nach dem IIRC-Rahmenkonzept sind in Abb. 4 aufgeführt. In einem direkten Vergleich mit separaten Nachhaltigkeitsberichten, z. B. nach den Standards der GRI, treten die Prinzipen der Informationsverknüpfung sowie der Wesentlichkeit und Prägnanz eindeutig hervor. Lediglich durch eine konsequente Berücksichtigung dieser Grundsätze können die Risiken eines Greenwashing und einer Informationsüberflutung abgebaut und mithin die Entscheidungsnützlichkeit der integrierten Berichterstattung sichergestellt werden.

Die in Abb. 5 dargestellten Inhaltskomponenten zur Sicherstellung einer entscheidungsnützlichen integrierten Berichterstattung nach dem IIRC-Rahmenkonzept verdeutlichen die Interdisziplinarität der Themen aus den Finanz-, Nachhaltigkeits- und Corporate Governance-Berichten.

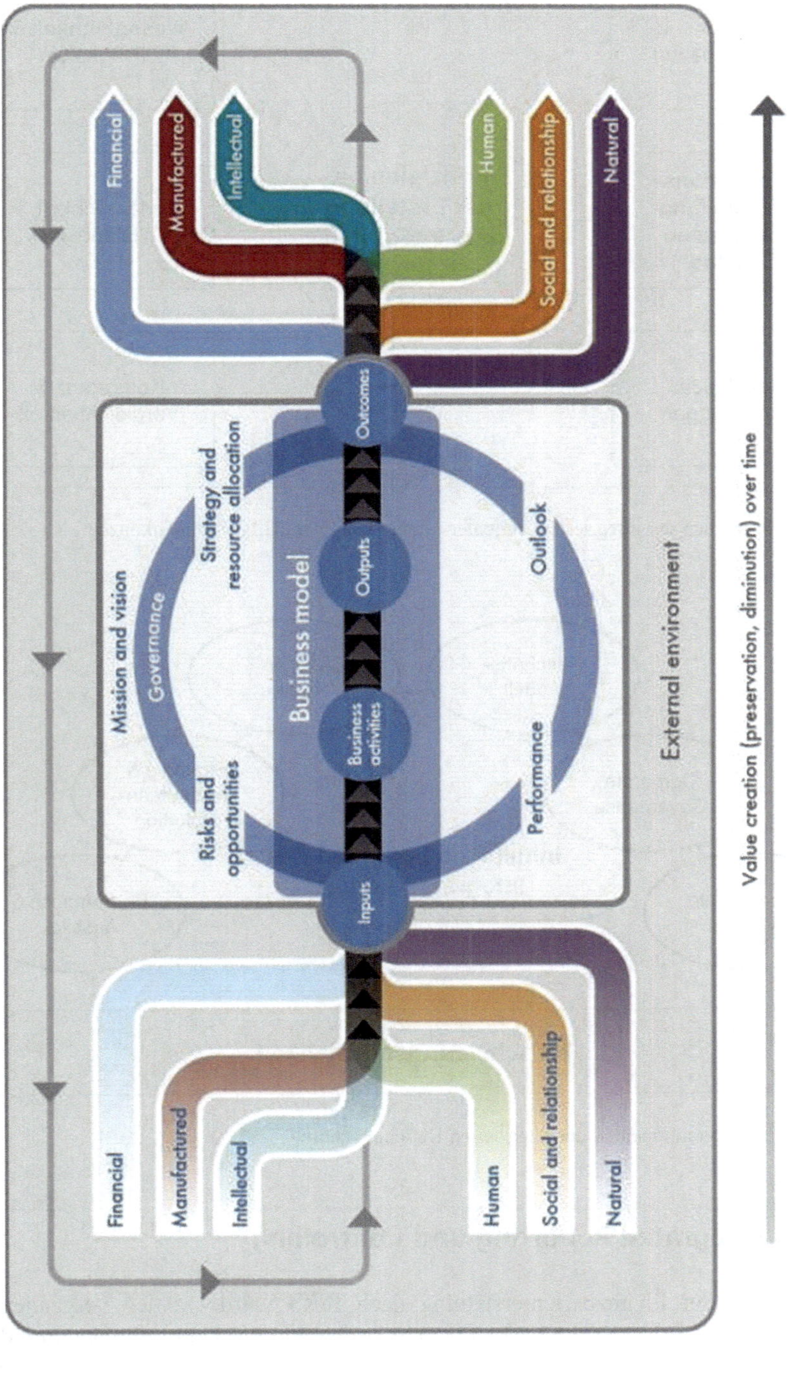

Abb. 3 Wertschöpfungsprozess nach dem Rahmenkonzept des IIRC (2013, S. 13)

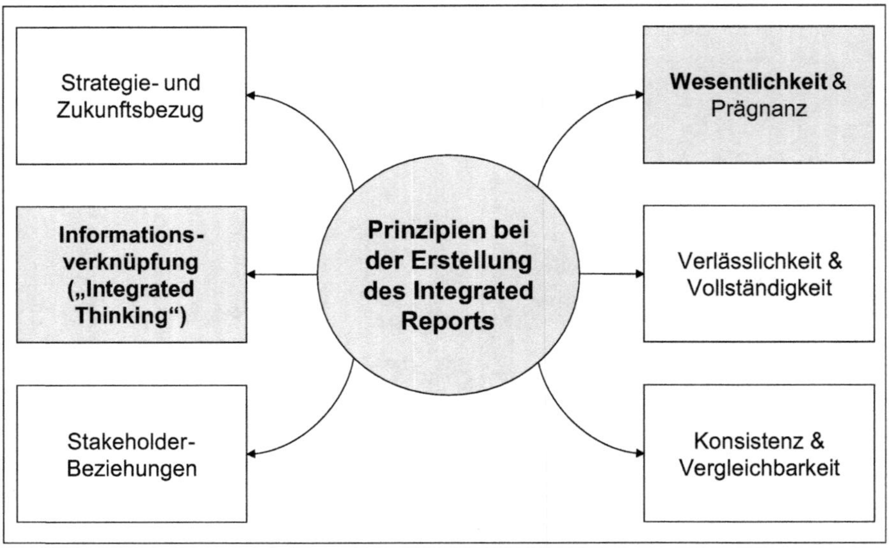

Abb. 4 Prinzipien der integrierten Berichterstattung nach dem IIRC-Rahmenkonzept

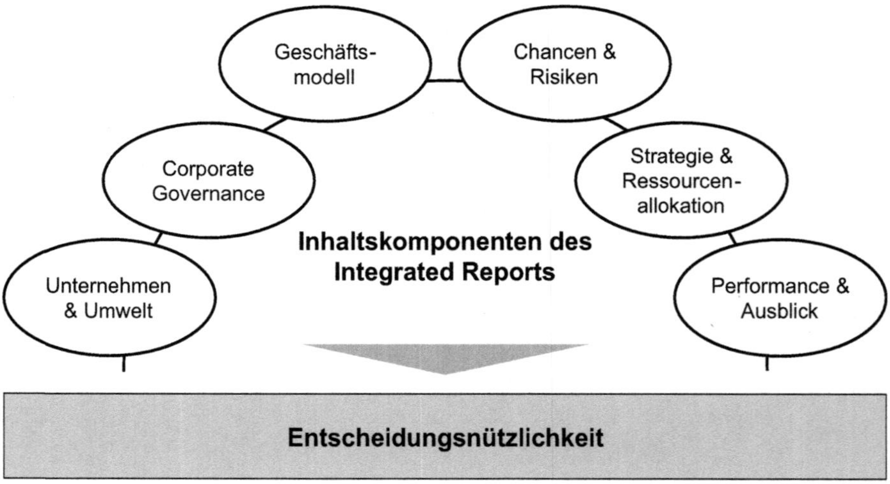

Abb. 5 Inhaltskomponenten der integrierten Berichterstattung

3 Integrated Reporting und Controlling

Im Rahmen der Finanzberichterstattung nach IFRS wurde in den vergangenen Jahren im Schrifttum auf die herausragende Bedeutung des Controllings durch den sog. Management Approach hingewiesen (Velte 2008, S. 33). Hiernach sollen das in- und externe Rechnungswesen zumindest partiell angenähert werden, indem die externen Stakeholder einen Einblick in die Steuerungs- und Planungskonzepte des Managements erhalten („through the eyes of management"), z. B. im Rahmen der in- und externen Segmentberichterstattung. Bei der integrierten Berichterstattung kommt dem bereits angeführten Integrated Thinking-Grundsatz eine überragende Bedeutung zu (IIRC 2013, Rn. 3.8 und 4.53; Feng et al. 2017, S. 330; Maniora 2017, S. 755; Moolman et al. 2016, S. 600). Hiernach erfolgt eine aktive Berücksichtigung der Zusammenhänge und Wechselwirkungen zwischen verschiedenen Funktionsbereichen sowie zwischen den sechs Kapitalien (Guthrie et al. 2017, S. 553). Hierbei muss die gesamte Wertschöpfungskette im Sinne eines Sustainable Supply Chain Managements einbezogen werden (zur Notwendigkeit eines Sustainable Supply Chain Management (Reportings) Seuring und Müller 2008, S. 1699). Eine Einschränkung erfährt das Konzept durch eine unternehmensindividuelle Kosten-Nutzen-Abwägung, insbesondere der proprietären Kosten durch eine Konkurrenzanalyse. Die Darstellung von quantitativen Leistungsindikatoren in der integrierten Berichterstattung (z. B. die Carbon Performance) soll im Einklang stehen mit internen Steuerungskennzahlen des Managements. Das IIRC betont in diesem Zusammenhang explizit die Notwendigkeit der Implementierung eines „Measurement & Monitoring Systems" bzw. Management Control-Ansatzes (IIRC 2013, Rn. 2.28). Insofern ist *Günther et al.* zuzustimmen, wonach „die Güte des Controllings [. . .] auch die Güte des Integrated Reportings" bestimmt (Günther et al. 2015, S. 159). Zur Sicherstellung eines entscheidungsnützlichen Integrated Reportings können etablierte Performance Management-Systeme und Konzepte wie die (Sustainability) Balanced Scorecard modifiziert befolgt werden (zum Grundmodell Kaplan und Norton 1992, S. 71; zur Erweiterung um Sustainability Hansen und Schaltegger 2016, S. 193). Aus unterschiedlichen Dimensionen lässt sich die Rolle des Controllings im Rahmen der integrierten Berichterstattung verdeutlichen (Günther et al. 2015, S. 160; des Weiteren zu einer Integration in die Management Accounting-Ausbildung Babajide et al. 2015, S. 63). Aus einer kybernetisch-prozessualen Dimension sollen im Integrated Reporting quantitative Indikatoren mit Zielwerten, Prognosen oder Hochrechnungen versehen werden (Planung), diese mit vorherigen Werten verglichen werden (Kontrolle) und Gründe für Abweichungen angegeben werden (Plan-Soll-Ist-Vergleich) (Günther et al. 2015, S. 160–161). Aus funktioneller Sicht soll das Controlling eine Informationszuliefererfunktion für die integrierte Berichterstattung erfüllen, als Entscheidungsunterstützer primär bei nichtfinanziellen Informationen fungieren, eine Koordinationsrolle bei der Versorgung mit Integrated Reporting-Daten wahrnehmen und für die Rationalitätssicherung des Managements sorgen (Günther et al. 2015, S. 161–162). Last but not least soll das Controlling in der organisationalen Dimension die Organisation des Integrated Reportings unterstützen oder ggf. vollständig übernehmen, da viele Informationen aus verschiedenen Funktionsbereichen des Unternehmens (Marketing, Vertrieb, Investor Relations, Personal, Finance, etc.) stammen (Günther et al. 2015, S. 163–164). Abb. 6 gibt einen Überblick über die Wechselwirkungen zwischen Integrated Reporting und Controlling.

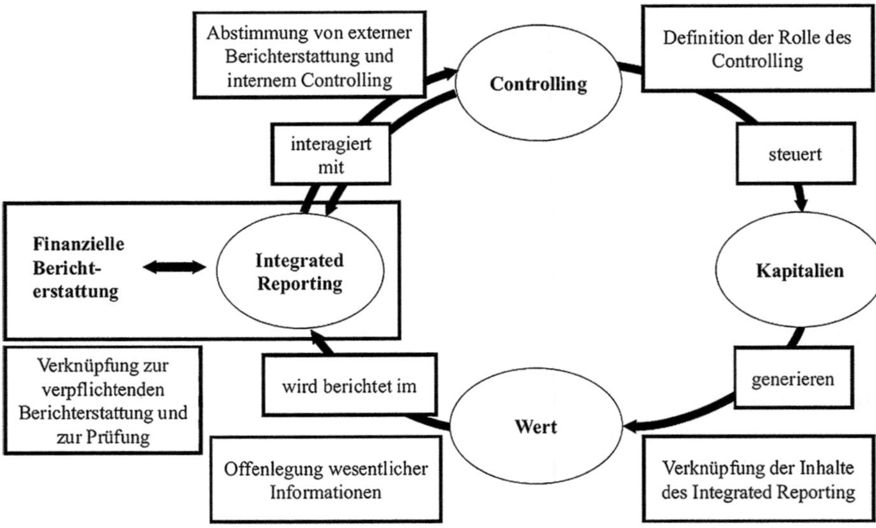

Abb. 6 Wechselwirkungen zwischen Controlling und Integrated Reporting (Barmettler 2017, S. 534)

4 Strukturierung und Ergebnisse der Integrated Reporting-Forschung

Die empirische Integrated Reporting-Forschung hat in den letzten Jahren einen rasanten Aufschwung genommen, der durch zahlreiche Literaturzusammenstellungen verdeutlicht wird (Cheng et al. 2014; De Villiers und Maroun 2017; De Villiers und Sharma 2018; De Villiers et al. 2014, 2017a, b; Dumay et al. 2016, 2017; Ioana und Adriana 2014; Kannenberg und Schreck 2018; Owen 2013; Rinaldi et al. 2018; Velte und Stawinoga 2017; Vitolla et al. 2019). Abb. 7 gibt einen möglichen Strukturansatz der bisherigen Forschung. Die bisherige Forschung ist durch eine Vielfalt der Forschungsmethoden gekennzeichnet: neben qualitativen Designs (z. B. Interviews, Befragungen, Beobachtungen, Fallstudien) werden in jüngerer Zeit auch experimentelle Studien zur Analyse der Mikro- und Mesoebene durchgeführt. Zur Untersuchung der Makroperspektive ist in jüngerer Zeit ein steigender Umfang von Sekundärdatenstudien (Archivstudien) im Schrifttum vorzufinden. Analog zur Methodenvielfalt lassen sich unterschiedliche theoretische Erklärungsansätze zur ökonomischen Motivation des Integrated Reportings anführen. Neben der Stakeholder Agency-Theorie und der Legitimitätstheorie, die besonders auf der Makroebene beliebt sind, werden die Institutional Theory und die Resource dependency Theory häufig auf der Mesoebene eingesetzt. Verhaltensorientierte Ansätze, z. B. die Behavioural decision Theory, finden dagegen vornehmlich auf der Mikroebene Anwendung.

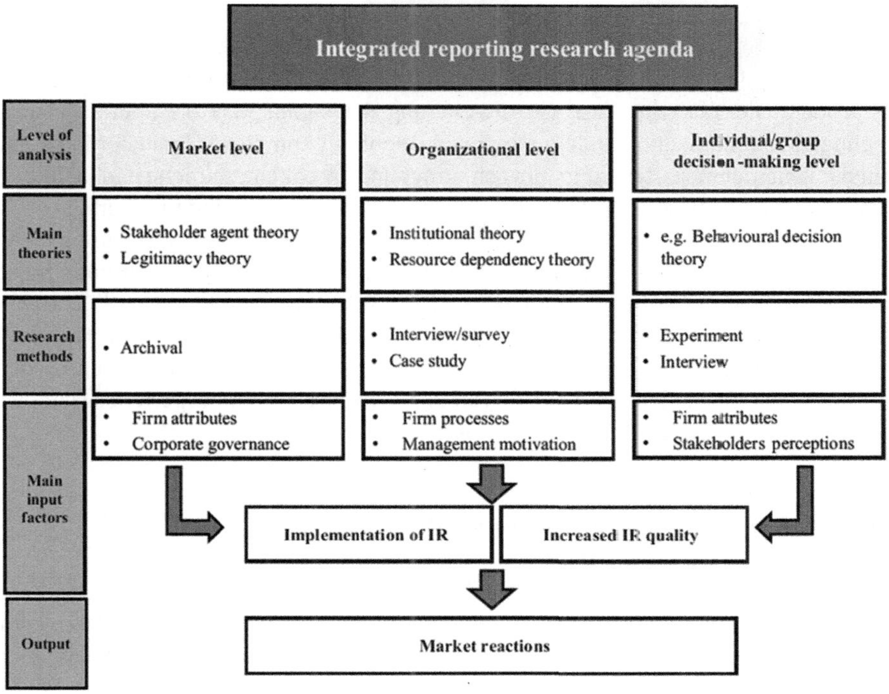

Abb. 7 Strukturansatz für die empirische Integrated Reporting-Forschung (Velte und Stawinoga 2017, S. 275)

Untersucht werden sowohl mögliche Einflussfaktoren (z. B. Unternehmenseigenschaften), welche die Implementierung und Qualität der integrierten Berichterstattung bedingen, als auch die Marktreaktionen auf das Integrated Reporting. Wie noch im weiteren Verlauf der Analyse zu zeigen ist, sind empirische Studien zum Zusammenhang zwischen Controlling und Integrated Reporting äußerst selten. Zunächst erfolgt allerdings ein kurzer Abriss der empirisch-qualitativen und -quantitativen Forschung zum Integrated Reporting.

4.1 Empirisch-qualitative Studien

Im Rahmen von Fallstudien, Interviews und Befragungen konnte aus internationaler Sicht eine Evidenz für eine unterstützende Rolle der Nachhaltigkeitsberichterstattung bei der Implementierung des Integrated Reportings gefunden werden (Lueg et al. 2016, S. 20). Insofern sollten vor einer integrierten Berichterstattung langjährige Erfahrungswerte im Rahmen der Nachhaltigkeitsberichterstattung (z. B. nach GRI) im Unternehmen vorliegen. In diesem Zusammenhang weist die Forschung auf signifikante Unterschiede zwischen der Nachhaltigkeitsberichterstattung und dem Integrated Reporting hin (Tweedie und Martinov-Bennie 2015, S. 49), die mit einer Anpassung der Berichtsstrukturen verbunden sind (Stubbs und Higgins 2014, S. 1068). Die Tatsache, dass die Erweiterung der kapitalmarktorientierten Unternehmenskommunikation um ein Integrated Reporting komplexe Herausforderungen an die Unternehmenssteuerung mit sich bringt und erhebliche zeitliche und fachliche Ressourcen bindet, wurde ebenfalls durch die empirische Forschung bestätigt (Lodhia 2015, S. 585; Bommel 2014, S. 1157). Trotz der in Rede stehenden Implementierungskosten belegen die Studien einen Informationsmehrwert sowohl aus Sicht des Managements (Robertson und Samy 2015, S. 190; Higgins et al. 2014, S. 1090) als auch aus Sicht von Investoren (Atkins und Maroun 2015, S. 197). Die Entscheidungsnützlichkeit wird allerdings aufgrund der bestätigten Heterogenität der Berichtsqualität in der Unternehmenspraxis teilweise in Frage gestellt (Havlova 2015, S. 231; Flower 2017, S. 1; Thomson 2015, S. 18).

4.2 Empirisch-quantitative Studien

Die Durchführung von sog. Archivstudien, d. h. Untersuchungen unter Verwendung von datenbankgestützten Sekundärdaten, stellt die häufigste Forschungsmethode im Integrated Reporting bislang dar. Aufgrund der leichten Datenverfügbarkeit liegt der Fokus bei kapitalmarktorientierten Unternehmen und bei südafrikanischen Stichproben. Ursächlich für die Dominanz von Südafrika ist die Integrated Reporting-Pflicht für rund 500 Unternehmen, die an der Johannesburg Stock Exchange gelistet sind und den King III Code anwenden müssen. Die bisherigen Untersuchungen richten sich einerseits an unternehmensspezifische Einflussfaktoren (z. B. Finanzperformance), Corporate Governance-Merkmale (z. B. die Zusammensetzung der Mitglieder der Unternehmensverwaltung) sowie länderspezifische Einflussgrößen (z. B. Existenz eines Code Law- oder Case Law-Regimes). Andererseits werden die Marktreaktionen, vorzugsweise auf Basis der Investoren (z. B. Aktienkursentwicklung) bei Vernachlässigung der Interessen sonstiger Stakeholder-Gruppen, gemessen.

Mit Blick auf unternehmensspezifische Einflussfaktoren konnte ein positiver Zusammenhang zwischen der Größe, Branche und dem Unternehmenswachstum einerseits und der Implementierung und Qualität des Integrated Reportings andererseits ermittelt werden (Fasan und Mio 2017, S. 288; Rivera-Arrubla et al. 2017, S. 155). Bezogen auf die Corporate Governance zeigte sich, dass die Frauenquote im Verwaltungsrat (Gerwanski et al. 2019, S. 750; Kilic und Kuzey 2018, S. 115), die Unabhängigkeit der Mitglieder (Garcia-Sanchez et al. 2019, S. 29), die Größe im Board (Frias-Aceituno et al. 2013, S. 219), die Expertise des Prüfungsausschusses (Velte 2018, S. 23; zur Überwachung des Integrated Reportings durch den Aufsichtsrat auch Velte und Winkler 2015, S. 355) sowie die Prüfung des Nachhaltigkeitsberichts (Sierra-Garcia et al. 2015, S. 286; Gerwanski et al. 2019, S. 750) sich positiv auf die Implementierung und Qualität des Integrated Reportings auswirkt. Länderspezifische Einflussfaktoren auf das Integrated Reporting konnten ebenfalls bestätigt werden, z. B. das Ausmaß des Aktionärsschutzes (Garcia-Sanchez et al. 2019, S. 29), die Strenge des Enforcements und Existenz eines Code Law-Systems (Garcia-Sanchez und Noguera-Gamez 2018, S. 199) sowie kulturelle Einflüsse wie Kollektivismus oder Feminismus in dem betreffenden Land (Garcia-Sanchez et al. 2013, S. 828). Des Weiteren zeigt sich, dass der Kapitalmarkt auf integrierte Berichte positiv reagiert (Barth et al. 2017, S. 43), welches sich u. a. in sinkenden Eigenkapitalkosten und einer höheren Genauigkeiten der Ergebnisprognosen durch Finanzanalysten (Zhou et al. 2017, S. 94) sowie in einem steigenden Shareholder Value niederschlägt.

Im Vergleich zu den Archivstudien sind experimentelle Studien zur Messung individueller Effekte (z. B. Investorenreaktionen) nachrangig. So bieten integrierte Berichte sowohl einen Informationsnutzen für Investoren als auch für Abschlussprüfer und berichtende Unternehmen (Reimsbach et al. 2018, S. 559). Allerdings scheinen bislang sog. „stand alone"-Finanz- und Nachhaltigkeitsberichte sich stärker auf das Investorenverhalten auszuwirken als integrierte Berichte. Last but not least liegen auch erste experimentelle Befunde zur externen Prüfung von integrierten Berichten vor. Hiernach ist die Reichweite (Prüfung versus prüferische Durchsicht) bei nicht-professionellen Investoren in den USA bedeutungslos (Dilla et al. 2015, S. 1). Eine abgeschwächte positive Wirkung einer externen Prüfung von Nachhaltigkeitsinformationen bei Modifikation eines Nachhaltigkeitsberichts zu einem Integrated Report konnten ebenfalls *Reimsbach et al.* nachweisen, wobei eine kognitive Verzerrung im Entscheidungsverhalten der Investoren als mögliche Ursache angeführt wurde (Reimsbach et al. 2018, S. 559).

4.3 Studien zu den Wechselwirkungen zwischen Integrated Reporting und Controlling

Die empirische Forschung zum Integrated Reporting hat bislang bedauerlicherweise das Controlling weitestgehend ausgeklammert. *Sure und Schurig* führen eine Fallstudie bei drei deutschen und drei südafrikanischen kapitalmarktorientierten Unternehmen mit langjähriger Integrated Reporting-Erfahrung bezogen auf die Berichtsjahre 2014 und 2015 durch (Sure und Schurig 2017, S. 32–33). Zusätzlich wurden Experteninterviews bei deutschen Unternehmen durchgeführt. Die Fallstudie basierte auf einer Inhaltsanalyse von 52 für das Integrated Reporting relevanten Controlling-Themen. In diesem Zusammenhang wurde zwischen vier verschiedenen Reifegraden für eine Vernetzung zwischen Controlling und Integrated Reporting unterschieden (Abb. 8). Die Auswertungen ergeben, dass das Controlling nur teilweise bei deutschen Unternehmen in das Integrated Reporting eingebunden ist. Eine mangelnde Integration von Nachhaltigkeitsaspekten in das Controlling wurde auch in den Experteninterviews bestätigt.

Graßmann et al. führen dagegen eine Archivstudie zu den Einflussfaktoren der Angaben zum Integrated Thinking im Integrated Reporting durch (Graßmann et al. 2019, S. 877). Einbezogen wurden 169 Forbes Global 2000-Unternehmen im Zeitraum 2013–14. Hierbei zeigte sich, dass das Ausmaß der Nachhaltigkeitsper-

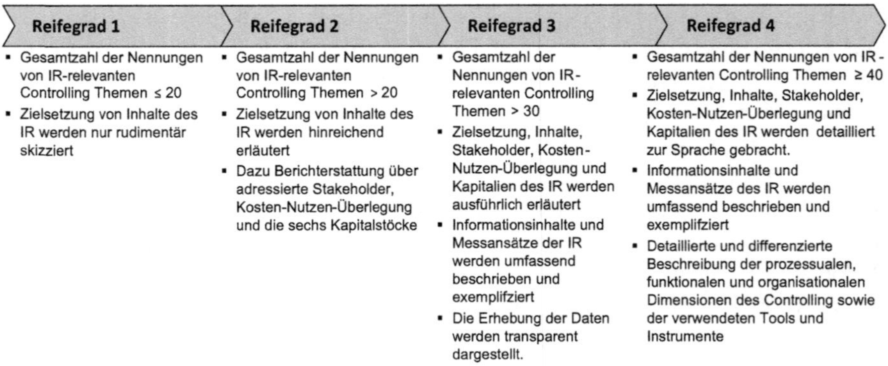

Abb. 8 Reifegrade für die Vernetzung zwischen Controlling und Integrated Reporting (modifiziert entnommen von Sure und Schurig 2017, S. 36)

formance (basierend auf der Asset4-Datenbank), die Macht der Investoren (Blockholding), die Höhe der Fremdkapitalquote sowie die Existenz von langfristigen Management-Vergütungsanreizen und Stakeholder-Engagement die Wahrscheinlichkeit erhöhen, dass freiwillig Integrated Thinking-Angaben im Integrated Reporting geleistet werden. Aus einer höheren Publizitätsbereitschaft mit Blick auf das Prinzip des Integrated Thinking schließen die Autoren auf eine stärkere Integration des Controllings. Die Größe des Verwaltungsrats sowie die Höhe der Wettbewerbsintensität (basierend auf dem Herfindahl-Index) gehen dagegen mit sinkenden Angaben zum Integrated Thinking einher.

5 Limitationen der bisherigen Forschung und Handlungsempfehlungen

Die Auswertung der bestehenden empirischen Forschung hat ergeben, dass in den letzten Jahren eine steigende Anzahl von datenbankgestützten Archivstudien, jedoch äußerst wenig Experimentalstudien zu individuellen Corporate Governance-Merkmalen durchgeführt wurden (Arnold et al. 2018, S. 45; Reimsbach et al. 2018, S. 559). Künftige experimentelle Forschungsdesigns sollten sich daher mit den Management- und Stakeholder-Einflüssen und Reaktionen auf die Implementierung und Qualität des Integrated Reportings befassen. Hierbei spielen insbesondere demografische Eigenschaften (z. B. Geschlecht, Alter, Ausbildung, Erfahrungswerte) und/oder verhaltensorientierte Persönlichkeitsmerkmale (z. B. Selbstüberschätzung, Narzissmus) von Mitgliedern des Top Managements eine zentrale Rolle. Der Fokus der bisherigen empirischen Forschung richtete sich bislang an die Implementierung und weniger an die Qualität der integrierten Berichterstattung. Wichtige Einzelaspekte, z. B. die Einhaltung des Wesentlichkeitsprinzips (Lai et al. 2016, S. 165; Fasan und Mio 2017, S. 288; Gerwanski et al. 2019, S. 750), des Verständlichkeitsgrundsatzes (Velte 2018, S. 23; Melloni et al. 2017, S. 220; du Toit 2017, S. 629) oder das sog. „Tone Management" sollten hierbei stärker berücksichtigt werden. Auch liegt bislang im Gegensatz zur reichen Literatur zur Prüfung von Nachhaltigkeitsberichten („CSR Assurance") (Velte und Stawinoga 2017, S. 275) vergleichsweise wenig Forschung zur Integrated Reporting Assurance vor (Gerwanski et al. 2019, S. 750; Reimsbach et al. 2018, S. 559). Auch ist die Forschung zum Einfluss von Corporate Governance-Aspekten auf das Integrated Reporting im Vergleich zur Nachhaltigkeitsberichterstattung bislang unterrepräsentiert (z. B. bezogen auf den Prüfungsausschuss Haji und Anifowose 2016, S. 915; Velte 2018, S. 23), z. B. zum Einfluss von institutionellen (nachhaltigen) Investoren. Die steigende Anzahl von Literaturübersichten sollte künftig um die Durchführung von Metaanalysen ergänzt werden, um Gesamteffekte der Einzelstudien unter Berücksichtigung relevanter Moderatoreneffekte zu untersuchen, z. B. länderspezifischer Einflüsse. Eine zentrale Forschungslücke resultiert zudem für die symbiotische Beziehung zwischen Integrated Reporting und Controlling. Nach intensiver Recherche existiert bislang noch keine repräsentative Befragung von Controllern aus internationaler und nationaler Sicht zum Integrated Reporting, sodass die vorliegende Thematik weitestgehend einen „Black Box"-Charakter darstellt. Die bisherigen Inhaltsanalysen zum Integrated Reporting (z. B. zu den Integrated Thinking-Angaben) geben allenfalls Hinweise, sind aber ein unzureichender Schätzer für eine gute oder schlechte Verzahnung mit dem unternehmerischen Controlling in der Unternehmenspraxis. Die zahlreichen Herausforderungen, die mit der konkreten Abwägung eines aktiven Stakeholder-Engagements und der Konkurrenzanalyse verbunden sind, sollten künftig stärker empirisch analysiert werden. Ferner ist zu berücksichtigen, dass eine angemessene Qualität des Integrated Reportings nicht nur die Entscheidungsnützlichkeit der nichtfinanziellen Berichterstattung, sondern auch der Finanzberichterstattung tangiert. So sollten sich z. B. Umwelt- und Sozialaspekte künftig stärker in den Cash Flow-Prognosen im Rahmen der IFRS-Berichterstattung („in den harten Zahlen") niederschlagen und nicht nur qualitativ im Rahmen der außerbilanziellen Berichterstattung. Weitere Herausforderungen für die Praxis und Regulatorik, die sich aus der zunehmenden Bedeutung des Integrated Reportings ergeben, sind in Abb. 9 aufgeführt.

Sie hängen eng mit der fehlenden Verbindlichkeit und Vergleichbarkeit des Integrated Reportings zusammen, sodass die Entscheidungsnützlichkeit dieser Berichterstattung weiterhin strittig ist.

6 Zusammenfassung und Ausblick

Seit der Finanzkrise 2007/08 wurde die Rechnungslegung bei Unternehmen des öffentlichen Interesses zunehmend um nichtfinanzielle Aspekte (Umwelt-, Sozial- und Corporate Governance) erweitert. Wenngleich bis dato aus europäischer und nationaler Sicht lediglich die Corporate Governance-Berichterstattung („Erklärung zur Unternehmensführung") und ausgewählte Teilmengen einer Nachhaltigkeitsberichterstattung („nichtfinanzielle Erklärung") reguliert wurden, stellt die Abfassung eines vollständigen Nachhaltigkeitsberichts, z. B. nach den GRI Standards, zwischenzeitlich die „Best Practice" bei börsennotierten Unternehmen in Deutsch-

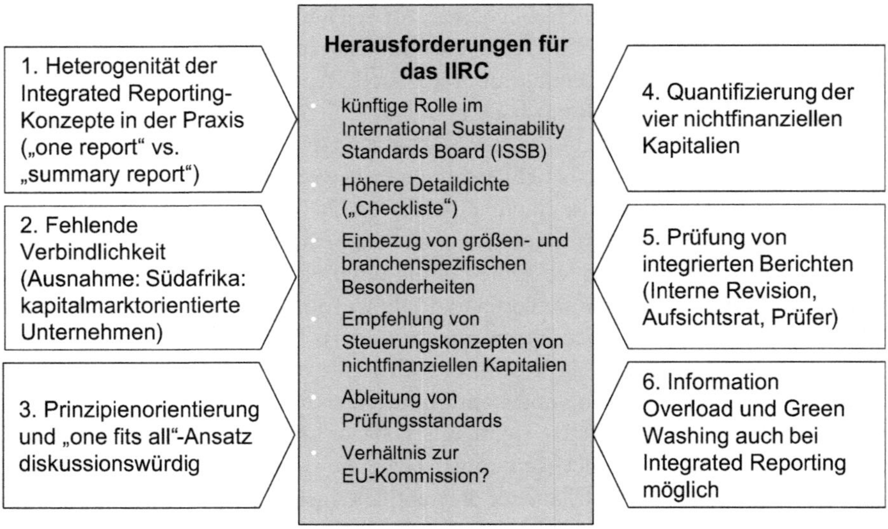

Abb. 9 Künftige regulatorische und praktische Herausforderungen an das Integrated Reporting (in Anlehnung an Stawinoga und Velte 2017, S. 64)

land dar. Die bisherige „Drei-Säulen-Strategie" des Gesetzgebers, neben der traditionellen Finanzberichterstattung den in Rede stehenden Unternehmen eine separate Corporate Governance- und Nachhaltigkeitsberichterstattung zu ermöglichen, birgt die Risiken von Informationsüberflutung und Greenwashing. Die integrierte Berichterstattung ist aus konzeptioneller Sicht als idealtypischer Spitzenbericht einer separaten Finanz-, Nachhaltigkeits- und Corporate Governance-Berichterstattung eindeutig überlegen, um die in Rede stehenden Informationsprobleme zu reduzieren (Velte 2017, S. 2813). Wenngleich die konzeptionelle und empirische Integrated Reporting-Forschung in den letzten Jahren einen rasanten Aufschwung genommen hat, gestaltet sich ihre erfolgreiche Implementierung in der Unternehmenspraxis vielfach noch zögerlich. Hintergrund dürften regelmäßig die signifikanten zeitlichen und fachlichen Ressourcen sein, die mit der Implementierung des „Integrated Thinking"-Ansatzes verbunden sind. Unstrittig ist, dass die Einführung des Integrated Reportings mit zentralen Auswirkungen auf das Controlling verbunden ist bzw. das Controlling den Garanten für eine entscheidungsnützliche integrierte Berichterstattung für in- und externe Stakeholder darstellt. Die empirische Forschung zu den Wechselwirkungen zwischen Integrated Reporting und Controlling steht bislang noch am Anfang. Hintergrund für die unzureichenden Befunde dürfte die mangelnde Datenverfügbarkeit sein, welche eine stärkere Erhebung von Primärdaten aus dem Controlling erforderlich macht. Insofern resultiert eine zentrale Forschungslücke aus internationaler und nationaler Sicht, qualitative Forschungsstudien (z. B. Fallstudien, Interviews und Befragungen) für das Controlling durchzuführen.

Aus Ausblick auf kommende Entwicklungen lässt sich eine erhöhte Bedeutung des Integrated Reportings in der Unternehmenspraxis prognostizieren. Dies resultiert zum einen aus der Stärkung der Aktionärsrechte nach der Umsetzung der modifizierten EU-Aktionärsrechte-Richtlinie durch das ARUG II und dem Vordringen des nichtfinanziellen Investorenaktionismus („socially responsible investor"). Die empirische Forschung bestätigt, dass institutionelle Investoren in zunehmendem Maße ESG-Aspekte im Rahmen der Unternehmens- und Finanzanalyse einbeziehen (Faller und Knyphausen-Aufseß 2018, S. 15–40). Zum anderen hat die EU-Kommission mit ihrem Gesetzgebungspaket „Sustainable Finance" unmissverständlich verdeutlicht, dass den zahlreichen Regulierungen im Rahmen der Unternehmensberichterstattung nun auch konkrete Maßnahmen zur Stärkung der Nachhaltigkeit im Rahmen des Finanzwesens folgen. Die Zielsetzung besteht in der Vernetzung eines nachhaltigkeitsbezogenen Finanz- und Rechnungswesens, wobei aufgrund der aktuellen politischen Diskussion zur Einhaltung des Pariser Klimaschutzabkommens eine Eingrenzung auf Carbon Reporting & Finance vorgenommen wird. Die EU-Kommission hatte am 21.04.2021 als Ausfluss des EU-Green-Deal-Projekts einen Richtlinienentwurf zur Nachhaltigkeitsberichterstattung veröffentlicht, der die bisherigen Regulierungen zur nichtfinanziellen Erklärung ablösen soll. Geplant ist ein deutlich ausgeweiteter Nachhaltigkeitsbericht mit Pflichtausweis im Lagebericht und externer Pflichtprüfung. Hierbei soll bis Oktober 2022 ein EU-weites separates Rahmenwerk durch die EFRAG abgeleitet werden. Parallel hat die IFRS Foundation die Gründung eines International Sustainability Standards Board (ISSB) und die Ableitung eines globalen Rahmenwerks für die Klimaberichterstattung beschlossen. Das IIRC, das sich zwischenzeitlich mit dem SASB zur Value Reporting Foundation zusammengeschlossen hatte, soll in das ISSB integriert werden. Das ISSB folgt dabei dem Ansatz der integrierten Berichterstattung als investororientierte Wesentlichkeitsschwelle. Aus Sicht der Stakeholder erscheinen diese Impulse für eine künftige Ausweitung der integrierten Berichterstattung zur Steuerung von klimabezogenen Unternehmensrisiken sinnvoll, um einer Informationsüberflutung und einem Greenwashing entgegenzutreten. Inwiefern analog zum südafrikanischen Kapitalmarkt das Integrated Reporting in der kommenden Dekade verpflichtender Natur wird, bleibt abzuwarten. Unstrittig ist, dass die internationalen Standardsetter des Financial und Sustainable Reportings (IASB, IIRC, GRI) stärker zusammenarbeiten müssen und diese Notwendigkeit auch bekannt ist. Die zunehmende Nutzung von Big Data-Technologien (z. B. Verfahren der künstlichen Intelligenz) wird ebenfalls zur Stärkung der Entscheidungsnützlichkeit des Integrated Reportings weitertragen. Aus Sicht des Controllings ergeben sich mithin vielfältige Herausforderungen, wobei in den letzten Jahren eine Reihe von Steuerungskonzepten zur Integration von finanziellen und nichtfinanziellen Leistungsindikatoren (z. B. (Sustainability) Balanced Scorecard) bereits erfolgreich im Schrifttum vorgelegt wurden.

Literatur

Arnold, M., Bassen, A., & Frank, R. (2018). Timing effects of corporate social responsibility disclosure: An experimental study with investment professionals. *Journal of Sustainable Finance & Investment, 8*(1), 45–71.

Atkins, J., & Maroun, W. (2015). Integrated reporting in South Africa in 2012. *Meditari Accountancy Research, 23*, 197–221.
Babajide, P., Imoleayo, O., & Uwalomwa, U. (2015). Should integrated reporting be incorporated in the management accounting curriculum? *International Journal of Education and Research, 3*, 63–76.
Barmettler, P. (2017). Chancen und Risiken des Integrated Reporting. In W. Funk & J. Rossmanith (Hrsg.), *Internationale Rechnungslegung und Internationales Controlling* (S. 567–595). Berlin: Springer.
Barth, M. E., Cahan, S. F., Chen, L., & Venter, E. R. (2017). The economic consequences associated with integrated reporting quality: Capital market and real effects. *Accounting, Organizations and Society, 62*, 43–67.
Bommel, K. V. (2014). Towards a legitimate compromise? *Accounting, Auditing & Accountability Journal, 27*, 1157–1189.
Cheng, M., Green, W., Conradie, P., Konishi, N., & Romi, A. (2014). The international integrated reporting framework: Key issues and future research opportunities. *Journal of International Financial Management and Accounting, 25*, 90–119.
De Villiers, C., & Maroun, W. (Hrsg.). (2017). *Sustainability accounting and integrated reporting*. London: Routledge.
De Villiers, C., & Sharma, U. (2018). A critical reflection on the future of financial, intellectual capital, sustainability and integrated reporting. *Critical Perspectives on Accounting, 10*, 1999.
De Villiers, C., Rinaldi, L., & Unerman, J. (2014). Integrated reporting. Insights, gaps and an agenda for future research. *Accounting, Auditing and Accountability Journal, 27*, 1042–1067.
De Villiers, C., Hsaio, K., & Maroun, W. (2017a). Developing a conceptual model of influences around integrated reporting. New insights, and directions for future research. *Mediari Accountancy Research, 25*, 450–460.
De Villiers, C., Venter, E. R., & Hsiao, P. C. K. (2017b). Integrated reporting: Background, measurement issues, approaches and an agenda for future research. *Accounting and Finance, 57*, 937–959.
Dienes, D., & Velte, P. (2013). Integrated Reporting und Nachhaltigkeitsberichterstattung im Fokus aktueller Corporate Governance-Entwicklungen. Aktuelle Vorschläge und Auswirkungen auf den Lagebericht. *Zeitschrift für Corporate Governance (ZCG), 8*, 229–234.
Dienes, D., & Velte, P. (2014). Das finale IIRC-Rahmenkonzept zum Integrated Reporting. Kritische Würdigung wesentlicher Inhalte und Änderungen gegenüber der Entwurfsfassung. *Zeitschrift für Internationale Rechnungslegung (IRZ), 9*, 67–72.
Dilla, W. N., Janvrin, D. J., & Perkins, J. D. (2015). *Integrated reporting: The influence of non-financial assurance report level and format on investor judgments* (Working Paper).
Dumay, J., Bernardi, C., Guthrie, J., & Demartini, P. (2016). Integrated reporting: A structured literature review. *Accounting Forum, 40*, 166–185.
Dumay, J., Bernadi, C., Guthrie, J., & La Torre, M. (2017). Barriers to implementing the international integrated reporting framework: A contemporary academic perspective. *Meditari Accountancy Research, 25*, 461–480.
Faller, C. M., & Knyphausen-Aufseß, D. Z. (2018). Does equity ownership matter for corporate social responsibility? A literature review of theories and recent empirical findings. *Journal of Business Ethics, 150*, 15–40.
Fasan, M., & Mio, C. (2017). Fostering stakeholder engagement: The role of materiality disclosure in integrated reporting. *Business Strategy and the Environment, 26*, 288–305.
Feng, T., Cummings, L., & Tweedie, D. (2017). Exploring integrated thinking in integrated reporting – An exploratory study in Australia. *Journal of Intellectual Capital, 18*, 330–353.
Flower, J. (2017). The international integrated reporting council: A story of failure. *Critical Perspectives on Accounting, 27*, 1–17.
Freidank, C.-C., Müller, S., & Velte, P. (Hrsg.). (2015). *Handbuch Integrated Reporting. Herausforderung für Steuerung, Überwachung und Berichterstattung*. Berlin: Erich Schmidt.

Freidank, C.-C., Meuthen, M. H., & Sassen, R. (2017). Ansatzpunkte für die Einbindung des Nachhaltigkeitscontrollings in das Integrated Reporting. In W. Funk & J. Rossmanith (Hrsg.), *Internationale Rechnungslegung und Internationales Controlling* (S. 567–595). Berlin: Erich Schmidt.

Frias-Aceituno, J. V., Rodriguez-Ariza, L., & Garcia-Sanchez, I. M. (2013). The role of the board in the dissemination of integrated corporate social reporting. *Corporate Social Responsibility and Environmental Management, 20*, 219–233.

Garcia-Sanchez, I.-M., & Noguera-Gamez, L. (2018). Institutional investor protection pressures versus firm incentives in the disclosure of integrated reporting. *Australian Accounting Review, 28*, 199–219.

Garcia-Sanchez, I.-M., Rodriguez-Ariza, L., & Frias-Aceituno, J. (2013). The cultural system and integrated reporting. *International Business Review, 22*, 828–838.

Garcia-Sanchez, I.-M., Martinez-Ferrero, J., & Garcia-Benau, M. A. (2019). Integrated reporting: The mediating role of the board of directors and investor protection on managerial discretion in munificent environments. *Corporate Social Responsibility and Environmental Management, 26*, 29–45.

Gerwanski, J., Kordsachia, O., & Velte, P. (2019). Determinants of materiality disclosure quality in integrated reporting: Empirical evidence from an international setting. *Business Strategy and the Environment, 28*, 750–770.

Graßmann, M., Fuhrmann, S., & Günther, T. (2019). Drivers of the disclosed „connectivity of the capitals“: Evidence from integrated reports. *Sustainability Accounting, Management and Policy Journal, 10*, 877–908.

Günther, T., Fuhrmann, S., & Günther, E. (2015). Integrated Reporting und Controlling – eine wechselseitige Beziehung. In C.-C. Freidank, S. Müller & P. Velte (Hrsg.), *Handbuch Integrated Reporting. Herausforderung für Steuerung, Überwachung und Berichterstattung* (S. 153–181). Berlin: Erich Schmidt.

Guthrie, J., Manes-Rossi, F., & Orelli, R. L. (2017). Integrated reporting and integrated thinking in Italian public organisations. *Meditari Accountancy Research, 25*, 553–573.

Haji, A. A., & Anifowose, M. (2016). Audit committee and integrated reporting practice: Does internal assurance matter? *Managerial Auditing Journal, 31*, 915–948.

Hansen, E. G., & Schaltegger, S. (2016). The sustainability balanced scorecard: A systematic review of architectures. *Journal of Business Ethics, 133*, 193–221.

Havlova, K. (2015). What integrated reporting changed: The case study of early adopters. *Procedia Economics and Finance, 34*, 231–237.

Higgins, C., Stubbs, W., & Love, T. (2014). Walking the talk(s). Organisational narratives of integrated reporting. *Accounting, Auditing & Accountability Journal, 27*, 1090–1119.

International Integrated Reporting Council (IIRC). (2013). *The international framework*. London: IIRC.

Ioana, D., & Adriana, T. T. (2014). Research agenda on integrated reporting: New emergent theory and practice. *Procedia Economics and Finance, 15*, 221–227.

Kannenberg, L., & Schreck, P. (2018). Integrated reporting: Boon or bane? A review of empirical research on its determinants and implications. *Journal of Business Economics, 89*, 515–567.

Kaplan, R. S., & Norton, D. P. (1992). The balanced scorecard. Measures that drive performance. *Harvard Business Review, 70*, 71–79.

Kilic, M., & Kuzey, C. (2018). Determinants of forward-looking disclosures in integrated reporting. *Managerial Auditing Journal, 33*, 115–144.

Lai, A., Melloni, G., & Stacchezzini, R. (2016). Corporate sustainable development: Is ‚integrated reporting‘ a legitimation strategy? *Business Strategy and the Environment, 25*, 165–177.

Lodhia, S. (2015). Exploring the transition to integrated reporting through a practice lens: An Australian customer owned bank perspective. *Journal of Business Ethics, 129*, 585–598.

Lueg, K., Lueg, R., Andersen, K., & Dancianu, V. (2016). Integrated reporting with CSR practices. *Corporate Communications, 21*, 20–35.

Maniora, J. (2017). Is integrated reporting really the superior mechanism for the integration of ethics into the core business model? An empirical analysis. *Journal of Business Ethics, 140*, 755–786.

Melloni, G., Caglio, A., & Perego, P. (2017). Saying more with less? Disclosure conciseness, completeness and balance in integrated reports. *Journal of Accounting and Public Policy, 36*, 220–238.

Moolman, J., Oberholzer, M., & Steyn, M. (2016). The effect of integrated reporting on integrated thinking between risk, opportunity and strategy and the disclosure of risks and opportunities. *Southern African Business Review, 20*, 600–627.

Owen, G. (2013). Integrated reporting: A review of developments and their implications for the accounting curriculum. *Accounting Education: An International Journal, 22*, 340–356.

Reimsbach, D., Hahn, R., & Gürtürk, A. (2018). Integrated reporting and assurance of sustainability information: An experimental study on professional investors' information processing. *European Accounting Review, 27*, 559–581.

Rinaldi, L., Unerman, J., & de Villiers, C. (2018). Evaluating the integrated reporting journey: Insights, gaps and agendas for future research. *Accounting, Auditing and Accountability Journal, 31*, 1294–1318.

Rivera-Arrubla, A., Zorio-Grima, A., & Garcia-Benau, M. A. (2017). Integrated reports: Disclosure level and explanatory factors. *Social Responsibility Journal, 13*, 155–176.

Robertson, F. A., & Samy, M. (2015). Factors affecting the diffusion of integrated reporting. A UK FTSE 100 perspective. *Sustainability Accounting, Management and Policy Journal, 6*, 190–223.

Seuring, S., & Müller, M. (2008). From a literature review to a conceptual framework for sustainable supply chain management. *Journal of Cleaner Production, 16*, 1699–1710.

Sierra-Garcia, L., Zorio-Grima, A., & Garcia-Benau, M. A. (2015). Stakeholder engagement, corporate social responsibility and integrated reporting: An explaratory study. *Corporate Social Responsibility and Environmental Management, 22*, 286–304.

Stawinoga, M., & Velte, P. (2017). Empirical evidence of the disclosure and assurance of integrated reporting. A content analysis of the IIRC examples database. *Zeitschrift für Umweltpolitik & Umweltrecht (ZfU), 40*, 59–84.

Stubbs, W., & Higgins, C. (2014). Integrated reporting and internal mechanisms of change. *Accounting, Auditing & Accountability, 27*, 1068–1089.

Sure, M., & Schurig, T. (2017). Das Integrated Reporting und seine Implikationen für das Controlling. *Zeitschrift für Corporate Governance (ZCG), 1*, 32–39.

Thomson, I. (2015). „But does sustainability need capitalism or an integrated report" a commentary on „The integrated reporting council: A story of failure" by Flower, J. *Critical Perspectives on Accounting, 27*, 18–22.

du Toit, E. (2017). The readability of integrated reports. *Meditari Accountancy Research, 25*, 629–653.

Tweedie, D., & Martinov-Bennie, N. (2015). Entitlements and time: Integrated reporting's double-edged agenda. *Social and Environmental Accountability Journal, 35*, 49–61.

Velte, P. (2008). Management approach. *Journal of Management Control (JoMAC), 19*, 133–138.

Velte, P. (2017). Zukunft der nichtfinanziellen Berichterstattung. Das CSR-Richtlinie-Umsetzungsgesetz als Zwischenlösung!? *Der Betrieb (DB), 70*, 2813–2820.

Velte, P. (2018). Is audit committee expertise connected with increased readability of integrated reports? Evidence from EU companies. *Problems and Perspectives in Management (PPM), 16*, 23–41.

Velte, P., & Stawinoga, M. (2017). Integrated reporting: The current state of empirical research, limitations and future research implications. *Journal of Management Control (JoMAC), 28*, 275–320.

Velte, P., & Stawinoga, M. (2019a). Harmonisierung der Klimaberichterstattung?! Einbettung in die EU-Regulierungsinitiativen, Forschungslücken und Handlungsempfehlungen. *Der Betrieb (DB), 72*, 2025–2033.

Velte, P., & Stawinoga, M. (2019b). Wird die nichtfinanzielle Berichterstattung durch die neuen EU-Leitlinien zu klimabezogenen Angaben entscheidungsnützlicher? *Die Wirtschaftsprüfung (WPg), 72*, 879–885.

Velte, P., & Winkler, R. (2015). Überwachung des Integrated Reportings durch den Aufsichtsrat. In C.-C. Freidank, S. Müller & P. Velte (Hrsg.), *Handbuch Integrated Reporting. Herausforderung für Steuerung, Überwachung und Berichterstattung* (S. 355–385). Berlin: Erich Schmidt.

Vitolla, F., Raimo, N., & Rubino, M. (2019). Appreciations, criticisms, determinants, and effects of integrated reporting: A systematic literature review. *Corporate Social Responsibility and Environmental Management, 26*, 518–528.

Zhou, S., Simnett, R., & Green, W. (2017). Does integrated reporting matter to the capital market? *Abacus, 53*, 94–132.

Leitfaden zur Erhöhung des Digitalisierungsgrades im Controlling

Imke Keimer und Marino Bundi

Zusammenfassung

Die Digitalisierung betrifft alle Unternehmensbereiche, so auch das Controlling. Für viele Controlling-Funktionen stellt sich die Frage nach dem eigenen Status quo und wie sie den digitalen Wandel im Controlling vorantreiben können. Der folgende Beitrag zeigt auf, wie das Reifegradmodell DigiCon den digitalen Reifegrad im Controlling misst und gibt eine Anleitung, wie der digitale Reifegrad in den Dimensionen Daten, Technologien, Prozesse, Methoden und Kompetenzen erhöht werden kann.

Schlüsselwörter

Digitalisierung im Controlling · Leitfaden · Reifegradmodell · Controlling-Kompetenzen · Digitalisierungsgrad im Controlling

Dieser Beitrag stützt sich im Wesentlichen auf Keimer et al. 2017 und Keimer et al. 2018 und fasst die Inhalte zusammen.

Forschungsprojekt Digitaler Wandel im Controlling

Der vorliegende Beitrag ist Bestandteil des Projekts *Digitaler Wandel im Controlling (DigiCon)*, welches von der Innosuisse (Schweizerische Agentur für Innovationsförderung, ehemals KTI) mitfinanziert wird. Neben der Hochschule Luzern haben das Beratungsunternehmen Deloitte sowie 8 namhafte Schweizer Unternehmen an diesem Projekt mitgearbeitet. Das Projekt hat das Ziel, den Stand der Digitalisierung in den Schweizer Controlling-Funktionen zu bestimmen und den digitalen Wandel in der Schweiz voranzubringen. Ein Reifegradmodell misst dafür die digitale Reifestufe von Controlling-Funktionen innerhalb der Dimensionen Daten, Technologien, Prozesse, Methoden und Kompetenzen. Mehr Informationen zum Projekt finden Sie auf unserem Blog https://blog.hslu.ch/digitalcontrolling/.

I. Keimer (✉) · M. Bundi
Institut für Finanzdienstleistungen Zug IFZ, Hochschule Luzern, Rotkreuz, Schweiz
E-Mail: imke.keimer@hslu.ch; marino.bundi@hslu.ch

W. Becker, P. Ulrich (Hrsg.), *Handbuch Controlling*,
https://doi.org/10.1007/978-3-658-26431-4_83

1 Einleitung

1.1 Digitalisierung im Controlling

Die Digitalisierung beeinflusst nicht nur das Kerngeschäft einer Unternehmung, sondern betrifft auch die klassischen Support-Bereiche, wie beispielsweise die Finanz- und Controlling-Funktion. Insbesondere dort, wo nicht direkte Kundenleistungen erbracht und in Rechnung gestellt werden, erhofft man sich in der betrieblichen Praxis durch die Digitalisierung vor allem Effizienzgewinne und Kosteneinsparungen. Agile Geschäftsmodelle, die in Kombination mit neuen Technologien etabliert werden, führen zu großen Veränderungen, auch im Controlling. Durch die Verbreitung des Internets und verwandter Technologien wird die Welt immer mehr miteinander verbunden und Distanzen spielen immer weniger eine Rolle. So nimmt auch die Bedeutung des Arbeitsorts nicht erst seit der Corona-Krise ab. Die Herausforderung der Unternehmen liegt darin, die tendenziell hohen Fixkosten der Supportfunktionen zu senken, ohne die Wettbewerbsfähigkeit zu beeinträchtigen.

Im Controlling ist es das Ziel, durch den Einsatz von Technologien die Prozesse zu optimieren und automatisieren. Dadurch wird das Controlling effizienter, Personalkosten können eingespart und/oder anders eingesetzt werden. Zudem sinkt die Fehlerquote. Des weiteren kommen aber neue Aufgaben auf die Controlling-Funktion hinzu (vgl. Schäffer und Weber 2019, S. 46 ff.). Das exponentielle Datenwachstum liefert Informationen, die es mithilfe der Technologien zu extrahieren und nutzen gilt (vgl. Heimel und Müller 2019, S. 401). Dafür müssen statistischen Methoden eingesetzt werden. Letztendlich bedingen die Veränderungen auch neue Ansprüche an das Kompetenzprofil des Controllers (vgl. Schäffer und Brückner 2019, S. 15 ff.).

Allerdings stellt sich vielen Controlling-Funktionen die Frage nach dem aktuellen Stand der Digitalisierung im Controlling: Wo stehen wir hinsichtlich der Digitalisierung und welche Maßnahmen sollen ergriffen werden, um den digitalen Wandel in der Controlling-Funktion voranzutreiben?

Dieser Fragestellung sind wir mit unserem Reifegradmodell DigiCon nachgegangen (vgl. Keimer et al. 2018). Ziel ist es ein Modell zu entwickeln, welches den digitalen Status quo einer Controlling-Funktion bestimmt und einen Leitfaden zu entwickeln, der die nächsten Schritte im Digitalisierungsprozess aufzeigt.

1.2 Ein Reifegradmodell als Basis zur Messung des Digitalisierungsgrades

Grundsätzlich gibt es verschiedene Möglichkeiten den Status quo der Digitalisierung zu messen. Wir haben uns für ein Reifegradmodell entschieden, welches eine potenzielle Entwicklung misst.

Das Reifegradmodell DigiCon (vgl. Abb. 1) basiert auf den fünf Dimensionen *Daten*, *Technologien*, *Prozesse*, *Methoden* und *Kompetenzen*. In jeder der Dimen-

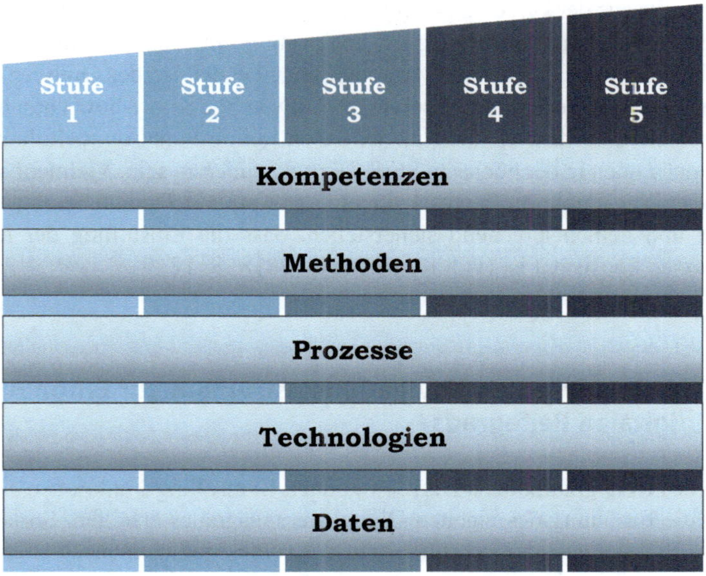

Abb. 1 Reifegradmodell DigiCon (Keimer et al. 2018, S. 12)

sionen wird für eine Controlling-Funktion der digitale Reifegrad anhand von fünf Stufen (von *Digital Beginner* zu *Digital Leader*) bestimmt (vgl. Keimer et al. 2018, S. 11).

Die Basis für die Digitalisierung der Controlling-Funktion ist die Dimension *Daten*. Sie enthält das vorhandene Potenzial, welches durch die Digitalisierung im Unternehmen zu nutzen ist. Die Möglichkeiten der Digitalisierung werden aber darauf aufbauend von der Dimension *Technologien* bestimmt. Die eingesetzte Hard- und Software bestimmt, auf welche Daten wie zugegriffen werden kann, sie bedingt die Automatisierung der Prozesse und die Möglichkeiten der Datenauswertung. Die Dimension Prozesse setzte sich damit auseinander, inwiefern die Controlling-Prozesse automatisiert sind und dementsprechend effizient durchlaufen werden können. Dies ermöglicht nicht nur die beispielsweise schnelle Erstellung von Reports (bis hin zu *Real-Time*), sondern auch das Freisetzen von kostenintensiven personellen Ressourcen, die anderweitig eingesetzt werden können (vgl. Egle und Keimer 2018, S. 51). Die Dimension Methoden widmet sich den Einsatz von statistischen Methoden im Controlling. Sie berücksichtigt, inwiefern der Mehrwert aus dem exponentiellen Datenwachstum genutzt und neben deskriptiven Reporting auch Zusammenhänge untersucht und Prognosen gemacht werden. Die oberste Dimension *Kompetenzen* wendet sich dem Controller zu, dessen Rollenprofil sich durch die Digitalisierung verändert. Durch die Automatisierung der repetitiven und einfachen Tätigkeiten rückt er zum einen als Business Partner näher an das Management heran. Er muss aber auch über Kompetenzen der Datenanalyse verfügen, um die statistischen Methoden korrekt anwenden und die Ergebnisse interpretieren zu können (vgl. Keimer et al. 2018, S. 11–12).

Wie bereits aus der kurzen Beschreibung der Dimensionen deutlich wird, sind die einzelnen Dimensionen nicht gänzlich unabhängig voneinander. Falls im Controlling fortgeschrittene statistische Methoden angewendet werden, müssen natürlich auch die Daten und Technologien sowie das notwendige Know-how vorhanden sein. Das bedeutet auch, dass es nicht für jede Controlling-Funktion zielführend ist, in allen Dimensionen in der höchsten Stufe *Digital Leader* zu sein. Vielmehr sollte sich eine Controlling-Funktion bewusst für eine angestrebte Digitalisierungsstufe entscheiden und dementsprechend sicherstellen, dass die Einstufung der jeweiligen Dimensionen konsistent ist (vgl. Keimer et al. 2018, S. 12).

1.3 Die Roadmap als Navigationsinstrument zur Erhöhung des digitalen Reifegrads

Mithilfe des Reifegradmodells DigiCon können Controlling-Funktionen eine Roadmap für die Erhöhung des eigenen Digitalisierungsgrades erstellen. So lassen sich relevante Handlungsfelder erkennen und relevante Maßnahmen ableiten. Abb. 2 stellt die zugehörige Roadmap dar. Die einzelnen Dimensionen sind dafür in Kriterien untergliedert, die wiederum durch einzelne Items bestimmt werden.

Wir empfehlen, dass eine Controlling-Funktion zunächst den eigenen Status quo, sprich die eigene Ist-Situation bestimmt. Dafür haben wir die Inhalte des Reifegradmodell DigiCon vereinfacht in Abb. 2 dargestellt. Durch das die Beantwortung der Fragen, kann eine Controlling-Funktion relativ einfach den eigenen Reifegrad bestimmen. Die Gliederung des Modells zeigt für alle Fragen auf, zu welchem Kriterium bzw. zu welcher übergeordneten Dimension diese gehören. Es läßt sich auf einem Blick erkennen, welche Dimensionen im Vergleich zu den anderen weit oder weniger weit in der Digitalisierung fortgeschritten sind. In einem nächsten Schritt soll die Abbildung dann zu einer Roadmap erweitert und die Zielwerte (Soll) ergänzt werden (vgl. Abb. 3). Dabei ist zu beachten, dass nicht ein möglichst hoher Digitalisierungsgrad in den einzelnen Dimensionen angestrebt werden sollte, sondern die Harmonisierung zwischen den Dimensionen. Ein Controlling-Funktion sollte sich bewußt für einen Digitalisierungsgrad entscheiden und die Zielwerte entsprechend abfüllen, dass zwischen den Dimensionen nicht mehr als eine Stufe Unterschied besteht (vgl. Abb. 3). Die Lücke zwischen der Ist- und der Sollsituation zeigt den Handlungsbedarf einer Controlling-Funktion auf (vgl. Keimer et al. 2018, S. 61).

Um die Digitalisierung im Controlling voranzutreiben kann aufbauend auf den Ergebnissen ein Maßnahmenplan definiert werden, indem der jeweilige Handlungsbedarf festgehalten und priorisiert wird. Dabei sollen die in den folgenden Kapiteln festgehaltenen Kontrollfragen und Handlungsempfehlungen in Form eines Leitfadens unterstützen. Um den angestrebten Digitalisierungsgrad in allen Dimensionen

Dim.	Kriterien	Items		Stufe 1 Digital Beginner	Stufe 2 Digital Scorekeeper	Stufe 3 Digital Enabler	Stufe 4 Digital Innovator	Stufe 5 Digital Leader
Daten	Data Management	Anteil der verfügbaren relevanten Unternehmensdaten		sehr gering ☐	gering ☐	teilweise ☐	stark ☐	sehr stark ☐
		Anteil der automatisierten Datenaufbereitung		sehr gering ☐	gering ☐	teilweise ☐	stark ☐	sehr stark ☐
		Regelung Data Ownership		sehr gering ☐	gering ☐	teilweise ☐	stark ☐	sehr stark ☐
		Sicherstellung der Datenintegrität (Single Version of Truth)		sehr gering ☐	gering ☐	teilweise ☐	stark ☐	sehr stark ☐
		Sicherstellung der Datenstabilität		sehr gering ☐	gering ☐	teilweise ☐	stark ☐	sehr stark ☐
		Sicherstellung der Datenkonsistenz und -qualität		sehr gering ☐	gering ☐	teilweise ☐	stark ☐	sehr stark ☐
	Data Governance	Verfügbarkeit umfassender Data Governance-Richtlinien		sehr gering ☐	gering ☐	teilweise ☐	stark ☐	sehr stark ☐
		Aktualität der Data Governance-Richtlinien		sehr gering ☐	gering ☐	teilweise ☐	stark ☐	sehr stark ☐
		Zugewiesene Data Governance-Verantwortlichkeit			nein ☐		ja ☐	
	Dateneinsatz	Einsatz unstrukturierter Daten		sehr gering ☐	gering ☐	teilweise ☐	stark ☐	sehr stark ☐
		Einsatz unternehmensexterner Daten		sehr gering ☐	gering ☐	teilweise ☐	stark ☐	sehr stark ☐
Technologien	Einsatz Technologien und Anwendungen	Enterprise Resource Planning (ERP)	ja ☐		mind. 1	mind. 1	mind. 1	mind. 1
		Business Intelligence (BI)	ja ☐					
		Business Analytics (BA)	ja ☐			+ mind. 3	+ mind. 3	+ mind. 3
		Self Services	ja ☐					
		Data Visualization	ja ☐					
		Customer Relationship Management (CRM)	ja ☐					
		Supply Chain Management (SCM)	ja ☐					
		Workflow Management	ja ☐					
		Cloud Computing	ja ☐					
		Dashboard-Anwendungen	ja ☐					
		Mobile-Anwendungen	ja ☐					
		Web Analytics	ja ☐				+ mind. 2	+ mind. 2
		Big Data Analytics	ja ☐					
		Robotic Process Automation (RPA)	ja ☐					
		Hadoop-Plattformen	ja ☐					
		In-Memory-Datenbank (IMDB)	ja ☐					
		Künstliche Intelligenz (KI)	ja ☐					+ mind. 1
		Internet der Dinge (IoT)	ja ☐					
		Cognitive Computing	ja ☐					
		Blockchain	ja ☐					
	Integrationsgrad	ERP		sehr gering ☐	gering ☐	teilweise ☐	stark ☐	sehr stark ☐
		Controlling-Anwendungen		sehr gering ☐	gering ☐	teilweise ☐	stark ☐	sehr stark ☐
Prozesse	Effizienz	Einsatz Robotic Process Automation (RPA)		sehr gering ☐	gering ☐	teilweise ☐	stark ☐	sehr stark ☐
		Einsatz Self Services (auch Bestandteil der Dimension Technologien)		sehr gering ☐	gering ☐	teilweise ☐	stark ☐	sehr stark ☐
		Einsatz Workflow Management		sehr gering ☐	gering ☐	teilweise ☐	stark ☐	sehr stark ☐
		Anteil automatisierbarer Tätigkeiten		sehr hoch ☐	stark ☐	teilweise ☐	gering ☐	sehr gering ☐
	Automatisierungsgrad	Strategische Planung		sehr gering ☐	gering ☐	teilweise ☐	stark ☐	sehr stark ☐
		Operative Planung, Budgetierung		sehr gering ☐	gering ☐	teilweise ☐	stark ☐	sehr stark ☐
		Forecast		sehr gering ☐	gering ☐	teilweise ☐	stark ☐	sehr stark ☐
		Kosten-, Leistungs-, Ergebnisrechnung		sehr gering ☐	gering ☐	teilweise ☐	stark ☐	sehr stark ☐
		Management Reporting		sehr gering ☐	gering ☐	teilweise ☐	stark ☐	sehr stark ☐
		Projekt- und Investitionscontrolling		sehr gering ☐	gering ☐	teilweise ☐	stark ☐	sehr stark ☐
		Betriebwirtschaftliche Beratung und Führung		sehr gering ☐	gering ☐	teilweise ☐	stark ☐	sehr stark ☐
Methoden	Analysemethoden	Deskriptive Methoden	ja ☐		mind. 1	mind. 1		
		Data Mining	ja ☐					
		Korrelationen	ja ☐					
		Clustering	ja ☐					
		Regressionsanalyse	ja ☐				mind. 2	mind. 2
		Klassifikationsverfahren	ja ☐					
		Zeitreihenanalyse	ja ☐					
		Text Mining	ja ☐					
		Einsatz unstrukturierter Daten (auch Bestandteil der Dimension Daten)	ja ☐			+ mind. 1	+ mind. 1	+ beide
		Einsatz unternehmensexterner Daten	ja ☐					
		systematische Auswertung bestehender Datenbestände		sehr gering ☐	gering ☐	teilweise ☐	stark ☐	sehr stark ☐
	Einsatz	Simulationen	ja ☐		mind. 1	mind. 2	mind. 3	alle
		Radar	ja ☐					
		Treiberbäume	ja ☐					
		Forecasting	ja ☐					
Kompetenzen	Digitale Kultur	CFO/Controlling-Führung		sehr gering ☐	gering ☐	teilweise ☐	stark ☐	sehr stark ☐
		Controlling-Mitarbeitende		sehr gering ☐	gering ☐	teilweise ☐	stark ☐	sehr stark ☐
	Business Partner	Kommunikationsfähigkeit		sehr gering ☐	gering ☐	teilweise ☐	stark ☐	sehr stark ☐
		Verhandlungsstärke		sehr gering ☐	gering ☐	teilweise ☐	stark ☐	sehr stark ☐
		Markt- und Geschäftsmodellverständnis		sehr gering ☐	gering ☐	teilweise ☐	stark ☐	sehr stark ☐
		Workflow-Kenntnisse		sehr gering ☐	gering ☐	teilweise ☐	stark ☐	sehr stark ☐
		Projektmanagement-Kenntnisse		sehr gering ☐	gering ☐	teilweise ☐	stark ☐	sehr stark ☐
		Kundenorientierung		sehr gering ☐	gering ☐	teilweise ☐	stark ☐	sehr stark ☐
	Data Science	Programmier-Kenntnisse		sehr gering ☐	gering ☐	teilweise ☐	stark ☐	sehr stark ☐
		Mathematisch-statistische Kenntnisse		sehr gering ☐	gering ☐	teilweise ☐	stark ☐	sehr stark ☐

Abb. 2 Roadmap zur Digitalisierung im Controlling (Keimer et al. 2018, S. 62)

Dim.	Kriterien	Items		Stufe 1 Digital Beginner	Stufe 2 Digital Scorekeeper	Stufe 3 Digital Enabler	Stufe 4 Digital Innovator	Stufe 5 Digital Leader
Daten	Data Management	Anteil der verfügbaren relevanten Unternehmensdaten		sehr gering ☐	gering ☐	teilweise ☑	stark ☑	sehr stark ☐
		Anteil der automatisierten Datenaufbereitung		sehr gering ☐	gering ☑	teilweise ☐	stark ☑	sehr stark ☐
		Regelung Data Ownership		sehr gering ☐	gering ☑	teilweise ☑	stark ☐	sehr stark ☐
		Sicherstellung der Datenintegrität (Single Version of Truth)		sehr gering ☐	gering ☐	teilweise ☑	stark ☑	sehr stark ☐
		Sicherstellung der Datenstabilität		sehr gering ☐	gering ☐	teilweise ☐	stark ☑	sehr stark ☐
		Sicherstellung der Datenkonsistenz und -qualität		sehr gering ☐	gering ☐	teilweise ☑	stark ☑	sehr stark ☐
	Data Governance	Verfügbarkeit umfassender Data Governance-Richtlinien		sehr gering ☐	gering ☐	teilweise ☑	stark ☑	sehr stark ☐
		Aktualität der Data Governance-Richtlinien		sehr gering ☐	gering ☐	teilweise ☑	stark ☐	sehr stark ☐
		Zugewiesene Data Governance-Verantwortlichkeit			nein ☑		☑	
	Dateneinsatz	Einsatz unstrukturierter Daten		sehr gering ☑	gering ☐	teilweise ☑	stark ☐	sehr stark ☐
		Einsatz unternehmensexterner Daten		sehr gering ☐	gering ☑	teilweise ☑	stark ☐	sehr stark ☐

Ist-Profil

Soll-Profil

Abb. 3 Verwendung Roadmap (in Anlehnung an Keimer et al. 2018, S. 61)

zu erreichen und die eigene Controlling-Funktion zielgemäß digital zu transformieren, sollte der jeweilige Entwicklungsfortschritt regelmäßig überprüft und der erreichte Wirkungsgrad gemessen werden (Keimer et al. 2018, S. 61).

2 Kontrollfragen zur Erhöhung des Digitalisierungsgrades im Controlling

2.1 Struktur der Kontrollfragen

Der vorliegende Leitfaden soll mittels Kontrollfragen aufzeigen, wie der Digitalisierungsgrad in den einzelnen Dimensionen erhöht werden kann. Ausgehend von der oben beschriebenen Roadmap ist für jeden Punkt in den folgenden Checklisten die Ist-Situation, die Soll-Situation und der Handlungsbedarf zu konkretisieren. Dabei strukturieren wir die Fragen analog zum Reifegradmodell: Wir beginnen mit übergeordneten Fragen zur Erhöhung des Digitalisierungsgrades (vgl. Tab. 1) und gehen danach auf die einzelnen Dimensionen ein.

2.2 Dimension Daten

Daten bilden die Grundlage für die Generierung von Informationen im Controlling. Durch ihre Aufbereitung, Aggregation und Analyse entstehen die Berichte im Unternehmen. Sie liefern Fakten und lassen auf kausale Zusammenhänge schließen. In ihnen liegt das digitale Potenzial, welches es zu erschließen gilt (vgl. Keimer et al. 2018, S. 19; Bundi und Keimer 2019, S. 63). Dabei ist es wichtig, dass sich der Dateneinsatz nicht nur auf strukturierte und interne Daten beschränkt, sondern dass auch unstrukturierte und externe Daten berücksichtigt werden (vgl. Keimer und Egle 2020, S. 8). Ein Augenmerk sollte ebenfalls auf die Data Governance, den Rahmen-

Tab. 1 Übergeordnete Kontrollfragen zur Erhöhung des Digitalisierungsgrades im Controlling

Kontrollfragen	Ist	Soll	Handlungsbedarf
Welchen Einfluss hat die Digitalisierung auf das Geschäftsmodell und welche Auswirkungen ergeben sich dadurch für die Controlling-Funktion?			
Inwiefern ist sich die Controlling-Funktion den Chancen der Digitalisierung sowie den damit verbundenen Risiken bewusst?			
Besteht im Unternehmen eine Digitalisierungsstrategie und inwieweit werden darin Controlling-relevante Aspekte aufgegriffen?			
Sind die Verantwortlichkeiten für die Digitalisierung im Unternehmen geregelt und wie wird die Stimme der Controlling-Funktion vertreten?			
Kann das Unternehmen und insbesondere die Controlling-Funktion agil auf Veränderungen reagieren?			

bedingungen und Richtlinien für die Datensicherheit sowie den Umgang mit den Daten über den gesamten Lebenszyklus gelegt werden. Es ist wichtig, klare Verantwortungen zu definieren, ein Regelwerk bereitzustellen und dieses regelmäßig zu überprüfen und zu adaptieren (vgl. Keimer et al. 2018, S. 21). Zur Dimension Daten gehört auch das Data Management, welches die zeitgerechte Verfügbarkeit der Daten sicherstellt (vgl. Keimer et al. 2018, S. 22). Da bereits einfache Analysen fehlerfreie, zugriffsbereite sowie harmonisierte Daten voraussetzen (vgl. Langmann 2019, S. 32).

Tab. 2 beinhaltet Kontrollfragen, um die Ist-Situation, die Soll-Situation und den Handlungsbedarf der Dimension Daten zu konkretisieren.

Zur Erhöhung des Digitalisierungsgrades in der Dimension Daten empfehlen wir folgendes Vorgehen (vgl. Keimer et al. 2018, S. 23–24):

- *Analyse der unternehmensinternen Datenlandschaft:* Untersuchung der verwendeten Geschäftsprozesse und Technologien bezüglich Datennutzung bzw. -generierung. Ziel: Übersicht darüber, welche Daten in strukturierter oder unstrukturierter Form im Unternehmen verfügbar sind bzw. verfügbar gemacht werden können.
- *Erstellung einer Datenlandkarte:* Zusammenfassung, welche Daten unternehmensintern in den jeweiligen Systemen abgelegt sind und in welchen Anwendungen diese genutzt werden.
- *Definition einer Datenstrategie:* Klärung, welche Informationen von der Controlling-Funktion benötigt werden, um die Geschäftsbereiche zu unterstützen. Dabei sollten speziell die Informationsanforderungen vom Business an die Controlling-Funktion aufgenommen werden und darauf aufbauend die Datenstrategie abgeleitet werden.
- *Prüfung der Nutzung der bereits verfügbaren Daten:* Zunächst sollte überprüft werden inwieweit die bereits verfügbaren Daten in der Controlling-Funktion genutzt werden und ob diese Daten noch weiteres Auswertungspotenzial haben.

Tab. 2 Kontrollfragen zur Dimension Daten (vgl. Keimer et al. 2017, S. 830)

Kontrollfragen	Ist	Soll	Handlungsbedarf
Welche Datenquellen werden von der Controlling-Funktion bereits genutzt? Welche nicht?			
Inwieweit können externe oder unstrukturierte Daten einen Mehrwert für die Controlling-Funktion generieren?			
Welche neuen Datenquellen sind für die Controlling-Funktion prüfenswert und sind diese Daten unternehmensintern bereits vorhanden?			
Inwieweit ist die Konsistenz und Qualität der Datenbasis für die Analysen der Controlling-Funktion sichergestellt?			
Ist die Datenverantwortlichkeit bestimmt und eindeutig zugeordnet?			
Gibt es Data Governance-Richtlinien? Ist die Vollständigkeit und Aktualität gewährleistet? Inwiefern werden die Richtlinien umgesetzt?			
Inwieweit wurde der Anteil an manuellen Datenaufbereitungsarbeiten bereits minimiert?			

Erst im nächsten Schritt sind im Zuge einer Erhöhung des Reifegrades zusätzliche Daten (unter Berücksichtigung des Wertbeitrages) weiterer Unternehmensbereiche zu analysieren und zu überprüfen.
- *Zusammenführung der Daten verschiedener Unternehmensfunktionen.* Ziel: Gewinnung vertiefter Einblicke in die Korrelationen und kausalen Zusammenhänge im Unternehmen.
- *Evaluation externer und unstrukturierter Daten:* Hat eine Controlling-Funktion das Potenzial aller internen und strukturierten vorhandenen Daten untersucht, ist der Mehrwert von externen und von unstrukturierten Daten zu prüfen.
- *Sicherstellung einer unternehmensweiten Datentaxonomie.* Dadurch wird der Vergleich und das Wiederauffinden von Daten sichergestellt.
- *Erarbeitung bzw. Aktualisierung von umfassenden Data Governance-Richtlinien:* Klärung der Rollen bezüglich Datenverantwortung, bzw. Schaffung eines Datenbeauftragten zur Sicherstellung der Datenqualität und Einhaltung der Data Governance-Richtlinien.

Auch das Thema Datensicherheit und Datenschutz ist bei einem Maßnahmenplan zu berücksichtigen. Neben den bekannten technischen Vorkehrungen, wie bspw. verschlüsselte Übertragung, Passwörter, vorgegebene Speichermedien oder Back-ups, sollten auch organisatorische Maßnahmen, wie die Erstellung eines Berechtigungskonzepts für den Datenzugriff, die Erstellung eines Datenprotokolls oder der Schutz vor Fremdzugriff, einbezogen werden (vgl. Bundi und Keimer 2019, S. 65–66).

2.3 Dimension Technologien

Die Technologien bestimmen die Rahmenbedingungen und Möglichkeiten der Digitalisierung im Controlling. Sie erlauben die Speicherung, Aggregation und Auswertung der Daten und sind dadurch grundlegend für die Digitalisierung im Controlling. Die genutzten Technologien und Anwendungen unterscheiden sich dabei je nach angestrebten Digitalisierungsgrad (vgl. Keimer et al. 2018, S. 27–33). Je komplexer und umfangreicher die Auswertungen einer Controlling-Funktion sind, desto fortgeschrittener müssen die implementierten Technologien sein. Deskriptive Auswertungen auf Basis von internen und strukturierten Daten verlangen ein integriertes ERP-System mit einer BI und/oder BA-Lösung, während Prescriptive Analytics, welche auch externe und unstrukturierte Daten einbeziehen, zusätzliche Ansprüche an die Technologien stellen (vgl. Keimer und Egle 2020, S. 9).

Tab. 3 beinhaltet Kontrollfragen, um die Ist-Situation, die Soll-Situation und den Handlungsbedarf der Dimension Technologien zu konkretisieren.

Zur Erhöhung des Digitalisierungsgrades in der Dimension Technologien empfehlen wir folgende Vorgehensweise (vgl. Keimer et al. 2018, S. 33–34). Zunächst

Tab. 3 Kontrollfragen zur Dimension Technologien (vgl. Keimer et al. 2017, S. 831)

Kontrollfragen	Ist	Soll	Handlungsbedarf
In welchem Ausmaß werden die technologischen Möglichkeiten der im Unternehmen vorhandenen Infrastruktur ausgeschöpft?			
Welche Technologien und Anwendungen werden in der Controlling-Funktion eingesetzt? Inwieweit erfüllen diese die Ansprüche?			
Ermöglichen die vorhandenen Technologien die Aggregation, Analyse und Darstellung der Controlling-Inhalte? Was ist gut und was ist verbesserungswürdig? Was sollte wie verändert werden?			
Wie stark sind die eingesetzten Anwendungen verknüpft und integriert?			
Sind manuelle Schnittstellen auf ein Minimum reduziert? Welche Schnittstellen lassen sich ersetzen? Auf welche Art und Weise?			
Welche neuen Technologien sind für die Controlling-Funktion zielführend? Wie hoch sind die Implementierungs- und Folgekosten?			
Was ist bei der Implementierung von neuen Technologien zu beachten? Welche Risiken gibt es?			

sollten Controlling-Funktionen den aktuellen Stand beurteilen. Dafür können folgende Aspekte hilfreich sein:

- *Klärung des grundlegenden Investitionsbedarfs:* Technologien im Controlling lassen sich in zwei grobe Kategorien einteilen: Technologien zur Effizienzsteigerung (z. B. Robotic Process Automation (RPA) oder In-Memory-Technologien) und Technologien für Analyse und Darstellung (z. B. Dashboard-Anwendungen). In welcher Kategorie besteht im Controlling ein Investitionsbedarf?
- *Analyse der Digitalisierung der Wertschöpfungskette:* Welche Aspekte der Unternehmenswertschöpfungskette sind bereits digitalisiert? Welche Medienbrüche bestehen entlang der Controlling-Wertschöpfungskette? Welche Konsequenzen haben die bestehenden Schnittstellen?
- *Hinterfragung der gesamten Wertschöpfungskette:* Mit Blick auf die gesamte Wertschöpfungskette ist zu hinterfragen, ob zur Lösung der bestehenden Probleme die Einführung von neuen Technologien notwendig ist oder ob sich vorhandene Technologien adaptieren bzw. ausbauen lassen, um die Anforderungen zu erfüllen.
- *Untersuchung technologisches Ökosystem:* Überprüfung, ob das technologische Ökosystem die Einführung neuer Technologien begünstigt oder ob dieses grundsätzlich angepasst werden muss, um die Voraussetzungen zur Einführung neuer Technologien zu schaffen.

Erst nachdem die obigen Abklärungen erfolgt sind und die Ergebnisse zu den einzelnen Fragestellungen vorliegen, macht eine eventuelle zielführende Implementierung von neuen Technologien Sinn. Bei weiterführenden Technologien ist es wichtig, dass zunächst eine adäquate technologische Basis aus grundlegenden bereits implementierten Technologien sichergestellt ist (vgl. Keimer et al. 2018, S. 33–34).

- *Cloud-Lösungen:* Mit Blick auf die zunehmende Verfügbarkeit von Cloud-Lösungen ist zu prüfen, ob die Entkoppelung der Betriebssysteme von der unternehmenseigenen Hardware und Migration auf eine Cloud sinnvoll ist.
- *Custom built versus Standard:* Bezüglich der Auswahl einer neuen Technologie ist grundsätzlich abzuschätzen, ob eine Anpassung der Geschäftsprozesse an die durch die Software vordefinierten Standardprozesse möglich ist oder ob eine custom built-Lösung in Betracht gezogen werden sollte. Vor- und Nachteile sind zu eruieren und zu bewerten.
- *Einklang von Technologien und Mitarbeitendenkompetenzen:* Einhergehend mit der Sicherstellung eines starken, technologischen Fundaments ist bei der Einführung neuer Technologien auch dimensionsübergreifend auf die Weiterentwicklung von Mitarbeitenden und Prozessen zu achten.
- *Abstimmung:* Bestehende und neu eingeführte Technologien müssen entlang der Wertschöpfungskette aufeinander abgestimmt sein und sich in das Aufgabenfeld des Controllers integrieren.

2.4 Dimension Prozesse

Die Automatisierung von Prozessen bietet eine Vielzahl von Vorteilen: Automatisierte Prozesse können schnell und effizient durchlaufen werden, welches im Idealfall Auswertungen in Echtzeit ermöglicht. Die Fehlerquote sinkt, da manuelle Eingriffe wegfallen und Schnittstellen optimiert werden (vgl. Keimer et al. 2017, S. 827). Zudem werden zeitliche Ressourcen freigesetzt: Mitarbeitende, die zuvor mit der Prozessdurchführung beschäftigt waren, können sich auf andere Aufgaben konzentrieren (vgl. Egle und Keimer 2018, S. 51).

Tab. 4 beinhaltet Kontrollfragen, um die Ist-Situation, die Soll-Situation und den Handlungsbedarf der Dimension Prozesse zu konkretisieren.

Vorgehensempfehlungen zur Erhöhung des Digitalisierungsgrades in der Dimension Prozesse (vgl. Keimer et al. 2018, S. 41–42).

- *Process Mining:* Analyse der Geschäftsprozesse hinsichtlich digitaler Spuren mittels Process Mining und Identifikation von Abweichungen der Prozesse gegenüber den Standardprozessen.
- *Benchmarking:* Ermittlung von Verbesserungspotenzialen der jeweiligen Controlling-Prozesse mittels Industrie-Benchmarking.

Tab. 4 Kontrollfragen zur Dimension Prozesse (vgl. Keimer et al. 2017, S. 828)

Kontrollfragen	Ist	Soll	Handlungsbedarf
Inwieweit werden in der Controlling-Funktion transaktionale von analytischen und kompetenzbasierten Tätigkeiten unterschieden und Optimierungen angestrebt?			
Welcher Automatisierungsbedarf besteht für die Controlling-Hauptprozesse?			
Welche (bereichsübergreifenden) Controlling-Prozesse können durch Workflows verbessert werden? Bestehen die Voraussetzungen dafür?			
Inwiefern und in welchen Prozessen kann die Controlling-Funktion vom Einsatz robotergesteuerter Prozessautomatisierung (RPA) profitieren?			
Inwieweit kann Self Service Business Intelligence genutzt werden? Ist die Bereitschaft dafür vorhanden?			
Wie sieht die bestehende Controlling-Organisation aus? Kann diese flexibel und agil auf Veränderungen reagieren?			
Inwieweit stellen Organisationsformen wie beispielsweise Reporting Factories eine sinnvolle Erweiterung dar?			
Welche Controlling-Aufgaben lassen sich im Sinne der Effektivität und Effizienz in Service-Organisationen zusammenfassen?			
Welche organisatorischen Kooperationen (z. B. mit der IT-Abteilung) müssen angestrebt werden?			

- *Organisationsweite Standardisierung der Prozesse:* Harmonisierung von Arbeitsschritten und Vereinheitlichung von Templates.
- *Einsatz von Technologien:* Reduzierung der manuell ausgeführten Prozessschritte durch Nutzung von Technologien. Überprüfung, inwieweit Effizienzsteigerungen durch den Einsatz von RPA und Self Service-Lösungen realisierbar sind.
- *Standardisierung der Reporting Outputs*, um das Management in der Entscheidungsfindung schnell, effektiv und über Teams hinweg konsistent zu unterstützen.
- *Alternative Organisationsformen:* Prüfen, ob und welche Controlling-Aufgaben sich in zentralisierten Organisationsformen bündeln lassen.

2.5 Dimension Methoden

Das Controlling steht vor der Hausforderung aus den vorhanden internen und externen sowie strukturierten und unstrukturierten Daten Informationen herauszulesen. Um Aussagen machen zu können, die über reine deskriptive Beschreibungen hinausgehen, sollten statistische Methoden angewendet werden. Im Allgemeinen unterteilen sich die Methoden dabei in vier Kategorien (Davenport und Harris 2007, S. 8):

- *Descriptive Analytics:* Was ist passiert?
- *Diagnostic Analytics:* Warum ist etwas passiert?
- *Predictive Analytics:* Was wird passieren?
- *Prescriptive Analytics:* Was muss ich machen, damit etwas passiert?

Controlling-Funktionen sollten sich bewusst machen, welchen Informationsbedarf sie haben und dementsprechend ihre Methoden in Einklang mit den Daten, Technologien, Prozessen und Kompetenzen auswählen.

Tab. 5 beinhaltet Kontrollfragen, um die Ist-Situation, die Soll-Situation und den Handlungsbedarf der Dimension Methoden zu konkretisieren.

Vorgehensempfehlungen zur Erhöhung des Digitalisierungsgrades in der Dimension Methoden (vgl. Keimer et al. 2018, S. 49–50).

- *Analyse der Unternehmensbedürfnisse:* Definition der strategischen Ausrichtung der Controlling-Funktion und Festlegung, welche Fragen die Controlling-Funktion mit ihren Kompetenzen beantworten können muss, um die Entscheidungsträger optimal zu unterstützen.
- *Ableiten der benötigten Methoden:* Ausgehend von der jeweiligen Fragestellung, sind die Möglichkeiten der datenbasierenden Beantwortung zu prüfen. Welche statistischen Methoden können Antwort auf die Fragen liefern? Wie sind die Ergebnisse zu interpretieren? Und: Sind die Voraussetzungen für die Anwendung der jeweiligen Methoden erfüllt?

Tab. 5 Kontrollfragen zur Dimension Methoden (vgl. Keimer et al. 2017, S. 830)

Kontrollfragen	Ist	Soll	Handlungsbedarf
In welchem Ausmaß nutzt die Controlling-Funktion Business Analytics-Methoden?			
Werden bereits Methoden aus dem Bereich Diagnostic Analytics eingesetzt? Welche Zusammenhänge sind für die Controlling-Funktion von Interesse? Welche Methoden könnten diese Zusammenhänge aufdecken?			
Werden bereits Methoden aus dem Bereich Predictive Analytics eingesetzt? Welche Prognosen sind für die Controlling-Funktion von Interesse? Welche Methoden könnten diese liefern?			
Werden bereits Methoden aus dem Bereich Prescriptive Analytics eingesetzt? Welche Handlungsableitungen sind für die Controlling-Funktionen von Interesse? Welche Methoden können hier einen Mehrwert liefern?			
Sind die Daten für die angestrebten Analysen vorhanden?			
Sind die technischen Voraussetzungen für die angestrebten Analysen vorhanden?			
Verfügt die Controlling-Funktion über die benötigten Kompetenzen zur Durchführung der angestrebten Analysen?			

- *Technische Voraussetzungen und Kompetenzen:* Neben den relevanten Fragestellungen ist die Berücksichtigung der vorhandenen Technologien und Kompetenzen grundlegend. Je nach angestrebter Auswertung sind spezielle Technologien sowie fortgeschrittene Methodenkenntnisse notwendig.
- *Center of Excellence:* Überprüfung, inwieweit das methodische Know-how organisatorisch beispielsweise in einem Center of Excellence (CoE) gebündelt werden kann.

2.6 Dimension Kompetenzen

Auch das Rollenprofil des Controllers wird von der fortschreitenden Digitalisierung verändert (vgl. Becker et al. 2016, S. 116). Während Kernkompetenzen wie das Controlling-Fachwissen nach wie vor unerlässlich sind, werden die traditionellen Kompetenzen um diejenigen des Business Partners und des Data Scientists erweitert (vgl. Keimer et al. 2018, S. 53 ff.).

Auch in der naheliegenden Zukunft wird der Controller dafür verantwortlich sein, die Controlling-Prozesse durchzuführen und die Kennzahlen der Unternehmenssteuerung für das Management bereitzustellen (vgl. Keimer et al. 2018, S. 53; Schäffer und Brückner 2019, S. 16). Der Controller muss daher über fundiertes Controlling-Fachwissen verfügen, um seinen Aufgaben nachkommen zu können. Allerdings fallen durch die fortschreitende Automatisierung viele einfache und repetitive Tätigkeiten weg und es kommen neue Aufgaben hinzu. Der Controller übernimmt vermehrt Aufgaben des sogenannten Business Partners. Er muss sowohl vertikal als auch horizontal agieren und dabei sowohl Führungs- als auch Kommunikationsstärke beweisen (vgl. Keimer et al. 2018, S. 56; Möller et al. 2017, S. 67). Der Controller darf sich nicht in das stille Kämmerlein zurückziehen, sondern muss proaktiv vorgehen und eine hohe Kundenorientierung an den Tag legen. Er muss die Zusammenhänge im Unternehmen verstehen und über ein hohes Markt- und Geschäftsmodellverständnis verfügen (vgl. Keimer et al. 2018, S. 56).

Des Weiteren werden in der Controlling-Funktion auch die Fähigkeiten des Data Scientists benötigt. Neben den rückblickenden und beschreibenden Analysen (Descriptive Analytics), sollten je nach angestrebten Digitalisierungsgrad im Controlling auch fortgeschrittene statistische Methoden angewendet werden, um Zusammenhänge zu erkennen (Diagnostics Analytics), Prognosen über die Zukunft zu machen (Predictive Analytics) oder aber Handlungsempfehlungen zu geben (Prescriptive Analytics). Dafür müssen im Controlling solide Statistik-Kenntnisse vorhanden sein (vgl. Egle und Keimer 2018, S. 52). Für individuelle Auswertungen sind dabei auch Programmierkenntnisse notwendig (vgl. Keimer et al. 2018, S. 57).

Wichtig bei den Kompetenzen ist, dass nicht jeder Controller alle Kompetenzen erfüllen muss. Die Kompetenzen sollten aber dem Controlling im Ganzen zur Verfügung stehen. Sei dies durch eigene Mitarbeitende oder aber durch andere Ressourcen, die abgerufen werden können (vgl. Keimer et al. 2017, S. 831).

Tab. 6 Kontrollfragen zur Dimension Kompetenzen (vgl. Keimer et al. 2017, S. 831)

Kontrollfragen	Ist	Soll	Handlungsbedarf
Welche Aufgaben werden aktuell innerhalb der Controlling-Funktion bearbeitet? Welche Aufgabenfelder kommen hinzu und welche Kompetenzen sind dafür notwendig?			
Verfügt die Controlling-Funktion über alle künftig benötigten Kompetenzen? Wo bestehen Lücken?			
Inwieweit können durch die Weiterbildung von Mitarbeitenden fehlende Kompetenzen erworben werden? Ist es möglich Kompetenzen aus anderen Fachbereichen oder extern zu beziehen?			
Inwiefern zeigen die Controlling-Mitarbeitenden eine Veränderungsbereitschaft des Kompetenzprofils in Richtung Business Partner oder Data Scientist?			
Ist eine digitale Kultur im Controlling vorhanden? Falls nein, was fehlt um diese zu erreichen?			
Müssen neue Mitarbeitende rekrutiert werden? Gibt es die Möglichkeit durch ein Center of Excellence beispielsweise Methodenkompetenzen für alle Abteilungen zur Verfügung zu stellen?			
Welche Führungskultur und Steuerungsphilosophie sind für die neuen Aufgabenfelder nötig und welches Mindset wird angestrebt?			

Tab. 6 beinhaltet Kontrollfragen, um die Ist-Situation, die Soll-Situation und den Handlungsbedarf der Dimension Kompetenzen zu konkretisieren.

Vorgehensempfehlungen zur Erhöhung des Digitalisierungsgrades in der Dimension Kompetenzen (vgl. Keimer et al. 2018, S. 57–58).

- *Talent-Management:* Eine klare Vision und Strategie von Controlling-Funktionen zum Thema *Talente* ist der Schlüssel zur Erhöhung des digitalen Reifegrades in der Dimension Kompetenzen.
- *Einbezug in den Change Management-Prozess:* Die Controlling-Mitarbeitenden sind frühzeitig bei geplanten oder angestrebten Veränderungen innerhalb der Controlling-Funktion abzuholen und mit einzubinden.
- *Aufzeigen der Veränderungen:* Den Controlling-Mitarbeitenden sollte aufgezeigt werden, inwiefern die technologischen Neuerungen ihren Arbeitsalltag beeinflussen und welche Veränderungen sie zu erwarten haben.
- *Definition der zukünftigen Controlling-Kompetenzen:* Eruierung der zukünftigen Kompetenzen und Rollen innerhalb der Controlling-Funktion.
- *Erstellung eines Kompetenzkataloges:* Für jede definierte Controlling-Rolle sollten die Kompetenzen in einem Katalog festgehalten werden. Ziel dabei ist es, dass innerhalb der Controlling-Funktion alle Kompetenzen verfügbar oder abrufbar sind.
- *Aufbau fehlender Kompetenzen:* Bereitstellung von Training und Weiterbildungsmöglichkeiten, um im Controlling-Team sowohl technische Fähigkeiten (z. B. ma-

thematische Kenntnisse, Programmierfähigkeiten etc.) als auch Soft-Skills (z. B. Verhandlungsstärke, Kommunikationsfähigkeit etc.) aufzubauen.
- *Erschließung von weiteren Kompetenzen:* Abklärung inwiefern fehlende Kompetenzen von anderen Fachbereichen bezogen oder auch extern bezogen werden können.
- *Rekrutierung:* Gegebenenfalls Anpassung der Rekrutierungsprozesse hinsichtlich noch benötigter Controlling-Kompetenzen.

3 Fazit

Die Themen der Digitalisierung stellen Controlling-Funktionen vor grosse Herausforderungen. Das Begehen des digitalen Wandels erfordert die Bereitschaft, bestehende Strukturen zu hinterfragen und Veränderungen zuzulassen. Ein strukturiertes Vorgehen hilft, zielorientiert zu arbeiten und Fortschritte zu messen und ausweisen zu können. Controlling-Funktionen sollten sich bewusst machen, inwiefern sie von der Digitalisierung beeinflusst werden und welche Veränderungen auf sie zukommen. Ein empfehlenswerter Ansatz ist es zunächst eine Standortsbestimmung zu machen und den eigenen Stand der Digitalisierung im Controlling zu bestimmen. Dabei kann auf der Reifegradmodell DigiCon zurückgegriffen werden. Danach muss die Frage nach dem *Wohin?* beantwortet werden. Der Digitalisierungsgrad sollte dort erhöht werden, wo er einen nachweisbaren Nutzen erbringt. Ein gemeinsames, unternehmensweites Verständnis über die Digitalisierung im Controlling und deren relevanten Dimensionen bildet die Basis dafür. Der vorliegende Leitfaden mit seinen Kontrollfragen hilft dabei, das Ziel nicht aus den Augen zu verlieren.

Literatur

Becker, W., Ulrich, P., Botzkowski, T., & Eurich, S. (2016). Controlling von Digitalisierungsprozessen – Veränderungstendenzen und empirische Erfahrungswerte aus dem Mittelstand. In R. Obermaier (Hrsg.), *Industrie 4.0 als unternehmerische Gestaltungsaufgabe* (S. 97–120). Wiesbaden: Springer Gabler.

Bundi, M., & Keimer, I. (2019). Das digitale Potenzial der Daten besser nutzen. *Controlling & Management Review, 8*(63), 62–66.

Davenport, T. H., & Harris, J. G. (2007). *Competing on analytics – The new science of winning*. Boston: Harvard Business School Press.

Egle, U., & Keimer, I. (2018). Kompetenzprofil „Digitaler Controller“. *Controller Magazin, 5*, 49–53.

Heimel, J., & Müller, M. (2019). Controlling 4.0. Wie veränderte Datenverfügbarkeit und Analysemöglichkeiten das Controlling erneuern. In M. Erner (Hrsg.), *Management 4.0 – Unternehmensführung im digitalen Zeitalter* (S. 389–430). Wiesbaden: Springer Gabler.

Keimer, I., & Egle, U. (2020). Digital Controlling- Grundlagen für den erfolgreichen digitalen Wandel im Controlling. In I. Keimer & U. Egle (Hrsg.), *Die Digitalisierung der Controlling-Funktion* (S. 1–16). Wiesbaden: Springer Gabler.

Keimer, I., Zorn, M., Gisler, M., & Fallegger, M. (2017). Dimensionen der Digitalisierung im Controlling: Grundlagen und Denkanstösse zur Selbstanalyse und Weiterentwicklung. *Expert Focus, 90*(11), 827–831.

Keimer, I., Gisler, M., Bundi, M., Egle, U., Zorn, M., Kosbah, M., & Bueel, A. (2018). *Wie digital ist das Schweizer Controlling?* Zug: IFZ.

Langmann, C. (2019). *Digitalisierung im Controlling*. Wiesbaden: Springer Gabler.

Möller, K., Seefried, J., & Wirnsperger, F. (2017). Wie Controller zu Business-Partnern werden. *Controlling & Management Review, 27*(2), S. 64–S. 67.

Schäffer, U., & Brückner, L. (2019). Rollenspezifische Kompetenzprofile für das Controlling der Zukunft. *Controlling & Management Review, 63*, 14–31.

Schäffer, U., & Weber, J. (2019). Zehn Thesen zur Entwicklung des Controllings. *Controlling & Management Review, 63*(6), 46–49.

Controlling in Familienunternehmen

Martin R. W. Hiebl

Zusammenfassung

Familienunternehmen stellen den Großteil aller Unternehmen in vielen westlich geprägten Volkswirtschaften dar. Trotz ihrer ökonomischen Relevanz hat sich die betriebswirtschaftliche Forschung erst in den letzten zwei Jahrzehnten verstärkt mit ihren Besonderheiten auseinandergesetzt. Auch das Controlling in Familienunternehmen zeigt einige Spezifika. Der vorliegende Beitrag widmet sich diesen Besonderheiten und insgesamt dem Forschungsstand zu Controlling in Familienunternehmen. Zunächst werden theoretische und phänomenologische Gründe diskutiert, die für eine nähere Auseinandersetzung mit dem Phänomen „Controlling in Familienunternehmen" sprechen. Darauf folgend wird der aktuelle internationale Forschungsstand zu Einflussfaktoren und zu Folgen der Controlling-Nutzung in Familienunternehmen überblicksmäßig dargestellt. Schließlich skizziert der Beitrag zwei lohnenswerte Felder für weitere Forschung zu Controlling in Familienunternehmen.

Schlüsselwörter

Familienunternehmen · Controlling · Einflussfaktoren · Folgen · Kleine und mittlere Unternehmen (KMU)

M. R. W. Hiebl (✉)
Lehrstuhl für Betriebswirtschaftslehre, insbesondere Management Accounting and Control, Universität Siegen, Siegen, Deutschland

Institut für Controlling und Consulting, Johannes Kepler Universität Linz, Linz, Österreich
E-Mail: martin.hiebl@uni-siegen.de

W. Becker, P. Ulrich (Hrsg.), *Handbuch Controlling*,
https://doi.org/10.1007/978-3-658-26431-4_84

1 Einführung

Familienunternehmen machen sowohl im deutschsprachigen Raum als auch international den Großteil aller Unternehmen aus (IFERA 2003, S. 235–238) – und das weitestgehend unabhängig von den vielen in der Literatur vorhandenen Definitionsansätzen von Familienunternehmen (Chua et al. 1999, S. 20–22; Steiger et al. 2015, S. 34–38). Trotz dieser Dominanz in der Unternehmenspraxis hat sich die akademische Betriebswirtschaftslehre über viele Jahrzehnte hinweg wenig bis gar nicht mit Familienunternehmen auseinandergesetzt. Stattdessen fokussieren sich die meisten deutschsprachigen, aber auch internationalen Lehrbücher der Betriebswirtschaftslehre in der Regel auf große, meist börsennotierte Unternehmen (Bürgel et al. 2020, S. 23; Hiebl 2017b, S. 35; Pernsteiner 2010, S. 98–100) – wahrscheinlich aufgrund der Annahme, dass derlei Großunternehmen herausfordernde, komplexere Fragen für die Betriebswirtschaftslehre zu beantworten hätten und betriebswirtschaftliche Innovationen daher vor allem in Großunternehmen zu entdecken wären. Die entsprechende Annahme, dass Familienunternehmen häufig einfacher zu managen wären, weil sie in der Regel schlichtweg eine geringere Unternehmensgröße aufweisen, ist in den letzten zwei Jahrzehnten jedoch zunehmend in Frage gestellt worden. Vielmehr konzentriert sich die betriebswirtschaftliche Forschung circa seit Beginn des neuen Jahrtausends deutlich stärker auf die Spezifika und die Herausforderungen von Familienunternehmen (Bird et al. 2002, S. 340–346; Gedajlovic et al. 2012, S. 1010–1012).

Dieser stärkere Fokus auf Familienunternehmen hat auch in der Controlling-Forschung und -Lehre Einzug gehalten. Überblicksarbeiten belegen, dass ein deutlicher Anstieg an Forschung zu diesem Thema in den letzten Jahren zu verzeichnen ist (Helsen et al. 2017, S. 415–429; Prencipe et al. 2014, S. 369–379; Quinn et al. 2018, S. 530–535; Senftlechner und Hiebl 2015, S. 578–597). Dieses verstärkte Interesse an Controlling in Familienunternehmen ist einerseits sicherlich auf die oben genannte hohe Anzahl von Familienunternehmen zurückzuführen. Andererseits gibt es auch theoretische Gründe, warum erwartet werden kann, dass Controlling in Familienunternehmen etwas anders funktioniert als in Nicht-Familienunternehmen. Vor diesem Hintergrund liefert der vorliegende Beitrag einen Überblick über den Stand der Forschung zu Controlling in Familienunternehmen. Dieser Überblick beruht einerseits auf jüngeren Übersichtsarbeiten zum Thema (z. B. Quinn et al. 2018; Senftlechner und Hiebl 2015), andererseits aber auch auf persönlichen Beobachtungen des Autors und seiner Erfahrung in der Erforschung der Spezifika des Controllings in Familienunternehmen.

Da die meisten der unten zitierten Forschungsarbeiten in englischer Sprache publiziert worden sind und häufig einem internationalen Verständnis von „Controlling" folgen, geht dieser Beitrag ebenso von einem solchen aus. Konkret wird im Einklang mit dem weltweit meistverkauften Lehrbuch zu „Management Control", nämlich jenem von Merchant und Van der Stede (2017, S. 5), Controlling verstanden als die Gesamtheit an Instrumenten und Systemen, die von organisationalen Führungskräften benutzt werden, um das Verhalten und die Entscheidungen ihrer Mitarbeiter so zu beeinflussen, dass sie im Einklang mit den Zielen der Organisation stehen. Analog soll von einer international etablierten Sichtweise auf die Definition von „Familienunternehmen“ ausgegangen werden. Die Forschung hat sehr viele verschiedene konkrete Definitionsansätze hierzu vorgeschlagen (Chua et al. 1999, S. 20–22; Sageder et al. 2018, S. 346–347; Steiger et al. 2015, S. 34–38). Ein gemeinsamer Nenner der meisten dieser Ansätze ist, dass ein Unternehmen dann als Familienunternehmen klassifiziert werden kann, wenn eine bzw. mehrere Eigentümerfamilie(n) substanziell in die Führung eines Unternehmens involviert ist bzw. sind (Sharma 2004, S. 4–5). Dieses zugegebenermaßen breite Verständnis von Familienunternehmen ist in der Lage, alle relevanten bisherigen Forschungsarbeiten zu Controlling in Familienunternehmen abzudecken, und soll daher – ähnlich wie in anderen Überblicksarbeiten zu Familienunternehmen (z. B. Hiebl und Li 2020, S. 765; Pielsticker und Hiebl 2020, S. 333) – auch diesem Beitrag zugrunde liegen.

Der folgende Abschn. 2 widmet sich mehreren Gründen, warum eine nähere Betrachtung der Besonderheiten des Controllings in Familienunternehmen erstrebenswert scheint. Hierbei wird zunächst auf theoretische Gründe und dann auf phänomenologische Gründe eingegangen. Abschn. 3 liefert daraufhin eine Zusammenschau über die in der empirischen Forschung gefundenen Einflussfaktoren, die die Ausgestaltung von Controlling-Systemen in Familienunternehmen maßgeblich prägen und Abschn. 4 fasst die wichtigsten Folgen des Controlling-Einsatzes in Familienunternehmen zusammen. Abschn. 5 schließt diesen Beitrag mit einem kurzen Fazit und einem Ausblick auf weitere Entwicklungen in diesem Themenfeld.

2 Gründe für die Betrachtung der Spezifika des Controllings in Familienunternehmen

2.1 Theoretische Gründe

Die Familienunternehmensforschung beruht inzwischen auf einem breiten Set an unterschiedlichen Theorien (Combs et al. 2020, S. 38–39). Drei Theorien wurden jedoch bislang am häufigsten für die Erklärung von Spezifika von Familienunternehmen mobilisiert: die Agency-Theorie, die Stewardship-Theorie und der Resource-Based View (RBV) (Chrisman et al. 2010, S. 10–12; Madison et al. 2016, S. 65; Odom et al. 2019, S. 42–43; Siebels und zu Knyphausen-Aufsess 2012, S. 285). Diese drei Theorien haben sich auch als relevant für die Beleuchtung von Controlling-Phänomenen in Familienunternehmen herausgestellt (Helsen et al. 2017, S. 423–424; Küpper et al. 2015, S. 214–215; Mitter 2014, S. 347–348; Prencipe et al. 2014, S. 362–366), weshalb deren Bedeutung für das Verständnis von Controlling in Familienunternehmen im Folgenden kurz umrissen werden soll. Hierbei soll aus Gründen des begrenzten Umfangs eines einzelnen Buchbeitrags nicht auf alle fundamentalen Zusammenhänge, die in diesen Theorien behandelt werden, eingegangen werden, sondern lediglich auf jene Aspekte, die für die Anwendung der Theorien auf das Controlling in Familienunternehmen unmittelbar von Bedeutung sind. Bezüglich der Grundlagen dieser Theorien sei auf die einschlägige Basisliteratur verwiesen (Davis et al. 1997; Jensen und Meckling 1976; Barney 1991) und auf Überblicksarbeiten zu deren Anwendung auf Familienunternehmen (Madison et al. 2016; Odom et al. 2019; Siebels und zu Knyphausen-Aufseß 2012).

Sowohl die Agency- als auch die Stewardship-Theorie beschäftigen sich mit dem Verhältnis zwischen einem Auftraggeber (dem sogenannten Prinzipal) und einem Auftragnehmer (dem sogenannten Agenten) (Caers et al. 2006, S. 26–32; Hiebl 2015, S. 5–8). Umgelegt auf die Ebene eines Gesamtunternehmens können diese Rollen etwa so verteilt sein, dass der Eigentümer eines Unternehmens als Prinzipal interpretiert wird und die Topmanager des Unternehmens als Agenten (Jensen und Meckling 1976, S. 308–310).

Die *Agency-Theorie* geht hierbei davon aus, dass sowohl Prinzipal als auch Agent streng im Eigeninteresse handeln und es daher zu Konflikten zwischen den beiden Parteien kommt. Wenn z. B. Topmanager als Agenten im Eigeninteresse handeln, könnte das in der Form geschehen, dass sie versuchen, ihre eigene Vergütung kurzfristig zu maximieren, was unter Umständen im Konflikt steht mit dem langfristigen Erhalt des Unternehmens und der Steigerung seines Wertes, was wiederum der Prinzipal beabsichtigen mag (Miller und Sardais 2011, S. 7). Interessenskonflikte zwischen Prinzipal und Agent sind daher ein Kernaspekt der Agency-Theorie. Ferner besteht für den Eigentümer eines Unternehmens als Prinzipal das Problem, dass er in der Regel nicht täglich mit dem Management seines Unternehmens beschäftigt ist; hierfür hat er ja Topmanager als Agenten engagiert (Madison et al. 2016, S. 66–67). Dies hat zur Folge, dass Topmanager in der Regel über aktuellere und weitreichendere Informationen über die aktuelle Lage des Unternehmens verfügen als die Eigentümer – die Theorie geht also von Informationsasymmetrien aus (Eisenhardt 1989, S. 58–59). Die Agency-Theorie sieht zur Lösung dieser Interessenskonflikte und Informationsasymmetrien primär zwei Instrumente vor: Monitoring und Incentive-Systeme (Tosi et al. 1997, S. 584–587; Zajac und Westphal 1994, S. 121–125). Beide Mechanismen haben unmittelbaren Controlling-Bezug. So werden zum Monitoring von Management-Leistungen nicht zuletzt die operative Planung bzw. Budgetierung, die strategische Planung und entsprechende Soll-Ist-Vergleiche eingesetzt – allesamt Kerninstrumente des Controllings (z. B. Weber und Schäffer 2016, S. 269–427). Gleichsam werden Incentive-Systeme als Kernbestandteil von Controlling-Packages angesehen (z. B. Malmi und Brown 2008, S. 293; Ulrich 2011, S. 52).

Umgelegt auf Familienunternehmen wird häufig davon ausgegangen, dass die zuvor genannten Agency-Konflikte in Familienunternehmen weniger häufig auftreten bzw. weniger gravierend ausfallen. Als Grund für diese Annahme wird das häufige Zusammenfallen von Eigentümer- und Management-Rollen in einer oder wenigen Personen genannt (Hiebl 2013a, S. 80; Madison et al. 2016, S. 65; Quinn et al. 2020, S. 251–271). Das heißt, wenn Eigentümer und Manager ein und dieselbe Person sind, dürften zwischen Prinzipal und Agent keine Interessenkonflikte und keine Informationsasymmetrien bestehen. Folglich kann angenommen werden, dass Controlling-Instrumente zum Zwecke des Monitorings oder der Incentivierung der Agenten in derlei Familienunternehmen weniger gebraucht werden und der

Controlling-Einsatz in Familienunternehmen im Vergleich zu Nicht-Familienunternehmen geringer ausfällt (Hiebl et al. 2012, S. 408–410; Prencipe et al. 2014, S. 364). Allerdings gibt es nicht nur Familienunternehmen, die voll im Besitz einer Person stehen, die auch noch die alleinige Geschäftsführung innehat. Vielmehr beschäftigt sich die Familienunternehmensforschung in den letzten Jahren vermehrt mit Heterogenität innerhalb der großen Gruppe an Familienunternehmen (Leitterstorf und Kammerlander 2020, S. 11–12; Neubaum et al. 2019, S. 106). So setzen etwa viele Familienunternehmen während ihres Wachstums zunehmend auf familienfremde Führungskräfte (z. B. Hiebl und Li 2020, S. 770–771; Tabor et al. 2018, S. 56–62), was die Personalunion von Prinzipal und Agent notwendigerweise aufbricht und damit zu der theoretischen Erwartung führt, dass in derlei Familienunternehmen ein verstärkter Bedarf an Controlling-Systemen zu beobachten ist (Hiebl et al. 2013b, S. 126–129; Songini und Gnan 2015, S. 751–755). Insgesamt zeigen diese Ausführungen aber, dass aus einer Agency-theoretischen Betrachtung Familienunternehmen Spezifika aufweisen, die so in Nicht-Familienunternehmen in der Regel nicht auftreten. Ferner haben diese Spezifika theoretische Relevanz für die Erklärung des Controlling-Einsatzes in Familienunternehmen, weshalb vielen Arbeiten zum Controlling in Familienunternehmen die Agency-Theorie als theoretische Grundlage bzw. Motivation dient (Helsen et al. 2017, S. 423–428).

Andere Annahmen über das Verhalten von Prinzipalen und Agenten liegen der Stewardship-Theorie zugrunde. Dieser Theorie nach handeln Akteure nicht im Eigeninteresse, sondern im Interesse anderer (Hernandez 2012, S. 173). Bezogen auf Führungskräfte und Mitarbeiter eines Unternehmens kann das etwa bedeuten, dass diese im Interesse der Organisation handeln, für die sie arbeiten, und dafür ihre Eigeninteressen zurückstellen – weshalb diese Akteure dann auch nicht als Agenten, sondern als Stewards bezeichnet werden können (Davis et al. 1997, S. 24). Für Familienunternehmen hat die Stewardship-Theorie deswegen Relevanz, weil empirische Evidenz darauf hindeutet, dass Mitglieder von Familienunternehmen – und insbesondere ihre Eigentümer – häufig danach trachten, dass ihre Unternehmen langfristig weiter bestehen können und hierfür auch persönliche Nachteile in Kauf nehmen (Siebels und zu Knyphausen-Aufseß 2012, S. 288). Zudem gibt es Hinweise darauf, dass sich Familienunternehmen oft durch eine stark gemeinschaftlich orientierte Kultur auszeichnen, die die gemeinsamen Ziele vor jene der individuellen Unternehmensmitglieder stellt (Madison et al. 2016, S. 81–82). Für Familienunternehmen mit einer starken Stewardship-Kultur kann daher angenommen werden, dass Controlling-Systeme weniger Relevanz haben, da die organisationalen Mitglieder ohnehin im Interesse der Organisation agieren, und nicht erst durch – mitunter auch kostspielige – Controlling-Instrumente dazu angereizt bzw. angeleitet werden müssen (Mitter 2014, S. 348; Quinn et al. 2018, S. 538). Vielmehr legen Arbeiten zur Stewardship-Theorie nahe, dass Akteure, die intrinsisch als Stewards agieren, mitunter negativ auf stark formalisierte Controlling-Instrumente reagieren, weil sie diese als Zeichen des Misstrauens interpretieren könnten und daher ihr proorganisationales Verhalten eventuell reduzieren und sogar antiorganisationales Verhalten entwickeln könnten (Davis et al. 1997, S. 39–40; Madison et al. 2016, S. 83).

Alternativ wird aber die Stewardship-Theorie auch mobilisiert für die Betrachtung eines proorganisationalen Controlling-Einsatzes in Familienunternehmen. Das zentrale Argument ist hier, dass Familienunternehmen – trotz eventuell fehlenden Kontrollbedarfs – Controlling-Instrumente einsetzen, weil durch diese mehr Transparenz innerhalb des Unternehmens, eine bessere Steuerung und somit höhere Chancen auf einen langfristigen Erhalt des Unternehmens hergestellt werden (Mitter 2014, S. 348). Das heißt, wenn Führungskräfte eines Familienunternehmens als Stewards agieren, würden sie dieser Betrachtungsweise folgend Controlling zum langfristigen Wohle des Unternehmens einsetzen. Unterstützung findet diese These auch aus der Insolvenzursachenforschung, die zeigt, dass Insolvenzen häufig mittelständische Familienunternehmen betreffen und der Insolvenzeröffnungsgrund Nummer eins ein unzureichender Controlling-Einsatz ist (Euler Hermes Kreditversicherungs-AG 2006, S. 20). Das deutet zumindest darauf hin, dass ein unzureichender Controlling-Einsatz in Familienunternehmen nicht mit einem Verhalten der Führungskräfte als Stewards vereinbar ist und dass ein adäquater Controlling-Einsatz auch in Familienunternehmen zum Erhalt des Unternehmens beitragen kann.

Wenngleich die Agency- und die Stewardship-Theorie bislang häufig in der Familienunternehmensforschung Anwendung gefunden haben, muss einschränkend hinzugefügt werden, dass viele Akteure in Familienunternehmen – aber auch in anderen Organisationen – nicht rein dem Agency- oder dem Stewardship-Bild entsprechen. Das heißt, die Verhaltensannahmen, die der Agency- und der Stewardship-Theorie zugrunde liegen, können als Pole eines Kontinuums menschlichen Verhaltens verstanden werden – zwischen einer Orientierung rein am Eigeninteresse (Agency) und einer Orientierung rein am Interesse anderer (Stewardship) (Caers et al. 2006, S. 29). Folglich wurde auch für Familienunternehmen argumentiert, dass vielfach im gleichen Unternehmen Agenten *und* Stewards anzutreffen sind (Verbeke und Kano 2012, S. 1189–1190) und dass die Wahrnehmung von Agenten und Stewards von Unternehmensmitglied zu Unternehmensmitglied variieren mag (Davis et al. 2010, S. 1106–1108), dass also auch die Einschätzung eines Akteurs als Agent oder Steward vielfach im Auge des Betrachters liegt.

Die dritte häufig auf Phänomene des Controllings in Familienunternehmen angewandte Theorie ist der RBV. Allgemein geht diese Theorie davon aus, dass Wettbewerbsvorteile eines Unternehmens durch die Ressourcen, die dem Unternehmen zur Verfügung stehen, erklärt werden können (Barney 1991, S. 100–103). In der Entwicklung des RBV wurde der Ressourcen-Begriff erweitert und umfasst mittlerweile auch Fähigkeiten bzw. dynamische Fähigkeiten (sogenannte „Dynamic Capabilities"), die zur Erklärung von Wettbewerbsvorteilen herangezogen werden (Teece 2007, S. 1319). Familienunternehmen wird häufig eine im Durchschnitt höhere Leistungsfähigkeit als Nicht-Familienunternehmen attestiert (z. B. Wagner et al. 2015, S. 6–7). Folglich wird in der Familienunternehmensforschung argumentiert, dass die hierfür notwendigen Wettbewerbsvorteile an dem besonderen Set an Ressourcen liegen könnten, über welches Familienunternehmen verfügen (Habbershon und Williams 1999, S. 7–13; Sirmon und Hitt 2003, S. 341–345). Zwar können besonders gut auf die Bedürfnisse eines Unternehmens abgestimmte Controlling-Systeme als Ressource bzw. Fähigkeit im Sinne des RBV verstanden werden (Henri

2006, S. 548; Länsiluoto et al. 2015, S. 451), die bisherige Forschung zu Controlling in Familienunternehmen argumentiert aber eher, dass Familienunternehmen aufgrund ihres besonderen Ressourcenbündels weniger Bedarf an Controlling im Vergleich zu Nicht-Familienunternehmen haben (Hiebl et al. 2012, S. 411–413; Speckbacher und Wentges 2012, S. 36–37). Ein anderer Ansatz besagt, dass Familienunternehmen schlicht über weniger Ressourcen verfügen als Nicht-Familienunternehmen und daher Controlling-Systeme in geringerem Ausmaß anwenden als Nicht-Familienunternehmen (Helsen et al. 2017, S. 426). Unabhängig von dem konkreten Argumentationsstrang scheint aber auch aus einer RBV-Sichtweise interessant, wie sich Controlling-Systeme in die scheinbar spezifischen Ressourcenbündel von Familienunternehmen einfügen, was als Motivation für die nähere Erforschung von Controlling in Familienunternehmen fungieren kann.

2.2 Phänomenologische Gründe

Neben den theoretischen Gründen gibt es auch zwei größere phänomenologische Gründe, sich näher mit Controlling in Familienunternehmen auseinanderzusetzen. Der erste Grund wurde weiter oben bereits angedeutet und liegt in der großen ökonomischen Relevanz von Familienunternehmen. Schätzungen gehen davon aus, dass Familienunternehmen 60 bis 80 % der Wirtschaftsleistung vieler Staaten beisteuern (IFERA 2003, S. 237). Trotz dieser hohen Relevanz blieben Familienunternehmen insgesamt und im Speziellen auch das Controlling in Familienunternehmen lange Zeit in der betriebswirtschaftlichen Forschung wenig berücksichtigt (Feldbauer-Durstmüller et al. 2007, S. 430–431; Quinn et al. 2018, S. 541–542). Das heißt, eine Motivation für die nähere Erforschung der Spezifika des Controllings in Familienunternehmen ist die große wirtschaftliche Bedeutung dieses Typs von Unternehmen und dessen lange andauernde Vernachlässigung in der Forschung.

Der zweite phänomenologische Grund liegt in den vereinzelten empirischen Studien, die sich entgegen dem eben angedeuteten Trend bereits relativ früh mit Controlling in Familienunternehmen auseinandersetzten (z. B. Amat et al. 1994; Daily und Dollinger 1993; Goffee und Scase 1985). Diese Arbeiten bezogen ihre Motivation nicht primär aus den oben erläuterten theoretischen Gründen und können sicherlich als eher empirischer denn theoretischer Natur eingestuft werden. Was diese Arbeiten aber zeigen, ist, dass sich Controlling in Familienunternehmen signifikant von Controlling in Nicht-Familienunternehmen unterscheidet (Daily und Dollinger 1993, S. 86–87) und dass die Ausgestaltung und (Weiter-)Entwicklung des Controllings in Familienunternehmen mitunter von spezifischen Faktoren abhängig ist, die so in Nicht-Familienunternehmen nicht beobachtet werden können (Amat et al. 1994, S. 111–117; Goffee und Scase 1985, S. 55–67). Folglich gab es Hinweise darauf, dass sich das Phänomen „Controlling in Familienunternehmen" vom Phänomen „Controlling in Nicht-Familienunternehmen" unterscheidet, was von nachfolgenden Forschern häufig als Motivation angeführt wurde, sich näher mit diesem Phänomen auseinanderzusetzen.

3 Einflussfaktoren auf die Gestaltung von Controlling-Systemen in Familienunternehmen

Mitunter explizit durch die oben genannten Gründe motiviert, hat die Forschung inzwischen eine Reihe von Faktoren ermittelt, welche die Gestaltung von Controlling-Systemen in Familienunternehmen maßgeblich beeinflussen. Einen Überblick über diese Faktoren bietet Tab. 1. Diese Faktoren wurden in drei Gruppen eingeteilt: (1) Faktoren, die global den Einfluss einer oder mehrerer Eigentümerfamilie(n) abbilden, (2) Faktoren, die weitere organisatorische Eigenschaften der betreffenden Familienunternehmen beleuchten, und (3) Faktoren, die sich auf spezifische Akteure innerhalb oder außerhalb eines Familienunternehmens beziehen.

Unter den Faktoren, die global den Familieneinfluss messen, wurden einerseits die Auswirkungen des Status als Familienunternehmen und andererseits verschiedener Grade des Familieneinflusses auf Aspekte des Controllings getestet. Zahlreiche Studien belegen hierbei, dass Familienunternehmen generell weniger Controlling-Instrumente anwenden als Nicht-Familienunternehmen (z. B. Feldbauer-Durstmüller et al. 2012, S. 410–411; García Pérez de Lema und Duréndez 2007, S. 162–163). In ähnlicher Weise berichten weitere Studien, dass Unternehmen mit einem höheren Familieneinfluss weniger bzw. weniger häufig Controlling-Instrumente einsetzen (z. B. Andric und Kammerlander 2017, S. 238–242; Hiebl et al. 2015, S. 389–390; Ruiz-Palomo et al. 2019, S. 12–13). Familienunternehmen scheinen hierbei jedoch nicht nur einfach weniger Controlling-Instrumente einzusetzen, sondern diese auch anders einzusetzen als Nicht-Familienunternehmen. So wurde etwa für die Budgetierung gezeigt, dass Familienunternehmen in einem geringeren Ausmaß Risikoaspekte in die Budgetierung einfließen lassen als Nicht-Familienunternehmen (Ulrich 2018, S. 27–28) und dass die Budgetierung in Familienunternehmen weniger partizipativ, das heißt mit weniger Beteiligung untergeordneter Führungskräfte, ausgestaltet ist als in Nicht-Familienunternehmen (Bürgel et al. 2020, S. 24–25). Letzterer Befund ist im Einklang mit weiteren Ergebnissen, die nahelegen, dass das Controlling in Familienunternehmen häufig stärker zentralisiert organisiert ist als in Nicht-Familienunternehmen (Becker et al. 2016, S. 13).

Eine stärker zentral oder dezentral ausgerichtete Controlling-Organisation bedingt allerdings, dass es überhaupt organisationale Controlling-Strukturen gibt. In diesem Zusammenhang liefern mehrere Studien Hinweise darauf, dass Familienunternehmen weniger häufig eigenständige Controlling-Abteilungen einrichten als Nicht-Familienunternehmen und dass, wenn sie eigenständige Abteilungen einrichten, diese weniger häufig mit akademisch gebildeten Controlling-Leitern besetzen (z. B. Hiebl et al. 2012, S. 419–420; Hiebl et al. 2013a, S. 97–105).

Insgesamt sind diese bisherigen Arbeiten zum Familieneinfluss und der Ausgestaltung des Controllings im Einklang mit den oben genannten Agency- und Stewardship-theoretischen Erwartungen, dass Familienunternehmen weniger Bedarf an einem ausgeprägten Controlling haben als Nicht-Familienunternehmen. Einschränkend muss jedoch erwähnt werden, dass manche Studien suggerieren, dass diese Zusammenhänge in erster Linie für kleinere und weniger für große Familienunternehmen gelten (z. B. Hiebl et al. 2013b, S. 136–138; Speckbacher und Wentges 2012, S. 42). Das heißt, ab

Tab. 1 Bisherige Forschung zu Einflussfaktoren auf die Gestaltung von Controlling-Systemen in Familienunternehmen

Einflussfaktorengruppe	Konkrete Einflussfaktoren	Betroffene Aspekte des Controllings in Familienunternehmen	Quellen
Familieneinfluss	Status als Familienunternehmen	Nutzung von Controlling-Instrumenten	Becker et al. 2011; Daily und Dollinger 1993; Duréndez et al. 2016; Feldbauer-Durstmüller et al. 2012; García Pérez de Lema und Duréndez 2007; Posch und Speckbacher 2012; Jorissen et al. 2005; Schachner et al. 2006
		Ausgestaltung von Controlling-Instrumenten	Bürgel et al. 2020; Posch und Speckbacher 2012; Ulrich 2011, 2018
		Einrichtung von eigenständigen Controlling-Abteilungen	Feldbauer-Durstmüller et al. 2012
		Zentralisierung des Controllings	Becker et al. 2015, 2016
	Grad des Familieneinflusses	Nutzung von Controlling-Instrumenten	Andric und Kammerlander 2017; Hiebl et al. 2013b, 2015; Ruiz-Palomo et al. 2019; Songini und Gnan 2015
		Einrichtung von eigenständigen Controlling-Abteilungen	Hiebl et al. 2012, 2013a, 2013b, 2015
		Akademisch gebildete Controlling-Leiter	Hiebl et al. 2013b, 2015
		Formalisierung von Controlling-Instrumenten	Hiebl et al. 2013b, 2015
Organisatorische Eigenschaften	Größe des Familienunternehmens	Nutzung von Controlling-Instrumenten	Hiebl et al. 2013b, 2015; Schachner et al. 2006; Speckbacher und Wentges 2012
		Einrichtung von eigenständigen Controlling-Abteilungen	Hiebl et al. 2012, 2013a
		Akademisch gebildete Controlling-Leiter	Hiebl et al. 2013b

(Fortsetzung)

Tab. 1 (Fortsetzung)

Einflussfaktorengruppe	Konkrete Einflussfaktoren	Betroffene Aspekte des Controllings in Familienunternehmen	Quellen
		Formalisierung von Controlling-Instrumenten	Hiebl et al. 2015
	Alter des Familienunternehmens	Relevanz von Controlling-Instrumenten	Songini und Gnan 2015
	Diversifizierung des Familienunternehmens	Nutzung von Controlling-Instrumenten	Songini und Gnan 2015
	Internationalisierung des Familienunternehmens	Nutzung von Controlling-Instrumenten	Brück et al. 2018
	Lebenszyklusphase des Familienunternehmens	Formalisierung von Controlling-Instrumenten	Dello Sbarba und Marelli 2018; Moores und Mula 2000
	Branche des Familienunternehmens	Einrichtung von eigenständigen Controlling-Abteilungen	Hiebl et al. 2013b, 2015;
		Akademisch gebildete Controlling-Leiter	Hiebl et al. 2013b, 2015
		Nutzung von Controlling-Instrumenten	Andric und Kammerlander 2017; Hiebl et al. 2013b, 2015
	Familienunternehmenskultur	Ausgestaltung des gesamten Controlling-Systems	Efferin und Hartono 2015; Moilanen 2008

Spezifische Akteure	Familienzugehöriger CEO bzw. CFO	Professionalisierung des Controllings	Hiebl und Mayrleitner 2019
	Familienzugehörige Manager	Nutzung von Controlling-Instrumenten	Songini et al. 2015; Speckbacher und Wentges 2012; Schachner et al. 2006
	Familienzugehörige Mitarbeiter	Einführung neuer Controlling-Instrumente	Huerta et al. 2017
	Nicht familienzugehöriger CFO oder Controller	Unzugänglichkeit der Controlling-Systeme für Familienmitglieder	Stergiou et al. 2013
		Professionalisierung des Controllings	Giovannoni et al. 2011; Gurd und Thomas 2012; Hiebl 2014; Stergiou et al. 2013
	Nicht familienzugehörige Manager	Einrichtung von eigenständigen Controlling-Abteilungen	Hiebl et al. 2012, 2013a
		Nutzung von Controlling-Instrumenten	Brück et al. 2018; Schachner et al. 2006
		Professionalisierung des Controllings	Rizza und Ruggeri 2018
	Externer Steuerberater oder Accountant	Betrieb und Ausgestaltung des Controlling-Systems	Feldbauer-Durstmüller et al. 2012; Hiebl et al. 2012
		Einführung neuer Controlling-Instrumente	Huerta et al. 2017

einer gewissen Unternehmensgröße scheinen auch Familienunternehmen dazu zu neigen, stärker auf Controlling zu setzen, was wiederum mit einer RBV-Sichtweise von Controlling-Systemen als wertvolle Ressource korrespondieren mag.

Die Größenabhängigkeit des Controlling-Einsatzes untersuchten verschiedene Studien, die innerhalb der großen Gruppe an Familienunternehmen analysierten, welche organisatorischen Faktoren Einfluss auf die Controlling-Gestaltung nehmen. Hieraus zeichnet sich eine Tendenz relativ klar ab – nämlich, dass Familienunternehmen durch Wachstum einen vermehrten Controlling-Einsatz zeigen bzw. dieser notwendig wird: So belegen Studien etwa positive Zusammenhänge zwischen der Größe (z. B. Schachner et al. 2006, S. 603–608), dem Alter, dem Diversifizierungsgrad (Songini und Gnan 2015, S. 769), der Internationalisierung (Brück et al. 2018, S. 403) und der Lebenszyklusphase eines Familienunternehmens (Dello Sbarba und Marelli 2018, S. 440–449; Moores und Mula 2000, S. 96–104) sowie dem Einsatz von Controlling bzw. stärker formalisierten Controlling-Instrumenten. Neben diesen organisatorischen Eigenschaften erschien auch die Branche eines Familienunternehmens häufig mit dem Controlling-Einsatz korrelierend; mit der Tendenz, dass industrielle Familienunternehmen stärker auf Controlling setzen als jene aus anderen Branchen (z. B. Hiebl et al. 2013b, S. 142). Stärker qualitativ empirisch ausgerichtete Studien förderten zudem zu Tage, dass die spezifische Kultur eines Familienunternehmens, die z. B. durch Flexibilität und geringe Formalisierung (Moilanen 2008, S. 170–177) sowie durch eine enge Verzahnung mit umgebenden gesellschaftlichen Normen (Efferin und Hartono 2015, S. 154–156) geprägt ist, sich auch entscheidend auf die Gestaltung von Controlling-Systemen auswirken kann.

Die dritte und letzte Gruppe an Einflussfaktoren auf das Controlling in Familienunternehmen widmet sich spezifischen Akteuren. In erster Linie sind hier Akteure im Bereich Finance und Accounting zu nennen, die üblicherweise einen großen Einfluss auf die Gestaltung von Controlling-Systemen in Familienunternehmen ausüben (Hiebl 2017a, S. 213–214). So zeigt die Literatur etwa mehrfach, dass nicht familienzugehörige Controller oder Chief Financial Officers (CFOs) entscheidend die Professionalisierung von Controlling-Systemen vorantreiben können (z. B. Giovannoni et al. 2011, S. 134–142; Stergiou et al. 2013, S. 68–69). Im Einklang mit diesen qualitativen Forschungsergebnissen berichten auch quantitative Studien mehrheitlich, dass ein höherer Anteil von familienfremden Managern in der Führung von Familienunternehmen positiv mit der Nutzung bzw. Formalisierung des Controllings korreliert ist (z. B. Brück et al. 2018, S. 402–403; Schachner et al. 2006, S. 604–608). Die Fähigkeit zur Professionalisierung des Controllings wurde in der Familienunternehmensliteratur also in erster Linie familienfremden Führungskräften zugeschrieben. Zuletzt wurde jedoch auch Evidenz publiziert, dass natürlich auch familienzugehörige Führungskräfte Controlling professionalisieren können – wenn sie über die entsprechenden Fähigkeiten und den Willen dazu verfügen (Hiebl und Mayrleitner 2019, S. 1049–1064). Insbesondere kleinere Familienunternehmen scheinen aber dennoch weiterhin auf familienexterne Experten wie Steuer- oder Unternehmensberater angewiesen zu sein. Diese fungieren hier etwa als externe Controller (Feldbauer-Durstmüller et al. 2012, S. 410) oder zumindest als entscheidende Impulsgeber für die (Weiter-)Entwicklung des Controllings (Huerta et al. 2017, S. 118–126). Aus dieser

Betrachtungsweise heraus kann argumentiert werden, dass Akteure, die über das entsprechende Know-how und den Willen verfügen, Controlling in Familienunternehmen weiterzuentwickeln (Hiebl 2019, S. 341–343; Hiebl und Mayrleitner 2019, S. 1049–1064), als wertvolle Ressource für diese Unternehmen im Sinne des RBV betrachtet werden können (Hiebl 2014, S. 468–472).

4 Folgen des Einsatzes von Controlling-Systemen in Familienunternehmen

Die bisherige Forschung hat drei größeren Kategorien von Folgen des Controlling-Einsatzes in Familienunternehmen diskutiert: (1) eine meist erhöhte Leistungsfähigkeit, (2) Beiträge zur Professionalisierung des Familienunternehmens und (3) Erleichterungen bei der familieninternen Unternehmensnachfolge. Eine Übersicht über die relevanten Studien ist Tab. 2 zu entnehmen. Da alle drei Gruppen von Folgen aus Sicht von Familienunternehmen in der Regel erstrebenswert erscheinen, fügen sich diese bisherigen Forschungsergebnisse relativ gut in die Sichtweise des RBV ein – nämlich, dass Controlling-Systeme für Familienunternehmen wertvolle Ressourcen, meist zur Erzielung von Wettbewerbsvorteilen, zumindest aber zur Erreichung spezifischer Ziele, darstellen können.

Jene Arbeiten, die sich Folgen für die Leistungsfähigkeit von Familienunternehmen widmen, kommen relativ einhellig zum Ergebnis, dass ein stärkerer Controlling-Einsatz mit höheren finanziellen Ergebnissen für das Familienunternehmen korreliert ist (z. B. Duréndez et al. 2016, S. 16–17; Ruiz-Palomo et al. 2019, S. 12–13). Dieser direkte positive Effekt von Controlling-Systemen auf die Performance von Familienunternehmen wird aber in manchen Studien noch etwas qualifiziert. Z. B. stellt Acquaah (2013, S. 140–144) fest, dass ein Fit zwischen einer interaktiven bzw. diagnostischen Nutzung von Controlling-Systemen mit der Unternehmensstrategie gegeben sein sollte, um bestmögliche Performance-Effekte aus der Controlling-Nutzung für Familienunternehmen zu generieren. Ebenfalls einen Link zur Strategie des Familienunternehmens sehen Kallmuenzer et al. (2018, S. 868–875). Diese Autoren zeigen anhand ihrer Studie auf, dass vor allem Familienunternehmen mit eher geringerer Innovationskraft und jene mit einem hohen Grad an Autonomie in ihren Entscheidungen vom Controlling-Einsatz profitieren. Ähnlich fallen auch die Ergebnisse von Posch und Speckbacher (2012, S. 13–16) aus. Sie berichten, dass Controlling-Systeme einen generell positiven Einfluss auf die Performance von Familienunternehmen haben, solange diese nicht die oftmals intuitive und wenig formalisierte Entscheidungsfindung, die für viele Familienunternehmen typisch ist, einschränken.

Ebenfalls positive Effekte berichtet die Literatur für den Zusammenhang zwischen dem Controlling-Einsatz und der Professionalisierung von Familienunternehmen. Teilweise werden Controlling-Systeme als Teil des breiteren Professionalisierungs-Konstrukts interpretiert (Dekker et al. 2013, S. 83–87, 2015, S. 519–525). Andere Arbeiten deuten Controlling-Instrumente als Einflussfaktor für eine rationalere Entscheidungsfindung, wobei letztere als Aspekt eines professionelleren Managements

Tab. 2 Bisherige Forschung zu Folgen des Einsatzes von Controlling-Systemen in Familienunternehmen

Folgen	Quellen	Spezifika der Folgen
Leistungsfähigkeit	Acquaah 2013	Für einen positiven Effekt auf die Leistungsfähigkeit braucht es eine Anpassung der interaktiven und diagnostischen Verwendung von Controlling-Instrumenten auf die Strategie des Familienunternehmens.
	Duréndez et al. 2016	Ein stärkerer Einsatz von Controlling-Systemen hat sowohl in Familien- als auch in Nicht-Familienunternehmen einen positiven Effekt auf die Leistungsfähigkeit.
	Kallmuenzer et al. 2018	Die Leistungsfähigkeit von Familienunternehmen mit relativ niedriger Innovationskraft oder mit einem hohen Grad an Eigenständigkeit in Entscheidungen profitiert von einem stärkeren Einsatz von formalen Controlling-Instrumenten.
	Kallmuenzer und Peters 2018	Die Performance von Familienunternehmen profitiert von einem höheren Controlling-Einsatz, aber nur in Familienunternehmen außerhalb der Tourismus-Branche.
	Posch und Speckbacher 2012	Der Erfolg von Familienunternehmen profitiert generell vom Einsatz von Controlling-Systemen, allerdings nicht von stärkerer Selbstkontrolle. Das heißt, eine intuitivere und nicht eine stärker formalisierte Entscheidungsfindung ist in Familienunternehmen mit höherer Leistungsfähigkeit korreliert.
	Ruiz-Palomo et al. 2019	Eine stärkere Verwendung von Controlling-Systemen ist positiv mit der Leistungsfähigkeit und der Innovationskraft von Familienunternehmen korreliert.
	Songini und Gnan 2015	Eine höhere wahrgenommene Bedeutung von Controlling-Systemen in Familienunternehmen ist positiv mit deren Leistungsfähigkeit korreliert.
Professionalisierung	Dekker et al. 2013, 2015	Controlling-Instrumente sind ein wichtiges Element der generellen Professionalisierung von Familienunternehmen.
	Craig und Moores 2005, 2010	Controlling-Instrumente wie die Balanced Scorecard erlauben eine Professionalisierung des Managements eines Familienunternehmens durch eine Fokussierung auf die wichtigsten Ziele des Unternehmens und der Familie.
	El Masri et al. 2017	Controlling-Systeme führen in Familienunternehmen zu einer stärkeren Betonung der ökonomischen Rationalität und

(Fortsetzung)

Tab. 2 (Fortsetzung)

Folgen	Quellen	Spezifika der Folgen
		zu einer geringeren Betonung der Affektivität gegenüber der Eigentümerfamilie.
	Jakobsen 2017	Eine zu starke Fokussierung auf nicht-finanzielle Leistungsindikatoren kann zu einem Verkennen der ökonomischen Realität führen. Eine stärkere Nutzung finanziell orientierter Controlling-Systeme kann daher zur Professionalisierung und zum Erhalt des Familienunternehmens beitragen.
Erleichterung der Unternehmensnachfolge	Giovannoni et al. 2011	Eine stärkere Formalisierung des Controllings führt zu einer Kodifizierung des impliziten Wissens und damit zu einem erleichterten Wissenstransfer von älteren Familiengenerationen an jüngere Familiengenerationen und an familienfremde Manager.
	Leotta et al. 2017	Die Rolle von nachfolgenden Generationen in der Führung von Familienunternehmen kann durch die Einführung neuer Controlling-Systeme symbolisiert bzw. gestärkt werden.
	Mazzola et al. 2008	Die Einbindung von nachfolgenden Familiengenerationen in Controlling-Praktiken wie die strategische Planung fördert den Wissenstransfer an diese jüngeren Generationen und dadurch das Verständnis für das Funktionieren des Familienunternehmens.

interpretiert werden kann (El Masri et al. 2017, S. 168–169). Eine Fokussierung auf derart rationalere, an ökonomischen Größen ausgerichtete Entscheidungsunterstützungssysteme kann Familienunternehmen auch vor einer übermäßigen Konzentration auf nicht-finanzielle Kennzahlen und damit einem Verkennen der wirtschaftlichen Realität bewahren (Jakobsen 2017, S. 148–149). Ein konkretes Controlling-Instrument für diesen Zweck kann die Balanced Scorecard sein. So zeigen Craig und Moores (2005, 2010) in zwei Fallstudien, wie dieses Instrument die Professionalisierung durch eine konsequente Fokussierung des Familienunternehmens auf Familien- und Unternehmensziele befördern kann.

Schließlich zeigen auch einige weitere qualitative Studien, dass Controlling-Instrumente die familieninterne Unternehmensnachfolge erleichtern können. Ein Kernmechanismus ist hier, dass implizites Wissen, das vormals nur von älteren Familiengenerationen gehalten wurde, durch die Einführung von Controlling-Systemen kodifiziert und damit auch jüngeren Familiengenerationen (und familienfremden Managern) zugänglich gemacht werden kann (Hiebl 2013b, S. 21–24). Beispielsweise war dieser Effekt bei der Einführung einer Balanced Scorecard in einem italienischen Familienunternehmen zu beobachten, wodurch die Strategie des Senior-Unternehmers erstmals auch seinen Nachfolgern transparent gemacht wurde

(Giovannoni et al. 2011, S. 141–142). Ein ähnlicher Wissenstransfer ist auch bei der engen Einbindung von nachfolgenden Generationen in Kern-Controlling-Prozesse wie die strategische Planung zu beobachten (Mazzola et al. 2008, S. 246–247). Schließlich zeigen Leotta et al. (2017, S. 197–202), dass nachfolgende Generationen die Einführung von Controlling-Systemen auch als Symbol für den Aufbruch in eine neue Ära des Familienunternehmens nutzen und somit ihre Position als neue Leitfiguren stärken können.

5 Fazit und Ausblick

Die betriebswirtschaftliche Forschung hat sich, häufig motiviert durch die oben genannten theoretischen und phänomenologischen Gründe, inzwischen deutlich intensiver dem Controlling in Familienunternehmen zugewandt. Insbesondere hat die Forschung eine Reihe von Einflussfaktoren, die die Gestaltung des Controllings in Familienunternehmen maßgeblich prägen, und Folgen dieses Controlling-Einsatzes eruiert. Diese Forschung zu den Folgen des Controlling-Einsatzes zeigt, dass Familienunternehmen in vielfältiger Weise – etwa durch eine höhere Leistungsfähigkeit, eine stärkere Professionalisierung und eine Erleichterung der Unternehmensnachfolge – von Controlling profitieren können. Diese Erkenntnisse können auch als Anstoß für Eigentümer und Führungskräfte von Familienunternehmen sowie deren Berater dienen, den eigenen Controlling-Einsatz zu überdenken bzw. Mittel und Wege zu überlegen, wie dieser sinnvoll ausgebaut werden kann.

Gleichzeitig verbleiben für die Forschung viele lohnenswerte Fragen, deren Beantwortung ein noch genaueres Verständnis von Controlling in Familienunternehmen erlauben würden. Aufgrund des begrenzten Umfangs dieses Beitrags kann hier nicht auf alle diese Fragen eingegangen werden, sondern lediglich auf zwei größere Themenfelder.

Erstens hat sich die quantitative Forschung bisher vor allem auf direkte Effekte von Kontextfaktoren auf die Ausgestaltung des Controllings bzw. der Folgen von Controlling in Familienunternehmen konzentriert. Das heißt, bis auf relativ wenige Ausnahmen (z. B. Andric und Kammerlander 2017; Acquaah 2013; Kallmuenzer et al. 2018; Ruiz-Palomo et al. 2019; Speckbacher und Wentges 2012), blieben etwaige Interaktions-, Moderations- und Mediationseffekte unberücksichtigt. Zu einer vertieften Theoriebildung, aber auch für noch präzisere Empfehlungen für die Praxis, unter welchen Umständen oder über welche Ursache-Wirkungs-Ketten sich Controlling auf Familienunternehmen auswirkt, erscheint eine stärkere Berücksichtigung von diesen Effekten notwendig (vgl. Colquitt und Zapata-Phelan 2007, S. 1283–1284). Z. B. wäre es von Interesse, wie bestimmte Charakteristika von Topmanager mit organisationalen Eigenschaften wie verschiedenen Graden des Familieneinflusses interagieren, um ein möglichst passendes Controlling für ein Familienunternehmen zu realisieren.

Zweitens betrifft der generelle gegenwärtige Trend zur Digitalisierung auch Familienunternehmen und deren Controlling (Hiebl und Pielsticker 2020, S. 72–73). Insgesamt bestehen im Controlling vielfältige Möglichkeiten und Chancen durch die

Digitalisierung (z. B. Möller et al. 2020, S. 3–6), beispielsweise durch eine stärkere Automation von repetitiven Controlling-Tätigkeiten mithilfe von Robotic Process Automation (Knauer et al. 2020, S. 68–69). Gleichzeitig ist in vielen Familienunternehmen allerdings auch eine gewisse Skepsis bzw. Zurückhaltung gegenüber Digitalisierungsbestrebungen festzustellen (Batt et al. 2020, S. 246–249). Lohnenswerte Fragen für die weitere Forschung umfassen daher, wie Controlling in Familienunternehmen in sinnvoller und maßvoller Weise digitalisiert werden kann ohne besondere Eigenschaften von Familienunternehmen, wie eine gemeinschaftliche und inklusive Kultur zu vernachlässigen, oder welche neuen Möglichkeiten für Controlling in kleinen und mittleren Familienunternehmen bestehen, die bisher aufgrund hoher Kosten nur für größere Unternehmen zugänglich waren.

Es bleibt zu hoffen, dass Forschung innerhalb dieser zwei – aber auch in vielen, weiteren denkbaren – Feldern zusätzliche Impulse setzen kann, die eine Weiterentwicklung des Controllings in Familienunternehmen befördern. Aufgrund der vielen positiven Auswirkungen eines angemessenen Controlling-Einsatzes in Familienunternehmen wäre dies nicht nur für individuelle Familienunternehmen, sondern auch für viele Volkswirtschaften erstrebenswert, damit Familienunternehmen erfolgreich – und in der Regel dem Wunsch ihrer Eigentümer entsprechend – florieren und somit weiterhin als Motor der Wirtschaft fungieren können.

Literatur

Acquaah, M. (2013). Management control systems, business strategy and performance: A comparative analysis of family and non-family businesses in a transition economy in sub-Saharan Africa. *Journal of Family Business Strategy, 4*(2), 131–146.

Amat, J., Carmona, S., & Roberts, H. (1994). Context and change in management accounting systems: A Spanish case study. *Management Accounting Research, 5*(2), 107–122.

Andric, M., & Kammerlander, N. (2017). Motive zum Verzicht auf Controlling in Familienunternehmen – eine Mediatoranalyse. *Zeitschrift für KMU und Entrepreneurship, 65*(4), 223–251.

Barney, J. (1991). Firm resources and sustained competitive advantage. *Journal of Management, 17*(1), 99–120.

Batt, C. E., Cleary, P., Hiebl, M. R. W., Quinn, M., & Rikhardsson, P. M. (2020). The digitalization of family firms: A research agenda. In A. Calabrò (Hrsg.), *A research agenda for family business: A way ahead for the field* (S. 247–260). Cheltenham: Edward Elgar.

Becker, W., Ulrich, P., & Staffel, M. (2011). Management accounting and controlling in German SMEs: Do company size and family influence matter? *International Journal of Entrepreneurial Venturing, 3*(3), 281–300.

Becker, W., Ulrich, P., Botzkowski, T., & Eurich, S. (2015). Data Analytics in Familienunternehmen – Implikationen für das Controlling. *Controlling, 27*(4–5), 263–268.

Becker, W., Ulrich, P., & Fibitz, A. (2016). Kontextfaktoren der Controlling-Organisation. *Controlling & Management Review, 60*(S3), 8–15.

Bird, B., Welsch, H., Astrachan, J. H., & Pistrui, D. (2002). Family business research: The evolution of an academic field. *Family Business Review, 15*(4), 337–350.

Brück, C., Ludwig, J., & Schwering, A. (2018). The use of value-based management in family firms. *Journal of Management Control, 28*(4), 383–416.

Bürgel, T. R., Derfuß, K., Feldermann, S. K., & Hiebl, M. R. W. (2020). Budgetierung in Familienunternehmen. *Controlling & Management Review, 64*(1), 22–29.

Caers, R., Du Bois, C., Jegers, M., de Gieter, S., Schepers, C., & Pepermans, R. (2006). Principal-agent relationships on the stewardship-agency axis. *Nonprofit Management and Leadership, 17*(1), 25–47.
Chrisman, J. J., Kellermanns, F. W., Chan, K. C., & Liano, K. (2010). Intellectual foundations of current research in family business: An identification and review of 25 influential articles. *Family Business Review, 23*(1), 9–26.
Chua, J. H., Chrisman, J. J., & Sharma, P. (1999). Defining the family business by behavior. *Entrepreneurship Theory and Practice, 23*(4), 19–39.
Colquitt, J. A., & Zapata-Phelan, C. P. (2007). Trends in theory building and theory testing: A five-decade study of the academy of management journal. *Academy of Management Journal, 50*(6), 1281–1303.
Combs, J. G., Shanine, K. K., Burrows, S., Allen, J. S., & Pounds, T. W. (2020). What do we know about business families? Setting the stage for leveraging family science theories. *Family Business Review, 33*(1), 38–63.
Craig, J., & Moores, K. (2005). Balanced scorecards to drive the strategic planning of family firms. *Family Business Review, 18*(2), 105–122.
Craig, J., & Moores, K. (2010). Strategically aligning family and business systems using the balanced scorecard. *Journal of Family Business Strategy, 1*(2), 78–87.
Daily, C. M., & Dollinger, M. J. (1993). Alternative methodologies for identifying family- versus nonfamily-managed businesses. *Journal of Small Business Management, 31*(2), 79–90.
Davis, J. H., Schoorman, F. D., & Donaldson, L. (1997). Toward a stewardship theory of management. *Academy of Management Review, 22*(1), 20–47.
Davis, J. H., Allen, M. R., & Hayes, H. D. (2010). Is blood thicker than water? A study of stewardship perceptions in family business. *Entrepreneurship: Theory and Practice, 34*(6), 1093–1115.
Dekker, J., Lybaert, N., Steijvers, T., & Depaire, B. (2015). The effect of family business professionalization as a multidimensional construct on firm performance. *Journal of Small Business Management, 53*(2), 516–538.
Dekker, J. C., Lybaert, N., Steijvers, T., Depaire, B., & Mercken, R. (2013). Family firm types based on the professionalization construct: Exploratory research. *Family Business Review, 26*(1), 81–99.
Dello Sbarba, A., & Marelli, A. (2018). Family-controlled businesses and management control: The framing of „shareholder-oriented" practices. *Journal of Management Control, 28*(4), 417–456.
Duréndez, A., Ruíz-Palomo, D., García-Pérez-de-Lema, D., & Diéguez-Soto, J. (2016). Management control systems and performance in small and medium family firms. *European Journal of Family Business, 6*(1), 10–20.
Efferin, S., & Hartono, M. S. (2015). Management control and leadership styles in family business. *Journal of Accounting & Organizational Change, 11*(1), 130–159.
Eisenhardt, K. M. (1989). Agency theory: An assessment and review. *Academy of Management Review, 14*(1), 57–74.
El Masri, T., Tekathen, M., Magnan, M., & Boulianne, E. (2017). Calibrating management control technologies and the dual identity of family firms. *Qualitative Research in Accounting & Management, 14*(2), 157–188.
Euler Hermes, K.-A. G. (2006). *Ursachen von Insolvenzen: Gründe für Unternehmensinsolvenzen aus Sicht von Insolvenzverwaltern*. Hamburg: Eigenverlag.
Feldbauer-Durstmüller, B., Wimmer, B., & Duller, C. (2007). Controlling in österreichischen Familienunternehmen: dargestellt am Bundesland Oberösterreich. *Zeitschrift für Planung & Unternehmenssteuerung, 18*(4), 427–443.
Feldbauer-Durstmüller, B., Duller, C., Mayr, S., Neubauer, H., & Ulrich, P. (2012). Controlling in mittelständischen Familienunternehmen: Ein Vergleich von Deutschland und Österreich. *Zeitschrift für Controlling & Management, 56*(6), 408–413.
García Pérez de Lema, D., & Duréndez, A. (2007). Managerial behaviour of small and medium-sized family businesses: An empirical study. *International Journal of Entrepreneurial Behaviour & Research, 13*(3), 151–172.

Gedajlovic, E., Carney, M., Chrisman, J. J., & Kellermanns, F. W. (2012). The adolescence of family firm research: Taking stock and planning for the future. *Journal of Management, 38*(4), 1010–1037.

Giovannoni, E., Maraghini, M. P., & Riccaboni, A. (2011). Transmitting knowledge across generations: The role of management accounting practices. *Family Business Review, 24*(2), 126–150.

Goffee, R., & Scase, R. (1985). Proprietorial control in family firms: Some functions of, quasi-organic' management systems. *Journal of Management Studies, 22*(1), 53–68.

Gurd, B., & Thomas, J. (2012). Family business management: Contribution of the CFO. *International Journal of Entrepreneurial Behaviour & Research, 18*(3), 286–304.

Habbershon, T. G., & Williams, M. L. (1999). A resource-based framework for assessing the strategic advantages of family firms. *Family Business Review, 12*(1), 1–25.

Helsen, Z., Lybaert, N., Steijvers, T., Orens, R., & Dekker, J. (2017). Management control systems in family firms: A review of the literature and directions for the future. *Journal of Economic Surveys, 31*(2), 410–435.

Henri, J.-F. (2006). Management control systems and strategy: A resource-based perspective. *Accounting, Organizations and Society, 31*(6), 529–558.

Hernandez, M. (2012). Toward an understanding of the psychology of stewardship. *Academy of Management Review, 37*(2), 172–193.

Hiebl, M. R. W. (2013a). Einfluss von Controlling-Systemen auf die Unternehmensführung mittelgroßer Familienunternehmen. *Controlling & Management Review, 57*(1), 78–84.

Hiebl, M. R. W. (2013b). Management accounting in the family business: Tipping the balance for survival. *Journal of Business Strategy, 34*(6), 19–25.

Hiebl, M. R. W. (2014). A finance professional who understands the family: Family firms' specific requirements for non-family chief financial officers. *Review of Managerial Science, 8*(4), 465–494.

Hiebl, M. R. W. (2015). Agency and stewardship attitudes of chief financial officers in private companies. *Qualitative Research in Financial Markets, 7*(1), 4–23.

Hiebl, M. R. W. (2017a). Finance managers in family firms: An upper-echelons view. *Journal of Family Business Management, 7*(2), 207–220.

Hiebl, M. R. W. (2017b). Effektuierung im Mittelstand verstehen lernen. *Controlling & Management Review, 61*(2), 34–41.

Hiebl, M. R. W. (2019). Professionalisierung des Controllings in Familienunternehmen. In B. Feldbauer-Durstmüller & S. Mayr (Hrsg.), *Controlling – Aktuelle Entwicklungen und Herausforderungen* (S. 337–354). Wiesbaden: Springer Gabler.

Hiebl, M. R. W., & Li, Z. (2020). Non-family managers in family firms: Review, integrative framework and future research agenda. *Review of Managerial Science, 14*(4), 763–807.

Hiebl, M. R. W., & Mayrleitner, B. (2019). Professionalization of management accounting in family firms: The impact of family members. *Review of Managerial Science, 13*(5), 1037–1068.

Hiebl, M. R. W., & Pielsticker, D. I. (2020). Stand der Digitalisierung des Controllings in Familienunternehmen. *Controlling, 32*(6), 72–73.

Hiebl, M. R. W., Feldbauer-Durstmüller, B., Duller, C., & Neubauer, H. (2012). Institutionalisation of management accounting in family businesses: Empirical evidence from Austria and Germany. *Journal of Enterprising Culture, 20*(4), 405–436.

Hiebl, M. R. W., Feldbauer-Durstmüller, B., & Duller, C. (2013a). Die Organisation des Controllings in österreichischen und bayerischen Familienunternehmen. *Zeitschrift für KMU und Entrepreneurship, 61*(1–2), 83–114.

Hiebl, M. R. W., Feldbauer-Durstmüller, B., & Duller, C. (2013b). The changing role of management accounting in the transition from a family business to a non-family business. *Journal of Accounting & Organizational Change, 9*(2), 119–154.

Hiebl, M. R. W., Duller, C., Feldbauer-Durstmüller, B., & Ulrich, P. (2015). Family influence and management accounting usage: Findings from Germany and Austria. *Schmalenbach Business Review, 67*(3), 368–404.

Huerta, E., Petrides, Y., & O'Shaughnessy, D. (2017). Introduction of accounting practices in small family businesses. *Qualitative Research in Accounting & Management, 14*(2), 111–136.

IFERA (2003). Family businesses dominate: Families are the key players around the world, but prefer the backstage positions. *Family Business Review, 16*(4), 235–239.

Jakobsen, M. (2017). Consequences of intensive use of non-financial performance measures in Danish family farm holdings. *Qualitative Research in Accounting & Management, 14*(2), 137–156.

Jensen, M. C., & Meckling, W. H. (1976). Theory of the firm: Managerial behavior, agency costs and ownership structure. *Journal of Financial Economics, 3*(4), 305–360.

Jorissen, A., Laveren, E., Martens, R., & Reheul, A.-M. (2005). Real versus sample-based differences in comparative family business research. *Family Business Review, 18*(3), 229–246.

Kallmuenzer, A., & Peters, M. (2018). Innovativeness and control mechanisms in tourism and hospitality family firms: A comparative study. *International Journal of Hospitality Management, 70*, 66–74.

Kallmuenzer, A., Strobl, A., & Peters, M. (2018). Tweaking the entrepreneurial orientation – performance relationship in family firms: The effect of control mechanisms and family-related goals. *Review of Managerial Science, 12*(4), 855–883.

Knauer, T., Nikiforow, N., & Wagener, S. (2020). Bedeutung und Ausgestaltung von Robotic Process Automation (RPA) im Controlling. *Controlling, 32*(4), 68–75.

Küpper, H.-U., Moog, P., & Sandner, K. (2015). Untersuchungsrahmen der Beziehungen zwischen Typen von Familienunternehmen, Corporate Governance und Controlling. *Zeitschrift für KMU und Entrepreneurship, 63*(3–4), 209–253.

Länsiluoto, A., Varamäki, E., Laitinen, E. K., Viljamaa, A., & Tall, J. (2015). Management control systems in small business transfers – A resource-based view. *Journal of Enterprising Culture, 23*(4), 449–471.

Leitterstorf, M., & Kammerlander, N. (2020). Warum Controlling in Familienunternehmen anders ist. *Controlling & Management Review, 64*(1), 8–15.

Leotta, A., Rizza, C., & Ruggeri, D. (2017). Management accounting and leadership construction in family firms. *Qualitative Research in Accounting & Management, 14*(2), 189–207.

Madison, K., Holt, D. T., Kellermanns, F. W., & Ranft, A. L. (2016). Viewing family firm behavior and governance through the lens of agency and stewardship theories. *Family Business Review, 29*(1), 65–93.

Malmi, T., & Brown, D. A. (2008). Management control systems as a package: Opportunities, challenges and research directions. *Management Accounting Research, 19*(4), 287–300.

Mazzola, P., Marchisio, G., & Astrachan, J. H. (2008). Strategic planning in family business: A powerful developmental tool for the next generation. *Family Business Review, 21*(3), 239–258.

Merchant, K. A., & van der Stede, W. A. (2017). *Management control systems: Performance measurement, evaluation and incentives* (4. Aufl.). Harlow: Pearson.

Miller, D., & Sardais, C. (2011). Angel agents: Agency theory reconsidered. *Academy of Management Perspectives, 25*(2), 6–13.

Mitter, C. (2014). Controlling in Familienunternehmen. *Zeitschrift für KMU und Entrepreneurship, 62*(4), 345–352.

Moilanen, S. (2008). The role of accounting in the management control system: A case study of a family-led firm. *Qualitative Research in Accounting & Management, 5*(3), 165–183.

Möller, K., Schäffer, U., & Verbeeten, F. (2020). Digitalization in management accounting and control: An editorial. *Journal of Management Control, 31*(1–2), 1–8.

Moores, K., & Mula, J. (2000). The salience of market, bureaucratic, and clan controls in the management of family firm transitions: Some tentative Australian evidence. *Family Business Review, 13*(2), 91–106.

Neubaum, D. O., Kammerlander, N., & Brigham, K. H. (2019). Capturing family firm heterogeneity: How taxonomies and typologies can help the field move forward. *Family Business Review, 32*(2), 106–130.

Odom, D. L., Chang, E. P. C., Chrisman, J. J., Sharma, P., & Steier, L. (2019). The most influential family business articles from 2006 to 2013 using five theoretical perspectives. In E. Memili &

C. Dibrell (Hrsg.), *The Palgrave handbook of heterogeneity among family firms* (S. 41–67). Cham: Springer International Publishing.

Pernsteiner, H. (2010). Familienfremde Eigentümerschaften in Familienunternehmen: Nachhaltigkeit als zentraler Faktor. In H. K. Prammer (Hrsg.), *Corporate Sustainability: Der Beitrag von Unternehmen zu einer nachhaltigen Entwicklung in Wirtschaft und Gesellschaft* (S. 93–113). Wiesbaden: Gabler.

Pielsticker, D. I., & Hiebl, M. R. W. (2020). Survey response rates in family business research. *European Management Review, 17*(1), 327–346.

Posch, A., & Speckbacher, G. (2012). Führung in Familienunternehmen: Besonderheiten der Entscheidungsfindung und Verhaltenssteuerung und deren Auswirkung auf den Unternehmenserfolg. *Zeitschrift für Betriebswirtschaft, 82*(S3), 5–23.

Prencipe, A., Bar-Yosef, S., & Dekker, H. C. (2014). Accounting research in family firms: Theoretical and empirical challenges. *European Accounting Review, 23*(3), 361–385.

Quinn, M., Hiebl, M. R. W., Moores, K., & Craig, J. B. (2018). Future research on management accounting and control in family firms: Suggestions linked to architecture, governance, entrepreneurship and stewardship. *Journal of Management Control, 28*(4), 529–546.

Quinn, M., Hiebl, M., Mazzotta, R., & Veltri, S. (2020). Accounting for family and business overlaps. *Journal of Management History, 26*(2), 249–276.

Rizza, C., & Ruggeri, D. (2018). The institutionalization of management accounting tools in family firms: The relevance of multiple logics. *Journal of Management Control, 28*(4), 503–528.

Ruiz-Palomo, D., Diéguez-Soto, J., Duréndez, A., & Santos, J. A. C. (2019). Family management and firm performance in family SMEs: The mediating roles of management control systems and technological innovation. *Sustainability, 11*(14), 3805.

Sageder, M., Mitter, C., & Feldbauer-Durstmüller, B. (2018). Image and reputation of family firms: A systematic literature review of the state of research. *Review of Managerial Science, 12*(1), 335–377.

Schachner, M., Speckbacher, G., & Wentges, P. (2006). Steuerung mittelständischer Unternehmen: Größeneffekte und Einfluss der Eigentums- und Führungsstruktur. *Zeitschrift für Betriebswirtschaft, 76*(6), 589–614.

Senftlechner, D., & Hiebl, M. R. W. (2015). Management accounting and management control in family businesses: Past accomplishments and future opportunities. *Journal of Accounting & Organizational Change, 11*(4), 573–606.

Sharma, P. (2004). An overview of the field of family business studies: Current status and directions for the future. *Family Business Review, 17*(1), 1–36.

Siebels, J.-F., & zu Knyphausen-Aufsess, D. (2012). A review of theory in family business research: The implications for corporate governance. *International Journal of Management Reviews, 14*(3), 280–304.

Sirmon, D. G., & Hitt, M. A. (2003). Managing resources: Linking unique resources, management, and wealth creation in family firms. *Entrepreneurship Theory and Practice, 27*(4), 339–358.

Songini, L., & Gnan, L. (2015). Family Involvement and Agency Cost Control Mechanisms in Family Small and Medium-Sized Enterprises. *Journal of Small Business Management, 53*(3), 748–779.

Songini, L., Morelli, C., Gnan, L., & Vola, P. (2015). The why and how of managerialization of family businesses: Evidences from Italy. *Piccola Impresa/Small Business, 28*(1), 86–118.

Speckbacher, G., & Wentges, P. (2012). The impact of family control on the use of performance measures in strategic target setting and incentive compensation: A research note. *Management Accounting Research, 23*(1), 34–46.

Steiger, T., Duller, C., & Hiebl, M. R. W. (2015). No consensus in sight: An analysis of ten years of family business definitions in empirical research studies. *Journal of Enterprising Culture, 23*(1), 25–62.

Stergiou, K., Ashraf, J., & Uddin, S. (2013). The role of structure and agency in management accounting control change of a family owned firm: A Greek case study. *Critical Perspectives on Accounting, 24*(1), 62–73.

Tabor, W., Chrisman, J. J., Madison, K., & Vardaman, J. M. (2018). Nonfamily members in family firms: A review and future research agenda. *Family Business Review, 31*(1), 54–79.

Teece, D. J. (2007). Explicating dynamic capabilities: The nature and microfoundations of (sustainable) enterprise performance. *Strategic Management Journal, 28*(13), 1319–1350.

Tosi, H. L., Katz, J. P., & Gomez-Mejia, L. R. (1997). Disaggregating the agency contract: The effects of monitoring, incentive alignment, and term in office on agent decision making. *Academy of Management Journal, 40*(3), 584–602.

Ulrich, P. (2011). Führungskräfteincentivierung in Familienunternehmen. *Zeitschrift für Controlling & Management, 55*(S3), 51–58.

Ulrich, P. (2018). Integration von Risikoaspekten in operative Planung und Budgetierung: Was unterscheidet mittelständische Familienunternehmen von anderen Unternehmen? *Zeitschrift für KMU und Entrepreneurship, 66*(1), 13–33.

Verbeke, A., & Kano, L. (2012). The transaction cost economics theory of the family firm: Family-based human asset specificity and the bifurcation bias. *Entrepreneurship Theory and Practice, 36*(6), 1183–1205.

Wagner, D., Block, J. H., Miller, D., Schwens, C., & Xi, G. (2015). A meta-analysis of the financial performance of family firms: Another attempt. *Journal of Family Business Strategy, 6*(1), 3–13.

Weber, J., & Schäffer, U. (2016). *Einführung in das Controlling* (15. Aufl.). Stuttgart: Schäffer-Poeschel.

Zajac, E. J., & Westphal, J. D. (1994). The costs and benefits of managerial incentives and monitoring in large U.S. corporations: When is more not better? *Strategic Management Journal, 15*(S1), 121–142.

Risikoadäquate Bewertung bei unternehmerischen Entscheidungen: Beispiel Strategiebewertung

Werner Gleißner

Zusammenfassung

Unternehmerische Entscheidungen z. B. bezüglich einer Investition sind mit Chancen und Gefahren (Risiken) verbunden. Bei allen solchen Entscheidungen ist es notwendig die Konsequenzen für die zukünftig erwarteten Cashflows (Erträge) und Risiken zu beachten und gegeneinander abzuwägen. Der Unternehmenswert ist ein geeignetes Entscheidungskriterium (Performancemaß), wenn die Wirkung der Risiken auf Erwartungswert der Cashflows, Kapitalkosten und Insolvenzwahrscheinlichkeit erfasst wird. Der Unternehmenswert ist speziell bei der Strategiebewertung zu verwenden und eine Kennzahl für das Ertrag-Risiko-Profil.

Schlüsselwörter

Risikoanalyse · Managemententscheidungen · Strategiebewertung · Unternehmenswert · Kapitalkosten

1 Einleitung

Der Beitrag erläutert, wie ausgehend von einer Risikoanalyse eine risikogerechte Beurteilung von Handlungsmöglichkeiten (z. B. Strategievarianten) vorgenommen werden sollte. Das Verfahren ist anwendbar bei der Bewertung von Investitionen und Projekten und speziell für die Beurteilung strategischer Handlungsoptionen, der sog. Strategiebewertung. Mittels Strategiebewertung wird so z. B. das Ertrag-Risiko-Profil von Strategien miteinander verglichen und auf den Unternehmenswert abgebildet. Der Unternehmenswert ist Erfolgsmaßstab und Entscheidungskriterium. Es

W. Gleißner (✉)
Future Value Group, Leinfelden-Echterdingen (Stetten), Technische Universität Dresden, Dresden, Deutschland
E-Mail: w.gleissner@futurevalue.de

W. Becker, P. Ulrich (Hrsg.), *Handbuch Controlling*,
https://doi.org/10.1007/978-3-658-26431-4_87

werden also Methoden für eine moderne wertorientierte Unternehmensführung skizziert. Die Bewertung basiert auf einer Risikoanalyse und Risikosimulation. Daher spricht man auch von einer „simulationsbasierten Bewertung". Nachfolgend wird gezeigt, welche Informationen und Bewertungsmethoden zur Vorbereitung einer „unternehmerischen Entscheidung" Vorstand oder Geschäftsführer erwarten können, um auch den Anforderungen aus der Business Judgement Rule (§ 93 AktG) gerecht zu werden. Dabei wird auf die Aufgaben von Controlling und Risikomanagement besonders eingegangen.

2 Entscheidungsvorbereitung und Strategiebewertung

Alle Managemententscheidungen, speziell die „unternehmerischen Entscheidungen" im Sinne § 93 AktG haben aufgrund bestehender Chancen und Gefahren (Risiken) unsichere Auswirkungen. Entsprechend ist es notwendig, dass die für Vorstand oder Geschäftsführung erstellten Entscheidungsvorlagen insbesondere darüber informieren

- welche Veränderung des Risikoumfangs aus einer solchen Entscheidung resultiert und
- wie diese Veränderung des Risikoumfangs im Entscheidungskalkül berücksichtigt wird („risikogerechte Bewertung").

Diese Informationen sind erforderlich, damit man von „angemessenen Informationen" im Sinne § 93 AktG ausgehen kann (siehe dazu Graumann 2014 und Gleißner 2019a). Die entsprechenden Informationen sind aufgrund der im Gesetz formulierten Beweislast zu dokumentieren und es ist zunächst zu prüfen, ob durch die mit einer Entscheidung einhergehenden zusätzlichen Risiken „bestandsgefährdender Entwicklungen" (im Sinne § 91 Abs. 2 AktG und § 1 StaRUG von 2021) entstehen können (Gleißner 2018a; Abb. 1). Zudem ist zu zeigen, wie die Risikoinformationen im Entscheidungskalkül gewürdigt wurden. Ein transparentes Abwägen von Ertrag und Risiko, also eine Beurteilung des Ertrag-Risiko-Profils der zu beurteilenden Handlungsoptionen, ermöglichen die Verfahren einer „risikoadäquaten Bewertung". Ein besonders wesentliches Anwendungsfeld solcher Verfahren ist neben der Investitions- und Projektbeurteilung die Strategiebewertung, also die risikogerechte Beurteilung strategischer Handlungsoptionen.

Nachfolgend wird die Methode der Strategiebewertung und die hier anzuwendenden Verfahren einer risikogerechten Bewertung in den Grundzügen skizziert. Damit soll gezeigt werden, welche Ergebnisse einer risikogerechten Bewertung Geschäftsführung, Vorstand und Aufsichtsräte im Rahmen einer Entscheidungsvorlage erwarten dürfen und wie diese berechnet werden. Es wird zudem skizziert welche Implikationen sich daraus für Controlling und Risikomanagement ergeben.

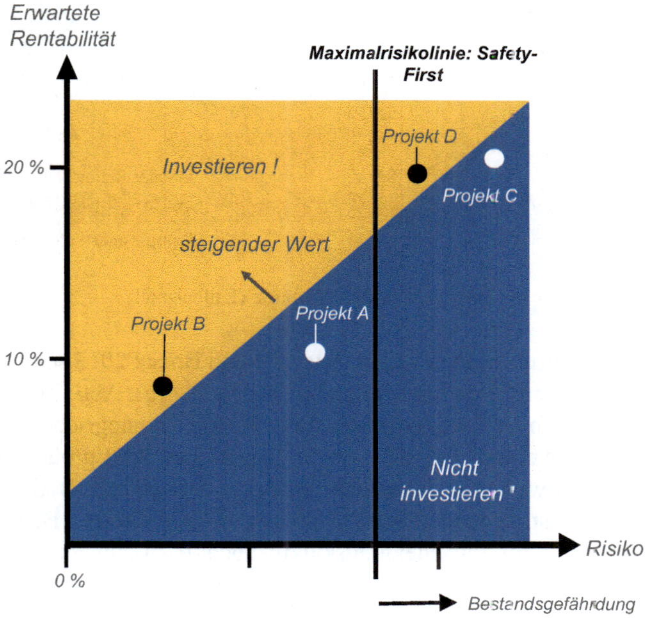

Abb. 1 Vergleich des Rendite-Risiko-Profils von Strategievarianten

3 Was ist Strategiebewertung?

Unter Strategiebewertung versteht man die Anwendung von (Unternehmens-)Bewertungsmethoden im Bereich der Vorbereitung unternehmerischer Entscheidungen, speziell strategischer Entscheidungen. Der Einsatz von Bewertungsmethoden unterstützt die Entscheidungsvorbereitung. Die Ergebnisse der Bewertung fließen ein in Entscheidungsvorlagen für Vorstand, Geschäftsführung bzw. für den Aufsichtsrat. Der Vorteil der Nutzung von Bewertungsmethoden besteht darin, dass der durch diese transparent und modellbasiert berechnete Wert ein Entscheidungskriterium (Performancemaß) ist, das

- erwartete Höhe,
- Zeitpunkt und
- Risiko

der durch die zu beurteilenden Strategien (strategische Handlungsoptionen) generierten Cashflows oder Erträgen in einer Kennzahl erfasst.

Bei der Strategiebewertung wird entsprechend nicht nur ein Unternehmenswert bestimmt, sondern zu Vergleichszwecken alternative Unternehmenswerte in Abhängigkeit der jeweiligen strategischen Handlungsoption. Methodisch werden entspre-

	Status Quo	Handlungsoption: Auslandsexpansion	
Ertrag (EBIT, erwartet 2019)	16	18,5	deutlicher Ertragsanstieg
Risiko (Variationskoeffizient FCFnSt)	19 %	21 %	moderat erhöhtes Risiko
Kapitalkostensatz (k)	5,50 %	5,70 %	
Rating	BB+	BB+	
Rating (Stresszenario)	BB	BB-	stabiles Rating
Wert (in Mio. €)	153	168	klare Wertsteigerung
Strategisches Fitting			Kompetenzen vorhanden

Abb. 2 Bewertung einer strategischen Handlungsoption (Fallbeispiel)

chend subjektive Entscheidungswerte (Matschke und Brösel 2013 sowie Knackstedt 2009) der strategischen Handlungsoptionen verglichen (vgl. Abb. 2).

Grundsätzlich kann eine Strategiebewertung bei allen strategischen Entscheidungen vorgenommen werden. Typische Anwendungsfelder sind große Investitionen, Akquisitionen[1] oder wesentliche Veränderungen der Strategie (z. B. die Beurteilung von Digitalisierungsstrategien). Dabei werden z. B. im Falle der Bewertung einer Akquisitionsstrategie im Entscheidungskalkül auch Risikodiversifikationseffekte, die Implikationen der erwarteten Höhe und der Unsicherheit von Integrationskosten und Synergien berücksichtigt. Auch die Implikationen der Akquisitionsfinanzierung und ihren Auswirkungen auf das zukünftige Rating (Insolvenzwahrscheinlichkeit) und damit das Insolvenzrisiko fließen ein. Entscheidend ist, dass bei der Strategiebewertung die mit der Strategie verbundenen Risiken der Cashflows oder Erträge betrachtet werden; nicht etwa (historische) Aktienrenditeschwankungen (wie üblicherweise bei der Bestimmung von Kapitalkosten über den Beta-Faktor des CAPM).

Anzumerken ist, dass bei Managemententscheidungen nicht immer das komplette Unternehmen in zwei oder mehr „Planungsvarianten" vergleichen, also eine Strategiebewertung im engeren Sinne, vorgenommen wird. Bei weniger bedeutenden Entscheidungen, z. B. über einzelne Investitionen oder Projekte, kann man vereinfachend auch nur die unsicheren Cashflows eines Projektes risikoadäquat mit der nachfolgend erläuterten Methode bewerten („Projekt- oder Investitionsbewertung"). Dies ist weniger aufwändig, aber Risikodiversifikationseffekte mit anderen Aktivitäten im Unternehmen und Wirkungen auf das Insolvenzrisiko (Rating), die auch den Wert bestimmen, werden dabei vernachlässigt. Diese Vereinfachung ist akzeptabel, wenn die Investitionssumme sowie der Cashflow- und Risikobetrag des Projekts in Relation zum Unternehmen nicht sehr groß sind.

Die hier skizzierten Bewertungsmethoden ermöglichen eine wertorientierte Unternehmensführung (Rappaport 1999 und Günther 1997). Hier sei angemerkt, dass die bisher in vielen Unternehmen implementierten sogenannten „wertorientierten Managementsysteme" aber noch nicht in der Lage sind, Risiken des Unternehmens (oder eines Projekts) adäquat im Entscheidungskalkül zu berücksichtigen (in Anlehnung an Gleißner 2019d und f). Ein wesentlicher Grund besteht darin, dass die

[1]Vgl. ergänzend Dreher (2010) zur Anwendung im Beteiligungscontrolling.

„Verbindungsstelle“ zwischen Risikoanalyse und Risikoaggregation einerseits und den Werttreibern (wie dem Kapitalkostensatz) andererseits fehlt und auch die Cashflows nicht „erwartungstreu“ sind, also Chancen und Gefahren nicht beachtet werden (Gleißner 2019f und 2008). Dies ist verursacht durch noch immer verbreitete sogenannte finanzierungstheoretische Bewertungsverfahren, die sich beispielsweise auf das Capital-Asset-Pricing-Modell (CAPM) für die Ableitung von Kapitalkostensätzen (als Anforderungen an die Rendite und Diskontierungszinssatz) stützen. Anstelle von an sich bewertungsrelevanten Informationen über die Risiken des Unternehmens (bzw. seiner Erträge und Cashflows) werden hier „ersatzweise“ historische Aktienrenditeschwankungen für die Ableitung von Kapitalkosten genutzt. Damit fließen die Erkenntnisse der Risikoanalyse aber im Entscheidungskalkül nicht ein. Auch für die Überleitung oft ambitionierter Planwerte auf die für die Entscheidung maßgeblichen erwartungstreuen Schätzungen von Ertrag und Cashflow werden Risikoanalysen meist noch nicht genutzt (siehe die empirische Studie Behringer und Gleißner 2018). Seit langem zeigt die empirische Forschung, dass Modelle vollkommener Märkte (wie das CAPM) weder für die Erklärung von Renditen am Aktienmarkt noch für die Vorbereitung unternehmerischer Entscheidungen geeignet sind.[2]

Da sich durch eine (strategische) Managemententscheidung bewusst eine Veränderung der Zukunft des Unternehmens (speziell auch seiner zukünftigen Chancen und Gefahren) ergeben soll, ist ein zentrales Charakteristikum der Strategiebewertung der konsequente Zukunftsbezug. Grundlagen der Bewertung sind damit die zukünftigen Risiken, was eine Risikoanalyse erfordert.

4 Methodik und Ablauf

Im Kern bedeutet Strategiebewertung den Vergleich von Ertrag-Risiko-Profilen alternativer (strategischer) Handlungsoptionen. Für eine derartige zukunftsorientierte Betrachtung bei (meist intendiert) innovativen und neuen strategischen Handlungsmöglichkeiten (Geschäftsmodellen) ergibt sich eine deutliche Unterscheidung zur bisher üblichen Praxis einer „traditionellen“ kapitalmarktorientierten Unternehmensbewertung aus rechtlichen Anlässen (Wollny 2018).

Grundsätzlich startet die Strategiebewertung mit einer strukturierten Beschreibung der Strategie (speziell des Geschäftsmodells) und einer darauf basierenden stringenten Ableitung einer integrierten Unternehmensplanung (entsprechend den diesbezüglichen Anforderungen der „Grundsätze ordnungsgemäßer Planung“). Da sich die Chancen und Gefahren (Risiken) alternativer strategischer Handlungsoptionen meist deutlich unterscheiden, ist immer eine strukturierte Identifikation und Quantifizierung von Risiken erforderlich (Risikoanalyse). Neben der Identifikation

[2]Siehe hierzu vertiefend Gleißner (2014) mit Bezug zu einer Vielzahl entsprechender empirischer Studien sowie Dempsey (2013a und b); Fernández (2017); Hering (2014); Fama und French (2015) und Rossi (2016).

strategischer Risiken (z. B. Bedrohung von Erfolgsfaktoren des Geschäftsmodells) sind dabei insbesondere systematisch alle unsicheren Planannahmen; die implizit Risiken darstellen, zu erfassen und durch geeignete Wahrscheinlichkeitsverteilungen zu beschreiben. Die Aggregation der Risiken erfordert eine Monte-Carlo-Simulation zur Berechnung einer großen repräsentativen Anzahl möglicher Zukunftsszenarien und damit die Überleitung einer traditionellen einwertigen zu einer mehrwertigen „Bandbreitenplanung". Aus dieser lässt sich unmittelbar – unter Beachtung der Risiken – der Erwartungswert der Cashflows oder Erträge ableiten. Die intensive Beschäftigung mit der Planung und der hier bestehenden Unsicherheit (Risiko) führt dazu, dass durch die Transparenz über die bestehende Planungssicherheit man den zum Risikoumfang konsistenten Kapitalisierungszinssatz (Diskontierungszinssatz) ableiten kann, was nachfolgend erläutert wird. Auch Insolvenzrisiken werden bei einer derartigen simulationsbasierten Bewertung unter Berücksichtigung von (1) Höhe der Verschuldung, (2) Ertragsniveau und (3) Ertragsrisiko – den Determinanten der Insolvenzwahrscheinlichkeit (Rating) – im Modell konsistent erfasst.

Die für die Bewertung nötige Aggregation der Einzelrisiken im Kontext der Unternehmensplanung müssen aufgrund der gesetzlichen Vorgaben aus § 91 Abs. 2 AktG, mit der in der Gesetzesbegründung genannten Ausstrahlwirkung auch für mittelständische GmbHs, alle Unternehmen vornehmen, um mögliche „bestandsgefährdende Entwicklungen" auch aus Kombinationseffekten von Einzelrisiken früh erkennen zu können. Eine strukturierte Identifikation, quantitative Beschreibung und simulationsbasierte Aggregation der Risiken sollte prinzipiell damit bei jedem Unternehmen als Bewertungsgrundlage verfügbar sein – wenngleich die Praxis zeigt, dass hier noch häufig Umsetzungsdefizite bestehen.[3]

Bei der Strategiebewertung ist zunächst sicherzustellen, dass im gewählten Bewertungsverfahren, z. B. der Discounted Cashflow-Methode (DCF), Erwartungswerte der Cashflows einfließen. Erwartungswerte sind Prognosen, die „im Mittel" realisierbar sind und daher unter Beachtung der Chancen und Gefahren (Risiken) der Risikoanalyse zu berechnen sind. Die Umrechnung einer meist auch für Zielvorgaben und strategische Steuerung erzeugten Planung in „erwartungstreue Planwerte" ist von grundlegender Bedeutung, um nicht durch „ambitionierte Planwerte", wie man sie häufig in Planungen findet, eine zu positive Beurteilung einer strategischen Handlungsoption zu erreichen. Am besten erfolgt die Berechnung von Erwartungswerten über die erwähnte Risikoaggregation.

Als nächstes muss die Risikoadjustierung der Erwartungswert erfolgen; bevorzugt durch einen Risikoabschlag, d. h. die Berechnung eines sogenannten Sicherheitsäquivalents. Eine risikogerechte Bewertung ist so einfach und entspricht in ihrem Vorgehen praktisch der Intuition, weil der Erwartungswert um einen „Risikoabschlag" reduziert wird, der vom aggregierten Risikoumfang abhängt (Eigenkapitalbedarf oder Standardabweichung der Erträge). Der Wert W einer Zahlung Z zum Zeitpunkt t ist dann:

[3]Vgl. dazu den neuen DIIR Revisionsstandard Nr. 2: Prüfung des Risikomanagementsystems durch die Interne Revision von November 2018.

$$W(Z_t) = \frac{E(Z_t) - \lambda_t \sigma(Z_t) \cdot d}{\left(1 + r_f\right)^t} \qquad \text{(Formel 1)}$$

Der Risikoabschlag vom Erwartungswert $E(Z)$ ist von drei Faktoren abhängig: Der Risikomenge $\sigma(Z)$, dem Marktpreis des Risikos (λ) und dem Anteil der Risiken (d), die die Eigentümer eines Unternehmens zu tragen haben (unter Berücksichtigung der Diversifikationsmöglichkeiten mit ihren restlichen Vermögen). Die Kapitalmarktforschung zeigt, dass λ_1 ungefähr 0,25 ist, d. h., am Kapitalmarkt erhält man je Einheit Risiko 0,25 % mehr Rendite. λ entspricht dem Sharpe Ratio der Anlage im Aktienmarkt, d. h. der Marktrisikoprämie geteilt durch die Standardabweichung der Marktrendite, vgl. Gleißner 2014. Es gilt zudem $d = 1$ für Eigentümer, die sämtliche Risiken ihres Unternehmens tragen (z. B. mittelständische Familienunternehmer) und d ungefähr 0,5 für Investoren, die ein breit diversifiziertes Portfolio aufweisen (und damit nur „systematische" Risiken des Marktes tragen).

Wenn eine Zahlung Z zudem t Jahre in der Zukunft liegt, muss das so berechnete Sicherheitsäquivalent noch mit dem Zinssatz einer risikolosen Anlage (r_f) auf die Gegenwart abgezinst werden, d. h., es erfolgt eine Division durch $(1+r_f)^t$.

Will man statt eines Risikoabschlags aber eine „traditionelle" Risikoerfassung „im Nenner" vornehmen, kann man leicht auch den korrekten risikogerechten Diskontierungszinssatz k ableiten.[4]

$$k = \frac{1 + r_f}{1 - \lambda \cdot V \cdot d} - 1 \approx r_f + \lambda \cdot V \cdot d \qquad \text{(Formel 2)}$$

Herleitung (für t = 1; vgl. weiterführend Gleißner 2019f):

$$W(Z) = \frac{E(Z) - \lambda_1 \sigma(Z) \cdot d}{\left(1 + r_f\right)} \overset{!}{=} \frac{E(Z)}{1 + k} \Rightarrow k \qquad \text{(Formel 3)}$$

Der Diskontierungszinssatz (Kapitalkostensatz) für die Strategiebewertung ist damit gerade der risikolose Zinssatz (r_f) plus eine Risikoprämie. Diese hängt wiederum von den bereits erläuterten Größen (λ, d) ab. Als Risikomaß verwendet wird nun der Variationskoeffizient (V), der sich unmittelbar aus Risikoanalyse der Strategie und Risikosimulation ergibt. Er zeigt also in % die „relative" Schwankungsbreite der Erträge und Cashflows. Er ist formal die Standardabweichung $\sigma(Z)$ bezogen auf den Erwartungswert $E(Z)$. Je riskanter eine Zahlung, desto höher die Anforderung an die erwartete Rendite und damit der hier berechnete Kapitalkostensatz. So wird gewährleistet, dass Ertrag und Risiko bei der Strategiebewertung Berücksichtigung finden.

Der durch Diskontierung der erwarteten Erträge $Z^e = E(Z)$ über alle Jahre (t) berechnete Wert (W) wird zunächst für die aktuelle Strategie bestimmt. Hier wird vereinfachend vom zeitunabhängigen k ausgegangen.

[4]Siehe die Formel in Gleißner (2014 und 2017), S. 370.

$$W(Z) = \sum_{t=1}^{\infty} \frac{Z^e}{(1+k)^t} \qquad \text{(Formel 4)}$$

Im Rahmen der Strategiebewertung erfolgt nun eine „Was-wäre-wenn-Analyse". Entsprechend wird gezeigt, welche Veränderungen von (1) Ertrag Z und (2) Risiko erwartet werden und wie sich diese auf Kapitalkosten und Wert auswirken (vgl. nochmals Abb. 2).

Eine risikoadäquate Bewertung von strategischen Handlungsoptionen, wie Investitionen oder Strategieveränderungen, erfordern oft auch eine explizite Betrachtung des Insolvenzrisikos (siehe dazu Gleißner 2010 und 2019b; Lahmann und Schwetzler 2018 und Lahmann et al. 2019 sowie Franken et al. 2020). Dies ist insbesondere erforderlich, wenn durch eine große Investition oder Akquisition die Verschuldung des Unternehmens steigt oder – gegebenenfalls vorübergehend – die Ertragskraft sinkt oder das Ertragsrisiko steigt. In einer solchen Konstellation nimmt nämlich die Wahrscheinlichkeit einer „bestandsgefährdenden Entwicklung" oder gar Insolvenz zu. Das Insolvenzrisiko drückt genau den Sachverhalt aus, dass das Unternehmen bei einer ungünstigen Entwicklung insolvent werden könnte. Unternehmen existieren nicht ewig (in enger Anlehnung an Gleißner 2019c). Der Erwartungswert der Existenzdauer eines Unternehmens ist damit endlich, nämlich

$$\frac{1}{\mathit{Insolvenzwahrscheinlichkeit}}$$

Bei einer Insolvenz bricht im Allgemeinen der Zahlungsstrom an die Eigentümer ab, selbst wenn das Eigentum am Unternehmen an die bisherigen Gläubiger übergeht und es fortgeführt wird. Bewertungsrelevant ist die Wahrscheinlichkeit p, mit der der Zahlungsstrom innerhalb eines Jahres abbricht (die Zahlungen an die Eigentümer bei Insolvenz sind meist ohnehin null). Das Insolvenzrisiko lässt sich insbesondere durch erwartete Höhe der Insolvenzkosten und die Insolvenzwahrscheinlichkeit messen.

Für die Erfassung des Insolvenzrisikos bei der Unternehmensbewertung gibt es verschiedene, zum Teil kombinierbare Methoden (Gleißner 2019b).

Bei einer simulationsbasierten Planung kann das Insolvenzrisiko in der Detailplanungsphase automatisch im Erwartungswert erfasst werden. Bei einer Aggregation der Risiken mit Bezug auf die Unternehmensplanung wird nämlich mittels der oben erläuterten Monte-Carlo-Simulation eine große repräsentative Anzahl risikobedingt möglicher Zukunftsszenarien berechnet. Aus diesen lässt sich unmittelbar der Erwartungswert (Mittelwert der Szenarien) und die Häufigkeit von Insolvenzszenarien ableiten (Überschuldung oder Illiquidität, z. B. durch die Verletzung von Mindestanforderungen an das Rating oder von Covenants, die zu Kreditkündigung führen).

In der auf die Detailplanung folgenden Fortführungsphase (t>T) werden bei der Bewertung meist die zu ihrem Beginn erwarteten Cashflows mit einer Wachstumsrate w fortgeschrieben. Auch in jedem Jahr der Fortführungsphase kann eine Insolvenz eintreten, was sich einfach erfassen lässt. Nimmt man für die Fortführungsphase bei der Bestimmung des Terminal Value an, dass die Insolvenzwahrscheinlichkeit – entsprechend dem „Steady State" im Rentenmodell – konstant bleibt, führt diese c.p. zu kontinuierlich sinkenden Erwartungswerten der Cashflows bzw. Erträge, wie in Abb. 3 verdeutlicht (Gleißner 2010); (EACVA 2011); (Knabe 2012); (Saha und Malkiel 2012).

Bei einer konstanten Insolvenzwahrscheinlichkeit p, einem Diskontierungszins k und einer Wachstumsrate w der Erwartungswerte der Erträge Z^e (ohne Insolvenz, also „bedingter Erwartungswert") ergibt sich folgender Terminal Value (Wert W der Zahlungen in der Fortführungsphase ab Jahr T, hier vereinfachend schon ab $t = 0$):

Formel: Terminal Value

$$W(Z) = \sum_{t=1}^{\infty} \frac{Z^e(1-p)^t \cdot (1+w)^t}{(1+k)^t} = \frac{Z^e \cdot (1-p) \cdot (1+w)}{k - w + p \cdot (1+w)} \approx \frac{Z^e}{k - w + p} \qquad \text{(Formel 5)}$$

Bei der Bestimmung einer unendlichen Reihe (Gordon-Shapiro-Modell) taucht die Insolvenzwahrscheinlichkeit (genau wie die Wachstumsrate w) in jeder Periode im Zähler auf. Das Auflösen der Reihe führt jedoch dazu, dass die Insolvenzwahrscheinlichkeit (wie die Wachstumsrate) mathematisch als „Zuschlag" im Nenner erscheint. In der Fortführungsphase wirkt die Insolvenzwahrscheinlichkeit also quasi wie eine „negative Wachstumsrate".

Die Insolvenzwahrscheinlichkeit hat zudem Auswirkungen auf die Fremdkapitalzinssätze und Fremdkapitalkosten, die nicht verwechselt werden dürfen. Eine höhere Insolvenzwahrscheinlichkeit führt c.p. zu höheren vertraglichen Fremdkapitalzinssätzen oder zu höheren Credit Spreads von Anleihen. Die Fremdkapitalkosten, also die erwartete Rendite der Fremdkapitalgeber, steigt aber nicht genauso stark. Neben der Wirkung auf die Höhe und die zeitliche Entwicklung des Erwar-

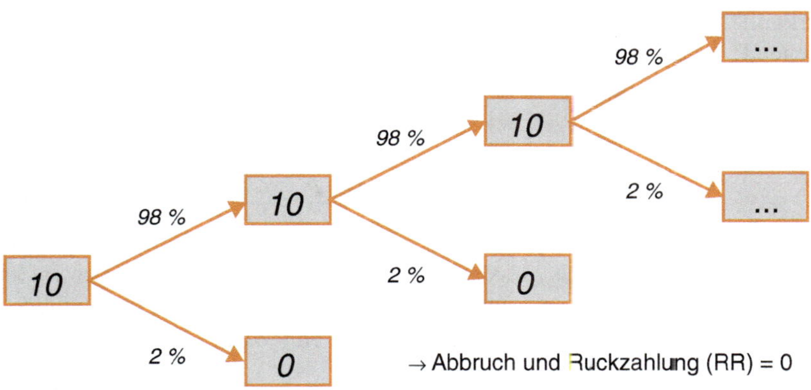

Abb. 3 Wirkung der Insolvenzwahrscheinlichkeit (p = 2 %) auf den erwarteten Cashflow. (Quelle: eigene Darstellung)

tungswerts der Erträge und Cashflows kann das Insolvenzrisiko auch Tax Shield und den Eigenkapitalkostensatz beeinflussen.

Das am besten bestimmbare Maß für die Höhe des Insolvenzrisikos ist die Insolvenzwahrscheinlichkeit (alternativ die Abbruchwahrscheinlichkeit des Zahlungsstroms der Eigentümer, die Szenarien einschließt, bei denen das Unternehmen mangels wesentlicher Erlöse liquidiert wird). Die Insolvenzwahrscheinlichkeit eines Unternehmens ist abhängig von (1) Ertragskraft, (2) Ertragsrisiko und (3) Risikodeckungspotenzial (Eigenkapital- und Liquiditätsausstattung). Zur Schätzung kann man die von Banken und Ratingagenturen verwendeten Rating- und Insolvenzprognosemethoden nutzen (Bemmann 2007). Die Erfassung künftiger Chancen und Gefahren (Risiken) des Unternehmens, die sich nicht in den Finanzkennzahlen zeigen, wird durch die erläuterte Risikoaggregation mittels Monte-Carlo-Simulation möglich (Gleißner 2017, S. 251 ff.).

Die Schätzung der Insolvenzwahrscheinlichkeit ist also mit verschiedenen Verfahren möglich. Neben simulationsbasierten Verfahren, die die zukünftigen Risiken erfasse, werden in der Praxis auch einfach anwendbare Finanzkennzahlen-Ratings genutzt, wie z. B. das „Mini-Rating" (Gleißner 2017). Die Insolvenzwahrscheinlichkeit bei diesem Rating ist abhängig von Eigenkapitalquote (*EKQ*), und Gesamtkapitalrendite (*ROCE*). Eine einfache Abschätzung von p liefert die Gleichung:

$$p = \frac{0{,}265}{1 + e^{-0{,}41+7{,}42\cdot EKQ+11{,}2\cdot ROCE}} \qquad \text{(Formel 6)}$$

mit $e \approx 2{,}718$.

5 Die Bewertungsmethode am Fallbeispiel erläutert

In der Praxis ist es üblich den Risikoumfang – außer im Erwartungswert der Erträge – im hier erläuterten Kapitalkostensatz zu erfassen (vgl. Formel 1; in Anlehnung an Gleißner 2019d). Für das Verständnis einer risikogerechten Bewertung und der „Herkunft" von Bewertungsgleichungen (siehe Formel 5) ist es hilfreich, die dahinterliegende Idee der Berechnung von „Risikoabschlägen", die vom Umfang des Risikoumfangs abhängig sind, und die Ableitung risikoadäquater Kapitalkosten noch etwas näher zu erläutern.[5]

$$W(Z) = \frac{E(Z) - \lambda \cdot \sigma(Z) \cdot \rho}{1 + r_f} = \frac{E(Z)}{1 + k} \qquad \text{(Formel 7)}$$

Formel 7 zeigt nochmals, dass man den Wert auf zwei Wegen berechnen kann, wobei die Verwendung von „Risikoabschlägen" Vorteile hat. Die Methode der risikogerechten Bewertung wird nun an einem einfachen Zahlenbeispiel gezeigt (siehe Abb. 4).

[5]Zur Theorie: Gleißner (2014) sowie Dorfleitner und Gleißner (2018).

Betrachtet wird eine Zahlung (Z) eines Projekts, die unsicher ist, d. h., es können mehrere Rückzahlungsszenarien auftreten. Im Beispiel werden hier lediglich zwei Szenarien betrachtet. Bei einer Monte-Carlo-Simulation kann man natürlich leicht auch einige hunderttausend Szenarien berechnen und analysieren.

Der erste Schritt einer risikogerechten Bewertung besteht zunächst immer darin den Erwartungswert der Rückzahlung zu bestimmen, also zu sagen was „im Mittel" unter Beachtung von Chancen und Gefahren an Rückfluss zu erwarten ist. Dieser Erwartungswert – $Z^e = E(Z)$ – ist aber nur für einen „risikoneutralen" Bewerter alleine Entscheidungsmaßstab. In der Realität kann man für mehr Risiken auch höhere Renditen erwarten (z. B. indem man in einem Portfolio mit bisher nur deutschen Staatsanleihen schrittweise mehr Aktien aufnimmt, die höhere erwartete Renditen, aber auch höhere Risiken mit sich bringen).

Um dies zu berücksichtigen, ist bei einer risikogerechten Bewertung ein Risikoabschlag vom Erwartungswert vorzunehmen. Im Fallbeispiel aus Abb. 4 beträgt der Risikoumfang $R(Z) = 4$. Das Risikomaß drückt den Umfang möglicher Abweichungen vom Erwartungswert $E(Z) = 6$ aus und kann z. B. als Standardabweichung der Zahlung operationalisiert werden.

Wie man der Abbildung entnehmen kann, ist nun eine risikogerechte Bewertung einfach durchzuführen. Man nimmt den Erwartungswert der Zahlung und reduziert diesen um einen von der Risikomenge $R(\tilde{Z})$ abhängigen „Vorsichtsabschlag". Dieser ist neben der Risikomenge abhängig vom Marktpreis des Risikos ($\lambda = 0{,}25$), welcher oben bereits erläutert wurde. Wir gehen hier zudem von $d = 1$ aus, d. h. Risikodiversifikationsmöglichkeit des Eigentümers des Unternehmens werden vernachlässigt.

Liegt die Zahlung wie angenommen ein Jahr in der Zukunft, ist die risikobereinigte Größe das „Sicherheitsäquivalent" ($S\ddot{A}$), hier also

$$S\ddot{A}(Z) = E(Z) - \lambda \cdot R(Z) = 6 - 0{,}25 \cdot 4 = 5, \qquad \text{(Formel 8)}$$

noch mit dem risikolosen Zinssatz r_f auf die Gegenwart ($t = 0$) abzuzinsen. Im Fallbeispiel ergibt sich entsprechend ein Wert von

$$W(Z) = S\ddot{A}/\left(1 + r_f\right) = 4{,}85, \qquad \text{(Formel 9)}$$

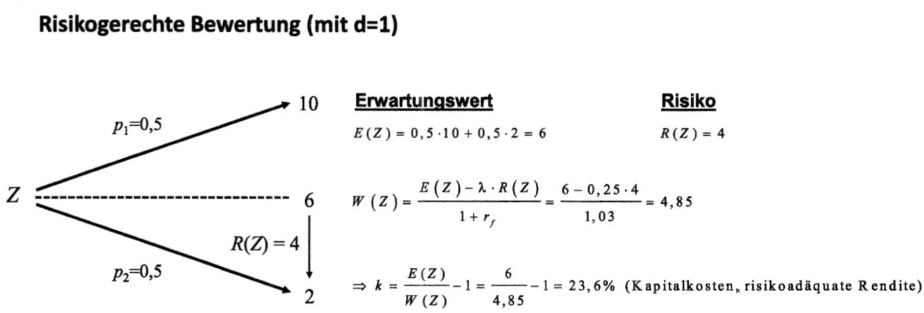

Abb. 4 Beispiel zu risikogerechter Bewertung der Zahlung (mit $d = 1$ und $r_f = 0{,}03$)

der den Risikoumfang der Zahlungen risikogerecht berücksichtigt. Falls dieser Wert über dem nötigen Investment für das Projekt (I_u) liegt, ist dieses Projekt sinnvoll und durchzuführen. Die Differenz $W(Z)$-I_0 ist der Netto-Barwert, der Vermögenszuwachs der Eigentümer (≙ Economic Value Added).

Will man nun ergänzend den „passenden“ risikogerechten Diskontierungs- oder Kapitalkostensatz k ableiten, ist dieser – wie man der Abbildung entnehmen kann – auch leicht ermittelbar: wer für eine Zahlung mit einem Erwartungswert von 6 bereit ist maximal den Wert (Grenzpreis) von 4,85 zu bezahlen, fordert eine erwartete Rendite von 21,6 %. Dies entspricht gerade dem Kapitalkostensatz (k). Die Ableitung eines Kapitalkostensatzes hat nun den Vorteil, dass man das in vielen Unternehmen schon etablierte Instrumentarium – z. B. EVA oder DCF-Verfahren – weiter nutzen kann, z. B. ergibt sich der Unternehmenswert für die gesamte Zukunft als

$$W^* = \frac{E(Z)}{k+p} \qquad \text{(Formel 10)}$$

mit p als Insolvenzwahrscheinlichkeit (vgl. oben).

Wesentlich ist aber hier, dass sich der als Entscheidungskriterium berechnete Wert und der Kapitalkostensatz unmittelbar aus Risikoanalyse (und Risikoaggregation) ergeben. So fließen die Risikoinformationen in die Bewertung und damit in die Entscheidungsvorbereitung ein.

Exkurs zur Herleitung von Bewertungsgleichungen

Die Herleitung der Bewertungsgleichungen für eine risikogerechte Bewertung (vgl. Formel (2) basiert auf sogenannten Risiko-Wert-Modellen (Dorfleitner und Gleißner 2018) und der Methode der unvollkommenen Replikation (semi-investitionstheoretische Bewertung, vgl. Gleißner 2014 sowie Dorfleitner und Gleißner 2018). Diese gehen von einer zentralen Annahme aus: zwei Zahlungen zum gleichen Zeitpunkt haben den gleichen Wert, wenn sie im Erwartungswert und dem gewählten Risikomaß übereinstimmen. Für die Bewertung müssen die Anlagealternativen für das zu bewertende Investment bekannt sein. Meist wird angenommen, dass statt der zu bewertenden Investition auch in eine quasi risikolose Anlage mit dem Zinssatz r_f und eine risikobehaftete Alternativinvestitionsmöglichkeit, z. B. ein globaler Aktienindex, investiert werden könnte (quasi als empirisches Marktportfolio). Für die Bestimmung der Bewertungsgleichung wird ein sogenanntes Replikationsportfolio konstruiert, das sich aus einem Anteil x der risikolosen Anlage und y der riskanten Investmentmöglichkeit zusammensetzt. Man wählt x und y so, dass erwartete Rückzahlung und Risiko dieses Replikationsportfolios dem des zu bewertenden Zahlungsstroms entsprechen. Aufgrund der oben genannten Annahme ist der Wert der unsicheren Zahlung gerade die Summe x + y. Es ist bei dieser Bewertungsmethode nicht nötig anzunehmen, dass der Kapitalmarkt vollkommen oder vollständig sei.

6 Umsetzung im Zusammenspiel von Controlling und Risikomanagement

Die oben skizzierten Methoden für eine risikoadäquate Bewertung von Handlungsoptionen, wie z. B. Investitionen oder Strategieveränderungen, erfordern die Nutzung von Risikoinformationen als Bewertungsgrundlage. Damit ergeben sich verschiedene Verknüpfungen zwischen Risikomanagement und Controlling, das im Allgemeinen für die Vorbereitung von Entscheidungsvorlagen zuständig ist. Ohne Bewertungsverfahren ist es dem Controlling bei der Vorbereitung unternehmerischer Entscheidungen nicht möglich, deren Wirkung auf Ertrag und Risiko abzuwägen.

Risikomanagement und Controlling sind diejenigen Instanzen, die bei der Vorbereitung unternehmerischer Entscheidungen unter Risiko (Unsicherheit) zusammenarbeiten sollten (in Anlehnung an Gleißner 2020). Denn die Optimierung des Ertrag-Risiko-Profils und das damit notwendige Abwägen von Chancen und Risiken ist die zentrale Herausforderung jeglichen unternehmerischen Handelns bei einer nicht sicher vorhersehbaren Zukunft.

Notwendig ist entsprechend die Einbeziehung von Risikoinformationen und damit des Risikomanagements. Das Risikomanagement hat nämlich im Allgemeinen nicht nur im Unternehmen die meiste Expertise bezüglich der Identifikation und Quantifizierung von Risiken, sondern zugleich hier die Methodenhoheit. Es ist natürlich auch sinnvoll, wenn die gleichen Methoden, die im Risikomanagement bei der Quantifizierung bereits vorhandener und zu überwachender Risiken eingesetzt werden, und auch bei den Risikoanalysen zur Entscheidungsvorbereitung genutzt werden. Entsprechend ist das Risikomanagement in dem Prozess der Vorbereitung unternehmerischer Entscheidungen einzubeziehen.

Aus dieser Perspektive wird offensichtlich, dass der traditionelle Fokus des Risikomanagements auf Risiken, denen das Unternehmen bereits ausgesetzt ist, zu kurz greift. Um die entscheidungsorientierte Ausrichtung des Risikomanagements umzusetzen, bedarf es der Überwindung der Trennung zwischen Risikoanalyse und Entscheidungsprozessen. Zudem sollten Controlling und Risikomanagement insbesondere an ihren Schnittstellen über gemeinsame Tools verfügen. Besonders wesentlich ist hier der gemeinsame Zugriff auf eine „stochastische Unternehmensplanung", also eine integrierte Unternehmensplanung, die mittels Risikoaggregation mit den Chancen und Gefahren (Risiken), die Planabweichungen auslösen können, verknüpft ist.

Die Monte-Carlo-Simulation zur Risikoaggregation ist die wichtigste Methode, das Controlling und Risikomanagement gemeinsam nutzen sollten (Gleißner 2017). Die Risikoaggregation über mehrere Planjahre führt zu einer Bandbreitenplanung, die Transparenz schafft über Planungssicherheit bzw. den Umfang möglicher Planabweichungen und die Ableitung risikoadäquater Kapitalkostensätze für die Investitions- und Strategiebewertung ermöglicht.[6] Eine solche Risikoaggregation ist auch für Controlling und Entscheidungsvorbereitung wichtig, weil sie „erwartungstreue" Planwerte ableiten lässt.[7]

Die Grundidee eines integrativen Risikomanagements (Gleißner 2017 und 2020), das entscheidungsorientiert ist und Ressourcen des Controllings nutzt, basiert auf der Erkenntnis, dass Risiken immer mögliche Planabweichungen darstellen und damit

[6]Siehe oben und weiterführend Gleißner 2019f.

[7]Ambitionierte Zielwerte sind offensichtlich keine sinnvolle Entscheidungsgrundlage, vgl. Gleißner (2008).

deren Identifikation (Gleißner 2017 und 2020), Quantifizierung und kontinuierliche Überwachung weitgehend in der Planung und im Controlling-System verankert werden kann. Somit wird nach allen Möglichkeiten gesucht, die vorhandenen Managementsysteme (wie Planung, Controlling, Budgetierung, Treasury und Qualitätsmanagement) zu nutzen, um Aufgaben des Risikomanagements mit abzudecken oder zu unterstützen. Wesentliche Aufgaben des Risikomanagements können so effizient unmittelbar im Rahmen der Controlling-, Planungs- und Budgetierungsprozesse abgedeckt werden (Gleißner und Kalwait 2017 sowie Gleißner 2020). Die Möglichkeiten einer solchen effizienten Verknüpfung zeigen die beiden nachfolgenden Beispiele:

- Nutzung von Planung und Budgetierung für die Risikoidentifikation: Planwerte des Unternehmens oder Projekts basieren auf Annahmen, z. B. Entwicklung von Rohstoffpreisen. Immer wenn in der Planung eine unsichere Annahme erkannt wird, wird ein Risiko identifiziert. Daher ist es effizient schon im Planungsprozess solche risikobehafteten Annahmen explizit zu erfassen und diese Informationen dem Risikomanagement zur Verfügung zu stellen.
- Risikoquantifizierung und Planung: Sobald der Planwert (z. B. für ein Investitionsprojekt) festgelegt ist, kann zugleich angegeben werden, welche Risiken hier zu Planabweichungen führen und welchen Umfang diese haben können. So kann z. B. für eine Planungsposition Mindestwert, wahrscheinlichster Wert und Maximalwert angegeben werden.[8]

Um zügig und effizient eine Strategiebewertung durchführen zu können, sollten die dafür notwendigen Voraussetzungen im Unternehmen grundsätzlich verfügbar sein. Es ist entsprechend nicht sinnvoll erst bei einer anstehenden Entscheidung eine Analyse schon vorhandener Risiken durchzuführen und die Risiken im Kontext der Planung mittels Monte-Carlo-Simulation zu aggregieren. Die Voraussetzung für eine Aggregation der Risiken im Kontext der jeweils vorliegenden Planung sollte grundsätzlich erfüllt sein, um – im Sinne § 91 AktG – mögliche „bestandsgefährdende Entwicklungen" und den Grad der Bestandsgefährdung (Insolvenzwahrscheinlichkeit) des Unternehmens zu kennen. Damit ist die Ausgangssituation für eine Strategiebewertung bekannt. Soll nun eine strategische Handlungsoption, wie eine große Investition oder eine Akquisition, beurteilt werden, ist es nur noch erforderlich ausgehend von diesem „Status quo" die Implikationen für die Planung und die Risiken zu erfassen (insbesondere die Auswirkungen auf das Capital Employed, die Verschuldung, die Umsätze und Kosten und natürlich durch die Unsicherheit dieser Auswirkungen diejenigen auf die Chancen und Gefahren). So werden ausgehend von der stochastischen Planung zwei Planungsvarianten erzeugt und als Grundlage für eine risikogerechte Bewertung genutzt.

[8]Also eine Dreiecksverteilung, vgl. Gleißner (2017), S. 174 ff.

7 Fazit

Unternehmerische Entscheidungen z. B. bezüglich der Durchführung von Großprojekten oder Investitionen haben fast immer Auswirkungen auf den Risikoumfang. Dies gilt somit insbesondere für Entscheidungen von strategischer Bedeutung. Welche Veränderung des aggregierten Gesamtrisikoumfangs sich durch eine strategische Handlungsoption ergibt, ist zu beurteilen und im Entscheidungskalkül zu berücksichtigen. Bei allen solchen Entscheidungen ist es notwendig die Konsequenzen für die zukünftig erwarteten Cashflows (Erträge) und Risiken zu beachten und gegeneinander abzuwägen. Notwendig ist entsprechend eine „risikogerechte Bewertung" der vorliegenden Handlungsoptionen. Bei Entscheidungen von grundlegender Bedeutung ist es dabei sinnvoll eine Strategiebewertung durchzuführen, d. h. das Unternehmen komplett risikoadäquat zu bewerten und zwar für die beiden Fälle:

a) Beibehaltung der bisherigen Strategie
 versus
b) Entscheidung für die alternative Strategie.

Es erfolgt also eine Was-wäre-wenn-Analyse unter Nutzung des im Text skizzierten Bewertungsverfahrens. Man sollte immer beachten: Risiken beeinflussen potenziell den Erwartungswert der Cashflows bzw. Erträge (den „Zähler") und den Diskontierungszinssatz (den „Nenner") bzw. den Risikoabschlag im Zähler. Eine konsistente Erfassung der Risiken muss daher auf einer Erfassung der Risiken des Unternehmens – und nicht etwa auf historischen Aktienrenditeschwankungen – basieren. Auch die Wirkungen auf das Insolvenzrisiko, das Rating, sind zu beachten. Mit einer solchen Strategiebewertung ist es möglich das Rendite-Risiko-Profil von Strategievarianten zu vergleichen und ihren Implikationen für den Unternehmenswert abzubilden.

Eine solche Strategiebewertung ist ein wesentlicher Teil bei der Vorbereitung unternehmerischer Entscheidungen (§ 93 AktG), weil durch diese auch die Veränderungen bei Risikoumfang infolge einer Entscheidung im Entscheidungskalkül berücksichtigt werden. Bei den meisten Unternehmen ist es die Aufgabe des Controllings Vorlagen für solche „unternehmerischen Entscheidungen", z. B. bezüglich der Strategieveränderung oder einer Großinvestition, zu erstellen. Es ist damit auch die Controllingabteilung, die in der Regel die Verantwortung trägt für die dafür erforderliche Investitions- oder Strategiebewertung. Ob die für eine solche Bewertung erforderlichen Informationen aus Risikoanalyse und Risikoaggregation vom Controlling selbst erzeugt werden oder über das Risikomanagement bereitgestellt werden, ist dabei unternehmensindividuell regelbar (siehe dazu Gleißner 2020). Entscheidend ist, dass die Veränderungen über den Risikoumfang, auch bezüglich des Insolvenzrisikos, in sachgerechter Weise bei der Entscheidungsvorbereitung berücksichtigt werden. Genau dies ermöglichen die im Beitrag skizzierten Methoden einer risikoadäquaten Bewertung.

Hinweis Für eine ausführliche Darstellung der Methoden der Strategiebewertung steht ein kostenloses eBook zur Verfügung: Gleißner, W. (2019): Wertorientierte Unternehmensführung, Strategie und Risiko, E-Book, Kindle Direct Publishing, Amazon.de, 2019

Literatur

Ballwieser, W., & Hachmeister, D. (2016). *Unternehmensbewertung: Prozess, Methoden und Probleme* (5. Aufl.). Stuttgart: Schäffer Poeschel.

Behringer, S., & Gleißner, S. (2018) Die Unternehmensplanung als Grundlage für die Unternehmensbewertung (01.03.2018). *WPg, 71*(5), 312–319.

Bemmann, M. (2007) Entwicklung und Validierung eines stochastischen Simulationsmodells für die Prognose von Unternehmensinsolvenzen, Dissertation, Technische Universität Dresden.

Dempsey, M. (2013a). The Capital Asset Pricing Model (CAPM): The History of a Failed Revolutionary Idea in Finance? *Abacus, 49*, 7–23.

Dempsey, M. (2013b). The CAPM: A Case of Elegance is for Tailors? *Abacus, 49*, 82–87.

Dorfleitner, G., & Gleißner, W. (2018). Valuing streams of risky cashflows with risk-value models. *Journal of Risk, 2018*(3), 1–27.

Dreher, M. (2010). *Unternehmenswertorientiertes Beteiligungscontrolling: Aufgabenspezifische Fundierung auf Basis entscheidungs- und kapitalmarktorientierter Konzepte der Unternehmensbewertung*. Lohmar: Josef Eul.

EACVA. (2011). Bewertung nicht börsennotierter Unternehmen – die Berücksichtigung von Insolvenzwahrscheinlichkeiten. *BewP, 2011*, 12 ff.

Fama, E. F., & French, K. R. (2015). A five-factor asset pricing modell. *Journal of Financial Economics, 116*(1), 1–22.

Fernández, P. (2017). Is it Ethical to Teach that Beta and CAPM Explain Something? https://papers.ssrn.com/sol3/papers.cfm?abstract_id=2980847. Zugegriffen am 10.06.2020.

Franken, L., Gleißner, W., Schulte, J. (2020) Insolvenzrisiko und Berücksichtigung des Verschuldungsgrads bei der Bewertung von Unternehmen – Stand der Diskussion nach Veröffentlichung des IDW Praxishinweises 2/2018 (vom 30.03.2020). *Corporate Finance*, 2020(3–4), 84–96.

Gleißner, W. (2008). Erwartungstreue Planung und Planungssicherheit – Mit einem Anwendungsbeispiel zur risikoorientierten Budgetierung. *Controlling, 2008*(2), 81–87.

Gleißner, W. (2010) Unternehmenswert, Rating und Risiko. *WPg, 14*(2010), 735–743.

Gleißner, W. (2013) Die risikogerechte Bewertung alternativer Unternehmensstrategien. Ein Fallbeispiel jenseits CAPM. *Bewertungspraktiker, 2013*(3), 82–89.

Gleißner, W. (2014). Kapitalmarktorientierte Unternehmensbewertung: Erkenntnisse der empirischen Kapitalmarktforschung und alternative Bewertungsmethoden. *Corporate Finance, 2014*-(4),151–167.

Gleißner, W. (2017). *Grundlagen des Risikomanagements* (3. Aufl.). München: Vahlen.

Gleißner, W. (2018a) Risikogerechte Unternehmensbewertung und Analyse der Unternehmensrisiken – Die Nutzung der Risikoanalyse für eine konsistente Ableitung von „Zähler" und „Nenner" (v. 14.09.2018). *BewertungsPraktiker, 2018*(3), 66–70.

Gleißner, W. (2018b). Risikomanagement 20 Jahre nach KonTraG: Auf dem Weg zum entscheidungsorientierten Risikomanagement (vom 16.11.2018). *Der Betrieb*, *2018*(46), 2769–2774.

Gleißner, W. (2019a) Business Judgement Rule: Das neue Paradigma eines entscheidungsorientierten Risikomanagements. *GRC aktuell*, *2019*(4), 148–153.

Gleißner, W. (2019b). Insolvenzrisiko, Rating und Unternehmenswert. *WISU, 19*(6), 692–698.

Gleißner, W. (2019c). The real dark side of Valuation. Ertragsrisiken und Insolvenzrisiken. *BOARD, 2019(6)*, 215–219.

Gleißner, W. (2019d). Strategiebewertung: Bedeutung und methodische Herausforderung. BewertungsPraktiker, *2019*(01), 12–13.

Gleißner, W. (2019e) Wertorientierte Unternehmensführung, Strategie und Risiko, eBook (amazon kindle).

Gleißner, W. (2019f). Cost of capital and probability of default in value-based risk management. *Management Research Review (MRR), 42*(11), 1243–1258.

Gleißner, W. (2020). Integratives Risikomanagement. Schnittstellen zu Controlling, Compliance und Interner Revision. *Controlling, 32*(4), 23–29.

Gleißner, W., Ihlau, S. (2017) Anwendung von Unternehmensbewertungsmethoden bei der Strategiebeurteilung. *BetriebsBerater, 2017*(26), 1387–1391.

Gleißner, W., & Kalwait, R. (2017). Integration von Risikomanagement und Controlling – Plädoyer für einen völlig neuen Umgang mit Planungssicherheit im Controlling. In W. Gleißner & A. Klein (Hrsg.), Risikomanagement und Controlling (2. Aufl., S. 39–65). München: Haufe-Lexware.

Graumann, M. (2014). Die angemessene Informationsgrundlage bei Entscheidung. *WISU, 2014*(3), 317–320.

Günther, T. (1997). *Unternehmenswertorientiertes Controlling*. München Vahlen.

Hering, T. (2014). *Unternehmensbewertung* (3. Aufl.). München: Oldenbourg Wissenschaftsverlag.

Knabe, M. (2012). *Die Berücksichtigung von Insolvenzrisiken in der Unternehmensbewertung*. Köln: Josef Eul.

Knackstedt, H. W. (2009). *Klein- und Mittelunternehmen (KMU) richtig bewerten*. München: Avm Akademische Verlagsgemeinschaft.

Lahmann, S., & Schwetzler (2018). Der Einfluss von Insolvenz, Kapitalstruktur und Fremdkapitalfälligkeit auf den Unternehmenswert. *ZfbF, 70*(1–2), 73–123.

Lahmann, A., Schreiter, M., Schwetzler, B. (2019). Finanzierungspolitiken, Tax Shield und Insolvenz in der Unternehmensbewertung – ein integrativer Ansatz. *WPg, 2019*(6), 351 ff.

Matschke, M. J., & Brösel, G. (2013). *Unternehmensbewertung – Funktionen – Methoden – Grundsätze* (4. Aufl.). Wiesbaden: Gabler.

Rappaport, A. (1999). *Shareholder Value: Ein Handbuch für Manager und Investoren* (2. Aufl.). Stuttgart: Schäffer Poeschel.

Risk Management Association e. V. (RMA). (2019). *Managemententscheidungen unter Risiko, erarbeitet von Werner Gleißner, Ralf Kimpel, Matthias Kühne, Frank Lienhard, Anne-Gret Nickert und Cornelius Nickert*. Berlin: Erich Schmidt.

Rossi, M. (2016). The capital asset pricing model: a critical literature review. *Global Business and Economics Review, 2016*(5), 604–617.

Saha, A., & Malkiel, B. G. (2012). DCF valuation with cash flow cessation risk. *Journal of Applied Finance, 22*(1), 175–185.

Schwenker, B., & Dauner-Lieb, B. (2017). *Gute Strategie. Die Ungewissheit offensiv begegnen*. Frankfurt a. M.: Campus.

Wollny, C. (2018). *Der objektivierte Unternehmenswert – Unternehmensbewertung bei gesetzlichen und vertraglichen Bewertungsanlässen* (3. Aufl.). Herne: nwb.